上饶地区志

SHANG RAO DI QU ZHI

（1991－2000）

上册

上饶市地方志编纂委员会 编

方志出版社

图书在版编目(CIP)数据

上饶地区志:1991~2000/《上饶地区志》编纂委员会编.——北京:方志出版社,2014.5
ISBN 978-7-5144-1244-4

Ⅰ.①上… Ⅱ.①上… Ⅲ.①上饶市—地方志—1991~2000 Ⅳ.①K296.53

中国版本图书馆CIP数据核字(2014)第084619号

上饶地区志(1991—2000)

编　　者:《上饶地区志》编纂委员会
责任编辑:李志瑜

出 版 人:冀祥德
出 版 者:方 志 出 版 社
地址　北京市朝阳区潘家园东里9号(国家方志馆四层)
邮编　100021
网址　http://www.fzph.org
发　　行:方志出版社发行中心
(010)67110500
经　　销:各地新华书店
法律顾问:北京高文律师事务所
印　　刷:江西龙莹印务有限公司

开　　本:889×1194　1/16
印　　张:111.625
字　　数:2829千
版　　次:2014年12月第1版　2014年12月第1次印刷
印　　数:0001~3000套

ISBN 978-7-5144-1244-4/K·1008　全套定价:980.00元

如有印、装错误,影响阅读,请及时与印刷厂联系调换
联系电话:(0791)83675539

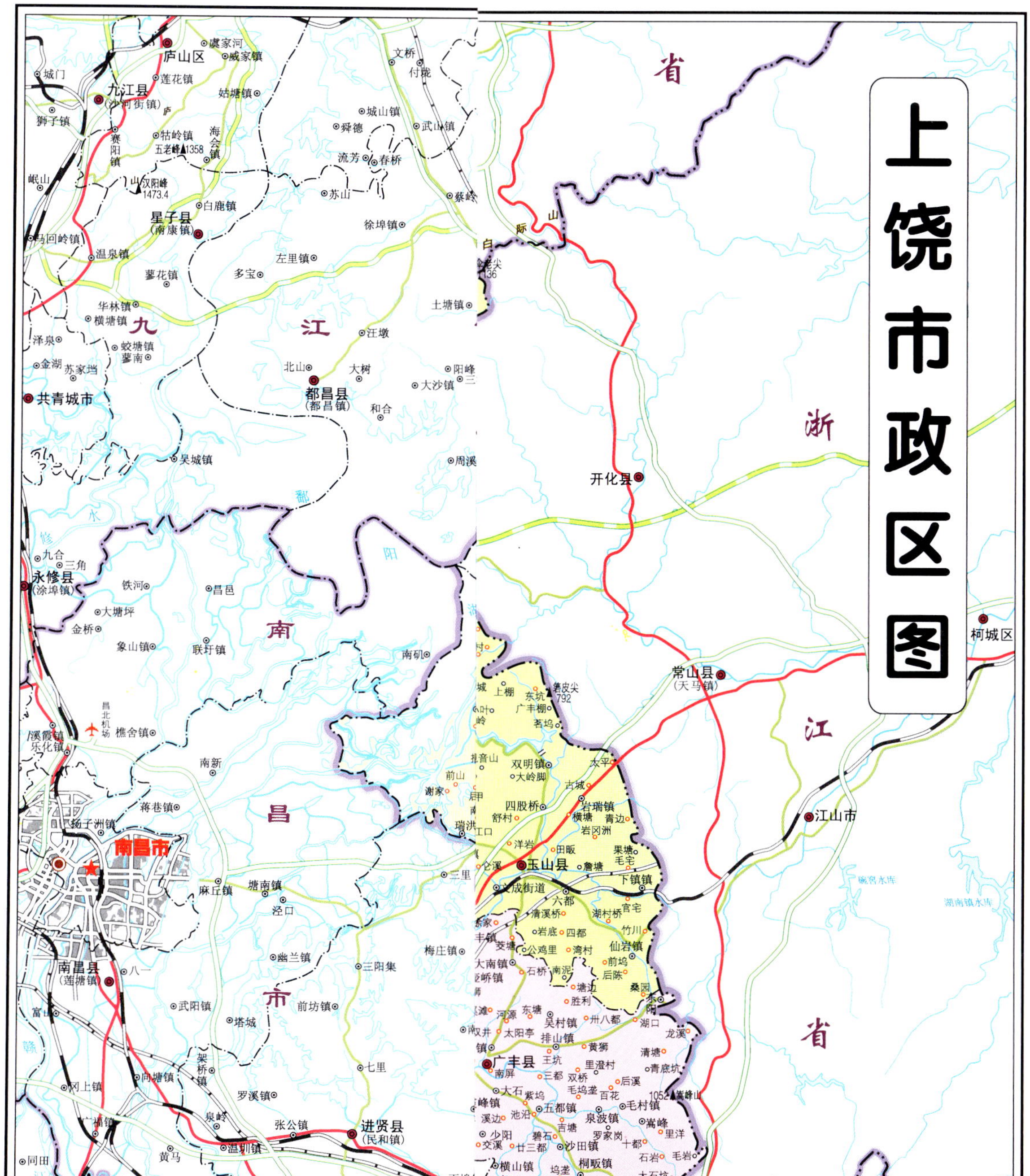

江西省地图发行站 编制

审图号：赣S（2013）59号

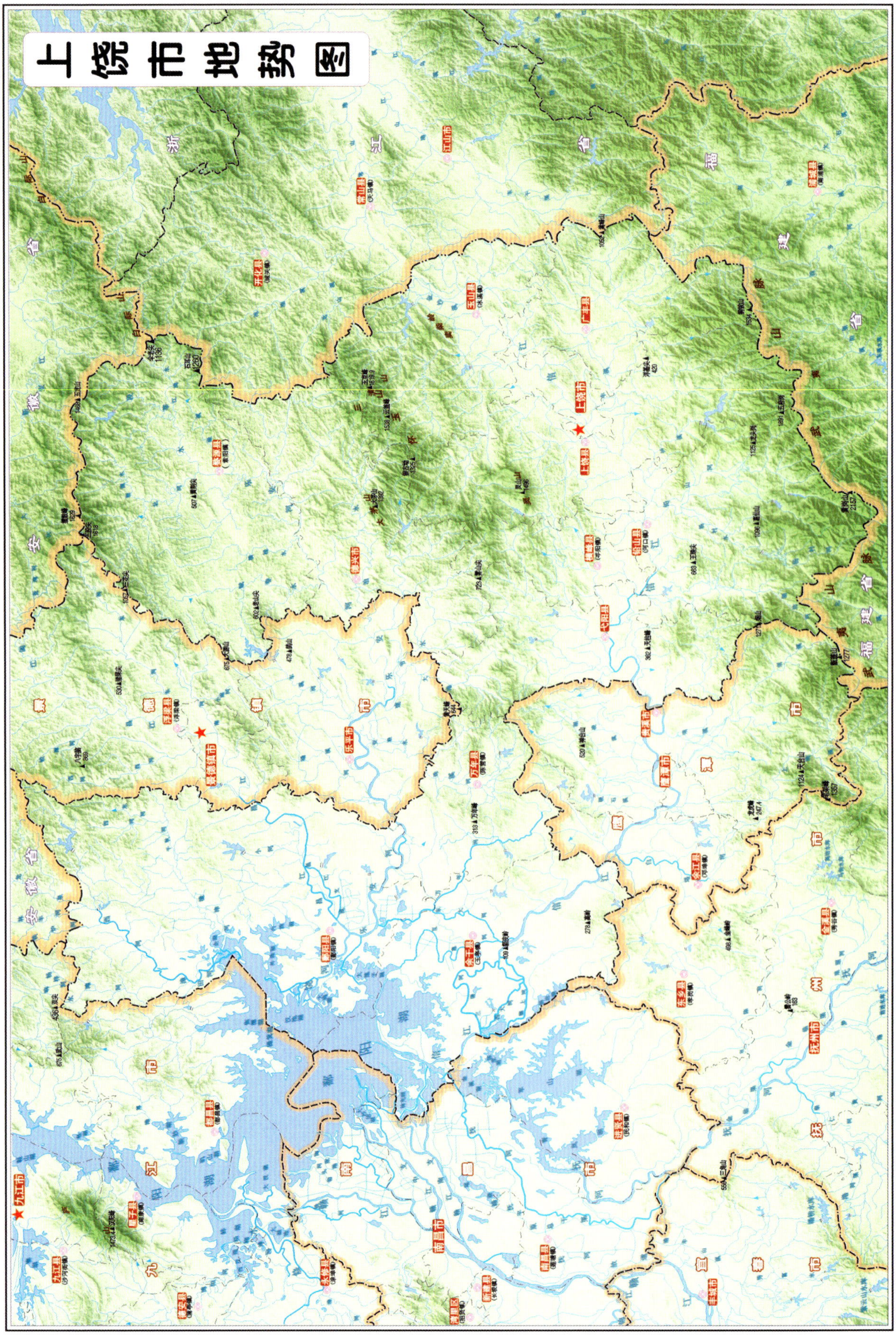
上饶市地势图
上饶市
景德镇市
乐平市
德兴市
九江市
南昌市
江山市

2000 年 10 月 18 日上午，省委副书记钟起煌为市委授印，市委书记陈达恒接印

2000 年 10 月 18 日上午，副省长孙用和为市政府授印，市长黄建盛接印

2000 年 10 月 18 日，上饶撤地设市庆典大会会场

中心城区云碧峰国家森林公园

上饶集中营革命烈士纪念馆

上饶市中心城区全景图

中心城区三江公园

大坳水库俯瞰

中心城区夜景

双塔公园的夜景

紫阳公园的元宵夜景

信江桥夜景

中心城区步行街

步行街夜景

信江大桥

上饶市行政中心

江南商贸城

现代城住宅小区

成片的住宅区

广丰县沙田镇十六都村新农村一角

赣东北贸易广场

2000年，上饶鑫新股份上市

全省第一个城市生活污水处理厂——上饶市污水处理厂

南昌海关驻上饶办事处大楼

德兴铜矿露天采矿场

凤凰光学的光学元件综合产能，一直稳居全国第一、全球前三

凤凰光学制造的各式光学镜头

国电黄金埠 2×650 兆瓦并网发电机组

鑫新股份特种漆包线生产车间

弋阳海螺水泥 2×5000 吨／天水泥熟料生产线，年产水泥熟料 400 万吨、水泥粉磨 320 万吨、低温余热发电 18000 千瓦，是目前市内产能规模最大、技术含量最高、经济效益最好的新型干法水泥生产企业

晶科能源的硅片、电池片、组件产能分别达到1500兆瓦，综合产能位列全省第一、全国第二

江南涤化的生产车间

一舟电子有限公司是上饶市规模最大的网络配件专业生产企业，其电子插件产量居世界前列

和丰铜业10万吨电解铜生产车间

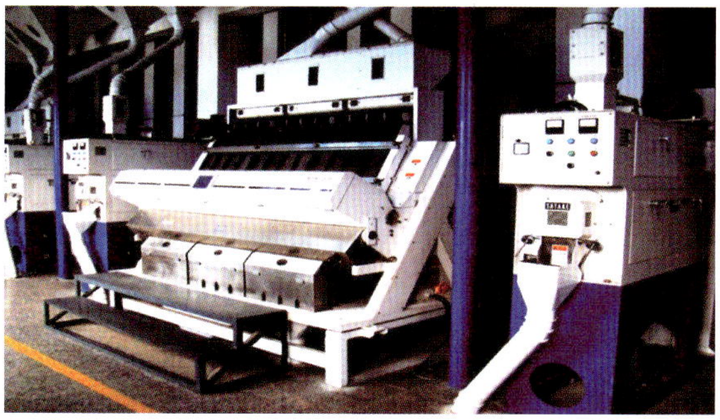

鄱阳太粮米业采用世界上最先进的日本佐竹、瑞士布勒生产设备与加工工艺，年加工精制大米10万吨

上饶大自然木业年产200万平方米竹地板、1500万平方米强化复合地板

上饶客车生产线

圣达威的精细铝漆包线、高档高频线圈，成为国内主要机电、家电企业的首选产品

治安巡警时刻准备着

洪客隆上饶店

信州枢纽工程

景婺黄高速

上饶客车厂生产的SR6118HK豪华空调旅游车，申报国家客车造型专利

婺源生态高速公路

①

②

③

④

⑤

⑥

⑦

⑧

⑨

⑩

⑪

⑫

① 杜仲养生茶
② 上饶县蜂蜜
③ 葛加工产品葛佬凉茶
④ 横锋县葛加工产品葛粉
⑤ 山茶油
⑥ 万年贡米
⑦ 广丰县白耳黄鸡养殖场
⑧ 鄱湖中华绒蟹
⑨ 婺源荷苞红鲤鱼
⑩ 安格拉毛兔
⑪ 中华草龟
⑫ 鄱湖青虾

⑬

⑭

⑮

⑯

⑰

⑱

⑲

⑳

㉑

㉒

⑬ 鄱湖银鱼
⑭ 广丰镇世堂荞麦面
⑮ 三清特色产品
⑯ 万年珍珠化妆品
⑰ 万年珍珠项链
⑱ 婺源清华婺酒
⑲ 腌制竹笋
⑳ 弋阳休闲食品
㉑ 弋阳柏林水果罐头
㉒ 铅山县紫溪红芽芋

抬阁表演

弋阳腔

婺源板龙灯

赣剧《詹天佑》

婺源徽剧

上饶撤地设市广场文艺演出

横峰提线木偶

“流动图书站”送书到畲乡

弋阳年糕文化艺术节

农民艺术节走上街头

婺源乡村文化节

上饶市第二届运动会开幕式

市民晨练太极拳

1994年11月承办江西省第九届运动会的体育中心

九运会大型团体操表演

新上饶市体育中心

①

②

⑤

③

④

⑥

⑧

⑦

①黄喉噪鹛
②白颈长尾雉
③银杏
④长柄双花木
⑤常绿阔叶林
⑥华东黄杉群落
⑦台湾松群落
⑧藏酋猴

①

②

③

④

⑤

三清山的地质地貌特征
①天门峰丛
②花岗岩峰峦
③万笏朝天
④巨蟒出山
⑤花岗岩隔档式峰墙

鄱阳湖候鸟

广丰铜钹山九仙湖

龟峰神龟迎宾

新上饶市行政新区办公大楼

2000 年撤地设市时的市委、市政府办公楼

新上饶中心广场

1990 年代的中心广场

改造后的信江步行桥

信江步行桥旧貌

滨江东路长廊

1990年代以前的滨江东路防洪堤

信江书院一角

新滨江东路防洪堤

上饶新火车站

1990 年代的上饶火车站

新上饶师院校园全貌

上饶师院前身——上饶师专

凡　例

一、《上饶地区志(1991—2000)》是1997年出版的新编《上饶地区志》(以下简称《前志》)的续志。本志以马克思列宁主义、毛泽东思想、邓小平理论、“三个代表”重要思想和科学发展观为指导,坚持辩证唯物主义与历史唯物主义,力求思想性、科学性与资料性的统一。

二、本志断限:上限原则上从1991年开始(个别情况上溯至1978年年底),下限至2000年12月31日。少数事物顺延至2002年。为反映某些事物发生、发展的全过程,如《前志》未记的“自然观测”卷等,断限时间适当上溯或下延。大事记下延至2010年12月底,彩页图片资料除注明摄影时间外,均为2000年后拍摄。

三、本志详记断限内出现的新事物,在断限内变化不大的事物予以省略或简述。对有些人和事的记述,为求内容完整,适当延后。断限后去世人物收录截至2006年年底止,也列入人物传记记载。

四、2000年10月,国务院批准撤销上饶地区,设立地级上饶市,县级上饶市改为信州区。为保持志书编纂完整统一,本志对上饶地区和县级上饶市称法沿用至2000年12月31日。

五、本志共设专志37卷,按卷、章、节、目结构排列。篇目承接《前志》,略有增删,以事立志。原则上横排门类,纵述史实,突出时代特点和地方特色。

六、本志采用述、记、志、传、图、表、录诸体裁,以志为主,运用语体文记述。文风力求严谨、朴实、简洁、流畅。大事记后特设三篇专记。

七、本志记述的专用术语、地名、单位名称过长者,各卷首次出现时用全称,重复出现时用简称。专用术语的缩写,依照全国通例。如:中国共产党上饶地区委员会、中国共产党上饶地区纪律检查委员会、上饶地区行政公署、江西省人民代表大会常务委员会上饶地区联络处(或工作委员会)、中国人民政治协商会议江西省委员会上饶地区联络处(或工作委员会)等,分别简称为:上饶地委、地区纪检委、上饶地区行署、地区人大、地区政协;中国国民党革命委员会、中国民主同盟、中国民主建国会、中国民主促进会、中国农工民主党,分别简称为:民革、民盟、民建、民促、农工党;中国人民银行、中国农业银行、中国工商银行、中国建设银行、中国银行、中国农业发展银行、中国人民保险公司、中国人寿保险公司，分别简称为：人行、农行、工行、建行、中行、人保、寿险。

八、本志数据以统计部门的数据为主，统计部门未掌握的，使用业务部门的数据。

九、本志纪年，少数地方涉及民国以前用历史纪年（括注公元纪年），民国以后一律采用公元纪年。“解放前”“解放后”，以 1949 年 5 月 3 日上饶市城区解放为界。新中国建立后，指 1949 年 10 月 1 日中华人民共和国建立后。志书中凡以年代指称的，均为 20 世纪，记述时不予重复；文内所称 10 年，特指 1991 年—2000 年。

十、文字书写、遣词组词，采用《新华字典》《现代汉语词典》（第 6 版）的标准。标点符号以《新华字典》附录为准。所有数字的书写根据有关书写规范行文。

十一、计量单位依照《中华人民共和国法定计量单位》规定，采用现行公制，土地面积、单位产量沿用惯例。在表述上，除摄氏度（℃）、角度（°）、角分（′）、角秒（″）以符号表述外，计量单位一般使用汉字表述。

十二、人物记述坚持生不立传的原则。入传者以辖区 12 县（市）籍为主，以卒年为序。客籍的择要入志。人物简介、人物表、人名录等不受此限。

十三、本志采用资料由 12 县（市）、地直各单位及驻饶厂矿企事业单位、有关乡（镇）提供，编者查阅档案、书籍、报刊资料所得。引文加引号，录用资料一般不注明出处。

十四、其他事项，均执行国务院《地方志工作条例》（2006 年 5 月 18 日）和《中国地方志指导小组地方志书质量规定》及江西省地方志编纂委员会所订《江西省续修地方志行文通则》（2000 年 9 月 12 日）的规定。

目 录

(上册)

综 述

一

上饶地区位于江西省东北部，北纬27°48′~29°42′，东经116°13′~118°29′之间，属内陆区域。东邻浙江省衢州市，北与江西省九江、景德镇市接壤，南依武夷山脉毗连福建省南平市，西滨鄱阳湖与省会南昌市相望。总面积22791平方千米，占全省总面积的13.68%。2000年，辖上饶市、德兴市（代管）、上饶县、广丰县、玉山县、铅山县、横峰县、弋阳县、万年县、余干县、波阳县、婺源县12县（市）。共有乡、镇、街道办事处289个（街道办18个），村民委员会2963个，居民委员会261个。人口总户数1576532户，总人口6427158人，其中农业人口5381752人，每平方千米人口密度268人。

境内地势由东南向西北倾斜，山地丘陵约占75%，平原约占14%，水面约占11%，气候温和，雨量充沛，光照充足，四季分明。水陆交通便利，铁路有浙赣线（复线）、皖赣线、横南线及饶南支线。公路有梨温高速，320、206国道，公路干线和县乡公路交织成网。水路有信江、乐安河、昌江在鄱江汇合注入鄱阳湖，沟通23条航道，北出长江。

早在旧石器晚期、新石器早期，境内就有居住在洞穴中的先民以渔猎、采集为主要生产活动。万年县吊桶环、仙人洞水稻种植硅石标本的发掘，说明这里种植水稻的历史至少为1万年，是迄今为止世界最早水稻发源地之一。新石器晚期，鄱阳湖、饶河、信江流域已有成点成片的氏族社会，商周时进一步形成许多聚落点，土著居民属于庞大的"越族"体系。全境山川秀美，物产丰富，文化底蕴深厚，历史文化名人辈出，历称"信美之郡""富饶之州""鱼米之乡"，是全国、全省的粮、棉、油、鱼、猪的重要商品生产基地。矿藏已发现76种，已探明储量51种，总价值2000亿元以上。铜金属储量居全国之冠，德兴铜矿是目前国内最大铜矿，也是世界级特大铜矿之一。水资源人均占有量3812立方米，亩均占有量4925立方米，均高于全国、全省水平。旅游资源得天独厚，自然景观数不胜数，人文景观美不胜收；国家级风景名胜区三清山、龟峰等蜚声海内外，全国最美的农村婺源，令人向往。这里又是一块富有光荣革命传统的"红色的土地"，是方志敏烈士的故乡。第二次国内革命战争（土地革命战争）时期，以横峰县葛源镇为中心的革命根据地涵盖了闽浙赣皖四省50余县，苏维埃政权延续了8年之久。抗日战争时期的"上饶集中营"旧址、"茅家岭暴动旧址"，记载了革命志士血与火的斗争，千古流芳。许许多多的革命旧址、遗迹，成为爱国主义教育的基地、红色旅游的宝库。

新中国成立后，上饶由一个经济欠发达的农业区，到2000年时，全区国内生产总值为173.43亿元，按可比价格计算，为1978年10.13亿元的17.12倍；为1990年44.91亿元的4

倍。财政总收入,1978 年为 7257 万元,1990 年为 36609 万元,2000 年为 156648 万元。全社会固定资产投资,由 1978 年的 9599 万元、1990 年的 64382 万元,增加到 2000 年的 32.8 亿元。一、二、三产业在 GDP 中的比重,1990 年为 50.26∶28.47∶21.27,1995 年为 41.7∶30.7∶27.6,2000 年为 32.7∶29.2∶38.1,第三产业在经济总量增长、经济实力增强、经济结构调整中迅速发展。

二

工业摆脱传统计划经济的束缚,向社会主义市场经济体制转变,增长方式从粗放型向集约型转变,发展成为国民经济的主体部分。2000 年,共有乡及乡以上独立核算工业企业 995 个,其中重工业占 58.1%,轻工业占 41.9%。有大中型企业 29 个,小型企业 966 个。实现工业总产值(按 1990 年不变价格计算)119.59 亿元,而 1978 年为 6.08 亿元(当年价),1990 年为 36.46 亿元(当年价)。在"工业兴区"战略思想指导下,新中国成立后逐步建立和发展起来的"五大传统支柱产业"(有色金属、食品茶酒、机械电子、轻工纺织、建筑材料)进一步发展,新兴产业应运而生,新产品层出不穷。广丰县卷烟业的发展就突出地代表这一趋势,成为振兴、推动地方经济和区域经济发展的重要力量,历年开发的新产品,少则数十项,多则上百项,不少成为知名品牌,成为本行业的支柱产品。一批大中型企业和企业集团得到重点扶持。全区大中型企业,比 1990 年净增 15 户,其工业总产值为 20.08 亿元。为使工业形成规模,加大资金投入,大力进行技术改造。1991 年—1995 年累计投入资金 10.46 亿元,较"七五"期间增加 7.08 亿元。1996 年—2000 年又结合经济体制改革与经济增长的根本转变,以市场为导向,以产品为龙头,以调整结构为重点,以提高效益为目标,累计投入 16.47 亿元,进一步加快技术改造步伐。改革中,一批国有企业完成"两个置换"(产权置换、劳动者身份置换),建立现代企业制;一批小型企业进行股份制改造,转换经营机制。2000 年,全区有独资企业 874 个,合作合伙企业 80 个,股份有限公司 13 个,有限责任公司 28 个。"扭亏增盈"活动,取得明显成效。2000 年年底,亏损企业由 1991 年的 299 个减至 219 个,规模以上工业企业整体扭亏为盈出现良好态势。

乡镇企业呈现乡办、村办、联户办、户办"四轮驱动"的新局面。1991 年,上饶地委、行署确立"稳农兴工,突破乡镇企业"的指导思想,制定《关于突破性发展乡镇企业的补充决定》,乡镇企业进入大发展、大提高时期,各地乡镇企业异军突起,在全区经济中形成"三分天下有其一"的格局。2000 年年底,共有乡镇企业 97165 个,从业人员 36.04 万人,企业个数与人员分别是 1978 年的 19 倍、1990 年的近 3 倍,现价总产值 145.32 亿元,已成为全区国民经济中的一支重要力量,其丰富多样的产品产量,大幅度提高了社会商品的有效供给。2000 年,全区国内生产总值的 22.1%、工业增加值的 48.8% 均来自乡镇企业。每个农业人口平均从乡镇企业得到纯收入 423.31 元。

三

1990 年代,全区各级党委和政府对农业和农村工作,始终坚持"四个不动摇":坚持把农业放在经济工作的首位不动摇,坚持深化农村和农业改革不动摇,坚持实施科技兴农战略不动摇,坚持大力发展农业产业化经营不动摇。完善家庭联产承包责任制,健全服务体系,推广农业科技,积极发展生态农业、特色农业、创汇农业,战胜特大自然灾害,坚决减轻农民负担,农村劳动资金投入产出率大大提高。2000 年,全区农业总产值 682075 万元(1990 年不变价),比 1978 年的 81174 万元(1990 年不变价),增长 273.62%,比 1990 年的 385119 万元增长 77.11%。粮食作物总产量于 1996、1997 年突破 250 万吨大关,但受自然灾害影响,2000 年有所减产,只有 222.24 万吨。棉花、油料、肉类、水产品、茶叶、水果、禽蛋、牛奶、蔬菜等均有大幅度增长,品质提高,有效地保证市场供给。产业结构调整的力度加大,范围更广,内容更全。1993 年,全区重点组织实施"四大工程":优质稻工程、果业工程、蚕桑工程、畜牧水产工程。1997 年提出"一稳二增三大"的要求:稳中求进,搞好粮食生产;增加农民收入,增加单位面积产量;畜牧、水产、蔬菜大发展。1999 年又确定以"抓三化"(产业化、科技化、结构优化)、"促两增"(增加农民收入,增加农业后劲)、"保一稳"(确保农村社会稳定),达到农业增加值同比增长 8% 以上,农民人均收入同比增加 200 元~260 元。在此期间,大力发展"三高"(高质、高产、高效)农业,按照"区域化布局,专业化生产,一体化经营,企业化管理,多元化投入,社会化服务"发展农业主导产业的思路,在全区确立 11 个主导产业或主导产品,扶持一批种、养、加大户,建立一批商品粮基地、优质棉基地、瘦肉型猪生产基地、商品鱼基地、名特优新农产品基地。进一步加强农田水利建设,大力发展有机肥,增加畜粪肥和稻草还田,提高机械装备能力,进行红壤二期开发。为使养地和用地相结合,有机肥和无机肥相结合,提高肥料施用效果,重点推广水稻叶面施肥,氮肥深施,水稻分次接力施肥,协调养分提高氮肥肥效,水稻氮磷钾合理搭配增效,测土配方施肥等 6 项施肥措施。

上饶是较早实行家庭联产承包责任制的地区之一。承包制的建立,极大地调动农民的生产积极性,推动并完成全区农业的第一次飞跃。随着农业和农村经济的转型和增长方式的转变,在坚持土地承包关系、土地所有权、农户承包经营土地等三个稳定不变的前提下,"公司+农户""基地+农户""协会+农户"等集约化、规模化、科学化、产业化经营模式得到推广,推进全区农业的第二次飞跃。多种经营全面发展,专业户、专业村遍地开花。

农业综合开发,大坳水利枢纽,重点堤岸整治加固,横南铁路,上饶火车站改建等重点工程相继建成,移民建城完成投资 14 亿元,实现县县油路化,通讯数字化,县县架设 11 万伏输变电线路,城乡建设日新月异。

吉湖农业综合开发项目,基本安排在波阳县、余干县、万年县,以发展畜牧、水产、水禽养殖为主,是利用世界银行贷款进行综合开发的大型项目,建设期为 1990 年—1995 年,总投资 13697 万元。在波阳县、余干县、万年县 53 个乡(镇、场)中,建立各类种养专业户 2022 户,建成年产 2 万吨浓缩饲料厂 1 座,年产 155 万羽水禽加工厂 1 座。

林业结构进一步调整。由过去营造用材林为主,变为用材林、防护林、经济林、薪炭林、特用林一齐上。树种结构趋于合理。据 1994 年调查,在全区有林地面积 108.65 万公顷中,用材林占 54.5%,防护林占 5.7%,薪炭林占 14.2%,经济林和毛竹占 24.8%,特用林占 0.8%。在有林地面积中,松类占 17.4%,杉类占 33.8%,阔叶林占 49.8%。林业经济成分实行国有、集体、个人一起上,至 1998 年全区造林专业户即达 1500 多户,经营面积 1.33 万公顷。

改革开放后,水利摆在基础产业的首位,进一步加大水利建设的投资。至 1998 年年底,全区共投入 24.0741 亿元,其中 1990 年前(含 1990 年)为 12.66 亿元,改革开放后的 20 年中,全区水利建设投资相当于前 30 年的投入。"九五"期间,又完成投资 9.758 亿元。2000 年底,共兴建大、中、小各种规模的蓄水工程 1772 座,总蓄水量 25.2082 亿立方米,有效库容 17.3368 亿立方米。有效灌溉面积 25.3 万公顷,占耕地面积的比重由 1978 年 74.2%、1990 年的

80.4%，提高到2000年的84.5%；旱涝保收面积14.01万公顷，占耕地面积的比重由1978年的54.4%、1990年的56.5%，提高到2000年的70.1%。有500亩以上的引水设施1901座，50亩以下5419座。现有机电排灌站2283座，流动站6241座。有大小圩堤391条，堤线长度1354.5千米，其中万亩以上圩堤20条、463.6千米。20多座大、中、小型水库，大坳下会坑等水利枢纽工程，600多千米堤防，鄱阳湖治理一期5座重点圩堤除险加固，222座（1万~10万亩4座）引水工程，3100多座机电排灌站，都是在这一时期完成或正在加紧施工。大坳水利枢纽工程是全区有史以来投资最大的工程，是水电开发的重点，1996年7月1日主体工程开工，2004年4月28日第一台机组72小时试运行成功，5月底全部投产发电。《中华人民共和国水法》《中华人民共和国水保法》《中华人民共和国防洪法》的相继实施，使水利从过去单纯的防洪、抗旱、冬修，转变为以法治水、社会办水、综合开发为主，供水、水电、渔业、综合经营四大水利支柱产业化初步形成。2000年实现水利经济总收入44239万元，比“八五”期末的1995年的24982万元增长77%，涌现出一批产值超千万元的骨干企业。多元化、多层次、多渠道的水利投资体系新框架初步建成，形成了“水利为社会，社会办水利”的共建机制。

四

公路。以1991年贴息贷款加快320国道建设步伐为标志，实现全区交通建设由被动到主动的转变，拉开高标准、高速度、高起点建设公路的序幕。公路建设列入县（市）政府目标考核，银行把公路建设贷款列入年度贷款规模，水泥路、油路每年平均以130千米的速度延伸。一批干线工程如320国道、上德线、景白线、上二线等得以完成，初步完善境内干线公路网。1996年开始实施国省道、县乡道一齐上的建设方针，1998年开始实施县通乡（镇）水泥（油）路规划。2000年底，公路里程达4651千米，比1990年4378千米增长6.24%。客运周转量73653万人千米，货运周车程16643万吨千米，分别比1990年的44262万人千米、20152万吨千米增长66.40%和－17.41%。公路客运班线达到444条，12.12万千米。跨省客运288班次，沟通上饶与6个省（市）110多个地、县城市的联系。形成国有经济为主体、各种经济成分、经营方式参与竞争的运输市场。

水路。以波阳为中心的客运航线由5条发展到21条，万余吨的钢质货船取代了1007艘木质船，长期行驶在长江、内河水域，发展沿河、沿湖、沿江的水上交通，水路运输业户增加到350户。上饶地区航运公司于1992年7月，率先开辟波阳至南昌的夜航客班，结束江西省无夜航客班的历史；又于1996年6月率先购入高速客轮投入营运，为省内首创。

铁路。浙赣铁路复线于1988年10月上饶区间开工，1995年12月全部竣工。横南铁路上饶联络线1993年12月开工，1999年9月竣工营运。1990年浙赣线每天开行客车15对，货车26对，2000年每天开行客货车分别增至33对和32对。横南上饶联络线每天开行货车4对，客车3对。有3对旅客列车从上饶始发。1998年从新塘边到灵溪50千米间，首次铺设无缝线铁路。1950年上饶至南昌240多千米要运行14小时，1998年仅运行3小时30分钟。1991年—2000年上饶铁路货物发送1366.02万吨，旅客发送1941.8万人次。

邮政电信。所有县（市）实现城乡电话交换程控化，长途传输数字化，长途电路达1500路，为1978年的80倍。移运通信从无到有，无线寻呼人工、自动兼备，移动电话模拟、数字并举，电视电话会议、NO.7信令系统、同步定位系统、电视监控系统、信息服务系统和分组交换网、数据数字网、计算机互联网、多媒体通信网横空出世。1000平方米的上饶邮件处理中心建成,县以上城市邮政营业窗口实现电子化,邮区地至县邮路全部实现汽车自动化,县以下邮路实现自动化,邮电网点遍布城乡,星罗棋布,构成了现代邮电通信网络。全区邮电业务计费总量分别由1978年的245.4万元、1990年的1195.6万元,增至2000年的71851.28万元。

城乡建设。1978年全区所辖16个县(市)中,有城市一座,县城和建制镇23个,城镇人口仅占总人口的6.5%。市政建设每年仅靠政府拨款的二三百万元。城镇人均城市道路面积不足2平方米,供水设施仅上饶市有自来水厂1座,少数几个县城有供水站,日供水能力约1.5万立方米。只有上饶市有一座小公园,人均公共绿地面积1.2平方米,人均居住面积4.2平方米。2000年,所辖12县(市)中,城市增至2座,县城和建制镇108个,城市化水平达30%以上,城市市政建设投资达2.33亿元,人均拥有道路面积8.57平方米,人均公共绿地面积5.36平方米,自来水厂增至36个,日供水能力达32万立方米,为1978年的21.3倍。公交车、水冲式公厕、路灯等均大幅增加,城镇人均居住面积10.31平方米,较1990年8.22平方米,增长25.43%;全村农村居民居住面积29.79平方米,较1990年的20.7平方米,增长43.91%。以道路、绿化、自来水等基础设施为突破口,村镇建设得到加强。房地产开发自1991年,全区完成商品房建设投资额1646万元。2000年完成投资额2.76亿元,比1991年增长15.8倍。

扶贫。1994年起,国家实施"八七扶贫攻坚计划",波阳县、余干县、上饶县、横峰县列入国家贫困县,106个乡被省政府列为重点扶持。1996年,虽有14个贫困村达到脱贫标准但仍有300个村、35万贫困人员,其中13.7万人年人均收入在650元绝对贫困线下。1998年、1999年全区遭到特大洪涝灾害,中央及省共投入财政扶贫资金计1998年1613.5万元,1999年2617万元,2000年4260万元。全区发放扶贫贷款1998年8693万元,1999年13700万元,2000年11610万元。贫困地区基础设施得到改善,扶贫支柱产业初具规模,形成梨、柚、水产、家禽、牲畜、蔬菜、药材等主导产业。建立油茶基地21个,面积4万公顷,果业基地0.66万公顷,毛竹低改基地0.93万公顷,茶园基地0.66万公顷,开发万亩水面6个,猪场、鸭场、渔场比比皆是,60万人次贫困户受益。全区还有83家扶贫企业与88个贫困村结对子,投入帮带资金353.8万元。1998年特大洪涝灾害之后的封山植树、退耕还林、平垸行洪、退田还湖、以工代赈、移民建镇、加固干堤、疏浚河湖等任务十分繁重。各级党委和政府,均按照中共中央、国务院的部署,有计划、有步骤、有重点抓紧进行。全区移民建镇安置移民总任务86151户,搬迁人口36.32万人,计划分四期实施。至2000年底,累计完成总投资14亿元,搬迁移民6.2万户、26万群众从根本上免遭洪水之苦,建成移民新村(点)11个。

招商引资。2000年,实际利用外资916万美元,比1990年282万美元增长224.82%。1990年代,全区共利用世界银行贷款项目9个,贷款额为3407.51万美元,主要用于扶持农村经济发展和教育卫生事业。

电力。改革开放使上饶经济得以从"文化大革命"中复苏和快速发展,但电力供应却远远跟不上发展需要。电网内上饶电厂仅可调出电力6000千瓦,水电站又大多是径流电站,受季节影响严重,枯水期间,电力缺口达7000千瓦以上。"经济要发展,电力须先行"。1986年上饶电网实现与大电网的联网,当年就从大电网吸收电量4300万千瓦时,占全年供电量的51%。接下来的几年,大电网电量以平均每年16.7%的速度猛增,成为上饶电网的主电源,"电力瓶颈"矛盾得以缓解。1996年10月20日竣工"世纪工程"220千伏输电工程贵上线投入营运,上饶电网跨入全省主电网行列,从根本上解决"瓶颈"问题。在整个1990年代,先后竣工并投入营运的还有上广线、上叶线、啰咆线、罗茅线等。在此期间,先后建成并投入营运的变电工程有220千伏上饶变电站以及叶家塘变、广丰变、皂头变等变电站。与此同时,1991年—2000年,全区水力发电累计完成投资58609万元,新增水电装机容量10.14万千瓦。

五

2000年,全区社会消费品零售总额81.29亿元,为1978年的18.3倍,为1990年的4.1倍。城乡消费品市场呈现平稳增长势头,商品丰富,物价平衡。以上饶市为例,1990年各种物价总指数是:居民消费价格指数104.1,商品零售价格指数102.6,服务项目价格指数112.6,集市贸易价格指数95.1;2000年则分别为102.1、102.4、113.8、96.9。

国有商业在低谷中起步,在竞争中拼搏,经过扩大企业自主权、目标管理、四放开、国有民营、经营承包、转换企业机制等,初步建立适合市场经济体制的新机制。2000年,全区社会消费品零售总额达812858万元,比1991年增长2.4倍;利税总额1186.0万元。有商业零售网点31113个。供销合作社摒弃"非官非民、非政非企"的旧体制,还权于社,还社于民,按照经济区域调整基层社建制,2000年,全区共有基层供销合作社15个。经营上推行集团战略,改变经营方式,抓大放小、抓大带小、强强联合、强弱联合、集团逞动、联合发展。1997年,全区供销合作社系统购销总额突破29亿元,创历史最高水平。粮食改革稳步推进。1991年提高粮食统销价格,1992年,实行购销同价;1993年,放开粮食价格和经营;1994年,提高定购价和销售价;1995年,实行粮食"四定"包干责任制和粮食部门"两线运行"机制;1996年—1997年,实行"四分开一并轨";1998年,实行"四分开一完善"。全区粮食部门贯彻执行按保护价敞开收购农民余粮,粮食顺价销售,收购资金封闭运行三项政策,粮食购销额不断扩大。2000年,全区粮食议购量达19.12万吨,比1991年增加16.41万吨。

随着改革的不断深化,对外贸易发生巨大变化。变化之一是各专业公司的内部管理机制进行大刀阔斧改革,使结构、功能等更能适合市场经济条件下的运行;二是从事外贸出口的队伍不断扩大;三是重视信息的利用和开发。2000年,全区完成进出口总额为4560万美元,其中进口贸易1140万美元,贸易顺差2280万美元。出口量最大的前8个商品分别为烤鳗、照相机及光学仪器、活性炭、人造花卉、服装、罐头、茶叶和蔬菜等。

集市贸易进入持续稳定发展的新时期。2000年底,全区共有城乡集贸市场377个,(城市32个,乡村345个),比1991年增加84个。2000年集贸成交额353467万元,比1991年增长4.3倍。占社会消费品零售总额的比重由1991年的27.9%,提高到43.5%。建一处市场,活一片经济,富一方百姓,市场建设呈现大投入、大发展、大延伸、大提高、大繁荣、大效益的良好局面。

旅游成为新兴产业。2000年,接待到上饶旅游参观及从事各项交流活动的外国人、华侨和中国港澳台地区同胞共6523人次,为1995年的3.6倍。旅游外汇收入278.42万美元,为1995年的2.26倍。国内旅游收入13.88亿元人民币。接待国内外旅游人数287万人次。国家级风景名胜三清山,以自然山岳风光称绝,以"山青水秀"见长,以道教文化渊源显胜,是造物主给世人的丰厚馈赠。开发以后,四海宾客,八方游人,日益增加,络绎不绝。誉为全国最美乡村的婺源,1992年—2000年共接待游客62.47万人。针对境内丰富的旅游资源,"大旅游、大产业、大市场、大发展"的战略开始实施,有关地方政府特制定优惠政策,加大投资,改善设施,并鼓励多种经济成分参与开发和建设。

六

2000年,全区财政收入15.7亿元,其中地方财政收入10.5亿元;财政收入为1978年的21.6倍,1990年的4.3倍,实行分税制财政体制后,年均递增高达21.7%;财政收入超亿元的县(市)有3个,其中广丰县财政收入由1990年的2000万元,增至2000年3.5亿元,增长16.5倍,居全区第一位;全区人均财政收入由1978年的15元、1991年的66.86元,提高到2000年的243.69元。1997年消化"七五"期间遗留的累计赤字近2000万元。预算外资金大幅度增长,由1986年的3250万元发展到1997年的4.18亿元。逐步形成以主体财源为骨干、群体财源为基础的多层次、立体式财源体系。

1994年,国家税务体制改革,上饶税务局分为国税局和地方税务局。税改以后,全区国税系统1995年—2000年累计完成324724万元,尤其是在重点税源普遍下滑情况下,1997年较1994年增收2153万元,增长4.91%。地方税收加大改革力度,不断提高征管水平,突出稽查地位,严格税收执法,重视税收专项检查。2000年地方税收完成57370.5万元,较1994年增长531.92%。

金融业务迅猛发展,有力地支持地方经济建设。2000年年底,全区金融系统存款余额1317750万元,比1978年增长275.9倍,比1990年增长8.1倍;各项贷款1588651万元,比1990年增长4.08倍。为开创"双兴双活"的局面,各金融机构将信贷资金重点流向生产效益好、产品有销路、关系国计民生的重点企业。各级人民银行建立并完善金融监管体系,以维护金融安全运行。工商银行大力加强各项基础建设,千方百计筹措社会闲散资金,全力支持地方经济发展,并通过深化机构改革,向商业银行迈出实质性步伐。还通过降低资金成本、提高信贷资产质量、加大收息力度等,有效地提高自身经济效益。农业银行在经济空间上,实现由过去局限于农村向"优化乡镇、巩固县市、开拓城市"转变。在业务种类上,由单一经营有贷业务,向多元化经营转变,扩大服务领域和服务种类,为全区经济,特别是农业、农村、乡镇企业发展做出了贡献。2000年,全区农业贷款余额由1990年的5.09亿元增至19.01亿元。中国银行上饶地区分行及其分支机构在改革中蓬勃发展。2000年年底,人民币各项存款171.78亿元,比1991年14.05亿元增长11.2倍。各项外币存款2623万美元。各项人民币贷款由1990年末的31.27亿元增至2000年的158.87亿元,各项外汇贷款余额达3322.6万元,有力地支持了当地基础设施建设及其他有关事业的发展。建设银行实现由单一财政职能向财政和银行双重职能的转换,既承办政策性金融,又办理商业性金融。

各级保险机构实现改革中社会效益和自身效益同步发展,保险服务已渗透到经济生活的各个领域。各项财产保险、业务收入迅速增长。2000年全区财保系统共实现保费收入10819万元,年均以12.18%的高速增长。人寿保险在"超常规发展业务,高速有效抢占市场"的战略部署下,业务上力求"速度、质量、结构、效益"四统一,2000年,全区保费收入达17162万元,比1990年1174.9万元增长13.6倍。1993年后,全面启动农村社会养老保险,参加投保的农民已达20多万人。

七

计划部门在完成国民经济和社会发展计划编制的同时,对组织计划的实施采取切实有效的行政手段和措施,并加强监督检查。在执行国家计划过程中,遇有特殊情况,需要对原计划作部分调整时，均依据分组管理的规定，经本级政府同意后，对原计划进行必要的调整。“九五”期间，全区经济社会发展面临一系列新情况、新矛盾和新问题，市场供求关系发生严重变化，有效需求不足的矛盾突出，亚洲金融危机对外对贸易出口和利用外资带来冲击，历史罕见的洪涝灾害使境内的经济建设和人民生命财产受到重大损失，均对原计划进行适当调整。随着社会主义市场经济的建立，计划体制进行改革，对第一、二、三产业的计划管理工作走向正规化，对企业经营行为，不再下达指令性计划，抓好宏观调控。

各级统计部门加快统计信息工程建设和计算机专业人员的业务技术培训，初步改变传统落后的统计数据处理方式，强化统计系统计算中心的综合管理职能。1996 年，开始地区统计局局域网的建设，2000 年年底完成局域网并上了国际互联网。除配合全国、全省的统计执行大检查外，每年都开展全区性统计执法大检查，并与监察局、法制局等部门加强协作。1993 年 8 月至 1995 年 4 月，全区开展第一次全国第三产业普查。1995 年 3 月至 1996 年 1 月，全区进行了第三次全国工业普查。1996 年—1998 年，全区开展第一次农业普查。1996 年—1997 年，全区进行第一次全国基本单位普查。1998 年 11 月始，全区进行全国第五次人口普查。与此同时，多次进行抽样调查，如农村社会经济调查，城市社会经济调查，1% 全国人口抽样调查，企业调查等。上饶市和铅山县两个城市调查队，加强对社会经济的热点、难点等新情况、新问题的调查，撰写的各种调查报告和统计分析共 400 多篇。

标准化管理取得可喜成绩。1991 年—2000 年，全区有 32 项企业产品采取国际标准，21 项产品获国家“采标标志”认可。共完成 400 项企业产品标准备案，帮助企业制定修改标准 2602 项，制定 9 项省、地方标准经省批准发布。12 个县（市）中有 11 个通过国家和省级无标生产工作验收，标准覆盖率由 47.9% 上升到 97.6%。全区共办理换发组织机构代码证 1.2 万家，办理商品条码 150 家、700 种产（商）品使用商品条码。计量监督管理以法制计量为重点，组织开展对加油机、商品房、瓶装液化气、电线、化肥、水泥等定量包装商品的计量监督。2000 年，全区四大项计量器具强制检验的受检率由 1998 年前的 15% 上升到 90% 以上；法定计量技术机构及授权计量机构使用的计量标准及重要计量设备受检率达 98%。加强质量监督管理，重点是危及人身、财产安全、影响国计民生和消费者反映强烈的产品。仅 1998 年—2000 年，即出动执法人员 46792 人次，检查市场 2617 个，捣毁制假窝点 162 人，查获各种假冒伪劣商品和不合格商品价值 6978.85 万元。

1993 年，为促进改革开放和经济发展，全区工商行政管理部门改进企业登记管理工作。改进措施主要是逐步取消主管部门对开办企业的审批，取消不必要的前置审批条件；放宽经营范围和经营方式，放宽公司的登记条件；淡化核准经营范围时主、兼营的划分，淡化对企业经营场所的审查。2000 年，全区经合法登记的内资企业有 14576 户、资金 595666 万元。1991 年—2000 年，全区共受理经济合同纠纷案件 22538 件，均根据《中华人民共和国经济合同法》及其他有关法律法规，及时进行调解、仲裁。其间，开展“重合同，守信用”活动，一批企业分别被各级政府授予相应称号。1991 年—2000 年，全区共注册商标 855 种，其中 2000 年 120 件，“全良”（酒）、“月兔”（卷烟）、“大鄣山”（绿茶）、“上字”（电度表）等 23 件被认定为江西省第四届著名商标，“凤凰”（照相机）被认定为中国驰名商标。各级工商部门极为重视商标保护工作，对商标侵权行为依法进行了查处。10 年中，对广告市场违法案件查处力度加大，共查处 1228 件，罚没金额达 44.67 万元，严厉禁止虚假广告，严格执行境内广告经营准入制度和对广告发布的审查。以打击假冒伪劣商品为重点，实行公平交易，保护消费者权益，10 年间共查处种类施“三项”建设工程以后，有7个县（市）实现或基本实现“2000年人人享有卫生保健”的规划目标，行政卫生室覆盖率达95%以上。爱国卫生运动成为全社会的一致行动，开展创建卫生城市（县城）、卫生乡镇、卫生庭院、卫生先进单位、文明卫生户等活动。农村改水由大口井、手压井向以建自来水厂的方向发展，改水受益人口1997年即达544.18万人，其中饮用自来水人口已达215.1万人。农村改厕推广无害化厕所。以疾病控制为重点，加大卫生监督力度。全区每年的食品卫生、环境卫生、学校卫生、劳动卫生和农村卫生监督覆盖率均在98%、98%、92%和70%以上。妇幼保健开展围产期监护，实行孕产妇系统管理，开展儿科、妇科、婚检、优生优育等咨询门诊，孕产妇死亡率已降至47.2/10万，低于全省平均水平，婴儿死亡率降至45.6‰。血吸虫病流行县市由9个压缩到4个，流行乡镇由115个压缩到74个，流行村由912个，压缩到685个，历史有螺面积由7.57万公顷压缩到2.77万公顷。1995年，广丰县达到消灭血吸虫病标准，上饶县、玉山县亦基本达到这一标准。中医事业发展迅速，全区有中医院12所，中医药专业人员1300多人（含中医师690人），比1990年有较大增加。有4所中医院的5个科室被省卫生厅列为全省“三十”工程重点建设项目，余干县被列为华东6省1市唯一的中医教育试点县。医学科研、教育均有长足发展，“八五”期间，全区卫生系统即获省科技创新奖和进步奖12项，国家发明专科和重大科研成果奖5项。

健身运动走进千家万户，全区有百余万人经常参加体育锻炼。群众社团组织发展到220个，会员逾20万人；中小学体育达标实施面达100%，达标率85%以上；社会体育指导员达到150多人，健身辅导站21个，传统体育继续发扬，现代体育项目发展到30多项。竞技体育大有发展，1994年，上饶成功举办江西省第九届运动会，开创省运会在地（市）承办的先河，并创下金牌总数位居第4的佳绩。同年，承办了全国三大赛事：全国体操冠军赛，全国青年蓝球联赛和全国女蓝六强赛。体育设施大为改观，新建的上饶体育中心、体育场，占地面积100多亩。体育产业化事业步伐加快，上饶在全省率先发行体育彩票。2000年，全区有等级运动员114人，等级裁判员274人，有少年儿童业余体校9所，在校学生4631人，各类体育培训班2623个。《国家体育锻炼标准》锻炼达标人数670486人，其中优秀95538人。

1990年代后，精神文明建设在全区进一步开展，1997年新成立精神文明建设指导委员会，组织开展“讲文明，树新风”活动，集中解决群众反映强烈的环境卫生、交通秩序、文明言行、服务质量四方面的突出问题，同时在各行各业、各窗口单位、部队、农村等广泛开展创评文明单位活动，都取得实实在在的效果。1998年，组织开展“承诺工程”活动，并在地区邮电局等9个单位进行试点，向社会公开承诺服务制，首次开展评比文明企业活动，有效地促进行业风气的好转。以“讲文明，树新风”为重点，开展以提高市民素质和城市文明程度为目标的文明城市创建活动，以及以服务人民、奉献社会为宗旨的文明行业创建活动。“三大创建”活动的全面开展，建立上饶集中营旧址和上饶集中营革命烈士陵园等一批爱国主义教育基地，“军民共建”、“警民共建”，形成群众性的精神文明建设热潮。1994年，在玉山县文成镇金桥村开展农村伦理道德教育试点。玉山县委宣传部还编写适应农村伦理道德教育的新编道德三字经，内容有“立志篇”“助学篇”“爱国篇”“忠诚篇”“廉洁篇”“和睦篇”“孝悌篇”“勤俭篇”“文明篇”“发展篇”。1999年，以创建文明城市为龙头，开展“十个十”创评活动。经过评比、命名和表彰，全区有地级文明住宅小区8个，文明市场9个，文明街道11个，文明示范集镇12个，文明示范村12个，文明示范农户12户，文明标兵单位13个，文明企业13个，军（警）民共建先进单位10对（20个）。广丰县、玉山县、上饶市评为“两个文明建设共同发展先进县（市）”。

九

计划生育采取系列的治本措施，建立县（市）、乡、村三级人口与计生目标管理责任制，制定下发整顿生育秩序，落实“三为主”，推行“三落实”，实现“两个转变”等促进人口与经济社会协调发展的决策性文件，果断行使计划生育“一票否决权”。全区上下紧紧围绕转变人们婚姻观念这个中心，广泛深入地开展多种形式的“计生”宣传教育，和“四进四送”活动（进山乡、进码头、进船头、进渔村，送计生方针政策宣传、送科普知识和健康咨询服务、送避孕药具和常用药品、送反映婚育新风的文艺演出）；并以乡村两级人口学校为基础，培训已婚育龄夫妇，2000年，全区共培训102.57万人。使“少生能快富”“计划生育光荣”深入人心。2000年全区已婚育龄妇女综合节育率为91.40‰，人口自然增长率由1990年的18.79‰降到2000年的9.79‰。

环境保护管理体系基本形成，环境监测设施日臻完善，废水、废气等环境污染得到有效治理。根据《“九五”期间上饶地区主要污染物排放总量控制计划》，对国家重点控制的12种污染物实施总量控制。列入全省考核的198家工业污染源，经治理达标的121家，关停74家，停产治理3家，合格195家，达标率98.5%。关停、取缔了工艺落后、污染严重、治理无望的“15小”企业33家。对乐安河流域水环境进行综合治理，大部分污染指标有明显改善，排放污染物总量大幅减少。2000年，全区环境质量状况良好，空气属于清洁级，信江、乐安河两大水系水质属于清洁级。

1952年—1978年的36年间，全区累计减少耕地面积66.16万亩，相当于万年、婺源两县耕地面积之和，为切实贯彻实施保护耕地的土地基本国策，各级党委和政府采取一系列措施，特别是1990年代后，进一步开展土地管理法、矿产资源法等国家法律法规的宣传和执法大检查、土地隐形市场清理、“土地三清一保”、非农建设用地大清查、砖瓦窑专项治理、严厉查处违法用地案件。严格实行采矿许可证制度，取缔非法采矿，整顿矿业秩序，同时对矿产品流通领域加强监督管理。全区从1992年开展基本农田保护工作，共建农田保护区2866块，保护面积达35.06万公顷，保护率为86.5%。1992年，全区土地使用由“三无”（无偿、无限期、无流通）到“三有”（有偿、有限期、有流通）工作开始起步。

1991年—2000年，全区共安排城镇待业人17.43万人，失业率始终控制在3.5%以内。针对大多职工下岗的新情况，实施下岗职工再就业工程，共建立再就业服务中心528家。1996年—2000年5年内通过各种渠道安排就业9370人，筹集下岗职工基本生活保障金7200万元，通过职业介绍所或劳动力市场，23.34万人被招聘或介绍用工，1991年—2000年累计劳务输出481.89万人次。社会保险事业从无到有，项目从少到多，范围从小到大。到2000年，已形成集养老保险、工伤保险、女职工生育保险、医疗保险、失业保险为一体的社会保险体系。2000年，参加养老保险人数为21.48万人，1993年—2000年共收缴工伤保险金2284.8万元，为伤残、死亡职工支付工伤保险费1466.9万元。1991年—2000年，参加生育保险12.58万人，共支付生育保险费987万元。1997年，全区12县（市）大病医疗保险全面运转，至2000年共收缴大病医疗保险费2082万元，支出1221万元。失业保险已累计筹集保险金2814万元，参保12.39万人，向7283名失业职工发放救济金和医疗补助费167.33万元，各地均建立特别困难职工档案。做到“两个确保”（确保国有企业下岗职工基本生活，确保离退休人员养老保险全额发放），完善“三条保障线”（进一步完善下岗职工基本生活保障、失业保险和城市居民最低生活保障),成为各级政府的重要任务。农村“低保”工作进展顺利,占农村人口6%的低保对象,每人每年一般均可得到400元的生活救济。

在经济、政治体制改革逐步深化的过程中,人事制度改革是重要内容之一。1992年起,全区企业用人制度实行“双向”选择,优化组合,打破长期存在的干部与工人的界限。转变机关职能,政企合一性质的行政管理部门进行了建制改革,地区商业局等9个单位转变职能成为经济实体。1993年3月,全区第一个人才市场成立,盘活人才资源,人才流动走向市场化。1994年开始推行公务员制度,并与党政机关机构改革同步实施,机构改革执行“三定”方案(定职能、定机构、定编制),根据国家公务员考核的暂行规定,机关工作人员均参加考核,向国家公务员过渡,1996年7月26日上午,全区统一举行现有人员过渡考试。试行干部分流机制,1997年开始探求乡镇机关“小机构,大服务”机制。1998年开始进行事业单位“政事职责分开,单位自主用人,人员自主择业,政府依法监招,科学分类管理”的新路子,同时开展事业单位法人登记工作。继续推行干部聘用和考试录用制度,1991年—2000年,全区共聘用5266人,考录5300人。军队转业干部共接收安置835人。职称改革顺利进行,以考代评及聘后管理成为重点。1993年,对全区机关事业单位工作人员和离退休人员进行工资改革,1994年企业部门全面实行劳动合同制,进一步开展企业工资制度改革,实行工资总额与经济效益挂钩。

优抚工作坚持改革创新,开始形成法制化、规范化、制度化。以创建“双拥”模范城(县)为主要形式,优抚的各项内容成为评比的重要内容,2000年,全区共有群众优抚组织4800多个,年活动人数达6.7万余次。有计划、有步骤地调整和提高各类优抚对象的抚恤补助标准,全区每年的抚恤事业费超过1300万元,比1980年增加4.4倍,建立拥军优属保障基金。社会福利院遍及12县(市),社会福利企业78家,孤老残幼收养人员生活得到基本保证,2000年,全区共有福利院16所,有光荣敬老院44所,安置年老体弱无靠的孤老烈属及革命工作人员;农村一般孤老亦老有所养,有乡、镇、街道办敬老院145个,为“五保”老人安度晚年提供较好条件。全面实施“星光计划”,广泛动员社会参与,建立和完善社会老年服务网络。

全区开展村民自治、建立村民代表会议、村民议事会议制度、推行民主决策、民主监督、民主管理制度,推进基本民主政治建设。尤其是1998年后,这一工作得到加强,至2000年,全区有137个乡镇推行政务公开,2271个行政村实施村务公开、民主管理,占行政村数的80%。

十

全区经济建设和社会事业发展成绩巨大,但跟省内先进地市和沿海发达地区相比,差距不小。突出的区情是:人口多,基础差,经济总量少,人均水平低,发展后劲不足,抵御自然灾害能力差。2000年1月15日,中共上饶地委书记在全区三级干部大会上的报告中指出,与全省及周边地区比有五个方面的主要差异。一是发展差距拉大。1998年人均国内生产总值在全省11个地市中,在毗邻地市中均倒数第一,而1991年时相差并不大。二是财政捉襟见肘。1998年全区财政收入仅占全省财政收入的9.7%,人均为215元,比全省低142元。三是群众收入不高。1998年农民人均纯收入为1872元,比全省平均水平低173元;职工平均工资比全省平均水平低1061元,城镇居民人均可支配收入比全省平均水平低96元。四是发展后劲不足。所有制结构中,国有集体经济比重突出,1998年全区个私从业人员仅占劳动者总数的1/10,纳税额占财政收入不到1/4,比赣州、宜春相差近10个百分点。1998年,一、二、三产业比重为34:31:35,第二产业分量最轻,工业竞争力不强。1998年全区种植业比重比全省高0.7个百分点,牧业低 8.1 个百分点。种植业内部,粮食作物比重高出全省 2.3 个百分点。可见,多种经营还是境内农业内部的一条短腿。除经济结构仍不合理外,发展投入也太少。1998 年全社会固定投资只有 31.6 亿元,比赣州少 18.6 亿元,比宜春少 22.6 亿元。工业装备老化问题突出。1998 年全区技改投资仅占全社会固定资产投资的 7%,比全省平均水平低 7 个百分点。五是劳动力资源发掘利用不够,多数劳动者在农业就业,二、三产业就业比重低,发展慢。有专业特长的人员匮乏,能适应现代经济的人才少;人才分布不尽合理,企业和农业生产第一线人才缺乏。

面对上述问题,地委、行署提出“改革攻坚,外向带动,优化结构,梯次推进”的宏观发展思路。在以后的几年必须做好:(一)改革攻坚,不断深化以国有企业改革为重点的各项改革。(二)外向带动,做活面向江浙沪闽粤这篇大文章。(三)优化结构,强力培植新经济增长点。加快提高非公有制经济的比重,主攻工业中壮大支柱产业,大力推进农业产业化,加快小城镇建设,大力发展旅游业。(四)分类指导,梯次推进县域经济发展。

大事记

1991 年

1 月 15－17 日 全国政协副主席钱正英,委员黄辛白,长江水利委员会主任魏廷琤,中共江西省委副书记、副省长蒋祝平,省政协副主席吴永乐,省人大常委赵源仁,省水利厅厅长钟积贤,在中共上饶地委副书记、行署专员刘德旺,省政协上饶联络处主任张续文,行署副专员陈发芳陪同下,视察万年县梓埠联圩、余干县康山大堤。

2 月 27 日至 3 月 1 日 上饶地区首次灯赛在上饶市赣东北大道举行。参赛彩灯 99 盏。

3 月 4 日 全省第七个五年计划重点工程——铅山县铁炉水库,经过建设者 5 年多的建设,于当日蓄水发电。

4 月 1 日 闽、浙、赣、皖毗邻九地市横向联合联席会联络处,在上饶举行成立大会。

5 月 27－28 日 以省妇联副主任陈光华为团长的省儿童协调委员会慰问团,走访方志敏烈士故乡的幼儿园和万年梨树坞乡的幼儿园。

6 月 5 日 江西省第七个五年计划重点工程——广丰七星水库电站正式发电。上饶行署副专员邓布仁出席剪彩仪式。

7 月 1 日 位于上饶市长塘路和沿河东路交汇的上饶体育中心动工兴建。该体育中心占地面积 30630 平方米,由主馆和裙房组成,总建筑面积 17410 平方米,总投资 3254 万元。场内设有电子计时计分、通信、消防、自动报警、混光照明等设施,可承担国际、国内的手球、篮球、排球、体操及其他室内竞技项目比赛。

3 日 副省长舒惠国、原省长赵增益到上饶参加全省羽绒工作洽谈会。

21－23 日 中共江西省委副书记、省长吴官正在中共上饶地委书记卢联灿,地委副书记、行署专员刘德旺,地委副书记倪贤伍、邓布仁,地委委员、地委秘书长蒋华生等陪同下,到广丰县、玉山县、弋阳县、上饶县和江西光学仪器厂视察。

31 日 上饶、广丰、铅山、德兴人工增雨成功。3 个发射班 4 门高炮,发射 300 余发"碘化银"人工增雨弹。

8 月 17 日清晨 省长吴官正从南昌出发,中午到波阳后即到聂家乡检查棉田。8 月 18 日上午到四十里街乡、18 日下午到双港乡小华村检查工作。

20 日 国家教委副主任滕藤到家乡婺源视察工作。省教委主任黄定元、地委副书记邓布仁、行署副专员吴怀亮等陪同。

9月3日 上饶县沙溪镇发生一起一辆铁罐车因违章操作而导致满载2.4吨的一甲胺外泄，造成40余人中毒的事件。其中：重度中毒送医院抢救的139人。事故发生后，国务院及国家有关部委对此极为关心；省、地、县党、政、军领导及时赶到现场组织抢救。地委、行署组织了以专员刘德旺为指挥的临时指挥部。上海市化工局长符玉明为指挥的临时指挥部。上海市化工局长符玉明率13人的医疗抢救小组，前往抢救。9月5日，化工部副部长贺国强亲抵上饶，慰问沙溪镇因恶性事故受灾的群众。

11－12日 全省地、市、县方志办主任工作会议在上饶县召开。

12月14－15日 省长吴官正视察波阳县、余干县血防、水利冬修、水上治安、渔政管理等工作。

1992年

5月31日 行署专员刘德旺率地区建材局、水泥厂、三清山管理旅游局等单位负责人赴京，分别向国家计委、建设部、财政部、建材工业局、旅游局、民航局和原材料投资公司汇报上饶地区新建30万吨水泥生产线、三清山开发和恢复玉山机场等项目。6月8日下午，在北京汇报工作的中共上饶地委副书记、行署专员刘德旺和有关地、县的负责人，邀请了部分上饶籍在京乡友举行座谈会，向他们通报家乡建设的情况，征求对家乡工作的意见和建议。中顾委委员汪东兴到会看望大家，并讲了话。汇报至6月10日结束。

6月8日 全国政协副主席叶选平一行8人，在省政协主席吴平、地委书记卢联灿、行署副专员陈椿年和地区政协联络处副主任黄知琛等陪同下，到婺源视察。

26日 由新华社、中央人民广播电台、经济日报社、江西电视台、江西人民广播电台、江西省委宣传部组成的中央、省委新闻单位采访团，到上饶地区采访。中共上饶地委书记卢联灿、行署专员刘德旺分别向采访团介绍上饶地区经济发展情况及今后设想。采访团先后采访了上饶市、德兴市、广丰县、铅山县，至30日离上饶。

6－7日 地委副书记邓布仁、行署副专员陈发芳在南昌向省委常委张逢雨、省委常委、副省长舒圣佑，副省长孙希岳、舒惠国以及民政、水利、农牧渔业厅，汇报上饶地区洪灾及抢险情况。

6－10日 省长吴官正在上饶行署专员刘德旺等陪同下，乘船视察余干县、波阳县抗洪抢险工作。

15－17日 农业部部长刘中一在省委常委张逢雨，地委副书记、行署专员刘德旺，地委副书记邓布仁陪同下，乘船到波阳县、余干县视察灾情。

8月17－24日 行署专员刘德旺率100多人的经济技术洽谈代表团，赴香港、深圳招商引资。此行共签项目82个，引进意向性外资5794.3万美元。

8月27日晚 联合国开发计划署高级项目官员朱涵杉女士，项目助理苗红军先生，由福建赶到铅山，了解受灾情况。

9月1－7日 中共江西省委书记毛致用一行4人，先后到铅山县、横峰县、广丰县、玉山县、德兴市、万年县调查研究。

11月27日至12月1日 中共江西省委副书记刘方仁视察余干县、波阳县、德兴市和江西光学仪器厂。

1993 年

2 月 24 日 南京军区政委刘安元中将、副司令员何其宗中将、江西省军区司令员张传诗少将,在中共上饶地委书记、军分区党委第一书记卢联灿,地委委员、秘书长蒋华生,军分区司令员肖庆玉大校,行署副专员陈椿年、吴怀亮的陪同下,看望上饶驻军指战员。

5 月 1 日 广丰烟厂技改扩建工程胜利竣工。省、地、县领导及省内外有关部门的代表近2000 人参加了该项工程的竣工典礼。

6 月中旬至 7 月上旬 上饶地区两次遭受严重的洪涝灾害。第一次发生在 6 月 12 ~ 24 日,第二次发生在 6 月 30 日至 7 月 5 日。两次集中强降水导致山洪爆发,江河湖库水位猛涨。第一次全区平均降雨量达 423 毫米。尤其是婺源县,两次降雨量超过 1000 毫米,是正常年份降雨量的 10 倍。全区受灾乡镇场 286 个,受灾行政村 2833 个,受灾农户 29 万户,受灾人口 355 万人,占农业总人口的 71%,因灾死亡 61 人,直接经济损失 16.58 亿元。

9 月 8 – 12 日 中共江西省委书记毛致用、省长助理孙用和到余干、波阳视察灾情。

10 月 7 – 8 日 国际红十字新红月联合总会救灾代表、丹麦人彼得丹姆,专程到区内波阳县考察灾情。地委委员、行署副专员余锋看望了彼得丹姆,并同他进行了亲切的交谈。

11 月 1 日上午 江西省第九届运动会授旗仪式暨新闻发布会在省体委大会议室隆重举行。上饶地委副书记、行署专员邓布仁,代表全区 600 万人民从副省长黄懋衡手中接过九运会会旗。江西省运动会放在地、市举办,新中国建立后尚属首次。

28 日 江西省人民政府在三清山召开现场办公会。会议由副省长周懋平主持. 省直 15 个部门和单位领导参加。会上,省人民政府同意上饶地区成立三清山旅游经济开发区,开发区享受"昌九工业走廊"同等优惠政策。

12 月 16 – 18 日 省长吴官正到广丰县、玉山县和上饶市考察。吴官正察看了一些农贸市场、国营和个体粮店。指出要采取经济的、法制的手段,辅以必要的行政手段管理好市场物价。

18 日 横南铁路上饶—永平镇铁路线暨上饶火车站改扩建工程开工典礼在上饶火车站举行。国家计委、铁道部等有关部门领导,中共江西省委、省人民政府领导,上海铁路局领导,中共福建南平地委、行署领导,横南铁路福建工程指挥部领导,省直有关部门领导,有关地、市领导,新闻单位领导以及地区各套班子领导等,参加了开工典礼。

22 日 国家计委正式行文批准上饶地区大坳水利枢纽工程立项。该工程是区内最大的水利枢纽工程,位于区境信江支流石溪水中游,由大坳水库、电站和沙潭水库、电站及灌区工程等组成。以灌溉为主,兼有发电、防洪、供水和养殖等效益。大坳水库总库容 2.79 亿立方米,水库模枢纽和灌区电站总装机 5.18 万千瓦。总投资 4 亿多元,计划 4 年完成大坳水库工程,7 年完成整个工程。

年底 经国家储委、冶金部和许多专家学者认定,德兴市金山金矿田为中国第三大超特型岩金金矿田,远景储量 200 吨以上。

1994年

1月28日 省长吴官正和省委常委、省农工委书记张逢雨，在省粮食、民政、计委、血防等有关部门负责人陪同下，到波阳县、余干县看望遭受洪灾的群众和困难户。

3月20日 上饶籍北京部分人员乡友会，在北京四川饭店举行。在京参加八届人大二次会议的上饶行署专员邓布仁参加会议并致辞。会议由上饶行署副专员陈椿年主持、中共中央原副主席汪东兴、国务院各部委（局）部分上饶籍干部30余人到会。

5月20－22日 全省乡镇企业会议在德兴市召开。参加会议的有：中共江西省委、省人民政府领导吴官正、张逢雨、郑良玉、孙用和，省直有关单位负责人，各地（市）委书记，各地、市专员、市长、乡镇企业局局长，28个城郊区和重点县的党政主要领导，上饶地区各县（市）委书记或县（市）长。

9月22－27日 全国体操冠军赛在上饶体育中心举行。

10月10－19日 全国青年男子篮球联赛决赛，在上饶、玉山、万年举行。

11月6－13日 江西省第九届运动会总决赛在上饶体育场举行。开幕式由副省长黄懋衡主持，中共江西省委书记毛致用宣布运动会开幕，省体委主任梅长林致开幕词，上饶地区行署专员邓布仁致欢迎词。这次大会是一次规模空前的盛会，全省有33个系统、44个体育代表团约4000余人参加。这次运动会分上饶、玉山、铅山、弋阳、万年、余干等7个赛区进行。

19－25日 全国女篮六强赛在上饶市举行。

12月15－20日 省长吴官正到婺源、波阳、余干等县视察工作。

1995年

2月11日 中共中央政治局委员、国务委员李铁映到上饶考察，在中共江西省委书记毛致用和地市领导陪同下、瞻仰了位于上饶市茅家岭的上饶集中营旧址。

2月25日凌晨4时10分 一辆由波阳开往广州的大客车在韶关发生车祸，16名波阳籍人员遇难。

是月 省政府批准设立三清山旅游经济开发区，并成立三清山开发区管理委员会。与三清山风景名胜管理局两块牌子、一套班子，隶属行署领导。

3月19日12时30分 玉山县七一水库渡船超载倾覆，46人溺水死亡。

4月11日 地委号召全区开展学习孔繁森，争做人民好公仆的活动。5月19日，地委、行署召开向孔繁森学习动员大会。

28日 上饶市煤气工程破土动工。

5月下旬至7月初 地区遭洪涝灾害，信江、饶河水位超历史。6月29日 水利部部长钮茂生抵余干、波阳、万年县察看灾情，慰问灾民，指导抗洪救灾。

7月5日 波阳县古县渡区昌洲乡污南坂昌河高家段倒堤决口，当地政府组织人员转移后，无一死亡。

6－7日 国务院副总理姜春云到波阳县考察灾情，给正在与洪水顽强拼搏的波阳军民以鼓舞与安慰。

21日 全区首批地级爱国主义教育基地命名挂牌仪式在市茅家岭革命烈士纪念馆举行，首批有上饶集中营旧址等6处。

27日 余干县金山嘴乡土洪村中共党员、民兵排长吴长春在抗洪抢险中，为堵涵洞漏水而被急流卷入涵洞牺牲，省政府批准吴长春为革命烈士。

是月 行署与上海铁路局联合签署《横南铁路暨上饶站改建纪要》。

8月8－9日 省委书记吴官正到波阳县、余干县调研，其间反复强调应以“大灾大治，大灾大干”的精神，搞好全区的水利建设。

9月3日 余干县境内信江西大河瑞洪镇上游约4千米处，发生水泥货船与木质机动船碰撞事故，11人落水溺死。

4日 上饶市委、市政府大院转让给地委。10月，大院内市委、市政府各单位迁出。装修完毕后，地委各单位迁入。

14日 玉山县樟村中学19岁的高三学生王芳文，利用暑假进行“盼香港回归祖国单车万里行”活动。8月9日起从香港出发，途经深圳、广州、赣州、井冈山、南昌、鹰潭，于当日抵达上饶，沿途得到各地政府、企业及个人的资助。

29日 上饶地区国家安全局正式成立。

10月24－29日 省委书记吴官正到弋阳县、万年县、横峰县、玉山县进行调研，强调发展农村经济，关键在于农业增产、农民增收。在确保抓好粮棉生产的同时，要突出抓好“三高”农业和乡镇企业两个重点。

11月1日 上饶集中营革命烈士陵园被全国爱国主义教育基地命名大会定为全国中小学爱国主义教育基地。

是日 特种邮票《三清山》首发式在三清山风景名胜区举行。

16－17日 行署召开全区320国道沿线小城镇、村庄建设会议，要求用三年时间在320国道沿线建成一批具有一定规模，设施配套，市场繁荣，环境优美，各具特色的小城镇和小康示范村。

12月16日 大坳水利枢纽工程动工兴建。

20－21日 全区县市委书记、县市长会议在上饶召开。主要贯彻落实中共十四届五中全会、中央经济工作会议、省委十届二次全会精神，讨论研究地区“九五”计划和2010年规划纲要草案，初步确定来年经济工作的目标任务。

20日 上饶市开通中央电视台加密电视频道。

29日 上饶市北门乡沽塘村51岁的农民陶加森在抓打劫的歹徒中英勇献身。

是年 万年县大源仙人洞发现世界最早的水稻种植硅石标本。

1996年

1月27日16时30分 广丰县洋口镇某经营化工原料及烟花鞭炮的临街店面发生火灾，引起爆炸，死亡9人，受伤9人。

3月6日 一级英模胡俊生命名表彰大会在上饶召开。（上饶县公安局林业分局局长胡俊生在1995年8月27日，处置一起紧急治安事件，不幸被歹徒开枪击中，壮烈牺牲。1996年1月9日被公安部追授全国公安系统一级英雄模范称号。）

20日13时零9分 首列从南昌开出的"月兔号"特快列车到达终点上饶站。随后返回南昌,自此上饶结束了无始发车的历史。

4月1日 各县市人民武装部恢复人民解放军部队建制。

5月22日 地委、行署在上饶召开解放思想大讨论动员大会。大会号召全区干部群众积极投入为期三个月的讨论,推动解放思想大讨论不断深入,全区上下由此形成发展经济的浓厚气氛,以加快全区经济的大发展、大跨越,实现上饶在江西东部迅速崛起。

6月8日 新华社江西分社上饶新闻信息中心在上饶成立。

是月 行署重奖有突出贡献的厂长(经理),陈成之、陈康林、汪德和、张武政、张荣烈等5人,分别获上饶市钟亭小区一幢住宅楼。

是月 原广丰县委书记郑元盛任职期间因受贿一案,于6月14日被上饶地区中级人民法院一审判处有期徒刑13年,没收财产6000元。

7月13日零时起 全区电话号码从6位升至7位。

9月10日 为纪念叶挺诞辰100周年,中央军委副主席张震为茅家岭改建的叶挺将军纪念馆题写馆名。

17日 江西省人民检察院上饶分院成立反贪污贿赂局。

10月27日 玉山县作为全国第一批、全省第一个申报卫生县城通过验收。

是月 电视连续剧《方志敏》(中共中央政治常委、中央军委副主席刘华清题写片名)在弋阳县开拍。

11月14－16日 省委、省政府在上饶召开全省特色农业和农业产业化第二次现场会。省委书记吴官正为大会作书面讲话。省长舒圣佑、副省长孙用和出席会议并讲话。会议期间,与会代表参观了万年、弋阳等6个县市的20个基地。

21－22日 地委(扩大)会议在上饶召开。会议传达学习中央十四届六中全会精神和省委十届四次全会精神,分组讨论《中共上饶地委关于贯彻中央十四届六中全会精神,进一步加强社会主义精神文明建设的意见》。

同月 婺源县被国务院确定为全国唯一的茶叶农业标准化示范县。

12月26日 贵溪—上饶220千伏输变电工程竣工投运。

31日 8集电视连续剧《上饶集中营》在上饶集中营纪念馆门前举行开拍仪式。1997年4月15日,完成后在上饶试播。1998年1月6日,在北京对全国首播。

是年 上饶地区进行公费医疗制度改革,建立公费医疗保险制度,实行职工大病医疗费社会统筹。

1997年

1月28日 全区三级干部大会在上饶召开。会议以邓小平理论为指针,进一步贯彻落实中共十四届六中全会和中央、省经济工作会议精神,部署1997年任务,抓住机遇,深化改革,扩大开放,促进发展,力促全区经济朝着"九五"目标迈出更加坚实的步伐。

是月 余干县被评为全国中医先进县。

3月18日 全区全球通数字移动电话开通。

4月5日 经铁道部批准,上饶—鹰潭—广州直达旅客列车正式运营。

8月 位于上饶市王沙塘水库西侧的中华百家姓始祖蜡像民俗馆(又称508工程)拆除,该工程历时3年,耗资1979.34万元,后终因资金缺乏而无力续建,最后拆除。

10月29日 空军某部汽车团二营六连修理班班长、玉山籍专业军士吕振贤,作为全军无偿献血次数和总量最多的一名军人,在全国第五届无偿献血表彰大会获最高荣誉奖——金杯奖。

是月 上饶市信江储蓄所被中国工商银行命名为全国优质文明服务窗口示范单位。

12月29日15时38分 横南(横峰县至南平市)铁路全线贯通。

是月 广丰卷烟厂获江西省五一劳动奖状。并被省政府授予“江西省工业十强企业”称号,月兔品牌被认定为江西省著名商标。

1998年

1月11日 地矿部部长宋瑞祥到江西省地质找矿功勋单位——赣东北地质大队慰问职工。

23日 全区三级干部大会在上饶召开。大会在总结全区工作的基础上,研究并部署当年工作,提出如何团结奋斗,再创业绩,以更坚实的步伐力争上饶经济大发展。

3月17日 全区第一所私立高级中学经上饶地区教委正式下文批准成立“大茅山私立高级中学”。

4月27日 波阳县银宝湖乡鸣山村发生一起农用船翻沉造成42人死亡的重大事故。

6月11日 北京军区原司令员李来柱上将到上饶集中营瞻仰革命烈士陵园并参观茅家岭监狱旧址。

7月24日 铁道部计划司与省计委共同签署《关于横南铁路上饶联络线有关建设问题协商意见》。

8月14-15日 上饶地区遭受百年不遇的特大洪水。民政部部长多吉才让到波阳县察看灾情,慰问灾民。

28-31日 全国政协副主席毛致用到波阳县、余干县考察灾情。

是月 万年县发现中国最大的原始陶片,距今约1万年以上。

9月6日 地区代表队在省第十届运动会赛艇比赛中,夺得金牌总数第一。

10日 地委、行署在上饶召开全区县市委书记、县市长会议,学习、贯彻中共中央总书记江泽民视察江西时就抗洪救灾所作的重要讲话,落实全省地市委书记、专员市长会议精神,研究部署大灾后的灾民生活安置和生产自救工作,动员全区干部群众齐心协力渡难关。

10月10-11日 行署在波阳县召开波阳县灾后重建现场办公会议。11~12日,又在余干县召开余干县灾后重建现场办公会议。13~14日,继在万年县召开万年县灾后重建现场办公会议。

18日 浙赣线上饶铁路新客站竣工启用。

11月1-4日 省委书记舒惠国在余干县、波阳县了解情况,指导灾区重建工作。

是月 广丰月兔集团获“1998年度江西省优秀企业”称号。

1999 年

1 月 1 日 由地委办公室与新华社上饶新闻信息中心共同筹建的新华社国中网上饶网站正式运行。

16 日 全区三级干部大会在上饶召开。会议主要议题是,抓住时机谋发展,打牢基础创新业,以两个文明建设的新成绩迎接建国 50 周年,迎接新世纪。

2 月 5 日下午至 6 日上午 中共中央政治局委员、国务院副总理温家宝到波阳县灾区视察,给灾民拜年。陪同的有水利部部长汪恕诚、省委书记舒惠国、省长舒圣佑等。温家宝一行视察了波阳县松山集镇、郎铺集镇、珠北移民建镇等灾区新村,察看了饶河联圩的冬修加固工程。

3 月 1 日 地直机关干部下乡帮助特重灾区重建家园发展经济动员大会在上饶召开。300 名选派干部下到波阳县、余干县、万年县,做好为期三个月的帮助工作。

5 日 在上饶召开的全区建设工作会议确定移民建镇、小城镇建设、城市基础设施建设和经济适用房建设为 1999 年四项重点工作。

4 月 21－23 日 中央军委原副主席张震到弋阳县、婺源县考察。

5 月 7 日 举行纪念上饶地区解放 50 周年座谈会。

17 日至 6 月 18 日 地区残联组织实施"视觉第一中国行动"。省医疗队在上饶市、广丰县、玉山县、万年县、波阳县巡回实施白内障复明手术,为 868 名患者施行复明手术,脱盲率达 97%,脱残率达 85%。

6 月 28 日上午 11 时 28 分 大坳水库下闸蓄水。

8 月 23 日 纪念方志敏烈士诞辰 100 周年大会在弋阳县举行。

9 月 8 日 中国人民解放军江西陆军预备役步兵师炮兵团正式成立。会前举行了预备役炮兵团预备役军官授衔仪式。

9 日 葛仙山碑林全面竣工。

30 日 上饶地、市庆祝中华人民共和国成立 50 周年大会在上饶举行。庆祝大会由行署专员黄建盛主持,地委书记陈达恒讲话。地、市几套班子领导和各界代表 1000 余人参加。

是月 广丰县月兔集团被中央文明委授予"全国精神文明建设工作先进单位"称号。

9 日 上饶—永平铁路正式竣工,并发运货车。12 日,举行通车典礼。

13－14 日 地委召开扩大会议,传达贯彻中共十五届四中全会和省委十届十次全会精神。

29 日 地区地级领导班子和领导干部"三讲"(讲学习、讲政治、讲正气)教育活动开始。

11 月 17 日 "豆腐渣"工程——上饶市秦峰信江大桥 3 号桥墩被炸毁。

中旬 上饶地区移民建镇工作在全省考评中创佳绩,铅山县、余干县分别获冠亚军。

24－26 日 南京军区政委方祖岐上将到上饶军分区、驻饶部队考察。

是月 省委、省政府将省属大茅山集团有限责任公司、康山垦殖场划归地区管理。

12 月 20 日 全区党政机关、各界人士和群众收看中央电视台直播的中国政府对澳门恢复行使主权交接仪式实况,并组织开展庆祝活动。

是月 广丰县月兔集团再次获"1999 年度江西省优秀企业"称号。

是月 上饶市政府与新余钢铁厂合资建立的江西上新钢厂,自1993年建成,1994年投产试生产,1995年停产后,终因资不抵债依法申报破产。

是年冬 弋阳县首次发现中华秋沙鸭的越冬群体约120余只,为中国乃至世界观测到的最大濒危物种中华秋沙鸭群体。

2000年

1月5日 地委在上饶召开"三讲"教育工作会议,动员和部署地直单位领导班子、领导干部"三讲"教育工作,把全区"三讲"教育推向深入。3月15日,全区县(市)领导班子和领导干部"三讲"教育全面展开。

15－16日 全区三级干部大会在上饶召开。会议深入贯彻中共十五大及中央经济工作会议和全省经济工作会议精神。号召全区学广丰,缩差距,争发展,实现上饶在江西东部的快速崛起。

21日 邵式平诞辰100周年纪念大会在弋阳县举行。

29日 全区纪检监察工作会议在上饶召开,传达贯彻中纪委四次全会和省纪委八次全会精神,总结、部署党风廉政建设和反腐败工作。

2月6－10日 省委书记舒惠国到德兴市、婺源县,重点对生态农业、农产品流通和国有企业改革进行调研。

2月24日 上饶师专升格为上饶师院获得在广州召开全国高校设置评审委员会第三次会议全票通过。3月21日,教育部下文同意建立上饶师范学院。7月30日,省政府转来批复。

27日 玉山县、德兴市、弋阳县等11个县(市)境内发生15起森林火灾,4起森林报警,过火面326.67公顷,有5名灭火人员牺牲,5人负伤。到28日凌晨2时40分,大火全部扑灭。

是月 大茅山集团有限责任公司和康山垦殖场成建制地分别移交给德兴市和余干县管理。

4月12日 行署召开全区第五次人口普查工作会议。

23日 黄道烈士诞辰100周年纪念大会在横峰县举行。

4月30日至5月5日 省长舒圣佑在广丰县、铅山县、上饶县、弋阳县等地调研,强调努力调整结构,促进强县富民。

是月 上饶市97岁老书画家王克敌向国务院总理朱镕基赠送墨宝,中央信访局来函致谢。

是月 婺源县被农业部评为"全国生态农业建设先进县"。

5月19日 玉山县人民医院发现首例艾滋病病毒男性感染者。

30日9时28分 大坳水利枢纽工程开始发电。

6月8日 玉山县委原书记王学山犯受贿罪,被地区中级法院一审判处有期徒刑5年。

16日 地委(扩大)会议在上饶召开。主要议程是,学习贯彻"三个代表"重要思想,扎实推进党的思想组织作风建设,传达学习中共中央总书记江泽民的重要讲话。

7月11日 省政府下发《关于撤销上饶地区设立地级上饶市的通知》。

8月24－25日 全省创建卫生城市(县城)工作现场会在广丰县召开。广丰获江西省首块"全国卫生县城"牌匾。

10月1日 县级上饶市改为信州区,举行挂牌仪式。

8-9日 中共上饶市第一次代表大会在上饶召开。主要议程是,选举中共上饶市委员会和上饶市纪律检查委员会。会议选举了37名市委委员、7名候补委员,25名纪委委员。9日下午,市纪委一届一次全会召开,选举纪委书记、副书记、常委,新当选的纪委书记洪炳华。同日下午,中共上饶市委一届一次全会召开,选举书记、副书记、常务委员,新当选的市委书记陈达恒。

11-13日 市人大一届一次会议在上饶召开。主要议程是,选举市一届人大常委会组成人员,市政府市长、副市长,市中级法院院长和市检察院检察长,审议通过有关决定、决议。新选举陈达恒任市人大常委会主任。选举黄建盛任市长。

15-16日 市政协一届一次会议在上饶召开。主要议程是,选举市政协一届委员会主席、副主席、秘书长、常务委员,审议决议。新当选的政协主席王际贤。

18日 撤地设市庆典大会在上饶举行。省委副书记钟起煌代表省委致贺词。市委书记陈达恒讲话,市长黄建盛主持大会。会后,市委、市人大、市政府、市政协、市纪委及市直各部门、各单位举行揭牌仪式。

11月8日 省驻饶新闻单位、市各新闻单位庆祝中国第一个记者节。

12月9-16日 市委常委会同意市肿瘤医院、市第三医院实行竞争上岗和聘任制,两个医院院长职务向全市公开招聘。

21-22日 中国残联主席邓朴方到婺源县、信州区调研。

21-25日 第三届全国“武术之乡”武术比赛在上饶举行。这是20世纪最后一次中华武林精英大聚会,系历届全国武术参赛人数最多、规格最高、规模最大的赛事。

29-30日 中共上饶市委一届二次全会在上饶召开。会议进一步贯彻省委十届十二次全会精神,认真学习贯彻中央和全省经济工作会议精神,审议并原则通过市委关于制定上饶市国民经济和社会发展第十个五年计划的建议。

是年 地区公安局被国家禁毒委授予“全国禁毒工作先进单位”的荣誉称号。

2001年

1月5日 全市“三讲”教育工作总结会议在上饶召开。会议传达了全国和全省“三讲”教育工作总结会议精神,总结了当地两年开展“三讲”教育的情况和经验,要求进一步巩固与扩大“三讲”教育成果,开创党建工作新局面。

9日 上饶火车站春运图执行第一天,横南铁路首次分流客运。

是日 全市农村“三个代表”重要思想教育工作会议召开。会议主要议题是,认真学习中共中央、省委关于在农村开展“三个代表”重要思想学习教育工作会议精神,研究部署农村“三个代表”重要思想教育工作,提高基层干部素质,促进农村经济发展。

10日 市委、市政府主办“世纪之光”合唱节,2000余人、8支代表队参加。

2月8-10日 市政协一届二次会议在上饶召开。表决通过大会决议和提案审查情况报告。

9-11日 市一届人大二次会议在上饶召开。会议审议、表决通过关于市政府工作报告的决议和十五计划发展纲要的决议等。

3月16日 《上饶晚报》正式移交给上饶日报社主办。

29日 万年县仙人洞与吊桶环遗址被评为“中国20世纪100项考古大发现”之一。

4月9日 鉴于各地煤矿安全生产形势急剧恶化,市政府在安全稳定工作紧急电话会议上决定所有小煤矿立即停产,全面清理整顿。10日,向各县(市)政府、市直有关部门发出紧急通知。

11-12日 上饶市与辽宁铁岭市缔结为友好城市。

28日 富家坞铜业有限责任公司经批准破产,由江西铜业公司控股的江西铜业股份有限公司出资1.1亿元收购其破产后的有效资产。

5月11-13日 省委书记孟建柱先后到波阳县、婺源县、德兴市、广丰县和上饶市区调研时强调,思想更解放一点,步子迈得更大一点,工作更实一点,做到这三个一点,就一定能把各项工作做得更好,推动上饶经济上新台阶。

18日 上饶工业园区举行奠基仪式。

29-30日 中共中央总书记、国家主席、中央军委主席江泽民和随行的中共中央政治局后补委员、书记处书记、组织部部长曾庆红,在省委书记孟建柱、省长黄智权陪同下,市委书记陈达恒、市长黄建盛等市县领导接待,到婺源进行视察。在婺源期间,江泽民走农家,进茶园,入学校,看民生,察民情,先后察看了金山生态茶业观光园,县博物馆,江湾村,荷包红鲤鱼良种场;听取了县委书记徐信国、县长邓少华的工作汇报。陪同视察的中央有关部门负责人还有王刚、曾培炎、华建敏、刘积斌、戴相龙、胡富国、由喜贵、虞云耀、王沪宁、贾廷安等。

6月29日 全市庆祝中国共产党成立80周年大会在上饶召开。30日晚,庆“七一”“三个代表”合唱节举行。

7月10日 上饶市与上海青浦区结为友好市区。

8月11日 市委常委(扩大)会议在上饶召开。会议传达省委十届十三次全体(扩大)会议精神,研究部署贯彻意见。会议进一步学习贯彻中共中央总书记江泽民“七一”重要讲话,以“三个代表”重要思想为指针,把全市干部群众的思想集中到省委十届十三次全体(扩大)会议精神上来,解放思想,加快上饶发展。

16日 上饶市区旧城改造工程拉开帷幕。长塘路、中山路、光学路、赣东北大道开工典礼举行。

23-24日 中共上饶市委一届三次全体(扩大)会议在上饶召开。会议审议并原则通过《中共上饶市委关于进一步解放思想实现经济跨越式发展的若干意见》。

9月5日 广丰县被国家体育总局命名为江西省首个全国武术之乡。

18日 市政府责令吉阳大厦桑拿部等14家公众聚集场所存在可能发生人员重大伤亡和财产重大损失的火灾隐患,立即停产停业整改。

10月3-6日 省委书记孟建柱在横峰县、上饶县、玉山县和三清山、龟峰风景名胜区调研时强调,各级党委、政府要切实转变作风,改进领导方法,加快本地开放开发步伐,充分发挥山水资源优势,实现农民增收、财政增收的目标。

11月16日 人民日报社华东分社上饶记者站挂牌成立。

21-23日 江西省第四届食品展销洽谈会在上饶大市场举行。

2002年

1月1日起 广丰月兔集团有限公司的"月兔"形象广告在中央电视台4个频道中播出(包括央视一套),成为上饶市首家在中央电视台一套节目黄金段发布广告的企业。

9日 全省经济工作会议结束的当晚,上饶市委、市政府在代表驻地南昌滨江宾馆召开全市县(市、区)委书记、县(市、区)长会议,贯彻全省经济工作会议精神,研究部署上饶市2002年经济工作。

13日 上饶集中营革命烈士纪念馆重建工程破土动工。

18日 市区抗建路商业步行街基本完工,试行开放。2月2日,正式开通。

26日 上饶人民广播电台直播节目正式开播。

2月22－25日 市一届人大四次会议在上饶举行。主要议程是审议市政府工作报告,和选举新的人大常委会主任、新的市政府市长。

3月 江西鑫新实业股份有限公司在上海证券交易所上市,成为上饶首家上市公司。

23日 全国政协副主席毛致用到婺源县考察旅游工作。

18日 由市委宣传部主办的网站《上饶之窗》开通。

7月2日 省委书记孟建柱深入余干县康山大堤调研,了解当地水情灾情。

4－6日 省长黄智权到上饶市区、上饶县、玉山县和信州区,对工业园区建设、农村税费改革、企业改革、城市规划与建设等问题进行调研。

17日 中央政法委书记罗干到婺源县考察。

11月4日 中共十六大代表、市委书记余欣荣启程赴北京开会。

12月1－28日 《血染的丰碑——上饶集中营革命斗争事迹爱国主义教育全国巡回展》在北京首展。

22日 市十大历史文化名人评选结果新闻发布会在上饶举行。吴芮、张潜、洪迈、朱熹、辛弃疾、姜夔、江永、蒋仕铨、詹天佑、方志敏被评为上饶市首批十大历史文化名人。

28日 梨温高速公路通车典礼在浙赣交界处的玉山县梨园举行。省委书记孟建柱参加梨温高速公路通车典礼后,至30日先后到玉山、上饶、弋阳、横峰、铅山等县调研时强调指出,充分利用区位和交通优势,加快市域经济发展,全面建设小康社会。

2003年

1月4－7日 市政协一届五次会议在上饶召开。

5－7日 市一届人大五次会议在上饶召开。主要议题是审议年度政府工作报告;关于2002年国民经济和社会发展计划执行情况与2003年国民经济和社会发展计划草案的报告;关于2002年市级总预算执行情况和2003年市级总预算草案的报告;表决市一届人大五次会议选举办法草案。

23日 全市公安机关坚决执行《五条禁令》加强内部管理动员大会召开,按照公安部部署从2003年2月1日起全市公安机关全面施行《五条禁令》。

24日 上饶籍空军某部特级飞行员王少华被评为"中国十大杰出青年"。

2月10日 市委常委(扩大)会议在上饶召开。会议研究讨论2003年全市招商引资工作要点,传达了全省开放型经济工作座谈会精神并提出贯彻意见。会议还就行政中心搬迁、上饶游乐园等重大建设项目进行专题讨论。

3月21日 大坳水利枢纽经营性资产采取竞标方式,以2.85亿元签约出售给民营浙江之俊控股集团有限公司。

29日 上饶市工商局原局长涂福生犯受贿罪判有期徒刑10年,上饶市劳动局原局长李再春犯受贿罪判有期徒刑8年。

是月 上饶市被省委、省政府、省军区授予"双拥模范城"称号。广丰县、弋阳县、信州区、三清山获"双拥模范县(区、风景名胜区)称号"。

4月7-8日 司法部部长张福森到婺源县调研。

12日 婺源县珍珠山乡黄砂村党支部书记汪德育因积劳成疾去世。5月24日,市委作出《关于开展学习汪德育同志活动的决定》,号召全市党员、干部争做学习实践"三个代表"的模范。8月12-15日,中央电视台、江西电视台等媒体连续播出题为《一心为民的好书记——汪德育》的专题报道。

17日 全市非典型肺炎预防工作会议在上饶召开。会议传达国务院、全省召开的非典型肺炎预防工作会议精神。22日,成立全市非典型肺炎防治协调小组,下设办公室。24日晚,又召开市委常委(扩大)会。市政府紧急发布《关于对出返乡人员必须接受健康询问的通告》和《关于对公共场所进行紧急预防"非典"消毒的通告》。同时,又成立全市防治"非典"工作总指挥部。28日起,市卫生局开始在《上饶日报》连日发布全市"非典"病情公告。5月5日,市委、市政府决定将市第二医院改扩建为防治"非典"定点医院。12日,召开全市农村防治非典型肺炎工作电视电话会。

是月 在福建省福州市召开的中国民间艺术之乡命名暨现场经验交流会上,波阳县被文化部授予"中国民间艺术(戏剧)之乡"荣誉称号。

是月 玉山县被省建设厅命名为首批"江西省花园城市"。

6月16日 市委在上饶召开常委(扩大)会议。主要议题是,研究市委、市政府领导党风廉政和反腐败工作责任分工;听取全省维护稳定信息督查工作现场会精神和贯彻意见的汇报;通报关于对全市领导干部会精神的贯彻落实进行督查活动方案;传达全省开放型经济调度会精神,通报去浙江招商引资情况及7~12月招商安排;关于学习《"三个代表"重要思想学习纲要》的打算;下一步防治"非典"工作的安排。

30日 市一届人大六次会议在上饶召开。主要议程是,补选黄木华为市一届人大常委会主任。

是月 波阳县公安局党委借鉴市场运作模式,推出了"招标破案"的创举。

7月3日 市委、市政府在上饶举行防治非典型肺炎工作表彰大会。总结回顾全市前阶段的非典型肺炎防治工作,表彰在防治非典型肺炎工作中表现突出的先进基层党组织、优秀共产党员和先进单位、先进个人。

是日 全市学习贯彻"三个代表"重要思想理论研究会在上饶举行。会议认真学习了中共中央总书记胡锦涛在全国"三个代表"重要思想理论研究会上的重要讲话,深入贯彻《中共中央关于在全党兴起学习贯彻"三个代表"重要思想新高潮的通知》,要求全市迅速兴起学习贯彻"三个代表"重要思想的新高潮。

14 日 波阳县青年张国峰再次乘热气球成功飞越了鄱阳湖，成为世界无动力热气球飞鄱第一人。

是月 全市平均降雨量仅为 35 毫米，比历史同期均值少 78%，酷暑难过，旱情严峻。8 月上旬，继续炎热，出现特大干旱。

是月 万年县张韶文一家获中国家庭文化艺术节表演类最高奖，为全省唯一获奖者。

8 月 6 日 市肿瘤医院签约改制为民营医院，开创全市医疗卫生行业体制改革的先河。

8 日 中共上饶市委一届八次全体(扩大)会议在上饶召开。会议以中共中央总书记胡锦涛“七一”重要讲话为指针，深入学习贯彻“三个代表”重要思想，认真总结全市 2003 年各项工作，对上饶迅速崛起定位，进一步确立开放走向和工作思路。

26 日 市委书记余小平在家中自杀身亡。2004 年 7 月，经省委批准，省纪委决定给予余小平开除党籍、开除公职的处分。

是月 祖籍上饶、出生吉安的中科院院士欧阳自远成为中国月球探测为主的启动“嫦娥工程”首席科学家。

9 月 5 日 市行政中心新区在光学西段建设工地举行开工典礼。

6 日 全市领导干部会议在上饶召开。会议提出把上饶市建设成赣浙闽皖交界区域中心城市的口号，进一步开创全市改革开放和经济发展新局面的思路与定位。

26 日 第一届婺源国际旅游文化节暨“绿色婺源”大型明星演唱会在婺源文化广场开幕。旅游文化节活动于 10 月 6 日结束。

28－30 日 市首届企业文化艺术节在上饶举行。其间，市企业文化建设协会成立。

10 月 3 日 凌晨 3 时，铅山县杨林乡螺丝坞煤矿发生透水事故，4 名矿工被困在井下。经过 8 天 7 夜的抢救，10 日下午 4 时，4 名矿工安全脱险。

26 日 江西凤凰集团公司与上饶县政府签约，在旭日工业园区兴建凤凰光学新厂区。12 月 6 日，举行开工奠基典礼。

11 月 3－5 日 省委书记孟建柱到婺源、波阳和余干三县调研。调研时强调，应创新发展观念，统筹城乡发展，亲民爱民富民，共同创造上饶的美好明天。

27 日 8200000 市长热线信箱在“上饶之窗”网站开通试行，这是国内第三家、全省第一家网上“市长热线”。

是月 市自来水公司引进全省首台“二氧化氯发生器”，自来水消毒技术处于全省领先地位。

12 月 1 日 根据国家有关法律法规及国土资源部 11 号令规定，上饶宾馆以 9180 万元卖给竞标成功者江西汇历实业集团。

17 日 经国务院批准，波阳县县名恢复为鄱阳县。

26 日 由市纪委、市监察局主办的《上饶正风》网站正式建立并开通运行。

30 日至 2004 年 1 月 4 日 中国儿童艺术剧院奉中宣部、文化部的派遣，到上饶市区、驻饶部队及上饶县、弋阳县、婺源县慰问，进行文化下乡演出。

是年 全市构成 3 小时经济圈交通网。

2004年

1月1日 被誉为“中国县级第一馆”的婺源博物馆新馆建设破土动工，馆藏1万多件的珍贵文物将拥有新家。

12－15日 市一届人大七次会议在上饶召开。主要议程是审议年度政府工作报告；2003年国民经济和社会发展计划执行情况与2004年国民经济和社会发展计划草案报告；2003年市级总预算执行情况和2004年市级总预算草案报告。

12－14日 市政协一届七次会议在上饶召开。

16日 全市经济工作会议在上饶召开。2004年全市经济工作的总体要求是，牢固树立科学的发展观，坚持“五个统筹”、坚持第一要务、坚持正确的发展思路不动摇，积极实施“掉头向东，通江达海，对接长珠闽，实现大发展”的发展思路，创新体制机制，强化投资、消费、出口三大拉动力，全面推进工业化、城市化、农业产业化，促进全市经济全面、协调、可持续发展和社会全面进步，加快建设赣浙闽皖四省交界的区域中心城市和快速发展地区的进程。

是日 上海交通大学国家大学科技园（上饶园区）在园区慧谷广场的施工现场举行奠基仪式。

22－23日 中共中央政治局常委、中纪委书记吴官正到余干县探望家乡父老。并考察了余干县、鄱阳县、万年县工作。省委书记孟建柱，省长黄智权，省纪委书记傅克诚，省委秘书长陈达恒，市委书记姚亚平，市长刘和平等陪同考察。

是月 市委决定将凤凰、旭日、三江3个园区进行整合，建成上饶工业园区。

2月2日 为防禽流感蔓延，召开全市紧急电话会议，迅速落实物质储备库经费，增设5个边境检查站，构筑禽流感安全防线。9日，成立市防治禽流感指挥部，制定全市高效性禽流感应急预案。

6日 市委中心报道组正式组建，担负对外宣传工作。

13日16时30分左右 上饶县枫岭头镇坑口村发生森林火灾，4名镇村干部为疏散转移群众不幸被烧伤。其中两名干部伤势严重，副镇长王伟华抢救无效牺牲。大火到14日凌晨6时40分扑灭。

19日 市政府和中国国电集团公司、江西省发展和改革委员会在北京举行黄金埠电厂建设合作意向书签字仪式。

23日 市城市建设重点工程指挥部成立。

24－25日 国家质检总局党组书记李传卿到上饶调研。

24日 江西“十大井冈之子”评选结果揭晓，三清山风景名胜区党委书记、管委会主任王晓峰名列榜首。

3月1－2日 中国红十字会会长彭佩云到婺源考察。

29日 弋阳县社会福利厂会计“网络妈妈”刘焕荣走进“上饶之窗”，用心和网友交流，尽情帮助迷途的孩子走出网络。5月9日，《江西日报》头版头条登载了“网络妈妈”刘焕荣的感人事迹。8月3日，“网络妈妈”上了中央电视台新闻联播。

4月14日 龟峰继三清山之后，成为上饶市第二处国家级重点风景名胜区。

14－16日 省长黄智权在鄱阳县、余干县、万年县调研时强调，不折不扣抓好政策落实，确保粮食增产农民增收。

10日 市政府与南昌铁路局正式签订《浙赣线上上饶城区取直工程建设协议》。28日，收到铁道部《关于浙赣电气化上饶改线方案》的复函，同意上饶铁路北移取直工程开工建设。

12日 中共上饶市一届九次全体(扩大)会议在上饶召开。会议审议并通过《中共上饶市委常委会工作报告》、《中共上饶市委关于加快城镇化进程的决定》和《中共上饶市委关于加快滨湖地区发展的决定》。

18－19日 南京军区政委雷振球到上饶调研。

是月 曾被中央电视台评为年度最受关注的新闻人物之一的王选，利用“五一”长假休息时间，专程从上海到玉山县进行侵华日军细菌战的调查工作。

是月 剧本《詹天佑》获第十一届文华新剧目奖，这是上饶市戏剧舞台艺术首次获此殊荣。12月29日晚，参加第七届中国艺术节的《詹天佑》在中央电视台戏剧频道播放。

6月10日 中国在阿富汗工程人员遭遇恐怖袭击，遇难者中有10人为广丰籍员工。

17日 全国人大常委会副委员长曹志在婺源考察。

7月6日 全市社会治安综合治理工作会议召开。会议传达贯彻全国、全省综合治理工作会议精神，分析全市当前维护社会稳定工作面临的形势，研究部署开展矛盾纠纷排查调处和治安专项整治“百日行动”。

8日 全市领导干部会议召开。会议传达贯彻省委十一届六次全会精神，研究和部署下半年经济发展、社会稳定和党风廉政建设工作，坚定信心，把握机遇，努力实现全年经济社会发展的各项目标。

10－12日 省委书记孟建柱深入弋阳、横峰、上饶、信州、广丰六县(区)和三清山管委会调研。强调要加强各级党组织执政能力建设，牢固确立和落实科学的发展观，促进经济社会既快更好地发展。

15日 省政府发展研究中心原主任王兴豹在担任上饶地委书记时，独自或与妻子合作利用职务之便，犯受贿及巨额财产来源不明罪，被南昌中级法院判处无期徒刑。

29日 上饶有史以来的最大投资工程——国电黄金埠电厂奠基典礼举行。省委书记孟建柱、省长黄智权等省市及余干县领导参加典礼。

8月15日 中共上饶市委一届十次全会举行。表决通过市委常委会提名的有关县党政正职拟任人选和推荐人选，并对全市领导班子建设的重点和任务进行部署。

9月20日 中国(万年)国际稻作文化旅游节在万年县开幕。

是月 广丰籍科学家、北京协和医科大学血液学研究所所长韩忠朝在国际首次发现新干细胞因子，对现代生物制药和人类健康将产生重大影响。

10月9日 中共上饶市委一届十一次全体(扩大)会议在上饶召开。传达学习中共十六届四中全会和省委十一届七次全会精神，审议并原则通过《中共上饶市委关于学习中共十六届四中全会〈决定〉，大力加强党的执政能力建设的意见》，联系实际对全市加强党的执政能力建设进行了研究和部署。

27－29日 全国弋阳腔研究会在弋阳召开，北京及各地百余名专家齐聚研究弋阳腔。

11月2日 中纪委副书记张惠新到婺源县调研。

26日 全市“五城”(即卫生城市、园林城市、文明城市、双拥模范城市、优秀旅游城市)同创动员大会召开。会议对“五城”同创及市容集中整治工作进行动员和部署，表彰了“十佳文明市民”。

12月11日 市委书记姚亚平接受中央人民广播电台在线访谈，介绍上饶变化，畅谈发展蓝图，实况向全国播出。

13日 香港凤凰卫视网推出“国内十大赶紧去的风景名胜”，婺源名列其中第八位。

16日 上饶市新图书馆开工奠基。

是年 全市范围内学习推广仙岩镇创建文明村镇工程经验。

2005年

1月1日上午 “上饶新闻”手机短信正式开通。

是日 “中国上饶人才”网站建立。

5日 中共上饶市委一届十二次全会举行。全会通过《中共上饶市委关于召开中国共产党上饶市第二次代表大会的决议》及其说明。

是日 《上饶日报》组织评选出2004年度上饶十大经济新闻揭晓，分别是：凤凰旭日三江整合建设上饶工业园，上饶市投资2000万绘制发展蓝图，上饶火车站新站址基本确定，上饶市打造半小时城市经济圈全市三小时经济圈，六大支柱撑起上饶经济大厦，国电黄金埠电厂隆重奠基，江西东大门崛起市场群，上饶市加盟长三角旅游城市高峰论坛，市汽车经济服务中心成立，全市粮食播面、总产和农民人均纯收入实现3个增长20%。

7日 为进一步贯彻中共十六届四中全会精神，市委、市政府作出《关于创建平安和谐上饶的决定》，并制定出具体措施。

20日 在中共江西省委十一届八次全体（扩大）会议上，广丰县获“江西省经济发展先进县”称号，上饶县获“江西省工业发展先进县”称号，余干县、鄱阳县获“江西省农业发展先进县”称号。

21日 上饶市保持共产党员先进性教育活动动员大会召开。

是月 婺源县江湾景区被评为全国AAAA级景区。

是月 玉山县渎口青瓷窑场入选由国家文物局组织评选的2004年度中国重大考古发现，是1998年评选活动开展以来上饶第一项、江西第五项。

是月 上饶师范学院柳和生获“2003～2004年度江西省科技创业领军人物”称号。

2月22日 中共上饶市委一届十三次全体（扩大）会议在上饶召开。会议通过《中共上饶市委常委会2004年度工作报告》，对《中共上饶市委、上饶市人民政府关于实施主攻工业战略的若干意见》（讨论稿）进行认真的讨论。

是日 市纪委第一届七次全会在上饶召开。通过全会公报和市纪委书记洪炳华所作的工作报告。

是月 上饶集中营革命烈士陵园入选由国家发改委、中宣部、国家旅游局等13家单位首次联合公布的《全国红色旅游精品线路录》和《全国红色旅游经典景区名录》。同时，婺源—上饶—弋阳入选全国红色旅游30条精品线路。

3月20－22日 市政协一届八次会议在上饶召开。

21－24日 市一届人大八次会议在上饶召开。会议通过市长刘和平所作的政府工作报告等6项决议。

是月 婺源县文物普查人员在婺源县浙源乡虹关村发现迄今“世界第一长人”詹世钗(小名詹五九)的诞生地,此明代建筑,被称为“长人故居”。

16日 上饶籍著名科学家杨惟义诞辰108周年,上饶市举行纪念大会暨杨惟义研究会成立大会。

19日 弋阳县方志敏故事团应邀走进省城南昌给省委机关党员讲故事。同年12月12~14日,弋阳“方志敏故事团”又讲到北京城,3天时间听众达5000余人(次)。中共中央原副主席汪东兴会见来自家乡的“方志敏故事团”全体成员。

23–25日 全国人大常委会原副委员长布赫到上饶市区、婺源县考察。

26日 共青团中央命名上饶市政府办公室市长热线电话办公室为“全国青年文明号”。

28日 江西凤凰富士能光学有限公司开业。

30日 上饶县举办首届稼轩诗歌艺术节。

是月 由新华社、《人民日报》、中央人民广播电台、中央电视台、《光明日报》等六家媒体组织的《经典中国》采访团深入上饶进行联合采访。

是月 上饶市中级法院以受贿罪和挪用公款罪判决原上饶市交通局局长陈洪源有期徒刑11年,并处没收财产2万元。

5月2–4日 国务院副总理曾培炎到婺源县、三清山考察。

6月3日 市委原副书记胡发群索贿、受贿高达166万元。江西省吉安市中级法院以受贿罪、巨额财产来源不明罪判处胡发群无期徒刑,剥夺政治权利终身,并没收犯罪所得。

15–17日 上饶市有史以来规模最大的国际招商盛会——’05中国上饶国际投资贸易洽谈会在上饶国际家具城举行。来自印度尼西亚、美国、日本、加拿大、澳大利亚、新加坡等18个国家和中国香港、台湾地区的189位客商云集上饶,畅谈友情,共商合作。

7月5日9时30分 市政府门户网站——《中国上饶》正式开通。

8日 中共上饶市委一届十四次全会在上饶举行。表决通过市委常委提名的拟任人选和推荐人选。

20日 信江水利枢纽工程下闸蓄水。

28日 全省“出路在工”暨农业结构调整工作会议在上饶举行。省委副书记彭宏松在会上强调,各级党政要全力做好“出路在工”这篇大文章,要以市场为导向,立足当地资源、区位等优势,找准切入点,下大力气推进“出路在工”和农业结构调整,确保农业和农村各项任务的全面完成。会上,市委书记姚亚平作了典型经验介绍。

8月5日 江西省方志敏研究会在弋阳县成立。

6日 方志敏殉难70周年纪念大会在弋阳县召开。

27日 怀玉山全省爱国主义教育基地授牌仪式举行。同时,方志敏清贫事迹陈列馆开馆。

30日 全市领导干部会议在上饶召开。会议议题是:进一步贯彻落实全省领导干部会议精神,通过各级党委政府和全体干部群众的创造性工作,推动全民创业,构建和谐社会,加快富民兴饶的进程。

9月2日 市纪委、市监察局、市财政局、市国资委、市安监局、市煤冶办开始联合清理煤矿“公职”股东。当月22日前未撤资者就地免职。

9日 纪念方志纯诞辰100周年大会在弋阳县召开。

17－19日 国家统计局局长李德水深入上饶市、玉山县调研。

10月1－5日 2005中国·鄱阳赣剧(饶河调)艺术节举行。

5日 三清山环山旅游公路建成通车。

13日 以"创业:广丰人与广丰文化"为主题的'2005江西学者秋季论坛会在江西省社科院学术报告厅举行。市委书记姚亚平等作演讲。

18日 上饶市'05"感动上饶"十大人物评选结果揭晓。市委书记姚亚平等市领导为当选者颁奖。

20－24日 上饶红色旅游(北京)活动周开幕式在人民大会堂举行,市长刘和平出席并致辞。

29日 市第一届运动会在上饶体育中心开幕。

11月6－8日 婺源·中国乡村文化旅游节在婺源县举行。

6－17日 市委书记姚亚平率领上饶市经贸代表团一行6人赴欧洲考察访问。

28日 上饶市纪委组织创作和选送、经中纪委进行再创作的新版《〈清贫〉颂》在全国反腐倡廉歌曲创作和演唱活动总结表彰会上获特等奖,并由著名歌手韩磊在同日中央电视台举办的全国新创反腐倡廉歌曲专题晚会上演唱。上饶的《信念·情怀》获一等奖,原创初版《〈清贫〉赞》获二等奖。

30日 上饶市组团参加由商业部支持、省政府主办的中国(南昌)绿色·无公害食品博览会,全市获绿色标志产品达140个,占全省32.14%,居全省第一。

是月 鄱阳县获"2004年度全国粮食生产百强县"称号。

是年底 上饶市纪检信访考评全省第一,全市纪检监察机关受理群众来信来访2192次,信访问题办结率达100%。

2006年

1月2日 《上饶日报》公布2005年上饶十大经济新闻:市政府开门编制"十一五规划";景婺黄(常)高速公路全面开工;市委、市政府做出决定主攻工业;上饶举办国际投资洽谈会;市社会消费增幅居全省第一;三清山申遗获得重大进展;市政府出台《关于贯彻〈中共江西省委、江西省人民政府关于推动全民创业,加快富民兴赣的若干意见〉的实施办法》推动全民创业;市直各部门进京推介红色旅游;江西学者论坛聚焦广丰创业;玉山水泥产量居全省首位。

8日 市政府与中国建设银行江西分行签订银政合作决议,省建行"十一五"期间向上饶市提供60.78亿元贷款。用于交通、城建、电力、化工、冶金、汽车、制药、机械制造等产业和基础设施加快发展。

10日 上饶市林业产业发展规划通过专家评审。中国工程院院士张齐生与11位省内外资深林业专家参加,市政府聘请张齐生与其中6位专家为上饶市林业顾问。

20日 上饶市顺利通过省级卫生城市考核鉴定。

是月 市区云碧峰森林公园被国家林业局正式批准,晋升为国家级森林公园。

是月 "月兔"获国家工商总局商标局最新认定的"中国驰名商标"。

是月 上饶市成立突发公共事业应急委员会,确保突发事件快速有序处理。

2月24－26日 市政协一届九次会议召开。

25－28日 市一届人大九次会议召开。审议通过上饶市国民经济和社会发展“十一五”规划纲要草案、市长刘和平的政府工作报告等七项决议。

3月1日 市信州区抗建路步行街再次获评全国“百城万店无假货”活动示范街。

2日 上饶首开至上海始发列车。

12日 北京上饶商会成立。

24日 上饶市城市管理局挂牌成立。

是月 三清山发现中国特有的世界濒危珍贵树种——野生珍珠黄杨种群。

4月5日 身高3.19米的清代婺源籍男子詹世钗“世界第一高人”照片被发现。

16日 新建上饶火车站于上午9时开始启用，届时所有旅客列车接发、旅客乘车在位于灵溪镇松山村风塘的新站办理，原火车站封闭。

17－19日 全国政协副主席、中央统战部部长刘延东到上饶工业园区、市城建规划展示厅、上饶集中营革命烈士纪念馆、三清山风景名胜区和婺源等地考察。

是月 江西省爱卫会已正式命名上饶市为“江西省卫生城市”。

5月9日 上饶市被评为2006浙商（省外）投资最佳城市，成为全省唯一获此殊荣者。

26日 茅家岭暴动64周年纪念日之际，上饶集中营革命烈士纪念馆正式开馆。

27－29日 第二届中国上饶国际投资贸易洽谈会举行。

30日 市人民医院综合大楼落成正式使用。

是月 省政府批准，上饶工业园区更名为江西省上饶经济开发区。升格为省级开发区，

6月2日 国务院核定并公布了第一批全国重点文物保护单位名单，鹅湖书院、理坑民居、婺源宗祠、清华彩虹桥4处不可移动文物榜上有名，数量居全省第一。

是日 国务院核定并公布的第一批国家非物质文化遗产保护名单中，铅山连四纸制作技艺、弋阳腔和婺源县的傩舞、徽剧、徽州三雕、歙砚制作技艺6个榜上有名，数量居全省首位。

7日 上饶市举行土地储备贷款集合资金信托工作新闻发布会。12日起，面向全市正式发行规模为1亿元的信托产品，用作募集收购储备城区土地专项资金。

8日 中央电视台《焦点访谈》聚焦玉山县南山乡枫林村退休女教师、“代理妈妈”钟文花。

9日 第二次全国农业普查工作在上饶市启动。

30日 上饶市行政投诉中心正式揭牌。

7月1日 全市所有县（市、区）全面建立农村低保制度，农村低保标准一般不低于每人每年840元，符合条件者即可申请。

是日 市第二代身份证换发开始。

25日 第一届国际花岗岩地质地貌研讨会上披露了三清山的年龄：经国家同位素地质实验室用离子探针锆石铀法测试，三清山花岗岩的重要年龄数据为，三清山“年龄”过亿岁。其中玉京峰1.23亿年，巨蟒出山1.156亿年。

31日 上饶市实现“省双拥模范城”两边冠。

8月8日 上饶商会网站正式开通。

12日 市政府与省投资集团公司签订框架协议，160亿元合作开发建设新火车站片区。

15日 省产权交易所上饶办事处成立。

19日 按照有关文件精神和省建设厅统一部署，全市城镇住房状况调查工作启动。

22日 上饶经济开发区代管1乡4村移交签字仪式举行。

9月12－14日 全国政协副主席周铁农到上饶市视察，了解经济发展、城市建设、企业家创业、旅游资源开发与利用等。

是月 玉山县地方志办公室被评为2001—2005年度“全国地方志系统先进集体”。

10月23日 上饶市首次向社会征募女兵。

26日 全国首家税务基层党校——上饶市国税局党校成立。

11月19日 景（德镇）婺（源）黄（山）（常山）高速公路正式通车，通车典礼在婺源县举行。

20日 新一代多普勒天气雷达系统在市气象局开工建设。

28－30日 中共上饶市第二次代表大会在上饶召开。30日上午，选举产生第二届市委委员、候补委员和市纪委委员，市出席省第十二次党代会代表。通过《关于中共上饶市第一届委员会报告的决议》、《关于上饶市纪律检查委员会工作报告的决议》。下午，中共上饶市二届一次全会召开，选举产生市委书记、副书记、常委，新当选的市委书记姚亚平。市纪委二届一次全会召开，选举产生书记、副书记、常委，新当选的市纪委书记姚平。

是月 德兴市银山铅锌矿区南山坞发现世界最早的古采冶银遗址。

是月 北美上饶同乡会在美国德克斯州休斯敦成立。

12月9日 经4年多勘察论证，信江、饶河源头及河口确定。信江发源于玉山县与德兴市交界的信源山南侧，于余干县瑞洪镇附近张家湾与进贤县三里乡爱国村章家之间入鄱阳湖；饶河发源于赣皖交界的莲山顶西侧，于鄱阳县莲湖乡龙口入鄱阳湖。

18日 德兴市首届“中国铜都节”在德兴广场开幕。

20－22日 市政协二届一次会议在上饶召开，会议选举上饶市政协第二届委员会主席、副主席、秘书长和常委委员。新当选市政协主席熊良华。

21－24日 市二届人大一次会议在上饶召开，表决通过了关于市人民政府工作报告的决议等4项决议，选举产生新一届人大常委会主任、副主任、秘书长、常委会委员，选举市中级法院院长、市人民检察院检察长。新当选的市人大常委会主任肖天连。新当选的市长刘和平。

27日 320国道上饶县境内发生一起重大交通事故，9人当场死亡，19人受伤。

是年底 黄金埠电厂第一机组发电。

2007年

1月1日 第二次全国农业普查在上饶正式启动。

5日 全省首个新型建材产业基地在玉山县举行授牌仪式。玉山县石灰石资源储量达33亿吨，居全省之最，发展建材产业的优势得天独厚。

7日晚 德国东柏林爱乐乐团在上饶国际会议中心推出2007年新年音乐会，德国版“茉莉花”感动上饶人。

15－16日 省委书记孟建柱到余干县、鄱阳县、万年县、德兴市、婺源县走访慰问困难群众，调研各地经济社会发展情况。

18日 新版《闪闪的红星》在婺源开拍，红色经典电影改编为20集电视连续剧。

是日 在召开的全国旅游工作会议上，上饶市被授予“中国优秀旅游城市”称号。

是日 国务院公布中部六省享受历史欠税豁免、税收优惠等西部大开发政策的地、市、县名单，上饶市的横峰、弋阳、鄱阳、余干、万年、德兴、上饶等6县1市名列其中。

31日下午 市委、市政府召开会议，紧急部署如何消除信江河水异味，确保市民用上“放心水”。制定《关于加强信江河饮用水保护及专项整治活动的措施》，专门成立市饮用水保护工作领导小组，号召全市上下联手保护母亲河——信江。

31日5时36分 国电黄金埠火电厂一号机组首次并网试发电成功。3月15日9时38分国电黄金埠发电厂正式发电，成为江西省最大的火力发电厂。

是月 广丰卷烟厂与南昌卷烟总厂、赣南卷烟厂合并重组为新的南昌卷烟总厂，广丰卷烟厂更名为南昌卷烟总厂广丰卷烟厂。

是月 凤凰光学集团光学球面镜片年产量达1.5亿，跻身世界同业前5强。

3月16日 省发改委明确赣东机场正式落户上饶建三清山机场。4月22日，中国民航总局顾问、原副局长徐柏龄到上饶考察筹建赣东机场一事。

22日 海关总署副署长龚正到上饶考察，就筹建上饶海关有关事项与市委、市政府交换意见。

26日 上饶政协网站正式开通，网址 www. srzx. gov. cn。

27日 上饶市开展“国土资源管理年”活动，重点开展培训与研讨，组织实施“造地增粮富民工程”、“矿产资源整合示范工程”、“空心村”治理示范工程、矿山环境恢复治理试点工程、地质灾害群策群防示范工程、“金土工程”等6大工程，规范和强化管理、加强宣传教育等4个方面的活动。

28-30日 市政协二届二次会议在上饶市国际会议中心召开。通过市政协二届二次会议决议等。

29-4月1日 市二届人大二次会议在上饶市国际会议中心召开。听取和审议了关于市政府工作报告的决议等。

是月 玉山县、铅山县、弋阳县、万年县和婺源县列为省财政直管试点。

是月 上饶市12个县（市、区）全部通过教育普九验收。

4月4日 “为了可爱的中国——中国红军北上抗日先遣队纪念碑”奠基仪式在怀玉山举行。

27日 中共上饶市二届三次全体（扩大）会议在上饶举行。选举出席全省党代会的一线优秀党员代表和通过部分县（区）党政正职拟任人选、推荐人选。

30日 市政府与南昌铁路局签约5.5亿元建造铁路新村协议。

5月1日 全国首家龟文化博物馆在弋阳县龟峰景区正式开放。

6日14时30分 广丰县台属花炮厂发生爆炸，造成死亡2人，受伤3人。

11-13日 江西首届茶叶博览会在婺源县举办。省人大常委会副主任朱英培宣布开幕，市领导姚亚平、刘和平等出席。

12日 市水文局实行省水利厅和市政府双重领导管理。

21日 2007年江西上饶（香港）工业投资说明会在香港举行。省长吴新雄出席并讲话，市长刘和平致辞。

6月10日 上饶市城镇居民基本医疗保险全面启动。

11日 江西省首个市级文史馆——上饶市政协文史馆成立。

14日 国务委员陈至立到婺源县调研时强调,全面推进保障机制改革,提高农村义务教育水平。

是日 全省非公企业党建工作推进会在上饶召开。

21－22日 中共中央政治局委员、国务院副总理吴仪到三清山和婺源县调研时强调,保护生态环境,实现人与自然协调发展。

7月3日 玉山县建成年产沙加气混凝土砌块60万立方米生产线,为国内最大新型墙材基地。

15日19时30分 信州区首批396套经济适用房公开摇号销售。省委副书记、省长吴新雄亲临摇号现场,摇出第一组20个幸运号,并为获优先购房资格的部分家庭代表颁发“上饶市经济适用住房购买通知单”。

16日10时50分 余干县发生中巴客车沉入信江事故,造成9人死亡。

19日 市委常委(扩大)会议召开,研究贯彻落实省长吴新雄在上饶调研时讲话精神。

是月 万年县成为全省供香港生猪大县,供应量占全省1/3。

8月1日下午 第二届环沪港国际自行车大赛上饶环城赛举行。

17－18日 中共中央政治局委员、国务院副总理回良玉在三清山和婺源县调研时强调,坚持在保护中开发的理念,千方百计保护好生态文化资源,实现人与自然的和谐相处。

9月2日 鄱阳县黄训国获首届2007年中国红歌会十大红歌手之一。

9日 市政府驻福州办事处在福州市揭牌成立,为饶闽、饶台经济交流提供了平台。

15－17日 上饶市首届农业产业招商暨农产品展销会在信州区万福广场举行。

27－28日 省委书记孟建柱到铅山、横峰、弋阳工业园区和景鹰高速公路考察时强调,科学发展奋发有为,加快新型工作化进程。

10月12日 市委书记姚亚平、市群艺馆馆长江丽君2名党代表启程赴北京参加第十七次全国党代表大会。

23日 江西南方万年青水泥有限公司成立暨日产5000吨水泥熟料生产线工程奠基仪式在万年县举行。

是月 国务院批准上饶市信州区、上饶县为开放城市。

11月3日 市政府与宁波港集团公司举行上饶“无水港”建设座谈会,宁波港集团上饶办事处正式成立。

5日 弋阳县方志敏纪念馆免费向社会开放。

9－10日 全市首届农民艺术节开幕式在上饶市中心广场举办,12个代表队、600余名农民先后登台亮相。

22日 由市政府主办,市委宣传部、市旅游局、市方志敏纪念馆管委会承办的中国红故事全国巡讲启动。

26日 闽、浙、赣、皖九方经济区三届三次党政联席会在上饶市召开,共商区域合作与发展大计。

是日 首届三清山旅游文化节在玉山县举办。

28日 景鹰高速公路通车,改变余干、万年县无高速历史。省长吴新雄出席典礼并讲话。

29日－12月1日 “2007婺源·中国乡村文化旅游节”将在婺源县举行。此次旅游节有中央电视台“激情广场”走进最美乡村文艺演出、百强旅行社最美乡村行、婺源博物馆开馆庆典、婺源民俗文化展示、“中国最美乡村——婺源”摄影大赛发布仪式、知名书画家最美乡村采风行、项目推介暨经贸洽谈会等7项内容

30日 市委召开二届四次全体(扩大)会议。会议提出,好字当头稳中求快的工作方针,分析经济形势,研究2008年经济工作。

是月 上饶市与法国巴黎大区埃松省奥塞市和法国中央大区安德尔——卢瓦尔省省会图尔市,德兴市与匈牙利蒂萨新城分别缔结3对国际友好城市。

12月2日 大茅山集团举行创建50周年庆典。

12日 上饶县黄沙岭乡大桥群发煤矿发生透水事故。1人生还,3人遇难。

18日 广丰县财政收入突破10亿,继续保持全市首位。

19日 在上饶经济开发区内,上饶客车厂新厂竣工。

29日 九三学社上饶支社成立。

2008年

1月2日 鄱阳工业园暨中国湖城中英文双语信息网络平台正式开通,这是全省首个中英文信息网络平台。

5日 省委副书记、省长吴新雄在鄱阳县召开《省政府工作报告》征求意见座谈会,征求各界人士对准备提请省十一届人大一次会议审议的《政府工作报告(初稿)》的意见,并深入鄱阳县、德兴市城乡走访慰问困难群众。

6-8日 市政协二届三次会议在上饶国际会议中心举行。会议通过了政协上饶市第二届委员会常务委员会关于市政协二届三次会议提案审查情况的报告,通过了市政协二届三次会议决议。

7-9日 市第二届人民代表大会第三次会议在国际会议中心举行,会议听取和审议了市人民政府市长刘和平关于政府工作的报告;听取和审议了市人大常委会主任肖天连关于上饶市人大常委会工作的报告;听取和审议了市中级人民法院院长江涛关于上饶市中级人民法院工作的报告;听取和审议了市人民检察院检察长谢健关于上饶市人民检察院工作的报告。

12日起 受北方强冷空气影响,全市出现近10年间同期最为严重的持续低温阴雨雪(冻雨)和冰冻天气。

15日 弋阳龟峰与鹰潭龙虎山入选首批中国丹霞地貌联合申报世界遗产备选项目。

24日 全市开始采取调价备案的形式,对部分重要商品和居民基本生活必需品价格变动实施临时价格干预措施。

27日 全市召开应对灾害天气紧急会议,要求各地各部门紧急启动应急机制,全力以赴抗寒救灾,做到“九保一平安”,即保安全、保食品供应、保电通、保煤气供应、保水通、保路通、保邮电通畅、保及时救灾、保人民群众生产生活次序正常,确保社会和谐稳定。

30日 市委常委召开会议,总结前一阶段抗寒救灾工作,分析当前的灾情,研究进一步做好抗寒救灾工作的意见。

31日 上饶集中营革命烈士纪念馆开始免费向全社会开放。

是月 文化部正式批复婺源县为国家级徽州文化生态保护实验区。

是月 中国古村落保护与发展专业委员会评选出15个景观村落和8个经典村落景观,婺

源县有1个村落(理坑村)入选,3个村落景观(虹关村察关水口、虹关村虹关水口、思溪村口)入选。

2月2日 全市召开应对对雨雪灾害性天气新闻发布会,指出:全市各类物资货源充足,市民可以放心。

7日 解放军某部吕义胜少将到饶,看望支援抗灾救灾、正在电力抢修一线加紧施工的部队官兵,慰问受灾群众。

12日 在万年县举行南京军区73052部队官兵进驻万年支援抗灾救灾大会战欢迎仪式。省委常委、南昌市委书记余欣荣,省人大常委会副主任、上饶市委书记姚亚平出席仪式并讲话。

17日 由中央电视台主办的2007年度“感动中国”人物评选揭晓,为救跳水轻生者不幸牺牲的驻浙解放军某部军官孟祥斌入选“感动中国”人物。在当晚举办的颁奖盛典上,英雄的妻子,弋阳县市民叶庆华参加并代夫领奖。

26日 500千伏乐鹰线(万年段)电网恢复通电,电网抢修全面告捷。

是月 龟峰景区在联合国科教文第四批世界地质公园评审会上被评为世界地质公园。

3月4日 上饶市国有资产经营公司举行揭牌仪式。

6日 全市万名妇女参加“庆‘三八’、迎奥运、促和谐”环城健身跑活动。

9日 2008上饶籍在京乡友恳谈会在北京西苑饭店举行,中共中央原副主席汪东兴、第二军医大学原政委方震等150余名乡友及在上饶工作过的特邀嘉宾参加,省委常委、省委秘书长陈达恒应邀参加并讲话,省人大常委会副主任、市委书记姚亚平讲话,市委副书记、市长刘和平主持会议。

27日 中共上饶市委召开全市领导干部会议,宣布中共江西省委关于中共上饶市委主要领导同志职务调整的决定。中共江西省委决定:蔡晓明任中共上饶市委委员、常委、书记,姚亚平不再担任中共上饶市委书记、常委、委员职务,刘和平不再担任中共上饶市委副书记、常委、委员,上饶市人民政府市长职务,另有任用。

4月1日起 全市进入汛期,全市各级防汛指挥工作进入临战状态。同日,以“保护鄱阳湖一湖清水,保护母亲河信江”为主题的“2008年环保上饶行”活动启动。

8日 召开抗冰救灾工作总结表彰大会,对前段时间的抗冰救灾工作进行总结,对下一阶段灾后重建、恢复生产工作进行部署,并授予市公安局交巡警支队直属三清山大队等50个单位“市抗冰救灾先进集体”称号,授予李新国等120人为“抗冰救灾模范”和“抗冰救灾先进个人”称号。

19日 按照省委统一部署,从即日起,全市启动“继续解放思想、推动科学发展”主题教育活动,通过新闻宣传、研讨宣讲、典型评选、群众文化、主题实践五大系列活动,着力营造解放思想、改革创新的浓厚氛围。

26-28日 市委副书记、代市长董仚生率团参加在武汉举行的第三届中国中部投资贸易博览会。其间,商务部正式向上饶颁发了加工贸易梯度转移重点承接地的铜牌。

28日 “2008北京奥运会倒计时100天主题消防日”活动暨百万消防志愿者、万名消防员、千名新闻记者“奥运消防行动”在市中心广场正式启动。

是日 中国国际茶文化研究会、中国茶叶流通协会授予婺源县为“中国绿茶金三角核心产区”称号。

28-30日 环鄱阳湖生态经济区论坛在鄱阳县举行。此次论坛由省政协人口资源环境委员会、文史和学习委员会，省社科院以及市政协主办，省相关部门负责人及专家学者等120余人共商环鄱阳湖生态经济区发展大计。

5月1日 市政府信息公开网上开通仪式在饶举行，标志着市政府信息正式在互联网上对外公开发布。

4日 纪念“五四”运动89周年暨青年志愿者“红鸽子计划”启动仪式在市中心广场举行。

6－8日 上饶市第二届人民代表大会第四次会议在信州国际会议中心隆重举行。会议选举董仚生为上饶市人民政府市长，补选和增选了5名市二届人大常委会委员。

19日上午 上饶市首批援助汶川地震灾区的赈灾物资（总价值42.5万元）运抵成都。

19日14时28分 全市人民默哀3分钟，沉痛哀悼汶川大地震遇难同胞。

20日 全市抽调12名环境卫生、流行病学、心理干预等专业人员和8名卫生监督人员组成赴川抗震救灾卫生防疫队、卫生监督队启程入川。

21日 全市各级党组织和广大党员开展缴纳“特殊党费”活动，支援汶川地震灾区。

23日－6月20日 全市范围内开展“建筑施工、营业性文化娱乐场所及相关排污单位噪声污染集中整治”活动，全面启动2008年中、高考护考工作。

26日 上饶市被纳入国家“海峡西岸旅游区”规划。

26－28日 日本丰中市日中友好协会代表团到上饶考察。

28日 由省农业厅、上饶市政府主办的2008婺源茶文化节隆重开幕。

是日 全市“全民健康生活方式行动”暨“维持健康体重和血压管理关键技术项目”启动仪式在中心广场举行。

29日 上饶市派出的首支由4名建筑专业技术人员组成的小分队奔赴四川省彭州市，开展灾区过渡安置房建设。

是日 由市委宣传部、上饶之窗网站和上饶移动公司共同创办的上饶手机报正式开通。

截至6月2日 全市社会各界为汶川地震灾区募捐的资金和物资已达到7686万元，其中63157名党员缴纳“特殊党费”1467.9万元。

8－10日 全市出现入汛以来范围最广、强度最大的强降水过程，饶河流域发生1998年以来最大洪水，部分地区发生了险情灾情。

10日 上饶市第二批赴四川抗震救灾卫生防疫队、卫生监督队出征。此次派出的卫生防疫队队员11名、卫生监督队队员8名。

12日 市防汛抗旱召开防汛会商会，传达省委书记苏荣、省长吴新雄、市委书记蔡晓明对当前防汛抗洪工作的重要指示和批示精神，进一步研究部署暴雨洪水防范工作，并决定自是日零点起，全市启动防汛二级应急响应。15日零时起，防汛应急响应级别调整为三级。19日18时起，结束防汛三级应急响应，转入正常防汛期。

是日 由广东省企业联合会、广东省企业家协会等单位组织的“2008中国最佳粤商投资城市”评选结果在2008广东企业高峰会上揭晓，上饶市喜获“中国最佳粤商投资城市”称号。

20日 上饶经济开发区13个产业项目和3个基础设施项目同日开工。

21日 在由浙江日报报业集团等主办的2008浙商论坛暨浙商（创业与投资）博览会上，上饶市荣膺“浙商（省外）最佳投资城市投资成功奖”。

25日9时16分 信江大桥维修改造工程破土动工。施工期间将实行封闭维修改造。

2009年1月15日18时16分,信江大桥维修加固提载拓宽工程完工并正式通车。信江大桥改造共投入资金1200万元,改造后的信江大桥,桥面宽度由原来的15.64米加宽到19.5米,机动车道由原来双向二车道拓宽为双向四车道。

30日 市委书记蔡晓明率江西省三清山申报世界自然遗产代表团赴加拿大魁北克参加第32届世界遗产大会。三清山作为中国政府2008年唯一的世界自然遗产申报项目将在大会上审议和表决。

是日 全市开展"赣鄱农产品质量安全行"活动工作会议召开,标志着上饶市率全省设区市之先正式启动这一活动。

7月1日 历经3年多时间建设完成的国家重点工程铜(陵)九(江)铁路正式开通运营,即日起分流货物列车。江西省委常委、常务副省长凌成兴,副省长洪礼和出席了开通仪式。铜九铁路通过鄱阳湖特大桥横跨鄱阳湖,是中国第一条跨鄱阳湖铁路。

8日 第32届世界遗产大会顺利通过中国三清山列入《世界遗产名录》。上饶市的三清山正式成为中国第七个、江西唯一一个世界自然遗产地。

14日 以"生态鄱阳魅力鄱湖体验游"为主题的鄱阳湖第一条生态与民俗旅游线路正式开通,填补了环鄱阳湖旅游线路的空白。

21-22日 中共上饶市委第二届五次全体(扩大)会议召开。此次会议的主题是:深入贯彻落实党的十七大精神,动员全市广大干部群众弘扬方志敏精神,进一步解放思想,推进科学发展,努力在新的起点上实现上饶崛起新跨越。

28日 江西省首家生物质能发电厂——鄱阳县凯迪生物质能电厂正式开秤向农民收购农作物秸秆。这标志着过去曾被视为废弃物的稻草、秸秆、谷壳等将成为农民增收、农业增效一新途径。

31日 上饶槠溪湿地公园工程开工,标志着上饶市向提升市中心城区生态建设水平和城市宜居指数迈出了重要一步。

是月 中宣部、中央文明办、国家发改委等8部门联合对历年公布的全国"百城万店无假货"活动示范街和示范店进行了重新确认,上饶市抗建路步行街再度榜上有名。全省仅有4条商业街获此殊荣。

8月1日 江西医学院上饶分院新校区开工奠基仪式举行。

6日 凤凰光学集团荣获南昌海关首家AA管理企业证书,标志着凤凰光学集团成为海关总署在4月1日正式颁布新的企业分类管理办法以来江西省第一家、全国第二家AA类企业。

16日 新叶挺大道正式通车,这是2008年度26个中心城区城建重点工程中首个竣工投入使用的项目。

9月5日 市委副书记、市长董仚生会见知名学者余秋雨。6日,余秋雨在上饶国际会议中心作了《漫谈中国文化》的专题讲座,7日,到婺源县参观考察。

9日 省委书记苏荣到横峰、弋阳县调研。苏荣强调:科学分析准确把握经济发展大势,努力实现全省经济又好又快发展。

11日 国家林业局湿地保护管理中心、中国科学院植物所、中国农科院等部门的湿地专家到鄱阳县就《江西鄱阳湖国家湿地公园总体规划》进行论证终审。

19日 由省政府主办、市政府承办的2008江西省(上饶市)政银企融资对接活动举行,当日驻上饶金融机构和在饶企业共签约项目79个,签约金额约26.9亿元。

是日 市委召开(常委)扩大会议,认真学习省委书记苏荣在上饶市调研时的重要讲话精神。

20–22 日 全国人大内司委主任委员隋明太一行到上饶进行《社会救助法(草案)》立法调研。

22 日 国台办、江西省政府联合授予上饶经济开发区"台资企业转移重点承接基地"。

25 日 21 时 10 分 随着中国载人飞船"神舟七号"成功飞天,三清山精心选送的 25 种共 200 克珍稀濒危植物种子,搭乘"神七"赴太空进行育种实验。

28 日 连接中心城区和上饶县的重要通道——凤凰中大道建成并通车。

10 月 8 日 上饶市行政中心隆重举行升国旗暨公务员宣誓仪式。市委书记蔡晓明带领全体公务员,面向国旗庄严宣誓。市委副书记、市长董仚生主持仪式。千余名市级机关干部参加。

17 日 市委召开常委(扩大)会议,传达学习中共中央政治局常委、中央书记处书记、国家副主席习近平在省党政负责干部座谈会上的讲话,市委书记蔡晓明主持会议并讲话。

18 日 为期 3 天的 2008 婺源·中国乡村文化旅游节暨纪念朱熹诞辰 878 周年活动于在婺源县文化广场盛大开幕。副省长史文清出席开幕式并宣布活动开幕,市委书记蔡晓明,省旅游局副巡视员徐信国,中国摄影家协会副主席李伟坤等参加了开幕式。

21 日 省委副书记、省长吴新雄在上饶调研时强调:认清形势真抓实干迎接挑战,促进经济社会平稳较快发展。

是日 三清山申遗总结表彰大会暨第二届三清山旅游文化节开幕。文化节为期 8 天,包括三清山申报世界自然遗产总结表彰大会、"走进上饶三清山"大型主题晚会、首届三清山世界自然遗产高峰论坛、三清山绿色环保行、三清山美食文化周、三清山旅游经贸洽谈会。

是日 "星光大道"走进上饶三清山大型主题晚会隆重举行。

22 日 "第五届网络媒体江西行"赴上饶记者采访团抵上饶。

28–30 日 市委召开常委(扩大)会议,会议强调:要科学谋划项目,把危机期转化为机遇期,推进中心城区大建设,县域经济大发展。市委书记蔡晓明主持会议并讲话。

30–31 日 由新华社、经济日报、中国消费者报等 10 家媒体共 11 名记者组成的"改革开放 30 年"中央新闻媒体记者采访团在婺源县采访,专题报道中国移动通信对中国农村发展带来的变化和影响。

31 日 市城市生活垃圾无害化卫生填埋场一期工程竣工。

是月 上饶市与法国奥赛市结为友好城市。

11 月 2 日 上饶市被中央文明委授予"全国未成年人思想道德建设工作先进城市"称号,是全省唯一获此殊荣的城市;"网络妈妈"刘焕荣被评为全国未成年人思想道德建设工作先进个人。

2–4 日 上饶市第二届农业产业招商暨农产品展销会举办。省委常委、副省长陈达恒宣布开幕,市委书记蔡晓明、市长董仚生等出席开幕式。农产品现场销售额 1068 万元,现场签订订货意向协议金额达 5.17 亿元,合同金额 6200 万元。

3 日 新版上饶政法网正式开通。

11 日 方志敏纪念馆改扩建工程正式动工,整个工程分拆除旧馆、主体工程新建和布展 3 个阶段实施,总投资 1130.64 万元。

17日 市委召开常委(扩大)会议。会议强调:要三管齐下迅速开展“十百千”行动,努力保持经济持续平稳较快发展。

19-22日 市委书记蔡晓明、市长董仚生率领市直有关部门负责人及部分县(市、区)领导,带着23个重大项目赴北京先后走访国家发改委、财政部等部委、部门,争取支持、争取项目和资金。

26日 婺源县被中国红十字会列为“新农村合作医疗”救助试点县,这也是全国首批、江西唯一的一个“新农合”救助试点县。

27日 市森林防火指挥部发布通告要求,自2008年12月1日至2009年4月30日,全市严禁一切野外用火。

是月 国家质检总局发布公告,批准对婺源绿茶实施地理标志产品保护,保护范围为婺源县现辖行政区域。

是月 横峰县葛源镇被列入第四批中国历史文化名镇。

12月1日 2008年度中国中小城市科学发展评价体系研究成果暨第五届中国小城市科学发展高峰论坛在江苏武进举行。广丰县一举拿下三项大奖:第三次荣膺“全国最具投资潜力中小城市百强”和“全国中小城市综合实力百强”,分列第22位和第60位。同时,入围本年度“全国最具区域带动力中小城市百强”。

5日 由市政协、市委宣传部、军分区政治部、市文化局、市文联共同举办的“纪念改革开放30周年书画摄影艺术展”在广场开幕,同时市政协艺术馆成立。

12日 中国上饶-巴西合作推介会在上饶国际会议中心举行。这是国外政府组织首次到上饶招商。

18日 巴西国际合作局与市贸促会正式签订框架协议,确定双方建立友好合作关系。

是日 南昌海关上饶办事处正式开关运行。省政府副省长洪礼和为南昌海关上饶办事处揭牌并讲话,市委书记蔡晓明宣布开关运行,市长董仚生讲话,南昌海关关长李多宽为南昌海关上饶办事处揭牌并授印。

是日 全市首家注册资金达1亿元的担保公司——上饶市富饶担保有限责任公司正式成立。上饶市富饶担保公司由上饶市国有资产经营公司投资99%,上饶市信丰投资公司投资1%构成。

19日 省重点项目铅山县伦潭水利枢纽工程举行开工典礼。该项目2002年经国务院批准立项,是铅山县有史以来投资额最大的建设项目,也是全市2008年重大基础设施项目之一和省重点水利建设项目。工程概算总投资3.15亿元,总工期为3年。

23日 农业部专家组通过对综合数据及结合前期实地考察情况评审,一致同意授予鄱阳县“全国粮食生产标兵县”称号。全省唯有鄱阳县获此殊荣。

29日 中共上饶市委二届六次全体(扩大)会议召开。会议的主题是:深入贯彻落实党的十七大、十七届三中全会和省委十二届八次全会精神,审议《中共上饶市委常委会2008年度工作报告》等,全面部署2009年工作。

是月 余干县引资1.6亿元,建设环鄱阳湖地区最大的农机市场。该项目由广东东莞东鹏实业有限公司投资,集农机销售、配件销售、农机产品质量监督、农机产品质量鉴定为一体。

31日 省长吴新雄深入万年县、鄱阳县、余干县走访慰问困难群众和企业,送去党和政府的关怀和温暖,向他们致以新年的问候和祝福。省长助理胡幼桃、省政府秘书长谭晓林陪同走访慰问。

是月 上饶入选2008中国特色魅力城市200强排行榜。

2009年

1月4日 召开全市机关效能年活动动员电视电话会，对全市机关效能年活动进行部署，机关效能年活动启动。市长董仚生在讲话中要求，全市要在改进作风、优质服务、提高效率、务实作为上下功夫，扎实推进机关效能年活动。

5日 举行上乐公路（上饶—德兴段）竣工通车典礼，省委常委、常务副省长凌成兴，市领导蔡晓明、董仚生等出席典礼并一道为通车剪彩。上乐公路（上饶—德兴段），起于城区三清山大道（320国道交叉口），终点与乐平辖区相接，线路全长108.78千米，按二级公路标准建设，总投资2.54亿元。该项目2006年3月16日正式开工，2008年12月22日全线建成。

13日 省委常委、常务副省长凌成兴先后赴余干县、鄱阳县考察农村渡口改渡建桥工作。他指出，各地各部门要加大农村渡口改渡建桥工作的力度，加快建设进度，争取早日建成，解决渡口沿岸百姓出行难问题。

是日 市公安局交巡警支队与上饶移动公司举行"警务通"信息平台协议签订仪式。这标志着上饶在全省公安交警系统率先建设"警务通"信息平台。"警务通"信息平台将为广大驾驶人提供道路交通违法信息、机动车辆年检等通知；为交警提供信息便捷查询，几秒钟内即可完成驾驶员、机动车辆相关信息的查询，迅速对各类违章车辆进行处理并备案。

15日0时至24日24时 根据省公安厅统一部署，全市公安机关开展"金盾09"第一次为期10天的集中统一行动。重点打击盗窃、抢劫、抢夺等多发性侵财犯罪。

20日 市人力资源市场和上饶经济开发区劳动和安全监督管理局联合举办返乡人员专场招聘会，8000余名返乡人员进场就职，2700多人当场与用人单位达成就业意向。

21日 由市委统战部、民革市委会、民盟市委会、民建市委会、民进市委会、农工党市委会、市工商联共同举办的"团结颂"书画摄影艺术展在饶举办，"团结颂"书画摄影展以纪念改革开放30周年为主题，共展出了120余幅作品。

2月5日 上饶市第二届人民代表大会第五次会议在市会议中心隆重开幕。大会应到代表478名，实到465名，合乎法定人数。市长董仚生在大会上作政府工作报告。

中旬 全市启动家电下乡推广工作。

26日 中心城区11项功能性民生类建设项目集中开工仪式举行。这次开工的项目是：奥林匹克场馆工程、城东20万吨自来水厂土石方及基础工程、城东11万伏变电站工程、三江污水干管工程、老城区市政工程、垃圾处理场二期建设工程、上饶集中营景区基础设施改造工程、明叔东路工程、经济适用住房及廉租住房工程、云碧峰游步道改造工程和旭日农贸市场。

3月9日 博士工作津贴和首次在职干部攻读博士、硕士学位学费补贴发放仪式举行，共发放29.3万元，其中获博士工作津贴的12人，新取得博士、硕士学位的19人。

11日 南京军区在上饶召开上饶三清山机场进离场航线军民航协调会，就推荐的上饶赣东机场（暂定名三清山机场）的后门堂选址进离场飞行方法进行研究协调。

17日 由市妇联主办、以"庆祝新中国成立60周年"为主题的行业巾帼风采展演在市中心广场举行。300多名各行各业的妇女职工齐聚一起，参加歌舞、管乐、情景剧、健美操等比赛。

18日 市委召开深入学习实践科学发展观动员大会,市委书记蔡晓明作动员报告。

是日 市体育局主办的上饶市庆祝新中国建立60周年全民健身活动启动仪式在森林公园广场举行,近千名热爱运动的市民参加启动仪式。仪式结束后,还进行了丰富多彩的群众健身表演活动。

19日 三清山风景区与江西观光国旅、江西光大国旅、江西国旅在三清山景区举行联合推广韩国、日本市场签约仪式,标志着三清山积极开拓境外市场已经进入实质性发展阶段。

24日 "让世界了解上饶,让上饶走向世界"的首次外国使节上饶行活动举行,使节团成员由菲律宾、爱尔兰、马来西亚等国的领事人员组成,参观了城市规划沙盘、城区建设以及上饶经济开发区,并前往三清山、婺源参观考察。

25日 市委书记蔡晓明会见到上饶考察的中央直属机关团工委书记、中直青联主席王晓锋一行。考察团在上饶集中营旧址、上饶经济开发区、弋阳县、玉山县、婺源县等地参观考察。

26日 市委深入学习实践科学发展观活动汇报会召开。市委书记蔡晓明主持汇报会,市委副书记、市长董仚生出席汇报会,市委副书记尧希平作情况汇报。

30日 市委召开常委扩大会议,审定了《中共上饶市委常委会开展深入学习实践科学发展观活动实施方案》及《关于开展在应对国际金融危机中充分发挥党组织核心作用和党员先锋模范作用活动》的意见。会议还讨论并原则通过向全市人民发放三清山旅游消费券等事宜。

4月1日 市政府向全市人民发放旅游消费券,在2009年4月至2010年3月内每周二至周四,法定节假日除外,可享受免门票游三清山。

2日 市政府与国家开发银行江西省分行举行战略合作协议签约仪式,国家开发银行江西省分行在年内为上饶市政基础设施建设、交通基础设施建设等市重点工程项目提供10亿元信贷。

10－13日 全国人大常委会委员、教科文卫委副主任委员程津培、教科文卫委委员刘德培一行到上饶进行中(传统)医药立法调研。

16日 国家部委联合调研组分赴余干、万年、鄱阳县,就鄱阳湖生态经济区建设问题进行实地调研。

是日 三清山首届中韩登山友谊比赛举行,来自中国的20名登山队员和韩国的150名登山爱好者参加了比赛。

17日 全国政协副主席陈宗兴一行到鄱阳县考察指导工作。省政协副主席郑小燕随同考察。

26日 2009鄱阳湖国际湿地旅游文化节开幕。

27－29日 全市分上饶县、广丰县、横峰县、万年县、德兴市五大片区,举办以"银企携手,互信共赢"为主题的2009年上饶市政银企融资对接活动,通过政府搭建平台,加强银企之间的沟通合作,其间有451个项目达成意向,信贷规模达成协议114.4亿元。

29日 赣鄱农产品质量安全行上饶市组织委员会下发通知并召开会议,启动2009年赣鄱农产品质量安全行活动。

30日 横跨信江两岸的余干县龙津大桥正式建成通车,副省长洪礼和出席通车典礼。

5月4日 市政府召开关于全市防控甲型H1N1流感工作会议,传达国务院办公厅下发的通知和省委书记苏荣就加强防控人感染甲型 H1N1 流感所作的重要批示,并成立了甲型 H1N1 流感防控工作领导小组,安排部署了全市防控工作。市长董仚生主持会议并讲话。

是日 为深入学习实践科学发展观,加强干部队伍建设,全市选派 15 名干部陆续赴京,到国家部委跟班学习。

5 日 中央综治委授予婺源县 2005 ~2008 年度“全国平安建设先进县(市、区)”称号,婺源县是全省获此殊荣的 5 个县(市、区)之一。

是日 全市召开深入学习实践科学发展观活动分析检查阶段动员大会,市委书记蔡晓明作转段动员报告。

是日 团市委在市中心广场开展了纪念五四运动 90 周年暨“牢记青春使命,推进科学发展——上饶青年在行动”主题实践活动。

6 日 玉山县被文化部评为“中国民间文化艺术之乡”。

是日 为庆祝上饶解放 60 周年,由市委、市政府主办,市委宣传部、市文联承办的庆祝上饶解放 60 周年曲艺晚会在市会议中心举行。

7 日 市委召开常委扩大会议,传达省委十二届九次全会精神,审定了一系列应对国际金融危机、促进上饶经济社会又好又快发展的意见。

8 日 中国东方歌舞团到上饶演出大型音乐舞蹈晚会,与市民共庆上饶日报创刊 60 周年。

12 日 是全国首个防灾减灾日,市民政局、气象局、地震办等 14 个单位在市中心广场开展了防灾减灾日科普宣传活动。

13 日 市政府正式出台《关于促进房地产市场健康稳定发展的暂行办法》,该办法从首套购房契税下调、购房首付降低、买卖住房免征印花税、降交易税等方面入手,以刺激当前低迷的房地产市场。

15 日 省委十二届九次全会精神专家宣讲团首场报告会在饶召开。市委书记蔡晓明主持会议。

25 日 全市召开鼓励回乡创业、深入推进全民创业动员电视电话会议。市劳动保障局负责人宣读了市委办公厅、市政府办公厅《关于鼓励回乡创业、深入推进全民创业的意见》;市财政局、中国银行上饶市分行、市工商局领导就如何支持回乡创业、深入推进全民创业作了发言。

4 -5 日 全国人大常委会原副委员长、中国红十字会会长彭佩云到上饶视察红十字会工作。

8 日 上饶集中营名胜区举行“国家 AAAA 级旅游景区”挂牌仪式,是全市第 8 个拥有这一品牌的景点,也是全市唯一红色旅游国家 AAAA 级旅游景区。

8 -11 日 全国人大常委、全国人大环资委副主任委员曹伯纯、陈希明率立法调研组深入婺源、三清山、龟峰等景区,实地调查了解保护区域管理情况,并于 10 日召开了全国人大环境资源委员会自然保护区(域)立法调研座谈会。

12 日 上饶市非物质文化遗产展馆开馆,弋阳腔、婺源傩舞等众多非物质文化遗产在此集体亮相。

13 日 市委召开常委(扩大)会,会上讨论并原则通过了市委常委分析检查报告,通过了市委第二届七次全会方案、全市学习实践科学发展观活动整改落实阶段动员大会会议方案。

17 日 市委召开二届七次全体(扩大)会议,主要内容是对《中共上饶市委常委会分析检查报告》进行评议。

18－20日 全国安全生产万里行活动采访团到饶采访督察安全生产工作。

24日 省综治委授予上饶市“2008年度全省社会治安综合治理目标管理先进市”称号，并对全市社会治安综合治理主要责任人和具体责任人予以嘉奖；广丰县被省综治委授予“2008年度全省安全感调查公众满意县”称号。

26日 市禁毒委员会在市中心广场举行以“依法禁毒，构建和谐”为主题的国际禁毒日宣传活动。

是日 由市人民政府主办、市房地产管理局承办的“我的房展我的房”上饶首届房地产交易展示会在市中心广场举行。展区共设置48个展位，42家上饶中心城区和城区板块的房地产企业及6家大型家装企业参加展示。

27日 召开学习实践活动整改落实阶段转段动员大会。市委书记蔡晓明作转段动员报告，省委指导检查二组组长陈发芳到会指导并讲话。

7月2日 全市举行百个重大项目开竣工活动，共开工、竣工重大项目163个，总投资263.2亿元。

2－3日 省委书记苏荣在上饶考察企业发展情况，并召开了国企改革调研座谈会。他强调，改革是加快发展的必由之路，稳定是改革发展的基础条件。

6－8日 市委书记蔡晓明率党政代表团赴海西经济区学习考察。

12－13日 中央电视台《人民英模》栏目摄制组到饶拍摄《方志敏》人物专题片。

21日 召开反邪教协会成立大会暨第一届会员代表大会，这标志着全省首个反邪教协会正式成立。

22日－8月20日 在全市范围内开展贵重商品经营场所治安防治管理工作专项行动。

8月3日 新的《上饶市城市总体规划》经省政府第23次常务会议研究原则通过，标志着全市城市总体规划修编工作正式完成，新的城市总体规划正式实施。

14日 纪念方志敏诞辰110周年座谈会暨学术研讨会召开，市委书记蔡晓明讲话，市长董仚生主持会议。

是日 中央电视台“心连心”艺术团到上饶慰问演出。

15日 纪念方志敏诞辰110周年暨中国工农红军北上抗日先遣队纪念碑揭牌和全国爱国主义教育示范基地授牌仪式在怀玉山举行。

21日 “可爱的中国——方志敏同志诞辰110周年纪念展”暨《方志敏年谱》出版座谈会在上海鲁迅纪念馆举行。

24日 以草本·孙逸仙为团长的丹麦、德国环境专家团到上饶，对全市的环境治理、生态保护工作进行考察。

28日 市委召开深入学习实践科学发展观活动群众满意度测评大会，总结通报前一阶段全市学习实践活动开展情况，对市委开展学习实践活动的情况进行了民主测评。

30日，团省委副书记曾萍就“西部计划”志愿者基层专项服务行动、“三支一扶”志愿者、团的基层组织建设和12580志愿者招募热线建设、江西青年状况问卷调查等工作在上饶调研。

是月 婺源县在全国率先启动文化生态保护实验小区项目。这是省内唯一的国家级地域文化保护区——徽州文化生态保护实验区。

9月3日 国家中医药管理局组织开展的“中医中药中国行”走进上饶活动启动仪式在市

中心广场举行。“中医中药中国行”是国家中医药管理局联合中宣部22个部委共同主办的以“传承中医国粹,传播优秀文化,共享和谐健康”为主题的全国性大型科普宣传义诊活动。

8日 海西4省20城市贸促机构联盟在厦门成立,并签署《关于加强合作,促进海峡西岸区域经济发展的战略合作协议》,上饶市作为海西经济区成员加入联盟。

8－11日 全国政协副主席张梅颖任顾问,全国政协常委、经济委员会主任张左己,经济委员会副主任李德水任组长的全国政协经济委员会调研组到上饶,就稳定粮食生产、促进农民增收、拉动农村消费情况进行专题调研。

8－11日 在厦门举行的第十三届中国国际投资贸易洽谈会上,上饶代表团与外商达成了意向投资项目23个,投资总额达到44.9亿元人民币。

9日 全国“双百”人物评选活动揭晓,方志敏入选为新中国成立做出突出贡献的英雄模范人物。

19日 全国科普日活动江西省启动仪式在市中心广场举行。省政协副主席、省科协主席李华栋宣布活动开幕。

20日至10月15日 全市开展“升挂国旗、祝福祖国,向伟大的祖国母亲致敬”活动。

自20日起 全市公安机关开展为期11天的“迎国庆、查防打控”集中统一行动。

21日 2009赣台(南昌)经贸合作研讨会在南昌红谷滩新区会议中心开幕。全市共有6个项目在开幕式上签约,投资总额2.1亿美元。

24日 三清山和龟峰入选由省委宣传部、省广播电影电视局主办的“我心目中的江西地标”评选。

28日 由市委深入学习实践科学发展观活动领导小组办公室主办、上饶日报社和上饶新闻网(网址:http://www.srxww.com)承办的“学习实践科学发展观活动专题”网页正式开通运行。

10月1日 福海杯“祖国在我心中”暨上饶市首届民俗摄影协会大型摄影作品展在中心广场举行。

6日 全国人大常委会副委员长、民革中央主席周铁农等到婺源视察,他勉励民革广大党员要发挥人才荟萃、智力密集的优势,再接再厉,为当地的发展建设多做贡献。

16日 上饶市商业银行更名为上饶银行。

是日 万年稻谷期货交割库正式揭牌,这标志着中储粮食总公司江西分公司万年直属库成为郑州商品交易所指定交割仓库。

21日 全市组织了卡珠、发卡、水晶、十字绣、棒针等20多个产品参加以“全球采购、义乌风向”为主题的第十五届中国义乌国际小商品博览会,其中上饶县是省内唯一以县组团进入来料加工专区展馆的。

23－25日 全国人大常委会副委员长、全国妇联主席陈至立到上饶调研。她强调,实施好妇女小额担保贷款贴息项目,是真正让妇女得实惠、普受惠、常受惠的一项民心工程。

26日 上饶市红十字会、上饶市老干部局和中国移动上饶分公司联合举行2009“博爱敬老工程”善款发放仪式,出席仪式的市领导有周华北、汪霞、李一帆等,及相关部门负责人和20名贫困老人代表。

28－30日 由市长董仚生任团长的上饶代表团,参加由中华海外联谊会、中华全国工商业联合会、中华全国归国华侨联合会、中华全国台湾同胞联谊会、中国光彩事业促进会、江西省人民政府联合主办的2009中国“五会”(南昌)经贸恳谈会。

29日至11月1日 上饶市首次组团参加第二届海峡两岸文化产业博览会,安排1个主展区和数个展示摊点,并开展文化产业项目签约和投融资项目交流等活动。

31日 中共上饶市委第二届八次全体会议召开。全会由市委常委会主持,市委书记蔡晓明做工作报告,市委副书记、市长董仚生讲话,全会审议通过《中共上饶市委关于进一步加强和改进新形势下党的建设的意见》。

11月4-5日 国家民航局组织中国民航工程咨询公司、民航华东管理局、民航华东空管局、省发改委、民航江西监管局等部门的专家到饶,对上饶三清山机场选址报告进行评审,对三清山机场场址形成了初步意见。

10日 上饶市台湾同胞投资企业协会成立大会暨台商投资上饶推介会举行。国务院台湾事务办公室副主任孙亚夫出席并讲话。

14日 省委副书记、省委学习实践活动领导小组常务副组长王宪魁到学习实践活动联系点横峰县莲荷乡,就第三批深入学习实践科学发展观活动开展情况进行调研。

14日 上饶市首届“华云杯”原创歌曲歌手大奖赛在玉山举行。

15日 由江西省邮政公司、上饶市人民政府主办的《古代书院(二)》特种邮票首发式在铅山县举行。

17日 市长董仚生为团长,带团参加首届世界低碳与生态经济大会暨技术博览会,共签约项目23个,投资总额达到46.75亿元人民币。

18日 由市委宣传部、上饶师范学院、市社会科学联合会共同主办的首届“鹅湖论坛”在上饶师院学术报告厅开幕。此次论坛以“为了下一个春天——追赶者的经济后发性”为主题,邀请江西财经大学党委书记、博士生导师廖进球做题为《后发国效应与后发地区的经济发展》的主题演讲。

26日 省委常委、常务副省长凌成兴到第三批学习实践科学发展观活动联系点上饶县煌固镇,了解情况,调查研究,指导学习实践活动。

26日 中央电视台《开心辞典》到上饶录制一期特别节目——《开心辞典——走进上饶三清山》。

28-30日 2009江西·上饶农业产业招商暨农产品展销会在江南商贸城举行,全市170家企业参展,共有2.6万人次到展区观展或购物,现场销售农产品达1920万元;合同成交98笔,交易总额79449万元,签订意向订货协议104份,累计152416万元。

12月2日 由市委宣传部、市文明办、市教育局主办的“六心”(忠心献给祖国、爱心献给社会、关心献给他人、恭心献给自然、孝心献给父母、信心留给自己)爱国爱乡大型歌舞晚会在市会议中心举行。

3日 上饶市政府与中国移动江西公司战略合作签约暨“民生邮箱”开通仪式举行。

12日 国务院正式批复《鄱阳湖生态经济区规划》,建设鄱阳湖生态经济区上升为国家战略。这是新中国成立以来江西省第一个上升为国家战略的区域性发展规划。

16日 2009上饶(宁波)招商引资推介会在宁波举行,共签约35个项目,合同资金总额达成协101.3亿元。

17日 农业部发布1308号公告,公布第三批国家级水产种质资源保护区名录,万年河特有鱼类水产种质资源保护区、信江特有鱼类水产种质资源保护区获通过,列名录之内。

是日 鄱阳凯迪生物质能电厂正式点火发电,这是全省首家绿色生态供热发电企业。

18日 在市中心广场举办反邪教斗争十年成果展。

21日 上饶仲裁委员会举行揭牌仪式,并召开上饶仲裁委一届一次全会。

22日 《海峡西岸旅游发展总体规划》在京通过专家评审,海峡西岸旅游区将在未来10年被打造为重要的自然和文化旅游中心。上饶至广东梅州的红色人文景观轴成主推产品。

22-25日 市人大常委会组织省、市人大代表对全市经济社会发展计划执行情况、融资项目实施情况、甲型H1N1流感、艾滋病及其他疾病防控情况进行视察。

26日 举行上饶国际物流中心(无水港)开业典礼。上饶国际物流中心是至当年止,江西省第一个"无水港",宁波港第一个省外"无水港"。

29日 市图书馆科技馆举行开馆仪式,市图书馆科技馆占地34.7亩,建筑面积1.5万平方米,总投资约4656万元。

31日 省委常委、常务副省长凌成兴再次深入第三批学习实践科学发展观活动联系点上饶县煌固镇,召开座谈会,调研指导学习实践活动。

2010年

1月12日-14日 由全国人大代表、北京军区原副司令员粟戎生中将率领的北京军区十一届全国人大代表视察团到上饶视察,并走访慰问伤残军人。

15日-16日 省长吴新雄到弋阳县、铅山县、横峰县和信州区走访慰问,为困难企业、困难群众、少数民族群众送去党和政府的关怀和温暖。他强调,实现好、维护好、发展好最广大人民群众的根本利益是各级党委、政府工作的出发点和落脚点。

21日 中科院心理研究所、中国教育学会"心理教育'十一五'科研规划课题百校工程科研基地"在上饶新希望青少年教育学校揭牌。上饶新希望青少年教育学校是江西省核准的唯一一家全国"心理教育百校工程科研基地"的教育机构。

2月1日 市政府机构改革动员大会召开。根据《上饶市人民政府机构改革方案》,实行工业和信息化、劳动和人事、电影电视、内贸和外贸、扶贫和移民等部门"五个整合",政府工作部门由36个调整为32个,变动的部门和单位共13个,减少正县级单位3个。

是日 全市举行公开选拔县级后备干部理论考试,共设12个考区,来自全市各地各部门的1084名选拔人选参加考试。

2日 市委召开常委(扩大)会议,传达贯彻全省"两会"和全省鄱阳湖生态经济区建设动员大会精神。

5日 省委副书记、省委学习实践活动领导小组常务副组长王宪魁到学习实践活动联系点横峰县莲荷乡,就第三批学习实践活动深入开展情况进行调研。6日,到弋阳县,亲切看望老党员,送去党和政府的温暖与关怀,并向他们致以新春的祝福和美好的祝愿。

21日 全市召开推进新型城镇化和城市建设动员大会,会上要求重点抓好"四个突出",全力加速新型城镇化进程。

22日 全市2010年度首批重大项目集中开(竣)工仪式在上饶中学的工地上举行。此次全市集中开(竣)工仪式有上饶中学等重大项目278个,其中开工项目144个、竣工项目134个,总投资分别达到172.7亿元和108.6亿元。

22－24日 中国人民政治协商会议上饶市第二届委员会第五次会议在市艺术中心举行，来自全市各个界别、各条战线的各政协委员履行职能，为上饶科学发展建言献策。

23－25日 上饶市第二届人民代表大会第六次会议在市艺术中心举行，大会通过《关于上饶市人民政府工作报告的决议》《关于上饶市2009年国民经济和社会发展计划执行情况与2010年国民经济和社会发展计划的决议》《关于市人大常委会工作报告的决议、关于市中级人民法院工作报告的决议》《关于市人民检察院工作报告的决议》。

3月1日 上饶市人防办在市区中心广场开展"防灾救灾一体化"为主题的"3·11国际民防日"宣传活动和赠送《江西省城市市民应急手册》《上饶市民防空防灾应急手册》书活动，10万册市民应急手册和市民防灾应急手册散发到广大市民的手中，使广大市民得到一次防空防灾的知识普及。

5日12时起 全市各级防汛办启动防汛应急值班。

6日 由上饶市政府主办，上饶市政府驻北京联络处、北京上饶企业商会共同承办的'10投资上饶（北京）恳谈会在北京世纪金源大饭店举行。在京央企、民营企业负责人和在京发展的上饶籍乡友共150余人欢聚一堂，共同描绘上饶发展蓝图，共祝上饶发展更美好。

7日－8日 市委书记蔡晓明会见香港特别行政区行政长官曾荫权。

23日 住房和城乡建设部与国家旅游局联合公布"全国特色景观旅游名镇（村）示范名单（第一批）"，上饶市的婺源县江湾镇、横峰县葛源镇榜上有名，成为首批全国特色景观旅游名镇。

29日 市委召开常委（扩大）会，传达全国"两会"、省委十二届十二次全会精神，研究全市的贯彻意见。

30日 全市推进鄱阳湖生态经济区建设现场会在鄱阳县召开。会议要求，要深化五大认识，实施五个先行，确保五个到位，全力推进鄱阳湖生态经济区建设。

4月6日 北京上饶商会回乡考察团项目对接会在市会议中心举行。

7日 省政府在德兴市召开德昌高速公路第一阶段施工总结暨第二阶段动员会议。常务副省长凌成兴出席会议并讲话。

7日始 省委第二巡视组对全市市级领导干部班子和部分县（市、区）进行为期8个月左右的集中巡视。

9日 全市工业经济工作会召开。会议提出了2010年全市工业经济的主要目标，表彰了2009年度全市工业先进单位和企业。

10日 全市首届电子商务论坛举办，阿里巴巴有关负责人现场作电子商务演讲并和企业代表进行沟通交流，各县（市、区）商务主管部门、各进出口企业负责人共100多人参加论坛。

13日 广丰县沙田镇建立全市首支乡镇专业森林消防队。

22日 中国特色低碳经济研讨会暨全国低碳国土实验区启动仪式在北京举行，婺源县成为第一批10个全国低碳国土实验区。

是月 上饶市被央视、国家统计局评为全国十大幸福城市。

是月 上饶市与俄罗斯苏兹达里市在苏兹达里市签订建立国际友好城市关系意向书。

5月1日 原中央政治局常委，中央纪律检查委员会书记吴官正在浙江省委常委、省纪委书记任泽民等陪同下到上饶考察。在察看了上饶城市发展与城市建设，与老干部、老同志、老朋友、老同学举行座谈会后，他感慨地说："上饶市确实变化很大，看后令人高兴。"省委书记苏荣,省委常委、省政法委书记、省公安厅厅长舒晓琴等专程从南昌赶来看望。

7－8日 国家粮食局副局长任正晓、财政部经建司副司长李方旺等一行到上饶,就粮食产业化发展情况作专题调研。并在7日主持召开粮食产业化调研座谈会。上饶、宜春、九江、赣州市等粮食、财政部门以及省、市部分龙头企业代表参加会议。与会代表畅所欲言,就加快推进国有粮食企业改革、发展粮食产业化经营等情况作了汇报,对进一步完善粮食产业化发展相关配套政策等提出意见和建议。

8日18时起 全市正式启动防汛Ⅳ级应急响应。

11日 上饶市劳动人事争议仲裁预防调解仲裁指导中心、上饶市劳动人事争议仲裁委员会、上饶市劳动人事争议仲裁院揭牌成立,同时对全市首批基层劳动人事争议调解工作站进行授牌。标志着全市劳动人事争议预防、调解、仲裁工作走上一条机构实体化、队伍专业化、预防根源化、调解人性化的轨道。

14日 上饶经济开发区的重点龙头企业——晶科能源有限公司在美国纽约证券交易所成功上市,成为中国光伏企业在美国第十家、江西省第二家在美上市的光伏企业。11月17日,晶科能源有限公司新投130亿扩建3000兆瓦光伏一体化项目开工。省委书记苏荣参加开工仪式。

18日 省长吴新雄率领部分省厅领导和全省部分重点企业负责人到余干,召开加快余干经济发展现场会。吴新雄要求,余干要认真贯彻落实全省加速县域经济发展的精神,明确目标,真抓实干,在全省加速县域经济发展的浪潮中,努力在项目建设、招商引资、特色工业园、特色产业、城镇化建设和改革开放这六个方面做到"六个争先"。

26日 2010江西(香港)招商引资活动周开幕式暨重大项目签约仪式在香港会展中心隆重举行。市长董仚生率上饶市代表团参加开幕式暨重大项目签约仪式。同日,举行2010江西(香港)新材料新能源产业项目对接会。省长吴新雄在会上讲话。市长董仚生在会上推介了上饶市新材料新能源产业的投资机会和发展前景。

27日 上饶市政府在香港新都会大酒店隆重举行2010上饶鄱阳湖生态经济区(香港)项目对接会暨绿色生态农产品推介会。来自海内外的100余名客商参加会议。会上进行投资项目及绿色生态农产品出口订单签约,共16个项目签约,合同引进外资共计68863.5万美元;9家企业共签下4155.4万美元9类绿色生态农产品出口订单。

27日 市委深入开展创先争优活动领导小组第一次(扩大)会议召开。会议明确了创先争优活动领导小组及办公室的工作职责,并对全市创先争优活动实施意见进行研究讨论。

31日－6月2日 受国家发改委委托,中国国际工程咨询公司组织专家到饶,就上饶三清山机场预可行性研究报告举行评审会。这标志着三清山机场项目进入立项审批的关键阶段。

6月2日 全国政协副主席、民建中央第一副主席张榕明率全国政协考察团就"加强中西部地区水污染防治,提高环境监管能力建设"到婺源县考察。

是日 全市1.3万余名县、科级党员领导干部、组工干部参加"干部选拔作任用工作四项监督制度基本知识"测试。

10日 全省农村公路建设暨改渡建桥现场会在鄱阳县召开,省委常委、副省长凌成兴出席会议并讲话。

是日 全市社会主义核心价值观主题读书教育活动动员大会在饶召开。此次主题读书教育活动旨在引导广大青少年了解和掌握社会主义核心价值观的基本内容和实践要求,在思想感情上认知认同,在学习生活中遵循践行,使社会主义核心价值观深深融入未成年人的思想意识、精神世界和学习之中。

17-21 日 全市范围的连续性暴雨,平均降雨 227 毫米,信江流域 60 余个乡镇雨量超过 200 毫米,短历时暴雨强度超过 1998 年,铅山县徐家厂站降雨 775 毫米,为全省最多。

18-19 日 由中、法两国政府举办的第三届中法地方政府合作高层论坛在南京进行。18 日下午,上饶市与法国图尔市在南京金陵会议中心共同签订《中华人民共和国江西省上饶市和法国中央大区图尔市建立友好城市关系协议书》。这是上饶正式缔结的第一个友好城市。

19 日 10 时起 市防汛抗旱指挥部根据《上饶市防汛抗旱应急预案》的有关规定,启动防汛Ⅲ级应急响应。

21 日 0 时 30 分 信江梅港站洪峰水位 29.82 米,超警戒 3.82 米,仅较 1998 年低 2 厘米,洪峰最大流量 1.38 万立方米/秒,较 1998 年多 500 余立方米/秒、高一个洪水量级,超过有水文纪录以来最大值,属 50 年一遇的特大洪水。

23 日 20 时 市防汛抗旱指挥部根据《上饶市防汛抗旱应急预案》的有关规定,启动防汛Ⅱ级应急响应。

24 日 8 时 50 分 市减灾委、市民政局根据《上饶市自然灾害救助应急预案》,启动上饶市救灾Ⅱ级应急响应。

是月 万年稻作文化系统被联合国粮农组织列为"全球重要农业文化遗产"保护点。

7 月 5 日 0 时 全市起结束防汛Ⅱ级应急响应,进入正常防汛期。

是日 上饶银行南昌分行在南昌市正式开业运营。这是继上饶银行鹰潭分行挂牌营业后,上饶银行跨区域经营的又一重大成果。

11 日 由上饶市驻京办、北京上饶商会、上饶市红十字会联袂主办的"'情满京城'——家乡上饶水灾募捐晚会"在北京西城区圆山大酒店举行。整台晚会历经 2 个多小时,共计募集灾款 210 多万元,将全部用于援助抗洪救灾及灾后重建工作。

14 日 省长吴新雄先后深入余干县、鄱阳县,实地察看堤坝险情,认真了解防汛责任落实情况,现场指导抗洪抢险工作。

26 日 农业部部长韩长赋深入鄱阳县、余干县,就二晚扩种和农业产业发展进行考察。省委书记苏荣一同考察。

8 月 2 日 5 时 08 分 在巴西首都巴西利亚举行的联合国教科文组织第 34 届世界遗产大会上,"中国丹霞"正式列入《世界遗产名录》,龟峰成功入选,成为上饶市第二处世界自然遗产地。为感谢全市人民对龟峰申报世界自然遗产的关心与支持,让全市人民在第一时间分享龟峰成功申报世界自然遗产的喜悦,弋阳龟峰风景名胜区作出决定:2 日~31 日,全市人民凭有效证件可免门票游览龟峰(含南岩寺),前 500 名幸运游客还能获得景区赠送的龟峰成功申遗纪念品。

18 日 由上饶市人民政府主办的'10 投资上饶(台州)项目对接会在浙江台州成功举行。浙江的 200 余名企业家参加会议。会上进行了投资项目签约仪式,共 30 个项目签约,合同资金总额 41.13 亿元。

26 日 上饶市慈善总会举行成立大会。大会审议通过市慈善总会 3 个章程。大会宣布蔡晓明、董仚生、孔宗亮担任市慈善总会名誉会长,选举产生市慈善总会第一届理事会理事、常务理事以及会长、副会长、秘书长,朱寅健当选为市慈善总会会长。

是月 全市首个台商创业园——江西省余干台商创业园，经江西省人民政府批准，在余干工业园区内设立。

9月1日 市质监局、检验检疫局、国资委、工信委、工商联、团市委、建设局、总工会等8部门联合开展"质量月"进企业、进乡村、进社区、进学校、进机关、进媒体等"六进"活动，促进全民质量意识的提高。

是日 中国科学院与博能上饶客车厂"新能源汽车项目"合作签约仪式在南昌举行。开启了江西省新能源汽车产业的新时代。中国科学院副院长江绵恒、省政府副省长洪礼和出席签约仪式。

3日 全市儿童白血病、先天性心脏病免费救治试点工作启动会召开，市长董仚生宣布全市儿童白血病、先天性心脏病免费救治试点工作正式启动。

4－5日 全省"百场科普报告会"到上饶巡讲。

7日 建设全国旅游强市宣传推广年暨系列评选活动新闻发布会在上饶举行。活动以"科学发展，旅游先行"为主题，8月下旬启动，至12月31日结束，其间，将开展"十大品牌景区""百家明星农家乐""十佳明星旅行社""十大明星导游"和"十大旅游村镇"五大评选活动。

9日 由上饶市人民政府主办的'10投资上饶（厦门）项目对接会在厦门市举行，共签约项目26个，合同资金总额39.79亿元。

13－15日 上饶活动宣传日在世博会江西馆隆重举行，宣传画册、电视短片、实物展示、茶道表演、龙尾砚雕刻技艺展示等系列活动的开展吸引了不少中外游客驻足参观。

20日－10月底 全市开展"升国旗，祝福祖国"活动。

24日 '10赣台（赣州）经贸合作研讨会在赣州举行，全市共签约18个项目，投资总额1.45亿美元。

26－28日 第五届中国中部投资贸易博览会在南昌举行，会议期间，全市签约24个项目，投资总额222.03亿元。

29日 全市举行"服务园区、促进就业、成就人才"对接签约仪式暨首届农民工职业技能大赛表彰大会。

是日 国家电网江西省电力公司和上饶市签署《江西省电力公司上饶市人民政府关于共同推进上饶电网发展的会议纪要》，"十二五"期间，国家电网规划投资72亿元加快上饶电网建设。

是月 婺源李坑景区和思溪延村景区被国家旅游局批准国家AAAA级旅游景区，至此上饶市国家AAAA级旅游景区已达10家。其他8家分别是：三清山、龟峰、上饶集中营景区、婺源江湾、婺源大鄣山、婺源灵岩洞、婺源文公山、婺源鸳鸯湖。

10月10日 全市公开选拔10名副县级领导干部，共有800人报名。30日，783名符合条件的干部参加了笔试。经过笔试、面试、差额考察、差额酝酿，11月29日，市委常委会票决，产生9名副县级领导干部。

19日 在第二批"全国生态文化村"建设评比中，横峰县姚家乡兰子畲族村被评选为"全国生态文化村"。

21－23日 为纪念朱熹诞辰880周年，婺源县举行"朱子诞辰880周年邮票"全球首发式"纪念朱子诞辰880周年征文比赛""朱子生平和思想报告会""朱子诗文朗诵演唱会""纪念朱子诞辰880周年集邮""纪念朱子诞辰880周年书画展览""传承朱子精神，弘扬集邮文化"4

省10地市集邮论坛等系列活动。活动由市政府和省邮政公司主办,

23日 由市委、市政府主办的庆祝上饶撤地设市十周年成就展,在茅家岭纪念广场举行。

11月1日零时 第六次全国人口普查登记工作在境内全面展开。

3日 全国人大常委会副委员长、中国红十字会会长华建敏到婺源县,就红十字会工作情况进行视察。

5日 教育部、公安部消防局联合检查组一行到上饶,就全市创建全国消防安全教育示范学校工作进行检查。

是日 创建卫生城市复核汇报(反馈)会召开。会上,上饶市顺利通过省级卫生城市复审验收。

6日 省长吴新雄在上饶市考察农田水利基本建设工作时指出,要认真贯彻落实省委书记苏荣的指示要求,深刻认识加强农田水利基本设施建设的极端重要性和紧迫性。

10日 全市财政收入突破百亿大关,累计完成100.9亿元,较上年同期增收33.08亿元,增长48.8%,提前51天实现全市"财政收入过100亿元"的目标。

11日 国务院办公厅正式复函江西省人民政府和商务部,同意上饶经济开发区升级为国家级经济技术开发区,定名为上饶经济技术开发区,实行现行国家级经济技术开发区的政策。

19日 上饶撤地设市十周年庆祝大会在市会议中心举行。

是日 在中心城区龟峰大桥开工现场,举行中心城区20个城建重点项目开(竣)工仪式。

20日 中国鄱阳湖国际生态文化节在南昌开幕,上饶馆以其古朴典雅的外观、特色鲜明的展品赢得超高人气。

26日 全市基层医疗卫生机构全面实施国家基本药物制度工作会议召开。会上就相关工作进行全面动员和部署。

是月 信州区应急救援大队正式成立,这是全市组建的首个应急救援大队。

是月 国家能源局、财政部、农业部联合发文,授予全国108个县(市)"国家首批绿色能源示范县"称号,鄱阳县是江西省4个获此殊荣的县(市)之一,也是上饶市唯一的县。

12月4日 由全国普法办、司法部、中央电视台共同主办的"12·4十年法治人物评选活动"结果揭晓,上饶县的诚信老人郑宜栋成功入选。

是日 全省最大的渡改桥项目——鄱阳县湖城大桥竣工通车,大桥横跨昌江,全长527.92米,宽23米,总造价近5788万元。湖城大桥外接景鹰高速、昌德高速,内衔城区和景区,它的建成将有效推动鄱阳县湿地生态保护和旅游景区的发展,为促进湖城生态旅游品牌的打造提供良好的交通快车道。

8日 在2010中国(南昌)绿色食品博览会上,上饶市共有72家企业、200多种绿色食品参展。

11日 2010年全国"全民健身志愿服务"示范活动上饶站启动,数百名市民参加体验。

14-15日 首届海峡西岸经济区20个城市和闽、浙、赣、粤老年书画交流活动在福建省福州市举行,4省20个城市书画作品邀请展同时拉开序幕,上饶市老年书画学会选送的10幅书画作品入展。

是月 全国最大、最先进的湿地科学园在鄱阳县竣工。科学园于上年12月8日开建,是国内最丰富的鸟类及湿地植物展示基地。

专 记

·专记之一·

上饶地区三次解放思想大讨论纪实

1990年代,上饶地区开展了一次横比大讨论和两次解放思想大讨论,统称为三次解放思想大讨论,即1990年开展的以解放思想发展社会主义商品生产为目的的横比大讨论;1992年开展的以“解放思想、转变作风、群策群力、振兴上饶”为主题的解放思想大讨论;1996年开展的以“反骄破满、乘胜前进”为突破口的解放思想大讨论。这三次大讨论的特点是:发动面广,全区干部参与率达到95%以上,群众参与率达80%;针对性强,主要是针对当时的时代特征、干部群众思想状况,进行针对性的思想大讨论;通过大讨论,全区干部群众尤其是领导干部思想大为提高,作风大大转变,从而推动经济建设上了一个新的台阶。

第一次大讨论:在横比中警醒

1990年,中共江西省委对中共上饶地委、上饶地区行署的领导班子作出调整。刚上任的地委书记卢联灿在8月14日召开的《全区经济工作会议上的报告》中大声疾呼:“自改革开放以来,我们地区的经济工作自己跟自己比,不是没有成绩,但与周边地区比,差距不是在缩小,而是成倍甚至成十倍地扩大!”他要求到会的各级领导干部从习惯的纵比中解脱出来。

一石激起千层浪,地委发动的这场以解放思想,发展社会主义商品生产为目的的横比大讨论,在全区干部群众中引起强烈震动。

通过大讨论,干部群众认识到:上饶地区的经济建设是有成绩的,尤其是中共十一届三中全会后的1978年—1990年的11年间,全区社会总产值增长1.74倍,国民收入增长1.37倍,工农业总产值增长1.92倍,工业产值增长3.2倍,农业产值增长96.2%,财政收入增长3.57倍,社会商品零售总额增长2.92倍,外贸供货总额增长8.13倍,农民人均纯收入增长2.99倍,城镇居民人均收入增长2.93倍,城乡储蓄存款总额增长21.6倍。

但是,当地干部群众老是在“进步不大年年有”的思维中自我陶醉,思想僵化,不思进取,不知天外还有天。在大讨论中,中共上饶地区委员会引导大家从纵比中解脱出来,进行横比。干部群众在大讨论中摆事实,讲道理,大家充分认识到,从历史发展、现实状况、发展后劲三个方面与兄弟地区相比,差距的确不小。

从历史的发展来比 1989 年，按人均计算，在全省 11 个地市中，上饶的财政收入、社会商品零售总额居倒数第 1 位，工农业总产值、工业产值居倒数第 2 位，农民人均纯收入居倒数第 3 位，农业产值、粮食产量居倒数第 5 位。上述人均经济指标同宜春、抚州、吉安、赣州 4 个地区相比，上饶都摆到第 4 位或第 5 位。在讨论中，有人还专门找出与上饶地区在人口密度、十几年前的工农业基础等都比较接近的宜春地区相比，1978 年上饶和宜春比较，国民收入人均少 48 元，工业产值人均少 38 元，农业产值人均少 49 元，粮食产量人均少 236 斤，财政收入人均少 6.1 元，社会商品零售总额人均少 23 元，农民人均纯收入少 7.5 元。然而到了 1989 年，上述 8 项指标分别少 404 元、436 元、367 元、516 斤、38.7 元、205 元和 141 元。这表明上饶同其他地区的差距不是在缩小，而是在成倍甚至成十倍地扩大。

从现实的状况来比 1990 年上半年，工业生产一直没有遏制住滑坡。7 月份虽有所回升，但由于制约工业发展的根本问题没有得到解决，因此发展并不稳定。7 月份，工业生产又出现令人焦虑的情况，地方工业总产值比 6 月份下降 32.28%，1 ~7 月份包括中央及省属企业累计完成工业总产值与 1989 年同期相比，下降 1.1%，列全省倒数第一。更为令人不安的是，经济效益继续下滑，全区预算内工业企业，7 月份比 6 月份销售收入减少 19%，利润总额减少 35.22%。亏损企业由 49 户增加到 50 户，占企业总数的 39.68%，亏损总额增加 130.5 万元，累计达到 678.7 万元。产成品资金占用增加 680 万元，累计高达 1083.3 万元。上述情况表明，全区经济形势相当严峻。

从发展的后劲来比 全省 5 个地区中，其他地区都有产值过亿元的大型企业，有若干个税利超千万以至上亿元的企业，有形成龙头和拳头的重要产品，而上饶地、县两级都没有一个产值达 5000 万元、税利超千万元的企业，没有以某种产品为龙头的集团化、规模化的生产，没有多少在市场上叫得响，能大批量生产，能获得高额利润的产品。从整体来看，上饶的工业企业分布散、规模小、素质差、效益低，缺乏发展后劲。讨论中，许多人以水泥生产为例。水泥原是上饶的一大优势，年产量达到 70 万吨左右。但是因为都是小水泥生产，标号低，效益差，在市场上缺乏竞争力。再说纺织行业，全区有 14 家，但基本上是各自为战，互不往来，全行业 1989 年产值仅有 9890 万元，税利 878 万元。讨论中，大家还提到，“八五”期间，江西省在其他地市安排了一些重点工业建设项目，而在上饶基本上没有安排。

经过解放思想大讨论，使全区上下看到了差距，一场横比，使广大干部群众发现，上饶正处于周边地区都在飞速发展的夹缝之中，从未有过的危机感使上饶人民产生急起直追的紧迫感。

这场大讨论的第一大收获 全区广大干部群众敢于破除现状，树立开拓进取的精神，敢于承认自己的差距，敢于发挥自身的优势。行署专员刘德旺说，要想取得超常规的进步，就要扬长避短，发挥自身的优势；通过思想解放，破除无所作为和故步自封的精神状态。经过反复比较，看到沿海开放地区的确有他们得天独厚的优势，可以发展得更快一些；但尺有所短，寸有所长。上饶地区虽然不沿海、不沿江、不靠边，是个内陆地区，但也一定有自身的优势，只要采取积极有力的措施，把自己潜在的优势发挥出来，使之变为现实的经济实力，在原有的基础上尽快实现发展，也是完全可以做到的。

那么，怎样才能发挥自身的潜在优势呢？讨论中，干部群众提出了从调整农业产业结构入手，加快农业发展步伐的思路。农业历来是上饶的优势，但近几年农民总觉得种什么，多什么。产品变不了商品，全区粮食积压多达 10 亿千克。当时有某农民从上海回来，向乡亲们说，他们运去的双竹粘、万年贡米等优质稻米，一下火车就被城里人高价抢购一空，大伙听着眼睛都亮了。不是种粮失去了优势,而是人们生活水平在提高,不但要求吃饱,还要求吃好。于是,各县各乡的种田能手,纷纷找种子站要优质稻种,到农技推广站学习种植优质稻的技术。此后,全区优质稻种植面积大幅度上升。产粮大县余干县优质稻种植面积由之前的10%增加到60%。粮食品种的调整优化,带动了整个农业走向高产、高质、高效的新路子。为此,地区对农业结构调整做出了相应的部署:在山区重点发展林、茶、木、竹等"绿色企业",计划全年造林133万亩;在滨湖地区,集中开发水面,重点发展水产水禽等"蓝色企业",计划五年内水产品总产量达300万担;在丘陵地区,重点发展蚕桑、水果、烟叶、草食畜禽,一年内拓展桑园50万亩,新辟果园100万亩。这样因地制宜发展区域经济,使适合千家万户经营集中连片,形成基地,形成优势,也为加工业发展创造条件。

怎样发展上饶的工业?通过大讨论,也形成了比较清晰的思路。上饶虽然目前还没有什么大的工业项目。但是,上饶的矿产资源丰富,上饶的产品也有几个在国内外市场具有较强的竞争力,只要依靠科技进步,加大资金投入,就可以使之形成全区的支柱产业。这些产业有:

利用储量220亿吨的石灰石,联合地、县水泥厂,形成规模较大的水泥生产企业集团;

利用储量达1000万吨的铜资源,扩大采铜、铜材加工能力,形成铜材系列开发;

利用粮食及其他农副产品的优势,形成食品、酿酒的规模生产;

扩大水晶生产,搞好系列开发;

依托原有纺织工业的基础,发展纺织、印染、服装一条龙生产。

围绕上述支柱产业,在大讨论形成思路之后,着手创建10个年产值3000万元到5000万元的骨干企业。上饶客车厂,曾获得过全国乘用车展览设计、造型"双优奖",地区加大投入,扩建一条高中档客车生产线,年产客车可由800辆增加到2000辆,产值将超过1亿元。万年县大力发展珍珠养殖、加工一条龙生产,育珠水面由大讨论前的1989年230亩发展到大讨论后的1991年2000亩,珍珠产量达1400公斤,占江西省的三分之二,成为全国独特的珍珠综合生产基地,珍珠和珍珠制品出口,年创外汇100多万美元。

这场大讨论的另一个收获 全区干部冲破自我封闭、故步自封的阻隔,决心去迎接改革开放的大潮。地委、行署在大讨论中,自身的思想也得到更大的解放,敢于从上饶的实际出发,提出切合上饶实际的发展思路。如,"背靠大山,东出南引,以区带区,跟进接替"。背靠大山,就是要靠三清山这一"江南第一仙峰",以它为龙头,开发上饶特有的旅游资源,大力发展旅游业和第三产业,通过旅游扩大上饶的知名度,更多地吸收国内外资金和建设人才。东出南引,一是向浦东进军,统一组织力量,到那里去参与开发,推销产品(已有一批水泥等建材销到浦东),输出劳务;二是瞄准福建、广东等沿海发达地区,通过牵线搭桥,争取更多的外商和港澳台工商界及各方人才来上饶投资办厂,探亲旅游、做生意。以区带区、跟进接替,就是通过发达地区带动欠发达地区,欠发达地区跟进发达地区的产业、产品,进而使本地区发展发达起来。

第二次大讨论:春天里的思考

1992年2月10日,中共上饶地委、行署顺应中国改革开放的总设计师邓小平南方讲话精神做出决定,在全区广泛开展一次解放思想大讨论。

邓小平南方讲话中说:"改革开放胆子要大一些,敢于试验,不能像小脚女人一样。看准了的,就大胆地试,大胆地闯。""没有一点闯的精神,没有一点'冒'的精神,没有气呀劲呀,就走不出一条好路,走不出一条新路,就干不出新的事业。""抓住时机,发展自己,关键是发展经济。”

邓小平的话，引发了改革开放的新思潮。地委、行署在《决定》中指出，一场“横比”，并不能解决所有思想问题。“以我为主，不顾‘中心’（指经济建设为中心）；保守落后，安于现状；能上不上，怕担风险；工作松懈，作风懒散”，这些僵化的思想，陈腐的观念，封闭的意识，如不破除，振兴上饶就会成为一句空话。这次大讨论的重点就是，解放思想，更新观念，转变作风，为振兴上饶扫除思想障碍，奠定思想基础。

《决定》下发之后，解放思想的浪潮在全区迅速兴起。

地委书记卢联灿先后多次在公开场合表示：“欢迎自下而上揭短亮丑，首先是对我本人提出批评。”地委副书记、行署专员刘德旺在全区三级干部大会上的讲话中，对自己分管的经济工作，连续用了10个“但是”，进行自我剖析。分管农业的地委副书记倪贤伍，将自己的反思文章公诸报端，主动引火烧身。在地区领导的带头下，全区12个县市的领导也纷纷撰写和发表解剖本地问题的文章。

4月11日，《赣东北报》发表叶似凝参加大讨论的文章《春天里的思考》。文章指出，1990年下半年，地委、行署开展以横比为突破口的思想解放活动，使上饶从“成绩不大年年有”的纵比梦境中惊醒，开始有掉队意识、落后意识，从而产生穷则思变的紧迫感和急起直追的责任心。由此，指导思想上，确立“解放思想，打破常规，敢冒风险，开拓进取”的16字要求；行动上，出现不少令人振奋的敢闯、敢冒之举；经济上，1991年全区工业产值、乡镇企业产值增长幅度跃居全省首位，财政收入增长幅度升到全省第三位；农业上水利冬修走在全省前列，产业结构迈出新步伐。

成绩不可忽视。但是，长期以来，计划经济体制，小农经济意识仍然在很大程度上顽固地支配着上饶干部群众的行动。需要特别指出的是，上饶人有一种特有的“地方病”——“老区病”。有人说，上饶人身上老区的“包袱”确实太沉重，过去国家对老区救济型的支援，使许多人滋长了“以老（区）卖老”，躺在老区牌子上等、靠、要的懒汉思想。落后的老区意识，使不少地方山河依旧，面貌未改。

从思想不解放的现状进行剖析，其表现主要是：

小农经济思想、单纯计划经济的思维定势，与“左”的观念相互交织，形成一张巨大的“潜网”。

在用人问题上，有些领导同志的脑子里还装着宁“左”勿“右”、宁“红”勿“专”、宁“稳”勿“冒”的思想。

在对待政策上，有的人一方面抱怨政策不够宽，另一方面又不敢用好用足现有政策。

在发展步伐上，稳重有余，闯劲不足。

思想不解放，保守、落后的观念给上饶经济发展酿成一串串苦果，而虚浮的作风，同样是一大害。

这些年，在上饶各级领导的不少讲话、报告中，不乏生动形象、很有鼓动性的口号，就是在一些文件中，“空话、大话”也不少，篇幅长长的，实在有用的话没有几句，而且往往缺乏可操作性。形式主义严重，喜欢赶时髦，不求实效。会议多、文件多、应酬多，这在经济领域十分严重。

不按经济规律办事的现象时有发生，地、县、乡有不少领导在组织和领导经济建设中，还远远没有学会按商品经济规律办事。

就拿决策机关来说，地、县两级对经济战略缺乏深入研究，因此发展思路比较模糊，重点也不突出,即是明确了一条思路,也常常因人事变动,不能一任接着一任干,出现了许多不该出现的“半拉子工程”,甚至是“短命工程”。

再说在管理经济上,行政干预过多、过滥,使不少企业无所适从。对于频繁的检查,过多的评比,厂长、经理苦不堪言。

科技意识淡薄,使上饶经济腾飞的“翅膀”沉重。

有关资料表明,1990 年全区科技人员占全区总人口的万分之五点七,与 1989 年相比较,还下降万分之二点一。对科技人员的优惠政策,本应向企业、向基层倾斜,而提干、升级、专业技术职称名额分配,得到优先的是事业单位。同是一届毕业生,在事业单位评上职称,而在企业、在基层工作却要晚二到三年,因而造成科技人员由下向上逆流。

《春天里的思考》这篇文章以邓小平视察南方谈话为指导,用大量的事例和数据,对上饶的历史和现状进行一次全面的深刻的反思,引起全区各界强烈的震动。随着大讨论的深入,又分别解剖了一批典型,揭开蒙在那些长期高投入低产出甚至长期亏损单位头上的面纱,让他们公开亮相,促进醒悟;同时,对那些解放思想、开拓进取、大有作为的正面典型进行大力宣传,为人们树立起学习的榜样。在大讨论期间,仅《赣东北报》就先后发表各类文章 103 篇,地区电视台和各县市广播站(台)也作了大量的宣传。

这场解放思想大讨论持续了 10 个月。1992 年 12 月 10 日,地委副书记饶士圻在《赣东北报》上发表文章《秋天的收获》,指出:大讨论促进了人们思想的解放,人们思想的解放又推动了经济的向前发展,取得了较为明显的成效。

大讨论,使上饶人放下了“鱼米之乡”和“革命老区”的沉重包袱,树立起强烈的“冲出夹缝”的精神。

在讨论中,有人形象地把上饶比作在四面包围的“夹缝”之中。东边的浦东日新月异,南边的福建来势迅猛,北边的安徽跃跃欲试,就连本省的九江、赣州、宜春等地区也早已迈出了大步。身处“夹缝”之中的上饶的确到了“最危险的时候”。上饶要发展,上饶要迅跑,只有积极地行动起来,打破封闭,充分发挥自己的优势,自己解放自己;必须以“临战”的姿态,勇敢地接受挑战,奋起抗争,从“夹缝”中杀出一条“血路”来。为此,地委、行署坚持一切从实际出发,扬长避短,在提出上饶改革开放的 16 字方略“背靠大山,东出南引,以区带区,跟进接替”之后,又提出“树立支柱,全面开花,科技联姻,全面发展”的新方略。这项跨世纪工程使上饶变劣势为优势,变“四面包围”为“四面出击”,利用以三清山为龙头旅游资源,大力发展旅游业,带动经济发展。制定出筹措 5000 万元,自费开发三清山的计划。同时又派员参加’92 香港中旅展,把三清山推向世界,吸引外资投入,加快三清山开发。大讨论使上饶人在实事求是的土壤中生长出越来越多的实胆、真胆、新胆,因为改革开放,就需要有胆有识。德兴市委、市政府主动请缨,要求列为政治、经济体制综合改革试点市。铅山县农民养蚕能手陈实,被县政府请进城里,掌管全县蚕桑生产大权。过去,开放怕别人“吃掉”自己,引进又怕别人得利;如今,各县市纷纷采取优惠措施,积极招商引资。到 1992 年 9 月止,全区新批三资企业 46 家,总投资 3825 万美元,合同外资金额为 1319.68 万美元。地区还派员到香港、深圳洽谈利用资金事项,签项目 82 个,引进外资额达 5794.3 万美元。

大讨论,使干部作风转变,工作效率提高。

群众普遍反映,大讨论后的机关干部清谈的少了,真抓实干的多了。“上面放,下面望,中间有个顶门杠”的现象已成为过去。港台商人与上饶市针织总厂合资生产“铝片烤漆窗帘”项目,从申请到审批立项仅用1天时间。北京市一家研究所投资20万元,在玉山县南山乡兴办1家化工厂,只用两天时间就办好一切手续。地委、行署经过艰苦努力,争取到福建南平至浙赣线的铁路在上饶市接轨,这对上饶的发展非常有利。还有公路建设、电力建设、水利建设、邮电建设、城镇建设等,均处于高效进行。办事之快,效率之高,在以前是难以置信的。

第三次大讨论:解放思想再深入

前两次的大讨论,的确取得显著成效。但是,解放思想并不能一劳永逸。当时间进入到1996年,这一年正是辞旧迎新之际,即胜利完成了第8个"五年计划"的任务,迎来了第9个"五年计划"的新任务。为了以思想建设推动经济建设,地委于5月22日做出决定,在全区再次开展解放思想大讨论。

这次大讨论从调查研究入手。地委抽调人员,组织"解放思想大讨论专题调查组",深入到全区各地调查。大量的事实表明:思想大解放推动了经济大发展。从全区看,"八五"期末的1995年与期初的1991年相比较,国民生产总值由49亿元跃到170亿元;财政收入由3.9亿元增加到11.2亿元;农民人均纯收入由664元上升到1544元。从县市看,"八五"计划之前,全区没有1个财政过亿元的县(市),"八五"期末有4个县市财政收入跨过亿元大关。由于经济的发展,不仅缩小了与兄弟地市的差距,而且在全省排位上也大步前移。农民人均纯收入增量达338元,首次超过全省平均数;财政收入总量在全省11个地市排位中进入到前三名。

生产的发展,经济的增长,在一部分干群中又背上新的思想包袱,表现在:

小进即满,小富则安 通过前两次的大讨论,促进了经济大发展。有的人就认为,发展的速度够快了,增加的产值够多了,要想再发展就难了。有人还打比方说,发展经济好比运动员跳高,跳过1米容易,竿子加到2米,要跳过去就很难。对于已经取得的战绩满足了,认为"到顶了"。因此,有些干部甘当"太平官",稳坐"钓鱼台"。

患得患失,怕担风险 有的一事当前,总是先考虑政治风险,四平八稳,不敢试,不敢闯,不敢冒。有的在改革的路上遇到一点挫折,就心存余悸,发展工业怕背包袱,深入改革怕得罪人,任免干部怕触动"关系网",稍有风险就不敢干,宁可事业受损失,也不去冒个人的任何风险。

因循守旧,墨守成规 有些干部不去潜心学习和掌握市场经济知识,习惯于计划经济的管理方式,总是有意无意按老章程、老办法思考和处理问题,工作方法上大多采用行政手段,分任务,定指标,管得过多、过细、过死,严重束缚了基层、企业的手脚。有的领导在生产经营上,仍然是重产值,轻效益;重数量,轻质量;重生产,轻销售;重投入,轻产出;重建设,轻管理。

人穷志短,无所作为 面对市场的激烈竞争,一些地方的领导人胸无大志,甘居落后,一心等上面"恩赐"。一谈发展就埋怨资金缺乏,在招商引资上一筹莫展;一谈科技就埋怨人才太少,在培养人才、引进人才上不下工夫。

唯书、唯上、不唯实 面对实行社会主义市场经济的新形势,有的人不深入基层,不深入实际,不研究新情况、解决新问题,而是坐等上级的"红头文件",死抠条条框框,结果总是慢人一拍,错失良机。有的执行上级文件,照搬照套,不从实际出发,不能创造性地开展工作,拿不出符合自己实际情况的新思路、新举措。有的对外地现成的经验,人家做了多年并被实践证明是行之有效,而拿到本地就缩手缩脚,不敢推行。

上述思想不解放的种种表现,使地委、行署领导层进一步认识到:解放思想绝非一劳永逸,必须深入进行。他们认为,不认真解决"思想不解放"的问题,就谈不上"九五"计划和2010年远景目标的实现。

在提高认识、统一思想的基础上，地委、行署确定这次大讨论的切入点和着力点是：

切入点 就是“缩差距，略高于，站前列，快崛起”。具体说，就是抓住迅速缩小上饶同全省的人均差距，以略高于全省平均速度发展，争取各项工作在全省站前列，真正实现上饶地区在江西省东部的迅速崛起。

着力点 就是这次大讨论在哪些方面着力，也就是用什么标准来衡量思想是不是得到了解放？最根本的是邓小平指出的，“应该主要看是否有利于发展社会主义社会的生产力，是否有利于增强社会主义国家的综合国力，是否有利于提高人民的生活水平。”联系上饶地区这次解放思想大讨论的实际，具体看“六个是不是”，即：

是不是牢固树立起了中心意识（即经济建设为中心），自觉服从、服务于经济建设；

是不是敢于大胆试、大胆闯、大胆冒，加大了改革开放的力度，“两个根本转变”（经济体制从传统的计划经济体制向社会主义市场经济体制转变，经济增长方式从粗放型向集约型转变）见了成效；

是不是坚持“发展是硬道理”，善于抓住机遇，加快发展，面貌得到明显的改变；

是不是调动了广大干部群众的积极性和创造性，增强了加快发展的合力；

是不是增强了服务意识，形成了经济发展的宽松环境；

是不是转变了工作作风，在求实务实落实上下了工夫。

切入点已经明确，着力点也已指明。为此，全区各级干部和广大群众参加的深入开展大讨论活动，在各地如火如荼地展开。地区领导在6月21日至22日召开的中心学习组的学习会上，率先垂范，带头揭短。在这次会上，共查摆出思想不够解放的9大方面、40多个问题，并中肯地分析了其中的原因。有的还提出了许多有见地、有价值、有利于解决问题的办法和建议，为全区大讨论的深入开展带了好头。继6月地委中心组学习之后，地直机关和广丰、上饶、弋阳等县中心组也紧接着开始了新的一轮查摆。广丰县在总结“八五”取得巨大成就经验的基础上，着重进行反思，认为广丰“八五”期间的快速发展是低水平、低层次、低基数基础上发展，因此必须进一步解放思想，克服骄傲自满情绪，树立勇于创新、开拓进取的全新观念，寻找新的增长点，不断增强后劲。上饶县委主要领导在大讨论中，带头自揭短处，认为自己敢想、敢闯、敢冒的劲头不足，存在怕担风险、怕出乱子、怕搞出矛盾的思想顾虑，表现在抓工作胆子不大，抓经济信心不足。弋阳县在讨论中，则围绕县委提出的有关经济建设4大题目，进行剔肤见骨的讨论，并在找准症结的基础上，推出一系列行之有效的实招。婺源县委在大讨论中认识到，过去在发展气势上，总习惯于“勒紧裤带”、省吃俭用办小事，不善于“借鸡下蛋”，全县贷款余额不及别的县市的几分之一甚至十几分之一。在发展的思路和方法上，统得过多过死，放不开，搞不活。波阳县在大讨论中，勇于解剖自己，认识到波阳落后了的根源既有先天不足之因，更有后天失调之果，从而发出“波阳要振兴，观念要更新”的呐喊。上饶市在大讨论中，提倡“允许发牢骚，更想听建议”、“可以说别人，更要说自己”、“需要提问题，更要提措施”、“多多搞讨论，不要去争议”，确保大讨论健康地向纵深发展。

在地县两级领导的带动下，全区各乡镇场、各县直单位都纷纷行动起来，通过外出参观考察，认识自己的差距与不足，学习先进的做法和经验，理清本地的发展思路和对策。

这场大讨论，历时3个月。时间虽短，但已经取得较多成果，表现在：

大讨论进一步推动了思想解放 这种解放不是写在纸上，而是开始真真切切地写在上饶的大地上。上饶人正用更宽的视野审视自己的发展蓝图,用更深的思维想自己该想的事,用更大的胆量做自己该做的工作。一条条思路在理清,一个个方案在拟就,一项项政策在出台。波阳县提出“高起点,快速度,争一流”的发展思路;上饶市提出“超宜春,赶赣州,建设现代化中等城市”的设想;德兴市提出组建6大工业集团、强攻10大项目、规划5个工业小区的方略;上饶县做出开发荒山荒水、强攻工业、发展特色农业的决定,使出招商引资优惠办法,等等。

大讨论进一步促进了干部作风转变 地、县两级干部纷纷走出办公大院,下基层、办实事。地区老建办公室为了认真扎实地做好扶贫工作,组织4个调查组,下到4个贫困县调查研究,拓宽扶贫渠道,落实帮扶开发项目42个、落实资金70余万元,帮扶贫困户800户。地区工商局原来审批和办理企业登记手续一般要半个月甚至更长时间,现在只要符合条件、材料齐全,一天内就可以办好。通过大讨论,一批懂技术、善管理的人才走上经营之道,一批有一技之长的专业技术人员走出机关,谋求新的发展,成为推动经济增长的一支新的生力军。

·专记之二·

上饶地区承办江西省第九届运动会暨全国体育三大赛纪实

1994年,上饶市承办了江西省第九届运动会和全国体操冠军赛、全国青年篮球联赛、全国女篮六强赛(一会三赛)。这是上饶人民不会忘记的一件盛事。它开创了几个第一:省运会第一次放到省城以外的地区召开。自新中国成立以来,江西省前八届运动会,都是在省城南昌举行,是省九运会开了先河;上饶从来没有大型现代化的体育场馆,上饶体育中心的建成,在全区乃至全省地市一级都是一流的;上饶地区有史以来没有承办过全省性、大规模、综合型的体育盛会,更没有承办过全国性、高规格的体育赛事,这次在一年之内连续承办一会三赛,是破天荒的头一回;上饶地区第一次通过体育搭台,经贸唱戏,竞赛开路,招商引资,有力地推动上饶城市建设上了一个新档次,经济建设上了一个新台阶。

场馆建设

上饶体育中心 1991年7月1日动工,1994年8月1日竣工,历时3年零1个月建成。巍然屹立在信江河畔的上饶体育中心,是由曾经为北京亚运会设计月坛体育馆、丰台体育中心等体育场馆的北京工业设计研究院高级建筑师蒋其芳设计。

这项工程选址合理,造型别致,功能齐全。它东依320国道,南接长塘桥,毗邻运动场,与东岳森林公园隔江相望。体育中心占地面积30630平方米,建筑面积18050平方米,由主体馆和两侧裙房组成。主体馆呈橄榄形,分为上下两层,上层为比赛馆,下层为训练馆。主体馆两侧裙房,北与长塘路、西与沿河东路相接,是观众出入赛馆的主通道。裙房两处三角区建有假山水池,花坛草地,绿树成荫。主体馆前面是一片绿地,建有彩色灯光喷池和竞技钢雕。比赛馆设有3217个席位,馆内安装有电子计时计分、通讯消防、通风报警、照明音响等设备,达到国际比赛标准。能举行篮球、排球、羽毛球、手球、体操、拳击、柔道、摔跤、举重及其他室内竞技比赛,还可供商品展销、集会、杂技、时装表演及文艺演出。看台与训练馆夹层部分设有贵宾室、接待室、休息室、警卫室、医务室及检录、电视转播、通讯、扩音录音、控制台等技术用房。训练馆可作训练和一般比赛使用。主体馆北侧裙房为体育宾馆,设有157个床位,装有中央空调、程控电话、大小餐厅和会议室,平时可接待旅客和大小会议。主体馆南侧裙房为娱乐馆,建有写字楼、温水游泳池、嬉水池、健身房、桑拿浴室、咖啡厅、台球室、壁球室等。附属建筑和设施有锅炉房、售票房、小卖部、车库、停车场。

上饶体育场 与体育中心配套,1993年8月1日开工,1994年9月30日竣工,历时1年零1个月。占地25448平方米,建筑面积12488平方米,观众容量1.8万人。运动场铺设国际标准的塑胶跑道,可承担全国性田径、足球、曲棍球等大型比赛。

1992年3月,国家体委主任伍绍祖欣闻上饶地区群策群力建造一流的现代化的体育场馆,专程来到建设工地,他感慨地说:“过去,国民党反动派在上饶搞了一个人间地狱——上饶集中营,如今,共产党在信江河畔嵌了一颗明珠——上饶体育中心。你们对这项工程的建设和建设后的使用,非常有魄力,非常有胆略,非常有远见。你们把这项工程的建设同赣东北铜基地及三清山开发利用结合起来,是值得肯定的。”

承办经过

1992年5月21日,上饶行署以饶行字〔1992〕83号文,向江西省人民政府提出《关于申办江西省第九届运动会的请示》。《请示》中阐明:上饶地区承办省运会的有利条件已经具备:一是场馆可纳。建多功能的现代化体育馆一座,有田径场5个、灯光球场9个、游泳池2个、划船基地1个;二是食宿可行;三是交通方便。火车、汽车四通八达。上饶地区有能力、有信心、有决心承办好省运会,敬请省政府批复。

省政府接到上饶行署呈报申办九运会的请示之后,授权省体委先后三次派出考察组到上饶进行了多方考察论证。在确信上饶能够承办好省运会的前提下,省政府以赣府厅字〔1993〕189号文,正式批准江西省第九届运动会在上饶举行。批文中指出:这是建国以来,江西省首次放在地区一级举行的省运会。1994年7月至10月,举行各项集体和团体外围预赛。总决赛于1994年11月6日至13日在上饶举行。

1993年3月15日,省政府成立江西省第九届运动会组织委员会。

1993年4月18日,上饶地区承办省九运会筹备委员会正式成立。

1993年11月1日,江西省第九届运动会授旗仪式暨新闻发布会在省体委大会议室隆重举行。邓布仁代表中共上饶地委、上饶地区行署和全区600万人民,从副省长、九运会组委会主任黄懋衡手中,接过九运会会旗。邓布仁表示:一定要把九运会办成团结、求实、热烈、圆满的体育盛会。

会旗、会徽、吉祥物分别是:

会旗 白底蓝字,有宁静、纯洁之美感。“JX”系“江西”汉语拼音“jiang xi”的第一个字母,似赣江滚滚流水奔腾不息,如人体竞技动态拼搏向前。红色图景为环绕的奥运圣火,意为“江西”省运通奥运,立足江西望世界。构图简洁,画面清新,动感强烈,寓意深刻。(设计人 陈景南)

会徽 图案由“江西”汉语拼音“jiang xi”的第一个字母“jx”和数字“九”巧妙地组合,构成一组跑道,表示“江西省第九届运动会”。上方红色图案,既似昂首飞跃的鄱阳湖天鹅,意为省九运会在腾飞的上饶举办,又似一束熊熊燃烧的奥运火焰,象征省九运会的热烈、辉煌。图案新颖、简洁,现代感强。(设计人 汪维勇)

吉祥物 “跃跃”——荷包红鲤鱼

“鲤”与“利”谐音,“鱼”和“余”谐音,“鲤鱼跳龙门”民间吉利语。因此,“跃跃”含有吉祥、富裕、进取、腾飞之意。

荷包红鲤鱼源于明朝皇室之御池,列为今日国宴之珍品。系上饶地区婺源县的特产。选用其为吉祥物,既有地方特色,又符民族的审美心理。造型生动,色彩鲜艳,又有喜庆气氛。(设计人 汪维勇)

参赛规模之大、竞赛项目之多,是历届之最 1994年的全省第九届运动会是一次规模空前的盛会。有44个体育代表团参加,其中:6个省直辖市,即南昌、九江、景德镇、萍乡、新余、鹰潭;5个地区,即赣州、宜春、吉安、抚州、上饶;33个系统体育代表团,即省军区、石化、公安、电力、农牧渔业、交通、地质、邮电、冶金、纺织、林业、国防科工办、金融、钨业、省直机关、教育(高校)、铁路、商业、煤炭、粮食、机械、水利、气象、工商、科委、文化、出版、卫生、税务、铜业、法院、医药、建材等。参加这届运动会有7014人,其中上饶市中心赛区组织的赛事达14项,参赛人数达4552人，均创造了省运会历史之最。

这届省运会的比赛分地市组和系统组进行：

地市组的项目有14项，即田径、游泳、跳水、体操、举重、射击、皮划艇、赛艇、乒乓球、羽毛球、柔道、摔跤（古典式、自由式）、篮球（女子）、武术等。

系统组的项目有18项，即田径、游泳、举重、射击、乒乓球、羽毛球、篮球（男、女）、排球（男、女）、足球、曲棍球、武术、棋类（中国象棋、国际象棋、围棋）、桥牌、航空模型、航海模型、竞技健美操、国际体育舞蹈、门球等。

表演项目有3项，即拳击、艺术体操、花样游泳。

大型文体表演特色之浓郁、气势之恢宏，创历届之先　上饶物华天宝，人杰地灵，这块红色土地，曾为中国革命作出了卓越的贡献，成为举世瞩目的革命摇篮。在改革开放的今天，她正以崭新的风貌，昂然的姿态，崛起在世人面前。因此，这届大型文体表演，命名为《红土地再创辉煌》。其特色就是：紧紧抓住一个“土”字，突出一个“新”字，蕴藏一个“深”字，表演一个“好”字。

《红土地再创辉煌》表演分为四章：

第一章：《三清迎客》。古朴、典雅、甜美。充分展示赣东北乡土文化气息，表现600万上饶人民盛情好客的赤诚之心，风姿飘逸，体态婀娜的“神女”载歌载舞，喜迎八方嘉宾。

第二章：《九运宏图》。壮观、恢宏、热烈。展现“九运会”是对江西省体育事业的一次大检阅，为全省体坛精英垒起一个大舞台，体育健儿在“九运会”上奋勇拼搏，增光添彩。

第三章：《赣江潮涌》。激越、振奋、向上。在改革开放的大潮中，江西人民勇于创新，顽强拼搏，推动了经济和社会各项事业的蓬勃发展。表现形式，文体结合，40条长15米、宽8米的淡蓝色绸布，分别由160人操作，形成波澜壮阔的水面。在水浪之间，有一条巨轮模型出现，并在波浪中行进。

第四章：《希望之光》。优美、甜润、热烈。展现江西人民在建设有中国特色社会主义的伟大实践中，开拓进取，满怀信心，奔向二十一世纪。此章在表演形式上，采用有上饶地方特色的茶灯、板灯进行歌舞。有600人手持1200盏茶灯，有800人肩抬板灯，尽情尽兴舞蹈。背景台上显示“鄱湖日出”图案，“江西大有希望”“奔向二十一世纪”等字样，音乐不断，群情沸腾。

《红土地再创辉煌》，这场有9100多人参加的大型文体表演，博得了中华全国体育总会和省委、省政府领导、境内外来宾和广大人民群众的交口称赞，被专家誉为达到了国家级综合运动会大型文体表演的水平。

创造了一批优异成绩　第九届省运会上共有5人10次超9项世界纪录；2人2次超2项全国青年纪录；17人43次破21项全省记录；190人252次破77项全省少年纪录。上饶地区参赛健儿在家乡父老面前敢打敢拼，不负众望，共夺得金牌57枚、银牌67枚、铜牌53枚，荣获金牌总数第四名、团体总分第五名，金牌总数和团体总分均比上届省运会翻了一番。

上饶地区在承办省九运会的前后，还承办了全国体育三大赛：全国体操冠军赛、全国青年篮球联赛、全国女篮六强赛。

赛事的由来是，国家体委授权江西省体委，于1994年1月31日至2月2日在玉山召开体育竞赛招标工作会议。通过公开招标，上饶地区取得了上述三项赛事的承办权。

’94“江铜杯”全国体操冠军赛　9月22日，全国体操冠军赛正式开始，到27日结束，历时6天。这项赛事是上饶承办“一会三赛”的第一大赛，也是地委、行署强调要打响的“第一炮”。

参加这次冠军赛的有20个代表队、114名运动员,以及184名领队、教练员、裁判员和工作人员。参加单位有各省、自治区、直辖市体委,解放军、火车头体协,特邀北京、上海、武汉、西安体院和广州市。竞赛项目:女子有跳马、高低杠、平衡术、自由体操4项;男子有自由体操、鞍马、吊环、跳马、双杠、单杠6项。各队领队、医生、伴奏、舞蹈教练各1名,男女运动员各6名,教练员共4名。1994年度中国国家体操队队员、入选迎接1996年奥运会集训队员和国家体委训练局集训的运动员,均代表原单位参赛,不受名额限制。年龄规定:男运动员必须是1978年12月31日以前出生者;女运动员必须是1982年12月31日以前出生者。采用1993年版国际体操评分规则。录取全能、单项前8名,设"难新动作奖""落地稳定奖"和"体育道德风尚奖"。由于上饶地委、上饶行署的高度重视,组织严密,部署得当,全体工作人员尽心尽责,全区人民尤其是上饶市民大力支持,办得圆满成功。

'94"金融杯"全国青年篮球联赛 10月10日至19日在上饶体育中心举行。系第一阶段重庆、黄岗、南丰、新余4个赛区的第3、4名,在上饶决出9至16名。每队领队、医生各1名,教练员2名,运动员12名。年龄规定:每队允许有2名运动员在20周岁(1974年1月1日以后出生)以下,其他运动员必须在19周岁(1975年1月1日以后出生)以下;身高规定:每队需有最高两名队员上场(男子不低于1.95米),分别打满第一和第二节各15分钟的比赛,第三节20分钟,必须保持有1名最高队员出赛。第二阶段预赛,采用循环赛排出名次,决赛1至8名,名次排列按1990年篮球规则中有关名次排列办法执行。

'94"电力杯"全国女篮六强赛 11月19日至25日在上饶体育中心举行。这项赛事在省九运会之后,是全国女子篮球最高规格、具有世界水平的比赛。由国家体委指定的全国六强:沈阳军区队、辽宁队、八一队、广州军区队、河北队和北京队参赛。

荣获巴塞罗那奥运会和1994年世界女篮锦标赛两次世界亚军的中国女子篮球队的12名队员全部回到自己所在的代表队参赛,其中有:郑海霞、向东文在八一队,刘军、郑冬梅在河北队,何军、梁心在北京队,王芳、孙美、张玉娟在辽宁队,李昕、李冬梅在沈阳军区队。由于球星云集,此次比赛最具观赏性,受到广大球迷的好评。

这三次全国性的体育大赛,使上饶人民大饱眼福,有数万人观看了精彩的比赛。上饶人的文明、热情、好客,也受到各界人士的称赞。八一女子篮球队领队说:"上饶人民政治素质高!"全国体操冠军赛总裁判长说:"这次比赛观众之多,秩序之好,文明程度之高,在全国体操赛中都是罕见的!"

赛事促发展

现代体育运动,已经远远超出其本身的意义。承办一次体育盛会,对一个城市的建设起到了一次极大的推动作用。

提高了知名度 赛事期间,中央、省内外一大批新闻单位,先后派出200多名记者到上饶采访,《人民日报》社、新华社、中央电视台、中国体育报等都播发了省九运会和全国二大赛的消息,各新闻单位累计发稿量达到4000多篇。江西电视台和上饶电视台联合现场直播九运会赛况,并制作10多期专题报道。通过大面积、高频率的宣传,使上饶在全省乃至全国都大大提高了知名度。江西财经学院副院长、研究员史忠良从经济的角度发表看法,他说:"上饶的知名度,将就此而有一次大的提高,它对于吸引外资,搞活流通,加速建设,都有着极大的推动作用!"

加快了城市建设　为了以全新的面貌迎接省运会和全国三大赛,从1993年开始,上饶市区铺开了15项重点市政建设工程,总投资达6424万元。这些工程是:长塘路工程、沿河东路工程、胜利大桥工程、南环路沥青路面工程、沿河西路工程、民主路二期工程、解放路排涝站、胜利中路道路改造工程、抗建南路一期工程、庆丰中路工程、中山东路一期工程、火车站广场工程、赣东北大道延伸工程、建设路路面工程和带湖山庄续建工程。这些工程的完成,使上饶的城市建设上了一个新台阶。

发展了区域经济　“体育搭台,经贸唱戏,竞赛开路,招商引资”,是上饶承办体育盛会的目的之一。在赛事期间,举办了’94上饶商品展销会和经贸洽谈会,来自上海、江苏、浙江、福建、贵州、安徽等省市和省内各地市的1500多名代表参加展销和洽谈,成交额突破10亿元。在招商引资方面,与美国、荷兰、泰国、印尼等国以及中国台湾、香港等地区客商签订合同35个,金额1.5亿元,其中引进资金7613万元。在“一会三赛”期间,三清山、圭峰、上饶集中营等风景名胜区,先后接待游客5万余人次,旅游收入520多万元。

附记:

自豪啊,上饶①

——九运会开幕式侧记

历史将把这一天浓墨重彩地记载下来。

这一天,是600万上饶人民伴随着倒计时的时钟,一天一天,一分一秒地走过来的。一条跨越赣东北崇山峻岭,连接着省会南昌的微波线路,把这历史性的时刻,传送到广袤的江西大地。从信江之滨到鄱阳湖畔,从罗霄山脉到赣抚平原,4千万江西人民把热切希望的目光聚焦在上饶。上百名来自全国各地的记者,亦将他们的笔端、镜头定格在上饶。

江西省第九届运动会,是展示江西体育事业和经济建设发展的盛会。这次省运会是首次在省会以外城市举行的综合性运动会,也是江西历史上规模最大、最隆重、最热烈的盛会。历史把这份信任和重托、光荣和自豪给了上饶,赋予上饶百年不遇的机遇,上饶当还世人一个怎样的惊奇,此刻,600万上饶人民接受着全省人民的检阅与期待。

金秋的上饶,风和日丽,丹桂飘香。鲜花、彩旗、气球把古老的饶城装扮得分外妖娆。坐落在美丽的信江河畔,与雄伟壮观的上饶体育中心遥相呼应的上饶体育场,被姹紫嫣红的鲜花、如织似瀑的彩旗、贺联簇拥成一个欢乐的世界。巨型红鲤鱼——九运吉祥物“跃跃”高悬在体育场上空,喜迎八方宾客。江西省第九届运动会的帷幕,即将从这里拉开。

飞机的引擎声把人们的目光牵引到天空。两架飞机在体育场上空盘旋,空中绽开朵朵伞花,像一朵朵绚丽的彩云,又像一束束盛开的鲜花。由江西省航校、湖南省航校跳伞队表演的空中跳伞开始了。运动员从800米的高空洒开45条彩带及大会吉祥物——“跃跃”,象征着九运会喜从天降。两名运动员从1000米的高空展开国旗、会旗,象征着九运会乘风前进。“欢乐跳伞”“空中开花”“叠罗汉”“天女散花”,为欢天喜地的九运会架起友谊的彩虹、团结的纽带,

①《自豪啊,上饶》:原载1994年11月7日《上饶日报》作者:郑孟仙。

江西体坛春色满园，江西在崛起腾飞。多姿多彩的画面，把蓝天点缀得五彩缤纷。今秋蓝天上写下了东道主上饶人民最美好的祝愿和上饶人的自豪。

悠扬的古典乐曲中，上饶地区木兰拳协会、太极拳协会组织的各500名男女，在绿草坪中舞出木兰扇，挥起太极拳。他们当中有81岁白须垂胸的耄耋老者，亦有16岁的花季少年。这壮观的场面是上饶地区群众体育蓬勃发展的一个标志。

历史在这一刻凝住：14时56分，中共江西省委书记、省人大常委会主任毛致用宣布"江西省第九届运动会开幕"。

千羽信鸽和彩球直冲蓝天，把这一喜讯传送到九霄，传递到四面八方。

五星红旗、九运会旗高高升起，在金秋骄阳中猎猎飘扬，接受着人们深情的注目礼。

悠扬清雅的音乐声起，巨幅背景台变幻出一轴秀丽的画——如梦似幻的三清山。501名上饶师范学生扮演的神女，踏着流云，飘逸而来。432名戴着傩具的山神守护着神女，神女舒展身躯，地动山摇，沉睡的群峰开始涌动。改革开放的春风，唤醒了沉睡千年的三清山，三清神女美梦成真，她走出了千年的梦境，汇入了时代的潮流。神女轻盈的体态，婀娜的舞姿，甜美的微笑，令人心旷神怡，如痴如醉；山神闪亮的石斧，健壮的体魄，粗犷的舞步，既展示了赣东北人民不屈不挠的精神风貌，也为九运赛场呐喊助威。

神女和山神组成一把巨大的琵琶图案造型。清音待客，轻歌作酒，风姿飘逸，体态婀娜的神女手持琵琶，载歌载舞，喜迎八方嘉宾。动听的乐曲奏出了600万上饶儿女的心声，三清神女弹出的不仅是迎宾的美曲，也是时代的强音。

轻盈的乐曲中，1000把彩扇组成5片绿色的三清茶叶，背景台出现一片巨型茶叶，象征着赣东北茶文化的源远流长，三清神女以香甜的清茶敬献嘉宾。

瞬间，神女变成12朵火红的杜鹃，似上饶地区12个县市竞相争艳，赣东北大地处处生机盎然。杜鹃环绕的平台高托出三清神女，今天，美丽的三清山敞开了胸怀，欢迎来自四方的朋友，拥抱无限美好的未来。

大型团体操《红土地再创辉煌》一出场，就向观众展示了赣东北悠久文化的风采，表现出600万上饶人民盛情好客的赤诚之心。观众被古朴、典雅、甜美的《三清迎客》所吸引，沉浸在具有浓郁乡土气息的欢乐喜庆气氛中。

上饶师专1120名大学生表演的《九运宏图》，展开一幅幅壮观、恢宏、热烈的画面。560名男大学生表演棍操，以刚劲有力的动作，威憾的气势，表现出我省群众体育运动蓬勃开展的大好形势，表现出新时代青年的健美和刚强。560名女大学生表演的健美操，以轻松明快的舞姿，表现出青春的活力、蓬勃的生机。

队形迅速变化，组成江西省版图，版图中间又冉冉升起了12座叠罗汉造型。外圈的11座三层罗汉造型，代表着我省11个地市正在红土地上崛起，正中的四层罗汉造型，象征着全省人民在改革开放中向更新的高峰攀登。

男大学生手中挥动的棍棒，顷刻展为飞舞的红旗。队形变化组成灿烂的九运会徽。会徽似赣江滚滚，奔流不息，腾飞的鄱湖天鹅，又似奥运圣火，熊熊燃烧。九运会正在开创历史中走出江西宏伟的画面。潮声中飘荡起九运会歌，雄浑激越的嗓音，燃烧着人们火热的激情，磅礴的气势，直冲云霄。赣江洪波汹涌，波涛驮现了本届运动会吉祥物——"跃跃"。红鲤鱼在欢腾跳跃，象征着上饶建设蒸蒸日上，江西改革开放结出累累硕果，江西人民将创造出更加辉煌的明天。

由驻饶32380部队848名官兵表演的《赣江潮涌》,振奋着观众之心,场上掌声经久不息。

彩霞满天,鲜花如锦。在一片绚丽彩虹中,上饶卫校600名女同学手持1200盏茶灯,迈着轻盈的舞步,如同仙女下凡。茶灯、彩虹交相辉映,显示江西一片辉煌。茶灯组成12个同心圆,象征着上饶地区12个县市,在改革开放中同心合力,竞争向上,以和风争速度,和电抢时间,和太阳比能量的豪迈气势,拼搏进取。

江西医学院上饶分院、上饶卫校的200名男生表演的矮脚龙舞,与茶灯舞相映成趣,形成了灯的海洋,灯的波浪。200条矮脚龙组成11条龙灯,象征11个地市的腾飞。

巨幅背景台上,由上饶市2800多名中学生翻动画本而亮出"江西大有希望"的辉煌画面。霎时,表演队伍也组成《希望之光》四个金光灿灿的大字。

上饶县茶亭乡200名农民,舞起两条160米长的板龙灯,带着金秋丰收后的喜悦,代表全省农民向九运会奔来。巨龙翻滚腾跃,气势非凡。此刻,体育场高空腾起朵朵礼花,烟花焰火与灯流交相辉映,场上气氛达到最高潮。

今夜天空一片月光星光,今夜地上一片灯光火光,天上人间,人间天上,流动着爱的色彩,燃烧着火的激情。那昨天的荣光,今天的灿烂,明天的辉煌,今夜都化作了希望之光!希望之光召唤着红土地的儿女,改革开放,再展宏图,再攀高峰,再创辉煌!

这是一个盛大的庆典,这是一个光辉的节日。

这个灿烂辉煌的时刻,深深烙在四千万江西儿女心上。上饶600万人民将带着这份自豪,这份荣耀,这份胆略,豪迈跨向新的世纪!

历史将永远不会忘记这个神圣而光辉的日子——

1994年11月6日。

·专记之三·

上饶地区1998年抗洪救灾纪实

1998年,上饶地区发生了全流域、大面积、超历史最高水位的特大洪涝灾害。地区防汛指挥部依据《中华人民共和国防洪法》的规定,宣布从7月26日18时起,全区进入紧急防汛期。这场特大洪涝灾害一直延续到9月25日零时,才宣告紧急防汛期结束。

进入汛期

从6月12日起,上饶南部地区连降暴雨,有些地方出现了大暴雨,北部也同样出现暴雨。

当时的雨量情况是:弋阳最大,达319毫米;铅山次之,279毫米;横峰再次之,271毫米。受其影响,全区江河、水库水位迅速上升,6月14日,信江上饶站67.69米,超警戒线1.69米;河口站53.74米,超警戒线1.74米;弋阳站46.06米,超警戒线2.06米;梅港站27.43米,超警戒线1.43米;大溪站24.38米,超警戒线0.88米。

水情就是命令。6月14日上午10时,中共上饶地委、上饶地区行署(以下简称地委、行署)在地区防汛指挥部召开紧急会议,部署抗洪抢险工作。专员陈达恒强调:各级领导干部都要深入到抗洪抢险第一线,特别要深入到大江大河、重点水库、重点圩堤、险工险段、调运物资、排查隐患、指挥抗洪、组织抢险,要建立严格的行政首长负责制,主要领导亲自抓紧、负总责。对那些领导不力或不负责任而造成重大损失的,坚决追查责任,并依法论处;要密切关注雨情、水情、汛情,地县防汛指挥部和各级党政办公室以及有关部门要坚持24小时值班,县(市)党政主要领导要带班查岗。紧急会议后,地区领导立即兵分四路,前往铅山、余干、弋阳、广丰指挥防洪抢险。陈达恒专员一开完会,迅速行动,冒雨深入到上饶市东门排涝站、解放河排涝站和东引工程检查指导。

6-9月,尤其是6月中下旬和7月中下旬,全区两度遭受连续大范围暴雨和大暴雨集中降水袭击,各地山塘、水库都已蓄满了水,一遇下雨,就加大排水量,江河水猛涨。加之,长江流域发大水,江水倒灌鄱阳湖,造成湖区水位持续超过警戒线,到9月7日,鄱阳湖康山站水位21.33米,超警戒线2.33米。湖区水系饶河波阳站水位21.51米,超警戒线2.55米;乐安河石镇街站水位21.38米,超警戒线1.88米;昌江古县渡站水位21.30米,超警戒线1.8米。鄱阳湖区水位超过警戒线自6月20日起到9月7日止,持续时间达80天。随着长江水流加快,倒灌鄱阳湖的水量逐渐减少,湖区水位呈回落趋势,嗣后10天,湖区退水加快,到9月17日止,鄱阳湖康山站水位为20.12米,仍然超过警戒线1.12米;饶河波阳站水位20.30米、乐安河石镇压街站水位20.18米、昌江古县渡站水位20.11米,分别超警戒水位1.3米、0.68米、0.61米,超警戒水位时间达到90天。一直到9月25日止,鄱阳湖区水位才降到警戒线以下。地区气象局指出,这次的汛期之长,灾害之重,为百年未遇。

抗洪抢险

6月14日召开的紧急会议上,地委、行署面对特大洪涝灾害,发出了第一声号令。15日上午,中共上饶地委召开紧急会议研究部署防汛工作,会后,地委、行署主要领导分别赶赴余干、铅山、弋阳县坐镇指挥，地区各套班子其他成员也迅速奔赴各挂钩县市防汛第一线。一场波澜壮阔、艰苦卓绝的抗洪战斗在上饶大地的信江两岸摆开战场，1998 年中国大地伟大的抗洪斗争也就从这里拉开了序幕。

6 月 21 日，行署再次发出紧急通知，要求全区干部群众在洪灾面前坚持“三个不动摇”，即坚持防汛责任重于泰山不动摇；坚持抗洪抢险是当前压倒一切中心任务不动摇；坚持确保万亩以上圩堤不倒、小(一)型水库不垮坝的目标不动摇。为切实加强第一线的指挥力量，地委、行署还派出 12 个工作组分赴各县(市)，其中 12 名地委委员就有 9 名在波阳、余干、万年 3 个重灾县。全区有 500 名县级干部、1 万多名机关企事业干部、100 万群众日夜奋战在防洪抢险第一线。

在抗洪抢险中，军民是战斗主力。6 月 13 日，上饶军分区和各县(市)人武部除一名领导在作战值班室坐阵指挥外，其余领导全部奔赴抗洪第一线。军分区司令员魏振敏自抗洪战斗打响后，就来到波阳、余干等汛情最严重的地区指挥抗洪抢险。军分区政委幸宗伦深入到重灾区指挥民兵预备役人员抢险救灾。全国“抗洪抗旱模范”、波阳县人武部部长吕建民，哪里有险情，哪里最危险，就出现在哪里。6 月 23 日 3 时，该县碗子圩水位超过历史最高水位 0.98 米，80% 的圩堤漫顶，险情不断，3 万余亩耕地和 3 万多名群众的生命财产危在旦夕，吕建民冒着生命危险，带领 20 个村的近万名民兵，经过 7 个小时的艰苦奋战，终于保住了 12 公里长的大堤安全。在整个抗洪抢险过程中，到处可见军民“赤膊上阵，浴血奋战”的感人场面。7 月 26 日 12 时，江西省进入紧急防汛期，此时鄱阳湖水位涨水 22.52 米，到处险象环生。对此，上饶军分区再次下达“抗洪抢险紧急动员令”，号召全区广大民兵预备役人员以连续作战的精神，为挤抗洪抢险再立新功。波阳、余干等地，在极短时间里动员 4 万多名民兵，组成 96 个抢险突击队、130 个抢险预备队，奔赴 36 个险工险段。在抗洪抢险中，涌现了许多感人至深的场面。上饶市供销社专武干部吴明康，家里被淹，自己高烧 39.6 度，还带领民兵应急小分队 120 人抢运物资，经过 26 个小时的紧急抢运，国家和集体财产保住了，可他却在昏迷中被送到急救室。铅山县人武部部长申其文，当得知车盘山区即将山洪暴发的消息后，立即带领 500 名民兵赶赴现场，一直坚持奋战到群众全部安全转移才撤离休整。据统计，在抗洪抢险中，上饶军分区出动官兵 2000 余人次、民兵应急分队 7.2 万余人次、民兵预备役人员 38 万余人次，共抢救、转移群众 12.6 万余人次，紧急抢险 620 处，抢修、加固堤坝 1.2 万公里，抢修公路 1600 公里、桥梁 1189 座。

在抗洪抢险中，共产党员是中坚力量。地处鄱阳湖畔的余干县，有 200 多公里大堤，有 2 万多名共产党员战斗在第一线。古竹乡党委一班人，自 6 月 25 日上圩后，整整两个月，一直坚守岗位。该乡负责的落脚湖堤段，多处发生大的脱坡，最大的一处脱坡有 200 余米，圩面仅剩不到 1 米，党委书记方爱国一马当先，带领群众日夜奋战，直到险段化险为夷。乡党委副书记、副乡长李生茂一心扑在抗洪抢险中，感冒发烧只是吃几片药，手脚受伤也只是贴一纸膏药，在圩堤上一干就是 40 天。乡纪委书记郗晗的老母亲被洪水围在黄金埠时，他没有回去，妻子生病住院他也无暇顾及，一直战斗在抗洪抢险第一线。瑞洪镇凉山村共产党员谭求珍，64 岁，他主动请缨，带领 10 名有抗洪经验的老农民，承担巡查泡泉的任务。6、7 两个月，无论刮风下雨，都坚守在堤上，共发现大小泡泉 30 多处，都一一排除，使险情消灭在萌芽状态。梅港乡蒋坊村共产党员鲁文标，驾驶小四轮机动车全力投入抢运抗洪抢险物资中，他舍小家顾大家，蒋坊圩决堤，他家财产全部冲毁，仅剩身上穿的衣服。当时，中共江西省委常委、组织部长刘德旺正在余干指挥抗洪抢险,他曾动情地说:面对洪水,哪里有险情,哪里就有共产党员的身影,洪水无情党有情,共产党员在抗洪抢险中发挥了模范带头作用!

人武部长曾存思女儿在外地读书放假了,却被洪水围住了,叫他去接一下,他说:“你已经长大,爸爸正抢险,没空。”这样的例子不胜枚举,群众说:“干部冲在前,老百姓谁有理由落后呢?”

在抗洪抢险中,妇女是后方保障力量。波阳县各级妇女组织在特大洪灾面前,全力安抚灾民。双桥村妇代会主任余国枝在洪灾面前,顾不上自家的东西,组织妇女将100多户灾民安全转移。万年县齐埠乡齐埠街有一幢钢筋水泥建的两层楼,乡抗洪抢险指挥所就设在这里。房间里铺满了草席,平台上排满了竹床。抗洪抢险指挥所的人都睡在一起。每餐几十人吃饭,碗一丢就去抢险。女主人危素花每天做饭、扫地、洗碗、抹桌、烧开水、洗衣服,她说:“忙,是为了抗洪抢险呀!”万年县水利局张粉珍,负责全县的防洪抢险物资调运工作。7月26日23时,她接到通知,要到丰城市调运5万条草袋,连夜组织5辆车出发,27日19时,第一批草袋抵达梓埠联圩应急后,她匆匆扒了几口饭又上路了。28日凌晨4时左右,疲劳过度,“嘭”的一声,车子撞上路边一棵大树,顿时,张粉珍血流如注,经抢救后脱险。张粉珍说:“我为抗洪抢险流汗流血,值!”

在抗洪抢险中,老“水利”、老专家是智囊团。在波阳县防汛指挥部里设立技术咨询组。组里的大多数人都是已经离休、退休或退居二线的水利专家。他们情况熟悉、经验丰富,为抗洪抢险立下了汗马功劳。一天夜里,鄱阳湖青山圩金家段出现了最大裂缝,随时有溃决的可能,老水利专家、72岁的余仕浩冒险乘船赶到险段,和其他同到的专家一起“会诊”。他们发现,圩堤内坡汩汩的流水,是风浪打上圩堤顶流下来的。也就是说,圩堤并未完全断裂,还有救。这一结论大大增强了人们的信心,干部群众和解放军官兵一起经过4个多小时加固加高堤坝,金山圩段转危为安。61岁的退休高级工程师刘章先,主动上堤,吃在堤上,住在帐篷。一到夜里,就拿起手电,在圩堤上来回检查,哪里裂缝扩大了,哪里的脱坡在发展,哪里的内坡在渗漏,都逃不过他的眼睛。40多天未下堤,人们称赞他:老专家宝刀不老。

抗洪抢险犹如战斗,保卫康山大堤就是一个典型的战例。

8月2日18时45分,地处鄱阳湖畔的康山大堤罗鼓山段发生了惊心动魄的险情:在废弃船闸与电排站之间严重渗漏,鄱阳湖水从堤身下面汹涌喷射而出,出水量相当于30多匹马力抽水机抽出的水量,情况十分危急。坐镇指挥抢险的地区领导陈发芳、余干县领导胡周顺、周重明、林孙珍、朱金传相继赶到现场,并立即组织新生乡200劳力,进行抢险。随后地区消防支队、驻饶某部炮旅、康山乡群众等400多人陆续到达,投入紧急的战斗。

3日凌晨零点,地委副书记孔宗亮和前来指挥抗洪抢险的省政府副秘书长余欣荣等人在罗鼓山汇合,经研究决定,在基本确定的进水口附近围一道围堰,使抢险在紧张有序中进行。

1时25分,余干县公安局突击队赶到,同时大量红石被装运上船,抛投到水里。新生乡乡长万冬苟带领张强光、张义发两位村主任和几名群众跳入水中叠麻袋。就这样多路并进,在8米深的湖水里,围起了一道围堰。之后,围堰内相继清出两个深洞,2米长的竹竿探不到底,30多床棉絮包好卵石,一床一床地塞进洞里堵水。

4时30分,险情得到控制,出水量维持在一个稳定的水平。这给重新组织力量创造了时机。

7时30分,650名大塘、梅溪乡群众、民兵和解放军驻福建某部官兵相继赶到,轮换作业。

12时，经600多军民的共同努力，外堵、内建减压井，险情虽有所缓解，但险情依然没有排除。问题是清淤不够，堵漏不严。于是，现场领导和技术员研究决定，对力量重新部署，分成两个组，内外夹攻，内侧建一反滤井，外面堵一道墙。

14时30分，6船210方块石运抵，被抛入水中固脚，4万斤大米也运到现场，以防万一。金山嘴乡200多劳力在乡长带领下，运土、打桩。150名驻福建某部官兵在代理团长章迎春指挥下，承担了最重、最关键的堵死进水口的任务。

17时，经过排查，最后一个在水下近4米深的进水口终于查到了。决战时刻终于到来。在连长吴进平带领下，侦察排30名战士在狭小的空间里轮番作业，进行灌浆和夯实。

18时50分，进水口被堵住，险情终于排除了。

康山大堤决战，历时21个小时，3000人次轮番作战，投入块石、红石近300多方、泥土200多万方、编织袋和麻袋各4万多条，取得了这场抢险战斗的决定性胜利。

防疫治病

确保大灾之后无大疫，是抗洪救灾斗争的一个重要组成部分，是夺取抗洪救灾斗争全面胜利的一个重大战役。为此，全区采取了一系列行之有效的措施。

卫生系统迅速行动开展防疫治病工作。6月中旬开始，全区广大医疗卫生人员日夜奋战在抗洪抢险和救灾防病治病第一线。地区卫生局先后派出12支卫生防病指导小组下到各县市，逐级培训卫生防病技术人员，并组织了价值45.2万元的消杀药品运到灾区，做到水退到哪里，消毒工作就做到哪里；哪里有灾情，哪里就有卫生防疫人员。同时，地区先后组织21支医疗队深入灾区一线为灾民治病。据统计，在全面展开防疫防病工作后，全区卫生系统共组派医疗队442支，医务人员达4474人，诊治病人26124人次，免费金额200多万元，赠送治疗药品价值173.28万元。

全力筹集调运救灾防病药械。针对灾区急需药械，在7月初，地区卫生局就作出决定，要求全区各县市卫生局、红十字会和药品管理部门采取措施，广泛筹集救灾药械，保障灾区需求。地区卫生局、地区红十字会向各省、地、市求助，动员全区各药品生产企业和医疗单位向灾区捐赠药品、器械等。据统计，地区卫生部门向波阳、余干、万年、玉山等11个县(市)灾区紧急调运了200多个品种、3.2万件药品和器械，价值人民币554万多元。

建立灾区防大疫医防网。为了确保灾后无大疫，各灾区县市普遍建立了医防网，由县直卫生医疗单位包片，由乡镇卫生院包所辖乡镇，由乡村医生包所在村的防疫治病工作。波阳县医院、防疫站、妇幼保健所、卫校等医疗单位，共有医护人员2222人，以单位集体分片包干全县45个乡镇场。每个乡镇场都组建了相对独立的防疫保健组，隶属乡镇卫生院。防保组按各乡镇均人口万分之一的比例配备人员，人员由县卫生局聘任，经费实行专款专用。首批聘任乡级保健员116名，同时聘任520名有证乡村医生从事村级防保工作，三级防保人员共诊治病人5万余人次。

在建立医防网的同时，有关县市还采取划分责任区的办法，将防疫医疗任务落实到人。医疗防疫人员和村委会干部象抗洪那样，对疫病严防死守，做到水来人上，水退人进。6月21日，与万年县交界的余江锦北水库泄洪，造成万年县的垱下、苏桥、齐埠等5个乡镇受淹。水退之后，防疫人员和责任区村干部迅速对水井、阴沟、厕所进行消毒，决不放过一处死角。由于防疫做得好，疫情未发生。

上饶遭受特大洪涝灾害的消息,通过媒体传出之后,引起了国际红十字会和国内有关医疗部门的关注。7月11~12日,国际红十字联合会行动支持部高级官员尤根·威亚德、宣传部官员希尔杰·卡瓦姆和中国红十字总会副会长孙柏秋一行,在省红十字会常务副会长周标和上饶行署副专员、地区红十字会会长姜春珠的陪同下,到波阳考察灾情,指导防疫工作。7月4~13日,171医院奉南京军区的命令,组织抗洪救灾医疗队,到波阳县开展防疫治病工作。医疗队足迹遍布21个乡镇、217个村小组、34座圩堤,为灾民治病1.4万人次。9月3日,山西省儿童医院、山西省妇幼保健院组织抗洪救灾医疗队,在全国第九届政协委员、院长董秦军的带领下,不远千里,来到余干县,开展了为期一周的为灾区儿童献爱心活动,该医疗队26名医护人员,思想好、技术精,为黄埠、梅港、禾山、枫港、康山等灾区的2.8万名学生进行义诊,并带来了恩威集团和万志仁基金会捐赠的11万元药品以及B超、心电图、X光胸透等儿童保健检查设备。

领导视察

特大洪涝灾害,使全区受灾人口达155.6万人,受灾农田4.8万公顷,其中绝收面积1.2万公顷,3个县城进水,2337个村庄、46万人口被洪水围住,倒塌房屋3万多间,2840个工矿企业停产、半停产。

这严重的灾情,牵动了中央领导的心,牵动了省部级领导的心。他们纷纷来到上饶灾区,察看灾情,慰问灾民。

灾后第一年的春节,即1999年2月5日,波阳人民迎来了中共中央政治局委员、国务院副总理温家宝,他每到一处,掌声如潮。“我代表党中央、国务院给大家拜年来啦!”温副总理的亲切问候,使灾民的心如遇春风,温暖之情油然而生。

陪同温副总理视察的人员有:水利部部长汪恕诚,民政部副部长范宝俊,中共江西省委书记舒惠国,中共江西省委副书记、省长舒圣佑,副省长孙用和,省长助理凌成兴,中共上饶地委副书记、行署专员陈达恒等。

温副总理一行视察了波阳县松山集镇、郎铺集镇、珠北移民建镇点等灾民新村,察看了饶河联圩的冬修加固工程。在全倒户灾民江兆太、周兴保的家里,温副总理仔细询问了新房的设计、用料情况。后又到灾民卢永敏家,了解灾民的吃、住、生产情况。

2月6日,温副总理在听取波阳县委、县政府、省灾后重建工作组的汇报后,作了重要讲话,他指出:1998年江西遭受了罕见的洪涝灾害,省委、省政府、江西广大军民战胜了特大洪涝灾害,这一年江西干群的团结奋斗精神,舍弃局部利益,维护整体利益这种献身的精神,使我得到教育、受到启发。这次我来,主要是想看看灾民的生活状况,波阳受灾重,底子薄,但通过这次来,使我感到波阳县干群正在认真贯彻落实党中央、国务院关于灾后重建、整治江湖、兴修水利的方针和各项工作的措施,过冬的问题绝大多数群众基本得到解决,灾区群众情绪稳定,灾区群众过春节吃上肉、吃上一顿好年饭,大多数是可以做到了,这一点使我从心里感到高兴。经过广大干群几个月的努力,灾区情况已发生了很大变化。我想,只有在中国共产党的领导下,在社会主义国家才能做得到。

关于灾后重建、发展生产问题,温副总理提出六点要求:第一、波阳县要在原有计划基础上,根据灾后重建的任务再对原有的发展规划进行补充、完善和修订。第二、当务之急是安排好灾区人民的生活。要立足于自力更生、艰苦奋斗,充分依靠群众、依靠集体,大力开展生产自救和互助共济。积极用好国家各项政策,采取各种有效措施,确保灾区稳定。要让灾民有饭吃、有衣穿、住上房子、有干净卫生的水喝,有病能得到及时治疗,孩子能上学,确保灾后无大疫。第三,发展生产,解决群众的生计问题,这是关系到群众长远利益和社会稳定的大事。波阳县是个湖区县、农业县,又是一个贫困县,所以大力发展生产,有着更为重要的意义:一是从根本上改善农业生产条件和生态环境,主要是加强水利建设设施,提高抗拒洪涝灾害的能力;二是调整结构,在不放松粮食生产的前提下,积极发展多种经营和乡镇企业;三是推进农业科技进步,主要是科学的种养方法,以保持农业发展的后劲。第四,要做好减轻农民负担的工作,在灾区特别要重视这项工作。要让灾民有个休养生息的机会,一方面,一些规定要严格执行,另一方面,要厉行节约,把行政开支压下来,对全县干部必须提出过紧日子的要求。第五,要进一步改进干部的工作作风。灾区的基层干部办事要公道,越是困难的地方,群众就一定要看干部办事是否公道。如果在这个时候,干部不以身作则,不讲究工作作风,办事欠公道,就会严重损害党和政府的形象。第六,要搞好灾区的社会治安。灾后面临要办的事很多,头绪纷繁,春节期间案发率高、人口流动性大,因此,要加强社会治安,坚决打击各类犯罪活动,维护群众正常的生活生产秩序,一手抓生产生活、安居乐业,一手抓好社会治安。

1998 年 8 月间,正是抗洪抢险最艰苦的时候,全国政协副主席毛致用来了。他到重灾区波阳、余干等县,慰问受灾群众,看望抗洪第一线的军民。他要求各级干部要坚决贯彻江泽民总书记关于严防死守、夺取抗洪抢险最后胜利的指示精神,坚守阵地,奋力抗洪,夺取胜利。同时要高度重视灾民的基本生活安排,认真做好灾区的防疫治病工作。在这期间,国家民政部部长多吉才让到波阳考察灾情,慰问灾民。多吉才让冒着酷暑,乘船来到饶埠镇张家村圩段,看望这里抗洪抢险的干部群众。饶埠镇 10 座圩堤"全部覆灭",3.2 万灾民住在圩堤上的简易棚里,头顶着烈日,脚下是洪水,生活十分艰难。多吉才让部长一下船,就拉着灾民的手,说:"你们辛苦了!你们受苦了!"听到这亲切的话语,灾民们哭成一片。他钻进灾民棚,一户一户慰问。一位年迈的老太太拉着多吉才让泣不成声。多吉才让说:"有党在,有政府在,就不会丢下您不管。"他扶起老太太,自己的眼眶也湿润了。在视察了波阳的灾情之后,多吉才让部长表示:波阳是重灾区,我们民政部门会把你们列入重点帮助对象,争取国家支持,争取社会各界支持,把工作做细做实,一项一项研究对策,一项一项制定措施,妥善安排灾民生活,使民政部门无愧于自己的职责,无愧于灾民。

中共江西省委书记舒惠国是最早来到上饶灾区视察的省级领导。1998 年 6 月 18 日上午,他来到铅山县鹅湖乡、武夷山镇等重灾点,现场察看灾情。晚上 8 时,又来到地区防汛指挥部听取全区水情、灾情汇报,并和水利专家研究防汛措施。他指出,信江流域降水持续时间长,强度大,信江长时间保持高水位,一定要做好长期抗洪抢险的准备,坚持到最后胜利。要把农业开发与水利建设结合起来,开发是为了保证水利,搞好水利是为了更好地开发,这是原则。中央强调加大水利投入,治理信江要下决心增加投入,省、地、县、乡、村、群众都要下决心。只过了 10 天,省长舒圣佑于 6 月 28 日乘船沿乐安河而下,首先到波阳饶埠看望抗洪抢险的干部群众。随后,又来到万年县梓埠镇梓埠联圩陈家塘段,看望了正在紧张处理面积多达 100 亩泡泉群的 1200 多名干群。接着,舒圣佑一行乘船直赴 6 月 27 日凌晨 3 点漫顶决口的昌洲乡中洲圩,看望、慰问灾民。他走进王杏芝、周新才等几户灾民棚里,看米缸、摸米袋,问有多少米,够不够吃?当得知大家所剩大米不多时,舒圣佑当场表态,尽快把政府救济的大米发放到灾民手中。9 月 15 ~19 日,省长舒圣佑再次来到波阳、余干等灾区调研,强调指出:要尽快把捐赠的御寒衣被公开、公道地发到灾民手中；要扩大冬种面积，发展养殖业，开展多种经营，组织外出打工等途径，帮助灾民创收；要坚持以灾民自力更生为主、政府适当予以扶持，解决倒房户的住房问题。

在抗洪抢险的艰苦岁月里，省政协主席朱治宏、省委副书记钟起煌、省纪检书记马世昌、副省长蒋仲平，都先后来到灾区，察看灾情，慰问灾民，鼓舞士气，指导抗洪。尤其是省人大常委会副主任周述荣，他是一位“老水利”，毕业于武汉大学水利系，在宜春地区水电局工作过20多年，对抗洪抢险工作有扎实的专业知识和丰富的临场经验。他每到一处险工险段，都从技术上、组织上对抢险工作予以具体的指导：在工作摆布上，要把抗洪抢险作为压倒一切的中心任务来抓；在抢险力量分布上，要把主要力量投入到重点圩堤的重点险段上；在防与抢的安排上，要以防为主，执行24小时值班巡逻制度，及时发现险情，及时进行处理，抗洪人员和技术人员紧密配合，技术人员科学指挥，抗洪人员奋力抢险，确保万亩以上圩堤安然无恙。

各方支援

在这场特大洪涝灾害中，上饶地区遭受惨重损失。各界人士、各个地方纷纷伸出援助之手，支援灾区，救济灾民。

9月10日，全国人大常委、司法委副主任、中华慈善总会副会长万绍芬，代表该会向波阳灾区捐款60万元人民币和价值60万元人民币的救济大米，并深入灾区慰问灾民。

8月28～29日，共青团中央派书记处书记赵勇来到余干县助学捐赠，在余干举行了全国首批帐篷希望小学落成仪式。团中央向灾民捐赠大米5000公斤，希望小学帐篷10顶。同行的浙江圣达公司向已被录取的灾区高考学生捐赠现金10万元人民币，救灾物资折款225万元人民币。共青团上饶地委和上饶师范专科学校、713矿、上饶机械厂、上饶供电局、地区汽运公司等十几个团组织捐赠灾区衣物1.1万件、方便面150多箱，并及时发放到灾民手中。

7月5日，南京军区向灾区捐赠物资接受仪式在余干县黄埠镇举行。有数千灾民夹道迎来了南京军区副司令员、中将郑炳清率队参加捐赠。南京军区向上饶灾区捐赠衣物1.5万件、帐篷500顶，并派驻医疗队4支。

9月11日，满载吉安人民深情捐赠上饶灾区物资的6部大卡车风尘仆仆抵达上饶。这6大卡车的救灾物资包括毛毯1717床、衣裤51990件、大米10吨。

8月19日，由中共上饶地委宣传部、上饶地区文化局、民政局、广播电视局、地直机关工委联合举办的大型赈灾义演《为了我们共同的家园》，激起了现场和电视机前广大观众关注灾区的浓浓情意，现场热线电话铃声不断，捐款捐物踊跃。据统计，社会各界款物捐赠突破7000万元。其中：个人捐赠（含物资折款）1万元以上的有22人，如：钱吉利100万元、王再兴20万元、陆纪辉10万元、刘诗水10万元；个人捐赠1000元以上有63人；500元以上至1000元有184人。

灾后重建

大灾之后，在全区干部群众面前最为迫切最为紧急的任务就是：修复水利、生产自救。

在遭受特大洪涝灾害之后，全区干群进一步加深了“安邦必先治水，兴饶必除水患”的认识，掀起了根治水患、重整山河的建设热潮。

地区水利局统计，全区1998年冬共开工各类水利工程7018处，完成5002处。日最高上工人数36.28万人，比上年同期多11.64万人；日最高出动施工机械5045台，比上年同期多1266台。完成土石方1640.2万立米、投入水利建设资金10721万元，分别比上年同期增加29.7%、327%。全区17个省级、22个地级、200个县级主战场已陆续开工建设。

在遭受洪灾后的水利建设，比以往任何一年的规模更大、范围更广、标准更高，其特点是：

——科学治水。坚持全面规划、统筹兼顾、标本兼治、综合治理的原则，积极退田还河、退田还湖，避免过去水毁工程的简单“复制”，而是河道该取直的取直，该拓宽的拓宽，该疏浚的疏浚，该清障的清障。

——分类指导，分区域作战。在信江、乐安河中上游地区，大力开展以水土保持、水塘水库除险加固为主的综合治理；在信江、乐安河下游，按20年一遇标准加高加固干堤。湖区主要抓鄱阳湖一、二期治理工程建设。

——规范化管理。各县(市)的省、地主战场项目都由有资质的设计单位设计。工程承包实行公开招标，择优选择专业施工队伍。施工中，加强技术指导和政府的质量监督，重点工程地区质量监督站派员对工程原材料、施工质量进行全程监督，实行质量一票否决制。

——农民治水积极性高涨。全区各地在劳力组织上有新突破。对愿意实行以资代劳的农户，与县、乡、村签订委托书；对不愿意实行以资代劳的农户，写出保证书，确保劳动积累工的投入。1998年底累计投入资金5894万元，比上年同期增加370%。

——商业化开发水利建设的路子已露端倪。把治理与开发结合起来，以开发的方式调动全社会办水利的积极性，走出一条商业化开发水利建设的新路子。在施工上，采取劳力与机械相结合，大力推行机械化施工。

大灾之后，全区各地大搞生产自救，把灾害损失降到最低点。

——调良种。6月15日至7月初，全区种子部门从外地调进金优桂99、汕优77、协优华联2号等晚稻良种17.5万公斤，供应农民，并指导他们在7月5日前播下田。

——施良药。洪灾后，各地植保人员下到灾区，指导农民用龙大功臣、井冈霉素、快杀灵等高效低毒农药，防治病虫害。畜牧兽医人员也纷纷来到灾区，指导农民防治畜禽疾病。

——推良技。灾年补播的秧田，大多采用旱床育秧或抛秧技术。灾后全区共组织147个农机抢修小组，帮助灾区抢修排灌机电设备，以确保二晚用水。针对农时比往年提前的现象，全区共组织联合收割机160台、耕整机3000台、手把式拖拉机6000台，投入到夏收夏种中。

卷一　区划　著名乡镇

1990年代，境内行政区划总体稳定，略有微调。1992年，全区有13个乡改镇，玉山县增设一个峡口水库，弋阳三县岭场分为姚畈乡和三县岭垦殖场，波阳县撤销水上乡；1993年，全区有9个乡改镇，广丰县撤销城北乡划归永丰镇，析上饶县沙溪镇、灵溪、朝阳、秦峰乡一镇三乡入上饶市境；1994年全区有16个乡改镇，广丰县比古乡改名二渡关乡，万年的中合乡改名湖云乡；1995年有4个乡改镇；1996年有11个乡改镇，铅山县的篁碧乡改名篁碧畲族乡，三县岭、花亭、旗山、旭光四场改乡；1997年有4个乡改镇，铅山县撤销武夷山场分设黄岗山、武夷山镇；1999年有6个乡（场）改镇，婺源撤销武口乡并入紫阳镇；2000年全区有10个乡改镇。

1995年11月，上饶行署以饶行（1995）66号文件批准更名三清山风景名胜区管理委员会（1984年，上饶行署成立县级建制的上饶地区三清山风景名胜区管理局，景区位于上饶地区东北部，玉山县与德兴市交界处，距上饶市87千米。辖区面积159.59平方千米。按照“统一规划，分头管理”的原则实施景区的宣传、规划、保护和建设。而具体管理则由玉山县、德兴市负责），对三清山风景名胜区实行统一管理。1996年划玉山县三清乡，南山乡的东坳、玉坑、八磜村委会及德兴市的引浆畲族村委会组建成三清林场归管委会管辖。2000年，景区管委会辖1乡1林场共8个村委会，45个自然村，总人口4603人。

自1990年12月，德兴撤县设市（县级），至2000年10月，上饶市改称信州区，上饶地区改称上饶市，市政府驻信州区内。至此，上饶市辖10县1区，代管1市。

境内著名乡镇众多，各具特色，书中仅择要选录28个乡镇介绍。

第一章　行政区划

第一节　辖区范围

上饶地区全境东西宽210千米，南北长194千米，总面积22791平方千米。1990年12月28日，德兴县撤县设市（县级），上饶地区辖两市10县，即上饶市、德兴市，上饶县、广丰县、玉山县、铅山县、横峰县、弋阳县、余干县、波阳县、万年县、婺源县。行政公署驻地上饶市。2000年10月，根据江西省政府《关于撤销上饶地区设立地级上饶市的通知》，撤地设市。上饶市辖10县1区，代管1市，原上饶市改为信州区，德兴市为代管，10县不变。

第二节 县(市)概况

上饶市 位于江西省东北部,上饶地区东部,信江上游南北两岸。东南与广丰县相接,西北与上饶县相邻,北与玉山县相连。处北纬28°23′~28°29′,东经117°55′~118°00′之间,总面积308.7平方千米,是上饶行政公署驻地。市政府设在三江新城区,距省会南昌260千米。1993年5月,析上饶县沙溪镇、灵溪乡、朝阳乡、秦峰乡入境。2000年10月18日撤市改为信州区,辖沙溪、灵溪二镇,常青、北门、朝阳、秦峰、茅家岭五乡,东市、西市两街道,总人口343082人(公安部门年报数,下同)。

上饶县 位于上饶地区东部,信江上游南北两岸,处北纬27°58′~28°50′,东经117°41′~118°14′之间。东邻上饶市、玉山县、广丰县,西接铅山县、横峰县,南连福建省浦城县、武夷山市,北靠德兴市。总面积2246.1平方千米。县政府驻地旭日镇,距省会南昌249千米,距上饶市5千米。1993年5月析沙溪镇,灵溪乡、秦峰乡、朝阳乡归上饶市。2000年辖旭日、茶亭、皂头、田墩、花厅、四十八、上泸、五府山、枫岭头、煌固、华坛山11镇;董团、大地、高泉、尊桥、黄市、前程、应家、黄沙岭、铁山、高洲、罗桥、清水、湖村、茗洋、石狮、姚坪、汪村、石人、郑坊、望仙20乡,总人口679840人。

广丰县 位于上饶地区东南部。处北纬28°3′30″~28°27′23″,东经118°1′18″~118°29′15″之间。东邻浙江省江山市,南连福建省浦城县、武夷山市,西接上饶市、上饶县,北毗玉山县。总面积1377.79平方千米。县政府驻地永丰镇,距省会南昌276千米,距上饶市27千米。2000年辖永平、洋口、五都、河北、霞峰、枧底、壶桥、吴村、下溪、湖丰、大南、排山、泉波、毛村、桐畈、横山、沙田17镇;鹤山、大石、塘墀、社后、管村、杉溪、嵩峰、十都、二渡关、岭底、少阳、关里、西坛13乡,总人口742145人。

玉山县 位于上饶地区东北部,信江上游。处北纬28°30′~28°59′,东经117°52′~118°25′之间。东界浙江省开化、常山县、江山市,南接广丰县,西南邻上饶县、北毗德兴市。总面积1602.7平方千米。县政府驻地冰溪镇,距省会南昌市310千米,距上饶市40千米。1996年三清乡及南山乡的东坳、玉坑、八礤等三个村委会划属三清山管委会。2000年辖冰溪、紫湖、双明、樟村、白云、横街、岩瑞、夗姆、文成、临湖、下镇、仙岩12镇;怀玉、童坊、南山、少华、四股桥、林岗、六都、下塘、群力、华村、官溪12乡;七一水库、峡口水库、王宅水库管理局,总人口533152人。

铅山县 位于上饶地区东南部,武夷山北麓。东北界上饶县,西邻弋阳县、贵溪市,南接福建省武夷山市、光泽县,北毗横峰县。处北纬27°48′~28°24′,东经117°26′~118°00′之间。总面积2177.66平方千米。县人民政府驻地河口镇,距省会南昌市248千米,距上饶市37千米。2000年辖河口、青溪、鹅湖、汪二、永平、湖坊、石塘、黄岗山、武夷山9镇;新滩、傍罗、福惠、新安埠、虹桥、五铜、稼轩、陈家寨、杨林、英将、港东、紫溪、陈坊、太源畲族、天柱山、篁碧畲族16乡,总人口402915人。

横峰县 位于上饶地区东部,信江中游北岸。处北纬28°17′~28°24′,东经117°29′~117°46′之间。总面积655.2平方千米。县政府驻地岑阳镇。距省会南昌市210千米,距上饶市37千米。2000年辖岑阳、葛源、铺前3镇;新篁、上坑源、青板、龙门畈、港边、姚家、司铺、莲荷、上畈9乡;山黄垦殖场,总人口190205人。

弋阳县　位于上饶地区中部，信江中游南北两岸。处北纬28°3′35″～28°46′55″，东经117°13′27″～117°37′45″之间。东邻横峰县，南接铅山县，西毗万年县、贵溪市，北界德兴市。总面积1592.5平方千米。县政府驻地弋江镇。距省会南昌市200千米，距上饶市55千米。2000年辖弋江、曹溪、漆工、樟树墩、南岩、朱坑、圭峰、叠山、港口9镇；姚畈、三县岭、磨盘山、烈桥、中畈、葛溪、湾里、花亭（乡场合一）、湖山、清湖、旭光、箭竹、旗山13乡，总人口358956人。

余干县　位于上饶地区西部，信江下游，鄱阳湖南岸。处北纬28°21′36″～29°03′24″，东经116°13′48″～116°54′24″之间。东邻万年县，西连新建、南昌、进贤县，南接余江、东乡县，北毗波阳、都昌县。面积2330.77平方千米。县政府驻地余干镇。距省会南昌市75千米，距上饶市191千米。2000年辖余干、石口、瑞洪、古埠、黄金埠、禾斛岭6镇；康山、信丰、古竹、东塘、大塘、新生、东源、梅溪、鹭鸶港、三塘、金山嘴、洪家嘴、华林岗、江埠、白马桥、禾山、枫港、大溪、五雷、杨埠、九龙、峡山、社庚、梅港、邓墩25乡；康山综合垦殖场、渔池湖水产养殖场、县良种繁殖场、李梅林场，总人口851380人。

波阳县　位于上饶地区西部，鄱阳湖东岸。处北纬28°46′36″～29°42′03″，东经116°23′45″～117°26′15″之间。东邻景德镇市浮梁县、昌江区、乐平市，西接九江市都昌县，南界万年县、余干县，北毗九江市彭泽县和安徽省东至县。总面积4214.7平方千米。县政府驻地鄱阳镇。距省会南昌90千米，距上饶市215千米。1983年10月，划鲇鱼山公社、荷塘垦殖场归景德镇市。2000年辖鄱阳、谢家滩、石门街、油墩街、田畈街、金盘岭、高家岭、凰岗、四十里街、双港、古县渡、饶丰、乐丰、饶埠14镇，肖家岭、侯家岗、莲花山、响水滩、桥头街、莲山、莳山、枧田街、湖滨、碧山、柘港、鸦鹊湖、银宝湖、游城、珠湖、白沙洲、站前、东溪、团林、聂家、太阳埠、古南、神山、昌洲、磨刀石、莲湖、三庙前、芦田、桐山29乡；军民、滨田水库管理局；珠湖农场（驻波），总人口1340407人。

万年县　位于上饶地区西部，乐安河下游。处北纬28°30′15″～28°54′5″，东经116°46′48″～117°15′10″之间。东邻弋阳县、贵溪市，东北同乐平市接壤，西南与南面同余干、余江县交界，西北与波阳县为界。总面积1135.5平方千米。县政府驻地陈营镇。距省会南昌市192千米。距上饶市158千米。2000年辖陈营、梓埠、石镇、大源、青云、裴梅6镇；湖云、珠田、大黄、齐埠、珠山、盘岭、汪家、上坊、马家、梨树坞、山家寨、苏桥、埫下乡13乡，总人口349548人（公安部门年报数）。

德兴市　位于上饶地区北部，乐安河中上游。东邻浙江省开化县，东南接玉山、上饶县，南毗横峰、弋阳县，西界乐平市，北连婺源县。处北纬28°38′06″～29°15′48″，东经117°22′56″～118°05′48″之间。总面积2082平方千米。市治银城镇，距省会南昌262千米，距上饶市103千米。1990年12月26日，经国务院批准，撤销德兴县，设立德兴市（县级）。1996年畈大乡的引浆畲族村委会划属三清山管委会。2000年辖银城、海口、泗洲、香屯、潭埠桥、花桥、新营、饶二8镇；占才、新建、畈大、李宅、龙头山、界田、黄柏、张村、万村9乡，总人口305505人。

婺源县　位于上饶地区东北部，乐安河上游。处北纬29°01′～29°34′，东经117°22′～118°12′之间。东邻浙江省开化县，南接德兴市，西连景德镇市，西南毗乐平市，北界安徽省休宁县。地域总面积2947.5平方千米，县治紫阳镇。距省会南昌339千米；距上饶市176千米。2000年辖紫阳、清华、大畈、江湾、思口、秋口、赋春、镇头、中云、许村、太白11镇；段莘、沱川、浙源、溪头、古坦、鄣山、甲路、晓鳙、溆溪、龙山、高砂、珍珠山、晓林、梅林、凤洲15乡，总人口330023人。

1991年—2000年全区行政区划一览

表1－3－1

县市	区划名称	区划变更情况								
	1991年	1992年	1993年	1994年	1995年	1996年	1997年	1998年	1999年	2000年
上饶市	东市、西市街道办事处；常青、北门、茅家岭乡。		沙溪镇；灵溪、朝阳、秦峰乡划入。						灵溪乡改镇。	
上饶县	旭日、沙溪、田墩、上泸镇；华坛山、郑坊、望仙、茗洋、石人、汪村、湖村、清水、煌固、枫岭头、石狮、罗桥、姚坪、灵溪、秦峰、大地、董团、朝阳、茶亭、尊桥、高泉、皂头、黄市、黄沙岭、应家、花厅、四十八、铁山、前程乡；五府山垦殖场。		沙溪镇；灵溪、朝阳、秦峰乡划出。			茶亭、皂头、枫岭头、华坛山乡改镇。	花厅、煌固乡改镇。	撤销五府山场分设五府山镇和高洲乡。		
广丰县	永丰、五都、洋口、横山、桐畈镇；鹤山、枧底、霞峰、河北、西坛、城北、下溪、壶桥、湖丰、大南、吴村、排山、社后、管村、塘墀、大石、杉溪、泉波、毛村、嵩峰、十都、沙田、比古、岭底、关里、少阳乡。		撤销城北乡划归永丰镇，排山乡改镇。	大南、湖丰乡改镇，比古改名二渡关乡。	毛村乡改镇。	枧底、河北、壶桥、泉波乡改镇。				霞峰、吴村、下溪、沙田乡改镇。
玉山县	冰溪镇；妣姆、下塘、横街、文成、临湖、林岗、六都、华村、群力、仙岩、官溪、下镇、岩瑞、白云、四股桥、双明、少华、紫湖、南山、童坊、樟村、怀玉、三清乡；县良种场、大垄垦殖场、黑猪原种场、县农科所；七一水库、王宅水库管理局。	岩瑞、白云、横街、双明、樟村、临湖、下镇、仙岩乡改镇，增设峡口水库。		文成、紫湖乡改镇。		妣姆乡改镇、三清乡划出。				大垄场、良种场划归林岗乡，县农科所并入文成镇。
铅山县	河口、永平镇；新滩、福惠、傍罗、青溪、汪二、鹅湖、新安埠、虹桥、五铜、稼轩、湖坊、陈家寨、杨林、英将、港东、石塘、紫溪、陈坊、太源畲族（自治）、天柱山、篁碧乡；武夷山垦殖场。	石塘乡改镇。				篁碧乡改篁碧畲族乡。	撤销武夷山场，分设黄岗山、武夷山镇。		湖坊、鹅湖、青溪乡改镇。	汪二乡改镇。

续表 1－3－1

县市	区划名称	区划变更情况								
	1991 年	1992 年	1993 年	1994 年	1995 年	1996 年	1997 年	1998 年	1999 年	2000 年
横峰县	岑阳镇；新篁、葛源、上坑源、青板、龙门畈、港边、上畈、姚家、司铺、铺前、莲荷乡；山黄垦殖场。	葛源乡改镇。		铺前乡改镇。						
弋阳县	弋江镇；漆工、烈桥、樟树墩、葛溪、圭峰、曹溪、中畈、磨盘山、湾里、清湖、朱坑、城郊、箭竹、周潭、湖山、港口、姚畈乡；三县岭、旗山、旭光、花亭垦殖场。	漆工、曹溪、港口乡改镇，三县岭场分为姚畈乡、三县岭垦殖场。		樟树墩乡改镇。	圭峰乡改镇。	三县岭、花亭、旗山、旭光场改乡。		周潭乡改称叠山镇、花亭乡场合一。		城郊乡改称南岩镇，朱坑乡改镇。
余干县	余干、瑞洪、黄埠镇；华林岗、洪家嘴、鹭鸶港、石口、金山嘴、三塘、枫港、江埠、禾山、古埠、大溪、白马桥、杨埠、五雷、梅港、社赓、康山、邓墩、新生、东源、大塘、古竹、信丰、梅溪、峡山、东塘、九龙乡；禾斛岭、康山垦殖场；渔池湖水产养殖场、县良种繁殖场、李梅岭林场。					石口、古埠乡改镇。	禾斛岭场改镇。			
波阳县	鄱阳、田畈街、石门街镇；谢家滩、肖家岭、侯家岗、莲花山、银宝湖、油墩街、桥头街、莲山、响水滩、鸦鹊湖、湖滨、柘港、金盘岭、枧田街、莳山、游城、珠湖、站前、高家岭、碧山、白沙洲、四十里街、团林、磨刀石、双港、聂家、古县渡、昌洲、古南、凰岗、东溪、太阳埠、神山、芦田、桐山、饶埠、三庙前、莲湖、水上乡；军民、滨田水库；乐丰良种场、饶丰综合垦殖场珠湖农场（驻波）。	撤销水上乡。		油墩街、谢家滩、四十里街、古县渡、双港、饶埠乡改镇。					饶丰、乐丰场改镇。	金盘岭、高家岭、凰岗乡改镇。
万年县	陈营、梓埠、石镇、青云镇；大源、青云、裴梅、中合、珠田、大黄、齐埠、珠山、盘岭、汪家、上坊、马家、梨树坞、山家寨、苏桥、垱下乡。			中合乡改称湖云乡。裴梅、大源乡改镇。						

续表 1-3-1

县市	区划名称	区划变更情况								
	1991 年	1992 年	1993 年	1994 年	1995 年	1996 年	1997 年	1998 年	1999 年	2000 年
德兴市	银城、泗洲、香屯、花桥镇；占才、新建、海口、畈大、李宅、龙头山、新营、潭埠桥、饶二、张村、万村、界田、黄柏乡。		海口、新营、潭埠桥、饶二乡改镇。							
婺源县	紫阳、清华镇；溦溪、秋口、江湾、大畈、晓鳙、溪头、段莘、思口、梅林、太白、中云、高砂、龙山、赋春、甲路、镇头、许村、浙源、沱川、古坦、鄣山、珍珠山、晓林、凤洲、武口乡。		中云、赋春、秋口、江湾乡改镇。	许村、大畈、镇头、思口乡改镇。			太白乡改镇。		撤销武口乡并入紫阳镇。	
三清山旅游风景名胜区						三清乡、三清林场。				

说明：三清林场系划玉山县南山乡的东坳、玉坑、八磜和德兴市的引浆畲族村委会组成。上饶市 2000 年 10 月 18 日撤市改为信州区，辖区未变。

第二章 著名乡镇

第一节 历史名镇

鄱阳镇 江西省著名的历史古镇之一。位于波阳县境西南部，饶河下游北岸。总面积 13.3 平方千米。波阳县政府驻地，距江西省政府驻地南昌市 90 千米，离上饶行政公署驻地上饶市 220 千米。2000 年辖 38 个居民委员会，3 个行政村，总人口 93066 人。

属滨湖低丘区。地势西北高，东南低，呈明显阶梯状。饶河自东向西横贯镇境，注入鄱阳湖。境内有东湖、澹湖、李家湖、墨湖、球场湖、韭菜湖、鸭蛋湖等湖泊；有芝山、锭子山、皖岭、绣球山、甑皮山、牛头山等山丘。交通方便，田（畈街）乐（平）公路过境，北接景（德镇）九（江）高速公路和景（德镇）湖（口）公路，东接 206 国道。水运发达，波阳港为江西六大港口之一，水上运输可以经鄱阳湖入长江，通往长江流域的各地。

公元前 221 年设番县。西汉，该镇处番水之北，取名番阳。东汉改称鄱阳。为鄱阳郡治所。隋开皇元年（581），改番阳郡为饶州。元至元四年（1338），改饶州为饶州路，至正二十一年(1365),改饶州路为鄱阳府。明洪武二年(1369),改鄱阳府为饶州府。治所皆驻鄱阳镇。清末民初,属城厢局。民国27年(1938),城厢局改称一区,下设激杨、饶丰、荐福、上宦4镇和松关乡。民国30年,并4镇称鄱江镇,后改称城区。1949年4月28日,城区解放。6月,改设鄱阳市,直隶鄱阳专区。9月撤市,城区复为鄱阳县治。1960年,改鄱阳镇为鄱湖人民公社。1961年,复鄱阳镇名至今。

镇境有水临彭蠡泽,陆接吴越楚,舟车四达的自然条件,又为历代郡、州、府治所,渐成区域市场中心。明万历以后,客籍商贾增加,有十多个外省的州、府商家在镇内建有会馆。清乾嘉年间,城内的永平市(今解放街东端),"商贾辏聚,百货所集",成为附近区域物资集散地和供应中心,有"长街十里,烟火万家"之称。城北朝天门外的宝胜桥与洪家巷一带,有直通安徽池州府的大道,陆路贩运商多从这里进城。城西南月波门至东南姚台渡,是饶河沿岸的商品装卸码头,有"千帆安泊,百货归墟"之说。沿河街设有各种货物的牙行。清末民初,输出的主要商品有运往上海、祁门的大豆,年约2万担;运往芜湖、汕头、湖南的烟叶,年约4万担;运往全国各地的鲜干鱼、银鱼、白莲,年约3万担。输入的商品有沪杭一带的棉、毛、丝织品,日用品,广州汉口的食品,樟树的药材,闽浙的食盐,祁门的茶叶,景德镇的瓷器,赣州、德兴的木材,万年的大米等。资本雄厚的商家开办钱庄,如永丰、源裕、慎昌、方发记等钱庄。1908年—1911年镇内有坐商470多家,分布在永平关(今东门口)、高门、何街、郭西庙、横街、府背街。

镇内名胜古迹颇多,明清时期祠、庙、院林立,有"三观九寺十八庙、九箭射东湖"之说。风景优美的东湖(东湖十景之称),有始建于宋治平二年(1065)的浮洲寺(已毁),寺东南有浮洲亭;有景物秀丽的芝山;有饶州府文庙、张王庙、番君庙、永福寺、荐福寺、芝山寺、鲁公亭、芝亭、野处亭、止水亭、伴鸥亭、永福寺塔等。永福寺塔建于宋天圣二年(1024),基深3米,塔基2级,上垒7层,塔体高42米,塔基直径10.6米,占地面积80平方米,为省重点文物保护单位。

镇区弧形,沿饶河北岸分布。有五一路、沿河路、建设路、解放街、东湖大道等主要街道。有鱼钩、造船、建材、烟花、食品、服装等6大支柱行业的各类企业300多家,其中鱼钩生产历史悠久,生产总量和销售市场分别占全国60%、30%以上。2000年,全镇农民人均纯收入1690元。

河口镇 位于铅山县境东北部,信江和铅山河交汇处,故名。总面积约7平方千米,为县政府驻地,距上饶市40千米,距省会南昌市250千米。2000年总人口35883人。

镇郊区农村有耕地79.8公顷,主产粮食、蔬菜、荸荠等,荸荠以个大味甜肉嫩闻名。林地133.3公顷。水域面积99.8公顷,有虾、鳖、鳗鱼等特种水产。交通方便,横南铁路穿越镇西,设铅山站,乐(平)江(村)横(峰)河(口)等省级公路与县、乡级公路纵横交错,形成了四通八达的公路网。

河口镇的前身为汭口。宋、元两代,汭口是铅山场所产的铜、铅的转运地,设有驻泊巡检司,市井繁华、商贾云集。当时,河口只是汭口东郊一个不太大的集市,称沙湾市。明嘉靖年间(1522—1566),山洪暴发,冲田越野,铅山河由在汭口入信江改经凤来墩与信江交汇。二河交汇处的变迁,引起信江沿岸水运码头的位移,导致货物集散和商品交换场地的东移。汭口逐渐衰落,位于两河口相交处的沙湾市日渐发达繁荣,发展成为河口镇。

明时,铅山的手工造纸业蓬勃发展。万历年间(1573—1619),作为全县纸张集散地的河口镇,与周边各县及苏、皖、湘、鄂、浙、闽、粤、川等12个省都有密切的商业往来,成了"货聚八闽川广,语杂两浙淮扬"的八省码头。

清代,铅山纸业持续发展,制茶业异军突起。随着红河茶的试制成功,其独特风味和优良品质蜚声中外。乾隆、嘉庆时期(1736—1820),河口成为一条北达西伯利亚,南到南洋各国的著名茶叶商路的起点,由此进入空前繁荣时期,成为江西四大名镇之一,还是柳木制品、竹器、金银首饰加工的重地。河口镇以九弄十三街为主的几十条街、弄、巷的店铺林立,商贾如云,镇北的信江江面,舟船如蚁,帆樯蔽江。当时民间流传这样的话:“卸不完的汉口,装不尽的河口”。清道光二十年(1840),鸦片战争爆发,民族工业受到摧残,河口的纸业、茶业亦不景气,加之海运开通,市面逐渐萧条。

清乾隆三十九年(1774),广信府同知公署设在河口镇。民国5年(1916)废同知公署,设铅山县公署河口行辕。15年设河口市。17年9月撤市复镇。19年更名狮江镇。22年复称河口镇,22~31年为第四区区署驻地。32年撤区署,设铅山县政府河口办事处。1949年5月4日解放,成立河口市人民政府,隶上饶专署。6月撤市复镇,隶铅山县。7月,铅山县政府驻地由永平镇迁至河口镇。1981年成立镇人民政府。

镇南一中校园东侧,1956年文物普查时发现马鞍山商代遗址,遗址高出地面24米,占地约1.5万平方米,遗物散见地面,有刀、石族、石奔、镰、斧及网坠、纺轮等石器和云雷纹、勾连纹、绳纹、方格纹,叶脉纹陶片数十件。

河口古街道由东向西沿信江南岸而建,分一堡、二堡、三堡街相连,街宽3米至5米,全长约2.5千米,是新中国建立前河口镇的主要街道。街道两旁店房大多清代所建,砖木结构,有的樟木门梁上雕刻的虫鱼鸟兽栩栩如生。路面青石板上车辙累累,至今未翻修,房屋也禁止改建,意在保存明清街道的特色,人们称之为明清一条街。

改革开放以后,城镇建设发展迅速,狮江大道、胜利南路、复兴南路、信州路、黄岗山道,旺子源路、清湖路、黄韩路相继建成,形成三横两纵“丰”字形街道格局,城镇建成区面积近4平方千米。1995年建成占地面积0.67公顷的农副产品批发市场;1998年建成占地面积1公顷的油麻滩市场,发展了镇郊商品经济。1990年城镇住户人均可支配收入1090元,人均住房10.16平方米;2000年人均可支配收入4733元,人均住房为13.67平方米。

冰溪镇 冰溪镇,玉山县政府驻地。位于玉山县东南境,信江上游的冰溪河畔。总面积39.6平方千米,2000年辖12个居委会,13个行政村,总人口74746人。

地势东南和西北略高,为低山丘陵,中部为平原,西南稍低,形成阶地及漫滩河谷地貌。耕地逐年减少,但始终坚持农业的基础地位。森林面积480公顷。

以镇区为中心,公路四通八达,上海至昆明的320国道线横贯东西;浙赣铁路穿越镇南,冰溪可通航木船;城东郊有备用机场,水陆交通方便。

冰溪镇置县前名砂砾镇。唐证圣年(695)置武安县(后改名玉山县)砂砾镇为县治。宋明两度改镇为街。清分成上、下、东、西、三里、七里六街。民国21年(1932)以冰溪命名,称冰溪镇。新中国成立后曾称城关一区、城关镇、城关公社。1982年恢复冰溪名称。镇沿东西向延伸,以北岸为主,有玉虹和通政两座浮桥沟通南北。

1980年代初,冰溪镇城市规模只有3平方千米左右,最长的七里街,最宽处只有12米,窄处仅有3米~4米。沿街两旁尽是清一色的木质平房。从1984年起,经过9年的规划建设,开辟以人民南路、人民北路为主的南北向主干道,和三清路为主的东西向主干道,形成十字相交的县城道路主骨架。以主干道为主轴,形成整个县城的道路网络。2000年,镇内有三清路、人民路、解放路、新建路、柳洲路、博士路、冰溪大道、步行街等主要街道。人民路经玉山大桥、博士路经玉虹大桥贯通南北两岸,县城范围达24平方千米。1979—2000年期间,投资1868.4万元,进行街道拓修、硬化里弄路面、排水工程、改水改厕、交通、消防等公共设施改造,治理“三废”,进行绿化工程建设。1986 年经省考核验收,授予“江西省卫生县城”的称号。次年,在开展江西省首批创建“卫生庭院”中,县建设局、人民法院、人民银行、中共玉山县委党校、中共玉山县委大院和政府大院、县自来水厂、玉山一中、县人民医院等 8 个单位,经省地考核验收,命名为“江西省卫生庭院”。2000 年 4 月,中央爱国卫生运动委员会明察暗访小组到玉山进行创全国卫生县城的情况考察检查。当年玉山二中、逸夫小学经省考核验收授予第二批“江西省卫生庭院”称号。

冰溪镇是著名医学家黄家驷故里,历史悠久古迹众多。镇内武安山与三清山、三清湖(七一水库)、怀玉山等风景区浑然一体,形成多层次的旅游网络。主要景点有唐代相国、著名画家阎立本墓,及阎立本舍宅改建的普宁寺(又名水南寺)。明天顺七年(1463)建的连城桥,明正德年间先后重修 4 次的冰溪第一楼(又名奎星阁)。明嘉靖辛酉年(1561)建的古城墙,明万历二十一年(1593)建的文成塔,清乾隆壬子年(1792)建的考棚,清嘉庆二十三年(1818)建的旌德会馆(1998 年 7 月迁至解放东路 110 号),清光绪十六年(1890)巨富张小鸿建的鸿园石舫,还有溪山一览亭(清末县人黄融恩 70 寿辰时改建后称古稀亭),1992 年建的黄家驷公园、森林公园以及郁达夫《冰川纪秀》中赞誉的郭家洲、万柳洲等。

冰溪镇经济以工业为主,经济发展速度居全县乡镇之首。1992 年被江西省政府授予“省级先进镇人民政府”称号;1995 年被江西省人民政府授予“乡镇企业总产值超亿元乡镇”称号。2000 年全镇个私企业 1430 家,工农业总产值达 17730 亿元。实现农民人均纯收入 2590 元。

清华镇　位于婺源县境北部,鄣公山南麓,星江上游,因处古坦水与浙源水汇流处,以“清溪萦绕,华照增辉”而得名。总面积 127 平方千米。镇政府驻地清华,距县城 34 千米,2000 年辖 3 个居委会、8 个行政村,总人口 16447 人。

地貌以低山丘陵为主,地势南高北低,古坦水自西北入境;浙源水由东北入境。林业用地约占全镇土地总面积的 66%,多木竹资源,是县内主要林区之一。有茶园 322.3 公顷,是县内主要的茶叶产区之一。建立有机茶基地 4 个,面积 166.6 公顷。有耕地 680 公顷,作物以水稻为主。已建立有机稻基地 3 个,面积 14.6 公顷,由于生态良好,没有污染,其生产的大米 2000 年经农业部食品监督检验测试中心(武汉)检测,16 项品质已达 AA 级绿色食品标准,首创大米类全国第一。交通便利,王赋线、清灵线、清冷线三条公路横贯其中,形成了婺源北部的交通枢纽。

唐开元二十八年(740)婺源置县时,清华设为县治,在 161 年间为婺源县政治、经济、文化中心。此前,属安徽省休宁县回玉乡地。唐天复元年(901),县治迁弦高(今紫阳镇)。南唐天祐三年(906),县分兵驻守清华镇。民国 36 年(1947)曾改名新华乡。1957 年冬、江西省直机关、南昌市直机关干部下放在此,建立国营鄣公山垦殖场。1958 年 7 月,江西省共大鄣公山分校在此建立。1984 年 9 月设镇。

清华在唐代曾大量生产瓷器,近地东园村唐窑遍布,5 里长街的下街被称作瓷器街。境内森林覆盖率 86%,有名木古树 355 株,其中位于原县衙前的唐代古槠,已有 1500 多年树龄,仍枝繁叶茂、巍然屹立。建于南宋,横架于镇北河上的彩虹桥,状若彩虹卧波,建筑艺术形制古朴,气势雄伟,1983 年政府拨款 10 余万元修饰一新。南宋名将岳飞率部经过,驻扎时为不扰民而修建的水塘,今石栏稍损,塘完好如初,人称“方塘”。上街河畔,有一面积 130 平方米的岩石伸向河中,高出水面约 2 米。明嘉靖年间,江苏吴派篆刻家文彭与何震(婺源人)游此,站在石上举目环视，见山清水秀，四处皆景，充满诗情画意，文彭于临水一侧岩石上欣然题刻“小西湖”。

镇区面积2平方千米，有2纵2横4条街道。临街楼房店铺相接，有占地3000平方米的农贸大市场。工业基础较薄弱，通过招商引资，开发利用当地丰富资源有企业百源木业、鄣公山茶叶实业有限公司、清华酒业有限公司、鄣公山水泥厂、大自然工艺伞、清华石料有限公司等。特色产品有“大自然”工艺伞、“大鄣山”AA级有机大米、“鄣公山”绿茶等。2000年农业总产值1441万元，工业总产值1338万元，农民人均纯收入1346元。

石塘镇 位于铅山县境东南山区盆地中，铅山河上游，总面积54平方千米。镇政府驻地石塘，距县城35千米，2000年辖8个行政村，总人口15518人。

处武夷山北麓，低山丘陵地貌，地势东南高（龙头岗海拔1125米），西北低，平均海拔340米。以石塘为中心，可分为境东的低山、丘陵和境西的丘陵、河谷平畈区。发源于武夷山北坡桐木关下的桐木水（铅山河上游）由南而北经石塘流经全境，出境后与紫溪汇合。有山地4000余公顷，植被丰富，盛产木、竹及油茶林。矿产资源主要有石灰石、泥炭等。耕地面积931.7公顷，70%分布在河谷平畈。土地肥沃，水源丰富，作物以水稻、蔬菜为主。交通方便，八（都）英（将）公路横贯镇境，西接上（饶）分（水关）公路。

1931年4月27日，方志敏率红十军进攻闽北时，解放了石塘。1932年4月成立的铅山县苏维埃政府，驻地石塘港背。1935年为闽北游击队活动区。是第二次国内革命战争时期铅山县第一个革命根据地。1937年秋，闽北各路红军游击队六七百人在黄道率领下，奉命集中石塘整编为新四军第三支队第五团，团部主要驻地和会场就设在抚州会馆（今石塘小学校内）。不久，部队扩大到1500余人。1938年2月25日，这支部队奔赴皖南抗日前线。建国前，石塘是铅山县政府第二区区署。皖南事变后，成立过囚禁新四军战士的监狱“军士大队”。

石塘镇为铅山县东南部重要集镇。相传，五代以前，石塘北面有十口塘，后谐音为石塘。宋时，石塘为朝廷的屯田镇，后废。石塘有丰富的毛竹和上等山泉及纸药等资源，早在元代，造纸工业就见诸经传。迄明，造纸工业水平已经很高，且有相当规模。据翦伯赞主编的《中国通史纲要》记载，明万历年间（1572—1620），铅山石塘“纸厂槽户不下三十余槽，各槽帮工不下一、二千（十）人”，有“兰山”“毛边”“贡川”“京川”“毛六”“毛八”“放西”等20余种土纸远近闻名，尤其“连四纸”，更是驰名中外。其中奏本纸由官府收购，押解进京，充朝廷官员书写奏疏之用。石塘成为著名土纸集散地。

清代乾隆、嘉庆时，图书事业发达，纸张需求量更大，推动了石塘纸业的进一步发展。石塘十分之三以上的人口直接从事纸业生产。外地商贾，尤其是山西、陕西商人，纷纷挟资到石塘收购纸张。民国19年（1930）以前，石塘附近有纸槽500余家，年产关山纸20余万槽块（每块6把，每把198张），产值120余万元。

纸业的发展拉动和促进了石塘的市镇建设，有中街、港沿、坑背三条与石塘河平行而建的老街，街道为鹅卵石、青石板砌成，其中坑背街一侧有宽约2米的官圳，源自桐木江的潺潺清水绕屋而行，波光屋影倒影圳中。东西两两相向两层楼店、栈、行、号、铺井然有序地排列着。多为青砖黛瓦、雕梁画栋的徽式建筑，并且融合了福建古民居、苏州园林式建筑风格。朝门多为马头形封火墙、八字式倾斜，门边为镂雕或浮雕石柱，门顶镶嵌一块雕刻有商号名称和人物或花鸟图案的青石板，门面窗户用雕花青石条砌成上部半圆形、下部长方形式样，两边嵌有约30厘米长雕刻石柱，外围用砖砌成马头形封火墙，与其他建筑分隔。屋内为木柱、木梁、古壁板、花格窗户、天井、厢房、廊道等组成上、中、下三进厅堂，大梁上雕有飞龙飞凤等图案。旧时，世人将石塘誉为“小苏州”。集镇建成区面积2.1平方千米，主街呈“丰”字形，总长870米，硬质路面。前半部分展示着明、清时期的建筑风格，后半部分显出一派现代集镇风光。2000年镇财政收入66万元，年人均可支配收入1651元。

瑞洪镇　位于余干县西北部，鄱阳湖东南岸，西南与进贤县隔信河（江）相望，总面积36平方千米。距余干镇27.5千米，2000年辖4个居民委员会、6个行政村、1个渔业大队，总人口21838人。

地势北高南低，北部滨湖低丘岗地约占总面积的50%，一般高程30米-40米；南部湖泊、平原各半。杨林浆湖面积8平方千米，是县内第三大内湖。有耕地688公顷，作物以水稻为主。交通方便，余（干）瑞（洪）公路，硬化路面，直通县城。水上东溯信江，西经鄱阳湖，外通长江。

镇区襟江带湖，历来是余干县水乡重镇和西北门户，有“八省通衢，六县毗邻”之称，是余干、进贤、新建、南昌、波阳等地的物资集散地，尤以水产品丰富而闻名遐迩。相传元末有叶姓由对岸雁嘴附近移迁此地，因濒鄱阳湖，常有洪水祸及，为祈求祥瑞，故取名瑞洪。明初沿信江北岸建街市，因扼水运要道，为闽越百货所经，乃置镇。

瑞洪老街东西走向，长500米，宽5米，以流向分上、中、下湾街，中街为商业区，上、下街为手工业区。清末有店铺100余家，抗战前有店铺20家左右。日军侵占南昌时，南昌部分商民云集瑞洪，店铺增至300余家，其中仅代买卖行就有150余家，茶酒饭馆40余家，抗战胜利后又渐衰落。至新中国建立前夕，有店铺195家，居民500余家，常住人口3500人。

瑞洪特产银鱼。银鱼，古称“残鱼”，因其体白如银，至唐改称银鱼，元末明初始见于市。品种有红眼、乌眼两种，以红眼银鱼为贵，曾为朝廷贡品，头扁体细长肥壮，光泽透明，肉质细嫩，味道鲜美，营养丰富，具有养脾、润肝、补肾等功效，可烹调多种名菜。

有名产芡实、芝麻糊、糯米团子、鱼粉配合饲料等。农历每旬三、六、九日设墟，上市物资上千种，为余干、新建、南昌、波阳等毗邻地区的棉花、茶叶、水产、生猪、家禽等商品的集散地。

1995年后，镇区先后建起了食品、水产、副食、化工、医药、纺织、建材等20多家企业，建成了一个3700平方米的农贸大市场。1997年—2000年新建街道2800米，其中3条移民新街分别为宽26米，长500米；宽18米，长1200米；宽10米，长20米。整个镇区成“井”字形街道框架，并全部硬化路面。2000年全镇工农业总产值8174万元。

第二节　旅游胜地

赋春镇　位于婺源县境西部。西、北界景德镇市。总面积212平方千米。1992年撤乡置镇，镇政府驻地赋春，距县城44千米，2000年辖12个行政村、1个林场和1个茶场，总人口21478人。

低山丘陵地貌，地势自西北向东南倾斜。赋春水（古称杭溪水）源出甲路乡北部山地，于东部岩前入境，经林塘、赋春、游汀至霍口流向许村镇；长溪水源出五花尖，经戴村、方家、长溪、港头，至车田流向景德镇市境。有中型水库1座、小型水库11座。山地占全镇土地总面积的84%。富林业资源，森林覆盖率74%。耕地1466.7公顷，作物以水稻为主，次为油菜、玉米。交通方便，白（沙关）景（德镇）公路过境。

赋春镇是婺源县的旅游景区之一。鸡山,主峰海拔465.8米。山体嶙峋,石林遍布、形态各异,有鲲鹏鸽展、双龟接吻、道姑壁影、天然战壕等景观;鸡山东北麓有地下迷宫。系大型溶洞,洞中钟乳、石笋琳琅满目,晶莹绚丽,民间传说南宋建炎末年,秦桧曾避难于此,因此又名"秦桧洞";鸡山东北麓新田村西侧有"古城"。南宋绍兴元年(1131)岳飞征讨李成过此,见四周山岩壁立,其内宽广方平,入口处仅丈许,形若古城堡,赞曰"真乃古城也"遂屯兵其中,后人因此称为"古城"。

冲山,旧名梅山、翀山,主峰海拔597.7米。茂林中怪石嶙峋,高低相融,天工造型诸多,千姿百态。有若凤乌直上飞翀,亦列如屏障,古代游客誉此为"寿石王国";冲山西麓冲田村北有"太平窝",古名下塞。石山壁立,仅一径可入,内为坦荡宽广地,可容千人。明正德年间兵扰赋春,乡人曾聚此避难,因称太平窝。内有明代工部尚书潘旦、参政戴敏所题"凭虚阁""邀月台""藏云洞""鉴胜亭"诸景;清代学者齐翀、齐彦槐题有《太平窝》、《观音合掌》诗。

鸳鸯湖,原系1958年兴建的赋春大塘坞中型水库,总面积917万平方米,核心面积715万平方米,蓄水量1348万立方米,库区森林覆盖率达95%。1986年有1000多只鸳鸯汇集库区,白天成群结队悠然自乐,晚间雌雄依偎,人们遂称之为鸳鸯湖。此后汇此越冬的鸳鸯越来越多,达2000多对。湖心有岛,面积约2公顷,原为荒地,已辟为桃、李、柑橘果园。1995年兴建了景区大门牌楼、小桥和林阴小道。1997年被列为省级自然保护区。

金山生态茶业观光园,有近70公顷茶园,茶树品种多为国家良种,集观光、采茶、制茶、品茶、购茶、茶艺表演为一体。

镇区面积1.5平方千米。集镇块状。T字形街道沿公路两侧分布。1995年以后建成长1500米,宽12米铺设水泥路面商业街,有店面300多间,以经营日用百货、五金建材为主,还有旅社宾馆;完成商业街人行道的铺设和绿化;分3次投资45万元建起了日供水500立方米的自来水厂。安装了主干道路灯,建成占地4000平方米的停车场。2000年,全镇农民人均纯收入达到2388元

岭底乡 位于广丰县境南部。东邻福建省浦城县盘亭、九牧乡,南接福建省浦城县古楼乡、武夷山市岗谷乡,西界上饶县前程、高洲乡。总面积312.4平方千米。乡政府驻地岭底,距县城38千米,2000年辖14个行政村,总人口18965人。

低山丘陵地貌,地势南高北低。林业用地2630.6公顷,占全乡土地总面积的84.2%。森林覆盖率为82.3%,是全县主要林区和茶油主要产区。叶家村黄泥坑的悟峰云雾茶,为省、市优质名茶。已开采的矿藏有莹石、钨砂等。十五都港自太平关入境,向北汇成丰溪。水能资源丰富,先后有军潭、七星、条铺、黄家潭、铁山、西滩电站建成,装机容量3万千瓦,占全县已开发水能资源的80%。有耕地面积624公顷,主要农作物有水稻、红薯、玉米、马铃薯、生姜、油菜、大豆等。其中生姜、玉米产品居全县首位。交通方便,通客车、货车。

岭底乡境内旅游资源丰富。铜钹山尖为最高峰,海拔1534.6米,远望如铜钹状,故名。峰尖挺秀,常年云雾缥缈,其景如画;次之有悟道尖,海拔1289.5米,雄伟挺拔。登山远眺,云来万顷云海,云开群山环抱,山上马氏夫人庙内有千年古钟,完好的自然生态是铜钹山独有奇观。在大丰源林场有全区唯一的原始森林,约2000公顷,是人迹稀少的封禁山。据清光绪版《江西通志》载:"封禁山蜘蛛大如碗,其吐(牵)丝如绳,向有色白而放光者,土人尝见不敢攫取"。林中有省级保护动物鹰嘴龟等许多珍稀动物。在条铺水库边,有占地2公顷的"百竹园",108种3000余株毛竹形态各异,极富观赏性。千年"梅花树王"枝繁叶茂,岁寒时节鲜花在幽谷中争

奇斗艳。山中散生的红豆杉，树龄多在500～1000年，徐墩一片有近33.33公顷。瀑布、奇石和岩洞也是山中较多的自然美景。

第二次国内革命战争时期，境内属闽北根据地。高阳、石人底有广浦县苏维埃政府旧址；军潭、张家山、铁家山曾设区苏维埃政府；境北军潭水库的赤岸，是红军18勇士殉难处。境东北九仙山有抗清农民义军所建营寨、城堡，1983年起先后被定为县、省级文物保护单位。

政府驻地建有3条新街。岭底街巷宽10米，长200米；另一条宽12米，长250米；沿河路宽6米，长700米，全部硬化了路面。有木材加工、毛竹加工、绿色食品加工和水能发电等工业。2000年全乡农业总产值3070万元，工业产值9007万元，农民人均纯收入1936元。

三清乡　位于玉山县境北部。东邻浙江省开化县，北界浙江省开化县杨林乡，西北接德兴市昄大乡。总面积75.9平方千米。1996年划归三清山管理委员会管辖，乡政府驻地金沙，距县城54千米，2000年辖4个行政村，总人口3090人。

地势西北高东南低。境区流泉广布，溪涧交织，是金沙溪（金沙龙潭、龙泉溪、龙谷溪等汇合而成）和衢江支流马岭底水流的发源地。地下矿藏有石英、钨、铅锌、水晶等。有耕地122.4公顷，农田利用山泉溪水自流灌溉；有山场11139公顷（含三清林场），是县内主要的林区之一，森林覆盖率86.15%。产石鸡、猕猴桃、三清茶、板栗、茶油、竹笋干等。

交通便利，金（沙）紫（湖）公路在紫湖接玉（山）花（山）省际公路，可直通县城和浙江省。

第二次国内土地革命战争至解放战争时期，三清乡是怀玉山革命根据地的一部分。境内是游击区，故原名游击。

境内三清山风景区有奇峰怪石，幽窒洞岩，流泉飞瀑。景区面积53.4平方千米，景点36处，景物景观120多个，尤以奇峰、古松、响云、彩瀑"神光"最为奇特，是三清山独具一格的奇观。

金沙翠竹环抱，溪泉潺潺，古木参天，地域开阔，环境幽美，建有一条长18米的主街和2条宽10米的小街道。1992年5月，玉山县成立三清山金沙溪旅游开发区，位于三清山中心景区的东麓，总面积7平方千米，常住人口410人。先后有浙江金华和海南等18家单位前来投资开发建设，征地14.2公顷。已建成使用的有南昌铁路局三清山疗养院、上饶地区三清山培训中心、江西三清山地震台。原乡招待所以租赁的形式，由浙江客商投资50万元装修后运营，年接待游客达6000人次，创收30余万元。乡政府投资150万元用于改建旅游交通、通讯等设施，修通了一条长4.1千米，宽7米的景区登山公路。2000年全乡工农业总产值1031万元，农民人均纯收入1558元。

康山乡　位于余干县境西北部，鄱阳湖东南岸，西邻新建县南矶乡，北毗都昌县周溪镇，总面积222平方千米。乡政府驻地袁家，距县城32千米，2000年辖7个行政村，总人口9748人。

1966年建成康山大圩后，康山遂与陆地相连，地势由南向北倾斜。境北圩外鄱阳湖水域，占全乡总面积的68%。东南为围垦而成的耕地，有耕地面积542公顷，主种水稻，盛产莲籽、藜蒿、芡实、茭白、菱角及鱼、虾、蟹、银鱼等。交通方便，康（山）瑞（洪）公路南接株（桥）瑞（洪）公路、昌万公路。鄱阳湖航道常年通航，设锣鼓山站。

康山原是鄱阳湖中一个面积仅2.5平方千米、高程为25.5米的小岛。砥柱中流，抗击风浪，过往船只以它为躲避风浪之所，固名抗浪山，亦名康山。岛上有一片古樟群，原有百余棵，树龄最长的800多年。相传南宋时康山王姓始祖的女儿出嫁袁姓始祖儿郎时，作为首饰金钗陪嫁的，故名金钗古。康山堤外是鄱阳湖，每年秋冬枯水季节，湖边露出草洲，水清草肥，鱼蚌丰富,是珍禽候鸟理想的栖息地。20世纪末,湖区生态条件不断改善,使前来越冬的野生珍禽逐年增多,每年约有数十万只候鸟来此觅食越冬,其中有国家一级保护动物如白鹤、黑鹳、白鹳,国家二级保护动物天鹅、灰鹤、白额雁、鸳鸯,还有大雁和野鸭等。最佳观鸟处为大湖口观鸟点。

康山曾为古战场。元末至正二十三年(1363)七月,明皇朱元璋与陈友谅在鄱阳湖康郎山附近进行了一场残酷的战争,朱元璋以20万兵力把陈友谅60万兵马打得全军覆没。为祭祀阵亡的36位将士,朱元璋率军师刘基到康郎山择地建庙,从元末至正二十四年(1364)四月至洪武元年(1368)建成。原庙临湖,宽31米,深46米,高6米,抬梁式木构架,单檐硬心顶,前后三进,前进为定江王殿,置有定江王(水神)神像;中进为观音殿,有观音及十八罗汉等神像;后殿是主殿——忠臣殿,置有三十六忠臣神像。两旁设钟鼓二室。八字门,其上"忠臣庙"三字为红石阴刻。门前置红石狮一对。曾遭火灾、水灾。1992年经余干县人民政府批准为县级文物保护单位。1993年筹资20万元(其中省文物局2万元,县政府2万元,康山乡自筹资金16万元)重修庙宇。前进因完全倾覆,暂时无力重建,乃将后两进及庙宇附属建筑和围墙等进行修复。当地及周边的百姓历有朝拜进香之习俗。忠臣庙修复后,水域百姓每年七月三十日、八月初一,便划着自家的船,以族为单位,组成浩大的香会船队,前往康山、莲湖、都昌、南昌、新建等地湖域寺庙进香,祈祷神灵庇佑年年平安,因而形成忠臣庙的连环进香。1999年庙会期间,仅三个半小时,朝拜者便多达2.4万余人次,最高潮时,日可达4万~5万人。县政府每年都要派出公安、宗教、工商等部门维持秩序。每年康山乡旅游创收上百万元。

康山乡有水产加工、酿酒等乡办企业267家(含个体企业)。2000年工农业总产值2144万元。

石人乡 位于上饶县境北部,饶北河上游,东邻玉山县临湖镇,总面积61平方千米。乡政府驻地郑家湾,距县城40千米,2000年辖14个行政村,总人口29290人。

石人乡处于灵山石人峰东麓盆地中,北、西、南三面环山,中部为河谷盆地。境西南白云峰海拔1129.2米,是境内最高点。地下有钽、铌、重晶石、氟化钙、瓷石、云母、花岗岩等矿藏。自然植被丰富,为常绿落叶混交林,有松、杉、油茶等树种。马作坑一带漆树成林,是县内生漆主产地。有耕地面积1041.3公顷,作物以水稻为主,大蒜、生姜次之。交通方便,临(江湖)石(人)公路东接上(饶)乐(平)公路,各行政村通公路。

境内有石人、岩前、南塘、百谷、龙泉等风景名胜点。石人峰,山峰浑然一体,峰顶一孤石挺立,形似一老人端坐,双手托膝,有颈、肩、身躯,无头。"文化大革命"时,石人被当作"四旧"炸毁。石人峰下有石人殿,唐贞元六年(790),立庙祀胡昭、刘太真、李德胜,后人称胡昭公祠、刘将军庙、李将军庙。宋宣和年间御赐"鹰武"庙额。庙分前殿、后殿,有石柱40根,刻有"秀水奇山信郡无双福地,祐民护国江南第一名神"和"鞠躬而立千秋鹰武气如生,北面而朝万古石人心不朽"等楹联。前殿称统雷殿,后殿称高元殿,殿内有石井、石球(俗称龙珠)等古迹,左侧是道院,右侧是集会官公署。山门前后有牌坊、碑亭、文昌阁、敕建亭、万安桥、观音阁等古建筑。石人殿几度兴废,多次毁于火灾,历有修葺。民国6年(1917),在大高元殿左侧建一新殿,雕刻精美,为李老真君行宫。1966年,"文化大革命"破"四旧"拆除统雷殿,砸毁碑刻,仅存夏言柱联及三块记事碑。石人殿现有建筑面积1568平方米,1984年被列为县级文物保护单位。与石人殿连接的是一条老街,名曰"中下街",长约0.5千米,有500年历史,建筑均木质结构,家家户户门挨着门,墙连着墙,共有60多户,仿佛是一个相亲和睦的大家庭。屋檐上清晰地留刻着古老的雕花,脚下的青石板上有两道独轮车轧出的两条深深的辙痕。老街边上有一条小河,水流淙淙,清澈见底。源头上横跨着万安石桥。每年阴历九月初一至初十,是这里最热闹的日子,家家户户的房门成了商品柜台,陈列出各式各样的商品,每天有一、二万香客来此逛市赶集、烧香拜佛,祈求风调雨顺、福岁丰年。

乡政府驻地村落沿公路两侧分布,有工艺、漆器等乡镇企业。雕漆厂是民政部千秋盒(骨灰盒)的定点生产厂家,2000 年全乡工商税收达 96 万元,农民人均纯收入 1004 元。

葛源镇 位于横峰县境东北部。隋末唐初,苏、冯二姓定居于盛长野葛的溪头,故名葛源。东邻上饶县茗洋、湖村乡,西接弋阳县磨盘山、烈桥乡。总面积 93.8 平方千米。镇政府驻地葛源,距县城 24 千米,2000 年辖 1 个居民委员会,12 个行政村,总人口 26107 人。

低山丘陵地貌,北有千米以上的五羊尖、排尖,东部边界的三十六嘴海拔 998.4 米,山地占全镇面积的 70%。地势由东北向西南倾斜。葛溪源出东北山地牛场,向西流入弋阳县境。有钽、铌、钨、锡、铝、锌、莹石、磁铁、花岗岩等矿藏。交通方便,横(峰)葛(源)公路南接上(饶)德(兴)公路。

1931 年 2 月,以方志敏为首的赣东北革命委员会,从弋阳迁来葛源,在此成立赣东北特区苏维埃政府。11 月改为赣东北省苏维埃政府。次年 12 月,改赣东北省为闽浙赣省。不久,省会由葛源村迁往枫林村。葛源原属横峰县苏维埃第五区,成为红色省会后,即划归省苏维埃政府直接管辖。因在各项革命工作中均作出优异成绩,曾被省苏维埃政府授予模范区的光荣称号,并立碑纪念。1934 年 5 月 23 日,红军主力已奉令北上抗日,国民党军第二十一师扑向红色省会葛源,红军进行顽强的保卫战,战斗甚为激烈,因兵力有限,葛源遂于 11 月 28 日失陷。

农业以粮、菜、葛、茶、果及中药材为重点,已建成 333 公顷药材、66 公顷山地反季节蔬菜、166.6 公顷果业基地。古老的野葛藤在人们的长期栽培下,成为重要的绿色主导产业,葛根种植面积达 1333 公顷,并研制开发出葛粉、葛片、葛茶、葛露等系列产品投放市场。有林地面积近 6666 公顷,其中油茶林占 42%。油茶林居全县之首。1935 前,葛源所产茶油可供数县之吃食,号称"油库"。土地革命失败后,大片山林被国民党军焚毁,产量锐减。新中国建立后,政府采取技术指导、奖励等办法,茶林种植慢慢得以恢复,1968 年茶油产量达 121.3 吨。

葛源镇四面环山,中间盆地,留下了众多的革命旧址。列宁公园,在葛源村葛溪河畔,占地 6000 平方米,园内有六角亭、荷花池、游泳池,还有方志敏亲手栽的梭椤树、枣树,四周有两米高的围墙。1985 年 4 月 25 日经横峰县政府批准为文物保护单位。红色广场,建于 1933 年,是军民集会的地方,苏区纪念会、祝捷会、体育运动会、文艺演出都在这里举行。离镇 1 千米处的南侧小山上,有一仙岩洞,洞高 6 米,宽 40 米,深 200 多米,洞内有滴泉,阴凉幽静,苏维埃兵工厂设在洞内。方志敏、邵式平、黄道曾多次在洞中居住、工作。革命旧址保存完好的还有:中共闽浙赣省委、省苏维埃政府、省军区司令部、中国工农红军学校第五分校等。1953 年在葛源村兴建了一座革命烈士纪念馆,占地 1.5 万平方米。1977 年又在纪念馆内新建了闽浙赣革命历史展览馆。

葛源镇是横峰县北部的区域性中心集镇。2000 年,通过江西省城乡规划设计院总体性规划设计,并成为全省第一个按新标准执行的重点镇。

南岩镇 位于弋阳县境中部,信江中游南岸,东邻铅山县汪二镇,总面积 97 平方千米。2000 年 12 月撤城郊乡设镇,改名为南岩镇。镇政府驻地水南,距弋江镇仅 1 千米,2000 年辖 10 个行政村,总人口 17593 人。

境南部丘陵地形，北部信江河谷平原，信江沿北部边界曲折西流。有金、铜、锡、铀等矿藏，尤以金矿储量较为丰富。境内有县办金矿，还有红石、沙石等建筑材料出产。有耕地1416.4公顷，作物以水稻为主；山林4233公顷；水域34.2公顷。交通便利，320国道、311高速公路横贯东西，各行政村通公路。

境内旅游资源丰富，南岩景区已成为龟峰风景区二景区。龙门湖畔高70米的龙门岩体外观气势不凡，细加品味，整座山状如一巨大卧佛，它神态安详，静若处子。卧佛全长415米，头部长31米，佛身比例协调、体型惟妙惟肖，甚至于衣襟上的皱褶都依稀可辨。更令人叫绝的是，一个跨度达30余米的南岩洞正巧从巨佛的颈脖之下穿出，使得卧佛的头身之间界线分明。2000年8月十世班禅画师、中国一级美术师尼玛泽仁到南岩景区考察时说："大自然提供如此绝伦的山体风貌，如不加以利用实在可惜。用山体之巨、天人合一，塑造一座天下最大的佛教艺术精品，与龟峰秀美之景相呼应，造就中国南方旅游品牌，造福当代、造福未来，让世人在弋阳看到一尊天造地就、令人震撼的佛教艺术形象的神韵"。

景区面积约16平方千米，有23座石窟，其中面积达1000平方米的有9个，最大的1502平方米，最小的也有100多平方米。先后有僧人在此建立了南岩寺、龙门岩寺、双岩寺等。远在晋代就有僧人在南岩修行。唐、宋、元、明、清不断有僧人在南岩窟续凿、再修、增修佛像，至民国年间香火一度鼎盛，成为名扬江南的千古名刹，佛窟三面红岩环绕，洞口宽70米，洞体高33米，进深33米，有"中华第一佛洞"之誉。洞内有石龛40座，摩崖石刻10余处。解放后长期被作为战备储资仓库，鲜为人知。石窟本体呈半月形，洞体可容纳千人，各龛沿石壁呈半圆形排列。中间主龛置像7尊，中为释迦牟尼，形体高大，面容祥和，端坐于莲花之上，两侧侍立弟子（迦叶、阿难）、端坐两菩萨（文殊、普贤）、侍立两天王（武将戎装形象）。主龛两边各分两排列十八罗汉，一位一龛，或结伽趺坐或倚坐，或游戏坐，神态不一。罗汉像的右边一龛内为三世佛（前世、今世、来世三佛），再右边有两佛、两弟子，其两佛并坐的称之为"释迦多宝"。罗汉像的左侧龛内为水月观音像，男身女相，"提腿架立"坐姿。水月观音像旁，塑刻的是佛教故事"维莫、文殊问疾品"。再往左边，为浅雕纹饰，尽管风化模糊，仍可辨出是一组释迦牟尼从诞生到成佛的故事。石窟各佛龛、周围满面云纹雕饰。"文化大革命"中，佛洞内35尊造像的头部曾被割锯后弃之于泥圹中，造像也被刷上了白灰，使这一珍贵的历史遗产蒙受损失。1999年，经省文化厅批准，弋阳县政府对南岩寺进行整体修复，出资将失去的35尊头像寻得并请国家知名专家重新修补、搭接、归位。造像细微处还能发现彩绘饰金的痕迹。已列为省级重点文物保护单位。

1980年代，镇政府驻地水南街有小型店铺20余家。1990年水南建设正式启动，1998年建成一条长4.23千米，宽66.6米的志敏大道，大道投资4608万元，到2000年年底，一期工程圆满完成，成为高楼林立、街道宽敞、设施配套、功能齐全、设计新颖的新镇区。镇境处弋阳县城南开发区，商业网点密布，经济繁荣，依托交通和通讯的优势，镇内徐家集为弋阳县农副产品的集散地；依托优越的区位优势，建成320国道工业带。2000年全镇实现工农业总产值7685万元，农民人均纯收入1500元。

第三节 名特优新产品集散地

洋口镇 位于广丰县境西部，丰溪河南岸，总面积24.49平方千米。镇政府驻地洋口，距县城10千米,距上饶市18千米,2000年辖4个居委会,8个行政村,总人口27139人。

境内有丰富的石灰石,新村产有无烟煤。有耕地700公顷,为县内重点产粮区之一。经济作物有油菜籽、花生、甘蔗、晒烟、苎麻、席草、荸荠、莲子等。交通方便,洋口地傍丰溪,在陆上运输依赖人力时期,水上航运曾盛极一时,有航埠三处,船只百余。自上广公路建成通车后,水上航运渐趋衰落。镇内有通霞峰、少阳、枧底等公路。

洋口素称“花炮之乡”。民国时期,花炮制作几乎遍及家家户户。建国后,引进新工艺,进行工厂化生产。境内洪家洲有洋口公社花炮厂,1982年县接办、扩大规模,称“广丰县出口花炮厂”,注册商标为“中国花篮牌”。新产品有“混合火箭”“仙女散花”“广丰魔杖”“啄木鸟”“硝光炮”“锥形花筒”等15个品种。同年秋季,参加广州交易会,“鹦鹉花球”“飞蝶恋花”等高空烟花,同外商成交200箱。其生产的烟花选料考究,工艺独特,色彩艳丽。1992年为江西省出口定点生产厂家,也是上饶地区仅有的3个出口厂家之一。当年投入179万元进行设备改造更新,使烟花、鞭炮品种由原来的10多个增加到百余个。1993年实现产值逾400万元,出口创汇近200万元。产品销往美国、日本、西欧等20多个国家和地区。

清雍正年间,曾设洋口巡检司,后人有称洋口为“洋口司”的。民国27年(1938)始设镇。因地处赣、浙、闽三省边缘,自古通商洋口,前人多称“洋口街”,向来是广丰县西部集市贸易中心,县西境各乡及毗连的上饶县山区农副产品集散地,每逢农历二、五、八墟日,集市贸易兴旺。工商业比较发达,尤以民国31年日本军队侵扰前最为繁荣,有六行(烟行、竹木行、米行、冬笋行、夏布行、雪梨行);五坊(粉皮坊、塘坊“糕点”、酒坊、豆腐坊、酱油坊);一站(食盐经销站),抗日战争时期,曾供应县内外食盐;一店(箍饼店)。

大商铺10多家,从铅山、饶州(今波阳一带)进货,转销县内外。民国31年日军侵扰,70%的商铺被焚,资财遭洗劫,工商业受挫。抗战胜利后,曾一度恢复。民国36年前后,又因盗匪肆虐,镇上商家纷纷向县外转移,生意再次衰落。新中国建立后,通过商业社会主义改造,各业复苏,市场活跃。“文化大革命”期间,集市贸易关闭,街市三度冷落。中共十一届三中全会以后,洋口工商业生机蓬勃,市容也大为改观。

原镇区0.34平方千米,2000年规划面积2.6平方千米,已建成0.8平方千米。新建商业街4条,总长1050米,加上改扩建的原有街道,镇区共有街道10条,总长7550米,硬化路面,铺设了下水道。新建成63750平方米商住楼,占地3万平方米、建筑面积18500平方米的洋口商业中心,占地3万平方米的湖边农贸大市场,并建成百货、农副产品、竹木、畜禽、废金属、建材、蔬菜等12个专业市场。全镇共有各类商店600家,年商业零售总额3亿元。

洋口的工农业呈现强劲发展形势,2000年农业总产值4230万元,工业总产值7779万元,民营企业总产值3.2亿元,全镇财政收入199万元,农民人均纯收入2510万元。

泗洲镇　位于德兴市东北部,乐安河南岸,北邻婺源县太白乡,区域总面积57平方千米。1981年6月置镇。镇政府驻地金家,距银城镇19千米,2000年辖5个村委会、3个居委会,驻有6家中央、省属企业,总人口37167人。

属侵蚀构造低山丘陵区。有耕地109公顷,作物以水稻、蔬菜为主。水面92.4公顷,养殖珍珠、鲫鱼等特种水产品。南部丘陵2566.6公顷林业用地,占全镇土地总面积的45%,有松、杉、竹、油茶等林木。

交通方便,国家二级公路与省会南昌相通,德(兴)九(江)公路穿镇而过与302、306国道相连;皖赣铁路乐德支线直达镇内;水路沿乐安河直达鄱阳湖进入黄金水道——长江。

镇名以驻地泗洲庙命名。境内杨家湾,是土地革命时期中共德北县委,中共东北分区委驻地。镇区面积10.4平方千米。1980年,由上海同济大学专家对城市进行整体规划,经过20年的建设,有创业路、金龙路、振兴路等10多条街道,总长2090米。以镇政府办公大楼为镇中心的主体建筑群,突破镇矿分割体制,把泗洲地区的城镇建设纳入统一管理的轨道。镇区高楼林立,街道整洁宽敞,多为硬质路面,绿树成荫,街旁有公共绿地。水电供给充足,建有学校、宾馆、文化站、集贸市场等,由穷乡僻壤成为现代化城市。

1980年代初,泗洲是一个穷困乡,年人均收入87元。1982年从单一发展农业经济逐步发展工业。1992年工农业总产值8817万元,农民人均纯收入1200元,成为全地区首富镇。1994年工农业总产值2.66亿元,农民人均纯收入2400元,达到小康水平,成了全省首富镇。1996年全镇农村社会总产值7.15亿元,农民人均纯收入3200元。1999年镇由“依赖铜矿”向“依托铜矿”转变,由单一镇村投入办企业向依靠“私企兴镇”转变,实现工农业总产值5.9亿元,财政收入3859.7万元,农民人均纯收入3456元,保持了经济持续、快速、健康地发展。泗洲镇被《农民日报》等评为“全国乡镇投资环境百强”。

镇域富含铜、金、银、硫等矿产。官帽山自古产铜,称铜山。乐安河畔的铜埠村,就是古代炼铜后外运铜的埠头,相传至今。有悠久的胆水浸铁成铜的炼铜历史,早在唐宋年间,就开始采矿炼铜,素有“铜都”之称,留有采铜遗址。矿石的保有储量15.75亿吨,占全国的1/3,境内德兴铜矿是亚洲最大的斑岩铜矿山。壮观的矿石露天开采场面,宏伟的电动轮矿石装载,现代化机械碎磨、浮选,蔚为壮观。

裴梅镇 位于万年县境东南部,珠溪河上游,东邻贵溪市周坊乡,南接余江县画桥乡,地域总面积76.8平方千米。1995年撤乡置镇,镇政府驻地丛山汪家,距县城8千米,2000年辖9个行政村,总人口13090人。

丘陵地貌,地势高低起伏,最高峰百丈岭497.7米,是珠溪河的发源地之一。有小(一)型水库3座,小(二)型水库4座。森林密集,以阔叶林、湿地松、毛竹为主。有食用笋竹林13.3公顷。矿产资源有铜、银、石灰石、石英石、花岗岩等金属和非金属矿。交通便利,皖赣铁路、锦(江)黄(柏刘)公路纵贯南北。

有耕地1280公顷,作物以水稻为主。贡谷种植面积26.6公顷,是“万年贡米”主产区。贡米原名“坞源早”,南北朝时期就有种植。传说明朝朱元璋因鄱阳湖战场失利,逃到荷桥村“娘娘岭”,食用了当地村姑用仅剩的一碗米煮的粥,即位后,命万年县岁岁纳贡,始称“贡米”。据农业专家考证,荷桥一带的水土含有多种矿物质,加之山高垅深,日照奇特,泉流地温变异,形成贡谷生长得天独厚的自然环境。“坞源早”为一年生水稻,春播秋收,全生育期180天左右。其米质优良,粒细体长,形状似梭,质白如玉,软而不粘,香柔可口,蛋白质含量高,营养丰富。近年采用先进的栽培技术,对品种提纯复壮,贡谷单产提高,品质改进,已形成贡米系列产品。贡米酿酒,清而透彻,味浓香醇,浓而不烈,有“杯酒满厅香”之称;制成年糕,切片薄如纸,晶莹透亮,口感爽而不粘;制成米粉,体质精良,久煮不粘,拉力柔软,韧性适可。中共中央几次庐山会议、钓鱼台国家宾馆宴请外国元首都以贡米为主食,贡米还曾在万隆国际博览会、广交会展出。

改革开放以来,建立半山工业区,形成以贡米等农副产品加工、珍珠产品、建材为主的工业体系。并引进外资、内资办起大东山珍珠养殖场。2000年全镇工农业总产值8242万元,农民人均纯收入2219元。镇区建设速度加快,在黄锦公路一侧新建一条长300米宽20米的新街,同时大力改造旧街道，统一调整布局，延伸拓宽原有的街面，有两条成“T”型笔直的长1000米宽10米的整洁水街面。并速成400多平方米的集贸市场邮政大楼。

湖云乡　位于万年县境西北部。西南邻余干县古埠镇，西北接波阳县桐山乡，总面积65平方千米。1994年原中合乡更名为湖云乡。乡政府驻地庙背，距县城46千米，2000年辖10个行政村，乡内驻有一矿一场，总人口2.2万人。

属鄱阳湖平原区东部，地势由东南向西北倾斜。千金寨海拔83米，为境内最高点。西北一般海拔10~30米。玉津河沿境北西流，经梓埠入乐安河。有林地面积1933.3公顷。地下有铀、铁、锰和丰富的煤炭资源。有耕地1933.3公顷，作物以水稻、棉花、油菜为主。交通方便，青（云镇）石（镇）公路穿乡而过，铁湖公路在湖云场场部与青石公路交会。

湖云乡有小（一）型人工水库2座、小（二）型6座及大大小小的湖泊共998处，水面面积（含低洼湖田）1066.6公顷。改革开放后，水面得到了创造性地利用。1986年湖云塘场养蚌育珠，收益颇丰；1989年利用湖泊6.67公顷，场乡联合养殖珍珠，取得了较好的经济效益，养殖珍珠热潮悄然兴起；1995年全乡珠蚌养殖水面335.33公顷，吊养珠蚌173万只，养殖点105个，收获珍珠4860千克，占全县总产量的36%，誉为珍珠之乡。湖云塘场不断探索和试验，使珍珠产量和质量大有提高，珍珠只蚌单产由过去的2.8克，提高到10克左右，优质珠比例由15%提高到30%。1983年被外贸部评为全国优质产品，并颁发了荣誉证书。

1988年湖云场率先办起特种珍珠工艺厂和贝雕厂，尔后又办起珍珠化妆品厂，生产出珍珠首饰、珍珠药用粉、贝雕、化妆品等系列产品。贝雕即利用优质蚌壳加工成贝雕匾、贝雕屏、像章、餐具、手表盘等产品。

1990年代开发出“淡雅似明月，瑰丽如云霞”之称的异型珍珠、有核珍珠，经济效益要比原珍珠高出1倍以上。2000年珍珠养殖产值1536万元。

乡境有著名的斋山商周文化遗址，发现3600年前人类制造的陶瓷上留下的“指纹”。采集到新石器晚期的文物，如侧扁式、扁平式、鬼脸式鼎足等，鬼脸式鼎足在江西还是首次发现。

1995年起，乡政府驻地建设逐步向湖云场靠拢，绿树成林，道路平坦，各种建筑整齐有序，大小商店排列紧凑。2000年全乡工农业总产值5100万元，农民人均纯收入2170元。

鄣山乡　位于婺源县境北部，北与安徽省休宁县接壤，总面积92平方千米。乡政府驻地车田，距县城40千米，2000年辖6个行政村，总人口8524人。

鄣山乡处鄣公山中段中低山区。白石源、考源、洪源水均发源于北部山地，向南汇入古坦水干流。林业用地占全乡面积的95%，森林覆盖率达70%。纯毛竹林和竹木混交林面积居全县之首，杉木林丰富，是县内木、竹主产地之一。地下有钨、锡、沙金和花岗岩等矿藏。有耕地184.1公顷，作物以水稻为主。水面养殖面积146.6公顷。交通方便，清灵公路通清华，且村村通公路。

境北部鄣公山巅——擂鼓峰，海拔1629.8米，登临其上可西瞩彭蠡，北眺白岳、东望黄山、南瞻信州。山下有卧龙谷，峡谷总长3千米，天然落差730米，峡谷切割度500米~1000米，最大坡度80多度。谷内溪水潺潺，水瀑密布，奇峰怪石，古木参天，栈道崎岖，风貌原始，人迹罕至，是绝好的旅游避暑胜地。乡境还有两个村委会级的自然保护区，即六股尖、鄣山自然保护区。

第二次国内革命战争时期，是皖浙赣游击战争根据地中心。1947年，皖浙赣支队转战于此；1948年，中央皖南地区前进委员会指挥部曾设于白山村；还建立了一个制造手榴弹、机械修理、缝制被服的综合性兵工厂和医务所等。

鄣山乡有茶园面积406.6公顷，可采茶面积370公顷。茶园受境北多座千米以上山峰的影响，气候温润，雨量充沛，四季云雾缭绕，寒暑温度分明。加之土层深厚，土壤肥沃，适合茶树生长的喜温、耐湿、好雾的气候环境和土壤条件，所萌发的芽叶肥嫩柔软，含有丰富的维生素、氨基酸等成份，制成的绿茶香气馥郁，具有“叶绿、汤清、香浓、味醇”的优点。1987年6月乡制茶厂生产的“婺源墨菊”被江西省农业厅评为优质名茶。1996年开发的“大鄣山茶”获中国绿色食品发展中心颁发的首家“AA绿色食品”证书。1997年6月，大鄣山茶通过欧盟有机食品监督认证机构BCS的认证（BCS认证是一张140多个国家和地区认可的国际市场“通行证”）。1999年大鄣山茶获昆明世界博览会金奖。2000年年底由上海饮茶者协会评出的全国十佳名茶中，大鄣山名列第三。是年，茶叶产值180万元。工农业总产值2190万元，农民人均纯收入970元。

花厅镇 位于上饶县境东南部，铜山港下游。东邻广丰县横山镇，北接广丰县枧底镇。总面积30平方千米。1997年撤乡建镇，镇政府驻地花厅，距县城34千米。2000年辖7个行政村和牛山林场，总人口23068人。

地处武夷山北麓低山丘陵区，低山、丘陵约占总面积的80%，其余为丘岗及河谷平畈。地势由南向北渐次降低，境南烧香尖高611米。铜山港自南部金塘坞入境，向北入广丰县。地下有比较丰富的煤，1996年有小煤窑120座，年收入4000万元，2000年通过整顿，只保留8座，年收入3000万元；还有花岗岩、石灰石、莹石及铀等矿藏。林业用地占全镇面积的62.2%。油茶林约占林业用地的18%，是县内茶油产地之一。有耕地面积432.2公顷，其中水田397.3公顷，农作物以水稻、烟叶为主，茶叶、生姜次之，是县内烟叶产地之一。交通方便，新（田）花（厅）下（会坑）公路过境，各村通公路。

花厅特产上饶早梨。早梨果大皮薄、色白光滑、肉质细嫩、汁多渣少、味甜微酸、酥脆可口。有梨园面积400公顷，是县境早梨主要产地之一，尤以枫岭一带更负盛名。清嘉庆二十年（1816）苏氏人开始种植早梨，品种有六月雪、黄皮消、菊梨、平头清、马蛋梨、秋露白等6个品种。其中以六月雪和黄皮消更优良。两品种均在6月中下旬成熟上市，比其他梨早，故称早梨。花厅早梨具有生津润肺、清热化痰、解热消暑等功效，又是中成药“雪梨膏”的最佳原料。清代列为贡品。1972年专家对其进行实地考察后，定为省级招待贵宾专用水果之一。1998年在“昆明世博会”参展，获颁发“长期展出优质产品”证书。早梨年产值达100万元。

花厅镇境内的牛山、金鸡有明代古瓷窑址。金堂坞有建于明洪武年间（1368—1399）的石拱桥，桥上刻有“映江桥”三字，今桥体仍保存较好，字迹清晰。由省、地、县拨款，1997年动工兴建的下会坑水库，钢筋水泥拱坝长250米，高120米，年流量1.4亿立方米，库容5000万立方米，有发电、农田灌溉功能。库区怪石凌峰，古木参天，碧水青山，成为新的风景点。

隋仁寿四年（601）徐氏祖先叔公在花厅湖边建村，原名古良。清时形成小集镇，清末设墟，农民、商人从四面八方汇集，多达千人。民国9年（1920），铜山港通航，可通舟楫。土纸、烟叶、早梨、无烟煤为花厅四大输出产品，市镇繁荣。1957年群众自行议定，老街农历一、四、七为墟日，1984年改为三、六、九为墟日。1997年在文昌阁建了1000余平方米农贸市场，有摊位200余个，墟日销售额达10万元以上。集镇沿公路两侧分布，有十字街，南北长1千米，是上饶县东南农副产品集散地。2000年全镇工农业总产值5600万元，财政收入292万元，农民人均纯收入1760元。

毛村镇　位于广丰县东部，总面积39.4平方千米，1995年12月撤乡设镇，政府驻地八都，距县城24千米。2000年辖9个行政村，总人口19482人。

丘陵地貌，林业用地2000公顷，占地域面积的50.8%，森林覆盖率37%。毛村溪发源于北部山岗地，向南汇入十都港。广（丰）——十（都）公路经过镇区，每天有客车来往。有耕地656公顷，作物以水稻为主，2000年粮食总产量6613吨。

经济作物主要有烟叶。清康熙年间（1662—1671），乌岩山脚师公铺农民利用山地栽种烟叶，成功后渐及周围。种植的烟叶，采回放3~4小时，经过装烟夹日晒，叶片张大，丰满，色呈鸡油黄，且有鱼目状小白点，称“金黄”“白黄”。香味浓，属调味型，适用于卷制混合型卷烟。因乌岩土质得天独厚，所产烟叶质地纯正，为全县之冠，成为黄烟著名产地之一。1990年代，所产黄烟仍保持传统名优特产地位。2000年烟叶产量160吨。

镇政府所在地八都，是省建设厅新建小集镇的样板之一，已建成四条新街，罗城路宽20米，长500米，中洲街宽20米，长500米；中盛街宽16米，长300米；中昌街宽16米，长200米，全部硬化路面。临街店面141间，建筑面积3.1万平方米。镇区面积3平方千米。1985年设集市，农历三、六、九为墟日，年交易额400余万元。

2000年全镇农业总产值1601万元，工业总产值429万元，民营企业总产值370万元，农民人均纯收入2080元。

皂头镇　位于上饶县境南部，丰溪河下游。东北隔丰溪河与上饶市朝阳乡、广丰县河北镇相邻，西北界上饶市。总面积29平方千米。1996年撤乡建镇，镇政府驻地潘家，距县城12千米，2000年辖10个行政村和皂头居民委员会，总人口22591人。

镇处丰溪河谷平原为丘陵地带，平原占总面积40%以上，是境内最大的一块小平原。南部多丘陵，平原海拔120米。丰溪在东部的巷口入境，流经东北边缘，至象山附近入上饶市。交通方便，上（饶）禹（溪）公路纵贯南北，在皂头、新田分别为皂（头）东（田）花（厅）公路相接。

宋朝，皂头已有集市，经济、文化发达，为县南重镇，素有上饶县“南乡大门”之称。文天祥曾为傅氏宗谱撰写序言，朱熹与傅子渊有书翰三篇留世。

湖西李家（又名李村）有“上饶集中营高干禁闭室”旧址。禁闭室由仓库改成，4个小间，四壁红石砌就，总面积255.96平方米。1941年“皖南事变”后，新四军军长叶挺由黄市乡的七峰岩转囚于此，时间达8个月之久。1957年该旧址被列为省级文物保护单位，1988年1月被列为全国重点文物保护单位。1996年，由天津电视台拍摄的电视剧《上饶集中营》部分情节在此处实地拍摄。

全镇有耕地1701.1公顷，90%的耕地旱涝保收。农作物以水稻为主，是县内粮食主产区。1987年后，经多年调整，农业产业结构出现了“以粮为主、多业并举、总量增加、结构优化、效益提高”的新变化。镇内“华翔蔬菜果业有限公司”和“三鼎实业发展有限公司”，利用当地丰富的农产品资源进行精深加工，农产品得以增值，形成了以种养带加工，以加工促种养，“农、工、贸”一体化的大农业格局，已成为上饶县的“农业示范园”。

1986年上饶县酒厂落户境内傅家。1985年12月生产的“全粮液酒”获得省优质酒称号，改称“全粮液”酒厂。全粮液酒以优质大米为原料，吸取名酒固态发酵、老窖陈酿、精心勾兑的先进工艺精制而成，具有清亮透明、窖香浓郁、甘甜绵软、余味悠长的特点。1993年5月荣获国际名酒博览会金奖，7月升格为名酒，两度评为省优产品，并跨入国家中型企业行列。1994年全良液酒被国家工商局、技术监督局评为“消费者信得过产品”。2000年7月改制成股份制企业“江西上饶全良液酒业有限公司”，产品销售收入和上缴税利在全省酿酒行业中是佼佼者。1998年销售收入4991万元，利润423万元，税金1199万元；1999年销售收入5022万元，利润468.6万元，税金1350.8万元；2000年销售收入5046万元，利润449.6万元，税金1118.7万元。

皂头集镇店铺、民宅沿公路两侧分布。有占地6500平方米的农贸市场、1.5千米长的经济开发带和长3500米标准水泥路面的文化商业街。2000年被省政府列为江西省200个重点建制镇之一，被上饶县政府定为中心集镇之一。2000年工商税收入147万元。人均年纯收入1978元。

横街镇 位于玉山县境南部，玉琊溪下游。总面积124平方千米。1992年撤乡建镇，镇政府驻地横街，距县城13千米，2000年5月1日政府从桥会埂迁至桑田古庙，2000年辖17个行政村，总人口31551人。

低山丘陵地貌，哥郎尖两侧山峰海拔829.6米，为最高。地势北高南低。矿藏有石灰石、石煤等。境内有玉琊溪通过，建有小(二)型水库12座，38个山塘水库。有桑田、新田两座引水坝，有引水干渠11公里，与“七一”水库西干渠及王宅水库东干渠、北干渠、峡口水库灌区形成灌溉网，使1228公顷农田实现了旱涝保收。1982年以前，镇境是“荒山大户”，森林覆盖率只有26.5%，经多年走种管相结合，因地制宜在荒山上种植林、茶、果、桑，既增加了农民收入，又提高了森林覆盖率。2000年森林覆盖率提高到66.8%。交通方便，镇东南紧依320国道，玉(山)(外双)溪(玉章)线横贯镇中部，横(街)妼(姆)线已开通，各行政村均通简易公路。

明洪武年间(1368～1398)，姜姓从县城迁至姜家堡。后，詹、林等姓相继迁入。诸姓繁衍，周围村民聚此贸易，形成墟市，初名“周村墟市”。墟市日益扩展，街道横贯于玉琊溪东岸，始改名“横街”。街东有“桑田古庙”(新中国建立后改横街中心小学)，内供佛像。相传庙门横匾题书是宋朱熹手笔，早毁。每年农历八月十二日，为附近佛教徒拜佛的“庙会”，时值山中茅楂成熟，大量上市，俗名“茅楂会”。届时不但县内商贩年年争相奔赴，且浙、皖两省的接壤县和本省内广丰县、德兴市、上饶县的行商走贩也接踵而至。抗日战争前，全盛年度庙会人次多达3万～4万人。后历年庙会亦有万人之多。横街每日设墟，商业极盛。

1952年政府组织工商联、国营商店、合作社、税务局、银行营业所等单位联合筹备，当年的“茅楂会”有2万余人参加，购销额1.5万余元。自此，一年一度的“茅楂会”由纯宗教庙会，变为独具一格的最大的农具、土产品交流会，商品成交额位居其他墟集的首位。传统的周村墟五天一墟。

镇区有主街2条，路面硬化。1991年10月建成面积1333.3平方米的横街小商品市场，集市贸易繁荣。1979年洋背山三级水电站建成，年发电130万千瓦时。近几年，充分利用电力资源和交通条件，大力招商引资，兴办一批如铸钢、轧钢等龙头企业，2000年工业总产值2450万元。横街是农业大镇，2000年农业总产值3422.6万元，农民人均纯收入2100元。

沙溪镇 位于上饶市境东部，信江上游西岸。1993年7月由上饶县辖划为上饶市辖，总面积75.39平方千米。东界上饶县煌固镇、汪村乡，西接广丰县湖丰镇、壶桥镇，北毗玉山县下塘乡、文成镇。镇政府驻胜利街1号，距上饶市22千米，2000年辖1个街道管理区和15个行政村，总人口37470人。

属河谷丘陵地貌。有耕地1704.76公顷，作物以水稻、大豆为主。1990年代调整产业结构，突出发展蔬菜、苎麻和养殖业。林地2686.64公顷。有山塘水库95处，水面522.7公顷。

交通方便,已开通近10条长途客运线,在市区亦有多条公交线路,浙赣铁路线贯穿境内,设有沙溪站。

镇政府所在地有“饶东古镇”之称。置县前已有村落,唐武德年间,村落扩大,出现店铺。唐末形成街墟,宋时更加繁荣,清至民国期间,有商店200余家,商贾千余人,月中为市,是上饶县、玉山县、广丰县及赣浙两省的边界贸易市场。明、清伊始,沙溪镇农妇人人织麻,户户做夏布,产品自产自用居多,以优质苎麻生产的夏布,远销浙江、江苏等地。商业发展迅速,以麻、夏布尤甚。1984年下半年开始,国际上兴起苎麻纺织热,省外厂家纷纷到沙溪收购苎麻,使这个历史古镇的集市贸易发生了奇迹般的变化。国营、集体、联户、个体苎麻收购站多达78处,云南、贵州、安徽、河南、浙江、江苏、福建数省以及省内各地都有商人贩运苎麻到沙溪出售。苎麻价格由1984年下半年每吨1800元,暴涨到1986年的1.7万元,成为名噪江南的“麻市”。1990年代又成为全国最大的夏布集散地。夏布市场占地3.33公顷,全国各地的业内人士在此设点经营,年交易额6137万元。沙溪镇有夏布加工户1600户,总产量4500万米,其中有3家夏布厂经营出口业务,年营业额在1600万元以上。

沙溪镇五里村为明末礼部尚书兼东阁大学士郑以伟(1570—1633)故里。镇境内名胜古迹有饭甑山,唐武宗年间的“黄岩寺”,清道光年间的“真武殿”“铅山庵”“蓬莱宫”,上街的“龙门寺”、桥西的“台阁寺”、鼓楼山“古楼殿”。原下街圆门顶石横额正面“饶东古镇”,背面“玉带丰环”八字,出自清初名人之手。

市政建设发展很快,1986年集镇面积已有1平方千米,有胜利、新生、解放多条主街道。1996年—1998年,沙溪镇连年被省建设厅授予“江西省小城镇建设先进单位”称号。2000年镇区面积已拓展到3平方千米,16条老街小巷都铺了水泥路面,12条新街与320国道相交。商业户发展到1777家。农贸市场占地1.17万平方米。全镇有夏布生产、建设、运输、印刷、机修、制革、塑料制品、丝绸纺织、草编、竹木制品等2147家企业。2000年全镇农业总产值7897万元;工业总产值1.47亿元;社会商品零售总额2850万元。

石门街镇　位于波阳县境北部。古为赣皖区域性政治经济中心,通京必经之地,军事要冲。镇区周围建有城墙石门,故名石门镇。北邻安徽省东至县铁炉乡、龙泉镇。总面积95.35平方千米。1986年撤乡设镇,镇政府驻地石门街,距县城97千米,2000年辖1个居委会,11个行政村,总人口21451人。

河谷丘陵地貌,地势自北向南倾斜。有铅锌、重晶石、沙金等地下资源。西河由东北部入境,向西南流经谢家滩镇。有山林面积5333.3公顷,其中有林面积2533.3公顷,果园面积266.6公顷。森林覆盖率40%。有耕地面积1800公顷,作物以水稻为主。建有中型水库1座,小(一)、(二)型水库16座,蓄水量3500万立方米。机电灌溉站16座,有效灌溉面积1266.6公顷,75%的耕地实现旱涝保收。交通方便,省道碧( )石( )线纵贯全境,与安徽省422省道相连直通206国道。西河航道北达安徽安庆市,南入鄱阳湖。

东汉建安十五年(211)鄱阳郡北境分立广昌县,石门街为县治,边界贸易活跃,成为物资聚散地和中转地。明末清初,镇老街扩展到1.5千米长,各方商贾云集,称之为“小饶州”。民国初年,各类商行、店铺、加工作坊、茶楼酒馆、中药材铺等多达200余家,与之有业务联系的店家分布于南方6省17县。抗日战争时,镇境遭日机轰炸33次,并曾占领,商业一度萧条。新中国建立后,特别是中共十一届三中全会以后,商业日益繁荣。江苏、浙江、安徽、湖北、福建等地商人,纷纷到镇开店设栈。1988年上饶地区行署正式划镇境为“边界贸易开放实验区”。镇政府适时制定“让你发财、图我发展”的战略,使外地商人进得来、稳得住、留得下。镇区逐渐形成以百货、家电、机电、服装为主的零售经营网点;以烟酒、药材、盐业、农贸为主的中转批发经营网点;以木材、建材、农副产品进行加工运销经营等多种类型的边际商品贸易市场。到1999年底,全镇个体工商户发展到446家,商品交易额超亿元。

镇内名胜古迹和自然景观甚多,旅游资源丰富。镇区周围有古刹龙飞、仙人落帽、东山秀峰、西港鱼跃,奎阁晨钟、溪边晚笛、方岗樵唱、上畈农勤等八大胜景。老街正中的尚书桥,系出生在当地的宋代兵部尚书黄梦松所建,长6米,宽3米,青石构筑,精镂栏杆,实为古桥精品。老街南端建有花桥,屡经风雨和兵燹,迄今坚实如初,既敷实用,又可观赏,并有考古价值。镇西2千米处的罗胡子洞,是明末农民起义军储存武器粮草之所。此洞宽大幽深,洞内景色神奇,阴晴变幻,瑰丽壮观。镇东2千米处黄龙尖山双峰寺(今称黄龙禅寺院)建于南宋开禧六年(1205),满山峭峰怪石,峥嵘奇秀,气候宜人。春夏一片江南秀色,入冬一派北国风光,环境优美,是天然避暑胜地。

镇政府鼓励群众按照规划建房、开商店、办工厂,城镇建设日新月异。原有的砖石旧街,拓宽成四条街八条巷,变麻石路为水泥路。长2000米、宽24米的浩洲大街和长1500米、宽16米的和平街,两旁高楼林立。镇区面积已扩展到4平方千米。2000年全镇工农业总产值1.2亿,农民年人均纯收入1800元。

第四节 名人故里

漆工镇 位于弋阳县境东北部,东邻横峰县,北接德兴市,处三县(市)结合部,是无产阶级革命家、军事家方志敏烈士和江西已故省委书记、省长方志纯的故乡。总面积94平方千米。1992年1月撤乡建镇,镇政府驻地漆工,距弋阳县城25千米,2000年辖10个行政村,总人口18512人。

丘陵地貌,地势自东北、西南向中、北部倾斜。建节水南支有两源分别向中部的漆工,汇成梅溪水后向北流入德兴市境。富蛇纹石、石灰石及石棉、瓷土、铜等矿藏。林地占地域总面积的80%,盛产茶油,为县内茶油主产地之一。有耕地面积1052.27公顷,其中水田912.18公顷,旱地139.4公顷。农作物以水稻为主,特产大禾米。交通方便,弋(阳)长(田)公路在镇东与弋(阳)漆(工)公路交汇,乡道通各行政村。

1925年7月,方志敏通过“旭光义务小学”、“贫民夜校”向贫苦农民宣传革命道理和中共主张,与方志纯一道创建赣东北农村中共第一个党小组——漆工党小组。同年10月成立漆工党支部。1926年漆工在方志敏指导和党支部的具体组织下,普遍成立了农民协会,打土豪、斗地主、抗租、抗息。当年冬季漆工临时党支部书记方远杰挑选了200多名农协骨干,在湖塘村秘密组织暴动队,在夜深人静之时捣毁了漆工派出所,解除了派出所的武装,赶走了巡官余麻子,缴获土枪7支,洋枪“两条半”(其中1条残缺,故称半条,“方志敏二条半枪闹革命”即由此而来)。1927年6月22日(农历五月十二日),豪绅从铅山河口请来一营国民党武装与黄宗“靖卫团”相配合,共800人进攻漆工镇,中了红军的埋伏,毙敌20多名(队长1名),缴枪20支左右。第二天红军主动撤出,国民党军和“靖卫团”进入漆工镇,疯狂地屠杀群众,强奸妇女,抢劫财物,并焚毁房屋120栋。以后的战争岁月,漆工镇又五次被“靖卫团”焚烧。新中国建立前,满街茅棚,景象苍凉。

新中国建立后，人民政府于1951年拨款在湖塘村原址按原貌仿建四榀农舍旧居。曾被国民党多次焚毁的方志敏烈士的故居，1977年政府两次翻造修葺，以钢筋水泥结构代替原木楼梯，泥土面积为水泥铺就。1985年纪念烈士就义50周年之际，湖塘村民集资修围墙，以护烈士故居，1995年定为上饶地区爱国主义教育基地。旭光义务小学旧址，原旧址为村里的一栋公房，1927年被国民党军队烧毁，现为1951年重建的四榀民房。漆工暴动遗址，1959年8月，弋阳县人民委员会在暴动旧址立有"漆工镇暴动遗址"石碑；1977年10月在暴动遗址后建成漆工革命烈士纪念馆。信江苏维埃第一次工农兵代表大会会址，1929年10月1日至3日在漆工湖塘邵家祠堂内召开了赣东北苏维埃第一次工农代表大会，1934年邵家祠堂被国民党军队烧毁，1956年由省筹款修建遗址，门口挂有纪念牌。

漆工镇主街长2000米，硬化了街道路面。漆工镇政府于1999年6月搬迁到上德公路边，占地0.733公顷。集镇建设按照1995年的县政府规划2平方千米以内，设置商业网点85个。2000年全镇工农业总产值3300万元，完成财政收入85万元，农民人均纯收入1480元。

江湾镇 位于婺源县境东部，乐安河上游。南与德兴市占才乡接壤。地域总面积156平方千米。1993年5月撤乡建镇，镇政府驻地江湾，距县城36千米，2000年辖10个行政村，总人口16483人。

低山丘陵地貌，地势自东南向西北倾斜。江湾水自东部镇头入境；武溪水、段莘水分别自东北、西北隅入境至汪口汇成段莘水干流。山地面积占全镇总面积的90%，有镇办林场。茶园面积619.5公顷，是县内主要产茶区之一。水果有桃、橘、栗，特产江湾梨。有耕地面积1033.5公顷，农作物以水稻为主，有大豆、芝麻、油菜、花生等经济作物。交通方便，婺源至安徽的溪婺一级省道公路横贯镇内五个行政村。婺源至黄山、杭州、上海等地省际班车均通过江湾。

江湾始于隋末唐初。最初有滕、叶、鲍、戴等姓人家在江湾河湾处聚居，始称"云弯"。北宋神宗元丰二年(1079)，萧江第八世祖江敌始迁江湾，子孙逐渐繁衍成大族，后改称江湾。江湾历代文风鼎盛，名人辈出，明洪武工部主事江宏晚；隆庆年间进士、右都御史兼户部侍郎江一麟。清代著名经学家、音韵学家江永(1681—1762)，字慎修，江湾村人，少时读书、过目成诵，为诸生数十年，博通古今，而于三《礼》功尤著，能发前人所未发。著有《周礼疑义举要》《礼书纲目》《礼纪训义》《律吕阐微》等，都为阐释经义之作。通中西律算，尤善音理，重审音。所著《古韵标准》，定古韵为十三部，对研究中国古韵有重要创见。又著有《音学辨微》《四声切韵表》，论述等韵学及韵书中公韵原理。收入《四库全书》著作有27部，嘉庆年间的著名学者戴震、金榜、程瑶田皆其弟子。江人镜(1823—1900)，字云彦，号蓉舫，晓起村人。清道光二十九年(1849)顺天乡试中举，次年考取觉罗官学，任镶白旗汉学教习。为官政绩卓著，光绪十六年(1890)升两淮盐运使，清除积弊，减盐商供应费7000余金，且使国税有增，帝特旨赏一品顶戴。平日教育子辈崇俭去奢，秉公办事，不谋私利，死后赠"光禄大夫"。村人著述多达88种，任七品以上仕宦者有25人。

晓起分为上晓起、下晓起两村，被青山和河流紧紧环抱，接连上下晓起的青石古驿道蜿蜒曲折，石板上一条古代徽商留下的深深车辙至今未能磨灭，整个村中街巷均铺青石。上晓起村保存有江三纪的"进士第""江人镜的"荣禄第。下晓起古木参天。汪口村有被中国古建筑专家誉为"建筑艺术宝库"的俞氏宗祠。"大夫第""一经堂""养源书屋"保存完好。

江湾镇区面积1.2平方千米，1990年代建成一批江湾原有标志性古建筑，如：东和门、南关亭、西安门、北钥亭、莲花池、牌坊、古戏台等。新建和修缮了江湾中心小学、校前广场,建成集休闲、娱乐、纪念为一体的乡贤园。街道有复兴路、龙凤大道、东和路、永思路等。街道都完成硬化、美化、绿化。并建成3800平方米的农贸市场。个体私营企业发展较快,1997年全镇个私企业总产值3670万元。2000年镇办企业总产值2680万元。

第五节 文化乡镇

谢家滩镇 位于波阳县境北部,西河下游,北邻彭泽县杨梓镇、安徽省东至县铁炉乡。总面积227平方千米。镇政府驻地谢家滩,距县城60千米。2000年辖22个行政村,总人口63329人。

地貌以丘陵为主,地势由西北向东南倾斜,西河自东北入境,斜贯东部。有小型水库25座,总库容3000万立方米。山林面积1.36万公顷,有八宝山、南山垄、田畈等镇办林场,育有杉、松、栎、竹等树种。矿产资源有铅、锌、铜、孔雀石、矾等。有耕地4400公顷,作物以水稻为主,产烤烟,是省内重点烟叶产地之一。

交通十分方便,省道碧石线穿镇而过,谢彭线(谢家滩—彭泽)硬化路面纵贯全境,距九景高速公路20千米、景德镇机场60千米、昌北机场150千米。

谢家滩镇民俗素有演戏的传统,1975年创办业余赣剧团,有演职员40人,保留剧目38本,设备资产20万元,年演出300余场,年创收28万元,是一个既能演出现代戏又擅长传统赣剧(饶河调)的农民剧团。多年来,剧团坚持扎根农村,面向基层,业余演出,服务"三农",创作出几十个贴近生活、贴近群众的现代歌舞、小戏,培养造就一批优秀农村文艺骨干。改革开放后,剧团创新思路,开辟市场,将艺术奉献给"赣、皖、浙"三省200多个乡镇的人民,走出一条颇具特色的自我发展新路。1975年、1980年参加县汇演获演出优秀奖,1983年参加江西省农村业余剧团调演,演出小赣剧《县长看戏》、传统折子戏《打龙袍》、歌舞《采茶舞》。《县长看戏》获创作奖(编剧姜朝皋)、剧团获优秀演出奖、3名演员获优秀演员奖。1986年,剧团创作的《梁站长请客》,获江西省农村业余剧团汇演创作奖。《江西日报》《上饶日报》《大文化》(省文化厅刊物)、《波阳报》均载文推介剧团经验。

境内有较多旅游资源。谢家滩西北11千米的红岩水库尾端山峡内的龙潭,周围古木参天,遮天蔽日,危崖错出,自然成趣。潭水晶莹明彻,深不可测。潭两侧各有一自然形成的石洞,洞各长约百米,宽4米,内有石凳、石桌、石狮等,不知何年代始有。崖顶有一高7米多的石柱,人们习惯叫"缚龙柱",龙潭因此得名。

谢家滩西南10千米处的桥头村鸡峰,建有吴氏宗祠。始建何年无考,重修于清光绪十一年(1885),占地面积25亩,其长60米,宽25米,四周墙高10米,飞角重檐,雕梁画栋,工艺精湛,远近闻名。内有戏台与大厅,可容数百名观众,是波阳县现存最大的古建筑。"文化大革命"中遭受破坏,尚待修复。境内还有汉淮王英布墓、汉墓群、檀溪渡等名胜古迹。

老城区建筑以平房为主,现建设用地沿碧石公路两侧呈带状分布,新建成的明新街有一定规模,是县北部经济区中心的边贸集散地。边际贸易活跃,是座以发展边贸及旅游服务为主的窗口城镇。2000年,全镇农民人均纯收入1700元。

太源畲族乡 畲族自治乡,建于1953年,是江西省成立最早的少数民族乡之一。位于铅山县境西南部,东邻贵溪市,南接福建省光泽县,总面积84平方千米。乡政府驻地太源,距县城59千米,2000年辖4个行政村,24个村民小组,总人口2006人。

地处武夷山低山丘陵区,地势由西、北、南向东北倾斜,西北卡子岗海拔1329米,为境内最高峰。山地占全乡面积96%,有林地8933.3公顷,用材林以松、杂木及毛竹为主,是县内主要林区之一。产木耳、香菇、笋片等。山涧溪流泉瀑汇成太源水(又名美河),是陈坊河的上游,由南向北流经全乡。有耕地81公顷,农作物以水稻(单季稻为主)、玉米、薯类为主。交通方便,汪(二)陈(坊)公路北接乐(平)江(村)公路,西南接福建省公路。

太源乡是畲汉杂居地,单纯的畲族聚居地只有畲族村(狐狸岩)。畲族大部分从汀州府(今福建省长汀县)迁来,少数从福建省建阳县、上杭县以及本省的贵溪县迁来。最早约在清嘉庆年间迁到太源乡石潭坞的雷姓,已传有20代。

太源畲族有民族语言但无文字,与汉民交流和书面用语使用汉语和汉文。无民族节日,传统节日与汉族相同。农历腊月最后一天为小年,正月初一为大年,小年无铺张,几乎与平时无异。所办肉食主要用作祭祀供品。届时合族人等集中在祠堂,关紧大门,挂上《高皇图》,唱《高皇歌》,跳祭祖舞;锣鼓铿锵,节奏强烈,相传此俗为躲避山寨主迫害而形成。大年则极隆重,居住地相距不远的畲民合在一起,选个比较宽敞的地方,桌拼桌,摆上各自家中最好的食品,欢快地聚餐,相互祝福,祈求来年四季好生活。

历史上畲族雷、蓝二姓间通婚,同姓一般不通婚,畲汉亦不通婚。男女婚姻,多半经人介绍,征得本人同意而定。婚礼较简单,男方送女方一副金镯,再加一条银围裙链,就算厚礼了。女方嫁妆以犁、耙、锄、柴刀为主。明代畲民迎亲多为"背婚"。清代以后多为"走婚",就是结婚那天,新郎前往女方家将新娘接至家中。男方除了力所能及地摆酒请客外,还要唱婚歌,甚至"长夜对歌"。

明清时期,人死后即移屋外,或入殓后抬棺置山麓,以示其远祖盘瓠打猎殉身于山林。哭丧则以歌代哭,其歌名曰"哭歌"。墓茔多横掘山涧隧墓,称"龙棺葬"。民国后丧葬习俗逐步汉化。

畲民节日服饰比较鲜艳。男性多为大襟褂和偏裆裤,襟边和袖口都缀有花纹。妇女大多穿绣花衫裙,图案多为各种花鸟及"万"字纹或云头纹,色彩艳丽。结婚礼服,新郎为红顶黑缎官帽,胸襟前方绣龙纹的青色长衫,黑色布靴;新娘着五色衣裙、绣花鞋,头戴凤冠。

文艺有:图腾,即由连环画形式表现盘瓠(传说是畲族鼻祖)一生事迹的长卷画图。在建祠、修谱时,都要请人临摹重画。诗歌,最著名的是高皇歌,又称盘瓠王歌、相公歌、盘古歌、狗王歌。主要内容是叙说盘瓠生平事迹,由畲族人民口头创作,口口相传,代代不绝。舞蹈,主要有祭祖舞、祭祀舞、狩猎舞、采茶舞等。舞姿独特,节奏明快,别具一格。山歌,按山歌的内容分,有情歌、风物人情歌、农事劳动歌、婚歌和丧歌等;按其表达形式分,有平铺直叙的普通歌和问答式的锁歌,锁歌富有知识性和趣味性。

体育有:武术拳、舞刀、打火球、摔跤、游泳、打竹秋千、爬竿、踢毽子、扳手劲、挤手力、挤肚力、负重赛跑等。

乡境有竹木艺厂、莹石矿、木竹加工厂、水电站等企业,太源村镇沿溪岸分布。2000年,全乡农业总产值238万元,工业总产值880万元,农民人均纯收入1268元。

卷二 自然环境

1990年代，境内的自然环境变化不大，前志记载较详，续志简述。地貌以丘陵为主，约占总面积的63.3%，主要分布在中部和西北部山前地带构造盆地边缘；中低山和平原分别占10.3%和26.4%，其中的山地是全区重要的用材林、经济林基地。2000年，境内的森林覆盖率达到55.4%，鄱阳湖和饶河、信江冲积平原是鱼米之乡，丰足的水资源提供小水电的巨大能量；发育比较齐全的地层结构蕴藏着丰富的矿藏资源。

境内气候处于中亚热带湿润气候区，气候温和，日照充足，降水充沛，无霜期长，具有发展农业的有利条件。根据各县(市)的光、温、水等气候资源的分布情况，全区区域气候划分为三大气候区：温热气候区域，主要是横峰、弋阳、铅山、余干一带县域，年平均气温为18.1℃~18.5℃，平均无霜期为267天~286天，是发展水稻等农作物生产、实行三熟制条件最优区域；温和气候区域，主要是上饶、广丰、玉山、万年、波阳等河谷湖滨平原和低丘陵地域，年平均气温为17.6℃~18.0℃，年平均无霜期为265天~279天，为全区水稻、甘蔗、油茶、棉花等作物的主要产区，也适宜发展玉米、西瓜、桑、麻等经济作物；温凉气候区域，主要是指德兴、婺源、武夷山地和怀玉山区一带，年平均气温为17.0℃~17.6℃，平均无霜期为254天~281天，是全区雨量最多的地区。湿度大，适宜发展茶叶等经济作物以及松树、杉树等林木，低丘陵河谷平原一带宜种植水稻，旱地一带宜种玉米等杂粮作物。

境内动植物资源和矿产资源丰富。据调查，全区拥有野生动物4000余种；以三清山、武夷山为代表的高山植物有2500余种，其中木本植物有102科、272属、629种、33个变种。发现的各类矿产资源76种，探明储量的有51种。主要自然灾害是水灾，其次为旱灾、山体滑坡。

第一章 地质 地貌

第一节 地质构造

全区处于九岭东西隆起带南缘与武夷山新华夏系一级隆起带的交汇部位，自震旦纪以来，经受多次的地壳运动，不同方向、不同规模、不同性质、不同时期的构造形迹甚为发育，但由于地应力未发生改变，它们仍沿着相同的方向展布，自成一定形式的构造体系，主要划分为：东西向构造体系(库桥东西向隆褶带，信江东西向拗褶带)、南北向构造带、北东向构造——早期新华夏系、北北东向构造——晚期新华夏系、北东东向构造——华夏系(葛源—临江湖复式向斜、铺前—清水塘向斜等)、扭动构造、北西向构造等7个构造体系或构造带。

第二节　地　层

全区地层主要为白垩系上饶圭峰组地层,广泛分布于信江红盆地中,按岩性组合特征为下段以紫红—砖红色巨砾岩、砂砾岩、含砾为主。中段以砖红色粗砂岩为主,夹层间砂砾岩。上段以砖红色含钙细砂岩、粉砂岩为主。其余为第四系。

境内岩浆岩主要为燕山期的酸性侵入岩,浅成斑岩和少量中酸性侵入岩。如花岗岩、花岗斑岩等。

晚白垩世末至第三纪以来,全区长期隆起为陆,未接受沉积,进入喜山期,境内仅有轻微的断裂活动,从第四纪开始,境内显示以升降运动为主,山脉隆起,河流涌现,地貌形成,呈现南北高、中部低的马鞍形地形,在信江流域堆积20余米厚的残坡积相及河流中冲积相泥沙有机质及红土砾石层沉积。

第三节　地　貌

全区地貌以丘陵为主。海拔绝对高度低于200米,相对高度低于50米的平原6012平方千米,占26.4%;海拔绝对高度低于500米,相对高度低于200米的丘陵14436平方千米,占63.3%;海拔绝对高度500米~1000米,相对高度200米~500米的低山1796平方千米,占7.9%;海拔绝对高度1000米~3500米的中山547平方千米,占据2.4%。

地形为南东高、北西低,山脉呈不同高度之带状分布于信江两侧,自北而南依次为鄣公山、怀玉山和武夷山,呈倒山字形排列。中部怀玉山脉呈北东东向蜿蜒于横峰—上饶一线,主峰灵山高达1496米,南北两侧广布丘陵,南侧信江流域为狭长的信江盆地,西部为广袤的鄱阳湖平原。信江盆地多为低山丘陵,相对高度一般在200米左右。

第二章　山　地

全区的山地集中分布在东北部和东南部,且多呈东北—西南走向。自北而南有鄣公山(西北有黄山余脉)、怀玉山、武夷山脉,构成倒山字地形地貌框架。

鄣公山及黄山余脉主要有:鄣公山、五龙山、高湖山、五股尖、香油尖、三花尖、龙尾山、莲花山、天荷山、雷打石。

怀玉山脉主要有灵山、大茅山、福泉山、磨盘山、三县岭、李梅岭。

武夷山脉主要有铜钹山、五府岗、鹅湖山、葛仙山、独竖尖、洪山。

第一节　鄣公山及黄山余脉

鄣公山　又名张公山。位于区境东北部、安徽省南部。婺源县和安徽省休宁县界山。山体东起五梅山,沿赣皖省界西延入景德镇市昌江河谷,长约70千米,宽20千米~60千米。北高南低,一般海拔500米~1200米,主峰擂鼓峰海拔1630米。是饶河水系乐安河与钱塘江水系新安江的分水岭。林木苍翠,属常绿阔叶、落叶阔叶混交林植被带。是区内主要林区之一。有清风岭、瀑布泉、龙井、张公洞等胜景。

五龙山 位于婺源县东北部。属鄣公山。山高崖险,状如五龙起舞,故名。海拔1468.5米。是乐安河上游段莘水发源地。植被以杂灌为主。

高湖山 位于婺源县北部,赣皖省界。属鄣公山。海拔1116.6米。植被以常绿阔叶林为主,局部有针阔叶混交林。

五股尖 原名五华山、五华尖。位于婺源县北部,赣皖省界。属鄣公山。海拔1618.4米。用材林以马尾松、杉、桦及毛竹为主。

香油尖 位于婺源县北部、浮梁县东部。属鄣公山。海拔1400.1米。是乐安河上游古坦水源头。植被属常绿阔叶林带,有大面积的杉木纯林和竹林,是区内木、竹主要产区之一。

三花尖 位于婺源县西北部、浮梁县东部。属鄣公山。沟谷深切呈三出花瓣状,山峰高耸其上,故名。海拔1057米。为昌江支流南河源头。用材林以马尾松、杉、竹为主。

龙尾山 又名砚山。位于婺源县东北部,溪头乡南部。属鄣公山。曾名罗纹山,后因山形似龙尾而名。海拔695米。是中国四大名砚之一的龙尾砚(歙砚)原料主产地。有铜、铅、锌、钼、钨等矿藏。植被以针阔叶混交林和毛竹为主。

莲花山 位于波阳县东北部、浮梁县西部。属黄山余脉。北东—南西走向。介于潼津河和西河之间。山体状似莲荷,名莲荷山,谐音为莲花山。海拔627米。为潼津河、西河源头。林木苍翠,多马尾松、杉、栲、槠等用材林。

天荷山 位于波阳县东北部、浮梁县西部。属黄山余脉。海拔712.1米。植被为灌木丛,局部有山地,赣皖省界。属鄣公山。山体高大,岭谷相间分五支(股),故名。海拔1618.4米。森林覆盖率48.6%。用材林以马尾松、杉、桦及毛竹为主。

雷打石 位于波阳县东北部、浮梁县西部。属黄山余脉。因神话传说得名。山体由花岗岩构成。海拔745.5米。为潼津河源头。植被多为灌木草丛,局部有马尾松、杉、桐分布。

第二节 怀玉山脉

怀玉山脉横亘全境中部,呈东北——西南走向。东起浙江省常山县常山港,西至万年县珠溪河,长约120千米,宽20千米~40千米。自东而西跨玉山县、上饶县、横峰县、弋阳县北部,德兴市、万年县南部。山势东北高峻,西南渐趋低缓。一般海拔500米~1000米,少数山峰如灵山、米头尖、大茅山等超过千米,呈低山地貌。主峰玉京峰海拔1819.9米。山体主要由花岗岩构成。岩体坚硬耐蚀,雄伟峻峭,多奇峰异石。降水丰沛,水资源丰富。是乐安河和信江的分水岭,也是信江和乐安河支流饶北河、槠溪、岑港、葛溪、湖凌溪、长乐水、洎水、建节水源头。

三清山 位于区境东北部,属怀玉山,山势东、南、西三面陡峭,北面平缓,与黄山南北相望。因玉京、玉虚、玉华三峰峻拔,宛如道教玉清、上清、太清三位最高尊神列坐山巅而得名。主峰玉京峰海拔1819.9米。1000米以上的山峰占山体总面积的1/3。以奇峰异石、飞瀑流泉、云雾佛光、珍奇花木和古代建筑“五绝”著称。

灵山 曾名灵鹫山。位于上饶县北部。属怀玉山。东北——西南走向。72个山峰东向环峙,一般海拔500米~1000米,华坛山、四角坪、米头尖、白云尖、三十六尖等18个山峰超过千米,主峰海拔1496米。山势峻峭,岭谷相间。岭谷间有茗洋、湖村、葛源等小块盆地。径流丰沛,是饶北河、槠溪、岑港源头。

大茅山 位于德兴市南部。属怀玉山。东北—西南走向。东南高、西北低。五峰雄峙,除北峰略低外,海拔都在千米以上,主峰海拔1393米,为洎水和长乐水的分水岭。

福泉山 位于德兴市西南部。属怀玉山。山体由变质岩、火山岩构成,多石灰岩溶洞。一般海拔250米~500米,同名主峰海拔703米。

磨盘山 位于横峰县西北部、弋阳县东北部。属怀玉山。东北——西南走向。一般海拔400米~750米,主峰海拔959.4米。为建节水、葛溪源头。

三县岭 位于弋阳、万年、贵溪三县结合部,属怀玉山。东北——西南走向。原名三尖山。一般海拔200米~500米。同名主峰海拔685米。建节水、湖凌溪发源于此。

李梅岭 位于余干县南部。属怀玉山余脉。东北——西南走向。原名贞女峰、平原峰。五代南唐李岐、梅用从章嵩读书于此,后成名,遂以李梅名山。主峰白云峰海拔390米。西侧有螺岭、子余岭。

第三节 武夷山脉

武夷山脉位于江西省东部、福建省西部。北东起赣浙省界与仙霞岭相邻,南西抵粤北接九连山,沿赣闽省界延伸500多千米,宽约40千米~60千米。山体北东高、南西低。北东段一般海拔1000米~1500米,呈中山地貌。主峰黄岗山位于铅山县南端,海拔2157.7米,是江西省最高山峰,也是大陆东南第一峰。甘家隘以南一般海拔800米~1000米,呈低山地貌。在区内主要分布于广丰县、上饶县、铅山县、弋阳县南部。长约150千米。是信江和闽江的分水岭。

铜钹山 位于广丰县西南部,赣闽省界。属武夷山山脉。一般海拔500米~1000米,同名主峰海拔1515米。为十五都港、铜山港源头。水资源丰富。十五都港上有军潭、七星等中型水库。

五府岗 位于上饶县西南部、铅山县东南部,赣闽省界。属武夷山脉。一般海拔500米~1400米,同名主峰海拔1891米。是泸溪和铅山河的分水岭。

鹅湖山 位于铅山县东部。属武夷山脉。相传,东晋龚氏育鹅于山顶湖中,名鹅湖。山因湖名。一般海拔250米~500米,主峰海拔690米。

葛仙山 位于铅山县南部。属武夷山脉。一般海拔600米~1000米,同名主峰海拔1096米,与白石岗、香炉山呈鼎立之势。是杨村河、紫溪河源头。

独竖尖 位于铅山县南部。属武夷山脉。因山峰高耸、独立而名。一般海拔1000米~1700米,主峰海拔2129米。铅山河源出南麓桐木关下。

洪山 位于弋阳县南部,跨弋阳县、铅山县、贵溪县。属武夷山脉。一般海拔600米~800米,最高峰卡子岗海拔1329米。为陈坊河、须溪源头。

第三章 河流 湖泊

第一节 河 流

全区饶河、信江及其一级支流共120多条,总长约3200千米,流域面积3.3万平方千米(含部分区外面积),多年平均径流量273.4亿立方米。除玉山县程村溪、广丰县管村水属钱塘江水系外,均属鄱阳湖水系。其中,信江全流域面积为16890平方千米,占鄱阳湖区集水面积的10.34%,大部分在江西省境内。上饶地区境内有12221.3平方千米的流域面积,约占全流域面积的72%。全流域山地占40%,丘陵占35%,平原只占25%。

饶河 又名鄱江。江西省五大河流之一。由昌江、乐安河两大支流在波阳县姚公渡汇合而成。主河经鄱阳镇西流,过双港、尧山至龙口入鄱阳湖。全长313千米(江西省境内228千米),流域面积1.55万平方千米(江西省境内1.27万平方千米)。多年平均径流量107.6亿平方米。鄱阳镇至龙口河段,河宽500米以上,枯水期水深0.9米~1米,常年可通航50吨~100吨轮、驳船。

支流主要有:饶河、昌江、滨田河、游城水、乐安河、古坦水、潋溪、体泉水、李宅水、横槎水、赋春水、洎水、建节水、长乐水、车溪河、珠溪河。

信江 又名上饶江。江西五大河流之一。古名余水。唐代以流经信州而名信河,清代称信江。正源金沙溪发源于玉山县北部怀玉山平家源,南流经金沙、冰溪镇,转西南经十里山、灵溪至上饶市南郊,与源出仙霞岭西麓的丰溪汇合后称信江。干流西流经铅山县、弋阳县、贵溪县,至鹰潭市转西北,过锦江镇至余干县新渡万家分为东、西两支。西支为干流,称西大河,西大河分三支注入鄱阳湖。东支称东大河,为鄱阳湖航道。主河全长361千米。以上饶、鹰潭分上、中、下游。上游山区,河宽70米上下,平均坡降0.47‰。中游处信江盆地,河宽200米左右,多浅滩、沙洲、堰坝,平均坡降0.27‰。下游处滨湖平原,地势平坦,河网密布,平均坡降0.064‰。鹰潭以下常年可通航15吨以下船只。

信江干支流流经玉山、广丰、上饶、铅山、横峰、弋阳、贵溪、东乡、资溪、金溪、余江、余干、波阳县,上饶市,鹰潭市等。

主要支流有:信江、玉琊溪、饶北河、丰溪、十都港、十五都港、铜山港、丁溪、槠溪、泸溪、铅山河、陈坊河、双港、姚源水、岑港河、葛溪、栗源河、港口河、万年新河、互惠河、九龙河。

西河 发源于安徽东至县、景德镇市、波阳县交界处的三花尖山西麓。流域总面积2105.25平方千米,其中波阳县境内为729.7平方千米,占全流域的34.6%,占波阳县总面积的17.1%。主河道全长124.2千米,在波阳县境内主河长55.9千米。有较大支流5条,石门街河为主流河道,主流河道上游在东至县境内,由东向西流,在波阳石门街纳入南门水,于漳田渡纳入响滩河,折向南流,于鸦鹊湖独山处注入鄱阳湖。

潼津河 发源于与安徽省东至县交界的波阳县境内的白马岭南坡,流域总面积1119.95平方千米,占波阳县总面积的26.3%。主河道全长68.6千米。河流自源头大致东北向西南流,于包家村流入军民水库,流出水库后继续西南流,在永滩村中嘴(王家坂)处和千秋河汇合成潼津河干流,再折向西南流,在朗埠处汇入鄱阳湖。

第二节 湖 泊

区境西部有全国第一大淡水湖鄱阳湖,境内湖面面积在1961年近1000平方千米。因湖面水位变化大,湖内草洲众多,形成季节性的湖中湖。鄱阳湖中较大的湖中湖(子湖)有:雪湖、汉池湖、焦潭湖、道汉湖、云湖、大莲子湖、东湖、南疆湖、大洲坊湖、西湖、程家池湖、王罗湖、林充湖、独洲湖、南湖、北口湾湖等。沿江圩外较大的河成湖有韩家湖、杨坊湖、润溪湖、湛公湖、晚湖等。因建圩堤形成的较大内湖有珠湖、青山湖、大鸣湖、沟子湖、康山大堤内湖等。

鄱阳湖 中国第一大淡水湖,承纳赣江、抚河、信江、饶河、修河及博阳河、西河、潼津河的来水经湖盆调蓄后,由湖口注入长江。流域面积16.23万平方千米,江西省境内面积15.71万平方千米,占全省总面积的97%,占长江流域面积的9%。南北长173千米,东西最大宽度74千米,平均宽16.9千米,据康山水文站资料,1998年8月2日最高水位22.43米。洪枯水位相差甚大,湖面面积3600平方千米~4500平方千米之间。(1961年,全区占湖面面积近1000平方千米,其中波阳县约占320平方千米,余干县约占640平方千米)。平均水深8.4米,蓄水量260亿立方米。松门山以北为入江水道,以南为主湖区。每年3月进入汛期,7、8月水位最高,10月进入枯水期。汛期湖岸线长1200千米,中水位时长600多千米,沿湖圩堤总长2792千米,湖区航道总长1746千米。1988年5月,鄱阳湖湿地被列为国家级自然保护区。

雪湖 又名北湖,鄱阳湖子湖。为波阳县西部湖群,内含雪湖、北湖、企湖、茶塘湖等湖泊。其位置大体在古乌玲湖的范围内。北邻鸦鹊和柘港乡,东靠朗埠圩,南邻珠湖乡,西界大野湖。波阳县两条主要河流——潼津河、西河由此处出口入湖。满水期总面积1.37万公顷。盛产鱼虾,周围渔民、农民常于上半年来此捕鱼,下半年水退则围堑取鱼。湖边沿一些洲地已被围垦。雪湖作为湖群中一个湖,面积为666.66公顷,平均水深1米左右,冬干见湖坦,湖草丛生。

汉池湖、焦潭湖 两湖均为鄱阳湖子湖,水涨时连成一片,水落时各分界限。

汉池湖(汉子湖)位于鄱阳湖东南边缘,北与波阳县双港乡长山相接,南至饶河港埂,东邻泥坊洲,西界下山村。湖底最低高程12.9米,最高高程13.7米。湖水位15.5米,总面积0.8万公顷。水草丰美,盛产鱼虾,是鱼类优良的产卵场,曾被誉为好池湖,后谐音成现名。

焦潭湖位于鄱阳湖东北部,波阳县西部,鄱阳、都昌两县交界处。面积约1万公顷(100平方千米),平均水深3米。属季节性湖泊,盛产各类淡水鱼类,因枯水季节大部干涸,故名。

第四章 气 候

第一节 气象要素

气压 1991年—2000年,全区各县(市)年平均气压为1007.6百帕,以德兴市多年平均1014.5百帕为最高,滨湖地区的余干县1013.1百帕为次高,全区其他县(市)平均在1000百帕左右。气压一般冬高夏低。极端最高气压为1031.5百帕(余干县1993年1月28日),极端最低气压为971.6百帕(玉山县1997年8月19日)。

气温 1991年—2000年,全区平均气温为17.0℃~18.5℃。高温年平均为17.9℃~19.4℃,以铅山县19.4℃为最高,低温年平均为17.0℃~18.0℃,以铅山县18.0℃为最高。全区气温空间分布自南向北依次递减,南北差异2℃左右,弋阳县、横峰县、铅山县一带年平均气温在18.0℃~18.5℃,是全区年平均气温的暖中心区,婺源县年平均气温为17.0℃,其他县(市)的年平均气温为17.6℃~18.0℃之间。

全区各月的平均气温以1月份为最低,平均在5.2℃~6.4℃,以婺源县5.2℃为最低,其他县(市)均在5.4℃~5.9℃之间。7月份为最高,平均在27.4℃~29.2℃之间,比1月份高22.2℃~23.3℃,7月份平均以铅山县29.2℃为最,余干县29.0℃为次高。暖中心的弋阳县、横峰县、铅山县平均28.8℃~29.2℃。3月份平均气温为11.0℃~11.9℃,11月份平均为12.3℃~14.4℃,12月及次年的2月份平均气温在7.3℃~9.7℃之间,小于10℃。

年极端气温,全区各县(市)11月至次年2月份极端最低气温均在0℃以下,以余干县1991年12月29日-14.3℃为最低,波阳县-13.3℃为次低(出现在1991年12月29日),全区其他县(市)均在-9.1℃~-9.7℃之间,主要是受北方强冷空气影响所致。夏秋之间,由于受太平洋副热带高压控制,全区天气晴热少雨,年极端最高气温达38.5℃~40.5℃,滨湖地区的波阳县38.5℃为最低,山区的婺源县39.0℃为次低,全区其他县(市)均在39.1℃~40.2之间,弋阳县1991年7月23日极端最高气温达40.5℃为最高。

积温 1991年—2000年,全区各县(市)年总积温为6212.3℃~6744.6℃,从总积温可以看出这10年全区各县(市)气温有逐渐升高趋势,平原地区升高较明显,丘陵山区次之。积温最多年与最少年相差511℃左右,差异最少的上饶市为381.5℃,玉山县474.5℃为次少。全区日平均气温≥10℃的积温为5242.1℃~6006.2℃,以铅山县最高为6006.2℃,婺源县5242.1℃为最少。稳定通过10℃的初日大多出现在3月下旬中前期,最早波阳县出现在3月12日,最晚德兴市在3月30日,个别地方最迟至4月2日。稳定通过10℃的终日多数县(市)均在10月上旬、中旬,个别县(市)迟的年份到12月2日。初、终间平均天数为184天~211天。日平均≥20℃的积温为3928.4℃~4990.5℃。初日出现在3月下旬末期,终日在9月下旬到10月初。10℃~20℃积温50%的保证率为4654℃~4993℃,80%的保证率为4240.2℃~4691.6℃,全区平原、丘陵地区都可满足双熟制或三熟制作物对热量的要求。日平均气温稳定通过10℃~20℃的持续天数为184天~199天,最短德兴为184天,余干190天为次之,期间年积温为4800℃~4900℃。全区各地0℃以上的积温一般为6212.0℃~6716.0℃,高温中心的铅山县达6744.6℃。日平均气温稳定在10℃以上的持续天数为245天,积温为5674.8℃。日平均气温稳定在20℃以上的持续天数为145天,积温为3928.4℃。全区各县(市)的气温年、月、日际变化与地形、地势、植被和所处的不同天气系统差异很大,一般是平原高于丘陵,丘陵高于山区,滨湖高于山区。地势越高,气温越低,积温越少。

降水 1991年—2000年,全区各县(市)年平均降水量为1832.5毫米~2235.3毫米,广丰县及滨湖地区的波阳县、余干县为最小,年平均降水量为1832.5毫米~1913.0毫米;年降水量以婺源2235.2毫米为最大,广丰县1832.5毫米为最小。4-6月,境内为雨季(称汛期),常会有洪涝灾害发生。7-10月为旱季,常会出现伏、秋旱及伏秋连旱天气。全区年际降水量变化受大气环流和地理环境影响相差较大。1991年、1996年均小于2000毫米。其他年份均大于2000毫米,以婺源县1998年3036.8毫米为最大,以广丰县1996年1157.8毫米为最小。

全区各县(市)四季降水不匀,雨量多集中在每年的第二季度(4-6月),全区平均降水为

869.0 毫米~1071.2 毫米,以婺源县 1071.2 毫米为最多,余干县 869.0 毫米为最少。第一季度(1-3 月)全区平均降水为 415.8 毫米~465.1 毫米,第三季度(7-9 月)全区平均为 377.6 毫米~609.6 毫米,第四季度(10-12 月)全区平均为 159.5 毫米~259.0 毫米。

全区月平均降水量相差很大,4-6 月平均降水量为 268.9 毫米~453.2 毫米,2 月份平均为 88.9 毫米,9 月份平均为 60.9 毫米,10-12 月平均降水量为 46.6 毫米~60.5 毫米,以 10 月份全市平均 46.6 毫米为最小。其他月份均在 100 毫米~251 毫米之间。

月降水量超过历史同期最大值的有上饶县 1998 年 6 月降水量为 966.9 毫米,弋阳县 1998 年 6 月降水量为 1086.8 毫米,横峰县 1998 年 6 月降水为 1104.4 毫米,铅山县 1998 年 6 月降水为 1043.6 毫米,广丰县 1998 年 6 月降水为 949 毫米。月最小降水量出现在 1996 年 9 月仅 1.5 毫米(上饶)。

连续降水、无降水期　1991 年—2000 年,持续最长连续降水天数为 23 天,出现在 1992 年 3 月 12 日至 4 月 3 日止,降水量为 361.9 毫米,连续最长无降水天数为 31 天,出现在 1994 年 10 月 21 日至 11 月 20 日止。

雨季开始与结束期　1991 年—2000 年,全区每年 4~6 月为汛期,是一年当中雨量最集中,雨势最大的季节。全区汛期平均始日为 4 月 15 日,最早年份为 3 月 19 日,最迟年份为 5 月 31 日(2000 年婺源县、德兴市)。4~6 月雨量集中,平均雨量为 1004.0 毫米左右,占年降水的 55%。全区雨季持续天数平均为 27 天~90 天,最长年份为 122 天(1998 年弋阳县),最短年为 1 天(1996 年广丰县),最长、最短相差 121 天。各地汛期结束日期平均为 7 月 4 日,最早结束为 1991 年 4 月 29 日(铅山县),最迟结束为 1997 年 7 月 31 日(余干县),最早与最迟结束相差 92 天。

降雪、积雪　1991 年—2000 年,全区平均初雪日期出现在 12 月下旬至次年的 1 月上旬。全区最早在 12 月 3 日,最晚出现在 1 月 28 日(2000 年横峰),其他县(市)最晚在 1 月 25 日左右。平均终雪日期在 2 月中旬,个别年份终雪日期迟到 3 月下旬(1998 年德兴市、婺源县、弋阳县均到 3 月 21 日结束)。从初雪日至终雪日间隔天数一般为 38~50 天,每年有雪日数平均为 5~6 天,最多的可达 17 天(1996 年上饶县和玉山县),最少的为 1 天(1999 年、2000 年铅山县);积雪深度一般平均为 5 厘米~9 厘米,个别年份最深达 14 厘米(2000 年万年县)。全区多年降雪,均没有出现严重的灾害,还可增加田间水分、冻死害虫,对农业生产有利。

日照　1991 年—2000 年,全区日照时数平均为 1681 小时。年日照时数以波阳 1953.1 小时为最多,横峰县 1622.9 小时为最少。全区光照充足,有利于农作物生长。月平均日照时数为 153.7 小时,以 7 月份的 355.3 小时为最大。4~6 月各月平均日照都在 100 小时以上,7 月、8 月、9 月三个月日照最多,照射时间长,对作物生长发育有利。

年日照可照百分率　1991 年—2000 年,全区可照百分率为 37.1%。其中 8 月份为最大,可照百分率为 61%~69%,3 月份最小,可照百分率为 25%~28%。日照时间的长短与地形、太阳的高度角有关,湖滨多于平原丘陵,湖滨的波阳县为 1821.2 小时,西部的余干县为 1713.8 小时,而丘陵的横峰县仅为 1548.8 小时为全区最少。全区多日照与少日照地区相差大约为 130 小时~270 小时。

霜期　1991 年—2000 年,全区的初霜始日平均在 11 月中旬。山区霜期出现较早,早霜年份婺源 1992 年 10 月 25 日就出现初霜,平原、丘陵地区与山区的初霜期前后相差 15 天~20 天,终霜期全区平均一般在 2 月中旬。最晚年份迟到 3 月下旬,婺源县 1998 年 3 月 22 日、横峰县1995年3月26日。全区平均有霜日为95天,以婺源县1996年156天为最长,以2000年弋阳县、铅山县62天及1998年、1995年德兴市的62天为最短。全区平均无霜期为273天,以2000年铅山县319天为最长,广丰县1991年224天为最短。境内无霜期长,有利作物生长,也有利果树发展和越冬作物生长发育。

蒸发量 1991年—2000年,全区各县(市)蒸发量为1241.7毫米~1618.6毫米。七八月份蒸发最大,7月份全区平均为191.3毫米~224.8毫米,8月份平均为179.8毫米~223.5毫米,其余月份小,其中1月份为31.2毫米~52.3毫米,2月份为54.7毫米~86.0毫米,3月份为56.1毫米~77.0毫米,4月份为94.4毫米~133.8毫米,5月份130.1毫米~153.9毫米,6月份为126.5毫米~160.3毫米,9月份为151.0毫米~194.3毫米,10月份为111.5毫米~152.9毫米,11月份为70.3毫米~106.8毫米,12月份为43.8毫米~76.3毫米。由于7~10月份蒸发量大,降水少,极易造成干旱发生。

湿度 1991年—2000年,全区各县(市)平均相对湿度差别不大,平均在78%~82%之间,但月际和季节变化较明显。春季(3~4月份)和汛期(4~6月份)相对湿度较大均在80%左右,晴热少雨的7、8月份和秋季相对湿度较小在80%以下。相对湿度一般早晨和雨天较大,晴热天及中午较小。

风向、风速 1991年—2000年,全区各县(市)的风向与所处地形位置不同而有差异,平原及滨湖地区的县(市)多吹北风、东北风,而丘陵山区多吹东风和东南风。全区各县(市)十分钟平均最大风速为7.7米/秒。一般风速平均为2米/秒~2.5米/秒,滨湖地区3.0米/秒为最大,瞬间风速局部可出现17米/秒~32.5米/秒,例:1992年4月21日10时17分至10时19分,玉山县出现32.5米/秒大风;1994年7月17日21时40分,德兴市出现风速25米/秒;8月28日17时51分,德兴市出现风速29米/秒;1997年4月20日17时04分,波阳县出现风速19米/秒;11月16日15时45分余干县出现风速21米/秒;2000年6月1日16时44分,上饶县出现风速20米/秒;7月1日19时34分,横峰县出现达30米/秒大风;

第二节 区域气候划分

1991年—2000年,根据各县(市)的光、温、水等气候资源的分布情况,全区可划分为三大气候区。

温热气候区域 主要是横峰县、弋阳县、铅山县和余干县一带县域,年平均气温为18.1℃~18.5℃,平均无霜期为267天~286天,稳定通过10℃~20℃的积温为4600℃~4800℃(80%保证率),年平均日照时数为1548.8小时~1713.8小时,年平均降水量为1913.0毫米~2210.6毫米。是发展水稻等农作物生产,实行三熟制条件最优区域。低丘陵最宜发展柑橘、花生、梨、油菜等喜温作物。不利的气象因素是春秋季节有低温冷害、夏秋有干旱,每年局地还有不同程度的风雹等灾害天气出现。

温和气候区域 主要是上饶县、广丰县、玉山县、万年县、波阳县等河谷湖滨平原和低丘陵地域,年平均气温为17.6℃~18.0℃,年平均无霜期为265天~279天,稳定通过10℃~20℃,积温为4400℃~4500℃(80%保证率),年平均日照时数为1607小时~1821小时,年平均降水量为1833毫米~2093毫米,为全区水稻、甘蔗、油茶、棉花等作物的主要产区,也适宜发展玉米、黄麻、西瓜、桑、麻等经济作物。低丘陵地域发展茶叶、柑橘等喜温作物。不利的气象因素是春、秋季节冷空气频繁,局地会出现风雹灾害,干旱天气出现较多,沿江一带常会有洪涝灾害。

温凉气候区域　主要是指德兴市、婺源县及武夷山地和怀玉山区一带,年平均气温为17.0℃~17.6℃,平均无霜期为254天~281天。稳定通过10℃~20℃,积温为4100℃~4350℃(80%保证率),年平均日照时数为1642小时~1686小时,年平均降水量为2212毫米~2235毫米。区域内气候温凉,是全区雨量最多的地区,湿度大,适宜发展茶叶等经济作物以及松树、杉树等林木,低丘陵河谷平原一带宜种植水稻。旱地一带宜种玉米等杂粮作物。草山、草坡一带宜发展畜牧业生产。不利因素是春季回暖较慢,秋季寒露风出现较早,冬季冻害往往较严重。

1991年—2000年全区各县(市)月平均气压

表2-4-1　单位:百帕

月份	上饶	广丰	玉山	弋阳	横峰	铅山	婺源	德兴	波阳	余干	万年
1	1010.9	1012.9	1011.5	1018.1	1015.8	1018.1	1015.7	1016.3	1020.8	1023.2	1018.6
2	1008.8	1010.8	1009.5	1015.9	1013.6	1016.0	1013.6	1014.2	1018.5	1020.8	1016.3
3	1004.8	1006.8	1005.5	1009.5	1009.5	1011.7	1009.4	1010.2	1014.3	1016.6	1012.2
4	1000.3	1002.3	1000.9	1005.0	1005.0	1007.2	1004.8	1007.5	1009.0	1012.2	1006.6
5	996.6	998.7	997.3	1001.5	1001.5	1003.0	1001.1	1001.7	1006.6	1007.6	1003.6
6	992.8	994.8	993.4	997.3	997.3	999.4	997.0	997.6	1001.4	1003.5	999.6
7	991.4	993.4	992.0	995.9	995.9	998.0	995.7	996.3	999.8	1002.0	998.2
8	992.4	994.4	992.9	996.9	996.9	1000.1	996.9	997.4	1001.1	1003.3	999.4
9	997.9	999.9	998.4	1002.5	1002.5	1004.6	1002.5	1003.1	1007.0	1009.1	1005.0
10	1004.6	1006.5	1005.1	1009.1	1009.1	1011.3	1008.5	1009.6	1013.8	1016.0	1011.8
11	1008.5	1010.5	1008.6	1013.2	1013.2	1015.4	1013.2	1013.7	1018.0	1019.3	1015.9
12	1012.0	1013.6	1012.0	1016.4	1016.4	1017.7	1016.4	1016.9	1021.3	1023.8	1018.4
平均	1001.7	1003.7	1002.2	1006.3	1006.3	1008.5	1006.2	1014.5	1010.9	1013.1	1008.8

1991年—2000年全区各县(市)年平均气温

表2-4-2　单位:摄氏度

	上饶市	广丰	玉山	弋阳	横峰	铅山	婺源	德兴	波阳	余干	万年	全区
年平均气温	17.8	18.0	17.7	18.3	18.5	18.5	17.0	17.6	17.8	18.1	17.6	17.0~18.5
高温年年平均气温	18.6	18.9	18.6	19.2	19.3	19.4	17.9	18.5	18.7	19.0	18.6	17.9~19.4
低温年年平均气温	17.5	17.5	17.3	17.8	17.9	18.0	16.5	17.0	17.3	17.6	17.1	16.5~18.0

1991年—2000年全区各县(市)月平均气温一览

表2-4-3　　单位:摄氏度

月份	上饶市	广丰县	玉山县	弋阳县	横峰县	铅山县	婺源县	德兴市	波阳县	余干县	万年县	全区
1	5.9	5.9	5.8	6.2	6.2	6.4	5.2	5.6	5.4	5.7	5.5	5.2~6.4
2	8.4	9.3	8.2	9.6	9.7	8.9	7.6	8.1	8.2	8.5	8.2	7.6~9.7
3	11.3	11.5	11.1	11.6	11.7	11.9	11.0	11.3	11.0	11.3	11.2	11.0~11.9
4	17.6	18.5	17.4	18.7	18.8	18.3	17.1	17.7	17.7	18.1	17.9	17.1~18.8
5	22.2	22.3	22.1	22.5	22.5	23.0	21.5	22.2	22.5	22.9	22.5	21.5~23.0
6	25.1	25.4	25.0	25.7	25.8	26.0	24.6	25.3	25.5	25.9	25.6	24.6~26.0
7	28.3	28.4	28.3	28.8	28.8	29.2	27.4	28.2	28.7	29.0	28.6	27.4~29.2
8	28.2	28.6	28.2	28.8	28.9	29.0	27.4	28.1	28.6	28.8	28.2	27.4~29.0
9	24.8	25.0	24.6	25.5	25.8	25.4	23.9	24.7	25.0	25.1	24.6	23.9~25.8
10	19.6	19.2	19.4	19.8	20.0	20.1	18.2	19.1	19.6	19.6	18.8	18.2~20.1
11	14.0	13.7	13.8	14.1	14.3	14.4	12.3	13.0	13.6	13.7	12.9	12.3~14.4
12	8.6	8.6	8.4	8.8	9.0	9.0	7.3	8.1	8.1	8.2	7.7	7.3~9.0
年平均	17.8	18.0	17.7	18.3	18.5	18.5	17.0	17.8	17.8	18.1	17.6	17.0~18.5

1991年—2000年全区各县(市)年极端最高、最低气温一览

表2-4-4　　单位:摄氏度

县(市)	项目	1月	2月	3月	4月	5月	6月	7月	8月	9月	10月	11月	12月	年极值
上饶市	最高气温	21.5	27.7	32.1	33.8	36.5	37.0	40.2	38.8	39.5	35.4	31.7	24.6	40.2
	年/月/日	1997. 1.13	1993. 2.6	1998. 3.31	1994. 4.30	1991. 5.25	1991. 6.30	1991. 7.26	1995. 8.11	1995. 9.6	1999. 10.2	1996. 11.5	1992. 12.6	1991. 7.26
	最低气温	-5.2	-3.4	-0.9	2.5	10.1	15.5	18.9	19.0	13.7	4.8	-1.7	-9.7	-9.7
	年/月/日	1994. 1.21	1995. 2.6	1994. 3.2	1991. 4.1	1991. 5.2	1997. 6.11	1993. 7.3	1998. 8.30	1999. 9.25	1993. 10.31	1995. 11.25	1991. 12.29	1991. 12.29
广丰县	最高气温	22.3	27.5	32.9	33.9	37.2	37.4	40.0	38.4	39.0	35.0	31.2	24.9	40.0
	年/月/日	1995. 1.21	1998. 2.13	1998. 3.31	1998. 3.11	1991. 5.25	1991. 6.30	1991. 7.26	1994. 8.1	1995. 9.9	1992. 10.3	1993. 11.6	1992. 12.6	1991. 7.26
	最低气温	-5.8	-3.0	-0.8	1.9	9.9	14.9	18.9	19.0	13.9	5.1	-1.8	-9.6	-9.6
	年/月/日	1994. 1.21	1995. 2.6	1994. 3.2	1991. 4.2	1991. 5.2	2000. 6.13	1993. 7.7	1998. 8.30	1999. 9.25	1993. 10.31	1995. 11.25	1991. 12.29	1991. 12.29
玉山县	最高气温	21.5	27.0	31.3	33.4	35.8	36.9	39.1	38.7	39.1	34.7	30.5	24.5	39.1
	年/月/日	1995. 1.21	1992. 2.21	1998. 3.31	1994. 4.30	1991. 5.25	1994. 6.28	1995. 7.26	1994. 8.1	1995. 98	1992. 10.13	1993. 11.6	1992. 12.6	1995. 7.26
	最低气温	-5.3	-3.6	-1.5	2.9	10.0	16.0	18.8	18.6	13.1	5.2	-2.1	-9.5	-9.5
	年/月/日	1993. 1.29	1995. 2.6	1994. 3.2	1991. 4.2	1991. 5.2	1995. 6.8	1992. 7.3	1998. 8.30	1999. 9.25	1993. 10.31	1992. 11.24	1991. 12.29	1991. 12.29

续表2－4－4

县(市)	项目	1月	2月	3月	4月	5月	6月	7月	8月	9月	10月	11月	12月	年极值
弋阳县	最高气温	21.0	28.5	32.1	32.6	36.6	37.0	40.5	38.9	38.4	35.8	30.1	24.4	40.5
	年/月/日	1992.1.29	1992.2.29	1998.3.31	1998.4.11	1991.5.31	1991.6.1	1991.7.23	1998.8.24	1991.9.1	1992.10.2	1993.11.7	1992.12.6	1991.7.23
	最低气温	－4.8	－0.7	2.3	3.4	11.2	17.7	19.4	20.0	14.3	5.5	－1.0	－11.2	－11.2
	年/月/日	1993.1.18	1999.2.29	1992.3.5	1991.4.1	1991.5.2	1998.8.24	1993.7.3	1998.8.30	1999.9.25	1993.10.31	1993.11.22	1991.12.29	1991.12.29
横峰县	最高气温	21.8	28.2	32.4	32.6	36.8	36.5	40.2	38.5	37.7	35.3	29.7	24.8	40.2
	年/月/日	1992.1.29	1992.2.29	1998.3.31	1998.4.11	1991.5.24	1991.6.30	1991.7.23	1998.8.24	1991.9.1	1999.10.1	1998.11.15	1992.12.6	1991.7.23
	最低气温	－1.6	－0.2	2.1	2.9	10.7	18.0	19.5	20.0	144	5.1	－1.1	－9.8	－9.8
	年/月/日	1993.1.18	1991.2.21	1992.3.5	1991.4.1	1991.5.2	1995.6.8	1993.7.2	1998.8.30	1997.9.28	1991.10.28	1993.11.22	1991.12.29	1991.12.29
铅山县	最高气温	21.9	28.3	32.5	33.1	36.5	37.3	39.6	39.0	38.8	35.8	30.6	24.1	39.6
	年/月/日	1997.1.13	1993.2.6	1998.3.21	1994.4.30	1991.5.25	1994.6.29	1995.7.22	1994.8.2	1995.9.5	1999.10.1	1996.11.5	1992.12.6	1995.7.22
	最低气温	－4.2	－2.3	－0.2	3.2	11.4	17.0	19.7	20.0	14.8	5.2	－1.7	－10.6	－10.6
	年/月/日	1994.1.21	1995.2.5	1994.3.2	1991.4.1	1991.5.2	1997.6.11	1992.7.7	1998.8.30	1999.9.25	1991.10.28	1993.11.22	1991.12.29	1991.12.29
婺源县	最高气温	21.2	28.5	31.3	33.2	35.0	35.9	39.0	38.8	38.0	34.7	30.4	25.4	39.0
	年/月/日	1996.1.4	1998.2.12	1998.3.31	1998.4.19	1998.5.22	1993.6.27	1997.7.10	1994.8.3	1994.9.3	1998.10.2	1996.11.5	1992.12.6	1994.7.10
	最低气温	－7.9	－6.4	－2.4	0.7	9.4	15.5	18.6	18.4	11.0	0.7	－4.6	－9.1	－9.1
	年/月/日	1993.1.28	1995.2.5	1994.3.2	1996.4.4	1994.5.5	1997.6.17	1992.7.7	1991.8.29	1999.9.24	1991.10.28	1995.11.25	1991.12.29	1991.12.29
德兴市	最高气温	21.2	27.9	31.9	33.5	35.8	36.3	40.0	39.4	39.0	35.5	30.2	25.9	40.0
	年/月/日	2000.1.4	1998.2.12	1998.3.31	1998.4.19	2000.5.15	1991.6.30	1991.7.27	1994.8.3	1995.9.6	1992.10.3	1998.11.15	1992.12.6	1991.7.27
	最低气温	－5.8	－4.9	－1.7	1.8	10.9	16.0	19.0	19.6	11.6	3.7	－3.7	－9.4	－9.4
	年/月/日	1993.1.28	1995.2.6	1994.3.2	1991.4.2	1994.5.5	1996.6.9	1992.7.7	1991.8.29	1999.9.25	1993.10.31	1995.11.25	1991.12.29	1991.12.29
波阳县	最高气温	23.5	26.7	28.6	32.3	34.3	35.2	38.5	37.9	37.6	34.7	28.2	20.7	38.5
	年/月/日	1992.1.29	1998.2.12	1997.3.13	1994.4.12	1991.5.31	1993.6.27	1991.7.19	1994.8.4	1995.9.5	1992.10.2	1998.11.16	1992.12.31	1991.7.19
	最低气温	－4.4	－2.2	0.8	4.8	11.7	17.7	19.7	20.2	14.6	6.4	－1.2	－13.3	－13.3
	年/月/日	1993.1.17	1995.2.6	1994.3.2	1996.4.3	1991.5.2	1993.6.5	1993.7.3	1993.8.31	1992.9.29	1991.10.30	1993.11.22	1991.12.29	1991.12.29

续表 2-4-4

县(市)	项目	1月	2月	3月	4月	5月	6月	7月	8月	9月	10月	11月	12月	年极值
余干县	最高气温	23.1	27.1	30.0	32.6	34.7	35.1	39.3	38.2	38.4	34.9	29.3	22.4	39.3
	年/月/日	1992.1.29	1998.2.13	1998.3.31	1998.4.30	1991.5.30	1991.6.2	1992.7.31	1992.8.4	1995.9.5	1992.10.3	1996.11.5	1999.12.31	1992.7.31
	最低气温	-3.8	1.8	1.6	4.0	12.7	17.8	20.0	20.5	14.0	6.4	-0.1	-14.3	-14.3
	年/月/日	1993.1.28	1995.2.6	1992.3.18	1996.4.4	1991.5.2	1997.6.11	1993.7.3	1998.8.29	1997.9.18	1991.10.29	1993.11.22	1991.12.29	1991.12.29
万年县	最高气温	23.3	27.8	31.9	33.0	35.3	36.4	40.1	38.3	38.4	36.0	30.0	24.5	40.1
	年/月/日	1992.1.29	1998.2.12	1998.3.31	1994.4.30	1991.5.31	1994.6.29	1991.7.19	1992.8.13	1995.9.5	1992.10.3	1998.11.15	1992.12.6	1991.7.19
	最低气温	-5.4	-4.3	-1.0	2.0	10.9	15.6	19.2	19.7	12.6	3.5	-2.4	-12.8	-12.8
	年/月/日	1993.1.28	1995.2.6	1994.3.2	1996.4.4	1991.5.2	1997.6.11	1992.7.7	1998.8.29	1999.9.24	1991.10.29	1993.11.22	1991.12.29	1991.12.29
全区极值	最高气温	23.5	28.5	32.9	33.9	37.2	37.4	40.5	39.4	39.5	36.0	31.7	25.9	40.5
	年/月/日	1992.1.29	1992.2.12	1998.3.31	1998.4.11	1991.5.25	1991.6.30	1991.7.23	1994.8.3	1995.9.6	1992.10.3	1996.11.5	1992.12.6	1991.7.23
	最低气温	-7.9	-6.4	-2.4	0.7	9.4	14.9	18.6	18.4	11.0	0.7	-4.6	-14.3	-14.3
	年/月/日	1993.1.28	1995.2.5	1994.3.2	1996.4.4	1994.5.5	2000.6.13	1992.7.7	1991.8.29	1999.9.24	1991.10.28	1995.11.25	1991.12.29	1991.12.29

1991年—2000年全区各县(市)平均年总积温一览

表 2-4-5 单位:摄氏度

县(市)	平均	最少年	最多年	积温差
上饶市	6511.6	6387.5	6769.0	381.5
广丰	6562.7	6387.5	6898.5	511.0
玉山	6464.1	6314.5	6789.0	474.5
弋阳	6683.1	6497.0	7008.0	511.0
横峰	6716.0	6533.5	7044.5	511.0
铅山	6744.6	6570.0	7081.0	511.0
婺源	6212.3	6022.5	6533.5	511.0
德兴	6427.6	6205.0	6752.5	547.5
波阳	6518.9	6314.5	6825.5	511.0
余干	6639.3	6424.0	6935.0	511.0
万年	6453.2	6241.5	6789.0	547.5

说明:最少年份为1992年、1993年,最多年份为1998年。

1991年—2000年全区部分县(市)日平均气温10℃～20℃积温一览

表2－4－6　　单位:摄氏度

项目		上饶市	广丰县	玉山县	弋阳县	横峰县	铅山县	婺源县	德兴	波阳	余干	万年
日平均气温在10～20摄氏度间保证率为50%	初日	3月26日	3月25日	3月21日	3月19日	3月20日	3月24日	3月23日	3月30日	3月12日	3月28日	3月24日
	终日	10月15日	10月4日	10月5日	10月12日	10月16日	10月11日	10月17日	12月21日	10月11日	10月3日	10月4日
	天数	203	193	199	208	211	202	207	184	214	190	195
	积温	4808.9	4678.9	4686.3	4987.8	4993	4908.7	4810	4923.5	4927.7	4667	4654
日平均气温在10～20摄氏度间保证率为80%	初日	4月2日	3月29日	3月21日	3月20日	3月29日	4月2日	3月30日	4月5日	3月19日	3月31日	3月30日
	终日	10月7日	9月28日	10月3日	10月3日	10月3日	10月3日	10月15日	10月12日	10月7日	9月20日	9月19日
	天数	189	183	187	188	189	185	199	175	203	175	174
	积温	4561.1	4472.2	4551.1	4673.5	4681	4636.4	4691.8	4751.6	4324.1	4323.6	4240.2

1991年—2000年全区各县(市)年降水一览

表2－4－7　　单位:毫米

年份	上饶市	广丰县	玉山县	弋阳县	横峰县	铅山县
1991	1659.7	1389.8	1659.2	1636.6	1541.5	1516.9
1992	2127	1800.2	2038.7	2112.7	2111.8	1981
1993	1951.3	1794.8	2021.7	2163.8	2075.7	2170.9
1994	2172.2	1962.8	2003.2	2236.3	2313.7	2110.2
1995	2465.4	2124.7	2495.8	2709.5	2557.1	2464.9
1996	1288.6	1157.8	1227.7	1431.9	1436.2	1479.3
1997	2055.5	1848.9	2127.6	2337.2	2304.3	2126.6
1998	2589	2509.6	2514.9	2843.7	2865.8	2868
1999	2133	1848.2	2165.2	2421.8	2430.9	2032.8
2000	2025.4	1889.0	1854.9	2212.8	2100.0	2022.6
10年合计	20467.1	18325.8	20108.9	22106.3	21737.0	20773.2
平均降水	2046.7	1832.6	2010.9	2210.6	2173.7	2077.3
最多降水	2589.0	2509.6	2514.9	2834.7	2865.8	2869
年份	1998	1998	1998	1998	1998	1998
最少降水	1288.5	1157.8	1227.7	1431.9	1436.2	1479.3
年份	1996	1996	1996	1996	1996	1996

续表2－4－7

年份	婺源县	德兴市	波阳县	余干县	万年县	当年最多降水量	降水县(市)
1991	1600.1	1689.9	1479.4	1556.6	1683.3	1689.9	德兴
1992	2077.1	2339.6	1636.3	1603	1724.2	2339.6	德兴
1993	2774.5	2725	2207.9	1863.9	2255.5	2725	德兴

续表2-4-7

年份	婺源县	德兴市	波阳县	余干县	万年县	当年最多降水量	降水县(市)
1994	2078.2	2198.7	1812.1	1947.1	2148.6	2313.7	横峰
1995	2173.5	2494.9	2306.2	2384.6	2879.7	2879.7	万年
1996	1863.2	1482.2	1464.7	1417.8	1490.4	1863.2	婺源
1997	2159.2	2312.1	1776.1	1893.1	2113.3	2337.2	弋阳
1998	3036.8	2821.1	1948.7	2330.2	2517	3036.8	婺源
1999	2890.9	2470	2339.1	2487.1	2338.4	2487.1	余干
2000	1700.1	1582.6	1455.2	1647.4	1778.9	2212.8	弋阳
10年合计	22353.6	22116.1	18425.7	19130.8	20929.3		
平均降水	2235.4	2211.6	1842.6	1913	2092.9	2235.3	婺源
最多降水	3036.8	2821.1	2339.1	2487.1	2879.7	3036.8	婺源
年份	1998	1998	1998	1998	1998	1998	
最小降水	1863.2	1482.2	1464.7	1417.8	1490.4	1157.8	广丰
年份	1996	1996	1996	1996	1996	1996	

1991年—2000年全区各县(市)雨季(汛期)平均开始、结束、间隔日数

表2-4-8

县(市)	平均开始日期	平均终止日期	初、终间隔日数(日)	雨季平均雨量(毫米)
上饶市	4月15日	7月14日	71	958.0
广丰	4月14日	7月14日	56	1744.8
玉山	4月14日	7月14日	63	884.6
弋阳	4月15日	7月13日	72	1046.5
横峰	4月12日	7月13日	63	794.5
铅山	4月9日	7月17日	72	1014.2
婺源	4月17日	7月14日	69	1120.0
德兴	4月18日	7月14日	67	1000.9
波阳	4月15日	7月17日	63	781.6
余干	4月17日	7月10日	64	733.4
万年	4月18日	7月15日	72	966.4
平均	4月15日	7月14日	66	1004.0

1991 年—2000 年全区各县(市)年平均蒸发情况

表 2-4-12　　单位:毫米

月份	上饶市	广丰县	玉山县	弋阳县	横峰县	铅山县	婺源县	德兴市	波阳县	余干县	万年县
1	41.6	52.3	39.4	41.4	44.8	46.1	45.2	35.7	49.2	38.3	31.3
2	61.3	86.0	60.1	74.6	76.8	66.0	68.5	57.3	73.8	62.1	54.7
3	62.9	77.0	59.1	62.9	66.5	68.4	69.5	58.4	71.8	61.2	56.1
4	100.5	133.8	101.6	121.4	121.9	112.9	112.3	95.2	115.1	106.1	94.4
5	132.0	150.0	136.1	149.7	141.7	152.1	144.7	126.6	153.9	139.3	130.1
6	137.8	155.4	134.5	160.3	150.7	158.0	137.6	126.5	155.1	143.6	133.1
7	191.3	210.3	197.9	224.8	200.1	218.7	190.6	182.5	214.4	208.0	189.2
8	183.5	223.5	196.1	213.5	204.5	213.5	197.5	179.8	216.5	196.1	180.7
9	157.4	194.3	160.8	177.5	179.5	178.0	170.5	151.5	184.0	158.9	151.0
10	115.0	152.9	118.8	132.1	140.6	130.5	130.5	112.3	144.6	123.2	111.5
11	79.1	106.8	81.3	89.6	92.1	86.6	86.7	70.6	98.4	79.1	70.3
12	51.3	76.3	52.7	62.5	65.0	54.6	60.1	45.3	66.7	50.4	43.8
年平均	1313.7	1618.6	1338.7	1513.3	1484.2	1485.4	1413.7	1241.1	1543.5	1366.3	1246.2

第五章　水　文

第一节　水文特征

降水量　上饶地区属多雨的中亚热带湿润季风气候区,各年的降水量在时间空间分布上,有明显的季节性和地区性的变化规律。降水量以降雨为主,降雪和其他形式的降水量极微。境内北部地区和山区降雪比其他地区略多,最多的降雪年份只占全年降水量1%左右,有些地方也有全年无降雪的情况。

年降水量　多年平均降水量　从全区雨量站多年平均降水量等值线看,降水量变化在1400毫米~1900毫米之间。全区年平均约1800毫米左右。全区有两个多雨区和一个少雨区。多雨区一是武夷山脉山区,境内的南部,即上饶县的五府山,铅山县的陈坊、石塘、车盘、天柱山;二是怀玉山脉山区,境内的中部和东北部,即弋阳县的东北部、横峰县的北部、上饶县的北部、玉山县的西北部临江湖和童坊等站、德兴市的绕二、大茅山、李宅、新岗山等站和婺源县的大部分地区,即三都、汪口、段莘、清华、中云等站。两个多雨区降雨量均大于1900毫米,个别站大于2000毫米。少雨区在西河和潼津河,即石门街、肖家岭、漳田渡,降雨量为1400毫米左右。

降水量年内季节变化　全区各地降水量在年内季节变化较大，枯期降水很少，汛期又很集中，根据全区多站多年平均1月份降水量占年降水量的4.4%，2月份6.2%，3月份10.6%，4－6月份占47.2%，7～9月份为21.7%，10－12月份为3.7%～3.0%，以6月份最大占18.7%，12月份最少3.0%。

降水量年际变化　全区各降水量观测站观测到最大年降水量为最小年降水量的2.5倍左右。婺源的三都、清华、汪口、段莘等站比值最大达2.7～3.0倍。两个雨量多雨区也是高值区，如德兴市、玉山县的怀玉山区和陈坊、茗洋关、清华最大降水量超过3000毫米，其他地区也在2800毫米以上。以广平1998年的3530.9毫米为最大。全区历年最小降雨在1000毫米～1200毫米之间。广丰县、横峰县、军民等地出现1000毫米以下的最小年，以军民801.1为最小年。

暴雨　24小时内降水量达到或超过50毫米的降水量称为暴雨。区内暴雨多发生在汛期。暴雨的特点是降水强度大，降水量集中在一个短时间内。

1991年—2000年全区各地观测站多年平均短历时最大降水量

表2－5－1

历时	10分钟	20分钟	30分钟	40分钟	1小时	2小时
降水量（毫米）	45.0	57.3	72.7	104	115.6	149.9
发生时间（年月日）	1995.4.17	1990.9.12	1981.7.26	1981.7.26	1988.6.17	1988.6.17
观测站名称	大岩	峡口	石门街	石门街	打茶坞	打茶坞

1991年—2000年全区各地观测站多年平均长历时最大降水量

表2－5－2

历时	1日	3日	7日	15日	30日
降水量（毫米）	340.4	507.9	835.4	1197.1	1390.0
发生时间（年月日）	1983.5.29	1996.6.29	1998.6.12	1998.6.12	1988.5.29
观测站名称	大秋岭	郸村	大岩	西坑	大岩

蒸发量　水面蒸发　境内采用的水面蒸发观测仪器主要为E80型和E601型两种。本节所列的蒸发量已将E80型换算成E601型，换数系数为0.87。以现有全区8个蒸发站的资料进行多年平均值计算。全区多年平均蒸发量在600毫米～1000毫米左右。多年平均低值区为武夷山山区和大茅山山区，以大茅山直源站588.1毫米为最小，铁路坪站626毫米次之。信江中下游地区蒸发量较高，以弋阳站1021.1为最高。单站最大为弋阳站1963年的1887.3毫米，单站最小为直源2000年452.6毫米。

多年平均各月月蒸发量的百分比，1月份最小，为3.4%，2月份加大，7、8月份为最高达15.1%，以后又减少。按季节分配，1季度占11.8%，2季度占26.4%，3季度占42.3%，4季度占19.5%，大部分站最少值出现在1月份，占年3.0%～3.8%，广丰站最少值出现在2月，占2.9%，单站月最高值广丰站出现在7月份占16.9%。

陆地蒸发　陆地蒸发是流域水体蒸发、土壤蒸发、植物的蒸发总和。无观测资料，用水量平衡方法求得。全区陆地蒸发720毫米～880毫米之间。总的情况是山区小于丘陵、丘陵小于平原，滨湖地区较大，约880毫米，其他地区约在750毫米左右。

径流　选用13个水文站计算年径流深，并计算各站多年平均径流深点绘等值线图。有如下规律：多年平均径流深在800毫米～1600毫米之间，东部大于西部，东南部大于西北部。越靠近湖区越小，滨湖地区800毫米～1000毫米，部分地区小于800毫米。以怀玉山区为最大，超过1600毫米。

多年平均年径流深　年径流在年内分配有明显的季节性变化，且信江、乐安河的月径流多年平均值季节变化基本相同。最大的月径流都在每年的6月份，平均占全年的23%，最大的占28%，最小的也有21.6%。

年径流的年径变化，其年径流变差系数CV值在0.35～0.40之间。与年降水分布大致相似，历年最大年径流深2000毫米～2400毫米之间，以德兴庵堂站的2468.3毫米（1998年）为最大，铅山铁路坪2428.6毫米（1998年）次之。年最小径流深多在500毫米～700毫米之间，以石门街站123.9毫米为最小（1963年）。

单站年最大径流量的比值介于2.7～4.6之间，只有石门街站比值为9.9。信江各站比值较小在3.0左右，乐安河中上游较大，在4.0左右。

洪水　境内各河洪水皆由暴雨形成。每年的4月至6月为暴雨季节，冷暖气团交换频繁，暴雨最为集中，常出现静止峰型，历时长、笼罩面积广的降水过程。7月至9月进入台风季节，常出现强度大的台风型暴雨。两种不同成因的大暴雨都可形成暴雨洪水。

1998年6月，信江、乐安河下游出现有记录以来的最高水位，梅港站为29.84米，较1955年高1.08米；石镇街站为23.53米。波阳为22.61米，均比1955年高。

1966年—2000年若干年份全区主要水文站的实测最大流量一览

表2-5-3

河流	站名	集水面积（平方千米）	最大流量（立方米/秒）	发生时间（年月日）
玉山水	上饶	2735	4470	1966.7.8
杨村	铁路坪	311	1340	1992.7.4
信江	弋阳	8357	9410	1992.7.5
信江	梅港	15535	13600	1955.6.22
乐安河	三都	1415	3340	1996.7.1
乐安河	香屯	3893	7030	1967.6.20
乐安河	石镇街	8367	7800	1998.7.24
西河	石门街	841	2470	1998.6.26

枯水　枯水期河川来水主要由地下补给，各河在每年12月份至次年2月份出现枯水期，水位和流量下至最低值。有些年份、最小流量或最低水位也可能出现干旱季节（7～10月）。主要站的最小流量见下表。部分站因受顶托（逆流），流量出现负值，表中的最小流量是不受

顶托(逆流)的最小流量。

1959 年—1997 年若干年份全区主要水文站实测最小流量一览

表 2-5-4

河流	站名	集水面积(平方千米)	最大流量(立方米/秒)	发生时间(年月日)
玉山水	上饶	2735	2.25	1959.1.25
杨村	铁路坪	311	0.091	1987.2.12
信江	弋阳	8357	2.90	1978.9.8
信江	梅港	15535	4.14	1997.1.15
乐安河	三都	1415	0.25	1971.12.23
乐安河	香屯	3893	2.66	1978.9.9
乐安河	石镇街	8367	5.05	1982.8.2
西河	石门街	841	0.008	1961.1.22

泥沙 境内信江、乐安河多年平均悬移质含沙量 0.079 千克/每立方米至 0.205 千克/每立方米之间。信江的上饶、弋阳、梅港分别为 0.205 千克/每立方米、0.14 千克/每立方米、0.126 千克/每立方米,乐安河香屯站 0.079 千克/每立方米。

输沙模数即是单位面积表土流失沙量,它反映土地的侵蚀强度,平均为 427.8 吨每平方千米,上饶站的 669 吨/平方千米为最大,梅港站的 322 吨/平方千米为最小(区内没有开展推移质项目)。

信江、乐安河两条河流 4 个站的多年平均输沙量为 123.9 万吨/平方千米。最大的为梅港站多年平均输沙量为 229.3 万吨/平方千米,最小的香屯站多年平均输沙量 39.34 万吨/平方千米。梅港站为信江下游,梅港的年输沙量就是信江入鄱阳湖的沙量。乐安河的入湖沙量因香屯站在中游,下游虎山站不在上饶行政区,无资料,石镇街站只有 1958 年—1961 年有沙量项目,资料系列太短,无代表性,所以乐安河入湖沙量没有推求。

第二节 水文监测(见自然观测卷)

第六章 自然资源

第一节 土壤资源

土壤类型及分布 境内土壤资源丰富,类型多样,分异规律明显。有地带性土壤、非地带性的隐域土壤和人工水成土壤。经第二次土壤普查,土壤类型主要有:山地草甸土、黄棕壤、山地黄壤、山地黄红壤、红壤、紫色土、石灰土、炭质土、潮土、水稻土、草甸土(新积土)等 11 种。

山地草甸土:即垂直分布在最高的土壤。主要分布在海拔 1800 米以上的山地顶部,面积不大。成土母质有凝灰岩、花岗岩和泥质岩等风化残积物和坡积物,腐殖质累积量大,土壤有机质含量高达5% ~20%以上。

山地黄棕壤:位于山地草甸土之下,也是垂直带谱中分布较高的土壤,多在海拔1200米、1300米的中山上部出现。成土母质与山地草甸土类似,土层较薄,一般为30厘米~60厘米,植被生长繁茂,林下灌丛较多。表土有机质含量较高,一般为4% ~8%。

山地黄壤:大约海拔800米~1200米以内,土层厚度与坡面地形有关,厚度不一,多见于湿度较大的地形部位。表土呈灰黑色,向下通体为黄色土层,块状结构,无明显积淀物,地面植被覆盖度较大。

山地黄红壤:主要分布于低山地区,土层厚度一般50厘米~100厘米。腐殖层呈暗灰色,有机质含量一般为1.5% ~3%,地表1厘米~2厘米枯枝落叶层,pH值为5.5~6.0。

红壤:境内分布极广,遍及12个县(市)的广大丘陵、岗地和低山地区,属中亚热带典型地带性土壤,全剖面自上而下均为红色,淋溶淀积现象明显,有铁锰结核,甚至铁盘层。土层较厚,多达1米~2米,成土母质主要是泥质岩、花岗岩、石英岩、红砂岩和第四纪红黏土等,土壤黏化程度高,pH值为4.5~5.5,呈酸性生或强酸性反应。

紫色土:是紫色泥页岩和紫色砂岩类风化而成的一类土壤。面积不大,土壤中磷、钾含量比较丰富,土壤疏松,开垦后的水田、旱地、作物产量较高。

石灰土:发育于石灰岩上的幼年性土壤,呈棕红色,有机质较多,属盐基饱和土壤,面积不大,主要分布于石灰岩地带。

炭质土:发育于灰质泥页岩和煤矸石等风化物上的土壤,呈半风化残积物,质地较粗,多分布于煤矿区的丘陵坡脚下,面积不多。

潮土:大多存在于河流两岸冲积物上的一种旱作土壤。土层较厚,土壤黏砂不一,一般以壤土为多,疏松多孔,渗透性好,有反潮现象,故称潮土。主要适于种植旱作物和蔬菜。

水稻土:大多是人为耕作下的水成土壤。发育于多种母质和母土上,包含耕作层、犁底层、渗育层和潴育层等。由于所处地形部位和水分条件不同,剖面构型各异。一般潴育型水稻土熟化程度较高,性状较好,水稻产量较高。主要分布在河谷平原和丘陵谷地,是农业主要土壤。

草甸土:即半水成土壤,又称新积土。主要分布在鄱阳湖周围和河流两岸,地下水位较高,草类繁茂,土体中草根盘结,腐殖质较多,是发展草食动物的好地方。

全区土壤大部分属次生黏土矿物发育,质地黏重,酸性反应,土壤缺磷少钾,有机质含量低,地下水位高,尤其山地土壤水土流失严重。

2000年全区土地利用情况

表2-6-1

项目	面积(公顷)	占总面积(%)
总面积	2279100.15	
耕地	389862.63	17.11
园地	33693.29	1.48
林地	1272421.61	55.83
城镇及工矿用地	88956.9	3.90

续表 2-6-1

项目	面积(公顷)	占总面积(%)
交通用地	18736.21	0.82
水域用地	293406.33	12.87
未利用地	181884.36	7.98
牧草地	233.49	0.01

第二节 植物资源

境内以三清山、武夷山为代表的高山植物有2500余种,其中木本植物有102科、272属、629种,33个变种。仅常见乔木树种有50多科属。其中属于裸子植物的科有松科、杉科、柏科、粗榧科、红豆杉科、罗汉松科、银杏科。在植物区系中,区内有不少古老的科属,广泛分布境内山区、丘陵的银杏就是古代孑遗植物。属第三纪残遗植物有罗汉松、香榧、华东黄杉、水杉、水松、柳杉、杉木、鹅掌楸等。以珍稀乔木树种而论,列入国家一级保护树种的有香果树、伯乐树、金树松、水松、南方红豆杉、水杉等;列入国家二级保护树种的有华东黄杉、南方铁杉、福建柏、白豆杉、连香树、花榈木、鹅掌楸、厚朴、天竺桂、闽楠、领春木、杜仲等。

地带性植被按其群落分布状况有:针叶树林、常绿阔叶林、针阔混交林、常绿与落叶阔叶混交林、竹林、经济林、高山矮林、高山草甸。上述各类植被群落分布及其种类情况《上饶地区林业志》均有详尽记载。

第三节 动物资源

全区野生动物种类极为丰富,据调查,境内野生动物有4000余种。

兽类主要分布在武夷山脉、怀玉山脉。属国家一级保护动物有黑麂、云豹、梅花鹿等,梅花鹿在区内属人工饲养;属国家二级保护动物的有猕猴、短尾猴、藏酋猴、穿山甲、毛冠鹿、黑熊、金猫、河麂、鬣羚、大灵猫、小灵猫、水獭、棕熊、江猪等。省级重点保护动物的有赤狐、野猪、豹猫等。

禽类资源比较丰富。属于国家一级保护动物的有白鹤、黑鹳、丹顶鹤、中华秋沙鸭、黄喉噪鹛、黄腹角雉、白颈长尾雉、白鹤、白头鹤、大鸨等。黄喉噪鹛始于1995年在婺源县被发现。中华秋沙鸭于1999年始在弋阳县境内被发现。属于国家二级保护动物的有白琵鹭、鸳鸯、白额雁、天鹅、白枕鹤、鸢、苍鹰、松雀鹰、蛇雕、红隼、游隼、白鹇、勺鸡、红腹锦鸡等。其中:白琵鹭、白额雁、天鹅、白枕鹤只有波阳、余干有分布;鸢、苍鹰、松雀鹰、蛇雕、红隼、游隼等猛禽数量稀少。鸳鸯、白鹇、勺鸡、红腹锦鸡分布相对较广,但数量不多。省级重点保护的禽类有颀鹚、灰雁、鸿雁、豆雁、绿头鸭、花脸鸭、赤麻鸭、绿翅鸭、斑嘴鸭、斑头沙秋鸭、罗纹鸭、白骨顶等湿地鸟类,大部分种类分布在波阳、余干两县;灰胸竹鸡、鹧鸪、雉鸡、云雀、画眉等分布相对较广,栖息于山林之中。

两栖爬行类动物资源在区内分布范围较广,特别是爬行类动物资源极为丰富。属于国家二级保护动物的有大鲵、虎纹蛙两种。大鲵主要栖息山区溪流中,铅山县、玉山县、广丰县、婺源县、德兴市有分布,数量稀少;虎纹蛙主要栖息于山下的旷野地、水田、塘边,境内分布较广,数量较多。两栖类动物省级重点保护的有中华蟾蜍、黑眶蟾蜍、黑斑蛙、沼蛙、棘胸蛙。其中中华蟾蜍只分布在铅山县、婺源县、德兴市，数量较少；黑眶蟾蜍、黑斑蛙、棘胸蛙在区内各县市均有分布，数量较多。爬行类省级重点保护动物有：王锦蛇、玉斑锦蛇、黑眉锦蛇、灰鼠蛇、滑鼠蛇、乌梢蛇、金环蛇、银环蛇、眼镜蛇、尖吻蝮。其中王锦蛇、黑眉锦蛇、灰鼠蛇、滑鼠蛇、乌梢蛇、银环蛇、眼镜蛇较为常见。金环蛇、玉斑锦蛇较为稀少；尖吻蝮由于经济价值高，捕捉量大，数量较少。

第四节　矿产资源

境内矿产资源丰富，是江西省矿产资源和矿业大区之一。

境内已经发现各类矿产 76 种，探明储量的有 51 种，潜在总价值 2000 亿元以上。先后建有储量和产量位居亚洲第一的德兴铜矿，全国闻名的铅山县永平铜矿和德兴市银山铅锌矿及后起之秀金山金矿、花桥金矿和万年县境内的江西水泥厂石灰石矿、广丰县滑石矿等为代表的一批大、中、小型矿山，形成国家、集体、私营、外商独资等多种经济成分共同开发的格局。矿业成为全区支柱产业，为全区经济发展作出积极贡献。

境内地质构造复杂，成矿条件优越，矿产资源丰富，金属、非金属矿产种类较齐全，具有分布广泛而又相对集中，伴生组分多，综合利用价值较高等特点。

优势矿产有：1. 已探明的铜、金、银矿储量和保有量，均居全省首位，其中，铜居全国之冠。境内有德兴铜矿、富家坞、朱砂红、银山、铅山永平等超大型、大型铜矿床。德兴市银山矿为境内银、铅、锌主要矿产地。2. 贵金属矿产储量丰富。伴生金矿和独立金矿储量居全国、全省之首。3. 磷、硫、瓷石（土）、蛇纹石、滑石、膨润土等非金属矿产有巨大的潜在优势。上饶县、广丰县、玉山县毗邻地区磷矿床为省内重要的磷矿基地。广丰县滑石矿畅销粤、闽、江、浙等省。

有色金属矿产　主要产于德兴市、铅山县，其储量占全市总储量的 98.85% 以上，上饶县、弋阳县、玉山县、广丰县等亦有少量分布。

铜矿　德兴市、铅山县已探明的铜金属储量为 1069.08 万吨，保有储量 885.85 万吨，分别占全省已探明储量的 68%、保有储量的 71%。是全国、全省著名的产铜基地。

斑岩型矿床以德兴铜厂、富家坞、朱砂红 3 个矿区为代表，其矿物组合简单，以黄铜矿、辉钼矿和黄铁矿为主，呈细脉浸染状，含矿品位均匀，一般含铜品位 0.45%，以硫化矿为主，地表见有氧化矿，易采易选。德兴铜矿和永平铜矿均为露天开采。

2000 年年末全区主要铜矿铜金属储量

表 2－6－2

矿区	矿床类型	探明储量（万吨）	保有储量（万吨）
合计		1069.08	885.85
德兴铜厂	斑岩型矿床	525.01	381.94
德兴富家坞	斑岩型矿床	257.31	252.92
德兴朱砂红	斑岩型矿床	60.6	60.6

续表2－6－2

矿区	矿床类型	探明储量(万吨)	保有储量(万吨)
德兴银山	热液型矿床	84.61	83.06
铅山永平	矽卡岩型矿床	141.55	107.33

铅锌矿　德兴市铅锌矿、铅山县陈坊乡下湖、长寿源等铅锌矿区，是省内铅锌矿主产地，属中温热液型或层控变质热液型矿床，全区探明铅矿储量53.38万吨。保有储量23.38万吨，探明锌矿储量59.35万吨，保有储量28.01万吨。其中，银山矿铅储量保有13.12万吨，锌保有储量19.68万吨。分别占全省保有储量的7.7%和7%。矿物以方铅矿、闪锌矿、自然银为主，矿石可选性良好、多为地下开采。

钼镍矿　钼矿主要分布于德兴市富家坞铜钼矿区和铜厂及朱砂红矿区，均以伴生矿赋存于铜矿石中，全区探明钼金属储量29.63万吨，保有储量26.43万吨；其中，富家坞矿区探明钼储量16.79万吨，保有储量16.57万吨，铜厂矿区探明储量12.24万吨，保有储量9.30万吨。

此外，在德兴市张村西湾，弋阳县樟树墩、中畈、漆工等地的蛇纹石矿或蛇纹岩化橄榄岩中，含有镍铬铁矿和针镍矿。弋阳县樟树墩蛇纹岩矿区平均含镍0.242%，其保有储量91771.0吨，尚未综合回收利用；德兴市张村西湾蛇纹岩中含镍0.21%，保有储量16.28万吨。

钨锡矿　白坞矿主要以伴生矿产于铅山县永平铜矿和玉山县南冲钨钼（铜）矿区，其中永平铜矿区探明三氧化钨储量13.34万吨，保有储量9.74万吨，黑钨、锡矿在横峰县葛源松树岗、波阳县枧田街、玉山县紫湖源头（锡）等地均有少量分布。横峰县葛源松树岗钨锡矿三氧化钨平均品位0.35%、锡品位0.4%。全市钨保有储量10.53万吨，锡0.44万吨。

贵金属矿产　全区金、银矿产资源丰富，多以伴生形态赋存，单一金矿（岩金、砂金）约占总储量的31.15%，已探明金储量501.15吨（其中伴生金382.81吨），保有储量408.50吨（伴生金298.43吨），占全省金储量的72%，伴生金以德兴铜厂、银山铅锌矿及铅山县永平铜矿为主，其中德兴铜厂矿区的伴生金储量即占全省金总储量的50%，单一金矿岩金则集中分布在1980年代发现的德兴市金山金矿田以及弋阳县城郊刘家等地，砂金主要分布在德兴市香屯、浮溪口和婺源县武口、坑口等地。共生、伴生银主要分布于铅山县永平铜矿，德兴市银山铅锌矿、铜厂矿区，弋阳县铁砂街铜矿和铅山县陈坊乡下湖、长寿源铅锌矿以及万年县虎家尖银金矿。已探明银储量8226吨，保有储量5086吨，占全省保有储量的56%。

稀有金属矿产　主要有铌、钽、锆矿等，集中分布在横峰县北部黄山，已探明储量铌22701吨，保有储量21504吨，其储量占全省总储量的57%。探明钽储量1361吨，保有储量1322吨，占全省总储量的6%。锆氧化物矿在横峰县黄山铌钽矿床探明储量达19585吨，占全省总储量的98.7%。此外，在上饶县高南峰乡、横峰县葛源镇黄溪等地也有少量铌钽矿点分布。

黑色金属矿产　铁、锰、钒等黑色金属矿产在境内仅有少数矿点分布，弋阳县姚坂乡和铅山县杨林乡发现有锰矿点。铁矿主要分布于铅山县陈坊乡、上饶县铁山乡西岩底以及弋阳县洪山等地，大多为贫矿。铅山县陈坊铁矿含铁较好，全铁品位35.52%～45.94%，探明铁矿储量76.20万吨。全区探明铁矿储量286.4万吨，保有储量264.6万吨。上饶县、德兴市等地的炭质页岩（石煤）或硅质页岩中含钒、五氧化二钒品位0.67%～1.05%，具有开发利用价值。

非金属矿产　境内非金属矿产资源非常丰富，已探明储量和开发利用的有原煤、磷、硫、石灰石、白云石、花岗岩、大理石、辉绿岩、蛇纹石、膨润土、黑滑石、石棉、高岭土、瓷石、瓷土、叶蜡石、砚石、耐火黏土、砖瓦黏土、建筑石材等30余种,其中磷矿、膨润土、耐火黏土、熔剂白云岩、蛇纹岩等矿产储量居全省首位;滑石、伴生硫铁矿储量位居全国第一。

冶金辅助原料矿产　主要发现利用的有耐火黏土、熔剂灰岩、熔剂白云岩、萤石、硅石、铸型粘土等6种,矿床(点)30余处。

耐火黏土主要分布在铅山县新安、玉山县下镇、余干县黄金埠等地。铅山县新安矿属上二叠统耐火黏土矿床,主要矿物成分为高岭土、胶铝矿、玉髓、金红石、白云母、石英、褐铁矿等,三氧化二铝含量30%~38%。全区耐火黏土保有储量3300万吨,铅山新安乡有622.3万吨。年产3000吨~5000吨。

熔剂灰岩、白云岩主产地在万年县大源乡。万年县大源熔剂灰岩白云矿区探明熔剂灰岩储量1.69亿吨,熔剂白云岩储量4.7亿吨、熔剂灰岩矿物成分主要为方解石,含少量白云石、燧石,质纯;白云岩主要由白云石组成,含少量方解石、粘土质、石英碎屑。合计年产16万吨左右。

萤石可用于冶金工业,又是氟化工的重要原料。上饶县华坛山,玉山县樟树、怀玉山,德兴市龙头山,弋阳县磨盘山,铅山县太源,广丰县岭底,横峰县葛源,波阳县莲花山等地均有产出。探明储量288万吨,保有237.3万吨。

硅石(石英)分布于玉山县樟树、怀玉山,上饶县茗洋,广丰县岭底,德兴市大畈等地。一般呈脉状产出,保有储量88万吨,年产约1万吨。

铸型用粘土主要分布于广丰县排山、玉山县双明、上饶县茶亭,大型的有广丰县排山李家膨润土矿,其浅部为钙基膨润土,深部为钠基膨润土。玉山县双明周家坞膨润土矿经深加工生产活性白土。全区膨润土保有储量3367.6万吨。

化工原料非金属矿产　境内主要有磷、硫、蛇纹岩、蛇纹岩化橄榄岩、砷及重晶石等。

磷矿集中分布在上饶市、广丰县、玉山县毗邻地区。矿山基本建设和外部条件较好,是省内磷矿石的重要生产基地。有朝阳、大南、前村、青金等矿区,其中大型矿1个,小型矿3个;已探明储量10676.6万吨。其中朝阳磷矿区是江南九大磷矿之一,探明储量9093万吨,保有8787.6万吨。

蛇纹岩已探明的有4个矿床,分布在弋阳县樟树墩、直源、中畈和德兴市张村西湾。已探明储量37600万吨,保有储量36201万吨,居全国第二位。其中弋阳县樟树墩矿床氧化镁含量36.11%,保有储量3801.5万吨,其共生、伴生铬保有储量0.8万吨,镍9.18万吨;直源矿床氧化镁含量36.13%,保有储量53.3万吨,共生石棉保有储量1.7万吨;中畈矿床氧化镁含量36.31%,保有储量499.5万吨,共生石棉保有储量0.4万吨,伴生镍8771.9吨;德兴张村矿床氧化镁含量36.36%,保有储量32434万吨,共生煤16.3万吨,伴生钴4069吨、镍16.28万吨。

硫大、中型共伴生硫铁矿主要分布在铅山县永平,德兴市银山、铜厂等矿区。在选铜过程中综合回收硫精矿,年产硫精矿80万吨,是省硫精矿主要生产基地。全区伴生硫铁矿探明储量6450.2万吨,保有储量5011.7万吨。其中,德兴市保有储量3050.3万吨。铅山县1961.4万吨。此外,在德兴市银山,铅山县永平、武夷山沙畈等地还分布有共生或单一硫铁矿,其硫铁矿矿石保有储量3590.5万吨,有待开发利用。

砷以伴生矿形态赋存于万年县虎家尖银金矿及部分多金属矿中。万年县银金矿砷平均品位2.8%,探明砷储量3450吨,保有储量2814吨,已综合回收利用,变害为宝,年产白砒500吨

（含砷70%）。此外，在德兴市金山金矿、弋阳县铁砂街铜矿、铅山县长寿源铅锌矿区也含有伴生砷，属有害组分。

重晶石是一种含钡矿物。主要用作石油、天然气钻井泥浆加重剂和制取钡及钡化物。上饶县煌固乡石煤层中产有重晶石，含硫酸钡85%～94%，预计矿石储量70万吨。波阳县金盘岭也发现一小型重晶石矿，断断续续开采。

建材及其他非金属矿产 主要有水泥灰岩、水泥用黏土、水泥配料用砂、页岩、高岭土、瓷石（土）、滑石、膨润土、叶蜡石、长石、花岗岩、大理石、砚石、建筑石料、砖瓦黏土等。

水泥灰岩分布较为广泛，主产地6处，主要分布在玉山县、万年县。大型矿床有万年县大荷山矿区，已探明储量8250万吨，保有6600万吨；玉山县岩瑞陈发山—鸡头山矿区和陡岩峰、姐妹峰矿区探明储量25603万吨，保有储量24630万吨。全区共探明储量38910万吨，保有储量35616万吨。

全区黑滑石矿产地有3个，分布于广丰县下溪、玉山县华村、上饶市秦峰等地。保有储量8697.8万吨，远景储量5亿吨，位居全国首位。其中，仅广丰县下溪溪滩滑石保有储量就有6874.3万吨，滑石主要化学成分：氧化镁27.84%、氧化钙4.69%、二氧化硅52.66%、三氧化二铁0.17%，年产30万吨。

膨润土主要分布在广丰县排山李家、玉山县双明周家坞、上饶县茶亭等地。全区保有储量3367.6万吨，其中广丰县李家膨润土矿保有储量2807.6万吨。

瓷石—叶蜡石矿主要分布在上饶县高州龙门底、玉山县仙岩乡等地。已探明储量1120.2万吨，保有储量1078万吨。瓷土矿有6处，分布在余干县、波阳县等地，保有储量242万吨。

饰面石材以花岗岩、大理石为主，主要分布在上饶县高南峰、德兴市万村、玉山县怀玉山、弋阳县三县岭等地，品种多、储量丰富，年产荒料3000立方米左右。

水泥用页岩、黏土分布广泛，保有储量5123万吨。珍珠岩矿1处，保有储量1152万吨。砚石矿2处，以婺源县溪头乡龙尾山产砚石（歙砚）而著名。建筑石料、砂石、砖瓦黏土点多面广量大，被广泛利用。石棉矿2处，保有储量2.1万吨（矿石量34.8万吨）。

2000年全区主要矿产储量

表2-6-3

矿类	矿种	储量单位	探明储量	保有储量
金属矿	铜	金属（万吨）	1069.80	885.85
	金	金属（吨）	501.15	408.5
	银	金属（吨）	8226	5086
	铅	金属（万吨）	53.38	23.38
	锌	金属（万吨）	59.35	28.01
	钨	Wo_3（万吨）	14.29	10.53
	钼	金属（万吨）	29.63	26.43
	铌	Nb_2o_5（吨）	22701	21504
	钽	Ta_2o_5（吨）	1361	1322

续表 2－6－3

矿类	矿种	储量单位	探明储量	保有储量
非金属矿	伴生硫铁矿	纯硫(万吨)	6113	5011
	磷	矿石(万吨)	10673	9344
	化肥用蛇纹岩	矿石(万吨)	37600	36201
	水泥灰岩	矿石(万吨)	38910	36216
	滑石	矿石(万吨)	8797.8	8697.8
	膨润土	矿石(万吨)	3407	3367.6

第五节　水资源

区内水资源仅限于区境以内部分，不包括过境客水。径流量为未经调节的天然径流量。

地表水　水量　区内主要是信江、乐安河和湖区水量。按水文分区，上饶地区全部在二级分区 V_9 内，三级区 3 个，即 V_9-6 信江水系：梅港水文站以上，面积为 9978 平方千米；V_9-7 为乐安河水系，万年石镇街以上，面积为 6106 平方千米，V9－8 为湖区水系，面积 6707 平方公里，即信江尾闾、饶河尾闾和西河中下游地区。所计算的水量按三个分区内上饶地区行政区面积计算而得。根据 1956 年—2000 年实测资料全区多年平均降水量为 408.10 亿立方米，平均降水深为 1790.6 毫米。从降水量看三个分区以信江为最大，乐安河次之，湖区为少。区境处南方湿润地区，水资源相对较丰富，全区多年平均水资源总量为 237.4 亿立方米，其中浅层地下水为 38.06 亿立方米。最大的水资源总量 1998 年为 461 亿立方米，最小的 1963 年水资源总量为 103.7 亿立方米。最大的约为最小的 4 倍。在时空分布上也是不均匀的，从历年的资料可看出，基本趋势是东部大于西部，山区大于平原。从时间上来看，降水主要集中在汛期，每年 4～6 月降水约占全年降水的 50%，3～7 月约占全年降水量的 70%。

水质　根据地区水文局多年化验监测情况，各河多年水化学成份具有以下特征：

pH 值：在 7.1 毫克～7.6 毫克/升之间，水质良好

溶解氧：在 7.1 毫克～7.6 毫克/升之间，属良好水质

主要离子特征值：

钙：平均值在 12.2 毫克～18.5 毫克/升之间

镁：平均值在 3.2 毫克～4.8 毫克/升之间

钾和钠：平均值在 6.3 毫克～8.44 毫克/升之间

氯：平均值在 5.4 毫克～8.36 毫克/升之间

硫酸根：平均值在 13 毫克～33 毫克/升之间

总硬度：38.5 毫克～48.2 毫克/升之间

总碱度：26.2 毫克～41.4 毫克/升之间

水质污染　根据 2000 年调查，工业、农业、生活废污水排放量 1.19 亿吨，达标排放量 0.16 亿吨，达标排放占总排放量的 13%。1980 年代初，全区水质良好，基本达到国家一类水标准；1980 年代

末至1990年代初全区水质有变化、挥发性酚、砷开始在部分站检出,整体水质基本介于国家一、二类水准之间;1990年代中期至2000年,水质进一步变差,全区水质在国家二、三类标准之间。

地下水 水量 境内使用地表水为主,对地下水的开发和研究很少,水文资料不足以直接推求其水量。故以分割河川径流过程中的基流量代表浅层地下水。境内三个水文分区的计算,采用基流模数法计算浅层地下水。境内地下水资源量多年平均为38.06亿立方米。最大年1998年为61.11亿立方米,最小年1986年26.44亿立方米。这些水量是河川径流计算量重复。

水质 地下水水质随着地表水的污染也受到了污染。污水通过明渠、暗沟、渗井、渗坑等渗透、污染地下水。由于浅层地下水是河川径流分割而得,实际上已是河川径流的一部分。因此水质基本是和地表水相同,对水井、深层地下水尚未作专门调查。

供需情况 水资源状况 按1956年—2000年资料统计计算,全区多年平均水资源总量为237.4亿立方米,其中地下水为38.06亿立方米。这是可利用的水资源总量。全区人均3970立方米/人(按598.12万人计)。最大的1998年全区水资源总量为461亿立方米,最小的1963年为103.7亿立方米,最大的约为最小的4倍。

国民经济各部门需水量 国民经济各部门的用水量,通过蓄水、引水、提水方式供水。主要用水是工业用水、农业用水、城乡居民生活用水。全区全年用水量约在30亿立方米左右。以2000年为例,全区全年总用水量约在31.92亿立方米。其中蓄水14.57亿立方米。引水9.24亿立方米,提水7.81亿立方米,浅层地下水0.3亿立方米。农业用水26.06亿立方米,占81.6%;林牧渔用水0.8亿立方米,占2.5%;工业有规模以上用水1.22亿立方米,占3.8%;规模以下工业用水1.97亿立方米,占6.2%;城镇居民生活用水0.5亿立方米,占1.6%,农村生活用水1.37亿立方米,占4.3%。

可利用水资源 境内是水资源较丰富的地区,多年平均水资源量有237.4亿立方米,2000年用水总量只占均值的13%左右。新中国成立后至2000年,境内建成大小水库1772座,总库容25.21亿立方米。其中大型水库4座,库容8.27亿立方米,中型水库32座,库容9.02亿立方米,小(一)型水库229座,库容6.79亿立方米。同时,河川径流也可通过引水,提水工程供水。只要安排得当、合理使用,可满足国民经济发展需要。

第七章 自然灾害

第一节 水 灾

1992年 1-7月,全区平均降水量为1569毫米,比上年同期降水量1189.6毫米多379.4毫米。7月3日8时至5日14时,全区平均降雨200多毫米,其中铅山、横峰超过300毫米,玉山县、上饶县、广丰县、弋阳县超过200毫米,这次降雨来势猛、强度大,特别是铅山县南部的杨村水、石垅水、石塘水的上游和广丰县丰溪河上游福建省浦城县的降雨强度,为有史以来最大。杨村水的铁路坪站7月4日13时30分水位达61.76米,比1941年最高水位还高1米。广丰县军潭水库超限制水位2.55米,最大下泄流量达每秒1300立方米。信江、乐安河各水位站全部超过警戒水位,上饶站水位68.98米,河口站水位54.03米,弋阳站水位46.89米,均为有记录以来第二高水位。梅港站水位29.14米,大溪渡站水位26.12米,为有记载以来最高水位。乐安河香屯站水位39.74米,石镇街站水位21.90米,分别超警戒线3.24米和2.9米。鄱阳湖鄱阳站7月14日水位达20.76米,超警戒线2.76米。由于受长江洪水位倒灌顶托,使鄱阳站水位超警戒线持续47天之久。

全区被洪水围困的城镇12个、村庄1012个86万余人。上饶市、铅山县、横峰县、弋阳县、玉山县、广丰县城区及其部份乡(镇)被淹。上饶市城区1/4被淹,水深处达1.7米,受淹群众4万余人;铅山县城区全部进水,水深处过2米;横峰县上畈乡占家村3500人被水围困2天多,600多名群众被迫爬上屋顶树梢。弋阳县湖山、清湖、城郊等乡,被水围困4.1万人,清湖乡王家、刘家村委员500多人被洪水围困3天3夜。铅山县受灾严重,篁碧、天柱山、武夷山、石塘等6个乡场,被洪水卷走25人。闽赣省道祝公国防大桥被洪水拦腰截断;石塘造纸厂60吨重烧碱罐被洪水冲至4千米以外;武夷山场余村湾自然村,远离河道200多米的3户人家,被洪水冲走,村庄变成了行洪道;天柱山乡车木厂和畲族中学被洪水冲成河滩。全区直接经济损失达20.08亿元,受灾农田面积194.8万亩,成灾农田面积128.17万亩。

1993年　6月12－24日,全区平均降水量达421毫米,是历年同期平均降水量的近3倍。7月1日~7日,全区平均降水量达221毫米,是历年同期平均降水量的6倍。其中婺源县6月18日降水量227毫米,6月12~24日和7月1~7日,降水量共1078毫米,铅山县、弋阳县、横峰县12天降水量分别为544毫米、503毫米、477毫米。6月20日8时~14时,横峰县、万县年、弋阳县6小时内降水量分别为137毫米、123毫米、112毫米。7月1－7日,余干县、德兴市、婺源县、鄱阳县降水量分别为357毫米、341毫米、332毫米、330毫米。大面积集中强降水,使得江河湖库水位猛涨。6月30日统计,全区大、中型水库总蓄水量达9.06亿立方米,比1992年同期多蓄2.46亿立米,七一、七星、军潭、滨田、段莘等20余座大、中型水库满蓄泄洪。乐安河、信江全线水位数次超过警戒线。德兴香屯站洪峰水位43米,超警戒线5.0米,万年石镇街站洪峰水位23.02米,超警戒线3.52米,均为建站以来的第二高水位。信江上饶水位站、河口站、弋阳站、梅港站洪峰水位分别为67.98米、53.11米、45.4米、27.74米,分别超警戒线1.98米、1.11米、1.4米、1.74米。7月9日8时,鄱阳站水位达20.38米,超警戒线1.38米。由于长江高水位的顶托,鄱阳湖水位居高缓下,鄱阳站从6月20日－9月27日超警戒水位持续97天之久,是继1954年以来超警戒线时间最长的年份。

据统计,两次洪灾,全区受灾乡(镇)场286个,占全区乡(镇)场总数的91%,受灾行政村2833个,占全区行政村的95.5%,受灾农户79万户、355万人,占农业人口的71%。被洪水围困的城镇9个,村庄406个,水围灾民21.35万人。因洪灾死亡61人,受重伤1434人。洪涝受灾农田面积277.28万亩,成灾农田面积184.62万亩。全年粮食减产1.73亿千克。

1994年　6月8~18日,全区平均降水量469毫米,比6月份多年平均降水量多出169毫米。其中,万年县6月17日24小时内降雨270毫米。6月15~17日,降水量超过200毫米的面积达6280平方公里,约占全区总面积的1/4,降水量大于150毫米的面积达1.5万平方公里,占全区总面积的57%。尤以信江流域降雨量更为集中。绝大部分大中型水库已泄洪。信江、乐安河水位3次超警戒线。信江上饶水位站6月17日20时水位达69.14米,超警戒线3.14米,成为解放后第二高洪峰水位。弋阳站洪峰水位46.43米,超警戒线2.43米,梅港站洪峰水位28.69米,超警戒线2.69米。乐安河香屯站洪峰水位40.18米,超警戒线2.18米,石镇街站洪峰水位 22.49 米，超警戒线 2.99 米。鄱阳湖鄱阳站最高水位 20.06 米，超警戒线 1.06 米。

据统计，6 月中下旬全区受洪涝灾害乡镇场 286 个，受灾行政村 2282 个，受灾农户 61.88 万户，灾民 290.19 万人，占农业人口的 57%，受灾农田面积 151.05 万亩，成灾农田面积 78.42 万亩。全区被水围困城镇 4 个，村庄 270 个，灾民 18.58 万人。公路主干线的铅山柴家，余干黄金埠路面水浸过腰，320 国道、206 国道中断 20 多小时，滞留汽车上万辆。广丰县桐畈乡王家、石垄两个自然村 44 户住房被洪水冲毁，215 人无家可归；6 月 17 日铅山县河口镇及洲上、柴家 11 个村、1 个场的万名群众遭洪水围困；横峰县上畈乡 13 个自然村 5000 余农民被洪水围困；上饶市城区大片被淹，低洼处水深超过 2 米。

全区因洪水损坏堤防 1397 处，195.4 千米，损坏护岸 1530 处，45.47 千米，冲毁小型塘坝 835 亩，损坏渡槽 147 座。万年县朱源圩、弋阳县清湖圩漫顶决口。信江沿岸的玉山县金沙圩，广丰县丰溪圩，上饶县旭日圩，信州区同心圩，铅山县傍罗圩、新滩圩，弋阳县河堤在 17 日晚先后决口。初步统计，全区因洪灾造成的直接经济损失达 11.3 亿元，其中水利水毁工程损失 2.23 亿元。

1995 年 4－7 月，全区平均降水量 1710 毫米，是历年同期平均降水量的一倍多。5 月 25 日至 6 月 3 日，全区平均降水量达 393.4 毫米，其中，6 月 3 日 24 小时，平均降水量高达 158 毫米。德兴、万年等县（市）5 月 25 日至 6 月 3 日降水量超过 400 毫米。6 月 22 日下午到 26 日，全区平均降水量达 361 毫米，其中横峰、万年、弋阳、玉山等县降水量超过 400 毫米，其他县市降水量都在 300 毫米以上。暴雨过程，使信江上饶水位站水位 3 次超警戒线，最高洪峰水位达 68.72 米，超警戒线 2.72 米；余干梅港站洪峰水位达 29.35 米，超警戒线 3.35 米，大溪渡站洪峰水位达 26.34 米，均为水位新高。乐安河石镇街站水位 5 次超警戒线，最高洪峰水位达 23.5 米，超警戒水位 4.0 米，比历史最高水位高 0.28 米。7 月 4 日 8 时，鄱阳湖鄱阳站水位达 21.99 米，超警戒线 2.99 米，比 1983 年历史最高水位高 0.24 米，康山站水位达 21.86 米，超警戒线 2.86 米。全区 33 座大中型水库满蓄泄洪。

据统计，全区因洪灾死亡 105 人，受伤 4496 人。被洪水围困城镇 24 个，村庄 2225 个，灾民 63.8 万人。上饶市城区，鄱阳县、铅山县、弋阳县、玉山县、万年县城区两次受淹。上饶市城区受淹面积超过 1/2，水深处达 3 米多。德兴市张村、万村、界田、黄柏等 4 个乡（镇）和万年县石镇街、梓埠镇被洪水围困。

全区 12 个县（市）281 个乡镇全都受灾，受灾行政村 2716 个，占行政村总数的 96%，受灾人口 354.56 万人，占总人口的 57%。万年县东南部、德兴市南部、弋阳和横峰县北部山区，因降雨强度大而集中，遭洪水洗劫，冲毁自然村 21 个、937 户房屋。万年县盘岭乡石下村 87 户，有 36 户房屋冲毁，18 公顷良田有 16 公顷被巨大泥石流冲毁。德兴市新建乡早禾段村 78 户有 59 户房屋全倒。建于清代的德兴市万村公路桥、建于明代万历年间的界田乡石桥被洪水冲毁。德兴市黄柏乡长田村港东湾 12 户，有 9 户房屋被冲毁，广丰县吴村乡萍塘村后背山发生了严重的山体失稳，危及 86 户 432 人的生命财产安全，浙赣铁路横峰县境内中断运行 24 小时；320 国道、206 国道等 41 条公路主干线两次中断。至 7 月 10 日止，滨湖地区共溃堤或漫顶大小圩堤 134 条，圩内共保护农田面积 1.88 公顷、自然村 98 个、人口 13.838 万人。其中溃决万亩以上圩堤 2 条（波阳县畲湾联圩湾埠圩段和中洲圩），保护耕地 1 万亩～0.5 万亩圩堤 11 条，0.5 万亩～0.1 万亩圩堤 27 条，千亩以下圩堤 94 条。全区洪涝受灾农田面积 18.39 万公顷，成灾农田面积13.77万公顷，粮食减产2.24亿千克。

1996年　主汛期4－6月份全区平均降水量偏少，但降雨在地区分布上出现明显的不均匀性，形成了洪涝干旱交加的局势。1、6月29日－7月2日，饶河流域出现特大暴雨过程，安徽祁门36小时降水量达467毫米，景德镇市36小时降水量302毫米，导致饶河流域的昌江全境出现大洪水，昌江渡峰坑水文站7月1日16时，洪峰水位33.18米，超警戒线4.68米，其水位高出堤顶1.7米，昌江沿岸发生了罕见的洪灾。2、6月30日－7月1日20时，受黄山暴雨中心影响，乐安河上游安徽休宁，婺源县晓庄、段莘、清华一带平均降水量达212毫米，其中婺源段莘、清华等地37小时内分别降水330.5毫米和277.4毫米，使乐安河上游河水陡涨，其中婺源县三都站洪峰水位达60.2米，超警戒线3.6米。3、7月10日波阳县军民水库等地降水量达190毫米，库水位迅速上涨，库水位最高达81.66米，超汛限水位2.66米，比历史最高水位还高1.97米。水库破溢洪道进口子堰紧急泄洪，使溢洪道陡坡段及消力池设施遭到严重损坏。4、滨湖地区各县受长江洪水倒灌影响，鄱阳站从7月11日至8月28日，超警戒线时间达48天之久。7月24日最高水位达21.2米。5、1996年的第7号和第8号台风的出现，强大的台风风浪冲刷着圩堤，给滨湖地区长时间浸泡的堤防工程带来很大的威胁。

1997年　7－8月，全区平均降雨量为542毫米，比多年同期平均值多280.1毫米，偏多51.7%。第一次降雨过程，7月7日8时至7月11日14时，全区平均降水量超过282毫米，其中乐安河流域平均降水量287毫米，信江流域平均降水量281毫米。乐安河流域德兴李宅降水量402毫米，信江流域玉山童家坊降水量425毫米。7月8日8时至7月9日18时，广丰降水量360毫米，其中9日2时至6时内集中降雨150毫米，导致信江、乐安河全线超警戒水位，其中婺源三都水文站8日10时出现了60.28米的历史最高洪水位，超警戒线3.68米，最大洪峰流量3400秒立方米。德兴香屯水文站出现了42.46米的历史第二高洪水位，超警戒线4.46米，最大洪峰流量6000秒立方米。万年县石镇街站水位达22.82米，超警戒线3.32米。信江流域，广丰县永丰镇8月9日19时45分，洪峰水位达93.83米，是该站有记录以来的最高洪水位。上饶水位站洪峰水位67.56米，超警戒线1.56米。梅港站洪峰水位28.42米，超警戒线2.42米。全区各大中型水库水位猛涨，先后相继泄洪。

第二次降雨过程，8月25日14时至16时左右，受强对流天气影响，上饶县、横峰县、德兴市、弋阳县强降暴雨，其中上饶县茗洋关2小时降雨136毫米，横峰县葛源1小时降雨80毫米，弋阳县曹溪1小时降雨80毫米，德兴市1小时降雨66毫米，集中强降雨使信江、乐安河主要支流饶北河、横峰水、葛溪河、泊水河等暴涨，造成了严重的洪涝灾害。

两次暴雨过程，造成全区受淹城镇多，其中上饶市、广丰县、德兴市、婺源县、铅山县城区受淹。婺源县城区水深达2米；德兴市河西住宅区受淹水深近1米；广丰县城区80%被淹，水深达1米~2米。玉山县临湖镇、横街镇，广丰县岭底乡、五都镇、德兴市李宅乡等乡镇全部被淹。全区有近600个自然村被洪水围困，水困灾民18.44万人，紧急转移灾民8.34万人。婺源县、德兴市通往各地的公路交通一度中断，婺源县、德兴市、玉山县、万年县、弋阳县、横峰县、上饶县大部分乡、村公路被冲毁，共计305条。广丰县七星水库库区发生山体滑坡，条铺水电站厂房被淹。德兴市富家坞铜矿尾砂坝塌毁。因洪灾死亡19人，其中广丰县14人，德兴市2人，上饶县2人，玉山县1人，受重伤590人。死亡牲畜38634头。

据统计，全区因洪灾直接经济损失达17.64亿元。其中，农业损失7.93亿元，工交运输损失4.67亿元，卷烟机、成品香烟、烟叶和包装材料受淹，直接经济损失2800万元，水利设施直接经济损失3.55亿元;其他损失1.21亿元。

1998年 第一次暴雨过程,从6月12－25日,14天全区累计平均降水量达650毫米,相当于历年6月份平均降水量的2倍。第二次暴雨过程,从7月17～31日,15天全区累计平均降水量多达411毫米。信江沿河各主要站,先后出现5次超警戒线水位。乐安河沿河各站先后6次警戒线以上洪水,以7月洪水为最大。昌江下游古县渡站6月27日和7月27日,出现两次洪峰水位,分别为23.18米和22.72米,分别超警戒水位3.68米和3.22米,为有纪录的最高水位。

鄱阳湖受内河洪水和长江洪水双重影响,8月2日出现22.61米的最高水位,超警戒线3.61米,比1995年历史最高水位超出0.62米。康山站8月2日最高水位22.43米,比历史最高水位超出0.57米。受长江多次洪峰的影响,湖区水位长时间居高不下,鄱阳站水位于9月26日退出警戒线。

受洪涝灾害面广。全区12个县(市)普遍受灾,受灾乡镇305个,受灾人口505.3万人,占全区总人口的80.2%。铅山县城区河口镇4次被洪水围困达8天之多,主要街道全部进水,最深处达3米,4万居民曾一度断水、缺粮。保护农田面积万亩以上的堤防决漫顶有10座。据统计,全区因洪涝灾害造成的直接经济损失140.6亿元,其中水利设施直接经济损失达19.8亿元。

1999年 6月中旬降雨过程主要集中在信江流域。6月16日8时至18日14时,流域平均降水量达202毫米,以上饶市沙溪站297毫米为最大。其中16日信江流域平均降水量达164毫米,以上饶站183毫米为最大。降雨强度最大的时段是16日20时至17日8时,12小时流域平均降水量达100毫米,以上饶站162毫米为最大。

6月下旬的降雨过程,主要集中在饶河流域的乐安河和昌江。从24日2时至26日8时,乐安河流域平均降水量达185毫米,以婺源县段莘站310毫米为最大。从28日8时至7月1日8时,昌江流域平均降水量297毫米,以安徽历口站456毫米为最大,最大一日降水量达161毫米。

信江流域汛期出现4次超警戒线以上的洪水,最大一次洪水发生在6月中旬,上饶水位站水位68.05米,超警戒线2.05米;铅山河站水位53.11米,超警戒线1.11米,弋阳站水位45.61米,超警戒线1.62米。

乐安河流域汛期出现4次警戒线以上洪水,以6月下旬出现的洪水最大,婺源三都站水位58.27米,超警戒线1.67米;德兴香屯站水位40.25米,超警戒线2.25米;万年石镇街站水位21.75米,超警戒线2.25米。受鄱阳湖洪水影响,石镇街站7月下旬出现21.87米的水位。

鄱阳湖7月21日,鄱阳站、湖口站先后出现22.05米和21.93米的最高水位,均为有记录的第二位。鄱阳站警戒线以上水位持续84天,仅次于1954年(118天)和1998天(99天);警戒线2米以上水位持续22天,仅次于1998年(80天)。

据统计,农作物受洪灾面积10.33万公顷,成灾面积6.86万公顷。保护农田万亩以上的圩堤波阳县向阳圩漫圩溃决。凰岗圩、东渡圩、金方圩、溪口圩、红旗圩、立新圩、段坂圩等千亩以上圩堤,因洪水位超高而漫圩溃决。

1955 年—2000 年全区各县(市)历年暴雨情况一览

表 2-7-1

县(市)代表站	最大一日降水量		最大三日降水量		最大七日降水量	
	发生时间(年、月、日)	降水量(毫米)	发生时间(年、月、日)	降水量(毫米)	发生时间(年、月、日)	降水量(毫米)
玉山县 玉山站	1955.6.20	214.1	1956.6.18	428.8	1989.6.27	526.4
广丰县 广丰站	1955.6.20	188.8	1955.6.18	412.9	1998.6.12	503.1
上饶市 上饶水位站	1955.6.20	243.1	1955.6.18	478.0	1955.6.14	544.2
铅山县 河口站	1953.8.17	201.7	1998.6.13	375.0	1998.6.12	667.4
横峰县 龙潭桥站	1971.6.2	282.6	1998.6.12	355.1	1998.6.12	632.5
余干县 大溪渡站	1953.8.17	286.2	1953.8.16	331.4	1973.6.19	423.6
弋阳县 弋阳站	1967.5.29	287.2	1967.5.2	384.3	1998.6.12	633.4
万年县 万年站	1966.7.7	245.1	1973.6.22	392.7	1973.6.19	594.3
婺源县 三都站	1935.6.25	274.5	1935.6.24	515.1	1935.6.21	664.6
德兴站 银山站	1983.6.2	235.9	1967.6.17	389.0	1967.6.15	476.4
波阳县 鄱阳站	1995.6.3	286.2	1995.6.1	388.1	1955.5.28	456.1

第二节　旱　灾

1990 年,全区秋旱,干旱受灾面积 82.71 万亩,成灾面积 34.42 万亩。

1994 年,全区先洪后旱。6 月下旬以后,全区出现高温少雨的天气。从 6 月 25 日至 8 月 13 日,全区总平均降水量只有 66.9 毫米,仅为同期多年平均降水量的 1/3。比干旱的 1991 年同期还少降水 71 毫米。其中,广丰县降水量为 17 毫米,玉山县降水量 21 毫米,上饶县、铅山县、德兴市、婺源县、波阳县降雨均在 50 毫米以下。在这期间持续 36℃～39℃高温干旱天气,蒸发量大于降水量。江河湖库水位迅速下降,到 8 月 13 日,信江上饶水位站水位 61.57 米,大溪渡站水位 17.32 米,乐安河香屯站水位 32.16 米,石镇街站水位 15.29 米,鄱阳站水位 15.41 米,均低于多年同期水位的 0.85 米～1.4 米左右。全区蓄水工程总蓄水量比上年同期减少 2.2 亿立方。全区大部分县市出现了较为严重的旱灾。全区受旱农田面积 48.3 万亩,成灾农田面积 26.33 万亩。因干旱人畜饮水困难达 11.6 万人,2.5 万头大牲畜。旱灾较严重的有玉山县、波阳县、德兴市、上饶县、广丰县。地区派出 24 个工作组分赴各县(市),帮助指挥抗旱救灾,还进行人工增雨作业,共出动高炮两门,布点7个,共作业5天11次,发射炮弹427发,使局部降雨30毫米~50毫米,起到缓解旱情的效果。

1996年夏秋干旱,旱涝交替。4-6月份,主汛期全区平均降水量仅493毫米,比多年同期平均值少44%。信江流域的广丰县、上饶县、铅山县、弋阳县降水量更少。尤其是7月13日至8月13日基本无雨,全区平均降水量仅15毫米,比多年同期平均值少114毫米,偏少88%。大中型水库的蓄水量比多年平均值少1/3,加之气温高,蒸发量大于降水量,致使全区各县(市)出现明显干旱。据统计,全区农作物受旱面积达8.17万公顷。6月下旬,在抓好防汛工作的同时,做好抗旱的各项准备工作,地区水电局加强用水管理,科学调度水源。此外,广丰县、玉山县、德兴市、铅山县、弋阳县、上饶县进行人工增雨作业,共用高炮9门,作业41次,发射炮弹1.1万余发,使玉山县七一水库、德兴市双溪水库等局部地区增雨明显,起到降水、蓄水、缓解旱情的效果。通过各种抗旱救灾措施,使干旱成灾农田面积降低到2.64万公顷。因干旱人蓄饮水困难有5.85万人,牲畜3.31万头。干旱较严重的有广丰县、弋阳县、上饶县、德兴市、波阳县、余干县等。

2000年4-9月 全区平均降水量1074毫米,比历史同期均值少12.6%。从6月下旬以后,全区进入高温少雨季节,自6月25日至8月8日的45天内,全区平均降雨仅为75毫米,比历史同期降雨均值少182.82毫米,并且连续出现25天的36%~40%的高温少雨天气,江河湖库水位急剧下降,处于历史同期的最低点,全区各地出现严重的干旱灾情。

1990年—2000年全区水旱灾害情况一览

表2-7-2

年份	水灾面积(万亩)		旱灾面积(万亩)		粮食总产量(亿千克)	粮食增减(亿千克)	灾情分析
	受灾	成灾	受灾	成灾			
1990	105.49	83.73	82.71	34.42	22.63	+1.97	全区秋旱,干旱70天以上
1991	80.34	38.43			23.31	+0.68	
1992	194.8	128.17	121.32	49.66	22.27	-1.04	大水年
1993	277.28	184.62	13.70	6.18	20.54	-1.73	特大洪涝年
1994	151.05	78.42	48.3	26.33	24.09	+3.55	大水年,先涝后旱干旱30天以上
1995	275.88	206.57	62.54	28.23	21.85	-2.24	特大洪涝年
1996	75.17	27.18	122.48	39.66	25.07	+3.22	全区夏秋干旱,干旱70天以上
1997	124.58	77.85	8.99	4.49	25.25	+0.18	
1998	327.6	254.27	4.97	3.2	18.73	-6.52	长江流域,全省全区特大洪涝年
1999	154.89	102.9	5.42	1.31	22.47	+3.74	大水年
2000	84.51	62.18	68.87	56.39	22.22	-0.25	大旱年

第三节　山体滑坡

玉山县峡口水库大坝上游右岸山体滑坡　玉山县峡口水库工程于1991年12月动工兴建,1994年9月水库放空洞下闸,开始蓄水,1995年2月2日(正月初三)发现库区大坝上游1.5千米处朱林坞斜对面右岸山体产生滑坡。通过测量,滑坡体面积3.5万平方米,裂缝3条,最长的裂缝延伸到390米,最短的110米,裂缝出露最高高程约220.8米,未滑坡前山坡长满兰衣草,该滑坡上覆为第四系松散堆积物,岩性主要为残坡积碎块石上,下伏基岩为侏罗系砂岩夹泥岩。山坡坡度为1:1.6,山坡四周岩石基本裸露,无其他建筑物。

造成山体滑坡的主要原因分析:由于水库蓄水后,滑坡体的地下水位上升,水渗入滑坡岩土体孔隙后,增加了单位体积重量,加大剪应力而促成下滑,地下水的浸湿、潜蚀和溶滤作用,使滑动面上含水量增大,土质迁移,易溶矿物被淋滤而降低了土颗粒间的黏结力,削弱了土层的抗剪强度,并增加润滑作用,促成滑动。

山体滑坡后,未造成任何损失。但峡口水库工程管理单位高度重视,及时邀请了有关领导、水利及地质专家多次到现场仔细观察并分析情况,同时设置了可靠的观察点,根据水位和暴雨情况定期或不定期地进行观察。根据5年多时间的观察数据表明,未发现有继续下滑的迹象。但是,工程管理单位还是把山体滑坡这个问题当作一个隐患,根据水库竣工验收时专家组提出的建议,工程管理局于2000年5月,在山体滑坡的范围内,采取三角控制测量,设置三角控制网络,同时增加埋设10多个观察点及多条水泥桩观察线。通过观察,各种数据表明山体滑坡基本处于稳定状态。

波阳县军民水库溢洪道山体滑坡　1996年9月25日,波阳县军民水库溢洪道桩号0+181~0+241范围内,陡坡段右边堤一级平台以上的山体发现滑坡(具体山坡名称为牛角畦),滑坡壁垂直高度为2.7米,滑坡体宽度53米,斜长56米,滑动面积近3000平方米。因深度不明,故体积难以确定。该溢洪道于1976年按两千年一遇洪水标准开挖完毕,1977年水库按“75.8”型洪水复核,在1976年开挖的基础上,又进行了扩挖工作,所以该段山坡只有稀稀拉拉的几根松树,原山体裸露,坡度1:0.8,其左边为一小山凹,生长着茂密的各种杂木,植被较好,右边为山埂,也生长着茂密的杂木,上部为山坡顶部,在开挖线以外,植被较好,下部为溢洪道陡坡段,下雨时,该段雨水只能随滑坡面往下流。

经分析论证,产生滑坡的原因主要有:

1. 溢洪道开挖最大深度达40米,由于采用群众运动方式施工,致使开挖边坡较陡,不符合设计标准,给边坡稳定带来了不安全因素;

2. 由于开挖时争时间、抢速度,大量采用爆破开挖,爆破波震动岩体,使其裂隙增加至破碎状态,失去整体抗滑能力;

3. 溢洪道开挖致使岩体裸露,加速山体岩石风化,促使其产生风化卸荷作用;

4. 在连续的几次暴雨过程中,过多的雨水渗入岩石裂隙,使岩石内部的摩擦能力降低,造成山体抗滑能力减少,是形成山体边坡失稳的根本原因。

1996年,日降雨量超过20毫米有5月20日48.4毫米;6月4日27.6毫米;6月9日103.0毫米;6月24日28.3毫米;6月26日20.2毫米;6月29日50.6毫米;6月30日61.3毫米;7月10日66.5毫米;7月15日31.9毫米;8月22日38.0毫米。特别是6月19日~7月

15日连降暴雨，水库水位最高时为81.66米(7月11日1时至5时)，7月10日6时溢洪道进口自溃坝开始拆除，10时开始泄水，拆除的自溃坝土石方顺水下冲，引起边坡震动，7月18日4时，溢洪道断流，当时最大下泄流量88秒立方米左右。

由于山体滑坡发生在溢洪道陡坡段边堤一级平台以上，对房屋、公路、电讯设施和其他建筑，以及人畜未造成损害。山体滑坡后，各级主管部门非常重视，长江委、南科院、省水利厅和市、县水电局，先后派出水利、地质专家现场观察、勘查，实地专题讨论、分析原因，最终制定处理方案是“上部削坡卸荷，下部衬砌固脚”。波阳县水电局以波水发〔1997〕07号文上报，上饶地区水电局以水工管发〔1997〕01号文批复同意。1998年1月份组织专业队进行滑坡体上部削坡，到4月下旬基本结束，一级平台以上7米，削坡坡比1:1.5～1:1。5月初开始用100号浆砌石固脚，垂直高度5米，坡比1:1，到7月初工程处理全部完工，共完成削坡土石方量6700立方米，固脚浆砌石量1200立方米，完成总投资41万元。

山体滑坡处理后，经1998年汛期观测，6－7月，军民水库库区已连续遭受暴雨袭击，两个月降雨量达1418.9毫米，已接近多年平均降雨量1602毫米，且出现三日降雨量达409.5毫米，造成建库以来第二个泄洪年，第一次泄洪自6月24日至7月2日，泄洪9天，第二次泄洪自7月21日至8月5日，泄洪时间为16天，两次泄洪共25天，未发现滑坡体有继续位移现象，滑坡壁没有裂开，固脚浆砌石表面没有裂缝。

婺源县段莘乡晓庄源头村、胡思田村及鄣山乡双桂村山体滑坡 段莘乡晓庄源头村村边发生山体滑坡 1996年6月30日，婺源县段莘乡晓庄源头村村边发生山体滑坡，滑坡体处于源头村西北角震旦系变质岩中，滑坡体纵向长度24米，宽度35米，厚约3米～5米，体积约3000立方米～5000立方米，滑坡后壁可见张开裂隙宽0.2米～0.4米，下滑高差0.2米～0.4米。滑坡前沿岩石松散，见张开裂隙宽约10厘米，部分土石体垮塌。未滑坡前山坡覆盖已被人为开垦，遍坡耕种，有蔬菜、红薯等农作物。山坡较陡，倾角约50°，滑坡体下方紧挨着村中大片房屋，直接威胁着10幢房屋，18户村民的生命财产安全。同日，段莘乡胡思田村西北角发生山体滑坡，该滑坡体处于变质岩中，滑坡体纵向长度23米，宽度85米，厚度1.5米～2.5米，体积约3000立方米～5000立方米，滑坡后缘可见张开裂隙，宽约10厘米，滑坡下滑最大高差30厘米。滑坡前缘岩石破碎，曾有部分土石体下滑压垮房屋，压死牲畜，滑坡体直接威胁其下方6幢房屋安全。

晓庄源头村滑坡发生后，婺源县政府立即责成县地矿局会同水电、城建部门实地勘查，此后婺源县地矿局又邀请地区地矿局技术人员再次深入现场观察，婺源县县长黄红兵、副县长詹焕祥、李平率领地矿、水电、民政、城建、老建等部门负责人和工程技术人员到源头村召开现场办公会议，研究制订治理方案，县政府从财政上紧急调拨5万元启动资金，同时责成有关单位出人、出钱协同治理。设计治理方案选定上部削坡减重，下部浆砌石支挡，随后即开始施工，于1997年4月中旬全面竣工，共完成浆砌块石800立方米，土石方开挖回填500立方米，拆迁房屋两幢，投入劳力4000工日，总投资16万元。

鄣山乡双桂村发生山体滑坡 1998年7月25日，鄣山乡双桂村发生山体滑坡，滑坡体最大长度98米，最大宽度88米，山体地表坡角40°～50°，暴雨中发生4处坍塌或小滑坡，直接滑落土石方130立方米，其中较大一处滑坡长24米，宽12米，滑动最大距离3.0米，滑坡体厚0.5米～1.5米，推倒房屋2间。滑坡前滑坡区山坡覆盖均被人为破坏，种植有红薯等农作物。由于滑坡区下方紧簇着大片村居，且面临小溪流，如不及时治理，将可能毁房截流壅高溪水，严重威胁着双桂村150户、750余人的生命财产安全。滑坡区除地层基岩裂隙发育、风化严重、山势较陡外，其表层植被人为破坏，且在山脚开垦建房，造成山体下滑的临空面，外加暴雨洪水的冲蚀下渗，增加土体自重，且降低其抗剪强度，促使山体失稳，从而导致山体滑坡。

8月14日婺源县县长朱荣辉、副县长詹焕祥、余京红带领地矿、水电等有关部门亲临滑坡现场办公。1998年10月7～16日委托江西地勘局赣东北大队进行地质勘查，并提交《江西省婺源县鄣山乡双桂村滑坡区地质勘查报告》，随后婺源县水电局立即进行实地测量与工作设计，编写《鄣山乡双桂村山体滑坡治理工程设计书》，采用下沿山脚修筑浆砌石挡墙支撑，上部削除大于40度的山坡土石荷载减重的方案。工程于1999年4月竣工，完成浆砌块石1800立方米，开挖回填石方3000立方米，拆迁房屋9间，投入劳力8000工日，投资31.48万元。

晓庄与双桂二处山体滑坡经处理后，经两三年的运行观察，工程处理安全有效。两处滑坡区内山体再发生滑动的可能性亦较小。但段莘乡胡思口村滑坡由于资金困难尚未着手进行工程处理，故存在着较大的隐患。

广丰县萍塘、枫温山、牛牯头、铁湖尖山、黄高山等地山体滑坡 萍塘山体滑坡 1998年5月，广丰县吴村镇萍塘后背山发生山体滑坡、下沉现象，出现明显的滑坡裂缝，严重之处裂缝1.0米多，下沉高差2米多，滑动水平距离80米，面积为100×30平方米，滑坡体积估计为1万多立方米。滑坡体下方山脚处有70多户、300多人口的村庄，受到山体滑坡的严重威胁。由于这次山体滑坡发现及时，经处理，没有继续下滑，避免造成压塌房屋等经济损失和人员伤亡。

造成山体滑坡的主要原因：乱挖乱采黑滑石，造成山体下滑的临空面，加之暴雨雨水冲蚀下渗，降低山体抗滑强度，促使山体失稳，从而导致山体滑坡。

山体滑坡后，广丰县委、县政府、水电局、镇政府等有关领导到实地勘察，水利部门提出调查报告和处理方案，将滑坡体下方受影响的萍塘村居民户全部拆迁，在安全处另建新居；对滑坡上部有计划地削坡卸荷，即采用自上至下分层开采滑石的办法，准备利用半年时间，彻底搬掉滑坡体上部最危险的山体滑石。共投入资金72.47万元。

枫温山山体滑坡 1998年6月，桐畈镇深坑枫温山发生山体滑坡，出现明显的裂缝，裂缝长150米，缝宽0.4米～0.5米，裂缝处距地面高约50余米，滑坡体积估计约1.5多万立方米。滑坡体下方山脚有农户25户、122人受到严重威胁。

造成山体滑坡的主要原因，连续几天降大到暴雨，雨水山洪冲刷下渗，使山体土层饱和，土体自重增加，山体抗滑强度降低，促使山体失稳，而导致山体滑坡。

山体滑坡后，广丰县及桐畈镇领导到实地勘察，县水利部门派出专家到实地勘测，并及时提出调查报告和滑坡体处理方案，最后确定处理方案：滑坡体下受影响的农户全部搬迁，迁至安全地区另建新村，计划资金50余万元。山脚下农户全部搬迁转移至安全地区建新居。另外对下滑的山体进行退耕还林，采取小流域治理等措施。

牛牯头山、铁湖尖山山体滑坡 1998年6月22日，大石乡十字弄牛牯头山脚牛拦坞自然村及铁湖尖山十字弄自然村发生山体滑坡，两处山体滑坡山脚下住有农户33户、160人。

山体滑坡处有明显的裂缝，裂缝距地面高约50米～80米，山体坡度约70°，斜坡面5.2万平方米，在此范围内出现梯形5条大裂缝，断续长400米，缝宽0.1米～0.2米，下沉0.2米～0.5米。两处山体滑坡，发现裂缝、下沉现象及时，没有造成大损失。

造成山体滑坡的主要原因是当时连续几天降大到暴雨，使山体土层饱和，山体抗滑强度降低，山体失稳，导致山体滑坡。受影响的住户，全部搬迁到安全规划区，重建新房。对两处山体滑坡,采取退耕还林,小流域治理措施,并有计划地逐年观测其裂缝、下沉变化情况。

黄高山山体滑坡 1998年6月,塘墀乡朱坞村黄高山居民点发生山体滑坡,滑坡体斜坡面积6750平方米,在此范围内分层下滑,滑坡体裂缝距地面高30米~80米,滑坡体下部滑至距居民住户水平距只有1米。由于山体下滑发现及时,居民及时撤离,没有造成更大损失。

此处山体属低矮丘陵地带,山体相对高差100米~150米,山坡坡度为30°~55°,山坡坡耕地多,植被很差,水土流失严重,加之当时连降大到暴雨,促使山体失稳,导致山体滑坡。居民全部搬迁到安全规划区居住。对山体滑坡采取退耕还林,流域治理等措施,并加强对原山体滑坡的观测。

弋阳县叠山、箭竹、城郊等山体滑坡

叠山山体滑坡 1998年6月,由于连续降大暴雨,叠山镇周潭村梅树湾发生重大山体滑坡。滑坡体长450米,宽350米,厚约3米~5米,后缘下滑1.5米。滑坡体下方有10户人家,受到严重威胁。山体滑坡后,由政府出资将全村所有人都搬迁到安全处,同时派专人监测滑坡体。

1999年及2000年没有持续降大暴雨,此处滑坡体情况比较稳定,没有发生异常情况。

箭竹山体滑坡 1998年6月,箭竹乡胡家村发生山体滑坡,滑坡体斜长60米~70米,宽200米,厚3米~5米,后缘下滑3米,前缘地面隆起,房屋开裂倾斜,另一处山体滑坡长300米,宽60米,厚3米~5米,后缘下滑7米~8米,滑坡体约0.5万立方米。此处滑坡体危及数户村民人身安全,滑坡后及时动员村民搬迁到安全处居住,同时派专人监测。

城郊山体滑坡 1998年7月,城郊乡宝峰村外汪发生山体滑坡。滑坡后缘滑距0.5米~1米,汛前前缘距内有水流出,可能会继续滑动,直接威胁多户居民安全。此处山体滑坡后,紧急动员受威胁的村民住户搬迁至安全处居住,并派专人监测,未发现异常情况。

卷三　人口　民族

1990年代,全区的人口增幅减缓,2000年,全区人口总数597.77万人,比1990年人口总数579.74万人只增长3.11%,其增幅远远低于同期全省人口增长9.78%的水平。

境内是以农业为主的地区,改革开放前,乡村人口一直占全区人口的85%以上。到1990年,全区乡村人口仍占总人口的85.42%,城镇人口85.01万人,占总人口的14.58%。1991年开始,全区城镇人口的比重逐年上升,乡村人口比重逐年下降,到2000年年底,全区城镇人口比1990年增长2.81倍。2000年,全区城镇个数由23个增加到108个,城镇人口达到323.68万人,占总人口的50.36%,已超过乡村人口4.65万人。

2000年,全区人口出生率为16.4‰,自然增长率继续保持低于10‰的态势,实现高出生、低死亡、高增长到低出生、低死亡、低增长的人口再生产类型的历史性转变。全区65岁以上人口达36.10万人,占总人口的比重为6.04%,离7%的标准只差0.96个百分点,人口老龄化速度加快。

2000年,全区除汉族外,有少数民族40个和一个外国加入中国籍的人,比1990年"四普"时的27个少数民族新增加14个民族;少数民族人口为14123人,占全区总人数的0.24%(汉族占99.76%),比1990年"四普"时的9353人增长51%,其中人数增加最多的少数民族有维吾尔族、高山族、朝鲜族、布依族、藏族、彝族和蒙古族。畲族占少数民族人口总数的58.4%,主要聚居在铅山、弋阳等8个县(市)的两个民族乡、7个民族村和19个民族村民小组,民族乡的数量占全省民族乡总数的2/5,民族村和少数民族人口均居全省第三位。

全区少数民族主要分布在县城乡镇,城区较少。分布在县(市)、乡(镇)的少数民族人口达11230人,占少数民族人口的79.52%;乡镇少数民族人口1636人,占少数民族人口的11.58%,城区少数民族只有1257人,占少数民族人口的8.90%。形成这种分布的原因主要是境内是以农业为主的地区,少数民族的大多数人从事农业生产,只有那些有职业专长的少数民族才留在城市就业,如回族、满族就有50.51%和52.78%的人在城市工作。

第一章　人　口

第一节　规　模

总量与变化　据地区公安部门统计,2000年年末,全区户籍人口为6427158人,其中男性

3355966 人，女性 3071192 人，分别占总人口的 52.22% 和 47.78%，比 1990 年年末人口 5830956 人增长 10.22%，年平均增长 1.02%。

第五次人口普查的结果显示，2000 年，全区常住人口比 1990 年第四次普查数只增长 3.11%，其增幅远远低于同期全省人口增长 9.78% 的水平。

2000 年与 1990 年相比，人口增长较快的是余干县，增幅达 6.57 个百分点；其次是玉山县、波阳县和广丰县，增幅分别为 3.99、3.49 和 3.32 个百分点，略高于全区增长 3.11% 的水平。低于全区平均增长水平的有德兴市、铅山县和万年县，其增幅分别为 1.29、1.69 和 2.37 个百分点；人口下降幅度较大的是横峰县，减幅为 5.82 个百分点，其次是弋阳县（－0.25%）和婺源县（－0.15%）。至于上饶市（2000 年 10 月改为信州区）2000 年比 1990 年人口增长 95.56% 和上饶县人口下降 15.58%，这是 1993 年因行政区划变动，上饶县划出沙溪镇、灵溪、朝阳和秦峰 3 个乡及人口约 15 万人给上饶市而出现的异常现象，剔除这些因素，上饶市和上饶县的人口增长速度与其他县（市）相差不会很大。

1990 年—2000 年全区年末人口数

表 3－1－1

年份	总户数（户）	总人口（人）	其中		比上年增长（%）
			男	女	
1990	1308139	5830956	3031293	2799663	2.03
1991	1327298	5895967	3068310	2827657	1.11
1992	1348443	5932341	3088697	2843644	0.62
1993	1317469	5948660	3094297	2854363	0.28
1994	1372409	5975005	3109330	2865675	0.44
1995	1388688	6021846	3136432	2885414	0.78
1996	1400625	6078091	3171344	2906751	0.93
1997	1423056	6141214	3188593	2952621	1.04
1998	1467106	6192625	3209955	2982670	0.84
1999	1509727	6256835	3253476	3003359	1.04
2000	1576532	6427158	3355966	3071192	2.72

说明：公安部门的统计数字（含暂住人口）略高于统计部门的数字。

1982 年—2000 年全区历次普查人口变动情况

表 3－1－2　　单位：人

普查年份	上饶地区		江西省		上饶占江西人口比重%
	人口总数	与上次普查比%	人口总数	与上次普查比（%）	
1982	5113137	+56.16	33185471	+57.52	15.41
1990	5797444	+13.38	37710281	+13.63	15.37
2000	5977678	+3.11	41398015	+9.78	14.44

1990 年—2000 年全区各县(市)人口变动情况

表 3-1-3

县(市)	2000 年				1990 年				2000 年比 1990 年增长(%)	
	总户数(户)	总人口(人)	男	女	总户数(户)	总人口(人)	男	女	总户数(户)	总人口(人)
合计	1515604	5977678	3109684	2867994	1283591	5797444	3019349	2778095	18.08	3.11
上饶市	92955	327703	164698	163005	43392	167570	84689	82881	114.22	95.56
上饶县	153607	636086	330840	305246	159859	753489	393318	360171	-3.91	-15.58
广丰县	164155	679271	352517	326754	142517	657465	339837	317628	15.18	3.32
玉山县	134412	515934	217761	244173	118322	496108	261343	234765	13.60	3.99
铅山县	103314	383936	199674	184262	86750	377540	197255	180285	19.09	1.69
横峰县	46270	166738	86872	79866	41304	177050	92865	84185	12.02	-5.82
弋阳县	90962	330523	174303	156220	77786	331352	172867	158485	16.94	-0.25
余干县	190091	804597	419365	385232	158288	755006	387870	367136	20.09	6.57
波阳县	283949	1191526	622350	596176	236431	1151322	603024	548298	20.10	3.49
万年县	85699	324922	168495	156427	74693	317411	165339	152027	14.73	2.37
德兴市	85257	297784	155178	142606	70800	293980	155995	137985	20.42	1.29
婺源县	84933	318658	163631	155027	73443	319151	164947	154204	15.64	-0.15

分布状况 区域分布 全区 12 个县(市)中,按自然区划分,可分为市区、滨湖区、丘陵区、多山区。据 2000 年“五普”资料反映,市区包括上饶市、德兴市人口总数为 625487 人,占全区总人口的 10.4%,土地面积 2396 平方千米,占全区总面积的 15.01%;滨湖区包括波阳县、余干县,人口总数 1996123 人,占全区(市)总人口的 33.39%,土地面积达成 6546 平方千米,占全区总面积的 28.72%;多山区包括婺源县、铅山县、玉山县、上饶县、横峰县、弋阳县,人口总数达 2351875 人,占总人口的 39.35%,土地面积达 11341 平方千米,占全区总面积的 39.90%;丘陵区包括广丰县、万年县,人口达 1004193 人,占全区总人口的 16.8%,土地面积达 2513 平方千米,占全市总面积的 11.02%。

城区人口增长较快,增幅达 35.52 个百分点。这与 1993 年 5 月上饶县沙溪、灵溪、朝阳、秦峰等乡镇人口(约 15 万人)划入市区有关。与此相反,2000 年多山区人口比 1990 年下降了 4.19 个百分点。这主要是上饶县划出 15 万多人,以及 2000 年横峰县、弋阳县人口比 1990 年略有减少等因素所形成的非正常现象,滨湖区和丘陵区人口增长速度略高于和接近全区(市)人口增长 3.11% 的水平。

全区各县(市)人口分布情况,2000 年占总人口比重最大的是波阳县 19.93%,其次是余干县 13.46%,占总人口比重最小的是横峰县 2.79%,其次是婺源县 5.33%。

2000 年,比 1990 年人口比重增加的有上饶市、余干县、波阳县、玉山县和广丰县,其余县(市)人口比重都比 1990 年下降。比重增加的县(市),除上饶市因接收上饶县划入人口增加比重(2.59%)较大外,其余各县增加的比重都比较小,均在 0.03% ~0.44% 之间。

人口密度分布 据历次人口普查资料显示,境内均属人口密度较高的地区。2000 年"五普"资料反映,全区 12 个县(市)中,上饶市的人口密度最大,每平方千米 1061 人,比全区平均密度 262 人多 799 人,是全区平均密度的 4 倍。县级人口密度最大的是广丰,每平方千米 493 人,比全区平均密度多 231 人,人口密度最小的是婺源县,每平方千米 108 人,仅为全区密度的 42.22%。另有德兴市、铅山县、弋阳县、横峰县,人口密度均小于全区平均水平。

1953 年—2000 年全区人口密度增长较快,且以 1982 年全区人口密度每平方千米 255 人增长最快,分别为 1953 年、1964 年全区人口平均密度的 2.28 倍和 1.77 倍。而 2000 年,全区人口平均密度每平方千米 262 人,分别比 1982 年、1990 年人口平均密度增长 7 人。

1990 年—2000 年全区自然区人口分布情况

表 3-1-4

自然区	县(市)	2000 年		1990 年		2000 年比 1990 年人口增长(%)	土地面积(平方千米)	占总面积(%)
		人口数	占总人数%	人口数	占总人数%			
合	计	5977678	100.00	5797444	100.00	3.11	22791	100.00
城区	上饶、德兴	625487	10.46	461550	7.96	35.52	2391	10.49
滨湖区	波阳、余干	1996123	33.39	1906328	32.88	4.71	6546	28.72
多山区	务源、铅山、玉山、上饶、横峰、弋阳	2351875	39.35	2454690	42.34	-4.19	11341	49.76
丘陵区	广丰、万年	1004193	16.80	974876	16.82	3.01	2513	11.03

全区历次人口普查各县(市)人口占全区总人口的比重

表 3-1-5

单位:人

县(市)	2000 年		1990 年		1982 年		1964 年		1953 年	
	人数	%	人数	%	人数	%	人数	%	人数	%
全区	5977678	100	5797444	100	5113137	100	3274300	100	2551721	100
上饶市	327703	5.48	167570	2.89	136924	2.68	91181	2.78	62004	2.43
上饶县	636086	10.64	753489	12.99	671971	13.14	426763	13.03	326695	12.80
广丰县	679297	11.37	657465	11.34	586138	11.46	383045	11.07	314892	12.34
玉山县	515934	8.63	496108	8.58	454404	8.89	305911	9.34	239614	9.39
铅山县	383936	6.42	377540	6.51	338952	6.63	213508	6.52	163757	6.42
横峰县	166738	2.79	177050	3.05	155436	3.04	97647	2.98	69467	2.72
弋阳县	330523	5.53	331352	5.72	287857	5.63	182865	5.59	121656	4.77
余干县	804597	13.46	755006	13.02	641719	12.55	393079	12.01	332552	13.03
波阳县	1191526	19.93	1151322	19.86	1019465	19.94	650390	19.86	535772	21.00
万年县	324922	5.44	317411	5.48	279490	5.47	186091	5.68	150612	5.90
德兴市	297784	4.98	293980	5.07	266268	5.01	151089	4.62	76041	2.98
婺源县	318658	5.33	319151	5.51	284513	5.56	192722	5.89	158659	6.22

全区历次普查各县(市)人口密度

表 3－1－6　　单位:人/平方千米

县(市)	土地面积(平方千米)	2000 年	1990 年	1982 年	1964 年	1953 年
全区	22791	262	255	255	144	112
上饶市	309	1061	1014	890	570	428
上饶县	2246	283	271	238	152	114
广丰县	1378	493	477	426	278	229
玉山县	1723	299	288	264	178	139
铅山县	2178	176	174	156	98	75
横峰县	655	255	270	238	149	106
弋阳县	1592	208	208	181	115	77
余干县	2331	345	324	276	169	143
波阳县	4215	283	273	242	155	127
万年县	1135	286	280	247	164	133
德兴市	2082	143	141	123	73	37
婺源县	2947	108	108	97	66	54

全区历次人口普查人口数占全省总人口比重

表 3－1－7　　单位:人

普查年份	全区人口数	全省人口数	占全省人口(%)
1953	2551721	16772865	15.21
1964	3274300	21068019	15.54
1982	5113137	33185471	15.41
1990	5797444	37710281	15.37
2000	5977678	41398015	14.44

城乡分布　上饶地区是以农业为主的地区,改革开放前,乡村人口一直占全区人口的85%～90%以上。到1990年,全区乡村人口仍占总人口的85.42%,城镇人口850136人,占总人口的14.58%。2000年,全区城镇个数由23个增加到108个,城镇人口达到3236844个,占总人口的50.36%,已超过了乡村人口46530人。

1991年始,全区城镇人口的比重逐年上升,乡村人口比重逐年下降,到2000年年底,全区城镇人口比1990年增长2.81倍。

1991年—2000年,全区城镇个数增加85个,比1990年增长3.7倍,其中,玉山县、弋阳县、婺源县、广丰县、波阳县的城镇个数比1990年增长5～10倍以上。2000年全区各县(市)城镇人口与1990年相比,多数县(市)有较大的增长,其中,德兴市、玉山县城镇人口比1990年增长1.49倍和1.25倍,只有万县年、上饶县、余干县的城镇人口比1990年分别下降35.01%、

18.94%和18.80%。

2000年,全区城镇个数和城镇人口都有较大的增加和增长,但新增的城镇人口规模仍偏小,绝大多数乡村镇是较小的建制镇。据2000年"五普"资料反映,全区108个城镇中,属于县(市)城镇的11个,共有城镇人口42万人,属集镇的镇10个,共有人口20万人;属工矿镇2个,共有人口5万人;其余85个乡村镇共有人口13万人,平均每个乡村镇只有1530人,人口城镇化水平偏低,比同期全省平均数低10.65个百分点。

1990年—2000年全区城乡人口比重

表3-1-8

年份	总人口(人)	城乡人口(人)		城乡人口比重(%)	
		市镇	乡村	市镇	乡村
1990	5830956	850136	4980820	14.58	85.42
1991	5895967	1266796	4629171	21.49	78.51
1992	5932341	1373304	4559037	23.15	76.85
1993	5948660	1801041	4147619	30.28	69.72
1994	5775005	1900212	4074793	32.90	67.10
1995	6021846	2012898	4008948	33.43	66.57
1996	6078091	2512509	3565582	41.34	58.66
1997	6141214	2802891	3338323	45.64	54.36
1998	6192625	2914519	3278106	47.06	52.94
1999	6256835	3027705	3229130	48.39	51.61
2000	6427158	3236844	3190314	50.36	49.64

说明:此表数据源自公安部门统计年报。

1990年—2000全区城镇、乡村人口分布情况

表3-1-9

单位:个、人、平方千米

县(市)	2000年							1990年						
	总人口	其中		占总人口%		城镇个数	城镇面积	总人口	其中		占总人口%		城镇个数	城镇面积
		城镇人口	乡村人口	城镇	乡村				城镇人口	乡村人口	城镇	乡村		
合计	5977678	1017529	4960149	17.02	82.98	108	527.6	5797444	786226	5011218	13.56	86.44	23	104.96
上饶市	327703	197240	130463	60.19	39.81	2	19.5	167570	126799	40771	75.67	25.33	-	8.9
德兴市	297784	114925	182859	38.59	61.41	7	34.3	293980	46186	247794	15.72	84.28	2	21
上饶县	636086	50628	585458	7.96	92.04	12	56.6	753489	62459	691030	8.29	91.71	2	4.9
广丰县	679297	112994	566277	16.63	83.37	16	32.5	657465	94924	562541	14.44	85.56	3	1.91
玉山县	515934	79903	436031	15.49	84.51	12	85.9	496108	35461	460647	7.15	92.85	1	7.5
铅山县	383936	68355	315581	17.80	82.20	9	26.7	377540	56225	321335	14.89	85.11	2	7.2
横峰县	166738	28791	137947	16.74	83.26	3	7.8	177050	29846	147204	16.86	83.14	1	2.5
弋阳县	330523	66555	263968	20.14	79.86	9	23.7	313352	41396	289956	13.21	86.79	1	8

续表 3－1－9

县(市)	2000 年							1990 年						
	总人口	其中		占总人口%		城镇个数	城镇面积	总人口	其中		占总人口%		城镇个数	城镇面积
		城镇人口	乡村人口	城镇	乡村				城镇人口	乡村人口	城镇	乡村		
余干县	804597	62435	742162	7.76	92.24	7	22.5	755006	76895	678111	10.18	89.85	3	15
波阳县	1191526	129982	1061544	10.91	89.09	14	139.9	1151322	107401	1043921	9.33	90.67	3	18.5
万年县	324922	46961	277961	14.45	85.55	6	16	317411	72259	245152	22.77	77.23	3	6.8
婺源县	318658	58760	295898	18.44	81.56	11	58.6	319151	36375	282776	11.40	88.60	2	2.65

说明：表中人口数源自全区“五普”“四普”资料、城镇个数及其面积数源自地区(市)地名办编的《上饶地区(市)行政区划名录》。

第二节 结 构

性别构成 1991 年—2000 年，全区人口性别比在 107～109 之间，其中 1996 年为最高达 109.1，1998 年为最低 107.62。

全区历次人口普查性别比构成，1953 年第一次普查性别比为 111.25；1964 年第二次人口普查性别比为 111.81；1982 年第三次普查性别比为 108.99；1990 年第四次普查性别比为 108.68；2000 年第五次普查性别比为 108.43。五次普查中，第二次普查性别比最高，第五次性别比最低，并从第三次普查起性别比开始下降。

全区各县(市)之间的人口性别比差距较大。如玉山县，2000 年、1990 年、1982 年三次普查性别比分别为 111.30、111.32、111.22，而上饶市三次普查的性别比则为 101.04、102.18 和 105.11，其差距分别达到 10.26、9.14 和 6.11。然而 1990 年、2000 年的第四、五次普查数据表明，各县(市)的人口性别比正逐渐趋于平衡。

全区历次人口普查性别比与全省同期性别比相比较，全区人口性别比在省内属偏高地区，普遍高 0.12～6 之间。但从第五次普查性别比的数据看，已接近全省平均数，呈逐年下降趋势。

2000 年第五次人口普查资料显示：0～3 岁幼儿性别比为 132.01，与 1990 年第四次普查数 106.79 相比，上升 25.22%，其中分年龄组的性别比均大于 1990 年普查数，如 1 岁、2 岁、3 岁婴幼儿性别比分别为 144.11、141.71、137.43，比 1990 年分别上升 36.42、33.56、29.01；5～14 岁组的性别比 113.7，同比 1990 年性别比 108.44，上升 5.26%；15～59 岁组的性别比 105.34，同比 1990 年 110.6，下降了 5.56%。

2000 年，全区 60 岁以上老年人口性别比为 102.26，同比 1990 年的 95.39 上升 6.87%，这说明老年人口中男性人口比重在上升，改变了以往老年人口中女性多于男性的现象。

2000 年“五普”资料显示，自然条件、社会环境和历史原因不同，人口性别构成亦有差异。市城区人口性别比为 101.04；多山区人口性别比为 108.82，滨湖区为 109.15；丘陵区为 107.71。性别比最低的是市区，最高的是滨湖区。与 1990 年普查数相比，市城区下降 1.14；多山区上升 0.03；滨湖区上升 0.91；丘陵区下降 1.01。全区历次普查性别比情况，同样是市城区最低，而且性别比都是由高向低发展。2000 年滨湖区性别比最高 109.15，与最低市城区的

101.04 的差距为 8.11。

2000 年,全区死亡人口为 37573 人,其中男性 20876 人,女性 16697 人,死亡人口性别比为 125.03,同比 1990 年 127.04 下降 2.01,这说明男性死亡人口有所减少。从分年龄组来看,0 ~ 4 岁组死亡性别比为 61.21,比 1990 年 98.18 下降 36.97;5 ~ 14 岁组死亡性别比为 142.74,比 1990 年 127.02 上升 15.72;15 ~ 59 岁组死亡性别比为 177.05,比 1990 年 156.51 上升 20.54;60 岁以上老年人口性别比 127.31,同比 1990 年 126.89 上升 1.42。

2000 年,全区 0 ~ 4 岁组死亡人口性别比 36.97,然女婴幼儿死亡率偏高,属不正常,显示有些地方仍存在溺弃女婴现象(尤其是农村);15 岁 ~ 59 岁组性别比上升 20.54,表明男性非正常死亡仍高于女性;60 岁以上老年人口死亡性别比上升 1.42,说明男性老年人死亡仍然大于女性。

1991 年—2000 年全区人口性别构成及性别比

表 3 - 1 - 10

年份	人口总数(人)	男		女		性别比(女 = 100)
		数量	比重%	数量	比重%	
1991	5895967	3068310	52.04	2827657	47.96	108.51
1992	5932341	3088697	52.07	2843644	47.93	108.62
1993	5948660	3094297	52.04	2854363	47.96	108.41
1994	5975005	3109330	52.04	2865675	47.96	108.50
1995	6021846	3136432	52.08	2885414	47.92	108.70
1996	6078091	3171340	52.18	2906751	47.82	109.10
1997	6141214	3188593	51.92	2952621	48.08	107.99
1998	6192625	3209955	51.84	2982670	48.16	107.62
1999	6256835	3253476	52.00	3003359	48.00	108.36
2000	5977678	3109684	52.02	2867994	47.98	108.43

说明:(1)1991 ~ 1999 年人口数据取自公安部门统计年报表。

(2)2000 年是第五次人口普查。

全区各县(市)第五、第四、第三次普查人口性别比

表 3 - 1 - 11

县(市)	性别比(女 = 100)			普查性别之差	
	2000 年	1990 年	1982 年	2000 年与 1990 年	1990 年与 1982 年
全 区	108.43	108.68	108.99	-0.25	-0.31
上饶市	101.04	102.18	105.11	-1.14	-2.93

续表 3－1－11

县(市)	性别比(女＝100)			普查性别之差	
	2000 年	1990 年	1982 年	2000 年与 1990 年	1990 年与 1982 年
上饶县	108.38	109.20	109.41	－0.82	－0.21
广丰县	107.88	106.99	109.32	0.89	－2.33
玉山县	111.30	111.32	111.22	－0.02	0.10
铅山县	108.36	109.41	110.77	－1.05	－1.36
横峰县	108.77	110.30	109.57	－1.54	0.74
弋阳县	111.58	109.07	108.70	2.51	0.37
余干县	108.86	105.65	105.30	3.21	0.34
波阳县	109.34	109.98	109.51	－0.64	0.47
万年县	107.71	108.72	108.94	－1.01	－0.22
德兴市	108.82	113.05	112.64	－4.23	0.41
婺源县	105.55	106.97	107.03	－1.42	0.06

全区第五、第四次普查人口分年龄组性别构成及性别比

表 3－1－12　　单位:万人

年龄组（岁）	2000 年		1990 年		性别比(女＝100)	
	男	女	男	女	2000 年	1990 年
总计	310.97	286.8	301.93	277.81	108.43	108.68
0～3	18.96	14.36	28.88	27.03	132.03	106.79
0	4.88	4.36	7.34	7.11	111.93	103.16
1	3.79	2.63	7.17	6.66	144.11	107.69
2	5.13	3.62	7.33	6.78	141.71	108.15
3	5.14	3.74	7.02	6.48	137.43	108.42
1～4	19.40	14.12	28.08	25.96	137.39	108.17
5～9	28.45	23.91	29.38	27.05	118.99	108.62
10～14	37.74	34.31	34.78	32.72	110.00	108.29
15～19	25.16	21.55	34.43	33.82	116.75	107.71
20～24	24.14	24.57	32.32	30.40	98.53	106.25
25～29	28.31	27.95	25.81	23.73	101.29	108.78
30～34	27.74	27.26	21.12	19.06	101.76	110.78
35～39	23.62	23.16	20.06	18.00	141.99	111.48

续表 3－1－12

年龄组（岁）	2000 年		1990 年		性别比(女＝100)	
	男	女	男	女	2000 年	1990 年
40～44	20.00	19.00	15.20	13.30	105.26	112.60
45～49	19.28	17.87	10.54	8.70	107.89	121.16
50～54	14.83	13.37	11.64	9.11	110.92	122.57
55～59	9.85	8.44	9.10	7.60	116.71	119.75
60 岁以上	27.55	26.93	20.80	21.80	102.30	95.39

全区历次人口普查分自然区人口性别构成

表 3－1－13　　单位:%

自然区	2000 年	1990 年	1982 年	1964 年
市　区	101.04	102.18	105.11	110.10
多山区	108.82	108.79	109.80	112.94
滨湖区	109.15	108.24	107.87	110.54
丘陵区	107.71	108.72	108.94	108.13

全区第五、第四次人口普查死亡人口分年龄组性别构成及性别比

表 3－1－14　　单位:人

年龄组（岁）	2000 年		1990 年		性别比(女＝100)	
	男	女	男	女	2000 年	1990 年
总　计	20876	16697	19015	14968	125.03	127. －4
0～4	1944	3176	3132	3190	61.21	98.18
5～9	285	192	333	265	148.44	125.66
10～14	216	159	264	205	135.85	128.78
15～19	190	144	397	383	131.94	103.66
20～24	369	236	496	449	156.36	110.47
25～29	479	313	392	274	153.04	143.07
30～34	579	332	434	279	174.40	155.56
35～39	635	314	471	309	202.23	152.43
40～44	720	321	490	280	224.30	175.00
45～49	900	472	548	319	190.68	171.79
50～54	948	577	923	492	164.30	189.43
55～59	1104	637	1219	646	173.31	188.70
60 岁以上	12507	9824	9116	7877	127.31	125.89

年龄构成 2000年全区第五次人口普查资料显示,0~14岁少年儿童人口为1671817人;65岁以上人口为361040人;15~64岁中年人口3944821人。按国际标准,通过分组计算,全区人口年龄构成类型变化情况,少年儿童系数从1964年始逐次下降,而老年人口系数和老少比值却逐次上升。

2000年"五普"资料显示,全区65岁以上人口达361040人,占总人口的比重为6.04%,离7%的标准只差0.96个百分点,人口老龄化速度加快。

1991年—2000年的10年,全区老年人口净增81515人。1964年—2000年36年间,全区老年人口共计净增243493人,增幅达2.07倍,而2000年全区总人口比1964年总人口只增长0.83倍。同时,2000年,全区80岁以上高龄老人达45524人,比1964年8083人增加37441人,增长4.63倍。

全区历次普查人口年龄构成类型变化

表3-1-15 单位:%

	国际通用人口年龄类型标准			全区历次普查人口年龄构成			
	年轻型	成年型	老年型	2000年	1990年	1982年	1964年
少年儿童系数(0~14岁)	40以上	30~40	30以下	27.67	33.09	39.59	41.44
老年人口系数(60岁及以上)	5以下	5~10	10以上	9.09	7.35	4.98	4.3
老年人口系数(65岁及以上)	4以下	4~7	7以上	6.04	4.82	4.15	3.59
老少比(60岁及以上/0~1岁)	15以下	15~30	30以上	32.48	22.21	12.56	10.39
年龄中位数	20以下	20~30	30以上	23.70	22.22	19.4	19.3

全区历次人口普查中的老年人口构成状况

表3-1-16 单位:%

年份	65岁及以上人口总数	占全区总人口比重	其中	
			80岁及以上人口	占65岁及以上人口比重
2000	361040	6.04	45524	12.61
1990	279525	4.82	25060	8.97
1982	217141	4.15	17256	7.95
1964	117547	3.59	8083	6.88

职业构成 2000年,全区在业人口为2482690人,占总人口的41.53%,比1990年"四普"52.05%下降10.52个百分点,其中男性1431350人,占男性总人口的46.03%,比1990年的58.40%下降12.37个百分点;女性为1051340人,占女性人口的36.66%,比1990年的45.15%下降了8.49个百分点。

2000 年,全区在业人员减少的主要原因有:一是未在业人员上升趋势。据“五普”资料反映,2000 年全区未在业人员占总人口的比重达 17.62%,占劳动适龄人口的 29.6%,分别比 1990 年“四普”时的 14.82%和 26.65%,上升 2.76 个百分点和 2.9 个百分点;二是最佳劳动年龄人员数量下降。大批青年人外出务工、求职,影响在业人员的构成。2000 年“五普”资料显示,20~24 岁人口为 48.71 万人,占总人口的 8.15%,比 1990 年“四普”62.74 万人减少 14.03 万人,减幅 22.36%;三是人口老龄化加快,离退休人员不断增多。2000 年全区离退休人员占未在业人口比重达 9.26%,比 1990 年“四普”数的 6.58%上升 2.68 个百分点;四是下岗待业和离岗自由择业人员增多。从未工作正在找工作和失去工作正在找工作的人员,占未在业人口的比重达 7.68%,比 1990 年的 3.81%上升 3.87 个百分点。

2000 年,全区在业人口中从事农林牧渔及水利生产的人员占在业人员的 71.29%,其次是生产运输设备操作人员和商业服务人员,分别占在业人员的 12.85%和 6.92%,与 1990 年“四普”数相比,从事农林牧渔及水利生产人员下降 7.13 个百分点,而生产运输设备操作人员和商业服务人员则分别上升 31.06 个百分点和 3.38 个百分点。其他职业人员的比重也均有程度不同的上升。

2000 年,全区第一产业就业人员占在业人员总数的比重为 71.33%,第二产业为 12.33%,第三产业为 16.34%。与 1990 年“四普”数相比,第一产业就业人员下降 12.46 个百分点,第二产业与第三产业就业人员比重则分别上升 5.12 和 7.34 个百分点。

1990 年—2000 年全区在业人口构成

表 3-1-17　　单位:人、%

年份	合计	其中		占总人口比重%	其中	
		男	女		男性占男性总人口比重	女性占女性总人口比重
2000	2482690	1431350	1051340	41.53	46.03	36.66
1990	3017821	1763388	1254433	52.05	58.40	45.15
对比%	-17.73	-18.83	-16.19	-10.52	-12.37	-8.49

全区在业人员的职业构成情况

表 3-1-18　　单位:%

项目	1982 年占就业总人数比重	1990 年占就业总人数比重	2000 年占就业总人数比重
总　计	100.00	100.00	100.00
机关企事业单位负责人	1.35	1.07	1.15
各类专业技术人员	4.73	4.09	5.36
办事人员	1.03	1.07	2.30
商业服务人员	3.47	3.54	6.92
农林牧渔及水利生产人员	73.42	78.42	71.29
生产运输设备操作人员	15.95	11.79	12.85
不便分类的其他劳动者	0.05	0.02	0.13

文化构成　2000年“五普”资料显示,全区6岁以上人口为544.59万人,受各种文化程度不同教育人口为489.27万人,占6岁以上人口的89.84%,其中,大专及以上文化程度的人口8.31万人,占6岁以上人口的比重为1.52%;高中文化程度人口(含中专)为44.86万人,比重为8.24%;初中文化程度人口为160.86万人,比重为27.54%;小学文化程度人口275.24万人,比重为50.54%;未上过学和扫盲班人口55.32万人,比重为10.16%。与1990年“四普”数据相比,大专以上、高中、初中和小学文化程度的比重分别上升0.94、1.87、11.37和2.9个百分点,未上过学和扫盲班人口的比重则下降了17.08个百分点。

各种文化程度人口中,大专以上人口增长速度最快,2000年比1990年增长185.57个百分点;其次是初中和高中人口,分别比1990年增长77.88和41.49个百分点;未上过学及扫盲班人口大幅度减少,比1990年下降59.19个百分点。

2000年,全区12个县(市)平均每万人拥有各种文化程度的人口为8185人,比1990年“四普”6245人增长31.04%;其中拥有大专及以上文化程度人口为139人,比1990年50人增长1.8倍;拥有高中(含中专)文化程度人口为750人,比1990年547人增长37.11%;拥有初中文化程度人口为2691人,比1990年1560人增长72.50%;拥有小学文化程度人口4650人,比1990年4089人增长12.62%;未上过学及扫盲班人口为925人,比1990年2338人下降60.44%。

各县(市)每万人拥有各种文化程度的人数,上饶市最多达8658人,是全区平均水平8185人的1.06倍,高于全区平均水平的还有广丰县、万年县、玉山县、余干县、横峰县、铅山县、婺源县、弋阳县,只有波阳县、上饶县和德兴市低于全区平均水平。

分层次上,全区每万人拥有大专以上文化程度人数为139人。其中上饶市为705人,是全区平均水平的5.07倍,其次是德兴市245人,为1.76倍,最少的是波阳县75人,余干县80人和上饶县82人;每万人拥有高中文化程度人数最多的是上饶市达1932人,是全区平均水平750人的2.58倍;其次是德兴市为1106人,为1.47倍,有上饶县、波阳县、余干县、广丰县、铅山县、玉山县低于全区平均水平,其中上饶县、波阳县为最少,只有529人和596人;每万人拥有初中文化程度最多的是万年县3190人,是全区平均水平2691人的1.19倍,其次是广丰县3115人,为1.16倍,有4个县低于全区平均水平,其中最少的是上饶县、波阳县,分别为2210人和2402人;每万人拥有小学文化程度人数最多的是上饶县5168人,是全区平均水平的1.12倍,其次是铅山县4928人,为1.07倍,低于全区平均水平4605人的4个县(市),其中最少的是上饶市和德兴市,分别为3334人和3869人。

1991年—2000年10年间,文化结构较高是上饶市城区和德兴市,文化结构较低的是上饶县、波阳县和余干县。上饶地区是农业大区,农村人口达500.7万人,占全区总人口的82.98%(1990年全区农村人口占总人口的85.74%)。

2000年,全区文盲人口为42.06万人,与1990年“四普”数据116.19万人相比,减少74.13万人,文盲率从1990年的20.04%下降至2000年的7.04%,下降13个百分点。文盲人口的特点如下:一是女性多于男性,全区女性文盲人口为31.38万人,占文盲总人口的74.61%,是男性文盲人口的2.94倍;二是年龄越大比重越高,全区45岁及以上文盲人口33.59万人,占文盲总人口的79.86%;三是青壮年文盲人口8.47万人,占文盲总人口的20.14%,其中91.89%是农村人口;四是农村多于城镇,全区市、镇文盲人口为4.31万人(其中:市城区0.85万人,镇3.46万人),占文盲总人口的10.25%;而乡村文盲人口为37.74万人,占文盲人口的89.74%,乡村文盲人口是城镇的8.75倍。

1990年—2000年全区6岁以上人口文化程度构成状况

表3－1－19　　　　单位:万人、%

文化程度	2000年		1990年		2000年比1990年	
	普查数	占6岁以上人口比重	普查数	占6岁以上人口比重	比重±	增长速度
合　计	544.59	100.00	497.68	100.00	–	9.43
未上过学及扫盲班	55.32	10.16	135.57	27.24	－17.08	－59.19
各种文化程度人口小计	489.27	89.84	362.11	72.76	17.08	35.12
大专以上	8.31	1.52	2.91	0.58	0.94	185.57
高中	44.86	8.24	31.71	6.37	1.87	41.47
初中	160.86	27.54	90.43	18.17	11.37	77.88
小学	275.24	50.54	237.06	47.64	2.90	16.10

1990年—2000年全区分县(市)各种文化程度人口构成情况

表3－1－20　　　　单位:人

县(市)	每万人中拥有各种文化程度人数(6岁及6岁以上)														各种文化程度人数小计占比(%)
	2000年							1990年							
	合计	未上过学及扫盲班	各种文化程度小计	其中 小学	初中	高中	大专以上	合计	未上过学及扫盲班	各种文化程度小计	其中 小学	初中	高中	大专以上	
全区	9110	925	8185	4605	2691	750	139	8584	2338	6246	4089	1560	547	50	27.23
上饶市	9237	579	8658	3334	2687	1932	705	9026	963	8063	2438	2712	2344	569	7.38
上饶县	8951	962	7989	5168	2210	529	82	8618	2215	6403	4578	1389	406	30	24.77
广丰县	9113	592	8521	4730	3115	609	94	8345	1918	6472	4322	1689	437	24	31.66
玉山县	9205	813	8392	4723	2813	744	112	8869	2036	6833	4395	1802	600	37	22.82
铅山县	9206	893	8313	4928	2592	675	118	8650	2154	6496	4452	1499	506	39	27.97
横峰县	9261	928	8333	4679	2759	756	139	8643	2104	6539	4217	1676	597	49	27.44
弋阳县	9230	1038	8192	4454	2799	806	133	8651	2760	5891	3744	1520	570	55	39.06
余干县	9094	759	8335	4788	2830	637	80	8333	2722	5611	3739	1409	440	24	48.55
波阳县	8938	1268	7670	4597	2402	596	75	8587	2600	5987	4179	1373	411	24	28.11
万年县	9123	620	8503	4335	3190	838	140	8667	2133	6534	4304	1662	532	36	30.13
德兴市	9283	1407	7876	3836	2689	1106	245	8710	2570	6140	3390	1815	841	95	28.27
婺源县	9322	1015	8307	4669	2750	759	129	8599	2897	5702	3643	1461	563	35	45.69

1990 年—2000 年全区按性别、年龄分组的文盲人口一览

表 3-1-21 单位:人

年龄分组	2000 年				1990 年				2000 年与 1990 年对比	
	合计	男	女	占总人口的比重%	合计	男	女	占总人口的比重%	人数	%
总计	420567	106776	313791	7.04	1161916	332039	829877	20.04	-741349	-63.80
15~19	2769	1150	1619	0.05	64460	11690	52770	1.11	-61691	-95.70
20~24	5868	1674	4194	0.10	83134	13487	69647	1.43	-77266	-92.94
25~29	10933	2365	8568	0.18	110145	22547	87598	1.90	-99212	-90.07
30~34	16499	3020	13479	0.28	120224	26744	93480	2.07	-103725	-86.28
35~39	19491	3106	16385	0.33	89594	22144	67450	1.55	-70103	-78.25
40~44	29092	5224	23868	0.49	77019	25569	51450	1.33	-47927	-62.23
45~49	37055	6864	30191	0.62	105245	39220	66025	1.82	-68190	-64.78
50~54	36425	7394	29031	0.61	104618	39836	64782	1.80	-68193	-65.18
55~59	35864	9508	26356	0.60	100114	39886	60228	1.73	-64250	-64.18
60 岁以上	226570	66471	160100	3.79	220439	77111	143328	3.80	6131	+2.78

第三节 普 查

自然变动 据统计,1991 年—2000 年 10 年间,全区共出生人口 116.92 万人,死亡 43.42 万人,出生和死亡相抵,累计净增 73.5 万人。人口出生率由 1991 年的 22.52‰逐年下降至 2000 年的 16.10‰,平均每年出生率为 18.89‰,平均每年自然增加 7.35 万人。

1990 年—2000 年全区人口自然变动情况

表 3-1-22 单位:人

年份	出生		死亡		自然增长	
	人数	率‰	人数	率‰	人数	率‰
1990	143860	23.92	35388	6.13		18.79
1991	133068	22.52	42721	7.23	90347	15.29
1992	116864	19.76	42878	7.25	73896	13.35
1993	124160	20.44	43553	7.17	80607	13.27
1994	122546	19.91	41854	6.80	80692	13.11
1995	119858	19.23	44877	7.20	74981	12.03
1996	119575	18.96	44841	7.11	74735	11.85
1997	114533	17.95	38986	6.11	75547	11.84

续表 3－1－22

年份	出生		死亡		自然增长	
	人数	率‰	人数	率‰	人数	率‰
1998	111329	17.26	47602	7.38	63727	9.88
1999	109277	16.78	48517	7.45	60735	9.76
2000	98013	16.10	38414	6.31	59599	9.79

说明:1990 年为第四次人口普查数;2000 年为第五次人口普查数。

机械变动 1991 年—2000 年 10 年间,全区人口迁入迁出也发生较大变化,据统计,2000 年全区外出流动人口 120 万人(出省 70%,省内 30%),出省半年以上的人口 57.64 万人,占全区总人口的 9.64%,其中乡村外出人口 52.76 万人,占外出人口的 91.53%。据 2000 年"五普"资料显示,全区最佳劳动年龄 20～24 岁人口为 48.71 万人,占总人口的 8.15%,比 1990 年"四普"数 62.47 万人减少 14.03 万人,减幅达 22.36%,其中农村最佳劳动年龄 20～24 岁人口为 40.78 万人,比 1990 年 53.72 万人减少 12.94 万人,减幅为 24.09%,其减少人口占全区减少人口的 92.23%。

1991 年—2000 年全区人口机械增长情况

表 3－1－23 单位:人

年份	比上年增长人口	自然增长数	机械增长数
合 计		734884	－138777
1991	65011	90347	－25336
1992	36374	73986	－37612
1993	16319	80607	－64288
1994	26340	80692	－54352
1995	46841	74981	－28140
1996	56245	74735	－18490
1997	63123	75547	－12424
1998	51411	63727	－12316
1999	64210	60753	3457
2000	170323	59599	110724

说明:人口机械增长数,即人口的迁入与迁出之差,迁入量大于迁出量为正数,反之为负数。

第二章　人口控制

第一节　计生机构

1991年,全区计划生育办事机构全部建立,地、县(市)、乡(镇、街道办事处)共有计划生育专职干部1186名,其中副科级以上干部54名。

1996年10月,行署批准《上饶地区计划生育委员会职能配备、内设机构和人员编制方案》(饶行办发〔1996〕123号)。地区计生委机关内设5个职能科(室):人事秘书科、规划统计科、宣传教育科(政策法规科)、科学技术科、基层调查科。另设纪检组(监察室),为地区纪委(监察局)派驻机构。机关行政编制13名,事业编制1名。领导职数:主任1名,副主任3名,纪检组长1名;科级职数6名。

2000年底,全区共有计划生育专职干部1960名,其中专业技术人员868名。

第二节　计生宣传

经常性宣传　1991年3月,地区计划生育委员会根据全国、全省计生工作会议精神,制定下达《上饶地区1991年计划生育宣教工作要点》,做到县、乡、村服务站、所、室都有专兼职宣传员,具备有广播、电影、幻灯等宣传设施及人口教育学校、固定永久画廊、标语、板报等宣传阵地。县、乡、村还结合实际设置专题节目、自办节目、广播电视等。

1990年代中期,计划生育宣传教育工作日趋活跃。各级计生部门通过运用群众喜闻乐见的形式,大力宣传计划生育的方针政策,根据不同地方、不同层次人群的实际情况编写宣传材料,制作宣传品,用大量生动实际的材料,从国情、省情讲到乡情,把大道理和群众思想、宏观形势和现实经济生活紧密结合。

同时,对群众广泛进行避孕节育知识、优生优育知识的宣传。在方法上,坚持经常性与定期集中性宣传相结合,普遍宣传与重点讲解相结合,今昔对比与解决实际问题相结合,特别是坚持正面教育为主与选择个别反面典型教育相结合。

1999年,全区的计划生育宣传教育活动,在宣传内容、形式和方法上有了新的突破:一是利用传统宣传方式,营造浓厚的计生宣传氛围。铅山县25个乡镇都树有一块永久性宣传牌、张贴了永久性标语、图画;弋阳县的县城闹市区及320国道边树立起巨幅永久性宣传牌;上饶县当年用于计生宣传教育经费达10.2万元。二是使用现代传媒工具,地区计生委在上饶电视台开办"人口钟声"栏目,全年播报计生新闻54条。全区12个县(市)均在当地电视台或报纸上开设计生宣传专栏,继《笑在人间》之后,地区计生委、地区歌舞话剧团联合编排出小品《好事先别说》。开展"婚育新风进万家"活动,2月,地区在婺源镇头镇开展试点,该镇人口学校举办培训班13期、580余人次,宣传栏90期,该镇婚育学校"悄悄话室"接受群众咨询140余人次,镇头镇中学开设"婚育新风进万家"内容课程,听课学生达350余人次,该镇人口接受教育率达80%以上,有15人主动放弃再生一胎的生育指标,有30位男青年转变观念,成为上门女婿;余干县、波阳县投资10万元在湖区开展送计生政策、生育文化、科普知识和生殖保健药品等进码头、进船头、进渔家的活动。

宣传月活动 全区各级计划生育部门在每年的元旦、春节期间都要开展3～4次计划生育技术服务高潮。如《中共中央关于控制人口增长问题致全国共产党员、共青团员的公开信》发表七周年纪念、世界"五十亿人口日"、亚洲"三十亿人口日"、中国"十二亿人口日"等纪念日，都集中力量开展大规模的计划生育宣传月活动。各地在开展宣传月活动中，因地制宜，突出特色，扎实开展"四进四送"①活动。在湖区，自1999年全省湖区宣教工作经验交流会在余干县召开后，波阳县、余干县、万年县湖区18个乡(镇)成立流动人口学校，培训新婚夫妇5000多人次，组织"湖区计生宣教医疗队""水上计生服务队"，自带流动展板、放映设备，经常巡回宣传，让一些既能上讲台，又能上手术台的技术人员，活跃在湖区码头、港湾或渔船上为群众服务，并将10万份计生宣传材料发到每个育龄妇女手中，还发放近万元避孕药具日常用药品，为湖区群众提供生殖健康服务，接受群众生殖健康咨询2万余人次，发放科技书籍2000余本。在山区、各县(市)发动群众开展群众性文艺宣传活动，组成计生宣传小分队，走村串户演唱或以山村农家小院为舞台，自编自导自演说唱、快板、小品等；上饶县旭日镇活跃着一支70多名由50～80岁的婆婆们组成的"夕阳红"计生宣传队，走村串户，深入田间地头，进行宣传演出，她们的经验在全省"四进四送"活动经验交流会上作了介绍，还在江西电视台和中央电视台一套播出。

2000年3月，贯彻落实中共中央、国务院《关于加强人口与计划生育工作稳定低生育水平的决定》(以下简称《决定》)，地区计生委专门举办两期学习《决定》培训班，并提出宣传贯彻《决定》的具体意见，近百名县(市)计生委领导、宣传科长参加培训。各县(市)迅速开展学习贯彻《决定》的活动，波阳县组织百万群众学《决定》，形成"广播天天响、电视天天播、报纸天天见"的计生宣传格局；铅山县、横峰县、广丰县及上饶市等地组织巡回演讲服务队，进村入户辅导学习《决定》；弋阳县将1000份印有《决定》的《弋阳人口报》发往乡村；婺源县、玉山县等出动宣传车80多辆次；上饶县旭日镇"夕阳红"婆婆队，余干县、万年县的水上服务队，都深入农村、滨湖地区进行宣传《决定》的活动。

2000年9月25日，为隆重纪念中共中央的《公开信》发表20周年，全区举行计生文艺汇演，12个县(市)组织代表队参加，有39个文艺节目，并进行现场评奖。

创先争优活动 1993年，地区计生委转发省计生委《关于开展"创先争优"活动的通知》，确定当年创造1个"一无"②县(市)，54个"二无"③乡(镇)，210个"三无一好"④村的目标，并分配下达。年终检查，上饶市实现"一无"目标，其余也基本达到目标要求。

1994年6月，省计生委通报：六项计生指标进展排位，上饶地区为二季度环检排列第一、二季度孕检排列第一，四项手术总数64668例，占省下达任务48.93%，排列全省第四位。

2000年8月，地区计生委授予上饶县旭日镇、广丰县大南镇10个乡(镇)为"三为主"⑤红

①"四进四送"：即进山乡、进码头、进船头、进渔村；送计划生育方针政策宣传、送科普知识和健康咨询服务、送避孕药具和常用药品、送反映婚育新风的文艺演出。

②"一无"：无计划外生育。

③"二无"：无多胎生育、无大月份引产。

④"三无一好"：无多胎生育、无大月份引产、无早育，计生工作管理好。

⑤"三为主"：以宣传教育为主，避孕为主和经常性为主

旗乡镇，上饶市北门乡、德兴市花桥镇等22个乡镇为先进乡（镇）。

“五访五问”活动　“五访五问”[①]活动是学习四川经验。1990年代后，这一活动不只限于元旦、春节，而是与“三下乡”、婚育新风“四进四送”等活动结合起来，做到普及化、经常化。

2000年统计，通过这些活动的开展，全区有1080户山区贫困户因得到乡（镇）干部帮扶结对子，培训种养技术，掌握了生产技能和科技与产品供销信息，生活得到改善；2万多名山区育龄妇女因得到及时的免费医疗服务治好了妇科病；1200多名独生子女免收小学学费；2568名计生户办了养老保险；3452名计生困难户优先得到民政补助和救济；60%的乡（镇）为独生子女户、工业结扎户、五保户、计生困难户发放就医优惠卡，持卡者可到乡（镇）计生服务所就诊，优惠就医。

人口教育研究　1991年12月，全区第二次人口问题研讨会在上饶举行，省统计局和上饶地区行署领导及计生委、社联、统计学会等4个举办单位负责人及论文作者参加会议，入选论文42篇，其中：获1～3等奖11篇，优秀论文奖20篇。

1993年8月，全区第六次人口理论研讨会在婺源召开，各县（市）计生委有关领导、宣传干部和部分论文作者共76人参加。大会收到论文61篇，摄影作品81帧，经评定，有45篇论文、29件摄影作品入选并送省参赛。

1996年8月，《江西人口报》《中国人口报》《人口与计划生育》等发行研讨会在玉山县三清山玉京宾馆召开。省计生委授予地区计生委1996年《江西人口报》发行先进地区称号，授予广丰县二等奖，德兴市三等奖；同时向地区计生委程东颁发全国人口报好新闻三等奖。

2000年11月，在江西人口学会二届二次会议暨全省计生工作理论研讨会上，上饶计生委黄黎华撰写的《关于“知情选择”与“三为主”关系的思考》被评为优秀论文奖。

基础知识教育　1991年初，全区县、乡共创办婚育学校[②]64所。152所党校、328所中学和部分小学开设人口理论课。

1994年1月17日，广丰县泉波乡婚育学校举办新年第一期培训班，各村妇女主任带领40余对新婚夫妇参加培训。乡党委书记、计生工作队长、乡计生助理员、乡卫生院副院长等分别向学员们讲授“计划生育政策法规”“当前计划生育形势”“新婚保健和优生优育”等人口知识。培训结束时，乡领导向参加培训的新婚夫妇颁发“婚育学校合格证”和“准生证”。

各地计生委以乡村两级人口学校为基础教育阵地，不定期培训育龄妇女，在教学内容上，针对不同时期出现的新情况和新问题，突出三个重点：一是针对群众中根深蒂固的传统生育观念的实际，开展“生男生女都一样，女儿也是传后人”等新型生育观念的教育；二是传授晚婚晚育、少生优生、避孕节育、生殖保健等科学知识；三是把“基础教育”同脱贫致富结合起来，提供致富信息，培训致富技能。在教学形式上，图文声像一齐上，各乡村人口学校都配备了彩色电视和录像机。

2000年，全区共培训已婚育龄夫妇1025662人，其中新婚夫妇38850人。青春期开课的学

①“五访五问”：五访：访只生一个孩子决心不再生育的夫妇；访计生战线上的模范人物和积极分子；访做过节育措施的同志；访因为超计划生育等受了处分的夫妇；五问：问寒问暖，问孩子健康，问家庭困难，问对计划生育工作的意见等。始于1985年，是于每年的元旦、春节开展的一项经常性活动。

②婚育学校：1988年，全区第一所乡级婚育学校在铅山县湖坊乡开学。同年，全区重点中学开设了人口理论课。

校有420所。

第三节 优生优抚

优生 1990年代开始，实施《江西省计划生育条例》，地区对地、县(市)两级病残儿鉴定领导小组进行及时调整、充实，并将生育二胎的病残儿鉴定审批权收归地区计生委管理。同时重申“男女结婚前必须接受婚前健康检查，育龄夫妇应按国家有关规定接受优生指导。夫妻双方或一方经县级以上医疗保健机构检查，确诊患有医学上认为不应当生育的疾病的，禁止生育，并施行绝育手术。已怀孕的，应立即终止妊娠”。

1990年代中后期，全区计生部门开展一项全新的工作：即避孕节育方法知情选择、出生缺陷干预和生殖道感染干预“三大工程”。1996年，首先在德兴市花桥镇实施避孕节育措施知情选择试点工作，并根据试点经验，出台《上饶地区避孕节育措施知情选择实施方案》，引导育龄妇女落实长效避免节育措施。出生缺陷干预重点放在对育龄夫妇进行优生优育宣传教育，优生咨询、孕产期保健、补充叶酸、优生检测等服务。德兴市、横峰县推广应用斯利安片；婺源针对当地缺碘引起克汀病流行病史采取干预措施；弋阳县、余干县推广福斯福，降低因缺少叶酸引起的神经管畸形儿发生率，均取得一定效果。生殖道感染干预主要利用每季环、孕检与育龄妇女见面服务机会，进行妇科病普查、普治。据不完全统计，1996年—2000年5年中，全区进行妇科病普查29万余人次，治疗6万余人次，性病诊治2000余例，不孕病治疗300余例。

2000年，全区有9个县(市)陆续开展优生检测项目，并适时开展优生咨询、孕期检查行等，计生服务站利用每季环、孕检与育龄妇女见面服务机会对其进行妇科病的普查、普治，同时宣传卫生知识，提高其自我保健意识，全面实施生殖道感染干预工程。

独生子女费 1990年代开始，全区各地托幼组织和妇婴保健机构进一步建立健全。特别是对独生子女，全区申请“独生子女父母光荣证”的独生子女家庭有6.4万户，按政策规定，给予兑现每月8元~12元独生子女保健费，并在住房、上学、就业、分配宅基地等方面均给予优惠。

1992年，玉山县推出企事业单位女职工生育费用社会统筹试行办法。试行办法规定：县属全民、集体所有制企业、非财政拨款的事业单位和中央、省、地属企业职工均参加统筹，按职工总人数每人每月1.5元提取，由县社会保险局按每人450元的标准(晚育者增加150元，一孕多胎者，每多生育一个婴儿增加100元)一次性拨付给所在单位。

第四节 “计生”管理

计生协会村民自治 1990年代初期，全区乡、村两级计生协会普遍建立。1991年，玉山县姚姆乡计生协会在全乡各村协会建立起“计划生育基金会”，从村办企业利润、违犯计划生育和其他罚款、群众集资三方面筹集资金，对二女结扎户和独生子女户实行经济奖励，对实行计划生育，生活中有困难的对象给予补助，对二女户和独生子女户夫妇年满60周岁后发给一定生活费。

1998年，全区有18个村成为“村民自治”试点村。婺源县在太白镇薛村进行试点，组织村民反复学习《村民组织法》《计划生育条例》等文件，了解村民自治的目的、意义。通过一年试点，计生工作有较大起色，节育对象、环孕检对象均能主动自觉接受手术或检查，符合政策规定可以生育的对象，确保了持证怀孕、凭证生育。村民自治的开展推进了合格村的建设，全区共建计划生育合格村 1978 个，合格村达标率为 68%。

2000 年，各县普遍开展了村民自治试点工作，全区有 233 个村实行村民自治。

流动人口管理　1990 年代开始，针对城乡流动人口日趋频繁，1993 年，全区各级计生委贯彻执行《流动人口计划生育管理办法》，采取摸底数，掌握具体流向的基础上，明确流入地和流出地各自的职责，建立流出地与流入地相结合双向管理新格局，把好两道关：一是把好流出人员关，年初，各县（市）、乡（镇）均对外出务工人员普遍进行环孕检，办理流动人口计生情况证明，建立起有明确去向的流动人口计划生育档案，签订有效合同，同时，与外出人员所去的居住地及用工单位联系，定期派人协助管理或全委托管理。二是把好流入人员关，各县（市）全面实行登记建卡制度，把流入人员列入所辖区育龄妇女管理范围，与本辖区对象进行同样严格的管理，公安、工商等有关部门对流入人口进行严格验证（流动人口计生证明），无证者限期补证。

1994 年 6 月，弋阳县组织一支 12 人的清理流动人口计生专业队，对居住半年以上时间的流动人口和本地居民一样，发给育龄妇女管理手册，定期进行节育环情况、怀孕情况检查。同时对出租房屋、提供承包场地的本镇居民户，由镇计生办与其签订计划生育合同，交纳保证金，并及时向镇计生办定期提供租住户的计生情况。6 月，广丰县在夏季计生服务活动中，将外出劳务人员列为管理重点，据不完全统计，每天从家乡发出有关信件、电报、电话达 600 多件（次），另有近百人出门通知亲人回乡接受服务，每天返乡接受节育环检查、怀孕检查及四项手术的计生对象达 1200 余人。9 月，上饶市在水南街、北门乡、白鸥园市场建立流动人口和个体户计生管理示范区，规定其必须持有户籍所在地乡（镇）以上人民政府出具的“计划生育情况证明”进行登记。北门乡要求有空余住房准备出租的村民与计生办签订“流动人口计生管理合同”。

1995 年开始，玉山县针对该县在杭州打工人员达 3000 余人，且相对集中的特点，在杭州设立“玉山县驻杭州流动人口计划生育工作处”。对玉山县在杭州流动人口的计划生育工作进行管理。工作处对计生对象建立计划生育档案卡、账，对上环、怀孕情况进行监测与检查，掌握育龄妇女婚姻、生育、节育情况，并定期向计生对象的原籍乡镇政府和县计生局通报。同时，为计生对象提供各种服务，处理辖区内流动人口违犯计划生育的各种行为，配合当地计生部门共同抓好计生工作。

1996 年 3 月，行署批复地区计划生育委员会，同意在上饶籍流动人口比较集聚的深圳、厦门、上海、杭州、温州 5 市设立江西上饶地区流动人口计划生育服务站。4 月，地区计生委副主任孙莉莉一行 6 人，携带“B 超”和孕检药品去厦门对 543 名上饶籍育龄妇女进行怀孕情况检查服务。

2000 年年初，地区计生委申请省计生委批准在杭州成立流动人口计生服务站，全权代理全省进入浙江省的流动人口计生管理和服务。据摸底统计，全区外出打工流至各地已婚育龄妇女达 76155 人。地区计生委经提请地委、行署批准，全区 12 个县（市）分管领导和计生委主任奔赴外地，与上海、厦门、深圳等地有关部门签订《流动人口计划生育双向管理协议书》，移交流出人员名单。

科技管理　科技队伍　1991 年和 1994 年，省计生委两次在上饶地区召开全省计划生育科技工作会议,介绍全国、全省科技工作和服务网络建设的好典型,现场参观玉山县四股桥乡、林岗乡村服务室的建设。1991 年—1996 年,全区的县、乡、村三级计划生育服务站,建成率 100%,创合格县站 11 个,合格率 91.7%;乡建服务所 281 个,建成率 96.5%,其中甲类乡所 27.1%;村室建成率 92.15%。两次会议后统计,1995 年年底,全区计生委系统完成四项手术 114241 例,占全区四项手术总数的 60.1%,比 1991 年增长 24.79%。全区县、站、乡所拥有 1058 人的各类专业技术队伍,其中:卫生技术人员占 71.98%,村服务室人员 2348 人。科技人才的开发与引进主要源于:一方面争取一定数量的医学院校毕业生,选调和聘用卫生系统(含退休人员)技术骨干做好传、帮、带;另一方面是对在职人员的业务培训,主要是定期分批输送技术人员到省、地及上海医院进修学习;请专家讲学指导工作;组织举行各类各层次的学术交流活动。1994 年—1996 年,地区计生委举办技术专题培训班 12 期,全区有 27 名专业技术人员被国家计生委授予“万例手术无事故”先进个人光荣称号。1998 年,地委、行署下发《关于进一步加强计划生育工作的决定》,要求“普及与提高计划生育科学技术,发展计划生育科技事业,县以上计划生育班子中必须配一名受过医学专业技术教育、懂业务、善管理的领导分管科技工作,并设立科技科、股。同时,还要注意选好计划生育服务站、药具站的负责人”。

2000 年底,全区 12 县(市)均健全计划生育服务站,除玉山县站为差额拨款外,其余 11 个县均为全额拨款事业单位。全区有 281 个乡镇计生服务所,其中:全额拨款单位 214 个,占乡所总数的 76%,差额拨款单位 54 个,占 19%,另有 13 个乡所为自收自支单位。12 个县站均具有单独完成四项手术、生殖保健、环孕检及药具管理等技术服务能力,乡镇服务所能力参差不齐,相当一部分要依靠当地医疗机构,特别是有的县本系统只能完成手术量的一半。全区有计生服务人员 1149 人,其中:有专业技术职称的 865 人,无职称的 286 人;县(市)站 234 人,乡镇服务所 915 人。

信息管理① 1991 年,采取县(市)筹资为主,地区适当补助的办法,先后投资 20 万元,为各县(市)计生委配备“268”型微机,并相应培训一批微机操作人员,微机应用开始在县级计生委起步。1992 年,育龄妇女档案软件开始在各县(市)运行;同年,万年县大源乡成为全省第一个配备微机的乡计生办,并成为地区微机信息管理工作的试点。1995 年,全区加快推广微机应用步伐,开展计划统计规范化管理工作,并在 12 个县(市)中选择 13 个乡(镇)作为计划统计信息试点,将试点乡镇育龄妇女档案全部录入微机,管理 4 万名已婚育龄妇女的档案。

1996 年 3 月,地区计生委开通地对省、地对县的计算机远程通讯;5 月,全区联网微机操作人员培训班结束,培训人员 43 名(县、市级 14 名,乡镇级 29 名)。6 月,上饶市、德兴市 25 个乡镇微机全部到位、全面运转。至此,全区计生部门共有各种型号微机 52 台,其中地区计生委 5 台(“586”型 1 台、“486”型号 2 台、“386”型 2 台)。德兴市、上饶市除外,其余各县微机信息管理的发展参差不齐,但都以点带面,分步实施,逐步推广。

1996 年—2000 年,地、县、乡三级共投入 160 多万元,用于育龄妇女微机信息管理系统,共配备计算机 132 台,其中乡镇计生办配备 97 台,占乡镇总数的 34%。

---

①1988 年始,地区计生委配备了两台微机,其中一台是当时较先进“280”型微机,由此开始自行开发、完善了计生统计管理软件包,地区实现了统计报表、文档管理、统计分析、育龄妇女档案的微机处理和管理,是全省率先开展微机应用的地区。

第五节　避孕节育

避孕药具　1990年代开始，全区地、县、乡三级计生服务机构的科技药具工作者，将药具管理融入到“三结合”工作中，积极推广节育新技术。1991年—2000年，引进和推广皮下埋植剂2612人份，单抗早育试剂92万人份，米非司酮药物3682人份，新型宫内节育器3395万个。

1993年起，新型计生产品不断问世，计生机构及时购进和推广使用。1994年，以村为单位，制定了药具合格村的标准，规范了避孕药具服务行为。计生人员经常送药具上门，每月定期随访，掌握她们情况。到1995年底，全区共推广使用皮下埋植剂2350份，单抗早孕试剂65万人份、新型宫内节育器23.4万只(套)、避孕药物2800人份、宫术安检2500枚。地、县、乡三级培训药具管理人员5000余人，扶植计生药具管理合格村2322个，占全区总村数的78%，弋阳县、玉山县、铅山县、万年县、德兴市、上饶市等避孕药具使用人由1993年27707人，上升到32812人，增长18.4%。

2000年年底，由于推行上环、结扎为主的避孕措施，全区使用避孕药具人数达21634人。

放置宫内节育器　1990年代初，全区普及开展避孕药具的“双轨制”。首先，由德兴铜矿实行全省首次有价供应。至此，全区形成“城镇凭证供应，农村合同管理，全方位实行双轨供应，城市、县镇、单位实行有价供应”的计生避孕药具管理格局。并在全区废弃原金属单环，全部推广使用新型环。新型环主要品种有TCU200、TCU220、VCU200、单圈式含铜、单圈式高支撑力及宫型环。新型环的推广普及提高了放环的有效率，达到95%以上。

配合以查环查孕为主、补救措施为辅的计生服务活动，搞好孕前管理，各级计生服务部门增加投入，进行基本设施建设。据统计，1993年4月，全区配置B超仪132台，配备率由零猛增到45%以上。其中：玉山县、铅山县、弋阳县和德兴市、上饶市为每个乡计生所配置一台B超仪，实现“计生B超县(市)”。

2000年年底，全区有357465人放置宫内节育器，比1991年增加175614人，增长96.57%。

1991年—2000年全区人口计划执行情况

表3-2-1　　　　单位：万人、‰

年份	计划数		完成数			
	出生率	自然增长率	总人口	出生数	出生率	自然增长率
1991	23.81	16.77	589.60	13.31	22.52	15.29
1992	22.21	15.48	593.23	11.69	19.76	13.35
1993	21.55	15.06	594.87	12.42	20.44	13.27
1994	20.69	13.54	619.54	12.34	19.91	13.11
1995	19.69	12.89	627.03	11.99	19.23	12.03
1996	20.02	13.33	634.31	11.96	18.96	11.85
1997	18.49	11.65	641.83	11.45	17.95	11.84
1998	17.80	11.51	648.20	11.13	17.26	9.88

续表 3－2－1

年份	计划数			完成数		
	出生率	自然增长率	总人口	出生数	出生率	自然增长率
1999	17.07	9.73	651.24	10.93	16.78	9.76
2000	17.22	9.49	611.78	9.80	16.10	9.79

说明：1. “计划数”为计委提供；

2. “完成数”中历年“出生率”为统计部门公布数；

3. 1991 年—1993 年“总人口”为公安部门报表数；1994 年—1999 年“总人口”为统计局公布数；2000 年“总人口”为“五普”数，包含流入人口，不含流出人口。

1991 年—2000 年全区计划生育有关指标完成情况

表 3－2－2　　单位：%

年份	计划生育率	晚婚率	独生子女领证率	综合避孕率	一孩已婚育龄妇女比
1991	70.73	33.6	4.55	90.32	15.4
1992	78.03	37.3	4.98	92.45	19.7
1993	85.43	31.2	5.06	93.49	21.1
1994	79.16	34.2	5.1	92.39	22.7
1995	83.14	34.7	5.04	93.33	24.4
1996	88.52	32.4	5.11	93.23	25.8
1997	93.51	32.8	5.09	93.02	27.5
1998	93.23	30.7	5.08	93.57	28.6
1999	92.23	35.3	5	93.28	30.1
2000	91.55	35.4	5.62	88.70	31.6

说明：表中资料来源计划生育统计年报。

第三章　民　族

第一节　民族分布

2000 年“五普”资料显示，全区除汉族外，有少数民族 40 个和一个外国加入中国籍的人，比 1990 年“四普”时的 27 个少数民族新增加 14 个民族，它们分别是：傈僳族、柯尔克孜族、东乡族、纳西族、达斡尔族、怒族、布朗族、佤族、拉祜族、独龙族、景颇族、塔吉克族、撒拉族、俄罗斯族、鄂温克族等，减少 1 个羌族。

全区少数民族分布比较分散，除畲族属于聚居外，其他少数民族均为散居，长期与汉族人口杂居。其中人口百人以上的少数民族有 11 个，即畲、蒙古、苗、布依、满、彝、朝鲜、壮、藏、维吾尔、土家族，人口达13708人，占少数民族人口的97.06%，其余少数民族人口只有45人，仅占少数民族的2.94%。畲族占少数民族人口总数的58.4%，主要聚居在铅山县、弋阳县等8个县（市）的两个民族乡、7个民族村和19个民族村民小组，其他少数民族则聚居在全区12个县（市）。上饶地区民族乡的数量占全省民族乡总数的2/5，民族村和少数民族人口均居全省第三位。

铅山县、余干县、玉山县、横峰县少数民族较多，分别为2426人、1589人、1485人和1416人；最少的县是万年县和婺源县，分别只有204人和239人。但从各县（市）少数民族人口增长情况看，增长最快的是余干县、波阳县、广丰县和玉山县，如余干县1589人比1990年"四普"时62人增长24.63倍；波阳县1161人比1990年112人增长9倍；广丰县739人比1990年156人增长4.08倍；玉山县1485人比1990年777人增长91.12%。铅山县2426人、弋阳县993人，两县少数民族却比1990年2472人和1053人分别减少1.86%和5.70%。

全区少数民族主要分布在县城乡（镇），城区较少。分布在县（市）、乡（镇）的少数民族人口达11230人，占少数民族人口的79.52%；乡（镇）少数民族人口1636人，占少数民族人口的11.58%，城区少数民族只有1257人，占少数民族人口的8.90%。形成这种分布的原因主要是境内是以农业为主的地区，少数民族的大多数人从事农业生产，只有那些有职业专长的少数民族才留在城市就业，如回族、满族就有50.51%和52.78%的人在城市工作。

1990年—2000年全区各民族人口变动情况

表3-3-1　　单位：人

民　族	2000年	1990年	2000年与1990年相比人数
总计	5977678	5797444	180234
汉族	5963555	5788091	175464
少数民族合计	14123	9353	4770
畲族	8176	7684	528
蒙古族	1580	117	1463
回族	685	479	206
苗族	586	126	460
布依族	553	23	530
满族	504	363	141
彝族	420	24	396
朝鲜族	376	12	364
壮族	271	286	-15
藏族	265	12	253
维吾尔族	189	1	188
土家族	103	68	35
侗族	91	54	37

续表 3－3－1

民 族	2000 年	1990 年	2000 年与 1990 年相比人数
高山族	90	1	89
瑶族	34	15	19
土族	25	2	23
塔吉克族	22	–	22
佤族	20	–	20
水族	18	8	10
黎族	15	15	平
白族	11	20	–9
仡佬族	11	1	10
达斡尔族	9	–	9
怒族	8	–	8
仫佬族	7	6	1
柯尔克孜族	7	–	7
纳西族	5	–	5
鄂温克族	5	–	1
哈尼族	4	6	–2
傣族	4	5	–1
独龙族	4	–	4
布朗族	4	–	4
毛南族	4	5	–1
傈僳族	3	–	3
东乡族	3	–	3
景颇族	3	–	3
撒拉族	3	–	3
锡伯族	1	3	–2
拉祜族	1	–	1
俄罗斯族	1	–	1
羌族		14	–14
未识别民族	1	3	12
外国人入籍	1	–	1

2000年全区各民族人口分布情况

表3－3－2 单位:人

民族	合计	上饶市	上饶县	广丰县	玉山县	铅山县	横峰县	弋阳县	余干县	波阳县	万年县	德兴市	婺源县
总计	5977678	327703	636086	679271	515934	383936	166738	330523	804597	1191526	324922	297784	318658
汉族	5963555	326413	634828	678478	514449	381510	165322	329530	803008	1190410	324718	296470	318419
少数民族	14123	1290	1258	793	1485	2426	1416	993	1589	1116	204	1314	239
畲族	8176	689	964	73	643	2092	1317	744	734	7	1	899	13
蒙古族	1580	134	36	164	133	98	35	95	264	355	91	95	80
回族	685	170	38	62	48	44	4	28	59	112	24	72	24
苗族	586	55	53	110	151	32	10	25	35	51	9	32	23
布依族	553	15	65	163	185	20	5	8	28	39	4	12	9
满族	504	98	13	24	35	25	17	16	59	103	18	90	6
彝族	420	14	16	38	66	20	5	11	110	105	9	10	16
朝鲜族	376	23	3	31	30	22	4	12	75	135	12	8	21
壮族	271												
藏族	265	11	16	28	33	15	9	10	49	68	10	7	9
维吾尔族	189	8	9	20	26	8	2	11	31	50	9	8	7
土家族	103	28	3	5	28	7	–	7	3	8	1	8	5
侗族	91	5	8	6	24	4	2	4	11	9	2	13	3
高山族	90	–	–	–	–	–	–	–	87	–	1	2	–
瑶族	34	9	2	4	10	–	–	–	2	1	2	–	4
土族	25	4	–	–	1	9	1	1	1	1	–	1	6
塔吉克族	22	–	1	1	3	–	1	1	1	12	1	–	1
佤族	20	–	1	3	2	1	–	1	4	7	–	–	1
水族	18	1	–	1	11	–	–	–	–	–	1	4	–
黎族	15	–	1	3	2	3	2	–	4	–	–	–	–
白族	11	–	–	3	–	–	–	–	–	4	–	2	2
仡佬族	11	1	4	2	2	–	–	–	1	1	–	–	–
达斡尔族	9	–	–	–	1	–	–	1	1	3	–	3	–
怒族	8	–	–	2	–	–	–	–	–	6	–	–	–
仫佬族	7	–	–	–	3	4	–	–	–	–	–	–	–
柯尔克孜族	7	–	–	6	1	–	–	–	–	–	–	–	–
纳西族	5	–	–	4	1	–	–	–	–	–	–	–	–
鄂温克族	5	–	1	–	–	–	–	2	–	–	2	–	–
哈尼族	4	–	2	1	–	–	–	–	–	–	–	1	–
傣族	4	–	1	–	–	–	–	–	–	–	–	3	–
独龙族	4	–	–	–	1	–	–	–	–	3	–	–	–

续表 3－3－2

民族	合计	上饶市	上饶县	广丰县	玉山县	铅山县	横峰县	弋阳县	余干县	波阳县	万年县	德兴市	婺源县
布朗族	4	–	1	–	3	–	–	–	–	–	–	–	–
毛南族	4	–	–	–	–	–	–	1	–	–	–	3	–
傈僳族	3	–	–	–	1	–	–	1	–	–	–	1	–
东乡族	3	–	–	1	2	–	–	–	–	–	–	–	–
景颇族	3	–	1	–	–	–	–	–	–	2	–	–	–
撒拉族	3	–	–	3	–	–	–	–	–	–	–	–	–
锡伯族	1	–	–	–	–	–	–	–	–	–	–	–	1
拉祜族	1	–	1	–	–	–	–	–	–	–	–	–	–
俄罗斯族	1	–	–	–	–	–	–	–	–	1	–	–	–

2000 年全区各民族人口城乡分布情况

表 3－3－3 单位：人

民 族	合 计	城 市	镇	县
合 计	5977678	225246	792283	1960149
汉 族	5963555	223989	790647	4948919
少数民族合计	14123	1257	1636	11230
畲 族	8176	720	514	6942
蒙古族	1580	115	311	1154
回 族	685	182	164	339
苗 族	586	14	88	484
布依族	553	9	27	517
满 族	504	104	162	238
彝 族	420	12	62	346
朝鲜族	376	17	54	305
壮 族	271	22	75	174
藏 族	265	10	39	216
维吾尔族	189	7	38	144
土家族	103	25	25	583
其余民族	415	20	77	318

第二节　民族构成

人口构成　2000 年,全区少数民族人口为 14123 人,占全区总人口数的 0.24%(汉族占 99.76%),比 1990 年“四普”时的 9353 人增长了 51%,其中人数增加最多的少数民族有维吾尔族、高山族、朝鲜族、布依族、藏族、彝族和蒙古族,分别比 1990 年增长 188 倍、89 倍、30.3 倍、23 倍、21.1 倍、16.5 倍和 12.5 倍。在 41 个少数民族中,除 7 个少数民族人口均比 1990 年有较大增加。如蒙古族、回族、朝鲜族等少数民族人口 10 年间增长十几倍到一百多倍,大大超过汉族人口增长 3.03% 的水平。全区新增的少数民族人口中,除新增加的 14 个少数民族人口外,原有的少数民族,如维吾尔族、朝鲜族、布依族等也增加不少流动人口。

性别构成　2000 年“五普”资料显示,全区人口性别比为 108.43,其中汉族人口性别比是 108.45;41 个少数民族人口性别比为 97.94,表明少数民族人口女性多于男性。

全区 41 个少数民族中,除畲族、朝鲜族、维吾尔族、高山族、佤族等 8 个少数民族人口是男性多于女性和 2 个少数民族男女各半外,其余 31 个少数民族人口都是女性多于男性,其中还有 11 个少数民族只有女性人口而无男性人口,另有 2 个少数民族有男性人口无女性人口。

全区 41 个少数民族中,性别比高于汉族人口的有 10 个,低于汉族人口的有 19 个。出现这种现象的因素是多方面的:一是因各种原因迁移来的少数民族人口中有不少是单身汉;二是有的少数民族女性人口是随配偶迁来的;三是民族政策优惠,少数民族与汉族人结婚所生子女绝大多数选择少数民族作为自己的民族成分等等。

2000 年全区少数民族人口性别构成

表 3-3-4　　　　单位:人

民族	合计	男	女	性别比	民族	合计	男	女	性别比
全区	5977678	3109684	2867994	108.43	白族	11	1	10	10.00
汉族	5963555	3102696	2860859	108.45	仡佬族	11	2	9	22.22
少数民族	14123	6988	7135	97.94	达斡尔族	9	4	5	80.00
畲族	8176	4847	3329	145.60	怒族	8	4	4	100.00
蒙古族	1580	435	1145	37.99	仫佬族	7	3	4	75.00
回族	685	340	345	98.55	柯尔克孜族	7	–	7	–
苗族	586	136	450	30.22	纳西族	5	–	5	–
布依族	553	96	457	21.01	鄂温克族	5	–	5	–
满族	504	244	260	93.85	哈尼族	4	1	3	33.33
彝族	420	170	250	68.00	傣族	4	1	3	33.33
朝鲜族	376	210	166	126.51	独龙族	4	–	4	–
壮族	271	95	176	53.98	布朗族	4	–	4	–
藏族	265	119	146	81.51	毛南族	4	3	1	300.00

续表3－3－4

民族	合计	男	女	性别比	民族	合计	男	女	性别比
维吾尔族	189	99	90	110.00	傈僳族	3	–	3	–
土家族	103	35	68	51.47	东乡族	3	–	3	–
侗族	91	30	61	49.18	景颇族	3	3	–	–
高山族	90	58	32	181.25	撒拉族	3	1	2	50.00
瑶族	34	10	24	41.67	锡伯族	1	1	–	–
土族	25	14	11	127.27	拉祜族	1	–	1	–
塔吉克族	22	11	11	100.00	俄罗斯族	1	–	1	–
佤族	20	12	8	150.00	未识别民族	1	–	1	–
水族	18	1	17	5.88	外国人加入中国籍	1	–	1	–
黎族	15	2	13	15.38					

卷四　城乡居民生活

1990年代，区域经济平稳快速增长，城乡居民收入快速增长。2000年，上饶市城市居民人均可支配收入比1991年增长3.2倍，全区农村居民人均纯收入增长2.07倍。城乡居民消费性支出亦不断提高，2000年上饶市城市人均消费性支出比1991年增长2.16倍，全区农村居民人均消费性支出比1991年增长1.61倍，而居民食品消费恩格尔系数城市下降10%，农村下降8%，生活质量进一步改善。

1991年—2000年间，全区全部职工年平均工资年均递增14.63%。城镇居民人均可支配收入经历1991年、1992年—1997年和1998年—2000年3个增长阶段。城乡居民之间收入差距呈扩大之势。全区农村居民纯收入与上饶市城市居民可支配收入之比，由1991年的1∶1.75扩大到2000年的1∶2.4，全区农村居民纯收入与铅山县城镇居民可支配收入之比，也由1991年的1∶1.48扩大到2000年的1∶2.38。

境内城镇居民收入水平的快速提高，居民消费结构发生明显变化，开始从量的满足转向质的追求，生活质量达到一个新的水平，整体上实现由生存型逐步向发展型和享受型转变。生活质量全面提高，衣（穿 暖向舒适、时尚、品位转变）、食（吃饱向吃好转变）、住（由福利房、集资房向商品房过渡）、用（由普及到更新换代，并正逐渐向高档化发展）、行（由自行车向摩托车、乘公交车或出租车、私人轿车发展）各项生活消费支出大幅度增长。

全区农村出现以种植、养殖为主的专业户、重点户，农民收入大幅度提高，年收入出现了万元户。农民生活在解决了温饱的基础上，开始向小康水平迈进。全区涌现出一批小康村、小康专业村和小康专业户，农村居民整体小康程度达85%，全区有87个行政村经上饶地区小康办审查验收，被中共上饶地委、行署命名为“奔小康示范村”。

第一章　城镇居民生活

第一节　职工工资

职工工资收入　改革开放后，上饶地区经济发展迅速，职工工资收入不断提高。1991年，全区全部职工工资总额7.3亿元，全部职工人均平均工资1656元，分别比上年增长7.5%，5.4%。1992年以后，国家对机关、事业单位的工资进行了几次大的调整，全区职工工资收入持续增长。1992 年,适当调整机关、事业单位工作人员的工龄津贴标准和奖励工资标准,当年,全区全部职工人均平均工资 2003 元,比上年增长 20.95%。1993 年 10 月起,进行工资制改革。1993 年,国务院相继发布《机关工作人员工资制度改革方案》、《事业单位工作人员工资制度改革方案》。10 月,机关、事业单位工作人员实行工资制度改革,机关建立公务员工资制度(即职级工资制)。工资分为职务、级别、基础和工龄工资。事业单位实行不同类型的工资制度,当年,参加工改的全区在职工作人员共 108215 人,每月共增资 1002 万元,人均月增资 96.74 元(行政机关人均 106.86 元,事业单位人均 101.45 元);全区离退休人员 17913 人,每月共增资 131.07 万元,人均月增资 73.17 元(离休 170.38 元;退休 62.9 元)。当年全区职工工资总额 10.22 亿元,比上年增长 12.3%;全部职工年平均工资 2253 元,比上年增长 12.5%。1994 年调整和统一了全区职工工资标准。当年全区职工工资总额 14.34 亿元,比上年增长 40.33%;全部职工人均工资 3142 元,比上年增加 889 元,增长 39.46%。1995 年全区企业单位对未实行岗位技能工资制的企业职工普调一级工资。当年,根据省政府公布的《江西省最低工资标准及其适用区域》的通知,上饶市、德兴市最低工资标准为 170 元;上饶县、婺源县、铅山县、波阳县、玉山县、弋阳县、万年县为 150 元;横峰县、余干县为 140 元,全区企业单位职工每人年平均工资为 3465 元。全区全部职工工资总额 16.19 亿元,比上年增长 12.87%,全部职工年平均工资 3645 元,比上年增加 503 元,增长 16.01%。1997 年 7 月,根据人事部、财政部《关于 1997 年调整机关事业单位工作人员工资标准等问题的通知》,1997 年 7 月 1 日起,对全区机关事业单位工作人员进行工资标准调整,同时增加离退休人员的离退休费。当年,全区全部职工工资总额 18.52 亿元,全部职工人均平均工资 4045 元,分别比上年增长 1.85% 与 1.68%。1999 年,根据赣劳计〔1999〕4 号文件精神,全区企业单位职工调整工资。同年,根据赣府厅字〔1999〕51 号文件规定,调整机关事业单位工作人员工资,全区调整工资总人数为 144259 人,月增资 1700 万元,人均月增资 116.65 元(离退休人均月增资 106.6 元)。当年,全区全部职工年平均工资 5252 元,其中,企业职工年平均工资 4500 元;事业 6287 元;机关 6636 元,分别比上年增长 21.49%、22.21%、12.99%、29.28%。2000 年 2 月,江西省人民政府根据经济发展和职工生活水平提高的情况,再次相应调整了最低工资标准。2000 年,全区全部职工年平均工资 5662 元,比上年增长 7.81%,比 1991 年增长 241.91%,1991 年—2000 年,全区全部职工年平均工资年均递增 14.63%。

不同行业工资差距 1992 年后,境内不同行业职工工资收入差距逐年扩大。1992 年,全区全部职工年平均工资最高行业是金融、保险业为 2610 元,最低的行业是批发和零售贸易、餐饮业为 1566 元,前者为后者的 1.67 倍。2000 年,全区在岗职工年平均工资最高行业仍然是金融、保险业,年平均工资达 11214 元,最低的行业是农、林、牧、渔、水利业,年平均工资为 3295 元,前者为后者的 3.4 倍。最高行业与最低行业职工年平均工资的绝对差距,由 1992 年的 1044 元扩大到 2000 年的 7919 元,扩大 7.58 倍。

1991 年—2000 年全区全部职工年平均工资一览

表 4-1-1

单位:元

项目	1991 年	1992 年	1993 年	1994 年	1995 年
全区总计	1656	2003	2253	3142	3645

续表 4－1－1

项　目	1991 年	1992 年	1993 年	1994 年	1995 年
按经济类型分					
国有单位	1743	2134	2424	3405	3910
城镇集体单位	1307	1487	1603	2062	2474
其他单位	1170	1330	1544	2232	3672
按企、事业机关分					
企业	—	—	2187	2817	3465
事业	—	—	2385	4089	4159
机关	—	—	2549	3960	4041
按国民经济行业分					
农、林、牧、渔、水利业	1285	1655	1723	2108	2908
采掘业	—	—	3768	5136	6198
制造业	1870	2130	2127	2711	3198
电力、煤气及水的生产、供应业	—	—	2415	3143	3374
建筑业	1918	2154	2386	2709	2841
地质勘察业、水利管理业	2252	2471	2292	3949	3903
交通运输、仓储及邮电通信业	2166	2540	2227	3513	4089
批发和零售贸易、餐饮业	1389	1566	1672	2269	
金融、保险业	1845	2610	3190	6105	6539
房地产业	1419	1797	2232	3955	4059
社会服务业	—	—	1819	2432	3063
卫生、体育和社会福利业	1861	2445	2708	4445	4731
教育、文化艺术及广播、电影、电视业	1813	2370	2620	4284	4122
科学研究和综合技术服务业	1326	1705	1897	3205	3312
国家政党机关和社会团体	1740	2241	2550	4066	4143
其他行业	—	—	—	3462	3513
按县市分	—	—	—	—	
上饶市	1861	2105	2240	3297	3993
上饶县	1488	1761	1829	2512	3029
广丰县	1570	1914	2170	3302	3596
玉山县	1596	1859	2164	3104	3652
铅山县	1728	2007	2383	3320	3780
横峰县	1451	1613	1809	2400	2800
弋阳县	1669	1873	2200	2663	3222
余干县	1442	1622	1827	2701	3053
波阳县	1484	2248	2321	2843	3319
万年县	1726	2105	2432	3927	4132
德兴市	2042	2405	2992	4318	4960
婺源县	1377	1635	1893	2691	3233

续表 4－1－1

项　　目	1996 年	1997 年	1998 年	1999 年	2000 年
全区总计	3978	4045	4323	5252	5662
按经济类型分					
国有经济单位	4220	4303	4443	5430	5888
城镇集体单位	2844	2877	3573	4037	—
其他单位	4375	3659	5072	6557	7059
按企业事业机关分					
企业	3686	3704	3774	4500	4710
事业	4674	4855	5211	6287	6810
机关	4836	4965	5264	6366	7140
按国民经济行业分					
农、林、牧、渔、水利业	2875	2932	2625	3234	3295
采掘业	6341	7053	3866	4136	5004
制造业	3610	3424	4210	5003	5207
电力、煤气及水的生产和供应业	4012	4438	4442	6041	6080
建筑业	2887	3009	3480	3998	4305
地质勘察业、水利管理业	4629	3999	5064	5405	5594
交通运输、仓储及邮电通讯业	5038	5013	5945	6494	8703
批发和零售贸易、餐饮业	2878	2823	3594	4072	5148
金融、保险业	7357	7884	8328	10223	11214
房地产业	4903	4684	4579	5992	6634
社会服务业	3383	3648	4203	4776	5508
卫生、体育和社会福利业	5221	5511	5757	7052	7488
教育、文化艺术及广播电视业	4588	4852	5188	6148	6656
科学研究和综合技术服务业	3752	4303	4551	6258	6672
国家机关、政党机关和社会团体	4879	5092	5302	6426	7438
其他行业	3190	4159	4055	—	—
按县市区分					
上饶市	4440	4487	5031	5769	5907
上饶县	3231	3423	3716	5490	6585
广丰县	4103	4250	4616	6429	6920
玉山县	4129	3661	4793	5555	5991
铅山县	4393	4402	4066	5604	6102
横峰县	3092	3083	3632	4134	4592
弋阳县	3837	3439	4075	4900	5591
余干县	3613	3577	4482	4554	5225

续表 4-1-1

项　目	1996年	1997年	1998年	1999年	2000年
波阳县	3189	3330	3887	4540	4606
万年县	4282	4353	4730	5510	5783
德兴市	5185	5422	4121	4932	6028
婺源县	3594	4267	4015	5293	5364

说明:1998年—2000年职工年均工资为在岗职工年平均工资,其他年份为职工年平均工资。

第二节　城镇居民收入

1990年代,境内城镇居民人均可支配收入的增长经历3个阶段。第一阶段是1991年,城镇居民家庭的可支配收入较低。是年,上饶市城市居民家庭人均可支配收入1164元,铅山县城镇居民家庭人均可支配收入982.44元,与1990年相比,分别增长14.48%与6.26%。第二阶段为1992年—1997年,是国家机关、事业单位工资改革的重要年份,也是城镇居民人均可支配收入快速增长的几年。1997年,上饶市城市居民家庭人均可支配收入为4033.20元,比1992年增长1.91倍,年均递增23.8%;铅山县城镇居民家庭人均可支配收入1997年为3635.38元,比1992年增长1.94倍,年均递增24.08%。第三阶段为1998年—2000年,是全区国民经济平稳发展的几年,与上两个阶段相比,城镇居民收入增幅趋于平稳。2000年,上饶市城市居民家庭人均可支配收入4896元,比1998年增长17.85%,1998年—2000年期间平均递增8.55%,比1991年增长3.21倍,1991年—2000年期间,平均递增17.31%。2000年铅山县城镇居民家庭人均可支配收入4732.92元,比1998年增长22.54%,年均递增10.70%,比1991年增长3.42倍,年均递增17.97%。

城镇居民收入构成变化情况。随着改革开放不断深入,为城镇经济的发展注入活力,就业渠道逐年增多,分配方式日益多元化,城镇居民家庭收入结构发生变化,呈现多元化趋势。国有经济、城镇集体经济单位职工工资性收入仍是城镇居民家庭收入主渠道。2000年,上饶市城市居民家庭人均实际收入中,国有职工、城镇集体职工工资性收入人均3767.16元,比1991年的966.96元,增长2.9倍,年均递增16.32%,占居民实际收入的比重由1991年的74.19%,上升到2000年的76.62%,比1991年上涨2.43个百分点。2000年,铅山县城镇居民国有职工、城镇集体职工工资性收入人均为3023.46元,比1991年的879.24元增长2.44倍,年均递增14.72%,占居民实际收入的比重由1991年的76.98%下降到2000年的63.41%,比1991年降低13.57个百分点。城镇居民其他劳动收入、个体经营净收入及财产性收入等来自不同渠道的收入大幅度增长,比重上升,带动了居民整体收入水平持续增长。2000年,城镇居民人均其他劳动收入,上饶市91.68元,铅山县42.12元,与1991年相比,分别增长5.06倍,2.08倍。2000年城镇居民人均财产收入,上饶市57.00元,铅山县64.56元,比1991年增长16.59倍与28.88倍。是年城镇居民人均个体经营净收入,上饶市150.96元,比1993年增长8.83倍;铅山县95.52元,比1991年增长22.41倍。

1991 年—2000 年全区城镇住户人均收入一览

表 4-1-2 单位:元

年份	县(市)	实际收入	可支配收入	职工工资性收入	个体经营净收益	其他劳动收入	财产性收入
1991	上饶市	1303.44	1164.00	966.96	—	15.12	3.24
	铅山县	1142.16	982.44	879.24	4.08	13.68	2.16
1992	上饶市	1552.56	1387.08	1163.16	—	22.20	21.48
	铅山县	1417.08	1236.36	1020.36	12.36	18.24	26.04
1993	上饶市	1948.86	1749.72	1498.44	15.36	24.84	18.48
	铅山县	1795.20	1538.40	1208.52	21.96	24.96	136.56
1994	上饶市	2790.10	2486.40	2067.48	133.08	41.04	20.76
	铅山县	2778.60	2445.48	1809.96	54.48	70.40	161.40
1995	上饶市	3071.88	2716.32	2320.32	94.32	15.72	38.16
	铅山县	3109.92	2669.88	1970.40	66.48	68.16	200.16
1996	上饶市	3661.68	3661.56	2824.92	97.20	35.28	11.88
	铅山县	3513.72	3513.48	2301.36	88.32	86.16	180.60
1997	上饶市	4048.56	4033.20	3151.32	42.96	19.68	83.46
	铅山县	3665.52	3635.28	2297.12	105.00	54.48	190.08
1998	上饶市	4170.72	4155.12	3282.12	46.32	29.16	93.36
	铅山县	3894.00	3862.20	2478.38	90.00	130.92	185.16
1999	上饶市	4382.28	4363.80	3369.60	—	10.68	10.38
	铅山县	4344.60	4310.04	2683.80	80.64	70.20	161.16
2000	上饶市	4917.00	4896.72	3767.16	150.96	91.68	57.00
	铅山县	4767.96	4732.92	3023.46	95.52	42.12	64.56

第三节 城镇居民消费

1990 年代,城镇居民随着收入的增加,带来了消费的数量和质量的提高,居民生活质量和档次进一步改善,由生存型逐步向发展型和享受型转变。2000 年,上饶市城市居民家庭人均生活消费支出为 3020.88 元,比 1991 年的 1057.20 元,增长 1.86 倍,年均递增 12.42%。是年,铅山县城镇居民家庭人均生活消费支出达 3421.92 元,比 1991 年的 990.24 元增长 2.46 倍,年均递增 14.78%。消费结构和消费方式发生较大变化,生活质量全面提高,衣、食、住、用、行各项生活消费支出大幅度增长。

吃 城镇居民食品消费由吃饱向吃好转变,并趋向多样化、营养化。由谷物为主的主食向低脂肪、高蛋白营养齐全的副食品型方向转变，主食消费量不断下降，副食品消费量不断上升，肉、禽、蛋、水产品、水果等消费量大幅度增长，恩格尔系数（即居民食品消费支出占生活消费支出的比重）逐渐下降。调查资料显示：上饶市城市居民人均食品消费支出由1991年的640.20元上升到2000年的1537.20元，比1991年增长140.11%，年均递增10.23%。人均粮食消费量2000年为92.6千克，比1991年减少30.51千克，而食用植物油、家禽、蛋、鱼、乳类的消费量则相应增加；恩格尔系数2000年为50.9%，比1991年的60.56%下降9.66个百分点。铅山县城镇居民人均食品消费支出2000年为1438.08元，比1991年的571.68元增长151.55%，年均递增10.79%；人均粮食消费量2000年为91.10千克，比1991年减少56.6千克，而家禽、蛋、鱼类、食用植物油则相应增加，恩格尔系数2000年为42.02%，比1991年的57.73%降低15.71个百分点。

穿　随着消费生活水平的提高，衣着消费转向舒适、时尚、款式多样化，城镇居民买布做衣已被成衣化消费所替代，衣着时装化、名牌化、个性化更加明显。且越来越多注重服装款式、色泽和美的享受，尤其是青年女子着装式样较多，有旗袍、西服套装、马夹、夹克式和大翻须皮衣、直筒裙、超短裙、套裙、连衣裙、敞胸露背褡裙、风衣、真丝衣（裙），呢大衣，蝙蝠衫、踏脚裤、紧身衣裤、带帽滑雪衣，高领对襟棉袄或套装。城镇居民穿西装、休闲服、夹克衫已是普遍现象。羊毛衫、羊皮衣、羽绒服进入千家万户。2000年，上饶市城市居民人均衣着消费支出236.04元，比1991年增长99.98%，年均递增8%；铅山县城镇居民2000年人均衣着消费支出342.36元，比1991年增长236.04%，年均递增14.42%。

住　1991年—2000年，全区城镇居民住房消费经历了由福利房、集资房向商品房过渡。1990年代，上饶地区全面推行住房制度改革，加速住宅建设。1991年—2000年，全区有7万余户城镇居民购买了房改房，购房面积523万平方米，其中集资合作建房253万平方米。2000年年末，公房过渡私房比率达到85%，全区城镇居民住房自有率达到80%以上，全区城镇人均住房面积由1991年的8.22平方米，上升到10.31平方米，住房成套率2000年为63.90%比1991年的28.72%，提高35.18个百分点。住房已逐渐成为城镇居民的消费热点，住宅投资日益增多，不少居民喜迁新居。同时，居民生活住宅装潢成为时尚，且档次不断提高，住宅装潢动辄耗资数万元，城镇居民住房消费持续增长。上饶市城市居民人均居住支出（包括房租、水、电、燃料）2000年为340.68元，比1991年增长5.23倍。住房消费支出占消费性支出的比重，2000年为11.87%，比1991年提高6.7个百分点。铅山县城镇居民人均居住支出，2000年为317.88元，比1991年增长20.02倍，住房消费支出占消费性支出的比重，2000年为9.29%，比1991年提高7.8个百分点。1991年以后，城镇居民家庭居住环境和居住条件不断改善，住房配套设施日臻完善。调查资料显示，城镇居民人均居住面积，2000年上饶市为12.91平方米，比1991年增加4.82平方米；铅山县为13.67平方米，比1991年增加3.7平方米。城镇居民家庭，独用自来水每万户比率，2000年上饶市为100%，铅山县98%，分别比1991年增加8个百分点与18个百分点。独用厨房所占的比重，2000年上饶市与铅山县均为100%，比1991年分别增加4个百分点与10个百分点。卫生间带浴室的家庭比率，2000年上饶市占66%，铅山县为82%，比1991年分别增加26个百分点与48个百分点。燃料由1980年代以煤为主体逐步向液化石油气、管道煤气发展。液化气普及率，2000年上饶市为92%，铅山县为62%，分别比1991年提高90个百分点与60个百分点。

用　城镇居民在基本生活消费得到满足后，其家庭高档耐用消费品拥有量与日俱增，并由普及到更新换代,且逐渐向高档化发展。在电冰箱、洗衣机、彩色电视机、收录机、照相机、电话等达到较高普及之后,钢琴、空调机、录放像机已进入寻常百姓家,家用电脑、轿车等高档消费品也逐渐进入高收入的城镇居民家庭。城镇居民家庭拥有耐用消费品不但数量上增加,而且档次提高,彩色电视机要求大屏幕、多画面、多声道,洗衣机要求是电脑、全自动、带滚筒、带烘干机及大容量无氟冰箱。居民家庭日用品跃上新台阶。调查资料显示,上饶市城市居民人均日用品消费支出 142.56 元,比 1991 年增长 1.15 倍;铅山县城镇居民人均日用品消费支出 239.28 元,比 1991 年增长 2.71 倍。2000 年年末,上饶市城市居民家庭平均每百户耐用消费品拥有量:彩色电视机 98 台,电冰箱 86 台,洗衣机 96 台,空调机 6 台,钢琴 4 架,录放像机 16 台,照相机 40 架,淋浴热水器 60 台,均比 1991 年有较大幅度增长。铅山县城镇居民家庭平均每百户耐用消费品拥有量:彩色电视机 100 台,电冰箱 54 台,洗衣机 66 台,空调机 2 台,录放像机 4 台,照相机 12 台,淋浴热水器 58 台,与 1991 年相比,除照相机减少 2 台外,其余都有不同程度增加。随着收入不断增加,城镇居民的生活观念和生活方式也发生深刻变化,精神生活日益丰富,各种休闲娱乐活动丰富多彩,怡情消费悄然兴起。智力开发和知识更新成为城镇居民家庭文化的主要内容,愈来愈注意提高自身素质,积极增加智力投资和文化生活消费。2000 年,上饶市城市居民在娱乐文化教育服务方面的人均支出为 202.08 元,铅山县城镇居民人均支出为 358.20 元,与 1991 年相比,分别增长 1.28 倍与 3.29 倍。其中,2000 年教育消费人均支出,上饶市为 129.00 元,铅山县为 187.20 元,比 1991 年,分别增长 1.69 倍与 1.15 倍;2000 年文化娱乐消费人均支出,上饶市为 64.80 元,铅山县为 187.20 元,分别比 1991 年增长 1.7 倍与 3.85 倍。

行 随着交通运输业的迅速发展,城区道路大规模招宽改造,公交路线增加,车次增多,出租车行业的发展,城镇居民出行工具不再是自行车,越来越多的人已经使用摩托车,居民改变出行方式,主要靠乘公交车或出租车,有的居民还购买小轿车。私人轿车进入城镇居民家庭成为发展趋势。1990 年代,邮电通信事业发展迅速,居民的通信方式变得越来越多样、便捷。不仅可以随时拨打家里电话,还可以通过手机发送短信,用电脑发电子邮件。2000 年,上饶市城市居民人均交通和通信支出为 198.60 元,比 1991 年增长 18.70 倍,其中,人均交通支出 37.92 元。人均通信支出 160.0 元,比 1991 年分别增长 3.05 倍、221.2 倍。2000 年铅山县城镇居民人均交通和通信支出 273.6 元,比 1991 年增长 25.82 倍,其中人均交通支出 67.92 元,人均通讯支出 205.68 元,比 1991 年分别增长 5.9 倍、570 倍。

1991 年—2000 年全区城镇居民人均消费性支出一览

表 4-1-3　　　　单位:元

指标	县(市)	1991 年	1992 年	1993 年	1994 年	1995 年	1996 年	1997 年	1998 年	1999 年	2000 年
消费性支出	上饶市	1057.20	1154.88	1688.76	2162.52	2579.64	2945.52	3041.04	2917.56	2978.28	3020.88
	铅山县	990.24	1178.16	1457.88	2097.96	2571.00	2605.68	2694.84	2929.56	3157.56	3421.92
恩格尔系数(%)	上饶市	60.56	60.26	54.27	60.05	60.01	60.03	57.19	57.95	50.90	50.89
	铅山县	57.73	55.56	50.44	52.02	63.31	60.32	49.57	47.56	45.45	42.02

续表4－1－3

指　标	县(市)	1991年	1992年	1993年	1994年	1995年	1996年	1997年	1998年	1999年	2000年
食品	上饶市	640.20	696.00	913.08	1298.64	1547.64	1776.73	1739.16	1690.68	1715.88	1537.20
	铅山县	571.68	654.60	735.36	1091.46	1627.70	1467.84	1341.84	1393.32	1435.20	1438.08
衣着	上饶市	118.08	154.56	187.68	219.72	231.72	240.00	224.76	177.48	169.20	236.04
	铅山县	101.88	99.12	140.16	181.44	186.48	252.60	257.64	254.52	283.68	342.36
设备用品及服务	上饶市	66.36	65.16	169.32	175.08	150.96	96.00	129.36	148.28	120.00	142.56
	铅山县	64.56	112.32	107.16	156.96	215.40	156.00	127.56	134.40	233.76	239.28
医疗保健	上饶市	27.96	32.52	42.84	43.80	38.88	56.04	136.20	102.36	106.68	113.04
	铅山县	26.04	24.84	35.04	70.32	57.24	73.56	114.00	249.60	177.36	250.80
交通和通讯	上饶市	10.08	19.06	64.20	47.76	74.04	191.40	126.36	200.16	171.48	198.60
	铅山县	10.20	14.64	20.40	29.88	52.56	78.12	122.16	120.96	185.16	273.60
娱乐文化服务	上饶市	88.78	78.36	134.64	169.56	113.64	153.00	171.12	210.60	183.89	202.08
	铅山县	83.40	148.56	163.52	216.84	270.36	164.52	305.76	309.60	338.40	358.20
居住	上饶市	54.24	69.60	101.64	115.80	339.61	273.72	331.68	268.92	397.80	340.68
	铅山县	63.00	87.36	201.36	297.48	342.00	327.00	327.48	373.32	377.40	317.88

1991年—2000年若干年份全区城镇居民家庭人均主要食品一览

表4－1－4　　单位:千克

指　标	1991年		1995年		2000年	
	上饶市	铅山县	上饶市	铅山县	上饶市	铅山县
粮食	121.61	147.70	114.08	131.60	92.60	91.10
食用植物油	5.91	5.00	7.47	6.90	10.33	8.20
猪、牛、羊肉	22.26	18.60	21.67	17.70	19.28	17.80
家禽	3.37	2.20	3.75	1.90	8.05	4.10
鲜菜	136.46	146.50	124.59	117.20	114.93	122.70
鲜蛋	4.64	4.70	4.88	4.20	6.37	5.70
鱼类	9.12	8.40	8.97	9.50	16.64	10.10
食糖	1.53	0.30	2.00	1.60	1.21	1.50
酒	2.94	5.30	4.14	6.60	5.85	5.50

1991 年—2000 年部分年份全区城镇住户平均每百户主要耐用品拥有量(抽样调查)

表 4-1-5

指标	上饶市					铅山县				
	1991 年	1993 年	1995 年	1998 年	2000 年	1991 年	1993 年	1995 年	1998 年	2000 年
沙发(只)	106	178	156	224	170	102	138	172	234	260
自行车(辆)	106	160	162	158	112	136	160	126	170	148
摩托车(辆)	2	2	—	10	16	2	—	—	6	10
洗衣机(台)	74	74	74	94	96	42	46	58	64	66
电冰箱(台)	34	48	42	68	86	8	10	22	38	54
彩色电视机(台)	40	62	62	94	98	26	40	78	72	100
照相机(架)	20	26	34	30	40	14	10	14	4	12
电炊具(台)	42	52	32	68	56	44	52	66	78	90
淋浴热水器(台)	—	16	28	58	60	—	6	16	38	58
脱排油烟机(台)	—	14	34	34	52	—	—	2	16	20

第四节 城乡居民储蓄

随着城乡居民的收入水平逐步提高,家庭和个人在银行等金融机构的存款不断增加,货币储蓄相应增多。1991 年,全区城乡居民储蓄存款年末余额 185929 万元,比上年的 144282 万元增长 28.87%;城乡居民人均储蓄存款余额 315.35 元,比上年的 247.44 元增长 27.45%。2000 年,全区城乡居民储蓄存款年末余额 1317750 万元,比 1991 年增加 1131821 万元,增长 6.09 倍,年均递增 24.33%;是年,城乡居民人均储蓄存款余额 2164.60 元,比 1991 年增加 1844.25 元,增长 5.86 倍,年均递增 23.87%。

1991 年—2000 年全区城乡居民储蓄存款余额

表 4-1-6

年份	城乡居民储蓄存款年末余额(万元)	城乡居民人均储蓄存款(元)
1991	185929	315.35
1992	239470	403.67
1993	328105	551.56
1994	457133	737.87
1995	606630	967.47
1996	786989	1240.70
1997	928193	1446.18

续表 4-1-6

年份	城乡居民储蓄存款年末余额(万元)	城乡居民人均储蓄存款(元)
1998	1113149	1717.29
1999	1206748	1844.42
2000	1317750	2164.60

说明:从 1996 年起,城乡居民储蓄存款,与以前年份比,主要增加了城市信用社储蓄存款资料。

第二章　农村居民生活

第一节　农村居民收入

农民人均纯收入　中共十一届三中全会以后,农村实行以家庭联产承包责任制为核心的全面经济体制改革。境内农村出现以种植、养殖为主的专业户、重点户,农民收入大幅度提高,年收入出现万元户。据农村家庭抽样调查资料,1991 年全区农民人均纯收入 664 元,较上年增长 7.1%。1992 年—1997 年,是全区农民收入快速增长时期,全区农民人均纯收入由 1992 年的 748.39 元,增加到 1997 年的 2114.5 元,1997 年比 1992 年增长 1.83 倍,年均递增 23.08%。这一时期农民纯收入的高速增长,主要得益于农业结构的调整,农业的连年丰收,城镇企业高速发展,大批农村剩余劳动力,跨区域外流和这期间农产品价格的大幅度上涨。农民生活在解决温饱的基础上,向小康水平迈进。全区涌现出一批小康村、小康专业村和小康专业户,全区农村居民整体小康程度达 85%,1998 年—2000 年,是全区农民增幅减缓时期。1998 年,全区农民人均纯收入 1872.49 元,比 1997 年减少 241.96 元,下降 11.44%,出现改革开放以来的首次负增长。主要原因是当年遭遇 100 年一遇的特大洪水灾害影响所致。1999 年是灾害后重建家园年,农民收入回升,是年,全区农民人均纯收入为 2033.45 元,比 1998 年增加 160.96 元,增长 8.59%。2000 年,全区农民人均纯收入达到 2038.49 元,比上年增长 0.25%,比 1991 年增长 2.07 倍,1991 年—2000 年,年均递增 13.27%。

农民纯收入构成　随着农村经济体制改革的深化及农民思想观念的变化,农民收入来源的渠道趋向多元化。全区农村居民收入构成主要由工资性收入,家庭经营收入,转移性收入,财产性收入四大部分组成。

工资性收入　此项收入增幅较大,比重上升。2000 年全区农村居民人均工资性收入 980.23 元,比 1991 年的 51.83 元增加 928.40 元,是 1991 年的 18.91 倍,占农民人均纯收入的比重由 1991 年的 7.8% 上升到 2000 年的 48.09%,提高 40.29 个百分点。这期间农村居民工资性收入的提高主要是 1993 年以后,大批农村剩余劳动力跨区域外流打工,收入渠道变宽的结果。农民外出打工收入成为农村居民人均工资性收入主要构成部分。1993 年,全区农村居民人均工资性收入 234.82 元,比 1992 年的 67.6 元,增长 2.48 倍。1994 年,全区农村出现了农民外出打工热潮,当年全区共达 40 余万人,其中广丰县劳务输出为 20.3 万人,很多农民打工赚了钱又学到技术,1994 年全区农民工资性收入 293.85 元又比 1993 年增长 25.14%。

2000年与1993年相比,全区农民工资性收入人均增加745.41元,是1993年的4.17倍,占农民纯收入的比重由1993年的26.96%上升到2000年48.08%,提高21.13个百分点。

家庭经营收入 家庭经营收入是农村居民收入的主体。2000年,全区农村居民人均家庭经营收入为828.00元,比1991年的458.6元,增加369.40元,增长80.55%。占农民纯收入的比重由1991年的69.07%下降到2000年的40.62%,减少28.45个百分点。全区农民家庭经营收入的提高得益于农村土地承包制度的改革。1990年代,推行多种形式的生产责任制,大力调整农业生产结构,在发展种植业的同时积极发展牧、渔业和第三产业,实行多种经营。农民家庭经营收入,其中;第一产业收入2000年为551.83元,比1991年的317.36元增加234.47元,增长73.88%。第二、三产业收入,2000年为276.17元,比1991年的141.47元增加134.7元,增长95.21%。

转移性收入 全区农村居民人均转移性收入,2000年为111.15元,比1991年的5.75元增加105.4元,是1991年的19.33倍,占农民纯收入的比重,由1991年的0.86%,上升到2000年的5.45%,提高4.59个百分点。

财产性收入 全区农村居民人均财产性收入由1994年的16.39元,下降到4.29元,2000年比1994年减少12.1元,占农民纯收入的比重为0.21%,比1994年的1.36%,降低1.15个百分点。

1991年—2000年全区农村居民人均纯收入一览

表4-2-1 单位:元

年份	农民人均纯收入	工资性收入	家庭经营收入	转移性收入	财产性收入
1991	663.93	51.83	458.60	5.75	—
1992	748.39	67.60	505.72	43.23	—
1993	870.68	234.82	476.70	80.10	—
1994	1205.42	293.85	678.70	94.65	16.39
1995	1543.51	412.02	801.38	118.04	15.26
1996	1893.60	503.91	1005.97	135.51	23.81
1997	2114.45	621.57	1055.13	111.05	28.82
1998	1872.49	625.23	918.96	125.33	20.86
1999	2033.45	727.32	930.59	200.19	14.29
2000	2038.49	980.23	828.00	111.15	4.29

第二节 农村居民消费

随着农民收入的不断增加,境内农村居民消费水平明显提高,消费观念不断更新,消费格局发生显著变化,由“量”的满足到“质”的飞跃,绝大多数农民的生活水平已经越过温饱阶段,逐步接近或已达到小康水平。2000年,全区农村居民家庭人均生活费支出1439.18元,比1991年的551.87元增长1.61倍,年均递增11.23%,各项消费全面增长。

食品 农村居民食品消费主要特征是:主食和蔬菜来源一般为自产自用,且以原粗粮加工品为主,副食品绝大部分购买,小部分自产自用。2000年,全区农民人均食品支出784.96元,比1991年的347.52元增长1.26倍,年均递增8.48%。食品支出占生活消费总支出的比重,由1991年的63%下降到2000年的55%,吃依然排在首位。食品结构已发生很大变化,由吃饱逐步转向吃好,主食粮食消费量逐步下降,副食品类消费比重上升,高脂肪的肉类食用量下降,特别是猪肉人均消费量由1991年11.12千克下降到2000年的10.28千克,而脂肪低的家禽、鱼类、水果消费量大幅度增长。

衣着　随着生活水平的提高,农村居民的衣着消费发生变化,"一衣多季"正向"一季多衣"转变,衣着消费由剪布自制向购置成衣转化,款式趋于多样化,羊毛衫、西装、羽绒服、山羊皮夹克已成为一些先富起来的农民的时尚,2000年,全区农民人均衣着消费支出88.50元,占消费总支出的比重6.15%,排在生活消费的第三位,比1991年的40元增长1.21倍,年均递增9.23%。

住房　住宅建设在农民生活消费中一直占有重要位置。随着农村经济的发展,农民生活水平提高,农民住房投资一年比一年多。1990年代初,全区农民砖木结构的住房建设明显减少,有的拆除,钢筋混凝土结构的楼房方兴未艾,并进行室内装潢。1993年以后,全区农村居民家庭每年人均年内新建房屋面积由1994年的0.82平方米增加到2000年的1.13平方米,其中1999年人均年内新建房屋面积高达2.18平方米。全区农村居民人均居住面积逐年提高,由1991年的20.90平方米扩大到2000年的29.79平方米,比1991年增加8.89平方米。随着农村自来水、电力供应面不断扩大,农村居民住房条件继续改善,住房消费支出大幅度增长。2000年,全区农村居民住房消费支出为213.60元,比1991年的44.16元增长3.84倍,年均递增19.15%。其占消费性总支出比重由1991年的8%,上升到2000年的14.84%。

日用　1990年代,随着农民生活水平的提高,农村居民家庭耐用品的数量大幅度增加,其品种逐步升级换代。家庭耐用消费品购置由"老四件"(自行车、缝纫机、手表、收音机),向"新六件"(电视机、洗衣机、电冰箱、影碟机、照相机、电风扇)转变,高档耐用品迅速增加,移动电话,摩托车进入一部分富裕农民家庭。2000年,全区农村住户平均每百户拥有自行车122辆,电风扇137台,电视机105台(其中彩色电视机34台),电冰箱4台,摩托车10辆,均比1991年有较大幅度增长。农村居民在物质生活改善的同时,精神文化生活逐渐活跃起来,开始趋向丰富,文化娱乐用品进入农民家庭。2000年,全区农村居民人均文化教育娱乐用品及服务支出为150.69元,比1994年增长141.89%。

出行　1991年以后,全区农村基础设施日臻完善,公路建设快速发展,公路等级全面提升,农村交通条件得到很大的改善。2000年,全区2893个乡(镇)全部通公路,公路通乡(镇)率达100%,全区公路通行政村率为96%。

1990年代,邮电通信事业快速发展,移动通信从无到有,住宅电话发展迅速。2000年年末,全区移动用户达13.08万户,全区农村住宅电话用户19.28万户,其中,住宅电话用户17.27万户。昔日"行路难""通信难"的状况已成为历史。2000年,全区农村居民用于交通和通信支出61.77元,比1994年增长3.2倍,年均递增27.01%。

1991年—2000年全区农村居民人均生活消费支出一览

表4-2-2 单位:元

年份	生活消费支出	食品	衣着	居住	家庭设备用品及服务	医疗保健	交通和通信	文化教育娱乐用品及服务	其他商品和服务
1991	551.87	347.52	40.11	44.16	35.48	—	—	—	—
1992	599.35	361.84	—	—	—	—	—	—	—
1993	635.15	353.16	—	—	—	—	—	—	—
1994	958.15	604.94	62.40	125.38	47.08	21.98	14.72	62.28	19.37
1995	1203.89	739.08	77.33	193.65	50.30	28.29	16.71	72.14	26.38
1996	1413.53	876.30	93.91	197.15	61.34	33.17	24.76	102.08	24.82
1997	1478.26	842.09	88.19	245.69	77.88	40.44	26.00	128.61	29.38
1998	1408.02	798.18	74.24	193.62	87.04	48.05	32.72	142.64	31.53
1999	1371.62	732.76	67.94	234.37	63.31	47.83	45.58	143.17	36.66
2000	1439.18	784.96	88.50	213.60	56.03	46.44	61.77	150.65	37.23

1991年—2000年全区农村住户平均每人主要实物消费量一览

表4-2-3 单位:千克

指标	1991年	1992年	1993年	1994年	1995年	1996年	1997年	1998年	1999年
粮食	331.39	326.44	340.11	330.43	353.98	332.15	323.73	309.21	263.89
稻谷、小麦	291.91	320.63	293.21	323.53	291.39	319.25	315.68	302.33	252.02
蔬菜	204.15	204.4	171.2	185.76	172.95	175.78	176.56	166.68	122.11
食油	5.45	6.55	8.20	6.29	8.05	6.73	9.21	6.26	5.90
猪肉	11.12	10.99	10.38	9.97	11.58	12.13	14.17	10.95	10.37
家禽	0.95	1.10	1.13	1.21	1.23	1.23	1.23	1.21	1.18
蛋类	1.89	1.99	1.93	1.64	1.70	1.47	1.55	1.57	1.48
食糖	2.30	2.51	2.32	2.11	2.05	2.25	2.36	2.15	2.74
酒	3.15	3.01	3.33	3.47	4.11	4.25	4.49	4.44	5.47
糖果	1.25	2.80	0.48	0.42	0.46	1.33	1.47	1.22	0.26
水果	2.32	3.20	3.56	6.02	8.76	5.18	6.36	6.78	7.15

1991年—2000年全区农村住户平均每百户主要耐用品拥有量（抽样调查）

表4-2-4

指标	1991年	1992年	1993年	1994年	1995年	1996年	1997年	1998年	1999年	2000年
自行车(辆)	104.00	104.00	113.00	113.96	118.62	122.00	118.49	121.89	124.15	122.00
电风扇(台)	42.75	51.75	61.75	77.74	85.41	99.75	107.17	113.08	124.15	137.00
大型家具(件)	378.75	341.63	326.50	435.22	404.40	418.62	405.16	424.53	691.07	269.00
黑白电视机(台)	36.13	43.13	46.13	63.65	70.57	74.09	78.24	75.47	73.84	71.00

续表4-2-4

指标	1991年	1992年	1993年	1994年	1995年	1996年	1997年	1998年	1999年	2000年
彩色电视机(台)	0.38	0.62	0.50	1.64	3.14	5.53	11.70	16.10	26.54	34.00
收录机(架)	11.13	11.88	10.63	14.21	15.97	17.99	15.22	14.47	16.10	9.00
电冰箱(台)	0.13	0.13	0.38	0.63	1.01	2.01	2.39	2.26	3.02	4.00
摩托车(辆)	0.13	0.25	0.13	0.50	1.51	2.64	6.67	5.53	7.80	10.00

第三节　小康村

建设任务　在20世纪末实现小康，是中共中央确定的中国社会主义现代化建设所要达到的经济和社会发展总目标。1993年4月14日，中共上饶地委、上饶地区行署印发《关于建设100个小康示范村的实施意见》，提出全区建设小康示范村任务、达标要求。

建设小康示范村任务。根据全区各县市上报的示范村的经济状况，要求从1993年开始，用2~3年的时间基本建成100个小康示范村(行政村)，其中：上饶市5个；德兴市13个；上饶县10个；广丰县6个；玉山县16个；铅山县7个；弋阳县5个；横峰县3个；余干县5个；万年县11个；波阳县6个；婺源县6个；五府山场2个；武夷山场2个；饶丰场2个；乐丰场1个。90年代，全区农民生活在解决温饱的基础上，向小康水平迈进。全区涌现出一批小康村，小康专业村和小康专业户。全区农村居民整体小康程度达85%。1997年，经上饶地区小康办审查验收，被中共上饶地委、行署命名为"奔小康示范村"，全区有87个行政村被认定为首批小康示范村。其名单如下：上饶市常青乡滩头村、东门村、庆丰村、汪家园村，茅家岭乡茅家岭村、四吉村、塔水村、解放村，北门乡龙潭村、沽塘村、民主村；上饶县望仙乡大山村，四十八乡波阳村，田墩镇流源村，枫岭头镇泉塘村，旭日镇桥下村，茶亭镇湖墩革，尊桥乡周圩村，花厅乡金鸡村；广丰县永丰镇北门村，管村乡管村村，社后乡竹岩村，横山镇二十三都村、上孚村，五都镇五都村，洋口镇洋江村，少阳乡交溪村，壶峤乡壶峤村，枧底乡畈上村；玉山县林岗乡莲塘村、包溪村、田畈村、东津桥村，冰溪镇七里街村、东门村，文成镇姜宅村，岩瑞镇岩洲村，双明镇下喻村，四股桥乡丁村村；铅山县湖坊乡安兰村、上港村，河口镇民和村、清湖村，陈家寨乡文家桥村，五铜乡下畈村，鹅湖乡洋洋洲村；横峰县青板乡霞阳村，岑阳镇蔬菜村、城郊村，刘源坑煤矿刘源坑村，铺前镇蔡坞村；余干县余干镇德兴村，华林岗乡南关村；波阳县东溪乡河东村，油墩街乡漳田渡村，鄱阳镇管驿前村，芦田乡大吉村，磨刀石乡黄家洲村，饶埠镇畲埠村；万年县陈营镇石李村、郊区村，梨树坞乡龙港村，大源镇荷溪村；德兴市泗洲镇铜埠村、张家村、祝家村，海口镇新源村、杜村村，潭埠桥镇土村村，香屯镇湖田村、杨家湾村，银城镇新村村、二村村，新营镇女儿田村、一村，花桥镇杨村、花桥村，绕二镇横港村，新建乡体泉村，李宅乡中村；婺源县中云镇方村村，紫阳镇城关村，太白乡薛村村，龙山乡银丰村，武口乡汤村，镇头乡镇头村，赋春镇排前村。

基本标准　1991年国家统计局与计划、财政、卫生、教育等12个部门的研究人员组成课题组，按照中共中央、国务院提出的小康社会的内涵确定16个基本监测指标和小康临界值：1. 人均国内生产总值(GDP)2500元(按1980年的价格和汇率计算，2500元相当于900美元)；2. 城镇人均可支配收入2400元；3. 农民人均纯收入1200元；4. 城镇住房人均使用面积12平方米；5. 农村钢木结构住房人均使用面积15平方米；6. 人均蛋白质日摄入量75克；7. 城市每人拥有铺路面积8平方米;8. 农村通公路行政村比重85%;9. 恩格尔系数50%;10. 成人识字率85%;11. 人均预期寿命70岁;12. 婴儿死亡率3.1%;13. 教育娱乐支出比重11%;14. 电视机普及率100%;15. 森林覆盖率15%;16. 农村初级卫生保健基本合格比重100%。

达标要求　集体经济初具规模。村组统一经营纯收入和村、组集体企业(经济实体)、资产(不包括耕地)的承包金收入要达到如下水平,1000人以下的村不得低于5万元,1000人以上的村不得低于8万元;人均纯收入1400元。其中人均收入超1100元的农户要求达到90%以上;人均钢混或砖木结构的住房面积20平方米,全村无危房户和住房特困户(人平6平方米以下),居住场所要符合卫生标准,人畜分房,住房通风透光条件较好;农户电视机普及率达50%以上,电视覆盖率达95%以上;人人自觉执行计划生育政策,无计划外生育现象;农技推广初见成效,每户至少有一个劳力受过技术培训,掌握1~2门种、养、加工技术;集体和农户的生产经营有一个较为良好的内部环境,本村居民遵守国家法纪和村规民约,各家各户可以放心放胆从事合法的生产经营;村通公路电话、户通电,村内路面平整干净,无积水,房前屋后绿树成荫,人畜饮用水清洁卫生;适龄儿童入学率100%。有一定的文化娱乐设施以及成人教育和扫盲制度,五保户的生活补助要达到村民平均生活水平以上。

第三章　民俗风情

第一节　新兴节日

元旦　节前有些亲朋好友间互赠邮政摇奖贺卡。机关团体、工矿、企业大都召开各种座谈会、茶话会,发放年终奖或各种慰问品;同时,升国旗、插彩旗,按国家规定放假一天,人们往往利用这一假,探望老人,全家团聚。1999年实行双休日与元旦调在一起,外出旅游的人多起来。

"二·一四"情人节　系改革开放后由国外传入。城镇年轻人较为重视,朋友、夫妻、恋爱者赠送鲜花。此日,上饶市广场两旁成为临时花市,各花店生意亦很火爆,并赠送巧克力及到餐店请吃情侣套餐等形式倾诉衷肠、联络感情。

三八国际妇女节　妇联组织在此日或之前一两天内,召开纪念大会,表彰各界妇女中的先进代表人物。全区各界妇女都以多种方式庆贺节日。2000年3月7日下午,全区各界妇女代表余人欢聚在地区影剧院,参加地妇联举行的上饶地区各界妇女纪念"三八"国际劳动节90周年大会。会上隆重表彰了余云香等11户五好文明家庭标兵;侯小仙等90户五好文明家庭;德兴市气象局银城镇岁寒山路兰竹巷楼院等20栋文明楼院;授予郑桂华等16个家庭为"绿色家园"生态模式示范户;乐冬仙等24个家庭为"绿色家庭"文明户;授予郑水英等10位同志"扶贫女能手"称号;授予郑冬香等10位同志"十佳科技致富女能人"称号。地区领导向获奖者颁发了荣誉证书。

三·一二植树节　中共上饶地委、行署都组织机关、团体学生到上饶市近郊的荒山、空地开展义务植树活动。驻饶部队及各县(市)每年都开展了此项活动。

五一国际劳动节　"五一"期间,机关、厂矿、学校插红旗、彩旗。历年都组织不同形式庆祝活动,召开劳动模范、先进人物事迹报告会等。工会、文艺团体举办各种体育项目比赛、竞技赛、歌咏比赛、文艺演出、书画展等活动。1999年以后放长假,职工外出旅游、购物、舞会,享受黄金周的快乐。2000年“五一”期间上饶地区各旅游景区共接待国内游客13.21万人次。

五四青年节　各级共青团组织举行庆祝纪念活动。活动形式有请革命前辈讲革命传统,慰问孤残老人,参加义务劳动,组织文艺汇演,举办各种联欢会、舞会,新团员入团仪式等。1995年5月4日上午,团地委在行署会议室隆重集会,纪念“五四”运动76周年,表彰全区首届“十大杰出青年”,动员全区广大团员青年争做改革、发展、稳定的模范。1998年,为纪念“五四”运动七十九周年,表彰了“上饶十大杰出青年”和“上饶十大杰出青年农民”。

母亲节　公历5月第二个星期日为母亲节。系改革开放后由国外传入。此日,儿女为母亲送钱、衣物、鲜花、食品庆祝,以表示对母亲的尊敬爱戴。

六一国际儿童节　此日,小学校和幼儿园组织各种庆祝活动,有文艺演出、书画比赛、表彰三好学生、颁发奖品及吸收新少年先锋队队员入队等。体委、教育局、妇联等部门的领导,多在此日亲临学校、幼儿园慰问,并为优秀学生、少先队员颁发奖状,为新少先队员佩戴红领巾等。部分家庭也多在此日为孩子购买、赠送纪念品。

七一中国共产党诞辰纪念日　此日,各级党组织召开座谈会、纪念会,表彰优秀共产党员,接收新党员举行入党仪式等。在此期间,电视台播放中国共产党发展历史专题节目及反映党员英雄事迹的故事片,教育党员和群众。

八一建军节　历年都组织开展各种拥军优属活动。地、县(市)党、政主要领导要去慰问驻饶部队官兵。企事业单位都举办转业复退军人座谈会,听取他们的意见和建议。社会各界亦开展多种形式的拥军优属活动。

九·十教师节　9月10日是“中国教师节”。地县领导亲临部分学校慰问教师。学校开庆祝会或在职和退(离)休老师座谈会,颁发奖品、慰问品、纪念品。

十一国庆节　在新兴节日中,国庆节是最热闹、最激动人心的节日。党政机关、社会团体、企业、学校升国旗、插彩旗、吊灯笼、挂横幅,气氛热烈。1999年起,放假7天(含星期天),外出旅游的人多起来,成为旅游黄金周。

第二节　新民俗

点歌贺喜　1990年起,店铺开张、高考录取、入宅、结婚、生日喜事等,多数人在电视台点歌并上字幕表示祝贺。

电话、短信拜年　随着电话的普及,春节前后给家人、亲朋好友打电话拜年逐渐多起来。1990年代后期,用手机发信息拜年的渐成时尚。

鲜花拜年　2000年,境内悄然兴起用鲜花当礼物拜年。路途远的骑摩托车、坐出租车,亦有开私家轿车去拜年,送上一束鲜花或一只花篮,认为这样浪漫、气派、时尚。

第三节　民间风情

爱唱《国歌》的小山村　婺源县有个叫双路口的小村庄,该村有个鲜为人知的文明习俗——爱唱《国歌》,这是该村自新中国成立延续至今的习俗。双路口人唱《国歌》男女齐上阵,不仅青年人爱唱,小孩爱唱,就连那白发苍苍的老年人也爱唱。这村每逢新婚典礼的第一项仪式是唱国歌。儿童上学学唱的第一首歌也是《国歌》。人人高唱《国歌》,带来了双路口村的新风貌。50多年无一刑事犯罪案例,无一偷盗行为,尊老爱幼,互帮互助蔚然成风,读书看报看电视是双路口人最喜爱的业余生活。

耕读传家的小山村 婺源县溪头乡桐木汰村委会远坑村,距县城62千米,村庄周围山清水秀,景色透人。村里已经通了公路,每天有来来往往的客车,家家都安装了自来水,通了电,闭路电视已开通,2000年人均收入达2000元。此村历来保持书乡传统,重视孩子读书,村里高中生、中专生很多。新中国建立后,村里没有一人因打架斗殴、邻里纠纷、乱砍滥伐而受到公安拘留,更没有因其他事触犯刑律的。如今村民们仍自觉遵纪守法,依法办事。家庭成员之间、婆媳之间、邻里之间的关系都非常融洽。

义务赡养孤寡老人 王光顺,祖籍广东,少年时父母双亡,青年时丧妻,中年后流落到江西波阳县响水滩乡。续娶了吴金秀,生了五男三女却一个个地夭折了。到了老年又双目失明。1967年2月,两位老人的住所又被大火烧毁,王光顺突然撇开相依为命的老伴,发疯似地朝响水河奔去。就在这时,同村的叶惟发冲上去,将王光顺拽往自己家,而后叫妻子汪秀荣将吴金秀接到自己家里。他告诫儿子:“两位老人是外乡人,没有亲人,今后你得把他们当作新公公新婆婆。”叶惟发生活不好,身体也不好,1972年9月就因病去世了。临终之际,他再三叮嘱儿子叶贵清:“要照顾好两位老人。”1982年11月,王光顺因病去世,汪秀荣以女儿的身份戴上了重孝,叶贵清和妻子胡锦秀及孩子们则着了孝孙的装,按当地习俗举行了隆重的葬礼。1988年和1990年,灾难接二连三地降临叶家,叶贵清的母亲汪秀荣和妻子胡锦秀相继去世。可母亲和妻子留下的遗言,竟然和父亲的一样:“要照顾好老人。”1997年吴金秀老人已经87岁了,行动越来越不方便,洗澡、上厕都要人帮着。对吴金秀的照顾,叶贵清的作用似乎反不如大女儿初凤和二女儿爱凤。吴金秀老人仍在享受着叶家一家三代30年融融的爱意。

二女户养老有保险 广丰县嵩峰乡杨柳村,1990年以后,对该村21对二女户都实行了养老保险,总投入1.06万元。同时,村里对参加了养老保险二女户不是一保了之,对生活困难的,乡驻村干部、村干部还与他们结成一帮一的帮扶对子,提供资金、项目致富信息,帮助发展生产,提高生活水平;对生活十分困难的,还给予定期补助;责任田调整和建房审批方面优先照顾,群众的生育观逐步改变,计划生育率达100%。

自费订报赠农户 上饶县应家乡浮墩村的胡进炎,在外地打工学得一手种植中药材的技术。1991年回到家后,他一面在自留地种植药材,一面向周边农户传授种植技术。1998年胡进炎订购有关药材专业报刊外,还订阅党报党刊。他体会到党报花钱不多,可信息丰富、准确,是致富的好帮手,可谓“一报在手,样样都有”。2000年12月5日,胡进炎订报刊时,想到生活比较困难的群众时,他毅然拿出1500元钱订了9份“上饶日报”,赠送给本乡的邱渊盛、杨诚谓、杨国忠、龚寿波、陈志军、杨诚德、汪沼 、邱 川、龚加青9位贫困户。杨诚谓得知胡进炎为他订报十分高兴,他说:“胡进炎为我们订报,送的不仅是几个钱,更重要的是让我们了解国家的方针政策,新闻及科技信息,这比钱还珍贵”。

婚前忙学技 1995年以后,余干县华林岗乡青年谈婚论嫁时流行这样一句话:“家有钱财万贯,不如一技在身”,一批青年婚前掀起了学技术、用技术的热潮。男青年为娶得俏佳人,女青年为嫁得好郎君,争上农函大、进培训班、读科技夜校,努力学习科学种养知识,提高致富技能。至2000年全乡有160名青年领取了作物栽培、家禽养殖、水产养殖、蔬菜种植等10多个专业的农函大毕业证,80多名青年获得农民技术职称,成为奔小康的科技带头人,有128个有技术的男女青年结成“科技鸳鸯”。

冰溪镇农民争请“农事秘书”　1995年以后，玉山县冰溪镇农民从县科委、科协和农林、水产等部门聘请“农事秘书”100余名帮助发展经济。“农事秘书”们利用工余时间，向农民传授农业科技，及时提出农业生产中应注意的问题。文成村农民董厚泉从县蔬菜办请来一名“农事秘书”，在2亩蔬菜地里套种8种蔬菜，做到“人无我有，人多我早，人有我好，人好我多”，结果他家的蔬菜比别人同一种蔬菜早上市30天左右，年纯收入2万元以上。在“农事秘书”的帮助下，此镇已涌现出一批科技示范户。

富裕村的“穷规矩”　铅山县文家桥村是当地有名的富裕村，1996年人均纯收入1800多元。可是这个富裕村却订了一套“穷规矩”，对“红白喜事”要求农民做到“三不”（不准大操大办、不准铺张浪费、不准搞封建迷信）。有一个时期，有些农民钱袋鼓了，粮囤满了，却由于社会不良风气影响，在婚丧嫁娶中，大操大办，铺张浪费。针对这种情况，村委会经过分析研究，采取措施刹歪风。村里推选8名德高望重、办事公道、真正为群众服务的农民，成立红白理事会，把村民的婚丧嫁娶全都交村红白理事会统一办理。其次，村里把婚事新办、丧事简办形成制度，纳入村规民约。由于村里的“穷规矩”合民心，顺民意，得到农民拥护，1996年全村办红白喜事20多次，没有一家违反制度，共节约资金10多万元。农民把这些节约下来的钱，全部投入发展生产。

农民学科技　玉山县冰溪镇农民写科技日记已成为一种新时尚。许多农民家全备有一个科技日记本，全面摘抄科技知识、信息以及自己在农业生产中的经验与教训。1995年冰溪镇已有260多户农民养成了写科技日记的好习惯，科技日记使一大批农民走上了富裕路。此镇文成村农民董厚泉是个“科技迷”，自参加科技培训班后，学科技用科技的劲头更足了，经常坚持写科技日记到深夜，至1996年年底已写满三大本。辛勤的汗水换来了丰硕成果，1996年他的蔬菜大棚收入2万多元。文成村农民见了纷纷效仿，也用一双双粗糙的手学着写起了科技日记。

横峰县各乡镇农民改变旧习俗忙于走县串乡，甚至到外省取经学技，收集信息、考察项目，变农闲为科技备耕忙。按照过去的风俗习惯，临近春节每家都要停止农活，杀猪宰羊，置办年货。近年来，这个县外出农民都利用年终返乡机会，传播在外地学的技术；在拜年时互相交流科学种田经验，赠送良种。有些外出打工人员返乡后，他们把选取优良品种和早园竹笋、双季板栗、柰李、白莲、甲鱼、鳗鱼种养项目传到千家万户。莲荷乡农民引进巴西陆稻新品种。种植大棚反季节蔬菜200多亩。1990年代，全县14个乡镇场分别向当地农民赠送农业科技书籍2万多册。

特殊的“年礼”　在余干农村，做儿女的都习惯于向父母送一份礼物以表孝心。1997年12月中旬，在余干县宣传部工作的史俊，他思来想去，不知送啥礼物好。县委宣传部刚开过的报刊发行会给了他很大的启示。他父亲过去在镇里工作，平时最大的爱好是看《江西日报》、《上饶日报》等党报党刊。如今，退了休，看报不太方便。于是，他想家里不缺啥东西，还是订几份党报给父母为好。于是他利用一个星期日，驱车前往古埠镇邮电所，订了《江西日报》、《上饶日报》等报刊。史天龙接到儿子送来的特殊“年礼”，高兴地说：“我儿想得真周到，这份礼比啥东西都好”。

五儿媳十年悉心照料婆婆　玉山县横街镇张村，1997年过世的80岁高龄刘水枝，有五个儿媳相敬如宾。10年前老人因行动不便，身体虚弱，五个儿媳轮流照顾。每人每月6天，这6

天内,吃喝拉撒洗治全包。每当轮到谁时,必须提前一天,将床被彻底整洗。第二天从兄弟家接过来,还要特意每天为老人上街买菜开小灶。尽管他们生活都不宽裕,但只要老人爱吃的,定能买到。1996 年,老人患有下身发痒的毛病,加之 10 年间一直大便秘结,媳妇们要替他擦洗,还要肛门塞药,有的媳妇恶心呕吐,可她们没有怨言。老人过世后,村里人都说:"要不是媳妇们悉心照料,刘母十条命也早就没有了。"

村官用钱农民批 广丰县吴村镇玉田村委会,1998 年 7 月推出民主理财。村里财务开支的发票,定期由各村民小组选出理财员审批核实。理财小组发现有不合理的发票,当场抽出注销作废,用钱开支权全在理财小组手中掌握。村里来客买烟开支由以前的每年 5000 多元,减少到理财后的几十元。差旅费、招待费开支从年均万余元降低到千元。

第四章 新词汇 新民谣

第一节 新词汇

过去复苏词汇:

先生
老婆
太太
小姐
老公
贵族
老板

老词汇新词义:

婆婆(上级)
媳妇(下级)
下课(退二线离岗)
交学费(失误)
考察(公费旅游)
学文件(打扑克)
断奶(停止拨款)
充电(进修学习)
上班(打麻将)
傻蛋(讲原则)
做贡献(超前消费)
活动(拉关系、行贿)
放血(商品降价)
拼搏(猛喝酒)
瓶颈(难做好的事)
余热(老年人做贡献)
蛋糕(好的项目)
绿灯(通畅无阻)
黄牌(危险警示)
阵痛(艰难的过程)
打头阵(向前)
拳头(核心竞争力)

新词汇:

哥们(朋友)
洗桑拿(高温天气)
驴友(旅游伙伴)
爽(舒服)
酷(时尚、时髦)
侃(吹牛、聊天)
大款(有钱的老板)
大腕(名气很大)
倒爷(异地贩卖货物)
下海(辞职经商)

大气候（国际、国内大环境）
一刀切（整齐划一）
剃光头（成绩不佳）
毛毛雨（小意思）
铁饭碗（国家机关工作人员）
花架子（摆样子）
网吧、酒吧、陶吧、茶吧、
迪吧（迪斯科舞厅）
追星族、打工族、推销族
工薪族（拿固定工资收入的人）
龙头企业（综合实力强的企业）
胡子工程（没有完成的工程）
画圆圈（阅文件）
晒工资（公开暴露工资）
按揭（分期偿还）
发烧友（痴迷）
互动（双向交流）
海龟（归）
料理（处理）
靓（好看）
减负（减轻负担）
作秀（做表面文章）
挂科（不及格）
MM（美女）
PK（比赛）
挂了（死了）
窗口（样榜）
伊妹儿（电子邮箱）
彩铃（手机音乐服务）
卡通（漫画）
哈日（学习日本潮流）
抠门（小气、吝啬）
老人头（人民币）
达人（专家）
养眼（好看）
小气候（省内、本地小环境）
走后门（私下找关系）
踢皮球（工作推诿）
大锅饭（平均主义）
红眼病（嫉妒）
的士（出租小汽车）
巴士（公共汽车）
拳头产品（具有竞争力的产品）
文山会海（文件多，会议多）
绿色食品（没有污染的食品）
烂尾巴工程（出现问题的工程）
抠机（传呼机）
拍砖（反对，不赞成）
整合（整理合并）
埋单（付款）
克隆（仿制）
炒鱿鱼（被辞退）
白骨精（白领、骨干、精英）
派对（一对一）
卡奴（热衷使用各种银行卡、VIP 卡的人）
发屋（理发店）
AA 制（共同项目，各自分别付款）
GG（帅哥）
郁闷（不开心）
泡汤（洗温泉）
恐龙（丑女）
青蛙（丑男）
小强（小虫）
哈韩（学习韩国潮流）
顶（支持）
大团结（10 元一张的人民币）
灌水（发表言论）
有料（有本领）
帅哥（长得漂亮的男子）
归零（回到开始状态）

第二节 新民谣

公仆“十字令”

一尘不染，两袖清风，三思而行，四方赞誉，五湖四海，
六神镇定，七情安然，八路作风，九泉无愧，十分可敬。

正风歌

家中不听“枕头风”，外出不忘“调查风”。
任人不搞“裙带风”，办案不见“说情风”。
身正不怕“诬告风”，办公不怕“吹冷风”。
有才不管“嫉妒风”，成绩不准“虚报风”。
说话不兴“浮夸风”，办公不容“拖拉风”。
对上不吹“谄媚风”，对下不要“耍威风”。
学习不刮“一阵风”，批评不当“耳旁风”。
挺起腰板顶歪风，理直气壮正党风。

农调歌

农民不调我先调，我为农民趟大道，
党员就是火车头，拉着车厢飞速跑。
农民不干我先干，我给农民做示范，
干部甘当铺路石，为民致富作贡献。

公仆铭（仿陋室铭） 黄春根

官不在大，有绩则名。令不在多，严执则灵。
既是公仆，一心为民。服务为宗旨，政策做准绳。
往来无贿赂，谈笑有白丁。经常下基层，察民情。
无盛筵之接待，无献媚之歌声。江西邱娥国，
山东孔繁森，斯可谓，公仆标兵。

卷五　思想道德建设

1990 年代,全区以培养“四有”[①]文明公民和提高人们的思想道德素质、科学文化水平为目标,在全区城乡开展的以创“三优”[②]、创建文明卫生城市、文明单位、军(警)民共建等为主要内容的群众性精神文明建设活动。1992 年,玉山县文明办以《职业道德》、《社会公德》和《文明市民读本》为主要教材,在核工业部华东 268 地质大队举办全区第一所“文明公民学校”的试点工作。1994 年,以“文明公民学校”为阵地,大力加强职业道德教育。各行业、各部门还根据各自的行业特点开展一系列职业道德教育和评比活动。

1995 年 4 月,地委宣传部结合上饶地区实际,重点实施爱国主义教育“3411”[③]工程意见。7 月 21 日,地委、行署为加强爱国主义教育基地建设,在上饶市茅家岭革命烈士纪念营,宣布上饶集中营旧址、上饶集中营烈士陵园、江西省上饶军区革命烈士纪念碑、中共闽浙赣省委旧址、弋阳县革命烈士纪念馆、德兴市龙头山革命烈士纪念馆为全区首批 6 个地级爱国主义教育基地,并举行了挂牌仪式。同年,把社会公德、职业道德等思想道德建设的内容纳入创建文明片区的活动之中。6 月,玉山县文成镇金桥村成立全省第一个“农民道德教育协会”,

1997 年,地委、行署转发地区文明委制定的《上饶地区文明单位建设和管理若干规定》,开展争创文明单位、文明家庭、文明小区、文明楼院、文明路(街)、文明车间、文明柜(组)活动。全区共有省级文明单位标兵 3 个,省级文明单位 71 个,地级文明单位 338 个,县(市)级文明单位 1000 余个,文明楼院 390 幢,文明家庭和五好家庭 45.63 万个。

2000 年,地委通过命名第二批爱国主义教育基地的报告,批准并分别给弋阳漆工镇暴动纪念馆、万年赣东北苏维埃政府旧址、波阳革命烈士纪念塔、余干革命烈士纪念碑、婺源县博物馆、上饶县博物馆(含七峰岩、李村)、弋阳叠山书院、铅山县鹅湖书院、玉山县黄家驷公园、三清山风景名胜区、弋阳龟峰风景名胜区、婺源灵岩国家森林公园、广丰芦林工业区(含月兔集团、月兔广场、芦林大道)13 个爱国主义教育基地挂牌,全区共有爱国主义教育基地 47 个。

---

①“四有”:有理想、有文化、有道德、有纪律。

②“三优”:优美环境、优良秩序、优质服务。

③“3411”工程:即学习《邓小平文选》第一、二、三卷,加强四项基本建设,开展十一项主题教育活动。

第一章 组织机构

第一节 地(市)级机构

1985年初,上饶地区五讲①、四美②、三热爱③活动委员会(简称“五四三”活动委员会)成立;1986年2月,成立“五四三”办公室。1988年,“五四三”活动委员会易名为上饶地区精神文明建设活动委员会,下设办公室(简称文明办),文明办内设秘书科、文明建设科,编制10人,为正县级行政单位。

1996年3月25日,地区精神文明办列入党委系统,归口地委宣传部,原级别、牌子不变,承担党委和政府有关工作的双重职能。同年,地区文明办增加了对地区文化市场管理职能,内设秘书科、文明建设科、文化市场管理科;编制7人,领导职数:1正2副,科级职数:4名。地区文明办参照执行公务员制度。

2000年10月18日,上饶地区撤地设市,地区精神文明建设指导委员会更名为上饶市精神文明建设委员会,下设办公室更名为市精神文明办公室,主任由市委宣传部副部长郭安海担任。

第二节 县(市)级机构

1983年6月25日,玉山县“五四三”活动委员会最先成立,委员会下设办公室;1984年4月21日,成立玉山县“五四三”活动委员会领导小组;1988年7月,玉山县“五四三”活动委员会更名为玉山县精神文明建设活动委员会,下设办公室,正科级行政单位;1996年5月7日,成立玉山县精神文明建设指导委员会,列县委系统归口县委宣传部,下设办公室。

1985年,余干、万年两个县“五四三”活动委员会成立,下设“五四三”办公室,属正科级单位,行政编制4~5人不等;1989年,“五四三”活动委员会均更名为余干、万年县精神文明建设活动委员会,下设办公室;1996年,万年县,1997年,余干县精神文明建设活动委员会改称为余干、万年县精神文明建设指导委员会,下设办公室,归口县委宣传部,正科级行政单位;是年,余干县创建文明卫生城领导小组(两块牌子一套班子)成立;是年,成立余干县军(警)民共建社会主义精神文明领导小组,同时成立余干县市容监察管理队,归口文明办管辖。

1986年,上饶县、婺源县、铅山县先后成立“五四三”活动委员会,后易名为精神文明建设活动委员会,下设办公室,属正科级行政单位;1989年,精神文明建设活动委员会更名为精神文明建设指导委员会,并同时成立各县社会治安管理办公室(两块牌子,一套班子);1996年11月,成立精神文明建设指导委员会,下设办公室归口县委宣传部,正科级行政单位,有编制4~5人不等。

---

①“五讲”:讲文明、讲礼貌、讲卫生、讲秩序、讲道德。

②“四美”:心灵美、语言美、行为美、环境美。

③“三热爱”:热爱祖国、热爱共产党、热爱社会主义。

1987年11月，广丰县“五四三”活动委员会成立，下设办公室；1989年7月，广丰县“五四三”活动委员更名为广丰县精神文明建设活动委员会，下设办公室；1996年，成立广丰县精神文明建设指导委员会，下设办公室，归口县委宣传部，正科级行政单位。

第二章　社会公德建设

第一节　公民教育

1991年，全区为培养社会主义文明公民，广泛深入的开展社会主义教育、“三德”教育、爱国主义、普法、革命传统教育，倡廉防腐教育，反颠覆、反渗透、反演变，反对资产阶级自由化的教育活动。地区、各县（市）纷纷组织干部下乡支农，加强农村干部和群众思想的教育。

1992年，玉山县文明办以《职业道德》《社会公德》和《文明市民读本》为主要教材，在核工业部华东268地质大队举办全区第一所“文明公民学校”的试点工作。地区文明委在试点的基础上，召开现场会，介绍268大队办学的情况和经验，并要各县（市）按“五有”标准开展工作。年底统计，全区共办起文明公民学校11所，办班50余期，参学人数达2000人次。

1993年，全区开展推广普及“文明公民学校”的工作，对干部群众进行“四爱①五有②三德③”教育。地区文明办组织力量，结合当地实际，编写一本以“四爱五有三德”教育和科学的生活方式为主要内容，共十二讲13万字的《文明公民读本》。据统计，全区开办文明公民学校449所，讲课4370次，参与人数达145867人次。

1994年，以“文明公民学校”为阵地，大力加强职业道德教育。各行业、各部门还根据各自的行业特点开展一系列职业道德教育和评比活动。

1995年，主要把社会公德、职业道德等思想道德建设的内容纳入创建文明片区的活动之中。6月，玉山县文成镇金桥村成立全省第一个“农民道德教育协会”，制定章程，颁布会员义务，编发了《新编道德三字经》，使该村社会风气为之好转。万年县在全县开展“科技知识入农民户、法律知识入农民户、道德风尚入农民户”的“三入户”教育活动；上饶县也围绕培养“四有”新型农民开展一系列的教育活动。同年下半年，为丰富乡村居民的精神文化活动，在上饶市开展沙溪镇文化站试点工作，并成立农民文学艺术联合会。此后，全区有292个乡镇分别建立文化站，农村文化活动室1821个，民间职业剧团和演出队426个，大大丰富乡村居民的精神生活。

1996年，为贯彻落实中共十四届六中全会精神，着力提高广大职工的思想道德素质、文化业务素质和优质服务水平。各机关工委和行业系统积极开展以加强职业道德建设，纠正行业不正之风，塑造“窗口”行业良好形象为主要内容的全区“窗口”行业文明规范服务竞赛活动，并在玉山县开展创评“星农户”活动试点工作。

---

①“四爱”：爱祖国、爱中国共产党、爱社会主义、爱人民。

②“五有”：有组织领导、有教学内容、有活动场地、有规章制度、有效果反映。

③“三德”：社会公德、职业道德、家庭美德。

1992 年—1996 年“二五”普法期间，全区展开一系列的法制宣传活动，共涌现全省先进集体 19 个、先进个人 24 人。地委宣传部和司法局联合举办由 11 万多干部和职工的“二五”普法知识竞赛，人大工委等七个单位联合举办“环境保护法知识”电视竞赛。1995 年婺源县被评为“全国社会治安综合治理先进县市”，次年又被授予“全国‘二五’普法先进县市”称号。此外，地委宣传部和其他单位相继开展《劳动法》《土地法》《农业法》《教师法》《未成年保护法》《公司法》《预备役军官法》等多项法制宣传教育活动，(年)在全省《劳动法》知识竞赛中，地区代表队夺得第一名。

1997 年，在全区广大干部群众中进行邓小平理论教育，社会主义市场知识教育，利用文明公民学校这块主阵地系统地进行“四爱”“五有”“三德”教育，以及文明礼貌和卫生常识教育，机关开展讲学习、讲政治、讲正气和学理论、学党章的“三讲”、“双学”活动。在企业开展“自力更生、艰苦创业”的教育，在窗口行业开展“爱岗敬业，乐于奉献”教育，在农村开展以爱国主义、集体主义和社会主义为主要内容的“三个主义”教育。

1998 年，重点把“三德”教育作为思想道德建设的核心内容，组织编写思想道德系列读本《三德篇》在全区发行，在全区表彰 100 户五好文明家庭，从中评出 10 户标兵、20 栋文明楼院。

1999 年，继续深入开展思想道德教育，重点推出“三讲”活动，把学习邓小平理论引向深入；同时，开展“三个主义”①教育，文明委制定《关于深入开展“三个主义”教育活动的意见》，在全区范围内开展“三个主义”教育活动。组织广大干部职工和青少年认真阅读地区文明委编写的《上饶五十年》(“三个主义”篇)一书。机关的“三个主义”教育主要结合宗旨教育，与争创人民满意的公务员活动紧密结合；农村的“三个主义”教育，主要是引导农民爱家乡，建设好家乡，加快社会主义新农村一建设步伐；企业的“三个主义”教育，主要是引导工人爱岗敬业、学理论、学文化、学技术、创名牌、作贡献；学校的“三个主义”教育，主要引导学生树立远大理想，念好书、长本领，为报效祖国打好基础。

2000 年 8 月，地区文明办组织编写《世纪文明》一书，分文件篇②、经验篇③、荣誉篇④给各单位进行政策教育，传统教育。

第二节　爱国主义教育

1986 年，地区“五四三”活动委员会为认真贯彻中央《爱国主义教育实施纲要》，成立爱国主义教育领导小组，以爱国主义基地为依托，以青年学生为重点开展形式多样的爱国主义活动。

1993 年 9 月，地直机关党委、建设银行、保险公司、艺术剧院等单位联合举办“纪念毛泽东同志诞辰 100 周年文艺汇演”，各县(市)也开展相关活动纪念伟人，激发干部和群众的爱国热情。

1994 年，着重加强宣传工作，在《上饶日报》开辟国防教育专栏，全区普遍开设爱国歌曲

---

①“三个主义”：爱国主义、集体主义、社会主义。

②文件篇：1996 年—2000 年，中央、省、地有关精神文明文件汇编。

③经验篇：1999 年受文明委表彰的先进单位经验。

④荣誉篇：1996 年—2000 年荣获精神文明奖的名单。

“每周一歌”“每日金曲”等栏目，广泛开展国防和爱国主义宣传工作。地区文明办以上饶集中营旧址等爱国主义教育基地为依托，组织党员、团员、干部、职工、青少年学生和驻饶青年官兵参观、瞻仰、缅怀革命先烈、开展祭扫、入党（团）宣誓等活动，接受爱国主义和革命传统教育。仅上饶市每年依托基地开展活动就达20万人次。

是年，全区县（市）两级宣传部将统一购买的《中国有个毛泽东》《中国母亲》《我爱社会主义》《走向辉煌》《迎接香港回归祖国》等爱国主义教育教材和编写各种乡土教材供全区中小学生阅读。同时，全区在教委组织下开展看百部爱国主义影片、唱百首爱国主义歌曲、读百种爱国主义图书的“三百”活动。

1995年4月，地委宣传部结合上饶地区实际，重点实施爱国主义教育“3411”工程意见。7月21日，地委、行署为加强爱国主义教育基地建设在上饶市茅家岭革命烈士纪念营，宣布全区首批6个区级爱国主义教育基地，即上饶集中营旧址、上饶集中营烈士陵园、江西省上饶军区革命烈士纪念碑、中共闽浙赣省委旧址、弋阳县革命烈士纪念馆、德兴市龙头山革命烈士纪念馆，并举行了挂牌仪式。

是年，为纪念中国人民抗日战争胜利50周年，地直机关组织2000多人的大合唱比赛，12县（市）也举办大合唱比赛活动，弋阳先后举办方志敏殉难60周年和诞辰100周年纪念活动，成立“方志敏精神研究会”，并在研究基础上创立“弋阳精神”；婺源县先后举办“纪念詹天佑诞辰133周年”和“纪念朱熹诞辰865周年”；广丰县临街举办纪念抗战胜利50周年图片展等活动。

弋阳县志敏中学是方志敏烈士的母校，该校制订6年为一周期，3年为一阶段的《开展革命传统系列教育活动实施方案》，做到月月有活动，人人受教育。新生入学的第一个仪式是赠送方志敏遗著，继而参观革命烈士纪念馆。经常举行“方志敏烈士事迹知识竞赛”“我站在烈士塑像前”征文竞赛和“向方志敏烈士汇报主题班会”等活动。

广丰县洋口中学，把爱国主义教育贯穿于教学育人的全过程，坚持升国旗、唱国歌、挂名人画像、警句、格言；组织学生参加爱国主义“三百”活动，并让学生谈感想、写体会；运用故事会和朗诵会、书法比赛等形式培养师生的爱国主义情操。同时寓教于乐，举行“祖国在前进”展览、“祖国在我心中”的主题班会、文艺汇演和知识竞赛等活动。

上饶师范学院结合师范生的年级特点，对一年级着重进行历史观和人生观教育，通过专题讲座，让学生了解中华五千年文明史；通过参观校史馆，用校友的动人事迹激励新生；对二、三年级的学生进行“五心”①教育等活动，由小到大，由近及远，由浅入深，把爱国主义教育同爱同学、爱班级、爱学校、爱家乡、爱上饶、爱党的教育事业紧紧相连。

1996年10月，地委以纪念长征胜利60周年开展爱国主义的契机，在全区部署开展举办“纪念红军长征胜利60周年大型文艺晚会”等八项宣传教育活动。是年11月1日，上饶集中营革命烈士陵园在全国爱国主义教育基地命名大会上，被国家教育委员会、民政部、文化部、国家文物局、共青团中央、解放军总政治部命名为全国中小学爱国主义教育基地。12县（市）在此前后，也命名了一批县级爱国主义教育基地。

1999年，深入贯彻《爱国主义教育实施纲要》，在全区范围内开展“三个主义”教育活动，组织广大干部职工和青少年认真阅读地区文明委编写的《上饶五十年》（“三个主义”篇）一书。

---

①“五心”教育：忠心献给祖国、爱心献给社会、关心献给他人、孝心献给父母、信心留给自己。

2000年,地委通过命名第二批爱国主义教育基地的报告,批准并给13个爱国主义教育基地挂牌,它们分别是弋阳漆工镇暴动纪念馆、万年赣东北苏维埃政府旧址、波阳革命烈士纪念塔、余干革命烈士纪念碑、婺源县博物馆、上饶县博物馆(含七峰岩、李村)、弋阳叠山书院、铅山县鹅湖书院、玉山县黄家驷公园、三清山风景名胜区、弋阳龟峰风景名胜区、婺源灵岩国家森林公园、广丰芦林工业区(含月兔集团、月兔广场、芦林大道)。全区共有爱国主义教育基地47个,组织发行各类爱国主义教材330万册,编写地方爱国主义教材多种,如《可爱家乡上饶市》《鄱湖英风录》《婺源风物录》等。同年,“上饶集中营革命烈士陵园”和“方志敏纪念馆”申报第二批全国爱国主义教育示范基地(2001年获批准)。

第三节 学英模树新风

1992年2月22日,地委组织开展“向共产党员许毓斌同志学习”活动。是年,在全区开展“文明新风十件新事”的评选活动。

1993年3月5日,在毛泽东同志发表“向雷锋同志学习”题词30周年,全区开展了“学雷锋周活动”。同时对地直机关新华书店党支部等23个学雷锋先进集体和赵守信等41名学雷锋先进个人进行表彰,号召全区人民向他们学习。

1994年,为继承和发展学雷锋活动,全区启动和开展了青年志愿者活动,积极开展以抗洪抢险、水利冬修、保护环境、植树造林、扶贫济困、支教扫盲、生活服务等为主要内容的活动。是年春节,青年志愿者1万多人在车站、码头开展义务服务活动,拉开了上饶地区青年志愿者活动的序幕。

1995年,全区开展向“学习钟卓万,做雷锋式的好公民”和吴长春烈士学习的活动。是年3月5日,地直机关团员、青年开展“学钟卓万见行动”活动。200多名团员、青年扛着团旗,走上街头、车站,来到干休所和医院开展青年志愿者义务奉献活动。地直机关团委针对以往学雷锋“三月来、四月走”的现象,在团员、青年广泛开展“学习钟卓万,我该怎么办”大讨论,引导团员、青年树立正确的人生价值观,把学习雷锋、学习钟卓万与开展献爱心、青年志愿者服务活动结合起来,并将青年志愿者活动列入长期工作计划。同年,孔繁森事迹传遍赣东北大地,全区掀起“向孔繁森同志学习”的热潮。地县(市)广泛开展学习和宣传工作,地区还专门编排了京剧和话剧等四种剧目《孔繁森》,在全区巡回演出113场。

1996年,全区开展“向胡俊生同志学习”的活动。地区根据胡俊生的主要事迹组建英模报告团,在全区巡回报告12场;编排一台六场次话剧《青山之子——胡俊生》和“学习英模胡俊生专题音乐会”在地区公演;是年8月27日,英模逝世一周年,宣传部向全区印发《向一级英模胡俊生同志学习》一书。

1997年,根据中央文明委关于在全国组织开展“讲文明、树新风”活动的要求,地委、行署及时召开电话会议对全区的“讲文明、树新风”活动作了全面动员和部署。地区文明办制定活动《实施意见》,地县(市)成立活动领导小组。9月6日,地、市委宣传部,地、市文明办等12家单位,以上饶市广场为中心,联合举办“向不文明行为告别”系列活动。全区各地普遍召开千人以上的动员大会,层层动员,广泛宣传。并将“讲文明、树新风”活动与创建文明城市活动有机地结合在一起。全区各地普遍制定《市民守则》《公共场所准则》《城市管理和处罚条例》《文明行为十不准》等法规性文件。在全区农村继续开展“双教”“双帮”、创评“十星级文明农户”,创评文明家庭、五好家庭等活动;在党政机关和行业,开展“创三优单位、评十佳公仆”活动,以及优质服务竞赛活动,各行各业普遍加强职业道德建设,出台了职业道德规范、职业责任、职业纪律、《窗口文明与规范用语》等。地区文明办、地区建设局、地区卫生局、地区工商局、地区公安局、地区交通局、地区林业局、地区商业局8部门联合制定《关于在全区组织实施“容貌”工程竞赛活动的方案》,以促进“讲文明、树新风”活动扎实有效地开展。9月10日,地区文明委组织检查组对全区12县(市)的“讲文明、树新风”活动进行检查。

1998年,“讲文明、树新风”活动在全区全面铺开,群众广泛参与,形成热潮。各地新闻工作者在活动中及时把握舆论导向,积极宣传典型经验和做法,推动“讲文明、树新风”活动深入开展。为激励新闻工作者更加勤奋地工作,地委宣传部、地区文明办、地区记者协会根据饶办字〔1998〕17号文件精神,联合开展1998年、1999年、2000年三个年度的“讲文明、树新风”优秀稿件评选活动。经评选,报刊部分36篇,广播电视部分28篇稿件入选,并给予了表彰和奖励。同年,全区启动开展社会服务“承诺工程”。地区建设局、民政局、交通局、公安局、邮电局、供电局、工商局、卫生局、地税局、率先试行实施,推行社会承诺制度,建立监督机制。

1999年,全区开展向“窗口行业服务标兵”童风春、胡满鹰学习活动。3月3日,来自凤凰集团、上饶电厂、等单位几百名青年志愿者来到上饶市人民广场,进行义务为民服务,向服务标兵学习活动。青年志愿者还在城市建立社区服务中心,并建立抢险救灾预备役制度;在农村继续深化大中专学生“三下乡”活动,实施扶贫接力计划和绿色行动计划,广泛开展植树造林。同年5月,地区文明办、地区建设局等11个部门在全区开展“保护生态环境、倡导文明新风”活动,着重围绕搞好植树绿化、清理白色垃圾、改善空气质量、治理水源污染4个方面的主要任务,开展群众宣传教育活动,组织有效整治战役。

2000年,地委宣传部、地区文明办等6部门命名地区国贸大厦和溢洲商厦为“百城万店无假货”示范店。同年,溢洲商厦被中宣部、中央文明办授予“全国百城万店无假货”示范店。

第三章 创建活动

第一节 规划部署

1985年,贯彻江西省创“三优”竞赛精神,上饶行署举行12县(市)创“三优”城镇竞赛签字仪式,县、市领导分别在责任书上签字。

1995年,根据中宣部、国务院办公厅、省委宣传部、省政府办公厅的部署,全区部署开展创建文明城市竞赛活动。4月,地委宣传部根据赣宣发〔1995〕2号文件《关于进一步贯彻落实〈爱国主义纲要〉的意见》要求,结合上饶地区的实际,提出重点实施爱国主义教育“3411”工程的意见。

1996年,地委制定《关于贯彻党的十四届六中全会精神,进一步加强社会主义精神文明建设的意见》。提出实施社会主义精神文明建设“十大”①工程。是年，在全区12县市开展创建文明卫生城市竞赛活动，地委行署两办转发地区文明委制定的《关于在全区开展创文明卫生城市竞赛的意见》和检查评分细则。为贯彻全省实施农村精神文明建设“1133”工程，全区部署实施“22515”工程，各县(市)也积极参与提出实施方案。

1997年3月，地委制定《上饶地区社会主义精神文明建设“九五”规划》。8月14日，地区精神文明建设指导委员会召开第一次委员会。会议确定地区精神文明建设指导委员会及其办公室的主要职责和工作制度；审议、研究《上饶地区文明单位和管理若干规定》《关于在全区开展“讲文明、树新风活动”的实施意见》《全面推进精神文明“十大工程”建设活动的实施方案》；推出全区首批文明城镇、文明村镇、文明服务示范点。

1998年，地区文明委制定《上饶地区创建文明城市竞赛活动实施意见》。各县市按照地委、行署的要求，雷厉风行、积极行动，全区上下掀起一个创建文明卫生城市竞赛活动的热潮。4月，地委宣传部、地区文明办、地区农办在全区农村开展“十星级”文明农户评比活动。

1999年6月，地委、行署决定，继续在全区县(市)开展精神文明建设工作创评先进活动，并制定《关于1999年县(市)精神文明建设工作目标考核意见》和《1999年县(市)精神文明建设工作考评细则》。7月，地委组织部、地委宣传部、地区人事局、地区文明办转发省委组织部等4部门《关于继续深入开展“做人民满意的公务员”(机关工作人员)活动的通知》，在全区开展“做人民满意的公务员”(机关工作人员)活动。

第二节 创“三优”活动

1985年，全区启动开展创“三优”活动，即：创优美环境、创优良秩序、创优质服务。这项活动一直延续到1994年，基本形成城市为重心、促县城、带农村的格局。

l991年，继续把上饶市的“创三优”活动作为全区精神文明建设活动的重点和示范点，迎接全省17市(区)创“三优”总评检查。在城市创“三优”活动的带动下，10县城的创“三优”竞赛活动也全面开展，各县(市)分管领导与行署签订创“三优”竞赛协议书。每县选一个乡镇参加创“三优”竞赛，纳入10县城总评检查同步进行。以县城为示范，各县组织乡、镇、场，以及村与村之间的创“三优”竞赛。使整个创“三优”竞赛活动，从突击向经常化转变，由一般要求、号召向制度化、规范化转变，重点放在优质服务上，突出行业、窗口单位的优质服务。地区对10县城创“三优”进行总评检查，并对创“三优”竞赛的先进单位进行表彰：玉山县获一等奖；铅山县、上饶县获二等奖；弋阳县、广丰县获三等奖；婺源、万年、横峰、波阳、余干县分别获得文明单位建设和管理、“三德”教育、城区改造、为民办实事、“文明之夏”活动单项奖。上饶、德兴两市分别获得全省创“三优”建文明城竞赛先进单位一、二等奖，玉山获得全省县城组创“三优”竞赛一等奖。

1992年，把小城镇建设作为城乡创“三优”竞赛的重点内容之一，从治理脏、乱、差入手；同时，地直4个垦殖场的创“三优”活动也全面开展，与10县城的检评同步进行，一年初评、两年总评。乡镇所在地，由县、市组织创“三优”竞赛检评，地区组织抽查。

①“十大”工程：“支柱”工程、“奠基”工程、“导向”工程、“精品”工程、“形象”工程、“容貌”工程、“新风”工程、“爱心”工程、“民心”工程、“平安”工程。

1993 年、1994 年，全区各县市，把创“三优”工作作为精神文明建设活动的一项硬任务，列入党委议事日程和目标管理，并针对群众反映强烈的难点、热点问题，加快市政基础建设，加强市政管理和“文明月”意识教育。创造优质的服务，优良的秩序，优美的环境，迎接省九运会的召开。据不完全统计，全区在 1993 年、1994 年创“三优”活动中，各县（市）共投资 12372.6 余万元，新铺水泥路面 20.4 万平方米，清运垃圾 5770 余吨，疏通下水道 4.65 万余米，拆除违章建筑 4537 处，破获各类案件 1831 起，抓获违法犯罪分子 1714 人，收缴非法书刊 659 册，年画 4465 张、音带 686 盒、像带 361 盒，取缔非法放映点 28 家，桌球厅 75 家，黄色书刊 1121 本。经评比，上饶市获得第一名，万年县、余干县并列第二名，弋阳县、婺源县、上饶县并列第三名，受到地委、行署表彰。

第三节　创建文明城市（县城）

1995 年，根据中宣部、国务院办公厅、省委宣传部、省政府办公厅的部署，上饶地区着重督导上饶市、德兴市，迎接全省县级市组创建文明城市竞赛活动的检查评比，同时把全区 10 县城列入创建文明城市竞赛活动中。活动以创“四优”①为中心内容，以经济发展、社会风气、法制建设、科教文卫事业、市政建设与管理、“窗口”服务等方面的建设为重点。竞赛活动每两年举行一届，实行一年初评，二年总评，并制定评比计分细则。各县（市）组织开展创建文明、乡镇（场）的竞赛活动。

1996 年，在全区 12 县市开展创建文明卫生城市竞赛活动，地委行署两办转发地区文明委制定的《关于在全区开展创文明卫生城市竞赛的意见》和检查评分细则。各县（市）开展的“学习张家港，创建卫生城”活动，全区上下掀起一个创建文明卫生城市竞赛活动的热潮。

1998 年，竞赛活动以思想道德文化建设、优美环境、优良秩序、优质服务、群众性创建活动、组织领导等为主要内容。活动两年为一届，1998 年—1999 年为第一届。2000 年地区组织第二届创建文明城市竞赛活动。竞赛范围为两市（上饶市、德兴市）、10 县城。

2000 年，广丰县荣获江西省首届创建文明城市工作先进城市（区）。

第四节　创建文明单位（村镇）

1991 年，上饶地区按照省政府颁布的《江西省文明单位建设和管理若干规定》的要求，制定了一系列文明单位，文明村创建、管理的制度，规定半年一自查，平时不定期抽查，两年全面检查。地区组织对两年以上的省、地级文明单位（村）进行全面验收。是年，地区行署命名上饶地区邮电局机关等 25 个文明单位；被取消文明单位称号的 30 个，其中省级 5 个，地级 25 个。中共上海铁路局委员会上饶铁路党校等 48 个单位被省委、省政府命名为省级文明单位。全区共有省、地、县三级文明单位 1452 个，其中省级 48 个，地级 151 个，县级 1253 个。

1992 年，对全区省、地级文明单位和部分县（市）级文明单位进行复查，对 1992 年申报地级文明单位的 26 个单位进行了考核、验收。经地区文明委全委会审定，行署命名上饶市百货公司文化用品商店等 125 个单位为文明单位。全区共有省、地、县、三级文明单位 1183 个，其

①“四优”：优美环境、优良秩序、优质服务、优化管理。

中省级48个，地级175个，县(市)级960个。

1993年，对全区48个省级文明单位，已满两年的25个地级文明单位和新申报省、地两级的73个单位进行全面的复查验收。复查验收中，按照“坚持标准、控制数量；动态管理、有上有下；逐步升格，持续发展”的原则和赣府发〔1989〕88号文件规定的标准和申报程度，逐条逐项进行对照、评比，特别是对各单位领导班子的团结、党风廉政建设、企业经营的盈亏、社会治安综合治理、计划生育、“五爱、四有、三德”教育等方面的情况进行重点检查。同时，提出建档工作的“四个统一”①，并将档案管理纳入文明单位验收考核标准之一。地区和各县市针对一些单位出现“匾到手、劲到头”的现象，或存在各种严重问题的单位，分别给予撤销、降级和自然取消的处理。全区由省级降为地级文明单位的5个；由地级降为县级文明单位的2个；自然取消文明单位称号的省级5个、地级2个、县级25个；撤销地级文明单位1个、县级文明单位1个。

1994年，创文明单位活动，把重点放在那些对经济发展具有举足轻重作用，各项指标在本县(市)、场处于领先地位的重点企业，并有计划地在乡镇企业创建一批文明单位。对那些两个文明建设基础比较好，单位领导和群众创文明单位意识强、积极性高的单位，文明办主动上门，加强指导、定向培养，达到标准时，按原则和要求逐步申报。并由行署命名上饶公路客运服务站等64个单位为文明单位。

1995年，按照省、地文明委的要求，对全区要求申报省、地两级文明单位的80多个单位及原来59个省级文明单位和已满两年以上的137个地级文明单位进行了全面的考核验收。经地区文明委会议审定，行署命名上饶地区交通稽查征费分局等56个单位为地级文明单位；首钢四建总公司第一安装公司等6个单位由省级文明单位降为地级文明单位；取消了上饶市西市石棉厂等20个单位地级文明单位的荣誉称号。截至1995年底，全区共有省级文明单位71个、地级文明单位288个、县市级文明单位874个。

1996年，极力加大对各层次、各系统、各部门文明单位创建力度，把两个文明建设的任务落实到基层。坚持“分类指导、重点培养、定期走访、达标推荐”的原则，实行对文明单位的动态管理。严格按照文明单位的标准和条件，在已满两年的县级文明单位中择优命名一批地级文明单位、对历年来行署命名的288个地级文明单位进行全面复查，重新申报和命名。上饶供电局、中国人民银行万年县支行、波阳县交通稽查征费所被省委、省政府命名为1994～1995年省级文明单位标兵，国营上饶侨汇商店等71个单位为省级文明单位。同年，弋阳制药厂等12个单位被省文明委撤销省级文明单位荣誉称号。

1997年，地委、行署转发地区文明委制定的《上饶地区文明单位建设和管理若干规定》，开展争创文明单位、文明家庭、文明小区、文明楼院、文明路(街)、文明车间、文明柜(组)活动。全区共有省级文明单位标兵3个，省级文明单位71个，地级文明单位338个，县(市)级文明单位1000余个，文明楼院390幢，文明家庭和五好家庭456380个。

1999年，地委、行署命名上饶供电局等381个单位为1997年—1998年度地级文明单位。同年，玉山县荣获中央文明委表彰的全国文明村镇先进县、德兴市泗洲镇荣获中央文明委表彰的全国文明村镇先进镇；凤凰光学仪器集团公司、广丰月兔集团荣获中央文明委表彰的全国创建文明单位先进单位。

2000年，创建文明单位活动向深层次迈进，地区文明办召开全区省级文明单位座谈会，交

①“四个统一”：即统一编号、统一档案盒、统一入卡、统一检查验收。

流开展优质服务，加强内部管理，提高员工素质的经验与体会，到会的省级文明单位共同向全市（地级市）各单位发出倡议：从我做起，从小事做起，切实纠正行业不正之风，深入开展承诺服务，树立文明、规范、优质的行业形象。10 月份对申报上饶市（地级）首届文明单位（1999 年—2000 年度）的单位进行公示，并组织人员抽查了 100 多家申报单位。上饶市委、市政府命名了上饶市气象局等 406 个单位为第一届（1999 年—2000 年度）市级文明单位。省委、省政府命名上饶公路分局等 78 个单位为第七届（1998 年—1999 年度）文明单位。

第五节　文明新风新事评选

10 件新事评选 1992 年始，为弘扬传统美德，倡导具有时代特征的良好社会风貌，发挥各种先进典型在各项工作中和社会各个方面的示范、导向作用，促进经济建设和社会风气的好转，在全区范围内广泛开展文明新风 10 件新事的评选活动。经评选，1992 年—1994 年全区给予表彰的文明新风新事单位和个人如下：

1992 年：上饶县公安局沙溪分局；上饶市棉纺针织厂党总支书记、厂长郑美珍；地区卫校中医研究室主任王振邦；德兴市纪委副县级离休干部怀希圣；波阳县军民水库农民黄挺军；万年县青云镇福利院院长张清香；上饶县检察院党组书记、院长朱金泉；弋阳县志敏中学高三学生姚培；广丰县邮电局干部徐爱民；铅山县天柱山税务站的协税员廖怀忠。

1993 年：婺源县《致富道路上的领路人》——婺源县溪头乡汪精华；万年县《人间唯有真情在》——江西水泥厂家属工邢扬云；广丰县《一家有难，八方支援》——广丰县排山镇人民政府；德兴市《一个真心的共产党员》——德兴市盘石山电站郑高辉；横峰县《一尘不染的护路人》——横峰县公路段陶天虎；上饶县《军营涌动的爱心》——32268 部队胡良华；余干县《捡巨款交还失主的活雷锋》——余干县政府财政所李普才；弋阳县《辛勤的耕耘，默默的奉献》——弋阳县樟树墩中学副校长刘全胜；玉山县《万众献爱心，分分表深情》——中共玉山县委宣传部；铅山县《于细微处见精神》——铅山县河口镇张金意；上饶市《为了挽救一个大学生》——上饶市北门乡党委、政府；波阳县《任昭昭之人，兴昭昭之业》——波阳交通稽查征费所所长黄毅；饶丰垦殖场《有这样一位保护神》——饶丰垦殖场派出所所长叶天苟。

1994 年：上饶市《时代的歌》——上饶市综合商场陈桂荣；横峰县，《真情一片洒乡梓》——横峰县莲荷乡丁家村丁良仁；铅山县《舍己救人，勇敢献身》——铅山县福惠中学邱光彪；弋阳县《一腔热血铸师魂》——弋阳县一中教师俞金堂；万年县《双文明建设的排头兵》——万年县人民医院汪世放；广丰县《舍己救人的英勇少年》——广丰县壶峤乡流源小学郑洪贵；德兴市《舍己救人，英勇献身》——德兴市水电公司唐狄华；32380 部队《在列车上勇擒抢劫歹徒》——32380 部队教导队陈宽喜；32380 部队《救人受辱还坦然》——32380 部队钟卓万；玉山县《真挚的情感，执著的追求》——玉山县瑾山小学童报春；余干县《廉洁自律谱瓣章》——余干交通稽查征费所徐礼魁；婺源县《慷慨助学献爱心》——婺源县赋寿镇新田村金林生；婺源县《洪魔肆虐时》——婺源县梅林财政所叶文毓；波阳县《二不贪主任》——波阳县农行芦田信用社。

创评"十星农户"　1996 年，地委宣传部率先全省在全区开展创评"十星农户"（五爱星、致富星、法纪星、计生星、科技星、新风星、文教星、义务星、卫生星、团结星）活动，当年底，在玉山进行试点工作。1998 年 3 月，地委宣传部、地区文明办、地区工商局在全区开展一次评选表彰文明私营企业活动。4月,地委宣传部、地区文明办、地区农办在全区农村开展“十星级”文明农户评比活动。活动的重要内容是:将农村两个文明建设的各项任务量化为10个方面的内容,设立五爱星、致富星、法纪星、科技星、文教星、义务星、团结星、计生星、卫生星、新风星等“十星”,对农户实行“十星级”评星挂牌,每年一次,动态管理。6月,全区农村精神文明建设工作会议在波阳县召开,会议总结玉山试点工作的经验,并研究和部署在全区推广创评“十星农户”活动。

1999年,在全区农村140万户,有96万户参评,占总户数的60.6%;评出“十星户”35609户,占总户数2.54%;六星以上户数676416户,占总户数48.3%;五星以下户数178045,占总户数12.71%。

“十个十”评比 1999年,全区开展“十个十”的创评活动。制定《“十个十”活动评比标准》,年底,地区文明委组织人员对“十个十”活动进行评比、命名和表彰。受到表彰的先进单位(个人)名单如下:

文明住宅小区(8个) 上饶市:江光小区;上饶县:军分区干休所;广丰县:白鹤园小区;玉山县:沿河住宅小区;弋阳县:江西有色冶炼加工总厂生活区;波阳县:赣东北供电局波阳分局住宅小区;万年县:江西水泥厂;德兴市:银山铅锌矿工人村。

文明车站(7个) 上饶火车站、上饶客运中心站、广丰县客运西站、玉山县汽车站、铅山县汽车站、横峰火车站、波阳县汽车站。

文明市场(9个) 上饶市八角塘集贸市场、上饶县集贸市场、广丰县裕丰大市场、玉山县铅河大市场、弋阳县集贸大楼、余干县集贸大世界、万年县城北市场、德兴市铜都大市场、婺源县城西集贸市场。

文明街道(11个) 上饶市沿河东路、上饶县旭日路、广丰县永丰大道、玉山县三清大道、铅山县黄岗山大道、弋阳县志敏大道、余干县干越大道、波阳县建设路、万年县60中路、德兴市朝阳路、婺源县星江大街。

文明示范集镇(12个) 上饶市沙溪镇、上饶县上沪镇、广丰县五都镇、玉山县樟村镇、铅山县永平镇、横峰县葛源镇、弋阳县圭峰镇、余干县禾斛岭镇、波阳县石门街镇、万年县青云镇、德兴市花桥镇、婺源县清华镇。

文明示范村(12个) 上饶市北门乡沽塘村、上饶县罗桥乡坂头村、广丰县永丰镇北门村、玉山县文城镇姜宅村、铅山县河口镇清湖村、横峰县铺前镇刘源坑村、弋阳县圭峰镇圭峰村、余干县洪家嘴村乡龙津村一、波阳县芦田乡大吉村、万年县马家乡马家村、德兴市银城镇一村、婺源县赋春镇排前村。

文明示范农户(12个) 上饶市茅家岭乡:朱爱凤;上饶县皂头镇:黄富仁;广丰县五都镇:甘玉莲;玉山县冰溪镇:郑时英;铅山县河口镇:廖林仔;横峰县莲河乡:郑松钢;弋阳县中畈乡:叶青;余干县瑞洪镇:张少华;波阳县鄱阳镇:严翠凤;万年县陈营镇:龚水秀;德兴市潭埠桥镇:冯向阳;婺源县赋春镇:金林生。

文明标兵单位(13个) 上饶市房地产交易所、广丰县财政局、上饶县国税局、玉山县人民法院、铅山县国税局、人行横峰县支行、德兴市人民保险公司、弋阳公路段、余干县人民医院、工行波阳县支行、万年县新华书店、万年师范、婺源县国税局。

文明企业(13个) 上饶华盛皮革有限公司、上饶县长城集团、广丰县丰华彩印有限公司、广丰县七星水库管理局、玉山县万花气体有限公司、铅山县玉平水泥厂、江西锋饶食品开发有限公司、弋阳化工涂料有限责任公司、江西省黄金玻纤厂、波阳连杆厂、万年银金矿、德兴市水电公司、婺源县人造板有限公司。

第四章　新风美德选录

第一节　尊老爱幼

“五好”之家好儿媳　郑凤英，上饶市一名普通妇女，19 岁结婚后，丈夫回武汉大学工作，她担起照顾 60 多岁婆婆，和供养 3 个妹妹的重任。婆婆体弱多病，她便与婆婆同睡一张床，给婆婆吃精米细面，自己一年到头却是粗茶淡饭。1983 年 3 月，84 岁的婆婆突然病倒，她深夜 12 点跑到 5 公里外求医，为给婆婆打针，她先在自己大腿上做练习，婆婆 7 天没大便，她就一点点地抠。在她精心护理下，婆婆身体渐渐康复，90 多岁的老人仍是耳聪目明。她还是一位贤妻良母，她的家庭曾获全国“五好”家庭奖。

詹爱女三十年如一日侍候奶娘　詹爱女，上饶市秦峰乡洋门自然村普通妇女。1968 年，她把曾喂养她两个月奶的郑金枝老太太（儿女双亡，丈夫也因病早逝）接回了家，并许下“我要养你一辈子”的承诺。詹爱女待奶娘如亲娘，几十年过去了，她已成白发人，在她的感染下，儿子、儿媳们把郑金枝当作亲外婆来侍奉。

郑雪兰待孤老胜亲人　1989 年，郑雪兰调入上饶市常青乡敬老院工作，待老人胜亲人，10 多年如一日。1996 年，孤寡老人汪玉光被接进院，院长郑雪兰得知老人长期受屁股上烂洞的折磨。于是，她每天帮老人擦洗伤口、换药、洗脸、喂饭。天冷就给老人生火，并动员其他老人陪他聊天、看电视。她以女儿一般的孝心，护理老人到最后一刻，其事迹受到广大群众的好评。1997 年 5 月，民政部、劳动部、全国总工会、全国妇联、中国老龄协会联合给郑雪兰颁发“全国敬老好儿女金榜奖”。

邓云玉侍奉瘫痪双亲　上饶铁路机务段机关女干部，独生女。5 岁时，母亲不幸瘫痪，幼小的邓云玉便挑起了家务重担。1984 年，父亲因脑出血偏瘫。从此，她既要上班工作又要照顾家庭，还要精心照料父母，为老人寻医送药，几十年如一日。1999 年 5 月，邓云玉获得“全国敬老好儿女金榜奖”。

“贤媳妇”刘爱琴　上饶市副食品公司营业员。1985 年，刘爱琴的婆婆不慎摔断了腿，入医院治疗，她每天到医院侍候婆婆。婆婆出院后，生活无法自理，刘爱琴精心照料。为给老人增加营养，全家人省吃俭用。婆婆胃口不好时，她常到饮食店买回面皮，包清汤给老人当点心。十几年如一日，被街坊邻里赞为“贤媳妇”。

旭日村夕阳红活动队教人敬老　1997 年，上饶县旭日村成立夕阳红活动队，帮助解决村民家庭纠纷。廖家自然村老人杨菊娜年逾古稀、脾气急躁，经常与儿媳吵嘴。在夕阳红活动队的调解下，婆媳各自检查了自己的不足，很快改正了相互指责的坏作风。此后，儿子、儿媳爱老敬老，老人也疼爱儿媳，主动帮忙干家务。

青山荡漾敬老情　婺源县段莘乡青山村孤寡老人程当时，无儿无女，但全村人视老人为亲人和长辈。1971 年，老人随同 17 户移民迁至青山。1982 年实行联产承包制后，17 户村民轮流供养。老人身体不舒服时,村民不分白昼黑夜,四处寻医,陪睡的姑娘则通宵护理。上饶市朝阳乡麻园自然村有位70岁孤寡老人苏古闫,双目失明,生活不能自理,全村28户人家每户一天轮流赡养他,早上有人接,傍晚有人送,遇上下雨下雪等坏天气,旁人帮他打伞挡雨雪,日日如此。这些村民们用爱心谱写了一曲人间真情的赞歌!

第二节 拾金不昧

黎莉、徐平、许水仙拾金不昧 1993年9月21日,上饶市招待所当班服务员黎莉、徐平、许水仙在服务台上发现一皮包内有11500元现金,立即把它交给值班所长翁廷生。一个小时后,失主焦急地来到服务台,三位服务员和所长问明情况后,把包还给他。失主非常感激,连夜写感谢信赞扬他们拾金不昧。

孔旭灵路拾存折交公 孔旭灵,弋阳县志敏中学初二学生。1994年12月上旬的一天,他在路上拾到一个有5000元存款的存折,他按存折上的公章字样找到弋阳县城市信用社,将存折交给营业员。

庄丽萍拾金不昧 庄丽萍,上饶市桃园酒家服务员。1995年1月13日中午,庄丽萍在打扫402房间时,发现旅客遗忘的一只塑料袋,内有报纸包好的1万元人民币,她立即将袋子交给了酒家经理,并寻得失主,她的举动赢得了全体职工及旅客的赞扬。

吴光明拾包寻失主 吴光明,上饶市沙溪镇五里村农民。1996年10月23日,吴光明乘中巴车返回沙溪,下车时发现一只手提包(内有1500元现金、有价证券、一盒精致的名片)无人提取,他按照名片及证券上的地址,赶到这家证券公司,将手提包交给焦急中的失主。

张帼英拾巨款不动心 张帼英,上饶市出租车司机。1997年1月28日,其乘客珠海客商李庆毅上饶宾馆下车。当他在青少年宫门口掉头时,发现后坐上有一只拎包(内有一张20万元的现金汇票、身份证、名片等),便立即拨打名片上的电话号码,但联系不上,于是开车返回,一家旅社挨一家旅社地找,在华龙宾馆找到焦急的失主并把包交给他。失主赠予现金以表示感谢,被张谢绝。

郑冬仙拾金4万不动心 郑冬仙,上饶县茶亭乡"蓬莱酒家"的老板娘。1995年9月10日,她在收拾碗盘时,发现一只黑皮包,内有现金4万元和大哥大一只。此时客人已走远,她就坐等失主。两小时后,失主驱车返回认领,硬要给酬金以示感谢,被郑冬仙婉言拒绝。

叶建强拾提包归还原主 叶建强,弋阳县残疾青年。1999年11月17日,他在去弋阳县城途中拾到一只内有一本万元版发票,一只传呼机,一份1.2万元存折的提包,当即交到县国税局监察室,与失主取得联系。

第三节 忠于职守

"勇斗凶犯金融卫士" 郑华福,上饶市农村信用合作社金山储蓄所值班员。1991年6月2日,福建籍持枪歹徒衷建华窜进该储蓄所,开枪射杀会计傅寿良,要挟郑华福交出库款。郑与持枪歹徒展开生死搏斗,并大声呼救。歹徒心慌,企图逃跑,他忍痛力缠歹徒,并在群众帮助下将歹徒制服,使储蓄所巨款无损,还缴获"五四"式消音手枪1枝,子弹8发。1991年8月24日,在地、市召开的有功人员表彰大会上,郑华福被授予"勇斗凶犯金融卫士"称号,获奖金

3000 元,市政府为其记特等功 1 次。

勇斗盗贼好保安　倪富涛,上饶市二轻工业供销公司精品一族商场保安。1999 年 6 月 17 日凌晨 2 时,值班员倪富涛发现两名歹徒在商场内行窃,歹徒便操起一根约 60 厘米长的圆木砸向他的肩部、腰部,他奋起搏斗并大喊抓贼,两名歹徒惊惶逃离。商场物品秋毫无损,但倪富涛却脾脏破裂,左胃破裂,腹腔大出血,送医院抢救,才脱离危险。

模范检察长　朱金泉,上饶县检察院检察长。一心扑在工作上,处处以身作则,事事秉公执法,在他的模范带动下,上饶县检察院于 1989 年、1990 年、1991 年连续 3 年在全区综合评比中名列第一,1993 年又被评为全国检察系统先进单位,他也先后荣立二等功 1 次、三等功 2 次,被分院评为优秀检察长,两次被省检察院评为优秀检察干部。

优秀护林员　郑兆印,铅山县共大白石岭林场场长,兼任护林员工作。1996 年 10 月 6 日 23 时,郑兆印得知一伙歹徒正在偷盗木头,立即前往制止,耐心地对他们宣传林业政策,这伙歹徒不但不听,反而用柴刀、手锯劈头盖脸地向他袭来,郑兆印臂部、胸部多处受伤,血肉模糊,昏倒在地。苏醒后,他立即布置同往的其他护林员前去报案,自己到校部汇报后,方到医院治疗,经医生抢救 4 小时左右,全身伤口共缝 42 针方才脱险。

恪尽职守　余志安,永平铜矿公安分局二矿治安值勤股联防队分队长。在工作中,余志安时刻把国家、集体利益放在首位,敢于坚决同违法犯罪分子作斗争,多次出色完成治安保卫任务,受到上级部门的表扬和奖励。1996 年 12 月 31 日 20 时,在追赶盗窃采矿场柴油的不法分子的过程中,余志安不顾右手严重负伤(拇指、食指、无名指被炸断),保护了国家财产和其他队员的安全。

勇斗歹徒保金库　洪可庆,婺源县农行清华营业所出纳。1996 年 10 月 29 日晚,洪可庆在营业厅内遭一先期潜入歹徒袭击,被歹徒用铝线勒住颈部。在生死关头,洪可庆假装答应拿金库钥匙,趁歹徒松手的机会,迅速拿起灭火器朝歹徒猛烈射击,同时拉响报警器,迫使歹徒仓皇逃走,而后他协助警方将歹徒一举擒获。1999 年,他先后获得第三届茶乡杰出青年、上饶地区见义勇为先进分子、上饶地区劳动模范、江西省第二届杰出青年卫士等荣誉称号,并获全国百名杰出青年卫士提名奖。

第四节　助人为乐

钟琳六年如一日帮助残疾人　上饶市第二中学女学生方芳 3 岁患小儿麻痹症,留下终身残疾,完全依赖手摇车行走。其家离学校 1 千米,途经四道陡坡,上学之难不言而喻。自 1987 年秋天,钟琳就像亲姐妹一样照顾方芳,每天上学,一路陪伴照应;到校后,帮她放好车,替她背着书包,扶她进教室;课间休息,陪她上厕所;放学后,推着手摇车,翻过一道道的坡,把她送到家里。从初一到高中毕业,历时 6 年,从未间断。1988 年—1993 年,钟琳连续 6 年被评为全校学雷锋积极分子,多次被评为全市学雷锋先进个人,精神文明建设先进个人,并获江西省教委授予的“学雷锋十佳青年”称号。

义务“扫盲人”　吴乾龙,波阳县桥头街乡湾里村民办教师。1980 年,吴乾龙创办农民扫盲夜校,从此他白天为小学生解惑,晚上教“大”学生识字。至 2000 年的 20 年中,从未间断过。该村先后有 400 多名农民在他的教导下脱盲,但他却从未领取分文扫盲报酬。

杨周茂义务接骨数十年　杨周茂,共产党员,原德兴市潭埠桥乡乡企办主任。1992 年,湖村余周根左脚骨被摔成粉碎性骨折,在外地花了近千元,仍不见好转。杨周茂主动上门,重新给余作了技术处理。两个月后,余便能独自撑着拐杖行走,余家为表示感谢,送杨200元红包,老杨婉言拒绝。杨周茂今年70岁,数十年如一日,放弃休息日为人接骨采药,治好骨折患者200余人。

义务修理美名扬 乐晓峰,铅山县邮电局职工。他利用业余时间义务为群众修理电视机、电冰箱等电器10余种。据不完全统计,仅为本局职工义务修理达545件/次,为群众节约费用1200元,有80%以上的职工受益。黄玢,上饶汽运总公司汽车检测站电工,利用节假日和业余时间为职工义务修理家电,常为职工服务丢下手中家务,实在忙不开时,就约定修理时间和取货时间,为方便职工经常上门修理、代购零件,迄今已有16载。

义救富翁不图报 1995年7月1日,上饶地区某公司董事长郑某骑摩托车,在灵溪乡灵溪村大坞铺地段翻车受伤,不省人事。当地青年方小春等发现后,将其背到方家清洗伤口,又雇车将他送到地区医院抢救。次日,方小春将郑的首饰连同摩托车一起交还给郑的家属。郑口袋中的现金、支票也一件没少。郑康复后,要把价值4000多元的戒指送给方小春等人,被他们婉言谢绝。

业余理发师郑桂林 上饶市副食品公司职工。长期坚持学雷锋做好事,自费购置理发工具,利用业余时间,义务为群众理发。不论中午、晚上,还是节日、假日,只要有空,他都做到有求必应,甚至带病理发。1986年—2000年,经他理发的人约1.3万人次

立足本职学雷锋 何黑存,上饶市环卫所工人(残疾人)。立足本职学雷锋,二十年如一日。从1980年开始,他利用业余时间把自己掌握的技术用于为人民服务。不论是亲朋好友,还是素不相识的陌生人,只要叫他从不推辞。至2000年,他义务为群众做好事2050多件,其中修理自行车1300余辆、补雨鞋500余双、装修电灯250余次。

救死扶伤 1999年4月29日,弋阳湾里乡周店村青年邬细文,在弋阳西站附近的铁路旁边发现被人抢劫并推下火车摔得血肉模糊的女孩汤顺英,他立即拨通120急救电话,县城郊医院闻讯派人全力抢救,并免除被害人汤顺英的医药费2000多元。

第五节 见义勇为

勇救失意女 李祖玉,地区邮电局线务站维护员。1992年深秋的一天,他在饶德线巡查电缆时,见一年轻女子在水塘里挣扎。不善游泳的他,纵身跳入水中,把她救了上来。李祖玉得知女子是因做生意亏本寻短见,便耐心地开导她,并护送回家。事后,李祖玉从未向人提起舍己救人的事。

勇闯火海救孩童 繁成阳,弋阳县弋江镇个体户。1992年11月21日,弋江镇招待所后面一个体户的商品储存仓库着火,6岁儿童被困火海,照看孩子的老人欲救孩子,却被热浪冲倒,只能大声求援。孔繁成闻声冲进火海,寻声摸到孩子,将其抱出。孩子得救,孔繁成却烧成重伤。

洪流救人不留名 汪德龙,婺源县二中学生。1993年6月19日,他在上学路上突然发现一名6岁儿童掉进水势汹涌的河道,立即跳入激流中,将小孩救起,当孩子父母赶来后,汪德龙未留姓名便离开。后在被救儿童父母的访查下,其事迹才广为人知。1994年,汪德龙被县、地两级团组织评为优秀团员,还被评为县、地两级抗洪抢险先进个人。

奋战急流救少年　林战，上饶市常青乡汪家园村共产党员、退伍军人。1993 年 7 月 16 日，信江河洪水泛滥，林战经过河边时，听到河里有人喊“救命”，只见 3 个年轻人即将被急流吞没，他奋不顾身地跳下河去抢救。待他相继救上两人，正要再救另一人时，那人已被急流卷走。他将救上岸的两人背送市肿瘤医院抢救，直到溺水者得救和亲人赶到时才离开。

英勇校长　郑柯静，弋阳县曹溪镇中学校长。1994 年 4 月 7 日晚自习时，一伙歹徒闯进曹溪镇中学校园，殴打学生，郑柯静与歹徒讲理，把歹徒赶出了校园，歹徒站在校门外叫骂，并向校内砸石头，许久才离开。郑柯静连夜去镇政府反映情况，半路上，被伏击的歹徒汪贵华、汪福根等人砍伤数刀，但他拼命扭住歹徒不放，并在教师和住校部分学生帮助下将汪福根制服扭送到镇政法办。郑柯静 1994 年 9 月被上饶地委、行署评为优秀教师、优秀党务工作者，1995 年 2 月被上饶地区综治委评为见义勇为积极分子。1994 年 8 月 10 日，作为上饶地区教师代表，被推荐进京参加中央电视台主办的全国第十个教师节文艺晚会，其事迹被《中国教育报》、《江西青年报》《信息日报》《赣东北报》等报刊广为报道。

英勇村民　1994 年 8 月 22 日，在上饶县湖村乡境内发生一起 4 名歹徒抢钱越货事件，司机和货主处于十分危急之中。当地村民刘益冬等 63 人闻讯，丢下农活，赤手空拳与 4 名歹徒搏斗，上山围捕手持凶器的 4 名歹徒，并将 4 名歹徒捉拿归案，保护了外地司机、货主的生命财产。刘益冬等村民的英勇行为受到县委、政府的嘉奖。

林伟宏勇救落水少女　1994 年 12 月 28 日 17 时左右，波阳县芝山公园止水湖一少女落水，正在公园看书的林伟宏听闻呼救声，扔下书便跳入冰冷刺骨的湖水中，使劲把落水少女推向岸边，在围观的群众帮助下救起少女，女青年家人赶来后，林伟宏未留姓名就悄然离开。

英勇教师　刘求信，德兴市一中政教处副主任。1996 年 4 月 20 日晚，一个衣衫不整、惊恐万分的小女孩匆匆闯进刘求信家向他哭诉受歹徒羞辱、奋力脱逃的经过。他听罢拍案而起，毫不犹豫冲出家门，搜寻歹徒。当他孤身面对手持明晃晃匕首的歹徒时，全然不顾个人安危，勇敢地冲上前去，与歹徒进行搏斗，在与歹徒搏斗过程中，手掌和手指被匕首划伤，鲜血不停地往下流，右手掌骨裂，钻心地疼痛。但刘求信毫不退缩，一次次机智地躲过歹徒猛刺过来的匕首，最后抓住机会擒住了歹徒。省、地、市均对他的事迹进行了表彰，《人民公安报》《上饶日报》等报刊均登载报道了他的事迹。

伸张正义　刘瑞和，波阳县东溪乡东康村农民，从事电器修理。1996 年 10 月 7 日 22 时许，刘瑞和在家闻得呼救声，原来一歹徒企图强奸妇女徐某不成，恼羞成怒，手持菜刀，挟持徐某儿子相威胁。刘瑞和好言相劝，歹徒不但不听，反而穷凶极恶挥刀向刘砍来，刘瑞和头部被砍一刀，鲜血直流。歹徒夺路而逃，刘瑞和不顾伤痛，紧追不舍，与歹徒展开了激烈搏斗，身上多处负伤，可他忍住剧痛，紧抓歹徒不放，与随后赶来的群众一起把歹徒制服。因伤势过重，刘瑞和倒在派出所门口，经抢救脱险。

为正义献身刘修师，广丰县大石乡四公村外塘村民小组农民。乐于助人，能说会道，坚持正义，常帮助化解家庭、邻里纠纷，是当地群众贴心的“义务调解员”。1997 年 3 月 10 日 14 时许，本村村民刘小杰手持长刀，闯人其父刘祖护的居室，欲行凶杀人。当时隔壁只有一位 70 多岁的老太太，听到动静后，高呼“救命”。在这紧要关头，刘修师及时赶到，与刘小杰展开殊死搏斗。在搏斗过程中，杀红了眼的刘小杰从其前胸、后背猛刺二刀，刘修师不幸当场牺牲。

跳河勇救女童　张家平，上饶县华坛山镇茅村村民。1997 年 5 月 4 日，在浙江省台州市椒江县打工的张家平，发现一个 5 岁女孩掉入河中，他未加思索便跳入河中救起落水女孩。这一英勇行为受到当地党政和群众好评,被椒江县委、政府评为十佳好公民,1998 年被台州市委、市政府授予见义勇为先进工作者、荣誉市民称号,全家 3 口迁入台州。

巾帼不让须眉 姜俐佶,德兴市工商局干部。1997 年 5 月,姜俐佶因患重病赴医院就医,回家途中遇到两名干警正追捕一歹徒,面对突发事件她来不及多想闪身堵住歹徒去路,并不顾一切冲上去抱住歹徒,使歹徒落网。

聋哑少年舍身救人 2000 年 5 月 6 日,上饶市北门乡西南水库一 9 岁儿童落水,正在水库边放牛的 14 岁聋哑少年聂致阳,跳入水中,使尽全力把落水儿童推上岸,自己却再也没有上来。其事迹在新华日报、人民日报、江西日报、上饶日报等新闻单位发表,引起社会强烈反响。为弘扬聂致阳同学舍身忘己的精神,地委于 5 月 17 日授予他“舍身救人好少年”光荣称号。

舍己救人 赵传林,鄱阳县社会福利院院民。虽然是个仅靠社会福利来安度晚年的老人,却是五次冒着生命危险舍己救人的“活雷锋”:

1964 年,赵传林下放到余干县信丰农场,那年 9 月的一个黄昏,劳累一天的张三保来到河边提水,突然头昏难以支持,倒入水中,当时天色已黑,四周无人,恰好被干活回家经过此地的赵传林发现,赵传林立即放下农具跳入水中,将昏迷的张三保救起,并背到生产队医院抢救。1965 年,赵传林被调回县城到原县食品公司工作,那年 7 月,李远俊、张建林两个只有七、八岁的小孩在放学回家路上,经过新桥时,不慎落入东湖,赵传林发现后不顾生命危险,跳入水中,将两名小孩救起。1983 年 8 月 28 日,县城居民方秉南 5 岁的独生女方若君,经过新桥水闸边时,不慎落水。“小孩落水啦,快救人呀!”一位中年妇女边跑边叫,这时小孩正渐渐下沉,水面不停地泛出一圈圈水泡。赵传林听见呼喊声,冲了过去,跳入水中,朝着泛水泡的地方游去,潜入水中摸了好久才摸到小孩并将其托出水面,小孩得救了,他却住进了医院。1989 年 3 月 9 日,县城居民陈福元和他一前一后走在一条巷时,恰好里面开出一辆车,那条弄只能通过一辆车,就在汽车要向走在前面的陈福元撞来时,赵传林一个箭步冲上去,把陈福元拉到后面,而自己却不幸被汽车挤到围墙上,造成多处骨折。2002 年,已年迈身残的赵传林,仍是顽强地靠自己勤劳的双手生活。那年 6 月,当他一跛一跛地拖着板车到原磨刀石江家岭村卖米粉时,又救了一名落水儿童并未留下姓名就匆匆离去,后来孩子的父母多方打听才找到这位救命恩人。

第六节 扶贫济困

公路客运情系“特殊旅客” 上饶市公路客运服务站发扬雷锋精神,根据一些旅客的特殊性,从运营收入中提取 0.1% 的金额,设立社会福利救济金,实行“特殊旅客特殊服务”。仅 1993 年 3 ~9 月,服务站就用 300 元经费救济残疾人、流浪儿童等特殊旅客。

为周有林捐款 1994 年,弋阳县朱坑乡潭石周家村农民周有林,其妻精神失常,为救治 4 岁患有慢性脊椎炎的儿子,不得不变卖所有家产。弋阳县县委书记陈洪源得知后,带头捐款 200 元,并发动全县 26 家机关团体及社会各界人士积极捐款,救助患儿。

向舒婧献爱心 1997 年 2 月 14 日,在一起严重车祸中,地区公安消防支队后勤处副处长舒晓勇及其妻子当即死亡,其 10 岁女儿舒婧受重伤,生命垂危。为挽救舒婧生命,通过新闻媒体,全市开展“向舒婧献爱心”活动。上饶市属和驻市的单位及个人共计捐款 10 万余元,使小舒婧及时得到救治,把她从死亡的边缘救了回来。

向弋阳县福利院献爱心 1998 年 3 月 28 日,弋阳县志敏中学团委将 1600 余名学生的捐款及捐赠的1000多件生活、文具用品等，送到弋阳县福利院为老人和儿童奉献爱心，并演出了文艺节目。

铁小与贫困小学手拉手　1998年下半年，上饶市铁路小学开展“送温暖献爱心”活动，与洪涝重灾区波阳县谢滩镇潼滩小学“手拉手、心连心、结对子”，帮助他们解决困难，重建家园。全校师生共为潼滩小学捐献现金7212元，衣服5672件，文具671件。

为灾区捐款　1998年9月4日上午，上饶市委领导人姜松阳、蒋英明、李育青从中保财产保险有限公司上饶营业部负责人手中接过该公司上饶营业部捐给灾区的10万元捐款。同日上午，地市卫生局、地市红十字会组织地直各医院和上饶市人民医院、中医院的20名副高以上职称的医师，在上饶市中心广场开展赈灾义诊，将义诊收入全部捐赠给灾区。

1998年9月，广丰卷烟厂为波阳、余干县灾民捐献棉被3964条，衣服1.6万件，大米10万千克；向九江地区捐资人民币10万元，并向上饶地区赈灾义演现场捐款100万元。

救助白血儿童　1999年，广丰县霞峰中心小学一学生患白血病，在沪治疗4年，医药费达14万元。患病期间，得到众多人的关心援助，得以重返学校就读。

第七节　救灾抢险

冒死蹈火　黄前飞，上饶市商业工贸公司经理。1993年9月的一天，黄前飞准备外出时，发现公司附近居民楼突然起火，火势凶猛，周围居民都不敢上前扑救，他便扛起灭火器，冲进大火中。十几分钟后，大火被扑灭了，但是厨房里还有两只被烈火烘烤过的煤气罐，随时有爆炸的可能。他又不顾个人安危，冲进厨房，把两罐煤气搬到安全的地方。

堵漏保水库　侯清火，上饶市灵溪镇松山村党支部书记。1995年4月29日，由于连日大雨，山洪暴发，致使马尾水库大坝底部的涵管破裂，水底泥沙直往上冒，堤坝开始塌方。松山村400户农家、2000多人口，100公顷农田，以及320国道和浙赣铁路复线都面临120万立方米库水的威胁，在这危急关头，在抗洪抢险第一线已两天两夜没合眼的侯清火，挟着棉被跳进8米多深的水中去堵涵管，民兵营长陈火乐紧随其后，跳入水中协助堵水。激战半小时后，终于堵住涵管漏洞，保住大坝。

扑火五烈士　2000年3月27日，南山乡王石村山场发生森林火灾，王发明、郑德盛、王长洪、邵寿炉、王海林等人，奋不顾身，英勇扑火，被烈火围困，严重烧伤，经抢救无效而身亡。省民政厅批准上述5人为革命烈士。

第八节　捐资助学

捐资兴学　金林生，婺源县赋春镇新田村农民、金山茶庄的创业者，曾被评为江西省劳动模范。1983年，尽管承包亏损，却为村内小学捐款；1996年村小扩建时，他一次就捐6万元。

蔡群赵18年帮助困难学生　蔡群赵，上饶市退休中学英语教师。1983年，他在育才业余补习学校任理科班班主任时，看到一些品学兼优的学生因家境贫困而想中途辍学，顿生同情之心。每月从并不宽裕的收入中挤出一部分钱，救助这些贫困学生，甚至为考上大学而生活发生困难的学生汇款。1983年—2000年的18年间，受蔡群赵资助的学生近百人，救助金额达4万余元。《上饶晚报》《江西日报》等报道了他的事迹。

王大山资助43名贫困孩子 王大山,上饶市政协委员、个体医师。他以“尽力去帮助有困难的人”为座右铭,1996年7月30日,他主动与共青团上饶地委取得联系,捐款3200元,资助8名因贫困而失学的儿童上学。并从这年开始,他每年都拿出一些钱来帮助有困难的孩子,至2000年,他已资助了43名贫困学生。

资助贫困大学生 1998年8月29日,《上饶晚报》推出“救助贫困大学生”的特别策划,辟专版介绍梅国强、胡慧、罗丹、叶超、支林仙等5位学子的学习、考分、家境和生活情况。从而在全市引发众多单位和个人参与的、感人至深的“伸出真情双手,关爱贫困学生”行动。(详见本章附录)

广丰“1+1” 1994年广丰县推出“希望工程1+1助学行动”,1995年,415名副科级以上干部与426户困难农民“结亲”,达到“结一个对子,变一户面貌,带一批发展”的要求。1999年4月,广丰卷烟厂35名干部职工,与岭底乡35名贫困儿童结成“一帮一”助学对子,使这些学生每年都可得到各200元的捐助。至1999年12月,全县共有2085名贫困失学儿童得到援助,得以重返校园。

广丰台胞助学 台胞陈德珊捐资1.5万元,为沙田镇坞弄小学修建校舍;台胞徐明富于1989年捐资34万元在五都镇紫坞村新建一所完全小学;台胞管鸿炎为管村中学捐资12150美元;台胞杨永达、杨永富为社后小学捐资20万元;台胞吴斌、蓝昭堂为广丰中学捐资10万元作奖学金。

第九节 克己奉公

捐款建桥 李桂花,上饶市邵坞村70多岁的烈属。1993年10月,灵溪大桥动工后,各方人士纷纷捐款。李桂花老人,四次拄着拐杖来回走几十里路,共为大桥建设捐款400元,博得各方赞誉。

为居民做好事 吴兰英,上饶市东门路居委会居民。上饶市制线厂新建的2栋宿舍,因化粪池管道堵塞,粪水往公共过道流,臭不可闻。吴兰英看在眼里,急在心里。1994年9月初的一天晚上,吴兰英请来工匠,自己花费286元把管道修好。第二天,她又自己出钱,雇人把另一条公共过道上的乱石搬了。吴兰英的举动,深受周围居民的称赞。

致富心系家乡公益 吴杰云,广丰县塘墀乡塘墀村一个打工农民。1997年元旦,外出致富的吴杰云回家盖新房,当他看到家乡村子里坑坑洼洼的路面,乡敬老院老人因缺过冬物品而冻得发抖后,他主动找到乡、村党政领导,将他筹备建房的钱10万元捐献给家乡的公益事业。

数年捐款建路 张振根,婺源县赋春镇前街村村民。1997年11月,婺源县委、县政府决定改造溪婺公路,号召全县人民支援公路建设。不负担民工建勤义务的63岁的张振根老人仍出现在施工现场,并捐款1000元,这是张振根第四次捐资筑路。村里铺水泥路时他捐款2000元;通往小学路段不好走,他捐助300元;1996年8月,又在路边修建凉亭花费800元;他只要看到坑坑洼洼的路面,就挑来沙土填平,村里人都说他是“活雷锋”。

攒钱修路 朱观泉(81岁)、米棉香(79岁),上饶市老人。2000年9月12日,是两位老人携手走过60个春秋的结婚纪念日。他们婉言谢绝子女们庆贺的意见,打算攒下钱(两老每月退休金仅400多元)修好自家附近的那条烂泥小路。10月18日,朱、米二老掏钱买来水泥、沙石,请来民工修路。但路面刚打好,就下起大雨,为保护水泥未干的路面,两位老人找来油布铺在上面，打着伞，轮流站在雨中以防行人踩坏路面。21 日，路面终于可以通行了，看着行人走在结实安全的水泥路上，老两口心里乐开了花。

七旬老人掏钱修桥 上饶市北门乡民主村有一条约 200 米长的田埂小道，一头通往电池厂，另一头通往铁路新村，是两地居民日常往来的通道。因年久失修，泥泞不堪，特别是溪上的小桥桥面出现裂缝，岌岌可危。2000 年，住在铁路新村女婿家的 70 多岁的老人朱香兰，拿出仅有的 500 元积蓄，请人修补桥面，加固桥基，并在桥两边加建防护栏杆。12 月中旬，家住电池厂附近的古稀老人、老干部周天宝，听老伴说起这条路的路况后，邀来电池厂部分干部职工商量修路问题，并带头掏出 2000 余元用于购买水泥、沙石。他们自己动手将小路两侧用红石加固，路面铺上沙石，再浇上水泥，田埂小道终变成坦途。

平凡的“焊花” 殷莲香，上饶市朝阳磷矿机电车间一名普通电焊工。21 年如一日，用一个共产党员的情怀和无私奉献精神，像焊花那样在十里矿区散发着自己的光与热。1990 年，矿里新建硫酸厂，焊接任务重、时间紧、焊工少，时逢爱人出差，她安排好年幼的孩子，打起包，吃住在工人现场，完成了焊接任务。这位默默奉献的女矿工，被多次评为先进工作者。1989 年被评为地区“三八”红旗手，1991 年国家总工会为其颁发全国“五一”劳动者奖章。

铲尽坎坷成大道 黎樟才，德兴市养路工人。用一把铲、一把锄头、一辆大板车，在一个平凡的岗位上，做出了不平凡的事迹。1986 年，他被派养护德兴公路马坑村至排前村 1 公里路，他每日早出晚归，风雨无阻，连大年三十也不例外，仅用一年的时间就把原属残次等级的公路变成了二级公路，为此他一年瘦了十多斤。按规定，养护 1 公里公路，每月定量供应 5 车石沙，但送料车并不是随时送料，为及时护路，他常自己动手到河里打捞沙石，每年只用 15 车沙石料，为国家节约养路费 5400 元左右。他连续 20 年被评为市公路段先进个人，5 年被评为市先进个人，7 年被评为省交通厅先进工作者，10 年被评为上饶地区劳模，1995 年被评为江西省劳动模范。

农民的贴心人 徐有春，万年县裴梅镇庄稼院院长，优秀共产党员。1990 年，他调入庄稼院工作后，便把自己与农民的苦和乐联系在一起。为使农民掌握农业技术，他牵头办果业合作社；为给裴梅镇和梨树坞乡的农民排忧解难，他每天带着三宝（放大镜、粉笔和修理农具的工具箱）和药品，行走在乡间小道上，被誉为“庄稼的好郎中”“农民的贴心人”。1996 年被评为省、地供销社系统先进个人；1997 年被评为全省精神文明“十大标兵”。

身患癌症忘我奉献 江顺德，余干县血吸虫病防治站副主任医师、全国劳模。先后在农村从事医疗、血吸虫病防治工作 30 多年，由他组织设计的多个血防研究课题，获省、地科技奖，在省级以上科技刊物发表论文 27 篇。1992 年获国家科委颁发的“全国科技成果完成者”证书。1996 年被评为全国血吸虫病防治先进工作者。2000 年获全国劳模称号，他身患癌症，顽强与病魔作斗争，经常下到疫区进行螺情调查，走村、上户宣传血防知识，带领农民群众上草洲灭螺，在他的日程表上“只有星期 7 没有双休日”，坚持在门诊部挂牌上班，细心为上门诊的病人诊断治疗，让人们忧心而来，放心而去。被群众称赞为忘我奉献的人。

妇女的福音 徐鸽音，万年县中医院副院长。从医 28 年，把青春无私奉献给了病人，不分昼夜，只要有病情，随时在医院出现，治愈各种女性疾病 4000 余例，完成妇产科计划生育四项手术 3 万余例，妇产科手术 5000 余例，接生 1 万余人，为患者带来福音，但却因长期工作劳累患颈椎增生等多种疾病。2000 年被省妇联授予“巾帼建功标兵”的称号。

第十节 致富带头人

养蚕能手 陈开英,玉山县岩瑞乡村民。1979 年,她把一亩多自留地全部种上桑树,套种番茄、花生等作物,当年养蚕 4 张,养殖业总收入 1700 元。1983 年养蚕 6.5 张,产茧 253 公斤,养殖业总收入 4000 余元。在她的带动下,岩瑞公社掀起了养蚕热,闯出一条脱贫致富的路。四周乡邻纷纷向她“取经”,她毫无保留地把养蚕技术传授给大家。社员周仁忠开始养蚕,她主动上门指导、传授饲养诀窍,使他家一次便试养成功;社员颜福河想养蚕,开英把自己养到网龄的蚕蛹送给他,每天到他家观察几次,在她的扶持下,颜家得到一笔可观的收入。还让那些没有技术,家里条件差的社员到她家里养蚕,言传身教,使他们脱贫致富。同年,她被评为省劳模,全国妇联授予她“三八”红旗手称号,当选为第六届全国人民代表大会代表。

科学致富的带头人 刘礼福,余干县梅港乡金埠村的主任,通过科学种养率先富了起来。为帮村民脱贫致富,1995 年始,他每年拿出近 1 万元人民币为村民购科技书籍,请外地种养专业户来村给村民讲课,并组织村民到外地参观学习。每年三节(春节、端午节、中秋节)坚持为村里 20 余户特困户送 100 元,5 公斤猪肉,5 公斤鲜鱼,1998 年特大洪灾,夏粮歉收,他捐款 6.4 万元为村里困难户交农业税,并拿出 9000 元为刘进禄 4 个儿子治病,至 2000 年为村里办公共事业,为困难户排忧解难共捐款 20 余万元。全村 200 多家农户在他带领和帮助下,走上科学致富路,年收入大多数户达到 3 万多元。刘礼福 1999 年被群众推选为村主任后,调解纠纷 50 多起,做安定团结工作,他从未领过村里一分钱工资,也未花过村里一分钱。被村民称赞为“贴心人”。

姐妹同心 陈杏平、周梅英原是同胞姐妹,分别是弋阳县弋江镇大树村委会朱塘村小组和花亭垦殖场周家村小组的农村妇女。姐妹俩先后种西红柿,承包水库养鱼喂猪,年创收逾 2 万元。致富后,她们无偿传授种养技术带领村民共同致富。

第十一节 老有所为

“山村邮递员” 玉山县樟树镇石坑村何金海老师,1985 年退休后,每天往返几十里路,义务为全村人取信送信,平均每年送信千余封,电报几百张,报纸几千份,受到群众好评。

老骥伏枥义务为民 1987 年,上饶市退休老人郑渭水主动向上饶市市长请缨,成为一名义务物价监督员,每天带领几位 50 多岁的老伙伴在上饶市各大商场和市场进行物价监督检查,哪有欺骗市民的行为,哪就有他们的身影。1998 年 5 月,在八角塘菜场他发现有一摊主往牛肉中注水,没收了牛肉,摊主扬言要宰了他,当天中午便带人找上门来,幸好 110 及时制止,事后摊主在郑老扶正除邪的正气感化下,走上规范经营路。《中国劳动日报》等新闻单位相继报道了其事迹,称他为市场“包青天”“啄木鸟”“监督哨”。1989 年江西省总工会、物价局授予他“优秀职工物价监督员”称号;1993 年中央人民广播电台对其做了专题报道;1995 年,他被国家计委和总工会评为“全国职工物价监督先进个人”;2000 年《东方时空》对他进行专访。

山村活雷锋 1980 年,程炳昌退休回到老家婺源县溪头乡上溪村,二十多年如一日,每天把天气预报和电视预告写在黑板上,充当村民的天气和节目预报员、辅导员。他省吃俭用下来的钱,向村里的公益事业捐款;买来药品,义务为村民治疗小病小伤;收集 150 多册剪报本,内容分30余类,村里人翻阅;抄录一本邮政编码,供村民查阅;义务为群众代写(寄)书信,代转邮件。他家成了不收费的医务室、阅览室和邮电所,村民都称他为“山村活雷锋”。

玉山县老同志关心下一代工作委员会　1991年4月,玉山县老同志关心下一代工作委员会成立。它是以老同志为主体,由有关部门参加的教育培养青少年的群众组织。组织报告会、读书会、征文、演讲、绘画比赛,向广大青少年进行爱国主义、社会主义、集体主义和革命传统教育。1996年11月21日,红军老战士张绍德作红军长征报告,千余名青少年聆听受教育,取得很大的成效。

身兼“八大员”的离休干部　玉山县离休干部张德润,长期义务为群众当报刊发行员、卫生员、调解员、校外辅导员、夜校教员、物价监督员、新闻报道员、义务营业员等“八大员”,以一个老共产党员的情怀,实践和传播精神文明。1996年被江西省精神文明建设活动委员会、中共江西省委宣传部评为全省“文明新风十佳新事”。

余干县《创建文明卫生城》老干部督导组　1997年2月,余干县组建《创建文明卫生城》老干部督导组,成员11人都是副县级以上的离、退休干部,督导组全体成员在组长李振荣带领下,每天在县城巡查,为创建文明卫生城出谋献策,组织群众治理脏、乱、差,并经常动手清扫卫生死角,修桥铺路,清除杂草,疏通下水道,为群众排忧解难。1997年—2000年老干部督导组为创建文明卫生城,向单位、个人筹措资金100余万元,为群众修桥铺路26条,总面积1.22万平方米,铲除杂草1.2万平方米,清理乱堆垃圾(包卫生死角)200多处,计500余平方米,帮助城区燃烧有烟煤的70多个单位(户)改烧无烟煤,协调处理创建中出现的矛盾100多起,采纳有益建议,为县城创建节省资金30万元,被人们称为“为人民办实事、办好事,创建文明城市”的热心人。

第十二节　拥军爱民

“中国军婚第一红娘”　叶晓茵,铅山县卫生防疫站的一名主管医师。自1977年成为军嫂后,20多年如一日,靠自己省吃俭用和利用业余时间开餐馆,出租自家房屋等收入,累计花费20余万元,为军人免费提供全天候、全方位服务,与军人通信累计5万余件。尽心竭力帮助驻守环境恶劣的边防、孤岛、哨所的未婚大龄青年军人寻找知音,先后促成308名军人喜结良缘。并每年到部队走访慰问,热心资助生活困难的伤残老军人,筹建集军婚介绍、餐饮、住宿为一体的“军嫂大厦”。1999年被江西省委、省政府、省军区授予“爱国拥军模范”称号,并被全军将士誉为“中国军婚第一红娘”。

助民脱贫致富　弋阳县人武部帮助农民脱贫致富,1986年,出台帮扶工作规划,部长、政委要分片包干,落实3~5名帮扶对象,以民兵为主体的“一兵帮一户、一排带一组、一连富一村”富民方略,建立“营抓连、连抓排”及“定对象、定责任、定指标、包脱贫致富”的“三定一包”扶贫责任制,义务为农民举办各种致富培训班385期,至1996年,在他们的帮助下,弋阳县先后有520个军烈属脱贫,458个自然村消灭了贫困户,帮扶的2万名贫困户中,80%脱贫,60%走上富裕路。

驻地做故乡　武警上饶支队,1983年组建,扎扎实实做拥政爱民工作,在官兵队伍中开展“热爱第二故乡,支援第二故乡,建设第二故乡,多为老区做好事办实事”为主要内容的活动,几年来出动官兵1800名官兵,投入劳动日2.7万多个,义务支援地方重点工程和公益事业建设;在全区建立4个扶贫点,如今在他们的帮助下,扶贫点95%以上的人家脱贫走上致富路;他们积极支援地方两个文明建设,赢得了赣东北老区人民的赞扬和爱戴。

好儿郎志在报国 1997年10月上旬玉山县征兵期间,冰溪镇510多名在外打工的适龄青年来电、来函或风尘仆仆返乡报名应征,其人数占该乡外出适龄人总数的63%以上。许多青年放弃被厂方扣押的上千元押金提前返乡应征入伍。

为民挺身而出 邱士兴,弋阳县武警消防战士。1998年12月14日,他在城南公路,见一辆三轮摩托车被一辆大车撞翻,肇事者已逃走。面对路人围观却无人相救的情况,邱士兴挺身而出,将2名昏迷伤者抬上车直送县人民医院抢救,又帮1名轻伤者联系家属才返回。

村民喜开“党恩店” 德兴市张村镇有一年过半百的老人叫呈有林,他因在一次事故中弄瞎了一只眼睛,妻子体弱多病,儿子又是傻子,一家三口靠乞讨度日。1999年11月,张村镇武装部得知这家人的情况后,为呈有林儿子找了一份差事让其自食其力,帮助呈家开起了小吃店。2000年1月,镇武装部用广大民兵捐给呈家1300余元为他家买了台VCD,使小吃店生意一天比一天红火。为表达对党和镇武装部的感激之情,呈有林给小吃店取名为“党恩店”。

第十三节 移风易俗

孙副省长家的丧事 1991年12月22日晚,时任江西省副省长孙希岳母亲逝世,玉山县童坊乡的乡民原以为会有一场热闹的“白喜事”,等来的却是孙副省长丧事从简的告示。丧事办得十分简朴,没有收礼摆酒席,也没有通知外乡外县的亲戚,只举行了一个简短的遗体告别仪式。

灵溪镇倡导婚育新观念 为了解决纯女户家庭缺劳力和养老问题,上饶市灵溪镇大力倡导婚育新观念,并通过电影、黑板报、标语等各种形式进行广泛宣传。邵坞村一黄姓村民,只生了两个女儿,大女儿已嫁,小女儿到了婚配年龄,有位男青年愿意落户她家,可黄家开始不肯招上门女婿,后经镇村干部多次做思想工作,终于转变了观念,认识到女儿也是传后人,欣然同意把女婿“娶”回家中。自此镇上一些纯女户家庭也仿效黄家的做法,先后有10名女青年抛出自己的绣球,招上了如意郎君。为了更好地解决纯女户的后顾之忧,镇党委、镇政府每年都从有限的镇财政中,划出一定的资金帮助纯女户参加社会养老保险。1991年—2000年,累计为“纯女户”投保270多人。1999年—2000年,全镇又有7家纯女户自愿放弃了二胎生育指标。

万年梨树坞乡的集体婚礼 1992年1月1日,10对农民青年夫妻在万年梨树坞乡影院礼堂内举行婚礼,10对新婚夫妇在舞台上接受来宾的祝福。梨树坞乡党委书记蒋利华为婚礼致词,梨树坞乡业余剧团为婚礼表演歌舞节目。婚礼结束后,10对新人向全乡青年发出了“破旧俗,树新风,婚事新办,争做社会主义精神文明先锋”的倡议书。

嫁出去的姑娘养爹娘 自弋阳县烈桥乡加强精神文明建设开展“文明之家”以后,烈桥乡农民走出了爹娘由儿子赡养的传统,该乡嫁出去的姑娘在家照顾公婆,又主动回家赡养父母。2000年初,一直由儿子赡养的李某,四个女儿都抢着回来照顾老人,承担老人的生活费和医疗费。该乡有300多位嫁出去的姑娘主动回家赡养老人,解决了纯女户的后顾之忧,有力的促进了计划生育工作。

妇女当家,发家致富 俗话说:“嘴上无毛办事不牢”“妇女当家墙倒屋塌”。然而,在弋阳县烈桥乡却有新说法:“妇女当家致富发家”。夏茶英有一手好的裁缝手艺,1996年办起了服装加工厂和培训班，成了家里的主心骨，年创收3万余元。像她这样的当家妇女在烈桥乡有200多名，他们靠掌握的种植、养殖、加工等技术走上了发家之路。

姑娘兴办“效益嫁妆”　过去许多姑娘出嫁时，总要攀比看谁的嫁妆多、好，现在一些姑娘们兴办起了各具特色的“效益嫁妆”，他们有的把缝纫机、锁边机、理发工具作了嫁妆，有的把农作物新品种、新农机、蔬菜大棚作嫁，这些“效益嫁妆”成为小两口婚后走向富裕之路的“法宝”。

玉山农民拜年送树苗　1991年—2000年10年间，玉山县农民亲手栽植的树木使他们开始受益，对植树造林情有独钟。拜年时送给亲朋好友优质树苗比任何礼物都珍贵，树苗多为桃树、布朗李、柿、银杏、杜仲等名贵树种。

农家院里竖球架　2000年7月，铅山县英将乡桥墩村，同住一个大院的陈世友、陈世利、叶炳顺、陈如生四人，为了丰富乡亲的业余体育活动，创建了青年农民篮球队，他们凑钱将院内铺上了平整的水泥面，买来篮球，竖起篮球架。该村人利用业余时间练球，农闲节假日举行球技比赛。

专记

“九三”事件救援纪实①

飞来横祸，危难之中见真情

“九·三”泄毒事件，是上饶地区灾难史上沉重的一页。让我们把时针拨回到1991年9月3日夏令时凌晨2时30分。这是一个闷热的夜晚。连接320国道的江西省上饶县沙溪镇新生街路段静悄悄的，一切都沉浸在黎明前的酣睡之中。与上饶地区毗邻的鹰潭市贵溪县农药厂一辆运输化学原料一甲胺的槽罐车违反规定，擅自驶下国道往人口稠密的新生街驶去。为避开街道右侧的一堆砂石，槽罐车顶部的阀门铁管被左侧的居民门前斜逸的桑树枝拉断。随着一声闷响，罐内处于高压状态下的2.4吨一甲胺喷涌而出，滚滚烟雾翻腾着扑向四周民房……一场建国以来罕见的特大泄毒案就这样发生！

一甲胺是一种强碱性物质，其沸点为-6℃，常温常压下迅速挥发，百万分之二以上的一甲胺就能损害人体。人畜吸入后很快导致口腔溃烂、呼吸困难，双目失明，引发喉水肿、肺水肿、脑水肿造成窒息死亡。

对沙溪镇居民来说，这次一甲胺泄漏完全是飞来横祸，无妄之灾。那天正好是停电，没有星光，天气闷热。多数居民敞开门窗睡觉。当他们被第一口毒雾呛醒，感受到撕心裂肺的痛苦时，完全是出于求生的本能，挣扎着滚下床铺，冲出家门嘶哑地喊叫着，跌跌撞撞地顺着大街逃去。一位名叫俞家忠的俩老夫妇刚刚跨出门槛，便重重摔下，再也爬不起来。养牛专业户唐光

①《“九·三”事件求援纪实》：正题为《一曲高昂的社会主义精神文明建设赞歌》，原载1993年4月20日《赣东北报》，作者毛文、范剑华。

荣还没来得及跑进牛棚就倒下了，和他同时丧命的还有6头活蹦乱跳的黄牛！

200多米长的街段一片混乱。就在毒魔疯狂地攫取生命的时候。危急中人们迅速地站在一起，互相搀扶互相帮助，以血肉之躯和死神抗争。男的拖带着女的，老的拉扯着少的。有的冲出毒区后，来不及喘着一口气，又返身救援倒地的中毒者。有的跑着跑着倒下了，还用最后的力量喑哑地喊："快跑，有毒气，快跑呀……"新生街一个叫施和高的农民，家住毒区边缘。被嘈杂声惊醒后，他打湿一条毛巾，捂住鼻脸，连续五次冲进毒雾，救出9名中毒病人。另一个叫郑家火的，夫妻二人拉着平板车在毒气弥漫的街区搜索，先后救出7个病人。

事后有人问他们：为什么舍命进毒区救人，当时是怎么想的？他们朴实地回答：当时什么也没有想，就想多救几个人。见死不救，那人就成畜牲了。据了解，当时自发进入毒区救人的有300多人。

事隔七天，在上饶县医院，一个神智不清的中毒者在病床上剧烈挣扎，用几乎听不清的喉音狂呼乱叫。旁边服侍他的家人抹着眼泪告诉人们，他叫余正华，今年23岁。余正华是最早听到呼喊的居民之一，他翻身下床后，完全有时间逃出毒区进人平安地带，可是他没有。他扯开喉咙放声大喊，一连喊醒了5户居民，使20多人逃离了死神魔爪。但是余正华却因吸入毒气太多，成了险重病号，濒临死亡边缘。

望着病人痛苦的面容，听着病人亲属的介绍，我们的心灵受到强烈的撞击。新生街的居民太普通了，可就是这一批普普通通的居民，在大祸临头时，毫不迟疑地做出了崇高而悲壮的选择，表现出一种金子般的品质。这种品质是民族优秀精神的闪耀，也是社会主义精神文明的绚丽之花。面对它我们只有感受不完的自豪和骄傲。

奋力援救 灾民倍感社会主义好

社会各界对"九三"泄毒事件的关切程度是空前的。

事故发生仅三四个小时，上饶县委书记张德金、副书记吴祖国、王琼、副县长汪霞、上饶行署专员刘德旺、军分区副司令员陆柏寿就迅即赶到现场，组织救援。早晨6时30分左右，以行署专员、军分区副司令员、上饶县委书记为首的现场救援指挥部就成立起来。当天上午，正在铅山县主持县市委书记、县长会议的上饶地委书记卢联灿，中断会议火速赶往灾区。救人就是命令，一切工作都必须首先让位于抢救。地委当即决定暂停一切与抢救无关的会议。在家的地区各套班子领导全力以赴，要人给人，要物给物，腾出最好的医院，抽调最好的医生，使用最有效的药品，并动员全社会的力量帮助抢救。

"九三"事故发生的电波迅速传至省和中央。当天，国务院副总理朱镕基、国务委员李铁映，就通过有关负责同志，转达了他们对受灾群众的关怀，罗干秘书长和徐志坚副秘书长从北京打来电话，要求尽一切努力挽救中毒者生命。省委书记毛致用、省长吴官正三次打电话了解情况。江西省委常委张逢雨受省委省政府委托，当天赶到现场，在灾区一住就是十五天。省长吴官正，化工部副部长贺国强，以及卫生部，省化工厅、民政厅、卫生厅的领导们，都以最快的速度赶到灾区调查灾情，慰问灾民。上海市委市政府派出了专家医疗组协助抢救，南京军区首长派出专机抢送医务人员，四川省有关部门送来了治疗中毒急需的特效药品……

6日凌晨，连夜驱车300多公里赶来的吴官正省长抱病遍访了地市县4家医院，对正在抢救的130多名危重病号逐一看望、慰问。在县医院病房，面对病情很重、却又口口声声念叨着共产党好、感谢政府关心的中毒病人，省长感动得流下眼泪。他抚摸着一位病孩子的小脸，叮嘱身边的医务人员，要尽一切努力治好病孩的眼睛。离开病房，吴省长说，江西是革命老区，上饶是方志敏的故乡，上饶人民有很高的政治觉悟，我们有责任采取一切措施，挽救每一个中毒病人的生命！

省长、部长及各级官员云集沙溪，尽最大努力帮助自己的父老兄弟姐妹。这里倾注着深厚的爱民之情，交融着党和灾区群众的血肉联系！当时救援的场面是多么壮观，又是多么令人难以忘怀。

毒气泄漏后的半个小时内，新生街龙头村党支部书记郑享太便带着村里的党员干部赶到现场。他们捂着湿毛巾，一边指挥疏散，一边挨家挨户搜寻中毒者。在漆黑恐怖的毒区里，他们成了群众的主心骨。一个小时后，沙溪镇党委书记余钟炎带着20多名镇干部赶到。—边组织疏散群众，一边安排镇医院收治中毒病人。为了防止人员误入毒区，沙溪镇公安分局干警穿过毒雾设立警戒线，对整个毒区实行封闭。镇里还安排了专人核实情况及时报告上级。

救援指挥部成立后的数小时之内，近千名干部、医生、解放军战士和公安干警等，就从四面八方汇集起来，编成五组，分头开展环境监测、医疗抢救、治安保卫、善后安置和事故调查。整个现场救援的各项工作，有条不紊，效率极高。

事故发生一小时左右，全部被送进沙溪镇卫生院抢救的第一批130多名重度中毒者，经过初步医护处理后，当天即全都转往地市县4家条件更好的医院作进一步治疗。与此同时，地区矿山救护队员一次次冒着生命危险，进入一幢幢有毒民房内，寻找仍可能滞留在屋里的中毒人员。消防部门出动消防车，对毒区的街道、房屋、树木等用高压水龙冲洗了七次。部队防化官兵携带喷雾器，用无毒清水、醋酸挨家挨户一次次喷洒，清除民房中的带毒空气。防疫人员严格监测控制着水塘、水井、食品、蔬菜等污染源。死难者的遗体当天下午也全部火化。肇事汽车司机和押运货主被公安机关及时收审。在一次高级医务专家鉴定会上，专家们都说，这次沙溪中毒人员的抢救很及时，事故处理很得当，为挽救数以百计的中毒者的生命，赢得了宝贵的时间。

在救援中，我们的干部始终奋勇当先。先后赶到现场的各级领导和干部，在毒气尚未散尽的情况下，一次次进入毒区，指挥消毒、防疫工作。挨家挨户宣传防毒除毒知识，帮助受灾户打扫卫生、清理垃圾，千方百计稳定灾民情绪。一个多月后，上饶县有4名县级领导被查出有中毒症状，住院治疗一个多月。据统计，在毒区参加救援工作而中毒的干部、公安干警40多人，有的落下终身残疾！

沙溪镇的老人们都说："救灾工作做得这么快、这么好，只有共产党才能办得到。"当受顾秀莲部长委托专程赶来的化工部副部长贺国强，站在病房内激动地告诉病人，党中央国务院十分关心你们，已经调集了全国最好的医生和药品前来救援时。一位不能说话的病人，含着泪提起笔，在一张纸条上歪歪扭扭地写下"共产党好！感谢政府的关心！"这位中毒病人写出了灾区群众共同的心声。危难之中，人民更深切地看到党和政府的力量，感受到社会主义大家庭的温暖。

"九三"事件通过地委、行署召开的会议和新闻媒介迅速传开，新生街居民蒙受的灾难，牵动了无数人的心，整个社会都在行动。四五百里之外的波阳县送来了大米，广丰县送来了氧气瓶，全区各县市机关、企业、商店、个体户等纷纷捐款、捐物……上饶大地涌动着人们的情和爱。

中毒病人被分散送到上饶地区医院、市立医院、铁路医院和上饶县医院。各医院都抽调最好的医生、护士组成抢救小组，全力以赴进行抢救。吴官正省长指示：想方设法挽救中毒者生命,需要什么药品、器械,本省有的到省里拿、上海有的到上海拿、北京有就到北京拿,一定要保证治疗。为此,各医院不惜一切代价,150 元一支的“白蛋白”、40 元一支的“先锋必”……源源不断地注入病人体内。

甲胺中毒者的典型症状是面部水肿,皮肤溃烂,口吐血色泡沫,呼吸十分困难,这就给护理医治增添不少麻烦。为了保持病人呼吸道畅通,必须 24 小时不停地擦洗口腔、鼻腔,有时还得用手去抠又粘又臭的血痰。

为了照顾好中毒病人,上饶县医院内科主任东明珠带 20 多名医护人员,连续五天未离病房,每天工作 20 小时以上,累了就靠在桌上打个盹。上海中山医院教授钮善福,在地区医院为病人做气管切开手术时,病人突然呼吸、心跳停止,钮教授立刻俯下身,用嘴对准沾满又脏又臭血沫的气管导管进行人工呼吸……经过一个多小时的抢救,病人终于转危为安。

沙溪镇一位个体女医生看到中毒病人太多忙不过来,主动到镇医院帮忙护理,擦血沫,抠血痰,配药水,打吊针,从凌晨 3 时一直忙到下午 4 时,没喝一口水,没吃一顿饭,最后晕倒在病床旁边。一位用砂轮开启药瓶的护士,一连开了几百瓶,双手被磨得血肉模糊,还在不停地……

正是全社会方方面面献出的爱心,汇成了一股爱的暖流,挽救了一个又一个中毒者的生命,也温暖了所有中毒病人的心。

9 月 21 日下午,我们在上饶县医院内科病房里看到 78 岁的施佳贤老人,他是“九三”事件中毒病人中年龄最大的。在事故中,他唯一的儿子、儿媳中毒身亡,只留下他和 74 岁的老伴及三个未成年的孙子。老人病情和心情都已趋稳定,正半躺着看一本厚厚的历史书,他搁下书告诉我们,1942 年到 1947 年间,沙溪发生过三次鼠疫,死了六七十人,由于政府腐败无人管事,自家的死人自家埋,那才真叫凄惨。如果这件事发生在旧社会,不知还要死多少人!

老人的遭遇是凄惨的,然而他从历史的比较中得出了真理,给他受到创伤的心带来莫大的安慰。老人的叙述和神情,带给我们的是心灵的极大震撼。

其实,当时并没有谁去组织群众歌功颂德。但处在极大悲痛之中的许多人,却自发地一次一次地赞扬我们的干部,感谢党和政府,是那样情不自禁,发于内心。这就使人们感到,党的为人民服务的宗旨、社会主义制度的优越性绝不是空洞的说教,它不仅体现在党和政府的日常工作中,特别是在人民群众遭受重大和突发性灾难时,表现得更充分,人民群众的感受也就更为深刻!

顾全大局　救援功绩众口皆碑

“九·三”事件对于上饶人来说,犹如一场空难降落在这块土地上,上饶人是猝不及防的,也是无辜的,更是无可指责的。在当时,不该发生的事情发生了。哀怨、责难都无济于事;十万火急,责任、代价都来不及细想,作为受害地的上饶更不存在对所谓“深层原因”的回避。上饶地区党政领导,首先想到的是把救援工作摆在首要位置,举全区之力组织抢救,使群众尽量少些伤亡,少些痛苦,少些损失,使灾区保持稳定,不要因激愤而酿成新的灾难。地委书记卢联灿在事发当天就反复要求:我们要尽到最大的责任,采取一切有效措施,不惜一切代价抢救中毒病人!

上饶地委也确实强调了对事件的正面宣传。1991 年 9 月 10 日,地区召开地直机关负责人会议,在行署专员刘德旺通报“九三”事件发生经过、惨重损失及前期救援工作的基础上。

地委书记卢联灿要求一定“要大力宣传救援过程中涌现的先进典型，使之发扬光大；要以这次救援工作表明的深刻道理，作为社会主义思想教育的重要一课，使广大干部群众从身边活生生的典型中，加深对社会主义优越性的体会”。

“九三”事件发生以后，一幕幕场景充分表现出各级党政领导对中毒群众的牵肠挂肚之心。党和政府对群众的关切之情，谁见了都为之动情，谁听了都为之动容。当时在现场的省地县新闻工作者，就被这些场景深深地打动，纷纷把镜头和笔端，对准救援中出现的感人事迹、动人画面，通过《解放日报》《新民晚报》《江西日报》、江西电视台、《赣东北报》等新闻媒介，发出了一篇篇充满激情的报道，赞颂救援中这些令人可敬的人们。

我们还可以再回头看看，事件发生伊始，灾区群众情绪极不稳定，经常有这里那里毒死几十、数百人的谣言流传，甚至连沙溪镇的鱼、肉、豆等农副产品也无人敢买。特别是沙溪镇坐落在信江边上，信江流域五六个县市的群众都人心惶惶。灾区曾出现过激行为，很明显，如果当时的新闻传媒一味渲染事件的惨状，只能火上浇油，给当地政府添乱，给肇事者所在地区和国家增加压力。

上饶地区的领导者面对突发性灾难，头脑是十分清醒的。顾全大局，稳定人心，才能使救援顺利进行，使群众和社会少受点损失。为此，上饶地区有困难自己克服，有压力自己承担，并组织大批干部反复做宣传解释工作，竭尽全力稳定灾民情绪，尽快使灾区恢复正常的生活和生产秩序。江西省常务副省长舒圣佑事后说，上饶地区为“九·三”事件做了大量艰苦细致的工作，承担了很大的压力。

“九三”事件确实留下了许多深刻的教训，上饶地区的党政没有忽视这一点。尽管事件的肇事者单位不在上饶，但上饶地区首先从事件中引起警觉，从中总结和吸取教训。

“九·三”泄毒事件发生的当天晚上，也就是9月3日晚8时30分，地县领导在沙溪镇向省委常委张逢雨汇报灾情时，卢联灿就明确提出：“这次事故尽管不是我们造成的，但是，我们要举一反三，以此为鉴。一定要认真总结血的教训。”

整个救援过程中，上饶地区都把调查事故原因、总结经验教训摆在重要位置，安排专人负责，多次向上级汇报。9月3日和10日，事故善后工作还在紧张进行，地委、行署就分别召开了联席会、紧急电话会和情况通报会，通报“九三”事件的惨痛损失，分析“九三”事件的深层原因，并以“九三”事件为借鉴，全面部署安全生产工作。会上，卢联灿、刘德旺又一次向各县市敲响了安全生产的警钟！上饶人对待“九三”事件的处理应当说是十分认真负责的。

“九三”事件中，省地县用于事故抢救的善后处理经费达365万多元。亡者按政策给了赔偿，残疾者给了投保，灾民生活得到了妥善安置。灾后重建的新生街不仅恢复了往日的安宁，而且生机盎然。人们耕作经商，娶亲盖房，昔日停放死难者遗体的地方，崛起了一座在江西省乡镇中首屈一指的农贸市场，造价250多万元，占地面积上万平方米，共1800多个摊位，164个店面，每日商贾如云。1992年春节之前，沙溪镇还开通了程控电话和有线电视，占地10公顷的沙溪经济开发区建设气势凌厉，一座座楼房拔地而起。

“九三”事件给灾区造成的惨重损失不能忘记；“九三”事件给人们带来的惨痛教训应该认真吸取；同样，“九三”事件展示的党和人民的血肉之情，也永远不能忘记！

卷六 改革开放

1990年代，上饶境内的改革开放已从农村推进城市。突出表现在上饶是全国率先推行城镇住房制度改革的地区。全区城镇住房制度改革，于1988年在铅山县先行试点，总结出“铅山模式”。1991年，全区住房制度改革参照“铅山模式”，开始全面推行。房改后，推行住房公积金制度，改变住房投资由国家、单位统包的制度，住房建设投资实现国家、单位、个人“三方共负”。开放房地产二、三级市场，活跃房地产经济，房地产市场迅速在全区得到培育和发展，房地产产业不断壮大。1993年11月，作为全国两个典型经验交流地市之一，应邀派代表出席了在北京召开的全国房改工作会议，并在会上作了典型经验介绍。1991年—2000年，全区城市化水平由房改前低于10%提高到30%以上。

其他各项改革，基本与全国同步进行。1990年8月，地委、行署召开全区经济工作会议，提出“解放思想，打破常规，敢冒风险，开拓进取”的十六字方针。1992年春，邓小平南方谈话发表，4月18日，地委、行署在上饶市隆重举行改革开放动员大会，各县(市)设分会场。会议提出“放开胆子抓改革，拓宽路子搞开放，加快步子求发展，使全区经济迈上新台阶”的号召。在地、县(市)、乡(镇)三级党组织和干部群众中，广泛深入地开展一波一波的思想解放大讨论，破除人们头脑中的思想禁锢和封闭意识，审视自我，调整战略部署，从上饶地区的实际出发，强化三种意识，一是超常规发展意识；二是敢冒风险发展意识；三是自主发展意识；深化改革，扩大开放，实施跳跃式发展，实现国民经济发展第二步战略目标。1992年10月，外经贸部批准上饶地区外贸自营进出口权，开始打破封闭式经营模式。

全区社会保险事业从无到有，1987年3月，首先在婺源县开展国有企业离退休费用社会统筹试点，同年全面铺开。保险项目从少到多，保险范围从小到大，保障水平从低到高；由起初单一的国有企业退休费用社会统筹发展到现在的集养老保险、工伤保险、女职工生育保险、医疗保险为一体的社会保险体系。

第一章 经济体制改革

第一节 农业经济

中共十一届三中全会以后，全区农业经济体制改革重点是推行家庭联产承包责任制。

1979 年 2 月中旬，根据中央关于恢复农业生产责任制的要求，全区农村生产队由 38792 个调整为 44320 个。调整后平均户数为 25.2 户，生产队中有常年作业组 32174 个，临时作业组 9739 个。在此之前的 1978 年，区内曾提倡在生产队统一领导下，组织专业队、专业组、专业户，实行联系产量的计酬方式，称为“四专一联”。当年，尚不允许包产到户，但 1979 年 3 月，波阳县谢家滩公社田铺大队第三生产队已率先实行“包产到户”的责任制；同年，余干县梅溪公社罗家村 8 个生产队和江埠公社的毛坊、龟山等 4 村，也自发地分田包产到户。1980 年 9 月至 1981 年 3 月，全区农业生产责任制的形式，从作业责任到联产责任，从联产到组包干到户。全区有占生产队总数 26.8% 队采取小段包工，6.4% 的队实行专业承包，3.3% 的队实行联产到劳，10.9% 的队实行包产到户、包干到户。1981 年元月，地委召开电话会议，要求全面推行家庭联产承包。6 月 26 日，地委又在电话会议中提出《关于进一步建立和完善农业生产责任制的几点意见》，要求各地在“双抢”之前，落实好各种生产责任制，包括包产到户或包干到户，使农民“交足国家的，留够集体的，剩下全是自己的”。1981 年 9 月，全区实行“双包”责任制生产队占生产队总数的 32.8%，到年底上升到占 89%，1983 年底上升到 99.7%。

家庭联产承包责任制的普遍建立，推动全区农业的飞跃发展。1978 年农业总产值为 81147 万元，粮食总产量为 167.08 万吨；1980 年总产值为 93882 万元，粮食总产量为 179.51 万吨；1990 年农业总产值增为 171333 万元，粮食总产值为 226.26 万吨。

1984 年 1 月 1 日，就延长土地承包期等问题做出规定。认真贯彻落实中共中央《关于 1984 年农业工作的通知》，宣布保持耕地承包期相对稳定在 15 年以上，承包中出现的具体问题，均按规定予以解决。1987 年，全区农业承包合同管理工作开始起步。1991 年，在弋阳县进行农业承包合同管理的试点工作，然后在全区推广。1993 年，行署下发《关于加强农业承包合同管理的通知》，强调稳定土地承包关系，鼓励农民增加投入，提高土地的生产率，在原定的土地承包期一定 15 年不变后，再延长 30 年不变。1998 年 2 月，地委、行署在总结德兴市界田乡进行土地延包试点经验的基础上，对新一轮农村土地的延包工作进行全面部署。历时一年，全区有 282 个乡（镇）、2877 个村、26126 个村民小组、109.4 万农户，完成土地登记造册建档，《土地承包经营权证》均发到农户手中，第二轮土地延包工作宣告完成。延长土地承包，进一步激发广大农民增加投入、发展生产的积极性。通过明确所有权，稳定承包权，强化管理权，也有效地解决乱占滥用耕地和撂荒弃耕等问题，促进农业和农村经济进一步发展。在坚持土地承包关系、土地所有权、农民承包经营的土地“三个稳定不变”的前提下，各地不断探索“公司 + 农户”“基地 + 农户”“协会 + 农户”等集约化、规模化、科学化、产业化经营模式，不断调整和优化农业结构，加快农业产业化进程。1990 年代，又根据“区域化布局、专业化生产、一体化经营、企业化管理、多元化投入、社会化服务”等要求，在全区确立 11 个主导产业或主导产品，建立一批商品粮、优质棉、商品鱼、瘦肉型猪、名特优新农产品等生产基地，扶持一批种、养、加大户，同时坚持实施科技兴农战略，发展“三高”农业、特色农业和生态农业，不断改善农业生产条件，加强农业基础设施建设，旱涝保收面积占耕地面积的比重，由 1978 年的 54.4% 上升到 2000 年的 70.1%，全区粮食总产量于 1996、1997 年连续突破 25 亿千克大关，棉花、油料、肉类、水产、茶叶、水果、禽蛋、牛奶、蔬菜等商品供应均大幅增加。2000 年农业总产值 68.21 亿元，为 1978 年的 8.4 倍，比 1990 年增长 298.1%。

第二节 企业制度

1980年代中期,地委、行署根据中央的有关决定精神,结合上饶的区情,按照所有权和经营权相分离的原则,开始实行以承包责任制为核心的多种形式的经营责任制,正确处理国家与企业之间的责、权、利关系,企业内部各部门、岗位和职工之间的责、权、利关系,逐步扩大企业经营自主权。1987年,实行第一轮大承包,至1980年代末,有占总数94%的国营工商企业推行承包经营责任制。据1989年统计,126户承包企业利税增长28.8%,百元资金利税率提高10.5%,企业留利增加38.8%。

1991年,实行第二轮大承包。在一、二轮大承包衔接期间,地委、行署根据中央"兴利除弊、完善发展"的指导思想,决定对承包制进行补充和完善,修订有关政策,相继出台《关于企业二轮承包实施方案》《关于全民所有制工业、商业企业承包有关财务问题的处理意见》、《关于承包企业期终审计的实施意见》《关于工会组织切实参与新一轮承包工作的意见》、《关于承包考核兑现暂行办法》等,使二轮承包政策和操作程序进一步规范化、制度化。同时根据国家产业政策、企业规模、技术改造任务和实际经营管理水平,因厂制宜确定承包形式。为促进企业承包健康发展,克服"以包代管"现象,出台《企业二轮承包全程管理办法》,扩大全员风险抵押承包,企业内部管理配套改革也进一步深化,厂长(经理)负责制或任期目标责任制普通运用。1992年,从分配制度改革入手,强力推行"三项制度改革"①,帮助企业转换经营机制。

1994年,根据地委、行署《关于加快企业产权制度改革的意见》,开始对工业企业进行现代企业制度改革。经过一年多时间的试点,1996年全面铺开。现代企业制度的建立,使企业发生三个明显变化。一是观念上的根本变化,使企业真正成为市场的细胞,而不是政府的"车间",有困难不是找政府而是向市场找出路;二是机制上的根本转变,企业在生产经营上不是紧跟着国家计划,而紧跟着市场变化;三是管理上的根本转变,实行股东会、董事会、监事会三权制衡的科学管理决策体系,利润最大化成为企业经营管理的首要目标。1996年,行署制定关于积极推进小型工业企业改革与发展的试行办法,采取多种形式,放开搞活小企业。1999年,在弋阳县进行国有企业"两个置换"②试点;2000年1月的全区三级干部大会上,地委、行署领导在工作报告中要求对企业产权制度进行"脱胎换骨"式的改革,至年底,全区有298户企业完成各种形式的体制改革。

第三节 乡镇企业

境内的乡镇企业以农村副业的形式,萌生于1950年代的农业合作化运作中,始称社队企业,以小作坊、小工匠的面目出现,多为手工业,时兴时衰。改革开放以后,步入发展阶段。

1984年,地委、行署根据中共中央1号文件关于"在兴办社队企业同时,鼓励农民个人兴办或联办各类企业"精神,相继以1984年19号文件和41号文件,发出关于加快乡镇企业发展的意见和加速乡镇企业体制改革的意见,乡镇企业呈现出乡办、村办、联户办、户办"四轮驱

---

①"三项制度改革":工资制度、劳动用工制度、人事制度。

②"两个置换":产权置换、劳动者身份置换。

动"、"多业并举"的新局面。当年,全区企业个数达到3万多个,是1978年的6倍;从业人数17.07万人,是1978年的1.4倍。1988年2月,地委、行署召开有地、县(市)、乡(镇)各级领导及部分厂长等千人参加的全区乡镇企业工作会议,统一企业必须大发展的思想认识,研究发展措施,鼓舞干劲,坚定大发展的方针;3月1日,地委、行署做出《关于进一步解放思想大力发展乡镇企业的决定》,全区兴起大办热潮。广大农民也逐渐认识到"无工不富""兴乡富民"的道理,办企业的积极性高涨。1991年,地委、行署确立"稳农兴工,突破乡镇企业"的指导方针,制定并实施《关于突破性发展乡镇企业的补充规定》。1992年,全区乡镇企业进入大发展、大提高阶段。为让乡镇企业遍地开花,实施"山海计划",即一手抓重点县、乡、村和骨干企业,上技术、上管理、上规模,形成如"群山林立"一般;一手抓户办、联办,提倡厅堂变作坊,形成商品生产如"汪洋大海"一般。按照"一县一业、一乡一品"的设想,发展名特优新产品和拳头产品,重点加强"空壳村"的经济建设。至1993年底,全区乡镇企业发展到13.87万个,从业人员45.56万人,建成"双五"(产值500万元、利税50万元)规模企业110个。这一年,乡镇企业工业产值达46.63亿元,是1978年的50倍;实现总收入70.34亿元,是1978年的55倍;农业人口平均从乡镇企业得到的纯收入达280.1元,占全区农民人均纯收入的32.2%,实现历史上的大突破。横峰县1979年只有159户(时称社队企业),总产值417.05万元,占全县工农业总产值的6.7%,上缴税金7.4万元,占全县工商税收的10.7%;到1997年,总户数达4924户,总产值42478万元,占全县工农业总值的76.1%,为1979年的101倍,缴纳税金880万元,占全县工商税收的56%,为1979年的119倍。至1995年,全区乡镇企业总产值达329.8亿元,利税总额23.8亿元。进入"九五"时期,广泛开展发展乡镇企业再动员、再认识、再鼓励活动,地委、行署及时做出《关于促进乡镇企业大发展、大提高的决定》,加之《中华人民共和国乡镇企业法》的颁布实施,乡镇企业又进入一个新的发展时期。2000年年底,有企业9.72万个,职工3.6万余人,总产值(现价)14.5亿元。整个"九五"期间,企业总产值、利税总额的年均增幅分别为12.4%和10.5%。

随着国有企业改革的深化和民营企业的崛起,乡镇企业原有的机制优势不断弱化,以家庭为单位、以个体劳动为基础的经济形式和带有浓厚的小作坊色彩的生产模式,不能适应市场激烈竞争的要求。至此,全区乡镇企业在发展中实行政企分开,在产权制度和经营制度两个方面,不断地进行改革。根据企业的不同类型、不同条件,因地制宜,采取不同的对策。从1980年代中期开始,体制改革采取的形式有承包经营、租赁、股份合作制、拍卖、兼并,组建企业集团等等,其中以积极发展股份合作制为主要形式,凡小型企业一般均进行股份合作制改造,新办企业则以股份合作制为主。同时扩大招股范围,既有企业内部职工入股,又吸纳企业外部横向入股,还在一定区域内社会招股。乡镇企业采取股份合作制形式进行改革,虽始于1980年代中期,但直到1990年代才普遍推行。1993年—1994年初,在余干县富湾鸭制品厂实行股份合作制改革试点,为普遍推行积累经验。1994年1月,地委、行署出台《关于大力发展农村股份合作制的意见》,举办推行股份合作制培训班,培训一批骨干。随即,地区和各县(市)都成立推行股份合作制工作领导小组。有组织、有领导地开展工作。1994年5月,地委、行署进一步指出:产权转制、再造乡镇企业灵活机制是当前改革的中心,乡村两级企业实行股份合作制的面要达到60%。1996年6月,地区派出12个督导组,分赴各县(市)进行督促、检查和指导。同时,先后出台《上饶地区乡镇企业股份合作制试行办法》《乡(镇)村集体"小、微、亏"企业实行"租、并、卖"试行办法》《乡镇企业资产评估试行办法》,使改制工作规范化。

2000年,为进一步加快乡镇企业改革的步伐,转换企业经营机制,各地按照“积极支持、正确引导、总结经验、逐步规范”的原则,以民营化为目标,以买断产权为重点,落实债务为前提,从企业的实际和现状出发,继续运用各种形式,包括股份合作制、整体拍卖、破产、兼并、抵贷返租、承包,以及实力较强的企业通过互相参股联营或兼并的方式组建有限责任公司或企业集团,深化产权制度改革与经营机制的创新,建立适应社会主义市场经济体制的企业组织形式和运行机制。至2000年年底,全区2358家乡镇集体企业中,实行各种形式改制的有2337家,占90%以上,其中承包644家、租赁520家、股份合作制460家、拍卖329家、兼并29家、组建企业集团21家。

第四节 个体私营经济

改革开放初期,全区个体工商户得到复苏和初步发展。1979年,有个体工商户1963户,从业人员2004人。到1982年,户数增至5648户,从业增至5799人。1984年9月,地区工商行政管理局下发《关于围绕改革,搞活流通,促进商品生产若干问题的意见》,其中鼓励个体工商户发展方面有9条具体意见,放宽经营人员范围方面有4条意见,农民进城务工经商和带学徒方面有9条意见,进一步扩大经营范围方面有3条意见。1988年3月到5月,地委、行署根据党中央、国务院关于把农村改革引向深入的指示精神和中共十三大对私营经济的充分肯定,连续发出两个文件,要求各县(市)及有关部门正确对待发展个体、私营经济和合作经济,要“开放绿灯、放宽限制,简化手续、提供方便,多方配合、统筹安排”,从而使全区个体私营经济的发展高潮迭起。1989年,个体工商户和私营企业总户数达4.09万户,从业人员7.03万人,分别是1982年的7.2倍和12.2倍。由于政策上允许雇工,私营企业开始发展,由1983年的93户增加到1989年的130户。1991年6月,地委宣传部、地区工商局等10部门,又共同决定,从税收、资金、服务、管理、激励措施等7个方面,积极扶持个体私营经济的发展。

1992年10月,地委、行署首次召开全区个体私营经济“双先”表彰大会,明确个体私营经济是社会主义大市场的主体之一,只要符合“三个有利于”,就可以大发展。各级工商行政管理部门为促使个体私营经济大发展,从四个方面提供宽松环境。一是实行“四放一简”:放宽经营范围,放活经营方式,放松注册条件,放大经营规模,简化办证手续;二是实行优惠政策,对农村边远山区、贫困地区、少数民族地区,采取先放开后规范的原则,对新培育的市场进场交易的个体户可给予免费;三是鼓励个体私营经济开拓新领域,鼓励个体私营经济承包、租赁、购买国有、集体企业,鼓励与其他经济开展联营,成立股份公司,鼓励进行科技开发、信息咨询和技术服务;四是在发展上实行“五个不限”:不限比例,不限规模,不限产业,不限速度,不限区域。到1993年年底,全区个体私营经济总户数突破徘徊在4万户左右,从业人员徘徊在7万人左右的局面,达到5.25万户、13.59万人,“三资”企业从无到有,发展到97户。

1995年初,地委、行署出台《关于进一步大力发展个体、私营经济的决定》,并决定将这项工作作为各县(市)政府政绩的考核目标之一。1997年又作出加快个体私营经济发展的补充规定。为贯彻落实党的十五大有关精神,1998年5月,地委、行署下发《关于加快非公有制经济发展意见》,包括个体私营、独资、合资、合作等非公有制经济,要求各地大胆放手加快发展步伐,使全区形成以公有制经济为主导,非公有制经济为重要组成部门的区域经济格局。地委、行署和各县(市)委、县人民政府,以及各有关部门均加大了宣传力度,宣传发展个体私营经济的政策，使之深入人心；采取切实措施，保护个体工商户和私营企业的合法权益，提高其社会地位；定期召开个体私营经济“双先”表彰大会，对做出突出贡献的个体工商户和私营企业主给予重奖。至2000年年底，全区个体工商户增加到5.65万户，从业人员18.99万人；私营企业增至1845户，从业人员3.45万人。

第五节 城镇住房制度

上饶是全国率先推行城镇住房制度改革的地区。1993年11月，作为全国两个典型经验交流地市之一，应邀派代表出席在北京召开的全国房改工作会议，并在会上作典型经验介绍。

全区城镇住房制度改革，于1988年在铅山县先行试点。铅山县委、县人民政府制定《铅山县城镇住房制度改革试行方案》，出台配套政策，报经省房改办同意后，于1989年1月1日正式实施。铅山房改一开始便实行“租、售、建、管”综合配套，把住房的生产、流通、消费三个环节紧密结合起来，把国家、集体、个人在住房方面的经济关系理顺，使住房的福利观念、等级观念发生变化，抑制住房的不正之风，使住房资金的投入产出良性循环。铅山房改经验得到肯定，被称为铅山模式。1991年3月26日至28日，全区住房制度改革和城镇建设工作会议在铅山县召开，以这次会议为契机，参照铅山模式，全面推行城镇住房制度改革。同年出台《全区开展城镇住房制度改革的若干规定》和《上饶地区住房制度改革全程管理实施细则》，行署专员与各县（市）长签订责任状，对各地房改实行单独考评目标管理和全程管理。

房改工作按照“统一规划，合理布局，综合开发，配套建设”的方针和“提租起步，售房突破，建房出效，逐步向住房商品化过渡”的总体思想顺利开展，根本改变旧的以单位福利分房为主要方式的制度。重点抓在五个方面：一、“租、售、建、管”综合并举，配套改革；提高租金，促进卖房；回收资金，促进建房；二、把房改同城镇规划和建设结合起来，形成城市建设“统一规划，统一征地、拆迁，统一设计，统一配套、统一施工”的综合效应；三、积极筹集和用活三级住房基金，形成住房资金良性循环机制；四、加强对房改工作领导和部门之间的互相配合，形成齐抓共管的局面；五、不断探索，敢于创新，坚定不移，坚持不懈把房改抓到底。1992年年底，全区房改初见成交。通过提租、售房和推行集资、合作建房，共筹集资金2.87亿元用于住房发展事业；共新建住房63.92万平方米，9100多户特困户、拥挤户喜迁新居；城镇人均居住面积由1978年的4.2平方米增至8.35平方米，提前达到小康水平；住房成套率由28.9%，提高到34.5%。为鼓励和组织城镇居民个人投资建房，1993年5月，地区出台《关于合作建房的若干规定》，明确合作建房的对象、建房方式、产权管理等事项。嗣后，又发出《关于提倡采取全额集资建房形式的通知》，政府在有关税费上予以照顾，职工按不低于综合标价集资，对住房拥有完全产权。至1994年，以解危解困为重点，通过集资建房和合作建房形式，共新建住房130.86万平方米，新增住房面积相当于旧公房总量的29.56%，解决了1.8万余户居民的住房问题，住房解困面达70%，城镇人均居住面积进一步提高到8.85平方米，领先于江西省和全国的人均住房居住面积水平，住房成套率达到36%。

为确保房改顺利进行，相应拓展为房改提供配套的金融信贷服务。地区和各县（市）在建设银行、工商银行分别设立房地产信贷部，吸纳住房专项存款，发放房改贷款。与此同时，全区房地产业迅速崛起，统一的房地产管理体系初步建立。

房改前，全区城镇住房建设都是依靠国家积累，以固定资产投资方法，实行“国家包、供给制,福利型"制度。1990年基本建设住宅施工面积17.58万平方米。房改后,住房建设形式由单位自建分散化逐步向规模、区域化和城市综合开发方向发展;城镇住房建设发展成为"统一规划、合理布局、综合开发、配套建设"的体制和方式。住房分配方式,由原来按等级制进行实物分配的福利型,向市场、商品化转变。推行公房出售,停止福利分房,提高住房租金,租售比价较为合理,以租促售。推行住房公积金制度,改变住房投资由国家、单位统包的制度,住房建设投资实现国家、单位、个人"三方共负"。住房建设资金步入良性循环,扶持集资建房和合作建房,提倡新建安居工程和经济适用房,解决多数中低收入职工的住房问题。开放房地产二、三级市场,活跃房地产经济,房地产市场迅速在全区得到培育和发展,房地产产业不断壮大。1991年—2000年,全区城市化水平由房改前低于10%提高到30%以上,据统计,到1998年年底,共新建住房1800万平方米(建筑面积);其中改造旧房、危房30多万平方米,城镇人均居住面积上饶市为12.91平方米,住房成套率达85%。

第六节 财税、金融、物价、流通体制

财税 改革开放后,废除统收统支旧的财政管理体制。1980—1984年,实行"划分收支,分级包干"的财政体制。1985年,改行"划分税种,核定收支,分级包干"的新财政体制。1994年1月起,实行分税制财政体制,将所有税种分为中央税、地方税、中央与地方共享。同时根据分税制要求,乡镇财政改为"核实收支、收支包干、超收分成、欠收自补、一年一定"的管理体制。1994年9月,地区两套税务机构分别挂牌成立,即上饶地区国家税务局和上饶地区地方税务局;至此分税制所要求的中央税收和地方税税收体制,在全区基本形成。为加强税收征管,有利于组织收入任务的顺利完成和税收人员的廉政建设,全面推行纳税申报制度,实行税务代理,加大稽查力度。各县(市)均成立"三位一体"征管改革领导小组,把征管改革视为工作的重中之重。1997年,地区下发《全区税收征管改革方案》,1998年,行署又批转《上饶地区地方税务局关于大力推进和深化县(市)城区税收征管改革的实施意见》,以达到"一个建立,两个取消"的目标,即建立纳税人自行申报的纳税制度,取消上门开票征收和专管员管户制度。各县(市)相继成立"集中、公平、快捷"的多功能办税大厅,农村分局和驻征站建立纳税窗口。1998年,上饶县湖村地税所探索并成功地实践"摸清税源,公平税负,申报纳税,集中征收,重点稽查"为主要内容的农村税收征管改革,收到很好效果,1999年这一经验在全区推广。通过改革,全区财政整体实力不断壮大,财政收入由1978年的0.74亿元增加到1994年的8.6亿元。实行分税制财政体制后增长尤为快速,由1995年的11.2亿元,增加到2000年的15.7亿元。与此同时改革财政支出管理办法,加强对重点支出项目的管理,使资金使用效益不断提高。

金融 2000年底,全区除人民银行外共有各类金融机构1355个,其中政策性银行18个,商业银行509个,城市信用社12个。银行管理现代化步伐加快,改革银行结算制度和银行清算制度,试行并推广异地委托收款、商业汇票、银行汇票、银行本票、银行卡等结算方式和结算工具,拓宽支票使用范围,运用电子技术,主要业务全部用计算机处理,加速资金周转。全区以资金拆借市场、债务发行市场、股票交易市场为主体的金融市场基本形成。融资形式、手段、工具的单一化向多样化转变。1992年9月,工商银行上饶地区分行对储蓄所传统劳动组合形式进行重大改革,实行以柜员为核心,集经办、复核、出纳为一体受理储蓄柜面业务的全能柜员

制，这在全省尚属首创。1997年又率先推行储蓄分类分档管理。同时，随着社会经济生活的变化，储蓄柜面业务突破传统范畴，开拓领域，创新品种，不断完善金融服务，创益能力显著提高。为适应农村经济体制改革和农村经济发展的需要，深化农村金融体制改革。1996年成立上饶地区农村金融体制改革领导小组办公室，农村信用社与农业银行正式脱钩，农村信用社改"官办"为"民办"，建立和健全民主管理制度。管理体制改革以来，全区农村信用社在信贷投入上，坚持以为农业、农村、农民服务为宗旨，突出支农重点，优化信贷提向，加大支农力度。

物价　1979年—1998年，全区先后进行11次粮价改革，促进农业生产的发展，增加农民收入。其次，对工业品进行伤筋动骨的改革，理顺不同工业品之间的比价关系，将95%左右的商品价格下放给企业自主制定，建立市场形成价格的机制。对仍属于国家定价的商品，在保持市场物价基本稳定的前提下，适时地对某些商品进行有升有降的调整，建立和运用一系列价格调控措施，既保持市场价格总水平的基本稳定，又推进价格改革，1989年起，建立价格调控目标责任制。1996年，在行署本级及12县(市)全面建立副食品价格调节基金制度，这一制度的建立，对政府抑制通货膨胀、保持人民生活必需品价格基本稳定、防止市场价格剧烈波动、维护社会稳定，起到良好作用。总之，经过"调放结合，以调为主"和"调放结合，以放为主"两个改革攻坚阶段，使价格体系逐步趋于合理，建立新的价格管理体制。

流通　全区国营商业企业体制改革，经过起步、深化和攻坚三个阶段。起步阶段，主要是转换经营机制，打破"三固定"(打破固定进货地点，打破固定供应对象，打破固定作价办法)，实行"四放开"(经营放开，价格放开，用工放开，分配放开)。小型企业实行"国有民营"，其数目达596个。在深化阶段，根据行署《关于深化商业企业改革的决定》(1996年年初)，初步建立起适应市场经济发展的新机制，调整结构，优胜劣汰；发展大的，放活小的，调整不能适应的，淘汰扭亏无望的。将地直商业企业(二级站)从传统体制中解脱出来，实行股份制和集团化改革。2000年进入攻坚阶段，经行署批准，成立上饶商贸集团，进行职工身份转换，建立现代企业制度。全区供销合作社系统体制改革，重点是职能转换和关系理顺。通过"四个一批"①、"六个一块"②、转换经营机制。也就是培养一批龙头企业，巩固发展一批增长型企业，放开搞活一批一般企业、兼并淘汰一批困难企业。母体裂变死一块，资产重组活一块，化整为零分一块，开拓经营抓一块，资产经营稳一块，强化管理保一块。对于216个基层供销社，彻底摒弃"非官非民"、"非政非企"的旧体制，还权于社，还权于民，落实民主办社原则。同时扶优扶强一批，联合重组一批，归并破产一批。粮食流通体制改革迈出实质性步伐。1991年提高粮食统销价格，1992年实行购销同价，1993年放开粮食价格和经营，1994年提高粮食定购价和销价，1995年实行粮食"四定"③包干责任制和粮食部门"两线运行"④机制，1996年—1997年实行"四分开一并轨"。1998年实行以"四分开一完善"⑤为主要内容的新一轮粮食流通体制改

①"四个一批"：培养一批龙头企业，巩固发展一批增长型企业，放开搞活一批一般企业，兼并淘汰一秕困难企业。

②"六个一块"：母体裂变死一块，资产重组活一块，化整为零分一块，开拓经营抓一块，资产经营稳一块，强化管理保一块。

③"四定"：定粮食收购、粮食销售、粮食调拨、粮食库存。

④"两线运行"：政策性业务，商业经营分开。

⑤"四分开一完善"：政企分开，储备与经营分开，中央与地方责任分开，新老财务挂帐分开，完善粮食价格机制。

革。全区粮食部门认真贯彻执行按保护价收购农民余粮、粮食顺价销售、粮食收购资金封闭运行等三项政策,加快粮食企业的自身改革,兴办各类经济实体,在省外设立窗口,推行多种形式的经营承包制。2000年逐步推行产权制度改革,实施资产转换与原企业职工依法解除劳动关系。粮食行政主管部门代表政府对全区粮食流通进行管理,但与企业在人、财、物等方面彻底脱钩,不参与粮食经营,不直接干预企业的经营活动,政策性经营和商业化经营彻底分开,政策性经营由国有粮食收储企业承担;商业性经营一律面向市场,自主经营,自负盈亏,自我约束,自我发展。物资流通行业在改革中采取"主体多元引一块,债权转股换一块,存量盘活调一块,剥离经营活一块,争取政策补一块"等多种形式,建立起与市场经济相适应的现代企业经营机制。从1996年起,地直各公司稳步推行以有限责任公司为主要形式的企业经营机制,变单一纯国有体制为一司多制、投资多元化的新的经营机制。除少数特种物资实行专营外,大部分生产资料取消了专营,按市场经济规律流通,"价格双轨制"也随之取消。

第七节 商业经营体制

国有商业企业改革 1990年代,上饶地区国有商业企业改革大致可分为以下方面。

转轨变型 经营承包 1990年代初,全区国有商业企业开展经营机制的转换,继续实行各类承包经营责任制。1992年,贯彻《全民所有制商业企业转换经营机制实施办法》后,全区国有商业企业改革步入全方位、多层次探索的新阶段。自主权不断扩大,组织形式和经营方式更加多元化。

实行"四放开",三项制度改革 1992年,为适应市场变化的需要,上饶地区百货纺织品公司,上饶地区五交化公司、上饶地区糖酒副食品公司,在打破"三固定"(固定进货地区、固定供应对象、固定作价办法)的基础上,实行"四放开"(经营放开、价格放开、分配放开、用工放开)。并以改革用工、人事、分配制度为突破口,先后实行竞争上岗、优化组合、双向选择、优胜劣汰、职工工资实行联销、联利、联效计酬,拉开了分配档次。1992年,地区百货纺织品公司营业大厅,经过调查摸底测标,分别计算出大百货类、小百货类、鞋帽类、文具纸张类、针织内衣类、化妆品类、洗涤类等每百元零售额的工资含量,使营业员每天心中有数,利益直接调动了营业员的积极性,服务态度也大为改善。地区五交化公司采取按营业额提成的办法,如出售一台彩电,营业员可收入5元~10元。地直商业其他企业也采取以按劳分配为主的形式,多样的计酬办法,职工工资拉开差距,开始打破"大锅饭"。此后,在全区国有商业企业、饮食服务业企业内部,全面推行用工、分配、人事制度三项制度改革。将职工过去各种不同成分改为同一身份,即全员劳动合同工;企业内部、干部实行聘用制,国贸集团、国商集团和地区五交化公司,先后实行干部能上能下、竞争上岗的制度,实行上岗靠竞争,收入凭贡献的用工分配机制。国有商业企业内部的竞争机制、激励机制、风险机制和约束机制已基本建立,进一步推动商业企业改革向纵深发展。

小型国有企业实行国有民营 1990年代初,上饶地区在巩固"四放开"改革成果的基础上,按照"发展大的、放活小的、调整不适应的"思路,对全区国有小型商业企业,全面推行"国有民营"的改革,使其经营业务迅速扩大,效益明显提高。至1996年,全区共有598家小型商业企业实行"国有民营"(在企业产权归属不变的情况下,改革企业资产所有权与经营权分离),在保证国有资产保值的前提下,保障企业离退休人员正常生活以及企业职工五不变(企业所有制性质不变、隶属关系不变、企业级别不变、职工身份不变、调资入档的政治待遇不变），调动了经营者的积极性，解决了小型国有商业企业长期亏损的问题。

转变职能　建制改革　1991年11月，中共上饶地委、上饶行署联席会议上，提出地直商业、物资、粮食等9家经济管理的行政部门，先行转换职能、实行建制改革的试点。1992年4月，地委、行署以饶发第〔1992〕24号文件作了布置。同年11月，上饶地区商业局党组遵照地委、行署的布置，讨论提出《组建上饶地区商业总公司，并成立总公司党委》的意见。同年12月，行署以饶行字第〔1992〕153号文件，批准上饶地区商业局转变职能，成立上饶地区商业总公司（以下简称总公司），与上饶地区商业局合并办公，实行两块牌子，一套班子。地区商业局由原来单一的行使管理职能，逐步转变为经济实体。此后，地区商业局成为既行使商业行业管理职能，又有经济实体任务的单位。

1993年6月，上饶地区商业总公司与上饶地区财政局签订1993年—1995年总承包经济责任合同书，实行核定基数，超收全留，冲销挂账，欠收自补的承包方式，对下属二级单位财务收支由总公司统负盈亏。在三年承包期间，财政不拨商业局的行政、事业经费，由总公司自负。地区商业局成为全区行政单位中，首家唯一自负工资、费用的行政单位（俗称断奶）。1993—1995年，总公司圆满地完成3年承包合同任务。其中固定资产率合同规定每年增长5%，而1993年、1994年、1995年实际达到的分别增长9.9%、18.9%、19.8%，比合同规定的分别提高4.9个、13.9个和14.8个百分点。

转换机制　资产重组　1993年，上饶地区商业总公司创办全省国有商业第一家中外合资江西华多制衣有限公司（详见810页）。1994年以后，根据《江西省人民政府关于深化商贸体制改革，提高企业经济效益的决定》精神，全区国有商业企业改革，按照抓大放小（发展大的、放活小的、调整不适应）的原则，做到一企一策。对扭亏无望的企业分别采取兼并、租赁、转让、个人承包、托管、拍卖等办法；对具有雄厚经济实力的国有商业企业通过招商引资和股份制改造，将地直国有商业企业从传统的体制中解脱出来，走股份合作集团化的改革路子。1994年8月，由上饶地区糖酒副食品公司兼并上饶商办工业联合公司。同年，上饶地区百货纺织品公司，企业筹资、职工入股集资，扩建以零售为主的国贸大厦，组建了上饶国贸股份有限公司。1995年12月，以上饶地区百货纺织品公司、上饶国贸有限公司为核心成立上饶国贸（集团）有限公司，是当时上饶地区最大的商业股份制企业。江西省体制改革委员会首批确定上饶国贸集团为全省改革的试点单位之一。

1996年，全区国有商业企业贯彻上饶行署饶行发字第〔1996〕73号文件《上饶行署关于进一步深化我区商业企业改革的决定》。按照产权明确、政企分开、自主经营、科学管理的原则，在全面清产核资的基础上，进行股份制和股份合作制改革。1996年3月，上饶地区国贸集团有限公司增加职工股，壮大和发展国贸集团。同年6月，扭亏无望的上饶地区淀粉厂和上饶地区商业运输公司停业整顿，分流职工108人，并于同年7月，由江西华茂房地产开发有限公司对其实行兼并。同月，上饶地区糖酒副食品公司托管上饶地区华侨友谊公司；同年11月，以上饶地区糖酒副食品公司为核心、以资产为纽带，组建上饶地区国商集团有限公司。是年末，上饶地区国有商业企业全年盈亏相抵，实现净利润142.2万元，一举扭转连续5年亏损局面。

1997年7月，总公司与外商合作，创办江西信彩工艺品有限公司，10月进入试产，用少量的增资盘活上饶地区酒厂420万元人民币的存量资产，并安排地直商业系统下岗职工600人就业。10月，地区商业局（总公司）以饶商〔1997〕财字第089号文向行署提出《关于请求授权上饶地区商业局经营国有商业资产的报告》,并附《上饶地区商业总公司章程》。11 月,行署第 76 次专员常务会议研究同意,授权上饶地区商业总公司经营地直国有商业企业的国有资产。至此,按照规定地区商业局(总公司)的职能和任务有:行业管理、经济目标任务和经营国有资产。

改制创新 战略重组 1998 年起,全区产权制度改革向纵深发展,地直国有商业企业,加大企业资产重组、产权置换的改革力度,按照建立现代企业制度的要求和思想,实施大企业、大集团战略,组建现代企业集团。

1998 年 4 月,地区商业局根据地委、行署授权上饶地区商业总公司经营国有资产的要求,委托上饶会计事务所,对总公司所属企业的全部资产(以 1997 年 12 月 31 日为基准日期),进行全面清查、评估。6 月,总公司与香港新河实业公司和香港悦铭有限公司组建新河集团有限公司,并在香港登记注册,使产供销一体化,产品全部外销,当年就出口创汇 389 万美元,并安排和消化地直商业系统下岗职工 716 人。10 月,上饶地区燃料公司兼并接管上饶信州制药厂。11 月,总公司在上饶市吉阳山创办上饶绿洲有限公司,占地面积 160 亩,投资 78 万元,主要是养殖鸵鸟加工出口和种植果树。

1999 年 5 月,由上地区燃料公司与南昌梅地亚传播有限公司、上饶市信州制药厂 3 家联合共同出资,组建江西恒康药业有限公司。公司组建后,通过技术引进和改造、研制开发国家三类新药—清肠剂。9 月,根据市场发展的需要和深化改革的要求,由上饶地区五交化公司对上饶地区燃料公司和上饶地区食品公司的资产进行重组,组建正大集团。10 月,上饶地区酒厂对金山牌粉丝厂进行托管,组建信州酒业集团。是年末,上饶大酒店完成第二期建设工程,并利用酒店裙楼开办黎明快餐和西湖渔村两家酒店,利用地下室,引进现代化成套洗涤设备,创办洗涤公司,效益良好。

2000 年年初,由地区百货纺织品公司、地区五交化公司,地区糖酒副食品公司、上饶大酒店有限公司、新河集团有限公司、地区酒厂、江西恒康药业有限公司联合发起组建江西上饶商贸集团。地区商业局(总公司)于 3 月 2 日向上饶行署上报《关于江西省上饶商贸集团组建方案》,4 月,中共上饶地委、上饶行署以饶行字〔2000〕14 号文件批准成立江西省上饶商贸集团。地区商业局(总公司)立即开展资产重组、债务清理和职工身份置换工作,实现地直国有商业资本优化配置和人员合理流动。上饶商贸集团于 10 月正式投入运营。集团实行母子公司制,商贸集团有限公司为母公司,食品工业有限公司、房地产开发有限公司、旅游实业有限公司、进出口有限公司、储运配送有限公司为子公司。集团依法设立董事会、监事会,董事长是集团的法定代表人,董事长依法产生,集团实行董事会领导下的总经理负责制。总经理由董事长提名,董事会聘任;副总经理由总经理提名,董事会聘任。对所属企业进行资产、债务重组,职工身份置换,通过一次性经济补偿,解除职工与企业固定的劳动关系,使企业职工整体向社会员工转变。上饶商贸集团创出一个具有现代企业新机制,上至总经理,下到普通员工全部实行择优聘用制、分层投资参股制、工资效益挂钩制、目标责任奖惩制。

2000 年,全区国有商业改革围绕两个置换(企业产权转换和职工身份置换),全面推进企业职工身份和国有资产一次性买断。是年 8 月,首批对地区燃料公司和地区食品公司实行在册职工的身份置换和资产、债务重组。随后,分步展开,先后共有 16 家商业企业(除地区肉联厂、地区食品厂)1474 名在册职工进行身份置换或办理内部退养,共筹资并支付安置职工资金 1175.26 万元。同时,总公司成立养老统筹服务部,专门具体负责管理地直商业企业 658 名离退休人员和197名内退人员。

供销合作企业改革　1990年代，全区供销社系统经营体制改革的重点是：打破供销社长期以来沿袭计划经济体制下传统经营方式，使企业职工克服端“铁饭碗”、吃“大锅饭”的旧观念，树立起自我挣饭吃的新观念，以适应市场经济的要求，在激烈的市场竞争中，求生存、求发展。

地直供销企业改革　1990年代，地区供销社直属企业经营体制改革，按照坚持公有资产保值的前提下，采取下列的方式稳步推进。

采取资产保值增值的方式，进一步稳住公司主体资产。对部分闲置和低效运转资产进行改造、租赁，变包袱为财富。1992年8月，通过组建上饶地区农资集团公司、上饶烟花鞭炮销售公司等一批以主营商品为主体、内外贸易为一体的大型企业集团公司，提高地区供销社企业的市场适应能力，扩大销售份额。1994年10月上饶地区农资公司将闲置的几栋鹰潭仓库出租，年增加收入6万元，同时并对上饶市抗建路的六直门面进行装修后出租，每年租金由过去的12万元上升到27万元。1996年6月，将地处边远的五府山贸易公司的门点向社会公开拍卖，以收回资金。

主要是进一步完善公司的经营、管理、财务三项制度。1993年1月，对地社直属的公司实行达标管理，实行四定（定资产、定人员、定销售、定上缴）和三自（自筹资金、自主经营、自负盈亏）的经营责任制，对公司实行“达标管理”，从而保证企业在转制时期的健康运作。

依据现有企业，立足存量资产，通过以优并劣、以强兼弱、聚散为整、扎木成排，推动资产向高效方向流动，形成新的发展优势。1994年5月，对濒于瘫痪的银海商厦进行资产重组，买断商品库存，改组为上饶银海有限责任公司。1996年8月，将原银海商场自我经营改为社有民营。1996年10月，对上饶地区日杂、茶果、副食品等公司进行资产评估。1997年12月，成立上饶信达果杂业有限责任公司，并于1998年3月，兼并原上饶地区供销建筑公司。

对困难较大的企业，实行剥离经营，分离一部分人员重新组建单体公司。按现代企业机制的要求，改组成有限责任公司。1997年4月，上饶地区再生资源公司将原公司分离出钢铁供销公司、废钢铁再利用公司、有色金属再利用公司，并组建上饶吉阳再生有限公司，一举扭转多年亏损的局面。

坚持以实际出发，一企一策，一企多策，实行一体多元化经营格局，减少企业包袱，分流人员，降低企业市场风险。从1996年10月起，地区供销社对下岗职工采取引导、帮贷、扶持等办法，帮助他们树立信心，寻找再就业和自我发展的新路子。1998年12月，上饶地区土产棉麻公司，采取租赁、承包、托管、挂靠等多种改革形式，层层分解债务，债、权、利、责一步到位。

地社直属公司在巩固传统经营业务的同时，开辟新的经济增长点，培植新的业务，开展连锁经营和集团化经营，并向第一、二、产业渗透。上饶地区农资公司利用原仓库场地，于1995年投资300多万元，引进南京化学工业（集团）公司的配方、技术和设备等，创办年产3万吨复合肥的企业，随后，复合肥厂研制出各种专用肥，年产量达1万吨。1998年2月，上饶地区土产棉麻公司在抓好棉花购销业务的同时，拓宽业务范围，成为全区化妆品、日用品、洗涤用品第二大规模的批发商（企业），并同时办起印刷厂。1998年10月，上饶地区再生资源公司在深加工上做文章，开展报废汽车业务。上饶地区信达公司在完成低温冷藏库技改工程之时，抓住上饶火车站扩建契机，于1999年6月，动工兴建火车站附近的茶果大楼。

县（市）供销企业改革　1991年，各县（市）供销系统开始推行第二轮承包经营，实行核定基数,逐年递增,超额奖励,欠收自补的全员风险抵押经营承包责任制。

1992 年,为建立高效畅通、利益、直接、可以调控的经营机制,坚持国家放权、企业管严、放而有度、活则有序的原则,在全区供销社系统全面推行四放开。经营放开,除国家专营、专卖和指定单位经营的商品外,允许基层社和门点不受商品分工和行业限制,农民需要什么,就提供什么服务,以促进农村商品经济的发展;价格放开,企业有权自行确定商品价格,对农副产品本着购得进销得出的原则,随行就市、议价议销;用工放开,企业职工实行优化组合、双向选择;分配放开后,实行工效挂钩、工资奖金全浮动,职工原有的工资级别作为档案工资保留,内部具体分配办法由各承包单位自行商定。

1993 年,为适应市场变化,各县(市)供销社,本着经营划细,核算划小,突出主营,提高效益的原则,从划小核算单位入手,改革经营体制。弋阳县供销社将弋阳县土产棉麻再生资源公司划分为弋阳县土产棉麻公司、弋阳县杂品茶果公司、弋阳县再生资源公司 3 个公司。万年县供销社采取企业拆分的措施,对原 4 大公司进行调整,撤销原杂品茶果公司,新组建万年县日用杂品和万年县茶果副食品 2 个公司;将万年县棉麻土产再生资源公司的土产和再生资源业务划列出来,新组建万年县土产和万年县再生资源 2 个公司,并从万年县贸易公司划出一批财产和人员新组建万年县供销工业品公司和万年县供销建材公司。

1994 年,各县(市)供销社又开始推行第三轮承包经营,全面实行房产社有、设施租赁、自筹资金、自主经营、自负盈亏、自担风险的社有自营责任制。同时,改革人事劳动制度,干部由任命制改为聘任制,职工实行劳动合同制、工资与效益挂钩。是年,在全区各县(市)供销社系统推行主任(经理)负责制,县(市)供销社,只管基层社主任(经理),其他管理人员概由主任(经理)进行优化组合。

1995 年 2 月,中共中央、国务院下发〔1995〕5 号文件《关于深化供销合作社改革的决定》,中共江西省委、省人民政府接着下发〔1995〕13 号文件《关于认真贯彻〈中共中央国务院关于深化供销社合作社改革决定〉的实施意见》,各县(市)供销社加大改革的力度,采取果断措施,实行精兵简政,对职能科室进行调整和撤并,分流出一部分人员,创办实业和自谋职业以及离职退养。1996 年 6 月,中共婺源县委、县政府决定婺源县供销社转为经济实体,不再是行政管理机构。婺源县供销社将原来 15 个科室减少为 5 个,人员由 42 人,精简为 22 人。横峰县供销社机关通过撤并,人员由原来的 50 人,精简为 20 人。据统计,全区地、县(市)供销社机关平均精简人员达三分之一以上。

1996 年起,各县(市)供销社为稳定经营,增强竞争力,组建集团公司。1996 年 4 月,上饶市供销社组建上饶市农业生产资料(集团)有限公司(辖市第二农资化肥农药、供销物资、农业生产资料服务、农业生产资料 5 个公司)、市棉麻(集团)总公司(辖市棉麻、日杂、土产棉麻 3 个公司)、市再生资源总公司、市建筑装潢化工总公司、市供销食品总公司。1997 年 6 月,上饶市供销社将上饶市茶果、副食品、食杂果菜、供销贸易、干鲜果品、日用杂品 6 个公司合并,称上饶市土产棉麻总公司。同年,德兴市供销社将市贸易公司、市汽配公司、市供销开发公司的资产结构进行调整,重组为德兴市综合开发公司。

从 1997 年起,各县(市)供销社实行产权制度改革,在全面清产核资和资产评估的基础上,进行股份制和股份合作制改革。德兴市通过改制、改组,将扭亏无望的德兴市茶叶公司申请破产,企业全部分流。玉山县供销社在《供销社企业市场化改革实施方案》的基础上,借鉴对县杂品茶果公司和县日用品公司改制的成功经验,分期分批对县供销社其他公司进行改制,在清产核资、安置离退休人员和下岗职工同银行的关系都进行处理。2000 年，上饶市供销社下辖 29 个公司(含 6 个总公司)，通过产权制度改革，全社有 23 个公司改为股份制和股份合作制企业。

基层供销社改革　1990 年代，全区基层社的改革，主要按照江西省供销社提出的扶优扶强一批，联合重组一批，归并破产一批的基本要求，牢牢把握社有资产不减值，国家增税、企业增效、个人增收的标准进行。全区基层供销社的商品经营网点经营方式，已由 1991 年以前的社有社营，改为集体承包和社有民营。

1990 年代初，波阳县柘港供销社账面亏损 193.74 万元，潜亏 217.22 万元，吊账 138.4 万元。面对困境，深化改革，职工张元来主动请缨承包，走马上任，优化组合、订措施、强化管理，职工干劲倍增，上任后两年扭亏，三年致富，四年迈大步，在闹市区还新盖一幢使用面积 1600 平方米的营业办公楼。

1993 年 6 月，根据上饶行署饶行发〔1993〕76 号文件《关于印发上饶地区国合商业企业实行公有民营改革的实施意见》精神，全区供销社系统从实际出发，不断探索企业改革的新路子，率先在全系统推行德兴市供销社对“边、远、小、亏”经营门店实行社有民营经营模式，所谓社有民营，就是把产权属国家、集体所有的企业固定资产，由职工个人或集体承包、租赁经营的一种两权分离的改革模式。是年，全区基层供销社推行面已达 40%。

1990 年代后期，德兴市供销社以资产变现为基础，以人员分流为重点，对全市基层社进行产权置换和职工身份置换的改革，调整基层社原有体制，实行资产重组，使资产向重点转移，把全市原有 17 个基层社合并为 6 个，为创新型的农村合作经济联合组织打下了基础。

婺源县供销社根据国务院下发《关于解决当前供销合作社几个突出问题的通知》精神，从 2000 年 8 月开始，在全县供销合作系统进行资产、职工身份置换的改制，企业与职工依法终止劳动合同，解除劳动关系，并按《中华人民共和国劳动法》规定支付下岗职工经济补偿金，对企业资产进行拍卖。至 2001 年，全县 15 个基层社，有 14 个改制。改制后的基层社保留法人资格承担企业债权债务经营剩余资产。

1990 年代，全区各级供销社在抓好基层社改革的同时，加强民主办社，积极吸收农民参加供销社管理，放手发展农民入社入股。至 1999 年年末，全区入社农户已达 62.44 万户，社员股金为 509.4 万元(包括专业社股金 54 万元)。

1990 年代，全区供销社系统，在大力加强县城楼房建设的同时，各县(市)供销社投入大量资金，用于农村基层社的基础设施建设，新建和改建一大批农村基层社的楼房和经营网点，改变了基层社房屋落后，经营门点陈旧的面貌。如弋阳县供销社投资 235.6 万元，在全县 11 个农村集镇乡村，共新建和改建基层社楼房和经营门点 19 个，建筑总面积达 8910.4 平方米。

1990 年代，全区基层社在改革中，彻底摒弃了非官非民、非政非企的旧体制，还权于社，还社于民，使供销社真正成为农民合作经济组织。通过改制，使供销社重现生机，涌现出一批如万年县裴梅供销社和余干县江埠供销社年利润超过 20 万元的全区十强基层社和全省供销社系统标兵社。

上饶地区基层社改革的经验得到江西省供销合作社的肯定。2000 年 10 月，江西省供销社在广丰县召开全省供销系统基层社改革研讨会，介绍和推广上饶地区供销社改革的经验。上饶地区供销社被列为全省同行业企业改制的排头兵。

第八节 社会保险

随着经济体制改革的不断深化,全区社会保险事业从无到有,保险项目从少到多,保险范围从小到大,保障水平从低到高;由起初单一的国有企业退休费用社会统筹发展到现在的集养老保险、工伤保险、女职工生育保险、医疗保险为一体的社会保险体系。

1987 年 3 月,首先在婺源县开展国有企业离退休费用社会统筹试点,同年全面铺开。1988 年,退休费用社会统筹覆盖面扩大到城镇集体企业和非财政拨款事业单位。1989 年,国有企业退休费用以县、市为单位统筹发展到地区统筹,增强养老基金的调剂功能,提高养老保险的社会化程度。1990 年,退休费用社会统筹工作纳入全省统筹,实施个人缴纳养老保险费制度,开展企业补充养老保险和个人储蓄性养老保险。1995 年,实施由各种不同所有制形式职工参加的一体化养老保险,打破企业所有制及职工身份的界限。建立起与市场经济相适应的社会统筹与个人账户相结合的新型养老保险制度。1997 年,根据国务院决定,进一步规范和实行了全国统一养老保险制度。至 1999 年,养老保险已覆盖到各类所有制企业职工。

全区工伤保险于 1993 年开始起步,到 1995 年 6 月,全面实现以县(市)为单位的工伤保险县级统筹,坚持工伤保险与工伤预防、安全生产、职工康复相结合的原则。1996 年,行署下发《上饶地区企业职工工伤保险试行办法》,实施工伤保险地级统筹。1997 年,行署办公室又制订《上饶地区企业职工工伤保险试行办法实施细则》,加快工伤保险改革的步伐。

1991 年起,全区开始逐步推进女职工生育保险制度改革,建立生育保险基金,实行生育保险费用社会统筹。1992 年底,在总结试点的基础上全面铺开,调整、补充、完善原生育保险制度,提高女职工生育待遇。1997 年,行署出台《上饶地区城镇企业女职工生育保险试行办法》,实现女职工生育保险由县(市)级统筹过渡到地区统筹。

医疗保险改革方面,根据区内的实际情况,于 1994 年重点突破大病医疗费用统筹工作,经过试点,1996 年在全区铺开。

1986 年建立失业保险制度和建立职工家庭特别困难情况档案。

第二章 政治体制改革

第一节 党政机构改革

1983 年,学习贯彻中共中央、国务院《关于实行政社分开建立乡政府的通知》。1984 年,根据省委、省政府的部署,全区开始进行改变政社不分,实行政社分开,恢复乡人民政府的工作。1985 年,各县(市)均恢复乡政府建制,并召开乡(镇)人民代表大会,选举产生正副乡(镇)长。政社合一的人民公社随即消失。

按照精简机构、理顺关系、转变职能、提高效率的指导思想,1992 年,德兴市率先在全省推行机构改革试点。随即,玉山县也进行试点工作。地区人事局配合省编委总结两县(市)的试点经验,提出机构改革应走的路子是:一、理顺关系,撤并机构,合署办公;二、扩大乡(镇、场)

职权;三、转变职能,将适宜改成事业或企业的经济管理部门改为经济实体,退出政府序列;四、优化组合,实行双向选择,人员按比例分流。1995年,省委、省政府批准下达上饶地区党政机关机构改革方案。1996年,地委、行署启动地直机关机构改革的工作,遵循政企分开和“精简、统一、效能”的原则,落实“三定”(定职能、定机构、定编制)方案,经过运转,于1997年3月底基本完成。工作部门设置比改革前精简42.3%,行政编制减幅达22.64%。各县(市)党政机关机构改革方案,均先后报地委、行署审查批准后实行。乡镇则按照中央确定的分类标准,重新设置认定。

根据行署1992年关于加速党政机关转变职能的若干规定,政企合一的经济管理部门成建制或半建制的转变行政管理职能,成为企业法人。指导思想是:按照政企分开、精兵简政、转变职能的原则,分流机关人员,改变管理方式,强化服务功能,减轻财政负担,提高经济效益。1992年8月,地委、行署批准地区商业局、地区供销社、地区物资局、地区粮食局、地区外贸局、地区建筑公司、地区煤炭冶金局、地区电力工业局、地区二轻工业局等9个单位改为经济实体。1993年开始,又对涉工、涉农、涉商的二级事业单位,一律实行企业化管理,并分流、转移部分干部。

按照乡(镇)政府转变职能、依法行政、规范管理和建立一支素质优良、精干、高效、管理有序的乡镇干部队伍的要求。在进行党政机关机构改革的同时,开始乡(镇)人员分流工作。1999年7月,地委、行署正式提出《关于全区乡镇机关人员分流工作的意见》。当年7月15日,通过全区性的工作会议,部署乡镇转变职能、精简机构、人员分流、减轻农民负担工作,要求做实、做细。按照“坚决、稳妥、扎实、有效”的方针和“清退、归位、分流”的要求,当年有83个乡(镇)共分流3646人,转岗服务创办示范服务基地480个。

第二节　人事制度改革

从1980年代开始,引进竞争机制,按照公开招收,自愿报名,全面考核,择优录取的原则,推行干部聘用和考核录用制度。1990年代后继续执行,1991年—2000年,共聘(录)用干部10566人。

1992年,国有企业用人制度开始进行改革。各类企业打破干部与工人的界限,只有岗位的不同,没有身份的差别,人事安排实行双向选择,优化组合。与时同时,全面实行劳动合同制。1994年,地区出台在全区推行全员劳动合同管理办法,进一步开展劳动用工制度的深层次改革。1997年起,这一改革扩大到“三资”企业、私营企业和个体工商户。

1993年,地区人事局率先倡办人才市场,全区人才流动开始走向市场化。

1994年,开始推行国家公务员制度,1995年在全区加快步伐。地区人事部门为进行这一人事制度的重大改革,出台《上饶地区国家公务员过渡实施办法》,有2.35万名行政机关和行使行政职能的事业单位工作人员参加日常和年度考核。1996年7月26日,全区统一进行现有人员过渡考试。在机构改革的同时,跟进实施国家公务员制度。从1998年起,在事业单位开始实行全员合同聘用制。

1999年起,科级干部提拔任用开始实行公示制。同年,首次公开选拔副县级领导干部8名,并向社会公布。

第三节 政务公开

1980年代，在一些行政管理部门、执法部门和公共服务部门，开展“两公开一监督”活动的试点，即公开办事制度，公开办事结果，接受群众监督，取得较好的社会效果。工商行政管理部门，就是较早推行“两公开一监督”活动的部门之一。1988年10月，地区工商行政管理局即将“两公开一监督”作为全区工商系统开展廉政建设的重要内容之一，在基层工商行政管理所进行试点，1990年试点单位扩大到25个。

1990年代，政务公开活动逐渐推广。上饶市民政局在全区民政系统率先开展“政务公开，为民服务”活动。公开14项服务内容，即：城乡居民、村民最低生活保障服务；农村“五保”①供养服务；优待抚恤服务；退伍军人安置和军队离退休干部安置服务；婚姻服务；殡葬服务；收养服务；农村社会养老保险服务；社团管理服务；老年人服务；残疾人服务；福利企业管理服务；“三无”②对象收养服务。同时，健全相对应的各项规章制度和公开办事制度，实行亮牌服务，做到岗位职责公开；推行工作承诺，做到政策程序公开；加大监督力度，做到监督制度公开。1997年10月30日，地区民政局召开现场会，推广上饶市的经验。地委、行署很重视民政系统“政务公开，为民服务”活动，认为这项活动适应新形势对党政机关工作的客观要求，为全区各级党政机关转变职能，改进作风，反腐倡廉探索新路子，树立民政干部人民公仆的好形象。

2000年4月25日，行署做出《上饶行署关于进一步推行政务公开的决定》，要求各级政府、各有关部门在总结“两公开一监督”活动经验的基础上，进一步做好政务公开工作，并制定具体的实施方案。特别是各级计划、财政、教育、科技、卫生、经贸、交通、城建、公安、民政、工商、物价、技术监督、农业、土管、计生、环保、劳动、人事、税务等部门，是实行政务公开的重点部门。确定行署法制局为全区推行政务公开的办事机构。同时，专门下发实行乡镇政务公开的通知。

在实行政务公开的同时，实行厂务公开和村务公开。为在全区推行厂务公开，1999年3月30日，成立上饶地区推行厂务公开协调小组，当年开展试点的企业有21家，建立职工代表会议制度的有584家。2000年2月14日，改协调小组为上饶地区厂务公开领导小组，至当年7月，全区有488家企业推行厂务公开。全区厂务公开活动，已从国有、集体及其控股企业扩大到事业单位，延伸至非公企业，学校、医院等部门也逐步实行校务公开、院务公开、事务公开。

以落实广大农民群众的知情权、决策权、参与权、监督权为主线，以全面建设小康社会为目标，以群众最关心、与群众利益密切相关的问题为重点，实行村务公开和民主管理。1998年—2000年，全区共有137个乡(镇)推行政务公开，2271个村实行村务公开。财务公开，民主理财是财务公开的重点内容。根据中共中央、国务院《关于在农村普遍实行村务公开和民主管理制度的通知》，上饶行署先后制定批转地区农业局有关文件，强调建立与健全农村财务管理八项制度，要达到财务公开、民主理财“五规范、一满意”③的要求。1998年，全区已开展财务公开的乡镇有216个，村有2071个；其中达到规范要求的有98个乡镇、1012个村；民主理财的乡

---

①“五保”：保吃、保穿、保住、保医、保葬。

②“三无”：无父母子女、无依无靠、无生活来源。

③“五规范、一满意”：内容规范、时间规范、场地规范、程序规范、管理规范。

镇有134个,村有1349个。

第四节　基层民主政权建设

1988年3月,根据1987年国家颁布的《中华人民共和国村民委员会组织法》(以下简称《村委会组织法》),全区12县(市)开始普遍成立群众性的自治组织——村民委员会。村民委员会的主要职能是组织村民自我管理、自我教育、自我服务,办理公共事务和公益事业,调解民事纠纷,协助维护社会治安,向政府反映群众意见和要求,协助政府开展工作。20多年的农村改革,特别是经过《村委会组织法》的试行,和一至三届村委会选举,全区农村基层民主政权建设取得了很大成就。以"民主选举、民主决策、民主管理、民主监督"为基本内容的村民自治活动进一步的发展。

1999年10月至12月,全区进行第四届村委会换届选举。这次换届选举的重要历史意义是首次实行"海选",候选人的产生完全出于民意,村委会成员由全村年满18周岁以上的村民直接选举,真正把本村群众拥护的思想好、作风正、有文化、有本领、热心为村民服务的人选为村委会成员,建立廉洁、高效、务实的村委会班子,带领群众致富奔小康。第四届村委会换届选举是全区农村政治生活中的一件大事,地委、行署十分重视,于1999年9月13日召开专门会议进行部署。一是按照省委、省政府的统一部署,坚持公平、公正、公开的原则,在保证选举质量的前提下,按时圆满完成村委会换届选举的全面工作。二是按照《村委会组织法》和《实施办法》的规定程序,民主选举产生新一届村委会班子。三是推选产生新一届村民代表,组成新一届村民代表会议。四是健全村委会下设的各个工作委员会和村民小组,推选产生村民小组长。五是建立、健全村民会议、村民代表会议、《村民自治章程》或村规民约、村务公开等民主决策、民主管理、民主监督的各项规章制度。地、县(市)、乡(镇)三级均成立村委会换届选举指导小组,各地成立村民选举委员会,制订工作方案,广泛地开展宣传动员,并对上一届村委会村级财务进行全面清理,将结果公布于众。

1999年10月10日,弋阳县城郊乡贞坂村率先完成试点,是全省"海选"村官第一村。10月20日起,全区"海选"村官全面铺开,12月20日完成。截至2000年年底,全区共有新一届村委会2949个,村民小组27435个,"海选"的村委会主任2947名,副主任2437名,委员7017名。各地居民委会换届选举同步进行。

第五节　依法治区

为推进基层、行业、地方依法治理三大工程建设,1985年起,全区广泛地开展以"普法"为中心的法制宣传教育,使学法、用法、守法成为人民群众和社会各界的共识。"普法"经历"一五""二五""三五"三个规划阶段的实施,共有450多万人受到法律普及教育。随着"普法"的深入和形势的发展,全区"普法"工作也出现五个转变。即:在学法内容上,从一般性法律常识的宣传,向法律知识系统性、专门化教育方向转变;在学法要求上,从单纯提高人们法律知识水平,向增强整体法律素质方向转变;在"普法"重点上,从以学法为重点,向普治并重、普治并举方向转变;在管理形式上,从工作的主观性和随意性,逐步向制度化、规范化、法律化方向转变;在领导方法上,从单纯依靠行政手段,向注重运用依法决策、依法管理各项事务方向转变。

1991 年,地委、行署根据中共中央、国务院做出《关于加强社会治安综合治理的决定》和省委、省政府的统一部署,迅速采取措施,开展社会治安治理综合工作。地、县(市)先后成立了工作机构,专门抓社会治安综合治理,下发相关文件。1993 年至 1995 年,又先后出台《上饶地区社会治安综合治理领导责任制实施细则》《上饶地区社会治安综合治理目标管理一票否决权制实施细则》,果断地实行"综治"工作领导责任制、目标管理责任制和一票否决权制。对各级党政机关的政绩考核,"综治"工作好坏是考核内容之一,各政法机关的工作,也围绕"综治"展开,逐步形成全党全社会齐抓共管的大环境,着力维护社会稳定。

1998 年 2 月,地委、行署正式做出依法治区的决定,同时制定《1998 年—2002 年依法治区规划》,各县(市)亦制定规划,实施依法治县、依法治市方略,将依法治理纳入到各部门、各单位精神文明建设的具体目标中一同部署,一同检查,一同落实。在基层,同步开展依法治乡(镇)、村(街)、厂矿、学校、市场、行业。谁主管,谁负责,以块为主,条块结合,建立法律监督、行政监督、群众监督三位一体的监督体系。

严格依法行政,将政府工作纳入法制轨道。行署及各县(市)政府设置法制局(办)。1993 年,地区出台《上饶地区行政执法监督检查试行办法》,各级政府和行政执法部门还配备专兼职执法监督员 500 多人。1997 年后,为进一步贯彻行政执法监督检查办法,实施"129"工程(突出规范性文件审核、备案这一重点,狠抓《行政处罚法》和《行政执法监督条例》两法的贯彻落实,健全行政执法监督 9 项工作制度)。各级法制机构,及时查处一批行政违法案件,受理和审结各类行政复议案件,对公路"三乱"进行整治。

第三章 社会事业体制改革

第一节 科学技术

改革开放后,全区科技部门贯彻推行"经济建设必须依靠科学技术,科学技术工作必须面向经济建设"的总方针,促进科学技术事业大发展。1978 年—2000 年,共实施 1000 多项面向经济建设主战场的各类科技计划项目,为全区经济发展创造可观的直接经济效益。科技队伍在改革开放中发展壮大,由 1979 年的 15 万多人增至 2000 年的 75 万多人。拥有一批从事农、林、牧、渔、水利、情报信息的地直应用研究机构和骨干企业新产品开发研究机构,形成一个上下贯通的农业技术推广服务网络。20 多年,共安排科研计划项目 900 多项,这一计划的实施,攻克一批对全区经济和社会发展有重大影响的关键技术问题,有的成果如"杂交水稻基因重组新理论"被收入《中国科技大全丛书》。为振兴农村经济,推进产业化建设,1986 年开始实施"星火计划",共投入资金 8500 万元,创经济效益 1.7 亿元。1988 年开始实施高新技术产业化项目"火炬计划"。德兴市异 Vc 钠有限公司承担的"0—异抗坏血酸钠"属省级火炬项目,研究成果实现早米转化,是高附加值、高附税值的创汇产品,产量已占全国产量的 60% 以上,出口量占该产品全国出口量的 80% 以上。为支持企业技术创新,推动产业结构、产品结构调整,提高产品技术档次,增强市场竞争力,从 1992 年起,实施新产品计划,发展了特色农业和支柱产业。根据境内资源优势和提高工农业生产技术含量的要求,发挥政府宏观调控职能,有计划地安排一批先进、成熟、适用的重大科技成果进行推广，在推广中注重多种新技术的集成配套。“双季水稻吨粮田建设”是1996年开始实施的“沿320国道高效农业科技示范推广工程”项目之一，由于集良种良法为一体，融合先进栽培模式和多项新技术集成配套为一身，至1998年累计推广面积4307.93公顷，平均亩产950.16千克，平均亩增稻谷202.64千克，累计增产135.6万千克。1999年全区吨粮田辐射面积总计4万余公顷。

在中共中央《关于科学技术体制改革的决定》指引下，科研机构大胆开拓，积极探索，根据“放开、搞活”的原则，对旧的科技体制进行重大改革。推动科研机构面向市场，开创科研、生产、服务“一条龙”新路，自办经济实体，2000年，全区有专业技术贸易机构32个，签订各类技术合同2086项，成交金额2698万元。1996年，地委制定下发《关于贯彻〈中共中央国务院关于加速科学技术进步的决定〉的实施意见》，支持鼓励科研人员走出去进行技术承包、技术服务。在“放开、搞活、扶植、引导”方针的指导下，全区技术市场建设自1986年开始起步，至2000年，建立12个县(市)和部分乡镇技术市场开发中心，初步形成吸收能力、辐射面广、多层次、多渠道、多形式、多功能的技术市场网络体系，开展技术开发、技术转让、技术咨询、技术服务等“四技”活动，技术交易额呈15%左右的速度逐年增长。

上饶是农业大区，为发挥科普工作在“科技兴农”中的重要作用，全区已形成了以县科协为枢纽、乡镇科协和农村专业技术协会为基础，以农函大、示范基地为主要载体的、立体的、全方位的农村科普服务网络。送科技下乡形成风气，1994年—2000年，专业技术人员下乡进户达6919人次。实施“115125工程”(1座水轮泵灌溉站、1家综合养殖公司、封山育林5000亩、1个电教馆、2家小型村办企业、塑料大棚5亩)。1987年7月成立中国农村致富函授大学上饶分校。农函大成立以来，以普及农村实用技术，提高广大农民科技文化素质和推动农村科技进步为宗旨，坚持“实际、实用、实效”的办学原则，开展卓有成效的教学活动。在已结业的数万名学员中，90%掌握1～2门实用技术，近一半学员评上农民技术职称。各地科协科普示范基地建设不断发展，至2000年，全区共有县以上示范基地54个，乡村级示范基地2239个，科技示范户29506户。自1987年出现第一个民营科技企业“初真文葡萄研究所”，至2000年，全区民营科技企业已由1986年不足10家到超过80家。

第二节　教　育

全区教育改革工作以强化基础教育为重点，经历一段从整顿恢复到普及提高，再到深入改革、全面兴盛的过程。改革开放初期，根据当时的实际，主要是狠抓普及小学，加快发展初中，控制高中规模。进入1990年代，行署要求各地以实施普及九年义务教育为重点，加强基础教育。1994年，地委、行署发出《关于加强教育工作的补充决定》和《上饶地区贯彻中国教育改革发展纲要的实施意见》两个文件，对教育改革和发展进行总体部署。随着改革的全面深入，适时提出“巩固提高小学、加快发展初中，适度扩大高中规模，积极发展幼儿教育和特殊教育”的指导方针，基础教育有了新的内容。随即，行署制定《上饶地区2000年普及九年义务教育规划》，明确要求各县(市)到1998年基本普及九年义务教育。为达到这一目标，各地适时调整工作思路，加大教育投入，实施科学指导，使全区基础教育事业发生重大变化。到1998年12月，有268个乡(镇)宣布实施九年义务教育，人口覆盖率为85%；全区小学适龄儿童入学率达99.45%，辍学率降至0.69%；初中少儿入学率达86.5%，辍学率降至2.51%；小学毕业生升入初中阶段的比例达到86.3%。有10个县(市)实现“两基”(基本普及九年义务教育和基本扫除青壮年文盲),其中婺源县被评为全省“两基”先进县。教育教学改革不断深入,实行“分级办学,分级管理”的体制后,基础教育网点得到调整,布局趋于合理;“九五”以后,教育网点更趋科学化。学校内部管理推行校长负责制、教师聘任制和结构工资制,扩大学校自主权,教育教学质量稳步提高,促使中小学生在德、智、体诸方面都得到发展,从1998年秋季起,在小学取消百分制,实行“等级+特点+评语”的改革。全面推进素质教育,摆脱应试教育的束缚,重点中学逐步停办,为盲、聋哑和弱智儿童、少年举办特殊教育。加强扫盲教育和实用技术教育,开展多种形式的教研活动,完善初中、高中会考制度。教育经费已由过去政府单一投入的体制,改变为国家、社会、学校、集体、个人等多渠道筹措的体制,逐步扩大经费来源,仅社会捐资自1991年—2000年,累计到达11600多万元。1990年代初期,地委、行署就提出,教育要适度超前发展,狠抓农村教育改革这个突破口,使教育成为推动经济发展的两翼。为此,确定“科教兴饶”的战略思想,成立农村教改协调机构,出台一系列推进农村教改的积极措施,实施“4111工程”,实行农科教统筹结合。

境内职业教育起步较晚,1986年全区职业高中与普通高中学校数之比为1∶6.21,在校学生数之比1∶1.91。1983年以后,重点抓一批能起示范带头作用骨干职业中学的建设。地委、行署非常重视发展职业教育的工作,为经济建设培养大批应用型人才,1988年制定下发《关于大力发展职业技术教育的意见》;1991年又在《关于加强教育工作的决定》中提出以发展职业技术教育为突破口,促进教育与经济的结合;1992年又出台《关于大力发展职业教育推动农科教结合的暂行规定》。地委、行署要求各级党委、政府把发展职业教育作为振兴当地经济的重要工作来抓,加强统筹,加强领导,增加投入。全区在发展职业高中的同时,又采取多种形式发展职业技术教育,使职业高中学校数及学生数与普通高中相比,差距缩小。2000年,全区有职业高中30所,在校生12433人;其中国家级重点职业中学1所,省级2所,省级示范性职校1所;各类职校向社会输送一大批具有一技之长的中、初级人才。

自1964年地区创办的工、农、医、师4所专科学校全部停办后,至1977年,境内高等教育一片空白。1977年底始有恢复,改革开放后,高等教育快速发展,并根据社会发展需要,不断调整和充实专业设置,在完成国家任务的前提下,允许扩大招收自费生和委托培养比重。2000年,全区普通高校招收学生5298人,为1990年的4.5倍,是1977年的14.8倍。成人教育发展步伐加快,特别是以科教兴农为目标,发展农村成人教育,实行扫盲“双线承包责任制”,加强农民业余文化教育和实用技术培训,组织职工文化补习和岗位技术培训等,均受到明显成效。1980年即在全区范围内建立起广播电视成人高等教育网络,扩大高教规模。为提高全区各级学校教育教学质量,教学装备迅速发展;随着教育改革的不断深入,普遍开展电化教育。

1990年代后,在政府的鼓励和支持下,全区社会力量办学的积极性高涨,至2000年,形成以政府办学为主体,公办学校和民办学校共同发展的新格局,大批的民办幼儿园、小学、中学,甚至大学,均相继涌现。至2000年,全区有各类民办学校868所,在校学生46040人,其中大学1所。

第三节　文　化

1990年代初期,根据形势发展的要求和地委、行署的部署,全区各地对专业艺术表演团体进行整顿。整顿后保留下来的艺术表演团体在管理体制、人事制度、经营管理等方面进行深入改革，改变由国家统包统揽、整齐划一的模式，在改革中求发展，与发展社会主义市场经济相适应，满足人们生活水平不断提高的文化需要。整顿后，由原赣剧、采茶、越剧、徽剧、京剧、话剧、音乐歌舞七大剧种、15 个专业剧团，调整为 5 种 8 个剧团，经费由国家统包统揽改为差额管理，重点办好地区歌舞话剧团和波阳赣剧团。改革中，各艺术表演团体结合艺术特点，发挥各自的优势和特长，兴办各种艺术培训班、歌舞厅、游艺活动等，开拓演出市场，“以文补文”，经济收入弥补部分艺术生产资金的不足。同时，表演团体开始形成国家、集体、个体共同发展的新格局。各种艺术形式的创作和表演丰富多彩，舞台百花齐放。在上饶地区纪念改革开放 20 周年’98 文艺汇演中，就有 20 支队伍、近 600 人参加，新创作节目达 60 余个，参赛人数之多，新创节目质量之高，前所未有。

以建设 320 国道文化带和鄱阳湖文化圈为龙头的文化小康工程在改革开放中崛起，群众文化事业蓬勃发展。在发展群文事业工作中，农村文化事业建设始终是重点。各地不断地举行农村乡镇文艺调演，举办农民艺术节。一个多元化、多层次、多渠道的文化新格局开始形成，“两馆一站”（文化馆、图书馆、乡镇文化站）网络化。

2000 年，全区有文化馆（群艺馆）13 个，公共图书馆 12 个，乡镇文化中心（站）296 个，农村文化室 1821 个，各种礼堂、俱乐部 71 个，民间职业剧团和业余演出队 426 个，以上均较 1990 年大为增加，建立地、县（市）、乡（镇）、村四级文化网。行署设立了两年评选一次的“乡镇领导群众文化业绩奖”，这是改革开放以后，群众文化事业变文化部门行为为政府行为重要标志，被文化部誉为“开创性的举动”。与此同时，文化设施建设发展迅速，全区农村文化中心（站）活动场地已达 16 万平方米。

2000 年，一种以文化产品和文化服务形式作为商品的文化市场纷纷涌现，为社会开辟了一条新的就业门路。全区共有各种文化市场经营网点 1106 家，包括歌舞（卡拉 OK）厅、电子游戏机（室）、桌（台）球、游乐场、书刊经营摊点、印刷、美术制品、艺术培训、字画裱贴、像带发行（出租）、录像放映、剧场、电脑打印、打字复印、保龄球馆、旱冰场等，一些新的文化行业如营业性电脑（网吧）随着科技事业的发展，也应运而生。“一手抓繁荣，一手抓管理”，文化市场管理不断得到加强，地、县（市）、乡（镇）文化市场稽查网络已经形成。2000 年，全区共有文化市场管理机构（文化稽查队）13 个，专职管理人员 106 人。以城市为中心，向乡镇辐射的多层次、多门类的文化市场格局，正向法制化、制度化、正规化、健康有序的方向发展。

上饶历史悠久，文化积淀丰厚，地上地下文物非常丰富，普查到的文物点有 4000 余处。改革开放后，加强保护文物的历史责任感，按照“保护为主，抢救第一”的方针，切实做好文物保护与维修，行署专门安排，对全区 286 处县（市）级文物保护单位，由地方财政从当年城市维修经费中安排 2% 至 3% 的资金，用于维修和保养。多年来财政给钱、报人办报的老规矩已经打破，各报社办报、经营两手抓。一报为本，多种经营，开拓以报纸广告为主的多种产业。改革开放推动全区广播电视事业大发展。1990 年代初，有线电视就从城市延伸到农村。全区电视人口覆盖率和广播人口覆盖率，分别由 1990 年的 78.8% 和 74%，提高到 2000 年的 93.69% 和 89.27%。

第四节 体 育

全区体育系统坚定不移推进体育改革,走一条与社会主义市场体制相适应的、有上饶特色的体育发展道路,体育事业进入全面发展的新时期。尤其是贯彻实施了国家颁布的《体育法》《全民健身计划纲要》和《奥运争光计划》之后,体育事业快速发展,生机勃勃。在继续弘扬传统体育的同时,现代体育项目由新中国成立初期的寥寥几项发展到2000年的30多项,沿着"两化"之路(体育事业发展实现社会化和产业化),除承办地区本身举办的运动会和各单项比赛外,还前所未有的承办国际女排赛、全国女篮赛、全区武术大赛、全省第九届运动会等赛事。

全民健身运动走入千家万户,社会体育需求日益增多,人民体质逐步增强。全区有将近总人口三分之一的人经常参加各种体育锻炼,近1200名各种级别的社会体育指导员在组织、推动、指导全民健身活动的广泛开展。农村体育、传统体育、残疾人体育、老年人体育和社会街道体育活动日益活跃。2000年,城乡老年体协264个,会员143322人;有1/3的行政村成立农民体协或文体合一的俱乐部。中小学生体育达标(《体育合格标准》《体育锻炼标准》)实施面100%,1998年—1999年达标率为97%。境内拥有各级体育总会14个,各单项协会1962个,会员近25万人。

1991年—2000年,境内运动员参加全国全省比赛共获667枚奖牌,其中金牌294枚;共有531人达到等级运动员,其中一级14人。余干县国家级赛艇后备人才培训基地参加国际、国内大赛共获20多枚金牌。2000年,全区共有业余体校11所,有教练员31人,在训学生766人。

体育产业发展步伐加快。1993年率先在全省发行体育彩票,发行额累计已达2000多万元,所得收入全部用于体育事业。体育设施有新成就,现代化的上饶体育中心和上饶体育场,1991年立项,1993年奠基,1994年8月1日落成,是一个集体育竞技、文化娱乐、商品展销和旅游观光为一体的活动场所,是改革开放在体育事业方面的重大成果,它的建成,不仅成功地承办全省九运会,开创省运会由地(市)举办的先河,而且有力地促进上饶地区经济、文化和体育事业的进一步发展。体育法制建设上,执法机制和执法队伍初步建立,《中华人民共和国体育法》实施后,"依法行政、依法治体"观念已成为全区体育战线的共识。

第五节 卫 生

全区各级卫生部门认真贯彻执行"以农村为重点,预防为主,中西医并重,依靠科技与教育,动员全社会参与,为人民健康服务,为社会主义现代化建设服务"这一新时期卫生工作的总方针,坚持以改革总揽全局,成果显著。为深化改革,加快发展,1997年12月,地委、行署做出《关于卫生改革与发展若干问题的决定》,决定实施后,全区卫生工作加强农村卫生、预防保健和中医中药三大重点更加突出,卫生行业职业道德建设,卫生队伍的思想道德素质和业务技术水平进一步提高。

卫生系统实行管理体制、运行机制和劳动人事及分配制度的改革,进一步完善院(站、所)长负责制;以公有制为主体、多种所有制并存的办医格局开始形成并初见成效。长期困扰卫生发展的"看病难、住院难、手术难"问题基本解决,各级医院,尤其是县(市)级医院的基本建设、院容院貌、设备设置、服务质量和医学技术等整体水平显著提高。2000年年底，有各级各类卫生机构418个，拥有床位10510张，卫生专业技术人员13621人；每千人拥有医生数由1978年的0.65，提高到2000年的1.02，乡村医生和卫生员有所增加，行政村卫生室覆盖率提高。农村三项建设工程（乡镇卫生院、县级卫生防疫站、县级妇幼保健所）自1991年实施以来，社会效益和经济效益同步提高。充分发挥了二级以上医院人才、技术、设备等卫生资源在“支农”中的作用，实行对口支援，卫生下乡，并把卫生扶贫纳入当地的扶贫计划。

上饶地区在全省率先消灭丝虫病，控制地甲病，法定传染病总发病率下降至1997年的119.00/10万，计划免疫提前实现第三个85%的目标，“脊灰”发病率已由1992年的3.17/10万下降为0。12个县（市）全部通过基本消灭麻风病自身考核，保证对重大疾病的预防和控制工作的资金投入。妇幼保健体系日臻完善，保健机构从单一的保健，发展到坚持预防为主，临床与保健相结合；从无业务用房，发展到业务用房面积达到部颁标准；设备由简陋的添置，发展到能基本满足群众日益增长的需要。妇幼保健所（室）2000年已达14个，卫生技术人员68人，乡级配备妇幼专干双线率由1978年的零上升到1997年的60%以上，妇幼保健服务质量不断提高。全区创建爱婴医院35所，婴儿死亡率和孕妇死亡率均大幅度下降。创建先进卫生县城工作处于全省领先地位，农村改水改厕工作取得优异成绩，广泛开展“九亿农民健康教育行动”爱国卫生运动伴随卫生事业改革的深入步入新的阶段。

1970年代末，全区中医从业人员少，素质低，中医机构设备简陋，功能单一，而且只有上饶市、玉山县两个中医院。改革开放后，特别是1982年后，贯彻执行国家和省政府关于振兴中医事业的指导方针，在地委、行署和各县（市）委、政府的重视与扶持下，全区中医事业快速发展。2000年，有中医院12所，中医690人，医、教、研体系基本形成，中医机构房屋、设备、人员三配套。中医工作纳入全区农村初级卫生保健网，统一规划、统一部署，以县（市）中医院为龙头，乡镇卫生院为枢纽，村卫生所为基础的三级中医网络建设初步形成。多层次、多形式、多学科、多专业的中医药教育体系，培养大批的合格人才，促进中医药队伍整体素质的改善和提高，余干县被定为华东六省一市唯一的中医教育培训试点县，1997年顺利通过国家验收。

全区血防工作取得新的突破，三项具有深远意义的策略和措施成效显著。一是全面推广使用低毒、高效、低廉、便捷的驱虫药吡喹酮；二是在国内较早地提出易感地带灭螺问题，将湖区有螺草洲分为一、二、三类，制定防治规划和对策；三是普遍建立查螺责任制，农民承包查灭责任田、地、山、塘的钉螺，行政村承包公共地段，专业队长年承包复杂环境的查灭工作，全面落实查螺灭螺由国家、集体、个人共同负担的措施。2000年，血吸虫病流行县（市）由9个压缩到4个，流行乡（镇）由115个压缩到74个，流行村由912个压缩到685个，历史有螺面积由131.5亩压缩到41.5亩。血吸虫病人数下降，5个县达到消灭血吸虫病标准，2个县基本达到消灭血吸虫病标准。1996年初制定的《上饶地区综合治理血吸虫病“九五”规划》所要达到的目标，基本实现。

公费医疗改革逐步推进。1993年实行医疗费用由国家负担为主，单位（享受单位，医疗单位）和个人合理分担，建立医、管、患三个相互联系的费用控制机制。1994年，公费医疗改为由医院直接管理，费用支出与医院的经济利益挂钩，成立公费医疗办公室。2000年，实行公费医疗经费管理制度改革；建立社会统筹医疗基金与职工个人医疗账户相结合的医疗保险制度。

第四章　对外开放

第一节　招商引资

上饶地区利用外资发展区域经济始于1985年8月。当时第一个合资企业江西金祥服装厂成立,外方为香港福祥贸易公司,中方为上饶市服装公司,投资总额65.6万元(折23万美元)外方占25%。1990年8月,行署制定《上饶地区关于鼓励台湾同胞投资的优惠办法》,成立有关利用外资的领导管理机构,为改善上饶的投资环境,对公路、铁路、通讯、电力等基础设施加大投入,进行多渠道、多层次、全方位对外开放。

1992年6月30日,地委、行署做出《进一步扩大招商引资的决定》,要求各县(市)抓住5个环节,大力招商引资。这5个环节是:一、树立招商引资是发展社会主义商品经济的新观念;二、树立敢于进入国际市场冒风险的观念;三、树立借助外力发展经济的"拿来主义"观念;四、树立敢于让利于外商、先予之后取之的观念;五、将招商引资工作摆上突出位置,制定开明政策,增强"磁铁"效应,改善招商引资环境,开好专门会议。接着在1993年9月,行署又出台《上饶地区招商引资优惠办法》,从税收、土地使用、户口安排、居住条件以及审批制定等方面实行比特区更优惠的办法,进一步扩大开放,加快利用外资步伐,鼓励外商到上饶投资办企业,强化招商引资力度,切实保障港澳同胞、台湾同胞、海外侨胞及外国客商的一切合法权益。1993年7月中旬,召开全区利用外资工作会议。会议强调引进外资,办好"三资"企业是改革开放的需要,是加速经济发展、壮大经济实力的需要。要求各地立足"三引"(想引、敢引、会引),抓住机遇,加快发展,强化管理,提高效益。这一年,地区以设立三清山旅游开发区为契机,以三清山的开放,带动全区的开放,使对外开放提高到一个新的水平。地区和各县(市)均加大扩大开放对外宣传工作的力度,认真编制招商引资计划和项目,组织有关单位和企业参加国家和省在境内外举办的各类招商引资活动,邀请一批重点客户到上饶实地考察和洽谈。1994年,全区签约外资额2261.84万美元,实际利用外资985.6万美元,比1993年增长30.9%;"三资"企业出口创汇480.2万美元,比1993年增长26%,占全区外贸出口创汇总额的40%。

1995年以后,各地在招商引资过程中,注意抓大户,抓大项目,注意引进高附加值、高科技含量的项目,不断提高招商引资的质量。力争引进一个项目,带动一方经济的发展。针对区内投资硬环境虽有明显改善但软环境相对滞后的状况,1997年4月16日,地委、行署做出《关于进一步改善投资环境、全方位扩大招商引资的决定》,成立地区外商投资企业服务中心。地委、行署要求各地增强"开放兴区"的紧迫感和责任感,尽快形成全方位招商引资大气候,努力改善投资环境。一是实行招商引资一条龙服务,二是切实保障外商投资企业的合法权益,三是认真落实各项优惠政策,四是着力办好现有外资企业。与此同时,改进招商方法,扩大对外宣传,提高招商队伍整体素质,实行招商引资责任制,兑现奖励政策。铅山县为推进招商引资,做好了"三个转变"工作:一是把外商投资原视为结构调整、优势产业发育、国民经济发展的补充力量,转变为结构与机制创新、主导产业成长、社会主义市场经济体制完善、县域经济发展的突破力量、激发力量和重要来源。二是把扩大招商引资、改善投资环境、着重硬件建设,转变为硬软建设并进，并首先搞好软件建设。三是把引进外商作为解决困难企业的一条出路，转变为以好企业、优势企业招商。县委、县人民政府出台16条优惠政策，实施“五个一”工程，即一个窗口对外，一条龙服务，一支笔控制检查，凭证统一代理收费，一张绿卡保护。铅山县的外商投资经济在全县经济总量中所占的比重，由改革开放初期的0.02%，升至20%以上。玉山县实施“以招商促开放，以引资促发展”的战略，效果明显，仅1992年—1997年，即引进项目307个，到位资金43884万元。至1997年，全区累计批准成立三资企业234家，签约外资资金1.59亿美元，实际利用外资6040万美元；外商分别来自新加坡、马来西亚、泰国、日本、加拿大、澳大利亚、西班牙、捷克、法国等16个国家和中国香港、澳门、台湾地区，产业分布有机械、电子、光学仪器、化工、医药、纺织、农业、林业、渔业、旅游、娱乐、房地产开发、宾馆等业。2000年，全区实有外资企业105户，注册资本11650万美元，其中外方资金6833万美元。“九五”期间，全区实际利用外资8000多万美元，比“八五”期间净增5000多万美元。此外，1993年—2000年，接受华侨及港澳同胞捐赠资金1136万元人民币，项目34个。

在鼓励外商到上饶投资办厂的同时，重视利用外国政府贷款和世界银行贷款，利用“两贷”发展区域经济。1985年—1998年，全区累计利用“两贷”签约资金1419万美元，实际到位1114万美元。这些资金分别投向程控电话、茶叶低产改造、速生林和“吉湖”农业开发等15个项目。1990年5月，地区开始实施世界银行贷款的江西农业开发江西吉（安）泰（和）盆地、鄱阳湖地区第一期项目，世界银行贷款1089.3万美元，项目在波阳县、余干县、万年县和饶丰垦殖场实施，建立以种猪、种禽良种繁殖、饲料、产品加工配套一条龙生产体系，1995年竣工。这一工程简称“吉湖”一期项目。竣工后即进入稳产期，经济效益明显。以余干县为例：种禽场孵化鸭苗325万只，实现产值457万元，获利41.12万元；养猪出栏瘦肉型猪17920头，实现产值778万元，获利150万元；蛋鸭产蛋7900吨，实现产值4740万元，获利607万元；本地肉鸭和外来肉鸭出笼肉鸭107万只，实现产值1065万元，获利206万元；新控和改造鱼池产鲜鱼7180吨，实现产值7210万元，获利1300万元；每年还可向社会提供优质鸭苗120万只，瘦肉型商品猪7720头，鲜蛋3590吨，肉鸭457吨，鲜鱼359吨。世行贷款区内项目实施还有：红壤项目（1994年—1998年）、林业项目（1994年—2000年），教育项目（1994年—1998年）、血防项目（1992年—1999年）、妇幼项目（1995年—1999年），粮食项目（1993年—1998年）、上饶师专项目（1994年—1998年）、农村改水项目（1998年—2002年）。1998年11月至1999年12月间，区内共利用外国政府贷款（加拿大政府混合贷款）1699.4万美元。

第二节　横向经济联合

上饶地区横向经济联合始于1986年，当年加入上海经济区和闽、浙、皖、赣四省九地市经济协作区。1987年5月，行署出台《上饶地区经济协作优惠办法》，1988年又出台《发展外向型经济和扩大横向联合优惠办法》，扩大横向经济联合空间，取得实在的经济效益。1989年10月，上饶市被正式接纳为“全国十六城市横向经济联合恳谈会”成员。1990年，上饶地区加入武汉经济协作区，与3省9地市建立长期的经济协作关系，在11省（市）设立54个窗口。

1991年开始，以发展四省九地市和武汉经济协作区协作为重点，巩固区域联合。联合的范围，从内向外延伸，把本地的生产要素组织起来，充分利用本地的中央、省、地属大中型骨干企业的技术优势和经济实力，扩大横向经济联系，为此，行署颁发《关于鼓励中央、省属企业支持地方建设的奖励办法》。在联合的重点上，由短向长发展，“短、平、快”项目全面开放。在联合内容上，除引进资金、设备外，还重视引进软件、人才。在运作方式上，有组织、有计划，政府搭台、部门服务、企业唱戏。1991 年 4 月 1 日，在上饶正式成立闽浙赣皖毗邻九地市横向经济联合联席会议联络处。常设机构负责制订区域经济联合发展规划，协调处理联合协作过程中的问题，沟通联系，加强合作，使九地市经济联合与协作前进一大步，此后，每年均召开四省九方经济区联席会议，“政府搭台、企业唱戏”。据统计到 1997 年，经济区内共开展经济技术合作 157 项，投资总额达 71216 万元，合同引进资金 52229 万元，实际到位资金 26686 万元，物资协作总额 7.34 亿元，商品流通总额 21 亿元。个体私营经济合作步伐加快，合作项目中，个体私营企业占 30%。行业网络联系密切，科技、信息、人才交流与协作达 1.2 万件(次)，合作项目的平均规模达 400 万元以上。

至 2000 年，全区已形成跨地区、跨部门、多层次、多形式的各类经济联合体 850 多个；累计共签订国内经济技术协作项目 3412 个，引进资金 12.7 亿元；通过横向经济联合，新增产值 6 亿元，创利税 9000 万元。全区 261 个驻外办事机构和经济窗口(其中地县两级政府派出机构 28 个)，在加强与当地的联络、沟通信息、推销地方产品、引进先进技术和资金等等方面，发挥重要的纽带作用。

第三节 经济开发区

1988 年，三清山被国务院审定批准为国家级风景名胜区。1992 年 5 月，地区六套班子联合会议通过地委、行署实行全面对外开放的重大决策，提出对外开放十六字方针“背靠大山、东出南引、以区带区、跟进接替”。接着于 1993 年设立三清山旅游经济开发区，这也是全省第一个设立的旅游经济开发区，以三清山的开发带动全区的开放，进一步扩大招商引资，把对外开放提高到一个新水平。为鼓励外商投资，推动横向经济联合，实现优势互补，利益共享，共同发展，及时推出三清山旅游经济开发区优惠政策。这些政策的要点如下：

一、土地

1. 实行土地使用权出让、转让、租赁和划拨等方式，安排项目用地。

2. 旅游项目从优。地价实行除支付农民补偿费和上级收费的费用外，管委会收取的配套费从优的办法，基础设施配套性项目配套费全额免收；旅游接待设施配套费减半收取；一般性项目配套费视性质收取。

3. 投资社会公益事业、科学技术和重要基础设施项目，经批准按划拨方式提供土地。

4. 成片开发项目或投资额巨大(一次性投资不少于 1000 万元)，还可在以上条款基础上再予优惠。

二、税收

1. 减轻税负。管委会确定的重点投资项目和区内纳税额或增长速度前三名的企业，其超增长税额一级财政收入的部分(即扣除应缴部分)，第 1 ~3 年按 30% 返还，第 4 ~5 年按 15% 返还。

2. 简化税检。税务部门按其征管规范每年评定一批信得过纳税户，并在一定期限内试行免检。

3. 对规划、建设执行规范的企业，经批准 3 年内减半征收土地使用税。

4. 生产性投资项目,除其所得税从获利年度起实行“二免三减”征收外,属高新技术企业或技术先进企业以及重大服务性企业,还要继续享受减半征收3年的照顾。

三、奖励办法:

1. 凡在区内投资额超过1000万元的个人或3000万元的单位法人,享受三清山永久荣誉山民称号,终生免收门票和享用在山日常消费。

2. 凡在区内投资额超过2000万元的个人和4000万元的单位法人,其名字永久刻入立于主峰的功德碑,并建立一座可用个人或企业命名的纪念亭。

3. 凡在区内投资额超过5000万元的个人或企业,可用个人或企业名字命名一个景区或一座山峰。

4. 凡为区内争取资金或引进资金者,管委会予以0.5%～3%的重奖。

以开发三清山旅游经济为契机,1993年全区实际利用外资达382.4万美元,比1992年增长37.27%。

各县(市)均先后新辟经济开发区,筑“巢”引“凤”,投资者纷至沓来。1992年6月,广丰县委、县人民政府在县城西北面的原农贸市场及周边地区建立经济开发区(招商区),占地面积4万平方米,亮出10条招商优惠办法。1996年又新辟芦林工业区。上饶市先后新辟吉阳、三江、东岳旅游风景、带湖等4个经济技术开发区。玉山县新辟城西工业开发区,制定优惠政策和保护措施,实行封闭式管理,开放式经营,对区内企业实行优质高效全程服务。1998年3月,玉山县城西工业区管委会被农业部信息中心批准为全国第67个、江西省第3个信息采集单位。

第四节　外贸自营进出口

新中国成立后,全区外贸系统虽然采取多种措施组织出口货源,出口业务逐年增加,但是一直遵循着只收购供货封闭式经营格局,不能直接参加国际市场竞争。1992年10月,外经贸部批准上饶地区外贸自营进出口权,开始打破封闭式经营模式。1993年初,正式组建上饶地区进出口公司,一批外贸企业、生产企业、外商投资企业也先后获得国家进出口经营权。1993年3月,根据江西省人民政府《关于深化外贸体制改革若干问题的决定》的精神,行署要求在全区范围内,迅速实行外贸、外资、外经“三外”并举,地区进出口公司、工贸公司、地市经贸公司、大中型企业和三资企业“五路”并进,推进大经贸格局的形成。至1999年9月,有12家自营进出口经营权的企业、22家三资企业、10家专业外贸进出口公司,政府予以财政贴息扶持。1993年—2000年,全区累计实现进出口贸易总额21177万美元,其中出口总额18275万美元,进口总额2902万美元,实现贸易顺差15.373万美元。2000年实现出口总额9247万美元,年均增长13%。

全区外贸企业出口创汇自新中国成立至1977年为200多万美元,1978年增至409万美元,1998年为3300万美元,2000年为3420万美元,较上年增长1.5%。地区进出口公司开业创办的第一年即完成出口创汇任务401万美元,名列全省前茅。1993年以后,政府鼓励有直接进口权的商贸企业和生产企业多出口、多创汇、多做代理业务,狠抓出口货源,开辟国际市场,使之成为出口创汇的主力。至2000年,主要出口商品有粮油食品、土畜产品、服装、针纺织品、轻工及工艺品、五金矿产、化工医药、机电产品等8大类50多个品种。顺应市场、准确定位，精加工、深加工产品进口已提高到五成以上。与上饶开展贸易往来的有：日本、缅甸、泰国、新加坡、巴基斯坦、阿富汗、叙利亚、韩国、阿联酋、马来西亚、印度尼西亚、伊朗、老挝、柬埔寨、捷克、德国、法国、意大利、比利时、英国、西班牙、土耳其、荷兰、俄罗斯、丹麦、波兰、加拿大、美国、新西兰、澳大利亚、南非、塞内加尔、塞浦露斯、以色列、阿根廷等40多个国家和中国香港、台湾地区，而1997年只有26个国家和地区。自获得外贸进出口经营权后，1997年—2000年，婺源县茶叶进出口有限公司出口茶叶1000多吨，创汇330万美元。1997年，大鄣山茶通过欧盟有机食品监督认证机构（BCS）的论证，而BCS的论证是一张140多个国家和地区认可的国际市场通行证；当年10月，婺源绿色食品开发有限公司受到第一份国际订单。

第五章　利用外资

第一节　发展历程

摸索起步阶段　1985年—1990年，全区共批准三资企业5家，实际利用外资64万美元，出口1419万美元。为鼓励外商到上饶投资，行署先后制定出台《鼓励台湾同胞投资优惠办法》、成立利用外资领导小组并下设利用外资办公室。此外，还加大对公路、铁路、通讯、电力等基础设施建设的投入，这些举措改善上饶的投资环境，为全区利用外资工作步入快速发展轨道奠定了基础。

快速发展阶段　1991年—1996年，全区共批准成立三资企业201家，实际利用外资3844万美元，出口3004万美元，全区各级政府对利用外资工作给予高度重视，加大对外宣传工作，精心编制招商引资计划和项目，积极组织有关单位参加国家和省政府在境内外举办的各类招商洽谈会，并邀请一批重点客户到上饶进行实地考察和洽谈项目，加强与境外的联络，拓宽招商引资的思路，疏通招商引资的渠道。

完善提高阶段　1997年—2000年，全区共批准成立三资企业86家，实际利用外资7150万美元，出口4860万美元，项目规模及质量均有明显增强，此外，为进一步完善全区招商引资的新环境，地委、行署于2000年3月份作出《关于进一步改善投资环境，全方位扩大招商引资的决定》，制定了《大力发展非公有制经济的意见》，建立和健全服务机构，为三资企业颁发保护牌和收费登记手册，实行一个窗口收费等，有效地制止和减少对三资企业的“三乱”行为，维护企业和外商的合法权益。

第二节　引进外资

外商投资　1985年，境内批准成立全区第一家外商投资企业。至2000年底，累计批准成立三资企业292家，项目总投资3.07亿美元，注册资金2.58亿美元，合同外资金额1.97亿美元，实际利用外资金额1.1亿美元（不含国外贷款项目），外商投资企业出口创汇9283万美元。

投资的境外商客主要来自泰国、印度尼西亚、马来西亚、菲律宾、西班牙、韩国、美国、日本、加拿大、澳大利亚、新加坡、法国和捷克等16个国家和中国香港、澳门、台湾地区，投资领域主要分布在机械、电子、光学仪器、化工、建材、医药、轻工、纺织、农业、林业、渔业及房地产开发、宾馆、旅游和文化娱乐业等。

外资贷款　1991 年—2000 年,全区利用一批国外政府贷款和世界银行贷款金额为 1500 万美元,这些资金分别投向程控电话、茶叶低改、速产和“吉湖”等 15 个项目,对加快全区基础设施建设和农业开发及农业产业化发挥重要作用。

1991 年—2000 年全区利用外资情况

表 6－5－1　　单位:万美元

年份	新批企业数(个)	总投资	合同金额	实际外资金额
合　计	283	31631	20004	11578
1991	11	505	473	27
1992	44	5547	2227	384
1993	60	6332	2856	703
1994	28	2060	2261	985
1995	26	3480	2687	748
1996	33	2456	2099	1022
1997	33	6328	3312	2790
1998	20	3051	2294	2370
1999	15	1072	1071	1633
2000	13	800	724	916

卷七 城乡建设

1990年代,上饶地区城市总体规划,除上饶市中心城区总体规划修编了3次外,其他11县(市)城区和三清山的总体规划多数在80年代第1次编制规划的基础上进行重编或修编,将原80年代的规划作了重大的调整,并对城市区域内各项建设作出具体规划。

1991年始,全区城乡建设进入大发展时期,各县(市)在总体规划指导下,以改善城市基础设施为重点,相继在城(市)区新建、改建数十条重要交通干道。市政设施日趋完善。随着城市建设的逐步拓展,城市面积不断扩大。2000年,全区城市面积2543.67平方千米,建成区面积104.72平方千米。城市道路总长由1990年229.59千米增加到624千米,城市功能进一步完善,城市排水管道长由151.49千米增加到449.79千米,城市日供水能力由11.18万立方米猛增到55.9万立方米,用水普及率由78.7%上升到95.6%,城市路灯由3184盏增加到6894盏;全区城市液化气供应总量达13474吨,用气户数127644户,用气人口51.94万人,用气普及率为71.15%。园林绿化建设发展迅速,园林绿地面积逐年增大,2000年,全区城市绿化覆盖面积3919公顷,园林绿地面积2376公顷,建成区绿化覆盖率23.79%,人均公共绿地面积由0.56平方米上升到5.36平方米。

1990年代,全区住房制度改革的深入,住房由福利型逐渐向商品化转变,各县(市)城镇掀起商品房建设和私人建房的热潮。随着房地产开发事业的不断发展,全区各县(市)一批现代化建筑拔地而起。2000年,全区房地产开发企业完成商品房建设投资额15926万元,其中住宅建设投资13786万元,与1991年相比,分别增长8.7倍、9.2倍;商品房建筑施工面积45.33万平方米,其中住宅面积38.26万平方米,同比分别增长2.4倍与2.3倍;商品房建筑竣工面积22.63万平方米,其中住宅建筑竣工面积19.6万平方米,同比分别增长3.4倍、4.1倍。2000年,全区城市(镇)实有房屋面积2419万平方米,其中住宅面积1648万平方米,比1990年分别增长75.04%、120.07%。全区城市(镇)人均居住面积10.31平方米,比1990年增加2.09平方米。

第一章 城乡规划

第一节 机构设置

1990年代,全区各县(市)只有上饶市设立规划局,其余11个县(市)城乡建设管理局内设有规划科(股)。

1991 年 5 月,正式成立上饶市规划局,为二级局。局下属单位有上饶市勘测队、市规划设计院、市规划监察中队。次年 10 月,市规划局升格为一级局。1994 年 1 月,并入上饶市城乡建设委员会,为规划建设管理处。1996 年 7 月,恢复市规划局,为二级事业机构。内设办公室、规划科、村镇科及设审科,共有工作人员 15 人。

2000 年 10 月,上饶撤地设市,上饶市规划局机构人员整体上划,隶属上饶市建设局管理,内设办公室、规划科、监察科、设审科、村镇科、民务科、财务室及窗口办,共有工作人员 30 人。

第二节　上饶市城区规划

总体规划编制　1991 年—2000 年,上饶市城市总体规划得到了进一步完善,上饶市中心城区总体规划修编 3 次。

第一次是 1994 年春开始,1995 年 10 月完成,1996 年 4 月呈报上饶地区行署审议。行署邀请省政府决策咨询委员会专家到上饶市对《上饶市总体规划》的修订文本进行专门研究,认为应将上饶县旭日镇纳入统一规划范围考虑。

第二次是 1997 年 5 月,市规划局将其与江西省城乡规划设计院共同进行第二次修编的《上饶市总体规划》上报行署,并根据当年 5 月 31 日专员办公会议的讨论意见进行修改完善。1998 年 2 月,江西省建设厅在上饶市召开专家评审会,原则上通过第二次修编规划。

第三次是 2000 年 2 月,上饶市依照省政府和地区行署意见进行第三次修编,并邀请同济大学规划设计研究院负责,中国城市规划学会副理事长、教授陈秉钊主持。当年 10 月完成规划纲要,11 月中旬,新成立的地级上饶市人民政府召开规划纲要评审会,提出修改意见。次年 1 月中旬,江西省建设厅在上饶市召开省级专家评审会,原则通过规划纲要。

1994 年—2000 年上饶市城市总体规划三次修编内容一览

表 7－1－1

项　目	第一次(1994 年)	第二次(1998 年)	第三次(2000 年)
规划期限(年)	1995—2015	1997—2010	2000—2020
城市性质	以工贸物资集散为主的地区中心城市	以机械工业为主,商贸和旅游服务为特色的赣、浙、闽边境地区中心城市	上饶市的政治、经济、文化中心,赣、浙、闽毗邻地区商贸流通和旅游服务中心
人口规模(万人)	2000 年年末:25 2015 年年末:34	2000 年末:25 2010 年末:34～36	2005 年末:25 2010 年末:32 2020 年末:45
用地规模(平方千米)	2000 年年末:23 2015 年年末:40	2000 年末:22 2010 年末:33.85	2005 年末:21.5 2010 年末:28.8 2020 年末:44.9
城镇体系规划	1 个中等城市(上饶市区)3 个建制镇(沙溪、灵溪、朝阳),2 个集镇,4 个村镇。规划区界定扩大为现有规划区环城经济圈所经济线各村庄。	规划区为:北至规划的梨温高速公路,南至茅家岭,东至东岳园,西至上饶县旭日镇。	规划区为:信州区(原上饶市除沙溪镇和秦峰乡以外的所有区域:上饶县的旭日镇、枫岭头,罗桥、石狮乡的王家坝以及茶亭的南岩,湖墩、应坊、墩头两湖五村。

续表 7－1－1

项　目	第一次(1994 年)	第二次(1998 年)	第三次(2000 年)
城市发展方向或布局	重点开发南部积极改造中部相应完善北部	按组团式布局,划分为:老城、带湖、旭日、三江、水南5 个组团。	分为 6 大片区:老城、带湖、民主、旭日、三江、水南。
规划区面积(平方千米)	100	100	100
编制单位	上饶市建设局	江西城乡规划设计研究院、上饶市规划局	同济大学规划设计研究院、上饶市建设局

乡村规划编制　集镇建设规划　1993 年 5 月,上饶县三乡一镇划入后,上饶市开始有集镇规划。是年沙溪镇完成总体规划调整,将规划区的总面积由 2 平方千米拓展到 3 平方千米。1999 年 6 月,灵溪乡撤乡设镇后,随即制定占 0.7 平方千米的灵溪中心镇区为期 20 年的总体规划。规划分近期、远期两个阶段。

乡村建设规划　1990 年代,上饶市规划部门围绕"小城镇、大战略"的规划思路,加强"农村城市化,城乡一体化"的乡村规划建设。1995 年,市政府选定常青乡车头村、北门乡民主村、茅家岭乡畴口村、灵溪乡脉山底村为小康示范村镇建设试点单位。由市规划局完成小康示范村镇的规划编制工作。并调查完善常青乡的滩头村、汪家园村、东门村、庆丰村,北门乡的郭门村、沽塘村等多个农民新村的村建规划。按照规划实施建设,1998 年朝阳乡结合救灾,制定下源村灾民新村规划,1999 年又完成管村移民建镇规划。

第三节　其他县(市)城区规划

总体规划编制　随着经济建设的发展,原有的县城总体规划已不再符合时代要求,为满足现代化建设需求,各县(市)对城镇总体规划进行调整和完善。

1991 年—2000 年,除上饶市中心城区外,其他 11 县(市)县城区和三清山的总体规划多数在 1982 年—1986 年第一次编制的基础上,进行重编或修编过约 16 次,其中上饶县 1 次、广丰县 2 次、玉山县 1 次、铅山县 1 次、弋阳县 2 次、横峰县 1 次、波阳县 1 次、余干县 1 次、万年县 1 次、德兴市 1 次、婺源县 3 次、三清山 1 次。

1991 年—2000 年全区各县(市)规划编制实施情况

表 7－1－2

县(市)名称	次数	编制时间(年)	实施时间(年)	编制单位
中心城区(上饶市)	3	1994 1998 2000	1995 1998 2000	上饶市建设局 江西城乡规划设计研究院 同济大学规划设计研究院
上饶县	1	1993	1995	上饶县城乡建设环境保护局
广丰县	2	1992.3 2000	1993.10 2000	江西城乡规划设计研究院 清华大学规划设计研究院
玉山县	1	1993	1993	江西城乡规划设计研究院

续表 7－1－2

县(市)名称	次数	编制时间(年)	实施时间(年)	编制单位
铅山县	1	1984	1985	江西城乡规划设计研究院
弋阳县	2	1995 1998	1995 1999	弋阳县建设局 同济大学规划设计研究院
横峰县	1	1993	1993	江西城乡规划设计研究院
波阳县	1	2000	2002	江西城乡规划设计研究院
余干县	1	1993	1994	江西城乡规划设计研究院
万年县	1	1994	1995	江西城乡规划设计研究院
德兴市	1	1991	1992	同济大学规划设计研究院
婺源县	3	1990 1995 1999	1990 1995 1999	江西城乡规划设计研究院 江西城乡规划设计研究院 浙江金华规划设计研究院
三清山	1	1993	1994	江西城乡规划设计研究院

说明:1998 年弋阳县的第二次属规划调整。

编制内容　城镇规划编制　选录全区 7 个县(市)的规划编制内容。

玉山县　1993 年对原总体规划又进行了调整补充,并于 1993 年 4 月 27 日县第十一届人大常委会第二次会议通过,呈报上饶地区行署审定后转报江西省人民政府审批。调整后的城区总体规划目标重点是建设北区,加快开发城西工业区,稳步开发东区,积极改造老区,向南发展风景旅游区。规划范围东边以冰溪河以西及山头淤、六都王村、双路口,西边以玉琊溪以东,南边以文成乡金交村至干群水库以北,北边以 320 国道线以北 500 米以内,规划面积 24 平方千米。1996 年经上级批准,县级总体规划范围为东界林岗乡东津桥西,南以武安山南麓,至文成镇工干群水库以北,西至玉琊溪以东,北至横街镇洋岩村、四股桥乡朱村;东西长 6 千米,南北宽 6.6 千米,总面积 39.6 平方千米。县城人口规划到 2000 年非农业人口为 7 万人,2010 年 10 万人以上。城区规划分年分期实施,近期为 1993 年—2000 年,中远期为 2000 年—2010 年。

横峰县　1993 年,县委、县政府聘请江西城乡规划设计院对横峰县县城总体规划进行调整。调整后的总体规划面积由原来的 4 平方千米,扩大到 8 平方千米,规划控制面积扩大到 16 平方千米,城区人口由 1 万发展到 2000 年的 4 万余人。

余干县　1993 年 7 月,余干县城乡建设环境保护局在 1986 年开始实施的《总体规划》顺利进展的基础上,又会同江西省城乡规划设计研究院,编制新的《余干县城总体规划》(以下简称《新总体规划》)。《新总体规划》年限分为两个阶段:近期 1993 年—2000 年。人口规模发展为 5 万～6 万人,用地规模为 4～5 平方千米。并对近期建设项目作了详细安排。远期 1993 年—2015 年。人口规模发展为 9 万～10 万人,规划城建区的建设用地,西到互惠河,北到昌北公路,东到余珠路,东南至县砖瓦厂,南到市湖南岸。面积为 8.64 平方千米。同时,新总体规划控制区范围确定为 1 城 2 乡,即县城全部面积,洪家嘴乡和华林岗大部面积,范围约 18 平方千米。按《新总体规划》布局,县城按其功能规划为 4 个区域。

婺源县　1994 年 11 月,江西省城乡规划设计研究院承担规划修编工作,于 1995 年 3 月完成第二轮《县城总体规划》的修编。修编后的县城总体规划确定：紫阳镇城市规划控制区面积20平方千米，其四至界线分别为东至植物园，南至小港，北至茶校，西至公安局看守所；县城建设区范围面积9.6平方千米，其四至界线为东至白景线东段，南至小港、北至武口乡政府，西至看守所；县城建设用地区划由老城区、城北区、城南区、武口区4个片组合构成。为加速详细规划编制的进展，1999年县政府聘请浙江大学、浙江金华规划设计院为县城总体规划区内4个片区编制了控制性详细规划，并对文公路、书乡路、沿河路、茶乡路等主要道路的街景进行精心设计，充分体现山水城市特色，与县内丰富的自然、人文景观及文化内涵相结合，与旅游事业相结合，使总体规划达到高起点、超前性、跨世纪、50年不落后。

弋阳县　1995年，《弋阳县城总体规划》经省人民政府正式批准实施，县城规划区面积由1985年的22.3平方千米，调整为26.5平方千米，建成区由1990年的6平方千米，增加到9平方千米。规划区范围划定：东至朱坑桃源山、双亭路和城郊乡（南岩镇）境内的县水文站、溪头熊家、费家山；南至320国道张家山；西至五O四处、城郊乡葛家石、文星塔、弋江镇西港桥、西站和湾里乡王家碓、胜利亭；北至湾里乡王家山、纸箱厂和花亭场葛坝、姚家、周家口及连胜厂北围墙。城区建设已初具规模，形成了老城区、城南区、路北区（浙赣铁路线以北的规划区）的格局，城区绿化面积达总面积的20%以上。1998年，在上海同济大学城市规划设计研究院的帮助下，完成了《弋县城总体规划调整》及城区新区控制性详规的编制。在旧城改建和城南新区开发建设中，重点加强了小区的规划。

广丰县　1999年县委、县人民政府成立城市规划委员会，对县城建设、重点工程的规划审批严格把关。2000年，委托清华大学城市规划设计研究院着手对县城总体规划进行新一轮调整。新的总体规划，按照城区人口25万~30万人、面积30平方千米的城市规模，对县城的发展重点，道路、绿化建设、县城功能区划分作出调整，期限为2000年—2020年。规划区四至范围是：东至大塘角、小坝头；南至苏家塘、自山塘、五角塘；西至河北廖家、霞峰的芦潭、泉里、青山头、大塘坞、新塘；北至马蹄区、石头山、石塘村、马子山、西溪、养清源、乌草塘、香炉脚。

德兴市　《德兴市城市总体规划》经江西省人民政府批准实施。规划区范围：城区中心仍在老城区，即以东西向轴线朝阳路的行政中心及南北轴线南北大道的商业服务中心。规划控制区面积20平方千米，规划人口5万人，规划期限1991年—2001年。

乡村规划编制　1990年代，全区各县（市）集镇建设规划坚持"合理规划，配套建设，协调发展，有利生产，方便生活"的基本原则，对镇区规划期内区域人口规模、工农业生产等社会经济发展指标，对镇区的住宅公共建筑、生产建设、道路交通、给水排水、电力、电信等基础设施都进行了定量定性的平面布局：作出了远近期分期建设和用地的安排。同时，各县（市）集镇建设规划因地制宜，注重个性，体现"一镇一品，一镇一色"的特点，做到"六结合"①。

1991年初，全区村镇规划编制完成情况为：269个乡集镇完成总体规划，编制率100%；238个集镇完成建设规划，编制率87.2%；21156个村庄完成建设规划，编制率85.73%。

2000年，全区287个小城镇，完成小城镇修编计划有76个，编制率为26.48%，累计完成小城镇规划修编121个，编制率为42.16%。

1991年—2000年，由于受经济及其他因素的影响，全区的村镇规划编制工作进展缓慢，完

---

①"六结合"：与保护自然山林、水体相结合，与保护和恢复历史遗产相结合，与加强基础建设相结合，与发展商贸经济相结合，与发展旅游产业相结合，与创建卫生集镇相结合。

成乡镇规划编制的只有26个，其中德兴市3个、弋阳县13个、铅山县7个、横峰县2个、万年县1个；完成村庄规划编制的有134个，其中广丰县1个、弋阳县13个、波阳县77个、万年县15个、德兴市28个。

第四节　规划管理

上饶市规划管理　城市规划管理　上饶市城市规划部门本着“宁可得罪人，不可得罪子孙”的原则，严格执行上饶市城市总体规划，以及《上饶市城市建设规划管理实施细则》，根据城市建设的需要，实施市九届人大通过的重点建设新区，逐步改造老区的近期规划。从1990年4月1日起，依照《中华人民共和国城市规划法》，在规划管理区坚持按规划审批原则发放建设规划许可证，同时收缴城市基础设施配套费及投资方向调节税。1994年，市规划部门强调旧城改造要连片规划、统一拆迁，不得留“死角”。是年，市规划部门改原按地属、市属或乡界分工管理为统一划地块分片到人管理，加强技术把关，完善和简化办事程序，并做到全部公开化，自觉接受社会监督。1990年—1995年，共发放建设规划许可证2400份，其中单位用地672份，单位工程492份，个人新、改、扩建的1236户。1999年，市政府成立上饶市城建规划领导小组，是年4月1日，市规划局正式实施窗口报建制度。

乡村规划管理　1990年，上饶市城建局向市郊三乡各派一名村镇建设助理员，以加强乡村建房管理。1994年，市政府批转实施《关于加强乡（镇）村集镇建设规划的意见》，对搞好乡镇总体规划、村民建房审批、建筑管理机构设置、320国道等主干道两旁建房控制宽度等提出具体意见。还要求把农民从自发的建设状态规范到统一规划、合理用地、有序建设的轨道上来。1997年、2000年市规划局先后两次举办各乡镇的村镇建设业务培训。2000年市各乡镇均成立村镇规划建设管理机构。

开展纪念宣传活动　从1989年《中华人民共和国城市规划法》颁布以后，上饶市规划局每年利用多种形式开展纪念宣传活动。其中较大的活动：1991年举办的反映全市城市规划建设新貌的“我爱上饶市”建设杯“摄影大奖赛”；是年11月举办的“世界规划日”街头宣传咨询活动。1992年《江西省实施〈中华人民共和国城市规划法〉办法》颁布后，市规划局与市委宣传部、《上饶晚报》社联合举办“规划杯”理解、参与征文评奖活动。1993年—1995年，市规划部门每年都要围绕《中华人民共和国城市规划法》的实施，开展形式多样的宣传活动。

其他县（市）小城镇规划管理　各县（市）　依照《中华人民共和国城市规划法》，城市规划管理实施“二证一书”（即“建设用地规划许可证”、“建设工程规划许可证”、“建设项目选址意见书”）的管理办法。1990年代，全区各县（市）政府先后印发了《县城总体规划管理办法》中规定：任何单位和个人，在县城总体规划范围内从事新建、改建和扩建建设项目，必须服从县城总体规划，向城市规划行政主管部门提出申请。经批准取得“建设项目选址意见书”，“建设用地规划许可证”后，才能向政府土地管理部门申请征用划拨土地建设工程设计，工程设计图纸经城市规划主管部门审核符合规划要求后，发放《建设工程规划许可证》才能动工兴建。未取得“二证一书”视为违法行为，责令其停工和拆除。为了做好这方面工作，各县（市）城市规划行政主管部门加大宣传力度，并派出专门队伍在规划区范围内进行巡查监督。严格执行了“二证一书”制度，拆除了一批违章建筑，城市规划设计和规划管理工作逐步走上法制化轨道。

1993年，婺源县人民政府通过《婺源县城总体规划管理办法》。1997年8月，婺源县人民政府发出《关于贯彻〈江西省人民政府关于加强城市规划工作的通知〉的通知》在规划上实行严格管理，城镇建设在统一规划、合理布局的前提下，做到综合开发，配套建设，有组织、有计划的改造老城区，开发新城区，坚持杜绝零星建设。2000 年 6 月，婺源县人民政府《关于强化城乡建设管理的通知》中规定：一、凡在总体规划区内（指紫阳镇及各建制镇）构筑物、道路、管线通信及其它工程设施等各项建设活动，都必须先履行规划审批手续，依照《规划法》规范执行“两证一书”制度。县建设规划行政主管部门代表县政府依法办理各种规划审批手续。各规划区城乡结合的规划、建设，统一纳入规划区规划和管理。

乡村规划管理　1990 年代，全区各县（市）为加强乡村规划管理，各乡镇设立小城镇建设管理机构，并配备村镇建设助理员，对乡镇建房用地实行核发“两证”（用地规划许可证、工程规划许可证）制度。2000 年，全区小城镇共 287 个，设立 233 个小城镇建设管理机构，村镇建设助理员 274 人，核发“两证一书”或“一证一书”2227 份。弋阳县全县乡镇从 1992 年起，开始配备乡镇建设管理员，乡镇建设管理工作有了良好的开端。1993 年—2000 年，全县共审批乡镇私人建房 1836 户，建房面积 8323 万平方米，全部实行“两证一书”（建设用地规划许可证、建设工程规划许可证、项目选址意见书）的发放制度，发证率达 100%。

2000 年全区各县（市）小城镇规划管理情况

表 7－1－3

县（市）名称	小城镇个数（个）	规划情况					管理情况		
		修编规划（个）	评审规划（个）	审批规划（个）	核发“两证一书”或“一证一书”（份）	累计完成小城镇规划修编（个）	小城镇建设管理机构（个）	村镇建设助理员（人）	征收市政公用设施配套费（万元）
全区合计	287	76	51	56	2227	121	233	274	514
上饶市	2	2	2	2	2	2	2	4	
上饶县	31	1			340	12	28	28	
广丰县	35	3		6	106	9	30	30	30
波阳县	45	16	16	16	150	16	10	38	68
婺源县	26	19	19	19	130	19	26	35	18
余干县	34	2	1	1	174	34	31	30	37
万年县	19	3	3	3	152	3	19	19	18
横峰县	11	2	2	1	125	2	13	12	19
弋阳县	22	3	2	3	254	3	21	21	270
铅山县	25	8	3	2	134	8	25	27	2
玉山县	22	2	1	1	10	11	11	22	10
德兴市	20	15	2	2	650	2	17	18	42

说明：此表所指小城镇包括建制镇（含县城关镇）、乡政府所在地的集镇以及其他初具规模的集镇。

第二章　市政设施

第一节　城市道路

1990年末,全区城市道路总长229.59千米,道路面积总计228.51万平方米。1990年代,全区城市建设迅速发展,城镇面积不断扩大。各县(市)在全面推进城市建设的过程中,以道路建设拉开城市建设框架,加速发展城市道路,改建并开发兴建了一批城市道路。至2000年年底,全区城市道路总长624千米,比1990年增长1.7倍,其中县城345千米、城市(包括上饶市、德兴市,下同)214千米。全区道路总面积614.94万平方米,其中县城358.95万平方米、城市255.99万平方米。

上饶市城区道路　1990年年末,上饶市城区道路共有主干道13条,总长度12.7千米,人均拥有道路面积2.71平方米。

1990年代,随着上饶市城市建设综合开发,全市先后新建三清路、丰溪路、带湖路、沿河西路、叶挺大道等16条市内道路,拓宽改造中山路、胜利路、沿河东路、五三大道、庆丰路等16条市区内道路,消除了断头路、丁字路,瓶颈路。320国道上饶市区段、东岳大桥、胜利大桥和浙赣铁路东西立交桥的竣工,形成64.2千米的环城道路,构筑了贯通南北、连接东西的道路网络。新建和改建的32条市区道路,总面积35.55万平方米,总投资5112.14万元(造价不详的除外)。其中新建道路16条,面积25万平方米,投资2939.77万元(造价不详的除外)。此外,全市排水等市政公用设施不断配套和完善,街坊道路宽阔畅通,纵横交错,里弄小巷道路实现了硬质化,并以混凝土路面为主。

至2000年末,上饶市共有城市道路153条,其中:主干道21条、次干道12条、在建道路11条,城区道路总长度149千米,比1990年增长10.7倍;道路总面积151.50万平方米,比1990年增长2.4倍。人均拥有道路面积8.57平方米,比1990年增长2.2倍。

2000年上饶市城区主次干道一览

表7-2-1

道路名称	路面结构	类别	起　止	长度(米)	总面积(平方米)	人行道面积(平方米)
赣东北大道	沥青	主干道	信江大桥北端—胜利路	1160.4	49220.5	11285.9
中山路	混凝土	主干道	溢洲商厦—体育馆路	1468.0	22607.2	18112.8
解放路	混凝土	主干道	解百商厦—十六路口	1749.3	31767.4	14916.3
五三大道	混凝土	主干道	体育馆路—解放路	1500	27000	37312
抗建路	沥青	主干道	解百商厦—邮电局	564.2	5831.8	4620
水南街(原抗建南路)	沥青	主干道	信江步行桥南端—前进大桥北端			
路口	2429.2	27967.3	18141			

续表 7－2－1

道路名称	路面结构	类别	起　止	长度（米）	总面积（平方米）	人行道面积（平方米）
庆丰路	混凝土	主干道	面粉厂—320 国道	2560	56871.9	2710.4
书院路	沥青	主干道	丰溪路—地委党校	1079	14945.4	5004.3
丰溪路	沥青	主干道	信江步行桥南端—前进桥东端	2298	24241	1750
信江东路	沥青	主干道	三清路—国泰商厦	480	4416	3201.4
信江中路	沥青	主干道	国泰商厦—胜利大桥北端	780	5304	3425.3
信江西路	混凝土	主干道	胜利大桥北端—解放路	613	4456.26	2500.5
胜利路	混凝土	主干道	铁路东立交桥南端—沿河路	1244.5	24121.4	13053
沿河东路	沥青	主干道	东岳大桥北端—赣东北大道	1250	22508	2842.4
沿河中路	沥青	主干道	赣东北大道—胜利大桥北端	1236	22248	6142.4
沿河西路	沥青	主干道	胜利大桥北端—十六道口	1266.8	21820.1	3401.36
沿河西路（延伸段）	混凝土	主干道	十六道口—龙潭桥北端	1969	35442	—
民主北路	混凝土	主干道	十六道口—杨家仓库	710	11360	—
体育馆路	混凝土	主干道	五三大道—东岳大桥北端	640	11008	6440
带湖路	混凝土	主干道	陆羽塑像—320 国道	1740	48720	21700
叶挺大道	混凝土	主干道	胜利大桥南端—南环路	2110	42200	—
光学路	混凝土	次干道	带湖路—江光厂	1172	19929.1	5680
东门路	沥青	次干道	五三大道—中山路	445	3649	3331.2
凤凰路	沥青	次干道	市一中—龙牙亭	360	6120	1200
南门路	沥青	次干道	沿河东路—中山东路	264	1848	878.4
贸昌路	混凝土	次干道	钟灵路—建南路	300	2700	—
新建路	沥青	次干道	抗建路—信江中路	338.7	2720	2400
茶厂路	沥青	次干道	中山路—上饶茶厂	210	1512	840
灵山路	沥青	次干道	信江东路—地区保育院	269.4	2770.5	1785
中山东路（Ⅰ）	混凝土	次干道	月兔春酒店—江西省陆羽泉啤酒有限公司	768.5	18905.1	1070.9
中山东路（Ⅱ）	砂石	次干道	江西省陆羽泉啤酒有限公司—郭门	2153.5	21677.25	3400
金龙岗（南北向）	沥青	次干道	中山西路—五三大道	506.1	3685.6	—
金龙岗	沥青	次干道	上饶茶厂—地区保育院	424.3	3410.3	—

其他县(市)城区道路　1990年代,上饶县城新建道路有新街新建路、七六路、东升路3条,铺设南灵北路,沥青路面罩面6400平方米,商业大街街道拓宽至20米。横峰县城新建2条道路分别是:人民大道,是贯穿城南新区和连接老城区的一条主干街道;兴安大道是城南新区贯穿东西的主要街道,其东为人民大道相接,西为上德公路相连。万年县城新建2条道路是万昌路、建安路。其中万昌路是县城向西发展的主干道。波阳县城修建东湖大道和原七条巷成为沟通城东、城西的交通要道。先后改造新民路与滨洲路。1990年代,弋阳县重点是老城区改造,新城区建设。先后修建了东站路、漆工大道、环城路、沿江大道、旭光大道、圭峰大道,总长5.4千米。1997年,对胜利路、志敏大道、广场路5条主要街道、人行道进行拓宽,铺设彩色人行道板30万平方米。婺源县城城北新区开发建成的农民街、茶乡东路、天佑路、李桑路、文公南路、文公北路、书香路、东溪路共8条,道路总长5.25千米。玉山县城新建道路有玉岩路、瑾弋路、柳洲路、横街路、连城路、冰溪大道、二中路和沿河路商业街。铅山县城新建的道路3条是狮江路、复兴南路、信江两岸沿河路;拓宽了6条,构成了"两横四纵"的城区道路网络结构。广丰县城的芦林大道、永丰大道、裕丰大道属1990年代新建改建成县城内环路、商业主街。德兴市区以老城区为主,银中路、德娱路、朝阳路、银城南路5条为改建道路。新建道路有4条:铜都大道、外环路、东沿河路、广场路。市区道路只有银城南路为沥青路面,其他均为混凝土路面。

1998年,万年县城有六〇路、正大街、石杨路、万民路、站前路、滨溪路、万昌路、建安路等主要道路。是年,县城道路共32条,总长度38.16千米,道路总面积41.78万平方米。2000年,弋阳县对城北志敏大道进行路面改造。是年,县城道路长度38千米,道路总面积38.22万平方米。上饶县城主要街道有旭日大道、旭日路、南灵南路、南灵中路、南灵北路、七六路、东升路8条。县城道路长度30千米,道路总面积17.6万平方米。婺源县城主要道路有星江路、环城北路、环城南路、环城西路、城南路、蚺城路、健康路、农民街、茶乡东路、天佑路、李桑路、文公南路、文公北路、书香路、东溪路。县城道路长度17千米,道路总面积20.33万平方米。玉山城区主要道路有玉紫路、新建路、解放路、三清路、人民路、博士路、茶花东路、武安路、玉岩路、瑾弋路、柳洲路、横路街、连城路、冰溪大道、二中路、沿河路商业街。是年,县城道路长度39千米,道路总面积41.67万平方米。2000年,铅山县城有复兴北路、复兴南路、胜利北路、胜利南路、狮江路、黄岗山路、信州路、沿河路等8条主要道路。是年,县城道路长度35千米,道路总面积33万平方米。横峰县城有12条主要道路是:解放北路、解放中路、解放西路、解放东路、解放南路、中华路、新建路、古窑路、敬老路、人民大道、兴安大道。县城道路长度16千米,道路总面积18.36万平方米。余干县城有东山大街、小南门街,务前街、中大街、西街、四衙路、沿湖路、琵琶路、四牌楼街、阳水沟街、环山路、冠山路、东山路、南门路、城西路、新建路、仓前岭北路、沙窝大街等主要街道。县城道路长度36千米,道路总面积32.66万平方米。广丰县城主要道路有:芦林大道、永丰大道、丰溪路、乌林新街(月兔大道)、裕丰大道、西广路、博山路、西关街、中大街、南街、东街、西街、园丁路。县城道路长度59千米,道路总面积63.66万平方米。波阳县城有27条主要道路,县城道路长度50千米,道路总面积60.34万平方米。德兴市区主要道路共14条,市区道路长度65千米,道路总面积104.49万平方米。

第二节 城市路灯

1991年末,全区各县(市)城镇街道共拥有路灯3184盏。1990年代,随着城市(镇)道路增多,至2000年,全区城市路灯增加到6894盏。其中,城市3065盏,县城3829盏。高杆灯、霓虹灯、满天星亮化了城区大街小巷,增添了城市的现代化气息。

上饶市城区路灯 随着上饶市城区建设的发展,从1991年起,城区路灯开发建设,拆除水泥杆路灯,安装镀锌管路灯。路灯线路重要地段由架空线改为地埋电缆线。1990年代,路灯数量、质量和光源都发生了较大变化,城区路灯采用新光源、第二代汞灯、第三代钠灯先后启用,且突破单一色调,向式样美观、悬挂方式多样化发展。1994年,为改善道路照明,在赣东北大道中段、长塘路口、胜利大桥南北两头,各安装高杆组合灯4盏,在带湖路两侧安装108盏钠灯。

1997年,上饶市更注重城区灯饰美化。是年,市政府与上饶供电局协商,共同制订《上饶市灯光工程建设方案》。其时上饶市计有路灯1500盏,总功率205千瓦(包括步行桥上的二条彩灯)其中低于150瓦光源的路灯有500盏。

2000年,市区道路实施"亮化"工程。市区25条主次干道长达30549米的路段,安装照明路灯2165盏。路灯已由原来的白炽灯、汞灯全部更换为钠灯;灯型也由以往的琵琶灯罩改用敞开式球形灯,悬挂方式改用一侧挑式或T行海燕式。路灯也由单盏发展成组合高杆灯。路灯的控制方式由闸式开关,发展到钟控、光控开关。在中心广场等5个重要地段和10条主干道还安装彩灯3000余盏,亮灯率在98.7%以上,饶城千姿百态,通体透亮的广告牌、店牌、闪烁绚丽的霓虹灯,璀璨迷人的礼花灯,汇成城市灯的海洋。使夜晚的上饶市区流光溢彩。

其他县(市)城区路灯 1990年前,铅山县城路灯稀少且功能单一,除在城市主要街道和里弄小街的路口安装了几盏简易照明路灯以外,几乎没有景观装饰灯。1990年代,县委、县政府加大了基础设施的投资力度,加快了以绿化、美化、亮化为主要内容的城市建设步伐,城市路灯也由单一白炽灯照明向多品种、高规格、多层次、多色采的现代新式灯具转换。如狮江路、复兴中路不仅安装高杆灯,同时还有各类花式景观灯;街心花园既有高杆灯,又有射灯、地灯、草坪灯、地埋灯及水灯。至2000年年底,县城各街道公园、公共场所共有照明路灯210盏。

1990年代,横峰县政府加大县城路灯建设的投资,县城路灯由原来单一的白炽灯向多品种、高规格、多层次的现代化新式灯具转换。2000年,县城各街道、公园、公共场所共有各类照明路灯364盏。

1991年12月30日,余干县城十里长街通电、全新金属路灯电杆,装有250瓦钠灯24盏,125千瓦钠灯44盏,电脑控制,定时自动开关。到2000年,县城路灯用水泥电杆148基。路灯有高压钠灯168盏,18.5千瓦;汞灯12盏,4.8千瓦;节能灯56盏;白炽灯80盏。下关街心花园中心有灯塔1座,装灯24盏。阳水沟的街道两边装有不锈钢柱26处,每柱灯泡3~5盏,共82盏。

1991年,德兴市区路灯盏数为143盏。1993年开始,根据城市规划,对原有路灯进行了全面更换。全部为钠灯、汞灯,主要分布在朝阳东路、银城中路、洎水大桥、朝阳西路和银山路等地段。1993年银山路更换为150瓦钠灯40盏。1995年,将洎水大桥原玉兰灯更换为两叉150瓦钠灯共16盏。1990年代,市区高杆灯共二处。1994年,街心花园安装高杆灯,安装灯头为

24灯头9600瓦;1996年,老汽车站安装高杆路,安装灯头为24灯头9600瓦。路灯由电子时钟控制,每天照明6小时,即18:00—24:00时。2000年,市区共有路灯900盏。

1991年前,上饶县城共有路灯66盏,其中旭日路有路灯30盏,南灵路有路灯29盏,文卫巷有路灯7盏。1990年代,随着县城道路建设加快,道路增多。1996年,在南灵路马新建路交接的十字路口建成1座高30米的高杆汞灯。自此,每当入夜,地摊遍地,人头攒动,夜市繁荣。2000年,县城共有路灯300盏。

1991年前,波阳县城正规路灯198盏,中心市区路灯彻夜长明。90年代县城基础设施建设也推动了路灯的建设。至2000年,县城有路灯410盏(含高杆灯)。

1995年,弋阳县为美化城市夜景,在弋阳广场和城南新区花坛架立两杆高架灯。1996年,增架了胜利路口高杆灯1座。2000年,县城路灯共有450盏。

1991年前,婺源县城只有老城区星江大道、环城路安装了白炽路灯,一柱一灯,且稀稀落落。1998年9月,城南路改造拓宽后安装了30盏路灯。同年,天佑路安装了18柱2火高纳路灯,李桑路安装了10盏路灯,并在天佑路与东门桥头交叉口、茶乡西路与武口大道交叉口安装了2盏高杆灯,东溪路安装了12盏钠灯。1999年年底,文化南路、环城路、星江大道、星江大桥、东门大桥、天佑大桥共安装(或改装)160柱钠灯。至此,县城各式路灯栉比鳞次、遍布大街小巷。2000年,县城共有路灯636盏,比1991年增长5.4倍。

1991年,万年县城主干街道两旁共架设照明路灯200余盏。1995年底采用集资的方式建成4盏高杆18头光控高压钠灯。2000年,县城路灯共有400盏。

1991年以前,广丰城区设置路灯95盏,均为普通路灯。1992年后,在县城建设中将美化、亮化工程纳入县城总体规划,作为创建卫生县城的重要组成部分,对新建街道,住宅小区,公共设施等实行亮化建设。同时对旧城区街道路灯进行更新改造。2000年,县城共设置路灯580盏。

1991年前,玉山县城只有解放路有笠式普通路灯横挂街心。1990年代,县城路灯全部更换增添,大部分都用镀锌管做灯柱。2000年,县城共有路灯370盏,其中,三清大道、人民北路、人民南路、解放路、沿河路、沿河新区玉山大桥等都分别安装汞灯或钠灯,此外还有30米高杆灯分布在大街和主干道交叉口。

第三节　城市排水

1990年末,全区各县(市)城镇下水道排水管道长151.49千米,其中上饶市排水管道长6.30千米。城市排水设施是市政设施十分重要的部分。1990年代,随着城市建设快速发展,县城(市)排水设施也得到了发展,至2000年年底,全区排水管道长度449.79千米,比1990年增长2倍,其中,城市133.24千米,县城316.55千米。

上饶市城区排水　上饶市的排水设施建设基本上与道路建设同步进行。1990年,上饶市区下水道干管有21条,干管总长约6.3千米,汇水面积160.82万平方米,有检查井725个,雨水井837个。下水道混乱,不成系统,且污水造成的污染较严重。1990年代,随着上饶市城市建设快速发展,城市排水设施也得到了发展,新建了中山路、赣东北大道、解放路、五三大道等27条主次干道排水管道,城市排水管网已初具规模。至2000年,市区已形成排水管道网络。排水管总长为91.3千米,比1990年增加85千米。排水方式仍系雨污水合流制,就近排入河道。

1990 年—2000 年上饶市市政排水设施情况

表 7－2－2

1990 年年末				2000 年年末			
路 名	长度(米)	起	止	路 名	长度(米)	起	止
中山路	1468	长塘路	赣东北大道	中山路	2194	长塘路	赣东北大道
赣东北大道	2011	信江桥	广场	赣东北大道	2011	信江桥	交通大厦
解放路	3132.5	天津街	火车站	解放路	3220	解百商厦	火车站
抗建中路	1084.5	解放路	沿河路	抗建中路	1084.5	解放路	沿河路
沿河路	4095.4	十六道口	农业银行	沿河路	8101	十六道口	长塘大桥
五三大道	2092.9	广场	长塘路	五三大道	2092.9	广场	长塘路
灵山路	419	信江路	市保育院	灵山路	419	信江路	市保育院
南门路	266.5	沿河路	中山路	南门路	266.5	沿河路	中山路
新建街	419.3	信江路	抗建路	新建街	611	信江路	抗建路
胜利路	2618	东立交桥	胜利大桥	胜利路	2618	东立交桥	胜利大桥
前进路	565	步行桥	地区食品厂	前进路	656	步行桥	地区食品厂
抗建南路	2296.3	步行桥	广丰路口	抗建南路	3899.45	步行桥	广丰路口
信江路	1655	南门路	火车站	信江路	3138	三清路	火车站
				长塘路	1578	沿河路	五三大道
				庆丰路	3100	庆丰天桥	320 国道
				带湖路	2694	320 国道	东立交桥
				丰溪路	2298	三江公园	前进桥
				三清路	170	中山路	滨江路
				民主路	632	林海大厦	罗桥公路
				叶廷大道	2100	胜利大桥	南环路
				创南路	1000		
				钟灵路	510.8		
				建南路	1752		
				贸昌路	300		
				兴隆路	374		
				粮厅巷	210	上饶茶厂	中山路

其他县(市)城区排水 万年县城六〇路以东排水,主要是经南北向的滨溪河(明渠)排入珠溪河,为雨污合流制。六〇路以西的排水,经明渠排入珠溪河。铁路以东的江西水泥厂及马家工业区的雨水污水,经明渠空铁路流到滨溪河再排入珠溪河。1990 年代,县城街道排水设施主要采用明沟加盖板形式,新建万昌路、六〇路南段和万民街街道两边采用直径 1000 毫米混凝土预制管埋设,50 米设一检查井,清挖污泥,疏通管道,排水管道 8000 米。排水量 1 万吨/日,排水长度 2.7 千米。因为县城地势平坦,滨溪河既是排水主干渠,又是灌溉渠,致使城市排水不畅。县城西筑有 1 条防洪河堤,保护城镇、厂矿和郊区农田。据资料载,珠溪河年最高洪水水位为 5.065 米,

防洪堤标高5.1米，堤顶宽6米以上，能经受百年一遇洪水的冲击。内涝主要靠洼地、水田蓄水。但因珠溪河下游起家拦水坝，水位抬高，汛期对滨溪河的排水产生冲顶，洪水不能顺畅排出，雨季暴雨易造成街道积水现象。2000年，县城排水管道长11千米。

广丰县城内排水设施，随着池街巷建设而出现和发展，以利用地形的自然高差或人工开挖为主。在注重环城沟清淤的同时，加强了排水设施建设。1980年代末，修建下水道总长7.03千米，巷弄明沟总长5.26千米。旧城区排水体制为雨污合流，但不成系统，除中大街、西大街、南街外，其余管道为简陋的明沟加盖板，易使沟内外阻塞，污水排放不畅。1992年后，根据县城排水规划，新街建设坚持建筑工程与排水设施同时施工，完善排水系统。旧街道改造将旧有渠沟改为污水管道，就近排入水体。排水体系一般是雨污合流，部分地段如鸟林新街雨水、污水分管排放。1992年—2000年，城区新、改建下水道干管总长31.23千米，雨水、污水经下水管道排入丰溪或西溪。2000年，县城排水管道长41.85千米。

婺源县依照《婺源县城市控制性详细规划》的专项要求，县城南区和城北区排水道基本形成。城南区的排水县汽运公司以北的水经星江大桥处出口，排入星江河；县汽运公司以南、县教育印刷厂以北的水，均流经教育学校，汇至花园苑小区排水渠，经二轻局砚台厂排入星江河。城北区的排水东升坞、菜坞雨水，文公北路北段两侧水，经二环路、文公北路交叉口，再注入渠道流入星江河三都段；文公南路北段、文公北路南段、王家山小区、消防通道北段的水，沿茶乡东路与文公路交叉口向西流入星江河；文公南路南段、消防路南段、天佑路西段、书乡路西侧的水，汇入东溪主干渠流入星江河天佑大桥段；书乡路东侧、天佑路东路、天佑中学、李桑路的水，汇至良友宾馆，经东门车站、茶乡商城流入星江河；潋溪坞的水，经茶乡商城的水果批发市场流入星江河。由于县城地形起伏，给铺设污水管、建设污水处理厂带来诸多困难。县城的排水体制基本仍是雨污合流制，污水未处理直接排入星江河，污水入流的排点较多。2000年，县城排水管道长49.89千米。

铅山县城东、南、西三面环山，地形以低山丘陵为主，地势由南向北逐渐降低，并由东向西慢慢倾斜。旧城区街道没有系统的排水渠道，只有各自为界的明暗水沟，一遇大雨，积极水不能及时宣泄，时有积水，造成通行不便。县城河网水系的主要河道即为主要的排水河道，县城以铅山河及其主要支流为主。城镇排水系统主要排放生活污水和工业废水，河口镇区的排水管道为雨水和污水混流，城镇排水均为自然排放，根据镇域的地形地势状况，下水道的出水口分设在信江，清湖、惠济渠；污水未经处理，直接排入下水道。1990年代，铅山县委、县政府加大了城市基础设施建设的投入，并高度重视县城排水系统工程建设。在开辟新道路建设时，坚持先地下后地上的原则，把排水设施建设放在首位，先后对县城主干道的下水管网进行大规模的改造和扩建。至2000年，县城排水管道长10.5千米。

横峰县地处丘陵地貌，县城地势东北面高、西南面低。历史上都是水向低处流入县城西面的岑港河，再经由弋阳进入信江。1991年—1995年，县政府多次对县城主排水系统进行了维修，低洼地带的积水情况得到了一定程度的缓解。1996年—2000年，结合解放中路、解放西路、兴安大道的改造，对主下水系统进行了重建。2000年，县城排水管道长度已达到12.6千米，基本保证了城区丰水季节不积水。

玉山县城建有3大水系：大东门水系，小溪底水系，七里街水溪，这3大水系都分片截流，分而治之，高水高排，低水低流，分别从暗沟排放到冰溪河。整个县城的沿街道排水管道，全部用暗沟排水。主干道采用水泥门涵和圆涵，支道采用盖板旋涵，部分采用水泥圆涵。整个沟渠采用流制排入相应水系。1991 年 12 月至 1994 年 12 月,三清路暗沟分二期完工,第一期 1 × 1.8 米门涵,全长 2.74 千米;第二期用 1.2 ×1.8 米门涵,全长达 1.55 千米,从三清路直通七里街尾排入冰溪河,全长达 4.39 千米。大东门水系和小溪底水系都用 1.2 ×1.8 米门函。暗沟通过沿河新区地下排入冰溪河。1996 年前共有下水道 13 条,总长为 16.06 千米,至 2000 年增至 33 条,全长 28.6 千米。

德兴市老城区排水主要是自东向西雨污合流排放形成入洎水河,共分 8 个排水系统,总汇水面积 957231 平方米。1992 年 12 月,市政府开发建设禾底畈小区,沿广场路修建排水道,拦截第一、第二、第三系统水流,合三为一排放至洎水河。排水道为箱式钢筋混凝土结构,全长 1.1 千米,投资 187 万元,总汇水面积 41.88 万平方米。1999 年,市政府投资 34 万元,拆迁西边巷修建上海路西段,改造原排水沟 180 米为箱式钢筋混凝土结构。2001 年,拓宽改造上海路东段,改造原排水沟长度 200 米为直径 1.8 米预制涵管,机电新村—上海路走向的老排水沟全部改造完毕,彻底解决了汛期路面积水成河、市民行路难的现状。河西区排水主要是由南向北或向东流入洎水河,共分 3 个排水系统,总汇水面积 20.23 万平方米。至 2000 年,德兴市区排水管道长 41.94 千米。

1990 年年末,上饶县城下水道总长 4.18 千米。1992 年,新建路、七六路部分下水道竣工,长 1.6 千米。1994 年,续建新建路下水道 667 米,整条街道下水道贯通。1995 年,建成南灵北路延伸段下水道 1.86 千米。2000 年,县城下水道总长 15.8 千米。

2000 年全区各县(市)市政设施情况

表 7-2-3

县(市)名称	道路长度(千米)	道路面积(万平方米)	人行道面积(万平方米)	桥梁数(座)	立交桥	路灯盏数(盏)	排水管道长度(千米)	污水年排放量(万立方米)	防洪堤长度(千米)
全区合计	624	614.94	236.94	127.00	1	6894	449.79	9382	111.85
县城小计	345	358.95	119.94	81	1	3829	316.55	3086	52.92
上饶县	30	17.60	7.99	2		300	15.80	230	1.70
广丰县	59	63.66	13.30	9		580	41.85	500	9.56
玉山县	39	41.67	18.50	7		370	28.60	550	9.30
铅山县	35	33.00	10.70	14	1	210	10.50	163	4.70
横峰县	16	18.36	4.12	16		364	12.60	201	3.16
弋阳县	38	38.22	12.51	3		450	33.00	302	5.60
余干县	36	32.66	11.11	2		109	62.00	220	8.00
波阳县	50	60.34	13.00	12		410	51.31	500	9.60
万年县	25	33.11	23.10	10		400	11.00	210	
婺源县	17	20.33	5.61	6		636	49.89	210	1.20
城市小计	214	255.99	70.00	46		3065	133.24	6296	59.03
上饶市	149	151.50	23.00	16		2165	91.30	2389	23.80
德兴市	65	104.49	47.00	30		900	41.94	3907	35.23

说明:德兴市污水处理设施处理能力 0.5 万立方米/日,污水年处理量 175 万立方米。

2000 年全区各县(市)设施水平

表 7－2－4

县(市)名称	人口密度(人/平方千米)	人均拥有城市维护建设资金(元)	人均使用面积(平方米)	人均居住面积(平方米)	人均日生活用水量(升)	用水普及率%
全区合计	467	390.76	15.19	10.31	190.02	95.60
县城小计	3853	446.78	15.68	10.32	135.35	94.13
上饶县	3342	344.64	19.23	10.75	147.95	92.86
广丰县	5466	1522.84	13.80	9.08	82.19	98.14
玉山县	6562	116.84	17.70	9.38	218.80	89.35
铅山县	5966	682.10	15.83	10.51	94.07	96.60
横峰县	3572	462.17	14.02	9.38	91.32	87.98
弋阳县	2479	107.64	14.96	10.04	82.19	98.26
余干县	2233	496.39	15.69	10.37	303.48	99.40
波阳县	5065	182.04	14.19	10.86	108.96	91.14
万年县	2909	282.05	13.75	9.52	197.52	92.31
婺源县	4225	330.94	16.97	11.02	90.12	97.72
城市小计	270	298.55	14.16	10.28	278.00	98.15
上饶市	1110	393.51	14.29	10.23	326.54	99.94
德兴市	145	127.21	13.85	10.48	214.66	94.62

续表 7－2－4

县(市)名称	每万人拥有公共交通车辆(标台)	用气普及率%	人均拥有道路面积(平方米)	排水管道密度(千米/平方千米)	园林绿化		
					人均公共绿地面积(平方米)	建成区绿地率%	建成区绿化覆盖率%
全区合计	8.25	71.15	8.42	4.29	5.36	19.41	23.79
县城小计	4.33	72.55	7.89	4.56	5.46	19.66	23.17
上饶县		50.00	6.29	2.63	4.54	18.67	19.83
广丰县		86.29	10.77	4.14	9.92	18.77	22.63
玉山县	1.89	71.31	7.16	4.10	4.86	17.77	21.20
铅山县		98.77	10.19	3.18	3.09	16.67	20.61
横峰县		62.46	5.38	1.64	4.57	12.47	13.77
弋阳县		71.35	6.64	1.11	4.74	12.36	14.05
余干县		92.77	9.84	13.19	9.04	18.09	21.70
波阳县		70.63	7.32	4.31	4.49	11.50	13.94
万年县		51.28	8.49	1.77	3.67	14.19	17.10
婺源县		65.15	6.62	9.58	5.41	22.26	28.21
城市小计	6.24	80.11	9.31	3.77	7.28	18.92	25.24
上饶市	11.80	78.45	8.57	5.25	5.06	29.77	30.29
德兴市		82.24	10.61	2.86	5.39	8.56	20.37

2000 年全区各县(市)人口和建设用地情况

表 7－2－5　　单位:万人、平方千米

县(市)名称	城市人口	非农业人口	城市面积	建成区面积	建设用地面积		
					小计	居住用地	公共设施用地
全区合计	118.69	73	2543.67	104.72	118.81	46.29	11.89
县城小计	53.83	45.47	139.70	69.42	57.79	24.97	5.79
上饶县	3.50	2.80	10.47	6.00	4.95	2.80	0.39
广丰县	8.21	5.91	15.02	10.12	8.34	2.83	0.38
玉山县	6.30	5.82	9.60	6.98	6.92	2.62	1.00
铅山县	3.58	3.24	6.00	3.30	3.79	2.14	0.40
横峰县	3.93	3.41	11.00	7.70	2.39	1.14	0.15
弋阳县	6.57	5.73	26.50	7.30	7.29	2.20	1.20
余干县	4.02	3.32	18.00	4.70	4.19	1.75	0.42
波阳县	9.31	8.24	18.38	11.91	8.83	5.18	0.70
万年县	4.51	3.90	15.50	6.20	6.00	2.35	0.75
婺源县	3.90	3.07	9.23	5.21	5.09	1.96	0.40
城市小计	64.86	27.50	2403.97	35.30	61.02	20.42	6.10
上饶市	34.31	17.68	308.97	17.20	12.10	3.82	1.76
德兴市	30.55	9.85	2095.00	18.10	48.92	17.50	4.34

续表 7－2－5

县(市)名称	建设用地面积							本年征用土地面积
	工业用地	仓储用地	对外交通用地	道路广场用地	市政公用设施用地	绿地	特殊用地	
全区合计	20.33	5.72	6.92	9.32	5.23	11.58	1.53	2.99
县城小计	6.93	2.37	2.63	4.68	3.01	7.04	0.37	2.44
上饶县	0.12	0.19	0.31	0.35	0.18	0.51	0.10	0.10
广丰县	1.55	0.08	0.21	1.01	0.85	1.43		0.38
玉山县	1.00	0.40	0.32	0.31	0.61	0.65	0.01	0.01
铅山县	0.23	0.11	0.09	0.32	0.10	0.40		0.50
横峰县	0.28	0.10	0.10	0.11	0.10	0.41		0.04
弋阳县	1.70	0.36	0.23	0.65	0.22	0.70	0.03	0.19
余干县	0.25	0.38	0.44	0.25	0.26	0.44		
波阳县	0.40	0.20	0.25	0.89	0.31	0.80	0.10	0.22
万年县	0.80	0.17	0.36	0.40	0.27	0.90		0.02
婺源县	0.60	0.38	0.32	0.39	0.11	0.80	0.13	0.98
城市小计	13.40	3.35	4.29	4.64	2.22	4.54	1.16	0.55
上饶市	2.84	0.52	1.12	0.80	0.42	0.60	0.22	0.15
德兴市	10.56	2.83	3.17	3.84	1.80	3.94	0.94	0.40

第三章　公用事业

第一节　城市供水

1991年末，上饶地区各县(市)城镇共建不同规模的自来水公司(厂)12家，是年末供水管道长度149.29千米，日供水能力11.18万立方米，全年供水总量3701.71万立方米，其中生产用水1835.7万立方米，生活用水1672.01万立方米，供水普及率78.7%。

1990年代，全区加快城市建设步伐，各县(市)供水设施日臻完善，至2000年年末，全区供水管道长度677千米，日供水能力增加到55.92万立方米，比1990年增长4倍，全年供水总量达到13870万立方米，其中生产用水8147万立方米，生活用水5665万立方米。用水普及率高达95.60%，其中县城普及率94.13%，城市普及率98.15%。

上饶市城区供水　上饶市城市用水主要由上饶市自来水公司取用信江地表水制取后供给，也有部分单位自备设施，经上饶市农办水警大队批准并发给取水许可证后，自行提取地下水。1987年，市自来水公司的3万立方米水扩建工程动工，总投资433万元。1989年6月竣工投产，日制水能力增至6万立方米。1996年3月，总投资560万元的6万立方米/日综合池供水工程竣工并投入使用，日制水能力增至9万立方米。是年底，全市供水综合生产能力增至11.1万立方米/日(含各单位自备设施供水)，供水总量3058万立方米(含自备设施供水量)。

2000年，全市供水综合生产能力为13.1万立方米/日。管道总长116千米，比1990年50千米增长132%；年供水总量3194万立方米，其中生产用水量1082万立方米，生活用水量2112万立方米；市区用水普及率98.9%，比1990年上升30.11个百分点；用水人口17.67万人，其中非农业用水人口17.67万人；居民人均日生活用水量0.326立方米，比1990年增加0.170立方米；城区管网水质四项(细菌、大肠菌、浊度、余氯)指标综合合格率98.90%；管网压力合格率100%；修漏及时率100%。

1990年—2000年上饶市自来水公司管网铺设情况

表7-3-1

建设时间	路　名	起止位置	管径(毫米)	管长(米)
1990年11~12月	前进路	信江大桥—步行桥	400	219
	抗建南路	步行桥—针织总厂门口	300	745
	五三古路	广场—解放路	500	289
	沿河中路	中国人民银行门口—八小弄口	700	515
	厂内管线	新厂2600吨清水池—老厂600吨清水池	500	129

续表 7－3－1

建设时间	路 名	起止位置	管径(毫米)	管长(米)
1991 年 9～12 月	五三东路	市税务局—四中操场北侧	400	170
	上德路	施家山石油公司—县扎花厂	400	366
	桐子路	上饶县扎花厂—桐子	150	366
	五三中路	市仪表厂—北门村路口	400	434.5
	沿河中路	市人武部门口—原上饶饭店门口	700 800	100 177
	沿河中西路	市八小—铁路 16 道口	800	1338
1992 年 7～8 月	三二〇国道		600	1394
	中山西路	军分区—东门路口	500	100
	带湖路		600	1729
1993 年 6 月	胜利大桥	4#桥墩部分	800	30
	桥身部分	500	430	
1994 年 8～9 月	中山路	体育场沿线	700	1000
	体育中心	300	190	
	体育场	150	120	
	胜利路	路口—体育场	400	387
	胜利大桥	桥身部分	400	396
1995 年 10～12 月	沿河西路	向西延伸	800	150
	民主路	西立交桥—罗桥公路二平桥	400	1200
	三二 O 国道	上新钢厂—赣东北石材市场	400	1600
	中山外路	长塘路口向东延伸	600	200
1996 年 2～3 月	沿河西路	水泥道路改造部分	300	500
	配合煤气工程	150	1000	
1998 年 8～12 月	汪家园	大市场周边	200～400	2236
1999 年 9～12 月	上饶师专	校园周边	400	2800
	火车站	站前广场	300	800
2000 年 2～12 月	水南片区	老化、管径小的管线	UPVC 塑料管	2300
	城北片区	光学路、庆丰北路主干道	300	2500

其他县(市)城区供水 1980 年 8 月,筹建上饶县自来水厂。1981 年 7 月,上饶行署批准成立国营上饶县自来水厂。1985 年 9 月,上饶行署计委批准按 500 立方米/日供水规模扩建,安装了净化设备,水质达到国家生活饮用水 GB579－85 标准。1994 年 7 月,2 万立方米/日供

水扩建工程动工,翌年9月投入运营。2000年,县自来水厂日供水能力增至2.5万吨,年供水总量202立方米,年售水200立方米。用水人口3万人,县城用水普及率92.86%。

1984年,广丰县自来水厂改称县自来水公司,划归县城乡建设环境保护局管辖。为改善县城饮用水质,同年在麦田畈"金马来迎"处丰溪河床建一直径8米的大口井,设计日产水量3万立方米。1985年5月建成投产,厂区占地400平方米,同时废止丰溪下游水池,自来水年生产量67.6万立方米,产值8.8万元。1991年,县城自来水管道长9.4千米,年供水总量148万立方米,供水户数3145户。1992年扩建万吨水厂(第一水厂),5月破土动工,取用丰溪水。该厂座落广丰大桥上游约100米处的丰溪河畔,占地1万平方米,配套净化设施,分二期建设,日供水量5000立方米。一期工程年底建成并试供水。1995年底开始进行第一水厂二期扩建工程,投入日2万立方米高效净化池建设,1996年建成,县自来水厂第一水厂日供水量扩建至2万立方米。随着县城建设对用水需求的不断发展,1999年6万立方米第二水厂在钓鱼潭动工兴建,分二期建设,一期工程日供水量3万立方米,2000年年底完成生产设施并投入使用。是年末,县城自来水管道长42千米(主管22千米),日供水量5.5万立方米,年供水总量560万方米,用水人口8万人,县城用水普及率98.14%。

万年县自来水公司1987年5月建成投产,设计能力日供水量5000吨,建筑面积4754平方米。1993年,为加强县城基础设施建设,改善县城投资环境,开始扩建,历经1年,建成日供水1.5万立方米的供水设施,供水已达扩建要求。根据县城建设和居民住宅密度统一规划和设计,总计铺设供水管道达28余千米。江西水泥厂水厂位于铁路以东的生产区,取水口有两处,即杨湾和泉水湾,日供水能力为2万立方米。2000年年末,县城供水管道长42千米,日供水量2.5立方米,全年供水总量640万立方米,用水人口4.3万人,县城用水普及率92.31%。

1982年8月,玉山县建成小东门自来水厂,厂区占地面积9324平方米,基建投资104万元,设计生产能力为日供水量7000立方米。1990年下半年,由于供需矛盾突出,为满足用户需要,投资120万元,实施技术改造工程,1992年4月完成制水工艺的一期改造工程,使日制水扩大到2万立方米。1998年年下半年,又投资1470万元在城西工业区筹建日产2万立方米的城西水厂,2000年4月投产。由于两个水厂都采用七一水库引水工程引来的原水,水质综合合格率达98%以上。至2000年年底,县城供水管道长度67千米,二级泵房装机容量增至300千瓦,供水普及率达89.35%。供水人口2万人,日平均供水量1.1万立方米,最大日供水量2万立方米,全年供水总量620万立方米,县城用水普及率89.35%。

1991年初,铅山县委、县政府决定投资326万元在信江河畔原和尚洲(现滨江花城广场处)扩建万吨水厂,同年6月份通过设计、预算等审查,10月份开始破土动工,于1995年3月全面完工。由于新建水厂的设备和老水井设备不能同步运行,同年7月对老水井进行改造,使老井机组与新建的万吨水厂机组同时供水。改造后,日供水能力可达9000立方米以上,水压由原来的2.4千克~2.8千克提高3.6千克~5千克,增加扬程10米以上,基本上满足了县城居民生活和生产用水。1998年,遭受了历史上罕见的洪涝灾害,县自来水公司1#、2#、3#井全部淹没,损坏电机10余台,配电房被冲毁,2000立方米沉淀池位移,机械设备400口径主管道全被破坏,致使供水中断。是年底,县委、县政府作出了在新滩乡赤崖重建日产2万立方米新水厂决定,新水厂总投资760余万元,于1998年10月开工,2000年1月竣工。新水厂的建成通水,基本解决了县城居民的生产和生活用水。是年,县城日供水量增至2万立方米,全年供水总量170万立方米,用水人口3.32万人,县城用水普及率96.6%。

1979年建成的婺源县自来水厂日供水能力为3000立方米，1980年代中期已不能满足县城用水需要。1988年，县自来水厂进行挖潜改造，新建800立方米蓄水池一座，新增75千瓦水泵一台，日供水能力达到5000立方米。随着县城建设的加快和城区面积的扩大，县政府决定在城北区建设一座供水能力20年不落后的水厂。1993年11月，日供1.5万立方米自来水易地技改工程动工，1996年10月城北新建的水厂试供水成功。城北水厂采用二级供水，一级泵房设在星江河三都段，二级泵房设在三都桐子坞。2000年，县城日供水量2万立方米，全年供水总量201万立方米，用水人口3.8万人，用水普及率97.72%。

横峰县自来水厂筹建于1981年8月，1982年12月正式投产供水，主要生产、供应县城居民生活和工业生产用水，兼营管道安装维修和水表校验。1989年，县自来水厂进行一期工程扩建，形成了日产万立方米的生产规模。1999年，水厂对县城供水管网进行了改造。1999年12月，万立方米净水厂建设工程正式破土动工，到2001年10月22日正式建成通水，从而彻底结束了县城市民吃"浑水"的历史。2000年，县城日供水量1万立方米，全年供水总量60万立方米，用水人口3.6万人，县城用水普及率87.98%。

1989年，波阳县自来水厂正式投产，日供水能力为8000立方米，1992年6月由县经委改属县建设局管理，1993年4月，改称县自来水公司。后又经几次扩建，至2000年，县城日供水能力达230立方米，全年供水总量445万立方米，可以满足县城人民生产、生活用水需求，年售水量为468万立方米。供水人口8.7万人，县城用水普及率达91%。

1986年5月，弋阳县投资154万元，将县城日供水能力2000立方米的简易水厂扩建为日供水能力5000立方米的现代化水厂，1987年7月正式竣工，县城居民生活用水普及率达85%，彻底改变了县城供水不足的状况。1992年投资160万元，将县自来水厂日供水能力扩建为1.5万立方米，将供水管道跨越信江延伸入城南开发区，结束了城南新区没有自来水的历史。1999年，投资1637万元，在城郊汤家新建了1座日供水2万立方米水厂。2000年，县城日供水能力1.5万立方米，全年供水总量300万立方米，用水人口6万人，县城用水普及率98.26%。

1991年之前，德兴市区城镇居民的饮用水，取之于洎水河，因工业污染，供水能力等因素，已无法适应经济发展和人民生活的需要。1990年7月县引水工程指挥部成立，同年12月30日，《德兴县引水工程初步设计书的报告》以饶计〔1990〕农字86号文批复。1990年11月10日市引水工程动工，1991年12月12日全面竣工。1992年10月，城镇二期供水扩建工程破土动工，1997年7月竣工验收。2000年，市投资200万元新铺设南门新区、新一中供水管道。全市形成整条管路互相串通，环形网状给水体系。市自来水公司负责全市的供水。为市水务局归口管理。是年，全市日供水能力达18.82万立方米，全年供水总量高达6676万立方米，其中：生产用量5612万立方米，生活用量1064万立方米，用水人口13.58万人，市区用水普及率94.62%。

1992年4月，余干县自来水公司隶属县城建局管理，有职工29名。可供水能力为6000立方米/日，取用琵琶洲地下水。用户发展为4000余户，城镇供水覆盖率为70%。采用直供水方式，新铺设管道5千米。1998年，经计委批准，日产2万立方米的新建干越水厂立项，投资概算为1648.03万元。采用2级提水，水源取自华林岗湾仂周家，在畈背吴家征地2公顷，作为2级泵房和综合楼用地。供水调度采取自动化程度，配备加氯间。工程于1999年12月正式动工。2000年，新铺设1条DN400PVC管自2级泵房出水口向上关花园等地供水。是年，县城日供水能力增加到2.7万立方米，全年供水总量增至612万立方米，用水人口3.9万人，县城用水普及率达99%。

2000年全区各县(市)供水情况

表7-3-2

县(市)名称	综合生产能力(万立方米/日)		供水管道长度(千米)	供水总量(万立方米)				用水人口(万人)	
		地下水		合计	生产用量	生活用量	家庭用量	合计	非农业用水人口
全区合计	55.92	1.41	677	13870	8147	5665	5087	81.68	69.79
县城小计	24.00	1.10	437	4000	1453	2489	2248	50.38	42.80
上饶县	2.50		20	202	40	162	130	3.00	2.60
广丰县	5.50		42	650	410	240	220	8.00	5.80
玉山县	2.00		67	620	160	460	410	5.76	5.20
铅山县	2.00	0.40	53	170	56	114	110	3.32	3.13
横峰县	1.00		19	160	40	120	100	3.60	3.00
弋阳县	1.50		56	300	120	180	148	6.00	5.66
余干县	2.70	0.70	49	612	180	432	420	3.90	3.30
波阳县	2.30		58	445	41	346	310	8.70	7.51
万年县	2.50		42	640	330	310	290	4.30	3.60
婺源县	2.00		31	201	76	125	110	3.80	3.00
城市小计	31.92	0.31	240	9870	6694	3176	2839	31.30	26.99
上饶市	13.10	0.10	116	3194	1082	2112	2055	17.72	17.67
德兴市	18.82	0.21	124	6676	5612	1064	784	13.58	9.32

第二节 城市供气

液化石油气的供应对象主要是城镇居民。上饶地区燃气供应经历了从无到有，逐步发展阶段。1980年代中期，液化石油气开始进入全区城镇居民家庭。液化石油气源初由九江炼油厂供给。其后，一般由用气单位组织直接与省内外供气厂家签约供应。1990年代，全区燃气市场经历了一个快速发展阶段，液化气供应由卖方市场逐步转变为买方市场，液化气石油已成为全区城镇居民生活用主要燃料，液化气用户迅速增加。到2000年年末，全区用气户数达127644户，其中居民用户103930户，其中县城用气户数72584户，城市55060户；全区用气人口51.94万人，其中县城32.99万人，城市18.95万人。全年全区液化气供气总量13474立方米，其中县城供气总量6620立方米，城市供气总量6854立方米；全区居民用气量12804立方米,其中县城供气总量5950立方米,城市供气总量6854立方米。

管道煤气供应。随着城市建设发展需要,1994年,上饶市煤气工程立项,1995年4月28日动工,1997年建成水煤气厂1座,日均产气5万立方米。是年7月11日开始向部分用户供气。至2000年,用户由初期的353户发展到8803户,全年煤气供应总量337万立方米。

上饶市城区供气 1991年—2000年,市城区的供气主要经历由液化石油气向管道煤气的发展过程。

液化石油气供应 1980年代初,上饶市少数城市居民开始使用液化石油气(俗称煤气),一般由单位组织到外地灌装。当时,市区内经营液化气的企业有上饶市华盛液化气公司、市煤气公司、地区物资局气库三家,共有从业人员14人,液化气槽车3部,用户约700户。1991年,市区供气总量368立方米,其中家庭用量368立方米,用气人口1.3万人。1990年代,石油液化气已成为市区居民生活用主要燃料。液化石油气灌装后运输到各供应站,供应给用户使用。供应站的运、贮、灌,工艺简单,一间实瓶库,一间空瓶库和营业室。全市有大小液化石油气供应站7家,隶属各煤气公司(一部分属于代管)。民用户钢瓶为15公斤(也有少量1公斤、2公斤、5公斤)、工业、饭店用为50公斤大钢瓶。为适应液化石油气用户大发展的形势,上饶市建设了十几个液化气贮灌站,这些站大多是一些大工厂、机关以福利形式建造的,各站自找气源,发展议价用户(主要是本厂职工)。开始进入国家(政府)、集体(单位)共建城市燃气的时期。

2000年,全市有液化气瓶装供应站13家,全年液化石油气供气总量2654立方米,用气户数30520户,用气人口10.79万人,用气普及率78.45%。

管道煤气供应 1990年代初,江西光学仪器厂自行生产管道煤气,日均产量4000立方米,仅供该厂各部门及厂区内职工家庭使用,价格为0.60元/立方米。

1994年,上饶市煤气工程立项。1995年,经江西省计划委员会赣计设字〔1995〕27号文批准,上饶市成立1家人工煤气公司——上饶市煤气工程公司。上饶市煤气工程设计总规模为日产人工煤气量10万标准立方米,投资概算为7500万元,工程分二期投资建设,一期为日产气5万标准立方米,投资概算为5461.3万元。是年4月28日动工,工程总投资通过调整后为1.07亿元,第一期工程投资调整为7200万元。1997年7月建成水煤气厂1座,铺设中低压管网19.9千米,调压站4座,实现部分点火通气,日均产气5万立方米。是年7月11日开始向部分用户供气。1998年5月,上饶市煤气工程公司被华能集团收购,转由民营企业江西华能集团有限责任公司经营,更名为上饶市华能管道煤气工程有限公司。居民用气0.70元/立方米,大灶用气0.95元/立方米。至2000年,用户由初期的353户发展到8803户;调压站由1座发展到7座;管网铺设由15.5千米增加到45.2千米,全市煤气供应总量337万立方米。

同时,城区内仍有少数居民还在烧煤。

其他县(市)城区供气 1985年,玉山县城只有几家私营供液化气代销点,1987年成立液化气供应站。至2000年,有私营大型液化气站3家,3家每天都用汽车或三轮车上门收空瓶和送气上门,方便群众。沿河新区有液化气供应点,采用管道向各用户输送液化气,至2000年,管道总长达5018米,用气户619户。是年,整个县城液化石油气供气总量800立方米,其中家庭用量760立方米;用气户数10030户,其中家庭用户9300户;用气人口4.15万人,用气普及率71.31%。

1990年代,横峰县城燃气由县建设局管理。2000年,县城有储气站3个,均为民营企业。气源主要来源于九江、衢州等地。是年,县城用气户5150户,其中家庭用户4700户;年供气总量为460立方米，其中家庭用量400立方米；用气人口2.13万人，用气普及率62.46%。

万年县城供应生活用气的企业为万年县液化气公司，成立于1990年，企业性质为县属大集体。公司在环城北路设有贮气站，有贮气罐1个，贮气量为20立方米，用户4000多家，年销售液化石油气200多立方米。万年县国庆液化气公司成立于1996年11月18日，企业性质为私营，气站工作人员11名。贮气量为10立方米，贮气罐1个，拥有用户3000余家，年供气300立方米。江西水泥厂建成一氧化碳煤气发生炉1座，供应厂内民用。另有石油液化气供应未铺设煤气管道的用户。2000年，县城液化石油气供应总量600立方米，用气户数3000户，用气人口2万人，用气普及率51.28%。

1991年，德兴市城区液化石油气供气总量600立方米，其中家庭用量600立方米；用气人口1.5万人。2000年，城区供气总量上升到4200立方米，其中家庭用量达4200立方米；用气户数增加到24540户，其中家庭用户24540户；用气人口增至8.16万人，用气普及率82.24%。

2000年，上饶县城液化气石油气供应总量600立方米，其中家庭用量500立方米；用气户数600户，其中家庭用户500户；用气人口1.40万人，用气普及率50%。

广丰县城液化石油气供应总量850立方米，其中家庭用量740立方米；用气户数1.2万户，其中家庭用户1700户；用气人口5.10万人，用气普及率86.29%。

铅山县城液化石油气供气总量600立方米，其中家庭用量540立方米；用气户数8180户，其中家庭用户7680户；用气人口3.20万人，用气普及率98.77%。

弋阳县城液化石油气供气总量650立方米，其中家庭用量600立方米；用气户数7300户，其中家庭用户6600户；用气人口4.11万人，用气普及率71.35%。

婺源县城液化石油气供气总量600立方米，其中家庭用量500立方米；用气户数4000户，用气人口2万人；用气普及率65.15%。

余干县城液化石油气供应总量660立方米，其中家庭用量600立方米；用气户数7400户，其中家庭用户7000户；用气人口3.08万人，用气普及率92.77%。

波阳县城液化石油气供气总量800立方米，其中家庭用量760立方米；用气户数14224户，其中家庭用户1.39万户；用气人口5.82万人，用气普及率70.63%。

2000年全区各县(市)液化石油气供气情况

表7-3-3

县(市)名称	供气总量(立方米)		用气户数(户)		用气人口(万人)
	合计	家庭用量	合计	家庭用户	
全区合计	13474	12804	127644	103930	51.94
县城小计	6620	5950	72584	48870	32.99
万年县	600	550	3000		2.00
婺源县	600	500	4000		2.00
上饶县	600	500	600	500	1.40
广丰县	850	740	12700	11700	5.10
玉山县	800	760	10030	9300	4.15
铅山县	600	540	8180	7680	3.20

续表 7－3－3

县(市)名称	供气总量(立方米)合计	供气总量(立方米)家庭用量	用气户数(户)合计	用气户数(户)家庭用户	用气人口(万人)
横峰县	460	400	5150	4700	2.13
弋阳县	650	600	7300	6600	4.11
余干县	660	600	7400	7000	3.08
波阳县	800	760	14224	1390	5.82
城市小计	6854	6854	55060	55060	18.95
上饶市	2654	2654	30520	30520	10.79
德兴市	4200	4200	24540	24540	8.16

说明:上饶市煤气供气总量 337 万立方米,家庭用量 337 万立方米,用气户数 8803 户,家庭用户 6643 户,用气人口 308 万人,管道长度 44 千米。

第三节 环境卫生

1990 年,全区 12 个县(市)城镇均设立了环境卫生管理处(所)。1990 年代,全区加大城市基础设施建设的投入,城区不断扩大,城镇人口迅速增加,环境卫生工作量也逐年增多,至 2000 年末,全区环卫职工人数由 1990 年的 627 人增至 1276 人,其中县城环卫职工 811 人,配备环卫机械车辆由 44 辆增加到 89 辆,其中县城环卫机械车辆 64 辆。

1990 年代,全区城市道路发展很快,2000 年,全区道路清扫面积猛增到 388.44 万平方米,其中县城清扫面积 256.44 平方米。全年生活垃圾清运 45.88 万吨,其中县城清运 25.60 万吨;粪便清运 13.52 万吨,其中县城清运 13.5 万吨。

2000 年末,全区垃圾无害处理厂(场)有 7 座,垃圾处理设施日无害化处理能力 305 吨,全年垃圾无害处理量 24.8 万吨,其中县城 18 万吨;全区粪便无害化处理厂(场)有 3 座,日无害化处理能力 66 吨,全年粪便无害化处理量 6.5 万吨。

全区公共厕所有 324 座,其中县城有 191 座、城市 133 座,根据城市建设需要,1990 年代,全区改建旱式公厕为水冲式公厕所共 217 座,其中县城有 127 座,城市 90 座。

上饶市城区环境卫生 1988 年 8 月,上饶市环境卫生管理所改称上饶市环境卫生管理处,有干部工人 169 人。2000 年,市环卫处有职工 519 人,其中正式干部工人 271 人,下辖清运队、环境卫生服务公司、垃圾处理场管理所、公厕管理所各 1 个及 6 个清扫片。居委会设保洁员,负责里弄小巷的清扫,并向每户居民收取每月 3 元的卫生费(居民交水费时由市自来水公司代收)。

1991 年前,有垃圾自卸车 1 辆、吸粪车 1 辆。2000 年,有机动垃圾车 9 辆、装卸车 1 辆、推土机 2 辆、吸粪车 1 辆、洒水车 4 辆、小板车 48 辆、手推车 11 辆、脚踏三轮车 24 辆。

道路清扫保洁 1986 年,道路清扫面积 22.4 万平方米,并在主要街道设置果壳箱。盛夏或气候干燥炎热的日子,洒水车对主要街道每天 2 次洒水压尘。道路清扫保洁为每天 3 次清

扫制。至2000年,市环卫处负责的市区主次干道清扫面积增至100.45万平方米,实际清扫面积117万平方米,对各级路面采取不同清扫标准。五三大道、中山路、赣东北大道、带湖路、沿河路、解放路等市区主要街道保洁员实行全天候保洁。街区有公共垃圾箱(果壳箱)2000余只,居民住宅楼垃圾箱200余只。

废弃物清运处理 1986年城区生活垃圾清运总量2.7万吨,粪便清运总量1.2万吨。1986年—1987年,在水南街、市汽车客运站边、五三大道各建室内垃圾中转站1座。1988年,新建渡口垃圾中转站。1998年,重新启用沿河东路垃圾中转站。1999年,在带湖路设置临时垃圾中转站1座,垃圾清运程序是集中、转运。市区垃圾清运主要采用人工与机械清运。2000年,共有垃圾中转站7座,垃圾运输车8辆,日清运垃圾达180吨。

1993年,在郭门村建成占地1.33公顷的垃圾处理场,采用堆肥发酵形式处理垃圾。1998年,从广西购进日处理垃圾100吨的ISY—60型垃圾筛送机1台,并在沽塘村租地7.2公顷,作为垃圾堆放场地。

1990年前,在市区内用简易公共厕所,收集居民的粪便,并在凤凰路、中山路设立8个大贮粪池进行粪便处理。从1991年起,市区公厕陆续改造成冲水式公厕,而街区新建住宅楼皆建有化粪池,居民的粪便经化粪池处理后直接排入下水道。

公厕管理 城区系统内管理公共厕所72座,系统外在单位管理公厕有395座、庭院住宅厕所453座。全市共有厕所920座,其中水冲公厕657座,旱厕263座。公厕粪便由环卫工人定期清运。1992年,改旱厕为水冲式公厕44座,并对部分公厕实行收费管理。随着城市建设的发展和文明卫生城市创建活动的开展,对定位不当和设施落后的公厕逐步拆除、改造或新建。2000年,城区共有公厕69座,水冲式公厕43座,皆为砖混结构,其中12座公厕符合国家卫生标准,有9座公厕实行专人收费管理。

环境卫生管理 1990年前,居民实行"门前三包"(包绿化、包卫生、包秩序),由环境卫生管理机构定期检查。1990年代,根据1993年10月16日上饶市人大常委会会议通过的《上饶市城市市容环境卫生管理实施细则》和1998年市人民政府下发的《关于市区临街单位、各经营网点自备垃圾容器的通知》精神,市环卫处进行了广泛的宣传,提高市民和各企事业单位的参与意识,积极实施"门前三包"责任制,大力推行垃圾袋袋装化,加强生活垃圾与建筑垃圾管理。

其他县(市)城区环境卫生 广丰县环境卫生管理所,始建于1955年,1984年归永丰镇管理,1994年10月,归口县城乡建设环境保护局管理,属副科级事业单位,定编30人。1997年,配合县城创建工作,投资建成水冲式公厕7座,先后建成麦田畈、裕丰、白鹤畈3个花园式垃圾转运站,在吴村乡玉田村白马垄建成占地面积16.67公顷的大型垃圾填埋场。1998年,为巩固创建成果,建成通讯桥头、丰溪路2个垃圾转运站。1999年,新购机械打捞船1只,专门用于河道垃圾打捞。至2000年,县环卫所配备环卫设施主要有花园式垃圾转运站7座,水冲式公厕21座,主要街道设置铁铸果皮箱300多个,不锈钢果皮箱500多个。县城街道由县环卫所清扫,住宅小区由物业公司保洁,巷弄由永丰镇各居委会、村委会固定专人负责清扫,清扫垃圾经中转站清运。1990年县环卫所清扫面积不足8万平方米。1995年,清扫面积20万平方米,日清运垃圾20吨。1996年,清扫面积25万平方米,日清运垃圾40多吨。1997年清扫面积30万平方米,日清运垃圾90多吨。1998年,清扫面积42万平方米,日清运垃圾120吨。2000年清扫面积约55万平方米,日清运垃圾约150吨。

1984年1月,成立上饶县环境卫生管理所,配职工12人,负责县城环境卫生管理工作。1986年,道路清扫面积4.35万平方米。1987年,县城旭日镇被评为省二等卫生先进县城,1988年晋升为全省一等卫生县城。1995年,环卫所工作人员增至36人,建立和健全了各项环境卫生管理制度。1996年后,围绕创建省级卫生县城的总体部署,对环卫管理进行改革,动员居民参与卫生县城的创建活动,对主要街道、小巷进行整修,新建集装式垃圾中转站、垃圾处理场、水冲式厕所,购置安装果皮箱,更换洒水车和垃圾车。1995年前,县城主要街道的公共厕所均为旱式厕所。1996年,将旭日路、七六西路、第一农贸市场的旱式厕所改建为水冲式厕所。同年建垃圾中转站,县城各街道和居民小区的垃圾由中转站运出。1997年,在旭日镇旭日村征地1公顷,建垃圾填埋处理场,日处理垃圾20吨。垃圾集中填埋处理,改变了以前随意倾倒垃圾,污染环境的落后面貌,市容清洁美观。2000年,县环境卫生管理所实行"定人、定岗、定位"和"分片包干"、"分段管理"措施,对居民区的垃圾进行定期清理,垃圾收集、清运、中转过程做到日产日清,对主要街道要求全天候保洁。2000年,县城有水冲式公共厕所7座,分别位于旭日东路、七六西路、第一农贸市场、第二农贸市场、新建东路、新建西路和东升路。是年11月,上饶县县城获江西省卫生县城称号。

1984年,万年县原有4名打扫县城街道卫生的环卫工人由县卫生局移交县城建局管理。1986年9月,经县政府批准成立环境卫生管理所,隶属城乡建设环境保护局,大集体事业单位。至1998年底,县环卫所共有干部、职工38人,其中管理人员5人,负责县城主街道7.02万平方米的清扫任务。拥有解放牌洒水车1辆,清运垃圾车辆3辆,日清运垃圾30吨。部分垃圾运至果园做肥料,其余大部分运往垃圾处理场填埋。县城共有公共厕所160多座,分布在各机关企事业单位大院内。其中水冲式公厕26座。县环卫所依据省政府〔1994〕第36号令《江西省城市市容和环境卫生管理实施办法》进行管理。对城市市容有关的临街建筑的堆放、吊挂物、户外广告牌、标语牌、画廊、橱窗设置,制定了详细的管理办法,常年检查监督。环卫所负责对城市清扫保和生活废弃物的收集、运输、处理。同时对环卫工作实行部门协作,分划责任区,落实门前"三包"责任制。受主管部门委托可责令纠正有关市容环境卫生违法违章行为,采取补救措施,处警告、罚款等。

1990年6月,余干县环境卫生管理所经县政府批准又划归余干镇人民政府,1992年经中共余干县委、县政府批准,由小集体转为大集体,工资由县财政全额负担。1994年6月再次归县建设局管理。县环卫所依据省人民政府〔1994〕36号文《江西省城市市容和环境卫生管理实施办法》对县城环境卫生进行管理,负责县城主街主道的清扫保洁及生活废物的收集、运输、处理,同时对环卫工作向主管部门建议及进行部门协作。1997年,县委、县政府实施创建文明卫生城镇,环卫所按照有关文件精神对县公厕实行改造,先后建成水冲公厕23座,改造旱厕6座,垃圾中转站2座,办公楼1座。2000年,县环卫所共有干部职工115人,承担县城主街道29.86万平方米的清扫保洁及生活垃圾的清运任务,日清垃圾60吨,管理县城33座公共厕所(其中水冲公厕23座,建筑面积约950平方米)。

1996年12月,经德兴市人民政府批准,原市环境卫生管理所改为市环境卫生管理处,隶属市建设局主管,内设办公室、清扫保洁队、垃圾清运队、园林绿化队、环卫收费队、市容环卫监察队,2000年有工作人员116人,其中编内48人,属全额拨款二级事业单位。全市共有垃圾堆入场2座,垃圾中转站2座。1991年,市环卫所负责银城中路和银山路日扫清2次。1995年起,市区主干道共7.67万平方米路面日普扫2次,实行日8小时清扫保洁制。2000年,道路清扫面积扩大到近28.8万平方米，实行每日16小时的清扫保洁，包括市区主干道日洒水2次及10座水冲式公厕的管理。共有保洁人员65人。1991年—1997年，仅靠垃圾桶和垃圾窖收集垃圾，再由吊桶或垃圾车和小四轮车运输，到枫树岭垃圾堆放场，用铲车进行清理，费时又污染严重，群众意见大，急需改进。1997年开始，德兴市区以朝阳中路为试点，实行生活垃圾袋装化，定时、定点、及时收集运输。随着河西垃圾中转站、女儿田狼坞垃圾场的建成，市区垃圾的收集、清运、处理已逐步进入规范化管理。是年，德兴市根据《江西省城市市容和环境卫生管理办法》《城市生活垃圾管理办法》《城市建筑垃圾管理规定》等有关法令法规，成立了市容环卫监察机构，强化以法管理、以制管人。

1986年—1993年，横峰县城环境卫生管理由城镇环境卫生管理所负责，隶属岑阳镇政府。环卫所定编10人，建设了1座垃圾中转站，投资建设水冲公厕3座。1994年起，环卫所划归建设局管理。按照"三定一奖罚"（定人员、定地段、定质量标准、月底一小评、奖罚兑现）的责任制，对县城大街小巷实行全天候保洁，日扫2次，清扫面积20万平方米，日清理垃圾30余吨。

波阳县城环境卫生归属鄱阳镇环境卫生管理所管理。2000年6月，镇环卫所改称波阳县环境卫生管理所。垃圾处理。1990年前，波阳县城有水泥垃圾窖100座，铁皮垃圾箱63个，日处理垃圾约40吨。1996年，县财政拨款在十七里弄开辟了一块垃圾堆集场，面积为6公顷。粪便管理。1990年前，波阳县城有公共厕所200座（其中双层楼房厕所1座），千担贮粪池1座，日处理粪便约800担。1998年起，公共厕所逐步改为水冲式厕所。此时，除国家、集体、私营各单位早已建有各式厕所或卫生间和化粪池外，许多住户也已配建起卫生间和化粪池，粪便经化粪池发酵形成水化物后冲入下水道排出。

1997年，弋阳县投资108.4万元，建设了日处理垃圾50余吨的垃圾无害处理场、集装箱式垃圾中转站和粪便无害化处理池。2000年，县城全年清扫面积21.24万平方米，生活垃圾清运量2.5万吨，粪便清运量1.3万吨，垃圾无害处理量2万吨，粪便无害处理量0.7万吨。

2000年全区各县（市）环境卫生情况

表7-3-4

县（市）名称	实际清扫面积（万平方米）	机械清扫	生活垃圾清运量（万吨）	粪便清运量（万吨）	垃圾无害化处理厂（场）		垃圾处理设施无害化处理能力（吨/日）	垃圾无害化处理量（万吨）	粪便无害化处理厂（场）	
					座数（座）	无害化处理能力（吨/日）			座数（座）	无害化处理能力（吨/日）
全区合计	388.44	49	45.88	13.52	7.00	410	305	24.8	3	66
县城小计	256.44	49.00	25.60	13.50	6	270	225	18.00	3	66
上饶县	12.50		2.00	1.00	1	25	25	1.00		
广丰县	50.00	35.00	4.50	2.20	1	120	100	4.00	1	30
玉山县	33.00	12.00	2.50	1.00	1	35	30	2.00	1	6
铅山县	13.00		1.70	1.00				1.00		
横峰县	18.00		1.70	1.00				1.00		
弋阳县	21.24		2.50	1.30	1	50	20	2.00	1	30

续表 7-3-4

县(市)名称	实际清扫面积(万平方米)	机械清扫	生活垃圾清运量(万吨)	粪便清运量(万吨)	垃圾无害化处理厂(场)		垃圾处理设施无害化处理能力(吨/日)	垃圾无害化处理量(万吨)	粪便无害化处理厂(场)	
					座数(座)	无害化处理能力(吨/日)			座数(座)	无害化处理能力(吨/日)
余干县	27.00	2.00	3.50	2.00				2.00		
波阳县	35.00		3.80	2.00				3.00		
万年县	21.70		1.70	1.00	1			1.00		
婺源县	25.00		1.70	1.00	1	40	50	1.00		
城市小计	132		20.28	0.02	1.	140	80	6.80		
上饶市	117		17.30		1	140		5.20		
德兴市	15		2.98	0.02			80	1.60		

续表 7-3-4

县(市)名称	粪便处理设施无害化处理能力(吨/日)	粪便无害化处理量(万吨)	公厕数量(座)	水冲式	环卫机械总数(台)	垃圾车	粪便车	扫路车	冲洗车	环卫收入(万元)	年末职工人数(人)	民办保洁队伍人数(人)
全区合计	56	6.5	324	217	89	61	5	3	15	123.50	1276	690
县城小计	56	6.50	191	127	64	44	4	3	11	123.50	811	392
上饶县		0.50	8	7	3	2			1	14.00	50	22
广丰县	20	1.60	25	23	14	8	1	1	2	50.00	187	70
玉山县	6	0.70	17	16	9	6	1	1	1	5.00	126	40
铅山县		0.30	17	4	6	5			1	3.30	73	14
横峰县		0.30	2	2	3	2			1	2.00	46	24
弋阳县	30	0.70	22	22	7	5	1		1	5.00	80	65
余干县		0.60	35	24	7	5		1	1	12.00	41	35
波阳县		1.00	52	16	5	3	1		1	3.20	93	53
万年县		0.40	1	1	5	4			1	14.00	45	39
婺源县		0.40	12	12	5	4			1	15.00	70	30
城市小计			133	90	25	17	1		4		465	298
上饶市			69	49	14	8	1		2		423	246
德兴市			64	41	11	9			2		42	52

第四节　园林绿化

1990年代,全区各县(市)加大城市建设力度,重视城市园林绿化。随着城市建设的逐步拓展,全区园林绿化建设发展迅速,极大地改善了城市景观。2000年,全区12个县(市)绿化覆盖面积3919公顷,其中县城1919公顷,城市(上饶市、德兴市)2000公顷。全区园林绿地面积2376公顷,其中县城1680公顷,城市696公顷。全区公共绿地面积390.97公顷,其中县城248.4公顷,城市142.57公顷。全区建成区绿化覆盖率23.79%,其中县城23.17%,城市25.24公顷。全区建成区绿地率19.41%,其中县城19.65%,城市18.92%。全区人均公共绿地面积5.36平方米,其中县城5.46平方米,城市7.28平方米。

上饶市城区园林绿化　2000年,上饶市园林管理处下辖绿化管理所、花木场、绿化工程公司、花木盆景公司、绿化审批科、行道监察队等,共有干部工人126人,其中专业技术人员23人。

公园　1990年前,上饶市仅有庆丰公园,面积2公顷,年游人量17万人次。1992年,始建云碧峰森林公园。2000年全市有公园2个,面积132公顷,年游人量111万人次。

庆丰公园　位于河中巷26号,为明代"集胜园"遗址,占地面积2公顷,其中绿地面积1.5公顷,是全市唯一的综合性公园。公园绿化覆盖率达75%,有千年雄性苏铁1棵,各类植物110种。内设花圃,占地0.18公顷。另有明代九龙碑1座。1986年,公园内的猴山有猴子20余只,另饲养孔雀5只,供游人观赏,儿童活动设施有电动飞机、电动有轨火车。1980年代末期,投资65万元在园内方塘南侧建成仿古建筑1座。1990年代,公园投资120万元,购进狮子、马来熊、鸵鸟、鸳鸯、海龟、蟒蛇等各类动物20余种。还增设了碰碰车、电瓶车、漂流船、浑天球、猴子拉车等游乐设施18项。至2000年,园内有人造湖、亭台、摄影部、动物园、儿童乐园、电动飞机、电动火车、淘气堡、弥勒佛等20多处游乐场所(设施)或服务项目。年接待游客约10万人次。

上饶云碧峰森林公园　位于信江南岸,占地130公顷,1991年成立江西上饶东岳庙森林公园,1995年更名为上饶云碧峰森林公园,1996年1月被江西省林业厅列为省级森林公园。是城区最大的森林绿地,绿地覆盖率达80%。园内分落叶阔叶林小区、果木林区、常绿阔叶林小区、经济小区、针叶林小区等五大林区。园内的云碧峰海拔250米,是城区的最高点。峰顶的云碧阁为仿古建筑,高3层,登临眺望,可观城区全景。

苗木培养　1986年,上饶市苗木培育主要在茅家岭森林苗圃,苗圃占地3.4公顷,后改称上饶市园林处花木场。1989年,投资20万元,在花木场建温室200平方米,苗床、荫棚1000平方米,成为多品种、综合性的绿化基地。是年,市园林处花木场被评为江西省城市园林育苗先进单位。进入1990年代,市内出现了一批规模较大、花木品种繁育较多的苗圃,总面积达13.74公顷,其中形成规模的有市园林处花木场、大信花卉中心、沙溪苗圃等。

城市道路绿化　上饶市城市道路绿化始于1950年代中期。行道树多为法国梧桐,也有少量臭椿、喜树、女贞、柳树等树种。1986年8月,市人大常委会第十四次会议通过樟树为市树、以山茶花为市花的决议后,市区人行道、机关、学校、公路和农村道旁等广种樟树数千株,仅在市中心广场周围就栽有58株樟树。1995年投资90万元,在三清路、长塘路、南环路等主次干道栽植樟树631棵。先后在丰溪路、带湖路、沿河东路建花木绿化带;在五三大道除补种樟树处,还修建60个花坛。1996年,上饶市投资98万元,在抗建路、水南街等街道两旁栽种樟树、桂花、广玉兰等风景树1.27万棵,形成一路一树、一街一景城市绿化新格局。是年,还整剪草坪3.6万平方米,绿篱1.9万平方米。1998年,市政府投资40万元,对中山路、抗建中路、中心广场、赣东北大道等主次干道进行大规模补栽,其中樟树967株、广玉兰62株、火棘树90株,城市花坛栽种观赏性草木花卉2万余株。沿河路铺种草坪400多平方米。至2000年,城区内所有主次干道都种上行道树。连建市以来从未栽过树木,横贯全市东、西部的信江路部分路段也种了行道树。全市道路绿化总长32.7千米,绿化覆盖面积20.4公顷。

市中心广场绿化　上饶市中心广场始建于1960年,占地1.18万平方米。时称人民广场,是全市大型集会的重要场所。1982年,为适应商业发展和安置就业人员需要,在广场塔建一批铁皮简易房作为商用营业房,称为中心商场。1992年,市政府决定恢复人民广场。是年8月11日至13日,营业房全部拆除,并重新进行设计施工,9月30日完工,改称中心广场。时有草地0.82万平方米,四周铺以彩色人行道板。后不断完善,面积增至0.84平方米,内植马尼拉草。周边种樟树为行道树。人行道上配有水磨石凳、桌。2000年8月,投资360万元,在中心广场北面新辟0.69万平方米的新区,与原广场连为一体。至此中心广场面积达到1.53万平方米,南、北两块草坪皆置有草坪灯和喷灌设施;四周全部安装不锈钢窗花护栏,人行道改用大理石砖,并安装12盏园林路灯。

街头游园　滨江游园　位于沿河东段与体育路并汇处,总投资78.6万元。1994年6月建成。内有全民健身路1条,沿路设有各类体育锻炼器械15种,并沿河布置长廊、平台、曲桥,建有1处喷泉,2座亭阁(蘑菇亭、晚霞亭),以及园门、园路、座椅、假山等。园内种植雪松、黄杨、龙柏、桂花、杨柳、冬青等乔灌木32个品种15732株,绿化面积7573平方米。

丰溪游园　位于书院路西端、丰溪路北端。总投资96万元,1993年底建成。建有凉亭、座椅、园路、围栏、雕塑等;园内小山包占地186平方米,上植马尼拉草,并栽有迎春、玫瑰、茶花等多种花木,平展处则栽有樟树、雪松、黄杨、斑竹等乔灌木7684株,绿化总面积为4587.9平方米。

市树　市花　1986年8月12日,市八届人大常委会第十四次会议审议通过市政府《关于上饶市市树市花的报告》,作出以樟树为市树、以山茶花为市花的决定。

樟树在上饶市有悠久的栽种历史,居民向来有栽种的习惯,是典型的乡土树种。至2000年,市内已种植樟树0.57万棵,主要分布在郊区山林、东岳森林公园、茅家岭烈士陵园、丰溪绿化带、赣东北大道绿化带、单位专用绿地以及水南和铁路以北片区。香樟为主要品种。

山茶花在上饶市内栽培已有1000多年历史,有些单位和个人保留有一批珍贵品种,1990年代又不断从外地引进新品种。至2000年,市内已种植各类茶花5.28万株,分布在苗圃、单位附属绿地、公共绿地、居民区。主要品种有东方亮、七星红、狮子笑、十八学士、金盆托荔枝等。

单位绿化　市内许多单位采用绿化与立体绿化相结合的方法植树、种花、栽草,并出现江西凤凰光学仪器(集团)公司、带湖山庄、上饶宾馆、铁路党校等一批花园式单位。其中一些单位还追求"花繁树深、湖碧泉吟、曲径通幽、亭榭掩映"的园林效果,将建筑小品、园景小品融入绿化中。1995年,江西凤凰光学仪器(集团)有限公司被评为江西省园林绿化先进单位。1998年,带湖山庄和上饶宾馆获得江西省绿化先进单位及园林化单位称号。至2000年,市区有庭院绿化单位365个,绿化面积182公顷。是年,江西凤凰光学仪器(集团)有限公司被评为全国园林绿化先进单位。

单位绿化选介　江西凤凰光学仪器(集团)有限公司　厂区占面积35.328公顷。1987年,在公司院内建成了一个4000多平方米的公园,内有九曲桥、凤凰亭、水上长廊、人工湖等园林建筑小品,四周配植各类大小乔、灌木。1988年,开始大面积绿化。1996年开辟苗木基地1公顷。至2000年,院内共种植雪松、桂花、广玉兰、樟树、柏树等大小乔、灌木30个品种4万株,女贞、黄杨、栀子花、珊瑚树等绿篱1.7万株,铺种马尼拉、高羊毛、百慕大草坪2万平方米,培养盆栽花花2.1万盆。

带湖山庄　1993年建于王沙塘水库东岸。1996年投资84万元继续扩大山庄规模,至2000年占地面积达3.33公顷,山庄园内有绿地面积1.67公顷,绿化覆盖面积1.88公顷,绿化覆盖率为56.25%。绿化树有雪松、桂花、黄杨、香樟、竹类等75个品种,计2.38万株,盆花近千盆。建有园林小品长廊一条,灯光喷泉4座,亭台2座。与带湖秀色相映衬,景色怡人。

上饶宾馆　绿化采用乔、灌、花草并举的方法,取得良好视觉效果,并大量培育盆景、盆栽花卉、观叶植物,与庭院的长廊、亭台、水榭、水池、假山、石凳、石桌、圆灯、草坪音响等相得益彰,清心雅静。宾馆占地面积2.5万平方米,绿化面积有0.7万平方米,绿化覆盖率达45%。

城市雕塑　上饶市街头矗立的雷锋塑像,1993年,上饶市中心广场改造时矗立起一座高10米的"升腾"雕塑。滨江路十二生肖雕塑及信江桥头英雄墙塑,充满浓厚的历史、人文气息。

其他县(市)城区园林建设　1985年,广丰县将园林建设纳入县城总体规划,开辟公共绿地。1992年后,县城建设注重城市园林绿化。1994年在县建设局设园林管理机构,加强了县绿化管理工作。1996年,县政府提出"城在绿中,房在林中,广场在花丛中"的城市建设目标,陆续建设一批游览公园、街心花园、住宅花园和公共绿化带。1998年6月,县政府决定樟树为县树、杜鹃花为县花。2000年,县建设局着手编制园林绿化规划,开展创建省级生态园林城市活动。是年,县城主要园林建筑有河滨公园,竹行山公园,儿童乐园。县城绿化覆盖面积245公顷,覆盖率22.63%,园林绿地面积204公顷,公共绿地面积68.6公顷,人均公共绿地面积9.92平方米。

憩园建设。1992年3月,余干县政府投资5万元,沿湖开辟长610米,占地面积1.32万平方米的带状公园,名叫憩园。1995年6月,又向九甲村方向延长到900米,进行绿化。1997年10月建成,面积扩大为80.8公顷(包括水面)。苗木种类由开始阶段的10多种发展到52种,数量1.05万株。园内马尼拉草被1块,面积130平方米,园林小品6种,包括1亭、1桥、2桌、10凳、1组合亭廊。憩园内花草树木相映成趣,建筑小品各得其宜。憩园又和街中央大型喷泉南北相望,动静结合,各显其妙。此外,干越大道采取2板3带的绿化形式,道路中央共有49个花坛,花坛内植栀子花,面积共580平方米。四衙新街绿化采取带状形式,街道中心红共有花坛13个,花坛内植小叶女贞。2000年,县城拥有2处公园:东山岭公园面积1.1公顷,憩园(沿湖公园)面积80.8公顷(包括水面)。在城区中央,有一大型喷泉。在工人俱乐部南面辟有绿色休闲公园。

1990年代初,德兴市区仅天门山和森林苗圃少数几处成片园林,后陆续建翠文轩花园和三角花园。天门山公园,位于银城城郭西北,山势高峻,多以枫、杉、松等树木为主,占地面积365237平方米,建有革命烈士纪念塔、纪念亭,依山势而上铺设游步道。1990年代末,改称天门山公园。

1997年,玉山县召开全县园林绿地会议,对绿地工作进行组织分工,时间作了具体安排。

成立领导技术小组和检查监督小组。具体对象是城市建筑，主要街道、机关企事业单位庭园、居民住宅小区美化和绿化。对县城24平方公里规划区范围内进行全面普查，组织人员因地制宜地规划，整理实施方案。经过两年的努力营造，至1999年通过省地有关部门的考核，国有园林化单位有4个；园林绿地达标单位21个。七一水库管理局、王宅水库管理局一带，形成了山水融为一体的景观，各单位门户庭前小花池，灌木花草相结合，楼房阳台上摆设盆花，形成花园式小街。庭院绿化达标单位有5个。2000年，县城绿化覆盖面积168公顷，园林绿化面积142公顷，公共绿地面积28.3公顷，建成区绿化覆盖率21.20%，人均公共绿地面积4.86平方米。

虹井公园建设。1999年，婺源县政府决定对城东茶厂至城西大桥底长达1500米的环城南路（又称沿河路）进行改造。拆除原设置的水果市场、农贸市场和两侧违章建筑、修建虹井公园。工程由县建设局组织实施，于2000年春节前夕完工。公园栽种银可、罗汉竹、红枫、天竺等植物和马尼拉草坪，点缀徽派风格建筑物，配以江南水乡特色小品。公园以地近朱熹故居的“虹井”而名。此公园成健身、休闲、娱乐的好去处。2000年，县城绿化覆盖面积312公顷，其中建成区147公顷。园林绿地面积296公顷，其中建成区116公顷，公共绿地面积16.6公顷。建成区绿化覆盖率28.21%，人均公共绿地面积5.41平方米。

公园选介 武安山森林公园 位于玉山县城南面，与冰溪河一水相隔，有玉虹大桥与县城相连，交通十分方便。登临武安山顶，可鸟瞰玉山县城全貌，浏览金沙溪、古城溪、八都溪三溪汇合秀景，目睹“东方威尼斯”今日风采。为保护武安山风景名胜，1983年4月1日，玉山县人民政府发布《武安山风景区保护条例的通告》。1993年江西省林业厅39号文批准为省级森林公园。公园东西宽2.75千米，南北长6.34千米，以松科、壳斗科、金缕梅科、杜鹃科为优势，以红心槠、水青冈、黄檀、马尾松、苦槠、木荷、枫香、麻栎林为主，品种达数百种之多。林下长有伏苓、灵芝、山桂、杜仲、大活血、凤尾草、金大蒜、菊花中草药百余种。整个森林公园常年绿树成荫，鸟语花香，每天都吸引不少市民和外地游客游览、观赏、登山健身。

黄家驷公园 为纪念著名医学家、医学教育家黄家驷，全国政协委员王贤才提案建议，在黄家驷的家乡江西玉山县立黄家驷塑像。1991年江西省人民政府落实全国政协委员会提案，拨专款到玉山，要求玉山县人民政府在玉山立黄家驷塑像。县政府决定，改人民广场公园为黄家驷公园，在园内立黄家驷像。公园位于玉山县城东区，玉山县人民政府驻地北侧。始建于1992年3月，占地1.1万平方米，总投资35万元。1996年8月续投资18万元进行整修装潢。公园周围1米高的围墙，上面安装铁栅栏，西边建有大门，门顶横匾上刻“黄家驷园”四个大字，大门右侧建老干部活动中心，公园中央建有六角双层凉亭1座，靠正东面中央有1米高平台，平台中央安放着黄家驷半身大理石雕像，两边有石碑，右边碑为黄家驷生平简介，左边碑是李铁映的题词。公园东南角有老干部门球场。园内有各种花坛、草坪、石桌、石凳、条椅，树木花草郁郁葱葱。有专人培育花苗，可供应各种花苗、盆景，也可供游人观赏。每天也是市民活动健身的好去处。

其他县（市）城区绿化美化 1979年，上饶县城旭日路、南灵路建成通行同时，有人行道旁种植法国梧桐，在旭日路路中绿化带种植夹竹桃和松柏。1991年在旭日路、南灵路补栽法国梧桐77株。1997年，投资13.5万元在新建路、七六路人行道两旁种植樟树246株，在旭日路、南灵南路补栽樟树204株，县城绿化覆盖率24%。2000年，绿化覆盖面积131公顷，园林绿地面积119公顷，公共绿地面积12.7公顷，人均公共绿地面积4.54平方米。

1991年德兴市设市之初，市区仅银城中路与银山路交接处三角地带有小块公共绿地，建成区绿地面积仅30公顷。主要街道植有行道树以法国梧桐为主,有部分香樟。1997年市区主要街道的行道树进行全面更换,统一植樟树。沿河西路绿化带建于1995年,绿地面积1000平方米,主要以乔木为主,配植海桐球等。沿河北路绿化带,建于1999年,绿化占地面积2000平方米,以铺植马尼拉草皮为主,两旁种植樟树、垂柳、配植杜鹃、含笑等;钟楼前的三角花园建于1999年,占地面积900平方米,主要以种植灌木的花坛为主,形成红花木继木、小叶女贞、金叶女贞、杜鹃四大色块。2000年,市区绿化覆盖面积1366公顷,其中建成区370公顷,园林绿地162公顷,公共绿地面积53.07公顷。建成区绿化覆盖率20.37%,人均公共绿地面积5.39平方米。

1990年,波阳县城区实有园林绿化地面积19公顷,其中公共绿化地16公顷,人均公共绿化地面积2.22平方米。芝山公园面积为3.5公顷,全年植树约0.5万株。2000年,在建设路、东湖大道、芝阳路、车站路等道路两旁人行道上,相继栽上了行道树,共计栽香樟685棵。其中,除车站路外,其他道路两边,还广泛栽种上了各种花草和观赏树木,形成绿化带,绿化带总面积为4053平方米。是年,绿化覆盖面积180公顷,园林绿地面积151公顷,公共绿地面积37公顷。建成区绿化覆盖率13.94%,人均公共绿地面积4.49平方米。

万年县城利用路边道旁和空地植树绿化改善环境。烈士纪念馆周围的山峦,种满了苍松翠柏。六〇路与建安路交会处规模建一花坛。县城主街道,共植各种风景树木2.1万多棵,绿地总面积60.8公顷。江西水泥厂厂区绿化成效显著,全厂共植树近6万株,树种达40余种,占可绿化面积的90%,草坪花圃,红绿交映,绿树成行,环境幽美。2000年,万年县城绿化覆盖面积118公顷,园林绿地面积104公顷,公共绿地面积14.30公顷。建成区绿化覆盖率17.10%,人均公共绿地面积3.67平方米。

1990年代,铅山县城道路主次干道(即复兴中路、复兴北路、黄岗山大道、狮江大道、信州东路、信州西路等)都建立了花坛,绿化带和行道树,主干道绿化率达到30%,次干道绿化率达到20%,景观大道绿化率达到40%,道路绿化带有30个左右的品种,其中乔木以香樟、杜英、法国梧桐、红玉半、桂花、垂柳等树种为主。灌木以小叶女贞、金叶女贞、大棘、金边黄杨、春鹃、夏鹃、紫薇、紫荆、红花檵木等树种为主。城市道路绿化带基本形成了对比鲜明,绿树成荫的格局。县城新建居住小区绿地标准都是以绿化面积占总用地面积的30%的标准来控制的,对没达到的比例面积的小区都做了异地绿化。县城内的新建小区主要以滨江花、御景家园为主,小区内品种主要有罗汉松、葱兰、桂花、香樟、苏铁等,共达20余个品种。旧居住区绿化改造标准是以绿化面积,占总用地面积的25%的标准来控制,以"见缝插绿"为原则。铅山县主要的苗圃生产绿地位于县城西南郊区,占地20公顷,是个具有30多年历史的苗圃生产绿地。苗圃内有千年苏铁园、竹种园、古树桩景园及各种绿化苗木上千个规格和品种,是县城郊区一条亮丽的风景线。县城各项绿化美化工程所用苗木自给率达80%以上,并可为大中城市提供绿化苗木。2000年,县城有广场2个,即辛弃疾中心广场和文化广场。辛弃疾中心广场矗立辛弃疾雕像一座。公园一个(清湖公园)。是年,县城绿化覆盖面积78公顷、园林绿地面积65公顷,公共绿地面积10公顷,建成区绿化覆盖率20.61%。

1990年前,横峰县城主要街道绿化为栽种白场、法国梧桐树。1991年—2000年,主要街道两侧改种樟树,设置花坛,解放西路设置了道路中心花坛,人民大道、兴安大道、解放中路建立了花坛和绿化带,其他城区道路也栽种了杜英、樟树等行道树,基本实现了道路林荫化,道路绿化率达20%以上。1990年代,县城各单位按照本单位庭院实际,因地制宜进行庭院绿化,宜树则树、宜草则草、宜花则花，乔、灌、花、草相结合，注意绿化品种的搭配。同时注意植物造景与地形地貌、房屋道路的协调和谐，尽可能做到布局合理、造型丰富、四季常青。2000 年，县城绿化覆盖面积 120 公顷，园林绿地面积 106 公顷，公共绿地面积 10 公顷，建成区绿化覆盖率 13. 77%，人均公共绿地面积 4. 57 平方米。

1998 年—2000 年，余干县城区内形成以沿湖公园、东山岭公园、干越大道、四衙新街为主体的有机绿化体系，并且出现多种形式的绿化，多种方式的管理。绿化办法有政府公共绿化，单位专用绿化、私人庭院绿化；管理方式有建设局园林管理所对公共绿地的统一管理，各单位对专用绿地的独立管理，个人对庭院的自由管理。敬老院属专用绿地独立管理单位，总面积 14667 平方米，院内植马尼拉草，草被面积 6667 平方米，绿地覆盖率达 45. 5%，植物苗木有广下半、红叶李、法国梧桐、棕榈、松树、红枫、檵木、粉柏、苏铁、南天竹、凤凰竹、散尾葵 12 个品种，数量 460 株。至 2000 年，县城绿化覆盖面积 115 公顷，园林绿地面积 96 公顷。公共绿地面积 30 公顷，人均公共绿地面积为 9. 04 平方米，建成区绿化覆盖率为 21. 7%。

2000 年，弋阳县城绿化覆盖面积 450 公顷，其中建成区 416 公顷，园林绿地面积 397 公顷，其中建成区 366 公顷，公共绿地面积 27. 30 公顷。建成区绿化覆盖率 14. 05%，人均公共绿地面积 4. 74 平方米。

2000 年全区各县(市)园林绿化情况

表 7－3－5

县(市)名称	绿化覆盖面积(公顷)	建成区面积(平方米)	园林绿地面积(公顷)	建成区面积(平方米)	公共绿地面积(公顷)	公园		苗圃面积(公顷)	游人量(万人次)
						个数(个)	面积(公顷)		
全区合计	3919	2492	2376	2033	390. 97	13	125. 45	20	114
县城小计	1917	1601	1680	1365	248. 40	2	8. 10	3. 00	3
上饶县	131	119	119	112	12. 70				
广丰县	245	229	204	190	68. 60				
玉山县	168	148	142	124	28. 30	1	1. 10	3. 00	
铅山县	78	68	65	55	10. 00				
横峰县	120	106	106	96	15. 60				
弋阳县	450	416	397	366	27. 30				
余干县	115	102	96	85	30. 00				
波阳县	180	166	151	137	37. 00	1	7		3
万年县	118	106	104	88	14. 30				
婺源县	312	147	296	116	16. 60				
城市小计	2002	891	696	668	142. 57	11	117. 35	17. 00	111
上饶市	636	521	534	512	89. 50	6	68. 35	11. 30	111
德兴市	1366	370	162	156	53. 07	5	49. 00	5. 70	

第五节　公共交通

1990年代初，上饶地区城市公共交通客运〔通常是指公交车客运、出租车客运或面包车(面的)、中型客车客运〕较为滞后。1991年，全区12个县(市)，只有上饶市公共交通营运(汽车)车辆38辆，实际参加营运车车辆不足20辆。当时，出租汽车客运全区仅有上饶市18辆出租汽车参加客运。

公共汽车　随着经济建设的不断发展和运输市场的蓬勃发展，极大促进城市公共交通客运的发展，各种车辆逐年增多。至2000年，全区公共交通营运汽车车辆达986辆，其中城市732辆，县城254辆；营运线路网长度，全区361千米，其中城市230千米，县城131千米；汽车客运总量，全区合计3953万人次，其中城市1364万人次，县城2598万人次，全区公共交通已初具规模。

上饶市公共交通公司(简称市公交公司)，隶属上饶市建设局，1976年7月1日正式启运时有解放牌客车4辆，开通红火线(红东村—火车站)，广茅线(广场—茅家岭)两条线路。由于城区狭小，业务空间有限，年年亏损，80年代在上饶市区只有2辆公共汽车分1、2两路，在上饶火车站、汽车站、广场、茅家岭烈士陵园之间循环。1991年，开通广丰路口至江西光学仪器厂线路，并与上饶县共同开通中心广场至上饶县新县城线路，是年，市公交公司只有18辆破旧公共汽车，实际参加营运车辆不足10辆。随着城区的拓展，公共交通获得较大发展。1996年，市公交公司采取社会引资、职工集资、厂方垫资办法，购进营运车辆，使车辆达到30余辆，并开通市委党校至罗桥路口的8号线。是年12月，开通了市区广场至市农干校的6号线、市法院至朝阳乡的9号线、体育中心至民主路的10号线、市汽车站至大市场的11号线。1999年又开通了湖潭头(前进桥头)至市政府的3号线。2000年12月，上饶市区公交线路达到11条，市公交公司有公交汽车48辆，全年客运量410万人次。

1993年—2000年，上饶市财政每年对市公共交通设施及线路补贴8万元，累计补贴64万元，同期江西省建设厅陆续对上饶市公交公司的公交设施补贴累计9.3万元。为公交企业提供和完善简单再生产和扩大再生产的条件。

出租汽车　1990年代初，全区出租汽车客运还没有形成规模。1991年，只有上饶市18辆出租汽车参加客运。随着城市建设的迅速发展，人民生活水平的提高，出租汽车陆续进入客运市场，并得到快速发展。2000年，全区出租汽车达1086辆，其中城市784辆，县城302辆。

1980年代，上饶市城区已有出租汽车参与客运，并由上饶市运输管理所发给营业证。1991年，全市有18辆出租汽车投入客运。随着城区的拓展，营运出租汽车逐渐增多。1995年，上饶市交通局大力发展面的出租车，并对出租汽车实行统一车型、统一票价、统一发票、统一管理。是年，全市共成立8家出租汽车公司，营运车辆计577辆，车型多为夏利，亦有少量奥拓、英格尔、吉利、昌河。当时上饶市区出租汽车(面的)基价千米为2千米，起步价2元。2000年，上饶市有出租汽车公司12家，共有车辆687辆。是年出租汽车(微型轿车)起步价为3元。

行业管理　1996年10月8日，根据《上饶地区道路运输管理若干规定》，为加强对出租车客运的行为管理，决定对出租汽车运力投放进行总量控制。

1998年4月24日，上饶行署专员办公会议对上饶市和外籍出租汽车进入广丰县城问题专门进行协调，并于8月24日明传电报致广丰县人民政府，即上饶市的出租车停靠在县城通讯大楼附近。所有上饶市的出租车也包括外籍出租车必须在县城通讯大楼附近停车落客。外籍出租车不得在此滞留，不准拉回头客，更不得进入广丰县城区营运。同年 11 月 7 日，上饶行署以饶行办〔1998〕72 号文颁发《关于整顿出租车客运市场秩序的实施方案》，对出租客运市场无证经营，自制线路牌从事定线客运进行有效的打击，保护正当经营者的正当权益，为出租客运市场创造一个公平竞争的良好环境。此次整改范围重点是上饶市、上饶县、广丰县和玉山县的客运市场，其他县（市）也参照执行。

1999 年 1 月 27 日，上饶行署办公室以饶办发〔1999〕4 号文颁发《上饶地区出租汽车客运管理办法》，全文七章二十七条。

2000 年，面对上饶地区城市出租汽车等公共交通客运非法营运车辆猖獗，客运交通市场秩序混乱，部分"面的"营运不规范，乱窜线，车况较差，超载运行；车辆乱停乱靠、乱收费、随意拉客、甩客、宰客；出租车辆发展缺乏统一计划，多头管理，地域分割，争抢客源，加剧城市交通拥挤堵塞状况等问题，上饶行署于 5 月 16 日制订《上饶地区清理整顿城市出租汽车等公共客运交通的工作方案》，对全区城市公共交通管理工作作了更加具体的要求和规定。

2000 年全区各县（市）公共交通情况

表 7－3－6

县（市）名称	运营车辆（辆）			标准运营车数（标台）	运营线路网长度（千米）	客运总量（万人次）			出租汽车数（辆）
	合计	汽车	小公共			合计	汽车	小公共	
全区合计	986	986	928	736	361	3953	3953	3623	1086
县城小计	254	254	238	197	131	2589	2589	2289	302
玉山县	15	15	15	11	5	100	100	100	30
上饶县	30	30	26	30	12	750	750	500	30
广丰县	57	57	57	40	60	700	700	700	80
铅山县	12	12	12	9	6	49	49	49	22
横峰县	24	24	24	17	15	150	150	150	30
弋阳县	26	26	26	18	6	160	160	160	30
余干县	16	16	16	12	7	320	320	320	20
波阳县	30	30	30	21	6	120	120	120	20
万年县	26	26	14	26	6	180	180	130	20
婺源县	18	18	18	13	8	60	60	60	20
城市小计	732	732	690	539	230	1364	1364	1334	784
上饶市	567	567	543	405	149	1090	1090	1090	687
德兴市	165	165	147	134	81	274	274	244	97

1996年—1997年全区各县(市)出租汽车发展总量

表7-3-7　　单位:辆

县(市)名称	发展计划	已办理《道路运输证》数	
	微型面包车	轿车	微型面包车
合　计	780	320	368
上饶市	340	80	306
上饶县	60	20	0
广丰县	60	30	23
玉山县	60	30	16
德兴市	50	30	8
婺源县	30	20	4
波阳县	30	20	0
余干县	30	20	0
万年县	30	20	0
横峰县	30	10	0
铅山县	30	20	5
弋阳县	30	20	6

2000年上饶市出租汽车公司一览

表7-3-8

公司名称	成立时间(年)	车型	车辆数(辆)
吉阳出租汽车有限公司	1995	夏利、吉利	113
汇杰出租汽车有限公司	1995	夏利	47
安达出租汽车有限公司	1995	夏利	30
汽运旅游汽车出租公司	1995	夏利	41
通达出租汽车公司	1995	夏利	35
大众出租汽车公司	1995	夏利	25
灵燕(集团)有限公司	1995	夏利、英格尔	107
出租车服务有限公司	1995	夏利、奥拓	204
火龙出租汽车有限公司	2000	夏利	20
新世纪出租汽车有限公司	2000	夏利	20
振业汽车出租有限公司	2000	夏利	20
光明汽车运输服务有限公司	2000	夏利	25

第四章 村镇建设

第一节 乡村建设

1990年代,全区把加快村镇建设作为城乡建设上台阶的突破口,村镇建设以规划为“龙头”,走城乡一体化的道路。1990年代初,地区和各县(市)分别圈定建设试点乡镇。地区试点乡镇为玉山白云,弋阳邵坂,铅山鹅湖,余干黄金埠,各县(市)也定了1~2个试点建设乡镇。

1992年,地区村镇建设试点黄金埠、白云、江村和一批县(市)试点建设集镇以规划为龙头,大兴土木,正向“布局合理、交通方便、整洁卫生,具有地方特色的新型集镇”目标迈进。是年全区农村新建住宅约340万平方米,约3.4万户农民迁入新居,农民人均住房面积达到20平方米。农村住宅设计和建房质量都有很大提高,一般都是混合结构的高层楼房。村镇基础设施有显著的改善,集镇主要街道路面都达到了硬质化的要求。自来水受益镇发展到30个,约7万人口,为农村经济发展提供了良好的条件。

1993年,全区完成规划的乡镇有上饶市沙溪,玉山县白云,铅山县鹅湖,德兴市泗洲、香屯,波阳县石门街、田畈街。沙溪镇的市场建设获得建设部颁发的村镇建设试点先进奖。是年,全区村镇住房新增面积128万平方米,人均增加了0.3平方米。全区村镇基础设施建设又有很大的发展,集镇(含非县城建制镇)增加道路面积17.6万平方米,新增公厕50座。

1994年,全区的建制镇自来水建设和农村改水改厕进度加快。洋口、泗洲、葛源、香屯、永平、漆工、田畈街、石门街、白云镇等基本建成自来水厂并正式通水。瑞洪等7个镇水厂于1994年建成通水,增加供水能力1.5万立方米/日。是年全区还筹集300万元资金用于农村改水,立项32个,已竣工22个,受益人口20.7万人,其中自来水受益人口10万多人,农村改厕4.8万座,其中无害化4458个。

1995年初,地区提出了小康示范乡(镇)、村建设试点工作,各县(市)都选择了1至2个乡镇、2至3个村庄作小康示范乡(镇)、村建设试点,通过1年的规划建设,已初步取得成效。波阳县芦田乡大吉村农民新建房屋,实行统一征地、统一规划、统一设计、统一组织施工、统一配套建设,兴建小康式成套住宅57户,面积7600平方米,于1996年春节前交付农民使用。铅山县选择福惠乡烈桥、虞家村作为小康示范村,在年内完成两个小康示范村建设的规划工作。是年各县(市)继续加快了乡镇基础设施建设,余干黄金埠新建了上行新村和珠桥新村,新建了沿河路新街,配套了路灯、人行道、行道树、下水道,全年全区立项建设建制镇自来水建设项目5个。至1995年底,全区“八五”期间已建成建制镇自来水厂16个,在建的14个。

1996年,行署以饶行发〔1996〕01号文件作出《关于加强320国道及“一道三线”沿线小城镇建设的决定》。以交通干线沿线小城镇为重点,加快小城镇建设步伐。全区各级党委政府也把小城镇建设列上了重要议程,各县(市)建设部门进一步强化小城镇规划建设规划管理。上饶县建设局帮助枫岭头镇搞好黄源小区和长塘小康村的详细规划,并付诸实施,同时完成田墩、华坛山等5个建制镇的规划。波阳县完成了8个建制镇总体规划的调整完善工作。德兴市投入乡镇建设资金2881万元(含住房)。泗洲镇被评为全省村镇先进村庄。婺源县编制完成梅林边贸经济开发小区规划，帮助清华镇完成“农民一条街”开发前期的建设，指导编制赋春镇工业小区、水泥厂的建设规划，协助思口镇完成镇南小区的规划，同时，抓好“双百”试点，指导赋春、中云、大畈、江湾完成5000平方米的建筑群开发建设，各建镇制已完成长200米以上，各乡完成长100以上主街道的硬质路面建设。是年，全区还加强了乡镇绿化、改水改厕、住房建设及文化设施建设，黄金埠、石镇、赋春、新营、茶亭等5个建制镇自来水厂建成通水，新增供水能力0.7万吨/日。

1998年，全区村镇建设步伐继续加快，以德兴泗洲、潭埠、海口，广丰湖丰、洋口，上饶市沙溪，波阳石门街，余干黄金埠，婺源赋春等地为代表的小城镇继续加强水、电、路、绿化、环卫等基础设施建设为重点，其规划建设水平、建设速度规模及其管理都在不断提高。是年，全区村镇建设完成总投资8.31亿元，其中房屋建设投资7.95亿元，建筑面积525.8万平方米，市政公用设施投资3545万元，新增建制镇自来水厂5个，增加日供水能力0.56万吨。

1998年后，移民建镇工作逐步进行，全区第一期移民建镇任务57418户，平退圩堤89条，确定补助资金86177.8万元，共有移民点385个，其中集镇27个，中心村114个，基层村244个。1999年12月30日，全区移民户已开工建房的56038户，占总任务的97.6%，已建好一层的53264户，占92.77%，已竣工46205户，占80.47%，已迁入新居45491户，占79.23%，已拆除旧房28431户，占49.52%，累计全区移民建房资金10.97亿元，其中国家补助5.30亿元。一些示范点规划建设水平较高，如铅山傍罗集镇规划面积11.24公顷，294户，总建筑面积7.31万平方米，总投资3400万元，集镇整齐美观，主街道宽30米，长780米，水电、通讯、学校、医院、市场、游园齐全。余干洪家嘴乡龙津村、横峰上畈乡的山脚里中心村、波阳朗埠集镇等建设水平较高。是年，全区村镇房屋建设投资总额9.5亿元（移民建镇除外），其中住宅8.65亿元，村镇住宅竣工面积647万平方米，村镇市政公用设施投资完成总额4264万元。

移民建设工程有力地推动小城镇建设，2000年，全区一批规划建设美观配套设施齐全的集镇和中心村初步建成。同时，还根据地委、行署的发展布局，着力抓好320国道沿线小城镇的规划，搞好供水、道路、绿化等基础设施建设。

第二节　移民建镇

上饶地区是个水患较多的地区，尤其是波阳、余干、万年等滨湖地区，常年遭受洪涝灾害。

1998年6－9月，全区沿江滨湖区域遭受了历史罕见的洪涝灾害，1999年又连续遭受特大洪涝灾害，造成全区直接经济损失达153.74亿元，其中农业损失88.1亿元。中共中央、国务院高瞻远瞩，适时提出“封山植树、退耕还林；平垸行洪、退田还湖；以工代账，移民建镇；加固圩堤，疏浚河湖”的灾后重建指导方针，中共江西省委、江西省人民政府作出关于《平垸行洪、退田还湖、移民建镇若干决定》，从1998年10月始，中共上饶地委、上饶行署发动全区上下奋起抗灾，重建家园。全区以移民建镇为主线，以灾民新村为补充，在上饶大地上，迅速掀起一场规模宏大、史无前例的“平垸行洪、退田还湖、移民建镇”社会化系统性大工程。至2000年年末，全区沿江滨湖8县（市）第一、二期移民建镇取得阶段性成果。全区并已申报第三、四期移民建镇计划。

组织实施　上饶地区和各县（市）遵照地委、行署指示，认真贯彻国务院“三十二字”方针，着力抓好全区移民建镇工作。1998年10月，地区和各县（市）都分别成立移民建镇办公室，并派出专业技术人员赴安徽等地学习灾区重建经验,认真做好移民建镇前期准备工作。全区移民建镇工作做到领导到位、宣传到位、管理到位、示范村镇建设到位、抓移民生计落实到位。移民建镇工作指导协调小组成员单位,在实施移民建镇工作过程中相互协调配合,各司其职、各负其责,做好服务,全力支持此项工作,

全区有第一、二期移民建镇任务的8县(市)从工作量大小来划分,波阳、余干两县属“重量级”唱主角,挑大梁,是省地移民建镇的主战场,两县第一、二期移民总户数达5.7万户,占上饶地区总量的81.6%;“中等型”的有万年、铅山、弋阳、上饶县移民任务为3992户~1911户,是信江流域的主战场;“袖珍型”的有上饶市、横峰县移民任务的55户~868户。

全区有第一、二期移民建镇任务的8县(市)都能因地制宜,发挥优势,组织灾区广大干群投入生产自救,实施平垸行洪,退田还湖,移民建镇工程。在移民建镇工作中,统一选址布点、统一规划设置、统一住宅标准、统一建材供应、统一通用房型。移民新村(镇)公建和基础设施基本齐全,水、电、路三通,学、医、贸配套,各具特色。

全区申报第三期移民建镇计划有的:波阳县5535户,2.6万人;铅山县2874户,1.2万人;弋阳县1162户,0.47万人,全区共申报9571户,4.3万人,中央将投资补助资金1.6亿元。

全区申报第四期移民建镇计划的有:波阳县21702户,8.95万人;余干县6225户,2.54万人(第三、四期合报);铅山县2003户,0.85万人;弋阳县445户,1.6万人。全区共申报30375户,12.6万人,中央将投资补助资金5.16亿元。

若按申报计划实施,全区四期合计移民将达10.99万户,45.7万人。四期合计补助资金将达17.57亿元。

建设规模 全区第一期移民建镇任务:平退圩堤89座,迁移安置受灾移民57589户,23.5万人。移民对象主要分布在沿鄱阳湖区的波阳、余干、万年3县(占85%)和沿信江流域的上饶市,上饶县、铅山、横峰、弋阳共计8个县(市)。涉及67个乡、镇、场,需搬迁集镇10个,村庄578个。全区新扩建集镇27个,中心村114个,基层村244个,共计385个移民安置点。中央安排补助资金8.67亿元。

截至2000年年底,全区第一期移民建镇任务完成情况为:盖至一层以上的有55458户,占总体任务的96.4%;已竣工的53379户,占92.8%;全区共拆除旧房51614户,占89.7%;收回旧宅基地面积938.44万平方米。全区累计完成总投资15.34亿元。一批规划科学、布局合理、功能齐全、环境优美,具有现代气息的新型村镇展现在人们面前,有近6万户灾民搬迁新居。

全区8县(市)第一期移民建镇共培育11个示范村镇点,是省、地、县(市)精心培育的“精品”。其中;铅山傍罗集镇,规划上突出“高、大、远、近、齐”,最有特色;万年马塘集镇规划齐整,获德国专家赞赏;余干龙津集镇、邹家中心村,波阳四望湖集镇、朗埠集镇、松山中心村,弋阳栗塘集镇,横峰山脚里中心村,上饶县西湖中心村等,都别具一格、各具特色,在省内享有一定知名度。

全区尚未完成第一期建一层任务的有:2081户,其中:波阳1166户,万年850户,上饶县45户,铅山县20户。2000年4-5月,江西省移民建镇指挥部对上饶地区8县(市)进行第一期移民建镇工作验收,6月3日,省人民政府召开全省移民建镇总结表彰大会,对省级考评验收合格单位的前10名进行了表彰,余干、铅山、弋阳3县均进入前三名受到省人民政府表彰(余干县名列全省第一名),上饶市、横峰县为省级验收合格。波阳、万年、上饶3县为基本合

格。全区没有出现不合格县，顺利通过第一期移民建镇省级验收。同时，全区共有41名移民建镇先进个人，9名勤劳致富标兵受到省人民政府表彰。

全区第二期移民建镇任务：平退圩堤17座，迁移安置灾移民12394户，5.28万人。移民对象为鄱阳湖区的波阳、余干两县。全区第二期新扩建集镇7个，中心村28个，基层村70个，共计105个移民点。中央安排补助资金2.11亿元。

至2000年底，全区第二期移民建镇任务完成情况：盖至一层上的有6148户，占49.6%；已竣工的4432户，占35.8%；已开工建设的有10183户，占82.2%；共拆除旧房2302户，占18.6%；收回旧宅基地面积59.12万平方米，全区累计完成总投资0.77亿元。全区尚未完成第二期建一层任务的有6246户，其中：波阳4831户，余干1415户。波阳、余干两县第二期移民建镇在吸取一期特色基础上，已有创新突破。如波阳响水滩乡的河车集镇，柘港乡的东溪集镇和余干的新瑞、大塘、东源三大集镇等，都推陈出新，规划出色，已崭露头角。

全区已经完成和正在建设的有第一期、第二期移民建镇工程中，已有近7万户，约29万人受益，获得国家投资达10.8亿元。数十万人口的搬迁，使其脱离水患，实现了规划设计、基础设施和生活环境三大历史性跨越，如此之大的搬迁规模是上饶地区史无前例的。

重点县建设　波阳县　为了搞好移民建镇工作，成立了以县长为指挥长的移民建镇指挥部，下设办公室，负责日常事务，主要任务是：根据县人民政府办公室《关于移民建镇工作若干问题的规定》及其补充规定和《江西省平垸行洪退田还湖移民建镇若干规定》，落实移民对象；落实移民建房宅基地；根据建设规模制订落实移民点建设规划；按统一规划、分户建房原则完成移民建房任务；按规定程序由乡镇财税直接发放移民建房补助款；拆除移民旧房（旧宅基地平整退耕还林归公）；搞好移民点基础设施建设，做到水、电、路“三通”；按要求完成65座圩堤平退任务；搞好移民建镇软件建设，规范管理档案资料；加强各移民点后续管理工作。共批准波阳县60座平退圩堤内的26个乡镇、384个行政村、618个自然村、44961户村民进行迁移。在中央、省、地（市）各级党委和政府的亲切关怀下，在上级业务主管部门的悉心指导下，波阳县按上级批准方案，开展移民建镇工作。从当年10月开始到2005年12月止，移民建镇工作分四期实施，共动迁移民44961户，187819人，涉及26个乡镇（后撤并为21个乡镇）。四期共建新移民点249个，其中：新建集镇20个，小区1个、中心村64个、基层村114个、50个高靠点村。249个移民点总移民建房占地面积1418.1829公顷，其中耕地面积890.0063公顷，林地100.9656公顷，其他427.211公顷。至2004年年底，全县44961户移民，按照1户1栋的建房原则全部建成（其中建一层的15240户，二层以上的29721户；砖混结构房屋40465栋），建筑总面积达899.22万平方米。建房投入资金124065.5万元，其中国家补助56624万元，移民自筹67441.5万元。

在选址、规划全面落实的基础上，基础设施和移民建房同步进行。至2004年底，基础设施建设全部竣工并通过自验。其资金投入共18783.84万元，其中国家补助16045.84万元，省补助2400万元，地方自筹338万元。据统计，全县新建乡村道路864.1千米，面积237.5万平方米（其中硬化道路106.9万平方米）；建设自来水厂11个，新增排水管道218.4千米，自来水日供应能力6100吨，自来水用户7981户；集镇和中心村新增路灯367盏；农村电网得到全面改造，移民家家用上电灯；集镇、小区、中心村的主要道路两侧都有绿化带，新建绿地面积109.32万平方米；新建中小学校87座，医疗诊所19处，基本上满足和解决了儿童入学和移民就医问题；设有线电视差转台40个，有13675户移民看上有线电视；有18736户移民装上程控电话；

有 8438 人用上手机。

波阳县对第一期移民对象进行了反复检查,并经过 4 个多月的整改,挤“水分”,查违规,各乡镇退回移民指标 1224 户,其中 224 户分给指标不足的乡镇,1000 户于 2004 年 4 月经省移民建镇工作指挥部批准建立城北“百亩千户”移民小区,至此全县 44961 户移民对象全部落实,建房任务全部完成。

在移民建镇过程中,国家总投入资金 72787.84 万元,加上配套设施资金 6062.56 万元(平退圩堤加固工程资金 3780.56 万元、省级配套资金 1980 万元,卫生配套资金 302 万元),共 78850.4 万元。这是新中国建立以来国家投入波阳最大的一项建设资金。

余干县 1998 年 10 月,由县人民政府和有关各局领导 27 人组成移民建镇领导小组,下设办公室。至 2000 年底,第一期工程,国家投入专项补助资金 2 亿元,按《新总体规划》选址布点,建设集镇 8 个,中心村 28 个,基层村 120 个,涉及 16 个乡镇,顺利移民 12419 户,58365 人。

全县圩垸平退后,大洪水时可增加蓄洪面积 45 万平方千米,增加蓄洪量 2.46 亿立方米,水面面积恢复到余干县辖区相应 1954 年的水平;通过移民建镇,所有居住在平退圩垸内 22 米以下和部分数年遭受水淹的圩外滩洲的居民全部转移到 23 米以上高程建房居住,生命财产得到保障。

在移民建镇工作中,统一选址布点,统一规划设计,统一住宅标准,统一建材供应,统一通用房型。移民新村(镇)公建和基础设施基本齐全。水、电、路三通,学、医、贸配套。移民建镇后,最大的新瑞集镇广场(在新生乡)达到 1.3 万平方米,最宽的东鹰集镇街道(在东源乡)达到 30 米,最大的龙津集镇农贸市场(在洪家嘴乡)占地 0.33 公顷,最大的东鹰集镇公园用地达 2 公顷。

移民建镇后的村镇,具有一村(镇)一品的特点,2000 年 3 月,第一期工程顺利通过省级验收。梅溪邹家中心村,瑞洪集镇、东源集镇等移民村镇均具有一定特色。瑞洪移民新街,被副省长凌成兴誉为“精品工程”。

万年县 1998 年,国家决定平垸行洪,根治水患,万年县安排移民建镇户 3992 户,其中建设示范集镇 1 个,即马塘镇,计 500 户;建设中心村 13 个,计 2546 户,建设基层村 12 个,计 768 户,零散安排 178 户,马塘镇由省城乡建设规划设计院规划设计。规划用地 34 公顷,居住用地 9 万平方米,建筑用地 7.6 万平方米。规划建房 560 户,居住人口 2070 人,大部分为梓埠镇道港、古城村委会搬迁来的灾民。镇内建有医院、学校、商店等社区设施。

第三节 重点镇建设

2000 年,全区各县(市)重点镇建设共有 17 个。分别是:上饶市沙溪镇,上饶县皂头镇,广丰县五都镇、洋口镇,波阳县石门街镇、田畈街镇,婺源县清华镇、赋春镇,余干县黄金埠镇、瑞洪镇,万年县青云镇,横峰县葛源镇,铅山县永平镇,弋阳县圭峰镇,玉山县樟村镇,德兴市泗洲镇、花桥镇。

沙溪镇 位于上饶市区境东部,信江上游西岸。1993 年,沙溪镇完成整体规划调整后,镇历届党政班子都致力于集镇建设,积极筹措资金,使建设规划逐年付诸实施。至 2000 年,累计投资 380 万元用于镇区的改造和建设,使镇区总面积从原来的 2 平方千米拓展到 3 平方千米。原有的 16 条老街小巷铺设了水泥路面。新建路铺设长 500 米、宽 12 米的沥青路面,并易名为玉带路。由320国道线到沙溪大桥,建成长750米、宽20米水泥路面的主街道玉华路。在夏布市场,建成纵横交错的夏布1至6路6条街道。投资90万元,建成沙溪客运站,车场占地面积0.33公顷。2000年,还完成沙溪镇火车站站前改造的规划设计。

1995年,在农贸市场以东开发了4公顷的蔬菜批发市场。1997年,投资230万元,将沙溪中心卫生院搬迁至320国道线东侧、镇区的南端,并易名上饶市第三人民医院。1997~2000年,教育建设投资累计453.5万元,其中建教学楼、综合楼、厕所等投入358.5万元,建筑面积11577.34平方米,其他教学配套设施投入95万元。1998年,投资260万元,将西沙公路路面铺设成宽5米,长10千米,厚18厘米的水泥路面。2000年,兴荣运输集团公司投资480万元建成高10层,建筑面积6860平方米的兴荣大厦。镇政府还投资31万元,建成占地面积819平方米的敬老院;投资12万元,建成长2千米,宽8米,砂石硬质路面的饭甑山旅游公路。

永平镇 永平镇地处铅山县境东北部,沿山河下游。人口4万人。1990年代,全镇聚集民间资本3.5亿元,改造综合市场、兴建铜宝路步行街,使商铺摊位增加到1000余个,成为全县重要的商品集散地;将永铜路从7米拓宽到32米,形成长达1千米的城北新区开发建设带,引进3家开发商对梨树园、桃花园等进行改造。2000年已竣工1万多平方米的宏泰商住楼;铺设排水管道,兴建公共厕所10个,垃圾池50个,还兴建了垃圾处理厂和自来水厂各一处。该镇还实施修路、绿化、美化、净化、亮化、安居工程,修建下水道10千米,硬化道路15千米,建设公共绿地1万多平方米,安装路灯160盏,进一步提升了城镇品位。

洋口镇 位于广丰县境西部,丰溪南岸,历来是广丰县西南境和上饶邻地集市贸易中心。镇区呈不规则四边形,1992年镇区面积0.5平方千米,2000年扩大到0.8平方千米。旧有中心、中山、长春三条老街道今已改造成水泥路,新建了长580米、宽24米的沿河路,长350米、宽15米的新建路,长540米、宽5米的瀛洲路。1993年建成长400米、宽15米的洋江街。同时镇区基础设施得到改善,修建了排水沟、防洪堤,增加了环卫设施。加大了镇区功能设施建设。1992年以后先后投资3650万元建设桥东小区,其中投资420万元兴建了占地3万平方米、建筑面积18500平方米的商贸中心,1994年10月投入使用;建筑面积1500平方米的农贸中心,1995年4月投入使用;1995年10月投资150万元,建成了总功率150千瓦、日供水能力700吨的自来水厂,2000年供水户数1600户,2002年1862户。1998年5月建成占地面积3万平方米的湖边农贸市场,同年建成占地面积2700平方米的洋江农贸市场,2002年6月建成占地面积4750平方米的水北停车场。至2002年,镇区浇筑水泥路面面积83940平方米,铺设下水道总长4000米。

五都镇 位于广丰县境中部,丰溪中游。历来是广丰县境东南乡主要农副产品集散地,镇区面积0.52平方千米。镇区旧有修文、义星、西湖三条街道,相互接成“十”字,全长1650米,均改建成水泥路面。1992年以后依据镇区总体规划,加快了街道建设,至2000年,新建了四条商业主街道,即:长515米的二十二米大街,长300米的三十米大街,长800米的四十米大街,长200米的新镇中大道。同时加快了镇区功能设施建设,1996年,建成了占地3.33万平方米的五都农贸市场,占地5000平方米的供销市场,占地9990平方米的大桥头农贸市场。1997年2月建成了日供水能力500吨的自来水厂,2002年供水户数1080户。

石门街镇 位于波阳县境北部,西河下游,赣皖交界处。西河支流自北流入,南向注入主河槽。省道碧石线纵贯全境,与安徽省422省道相连直通206国道。东南接侯家岗乡,西南连谢家滩镇,北与安徽省东至铁炉乡和龙泉镇为邻。总面积90.9平方千米,其中镇区面积4平方千米。10个村委会、1个居委会、2个林场、97个自然村。共5316户,总人口21964人,其中镇区人口0.8万人,除苗、蒙古、土、布依族各1人外,其余均为汉族。

全镇耕地面积1800公顷,有中小型水库17座,蓄水量为3500万立方米;机电灌溉站16座,有效灌溉面积1266公顷,75%的耕地实现了旱涝保收。从1980年开始制种杂交水稻良种至今,农业科技水平不断提高。工业有建材、印刷、建筑、化工、农机、木制品、粮油加工、装潢、服装等十多个行业,工艺品琳琅满目,产品主要销往省外和周边地区。山林面积5333公顷,其中有林面积2533公顷,果园面积266公顷,森林覆盖率40%。

境内有县级水泥(沥青)公路2条,村级水泥公路3条,村级砂石机耕路132条,还有13千米的西河水道,构成四通八达的交通网络。电力工业从无到有,1972年建成200千瓦水电站一座。1990年代集中建设输变电工程,完成10千伏输电线路45千米,低压线路184千米,4400户居民用上了电灯,看上了有线电视,用上了家用电器。1991年建电视差转台2座微波程控塔,覆盖周边100千米范围电信网络。

2000年被中共江西省委、省政府授予"全省第七届1998年、1999年文明单位";同年被上饶地区精神文明建设指导委员会授予"文明示范镇"。

2005年,全镇工农业总产值达1.5亿元,财政总收入232.9万元,全镇农民人均纯收入达2600元。

田畈街镇 位于波阳县境北部,潼津河中游。2001年9月,莳山乡(1958年建场,1985年成立乡,实行乡场合一体制)并入田畈街镇。2003年12月碧山乡并入田畈街镇。

镇域面积204.9平方千米,其中镇区面积4平方千米,规划面积10平方千米。辖28个村委会、5个分场、林场和1个居委会,有自然村186个,村小组297个。共16769户,总人口68026人。

田畈街东邻枧田街乡、金盘岭乡,西靠柘港乡,南连游城乡,北与候家岗乡接壤,东距景德镇市32千米,南至鄱阳县城49千米。九景高速公路由向东穄穿镇域中部,省道景湖公路、田乐公路和县道田侯公路、莳枧公路纵横交错,成为鄱北的交通枢纽、经济重镇。

全镇耕地面积5888公顷,山林7066.1公顷,水面471.6公顷。人口68026人,其中非农业人口7876人。潼津河与千秋河贯境而过,潼津河在境内长5.8公里,千秋河在境内长26千米。境内有小(一)型水库8座,小(二)型水库24座,水塘山塘近100座。

农业是田畈街镇的传统产业,以粮食生产为主,水产养殖为辅,主要生产水稻、花生、芝麻、茶叶、中药材;畜牧业以牛、生猪、家禽为主。农业产业化建设方面,建有原生药业发展有限公司,已建成866.6公顷中药材基地和200公顷果园;鼎豪畜牧业发展有限公司,年产一万头商品猪;赛金山果园基地总面积86.6公顷,种植桃类、李类、柑橘类等果树品种。在中央、省、地(市)对"三农"工作的政策支持下,田畈街在原有牌楼新村、滩口的基础上又新增了11个新农村建设示范点。

依托田畈街镇的交通区位优势,田畈街确立了打造鄱阳湖畔中等县级城市和鄱阳副中心城市的"工业立镇"发展目标,在中共鄱阳县委、县政府的支持下,启动鄱阳工业园医药化工产业基地,有8家企业落户。

城镇建设,通过招商引资,已建成总投资4200万元,全省农村一流的三级民营医院——鄱阳湖区医院、投资5000万元的配套有现代化设施的私立博文中学、投资8000万元的富田大道商业街、投资500万元日产万立方米的自来水厂和投资4000万元的皇客隆商业步行街。广播电视已覆盖全镇各大小村庄。

2005 年,全镇国内生产总值实现 2.4 亿元,完成财政收入 1555.9 万元,农民人均纯收入 2363 元。

清华镇　位于婺源县境北部,乐安河上游。镇区面积 2 平方千米,2001 年人口 10350 人。1987 年后,在原有 1200 多米水泥路面主街道基础上,1989 年,投资 45 万元又建成一条长 1000 米、宽 20 米的水泥路面新街道。1997 年投资 300 多万元,建成长 200 米、占地共 3000 多平方米的农贸市场与街道。加上长达 3 千米的千年老街,镇区内有二纵二横 4 条街道。临街楼房店铺接踵而起,先后有财政所、邮电大楼、清华宾馆、鄣公山宾馆以及诸多私人建造的楼房竖立街道两侧。老街道两旁民居亦临街开出店铺,气象更新。投资 252 万元兴建的自来水厂已竣工投产;有线电视和程控电话进入普通百姓家。

赋春镇　位于婺源县境西部,赋春水上游。镇区面积 1.5 平方千米,2001 年人口 8000 多人。1987 年—2001 年,个体私营经济发展迅速。1995 年起,相继投资 2500 万元建成长 1500 米、宽 12 米、铺设水泥路面的千米商业街,有店面 300 多间,以经营日用百货、五金建材为主,还有旅社宾馆;投资 100 万元完成商业街人行道的铺设和街道绿化;分别投资 15 万元、12 万元、18 万元建起了日供水 500 立方米的自来水厂、安装了主干道路灯、建成占地 4000 平方米的停车场。

黄金埠镇　位于余干县境东南部,信江下游。是余干县境东南区域中心城镇,系全国 100 个试点城镇之一,总面积 50 平方千米,耕地面积为 1480 公顷,辖 5 个居委会,16 个村委会,97 个自然村,共 7370 户,总人口 32790 人。

按照《黄金埠镇 1985 年—2000 年街区建设总体规划》,街区总面积由原来的 0.2 平方千米扩大到 6 平方千米,搬迁了老街区,开发东北新区。镇中心向岭东转移,兴建 2 条“人”字形商业区新大道。以 206 国道和南昌至张公庙的公路为中心,东西延伸,南北扩展,南至上行,北至株桥,建成长 5 千米的黄金埠新街。全镇新建楼房 47847 平方米,人均居住面积达 25.19 平方米。

镇区域内有机修、塑料、工艺、电器、制药、玻纤、耐火材料、电瓷、自来水等新兴的中小型企业。沿河修筑长约 21 千米的圩堤,开挖 6 千米的人工河和长达 30 千米的泄洪道等农田水利工程,确保镇区、农田安全。2000 年全镇工农业总产值达 3233 万元,其中农业产值 1422 万元,占总产值的 44%,工业产值 1811 万元,占总产值的 56%。2000 年,镇内办有完全中学 1 所,初中 2 所(含私立 1 所),完全小学 13 所,私立幼儿园 13 所,有中心医院 1 所,村合作医疗卫生所 16 个。水陆交通便利,206 国道、昌景省道、余黄县道 3 条公路交汇镇区,全长 393.79 米、黄金埠公路大桥横跨信江。信江流经镇区 10 千米,黄金埠码头是余干县三大港口之一。邮电通讯发达,村村通邮路,邮政投递覆盖率达 100%。电话装机容量 4000 门,电话普及率达 9 部/100 人。

瑞洪镇　瑞洪镇位于余干县城西北部,鄱阳湖东南岸,是全国重点建制镇之一,总面积 36 平方千米,共 4355 户,总人口 21838 人。其中镇区居民常住 2514 户,人口 8048 人,辖 4 个居委会,6 个村委会,1 个渔业队。

1994 年全镇国民生产总值 10850 万元。1995 年后,在镇区,先后建起食品、水产、副食、化工、医药、纺织、建材等 20 多家企业。2000 年,全镇国民生产总值达 2500 万元。水陆交通便捷,瑞洪通往县城、康山、梅溪、新生、东源、大塘、三塘、石口乡镇公路,全部建成宽敞平坦的水泥或沥青路面,昌万公路上的瑞洪大桥在紧锣密鼓的建设,港口运输大多为大吨位动力机械船和快艇,港口承运货物吞吐量,占全县3/4。

1997年—2000年,新建街道2800米,其中3条移民新街分别为宽26米、长500米,宽18米、长1200米,宽10米、长20米。整个镇区形成“井”字形街道框架,并全部硬化路面。1995年建成1个3700平方米的农贸大市场。1998年建成1个自来水厂。镇区建有汽车站、电影院、文化站、广播电视台、娱乐室、完全中学、卫生院,旧有令公庙、天后宫、古茶庵。驻有工商管理所、邮电所、土管所、规划办、供电所,公安分局、地税所、粮管所等县分支机构。

青云镇 原名城厢镇,万年县治旧址,位于万年县境西南部,万年河中游,206国道旁,面积76.1平方千米,总人口20565人,其中非农业人口3118人,农业人口17447人。1959年县城迁址陈营镇后,改为建制镇。

新中国建立后,整治万年河,修建张家山水库,建设水电站为青云镇灌溉、送电。新开环城河傍城而过。昔日旧镇断垣残壁,现在高楼林立。北门文昌宫是原中共万年县委所在地,现在设政府招待所于此。青云镇区总体规划布局合理,水泥路面达37.2千米,面积3万多平方米,下水道3.6千米,路灯38盏。原文昌宫西边有青云公安分局、税务所、农业银行营业所、万年第五建筑公司、信用社、种子站,镇医院建在三官塘畔。206国道两旁沿公路矗立起两排崭新的楼房,建立了占地0.33公顷的蔬菜市场,蔬菜日流通量达40多吨。青云镇被列为全省村镇建设试点,积极鼓励农民进城开办第三产业,筹资建房。1991年—1994年,集镇建设示范点新开发建成房屋2.25万平方米,总投资达650多万元。为了保证集镇的环境卫生,安排4名环卫工人,添置环卫工具,建立垃圾窑4座。日清运垃圾12吨。

圭峰镇 位于弋阳县境西南部,信江中游南岸,总面积86平方千米。全镇共有3745户、总人口16013人,其中非农业人口1571人。除畲族外,均为汉族。共有耕地面积1396.87公顷,其中水田1297公顷,旱地99.87公顷。2000年,镇财政收入达202.5万元,农民年人均纯收入1751元。

圭峰镇境内酸性红壤及清水砂石资源丰富,境内有国家级风景名胜区——圭峰。

圭峰镇政府于1996年6月搬迁至320国道654千米处,占地面积1.2公顷。圭峰镇的集镇建设按照县政府1995年规划,2平方千米内为镇建规划区,为省级重点建设集镇之一,集镇有商业网点80余个。

2000年,圭峰镇完成工农业总产值7474万元,其中农业总产值3474万元。农业种植水稻为主,扩大优质稻及经济作物种植面积400余公顷,宝石、招宾、上张村的西瓜基地,大塘、流口村的细籽花生基地已基本形成,杨桥、圭峰的蔬菜示范基地初具规模,“一村一品”的格局逐步形成。

樟村镇 位于玉山县境西北部,距县城45千米。含周围2千米内的自然村,有151个村民小组,樟村属山区盆地,土壤肥沃,灌溉方便,物产丰富,因山清水秀素有“小玉山”之称。公路往东南通县城,东北经童坊乡通南山乡、横街镇,西北经怀玉山通往德兴市。

1986年,樟村镇重新编制建设规划,建1条商业大街,即樟村林业站至土特产收购站,全长500米,宽14米,促进商品流通,交通安全。1992年,对规划又进行调整补充,南起樟村中学北至樟村乌泥塘,东西各延伸500米,所规定的范围为镇总体规划区,整个规划区分为:以星华集团公司为中心的镇南工业区、以公路为主轴的居住区和以两个市场为中心的商业区。

镇南工业区内有星华集团公司、石英粉厂、砚台工艺厂、家具厂36家个体私有企业,其中以加工出口台球桌面为主的星华集团占地近万平方米。商贸区内两个市场分别为农贸市场占地1700平方米和小商品市场占地1500平方米。该镇的规划原则是:山区向平原靠拢,零星住户向中心镇、中心村集中,并且出台相应的建房优惠政策。

由于历届镇政府对规划较重视,所以镇驻地的里弄和道路已初具规模,只需在原有基础上拓宽和硬质化。修造1条沿河路,即从公路大桥至平车水泥桥(长300米、宽8米),有利美化环境。从集市贸易中心至炼铁厂地方建自来水塔,新的商业大街两旁建房用地征用水田1.33公顷,以供建房及公共设施。

泗洲镇　位于德兴市境北部,乐安河中游南岸。1990年代始,泗洲镇根据《泗洲镇总体规划》及镇中心区《金家新区详细规划》,坚持开发新区和改造老区相结合,经过多年建设,金家旧区和张家畈新区融为一体,新区主街道全部建成,金家、赤家湾、梨树坞住宅小区相继落成,奈坑住宅小区初具规模。镇区的道路、防洪、亮化、通信、电网改造工程陆续完成,交易、贸易、教育、卫生、文化等小城镇功能不断完善。建成的铜矿汽车站,每天客运达70多个班次,客流量3000多人次,货运量7000多吨;开通24千米光缆通讯线路,程控电话装机7000门,电话普及率达21.7%,实现村村通电话,为全省首个电话乡镇。自筹资金320万元,建成占地7000多平方米的农贸市场;与德兴铜矿联合筹资1200万元,兴建了铜城大市场,日成交额20万元。扩建长2078米、宽15米的铜洲路,修建长1500米、宽15米的府前路,兴建振兴桥,与德兴铜矿中心区相连。镇中心文化中心广场集喷泉、绿化为一体,设计新颖,占地面积12000平方米,投资近400万元;主街两旁建有泗洲苑公园、文化活动中心、中心小学教学大楼、镇政府办公楼、泗洲宾馆、农业银行、建设银行、金家综合楼等主要建筑。1990年代,泗洲镇被授予"全国小城镇建设示范镇""全国地镇建设先进镇"称号。

花桥镇　位于德兴市境中部。1990年代始,花桥镇加大镇区建设力度,对镇区进行规划,拓宽了主街道,铺设水泥路面1080米,宽度达25米;投资80万元,完成新双线花桥段10千米路基改造和沥青路面铺设;投资100万元完成花桥村至市竹压板厂、花桥至项家桥头的水泥路面改造;投入300万元新建政府办公、培训大楼,投入200万元兴建综合农贸市场,拥有450个摊位,日交易额达3.2万元。全镇安装程控电话2000门,最大装机容量3000门,村村通了电话。镇政府所在地建成电信综合大楼、政府办公大楼、国税局办公大楼等建筑。2001年,花桥镇被授予"全国文明集镇"称号。

2000年全区重点镇建设情况一览

表7-4-1

重点镇名称	镇区人口(万人)	建成区面积(公顷)	建设情况				
			新增道路面积(平方米)	新增下水道(米)	新增自来水用户(户)	自来水供水规模(立方米/日)	新增路灯(盏)
合　计	22.59	2659	113345	23924	4268	33557	1264
上饶市沙溪镇	1.19	81.00		2600	740	830	16
上饶县皂头镇	0.50	100.00	7700				

续表7－4－1

重点镇名称	镇区人口（万人）	建成区面积（公顷）	建设情况				
			新增道路面积（平方米）	新增下水道（米）	新增自来水用户（户）	自来水供水规模（立方米/日）	新增路灯（盏）
广丰县五都镇	2.31	100.00	8000	3000	300	4000	500
广丰县洋口镇	1.80	70.00	6000	2500	300	2000	400
波阳县石门街镇	0.68	250.00		3600	800	2000	20
波阳县田畈街镇	1.00	300.00	40000	2000	300	500	60
婺源县清华镇	0.70	235.00				1000	30
婺源县赋春镇	0.53	196.00				1000	30
余干县黄金埠镇	1.15	150.00	3000		50	3000	
余干县瑞洪镇	1.60	170.00	10000	1000	300	3000	
万年县青云镇	2.40	210.00	20000	2000			10
横峰县葛源镇	0.75	200.00			12	112	10
弋阳县圭峰镇	0.30	55.00	1645	1724	21	15	10
铅山县永平镇	2.71	200.00	6000	1000	500	7000	
玉山县樟村镇	0.40	46.00	3000	1000	45	100	
德兴市泗洲镇	3.26	210.00	5000	2000	600	5000	110
德兴市花桥镇	1.32	86.00	3000	1500	300	4000	60

续表7－4－1

重点镇名称	建设情况						
	新增公共绿地（平方米）	新增市场面积（平方米）	新增住宅建筑面积（平方米）	新增公共建筑面积（平方米）	新建工业小区面积（平方米）	完成基础设施建设投资（万元）	完成建房投资（万元）
合　计	44516	46106	21.49	6.97	10.6	7439	8396
上饶市沙溪镇	360					104	930
上饶县皂头镇				0.90			
广丰县五都镇	10000	20000	4.00	1.00	2.00	3000	1200
广丰县洋口镇	8000	20000	3.00	0.80	1.00	2000	1000
波阳县石门街镇		400	0.60	0.17		12	20
波阳县田畈街镇	13000	5000	1.00	0.42		200	500
婺源县清华镇			0.29				87
婺源县赋春镇			0.17				51
余干县黄金埠镇			0.80	0.60		150	490

续表 7－4－1

重点镇名称	建设情况						
	新增公共绿地（平方米）	新增市场面积（平方米）	新增住宅建筑面积（平方米）	新增公共建筑面积（平方米）	新建工业小区面积（平方米）	完成基础设施建设投资（万元）	完成建房投资（万元）
余干县瑞洪镇			0.30	0.30		50	105
万年县青云镇		600	3.60	0.77	0.13	100	725
横峰县葛源镇			0.31				80
弋阳县圭峰镇	156	106	0.36	2.26	7.20	549	981
铅山县永平镇			1.00			25	640
玉山县樟村镇			0.25	0.19	0.20	28	106
德兴市泗洲镇	9000		3.85	0.96		759	897
德兴市花桥镇	4000		1.96	0.69	0.10	462	584

2000 年全区各县（市）小城镇建设情况

表 7－4－2

县（市）名称	小城镇个数（个）	新增小城镇道路面积（万平方米）	建设情况					
			新增下水道（千米）	新增自来水用户（户）	新增路灯（盏）	新增公共绿地面积（万平方米）	新增市场面积（万平方米）	完成小城镇建设投资（万元）
全区合计	287	128.67	73.72	17514	193085	35.41	33.38	71939
上饶市	2	0.31	0.26	740	830	0.04		561
上饶县	31	0.10		22	90000	0.02		
广丰县	30	3.00	10.00	1000	4200	5.00	10.00	3000
波阳县	25	5.40	8.70	6000		5.70	10.00	5000
婺源县	26	12.50	9.00	417	14000	8.00	7.30	9092
余干县	34	18.09	12.30	20	26000			2000
万年县	19	6.52	4.80	3700	15000	0.20	0.10	5700
横峰县	11	0.43	0.90	135	14000			200
弋阳县	22	13.25	5.60	2300	1035	13.00	5.78	110
铅山县	25	1.50	2.00	1000	20000		0.20	9016
玉山县	22	6.59	8.70		20	0.20		20
德兴市	20	61.00	12.26	2000	8000	3.25		9240

说明：此表所指小城镇包括建制镇（含县城关镇）、乡政府所在地的集镇以及其他初具规模的集镇。

第五章 城镇房地产

第一节 房产管理

1987年,全区各县(市)根据城乡建设环境保护部颁发的《关于开展城镇房屋产权登记核发产权证工作的通知》精神,在全区城镇开展房屋产权登记发证工作,开始只实行“私有房屋所有权证”,后实行各种所有制“房屋所有权证”。在1990年以前,房地产权凭证是草契粘连《江西省人民政府房地产税契纸》为证。1991年,各县(市)房屋产权登记发证转为日常工作,对动态房屋及时进行变更登记,对新建的房屋及时发证立卷。1992年起房屋产权统一由各县(市)房地产管理局产权产籍办公室颁发硬皮本式产权证书。1997年,各县(市)认真贯彻执行《中华人民共和国城市房地产管理法》,相继出台配套措施和实施细则,大力开展验证工作,同时并换发全省统一的房产证,是年全区共办理核发产权证2.08万件。1998年,加强了房屋权属登记发证的管理,从1998年7月1日起,各县(市)又实施换发全国统一房屋权属证书工作,是年底,全区已发放新证3000余件,房屋面积3万平方米,换证1000多户,房屋面积1.1万平方米,其中上饶市发放新证1200件,波阳县1013件。1999年,各县(市)继续开展产权验证和换发新证工作,是年,全区核发国家建设部统一印制的新房产权属证书2万多本,发证合格率达100%。2000年,强化房屋产权的换证工作,根据建设部的要求,各县(市)对旧产权证书统一更换全国的新产权证书,全区房产管理工作逐步走上规范化、制度化轨道。

上饶市房产管理 管理机构 上饶市房地产管理局是市政府管理全市城镇房地产的职能部门,内设综合办公室、审计统计财务科、开发管理办公室、产权产籍鉴理科、落实私房政策办公室、仲裁办公室、危房鉴定科、私房审批科、解危解困办公室9个科室。下辖房地产交易所(评估事务所)、住宅经营管理公司、非住宅房经营管理公司、白蚁防治所、地产经营公司、房屋拆迁安置办公室(房屋拆迁公司)、城市建设综合开发公司、兴隆房地产开发公司、房产物业经营管理公司9个事业单位。

1992年,上饶市人民政府制订《上饶市房地产管理局经济体制改革方案》,成立市房地产总公司,与市房管局实行两块牌子、一套班子,由单纯行政管理向经营管理型转变;局属各单位实行独立核算、自收自支、自负盈亏的管理体制。1994年1月31日,根据《上饶市党政群行政机构改革“三定方案”》,上饶市房管局建制撤销,牌子保留,成立上饶市房地产开发总公司,为全民所有制正科级单位,实行企业化管理,内设综合办公室、开发管理办公室、计财科、私房审批科、危房鉴定科、解危解困办,产权产籍科、落实房产政策办、房屋纠纷仲裁办。下属单位有上饶市住宅房经营管理公司,上饶市非住宅经营管理公司,上饶市城市建设综合开发公司,上饶市房地产交易管理所,上饶市地产经营公司,上饶市白蚁防治所,上饶市房屋拆迁安置办公室与上饶市房屋拆迁经营公司,上饶市房屋装潢公司,上饶市房产物业经营管理公司,上饶市广厦开发股份有限公司10个单位。1994年3月7日,中共上饶市委办公室《关于下发机构改革若干问题的处理意见》,明确上饶市房地产开发总公司履行原上饶市房管局职能不变。1996年,根据《关于上饶市党政机构改革方案的通知》精神,上饶市房地产开发总公司改为上饶市房地产管理局,内设办公室、财统科、开发管理科、产权产籍科,下属单位有上饶市住宅物业管理局、上饶市房地产交易所、上饶市住宅房管理所、上饶市非住宅房管理所、上饶市城市房屋拆迁安置办公室、上饶市城市建设综合开发公司、上饶市兴隆房地产开发公司、上饶市华康房地产开发公司、上饶市白蚁防治所、上饶饶兴大厦经营管理公司、上饶市房屋物业经营管理公司、上饶市房屋置换经营管理公司12个单位。1998年6月17日，上饶市物业管理局成立，为副科级单位，隶属上饶市房管局。2000年10月，上饶地区撤地设市，上饶市撤市设区，上饶市房管局改称信州区房管局。

落实私房政策　1986年—2000年，上饶市陆续处理私有房产的历史遗留问题，共计落实政策851户，私房面积17890平方米。其中：有1958年对私有出租房屋进行社会主义改造的105户，面积4023.10平方米（包括撤销改造的96户、面积3718.10平方米，补留自住房的9户、面积305平方米）；补满租息的384户，共计付款3722元；有“文化大革命”期间无偿接管的私房362户，面积13867.35平方米（包括归还原房的190户、面积6940.99平方米，原房已拆除、给予作价补偿的172户、建筑面积6926.36平方米）。

拆迁安置管理　1991年9月，上饶市人民政府颁布《上饶市房屋拆迁安置办法（试行）》，对被拆除的房屋，采取产权调换、作价补偿，或者产权调换和作价补偿相结合等多种形式予以补偿。产权调换，即拆除住宅房，房屋产权面积按1∶1的比例由拆迁人偿还，并根据被拆除房屋的地段级差、等级、结构、使用年数计算补差款额。作价补偿，即实际补偿费＝建筑面积×补偿单价×房屋完好系数。全市当年共拆迁房屋面积0.97万平方米，调查摸底拆迁面积0.54万平方米。1993年，全市拆迁面积为5.8万平方米。1994年5月，市政府颁布《上饶市城市房屋拆迁管理暂行办法》，1994年，全市拆迁面积达到20.7万平方米，其中住宅面积17.19万平方米。1999年9月，市政府又颁布《上饶市房屋拆迁安置管理实施办法》，对拆除住宅房和非住宅房的补偿费用做了相应调整。从1994年开始，拆迁面积逐年回落。截至2000年，全市累计拆迁面积90.65万平方米。

房权产籍管理　1986年，全市有城镇房屋306万平方米，2000年，达195.98万平方米，其中城镇房屋由市财政投资建造、市房管局直接管理的公房（简称直管房），1986年有34万平方米，占当年城镇房屋总面积的11%，2000年增至49.27万平方米，占当年城镇房屋总面积的10%；城镇房屋的私房，1986年有36万平方米，占当年城镇房屋总面积的12%，2000年增至138.41万平方米，占当年城镇房屋总面积的18%。城镇房屋由系统（单位）单独或联合投资建造的公房归各系统（单位）自行管理。

1986年—2000年，上饶市共计完成公有房屋登记发证1608件，房屋面积56.28万平方米（其中：市区1573件，面积55.06万平方米；乡镇35件，面积1225平方米）。完成私有房屋登记发证30765件，房屋面积215.36万平方米（其中：市区292252件，面积204.58万平方米；乡镇1540件，面积10.78万平方米）。登记发证率为96%，完善房产档案4万册。

直管公房管理　1990年，上饶市直管公房34万平方米，其住宅面积7.9万平方米，危险住宅面积5.1万平方米，房管局管理危险住宅面积4.8万平方米。1991年，上饶地区开始推行住房制度改革，直管公房可以出售，当年底，上饶市直管公房30万平方米，其中住宅面积5.1万平方米，比上年减少2.8万平方米。随着住房制度改革工作的深入，到1999年，上饶市直管公房只有14万平方米，其中住宅面积13万平方米。在管理直管公房的过程中，市政府和房管部门推出地段租赁置换、市场租金等新办法，对于规定可以出售的直管公房，一律按政策办事。2000年，上饶市私房拥有率达到90%。

房租管理　1990年年底，成立上饶市住宅房屋管理所、市非住宅房屋管理所，均为市房管局下属单位，分别管理直管房中的住宅房与非住宅房。从1992年起，直管房的房租在原基础上进行三次调整。住宅房：1992年3月0.35元/平方米，1997年6月为0.75元/平方米，1999年9月为1.35元/平方米。非住宅房（地段不同，租金也不同）；1992年3月为4.47元/平方米~6.10元/平方米；1997年6月为5.6元/平方米~7.43元/平方米，1999年9月为10元/平方米~20元/平方米。从1999年始，还对市区内部分地段的非住宅房实行协议租金。到2000年，住宅房租金收缴面积从1990年的13.78万平方米减少到13.08万平方米，收取租金193.40万元，比1991年32.26万元增长5倍；非住宅房从1991年的5.40万平方米减少到1.10万平方米，收取租金88万元，比1991年的79万元增长11%。各部门系统的公房租金由各系统（单位）自行收取。

物业管理　1990年代，房产开发项目逐渐由单一住宅建设转为工、商、住各类房屋成片综合开发，亟须综合性的物业管理。1998年，上饶市物业管理正式起步，是年5月，成立上饶市住宅物业管理局，对58名物业管理人员进行上岗培训，并投资80万元，组织人力对五三小区的环境进行综合整治，使原来的脏、乱、差面貌得到了改变。1999年，上饶市在整治配套五三小区物业管理试点的基础上，提出“一年试点，二年探索，三年推开”的总体思路，着重在培育物业管理市场、规范物业管理的收费标准、加大对新建住宅小区的提前介入上下工夫；对南门、三江、桂家巷新建小区提出了目标要求；同时，大力推广五三小区、江光小区的成功经验。到2000年，上饶市实施物业管理的小区有五三、江光、南门、三江、桂家巷、世纪花园、现代城、绿景花园8个。专业物业管理公司有：兴隆、华康、综合开发3家企业。并依据《江西省城市居住小区物业管理条例》筹集物业维修基金，依据《商品房预售管理规定》收取商品房预售监证评估费和规范使用商品房购销合同书、住宅质量保证书的工本费。至2000年，累计筹集维修基金107万元。

安全鉴定　1986年—2000年，市房管局共进行房屋安全鉴定764起，面积42.79万平方米，鉴定危房面积33.43万平方米。

白蚁防治　1989年，上饶市白蚁防治所重新挂牌，为全民所有制自收自支事业单位，实行企业化管理。全所共有干部工人16人，其中12人获江西省白蚁防治上岗证书。市白蚁所多年来拍摄了许多有价值的照片资料，试验研制出有效率95%以上的灭蚁粉、防蚁灵、蚁必净、施饵包四种防治白蚁药，蟑螂笔、跳蚤粉、虱子粉三种防治城市害虫的药物。1991年，防治蚁害面积3.28万平方米，其中新建房屋面积2.15万平方米，灭治白蚁面积0.8万平方米，复查白蚁面积0.32万平方米。1993年，全市完成白蚁灭治面积7.19万平方米，是上年的3.19倍。1994年，白蚁防治面积达到10.51万平方米，全市白蚁防治普及率达46%。随着政府对白蚁危害宣传力度的加大和市民对白蚁防治要求的不断提升，1999年，上饶市人民政府出台《上饶市城市房屋建筑白蚁防治实施办法》，推进白蚁防治进一步规范化和制度化。到2000年年底，全市白蚁预防率达到65%。

1991 年—2000 年上饶市白蚁防治面积

表 7－5－1

	1991 年	1992 年	1993 年	1994 年	1995 年	1996 年	1997 年	1998 年	1999 年	2000 年
防治面积（万平方米）	3.28	2.05	7.19	10.51	14.70	12.11	9.60	10.00	9.50	10.60

其他县(市)房产管理　*产权产籍管理*　1987 年,根据城乡建设环境保护部颁发的《关于开展城镇房屋产权登记,核发产权证工作的通知》,成立波阳县房屋所有权登记发证工作领导小组。1988 年 1 月,县政府召开波阳县首批领发房屋所有权证书现场会,首批以法定程序审核确定的房屋所有权证书,由县六套班子领导颁发证书给产权人。到 1989 年年底,城镇完成的产权总登记发证工作已达应发证的 91% 以上。1991 年底,波阳县人民政府下发《关于加强城镇房屋登记确权发证工作的通知》,并制订乡镇房屋登记发证工作制度和工作程序,同年 4 月在碧山乡开展农房登记试点工作。1995 年,波阳县率先实行全地区首家产权产籍微机现代化管理。1996 年下半年,县房管局率先在全县推行承诺服务制度。1998 年 6 月中旬,地区建设局在波阳县房管局召开全区产权产籍管理现场会。9 月,成立波阳县换发全国统一房屋权属证书工作领导小组,县人民政府批转了县房管局《关于加强房屋权属管理,实施换发全国统一房屋权属证书工作的方案》。波阳县房管局曾获 1999 年度房地产产权产籍管理全国先进水平、标兵单位称号。

1991 年,上饶县房管局对县境内驻县省地单位、驻县部队以及独立工厂区的私房产、自管房产、直管房产进行核对,发放房产权证 9252 本,计建筑面积 113 万平方米。2000 年,县城核发房产证 445 本,并按建设部要求,完成房产新证换发工作。是年底,上饶县房管局被省建设厅评为 2000 年度房地产产权管理先进达标单位。

1987 年—1990 年,弋阳县在全县开展了对县城和独立工矿区各类房屋的房屋产权登记和核发房产证工作,共完成建筑面积 96.4 万平方米,房屋 1.2 万栋的登记发证工作。1991 年起,继续抓好房产登记发证工作。1987 年—2000 年,全县共发放房产证 19577 户,建筑面积 52 万平方米,发证率达 100%,为单位和居民私房提供了具有法律效力的房产依据。

玉山县房地产产籍管理由玉山县房地产管理局产权产籍办公室管理全县的房地产权产籍工作。在 1990 年以前房地产权凭证是草契粘连“江西省人民政府房地产税契纸”为证。1992 年起房屋产权统一由玉山县房产管理局产权产籍办公室颁发硬皮本式产权证书。1997 年起加强内部的建章立制,县房管局出台《房地产产权产籍登记确权发证程序》《房屋产权产籍工作制度》,对各项业务范围工作标准、办证时间、业务程序收费进行严格的规定,玉山县房管局被省建设厅评为“全省房地产产权产籍管理先进达标单位”。1998 年县房管局又出台《玉山房屋产权验证登记工作办法》,购置了 5 组自动化档案柜,采用先进的微机建档管理技术,玉山县房地产管理局又被省建设厅评为“全省房地产权产籍管理先进水平达标单位”,1999 年获建设部授予的“全国房地产产权产籍管理先进水平达标单位”称号。1992 年—2000 年,全县房地产产权登记确权发(换)证累计户数 5935 户,发证 5817 本,核发面积 73.63 万平方米,其中:1992 年发房改优惠证 1169 本,1992 年—1996 年公房 265 幢,发证 265 本,房屋面积 1.83 万平方米,1998 年—2000 年,全县发证 1817 本(含换验证 1777 本),核发房屋面积 13.76 万平方米。

1991 年始,婺源对县城各类房屋进行了清理、登记和核实房产权属;1996 年此项工作向农村延伸。同时建立了综合档案室,归档房屋产权产籍档案 2367 卷。并陆续启用由建设部统一制作的房产权属证书,至 2001 年全县共核发房产权属证 10652 幢,房屋面积 148.04 万平方米,其中私房发证 8717 幢,房屋面积计 141.59 万平方米,归档房屋产权档案 6538 卷。

1988 年 3 月,横峰县在全县开展城镇房屋、产权登记发证工作,并编制《横峰县城镇房屋、产权登记发证工作方案》。2000 年,先后出台《房地产产权产籍登记确权发证程序》《房地产产权验证、换证登记办法》,使广大居民在房地产交易中有章可循,规范业务程序,制止房地产市场的非法交易现象。

余干县房屋产权登记发证工作办公室于 1991 年 8 月成立,在各建制镇成立房地产管理所,配备产权管理、产籍档案管理测绘专业人员,实行持证上岗,挂牌服务。1986 年—2000 年,共发房产证 6444 本,房屋建筑面积 164.25 万平方米,占应发证数的 75%,其中 1991 年—2000 年共发房产证 3531 本,建筑面积 120.00 万平方米。其间在 1997 年换发全省统一的房产证,1999 年又一次换发全国统一的房产证,使房产登记工作逐步走上规范化、制度化轨道。

1988 年 3 月开始,万年县城镇独立工矿区的所有房屋所有权登记发证工作全面铺开。1991 年,住房制度改革全面实施。自此,在县城建有住宅房的单位和江西水泥厂,万年师范等单位开展了房改房登记发证工作。1993 年 1 月,成立县房管局房屋所有权发证办公室,负责全县的房屋产权产籍管理工作。是年 3 月,县政府办公室转发县房地产管理局《关于开展房屋所有权证验审工作的意见》,对县城、建制镇、独立工矿区规划范围内在 1995 年 12 月底前已经取得房屋所有权证的房屋进行验审。从 1994 年 5 月 1 日开始,首次进行此项权利登记,截至 1997 年 8 月,全县已办理抵押登记 70 宗,房屋面积 1.47 万平方米。1998 年年底,全县房屋产权登记房屋建筑面积共计 239.264 万平方米。其中公房 3496 幢、房屋面积 142.07 万平方米;私房 3569 幢,房屋面积 59.91 万平方米;房改房 5151 户、房屋面积 37.284 万平方米。

1991 年,德兴市全市城镇住房,包括德兴铜矿、银山铅锌矿房屋所有权登记发证工作进入全面实施阶段。在核发产权证的同时,建立档案资料,对每一幢房屋产权的图、表、卡等各类证件,增、减的产权产籍翔实注册登记。2000 年以后,发证工作实行电脑制图,核发由建设部统一制订的证本。2001 年,全市城镇房屋产权登记总计 15297 幢,建筑总面积 221.72 万平方米。其中:公房 1790 幢、建筑总面积 102.46 万平方米;私房 13507 幢、建筑总面积 119.26 万平方米。其中县城(银城镇)房屋产权登记公房 799 幢,总面积 18.23 万平方米;私房 5229 幢,总面积 49.57 万平方米。

铅山县全县房地产产籍管理,由铅山县房地产管理局产权产籍办公室核实执行。1988 年之前,房地产权凭证是草契粘连“江西省人民政府地产税契纸”为证。1989 年起房屋产权证统一由铅山县房地产管理局产权产籍办公室颁发硬皮本式产权证书。1997 年起相继出台《房地产产权产籍登记确权发证程序》《房屋产权制度》《房屋产权产籍工作制度》,对各项业务范围工作标准、办证时间、业务程序收费严格的规定。1989 年—2000 年,全县共发证 10208 户,发证房屋面积 140.70 万平方米。

直管公房管理　1981 年,广丰县城镇房产管理公司成立后,加强对直管公房的改造、维修和管理,房租年收入达 20 余万元。1991 年,按县房改方案,小步提租,将房改前原来的平均使用面积月租金 0.076 元/平方米提高到 0.21 元/平方米,新租金占职工月平均工资 4.68%,同年12月1日起施行新租金制度,各类公有住房使用面积月租金价格为:标准套房0.23元/平方米;非标准套房0.21元/平方米。同时实行住房租赁保证金制度,每平方米使用面积保证金数额为:标准套房10元,非标准套房7元,非标准住房5元。1993年12月,县政府制定《广丰县城镇危险房屋管理实施意见》,对危险房屋实行鉴定、解危,对年久失修的危房及时进行抢修或改造,保障居民居住和使用安全。1993年起,县房管公司对出租的公房实行以租养房,投入资金进行改建、扩建、拆建。1995年,公房面积从原有的2.5万平方米增加到3.1万平方米。同时对临街店面搞招标拍租以增加房租收入。2000年,县房产公司直管公房租金价格是:县城住宅公房每平方米0.85元,洋口、五都每平方米0.55元,共收取租金60万元。

玉山县直管公房管理归口玉山县房地产公司管辖。1991年初全县直管公房面积为3.7万平方米。从1991年8月开始,为确保城镇居民安居乐业,公司每年拿出几万元资金,对直管公房进行维修或改造,并以小区开发商品房开发相结合为原则。1992年—1993年,公司建了西商苑小区,建筑面积达1.6万平方米。1994年,改造大西门危房2000多平方米,为14户居民解决了住房问题,捡修8985平方米,还免费为孤寡老人修理房屋70多户,总面积2000多平方米。1995年,修理公房面积1.26平方米,检漏670户,翻新改造旧房200平方米。1996年,修理公房1.87万平方米。1997年,组织技术人员对新建街、韩家弄、十字街等地公房进行危房鉴定。全年修理公房2.8万平方米,检漏1020户,旧房翻新600平方米。1998年,小修2957处,中修269户,计1.24万平方米;大修26户,计1.42万平方米,对被洪水冲袭倒塌的312平方米,及时采取转移措施安置。2000年改造危房77平方米,大修856平方米,中修923平方米,小修小补724户,计面积3.13万平方米,并参与县半导体厂、砚台厂和印刷厂3家企业改制工作,对3家企业改制后置换的土地进行综合开发。

1991年,德兴市企业改制后置换的直管公房面积近2.03万平方米,承居租民303户。公房主要分布在银城镇河西、土地坞、铁石山、武安路等地。2001年,直管公房面积为4000平方米,出租给40余户城镇居民中的无房和住房困难户居住。经营用房的月租金执行市场价。居民住房租金标准,执行市房改办和物价房批准的月租金标准。成本租金由折旧费、维修费、管理费、贷款利息、房产税组成;市场租金在成本租金的基础上加保险费,利润和地租等组成。由于直管公房都建于1970年、1980年代,均属非标准住房,所以房屋租金均按非标准住房租金执行。并根据住房成本租金和市场租金的变化,进行测算和调整。1991年为0.15元/月平方米,1993年为0.42元/月平方米,1996年为0.85元/月平方米,1998年为1.17元/月平方米。出租对象为城镇居民中的无房和住房困难户。

1992年开始,弋阳县房产管理工作由单一的登记发证向全面管理转变。继续加强公房管理。对公房进行维修,确保维修合格率达99%;对县直单位的房屋产权进行全面验审,验证1485本;与公房住户签订租赁合同。1990年代后期,随着商品房开发和私人建房的增多,公房住房逐年减少,至2000年,除一些零星公房住房外,公房管理工作逐步淡化。

铅山县房地产公司管理全县的直管公房,原属铅山县城建环保局管辖,1989年3月铅山县房地产管理局成立后划归县房管局管辖。1998年,铅山县共有住宅面积18.9万平方米,人均居住面积9.71平方米,全县直管公房面积为5.8万平方米。1998年铅山遭遇特大洪灾害,县城河口镇房屋损毁严重,受灾面积达4万平方米。对危旧房住户,房管部门及时采取措施转移安置,灾后及时对受灾房屋进行维修。1989年—2000年县房地产公司每年维修公房面积约为4万平方米,维修资金每年支出约26万元,每年检漏户数约12万户。

婺源县公有住房主要在县城。住房制度改革前，公房建筑面积23.8万平方米，由县房管所专管。1991年房管所改称房地产公司，归属县房管局。1991年开始，县房管局投入资金18.8万元，完成直辖公房大、中修4.5万平方米，小修7.8万平方米，报修维修率100%。1993年成立白蚁防治站，旧公房灭蚁28处，面积6.3万平方米。1997年，县政府下达《国务院深化城镇住房制度改革的决定》及5个配套文件，房管工作即按新的政策规定执行。1998年，婺源县经历特大暴雨和洪水袭击，直辖公房未发生一起房屋倒塌事故。1991年12月公房出售启动，至2001年底，原属房管所管辖的公房面积减少至3.3万平方米。

随着经济体制改革的深入，波阳县房产部门抓住房改契机，促进住房商品化。1991年始，房租通过几次调整，从每月0.14元/平方米提高到准成本租金1.17元/平方米，逐步向商品租金过渡。根据房改政策，公房住宅全部出售。1991年—2001年，全县有146个单位出售公有住房4638套、19.4万平方米，共收回资金1200万元，对拓宽住房资金来源，加快住房建设步伐，改善居民住房条件起到了一定作用。

物业管理　1992年7月，成立婺源县住房维修队，为大集体企业，人员7人。1996年更名为县物业管理公司，负责全县房改中向个人出售的公有住宅的维修管理。

随着广丰县城建设的快速发展，住宅小区物业管理应运而生。物业管理范围是：保持小区整洁，维护公共设施完整，提供便民服务，防火防盗，调解纠纷等。1997年广丰县物业管理总公司在裕花园住宅区推行专业化有偿服务，企业化依法管理试点取得成功，并获得一定的社会效益。同年下半年，物业管理提前介入白鹤畈住宅小区建设，参与小配套设施建设，1998年初转入常规性。是年下半年，县物业管理总公司新开辟了西山、商城、博山路三住宅区推行物业管理。三个小区居住人口超万人，物业管理面积约18.15万平方米。1999年，县物业管理总公司成立专职的保安队伍，重点加强物业小区夜间巡逻，防火防盗，保证住宅小区居民的生命财产安全。至2000年，县物业管理总公司物业管理面积约50万平方米。在物业小区内设服务站，制定了环境卫生、绿化、乱搭乱建处罚、交通秩序等一整套物业管理制度。

安全鉴定　玉山县房屋安全鉴定于1997年11月开始起步，当时主要由房地产公司牵头管理，首批鉴定玉山县盐业公司及县直管公房的危房，随后确立一整套管理程序，实行规范化管理。1997年对县城新建街、韩家弄、十字街等地公房进行房屋安全鉴定，鉴定危房面积2.8万平方米。2003年3月，房地产管理局内设综合股，专人负责该项工作，并派人员培训，取得上岗证，专职进行房屋安全鉴定工作，进一步完善管理程序，使县内房屋安全鉴定工作走上正规化、规范化。通过鉴定排除全县中小学危房14.64万平方米，保障了社会群众的生命财产安全。

白蚁防治　1994年，广丰县房管公司成立白蚁防治所，承担全县旧房和新建房屋的白蚁防治任务。1999年其工作职能划入物业公司，采取“预防为主，灭治为辅”措施，对鸟林新街、裕丰大道两侧的新建房屋开展白蚁防治工作，防治面积19万平方米。收费标准：灭治每平方米4.5元，新建预防中，钢筋混凝土结构每平方米1.5元，砖混结构每平方米2元，砖木结构每平方米2.5元。

第二节　房屋拆迁与建设

1991年，全区在住房建设上开始执行“统一规划、统一开发建设、统一征地拆迁、统一设计、统一实施、统一管理"的政策,实行房地产综合开发,把新住宅小区的开发建设与旧城改造有机结合起来,加速城市规划的实施。1991 年—2000 年,全区累计建设住房 486 万平方米(含集资合作建房、自建房、商品房),其中,以个人出资为主的集资合作建房 253 万平方米。

1991 年—2000 年,全区建设了上饶市三江、德兴市银山畈、广丰县白鹤畈、玉山县沿河路、弋阳县城南等一批规划设计、工程质量、环境绿化、物业管理诸方面均达到较高水平的住宅小区。

至 2000 年年末,全区实有房屋建筑面积 2419 万平方米(其中私房 1506 万平方米),比 1990 年增长 75.04%,全区实有住宅面积 1648 万平方米(其中私房 1315 万平方米),比 1990 年增长 120.07%,全区实有住宅居住面积 796.8 万平方米,比 1990 年增长 104.89%。

全区城镇人均居住面积从 1990 年的 8.22 平方米提高到 1999 年底的 10.01 平方米(1999 年,全国平均数为 9.6 平方米,全省为 9.75 平方米)。全区住房成套率由 1991 年的 28.72% 提高到 1999 年的 60.66%。2000 年,全区城镇人均住房面积达到 10.31 平方米,比 1990 年增加 2.09 平方米;住房成套率提高到 63.90%。

房屋建筑结构。1980 年代,房屋建设以混合结构为主,少数房屋采用钢混结构(框架结构),楼层以 5 层以上为主,少数为 12 层楼房。1990 年代,房屋建筑结构以钢混结构为主或框架结构,楼房层次以 7 ~8 层为主,少数楼房达 12 层,甚至 20 层以上。房型多种,有一室一厅、二室一厅(或二室二厅),三室一厅(或三室二厅)、四室二厅及跃层楼,房屋立面处理在 1997 年以前多为贴瓷板,1997 年以后多用外墙乳胶漆。

1991 年—2000 年若干年份全区城镇居民住房情况

表 7 -5 -2

项目	1991 年	1995 年	1996 年	1997 年	1998 年	1999 年	2000 年
人均居住面积(平方米)	8.22	9.00	9.30	9.50	9.80	10.01	10.31
住房成套率(%)				53.00	55.93	60.66	63.90

上饶市房屋拆迁与建设　1986 年,上饶市城区实有房屋建筑面积 306 万平方米,其中住宅使用面积 163 万平方米,当年全市房屋竣工面积 23.70 万平方米。至 2000 年,全市房屋建筑面积 495.98 万平方米,其中住宅使用面积 306.46 万平方米,当年全市房屋竣工面积 37.77 万平方米。

拆迁安置　1986 年—2000 年,上饶市实施旧城改造,新区开发战略,对中山路、抗建路、解放路、南门路、信江路及桂家巷、马皇庙、北门新村等路巷旧房进行拆迁,仅 1986 年—1995 年,就拆除 25.5 万平方米旧房。至 2000 年,拆除面积近 90.65 万平方米。其中拆迁居民住宅 18.52 万平方米,安置居民 1408 户,除中山路、铁路新村及人民广场附近的拆迁户安置在五三小区外,其他的拆迁户一般安置在世纪花园、南门小区、三里亭小区、金银山苑、桂家巷小区、滩头新村、丰溪小区等地。所安置的房屋做到水、电、通讯等设施配套、交通方便。有的小区内有商务中心、幼儿园、物业楼以及林荫大道、休闲广场等。

小区建设　1987 年,上饶市首先在水南街片建成滩头新村,随着范围的不断扩大而成为丰溪小区。次年,在市四中操场建成组团式的小区。以后又相继建成搬迁新村、东门小区、五三小区。进入1990年代初期出现小区建设热;房屋由砖混结构发展为框架结构;住房套型由1990年代前每套建筑面积大都70平方以下的中小套房(且房大厅小)发展到70平方米以上的大套房。到1990年代中后期,小区建设已跃上一个新的档次,所建住宅风格多样,色调明快;房屋面积大都在100平方以上,有三室一厅、三室二厅,且厅大、厨房大、卫生间大或带双卫生间等。还出现面积120平方以上的复式套房。且环境优美、服务设施配套、有物业管理机构。南门小区、世纪花园小区以及渡口小区等都有一定档次。城市小区一般底层设计为店铺,2层或3层以上为住宅。至2000年,全市共开发各类小区(不含别墅小区)20多个,占地面积102公顷。小区的建成,加之其他渠道大量商品房开发,城市居民住房条件大为改善。是年,上饶市居民实有住宅使用面积由1998年的114.1万平方米增至249.1万平方米,增长118%;居住面积由80万平方米增至178.3万平方米。缺房户由1986年的5306户减至2000年的1349户,下降73%。城市人均居住面积也由1986年的6.89平方米,增至2000年的10.23平方米,增长48%。

住宅小区选介 渡口小区 是由上饶市信龙房地产开发有限公司(简称市信龙公司,下同)承建。小区东接药皇庙,西至胜利路,南临沿河路,北界信江中路,占地面积1.6万平方米。原有店铺320家,居民620户,道路狭窄,交通不畅,房屋简、陋、危。1994年—2000年,市信龙公司投资3300万元,共建成15幢楼群,建筑总面积6万平方米,其中营业房0.9万平方米,商品住房3.8万平方米,其他用房0.3万平方米。建车库、仓库、公厕、保育院,并新设立了居委会。在小区设施方面,投资260万元,新建和改造道路1.26万平方米,给水干管516米,排水干管556米,煤气干管215米,消防设施12座。小区建筑物的颜色,以纯白为主,辅以天蓝、桃红等线饰,清新、明快。胜利大桥向东至200米处,新建沿江绿化带内,建有风光酒楼、陆羽茶亭和清芬风帆公厕三个小品建筑。

世纪花园 坐落在上饶市三江新城区,占地面积10.87万平方米。由江西省设计总院规划,江西华能房地产开发有限公司投资开发,为新加坡式城市花园社区,容积率达1.37。共建38幢多层住宅9幢别墅、3幢配套设施(商务中心、幼儿园、物业楼),均属框架结构。其中住房808套。车位168个。社区内有林荫大道、罗马柱式休闲广场、雕塑、喷泉、绿化率达38%。

集资与合作建房 1990年代,住房建设由依靠财政投资向多渠道集资转变。上饶市的集资合作建房始于1991年,当时此举一是解决相当一部分缺房户的燃眉之急,二是有利于调动群众自行建房的积极性。集资合作建房需办理审批手续,审批内容包括建房地址、建筑结构、建筑面积、集资标准、资金额、集资户住房状况等。建房资金一律存入房地产信贷部专门账户,再根据工程进度付款。集资建房给予优惠,可免缴土地使用税、建筑税等17项税费。1991年—2000年,全市各单位共集资合作建房9868套,总面积83.88万平方米。

公共用房 1986年以后,上饶市新建公共建筑物的单位高度和建筑面积大多超过以前,建筑风格多样,各具特色。原有公共建筑物多数进行不同程度的改造,有些则被拆除重建,有的择地新建。至2000年,市内新建10层以上高层建筑物32座。由市区内建筑企业施工的百万元以上建筑工程有376个(其中获省优工程33项、地段工程70项、市优工程19项),竣工面积为176.45万平方米,竣工总价值为84096万元。1996年9月,市建工商与《上饶晚报》共同向全体市民推出“十佳建筑物”评选活动。9月27日,评选活动揭晓,上饶地区农行大楼(银河大厦)、上饶大酒店、上饶市农行大楼、新华书店大楼、上饶地区工行大楼、东方大酒店、上饶公路分局大楼、上饶日报社大楼、上饶体育中心、上饶体育场等10座建筑物被评为上饶市十佳建筑物。

新建公共建筑物选介 上饶市体育中心 位于沿河东路东段,馆名由原国家体育主任荣高棠题写。1991 年 8 月动工兴建,1992 年 12 月竣工,1994 年 4 月投入使用。总投资 3254 万元(其中市民捐款 1837.5 万元)占地面积 3.06 万平方米,建筑面积 1.84 万平方米。主体馆楼高 30.65 米,分上下两层,上层为比赛馆,净高 135.5 米,宽 24 米,观众厅设 3300 座位,观众容量 3224 座位;下层为训练馆,可作为篮球、乒乓球、排球、羽毛球、摔跤、柔道、举重、拳击等体育项目的训练场所。看台底夹层设有贵宾馆室、记者室和裁判、仲裁、运动员休息室以及医务、检录、器材和广播电视转播等用房。比赛馆内设有 2 块大型电子计时计分牌,配备先进的灯光、音响、通讯和消防自动报警等设施。主体馆右边的裙楼,开设体育宾馆和购物商店。该馆是一座集体育竞技、群众健身、文化娱乐、宾馆服务、商业交流为一体的现代化的大型活动场馆。建成后,承办了江西省第九届运动会、全国体操冠军赛、全国青年篮球赛、全国女子篮球六强赛、第三届全国武术之乡武术比赛等大型赛事。

银河大厦 位于沿河路东端,1993 年 12 月动工,1997 年 7 月竣工。建筑面积为 1.26 万平方米,总造价 1255 万元。钢筋混凝土框剪结构,檐口高度 83 米,高 21 层。大厦全部采用进口铝合金窗,蓝色全玻外幕墙,具有现代建筑特色。由上饶地区建筑设计院设计,上饶市第一届建筑有限责任公司承建。获 1997 年江西省优良工程称号。

上饶地区工行大楼 位于沿河中路西端,1994 年 5 月动工,1996 年 1 月竣工。钢筋混凝土框剪结构,梁为预应力后张无黏混凝土。檐高 61.7 米,16 层,地下室为车库及其配套设施。建筑面积为 1.03 平方米,总造价 757 万元。造型新颖、美观、远看如大海中行驶的帆船。由上海市建筑设计院设计,上饶市第二建筑有限责任公司承建。获江西省优良工程称号。

其他县(市)房屋拆迁与建设 集资合作建房 集资合作建房是充分运用国家、单位、个人三结合,解决城镇居民住房困难的有效途径。上饶县在房改工作进行的同时,1991 年起,先后建房 1175 套,建筑面积 8.29 万平方米,其中集资合作建房 805 套,建筑面积 5.6 万平方米;建商品房 370 套,建筑面积 2.66 万平方米;提供临街营业店面 280 套,建筑面积 0.98 万平方米。1998 年 5 月至翌年 1 月,合资建房 550 套计 5.5 万平方米,解决了 550 户共 1500 人的住房困难。

1991 年,横峰县城实行住房制度改革,单位所有住房出售私人所有。同时,县政府颁发《关于单位干部、职工集资建房的有关规定》,允许单位的干部、职工集资建私房和购买商品房,启动老城区住宅建设。当年新增私房施工面积 1340 平方米,全部竣工;新增城镇开发公司西门垅商品房施工面积 8732 平方米,竣工面积 4732 平方米。1992 年,横峰二中教学楼、林业局办公楼、劳动人事局宿舍楼、县机关大院宿舍楼相继建成。1993 年—1995 年,粮食大厦、粮食局营业住宅楼、邮电职工宿舍相继竣工。1996 年—1999 年,交通局住宅楼、机械厂住宅楼、岑阳镇住宅楼、计生综合楼、农业局住宅楼相继竣工。1999 年,城南新区新建房屋 41 万平方米,建成总面积达 1.28 平方千米。2000 年,县城单位建房总投资 1378 万元,施工面积 3.20 万平方米,竣工面积 2.07 万平方米。农业局综合大楼、房地产大楼、县医院门诊大楼、县商业大厦、文化集资建房宿舍、机关大院集资建房宿舍楼、粮苑商住楼引继竣工。私人建房户 175 户,住宅投资 657 万元,建房面积 1.99 万平方米。

万年县积极推进住房制度改革,组织多渠道、多形式的集资合作建房。1991 年—1993 年,集资合作建房 781 套,建筑面积 12.09 万平方米,加快了住宅建设步伐。1994 年—2000 年,集资合作建房1022套,面积9.34万平方米。加快了解危解困步伐。

1991年—1993年,德兴市集资合作建房826套,建筑面积6.09万平方米。1994年,住房制度改革进一步深化,多渠道、多形式的集资合作建房积极推进,是年,集资合作建房414套,面积3.16万平方米。

1987年,余干县政府颁发《余干县城镇房屋拆迁安置补偿暂行办法》和《关于单位干部、职工集资建房的有关规定》,启动新老城区住宅建设。老城区建房,基本上是在原址上改建,层高不限,但必须按《总体规划》的街道宽度奠基,经过主管单位审批后方可施工。新城区建房,从1993年起,均由政府批准用地,县土管局负责征地,出让给用户,严格按《新总体规划》小区规划施工。1991年—2000年,县城1948户私人建房住宅建设面积累计达44.46万平方米。

1992年,玉山县在城镇住房制度改革的大潮中,按照县城建设"六统一"的要求,全面铺开集资合作建房,开始进行的有农行背后的傅家村,荷花垄和农贸街三个住宅小区的建设,当年完成征地3.05公顷,建筑面积4.56万平方米。1994年完成荷花垄住宅小区及单位集资合作建房面积2.55万平方米。1994年年底各小区建设工程全面完成。1995年县房地产管理局与玉山县工商行政管理局联合改造大观园小商品市场——商贸中心,总投资958万元,建筑面积达0.99万平方米,共188套商住楼,至1996年全面完工。是年,三清东路1号、2号合资房开发完成,总投资146万元,建筑面积达4131平方米。第一批7万平方米,第二批11万平方米,开始动工建设,沿河大市场开发建设,总投资1560万元,1999年沿河新区整个工程基本竣工。设计总投资1.35亿元,建成住宅面积13.5万平方米,解决无房住户1400户,公益事业和商业房5万平方米。

住宅小区建设　1991年4月,婺源县历史上第一个集资合作住宅小区(城北下江)破土动工,10月上马城南株树林住宅小区。1993年在城北开发李桑坞住宅区。至2000年,集资新建住房2093套,面积18.1万平方米,人均建筑面积18.66平方米。2001年竣工交付使用集资建房135套,面积1.7万平方米。

1992年以后,广丰县根据县城总体规划,加快了住宅小区建设,一方面满足城镇居民住房需求,另一方面吸引农村大批农民进城务工、经商、办企业,增强县城人口集聚规模。至2002年,县城规划区内建成了一批经济适用住房小区、安置小区和别墅区等,完善了不同档次、多层次的住房供应体系。县城28个住宅小区共10891户,其中别墅房7625户,建筑面积152万平方米;公寓式套房3266户,建筑面积31万平方米。

住宅小区选介　裕花园住宅小区　位于广丰县城丰溪路北侧,裕丰市场以西。一期工程建于1993年—1994年,由22个县直机关单位集资合作建房,建有36栋6层"品"式住宅楼,占地面积3.74平方米,建筑面积6.14平方米,道路面积0.87万平方米,绿化面积1万平方米。二期工程为"教师村",建于1996年—1997年,建成12栋6层"品"式住宅楼,5栋二至三层商住楼,建筑面积10.37万平方米,住户820户,常住人口3340人。

白鹤园住宅小区　位于广丰县城永丰大道北段以西,西溪以东,占地10.15公顷,建筑面积17.2万平方米,小区住户925户,常住人口5000人。整个小区按照"四高"要求,由省建筑设计总院和无锡建筑设计院进行平面布置和立面造型设计,分二期实施。一期工程始于1994年底,占地4.67公顷,安排40栋住宅楼和临街商住楼,住宅面积10万平方米,由县城建设指挥部组织实施;二期工程始于1997年初,1998年建成,占地5.48公顷,共安排36栋住宅楼及沿街商住楼,建筑面积7.2万平方米,由县房地产开发公司开发建设。区内功能设施齐全,有音乐喷水池、假山、雕塑、沿河休闲凉亭等。

水南新区　位于广丰县城丰溪南岸,与旧城区南北呼应。1997 年 5 月,按照高起点规划、高标准设计、高质量施工、高效能管理的“四高”要求,由县地产公司开发建设,上海同济大学规划设计,规划用地面积 58.07 公顷,东至水南大桥,南至二上线,北至丰溪河,西至芦洲大桥。

水南安居小区　位于广丰县城水南新区第五小区,1998 年 4 月县房改办建设的经济适用住房 178 套,公寓式住房 64 套。小区占地面积 2 公顷,其中建筑占地 0.93 公顷,道路占地 0.52 公顷,绿化占地 0.54 公顷,房屋建筑面积 4 万平方米,住户 242 户,常住人口 847 人。

水南安逸小区　位于广丰县城水南新区第六小区,1999 年 3 月县房改办建设的经济适用住房 334 套,廉租住房 16 套,公寓式住房 31 套。小区占地面积 1.93 公顷,其中建筑占地 0.96 公顷,道路占地 0.44 公顷,绿化占地 0.53 公顷,房屋建筑面积 5.78 万平方米。

金三角住宅小区　位于广丰县城芦林大道南侧,1998 年县物资总公司开发建设。小区分一、二两区,一区占地面积 1.73 公顷,2000 年建筑面积 2.56 万平方米;二区占地面积 5.33 公顷,2000 年建筑面积 7.68 万平方米,两区住户 270 户。

西苑住宅小区　位于广丰县城芦林大道以北两侧,1998 年县物资总公司开发建设。小区占地 2.13 公顷,2000 年建筑面积 4.67 万平方米,住户 132 户。

安置住宅区　1992 年以后,广丰县陆续建成了西桥、肖家、西门、北门、东门、裕丰大道等安置小区,主要以解决广丰县城拆迁户的住房安置。上述安置区按照县城规划要求,分别由县城建设指挥部、县建设局、永丰镇、县房管局等单位组织实施。其中裕丰大道安置小区,主要用于乌林街拆迁户的安置,规划占地面积 16.8 公顷,规划建筑面积 17 万平方米,安排拆迁户 599 户。西桥安置小区主要用于月兔广场拆迁户安置,安排拆迁户 610 户。肖家、党校后面北门安置区主要用于月兔广场周边拆迁户安置。

下江住宅小区　下江住宅小区是在住房制度改革和房地产管理正式起步后,1991 年开始建设的婺源县内历史上第一个集资合作型住宅小区。小区占地 0.86 公顷,住房 150 套,店面 15 间,建筑面积 1.44 万平方米,总投资 364 万元。1993 年竣工。

潋溪路住宅小区　由婺源县农农业局、公安局、房管局、法院、人大、审计局、物价局、水电公司、工商局等单位集筹,于 1991 年动工兴建职工楼房 6 幢,建筑面积 2.5 万平方米。

李桑坞住宅小区　1993 年,为解决婺源县党政机关工作人员长期租住招待所这一难题,在婺源县,城北李桑坞兴建住宅区。整个小区占地 1.33 公顷,住房 170 套,临街店面 61 间,总建筑面积 1.94 万平方米,总投资 843 万元。1998 年竣工。

2000 年全区各县(市)城市房屋面积及住房情况

表 7-5-3　　单位:万平方米

县(市)名称	实有房屋建筑面积			实有住宅建筑面积			实有住宅使用面积	实有住宅居住面积
	合计	直管房	私房	合计	直管房	私房		
全区合计	2419	103	1506	1648	79	1315	1173.70	796.80
县城小计	1696	48	1259	1202	37	1063	823.50	542.00
上饶县	161		75	104		70	67.31	37.61

续表 7－5－3

县(市)名称	实有房屋建筑面积			实有住宅建筑面积			实有住宅使用面积	实有住宅居住面积
	合计	直管房	私房	合计	直管房	私房		
广丰县	181	5	119	136	4	120	110.41	72.63
玉山县	254	5	168	175	2	154	110.11	58.32
铅山县	135	14	86	88	10	78	53.02	35.22
横峰县	132	1	98	83	1	74	55.11	36.86
弋阳县	218	4	196	178	3	163	97.38	65.36
余干县	160	13	112	106	10	96	63.07	41.69
波阳县	190	3	187	156	4	152	126.30	96.66
万年县	120	1	93	93	1	90	65.98	45.68
婺源县	145	2	125	83	2	66	56.00	36.36
城市小计	723	55	247	446	42	252	350.20	254.80
上饶市	496	49	138	306	37	149	249.10	178.30
德兴市	227	6	109	140	5	103	101.10	76.50

续表 7－5－3　　单位:万平方米

县(市)名称	居住人口(万人)	缺房户数(户)	解决缺房户数(户)	本年房屋竣工建筑面积	住宅面积	本年房屋减少建筑面积	住宅面积	危险住宅建筑面积	房租收入(万元)	年末职工人数(人)
全区合计	77.26	1735	1604	147.23	69.70	20.74	4.55	6.20	598.2	831
县城小计	52.53	60	36	87.86	53.00	13.14	2.75	9.36	345	805
上饶县	3.50			5.00	4.00	2.00	1.50			20
广丰县	8.00			40.00	18.00	9.00		6.00	45	53
玉山县	6.22			3.10	2.20				58	105
铅山县	3.35			0.11	1.11	0.14		0.14	59	123
横峰县	3.93			5.80	5.20	0.78	0.45	0.52	5	43
弋阳县	6.51			8.70	6.90	1.10	0.80	0.40	6	42
余干县	4.02			3.00	2.66			2.00	80	50
波阳县	8.90	60	36	14.00	9.30	0.12		0.30	44	260
万年县	4.80			4.00	2.10				10	64
婺源县	3.30			4.15	2.53				38	45
城市小计	24.73	1675	1568	59.37	16.70	7.60	1.80	0.20	247	26
上饶市	17.43	1349	849	37.77		5.30				
德兴市	7.30	326	719	21.60	16.70	2.30	1.80	0.20	247	26

第三节　住房制度改革

1988年,江西省人民政府决定,铅山县为江西省首批6个住房制度改革试点县之一,根据国家和省政府关于城镇住房制度改革的要求,铅山县于1988年6月率先进行住房制度改革,1989年,出台了《铅山县城镇住房制度改革试行方案》,从1989年4月起正式实施。铅山县城镇住房制度改革试点工作经验称为“铅山模式”向全区、全省乃至全国推广。

自1991年3月,召开全区住房制度改革会议后,各县(市)立下了“军令状”,组成庞大的住房制度改革领导班子,按照省、地统一部署,相继成立住房制度改革领导小组,下设办公室,并制订住房制度改革方案,全力以赴推进全区的住房制度改革。是年,全区各县(市)城镇实施对以单位福利分房为主要方式的住房制度改革,相继采取了提高公房租金、公房出售、开展集资合作建房、推行住房公积金制度、发展经济适用房、实施国家安居工程、扩大住房消费抵押、完善住房交易、分配、消费等方面发生了根本变化。是年底,全区各县(市)全面实行新的住房制度,回笼住房资金2.2亿元,达到房改的基本目的。1993年,全区共出售公房2725套,新开工集资建房1618套;截至2000年,公房过渡私房的比率达到85%。

全区房改从提高公房租金起步。由1990年前的每平方米0.59元,提高到2000年的每平方米1.25元,租金支出占双职工家庭平均工资的比重由1990年的1.3%上升到2000年的6%。其中,上饶市、德兴市的租金标准2000年分别达到每平方米1.67元和1.97元。公房租金标准的提高推动了公房出售。1991年—2000年,全区有7万余户城镇职工、居民购买了房改房,购房面积523万平方米,其中,公房270万平方米,集资合作建房253万平方米。截至2000年10月,全区城镇居民住房自有率达到80%。

上饶市住房制度改革　1991年4月,成立上饶市住房制度改革领导小组,下设住房制度改革办公室(简称市房改办)。住房制度改革方案于1991年9月1日起模拟运转,12月1日起正式实施。房改的基本模式是:分步提租发补贴,购买住房给优惠,住房实行公积金,租房缴纳保证金,集资合作建住房,住房基金制度化,建管配套统一抓,促进住房商品化。1996年1月,市政府将原市住房资金管理局并入住房公积金管理中心,使市房改办成为江西省第一个既管房改政策,又管房改资金的行政职能单位。

提租补贴　1991年—1995年,全市公有住房租金逐步提高到平均成本租金1.15元/平方米,同时,由单位给予职工补贴16.2%。

公有住房出售　1991年房改时,凡购买公有住房的,均按标准价计算房款并给予一定的付款期限优惠,产权归个人所有,5年后方可进入交易市场,原产权单位有优先购买权,且住房的增值部分,由个人与单位共同享有,个人只得所付标准价占综合造价的比例部分。至1993年,全市共办理21089套公有住房出售手续,面积为147.62万平方米,收到购房款10345万元。1995年,市政府制订《上饶市〈关于深化城镇住房制度改革的决定〉的实施办法》,对公有住房进行产权界定;以标准价购买的住房为部分产权房,产权比例按标准价占购买房当年成本价比例确定;以市场价和成本价购买的住房为全部产权房。公有住房按当年成本价扣除折扣后优惠出售。折扣计算办法:一是1996年购买住房,折扣5%,以后每年减少1%,直到2001年取消;二是工龄折扣的工龄计算年限到1996年止,1996年,成本价481元/平方米,工龄折扣率2.34元/年/平方米,1997年,成本价539元/平方米,工龄折扣率3.23元/年/平方米;三

是一次性付款 1996 年折扣 15%，1997 年折扣 10%；四是分期付款的首期付款不得低于实际售房款的 30%，余款按政策性抵押贷款利率计息，还款年限不得超过 10 年。对 1993 年 12 月 31 日前按市房改优惠的标准价购买的住房，包括在此期间参加的集资合作建房转为按购买价结算的住房，按成本价补足价差，取得全部产权。并规定：部分产权住房进入市场交易时，在扣除按规定应交纳的税费和补交土地出让金后，增值部分个人与产权单位按产权比例分成；全部产权住房进入市场交易时，在扣除应交的税费和补交土地出让金后，增值部分全部归个个所有。至 2000 年，全市共有 28189 户（包括成本购买住房户和补差手续户）获得全部产权，占市区可出售的公有住房总数的 85%，回收购房款 4568 万元。

其他县（市）住房改革 1988 年，铅山县被列为江西省 6 个房改试点县之一，根据国家和省政府关于开展城镇住房制度改革的要求，铅山县进行了住房制度改革试点工作。1989 年，出台了《铅山县城镇住房制度改革试行方案》，铅山县房改的基本模式是："提租补贴、租卖并举、筹集资金、建管配套、实转起步、一步到位"。铅山县的房改为全省乃至全国的房改积累了经验，当时被誉为"铅山房改模式"。铅山县城镇住房制度改革试点工作获得成功，得到了江西省人民政府和国家建设部的充分肯定，国家建设部以"中国小城镇建设典型模式"向全国推广。铅山县房改从 1988 年 6 月开始，经过宣传动员、调查测算、草拟方案、反复论证、模拟运转等阶段工作。

从 1989 年 4 月起，全县房改正式起步，公房租金一步提高到标准租金，砖混住房租金提高到 1.03 元/平方米，平均租金提高到 0.84 元/平方米。同时，按方案规定，发给住房补贴，购买公有住房和自建住房者，按其补贴工资基数的 23.4% 发给住房补贴。为此，成立了县"住房资金管理所"，统一组织实施全县租金和住房补贴的运转、结算工作；为配合住房制度改革，成立县"房地产信贷部"，作为住房资金的结算和信贷中心，负责管理县镇、企业单位、个人三级住房基金的存储，定向使用。为鼓励职工购买住房，逐步实现住房商品化、私有化。当时对个人购房者，采取优惠措施，住房出售实行优惠价格，新房优惠价为 137.61 元/平方米，旧房根据房屋结构、质量、竣工时间、环境因素等按新房优惠表价折扣计算。职工购房一次付清房款的按购房总额优惠 20%，第二年优惠 15%，第三年优惠 10%。由于公有住房租金大幅度提高和优惠购房政策，增强了居民购买公有的欲望，房改方案运转后，仅半年，就有 900 多户登记购房，回收资金 406 万元。同时，职工集资建房出出现了好势头。到 1990 年个人已集资预交房款 163 万元。1993 年起，职工购买的部分产权房屋陆续过渡全部产权房屋，至 2000 年年底，全县已有 80% 部分产权房屋过渡为全部产权，使居民住房实物福利制度转变为商品性货币制度。

1991 年 4 月开始，上饶县实行房产制度改革。改革重点是公有住房产权向住户拥有产权过渡，将县城范围内 95% 的公有房部分产权出售给住户个人。至同年底结束。全县参加房改单位 210 个，其中产权单位 119 个。承租公房住户 2795 户，其中标准套房 1411 套、非标准套房 923 套、非标准住房 461 套。公房建筑面积 17.5 万平方米，其中平房面积 4.6 万平方米、临街面积 2.6 万平方米、县直管公房面积 10.3 万平方米。参加房改职工 7555 人，其中行政事业单位职工 3083 人、企业及自收自支等事业单位职工 4472 人。县直机关职工中住房困难户 1086 人，其中无房户 355 人、特困户 56 人、双职工住集体宿舍 580 户、三代同堂 95 户。出售公有住房 2023 套，面积 12.6 万平方米。筹集住房资金总额 1358.2 万元，其中行政事业单位 477 万元、企业单位 445.1 万元、住户个人 436.1 万元。1997 年，进行部分产权向全产权过渡工作，全县购买公有制住房有 95% 的房主获得全部产权，房改工作基本结束。1998 年 6 月 12 日，县人民银行、县工商银行、县农业银行、地区人民银行干校、6909 工厂、县交通稽征收费站、县公路段、县供销社、轧花厂等单位干部职工购买公有住房 598 套计 3.89 万平方米。

1991 年 8 月，广丰县实行城镇住房制度改革工作。房改模式是：提租不补，优惠卖房，筹建资金，建管配套，实转起步，分步到位。1991 年 12 月，根据房改方案，由县房改办统一组织各单位出售公有住房，实行公有住房租金改革。对原有 3 层以上的公有住房，采取价格优惠、付款优惠和原住户优先等措施，向城镇干部职工出售。至 1992 年年底，共有 1397 户职工向所在单位购买了公有住房，建筑总面积达 7.87 万平方米，收缴售房款 562.49 万元。并采取小步提租、分步到位的办法，逐步提高租金标准，同时实行住房租赁保证金制度。至 1992 年年底，各单位租住公有住房总户数为 2130 户，占参加房改数的 43.35%；出租公有住房使用面积 7.96 万平方米，占参加房改的住房总面积 50.77%；收缴租金 11.80 万元，占应收租金 97.29%；收缴保证金 24.41 万元，占应收保证金 97.89%。

1991 年玉山县城冰溪镇共有住房使用面积 17.8 万平方米（包括直管公房和全民单位自管公房），全年租金 19 万元，平均每平方米只有 0.089 元。9 月 30 日，玉山县召开全县房改模拟运转动员大会，紧接着又以玉山糖厂为试点进行模拟运转，是年 12 月 1 日，房改进入实转阶段，房改措施刺激居民的住房消费，在这期间掀起了领导带头群众跟踪购房的高潮，全县出售住房建筑面积达 8.2 万多平方米，1683 户喜购新住房，占总售公房的 95%；有私房户和占公房户自觉退房，无房户和拥挤户喜进新居的高潮，全县退出住房 485 套总面积 2.4 万平方米；为住宅私有化、商品化而掀起集资、合作建房的高潮。房改方案实施运转后，由于公有住房租金的大幅度提高，增强居民购买公有住房的欲望。全县共出售公有住房 1350 套，建筑面积 8.5 万平方米。自 1993 年起，职工购买的部分产权房屋陆续过渡为全部产权房屋，至 2000 年底已有 90% 部分产权房屋过渡为全部产权，居民住房实物福利制度走上商品性货币制度。

1991 年 3 月 30 日，婺源县政府召开第 25 次常务会议，研究部署全县房改有关事项，成立房改领导小组，下设办公室。全县各大系统和省、地驻县单位相继成立 118 个房改办事机构，专职和兼职房改工作人员达 320 人，形成上下有序的房改网络机构，为房改工作奠定基础。12 月，以优惠价出售公房为主导，配以小步提租的住房制度改革开始运转实施。住房公积金、保证金、住房基金也相应运行。同年 12 月 1 日开始公房出售，至月底共审批出售公有住房 1520 套，售房款 578.41 万元。1997 年 5 月开始办理职工拥有部分产权住房愿意取得全部产权的过渡工作，到 8 月 31 日已办理房屋产权过渡 2116 户，收缴过渡房款 740.6 万元，占房改售房总额的 97.5%。

根据国家关于开展城镇住房制度改革的要求，万年县早在 1989 年就开始着手准备，成立县房改领导小组，下设办公室。1991 年 8 月 19 日，县政府上报《万年县城镇住房制度改革试行方案》，获批准后，于 1991 年 9 月 16 日印发各房改单位执行。1991 年 12 月以前，各购房户、集资建房户积极预交购房款、集资建房款。1992 年开始办理购房结算手续。1991 年—1993 年，全县共出售公房 2667 套，建筑面积 18.48 万平方米；根据上级精神和县深化城镇住房制度改革方案，对 1994 年以来新建房和腾空房旧房办理购房结算手续 978 套，面积 8.09 万平方米。同时核定产权比例和部分产权向全部产权过渡手续。

1991 年 8 月，横峰县政府成立住房制度改革领导小组，下设办公室，内设县住房资金管理所。房改办按照发展社会主义市场经济要求，改革低租金、福利性的住房制度，逐步把住房的生产、交换分配、消费纳入有计划的商品经济轨道。改革的基本原则是国家、单位、企业和个人合理负担,多住房多出钱,住好房多出钱,售房适当优惠,鼓励职工购房,已住房优先购买。是年,全县城镇公房总建筑面积 17.71 万平方米,使用面积 13.55 万平方米,公房承租户 3041 户,住公房人口 4859 人,住公房职工 6035 人,职工月支付公房租金 7181.65 元。房改运转后,出售公房 1698 套,建筑面积 11.52 万平方米,占应出售公房的 100%,回收购买资金 868 万元。对不宜出售的公房提高租金标准,租房共 1343 套。主要是平房和办公住宿两用房。

1990 年,根据国家开展城镇住房制度改革的要求,德兴县政府成立住房制度改革领导小组和房改办公室。1991 年 5 月,德兴市政府上报《德兴市城镇住房改革试行方案》,经上饶地区房改领导小组批准试行,5 月 31 日,住房制度改革在全市展开,1991 年 12 月前,各购房户、集资源建房户积极响应,预交购房款,集资建房款。1991 年—1993 年,共出售公房 10534 套,建筑面积 73.79 万平方米。其中 1991 年房改政策出台当年,就出售公房 263 套,建筑面积 1.63 万平方米。1995 年德兴铜矿共出售标准住房(部分产权)5328 套。1999 年,德兴铜矿、银山铅锌矿实施住房由部分产权向全部产权的过渡。德兴铜矿共 7416 套、银山铅锌矿共 1877 套,购买了全产权。房改办对 1994 年以来新建房和腾空房、旧房办理了购房结算手续,计 2474 套,面积 18.5 万平方米,并核定了产权比例和部分产权向全部产权的过渡手续。

1991 年,波阳县按照上级“着重抓好公房出售,着重抓好建立基金,推行国家、集体、个人三结合的投资体制;着重抓好住房建设,优先解决无房户和住房困难户的住房问题,不断完善人民群众住房条件”的要求,为进一步开展房改做准备工作,县开始因地制宜,制定房改方案,以使房改体现提租起步、售房突破、建房出成效,不断向住房商品化过渡。1996 年,县政府制定出台《贯彻国务院关于深化城镇住房制度改革决定的实施办法》,并经省住房制度改革领导小组批准,于当年 12 月 1 日开始实施。根据该实施办法,改革范围为县城规划区内所有行政、企事业单位;各建制镇和独立工矿区;中央、省、地驻波单位、条管单位以及外地驻县单位。县城规划区内小集体单位和农村国营农场(含农场企事业单位)参照进行房改。

第四节 住房公积金管理

为改变住房分配制度,促进住房资金的积累、周转和政策性抵押贷款制度的建立,提高职工购建住房能力,加快住房建设。从 1991 年起,全区各县(市)陆续推行住房公积金制度。主要面向行政、事业单位职工,每月从职工工资中扣缴 5%,同时单位给予同额补贴,个人工资扣缴和单位补贴两部分存入个人住房公积金账户,本息均归个人所有,使用于购、建、大修自己住房,职工退休、调出外县、出国定居、死亡等,住房公积金本息一次性退还职工本人。按照规定,职工个人和单位按不低于工资 5% 的标准缴纳公积金,广丰、上饶县提高到 6%,并按照个人存储、统一管理、专项使用的原则,建立住房公积金制度。1998 年全区公积金归集 2911 万元,比 1997 年增加 1575 万元,至 1999 年年底,全区参加公积金的职工达到 8.62 万人,占应参加公积金职工的 21%,累计归集总额 8046 万元,其中 1999 年归集 3100 万元,占应归集公积金的 29.7%。截至 2000 年 9 月底,全区累计归集 12838 万元。其中 2000 年归集 4787 万元,比上年增加 1697 万元;2000 年,全区公积金发放额 1469 万元,比上年增加 535 万元。

住房金融业在房改以后也迅速发展。至 1999 年年底,商业银行个人住房贷款余额 3800 万元;全区住房公积金政策性贷款累计 942.72 万元,个人购建房提取公积金累计 1173.13 万元。全区 3000 多户城镇居民职工通过提取住房以积金和利用银行住房贷款解决了住房问题或改善了住房条件。

上饶市住房公积金管理　*住房公积金*　由个人缴交和单位缴交两部分组成。职工每月缴交公积金数额为工资基数的5%。住房公积金归职个人所有,只限于购买自住房、建房或大修住房。公积金金额在职工退休后一次性返还。从1995年5月1日起,全市所有行政和企业事业单位及在职职工均需按照“个人存储,单位资助,统一管理,专项使用”的原则缴纳住房公积金。至2000年,全市计有202个单位7328名职工缴纳住房公积金,归集率为76%,累计归集公积金1880万元。同期,累计支付303万元,抵押贷款601万元,存量578万元。

住房基金管理　凡在市辖区内所有单位,其住房资金均须纳入房改住房资金,实行专项专户储存,统一管理。使用住房资金的单位,须向市房改办提出申请,房改办提出审查意见,再报请市政府批准后划拨给申请单位。住房资金包括城市住房资金、单位住房资金、个人住房资金三部分。1991—2000年,全市累计归集住房资金14727.8万元,使用住房资金13170万元,银行专户储存1557.8万元。

其他县(市)住房公积金管理　1991年7月,德兴市住房公用资金及公积金的归集、支取、核算和编制等工作,由德兴市住房资金管理所负责,隶属德兴市财政局,为二级事业单位,人员编制7人。1994年10月,住房公积金管理中心成立,隶属市财政局,单位性质和编制不变。1991年—2001年,全市有224个单位、1.96万名职工缴存了住房公积金总额7390.5万元,支取1121万元,归集余额6269万元。

1995年10月,上饶县开始推行住房公积金制度,并委托县财政局住房资金管理所代归集,1997年9月,上饶县住房公积金管理中心成立后,负责住房公积金的筹集、支付和编制使用计划等管理工作。1995年10月至2000年12月,全县已参加单位82个计3800人,累计归集住房公积金649万元。

1995年,横峰县为进一步深化住房制度改革,在全县推行住房公积金制度。1999年12月成立县住房公积金中心。2000年全县实行住房公积金的单位55个,公积金总额46万元,其中个人交款23万元,财政拨款23万元。

1996年12月,成立万年县住房公积金管理中心(挂靠县房改办),原县住房公积金管理局同时撤销,住房公积金管理工作由财政部门改归房管部门管理。住房公积金管理中心负责全县住房公积金的归集、支取、核算和编制使用计划等管理工作。

1997年前,婺源县由于管理机构不健全、住房公积制度覆盖范围不广、归集数额不足。1997年,县政府下发《婺源县住房公积金管理施行办法》,1999年,县政府又下发《关于提高公积金缴交比率,完善住房公积金制度的通知》,各单位普遍加大了建立住房公积金制度的工作力度,扩大了住房公积的覆盖范围和归集数额。是年3月成立县住房公积金管理中心,住房公积金由公积金中心管理,从财政局划出挂靠县房改办,严格遵循“房委会决策、中心运作、银行专户、财政监督”的管理原则。售房款、县镇住房基金、单位住房基金、个人住房基金仍财政局管理、列支。至2001年,归集住房公积金总额578.36万元,住房保证金33.8万元;县镇住房基金267.7万元,单位住房基金370.3万元,个人住房基金66.4万元,三级住房基金总额704.4万元。支取公积金117.65万元。

为深化住房制度改革,1997年5月成立广丰县住房公积金管理中心。1997年,全县住房公积金归集总额为296.48万元,占应归集总额的76.32%;归集单位包括建制镇205个,占应归集单位的82.66%;归集人数8892人,占总应归集人数的69.56%。1998年,全县归集总额为420.8万元,占应归集额的81.24%,归集单位243个,占应归集单位的90.33%;归集人数11560人,占应归集人数的88.24%。1999年,全县归集总额为523万元,占应归集额的89.81%;归集单位259个,占应归集的91.52%;归集人数12239人,占应归集人数的80.52%。2000年,全县归集总额为592万元,占应归集额的97.2%;归集单位272个,其中财政拨款的行政事业单位156个,自收自支事业单位40个,企业厂矿55个,条管单位21个,占应归集单位96.79%;归集人数12891人,占应归集人数的95.36%。

铅山县推行住房公积金制度,1997年5月,成立铅山县住房公积金管理中心,隶属县房地产管理局管理,从此形成新的住房制度。2000年,全面实行房地产市场管理体系制度,先后出台物业管理、物业维修基金管理、住房保障制度(如经济适用住房廉租房)等管理制度,有效地推进房地产业的发展。

玉山县从1997年5月起推行住房以积金制度。到2000年年底,共有143个单位6487名职工缴存了住房公积金,全县共缴存住房公积金计560万元,退休和调出外县等职工退还住房公积金33.5万元,购、建、大修住房支取使用住房公积金23万元,向职工发放购、建住房抵押贷款169.5万元。大大缓解了职工住房紧张的局面,并改造一批危房。玉山县的住房资金均由住房资金管理处统一管理,经房委会批准后使用和融通;住房资金管理处系县财政局下属单位。住房资金包括售房款、住房租金统筹金。累计收集住房资金905万元,逐步用于住房建设,公有住房维修,发放职工住房补贴和住房制度改革。

第五节 房地产开发

1990年前,上饶市、上饶县、横峰县先后成立城乡建设综合开发公司,从事商品房开发与出售。1991年,全区各县(市)相继成立房地产开发公司,是年,全区完成商品房建设投资额1642万元,其中住宅投资额1348万元;商品房施工建筑面积13.54万平方米,其中住宅面积11.51万平方米;商品房竣工面积5.10万平方米,其中住宅面积3.85万平方米。改革开放以后,地产事业应运而生,根据国家土地管理法律法规有关规定,土地使用权实行有偿出让。凡旧城改造、综合开发及单位和个人建设用地经申报审批后,其土地使用权可依法有偿进行出租、转让等。1997年起,县城规划建设用地实行"一级垄断,二级归口,三级搞活"的管理措施,采取闹区外延、土地求供差、改善基础设施的办法带动土地升值,充分发挥土地资源效益。1990年代,全区住房制度改革的深入,住房由福利型逐渐向商品化转变,各县(市)城镇掀起商品房建设和私人建房的热潮,随着房地产开发事业的不断发展,房地产开发实现由独家经营向多方开发转变,房地产开发由单一住宅商品房向城市综合开发转变。至2000年年末,全区四级以上房地产开发企业有38个,全年完成投资额27636万元,其中商品房建设投资额15926万元、土地开发投资额9986万元。按工程用途分:住宅投资额13786万元,办公楼311万元,商业营业用房3457万元。施工房屋面积45.33万平方米,其中住宅面积38.26万平方米,办公楼面积0.24万平方米,商业营业用房面积5.27万平方米。竣工房屋面积22.63万平方米,其中住宅面积19.60万平方米,商业营业用房面积2.51万平方米。是年商品房实际销售面积19.92万平方米,实际销售额15145万元,其中住宅实际销售面积18.30万平方米、实际销售额12721万元,商业营业用房实际销售面积1.53万平方米、实际销售额2349万元。

上饶市房地产开发 1986年,上饶市房管局下属的上饶市城市建设综合开发公司,在上滩头新区开发、出售商品房。是年，全市共出售商品房住宅220套，计1.39万平方米。随着旧城改造和新区开发，上饶市房地产开发实现由独家经营向多方开发转变；住房由福利型逐渐向商品化转变；由单一住宅建设向城市综合开发转变。至1993年，全市房地产开发投资总额增至6553万元，其中住宅投资5646万元，占86%。商品房施工面积共计27.67万平方米，其中住宅面积23.48万平方米，占85%。商品住宅销售面积共计7.7万平方米，销售额3133万元。

1998年—1999年8月，经省、地、市批准立项的房地产开发项目有32个，开发面积27万平方米；商品房销售面积19万平方米，销售总额16653万元，征收房屋契税704万元。

2000年，全市有57家企业具备正式开发资质，其中，由省建设厅核发资质证书的企业有51家（二级3家、3级13家、4级25家。暂定10家），由地区建设局核发项目资质证书的企业6家。共有开发项目57个，其中47个项目办理了商品房预售许可证。开发总面积47.77万平方米，投资总额2.25亿元。其中：新开工项目28个，开发面积24.31万平方米，投资1.21亿元；续建项目29个，开发面积23.46万平方米，投资1.04亿元。在开发总面积中：有住宅面积43.73万平方米，计3594套；营业店面4.04万平方米，计749间。商品房的销售形势旺盛，全年共销售商品房面积28.12万平方米。其中：住宅房26.6万平方米，2217套；营业店面房1.52万平方米，311间。一类地段住宅售价1200元/平方米，最低价格650元/平方米，平均房价比上年上升20%。

其他县(市)房地产开发　1989年3月成立的铅山县房地产开发公司，是一家具有三级资质的开发企业。1989年，在城镇住房制度改革的大潮中，按照县城建设“六统一”（统一计划、统一规划、统一征地拆迁、统一设计、统一施工、统一市政配套）的要求，全面铺开集资合作建房。1990年2月始，先后开发建设县农贸市场个体营业楼，县城河口镇黄岗山南径住宅小区商品房、河口镇清湖小区1号楼、复兴大厦商住楼及清湖小区安居住宅。1989年—2000年，全县累计开发商品房建筑面积4.86万平方米，总投资1547.8万元。

1990年，横峰县成立城建综合开发公司，商品房施工面积6708平方米，全部竣工出售给私人。1995年，县城有3家房地产开发公司，其中城市建设综合开发公司施工面积4800平方米，竣工面积1200平方米；县房地产开发公司施工面积5700平方米，竣工面积2200平方米；岑阳镇房地产开发公司施工面积3000平方米，当年未竣工。2000年，县城有2家房地产开发公司，其中县房地产开发公司施工面积3000平方米，未竣工；岑阳房地产开发公司完成投资105万元，施工面积2890平方米，未竣工。2001年开始，外地和民营房地产开发公司纷纷到县城进行房地产开发建设。

1991年，弋阳县全县房地产开发投资额162万元，其中住宅77万元，商品房建筑施工面积1.77万平方米，其中住宅面积1.21万平方米，商品房竣工面积0.55万平方米，其中住宅面积0.48万平方米。2000年，全县房地产开发投资额805万元，其中商品房建设投资额393万元，土地开发投资额337万元，完成投资中，按工程用途分，其中住宅投资414万元。施工房屋面积1.34万平方米、竣工房屋面积0.63万平方米。

1991年5月，成立余干县房地产开发公司，主要服务于住房制度改革，兴建住宅小区，并配合县城拆迁改造，建设安置房及开发微利经济房，为工薪阶层解决住房困难。随着房地产开发不断发展，2000年，经县政府干府〔1999〕03号文审批同意，又先后成立房改办、房产开发公司、房产交易所、房产评估公司和发证办5个单位。至2000年底，全县完成房地产投资2200万元，土地开发面积7.27万平方米，其中：新区7.07万平方米，旧城区2000平方米，建房

26幢,计6.8万平方米,其中:住宅385套,3.95万平方米。商品房销售收入1771万元。

1991年8月29日,玉山县城市综合开发公司划归玉山县房地产管理局管辖,主要经营房地产开发业务。1991年起,玉山县房屋建设走上以商品房为龙头,大力搞好经济适用型住房建设的道路,由单栋的商品房开发转变为综合型的小区开发。自1992年实行房屋改革以后,至2000年玉山县城区已竣工的开发小区有8个,即姜家山小区、荷花垄小区、傅家村小区、沿河路小区、A、B、C、D4个小区,西商苑小区,平均占地面积6万平方米,总建筑面积125万平方米,其中住宅面积85万平方米,解决困难住户和危房住户6500户,人均住房面积已达26平方米。

1991年8月,成立上饶县房地产开发公司,至1993年,集资房、房改房、合作建房等各类房产开发面积达3.4万平方米。1994年,在商业街建商品房4600平方米。1995年—1996年,福建信珍和银球两家开发公司在县城开发商品房面积8000平方米。

1991年9月,成立万年县房地产开发公司,1992年8月,经省建设厅审核批准,该公司为四级开发企业,注册资金为55万元。并于1992年正式挂牌营业,同年9月征用土地3.38公顷(3.38万平方米),开发住宅小区1处,总建筑面积4.4万平方米,其中合作建房2.1万平方米,集资建房1.5万平方米,办公用房3400平方米,商品住房4500平方米,共解决住房困难户310户。

1991年11月,经省建设厅审核批准,德兴市房地产综合开发公司为四级开发企业。1993年,根据市机构改革方案,公司改称市房地产开发公司,为二级事业单位,实行独立核算、自收自支。公司在房屋开发中严格执行城市规划,实行综合开发,配套建设,至2001年,共投资1300余万元,累计完成住宅总建筑面积4.9万平方米,住房515套。并开发建设了占地0.94万平方米,总建筑面积1.13万平方米的商贸中心。1994年—1995年,德兴市城市建设开发公司、德兴市银城房地产开发公司相继成立。1997年开始,一大批民营开发企业进入房地产开发市场。其中,德兴市帅特龙房地产开发有限责任公司(三级资质),主要开发项目为银城镇德娱路商住楼工程、德兴广场;德兴市汇鑫房地产开发有限公司(四级资质),主要项目为景园小区工程;德兴市康德房地产开发公司(四级资质),主要项目为市区外环路滨河大道改造工程;德兴市顺心房地产开发有限公司,主要项目为"玫瑰园"别墅小区;德兴市华珠房地产开发有限公司(四级资质),主要项目为步行街商住楼工程;德兴市文苑房地产开发公司(四级资质),主要项目为市文化馆、德兴饭店改建工程等。1999年—2001年,德兴市总投资规模为1.2亿元,共开发商品房面积10.8万平方米。

1992年6月,成立波阳县房地产综合开发公司。同年,以提高县城整体功能,缓解交通拥堵,解决居民住房困难为主要目的的城东新区开发项目启动。1994年,根据六套班子决定,实施东湖两岸的扩迁工程,对135户被拆迁户进行妥善安置,拆除建筑面积为1238.36平方米,安置商品房8953.49平方米,拆出的土地面积为13520平方米。

1990年代,广丰县城掀起商品房建设和私人建房的热潮。1992年起,广丰县坚持财政不花钱和减免有关税费的政策,大胆改革住房建设投资办法,采取个人全额集资,个人拥有住房全部产权措施,积极推动以个人全额集资的合作建房和有组织的个人联建为主,单位补贴式的集资建房和商品房开发为辅的多种建房形式。至1996年,建房4017套,建筑面积42.43万平方米。其中补贴式集资建房234套,面积1.98万平方米;合作建房2567套,面积26.67万平方米;个人联建244套,面积3.95万平方米;商品房972套,面积9.83万平方米。1997年起,县政府停止审批各单位自行组织集资或合作建房，由县房改办在水南新区建设经济适用住房，解决中低收入职工住房问题。至2000年，建成经济适用住房512套，廉租住房28套。2000年，县城商品房价格为每平方米520元。

第六节　房地产交易

1980年代，房产转让频率增大，涉外房产交易增多，各县(市)先后成立房地产交易委员会和房地产交易市场管理所。1991年，全区各县(市)均成立房地产交易所(其中上饶市、玉山县、德兴市已于1990年前成立)，负责办理各类房屋的交易手续，进行房地产评估、买卖租赁、抵押、继承、转让、赠与、兼并、分家析户、产权纠纷仲裁及其他房屋的中介服务。1992年以后，上饶市、玉山县等县(市)相继开设房地产交易市场。1996年始，住房二级市场逐步开放，在住房产权过渡及开展清房的基础上，在上饶市、广丰县、上饶县、婺源县进行试点，同时全区12县(市)均建立了房地产交易市场。

1980年代，房地产交易正式起步。1990年代，全区房产交易市场活跃。在交易额不断增长的同时，房地产交易市场的交易业务从单纯的房屋交易发证登记向多元化发展，增设了政策咨询、房屋中介服务、租赁市场管理等多项业务。1991年，全区房地产交易达3.2万宗。1992年，全区房地产交易所交易额1.5亿元，成交面积270万平方米。1993年，全区房地产交易所交易额3014万元，交易所管理费收入137.8万元。1995年，全区房地产交易1618宗，交易额925.9万元。1997年，全区办理房地产交易2046宗，办理房地产贷款抵押1568起，贷款额达4.79亿元。1998年，全区办理各类房屋交易5000余宗，成交面积52万平方米，成交额3亿多元，代征房产契税1000万元。1999年，全区共办理各类房地产交易500余宗，成交面积110万平方米，办理抵押贷款2000余宗，办理评估5000宗，代征契税1000多万元。2000年，全区房产买卖成交面积89.21万平方米，成交金额46670.14万元，其中住宅成交面积64.66万平方米，成交金额13784.10万元。全区房产租赁土地面积19.92万平方米，租金收入816.65万元，其中住宅出租面积6.03万平方米，租金收入132.12万元；商业服务用房出租面积12.5万平方米，租金收入538.1万元。全区向个人出售住宅面积10.37万平方米，销售额4416.57万元，其中：新建住宅出售面积9.30万平方米，销售额4038.28万元；旧住宅出售1.07万平方米、销售额378.29万元。

上饶市房地产交易　1988年，上饶市房地产交易管理所成立，办理全市房屋买卖、抵押、转让、分家析产、产权纠纷仲裁和中介服务。1993年8月18日，在上饶市房管局会议室举行了首次房屋拍卖会。1994年成立上饶市房地产价格评估管理所，与市房地产交易所合署工作。至2000年，共计办理房屋交易鉴证评估事案10564起，面积119.21万平方米，成交额76309万元。办理房地产抵押事案2051起，面积86.79万平方米，评估金额840834.66万元。办理房屋租赁管理事案228起，面积2.2万平方米。办理房产评估事案161起，面积16.46万平方米，评估额40860万元。

上饶市房地产交易管理所于1992年开设房地产交易市场。1994年，投资200万元购买并装修了交易大厅，装配电子显示屏，实现了办公自动化。1998年，又投入资金400万元，兴建房地产交易大厅面积1300平方米。场内配置大屏幕房地产信息电子显示屏、微机信息网络等现代化办公设备。设置20余个标准展位，为开发商进场售楼及客户进场选购房屋提供服务。实行“窗口式”办证,工商、物价、银行、财政等部门为客户实行一个窗口接件,一个窗口发证的一条龙服务。至2000年,交易所共计办理各种交易4200余件,面积60.36万平方米,征收契税1010万元,市场创收850万元。1994年和1997年,市房地产交易管理所两度被建设部授予房地产市场管理创全国先进水平达标标兵单位称号。

1999年11月成立上饶市房屋置换经营公司。至2000年,置换房屋1012起,合计面积17万平方米,评估金额3000万元。

其他县(市)房地产交易 1988年前,玉山房地产转让无交易场所,1988年9月,成立玉山县房地产交易所,隶属玉山县建设局管理。1991年8月29日划归玉山县房产管理局管理。并建立了房地产交易市场,维护了房地产市场秩序,保障房地产权利人的合法权益。1995年,并把交易业务拓展到乡镇,在樟村镇首先成立房地产交易站。1998年,县房地产交易所投入15万元资金,加强各种硬件建设,购买微机、复印机,将各种办事程序张榜公布,承诺服务,增强了办事透明度,形成房地产交易市场一条龙的服务体系。

1989年前,铅山县房地产转让无交易场所。为维护房地产市场秩序、保障房地产产权利人的合法权益,1989年3月6日成立铅山县房地产交易所,隶属铅山县房地产管理局管理。1998年,县房地产交易所投入资金,加强各种硬件建设,将各种办事程序张榜公布,承诺服务,增强办事透明度,形成房地产交易市场一条龙的服务体系,被江西省建设厅评为“江西省建设系统房地产市场管理达标先进单位”。

1990年9月成立德兴市房地产交易所,1991年7月,正式成立德兴市房地产交易监理所,归口德兴市房改办,属二级事业单位,实行独立核算,自收自支。1995年8月,成立德兴市房地产评估事务监理所,与房地产交易所合署办公。

1991年4月,成立横峰县房地产交易所,隶属县房地产管理局管理。从中房屋买卖、房地产抵押登记、土地转让、分家析产、房地产权纠纷的处理和房地产中介服务,维护了房地产市场秩序,保障房地产权利人的合法权益。1998年,县房地产交易所投入资金加强各种硬件建设,购置微机、复印机、扫描仪等设备,将各种办事程序张榜公布、承诺服务。

1991年8月,成立上饶县房地产交易所,负责办理全县及中央、省地驻县单位各类房屋的交易手续,进行房地产评估、买卖、租赁、抵押等中介服务。

1991年9月,成立万年县房地产交易所,1995年5月,成立房地产评估所,与房地产交易所合署办公,实行两块牌子,一套班子。

1991年,为规范房地产交易市场,成立广丰县房地产交易管理所。

1991年成立余干县房地产交易所,1999年扩大为余干县房地产市场交易中心。集交易、抵押登记、评估、中介服务4大功能于一体。

1992年10月后,婺源县房管局会同工商、物价、土管、人行等有关部门,开展房地产各项业务。1996年10月,成立婺源县房地产评估事务所,在实际运作中坚持公平、公开、公正的原则,提高房地产价格评估的透明度。从受理收件到缮证发证,一直坚持四级审核制度。

1998年,成立波阳县房地产交易中心,并与财政、税务、物价、司法公证等部门一起发挥各自的作用,逐步形成较完善的房地产交易市场管理机制。

1991年—2000年,上饶县房地产交易所共办理房地产交易965宗,交易面积8.92万平方米;房地产抵押900宗,抵押面积52.35平方米;房地产评估106宗;颁发房地产权证1713本。

改革开放以后,土地使用权及房屋所有权的交易、租赁、经营业务不断扩大和发展,房地产市场十分活跃，房产交易额呈直线上升趋势。1994 年，波阳县在东湖西岸土地转让中两次拍卖 624 平方米 113.46 万元，最高地价达 2480 元/平方米。1995 年—2000 年，成交数 2256 起，交易收入 222.75 万元。同时对县城规划区内土地以招标、拍卖的方式，有期有偿出让土地使用权。1996 年—2001 年，全县办理抵押鉴证手续 2660 宗，贷款额 9393.22 万元，交易市场各项业务收入达 469.68 万元。

万年县房地产交易所（房地产评估所）成立后，1991 年—2000 年共办公有住房出售 2667 套，面积 18.48 万平方米；集资合作建房 1635 套，建筑面积 12.61 万平方米；店面租赁 673 宗，面积 1.61 万平方米；商品房鉴证 44 户，建筑面积 0.31 万平方米。

随着公有住房的出售和部分产权的过渡，1999 年 3 月，婺源县政府制定了《婺源县房改房上市交易暂行办法》，鼓励城镇职工将已购全部产权住房上市交易。并引导居民购买公有住房 865 套，面积 54110 平方米；房改上市交易 34 起，回收资金 808.24 万元。至 2001 年，共上市交易 260 套，计 2.3 万平方米，交易额 3600 万元。1996 年—2001 年，全县共完成房屋评估 3020 起、计 20.21 万平方米；办理银行抵押贷款 2600 件、评估额 1.8 亿元，可抵金额 1.26 亿元。

2000 年，弋阳全县办理房地产交易 478 家，交易额 1361 万元，交易房建筑面积 3.4 万平方米，代征契税 15.9 万元，办理抵押贷款 184 家，抵押物总额为 2757.1 万元，办理房屋产权证 761 本，换发产权证 2021 本。

1997 年—2001 年，德兴市共开展房地产评估 1020 宗，面积 18.36 万平方米；房地产交易 2300 宗，建筑面积 27.60 万平方米。

1999 年，广丰县房地产交易大厅建成后，至 2002 年已办理房屋交易业务 2000 宗，发证 7 万余户，抵押贷款评估 2300 宗。

房产交易管理、房地产抵押签证、房地产评估、房屋安全鉴定、房地产交易中介服务等，已逐步成为房管工作的重点。

为加强房地产交易市场管理，充分发挥市场机制，把房地产交易活动纳入法制轨道，1992 年 6 月，铅山县、玉山县房管局会同县物价、工商、司法部门，对城镇房地产、交易市场进行一次全面清理，打击非法的私下交易活动，形成一个传递信息、促进流通、规范有序的交易场所，并先后成立县房地产交易市场管理委员会。是年玉山县仅交易市场管理一项，为国家创契税 0.82 万元。1993 年，弋阳县房管局、县工商局、县物价局联合制定下发《弋阳县房地产交易市场管理实施细则》。1994 年 8 月，余干县在全县范围内开展房地产交易市场大清理、大整顿，依法规范交易行为，完善市场交易制度，优化服务措施。是年 9 ~ 10 月，婺源县、铅山县、玉山县分别成立了县房地产交易市场检查整顿小组，并由县地产管理局组织牵头，会同县工商、税务、财政部门对全县房地产交易市场再一次检查，整顿规范房地产交易市场。严厉打击买炒卖房地产牟取暴利等行为。1995 年弋阳县对全县城镇范围内的非住宅用房实行房屋出租许可证制度，有效制止非法交易、无证经营的现象。是年，铅山县、玉山县、横峰县大力加强房地产交易政策的宣传，利用有线电视、广播、广告、宣传车等媒体宣传私下交易房地产的非法性，严厉打击炒买炒卖房地产牟取暴利等现象。1999 年，玉山县先后出台《房地产产权产籍登记确权发证程序》《房屋产权产籍工作制度》《玉山县房地产产权验证、换证和登记办法》，使广大居民在房地产交易中有章可循，规范业务秩序，卡住房地产市场的非法交易现象。

2000年全区各县(市)房地产开发情况

表7－5－4

项目	合计	上饶市	德兴市	上饶县	广丰县	玉山县	铅山县	横峰县	弋阳县	余干县	波阳县	婺源县
房地产开发企业个数	38	22	2	1	3	1	1	2	3	1	1	1
其中亏损企业个数	10	4	1	1					3	1		
年平均从业人员数(人)	834	471	27	11	182	10	18	41	27	11	23	13
全年从业人员劳动报酬(万元)	664	372	23	6	169	5	12	17	25	6	18	11
建设投资规模(万元)												
本年完成投资(万元)	27636	13434	967	98	7993	2002	287	362	805	247	1012	429
#商品房建设投资额(万元)	15936	11234	897	28	1503	743	287		393	247	310	284
土地开发投资额(万元)	9986	947	70	70	6249	1104		362	337		702	145
按构成分:												
建筑工程(万元)	15145	11213	897	22	810	743	287		388	247	270	268
安装工程	1030	753		2		155			80		40	
其他费用	11461	1468	70	74	7183	1104		362	337		702	161
土地购置费	3871	1321	70	70	521	1104		362	300			123
按工程用途分												
住宅(万元)	13786	10242	190	20	1150	743	267	140	414	95	310	215
#别墅、高档公寓	145	145										
安居工程	6753	4238			1150	743	267	140				215
办公楼	311	311										
商业营业用房	3457	1373	707	8	1050		20	72	54	82		91

续表7－5－4

项目	合计	上饶市	德兴市	上饶县	广丰县	玉山县	铅山县	横峰县	弋阳县	余干县	波阳县	婺源县
其　他	10082	1508	70	70	5793	1259		150	337	70	702	123
本年新增固定资产(万元)	20932	9611	1603		5441	2002	287	362	519	247	310	550
土地开发情况(平方米)												
本年完成开发土地面积	669685	138000	1095		468000	2000		3390	3700		35020	50000
正在开发的土地面积	151640	136000		450				4190	1000			10000
待开发土地面积	17550	7000		4550					6000			
本年购置土地面积	369337	38382	1095	5000	249500	2000		3390	10070			60000
房屋施工、竣工情况												
施工房屋面积(平方米)	453288	321271	17883	2700	28000	23951	15653	5890	13390	6950	6100	11500
本年新开工房屋面积	314369	223286		2700	28000	23951	5942	3000	13390		6100	8000
竣工房屋面积	226278	156008	17883		22400	3540	1292		6275	2780	6100	10000
竣工房屋价值(万元)	13630	8925	1603		1230	500	58		329	125	310	550
商品房销售、出租情况												
商品房实售面积(平方米)	199190	152973	11905	1500	16500	3540	1292		3335	1670	4200	2275
商品房预售面积	13480	3420							60			10000
商品房空置面积	33322	17532	3505	480	5900				4375			1530
商品房出租面积	4279	1756	2473						50			
商品房实际销售额(万元)	15145	12213	1089	70	899	200	58		187	98	240	91

2000年全区房地产开发单位一览

表7-5-5　　　　　　　　　　　　　　　　　　　　单位:万元、平方米

单位名称	登记注册类型	隶属关系	资质等级	计划总投资	实际需要的总投资	本年完成投资	按工程用途分:住宅	本年资金来源合计
上饶时代房地产开发公司	股份合作	县	四级	800	800	560	360	700
上饶市鸿易实业有限公司	股份合作	县	四级	350	350	150	150	180
上饶市国商房地产开发公司	集体	县	四级	1600	1600	600	300	600
弋阳县江西福华房产有限公司	独资	其他	三级	2000	2000	220	138	231
江西宏运房地产开发公司	国有	县	其他	1160	1160	1110	1030	1110
上饶市西市房地产开发公司	国有	县	四级	1200	1200	250	250	250
江西省玉山县旧城改建办公室	国有	县	其他	2002	2002	2002	743	2002
上饶建信实业有限公司	私营有限责任公司	县	三级	1188	1188	513	513	1320
上饶市北门房地产开发公司	集体	乡(镇)	四级	250	420	250	200	250
上饶市城市综合开发公司	国有	县	三级	870	870	428	250	383
上饶市常青房地产开发公司	集体	县	四级	500	500	270	270	280
上饶市房地产综合开发公司	私营有限责任公司	县	三级	300	300	157	137	157
上饶市信州茅家岭房地产开发有限公司	集体	乡(镇)	四级	400	409	409	409	409
上饶市中苑房地产开发有限公司	其他有限责任公司	县	四级	260	1412	187	187	833
上饶市永兴房地产开发公司	集体	县	四级	327	327	150	150	150
上饶市溢州房地产开发公司	股份有限公司	地区	四级	160	276	134	116	523
浙江衢州荷花房地产开发有限公司	集体	县	四级	400	400	400	400	400
上饶万力(集团)有限公司	股份有限公司	省	三级	1000	1000	500	500	580
上饶市信龙房地产开发公司	股份有限公司	县	四级	400	400	50	50	50
上饶市海德实业有限公司	股份有限公司	县	四级	2700	2700	1480	910	1480
上饶县城乡开发总公司	股份有限公司	县	四级	100	100	98	20	250
广丰县地产公司	国有	县	二级	5000	5000	2552		2309
铅山县房地产开发公司	国有	县	四级	6507	6507	287	267	287
横峰县房地产开发公司	国有	县	四级	500	500	257	140	257
横峰县岑阳房地产开发公司	集体	县	四级	105	105	105		105
弋阳县房地产开发公司	国有	县	四级	700	705	510	210	510
波阳县房地产开发公司	国有	县	三级	4000	4000	1012	310	1012
德兴市申信物业发展有限公司	私营合伙	其他	四级	320	320	320	790	320

续表7－5－5

单位名称	登记注册类型	隶属关系	资质等级	计划总投资	实际需要的总投资	本年完成投资	按工程用途分：住宅	本年资金来源合计
德兴市房地产开发公司	国有	县	四级	1283	1283	647		359
婺源县房地产开发公司	国有	县	四级	3000	3000	429	215	449
广丰县房地产开发公司	国有	县	四级	7000	7000	4331	120	4583
余干县房地产开发公司	国有	县	三级	354	500	247	95	247
上饶大市场建设有限公司	合资经营	其他	四级	1500	2800	1094	615	1100
江西上饶华茂房地产开发有限公司	合资经营	地区	二级	500	500	90	90	128
江西华能房地产开发有限公司	其他有限责任公司	省	二级	8271	8271	4783	4007	5100
江西上饶北星实业有限公司	私营有限责任公司	地区	四级	950	950	360	78	360
上饶先锋房地产开发有限公司	合资经营	其他	四级	80	80	75	66	123
上饶市汇凌房地产开发有限公司	私营有限责任公司	其他	三级	4000	4000	619	300	619

续表7－5－5

单位名称	竣工房屋套数（套）	实收资本合计	利润总额	竣工房屋面积	住宅竣工面积	实际销售房屋	其中住宅销售面积	实际销售额合计	房屋实际销售额
上饶时代房地产开发公司	15	90	8	2500	2000	1500	900	120	55
上饶市鸿易实业有限公司	50	30	35	3500	3500	3500	3000	200	120
上饶市国商房地产开发公司	10	100	2	2000	2000	2000	2000	180	180
弋阳县江西福华房产有限公司		878	－78			60	60	4	4
江西宏运房地产开发公司	204	1100	7	20400	20400	15700	15700	864	864
上饶市西市房地产开发公司		50	－13			6000	6000	420	420
江西省玉山县旧城改建办公室	200	600	28	3540	3540	3540	3540	200	200
上饶建信实业有限公司	64	509	4	12969	12969	12969	12969	899	899
上饶市北门房地产开发公司	40	170	16	6000	5000	6000	600	550	550
上饶市城市综合开发公司	78	100	496	6401	5434	11616	11616	674	674
上饶市常青房地产开发公司	30	300	54	5000	5000	1200	1200	60	60
上饶市房地产综合开发公司		70							
上饶市信州茅家岭房地产开发有限公司	54	200	－1	7141	7141	7141	7141	486	486

续表 7－5－5

单位名称	竣工房屋套数（套）	实收资本合计	利润总额	竣工房屋面积	住宅竣工面积	实际销售房屋	其中住宅销售面积	实际销售额合计	房屋实际销售额
上饶市中苑房地产开发有限公司	60	55	－8	3088	3088	1421	1020	157	79
上饶市永兴房地产开发公司	12	60	209	4000	4000	2000	2000	299	299
上饶市溢州房地产开发公司	46	470	1	4200	3750	4200	4200	250	250
浙江衢州荷花房地产开发有限公司	50	180	－38	6000	6000	7000	7000	448	448
上饶万力(集团)有限公司	80	400	185	18000	18000	8000	8000	560	560
上饶市信龙房地产开发公司		1500	281			600	600	180	180
上饶市海德实业有限公司	45	200	18	12000	10240	10000	8000	1230	600
上饶县城乡开发总公司		200	－27			1500	1500	70	70
广丰县地产公司		500	1						
铅山县房地产开发公司	11	13		1292	1292	1292	1292	58	58
横峰县房地产开发公司		212							
横峰县岑阳房地产开发公司		212							
弋阳县房地产开发公司	60	116	－9	5600	5600	2600	2600	135	135
波阳县房地产开发公司	60	13	27	6100	6100	4200	4200	240	240
德兴市申信物业发展有限公司	50	274	25	6570	5000	6570	5000	320	220
德兴市房地产开发公司		174	－494	11313		5335		769	
婺源县房地产开发公司	80	11	1	1000	9800	2275		91	
广丰县房地产开发公司	20	1000	14	2000	2000	800	800	35	35
余干县房地产开发公司	15	692	－7	2780	2780	1670	1670	98	98
上饶大市场建设有限公司		733	2			2098	1203	238	69
江西上饶华茂房地产开发有限公司	12	2571	341	2500	2500	3889	3026	426	244
江西华能房地产开发有限公司	343	2000	28	57317	44781	59004	57329	4701	4447
江西上饶北星实业有限公司	28	200		3392	3392	2835	2772	135	129
上饶先锋房地产开发有限公司	9	80	－5	675	675	675	675	48	48
上饶市汇凌房地产开发有限公司		562							

2000年全区各县(市)房产市场交易情况

表7－5－6

县(市)名称	房产买卖								房产租赁
	合计	成交面积(万平方米)			合计	成交金额(万元)			合计
		住宅	办公用房	商服用房		住宅	办公用房	商服用房	
全区合计	79.21	68.89	2.20	4.68	22665.46	14722.96	1125.00	3959.56	19.92
县城小计	26.31	17.56	0.92	3.60	9347.46	6013.96	477.00	2656.50	10.29
上饶县	3.40	2.60	0.80		1208.00	811.00	397.00		0.60
广丰县	1.00	1.00			305.60	305.60			1.80
玉山县	3.50	3.00		0.50	810.00	660.00		150.00	
铅山县	4.14	4.14			938.86	938.86			1.00
横峰县	3.56	2.98		0.58	2300.00	1192.00		1108.00	0.60
弋阳县	3.40	2.10		1.30	1361.00	662.50		698.50	0.63
余干县	2.00	1.50		0.50	600.00	380.00		220.00	
波阳县	2.61	2.29		0.32	932.00	712.00		220.00	
万年县	1.20	1.20			432.00	432.00			5.66
婺源县	1.50	0.98	0.12	0.40	460.00	120.00	80.00	260.00	
城市小计	52.90	47.10	1.28	1.08	13318.00	8509.00	648.00	1303.00	9.63
上饶市	47.00	43.00	0.08	0.48	10058.00	6258.00	78.00	864.00	0.33
德兴市	5.90	4.10	1.20	0.60	3260.00	2251.00	570.00	439.00	9.30

续表7－5－6

县(市)名称	房产租赁					向个人出售住宅			
	出租面积(万平方米)		合计	租金收入(万元)		新建住宅出售		旧住宅出售	
	住宅	商务用房		住宅	商服用房	面积(万平方米)	销售额(万元)	面积(万平方米)	销售额(万元)
全区合计	6.03	12.59	816.65	132.12	538.10	9.30	4038.28	1.07	378.29
县城小计	0.90	8.39	558.53	48.00	403.10	5.62	1903.27	0.64	196.06
上饶县		0.60	9.00		9.00	2.00	800.00	0.20	50.00
广丰县	0.90	0.90	90.00	48.00	42.00				
玉山县						0.80	220.00		
铅山县			107.43			1.32	47.97	0.14	25.36
横峰县		0.60	1.60		1.60				
弋阳县		0.63	110.50		110.50	1.20	715.30	0.30	120.70
余干县						0.30	120.00		
波阳县									

续表 7－5－6

县(市)名称	房产租赁					向个人出售住宅			
	出租面积(万平方米)		租金收入(万元)			新建住宅出售		旧住宅出售	
	住宅	商务用房	合计	住宅	商服用房	面积(万平方米)	销售额(万元)	面积(万平方米)	销售额(万元)
万年县		5.66	240.00		240.00				
婺源县									
城市小计	5.19	4.20	258.12	84.12	135.00	3.68	2135.01	0.43	182.23
上饶市	0.33		11.12	11.12		0.08	55.01	0.03	15.23
德兴市	4.86	4.20	247.00	73.00	135.00	3.60	2080.00	0.40	167.00

说明：上饶市、德兴市房产交易资料均来自《中国城市建设统计年报(2000)》，德兴市房产租赁其中办公用房面积0.3万平方米，办公用房租金收入39万元。

第六章 建筑业

第一节 建筑设计

1991年，上饶地区建筑勘察设计单位共有21家，至2000年，全区增加到24家，其中：乙级2家，丙级22家。

建设系统管理的建筑设计单位，主要是建设局下设的设计院(室)。2000年末，全区建筑勘察设计高级工程师有128人，工程师354人，勘察人员306人，设计人员459人；全区注册建筑师和注册结构工程师共23人，其中：一级建筑师2人，一级结构工程师1人，余者为二级建筑师。是年，全区建筑设计单位共有微机132台，运用电脑现代化绘图设备，CAD应用出图率40%。当年完成项目4667项，营业收入6511万元。

1990年代，全区建筑设计队伍，能够设计高楼房。在住宅设计上，打破传统设计观念，结合城市开发建设，较好地体现了“经济、实用、美观”的设计原则。在工业建筑设计上向多层、大跨度、混凝土框架结构发展。建设项目的规模、层数、内部布局的多样性、设施的现代化、装饰高标准、外形的新颖别致、调和的色彩，以及装饰材料的多样化、高标准和普遍采用适合当地旧城改造桩基，半框、框架、排架结构采用较多，都是前所未有的。

1990年代，全区加大设计行业管理，本着“先勘察、后设计、再施工”工程建设的基本程序，严把建设工程勘察设计关，不断提高工程设计水平。规范设计市场行为，认真搞好勘察设计单位资质年检工作，建立工程勘察设计技术人员资料库，开展工程设计丙(丁)级资质换证工作。在建筑工程设计，市政公用工程设计、城镇住宅和住宅小区等设计中开展省优项目评选推荐活动。

上饶市建筑设计 1990年，上饶市境内建筑设计单位有上饶建筑设计院、上饶市建筑设计院。1993年，“一种底层开辟大空间的楼房免拆方法”国家专利技术发明人李圣松，创办上饶市建筑设计事务所。2000年，城区内的建筑设计单位仍是这3家。

上饶建筑设计院组建于1984年，系乙级综合性设计单位。具备各类建筑工程配套设计能力,能承担高层建筑和各类工业、民用建筑工程设计任务,能承担小集镇的总体规划设计,是上饶市唯一的城市规划、建筑设计综合性设计院。1986 年—2000 年,共设计工业与民用建筑 2192 项,总建筑面积为 415.21 万平方米,项目投资额为 12.767 亿元。其中获省级设计奖的项目有:上饶地区中级人民法院办公楼、白鸥园市场分别于 1991 年、1995 年获江西省城乡建设优秀设计表扬奖;上饶地区新华书店综合大楼获 1995 年江西省城乡建设优秀设计三等奖;上饶地区农行综合楼获 1998 年江西省城乡建设优秀勘察设计三等奖。

其他县(市)建筑设计　设计单位　1981 年 10 月,成立上饶县建筑设计室,同年经省计委批准为丁级设计资质。1993 年,建筑设计实行承包,承包年设计建筑项目和建筑面积逐年增加。1998 年 5 月,经省建设厅批准,县建筑设计室晋升为丙级资质;同年 10 月,经县人民政府批准更名为"上饶县建筑规划设计院",并下设地质勘察队,为建筑设计提供科学的地质资料。

1981 年成立玉山县建设局设计室,设计资质为丁级,均用手工计算和绘图。1995 年 3 月经江西省计委考核审批晋升为丙级设计资质,并更名为"玉山县建筑规划设计院"。各专业工种设计人员严格执行现行"规范"及设计"深度"的规定,做到提供的设计文件尽可能完整,图面安排合理,结构计算书齐全,并负责整个施工期间本专业出现问题的处理。逐年增加软硬件建设,2000 年,配有电脑 9 台、绘图仪 2 台、打印机 2 台。内部实现了共享软件网络化。从方案设计、优化结构计算到出图,电脑操作一次完成,缩短了设计周,提高工作效率。设计项目最高可达 12 层,最大跨度 24 米的单层工业厂房,建筑的基础都是根据勘探的地质情况而定。三清路和人民路及沿河新区,绝大部分主要建筑工程都是县设计院设计的。

波阳县建筑设计室(前身为县建筑公司设计室)成立于 1982 年 5 月,由县基本建设委员会筹办,经县政府上报省建设厅批准,设计资质为丁级。其主要职能是从事民用建筑设计。2000 年 5 月,经省建设厅批准,波阳县建筑设计室改称波阳县建筑设计院,设计资质为丙级,并规定从事民间建筑 11 层高楼以内与一般工业建筑设计,组成人员由 5 人增至 21 人。配有电脑 1 台,绘图仪 1 台,打印机 1 台。设计水平提高,设计周期缩短。设计院实行自负盈亏、自收自支的经营管理制度。工程项目由个人承包,设计收入按比例上缴院方,院方按营业额 5.4% 上缴地税。

广丰县建筑设计院是广丰全县唯一从事建筑设计的专业单位,为促进建筑设计上水平、上等级,分别同上海同济大学、南昌大学、南昌市建筑设计研究院建立了合作关系,投入资金添置了计算机等现代制图设备,形成计算机网络,实现设施电脑化、管理现代化。2000 年,运用电脑现代绘图设备,完成设计项目 31 个,建筑面积 6.5 万平方米。

1981 年 9 月 21 日,成立万年县建筑设计室,系事业单位,自收自支,实行企业管理,核准为设计资质丁级,承担全县范围内的中小型工业、民用建筑的设计任务。

横峰县建筑设计室成立于 1981 年 9 月,原为丁级设计资质,其主要工作是承担全县建设项目的勘测设计任务,属自收自支事业单位。2000 年 4 月,设计室通过省、地主管部门的资质测评,晋升为丙级资质,承担全县范围内工业和民用建筑的中小型设计任务。

1984 年,成立余干县建筑设计室,系事业单位,自收自支,设计资级由原来的丁级升为丙级,承担全县中小型工业,民用建筑设计任务。

设计成果　1987 年—2000 年,上饶县建筑规划设计院共设计工程项目 1025 个,完成建筑设计面积 118 万平方米。在技术人员方面,配有高级工程师 1 名,工程师 3 名,国家二级注册建筑师 5 名,国家二级注册结构工程师 1 名,能承担更高标准的建筑设计。

1983 年—2000 年,玉山县建筑规划设计院完成设计项目 915 个,建筑面积 135.43 万平方米,总投资额达4.5亿元。设计具有代表性的建筑物有玉山县政府机关大楼、粮酒大厦、建设大厦、林业科技大厦、玉山县公安局防暴大楼、水电公司大楼,一批造型美观、新颖、富有时代感的建筑,其中建设大厦被江西省建设厅评为“优秀设计项目”,受到社会各界的好评。

1990年代,波阳县建筑设计院所设计的主要工程有集贸广场、城东商品房、绢纺厂、制丝厂(6万平方米),2000年后的建材大市场(3万平方米)、城东购物中心、建设大厦(1万平方米)、鄱湖花园(约2万平方米)、鸣山花园(约2万平方米)等。

1988年—2000年,广丰县建筑设计院共完成工程设计项目500多个,建筑面积近90万平方米,工程总造价3.2亿多元。先后参与承担广丰商城、广丰卷烟厂、广丰宾馆、实验学校、金三角综合大楼、广电中心大楼、公安大楼、芦林工业区、房改办水南经济适用住房等重点工程设计任务。

1998年,万年县建筑设计室成立后,承担过县委、县政府大楼、万年饭店等工程的设计任务。县设计室完成设计任务4万平方米。

1986年—2000年,余干县建筑设计院先后承担余干中学教学实验大楼、县人民银行办公楼、县工商局办公楼、县教育大厦设计任务。共完成大小不等设计项目约300余项,建筑面积42.5万平方米。

第二节 建筑施工

1990年代,随着经济建设的发展,建筑业迅速崛起,上饶地区建筑施工企业由1991年的74家发展到2000年的138家,建筑业总产值由1.61亿元增加到10.1亿元,房屋建筑施工面积由106.63万平方米上升到175.78万平方米,房屋建筑竣工面积由55.76万平方米上升到90.49万平方米。2000年,全区建筑业四级以上企业共有95家,全年完成建筑业总产值6.07亿元,房屋建筑施工面积166.36万平方米,房屋建筑竣工面积111.79万平方米,分别比1991年增长277.02%、56.02%和100.48%;95家四级以上企业自有机械设备年末总台数7949台,比1991年增加1873台,自有机械设备年末总功率62442千瓦,比1991年增加24842千瓦,期末自有设备净值6699万元,比1991年增加2049万元,期末从业人数22287人,比1991年减少113人。

1991年—2000年上饶地区建筑业企业生产情况

表7-6-1

指标	1991年	1992年	1993年	1994年	1995年	1996年	1997年	1998年	1999年	2000年
企业个数(个)	74	75	93	93	101	157	150	150	155	138
建筑业总值(亿元)	1.61	2.52	2.94	3.11	4.25	7.33	6.94	6.65	7.82	10.16
房屋建筑施工面积(万平方米)	106.65	128.47	133.78	132.66	151.53	192.26	232.38	184.61	171.57	175.78
房屋建筑竣工面积(万平方米)	55.76	67.55	67.58	68.74	71.42	108.38	107.89	105.37	107.24	90.49

上饶市建筑施工 建筑施工企业 1990年前,全市共有建筑施工企业11户。国营建筑

企业有上饶地区建筑工程总公司、市第一建筑公司2家;大集体建筑企业有市第二建筑公司、市第三建筑公司、市第四建筑公司、市工业设备安装公司4家;街道城镇集体建筑企业有市东市建筑工程公司、市西市建筑工程公司2家;乡办农村集体建筑企业有市北门乡建筑工程公司(后改名上饶市第五建筑公司)、市常青乡建筑工程公司(后改名上饶市第六建筑公司)、市茅家岭乡工程公司(后改名上饶市第七建筑公司)3家。建筑市场开放,至1992年,新增建筑施工企业有市乡镇建筑公司(乡镇集体)、市华泰装饰公司(有限责任)、市房地产综合开发公司(有限责任)、市建筑装潢化工总公司(城市集体)4家。1994年8月,新增乡镇集体建筑企业有市沙溪建筑工程公司、市灵溪建筑工程公司、市朝阳建筑工程公司、市秦峰建筑工程公司4家。此后,全国建筑行业实行属地管理原则,铁路系统驻市辖区内建筑企业及其他建筑企业统一划归市建工局管理,因此,全市又新增建筑施工企业有上饶铁路建筑发展公司(国有经济)、江西铁路建筑总公司上饶建筑公司(城市集体)、江西铁路建筑总公司上饶建筑二公司(城市集体)、江西铁路建筑总公司上饶线桥工程公司(城市集体)、市自来水公司给排水安装队(城市集体)、市古建园林建筑公司(城市集体)、市天骄建筑公司(有限责任)、市鸿业建筑公司(有限责任)、市台联建筑公司(股份合作)9家。1995年、1996年、1998年先后成立建筑企业3家,有江西国昌建筑装饰公司(有限责任)、市水南建筑公司(有限责任)、市成丰建筑公司(城市集体)。2000年,全市共有建筑施工企业31家、从业人员7376人,固定资产原值9175万元,净值7639万元,施工设备2210台,总功率29431千瓦,全年完成建筑业总产值17529万元,利税总额576.88万元。1991年—2000年,全市完成建筑业总产值为14.03亿元,建筑工程竣工面积255.89万平方米,利税总额4926.78万元。

建筑施工企业选介　上饶地区建筑工程总公司　是具有二级资质的国有建筑安装施工企业。2000年,共有干部工人1580人,其中工程技术、经济管理人员262人(含高级专业技术职称人员40人、大中专学历者157人)。有固定资产净值1513万元,其中建筑施工机械454台、价值1135万元。技术装备率为3445元/人,动力装备率为4.91千瓦/人。先后承建了江西光学仪器总厂迁建工程,上饶客车厂、上饶电厂扩建工程,东风药业股份有限公司续建工程、上饶体育中心主馆、上饶大酒店及上海中兴大厦新建工程等大中型建设项目,工程任务遍涉省内外,并赴赞比亚、伊拉克、科威特等国家承建项目。1986年—2000年,完成建筑业总产值3.93亿元,利税总额1200余万元。百万元以上竣工项目93个。创优良工程49个,其中省优11个,地优38个。2000年正式通过ISO 9002国际质量体系认证。

上饶市第一建筑有限责任公司　1959年建立,系国有建筑施工二级企业。2000年共有干部工人947人,其中工程技术人员85人、经济管理人员52人。固定资产净值921万元,其中施工机械396台。技术装备率为3897元/人,动力装备率为4.39千瓦/人。1986年—2000年,完成建筑业总产值2.42亿元,上缴税金783.66万元。完成大型复杂的工业和民用建筑工程有上饶纺织厂2万平方米预制构件吊装工程、上饶客车厂装配车间30米跨度后张法预应力屋架、市自来水公司3万立方米储水池、德兴铜矿俱乐部24米跨度钢屋架和建筑高度60左右、21层的上饶地区农行银河大厦等工程。工程质量合格率达100%,有20项工程创省、地市优良工程。2000年正式通过ISO 9002国际质量体系认证。

上饶市第二建筑有限责任公司　1997年晋升为江西省集体建筑施工二级企业。有干部工人736人,其中160人具备高、中、初级专业技术职称。固定资产原值1343万元、净值1199万元。技术装备率3888元/人,动力装备率4.084千瓦/人。完成的主要工程有:上海市望族城3栋(1栋30层、2栋28层)、上饶地区中行大楼(16层)、上饶地区工行大楼(16层)、上饶市立医院门诊大楼(16层)、弋阳连胜自行车厂、贵溪发电厂、德兴铜矿、上饶地区艺术中心、上饶纺织厂、上饶毛纺厂和上饶体育场。创优良工程11个,其中省优2个、地优6个、市优3个。2000年,完成建筑业总产值1917万元,建筑业增加值530.20万元,上缴国家税金92.13万元。

2000年上饶市建筑施工企业资质等级一览

表7-6-2

企业类型	企业总数(户)	等级企业							非等级企业(户)
		小计(户)	其中			职工人数(人)	取得专业技术职称人数(人)	固定资产原值(万元)	
			二级(户)	三级(户)	四级(户)				
全市合计	31	28	4	9	15	7048	1007	8808	3
建筑施工企业	23	20	3	6	11	5848	892	7332	3
设备安装施工企业	2	2	-	1	1	324	32	307	-
建筑装饰施工企业	2	2	1	1	-	271	28	725	-
铁路工程建设施工企业	4	4	-	1	3	605	55	444	-

1991年—2000年上饶市建筑行业主要经济指标一览

表7-6-3

年份	建筑业总产值(万元)				房屋竣工面积(万平方米)			
	小计	国有企业	城市集体企业	乡镇集体企业	小计	国有企业	城市集体企业	乡镇集体企业
合计	140274	53134	62276	24954	255.89	97.35	111.21	47.42
1991	6596	2507	1996	2093	17.28	7.96	6.60	2.27
1992	8783	3755	2971	2057	19.41	7.60	7.55	4.26
1993	14863	5292	6551	3020	25.54	7.10	9.37	8.07
1994	18402	6922	6239	5241	31.24	12.90	11.63	6.71
1995	14851	4195	8156	2500	24.19	6.67	11.76	5.76
1996	16498	4392	9453	2653	24.73	4.65	15.45	4.63
1997	13564	5435	5842	2287	20.83	7.77	8.68	4.38
1998	14050	5518	6643	1889	28.58	10.94	14.59	3.05
1999	15138	6909	6475	1754	30.39	12.81	14.09	3.49
2000	17529	8209	7860	1460	34.70	18.95	11.40	4.35

1991 年—2000 年上饶市建筑行业主要经济指标一览

续表 7-6-3

年份	利润总额(万元)				上交税金(万元)			
	小计	国有企业	城市集体企业	乡镇集体企业	小计	国有企业	城市集体企业	乡镇集体企业
合计	12.75	-397.08	309.56	100.27	4914.03	2142.79	2347.68	723.56
1991	65.54	28.40	18.19	18.95	265.78	127.20	70.49	67.49
1992	77.38	29.09	35.56	12.73	293.51	126.20	100.75	66.56
1993	140.41	52.48	71.08	16.85	495.20	164.30	241.03	89.87
1994	-109.13	-182.02	61.39	11.50	475.82	205.05	192.90	77.87
1995	30.75	-17.50	37.85	10.40	554.15	167.18	304.29	82.68
1996	26.63	-0.66	17.59	9.70	576.04	166.69	323.89	85.46
1997	49.05	29.99	8.70	10.36	434.84	168.03	187.15	79.66
1998	-13.45	-27.42	7.17	6.80	496.43	185.13	246.87	64.43
1999	-80.52	-109.70	28.50	0.68	571.47	223.89	287.70	59.88
2000	-173.91	-199.74	23.53	2.30	750.79	308.52	392.61	49.66

说明:城市集体企业包括城镇集体所有制企业、有限责任公司、股份合作企业。

其他县(市)建筑施工　1991 年,上饶县共有建筑施工企业 36 家,其中三级企业 2 家、四级企业 9 家、准四级企业 18 家,7000 余人从业,1992 年,全县建筑施工企业共完成建筑面积 3.5 万平方米,产值 1200 万元,县麻纺厂、沙溪农贸市场等项目被评为地优工程。1993 年,全县建筑企业 33 家,其中三级企业 5 家、四级企业 18 家、非等级企业 10 家,完成施工面积 7 万平方米,竣工面积 5 万平方米,产值 2100 万元。2000 年,全县建筑施工企业减为 24 家,三级企业仅存县日升公司 1 家,四级企业减为 7 家,准四级企业 13 家,非等级企业仅存 3 家。同年,县建公司进行企业改制,于 11 月成立由 62 名股东组成的上饶日升建筑有限公司,共有职工 433 人。全年完成建筑业总产值 2427.4 万元,房屋建筑施工面积 3.8 万平方米,房屋建筑竣工面积 2.97 万平方米。县交警大楼、婺源天佑中学大楼和县地税局大楼被评为地优工程。

1991 年,玉山县建筑施工企业共有 6 家,年底职工人数 1200 人,建筑企业自行完成施工产值 917 万元。1993 年,建筑施工企业发展最高峰时,全县共有建筑企业 30 家,由于改革开放体制上的变革,各乡镇的手工业联社陆续变换成建筑工程队或建筑公司。其中工民建筑工三级企业 1 家、四级企业 9 家、准四级企业 9 家、非四级企业 9 家、非等级企业 9 家、公路工程施工四级企业 1 家、水利水电工程施工三级企业 1 家,职工总人数达 5000 人。工程技术人员和经济管理技术人员共 425 人。通过专业技术培训,取得六大员(即:施工员、质量监督员、材料检验员、预算员、安全员、会计员)共 236 人,其中:中级上岗证书的 149 人、二级项目经理 2 人、三级项目经理 53 人、四级及四级以下的项目经理 32 人。1994 年进行新资质就位工作及每年对施工企业的年检。至 2000 年,全县施工企业减至 23 家,其中工民建施工三级企业 1 家、四级企业 10 家、准四级企业 6 家、五级企业 3 家、建筑装饰三级企业 1 家、水利水电施工三级企业 1 家、公路工程施工四级企业 1 家。全年四级以上企业建筑业总产值 2035.5 万元。房屋建筑施工面积3.97万平方米,房屋建筑竣工面积2.74万平方米。

1991年,广丰县建筑施工企业有7家,年底全部职工人数2700人,自有机械设备总台数251台,总功率2500千瓦,全年施工产值1220万元。1992年全县建筑施工企业38家,其中三级企业7家,四级企业20家,非等级企业11家,拥有专业技术管理人员427人。38家施工企业中,建筑工程公司24个,建筑工程队14个。乡镇建筑施工企业36家,从业人员8845人,其中建筑工程公司7600人,工程队1245人。1995年,全县建筑施工企业35家,其中三级施工企业12家,四级20家,非等级3家,全县拥有一支以县属大集体三级施工企业为龙头,以四级施工企业为骨干,以非等级建筑队伍为补充的建筑劳务输出群体。1996年以后,县内建筑企业普遍推广大模板、组合大模板、滑模、钢盘气压焊、混凝土外加剂、逆作法施工等新技术、新工艺,施工效益显著提高。为开拓建筑市场,适应建筑市场日益激烈的竞争需要,县内建筑企业不断加强企业管理,提高施工水平和能力。2000年,全县建筑企业26家,其中二级施工企业2家,三级施工企业16家,四级施工企业8家,年施工能力达100万平方米,完成土石方1200万立方米,承接大小桥梁30座,重点工程50多项,高层建筑10余幢,获工程质量奖73个。2000年年末,建筑施工企业自有机械设备1449台,机械设备总功率10153千瓦,施工机械功率8913千瓦,全年完成施工产值20659万元,房屋建筑施工面积32.98万平方米,房屋建筑竣工面积8.53万平方米。

1991年,横峰县属第一建筑公司和第二建筑公司有职工478人,机械设备都有混凝土搅拌机、钢模、吊车、拉绦、水磨石、电焊、打夯机以及车床、刨床、钻床等全配套的施工机械,并建立了严格的施工操作规程和技术管理、工程验收、工程技术资料建档等制度,均被评为建筑安装三级企业。1991年,乡镇有2个建筑公司(岑阳镇、司铺)、12个建筑工程队,共有职工1618人。其中岑阳镇建筑公司有职工253人,四级施工企业资质;司铺乡建筑公司有职工270人,五级施工企业资质;其余12个建筑工程队职工为30人~90人不等,全为五级施工企业资质。是年,全县建筑施工企业自行完成施工产值531万元。1995年,县一建公司有职工350人,房屋建筑施工面积1.59万平方米,未竣工;二建公司有职工230人,房屋建筑施工面积1.40万平方米,竣工面积0.11平方米。2000年,全县建筑施工企业5家,年末从业人员896人,全年建筑业总产值1162万元。房屋建筑施工面积3.86万平方米,房屋建筑竣工面积2.60万平方米。

1991年,弋阳县共有8个建筑施工企业,其中全民企业3个,集体企业5个,年底全部职工人数1700人,自行完成施工产值960万元。2000年年底,全县共有18个建筑施工企业,从业人员1787人。固定资产1806万元,流动资金708万元。18个施工企业资质等级情况;2个施工企业(县建总公司、县二建公司)资质为三级;8个施工企业(县三建公司、县四建公司、县五建公司、县房建公司、县装饰建筑公司、县南方建筑公司、朱坑建筑公司、葛溪建筑公司)资质为四级;8个施工企业(县水利建筑公司、圭峰建筑公司、城郊建筑公司、烈桥建筑公司、漆工建筑公司、湖山建筑公司、旭光建筑公司、县市政建筑公司)资质为准四级。2000年,全县四级以上建筑企业完成总产值1799.6万元,房屋建筑施工面积5.25万平方米,房屋建筑竣工面积4.26万平方米。

1991年,万年县建筑施工企业只有4个,年底全部职工人数1200人,自有机械设备321台,机械设备总功率2000千瓦,全年自行完成施工产值934万元。随着经济建设的发展万年建筑业迅速崛起,至1998年底,共有施工企业22个,其中县建筑工程公司、第二建筑工程公司、第三建筑工程公司、第四建筑工程公司、第五建筑公司、江西水泥厂安装队6个施工单位为三级企业。第六建筑工程公司、湖云乡建筑工程队、大黄建筑工程公司、太源建筑公司、县水电建筑工程公司、县粮食建筑工程公司、陈营镇装潢建筑工程公司、珠山建筑工程公司、县自水安装队、上坊乡建筑工程公司、马家乡建筑公司等11个施工队为四级企业。珠田乡、汪家乡、苏桥乡、当下乡、齐埠乡、梨树坞乡也成立了建筑工程队,定为五级施工企业。是年底,全县从事建筑业的人员达2934人,各类有职称的工程技术和管理人员394人。机械设备1340台,动力总功率11816千瓦。完成施工面积14.12万平方米,施工产值5320万元。创地区级优良工程28个,省优工程2个。2000年,全县四级以上企业完成总产值3256.8万元,房屋建筑施工面积9.92万平方米,竣工面积7.71万平方米。

1991年,婺源县建筑施工企业共有5家,年末全部职工人数1800人,自行完成施工产值948万元。为落实建设部建筑企业资质新标准,对县内建筑企业重新进行审查和申报。2000年,经核准的建筑总承包三级资质企业有5家,分别为:县建筑公司、县第二建筑公司、县水利水电勘察设计建设公司、县设备安装公司、江湾建筑公司。具备专业技术职称人员共260人,其中高级工程师1人,工程类中级职称54人,助理工程师105人,技术员62人。是年,全县四级以上建筑施工企业共有7个,全年建筑业总产值1897.9万元,房屋建筑施工面积3.79万平方米,房屋建筑竣工面积2.65万平方米。

1991年,余干县建筑施工企业有5个,年末全部职工人数1200人,自有机械设备总台数174台,总功率1500千瓦,全年建筑施工产值819万元。随着经济建设的发展,余干建筑业迅速崛起,至2000年底,共有施工企业10个,其中三级企业5个,分别为县建筑公司、城建公司、市政公司、良友建筑公司、第二建筑公司。四级企业5个,分别为:黄埠镇建筑公司、五建公司、七建公司、信河建筑公司、水电公司。全县从事建筑业的人员达2000多人,各类有职称的工程技术和管理人员493人,机械设备1946台(套)总功率148494千瓦,1986—2000年,全县建筑业完成施工面积177.63万平方米,施工产值6.75亿元,创省优工程1个,地优工程51个。

1991年,德兴市建筑施工企业7个,完成施工总产值1986万元,施工工程个数175个,承包面积为施工总面积的57.9%,竣工面积5.86万平方米。1995年以后,全市建筑工程必须由具备资质资格的施工企业承建。全市共有建筑企业29家,其中工民建三级企业5家,装潢公司三级1家,设备安装公司三级1家,工民建四级企业14家,水电、水利四级各1家,工民建五级企业6家,路桥三级1家。1995年开始,建筑行业加大管理体制改革力度,积极推行施工工程招标投标责任制。全市建筑业施工工程个数为47个,实行招标投标工程个数11个,承包面积为施工总面积的23.4%。全市房屋竣工面积5.07万平方米。行业自有机械设备总台数277台,总功率2785千瓦。2000年,全市建筑业经济效益下降。施工总产值2504.3万元,施工工程个数39个,招标投标工程18个,承包面积为施工总面积的45.46%。全市房屋施工面积为4.14万平方米,竣工面积为2.95万平方米。施工总产值、施工总面积和竣工面积比1995年分别减少38.5%、57.4%和41.8%。

1991年,波阳县建筑施工企业有7个,其中全民企业2个,集体企业5家,年底全部职工人数1700人,自有机械设备总台数304台,总功率2200千瓦,全年施工产值1003万元;1996年,全县建筑施工企业合计27个(乡办24个、个体办3个),从业人员3205人(乡办2814人、个体办391人),这年进城施工2915人,施工总产值5480万元,竣工面积15.9万平方米。2000年,全县建筑施工企业有12个,年末全部职工人数2043人,自有机构总台数757台,总功率5056

千瓦,全年建筑业总产值6393.6万元,房屋建筑施工面积22.27万平方米,房屋建筑竣工面积20.59万平方米。

第三节 建筑工程管理

1990年代,上饶地区加强建筑市场管理的力度,强化施工队伍资质管理。1993年3~6月,全区对施工企业进行了年检,合格率88.3%,基本合格率11%,不合格率0.7%,并发布公告和处理意见。1995年,对全区建筑市场进行大检查、大整改。全区建筑企业资质就位从严审查,原有企业348个,就位后撤销62个,其中撤销等级企业21个。加强工程质量监督管理,1996年先后召开两次全区质监站长会议,部署全区工程质量年活动。同时,加强质监人员业务培训工作,全区全年培训892人次。是年3~7月先后3次对全区工程质量和施工现场进行检查和重点抽查,共检查工程200多项次,地区质监站受监工程30个,工作量4680万元,建筑面积8万平方米,计划内工程监督覆盖率100%,一次验收工程合格率达87%,优良率35%。

1997年,全区通过对建筑市场的跟踪调查,对施工企业的市场行为包括报建、投标、现场施工管理、工程质量安全生产等综合因素进行评定,确定企业是否符合资质要求;并进行统一资质年检,在年检过程中,全区304个施工企业,41个企业作歇业处理,9个企业吊销资质,4个企业受到降级,16个企业定为基本合格。同时,批准升级的企业有5个。全区共有四级以上企业159个,其中二级企业9个。是年,全面开展建设工程项目执法监察,进一步强化建筑市场管理。全区纳入执法监察的工程项目计515个,总投资额达6.33亿元,建筑面积133.13万平方米,其中进行重点抽查的项目182个,总投资2.66亿元,建筑面积97.69万平方米,在执法监察过程中,对违章违规的项目建设进行了处理,纠正51起,行政处罚20起,罚没款8.28万元,追缴税费43.4万元。1999年,根据建设部的统一部署,全区开展整顿规范建筑市场工作,当年,全区整顿和规范的在建工程项目共计247个,总投资4.29亿元,建筑面积93.8万平方米,其中重点检查77个项目。查出1992年以来,未经竣工验收或验收不合格就交付使用的工程125个,下令整改119起。是年,并对全区290个建筑施工企业(1998年7月31日前获得资质)进行年检,吊销资质30家,歇业整顿11家,基本合格22家,不合格5家,净化建设市场。2000年,全区的建筑施工企业资质年检中,全区应检企业264家,年检合格企业208家,基本合格企业38家,不合格企业1家,予以降级处理、歇业企业14家,吊销资质企业3家。从而进一步规范全区建筑市场和提高建筑工程质量。

上饶市建筑管理 *经营管理* 1990年10月,上饶市建工局对直属11户企业进行第一轮(1988年—1990年)责任承包审计,除上饶市工业设备安装公司盈利外,其余公司都发生亏损,亏损总金额374万元。针对企业管理存在"烂、杂、乱、亏"现象,及时调整领导班子,建立监督制约机制,建立健全各项规章制度,并在此基础上制定第二轮(1991年—1993年)经营承包责任制具体实施方案。第二轮承包共完成建筑业总产值12881万元,比第一轮7132万元增长80%,实现利润192.99万元,其中国有企业上交财政预算收入21.2万元。缴纳税金347.04万元。1991年,主管部门制订一系列奖励办法,其中生产经营方面包括业务开拓奖、优良工程奖和经济效益奖三个方面。对获得省、地优良工程称号的,给予施工单位法人代表和主要负责人500~1500元的奖金;对超额完成税收包干确保数和包干数的企业,分别按超额部分的10%~30%奖励企业法人代表;凡本系统干部工人到外地承揽到业务,分等级按工程造价的1.5%～3%计提业务奖。实行奖励措施后，建筑产值逐年上升。1995年，全系统实现建筑总产值1.24亿元，比1988年—1990年3年的总和增加900万元，年底实行奖金兑现，共发放奖金3.48万元。

质量监督　1987年1月，成立上饶市建筑工程质量(安全)监督站，对建筑工程实行检查、竣工验收、仲裁和紧急处理。同时对工程安全及所用建筑基本材料进行性能测试，为施工负责人提供理论及实际依据。2000年，共验收鉴定单位工程63个，建筑面积23.20万平方米，工程造价9377万元，一次性竣工验收合格率达90%以上。有7项工程被评为上饶市的优良工程，7项工程被评为上饶地区的优良工程，2项工程被评为江西省的优良工程，无一起重大责任伤亡事故。

项目法施工　1992起，市建工系统推行项目法施工制度：公司对承接的工程采取内部招标的方式委任项目负责人，再由项目负责人组建有土建、水电安装的施工员、质量安全监督员、工程预决算员和财务核算人员参加的项目管理小组，对项目工程从开工到竣工全过程和各项经济技术指标全面负责。项目负责人具有人、财、物调配分配和奖惩权。在经济上，各项目工地在公司财务部门单独设立账号，由公司分别按项目建立账户，公司扣下预留税金、管理费后，再将建设单位的工程款返还。在用工制度上，除管理人员固定外，实行全员劳动合同制。公司对生产实施跟踪管理和质量、安全检查。工程完工后，按工程的质量和效益，对项目责任人进行奖罚。

招标投标　1994年10月，成立上饶市工程建设施工招标投标办公室，统一管理和监督全市建设工程招标投标工作。招标投标实际工作正式开始于1996年。至2000年，累计可招标建设工程398个，实行招标工程210个，招标率达52.8%。标底总造价为40572万元，中标总造价为40993万元。

1996年—2000年若干年份上饶市建筑工程招标投标情况

表7-6-4

年份	当年新开工工程(个)	可招标工程(个)	实行招标工程(个)	招标率(%)	招标工程标价		
					标底总造价(万元)	中标工程总造价(万元)	浮动率(%)
1996	235	78	36	46.2	7622	8001	4.97
1997	222	87	44	50.6	6863	7202	4.94
1998	202	80	45	56.3	7896	7505	-4.95
1999	198	79	43	54.4	8235	7835	-4.86
2000	183	74	42	56.8	9956	10450	4.96

说明：浮动率一般控制在±5%。招标率=实行招标工程标数/可招标工程数

浮动率=(中标工程总造价-标底总造价)/标底总造价

工程监理　1999年12月，成立上饶地区工程建设监理有限公司，为丙级监理单位，隶属于上饶地区建设局。有干部工人20人，其中合同注册监理工程师4人。同时在上饶地区范围内逐步推行工程监理制度。至2000年，在市区已实行工程监理的项目有：上饶移动通信公司大楼建筑工程、赣东北大道改造工程。

建筑市场整治　1990 年 8 月，市政府批准由上饶市建工局会同工商、建行、市委、统计等部门，组织成立上饶市整顿建设市场稽查队，对施工企业采取自查和检查相结合的办法，进行整顿治理。至 2000 年，共清查施工企业 86 家，涉及建筑面积 40 万平方米，造价 6000 多万元，查出无证设计或借用他人名义搞私人设计 4 项，无证施工 28 项，无施工许可证 19 项，收到各类检举材料 20 余件，并对 53 户盲目组建或“无三证”（无证设计、无证照承包工程、无施工许可证）的施工单位，根据不同情况分别作出撤销、合并、罚款处理。

1996 年，针对施工单位卫生意识淡薄、施工过程中严重影响城市卫生和安全的现象，市建工局对全市 68 个在建工程进行检查，对不按标准施工的单位勒令限期整改，有的作出必要的经济处罚；规定施工企业或新办企业应向市建管站签订市容环境卫生承诺保证书，并采取日常跟踪或派员蹲点的办法以保证承诺兑现。通过整治，临街建筑做到全封闭施工，围墙作业。

其他县(市)建筑管理　质量监督　万年县建筑工程质量监督站成立于 1985 年 1 月。成立伊始，与城乡建设环境保护局建安股合并办公。1989 年 7 月，始为单独核算的二级事业单位。1996 年 6 月，成立建筑业安全生产监督管理站，两块牌子，一套人马，合署办公，担负全县境内的建筑工程质量监督。1998 年，有 600 千牛万能材料试验机 1 台，100 千伏液压试验机 1 台和各种回弹仪、检测器具，可进行钢筋、机砖混凝土、砂浆试块等建筑材料的测试。质监站同时担负全县建筑安全的监督管理检查职责。县质监站行使政府对工程质量监督管理的职能，要求所有建设工程接受工程质量监督。工程开工时，填写工程质量监督申请表，办理质监手续，指定专职质监员，制定监督的方法、步骤、措施。建筑工程施工前，砂、石灰、水泥、钢材等建筑材料，要求有产品合格证。砌筑砂浆和混凝土，要求制作试块，送实验室进行材料强度测试，取得试验数据，调整配合比，使之符合设计要求。开展建筑现场文明施工，建筑工地悬挂安全标志牌，特殊工种持证上岗等安全生产监督活动。因为制度健全，监督和安全措施有力，多年来，没有发生过重大质量安全事故，各项安全指标均符合劳动部要求，工程质量合格率从 1989 年的 72% 上升到 1998 年的 96%。1998 年，有 28 个工程评为地区优良工程，2 项工程评为省优良工程。

1985 年 10 月，上饶县城建环保局下设建筑工程质量监督站（简称质监站，下同），专司全县各建筑工程的质量监督管理工作。1990 年—1991 年，有 87 个工程项目受监，面积 11.69 万平方米，受监的县物资局职工宿舍和县水电公司职工宿舍被评为省优工程。1992 年 10 月，设建筑工程质量检测中心，专司建筑材料质量检测。1993 年，制订《上饶县建筑安全生产管理暂行办法（试行）》，进行“抓典型、树样板、消除建筑工程质量通病”的大检查，1995 年又开展“建设工程质量年”活动，建筑工程质量普遍提高。1997 年，重点清理整顿农村校建工程项目 187 个，查处违章施工项目 47 个，责令停业整顿施工企业 3 个，保证校建工程的施工质量。1999 年，制订《上饶县工程建设管理暂行办法》，开展“工程质量精品年活动”，扩大工程受监的覆盖面。

余干县建筑工程质量安全监督站（简称质监站）成立于 1986 年 4 月，与县城乡建设环境污染保护局建筑业务股合署办公。1989 年 7 月，为单独核算的自收自支事业单位。2000 年，有 7 名工作人员，担负全县的建筑工程质量安全监督。质监站行使政府对工程质量监督管理的职能，强制监督全县所有建设工程。多年来，没有发生过重大质量安全事故。各项安全指标匀符合要求，特别是 1996 年以后，工程质量合格率年年超过 95%。2000 年，有两项工程评为省优良工程。余干县建筑质量检测中心正式挂牌于 1996 年 4 月，由质量安全站代管。其设备有 600 千牛万能材料试验机 1 台，水泥砂浆机 1 台，搅拌机及电动抗折试验机各 1 台。可进行钢筋,机砖、混凝土、砂浆试块等建筑材料的测试。

1986年,成立玉山县建筑工程质量监督站,隶属县城建局。质量监督站按照国家颁布的有关规程,规范及技术标准对建筑工程质量实行监督,负责对工程质量检查、仲裁和紧急处理。1986年—2000年,玉山质量监督站负责监督建筑工程项目426个,建筑面积达98.89万平方米。工程总造价3亿元,工程合格率98.9%。玉山县建筑材料监督检验室成立于1986年,隶属县城建局,现为土建型三级试验室。可对全县建筑工程所用基本材料进行性能、压力、拉力试验,为质量监督人员及现场施工负责人提供理论及实际真实数据。试验室主要进行水泥、钢材、砌墙砖建筑用砂石、混凝土和砂浆配合比例测试。

1990年代,广丰县工程质量监督认真贯彻《中华人民共和国建筑法》《建设工程质量管理条例》,严格执行国家工程建设强制性标准,建立健全各项规章制度,郑重加强了地基基础、主体结构安全和使用功能、环境质量的监督,实现由单纯监督工程实体质量向监督工程实体质量与监督参建各方主体行为相结合,工程竣工验收由检验制向备案制方向转变。1998~2000年,广丰县内共有6项建筑工程获得省优或省结构优质工程,其中1998年获省优工程的有:广丰卷烟厂仓库1#楼,公安大楼;1999年获省优工程的有:月兔广场,芦林大道;2000年获省结构优良工程的有:水南商厦、月兔集团客运西站。

婺源县建筑工程质量监督站为确保“质量第一、安全至上”,加大工程监督力度。1995年开展工程质量(安全)年以来,为消除工程质量通病和工程质量隐患,做到监督到位,严格要求,严把工程质量检验关,对不合格工程不向社会交付使用。1995年以后,新建的县天佑中学逸夫楼、县交警大楼、县医院门诊大楼、县农行营业大楼等先后被评为省优质工程,天佑中学逸夫楼并获国家教委工程质量二等奖。1990年代全县工程合格率均达到100%,连续10年实现工程质量和安全生产无事故。

1990年代,横峰县认真贯彻《中华人民共和国建筑法》《建筑工程质量管理条例》,县建设局设立建设工程质量监督站,严格执行国家工程建设强制性标准,建立健全各项规章制度,着重加强地基基础、主体结构安全和使用功能的监督,重点在主体工程的关键部位和隐蔽工程质量监督上把好关。为方便施工单位加强建筑材料的测试工作,县建设局设立建筑材料质量检测中心,及时添置试检设备,开展混凝土、砂浆、砖、钢筋等常用建材的试验,为工作验收积累资料,为检验工程质量提供技术数据。对没有委托质量监督出现的一些重大工程质量事故发生,县建设局及时组织技术人员到现场调查取证,按有关法规作出处理,促使施工单位严格加强质量管理。

波阳县质量管理以锦宇公司为例,对工程出现质量问题,其具体做法是:凡属因管理所致,则追究责任人的责任,一般视损失大小,由责任人承担10%~100%不等的直接经济损失,同时罚款1000元以上。另外给予责任人的行政处分从记过直至解除劳动合同关系。如属于设计不合工程质量要求,则向设计人员追究经济责任。对于创建省级优质工程的项目,按工程项目合同总造价的5%给予施工人员奖励;创建市级优质工程,按合同总造价2%给予施工人员奖励。

工程监理 德兴市建设工程监理公司成立于1999年11月,具备国家丙级工程监理资质,现有员工32人,其中高级职称2人,国家二级注册建筑师1人,监理工程师6人,国家注册造价师2人,监理工程师7人。公司先后承担了德兴广场、南门新区,上海路、景园小区,新车站,电信大楼,地税局大楼及其它工业工程的监理。相关工程咨询项目共100余项,总监理面积约

40 万平方米。

安全管理 波阳县施工每项工程在施工前都必须按具体情况订立三级安全责任状，即公司与项目部、项目部与班组、班组与个人均订立安全责任状，所有现场施工人员都须严格按规章操作。如发生工伤事故，在分清责任后，根据事故大小由责任人承担 10% ~30% 的费用。锦宇公司并规定，对制止事故发生的有关人员，分别给予 1 万元以下不等的奖励。对违章指挥、违章操作所造成的经济损失，按损失大小给予当事人罚款、停工反思、解除用工合同等处分。对检举违规违章现象的有关人员，每次给予 500 元以下不等的奖励。

施工管理 1984 年 4 月，上饶县城建环保局下设施工管理股，翌年，易名为建筑管理股，对建设单位履行项目报建手续，工程开工前的正规设计图纸，施工许可证，工程施工的监督检查和竣工验收等方面进行依法管理。1990 年，对建筑企业进行定级审查，取消村级施工企业 24 家，查处违犯建设程序、无证设计和无照施工单位 21 个，建设项目 35 个。1991 年，制订《上饶县建筑管理暂行规定》，并依规定对建筑市场进行清理整顿。1993 年，在建筑市场实行资质动态管理和施工现场标准化管理，发现并处理违章施工 21 起。同年 7 月，城建、监察、税务、工商 4 局和建设银行共同组织建筑市场检查组，对建筑市场进行全面检查，发现问题，及时纠正解决。1994 年，实行“凭证施工”制度，对新开工项目一律依照建设工程施工合同示范文件进行管理。

1986 年开始，弋阳县建设局对施工队伍进行规范化管理。1992 年已有 4 支施工队伍打入广东、上海、浙江等省市建筑市场。为了加强质量监督，充分发挥质量监督站的职能，在工程质量监督上把好关，重点监督主体工程的关键部位和隐蔽工程。为了方便施工单位加强建筑材料的测试工作，及时添置试验设备，开展混凝土、砂浆、砖、钢筋等常用建材的试验，为工程验收积累资料，为检验工程质量提供技术数据。对没有委托质量监督出现的一些重大工程质量事故，工程质量稳步提高。1992 年创省优工程 2 个，创地优工程 2 个；1997 年创地优工程 3 个；1998 年创地优工程 5 个；1999 年创地段工程 2 个。

1998 年起，横峰县一建公司、二建公司、岑阳镇建筑公司均推行项目法施工制度。公司对承接的工程采取内部招标的方式委任项目负责人，再由项目负责人组建有土建、水电安装的施工员、质量安全监督员、工程预算决算员和财务核算人员参加的项目管理小组，对项目工程从开工到竣工全过程和各项经济技术指标全面负责。公司对生产实施跟踪管理和质量安全检查。工程竣工后，按工程质量和效益对项目责任人进行奖罚。

婺源县内外建筑工程队承包县内建筑工程，都需持本企业资质证书到城建环保局建筑管理站登记，经审查合格发给施工许可证，方为合法施工。1998 年 2 月 12 日至 3 月 12 日，开展《中华人民共和国建筑法》宣传月活动。以贯彻实施《中华人民共和国建筑法》为契机，开展公开、公平、公正的工程项目招标、投标工作，办理承发包合同的审签手续和加强建筑企业资质动态管理。对于外地进婺的施工企业要求注册登记、办理施工审批手续，否则一律不准承包工程。为规范施工许可证的发放，县建设局制定了建筑工程项目审批手续流程表，做到各项手续齐全。县建设局还重点对工程投资额在 50 万元以上的房屋建筑、装修装饰和城市基础设施工程的项目法人以及勘察、设计、施工、监理单位进行检查。

德兴市建筑管理站为县建设局内设机构，2000 年，乡（镇）、村两级成立建设管理所，共有专职管理人员 5 人，兼职建设员 16 人。主要负责全市建筑市场法制化、规范化管理，严格建筑工程施工许可证制，建筑市场准入制、项目经理管理制和持证上岗制，并加强对施工管理人员的理论培训和岗位培训，2000 年 98% 建筑工程办理了施工许可证。

1990 年代中后期，波阳县城乡民营建筑企业蓬勃发展，为规范民营建筑企业施工管理，各企业在施工前须向县建设环保局质监站办理质量监督手续，由波阳县局建筑业股发给建设工程施工许可证方可施工。施工中的具体管理办法基本上由承建企业自定，并由企业经理负总责。管理者代表、总工程师和分管副经理分科负责。

招标投标　1991 年广丰县开始推行建设工程招标投标制度，成立县建设工程招标投标领导小组，下设办公室，与县建工局合署办公，组织开展全县建设工程招投标工作。2000 年 1 月起，认真贯彻实施《中华人民共和国招标投标法》，规范招标投标行为，必须公开招标的工程按规定进行公开招标。工程招标范围覆盖全县各乡（镇），工程项目由单一的房建工程扩大到市政基础设施、道路桥梁及仿古建筑工程。2000 年经报建审核，对县内 25 个工程实行公开招标、招标工程总造价达 3777.51 万元。1993 年开始，弋阳县大部分工程都纳入招标管理，实行建设项目公开招标。1999 年城市公用基础设施工程项目也开始纳入招标管理，如志敏大道工程、城南水厂工程。

1994 年，上饶县调整建筑工程招标投标领导小组，并下设招投标办公室，具体负责工程招标、投标事宜。1995 年—1996 年，上饶县内 8 个建设项目进行招标、投标，并有 73 个在建项目竣工。1999 年—2000 年，全县贯彻落实《中华人民共和国建筑法》和《中华人民共和国招标投标法》，县内建筑市场步入规范化、法制化轨道。

1996 年，横峰县政府成立工程建设施工招标投标办公室，统一管理和监督全县建设工程招标投标工作。1996 年起，全县认真贯彻实施《中华人民共和国招标投标法》，规范招标投标行为，必须公开招标的工程全部按规定进行公开招标。工程招标范围覆盖全县各乡镇，工程招标项目由单一的房建工程扩大到市政基础设施，道路桥梁及仿古建筑工程。

2000 年全区各县（市）建筑业企业生产情况

表 7－6－5

指标名称	合计	上饶市	德兴市	上饶县	广丰县	玉山县
企业个数（个）	95	27	6	5	10	4
建筑业总产值（万元）	60716.6	15830.7	2504.3	2427.4	20659.1	2035.5
建筑工程	566762	158307	24108	17094	186392	20325
安装工程	30438		755	7180	15999	
房屋构筑物修理	8566		180		2800	30
竣工产值	483714	106439	24243	19913	181646	18110
单位工程施工个数（个）	873	206	39	150	119	33
本年新开工个数	556	108	32	128	69	29
投标承包个数	268	81	18	14	33	7
#本年新开工	187	47	10	13	24	7
单位工程竣工个数	615	115	34	128	74	21
#竣工的优良单位工程个数	96	27	4	3	21	1

续表 7－6－5

指 标 名 称	合 计	上饶市	德兴市	上饶县	广丰县	玉山县
房屋建筑施工面积(平方米)	1663584	662616	41390	37555	329753	39692
本年新开工面积	1015921	337950	28160	23650	202392	37946
投标承包面积	577937	247103	18820	9365	99776	11805
#本年新开工	404264	113713	17320	9365	85262	11805
房屋建筑竣工面积	1117917	345179	29490	29085	251853	27455
厂 房	59033	17417	250	920	27600	
住 宅	619709	232618	9900	20800	112769	17186
办公用房	138033	28117	5200	2500	46379	5304
商业、居民服务业用房	114958	29246	9680	2000	50137	300
文化教育用房	135571	17781	3500	1910	5188	3165
医疗用房	30765	15000	600	955	1000	1500
其他用房	19848	5000	360		8780	
#房屋建筑优良工程竣工面积	259312	103980	6800	2200	88568	3009
自有机械设备年末总台数(台)	7949	1962	335	550	1449	481
自有机械设备年末总功率(千瓦)	62442	17446	2882	6735	10153	3566
#施工机械功率	51132	14299	2483	4131	8913	3242
自有机械设备净值(万元)	6698.8	1553.1	283.2	175.2	2643.3	297.3
计算劳动生产率的平均人数(人)	22287	6396	828	901	6325	756

续表 7－6－5

指 标 名 称	铅山县	横峰县	弋阳县	余干县	波阳县	万年县	婺源县
企业个数(个)	4	5	6	2	12	6	7
建筑业总产值(万元)	1963.7	1162.0	1799.6	696.0	6393.6	3256.8	1987.9
建筑工程	17751	11500	15316	6840	62356	32568	14205
安装工程	830			120			5554
房屋构筑物修理	1056	120	2680		1580		120
竣工产值	5758	7838	16877	6690	59243	22568	14389
单位工程施工个数(个)	42	32	30	18	120	40	44
本年新开工个数	20	10	22	17	85	23	23
投标承包个数	6	24	10	17	37	10	11
#本年新开工	5	10	7	17	28	10	9
单位工程竣工个数	24	18	23	17	99	31	31
#竣工的优良单位工程个数	7	11	1		17	3	1

续表 7-6-5

指　标　名　称	铅山县	横峰县	弋阳县	余干县	波阳县	万年县	婺源县
房屋建筑施工面积(平方米)	81981	38627	52483	19696	222702	99229	37870
本年新开工面积	30795	18465	41653	18960	186644	61516	27790
投标承包面积	18603	20958	17057	14500	58374	34976	16600
#本年新开工	15403	15873	8057	14500	61390	34976	16600
房屋建筑竣工面积	37045	26028	42583	19696	205858	77145	26460
厂　房	3200		839		5207	3000	600
住　宅	20142	12820	29514	5926	99174	47860	11000
办公用房	8031	3060		827	17210	13245	8160
商业、居民服务业用房	5672	2770	670	8483	200	4000	1800
文化教育用房		1100	8860	2070	80357	9040	2600
医疗用房		3000	2700		3710		2300
其他用房		3318		2390			
#房屋建筑优良工程竣工面积	20135	1700	2395		20525	7800	2200
自有机械设备年末总台数(台)	418	409	613	57	757	558	360
自有机械设备年末总功率(千瓦)	2511	2189	2087	1172	5056	5741	2704
#施工机械功率	2511	2117	828	1172	4523	4039	2874
自有机械设备净值(万元)	240.7	137.0	127.2	39.7	729.6	369.5	103.0
计算劳动生产率的平均人数(人)	1170	896	770	378	2043	1251	573

说明:全区企业资质等级四级以上企业共有 95 个,其中一级 1 个、二级 4 个、三级 34 个、四级 56 个;建筑业总产值,一级企业 1117.9 万元、二级企业 15944.6 万元、三级企业 30360.1 万元、四级企业 13294.0 万元。

2000 年全区建筑业企业一览

表 7-6-6

法人单位名称	企业资质等级	自行完成施工产值(万元)	竣工产值(万元)	房屋建筑施工面积(平方米)	房屋建筑竣工面积(平方米)	自有机械设备年末总台(台)	自有机械设备年末总功率(千瓦)
广丰县第三建筑工程公司	三级	1600.0	1150.0	27000	22000	36	310
广丰县建筑劳务输出公司	三级	1620.0	1620.0	29800	18620	180	270
广丰县第四建筑公司	三级	1650.0	1250.0	58000	45000	48	308
江西省广丰县北门建筑工程公司	三级	1537.2	1537.2	17596	13476	79	1235

续表 7－6－6

法人单位名称	企业资质等级	自行完成施工产值（万元）	竣工产值（万元）	房屋建筑施工面积（平方米）	房屋建筑竣工面积（平方米）	自有机械设备年末总台（台）	自有机械设备年末总功率（千瓦）
江西玉山县第二建筑公司	四级	110.0	220.0	3400	3400	47	210
江西省玉山县建筑工程公司	三级	1585.5	1391.0	27027	20255	356	3060
玉山县良种场建筑工程公司	四级	230.0	200.0	4800	3800	40	16
铅山县第三建筑工程公司	四级	328.0	243.0	14543	13110	23	734
铅山县福惠建筑工程公司	四级	315.7	220.8	5400	3800	52	235
铅山县第四建筑工程公司	四级	272.0	31.5	6300	3200	107	319
江西省横峰县第一建筑公司	四级	401.0	492.2	13120	12953	209	743
江西省横峰县第二建筑公司	四级	375.0	152.0	8185	6185	112	624
横峰县岑阳镇建筑公司	四级	180.0	130.0	10520	5230	76	730
江西省横峰县住宅建筑公司	四级	110.0	9.6	4200	1700	7	20
弋阳七零一厂建筑工程公司	四级	472.2	204.2	6010	6010	89	290
弋阳县第五建筑工程公司	四级	230.0	230.0	9940	9940	134	250
弋阳县第三建筑工程公司	四级	116.0	116.0	2546	2546	16	142
弋阳县第二建筑工程公司	三级	722.0	574.0	16448	6548	68	150
弋阳县建筑工程总公司	三级	173.9	478.0	8539	8539	290	1135
余干县建筑工程公司	四级	247.0	235.0	5100	5100	12	490
余干县黄金埠建筑公司	四级	302.0	287.0	10136	10136	8	360
波阳县第二建筑工程公司	三级	928.0	928.0	20622	20622	184	875
波阳县建筑工程公司	三级	646.3	767.0	28748	20461	112	1600
波阳县田坂街镇建筑工程公司	四级	130.0	130.0	2900	2900	137	348
波阳县油墩街建筑工程公司	四级	123.0	123.0	1940	1940	42	268
波阳县谢家滩镇建筑工程公司	四级	730.0	730.0	117600	117600	38	30
波阳县三庙前建筑工程公司	四级	340.0	340.0	8467	8467	14	68
波阳县第六建筑工程公司	四级	761.0	761.0	6018	6018	32	184
万年县第四建筑工程公司	三级	845.0	676.0	5746	5746	47	1820
万年县第三建筑工程公司	三级	460.0	420	15000	15000	242	2863
万年县建筑工程公司	三级	295.0	295.0	13859	13859	112	480
万年县第二建筑工程公司	三级	1513.0	1100.0	38500	38500	115	478
万年县大黄建筑工程队	四级	58.8	58.8	1740	1740	30	57
德兴市泗洲镇建筑工程公司	三级	1200.0	1060.0	10900	7300	136	1709
德兴市香屯建筑工程公司	四级	116.9	116.9	1600	1600	34	70
德兴市海口镇建筑工程公司	四级	377.4	345.4	3760	3500	41	141

续表 7－6－6

法人单位名称	企业资质等级	自行完成施工产值（万元）	竣工产值（万元）	房屋建筑施工面积（平方米）	房屋建筑竣工面积（平方米）	自有机械设备年末总台（台）	自有机械设备年末总功率（千瓦）
德兴市新营镇建筑工程公司	四级	85.0	85.0	2300	2300	46	103
婺源县设备安装公司	三级	223.4	223.4			95	1600
婺源县江湾建筑公司	四级	198.0	68.0	3500	2500	87	348
婺源县第二建筑公司	三级	520.0	434.5	13500	10600	15	80
婺源县建筑公司	三级	292.0	100.0	6710	1400	128	650
婺源县水利水电勘察设计建设公司	四级	395.5	285.0	2960	2960	8	50
婺源县赋春镇恒安建筑公司	四级	180.0	180.0	6200	6200	12	96
上饶市东市建筑工程公司	四级	18.5	66.0	6312	2912	52	119
上饶市第三建筑工程公司	三级	1450.0	575.0	86890	21890	195	1056
上饶市沙溪建筑工程公司	三级	310.0	132.0	19900	11600	42	555
波阳县第三建筑工程公司	三级	1648.3	1278.3	21287	13930	70	1273
江西国昌建筑装饰有限公司	三级	343.0	343.0			5	1
上饶县旭日建筑工程公司	四级	695.0	496.0	23100	16500	38	397
广丰县第六建筑工程公司	三经	1513.0	753.5	18510	10700	78	580
广丰县旺达电力有限公司	一级	1117.9	1117.9			34	300
玉山县第三建筑公司	四级	110.0		4465		38	280
波阳县古南建筑工程队	四级	147.0	147.0	3820	3820	16	72
横峰县葛源镇建筑公司	四级	96.0		2592		5	72
上饶市灵溪建筑工程公司	四级	270.0	250.0	9200	9200	85	336
铅山县建筑工程公司	三级	1048.0	80.5	55738	16935	236	1223
弋阳县房建公司	四级	85.5	85.5	9000	9000	16	120
波阳县东丰镇建筑工程公司	四级	300.0	300.0	500	500	38	102
波阳县商业建筑工程公司	四级	120.0	120.0	1200	1200	20	40
万年县上坊建筑工程队	四级	85.0	85.0	2300	2300	12	43
德兴市第二建筑工程公司	四级	586.0	678.0	16030	7990	75	651
婺源县第三建筑公司	四级	179.0	148.0	5000	2800	15	80
上饶市建筑工程总公司	二级	4458.0	4204.0	150900	103420	169	3775
江西省广丰县交通公路桥梁工程公司	二级	6966.0	6066.0	41000	35000	260	1860
波阳县第五建筑工程公司	四级	520.0	300.0	9600	8400	54	196
德兴市大茅山建筑工程公司	三级	139.0	139.0	6800	6800	3	208
余干县康山垦殖场建筑工程公司	四级	147.0	147.0	4460	4460	37	322

续表7－6－6

法人单位名称	企业资质等级	自行完成施工产值（万元）	竣工产值（万元）	房屋建筑施工面积（平方米）	房屋建筑竣工面积（平方米）	自有机械设备年末总台（台）	自有机械设备年末总功率（千瓦）
上饶市乡镇建筑工程公司	四级	411.0	396.0	12410	10205	52	176
上饶市第七建筑工程公司	四级	100.0	100.0	5000	5000	42	276
上饶市第一建筑工程公司	二级	2603.6	343.7	128158	80321	396	4157
上饶市工业设备建筑安装有限公司	三级	527.4	178.2	24900	3600	138	810
上饶铁路线桥公司	四级	109.0	109.0	2000	1500	27	115
江西铁路工程建筑公司上饶建筑公司	四级	125.2	60.0	10000	3000	22	20
江西铁路工程建筑公司上饶铁路二公司	四级	78.0	78.0	3136	3136	11	26
上饶市第六建筑工程公司	四级	200.0	120.0	15000	3000	24	270
上饶市西市建筑工程公司	三级	252.0	252.0	7200	7200	102	682
上饶市第五建筑工程公司	四级	150.0	110.0	3200		39	258
上饶市第二建筑工程公司	二级	1917.0	1201.0	66711	28129	199	1546
上饶铁路建筑发展公司	三级	346.0	194.0	6321	2697	13	89
上饶市第四建筑工程公司	三级	725.0	661.0	43030	18353	65	340
上饶市华泰建筑装饰有限公司	三级	40.0	100.0	3200	3200	56	150
上饶市建筑装潢化工总公司	四级	159.0	159.0			16	168
上饶市古建园林建筑有限公司	四级	121.0	121.0	6200	3000	43	201
上饶市朝阳建筑工程公司	四级	120.0	120.0	3500	2000	18	99
上饶市台联建筑工程公司	四级	75.0	120.0	5900	3200	16	168
上饶市天骄建筑工程有限公司	四级	50.0	50.0	3400	3400	24	82
上饶市鸿业建筑工程有限公司	四级	665.0	394.0	36952	12020	56	371
上饶市水南建筑安装公司	四级	207.0	207.0	3196	3196	55	1600
上饶县建筑工程公司	三级	928.8	743.0	4635	3700	405	4660
上饶县市政工程公司	三级	623.3	572.0	5100	5100	49	952
上饶县茶亭建筑公司	四级	157.3	157.3	4720	3785	56	576
上饶县给排水工程公司	四级	23.0	23.0			2	150
广丰县第一建筑工程公司	三级	1620.0	1620.0	26000	26000	84	480
广丰县广厦建筑工程有限公司	三级	1200.0	1200.0	24237	24237		
广丰县建筑安装工程公司	三级	1835.0	1850.0	87600	56820	650	4810

续表7－6－6

法人单位名称	计算劳动生产率的平均人数（人）	期末从业人数（人）	资产合计（万元）	负债合计（万元）	所有者权益合计(万元)	工程结算收入（万元）	工程结算利润（万元）	利润总额（万元）
广丰县第三建筑工程公司	550	600	740.0	228.0	512.0	1150.0	31.0	14.0
广丰县建筑劳务输出公司	610	590	811.1	197.1	614.0	1600.0	36.0	18.0
广丰县第四建筑公司	480	480	827.5	150.5	677.0	232.7	64.0	24.0
江西省广丰县北门建筑工程公司	498	501	627.0	64.0	563.0	1537.2	12.7	2.3
江西玉山县第二建筑公司	52	52	571.3	542.3	29.0	433.7	46.8	0.5
江西省玉山县建筑工程公司	537	570	5700.0	4621.0	1079.0	1085.0	138.0	
玉山县良种场建筑工程公司	75	76	140.0	85.0	55.0	200.0	11.3	0.1
铅山县第三建筑工程公司	278	350	157.0	68.0	89.0	243.0	38.0	26.0
铅山县福惠建筑工程公司	92	98	253.7	142.7	111.0	220.8	20.0	3.3
铅山县第四建筑工程公司	210	210	268.0	132.0	136.0	210.0	10.5	4.0
江西省横峰县第一建筑公司	330	330	620.8	445.7	175.1	168.0	34.3	23.3
江西省横峰县第二建筑公司	132	270	1229.0	1096.7	132.3	375.0	36.3	
横峰县岑阳镇建筑公司	240	40	574.2	66.8	507.4	180.0	89.2	79.4
江西省横峰县住宅建筑公司	74	88	233.2	15.4	217.8	45.0	10.3	4.4
弋阳七零一厂建筑工程公司	97	80	138.0	44.0	94.0	472.2	24.3	-2.5
弋阳县第五建筑工程公司	65	80	286.5	193.3	93.2	230.0	2.5	-9.1
弋阳县第三建筑工程公司	68	84	118.6		118.6	2.9	0.2	-9.3
弋阳县第二建筑工程公司	126	252	847.0	330.0	517.0	650.0	17.0	-3.4
弋阳县建筑工程总公司	354	362	671.1	518.0	153.1	473.2	70.4	0.3
余干县建筑工程公司	172	172	163.0	33.0	130.0	247.0	22.5	15.0
余干县黄金埠建筑公司	166	166	77.0	41.0	36.0	302.0	9.0	6.0
波阳县第二建筑工程公司	236	267	521.9	20.1	501.8	928.0	112.5	27.8
波阳县建筑工程公司	480	480	851.0	92.2	758.8	500.0	51.7	50.0
波阳县田坂街镇建筑工程公司	106	130	116.0	22.0	94.0	130.0	21.0	9.5
波阳县油墩街建筑工程公司	36	84	110.4	6.0	104.4	123.0	15.5	5.4
波阳县谢家滩镇建筑工程公司	92	96	282.4	44.0	238.4	730.0	19.0	8.6
波阳县三庙前建筑工程公司	180	185	139.0	35.0	104.0	340.0	23.4	18.1
波阳县第六建筑工程公司	160	260	208.4	65.0	143.4	761.2	103.6	72.3
万年县第四建筑工程公司	420	420	509.0	25.0	484.0	845.0	27.4	3.7

续表7-6-6

法人单位名称	计算劳动生产率的平均人数(人)	期末从业人数(人)	资产合计(万元)	负债合计(万元)	所有者权益合计(万元)	工程结算收入(万元)	工程结算利润(万元)	利润总额(万元)
万年县第三建筑工程公司	195	226	644.0	140.0	504.0	460.0	21.5	21.0
万年县建筑工程公司	206	206	1841.5	1599.5	242.0	29.5	6.1	-40.6
万年县第二建筑工程公司	320	330	1247.0	620.0	627.0	1513.0	79.0	8.2
万年县大黄建筑工程队	56	105	95.1	27.9	67.2	58.8	6.8	2.2
德兴市泗洲镇建筑工程公司	400	400	945.0	511.0	434.0	1200.0	40.0	6.0
德兴市香屯建筑工程公司	90	100	203.2	166.1	37.1	116.9	6.4	-1.0
德兴市海口镇建筑工程公司	120	124	140.7	28.3	112.4	345.4	10.7	4.0
德兴市新营镇建筑工程公司	40	50	89.0	12.0	77.0	80.0	9.0	6.0
婺源县设备安装公司	29	53	244.5	147.3	97.2	223.4	72.2	31.2
婺源县江湾建筑公司	120	80	187.0	75.0	112.0	68.0	3.2	2.1
婺源县第二建筑公司	78	78	108.4	106.4	2.0	434.5	15.1	0.2
婺源县建筑公司	202	208	698.6	426.0	272.6	100.0	6.8	-1.3
婺源县水利水电勘察设计建设公司	40	45	322.6	319.4	3.2	135.7	20.5	0.6
婺源县赋春镇恒安建筑公司	52	58	42.8	30.8	12.0	180.0	10.0	5.0
上饶市东市建筑工程公司	16	36	426.0	105.8	320.2	18.5	1.0	0.1
上饶市第三建筑工程公司	611	615	493.8	173.6	320.2	806.3	61.6	1.0
上饶市沙溪建筑工程公司	165	170	677.0	160.0	517.0	310.1	15.8	0.8
波阳县第三建筑工程公司	388	388	594.6	92.7	501.9	1648.3	519.6	38.2
江西国昌建筑装饰有限公司	29	136	662.4	64.1	598.3	343.0	84.0	1.4
上饶县旭日建筑工程公司	290	290	252.3	147.0	105.3	695.0	13.9	0.5
广丰县第六建筑工程公司	475	553	1260.0	750.0	510.0	895.0	63.5	3.5
广丰县旺达电力有限公司	280	270	3596.7	3227.3	369.4	1117.9	88.3	8.9
玉山县第三建筑公司	92	92	147.9	48.0	99.9	111.6	4.2	
波阳县古南建筑工程队	33	36	66.0	19.0	47.0	147.0	12.1	5.9
横峰县葛源镇建筑公司	120	120	60.0	21.4	38.6	89.0	17.2	11.0
上饶市灵溪建筑工程公司	205	208	404.0	300.9	103.1	210.0	7.0	0.2
铅山县建筑工程公司	590	610	332.2	150.8	181.4	1078.3	84.3	4.9
弋阳县房建公司	60	60	542.2	445.8	96.4	85.5	11.8	-5.9
波阳县东丰镇建筑工程公司	84	158	182.0	351.6	-169.6	41.4	8.7	-0.4

续表7-6-6

法人单位名称	计算劳动生产率的平均人数（人）	期末从业人数（人）	资产合计（万元）	负债合计（万元）	所有者权益合计（万元）	工程结算收入（万元）	工程结算利润（万元）	利润总额（万元）
波阳县商业建筑工程公司	110	106	113.0	63.0	50.0	120.0	26.0	8.0
万年县上坊建筑工程队	54	56	59.0	27.0	32.0	85.0	14.4	5.2
德兴市第二建筑工程公司	166	18	623.0	106.8	516.2	578.9	34.5	6.6
婺源县第三建筑公司	52	60	304.0	184.0	120.0	148.0	19.5	8.5
上饶市建筑工程总公司	1820	1970	6043.0	2330.0	3713.0	1559.0	29.0	-0.1
江西省广丰县交通公路桥梁工程公司	880	890	6886.0	698.0	6188.0	6988.0	200.0	60.0
波阳县第五建筑工程公司	138	148	518.2		518.2	442.1	53.9	37.0
德兴市大茅山建筑工程公司	12	12	127.2	293.4	-166.2	139.0	8.0	-33.7
余干县康山垦殖场建筑工程公司	40	40	209.8	185.7	24.1	147.0	24.0	12.7
上饶市乡镇建筑工程公司	75	76	195.9	86.7	109.2	411.0	26.7	0.7
上饶市第七建筑工程公司	26	13	320.5	216.0	104.5	100.0	6.5	
上饶市第一建筑工程公司	746	683	4000.0	1931.2	2068.8	876.1	-42.0	-117.4
上饶市工业设备建筑安装有限公司	246	413	865.6	159.9	705.7	445.7	27.6	3.0
上饶铁路线桥公司	68	70	424.7	448.2	76.5	108.9	6.6	2.7
江西铁路工程建筑公司上饶建筑公司	43	38	145.5	53.1	92.4	38.8	9.5	-0.9
江西铁路工程建筑公司上饶铁路二公司	40	50	1445.4	1377.7	67.7	40.0	1.5	0.1
上饶市第六建筑工程公司	110	117	214.0	122.0	92.0	199.9	5.3	0.3
上饶市西市建筑工程公司	452	252	823.8	782.0	41.8	252.0	16.0	2.0
上饶市第五建筑工程公司	80	85	104.5	35.4	69.1	150.0	2.6	-3.1
上饶市第二建筑工程公司	736	748	2229.3	1288.9	940.4	1461.0	51.1	0.5
上饶铁路建筑发展公司	155	58	587.2	5630	24.2	333.9	14.8	8.7
上饶市第四建筑工程公司	300	350	6354.7	5638.1	716.6	693.0	14.5	1.3
上饶市华泰建筑装饰有限公司	35	45	830.3	765.2	65.1	40.0	1.5	0.4
上饶市建筑装潢化工总公司	60	62	299.0	235.0	64.0	159.0	47.0	
上饶市古建园林建筑有限公司	20	50	416.8	295.7	121.1	12.5	1.2	-0.1
上饶市朝阳建筑工程公司	68	70	151.7	127.2	24.5	83.9	4.6	-0.1
上饶市台联建筑工程公司	45	45	270.0	175.0	95.0	75.1	4.8	0.3
上饶市天骄建筑工程有限公司	66	50	104.5	42.7	61.8	80.0	0.6	-2.5

续表 7-6-6

法人单位名称	计算劳动生产率的平均人数(人)	期末从业人数(人)	资产合计(万元)	负债合计(万元)	所有者权益合计(万元)	工程结算收入(万元)	工程结算利润(万元)	利润总额(万元)
上饶市鸿业建筑工程有限公司	365	477	995.9	495.9	500.0	665.0	44.6	6.8
上饶市水南建筑安装公司	115	116	282.3	282.3		207.0		
上饶县建筑工程公司	453	493	73.7	47.2	29.5	928.8	108.0	
上饶县市政工程公司	88	88	540.4	424.4	116.0	623.3	44.2	3.2
上饶县茶亭建筑公司	62	62	63.2	5.7	57.5	157.4	5.9	1.3
上饶县给排水工程公司	8	8	55.6	51.7	3.9	33.7	15.9	-0.4
广丰县第一建筑工程公司	1380	1600	1026.0	240.0	786.0	1620.0	41.0	40.0
广丰县广厦建筑工程有限公司	602	602	1268.9	758.9	510.0	1200.0	98.1	84.9
广丰县建筑安装工程公司	570	560	1439.0	654.0	785.0	1735.0	160.0	8.5

第七章　城建管理

第一节　机构人员

地区机构　*上饶地区建设局*　1991年为上饶地区城乡建设环境保护局，内设秘书科、城乡建设科、综合科、建管科、环保科，局机关在职人员27人，下辖上饶地区环境监测保护站、建管站、质监站、建筑设计院、定额站、抗震防灾领导小组办公室，下属事业单位共有人员80余人。

1996年，上饶地区城乡建设环境保护局更名为上饶地区建设局和上饶地区环境保护局，两块牌子，一套班子。局机关在职人员27人，内设人事秘书科(与监察室合署办公)、城乡建设科、房地产管理科、勘察设计科、建筑业管理、环境保护科等6个科室，下辖地区建管站、地区建设工程质量监督管理站(地区建设安全生产监督管理站)、地区建筑工程造价管理站、地区建筑工程材料检测中心站、地区抗震办、地区规划建筑设计院、地区环保监理站(后改为环境监理支队)等8个事业单位(局系统总人数127人)和上饶地区赣东北建安总公司、上饶地区工程建设监理公司、上饶地区旺阁房地产开发公司等3个企业单位，及归口管理上饶地区建筑工程总公司、上饶地区第二建筑总公司2个企业单位。

1997年机构改革后至2000年，上饶地区建设局机关内设人事秘书科、城乡建设科、房地产管理科、勘察设计与科技教育科、建筑业管理科、环境保护科、监察室，机关在职人员30人。下辖地区环境监测站、环境监理站、建筑管理站(工程交易中心、招标投标办公室)、建筑工程质量监督站、建筑工程定额管理站(后更名为建设工程造价管理站)、建筑工程材料检测站、抗震防灾办公室、建筑设计院、赣东北建筑安装总公司等9个单位，局系统总人数173人。

2000年10月18日,上饶撤地设市,上饶地区建设局(环境保护局)更名为上饶市建设局(上饶市环境保护局),2001年4月,上饶市委、市政府将信州区建设局、信州区房管局及其下属单位,成建制划归上饶市建设局管理,信州区住宅管理所和非住宅管理所留归信州区政府管理,2001年上饶市建设局机关与信州区建设局机关整合,内设办公室(政策法规科)、计划财务科、勘察设计与科技教育科、城市规划建设科、村镇建设科,建筑业管理科、房地产管理科、监察室、党办(人事科)等9个科室,下辖市建管站(招标办、交易中心)、市质监站(安全站)、市造价站、市检测中心站、市抗震办、市规划建筑设计院、市环境监测站、市环境监理站、市房管局、市规划局、市市政工程处、市公交公司、市综合发展公司、市物业发展公司、市测量队、市建筑设计院、市房地产交易所、市白蚁防治所、市拆迁办、市城建开发公司、市兴隆开发公司、市华康开发公司、市房屋置换公司等27个企事业单位,归口管理三江水厂、管道煤气公司、上饶市建筑总公司、上饶市二建总公司,人员总计3979人。

上饶地区房改办 1991年4月20日,经地委、行署联席会议研究决定,成立上饶地区住房制度改革办公室(简称"地区房改办"),为正县级单位,属行署工作部门,定事业编制15人。1992年12月15日,经地区体改委批准,成立上饶地区集资合作建房开发公司,归属地区房改办,为全民所有制企业;1993年2月25日,地区房改办内设秘书、综合、政研3个科;同年5月13日,上饶地区经济适用住房开发公司成立,与上饶地区集资合作建房开发公司合署办公;1996年9月,上饶地区住房公积金管理中心成立,为地区房改办下属自收自支事业单位,定编6人,内设综合管理科和委托信贷科。2000年10月,上饶地区撤地设市,上饶地区住房制度改革办公室更名为上饶市住房制度改革办公室。

县(市)机构 全区县(市)建设部门机构,1991年—2000年为相对稳定期,1991年至2000年之间,全区12个县(市)都设有建设局。其中,广丰县、万年县、波阳县建设局和县环境保护局两块牌子、一套人马,上饶市、广丰县均设有建工局,上饶市设有规划局为副科级二级局。12个县(市)都设有房管局,其中弋阳、余干县为副科级二级局,其他县(市)为正科级一级局。

2000年10月,上饶撤地设市后,原县级上饶市更名为信州区,信州区建口仅保留环境保护局和建工局。

上饶地区城建事业单位 上饶地区建筑管理站 于1989年成立,为正科级自收自支事业单位,核定编制8名,主要负责核发建筑项目施工许可证和建筑市场监管工作,1990年实有在编工作人员8人。1996年,经上饶地区编委批准,成立地区建设工程招标投标管理办公室,为自收自支事业单位,核定编制6人,负责建设工程项目招标投标的监督管理;成立上饶建设工程交易中心,为自收自支事业单位,核定编制6人,主要负责建设工程项目进场公开招标投标的信息、咨询、场地服务等工作,为有形建筑市场的平台。招标投标办公室、建设工程交易中心与建筑管理站合署办公。2000年,建管站、招标办、交易中心实有在编人员15名。

上饶地区建筑工程质量监督站 于1986年成立,为正科级自收自支事业单位,核定编制8人,主要负责建筑工程质量监督管理和建筑施工现场管理工作,1990年实有在编人员9名。1996年,为加强建设行业安全生产管理工作,经地区编委批准,成立地区建设业安全生产监督管理站,同时建筑工程质量监督管理站更名为建设工程质量监督管理站,质监站与安全站合署办公,两块牌子、一套人马。2000年,质监站、安全站实有在编人员13人。

上饶地区建筑工程定额站 于1985年成立,为正科级自收自支事业单位,核定编制4人,主要负责建筑工程定额测编、工程预决算审核裁定、工程造价管理等工作,1990 年实有在编人员 5 名。1996 年,更名为上饶地区建设工程造价管理站,增编至 8 人。2000 年,造价站实有在编人员 8 人。

上饶地区抗震防灾领导小组办公室　于 1990 年成立,为正科级财政全额拨款事业单位,核定编制 4 人,主要负责抗震规划编制,建筑工程抗震加固和抗震设防设计审查,抗震防灾、减灾、救灾等工作,1990 年实有在编人员 2 人。2000 年,抗震办实有在编人员 6 人。

上饶地区建设工程质量监督检测中心站　于 1968 年成立,原名上饶地区建筑材料检测站,为正科级自收自支事业单位,属上饶地区建工局管理,核定编制 8 人,主要负责建筑工程施工现场建筑材料的检测鉴定,1996 年划归上饶地区建设局管理,1999 年更名为上地区建设工程质量监督检测中心站。1990 年实有在编人员 8 名,2000 年实有在编人员 9 名。

上饶地区建筑设计院　于 1977 年成立,当时为地区建工局设计室,1982 年更名为地区建筑设计院,划归地区建委(1984 年改为地区城乡建设环境保护局)管理,为正科级自收自支事业单位,主要负责建筑工程设计工作,1996 年核定编制 54 人,1990 年实有在编人员 40 人,2000 年实有在编人员 49 人。

第二节　管理措施

1990 年代,根据城市管理需要,全区各县(市)先后成立城市建设管理监察大队(简称城管大队,其中上饶市于 1990 年前成立),主要负责县(市)城区内的城市规划、房地产管理、市政工程、公用事业、园林绿化、城市市容和环境卫生的监察管理工作。1990 年代,各县(市)城管大队采取日常整治与重大节日期间突击整治相结合的方式,开展专项整治或综合整治,查处违章建筑和影响市容的乱堆、乱挂、乱挖、乱晒的行为。1995 年开始,城管大队围绕创建文明卫生城市活动,采取经常管理与突击整顿相结合的办法,划行归市,加强城管监察力度,并通过建立岗位责任制、路段承包责任制管理,维护城区秩序,查处各类影响市容环境违章违规现象,确保了市容环境的卫生整洁美观。

上饶市城建管理　上饶市城市建设管理监察大队(简称城监大队),是对城市规划、市政工程设施、公用设施、园林绿化、市容环境卫生等实行综合管理的机构。原名上饶市城市管理纠察队,成立于 1984 年,隶属市城建局。1987 年改名为城市管理大队,曾一度隶属于市“五四三”活动办公室,上饶市城市管理办公室。1998 年改现名,隶属上饶市建设局。2000 年,城监大队有人员 115 人,内设办公室、财务科、检查科、广告科、规划监察中队和市容监察一中队、二中队。

1986 年起,市城监大队采取日常整治与重大节日期间突击整治相结合的方式,开展专项整治或综合整治,查处违章建筑和影响市容的乱堆、乱放、乱挂、乱挖、乱晒等行为。

1992 年,市政府将查处违反《中华人民共和国城市规划法》《市容管理条例》等 16 个行业法律、法规的处罚权委托给城监大队执行。1994 年“一会三赛”(江西省第九届运动会、全国青年男子篮球赛、全国体操冠军赛、全国女子篮球锦标赛)和 1995 年上饶市争创江西省卫生城市期间,城监大队查处各类影响市容环境违章违规现象 1.5 万余起,确保了市容环境的卫生整洁。据统计,1986 年—2000 年,共制止、纠正、查处各类违章违规行为 11.22 万起,其中查处违章建筑 5.29 万起,面积 94.29 万平方米;拆除影响城市规划和市容观瞻的违章建筑 3.92 万起,面积30.62万平方米;清理“六乱”现象56.72万起;督促落实“门前五包”责任制38.22万起;与有关方面协作,开展专项或综合整治342次;完成上级交办的急、难、险、重任务639件次;处理市民来信来访4791件次;查处其他违章现象6.5万起。

其他县(市)城建管理　1992年4月23日成立婺源县城建管理监察大队,隶属县城乡建设环保局,定编4人。1997年定编13人。1990年代,重点对违章建筑、对影响市容市貌的乱堆乱放现象进行查处和清理。陆续以县政府名义制订印发《城镇综合整治市容环境卫生方案》《关于门前三包管理暂行规划》《关于城区标语、广告管理的暂规定》《关于城区卫生管理暂行规定》《关于交通秩序管理暂行规定》《关于城区建设和环境保护暂行规定》《关于摊点店面管理暂行规定》等7个文件,规范了城区市容管理。

为规范城区管理,广丰县狠抓硬件建设,1992年后陆续建成东门停车场、西客站、南山停车场、下溪停车场、交通局停车场以及广丰商城、裕丰市场、芦林大市场等,车辆按指定地点停放,商品入市交易,彻底改变乱停乱放乱摆现象。1995年开始,县城管大队配合创建卫生县城活动,采取经常管理与突击整顿相结合的办法,划行归市,加强城市管理。通过建立岗位责任制路段承包责任制和末位淘汰制,维护城区秩序,保护市容市貌整洁、美观。1997年—2000年,治理店外店及流动摊点4.12万余次,拆除、没收广告牌和破旧灯箱960多块,纠正乱停乱放车辆3.27万余次,处罚擅自破坏市政、绿化设施21起,申请法院强制执行乱停乱摆出售摩托车事件6起。

1992年6月,撤销鄱阳镇县城管理执勤队,同时选调10人组建波阳县城建管理监察队,1993年8月,对县城清理查处建设路、五一路、沿河路等主要街道的违章占道摊点、店外店200多处,拆除违章遮阳棚160多处。

1992年5月,横峰县建设局内设城管队,为股级单位,人员从本系统内部调剂解决。1997年4月,成立横峰县城市建设管理监察大队,为副科级全额拨款事业单位,定编10人,归口县建设局管理。1998年—2001年,横峰县城管大队配合创建卫生县城活动,采取经常管理与突出整顿相结合的办法,划行归市,加强城市管理。治理店外店及流动摊点3680余次,拆除没收广告牌和破旧灯箱870多块,纠正乱停乱放车辆2.4余万次,处罚擅自破坏市政、绿化设施14起。

1992年11月,德兴市成立城市建设管理监察大队,隶属市建设局,为二级事业单位,在编人员46人,下设办公室、5个执法中队。1992年—2001年,市城管大队围绕创建文明卫生城市达标活动,组织实施整治市容环境和秩序累计达96次,取缔占道经营和流动摊点4200多次,清除卫生死角80余次,清洗乱贴乱画190余次,电杆面积3600多平方米。清理建筑垃圾26次,清理面积达900多平方米。实施城市规划调整,拆除违章建筑780余处,清理和处罚未批先建,少批多建的房屋达1300余幢。配合有关部门组织的综合治理工作60余次,出动人员1200多人次。

1995年5月,正式设立余干县城建管理监察队,1997年根据《全省城建管理监察队伍整治方案》改称余干县城市建设管理监察大队,有人员35人,设立4个中队,1个办公室。县城管大队围绕创建文明卫生城市活动,加强城管监察力度,改变县城“脏、乱、差”面貌,对街道市容市貌和环境管理,划分责任区,落实门前三包,责任到人,奖优罚劣。对城镇辖区违章建筑和无建房手续的单位和个人进行监察。至2000年,共查处违章建筑200余户,拆除违章建筑400余幢,责令470余户建房户补办建房手续。

卷八 环境保护

1990年代,全区环境保护工作由粗放式管理向定性、量化、总量控制格局转化。期间,全区突出的环境管理问题有:乐安河德兴段及洎水河的污染治理、全区资源浪费型而又严重污染环境的中小企业(简称“十五小”)关停并转问题、全区工业污染源实施排污总量控制和达标排放(一控双达标)问题,城市环境综合整治问题以及以三清山为代表的风景名胜区自然生态环境保护问题的“三产”“特种水产”环境管理问题等等。

上饶行署坚持环境保护基本国策和可持续发展战略,坚持污染防治与生态保护并重方针,严格环境执法,组织“赣江环保行”系列检查活动等,从各个方面加大环境保护工作的力度。“九五”期间,上饶行署贯彻执行《中华人民共和国环境保护法》和国务院、省政府环保《决定》,对新污染的控制和老污染的治理加强领导、明确责任、突出重点、分类指导、严格执法、狠抓落实,遏制环境恶化,改善环境质量。根据省政府下达的1997—2000年环境保护目标任务书,层层分解指标,对各县(市)政府进行考核,对城市环境的22个指标进行综合考评,全面开展环境综合整治工作。“九五”期间,全区经济快速增长,工业增加值五年平均递增4.1%,但全区工业企业主要污染物排放总量大幅度削减,完成省政府下达的“九五”期间目标控制值,全区工业污染源达标排放工作通过省政府的验收。

2000年,上饶行署高起点、高标准编制的《2000—2020年上饶地区城市总体规划》,把建设现代文明的生态园林城市定位为上饶地区城市建设的目标,同时制定环境保护规划目标,提出空气环境整治,声环境治理和水环境整治的对策,把兴建上饶地区城区污水处理厂和垃圾无害化处理厂作为2001年城建的重点工程。通过建设现代文明的生态园林城市的“双创”活动,实实在在地使上饶成为一个风景优美、空气清新、令人心旷神怡的好地方,为广大市民创造一个良好的生活、工作环境,努力改善环境质量,全面提高生活质量。

第一章 机构人员

第一节 机构设置

地区机构 1996年,地区建设局与地区环保局分设,两块牌子,一套班子,但业务基本独立。(2002年8月确立组建上饶地区环境保护局)

基层机构　1990 年,永平铜矿、弋阳蛇纹石矿、德兴银山铅锌矿、大茅山铜矿、德兴铜矿等大中型企业,成立相应的环保机构。弋阳县 1997 年亦独自成立环境保护局。

第二节　人员配备

上饶地区环境保护局下辖两站一所

地区环境监测站　1990 年,上饶市、德兴市、铅山县环境监测站 3 个县级站为四级站。其余各县虽陆续成立环境监测站但尚未形成独立工作能力。以市监测站为主,三、四两级环境监测站承担全区工业污染源、大气、降雨、降尘、地面水、噪声、放射性及排污收费和环保验收等方面的监测任务。地区环境监测站于 1993 年 5 月获得江西省技术监督局颁发的“计量认证合格证”,1998 年完成复查换证工作,且每年进行计量认证复查,使监测数据具有科学性、公正性和权威性。2000 年年末,地区环境监测站有批准事业编制 10 人,实有人数 18 人。其中高工 1 人,工程师 11 人,助工 3 人,技术人员占 83.3%。2000 年地区环境监测站完成各类业务监测数据 4062 个。

地区环境监理站　1996 年成立,至 2000 年年底仍与地区局环保科合署办公。主要职能是“三查、二调、一收费”,对全区环境污染进行现场监理、执法检查和排污收费。2000 年配合地区局完成“达标”工作,对所有工业企业的污染物排放情况进行全面申报,对新建项目已全面实行排污许可制度。2000 年全区完成排污收费 469.36 万元。

地区环境科学研究所　2000 年初成立,简称环科所,仍与监测站两块牌子,一套班子。2000 年年初环科所选派 6 人参加国家环保总局在武汉举办的环评上岗培训班,通过考试获得上岗证。2000 年始展开各项环评工作业务。

截至 2000 年底,地、县设立环保机构 43 个,实有人数达 426 人,其中技术人员 164 人,占 38.5%。

2000 年上饶地区环境保护机构人员情况

表 8-1-1

县(市)	环保机构(个)							人员配备(人)				
	地级局	科级局	监测站	监理站	环科所	其他	合计	行政编制	事业编制	技术人员	其他编制	年末实有人数
全区合计	1	12	10	13	2	5	43	57	200	164		426
上饶地区	1		1	1	1		4	4	20	25		34
上饶市		1	1	1	1	3	7	11	51	39	4	118
德兴市		1	1	1			3	10	44	25		84
弋阳县		1		1			2		17	4		30
铅山县		1	1	1			3	3	13	7		12
广丰县		1	1	1			3	4	6	6		10
玉山县		1	1	1		2	5	4	9	9		13
横峰县		1	1	1			3		8	4		12

续表 8－1－1

县(市)	环保机构(个)							人员配备(人)				
	地级局	科级局	监测站	监理站	环科所	其他	合计	行政编制	事业编制	技术人员	其他编制	年末实有人数
上饶县		1	1	1			3		4	4		4
波阳县		1	1	1			3	22	8	22		68
余干县		1		1			2		5	5		16
万年县		1	1	1			3		10	11		19
婺源县		1		1			2		5	3		6

说明:表内数字截至2000年年末。

第二章 环境状况

第一节 污染源

工业污染源 境内工业污染源调查以每年环境统计为主。据环境统计资料,1995年,全区县(市)级以上办企业176家,2000年为119家,主要行业分布以矿业、建材、造纸业为主。

1995年—2000年全区工业企业污染源总体情况

表 8－2－1

项目	单位	排放数量	
		1995年	2000年
工业总产值	万元	485492.5	
工业用水总量	万吨	10724	17555.04
工业废水排放总量	万吨	6397.02	5302.85
工业废水处理量	万吨	3896	14772.99
达标排放水量	万吨	1364.17	2891.51
排放污染物总量	万吨	15.70	0.99
工业用煤量	万吨	89.77	194.85
废气排放总量	万标/立方米	1368598	1418468
二氧化硫排放量	吨	33719.30	39707.55
烟尘排放量	吨	14785.28	55882.15
粉尘排放量	吨	14893.12	224821.1
工业固体废物	万吨	2085.61	3313.25
工业固体废物综合利用量	万吨	26.55	23.71
工业固体废物排放量	万吨	1.12	83

工业废水排放情况 1995—2000年,全区工业企业外排废水分别是6397.02万吨、5302.85%万吨。其中达标排放率1995年为21.3%,2000年达54.5%。虽然达标率仍较低,但逐年在提高。相反,工业废水中污染物排放总量则呈明显下降趋势:1995年为157020.7%,2000年降为9942.07吨。污染物中占比例较高的:1995年为悬浮物最高达14.61万吨,占总排放量的93%,次高为化学需氧量(COD)达1.06万吨;2000年则化学需氧量(COD)为最高达5811.38%吨,占总排量的58.4%,次为悬浮物达41.22万吨。并且,由统计数据显示:悬浮物、铅、汞、镉、六价铬、砷等污染物主要来源于德兴市的采掘业,化学需氧量(COD)主要来源于造纸业和食品业,氰化物则主要由机械电子业排放。

工业废气排放情况 境内工业企业能源消耗产生污染以燃煤型为主,而耗煤量最大的行业是建材业:1995年建材业耗煤45.38万吨,占总量的50.6%。2000年建材业耗煤50.71万吨,占总量的26.0%。尤其是建材业窑炉达标率较低,废气排放量较大,是引起废气污染的主要原因。

1995年,全区工业锅炉268台,总蒸吨为777.4吨,锅炉烟尘达标蒸吨为579.4吨,占总量74.5%。全区工业窑炉192座,只有101座达标排放,占总量52.6%,尤其是建材业49座窑炉中只有11座达标,达标率仅为22.4%。2000年,全区工业锡炉93台,总蒸吨为307.5吨,烟尘达标蒸吨为271.1吨,占总量88.2%。全区工业窑炉125座只有87座达标排放,占总量69.6%。

1995年,全区工业废气排放总量1368598万标米,二氧化硫(SO_2)排放量为33719.3吨,烟尘排放量14785.28吨,粉尘排放14893.92吨。2000年,全区工业废气排放总量1418468万标米3,二氧化硫(SO_2)排放量为39707.55吨,烟尘排放量55882.15吨,粉尘排放224821.1吨。排放量最大的均是建材业。

工业污染源评价 2000年,境内工业废水中最大污染物是化学需氧量(COD),其污染负荷比达48.2%,其次是悬浮物和镉,三种污染物的负荷比已达90.2%,可以认定这三项是全区工业废水中的主要污染物质。污染行业则主要是采掘业(占51.3%),其次是造纸业、食品业,三行业污染负荷比占全区的95.6%。污染区域则主要是德兴市(占36.5%),其次是弋阳县、铅山县污染负荷比占全区的78.6%。

2000年,全区工业废气中主要污染物是粉尘(占69.9%),其次是烟尘和二氧化硫(SO_2)。最大的废气污染行业是建材业(占80.9%),其次是有色金属冶炼业、机械电子业,三行业占总量84.3%。废气污染区域广丰负荷最高(占59.8%),其次为铅山县、玉山县、上饶县、弋阳县、万年县、波阳县,占全区90.6%。2000年,全区与1995年、1990年相比:工业废水排放量有所下降,工业废气的排放总量及二氧化硫(SO_2)和烟(粉)尘排放量2000年比1995年、1990年期间均有显著上升。表明工业废气污染正进一步加剧。

固体废弃物 截至2000年,全区工业固体废物堆存总量达34620.78万吨,占地1454.85万米,堆存量和占地面积逐年递增;1996年—2000年上饶地区城市垃圾产生量134.89万吨;粪便产生量777.5万吨,且均未进行无害化处理。

农药化肥污染 2000年,全区农药使用总量(折纯)3411.3吨,农药使用水平7.55千克/亩。其中高毒农药使用量1916.8吨,中毒农药使用量1098.05吨,低毒农药使用量396.45吨。

2000年全区氮肥使用量(折纯)169717吨(境内只使用氮肥一项),全区畜禽类粪便产生总量4927465吨,使用总量4556932吨,还田量973212吨,畜禽粪便综合利用率85.3%。

生活污染源 生活污染源包括工厂生活污染源和城镇生活污染源。

2000年,全区城镇居民人口总数为101万,若按每人每天排放污水0.1吨,排放化学需氧量(COD)0.06公斤计,则全区全年生活废水排放量为3686.5万吨,排放化学需氧量(COD)2.21万吨。生活污水占全社会排放总量的41.1%,化学需氧量(COD)占79.2%,污染负荷比占64.8%,且生活污水含带大量细菌均未治理排放,其对环境污染的作用不应忽视。

生活废气主要指居民日常生活燃煤产生的废气。据测算:废气排放总量为80亿标米3,二氧化硫(SO_2)排放量为2.6万吨,烟尘排放量0.17万吨,全区生活废气污染占全社会废气量的36%,二氧化硫(SO_2)占39.6%,烟尘占29%,生活废气污染负荷比占8.1%,占了一定比例。

第二节 环境监测

大气环境 全区范围内只有上饶市进行历年大气环境例行监测,故只能以上饶市大气现状作为城市大气环境质量来评述。

1990年—2000年,上饶市大气监测数据:二氧化硫(SO_2)变化趋势不明显,氮氧化物(NOx)呈明显上升恶化趋势,城区建成区的总悬浮微粒物和降尘污染物有下降趋势,酸雨变化不大,最大污染物是降尘(污染负荷比Fi占50.6%),次大污染物是总悬浮颗粒物(污染负荷比Fi占24.48%),次小污染物是氮氧化物(污染负荷比Fi占18.08%),最小污染物是二氧化硫(污染负荷比Fi占6.78%)。按功能区划分污染程度大小为:工业较集中区>混合区>繁华区>清洁区。按季节变化规律为:降尘春季最高,秋季最低,而二氧化硫(SO_2)、氮氧化物(NOx)和总悬浮颗粒物一般冬、秋季最高,春季最低。总体结论是:二氧化硫(SO_2)五年年日平均值为0.027毫克/立方米,达到《环境空气质量标准》(GB3095-1996)的一级标准;氮氧化物(NOx)5年年日平均值为0.048毫克/立方米,达到一级标准。5年内日均值超标率为4.8%;总悬浮颗粒物5年年日平均值为0.195毫克/立方米,达到一级标准,接近二级标准,5年内日均值超标率为6.4%;降尘5年年平均降尘量为9.86吨/平方公里·月,达到上饶市当地降尘标准,居全省中上污染水平超标率达44.07%;降雨的PH值平均值为5.05,酸雨频率达79.50%,酸化趋势日趋明显。此外,城市机动车尾气污染正日趋严重,其尾气排气管排出有一氧化碳(CO)、碳氢化合物(HC)及氮氧化物(NOx)、柴油机车的碳烟(烟度值FSN)、苯并芘等。城市大气污染正由煤烟型污染向煤烟与机动车尾气混合型污染发展。因而,机动车尾气污染治理迫在眉睫。

德兴市银城镇1994年—2001年进行大气环境监测,监测点位是:环保局、卢家、建行、防疫站。监测结果:二氧化硫(SO_2)五日平均值范围0.005毫克/立方米~0.150毫克/立方米,总悬浮物(TSP)五日平均值范围0.039毫克/立方米~0.653毫克/立方米。结论是大气环境质量基本达到国家《环境空气质量标准》(GB3095—1996)的二级标准。

2000年上饶市监测点位

表8-3-1

降　尘	二氧化硫、总悬浮颗粒物、氮氧化物	酸　雨
上饶市监测站	上饶茶厂	上饶市监测站
火车站	市电焊条厂	

续表 8－3－1

降　尘	二氧化硫、总悬浮颗粒物、氮氧化物	酸　雨
上饶市环保局	龙潭村	
林海大厦	施家山变电站(清洁点)	
铁路党校(清洁对照点)		

1990 年—2000 年上饶市大气环境监测数据变化情况

表 8－3－2

污染物	期　间(年)	最高浓度	最低浓度	城市均值	超标率(%)
二氧化硫	1990～1995	0.37	0.000015	0.02	0
(毫克/立方米)	1996～2000	0.36	0.0006	0.03	0
氮氧化物	1990～1995	0.06	0.0006	0.01	0
(毫克/立方米)	1996～2000	0.92	0.001	0.05	4.8
总悬浮颗粒物	1990～1995	4.01	0.0002	0.18	12.2
(毫克/立方米)	1996～2000	1.73	0.0018	0.19	6.4
降　尘	1990～1995			11.30	53.39
(吨/平方公里)	1996～2000			9.86	44.07
酸雨(pH)	1990～1995	3.25	6.84		88
(毫克/立方米))	1996～2000	4.13	6.59	5.05	79.5

水环境　境内水环境主要指流归鄱阳湖的信江与乐安河两大地表水系。其流域面积基本覆盖全区大部分区域。按照全省地表环境监测网络的统一布置,上饶地区环境监测分别在信江河(上饶段)设立 7 个监测断面,在乐安河(德兴段)设立 3 个监测断面,由此监测全区水环境自然状况。这 10 个地表水常规监测断面分别是:信江—玉山县七一水库、玉山县文成、上饶市长塘桥、龙潭桥、上饶县水厂、铅山大桥、弋阳大桥;乐安河—德兴海口、中洲、香屯。

1991 年—2000 年 10 年,信江河监测数据表明:上饶市居民生活用水水质状况良好,各项指标超标率仅 3.33% ~16.7%,而上饶县水厂水源水质已明显不如上游上饶市水源水质,超标率达 3.33% ~36.7%。污染指标主要是总量浮扬、DO、CODmn、NOx、NO_3、挥发性酚等。

按水质评价五年综合污染指数 P 的大小排列:信江河—1999’>1997’>2000’>1998’>1996’,五年总指数 P 达 83.63,相比 1991 年—1995 年的 76.59,增长约 9.19%,主要污染指标排列顺序为悬浮物(27.06%)>高锰酸盐指数(24%)>生化需氧量 BOD5(15.67%)>氨氮(9.83%);乐安河—1999’>2000’>1997’>1998’>1996’五年总指数 P 达 34.54,相比 1991 年—1995 年 32.20,略增 7.27%,主要污染指标排列顺序为:悬浮物(31.15%)>高锰酸盐指数(29.26%)>生化需氧量 BOD5(19.10%)>氨氮(8.0%)。

信江和乐安河两大水系污染变化基本特征是:总体趋势是下游污染程度高于上游,尤其是靠近城市下游的断面污染程度远大于城市上游断面,说明城市排污对河流水质有一定影响,但同时河流亦具备一定的环境容量,稀释自净能力较强,但这种能力是有极限的。监测数据总体表明:信江河水质仍属良好,变化趋势较平稳,但个别时段偶有超标,沿河两岸有生活污水有机物型轻微污染趋势,乐安河水质突出的是酸污染(pH 值持续偏弱酸性)和挥发性酚污染日趋严重,矿山开采酸性废水排放对其污染影响不容忽视。

噪声环境 1996 年—2000 年,根据上饶市环境监测站监测数据:(1)道路交通噪声等效声级加权平均值 Leq 范围在 69.4 分贝 ~75.10 分贝(dB)(A),最大值 Leqmax 在 72.6 分贝 ~85.6 分贝(dB)(A)。其中 1996 年、1997 年所有交通干线 100% 超过 70 分贝(dB)(A)限值,1998—2000 年有 37.6% ~70.3% 的主干线超过 70 分贝(dB)(A)限值,城区交通噪声污染严重;(2)区域环境噪声(白天)Leq 算术平均值范围在 57.0 分贝 ~59.6 分贝(dB)(A),基本未超 2 类标准 60 分贝(dB)(A)的限值。但只有 60.1%,有 39.9% 的区域面积噪声声级在 60 分贝(dB)(A)以上。城市整体声环境质量低,有 40% 的区域城市环境质量仅能达到 3 类工业区标准。

1999 年,德兴市银城镇城市区域环境噪声监测结果是:河西区 54.1 分贝 dB(A)、老城区 59 分贝(dB)(A)、银山矿区 56.7 分贝(dB)(A)、女儿田区 54.6 分贝(dB)(A);1999 年城市交通噪声监测结果为:银城南路 82.5 分贝(dB)(A)、银山路 80.2 分贝(dB)(A)。

第三章 环境治理

第一节 限污排放

为实现国务院规定的到 2000 年年底前所有工业企业污染物达标排放的目标,上饶行署于 1999 年 3 月下发《关于下达 1999 年底第一批限期治理企业名单的通知》,对全区 98 家企业下达限期治理项目。2000 年 5 月,上饶行署下发《上饶地区工业污染源排放工作方案》,对列入省考核的 198 家工业企业下达限期治理项目和达标时限。其中省重点考核 33 家,地区考核 9 家,县(市)考核 156 家。

据 2000 年环境统计:全区工业废水排放总量 5305 万吨,最大的工业废水污染行业是采矿业,其次是食品、造纸、机电行业,这四种行业污染负荷比占全区的 91.27%。其中德兴铜矿、银山铅锌矿、永平铜矿、上饶全良液酒厂、德兴异 Vc 纳公司 5 家企业的污染负荷比占全区的 72.24%。通过筛选,共确定 15 家工业企业为全区工业废水重点污染源,同时亦列入全省 98 家重点工业污染源。2000 年,全区工业废气排放总量为 141.8 亿标立方米,最大的工业废气污染行业是建材业,其次是冶炼、采矿、化工业。这四种行业污染负荷比占全区的 93.76%,其中:江西水泥厂、701 厂的 308 分厂、上饶电厂、上饶化工助剂厂,广丰建材集团等 5 家企业的污染负荷比占全区的 67.33%。2000 年,全区工业固体废物排放总量为 0.52 万吨,最大的工业固体废物污染行业是采矿业,其污染负荷比占全区的 97.48%,其中德兴铜矿、银山铅锌矿、富家坞铜业公司、永平铜矿、铺前煤矿等 5 家企业的污染负荷比占全区的 90.36%。

截至 2000 年年底,全区列入省考核的 198 家工业污染源中,经治理达标的 121 家,共投入治理资金 4500 万元,关停 74 家,合格 195 家,工业污染源达标率为 98.5%;停产治理的 3 家,即:上饶一村制药厂(省考核企业)、横峰旋窑水泥厂、铅山县江西和华水产有限公司。全区工业污染源未达标率为1.5%。很显然,工业污染源的达标还处于低水平、低标准的阶段性达标,距国家要求还较远,由于达标工作进展不平衡,个别企业未实现达标排放,达标产业存在污染反弹危险(如德兴铜矿、上饶电工、玉山活性炭厂已出现污染反弹,未达标的企业如横峰巨龙旋窑水泥厂、铅山和华水产有限公司在当地环保部门已责令停产治理情况下,仍未采取治理措施,违法超标排放)。因而,境内环境治理仍然任重道远。

第二节　综合整治

1997年,省政府决定对乐安河水环境进行综合整治。上饶县及德兴市政府成立相应的组织机构,投入近3000万元,加快对辖区内企业的污染治理步伐。德兴新岗山异Vc纳有限公司和省有色金属冶炼总厂308分厂的废水治理项目等按时完成任务。德兴铜矿、银山铅锌矿、省有色金属冶炼总厂308分厂等企业把污染治理摆到企业求生存谋发展的重要地位。1991年—2001年德兴市共投入废水治理资金2147.42万元,加快治理,新增治理项目14个,新增项目处理废水能力35227吨/日,完成限期治理项目,取得较明显成效。经过流域各方的共同努力,乐安河、洎水河流域排放污染物总量已大幅削减,大部分污染指标有明显改善。但各铜矿企业采掘、选矿仍有酸碱性废水超标外排,造成大坞河、洎水河和乐安河(德兴段)的水体污染,pH值和铜浓度达不到国家地面水三类标准。

取缔污染企业　1996年开始,按照省政府决定,全区对一批国家明令压缩和限期淘汰的工艺落后、污染严重、治理无望的企业,坚决予以取缔、关停。其中,取缔、关停"15小"企业33家;1999年又取缔关闭煤矿矿井647处,压产煤炭118.5万吨;淘汰16家小水泥,拆窑压产13万吨;2000年又关停74家工业污染企业,对上饶电厂废水超标排放下达限期整改通知书。2000年,德兴市对非法采选黄金的"15小"企业,予以取缔,拆毁小氰化池36个,拆除混汞对碾机31台,有效遏制"15小"企业的"死灰复燃"。通过优存劣汰,全区工业经济结构日趋优化,一批治理达标的企业提高了经济效益,提升企业竞争力。

排污费征收　1996年后,地区及各县(市)环境监理站先后成立,通过"三查二调一收费",强化环境管理执法力度。通过排污费征收,运用经济杠杆来促进污染治理。对未实现达标排放的工业企业坚决依法实现关停或限期治理达标。对已实现达标排放的企业加强监督管理,防止污染反弹。对已关停治理和宣告矿产的工业企业严格按环境影响评价制度和"三同时"制度,经依法报批后才能恢复生产,从源头上把好关。根据"谁污染、谁治理"的原则,加强排污申报登记工作,并实行动态化管理,随时掌握排污变化情况,从排污申报、指标分配、审核颁发、监督管理及处罚五个环节实施排污许可制度,以保证各企业排污稳定达标。

2000年年底,全区的排污费尚不能足额征收,实际征收的排污费是应收排污费的1/3~1/2。全区用于污染治理的排污费占收费的比例仅为32%,且部分县(市)未下拨污染治理资金,挤占挪用排污费的现象较严重。

1991年—2000年若干年份德兴市区及各大厂矿工业废水年排放量一览

表8-4-1

项目		单位	1991年	1993年	1996年	1998年	2000年
废水年排放总量		万吨	3343.76	3023.0	3191.01	2137.27	2872.98
		吨	2075.69	2293.20	2521.45	1822.70	2395.69
		万吨	385.32	344.47	265.82	190.03	150.05
		万吨	32.08	36.25			29.41
		万吨				8.10	23.76
废水年排放达标量		万吨	1722.59	299.0	1298.0	976.7	2372.82
		万吨	1.92		98.94	689.27	1940.52
		万吨	127.29	125.24	127.26	139.91	128.82
		万吨	32.08	36.25			29.41
		万吨				8.10	
外排废水中主要污染物排放量	镉	吨	1.38	1.51	0.5	0.65	0.32
		吨	0.10	0.58	0.13	0.13	0.08
		吨	1.28	1.21	0.39	0.52	0.23
		吨					
		吨				0.00008	
	铅	吨	2.76	4.71	2.9	3.58	1.08
		吨	0.97	1.95	0.12	1.11	0.45
		吨	0.85	0.74	0.71	0.86	0.42
		吨	0.85	2.06			0.18
		吨				0.00737	
	砷	吨	2.74	5.03	1.3	1.75	0.99
		吨	0.16	0.63	0.19	0.05	0.03
		吨	2.49	4.51	1.07	1.68	0.96
		吨	0.095	0.029			0.01
		吨				0.00006	

说明:表中序号栏数字表示各家年排放量1-市区18家总量,2-德兴铜矿,3-银山铅锌矿,4-308铅冶炼厂,5-金山金矿。

1991 年—1995 年上饶地区监测站完成环境监测情况一览

表 8-4-2　　单位:个

项　　目		1991 年	1992 年	1993 年	1994 年	1995 年	总　计
合　计		5990	7608	8128	8339	6825	36890
常规监测环境质量	水常规	956	1176	1143	1176	1120	5571
	气常规	963	920	902	960	960	4705
	酸　雨	49	90	136		44	319
	降　尘	65	60	60	25	48	258
	噪　声	415	435	435	435	332	2052
	小　计	2448	2681	2676	2596	2504	12905
一般工业污染源监测		1975	164	273	362		2774
重点工业污染源监测			3107	3260	2549	2821	11737
建设项目“三同时”验收监测老污染源治理改造验收监测		560	400	1072	1467	458	3957
社会服务性监测		649	388	559	1311	478	3385
排污收费监测		108	235	284	7	564	1198
污染事故监测、纠纷仲裁监测		250	633	4	4747		934

2000 年上饶地区环境监测站主要仪器设备一览

表 8-4-3　　单位:台

仪器设备名称	上饶地区环境监测站	上饶市环境监测站	德兴市环境监测站	铅山县环境监测站
测汞仪	1			
酸度计	2	1	1	
COD 测定仪	1	1	1	1
原子吸收分光光度计	1		2	
721 分光光度计	1	1		
751 分光光度计	1	1	1	1
示波极谱仪	1	1		
大气采样器	6	5	5	2
空气采样泵	6	5	5	3
声级计	2	2	1	1
环境 α · γ 辐射剂量率仪	1			
电光分析天平	3	2	4	2
显微镜	2			
微机	1		1	
烟尘测试仪	2	1	2	1

1997 年—2001 年全区排污费征收情况

表 8-4-4 单位:万元

县(市)	1997 年	1998 年	1999 年	2000 年	2001 年
合 计	2964.72	3323.94	4511.77	4693.63	4670.44
地区本级	250.00	306.78	300.51	324.98	304.91
上饶市	672.38	825.00	1050.00	890.32	1141.99
德兴市	384.56	380.00	300.00	1018.29	958.52
弋阳县	233.16	270.56	387.87	281.64	301.88
上饶县	100.00	78.45	202.79	114.68	160.00
玉山县	/	300.00	400.00	403.00	405.00
铅山县	235.44	180.00	225.00	72.00	95.74
横峰县	227.00	241.71	424.65	200.00	200.00
万年县	58.41	118.84	56.99	50.20	29.60
婺源县	143.40	206.73	307.97	300.00	349.20
余干县	266.29	85.40	151.87	132.42	148.27
波阳县	134.10	130.48	279.00	376.10	285.32
广丰县	260.00	200.00	425.13	530.00	290.00

第四章 环境管理

第一节 管理机构

1990 年始,全区环境保护工作已逐步形成体系和网络覆盖全境,以地、县(市)两级的环保局和各大厂矿企业环保机构形成环境管理的行政体系,以地区环境监测站(三级站)和各县(市)环境监测站(四级站)形成环境监测技术网络,以地、县(市)环境监理站形成环境执法监督体系,以环评科研所、环保工程开发公司和绿色食品中心等形成环保产业(或补充)体系。

第二节 管理措施

1991 年—2000 年,上饶行署贯彻执行《环保法》和国务院、省政府在环境保护方面的方针、政策和决定。对新污染的控制和老污染的治理,加强领导,明确各级责任,突出工作重点,分类指导,严格执法,遏制环境恶化,改善环境质量,狠抓落实。

开展环保宣教活动　一是重点做好对各级领导干部和企业决策者的环保宣传教育，提高他们的环保法制意识和决策水平；二是加强对环保部门和有关部门的环保宣传教育，通过岗位培训、持证上岗、知识考核、继续教育等多种形成，不断提高管理人员素质和执法水平。三是加强对全民的环保宣传教育，通过“保护生态环境，倡导文明新风”“建设绿色家园”“环保知识读本”“保护地球爱我家园”“环保赣江行”“六五环境日宣传”等多种活动形成，促进全社会形成自觉遵守环保法律法规，增强环保意识，积极参与环境保护的良好风尚。

通过上述多渠道、广方位的环保宣传活动，全区初步建立党委和政府领导、人大监督、环保部门统一监管、有关部门各负其责、公众参与的环保工作机制，环境保护基本国策日益深入人心。

实行环境质量行政领导负责制　上饶行署坚持实行经济、社会、环境综合决策，直辖市发展战略，“九五”期间，全区经济快速增长，工业增加值五年平均递增9.1%，但全区工业企业主要污染物排放总量大幅度削减，完成省政府下达的“九五”期间目标控制值，工业污染源达标排放通过省政府验收。2000年，上饶行署对高起点、高标准编制2000年—2020年上饶地区城市总体规划，把建设现代文明的生态园林城市定位为上饶地区城市建设的目标，制定环境保护规划目标。提出空气环境整治、声环境治理和水环境整治的对策，把兴建上饶城区污水处理厂和垃圾无害化处理厂作为2000年城建的重点工程，把城市环境综合整治与创建卫生（文明）城市有机结合起来，开展建设现代文明的生态园林城市的“双创”活动，全面提高城市品位和市民的生活环境质量。

加强建设项目环保管理　全区各级政府认真贯彻执行国务院有关环保工作条例，加强建设项目特别是大中型建设项目的环境保护管理，规范建设项目环保审批行政行为，对不符合国家产生政策、城市发展规划，环境保护规划以及国家规定淘汰的生产工艺产品和禁止投资的建设项目，坚决不办理环境保护审批手续。同时进一步加强建设项目环境保护“三同时”和竣工验收管理，对违反管理规定的建设项目，依照《条例》严肃查处。

1998年—2000年，全区建设项目130个，环保审批123个，审批执行率94.6%。“三同时”执行率94.6%。2000年前后全区各工业园区建设迅猛发展，如凤凰、三江、旭日工业园区和广丰芦林工业区等以及各县城建立的工业园区，都能够统筹

考虑环境保护，从源头控制建设项目新污染。广丰县政府高标准建设芦林工业区，吸钠科技含量高，物耗能耗低、污染少的加工产业项目进驻芦林工业，对县城内的工厂于2000年年底全部有计划地搬迁进入芦林工业区，在原内配厂的厂区建成省内驰名的与生产环境协调发展的月兔广场。

生态环境保护管理　境内以建立高产、良性循环的生态经济系统为目标，在不断优化自然生态环境的基础上，大力发展以有机农产品为主的现代产业，以有机食品为主的食品产业，以生态旅游为主的旅游业，把上饶生态资源优势尽快转化为新的经济优势，实现经济效益、生态效益的协调统一，促进全区经济社会持续协调发展。婺源县已列为国家生态文化旅游示范县；三清山正创建为国家AAAA级旅游区；婺源、龟峰正创建国家AAA级旅游区。1999年地区环保局与地区林业局联合对自然保护区、风景名胜区和森林公园（简称“三区”）进行环境保护执法检查。重点配合省环保局牵头的省检查组对武夷山自然保护区和三清山风景名胜区进行环保执法检查。进一步加大对“三区”的执法力度。

食品业方面，婺源有机茶获得欧盟AA级绿色食品证书，天佑有机茶获得诺贝尔世界博览

会金奖，德兴市的异 Vc 钠产品正占据欧盟市场的四分之一，婺源县的有机大米又获得 AA 级绿色食品证书，万年县的贡米、婺源县荷包鲤鱼、余干县乌黑鸡、波阳县银鱼、德兴市的红花茶油、横峰县的葛粉、广丰县的白银鹅等一批绿色食品成为当地的优势产品和新的经济增长点。

1999 年，地区环保局与地区文明办等 11 个单位联合开展“保护生态环境，倡导文明新风”活动。围绕搞好植树绿化、清理白色垃圾、改善空气质量、治理水源污染四个方面的主题，分两个阶段，开展 11 项具体活动。

“特种水产”“三产”“乡企”环境管理 针对境内广丰县、玉山县、铅山县鳗鱼等特种水产养殖和加工对环境的污染影响，地区环保局 1999 年制定并发布《上饶地区特种水产养殖和加工环境管理暂行办法》，加大对水产养殖和加工的污染防治工作的力度，同时，针对城镇餐饮服务业务算“三产”迅猛发展的势头，加大对“三产”环保执法监督力度。对广大农村的乡镇企业，着力于提高其处理污染的能力，扭转乡企对环境污染和生态环境的破坏，加大对农村环境保护的工作力度。1999 年 5 月，玉山县环保局对污染“七一”水库及附近村庄的紫湖镇萤石选矿厂，予以关闭。

环保信访、污染纠纷处理 2000 年，全区共处理环保来信 193 件，污染纠纷 190 起，接待来访人员 186 批次。1998 年—2000 年全区信访处理，结案率和污染纠纷处理办案率达到 98% ~100%。

1991 年 9 月 3 日，一辆农药槽罐车在上饶县沙溪镇境内赣东北地质大队职工宿舍附近违章驾驶，车顶盖被路旁树枝挂开，大量一甲胺剧毒农药随风飘散，造成附近居民、农户数十人窒息死亡的特大污染事件。事发当天，地区环境监测站曾派员前往事发现场采样监测。

案例 1958 年创办，1966 年投产，生产规模年产电铅 2 万吨的江西有色冶炼加工厂铅冶炼分厂（简称 308 厂），是一个曾经辉煌一时并为当地带来巨大财富的龙头型国有炼铅企业，隶属江西冶金集团，是华东地区主要电解铅企业，也是江西电解铅生产能力最大的国有企业，在岗职工（含退休职工）千余人。厂区位于江西省德兴市竹鸡垅村。

308 厂主要生产粗铅和电解铅。粗铅生产工艺还是 1920 年代的烧结锅冶炼工艺。主要生产设备产于 1950 年代，工艺落后，设备老化，资源利用率低，污染严重。企业外排的废气 SO_2、铅和锌分别超标 2.6 倍、38.2 倍和 11.8 倍，烟气中的 SO_2 年排放量达到 1600 吨。1997 年，国家公布《第一批严重污染环境（大气）的淘汰落后工艺》，308 厂所采用的生产工艺“榜上有名”。1999 年，为了企业生存，308 厂职工集资陆续建设了“XP 系列脱硫新设备及亚硫酸钙脱硫法”铅冶炼结烟治理、废水循环利用等治污设备。并未从根本上解决生产工艺落后、污染排放严重问题。群众的信访、投诉较多。

※（2006 年底，308 厂被江西省人民政府列为“存在突出环境问题的企业和单位”之一。江西省环保局将 308 厂列为环保挂牌督办单位，实施“环境保护零点行动”。2007 年 4 月 20 日，伴随隆隆切割声。有着 50 年历史的 308 厂关停转型。）

卷九　农　业

1990年代，全区稳定和完善家庭联产承包经营，推进农业产业化经营，农业结构不断调整优化，经济作物加速发展，畜牧水产比重增加。全区粮食总产不断攀高，1997年、1998年连续突破25亿千克大关，创历史新高。肉类总产、水产总量、蔬菜等主要农产品得到大幅度增长。

1991年—2000年，全区特色农业快速发展。通过大力挖掘特色，培植特色，扩大规模，扶持大户等，形成玉山的白玉豆、大青丝、豌豆，广丰的三黄白耳鸡、白银鹅、烟叶，上饶县的茶叶、蔬菜、早梨，上饶市的蔬菜，横峰的葛根、外向型蔬菜、瘦肉型生猪，弋阳的乌龟、年糕，铅山的鳗鱼、红芽芋，德兴的无核椪柑，婺源的名优茶、荷包红鲤鱼、食用菌，波阳的特种水产、中药材，余干的特种水产、蚕桑、乌黑鸡、水生作物，万年的珍珠、贡米、瘦肉型生猪等一大批特色农业，成为农民增收的增长点。铅山的鳗鱼产值超过粮食产值，红芽芋面积达到0.66万公顷，万年万头养猪场达到12个，弋阳的乌龟养殖占全国的50%左右，波阳、余干的特种水产品远销各大中城市。上饶县、上饶市、横峰县、铅山县等地蔬菜面积达到3.33万公顷，占全区的40%左右。2000年，农业总产值682075万元（按1990年不变价格计算），农业产值356512万元，牧业产值128747万元，渔业产值129336万元。

1993年，全区通过大力培植龙头企业和种养大户，扶持民间流通组织和专业协会，努力提高农业产业化经营水平。1995年，地委、行署作出《集中精力，全面实施主导产业，推进农业产业化》的决定，极大地促进农业产业化的发展。2000年年底，全区拥有农业企业935家，其中销售收入100万元以上的企业有132家，100万元～500万元的有66家，500万元～1000万元的有30家，1000万元～5000万元的有27家，5000万元～1亿元的有8家，1亿元以上有1家。龙头企业基地种植面积达到70万亩，带动农户336140户，饲养牲畜169.5万头，家禽1721.97万羽，养殖水面0.65万公顷。共建立各种专业协会71个，农产品市场418个。

第一章　种植业

第一节　农业区划和耕地

农业区划　西部滨湖平原粮、油、棉、渔、畜区　位于境内西部，濒临鄱阳湖，为信江、乐安河、昌江的下游，其范围包括波阳县、余干县、万年县。地处鄱阳湖湖滨，海拔50米～200米，属信江、乐安河、昌江冲积平原和湖积平原。光、热、水等气候资源丰富，年平均气温17.4℃～18.5℃，无霜期261天～302天，日平均气温稳定通过10℃的天数232天～249天，≥10℃的活动积温为4740℃～5464℃，农作物可一年二熟或三熟。年降雨量1358毫米～1766毫米，适宜亚热带动植物生育。

境内粮、棉、油、渔、畜、禽、水产品都居全区重要地位，粮食以稻谷为主，是粮食主产区。历年向国家提供商品粮较多，商品率达17.5%，素称"鱼米之乡"，是国家商品粮基地之一。皮棉商品率在90%以上，淡水水产品产量占全区1/4。鄱阳县是国家优质棉基地县之一。

东北部丘陵山地林、茶、粮、畜区　位于境内东北部，东与浙江省，北与安徽省，西与景德镇市毗邻，南与Ⅲ区接壤，包括婺源、德兴两县和玉山县的北部，上饶县的北部，横峰县的北部，弋阳县的北部山区乡。

地处鄣公山、怀玉山丘陵山地，整个地势北高、中低、南高，呈"V"字形。北部鄣公山最高峰六股尖，海拔1630米，南部怀玉山最高峰——三清山的玉京峰海拔1819米。境内山高陡峻，为信江和乐安河的发源地和分水岭。丘陵约占80%，山地约占20%。气候温和湿润，年平均气温13.6℃～17.2℃，无霜期220天～272天，日平均气温稳定通过10℃的天数215天～270天，≥10℃的活动积温为3945℃～5469℃，年降雨量平均1567毫米～2136毫米，适宜稻、麦、玉米、红薯、豆类等农作物种植，部分地区农作物可一年二熟或三熟。

境内山峦连绵，群山叠翠，云雾缭绕，气候温湿，水分丰盈，土壤深厚肥沃，发展茶叶生产有得天独厚的优越环境条件。

东中部丘陵盆地粮、油、果、桑、畜区　位于境内东中部，东与浙江毗邻，南与Ⅳ区，西与Ⅰ区，北与Ⅱ区接壤，是全区心腹地带，包括玉山县的南部，广丰县的北部，上饶县的中、南部，上饶市、横峰县的中、南部，铅山县的北部，弋阳县的中、北部。

地处浙赣铁路沿线、信江河流两岸，属红壤丘陵盆地。浙赣铁路自东而西横贯该区中部，河谷平原占本区总面积的15%，丘陵占80%，低山占5%，自然条件和农业生产具有山地与平原过渡性质。区内光热条件充足，适宜多种作物生长。年平均气温17.4℃～18.4℃，日平均稳定通过10℃的天数236天～276天。≥10℃的活动积温是全区最多的一个区，为5286℃～5799℃，无霜期258天～256天。降雨量162毫米～901毫米，多种气象因素均处于优越地位，为发展农业生产提供了有利条件。土壤大部分为红壤，有利于油茶生长。

境内土壤有机质含量仅在1%～2%左右，磷、钾含量缺乏，土壤肥力较低，低产田面积大。

东南部山地丘陵林、粮、茶、畜区　位于境内东南部，东靠浙江省，南邻福建省，西毗鹰潭市，北与Ⅲ区接壤。包括玉山县、广丰县南部，上饶县南部，铅山县中南部，弋阳县的双港、港口乡，共5个县。地处武夷山北麓，整个地形南高北低，属中、低和中高丘陵地区，南部最高峰位于铅山县和福建省崇安县交界的黄岗山，海拔2157米，为华东大陆最高峰；其次为上饶县的五府岗，海拔1891米，广丰县的铜钹山，海拔1535米。境内丘陵占41.7%，山地占58.3%。山高坡陡，交通不便，但盛产竹、木，环境优美，风景名胜甚多。属亚热带地气候，年平均气温16.3℃～17.8℃，日平均气温稳定通过10℃的天数231天～251天，≥10℃活动积温4666℃～5386℃，无霜期254天～260天，雨量充沛，年平均降雨量1568毫米～1981毫米，属降水量较多的区域。农业生产条件的许多方面与东北部农业区大体相似。境内峰峦叠翠，气候温凉，日照少，但散射光多，云雾缭绕，湿度大，对茶叶生产十分有利。

耕作制度　1980年代，为了提高商品率和经济效益，耕作制度向着立体型多熟制方向转变;进入1990年代后,由于主导产业和特色农业的兴起,优质农产品市场占有率的提高,耕作制度由多熟制向两熟制、单熟制方向演变。

由于耕作制度的改革,促进了农田复种指数的提高,有效提高了自然资源的利用,实现了农作物单产与总产的稳定增长。1949年,全区农作物复种指数为151.5%;1960年提高到231.2%;1970年提高到261.3%;1980年为255.7%;1990年为258.1%;2002年为236.7%(90年代后,绿肥种植面积减少)。粮食单产1949年92千克;1960年107千克;1970年178千克;1980年221千克;1990年289千克;2002年332千克;稻谷单产1949年123千克;1960年130千克;1970年195千克;1980年253千克;1990年331千克;2002年356千克。粮食总产1949年54.13万吨;1960年88.96万吨;1970年149万吨;1980年179.5万吨;1990年226.3万吨;2002年217.2万吨(因调减粮食作物面积)。

稻田主要种植制度 肥—稻—稻复种制 1980年代末1990年代初,由于绿肥面积减少,其他冬种作物面积增加,绿肥稻稻种植制度面积随之减少。

油—稻—稻复种制 随着民用和工业用油量的增长,油菜生产发展很快,油稻稻复种制逐步增加。1985年油菜面积4.57万公顷,1996年发展到12.27万公顷,油稻稻面积达到9.82万公顷。成为当时稻田三熟制面积最大的复种制。之后,逐年有所减少。至2002年,油稻稻面积减少到5.93万公顷,约占水田面积的25%。

麦—稻—稻复种制 1980年代后期,小麦种植面积逐年减少,至2002年,小麦面积仅有0.94万公顷。

冬作物(油菜、麦类、蚕豌豆、绿肥、蔬菜)—早稻—秋杂粮复种制和冬作物—早花生(早大豆、早玉米)—晚稻复种制,在区内均占有一定面积;冬作物—季稻复种制也占有较大面积。冬闲——季稻耕作制也占有少量面积。此外,尚有少量稻—棉、稻—蔗、稻—麻、稻—烟等隔年轮作换茬或在间套基础上发展立体农业、集约耕作制等。

棉田主要种植制度 麦—棉两熟制 有麦棉两熟套种、行麦行棉(肥)制、麦棉两熟连作制等。

油—棉两熟制 油棉两熟套种、油棉双移栽、油棉连作等。

此外,还有豆—棉两熟制;麦—棉两熟两肥制;冬作物三三制或四三三轮作换茬—棉花两熟制;麦—豆—棉间作三熟制;麦—棉间薯或花生间套作三熟制:

麦—棉—菜间套多熟制麦、棉、辣椒、萝卜间套;马铃薯、棉花连作;棉菜连作等。

麦—豆—棉三熟两肥制稻—棉、烟—稻、瓜—稻等水旱轮作制。

旱地复种轮作制 油(麦)—棉花(花生、红薯)等一年两熟制;油(麦)—早大豆—晚芝麻等一年三熟制;油(麦)—棉花—绿肥—棉花—菜二年四熟制;油(麦)—早大豆—晚红薯(晚玉米)—绿肥—棉花两年四熟制;油(麦)—早大豆—晚芝麻—小麦—棉花二年五熟制;小麦—早芝麻—黄粟(或荞麦、晚玉米)—油菜—高粱—萝卜轮作制;蚕、豌豆—红薯或蚕、豌豆—玉米+大豆—小麦—红薯轮作制。

立体农业、集约耕作制 1980年代中期,由于家庭联产承包责任制的推行,商品经济迅速发展。为了满足市场对农产品供应多样性、连续性的要求,耕作制度不断出现新的变革,立体种养的多形式、多品种、多类型应运而生。种植模式多种多样。水稻有垄式半旱或免耕栽培,稻、萍、鱼立体种养。西瓜+玉米—水稻等效益型立体农业,鱼、果、蔬;猪—沼—粮等生态农业模式不断涌现。同时,林粮套种、蔗田套种等多种形式也随之出现。

耕作法 耕作法也因地、因土、因时、因作物、因田管而异。

水田土壤耕作法 尽管全区各地自然条件、耕作习惯、复种轮作的方式各有差异,但春耕、夏耕、秋耕、冬耕及水稻栽插后的土壤耕作技术基本相近。1980 年代初推行的半旱式栽培技术,对长年渍水田及冷浸性低产田的土壤,基本实施免耕、起垄、落干湿润、根不离土的耕作原则。一般稻田也推行少耕、弱耕。如 1980 年代中后期推广的板田油菜和水稻直播、抛秧(插秧时人为对土壤的耕作)等。水稻的秧田耕作也由过去的水耕水整水播水育,转向少水湿润或干耕干整的湿润、湿润通气、干畦小苗带土、板田秧田。

旱地土壤耕作法 上饶地处赣东北丘陵山区,水为土壤耕作技术的中心,围绕土壤水分的渍与旱,产生出不同的耕作法。1. 平原旱地秋末冬初翻耕晒垡,平整风雪冰霜冻熟化土壤。入春雨后抢墒粗耙,切断土壤毛细管,减少蒸发;播种前浅耕、少耕防跑墒;抢晴整地保质量,清沟排水防渍害。2. 丘陵旱地或斜坡岗地的土壤耕作重点保持水土。措施一是修造水平梯地,开好排水沟,挖好沉土坑;二是根不离土,常年套种,覆盖土壤,等高耕作,等高垄作,覆盖栽培,带状耕种或免耕等。

机械耕作法 1980 年代推行家庭联产承包责任制,手扶拖拉机及旋耕犁推广,机耕面积进一步扩大,1988 年达到 7.61 万公顷,到 1987 年,全区机耕面积达 12 万公顷,为 1954 年—2002 年的历史最高年,占耕地面积 39.13%。2001 年—2002 年机耕面积均为 11.74 万公顷,占耕地面积 38.83%。

1991 年—2000 年全区耕地及人均占有耕地情况

表 9-1-1

年份	耕地面积(万亩)			总人口平均占有耕地(亩)	农业人口平均占有耕地(亩)
	合计	水田	旱地		
1991	464.24	399.37	64.87	0.78	0.91
1992	462.60	398.85	63.75	0.77	0.90
1993	461.19	397.76	63.43	0.75	0.90
1994	459.84	397.51	62.33	0.74	0.89
1995	459.80	397.51	62.33	0.73	0.89
1996	459.21	397.23	61.98	0.72	0.89
1997	459.60	396.92	62.68	0.72	0.88
1998	456.15	393.14	63.01	0.70	0.87
1999	452.50	390.50	62.00	0.72	0.86
2000	449.50	388.80	60.70	0.72	0.86

说明:1 公顷 = 15 市亩。

第二节 粮食作物

全区粮食作物以水稻为主,旱粮次之,旱粮包括豆、麦和杂粮等。水稻按生长时期可分为早稻、中稻、一季晚稻和二季晚稻;按品质可分为籼稻、粳稻、糯稻和特种稻(如饲料稻、香稻),以籼稻为主。麦类有大、小麦之分,小麦居多。豆类有大豆、绿豆、黑豆、赤豆、蚕豆、豌豆、豇豆、荚豆等。杂粮有粟(分籼、糯两种)、玉米(又称包粟、珍珠果,分饲料玉米、甜玉米、糯玉米等)、红薯(又称番薯,分白心薯、红心薯)。

主要分布在西北部鄱阳湖平原区(包括波阳、余干、万年3县),海拔多在100米~300米,东高西低,地势低平,丘陵起伏,是区内的商品粮生产基地;东部山地丘陵区(包括广丰、玉山、上饶县和上饶市),地处信江上游,与浙江省、福建省接壤,浙赣铁路两侧,北以怀玉山为屏障,南临武夷山,是区内单产较高的区域;中南部丘陵区(包括铅山、横峰和弋阳县),地处武夷山北麓,信江两岸和浙赣铁路两侧,海拔300米以上,丘陵、山地占土地总面积的63.7%,由于易旱易涝,粮食商品率不高;北部山地区,以丘陵、山地为主,海拔400米~1200米,粮食面积占全区的11%。

全区种植业中,粮食作物为47.14万公顷,占农作物总播种面积的63%。2000年,全区的主要粮食作物早稻退出保护价,早稻面积减少到17.96万公顷,较上年减10.1%,一季晚稻3.37万公顷,较上年增42.5%,二季晚稻19.05万公顷,较上年减10.4%。

旱粮作物中,境内主要有小麦、红薯、大豆等。由于气候条件、地理位置等原因,南方小麦品质劣于北方小麦。1991年—2000年,小麦面积逐年减少,从29.32万亩减至21.01万亩,随着科学技术水平的提高,单产逐年提高,从71千克/亩提高到139千克/亩,总产从2.09万吨增至2.91万吨。10年中红薯种植面积在逐年增加,从1.57万公顷增至1.95万公顷,单产逐年提高,总产逐年增大,2000年,总产比1991年增49%,1995年红薯的单产和总产都是历年的最高,分别为363千克/亩、8.65万吨。1991年—1998年,大豆面积逐年增加,近年来有所减小,1991年—1995年、1999年—2000年单产逐年提高,由于洪涝灾害,1998年,单产大幅下降,较上年减产23%。

小麦 产地主要分布在广丰县、玉山县、余干县、波阳县、万年县、上饶县等,境内以半冬性小麦为主,偏春性小麦次之,小麦栽培以水稻田和棉花田为基本耕作类型。1992年,全区小麦种植面积1.9万公顷,总产2.28万吨。1995年,减到1.35万公顷,总产为1.92万吨。1996年,增加到1.83万公顷,总产2.68万吨。2000年,为1.4万公顷,总产为2.91万吨。

大麦 境内各县多有分布,多为零星种植。品种多为六棱大麦和四棱大麦,绝大部分为春性或弱冬性。以水稻田和棉花田为基本耕作类型。

红薯 各县(市)均有种植,多分布在山区、丘陵地带,特别是水利条件差,种水稻不保收的地方。余干县、德兴市、万年县为夏薯种植区。弋阳县、玉山县、广丰县、铅山县等地为秋薯种植区。耕作制度由二熟制向三熟制发展。全区常年种植1.13万公顷,占粮食作物总面积的2.9%左右,总产占粮食总产的28%左右。1991年,境内种植面积1.57万公顷,总产5.10万吨。1996年,种植面积21.8万公顷,单产达到363千克,创历史最高。2000年,种植面积1.95万公顷,总产7.60万吨。

大豆 分布在各个县(市),主要产于上饶市、上饶县、余干县、波阳县、婺源县等,波阳县、德兴市为东北部春、夏大豆生产区,玉山县、广丰县、上饶县、铅山县、弋阳县、万年县、余干县为中部春夏大豆生产区、大豆主产区。除普遍春大豆、夏大豆作田塍豆外、还有较大面积的早稻接茬的秋大豆。品种有春、夏、秋三种类型。1980年代后,一年二熟制有所恢复,部分地方实行与杂交水稻轮作,有的还推广小麦(油菜)—春大豆—水稻轮作制,此外利用低洼地、丘陵地、沟边地种大豆普遍,特别是田塍豆比例较大。

蚕豆 有的地方称胡豆、佛豆或罗汉豆。按播种期分为春蚕豆和秋蚕豆。地方品种有万年矮脚蚕豆、上饶蚕豆等,一般籽粒较小,具有高产、稳产、抗耐湿、适应性广等特点。引进的大白蚕豆、大板蚕豆、启豆一号等良种,具有籽粒大、品质优的特点,但耐湿性和抗病性较差,产量也较低,一般只作蔬菜种植。耕种采取间作套种,旱地在晚红薯或棉花中套种蚕豆,晚稻、秋大豆等作物收获后也种蚕豆,还有果园行间套种的。播种期为霜降前后,最迟不过立冬。

豌豆 各县(市)均有种植,特别是上饶县、广丰县、玉山县一带种植面积较大。境内按食用品质分有菜豌豆和谷实豌豆两种,按荚壳软、硬分有硬荚种和软荚种,按籽粒大小分有大粒型、中粒型、小粒型,地方品种有上饶豌豆。耕作栽培采用混、间、单作,播种期在霜降至立冬之间。

绿豆 各县(市)均有种植。品种按种脐分有短脐和长脐二种、按种皮颜色分有黄色绿豆、普通绿豆和黑绿豆三类,按有无光泽分明绿豆和暗绿豆二类。境内优良的品种有广丰小绿豆等,引进具有产量高抗病性强品质优级的中绿1号。主要有水旱轮作、间作方式,春、夏、秋播种。

玉米 各县(市)均有种植,以婺源县、德兴市、玉山县、上饶县较多。传统栽培品种主要有:按播种期分春玉米、夏玉米、秋玉米、冬玉米,夏玉米最多,秋玉米和冬玉米很少。按种皮的颜色分黄玉米、白玉米、杂色玉米。按粒型和粒质分有硬粒型、马齿型、半马齿型、糯质型、粉质型、甜质型、爆裂型等类型。大面积栽培的多是硬粒型、马齿型、半马齿型,糯质型少量种植。栽培制度由单熟制向多熟制发展。由净栽向间、套种发展。1980年代末,发展玉米三熟,即春玉米转向旱地,夏玉米上山,秋玉米下水田。栽培方式也由净作转向与大豆、甘薯、花生、西瓜等多种作物间、套作。耕作制度主要有三种类型:高寒山区多为一年一熟春玉米,间作红薯和大豆,丘陵山地多间套夏玉米,以小麦—玉米—红薯三熟制为主,少数缺水地区则实行冬作物—早稻—玉米三熟制。栽培品种选用叶片挺举的紧凑型高产品种。播种时期,春玉米为3月下旬至3月底,秋玉米为7月中旬至7月底。

粟 又名谷子、黄粟或小米,各县(市)均有少量种植。按粒质分的粳、糯粟之别,按熟期分有早、中、迟熟品种。黄粟多利用旱地缺水二晚田种植,旱地黄粟一般为大豆后作,稻田黄粟一般在大暑至立秋时播种。

高粱 各县(市)均有种植,尤其是广丰县面积为多。1992年,全区播种面积为371.9公顷,总产为1210吨。有食用高粱、糖用高粱、工艺用高粱三种。在旱地种植多与春熟作物配套,春熟作物小麦、油菜等收后整地种植。也有一季早春高粱再复种秋高粱的。高排缺水易旱田多为早稻、春大豆收获后,再播种早熟高粱或培育高粱苗移栽。

1991年—2000年全区旱粮作物面积及产量情况

表9-1-2

年份	小麦			红薯			大豆		
	播面（万亩）	亩产（千克）	总产（万吨）	播面（万亩）	亩产（千克）	总产（万吨）	播面（万亩）	亩产（千克）	总产（万吨）
1991	29.32	71	2.09	23.58	216	5.10	24.93	78	1.89
1992	28.47	80	2.28	23.30	251	5.85	23.93	95	2.27
1993	26.90	84	2.30	23.70	275	6.52	30.50	113	3.46

续表 9－1－2

年份	小麦			红薯			大豆		
	播面（万亩）	亩产（千克）	总产（万吨）	播面（万亩）	亩产（千克）	总产（万吨）	播面（万亩）	亩产（千克）	总产（万吨）
1994	25.70	94	2.41	25.00	269	6.73	27.80	113	3.16
1995	20.25	95	1.92	23.81	363	8.64	31.52	164	5.17
1996	27.40	98	2.68	27.00	254	6.87	31.19	131	4.10
1997	27.98	102	2.86	27.52	294	8.08	28.73	126	3.63
1998	24.13	101	2.43	26.80	264	7.09	26.50	109	2.89
1999	22.06	133	2.93	28.66	255	7.31	26.35	107	2.81
2000	21.01	139	2.91	29.20	260	7.60	29.04	109	3.16

说明:1 公顷 =15 市亩

第三节　油料作物

油料作物有油菜、花生、芝麻。

油菜　全区油菜种植面积在 8.78 万公顷 ~ 12.27 万公顷之间,近年来面积逐年减小,2000 年,油菜面积与 1991 年基本持平,单产在 44 千克 ~52 千克/亩之间,总产在 6.02 万吨 ~ 9.30 万吨之间。1989 年,油菜总产量较上年下降 20%,1990 年、1991 年总产量较 1988 年增长 65.6%、77.5%,1998 年,为促进种、养业的不断发展,在横峰建立“双低”油菜种、加、养一体五效基地县,以油促猪、以猪促油。1980 年代以后,逐渐发展甘蓝型油菜,比白菜型品种一般增产 30% ~50%。

境内白菜型优良品种有:鄱阳甜油菜,鄱阳县地方品种,属半冬性早、中熟品种;甘蓝型优良品种有:赣油 4 号、西南 302、中油 821、79 －601 等。

1991 年—2000 年全区油菜产量

表 9－1－3

年份	面积(万亩)	亩产(千克)	总产(吨)
1991	131.76	46	60205
1992	160.81	46	73298
1993	142.50	51	73153
1994	144.40	51	73480
1995	184.06	47	85749
1996	177.65	44	78318
1997	177.73	52	92971
1998	161.12	38	61682
1999	151.75	46	70241
2000	133.05	52	68562

花生 有黑、白、黄、红之分，种植面积在0.97万公顷～1.41万公顷之间，1991年—1994年，单产逐年提高。1995年—2000年，单产逐年减小，总产在1.64万吨～3.80万吨之间。按照国家统一规划，区内处于花生种植春播或夏播区域，一年一熟。种植花生有蔓生型、普通型、珍珠豆型三种。

品种演变为生育期较短的直立珍珠豆型花生，以花生为主的耕作轮作相应也发生了变化。其主要耕作形式有：旱地水田轮作制，水、旱隔年换茬轮作制。此类耕作方法主要分布在中、低产田区。1950年代后，在全区推广珍珠豆型早熟品种及其丰产经验，推行密植、施肥等系列技术措施的配合，应用新技术、新成果，早花生推广地膜覆盖或配套杂优稻栽培技术。

1987年—1992年，全区花生总产稳定在1万吨～2万吨之间，播种面积在0.73万公顷和0.97万公顷之间。

1993年—2000年，总产均超过2万吨，播种面积在1.01万公顷～1.49万公顷之间。

1991年—2000年全区花生产量

表9－1－4

年份	播面(万亩)	亩产(千克)	总产(吨)
1990	13.33	132	17590
1991	14.75	111	16411
1992	14.55	123	17951
1993	16.20	150	24367
1994	15.90	239	38018
1995	16.66	201	33485
1996	18.19	199	36262
1997	18.46	199	36761
1998	20.86	168	35069
1999	18.80	180	33858
2000	21.12	173	36499

芝麻 又名胡麻、油麻，有大粒、小粒之分。

各县(市)均有种植，以波阳县、余干县为主，种植面积的产量均占全区80%以上。品种多为单杆型，发展不稳定，1992年以后，芝麻总产相对稳定在9000吨以上。芝麻面积0.86万公顷～1.35万公顷之间。后逐年减小，2000年略有增加，单产在38千克～72千克/亩之间，1991年—1996年，总产逐年增大。

类型按种包皮颜色分有白、黄、褐、黑等4种，以其用途分为食用芝麻和油用芝麻两种。其蒴果数可分为四棱、六棱、十一棱和多棱等4种。按其分枝习性可分为多分枝型、普通分枝2型、少分枝型和单秆型。区内芝麻多为单秆型，如鄱阳县的鄱阳球型黑、广丰县的广丰细花，单秆型芝麻一般不分枝，结蒴密，蒴果四棱。农家品种主要有鄱阳黑芝麻、红芝麻、白芝麻、对荚乌芝麻、千层塔芝麻；广丰细花红芝麻、红花白芝麻；弋阳白芝麻；余干白芝麻、白对子芝麻、观音座堂芝麻、佛座芝麻、红芝麻；德兴对节芝麻、座堂芝麻、观音座芝麻；万年黑芝麻、白芝麻、红芝麻、八花老麻、八棱芝麻、堆芝麻；横峰有黑芝麻、白芝麻、红芝麻；婺源白芝麻、红芝麻；铅山黑芝麻白芝麻、红芝麻、乌芝麻、四角芝麻；上饶县红芝麻、车轮芝麻；上饶市红芝麻；上饶地区农科所赣芝2号、79—510芝麻等。还引进和推广了佛座芝麻、霸王鞭、武宁黑、宣阳白等新品种，以武宁黑芝麻种植较多。上饶地区农科所育成的赣芝2号于1992年通过审定，并获得首届全国农业博览会银奖。

在发展芝麻生产过程中，形成耕作轮作制度，避免芝麻连作造成易感染病害、生长不良、降低产量等情况发生。

由于各县（市）气候条件及栽培制度不同，芝麻有夏、秋之分。夏芝麻一般为小麦—夏芝麻（有的加种一季荞麦）一年两熟（或三熟）；秋芝麻多为油菜（或绿肥）—早稻—秋芝麻一年两熟或三熟，小麦（油菜）—春天豆（或籽瓜、西瓜）—秋芝麻三熟。

在栽培上改进沟厢播种，促使苗齐苗旺；精耕细作，一播全苗；合理密植；换茬轮作防发瘟；应用科技成果。

1991年—2000年全区芝麻生产情况

表9－1－5

年份	播面（万亩）	亩产（千克）	总产（吨）
1991	14.26	38	5440
1992	12.87	72	9354
1993	16.30	58	9416
1994	17.40	56	9805
1995	28.66	35	9946
1996	20.26	55	11087
1997	19.16	53	10136
1998	13.90	48	6702
1999	13.90	51	7145
2000	14.21	55	7825

第四节　经济作物

茶叶　茶园　“八五”（1986—1990）期间，茶园面积在2.09万公顷～2.27万公顷之间上下波动，之后面积在不断减少。2000年，茶园面积1.55万公顷。

产量　虽然茶园面积上下波动，但产量逐年递增。1982年、1989年两次出现茶叶供过于求，大宗茶滞销，生产者调整了生产方向，加快发展名优级茶，鲜叶采摘标准提高、时间提前。茶区也逐渐以三高（高产、优质、高效）为目标，由粗放式经营向集约化经营转变。1996年，茶叶产量达8908吨。后产量逐年减少。2000年，产量减至5758吨。

名优茶加工 境内婺源茗眉、上饶白眉等是传统名茶。1989 年,大宗茶市场滞销后,名优茶发展速度加快,一批名优茶在评比中脱颖而出。绿露牌上饶白眉在 1995 年第二届农博会、1999 年中国国际农博会上分获金奖和名牌产品称号,信州龙翠在三届茶叶评比中分获银奖、一等奖,星江龙珠 1994 年被评为江西省优质名茶,洪山云雾、金生银眉 2000 年被评为江西省优质名茶。据农业部门统计,1996 年,全区名优茶量 650 吨,占全年茶叶总产量的 7.3%;产值 2600 万元,占全年农业产值 6120 万元的 42%。婺源县从 1995 年开始实施“万担名优茶工程”,产量达 700 吨,占当年茶叶总产量的 10% 左右,产值占茶叶农业总产值的 1/2 强。早在 1971 年,上饶县茶技站副站长王士圻在三都茶场进行白眉机制试验,获得成功。2000 年,婺源茗眉、上饶白眉实现全程机制,名优茶机制有利于降低生产成本、扩大规模、稳定质量,促进了名优茶更大发展。

无公害茶叶 1996 年 5 月,婺源采自大鄣山的茶叶通过了绿色食品认证,大鄣山牌茶叶成为全国第一个 AA 级绿色食品;1997 年 8 月,大鄣山茶通过欧盟有机食品监测认证机构(BCS)认证,出口欧盟有机茶 40 吨。1996 年 4 月,婺源武口茶场和溪头乡的有机茶获中国有机食品发展中心、美国国际有机作物改良协会的有机食品认证,1998 年,婺源茶厂成为全国惟一同时拥有有机茶基地证书、加工证书和出口贸易证书“三证”的茶叶企业。婺源大鄣山绿色食品公司大鄣山茶 1999 年获国家名牌产品称号、1999 世博会金奖。婺源茶厂天佑牌有机茶 1998 年获英国有机食品金奖。1999 年,获’99 诺贝尔世界发明成果博览会金奖。2000 年,婺源大鄣山绿色食品公司“大鄣山”茶出口量占全国茶叶出口量的 1/2,占有欧盟 70% 多的市场份额,是国内茶类绿色食品数量最大、创汇最多的企业。2000 年,婺源绿色食品茶叶、有机茶认证茶园面积达 1866.67 公顷,上饶县开始在五府山垦殖场开发有机茶和绿色食品茶。

1991 年—2000 年全区茶叶产量

表 9-1-6

年份	茶园面积(万亩)	产量(吨)
1991	34.06	7348
1992	30.38	7595
1993	32.00	7993
1994	31.30	8627
1995	32.90	8634
1996	31.23	8908
1997	33.10	7754
1998	26.98	6545
1999	26.30	6095
2000	23.40	5758

蔬菜 境内蔬菜品种丰富,品种较好的有:上饶高脚白、波阳白、灵湖大蒜、广丰牛角椒、七叶南瓜、上饶梨瓜、上饶八月白、上饶大青丝、上饶白玉豆、上饶红芽芋、广丰牛腿薯、上饶荸荠、

藜蒿等。

1990年代初，蔬菜成为农业产业结构调整、农民增收的重要项目，蔬菜生产发展迅速。境内各级政府先后成立蔬菜管理机构，管理蔬菜生产与供销，建立与城市人口大致相适应的商品蔬菜生产基地和流通体系。1993年年底，地委、行署决定把蔬菜生产作为上饶市、铅山县、横峰县农业主导产业来抓，1995年9月，成立上饶地区菜篮子工程领导小组，在地区农牧渔业局下设蔬菜办公室。除广丰县外，其他11县（市）均成立菜篮子工程领导小组和办公室。政府对菜农采取口粮定销，减免定购粮，以菜定粮等办法保证菜农口粮水平基本稳定，菜地补贴建设费，贷款贴息，合同保护价收购，对渡淡品种进行补贴和以工副业补菜等许多奖励和补贴办法进行经济扶助；投资乡村发展保护地生产，引进、推广新品种、新农药，开展科学种菜，进行技术支持、生产无公害蔬菜。随着科技的发展，区内蔬菜品种更新加快，大棚设施栽培发展迅速，地膜覆盖春提前、秋延后，高山反季节、食用菌栽培技术得到进一步推广，遮阳网、防虫网、反光膜等新型材料广泛应用于蔬菜生产。

1990年代末，上饶市农业局派出专业技术干部到北京、上海等地学习、培训，并从上海引进蔬菜农药残留速测仪，开始对市内各农贸市场及主要蔬菜产地进行农药残留检测，组建无公害蔬菜配领中心，引导无公害蔬菜基地建设。2000年，面积达7.64万公顷，蔬菜总产125.42万吨。

1991年—2000年全区蔬菜生产情况

表9-1-7

年份	面积（万亩）	产量（吨）	年份	面积（万亩）	产量（吨）
1991	56.18		1996	95.25	1059179
1992	70.04		1997	100.55	1215959
1993	72.70		1998	103.46	1229088
1994	84.80	975203	1999	114.22	1431311
1995	88.72	900603	2000	114.63	1254170

注：1994年前产量未统计

果业　1991年，实施果业工程，果业生产得以发展。至2000年底，全区果园面积63.7万亩，其中以柑橘为主的常绿果树有21.8万亩，占总面积34%，以梨、桃、李为主的落叶果树有41.9万亩，占总面积66%。

各级果业主管部门根据市场需求，引进和培育了一些优、新、特果树良种，如翠冠梨、西子绿梨、欧美李、新川中岛蜜桃、信木柚、金标柚、台湾青枣等，经示范试种，取得了成功。1990年，德兴市皈大乡椪柑六年生密植园（205株/亩）亩产1.2万公斤，居国内领先水平（入《江西省果树生产先进典型史册》，获省科技进步三等奖）。同年，地区选送的广丰县马家柚，在省农业厅地方柚品种果实评比会上获全省第一名。1992年，引进日本太田椪柑，1995年12月15日，通过省地专家认证，1998年，获省农科教三等奖。1991年，在德兴市皈大乡育出"无核椪柑"品种，1997年1月20日，通过省内外专家鉴定，该品种在国内外同类选种工作中居国内领先水平，获省科技进步三等奖，并通过省品种审定委员会命名赣椪柑一号，为椪柑品种新增一个良种。

1991 年—2000 年全区果业生产情况

表 9－1－8

年份	果园面积(万亩)	水果产量(吨)	柑橘产量(吨)
1991	12.35	19314	12795
1992	14.44	11090	2810
1993	24.79	13225	4407
1994	35.32	19382	7404
1995	49.10	35915	16516
1996	38.50	59518	23387
1997	59.81	68904	33719
1998	46.29	46403	22180
1999	40.30	49765	28390
2000	63.70	31185	12419

蚕桑 1989 年—1994 年,实施第一期"蚕桑工程",1995 年—2000 年,实施第二期"蚕桑工程",1992 年,正式成立了上饶地区"蚕桑工程"领导小组,在两期"蚕桑工程"实施期间,全区 12 个县(市)大力发展蚕桑,跻身为全省蚕桑大区。1993 年,全区桑园面积达 1.2 万公顷,占全省总面积的 26.82%;产茧 9.2 万担,占全省总产量的 24.6%;年加工白蚕丝达 600 吨。

两期蚕桑工程的实施,使全区蚕桑业已初具产业化雏形,固定资产投入近 1 亿元,建烘茧灶 136 付,缫丝厂 10 家,加工能力达 34080 绪,绢纺厂 1 家,规模达 2500 锭,织绸厂 2 家,年可织绸 115 万米。但是,1995 年始,受国际市场影响,蚕桑业持续低迷,至 2000 年底,全区桑园实际养蚕面积 533.33 公顷,全年产茧仅 240 吨,养蚕县主要有上饶县、广丰县、玉山县、弋阳县、德兴市、余干县、万年县,加工体系几近崩溃,全区 10 家缫丝厂有 9 家已倒闭或转产,仅存余干县丝绸厂仍在正常运转。养蚕技术倒退,首先是桑园管理粗放,该施肥的不施,该剪伐的不伐,导致产叶量减少,叶质下降,亩桑产茧锐减。其次在养蚕上消、防毒不严,发病率高。最突出的技术倒退还是表现在上蔟,由先进的方格蔟、塑料折蔟改为用稻草、松枝笺上蔟,使茧质大跌。全区推广的优良品种有沙 2×伦粤桑 2 号、农桑 8 号、农桑 12 号等。推广的先进技术有小蚕共育、省力化养蚕、方格蔟上蔟等养蚕良法。

1991 年—2000 年全区桑业生产情况

表 9－1－9

年份	桑园面积(万亩)	蚕茧产量(吨)
1991	11.67	1718
1992	16.76	4397
1993	18.05	4028
1994	17.00	4361
1995	42.28	4710
1996	36.80	2601
1997	12.28	1518

续表 9-1-9

年份	桑园面积(万亩)	蚕茧产量(吨)
1998	8.34	1129
1999	1.26	405
2000	4.02	240

棉花　1991 年,地委、行署以饶发〔1991〕4 号文件下发《关于发展棉花生产的决定》,提出用三年时间,达到棉花实种面积 1.33 万公顷,总产皮棉 1 万吨的发展目标。各级政府自上而下健全了棉花生产领导机构,加强了棉花生产的具体领导和植棉先进技术的普及推广。同时,出台扶持改革措施。从 1991 年开始,筹措 217 万元生产补助款,建立奖励基金,每年安排 200 万元用于棉农棉花生产补助款,收购时按每担皮棉 10 元付给棉农;安排 17 万元用于棉花良种繁育、技术推广等:每年从境内用棉单位调一担皮棉提取 5 元资金,从地区棉麻公司组织服务费中提取 10% 的资金,建立棉花生产奖励基金,由地区棉花生产领导小组统一掌握使用。地县乡各级成立棉花生产领导小组,党政领导亲自抓棉花生产,运用科技植棉。是年,棉花生产实现单产、总产、收购超历史。棉花实种面积 1.23 万公顷,平均单产 48 千克;皮棉总产 8923 吨;收购皮棉 6737.8 吨。1992 年棉花播面 1.36 万公顷,1993 年达到 1.63 万公顷,1994 年达到 1.99 万公顷,创造历史最高记录。

1995 年,因严重自然灾害,棉花生产受损严重。全区实种面积 1.64 万公顷,实收 1.05 万公顷。由于市场疲软,植棉效益下降,挫伤了棉农积极性。

1996 年,棉花实种面积 1 万公顷。1997 年,棉花实种面积 0.85 万公顷。1998 年,棉花实种面积 0.7 万公顷。1999 年,棉花实种面积 0.48 万公顷。2000 年,棉花实种面积 0.36 万公顷。

1990 年代初,区内主要是优化扩大苏棉的推广面积,同时引进肖棉一号、盐棉 48 号、苏棉 1 号、苏棉 2 号、赣棉 8 号、徐州 184、万棉 82—1、78—14 等品种,良种覆盖率 90%。1993 年以来,以泗棉二号、三号为当家品种,并引进了苏棉 12 号、抗虫棉等新品种。80 年代以后,随着营养钵育苗移栽和化调化控等新技术的推广,油棉两熟制发展迅速,丘陵棉区仍有部分麦棉两熟制,其种植方式有行麦行肥、隔行麦、行行麦和片麦等。为增加棉田经济效益,部分棉田发展三熟制。如麦豆棉、麦、花生(红薯)—棉和稻棉水旱轮作制,棉田套种也有一定发展,主要类型有棉花套早辣椒、棉花套甜玉米、棉花套早豆、棉花套花生等。1995 年,全区开始大面积推广矮密早棉花高产栽培技术。各地继续推行统一测报、统一配药、统一时间、统一验收、分户打药的综合防治模式。全区各地推广应用微肥、激素。1994 年,全区使用助壮素面积达 1.2 万公顷。

麻类　苎麻　主产区为广丰县、上饶县和波阳县。1990 年,播种面积 860 公顷,总产 798 吨;1995 年,播种面积 820 公顷,总产 1127 吨;2000 年,播种面积 320 公顷,总产 294 吨。

品种有上饶县湘苎 1 号、波阳县本地品种铜皮青。1980 年代从湖南引进黑皮蔸及滨湖地区种植的青叶麻、黄叶麻、玉山麻。1990 年代主要推广赣苎 1 号、赣苎 2 号。

黄、红麻　黄麻各县都有种植,大多用以制作麻绳。1990 年,种植 360 公顷,总产 897 吨,1992 年,种植 393 公顷,总产 1242 吨,1993 年,取得恢复性发展,全区 0.39 万公顷,总产 1558 吨。此后一直萎缩。

黄麻品种有广丰长果、鄱阳土麻、印度长荚。红麻品种有青皮3号、红麻7804号等。

烟草 境内种植晒烟历史悠久,以广丰县、上饶县、波阳县较多。1985年,广丰县种烟789公顷,为全省重点产烟县,1986年,定为全国出口烟叶生产基地。1990年,全区种植晒烟0.15万公顷,总产1558吨,烤烟0.14万公顷,总产1016吨。1995年,全区晒烟0.11万公顷,总产1086吨,烤烟120公顷,总产170吨。此后一直滑坡萎缩。烤烟以波阳县为主,晒烟以广丰县为主。多以紫色土旱地种晒烟,滨湖地区以种植烤烟为主。区内生产的主要是晒烟。广丰县和上饶县把烟叶分为红晒烟和黄晒烟两类,红烟多种于水田,与双季稻轮作,素有紫老红之称。晒红烟主要良种(雪茄型品种)有大牛舌、小牛舌。晒黄烟主要良种有铁骨烟与大叶棚,鄱阳晒烟主要品种有红花烟大叶柳、细叶柳,以大叶柳为主。

实行轮作的主要有:旱地实行烟草与花生、大豆、蚕豌豆、甘薯等轮作,2~3年轮种一次烟;利用稻田种烟,即烟—晚稻,第二年为双季稻。

1980年代后期,栽培上开始施用复合肥,施足基肥,早施追肥,水田种烟与二晚杂优连作,获得烟稻双丰收。

广丰紫老红烟 紫老红又名红烟,早在明朝嘉靖年间(1522—1566)就开始种植,该烟叶的特点是叶片宽厚,色泽红亮,油脂丰润,经骨不露,组织细密,质地柔韧,香气郁醇,味似龙眼。如将烟叶揉成一团,重新摊开,既不破碎也无皱痕,是制作高级雪茄烟包皮的重要原料,同时,由于它的香烈味浓,因而也是某些高级卷烟的重要配料,在国际市场上久享盛誉。

甘蔗 1980年代以后,大力推广地膜育苗移栽和大田地膜覆盖栽培技术,改变了过去直播烂种缺蔸现象。同时,加强田间管理,前期进行间套种大豆、绿豆和梨瓜等,并推行以水、肥、土为中心的综合栽培技术措施,防治病虫害,促使平衡增产。

1990年,播面0.33万公顷,总产15.02万吨。1995年,播面0.39万公顷,总产16.01万吨。1997年为最高年份,达到0.47万公顷,总产22.03万吨。有果蔗、糖蔗两大类型,果蔗主要用于生吃鲜食,很少制精,糖蔗用于制糖。

1991年—2000年全区棉花、甘蔗、黄红麻、苎麻面积产量一览

表9-1-10

年份	面积(万亩)				总产量(吨)			
	棉花	甘蔗	黄红麻	苎麻	棉花	甘蔗	黄红麻	苎麻
1991	18.48	5.05	0.49	1.25	8923	174718	1068	953
1992	20.42	6.47	0.45	1.48	13567	219920	1177	1350
1993	24.50	5.90	5.80	1.20	12587	190562	1558	816
1994	29.90	6.50	0.80	1.10	15902	207476	2635	922
1995	24.60	5.84	0.59	1.23	7244	160966	1242	1127
1996	15.05	5.68	0.60	1.55	8610	153793	1170	2023
1997	12.71	7.05	0.56	1.39	8411	220279	824	1294
1998	10.50	6.81	0.37	0.57	3697	208145	682	544

续表 9－1－10

年份	面　积(万亩)				总产量(吨)			
	棉花	甘蔗	黄红麻	苎麻	棉花	甘蔗	黄红麻	苎麻
1999	7.25	6.73	0.90	0.54	4381	187419	876	385
2000	5.43	4.43	0.77	0.48	3405	88926	905	294

其他经济作物　瓜类:西瓜、甜瓜、上饶梨瓜。

花卉:传统名花有玉兰、蜡梅、荷花、梅花、紫藤、紫薇、石榴、金橘、桂花、菊花、水仙、兰花等。常见草本花卉有睡莲、虞美人、紫茉莉、昙花、令箭荷花、仙人掌、量天尺、蟹爪兰、石竹、半支莲、红绿草(五色苋)、鸡冠花、蜀葵(一丈红)、三色堇(蝴蝶花)、四季海棠、羽衣甘蓝、紫罗兰、仙客来、宝石花、燕子掌(厚叶景天)、倒挂金钟,天竺葵、金莲花(旱金莲)、凤仙花、五色椒、矮牵牛、牵牛(喇叭花)、茑萝、彩叶草、一串红、金鱼草、蒲色花、金盏菊、瓜叶菊、大丽花、非洲菊、万寿菊、百日草、结缕草、美人蕉、广东万年青、芦荟、文竹、吊兰、君子兰、沿阶草、韭兰、唐菖蒲等。常见木本花卉有苏铁、雪松、五针松、黑松、金钱松、南洋杉、洒金柏、龙柏、罗汉松、南方红豆杉、鹅掌楸、广玉兰、紫玉兰、白兰花、含笑、樟树、珠兰、紫叶小壁、十大功劳、南天竹、长红檵(红花檵)、橡皮树、杨梅、三角花、竹节蓼、金丝桃、木芙蓉、扶桑、木槿、银芽柳、海桐、八仙花(绣球花)、石榴、红叶李、日本晚樱(日本樱花)、桃花、火棘、紫荆、龙爪槐、大叶黄杨、狗骨冬春(狗骨)、黄杨(瓜子黄杨)、铁海棠(虎刺梅)、红背桂、葡萄、爬山虎、七叶树、三角槭(三角枫)、鸡爪槭、代代柚、米兰、夹竹桃、夜来香、枸杞、冬珊瑚、福建茶、迎春(迎春花)、茉莉、小叶女贞、爆竹花、栀子花、六月雪、珊瑚树、凤尾竹、棕竹、棕榈等。观叶珍品有美叶苏铁、瓜栗(发财树)、红桑、一品红(圣诞花)、网纹草、竹芋、散尾葵、万年青、花叶芋、龟背竹、绿萝、香龙血树(巴西铁)、富贵竹、龙舌兰等。新潮花卉有满天星、长寿花、凤梨、花烛(红掌)、马蹄莲、风信子、郁金香、洋水仙、带叶兜兰等。

食用菌:香菇、平菇、木耳、蘑菇、金针菇、草菇、珍稀菇、药用菌等,栽培量最大的是平菇。

中药材:野生药材 483 种,家种家养 31 种,家野兼有 45 种。地道药材有信前胡、粉防已、厚朴、覆盆子、枳壳、黄栀子、蕲蛇等;大宗品种有淡竹叶、夏枯草、女贞子、南山楂、乌药、芡实、土茯苓、黄精、山药、山腊梅等;种植品种有白术、薄荷、山药、红花、菊花、厚朴、杜仲、黄栀子、枳壳、丹参、玄参、桔梗、白芷、生地、山腊梅、玄胡、姜黄、郁金、浙贝母、防已、天冬、麦冬、半夏、金银花等。

此外,境内小宗经济作物有蓝靛、席草、芦苇、向日葵、芡实。

第五节　土壤改良

境内低产水田及低产旱地土壤类型主要有:冷烂型、粘渍型、砂板型、干瘦型、矿毒型几种。长期以来一直沿用的改良措施主要有抗旱排渍、增肥补肥、合理耕作、种植绿肥、秸秆还田、配方施肥、客土掺砂等。

1991 年,上饶地区土壤肥料管理站成立,各县(市)也成立相应的土壤肥料管理机构,形成区、县、乡、村四级土肥技术推广网络,全区的耕地改良工作步入制度化、规范化轨道。耕地改良工作坚持以种养结合、用养并重的方针，通过生物措施和工程措施，配套先进栽培技术，培肥地力，改良土壤。提升土壤有机质含量，改良土壤，实行排水、灌溉工程措施为主，再辅之以种植绿肥、水旱轮作、秸秆还田等生物措施。同时，通过推广测土配方施肥技术，合理应用氮肥、磷肥、钾肥等，减少了化肥的浪费，减轻了不合理使用化肥对水环境造成的污染。全年全区改造低产田 4.07 万公顷，应用测土配方施肥面积 19.73 万公顷，垄畦栽培面积 0.27 万公顷，秸秆还田面积 32.07 万公顷，种植绿肥 11.93 万公顷。

1999 年，全区改造低产田 1.73 万公顷，秸秆还田面积 34.93 万公顷，配方施肥面积 32.13 万公顷，积造各类有机肥 1.4 亿担，绿肥种植 7.07 万公顷。

2000 年，全区改造低配方施肥面积 34.42 万公顷，积造有机肥 1.64 亿担。

第六节　良种繁育推广

民间选留　1990 年代，随着改革开放的深入，农业科技队伍的壮大，农业科技机构和种子部门承担了农作物新品种的选育、繁殖、推广，农作物品种的更新速度加快，民间选留逐年减少，只有小部分农家品种仍然自留自种。

引进、推广　*水稻*　1990 年代初，境内开始实施优质稻工程，促进优质稻品种的迅速推广和普及。经过引进、示范和鉴定，筛选出一批适合区内推广和开发的新品种，早稻品种有中优早三号、26－44、6225、赣早籼 26 号、浙辐 218、浙辐 37、浙辐 38 和早杂博优湛 19 等；晚稻品种有中优晚一号、9194、原粳 4 号、晚粳 1067、荆糯 6 号、赣香糯等；特种稻上农黑糯、紫香糯、江西香丝苗等。这些品种在全区各地推广，深受广大农民欢迎。仅 1993 年全区推广种植优质稻面积 13.33 万公顷，新增产值 1.2 亿元。优质早杂组合协优华联 2 号、协优 49、博优湛 19 等渐成主栽品种。杂交晚稻是区内晚稻的主要当家品种，主要有协优 2374、协优 46、籼优 10 号、籼优 63、协优 64 等，杂交水稻以其产量高、品质优、抗性强等特点，种植面积逐步扩大。

“九五”期间，实施种子工程以来，全区主要农作物品种已更换 1～2 次，良种覆盖率达 90%以上。全区每年引进新品种 10 多个，对表现性状优良的品种进行繁殖并迅速推广，主要推广一批优质良种：常规早稻品种嘉育 948、浙辐 504、中鉴 100、中优早 3 号、中优早 81、赣早籼 34 号、赣早籼 40 号、舟优 903 等；杂交早稻品种金优 402、优 1402、优 166、金优 168、安湘 S/早 25、香两优 68 等；中稻品种两优培九、65396、冈优 22、籼优 149、籼优 63 等；杂交晚稻品种新优 752、两优培特、金优桂九九、籼优桂九、籼优 10 号等；常规晚稻品种赣晚籼 14 号、双竹粘、鹰优晚一号、万年贡米、弋阳大禾谷等。

2000 年，全区优质稻面积达 26.67 万公顷，优质稻良种覆盖率达 70%以上，通过大力推广优质稻良种、优化产业结构，境内逐渐形成全区各地的食用稻推广区，以万年县、波阳县、余干县为主的外销稻推广区，以弋阳县为主的加工稻推广区，以湖滨和信江沿岸的避灾稻推广区，以畜牧业发达地区为主的饲料稻推广区五大区域。

1990 年始，两系杂交水稻进入境内，经过多年的引种、试种、筛选，2000 年，进入大面积示范推广阶段，全区示范推广面积 1.73 万公顷，其中早稻 0.2 万公顷，中稻 0.8 万公顷，晚稻 0.73 万公顷，平均亩产 450 千克，最高达亩产 650 千克以上。尤其是两系中稻的迅速发展，已成为全区粮食品种结构调整的新措施。经过几年来的种植实践，两系稻示范和推广区域布局更加合理，基本形成以婺源县、德兴市、玉山县为主的两系中稻示范推广区；以波阳县、余干县为主的两系早稻示范推广区；以上饶县、广丰县、横峰县为主的两系晚稻示范推广区。为全区在调减早稻面积以后，双季改单季，降低水稻生产成本，稳定粮食总产，空余季节发展其他经济作物，实现农业增产，农民增收作出贡献。

棉花 1990年代，境内先后引进试种多个棉花品种，先后在波阳县、余干县、万年县推广，成为当家品种的主要有泗棉二号、泗棉三号、泗阳167、鄂棉18、苏棉12号、湘杂棉2号等。

油菜 油菜品种以发展双低油菜为主，推广品种主要有中双四号、中双五号、湘油13、湘油15号、油研七号、中油821、79601、89－605、两优586等，以其耐寒、分蘖位高、耐渍等特点，深受农民的欢迎。

其他 1990年代，优化农业结构，发展多种经济作物，全区引进一大批经济作物良种，大豆有矮脚早、五月拔、国豆98—18、国豆98—19等；玉米有农大108、掖单13号、豫玉22号、超甜3号等；马铃薯有东农303、克新一号、克新四号、费乌瑞它等；苎麻有赣苎麻一号、赣苎麻二号、赣苎麻三号等；花生有粤油551—116、六月爆等；蔬菜有泰国香菜、906粉红番茄、美国无架豆、中豌四号、中豌六号等，极大地丰富了市场，增加了经济效益。

繁育 1990年代，全区基本完善“地区提纯复壮、地区繁殖、分县制种”的繁殖体系，实行全区“三系”种子的统一供种，在省内最早引进提纯和开发利用协青早不育系，并始终坚持“三圃”制配套提纯各类三系亲本，种子质量普遍受到好评，到2000年，全区共生产三系亲本原良种55万千克，杂交稻良种500余万千克。三系亲本提纯复壮和繁殖面积年稳定在2万亩左右，年产种量300万千克。在常规水稻良种推广上，为适应农村经济改革的需要，全区加强以种子部门为主导，良种基地为核心，种子生产示范户基础的良繁体系，全区常规良种繁殖面积年稳定在1666.67公顷左右，年产种量850万千克，棉油良种基本实现统繁统调统供，常年供种量约25万千克。

第七节 病虫害防治

机构 1991年，地区有植保植检站，主要工作职能：进行农作物病虫预测预报和防治；国内植物检疫。1997年，增加农药市场监督管理职能。2000年10月18日，撤地设市，原上饶地区植保植检站改称为上饶市植保植检站，编制5人。

各县（市）均设有植保植检站，其中上饶市、广丰县、横峰县植保植检站与农技站合署办公，编制2人～7人。1995年，农业部安排婺源县建区域性病虫测报中心站。

2000年年底，大多数乡（镇）设有专职植保员，全区共有植保员240人。

病虫测报 1991年—2000年期间，各县（市）均由植保站承担，各站均有专人负责测报工作。婺源、余干县为全国病虫测报联系网成员单位。全区病虫测报对象有粮、棉、油、菜、果、蔗等作物的30余种病虫。测报手段主要采用灯光诱虫、手工剥查、田间调查等，1995年后，万年县、波阳县等产棉县普遍使用性引诱剂诱测。地、县站均在每年3－4月和7－8月发布上半年和下半年当地农作物病虫发生趋势预报，再根据作物病虫发生、发展情况，及时发布中短期预报和紧急补充预报，一般县站每年发10～25期情报。情报内容包括作物病虫的发生期、发生量，可能为害范围、程度、防治措施等。

主要病虫害 *水稻病虫* 期间，水稻常发生的主要病虫为“三病三虫”，即稻瘟病、纹枯病、细条病（或白叶枯病）、螟虫、稻飞虱、纵卷叶虫。稻曲病、稻蝗、稻蓟马、稻象甲、铁甲虫等病虫局部间歇性较重。稻叶蝉、稻苞虫、黄矮病、普矮病等极少发生。

稻瘟病:一般早稻重于晚稻,叶瘟发生面积大于穗瘟。1997 年、1998 年是大流行年份。1997 年,全区发生面积 0.61 万公顷,其中早稻叶瘟 1.36 万公顷,穗瘟 3.12 万公顷。早稻穗瘟中损失 30% 的成灾田块 0.49 万公顷,绝收面积 0.089 万公顷,以婺源县、上饶县、玉山县、上饶市重发生,其中婺源县穗瘟发生 0.52 万公顷,损失 30% 的面积 0.33 万公顷,损失 80% 的 733 公顷,为有史以来最重的一年。发病品种以 73-07、浙幅 802、优 I 华联 2 号等为主。1998 年,早稻发病面积 3.47 万公顷,其中叶瘟 1.33 万公顷,穗瘟 2.13 万公顷,余干县、铅山县、横峰县穗瘟较重。全区早稻因穗瘟损失 30% 的面积 0.073 万公顷,绝收面积 0.038 万公顷。发病品种以优 I 华联 2 号、协优华联 2 号为主。1997 年、1998 年、2000 年还出现晚稻稻瘟较重的新情况,三年的发病面积分别为 1.77 万公顷、1.257 万公顷和 2.2 万公顷。

纹枯病:1990 年代,在早晚中稻偏重发生,除个别年份早稻期间雨季结束早,发病略轻外,年度间差异不大,为水稻重要病害之一。发病面积每年在 16 万公顷 ~18.67 万公顷,占水稻种植面积的 40% ~50%。每年损失粮食 8000 吨左右,个别年份达 1.3 万吨。

细菌性条斑病:是全国植物检疫对象,1994 年后上升为全区晚稻的主要病害之一。1990 年代后由于晚杂面积增大,杂优品种组合变化及带病种子的调入等因素,使该病 1993 年扩展到 6 个县 20 多个乡,发生面积增至 0.33 万余公顷。1994 年,全区除婺源县以外的 11 个县均有发生,发病面积达 1.589 万公顷,其中余干县重发,共有 18 个乡镇 0.93 万公顷晚稻发病。1997 年全区所有县均有发生。发病面积达 3.51 万公顷,其后每年晚稻该病发生面积维持在 1.33 万 ~2.67 万公顷的较高水平,逐渐取代白叶枯病成为晚稻主要病害之一。

细菌性褐条病:常年轻发,1995 年 5 月下旬至 6 月上中旬,全区普降大到暴雨,信江、乐安河沿岸受淹,滨湖区出现内涝,受淹田块该病重发,水稻枯萎、腐烂发臭,一些田块被翻耕。全区发病面积达 1.33 万公顷。

白叶枯病:1995 年之后逐年减轻,早稻除 1998 年洪水之后发生 0.4 万余公顷,其他年份很少发生。晚稻发生面积一般都在 0.33 万公顷以下。

稻曲病:1999 年、2000 年,随一晚推广种植,两优培九等种植面积增大及晚稻 R4015 等优质稻的种植,破口抽穗时天气条件适宜,发生呈加重趋势。

三化螟:1980 年代轻发生,1993 年开始呈回升态势,1993 年四代三化螟发生面积达 4.79 万公顷。1999 年、2000 年偏重发生,三、四代在滨湖地区及靠近乐平的边缘县重发,1999 年,四代发生近 5.33 万公顷。2000 年,三代全区发生 3.87 万公顷,四代发生 6.53 万公顷,为 1990 年代最重年份,其中重发的余干县、波阳县三代枯心率高的 23.14% ~26.13%,一般 3% ~10%,田间残存虫量高的 5000 条 ~7000 条/亩,最高 1.1 万条,四代波阳县最高卵块 1000 块 ~4000 块/亩,防效差的白穗率达 70% 以上。余干县四代为害造成白穗率 21.5% ~58.8% 的成灾面积达到 2.08 万公顷,绝收面积 0.04 万公顷。

二化螟:1990 年代,发生较为平稳,基本上中等发生,主要是一代为害早稻,是早稻的主要虫害之一,常年一代发生 3.33 万公顷左右。1999 年,一代重发,发生面积达 5.33 万公顷,造成枯心一般 0.3% ~0.7%,高的 2% ~5%。1998 年、2000 年部分县晚稻二化螟发生为害较重,全区发生面积分别为 4.94 万公顷和 6 万公顷,万年县、上饶县等二化螟为晚稻的重要害虫之一。

纵卷叶虫:属迁飞性害虫,以 1995 年、1998 年的二代和 1991 年、1997 年的四代纵卷叶虫发生较重。1998 年 6 月 1 ~20 日迁入不断,全区发生面积 5. 44 万公顷,由于防治时间连续降雨,严重影响防治效果,据统计,造成损失 30% 的成灾面积 0. 27 万公顷,绝收面积 0. 03 万公顷,发生和危害程度为十几年中最重的一年。其他年份中等或偏轻发生,发生面积 1. 33 万公顷 ~3. 33 万公顷。

稻飞虱:属迁飞性害虫,全区主要害虫之一。1991 年早稻白背飞虱为 1987 年之后的又一大发生年,全区发生面积 5. 33 余万公顷,田间虫量高的每百丛万只以上,后期一些田块出现死杆、倒伏的现象。1996 年、1999 年晚稻飞虱重发,全区发生面积分别为 5. 72 万公顷和 5. 97 万公顷,但由于大量推广使用吡虫啉等高效低毒、有效期长的新农药,使为害程度得到控制,未造成大的灾害。其他年份早稻发生 2 万公顷左右,晚稻 3. 33 万公顷 ~4 万公顷。

棉花病虫　以棉铃虫、红铃虫、红蜘蛛、棉蚜、棉育蝽、棉叶蝉、金刚钻、小地老虎、斜纹夜蛾、蜗牛及棉苗病、铃病、枯萎病等病虫为主,年度间发生轻重有差异。1995 年,苗病发生普遍,死苗现象严重。1996 年,波阳县棉枯萎病重发,1998 年,后由于大面积种植泗棉 3 号、苏棉 12 号等抗病品种及包衣种的推广,枯萎病轻发。1998 年、2000 年棉铃虫四、五代重发。1995 年、1998 年、2000 年斜纹夜蛾暴发。

蔬菜病虫　以菜青虫、小菜蛾、斜纹夜蛾、菜蚜、甜菜夜蛾、跳甲、荚螟、守瓜常见,年度间发生轻重有差异。其中 1995 年、1996 年辣椒疫病重发生,1995 年、1999 年、2000 年斜纹夜蛾重发生。1994 年,全区发生美洲斑潜蝇为害,1994 年—1998 年重发生,1998 年,玉山、弋阳种植的秋豌豆上豆秆黑潜蝇为害严重,被害株率高的达 100% 。1999 年—2000 年,瓜绢螟大暴发。

柑橘病虫　1991 年,全区冬季低温,大面积柑橘受冻死亡,柑橘面积减少。柑橘病虫主要有潜叶蛾、红蜘蛛、黑刺粉虱、介壳虫、蚜虫、凤蝶、锈壁虱等,年度间发生有差异,溃疡病、疮痂病零星发生。

农作物病虫防治　1990 年代,农作物病虫防治在原有的措施基础上开始注重推广综合防治,力求通过多种措施减少化学农药使用量,保护农田生态平衡。

水稻病虫害综合防治和中学生培训　1991 年—1992 年,全区全面开展水稻病虫害综合防治,1991 年在 217 个乡镇实施综防面积 13. 33 万公顷,培训村级查虫员 240 名,培训农民 4800 名。根据在 23 个综防基点调查,综防区比非综防区平均每亩增产 34. 3 千克,增 9. 6% ,农药费用下降 28. 4% ,通过综防措施的推广,达到了控害省药、增产增收、减少污染、保护天敌的目的。

1991 年—1992 年,全区各县站与县教育局联合开展对乡级农村中学生水稻病虫综合防治基本知识的培训,通过在劳作课的课堂及田间讲解示范,使 90% 的学生基本能识别水稻主要病虫及其为害状,80% 的学生能正确调查决策、选择对路农药。

水稻病虫统防统治　1995 年—1998 年,横峰县、弋阳县、玉山县开展植保产业化试点,横峰县站与青板乡签订 0. 1 万公顷水稻植保有偿技术服务,采取五统一分方式开展水稻病虫防治,并收取技术服务费,承包区比非包区亩增粮食 22. 5 千克,节省农药开支 6. 5 元,减少用工 0. 5 个。1997 年、1998 年玉山县在岩瑞、下镇、六都开展水稻病虫统防统治,早稻亩收费 17 元,晚稻亩收费 22 元,采用全包方式,损失超过标准进行赔偿。通过该方式,防效提高 5% ~10% ,每亩降低成本 6 元 ~10 元。

1999 年—2000 年,在 12 县(市)开展以水稻病虫统防统治为主,带动果树、蔬菜等经济作物病虫统防统治的植保统防统治服务的示范与推广项目的实施应用。1999 年,示范推广面积

4.52 万公顷,亩新增单产 23.23 千克,全区增收节支 1694.08 万元,2000 年,示范推广面积 13.63 万公顷,亩新增单产 20.91 千克,增收节支 4794.21 万元,每季减少用药 1 ~2 次。

新技术新农药的推广应用 *新技术* 1992 年,开始试点推广水田除草剂,1994 年—1995 年,覆盖面积达 40% ~50%,1996 年以后,通过推广秧田、直播田、抛栽田、大田的不同类型田除草剂,使水田除草剂得到更广泛的使用。

种子消毒超剂量送嫁药、混合保穗药和机动喷雾器防治水稻病虫技术作为水稻统防统治的技术措施广泛应用。

新农药 1992 年,引进推广三唑磷防治水稻螟虫、纵卷叶虫等害虫,使螟害得到较好的控制。

1996 年,开始推广低毒的杂环类农药吡虫啉系列产品,防治稻飞虱及经济作物的蚜虫等害虫,逐步取代叶蝉散、DDV 等药剂,使之成为防飞虱、蚜虫的首选药剂,1999 年,共推广面积 328.61 万亩次,该药具有高效、持效期长等特点,广泛为农民所接受。还推广应用阿维菌素、BT 乳剂、纹霉清(星)等生物农药防治病虫害,减少化学农药对作物的影响。

第八节 水稻栽培

水稻种植 1980 年代中后期,杂交水稻生产进入大发展、大推广、大提高时期,并应用吨粮田(亩产一吨粮)的综合技术栽培,推广应用吨粮田的高产耕作种植制。1985 年,杂交水稻面积扩大到 7.74 万公顷,单产 296 千克。

1990 年,全区杂交水稻种植面积 19.85 万公顷,亩产 420 千克。大面积推广汕优 10 号、协优 10 号等杂交水稻品种获得成功,中国水稻研究所在上饶县召开现场会,肯定推广价值。

1990 年代初至 21 世纪初,加快推进优质水稻生产阶段。杂交水稻的推广,使水稻生产出现历史性的飞跃,稻谷产量实现大幅度增长。但由于水稻品种结构不合理,加工稻米不能适应市场需求,稻谷压仓问题日益严重。

1992 年 2 月 11 日,全区水稻品种(组合)米质品尝鉴定会在上饶市召开,着重研究推进优质水稻生产。此后,地委、行署又多次召开专门会议研究和部署,决定实施发展优质稻米“1112”工程(1000 亩名特优新种源生产、1 万亩晚粳新品种“原粳 4 号”示范、100 万亩优质品种示范,2000 亩早稻优质品种示范)。4 月 15 日,行署发出《上饶地区调整粮食品种结构,发展优质米生产实施方案》的通知,并对实施情况进行专项检查。地区农业局又发出《关于加快发展我区优质米生产的意见》。地、县(市)各级种子部门积极主动做好引种试种、示范推广工作。期间,全区从全国各地引进早粳、黑米、红米、香糯、软米等名特优新品种 110 余个,分 30 多个点试种,同时分点建立 66.67 公顷种源生产基地。1993 年,在水稻面积调减 6.67 万公顷的同时,抓好早、晚稻名特优新品种示范片;10 万亩早、晚粳新品种示范片;100 万亩早稻优质品种(组示范片;200 万亩优质晚稻品种(组合)示范片。早稻优质化达 60%,晚稻达 90% 以上。

1997 年,全区优质水稻种植面积 14 万公顷,平均亩产 400 千克。地委、行署发出了《关于 1998 年发展优质稻生产的意见》,全区早稻的优质率已提高到 50% 左右,比 1977 年提高了近 30 个百分点。

1999 年,优质稻面积达 20 万公顷。

2000 年,“两优培九”、“65396”超高产优质杂交稻发展良好。

水稻品种　1986 年,全区继续推进水稻高产、优质、高效,调整水稻品种结构,引进水稻中优常规品种 78 - 1000、79 - 10、79 - 18、12 - 008、6 - 38 等,分各县布点试种推广。1987 年,引进水稻杂交早稻新组合协优 49、威优 49、籼优 21、协优 35 等,经 12 个点试种,可大面积推广的有辐 8 ~ 1、沪江早 1 号、M1460、8018、信江早 1 号、2 号、85 - 86、85 - 36、玉秀 55 - 5 - 2。同年,全区推广“浙辐 802”8.45 万公顷,比上年扩大 2.05 万公顷,“73 - 07”6.06 万公顷,比上年扩大 1.87 万公顷,8004、“红特 31”0、91 万公顷,比上年扩大近 10 倍;推广协优 49、威优 35 等早杂 0.27 万公顷,比上年扩大三倍多。至此,种植多年的 6044,由上年 1.27 万公顷减少到 0.59 万公顷,先锋一号由上年 1.33 万公顷减少为 0.41 万公顷,珍珠矮、广陆矮 4 一号等退化迟熟品种全部淘汰。劣质米品种面积仅占水稻总面积的 6.4%。万年、余干、波阳县成为优质米双竹粘生产出口基地。

水稻耕作制度　1985 年,全区推广稻、稻、绿肥连每四、五年冬作轮种油菜、小麦;稻、稻、油菜连作二年换茬;稻、稻、麦连作一年换茬;缺水易旱水田,实行早稻、秋、冬作物换茬复种。1990 年代,稻田种植随着主导产业和特色农业的兴起而轮作复种,实行水旱轮换种植。主要有稻—豆、稻—菜、稻—烟、稻—芋等多种轮作复种形式。

水稻栽培技术　1991 年—1992 年,全区重点推广“三高”水稻栽培技术。通过“丰收计划”“星火计划”和“吨粮田建设”工程,达到水稻高产、高效、优质的目的。

1993 年,全区建立“三高”示范点 35 个,面积 0.49 万公顷,水稻丰收计划 5.33 万公顷,吨粮田建设 50 万亩,推广高产模式栽培 6.67 万公顷。同年多效唑、防霉宝等实用技术在境内逐步应用。水稻旱床育秧技术在境内试验示范面积 86.67 公顷,经测产验收,比水育秧亩增产 40 千克。

1994 年,受农产品卖难影响,全区提出逐步调整农产品结构思路,以避免农产品结构性过剩。提出在稳定粮食总量,保证粮食安全的条件下,减少早稻及劣质晚稻的面积,扩大优质稻和旱杂粮面积。同时改良耕作制度,试验、示范、推广旱地玉米间作套种技术。水稻旱床育秧技术大面积进行示范推广,面积合计达 1.53 万公顷,平均亩产增产稻谷 50 千克。

1995 年,全区推广旱床育秧面积 4.16 万公顷,其中早稻面积 3.69 万公顷,并首次进行晚稻旱床育秧试验示范,全区合计 0.47 万公顷。亩均稻谷 45 千克,总增稻谷 2808 万千克。推广旱地玉米间作套种,面积 18.15 万亩,其中套种早大豆 0.41 万公顷,套花生 0.23 万公顷,套红薯 0.36 万公顷,套瓜类 0.21 万公顷。平均亩增收益 50 元,总增收益 9275 万元,推广地膜覆盖面积 2.40 万公顷。

1996 年,旱床育秧推广面积 11.2 万公顷,其中早稻 10.27 万公顷,晚稻 0.93 万公顷,平均亩增稻谷 50.2 千克,总增稻谷 8428 万元。增加收益 1.42 亿元。水稻抛秧首次在区内试验示范,全区各县均建立示范点,总面积 380 公顷,亩增产 55 千克。

1997 年,旱床育秧推广面积 20.07 万公顷,亩增产 50 千克,全区合计办培训班 2600 期,培训人次 60 万人次。地区财政支持 350 万元,农行贷款 400 万元。水稻抛秧推广面积 2 万公顷。

1998 年,推广旱床育秧面积 17 万公顷,抛秧面积 4.84 万公顷推广优质稻面积 20.8 万公顷。

1999 年,推广优质稻面积 20 万公顷,旱床育秧面积 20.67 万公顷,抛秧面积 5.13 万公顷。

水稻壮秧剂面积0.24万公顷。

2000年,推广旱床育秧面积14.67万公顷,抛秧面积5.93万公顷,水稻壮秧剂面积1.05万公顷,优质稻18.87万公顷。

1991年—2000年全区粮食及旱粮作物面积及产量情况

表9-1-11

年份	粮食作物			杂粮		
	播面(万亩)	亩产(千克)	总产(万吨)	播面(万亩)	亩产(千克)	总产(万吨)
1991	786.01	297	233.06	18.38	72	1.32
1992	744.28	299	222.75	16.33	93	1.52
1993	739.10	278	205.43	9.60	112	1.08
1994	749.10	322	240.87	8.80	120	1.06
1995	770.49	293	225.60	15.74	252	3.97
1996	782.67	320	250.74	14.23	119	1.70
1997	773.41	327	252.58	11.76	128	1.51
1998	728.30	257	187.31	9.42	136	1.29
1999	755.30	297	224.68	8.28	138	1.15
2000	707.1	314	222.24	7.41	137	1.01

1991年—2000年全区水稻面积及产量情况

表9-1-12

年份	早稻			中、一晚			二晚		
	播面(万亩)	亩产(千克)	总产(万吨)	播面(万亩)	亩产(千克)	总产(万吨)	播面(万亩)	亩产(千克)	总产(万吨)
1991	332.39	298	98.99	31.73	344	10.92	326.32	346	112.75
1992	308.09	279	85.59	26.91	371	10.01	317.24	363	115.22
1993	295.60	214	63.38	29.80	363	10.81	311.80	376	117.27
1994	299.60	304	91.10	34.40	350	12.03	316.00	391	123.57
1995	307.97	181	55.66	27.54	420	11.56	331.75	415	137.83
1996	312.43	296	92.49	28.88	412	11.91	325.91	398	129.58
1997	309.11	316	97.58	29.77	394	11.73	325.25	388	126.14
1998	303.06	203	61.37	32.66	359	11.72	291.70	341	99.49
1999	299.69	276	82.63	35.45	379	13.44	318.90	355	113.26
2000	269.37	304	81.99	50.53	388	19.63	285.80	367	104.81

第二章　水　产

境内位于江西东北部,西部濒临全国最大的淡水湖——鄱阳湖,信江、昌江、乐安河横贯全区,支流纵横,水产资源丰富,为江西省主要淡水鱼产区之一。

1990 年以后,养殖水域进一步向外湖、低洼地、稻田等领域发展;水产生产以养殖为主,捕捞生产由于资源的衰退,产量呈下降趋势;特种水产异军突起,成为水产业快速发展的支柱。水产品总产量 10 年持续稳定发展,2000 年达到 218658 吨,比 1990 年的 44758 吨,增长 3.88 倍,10 年间年平均增长率为 17.2%。特种水产产量由 1993 年的 4346 吨增加到 2000 年的 40480 吨,增长 8.3 倍,年均增长 30%。渔业产值由 1990 年的 19088 万元(90 不变价)增加到 2000 年的 129336 万元,增长 5.78 倍;占农业总产值的比重由 1990 年的 4.96% 增长到 2000 年的 18.96%。

1991 年—2000 年全区水产品产量

表 9-2-1　　　　单位:吨

年　份	总产量	养殖产量	特种水产品产量
1990	44758	30787	
1991	48892	33982	
1992	62489	48053	
1993	98904	76960	4346.5
1994	126427	96214	6667
1995	151285	115746	14582
1996	182860	137214	22026
1997	210281	159660	27685
1998	209265	151882	30376
1999	208105	155553	34873
2000	218656	171359	40480

说明:1994 年前产量未统计

1990 年—2000 年全区渔业产值

表 9-2-2　　　　单位:万元

年　份	渔业产值	农业总产值	占农业产值%
1990	19088	385119	4.96
1991	20945	405159	5.17
1992	26505	444206	5.97
1993	46102	494007	9.33
1994	60172	562105	10.70

续表 9-2-2

年 份	渔业产值	农业总产值	占农业产值%
1995	73579	606814	12.13
1996	91134	659165	13.83
1997	110205	700292	15.74
1998	114381	641021	17.84
1999	127735	688543	18.55
2000	129336	682075	18.96

说明:按1990年不变价格计算

第一节 渔业水域

捕捞水域 1980年—1983年,全区有天然捕捞水面10.72万公顷,其中鄱阳湖捕捞水面10.67万公顷,大小江河及其支流134条、2.84万公顷。天然水域水草丛生,螺蚌蚬密布,饵料生物丰富,是鱼类洄游、繁殖、生长的良好场所。

天然水域主要盛产鲤、鲢、鲩、青、鲫、鳊、鳜、鲶、银鱼、黄颡鱼、白鱼、鳃鱼、凤尾鱼,鳅、鳝、花䱻、刺鲃等。

养殖水域 1980年—1983年,全区可供养殖水面有5.35万公顷,随着内湖改造、水库兴建、池塘开挖,养殖水面不断增加,2000年,全区养殖水面达到5.98万公顷,其中池塘1.24万公顷、湖泊2.4万公顷、水库1.99万公顷、河沟0.34万公顷、其他养殖水面(温室、水泥池和非养殖水域网箱)96.4公顷。在可养殖水面中,万亩以上的内湖有:余干康山联圩内湖(10万亩)、波阳饶丰圩内湖(1万亩)、珠湖(6.2万亩);万亩以上的水库有:波阳军民水库(1.5万亩)、滨田水库(1万亩)、上饶县茗阳关水库(1万亩)、上泸水库(1.2万亩)、玉山七一水库(1万亩)。

第二节 水产养殖业

1990年代,养殖业发生了深刻的变化,养殖产量占水产品总产量的比重逐年增加,养殖品种和养殖模式不断增加和改进。

养殖品种 鱼类 以青鱼、草鱼、鲢鱼、鳙鱼、鲤鱼、鲫鱼为主。其他养殖品种:荷包红鲤、乌鱼、鳜鱼、团头鲂、黄颡鱼、泥鳅、黄鳝等。引进了罗非鱼、白鲳、加州鲈、鳗鲡、胡子鲶、锦鲤等国外品种和彭泽鲫、白鲫、日本鳗鲡、鲟鱼等国内品种。1990年代末期,随着人工驯化和养殖试验的成功,刺鲃和花䱻已成为具有地方特色的养殖新品种。

贝类 养殖贝类以三角帆蚌为主,目的是为珍珠养殖提供载体。万年、余干、波阳县珍珠养殖较为发达,尤其是万年县为最。

两栖类 以蛙类为主,以古巴牛蛙、美国青蛙和棘胸蛙为代表。

爬行类 以鳖和龟为主,鳖类以中华鳖、台湾鳖为代表,龟类以草龟为代表。

水生植物 主要种类有:藕、莲子、茭笋、菱、芡实、席草、芦苇等。

鱼类繁殖　天然鱼苗　四大家鱼人工繁殖苗完全取代长江采捕的天然鱼苗,但黄鳝、甲鱼、鳜鱼、青虾等品种仍从天然水域中获取一定数量的天然鱼苗。

人工繁殖鱼苗　鱼苗繁殖场经历1980年代的高峰期后,由于受到广东、广西和省内赣州地区于都、瑞金县早繁鱼苗的冲击,国营苗种场体制改革、土地征用、市场竞争等因素的影响,人工繁殖苗的数量有所下降。

养殖方式　成鱼养殖在面积快速增长后,单产得到快速提高,在养殖品种、养殖技术和养殖模式方面有极大的改变。池塘亩产、水库单产、湖泊单产提高,“三网”养殖方兴未艾,稻田养鱼稳步增加。鳗鲡、甲鱼、草龟、乌鱼、鳜鱼、青虾等新品种的养殖从无到有,逐步形成规模,形成产业化。

池塘养殖　池塘养殖出现两极分化现象,农村部分零散的小池塘,由于采取一年一换、轮流坐庄的承包方式,缺乏维修,淤积严重,实行粗放粗养的生产模式。集中连片或较大面积的池塘进行养殖经营权的投标,进而实行高产养殖或特种水产品种的养殖。前者投入不足,管理粗放,单产水平不高,一般亩产仅在200千克以下。后者实行科学养殖技术,增加基础设施建设,加强生产管理,注重投入,亩产水平一般在300千克以上或亩产值在3000元以上。

湖泊养殖　湖泊养殖由人放天养逐步进入资源保护和养殖生产相结合的状态。河蟹养殖、银鱼增殖、甲鱼生态养殖,青虾、鳜鱼、黄鳝、乌鱼的网箱养殖在沿湖地区遍地开花。沿湖地区成为特种水产向外省、外地供应的基地。

水库养殖　大中型水库渔业生产,由以鱼类资源增殖模式为主向以资源保护和施肥(有机肥和无机肥)养殖鲢鳙鱼高产养殖模式转变。1992年以后,在玉山、广丰、上饶县及上饶市等地,水库化肥养鱼得到极大普及,水库单位面积产量有了极大提高。

小(一)、小(二)型水库,由于承包期普遍延长(10年以上,有些是50年),养殖者的资金投入增加,养殖技术大力普及,基本按照池塘高产模式进行生产管理,养殖的产量和效益得到提高。

稻田养鱼　1990年代,由水域缺乏地区(丘陵和山区)的补剂型向平原地区的工程型稻田养殖发展。随着粮食作物的供应充足和相对效益的下滑,双季稻田养鱼逐步向单季稻田养鱼和农渔两用田方向发展。

鱼病防治　随着养殖水域、放养密度、单产的提高,养殖品种的增加,苗种跨区域的交流,水域生态环境的不断恶化,水产养殖品种(包括甲壳类、贝类、两栖类、爬行类)的疾病在种类、面积、发病率及死亡率方面呈几何数增长。

常见鱼病　原有常见鱼病:白头白嘴病、水霉病、寄生虫性烂鳃、细菌性烂鳃、细菌性肠炎、赤皮病、鱼虱病、锚头蚤病。新增加的常规养殖品种鱼病:草鱼病毒性出血病、暴发性出血病、烂尾病、打印病、小瓜虫病、车轮虫病、指环虫病、中华蚤病、打粉病、泛塘等。

防治机构　全区水产技术推广部门成立了鱼病服务机构——鱼病门诊或水产技术服务部。加强鱼病预防、诊断、治疗、药品供应方面的服务,鱼病的发生得到控制,鱼病的治愈率提高。

治疗药物　防治药物增加到七大类一百多个品种。随着国家药品管理力度加大和人们健康意识的增强,一些毒副作用大、残留时间长的药品,如六六六粉、五氯酚钠、孔雀石绿、硝酸亚汞等被淘汰。药效快,副作用小的中药得到大力推广。

第三节　特种水产养殖

1990年代，水产养殖水域扩大，养殖技术普及，水产品产量增加，水产品供不应求的状况得到极大的改变，人均水产品消费量由1980年的2.46千克增加到1990年的7.68千克，水产养殖常规品种草鱼、鲢鱼、鳙鱼、鲤鱼、鲫鱼等，出现了供大于求的局面。过去小宗水产品或天然水域的野生水产品种，被广大消费者所喜爱，市场价格上升，造成自然资源不同程度地被破坏，形成特种水产养殖的高潮。

境内特种水产养殖的品种有：荷包红鲤、彭泽鲫、银鲫、鳗鱼、鳜鱼、青虾、河蟹、泥鳅、黄鳝、银鱼、鲶鱼、黄颡鱼、加州鲈、罗非鱼、乌鱼、淡水白鲳、鲟鱼、甲鱼、乌龟、古巴牛蛙、美国青蛙、田螺、珍珠等。

1998年—2000年，对上饶市刺鲃、广丰花鲭进行驯化及人工繁殖试验，取得初步成效。

从开始有特种水产品产量纪录的1993年—2000年，特种水产品产量由4346吨增加到40480吨，增长8.3倍，年均增长30%。

荷包红鲤　位于婺源县高砂的荷包红鲤良种场，是经农业部水产渔业局批准建设的第一批国家级水产原（良）种场，也是全国唯一的荷包红鲤原（良）种供应基地，每年向全国26个省、市、自治区输送大量荷包红鲤良种亲鱼、冬片鱼种及商品鱼。

养蚌育珠　万年县湖云塘珍珠养殖场利用良好的地理优势，克服三角帆蚌的繁育技术，杜绝蚌瘟病的输入，提高插片、育蚌技术水平，在全县大力推广珍珠养殖，1999年养殖面积达到2.65万亩，珍珠产量达到18吨，为全省第一、全国前列。

鳗鱼　1995年，全省第一家鳗鱼养殖场在铅山县落户，1998年，全区发展鳗鱼单位34家。全国最大的养鳗企业——龙山集团在玉山县双明镇建设全亚洲最大的欧鳗培苗基地，培苗池40公顷，其中水泥池25.33公顷，土池14.67公顷。2000年，鳗鱼产量为1590吨，鳗鱼及其加工品成为区内农业出口创汇的主力军，年出口创汇额占农业出口创汇额的比例达到75%以上。

乌龟　1994年，弋阳县特种水产养殖场开始自繁自养中华草龟。2000年，存池草龟亲本4000余组，年繁龟苗10万只，年产草龟20吨，成为全国最大的草龟生产、育苗基地之一。

青虾　为沿湖地区主要水产品品种，大量向江浙沪地区输出，年输出量在5000吨~6000吨。青虾以湖区天然捕捞为主，人工养殖为辅。人工养殖有网箱暂养、抱卵虾育苗及池塘养殖三种形式。

乌鳢　余干县利用鄱阳湖小杂鱼资源丰富的优势，发展乌鳢集约化养殖，面积达3600亩，亩产最高达3200斤，并且开展人工繁殖育苗工作，取得显著成果，年繁殖乌鳢苗种500万尾，2000年，商品产量2353吨，其鲜活产品远销华东和东南沿海地区。

第四节　渔政管理

机构　1987年，行署根据“统一、精简、效能”的原则，成立上饶地区渔政管理站，与地区农业局水产科合署办公，两块牌子，一套人马，不增编制。上饶市、上饶县、广丰县、玉山县、铅山县、德兴市、婺源县、弋阳县、横峰县、万年县相继设立渔政管理站（局）。根据《关于成立江西省鄱阳湖管理局的通知》(1984 年 8 月 20 日江西省人民政府办公厅发布),余干、波阳两县设鄱阳湖管理分局,为省局派出机构,受省局和所在县人民政府双重领导,以省局为主。

1999 年,万年县撤渔政局,设渔政站并入农业局。

2000 年,上饶地区撤地设市,上饶地区渔政管理站更名为上饶市渔政管理站,原上饶市渔政管理站更名为信州区渔政管理站。同年,余干县在水产局内设渔政管理站,负责鄱阳湖内湖渔政管理事务。全区有县级以上渔业执法机构 12 个,除上饶市、广丰县、余干县、万年县定编定岗外,其他县(市)及地区农业局渔政和水产科、站合署办公,没有专门的渔政经费。

渔政部门管辖内陆水域面积 2317.68 平方千米,其中养殖面积 5.93 万公顷。境内有信江、乐安河、昌江几条河流途经。

人员　2000 年底,全区渔政人员有 166 人,年龄结构老、中、青比例大至为 1:1:1,学历大学本科 9 人,大专 31 人,中专 52 人,高中 39 人,初中 16 人。所有渔政人员均参加过省里或市里的培训。

10 年间,地区渔政站举办 3 期渔政检查员培训班,共培训人员 136 人,培训内容有《渔业法》《野生动物保护法》《行政诉讼法》《水产种苗管理条例》等。经考试考核合格取得渔政检查员资格,获得由农业部统一制作的《中华人民共和国渔政检查员证》,执证上岗。

根据国务院批准,农牧渔业部、财政部〔1987〕农(渔政)字第 2 号《关于内陆水域渔政检查人员服装供应办法的通知》规定的着装范围、式样、标准,境内于 1993 年、1996 年、1999 年三次统一制作渔政服装。有轻质渔政船 4 艘。

贯彻有关法律、法规　1986 年《中华人民共和国渔业法》和 1987 年《江西省实施〈渔业法〉的办法》是渔政管理的基本依据。1990 年代,随着渔业经济活动的日趋活跃,渔业法规也逐步完善发展,先后贯彻落实了《江西省实施(中华人民共和国野生动物保护法)的办法》(1994 年 12 月 3 日江西省人民代表大会常务委员会发布)、《江西省水产种苗管理条例》(1998 年 8 月 24 日江西省人民代表大会常务委员会发布)、《关于公布(江西省级重点保护野生动物名录)、(江西省非重点保护野生动物名录)的通知》(1995 年 7 月 13 日江西省林业厅、农业厅发布)、《关于核发水面养殖(种植)使用证的通知》(1993 年 5 月 31 日江西省农牧渔业厅发布)、《江西省水产原、良种审定办法(试行)》及《江西省水产原种、良种、苗种场考核测评实施细则(试行)》(1993 年 9 月 15 日江西省农牧渔业厅发布)、《关于办理特种水产品养殖、经营许可证及征收渔业资源增保护费的通知》(1996 年 8 月 6 日上饶地区财政、物价、农业局发布)、《全国人民代表大会常务委员会关于修改〈中华人民共和国渔业法〉的决定》(2000 年 10 月 31 日中华人民共和国主席令)。新《渔业法》自 2000 年 12 月 1 日起施行。

水产资源保护　保护对象　根据 1987 年 7 月《江西省实施(渔业法)的办法》,区内水产资源的保护对象有:鲥鱼、银鱼、鲅虎(石鱼)、青鱼、草鱼、鲢鱼、鳙鱼、鲤鱼、鲫鱼、鲂鱼、鳜鱼、鳃鱼、乌鱼、鲶鱼、鲴鱼、鲍鱼、鳝鱼、鲐鱼、花鲔鱼、鲚鱼、鳗鲡、黄鳝、虾、蟹、鳖、龟、贝类等的亲体、幼体和白鳍豚、中华鲟、白鲟、长江鲟、江豚(江猪)、娃娃鱼等水生野生动物。同时也保护芡实、莲藕、慈姑、菱角等水生植物的苗种。

1995 年 7 月 13 日,江西省林业厅、农业厅发布的《江西省级重点保护野生动物名录》和《江西省非重点保护野生动物名录》中所列的水生野生动物。

保护措施　对捕捞渔业实行许可证制度,是控制捕捞强度、保护和合理利用渔业资源的重要手段,是国家对渔业实施管理的一项最基本的管理制度,各县已普遍实行。据统计,2000 年底，全区（不包括波阳、余干）共有捕捞渔户1407户，人口6134人，其中专业渔户471户，人口1595人，专业渔民542人；专业、兼业渔船290艘，总功率1242匹马力；主要渔获物为鲤鱼、鲫鱼、草鱼，占捕捞总量的50%以上；人均渔业收入1650元。

渔业资源增殖与保护 *禁渔、封港、人工放流* 对区境内信江、乐安河水域，采取自然增殖与人工放流相结合的办法增殖鱼类资源。根据各河流水域情况，选择主要经济鱼类的优良产卵场实施禁渔区、禁渔期制度。上饶市、广丰县在信江河河段设立禁渔区；有组织、有计划地开展人工放流，1991年，地区渔政站在信江河河段人工放流鲤、鲫、草、鲢、鳙、鳊等冬片鱼种25万尾，1999年，地区渔政站会同信州区渔政站在信江河河段再次进行放流30万尾。10年间，玉山县、广丰县、弋阳县、婺源县都进行多次人工放流，取得明显的经济效益、生态效益和社会效益。

鄱阳湖区域的波阳、余干、万年历年就有禁渔的习俗，一般在鱼类繁殖季节（每年3月~6月）对经济鱼类的产卵场所进行禁渔。2000年开始，对鄱阳湖每年3月20日~6月20日全湖禁渔。

取缔有害渔具、渔法 根据《中华人民共和国渔业法》和《江西省实施〈渔业法〉的办法》和省政府《关于制止酷渔滥捕、保护增殖鄱阳湖渔业资源的命令》的精神，每年参加省政府组织的鄱阳湖综合治理工作，同时各县、市、区渔政站在各河段进行拉网式检查，狠狠打击电鱼、毒鱼、炸鱼和使用有害渔具、渔法捕鱼的违法行为，在市场上检查加工、制造、销售不符合规定的渔具。据统计，2000年，全区查缴麻鱼机240台，电鱼船17条，查处电鱼机产家6家，毒鱼案5起。境内河流水域有害渔具、渔法主要有：电鱼船、麻鱼机、炸鱼、毒鱼、密眼地笼等等。

渔业水域环境保护 境内水资源丰富，水质良好，有利于水生动植物生长和繁衍。1990年代，由于工业和生活污水大量排放，突发性污染事故急剧增加以及工程建设项目对鱼类栖息地的严重破坏，渔业水域生态环境正遭受污染和损害，天然渔业水域和养殖业都面临威胁，特别是污染破坏部分经济鱼类的近岸产卵场和养殖水域，鱼类繁殖能力严重下降，加剧渔业资源的衰退。渔政部门加大对渔业生态环境保护力度和渔业生态环境监测力度，针对信江河岸污染企业排污问题，渔政部门联合环保、城管、水文部门进行监测，促其达标排放；依据《渔业法》《中华人民共和国水污染防治法》调解、处理一些渔业污染纠纷案件：信州区王正南承包水面污染案、弋阳县铜管厂污染案、德兴市双溪水库机油污染案等。

养殖业管理 *核发水面养殖（种植）使用证* 根据1987年《中华人民共和国渔业法》及《渔业法实施细则》有关规定，县级以上地方人民政府根据国家对水域利用的统一安排，可以将规划用于养殖业的全民所有制单位从事养殖生产，核发养殖使用证，确认使用权和1993年江西省农牧渔业厅《关于核发水面养殖（种殖）使用证的通知》精神，各县（市）都已全面开展此项工作。

规范水产种苗管理 水产种质资源是水产养殖产业的重要物质基础，由于水产原良种场水产苗种存在着种质退化，生长速度减慢，抗病能力下降等问题。加之生产、销售假冒、劣质的水产苗种情况时有发生，对区内种质资源造成严重危害，一些新的水产疫病，随着无续市场流动传播泛滥。1993年，江西省农牧渔业厅发布的《江西省水产原、良种审定办法（试行）》及《江西省水产原种、良种、苗种场考核测评实施细则（试行）》和1998年江西省人民代表大会常务委员会发布的《江西省水产种苗管理条例》颁布实施规范了区内水产种苗管理。1994年，按照省农牧渔业厅《关于做好河蚌（含手术蚌）出入省境的检疫和病蚌的检查、处理的通知》要

求，有效控制外省病源的传入。1998年，地区渔政站会同玉山县、上饶市、铅山县按照新颁布的《水产种苗管理条例》对进入境内的冬片鱼种进行检疫检查。

加强养殖生产管理　在养殖生产管理过程中，加强养殖病害管理，增加对水产品质量监测和加大对药品、饲料的监管力度。

征收渔业资源费　*征收对象*　1989年，根据省农牧渔业厅、省财政厅、省物价局联合制订《江西省渔业资源增殖保护费征收使用办法》，凡在境内天然水域（含草洲、沙洲、下同）内从事采捕、养殖种植水生动、植物等渔业生产活动的单位和个人，都必须按规定缴纳渔业资源增殖保护费（简称渔业资源费）。

征收方式　由县级以上人民政府渔业行政主管理部门或其授权单位结合发放捕捞许可证、养殖水面使用证时征收。

征收内容　*捕捞渔业资源费*　征收标准是按其批准发放捕捞许可证的前三年平均总产值（不含专项采捕经济价值较高的渔业资源品种的产值）的1%～10%的幅度确定，具体征收标准：从事专业捕捞作业的按1%～3%的比例征收，从事兼业捕捞作业的按3%～5%的比例征收；脚网、爬网、鹭鸟等限期改革、淘汰的渔具渔法，在限期内使用的，按10%的比例增收；经批准的外省渔船从事临时捕捞作业的，按10%的比例征收；经批准专项采捕特定地方性资源的按5%～7%的幅度征收；对收购天然水域的蟹、蚌等特种水产品的单位或个人按其收购总额的3%～5%的比例征收；经批准从事开发利用天然大水面拦网和网箱养鱼的可低于平均征收标准征收，也可以在头两年予以减免；经批准采捕珍稀水生动植物的（因科研需要，依据有关规定采捕除外）；按10%的比例收成。

养殖渔业资源费　征收标准由县级人民政府制定，由同级人民政府物价部门核定。

资源费使用　用于渔业资源增殖、保护，其使用范围是：施禁主要经济鱼类的产卵场、越冬场，购买增殖放流用的苗种及增殖设施；宣传渔业法规，营救珍贵鱼类品种和监测水质环境及科学研究。

第三章　畜牧业

境内畜禽资源及饲料资源较为丰富，特别是畜禽品种经长期选育，形成具有地方特色、闻名省内外的畜禽良种。

中共十一届三中全会后，畜牧业开始从传统的自给、半自给生产向商品生产转化。畜禽繁殖、疫病防治、畜禽产品加工等得到长足的发展，畜牧业成为农业产业化经营的一项支柱产业，为畜牧业发展提供管理与服务的机构进一步健全。社会化服务、系列化生产经营，有力推进了畜牧业协调稳定的发展。

第一节　畜禽资源

调查与区划　1980年冬开始，上饶地区农业区划办公室对全区农业自然资源开展调查，据调查，全区除一般畜禽外，还有玉山县黑猪、铅山县兴安猪、德兴市花猪，波阳县、余干县、万年县的滨湖水牛，广丰县铁蹄牛、山羊，上饶县、广丰县、玉山县的白耳黄鸡、白毛乌骨鸡、白银鹅，余干县的乌黑鸡、大头鸭、庞头鸭，波阳县、余干县、万年县的麻鸭，玉山县长毛兔等100余种，有的已列为国家或省地方优良品种。境内饲料资源非常丰富，粮食及农副产品饲料：稻谷、菜籽饼、棉籽饼、芝麻饼、麦麸、米糠、糟渣、红薯、稻草、糠、玉米秆、玉米芯、豆及花生秆等；青饲料：栽培饲料、野生饲料和水生饲料；其他饲料：各种河蚌、田螺、泥鳅以及各种鱼类、畜禽加工的下脚料和蚌壳加工成的矿物质饲料等；草场资源丰富，野生牧草就有200多种。

畜禽品种　通过长期选育，境内形成具有地方特色的闻名省内外的地方畜禽品种，载入《江西省地方畜禽品种志》的有广丰县黄牛、山羊，玉山县黑猪、波阳县短嘴猪、乌骨鸡。1995年载入江西省畜牧局编制的《种畜种禽品种标准及生产技术规范》的有赣东北黑猪、白耳黄鸡、广丰县白银鹅等。

牛　广丰县黄牛　素以肢健蹄坚，体大力强，外貌清秀，育肥性能较好而著称。由于蹄质坚硬，善爬山道，有"广丰铁蹄牛"之美称。以广丰县为原产地，全区性分布，以东部低山丘陵、玉山县、上饶县（市）数量较多。

滨湖水牛　体形高大，抗病力、耕作力和适应性都比较强。主要分布在波阳县、余干县、万年县等。

山区水牛　系沼泽型水牛，长期生活在山区环境中形成的品系。主要分布婺源县、德兴市等山区。体形中等、粗壮结实、四肢前低后高、蹄坚形小而圆、善爬高山、步伐轻，角向后内弯曲，呈半圆形，群众称"铜锣角"。

引进牛种　黑白花奶牛、秦川牛、南阳牛、摩拉水牛、尼里水牛、辛地红牛、西门塔尔牛、海福特牛、夏洛来牛等。

猪　赣东北黑猪系玉山县黑猪、上饶县黑猪、横峰县兴安猪的统称。

玉山黑猪　又称玉山乌猪，因全身毛黑得名。乌猪体型较小，全身浑圆、背凹、脚小、嘴唇短、两耳下披并略向前翘，俗称"萝卜猪"。具有早熟易肥，边生长边蓄积皮下脂肪，肉质鲜嫩味道好的特点。成年公猪体重75千克～88千克，母猪74千克～89千克。繁殖能力强，母性好。由于杂种优势率较高，是较好的杂交母本。

兴安猪　主要分布在横峰县、铅山县。全身黑色，少数在四肢末端有少量白色。头大小适中，嘴较长，耳较大下垂，背凹腹大下垂，四肢短而粗，毛稀短，属脂肉兼用型早熟品种。具有耐粗饲，繁殖率高，肉质好等特点。成年公猪体重72.5千克～81千克，母猪平均体重63.5千克。由于生长育肥较慢，一般作为经济杂交的母本。根据环境和饲养条件的不同，可分"火眼猪"和"糯米猪"两种类型。

上饶黑猪　主要分布于上饶县丘陵平原地区，属脂肉兼用型地方品种。具有耐粗饲，结构紧凑，性情温顺，肉质细嫩，以及6月～8月龄生长发育快等特点，全身皮毛黑色有光泽，头大小适中，嘴略上翘，额宽，皱纹较多，耳中等大而下乖，颈粗有垂肉，腰身较长宽而平直，臀宽稍倾斜，四肢强健，腿部肌肉丰满，尾向上卷曲，公猪尾下垂。成年公猪体重112.7千克，母猪平均96.2千克，繁殖能力强，母性好。

赣东北花猪　以乐平花猪为代表，波阳县、万年县、德兴市、婺源县、弋阳县都有分布。

波阳短嘴猪　主要分布在波阳县横溪、莲南、潼津、朗埠、内湖、群众、群联、华龙、韩山、青山、青龙等地。属中熟型的地方品种。具有体型高大，耐粗性，增重快，性情温顺，肉质较好以及瘦肉率较高等特点。外形小，嘴短微翘，耳大下垂，颜面多皱纹，呈狮子头型，体长背宽，肌肉结实，背部黑色，额前有白毛，四肢、尾端、腹下部白色，群众称之为"乌云盖雪"。成年公猪体重85千克，母猪60千克。母猪繁殖力强。

引进猪种　1990年代主要引进瘦肉型种猪，建立大约克夏猪场一级场1个、二级场2个。

羊　广丰山羊　广丰县为原产地。具有耐粗料，抗病力强，适应性广，繁殖率高，肉质鲜美等特点。毛色以全白居多，黑色或白花者较少，成年公羊体重平均42.5千克，母羊28.35千克。

引进羊种　先后引进新疆细毛羊、萨能奶山羊、湖羊、罗姆尼半细毛羊、成都麻羊、波尔山羊、贵州铜羊、小尾寒羊、南江黄羊等。

鸡　广丰白耳黄鸡　以白耳、黄毛、黄脚、黄喙为特征，主要产于广丰县、上饶县、玉山县。具有体型小、开产早、产蛋多、外形美观等特点。成年公鸡体重平均1.54千克，母鸡1.27千克。2000年8月，被列入《国家级畜禽品种资源保护名录》。

余干乌黑鸡　具有全身乌黑，体型中等，蛋肉兼用，觅食力强，抗逆性好等特点。成年公鸡体重2千克左右，母鸡1.23千克。母鸡赖抱性较强。

白毛乌骨鸡　以白色扁羽，耳绿，皮肤、肌肉、骨骼、喙、内脏均呈黑色为特色。分布于波阳县北部的油墩街、谢家滩及玉山县的部分乡镇。成年公鸡体重2千克～2.5千克，母鸡1千克～2千克。母鸡有赖抱性。肉质好，营养丰富。

鸭　上饶麻鸭　上饶县出产，属蛋用鸭地方品种。全身羽毛棕黄色与黑色均匀地交织成雀斑色，体躯长而窄，前胸高挺发达，后躯宽大下垂，个子矮小，体重较轻，成年公鸭平均体重0.98千克，母鸭1.24千克。具有耐粗饲、易管理、产蛋多、蛋质好等特点。

余干大头鸭　产于余干县，属蛋肉兼用型地方鸭种。公鸭以绿头、啄长、颈粗长、体型较长、脚高、被毛无杂毛为特征；母鸭则以头大、颈长、啄深、体长、脚高、羽毛薄且多为乌麻毛为特征。具有耐粗饲、食谱广、觅食力强、早期生长快、蛋多且大、屠宰率高等特点。

疣头鸭　俗称番鸭，为肉用型地方品种，各县市都有饲养。羽色有白色、黑色、黑白相间等三种，以白色居多。疣头鸭头大而长，因其头部两侧和颜面有红色皮疣而得名。成年公鸭体重3.5千克～4.5千克，母鸭2.7千克～3.2千克。年产蛋4次，每次10枚左右，蛋重65千克～70克。母鸭有就巢性，但不善于育雏。以疣头鸭为父本，与麻鸭母鸭杂交，其杂种一代俗称湖鸭，具有生长快、体重大、肉质好等特点，但无繁殖能力，专供肉用。

鹅　广丰白银鹅　头上有肉疣，尤以公鹅明显。颈长而能伸延，体躯短、尾向上、生长快、肉质好、屠宰率高、食性广，是家禽中惟一能大量采食青菜、野草的动物，属草食家禽。出雏后饲养90天～120天，公鹅体重可达4千克，母鹅可达3千克～3.5千克，产肉性能好，母鹅有就巢性，母性良好。

引进禽种　境内曾先后引进来航鸡、澳洲黑鸡、芦花鸡、洛岛红鸡、九斤黄鸡、泰和鸡、奥品顿鸡、醒布罗鸡、白洛克鸡、红考尼什鸡、白考尼什鸡、星杂288鸡、红育鸡、罗斯蛋鸡、星杂529鸡、岁斯1号肉鸡、AA鸡、浦东鸡、火鸡等鸡种。引进豁鹅、狮头鹅、北京鸭、绍鸭、金定鸭、滨湖绿头野鸭、龙岩山麻鸭、樱桃谷鸭、法国番鸭和康贝尔鸭。

兔　广丰白兔　毛质粗硬，四肢粗壮有力，具有早熟、耐粗饲、抗病力强等特性。成年公兔体重1.95千克，母兔1.74千克。

引进兔种　安哥拉兔，中系安哥拉兔，英系、法系、德系安哥拉兔，力克斯兔，青紫兰兔，日本大耳兔，新西兰兔等。

草资源 根据《上饶地区草场自然资源调查报告》,全区宜牧草场毛面积(包括“十边地”,下同)为80万公顷,可利用面积为66.67万公顷。按全国统一的分类标准,可分为4个“类”、10个“组”、31个“型”。

草场植被 境内属中亚热带植被区系,植被种类繁多,野生牧草有200多种。常见的饲用价值较高的建群种有30多种。草场植被主要有以下几种类型:

山地丘陵草丛 由林木破坏后出现的一种过渡性植被类型。主要分布在山地丘陵疏幼林地带,以刺芒野古草、细毛鸭嘴草、画眉草、黄背草、金茅芒箕为建群种。

荒山荒地草丛 林木和草被都遭到反复破坏而形成。水土流失严重,地表砾石裸露,许多地方寸草不生,有些稀疏小禾草,形成光秃秃的不毛景观。

平原低湿地草丛 主要分布在滨湖洲地、河谷盆地,以及农林隙闲地。其主要代表为滨湖草洲。建群种为狗牙根、麻皮草、草芦、假俭草、马唐、鸡眼草、白茅、雀稗、鸭嘴草、一年篷、铺地黍、游草等中矮禾草与杂草类。

灌丛 为林木砍伐的次生植被。广泛分布于人为破坏砍伐比较频繁的山地丘陵地带。总面积约有7万公顷,主要建群种为檵木、映山红、胡枝子、乌饭、橡子、毛栗、苦槠、苦竹、华山矾、野山楂、小叶赤楠、金樱子、菝葜等。

林间草丛 多分布在海拔1000米以下的低山丘陵人工薪炭林地带和经济林区,属于疏幼林草场。林木建群种为马尾松、杉木等人工林,经济林木主要为油茶。灌木有乌饭、野山楂、华山矾等。草本植物主要为野古草、桔草、金茅、白茅、芒箕和杂类草。

草场类型 低山丘陵草丛草场(类) 总面积23.33万公顷(毛面积,下同),占全区草场总面积的28.34%。各县都有分布,以上饶县、铅山县、玉山县、弋阳县、波阳县、婺源县、德兴市面积较大。海拔高度一般在500米以下,相对高度在50米~300米之间,土壤主要为红壤。草场植被以中禾草占优势。主要建群种为刺芒野古草、金茅、白茅、芒、五节芒、纤毛鸭嘴草,伴生种有桔草、黄背草、芒箕、野南瓜、野山楂、山扁豆、长画眉草、胡枝子、华山矾、菝葜等。草层覆盖度在35%~80%之间,高度为15厘米~30厘米,亩产鲜草200千克~400千克。理论载畜量12万头黄牛单位。

低山丘陵灌丛草场(类) 总面积为21.27万公顷。占全区草场总面积25.83%。各县都有分布,而以山区县面积较大,由于森林被砍伐以后形成的次生植被。建群种有杜鹃、橡子、毛栗、胡枝子、乌饭、小叶赤楠、栲槠、荷树等。草本植物有刺芒野古草、白茅、五节芒、芒箕等。灌丛高80厘米~180厘米,总盖度70%~80%。亩产50千克~100千克,理论载畜量4.2万头黄牛单位。

低山丘陵疏幼林草丛草场(类) 总面积24.93万公顷。占全区草场总面积30.28%。一般属于未成林的造林地、疏林地和油茶林地。林木覆盖度在10%~30%之间。分布在各县低山丘陵地区,以波阳县、余干县、万年县、玉山县、弋阳县、广丰县、铅山县面积比较大。林间草场土壤基质较好,牧草比较幼嫩,适口性好,植被以金茅、鸭嘴草、野古草、白茅、五节芒、金樱子、菝葜等。草层高40厘米~80厘米。总盖度50%~70%之间。亩产鲜草200千克~400千克。总载畜量12.6万头黄牛单位。

平原低湿地草甸草场(类) 总面积为12.8万公顷。占草场总面积15.55%。由滨湖草洲、农林隙闲地(又称“十边地”)以及河滩、圩堤等组成。这类草场水肥条件优越,植被覆盖度高,适口性好,产草量高,耐牧性强,是草食动物的主要牧地。现状植被以狗牙根、假俭草、马唐、止血马唐、铺地黍、游草、双穗雀稗、园果雀稗为优势种。草层高10厘米~180厘米。总盖度60%~95%，草洲盖度可达100%。亩产鲜草500千克~1000千克。总载畜最15万头黄牛单位。

饲料资源　能量饲料　主要有水稻、大麦、小麦、玉米、红薯、绿豆、蚕豌豆、马铃薯、荞麦、高粱、粟等。据调查，1987年，全区能量饲料有12种，总量为226.04万吨。

蛋白质饲料　主要有菜籽饼、芝麻饼、棉仁饼、豆类、明胶下脚料、蚕蛹等。据调查，全区蛋白质饲料有7种，总量65595吨。

青饲料　栽培饲料主要有萝卜、甘蓝、白菜、饲用白菜、君达菜、水芹菜、空心菜、苋菜、洋苋菜、齿缘苦卖菜、红三叶、白三叶、灰萝卜、意大利黑麦草、象草、聚合草、紫云英、红薯蔓、沙打旺等20多种。野生饲料：常用的有野菠菜、夏枯草、雪见草、铁苋、马齿苋、地锦草、一年蓬、构树叶、白背叶、榆树叶、槐树叶、芥菜、积雪草、旱莲草、山扁豆、马兰、华山矾、美丽胡枝子等30多种。水生饲料：主要有水浮莲、水葫芦、红萍、细绿萍、扁绿草、虾须草、野菱角、子午莲、芡实、水车前等。

矿物质饲料　境内矿物质饲料资源特别是碳酸钙比较丰富，随着珍珠养殖业的发展，每年都有大量废弃的蚌壳可加工成矿物质饲料。

中草药等饲料原料　境内有制药厂多家，在制造中成药的过程中，产生大量的药渣，是生产饲料添加剂好原料。

境内天然草场面积较大，但由于草场没有得到很好地改良，牧草品种单一和低劣，单位面积牧草的产量很低。1980年代，圭峰草场引种优质牧草黑麦草、雀稗、小米草、岸杂一号、墨西哥玉米、红三叶、苜蓿、银合欢、苏丹草、谷牧70、牛鞭草、松香草、糖蜜草、白三叶、囊状草茅、硬壳草、京多一号玉米等17种。

第二节　饲　养

畜牧业生产　境内畜牧业生产历史悠久。新中国成立后，境内畜牧业处于全面发展提高状态。2000年，全区畜牧业产值达128747万元（按1990年不变价计算），占农业总产值的18.86%，当年肉类总产量达177778吨，其中猪肉产量144110吨，比1949年增12.3倍。

1991年—2000年全区畜禽年末存栏数一览

表9-3-1

年份	耕牛（万头）	役牛（万头）	良种及改良乳牛（头）	猪（万头）	羊（万只）	兔（万只）	家禽（万只）	附当年出栏肉猪（万头）
1991	34.90	27.89	296	222.54	4.83	6.07	1233.46	173.39
1992	36.70	28.45	175	237.49	5.45	6.88	1360.13	194.37
1993	36.85	29.62	206	244.24	5.24		1698.99	217.05
1994	37.01	29.61	113	287.61	5.17		2016.34	314.91
1995	38.57	30.28	224	306.10	6.40		2312.19	358.03
1996	39.15	31.19	125	323.19	7.23	3.39	2828.21	368.35

续表 9-3-1

年份	耕牛（万头）	役牛（万头）	良种及改良乳牛(头)	猪（万头）	羊（万只）	兔（万只）	家禽（万只）	附当年出栏肉猪（万头）
1997	41.41	34.72	321	299.63	9.28	7.1	2509.41	387.23
1998	34.47	27.40	529	244.93	6.08	4.91	2278.68	275.31
1999	31.99	25.67	263	183.56	5.37	2.97	1605.95	203.43
2000	31.21	24.80	491	169.53	6.33	3.84	1721.97	184.93

说明:耕牛数中含役牛数

1991 年—2000 年全区畜、禽、蜂蜜产量一览

表 9-3-2　　单位:吨

年份	猪牛羊肉产量	猪 肉	牛 奶	禽 蛋	蜂 蜜
1991	136500	134403	479	19482	1486
1992	157225	154621	458	27477	111
1993	188408	184341	206	31541	1166
1994	257461	253226	264	38648	1026
1995	286990	282442	378	44578	1550
1996	304538	299592	129	54957	1150
1997	289328	282686	420	67210	955
1998	221898	216435	82	33201	944
1999	196313	169361	137	23308	1174
2000	148360	144110	70	21886	1012

说明:猪牛羊肉产量含猪肉产量

生产结构　1990 年后,全区畜牧业得到长足发展。1992 年,地委、行署《关于大力发展畜牧业的决定》中要求:加快调整产业结构,努力提高畜牧业在农业中的比重、草食畜禽在畜牧业中的比重、瘦肉型猪在养猪业中的比重,使发展畜牧业的基础建立在合理的产业结构之上。万年县推广湖云塘水产场“水面养珍珠、岸边养生猪”的养殖模式,率先建成瘦肉型商品猪基地。上饶县推广“一片水面、一座山。建一个养殖场,水面养鸭养鹅,岸边建栏养畜,山上种果树”的立体综合养殖模式。

全区畜牧业生产屡创历史新高。1995 年,畜牧业产值占农业总产值的 26.87%,蜂蜜产量达 1550 吨。1996 年,猪牛羊肉产量 304538 吨。1997 年出栏肉猪 387.23 万头,出笼肉兔 4.39 万只,当年家禽饲养量 5755.8 万只,其中出笼 3246.4 万只(出笼水禽 1462.3 万只),禽蛋产量 67210 吨。1998 年,出栏肉羊 14.1 万只。1999 年,调运省外肉猪 994345 头。2000 年后,因地制宜着重抓特色畜牧业,充分发挥地方畜禽品种的优势,畜牧业产业结构日趋合理。

1980 年、1994 年、1997 年全区畜禽饲养量一览

表 9-3-3　　单位:头、只

年份	项目	水牛	黄牛	奶牛	猪	羊	兔	鸡	鸭	鹅
1980	饲养量	184343	83143	630	2627609	63912	216537	5962461	861593	424499
	折黄牛单位	239646	83143	756	525522	6391	1083	28462	4308	2122
	占%	26.88	9.33	0.08	58.95	0.72	0.12	3.19	0.48	0.24
1994	饲养量	221717	216685	240	5814923	114654	135875	26633740	12451739	5284793
	折黄牛单位	288232	216685	288	1162985	11465	649	133169	62259	26424
	占%	15.15	11.39	0.02	61.14	0.60	0.04	7.00	3.27	1.39
1997	饲养量	233249	238142	321	6868602	191520	114926	32355262	19229176	5973559
	折黄牛单位	303224	238142	385	1373720	19152	575	161776	96146	29868
	占%	13.64	10.71	0.02	61.80	0.86	0.03	7.28	4.33	1.34

猪饲养　1990 年—1992 年,利用现代科学养猪,以推广"四化四改二防一早"(母猪良种化、公猪瘦肉型化、肉猪杂种化、配种人工授精化;改单一饲料为配混合料、改"吊架子"育肥为"一条龙"育肥、改熟喂为生喂、改放养为圈养;预防传染病,预防寄生虫病;仔猪提早补料)模式化养猪技术为代表。全面推广宝丰牌 871 浓缩料和丁山—35 预混料,全区养猪水平大提高,并逐渐形成"五化"模式化养猪法,即"猪种良种化,饲料营养标准化,饲养管理规范化,疾病防疫程序化,驱虫常规化"和"三良保三高"(良种、良料、良法,保高质、高产、高效)的养猪技术,并予以推广普及。世纪之交,推行无公害生猪生产技术,实行种猪繁育、生产环境、饲料生产、饲养、防疫、加工、销售等全程监测控制,生产无公害猪及产品,使全区养猪迅速发展。

品种引进与改良　品种改良工作,一是地方品种的选育;二是猪种引进和杂交优势利用。在品种选育方面,1973 年,赣东北黑猪(以玉山乌猪为代表)列为全省 7 个类型地方品种之一,并制定选育方案。2002 年,全区建有玉山县、铅山县、上饶县、横峰县、万年县、德兴市、波阳县、弋阳县等种猪场 8 个,其中玉山县种猪场、铅山县畜牧良种场为原种场,进行本品种的选育和开发利用,为杂交优势利用提供母本。在猪种引进和杂交优势利用方面,1950 年代始,先后引进约克夏、巴克夏、苏白、长白、杜洛克、汉普夏、迪卡白、皮特兰、克米洛夫等品种种公猪 6000 余头,进行大量的杂交组合试验,广泛开展杂交优势利用。1980 年代末,为适应供港猪及市场需求,一些规模养殖场(户),引进外来种公、母猪、外二元母猪,建立"宝塔形"的外来良种猪繁育体系,生产"杜长大"外三元杂种猪。万年县率先实现"三群一网",即种猪核心群,扩繁群,商品猪繁殖群和配种网。

杂交优势利用　1980 年代,随着饲料工业的发展和饲养水平的提高,生猪生产进入市场经济,各级政府、畜牧行政管理部门、科研推广部门、畜牧场有计划、有组织、大规模地推广杂交优势利用。在杂交优势利用中重点抓地方品种选育,为杂交优势利用提供充裕优质母本;引进良种筛选最佳杂交组合。

1977 年,第四次全省猪育种协作会议在玉山县召开,重点研究杂交组合试验和建立地方猪种繁育体系问题,参观玉山县种猪场,考察玉山乌猪选育效果。

1979 年,玉山县进行以外来猪为父本、玉山乌猪为母本的杂交组合试验,试验获省科技进步四等奖和省农业技术改进三等奖。

1982 年,玉山县农科所协作参加省科委下达“提高商品猪瘦肉率技术研究”攻关课题,通过省科委鉴定并获奖。横峰县、万年县、铅山县等也进行大量的杂交组合试验及配合力测定,筛选出一批甚佳的杂交组合,如大本、长本、长大本、杜长大等,根据不同时期不同要求,有二元、三元、纯三元等。建立瘦肉型猪生产基地,先后在万年县、玉山县、铅山县、上饶县建立国家级、省级商品瘦肉型猪基地,全面推广杂交优势利用。

繁殖技术 1974 年,玉山县、广丰县开展猪人工授精。1985 年,上饶县、铅山县、万年县、横峰县、余干县推广猪人工授精,众多县建立县级猪人工授精站(供精站)、乡级配种点。铅山等县参加省畜牧局主持的“推广瘦肉型猪及人工授精适用技术”项目,1988 年,获农业部丰收奖二等奖。1986 年,省畜牧兽医局下发《猪统一供精站和输精点管理条例》,使该项工作逐步走向科学化、规范化。实行人工授精和本交配种。

养猪市场化 中共十一届三中全会后,全区依托资源优势和区位优势,扬长避短,靠政策、靠科学、靠投入,以市场为导向加快发展生猪生产,开始重视建设商品生产基地,全面推广综合适用技术进行模式化养猪,引进良种,加速猪种改良,开展杂交优势利用,发展瘦肉型猪生产;深化改革,放开经营,建立新的生猪购销体制,促进上饶养猪业持续、快速、健康发展。

生产基地 1978 年—1980 年,开始出现规模养猪(专业户)与散养并存的格局。各级政府和相关部门相继出台一系列扶持政策和措施。1981 年,饲料工业起步,推广使用混合、初级配合料。1983 年,杂交优势利用达到一个新的高度,铅山县率先实现生猪“三化”,生猪出栏率在全区领先。省政府出台了屠宰税返还政策及划拨饲料粮用于猪的良种繁育和推广等“三大体系”建设。

1984 年,省政府从多种经营基金中划拨 1000 万元建设 15 个省级商品猪基地,铅山县、上饶县被列入其中。全区能繁母猪 127052 头,其中地方良种母猪 44915 头(赣东北黑猪 23591 头,分布上饶县、广丰县、玉山县等 6 县;赣东北花猪 9990 头,分布德兴、婺源等 4 县(市);滨湖黑猪 11334 头,分布波阳县、余干县),当年出栏肉猪比 1983 年增 9 万多头,生猪出栏率同比提高 3 个多百分点。

1986 年春,首次出现“卖猪难”的现象,出现品质、季节的结构性过剩。继而,改良猪种、发展瘦肉型猪被列入政府的“菜篮子工程”。

1987 年,境内饲料工业崛起,推广应用浓缩料、预混料和配合料养猪。参与实施全国农牧渔业“丰收计划”,推广“瘦肉型猪及人工授精”技术为主的生产综合技术。

1991 年,波阳县农牧局组织实施生猪大换种,自筹经费,一次性引进 165 头大型约克夏种公猪,淘汰杂劣公猪,提高生猪出栏率、商品猪瘦肉率,黄膘猪肉得到根除。地、县农牧部门创办实体(服务部、中心、公司),强化服务,推广“公司十农户”经营模式,为养猪基地(大户)实行种苗、饲料、防疫、销售全程服务,促进基地生产上规模、上档次。先后推广“三良保三高”养猪技术,无公害猪生产技术,一批高起点、上规模的瘦肉型猪基地(大户)应运而生,万年县、横峰县各有 13 个、3 个万头猪场,玉山县横街镇斧市村成为远近闻名的养猪村;上饶市郭门、横峰县莲荷等出现生态养猪小区;婺源县创办黑山猪生态养殖区。万年县、横峰县、玉山县、弋阳县等供港猪基地获得巩固和发展,外销量持续增长。

改革生猪购销经营体制 1983 年,改变生猪国营商业单一购销渠道和供应办法,实行多种经济形式、多种经营方式、多种流通渠道并存。

1985 年,贯彻中共中央、国务院《关于进一步活跃农村经济的十项政策》,取消了生猪派购,自由上市,自由交易,随行就市,按质论价。在转轨过程中,曾一度出现新旧体制并存的格局,为此各级政府相继出台了一系列政策措施,全面放开生猪经营,撤销关卡,整治“四乱”(乱设卡、乱检查、乱收费、乱罚款)等,搞活生猪流通。

牛饲养　1985 年,赋予耕牛以商品属性,放手发展,实行一手普遍抓繁殖,一手重点抓改良的方针,涌现出一批养牛专业户、专业村。全区逐步放开耕牛市场,取消杀牛禁令,养牛业步入商品经济时代。

品种改良　1985 年,省政府在永修县召开全省养牛工作座谈会后,先后有余干、波阳、上饶等县被列为省牛改重点县。波阳县转变“农以耕为本,耕以牛为首”的旧观念,树立“以杀促养”的新观念,开设 2 个杀牛点,产牛肉 2120 吨,年末牛存栏 6.8 万头。1986 年,设 4 个杀牛点,产牛肉 4006 吨,年末牛存栏 73597 头;1987 年,设 42 个杀牛点,产牛肉 7386 吨,年末牛存栏 78816 头;取得了“以杀促养,牛越杀越多”的商品成效。

1995 年,地区老建办将牛改立项,划拨资金扶持牛改,建立牛改网点,购置牛改器械,有 20 余乡被列为牛改点。

1999 年,余干县被列为全国秸秆养牛示范县,古埠、康山等乡全面推广冷配改良配套技术,发展肉牛基地乡,户户 3~5 头成群,群群几十上百头,据不完全统计,余干县累计改良耕牛 1 万余头。

饲养　耕牛饲养管理粗放,以放牧为主,舍饲为辅。早在 1980 年代推广人工授精和人工种草、粮草轮作、秸秆氨化养牛等技术,逐步提高了科学养牛水平。

1985 年,全区共存栏 475 头乳牛,年产 749 吨牛奶,创历史新高。后因乳牛场规模小、技术人员少、饲养水平低、经济效益差等诸多原因日趋萎缩。2001 年,全境牛奶产量仅为 57 吨。

自古以来,牛以耕为主,老残、废牛淘汰供作肉食。1985 年,全省养牛工作座谈会后,肉牛业才起步。余干县、波阳县、上饶县、弋阳县利用丰富的饲草资源率先把肉牛当作产业做,涌现出一批专业户、专业村。如波阳县三庙前、莲湖、银宝湖和余干县,养牛 30 头以上的专业户有 18 户。饲养方式常采用放牧舍饲相结合,放牧为主,后期进行短期育肥,饲料以青粗饲料为主。先后有波阳县、余干县、上饶县、弋阳县被列为省牛改县,余干县被列为国家秸秆氨化示范县。

繁殖　牛的配种以本交居多,人工授精虽经 30 余年的推广,但应用面甚低。

禽饲养　境内养禽业,主要是鸡、鸭、鹅。1980 年代后,商品珍禽养殖相继出现。

养鸡　长期以来,传统养鸡业是自给性的农家副业,庭院式养鸡,以放养为主,管理粗放。规模小、商品率低,是简单的再生产,普通农户养鸡仍在沿用传统庭院饲养方式。

1978 年,境内出现规模化经营,由省、地、乡三级投资 184 万元,在上饶市北郊金瓜园建立北门机械化养鸡场,1979 年建成。

1980 年代后期,开始出现“卖鸡难”“卖蛋难”现象。

1990 年代,市场禽蛋供应富余以后,随着人民生活改善,市场需求由量的增长转为质的提高,余干县委、政府挖掘地方乌黑鸡品种资源,出台一系列优惠政策和措施,成立华丰公司,进行乌黑鸡选育开发,打造乌黑鸡品牌,从供种到加工进行一条龙开发,把乌黑鸡培育成一个大产业。众多养鸡大户饲养品种由洋鸡转为土鸡、杂交鸡,饲养方式由舍饲转为舍牧结合,饲养地点则由城郊向山林、田间转移,众多农民承包荒山办鸡场,利用冬闲田搭棚养鸡。

地方品种选育 广丰白耳黄鸡 产于广丰县、玉山县、上饶县一带。以白耳、三黄(毛黄、肤黄、脚黄)、体型矮小、羽毛紧凑为主要外貌特征,俗称三黄白耳鸡,甚为当地群众所喜爱。1979 年,江西农业大学牧医系,地区农业(畜牧水产)局,上饶县、玉山县、广丰县农业(畜牧水产)局,广丰县三黄白耳鸡原种场,中国科学院遗传研究所等,对白耳鸡产地进行广泛考察。1981 年 6 月,建立广丰县三黄白耳鸡原种场(1989 年更名为白耳黄鸡原种场)。1983 年,省科委将“白耳黄鸡的选育研究”列为一级重点科研项目。

余干乌黑鸡 余干县饲养乌鸡历史悠久。经过多年的考证,1987 年和 1988 年,余干乌黑鸡繁育列入上饶地区科研计划。1989 年 3 月至 1994 年 12 月,《余干乌黑鸡选育》列为江西省科委一级重点科研课题。1990 年开始建立家系,至 1994 年底建立家系 20 个,存栏种鸡 3000 只,并涌现出一批专业户。余干乌黑鸡含有极丰富的天然黑色素,蛋白质高,脂肪少,氨基酸齐全,富含多种维生素和微量元素,特别是胆固醇低,是中老年人、产孕妇、心血管疾病患者最佳选择的营养补品之一。

饲养品种 地方品种主要有广丰白耳黄鸡、余干乌黑鸡等。引进品种主要有:来航、罗斯、场长伊莎等蛋鸡和爱拨益(AA)、艾维因、罗曼、红宝、彼德逊等肉鸡及品类繁多的杂交鸡。

水禽 饲养方式 农户饲养鸭鹅以放养为主,管理粗放,一般于屋檐下用砖砌或以木竹制笼养。境内水域广阔,气候温和,素有饲养水禽习惯,特别是鄱阳湖区(波阳县、余干县、万年县)和信江两岸(上饶县、广丰县、玉山县、弋阳县)尤盛。鹅、鸭的养殖方式略有不同,鹅多以散养,偶有老人放鹅群养,但规模不大,一般为十几只到几十只;鸭除农户散养外,群养则较多。

1986 年,余干县列为国家水禽生产基地。

1988 年,部署波阳县、余干县、万年县实施世界银行贷款“吉湖项目”。

1989 年,波阳县、余干县、上饶县、广丰县、玉山县实施江西省“鹅鸭工程”;推广大棚圈养实行集约化经营,推行农牧结合、鱼牧结合、立体养殖,建立产供销一条龙、牧工贸一体化的社会化服务体系和产业链,水禽饲养业迅速发展。1990 年代,水禽生产进入鼎盛时期。

商品生产 1982 年,广丰县委、县政府提出养鹅、加工一条龙,在六都乡建立羽绒加工厂,县投资 6 万元在种鸡场扩建白银鹅原种场,县兽医站投资 2 万元在桐畈乡建立白银鹅繁育场,后又兴办广丰县白银鹅加工厂,生产的酱香鹅系列产品获国际博览会金奖。泉波、桐畈民间投资先后创办白银鹅种鹅场,良种繁育基地年供鹅苗 10 万只。1986 年,农业部投资 100 万元,在余干县种鸡场基础上扩建种鸭场,并更名为余干县种禽场。1987 年,余干县又被农业部列为法国番鸭扩繁基地,并从法国空运番鸭 1000 只。波阳县洪家咀乡富湾村 220 农户,户户养鸭,少则几十只,多则几千只,村里办板鸭、皮蛋、味蛋加工厂,产品远销港澳,成为全省闻名的养鸭重点村。万年等县依托板鸭等加工企业,实行公司加农户发展模式,并与“煌上煌”企业挂钩建基地,发展订单养鸭,养鸭专业户大增,梓埠等乡饲养 5000 只的有 6 户。弋阳等县则与南昌等地长期挂钩,代为培育蛋鸭。鹅鸭的发展,带动各地涌现出一批以农民为主体的鹅鸭产品、羽毛收购、运输队伍和贩运大户,余干县禽蛋公司和贩运户长年穿插广东并建立供销点,每天有二三车鸭运往广东销售,水禽产业化格局初步形成。

饲养品种 主要有上饶麻鸭、番鸭(胡鸭)、白银鹅、灰鹅、樱桃谷鸭、绍鸭、金定鸭、瘦肉蛋北京鸭、法国番鸭、龙岩山麻鸭、豁鹅、狮头鹅、余干大头鸭、万年红毛鸭等。

特种禽饲养 境内早期特种禽饲养多为零星散养,主要供观赏、药用等。1980 年代后,为满足市场需要,特种禽饲养业起步,成为区域经济新的增长点,主要饲养泰和鸡、鸽、鹌鹑、美国七彩山鸡、珍珠鸡。

繁殖孵化技术　纯繁和杂交利用相结合。纯繁主要是加强地方品种的选育,建立了白耳黄鸡、余干乌黑鸡、广丰白银鹅原种场、原种基地。杂交利用先是直接引进商品代洋鸡饲养,继而一些种鸡场、种鸡户引进父母代洋鸡专门化品系杂交生产商品代鸡苗。后洋鸡滞销,一些种鸡户自发地进行多品种、多形式的"洋土"杂交,生产土杂鸡。一些贩运户也从广东、浙江等地贩进土杂鸡苗售予养鸡户饲养。家禽的配种方式:以本交为主,1980 年代后期开始家禽人工授精,但仅在种鸡场、规模养禽场、大户推广,且时断时续。孵化方式主要有自然孵化、炒谷加温孵化和人工电孵三种。自然孵化,鸡鹅都有孵化本能,鸡由母鸡孵,鹅由母鹅孵,鸭则由母鸡代孵,至今民间散养户仍沿用此法。炒谷加温缸帮,孵化规模大增,且可大可小,于是就有了孵房专营孵化,民间一些孵房,鸭、鹅孵化仍用此法。人工电孵,1980 年代末起多为全自动孵化器孵化,养禽场、养禽大户、孵房大多采用人工电孵。

羊饲养　传统饲养方式,多以散养、放养为主,一户养 3、5 只,多的有 10 几只,大群的不多见。山区,以全年放牧为主,任其自由采食山地、林间野草和灌木枝叶,昼放夜归。农区,为防止羊下田损坏庄稼,或闯入菜园贪食蔬菜,常由老人小孩牵引放牧,或桩系长绳,控制活动范围轮牧。湖区,多在草坪、圩堤上放牧。民间有"不放露水草,不放雨中羊,冬春放阳坡,夏秋放阴坡"的经验。严寒、雨雪、枯草季节,喂稻草、红薯、豆及花生秆之类,增喂米汤和食盐等。农户养羊,一般让羊与牛或猪同栏,有条件的在宅旁筑羊舍。

饲养品种　主属广丰山羊。玉山一带有一定数量的湖羊,耐潮湿,耐高温,适应性强,所产羔皮,毛色全白,毛纹呈波浪形,美观,有软宝石之称。

20 世纪,全区发展广丰山羊,1990 年—1997 年,山羊存栏从 3.89 万只发展到 9.28 万只,1998 年,全区出栏肉羊 14.10 万只,创历史新高。

八九十年代,铅山县、婺源县、广丰县、上饶县先后引进南江黄羊、成都麻羊、贵州铜羊、小尾寒羊、波尔山羊等品种,均有很好的适应性,数量逐年增加,并同本土山羊杂交具有良好的改良效果,杂交一代生产性能可提高 30% ~50% ,级进杂交效果更好。

兔饲养　传统养兔主要供肉食,广丰、玉山等县饲养较多,逢年过节农村有以兔馈赠亲友的习俗。饲养品种主要为本土品种广丰白兔。家兔耐粗饲,适应性强,以青粗饲料为主,具有体型大,被毛密,有毛丛结构,毛的品质好,产毛量高,成年兔年产毛量在 750 克 ~950 克,高的可达 1000 克以上,高于其他品系三四倍。

1980 年代初,国际兔毛市场紧俏,饲养长毛兔经济效益高,兴起全区性养兔热,涌现出一批养兔专业户。1980 年—1983 年,受外贸市场兔毛价格影响,全区毛用兔饲养量经历大起大落。

1986 年,上饶毛纺织厂从日本引进年产 200 吨兔毛纱生产线设备,使兔毛通过加工生产优质适销对路的兔毛纱进入国际市场,换取外汇。为确保兔毛原料的供应,行署成立地区兔毛生产基地领导小组办公室,负责产销直挂、以工补牧、建设兔毛生产基地的组织协调工作。上饶毛纺织厂投放 10 万元的贴息贷款,在玉山县、上饶县、广丰县有 22 个乡扶持农民养兔。

1957 年—1986 年,全区出口兔毛 263 吨,占全省兔毛出口的 60% 以上。1990 年,生产 76.16 吨,创年度出口量的最高水平。

犬饲养　境内养犬的历史悠久,城乡养犬很普遍,所养多为本地品种。养犬主要用以守舍,山区也有经过训练后用以助猎。较为普遍的多为冬令补品食用。

随着生活改善，城市富裕的家庭开始养起名贵家犬等宠物。后遍及城区及县城，宠物热日趋升温，名犬价格上涨，少则几百几千元，多则上万元。伤人事件亦有发生。

猫饲养 民间养猫比较普遍，城乡皆养猫捕鼠。1990年代也当作宠物饲养，观赏逗玩。

马饲养 境内马匹甚稀，偶见于骑马迎亲，或风景点骑马照相，或坐马车玩赏。

鹿饲养 1957年开始，省卫生系统在玉山县怀玉山垦殖场、弋阳县圭峰药材养鹿场先后自吉林等地引进梅花鹿饲养。怀玉山垦殖场规模为全省之最，饲养梅花鹿曾达200多头，年产茸40余千克。1992年，圭峰药材养鹿场有鹿95头，其中公鹿48头，母鹿35头，初生小鹿12头，年产茸40千克，连同出售小鹿淘汰老鹿，年产值约18万元。

1990年代初，开始饲养的其他动物还有海狸鼠（又称獭狸）、荷兰猪（即豚鼠）、香猪（迷你猪）等，但均是少数专业户饲养，数量不多。

蜂饲养 蜜源植物 境内地处亚热带，气侯温暖，雨量充足，分布在农田、果园、森林的蜜源植物种类繁多。但随着农林业产业结构的改变，农村和山区的蜜源随之发生变化。1970年代开始，农村的荞麦种植面积减少，柑橘面积不断增多。广大山区由于改混交林为单一经营用材林，导致山地乌桕树和野生灌木等蜜源随之减少。境内主要蜜源植物有：油菜、紫云英、柑橘、芝麻、棉花、野乌柏、野桂花、荷树、乌饭树、树参（偏荷枫）、乌柏、水荷树、黄端木、荞麦、蔓荆、小叶桉、水蓼、盐肤木等，以及辅助蜜源植物100余种。

饲养技术 20世纪初期，横峰县、上饶县、弋阳县传统人工饲养中蜂，保留有野外就巢饲养、野外放器收养、檐下挂桶饲养、屋内橱中饲养4种形式。

1980年代末，万年等县已基本普及中蜂活框巢箱饲养，蜂蜜产量一般可提高10倍左右，蜂农从养蜂中得到更多实惠。

病虫防治 境内危害较严重的病虫害主要是蜂螨、蜜蜂幼虫腐臭病、蜂蛹病等。1970年代初，蜜蜂幼虫腐臭病开始在境内蔓延，严重危害蜂群。1983年—1984年，推广省养蜂研究所研究出一套简单、易行、有效的综合防治法——冬季一次性防治蜜蜂幼虫腐臭病。

1973年，境内暴发中蜂囊状幼虫病（又叫蜂瘟），严重危害蜂群，各地按省农业厅印发的《中蜂囊状幼虫病防治方法》，积极开展防治。

产品加工 肉品 境内肉制品主要有板鸭、香肠、火腿、腊肉、扣肉、肉松、肉干、肉罐头、烧鸡、烤鸭、酱鹅及腌卤制品等。

板鸭 民间传统腌制品，历史悠久。板鸭制品主要有南安板鸭、宫廷板鸭、青湖板鸭等，其工艺大都参照或沿用南安板鸭加工工艺：毛鸭育肥、宰杀、脱毛、去内脏、擦盐、清洗、绷板造型、然后日晒夜露，干后食用。由于泡腌造型，故有腊味浓香，肉嫩骨脆，造型美观之特点，深受消费者青睐。

弋阳扣肉 为江南特有的传统佳肴，选用农家鲜猪五花肉、梅干菜等数种原料，经煮、炸、蒸等数道工序，采用先进技术精加工而成，色、香、味俱全，其色泽红亮、油而不腻，梅香四溢，开锅后满屋飘香，营养丰富，食用方便。

上饶火腿 多以粗加工为主，主要有玉山县、广丰县、上饶县、铅山县、弋阳县依据地方猪品质优势，将原腿修切整形，腌制加工成半成品供作金华火腿的原材料。

其他肉制品 烧鸡、腌卤肉制品多为民间传统工艺制品，手工家庭作坊制作，小而散。腊肉为年货，几乎家家户户都会做。

主要生产加工企业有饶丰板鸭厂、万年宫廷板鸭厂、余干富湾板鸭厂、玉山青湖板鸭厂、余干县罐头厂、江西广丰集味堂绿色食品开发有限公司等。

乳品　上饶市奶牛场、玉山县奶牛场、广丰县乳品厂、万年县奶牛专业户,均加工生产过消毒牛乳,瓶装、袋装鲜乳,炼乳,奶粉等产品,但规模都不大.

蛋品　主要有皮蛋和咸蛋。上饶市副食品厂皮蛋分厂生产皮蛋和咸蛋,产品远销港澳和全国各地,其产品天鹅牌糖心松花皮蛋获1989年省优质产品奖。1989年,上饶市畜禽饲料厂成立(种养加一条龙企业),沿袭皮蛋分厂加工技艺,主要加工皮蛋系列产品(无铅皮蛋、涂膜皮蛋、无铅涂膜皮蛋、鹌鹑皮蛋)和黑灰咸蛋。

羽绒　1990年,上饶羽绒厂获省级先进企业称号,主导产品羽绒被、羽绒服装及绒制品,为出口免检产品,产品畅销国内外。此外,还有余干等县羽绒厂生产的羽绒服、羽绒被出口到苏联等国家。

蜂产品　1987年,弋阳花粉食品厂对蜂花粉破壁,提取有效营养成分,研制成中华花粉口服液的新技术,生产产品远销日本,并在32届国际养蜂会议上获得金牌。1988年,生产的中华花粉晶获江西省优秀新产品奖。

上饶市益精蜂业有限公司的金益精牌桂花蜜、紫云英蜜等系列产品,1999年,获"江西省优质产品"称号,金益精牌特种蜜在2001年江西省食品展销会上,被评为"世纪之光"优质产品。

第三节　疫病防治

普查　寄生虫　1978年—1982年、1989年,省家畜防疫检疫站分别对境内上饶市、玉山县、铅山县、横峰县、弋阳县、波阳县、婺源县畜禽寄生虫病和水禽寄生虫病进行较大范围的调查及1979年3~8月全区开展的寄生虫病普查,共抽查171个社(场)、657个大队(分场)、4701个生产队,调查畜禽总数66909头(只),共查出牛寄生虫36种、羊寄生虫17种、猪寄生虫28种、家禽寄生虫12种。

牛羊主要寄生虫:肝片形吸虫、前后盘吸虫、枝歧腔吸虫、胰阔盘吸虫、牛蛔虫、牛羊肺丝虫、牛羊捻转胃虫、牛羊肠结节虫等。

猪主要寄生虫:猪蛔虫、姜片虫、肾虫、肺丝虫、猪胃虫、猪腭口虫、猪结节虫、猪棘头虫、猪鞭虫、渚钩头虫、猪类园线虫等。

家禽主要寄生虫:鸡蛔虫、鸡球虫、鸡绦虫、鸡盲肠虫、鸡鞭虫、交合线虫、鸭多形棘头虫等。

疫病　1987年4月,开始第三次全省性畜禽疫病普查,全省共普查出畜禽疫病86种,其中:猪病28种、牛病23种、禽病21种、羊病4种、兔病5种、犬病5种。基本查明境内畜禽疫病有57种:

牛病17种:口蹄疫、兰舌病、流行性腹泻、传染性鼻气管炎、伊氏锥虫病、血吸虫病、焦虫病、布氏杆菌病、炭疽、破伤风、流行性感冒、胃肠炎、血痢、狂犬病、血尿病、肝片吸虫病、疥癣等。

猪病19种:口蹄疫、猪瘟、水泡病、弓形体病、萎缩性鼻炎、传染性胃肠炎、流行性腹泻、链球菌病、传染性胸膜肺炎、囊虫病、猪丹毒、猪肺疫、仔猪副伤寒、喘气病、水肿病、李氏杆菌病、仔猪白痢、破伤风、肺丝虫病、狂犬病等。

禽病13种:新城疫、禽霍乱、马立克氏病,传染性法氏囊病、鸡白痢、鸡腺病毒感染、鸭瘟、小鹅瘟、球虫病、鸡传染性鼻炎、鸡传染性喉气管炎、鸡痘、鸡脑脊髓炎等。

羊病4种:疥癣、羊布氏杆菌病、魏氏梭菌病、肝片吸虫病等。

兔病4种:兔瘟、球虫病、疥癣、魏氏梭菌病等。

在常发疫病与时发疫病中的猪瘟、猪丹毒、猪肺疫、仔猪副伤寒、牛炭疽、牛出败、鸡新城疫、禽霍乱等疫病流行历史较长,是危害畜牧业最主要的传染病。造成畜禽死亡的各种疫病中,猪、禽以传染病危害最大,牛则以寄生虫病危害较大。据1987年—1989年统计:猪因各种传染病死亡占病死猪的比例,最低年份(1989年)为50.99%,最高年份(1987年)为80.17%,平均占62.58%;因各种传染病死亡的家禽占病死禽的99.28%。牛则以寄生虫病(主要是锥虫)死亡较多,平均占62%。猪瘟、仔猪副伤寒、猪丹毒、猪口蹄疫、猪传染性胃肠炎、鸡新城疫、禽霍乱、鸭瘟、耕牛锥虫病等,全区12个县(市)几乎都有发生。

疫病措施 防疫重点是猪瘟、鸡瘟、牲畜五号病及重大疫病。

预防接种 1983年以后,全区没有发生过牛炭疽病。牛出败的发病率从1989年开始控制在0.3%以下。

猪瘟苗、猪丹毒苗、猪肺疫苗的预防,免疫程序为全年一次全面接种。

家禽主要传染病的预防工作从1950年代开始零星进行,1953年始接种鸡新城疫苗,1958年始接种家禽霍乱苗,1978年始接种鸭瘟苗,1980年始接种鸡痘苗,1987年始接种小鹅瘟苗。

1980年,在玉山县开始使用兔瘟疫苗,后在上饶县、德兴市、广丰县,都根据疫情进行接种,对控制兔瘟起决定性作用。

随着兽医科技的进步,兽用疫(菌)苗种类逐步增多,除上述外,还有牛气肿疽、鸡马立克氏病、鸡传染性法氏囊病、鸡传染性支气管炎、禽流感、黄白痢、猪喘气病、猪细小病毒、犬狂犬病等疫(菌)苗,从而有效地控制有关疫病的流行。

猪瘟防治 1980年代,免疫程序的改变,即从春秋两季普遍接种,改全年一次全面接种、随时补针或在仔猪散窝前接种,预防接种密度提高到90%以上,1995年,瘟苗预防接种密度达95%以上,死亡率控制在2%以下。1982年,玉山县率先达到基本控制猪瘟县标准。1987年,全区有玉山县、弋阳县、万年县等10个县(市)达到基本控制猪瘟县标准。各县(市)猪瘟时有发生,仍然是危害全区生猪生产的主要疫病之一。2001年,全区实行免疫标识制度。

鸡瘟防治 1970年代,逐年扩大接种数量,提高接种密度。上饶市北门乡、广丰县、余干县、德兴市、弋阳县等集约化鸡场,建立鸡新城疫的免疫程序和免疫监测实验室,科学地进行预防接种,收到良好的效果。1990年代,全区鸡瘟防疫密度达85%左右,控制在10%以内。

牲畜五号病及重大疫病防治 1983年,上饶地区防治牲畜五号病指挥部成立,并随后成立办公室,各县(市)也成立防治五号病机构。1996年,行署每年安排3万元的防治经费。

寄生虫病防治 *农业血防* 五六十年代的耕牛血防,七八十年代的家畜血防,1990年提出动物血防,1992年提升为农业血防。

1989年,江泽民总书记给湖区五省血防工作会议的信,掀起"再送瘟神"高潮。1991年,地区编委〔1991〕第79号《关于建立疫区家畜血防站及增加人员编制的通知》,全区增编51名。1992年,地区农牧渔业局成立家畜血防站(编制6人),余干县、上饶县、玉山县、上饶市也相继成立家畜血防站,具体承担农业血防工作。血防世界银行贷款项目期间(1992—1998)采取普治灭原为主的防治策略,有效地遏制血吸虫病疫情。农业血防的目标是围绕农业抓血防,送走瘟神奔小康,策略是实施血防四个突破(种植习惯、养殖习惯、生活习惯、管理方式)为主体的综合治理。具体实施水改旱,水旱轮作,沟渠塘硬化灭螺,种、草养畜,以机代牛,抛秧免耕,兴林草灭螺,养鸭灭螺(即生物灭螺),挖池养鱼,改水改厕建沼气,家畜查治。1994年以后，全区实施农业部农业开发灭螺项目共9个，国家总投资175万元（其中市本级2个60万元，余干县2个30万元，玉山县2个30万元，波阳县1个20万元，上饶县1个20万元，上饶市1个15万元），取得良好的血防、经济、社会、生态效益。又以项目为示范，由点到面逐步推行实施血防四个突破，实现血防同经济建设、农业生产、农业开发、农田水利基本建设有机结合，治虫同治山治水有机结合，治病同治贫有机结合，实现血防从治病向预防，从治标向治本，从消耗型向效益型的三大转变，和血防、生产、生态的统一互动，促进血防事业的可持续发展。

家畜血吸虫病防治　1958年，省农业厅召开家畜血防现场会，全区家畜血防工作全面展开，持续采取查、治、防管相结合的综合防治措施，坚持部门配合，人畜同步，长期作战，反复查治。1983年，地区在波阳率先实行家畜血防技术承包试点，全面实行家畜血防技术承包合同制，级级签订责任状，而后全省推广。

1989年，贯彻落实湖区五省血防工作会议精神，全区人畜同步防治工作上升到多层面、全方位的新领域。1990年后，全区家畜血防查治工作基本上做到四个统一：即人畜血防同步统一；查治时间统一，每年4~6月查病，9~11月化疗；查治方法统一，对当年查出的阳性病畜进行年度治疗。婺源县、德兴市、万年县、广丰县和上饶市等相继达到消灭血吸虫病标准，上饶县、玉山县达到基本消灭血吸虫病标准。

1991年—2000年全区耕牛血吸虫病查治情况

表9-3-4

年份	检查数（头）	阳性数（头）	阳性率（%）	治疗数（头）	死亡数（头）
1991	26868	1109	4.1	7062	2
1992	8287	160	1.9	11850	1
1993	6100	140	2.3	26506	0
1994	5800	151	2.6	26380	1
1995	5273	142	2.7	26689	1
1996	5284	307	5.8	25074	0
1997	5055	217	4.3	25153	1
1998	5267	144	2.7	26740	0
1999	9683	258	2.7	17593	1
2000	6028	199	3.3	16909	0

1991年—2000年全区畜禽防疫注射情况（一）

表9-3-5

年份	耕牛（头）				生猪（头）				
	饲养量	防疫注射	血吸虫病防治		饲养量	防疫注射			
		牛瘟疫苗	检查头数	普治扩大治疗头数		猪瘟苗	副伤寒疫苗	猪W疫苗	其他
1991	350975	57945	26868	7062	3196688	3068820	337570	898533	242819
1992	403561	62290	8287	11850	4241678	4072010	610800	732590	421810

续表9－3－5

年份	耕牛(头)				生猪(头)				
	饲养量	防疫注射	血吸虫病防治		饲养量	防疫注射			
		牛瘟疫苗	检查头数	普治扩大治疗头数		猪瘟苗	副伤寒疫苗	猪W疫苗	其他
1993	407519	60687	5626	23552	4677402	4490305	568836	707345	197844
1994	440594	65943	6492	28160	6014472	5773890	750606	642895	262815
1995	457695	112925	12837	26689	6632378	6367080	891391	1017280	552627
1996	450934	134800	6544	25074	7101299	6817247	721960	959611	481265
1997	474071	167895	6210	25153	6937248	6659758	548311	662910	532274
1998	447528	159629	8858	26740	5849449	5615471	338000	272596	841611
1999	405137	670938	10379	17593	5137696	4932188	672857	4901125	602125
2000	405633	747511	6856	16906	4122574	3957671	381593	4043173	541910

1991年—2000年全区畜禽防疫注射情况(二)

续表9－3－5

年份	家禽(只)				
	饲养量	防疫注射			
		鸡瘟苗	鸭瘟苗	小鹅瘟苗	其他
1991	18975749	8833834	1897575	1539039	272894
1992	25978399	10023847	2597838	860581	712811
1993	34450212	11817274	4134025	831624	571500
1994	45701380	15696540	5484165	1071212	671215
1995	48900257	14154097	5868030	930545	430930
1996	51243584	15372895	6661665	1233551	508317
1997	59284737	14514474	6995598	822807	331814
1998	50504616	14387390	6161563	887050	292746
1999	50160588	14766757	6530908	1196102	648411
2000	47099963	12362350	7653744	930015	572926

1991年—2000年全区家禽家畜检疫情况(一)

表9-3-6 单位:头、只

年份	兽医卫生监督员人数(人)	兽医卫生检疫员人数(人)	产地检疫				交易检疫			
			牛	猪	家禽	其他	牛	猪	家禽	其他
1991	91	594	9846	733380	2164935	10940	1737	955838	432987	2306
1992	98	607	32629	1333291	3934096	12735	4828	1120043	786819	1939
1993	83	610	32800	1586039	6139476	13006	4936	1190550	1227895	3619
1994	103	579	45813	2274943	7744551	19882	8084	1252365	1458910	4426
1995	112	625	45966	2509489	9842711	20225	10815	1438792	1968542	5468
1996	135	705	40386	2710080	10332718	22841	9502	1400700	2066543	5461
1997	125	716	48944	2710570	12985538	39419	11516	1071907	2579107	7976
1998	141	804	51774	2195408	10276290	48990	12182	1468140	2055258	8542
1999	115	836	42543	1892975	10155506	32641	10010	1360643	2031100	9125
2000	91	814	45546	1514872	10432600	3818	10718	1019130	2086530	8410

1991年—2000年全区家禽家畜检疫情况(二)

续表9-3-6 单位:头、只

年份	白肉检疫				运输检疫			
	牛	猪	家禽	其他	牛	猪	家禽	其他
1991	4055	579451	202780	8628	5791	153929	1529169	126
1992	19193	1107467	338591	9311	13436	225824	1808680	1485
1993	19341	886954	595820	10730	13459	699085	2987995	1343
1994	26949	1413135	668085	15116	18864	861808	4184887	894
1995	24335	1317591	889553	18205	21631	1191894	6023359	1612
1996	23756	1432994	982725	15430	16630	677086	6488291	1507
1997	34549	1329220	1193110	30331	14395	1096091	7765110	1084
1998	30455	1217021	943626	39210	21319	978387	5529263	2311
1999	25026	898630	989114	22455	17517	994345	5658447	945
2000	26792	858875	969755	28267	18754	655997	6315595	1816

第四节　管　理

管理机构　1992 年,上饶地区家畜血防站成立。1994 年 5 月,地区兽医卫生监督检验所成立,负责对全区动物防疫、检疫实行监督管理,与地区畜牧兽医站、家畜检疫站合署办公。1995 年 2 月,地区畜牧兽医服务中心成立,下设卫生监督站、兽药饲料推广站。

依法治牧　为贯彻落实国务院《饲料管理条例》,使全区饲料及饲料添加剂管理走向法制化轨道,对辖区内饲料生产企业进行清查摸底评估,对符合规定的企业,核发饲料生产企业登记证。

1990 年 10 月,地区防治牲畜五号病指挥部发出《关于认真清查可能转销到我区的进口“牛肚杂”的紧急通知》,要求各县(市)食品部门和各大厂矿企事业单位立即自行清查,凡购入“牛肚杂”的单位,应立即停止售、食,予以封存,并报同级“防五指挥部”进行无害化处理。

1991 年 3 月,为落实国务院《兽药管理条例》,地区农业局核准 35 名兽药监督员,分布 12 个县(市),对辖区内兽药生产企业和兽药流通领域实行依法监督,对流通领域兽药经营企业进行考核,符合条件者发给兽药经营许可证。6 月,地区农牧渔业局制订《加强畜禽检疫(验)票证统一管理办法》,各级畜禽防检机构、兽医卫生检疫站一律使用省农牧部门统一印制的江西省畜禽产品交通运输检疫证明、畜禽及其产品交通运输检疫证明、畜禽及其产品运载工具消毒证明、畜禽集市检疫证明。《办法》还规范兽医卫生检疫人员的技术操作程序、票证的管理以及违章查处措施,1991 年,贯彻落实国务院《种畜种禽管理条例》,全区共选派 15 名专门从事畜禽育种和管理的人员到省畜牧局培训,合格后颁发种畜种禽质量鉴定员或种畜种禽质量监督员证书。凡需要到外省引种,或畜禽品种需要认定的,均需通过有资质人员审定;实行许可证制度。根据《条例》规定,原种场、一级种畜禽场由省农业厅颁发许可证,二级种畜禽扩繁场由地区(市)农业部门颁发经营许可证,全区有原种场、一级种畜禽场 6 个,级场 7 个,均实行许可证管理,每年都要对 13 个场进行考核,年审合格颁发经营许可证,年审不合格者限期整改,再验收不合格注销经营许可证。

1994 年 5 月,成立上饶地区兽医卫生监督检验所,负责对全区动物防疫、检疫实行监督监理制定违章检疫处罚办法、动物防疫工作制度、检疫员十要十不要等。地区、县举办培训班以提高检疫员的执法意识和业务水平,确保检疫质量,让群众吃上安全卫生的放心肉。12 月,地区农业局制定《上饶地区普查扑灭禽流感疫情实施方案》。

1997 年,广丰县首先向社会公开推行猪瘟、五号病防疫承诺制度和实行免疫标识制度。

第四章　农业科技

1990 年代后,农业科研机构加强,全区有农科所 17 个,地区属农业科研单位有上饶地区农业科学研究所、上饶地区水产科学研究所、上饶地区农用微生物研究所、上饶地区畜牧兽医科学研究所。县属农业科研单位有:上饶市农业蔬菜科学研究所、上饶县农业科学研究所、广丰县农业科学研究所、玉山县农业科学研究所、铅山县农业科学研究所、横峰县农业科学研究所、弋阳县农业科学研究所、波阳县农业科学研究所、余干县农业科学研究所、余干县水产科学研究所、余干县农机科学研究所、万年县农业科学研究所、德兴市农业科学研究所、婺源县农业科学研究所、婺源县荷包红鲤鱼研究所、婺源县茶叶科学研究所。

第一节　农业机械

农机利用　1991 年以后，全区主要引进推广水田耕整、水田机械深施化肥、水稻收获、脱粒及旱作农业等机械化技术，开展水稻插秧、抛秧、烘干、果园开发（打洞、挖穴、开沟）及与大棚种植技术相配套的田园管理等机械化技术的试验示范。通过农机化技术的引进推广，境内农业生产机械化水平得到整体提高。农业机械种类由以种植业为主扩展到农、林、牧、渔等各业，2000 年底，全区农业机械总动力达 1221751 千瓦，大中型农用拖拉机 6099 台/94768 千瓦，小型拖拉机 19980 台/178168 千瓦，排灌溉机械 25643 台（套）/364176 千瓦。农用运输车 10346 辆/193522 千瓦，渔业机械 3815 台，机动脱粒机 1328 台，植保机械 1326 台，粮食加工机械 28044 台，当年实际机耕面积 11.63 万公顷，占耕地面积 38.83%。有效灌溉面积 25.30 万公顷，占耕地面积 84.5%，

农业机械已成为全区农业生产不可缺少的生产工具，在提高农业生产效益、增加农民收入、繁荣农村经济等方面发挥着重要作用。

新式农机技术的引进与推广　随着农村经济改革的不断深化和完善，全区农村经济和农业生产的发展对农业机械化技术提出新的要求，为适应新形势的需要，全区各级农机管理部门和农机技术推广机构，宜地、宜时开展农机新技术的引进与推广工作，并应用到农业生产的主要环节。1991 年以后，境内主要引进推广水田耕整、水田机械深施化肥、水稻收获、脱粒及旱作农业等机械化技术，开展水稻插秧、抛秧、烘干果园开发（打洞、挖穴、开沟），与大棚种植技术相配套的田园管理等机械化技术的试验示范。

1991 年—2000 年全区主要农业机械年末拥有量（一）

表 9－4－1

年份	农业机械总动力（千瓦）	大中型拖拉机		小型拖拉机		排灌动力机械	
		台	千瓦	台	千瓦	台	千瓦
1991	1035448	2240	59701	17374	146556	17742	279773
1992	1001962	1518	44268	17155	144303	17456	288166
1993	1035133	1230	36975	14926	131344	21483	325874
1994	1062380	1175	36395	16175	143456	20834	326721
1995	1067290	948	30632	17616	155884	24977	326269
1996	1107530	909	30890	17906	158340	25573	341104
1997	1144000	917	31350	19200	172900	25700	346700
1998	1166876	679	23342	19880	184699	24306	347180
1999	1166677	378	13090	20810	209303	24871	357852
2000	1221751	6099	94768	19980	178168	25643	364176

1991 年—2000 年全区主要农业机械年末拥有量(二)

表 9－4－2

年份	农用载重汽车		机动脱粒机（台）	植保机械（部）	粮食加工机械（部）
	辆	千瓦			
1991	2446	176191	1211	178	18132
1992	2245	160917	1082	174	17981
1993	2372	169400	1009	73	17922
1994	2456	190616	869	93	16656
1995	2610	188885	797	78	11474
1996	2640	196112	595	72	17020
1997	2738	204100	733	－	17600
1998	2730	201516	943	97	17750
1999	2475	176232	762	143	18355
2000	10346	193522	1328	1326	28044

第二节 农村能源环保

全区农村能源建设始终坚持依靠科技进步求发展的原则，在“因地制宜，多能互补，综合利用，计求效益”的农村能源建设方针指导下，办好沼气，推广省柴节煤炉（灶）及推广微水电、风能、太阳能、地热能等新能源新技术。

机构 农村能源环保推广机构在 1980 年代已经出现。1991 年成立上饶地区沼气办公室，1999 年 3 月，成立上饶地区农村能源环保办公室，2000 年撤地设市后改称为上饶市农村能源环保办公室，编制 3 人。主要工作职能是：农村可再生资源、常规能源技术标准与技术规范制定及其技术推广、管理；农业环境保护。

各县（市）设有农村能源环保办（站），其中婺源县、广丰县、弋阳县农村能源站与农技站合署办公，编制 3～7 人。

2000 年末，全区有沼气技工 715 人，干部、职工 201 人。

能源建设 1987 年—1991 年，玉山县被列为全国农村能源综合试点县，累计再生能源开发能力（薪柴、沼气、微水电等）增加 13.2 万吨标煤；节约能源 25.5 万吨标煤；实现在维护生态良性循环条件下生活能源自给的目标；森林覆盖率由 1985 年的 29.8% 提高到 35%；水土流失面积减少 1.82 万公顷，占原面积的 51.5%；增加秸秆还田 2.28 万吨。此项目的建设为长江中下游县级农村能源综合建设提供可操作性的经验。1991 年 11 月 18 日，通过国家级验收，鉴定合格。

1992 年，玉山县、横峰县、万年县、铅山县被列为全国第二批改灶节能试点县，经农业部、江西省农业厅的农村农业专家组验收、鉴定，全部合格。全省以横峰县的改灶工作做得最好，改灶率为 100%，改灶合格率为 100%。同年，上饶地区农村能源区划被全国农业区划委员会、国家农业部评为优秀科技成果三等奖。

1993年，波阳县、玉山县、横峰县、余干县被省列为沼气重点建设县，4县共建沼气池600户，成功率100%，经验收合格，省政府给予物质奖励。

1993年—1997年，婺源县被列为全国生态农业建设县，重点以推广省柴节煤炉（灶）、微水电等工作。1997年，全县246个村委会通电面达100%，自然村和农户通电面分别达到99.1%和99.4%，省柴节煤炉（灶）基本普及。1998年，经农业部、省专家组检查验收合格。婺源县积极办沼气、营造薪炭林，以开发促生态建设，维护生态平衡促稳产、高产。

1998年，全区农村能源建设进入快速发展阶段，出现德兴市黄柏乡、婺源县许村镇、铅山县蔡家村等沼气生态农业建设的典型，全区建沼气池1417户，推广节煤灶5万户；1999年新建沼气池4168户，推广节煤灶5.3万户；2000年建沼气池4668户，推广节煤炉灶6万户；开发地热利用6处。1991年—2000年累计建沼气池2.1万户；猪—沼—果（粮、鱼、菜）等模式示范户经济效益达2.15亿元；沼气、沼液、沼渣“三沼”综合利用面积7.67万公顷。10年间，累计推广省柴节煤炉（灶）56万户，安装小水电26台，装机容量1280千瓦。1998年—2000年累计推广太阳能热水器1265台。

农业环境保护　1998年—2000年，开展农产品环境质量监测、基本农田保护和生物多样性调查工作，在乐安河、信江河沿岸建立6个农业环境监测点。地、县农村能源环保办发挥技术优势，参与生态农业开发，帮助农民和企业做好规划、监测和申报工作，指导企业、农户建立12个无公害农产品基地，开发5个绿色食品。

2000年，婺源县被评为全国生态农业建设试点先进县。其产业经济型、庭院经济型、立体农业型和系统工程型等生态农业模式，在全省起到很好的示范作用。

第三节　农业科研成果

1981年—2000年，全区农业科技成果受国家级表彰19项，其中：农业部科技成果奖一等奖一项，农业部农牧渔业丰收计划奖一等奖3项，国家星火奖一项。

1981年—2000年全区农业科技成果获省部级表彰情况

表9-4-3

获奖成果	获奖年份	获奖单位	获奖者	获奖类别	获奖等级
婺源荷包红鲤鱼的提纯选育	1981	婺源县荷包红鲤鱼研究所、江西大学生物系		农业部科技成果奖	一
中国大豆品种资源目录	1982	上饶地区农科所	汪国瑾等	农业部技术改进奖、国家科技进步奖	二
鄱阳湖区综合考察和治理研究	1990	鄱阳县农业局、上饶地区农科所	糜启太、刘克豪等		二

续表 9-4-3

获奖成果	获奖年份	获奖单位	获奖者	获奖类别	获奖等级
花生大面积丰产综合技术	1990	鄱阳县农业局、江西省农业厅等	余守仁等	农业部农牧渔业丰收计划奖	三
水稻丰产综合技术	1988	鄱阳县农业局等	余守仁等	农业部农牧渔业丰收计划奖	二
江西省水稻综合生产技术推广项目	1989	余干县农牧中心等	李颜辉等	农业部农牧渔业丰收计划奖	二
铅山县10万亩水稻中产变高产	1990	铅山县农技站等		农业部农牧渔业丰收计划奖	二
油菜大面积生产综合技术	1991	江西省农业厅、上饶地区农业局、波阳县农业局、玉山农技站等	郭文全、胡招科、余守仁、吴有光、李德铸等	农业部农牧渔业丰收计划奖	一
多效唑在水稻生产上的应用	1991	江西省农业厅、上饶地区农业局、玉山农技站	胡招科、李德铸等	农业部农牧渔业丰收计划奖	二
芝麻新品种“赣芝二号”	1992	上饶地区农科所	刘毅	首届中国农业博览会银质奖	
白耳黄鸡饲养及配套技术	1993	江西省畜牧兽医局、上饶地区农业局畜牧科、广丰县畜牧兽医站	卜秀兰、洪义华等	农业部农牧渔业丰收计划奖	二
珍珠、鱼、畜、禽综合养殖技术	1993	万年县湖云方塘水产繁殖场珍珠分场	刘宝珠、陆纪辉	国家星火奖	四
鄱阳县7000亩水面增殖技术	1993	波阳县水产局	曹长荪、叶金星、周熙云等	农业部农牧渔业丰收计划奖	三
旱床育秧及配套增产技术推广	1997	江西省农业厅、上饶地区农业局粮油站、玉山农技站等	朱长荣、胡招科、李德铸等	农业部农牧渔业丰收计划奖	一
水稻良种及高产、高效综合配套技术	1997	江西省农业厅、上饶地区农业局、玉山农技站等	胡招科、李德铸、吴炳根等	农业部农收渔业丰收计划奖	二

续表 9-4-3

获奖成果	获奖年份	获奖单位	获奖者	获奖类别	获奖等级
江西省水稻抛秧大面积示范推广	1999	江西省农技推广总站、上饶地区农业局粮油站	朱长荣、胡招科等	农业部农牧渔业丰收计划奖	一
江西乌鸡新技术育种研究及其推广应用	2000	江西省畜牧兽医局、余干县畜禽良种场	李房全、章庭怀等	农业部农牧渔业丰收计划奖	二
网箱养鱼新技术研究与推广	2000	江西省水产技术推广站、上饶市水产技术推广站	胡安忠、汤哲文等	农业部农牧渔业丰收计划奖	二
冬闲田种草养鹅技术	2000	江西省畜牧兽医局、上饶市畜牧技术服务中心、广丰县畜牧兽医站	徐明满、吴录汉等	农业部农牧渔业丰收计划奖	二

第五章　农业管理

1983 年，全区农副产品不论统购、派购和议购均与生产者协商，签订合同，按合同收购；供销合作社改国营为集体，恢复供销社原有的组织上“群众性”、管理上“民主性”和经营上“灵活性”。

1984 年 3 月，根据中共中央、国务院《关于实行政社分开建立乡政府的通知》精神，全区实行机构改革，政社分设，以原公社为基础，恢复乡（镇）政权建制，人民公社解体。

1985 年，贯彻中共中央《关于进一步活跃农村经济的十项政策》和省委、省人民政府《关于中共中央 1985 年 1 号文件的实施意见》，对现行农村政策进行调整和改革。3 月，茶、麻、烟等重要农副产品，与粮、棉、油（脂、料）同时取消统购，代之以合同定购。定购品种、数量与供应平价化肥、柴油、预付款“三挂钩”。农民在完成定额任务后的多余部分和定购品种以外的小杂粮、小品种油脂（料），允许上市，价格随行就市。同时，还取消生猪派购，实行自由购销，放开经营。是年，全区农业税改征收粮食为征收货币，木材亦改统购统销为议购议销。

1991 年，贯彻执行减轻农民负担政策，农民人均负担村提留乡统筹费额，严格控制在上年农民人均纯收入 5% 之内。

1996 年，实行农民负担一定三年不变的政策，有效防止农民负担反弹。

1998 年—1999 年，贯彻执行农村土地承包再延长 30 年不变的政策，对承包集体土地的农户，签订农业承包合同书，颁发农村土地承包经营权证。

第一节 管理机构

地区机构 *地区农业局* 1991年,称上饶地区农牧渔业局。下辖上饶地区农业科学研究所、上饶地区水产科学研究所、上饶地区农业干部学校、上饶地区农业技术推广站、上饶地区农机管理站、上饶地区植保植检站、上饶地区种子站、上饶地区农业物资供应站、上饶地区畜牧兽医站、上饶地区农用微生物实验所,上饶地区畜牧兽医科学研究所和上饶地区畜禽良种配种推广站(保留两个单位名称)、上饶地区农业工程服务站和上饶地区农业技术培训学校、上饶地区乡镇企业供销公司,上饶地区渔政管理站(与水产科合署办公)、上饶地区家畜血吸虫病防治组、上饶地区农机安全监理所(与地区农机管理站合署办公)等18个单位。

1991年8月,成立上饶地区土壤肥料管理站。9月,成立上饶地区家畜血吸虫病防治站。

1992年3月,成立上饶地区水产技术推广站。

1995年2月,成立上饶地区畜牧兽医技术服务中心,为副县级事业单位,内设办公室、兽医卫生监督站、兽药饲料推广站(二站一室均为副科级)。

1996年4月,上饶地区农牧渔业局改为上饶地区农业局。内设6个职能科(室):办公室、计划财务科、农村合作经济经营管理科、科学教育科、水产科、农业机械化管理科。另设审计科,设纪委(监察室)。

1997年1月,成立上饶地区农业局农业项目管理办公室,为正科级事业单位。7月,上饶地区农业物资供应站更名为上饶地区农业企业管理办公室。

1999年4月,成立上饶地区农村能源环保办公室,为局下属正科级事业单位,核定经费自理的事业编制3名。

2000年10月18日,上饶地区撤地设市,上饶地区农业局改名为上饶市农业局。

直属农业事业、企业机构 1991年7月,上饶地区农业职工中等专业学校升为副县级事业单位,增加编制3名,和地区农业干部学校两块牌子一套班子。

1991—1999年,相继成立上饶地区田丰公司、上饶地区农业机械化实验有限公司、上饶地区农用塑料厂、上饶地区珍珠养殖场。上饶县姚坪与三都茶场联办上饶地区玻璃钢厂,地区农业局在广丰合股建立中华鳖养殖场、在玉山建立农业综合场等。由于资金不足,经营不善,管理混乱等原因,成立不久,纷纷关闭。

县(市)农业机构 1990年,上饶县、广丰县、玉山县、横峰县、铅山县、弋阳县、德兴市分别设农牧渔业局,上饶市设农林水利局,波阳县、余干县、万年县设农牧局和水产局,婺源县设农牧渔业局和茶业局。

1991年—2000年,各县(市)农业行政机构和人员编制较稳定,基本没有变化,只是在机构名称上略有变动、各县(市)农业部门正科级单位建制的15个,即农业局12个、水产局2个、茶业局1个。

第二节 计划财务管理

中共十一届三中全会后,随着农村经济体制改革和商品经济的发展。国家对计划体制进行改革,1984年,主要农产品的生产由指令性计划改为指导性计划。地区农业局为抓计划落实与实施，设有相应的管理机构，陆续建立财会办公室、计划统计组。

1990 年代初，将财务和计划统计业务合并，单独设立计划财务科，担负着对全区农业生产计划、农业调查与统计、农业经费使用和管理。

生产计划编制　“八五”计划（1991—1995）　在贯彻党的基本路线和建设中国特色社会主义基本要求下，确定经济发展基本构思，即：加强农业基础地位，打好农业总体开发战，继续抓好粮食生产和调整农业内部结构，实现农村经济更快发展。主要内容：处理粮、经关系，提高粮食单产，除增加优质稻米生产外，加快豆类、麦类、玉米等旱粮生产，以增加粮食总产；经济作物主要抓好棉、蔗、烟、茶、茧、麻等工业原料作物和油菜、花生等油料作物生产；提高畜牧业在农业中的比重和草食畜禽在畜牧业生产中的比重；水产业以养殖业为主，充分利用池塘、水库实行精养高产，提高优质鱼比重，有条件的地方发展河蟹、珍珠等特种水产品的生产。经过深化农村改革，稳定家庭承包和统分结合的双层经营体制。调整农业结构，加快农村市场建设，增加农业投入，搞好农业开发，应用科技成果，推广科教兴农，减轻农民负担，保护农民积极性。1994 年，全区完成粮食 240. 87 万吨，棉花 15902 吨，油料折油 42821 吨，肉类总产 257461 吨，鲜蛋 38648 吨，水产品总产 126427 吨。

“九五”计划（1996—2000）　根据境内实际，在继续稳定粮食生产的基础上，牧、渔、经济作物全面发展，继续拓展“三高”（产量高、效益高、品质高）农业，发展农业产业化经营，促进农业朝商品型、效益型、外向型方向发展。主要措施：认真落实党在农村各项经济政策、法规，加强农田基本建设，扩种绿肥，改良土壤结构，建立一批高产稳产农田；搞好农业基地建设，建立一批优势主导产业，形成上规模、上效益的产业链；增加资金投入；大力推广科学技术，完善服务体系，加强科技成果应用和适用技术的推广。2000 年，全区实现粮食总产 222. 24 万吨，棉花总产 0. 34 万吨，油料折油 41332 吨，肉类总产 14. 84 万吨，水产品 21. 86 万吨，蚕茧、芝麻、蔬菜、鲜蛋等农产品增幅较大。

调查与统计　调查　1991 年 4 月，地区农牧渔业局与地区“治理三乱”办公室联合组织部分县（市）对 38 个村农民负担现状进行专题调查。调查结束后向行署写出《严格治理“三乱”，切实减轻农民负担关于地区 38 个村农民负担专题调查综合报告》，并附有 1989—1990 年农民负担调查汇总表。

1994 年，地区农牧渔业局组织县（市）开展农业产业化基地调查（15 个课题），根据调查资料，地委、行署制发《关于县域农业主导产业的实施意见》，确定全区 17 个主导产业和 27 个示范基地。

1996 年 12 月，由地区纪检委和地区农业局联合组织两个调查（检查）组，对广丰县、玉山县、上饶县、余干县、波阳县农民负担和村级财务审计进行调查，并写出专题调查汇报材料。

1998 年 6—11 月，地区农业局与有关部门合作，先后开展农民负担信访件的调查，实施《中华人民共和国农业法》《中华人民共和国农业技术推广法》5 周年的调查和农村土地延包的调查。分别写出《1998 年上半年全区农民负担信访情况的综述与反思》《深入贯彻农业两法，推进农村经济发展》和《上饶地区农村土地延包工作的汇报》等署名文章与材料。

1999 年，地区农业局组织各县（市）开展乡、村债权债务调查，形成了调研报告。

2000 年，地区农业局开展农业产业化经营调研，撰写《上饶农业产业化的现状与对策》一文。

此外，地区农业局还先后组织或会同有关单位联合开展全区“三高”农业调查、特色农业调查、避洪农业调查、农业综合效益工程调查、畜牧水产工程调查、鹅鸭工程调查、蚕桑工程调查、农业机械调查、农办工业调查、科技兴农调查、农业服务体系建设调查、农产品流通调查、落实农村政策与经营管理问卷调查等50多次专题调查。

统计　全区实行经济体制改革,建立家庭联产承包责任制后,农业统计得以恢复,并对统计指标体系、统计内容、统计方法进行了改革,改生产进度指标为生产经营效益指标(包括收入、成本、产值等内容);改单位账面统计为抽样调查统计;改全面统计为点面相结合的定点调查统计和专题调查统计。

1997年,地区进行统计调查体系改革,提出"以周期化普查为基础,以经常性抽查为主体,重点调查与科学推算为补充的多种方法、综合运用的新统计模式",并认真执行《中华人民共和国统计法》,开展打假,挤水分,以真实反映全区农业经济发展情况。

统计类型主要有三种。一是经国家统计局批准农业部制订的报表:农业生产年报统计和农村经济情况统计(后者原是农村收益分配报表),能反映农业和农村经济情况,其统计体系完整,内容丰富,有主体指标和关联指标数百个。农业生产年报有农作物播种面积、单产、总产,有牧渔等多种经营数量和产量、产值,还有其他相关指标;农村经济情况统计,有收入、支出、分配等经济管理活动情况。1990年,农经统计指标有468个,1995年,改为550个,1996年调整为317个,2002年402个。统计方法,采取等距抽样或随机抽样的方法,确定样本户(即典型调查户),从典型户各项数据推算到单位整体数,每年年终以村为起报点,逐级填报汇总上报。乡镇企业报表,也采取同类统计方法,取得各项统计数据,填入统计报表,报表分季度报表和年度报表两种。二是农业定点调查统计。1. 农村住户调查统计。1980年由统计部门代初布点至今的《农户家庭收支调查》(简称家庭调查)统计,有650个指标,采取抽样定户,坚持经常性登记统计(农户设有流水账式的登记簿)或作一次性调查统计,调查资料分季度与年度两次填人调查报表逐级汇总上报。2. 农业基点调查统计。3. 农产品成本核算调查统计。80年代初,由农业行政部门布点的农业统计定点调查,采取定点单位或农户,进行经常性登记或一次性调查统计,按农作物面积和预计产量表、多种经营(果、茶、桑)表、农作物生产成本表"三种表"的150个指标和附表43个指标以及基础资料卡片60个指标,进行填报和统计。

第三节　农村经营管理

1990年7月,全国农村经营管理工作会议,对农经工作提出"上轨道、规范化、见成效"的要求,并规划出农经工作的"八项任务、三项重点",八项任务是:1. 指导农村各类合作经济组织建设与发展;2. 稳定和完善联产承包责任制;3. 管理集体财务,协调经济利益关系;4. 开展农村合作经济审计;5. 监督管理农民负担;6. 统计和分析农村合作经济情况;7. 辅导和管理农村会计;8. 提供经营指导服务。三项重点是:1. 抓好农业承包合同管理;2. 加强集体财务管理,大力开展农村合作经济组织内部的集体资金融通工作;3. 全面开展农民负担监督管理和农村合作经济审计。1990年代,改革开放进入新阶段后,全区按照"八项任务、三项重点"的指导思想开展农经工作。

农民负担监督管理　中共十一届三中全会以后,农村实行家庭联产承包责任制,农民负担形式和内容有所变化。国家农业税和集体提留,由原生产队集体经济组织在分配时统一扣除,改由农户从当年生产经营收入中,直接完成国家的农业税,上交集体提留。1980年代以后,随着农村经济不断发展,农村改革不断深入和农民生活水平不断提高,农户除上缴农业诸税,还要上缴集体提留(即村提留)。

1991 年,新增加乡统筹和农村义务工、劳动积累工,不出工的实行“以资代劳”,增加“社会负担”(指行政事业收费、集资、罚款和摊派)。乱集资、乱收费、乱罚款和多种摊派的现象出现,农民负担过重的问题日益严重。据统计,以农业税收和集体提留口径计算,全区农民人均负担,1978 年为 11.34 元,1980 年 13.18 元,1985 年 12.97 元,1988 年 15.08 元,1990 年升到 31.13 元,1991 年后,按农业税收、村提留乡统筹、社会负担和以资代资口径计算,全区人均负担,1991 年为 43.38 元,1992 年为 51.20 元,1993 年为 50.86 元,1994 年为 73.42 元,1995 年为 92.4l 元,1996 年为 122.34 元,1997 年为 145.5 元,1998 年为 136.09 元,1999 年为 126.31 元,2000 年为 116.72 元。

1990 年—1993 年,地委、行署贯彻中共中央、国务院,省委、省政府关于切实减轻农民负担的文件精神制定一系列减负措施。1990 年 8 月 29 日,向各县(市)委、政府发出《关于认真贯彻落实劳动积累工政策的意见》,对劳动积累工的对象、积累形式、劳动积累工投向、管好用好积累工,提出具体要求;1991 年 1 月,地委、行署召开全区治理“三乱”工作会议,对清理“三乱”(指乱收费、乱集资、乱罚款)范围、内容、时间和整顿管理办法等,作了具体规定。1992 年 2 月 18 日,行署下发《关于贯彻〈中华人民共和国国务院第 92 号令〉的通知》,文件要求加强农民负担监督管理工作;加强监督管理职能机构建设,依法行使监督管理职能;各级财政、物价、税务、监察、司法等部门,应积极支持和配合农民负担监督管理部门认真做好减负工作。根据省政府办公厅〔1992〕280 号文件精神,行署办公室下发《关于成立上饶地区减轻农民负担监督管理领导小组的通知》,地区减轻农民负担监督管理领导小组办公室(简称地区减负办)设在地区农业局内。其职能负责减轻农民负担监督管理日常工作;会同有关部门做好涉及农民负担文件的清理和审核;监督、检查农民负担《条例》和其他政策、法规贯彻执行情况及有关纠纷的调处等各项工作。其间,经行署决定:从 1992 年 7 月中旬开始用三个月时间,在全区范围内对贯彻执行国务院《农民承担费用和劳务管理条例》和《江西省农民负担管理条例》的情况,进行了深入检查。1993 年 3 月,地委、行署又发出《关于切实减轻农民负担的决定》,明确指出:1. 要认真学习,高度认识减轻农民负担问题的重要性;2. 掌握两个《条例》精神,明确农民负担范围;3. 令行禁止,坚决废止违背两个《条例》规定的各种负担项目。村提留和乡统筹的农民人平负担,要严格控制在占上年农民人均纯收入的 5% 以内;4、健全制度,开源节流,为减轻农民负担创造条件;5、加强领导,齐抓共管。做到级级有人抓,层层有人管。每年要组织一次农民负担执法检查,对造成恶性事件的当事人,依法惩处;对酿成恶性事件的官僚主义者,应撤职查处,处理结果公开曝光。8 月份开展农民负担管理“活动月”活动,进行大宣传、大检查、大落实负担政策;9 月,各县(市)政府向行署签订《减轻农民负担责任状》,确保年内把农民负担降下来。1993 年,全区村提留、乡统筹和社会负担总额为 9850 万元,比 1992 年下降 20.4%,其中村提留和乡统筹,人平负担为 18.02 元,比 1992 年下降 5.75%,占上年农民人均纯收入的 3.3%,符合《条例》规定的要求,社会负担得到有效抑制,行政收费、罚款、集资摊派总额 962 万元,比 1992 年下降 68.4%,人平的社会负担,由上年的 6.14 元降到 1.94 元。

1994 年—1997 年,全区农民负担呈现反弹势态。地委、行署和各县(市)委、政府,采取果断措施。1994 年 1 月,地区农牧渔业局与地区监察局决定,在全区选择 40 个乡镇、120 个村、600 户,建立农民负担监察点,掌握农民负担动态变化,指导面上工作。1994 年 7 月,玉山县被农业部列为全国10个农民负担示范县之一。

1995年4月7日，行署发出《关于批转地区农牧渔业局、地区监察局对农民负担和村级财务管理使用情况，开展审计和执法监察实施方案的通知》，要求各县（市）农民负担和村级财务审计工作，当年抓好2/3的村级财务审计，明年上半年再完成三分之一，力争1996年6月前全部结束。9月7日，地委、行署联合下发《关于贯彻全省农民负担监督管理工作会议精神的意见》，文件中强调，坚决制止加重农民负担违纪违法案件；要健全制度，实行农民负担规范管理。在全区范围内，进一步健全"六项管理制度"（即预决算、监督卡、专项审计、财务管理、社会负担归口管理和档案管理制度）。10月19日，地委、行署召开全区首次减轻农民负担紧急电话会议，对制止农民负担反弹，提出"十个不准"：1.党中央、国务院和省委、省政府以明令取消的负担项目不准恢复；2.村提留、乡统筹不准有超过5%的乡镇出现；3.重灾区的人均负担不准超过上年人均负担数；4.生猪屠宰税不准按户、按人或田亩平均摊派，也不准按分配的生猪发展数或出栏任务数计征生猪税，农民直接出售自养生猪或自宰生猪免征增殖税；5.不准任意增加农业特产税，不准按户、按人、按田亩平均摊派农业特产税；6.粮食订购任务和棉花任务不准违反规定再层层加码；7.未完成农作物播种计划和农产品交售任务的不准罚款；8.农村教育附加、民兵训练费和优待金，必须列入乡统筹预算管理，不准搞县统筹；9.使用义务工和劳动积累工，不准强行以资代劳；10.未经省政府批准立项的，不准向农民开展各种集资活动。会后，各县（市）进行认真贯彻执行，在自查的基础上；取消废止农民负担项目30个，并调减重灾区税费负担任务，全区可减轻农民负担2500万元。

1996年3月，依据农业部、监察部《关于在全国推行农民负担卡制度的通知》精神，全区统一印制《农民负担监督卡》110万份，取代原农民负担手册，分发各县（市）和乡（镇），由村委会填写每个农户应承担村提留、乡统筹和义务工、积累工的任务数，年初分发到户，一年一卡、一户一卡，年终凭卡交费和收费。卡外的不合理负担，农民有权拒付。

1997年4月10日，地委、行署发出的《关于认真学习中发〔1996〕13号、赣发〔1997〕3号文件，切实做好减轻农民负担工作的意见》中强调：1. 要认真学习中央《决定》和省委《通知》，进一步提高对减轻农民负担重要性和紧迫性的认识，明确当前和今后一个时期，减轻农民负担工作的主要任务；2. 要坚持政令畅通，切实保证中央《决定》和省委《通知》政策落实兑现。根据中共中央、国务院《决定》十三条基本政策，即"三稳定"（国家的农业税收政策稳定不变、村提留乡统筹不超过上年农民人均纯收入5%的政策稳定不变、农民承担义务工和积累工制度稳定不变）、"五禁止"（严禁一切要农民出钱出物出工的达标升级活动、严禁在农村搞法律规定以外的任何形式的集资活动、严禁对农民的一切乱收费、乱涨价、乱罚款、严禁各种摊派行为、严禁动用专政工具和手段向农民收取钱物）、"三减"（减免贫困户的税费负担；减轻乡镇企业负担；减少乡镇机构和人员的开支）、"两加强"（加强领导，加强监督检查）和省委、省政府《通知》精神，当前要突出抓好《十项政策》的落实；3. 要建立监督管理机制，推动农民负担工作走上规范化、法制化轨道。要完善全区农民负担"六项管理制度"，重点抓好预决算、监督卡、专项审计三项基本制度；4. 要开源节流，搞好标本兼治。从根本上减轻农民负担，必须大力发展农村经济，努力增加农民收入，不断壮大集体经济实力；5. 要切实加强对农民负担工作的组织领导。落实好各级党委、政府，有关部门和监督管理部门的责任。

1998年—2002年，减轻农民负担工作力度继续加大，地委、行署先后出台一系列减轻农民负担政策措施。1998年3月4日，行署办公室发出的《关于全面推行村提留、乡统筹一定三年不变的通知》中指出:从当年开始,在全区范围内实行村提留乡统筹一定三年不变,分年收取的制度,即:1998—2000 年间,每年农民交纳同一数额的村提留和乡统筹费;并实行村提留乡统筹占上年农民人均纯收入,由原以乡(镇)为单位计算改为以村为单位计算。针对7月9月特大洪涝灾害造成农业减产、农民减收情况,地委办公室和行署办公室联合下发《关于切实做好当前减轻农民负担工作的通知》(1998 年 10 月 16 日),强调:1998 年,灾区和贫困地区的农民负担只能减,不能增加,依法做好农民承担村提留、乡统筹的减缓免工作,今年农民负担超过 1997 年预算额的,一律调减到 1997 年的预算额以下,并重新落实到户。已经超收的,坚决退回农民,不能退的可在下年预算执行中扣减。对于温饱问题都难以解决的农户,要免收村提留乡统筹费,对灾后调整农业税收、严格农村"两工"管理及严禁"三乱一摊派"也相应作出具体规定。据统计,1998 年,全区农民人平负担为 136.09 元,比 1997 年减少 9.41 元,减幅 6.46%,其中农业税同比减少 10.37%;村提留乡统筹同比减少 9.22%。

1999 年,根据中央和省委、省政府的统一部署,地委、行署组织了 7 个减负督导(检查)组,对全区 12 个县(市)、68 个乡(镇)、195 个村委会、1214 个农户和一些涉农部门进行督导检查。检查表明:全区村提留乡统筹预计人均负担 47 元,比 1998 年预算减 4.98 元,占上年人均纯收入的 3%;全区县乡 1999 年取消(或废止)收费项目 125 个,修改收费标准 35 项,可减少负担金额 1891.2 万元,纠正退回税费金额 323 万元。

2000 年,村提留乡统筹预算人均负担 49.2 元,与 1997 年 51.69 元相比,下降 5.06%,占上年人均纯收入的 2.8%,比 1999 年 3% 下降 0.2 个百分点;各级涉农部门共清理出不合理负担项目 145 项,涉及金额 2632 万元,人均减少 2.72 元。

开展执法检查　地委、行署直接组织农民负担执法检查与调查 31 次,参加检查人数 370 多人次。1994 年 12 月,由地区组织,开展县(市)农民负担循环检查。1996 年 4 月,行署开展农民负担明察暗访和执法检查,从地直有关单位抽调 36 人,组成 12 个检查组,由县级干部带队,深入乡村,明查暗访,直接与基层和农民群众见面,检查农民负担真实情况。1997 年 8 月 26 日,地委、行署召开全区减轻农民负担紧急电话会后,立即组成 6 个农民负担执法检查组,分别由副地级领导亲自带队,赴各县市乡村,开展农民负担督查工作。2000 年,实行减负领导小组成员单位包县负责检查督查,责任到人。

举办农民负担政策培训　地区先后举办农民负担政策与农业法规培训班 17 期,参加培训的有 1500 人次。其中 1996 年—1998 年连续三年,每年都经地委批准,由地区农业局、地委组织部和地区监察局等联合举办 8 期农民负担政策培训班,参学的有全区各乡镇党委分管副书记、纪检书记和分管农业的副乡(镇)长以及县市有关部门负责人等 803 人次。各期培训班,均采取学习文件,讲课辅导、典型发言与座谈讨论相结合的办法进行。

完善监督管理制度　1993 年,地区拟订农民负担监督管理"七项制度"即农民负担文件审批制度、村提留乡统筹预决算制度、农民负担手册制度、村提留乡统筹财务管理制度,农民负担审查监督制度,农民负担举报制度和农民负担统计报表专题报道制度。1993 年 10 月 1 日,开始使用《农民负担收款收据》。1995 年,在全区范围内,健全与推行农民负担监督管理"六项制度",即预决算制度、监督卡制度、专项审查制度、财务制度、社会负担归口制度和档案管理制度。1995 年—1998 年,改农民负担专用收款收据为《农村合作经济组织专用收款收据》。每年由地区减负办统一印制,供全区乡村两级使用,乡统筹费由乡镇农经站管理,实行"统一收支、单独立账、专款专用"制度。1997 年,全区在执行"六项制度"的基础上,又强调重点抓好农

民负担“三项基本制度”，即预决算制度、监督卡制度和专项审计制度。玉山县在1995年率先推行乡镇统筹费审批证、提留统筹费审批证，前者到乡，后者到村，分级审批，挂牌公布，1997年5月，又创新涉农负担“六个一”收费审核制度（即一度电价收费、一个学生收费、一头猪税费、一本结婚证费、一栋屋审批收费和一台拖拉机收费的标准）。并印成单行本，发至乡村及农户，以防止部门“乱收费”。1998年，全区推行农民负担一定三年不变的制度。

处理农民负担信访件 期间，农民负担信访件呈直接上升态势。据不完全统计，地区受理的信访件有：1993年12件；1994年19件；1995年34件；1996年47件；1997年53件；1998年71件；1999年98件；2000年102件。市减负办对信访件都分别作了处理，地区先后直接参与办案50多起和处理信访件540件次，办结率95%以上。

农民负担专题研究 1996年10月，列入省社会科学“八五”规划课题的《农民负担若干问题深层次研究》，上饶地区社联和上饶地区农经学会经过一年多反复调研，于1997年12月完成1.3万字的研究报告，经省、地有关专家、教授的鉴定，上报省社联规划办验收合格，并在《江西农业经济》1998年第三期公开发表。

产业化经营 1993年，地委、行署根据中共中央关于经济工作实行“两个根本转变”（即经济体制从计划经济体制向社会主义市场经济体制转变，经济增长方式从粗放型经营向集约化经营转变）的指示和全区农业与农村经济发展态势，提出实施农业产业化经营战略框架，以市场为导向，以农户为基础，以龙头企业为依托，以经济效益为中心，以系列化服务为手段，通过实行种养加、产供销、农工商一体化经营，将农业再生产过程的产前、产中、产后诸环节联结为一个完整的产业体系，在调整农村产业结构，抓好粮、棉、油、猪等基础产业的同时，大力发展多种经营优势项目，实施农业主导产业，推进农业产业化发展。

1994年，地委、行署下发《关于农业主导产业的实施意见》，强调全区要建立17个主导产业，即珍珠、茶叶、水果、蚕桑、蔬菜、油料、棉花、生猪、家禽、特种水产和毛竹等，建立农业产业化示范基地，带动农业专业化、商品化、一体化的发展。1995年5月30日，地委、行署召开全区农业主导产业工作会议，会议强调，全面实施农业主导产业，加快农业产业化进程，使全区农业向产业化、区域化、专业化和商品化的现代农业方向发展。1996年，全区17个主导产业产值达30.5亿元，比1995年增加7亿元，占全区农业总产值32.3%，成为“三分天下有其一”的农业经济支柱产业。

1997年，经地委研究决定，将原定的17个主导产业调整为5大系列11个主导产业，产业规模有所扩大，种植面积达16.33万公顷，珍珠和特种水产养殖面积达1.08万公顷。3月，地区在农业软件方面，与高等学府进行合作，委托上海复旦大学、对全区11个主导产业项目进行科学论证，确保农业主导产业，在国内外产业科技上的先进性和可行性。为使主导产业顺利实施，地委决定，地、县（市）领导挂钩一个产业，每年对分工负责的产业实施进展情况，进行检查督促，年终考评。

1998年，地委、行署依据省委、省政府《关于加快发展农业产业化经营的决定》在推进农业产业化过程中，按照区域化布局、专业化生产、一体化经营、社会化服务、企业化管理的要求，进一步实施主导产业立项，基地启动、龙头带动、市场牵动、科技驱动、服务推动的战略，建立产加销、贸工农一体化产业链体系和“公司+基地+农户”的生产方式，把千家万户小生产与千变万化大市场联结起来，使农民生产与产品加工、销售企业真正结成利益共享、风险共担的聚合体，推动农业产业化经营快速发展。

1999年1月16日,地委、行署在全区三级干部大会上,对农业、农村工作提出新的要求,把调整和优化农村产业结构,实施农业产业化经营,提高农业质量和效益,增加农民收入和保持农村稳定作为全区农业、农村工作的主要任务。

2000年,继续加大农业产业化经营工作力度,地委、行署相继出台发展农业产业化的扶持政策。

农产品基地与龙头企业　1980年代以后,农产品基地建设有较快发展。1982年,波阳县被列入全国22个芝麻商品生产基地之一。1983年,余干县被列入第一批全国商品粮基地试点。1985年,广丰县被列入全国出口烟叶商品基地和全省山羊生产基地县。1987年,弋阳县、铅山县、万年县被列入全省商品粮基地县,波阳县被列入全省优质大米生产基地县。

1994年,地委、行署下发《关于农业主导产业的实施意见》,明确提出建立主导产业商品生产基地和主导产业示范区的要求。至1995年,基本形成一批主导产业生产基地和产业体系。如波阳的棉花基地;婺源县、上饶县的茶叶基地;上饶县、广丰县、玉山县、弋阳县、余干县的蚕桑基地;上饶市、横峰县、德兴市、铅山县的蔬菜基地;玉山县、横峰县、万年县的生猪基地;弋阳县的鸡,余干县的鸭,广丰县、玉山县的鹅鸭基地;波阳县、余干县、弋阳县、铅山县的特种水产基地;万年县的珍珠基地和婺源县的荷包红鲤鱼基地等20多种农牧渔业商品基地和主导产业27个示范基地。其中种植示范面积0.45万公顷,特种水产养殖面积475.53公顷。同年,铅山县又被列为全国商品粮基地。1999年春,地委在全区农村工作会议上再次强调,因地制宜,发挥资源优势,加快商品基地建设,重点建设一批支柱产业。地区将重点抓婺源县的茶叶、广丰县的白银鹅和铅山县的养鳗三项产业。每个县(市)也都要确定1~2个富民、富县的重点发展产业,逐渐形成规模经营,力争3~5年内使1~2个产业的产值超过粮食产值。对列入全国和全省的各类商品基地县,国家和省均先后下拨投资经费,地、县(市)亦安排配套资金,用于农田水利建设、低产田改造、农业技术推广、良种繁育体系、农机维修和仓库及储藏等专项设施建设。对地区实施主导产业的基地县,地区也给予积极支持,如继1994年地区财政筹集资金2400万元,下拨各基地、县用于主导产业基地建设后,1997年又拨款200万元,作为发展主导产业专项基金。各县(市)也挤出资金,加大基地投入。地、县农业部门进一步健全农业服务网络和科技推广培训体系,鼓励科技人员,深入基地县、乡挂点,进行技术指导或技术承包;乡镇农业"五站"农技人员实行包片包点,指导农户生产;农行、外贸、供销等部门,也为主导产业基地开展资金和购销服务。2000年以后,优质农产品基地建设日益加强。

发展龙头企业　1980年代以后,地区的农产品龙头企业逐步确定,按照求精、求高、求强、不求多的原则,先后建立万年珍珠集团,婺源县茶叶集团、荷包红鲤鱼开发公司,广丰县白银鹅集团,横峰县峰饶食品有限公司,玉山县追日集团等一批龙头企业。

1994年,婺源县依托市场,围绕山水做文章,把区域优势转变成经济优势,建立茶叶、红鱼、雪梨和木竹产业群。1996年,又提出抓茶园低改,大打茶叶等名、特、优品牌。建立万亩(666.67公顷)二高茶园基地,实施万担(5万千克)名优茶工程,名优茶产量达553千克,产值达2147万元,分别比1995年翻一番。婺绿精品大彰山云雾茶,获农业部颁发的AA级绿色食品证书,溪头、武口茶叶获得有机茶生产证书。婺源县还成立荷包红鱼开发公司,与农民签订购销合同,实行低价保护的政策。高砂、中云等14个乡镇为重点养殖区,养红荷包鲤鱼面积发展到666.67公顷,其中县政府投资340万元,建设精养鱼池面积66.67公顷,亩产由原来的150千克提高到270千克,全县产量每年以500吨的速度递增,产品销往省内外各地市场,供不应求。

1994年后，广丰县是全国县级财源建设试点县，县域经济跳跃发展，科技兴县、工业强县、农业稳县、三产旺县的发展战略初见成效。工业实力进入全省八强，财政收入位居全省榜首。1998年，广丰县委、县政府根据省、地关于农业产业化的指示精神，作出《关于加快发展白银鹅产业化进程的意见》，把白银鹅列为全县主导产业，启动"白银鹅工程"，成立白银鹅开发有限公司。全县饲养白银鹅总产量达228万羽，其中进入加工的有10万羽，总产值达7000万元。1999年，全县养白银鹅超过3000万羽，孵化50万羽，加工50万羽，总产值接近1.25亿元，并创出广丰"烤鸭"、"酱熏鹅"等名牌系列产品，投放国内各市场十分走俏。1994年，横峰县实施"蔬菜工程"产业化后，给全县农村经济带来生机，1993年建立的峰饶食品有限公司，是全区招引日本客商的惟一独资蔬菜加工企业，采取"公司+基地+农户"生产经营模式，不仅为日商企业源源不断提供产品原料，促进全县蔬菜主导产业迅速成型，蔬菜复种面积扩大到0.27万余公顷，蔬菜总产量达10.25万吨，创产值4920万元。1996年峰饶食品有限公司加工蔬菜180万千克，出口创汇100多万美元。

1996年，万年县珍珠养殖基地发展到19个，养殖点85个，养殖户2000多户，养殖面积0.08万公顷，生产珍珠8.2吨，并组建万年春珍珠集团和万年县珍珠保健品厂，通过精深加工，开发珍珠粉、项链、戒指、耳坠等系列产品，加工产值达6658万元，产品远销国内外和港澳地区市场。1997年，养殖珍珠面积扩至0.11万公顷，并建立销售收入1000万元的龙头企业5家，实现珍珠产品产值1.5亿元。

农产品流通 1991年后，全区贯彻中共中央《关于进一步搞活农产品流通的通知》后，开展多形式、多渠道、多层次的农产品经销活动，除国有商业和供销合作经济的购销主渠道作用外，还发展产供销、贸工农一体化组织，运用"公司+农户、中心引农户、协会串农户、基地联农户、工厂带农户"的流通组织经销形式。1995年，82513户，从业人员245605人。

1997年，贯彻省委、省政府《关于发展农民流通组织，拓宽农产品流通渠道的意见》，全区农产品流通组织发展到1200多个，参与流通人员有9万多人，联结农民20万户，初步形成农村个体与联合体购销服务组织、乡村购销服务、经营组织、农民自我发展专业协会组织及跨行业、跨地区、跨所有制的联营组织的民间流通网络。1997年底，全区个体工两户92790户，从业人员299841人，注册资金85936万元。

1999年5月25—27日，地委、行署在铅山召开全区农村民间流通现场会，会议要求：反弹琵琶夺市场，因势利导活流通，扶持和发展民间流通组织，培植和壮大农村民间流通队伍，拓宽农产品流通渠道，实现千家万户小生产与千变万化大市场的对接，推动全区农业产业化、专业化、商品化和规模化生产的发展。会议期间，正式成立上饶地区农村民间流通协会。

2000年，农产品流通发展较快，全区个体工商户56530户，从业人员189897人，注册资金64129万元。

农村财务管理 *农村财务管理制度* 根据1990年省农业厅《关于进一步加强农村合作经济组织财务管理和审计监督工作的通知》精神，自1991年起，全区开展了农村财务管理规范化建设达标活动，达标活动的内容是：农村集体经济组织的财务管理机构、会计队伍建设和财务制度建设；贯彻新的会计制度；强化会计辅导网络、会计网组活动，接受审计监督。至1993年底，全区村级财务管理规范化建设达标面达到60%，基本扭转80年代末村级财务管理混乱的局面。

1993年，地区农业局下文要求以各县(市)为单位，统一印制和使用农村合作经济组织的账、表、票证，基本做到账、表、票证规范化、标准化，1996年实现在全区范围内统一使用农村合作经济组织专用收据。1996年上半年，地区农业局联合各县、市农业局进行一次村级财务状况普查。据统计，全区有2891个村，专职会计(包括出纳员)人数3726人，凭证上岗的会计3137人，1992年后会计变换了1072人。采取借贷记账法的有2206个村，收付记账法的有514个村，增减记账法的有171个村。同年，农业部出台《农村合作经济组织财务制度(试行)》。

1996年8月，行署批转地区农业局《关于进一步加强农村财务管理工作的报告》，提出要进一步深化农村财务管理体制改革，农村财务管理实行两种办法：村有村管乡监督；村有乡管县监督。各县根据实际情况确定坚持其中一种，决不能放任不管。

1997年，地、县、乡三级举办新财会制度培训班，村会计、出纳基本上都轮训一次，并且确定1000个新财会制度试点村，地区翻印和制作1400套新财务制度和科目章，供试点村使用。波阳县还制定《村级财务管理暂行办法》，地局向各县(市)转发这一办法。部份乡镇进行村财务"双代管"试点，玉山县四股桥、双明、六都等乡(镇)，广丰县塘墀乡和上饶县茶亭乡在财务管理上实行村有乡管县监督的新形式。

1998年，全区已有36个乡(镇)实行村财乡管制度。3月，行署批转地区农业局等部门《关于推进村务公开的实施意见》，在全区范围内全面推行村务、财务公开，加强民主监督、民主管理。为确保村务公开的顺利进行，文件要求建立村民议事制度、民主理财制度、审计监督制度、村级财务实行"双代管"等五项制度。据不完全统计，全年全区开展财务公开的有216个乡(镇)，2071个村，分别占乡、村总数的76.34%和71.05%，开展民主理财活动的有134个乡(镇)，1349个村，分别占乡、村总数的47.35%和46.3%，其中，余干县把每年3月20日定为全县农村集体财务公开日，这一天，县六套班子全部带队下到基层，督查财务公开工作，要求每村都要向群众张榜公布财务收支情况，"给群众一个明白，还干部一个清白"。

1999年，行署下发《关于切实加强农村财务管理工作的通知》，提出在全区范围内，建立和健全农村财务管理八项制度，即财务核算制度、资产管理制度、现金管理制度、财务公开制度、民主理财制度、双代管制度、审计监督制度和财会责任制度。《通知》还特别强调，要把村务公开、民主理财当作财务管理基本制度来执行，切实做到财务公开"五规范，一满意"，即内容、时间、形式、程序、管理规范和群众满意。

2000年，各县(市)都开展财务公开和民主理财活动，部分县(站)统一制作村级财务公开栏和表格，半年或者每季度公开一次，村级财务管理有明显好转，有效遏制村干部乱发乱补、大吃大喝、挥霍浪费、贪污挪用等违纪违规现象。

农村集体经济审计　1990年3月，根据省农办、省审计局、省农业厅三家联合下发《关于对农村经济实行审计监督的通知》精神，玉山、铅山、弋阳、横峰、余干等5县政府先后发文，上饶市、德兴市、上饶县、广丰县、弋阳县、波阳县等6个县(市)部门联合或专门发文，指出农村集体经济审计工作由各级农牧渔业局经管站负责，在业务上接受同级审计局的指导。截至1991年7月，全区6个县(市)和141个乡(镇)分别成立农村集体经济审计(所、组、室)站，分别占县、乡总数的50%和48.6%。全区配备农村审计人员398人，其中专职审计员7人，兼职审计员391人。地、县两级共举办农村审计培训班9期，先后培训499人次，并对培训结业人员颁发"审计证"。玉山县还把每年10月定为审计月，1991年，县、乡两级共审计159个单位，资金833万元，处理死账、呆账19笔，查处贪污案18件，金额7180元，如数追回，受党纪政纪处分3人。

1993年,省政府《关于切实减轻农民负担的通知》下发以后,全区农村集体经济审计的重点转移到对农民承担费用以及劳务的提取和使用情况进行审计。

1994年9月,地区农牧渔业局转发《弋阳县开展农民负担专题审计情况汇报》,内容如下:弋阳县减负办会同县农村审计事务所于1994年5月25日至6月23日对全县农民负担情况进行一次专项审计。全县共审计162个行政村,审计资金675.1万元,查处违纪违规资金266.64万元。是年,全区共审计73个乡镇、655个村,分别占乡村总数的25.5%和22.6%,审计总金额为2374万元,其中查出违纪金额510万元。

1995年3月,行署批转地区农牧渔业局、地区监察局联合制定的《对农民负担和村级财务管理使用情况开展审计和执法监察实施方案》,要求从1995年至1996年上半年,用一年半的时间,在全区范围内对农民负担和村级财务管理使用情况开展一次审计和执法监察,全区300个班子软散、经济落后的村作为首批对象。据统计,1995年,全区对98个乡镇、645个行政村进行专项审计,审计金额为4275万元,查出违纪金额为340.58万元。

1996年,全区审计165个乡镇、140个行政村,审计总金额24478.44万元,查出违纪和使用不当金额1364.415万元。

自1997年起,农村集体经济审计就成为全区农经部门的一项经常性、基础性工作,每年各县都定期开展这项工作,审计面40%左右。1997年,审计总金额为14478万元,查出违纪金额904万元。

1998年以后,农村集体经济审计和农村财务公开、民主理财结合起来,成为农村财务管理八项基本制度之一,成为村级财务规范化管理重要内容之一。1998年,审计163个乡(镇)、1375个村,违纪金额194.34万元;1999年,审计146个乡(镇)、1196个村、150个乡直单位,审计总金额16352万元,查出违纪违规金额428万元,挽回经济损失144万元;2000年,审计1067个村,1997—2000年,累计查出违纪总金额1539万元。

农村集体资产清产核资 1994年,农业部下发《关于进一步做好一九九四年农村经营管理工作的通知》,指出:明晰集体资产产权,管好用好集体资产,是农经部门的重要职责,是农经业务的基础,这项工作要有新的进展。

1995年12月31日,国务院下发《关于加强农村集体资产管理工作的通知》,指出:各地要结合农村基层组织建设,认真开展清产核资工作。清产核资的主要任务是:清查资产、界定资产所有权,重估资产价值,核实资产,登记产权,建章立制。

1997年5月,省农村集体资产管理办公室成立,设在农业厅。

1998年5月18日,省农业厅、省乡企局、省财政厅、省清产核资办四家联合下发《关于全面开展农村集体资产清产核资工作的通知》,制定《江西省乡(镇)村集体经济组织清产核资工作方案》和《江西省乡(镇)村集体企业清产核资工作方案》。1998年8月中旬,行署和行署办公室先后下发《关于切实做好当前农村经营管理几项工作的紧急通知》和《关于认真做好农村集体资产清产核资工作的通知》,对农村集体资产清产核资工作进行部署,要求各地提高认识,明确工作内容和要求,统一时间安排和实施步骤,切实加强组织领导。地区成立农村集体资产管理办公室,各县(市)成立清产核资工作领导小组,确定主管农业领导亲自抓、农业局和乡镇企业局具体抓的办事机构。10月底,地区组织各县(市)经管站长和工作骨干参加省厅举办的清产核资培训班,11月上旬,各县、市也举办清产核资培训班,参训人员达1500人次。

1999年年底,全区共有2901个村、279个乡(镇)开展集体资产清产核资工作。通过清理核实,全区2901个村拥有集体资产104003万元,其中:流动资产39148.7万元,长期投资4468.4万元,固定资产5877.3万元,无形资产520.8万元,递延及其他资产1092.1万元。负债合计39031.4万元,其中:流动负债26077.9万元,长期负债12953.5万元。所有者权益合计64971.6万元,其中:资本42122万元,公积金16734万元,公益金5258.9万元,未分配收益856.7万元。全区279个乡镇拥有集体资产54705.2万元,其中:流动资产20393.9万元,长期投资3972.5万元,固定资产29037.7万元。负债合计20992.8万元,其中:流动负债11918.9万元,长期负债9073.9万元。所有者权益合计33712.4万元,其中:资本29059.3万元,公积金444.1万元,公益金667.7万元,未分配收益负458.7万元。通过清产核资,基本上解决集体资产长期不清的问题,初步摸清了农村集体资产的存量、结构、分布和运用效益情况,为下一步建立健全农村集体资产管理制度,发展农村经济打下基础。

1999年,国务院下发《关于彻底清理乡村两级不良债务的通知》,6月,省政府办公厅制发《江西省清理乡村不良债务工作方案》,全面清查1998年以前形成的乡(镇)、村两级债务情况,明晰债务债权关系,保护资金的安全与完善,并逐步消化解决已形成的债务,遏制不良债务的继续增加,建立健全各项规章制度。地区以行署办公室名义下发《关于印发上饶地区清理乡村两级不良债务的实施意见的通知》,对乡村不良债务清理工作进行部署。根据汇总统计,全区有279个乡(镇)、2901个村开展乡村两级不良债务清理。乡级负债总额20992.8万元,乡平75.24万元;村级负债总额39031.4万元,村平13.45万元。

农村合作基金会 1991年12月,农业部下发《关于加强农村合作基金会规范化、制度建设若干问题的通知》,对农村合作基金会的宗旨与基本任务、会员的基本权利和义务,组织机构和民主管理监督、资金筹集、资金投放、收益与分配、内部管理制度建设、业务主管部门及其职责等方面都作了明确的阐述和规范。1992年,省农牧渔业厅下发《关于努力办好农村合作基金会的通知》,并在全省农经工作会议上作了专门部署。为此,1993年2月,地区农业局下发《关于办好农村合作基金会的通知》,对农村合作基金会工作明确部署,各县(市)都落实5个乡(镇)进行试点,万年县在陈营镇、青云镇建立了两个合作基金会,不到3个月时间,就筹集资金49万元,融通资金26万元。9月中旬,地区农牧渔业局组织各县(市)农业局长、农经站长和试点乡领导、农经员共60余人赴南城参观学习,在这个基础上,研究和部署全区农村合作基金会的试点工作,地区农牧渔业局购买农业部编写的《农村合作基金会工作指南》160余本,编写《关于农村合作基金会的若干问题》,发至县站及有关乡站,使他们了解有关政策,熟悉可操作的方法。

1994年4月,全区农经工作会议上对农村合作基金会工作的规范化制度化管理进一步作了强调。同年,地区农牧渔业局转发《陈营镇建立农村合作基金会的情况与做法》,要求各地切实加强领导,采取有效措施,加快发展步伐。

1995年3月,地区农牧渔业局在全区县、市农业局长会上对农村合作基金会工作进行部署。7月,地委、行署下发《关于认真贯彻省委、省政府5号文件,加快发展农村合作基金会的通知》,分县(市)提出发展任务,即:从1995年起,每年抓好三分之一的乡镇,到1997年底达到乡乡镇镇建会。要求各县、市领导亲自负责,把合作基金会工作列为乡镇和农业部门目标管理考核内容。9月3日,在全区农业县(市)委书记、县(市)长会议上,行署副专员陈发芳作《抓住机遇、迎难而上,加快我区农村合作基金会建会步伐》的工作报告。地区农牧渔业局抽出业务骨干带领部分试点乡领导、经管员赴浙江桐庐参观学习,还派出业务骨干协助县站制定章程和建会方案,帮助建会乡镇制定各种规章制度,使之健康发展。当年有38个乡(镇)、42个村建立农村合作基金会,筹集资金1700万元,融通资金达900万元,有51个乡(镇)做了建会的筹备工作。

1996年年初,地委、行署批转地区农牧渔业局《关于建立农村合作基金会的工作方案》,在全区农村会议上,地委、行署把建立农村合作基金会作为"九五"期间打一场农业上台阶、农民奔小康攻坚战的措施来部署党政主要领导分别在会上强调要大力发展农村合作基金会,挖掘农村内部资金潜力,要求年内全区80%以上的乡(镇)建立农村合作基金会,筹资1亿元以上。地委、行署下文要求,从1996年起,把农村合作基金会工作作为县(市)、乡(镇)目标管理考核内容之一,层层签订责任状,年终,地区组织人员进行检查和抽查,并从建立数量、筹集金额等方面予以考核。

1997年,全区有44个乡(镇)、38个村建立农村合作基金会,聚资约有9000万元,融资达1.5亿元。广丰县、铅山县农村合作基金会发展较快,广丰有10个乡(镇)建会,但全区总体进展缓慢,横峰县、波阳县等还是空白。

1999年,根据中央和省关于清理整顿农村合作基金会的统一部署,上饶地区成立清理整顿农村合作基金会领导小组和办公室,制定清理整顿农村合作基金会的工作方案,明确清理整顿的目标任务、主要原则、基本政策,确定清理整顿的工作步骤,并且召开有关县(市)、乡(镇)基金会负责人会议,全面部署清理整顿工作。截至2000年4月30日,全区尚有27个农村合作基金会,其中:广丰县14个,铅山县11个,上饶市2个。经清产核资,全区基金会资产总额7351.8万元,其中:广丰县4504.8万元,铅山县2485.11万元,上饶市361.89万元;负债总额7180.44万元,其中:广丰县4358.2万元,铅山县2469.41万元,上饶市352.83万元。整顿以来清理债权总额2053.91万元,尚未收回债权总额是3197.34万元;已兑付资金3780.44万元,未兑付资金3400万元。为确保兑付资金的到位,行署召开全区农村合作基金会清理整顿工作会议,地区财政局向省财政厅申请专项借款3400万元,其中:广丰县2200万元,铅山县900万元,上饶市300万元。兑付期间,地区农业局经管部门到广丰县、铅山县进行督查。截至2000年5月30日,全区27个农村合作基金会到期存款基本兑付完毕,实现省政府规定的一次性整体清盘关闭的目标。

生产管理 1990年后,农业生产向"三高"(高产、高质、高效)农业和农业产业化、专业化、市场化方向发展。1994年5月19—20日,地区农牧渔业局等7家单位为贯彻国务院《关于发展高产优质、高效农业的决定》,联合召开"三高"农业研讨会。1995年5月31日,地委、行署召开全区农业主导产业工作会,强调集中精力,全面实施农业主导产业,加速农业产业化进程。

2000年,全区以"改革政策,外向带动,优化结构,梯次推进"总揽农业和农村工作全局,以农民增收、农村稳定和农业部门后劲增强为目标,围绕农业结构战略性调整。强化科技和服务两种手段,着力推进产业化经营。

农村集体经济组织 1981年,农村集体经济组织形式发生重大变化,由延续的社队集体经济为主体向农户经济为主体的家庭联产承包统分结合双层经营体制的乡村集体经济转变。

1983年3月,全区有99.7%的生产队,建立家庭联产承包责任制。农业生产主体转为农户承包经济。

1984年，根据中共中央批转农牧渔业部《关于开创社队企业新局面的报告》的精神，地委、行署先后两次发出《关于加快乡镇工业的意见》和《关于加速乡镇企业体制改革的意见》；改变多年来的"集中管理，集中干活，固定工资"的模式，实行联产、承包责任制，同时加快村以下企业的发展步伐，形成乡（镇）办、村办、户办、联户办"四轮驱动"的发展格局，成为新的乡镇合作经济组织、村组合作经济和户办、联户办的合作经济。

1995年，农业生产先后涌现股份合作经济、租赁承包经济和中外合作经济等经济组织形式，直接从事门类齐全、品种繁多的农业、工业、交通、运输、建筑等专业化、产业化、商品化生产。

2000年，全区农民专业合作经济组织发展较快，涌现一批专业协会、农民经纪人队伍、专业合作社。

生产资料管理　1981年，上饶地区建立家庭联产承包制，对原集体财产归属，如耕畜、农具等生产资料，分别作了处理。一般都作价分给农户管理使用，大型农机具、农副产品加工设备和房屋、仓库等生产资料仍归集体所有和管理使用。如集体不需要的，可以变卖或出租，其收入纳入集体积累，用于扩大再生产。从此，生产资料管理由集体管理为主转为以农户管理为主，生产资料使用、添置和维修也由集体为主转为以农户为主。社队企业（1985年改为乡镇、村组企业），在建立生产责任制、实行家庭承包经营后，生产资料所有权仍归集体所有，其管理使用权也由集体为主转为经营者为主。

1984年4月19日，行署《关于认真贯彻国务院（关于整顿社队财务的意见）的通知》中强调，在开展"六清理"（清理固定资产、清理公共积累、清理粮食及其他物资、清理现金和存款、清理债权债务、清理收支账）的基础上，建立与健全集体财产（含现金）等管理制度。

随着农村经济发展，农村集体资产也形成相当规模，由于制度建设滞后，产权关系不明，集体资产管理不善，家底不清，存量不实，集体资产流失、挪用、吞占和闲置、浪费、损坏等问题日益突出。

1998年，行署办公室制发《关于认真做好农村集体资产清产核资工作的通知》，明确提出要摸清集体家底，核实集体资金占有量；搞好产权登记，建立严格的监督管理制度；理顺集体资产的产权管理关系、管理体制；严格掌握政策界限，区别情况，慎重处理各种矛盾和问题。属于制度不完善的，要帮助建立健全制度；属于违反财经纪律的，要提交有关职能部门处理；属于违法犯罪的，要移送司法机关惩处。清产核资的范围指农村集体资产，包括乡（镇）、村集体企业的资产。清查登记时点统一定为1998年3月31日至1999年2月底。

农村土地承包责任制　1987年，全区贯彻中共中央5号文件和农业部农业承包合同管理工作会议精神后，农业承包合同管理工作开始起步，但存在的问题未能从根本上解决。

1991年7月，地区农业局在弋阳县召开全区农业承包合同管理试点工作座谈会，对土地调整、合同内容、合同文本和管理机构等提出具体要求。年底，全区有9个县（市）制发加强农业承包合同文件，有112个乡的1188个村，开展农业承包合同试点与推广工作，其中弋阳县在城郊乡宝峰村、光辉村试点基础上，全县推广农业承包合同，办理签订合同的乡、村、组、农户分别占全县总数的100%、94.7%、99.1%和96.9%。到10月底，兑现承包金370.2万元，占应兑现数的81%。广丰县继弋阳县之后，成立了县农业承包合同管理委员会，由县农经委、农业局、工商局、司法局、土管局、粮食局、供销社等部门领导组成。当年秋，在总结城北乡农业承包合同管理试点经验后，在全县11个乡镇内，开展第一批农业承包合同管理工作。全年全区签订规范化合同407514份，合同承包金3885万元，已兑现3528万元，合同兑现率90.8%。

1993年，为贯彻《中华人民共和国农业法》和《江西省农业承包合同管理条例》，行署下发《关于加强农业承包合同管理的通知》，强调要贯彻中共中央〔1993〕11号文件，稳定土地承包关系，鼓励农民增加投入，提高土地的生产率，在原定土地承包期一定15年不变后，再延长30年不变。开垦荒地、营造林地、治沙改土等从事开发性生产的，承包期还可以更长些；对已经放开的农副产品收购任务不再列入合同；对村提留乡统筹的提取总额不超过上年农民人均纯收入的5%；规范合同文本，加强合同签订、鉴证、兑现、变更、解除、纠纷调解、仲裁和档案等管理工作。年内，全区有70%以上农户与村集体经济组织签订较完善的农业承包合同。

1997年，在传达贯彻中共中央办公厅、国务院办公厅《关于进一步稳定和完善农村土地承包关系的通知》和省委办公厅、省政府办公厅《关于贯彻中办发〔1997〕16号文件，进一步稳定和完善农村土地承包关系的通知》后，德兴市率先开展第二轮农村土地延包工作，年底全市基本完成土地延包工作任务。10月，地区农办和地区农业局对全区土地承包的现状进行调查研究，提出全区开展农村土地延包工作方案。

1998年2月，地委办公室和行署办公室联合下发《关于认真贯彻中办发〔1997〕16号文件、赣办发〔1997〕10号文件，进一步稳定和完善农村土地承包关系的通知》，对新一轮农村土地延包工作的有关政策和做法等问题，作了全面部署。3月5日，经地委、行署批准，由地区农业局主办，地委组织部与地区监察局协办，连续举办三期全区农村土地延包和农民负担政策培训班。行署副专员毛惠忠在第一期培训班上对稳定农村土地承包关系、减轻农民负担和按保护价敞开收购农民余粮等政策作出全面部署，提出明确要求。11月26日，地委、行署在上饶市召开全区土地延包工作汇报会。

1999年1月4日，地委、行署下发明传电报《关于对全区第二轮农村土地延包工作进行检查验收的紧急通知》，分别组织一个监督组和6个检查验收组，对7个县(市)、20个乡(镇)、28个村、100多农户进行监督，发现问题，立即整改补课。据1999年2月统计，全区第二轮农村土地延包工作，历时一年整，全面完成土地延包各项工作程序，完成土地登记造册建档工作的有12个县(市)，282个乡(镇)，2877个村，26126个村民小组、109.4万农户，分别占总数的100%、98%、99%和99%；土地承包经营权证全部发到农户的有279个乡(镇)，2848个村，25862个村民小组，分别占总数的99%、98%、98%；有107万农户领到了"土地承包经营权和承包合同书证"、占应发证农户总数的97%。

1999年4月12日，在第二轮土地延包工作结束后，行署办公室下发《关于切实加强农村土地承包合同管理工作的通知》，强调要做好第二轮农村土地延包的后续工作，对照省委、省政府的检查验收标准，逐村逐项进行一次全面再检查、再落实。该补课的补课，该完善的完善，该规范的规范，并建立规范的土地延包档案，做到"四有"，即户有"一证一书"(经营权证和承包合同书)；村有"两表一书"(分户土地登记表、汇总表和承包合同书)；乡(镇)有各村的分户清册(即汇总表和承包合同书)；县(市)有乡村汇总表。

土地流转 1980年后，全区建立各种形式的生产责任制，特别是家庭联产承包责任制后，土地所有权与经营权的"两权"开始脱钩分离。农户在自己的责任地进行独立自主经营，是经营权的具体体现，但土地仍归集体所有，所有权性质未变，农户耕种的土地，是农户与集体间土地承包责任制关系。

1983年，贯彻中共中央〔1983〕1号文件，明确提出："在坚持土地集体所有和不改变土地用途的前提下,经发包方同意,允许土地的使用权依法有偿转让”。从此,全区开始出现由农户或集体承包集体所有的或国家所有使用的土地、荒地、林地、水面等,进行农业或多种经营生产的典型。如波阳县鸦鹊湖垦殖场田广生,1994 年试办家庭农场,按照“立约”手续,承包周围场、村水田 13.33 公顷,当年粮食产量达到 12.5 万千克,商品率 94%,人均贡献粮食 2.6 万千克,成为全区最大粮食生产专业大户;婺源县中云乡横槎村农民王健生 1983 年承包集体山坡茶园 8 公顷,当年生产茶叶(毛茶)3450 千克,产值 1.2 万元。

1999 年 4 月,行署办公室下发《关于切实加强农村土地承包合同管理工作的通知》指出:建立土地流转机制,是家庭承包经营的延续和发展,也是充分提高土地利用率和产出率的有效途径,其核心是放活土地经营权,应坚持“自愿、依法、有偿”的原则,在不改变土地所有权和农业用途的前提下,经发包方同意,承包方在承包期内对土地可以依法转包、转让、互换,也可以实行技术和劳力股份合作的形式。全区农村大多数地方,在短期内还难于具备实行土地规模经营的条件,不能强制推行土地规模经营。随着市场经济的发展,农村劳动力外出务工,经商人数的增加,土地流转现象比较普遍。2002 年,境内农村土地流转总面积 4.67 万公顷,占总耕地面积的 16.3%。从流转形式看,基本上可以分为六种类型:一是转包,采取这种形式的有 3.43 万公顷,占流转总面积的 73.5%;二是转让,面积 0.27 万公顷,占 5.9%;三是互换,这种形式有 0.32 万公顷,占 6.9%;四是入股,这种形式不多,只有 0.08 万公顷,占 1.6%;五是出租,这种形式有 0.50 万公顷,占 10.7%(其中:反租倒包的有 0.31 万公顷,占流转总面积的 6.6%);六是其他形式流转的 0.07 万公顷,占 1.4%。

第六章　农业综合开发

第一节　机　构

机构　1990 年 4 月,行署第 17 次专员常务会议研究决定成立上饶地区农业开发领导小组,下设办公室;1992 年 2 月 24 日,经行署研究决定,同意成立上饶地区农业开发办公室,为行署直属事业单位,定事业编制 7 名。

1996 年,机构改革中明确上饶地区农业开发办公室是上饶行署直属正处级事业单位。事业编制 8 名。

2000 年 10 月,撤地改市,更名为上饶市农业开发办公室。

组织建设　1997 年 3 月 14 日,经上饶地区地直机关工委地直党字〔1997〕14 号文批复,成立中共上饶地区农业开发办公室机关党支部。

下属单位　1997 年,饶编发〔1997〕16 号文《关于成立农业综合开发服务中心的批复》同意成立上饶地区农业综合开发服务中心,为上饶地区农业开发办公室的下属正科级自收自支事业单位,定事业编 3 人。

第二节 综合开发项目

1988年，国务院按照“取之于土、用之于土”的原则，将耕地占用税为主等7个渠道的资金集中起来，在中央和地方财政设立土地开发建设基金（1989年后改为农业发展基金），在全国范围内有组织、有计划、大规模地进行农业综合开发。首批立项的是东北三江平原和黄淮海流域两大片地区。江西省是1989年第二批进入国家农业综合开发范围的区域，上饶地区波阳县、余干县，饶丰、乐丰两场被列入江西省首批立项开发的21个县7个国营农场之列。

1998年，耕地占用税取消之后，资金主要由各级财政预算安排。

1999年—2000年，国家农业综合开发累计在全市投资规模达到48631.8万元，其中：中央财政资金14227.83万元，地方财政配套资金12835.44万元，群众自筹9935.19万元，银行贷款11933.34万元。共完成中低产田改造152.36万亩（含部分重复改造），开垦宜农荒地0.58万公顷，造林1.98万公顷，累计实现新增粮食生产能力29253.7万公斤，棉花297.5万公斤，油料1316.4万公斤。

第一期（1989年—1991年）赣中南农业综合开发项目 立项开发区波阳县、余干县，饶丰场、乐丰场，项目涉及14个项目区38个乡镇（场）530个村（场），共安排各类子项目700个，累计完成投资6615.856万元，其中：中央财政资金2482.6万元（有偿、无偿各半），地方配套资金2586.796万元（含地级配套496.54万元），群众自筹1153.3万元，农行贷款1546.46万元。累计完成改造中低产田2.93万公顷，开垦宜农荒地4460公顷，造林9513公顷，实现新增粮食生产能力11308万公斤，棉花68.85万公斤，油料417.9万公斤。1992年10月，余干县项目通过国家农业综合开发办国家验收组的验收。

第二期（1992年—1994年）赣中南农业综合开发项目 立项开发区是波阳、余干两县，饶丰、乐丰两场。1993年和1994年弋阳县圭峰“三高”农业示范区以地直项目名义挂上项目，项目涉及8个项目区31个乡镇345村，共安排各类子项目406个，3年累计完成投资7327.3万元，其中：中央财政资金2377万元，地方配套1870.7万元，群众自筹667.6万元，农行贷款2412万元。累计完成改造中低产田2.11万公顷，开垦宜农荒地2207公顷，造林9673公顷。实现新增粮食生产能力5056.7万公斤，棉花140万公斤，油料251万公斤。

赣北优质高产棉花项目 1994年，万年县被省里批准为赣北优质棉项目立项开发，项目区包括青云、汪家、珠田、珠山4个乡镇范围，项目总投资392万元，其中：中央财政资金210万元（全部为无偿资金），省级配套125万元，地级配套19.2万元，县级财政配套37.8万元。项目开发总任务为改造中低产棉田1267公顷，新村棉花生产能力43万公斤。

第三期（1995年—1997年）赣中南农业综合开发项目 1995年—1997年，上饶地区农业综合开发县迅速扩大。1996年，10县（市）农业综合开发项目，增加上饶县、德兴市，1997年，玉山县进入国家农业综合开发笼子。第三期开发项目县包括：鄱阳县、余干县、万年县、弋阳县、上饶县、德兴市、玉山县和饶丰、乐丰两场。3年项目总投资13723万元，其中：中央财政资金3477万元（无偿1719.5万元，有偿1757.5万元），地方财政配套资金3206万元、群众自筹3502万元，农贷3490万元，前期工作费48万元。累计改造中低产田2573公顷，开荒1800公顷，造林2713公顷，实现新增粮食生产能力9094万公斤，棉花82万公斤，油料467.2万公斤。

第四期（1998年—2000年）农业综合开发项目 1998年，长江中下游地区发生了历史上罕见的洪涝灾害之后，国家增加了水毁工程修复投入，1998年—1999年共安排波阳县、余干县、万年县、弋阳县水毁工程修复项目资金总投资1305万元，其中：中央财政无偿资金775万元，地方财政配套445万元，群众自筹85万元；1998年起，在国家农业综合开发设立现代农业示范区专项，余干县梅港乡、玉山县文成镇先后被列为省级重点示范区，至2000年共安排投资1178万元，其中财政投资738万元，建设了1000公顷农业示范区。包括常规项目在内，1998年—2000年3年项目总投资规模达到25043.5万元，其中：中央财政资金7346.5万元，省级财政配套4853.7万元，市级财政配套699.6万元；县级财政配套1396.2万元，群众自筹5533.5万元，农贷5214万元，共完成改造中低产田3.96公顷，开荒33.33公顷，造林3567公顷，新增粮食生产能力7723万公斤，棉花32.5万公斤，油料598.2万公斤。

第三节　多种经营项目和现代农业示范区

多种经营项目　1989年—1994年，国家农业综合开发项目中分经济林、畜牧、水产三类项目。1995年起，国家农业综合开发将项目分为两类：土地治理项目、多种经营项目（从2003年起改为产业化经营项目）。全市共安排129个涉及多种经营项目，项目投资3795.86万元，其中：中央财政资金423.29万元，地方财政配套资金392.53万元，自筹资金181.73万元，银行贷款2798.31万元。1995年—2000年，共安排多种经营项目104个，包括：种植项目39个，养殖项目47个，加工类项目18个，多种经营项目6年总投资15281.9万元，其中：中央财政资金2953.4万元，地方财政配套资金2878.4万元，自筹资金2947.1万元，银行贷款6503万元。

现代农业示范园区建设　1998年，国家农业综合开发设立现代农业示范区专项。余干县梅港乡、玉山县文成镇先后列入示范区建设范围。年内，余干县梅港乡被列为省级重点示范区和省纪律检查委员会领导挂钩联系点，至2000年3年共安排项目总投资600.5万元，其中：财政资金386.5万元，建设0.5万亩现代农业示范区。玉山县文成镇示范区，1998年地级项目安排中央财政资金50万元，设立地级现代农业示范区，1999年—2000年列为省级示范区，项目总投资577.5万元，其中：财政资金351.5万元，建设高标准现代农业示范区1万亩。

第七章　农　垦

1991年，上饶地区垦殖场管理局成立，为副县级建制。

1993年，上饶地区垦殖场管理局升格为县级建制，直属地委、行署领导，作为全区农垦主管部门。

1996年，改称为上饶地区农垦集团总公司。

2002年7月，市委临时常委会决定撤销农垦集团总公司，成立上饶市农垦事业管理办公室，为市政府工作部门。市级农垦管理体制基本理顺。但县（市）农垦管理体制仍归属不一，仅余干县成立农垦局，其他县（市）归属在林业局。

第一节 生产经营

1988 年,全区农垦已形成农工商建服协调发展的格局,建立起以饲料加工、羽绒、纺织、食品、造纸、建材、机械、化工为主的工业基地,有垦殖场 36 个,其中省属 2 个,地属 2 个。

1990 年,全区有 37 个垦殖场,其中省属 2 个,地属 2 个。

1993 年,为适应经济发展的需要,武夷山垦殖场从县属上升为地属。

1997 年 8 月,为了理顺地属垦殖场的管理体制,维护所在地行政区划的完整,地委、行署以饶字〔1997〕104 号文件将武夷山垦殖场由地属划为铅山县管,分设两镇,并脱离农垦序列。

1998 年 6 月,地委、行署分别以饶字[1998]91 号文件、饶字[1998]92 号文件将五府山垦殖场、饶丰垦殖场分别下划给上饶县、波阳县管,其中五府山场分设一乡一镇,脱离农垦序列。

2000 年 4 月,江西省政府 21 号文件决定,省属垦殖场成建制划归属地管理,大茅山、康山两垦殖场分别归属德兴市、余干县管。纳入全区农垦统计范围的垦殖场有 35 个,分布全区 11 个县(市),其中上饶县 2 个,广丰县 3 个,玉山县 3 个,铅山县 4 个,弋阳县 3 个,横峰县 1 个,万年县 8 个,余干县 3 个,波阳县 5 个,德兴市 4 个,婺源县 2 个,全部归属县管。其中土地总面积最多的是大茅山场(24821 公顷)、铜钹山场(12204.1 公顷)、莲花山场(12080 公顷)、华坛山场(10753.4 公顷)、饶丰场(10256.54 公顷);耕地面积最多的是饶丰场(2991 公顷)、康山场(1442.5 公顷)、鸦鹊湖场(1101.6 公顷);林地面积最多的是大茅山场(22822.1 公顷)、铜钹山场(11404 公顷)、莲花山场(10533 公顷)、华坛山场(8602.8 公顷);水面面积最多的是饶丰场(568 公顷)、康山场(351.91 公顷)、莲花山场(267 公顷)。是年,全区农垦实有土地总面积 125727.68 公顷,其中耕地 11242.3 公顷,林地 90765.61 公顷,水面 2149.14 公顷。年末总人口 147013 人,其中职工 57053 人。全年实现工农业总产值 51146.75 万元,其中农业总产值 17087.31 万元,占工农业总产值的 33.41%,工业总产值 34059.44 万元,占 66.59%。上缴税金 2535.4 万元,亏损 3359.49 万元,出口商品总金额 6836.8 万元,全员劳动生产率 7993 元。

2001 年,全区开展撤乡并镇,农垦系统有 14 个场被撤并到附近的乡镇,其中作为二级单位的有铅山县的汪二场、永平场,弋阳县的旗山,万年县的山家寨、盘岭、马家场,波阳县的莳山场,德兴市的新岗山场;改为村一级的有上饶县的高泉场、广丰县的鹤山场、五峰山场,德兴市的福泉山场;撤销的有德兴市的银山场、玉山县的大垄场。

第二节 经济规模

1990 年代中后期,计划经济向市场经济转轨,农垦经济逐年滑坡,经济总量一步步萎缩。1998 年的特大洪涝灾害,更使农垦经济雪上加霜。1991 年—2000 年连续亏损,亏损最多的是 1996 年,亏损高达 5102 万元。累计上缴税金 1.7 亿元,平均每年上缴 1700 万元。

农业生产一直较平稳。从主要农产品产量来看,1991 年—2000 年累计生产粮豆 87.54 万吨,油料 4.1 万吨,蔬菜 22.32 万吨,茶叶 5107 吨,水果 9979 吨,肉类 62260 吨,水产品 14573 吨;从农业商品产值和主要农产品商品量来看,1991 年—2000 年累计实现农业商品产值 12.39 亿元,提供商品粮豆 36.14 万吨,油料 22862 吨,肉类 44732 吨,禽蛋 4731 吨,茶叶 4558

吨,水产品 10579 吨;从产值情况来看,农业总产值 1996 年最高,为 25023 万元,比 1991 年增 81.64%,2000 年,农业总产值 17087 万元,比 1991 年增 24.03%,比 1996 年减 31.71%。种植业、林业、牧业、渔业产值占农业总产值的比重由 1991 年的 54.45%、18.14%、15.11%、12.3%变为 2000 年的 63.09%、14.10%、17.59%、5.22%。

1991 年—1995 年,工业生产仍克服市场疲软、资金短缺等困难,工业总产值逐年上升,1995 年实现工业总产值 39996 万元,比 1991 年增 92.03%。但从 1996 年开始,工业总产值逐年下降,2000 年,实现工业总产值 34059 万元,比 1991 年增 63.53%,比 1995 年减 14.85%。从 1993 年开始,工业企业纷纷停产倒闭,正常运转的工业企业由 1993 年的 185 家锐减到 2000 年的 99 家,下岗工人增多,职工生活困苦。

2000 年,农业总产值 51146 万元,比 1991 年增 47.80%,比历史最好年份 1996 年减 19.12%。农业总产值在工农业总产值中的比重为 33.41%,比 1991 年降低 6.4 个百分点,工业总产值在工农业总产值中的比重为 66.59%。商业、饮食业、服务业总共 32 家,比 1991 年增加 3 家,总营业收入 1007 万元,比 1991 年减少 339 万元。

第三节　基础建设与文教事业

基础设施建设　自建场始,农垦企业基础设施建设大多都形成以总场为中心的小集镇,总场道路都改为水泥路面,且大多与交通干道相连,分场、大队均通公路,交通极为便捷。各分场都设有邮电所。通讯事业不断得到改善,从建场初期的手摇电话机,到 1990 年代程控电话机的开通,垦殖场与外界的联系越来越紧密,1990 年代末,手机拥有量逐年增加,相当一部分分场还配备传真机。其他如电力、水利也得到较大发展。2000 年,农垦系统有发电机组 62 台,装机容量 15458 千瓦,其中水电站 24 个,发电机组 54 台,装机容量 13200 千瓦。有排灌站 70 座,有效灌溉面积 9857.62 公顷。此外,山区场一般都修建山塘水库,滨湖场还建有大型圩堤,如饶丰的饶河联圩,鸦鹊湖的西湖东联圩,康山的康山大堤,信丰的胜利联圩等。

文教、卫生事业　建场后十分重视教育普及和人才开发,注重智力投资。2000 年,农垦系统已有各类学校 217 所,教职员工 2251 人,其中教师 2037 人,在校学生 28534 人。普通中学 17 所,学生 6497 人:小学 200 所,学生 22037 人。“两基”教育实行得较好,适龄儿童入学率和幼儿入托率达到 100%,初中生入学率达到 98%。医疗单位 103 个,其中医院 65 个,职工 593 人,其中医务人员 492 人(医生 289 人),有病床 545 张,并拥有不少现代化医疗设施。各个分场和生产队都设有医务所、站,能对职工疾病进行及时治疗。同时采取各种预防措施,使一些流行病、常见病、多发病得到有效治疗和控制。个体医院、诊所也有一定发展,极大方便职工看病就医。广播、电影、有线电视已经普及。分场、大队都建有图书室、文化站。群众性的文体活动经常开展,大大丰富职工业余文化生活。

2000 年全区农垦行政区划情况一览

表 9－7－1

县(市)	垦殖场个数	垦殖场名称
合计	35	

续表 9－7－1

县(市)	垦殖场个数	垦殖场名称
上饶县	2	高泉、华坛山
广丰县	3	铜钹山、鹤山、五峰山
玉山县	3	怀玉山、大垄、三清
铅山县	4	天柱山、汪二、永平、太源
横峰县	1	红桥
弋阳县	3	花亭、旭光、旗山
万年县	5	梨树坞、盘岭、马家、山家寨、五里长山
余干县	3	信丰、禾斛岭、康山
波阳县	5	鸦鹊湖、高家岭、莳山、莲花山、饶丰
德兴市	4	新岗山、银山、福泉山、大茅山
婺源县	2	鄣公山、珍珠山

1991 年—2000 年全区农垦经营盈亏及上缴税金一览

表 9－7－2　　单位:万元

年份	盈(亏)额	税金	年份	盈(亏)额	税金
1991	－459	1181	1996	－5102	2654
1992	－745	1426	1997	－3037	2306
1993	－1511	1734	1998	－3416	1968
1994	－939	672	1999	－1133	1646
1995	－705	878	2000	－3359	2535

1991 年—2000 年全区农垦主要农产品产量情况

表 9－7－3　　单位:吨

年份	粮豆	油料	蔬菜	茶叶	水果	肉类	水产品
合计	875369	41001	223170	5107	9979	62260	14573
1991	99287	2881	12523	634	1332	4894	670
1992	91795	3805	16426	528	146	5737	774
1993	84134	3867	22018	623	374	6485	996
1994	98897	4004	24098	595	584	7205	1571
1995	93801	5075	25178	576	734	7873	1714
1996	107012	4496	26833	501	943	7576	1869
1997	98712	5476	23162	407	1686	7466	2225
1998	54765	4232	21690	374	1812	5984	1819
1999	64487	3373	23639	428	1863	4375	1340
2000	82479	3792	27603	441	505	4665	1595

1991年—2000年全区农垦农业商品产值及主要农产品商品量

表9-7-4　单位:万元、吨

年份	农业商品产值	粮豆	油料	肉类	禽蛋	茶叶	水产品
1991	5378	37182	1681	3660	303	599	591
1992	6765	36830	2342	4615	444	485	684
1993	8003	32791	2583	5173	409	501	534
1994	15054	43774	1807	5306	536	531	1681
1995	16877	39986	2609	6033	535	540	1424
1996	28026	37055	2205	5172	969	426	1587
1997	17028	49214	3178	4987	317	381	1950
1998	8618	18328	2293	4102	286	304	386
1999	7369	29224	1837	2610	399	403	701
2000	10821	36980	2327	3074	533	388	1041
合计	123939	361364	22862	44732	4731	4558	10579

1991年—2000年全区农垦农业总产值中各业比重一览

表9-7-5

年份	农业总产值（万元）	农业内部各业产值占农业总产值%			
		种植业	林业	牧业	渔业
1991	13776	54.45	18.14	15.11	12.3
1992	15979	50.47	17.76	19.63	12.14
1993	16920	44.89	19.56	21.83	13.72
1994	19469	57.78	19.60	19.80	2.82
1995	22641	60.04	20.65	16.39	2.92
1996	25023	62.63	17.24	17.88	2.25
1997	22020	61.94	15.26	17.21	5.59
1998	13300	60.32	13.92	20.68	5.08
1999	12828	61.73	15.20	17.73	5.34
2000	17087	63.09	14.10	17.59	5.22

1991年—2000年全区农垦工业基本情况一览

表9－7－6

年份	工厂个数(个)	工业总产值(万元)	工业销售产值(万元)	利润(万元)	利税总额(万元)	年末职工人数(人)
1991	175	20828	15907	－3	1041	16336
1992	174	24750	20784	－214	938	17229
1993	185	31341	27878	－737	866	18539
1994	168	33551	32349	－1144	703	18307
1995	170	39996	33929	－91	1773	16449
1996	160	38215	39056	－1898	159	15948
1997	143	32064	35470	－1717	486	13687
1998	112	26683	27747	－328	1331	9582
1999	95	26823	24928	－306	1927	8068
2000	99	34059	30373	－234	1228	9740

1991年—2000年全区农垦工农业总产值及构成情况

表9－7－7

年份	工农业总产值(万元)	其中农业总产值(万元)	占总产值%	工业总产值(万元)	占总产值%	全员劳动生产率(元)
1991	34604	13776	39.81	20828	60.19	5133
1992	40729	15979	39.23	24750	60.77	6000
1993	48261	16920	35.06	31341	64.94	6915
1994	53020	19469	36.72	33551	63.28	7456
1995	62637	22641	36.15	39996	63.85	8986
1996	63238	25023	39.57	38215	60.43	8850
1997	54084	22020	40.71	32064	59.29	6738
1998	39983	13300	33.26	26683	66.74	7250
1999	39651	12828	32.35	26823	67.65	9510
2000	51146	17087	33.41	34059	66.59	7993

卷十　林　业

1990年代，全区林业进入持续、快速、健康的发展时期。1990年，地委、行署作出“全区三年基本消灭荒山，四年扫尾”的决定，展开全区性的灭荒战役，全区人工造林18.41万公顷，1994年基本消灭宜林荒山。1995年—1998年，地委、行署提出在山上再造一个上饶的奋斗目标，到2000年全区山地产值相当于同年粮食作物的产值水平。通过大力发展高效林业，综合开发山地资源，林业产业结构得到逐步调整，全区建立起大批特色经济林。1998年—2000年，实施“跨世纪绿色工程”。围绕生态环境建设展开林业工作布局，提高林业的综合效益，使林业建设逐步现代化。坚持可持续发展战略，逐步建立比较完备的林业生态体系。开展多项生态工程。区划生态公益林面积53.19万公顷，占全区国土总面积的23.3%。

科技兴林卓有成效。在林业科学研究、科技推广项目中有23项获部、省级科技进步奖；一大批科技成果转化为现实生产力，在育苗、造林等方面得到大面积推广，产生规模效益；杉木、马尾松大径材培育技术、竹类丰产培育加速利用技术等十项先进科技，也得到大面积推广。

管理机构职能逐步完善。各地林政、森林公安、木材检查站、森林病虫害防治检疫站、林业工作站等林业执法队伍密切配合，形成以群众性护林组织为基础，以林业执法队伍为骨干的森林资源保护管理网络。同时还进行森林资源调查、湿地资源调查，以及动物、禽类、爬行类等多种专项调查，对森林资源保护知识进行科普教育，培养和造就大批林业工作骨干。

森林资源稳步增长，生态环境显著改善。1999年，全区森林面积103.67万公顷，活立木蓄积量3099.2万立方米，分别比1989年增加17.45万公顷和578.1万立方米，年均增加森林面积1.75万公顷、活立木蓄积57.8万立方米；森林覆盖率达到55.4%，比1989年提高16.4个百分点。1991年—2000年全区人工造林面积22.34万公顷，兴建森林公园4处、国家级自然保护区1处、各级自然保护小区870处，面积13.69万公顷。2000年全区实现林业总产值15.6391亿元。同时林业投入也不断加大，筹集林业建设资金3.1487亿元。

至2000年，境内林业的林分结构尚不够合理，森林资源总量不足、质量不高，使林业巨大的生态效益和经济效益难以有效发挥；林业产业结构失衡，第二、三产业发展较慢，所有制结构单一，非公有制经济所占比重甚少；林业改革相对滞后，计划经济的观念还相当浓厚，资源难以盘活，林业职工和林农收入增长较慢。

第一章 机构沿革

第一节 行政机构

上饶地区林业局 1991年3月,上饶地区林业局机关增设审计科,人员编制内部调剂解决。1996年9月,地区林业局根据职能配置需要,内设机构作相应变更,机关内设办公室(加挂法制科牌子)、人事科(加挂老干部科牌子)、科技教育科、林政资源管理科、造林科、林业产业科、计划财务基建科等7个职能科室。另设审计科,纪检组(监察室)为中共上饶地区纪律检查委员会(上饶地区监察局)的派驻机构。核定机关行政编制26名,事业编制2人。领导职数为局长1名,副局长3名,纪检组长1名,科级职数11名。1997年7月,造林科更名为造林经营科。

2000年10月,上饶地区撤地设市,原上饶地区林业局更名为上饶市林业局。10月18日,局机关举行了上饶市林业局、上饶市绿化委员会挂牌仪式。

上饶地区森林公安局 1988年12月,成立上饶地区林业公安局。1998年7月更名为上饶行署森林公安局。1997年—2000年年底,各县(市)先后成立森林公安分局。

1992年,增设弋阳县林业公安分局及其南港林业派出所,人员编制由原来的6人增加为22人。1993年6月,原上饶地区林科所派出所,更名为上饶行署林业公安局林科所派出所,人员编制5人,隶属行署林业公安局。1997年,经江西省机构编制委员会审批设上饶市林业公安分局及沙溪林业派出所,人员编制15人。同时,波阳县增设莲花山、金盘岭、候家岗3个林业派出所。同年,上饶地区武夷山垦殖场撤场设镇,原铅山县公安局武夷山分局一分为二,改建成铅山县森林公安分局黄岗山、武夷山2个派出所。1999年,铅山县森林公安分局增设桐木关派出所,人员编制8人。

2000年底,全区森林公安人员总编制290人,12个县(市、区)均设有森林公安分局,除三清山、沙溪、候家岗、金盘岭4个森林派出所待成立、新岗山森林派出所待恢复外,全区共设森林派出所26个,有在编森林公安民警241名。

第二节 事业单位

上饶地区林业技术推广中心 1991年1月,内设办公室、生产科、技术推广科(均为副科级)。

上饶地区林业工作站 1991年7月,经江西省机构编制委员会、江西省林业厅核准,上饶地区共设置乡(镇)林业工作站149个,核定事业编制589名。其中1991年建站123个,下达编制350名(含已建站和人员编制);1992年建站26个,下达编制239名。乡(镇)林业工作站为相当股级的事业单位。总站为上饶地区林业局下设的副科级事业单位,配备事业编制6名。

林业工作站的办公经费,原有的工作站,其经费来源按原渠道不变;新建工作站的经费实行自筹自给。基层林业工作站在完成本职任务的前提下,根据当地资源情况,积极创造条件,开展多种经营,多渠道筹集资金,以解决经费不足的困难。

上饶地区森林防火指挥部　1991年下半年成立，下设办公室。1992年7月，指挥部办公室增加事业编制3名，经费自筹。2000年10月18日因撤地改市，更名为上饶市森林防火指挥部。

上饶地区林业经营管理站　1994年5月成立，为科级事业单位，实行企业化管理，核定事业编制10名(编制从上饶地区林业公司总编数中划转)，所需人员从上饶地区林业局内部调剂解决，经费自筹。

上饶云碧峰森林公园管理处　1996年8月成立，为上饶地区林科所下属正科级事业单位，核定事业编制10名，人员由上饶地区林科所内部调剂解决。经费自筹。

上饶地区林业勘察设计院　1999年1月由原上饶地区林业勘察设计队更名，更名后隶属关系、级别、性质、编制、经费来源及职责和业务范围不变。

上饶地区林业工业公司　2000年10月，经上饶地区编制委员会同意，事业编制由原定的60名核减为42名。

第二章　森林资源

第一节　林地资源

1991年—2000年，上饶地区的林业经历“消灭荒山”“在山上再造一个上饶”，和“实施跨世纪绿色工程”三个阶段，森林资源从1990年以前的下降趋势，逐步得到恢复和增长。截至1999年，通过全区森林分类经营区划和森林资源调查，全区土地总面积227.91万公顷，其中林业用地①面积134.49万公顷，占土地总面积的59%；非林业用地93.42万公顷，占总面积的41%。在林业用地中，有林地103.67万公顷，占林业用地的77.1%(其中人工林面积34.69万公顷，占33.5%)；疏林地1.81万公顷，占1.9%；灌木林地面积21.17万公顷，占15.7%；未成林地1.93万公顷，占1.4%；无林地3.46万公顷，占2.6%；天然更新林地和苗圃地1.78万公顷，占1.3%。1999年，全区森林面积达到103.67万公顷，活立木蓄积量3099.2万立方米，分别比1989年增加17.45万公顷和578.1万立方米，年均增加森林面积1.75万公顷、活立木蓄积57.8万立方米；全区森林覆盖率1989年为39%，1994年为49.2%，1999年达到55.4%，比1989年提高16.4个百分点。1991年—1994年在消灭荒山运动中林地建设取得了巨大成就。

1993年，以建设自然保护小区而颇见成效的婺源县，初步形成森林分类经营雏形，被林业部确定为全国林业分类经营试点县。1999年5—10月，全区展开森林经营区划工作，完成了森林分类界定。在全区134.49万公顷林业用地面积中，区划生态公益林面积53.19万公顷，占39.5%；商品林面积81.36万公顷，占60.5%(其中用材林集约经营型面积5.3万公顷，占商品林面积6.5%；经济林名特优型面积1.27万公顷，占商品林面积1.6%)。

①林业用地是专门用于林业生产的土地的总称。包括用材林地、防护林地、薪炭林地、特用林地、经济林地、竹林地等有林地及宜林的荒山荒地、沙荒地、采代迹地、火烧迹地等无林地，灌木林地，疏林地，未成林造林地等。

1999年,上饶地区各类土地面积统计表明,全区林业用地面积最大的6个县为:婺源县24.6万公顷,铅山县16.6万公顷,上饶县16.25万公顷,德兴市15.97万公顷,波阳县15.59万公顷,玉山县10.34万公顷。尚有宜林荒山面积较大的6个县:波阳县约1万余公顷,余干县4500公顷,上饶县3900公顷,德兴市3900公顷,铅山县3500公顷,弋阳县3200公顷。

1999年全区各类土地面积情况一览

表10-2-1　　单位:万公顷

单位	土地总面积	林业用地面积	有林地面积	宜林荒山面积	森林覆盖率(%)
全区合计	227.9	134.49	103.67	3.46	55.4
婺源县	29.47	24.6	21.79	0.15	81.3
德兴市	20.43	15.97	13.55	0.387	74
铅山县	21.77	16.6	13.55	0.35	71.3
上饶县	22.46	16.25	9.53	0.393	69.8
玉山县	15.99	10.34	6.44	0.047	63.2
波阳县	42.15	15.59	12.75	1.007	32.1
广丰县	13.78	8.07	5.73	0.067	55.3
弋阳县	15.93	9.47	7.71	0.32	55.6
万年县	11.35	6.16	5.24	0.153	50.1
余干县	23.31	4.74	3.7	0.453	17.4
横峰县	6.53	3.99	1.61	0.087	54.9
上饶市	3.09	1.17	0.993	0.013	37.1
三清山	1.63	1.47	1.087	0.027	88.1

第二节　结构与分布

1999年,全区森林面积分布最大的6个县为:婺源县21.79万公顷,铅山县13.55万公顷,德兴市13.55万公顷,波阳县12.75万公顷,上饶县9.53万公顷,弋阳县7.71万公顷。当年,全区森林面积103.67万公顷,森林蓄积量(有林地)2941.42万立方米。森林面积中按林种划分:用材林面积49.04万公顷,蓄积量1750.77万立方米;防护林面积36.73万公顷,蓄积量915.82万立方米;特用林面积4.35万公顷,蓄积量245.22万立方米;薪炭林面积3.27万公顷,蓄积量28.57万立方米;乔木经济林面积2300公顷,蓄积量1.04万立方米。

各级政府已认识到森林在环境保护和社会经济发展中的重要地位,全区森林比例也随之有所提高:用材林面积占47.3%,蓄积量59.5%;防护林面积占35.4%,蓄积量占31.1%;特用林面积占4.2%,蓄积量占8.32%;薪炭林面积占3.2%,蓄积量占1%;乔木经济林面积占0.2%,蓄积量占0.1%;竹林面积占9.7%。从比例看全区用材林面积占近一半,比例数虽较适宜,但分布不均匀,主要分布在境内南北两端边缘的婺源县、德兴市、铅山县、波阳县、上饶县等的山区中。当年,防护林的面积、蓄积量比例均逾3成以上,而在1989年,防护林的比例在林分面积中仅占7.5%,蓄积量仅占10.1%,且主要分布于怀玉山和武夷山两大山脉的陡坡地区。

1999年,全区用材林各优势树种蓄积量所占比例为:杉类面积38.4%(蓄积量38.4%),马尾松面积23.1%(蓄积量17.9%),湿地松面积5.4%(蓄积量2.1%),阔叶树面积33.1%(蓄积量41.6%)。与1989年杉类所占面积29.3%(蓄积量17.9%)相比,均有较大幅度增长。但阔叶林与1989年所占面积48.9%(蓄积量62.6%)相比,其面积比例下降15.8个百分点,蓄积量下降21个百分点。在1989年—1999年的十年中,杉木、马尾松造林面积继续保持上升势态,但阔叶林因过度采伐,其面积、蓄积量均大幅度下降。

10年间毛竹造林、垦复和保护工作成绩斐然。1999年,全区毛竹林面积10.03万公顷,毛竹林立竹株数1.69亿株(其中林分毛竹1.64亿株,散生毛竹454.55万株)。与1989年毛竹面积8.06万公顷、毛竹林株数1.06亿株相比,分别增长24.5%和59%。当年全区林分毛竹立竹度已有109根/亩,主要分布在铅山、上饶、德兴、婺源、广丰、弋阳等6县(市)。

1999年,全区经济林面积15.95万公顷,其中油茶林占80%,果木林占9.6%,特种经济林占0.3%,其它经济林占9.6%。油茶是上饶地区主要经济林树种,面积12.75万公顷,主要分布在上饶、横峰、玉山、铅山、广丰、德兴等6县(市)。果木林面积1.53万公顷,其中椪柑0.45万公顷,梨桃0.44万公顷,板栗0.49万公顷,主要分布于玉山、弋阳、万年、余干、上饶县等低丘陵岗地。特用经济林面积472.87公顷,其中杜仲268.67公顷,厚朴52.67公顷。其它经济林面积1.54万公顷,其中茶叶1.49万公顷,桑226.67公顷。茶叶面积首推婺源,其面积占全区65.5%,其次德兴、铅山、上饶3县(市)茶叶面积相对较大。

第三节　森林蓄积量

1991年,全区森林资源长期持续下降的态势得到遏制。1992年,达到森林资源生长量与消耗量的基本平衡,全区人工林面积逐年增多,森林覆盖率渐趋上升,同时压缩资源的过量消耗,扭转森林蓄积长期持续下降的局面,达到森林资源生长量和消耗量的基本平衡,实现了森林面积与蓄积量的“双增长”,成为上饶地区林业建设史上一个根本性的转折点。但此“双增长”的基础十分脆弱:一是林种、树种、林龄结构不合理,成熟林在蓄积量中所占比例较低,马尾松可利用资源濒于枯竭,资源利用的缺口,不得不采伐中龄林加以弥补;二是全区人均森林蓄积为4.5立方米,林分亩平蓄积为2.24立方米,两项指标均低于世界、全国、全省的人均、亩均水平;三是森林资源消长平衡基础脆弱,在森林资源消耗结构中,能源性消耗和自用材消耗分别占总量的40%和10%,且变动系数很大,稍有松懈就发生逆转。

1993年,全区森林资源开始回升,实现森林面积与蓄积量的双增长。1994年全区森林资源调查表明,全区森林活立木蓄积量已由1989年的2521.1万立方米,上升到1994年的2638.5万立方米,5年间增加117.4万立方米,增幅为4.66%。1999年全区森林资源调查再度显示,全区保持较快增长,与1989年相比,全区活立木蓄积量增长578.1万立方米;与1994年相比,全区森林活立木蓄积量5年间增加460.6万立方米,增幅为17.5%。

1999年,全区活立木蓄积量3099.19万立方米,其中森林蓄积量2941.42万立方米,占

95%;疏林蓄积量6.63万立方米,占0.21%;散生木蓄积量59.44万立方米,占1.9%;四旁树蓄积量91.71万立方米,占2.9%。人工林蓄积量775.68万立方米,占活立木蓄积量25%。全区林分单位面积蓄积2.09立方米/亩,人工林林分单位面积蓄积2.06立方米/亩。全区人均林地面积3.2亩,人均森林面积2.5亩,人均林分蓄积量4.7立方米。

在全区活立木蓄积量中,婺源县为844万立方米;德兴市次之,为671.87万立方米;铅山县居三,为404.06万立方米;上饶县列四,为236.9万立方米;玉山、波阳、广丰、弋阳、万年等5县均在100万立方米以上。

森林资源按权属统计,全区林业用地面积国营为21.37万公顷,占15.9%;集体为113.12万公顷,占84.1%。全区森林蓄积国营1061.6万立方米,占34.3%;集体2037.59万立方米,占65.7%。

第四节 森林资源调查

自新中国建立起,林业部门从未停止过对森林资源的调查,但多半是局部小范围进行。1974年,因加入联合国,国家需要大批精确的林业数据,上饶地区林业局根据国家的统一部署,组织开展全区第一次大范围的林业普查。此后,每隔数年便进行一次森林资源普查,期间,各种小范围的专项、专题调查也一直未间断。

1991年10月,全区森林资源连续清查第三次复查工作结束。1994年,全区林业部门耗时9个月,完成当年的森林资源调查。1998年9月,全区开展“森林与自然灾害的关系”“天然林保护”和“退耕还林”三项调查。1999年,全区进行第五次森林资源二类调查。2000年8月23日,行署召开第五次全区县级森林分类经营区划调查新闻发布暨总结表彰会,公布1999年的调查结果。调查结果显示:1999年,全区林地面积134.49万公顷,有林地[①]面积119.4万公顷,比1994年的108.65万公顷,净增10.75万公顷;活立木蓄积量3099.2万立方米,比1994年净增461万立方米;森林覆盖率55.4%,比1994年增加6.2个百分点。

1991年—1999年间全区三次森林资源调查情况一览

表10-2-2

调查时间(年)	林业用地面积(万公顷)			活立木蓄积量(万立方米)	森林覆盖率(%)
	合计	林地面积	荒山面积		
1991	133.69	107.89	25.78	2521.1	39
1994	132.88	129.89	2.99	2638.5	49.2
1999	134.49	131.02	3.46	3099.2	55.4

说明:林地面积中包含“有林地”面积。

森林资源普查 1974年8-9月,地区林业局根据林业部的统一部署,在各县(市)林业部门抽调100多人,于上饶地区武夷山垦殖场进行15天的短暂培训后,开始有史以来的第一次

①林地面积包含“有林地”面积。

全系统大规模的全区森林资源普查。1974 年—1975 年间，全区林业普查队分 3 个批次，以当时的军用地图为指南，以林业职工为骨干，以五府山共大和武夷山共大林业专科班的学生为小组成员，将所有普查地按千米划成网点，对全区森林资源先后开展普查，时间持续约 1 年半。（其中上饶与波阳县于 1975 年开始普查）

1974 年—2000 年间，全区共进行 5 次森林资源二类调查，具体时间为：第 1 次是 1974 年—1975 年，第 2 次是 1983 年，第 3 次是 1989 年，第 4 次是 1994 年，第 5 次是 1999 年。

湿地资源调查　1992 年，中国加入《湿地公约》后，按缔约国的责任义务须进行湿地资源调查。根据国家林业部和省林业厅的统一部署，各级林业局相继成立湿地资源调查领导小组，配备调查人员、经费。上饶地区作为环鄱阳湖湿地的重点调查区，成为全省第一批启动单位，省湿地调查办公室还为之配置望远镜和照相机。1996 年 3－10 月，调查开始前，地区、县（市）两级的调查骨干，先后参加省里开办的培训班，并各自开展调查人员培训。1996 年 9 月至 1997 年 9 月，全区林业部门以《全省湿地调查工作方案》为指南，开始对境内湿地资源展开一次全面调查工作，重点湿地同时结合进行野生动物专项调查，如鄱阳湖的水禽调查、鸳鸯湖越冬鸳鸯数量调查。1997 年底，全区完成外业调查，1998 年完成内业资料汇总。调查结果显示，全区湿地总面积为 40.45 万公顷，其中河流湿地占 10.3%，湖泊湿地占 20.5%，水库占 3.7%，人工湿地占 65.5%（农业水田）。因为几十年的围垦、破坏，天然湿地已逐年减少，退化。

此次调查活动，无形中成为湿地保护知识的大普及，不仅摸清全区湿地资源，而且为湿地资源的管理培养了许多业务骨干。上饶林业局的调查工作方案及工作细则、工作经验，得到上级肯定并向全省推广。

植物资源调查　森林资源调查及科考工作的开展，为林业工作取得大量新数据，也发现许多珍稀植物品种资源。

1978 年，林业专家在三清山进行科考时，于三清山西北部首次发现大面积的华东黄杉原生林。华东黄杉系国家二类保护珍稀树种，在其它地方已濒于灭绝，而在三清山泸泉井、云衢垅、相泊垅一带，海拔 600 米～1500 米的丘陵山谷坡地上，有大片的华东黄杉原生林集中生长，数量达 533 公顷，其分布之广，数量之多，堪称世界之最。其中最大的一棵高达 24 米，胸径 1 米，树龄已逾 300 年。据查，当地每亩森林蓄积量达 12.18 立方米，其中华东黄杉的蓄积量就占 9.78 立方米。

除此之外，在三清山的峻岭中，先后还发现多种成片生长的世界濒危珍贵树种：珍珠黄杨、黄山松（台湾松）、天女花、香果树、南方铁杉、白豆杉、玉兰、木莲等。珍珠黄杨属国家一类保护树种，分布于三清山主峰玉华峰、玉虚峰的悬崖峭壁间，因生于险要地段，常年沐浴云雾中，自然生态良好，已形成密林群落。黄山松总面积约为 166.7 公顷，数量约 25 万多棵。分布于海拔 1000 米～1530 米间的山坡沟谷中，杆直身高，枝叶繁茂，姿态万千。不仅美观，而且材质坚细，是国家重要用材林，具有极高的经济价值和欣赏价值。天女花，花色洁白如玉，具奇香，极其珍贵，仅在三清山海拔 1300 米～1600 米地带有少量零星分布。在三清山红花油茶谷和大茅山等海拔 500 米～1500 米的山场，还发现了成片分布的珍稀油茶品种——红花油茶，红花油茶植株比普通白花油茶矮小，花朵大而艳丽，果实出油率比普通油茶高出 40% 多，而且有较好的药用保健作用，具有较高的经济价值和观赏价值。1980 年代后在玉山、德兴等地开始试验引种。

同期，广丰县林业部门对野生果种进行调查时，在岭底乡海拔 600 米以上的深山中，发现一珍稀罕见桃种——黑桃,黑桃生长于常年雾霭缭绕的高山地带,与一般桃树同期开花,果实却要到白露时才成熟,生长期长达225天~230天。果实表皮呈褐色,果肉呈粉红色,单个平均重100克左右,俗称"黑面桃"。据传是盛唐时期散落民间繁衍遗留下来的。

1981年—2000年,江西武夷山自然保护区(位于铅山县境内)管理处多次配合国内外专家,对保护区及周边区域动、植物资源进行科考调查。

1995年—2000年,境域重点林区婺源县林业局先后开展县境自然保护小区主要植物调查、植物资源调查、文公山自然保护区野生动植物资源考察等科研项目的调查研究。调查显示:婺源野生植物仅木本植物就有700多种,其中模式标本(动植物新种原始记载和订名所根据的标本)产自婺源的就有8种,如鸦椿卫矛、婺源槭、婺源安息香等。国家重点保护的野生植物有南方红豆杉等13种;省级保护的野生植物有刺楸、红楠等41种。1999年9月,婺源县野生资源调查小组在大鄣山、五龙山、石耳山等山地海拔800~1300处,首次发现200多棵香果树,其中一棵胸径达40厘米,树高25米多,国内罕见。香果树为国家二类保护的珍稀树种,属茜草科,是第四纪冰川期幸存的孑遗植物之一。树姿雄伟,叶大花美,材质优良,一般多生于海拔500米以上的疏林沟谷边。

同年,横峰县在二类森林资源外业调查中,于上坑源乡徐家坦分场发现38棵国家一类保护植物红豆杉,胸围大都80公分左右,此是在横峰县境首次发现的大片红豆杉林,政府迅速将其列为重点保护。同期发现红豆杉林的还有弋阳县洪山,累计有50余棵,树大的已合围,小的仅有人高。

2000年,婺源县林业局组织专业技术力量对分布在全县各村落的古树名木进行调查。除去森林公园和自然保护区及深山偏僻处的古树外,全县约有古树名木5533株,其中500年以上的一级古树234株,300年~499年的二级古树626株,100年以上的三级古树4673株。主要树种有樟树、枫杨、缺萼、枫香等64种。

动物资源调查 1997年4月,在三清山腹地发现大群的长尾猴,大的个高约1.2米,尾长50公分左右,数量多达近百只,十分罕见。1998年6月至2000年7月,全区首次开展野生动植物资源摸底调查工作,当年8月,上饶地区野生动物调查培训班在武夷山自然保护区举办,全区参加培训的人员达40余人次。2000年调查结果显示:境内有野生动物400余种。此次调查名录为69种,其中兽类14种,两栖类7种,爬行类10种,鸟类38种。

禽类资源调查 1995年—2000年,婺源县林业工作者在对自然保护小区鸟种调查、野生动物资源调查、鸳鸯及其他越冬水禽分布与种群数量调查、红嘴相思鸟分布概况调查中发现,在婺源县境的600多种动物中,有鸟类231种,其中有许多属国家级、省级保护。2000年初,县林业局按照省里要求对除鸳鸯湖以外的适应水禽越冬的18个水库、2条溪流共2000公顷水面进行抽样调查,发现鸳鸯462只,斑嘴鸟224只,绿翅鸭3只,斑头秋沙鸭18只,鸬鹚33只。在阔叶林地带发现越冬红嘴相思鸟1万只~1.5万只。

1996年冬季和1998年冬季,在全区湿地资源大调查中,林业部门对鄱阳湖水禽进行数量和种类调查。1998年6月至2000年7月,全区野生动植物资源摸底调查结果显示:境内有国家一级保护的鸟类10余种,如白鹤、黑鹳、白鹳、丹顶鹤、黄腹角雉、白颈长尾雉、白头鹤、大鸨等;国家二级保护鸟类14种,如白琵鹭、鸳鸯、小天鹅、白额雁等;省级保护鸟类有17种。另外还有世界珍稀濒危鸟类黄喉噪鹛和中华秋沙鸭。中华秋沙鸭于1999年11月在弋阳县境内始被发现;黄喉噪鹛(又名靛冠噪鹛)于2000年5月在婺源县境内始被发现。鄱阳湖区湿地分布有占世界总数近半的白鹤,信江流域分布有占世界总数80%以上的中华秋沙鸭,婺源山区有世界仅存的黄喉噪鹛约200只。

1999年1月中旬,越冬鸟类重点聚集地的波阳县抽调8名林业工作人员,对全县候鸟资源进行调查摸底,以便更好地实施越冬珍禽保护。调查区域有越冬候鸟集中分布的大莲子湖、汉池湖等7个湖泊,涉及5个乡,面积达210平方千米。调查中发现了白鹤、小天鹅等冬候鸟14种4891只,其他野生动物种猛禽类2种4只。调查历时20天,收集了大量数据,并在调查摸底的基础上完成了候鸟资源建档工作,为开展保护和培育野生动物资源的工作,提供可靠的科学依据。

黄喉噪鹛专项调查　1993年,中国内陆出口一批画眉鸟到香港,香港的英国鸟类专家发现其中一只画眉与其他鸟毛色不同,经鉴定是一只世界珍稀濒危鸟——黄喉噪鹛,并确定为婺源种。此前,世界鸟类保护协会认定黄喉噪鹛属已"绝种"鸟。英国鸟类保护协会立即致电中国濒危物种进出口管理办公室,国家濒危物种进出口管理办公室立即转告林业部野生动植物保护司。此事引起国内外鸟类学界的高度关注。

1996年12月,一项由国际资助的黄喉噪鹛专项调查正式启动,课题为"婺源自然保护区动植物种调查",目的是寻找黄喉噪鹛。中国科学院动物研究所的何芬奇等专家,受保护司和濒危办的委托,先后多次深入婺源林区进行科学考察。由江西省林业厅的高级专家和婺源县林业局郑磐基等科技人员组成的调查小组,也在婺源县的深山密林、山岭村寨中,展开了漫长的野外调查工作。专家组走后,郑磐基就独自跋山涉水,背着相机四处"摄鸟",寻找黄喉噪鹛。

2000年5月14日,历经近6年的艰苦查寻,郑磐基和洪元华终于在婺源县秋口乡鹤溪村的常绿阔叶林自然保护区内,找到了黄喉噪鹛的巢,发现黄喉噪鹛的野生种群约五六十只。另外还有黑脸噪鹛、黑领噪鹛、白噪鹛、棕噪鹛和画眉5种珍禽。黄喉噪鹛仅见于中国云南思茅和江西婺源,自民国10年(1921)后便不见踪迹。2000年5月婺源发现后,在世界生物学界引起轰动,政府立即将其列入重点保护。此后在婺源县陆续发现黄喉噪鹛野生种群约150~200只,其数量比大熊猫还要稀少。此项调查填补了中国重点保护野生珍稀动物名录的空白。

蛇类资源调查　1986年—1988年,铅山县境内的江西武夷山自然保护区,联合科研单位组织一次武夷山蛇类资源考察。在武夷山猪母坑的山坳里,发现大量蛇类,种类繁多,有眼镜蛇、竹叶青、烙铁头、紫灰锦蛇、红丝蛇、白丝蛇、两头蛇、五步蛇(即尖吻蝮)、金环蛇、银环蛇等等,共有5科、26属、60多种,其中毒蛇就有10多种。一个山坳中竟然聚集如此多种的蛇类,在自然界中十分罕见,被专家称为"蛇的王国"。

1987年2月–3月,江西医学院生物学教研室主任钟昌富教授至武夷山自然保护区,进行蛇类资源考察,并对保护区开展"武夷山蛇类资源及开发利用研究"课题组的工作予以指导。1993年,地区林业局组织各县(市)在全区开展蛇类资源调查,调查结果显示全区当年有蛇类50余种,约600余万条。

熊类资源调查　1993年,林业部门开展全区自然生态下野生熊类资源调查工作,查清境内的熊类有黑熊、棕熊、猪熊3种,约80余只。主要分布在婺源县鄣公山、玉山县怀玉山、铅山县武夷山等山区。

植物资源　详见自然资源卷。

动物资源　详见自然资源卷。

第三章 采 种

第一节 树种采集

1991 年—2000 年,据统计全区各县(市)共采集林木种子 283.52 吨,其中 1994 年采集种子 87 吨,为数量最多的年份;1998 年采集种子仅 5 吨,为数量最少的一年。采集的种类有树籽和枝条,主要分用材林、经济林、特种经济林等三种。

用材林种子 有湿地松、火炬松、马尾松、木荷、桉树、枫香、杜英、重阳木、杨树(优良枝条)、水杉(优良枝条)、池杉、拟赤杨、蓝果树等。

经济林种子 有油茶(种子、优良枝条、嫁接种苗)、油桐、山乌桕、杜仲等。

特种经济林树种 有红豆杉、三尖杉、柳杉、银杏、香榧、香椿等。

上述树种绝大部分由各地自行采种,此外还有少数树种从外地调进。1993 年,省林业厅外资办公室分配上饶地区进口的火炬松种子 90 千克,其中德兴市 30 千克,婺源县 30 千克,铅山县 10 千克;1994 年 1 月,省林业厅种苗站调配给上饶地区湿地松种子 1000 千克,分配各县(市)用于容器育苗。同年,地区林业局从广东购进湿地松种子 365 千克,分给各县(市)苗圃培育苗木。

良种筛选优化 为保护自然生态的平衡,调整林种树种结构,适应植树造林中对阔叶树的需求,早在 1980 年代,全区在逐年加大阔叶林造林比重时,就筛选出一批适宜本地发展的优良阔叶树种。德兴市经过不断引种、驯化,于 1997 年筛选出杜英、蓝果树、枫香、无患子等 23 个优良速生的阔叶树种,作为营造阔叶树纯林的主要树种进行推广。为加大林业结构调整力度,2000 年全区共筛选出杜英、鹅掌楸、桤木、木荷、枫香、南酸枣、拟赤杨等 40 余个适宜山区、丘陵种植的优良阔叶树种,在造林绿化中全面推广应用。

第二节 品种引进

1991 年—2000 年,随着对外开放的不断扩大,全区林业系统引种工作日渐发展,引进树木种类有用材林、竹林、果树和药材等。

用材林 有桐棉松、古蓬松、黄鳞松等,造林 333.33 公顷;杨树有以南抗杨 32 个无性系为主的品种,造林 1333.33 公顷,主要用于波阳、余干两县的杨树基地造林。1997 年 5 月,由德兴市林业局与日本馨乐丽康能达生物科技(北京)有限公司,签订引种日本野漆树 200 公顷开发协作合同,于同年引进日本野漆树种子 39 千克,育苗 9 万株,造林 200 公顷。1999 年 4 - 6 月,日本馨乐丽康总公司研究部主任、农学博士贺亦斌及林业部科技司司长刘效章等,先后到德兴实地考察引种的日本野漆树的栽植、生长情况。

竹类 有早园竹、雷竹、罗汉竹、角竹、高节竹、桂竹、乌哺鸡竹、红哺鸡竹、毛巾竹、桂花杂交竹、实心竹、斑竹、大舌竹、甜竹等,以早园竹、雷竹为主的笋用竹共造林 333.33 公顷。

药材 有以杜仲、银杏为主的药材 12 种,造林面积 666.67 公顷。

果树　引进的新品种种类较多。柑橘类有奉节72－1、奈维林那、纽荷尔、椪那、伊予柑、无核椪柑等18种。

板栗有舒城粘底板、青札、焦札、铁粒头、矮垂栗、乌毛焦刺、焦刺、毛板红、草板红、舒城蜜蜂球、红光栗、南京大底青、山东大油栗、叶里藏、宁国新早、宁国大红袍、山东黄剪花、山东红栗、山东绣球栗、山东米家早、山东元花栗、山东徐家1号、安徽处暑红、白壳、鲁田早熟、矮扎、薄皮大油栗、九家种。

柿子有次郎、富有、无核柿、赣南盒柿、方柿、削皮柿。

桃有7－5－4、沪005、8－4－5、7－6－10、东52、南京早花露、9－1－13、西2－10、X－1号、农早艳、7－1－1、狼牙早、7－1－4、雪雨露、9－2－4、沙早、双佛、马丽维那、椰林王、白凤、早美光油桃（甜油桃1号、2号、3号）、早春花、红世界雪桃、公斤桃、礼品桃、肥城桃、1－2－4蟠桃、早蟠桃、早生白凤、安农水蜜、乌面桃。

李有玫瑰皇后、先锋黑宝石、红心、蜜思李、大石早生、天目蜜李、早红李、朱心李、大黄李、日本9号、澳大利14号、玫瑰红。

葡萄有西姆德劳。

梨有翠冠8－2等。

第三节　品种筛选

1990年代中期起，为促进全区林果业的发展，地区林业局除不断引进境外优良品种外，同时还举办果品评比、课题研究等各种活动，对引进的品种进行优化、筛选、推广。

果品评比　1999年8月10日，地区林业局举行全区林业系统梨类果品评比会，中国林科院经济林研究室主任、博士王贵禧，江西省果业办公室副主任、高级农艺师吴宝荣，江西农业大学教授罗来水，江西省林业种苗站副站长、高级工程师游环宇，江西省林科院林化研究所副所长、副研究员符树根，上饶地区农业局高级农艺师符定阳等果业专家应邀参加评比座谈。参加此次评比的有广丰县、万年县、余干县、玉山县、铅山县、上饶县，共选出18个样品8个品种。评比结果为：广丰县林科所选送的早梨翠冠8－2（套袋）、金水2号（套袋）分别获第一、二名，万年县林业局选送的黄花梨获第三名。专家们认为：翠冠8－2梨结果早，易丰产，肉质细嫩松脆，甜度适中，汁多无渣。经特制套袋处理后，果皮嫩白光洁，品质至上，已在全国南方梨树品种鉴定会上，定为首选早熟品种，宜列为上饶地区向全区推广的优良品种。翠冠8－2梨是1996年广丰县林科所从浙江引进栽种，历经近4年的试验观察，适宜在境内内生长的优良品种，其成熟期比金水2号梨早5天～7天，比黄花梨早10天～15天，恰处于水果淡季，有利销售。

课题研究　自1996年开始，地区林业局从引进的10个国外李品种中，选出适宜境内栽培的蜜思李、黑宝石、大石早生等3个优良品种，经4年的探索与实践，通过引种、驯化、田间试验，建立高产示范园，总结出一套国外李的栽培技术推广。

2000年7月12日，上饶地区科学技术委员会组织省、地有关林果专家至玉山县，对地区林业局“国外李引种与栽培技术研究课题”进行技术鉴定。国外李含有多种人体所需的维生素、氨基酸以及钾、钙、钠、镁、磷、铁等多种微量元素，具有清热、利尿、消食、润肺作用，是一种保健食品，发展前景可观，经田间试验，亩产可高达2000千克以上。与会专家对此项成果给予了高度评价,一致认为上饶地区林业局“国外李引种与栽培技术研究”,在同类研究中居省内领先水平,早期丰产技术研究已达到了国内先进水平。

第四章 育 苗

第一节 结构 数量

1990年代初期,随着林种树种结构的调整,培育多林种多树种的良种壮苗,已是林业育种的发展趋势,日益受到各县(市)的重视。以往偏重杉木、马尾松等用材林树苗的育苗倾向逐渐改变,扩大湿地松、阔叶树种、经济果木林的比例势在必行。

调整种苗结构 1994年,全区基本实现消灭荒山后,林业战略目标渐移到高效林业上,各地育苗树种,由过去以用材林苗为主的单一结构,转为用材林、经济林、果木林、特用林、四旁绿化苗相结合的多样化结构,阔叶树的育苗比例得到提高,银杏、杜仲、柳杉、红豆杉等珍稀树种的采种育苗有所突破。据统计,1995年全区培育果木苗、特用经济林苗木面积45.153公顷,占全区育苗面积167.27公顷的27%。

1997年,林业部门将提高良种意识、合理调整林种树种结构,作为育苗工作的一项重要任务,全区果树、药材、食用笋及其他阔叶树育苗面积226.67公顷,占其育苗总面积273.32公顷的82.9%,比1995年提高近56个百分点。

1999年,为实施“跨世纪绿色工程”,加快林种树种结构的调整,扩大阔叶树育苗比例,全区完成林木育苗总面积110.13公顷,其中针叶树育苗面积23.09公顷,仅占育苗总面积的21%,其余阔叶树、经济果木、四旁绿化苗、花卉等育苗总面积占79%。全区仅阔叶树种育苗就有木荷、枫香、香椿等18个树种,产苗量近400万株。婺源县为调动育苗户培育阔叶树苗的积极性,采取政策优惠、资金扶持和技术服务等措施,给予针叶树育苗每公顷扶持3000元,阔叶树育苗每公顷扶持6000元。当年全县育苗98公顷,针叶树与阔叶树的育苗面积比例为8:92。

2000年,各县(市)根据当地的造林计划及市场需求,调整育苗结构,全区育苗面积达136公顷,产苗量2707万株。其中以木荷、枫香、杜英、樟树等为主的阔叶树种24个,面积101.6公顷。具体分为枫香5.67公顷,木荷8公顷,桤木1.067公顷,蓝果树0.133公顷,鹅掌楸0.133公顷,樟树6.67公顷,拟赤杨0.2公顷,南酸枣0.667公顷,天竺桂0.2公顷,香椿0.333公顷,杜仲1.667公顷,厚朴0.333公顷,麻栎0.333公顷,苦槠0.133公顷,杜英5.33公顷,山桐子0.133公顷,枳壳0.333,其他阔叶树69.667公顷。阔叶树育苗占育苗总面积的84.7%。德兴市针对绿化大苗供不应求的现状,建立以国营苗圃为龙头、其他所有制苗圃为辅的生产和销售格局,培育枫香、木荷、蓝果树小苗360万株。

育苗数量 1991年—2000年,全区林木育苗总面积2335.1公顷,其中“八五”期间(1991年—1995年)育苗面积1340.33公顷,占育苗总面积的57.4%;“九五”期间(1996年—2000年)育苗面积995.067公顷。10年中育苗最多的为1992年,面积为502.6公顷;育苗最少的为1999年,面积为110.15公顷。

1994年、1997年、1998年、1999年、2000年,全区5年的苗木产量为2.02574亿株,其中

1994 年苗木产量为 7548 万株;1997 年苗木产量为 4509.8 万株;1998 年苗木产量为 3247.6 万株,1999 年苗木产量为 2245 万株,2000 年苗木产量为 2707 万株。

第二节　育苗技术

境内的育苗方法,主要有播种、扦插、嫁接、压条等几种。

杉木、马尾松等用材林树种的育苗方法,一般以人工大田播种为主;湿地松、木荷、枫香、南酸枣等树种育苗方法,先于苗床播种,待小苗生长到一定程度,再进行移栽,培育大苗;油茶、油桐等经济林树种,一般以条播为主,以便于苗田除草、施肥等管理;泡桐、杜仲育苗既采用种子、条播育苗,也利用其断根扦插育苗;果木经济林树种,如桃、梨、橙、柑、桔、柚等苗,先期在苗田培育砧木,1 年 ~2 年后,再利用其优良品种枝条,作母本进行嫁接培育大苗。

1991 年起,各地广泛开展芽苗切根移栽,ABT 生根粉、容器育苗、PT 菌根育苗、阔叶树条播等新技术的推广和应用,取得了一定的成效。1994 年完成湿地松容器育苗 1800 万株,为当年 5 月补植和补造备足苗木。1997 年,德兴市良种马尾松采用 PT 菌根育苗,效果显著,长势良好,苗高平均增长 17%,地径平均增长 26.5%。波阳县石门街洪林山林场 1.33 公顷杉树苗,播种前将种子用 ABT 生根粉处理,种子发芽率提高 25%,且苗木生长健壮,抗病、抗旱。1999 年,德兴市阔叶树育苗全部采取条播,且大部分进行芽苗切根移栽。对难以采种的阔叶树采取嫩枝扦插,解决了部分阔叶树采种难的问题。

第三节　育苗基地

1991 年—2000 年,全区林木育苗面积计 2335.4 公顷,其中国营育苗面积占 19.3%;集体育苗面积占 41.7%;个体育苗面积占 39%。全区十年育苗单位、面积,总的变化趋势为:国营单位育苗面积呈下降趋势,集体、个体单位育苗面积呈上升发展趋势。除此之外,1991 年—2000 年间,境内许多县(市)都建起了林木良种基地。

国营育苗基地　2000 年,全区拥有县(市)国营森林苗圃 10 个,经营土地面积 1336.49 公顷,职工 603 人,共育苗 426.73 公顷。除此之外,全区 36 个国营林场中,有 9 个国有林场也有育苗基地,面积 24 公顷。

1993 年横峰县国营排楼林场以容器育苗 3.32 公顷。1994 年,弋阳县森林苗圃被林业部列为“全国示范苗圃”。1998 年 1 月,省林业厅授予铅山县、弋阳县、广丰县森林苗圃、德兴市森林苗圃、上饶市沙溪苗圃为“1997 年无森林植物检疫对象苗圃”荣誉称号。同时,授予德兴市森林苗圃、弋阳县森林苗圃、铅山县森林苗圃、广丰县森林苗圃为“信得过苗圃”称号。

2000 年,德兴市、铅山县森林苗圃被国家财政预算内专项资金列入种苗工程建设任务中,其中德兴项目为德兴市林木采种基地,基地建设总规模 293.33 公顷,总投资 217.4 万元;铅山项目为铅山县示范苗圃建设,其“改扩建”总规模 15.2 公顷,已投资 300 万元。

集体育苗基地　2000 年集体育苗面积 62 公顷,其中乡镇办营林林场育苗面积 25 公顷,村办营林林场育苗面积 35 公顷,村民小组办营林林场育苗 2 公顷。

1998 年,省林业厅授予余干县排坊林场苗圃为“信得过苗圃”和“1997 年无森林植物检疫对象苗圃”荣誉称号。

个体育苗基地 自1990年代起,随着农村改革的不断深入,一大批有识之士把目光投向育苗行业。因其见效快、投资少、风险低,全区个体育苗出现蓬勃发展态势,玉山县横街乡掀起群众性育苗热潮。据1992年初步统计,当年全乡已有208个育苗专业户,出圃苗木533.6万株,其中桑苗473万株,果苗51.6万株。乡里采取"请进来走出去"的办法,为育苗户提供服务,如:请县里果木专家为农民上课;乡农技站根据病虫情报,为育苗户提供农药及防治办法,搞外销内售,为苗木流通牵线搭桥。

1997年全区完成林木育苗面积273.33公顷,其中仅个体育苗面积即达171.22公顷,占全区林木育苗面积的62.6%。余干县梅港乡张国伟等4位个体户,建成规模4.33公顷的花卉苗圃,品种有绿化大苗、盆景和插花,年产康乃馨、护郎花、石竹等鲜花300万枝,销往上海、天津、南昌等大中城市。

良种基地 1991年全区有良种林基地面积600公顷,主要分布在广丰县、弋阳县、余干县、德兴市、婺源县等,其中母树林面积533.33公顷,有种子园7个,面积66.67公顷。广丰县国营铜钹山垦殖场建立了省、地联营杉木无性系良种基地工程项目,面积为33.33公顷。1993年建采穗圃面积16.67公顷,1994年—1995年,建采穗圃面积均为20.67公顷。

2000年,全区建有林木良种基地面积160公顷,其中母树林面积89公顷,种子园面积71公顷。

2000年全区国有森林苗圃一览

表10-4-1

圃名	地址	建立或恢复时间(年)	经营总面积(公顷)	职工数(人)
横峰县苗圃	城南郊	1950	3.83	42
上饶市苗圃	沙溪镇青岩村	1952	13	68
广丰县苗圃	西坛乡	1953	333.33	151
玉山县苗圃	城郊	1953	20	60
德兴市苗圃	银鹿山庄	1960	313.33	60
铅山县苗圃	柴家埠	1969	94	34
婺源县苗圃	中云镇	1970	3.67	12
弋阳县苗圃	湾里乡	1975	533.33	105
万年县苗圃	上坊乡	1989	14	39
余干县苗圃	李枚岭林场	1990	8	32

第四节 苗圃管理

自1990年起,对全区国营苗圃、林科所、个体苗圃(户)所进行的林木种子采收、调运、播种、育苗等项工作,实行"三证"管理制度,从事育苗工作的单位与个体,必须持有种子经营许可证、种子检疫证、种子质量检验证,方可进行上述活动。如有违反种子管理条例,坑害国家和经营者,视其情节轻重给予一定处理,直至通过工商行政管理部门吊销其营业执照。

林业部门对苗圃育苗的管理,主要实行四个“坚持”:坚持使用良种,即优良种源区、良种基地生产的种子及省认定中心产区种子;坚持自育苗、育壮苗,及“定点购种、定人承包、定量达标、定向供应”的原则,县市内实现苗木自给;坚持多树种育苗,多育阔叶树苗木;坚持推广育苗新技术,如舒根型软塑料容器苗、松类芽苗切根及分级播种育苗技术等。

对国营苗圃的管理,采取“四定一包一挂钩”的做法,即定计划、定树种、定质量、定价格,县内(局)包销,同职工工资挂钩,奖赔兑现。

第五章　植树造林

第一节　造林运动

1991 年—2000 年,是上饶地区植树造林历史上发展速度最快、成效最好的时期。期间历经三个运动阶段:消灭荒山(1991 年—1994 年)、山上再造(1995 年—1998 年)、绿色工程(1999 年始)。十年间,全区共完成人工造林面积 22. 34 万公顷,其中退耕地造林面积 1908 公顷;飞机播种造林 5600 公顷;迹地更新面积 2. 17 万公顷。四旁植树 1. 17 亿株,全民义务植树 1. 04 亿株。同期,在植树造林中,全区建立了六大商品基地,面积 7. 098 万公顷,其中封改造[①]结合丰产林面积 2. 141 万公顷,毛竹丰产林面积 1. 807 万公顷,油茶丰产林面积 1. 083 万公顷,果木林面积 1. 587 万公顷,其他 0. 479 万公顷。

消灭荒山运动　1991 年,地委、行署提出“3 年基本消灭荒山”的造林目标。10 月,全区森林复查工作结束,为消灭宜林荒山运动的开展奠定了基础。行署下发《关于坚决打好荒山造林决胜战的通知》。3 年间地委、行署多次召开全区荒山造林电话动员会,分任务,要求各地加强领导,发动群众,打好消灭荒山的林业持久战。

1992 年春,全区利用冬春季节大规模开展植树造林运动,至 3 月,完成造林 5. 667 万公顷,占省下达计划的 207%,占地区人工造林计划的 68%。其中德兴、波阳、玉山、广丰等县,完成造林数都在计划数的 85% 以上,造林质量普遍好于往年。横峰县姚家乡把干部造林情况纳入年终评比内容,要求每个干部带头挖 50 个标准洞作示范,实行包整地、包造林、包抚育。全乡完成造林 333. 33 万公顷,不但面积大,而且质量高。9 月,地区在弋阳县召开现场会,要求有宜林荒山 10 万亩以下的县(市),当年冬春要全部造上林;10 万亩以上的县市,造林必须超过 10 万亩,剩下的在 1994 年完成扫尾。次年,省政府授予上饶地区 1992 年造林成绩基本奖。

1993 年 6 - 9 月,地委、行署连续召廾全区荒山造林决战动员电话会,要求各县(市)奋战 9 月份,一举完成全区造林整地和秋季幼林抚育任务,打好全区荒山造林决胜战。至当年 9 月底,全区以造林整地为主,大干 20 ~ 30 天,一举完成 5. 33 万公顷的造林整地任务。波阳县系全省荒山造林重点县之一,为取得消灭荒山决战的胜利,6 月初组织 10 万劳力上山安营扎寨,

①封,指封山育林;改,指低产低效林改造;造,指人工造林,迹地更新造林。

将全县荒山分为6个作战区,建立了由县委、县政府主要领导包作战区,县直机关包乡,乡村干部包山头、地段的责任制,层层签订责任状。县委、县政府、县人大、县政协全体成员带领500多名机关干部,分赴两个荒山造林重点乡参加造林。

“灭荒”期间,全区平均每年以50万亩的速度造林。至1994年,有林地面积已从1989年的86.2万公顷增至97.4万公顷,森林覆盖率由39%上升至49%,基本完成“灭荒”任务。在造林大县婺源,县境公路(省道122千米、县道246千米)两侧全部完成造林绿化工程,乡村级公路两旁绿化达85%以上;全县18条主、支河流两岸绿化率在90%以上;835座大中小型水库、塘坝四周绿化面积累计0.147万公顷。1994年基本消灭荒山。1995年3月,婺源县被全国绿化委员会授予“全国绿化百佳县”称号。1996年,被全国绿化委员会、林业部、人事部共同授予“全国绿化先进单位”称号。

1994年4－8月,省林业厅荒山造林检查组先后两次到饶,检查全区“灭荒”情况,经检查全区造林成活率均达85%,认定上饶地区已基本实现消灭荒山的目标。

山上再造工程 上饶地区林业比重较大,林业用地面积占国土总面积的58.3%。全区按农业人口计算,人均有林用地0.25公顷,是耕地的4.2倍。但长期以来山地利用率、产出率低下,山地种植业的产出只有耕地的14%,山地资源的优势远远没有挖掘出来,山区农民收入增长不快。在基本消灭宜林荒山后,地区根据省委、省政府的布置,及时作出了实行“山上再造工程”的重大战略决策。1994年2月,地区林业局在上饶召开全区林业系统专家座谈会,参会林业专家就上饶基本消灭荒山以后,如何实施高效林业建设问题,进行广泛、深入讨论,寻找相应对策。1995年—1996年,继全省“山上再造”二次工作会议后,地区相继召开数次“山上再造”工程会议,并在弋阳县召开现场会,要求各级党政领导充分认识“山上再造”工程和果业工程的重大意义,齐心协力,真抓实干,如期实现“在山上再造一个上饶”的战略目标。

1996年,为加快发展高效林业,地区林业局邀请中国工程院院士、原南京林业大学校长王明庥,江西农业大学副校长杜天真,中南林学院经济林研究所所长何方,南京林业大学竹材研究中心主任张齐生,中国科学院亚林所研究员徐天生,中国科学院植物研究所陈重明等国内著名林业专家到上饶考察讲学,举办全区高效林业建设专家讲座,为山上再造工程的实施,打下了良好的理论及实践基础。

同年9月,地区颁发《上饶地区山上再造工程规划方案》,阐述“山上再造”的可行性、指导思想和总体布局。根据境内的具体情况,将全区定为四大发展方向:一是以怀玉山脉、武夷山脉为用材林区,范围包括婺源县、德兴市、铅山县、弋阳县、上饶县、玉山县、波阳县北部山区,建立以杉木和松杂木为主的用材林基地;二是在山区、丘陵、竹业(含食用笋)搞综合开发,范围包括铅山县、上饶县、弋阳县、广丰县、德兴市、婺源县、横峰县、玉山县、上饶市,建设好毛竹速丰林和以雷竹为主的食用笋竹产业基地。三是将低山丘陵地区的残次林,通过2年～3年的努力,改造成以特用经济果木林为主的经济林区。大力发展以板栗、梨、桃等为主的落叶果,并适当发展优质柑橘、柿子等水果。当地条件好的还可发展杜仲、银杏、樟树等特用林。同时,特别注重加快浙赣线、320国道、206国道和省道两侧的稀疏残次林改造步伐,形成林相整齐、规模经营、效益高的商品林基地。四是以滨湖地区为工业原料林综合开发区,范围包括波阳县、余干县、万年县,开发利用方向是建立杨树和湿地松为主的工业原料林基地。方案规定了森林培植业建设的重点与任务,决定于1996年完成基地建设8.933万公顷。时间分为3个阶段,集中抓好重点项目的实施:德兴市、弋阳县、婺源县重点抓好世行贷款项目造林;上饶市、铅山县、弋阳县、广丰县、横峰县重点抓好治沙工程造林；弋阳县、广丰县、横峰县重点抓好长防林建设；波阳县、余干县、万年县重点抓好平原绿化按期达标。

1997 年 6 月初，地区召开造林整地工作会议，以 320 国道及上德公路沿线竹业长廊建设为重点，确定了 40 个地级造林主战场。根据地区的统一部署，各地围绕“山上再造”认真研究策略，注重突出经济效益和林种树种结构的调整，寻找林果业新的经济增长点，发展高效林果业。在造林活动中，各级林业部门及时派出技术人员深入到生产第一线，地区组织工作组分赴 12 县(市)，检查督促整地质量和进展情况。铅山县林业局由局领导率技术人员分乡包干，不完成任务不回单位；上饶县及时召开造林整地现场会，将任务分解到乡、村、组，落实到山头地块，分工明确，责任到人。其他各县也通过多种宣传形式县和有效措施，调动广大群众造林种果的积极性。至 11 月中旬，全区超额原计划的 163%，完成了 1.304 万公顷人工造林整地，铅山县、万年县、德兴市、上饶县、余干、横峰县、玉山县都完成下达任务的 150% 以上。其中毛竹、果业、药材等经济果木林造林整地 6133 公顷，占总数的 47%。

1998 年，造林绿化继续良好发展，全区完成植树造林 12.34 万公顷，占省计划的 125%，其中荒山造林 1.16 万公顷，迹地更新 0.31 万公顷，疏林补植 0.86 万公顷；完成新造林抚育 10.33 万公顷，占计划的 108%。造林存活率达 85% 以上的，即为造林合格面积，进入统计数据；如存活率未达到 85% 的，即为造林不合格，不予统计。

跨世纪绿色工程　1999 年起，全区大力实施“跨世纪绿色工程”建设，改善生态环境，取得显著成效。随着国家林业工作重心的转移，提出“不管金山银山，还我绿水青山”的口号，着重在江河两岸、水库四周建设水土保持林、水源涵养林、护路护岸林、风景观赏林等生态公益林；同时结合全区各地地情和林情实际，突出优势，以各地品牌果业为重点，发展商品经济林基地、油桐基地、用材林基地和特优经济林基地。在植树造林中，先后实施长江中上游防护林带工程、平原绿化工程、治沙工程、兴林抑螺工程以及 320 国道绿化等林业生态工程，建立起林业生态屏障。

广丰县林业部门及时派出 30 多名技术人员深入各乡镇村，严格按照《营造林作业设计规范》的要求，合理规划，将任务落实到山头地块，重点建设丰溪河两岸、七星、军潭、关里水库的水源涵养林。至 2000 年春，已完成天桂梨、马家柚等名特优果木林基地建设 253.33 公顷，水尾山风景林 133.33 公顷，泉波镇迹地更新 66.67 公顷，岭底乡丛生竹造林 1 万株的植树造林。

到 2000 年，全区完成森林培育 83.167 万公顷，林业商品基地建设 59.8 万公顷，其中人工用材林和工业原料林基地 21.733 万公顷；封造改结合丰产林基地 12.933 万公顷；毛竹丰产林基地 8.467 万公顷；油茶丰产林基地 4 万公顷；特用经济果木林 8.333 万公顷；其他经济林 4.33 万公顷。

1999年全区跨世纪绿色工程营造林核查验收结果一览

表10-5-1

单位:亩、万株

县(市)名称	造林			疏林补植和低产(效)林改造		封山育林	天然林保护	义务植树株数	新造林和成林抚育实际面积
	合计	人工造林	迹地更新	合计	其中:人工针叶林改造				
合 计	144095	104882	39213	631485	62740	1015088	707316	1661.4	1496781
波阳县	21410	19010	2400	81800	24800	40000	104000	330	185000
余干县	19426	18725	701	4432	1000	8600	8600	212	82800
弋阳县	18920	13800	5120	45200	400	225600	206700	94.9	84000
万年县	17603	14354	3249	17832	4540	152931	20000	81.3	99311
婺源县	16804	4237	12567	18562		42000		88	146089
铅山县	12746	7646	5100	125830	8000	51000	13000	116	127600
上饶县	12032	9732	2300	157891	15500	67980	82708	178	285821
广丰县	9246	7193	2053	128482		30987		202.9	120690
德兴市	6545	2067	4478	9096		25750	200008	71.2	95024
横峰县	4116	3896	220	20770	7900	14300	29000	52.3	80775
玉山县	2847	1822	1025	18590		352440	8300	146	164471
上饶市	2400	2400		3000	600	3500	35000	88.8	25200

2000年全区跨世纪绿色工程营造林核查验收结果一览

表10-5-2

单位:亩、万株

县(市)名称	造林			疏林补植和低产(效)林改造		封山育林	天然林保护	义务植树株数	新造林和成林抚育实际面积
	合计	人工造林	迹地更新	合计	其中:人工针叶林改造				
合 计	105982	69454	36528	599205	31631	3811665	301000	1435.9	1254752
德兴市	14939	5333	9606	50216	100	318414	3000	85	154775
婺源县	13105	8050	5055	50391		1704774		74	149873
上饶县	12095	8085	4010	165968	16300	306180	101000	175	203185
铅山县	11132	5992	5140	80580	7650	280000	63000	97.1	111468
弋阳县	11000	7500	3500	46806		220000		52	102200
波阳县	10601	8601	2000	55250	2800	240000	104000	269	136000
余干县	7116	6705	411	11261	401	50100		183.8	63635

续表 10－5－2

县(市)名称	造林			疏林补植和低产(效)林改造		封山育林	天然林保护	义务植树株数	新造林和成林抚育实际面积
	合计	人工造林	迹地更新	合计	其中:人工针叶林改造				
玉山县	6630	4680	1950	46628		352440		132	92715
广丰县	6500	4497	2003	46980		50826		174.5	114192
万年县	5844	3706	2138	17761	4380	151431		70.5	67829
横峰县	5505	4790	715	22364		102500	30000	49	44880
上饶市	1515	1515		5000		35000		74	14000

1991 年—2000 年上饶地区造林数

表 10－5－3

年份	荒山造林(万公顷)	四旁植树(万株)	国营造林面积(万公顷)
合计	22.34	11715.33	5.072
1991	4.066	185	0.76
1992	4.7	1115.4	0.673
1993	3.30	1080.7	0.486
1994	3.158	1092	0.431
1995	1.695	1033.03	0.349
1996	2.036	1692.2	0.395
1997	1.272	1690	0.648
1998	0.948	1126	0.526
1999	0.7	1264	0.303
2000	0.463	1437	0.505

第二节　造林措施

在植树造林的活动中,各地都制定了许多措施,具体做法主要有五个方面,即:实行领导目标责任制;动员全社会各界力量参与;以重点工程为发展契机;调整林种结构,高效发展;运用科技兴林,注重造林质量。

实行领导责任制　1989 年 9 月,行署与各县(市)政府领导签订“造林绿化和保护森林目标责任状”,按照要求,行署对 1992 年度造林绿化责任状执行情况组织检查验收。验收结果为:全区 1992 年造林绿化目标任务为 3.533 万公顷,实际完成造林合格面积 4.821 万公顷。验收后,对造林绿化责任状完成较好的单位予以通报表彰。

在“消灭荒山”运动期间，行署将植树造林工作列入农业开发总体战的重要内容来落实，与各县(市)政府签订“领导干部绿化和保护森林资源目标责任状”，把包括植树造林等林业建设的责任，落实到各级政府领导的身上。“山上再造”和“跨世纪绿色工程”工程开始后，行署又采取下达任务书的形式，将“山上再造”和“跨世纪绿色工程”建设任务分解到各地，层层签订任务书，明确目标和责任，将其列入政绩考核的重要内容，严格考核，兑现奖惩。同时规定每个冬季造林主战场，要有县级领导亲自挂帅，坐镇指挥，负责到底。地、县(市)林业部门，也分别落实抓各个主战场的行政领导和技术负责人，协助领导抓各项技术服务工作的落实。造林结束后，严格检查验收，每道工序严格把关。没按规划作业设计施工，质量不好的，责令及时返工，确保栽一棵活一棵，见效一棵。通过检查验收，对主战场任务完成得好的，行政领导和技术干部给予奖励；完成得不好的，通报批评。

1995 年—1997 年，地委、行署要求各县(市)在全面开展高效林业建设的同时，由县(市)分管领导亲自抓好一个高效林业重点示范乡；各县(市)林业局长必须亲自联系 1 ~2 个高效林业示范户，以此向全区推广。对冬造工作和各项林业生产，主要领导亲自抓，分管领导具体抓。这些重大举措，保证了各项政策措施的贯彻落实，和各项任务的顺利完成。各级领导建立示范点、示范(试验)基地、示范园、示范乡等科技兴林的样板方兴未艾。

动员社会各界参与　10 年间，各地认真落实“全社会办林业，全民搞绿化”的方针，采取各种有效措施，积极组织社会各界力量共同参与林业建设。全区国有林场通过与乡、村联合造林，在扩大自己经营范围的同时，以示范作用，带动当地的造林绿化事业蓬勃发展。公路、铁路、城建、水利等部门各负其责，部队、共青团、妇联各单位积极参与，全社会办林业，全民搞绿化。公民义务植树运动深入开展，个体林业方兴未艾，成为新时期植树造林的一支重要力量。

1992 年，上饶县总结过去“年年造林不见林”的教训，沙溪镇结合村民小组和村民个人落实山权的实际情况，根据群众的意愿，将股份制引入林业生产。全镇的荒山，由村委会统一安排造林、挖穴、栽种和抚育，按人口、水田面积分摊投工任务，造林苗木和肥料款由村委会统一支付。护林工作由集体负责，护林人员由村民民主推选。在股份分红上，以壮大集体经济为前提，村民按股分红，最低标准不得少于整个股份红利的 1/5。凡占用村民自留地、开荒地造林的，可适当提高分红比例。林业生产实行股份制，较好地调动了村民的积极性。西坂、宋宅两村连片的 133. 33 多公顷山地，多年造林不见林。1990 年代营造湿地松以后，2 年 ~3 年即长成 1. 2 米高的郁郁林木。村民说：现在看到牛上山糟蹋林木，就像牛跑进自家的菜园地一样心痛，因为其中也有自己的股份。

1995 年，为解决林业生产资金不足的问题，政府坚持“生产单位自筹为主，国家扶持为辅”，继续采取多方集资的办法，鼓励社会多方面的投入，组建各种股份制山地开发公司，创办各种股份合作林场。贯彻“谁种植，谁投入，谁受益”的原则，鼓励和吸引多元投资主体参与山地开发，提供优惠条件，如减免育林基金、森林维简费、免山租等，让投资者有利可图，有效推动了全区的林业发展。

1992 年，弋阳县港口镇开始在荒山上种植药材黄栀子，通过 3 年的精心管理，1995 年获得显著效益。农民种植药材黄栀子的收入，远超过种其他经济作物。广丰县十都乡农民王金台等数人，租赁乡、村集体山场 1 万余亩，成立股份制民营林场，至 2000 年，社会效益和生态效益均十分可观。

实施重点工程　自 1990 年以后，上饶地区抓住国家高度重视林业建设的有利时机，先后启动实施国家和省部级的长江中上游防护林工程、世界银行贷款国家造林项目、油茶低产林改造项目、平原绿化、防沙治沙、兴林灭螺、赣中南开发项目、绿色通道等一批重点林业工程，不断推进植树造林的发展，有效促进了各地植树造林绿化事业的拓展壮大。1991 年—2000 年，全区完成人工造林面积 22.33 万公顷，其中用材林面积 13.87 万公顷，经济林面积 5.6 万公顷，防护林面积 2.13 万公顷，薪炭林面积 7330 公顷。商品林业基地建设规模达到 7.07 万公顷。

调整结构　在植树造林中，改变以往偏重用材林和针叶树种的倾向，注重林种树种结构的调整，实行多林种多树种造林，坚持不懈的发展阔叶树造林，同时大力发展经济果木林等高效林业。各地在进行荒山绿化的同时，均对林种结构予以调整，提高林业效益。1992 年全区仅林业系统就完成果树造林 3260 公顷，占计划的 217%。婺源县为鼓励群众多种果树，规定凡集中连片种果树 50 亩以上的，每亩补助 29 元；10 亩以上的每亩补助 20 元，调动起群众种果树的积极性，全县共种果树 600 公顷。1991 年—1992 年，玉山县六都乡郑家墩村利用村边百余亩荒坡种植油柰 5400 多棵，1995 年开始成批挂果，产量达 1 万多千克，总收入达 2 万多元。1995 年，广丰县下溪乡果树专业户邓家应种有果树 1219 棵，纯收入达 1.72 万元。

自 1991 年实施果业工程以后，全区新建果园面积 5.4 万公顷，其中林业系统果业造林面积已达 1.59 万公顷，占全区果树总面积的 29.4%。10 年中，全区阔叶林和针叶林混交人工造林已达 4.88 万公顷，新增速生丰产用材林、果木林、药用林 10.07 万公顷，经济林比重由 1991 年的 7.5%，增加到 2000 年的 26.6%。

1991 年—2000 年全区造林林种结构情况

表 10-5-4　　　　单位：万公顷

年份	造林总面积	用材林		经济林	防护林	薪炭林	特用经济林
		面积	占%				
合计	22.34	13.87	62.1	5.6	2.11	0.74	0.027
1991	4.066	3.01	73.9	0.306	0.37	0.39	
1992	4.7	3.246	69.1	1.01	0.35	0.09	
1993	3.3	2.107	63.8	0.94	0.185	0.067	
1994	3.158	1.637	51.8	0.96	0.441	0.117	0.003
1995	1.695	0.844	49.8	0.622	0.187	0.024	0.019
1996	2.037	1.316	64.6	0.518	0.162	0.036	0.005
1997	1.272	0.709	55.7	0.521	0.031	0.010	0.0007
1998	0.949	0.499	52.6	0.375	0.074		
1999	0.7	0.263	37.6	0.221	0.216		
2000	0.463	0.241	52.2	0.123	0.097	0.0007	

科技兴林　在植树造林中，工程造林、容器育苗、ABT 生根粉等先进造林技术，得到普及推广。在营林技术措施方面，各地切实做到全面规划设计，适地适树，细致整地，玉山县等将任

务分解落实到户，按设计施工，按标准验收，按质量奖罚，使整地质量大为提高。坚持良种壮苗、专业队伍造林，及时抚育管理，坚持造林与管护并重，从而使全区造林质量显著提高，经林业部、省林业厅检查验收，造林成活率均达85%。

造林创优 10年的植树造林活动中，政府每年都要召开表彰大会，对造林先进单位进行表彰，以鼓励全民造林。1989年—1991年，婺源县造林总面积和人平造林面积两项指标综合考评成绩突出，被省政府授予“造林成绩优异奖”。1990年5月底，地区绿化委员会全体（扩大）会议在饶召开，地区绿化委员会委员、各县（市）绿化办主任参加了会议。会议受省绿委的委托，向全区荣获全国绿化奖章1人、5个全省领导绿化先进单位、1个先进森林苗圃、31个全省绿化奖章获得者颁发了奖章和荣誉证书。

1992年度荣获全区荒山造林优胜奖的有上饶县、广丰县、弋阳县；获得完成造林绿化责任状基本奖的有横峰县、万年县、玉山县、余干县、波阳县、德兴市、上饶县等。

1991年—2000年，全国、全省每年都要开展争创造林绿化最佳村、最佳乡（镇）、最佳县（市）、最佳城市的评比活动。1991年，德兴市被国家绿化委员会（简称绿化委）、林业部评为全国造林绿化先进单位。1994年，上饶市、余干县、江西省武夷山自然保护区管理处（铅山）作为“1990年—1992年连续三年无森林火灾单位”获林业部表彰。

1993年，江西水泥厂（万年）荣获国家绿化委、林业部授予的“全国部门造林绿化300佳单位”荣誉称号；1995年—1997年，江西铜业公司永平铜矿（位于铅山县永平镇），连续三年荣获国家绿化委、林业部授予的“全国部门造林绿化400佳单位”和全国造林绿化先进单位荣誉称号；江西凤凰光学仪器（集团）公司荣获1998年—1999年度“全国部门造林绿化400佳单位”荣誉称号。1994年的造林绿化活动中，婺源县境公路（省道122千米、县道246千米）两侧全部完成造林绿化工程，乡村级公路两旁绿化达85%以上；全县18条主、支河流两岸绿化率在90%以上；835座大中小型水库、塘坝四周绿化面积累计2.21万亩，当年基本消灭荒山。1996年，婺源县被国家绿化委、林业部、人事部共同授予“全国造林绿化先进单位”称号。2000年，广丰县又获此荣誉称号。

1994年、1995年、1998年，婺源县、德兴市、广丰县先后被全国绿化委员会、林业部授予年度“全国绿化百佳县”称号；1994年—2000年间，德兴市潭埠桥镇、波阳县古南乡、铅山县陈家寨乡、上饶县五府山镇，先后被国家绿化委员会、林业部授予“全国造林绿化百佳乡（镇）”称号；铅山县陈家寨乡文家桥村和卢家村、篁碧乡东山村、新安埠乡杨箭村，上饶县华坛山乡茅村、应家乡石门村、田墩镇廖家村，广丰县吴村乡玉田村、西坛乡西坛村，横峰县莲荷乡九甲村、司铺乡古楼村、岑阳镇黄家村，弋阳县湾里乡湾里村、城郊乡宝峰村、葛溪乡李坂村，万年县石镇镇罗湖村、大源乡荷溪村、大黄乡黄柏村、梨树坞乡龙港村，玉山县紫湖镇程村，余干县东塘乡东风村、瑞洪镇建设村，波阳县军民水库南塘村，先后被国家绿化委员会、林业部授予“全国造林绿化千佳村”称号。余干县杨埠乡、弋阳县周潭乡、万年县珠田乡、玉山县官溪乡、广丰县岭底乡被评为全省造林绿化最佳乡，上饶县花厅乡洋塘等16个村被评为造林绿化全省最佳村。

其他荣获国家、省、部级以上的林业先进集体、林业劳动模范、先进工作者，历年均有，详见人物卷。

第三节　造林项目

境内的造林基地,按种类可分为用材林、经济林、毛竹林三大类。造林资金一般由国家下拨和地方自筹相结合,或由世界银行和农业银行贷款解决。地区根据不同的资金来源,确立各种造林项目。

部省联营拨改贷速生丰产林　资金来源为由林业部安排的国家预算的"拨改贷"林业基本建设投资。规划面积1.433万公顷,其中德兴市0.733万公顷,婺源县0.7万公顷。计划投资额2228万元,其中林业部拨改贷1170万元,地方自筹1058万元。

此项目从1984年开始运作,至1991年造林基本结束,共完成造林面积1.32万公顷,占规划面积的91.8%。其中德兴完成造林0.614万公顷,婺源完成造林面积0.703万公顷。到1993年止,共完成投资2340.19万元,占计划总投资的105%。其中林业部拨改贷863万元,占应贷的74.2%;地方自筹1477.19万元,占应自筹的139.6%。

林业项目贷款速生丰产林　资金来源系农业银行发放的林业项目贷款,由国家财政按照贷款额进行贴息。规划面积2.8万公顷,其中横峰县、弋阳县各0.333万公顷,玉山县、铅山县、波阳县、上饶县各0.533万公顷。计划总投资7341.8万元,按投资要求林业项目贷款占70%,自筹资金占30%。

此项目从1987年开始启动,至1995年止,共完成造林面积0.78万公顷,占计划面积的27.9%。其中横峰县0.133万公顷,弋阳县0.115万公顷,玉山县0.103万公顷,铅山县0.101万公顷,波阳县0.275万公顷,上饶县0.055万公顷。共完成投资1815.98万元,占计划投资的24.7%,其中林业项目贷款890.6万元,占已完成投资额的49%,地方自筹925.38万元,占已完成投资额的51%。

世界银行贷款速生丰产林　即由世界银行发放贷款扶持发展的林业项目。主要通过世界银行贷款、部省联营筹资等途径筹集营造资金。其中世界银行贷款的国家造林项目,是中国林业最大的对外开放项目。地区将发展速生丰产林作为林业建设的重点,按照"生产基地化,质量标准化,造林良种化"的要求,大力营造速生丰产林。到1995年1月止,全区达到速生丰产林标准的森林总面积已有16万公顷。

此项贷款造林活动分为两期,第一期为"国家造林项目",列入此项工程的有德兴市、婺源县、铅山县,规划面积2万公顷。其中德兴市0.933万公顷(含大茅山项目林场2.25万亩),婺源县0.6万公顷,铅山县0.45万公顷。计划投资4195.72万元,按协议书要求世界银行贷款占60%,地方自筹资金占40%。德兴县、婺源县从1991年开始,铅山县从1992年开始此项工程,到1995年造林结束,3县共完成造林面积2.039万公顷,占计划面积的101.9%。其中德兴市1.019万公顷,婺源县0.774万公顷,铅山县0.246万公顷。完成投资额4321.93万元,占计划投资的103%,其中世界银行贷款2236.51万元,占完成投资额的51.7%,地方资金2085.42万元,占完成投资额的48.3%。

德兴市世界银行贷款造林项目名列全省榜首。自1991年实施项目起,为确保项目造林的成功,德兴市政府制订《国家造林项目实施方案》,对项目执行的原则、经济责任、资金来源、造林质量、检查验收等作了具体规定。根据世界银行评估专家的意见,做到整地实行大穴垦、品字形排列、一级苗上山。栽植时做到舒根、栽正、打紧,完成一道工序验收一道工序,像抓产品质量一样抓造林质量。抚育时做到夏秋两季锄抚,改过去全抚为扩穴培蔸,除萌去蔓,扶正苗木,保留阔幼,以利保持水土。1992 年经上级主管部门检查验收,德兴市已完成的 5333 公顷项目造林,三项技术指标均列全省榜首,苗木长势喜人。当年 11 月,世界银行官员昂曼纽尔·戴塞乐瓦(印度籍)和巴利·普里(新西兰籍)两人在中国林科院副院长洪菊生、林业部项目中心顾问秦风翥、江西省林业厅厅长欧阳绍仪的陪同下,检查了德兴市国家造林项目,对被检查的万村片国家造林项目人工林和国营银山林场潭埠分场试验示范林的造林结果十分满意。

第二期为"森林资源发展和保护项目",项目计划规模为 7500 公顷,列入此项工程的有德兴市、婺源县、弋阳县,其中德兴市、婺源县各 3000 公顷,弋阳县 1500 公顷。计划总投资 2828.64 万元,其中世界银行贷款 1697.18 万元,地方自筹资金 1131.46 万元。此项目于 1995 年初启动,通过申报、评估、审批,完成了 3 县的造林总体规划设计和年度造林施工设计。为确保各项造林指标达到国家要求的标准,采用优良种子,培育壮苗,并高质量整好山地,栽种一级树苗。至 1998 年结束时,共完成造林面积 8713 公顷,占计划面积的 116.2%,其中德兴市 6327 公顷,婺源县 2067 公顷,弋阳县 320 公顷。投资 1767.73 万元,占计划投资的 62.5%,其中世界银行贷款资金 1090.93 万元,占投资额的 61.7%,地方完成配套资金 676.8 万元,占投资额的 38.3%。

杨树林基地 规划面积 5333 公顷,国家投资 700 万元,其中有偿投资、无偿投资各为 50%。1991 年为了以绿化灭螺,开始在湖区平原建立杨树基地,在湖滩实施造林,至 1994 年,在鄱阳湖濒湖县波阳县、余干县两地,完成杨树造林面积 9333 公顷。其中波阳县 5333 公顷,林基地建在圩堤外;余干县 4000 公顷,集中连片造林 2000 公顷,林带造林 2000 公顷。1996 年、1997 年长江洪水倒灌鄱阳湖长达 78 天,洪水淹没林基地杨树顶梢,浸泡时间长达 5 个月,胸径大至 20 厘米的杨树多被淹死。波阳县所造的 5333 公顷杨树基地全部无存。余干县淹死杨树 1333 公顷,尚存 2667 公顷。因缺少对自然地理条件的充分考虑,盲目立项,此项造林基本失败。

果业工程 1991 年 6 月,地区林业局为加快山地综合开发步伐,决定以行署规划的"320 国道绿化果木带工程"和各县(市)主干道公路林果基地为骨干,以国营林场、国营苗圃和乡村林场为基础,于"八五"期间(1991 年—1995 年),在林业系统建设一批具有"一县一品"特色的果业基地。此项果业工程资金来源,一方面来自农行贷款,并由省林业厅贴息 3.17%,地区林业局贴息 1.5%;另一方面由各县(市)林业系统自筹资金解决。

同年,上饶县开始利用老建扶贫贷款和以工代赈资金,实施"南梨北栗中柑李"的果业林基地建设,即在境南乡镇以种植早梨为主;在境北以种植板栗为主;在中部的信江沿岸低丘区以种植柑橘、柰李、李子为主。经十年建设,至 2000 年果园面积已达 3760 公顷。其中早梨生产基地面积占 2000 公顷,分布在汪村、煌固、董团、大地、铁山、清水等乡镇。早梨生产的龙头企业有花厅镇金鸡村早梨基地、县园艺场、县森林苗圃、应家乡积高果园等,所植梨树均已挂果,年产优质早梨 250 吨,培育梨苗 45 万株。基地的种植品种、种植面积和鲜果产量都逐年递增,形成一定的规模和经济效益。

1993 年 2 月,行署召开全区林果桑造林紧急会议,提出奋战 30 天,全面完成林果桑造林任务。1992 年—1994 年,全区林业系统果业造林面积 8987.53 公顷,占同期省林业厅下达计划的 124.94%,其中:1992 年完成果业造林面积 1765.6 公顷;1993 年完成果业造林面积 2190.5 公顷;1994 年完成果业造林面积 5031.5 公顷。

据省林业系统1993年度果业工程果品产量统计数字表明，1993年度，上饶地区林业系统果业工程的果品产量为510.4万千克，其中：上饶市10.5万千克，上饶县283万千克，广丰县152万千克，横峰县6.3万千克，余干县1.6万千克，波阳县57万千克。

1996年8月，政府下达林业生产实施意见，要求各地重点突破名优特树种造林。每个县（市）都有重点的选择1~2个名优特品种，实行重点突破。婺源县以银杏、江湾梨为重点；德兴市以红豆杉、南酸枣为重点；上饶县以板栗、早梨为重点；广丰县以杜仲、食用笋为重点；弋阳县以食用笋、药材为重点；铅山县以柳杉、毛竹为重点；上饶市以食用笋、水果为重点；横峰县以板栗、油茶为重点；玉山县以胡柚、食用笋为重点；波阳县、余干县、万年县以板栗、丛生竹、杨树为重点。每个重点品种，要求二三年内达到3万~5万亩的规模。

“八五”期间，林业系统果业工程已完成造林任务1万公顷，初步建成的果业工程基地，正在逐渐收到预期效果。玉山县林业系统的果园建设，以乡村林场为重点，实行规模开发，至1994年已初步形成“一乡一品”各具特色的经济商品区。有的乡办林场建成千亩果园场，村办林场建成百亩果园场，已逐步建成板栗、椪柑、大青枣、胡柚等四大基地。铅山县陈家寨乡卢家村林场10户农民，自筹资金种植奈李4公顷，1995年全部挂果，当年采收柰李7.8万千克，就地销售2元/500克，经济收入31.2万元。所得销售款项，除再兴建26.67公顷柰李基地外，每人还分到现金7000元。据1997年统计，全区林业系统果业专业户347户，占各类林业专业户31.9%，其中33.33公顷以上的有25户。

2000年末，全区仅林业系统果业造林1.587万公顷，占全区5.4万公顷果树面积的29.4%，其中板栗3407公顷，柑橘5333公顷，桃1313公顷，李2133公顷，梨1333公顷，其他2353公顷。挂果面积7587公顷，产量达1655.67万千克。

第四节　防护林带

1990年—2000年，为治理严重的水土流失、平原沙化和滨湖区血吸虫病卷土重来的现象，国家启动了多项兴林防护工程：长江中上游防护林带工程、平原绿化工程、兴林抑螺工程、治沙工程等。工程资金由国家拨款和地方筹资相结合，工程结束后，由上级主管部门和有关部门检查验收。1991年，行署成立了地区长防林建设领导小组，组长由行署副专员担任。

长江中上游防护林带　1990年，广丰县、横峰县列入国家长江中上游防护林带工程项目。1992年弋阳县自我启动国家长江中上游防护林带工程，1995年弋阳县被列入第一期第二批国家长江中上游防护林带工程。上述3县规划总面积5.444万公顷，其中广丰县1.973万公顷，横峰县1.384万公顷，弋阳县2.087万公顷。

1990年—1996年，广丰县、横峰县、弋阳县共完成营造林面积6.664万公顷，其中广丰县完成2.373万公顷，横峰县完成1.471万公顷，弋阳县完成2.8万公顷。其中人工林面积完成3.441万公顷，封山育林面积完成2.076万公顷，低效林改造面积完成1.147万公顷。同时，完成四旁植树1714万株。1996年5月，广丰、横峰县通过林业部一期工程的达标验收。据勘察，仅广丰县的森林覆盖率，已由1989年的39.9%提高到52.2%；活立木蓄积量由132万立方米增至143万立方米；水土流失面积由5.407万公顷减少为3.23万公顷，年泥沙流失量由292.6万吨下降为164.4万吨。在实施第一期国家长江中上游防护林工程达标验收以后，广丰县、横峰县对长江中上游防护林工程建设规划进行了适当调整，并以山脉、水系、交通干线为治理单元,进行分类规划,区域治理。

1998年12月,政府将长江中上游防护林工程纳入跨世纪绿色工程建设中,加紧了防护林的建设。1997年—2000年,经广丰县、横峰县、弋阳县自查和地区核查,3县共完成人工造林面积4987公顷,低效林改造面积2.297万公顷,新增封山育林面积7.004万公顷,完成四旁植树641.2万株。

平原绿化工程 境内被列入国家平原绿化工程项目的有波阳县、余干县、万年县的32个乡镇。1997年开始启动此项工程,波阳县、万年县于启动当年就被验收达标,1998年余干县又通过验收达标。全区平原绿化工程项目总投资686万元,其中国家、省投资22万元(波阳县12万元,万年、余干各5万元),地方配套664万元(波阳县272万元,万年85万元,余干307万元)。

经验收达标的结果为:波阳县完成农田林网控制面积,占宜林农田面积的94.8%,全县路、渠、堤绿化率68%,村庄绿化面积占全县村庄面积的35%;万年县完成农田林网控制面积占宜林农田面积的71.5%,全县路、渠、堤绿化率达86%,村庄绿化面积占全县村庄面积的21%;余干县完成农田防护林面积1.283万公顷,防护林带长502千米,占宜林农田网化面积的71.8%,全县路、渠、堤绿化率达86.1%,村庄绿化面积占全县村庄面积的25.4%。

兴林抑螺工程 于1992年启动。工程建设投资146万元,其中地区配套投资24.5万元,县级配套投资34万元,乡村自筹资金41.5万元,以劳折资46万元。承担工程项目建设的有余干、波阳两县,项目建设实施范围,主要在境内血吸虫病疫区钉螺孳生地:余干县濒湖区的东塘、信丰、石口、瑞洪4个乡镇;波阳县濒湖区的磨刀石、双港、三庙前、桐山、莲湖、饶埠、古县渡7个乡镇。

工程建设采取的主要措施,一是生物措施,即以植树造林法抑制钉螺。在沼泽钉螺孳生处,营造耐水力强的水杉、池杉;在地下水位低处及旱坡地、草滩荒地栽种杨树,间作农作物,清除杂草。余干县推广选用中国林科院选育的南抗1、2、3号等18个优良杨树品种,培育优选杨树苗53.33公顷。兴林抑螺工程造林300公顷,全部采用优良杨树树种种植。二是工程措施,在钉螺密集处筑坝、修路,在地势低洼和水渍湖田处,采取开深沟引水等办法抑螺。1999年10月,对兴林抑螺工程建设予以核查及成果评价:波阳、余干两县的鄱阳湖疫区,钉螺密度大幅度减少。钉螺下降比率为0.4%,血吸虫病人下降比率为12.4%,病畜下降比率为18%。

治沙工程 境内属亚热带风沙化土地。1994年,地区开展第一次土地普查结果显示:全区有沙化土地面积2.81万公顷,约占全区土地总面积的1.23%。其中植被盖度小于10%的流动沙丘面积有360公顷;植被盖度10%~30%的半固定沙丘面积3467公顷;植被盖度大于30%的固定沙丘面积6533公顷,沙田1.773万公顷。全区受风沙侵害的耕地有2.133万公顷,草地6667公顷,村庄1063个,公路833千米,铁路35千米,渠道649千米。主要分布在信江流域两岸的广丰县、上饶县、横峰县、铅山县、弋阳县、万年县、波阳县、余干县、上饶市等78个乡(镇)。沙害分布集中,危害严重,每年因风沙造成的损失达3.5亿元以上。

1993年,地区启动治沙工程,为全国十大林业生态工程之一,将荒漠化县防治工作作为重大生态建设工程进行综合治理。在沙化严重的波阳县、余干县、万年县、铅山县、横峰县、广丰县等进行沙地栽树种草等生物治理,取得良好效果。1995年6月,余干县华林岗乡200多公顷沙荒地绿化70%以上;铅山县鹅湖乡在沙荒滩上搞综合治理,以乔木、灌木、草结合进行多种经营,每百亩沙洲地年均收入达3万余元;波阳县古南乡在沙荒地上栽种杨树林,最高的已达9米,胸径16公分。

1998 年，防沙治沙工程建设进一步加快，当年完成治理开发面积 1167 万公顷，为省计划的 103%。截至 2000 年底，全区共完成治沙工程面积 4467 万公顷，约占全区沙化土地面积的 15.9%。

第五节　毛竹林建设

境内是江西省竹、笋重点产区之一。1993 年，地委、行署提出“八五”期间要抓好全区 10 万公顷竹林建设，地区林业局制定毛竹发展规划，当年全区各县(市)建立毛竹丰产林基地 8740 公顷。1995 年、1996 年行署连续做出大力发展竹业生产的决定，此后每年对竹业生产都进行规划和布置，并制定相应的措施和优惠政策。把毛竹面积较大的 8 个县(市)，列入 1997 年特色农业目标考核，把竹业当作大农业的主导产业来发展。10 年间，各级林业部门把竹业生产纳入造林计划，作为造林一项重要内容，并进行检查、考核、评比。各县(市)都成立竹产业协会，切实发挥协会的协调、管理和指导作用。各级林业、乡企、银行、老建、工商、财政、科委、科协等有关部门密切配合，统一协调，共同为加快竹类资源开发做好服务工作。但因国家和地方对竹林生产专项资金扶持有限，缺乏大额资金投入，加之毛竹生产税费过重(一根毛竹征收税费约占销售价的 40%)，严重挫伤了竹农的生产积极性，致使境内毛竹生产的发展，受到一定限制，竹林整体经营水平不高，约 60% 的毛竹林属低产林。竹笋加工业水平也较低，市场竞争力弱。

各县(市)十分重视毛竹低产林改造工作，通过砍杂垦复、号竹[①]经营、合理挖笋、竹阔混交、深挖施肥等低改技术措施，全区竹林平均立竹数，由 1989 年的 87 根/亩，上升到 2000 年的 109 根/亩。自 1992 年至 2000 年，全区已改造毛竹林面积 8.333 万公顷，新栽毛竹面积 2670 公顷。2000 年，全区共有竹林 10.06 万公顷，立竹 1.69 亿根，建立竹类丰产基地 3.333 万公顷，竹业产值达 3 亿元。

优惠措施　1996 年 12 月，政府实行一系列优惠政策，鼓励专业户和私营企业从事竹类资源开发和利用。规定凡是经营毛竹林面积达 33.33 公顷以上或发展食用笋竹 3.33 公顷以上的国有、集体单位，及经营毛竹面积 2 公顷以上或发展食用笋竹 0.67 公顷以上的专业户，都可按照“谁投入、谁开发、谁受益”的原则，享受以下优惠政策：1. 对从事竹业生产和开发，达到上述规模、效益较好的单位和个人，各县(市)每年从毛竹专项发展基金中提取一定比例作为奖励基金，用于奖励成绩突出的单位和个人。2. 除国家和县(市)以上人民政府有规定的收费项目外，乡(镇、场)、村不得以任何名义自行制定收费项目，增加经营者负担。3. 从事鲜笋、干笋经营的集体和个人，林业部门只收取资源管理费，每百市斤鲜笋为 2 元，干笋为 4 元，清水罐头每吨为 50 元，植物检疫费按销价的 2‰收取，其他任何单位和部门不得重复收取任何费用。

多渠道增加投入　竹类资源开发的主体是竹农，为加大竹业生产建设，1996 年政府各级部门动员和鼓励竹农用足用好劳动积累工，同时动员多方面的投入：1. 广泛吸收社会各方面的资金，动员机关、个体参股，引导外出打工返乡人员资金投入开发，积极引进外部资金开发竹业。2. 各县(市)建立毛竹专项发展基金，基金来源主要是毛竹育林基金和财政部门安排的专项资金，全部用于竹业开发和利用，实行滚动使用。3. 对有规模、有效益、有积极性、能起到示

---

①号竹，林业专用名词，指用油漆或专用蜡笔对竹林中的毛竹编号，以便管理。

范作用的竹业开发项目,农行、农发行、信用合作银行、老建、林业等有关部门予以贷款优先、资金倾斜和优先立项。4. 积极向上级有关部门申报项目,争取资金。5. 林业项目的贴息贷款、治沙工程的贴息贷款,每年拿出30%的资金用于发展竹业,确保竹业开发重点项目的实施。

上饶县华坛山乡有丰富的毛竹林资源,但毛竹产量低,经济效益差。1995年前后,通过以工代赈的扶持,几年间改造低产毛竹林上万亩,改造后,每亩毛竹林是改造前收入的7~10倍,取得较好的经济效益。

搞活经营机制 对竹类资源开发,政府实行灵活的经营机制,采用国家、集体、个体一起上,多层次、多方位的租赁、承包经营方式。坚持在山地所有权不变和统一规划的前提下,积极推行统分结合的双层经营机制。允许部门、单位与村、组、户合作合股,兴办毛竹基地或竹林场;部门、单位向村、农户承包竹林;允许联户合作,共同投资、承包;村、组、户毛竹山折股联营,实行专业承包或大户承包;允许无力经营竹山的农户,经乡、村同意,依法实行有偿转包或转让。各地通过"明确所有权、稳定承包权、搞活经营权"的办法,推进多形式的竹林股份合作制发展。积极推行公司+农户、企业+基地的开发方式,让经营者不受所有制、部门、地域的限制,实施规划经营与开发,促进生产要素合理流动和优化组合。毛竹加工企业根据企业所需年消耗量,从企业留利中挤出一部分资金,建立自身的竹加工原料林基地,其形式可采取与山场所有者折股联营或补偿贸易的办法实现。

横峰县新篁乡山田村拥有毛竹、杂木、人造杉林达266.66余公顷。由于种种原因,一些成材的竹木经常遭到盗伐,村委会守着"金饭碗"无收入。1994年4月,村里28位农民自发组织,向村委会提出承包方案,每户投资2000元,筹资5.6万元,承包了村里所有的荒山和有林山,联合办起了竹木林场。自办场起,28位承包者以场为家,垦复挖山不止,日夜守候在山上,抚育竹木林。还制定了护林公约和各种规章制度,把山当田种。此后一年多,266.66多公顷山场没出现一起被盗伐现象。由于精心管理,180公顷毛竹山郁郁葱葱。1996年春季,新生毛竹8万多株,资源总产值达1800多万元。

据统计,1997年,国营林场改造毛竹、发展笋用竹面积6667公顷,集体经营竹业1.2万公顷,村民股份经营竹业8000公顷,个体承包经营竹业2667公顷,竹业企业通过与山场所有者建立补偿贸易的形式,建立自己工业原料林基地6667公顷。

实行科技兴竹 境内毛竹林资源丰富,但总体上粗放经营,产量低,竹林稀疏杆小。材质优良、杆型粗大、密度在120株/亩以上,属集约经营的一类竹林面积仅占7%,属一般经营的二类竹林约占40%。为增加竹业科技含量,政府要求各地加强横向联营,开展科技合作:积极与大专院校、科研机构、企业集团等挂钩联营,开展科技合作与技术培训,引进推广、开发适用的竹类科技新技术、新成果、新产品。主动邀请名人专家指导竹业生产和新产品开发,积极开展科技攻关活动。同时要求各地建立健全林业科技网络。地、县林业部门加强林业科技推广力量,强化工作职能,组织竹业重点课题攻关、技术培训、编制规划和技术操作规程等。多形式、多层次地培训基层干部、农民技师、乡村竹业技术员和专业户。各县(市)林业部门每年要举办2~3次培训班,地区每年培训1~2次。乡镇林业工作站加强指导和信息服务,切实为竹农办实事。鼓励和支持科技人员进村入户、上山入林,开展竹资源技术开发、示范、推广、承包等,向广大竹农传授竹类丰产技术,提高竹农经营水平,并把技术人员到乡、村承包山场(单位)的效益作为评定技术职称的依据,对在生产第一线作出显著成绩的科技人员,予以重用和奖励。

1995 年 10 月，弋阳县旭光场为搞好毛竹林丰产，近百名机关干部全部上山，突击十天，进行毛竹林低产改造。在他们的带动下，全场职工、农民纷纷上山，开展毛竹林低产改造活动。12 月，玉山县怀玉乡农民积极响应乡党委、乡政府提出的“5 年内实现万亩毛竹丰产林基地”的号召，投工 1.5 万个，仅 15 天时间，全面完成当年 91.33 公顷毛竹抚垦、13.33 公顷新植毛竹的任务。

地区和各县(市)层层建立竹业高产示范林，做好科技示范，重点抓好毛竹示范林基地，通过以点带面的科技兴竹活动，用典型引路，带动千家万户开发竹业。1997 年地区在铅山县陈家寨乡、弋阳县周潭乡和上饶县华坛山乡建立千亩毛竹示范基地，各县(市)建立 33.33 公顷以上的县级领导示范基地，竹区乡镇建立 13.33 公顷以上的乡级领导示范基地。

产品开发　为搞活流通，提高竹产业的综合效益，1996 年政府要求以骨干企业为龙头，以拳头产品为载体，组建跨行业、跨所有制、跨乡镇的竹加工龙头企业，实行“销、产、供”一体化，综合深度开发竹类资源。竹林面积较大的县(市)，要积极创办竹笋贸易市场，搞活流通。各地抓住国家进入世贸组织的极好机遇，根据市场信息和需求，大力开发竹制品、竹类工艺品、清汁笋罐头、笋制品系列产品，开发旅游产品，工业、民用等建筑材料。扩大本区笋竹产品在国内外市场的覆盖率，促进商品流通。

对竹、笋加工企业要求统一规划，合理布局。对效益低、质量差、资源浪费严重的笋竹加工企业进行限期整顿和改造。注重引进外资兴办精、深、细笋竹加工企业，不断提高笋竹产品附加值，推进全区竹类资源快速开发和多次增值。

1991 年—2000 年全区木竹生产情况一览

表 10－5－5　　单位：立方米

年份	指　标	木　材								竹材（根）	锯材	
		合计	原木小计	杉木	松木	杂木	杉原条	次加工原木	薪材小计		小计	枕木
1991	收入量	113888	113631	1014	44780	33702	26589	7147	257	167000	8799	2802
	自营采伐	15055	15055	557	1716	1289	9568	1925	－	55575	190	－
1992	收入量	119130	117665	1678	44903	32537	29309	9123	1465	139257	9357	2319
	自营采伐	16660	16660	614	2281	1531	11480	707	－	79584	18	－
1993	收入量	92632	91809	4428	25949	24181	30950	5299	823	384534	9598	4024
	自营采伐	13166	13166	407	1037	1162	9819	136	－	90480	580	571
1994	收入量	100185	99544	2762	24774	27915	33058	10343	641	315119	8588	3748
	自营采伐	137141	13197	629	619	1455	9999	182	577	88003	1049	327
1995	收入量	105892	104735	1255	21723	24834	45047	11614	1157	271454	4203	1831
	自营采伐	14374	13499	38	626	1548	10430	762	875	109242	240	233
1996	收入量	81720	80423	47	2808	14663	15589	33640	13010	279833	4199	1662
	自营采伐	15326	15326	－	77	990	1256	12341	177	120758	144	140

续表 10－5－5

年份	指标	木材								竹材（根）	锯材	
		合计	原木小计	杉木	松木	杂木	杉原条	次加工原木	薪材小计		小计	枕木
1997	收入量	74959	74834	3181	11583	15580	34874	9020	125	196341	2799	1168
	自营采伐	16765	16765	180	969	2708	11997	573	–	110957	127	127
1998	收入量	71930	70937	1885	10563	12880	37575	8064	993	120465	924	86
	自营采伐	16429	16429	–	1335	1369	12430	1295	–	79764	–	–
1999	收入量	64399	64316	1225	9372	7963	35899	7857	83	106206	556	36
	自营采伐	13344	13344	63	355	1087	10250	–	1589	88725	19	–
2000	收入量	62146	61573	1398	11392	6310	35685	6801	573	52697	132	16
	自营采伐	12106	11896	–	1228	899	7631	61	210	46221	34	16

说明：1. 收入量包括收购数；2. 锯材包括针叶树锯材、阔叶树锯材。

1991 年—2000 年全区木竹调销情况一览

表 10－5－6　　　　单位：立方米

年份	指标	木材								竹材（根）	锯材	
		合计	原木小计	杉木	松木	杂木	杉原条	次加工原木	薪材小计		小计	枕木
1991	拨出量	105877	105580	1086	42407	30190	26063	5453	297	154948	10611	4621
	地销	101072	100775	1037	39046	28879	25963	5441	297	154948	10480	4620
1992	拨出量	119321	118127	1644	45314	33695	28567	8799	1194	150890	8308	2462
	地销	118787	117593	1644	45314	33695	28567	8799	1194	150890	7887	2462
1993	拨出量	103343	102246	4683	32763	28858	28921	5965	1097	352079	10563	3959
	地销	102098	101001	4681	32751	27779	–	–	1097	352079	10070	3959
1994	拨出量	104015	103392	2717	25965	28592	34371	11087	623	324804	10456	5195
	地销	102632	102009	2717	25956	27634	34299	11060	623	324804	10285	5195
1995	拨出量	105161	103986	905	23838	26528	40433	11933	1175	282161	5025	2267
	地销	104453	103278	905	23814	25922	40408	11900	1175	282161	5025	2267
1996	拨出量	87825	86547	2963	16194	18007	36245	12375	1279	276378	4372	1723
	地销	84537	83312	2963	15845	15825	35763	12278	1225	250813	4337	1723
1997	拨出量	78272	78129	3556	13799	15634	35527	9393	143	208546	2879	1282
	地销	76176	76033	3556	13701	14761	34574	9221	143	208546	2879	1282
1998	拨出量	75811	74818	1844	10809	12819	41291	7679	993	116905	1041	79
	地销	73069	72404	1844	10624	11557	40702	7301	665	116905	1041	79

续表 10－5－6

年份	指　标	木　材								竹材（根）	锯材	
		合计	原木小计	杉木	松木	杂木	杉原条	次加工原木	薪材小计		小计	枕木
1999	拨出量	66781	66720	1105	9696	8828	36466	10625	61	105326	526	8
	地　销	63756	63756	1105	9696	8228	34407	10320	–	105326	526	8
2000	拨出量	60513	60017	1323	11011	6545	34422	6639	496	48886	147	23
	地　销	58400	57904	1292	10954	5093	34422	6066	496	48886	147	23

说明：锯材包括针叶树锯材、阔叶树锯材调销调销数。

第六节　国道、矿区绿化

国道绿化　320国道，是横贯于上饶地区东西走向的一段交通线，东起玉山县白云镇太平村，与浙江省常山县相接；西至弋阳县圭峰乡流口村，与贵溪县相连，贯穿境内6县1市28个乡镇，全长约188.6千米，并与上（饶）德（兴）公路连接。国道线两侧各2千米内的山地面积约有2.237万公顷，其中有林地1.749万公顷，疏林地2980公顷，宜林荒山约1900公顷。

1991年，地委、行署为“面向对外开放，展示上饶精神风貌的窗口”，决定用一年的时间绿化国道，在国道沿线建设绿色长廊：先后于国道两侧实施“188”果业带、320国道高效林业带、竹业长廊、用材林、水土保持林等林业建设工程。经研究成立了上饶地区320国道线绿化果木带工程领导小组，组长由行署副专员兼任，副组长由行署副秘书长、地区林业局长及各单位有关领导兼任。4月，行署召开320国道沿线绿化果木带会议，玉山县、广丰县、上饶县、横峰县、弋阳县、铅山县、上饶市分管林业的县（市）委副书记或政府副县（市）长、林业局长参加会议。当年动员92个地直机关、企事业单位，分别与有关县、市、乡共建，规划面积3.62万公顷。在320国道线两侧各2千米的荒山荒坡，及低丘平缓、土壤深厚湿润的山场，营造以椪柑为主、板栗、雪梨、杨梅、枣、柿为辅的果木林。不适合栽种果木林的，营造以湿地松为主的针阔混交林和水土保持林。路两侧的行道树，营造以水杉、桤木为主的速生树种林。力求国道两旁的所有山地林相整齐，风景优美，经济效益可嘉。

1995年11月，地委、行署在上饶县召开320国道沿线高效林业建设工作会议，320国道沿线6县1市的县（市）委书记（副书记）、县（市）政府县（市）长（副县、市长），以及相关乡镇书记（乡镇长），地、县市林业局长等参加会议。1996年1月，地委、行署下发《上饶地区320国道沿线造林绿化责任目标》（下文简称目标），对1996年—1998年320国道沿线的造林目标，定出责任、要求与奖惩，颁令6县1市认真组织实施。《目标》将320国道沿线造林绿化任务进行了具体分配布置，决定营造林总面积6214.53公顷，其中：经济果木林3439.27公顷，用材林831.53公顷，竹林766.67公顷，疏林地补植造林1243.73公顷。国道公路绿化188.7千米，工程建设分三年实施：1996年完成任务60%，1997年完成30%，1998年扫尾。并明确责任：山上绿化由林业部门负责实施，国道公路两旁植树由公路部门负责实施。具体要求：1. 营造林面积系指国道沿线两侧各2千米范围内的山场；2. 属此山场范围内，凡郁闭度0.3以下的疏林地或荒山,必须全面改造林相,因地制宜,规划营造林;3. 国道沿线村庄绿化覆盖率达30%以上;4. 国道公路植树绿化达到省规定标准。为落实好此项造林任务,作出相应奖惩规定:每年4月,地区对320国道沿线造林绿化责任目标进行检查考核,对完成任务的给予奖励,对没有完成任务的,将予以通报批评。

1996年8月,政府下达林业生产实施意见,将320国道沿线、浙赣铁路沿线、省道沿线作为冬季造林主战场的重点区域,集中劳力、集中连片,形成一定规模高标准、高质量的高效特色林业基地。在重点区域内,凡郁闭度在0.2以下的稀疏林和残次林,经济效益低下,山场立地条件又较好的,均进行全面改造,种上经济效益较高的名、特、优树种和高产树种。主战场分地、县两级,造林规模要求达到133.33公顷~333.33公顷以上;分战场造林规模须集中连片33.33公顷以上。为实施好此项工程,各县(市)林业部门组织林业科技人员认真勘查山场,贯彻适地适树的原则,做好地、县(市)级主战场造林施工设计。同时,做好施工人员培训工作,施工时每20公顷~33.33公顷配备1名施工人员,明确施工责任,以提高造林整地和栽树的质量。至当年年底,320国道两侧共营造各类林木9720公顷,其中果木、经济林2240公顷。

1997年5月,行署在玉山县召开320国道和上德公路沿线竹业长廊建设会议,进行总体部署,要求沿线28个乡镇当年各完成6.67公顷笋用竹的试点,为全区到2000年发展2000公顷笋用竹的规模提供种源。

1999年10月,地委、行署作出320国道绿化美化工程建设的决定,先后在上饶市、弋阳县等地召开3次工作会议,专题讨论和研究320国道绿化美化事宜。参加会议的有320国道沿线6县1市政府县(市)长,分管林业工作的副县(市)长、沿线28个乡、镇书记或乡、镇长。期间,组织320国道沿线6县1市分管林业的副县(市)长、林业局长、乡镇书记(乡镇长)到宜春地区上高县、高安县学习,考察国道绿化美化经验。行署和国道沿线的6县1市都成立了组织领导机构,由政府主要领导负责此项工作。自此,320国道绿化美化势态发展良好,至2000年年底,沿线公路两侧500米范围内,全区已完成国道绿化人工造林1013.33公顷,广丰段已完成28.4公顷的国道绿化造林任务。

矿区复绿 地处境内的亚洲第一大铜矿——德兴铜矿,自1958年建矿后,历经数十年的开采,矿区生态环境遭受了较大破坏。为加快恢复矿区的生态环境,自1984年起,矿山先后与中科院生态环境研究中心、国家环保局南京环境科研所、北京矿冶研究总院有色行业土地复垦中心、江西农大等多家科研单位合作,进行复垦复绿试验。在废弃的矿山上先复土,再复绿,种草种树。复绿工程以各种适应矿山重金属土质的灌木和草类为主,如胡枝子、香根草、百喜草、茅草等等。

1990年代末,矿山将环境建设纳入生产建设规划同步进行,先后制定绿化规划和环境整治总体规划。至2000年,德兴铜矿矿区复绿面积约达200多公顷。其中一号尾矿区闭库后,已全部复垦绿化,灌木胡枝子长得很茂盛,灌木丛和草被基本将地表全部覆盖,看不出原先的开采痕迹。

第七节 义务植树

每年3月的植树节,全区各级党政军领导都要带领机关干部、学生前往就近的荒山植树,此传统惯例早已蔚然成风。1991年—2000年,全区累计完成义务植树约1.04亿株,建立乡

(镇)级以上领导干部示范基地1300个,造林1.74万公顷,全区绿化覆盖率30.1%,人均公共绿地面积5.03平方米。

1992年3月,地委、行署等六套班子领导及上饶县委、县政府和地、县林业局干部200余人,到荒山较多的上饶县董团乡太平村,与当地群众一起参加义务植树活动,栽种湿地松21.33公顷,以促进当地开展灭荒运动。同期,上饶地、市委老干局组织在饶离退休老干部300余人,自带工具、干粮,到市森林公园营造长寿林,一天便种下侧柏700多棵。

德兴市在进行全民义务植树工作中,将其制度化、基地化、科学化,有效地推动义务植树活动的开展,至1993年6月止,10年间全市义务植树面积达3.33万公顷,四旁栽树850万株。制度化管理:即划分固定的全民义务植树责任区,做到植树不变、抚育不变、管护不变,包栽包活包成林。对完不成任期造林任务的单位主要领导就地免职。基地化示范:即市各套班子和乡镇一级的班子,都有自己的植树绿化示范基地。有条件的市直机关,要在挂钩点营造一片标准的示范林基地。在这些示范林郁闭成林之前,由各办领导亲自带队造林、抚育、管护,确保成活率达到95%以上。科学化植树:即坚持工程造林作业设计,重点抓好林地选择、树种配置、良种育苗、密度控制、林地施肥、病虫防治、抚育间伐等环节,同时组织林业调查设计队下乡辅导,建立林业技术档案卡,使义务植树的存活率达到97.6%。

1994年2月,地委、行署领导率先垂范,先后在上饶县煌固乡、沙溪镇、上饶市灵溪乡及弋阳县等地参加义务植树活动。1995年2月,地委、行署领导成员又到弋阳县参加义务植树造林活动。

1998年1月,地委、行署召开植树造林电话会,要求全区人民紧急行动起来,迅速掀起植树造林高潮。2月6日,地委、行署、人大、纪检委、宣传部、军分区等单位领导到上饶市灵溪乡灵溪村参加全民义务植树活动。中央电视台2月22日《新闻联播》节目作出报道。当年,全区参加义务植树人数达382万人,植树1705万株,完成原计划的104%。义务植树尽责率达93.29%,建立义务植树基地13块,面积达1013.33公顷。义务植树造林运动更加深入发展,并纳入法制化、规范化轨道。

1999年3月初,地委、行署、政协、人大、军分区等地区直属机关干部200多人,到上饶市沙溪镇龙头山、饭甑山参加全民义务植树活动。同期,为保护母亲河信江,共青团地委组织了上饶教育学院、上饶市第三中学和驻饶32380部队近500名青少年志愿者,在信江上游南岸的凤凰山上植树造林。并将凤凰山列为青年绿化工程示范基地,与所辖地的上饶市常青乡政府一起,共同组织团员青年对基地实行管护。当月,地区绿化委员会召开了全区全民义务植树和部门绿化表彰电话会议,对义务植树的先进予以表彰。

2000年2月底,地区主要领导成员到上饶县罗桥乡参加义务植树。各地运用广播、电视、报刊等新闻媒体进行广泛宣传动员,全民义务植树的法定性、义务性已家喻户晓,深入人心。

第六章　育　林

第一节　封山育林

境内多雨，一旦封山，有利森林资源的迅速恢复。10年间，全区贯彻“以封为主，封育结合”的原则，因地制宜地对林区采取全封、半封或轮封。1990年全区封山育林面积41.35万公顷，至2000年末，全区封山育林累计面积达57.832万公顷，占全区林地面积55.78%。与1990年相比，全区增加封山育林面积16.48万公顷，增幅为39.8%。1996年6月，行署通告各地加大封山育林力度，建立健全封山育林组织，发动群众订立乡规民约，完善责任制，确定专人负责，确保封山育林见效。1998年实施跨世纪绿色工程，1999年—2000年，全区新增封山育林面积32.18万公顷①。

封山模式　在封山育林工作中，地区优先注重生态建设，以婺源为模式，向全区推广其做法。婺源县政府印发《婺源县封山育林实施意见》，在全县范围内确立“以封为主，封、改、造、节”的林业建设方针，在全区起到良好的示范作用。1987年，县政府为有效保护森林资源，划定57个村委会、466个村小组为禁伐区，禁伐面积4.69万公顷。1993年又新划定19个村委会、296个村小组为禁伐区，禁伐面积2.22万公顷。2000年，又以县二类森林资源调查及林业分类经营区划为基础，以乡、镇、场为单位，将1999年封山育林面积进行分解，划分为“重点全封型”、“改造封育型”、“择伐封育型”、“保护封育型”、“商品封育型”5种类型，落实到具体山头地块，并按“四有二公开”的标准（即有护林禁牌、有护林员、有档案图纸、有护林公约；向群众公开，向社会公开），落实封山禁伐的保护工作，累计完成封山育林面积11.34万公顷，占全县林地面积的47.32%。在此基础上，建立生态公益林11.75万公顷。至2000年10月，仅婺源县累计完成封山育林11.33万公顷，其中生态公益林8.33万公顷，商品林郁闭度0.5以下。经过封山育林而成林的部分天然次生林、低产林、稀疏林达3万公顷。

2001年，婺源县林业局组织力量，按照国家森林分类经营的要求和区划标准，对全县11.34万公顷封山育林进行重新划定，将其中的5.27万公顷列入国家重点公益林范围，实施国家生态效益补助资金试点工程。总投入396.5万元，补助范围包括林权单位管护人员工资、封禁带来的经济损失、防火防病、资源监测等基础设施的建设和林区道路的维护等，并重新制作设置封山育林牌300块，用微机建立了封山育林档案。实施范围覆盖所有乡、镇、场。此模式面向全区推广。

封育网络　1990年代初起，全区层层建立护林组织和制定护林公约。封山育林责任落实到人头、山头，做到有封山育林牌、有四至界址、有护林人员名称、有护林公约，规定封育年限、封育方式。建立封山育林管护网络，对专职护林员的选配，先由村、乡推荐，报县（市）总指挥部批准备案，再下委任，发给执照证件。每乡配专职护林员2～4人，村委会山林在133.33公顷以上的，配专职护林员1～2人。2000年，全区有乡村护林员5804人，其中专职乡村护林员974人，兼职乡村护林员4830人。

---

①上饶林业封山育林有多种封育方式，不同的封育方式，其封育年限和面积的统计数字也不同。

禁伐阔叶林　1997年,行署办公室转发地区林业局《关于加强阔叶树的保护管理意见》,要求各地抓好阔叶树的保护管理,严禁采伐古树、名木、母树、风景林等珍稀树木。1998年,根据国务院关于保护天然阔叶树、保护生态环境的要求,严格控制对阔叶树的采伐,严禁以针叶树计划调换阔叶树计划,并对所有的阔叶林伐区更新实行封禁育林,杜绝更换树种重新造林的做法。

第二节　幼林抚育

1991年—2000年间,政府在夏、秋两季常召开电话会,或发紧急通知,适时布置幼林抚育工作,把幼林抚育和植树造林摆在同等位置,提出必须树立"三分造七分管"的负责态度抓好幼林抚育。境内幼林抚育的主要内容为:松土扩穴、除草压青、除萌培蔸等,缓坡山场林地实行农林间作,如间种豆类、花生、绿肥等作物,以耕代抚,有条件的则追施肥料。抚育时间在每年夏季5、6月和秋季9、10月,届时一般集中劳力、集中时间、集中领导,发动群众开展幼林抚育突击活动。

1991年10月,地委、行署发出《关于要求全面完成幼林抚育任务的紧急通知》,督促各县(市)及时完成幼林抚育。从1992年开始,行署每年在下达造林计划的同时,下达中幼林抚育计划,并将此列为考核各县(市)农业开发目标管理的重要内容之一,汇入总分进行考核。当年6月,全区幼林抚育现场会在弋阳县召开,行署要求各地集中20天时间,月底按质按量完成幼林抚育任务。

1995年5月,地区召开全区幼林抚育工作会,布置幼林抚育任务。当年全区新造林抚育数共12.67万公顷,因抚育任务重于往年,地区将其分为两个战役进行:第一个战役从5月下旬到6月中旬,全区每天动员百万个劳力上山,完成幼林抚育任务的80%以上;第二个战役从9月下旬到10月,全面完成任务。国营林场、乡村林场率先搞好幼林抚育,各级领导的示范林、速生丰产林、长防林和工程造林等项目造林,做出规范化的抚育,示范、辐射和带动面上的抚育。

据统计,1992年—2000年,全区幼林抚育面积累计94.367万公顷,成林抚育面积24.365万公顷。

1991年—2000年全区森林抚育情况一览

表10-6-1　　　　单位:万公顷

年份	幼林抚育面积	成林抚育面积		低产林改造面积
		计	其中:中幼龄林抚育面积	
合计	104.07	24.89	17.16	24.59
1991	9.70	0.52	0.28	0.68
1992	13.1	0.71	0.38	0.92
1993	12.95	1.30	1.19	1.06
1994	9.44	4.03	3.29	0.87

续表 10－6－1

年份	幼林抚育面积	成林抚育面积		低产林改造面积
		计	其中:中幼龄林抚育面积	
1995	11.12	1.32	0.94	1.29
1996	12.83	0.81	0.80	1.99
1997	12.59	5.24	3.18	5.70
1998	9.26	4.32	1.59	4.88
1999	8.62	3.18	2.72	3.72
2000	4.57	3.55	2.80	3.47

1991 年—2000 年全区森林采伐迹地更新情况

表 10－6－2 单位:公顷

年份	迹地更新面积	其中:人工迹地更新面积
合计	21658	19795
1991	2067	2067
1992	1200	1200
1993	1867	1800
1994	1007	1007
1995	1860	1860
1996	2466	2293
1997	2853	2727
1998	3270	2906
1999	2630	1860
2000	2438	2075

第三节 阔叶低产林改造

全区阔叶低产林面积约有 10 万公顷,多因长期只利用不培育而造成。对这部分低产林,各地主要采取“先封山,后改造”的措施。林木封禁后,定期进行砍杂、间伐、除萌、调整密度,效果颇好。一是投入成本低廉,每亩只需投入 4 个工。二是林木生长量高。弋阳县三县岭林场 340 公顷天然残次林,1984 年改造前郁闭度只有 0.3,平均胸径 5 厘米,每公顷平均蓄积不到 7.5 立方米。改造以后,经 1996 年测定,郁闭度上升到 0.9,平均胸径增长到 22 厘米,每公顷平均蓄积增加到 210 立方米,年平均生长量达 1.07 立方米。三是阔叶林物种基因得到有效保护,许多珍贵树种如闽楠、樟树、猴欢喜等树被保留下来。1992 年—2000 年,全区共改造低产林面积23.91万公顷。

第四节 油茶低产林改造

全区有油茶林面积14.87万公顷,主要分布在上饶、广丰、玉山、铅山、横峰、德兴等县(市)。其中一类油茶林面积占20%,二类油茶林面积占50%,三类油茶林面积占30%。因长期经营管理粗放,绝大部分油茶林的稀、荒、老、残、病、虫害状况严重,林地水肥不足,平均亩产茶油只有2.5千克左右。因此,林地清理、密林疏伐、整枝修剪、垦复深挖、合理施肥等是提高油茶产量的一项重要措施。俗话说:"若要茶桃仁,全靠锄头勤";"七挖银,八挖金"。对油茶成林,一般是年年垦修,做到"一年一铲,隔年一挖"。如此可增加土壤水肥,促进油茶树多开花、多结实,从而提高油茶产量。

自1990年起,国家油茶低产林改造工程项目开始启动,上饶地区被国家列为油茶低改项目区,先后被列入该项目的有上饶、横峰、弋阳县和上饶市等,计划改造总面积5067公顷,验收完成面积5627公顷,占计划面积的108%。其中常规改造5000公顷,新造林面积553公顷,预植更新73.3公顷。项目投资905.22万元,其中国家投资475.21万元(包括无偿投资133.03万元,有偿投资342.18万元),省、地、县三级配套投资430.01万元。

1990年,上饶县首先被列入国家油茶低产林改造工程项目建设县,计划3933公顷,至1992年完成面积4420公顷,占原计划112%。其中常规改造面积4067公顷,新造林面积300公顷,预植更新面积53.33公顷。总投资432.42万元,其中国家投资234.41万元(包括有偿投资165.4万元,无偿投资69.01万元),地方配套投资198.01万元。1991年8月,地委、行署在上饶县召开油茶低产林改造现场会,对全区的油茶林改造工作进行总结。1993年,横峰县被列入国家油茶低产林改造工程项目建设县,计划1000公顷,验收面积1073公顷,占计划107%。其中常规改造面积833.33公顷,新造林面积220公顷,预植更新面积20公顷。总投资275.8万元,其中国家投资143.8万元(包括有偿投资99.78万元,无偿投资44.02万元),地方配套投资132万元。1998年,广丰县被列入国家油茶低产林改造工程项目建设县,计划面积133.33公顷,验收面积133.33公顷,占计划100%。其中常规改造面积100公顷,新造林面积33.33公顷。总投资100万元,其中国家投资50万元(包括有偿投资40万元,无偿投资10万元),地方配套投资50万元。1999年4月,在广丰召开了全省国家农业综合开发油茶改造项目工作会议。

国家油茶低产林改造工程项目,带动全区油茶丰产林基地建设。低产油茶林经垦复后,每亩可增产2.5千克~3千克,改造较好的第二年还可再增产一倍。德兴市界田乡在1992年—1995年完成油茶林低改面积10.73公顷,低改前和低改后的产量对比,产量逐年递增:第一年亩平均增产茶油2千克,第二年亩平均增产茶油5千克,第三年增产茶油29.2千克,每亩三年共增产茶油36.2千克。1995年,上饶县油茶低产林改造工程项目初见成效。湖村乡实施油茶低产林改造工程后,由以前的年产茶油20万~25万千克,上升到年产48.08万千克,人均产茶油15.86千克。茶油收入占全乡人均年收入的40.16%。铅山县、余干县油茶丰产林面积1687公顷,平均亩产茶油11千克,接近国家油茶低产林改造工程项目亩产茶油指标的水平。当年,全区1万公顷油茶丰产林基地总产茶油145万千克,平均亩产茶油9.67千克。

至2000年止,全区已完成油茶低产林常规改造8000公顷。

第七章 林政管理

1990年代,全区林政管理工作成效明显,坚持限额采伐、全额管理、分项控制,“源头”管理逐步走向规范化、制度化、法制化。林地保护和征占林业用地管理工作,纳入法制化、正常化轨道;森林防火工作落实到各级领导责任制,强化野外火源管理和重点地区森林火灾的防范,健全基层防火、扑火队伍,完善基础设施建设,有效减少森林火灾发生。森林资源长期持续下降的态势得到遏制,1993年全区森林资源开始回升,1999年调查显示,全区森林活立木蓄积量保持较快持续增长。由于加强林政管理,全区森林资源开始出现持续发展的良性循环态势。

第一节 乡镇林业工作站

1980年代后期至1990年代初,为改变基层长期无林政管理机构,林业难于管理的窘境,地区、县(市)林业局开始在全区创建乡镇林业工作站。乡镇林业工作站是林业主管部门指导和组织农村集体、个人发展林业生产的事业单位,基层管理机构,行使行政管理职能。至2000年底,全区除万年县外,11个县(市)、三清山风景名胜区管理委员会共有乡镇林业工作站124个,其中属县(市)林业主管部门派出机构87个,属林业主管部门和乡镇政府双重领导13个(余干县),属乡镇政府管理24个(波阳县)。有在岗职工1006名,其中长期职工979名。职工有大专以上学历的93名,中专学历253名,高中学历279名,初中学历以下374名。乡镇林业工作站中,自有办公房和通讯设备的有89个,有交通工具的54个。

1993年,林业部开展“全国林业工作站建设合格县”活动以后,全区乡镇林业工作站在基础设施、岗位培训、多种经营、职能发挥等方面得到较大提高。1996年4月,德兴市被林业部授予“全国林业站建设合格县”称号,继后1997年玉山县、上饶市、婺源县,1999年铅山县、2000年广丰县分别进入全国林业站合格县行列。

林业工作站成立后,在消灭荒山、封山育林、严格限额采伐等方面,发挥重要作用。为合理利用和保护林地资源、开展征占林业用地管理、加强山林权属纠纷的调处,起到了至关重要的作用。各级林政管理部门还针对违法犯罪分子结伙盗伐林木、强行冲关、殴打执法检查人员的情况,开展林业行政案件的查处工作。1994年,全区共查处林业行政案件8135起,占案发数的99.95%,没收违法所得8.21万元,罚款13.75万元,赔偿损失1.68万元,6559名违法者受到行政处罚。

2000年,全区的林政管理成绩可观:乡镇林业工作站组织、指导全区农村新造林面积1860公顷;新增封山育林面积13.38万公顷;育苗面积84.53公顷;中幼林抚育面积2.56万公顷;四旁植树368.52万株;森林病虫害防治面积1153公顷;森林采伐设计面积1.713万公顷;代收林业规费111.5万元。在受委托行使林业行政执法权的77个站中,受理林政案件1420起,其中破坏野生动植物案件21起;参与调处林权纠纷22件;林业科技推广方面,站办示范基地面积1.1万公顷;34个站开展多种经营,年产值221万元,年利润32.3万元。

第二节 行政执法

宣传贯彻 1991年,地区及各县(市)林业主管部门组织有关人员学习、宣传、贯彻省政府颁布施行的《江西省林业行政处罚程序暂行规定》,并充实完善林业行政处罚复议机构。1992年12月,针对蔓延全区大部分地方的乱砍滥伐现象,行署召开全区林政资源管理工作电话会,要求各县(市)紧急行动起来,采取坚决措施,迅速刹住乱砍滥伐森林的歪风。1996年6月,行署发出《关于加强森林资源保护管理的通告》,要求各地有效地制止乱砍滥伐、偷砍盗伐,打击毁林犯罪活动,保护发展森林资源,改善自然环境。1998年,第九届全国人大常委会通过《关于修改〈中华人民共和国森林法〉的决定》颁布实施后,全区各级林业部门通过各种形式开展宣传周和普法活动,把《中华人民共和国森林法》(以下简称《森林法》)的册子送到基层和广大干部群众中。期间,全区出动宣传车240辆次,印发宣传册5000本,张贴布告1300张、大幅条文2500张,刷写宣传标语6000多条,制作宣传牌500多块。5月17日,地区绿化委员会、地区林业局在上饶市广场举行学习、宣传、贯彻森林法活动周仪式,地委副书记、宣传部长、行署副专员、人大副主任等主要领导参加了活动周仪式。地区人大办公室、地区普法办公室、地区林业局联合举办全区《中华人民共和国森林法》知识电视竞赛,地区和12个县市派出代表队参赛,扩大宣传影响。

执法监督 1996年,根据《中华人民共和国森林法》《中华人民共和国行政处罚法》及有关法规规定,地区及各县(市)林业主管部门做好辖区内的林业行政处罚权的委托、授权工作,完善林业行政执法和监督体系,规范林业行政执法行为,巩固治理“三乱”(乱罚款、乱收费、乱摊派)成果。

1999年8月,地区人大、行署主要领导到地区林业局听取《中华人民共和国森林法》执法工作情况汇报。同时参加听取汇报的还有林业、水利、财贸、公安、审计、农业、城建、铁路、经贸、交通、计划、土管等部门领导。随后,人大组织检查组到德兴、铅山进行《中华人民共和国森林法》执法工作情况检查。9月,省人大常委会副主任周埜平带队到上饶、玉山县检查《中华人民共和国森林法》执法工作情况。

2000年7月2日至15日,根据省林业厅《关于全省范围内开展“林业执法大检查”和“野生动植物保护法律法规执行年活动”的通知》精神,上饶地区林业局组织人员对1998年1月1日以来全区各县市林业行政执法情况,进行检查。经检查全区林政执法情况总体较好,各执法单位均能按照《中华人民共和国森林法》,及有关法律法规严格执法。但也发现个别县(市)林政资源管理松懈,源头管理混乱。万年县梨树坞林场为追求眼前经济利益,不惜以牺牲森林资源为代价,擅自安排林木采伐,致使林场在1999年度出现严重超限额采伐森林现象。部分县市林业工作站、木材检查站、森林公安派出所等基层单位职责不明,执法范围不清,越权执法现象严重。还有行政执法程序不规范的,如德兴市万村、广丰县桐畈木检站,案卷材料不完整,木材流通登记不全,填写不规范。以罚代法现象依然存在,有些基层木材检查站在处罚无证运输案件时,采用补交林业规费,收取木材变价款项的方式处理,以罚代法,造成恶性循环。

2000年9月6日,国家林业局三号行动督查组由江西省林业厅副厅长魏运华陪同,到上饶地区督察婺源县中云镇方村特大毁林案,10月24日中央电视台以《久拖未结毁林案》为题在《焦点访谈》栏目对此案情曝光。

1991年—2000年全区林业行政案件查处情况

表10－7－1

项目	案件发生及查处情况(起)		损失情况类别					
	案件发生总数	案件查处总数	林地(公顷)	林木(立方米)	幼树(万株)	竹子(万株)	苗木(万株)	野生动物(只)
合计	55655	52706	1430.46	32147.61	38.86	12469.69	0.03	829
盗伐林木	871	792	36.87	1945.23	2.18	0.02	0	0
滥伐林木	1492	1353	262.05	7835.73	0.73	0.56	0	0
毁坏林木、苗木	199	103	1.3	64	0.55	0	0.03	0
违法征、占用林地	263	220	141.25	106.8	0.6	0.06	0	0
违法运输木材	49319	46930	0	12414.06	0.26	12468.78	0	0
非法收购、经营、加工木材	229	229	0	116.6	0	0.17	0	0
乱捕滥猎野生动物	52	47	0	0	0	0	0	664
非法收购、出售、运输、携带野生动物及其产品	63	63	0	0	0	0	0	175
违反森林植物检疫规定	1869	1869	0	0	0	0	0	0
违反林木种苗管理规定	6	6	0	0	0	0	0	0
伪造、买卖林业票证	13	12	0	0	0	0	0	0
其他	1279	1082	988.99	9665.19	34.54	0.1	0	0

1991年—2000年全区林业行政案件处罚情况

续表10－7－1

项 目	没收违法所得、非法财物				处理情况				
	金额(万元)	木材(立方米)	苗木(万株)	野生动物(只)	罚款(万元)	赔偿损失(万元)	补征林业规费(万元)	补种树木(株)	行政处罚数(人次)
合计	70.31	3240.15	0.4	900	872.61	233.77	1474.6	163804	33405
盗伐林木	10.85	302.37	0	0	89.69	4.83	31.34	1053	1138

续表10－7－1

项目	没收违法所得、非法财物				处理情况				
	金额（万元）	木材（立方米）	苗木（万株）	野生动物（只）	罚款（万元）	赔偿损失（万元）	补征林业规费（万元）	补种树木（株）	行政处罚数（人次）
滥伐林木	40.52	519.34	0.3	0	216.34	1.1	42.53	159131	1728
毁坏林木、苗木	0	0	0	0	17.940	1.08	2.72	900	82
违法征、占用林地	0.2	0	0	0	11.63	0	30.61	0	82
违法运输木材	15.75	2381.04	0	0	412.5	223.96	1313.07	200	29273
非法收购、经营、加工木材	0.2	35.6	0	0	26.64	0.04	12.27	0	177
乱捕滥猎野生动物	0	0	0	191	11.93	0	0.27	0	55
非法收购、出售、运输、携带野生动物及其产品	1.92	0	0	708	7.27	0	0.00	0	41
违反森林植物检疫规定	0	0	0	0	0.30	0	12.50	0	0
违反林木种苗管理规定	0	0	0.1	0	0.30	0	0.00	0	6
伪造、买卖林业票证	0.6	0	0	0	0.11	0	2.00	0	14
其他	0.81	1.8	0	1	77.91	2.76	26.29	2520	809

第三节 林地征用管理

1990年代初，全区征、占林业用地管理工作开始起步。1992年，地区林业局对德兴市、上饶县、广丰县征占林业用地的情况进行典型调查。全年履行征占林业用地面积126公顷，但其中有85%的面积未经林业主管部门审查。1993年8月，林业部1号令《林地管理暂行办法》和1994年6月省政府32号令相继颁布施行，全区各地认真宣传、贯彻、执行。当年全区征占林业用地面积123.93公顷，其中未经林业行政主管部门审查的面积有80.67公顷，占66.2%。同年，余干县政府批转《县林业局关于进一步加强林地保护管理的意见》，严格履行审批3个单位征占林业用地面积1.67公顷，征收森林植被恢复费4000元；查处乱征乱占林地案件8起，罚款2万余元。

1996年6月，行署发出通告：强化林地管理，坚持征占用林地审批制度。凡国家、乡（镇）、村集体和个人占用国有林地及征用集体林地从事非林业生产的，必须按有关规定，经县级以上林业行政主管部门审核发放“使用林地许可证”后，再向土管部门申办土地使用证。严禁乱征滥占林地。不办理许可证使用林地的，一律比照乱征滥占林地处理。同年，地区林业局对征占林业用地清理整顿和审批补偿工作进行了研究部署，并与地区物价局、地区财政局联合行文下发有关森林植被恢复收费标准的文件。

1997年,全区各县(市)实行专人管理林地,建立林地资源档案和林地统计报表制度。1998年,国务院《关于保护森林资源制止毁林开垦和乱占林地的通知》下发各地,地委扩大会议对其贯彻落实意见进行研究部署,行署下发明传电报提出贯彻落实要求和具体措施,开展严厉打击毁林开垦和乱占林地的专项斗争。此后,各县(市)纷纷出台有关林地征占管理规定的文件。当年全区征占林业用地面积143.4公顷,其中经林业行政主管部门审查面积91.27公顷,其比例达63.6%,基本上改变了以往征占林业用地不经林业行政主管部门审查的现象,征占林业用地的管理工作,纳入法制化、正常化轨道,未经批准,非法侵占林地行为逐步得到有效制止。1999年,继续深入贯彻执行国家有关林地保护管理的法规、政策,加大宣传力度,提高全社会对林地保护重要性的认识,一些征占林业用地的单位和个人,已能自觉到林业行政主管部门办理相关手续,如上饶师专扩建校舍、德兴市公安局修建看守所、玉山县建种猪场等,均主动办理林地征占手续,并按有关规定预交森林植被恢复费。同时,非法侵占林地案件得到查处,全区共清理1992年以来非法侵占的林地58.93公顷,规范林地征占审批手续,严格征占林业用地审批权限。

1991年—2000年,全区合计征占林业用地面积2312.43公顷,其中占用全民所有林业用地面积415.93公顷(含林业系统91.19公顷),征用集体林业用地面积1896.5公顷。未经林业行政主管部门审查的面积1070.64公顷,占合计面积的46.3%(含占用全民所有制林业用地面积12.5%,征用集体全民所有制林业用地面积33.8%)。

10年间,全区征占林业用地管理工作,虽逐步得到加强,但一些地方政府和群众法律意识淡薄,行政干预、先占后批、多占少批、占而不批等现象依然存在,如余干县、上饶县、上饶市、弋阳县、三清山风景区等地,征占林业用地的管理工作进展缓慢,森林植被恢复费收取率低。尤其一些较大的地方重点工程,由于地方保护主义思想严重,受当地政府行政干预,征占林业用地管理工作难度相当大。1998年以后,未办理征占林地手续及交纳有关费用而征占林业用地面积在百亩以上的有:弋阳县的江西省鸿阳铜业有限公司征占林地面积23.78公顷;弋漆公路征占林地面积6.66公顷以上。还有部分县(市)越权审批现象严重,如余干县1998年、1999年,共审批征占林地43件,面积15.71公顷,其中越权审批22件,面积13.46公顷,占85%以上。2000年1月底,国家林业局发出《关于1998年以来全国征占用林地调查情况的通报》,其中指出在国务院冻结各项建设工程征占用林地期间,违背《国务院关于保护森林资源制止毁林开垦和乱占林地的通知精神》,不按照规定报国务院批准或未批先占的江西省波阳县政府越权擅自批准的17个移民建镇项目,征占林地363公顷。

第四节 山林权属处理

境内多年间一直存在山林权属争议,调解争议为各级政府和林业部门的一项重要工作。1991年—2000年,全区共调处山林权属争议纠纷700起,山林面积3501.13公顷,其中跨省2起,面积6.8公顷;跨地(市)5起,面积590.53公顷;地(市)跨县(市、区)6起,面积17.47公顷;县(市、区)687起,面积2886.33公顷。一大批山林权属争议得到解决落实,山林所有者、经营者的合法权益得到保护,维护山林权属争议地区的安定团结。

山林纠纷调处 1991年,全区各县(市)以开展《中华人民共和国森林法》执法检查为契机,积极宣传稳定山林权属的有关规定,宣传《江西省山林权属争议调处办法》,进行"山林纠纷调处大会战",抽调260多名人员成立专职班子,调处县(市)内山林纠纷400多起。万年县、弋阳县、婺源县成立或筹建调解山林纠纷的常设机构,配备专职人员。1992年,成立上饶行署山林权属纠纷调处办公室,全区各县(市)对林地林权档案进行全面清理,横峰县、波阳县、余干县等同时建立山林权属档案。

1993年,各级人民政府加强对林地林权管理和调处山林权属争议工作的领导,并把调处山林权属争议、预防群众械斗,作为领导干部政绩考核目标。对一些经多次调处而长期未解决的重点山林权属纠纷,落实责任,限期调处。同年5月,为解决跨地市的山林权属纠纷,上饶地区行政公署与江西省人民政府签订调处跨地市的山林权属纠纷、预防群众械斗的责任书。11月,上饶地区行政公署与各县(市)人民政府签订跨县市的责任书。据统计,是年全区共发生山林权属纠纷112起,争议山林面积2786.27公顷,受理调处102起,调处率达91.1%,经调处达成协议或裁决的37起,结案率36.3%。解决落实有争议山林面积410.2公顷。

1996年,行署发出通告:对于有权属争议的山林,在政府暂未解决纠纷前,维持现状,有关争议双方不得强抢林木和从事其他影响稳定的活动。1990年代后期,全区各县(市)山林权属纠纷调处率显著提高,山林权属争议发生率较往年明显减少。

典型案例 波阳县桐山乡与万年县梓埠乡实行民主管理山林纠纷。有一处山场地处两县交界处,面积约4.67公顷,屡有山林权属纠纷发生。1953年,经浮梁地区行署会同争议的双方商定,由接壤的两村共同管理使用。1992年,因万年单方在此山场兴建砖瓦厂,再次引发纠纷。经上饶地区行署会同争议双方反复协商,同意按水流方向划界,并在协议书上签字。

2000年12月26日,政府以饶府字〔2000〕34号《关于裁决德兴市和玉山县行政区域界线三清山段边界线走向的通知》发文,为历经明、清、民国和新中国建立以来频繁发生山林权属争议,且时有械斗的德兴市和玉山县行政区域界线三清山段边界线的走向作出裁决。上述通知记载了2000年12月13日政府第四次常务会议研究的裁决:该段按《江西省县级行政区域勘定办法》第十二条"确定边界的基础(三)未明确划定的边界线,以1988年省测绘局经省人民政府批准出版的《江西省地图集》上标绘的行政区域界线确定边界线。"据此,德兴市与玉山县三清山段北东从洪岗益北300米起,南折西至分水关止,其行政区域界按《88图》过线,此段界线只作行政区域界线,不作为权属界线。

第五节 限额采伐

限额采伐政策 1991年,行署下达《上饶地区保护与发展森林资源"八五"规划》,提出"八五"期间实现"消灭森林资源赤字,全区森林资源略有增长"的目标。4月,经行署专员办公会议同意,颁发《上饶地区森林限额采伐管理办法》,批转各县(市)贯彻执行。要求各地严格按照国务院规定逐级分解下达的年森林采伐限额,对森林资源采伐消耗实行全额管理,不得突破规定的限额,国营与集体之间以及各类限额指标,也不得相互调剂、挪用。地区林业部门在制订具体森林采伐年度计划时,做到:计划小于限额,留有余地;采伐方式优先安排中幼林抚育间伐,以促进后备资源发展;树种采伐尽可能安排杉木,以保护日趋减少的马尾松、天然阔叶林资源。1992年,资源消耗量逐渐上升,为严格执行国务院批准下达的年森林采伐限额,地区在继续做好商品材采伐消耗管理的基础上,提高林木生产的商品率,促进林业经济发展。并把年度能源性资源消耗指标,纳入县(市)党政领导保护、发展森林资源岗位目标责任状的重要内容之一,定期进行实绩考核。

1996年,行署发出通告,要求各地加强森林保护,严格限额采伐。规定采伐森林和林木的单位与个人,要接受国务院森林限额采伐和当地政府的年度木材生产计划的指令,向县以上林业行政主管部门申请林木采伐许可证,并应分别情况提交下列文件:国营林场、垦殖场应提交伐区调查设计文件和上年度更新验收证明;其他单位应提交有关采伐的目的、地点、林种、林况、面积、蓄积、方式和更新措施等内容的文件,部队还应提交师级以上领导机关同意采伐的文件;个人应提交包括采伐的地点、面积、树种、蓄积、更新时间等内容的文件。

限额采伐执行 1991年—2000年,全区森林资源消耗执行情况总体上较好,多数年份的森林资源消耗量均在年度限额内,且有较大节余。如1994年全区森林资源消耗为108万立方米,占当年森林采伐限额总量的93%;1996年全区森林资源消耗总量85.04万立方米(活立木),为当年度森林采伐消耗限额的69.48%。按消耗类型分:商品材消耗量18.3198万立方米,为限额的77.36%;自用材消耗量7.7065万立方米,为限额的77.51%;培植业消耗量2.235万立方米,为限额的55.31%(活立木);能源性消耗量40.713万立方米(活立木),为限额的71.34%;社会公益和其他消耗量1.0325万立方米(活立木),全区商品毛竹消耗量213.97万根,为限额的59.81%。

但由于一些地方领导干部森林采伐限额意识淡薄,源头管理不力,县内企业用材超计划,基层管理力量薄弱,从而导致全区森林资源采伐超限额的情况时有发生。如1993年全区森林采伐消耗总量为134.1749万立方米,超限额率15.4%。其中商品材消耗40.6116万立方米,超限额率13.2%。类似上述超限额的情况,在1997年、1998年也相继有发生。1998年,根据省林业局对全省1997年度林木资源消耗量与林木采伐限额执行情况的通告,1997年度上饶地区和大茅山集团(位于德兴市)的林木采伐限额,分别为120万和5.28万立方米,但当年林木消耗量已达143.03万和6.59万立方米,分别超出23.03万和1.3万立方米,差值比率分别为19.2%、24.6%;1997年度上饶地区和大茅山集团的毛竹资源消耗量分别为410.98万根、21.1万根,采伐限额分别为440万根、21万根,在控制森林资源消耗量与限额采伐平衡方面不够合理,还有差额。

限额采伐管理 1991年—2000年,林业部门坚持实行年森林采伐限额,严格执行限额采伐制度,全面加强对伐区的监督,对采伐实施全额管理,将商品材、自用材、培植业用材、生活及工副业烧柴等消耗指标,全部纳入年度管理目标考核,并实行分项控制管理。对商品材的采伐,坚持实行计划、设计、审批、发放林木采伐许可证、施工、检查验收和凭木材运输证才能运输的制度。林权单位和林农自用材消耗,县、乡两级控制,个人申请,乡村审批,林业工作站发证监管。培殖业用材消耗(即利用林木资源生产培育香菇、木耳等产业),坚持利用伐区剩余物和造林清山剩余物,并由乡村报县林业主管部门批准后实施。

在执行限额采伐制度的同时,强化了源头管理,坚持采伐作业设计审批制度。为保护和发展后备森林资源,国营林场抚育间伐设计和国营、集体低改设计,均由地区林业行政主管部门审批;其他采伐设计(国有林主伐、集体林抚育间伐和主伐简易设计),由县(市)林业行政主管部门审批,并发给林木采伐许可证。同时,将伐区的检查验收,作为基层林业工作站林木采伐管理和申办木材运输证的先决条件。

对林区内加工企业用材,由林业部门统一调拨。坚持办证制度,地、县(市)、乡逐级建立商品材计划，采伐、销售管理台帐，控制商品材生产和木材运输放行数量，防止采伐限额的突破。

第六节　减少能源消耗

1970年代起，地区曾断断续续地进行减少能源消耗工作，但效果不甚理想，推行面不广。而后随着人口数量剧增和森林资源锐减，能源的节约问题越来越受到重视，1991年—2000年间，为减少森林资源消耗，政府在能源消耗和能源转换方面采取多种措施。

1992年5月，鉴于各地不顾森林资源储量，盲目上马木竹加工企业，能源消耗上升的现状，行署下文要求各县（市）从实际出发，加强对柴炭生产、木竹加工企业的审批管理，制定压缩能源性资源消耗的管理办法，明确目标，以促进改灶节柴、改燃节柴（下称双改双节）工作的开展。1996年，行署发出通告，号召广大干部群众积极控制能源消耗，响应政府“保护和合理利用森林资源”的号召，主动做好“双改双节”工作。坚决取缔以森林资源为燃料的砖瓦窑、石灰窑。

双改双节　即“改燃节柴、改灶节柴”的节约能源活动。1992年，为控制和压缩能源性资源消耗，保护发展森林资源，政府要求各地积极推行双改双节的活动，切实加强对柴炭生产的消耗管理：1. 对仍以木柴为燃料的城镇居民、饮食服务业和机关团体、工矿企业事业单位食堂，要限期实行改燃节柴工作。同时组织好生活能源供应，以解生活能源的后顾之忧。2. 对以薪柴为燃料的工副业炉窑，必须进行全面清理整顿。对消耗大、效率低、严重毁林的炉窑，要予以查封或限期改燃烧煤。逾期不改燃的，要处以收缴“还林补种费”或罚款，直至停止生产。对确需以薪柴为燃料的工副业炉窑，要在能源限额控制下，纳入商品柴炭管理，指定地点，限量供应（消耗）。3. 要积极推行“省柴灶”，尤其是林区农户。要提倡烧劣柴、桠柴和采伐剩余物，结合封山育林，制订护林公约，严禁烧好柴，切实保护好幼林和用材树种。对改革措施行动迟缓，资源损失浪费严重的地方，要适当调减商品材生产指标，加以制约。

1996年，行署再次下文要求各地积极控制能源消耗，结合各县（市）实际地情，制定加强能源消耗管理办法，积极推行“双改双节”等活动，推广以煤代柴、以电代柴、以气代柴，改变城乡居民生活烧柴和烧好柴（材）的陋习，限期封禁以木材为燃料的炉窑和城镇机关事业单位的木柴炉灶。对木炭生产实行准烧证制度。通过系列措施，全区改燃节柴、改灶节柴率分别达到省政府规定的目标：1995年农村居民达85%以上，1997年城镇居民达90%以上。1998年婺源县政府颁发《“改燃节柴、改灶节柴”的实施方案》，按其要求，至2000年全县已有98家茶叶初制厂、57家砖瓦窑和116个相关单位、学校食堂完成改燃任务；此外，全县农村新增沼气池2600座，年均节约木材约6万立方米。

整顿木竹、药材加工企业　1992年，境内许多县（市）新建或扩建以森林资源为原料的加工项目，尤其是山区林区利用木竹资源的乡镇企业日益增多。这些企业普遍存在“二多二少”现象：即利用资源的多，培育资源和发展原料林基地的少；粗加工、高消耗、低效益的多，精加工、低消耗、高效益的少。个别地方已经超越了当地森林资源的承受能力，处于找米下锅的境地，企业经营渐趋艰难。虽经林业部门积极补救和支持，但新建、增建木竹加工项目势头依然有增无减。据调查统计，全区原有登记注册的木竹经营加工单位484个，经营加工能力约需木材40多万立方米，毛竹157万根。其中竹制品加工单位40多个，年消耗量110万根毛竹，占全区商品竹生产能力258万根的43%。而婺源、德兴两县(市)的毛竹产量,已难以满足当地加工企业的需要,需从铅山县、弋阳县等地调运毛竹进行加工。但一些县(市)、地直单位不顾地情实际,仍在拟议新上扩建竹胶板、竹凉席、竹香棒、卫生筷等加工企业,年耗竹量约需140万根左右。为此,地区加强了对新建、扩建木竹加工企业的审批工作,要求各地积极培育木竹,压缩能源性资源消耗。行署规定:1. 凡新建、扩建以木竹资源为原料的项目,应遵照《森林法》和省政府“四号令”规定,事先应提出原料来源的可行性报告,经县(市)以上林业行政主管部门审定后方可予以立项。年用料木材在500立方米、毛竹在5万根以下的,由县(市)林业行政主管部门审定;年用料木材在500立方米以上(含500立方米)、毛竹在5万根以上(含5万根)的,由地区林业行政主管部门审定。各级林业主管部门要对原有木竹经营加工单位进行必要的清理,对未经审理的木竹加工企业要立即补办手续,资源原料无保证者应及时调减生产规模或转产,否则林业部门可以不办理木竹放行手续。2. 促进林工联合,积极培育后备林资源。林业与以木竹为原料的工业有着内在联系,为满足其稳步协调发展的客观需要,针对林业生产周期长的特点,须采取一系列的改革措施。如:建立森林资源市场,完善林业市场体系,促进森林资源扩大再生产等,通过联营、入股、租赁等多种形式建设和发展后备林基地和原料林基地。做到青山常在,永续利用,按《森林法》的规定,以木竹为原料的生产企业,要提取一定数额的资金,专门营造原料林,凡新建和扩建的生产企业,都必须在投资中专列原料基地建设费用,否则审批部门不予立项。

1995年,地、县(市)林业行政主管部门对木材经营加工单位进行清理整顿,审批木材经营单位176个,加工单位401个。1996年,进一步严格了木竹流通领域管理,加强了对木竹经营加工单位和木材市场的监督检查,规定:木材经营、加工单位必须先经县以上林业行政主管部门审核发给“江西省木竹经营许可证后”,再向工商行政管理机关申领营业执照,并持照合法经营,不得收购和经营加工无证木材,坚决取缔非法经营的木竹经营加工单位。同时,为保持林区的正常秩序,规定各地不得在辖区内的毗邻边境设立木材市场收购无证木材。实行对木材经营加工单位的监督管理,县内加工企业用材纳入商品材计划管理,由林业部门分户登记,统一调拨,办理县内木材运输证。

林业大县婺源自2000年11月开始,对189家木竹加工企业进行清理整顿,关停69家;与审计部门组成常年性审计工作组,对木竹加工(经营)单位进行内部耗材量审计,补征“两金”(育林基金和建设基金)。同时,关闭以野生枇杷树根为主要原料的蚊香加工企业。

1991年—2000年全区商品材、竹材消耗情况一览

表10-7-2

年份	商品材(立方米)	商品竹(万根)	年份	商品材(立方米)	商品竹(万根)
合计	1903369	1992.705	1996	183198	213.97
1991	197147		1997	187475	179.472
1992	197456	143.67	1998	171386	217.663
1993	215563	225.8	1999	144619	264.2
1994	207647	238.21	2000	170770	316.5
1995	228108	193.22			

第七节　木材运输管理

凭证运输　林业部门一贯坚持统一管理进山收购制度，严格木材运输管理。县内商品木材的运输，须持有地区统一印制的县内木材运输证，才能通行。

1989 年 10 月起，凡运输木材出省，必须统一使用林业部印制的出省木材运输证。1993 年 1 月起，省内跨地（市）、县（市）的木材运输，必须使用江西省林业厅印制的运输证；县（市）内的木材运输，使用上饶地区林业局印制的运输证。木材运输证要凭有效的林木采伐许可证、植物检疫证和国家、省规定的税费交纳凭证，才能办理。

1996 年，行署发出通告，严格木竹流通领域管理，加强木竹经营加工单位和木材市场监督检查。要求各地木材检查站认真履行职责，坚持木、竹凭证运输、过境登记制度。铁路、交通等部门要坚持木竹凭证运输制度，对无县以上林业行政主管部门签发的木材运输证的木竹，任何单位和个人不得承运。

木材检查站　1990 年起，经省政府批准，全区设立木材检查站 42 个，对运输木材的过往车辆进行检查。1991 年，经省政府批准又增设 4 个木材检查站，全区共设有木材检查站 46 个。1992 年，全省统一调整木材检查站，全区经省政府批准的木材检查站，由原先的 46 个调整为 31 个。

1992 年 3 月 2 日，玉山县樟村木材检查站检查员刘宝国在岗依法对一辆装载枕木的东风牌卡车履行检查时，奋不顾身攀吊在车厢上责令司机停车接受检查，犯罪分子拒查强行冲关，刘宝国因体力不支被甩到滚动的车轮下罹难，为秉公执法、保护森林资源献出生命，时年仅 23 岁。货主触犯《森林法》，司机助纣为虐，均依法受到惩处。刘宝国为捍卫森林法以身殉职的英雄事迹报经省政府批准为革命烈士。1993 年 7 月 30 日上午，玉山县举行刘宝国烈士命名大会。会上宣读了省政府关于批准刘宝国为革命烈士的批复，并向其父母颁发了革命烈士证书，号召全县人民向刘宝国学习，贯彻、捍卫森林法。

1996 年，全区有 3 个木材检查站被林业部授予标准化木材检查站；1997 年，全区有 9 个木材检查站被林业部授予标准化木材检查站；1998 年，全区有 7 个木材检查站被林业部授予标准化木材检查站；1999 年 7 月，全区又有 4 个木材检查站被林业部授予标准化木材检查站。2000 年年底，全市 31 个木材检查站经江西省林业厅检查验收，全部达到标准化木材检查的要求。

1984 年—1999 年全区木材检查站基本情况

表 10－7－3

站名	设站地址	设站时间（年）
铅山县石壁木材检查站	石壁乡道	1984
铅山县永平木材检查站	永平镇	1984
铅山县港东木材检查站	港东乡道	1984
婺源县店埠木材检查站	梅林乡	1985

续表 10-7-3

站名	设站地址	设站时间(年)
婺源县排前木材检查站	赋春镇	1985
婺源县大畈木材检查站	大畈镇	1985
婺源县小港木材检查站	凤洲乡	1985
婺源县太白木材检查站	太白镇	1985
婺源县游山木材检查站	镇头镇	1985
德兴市白沙关木材检查站	景白线	1985
德兴市万村木材检查站	上德公路	1985
德兴市香屯木材检查站	铜矿专用铁路	1985
德兴市铁丁山木材检查站	上德老线	1985
德兴市龙头山木材检查站	龙头山乡	1985
玉山县白云木材检查站	320 国道	1985
玉山县八都木材检查站	玉占线	1985
玉山县七一木材检查站	玉金线	1985
弋阳县烈桥木材检查站	上德公路	1985
弋阳县双港木材检查站	双港乡道	1985
弋阳县邵坂木材检查站	弋乐公路	1985
上饶县郑坊木材检查站	上乐线	1985
上饶县四十八木材检查站	上禹线	1985
波阳县枧田木材检查站	枧田街乡	1985
波阳县侯家岗木材检查站	侯家岗乡	1985
余干县峡山木材检查站	余黄公路	1992
横峰县铺前木材检查站	上德公路	1993
广丰县社后木材检查站	下管线	1993
波阳县漳田渡木材检查站	油墩街镇	1997
广丰县桐畈木材检查站	上管线	1999
万年县石镇木材检查站	206 国道	1999
万年县陈营木材检查站	万鹰线	1999

第八节 育林基金

育林基金,简称两金(育林基金和建设基金),是政府对木竹经营单位或个体征收的税金,作为林业育林专款。1988 年 5 月 13 日，省经济委员会、省林业厅、省财政厅、省物价局、省工商行政管理局联合发出《关于整顿和调整我省木材费用收取标准的通知》，对“两金”的征收由按收购价征收，改为对产区木竹经营加工单位按其收购后的第一次销售价的 20%（育林基金 12%，更改资金 8%）向经营单位征收；集体和林农直接销往市场的木材、毛竹及其成品、半成品的“两金”征收，按第一次成交价的 25% 计征。

同年 11 月 20 日，省财政厅、省林业厅发出《关于调整育林基金、更改资金省、地、县（市、区）三级分成比例的通知》，将集体（个体）育林基金由省、地、县（市）一、二、七比例分成，改为三、二、五比例分成；将集体（个体）更改资金由省、地、县（市）二、二、六比例分成，改为三、二、五比例分成；国营营林林场、采育林场、垦殖场和其他国营林业事业单位的育林基金、更改资金由省、地、县（市、区）、场一、一、一、七比例分成，改为三、一、一、五比例分成。

1989 年 10 月，经全省林业局长会议讨论决定，从 1990 年 1 月起，根据各地森林采伐限额、商品木竹数量和市场价格等综合因素，计算出应征收“两金”的基数，在此基础上，实行“定额上交，计划安排，超收留用，少收不减，一年一定”的管理办法，并规定上交省林业厅的比例为 30%。

1995 年行署要求适当集中使用造林资金，除使用好项目资金外，财政、农行、老建、农业开发、以工代赈等均增加对林业的扶持。地区和县（市）也分别对主战场进行适当扶持。地区林业局从育林基金中安排 90 万元用于造林完成较好的主战场苗木有偿补助。各县（市）的育林基金，也安排一定的比例用于扶持主战场造林。

1998 年 8 月 30 日，经省政府批准，《江西省育林基金和维简费征收使用管理办法》出台，地区据此进一步规范了育林基金、维简费①征收和使用管理工作，对全区征收标准作了明确规定：国有森工企业、林场、垦殖场等企事业单位经营的木竹以及经批准注册的木竹经营加工单位经销的木竹分别按第一次的销售价或收购后第一次销售价的 20%（其中育林基金 12%，维简费 8%）计征；乡村集体林场、林农直接销售给用户或木竹市场的木竹，以及委托国有木竹经营单位代销的木竹均按第一次成交价的 25%（其中育林基金 15%，维简费 10%）计征。同时，本办法对各级使用分成比例作了适当调整：（一）集体林（包括个体）的育林基金、维简费，其省、地（市）、县（市）的使用分成比例为 2:2:6；（二）国有林的育林基金、维简费，其省、地（市）、县（市）、场的使用分成比例为 2:1:1:6。

1988 年—2000 年，上饶地区的两金征收和使用始终按照上述规定执行。育林基金的征收，每年随伐木数量的多少，约在 2000 万元上下浮动。1991 年—2000 年，全区征收的育林基金已超过 2 亿元。育林基金制度经过几次修改和完善，已经形成自我体系，而且比较规范的管理运行机制，成为地区林业发展中一个最重要的、稳定的资金来源，对促进全区各个时期的林业发展起到了重要作用。

①维简费（又称更新改造资金），从林业成本中提取，专项用于维持简单再生产的资金，是维持木材建材简单再生产和发展林区生产建设事业的资金。

第八章 森林保护

第一节 森林公安

1991年—2000年，境内林区的社会治安形势严峻复杂，盗砍滥伐、无证收购、无证运输、无证加工、乱捕滥猎、涂改和伪造林业票证等案件时有发生，大面积毁林和大肆乱捕滥杀野生动物案件屡禁不止，有的案件甚至惊动中央领导。1998年12月16日，《人民日报》第16版以《尚未惊醒的麻木》为题，报道了信江流域森林资源破坏的情况。1999年12月，余干县和波阳县乱捕、毒杀白天鹅；2000年10月，婺源县中云乡特大滥伐盗伐森林，均被中央电视台《焦点访谈》节目先后曝光。针对新形势下的新情况，为适应林业发展的需要，全区森林公安机构也不断有新的扩展。

机构设置 1991年—2000年，全区12个县（市）先后成立森林公安分局，下设森林派出所26个，有在编森林公安民警242名。此外，十年中森林公安机关还在林区设立执勤室共65个，护林联防队17个，联防点百余个，省、市、县级联防协查区18个，“耳目”529个，对24650人次的重点人口实行重点管理，对684家木材消耗行业进行了监控管理。这些森林公安队伍，肩挑保护森林资源、维护林区社会治安的双重任务，利用多种形式宣传法律法规，坚持“打防并举，标本兼治，以防为主”的原则，采取群防群治等措施，强化林区综合治理、开展严厉打击严重破坏森林资源违法犯罪斗争、保护森林资源、进行专项整治。

专项“严打”活动 1991年—2000年，根据全国、全省统一部署，各地森林公安每年秋季11月至翌年春季，都要在林区开展长达数月的专项“严打”斗争，坚决打击毁林犯罪。在“严打”斗争中，对一些重大林业案件，集中警力，集中时间，精心组织，破案攻坚。全区10年间共侦破大案要案98起，摧毁犯罪团伙69个，追捕逃犯39人。

1993年9月，针对全区乱砍滥伐森林，殴打、残害护林人员和乱捕滥猎野生动物等犯罪活动重新抬头的现状，地委、行署下发《关于全区组织开展打击破坏森林资源犯罪活动专项斗争的实施方案》通知，成立“打击破坏森林资源犯罪活动专项斗争领导小组”，决定从11月中旬起至春节前，在全区范围内开展一次严厉打击破坏森林资源犯罪活动的专项斗争。重点打击哄抢盗伐、乱砍滥伐、无证销售运输、冲关殴打林政和护林人员的违法犯罪分子。并要求全面清理、依法查处1991年以后发生的各类林业案件，和近期发生的大案要案等。从1993年9月至1994年初，在长达半年的专项整治行动中，共查处各类案件51起，其中林政案件36起，治安案件7起，林业刑事案件8起，处理各类违法犯罪人员76人次，其中逮捕5人，治安拘留4人，行政处罚67人次，挽回直接经济损失43.3万余元。“严打”斗争胜利结束后，1994年2月，地委、行署在上饶市召开严厉打击破坏森林资源犯罪活动专项斗争表彰大会。

1995年11月，地委、行署召开“严厉打击毁林犯罪冬季攻势专项活动”电话会，部署从1995年11月25日到1996年春节前，在全区开展一场严厉打击毁林犯罪，整顿林区治安的冬季攻势活动。打击的重点是：哄抢、盗伐林木的组织者和骨干分子、屡教不改分子；重、特大滥伐林木案件的组织策划者和主要负责人；非法猎杀、倒卖走私国家重点保护的野生动物及其产品的犯罪分子；非法运输倒卖木材和伪造倒卖林业票证的犯罪分子，及长期收购、加工无证木材的单位和个人。殴打、伤害林业执法人员的犯罪分子;造成森林火灾的肇事者和责任人;负案在逃犯罪分子。至1996年1月,严打活动取得了良好效果:全区森林公安共接到群众有价值的举报96条,已查处各类毁林案件63起,收审案犯6人,拘留18人,投案自首1人,林政处罚145人;查处非法运输木材3285立方米,林政罚款36421元,补交“两金”64178元,为国家挽回经济损失30余万元。各地还充分运用广播、电视、报纸等新闻媒介或利用宣传车、布告、标语、墙报等多种宣传形式,在“严打”中广泛深入宣传《森林法》《野生动物保护法》等法律法规,增强干部群众的法制观念。

1996年5月,行署发出通告:对盗伐、滥伐、哄抢国家和集体所有林木,以及殴打林业执法人员等违法犯罪活动,有关林业、政法、工商、税务等部门,要采取果断措施,严厉打击。对非法干扰、阻挠林业执法和包庇、纵容、支持犯罪造成严重后果的,要绳之以法,严惩不贷。对检举、揭发乱砍滥伐、偷砍盗伐等毁林犯罪活动,保护森林资源的有功人员,政府予以表彰和奖励。当年8月10日至11月20日止,由地区人大常委会统一领导,组织有关部门参加,在全区开展“百天严打破坏森林资源违法犯罪活动专项斗争”。共清理整顿木材加工企业356家,查处林业案件326起,依法处理各类违法犯罪人员506人,挽回经济损失32万余元。同年,国家级风景名胜区三清山发生一起特大毁林刑事案,地区森林公安局办案民警排除困难,夜以继日,三翻高山,五赴浙江,六进德兴,运用各种侦察手段,终于将3名案犯全部抓捕归案。

1997年11月中旬,地区森林公安局专题部署当年冬季的严打攻势,主要针对盗伐、哄抢林木,非法猎杀、倒卖和走私国家重点保护野生动植物及其产品,非法收购、加工、运输木材和伪造倒卖林业票证,非法征、占用林地和暴力侵害林业执法人员等违法犯罪进行打击。力争90%在卷的森林刑事积案侦破结案,追捕一批在册逃犯;及时打击现行违法犯罪活动,力争发一案破一案。1998年,万年县森林公安分局侦破盘岭垦殖场柳家分场滥伐林木、林积688立方米的特大毁林案,将外逃一年之久的陈某某等5名犯罪嫌疑人捉拿归案。1997年婺源县中云镇方村发生特大滥伐林木案件,森林公安机关历尽艰辛,顶住多方压力,排除各种干扰进行侦破,历经4年艰难曲折,终于2000年将3名乡官押上审判台。(详见典型案例)

在每年专项林业“严打”斗争结束后,对成绩突出的单位和个人,地区不定期地召开表彰大会或进行通报表彰。1999年3月,上饶检察院批捕处、上饶地区森林公安局和玉山县、万年县、波阳县、婺源县、上饶县、横峰县、铅山县林业严打领导小组,因协同作战好、圆满完成任务而受到行署表彰。同年,上饶行署森林公安局被最高人民法院、最高人民检察院、公安部、监察部、国家林业局授予全国林业“严打”先进单位称号。10年间,在历次严打斗争中,森林公安共有17个单位、112人次立功或受到各级表彰。

维护治安 除履行法定职责,维护林区平安外,10年间全区森林公安还单独侦破非森林案的刑事案件36起,协助地方公安侦破各类刑事案件109起。1990年,地区撤销了部分不合格的木材检查站,个别地方的木材流通领域一度出现混乱。1991年元月起,森林公安开始不定期地在未设检查站的林区公路要道出击,巡逻检查。至1992年,共查获无证运输木材车120多辆,收缴木材264立方米,折款59343元。同时出动宣传车130多辆次,召开群众大会10多次,使林区90%的群众受到不同程度的教育。森林公安还帮助各乡、村建立健全护林组织,搞好乡际、县际、省际三级联防,全区共建群众性的护林组织958个,计8900多人,乡际联防区已增加到47个。1991年各类林业案件发生数比上年下降13.3%。1992年,查处林业案件525起,查处率达98.8%,为国家挽回经济损失38万元。德兴分局还利用耳目为浙江省抓获2名盗窃20万元贵重物的特大盗窃犯,受到邻省公安部门的高度评价。

1991年—1993年,共查处各类林业案件1647起,其中林政案件1311起,林业治安案件237起,林业刑事案件99起;处理各类违法犯罪人员2208人次,其中逮捕49人,治安拘留135人,警告47人,治安处罚176人,行政处罚1488人次,还有其他处理303人。挽回直接经济损失143.2万余元。1993年后,全区边界林区治安秩序明显好转,未发生重大森林案件和纠纷械斗流血事件。

1995年7月上饶县森林公安分局局长胡俊生,在处置一起紧急治安事件中英勇献身,次年3月被国家公安部追授为全国一级英模。

典型案例　1997年初,时任婺源县中云镇方村村委会主任的俞某某,以发展香菇生产为由,未经林业行政主管部门审批,只凭镇党委书记梅某某的一张签批条,就组织村民无证采伐,造成滥伐天然林活立木923.677立方米的严重后果。事件发生后,镇长王某某为掩盖事实真相,实施一系列包庇行为。当年4月,此案被森林公安机关立案侦察后,三名犯罪嫌疑人非但未受到法律追究,反而被提拔重用,引起当地干部群众的强烈不满。

1999年8–10月,地区纪委先后3次召集地区森林公安局领导开会,部署此案复查工作。10月25日,省、地森林公安局组成联合调查组,在地、县纪检部门的支持配合下,对此案进行复查,案情真相大白,俞某某等3人的犯罪事实清楚,证据确凿。但森林公安局依法提请报捕犯罪嫌疑人时,却收到有关部门关于俞某某等3人的行为不构成犯罪,不予批捕的决定。

2000年9月6日,国家林业局三号行动督查组由省林业厅副厅长魏运华陪同,到上饶地区督查此件特大毁林案。10月24日,中央电视台《焦点访谈》栏目以《久拖未结毁林案》为题,将此案情曝光。最高人民检察院立即派出调查组,赴婺源县开展调查。11月4日,江西省人民检察院对此案作出复核决定:撤销上饶检察分院对俞某某等3人的不批准逮捕书。俞某某、梅某某涉嫌滥伐林木罪,王某某涉嫌包庇罪,予以批准逮捕。11月10日,上饶市森林公安局对3名犯罪嫌疑人逮捕归案。此起由于地方保护主义和行政干预,久拖难决的积案,最终得以公正判决。2001年3月20日,上饶市中级人民法院开庭审理此案,4月6日对此起建国后中院受理的第一起森林刑事案件,作出一审判决:俞某某、梅某某犯滥伐林木罪,分别被判处有期徒刑2年和1年,王某某犯包庇罪,被判处拘役6个月。

2000年全区森林公安派出所情况一览

表10–8–1

派出所名称	地址	成立时间
上饶县公安局森林分局华坛山派出所	上饶县华坛山镇	1988.12
上饶县公安局森林分局高洲派出所	上饶县五府山镇	1965.3
广丰县公安局森林分局岭底派出所	广丰县岭底	1988.12
玉山县公安局森林分局童坊派出所	南山乡港口村	1965.3
玉山县公安局森林分局紫湖派出所	紫湖镇紫湖村	1988.12
弋阳县公安局森林分局三县岭派出所	弋阳县三县岭乡	1984.2
弋阳县公安局森林分局南港派出所	弋阳县叠山镇	1992
铅山县公安局森林分局陈坊派出所	汪二乡石壁村	1988.12

续表 10－8－1

派出所名称	地址	成立时间
铅山县公安局森林分局港东派出所	港东乡铁路坪	1984.2
铅山县公安局森林分局车盘派出所	铅山县武夷山镇	1997
铅山县公安局森林分局石垅派出所	黄岗山镇石垅	1997
铅山县公安局森林分局桐木派出所	武夷山保护区桐木关	1997
德兴市公安局森林分局绕二派出所	绕二镇	1988.12
德兴市公安局森林分局万村派出所	万村乡	1988.12
德兴市公安局森林分局大茅山派出所	花桥镇	1964.5
婺源县公安局森林分局太白派出所	太白林场	1988.12
婺源县公安局森林分局秋口派出所	秋口林场	1988.12
婺源县公安局森林分局清华派出所	清华镇政府	1965.7
婺源县公安局森林分局古坦派出所	古坦乡政府	1988.12
婺源县公安局森林分局珍珠山派出所	珍珠山乡政府	1961.12
婺源县公安局森林分局中洲派出所	中洲林场	1988.12
波阳县公安局森林分局莲花山派出所	莲花山乡	1997
波阳县公安局森林分局金盘岭派出所	金盘岭乡	1997
万年县公安局森林分局梨树坞派出所	梨树坞乡政府	1988.12
万年县公安局森林分局万年峰派出所	上坊乡冯家村	1988.12
上饶地区森林公安局林科所派出所	上饶地区林科所	1993

1991 年—2000 年全区森林案件查处情况一览

表 10－8－2　　单位:件、人

年份	刑事案件	治安案件	林政案件	逮捕人数	刑、拘留人数	治安拘留人数	林政处罚人数
合计	302	847	7427	291	91	352	10582
1991	16	49	456	14		16	742
1992	18	76	360	18		19	664
1993	24	69	439	17		17	743
1994	29		546	28		26	825
1995	13	60	633	14		24	795
1996	25	141	1153	25	11	43	1360
1997	26	165	867	23	27	20	921
1998	33	96	1011	34	21	24	1044
1999	46	48	920	49	18	31	1479
2000	72	153	1042	69	14	132	2009

第二节　护林组织

县、乡护林队伍　1991年—2000年，全区各县（市）、乡（镇）、村均成立相应的护林组织。县、乡设办公室，配备3～5人。专职护林员的选配，由村、乡推荐，报县封山育林指挥部批准备案，并颁发专职护林员执照，每乡配2～4人，村委会山林133.33公顷以上配1～2人。

1994年万年县除设立县封山育林办公室外，还成立万年县护林联防大队，由分管林业的副县长任大队长；乡（镇）成立护林中队，由分管副乡（镇）长或武装部长任中队长；各村设护林小队，由村委会主要干部任小队长。每个村按33.33公顷～66.67公顷林地配备1名护林员的比例，组建护林队伍。1996年，玉山县成立造林绿化封育指挥部，县委分管的书记任总指挥，政府分管林业的副县长任副总指挥，各乡（镇、场）相应成立组织机构；1997年，余干县成立封山育林指挥部，由县委副书记任总指挥，副县长和县林业局长任副总指挥，公安、检察、法院、财政、工商等部门主要领导为成员；各乡（镇、场）相应成立封山育林指挥部，乡党委书记任指挥。

护林联防组织　主要有省际、地市际、县际三级联防，分布在边界线上。

省际联防　境内南、东、北边境有7县（市）62个乡（镇）与浙江、福建、安徽3省毗连，边境线长达480多千米。自1955年开展护林联防活动以后，毗连地区人民群众不断增强团结，促进了边境林区社会的稳定，为保护、发展森林资源做出了积极贡献。

闽浙赣毗连地区护林联防委员会　境内与闽浙毗连的铅山县、上饶县、广丰县、玉山县、德兴市、婺源县等6县（市）分属第三、第四联防区，共有44个乡镇场参加联防活动。

赣鄂皖（湘）毗连地区护林联防委员会　境内与鄂皖相接毗邻的波阳县、婺源县有18个乡镇场，分别参加第一、第二联防区的活动。

地市际护林联防　上饶地区中、西部边境3个县与景德镇市、南昌市毗连，1992年成立波、余、万、乐、昌毗连地区护林联防区。境内的波阳、余干、万年3县19个乡镇参加护林联防活动。

县际护林联防　三清山风景旅游联防区于1993年成立。参加此联防区联防活动的有三清山风景名胜区管理委员会，玉山县的三清山乡、紫湖乡、南山乡，德兴市的畈大乡。

第三节　护林规约

自古时起，全区各县（市）乡村和群众对封山育林、保护森林资源历来都有一套行之有效的办法和措施。如清乾隆三十八年（1773）三月，广信府上饶县就曾在灵山黄沙岭茶亭立碑永禁："一禁春冬二笋无许贩卖；二禁无许箍篾粪箕出境；三禁松杉树木无许盗卖；四禁放火烧山；五禁朽笋无许送卖；六禁挖掘树兜无许越界；七禁来龙水口树木无许砍；八禁斑竹无许盗砍"。1950年，上饶县政府以县长名义发布《关于保护森林的布告》；德兴市由乡、村两级民主讨论制订了《禁山条例》《护林公约》印发到农户。有些县的乡村护林公约以村小组或村委会为单位，举行村民大会讨论通过，再杀猪或放电影召开封禁山林大会，制定可操作的《禁山条例》《护林公约》，分发到每家每户张贴宣传，有谁违犯禁约，对照禁约处罚。有的在林区交通路口、醒目地段树立封山育林禁牌，书写山场名称、面积、界至、树种、封育年限、处罚标准、护林员姓名、负责人等，使广大群众及村民明确了解封山育林禁约，以示共同遵守。玉山县官溪乡村群众至今仍沿袭着农历每月初一、十五两天鸣锣禁山习惯，以经常性的鸣锣吆喝方式向广大村民警示遵守山林禁约，保护好森林资源。在林业大县婺源，更是村村都有保护森林的乡规民约，今镇头镇镇头村民居墙上，现仍保留着一块清乾隆三十二年所立的石碑，刻录当年村中为保护山林生态，禁止村民乱挖采煤矿、并对违规者处以重罚的禁约。

附：婺源县赋春镇排前村委会《山林管理规定》

山林管理规定

维护山林、人人有责；管好山林、造福子孙；青山常在，永世利用。做到统一经营，计划砍伐，违者必究。望广大村民自觉遵守如下规定：

一．严禁乱砍滥伐和非法出售木材、生柴火和木竹加工产品，违者按村民自治公约处理。

二．禁止用杉树、梓木搭（做）各种浪（晾）叉、棚料、篱桩和（用）苗竹（做）背篱，违者每根罚款 10 元。

三．严禁野外用火、引起山林火灾的按被烧面积每亩罚款 100 元，不足一亩按次数罚款 100 元。烧死杉木、苗竹每根罚款 10 元，同时责令造林抚育。严禁在有林山上拨（拔）油菜山和油（芝）麻山，违者按烧山处理。

四．家用杉木、苗竹必须由个人申请，经村委会审批。

1. 杉木每年每户限批 5 根，每根交山价 1 元，超出审批根数，每根交 2 元，未经审批每根罚款 10 元。

2. 集体山场经村、组干部审批的，每根交山价 5 元。未经审批每根罚款 20 元。

3. 建房用材、钢筋水泥结构，用杂木每平方米收取 2 元；楼房用板（砖木结构），每平方米按 4 元收取。杉木 1 个立方交山价 30 米，如在外村建房，需用松木，限批 2 个立方米，每立方交山价 50 元，超出部分每立方米收取 100 元山价，搭架苗竹每根 3 元计算。

4. 亲戚送用竹，尽量控制，每年不得超过 2 户，每户限 3 根，每根交山价 3 元，如发现未交，或超出部分除没收并进行罚款处理。

五．村民自留山管理权不变，每年对苗竹山场应进行扶育改造，每改造扶育一亩，经村委会验收的补助 10 元，发现他人偷砍木竹，有权制止，或交村委会处理。

六．严禁任何人入苗竹山场偷挖春笋、冬笋，违者除没收工具和赃物外，并处以每根 10 元的罚款。

以上规定由村委会护林员具体实施，望广大村民互相监督执行。

排前村委会订立

1997 年 3 月 15 日

第四节　森林防火

境内森林茂密，常有山火发生，防火工作是林区的头等大事之一。1987 年初，依照江西省林业厅《关于征收护林防火费有关问题的通知》，在林区销售的木材中，附加征收护林防火费（每立方米 2 元），建立护林防火专项基金。

地区每年都召开数次森林防火工作会议，加大森林防火宣传教育的力度，强化各种行之有效的责任制和各种乡规民约,落实重点单位的防火措施,确保三清山名胜风景区、江西省武夷山自然保护区、江西705电视台、上饶云碧峰及各地森林公园的防火安全。各县成立森林防火指挥部以后,充实和加强了森林防火力量,层层建立森林防火责任制。在此同时,健全和调整乡村森林防火机构,及时检查落实森林防火责任制。

森林防火指挥部 前身为护林防火指挥部,新中国建立后成立,一直运行。1991年,为加强森林防火的力度,以便统一指挥统一调度,实施及时有效的灭火扑救,地区正式设立"上饶地区森林防火指挥部"。各县(市)先后也相应设置县(市)森林防火指挥部及办公室。地区森林防火指挥部总指挥由行署副专员兼任;副指挥分别由上饶军分区、地区公安处、地区林业局主要领导和行署副秘书长兼任;指挥部成员由地区中级人民法院、检察分院、地区粮食局、地区商业局、地区交通局、地区邮电局等单位领导兼任。指挥部下设办公室(1991年下半年与林政科分开,单独办公,为正科级事业单位),办公点设在上饶地区林业局。其主要职能:实施森林火灾的预防、指挥并组织灭火扑救措施,查处、督办森林火灾案件,组织协调毗邻地区的护林联防工作等。

1995年1月,地区森林防火指挥部第九次全体成员会议在上饶召开。会议审议并通过《上饶地区关于处理重大森林火灾的预案》《火灾报告制度》《关于上饶地区森林防火指挥部成员联系片划分的通知》《关于表彰1990年—1993年森林火灾先进单位和先进个人的决定》等议案。同月,地区森林防火指挥部召开森林防火表彰大会,17个先进单位、41位先进个人受到地区森林防火指挥部和地区人事局的联合表彰奖励。上饶市、余干县政府、武夷山自然保护区管理处及汪泉火等5人,被国家林业部、人事部评为连续三年无森林火灾先进单位和有功人员;婺源县、德兴市政府、广丰县消防中队及孙和才等5人被省林业厅、人事厅评为森林防火先进单位和个人。

森林消防队 从1990年开始,全区各县(市)陆续成立救火民兵应急小分队152支,队员5866名。1997年4月,全区首家专业化森林消防队伍——广丰县森林消防中队在广丰县林科所挂牌成立,有队员30人,配备风力灭火机等消防器具和通讯设备,以森林防火、灭火为主要工作,平时从事生产经营活动,重点防火期和组织训练期间,实行军事化管理;一旦发生火灾,受广丰县森林防火指挥部统一指挥,参加扑救工作。此后,全区各县(市)相继配备了专业消防的森林消防中队,共有队员470名。

防火设施 随着各级政府对森林资源保护工作的日益重视,特别是1987年大兴安岭特大森林火灾以后,各地加大对森林防火设施的投入,1991年—2000年,全区森林防火设施设备得到改观。1998年,仅省属武夷山自然保护区就投资20多万元,配置防火专用指挥车,建立防火无线电台,开设防火线6.2千米,购置手机12只,组建半专业防火队,有队员25人。至2000年,全区设有防火林带3594千米,防火线2648千米,瞭望台42座;通信电台中有基地台64台,车载台13台,转信台17台,手持机193台,有线电话55部,传真机1部,微机1台;扑火工具中有森林消防车21辆,风力灭火机81台,2号工具1581把,柴刀1150把。

位于铅山县南缘的江西武夷山自然保护区,1982年建区后坚持"预防为主,积极消灭"的方针,至2000年保持了零火灾记录。保护区有天然林4572公顷,山高陡峭面积大,又有公路穿越境内,往来人多难管理。为做好护林防火工作,每逢重点防火期,保护区都要在路口、村落及醒目处钉挂防火标语牌,同时到区内几个自然村进行防火宣传,请各村队长和相邻乡、场负责人来座谈,做到联防联心。

1995年11月,德兴市龙头山乡为防秋季森林火灾,乡、村两级政府在紧张的办公经费中挤出6万元,村民义务投工2万余个,新开森林防火带1.1万余米。同时,乡、村两级以林政员、民兵为主,建立一支稳定的应急扑火小分队。

严审野外用火 每年早春、秋冬进入重点防火期,地区和各县都要公布森林防火戒严时间,防患于未"燃"。在"预防为主、积极消灭"的方针指导下,如进行必要的造林烧山或野外用火时,一般要预先准备,做到六不烧:未经批准不烧;不开好防火线不烧;风大不烧;太阳烈不烧;未准备好打火工具不烧;人员没有组织好不烧。

1999年2月,因天气持续晴好,出现高温、干旱等高火险天气,地区森林防火指挥部发布防火戒严公告,宣布自2月12日至3月10日期间,全区各县(市)一律停办各种野外生产性用火申报审批手续。在林区严禁一切野外用火(包括炼山造林、烧隔离带、烧荒烧垦、烧田埂、烧炭以及在山边、林内火把照明、野外取暖做饭、上坟烧纸、小孩玩火、痴呆弄火、景区、林区燃放爆竹烟花)。政府各有关部门均加大管理和宣传力度,严格控制火源。对违反禁令擅自用火者,见火不报不救者,视情节轻重予以严厉处罚。

1999年4月,行署颁发地区森林防火指挥部出台的《关于实行森林防火行政领导负责制目标管理的意见》,将防火责任具体落实到各级领导,一级抓一级,一级对一级负责。同时要求各部门互相配合,通力合作;健全各级森林防火指挥部的工作制度和岗位责任制。

2000年3月27日,因连续数年少雨多旱,全区一天内发生19起森林火灾、火警,损失严重。28日晚,地委、行署召开全区森林防火紧急电话会议,各级森林防火指挥部成员、各县(市)委书记、分管林业的县(市)委副书记、县(市)政府副县(市)长、林业局长、林区乡(镇)党委书记、乡(镇)长、林区垦殖场党委书记、场长、国有林场场长参加了会议。会议要求全区上下高度警觉,吸取教训,从严防火。一要加强森林防火宣传教育,二要加强野外火源管理。严格落实县长、乡长、村长、村民小组长"四长"负责制,将每一个山头地块的防火任务,落实到具体领导身上,充分发挥地、县(市)森林防火指挥部成员单位的作用,形成各级重视、多方配合、齐抓共管的森林防火领导体系和服务体系,并切实抓好森林消防队伍的建设,各林业县(市)都要建一支以民兵预备役为骨干的森林消防应急队伍,召之即来,来之能战,战之能胜。会后,全区广泛开展森林防火宣传月的活动,集中宣传《森林法》《森林防火条例》,集中普及森林防火知识;对野外用火严格实行许可制度,对重点单位、重点林区和重点地段,坚决杜绝火源进山。各级森林防火办公室严明了火情报告、隐患处置、领导带班三项纪律,发现隐患和险情及时报告,明确责任,限期排险。

森林火灾 1991年11月14日8时许,广丰县国营黄尖山林场护林员叶某某,把烟头丢在杂草丛中,引起一场火灾。叶当时本想自己一人扑救,但无济于事,只好跑到离火场5华里远的车盘,叫人到10华里外的林科所报告。县林科所接到报告后立刻组织120余人赶赴现场,但已失去有利时机,天干物燥,力不从心,火势迅速蔓延,越烧越旺。上饶军分区司令员和县委、县政府领导、县林业局领导接到报告后,先后赶到现场组织指挥扑火。17个乡、镇,90个县直机关、企事业单位的干部、群众、民兵3000余人赴火场扑火;驻饶部队炮旅和武警上饶支队130人也赶到火场。共动用车辆124辆,起用车台、手持台、基地台、电话等各种通讯工具178台(个),各种扑灭工具4806台(把、个)。经过全体人员的顽强努力,到次日8时方把这场森林大火扑灭。为了防止死灰复燃,组织人员进行了三天三夜的昼夜巡逻。这次火灾,山林过火面积达79.8公顷,受害森林面积58.1公顷,过火森林蓄积量1700立方米,造成经济损失28

万余元。事后,护林员叶某某被判刑。县委、县政府就“11·14”森林火灾扑灭工作,表彰先进集体107个,先进个人1490名,并派员到部队慰劳。

1992年4月17日,玉山县怀玉山乡发生一起森林火灾,在扑救火灾中死2人,受伤1人。1993年2月6日,三清山发生森林火灾。

1994年森林火灾比上年略有减少:全区共发生火灾18起,其中火警14起,一般火灾4起,受害森林面积22.79公顷,与上年相比,火灾次数下降11起,受害森林面积下降88.9公顷。森林火害的发生率、控制率、受害率分别下降45.2%、62.8%和79.6%,查处率上升7.64%。

1995年9月1日,广丰县大南镇古村某村民,在山上砍柴发现蜂窝,用柴焚烧,引发山林大火。幸亏大南镇干部群众和公安干警发现及时,全力将火扑灭,但仍造成一定损失。受到处罚的村民追悔莫及。11月4日17时,上饶市刘家坞村后山发生一起严重的森林火灾,经上饶市武警和消防官兵1个多小时的及时扑救,终将灾情减到最低限度。同月27日下午,德兴市花桥镇杨村发生火灾,花桥镇30名干部和100多名群众,搏斗3小时将火扑灭,使万亩毛竹林免遭毁灭。

2000年3月27日,玉山、德兴、弋阳等11个县(市)境内同时发生15起森林火灾、4起森林火警,过火面积326.66多公顷。在扑救玉山县南山乡王石村发生的森林火灾中,有5名扑火人员死亡,5人负伤。接到火灾报告后,行署专员立即代表地委、行署赶赴南山乡王石村火灾现场指挥灭火,慰问伤亡人员亲属。大火至28日凌晨2:40才全部扑灭。德兴市境内省冶二处待岗工人毛某某,27日上午因种菜燃烧草木灰,引发茅草和杉林大火,火势烧过10个山头,将位于深山中的铜矿液化气库四面围住,一旦着火爆炸,后果不堪设想。大火发生后,德兴市消防大队的战士们迅速赶到,以消防车奋力抢救液化气库;银城、香屯、花桥、新营、潭埠、泗洲等周边乡镇和有关单位的干部群众相继赶到增援,用刀将山林砍出隔火带。至28日凌晨4时左右,大火渐被扑灭,共烧毁林木192.2公顷,造成经济损失40.39万元。事发后,犯罪嫌疑人毛某某投案自首。

1991年—2000年全区森林火灾面积一览

表10-8-3

年份	森林火灾次数(次)			火场总面积(公顷)		受害森林面积(公顷)	
	小计	森林火警	一般火灾	小计	其中	原始林	人工林
合计	3391	129	262	7616.33	3704.14	270.1	3434.04
1991	443	23	20	755.18	412.38	55	357.38
1992	442	13	29	705.68	387.5	81	306.5
1993	228	10	18	412.23	70.51		70.51
1994	118	7	11	350.88	105.33	15	90.33
1995	226	16	10	130.11	68.73	8.4	60.33
1996	223	10	13	417.95	254.9	34.5	220.4
1997	1	2	5	88.82	42.8	0.5	42.3
1998	330	11	19	481.68	264.39	22.4	241.99
1999	993	23	70	1395	825	26	799
2000	881	14	67	2878.8	1272.6	27.3	1245.3

1991 年—2000 年全区森林火灾损失情况一览

表 10－8－4

年份	损失林木		人员伤亡(人)				其他损失折款(万元)
	成林蓄积(立方米)	幼林株数(万株)	小计	轻伤	重伤	死亡	
合计	31210.22	417.467	21	8	4	9	454.74
1991	3100.8	47.3					51.8
1992	3070.7	40.7	4	2		2	45.7
1993	560	6.19	1			1	3
1994	1508	3.68					17.71
1995	1369	8.794	1		1		6.71
1996	2653.4	97.885					2.86
1997	518	1.57					
1998	2718	32.292	1	1			23.25
1999	4990	93	4	2	1	1	64
2000	10722.32	86.056	10	3	2	5	239.71

第五节　古树名木保护

境内古树较多,其中多有珍稀名木。为保护好祖先留下的珍贵"绿色遗产",同时保护生态环境,各地加强对阔叶树资源的保护管理,严禁采伐古树、名木、母树、风景树等珍稀树木,并实施退耕还林。在广大农村尤其是婺源县,许多村民自发地组织起来,出钱出力,保护古树,涌现出许多感人事迹。德兴市龙头山乡林管站程炳根、夏仕水、姜三沱等 15 名老共产党员,退休后自愿充当护林员,自 1980 年代末始,10 多年间风雨无阻,精心守护 1 万多亩山林。他们在护林时大公无私,恪尽职守,人称"包公护林队"。婺源县依靠传统的良风民俗,当地森林特别是水口林,一直受到较好保护。如号称"生态绿洲"的江湾镇晓起村被古樟树群环抱,仅村口就有百年以上的古樟 77 棵,还有大叶红楠和国家一级保护树种红豆杉 30 多棵,对维护当地的生态平衡起到了重要作用。1996 年,行署颁发了对古树名木和珍稀植物加强保护管理的通告,号召广大干部群众保护珍稀植物和古树名木,坚决打击倒卖珍稀植物及其产品的违法活动。

机构设置　一些县(市)自 1980 年代中期始,陆续成立保护单位。1985 年 4 月,根据国务院颁发的城市绿化条例中对古树名木的保护要求,上饶市成立园林监察分队,配备专职工作人员 10 人、兼职人员 2 人,专门负责监察巡视市区内的公共绿地、庭院与行道树木、花卉,尤其是古树名木、风景树等,不准擅自砍伐破坏,违者视其情节轻重予以处罚。至 2000 年,各县都成立了野生植物保护办公室,与县林业局林政股合署办公。各林业工作站增挂了野生植物保护站的牌子,配备专人专司此项工作。在公路勘查、设计、施工过程中,要求施工单位严格执行省政府提出的“三个不砍或少砍”(不砍或少砍古树、名贵珍稀树和主干树)。

古树分布 据全区初步普查资料(不完全统计)数,境内除森林公园和自然保护区外,已建档可查的古树有11734株,其中一级(树龄500年以上)856株,1000年以上60株;二级(树龄300年~499年)1522株,三级(树龄100年~299年)9356株。主要树种有樟树、罗汉松、银杏、红豆杉、桂花、红楠、枫香、粗榧、黄檀、柳杉、苦槠、女贞、黄连木、铁树、紫薇、三尖杉等28科64种,其中樟树占70%以上,属国家重点保护的珍稀树种有6科8种。按分布区域和所处位置分:城市75株,农村11659株;单位庭院95株,个人宅院146株,寺院48株,其他11445株;散生4638株,群状7096株。其中婺源县被誉为江西的古树之乡,千年珍稀古木数量居江西省之首,约占全省古树总数的1/10,分布在全县各乡村。有清华的苦槠、虹关的“江南第一樟”、晓林的朱熹手植古杉群、沱川的古桧、段莘的银杏、溪头的香榧、甲路的扁柏、石城的木兰等等,均为千龄古树,且多有来历。

名木奇珍 上饶地区历史悠久,有许多古树又是名树、奇树,尤以婺源最多,虽经历年砍伐,至2000年,婺源县尚存古树3万余棵,有许多为历史名人所植。

巨杉古林 位于婺源县晓林乡文公山上,系朱熹于南宋淳熙三年(1176)回乡扫墓时手植的杉树,原有24棵,现尚存16棵。最高的38.7米,最粗的胸围3.07米。杉群之巨,江南罕见,被游客誉为“江南杉王群”。

2001年4月,83岁的全国政协委员、著名生态学家、林学家、中科院资深院士阳含熙一行3人专程到婺源文公山考察时,称此为世界上最古老的人工林。

石城古树群 婺源县古坦乡石城村口有百余棵古树,多为数人合抱的巨树,内有枫香树、山樱花、白玉兰、银杏、香榧、红豆杉、楠木、槐树、糙叶树、青栲、杭州榆等等,树龄最高的已逾2000余年,胸围最大的需8人合抱。其中大片的枫香林,是全省目前保存最完整的古老枫香树林;而17棵白玉兰古树最为醒目,春季花开时节,一片雪白,香飘十里。堪称全国之最。

海口古树群 位于德兴市海口镇,有红豆杉、樟树、枫树、杨树等古树名木500余棵。经有关部门普查确认,树龄约100年~800年的古树有486棵,树龄约800年~2200年的古树有30余棵。其中有棵巨樟,树龄近2000年。2004年,海口镇为这些古树统一登记造册,建立档案,设立标志,标明树龄、学名、保护级别等内容,并一一落实责任看护人。

华东黄杉林 在三清山西南部峻岭中广泛分布,树身高大挺直,郁郁成林,十分壮观。华东黄杉属国家一级保护植物,木质坚硬,有着广泛用途,极为珍贵。因采伐过度,在原产地黄山和龙泉山已濒于灭绝,只残存数棵,而在三清山分布数量多达533.3公顷。其中最大的一棵,高约24米,胸径达1米,树龄已逾300余年。其林分布范围之广,数量之多,树身之高,世所罕见,三清山是世界上最大的华东黄杉原生树生长基地。

黄山松群 在三清山海拔1000米~1530米的山崖沟谷中,生长着大量国家一级保护植物黄山松,树龄从千年至新生代各种年轮段的都有,面积约333公顷,仅次于上述的华东黄杉,为全国之冠。黄山松因其树形奇特壮丽,具有极高的观赏价值,但在原产地黄山和其它地方已寥寥可数,濒临绝迹。唯在三清山广为分布,其中相连成片处约有百余亩。受当地复杂的山形气候影响,三清山中的黄山松树形大多绮丽多姿,别具风采,是美术界的长年写生对象。许多植物学家认为,黄山松的模式标本虽然采集于黄山和台湾,真正要看黄山松的美姿,还须到三清山。

千年杜鹃林 在三清山香云岩—玉京峰—神女峰一带的悬崖沟壑中,生长着大量株型高

大的野生乔木杜鹃林,7 米~8 米高者常见。品种之多,花色之美,堪称世上一绝。其中数量较多的,仅知名者就有 18 种,如:云锦杜鹃、猴头杜鹃、紫丁香杜鹃、鹿角杜鹃、马氏杜鹃、黄山杜鹃、安徽杜鹃、变色杜鹃等等。其中有许多自然界罕见的珍稀品种,最美丽珍贵的当属猴头杜鹃。因三清山杜鹃的品种多属乔木中的硬木,当地百姓喜用其枝干烧炭,1970 年代末至 1990 年代中期,在景区早期的开发中毁了许多千年古杜鹃林。1990 年代末,残存的杜鹃林开始受到日益妥善的保护。每年农历小满时,漫山遍野的杜鹃林灿若云霞,铺山映日,形成极为绚丽壮观的花海。

汉代苦槠　位于婺源县沱川乡东山寺遗址,有棵汉代苦槠树盘根错节,树围需 8 人合抱,胸径为 3.66 米,树高 15 米。主干已中空,内可置放一张八仙桌,但枝干仍生机盎然。据考证,此树系汉代中期所植,历时 2000 多年。据称此树龄为近年已查明的江西古树之最。

在婺源县清华镇原老县衙前,也有一棵苦槠树,树高 19 米,胸径 2.47 米,树龄已达 1500 多年。

唐代古楠　婺源县古坦乡通元观古村村口(灵岩洞景区),有棵刨花楠,相传是唐开成年间(836~840)道士郑全福在灵岩洞修炼时所栽。树高 15 米,胸径 1.4 米,冠幅半径约 10 米。

在婺源县龙山乡龙山古村有 2 棵千年古楠,高度均超出 30 米,胸径 1.45 米,冠幅半径 10 米。

千年银杏　婺源县段莘乡有 4 棵古银杏,树龄均在 1100 年以上。其中生长于汪槎村的 2 棵,一雌一雄,分别长在村口小溪两岸,虽一水相隔,但根相连,冠相靠,显出难舍难分之状。古时附近男女新婚,必对此树礼拜,以祈白头偕老。

婺源县清华镇洪村和弋阳县漆工镇黄家源村各有一棵千年古银杏,树龄已高达 1300 余年,每年仍结果 1000~2000 余千克,十分罕见。

宋代紫薇生长于婺源县秋口乡李坑村,北宋祥符庚戌年(1010)建村时栽种。现仅残存小半边薄薄的树干,厚仅 3 厘米,胸径宽 0.3 米,但年年萌发新枝,绽蕾开花。十分奇特。

千年香榧　广丰县嵩峰乡六石岩村前一棵香榧树,树龄已达 1100 多年,高约 25 米,树围约 5 米,仍枝繁叶茂,生机勃勃。

婺源县段莘乡大汜村有一棵古香榧树,相传是明朝户部侍郎游应乾还乡扫墓时所栽,树苗系明嘉靖皇帝所赐。游应乾将其栽在祖坟旁,含有"流芳千古"之意。树高 19 米,胸径 2.36 米,冠幅半径约 9 米。每逢深秋季节,硕果累累。

千年巨樟　德兴市海口镇有棵巨樟,树龄约有 1800 余年,树高 35 米,树围 23 米,需 13 人才能合围,素有"江南第一古樟王"之稱。古樟的兜部有一大洞,可容十多人在内避雨乘凉,是千年古镇海口的自然景观之一。据说经有关专家考证,除台湾有古樟比此樟树龄长外,江南大陆数此樟树龄为最。

婺源县甲路乡严田村有棵巨樟,已达 1500 余年高龄,胸径 4.3 米,高 20 多米。梱村谱载:宋乾德甲子年(964)严田建村前即已有此樟,立在村口如堵墙,冠幅达 3 亩,越河过界,铺天盖地,与周边许多古朴苍劲的老树相映成趣。此樟的根蘖特别强盛,主干上生长出 6 个大粗枝丫,树上攀生许多女贞、朴树、栀子等,独具风姿。树下立有"天下第一樟"的石碑。十人不能合围,18 个青少年并排靠树干站立,只能围住其半。传说宋高宗曾避难于此树。

婺源县浙源乡虹关村口溪畔有棵千年古樟,据载南宋建村时即有,古樟旁的古驿亭有一副字迹斑驳的楹联:"试问几何年曰宋曰唐古樟自晓,溯回多少事论荣论辱浙水长流"。树高 26

米，胸径3.4米，冠幅达3亩，被誉为“江南第一樟”。民国22年(1933年)，村民詹佩弦收集前人题咏此树的诗词50多首，编成《古樟吟集》刊发。1984年秋，巴西籍爱国同胞詹沛霖(村人)捐款在此树周围修筑石基栏杆保护。

上饶县湖村乡茶园村熊家小组的山坡上，有棵古樟葱郁伟岸，主干有二，相拥而立。两根主干在高约10余米处，自然吻合为一体。因此树合姿奇特，且富寓意，不少伉俪乐于树前留影，以示永结同心。

铅山县葛仙山乡斜岭村熊家自然村的生天寺旁，有棵巨樟树干粗大，枝叶茂盛，树围达6.6米，树龄已逾千年。

红豆奇杉　红豆杉，国家一级保护植物，向被誉为国宝，境内山区多见，且多有奇株。如婺源县溪头乡方思山村口，有棵红豆奇杉，树龄已1000多年，高30多米，胸径2.36米，冠幅半径18米，能结出两种果实：一为红豆，一如橄榄形香榧，非常奇特。

横峰县山黄林场有片红豆杉林，面积约百亩，内有5棵已高约15米、树干胸径达1米余。其中一棵巨型红豆杉，树冠高约25米，树围4.75米，树龄达2000多年以上。在林场的槎源坞西边村有棵红豆杉，据村中郑氏族谱(民国32年修)记载，唐代建村时此树便生于兹，树龄约1100多年。今树高20余米，树干胸径近2米，两人不能合抱。枝干繁茂，每年都结有甜果。如此高龄且结有硕果的红豆杉，在江南十分罕见。另外还有棵树围3.46米、树龄已达500余年的红豆杉，在其主干3米高的分叉中，生有1棵1米多高的棕树，形成“树中树”的奇观。

弋阳县旭光乡洪山分场有几大片聚生的红豆杉群，每片大大小小不少于500余棵。大的株高约30多米，直径在一米以上，小的直径才十几厘米。虽然密集丛生，但枝繁叶茂，十分罕见。林业部门采取有效措施予以保护，当地村民也自觉加入到保护的活动中。

广丰县岭底乡七星村在海拔300米~1500米的山中，发现两大片红豆杉林，约有7000余棵，最大的一棵树围有3米。数量之多，江南罕见。村民视其为宝，精心呵护。当地除红豆杉林外，还有柳杉、白杨花、水枫等多种珍稀植物。

三树一体　上饶县黄沙岭乡汪坞村有棵古樟，一树长三桠，三桠三种树，十分奇特。树龄约300多年，树围4.1米，树冠超一亩。主干为樟树，但在离地面3米的树身上，又长出了冬青和大叶黄荆两种树，三树浑然一体。初夏时节，冬青树上果实累累，樟树刚焕发新叶，大叶黄荆花序垂挂，青翠的绿叶和紫色的花序相映生辉，构成奇妙的自然景观。据林技人员称：三树一体的现象，在植物界十分罕见，全区还是首次发现。

五谷树　婺源县段莘乡珊厚村，有奇树结果如谷。树龄将近900年，高约9米，根部直径1.1米。果实椭圆扁平，周围有狭翅，像一穗瘪谷，并有一些长如豆、圆如麦的果实间杂其中。

奇樟　婺源县镇头乡石番坑村溪旁有棵奇樟，树龄约500多年，胸径1.5米。生长奇特，树身向对岸横卧，形成天然树桥。“桥”上长出5根侧枝，形同桥栏。蔸部又寄生一株粗大的糙叶树，浑然一体，相映成趣。

广丰县铜钹山镇高阳村，村头小溪桥旁有棵千年古樟，仅存半边薄薄的树干，宽约1米，厚约8厘米~9厘米，但仍枝繁叶茂，呈拱形斜向小桥上侧，如溪桥的天然屏障。十分奇特。

“象鼻”古樟　在弋阳县漆工镇湖塘村方志敏故居百米处，有棵千年空心古樟，主干鼓起的大圆包上，长有一弯形枝干，末端中空，酷似象鼻。方志敏幼年时常在此树下读书、嬉戏。土地革命时期，古樟曾被当作哨棚，放哨的赤卫队员沿着内空的主干壁，可轻松攀至树顶瞭望观察情况。为保护古樟和方便游客参观，当地村民在树下修建围栏，铺设通往古樟树的水泥路。

挂牌护树　1990年6月，上饶市绿化办公室为保护古树名木，将市区内百年以上的老树，及名人栽种的、有纪念意义的300多棵树木，首次挂上铁皮牌，上刻城市古树编号，及树名和有关说明，以示保护。1993年—1994年，为保护风景林，配合发展旅游业的需要，林业部门对全区部分古树名木进行建档挂牌工作。1996年5月，行署颁文要求各地对古树名木进行清查登记，造册建档，挂牌保护，任何单位和个人不得任意砍伐。园林、绿化和林政管理部门先后对全区古树名木进行了调查摸底、挂牌工作。1998年，上饶县林业局为千余棵古树挂上了保护牌。婺源浙源乡境内有红豆杉、楠木、古香枫等各种名木古树400多株，当地政府都进行挂牌保护。2000年6月，上饶市园林管理处又进行第二次补挂牌的工作，为城区90多棵古树挂上铝塑保护牌。期间，各县(市)也有陆续给古树挂牌保护的。

但由于各种原因，此项保护工作多仅限于挂牌子，执行保护并不到位，许多古树、大树毁于城市的扩建中，古木数量急剧减少。一些单位及军事机关大院，原先古木参天，浓荫蔽日。为造大楼和宿舍，不惜将千年古树全部砍掉。尤其是街道两侧的商店前，行道树屡遭损毁，有关部门惩治不力。

2005年6月底，市绿委、市林业局联合下发通知，要求各县(市、区)按照统一样式、内容、质地(铝制或不锈钢)尽快落实挂(换)牌保护工作，以明确和落实每棵古树的管护单位和责任人。属二级保护的古树，市林业局每株补助10元挂牌经费。

救护古树　抢救古樟　1998年6月，铅山县河口镇遭受特大洪涝灾害，一棵高25.6米、胸围9.3米、冠幅面积近1亩、树龄已达1300多年的古樟树，被洪水冲往130多米外的下游低洼处。经社会呼吁，林业部门对此棵古樟进行抢救性移植：先将百吨重的千年古樟起吊竖立，搭建塑料网遮棚；再在树上挂满营养液瓶，进行人工输液，不断补充养分，如此达数年之久。期间，林业科技人员还不断地对古樟进行修网供水、查虫治病，终于使古樟重新萌发生命力。此举创造国内千年百吨古树移植成活的奇迹，受到国内外林科界的关注。铅山县抢救古樟树的新闻，被中央电视台《新闻联播》节目报道。2000年，此树仍在监测护理中。

波阳县高家岭镇包家村有棵700多年树龄的古樟，由于树体倾斜，根基裸露，开始枯心，濒临死亡。为救护此棵古樟，村民包早明夫妇自掏500元钱，购买水泥、红砖、沙子，在古樟四周砌起一米多高的围墙。并在林业技师的指导下，采取支撑加固、培土施肥、去除枯枝等复壮措施，使古樟又恢复生机，萌出新枝。

德兴市海口镇早田畈村边有两棵横跨小河的古樟，路人将其作为过河桥。为保护古樟，村民筹资在古樟旁另建水泥小桥。

婺源县虹关村村口溪畔一株千年古樟，树高26米，胸径3.4米，冠幅达3亩，被誉为“江南第一樟”。随着旅游业的兴盛，前往观树的游人增多，因年代久远，树基暴露，游者多有踩踏。1984年，已移居海外的爱国侨胞詹沛霖捐款修筑石磅、栏杆，培土护基，保护此树。

拒售罗汉松　波阳县谢家滩乡桥头村有棵树龄约1100多年的千年罗汉松，据传由先祖季春公(吴芮后裔)栽种。树干直径2米，高约8米，占地冠幅直径7.5米。树体十分奇特：主干中空后，由根部和干躯蘖生出30多株大的和无数株小的蘖枝，组成庞然一巨松。单棵树却如同一片松树林，四季苍翠，十分壮观。当地因此被称作“松树园”，遐迩闻名。村民视其为无价之宝，称之为“千年宝松”，小心呵护。许多树贩子出价10万元~30万元，欲购挖此树，均未得逞。

横峰县山黄林场山黄村有一棵千年罗汉松，历经两次雷击火烧后，依然葱绿。多次被不法商人瞄上，欲出高价买走，在村民的极力阻止和精心呵护下，千年古松如今枝繁叶茂，依然青翠。

上饶县花厅镇灵应殿门前也有两棵千年罗汉松，树围分别是2.43米和2.62米，其中一棵的半边主干已枯死，但枝干依然苍劲，气势非凡。先后有人出价30万元想购此两棵古松，被村人拒绝。1998年上饶县林业局将两棵古树列入编号，在树上钉了“古树名木”的保护牌。

婺源浙源乡什堡村祠堂内一雄一雌两株千年罗汉松，有一外商欲出资10多万元收购，被村人断然拒绝。

保护鹭鸶林　波阳县碧山乡长方村，有个面积不到3.3公顷的小树林，里面栖息着大量的鹭鸶，还有斑鸠、八哥、猫头鹰等各种鸟儿不下万只，当地人称“鹭鸶林”。鹭鸶林里以槠、松、樟树为主，树龄多在60年—80年间。村里对树林制定严格的保护措施，几十年从未砍过一棵树，更没有人去捕猎鸟儿。郁郁葱葱的鹭鸶林成鸟儿的自在天地。

2000年全区古树分级、分布一览

表10-8-5　　单位:棵

县(市)	合计	分级			区域位置						分布	
		一级	二级	三级	城市	农村	单位庭院	个人宅院	寺院	其他	散生	群状
合计	11734	856	1522	9356	75	11659	95	146	48	11445	4638	7096
上饶市	178	34	48	96	23	155	12	6	2	158	169	9
上饶县	283	93	61	129		283			1	282	156	127
广丰县	90	11	40	39	5	85	5	1	4	80	76	14
玉山县	48	8	12	28	4	44	4	2	2	40	42	6
铅山县	389	124	113	152	2	387	17	5	3	364	369	20
横峰县	478	65	96	317	3	475	2	29	10	437	300	178
弋阳县	2849	81	97	2671	4	2845	7	6	6	2775	2001	848
万年县	164	37	49	78	6	158	1	4	4	155	151	13
余干县	240	15	22	203	4	236	3	1		236	117	123
鄱阳县	559	66	99	394	18	541	2			557	259	300
德兴市	871	76	235	560	6	865	13	24	9	825	330	541
婺源县	5533	234	626	4673		5533	29	10	6	5488	627	4906
三清山管委会	52	12	24	16		52		3	1	48	41	11

说明:表内调查结果，森林公园和自然保护区的古树不包括在内。

第六节　野生动物保护

1990年—2000年，全区每年4月1-7日举行　“爱鸟周”活动，11月举行“野生动物保护宣传月”活动，已成惯例。每年多于此时开展宣传教育活动和执法检查，运用广播、电视、报刊、宣传车、标语等多种形式，在城乡进行广泛宣传，同时集中打击、查处偷猎野生动物的违法犯罪行为，提高全社会对爱鸟护兽的认识。2000年，各县都成立了野生动物保护办公室，与县林业局林政股合署办公。同时各林业工作站增挂野生动物保护站的牌子，配备专人专司此项工作。

宣传教育　1988年4月1—7日，地区林业局、环保局、江西武夷山自然保护区和铅山县林业局、环保局联合在铅山县城举办第七届爱鸟周展览。7天中，有1.2万余人次参观，影响很大。1990年，地区林业局、环保局、江西武夷山自然保护区和各县林业局在爱鸟周活动中，联合举办"江西省第九届爱鸟周动物标本展览"，展出各类动物标本86种、2000余个，图片67幅，全区参观人数达十多万人次。江西省电视台、上饶电视台给予新闻播放。同时对各地的主要市场进行巡查。1992年3月底，为配合爱鸟周的宣传工作，地区林业局和波阳县林业局举行联合宣传活动。波阳县紧濒鄱阳湖重点候鸟自然保护区，约有鸟类150种，占全省鸟类种数的二分之一，其中丹顶鹤、白鹳、黑鹳等均为国家一、二级保护的珍稀鸟类。为教育人们自觉爱鸟护鸟，林业局在波阳县城主要交通要道上，悬挂横幅宣传标语数条；在林业局和县城中心出宣传专栏；各大影院播放爱鸟护鸟的幻灯片和标语；宣传车在鄱阳湖畔和主要林区巡回广泛宣传。以强大的社会舆论，制约偷猎珍禽的不法行为，形成良好的爱鸟风尚。4月，经国务院批准，江西鄱阳湖国家级自然保护区由联合国教科文组织列入水禽栖息地的国际重要湿地公约名册。此公约是全球性政府间保护水禽及其栖息地的重要公约，对周边鄱阳湖湿地的鸟类保护均有一定影响。

1995年冬至1996年春，行署下发切实加强对野生动物保护管理的通告，波阳县作出加强野生动物资源保护的决定，在县直机关抽调人员深入基层，协助各乡镇开展"野生动物保护月"和"爱鸟周"活动。全县出动宣传车、宣传船15辆（只）次，行程1000千米；办宣传栏50版，张贴标语1200多条；播放专题电视节目3小时，召开区乡级有关专题会议45次，全县受教育群众达50万人次。行署发出通告，号召广大群众切实遵守《中华人民共和国野生动物保护法》（以下简称《野生动物保护法》），积极保护野生动物。

1998年11月，江西省"野生动物保护宣传月"活动期间，正值《野生动物保护法》颁布10周年，地区林业局拨出经费与上饶市农办联合举办宣传活动，在《上饶晚报》刊登有关野生动物保护的法律、法规竞赛试题，共有两千余人参加答题竞赛，从而扩大野生动物保护的法律、法规宣传范围，增强广大群众野生动物保护意识。2000年是全国野生动植物保护法律、法规执行年，在全区"爱鸟周""野生动物保护宣传月"活动期间，地区林业局拨出专项经费，在上饶、余干、波阳等县进行重点宣传的同时，印制野生动物保护宣传册1万余册分发各县（市、区）；各县（市）累计散发各种宣传册3万余份，张贴标语1.5万余张。有7个县市在当地电视台播放有关野生动物保护内容的专题节目。全区出动宣传车共52辆次，制作永久性宣传牌30块。

专项整治　境内野生动物资源丰富，国家二类以上保护动物即有70余种。每年10月以后，大批候鸟飞入境内的江湖越冬，为了保护野生动物资源，森林公安机关每年都要进行1～2次专项整治工作。在波阳县、余干县、万年县等滨湖地区，组织力量，集中整治捕猎、毒杀、贩卖珍稀候鸟的违法活动。

1991年起，全区森林公安开始对集贸市场、酒店、餐馆非法收购、销售野生动物的现象进行查处。同时，以"爱鸟周"和"野生动物保护宣传月"活动为契机，开展保护野生动物执法检查。地区、县（市）林业主管部门会同工商、环境保护、公安、税务、卫生、新闻等部门执法人员，对集市和主要宾馆、酒楼、饭店等经营、贩卖、宰杀野生动物的情况进行监督检查。1992年，上饶市西市工商所、上饶铁路派出所积极配合林业部门在集市和铁路沿线收缴珍稀动物穿山甲33只，草鸮4只，国家二级保护动物金猫1只，均放归大自然。其中金猫的放归经过，由上饶电视台拍摄成新闻片，先后在中央、省、地电视台播出。

1994年3月，《光明日报》记者发表文章，反映余干县瑞洪镇捕杀国家二级保护动物大天鹅的现象严重：每年冬天都有几百只大天鹅被捕杀。因天鹅不吃毒饵毒死的鱼虾，开枪打又怕被人发现，一些不法村民便在湖边暗设透明丝网，天鹅一落脚便被缠住，待天黑后去捕捉，关在屋里，成批后伺机偷运至南昌，再转卖它处。某村民家中竟然关养几十只天鹅待售。天鹅属有灵性的动物，被捉后既不鸣叫也不乱扑腾，只会默默流泪，郁郁寡欢，身体日益消瘦。针对余干县瑞洪镇捕杀买卖大天鹅的情况严重，江西省委下文责成上饶地委进行调查处理后，将处理结果上报省委。

1996年，婺源县清华森林派出所在查获猎杀、贩卖国家二级保护动物穿山甲和羚羊案中，将一只近20斤重的穿山甲收缴后放归大自然。波阳县在配合开展“野生动物保护宣传月”、“爱鸟周”活动期间，组织林业、渔政、公安、工商等部门人员进驻农贸市场、餐馆开展流动检查。全县4年间共查处捕杀野生动物案25起，没收受国家保护的云豹等动物900多只，全部予以放生。当年11月，横峰县林业公安分局组织干警，从农贸市场和各交通要道收缴一批国家二级保护动物，有眼镜蛇、银环蛇、松花蛇、江金条蛇、水晶蛇等各种蛇类300多条及猴面鹰5只全部放生。1998年12月，铅山县林业局、公安分局根据举报破获吴光明非法收购野生动物案，收缴猴面鹰1只、各种蛇类约600条，将其分别置于几处地点放生。对吴光明予以拘留审查。

1999年早春，因上年的特大洪涝给信江下游、鄱湖沿岸带来充足饵料，引来大量珍禽越冬。为保护越冬候鸟，波阳、余干等县都采取了较严厉的措施，严肃处理捕获候鸟、干扰候鸟生活的不法分子。余干县康山乡对候鸟生活区加强了巡逻，发动群众对捕获候鸟行为进行举报，使非法猎禽案大大降低。但仍有一些不法分子受高额利益的驱使，偷猎候鸟。当年11月25日，中央电视台《焦点访谈》栏目以《鸟类的哀鸣》为题，披露波阳、余干两县一些商贩严重违反《中华人民共和国野生动物保护法》，非法经营、出售和乱捕毒杀国家保护鸟类的事件。行署立即向各县市发出《上饶行署关于严厉打击乱捕滥猎和非法收购销售野生动物的紧急通知》，加大对野生动物违法案件的查处力度。2000年，在全区范围内开展春、冬季两次严厉打击破坏野生动物违法犯罪活动。余干县林业局于2月11日查获一起特大非法运输贩卖国家珍稀候鸟案件，抓获犯罪嫌疑人3名，缴获国家一级保护动物白鹤1只，国家二级保护动物白天鹅24只，白额雁20只，省级保护动物鸿雁18只，小白额雁47只，上述缴获的珍稀候鸟全部放归大自然。案件主犯李林雄畏罪潜逃8个月后，于11月2日在南昌落网。

在保护野生动物、开展专项整治的活动中，十年间全区森林公安查获各种野生动物案件计1694起，其中有1996年婺源县清华林业派出所查获的猎杀国家二级保护动物黑熊案；1997年横峰县林业公安分局查获的非法捕杀国家二级保护动物云豹案；1999年弋阳县森林公安分局查获的非法捕杀国家一级保护动物中华秋沙鸭案；2000年余干县森林公安分局查获的非法收购、运输国家一级保护动物白鹤1只，二级保护动物白天鹅24只，白额雁20只，省级保护动物鸿雁、小白额雁等135只案。经过多年的专项整治，猎杀保护动物的现象得到遏制，尤其是鄱阳湖区捕杀、毒杀、贩卖珍稀候鸟的陋习得到一定程度的改观。到2000年底，发案率已大为降低，比往年下降78%。

养护放生 1991年11月,为全省第一个野生动物保护月,地区林业局、林业公安局、上饶县林业局用专车将收缴的一只国家二级保护动物金猫,送往原栖息地五府山垦殖场揭家分场放生。此只金猫体长1米左右,重约15公斤,被村民在当地捕获,欲以活体高价出售。后经几个有觉悟的村民举报,被县林业局和公安分局收缴放生。

广丰县大坪排粮库周围,有一片茂密的森林,每年5月,上万只白鹭从远方飞到此林筑巢落户,繁衍生息。五六个月之后,又成群结队飞往南方越冬。白鹭是省级保护鸟类,森林害虫的天敌。为保护白鹭群的繁殖,粮库工作人员义务担负起护鸟的职责,对前来捕猎白鹭、盗取鸟蛋的人,多次进行劝阻,为保护益鸟、维护当地生态平衡做出有效的努力。

1992年8月,在婺源县秋口乡渔潭发现一群丹顶鹤,约8只~10只。丹顶鹤为候鸟,一般冬季才到鄱阳湖越冬。因婺源山水生态优良,当地村民又有护鸟的良俗,此群丹顶鹤竟在秋口安居乐业,不思北归。

1994年4月24日,上饶县望仙乡大山林场山上一只云豹(国家一级保护动物,重18.5公斤),因触及村民设置的捕兽器而被捕获,被护林员发现报告乡政府,后运到上饶县林业局饲养,疗伤月余放归武夷山野生动物保护区,并在中央、省、地电视台新闻节目中作了报道,取得良好的社会效果。

1995年1-2月,因环境的逐步改善,上饶市朝阳乡姜村出现万鸟云集的现象:数以万计的鸟雀在村子后山集结,盘旋飞翔,鸣声传至数里之外。村里80多岁的老人都称从未见过。人们在称奇的同时,自觉地维护鸟儿的平静,不去干扰伤害鸟群的世界。

同年10月,玉山县白云镇一农民在山中砍柴时,抓获2只国家二级保护动物草鸮(又名猴面鹰)雏鸟,镇林业检查站职工叶春海以50元的高价将其买下,交给县林业局动物保护协会,饲养月余后放生。11月,上饶县6909厂子弟小学二、三年级学生童伟明、夏懿,途经农贸市场,发现一农民在非法出售4只国家二级保护动物草鸮,便用零花钱将其买下,送交林业部门放生。

2000年1-2月,波阳县高家岭乡、白沙洲乡、柘港乡、双港镇相继出现村民救护受伤白鹤、白鹳、天鹅的事迹,有些村民救下伤病的珍禽后,将其送到县林业局或当地林管站医治观察,治愈后再放飞。由于加强教育,农民增强爱鸟意识,加上禁港休渔政策的施行,使鄱湖饵料丰富,到鄱湖越冬的亲鱼和候鸟越来越多,出现鱼、鸟云集的喜人现象。当年仅鄱湖的内珠湖一带,就有数万只天鹅、鹤、雁、鹳聚集栖息,每到凌晨鸣声喧天,吵得当地村民无法安眠。据渔政人员称:自1987年鄱湖实施渔港轮禁以后,2000年鄱湖汇集的鱼、鸟为数量最多的一年。当年6月,广丰县一对夫妇小心看护被暴雨打下的幼鹰,并致电县林业局来人收养。据悉,广丰县林业局已是第7次领养猫头鹰幼雏,待其伤愈后放归自然。

保护鸟岛 波阳县白沙洲乡候鸟保护区,5333余公顷的珠湖水面荡漾,湖中小岛岩壁直立,青翠葱茏,是被范仲淹称为"小南海"的鸟岛。每年有数万只白鹭、数十种珍禽在岛上繁衍生息,不时有各种鸟儿出没林中,或展翅翱翔,或嬉戏觅食,舞姿翩跹,鸣声高亢不绝于耳。白沙洲鸟岛远近闻名,游人、专家莫不趋之若鹜。

2000年前,每逢有龙舟赛或暴风雨过后,总有村民提着篮子上岛去拾鸟蛋,一篮一篮地往家提,吃不完就腌着吃。有一年不知何故岛被当作渡口用,等渡者都深入岛上捉鸟拾蛋,从此,鸟岛便很少有鸟了。2000年,到白沙洲乡任党委书记的周志勇,为重新唤得百鸟归,决定将小岛实行租赁承包,但由于规定既不能在岛上砍伐树木,又不能捕鸟,因而无人承包。周志勇是个爱鸟人,便在家人的支持下独自出资15万元,将岛包下来,每年花3000元请人看岛,并在繁殖季节增派专人看管,不准闲杂人员上岛。无论多忙,周志勇都要抽出时间到岛上转悠,遇到偷鸟掏蛋的,他总是义正辞严地将他们轰走。护鸟人以岛为家,经常在树林里巡逻,遇到有掉落鸟巢的幼鸟或鸟蛋,他们就小心翼翼地送进鸟巢。由于开支较大,为了达到以岛养岛的目的,周志勇在岛上建房子养起鸡和鸭,后来发现收入虽不错,但鸭子的嘈杂对岛上栖息的鸟有影响,满山觅食的鸡也和鸟儿抢地盘,于是周志勇毅然关闭了养鸡养鸭场。虽然损失不少,但是每当看到鹭鸟如雪花般飞来,他的脸上就会露出孩童般纯真的笑容。

2000年起,白沙洲乡开始开展退耕还林、退耕还湖工作,湿地得到逐步恢复,为候鸟提供了多样性生物资源。因环保宣传教育到位,白沙洲乡爱鸟护鸟氛围非常浓厚,村头巷尾都有醒目的标语,湖边草地都有护鸟人。白沙洲乡车门村支书范厚才十几年如一日,精心看鸟护鸟。寒冬腊月,白沙洲保护区还组织人员在鸟类投食区进行食物投放。为保护候鸟不受侵害,在保护区周边成立48支乡、村两级护鸟小分队,护鸟的同时也保护滩涂、水域不受污染。随着观鸟游客日益增多,县政府又在自然保护区内划分核心区、缓冲区、观鸟区,对核心区进行封闭式管理,规定原则上不得有人随意出入;在缓冲区内,不得任意砍伐树木,禁刈草、烧草、捕捞鱼虾。观鸟区内要求游客文明观鸟,做到观鸟不惊鸟、扰鸟。因众措并举,保护区出现了人鸟共处的和谐情景,经常有候鸟落在村民菜园内、庭院里,而不受任何惊扰。范厚才说"候鸟来到你的菜园,就是你的客人。能看到白鹤的人,是有灵性和福气的人,我们这里没有不爱鸟的。"

驯养、狩猎管理 1992年,地区林业局将野生动物保护管理工作纳入规范化轨道。按"适度利用,鼓励驯养繁殖,合理开展经营利用"的原则,10年间,全区共核发野生动物经营许可证87份,其中国家级野生动物经营许可证2份;野生动物驯养繁殖许可证7份,其中国家级野生动物驯养繁殖许可证2份。全区10年累计征收野生动物资源管理费50余万元。

1996年5月,行署颁发通告,要求林业、公安、工商等行政主管部门加强对野生动物的保护管理,坚持狩猎证、特许狩猎证、驯养繁殖许可证制度,严格猎枪、弹具生产、销售和使用的管理,凭证持枪狩猎,禁猎期严禁狩猎,为野生动物创造一个良好的栖息繁衍环境。1999年—2000年,遵照国家对野生动物进行保护的精神,地区全面禁止猎捕野生动物。期间,全区仅办理野生动物驯养繁殖许可证1份。

第九章 自然保护区 森林公园

第一节 自然保护小区

首创中国自然保护小区 1992年,100多个国家元首参加在里约热内卢召开的世界环保大会。会上提出要在世界范围内建立自然保护小区,这是中国人第一次得到"自然保护小区"的概念。紧接着在广州市人大会议上,有106名专家联名提议建立小型自然保护区。一直关注环保的婺源县林业局高级工程师郑磐基开始思索,认为此建议非常有利于婺源县的生态保护。婺源虽然山林众多,但单片天然林面积偏小,且零散分布,难以保护。因国家有硬性规定,建立自然保护区的林面积须达10万亩以上、村庄居民要生态移民等,南方乡村很难达到这些条件，只有建立小型自然保护区比较适合。

郑磐基随即将提议结合当地实际情况，写出《关于婺源建立乡、村自然保护小区的商讨》的论文上交到婺源县委。提出以村庄周围的后龙山、水口山的天然林为主，采取山林权属不变、面积大小适宜的原则，通过林业部门规划上报，由县政府审批，当地制订乡规民约，建立相应的县、乡、村、组级自然保护小区。1992 年 7 月，在郑磐基的建议、主持下，婺源县为保护现存的自然生态系统和生物多样性，率先在县境秋口镇渔潭村创建自然保护小区试点。试点选定渔潭村的一片天然林作为示范点，因林子里每年夏天都有大批的鹭鸟栖息繁育，故将其划为村级自然保护小区。成立建设小区的领导小组，订立保护公约，划定保护界限，并立上界碑。保护面积仅有 7.07 公顷，据业内专家称：此为中国第一个微型自然保护小区。

因首创自然保护小区的做法，郑磐基于 1994 年获得世界发明者协会国际联合会颁发的世界发明奖、世界科学与和平贡献奖。国际联合会主席法拉格·穆萨写授权书，委托中国发明协会会长武衡亲自为郑磐基颁奖，并表彰县林业局在创立"自然保护小区"的构想上所做的突出成就，高度赞扬这一构想对中国自然保护与生物多样性保护事业所起的积极作用与影响。县政府由此荣获国际科学与和平贡献奖。1995 年，国家科委、人事部、农业部、林业部、水利部等单位联合授予郑磐基全国农业科技推广先进工作者称号。1998 年 9 月，婺源自然保护小区又获伍体贤(香港)现代林业基金奖。

自然保护小区建设　首个自然保护小区成功建立后，秋口镇随后又建立 10 个类似的自然保护小区，并对具体做法进行总结，刊登在县农村工作内刊上。自然保护小区面积虽小，但灵活多变，因地制宜，适时而设，适用性很强，而且将众多零散分布、难以管理的天然林和野生动植物，纳入有效保护的范畴，解决森林生态保护和动植物保护的一大难题。科学有效的保护模式，引起了婺源县领导的重视，县政府从中受到启发，很快将其向全县推广，发出《关于开展我县自然保护小区调查规划工作的通知》，要求各乡镇(场)对宜建自然保护小区的山场进行规划、调查，然后上报政府审批公布。1993 年婺源县在 1987 年划定的森林禁伐区基础上，通过由县政府批准、群众自愿、社会集资的办法，对具有保护意义的生态林、野生动物栖息地、水源涵养林、原始林等，划定保护的范围，设立自然保护小区 191 个，面积约 4.65 万公顷，占全县土地面积的 8%。保护类型基本囊括了江西省自然保护区的六种类型：有自然生态型 172 个，珍稀动物型 3 个，珍稀植物型 3 个，自然景观型 8 个，水源涵养型 5 个，按管理级别划分，有国家级森林公园 1 处，县级自然保护小区 6 处，乡镇级自然保护小区 13 处，村级自然保护小区 168 处。至 21 世纪初，婺源县建立自然生态型、珍稀动物型、水源涵养型等六类自然保护小区 193 处，总面积超过 4.64 万公顷，几乎村村都有自己的保护小区。

"婺源模式"推广　1994 年 5 月 10 日－14 日，省林业厅在婺源县召开全省自然保护区工作会议，通过会议介绍、现场参观，把婺源县建立自然保护小区的做法推向全省各地。上饶地区林业部门制定全区自然保护区建设发展规划纲要，境内国土面积有 10% 被规划到自然保护区中。1995 年 7 月，林业部副部长祝光耀由省林业厅领导陪同，考察了婺源县建设自然保护小区、利用世界银行贷款造林项目的情况。

同年，婺源的自然保护小区建设被林业部誉为"婺源模式"，向全国进行推广，湖南、安徽、浙江等地的林业部门，均赴婺源学习。联合国专家、德国弗莱堡大学森林生物统计教授帕尔斯到婺源考察时称："婺源建立自然保护小区的做法，不单在中国是一个很成功的模式，而且对世界各国也是一个值得借鉴的典范。"上饶行署将《上饶地区自然保护区发展规划纲要》的通知发至各县(市),学习借鉴婺源县建设自然保护区(小区)的做法,采取“群众自愿,林业部门规划,政府批准”的原则,在全区各县(市)推广。截至1997年,上饶地区在“婺源模式”的示范下建立各种机制的自然保护小区,有县级、乡级、村级甚至村小组级,共建立各类自然保护小区870个(含规划),面积15.6万公顷,约占全区总面积的6%。

2000年,全区共建有自然保护小区880个,还有已规划待建的自然保护小区40余个。

自然保护小区简介 李宅乡自然保护小区 位于德兴市李宅乡方坑等地,是乡级自然保护区。李宅乡为境内林业大乡之一,为使林木合理利用均衡发展,乡政府在加快生态经济发展的同时,实行发展与保护并举,设置了5个生态自然保护小区,对珍稀动植物进行保护,受保护的小区林地面积近1333.33公顷。5小区分别为:1. 以银杏为代表的方坑原始森林保护小区;2. 以红豆杉为主的山南库区生态保护园;3. 以罗汉松为代表的九龙山生态保护小区;4. 以古樟保护为重点的各自然村水口、村口风景林保护小区;5. 以林中几只狗熊为保护对象的密川大坑保护小区。在保护区内,乡政府设置了警示牌,对林区群众进行生态保护知识宣传普及教育,对列入保护牌内的珍稀动、植物进行看护,严禁偷伐偷猎。

黄喉噪鹛自然保护小区 位于婺源县境,共有5处,建于1993年—2000年前后。5个自然小区共有黄喉噪鹛繁殖种群约200只。1. 鹤溪兵营林自然保护小区,面积7公顷,以保护樟树、枫香、小叶栎古树群和黄喉噪鹛繁殖种群为主。2. 石门自然保护小区,面积18.67公顷,以保护村边、河洲的古树群和黄喉噪鹛繁殖种群为主。3. 全盘自然保护小区,面积6.73公顷,与石门自然保护小区隔河相望,同处月亮湾,以保护村边古树和黄喉噪鹛繁殖种群为主。4. 下中云自然保护区,面积15公顷,位于中云镇镇政府大院,以保护古树和黄喉噪鹛繁殖种群为主。5. 朱村荷岸自然保护小区,面积9.33公顷,以保护村边古树群和黄喉噪鹛繁殖种群为主。

英国国际野生动物保护组织自2000年发现黄喉噪鹛起,于每年春夏鸟繁殖期,从国外派遣鸟类专家长驻婺源黄喉噪鹛自然保护小区,进行协查、保护指导,并无偿提供科研跟踪设备。2001年4月,德国动物物种与种群保护协会主席罗兰德·沃思博士一行专程赴婺源黄喉噪鹛自然保护小区实地考察黄喉噪鹛,并签订了为期3年的合作协定,每年无偿提供3000美元的专项保护基金。同年10月,世界自然基金会把婺源黄喉噪鹛自然保护小区的建设列入“中国珍稀物种保护小型基金”项目,资助5000美元用于黄喉噪鹛自然保护小区的建设。

1991年—2000年全区自然保护小区一览

表10-9-1 单位:个、公顷

县(市)	保护小区	面积	其中	
			国家公益林面积	地方公益林面积
合计	922	61464.65	20862.5	29409.35
玉山县	125	11421.7	9137	2284.7
上饶县	158	809.75	242.9	566.85
广丰县	103	9345.8	5040	4305.8
婺源县	191	24400	3000	21400
鄱阳县	4	3867	2700	852

续表 10－9－1

县(市)	保护小区	面积	其中	
			国家公益林面积	地方公益林面积
余干县	5	743.67		
横峰县	30	3333.3		
铅山县	259	4089.53	742.6	
上饶市	25	3035.7		
德兴市	19	418.2		

说明：表内保护小区含已建立的和规划待建的，时有变动。其中弋阳、万年尚未建立。

第二节　自然保护区

上饶地区自然保护区的建设，起于1980年代初，1990年代开始发展，至2001年，全区共建有各种类型、不同级别的自然保护区将近30个，其中国家级2个，省级3个，县级20多个。主要保护对象为中亚热带高山针阔混交林生态系统、亚热带常绿阔叶林生态系统，及各种珍稀鸟类和越冬候鸟。

江西省武夷山自然保护区　位于境内铅山县之南，武夷山脉中段北坡，与福建省武夷山自然保护区毗邻。1981年3月经省政府批准设立江西省武夷山自然保护区，1982年正式列为省级自然保护区，直属江西省林业厅。当年7月，撤出保护区范围内原有县、场的全部生产项目，将保护区划分为核心区(占58%)和试验区(占42%)进行管理。1992年2月25日至28日，林业部、中国自然基金会联合在北京召开的中国自然保护区优先领域研讨会上，江西武夷山自然保护区与福建武夷山自然保护区共同被评为中国40个具有国际保护意义的A级自然保护区之一，得到联合国多样性保护组织的确认，省级保护区获此殊荣的，全国仅此一家。

武夷山自然保护区原总面积4572公顷，后扩大为16007公顷，占全区土地面积的0.72%。2000年核心区为2318公顷，缓冲区1838公顷，实验区11851公顷。主要保护对象是中亚热带高山针阔混交林生态系统。

境内山脉绵延起伏，海拔1800米以上的山峰有15座。主峰黄岗山海拔2157.7米，高高耸立在保护区东南端，号称“华东第一峰”“华东屋脊”。终年云雾茫茫，群峰若隐若现，景象万千，蔚为壮观。为典型中亚热带气候，温暖湿润，雨量充沛。年均气温14.42℃，最低气温－10.1℃，最高气温35℃。年降雨天数208天，降雨量2274.65毫米。主要植被有五种：常绿阔叶林，生长在海拔1300米以下；针阔混交林，生长在海拔1200米～1900米；针叶林，生长在海拔1400米～1900米；高山矮林及黄杨木矮林，生长在海拔1700米～2000米；高山草甸，生长在海拔1900米以上。5种不同的自然生态呈梯状显现。

保护区生态环境优越，为各种动植物提供了良好的生存条件，动植物资源极为丰富。据初步考察，境内有高等植物2500余种，其中不少珍稀濒危物种。古老的南方铁杉林、柳杉天然林和黄杨木天然林，世之罕见，尤为珍贵。有野生动物300余种，其中鸟兽200余种，两栖爬行类100余种。属国家重点保护的有黄腹角雉、云豹、金猫、短尾猴等。昆虫种类繁多。武夷山很早就以动植物标本的采集胜地而闻名于世，丰富的种子资源早已为中外科学家和研究机构所关注。19世纪，英、法、美、奥地利等国学者就进入武夷山，采集过植物种子和标本，此后不断有中外科学家进武夷山科考和采集标本。自保护区成立的1982年起，国内外许多专家学者至此考察，讲课，并盛赞保护区为“珍稀植物的王国，奇禽异兽的乐园”。

保护区自然风景优美，环境幽静，交通较为便利，与福建省武夷山保护区仅一山之隔，距著名的风景名胜区武夷宫60余千米。1992年，联合国教科文组织所属的全球环境基金会，正式选定江西武夷山自然保护区为GEF项目——即中国生物多样性保护示范区之一。同年，在北京“中国自然保护区优先领域研讨会”上，江西武夷山自然保护区与福建武夷山自然保护区，被共同评为中国40个具有国际保护意义的A级自然保护区之一。1995年又被共同列为全球环境基金会（GEF）中国自然保护区管理项目示范保护区。

江西武夷山自然保护区在成立之初，即为全省第一个拥有全部山林权属的自然保护区。1997年6月，省林业厅厅长吴志清、副厅长严金亮和上饶行署领导在保护区管理处就武夷山保护区的发展及存在问题联合举行现场办公会。会议就解决武夷山保护区有关问题，达成如下意见：一、加强武夷山保护区的林政管理；二、成立武夷山保护区林业公安派出所；三、开展多种经营活动，加强保护区自我发展能力；四、加强基础设施建设。会议对保护区的后续建设起了重要作用。

2001年3月，江西省武夷山自然保护区由省政府申报为国家级自然保护区；2002年已由国务院批准列为国家级自然保护区。

鸳鸯湖自然保护区　位于婺源县西部赋春镇之西，原名大塘坞水库，1958年修建水库后形成自然湖泊。湖区森林覆盖率达95%，湖畔青山环绕，湖水清澈澄碧。因生态环境良好，食料丰富，成为候鸟越冬的理想场所。每年秋末冬初，引来大批候鸟飞抵此处越冬。据不完全统计，湖区有动物89种，尤以鸟类居多，有鸳鸯、白鹭、苍鹭、白鹇、环颈雉、灰胸竹鸡、翠鸟、山斑鸠、棕颈钩嘴鹛、黄腹山雀、红嘴蓝鹊、画眉、黄鹂、寒鸦等等。1986年，发现1000余只鸳鸯汇集湖区，且有逐年增多之势，吸引了林业部、中科院动物研究所等处的专家来此考察。1991年设立县级自然保护区，主要保护对象是鸳鸯等珍禽，并改称鸳鸯湖。保护区面积917公顷，占全区土地面积的0.042%。湖水面积156公顷，中有湖心岛约2公顷，岛上建有湖心亭和桃、李、柑橘园。1993年成立了鸳鸯湖管理局，划定了保护区的面积，严禁在保护区内建工厂办企业，同时禁猎、禁伐、禁渔。1997年由省政府批准列为省级自然保护区。1999年，中央电视台“焦点访谈”栏目组来此拍摄“爱我家园”专题节目，对鸳鸯湖良好的生态环境进行了高度赞扬。

每年冬春，湖面水湾和岸边都栖有大批色彩艳丽的鸳鸯，白天成群结队游弋水上，晚间上岸雌雄偎依不离。1999年冬，遭遇20年来最冷的冬季，最低温度达零下10摄氏度。为保证鸳鸯安全过冬，管理人员蓄水扩大水面面积，在鸳鸯夜间栖息的湖岸山沟里，放置稻谷、稻草，方便鸳鸯取暖觅食。湖边出现冰冻时，管理局每天清晨派专人铲除薄冰，使南下至此越冬的2000余只鸳鸯全部安然过冬。2000年，鸳鸯湖保护区已成为世界上最大的野生鸳鸯越冬地。

康山候鸟自然保护区　位于余干县康山乡大湖口，大湖原属鄱阳湖东部湖区，是江西省第二大内湖，总面积约8667公顷，1960年代围起的康山大堤将其与鄱阳湖分开。1999年，余干县政府申报建立县级自然保护区，2001年批准为县级自然保护区。主要保护对象是越冬珍禽候鸟和湿地生态环境，总面积4.3万公顷，其中核心区面积为1.2万公顷，实验区面积3.1万公顷。

保护区有湿地面积6万多公顷，野生动植物尤其是水生植物资源丰富。每年初冬至翌年春季,有数万天鹅、鹤类、雁类等珍禽来此越冬。其中有国家一级保护候鸟白鹤、白头鹤、白鹳、东方白鹳、黑鹳、金雕、大鸨、遗鸥、白肩雕等约10种;有国家二级保护候鸟天鹅、灰鹤、白枕鹤、沙丘鹤、赤腹鹰、凤头鹰、苍鹰等29种;有省重点保护候鸟50多种,及其他各种鸟类310多种。因采取了保护措施,每年到此越冬的候鸟数量逐年递增。

中华秋沙鸭自然保护区　位于弋阳县清湖乡庙脚村的信江河滩。2000年8月,由弋阳县政府批准建立县级自然保护区,主要保护对象是中华秋沙鸭及其生境,面积2827公顷。信江系贯穿境内的大河,湾大滩多,在陈家塘形成大片沙洲。1999年初冬,在此沙洲上首次发现中华秋沙鸭的越冬群体16只。此后据观察,每年10月至次年3月,约有近百只中华秋沙鸭从西伯利亚飞此河滩越冬。经中国科学院和省、地鸟类专家考证,确认弋阳县清湖河段为世界上最大的中华秋沙鸭越冬栖息地。

中华秋沙鸭是第三纪冰川期后遗存下来的物种,分布区域十分狭窄,野生种群数量极少,2000年底全世界仅有1200对。已被列入国际自然与自然资源保护同盟濒危动物红皮书(IUCN),和国际鸟类保护委员会濒危鸟类名录(ICBP)。秋沙鸭体形色彩美丽,与大熊猫、华南虎、滇金丝猴齐名,被称为四大国宝,属国家一级重点保护动物。弋阳县清湖乡境内的河滩,清澈的激流与静水并存,鱼类、甲壳类及水生昆虫较多,饵源丰富,适宜秋沙鸭避风、觅食和栖息,成为迄今在中国南方发现的秋沙鸭最大种群越冬地。为保护这一世界珍禽,弋阳县加大了对此河段生态环境的综合治理力度,使前往越冬的中华秋沙鸭逐年增多。

白沙洲候鸟自然保护区　位于波阳县西部鄱阳湖湖域的白沙洲、双港、团林、莲湖、饶丰、三庙前、柘港、油墩街、银宝湖、鸦鹊湖、四十里街等十多个乡镇的湖区湿地,2000年10月由波阳县政府批准建立的县级自然保护区。总面积56平方千米,保护面积4.09万公顷,主要保护对象是湿地候鸟及其生境。保护区拥有外湖水域面积0.67万公顷,湿地辽阔,水草丰茂,鱼虾贝类资源丰富,是国内保存最好也是国际重要保护湿地之一。白沙洲的内湖鸟岛瓢里山,绿树成荫,景色怡人,每年夏天有数万只白鹭和其他夏候鸟至此繁殖栖息,被南宋饶州知府范仲淹誉为"小南海"。

保护区是许多冬候鸟迁徙的"终点站",每逢冬季枯水季节,万余亩湖州草坪露出水面,成为南下候鸟的主要越冬地,每年到此越冬栖息的天鹅、鹳、鹤以及大雁、野鸭等候鸟成千上万,其中受国家一级保护的珍禽有白鹤、丹顶鹤、东方鹳、黑鹳、白头鹳、灰鹤、天鹅等46种,受省级保护的有150多种。湿地拥有世界上最大的白鹤群、天鹅群,被专家们称为"珍稀候鸟的基因库",是国际鹤类保护项目重点实施基地。每年12月到翌年4月份,100多种数十万只冬候鸟翩然而至,吸引大量的鸟类研究专家、环保人士和数以万计的游客前往观鸟。

保护区内地形复杂、生物多样性丰富,分布的野生动物种类繁多,其中列为国家一级保护的野生动物4种,国家二级保护的野生动物17种,占江西省国家重点保护动物总数的24.4%;省级重点保护动物63种,占总数的56.8%;列入《国家保护的有益的或者有重要经济、科学研究价值的陆生野生动物名录》的两栖动物、鸟类和兽类达136种;列入《濒危动植物种国际贸易公约》的鸟类17种,两栖类、爬行类、兽类各1种,共计20种;被中国濒危动物红皮书评为濒危级别的物种有12种;特别值得一提的是,其中有不少中国与日本、中国与澳大利亚共同保护的候鸟,列入中日保护协定的有55种,列入中澳保护协定的有14种。

文公山自然保护区　位于婺源县晓林乡文公山,由婺源县政府于2000年批准为县级自然保护区,主要保护对象是朱熹手植的古树群落及各种野生动物,面积6368公顷。古树群落为巨杉古林，系朱熹于南宋淳熙三年（1176）回乡扫墓时手植的杉树，原有24棵，现尚存16棵。杉树之巨，江南罕见，被游客誉为“江南杉王群”。（2001年晓林乡撤销，并入中云镇）

婺源常绿阔叶林自然保护区 位于婺源县许村镇、太白镇、中云镇，是婺源县政府于1993年批准建立的县级自然保护区，主要保护对象是亚热带常绿阔叶林生态系统，面积3807公顷。

婺源珍珠山自然保护区 位于婺源县珍珠山乡，是婺源县政府于1993年批准建立的县级自然保护区，主要保护对象是亚热带常绿阔叶林生态系统，面积2667公顷。

婺源莲花山自然保护区 位于婺源县江湾镇，县级自然保护区，由婺源县政府于1993年批准，主要保护对象是亚热带常绿阔叶林生态系统，面积2100公顷。

红嘴相思鸟自然保护区 位于婺源县清华镇，县级自然保护区，由婺源县政府于1993年批准建立，主要保护对象是红嘴相思鸟等，面积420公顷。

大茅山自然保护区 位于德兴市花桥镇，是县级自然保护区，由德兴市政府于2000年批准建立，主要保护对象是亚热带常绿阔叶林生态系统，面积16667公顷。

1982年—2000年全区部分自然保护区一览

表10－9－2

建立年月	自然保护区名称	地址	面积（公顷）	主要保护对象	保护区级别	业务主管部门	管理机关名称	级别	管理人员（人）	
									合计	专业技术人员
1982.5	江西省武夷山自然保护区	铅山县武夷山桐木关	4572	铁杉、银杏、大灵猫等动、植物及一切生态自然景观	省级	江西省林业厅	江西省武夷山自然保护区	县级	51	14
1988	灵岩洞国家森林公园	婺源县古坦乡	4500	自然生态系统	国家级	县林业局	灵岩洞国家森林公园管理局	副科	6	3
1991	鸳鸯湖自然保护区	婺源县赋春镇	917	自然生态系统	省级	县林业局	鸳鸯湖自然保护区管理局	副科	4	2
1993	红嘴相思鸟自然保护区	婺源县秋口镇	420	珍稀动物种	省级	县林业局	自然保护区管理办公室	股级	2	1
1996.12	茗洋关水库	上饶县茗洋关	5570	水源保护	县级	水利局	茗洋关水库管理局	副科	15	9
1996.12	马眼水库	上饶县枫岭头	8375	水源保护	县级	水利局			3	1
1996.12	七潭水库	上饶县尊桥	1125	水源保护	县级	水利局			3	1
1996.12	胜利水库	上饶县枫岭头	1900	水源保护	县级	水利局			3	1

续表 10－9－2

建立年月	自然保护区名称	地址	面积（公顷）	主要保护对象	保护区级别	业务主管部门	管理机关名称	级别	管理人员（人）	
									合计	专业技术人员
1998.6	大东坑双峰山尖底	广丰县铜钹山场	831	风景林	县级	县林业局			36	4
1998.6	大丰源铜钹山尖底	广丰县铜钹山场	662	风景林	县级	县林业局			32	4
1998.6	小丰铜钹山尖底	广丰岭底	225	风景林	县级	县林业局			30	4
1998.6	军潭水库周围山	广丰岭底	1656	风景林	县级	县林业局			26	3
1998.6	七星水库周围山	广丰岭底	3181	水源涵养林	县级	县林业局			26	4
1998.6	关里水库周围山	广丰岭底	1237	水源涵养林	县级	县林业局			30	5
1998.6	嵩峰山	广丰关里	1541	风景林	县级	县林业局			53	17
1996.12	五府山铜钹山保护区	五府山	2975	森林生态	县级	县林业局			5	2
1996.12	华坛山林业保护区	华坛山	2450	森林生态	县级	县林业局			5	2
1996.12	灵山林业保护区	灵山	22500	森林生态	县级	县林业局			5	2
2000	大茅山自然保护区	德兴市花桥镇	16667	常绿阔叶林生态系统	县级	县林业局				
2000.12	文公山自然保护区	婺源县晓林乡	6368	自然生态系统	县级	县林业局	文公山自然保护区管理办公室	股级	2	1
2000.10	白沙洲候鸟自然保护区	波阳县白沙洲、双港、团林、莲湖、银宝湖、鸦鹊湖等地	40900	湿地候鸟及其生境	县级	县林业局		股级	2	1
2000.8	中华秋沙鸭自然保护区	弋阳县清湖乡庙脚村	2827	中华秋沙鸭及其生境	县级	县林业局		股级	1	1

说明：表内保护区因批准的部门或渠道不同，与上文中的统计数略有不同。

第三节 森林公园

上饶地区森林公园的建立工作始于1985年,至2000年已成立森林公园6处,总面积19350.3公顷。随着旅游事业的不断发展,森林公园的建设日臻完善,其地位得到相应提升,公园的功能得以充分发挥。

灵岩洞国家森林公园 位于婺源县县境北部的古坦乡通源村,距县城50余千米。建于1985年,原名婺源县古坦森林公园。灵岩洞是一个集自然与人文景观为一体的风景名胜区,面积近30平方千米,环境幽雅,林木葱郁,自然景观特殊。为了更好地保护这块宝地,1987年,婺源县林业局郑磐基通过精心规划设计,请来上海、南昌社科院专家和林业部的领导进行论证,申请建立全省首个国家森林公园——婺源县灵岩洞森林公园。1988年5月经林业部批准为国家级森林公园,并改为灵岩洞国家森林公园。1995年7月,由省政府列为省级重点风景名胜区,设有灵岩洞国家森林公园管理局和灵岩林场。公园面积约3000公顷,有森林植物群落200多种。灵岩洞共由36个溶洞组成,现已探明开发的古洞主要有6个:涵虚洞、凌虚洞、莲华洞、卿云洞、琼芝洞、萃灵洞。洞内石笋、钟乳千奇百怪,光怪陆离,有龙床、伯乐相马、镇海神针、神狮仙柏、天池荷香、老君炼丹、金山银山等各种奇景。唐代即为著名游览胜地,洞壁遗墨颇多,从唐至清代,有朱熹、岳飞、张浚、宗泽、齐彦槐等名人及历代游者题词2000余处。1993年—2000年,森林公园集资新建公园大门牌楼、景区办公楼房、停车场、公厕;新辟公路21千米,扩修区内道路46千米;架设千伏高压输电线路22千米、低压输电线路6千米;开发涵虚洞和莲华洞,完成洞内外游路、阶梯、灯光等服务设施的设置。两洞分别于1994年3月和1997年9月开放迎客。

鹅湖山国家森林公园 位于铅山县武夷山脉北麓,始建于1998年秋,经中国风景资源评价委员会的专家审慎地考察论证后,于2000年12月28日由国家林业局批准列为国家级森林公园。公园总面积7950公顷,根据景点分布地域及特色,由峰顶山景区、黄岗山景区、七星山景区、九狮山景区、葛仙山景区、畲乡民俗风情等六大景区组成。自1980年代起,峰顶山景区和葛仙山景区一直边建设边开放,日趋完善。

龟峰国家森林公园 位于弋阳县圭峰镇以东,320国道线南侧。龟峰是以丹霞地貌为主的自然景观,自古便是著名旅游区,明代曾改名圭峰,今又复原名。公园面积7400公顷,涵盖三大景区:龟峰景区、南岩景区、县城景区。主景区龟峰有36奇峰,湖泊清澄如镜。境内森林景观资源极其丰富,被誉为"天然植物园"。森林簇拥着碧水丹崖奇峰异石,与之相映生辉。2000年,龟峰景区被批准为龟峰国家森林公园。

云碧峰省级森林公园 位于上饶市城郊东部,处信江南岸。建于1990年,原名上饶市东岳庙森林公园,1991年3月被列为省级森林公园,1995年11月经行署批准改为云碧峰省级森林公园。公园归属上饶地区林业科学研究所管辖,占地面积133.3公顷。1996年8月,经行署批准成立云碧峰森林公园管理处。公园与城区毗连,山峦起伏,森林茂密,景色秀丽,空气清新,是城区市民最大的晨练基地。山间林木以杉树为主,兼有毛竹、果树和花木等,林间设石砌游步道6000米,沿游步道两侧设置石凳、石桌和观光亭3座,供游客休憩。山腰盆地有宋代古寺——东岳庙古建筑群,香客游客络绎不绝,香火颇盛。1996年在主峰云碧峰建成仿古建筑云碧阁,飞檐高耸峰顶,成为信州城区标志性的建筑,登阁远眺,市区景物尽收眼底。

武安山省级森林公园　位于玉山县县城南部，冰溪河南岸，有玉虹大桥与县城连接。原隶属玉山县东方红林场国有山林。1992 年兴建公园，占地面积 200 公顷。1993 年 2 月由省林业厅批准为省级森林公园，以园内武安山命名。武安山又名塔山，因宋时曾建有塔而名。系武夷山脉延伸之余脉，海拔 241.8 米，登顶远眺，可鸟瞰玉山县城及金沙等三溪汇合秀景。公园东面是大王山，山下有清澈如镜的冰溪大王潭；西面是凤凰山；西北的十里山有明朝建的文成塔；西南的黄巢岗，相传唐末为黄巢起义窖金藏银之地。

山上树种丰富，森林茂密，寺庙古墓掩映其间。名胜与自然景点众多，有唐代古墓群，唐右丞相、画家阎立本墓，普宁寺、溪山一览亭等，自古为游览胜地。普宁寺系唐总章年间由阎立本舍宅改建的古寺，抗战期间被日军焚毁殆尽。大雄宝殿为 1991 年重建，规模宏大，建筑面积 2000 多平米，各殿共塑佛像 180 多尊。阎立本墓座落在寺东，墓上存有清乾隆十五年重立的墓碑，1984 年，省文化厅拨款修建围墙加以保护。周围面积 700 平方米，山环水绕，草木森森，山花烂漫，溪水横流，环境幽雅。1987 年列入省文物保护单位。公园内建有凉亭 2 个，登山游步道 1100 米，1994 年在入口处修建二层仿古门楼。公园距玉山县火车站 0.5 千米，离县汽车站 1 千米，交通十分方便。

三清省级森林公园　位于德兴市区城郊，建于 1993 年，面积约 667 公顷，森林茂密。紧靠市区，交通便利，自然景观雅致，名胜古迹甚多，诸如静水书院、明朝公主墓、仙人架板、仙人十八脚、米田庙、周王庙、九龙升天等。1993 年 5 月被省林业厅批准为省级森林公园。

第十章　森林病虫害防治

第一节　防治管理

防治目标管理　上饶地区是林业大区，为亚热带常绿阔叶林区，森林病虫害是森林的主要危害之一，每年均有发生。1989 年 12 月，面对森林病虫害频频发生的严峻形势，国务院颁布《森林病虫害防治条例》（下称《条例》），这是新中国建立以来有关森林病虫害防治的第一部专项法规，上饶地区的森林病虫害防治从此纳入法制轨道，开始系统全面的防治工作：一是建立健全森林病虫害防治目标管理体系，在组织管理上保证防治森林病虫害有计划、有步骤的全面开展。二是健全森林病虫害防治（简称森防）体系，使防治能力得到全面提高。三是对森林病虫害实行综合治理，并初见成效。四是系统地开展有效的森林植物检疫工作。上述工作的开展，使全区森防工作在短短十年内实现根本性转变。

1991 年，为保证《条例》的全面贯彻落实，地区以逐年降低森林病虫害的发生率、提高森林病虫害的防治率、监测覆盖率和种苗产地检疫率为基本内容，建立森防目标管理体系。地、县政府或林业主管部门，每年都制定森林病虫害防治的阶段目标指标和年度目标指标，逐级下达实施，并进行考核，使森林病虫害防治逐渐规范化、制度化。

1992 年，开始实行森林病虫害防治目标管理办法。1998 年，根据全区虫害发生的具体现状，行署下达《关于进一步加强森林病虫害防治工作的通知》，定出 1998 年—2005 年的森林虫害防治目标，规定各县森林病虫害的发生率必须控制在 4% 以下，成灾率控制在 5% 以下，有效防治率、监测覆盖率和种苗产地检疫率要分别达到65%、75%、90%以上。按照总体目标，由地区林业局根据各县(市)森林病虫害发生趋势，逐年下达年度指标。而各地均采取措施，保证各项指标实现。森防工作的投入按有关规定，形成多渠道、多形式、多层次的投入机制。认真执行“谁经营，谁防治”，“谁收益，谁负担”的责任制度，逐步增加基本建设投资，保证对森防工作投入的稳步增长。

专项防治经费 1997年开始，按照省政府《江西省森林病虫害防治办法》有关政策规定，从木材销售收入中提取8‰、从育林基金中提取不低于5%的经费作为专项森防经费。森防经费是专款专用，主要用于森防体系建设、森防专项调查、危险性病虫监测、森防科研及一般性森林病虫害防治。在暴发性森林病虫害或危险性森林病虫害发生时期，各级地方财政均安排专项经费，确保防治救灾及扑灭危险性森林病虫能有效进行。对于各种渠道筹集的森防经费，建立专门的森防财务，进行有效的计划使用和监督管理，以提高森防资金的使用效果，防止流失。

防治机构网络 1990年—2000年，全区森林病虫害防治、检疫、测报逐步形成以“一站三网”为格局的森防网络体系，有效地对境内森林病虫害进行监测调查，并具体组织病虫害防治，执行森林植物检疫任务，为及时控制森林病虫灾害发挥重要作用。

1986年开始，在地、县(市)两级设立13个森林病虫害防治检疫站，其中上饶地区和万年县森林病虫害防治检疫站为两个国家级标准站。全区共有工作人员70名，其中高级职称人员4名，中级职称人员25名。检疫站对全区319个基层乡(镇)虫情测报网点、21个疫情监测点进行业务指导和管理。

2000年后，在万年县、余县干、波阳县建立马尾松毛虫国家级中心测报点3个，全区森林病虫测报点先后达到319个，配备各种机动防治器械294部，监控防治森林面积33.33万公顷。全区配有专职森林植物检疫员72名，兼职检疫员132名。另外还在婺源县大畈、德兴市白沙关、广丰县社后、波阳县候港、玉山县白云等地建立5个边境森林植物检疫检查站。在与安徽省、浙江省毗邻的边境县(市)，设立21个危险性病虫监测点。并建有上饶县、铅山县、广丰县、弋阳县、德兴市、余干县6个无检疫对象苗圃，以培育无病虫优质壮苗用于绿化造林。

第二节 病虫害检疫防治

1990年—2000年，境内林业飞速发展，政府对森林病虫害防治工作十分重视，每次林业工作会都要强调或布置灭虫除害防治工作。1995年5月，全区林业工作会要求各地在防治越冬代松毛虫的基础上，做好松毛虫防治工作。

森林植物检疫 1986年开始系统地开展森林植物检疫，杜绝邻近地区的疫情传入，减少了区域内的检疫对象分布。全区依照植物检疫法规全面开展森林植物检疫工作，特别是落实对检疫对象及危险性病虫进行严密的监测；对调运森林植物及其产品依法进行产地检疫和调运检疫；对在地区内有分布的检疫对象实施封锁扑灭；对境内内各主要森林苗圃，实施无检疫对象苗圃建设等检疫措施。此后，全区的森林植物检疫工作，已由1980年代的起步阶段进入稳定发展阶段，加强了种苗检疫和病虫害的预报预测。

综合治理 1999年—2000年，森林病虫害防治工作，以减灾控灾为中心，开展综合防治，抑制病虫害发生、发展和蔓延。根据境内森防工作的现状，全区坚持“预防为主、综合治理的方针”，以提高控灾、减灾能力为中心任务，进一步强化森防目标管理，加强森防体系建设；以生态意义重大的防护林、特种用材林和经济价值高的用材林、经济林为保护重点，选择对其危害严重、发生面广、具有危险性、种群状态相对稳定和保持上升势头，生物学、生态学特性和发生规律基本清楚、并具有效防治技术措施的病虫种类，实施工程治理，遏制森林病虫害上升势头，继续实现长期、稳定地控制森林病虫害的目标。

10 年间，对森林病虫害实行综合治理已初见成效。全区实施以营业措施为主，生物、化学和物理防治相结合的综合防治措施，先后规划建立 5 万公顷综合防治林，提高森林对病虫害的自控能力，延长病虫害大发生的周期。对于各种森林病虫害的扑灭除治，各地及时掌握虫情，科学地制定扑灭除治方案，使用生物农药、高效低毒的化学农药，和物理机械除治等综合措施控制森林病虫害。由于综合防治技术的逐步提高，1995 年—2000 年，全区森林病虫害的发生，与 1980 年代同期相比有明显下降，历史上一直被人们关注的竹蝗危害已基本消失。

虫灾扑治　境内森林病虫害种类较多、发生频率较高。据 1980 年代初森林病虫害普查统计，全区主要的森林害虫有 308 种，病害有 256 种。其中历史最久远、危害面积最广大的是马尾松毛虫和竹蝗，被害森林往往是一片枯黄，形同火烧。除上述两种最为常见的虫害外，还有思茅松毛虫、刚竹毒蛾、德清真片胸叶蜂、竹织叶野螟、杨树蛀干害虫、果树蛀干害虫、杉木缩顶病、毛竹枯梢病、松赤枯病等病虫害，也不时局部成灾，对森林造成严重危害。

拟松材线虫病　1992 年，首次在德兴市新岗山炉口林场发现拟松材线虫病对松材的危害，并造成局部马尾松中龄林的枯死现象。1996 年又在上述地点发生拟松材线虫病，危害马尾松林面积 800 公顷。1999 年德兴市的拟松材线虫病再度发生，面积扩大至 1013 公顷，均采取人工伐除病原木，以抑制拟松材线虫病的蔓延发展。

马尾松虫害　是境内历史上森林危害最烈的虫害。1990 年代时，每年均有马尾松毛虫危害松林的现象发生，其中发生面积较大，危害猖獗的有 1991 年的 1.93 万公顷，1995 年的 2.047 万公顷（其中面积较大的有波阳县、铅山县、弋阳县、横峰县），1996 年的 2.067 万公顷，1999 年的 2.36 万公顷（涉及大半境内）。

1998 年 10 月，行署向各县（市）政府下发防治马尾松毛虫的电报通知。1999 年 3 月，全区发生大范围的越冬代松毛虫害，据调查统计，虫害发生总面积达 4866.66 公顷，主要分布在弋阳县、铅山县、横峰县、余干县、万年县、波阳县等，其中以弋阳县最为严重。弋阳县城郊、圭峰、旭光、朱坑、旗山等乡（场）发生面积达 2346.66 公顷，而且集中相连成片。因早期未引起足够重视，越冬代松毛虫迅速繁殖蔓延，到 5 - 6 月，衍生出一代、二代，虫害高峰时全区达 2.36 万公顷，境内大部受灾。为迅速有效地扑灭马尾松毛虫害，确保全区森林病虫害防治目标管理达标，5 月，行署向各县（市）政府下发防治马尾松毛虫的明传电报通知。根据《森林病虫害防治条例》规定，行署向弋阳县下达《限期除治通知书》，规定了除治时间、地点和病虫害种类，责令弋阳县在规定的时间内，将虫害迅速扑灭。8 月，地委、行署召开波阳县、余干县、万年县、弋阳县、铅山县政府分管林业的副县长、林业局长、森防站长会议，部署突击扑灭除治第二代松毛虫的工作。各地针对马尾松毛虫发生危害的具体情况，主要采取烟剂化学防治、人工防治（捕捉）、白僵菌、仿生物农药防治等办法，由于及时开展有效防治，马尾松毛虫危害得到控制，此后全区马尾松林没有出现严重的虫害。

竹蝗、刚竹毒蛾虫害　1993 年，婺源县中洲林场发生竹蝗、刚竹毒蛾严重危害，采用烟剂防治，基本控制；1998 年，刚竹毒蛾在婺源县、德兴市、上饶县、铅山县、玉山县毛竹林中发生，面积 2760 公顷，采用烟剂进行放烟除治；2000 年，发生刚竹毒蛾危害面积 400 公顷，竹卵园蝽危害面积533.33公顷,竹蝗危害面积120公顷,主要采用以化学防治为主的防治方法。

其他病虫害 1996年,全区发生油茶炭疽病、油茶软腐病和油茶煤污病面积2333.33公顷,局部地区采用一些防治措施。此外,毛竹枯梢病、杉木缩顶病、湿地松流脂病等病害,也有不同程度小面积及零星发生危害的现象。另外还有思茅松毛虫、云斑天牛、星天牛、赤腰透翅蛾、黑赤腰透翅蛾等虫害,也曾对马尾松、杨树造成零星小面积的危害。各地积极开展防治,抑制了病虫害的蔓延。

第三节 病虫害调查研究

病虫害区划 1994年,林业局完成对全区马尾松毛虫、黄脊竹蝗发生类型的区划工作,对全区34.93万公顷松林的马尾松毛虫发生类型进行区划,划定马尾松毛虫常发区面积15.53公顷,偶发区面积9.27万公顷,自控区面积10.13万公顷;对面积达8.05万公顷毛竹林的黄脊竹蝗发生类型进行区划,划定黄脊竹蝗常发区面积3.1万亩,偶发区面积25万亩,自控区面积92.7万亩。

病虫害调查 1998年完成全区"果木林病虫害"调查,基本掌握全区果树优势树种的面积、分布、种类,掌握果树树种的主要病虫种类、分布、危害等情况。1998年10月至1999年12月,历经1年多的时间,完成全区的"全国森林植物检疫对象普查"工作,发现上饶地区的全国性检疫对象有毛竹枯梢病、板栗疫病、柑橘溃疡病、冠瘿病、杉木缩顶病、松针褐斑病;省内检疫对象为松枯梢病;全区危险性、危害性病虫有刚竹毒蛾、德清真片胸叶蜂、拟松材线虫病、黄脊竹蝗、湿地松扭梢、马尾松毛虫、思茅松毛虫、云斑天牛等8种。

课题研究 1991年,上饶地区森林病虫害防治检疫站完成了对赣东北蝶类的研究,获江西省科技进步三等奖,地区一等奖,并编辑出版《赣东北蝶类》一书。1993年,历时5年完成"杉树缩顶病"的研究,掌握杉木缩顶病的病原、发病规律、传播途径及防治技术。完成"江西省滨湖区杨树害虫的研究"课题,确立杨树主要虫害有4目、25科、105种,并据此相应提出防治措施。2000年,由上饶市森林病虫害防治检疫站主持编辑完成《赣东北森林病虫研究》一书,并由中国科学技术出版社出版发行。

第十一章 林业科技

1990年代,是上饶地区林业科技快速发展的时期,也是科技兴林卓有成效的时期,科研成果获奖颇丰,其中一项获世界发明者协会国际联合会"世界发明奖"和中国首届工程科技成果大赛二等奖,获部、省级科技进步奖23项,省农科教奖5项,地区科技进步奖、星火计划奖16项。

第一节 科研机构

2000年,全区有地市级林业科学研究所1个,县级林业科学研究所5个;地市级林业科技推广站1个,乡镇林业工作(林业技术推广)站124个,从事林业科技工作人员1300余人。重点林区基本实现县(市)有林业技术推广站,乡镇有林业工作站,村有林技组,村民小组有林业科技示范户的四级林业技术推广网络。

上饶地区林业科学研究所　位于上饶市东郊,辖有山林面积1952亩,所部办公区占地1.6万平方米,建筑面积1万平方米。内设科室有行政办公室、科研室、中试室、园林室。下属单位有上饶云碧峰森林公园管理处、护林队、苗圃、招待所。2000年10月,撤地设市,原上饶地区林业科学研究所更名上饶市林业科学研究所,属事业单位。年末有在职职工61人。

1991年—2000年,上饶市林业科学研究所共完成省、地重点科研课题20项,其中2项研究成果获省科技进步奖,2项研究成果获省农科教突出贡献奖,1项研究成果获省林业厅科教兴林奖,5项获地区科教进步奖,另外,1项研究成果获香港2000年《国际发明专利展览会》银奖。

林业科技推广站　属地区林业局内设单位,成立于1989年10月,挂靠地区林业局科技教育科,编制2人,两块牌子一套班子,主要职能是宣传、普及和推广林业技术。2001年1月转挂市林科所。

科技队伍　1991年—2000年,全区林业部门共有高级工程师44人,其中女性两人。其中地区林科所、森防站、防火办、地区林业勘察设计院、林业工业公司等单位有高级工程师21人,县林业局有高级工程师23人。地区林科所的乐承三、丁炎为教授级高级工程师。

第二节　科研成果

1991年—2000年,全区林业部门不断就境内林业科技项目进行科研,并与中国林科院、南京林业大学、省林业科学研究所等科研单位合作攻题,多次获得国家、省级、市级的科技奖项,取得令人瞩目的成绩。1992年林业部向全国推广100项科技成果中,由上饶林业部门完成的科技成果有玉山大粒棒槌柏等良种。

ABT生根粉系列推广　由上饶地区林业局承担,协作单位为全区各县(市)林业局。1990年—1994年,连续5年获国家科学技术委员会成果司、林业部科技司颁发的ABT生根粉推广应用特等奖。1995年获国家科学技术委员会成果司、林业部科技司联合颁发的ABT生根粉系列推广一等奖。1996年获国家科技进步特等奖的二级表彰奖。

ABT生根粉(膜)系列产品推广及其在农业、林业的开发应用　牵头单位系上饶地区林业局,承担单位为上饶地区林业技术推广站。协作单位:上饶市农林水利局等。1992年获江西省科技进步三等奖、上饶地区科技进步一等奖。

乌桕低产林改造和丰产林营造技术　承担单位系上饶地区林业科学研究所,协作单位为广丰县林业局、余干县林业局。1992年获上饶地区科技进步三等奖.

蝴蝶工艺品开发研究　承担单位系上饶地区林业科学研究所,产品包括蝶盘、蝶框、蝶匾、蝶卡等多种形式,美观大方,适用于旅游、宾馆、家庭装饰及馈赠亲友之礼品,产品远销国内10余个省、市,经济效益显著,市场前景广阔。1993年,工艺盘《蝴蝶》获中华人民共和国外观设计专利。1994年9月,在全国首届林产品新技术博览会上,上饶地区林科所蝴蝶工艺品获金奖。1995年获上饶地区科技进步三等奖。

提高低丘陵马尾松林生产力及其资源开发利用研究与推广　承担单位系上饶地区林业科

学研究所。协作单位为万年县林业局、万年县大黄乡。1996 年获江西省农科教二等奖，江西省林业厅科教兴林贡献二等奖。

赣东北蝶类的研究　承担单位系上饶地区森林病虫害防治检疫站。此项研究初步掌握了赣东北蝶类的种类、地理分布、生活习性、种群动态，为开发利用赣东北地区的蝶类资源奠定基础。1992 年获江西省科技进步三等奖。

杉木冻害及缩顶病的研究　承担单位系南京林业大学，协作单位为德兴市林业局。此项研究摸清了病原菌及其发病规律，找到有效的防治技术。1994 年获林业部科技进步三等奖。

美洲黑杨南抗 1 号、2 号新品种选育　承担单位系中国林科院，协作单位为余干县林业局。此项试验选出 6 个优良品种、品系，比常栽品种 I－69 杨高生长增长 0.5 米，胸径提高 29%；抗云斑天牛、桑天牛病害率提高 51.2%。这些品种、品系生长快，适宜鄱阳湖区栽植，具有很高的推广价值。1996 年获林业部技术进步三等奖。

乌桕 8 个高产优质新品种选育的研究　承担单位系江西省林业科学研究所，协作单位为广丰县林业科学研究所。1994 年获江西省科技进步三等奖。

建立自然保护小区研究　承担单位系婺源县林业技术推广站及县林业局高级工程师郑磐基。1994 年获世界发明者协会国际联合会世界发明奖和中国首届工程师科技成果大赛二等奖。

油茶高产技术研究　承担单位系德兴市林业局。采用先进实用的综合开发技术，使油茶产量从 1992 年亩产茶油 4 公斤提高到 1995 年的亩产茶油 66.4 公斤。此项目 1996 年获上饶地区星火一等奖；江西省林业厅科教兴林贡献三等奖。

促进幼树生长组装配套技术研究　承担单位系德兴市林业局。1996 年获江西省科技进步三等奖、江西省林业厅科教兴林贡献三等奖。

截根菌根化应用及其机理的研究　承担单位系中国林业科学研究院，协作单位为德兴市利用外资办公室。1996 年获林业部科技进步一等奖。

江西省常绿阔叶林研究　承担单位系江西林业科学研究院，协作单位为德兴市林业局等。1997 年获林业部科技进步三等奖。

红壤丘陵奈李早期丰产技术研究　承担单位系上饶地区林业科学研究所，协作单位为铅山县陈家寨乡。1996 年获江西省林业厅科教兴林贡献三等奖；1997 年获江西省科技进步三等奖；上饶地区科技进步二等奖。

ABT 生根粉实用技术在林(农)业上的应用推广　承担单位系上饶地区林业技术推广站。1996 年获省林业厅科教兴林贡献一等奖。

杉木施肥造林试验　承担单位系德兴市林业局。1996 年获省林业厅科教兴林贡献三等奖。

湿地松菌根苗造林试验　承担单位系德兴市林业局。1996 年获省林业厅科教兴林贡献三等奖，市科技进步三等奖。

德清真片胸叶蜂的研究　承担单位系玉山县林业局。1998 年获上饶地区科技进步一等奖。

上饶地区林业科技管理　承担单位系上饶地区林业局。1997 年获江西省林业厅科教兴林贡献二等奖；1999 年获省农科教三等奖。

浪水松截顶苗造林试验　承担单位系德兴市林业局。1998 年获上饶地区科技进步二等奖;1999 年获省农科教三等奖。

露天采矿后遗边坡绿化工程作业的研究　承担单位系铅山县林业局。1998 年获江西省科技进步三等奖,上饶地区科技进步二等奖。

《优良速生珍贵树种及优良速生珍贵树种(续集)》科技著作　承担单位系上饶地区林科所。1998 年获上饶地区科技进步二等奖。

尔田药签　防治天牛试验　承担单位系余干县森林病虫害防治检疫站。1998 年获上饶地区科技进步三等奖。

四季桃系列品种选育及栽培技术研究　承担单位系广丰县林业科学研究所。2000 年获上饶地区科技进步一等奖。

杉木大径材培育试验　承担单位系德兴市林业局。2000 年获上饶地区科技进步二等奖,德兴市科技进步一等奖。

玉山胡柚栽培技术收获模型及效益分析研究　承担单位系玉山县林业局。1999 年获江西省农科教三等奖。

金银花丰产林建立及产品开发研究　承担单位系上饶地区林业科学研究所。产品有金银花茶、金银花降糖茶、金银花啤酒等,产品具有清凉解毒、降血脂、胆固醇功效,市场前景广阔。2000 年获上饶地区科技进步二等奖,江西省农科教突出贡献三等奖。其中金银花茶、金银花降糖茶分别获国家发明专利,金银花茶获香港 2000 年国际发明专利展览会银奖。

松树增脂剂的应用与推广　承担单位系上饶地区林业技术推广站,协作单位为各县市林业技术推广站。1998 年在全国松树增脂剂年度协作会上获推广二等奖;2000 年获三等奖。

社会林业工程暨 GGR 研究与推广　承担单位系中国林科院 ABT 研究开发中心,协作单位为上饶地区林业局。1998 年获中国林科院社会林业工程项目一等奖;1999 年、2000 年获 GGR 研究与推广一等奖。

上饶地区林业科技注入示范体系的研究与实践　承担单位系上饶地区林业局。2000 年获上饶地区科技进步三等奖。

国外李引种与栽培技术研究　承担单位系上饶地区林业局。2000 年获上饶地区科技进步三等奖。

803 烟雾剂及防治油茶炭疽病　承担单位系上饶地区林业科学研究所,协作单位为上饶县林业局。1985 年获江西省科技进步三等奖。

《洋桃小卷蛾生物学特性的研究》　执笔人系广丰县林业局高级工程师徐禄朝等。被选入 1996 年 12 月出版的《世界优秀专刊技术精选(中国卷)》。

《低丘马尾松林相改造中的阔叶树种选择》　执笔单位系上饶地区林业科学研究所。收入《中国科学技术文库·农业科学(下)》。

《803 烟雾剂及防治油茶炭疽病》《金银花丰产林试验初报》《综合防治马尾松必须适应高效林业建设的转变》　执笔人系上饶地区林业科学研究所丁炎。分别被评为江西省植物生理学会论文三等奖、1995 年江西省林学会学术论文三等奖、1996 年江西省森保专业学术论文一等奖。

第三节　科技推广

在发展高效林业的建设中,一大批科技成果被广泛应用和推广,如良种选育、容器育苗、松类芽苗切根移栽、速丰林技术组装、阔叶次生林改造、油茶、毛竹低产林改造、ABT 生根粉的应用等先进技术,在育苗、造林等方面得到大面积推广,均产生规模效益。1990 年以后研制开发一批新产品,并陆续推向市场的产品有金银花系列茶、苦丁茶系列。在开发的 4 个金银花系列产品中,有 2 个获专利发明,金银花茶在 2000 年香港国际发明专利展览会上获银奖。

1992 年 10 月,省政府将德兴市列为全省 4 个林业综合改革试点县(市)之一。次年 4 月,全区林业局长暨科技兴林经验交流会议在德兴召开。1994 年,采取典型引路的办法,在全区广泛推广德兴市科技兴林的经验。全区推广先进、实用的科技成果利用率,由原来的 28% 提高到 1994 年的 32%。1996 年德兴市被林业部评为全国科技兴林示范县荣誉称号。

1996 年,政府要求各地大兴林业科技,积极推广各树种的优良品种或优良品系,以及优良品种树种的速生丰产组装技术。在良种方面,推广杜仲的光皮品种;银杏的大佛手、洞庭黄、大梅核;板栗的毛板红、九家种、魁栗;柿树的方柿、合柿、日本甜柿;枣树的义乌大枣、山东金丝小枣;杨树的南抗扬无性系,以及各种水果的优良品种。同时应用先进的科学技术培育壮苗。

1997 年 9 月,婺源县开始建立六大科教示范林基地,婺源为全省林业大县,但由于科技投入低,林业生产效益不高。为提高集约经营水平,使有限的森林资源得到高效利用和良好保护,县政府确定科教兴林的方针,制定严格的技术标准,委派技术骨干蹲点负责,鼓励各乡镇场共同参与,在各大乡镇场建立速生丰产用材林、低产次生常绿阔叶林、工业原料林、毛竹笋材两用林、杉松大径材、封山育林等六块大规模科教示范林基地,林地面积达 1400 公顷。1998 年 3 月,经全国山区综合开发领导小组批准,德兴市被列入全国山区综合开发示范县。当年 10 月,地区林业局因在 1997 年开展农业科技推广活动中成绩突出,被国家林业局授予"农业科技推广年"先进单位。在全区科技兴林活动中,"杉木、马尾松大径材培育技术""竹类丰产培育加速利用技术"等十大先进适用技术,至 1999 年推广面积达 2.28 万公顷,示范面积 300 公顷。

1999 年 11 月,全国山区综合开发专家咨询组组长、中国林业科学研究院原院长、中国林业经济学会理事长陈统爱,江西省林业厅原厅长欧阳绍仪考察德兴山区综合开发工作,对德兴的山区综合开发工作给予充分肯定。

1992 年开始启动林业示范乡建设工作,至 2000 年,全区建有 13 个示范乡,443 个各级领导示范点,2 万公顷示范(试验)基地,1 个科技示范园,为全区科技兴林树立样板。

第十二章　林业企业

第一节　森工企业

1985 年,国务院取消南方集体林区木材统购的政策,木材经营放开,打破木材由森工企业独家经营的局面,实行多家经营。1990 年代,上饶木材市场竞争越演越烈,森工企业单靠经营木材已难以为继。1991 年—2000 年,全区森工企业共采伐、收购木材 88.69 万立方米,竹材 200.59 万根,完成木材地销 88.49 万立方米,竹材地销 202.09 万根。10 年内单从以木材采伐收购数量逐年递减情况看,森工企业经营状况已逐渐萎缩,每况愈下。1995 年—1999 年,全区森工企业连续 5 年出现亏损,亏损总额 995.05 万元。其中 1995 年亏损金额 43.45 万元,1996 年亏损金额 251.70 万元,1997 年亏损金额 262.36 万元,1998 年亏损金额 260.10 万元,1999 年亏损金额 177.43 万元。

婺源县人造板有限公司　以生产中密度纤维板为主,兼营硬质纤维板、木材加工、高档家具和脲醛树脂胶的综合性企业。1997 年由婺源县政府投资近 6000 万元,引进生产能力为 110 立方米/日、年产 3 万立方米的中密度纤维板生产线和干法工艺,生产中密度纤维板,并于当年年底竣工投产,产品质量达到国家部颁标准。2000 年 6 月,通过技改,年产量提高到 4.6 万立方米。公司下属有中密度板厂、纤维板厂、绿色餐具厂和细木工板厂。2000 年有员工 430 人,固定资产 6300 万元,流动资金 1200 万元,年销售收入 5000 万元,年创税利 700 万元,是婺源县国有骨干企业。

江西省德畅实业有限责任公司　占地面积 16 万平方米,拥有总资产 6000 万元,2000 年有员工 600 余人,年产值亿元,利税千万元。公司下设 3 个分厂:竹压板厂、化工油漆制造厂和棕丝加工厂。其中竹压板厂、化工油漆制造厂是铁道部定点企业。竹压板厂年产竹胶板 1.2 万立方,在全省人造板行业中,产量、销量、销售额和市场占有率排名第一。另外有毛竹基地 2000 公顷,实施“公司 + 农户”的产业模式。公司先后荣获“江西省明星企业”“江西省经济效益最佳单位”“全国乡镇企业科技进步先进单位”等称号。

江西怀玉山活性炭(集团)有限公司　前身为江西怀玉山活性炭厂,始建于 1968 年,1985 年拆迁至玉山县城西工业区。1991 年技改扩建后,设计能力年产活性炭 6000 吨。1993 年与江西省投资公司合资成立江西怀玉山活性炭(集团)有限公司。1991 年荣获“国家二级企业”称号,2000 年通过 ISO 9002 质量体系认证。公司采用化学法、物理法生产,产品共分八大系列,20 多个品种,100 余个规格。“松鹤牌”活性炭获省名牌产品称号。公司辖江西怀玉山活性炭一厂、二厂、三厂、怀玉山林产化工研究所、上海经营部,2000 年拥有固定资产 2000 万元,员工 550 余名,各类专业技术人员 125 名,拥有自营出口权,年产量 4500 吨,产值 2100 万元,出口创汇达 300 万美元。

第二节　国营林场

1994 年,全区有国营林场 32 个,经营面积 9 万公顷,林木蓄积量 200 万立方米。2000 年,有国营林场 36 个,与 1990 年相比增加国营林场 12 个。林场总人口 69776 人,职工总数 14562 人,经营面积 17.1 万公顷,林木蓄积量 429.21 万立方米,毛竹蓄积 3694.28 万根。1991 年—2000 年累计造林面积 2.22 万公顷。2000 年全区国营林场社会总产值(现价)5.52 亿元。农业总产值 2.53 亿元,其中林业产值 6958 万元;工业产值 1.85 亿元,其中木材产值 5539.8 万元,木材加工产值 4424.8 万元;建筑、运输、商业、饮食业产值 1.14 亿元。全年利税总额 1304.2 万元,其中利润总额 -770.6 万元(亏损)。年末固定资产原值 2.17 亿元,生产建设性投资 1868.8 万元。

按市场经济发展的需要,全区国营林场在发展以林为主的同时,努力开展种植业、养殖业、果业、工业和第三产业。全区国有林场的工业产值、建筑、运输、商业、饮食业产值、木材加工、林产品收入,纤维板、大理石产量都有大幅度增长。这些第二、三产业产值、销售收入增长幅度高于第一产业的增长。同时,深化国有林场内部改革,绝大多数国有林场普遍推行人事、用工、分配三项制度改革,精简机构和人员,推行承包制和计件工资,按劳动效益进行分配。对新职工普遍实行劳动合同制,实行职工养老保险,逐步减轻国有林场负担。

在巩固发展国有经济的前提下,全区国营林场大力发展非公有经济,充分发挥土地、资源等优势,鼓励职工发展个体私营经济,并鼓励和吸引场外人士到林场投资办厂。同时大力调整产业结构、林种结构,毛竹、食用笋、干鲜果等经济林在国营林场的发展速度明显加快。

但国营林场形县势仍然严峻。1994 年全区贫困国有林场 6 个,到 1997 年贫困国有林场增至 12 个:广丰黄尖山林场,横峰县上坑源林场、山黄林场,余干县峡山林场、李梅岭林场,波阳县芭茅岭林场,玉山县东方红林场,婺源县晓容林场,万年县金鸡山林场、万年峰林场,弋阳县大源岭林场,铅山县营林林场。经国营林场的奋力拼搏,1998 年广丰县黄尖山林场、波阳县芭茅岭林场、玉山县东方红林场相继脱贫。至 2000 年,全区仍有贫困林场 9 个,占全区国营林场个数的 25% 。国营林场贫困的原因:1. 内部经营机制转变不快,结构调整不好,还不能适应市场经济的要求;2. 外部因素主要有税费不断增加,财政支持减少和社会负担过多,如有的林场作为生产性事业单位,却要自办学校、医院、敬老院等,增加其额外开支。

2000 年全区国营林场基本情况一览

表 10-12-1　　单位:亩、立方米、人

场名	场址	建场(改场)时间(年)	经营面积	活立木蓄积量	职工人数
婺源秋口林场	秋口	1956	64590	120000	185
弋阳磨盘山林场	磨盘山	1957	58800	49000	1080
上饶县五府山林场	五府山	1958	268650	333700	1555
上饶县高洲林场	高洲	1958	362205	688500	582
弋阳旭光林场	旭光	1960	85500	135000	2794
德兴银山林场	银山	1964	259995	635000	109
婺源太白林场	太白	1964	68850	108000	208
婺源晓容林场	晓容	1966	42390	130000	21
万年山家寨林场	山家寨	1972	15315	12000	49
万年五里长山林场	五里长山	1972	4005	2000	71
婺源西冲林场	西冲	1990	40365	150000	90
上饶市试验林场	弋阳推广中心	1990	435		19
万年金鸡山林场	金鸡山	1991	10005	20000	14
德兴大茅山林场	大茅山	1992	23010	45000	83
上饶市云碧峰林场	上饶市林科所	1996	1950	0.87	10
铅山武夷山林场	武夷山	1998	340860	416000	1225
铅山黄岗山林场	黄岗山	1998	239385	7300	665

1991年—2000年全区国营林场造林情况一览

表10-12-2　　单位:万亩

年份	造林面积	年份	造林面积
合计	76.08	1996	5.92
1991	11.4	1997	9.66
1992	10.1	1998	7.89
1993	7.3	1999	4.54
1994	6.46	2000	7.57
1995	5.24		

第三节　乡村林场

1990年—2000年,境内乡村林场呈缓慢发展状。1990年全区有乡村林场1285个;1994年发展到1675个,经营面积22.13万公顷,林木蓄积量343万立方米;至2000年已有乡村林场1833个,其中乡办林场232个,村办林场1460个,村民小组办林场141个。10年间增加乡村林场548个。年末有场员14398人,其中技术人员282人。全区乡村林场经营山林面积23.1万公顷。有林地面积20.45万公顷,其中用材林16.76万公顷,经济林3.06万公顷。森林蓄积量745.69万立方米,毛竹3713.52万根,分别占全区活立木蓄积量的24.1%和毛竹株数的22%,已成为上饶林区重要的后备森林资源基地。

乡村林场主要从事保护、培育和发展森林资源等林业生产。2000年,乡村林场造林面积1869公顷,育苗面积62公顷,幼林抚育5.29万公顷,生产木材6.37万立方米,生产毛竹64.78万根。全年总收入6607.16万元,其中多种经营收入1526.48万元,占全年总收入的23.1%。乡村林场经营状况:自给有余和基本自给的占46.7%,不能自给的占53.3%。

全区绝大部分的乡村林场,因经营观念陈旧,生产单一,与市场经济的发展不相适应,成为长期制约其发展的主要原因。但也有一些大胆解放思想、更新陈旧观念、把自己推向市场、走多种经营发展道路的乡村林场,正在日趋增多。玉山县紫湖镇大叶林场大胆开拓市场经济,拾回山上山下小材加工包装箱,运销浙江等省,同时加强内部管理,提高了林场效益,于1996年、1997年上交镇财税33.18万元。因此荣获林业部颁发的乡村林场"全面质量管理奖"。波阳县乡村林场全面推行"五小工程建设":小林场、小果园、小茶园、小竹园、小药园种植业,大力发展个体、合作、股份等经济成分,2000年,全县531个乡村林场总收入1366.5万元,平均每个林场收入2.57万元,林场多种经营收入736万元,占总收入的53.7%。当年波阳县乡村林场经济总收入和多种经营收入位居全区首位。

第四节　林业个体户

1991年—2000年,全区通过股份经营、承包、租赁、拍卖、合作、联营等多种形式,搞活林业经营机制,从而使林业个体保持良好发展态势。1997 年,全区已有 20% 的毛竹林实行私人承包和股份联营改造,有 470 多户个体、专业户直接和联合从事山地开发。1998 年,全区造林专业户达 1500 多户,经营山林面积约 1. 34 万公顷,其中投资 50 万元以上,经营山林面积 33. 33 公顷以上的有 21 户。

上饶县林业私营大户林远泉,1982 年成立上饶县种植有限公司,到 2000 年,公司拥有固定资产 2700 万元,直接经营面积 413 公顷,其中育苗面积 80 公顷,果园面积 186. 7 公顷,年产值 1000 万元。弋阳县谢启冰是海南的一个私营业主,1997 年回到家乡投资 60 万元在圭峰营造 40 公顷杨树工业原料林,1998 年又在弋江镇营造杨树工业原料林 16. 67 公顷。

卷十一　水　　利

1990年代,全区贯彻执行“巩固改革,适当发展,加强管理,注意效益”的农田水利建设总方针,落实“八五”、“九五”计划,在防洪抢险、蓄水工程、小水电建设以及搞活水利经济等各个方面,都有新的发展。

“八五”期间,全区每年春秋冬季都开展农田水利基本建设。1995年,各类水利工程开工14799座,投工6184万个劳动日,完成土石方3814万立方米,新建旱涝保收面积4953.33公顷,改善灌溉面积10126.67公顷,解决饮水困难人口8.28万人、牲畜3.83万头。在此期间,全面组织投资“戴帽”工程项目的实施,主攻信瑞、康山、饶河、梓埠、珠湖等5座部直供圩堤建设。到“八五”期末,全区小水电达5.69万千瓦,创历史最高水平。

“九五”期间,特别是1998年大水后,水利发展进入了一个新阶段。全区加高加固堤防387.23千米,比“八五”增长95.8%。新建各类水利工程121座,其中大坳水利枢纽工程、铅山铁炉、玉山峡口和婺源钟吕等4座大中型水库建成并投入运行,还有29座大中型水库和959座小型水库进行了除险加固和灌区配套改造工程。据测算,从1996年起到2000年的5年中,全区圩堤、水库和城市防洪工程减灾效益达200亿元左右。在此期间,小水电建设也得到大发展,新建100千瓦以上电站15座,新增装机6.69万千瓦,比“八五”期间增长近1倍。到“九五”期末,全区水利经济总收入44239万元,比“八五”期间增长77%。供水、水电、综合经营和水利旅游已经成为全区水利经济的四大支柱产业。

第一章　防洪工程

1991年—2000年,在防洪工程上,着力于堤防工程、分蓄洪工程和城镇防洪治涝工程三大建设。堤防工程,重点是提高滨湖地区圩堤的防洪排涝标准,主攻信瑞、饶河、梓埠联圩和康山大堤等5万亩以上工程的除险加固,同时加强1万~5万亩的圩堤建设;分蓄洪工程,主要是貊皮岭分洪工程、康山蓄滞洪区安全建设工程和珠湖蓄滞洪区安全建设工程;城镇防洪治涝工程,根据1995年国家防汛抗旱指挥部、国家计划委员会、建设部、水利部联合下发的《关于加强城市防洪规划和建设工程的通知》(国汛〔1995〕4号文)的精神,1996年底和1997年上半年,全区12个县(市)人民政府所在地先后完成了城区防洪规划编制工程,并逐步付诸实施。1998年特大洪水后,各县(市)城镇防洪治涝规划设计和城区防洪治涝建设掀起新的高潮,在抗御1999年和2000年洪水中发挥了巨大作用,确保了城镇安全度汛。

第一节 堤防工程

10 万亩以上圩堤 信瑞联圩 是余干县最大的江湖圩堤。位于余干县境中部，信江下游东西两大支流之间的广阔平原地区。地理坐标为北纬 28°38′56″～28°54′00″、东经 116°24′25″～116°45′00″。它三面环水、一面被神山内堤丘陵地带及康山大堤分隔，东沿信江东大河，西连信江西大河，北邻康山大堤南垸，南靠信江大八字嘴大洲。堤线长 81.18 千米，保护耕地 2.27 万公顷，保护养殖水面 0.34 万公顷，保护人口 30 余万人，保护公路 65 千米。1985 年水利部直供立项投资，至 2000 年(包括一、二期程治理)，通过除险加固治理后，该联圩的防洪能力已达到 20 年一遇洪水的标准。各堤段堤顶高程是：信丰圩 22.5 米～22.8 米，东风圩 22.3 米～22.8 米，信河圩 22.3 米～24.8 米，六 0 腾溪圩 22.3 米～22.64 米，与康垦隔堤 22.0 米，石口堤 22.38 米。堤石宽 8 米～11 米。内坡 1:3～1:4，外坡 1:3。配套设施有大小涵闸 47 座，其中船闸 1 座，通船 50 吨位，兼排涝两用。自流排涝闸 25 座，总排量 448.08 秒立方米。泵站排灌闸 21 座，总排量 88.72 立方米/秒。大小电力排灌站 26 座，装机 10472 千瓦，设计排水量 99.39 立方米/秒。

康山大堤 位于余干县境西北部，鄱阳湖东南岸；地理坐标为北纬 28°48′39″～28°55′10″，东经 116°22′35″～116°36′22″。是余干县一座围湖垦殖工程，初名康山防洪灭病围垦综合工程，也是江西省鄱阳湖重点堤防工程之一。堤线长 34 千米，圩区总集水面积 450.6 平方千米，保护面积 3.04 万公顷，保护农田 9620 公顷，保护人口 10 万余人；保护可开垦地 2 万公顷、公路 30 千米。1985 年，国务院以〔1985〕国发 79 号文件和水电部以〔1985〕水电规字第 2 号文件，把康山大堤列入长江中下游鄱阳湖区重点分蓄洪区，圩区承担 15.66 亿立方米蓄洪容量。当鄱阳湖湖口站水位达到 22.50 米(康山站水位达到 22.55 米)时，由国家防总作出决策，下达分蓄洪命令。为此，国家和地方逐年注入大批资金，1986 年—1998 年，共完成部直供投资 3544.35 万元，以工代赈投资 1161.3 万元，省自筹 116.2 万元，县自筹 2573.43 万元。经历年除险加固，康山大堤按防洪设计标准为 22.55 米，堤顶高程 24.55 米，堤顶宽 7 米，内外坡度 1:3，内坡 21.55 米处设有 2 米宽的马道。到 2000 年，此圩已基本达标。配套设施有：大湖口、梅溪、里溪 3 座水闸，总泄水量 132.96 立方米/秒。圩内较大电力排涝站 2 座，装机 8910 千瓦，总排水量 73.17 立方米/秒。康山 110 千伏变电站，装主变 1 台，容量 1 万千伏安。110 千伏特电线路 1 条，长 24 千米。还有小型电力排灌站数十座。

饶河联圩 位于波阳县饶河流域的昌江河南岸和乐安河北岸尾闾之间的冲积三角洲地带，总集雨面积 137.3 平方千米。堤起三庙前乡境内的西峰岭，止于饶丰镇境内的灌山嘴，全长 46.5 千米(其中正堤 45.06 千米，副堤 1.5 千米)。该堤设计防洪标准为 20 年一遇，设计内外坡 1:3，设计堤顶高程 24.04 米～24.54 米，设计堤顶宽 8.0 米。保护农田 7467.67 公顷，保护人口 8.88 万人，受益单位有饶丰镇、三庙前乡等 132 个自然村。该联圩于 1986 年、1998 年分列入鄱阳湖治理一期和二期防洪工程。1998 年的主要项目是堤基处理，抛石固脚和堤顶公路建设。全部工程由上饶地区水利水电科信监理中心监理，上饶地区水电局工程建设监督站监督，上饶地区水利水电工程质量检测站检测。到 1999 年止，全部工程总投工 1250 万个劳动日，完成土方 950 万立方米，石方 8.7 万立方米耗用钢材 1402 吨、木材 1586 立方米、水泥 1.18 万吨，总投资 5113.77 万元。到 2000 年，该堤已基本按设计要求达标。配套设施有：排涝闸 2

座、引水闸5座、电力排涝站9座、电力灌溉站8座，导洪渠1条，长1.04万米。

梓埠联圩　位于鄱阳湖东南边，属饶河尾闾平原地区，在万年、波阳、余干三县交界处。地处万年县西北部，北滨乐安河，西接乐丰农场，南临万年河，东部为高埠。地理坐标为北纬28°45′00″~28°52′30″、东经116°46′52″~117°00′00″。堤线全长16.46千米，其中梓埠堤段从好湖山起沿乐安河岸至古城山止，全长10.64千米；姚坊堤段从姚坊埠起沿万年河岸至余干青山止，全长5.82千米。堤身防洪标准设计20年一遇设计，堤顶高程15米左右，堤顶宽8米，堤身高8米~9米，内外坡1:3。保护农田7000公顷，保护人口7.2万人。由于圩堤隐患较多，1983年列入全省重点圩堤水利部直供项目；1998年全部完成除险加固第一阶段任务，并开始第二阶段的施工。到1999年，总投资3731.81万元，完成土石方422.3万立方米，耗用钢材1661吨、水泥23860吨、木材510.1立方米。配套设施有：自排闸15座，总泄量122.58秒立方米；电排站7座，装机5750千瓦。该联圩保护耕地7000公顷，其中余干县33.33公顷，波阳县453.33公顷，万年县6513.33公顷，这对于万年县的农业生产起着举足轻重的作用，粮食总产约占全县总产量的1/3，被誉为“万年粮仓”。

5万亩以上圩堤　珠湖联圩　位于波阳县城区北部，鄱阳湖东岸，距县城约35千米。堤线全长19.56千米，保护耕地5033.33公顷，保护人口9.5万人。1989年6月经国务院批准列为鄱阳湖区分蓄洪工程，担负分洪任务5.64亿立方米，占鄱阳湖分洪总量的21.5%，同时建设分洪保安工程（治理一期）。1998年珠湖联圩一期遗留项目及当年大洪水新出险工程列入鄱阳湖区二期防洪工程。到1999年止，累计投工1564万个劳动日，完成土方712万立方米，石方31.89万立方米，耗用钢材4312吨、木材2000立方米、水泥9685吨，总投资5363万元。设计防洪标准为20年一遇，设计防洪水位为22.54米，设计堤顶高程24.54米，内外坡1:3，堤顶宽7.0米。该联圩已基本达到设计要求。配套设施有：排涝闸7座，总泄水量265秒立方米，电排涝站2座，总装机1550千瓦，导洪渠1条，长4000米。圩内有2.7万亩钉螺面积，由于湖内水位稳定蓄积，已达到基本消灭钉螺的要求。

乐丰联圩　位于波阳县乐安河与信江河东支尾闾三角地带，北与饶河联圩隔乐安河相望。堤起自珠湖山至铁头峰止，圩内集雨面积86.1平方千米，保护面积7473.33公顷。堤线长26.13千米，保护农田4800公顷，保护人口3.66万人。1998年列入江西省鄱阳湖区二期工程治理项目，到1999年，全部工程累计总投工768万个劳动日，完成土方550万立方米，石方8.8万立方米，耗用钢材210吨、水泥4554吨、木材585立方米，总投资4272.13万元。二期工程建设实施后，经过监理、监督、检测，工程质量均达到合格标准。圩内建有排涝闸3座，排水总流量117秒立米，电力排涝站11座，装机4755千瓦，电排总流量46.45秒立方米。

西河东联圩　位于波阳县西河东岸，西河尾闾处。圩堤起自牛头山至板埠闸止。堤线全长35.25千米，集雨面积179.3平方千米，设计防洪标准为20年一遇；保护耕地4286.67公顷，保护人口7.15万人。1998年列入江西省鄱阳湖区二期防洪工程治理建设项目，由波阳县堤防修建项目部为法人单位实施，上饶地区水利基建质量监督站负责监督，上饶地区水利基建质量检测站负责检测。到1999年，总投工3.27万个工日，完成土方560万立方米、石方12.24万立方米，耗用钢材538吨、水泥6270吨、木材1800立方米，总投资6124.48万元。圩内建排涝闸20座，总泄水量157.59秒立米，电力排涝站15座，总装机44台2775千瓦，总排水流量21.92秒立方米。实施二期工程建设后，经过监理、监督、检测，建设质量均达到合格标准。

古埠联圩　位于余干县东部，古埠镇辖区内。地处信江尾闾，西临信江东大河，东临万年河,由信江东大河与万年河环抱,隶属信江、鄱阳湖水系。地理坐标为北纬 28°41′25″~28°47′24″、东经 116°44′00″~116°49′33″。

堤线全长 28.15 千米,总集雨面积 143 平方千米,保护面积 4833.33 公顷;保护农田 3533.33 公顷,保护已养水面 275.13 公顷;保护人口 4.99 万人。1998 年列入鄱阳湖区二期防洪工程,由省水利规划设计院编报,地区科信监理中心监理,地区水利电力局质量检测站检测,地区水利电力局基本建设质量监督站监督。防洪标准为 20 年一遇洪水位,设计堤顶宽 6 米,内外边坡 1:3,堤顶高程 21.98 米~23.58 米。该圩经逐年加高加固,至 2000 年止,堤顶高程 19.77 米~23.7 米,堤身高 6 米~7 米,堤顶宽 5 米~7 米,内外坡度 1:2.5~1:3,已护坡 8 千米,护岸 8 千米。该联圩加高加固后,经 1998 年特大洪水考验,安然无恙。二期工程将该圩原有 29 座穿堤建筑物全部重建或接长,到 2000 年止,已重建和接长工程 15 座竣工。

枫富联圩 位于余干县境中西部。地理坐标为北纬 28°33′29″~28°39′00″、东经 116°27′55″~116°39′17″。

圩堤起自卢家山至淮塘终止。堤线全长 48.97 千米,圩区集雨面积 110.5 平方千米,保护农田 4326.67 公顷,保护人口 4.14 万人。1998 年出现特大洪水时,该圩大淮地段因大泡泉而决堤。1998 年后,圩堤大修。总投工 234.5 万工日,完成土石方 480 万立方米,耗用钢材 260 吨、水泥 5000 吨、木材 1255 立方米;总投资 3600 万元,1998 年以前完成 3200 万元,1998 年以后完成 400 万元。配套设施有:大小涵闸 40 座,泄水量 155.35 秒立方米,大小机电排灌站 19 座,44 台机组总装机 3490 千瓦。设计防洪标准为 20 年一遇。

畲湾联圩 位于波阳县乐安河下游北岸,东靠乐平县,南与万年县石镇街隔河相望。圩堤起自乐平县观峰乡境内的观音峰,沿乐安河而下,经波阳县的饶埠、渡口、岭西至庙下李附近止,圩区集雨面积 156.8 平方千米,堤线全长 23.97 千米,防洪标准设计为 20 年一遇。保护农田 4046.67 公顷,保护人口 5.83 万人。此圩由于土质量差、标准低,90 年代先后有 2 次(1995 年、1998 年)溃决。为提高抗洪能力,除当年复堤堵口外,其他各年,受益地区每年冬春都要组织劳力加高加固圩堤,至 1999 年止,总投工 620 万个劳动日,完成土方 485 万立方米、石方 1.6 万立方米,耗用钢材 260 吨、水泥 2600 吨、木材 380 立方米。总投资 700 万元,1998 年以前投资 490 万元,1998 年投资 210 万元,其中国家投资 172 万元。该联圩建排涝闸 7 座,排量 190 秒立方米;电力排涝站 4 座,装机 1855 千瓦,排涝面积 1933.33 公顷,导洪渠 2 条,长 3700 米;电力灌溉站 26 座,装机 518 千瓦。

万亩以上圩堤 碗子圩 位于昌江波阳县袁家—大埠段。堤线长 11.5 千米,堤顶高程 24.5 米~23.0 米,堤顶宽 5 米~7 米,保护耕地 1666.67 公顷,保护人口 2.90 万人。

中洲圩 位于昌江波阳县刘家嘴—刘凤嘴段。堤线长 33.6 千米,堤顶高程 24.0 米~23.5 米,堤顶宽 3 米~6 米,保护耕地 1526.67 公顷,保护人口 2.81 万人。

潼丰圩 位于潼津河波阳县天华里—饥坟里段。堤线长 18.6 千米,堤顶高程 24.3 米~22.3 米,堤顶宽 4.5 米,保护耕地 1420 公顷,保护人口 1.50 万人。

金埠圩 位于信江余干县青山湾—楼埠段。堤线长 15.0 千米,堤顶高程 30.5 米~28.5 米,堤顶宽 4 米~6 米,保护耕地 1133.33 公顷,保护人口 1.49 万人。

问桂道圩 位于昌江波阳县鸡毛贴—黄吉山段。堤段长 9.3 千米,堤顶高程 24.1 米~23.0 米,堤顶宽 5 米~6 米,保护耕地 1000 公顷,保护人口 1.9 万人。

大溪圩 位于信江余干县坂背—貊皮岭段。堤线长 13.0 千米,堤顶高程 28.8 米~26.5

米，堤顶宽6米，保护耕地946.67公顷，保护人口1.8万人。

齐埠圩　位于万年河万年县上河—陈家段。堤线长7.9千米，堤顶高程25.6米~24.1米，堤顶宽3米~5米，保护耕地813.33公顷，保护人口0.83万人。

莲北圩　位于鄱阳湖波阳县四望湖—小阳湖段。堤线长16.7千米，堤顶高程23.9米~23.0米，堤顶宽4.0米，保护耕地733.33公顷，保护人口1.2万人。

向阳圩　位于昌江波阳县东坡山—鸡毛窝段。堤线长12.2千米，堤顶高程24.3米~23.5米，堤顶宽4米~5米，保护耕地686.67公顷，保护人口0.9万人。

第二节　分蓄洪工程

貊皮岭分洪工程　位于余干县枫港乡境内。由于地处信江下游尾闾，北部濒临鄱阳湖，河道弯曲，支流众多，农田常遭洪涝灾害。貊皮岭分洪道的进口在西大河的貊皮岭处，距梅港约25千米，距大溪渡7千米；口门宽度约970米，当梅港水位达到警戒线时开始溢流，属一条洪水河道。

1999年3月，江西省水利厅以1999赣水利办函字002号文，由江西省水利设计院进行该项工程的可行性研究报告编制工作。其主要工程项目是：分洪道进口工程、分洪道右岸加高加固工程、九龙河铁耙山左堤及大淮出口堤拆除工程、铁耙山出口溢流堰、桥。其选定方案工程规模为：分洪道进口堰总宽590米，设计流量1700秒立方米；加高加固分洪道右堤长17.97千米；九龙河铁耙山左堤拆除长度为480米，大淮出口堤拆除总长555米；铁耙山出口溢流堰长度为480米，堰上设置公路桥；九龙河铁耙山段新河开挖长度750米。工程实施后，当信江干流出现20年一遇洪水时，可分洪流量1700秒立方米，最大可降低梅港以下信江干流河段水位0.38米~0.58米，东大河0.15米~0.58米，西大河0.23米~0.73米，减轻沿河两岸圩堤防洪负担。此方案审查会于2000年10月在余干县召开，经18位专家论证并通过，估算总投资1.544亿元。

貊皮岭分洪道工程是省重点工程。通过工程招标，中标、施工单位有中国水利十三工程局，中铁十六工程局，中港第三港务局，山东水利工程局，江苏泰兴工程公司，吉安、南昌水利建设公司、凯盛水电实业公司等。各施工单位于2000年11月进入工地施工。

康山蓄洪区安全建设工程　位于鄱阳湖东南岸，余干县的西北部，属于余干县管辖。该区总集雨面积450.6平方千米(包括信瑞联圩106.9平方千米)，其中蓄洪面积343.7平方千米。区内北部为湖积平原洼地，地形开阔平坦，湖汊密布，地势南高北低，间有丘陵出露。区内地面高程一般在14米~16米之间；南部属丘陵地貌，并建有3.52千米的间断隔堤与信瑞联圩相分隔，地面高程一般在13米~23米。在长江遇特大洪水，湖口站水位达22.5米时，鄱阳湖蓄滞洪水25亿立方米，其中康山蓄滞洪区需承担分洪量15.66亿立方米，以保障鄱阳湖区其他圩区的安全，同时在一定程度上减轻长江下游的洪水灾害。

按照规划，康山蓄滞洪区的建设贯彻“全面规划，因地制宜，合理布局，平战结合，分期实施”的原则，重点建设是实施移民建镇、安全区等工程。2000年，余干县水电局编制了关于康山蓄滞洪区安全建设工程垭口封堵及部分安全转移公路单项设计报告，地区水电局作了转报，省水利厅以赣水防字〔2000〕041号文件作了批复。康山蓄滞洪区安全建设工程第一批项目主要是：一、康山大堤堤顶长24千米的混凝土路面；二、插东转移公路泥结石路面5.4千米；三、莲地、驾湖、谢家、罗家、苍前、里溪6处垭口封堵。总工程量土方开挖3.52万立方米，土方回填24.04万立方米，浆砌石0.92万立方米，混凝土为4.89万立方米，钢筋制安27.3吨，卵石垫层0.49万立方米。第一批实施项目于2000年12月18日在南昌江水大厦公开招标。整个工程被划分为8个施工标段。其中康山大堤5个标段由玉山县水利水电安装公司、福建省水利水电工程局、江西省水利水电建设公司、上饶市科信水力水电建设工程有限公司、星子县水利水电安装公司5个单位分别承建。插东公路1个标段由上饶县远大水利水电建设总公司承建；垭口封堵2个标段由抚州水利水电建设公司和遂川县建设公司分别承建。工程设计单位为上饶市水利电力勘测设计院。

珠湖蓄滞洪区安全建设工程 珠湖蓄滞洪区位于鄱阳湖东岸，波阳县城西北部。境内主要由低矮丘陵和湖泊平原组成，水面宽阔，最宽处达21.5千米，山丘众多，一般高程在25米~40米之间，属典型的滨湖丘陵地貌。珠湖蓄滞洪区面积157.9平方千米，占珠湖联圩总集雨面积的61.7%。

2000年12月22日，江西省水利厅以赣水防字〔2000〕051号文，对关于珠湖蓄滞洪区安全建设工程垭口封堵及部分安全转移路单项设计报告作了批复，指出在整个珠湖蓄滞洪区内仅有毛家村附近有一处天然垭口，必须加高封堵。拟定以公路为基础垭口封堵，垭口处长500米，混凝土路面宽5米，路面高程19米左右，按防洪堤标准加高加固，堤顶高程24.54米。转移公路工程，主要是对罗墩至白鹿岗和聂家至白鹿岗两条转移公路进行改造，合计长度为10.61千米。

第二章 蓄水工程

1991年—2000年，全区建成大中型水库有：广丰七星水库、铅山铁炉水库、玉山峡口水库、婺源钟吕水库和大坳水利枢纽工程以及大茅山集团公司的双河口水库等；在建的有：上饶下会坑水库、波阳灌湖水库（经省水利厅批复列入中型水库）、玉山毛宅水库（经多年续建已达到中型水库规模）。截至2000年年末，全区兴建大中小各种规模的水库1772座，总蓄水量达25.20亿立方米，有效库容17.33亿立方米，有效灌溉面积11.92万公顷。

第一节 大型蓄水工程

大坳水利枢纽工程 大坳工程位于信江一级支流石溪水中游，在上饶县上泸镇境内，坝址距地区行署所在地46千米，地理坐标为北纬28°12′、东经117°58′。

1992年11月，江西省水利规划设计院与上饶地区水利电力勘测设计院共同编制完成了《江西省大坳水利枢纽工程可行性研究报告》；1993年5月，能源部、水利部水利水电规划设计总院以水规字〔1993〕012号文，向水利部报送《关于报送〈江西省大坳水利枢纽工程可行性研究报告的审查意见〉的报告》；1993年9月，水利部以水计字〔1993〕429号文，向国家计委报送《关于报送江西省大坳水利枢纽工程可行性研究报告审查意见的函》；1993年12月，国家计委以计农经〔1993〕2565号文，批复了工程项目建议书，同意兴建大坳水利枢纽工程。1995年12月16日，先期工程开工。1996年2月1日，主体土建工程开工。2000年5月30日，在大坳工地举行发电庆典仪式。至此,大坳一期工程建设基本结束。

据测算,分部分项工程合格率达到100%,优良率60.3%。实现了两个“不突破”,即:不突破概算(总投资3.54亿元,其中国家投资9430万元,省投资9020万元,地区投资7850万元,贷款9100万元)、不突破工期(3年零6个月)的佳绩,被誉为江西水电建设的样板工程。

大坳水利枢纽工程总库容2.75亿立方米,有防洪、灌溉、发电、养殖、旅游等综合效益。防洪保护面积4666.66公顷,多年平均发电量9082万千瓦时,保证出力5470千瓦。截至2000年年底,已发电6100万千瓦时,实现产值2000余万元,接待游客近万人。二期工程建成后,可灌溉农田2288.67公顷,可增加装机1.14万千瓦时,多年平均发电量增加3920千瓦时。此工程建成后,还可保护下游农田约7万亩;保护上泸镇和青溪乡;保护人口11万人,使抗洪标准提高到20年一遇。

上饶地区大坳水利水电开发总公司(饶编发〔1996〕11号)　法人代表周孝和,当时有职工100人。总公司内设办公室、生产技术科、人事科、财务科、经营管理科、治安保卫科。总公司下设6个正科级单位,即:电力公司(电厂)、水库管理处、航运管理站、渔政站、综合开发公司、新技术服务公司。高级工程师4人、中级职称10人。大中专以上文化程度65人。

第二节　中型蓄水工程

1991年—2000年,全区建成和在建的中型水库有:

七星水库　位于信江水系丰溪河支流十五都港上游的七星村附近,距广丰县城50千米,地理坐标为北纬28°26′、东经118°20′。

1981年7月,地区水利电力勘测设计院会同广丰县水电局勘察设计室编制《广丰县七星水电站设计任务书》上报,1983年2月,省计委以赣计〔1983〕农字第7号文,对广丰县七星水电站设计任务作了批复。1985年12月1日,七星水电站正式开工,1991年12月全部竣工。

七星水库是以发电为主,兼顾灌溉、防洪、水产等综合利用的中型水库。正常蓄水位339.5米,总库容9986万立米,相应下泄流量1699秒立方米,设计电站装机3台,总容量9600千瓦,多年平均发电量2502万千瓦时,可增加下游各梯级的发电量2124万千瓦时。发电厂房为坝后引水式地面厂房,厂内装有3×3200千瓦机组。升压开关站布置在发电厂前沿左侧地面高程282米,布置三台4000千伏安变压器及相应油开关等设备,架3.5万伏18.5千米输电至军潭水库。

1991年,广丰县七星水库管理局成立,属县二级单位,局下设办公室、生产技术股、保卫股、财务股、电站和多种经营股。职工222人,其中技术人员5人。2000年3月,广丰县委、县政府对丰溪河流域三个水库管理进行改革,成立丰溪水电有限责任公司,七星水库管理局为七星水电站,属公司管理,不具备法人代表资格,电站职工114人,其中技术人员4人。

七星电站建成后,累计发电量1.735亿千瓦时,多年平均发电量1928万千瓦时,1999年最大年发电量为2565万千瓦时。1995年最大年上网量为2316万千瓦时,累计售电收入4474万元,平均年售电收入497万元。同时可增加下游各梯级发电量2124万千瓦时,为下游6666.67公顷农田提高了灌溉用水保证率,利用水面养殖300公顷,年均水产品产量12吨。1998年度,多种经营总产值6万元,1999年度为4万元。

铁炉水库　位于信江支流铅山河石垅水的铁炉村附近,是一座防洪、发电结合灌溉的中型工程,也是石垅水梯级开发的龙头工程,地理坐标为北纬28°03′、东经117°45′。

1981年时,地区水利电力勘测设计院和铅山县政府经过一年零六个月的内外业的勘测规划后,于1982年6月提出《信江流域铅山河规划报告》,省计委以赣计〔1983〕农字16号文《关于铅山县铁炉水库设计任务书的批复》,予以立项。1985年10月,铁炉电站上报开工报告,省计委以赣计〔1985〕农字96号文批复同意开工。铁炉水库于同年12月破土动工,1992年6月全面竣工。

铁炉水库枢纽工程主要由大坝、引水隧洞、发电厂房、升压站、放空隧洞等组成。大坝位于白石岭峡谷区中上段河床上,为细石砼砌石重力坝,坝顶高程351.1米,坝顶长246米,共分11个坝段。引水发电隧洞布置于大坝左岸花岗岩的山体中,全长728.32米,发电厂房布置在大坝下游1.2千米处的左岸滩地上,发电尾水通过压力涵管直接排入原河道中。

1989年2月,成立铁炉水库管理局,后经多次变更,到2000年2月划归铅山县水电总公司管理,实行报账制。现工程管理机构名称为铅山县水电总公司铁炉水库管理局,有职工290人,其中工程技术人员10人。

铁炉水库总库容3820万立方米。灌溉农田3333.33公顷,多年平均发电量1560万千瓦时,累计已发电1.3亿千瓦时;防洪保护对象为位于坝址下游3.5千米的横南铁路桥1座、闽赣公路1.5千米及桥梁1座,乡村公路4千米及桥梁2座、便桥4座,保护学校4所、乡镇企业6家、乡镇1个、村庄18个、人口9600人,农田373.33公顷。水库宜养面积120公顷,水面养鱼年产约40吨。

峡口水库 位于玉山水分支玉琊溪中游,玉山县横街镇峡口村附近,离县城约15千米。坝址处地理坐标为北纬28°43′、东经118°08′。

玉琊溪流域水能理论蕴藏量2.84万千瓦,年电能0.76亿千瓦时,可能开发利用水电装机容量2.41万千瓦。1990年由地区水利电力勘测设计院编制《峡口水库工程可行性研究报告》中提出了一级茶潭水库、二级峡口水库(低坝方案)的二级开发修改方案。1991年12月20日峡口水库正式开工,1999年12月22日由省计委组织对该工程竣工验收。

峡口水库总库容1340万立方米以防洪发电为主,兼顾灌溉和养殖。水电站总装机为5000千瓦,保证出力625千瓦。枢纽工程建筑物主要由挡水、泄洪、引水管道、发电厂房以及升压开关站等组成。峡口电站厂房在建筑平面设计上一反常规的火柴盒模式,副厂房采用围绕主厂房北、东侧成"7"型布置,厂房正立面采用大凹型圆弧面,使主副厂房在立面上形成高低错落的层次变化,以及平直面与弧面有机结合的动态画面。

1994年,峡口水库管理局成立,为县政府直属正科级事业单位,下设办公室、财务科、工管科、保卫科、电站用电管理科等机构。有职工119人,其中工程师1人,助理工程师5人,技术员4人。

直接经济效益是自1994年10月29日第一台机组开始发电至1999年9月止,累计发电量8318.79万千瓦时,年平均发电量1405.99万千瓦时,年平均售电收入432万元,累计售电总收入2526万元,水库可供养殖面积1.1平方千米。1998年多种经营产值1.5万元。社会效益是,为玉山县工农业生产提供了电能,为100多人解决了劳动就业,减轻了下游防洪压力,改善下游灌溉条件1533.33公顷。

钟吕水库 位于婺源县江湾镇钟吕村上游160米处,属饶河水系乐安河支流段莘水分支小港水。地理坐标为北纬29°17′、东经118°02′。

早在1979年,婺源县就提出了小港水钟吕段开发方案,上饶地区水电勘测设计院又于1988年、1993年先后对此进行了规划研究,省水利厅以赣水电地电字〔1993〕032号《关于婺源县钟吕水库可行性研究报告》初审意见致函省计委,省计委以赣计农字〔1993〕119号文作了批复。

钟吕水库总库容2145.2万立方米。是一座跨流域引水开发工程,坝址以上控制流域面积33平方千米。大坝轴线位于钟吕村上游160米处,是一座建于风化岩上的复合土工膜面板碾压堆石坝,坝顶高程278.5米,最大坝高51米,坝顶长262米。溢洪道为岸坡式,布置在大坝左端山坡上,与坝轴线夹角58.5度,总长156米。引水隧洞由引水隧洞洞身、调压井及高压管道三大部分组成。发电厂房布置在江湾水左岸滩地边,平面尺寸为31.5×15.7米,为地面式。安装2台HL110-WJ-76水轮机配2台SFW2-J3200-6/1480发电机,单机容量为3218千瓦。工程监测有7只渗压计,4根测压管,7套沉降计,4只温度计,7个位移观测点。

工程由婺源县发电总公司汪口发电公司经营管理。有职工48人,其中管理人员14名,生产人员30人,服务人员4人。

工程年供电1456万千瓦时,其中枯水期970万千瓦时,可为下游电站增加电能217万千瓦时,经济净增值227.1万元;设计灌溉面积200公顷,灌溉保证率达95%;可供养殖面积48.4公顷,年均水产品产量30吨。可减轻下游1万多居民受洪水威胁。

双河口水库 位于德兴市乐安河支流长乐水上游的梧风洞溪上,在大茅山企业集团辖区内。地理位置为北纬28°49′~28°53′、东经117°43′~117°51′。

1988年,大茅山垦殖场向省垦管局报送《关于茅山岗水电工程双河口水电站初步设计方案》的报告,省垦管局以赣垦管基技字〔1988〕第23号文将报告送省计委审批,省计委以赣计〔1989〕农字15号文作了批复,同意兴建双河口电站。工程建设从1990年12月至1997年12月竣工。1998年,由省计委主持,组织有关部门对双河口水电站进行验收,认为整体工程质量合格,并以赣计设审字〔1998〕15号文批准通过。

水库正常蓄水位为375米,最大蓄水量1150万立方米,有效蓄水量811万立方米,死水位348米。500年一遇校核洪水位377.8米,总库容1181万立方米,入库洪峰流量698秒立方米,下泄流量569秒立方米,控制水位375米。厂房布置在距坝址右岸下游1.2千米的山坡上。主厂房面积517平方米,布置3台水轮机和3台发电机。副厂房布置在主厂房上游侧,为二层砖混结构,尺寸47.3×5.5米,第一层布置变压器室,6千伏开关柜室及控制室;第二层布置35千伏开关柜、载波房等。

双河口水库由大茅山电力公司管理,单位总人数475人,其中工程技术人员75人。

装机容量3750千瓦,年平均发电量1280万千瓦时,售电年收入348万元。下游9个梯级电站增加电量172万千瓦时,年收入51.6万元。

下会坑水库 位于信江水系丰溪河支流花厅水的上游,坝址距上饶县城45千米。地理坐标为北纬28°11′~28°15′、东经118°09′~118°11′。

1991年上饶县委托地区水电勘测设计院对下会坑水库进行测量和选点。1992年5月召开规划修改报告评估会。1993年5月,编制《下会坑水库可行性研究报告》,同年9月省水利厅以赣水电地电字〔1993〕029文致函省计委,省计委以赣农字〔1993〕83文作了批复,同意兴建具有年调节性能,以发电为主,兼有灌溉效益的下会坑水库。1996年7月1日,上饶县成立下会坑水利枢纽工程指挥部,1996年9月29日工程正式动工兴建。

大坝为浆砌石双曲拱坝，坝顶高程423.5米，最大坝高100.5米(实际坝高102.39米)，大坝顶宽4.5米。引水发电隧洞，在河床右岸山体内开挖，全长5150米，其中隧洞4920米，最大引用发电流量11.64秒立方米。发电厂房，采用地面式，主厂房纵轴线与高压管道轴线夹角成32度，主厂房长29.3米，宽12.3米。安装2台水轮机配以FS8000－6/2400发电机组。

1999年7月11日上饶县编委以饶县编字〔1999〕14号文批复，并报上饶地区编委审批，成立上饶县下会坑水库管理局，为正科级自收自支事业单位，归属上饶县水电局。

下会坑水库总库容3505万立方米。是以发电为主，兼顾灌溉、防洪、养殖等综合水利工程，电站装机2×8000千瓦，多年平均发电量5283万千瓦时，能缓解上饶县电力供需矛盾，增加和改善饶南灌区4866.67公顷农田用水，可使花厅下游2133.33公顷农田和4.5万人由原来5～10年一遇的防洪标准提高到20年一遇，并为下游梯级开发和上饶市区防洪起到积极作用。

灌湖水库 位于波阳县乐安河下游竹山下支流，坐落在饶丰镇灌塘分场架口村上首1千米处，距波阳县城17.5千米。地理坐标为北纬28°55′03″、东经126°50′33″。

主坝均质土坝，坝顶高程23.50米，最大坝高11.50米，坝顶宽度8米，坝长540米。迎水坡分别在19.0米、21.0米高程处各设2米宽的马道，背水坡为草皮护坡，坝基为黄色黏土。副坝均质土坝，长1180米，顶宽8米，坝顶高程24.04米，最大坝高12.04米。溢洪道位于坝左岸山坡上与距坝端320米处开挖而成，为开敞式溢洪道，全长350米。1995年12月18日省水利厅以赣工管〔1995〕85号文《关于灌湖水库列入中型工程的批复》，确定灌湖水库为中型工程。

饶丰镇灌湖水库管理站，隶属镇政府直接管理。单位人数4人，其中技术人员1人。

灌湖水库总库容3232万立方米。设计灌溉面积2400公顷，实际1000公顷，养鱼面积333.33公顷，年均水产品产量30吨。水库保护54个村庄、田—乐公路、耕地3733.33公顷，人口4.2万人。

毛宅水库 位于玉山县下镇镇毛宅村东1千米处，属信江水系玉山水分支沧溪。距县城18千米。是一个以灌溉为主，兼顾养殖多年调节的中型水库。

毛宅水库坝址控制流域面积5.21平方千米，外引流域面积5.29平方千米；多年平均降雨量1826毫米，多年平均径流深1187毫米。坝顶高程73.5米。水库正常蓄水位70米，相应库容1002.5万立方米，兴利库容719万立米，死水位62米，死库容283.5万立方米，水库汛期限水位68米，相应防洪库容185.6万立方米。发电厂房布置在坝后，为地面式，安装HL360－WC－25型号水轮机配TSWN423/20.4－4型号发电机各3台，单机容量40千瓦，配变压器1台，该电站只能在汛期和灌溉期发电，年发电量约720千瓦时。

毛宅水库属集体所有，由下镇镇水利电力管理站负责管理，下设毛宅水库管理所，单位人员8人，无工程技术人员。

水库设计灌溉面积706.67公顷，实际面积466.67公顷；可养水面93.33公顷，年水产品产量100吨。年发电量720千瓦时。1998年多种经营总产值50万元。

第三节 小(一)型蓄水工程

截至2000年底，全区有小(一)型蓄水工程229座，总库容67890.74万立方米，有效库容48743.37万立方米，灌溉面积3.52万公顷。

2000 年全区小(一)型蓄水工程一览

表 11-2-1

县(市)	座数	总库容(万立方米)	有效库容(万立方米)	灌溉面积(万亩)
总 计	229	67890.74	48743.37	52.87
上饶市	9	1989	1676	2.43
德兴市	9	2625	2213	1.94
上饶县	13	4509.4	3337.5	3.94
广丰县	20	5232.94	3612	4.12
玉山县	20	5531.2	4313.02	3.59
铅山县	20	6161.7	4311	4.38
横峰县	10	3545.1	2972.4	2.58
弋阳县	14	4959	3690	3.44
余干县	25	7343	5038.3	6.45
波阳县	49	13421.2	8656.7	11.97
万年县	32	9919.3	6907.8	6.9
婺源县	8	2653.9	2010.65	1.13

第三章　排涝工程

上饶是个洪涝相伴发生之地。大洪水之年，也是大涝大渍之年。全区洪涝面积达 84.89 千公顷，主要集中分布在鄱阳湖区和信江、饶河两岸以及尾闾地区。这一带土地肥沃，地势低洼，一般地面高程在 16 米~18 米之间，全靠圩堤保护。为了治理涝灾，由单纯兴建涵闸自流排涝，发展到采用“高水导排、低水提排、涵闸自排、围洼蓄渍”的综合治理措施，使全区渍涝灾害逐年减轻。到 2000 年年末，已治理渍涝面积达 6.53 万公顷，占易涝面积的 77.0%，其中达到 3 年~5 年一遇最大三日暴雨除涝标准面积为 4.08 万公顷，占 61.5%；5 年~10 年一遇最大三日暴雨除涝标准面积 2.04 万公顷，占 31.2%；10 年以上除涝标准面积 4770 公顷，占 7.3%。由于排涝标准不高，机电设备大部分老化，年久失修，因此，全区涝灾面积仍有近 2 万公顷。

第一节　排涝涵闸

2000 年，全区共有排水涵闸 69 座，其中：过闸流量 100 秒立方米以上的涵闸 4 座；过闸流量 30 秒立方米~99 秒立方米的涵闸 8 座；过闸流量 10 秒立方米~29.9 秒立方米的小型水闸 57 座。

过闸流量100秒立方米以上的排水涵闸　永安泄水闸　位于信瑞联圩石口堤内的互惠河下堵口处，地处余干县石口镇石口村，外为鄱阳湖，内为互惠河，距余干县城20千米。圩内总集水面积154平方千米，承担排涝面积8426.67公顷，过闸流量为156.7秒立方米。此闸为混凝土重力式拱形，钢筋混凝土闸室长25米，共设6孔，其中泄水孔5孔，过船道1孔。泄水孔为混凝土拱形结构，孔宽2.4米，起拱高2.3米，矢高1.2米，孔口高度3.5米，为一半椭圆形状，闸底高程10.62米（黄海高程系统），配5台25T手拦螺杆启闭机控制泄排流量。过船孔为钢筋混凝土方型，孔宽2.8米，孔口高3.88米，孔底高程12.12米（黄海高程系统）。此闸由信瑞联圩管理局管理，设石口电排站，负责管理石口永安闸，在职12人。

献忠泄洪闸　位于波阳县饶埠镇境内畲湾联圩岭港河口。此闸为钢筋混凝土涵管式结构型。断面形状和尺寸（孔数×高×宽）为2×4×3米和4×3×3米，共6孔。闸底板高程为15米，螺杆式启闭机6台，每台启闭力15吨。过闸流量为108秒立方米。排涝受益农田为533.33公顷。由饶埠镇管理，运行原则是：当圩内水位超过16米时，开闸排水；当外河水位超过17米时，关闸。即内高排水，外高关闸，特别是抓住外河洪峰来到之前抢排。

大湖口泄洪闸　大湖口是圩区一条大河道出口，正对着圩区内的大湖。新建圩堤之前，大小船只从这里经过，水位较深，是理想的建闸位置。大湖口老闸从1969年建成直到1996年封堵。由于老闸工程设计标准偏低，后经水利部长江水利委员会和江西省水利厅批准，将该闸重建，1995年开工，1997年竣工。新闸建于19+520位置，距老闸19+440位置120米处。设计过闸流量为105秒立方米，闸身为5孔箱涵型钢筋砼结构。闸孔宽3.1米，高4米，闸底高程10.62米（黄海高程系统），闸门为矩形钢质闸门，高4.5米，宽3.5米，采用5台15吨手、电两用螺杆式启闭机启吊，闸身长60米，高16.55米，宽20.3米。

珠湖泄洪闸　位于波阳县珠湖联圩15.8千米处，即在白沙洲与车门村之间，距县城约45千米。此闸1994年1月开工，1995年3月竣工。设计洪水位22.54米，涵闸闸身为开敞式钢筋混凝土结构，共5孔，每孔断面高3.4米，宽2.7米，闸底高程13.2（黄海高程系统）。过闸流量为104秒立方米。排涝受益农田2500公顷，防洪面积6133.33公顷。此闸由珠湖联圩管理局进行管理，管理人员5人。

过闸流量30～99秒立方米的排水涵闸　十亩伪泄水闸　位于余干县三塘河出口处，是一座集泄水、通航、引水为一体的综合性工程。该闸由两孔泄水闸和一孔船闸组成，泄水流量为87秒立方米，设计通行50吨机动船。闸底高程12米（黄海高程系统）。泄水孔为钢筋混凝土双孔箱形结构孔宽3.5米，孔高4.0米，闸门为钢筋混凝土梁格钢丝网面板结构，两面台手摇螺杆式启闭机。船闸为上、下闸首钢筋混凝土开敞式结构，船闸孔宽5.0米，高10.8米。十亩伪泄水闸由信瑞联圩管理局管理，设十亩伪管理站。

饶丰泄水闸　位于鄱阳镇姚公渡对岸的饶河联圩。此闸原为木质工作闸门。随着饶河联圩除险加固工程全面展开，木质门及8吨启闭机已更换钢筋混凝土钢丝网平面闸门及启闭力30吨手摇电动两用螺杆启闭机，将砖木结构的闸房改修为砖石混凝土闸房。此闸闸身为钢筋混凝土框架结构，共3孔，每孔断面为高4.5米、宽3米，闸底高程13.42米，最大排水流量为57秒立方米。饶丰泄水闸由饶丰农场（现改为饶丰镇）派人驻地管理。

乐丰泄水闸　地处波阳县乐丰镇十字河村，鄱阳湖信江东支与乐安河交汇处，是里湖水库排洪涵闸。此闸为钢筋混凝土结构，共3孔，每孔高4.5米，宽3.3米。启闭机3台20吨和3台10吨，共6台。乐丰闸设计外河（信江东支）水位21.31米，设计排涝内渍水位15.1米，最大排水流量为57秒立方米。由乐丰镇农业科管理。

茶盘洲泄水闸　位于余干县禾山乡茶盘洲。此闸为钢筋混凝土盖板涵洞式结构,断面为长方形,2孔,宽29米,高4米,闸底高程为15米(吴淞高程系统),实际最大排涝流量为50秒立方米。启闭机闸室为钢筋混凝土框架结构,用手摇启闭机操作。该闸由枫富联圩管理站管理,管理人员1人。

蒋坊泄水闸　位于余干县梅港乡蒋坊圩西端,即庙背村后山坡边圩堤接头处。此闸为钢筋混凝土矩形结构,闸站结合,闸身长48米,闸室长5.5米,孔宽2.6米,高4米,共2孔,闸底高程20.06米,实际最大排水流量42.2秒立方米,启闭为闸式结构,启闭台长7.45米,宽4.8米,闸门为木叠梁闸门,共2扇,配有螺杆式10吨启闭机2台。泵站出水闸在排水闸上层,起排水位22.0米,出水闸底高程为24.2米,排涝流量为4.5秒立方米。该闸为梅港乡水管站管理。

梓埠堵口涵闸　位于万年县梓埠镇渡口陶家村,也是玉津河梓埠堵口处。此闸设计外河洪水位23.6米,内河16.43米,设计最大排涝流量38.76秒立方米,承担排涝集水面积53.36平方千米。涵闸结构为涵洞式,钢筋混凝土与浆砌石结构。老闸边、中墙为红条石结构,断面高3.9米×宽2.35米,长51米,2孔,底高程14.18米(吴淞高程系统),泄流量为16.6秒立方米;新闸边、中墙为浆砌块石结构,断面高3.3米×宽2.35米,长51米,3孔,底板高程14.76米,泄流量22.16秒立方米,出口处有启闭机和钢闸门。启闭机2台,启闭力30吨。另外还有3台启闭机,启闭力20吨。由于集水面积大,内涝相当严重,一般抢在乐安河洪水到达之前,抢时排出,低洼面积1333.33公顷左右。此闸由梓埠联圩工程管理局管理,管理局下设堤防站,有专职管理人员28人。

朱源排涝闸　位于万年县老虎沟,也是朱源河与乐平市镇桥圩相接的地方,属万年石镇与乐平镇桥两乡共同投资投劳兴建。圩内总集水面积30.5平方千米,承担排涝面积266.67公顷。此闸出口为乐安河,设计洪水位24米,内渍水位17米,最大排流量36秒立方米,涵闸结构为开敞式,用钢筋混凝土建造,断面高3.3米×宽2.2米,2孔,长32米,底高程15.42米,钢闸门,3.6×2.54×0.2米,2扇,启闭机2台,启闭力10吨。此闸由万年县石镇朱源村管理。

姚坊出水涵闸　位于万年县湖云乡姚坊村。圩内集水面积192.4平方千米,承担圩内的主要排涝任务。涵闸外河万年河,设计外河洪水位23.4米、内河水位16.43米,其最大排涝流量35.6秒立米。涵闸结构涵洞式,整个闸身及启闭机竖井都采用钢筋混凝土结构,断面高1.8米×宽1.4米,2孔,底板高程16.6米,长43米,4扇钢闸门,启闭机4台,每台启闭力20吨。由梓埠联圩局管理。

过闸流量10~29.9秒立方米排涝涵闸　此类涵闸全区共有57座,其中建于1950年代至1980年代有54座,建于1998年—2000年的有3座。

余干县农场泵站闸　建于1998年,位于信瑞联圩,闸底高程12.08米,闸孔2个,钢筋混凝土结构形式,闸门2扇,过闸流量设计为18秒立方米。

波阳独山闸　建于1999年,位于西河东联圩,闸孔1个,平面钢闸门,过闸流量设计为12.8秒立方米。

余干纪柱闸　建于2000年,位于古埠联圩,闸底高程12.8米,钢筋混凝土结构形式,闸门3扇,过闸流量设计为20秒立方米。

第二节 电力排涝站

2000 年底,全区在沿江滨湖地区建立的电力排涝站,单站装机在 1000 千瓦以上的有 13 处,总装机 2.645 万千瓦时;单站装机在 500 千瓦到 1000 千瓦之间的有 48 处,总装机 3.124 万千瓦时。

装机 1000 千瓦以上的电力排涝站 *锣鼓山电排站* 位于余干县西北部,鄱阳湖南岸,康山大堤桩号 12 +780 -12 +880 处,坐标为北纬 28°53′、东经 115°26′。站址在兴建康山大堤之前,是鄱阳湖中的一个小土丘,四周被鄱阳湖水包围,远看好像是飘浮在水面上的锣鼓。传说明朝朱元璋与陈友谅大战鄱阳湖时在此鸣锣击鼓,指挥作战,故名"锣鼓山"。1998 年保安加固,1999 年基本完工。

锣鼓山电排站的外湖水位 21.5 米(吴淞高程系统),20 年一遇洪水标准,最低起排水位是 13.5 米,内渍调蓄库容 4 亿立方米,承担康垦、康山、新生、梅溪、东源、大塘、古竹、金山咀等 7 乡 1 场约 15 万亩农田的排涝任务。圩内最大年降水量 2149.6 毫米,最小年降水量 1070.2 毫米,年均降水量 1563.6 毫米。一般 4 ~6 月为降水集中期。该站承担排涝集水面积为 304 平方千米,设计排涝总装机 7260 千瓦,设计排涝量 59.62 秒立方米。实际上当遇到内涝年份时,在停止降雨的情况下,开动 15 台 ~17 台电机,24 小时可降低水位 3 厘米 ~4 厘米,一般要一个多月才能降到安全水位 15.5 米,内涝特别严重需要两个月。电排站有水泵 22 台,单机排量 3.7 秒立方米,总排流量 81.4 秒立方米。电动机 22 台,单机 330 千瓦,总装机 7260 千瓦。电排站供电电源接锣鼓山变电站,110 千伏线路由梅庄变电站架线,经瑞洪破口至锣鼓山变电站。排涝渠是人工开挖,长 110 米、宽 80 米、底高 12.5 米,进水池连接康山内河。

1995 年内渍最高水位 16.47 米时,该站开动电机排水,使康山大堤内的小堤安然无恙。纯排涝农田近 15 万亩,年产粮食 1000 万千克 ~3000 万千克,包括水面养殖等综合效益达近亿元。此站主管单位是余干县康山大堤管理局,电排站管理人员是 9 人。

石口电力排涝站(原称永安闸电排站) 位于余干县北部的石口镇石头口,信瑞联圩石口堤东北面,即互惠河出口处。坐标为北纬 28°49′53″、东经 116°37′41″。

1996 年冬,石口镇要求永安闸电排站扩建 3 台单机 280 千瓦的电机。工程于 1997 年 4 月完工,纯增容量 840 千瓦;1998 年又更换了 4 台,将 130 千瓦电机改成 180 千瓦电机,纯增容 200 千瓦。经过前后 4 次扩建增容,装机已达 17 台,总装机容量 3360 千瓦。

石口电排站的受益单位有 9 个乡镇场,纯排农田面积 3673.33 公顷,其中排鱼池湖(外排)面积 1333.33 公顷,排互惠河(内排)面积 2340 公顷,灌溉面积 233.33 公顷,年增粮食 2.5 万千克。此站为信瑞联圩工程管理局管理,电排站有职工 10 人,退休人员 8 人。

姚坊大泵站(又名姚坊新站) 位于万年县梓埠联圩段 0 +080 桩号的姚坊排涝站西边平行 20 米处。属湖云乡姚坊村委会杨家村。地理坐标为北纬 28°45′、东经 116°46′。是梓埠联圩重点排涝枢纽工程。

姚坊大泵站的站房电机层高程为 19.96 米,长 22 米,宽 12 米,平顶高程 32.46 米,站房底板高程 9.55 米,引水渠有 1 座双曲拱机耕道桥,东边有 1 座 2 孔节制闸。排涝出口为 4 条穿圩涵管,出口拍门 8 块,出口检修闸门 4 块,启闭机 4 台,启闭力 20 吨。电动机 4 台,总装机 3200 千瓦。此站属于梓埠联圩工程管理局管理,有干部职工 126 人。

良种场电排站 位于余干县信瑞联圩信河联圩县农场地段。兴建该工程主要是缓解信河垸内集雨面积198平方千米排涝区排渍任务。工程始建于1996年,1998年5月全部竣工并交付使用。

工程的外河防洪标准按照信瑞联圩除险加固设计标准20年一遇,外河防洪水位为20.98米。排涝标准即10年一遇3日暴雨3天排至农作物耐淹水深,内河排涝设计水位为13.9米,设计排水流量15.06秒立方米,装机1680千瓦,选配900ZLB－2.8－6.8型水泵6台,配套6台JSL－15－12－280千瓦电动机。泵站为钢筋混凝土结构,底板高程10.79米,叶轮中心高程12.29米,电机层楼面高程17.58米,出水池为钢筋混凝土压力水箱,穿堤涵管为双孔钢筋混凝土箱涵,底板高程12.08米,截面尺寸为2.4米×2.4米,分5节、共66米。外河出水节制闸为钢筋砼结构,底板高程为12.08米,由2块钢闸门、2台15T手电两用启闭机控制。该工程建成后,由鹭鸶港乡政府直接管理。

落脚湖电排站 位于余干县西北部,鄱阳湖东南岸,康山大堤长洲地段。坐标为北纬28°53′、东经116°31′。落脚湖电排站是康山圩区农业开发灭螺防疫综合治理规划一期骨干工程。始建于1989年,先建内湖围堤(隔堤),1993年落脚电排站,1996年竣工。

落脚湖电排站的外湖设计水位20.74米,为20年一遇洪水标准,最低起排水位12.7米,承担落脚湖农业开发局4万亩农田的排涝任务。站房长30米,宽9.2米,高14.5米,面积276平方米。底板高程9.53米,电机层高程15.3米,进水节制闸4孔,每孔宽2.7米,高4米。出口闸2孔,每孔宽2.7米,高2米。排涝引水渠长50米,底宽14米。该站已装5台48ZLB－70型轴流泵,单机排量2.6秒立方米,总排量13秒立方米。安装5台JSL－15－12型电动机,单机330千瓦,总装机1650千瓦。

落脚湖电排站兴建后,实现血防灭螺1866.67公顷,纯排农田面积1666.67公顷,开发养殖水面773.33公顷,稻莲田1133.33公顷,年增产粮食1320吨。开发防护调蓄林地266.67公顷。此站由落脚湖电排站管理委员会管理,管理人员8人。

解放河电排站 位于上饶市沿河路解放河出口处,是一座以解决市北区解放河流域的内涝而建的电排站。解放河发源于上饶县吉阳山,其流域面积11.74平方千米,主河道长7.74千米。沿河两岸地面高程较低,在67米~69.5米之间,一旦外河水位高于67米时,不但内水不能外排,而且产生外水倒灌现象,使该区内涝严重。

1997年6月11日,地区行署以饶行发〔1997〕33号文通过《信江流域中上游区、尾间区防洪治涝规划报告》,1998年获省水利厅批复后实施。解放河综合治理工程总投资1832万元,其中国家投资1251万元,自筹581万元。至1999年5月,工程主体基本完工

解放河电排站以上集雨面积11.74平方千米,解放河涝区的治涝方案:首先将解放河上游五里亭以上集雨面积4.68平方千米的洪峰流量38.9秒立方米,通过东引工程导托过上德公路,跨过松光山分水岭进入郭门坂,穿过的浙赣铁路汇入郭门溪,重建导托排洪渠,使洪水直接导入信江。再利用黄沙塘水库,将控制的2.27平方千米集雨面积,按20年一遇洪水标准拦蓄不下泄。再对黄沙塘水库以下的解放河河道清淤、清障、开挖衬护,使电排站引水渠道畅通。解放河电排站设计排流量17.5秒立方米,设计外河洪水位69.9米,起排水位66.5米。设计排涝总装机容量4×330千瓦。排涝站引水渠从黄沙塘水库溢洪道出口至解放河出口,总长3328米。整个工程于2000年1月建成并通过验收。

解放河电排站的建成,使上饶市老城区内的火车站、汽车站、解放大街、五三大道、商品批

发街、中小学校及居民区免受内涝，保护城市面积2.7平方千米，保护人口2.8万人。此工程由上饶市城市防洪工程管理处统一管理，归口上饶市水电局。

陶家电排站 位于万年县梓埠镇联合村渡口陶家村。地理坐标为北纬28°45′、东经116°46′52″。圩内总集水面积192.4平方千米，陶家电排站承担排涝面积1133.33公顷。

该工程的站房长26米、宽6.5米、高6米，设有5吨的吊车梁，3面为红条石挡土墙，高6米，站房地面高程18.5米，排涝闸进口高程15.5米，出口高程15.4米，闸长42.3米，高2.6米，宽2.6米，启闭机1台，启闭力20吨。水泵型号40ZLB－85，6台，单机排量2.08秒立方米，总排量12.48秒立方米，实际排涝总装机1260千瓦。陶家电排站纯排农田面积近4666.67公顷（和姚坊站共同承担），实际排涝面积3000公顷。该站由梓埠联圩管理局统一管理。

布袋电排二站 位于余干县古埠联圩布袋村堤段，桩号15＋500处。布袋排涝区控制集水面积48.43平方千米，区域内有农田2.8万亩，旱地0.1万亩，建站前有布袋排一站装机695千瓦，设计排涝流量6.48秒立方米，排涝规模偏小，每逢汛期，内涝成灾。1998年7月，为改善排涝条件，余干县水利电力勘察设计室，编制了《余干县古埠布袋电排二站工程可行性研究报告》，同年9月地区水电局作了批复，确定该站装机1260千瓦，采用一级排涝。

该工程自1998年10月开工，土建工程于次年3月竣工，机电设备于2000年5月安装完毕。总装机为1260千瓦，电机层楼面高程18米，穿堤涵管为双孔钢筋混凝土箱形涵管，全长63米。外河节制闸门为钢筋砼闸门，由2台15T手电两用螺杆式启闭机控制。布袋电排二站建成后，可使排涝区内2.2万亩农田得到保障。该站管理权属古埠镇政府。

珠二电排站 位于乐丰联圩珠湖堤段8＋050桩号，地理坐标为北纬28°51′18″、东经116°42′35″。行政隶属饶州监狱。珠湖堤段内总集水面积44.4平方千米排涝站承担排水面积16.8平方千米，堤段内总耕地面积2186.67公顷，可待垦殖耕地面积326.67公顷。

1990年10月，工程进行增容，新增排涝机组2套（28ZLB－70泵，配JSL－12－8型130千瓦电机）和更新电动机5台（以JSL－12－8型130千瓦电机替代JSL－12－10型95千瓦电机）。泵站外河设计洪水位22.70米，设计排涝水位21.5米，圩内设计排涝水位14.7米。泵站内渍调蓄库容125.9万立方米，承担1020公顷农田排涝任务。设计排涝流量11.72秒立米，总装机1170千瓦。

排涝站隶属饶州监狱堤管站，有管理人员15人，其中珠二电力排涝站管理员工4人。

蔡家湾电排站 位于饶河联圩饶丰段29＋800桩号，地理坐标为北纬28°55′05″、东经116°43′25″。行政隶属饶丰镇。饶丰段内总集雨面积65平方千米，排涝站承担排涝面积18平方千米。饶丰段内总耕地面积为2880公顷，待垦面积946.67公顷。

泵站始建于1992年5月，工程实际完成投资额210万元。机泵设备7套（28ZLB－70泵，配155千瓦电机），启闭机3台。

外河设计洪水位22.54米，外河设计排水位21.50米，圩内设计排涝水位14.85米，内渍调蓄库容166.2万立方米。设计排涝流量8.19秒立方米，排涝总装机1085千瓦。厂房机组采用一列式布置，厂房长22.4米、宽10.2米、高6.6米，为防洪安全，圩外设置了钢筋混凝土排架结构的启闭台。排涝农田746.67公顷。工程管理属波阳县饶丰镇电排总站，有管理人员31人，其中蔡家湾电力排涝站7人。

饶丰电排站 位于饶河联圩饶丰段20＋800桩号，地理座标为北纬28°58′29″、东经116°42′09″。行政隶属饶丰镇。饶丰段属鄱阳湖平原区。泵站排水注入昌江。

外河设计洪水位 22.54 米，设计排涝水位 21.5 米，圩内设计排涝水位 14.06 米，内渍调蓄库容 166.2 万立方米，承担 873.33 公顷农田的排涝任务。厂房分两层采用钢筋混凝土柱、梁组成的框架结构。上层（电机层）安装电动机和配电设备，下层（进水室）安装水泵，底板高程 11.65 米。机组采用一列式布置，厂房长 24.2 米、宽 9.2 米、高 6.4 米。厂房内安装 28ZLB－70 型泵 7 台，单泵排量 1.17 秒立方米，配套 JSB128－8 型 155 千瓦电动机 7 台，排涝总装机 1085 千瓦。此站属波阳县饶丰镇电排总站管理。

珠三电排站　位于乐丰联圩珠湖堤段 26＋650 桩号，地理坐标为北纬 28°50′05″、东经 116°43′25″。行政隶属珠湖农场。该站建于 1997 年。该站外河设计洪水位 22.70 米，外河设计排涝水位 21.50 米，圩内设计排涝水位为 15 米，内渍调蓄库容 111.9 万立方米承担 906.67 公顷农田的排涝任务。厂房分两层采用钢筋混泥土柱、梁组成的框架结构。上层安装电动机和配电设备，下层安装水泵。机组采用列式布置，厂房长 23.35 米、宽 4 米、高 8.5 米。排涝总装机 1040 千瓦。可排涝农田面积 800 公顷，可灌溉农田面积 100 公顷。此站由饶州监狱堤管站管理。

渡头电排站　位于饶河联圩三庙前堤段 12＋600 桩号。地理坐标为北纬 28°59′32″、东经 116°45′23″行政隶属波阳县三庙前乡。19992 年，工程进行增容，拆除原有机泵设备 7 套，安装新设备 7 套（28ZLB－70 泵，配 JSL－128－8 型 155 千瓦电机）。

外河设计洪水位 22.54 米，外河设计排涝水位 21.50 米，圩内设计排涝水位 14.5 米，内渍调蓄库容 112.2 万立方米。厂房两层，上层安装电动机和配电设备，下层安装水泵。厂房长 19.6 米、宽 6.8 米、高 6 米。水泵 7 台，单泵排量 1.35 秒立方米，总排量 9.45 秒立方米，配套 JSL 型 155 千瓦电动机，排涝总装机 1085 千瓦。该站排涝水田面积 833.33 公顷，灌溉农田面积 333.33 公顷。该站由三庙前乡电力排灌公司统一管理，渡头站管理人员 9 人。

装机 500 千瓦～999 千瓦的电力排涝站　此类排涝站共有 48 处，其中建于 1991—1999 年的有 13 座，建于 1991 年以前的 35 座。新建 13 座电力排涝站是：

水南站　属上饶市，建于 1991 年，站址下滩头，装机容量 540 千瓦，总排流量 7.68 秒立方米，承担排涝面积 2.48 平方千米。

西汉湖站　属波阳县，建于 1993 年，站址乐丰联圩，装机容量 620 千瓦，总排涝流量 4.9 秒立方米，承担排涝面积 9.79 平方千米。

六〇新站　属余干县，建于 1994 年，站址信瑞联圩，装机容量 620 千瓦，总排流量 5.19 秒立方米，承担排涝面积 10.97 平方千米。

珠四站　属余干县，建于 1995 年，站址信瑞联圩，装机容量 780 千瓦，总排流量 11.67 秒立方米，承担排涝面积 14.9 平方千米。

禾黄二站　属余干县，建于 1995 年，站址信瑞联圩，装机容量 620 千瓦，总排流量 6.56 秒立方米，承担排涝面积 10.0 平方千米。

高溪站　属波阳县，建于 1997 年，站址高溪圩，装机容量 620 千瓦，总排流量 6.0 秒立方米，承担排涝面积 4.6 平方千米。

南河站　属余干县，建于 1997 年，站址信瑞联圩，装机容量 620 千瓦，总排流量 5.6 秒立方米，承担排涝面积 11.0 平方千米。

四岔站　属余干县，建于 1997 年，站址信瑞联圩，装机容量 620 千瓦，总排流量 5.68 秒立方米，承担排涝面积 9.0 平方千米。

三江站　属上饶市,建于1997年,站址汪家园,装机容量840千瓦,总排流量9.0秒立方米,承担排涝面积24.68平方千米。

腾溪站　属余干县,建于1998年,站址西大河,装机容量620千瓦,总排流量5.72秒立方米,承担排涝面积19.65平方千米。

东门站　属上饶市。建于1998年,站址东门溪口,装机容量560千瓦,总排流量11.6秒立方米,承担排涝面积2.18平方千米。

富湾站　属余干县,建于1999年,站址信瑞联圩,装机容量620千瓦,总排流量5.84秒立方米,承担排涝面积11.0平方千米。

湖家潭站　属余干县,建于1999年,站址信瑞联圩,装机容量620千瓦,总排流量5.44秒立方米,承担排涝面积14.9平方千米。

第三节　城镇防洪治涝工程

上饶市(上饶地区行政公署所在地)　位于信江上游,属江南沿江丘陵古城。信江的主支流玉山水在市城区内与丰溪河汇合成信江干流后,由东北向西南横穿城区,把市区分割成市北、市南和三江3大区城。城区的主要自然灾害是洪涝。由于上饶市原堤防工程标准偏低,外河卡流严重,内河排泄不畅,城区地面高程大部分在67米~71米之间,局部还低于67米。因此,在洪水季节常形成洪涝灾害,造成交通中断、许多人无家可归,严重影响工农业生产和人民生活。

2000年年底,上饶市主要完成了七项防洪治涝工程建设:一是水南滩头电排站工程,建于1990年8月,1991年底竣工。工程实际完成投资总额132万元,装机2台,容量2×180千瓦;二是东门电排站工程,建于1995年5月,1997年5月基本建成,承担排涝集雨面积2.18平方千米,设计洪峰流量12.25秒立方米;三是三江电排站工程,建于1998年1月24日,1999年6月竣工,实际完成投资总额535万元;四是槠溪河堤加高加固工程,1998年9月动工,加高加固总长650米,以浆砌块石固岸护坡250米,完成总投资59.78万元,当年底完工;五是龙潭桥扩孔工程,1998年9月18日动工,1999年10月竣工,完成工程总投资300万元;六是解放河涝区治理工程,1998年12月正式开工,1999年5月基本完成,工程完成总投资1326.58万元;七是解放河电排站工程,1999年1月21日开工,当年6月11日基本建成试机排水,承担4.79平方公里内洪水的排涝任务。

银城镇(德兴市人民政府所在地)　银城镇镇区依山傍水,分布在洎水河两岸冲积堆积的台地上,呈现狭长形状。是一座融山清水秀为一体、集工农商贸于一身的典型山区城市。由于洎水河呈S型贯穿市城区银城镇,河道自银山水文站宽90米渐缩成80米后,在铜都大桥和南门桥之间河宽约130米~140米,洎水河经南门桥后,以一个几乎小于90度的大弯道将东西流向改为南北流向,进入老城区,局部河道宽仅80米不到,河流到铜溪坑处,又以小于90度的回湾使水流由南北走向折为东西向。加上涉河建筑物及人为侵占河道严重,泄洪不畅,所以在洪水季节经常形成洪涝灾害。

德兴市城市防洪治涝工程于1997年10月开始分段实施,2000年底,主要完成的有:一是女儿田防洪堤岸,自洎水河右岸的朱家潭至南门桥,堤岸长2.45千米,保护面积约0.25平方千米;二是禾底坂防洪堤(老城区),从南门桥至天门山的碉堡,堤长2.54千米,保护面积约0.85平方千米；三是河西防洪堤，从羊角坞至天门大桥，堤长2.45千米，保护面积约0.5平方千米；四是南门防护堤岸，从银山水文站下游的橡胶厂至羊角坞，堤岸长3.14千米，保护面积约4.2平方千米；五是天门防护堤岸，从天门村口至天门大桥，堤岸长0.55千米，保护面积约0.1平方千米。另外，疏浚河道2400米。自南门桥至洎水桥1900米，再自洎水桥、桐溪坑500米。

旭日镇（上饶县人民政府所在地）　信江河沿城区南面流过，东边是槠溪河。县城区坐落在低山丘陵地带，地势相对较高。但是，该镇的大部分农田却分布在县城东边和南边的河道岸边台地和沟谷中，每年汛期，沿河两岸的低洼地带农田受淹，堤岸受洪水冲毁，部分民房进水。加之，信江河道淤积阻塞严重，主流改向冲击信江右岸旭日段。

上饶县政府于1997年12月10日召开第55次常务会议，通过了《上饶县城防洪规划》，并付诸实施。在防洪方面，信江河堤旭日段8500米，采用块石钢筋笼加水下砼加固；槠溪河堤，自河道出口沿槠溪河右岸筑堤至桥下山底与截弯取直段新开河槽衔接，全长2.46千米，其中加固加厚出口段老堤0.2千米，堤身加固增厚在堤内进行，堤外坡用干砌石护岸，其余2.26千米新堤采用浆砌石重力式挡墙加土堤；在新开河槽出口处老河道上和大桥边下官塘处各建排洪闸1座。在治涝方面，将部分较低的城镇规划区地面高程回填至72米以上，使县城新规划区建筑物，都建在设计洪水位以下，使其不受洪涝影响。

永丰镇（广丰县人民政府所在地）　永丰镇坐落在信江支流—丰溪河中段。丰溪河从东向西横穿县城区，下溪水自北向南，直穿广丰县老城区，于老芦林坝上游汇入丰溪河。丰溪河和下溪水将县城分割成三大块。由于丰溪河在广丰县城区的控制流域面积大，上游河流又缺乏控制性防洪调蓄水库，因此城区的洪涝灾害频繁发生。仅1992年—1998年间，城区就有6次洪水超过警戒水位（94.32米），使广丰县城遭受不同程度浸淹，造成经济损失惨重。

广丰县城区防洪工程自1997年开始实施，至2000年年底，建成防洪圩堤有：永丰堤，位于丰溪河永丰镇河段右岸，从东关坝至下方，全长7.27千米，保护人口7.5万人，耕地533.33公顷；水南堤，位于丰溪河永丰镇河段左岸，从永丰镇纪家村到大石乡五角塘村，全长3.49千米；下溪水西桥堤，位于丰溪河支流—下溪水出口段左岸，堤长2.84千米，保护老城区人口5.1万。对东关坝进行改造，将左岸河床段原滚水坝拆除60米，结合左岸堤防退堤，建一段长96米正交河床和冲砂泄洪闸室；新建芦林闸坝；黄家淤大桥由行洪净宽5×20米扩到6×20米；广丰大桥扩孔，由过流净宽5×20米达到7×20米；芦州大桥扩孔由过洪净宽7×20米达到9×20米。。

冰溪镇（玉山县人民政府所在地）　县城区内的冰溪，由金沙溪和大桥溪（甘溪）于县城东南山头淤北汇合为起端，接着又有沧溪汇入而成的冰溪水，穿过县城由东向西流，至城区玉山桥以上控制流域面积1068平方千米，西流至十里山同玉琊溪汇合，为冰溪末端。1995年，县城区洪水为最大，城区进水深6尺，街道可撑船。此外1992年、1994年等均出现较大洪水。

玉山县在防洪工程设计上，分为三区：第一区为玉虹桥至东津桥称上游防洪区；第二区为玉虹桥至玉山桥称中游防洪区；第三区为玉山桥至十里山底称下游防洪区。采用20年一遇的设计防洪标准，沿河两岸建设防洪圩堤。在中游防洪区，即玉虹桥至玉山桥段，其防洪工程及河道整治自1995年11月开工，至1997年3月竣工，历经3个洪水期考验，尤其是1998年7·23特大洪水考验，工程状况良好。玉山县城治涝，主要是治理6个涝区：湖塘沿、连城桥、农糠桥、罗家、棉织桥、十里山底桥涝区。

河口镇（铅山县人民政府所在地）　位于信江和铅山河交汇处，特点是一面靠水，三面环水。信江出于怀玉山脉,铅山河源于武夷山脉。此二山脉是江西省的两大暴雨中心,汛期暴雨发生时,洪水猛涨,县城区地面高程较低,极易遭受洪涝灾害。

铅山县城区经多年建设,在1998年前建有防洪堤4.36千米,北边防洪墙2.35千米,但防洪标准低,且防洪堤下游未封闭,常受外河洪水倒灌浸淹。县城区惠济内河,其流域面积10.9平方公里,无排涝设施,内水不能外泄,造成城区内涝。1998年8月,铅山县成立了水利建设总指挥部,指挥城区防洪治涝工程建设。自1998年9月起至1999年6月止,完成的主要工程项目:一是防洪土堤;二是章家涵闸;三是王家弄引水闸。1999年12月,对浮桥头至水位站段防洪墙进行修复,工程总投资500万元,其中国家投资180万元,自筹320万元。2000年7月底,工程全面完工。

岑阳镇(横峰县人民政府所在地) 位于横峰水(岑港河)中下游河畔。城区内有两条小溪通过,一条是发源于岑山洞的东门溪,一条是发源于上窑口的铁路港。两条小溪在县博物馆后汇合成县城溪,向西流入横峰水。东门溪在县医院至县广场段河道断面偏小,历年来洪水多次漫堤,造成内涝。

1996年,横峰县作出城区防洪工程设计,对从自来水泵房至县硅厂一段防洪堤,长1.35千米,防洪标准由4年一遇提高到20年一遇进行加高加固。在治涝方面,主要治理项目:一是建设高导排洪隧洞;二是东门溪清障,并禁止任何单位和个人向河道内倾倒垃圾,不得在河道内修建影响行洪的建筑物;三是扩建、改建县文化馆后至县硅厂一带的五座拱桥,过水断面宽6米,走水深2.8米。四是建县城溪汇入横峰水处的排洪涵闸一座,内空过水断面宽4米,走水深4.5米。

弋江镇(弋阳县人民政府所在地) 信江穿城而过,将弋阳县城区分为老城区和城南新区。老城区位于信江干流和葛溪水的汇合处,大部分地势较高,但有3处地势较低,即:西港桥东端的沿信江右岸街道;北门桥南端到西港东端沿葛溪水尾闾区左岸;下葛坝到葛水铁路桥,葛溪水尾闾区的右岸。

弋阳县城区尚未形成完整的防洪治涝工程体系。1999年弋阳县水利局请示地区水利电力勘测设计院进行设计,根据现有资料,规划弋阳县城区应加高加固两条防洪圩堤:一是城北防洪堤。二是城南防洪堤。在治涝方面,主要是加强城南涝区和城北涝区的治理。

余干镇(余干县人民政府所在地) 位于信江下游尾闾滨湖平原区,地势平坦低洼。城西以互惠河为界,城南至琵琶湖对岸的大湾村、十里村;城东以耿耿桥、沉头港为界;城北以沙窝居山村、圩下张家、北门村为界。总集雨面积9.65平方千米。城区防洪主要依赖信瑞联圩保护。

该县水电勘察设计室于2000年8月编制了《余干县县城防洪治涝工程可行性研究报告》。城区的防洪规划里,信瑞联圩的防洪任务与余干镇防洪任务同步,达到防御20年一遇的洪水。当信江发生超标准洪水,可启用貊皮岭分洪道分洪;当康山水文站水位超过22.55米时,国家防总会考虑启用康山圩、珠湖圩分蓄洪区蓄洪。

鄱阳镇(波阳县人民政府所在地) 位于鄱阳湖畔,地势低洼,一般地面高程为17.0米~22.0米,低于3年一遇洪水位。

1997年,波阳县编制《波阳县城市防洪规划报告》,由江西省上报国家列为鄱阳湖二期治理工程项目。县城区防洪工程内由8块集雨区域组成,总集雨面积59.1平方千米。县城市防洪规划范围,总面积51.2平方千米,其中城区22平方千米,郊区29.2平方千米。城区分为老城区、新城区、城北区、城东区和工业区5个区域。防洪标准设计为20年一遇,设计堤顶高程

24.72 米;保护面积 30.35 平方千米,保护耕地 1040 公顷;保护水面 813.33 公顷;保护人口 12.84 万人。

对城防工程建设规划实施方案:一是土堤加固段,自朱家桥至鄱阳大桥止,长 2.4 千米;二是钢筋砼防洪堤改线段,自鄱阳大桥至张王庙止,长 1.96 千米;三是钢筋混凝土防洪堤改建段,自张王庙至波阳中学东侧止,长 2.61 千米;四是土堤加固段,自波阳中学两侧的黄泥岭至桥下止,长 7.3 千米。治涝规划主要是九个电力排涝站,即:大塘湖电排站、朱家桥电排站、义仓电排站、球子湖电排站、东湖电排站、澹湖电湖站、西门电排站、韭菜湖电排站、青山湖电排站。

陈营镇(万年县人民政府所在地)　位于万年县中部,乐安河支流安殷水主支珠溪河中游右岸。珠溪河绕城区西部由南向北穿过,城区境内河道长 9.16 千米,城区地面开阔平坦,略倾向河床,河岸在弯道处受冲刷常有崩塌现象,泥沙淤积严重。

1999 年,地区水利电力勘测设计院编制了《万年县城区防洪治涝工程可行性研究报告》。在防洪工程方面:一是加高加固环城防洪堤,从铁路大桥至港口坝下游的七〇排洪渠出口的彭家,位于珠溪河右岸,堤线长 8.2 千米;二是郑家防洪堤,位于珠溪河左岸,长 2.05 千米;三是枧坑护岸,从枧坑桥至万年大桥,长 0.49 千米;四是珠山防洪堤,起点为施家,终点港口坝,长 2 千米;五是港口坝改建为港口闸坝工程,闸坝全长 97 米;六是河道清淤;七是河道清障。在治涝工程方面,结合城区地形,分为郊区、城东、滨溪河及聂家四大涝区进行治理:一是郊区涝区,采用高水导排,将已有涵管加设闸门控制,以免外水倒灌;二是城东涝区,采用导排工程,将洪水导排入城区下游的余源河;三是滨溪河涝区,采用拓宽原河道,拆除影响到行洪违章建筑物,进行清淤整治;四是聂家涝区,拓宽排水沟,对沟底进行清淤整治。

紫阳镇(婺源县人民政府所在地)　位于乐安河上游右岸,县城区自武口至小港段又称婺源江。县城区上游 6 千米武口村是段莘水和清华水的汇合处,两水汇合口下游河道坡降陡,水流急,挟沙能力强,而县城区河段由于河道弯大水缓,使上游水流挟带的大量泥沙沉积淤塞河道,宣泄洪水能力降低,加重了城区洪水威胁。

1999 年,地区水利电力勘测设计院编制了《婺源县城防洪治理工程可行性研究报告》,原则是河道整治为主,尽可能增加河道的行洪能力,降低洪水位。主要工程:一是武口防护堤岸,长 2317.5 米,设 2 座穿堤排水涵洞;二是城北堤岸,长 4031 米,设 2 座穿堤排水涵洞;三是老城区防洪堤,长 1186 米,设计堤顶高程为 71.0 米~70.44 米;四是城南堤岸,长 538 米,设穿堤排水涵闸一座;五是河道整治,包括河道清淤。

第四章　引水工程

上饶地区河流众多,水量丰沛,因地制宜,就地取材,拦河筑坝,是引用天然径流灌溉农田的良方之一。截至 2000 年年底,全区拥有万亩以上引水灌溉工程 11 座,设计灌溉面积 5140 公顷,实际灌溉面积 2570 公顷;万亩以下引水灌溉工程 4687 座,有效灌溉面积 3.86 万公顷。

第一节 万亩以上引水灌溉工程

团结坝 位于广丰县沙田乡十六都村，属丰溪河十五都港支流。地理坐标为北纬28°20′、东经118°20′。该坝设计灌溉面积为4666.67公顷。

1998年—1999年，废除老坝，重新建一座溢流闸坝。坝址以上控制集雨面积370平方千米，多年平均降雨量1754.9毫米，多年平均径流深为1157毫米，多年平均来水总量42809万立方米，多年平均流量13.54秒立方米。团结坝是由无闸控制溢流坝与有闸控制闸坝组成。溢流坝分左、右两段，左段长32米，右段长61米。溢流净宽30米，采用平底板闸室。

工程的效益设计灌溉面积7万亩，实际为5万亩。管理机构是关里水库管理局团结站，管理人员10人。

芦林坝 位于广丰县永丰镇芦洲大桥附近，在信江上游主支流丰溪河干流上。地理坐标为北纬28°25′52″、东经118°09′47″。是一座以防洪灌溉为主，兼有发电、供水、环保、休闲娱乐等综合利用的小(一)型水利枢纽工程。坝址以上集雨面积为1498平方千米，防洪保护主要是县城永丰镇，保护人口8.52万人，防洪保护面积1.83万亩，灌溉农田906.66公顷，发电装机2000千瓦，年发电量1252.9万千瓦时。

1998年9月，地区水利电力勘测设计院编制了《芦林水利枢纽工程初步设计报告》，并于当年10月获批准后开始动工兴建。工程实际完成投资2110万元，其中：贷款800万元，自筹1310万元。竣工后其枢纽工程的建筑物是：无闸控制溢流坝；有闸控制闸坝，共分12孔，每孔宽10米，泄洪净宽120米，采用平底闸室。引水建筑物设在现在灌溉总干渠的进水口，灌溉渠中正线与堤轴线成60°夹角，进水口两侧墙前与右岸堤防相连接。工程管理机构是广丰县饶电芦林电站股份有限公司，由上饶供电局控股，管理人员30人。其中工程技术人员10人。

灵湖坝 位于玉山县文成镇姜宅村玉琊溪下游。建于清康熙年间，原为木桩堆石陂，常修常倒。1951年县人民政府将该坝作为全县重点水利工程。1963年进行过一次大修，1979年至1983年两次进行除险加固。

1997年12月，玉山县农业开发项目在此灌区实施，对坝面混凝土及消力池进行了大面积修补，对主干渠2750米的渠堤、渠底作了防渗加固处理。1998年，灵湖坝受特大洪水袭击，使坝面受到严重破坏，消力池基本被冲毁，有待重建。

永平坝 位于铅山县永平镇白马洲。地理坐标为北纬18°13′04″、东经117°47′20″。地面高程82.5米(黄海高程系统)，是一座灌溉万亩以上，装机4000千瓦的综合利用工程。

永平坝的基本状况是：坝址以上控制流域面积697平方千米。坝址上游历史最高洪水位84.0米(1992年6月18日)。大坝结构形式为重力式砼硬壳溢流坝。启闭台高程为86.0米，以平面木闸门控制，配有10吨螺杆启闭机一台。引水建筑物主要是进水闸，建于大坝右端，设计进水流量16秒立方米，为双孔，二台平面闸门控制。引水渠系是，引水渠道为灌溉和发电共用，引水渠从大坝开始至发电前池，全长15.85千米。渠道建筑物有：渡槽1座，倒虹管1座，节制闸1座，分水闸2座，泄洪闸4座，便桥11座，隧洞4座全长1476米，卷拱暗涵1座，长345米，公路桥1座。

工程效益主要是：设计灌田1000公顷，实际灌田666.67公顷，但未征水费；发电设计装机3200千瓦，实际装机4000千瓦。多年平均发电量800万千瓦时，年利用5000小时左右，年售电收入150万元左右。现管理机构是铅山县水电总公司河口水电站。

石塘坝 位于铅山县石塘镇上东岸村附近的石塘水上。地理坐标为北纬28°05′24″、东经117°51′49″。相应地面高程145米(黄海高程系统),是一座灌溉万亩以上结合发电的引水综合利用工程。

坝址以上控制流域面积378.5平方千米,多年平均降雨量2000毫米,多年平均流量16.4秒立方米,年均径流量5.18亿立方米,年径流深1369毫米,相应30年一遇设计洪水位为153.36米,大坝上游历史最高水位为152.86米(1992年6月)。挡水建筑物石塘大坝,为混凝土重力溢流坝,无闸门自由溢流。石塘水坝引水渠两条,均为灌溉和发电共有渠道,分东西干渠。东干渠始于大坝右端,全长11.3千米。西干渠从大坝西干进水闸开始,通过坝前90米涵管进入明渠,全长24千米。由于渠道是群众运动施工,存在严重质量问题,不能全线通水。

工程原设计灌田1400公顷,经灌区调整后为800公顷,实际为600公顷,未收水费。发电设计装机为1550千瓦,年发电量975.7万千瓦时,实际装机1585千瓦,年发电量650万千瓦时。管理机构为石塘水坝管理局,原与胜利渠工程指挥部合署办公,2000年3月以后,石塘水坝管理局统归铅山县水电总公司管理,属事业性质,企业管理,实行报账制。

石溪坝 位于铅山县青溪镇,地理坐标为北纬28°17′44″、东经117°51′56″。该水坝为灌溉与发电综合利用工程。

坝址以上控流面积526平方千米。挡水坝为混凝土壳填卵石滚水坝,采用实用堰的结构形式。最大坝高3.2米,坝顶高程49.2米,坝长110米。发电引水建筑物位于右岸,进水闸为无胸墙开敞式,闸底高程47.4米。输水渠过水断面11.5平方米,底宽5米,全长500米,设计流量8.22秒立方米。水电站厂房位于大坝下游右岸500米处,为砖混结构,内装有2台ZD760—LM—100配TSMN59134—8发电机级,装机容量2×100千瓦。灌溉干渠长3千米左右,渠道底宽2米~3米。

工程设计灌田666.67公顷,实际为186.67公顷,未收水费。发电装机200千瓦,多年平均发电量59.8万千瓦时,年售电收入15万元。未设专管机构,由青溪镇政府承包给个人管理,以水电站管理为主。

横干渠 位于横峰县与上饶县接壤的茗洋关水库济腰电站尾水下2.5千米处的上湖村倒虹管分水处,干渠迂回曲折的通过横峰县下坊、龙门,至铺前镇境内。是横峰一条以灌溉为主的渠道,全长20.8千米,流域面积10.5平方千米,地理坐标为北纬28°30′00″、东经117°37′30″至东经117°45′00″。

干渠水从茗洋关水库、济腰电站尾水下2.5千米处的上湖村倒虹管分水闸流入,进口底高程130.3米,出口底高程129.35米。横干渠设计灌溉面积为1426.67公顷,实际灌溉面积300公顷。实际水费收入4.5万元。

上禾坝 位于弋阳县曹溪镇马山村,系乐安河毛源水,属曹溪镇管辖,地理坐标为北纬28°40′26″、东经117°17′50″。该坝是毛源水库的一项配套工程。

坝址以上控流面积28.20平方千米,多年平均降水量1900毫米,多年平均径流深1132毫米。工程正常挡水位42米。挡水建筑物是有闸控制溢流坝,结构形式混凝土心墙坝。最大坝高4.7米,坝顶高41.2米,溢流坝总长45米。灌溉渠系是,总干渠4.05千米。支渠3条,总长3.6千米。附属建筑物有浪湾渡槽1座、泄洪闸2个。

工程设计灌溉面积666.67公顷,实际180公顷,未收水费。

上葛坝 位于弋阳县葛溪乡过港埠村上游，系信江支流葛溪水。地理坐标是北纬28°27′48″、东经117°29′10″。这是一座古老的灌溉引水工程。

坝址以上控制流域面积293平方千米，工程正常挡水位47.70米。挡水建筑物是：无闸控制溢流坝，沙肚石壳坝，底流式水跃消能。溢流坝顶长192米，最大高度3米，坝顶宽1.7米，坝底宽21米~33米。引水建筑物是：发电引水渠，长4300米，最大过流量为9.0秒立方米。水电站厂房布置在葛溪缪家，属引水式电站，水轮机ED661－LM－60，2台。发电机TSN59/34－8，2台。总干渠1条，长4.5千米。

工程设计灌溉面积666.67公顷，实际200公顷，收费按每亩5千克稻谷计算。发电装机200千瓦，多年平均发电量30万千瓦时，售电年收入6万元。

笙簧坝 位于弋阳县中畈乡显南村，系信江支流小濛河，属湾里乡管辖。地理座标为北纬28°30′13″、东经117°21′10″。

坝址以上控流面积148.25平方千米。工程正常挡水位49.09米。挡水位建筑物为无闸控制溢流坝。灌溉渠系：总干渠，长5.2千米。2条干渠，总长4.8千米。

工程设计灌溉面积666.67公顷，实际166.67公顷，未收水费。

梅岭坝 位于波阳县田畈街镇千秋河中游。坝址以上集水面积207平方千米，控制河流长25.8千米，河底高程27.7米。

坝长100米，坝顶高程32.6米，最大坝高4.88米，块石混凝土结构。总干渠从坝首进水闸至王畈村北岸，全长2.65千米。

梅岭引水灌区工程修改设计灌溉农田1466.67公顷，实际达到和改善灌溉面积640公顷，全灌区修改设计灌溉面积2266.67公顷，实际达到改善灌溉面积1873.33公顷。

第二节 万亩以下引水灌溉工程

全区万亩以下引水灌溉工程有4687座，其中5000亩至1万亩的引水灌溉工程有13座。

2000年全区0.5万亩~1万亩引水灌溉工程一览

表11－4－1

县(市)	工程名称	建设地点	所在水系	集水面积（平方千米）	坝长（米）	最大坝高(米)	引水流量(秒立方米)	灌溉(万亩)		建设年代
								设计	达到	
上饶县	双溪口	应家乡	铁山水	237.1		2.2	0.7	0.61	0.16	1958
上饶县	丰洲坝	郑坊镇	饶北河	170		3.3	0.6	0.6	0.45	1978
玉山县	汪村坝	四股桥乡	金沙溪	433	140	5.2	2.4	0.75	0.45	明宣德
铅山县	沉坛坝	五铜乡	杨村水	387	106	4.9	1.5	0.5	0.3	建国前
铅山县	沸腾湾坝	陈坊乡	陈坊河	90	43	2.1	1.2	0.5	0.05	1964
铅山县	破港坝	陈坊乡	陈坊河	196.7	70	4	1.1	0.7	0.5	1965
铅山县	幸福渠坝	杨村乡	杨村河	314	120	4.5	3	0.9	0.08	1977
横峰县	白水坝	姚家乡	岑港河	264	144	2	0.6	0.6	0.49	建国前

续表 11－4－1

县(市)	工程名称	建设地点	所在水系	集水面积（平方千米）	坝长（米）	最大坝高(米)	引水流量(秒立方米)	灌溉(万亩)		建设年代
								设计	达到	
弋阳县	新长坝	曹溪镇	曹溪水	203	54	2.5	0.6	0.5	0.38	明代
弋阳县	大仕坝	中畈乡	濛河	121.6	90	2.6	0.6	0.55	0.2	建国前
万年县	长林山坝	青云镇	万年河	326.5	31	5	0.53	0.5	0.3	1966
德兴市	汪家坝	万村乡	建节水	270	62	3.4	0.6	0.5	0.25	1962
德兴市	龙过渠坝	界田乡	长乐水	378	54	4.1	0.5	0.5	0.25	1964

第五章　平垸行洪、退田还湖工程

1998 年，全区遭受特大洪涝灾害，为此，地委、行署贯彻执行中共中央、国务院对灾后重建、根治水患提出的“封山植树、退耕还林；平垸行洪、退田还湖；以工代赈、移民建镇；加固干堤、疏浚河湖”的 32 字方针，以及省委、省政府《关于灾后重建、根治水患的决定》（赣发〔1998〕22 号文）。平垸行洪、退田还湖工程在全区有关县（市）扎扎实实展开。

第一节　工程建设

一期工程　1998 年开始。根据省水利厅赣水计字（1999）154 号《关于征求江西省 3～5 年移民安置规划框架意见的函》，地区水电局编制完成《关于上报上饶地区各有关县（市）平垸行洪、退田还湖 3～5 年规划核定项目的报告》（饶水计〔1999〕22 号文），提出实施平垸行洪、退田还湖的有上饶市、上饶县、铅山县、横峰县、弋阳县、万年县、余干县和波阳县 8 个县（市）。分布在信江、乐安河和其主要支流泸溪、丰溪河、万年河、西河、潼津河等河流以及鄱阳湖区的 146 座圩堤上。其中：平垸行洪圩堤 68 座，退田还湖圩堤 78 座，保护面积 5.47 万公顷，保护耕地 3.02 万公顷，保护人口 52.14 万人，迁移 102961 户，人口 445520 人。另外，余干麦皮岭外迁和鄱阳湖区外迁共有 21 处。圩外滩地常年受淹人口涉及 21 个乡镇，需迁移人口 11058 户、48537 人；波阳蓄洪区和内圩 12 处，涉及 10 个乡镇，需迁移人口 24886 户和 6047 户；波阳珠湖联圩分洪工程分洪后受淹涉及 7 个乡镇，需迁移人口 17149 户，77170 人。整个规划安排 3～5 年实施，并做好分年度分期平垸行洪、退田还湖实施方案进行。在此基础上，完成上报了第二期“平垸行洪、退田还湖”计划。省计委、省建设厅、省水利厅以赣〔1998〕105 号文，批复了上饶地区第一期平垸行洪、退田还湖计划，列入计划的有上饶市、上饶县、铅山县、横峰县、弋阳县、余干县、万年县和波阳县，平退圩堤 89 条，其中双退（退田退人）62 条，单退 27 条，初步安排移民 55840 户。1999 年，省计委、省水利厅以赣计农字〔1999〕144 号文批复上饶地区第一期 42 条双退圩堤和 2 条单退圩堤资金投资计划，列入国家 1999 年新增中央财政预算内专项资金计划，下达建设资金 3010 万元，其中中央投资 1806 万元，地方配套 1204 万元。主要工程量土方

460.71 万立方米，石方 1.06 万立方米，砼 0.36 万立方米。截至 2000 年 7 月，铅山完成土石方 44.5 万立方米，占下达计划的 9.4%；上饶县完成土石方 2.1 万立方米，占计划的 5.22%；上饶市完成土石方 12.9 万立方米，占下达计划的 100%。

二期工程　1999 年，省计委、省建设厅、省水利厅以赣计农字〔1999〕113 号文批复上饶地区第二期平垸行洪、退田还湖计划。第二期有波阳、余干两县，共计圩堤 28 座(处)，其中双退圩堤 12 座(处)，单退圩堤 6 座(处)，堤外滩地 9 座(处)、分蓄洪区 1 座(处)，需要迁移 12238 户、52115 万人。

第三、四期计划　2000 年，全区第三期上报的"平垸行洪、退田还湖"的有：铅山、弋阳、余干、波阳 4 县，共 25 座(处)数。其中双退圩堤 18 座(处)，单退圩堤 2 座(处)，圩外滩地 4 座(处)，分蓄洪区 1 座(处)。

根据省水利厅《关于要求编报第四期"平垸行洪、退田还湖"实施方案的通知》(赣水计字〔2000〕083 号文)，上饶市上报的"平垸行洪、退田还湖"实施方案有：铅山、弋阳、余干、波阳 4 县。共计 72 座(处)，其中双退圩堤 32 座(处)，单退圩堤 24 座(处)，圩堤外滩地 16 座(处)，移民 30375 户、126215 万人。

第二节　工程效益

鄱阳湖区　境内西北部的波阳、余干、万年 3 县，属鄱阳湖滨湖平原区。规划设计的平垸行洪、退田还湖圩堤工程共 87 座，其中双退圩堤 51 座，单退圩堤 36 座。设计平垸行洪、退田还湖圩堤总长度 302.42 千米，圩内总面积 2.54 万公顷，圩内总耕地面积 1.38 万公顷，圩内总人口 244430 人。其规划设计总工程效益，共可增加鄱阳湖滞蓄洪水总容量 14.66 亿立方米。

平退圩堤实施后的工程效益是：1998 年—2001 年，波阳、余干、万年 3 县已实施平垸行洪、退田还湖圩堤共 26 座，均为双退圩堤，总长 76.6 千米，圩内总面积 4993.33 公顷，总耕地面积 3040 公顷，圩内总人口 45021 人。已实施移民建镇 44342 人，其中外迁 21786 人、高靠 22556 人。完成工程总投资 555.19 万元，其中国家投资 537.19 万元，地方自筹 18 万元。已完成总工程量土方 115.01 万立方米。实施平退圩堤总工程效益，增加鄱阳湖滞蓄洪水总容量 2.85 亿立方米。

信江中上游　信江自上饶市城区玉山水与丰溪河交汇处起，流经上饶县、铅山县、横峰县和弋阳县至流口止，干流河道全长 112.2 千米，属信江中上游区。该河段平均坡降为 0.295%，龙潭大桥以上信江流域面积 5027 平方千米，20 年一遇洪峰流量 6191 秒立方米；至弋阳大桥以上信江流域面积 9107 平方千米，20 年一遇洪峰流量 10202 秒立方米。

据 2001 年度统计，上饶市、上饶县、铅山县、横峰县、弋阳县 5 县(市)规划设计平垸行洪、退田还湖圩堤共 24 座，均为双退圩堤，总长 100.2 千米，圩内总面积 9546.67 公顷，总耕地面积 4966.67 公顷，圩内总人口 8.82 万人。设计移民建镇 6.11 万人，其中外迁 2.8 万人，高靠 3.31 万人。其规划设计总工程效益，共可增信江中上游河段蓄洪水总容量 1.334 亿立方米。

平退圩堤实施后的工程效益是：到 2001 年，上饶市、上饶县、铅山县、横峰县和弋阳县，已实施平垸行洪、退田还湖圩堤共 20 座，均为双退圩堤，总长 76.99 千米，圩内总面积 7320 公顷、总耕地 3673.33 公顷，圩内总人口 6.82 万人，已实施移民建镇 4 万余人，其中外迁 4899 人、高靠 35125 人。完成工程总投资 772.01 万元，其中国家投资 703.54 万元，地方自筹 68.47

万元。实施平退圩堤总工程效益,增加河道滞蓄洪水总容量1.09亿立方米,降低信江中上游有关河段洪水位0.1米~0.4米。

第六章　小水电工程

全区水能资源理论蕴藏量115万千瓦,可开发装机容量为61万千瓦。截至2000年年底,全区已开发装机容量达24.667万千瓦,占可开发量的40.4%。

第一节　水能资源

境内的水能资源主要集中在两大流域,即信江流域、乐安河流域;一个滨湖地区,即鄱阳湖地区。

信江流域　信江干流全长328千米(在上饶地区境内有236千米),流域面积达1.69万平方千米。信江的主要支流全长514.7千米,流域面积6631平方千米,水能资源理论蕴藏量71.31万千瓦,可开发装机容量33.42万千瓦,已开发装机容量14.077万千瓦(以上未包括装机500千瓦以下电站装机),占可开发量的42.12%,其中:1991年至2000年开发建设了装机4万千瓦的大坳水电站、装机1.6万千瓦的下会坑水电站、装机0.96万千瓦的七星水电站等。

2000年信江主要支流水能资源利用情况

表11-6-1

河流名称	流域面积(平方千米)	河长(千米)	理论蕴藏量(万千瓦)	可开发装机容量(万千瓦)	已开发装机容量(万千瓦)
合计	6631	514.7	71.13	33.42	14.08
金沙溪	498	65.7	2.17	1.11	1.10
玉琊溪	436	47	2.84	2.41	0.76
饶北河	626	73	4.37	1.4	0.38
丰溪河	2233	64	11.49	7.97	4.95
泸溪	571	69	6.24	5.48	4.62
铅山河	1255	82	13.6	11.52	1.28
陈坊水	655	58	2.34	0.84	0.56
岑港河	357	56	1		0.43
其他			27.17	2.69	

乐安河流域　乐安河干流全长279千米(在上饶地区境内有196.2千米),流域面积8989平方千米。主要支流全长593.8千米,流域面积5580.4平方千米。水能资源理论蕴藏量为26.76万千瓦,可开发装机容量14.36万千瓦,已开发装机容量5.702万千瓦(以上均未包括装机500千瓦以下的电站装机),占可开发量的39.71%。

1991年—2000年间,乐安河流域开发建成的电站有:晓庄水电站,装机0.32万千瓦时;长滩水电站,装机0.096万千瓦;双河口水电站,装机0.375万千瓦;钟吕水电站,装机0.64万千瓦。

2000 年乐安河主要支流水能资源利用情况

表 11－6－2

河流名称	流域面积（平方千米）	河长（千米）	理论蕴藏量（万千瓦）	可开发装机容量（万千瓦）	已开发装机容量（万千瓦）
合　计	5580. 4	593. 8	26. 76	14. 36	5. 70
段莘水	764. 7	69. 9	5. 58	2. 89	2. 03
清华水	631	55. 9	4. 32	1. 55	0. 44
银港水	666. 6	77. 7	1. 98	0. 7	0. 16
洎　水	564	50. 6	2. 76	0. 68	0. 27
长乐水	522	71. 5	2. 58	2. 25	1. 86
建节水	1017	76. 5	2. 05	0. 57	0. 08
安殷水	693. 1	69. 5	0. 71	0. 38	0. 15
赋春水	425	74	0. 56	0. 2	0. 08
小港水	297	48. 2	0. 7	0. 7	0. 64
其　他			5. 97	4. 53	

滨湖地区　滨湖地区主要支流全长 205. 5 千米，流域面积 2423 平方千米，水能资源理论蕴藏量 5. 72 万千瓦，可开发装机容量 2. 19 万千瓦，已开发装机容量 0. 47 万千瓦，占可开发量的 21. 51%。

2000 年滨湖地区主要支流水能资源利用情况

表 11－6－3

河流名称	流域面积（平方千米）	河长（千米）	理论蕴藏量（万千瓦）	可开发装机容量（万千瓦）	已开发装机容量（万千瓦）
合　计	2423	205. 5	5. 72	2. 19	0. 47
万年河	598	82	0. 22		0. 05
潼津河	1120	68. 5	0. 89	0. 29	0. 22
西　河	705	55. 9	0. 74	0. 09	0. 03
其　他			3. 87	1. 81	0. 17

第二节　水电建设

1991 年以后，全区继续贯彻实施中共中央关于小水电“自建、自管、自用”“谁办电、谁受益”的方针政策，小水电发展迅速，相继建成广丰县七星、条铺水电站，铅山县铁炉一级、二级水电站，玉山县广平梯级、峡口水电站，婺源县晓庄、钟吕水电站，大茅山场双河口水电站以及地直的大坳水电站等一大批骨干水电工程；完成了铅山县商店水库电站的初步设计，省计委对初设作了批复；玉山县琴山电站、广丰县岭底电站、铅山县伦潭电站、弋阳县万源梯级电站等部分前期工作已经展开。

在建设新电站的同时，对一些老电站进行了更新改造。玉山县七一电站更换了2台原3000千瓦的老机组，扩容到4000千瓦，增容2000千瓦。广丰县军潭电站，将原为3000千瓦的1台机组更换为4500千瓦，增容1500千瓦。

随着改革开放的不断深入，水电建设投资多元化、多层次、多渠道，带来水电建设的勃勃生机。全地区新建了铅山县桥亭、广丰县芦林等股份制水电站，婺源县汪潭、广丰县横坑、银根、玉山县南奥等个体独资水电站。

1991年—2000年，全区小水电基建累计完成投资5.86亿元，共新增水电装机容量10.14万千瓦。到2000年年底，全区水电装机过万千瓦的有：上饶县、广丰县、玉山县、铅山县、德兴市、婺源县等6个县（市）。全区拥有小水电站427座，总装机22.91万千瓦，其中总装机容量1000千瓦及以上的引水水电站共有28座，总装机容量500至1000千瓦水电站共31座。蓄水工程坝后电站总装机1000千瓦以上有13座。

1991年—2000年全区各县（市）水能资源及其开发情况

表11-6-4

县（市）	理论蕴藏量（万千瓦）	可开发装机容量（万千瓦）	已开发装机容量（万千瓦）	占可发量（%）
合计	114.95	61.09	24.67	40.4
上饶市	0.55	0.33	0.15	46.1
上饶县	20.15	12.17	8.03	65.9
广丰县	10.12	6.47	3.84	59.3
玉山县	14.9	5.12	2.65	51.7
铅山县	24.29	14.83	1.86	12.6
横峰县	1.39	0.68	0.31	45.2
弋阳县	7.51	2.66	0.98	36.9
万年县	1.59	0.48	0.31	63.7
余干县	2.95	1.74	0.05	2.6
波阳县	1.81	1.19	0.29	24.2
德兴市	14.64	9.59	2.75	28.7
婺源县	15.6	5.83	3.46	59.4

说明：上饶县含五府山、大坳；德兴市含大茅山。

第三节　输变电工程

1998年，全区水利系统地方电力拥有110千伏变电站1处，容量为2万千伏安；35千伏变电站53处，容量为22.53万千伏安。高压线路10905千米，低压线路17328千米，配电变压器容量44.3万千伏安，电站升压变压器21.48万千伏安。

1999年后，江西省实行农电体制改革，全区水利系统地方供电设备也就随之划归省供电部门控股管理。

第四节 农村水电初级电气化建设

继婺源县、德兴市通过全国第一批农村水电初级电气化县达标验收之后，1991年玉山县、铅山县、广丰县被国务院以国发〔1991〕17号文批准列为第二批全国农村水电初级电气化建设县。

1995年10月，玉山县、铅山县通过农村水电初级电气化达标验收。1996年，上饶县、弋阳县被国家批准列为第三批农村水电初级电气化建设县。广丰县被列为第三批农村水电初级电气化建设替补县。

"九五"期间，全区电气化建设更加发展壮大，水电新增装机达2.64万千瓦，广丰县、婺源县装机已超过3万千瓦。到2000年底，全区第一、二、三批农村水电初级电气化县建设拥有110千伏的变电站4座，容量达8000千伏安，35千伏变电站48座，容量达20.69万千伏安。110千伏的高压线路163千米，35千伏高压线路1018千米。"八五""九五"期间，全区电气化建设累计完成投资67449万元。

全区第三批农村初级电气化县，有上饶县、弋阳县、广丰县，经过五年的努力，完成任务较好。根据《农村初级电气化验收规程》（国标GB/T 15659－1995），达标主要指标为年人均用电量超过200千瓦时、户均生活用电量达200千瓦时以上、综合网损率在11%以下、设备完好率在95%以上、电压合格率90%以上、电炉用户10%以上或有20%以上用户采用以电节煤措施、县供电量以自发电量为主等。

2000年11月，受省农村电气化建设领导小组的委托，地区水电局组织有关部门参加的初验小组，对上饶县、弋阳县进行了初步验收，已达到达标验收需要，同年12月，通过省正式验收，成为全国第三批农村水电初级电气化达标县。

第五节 小水电管理

管理体制 1991年—1998年，全区有上饶县、广丰县、玉山县、铅山县、弋阳县、婺源县和德兴市是水利系统管理的县级区域电网。上饶县于1991年挂牌成立上饶县供电局，与其县水电公司为两块牌子一套班子，隶属于县人民政府。1994年，各县（市）先后成立了乡镇电管站，全区共有乡镇电管站189个，与县电网形成趸售关系，行政上受乡镇政府的领导，业务上由县级水行政主管部门主管。其间，全区小水电站主要是国有水电站与乡镇（或村）办的集体水电站。至1999年全区水利系统共有86座国有水电站，装机132198千瓦，隶属各县（市）水行政主管部门。乡镇办和村办小水电站及私有水电站328座，装机51011千瓦（包括微型机组）。

1998年，根据江西省农电体制改革方案，全区乡镇电管站上划县供电部门，县级电力部门发供分离，成立县级供电有限责任公司，由省电力公司控股经营，至此，全区水利系统地方电网均划归省电力部门控股管理。

2000年6月30日，地区水电局以饶水发〔2000〕43号文下发各县（市）水电局《关于印发

〈上饶地区小水电发展思路〉的通知》，提出：县水行政主管部门应依据《水法》、《水利产业政策》和《水利国有资产监督管理暂行办法》，尽快报请县政府明确县水行政主管部门作为水利国有资产出资人的法律地位；尽快按照现代企业制度组建县级发电公司。据此，上饶县、铅山县已于2000年5、6月间先后组建了由县水行政部门主管的上饶县灵信水电发展公司、铅山县水电公司，形成县级发电企业，对全县的小水电站发电进行统一调整、统一结算管理。在新形势下，小水电管理体制仍在改革中前行。

安全生产管理　1993年，省水电厅统一对全省水利系统水电生产和管理单位人员颁发了"用电检查证"。1996年，全区举办了两期各县市水电局、水电公司、水电站安全监察员培训班，经过培训、考核，由省水利厅颁发安全监察员监察证。10年间，每年进行全区安全生产检查考核，未发生一起重大事故。

上网电价管理　1996年，地区物价局根据省物价局的有关文件精神，以饶价工字〔1996〕27号文，规定"各县、市小水电上县市网价格每千瓦时按不低于0.03元调整"，地区上大网电价调为0.15元/千瓦时。1997年，地区物价局又以饶价工字〔1997〕16号文转发省物价局文件，规定"各县、市小水电上县市网价格每千瓦时按不得高于0.03元上调"。在执行过程中，大部分县市小水电上大网，县市网电价均先后按0.18元/千瓦时执行，但仍有一些县上县电网电价未达到0.18元/千瓦时，如玉山县、婺源县规定：在枯水期实行0.15元~0.17元/千瓦时，汛期或零点班上县网电路只有0.12元~0.14元/千瓦时，平均电价只有0.13元~0.15元/千瓦时。1999年，根据国家有关政策，县物价、水电、供电部门对厂、网分开的小水电站进行发电成本核算，重新核算上网电价，由县物价局上报地区物价局审核后报省物价局审批。为此，地区物价局分别以饶价工字〔1999〕24号、25号、26号、27号、28号文批复上饶县九牛电站上网电价为0.32元/千瓦时，批复上饶县茗洋关电站、上泸电站上网电价为0.30元/千瓦时，批复上饶县乡镇电站上网电价为0.27元/千瓦时；批复婺源县长滩、晓庄、钟吕水电站上网电价为0.32元/千瓦时；批复波阳县军民水电站上网电价为0.30元/千瓦时。2000年3月，省物价局、省电力局对大坳电站以赣价工字〔2000〕38号文批复，其上网电价为0.38元/千瓦时，自电站并网发电之日起执行。从全区看，仍有一部分电站上网电价未按省物价部门批复的电价执行。

第七章　水土保持

第一节　水土流失

程度　据1998年全省遥感调查，全区水土流失总面积4869平方千米占全区土地总面积21.36%。其中，轻度流失面积为1461.4平方千米，占总流失面积的30.02%；中度流失面积为1520.2平方千米，占总流失面积的31.22%；强度流失面积为1560.13平方千米，占总流失面积的32.04%；极强度流失面积221.6平方千米，占总流失面积的4.55%；剧烈流失面积为105.67平方千米，占总流失面积的2.17%。

分布　全区12个县(市)都存在不同程度的水土流失，其中流失面积在333平方千米(50

万亩)以上的县有:广丰、玉山、铅山、弋阳、余干、波阳和上饶县。全区水土流失主要分布于信江流域和饶河流域(以乐安河为主),其中信江流域水土流失面积为3613.8平方千米,所占比例为74.22%;饶河流域为1255.2平方千米,所占比例为25.78%。

特征 全区属南方山地丘陵平原水土流失类型区。水土流失以水力侵蚀为主,其次是重力侵蚀,鄱阳湖滨湖地区也存在风力侵蚀。类型不同,其侵蚀的特征也不同:

花岗岩区,主要特征是:抗蚀性能差,流失量大,侵蚀模数可达13500吨/平方千米·年,沟蚀密布,常伴有崩岗群,主要集中分布于玉山、铅山、上饶3县。

红砂岩(含砂砾岩)区。这类岩性含砂砾较多,胶结不紧,极易风化,风化壳厚在15米以上,最大达50米左右。沙砾化面蚀严重,有时也有崩岗发生。主要分布在弋阳、横峰2县。

紫色页岩区。此类岩性易风化,风化一层,流失一层。侵蚀模数可达2.52万吨/平方千米·年。主要分布于广丰、婺源等县。

第四纪红土区。在境内分布较广,红土层厚3米~5米,有的在6米以上,质地黏重,透水性差,以面蚀为主,少有沟蚀。主要分布在波阳、余干、万年等县。

沙地风蚀区。主要分布在鄱阳湖滨湖地区,由于滨湖大多数是平原岗阜沙丘地,植被薄,风速大,风时多,侵蚀大。

成因 从自然因素看,全区属中亚热带湿润气候区,雨量集中,暴雨次数多,强度大,干湿不均,温差较大;降水集流快,冲刷力大;大量花岗岩、红砂岩、紫色页岩等各类易风化的岩石遍布,这些气候特征和地理特点,都是产生水土流失的自然因素和客观条件。

从社会因素看,随着人口不断增加,不断垦殖,加上造船业、烧窑业、造纸业等手工业的发展,乱砍滥伐森林的事件时有发生,森林植被遭到破坏,水土流失日益扩大。

危害 水土流失直接危害生产建设,恶化生态环境,加重水旱灾害,后患无穷。危害之一,破坏土地资源。由于水土流失,大量的表层土被冲走,土层更薄,肥力下降。据调查,全区年平均流失土壤2117万吨,带走有机质21.17万吨,每年损失氮、磷、钾23.81万吨,侵蚀模数为2800吨/平方千米。全区有水土流失面积48.69万公顷,其中轻度14.61万公顷,中度15.2万公顷,强度18.87万公顷。表土(A)层遭到剥蚀的侵蚀土地已达41.73万公顷,占全区山地面积29.71%,表土全部被蚀,心土(B)层部分被蚀的侵蚀土地已达18.87万公顷,占全区山地面积的13.44%;危害之二,淤塞河道水库。全区仅信江流域每年进入信江的泥沙(悬移质)就达316万吨之多。据调查,丰溪河河床平均每年抬高1.3米,枧溪河东井段已成为地上“悬河”。弋阳县大塘水库建成后的3年,泥沙淤积了3/4的库容。危害之三是,掩埋农田村庄。由于河床淤高,每当暴雨季节,山洪挟带大量泥沙砾石冲进农田,沿河两岸形成“落河田”,据不完全统计,全区“落河田”已达2.47万公顷,其中波阳县就有1.47万公顷,占全县耕地的15.4%。铅山县4020公顷,占全县耕地15.5%。危害之四是,加重水旱灾害。植被被破坏,森林含蓄水量的能力降低,水旱灾害频繁。

第二节 水土防治

1991年6月29日,《中华人民共和国水土保持法》正式颁布。全区水土保持工作开始走上依法防治的新阶段。

机构人员 1984年,上饶行署以饶行发〔1984〕104号文同意成立地区水土保持委员会办公室,定编15人。2000年年底止,地区水土保持委员会办公室人员编制不变。

到2000年,全区各县市水保人员共有265名,其中行政干部18名;高级职称人员4名、中级职称人员16名;工人49名;水保员178名。

资金　1990年3月27日,上饶行署作出《关于建立水土保持发展基金,增加水土保持资金投入的决定》,其要点是:(1)建立水土保持发展基金,这项基金从地、县、乡级机动财力中安排5%~10%,从农业发展基金中划拨10%~15%,从老区建设的扶贫资金中安排10%以上,从国家投资营造的用材林和经济林收入中提取5%,从以工代赈扶贫资金、物资中安排15%,并从工矿收取水土保持费;(2)水土保持发展基金由各级财政列收列支,资金使用由各级水上保持部门提出意见,同级财政部门择优安排;(3)水土保持发展基金保证重点,集中使用"大治大扶助,小治小扶助,不治不扶助"。

编制规划　1998年6月,编制《上饶地区信江上游水土保持工程1998年—2002年重点治理规划报告》。1998年11月,编制《上饶地区信江中、上游水土保持工程1998年—2000年重点治理规划报告》。同年,信江中、上游广丰、玉山、上饶、铅山、弋阳5县编制了各县(市)水土保持工程1998年—2002年重点治理规划报告。1999年,全区有关县(市)编制《1999年—2010年水土保持生态环境建设规划》;同年,广丰、玉山、上饶、婺源4县编制《鄱阳湖流域水土保持重点治理一期工程可行性研究报告》。2000年上半年,上饶市、弋阳县、横峰县、德兴市、万年县编制鄱阳湖流域水土保持重点治理一期工程可行性研究报告。2000年,根据长江上游水土保持委员会办公室的要求,参照《长江流域水土保持技术手册》,玉山、上饶两县编制完成了第六期"长治工程"水土保持规划报告(时间是2000年—2005年)。

防治方法　主要有改坡耕作、育林育苗、修筑坡面工程三种:

改顺坡耕作为横坡耕作,是坡耕地保持水土最基本的耕作措施,通过此项措施,土壤冲涮减少30%左右,坡地农作物增产10%~15%;沟垄种植,是由古代高低畦整地方法发展而来,适用于10度左右的中坡或5度左右的缓坡。在增加地面被覆和改良土壤的耕作措施中,还有间作套种、草田轮作、草田带状间作和宽行密植。

封山育林育草,这是历来常用的防治水土流失的措施。常用方式有三种:一是全封,在封禁期间,不准砍树、割草、放牧;二是半封,可以割草、放牧,不准砍树;三是轮封,即分区轮流封禁。造林种草,截至2000年,全区营造水土保持林539.8平方千米,种草42.8平方千米。在鄱阳湖区种植柳树林带,对防止风浪效果好。

坡面工程,主要是修水平沟、台地、水平梯田。到2000年底,全区共修水平梯田71.8平方千米,并种果树或农作物,既保水土,又有经济效益。还有沟道工程,主要是土石谷坊、拦沙坝等。

小流域综合治理　1984年,地区贯彻落实全省小流域综合治理会议精神之后,至2000年底,全区共开展113条以小流域为单元的综合治理开发,总流域面积1434.69平方千米,水土流失面积645.7平方千米,已治理面积261.59平方千米。已基本治理83条,初步治理30条,有79条建立技术档案,通过省地验收的有13条,经县水土保持办公室初验的有58条,有的小流域已移交给当地乡村管理。玉山县清水塘小流域、广丰县南阳小流域、弋阳县兆源垅小流域通过水利部验收合格。

站场建设和经济效益　1998年,全区建立各级各类水土保持场站39个,其中县办12个、乡办22个、村办5个,基地面积1846.67公顷,从业人员308人。2000年,全区水保经济总产值达810万元。

第三节　监督管理

监督体系　地区按照水利部农水水保司农水监字〔1992〕40号文件精神，于1992年8月首先在上饶县开展全国第一批试点县工作。1993年在横峰县开展全国第二批试点县工作。这两个县的试点工作均通过水利部验收。1993年，玉山县作为地区试点县，为全区其他9个县(市)发挥了示范作用，玉山试点于1994年4月通过地区验收。1994年，广丰、铅山、弋阳、德兴、婺源5县(市)全面铺开。到1996年，全区12个县(市)水土保持预防监督体系全部建立。

法规体系　1992年—1996年，全区12个县(市)按照《中华人民共和国水土保持法》和国务院颁布的《中华人民共和国水土保持法实施条例》的精神，结合水土保持预防监督体系建设的实际情况，陆续出台了一系列地方性法规，如：《实施〈中华人民共和国水土保持法〉规定》《水土保持监督工作章程》《水土保持预防监督检查制度》《水土保持方案报告审批制度》《水土流失补偿费、防治费收缴办法和使用管理制度》等。同时，全区各县(市)进行了水土保持预防监督规划，划分了重点监督区、重点预防保护区、重点治理区并由政府进行公告。

宣传培训　1992年，地区组织各县(市)开展水土保持法的宣传工作，利用宣传月、宣传周、宣传日等多种形式，通过影视、广播、宣传栏、标语等多种宣传手段，在农村、重点矿区、开发建设单位和城镇中心地带，广泛宣传水土保持法及有关规定，深入宣传水土保持是保护生态环境的基本要求，是国土整治、江河治理的根本，是国民经济和社会发展的基础，是必须长期坚持的一项基本国策。其后，每年都开展各项宣传活动。到2000年，全区关于水土保持的领导电视讲话、召开水土保持电话会议80余次，刷写水土保持标语1.7万多条，散发水土保持宣传品2万余张(册)，出动宣传车400余次，受教育人数达1880万人次。

1997年3月，全区水土保持监督执法培训班在上饶县举办；1998年11月，全区开发建设项目水土保持方案编制培训班在广丰县举办，同时举办了水土保持中华人民共和国国家标准培训班。各县(市)每年也不定期举办各种水土保持培训班。

编制大型建设项目水土保持方案　1996年—2000年，全区12个县(市)共上报水土保持方案报告书和水土保持方案报告表3607份。同期，全区共收到水土保持规费271.34万元，其中补偿费113.13万元，防治费158.21万元，行政罚款2.25万元。

永平铜矿　1996年，编制已建项目水土保持方案，1997年6月通过省专家评审，1997年10月省水利厅对该方案作了批复。

大茅山铜矿和金矿　1996年6月，由大茅山集团公司编制水土保持方案。

横南铁路主体外工程　1997年，由地区水利设计院编制水土保持方案。同年，省水利厅作了批复，并由铅山县水电局组织实施。

大坳水利枢纽工程　1997年，由地区水电局和地区设计院对该项目编制水土保持方案，省水利厅组织有关专家对其评审，1998年12月作出批复。

横南铁路联络线　1999年2月，由铁道部第二勘测设计院编制水土保持方案。

水土保持违法案件查处　1996年—2000年，全区共立案查处水土保持违法案件134例。其中典型案件有3例：

德兴市查处了潭埠桥镇蛤蟆石金矿拒绝申报水土保持方案一案，通过法院强制执行，处以罚款3000元；

广丰县查处吴村乡某村民开采石灰石烧石灰，其废渣淤塞下游农田、水渠、水塘一案，最后责成其将废渣全部清除并修造一座长 70 米、高 2 米的拦渣坝；

玉山县查处某村民擅自在已开发治理的小流域桃园内开采石料，既损坏了已治理的生物设施，又造成废弃物淤积农田和渠道一案，依法做出了交纳补偿费 860 元，清除渠道和农田内废弃物，罚款 5000 元的决定。

第八章　水利行政管理

第一节　管理机构

地区机构　上饶地区水利电力局（简称水电局）　1991 年，地区水电局下设办公室、人秘科、电力科、工管科、科技教育科、计划财务科、水政科、审计科（1993 年更名为水政水资源科）、物资科、水保站、防汛办、行政监察室 12 个科（室）；1994 年 7 月，增设地区中级法院驻地区水电局执行室；1996 年 9 月，机构改革，地区编委审核地区水电局内设办公室、人事科、水政水资源科、计划财务科、科技教育科、水利建设科、水利管理科、电力科、地区防汛抗旱指挥部办公室 9 个职能科（室），另设审计科、纪检组（监察室）。机关行政编制 37 人，事业编制 3 人；1999 年饶编发〔1999〕40 号文增加军转行政编制 1 人。

地区水电局有下属事业单位 9 个，分别是：水土保持办公室 1962 年 6 月成立，名称为上饶专区水土保持委员会，隶属地区农垦局管理；1968 年—1972 年机构撤并；1973 年恢复；1984 年 4 月，饶行发〔1984〕104 号文改名称为地区水土保持办公室，区级，定事业编制 15 人。2000 年底，地区水土保持办公室在职职工 15 人，其中专业技术干部 11 人，高级工程师 1 人。

水利电力勘测设计院　1963 年 3 月成立，名称为上饶专署水利电力勘测设计队；1968 年底撤销，1977 年 1 月恢复；1984 年 4 月确定为事业单位，区级，定事业编制 90 人；1986 年 8 月，以饶编发〔1986〕49 号文批复改称上饶地区水电勘测设计院，原定级别不变；1995 年 5 月，由原上饶市施家山办公地址迁移到新建的“水利水电大厦”办公。2000 年底，全院在职职工 91 人，其中：行政管理人员 6 人，工程技术人员 52 人，技术工人 33 人；在技术人员中有高级职称 10 人，中级职称 21 人。

水利科学研究所　1979 年成立，一般县级，定事业编制 44 人。原址在上饶县王家坝，占地 108 亩；1998 年，迁移到上饶市光学路与庆丰路交口中心圆盘北侧新建的水利科研大楼办公。2000 年底，全所在职职工 42 人，其中：行政管理人员 3 人，高级技术职称 4 人，中级技术职称 15 人，其他科技人员 9 人，技术工人 11 人。

水电物资供应站　1984 年 4 月成立，区级，事业编制 6 人；1989 年 1 月，物资供应站进行责任承包；2000 年底，全站在职职工 4 人，其中管理人员 2 人，工人 2 人。

防汛抗旱通讯站　1984 年 4 月，饶行发〔1984〕104 号文设立防汛抗旱通讯站，隶属上饶地区防汛抗旱指挥部办公室领导，定事业编制 7 人；1989 年 8 月，饶编发〔1989〕45 号文通知，防汛抗旱通讯站为副科级事业单位。2000 年底，全站有在职职工 7 人，其中高级工程师 1 人。

圩堤修建管理站　1989 年 9 月成立，饶编发〔1989〕46 号文批复，科级事业单位，核定事业编制3人;2000年底,有在职职工3人。

水利电力职工培训中心　1996年12月28日,饶编发〔1996〕36号文批复成立上饶地区水利电力职工培训中心,为正科级事业单位,定编制3人,实行自收自支。

水政监察支队　1997年8月,饶编发〔1997〕45号文同意成立地区水政监察支队,为正科级事业单位,核定编制5人;2000年底,有在正、副支队长3人,水政监察员5人。

县(市)机构　县(市)水利电力局　1991年以前,全区各县(市)均已成立水利电力局,其中上饶市机构称农业经济委员会;2000年10月,上饶地区撤地设市后,原上饶市农业经济委员会更名为信州区农村工作办公室。2000年底,全区12县(市)水利水电局共有在职职工223人,其中公务员186人,工勤人员37人。

第二节　工程管理

管理机构　根据地区行署批转地区水电局《上饶地区水利工程管理细则(试行)》(饶行发〔1988〕109号)文件规定:全区大、中型水利工程及保护农田10亩以上的圩堤管理单位称管理局;小(一)型水利工程及保护农田1万亩~10万亩的圩堤管理单位称管理所;小(二)型水利工程及保护农田1万亩以下的圩堤管理单位称管理委员会。细则还规定:大、中型水利工程属全民所有,管理单位属事业性质,实行企业化管理;集体兴建的水利工程属集体所有。工程管理机构实行分级管理,大、中型水利工程管理机构归县(市)管理;小型水利工程归乡镇管理;跨越两个行政区划的工程管理机构由上一级或上一级委托一个主要受益的行政单位负责管理。按照这个规定,全区各类水利工程都配置了专职和兼职的管理人员。1991年年初,全区共有水利工程管理单位2130个,其中,水管站225个;国营管理水库职工总计1436人,其中,大型水库206人、中型水库1045人、重点小(一)型水库185人;在职工总数中,属于全民所有制职工1021人(含技术人员85人)。

1991年以前,曾在玉山县率先成立乡镇水利水保管理服务站,进行试点。随后又根据国务院的有关文件精神,在全区加强和完善了基层水利水保服务体系。截至1994年底,全区共有经各县(市)编委批准成立的水利水保管理站269个(含联合站和专职水利员点);共有专职水利管理员741人,其中,在经过岗位培训的528人中,有290人获得技术职称,分别为:助理技师138人,技师69人,技术员80人,助理工程师3人。此后,乡镇水利水保管理服务站没有再增加,水利水保管理员也随着时间的推移自然减员。

综合经营　1991年以前(1983年开始),为了扶持水利工程管理单位开展综合经营,水电部、省水利厅和地区水电局每年均拿出一部分资金,作为水利工程综合经营周转金。主要扶助国有蓄、引、提、排等水利工程管理单位开展综合经营,对投资少、见效快、效益好的项目给予优先安排资金。1983年—1993年,全区共借贷综合经营周转金295万元。

1998年3月,上饶地区水电局水利经济科成立,主要对全区的水利综合经营、水利旅游、水库渔业、水利水电企业进行管理。

工程岁修　1991年—2000年,以恢复和改善局部工程原有结构为原则,进行年度水利工程维修。全区国家扶助水利岁修的经费累计达1839万元,年均183.9万元。这个数字还不包括特大防汛经费、农业开发项目中的水利岁修经费和地区下达的岁修以奖代补经费。

安全管理　1991年,根据国务院《水库大坝安全管理条例》(1991年3月22日国务院令第77号)和水利部《关于请求报送水库安全分类情况的通知》(管库〔1991〕31号)文件要求,地区水电局迅速组织有关人员开展此项工作,对全区小(一)型以上水库安全分类逐座填报,小(二)型水库安全分类统计座数予以上报。同时,对全区的小型水库进行了一次全面普查,主要是按照有关规范、规程,计算和复核工程水文情况,定水库现有校核标准和加固标准;查工程隐患和安全质量问题,定水库的加固措施;查工程管理现状,定管理机构、管理人员和管理措施。

1993年,地区水电局发文,要求对全区大坝安全监测资料进行整编分析,并开展了对全区重要中小型水库的安全检查,主要是查隐患,排险情,保大坝安全。1994年,根据水利部和省水利厅的部署,全区开展了对水利工程闸门及启闭设备进行等级评定。全区将玉山县七一水库,波阳县军民水库、滨田水库、献忠闸、珠湖泄洪闸,万年县长林山引水闸,余干县大湖口闸、永安闸,乐丰场乐丰闸等工程的所有闸门和启闭机(不含渠道)列为这次等级评定对象。

1995年,依据水利部《水库大坝注册登记办法》和《水库大坝安全鉴定办法》,按照省水利厅的部署,全区对大中型水库进行了注册登记。1996年4月,根据国务院《水库大坝安全管理条例》和水利部《水库工程管理通则》,地区水电局成立了上饶地区大坝安全管理中心,主要负责全区中型以上水库和重点小(一)型水库的大坝安全监测管理。1997年,根据省水利厅部署,全区开始对小型水库进行注册登记,并建立了数据库。

病险水库除险加固 1999年4月,根据省水利厅《关于进一步加快病险水库除险加固步伐的通知》,地区水电局会同各县(市)水电局,对全区小(二)型以上水库进行了一次调查摸底。同年11月,根据水利部和省水利厅的要求,地区水电局完成了《上饶地区病险水库除险加固专项规划综合报告》。对全区已建水库进行安全分类:大型水库3座,其中七一水库为一类水库,滨田、军民水库为三类病险水库。中型水库30座(不包括新建的玉山峡口、大茅山双河口和在建的下会坑、婺源钟吕以及玉山毛宅5座水库),其中:一类水库8座,分别是军潭、七星、关里、王宅、神岭、大港桥、双溪、段莘水库;二类水库10座,分别是岩底、铁炉、姚源、柴角湾、方团、水碓李、碓头岭、大源河、枫珠湖水库;三类水库13座,分别是茗洋关、上潭、丰产、蜈蚣山、北槎垅、里湖、灌湖、木溪、大山、张家山、群英、清华、大塘坞水库;小(一)型水库229座,其中,一类40座,二类81座,三类108座。小(二)型水库1504座,其中,一类196座,二类659座,三类649座。经过水利部大坝安全管理中心和省水利厅有关部门的现场抽查验证和审查,编入《江西省病险水库、水闸除险加固专项规划报告》中。当年,开始对水库、水闸进行了安全鉴定工作。2000年7月,鄱阳军民水库率先通过了由长江委、水利部大坝安全管理中心及省水利厅有关专家组成的安全鉴定;同年12月,婺源县大塘坞水库(鸳鸯湖)也通过了由江西省大坝安全管理中心、省水利厅及上饶地区水电局有关专家组成的安全鉴定。

2000年,按照水利部和省水利厅的要求,地区水电局完成了《上饶地区大中型水利工程闸门及启闭机更新改造专项计划》,为全区水利工程的除险加固增添了新的内容和后备项目数据库。

质量管理 1999年8月6日,根据国家水利部《水利工程质量管理规定》(1997年12月21日第7号令)、省水利厅《关于加强全省水利建设工程质量管理实施意见的通知》(赣水建字〔1999〕33号)文件精神,地区行署下发《上饶地区加强水利工程建设质量管理(暂行规定)》(饶行发〔1999〕25)文件。规定中对水利工程质量进行强制性的监督管理,按照职责分工,实行地、县(市)两级管理,建立健全"项目法人负责,监理单位控制,施工单位保证,实行政府监督"的质量保证体系和严格的质量责任制,坚持先勘测、后设计、再施工,严禁"三边工程"。

防汛通讯 1992年,全区初步建成波阳县、余干县、万年县、德兴市、弋阳县、玉山县、广丰县等相通的(450、150)超短波指挥系统。1997年,建成了与省、地、县(市)相连的防汛计算机广域网,实现了防汛信息的快速传输。2000年年底,全区大型和重要中型水库建成了计算机远程报汛系统,并配备专、兼职通讯人员59人。

白蚁防治 1996年,贯彻水利部白蚁防治新技术推广会议精神,配合省水利厅和省水利科学研究所等单位,对全区大中型水库、3333.33公顷以上重点圩堤蚁害进行了调研,并建立水利工程发展动态档案。

岗位培训 1995年,地区水电局举办了全区中型水库及部分小(一)型水库管理人员培训示范班,并向全区发放了水利部特编的《小型水库管理丛书》(一套5册)共780套,各乡镇2套,大、中型水库和国有小(一)型水库各1套。1996年、1997年连续两年,全区进行了小型水库管理人员岗位培训考试,对考试合格者颁发岗位培训合格证书。

产权改革 1990年代初,境内横峰县上下坂水库参照农业生产联产承包的形式,实行集体承包经营,仅用3年时间,不仅还清银行贷款及利息16万元,还提取折旧费15万元,实现利润3万元,扭转了长期亏损的局面。

1994年,全区水利产权改革形式在单一的租赁承包基础上,又出现了股份合作制形式。较为典型的有德兴市自来水公司,在企业内部改革的基础上,成立了德兴市女儿田供水股份有限公司,总股本300万元,其中:德兴市自来水公司218万元,省水利水电供水公司50万元,自来水公司职工个人出资32万元。供水公司成立后,很快就达到了预期的目的,向德兴市女儿田新城区供清洁用水68万立方米/年,使1万多居民受益。同年,婺源县有5位农民集资360万元,兴建了一座装机500千瓦的股份制水电站和两个玻璃拉丝厂、一个钢坯厂,很快产生了经济效益,1997年产值达1000多万元,利税30多万元。

1995年,玉山县拍卖其荒滩经营权,置换外资1400万元建成两岸1058米长的浆砌石防洪河堤,大大提高了玉山县城的防洪能力,也开创了全区水利产权拍卖的先河。

1996年,广丰县一位农民个人投资251万元,仅用300天时间,就建成一座装机500千瓦的全区首家私人水电站,并接着进行滚动开发,不到3年时间,便进行了小流域中三个梯级的水力开发,总装机达1400千瓦,总投资1000余万元。婺源县也有一位农民个人独资兴建了一个库容35万立方米的小水库。人们在尝试中得到了实惠,很快在全区各地掀起了一股水库山塘承包热。此举也引起了主管部门的高度重视。1997年,江西省水利厅下发《关于水工程水面租赁、承包、拍卖有关事项的通知》。1998年6月,地区水电局下发了《上饶地区小型水利工程产权制度改革意见(征求意见稿)》,并于同年成立了上饶地区水利工程产权改革领导小组,各县(市)也陆续成立了相应的领导小组和办事机构。

在水库、山塘、水电站进行产权改革的同时,其他水利工程的产权改革也有进展,特别是在水土保持项目上,玉山县文城乡的金桥、双明乡的窑山、岩瑞镇的下珠小流域综合治理。德兴市黄柏乡石子岭水保站等实行县、乡、村、村民股份合作制后,由原来单一治理,变为林、果、草相结合的综合治理,取得较好的生态效益和经济效益。

2000年6月,根据省水利厅《关于加快推进水利工程产权改革的意见》,地区水电局在反复征求讨论稿意见的基础上,正式出台《上饶地区小型水利工程产权制度改革意见》。同年底,全区进行了产权改革的水利工程达1.5万余座,置换资金1.6亿元,其中大中型水库的改革率达100%,小型水库的改革率达98%以上,山塘也大部分进行了产权改革。

第三节　水资源管理

取水登记　1994年，根据国务院《取水许可制度实施办法》（1993年8月1日国务院119号令）和省人民政府《江西省人民政府批转省水利厅在全省进行取水登记和发证工作意见的通知》（赣府发〔1994〕57号）文精神，全区取水登记工作在调查分析评估的基础上开展起来。当年，全区共办理取水登记2221户，登记取水量620.77亿立方米，其中取地下水登记149户，实际取水量1152亿立方米，并建立了档案和记帐工作。

1995年，全区12县（市）在原登记的基础上，按《取水许可申请审批程序规定》，进行了全面的审批发证工作，至1996年底，共办理发放取水许可证2117套，批准水量44.54亿立方米，并建立了对取水许可证每年进行年审和水资源年报制度。1998年底，按照《江西省水资源费征收管理办法》，全区完成征收水资源费140余万元，代省征收86万元。

水费征收　1991年以前，全区水利工程水费征收按照国务院《关于贯彻执行〈水利工程水费核订、计收和管理办法〉的通知》（国办发〔1990〕10号）实行，水费由水利工程管理单位催交收取，或委托财、粮部门代收。

1992年，全区贯彻执行《江西省水利工程水费核订计收和管理实施办法》（省长5号令，1991年7月）和《关于粮食部门代收代管水费粮有关问题的通知》（赣粮购字〔1991〕15号）文件精神，农业水费征收标准每亩都在9千克～13千克稻谷范围（余干县每亩为8千克）。从此，全区农业水费实行以稻谷计收。

1997年11月，地区行署印发《上饶地区水利工程水费计收管理办法》（饶行发〔1997〕51号）的通知，规定："凡利用本区水利工程供水的一切用水单位和个人都必须按规定交付水费"，"本区水利工程农业水费原则上以实物计收，也可按当年市场价格折现金交纳，粮食作物每年每亩计收11千克～13千克稻谷，林果和经济作物每年每亩计收12千克～14千克稻谷。农业提水工程减半计收（燃料动力费用由用水户自负）。渔业用水，鱼塘按可养水面每年每亩11千克～14千克稻谷计收，水库养鱼按可养水面每年每亩1千克～1.5千克稻谷计收"。全区12县（市）人民政府根据该办法和各地的具体情况，均制定了相应的实施细则。随后，由于粮食市场的逐渐放开，水费粮由粮食部门代收和经营也随之取消。

1998年5月，根据江西省水利厅赣水计字〔1998〕39号文件精神，为切实做好水价改革工作，地区水电局成立了水价改革领导小组。

河道管理　1993年—1999年的7年中，根据《中华人民共和国河道管理条例》和江西省人民政府制定的《江西省河道采砂收费管理办法》细则，在调查摸底搞清情况的基础上，全区共发放河道砂石准采证3262本，收取河道采砂管理费120余万元。与此同时，整顿和规范了一批在河道内乱采、乱挖、乱建的违法现象，确保河道的行洪安全。

第四节　水政管理

水政机构　1991年，全区地、县两级水行政主管部门，由地、县人民政府同级确认，地区水电局设立水政水资源科，县（市）水电局设立水政水资源股，并配备水政水资源专职工作人员54人。

水政监察专职队伍 地区为水政监察支队，下设12个县(市)水政监察大队，9个水政监察中队；其中水政监察支队下属3个中队为：水文监察中队、三清山水政监察中队、大坳水政监察中队。

余干县水政监察大队下属信瑞水政监察中队和康山水政监察中队；万年县水政监察大队下属梓埠水政监察中队；玉山县水政监察大队下属七一、王宅、峡口3个水政监察中队。2000年，全区配备水政监察队伍专职监察人员132人。所有水政监察员均经过择优选拔培训，考试合格，批准发证，持证着装上岗。

水行政执法 据统计，以实施《中华人民共和国水法》为标志，到2000年年底，全区协助公安机关的水事治安案件、协助人民法院的二审案、申请法院强制执行的类别案件共有1676起，挽回直接经济损失150余万元。余干县水政主管部门在政府支持、公安机关配合下，拆除、炸毁大溪圩上10个砖瓦窑，清除了信江河口沙洲和金埠圩上2万余株阻洪树木；波阳、余干等县还拆除了圩堤上200多幢违章建筑物。

水行政复议 1991年—2000年，全区水事纠纷调处及水行政复议选例：

例一、上饶县与横峰县关于满团坝的纠纷由来已久，自1980年代至1990年代，先后发生比较大的纠纷5次。

满团坝建在横峰县岑港河龙门乡满团村处，于80年代初期建成，坝长300余米，其中浆砌块石滚水段150米，土坝段150余米，共建10孔闸，其中排洪闸9孔，冲沙闸1孔。1996年3月中旬，横峰县满团坝冲沙闸上建40千瓦水电站，将9孔行洪闸用木桩树枝填土封堵抬高水位，造成扩大淹没农田面积，上饶县湖村乡余家村群众要求拆除。经地委、行署领导指示，地区水电局派人实地调查并召集两县政府、水电局领导以及工程技术人员协调，为了彻底解决满团坝的纠纷问题，横峰县水电局将满团坝工程列人续建配套项目，经地区水电局批建后，满团坝引起的水事纠纷才得到根本解决。

例二、上饶县水电局以饶县水〔1996〕48号文《关于要求上饶市灵溪乡张家水电站办理取水许可证的报告》，其实质是县、市取水许可管辖权的争议纠纷。

经实地查看发电站进水渠道(渠道长2500米)口和拦河坝所在的行政区域位置，确系在上饶县煌固乡观上村。水电站厂房址在上饶市灵溪乡张家。地区水电局根据《取水许可制度实施办法》的规定，以饶水字〔1997〕02号文把办理发放张家水电站的取水许可证的权限批复给上饶县水电局。上饶市原办的取水许可证收回。依照水法规解决了市、县取水许可审批权的纠纷。

例三、上饶市北门乡龙潭村的河道采砂人廖怀雪，不服上饶县水电局作出的饶水罚字第〖1997〗006号“违反水法规行政处罚决定”的具体行政行为，于1997年8月15日依法向上饶地区水利电力局提出申请水行政复议。申请人称，其采砂地段是在上饶市管辖的信江河段内，1992年6月已向上饶市水电局办理了年度河道采砂“准采证”，不属无证采砂。

地区水电局受理了行政复议申请人的申请后，经与申请人当面核查河道采砂“准采证”，缴费发票等，同时调查取证，查阅上饶县水电局处罚案卷和有关文件资料。1997年9月12日，上饶地区水电局经审查核实后，作出饶水复字〔1997〕01号水行政复议决定书。决定书根据《行政复议条例》第四十二条(四)项的规定，认定被申请人处罚的主要理由事实不清，撤销上饶县水罚〔1997〕006号决定中的四项决定。但认为补交1996年度管理费1000元成立，申请人应在此决定作出之日起，7日内将1996年度管理费1000元交到上饶县水电局水政股。

按照《中华人民共和国行政处罚法》第五十一条(一)款,到期不缴,每日按缴款数额的百分之三加处罚款。这是上饶地区水电局第一次办理水行政复议案,为日后办理水行政复议案打下了良好基础。

例四,婺源县水电局要求解决与德兴市水电局对德兴铜矿在铜埠桥水厂的管属权问题。

婺源县认为铜埠桥的铜矿水厂取水口坐落在乐安河婺源太白乡一侧的水域内,故应由婺源办理水资源取水许可登记、审批、发证、收费等工作,德兴市水电局已办理取水许可的管理权限应归还婺源县。地区水电局派人实地调查,并取得镇桥抽水泵管道进水口地理位置分布图,法定河界不是以河中心线为界,而是以主航道为界。故此,地区水电局以饶水发〔1997〕21 号文向婺源县回复,取水许可管辖权确属德兴市,此水事纠纷才告结束。

例五,广丰县河北乡与上饶县皂头镇有关群众对丰溪河毛埂圩施工期导流明渠开挖线产生争议。

丰溪河毛埂圩段水毁修复加固工程于 1998 年 9 月 15 日开工,广丰县河北乡和尚村群众对该工程导流明渠开挖线在广丰一侧有争议施工受阻,当晚双方发生了较大的群众闹事,和尚村群众砸了皂头施工作业的挖掘机(日产自动挖掘机价值 30 余万元)。行署派出有关领导召集广丰县、上饶县以及地区水电局人员,现场协调,把明渠开挖线尾部 30 米向河中平移 20 米,并当场定下平移位标桩。使丰溪河毛埂堤的水事纠纷得以解决。

卷十二 工 业

1990年代，全区工业企业经过不断改革、改制和调整，形成国有经济为主体，多种成分共同发展的新格局。1991年—1995年，贯彻执行《全民所有制工业企业法》和《全民所有制工业企业转换经营机制条例》。1994年，正式成立上饶地区工业企业转换经营机制建立现代企业制度工作领导小组，横峰纺织器材厂、上饶客车厂率先进行建立现代企业制度的试点，组建为国有独立公司；波阳造船厂实施破产。同时在国有企业中推行劳动、人事、分配制度三大改革，建立新型的用工制度和分配制度。1996年6月，上饶仪表厂率先改制为全区第一家股份合作制企业。多数企业也通过资产重组和结构调整，实现国有资产增值、保值；通过联合、兼并、股分合作制、租赁、承包、出售等多种形式，转换了经营机制的小型企业300多家。1999年，在弋阳进行国有企业"两个置换"（产权转换和劳动者身份置换）产权制度改革试点。

1991年，地委、行署确立"稳农兴工，突破乡镇企业"的指导思想，制定《关于突破性发展乡镇企业的补充决定》，促进了乡镇企业的大发展。国有工业逐步退出一般性竞争行业，占全部工业的比重由1996年的42.4%，下降到2000年的30%。在"工业兴区"战略思想指导下，扶优扶强，一批具有市场竞争力的地方骨干企业乘势崛起。1991年—1995年，全区投入技术改造和技术引进资金达16.74亿元，工业总产值119.60亿元，是1995年的1.55倍。大中型企业由1978年的11个，增至29个；广丰卷烟集团、上饶振达铜材工业集团、上饶客车集团公司、广丰月兔实业总公司、江西第三制药厂、玉山追日集团、上饶全良液集团、德兴黄金集团等地方工业"小巨人"得到重点扶持。全区工业结构重工业占54.56%，轻工业占45.44%，有色金属、食品、建材、机械电子、轻纺等五大行业成为支柱产业；新产业和新产品的开发，在寻求全区工业经济增长点的过程中突显出来，新产品已达62项，较1991年增加20项。

"八五"初期，上饶市人民政府与江西新余钢铁厂联合筹建上新钢厂，主要产品为钢锭、圆钢、罗纹钢，全民股份制企业，为赣东北区域内最大钢铁企业。1993年建成2000多平方米的厂房。一期工程生产设备有2台5吨电炉，2台15吨行车和650轧机等，炼钢能力5万吨，全部由新钢提供，并负责安装和技术工人培训，远期炼钢能力为20万吨。1994年9月8日举行竣工投产庆典仪式，进行试生产，当年产钢锭1048吨。由于返销新钢后未能轧材，加上受资金、技术及国家产业政策的限制，1995年宣布停产。1999年12月，上新钢厂经营资不抵债依法申报破产。

至2000年底，全区共有乡及乡以上独立核算工业企业995个，其中重工业579个，占58.1%；轻工业416个，占41.9%。有大中型企业29个，小型企业966个，分别占企业总数的2.9%和97.1%。有独资企业874个，合作合伙企业80个，股份有限公司13个，有限责任公司

28 个。国有及国有控股企业 339 个，占 34.7%。

第一章　铜　业

境内铜矿矿藏资源丰富，开采历史悠久。至 2000 年底，已探明铜金属储量为 1072.86 万吨，保有储量 888.24 万吨，居全国之冠。1991 年—2000 年，境内铜业企业除江西铜业公司德兴铜矿、永平铜矿外，地方铜矿分别有富家坞铜矿、大茅山铜矿、弋阳铜矿和上饶县铜矿。

第一节　大型铜矿

德兴铜矿　系江西铜业公司主干矿山，是国内当时生产规模最大的铜矿，也是世界级的特大型铜矿之一。矿山包括铜厂和富家坞两大矿区，到 2000 年末，保有矿石地质储量为 13.5 亿吨（其中铜厂区 8.37 亿吨，富家坞区 5.13 亿吨），日采选综合生产能力达 9 万吨。采矿工艺和设备按 7000 万吨级矿山配备，精矿处理采取浓缩和过滤相结合的脱水手段，主流程单位有采矿场、大山选矿厂、泗洲选矿厂、精尾综合厂等。固定资产总额 2000 年达 54.77 亿元（含德铜分公司 5.35 亿元），流动资产总额达 5.35 亿元（含德铜分公司 1.20 亿元）。有职工 11504 人，干部 2464 人（其中处级以上 34 人），专业技术人员 2156 人（内高级职称 115 人，中级职称 780 人，初级职称 1261 人）。2000 年，累计为国家生产铜金属 115.5 万吨，产黄金 48 吨，产银 191 吨，硫精矿折合量 175.7 万吨。铜精矿品位始终保持在 23% 以上，铜综合回收率平均在 84% 以上，采剥总量、铜精矿含铜量、含金量和工业总产值等多项经济技术指标连续 16 年获全国同行第一。

1985 年 7 月 16 日，国务院批准德兴铜矿三期工程—采选综合生产能力 6 万吨/日的设计任务书。三期工程于 1986 年 11 月 17 日正式开工，1995 年 12 月消号，1999 年 6 月全部通过国家验收。前 3 万吨系统于 1990 年底建成，1994 年达产；后 3 万吨系统于 1994 年建成投产。1993 年—2000 年，是三期工程投入生产、运行、完善、提高的阶段，1993 年 10 月 26 日，正式交付使用，当月原矿处理量突破 80 万吨。1994 年 2 月 4 日，后 3 万吨碎矿系统联动试车；3 月，大山选矿厂前 3 万吨达产改造系统工程通过有色总公司专家组评审，4 月 18 日，5#、6#球磨机 100% 投料试车；10 月，大山重—浮联合工艺选硫工业试验成功；11 月 23 日至 12 月 1 日，机械部和有色金属工业设备公司对后 3 万碎矿系统进行设备性能考核；11 月 30 日，7#球磨机进行单机无负荷试车，12 月 21 日进行 75% 投料试车；12 月 2 日，机械部重大装备公司和有色金属设备公司共同进行后 3 万碎矿系统设备性能考核，并于 1995 年 8 月 1 日核定为实际生产能力为设备的 60% 至 70%；同年 10 月，大山选厂正式实施“CTP 选矿新工艺”。1996 年 2 月 6 日，大山选矿厂低碱度铜硫分离工艺通过评审；3 月，该厂尾矿溜槽 7#隧洞贯通；同月，后 3 万球磨系统通过性能考核；7 月，大山新药台成功启用。1998 年 9－12 月，大山选矿厂完成黄药与 Y—89—2 新黄药的工业应用对比试验，并于 1999 年 1 月推广应用。1999 年 5 月，大山石灰自动添加系统改造成功后投入使用。8 年间共进行了 123 项技术改造项目，进一步完善工艺流程，使德兴铜矿铜金属量在 2000 年首次突破 10 万吨大关，达到 102226 吨。

改革开放后，德兴铜矿累计投入科研经费 1000 多万元，与多家科研单位合作，进行了 208

项攻关项目和系列技术革新与改造。其中51项获国家、省(部)级科研成果科技进步奖,90%转化为现实生产力,年增经济效益逾亿元,综合生产能力,已由1970年代末的日产1万吨,提高到9万吨。被国家列为"九五"重点攻关项目的"细菌堆浸—萃取—电积流程"获得成功后,于1998年11月荣获国家科技进步二等奖。该项目应用到生产实践中,可使无法入选的0.25%以下低品位含铜废矿石供堆浸,生产出合格的阴极铜。1994年4月动工兴建堆浸厂,总投资4600多万元,年设计生产能力为2000吨阴极铜,1997年10月29日一次性投产成功,至2000年,共生产阴极铜1776.26吨,达到国家A级阴极铜标准(99.99%)的铜产品,堆浸生产能力一年比一年递增。

在深化改革的基础上,企业管理逐步实现从计划经济体制向社会主义市场经济体制的转轨。1993年—2000年,共实现内部利润2.9亿元。多种经营蓬勃发展,到2000年,共有多种经营法人企业13家,拥有资产总额34589万元,从业人员6225人。1993年,多种经营企业利润总额122万元,2000年为1540万元。

1991年—2000年德兴铜矿主要产品产量一览

表12-1-1

年份	铜精矿含铜量(吨)	铜精矿实物量(吨)	铜精矿含金量(千克)	铜精矿含银量(千克)	硫精矿折合量(吨)	硫精矿实物量(吨)	钼精矿折合量(吨)	钼精矿实物量(吨)	电积铜(吨)
1991	48808	208391	2056	7003	86013	105243			
1992	60803	254197	2562	8328	108939	114075			
1993	64148	269319	2498	10218	89599	94513			
1994	70045	290877	3355	10607	81139	86607			
1995	72729	306106	3527	11439	76241	75414			
1996	83561	345901	3477	13823	138273	131816			
1997	91021	376354	3637	15974	141329	136138			
1998	91960	384655	4065	17174	164719	148928	208	208	507
1999	97867	404519	3962	17429	180791	159302	315	327	608
2000	102226	424361	4188	17828	65675	64500	361	360	612

1991年—2000年德兴铜矿矿山作业量一览

表12-1-2　单位:万吨

年份	采剥总量	其中:采矿	其中:剥离	基建剥离量	西源岭剥离	旋回破碎出矿	含铜废石
1991	2213	1269	944	802		1195	
1992	3496	1579	1917	700		1514	
1993	4297	1651	2646	860		1654	
1994	4877	2292	2585	140		1929	81.3
1995	5519	1899	3620			2138	260.7
1996	6058	1935	4123			2281	334.4
1997	6066	1968	4098			2420	358.8
1998	6166	2164	4002		963.6	2594	488.4

续表 12－1－2

年份	采剥总量	其中:采矿	其中:剥离	基建剥离量	西源岭剥离	旋回破碎出矿	含铜废石
1999	6288	2097	4191		2000.9	2775	596.2
2000	6280	2226	4054		2901.3	2894	511.8

1991 年—2000 年德兴铜矿选矿技术经济指标一览

表 12－1－3

项目	1991 年	1992 年	1993 年	1994 年	1995 年	1996 年	1997 年	1998 年	1999 年	2000 年
原矿处理量(万吨)	1155	1495	1607	1836	2015	2249	2387	2572	2751	2896
原矿品位(%)	0.51	0.48	0.48	0.46	0.45	0.45	0.45	0.42	0.41	0.41
铜精矿品位(%)	23.42	28.92	23.82	24.08	23.76	24.16	24.19	23.91	24.19	24.09
铜尾矿品位(%)	0.08	0.07	0.08	0.08	0.09	0.08	0.07	0.06	0.06	0.06
选矿回收率(%)	86.67	85.01	83.78	82.4	80.58	82.55	84.48	85.03	86	85.27
硫精矿品位(%)	28.65	33.49	33.18	32.79	35.38	36.71	36.33	38.71	39.72	35.64
硫回收率(%)	15.69	17.69	17.61	14.91	13.07	12.54	18.57	19.76	19.75	9.07
钼精矿品位(%)								45	43.32	45.09
钼回收率(%)								52.07	42.16	40.32
选矿比(吨/吨)	54.7	58.8	59.7	63.1	65.8	65	63.4	66.9	68	68.3
球磨机利用系数(吨/m^3 台)	1.02	1.04	1.01	0.99	0.97	1.01	1.03	1.04	1.09	10.7
平均日处理量(吨/日时)	35518	43477	44588	52143	55891	64317	67322	74720	75376	80680

永平铜矿　位于铅山县永平镇西南 2 千米处,是国内大型铜硫矿之一,矿区占地总面积 13.44 平方千米,分为一、二矿区和主干道三部分。矿区交通便利,闽赣公路与永杨公路分别从东、西南侧通过;横(峰)永(平)铁路支线从永平铜矿到横峰与浙赣线贯通。永平铜矿是以铜、硫为主,伴生金、银、白钨、铅、锌、铋等元素的多金属矿,已探明铜金属储量 130.88 万吨,硫储量 2300 多万吨,矿体大多蕴藏于天排山东侧,宜于露天开采。主要产品是铜精矿和硫精矿。自投产以来,其品位稳步上升;铜精矿自 1991 年一直在 20% 以上,硫精矿自 1987 年一直在 42% 以上,并且杂质含量低。1985 年—2000 年累计处理矿石 4600.76 万吨,完成矿产铜 23.94 万吨,矿产银 224.34 吨,标准硫精矿 1257.88 万吨,实现工业总产值 36.78 亿元,实现利税总额 5.96 亿元,上交税金 1.78 亿元。为延长露天开采服务年限,1997 年开展露天境界外深部补充勘探,使原有 D 级储量基本上升为 C 级。1998 年 8 月,运用敏太克软件进行露采境界优化方案对比基本完成露天开采北部扩帮可行性研究。同年 10 月至 2000 年 4 月,对北部进行补充勘探,使 C 级储量从以前的 10.25% 上升到 89.04%,增加矿量 1400 万吨,延长矿山服务年限 5 年。通过企业全面整顿,狠抓各项管理和基础工作,改革人事劳动制度,开展科技攻关,提高职工队伍素质,生产发展速度,工业总产值、产品质量和实现利税三大指标均逐步上升。2000 年与 1985 年相比,年处理矿石量由 155.6 万吨,提高到 334.94 万吨;铜、硫精矿品位分别

由16.04%、40.39%提高到22.58%、42.19%；铜、硫回收率分别由69.40%和74.17%，提高到82.92%和77.03%。提高企业管理水平，加强采出矿管理后，贫化率、损失率逐年下降。1988年起达到国家一级企业指标，1994年达到国家特级企业指标。铜精矿含银品位由157克/吨，提高到204.11克/吨；银回收率由53.13%，提高到57.94%。全员劳动生产率1985年为402吨/人·年，2000年为1081吨/人·年；全员价值劳动生产率1985年为16875元/人·年，2000年为74629元/人·年。在开发铜、硫等矿产主业的同时，开展多种经营，现已形成工、贸、服务等行业初具规模的多种经营体系；2000年底，全矿多种经营实现社会总产值7941.5万元，销售收入7774.5万元。

1991年—2000年永平铜矿贫化率、损失率一览

表12-1-4 单位：%

年 份	贫化率	损失率
1991	8.89	6.12
1992	7.82	6.25
1993	8.14	7.59
1994	7.78	5.54
1995	7.09	4.85
1996	6.96	5.28
1997	6	4.48
1998	6.16	4.53
1999	6.64	5.44
2000	7.98	4.4

第二节 小型铜矿

富家坞铜矿 位于德兴市詹村乡北部富家坞，成立于1971年，隶属德兴市政府；1991年，与大茅山铜矿（农垦大茅山企业集团下属单位）合并成立江西富家坞铜钼公司，挂靠省经贸委。1997年再改为江西富家坞铜业有限责任公司，由上饶行署代管，是国有中型企业。公司下属生产单位有采场、选厂、冶炼厂、铜材厂、建材厂；辅助生产单位有工贸、农林、机械加工、运输服务、建筑、安装和经营公司。已形成采、选、冶、加工一条龙生产体系，主要产品有铜精矿、硫精矿、电解铜、海绵铜、硫酸、化肥、铜材、漆包线、木竹制品，兼营机电、车辆、工程机械、机械维修、建筑设计、建筑安装等项目，总资产6.5亿元，固定资产4.2亿元，净资产1.88亿元，注册资金1.5亿元。在册员工4158人，其中专业技术人员486人。富家坞属斑岩型矿床，已探明铜金属量257.31万吨，钼16万吨，硫800万吨，并伴生金银等多种贵重元素。1990年代后，进行了坑采改露采工程建设，并于1996年10月18日正式出矿。经过1985年、1992年两次技术改造，具有日采选5000吨、年冶炼电解铜1万吨的生产能力。1998年，矿区连降历史罕见的大暴雨,引发了8次大规模的泥石流,冲毁了露采作业的公路,露天坡塌方,厂房和职工生活设施、供电系统、通讯设施均遭严重破坏,直接经济损失7349.4万元,间接损失难以估量,被迫停产10个多月,加上至1999年底共欠银行贷款本息5.8亿元,企业陷于全面停产状态。2001年5月16日,上饶市中级人民法院接受江西富家铜业有限责任公司申请,经审查认为,申请人亏损额高达3.19亿元,账面资产67455万元,负债总额84549万元,严重资不抵债,不能偿还到期债务,依据中华人民共和国有关法律裁定,宣告富家坞铜业公司破产还债。富家坞铜矿,从目标为建成全国最大的地方铜矿,演变成江西"天字号"第一破产大案,《上饶日报》2001年12月28日作了专题报道:《痛苦的抉择》。

弋阳铜矿　位于弋阳县旭光乡铁砂街,建于1971年,系一县属地方小铜矿,年生产能力10万吨矿石,日采选300吨规模,年产铜精矿含铜500吨。1994年改为国有独资公司,更名为弋阳县有色金属总公司,1999年12月由国有企业改制为民营股份制企业,称"弋阳旭日铜矿业有限责任公司"。

上饶县铜矿　位于上饶县黄市乡船坑,1986年建,1989年投产,原称船坑铜矿,有股东150人,其中中级职称2人,初级职称17人。1999年产铜550吨,锌202吨,实现产值1063万元,销售收入941.8万元,上交税收93.5万元。属县经委管辖的国有地方小企业,有职工236人。矿藏铜金属2万吨。品位:含铜0.69%,含硫13%,含铁21%,设计规模日采选300吨。1994年固定资产价值986万元,产电解铜220吨。因资源勘探不清,1995年停产,1996年转租一浙江客商经营,成立浙信铜业集团,1997年再度停产,1998年转租吉阳矿业实业公司经营。

2000年年底全区主要铜矿金属储量一览

表12-1-5

矿　区	矿床类型	探明储量(万吨)	保有储量(万吨)
合　计		1069.08	885.85
德兴铜矿	斑岩型矿床	525.01	381.94
德兴富家坞	斑岩型矿床	257.31	252.92
德兴朱砂红	斑岩型矿床	60.6	60.6
德兴银山	热液型矿床	84.61	83.06
铅山永平	矽卡岩型矿床	141.55	107.33

第二章　采矿业

境内矿产资源丰富,2000年年底已发现各类矿产76种,探明储量的有51种,总价值达2000亿元以上。经勘查、建设,全区有采(选)矿企业899个,从业人员3.84万人,1991年—2000年,累计产矿石30140万吨,产值1712263万元。

第一节 煤 炭

资源 境内含煤地层遍布12县(市),地层受东西向、华夏系和新华夏系构造控制,走向多呈北东东、北北东向,倾角20~800,局部倾斜例转,走向断层和横向断层均发育完整,主要煤系地层赋存在二叠纪的龙潭煤系,三叠纪的安源煤系。全区预测储量5亿吨,保有储量1.12亿吨,其中国有煤矿矿区保有储量5858万吨。煤种齐全,牌号有无烟煤、焦煤、气肥煤、盆瘦煤等;上饶县、玉山县、广丰县、德兴市、婺源县、横峰县等,尚有储量共达15亿吨的石煤。1991年—2000年原煤产量累计为1841.6万吨,接近了1949年—1990年的产量总和。

进入1990年代,在1980年代一度达到鼎盛的国有煤矿(全区共28家,年产量80余万吨)大为减少,仅有12对矿井在生产,产量滑落到1999年的21.9万吨,而乡镇煤矿则由1978年的40余万吨,增至1999年的142万吨。

关井压产 上饶地区煤炭生产条件素来较差,属劳动密集型产业,生产水平较低,基本上是人工或放炮落煤,人力推车,绞车提升等一套数十年未变的生产工艺,安全隐患较多。1998年11月,国务院召开煤炭行业关闭非法和布局不合理煤矿工作会议后,全区各级政府认真贯彻执行会议精神,推进煤炭行业关井、压产工作,对在册的854处小煤矿,逐一整顿,依法取缔关闭646处。2000年4月9日至13日,国家煤炭行业关井压产工作验收组对上饶地区关井压产工作进行了检查验收。验收组通过在图纸上随机确定抽检对象,抽检率为5.6%,抽查结果平均评分97.55,抽检合格率为97.2%。至2000年,依法取得采矿证和生产许可证的煤矿共207个,其中国有12个,乡镇195个。国有煤矿产量升至144万吨,乡镇煤矿产量降至26.43万吨。

企业选介 *横峰县铺前煤矿* 1958年开办,属国有煤矿,江西省地方煤矿重点骨干企业之一,1998年1月下放归县管理,矿井设计能力18万吨/年。2000年实际产量13.6万吨,产值1500万元,实现利税90万元,有职工1000余人。

铅山县金钢煤矿 1989年开办,属乡镇煤矿,个人独资,年设计能力一万吨,2000年实际产量10万吨,产值2000万元,实现利税1000万元。

1991年—2000年全区原煤产量一览

表12-2-1 单位:万吨

类别	1991年	1992年	1993年	1994年	1995年	1996年	1997年	1998年	1999年	2000年
合计	100.17	112.86	157.91	263.23	206.87	244.76	239.67	181.8	163.9	170.43
国有	51.95	49.31	42.78	43.04	36.85	38.85	33.67	25.8	21.9	144
乡镇	48.22	63.55	115.13	220.19	168.02	168.02	206	156	142	26.43

第二节 稀有金属

资源 境内有色金属矿产有30余种,已探明27种,以铜、铅、锌、钨、锡、铌、钽、钼、黄金为主。在已探明的储量中,铜1072.86万吨、铅53.38万吨、锌59.35万吨、锡1.5万吨、钼29.63万吨、铌22701吨、钽1361吨、钨14.29万吨、银8226吨、黄金501.15吨。铜、金、银矿储量和保有量,均居全省首位,其中铜居全国之冠,金位全国前列。有色金属矿主要分布德兴市和铅山县,储量占全区总储量的98.85%,上饶、弋阳、玉山、广丰等县有少量分布。德兴、铅山已探明的铜金属量为1069.08万吨,占全省的68%。铅锌矿主要产地在德兴市银山矿和铅山县陈坊乡下湖、长寿源。钼、镍主要分布于德兴市富家坞铜钼矿区、铜厂和朱砂红矿区。白钨矿主要以伴生矿产于铅山永平铜矿和玉山南钨钼矿区。黑钨、锡矿分布在横峰县葛源镇松树岗,波阳县枧田街和玉山县紫湖源头有少量分布。金、银矿产多以伴生形态赋存,单一金矿(岩金、砂金)约占总储量的31.15%。金保有储量408.50吨(伴生金298.43吨),占全省金储量的72%。伴生金以德兴铜厂、银山铅锌矿及永平铜矿床为主,其中德兴铜厂矿区的伴生金储量即占全省金储量的50%。单一金矿岩金,集中分布在德兴金山金矿田及弋阳县城郊刘家等地。砂金主要分布在德兴市香屯浮溪口和婺源县武口、坑口等地。银主要分布于铅山永平铜矿、德兴银山铅锌矿、铜厂矿区、弋阳县铁砂街和铅山县陈坊乡下湖、长寿源铅锌矿、万年县虎家尖银金矿;银的保有储量占全省保有储量的56%。稀有金属中的铌、钽等,集中分布在横峰县北部黄山,保有储量铌21504吨,占全省57%;钽1322吨,占全省6%。上饶县高南峰乡、横峰县葛源镇黄溪,也有少量铌钽分布点。锆氧化物矿在横峰县黄山铌钽矿床探明储量达19585吨,占全省98.7%。铁、锰、钒等黑色金属矿、区内仅有少数矿点分布,探明铁储量286.4万吨,保有储量264.6万吨,主要分布于铅山县陈坊乡、上饶县铁山乡、弋阳县洪山等地。

2000年年底全区金属矿主要矿产储量一览

表12-2-2

矿种	储量单位	探明储量	保有储量
铜	金属(万吨)	1072.86	888.24
金	金属(万吨)	501.15	408.5
银	金属(万吨)	8226	5086
铅	金属(万吨)	53.38	23.38
锌	金属(万吨)	59.35	28.01
钨	WO3(万吨)	14.29	10.53
钼	金属(万吨)	29.63	26.43
铌	Nb_2o_2(万吨)	22701	21504
钽	Ta_2o_5(万吨)	1361	1322

开采 “八五”期间,是全区有色金属工业发展的高峰期,时有中央企业3家、省属2家、地方国有15家、乡镇16家。开采的产品主要有铜、硫、银、金、铌钽、钨锡、铅锌等20多种。地方铜精矿含铜产量曾占全省地方产铜量的80%,铜矿采选能力4100吨/日,年产铜精矿含铜五千吨。铅锌以民采为主,年产铅锌矿石数十万吨。钨锡采选以乡镇为主,年产钨精矿150吨左右。白银开采以万年银金矿为主,日采选规模200吨,年产银金矿12吨,附产金10千克~15千克。“九五”期后,受到资源和资金、市场等诸多因素的影响,地方有色金属产业除黄金较

快发展外，其他均逐年萎缩，到2000年，处于停产、半停产状态，地方年产铜精矿含铜566吨、白银10吨。

黄金 1991年，区内仅有独立岩金矿2家、砂金矿1家。岩金矿为金山金矿和花桥金矿，均为采选联合企业，采选规模分别为100吨/日和25吨/日，当年产金精矿含金85.5千克和11.6千克。砂金矿为万年县西山砂金矿，以水枪开采为主，1991年产金14.25千克。1996年，德兴市在金山金矿周边的零星矿点及其他产金乡镇，以当地群众投资入股方式，组建了12个股份制小型金矿，采选规模为25吨/日～50吨/日。2000年，全区黄金矿山已有独立金矿17家，黄金冶炼厂3家，采选综合能力由1991年的125吨/日，增加到1900吨/日，产量达到1607千克。1991年—2000年的10年间，黄金产量以年均30%的速度递增，主要集中在德兴市，占全区产量的95%。黄金矿山已从初期的手工采挖、土法冶炼，发展到机械化采选、冶炼，高新技术研究取得初步成果。国家"九·五"重点"攻关"项目《无毒溶剂提金新工艺应用研究》，经西安建筑科技大学和金山金矿两年多的成果试验，已通过小试、扩试，取得阶段性成果。

企业选介 *金山金矿* 位于德兴市花桥镇北5千米，1986年由德兴大茅山企业集团投资兴建，设计规模为采选能力100吨/日，同年12月建成处理50吨选厂后投入试生产。1989年初步配套设计并施工，1990年形成100吨/日采选能力。1991年4月，国家黄金局批复金山金矿改、扩建方案，采选规模为200吨/日；1993年5月，形成了300吨/日采选能力，当年产金145.89千克。1998年9月，进行三期技改扩建，1999年4月，达到700吨/日。这一工程投资省，用时短，效益高，采用了不少新技术、新装备，使该矿由中型矿山跨入大型黄金矿山行列。2000年，有职工643人，各类专业技术人员123人，其中高级职称4人，当年黄金金属量838.21千克，入库成品金625.845千克，完成工业产值5064万元，实现利税1060万元。

花桥金矿 集体所有制黄金企业，位于德兴市花桥镇境内，交通便利。1986年10月始办。初期，引进广东省肇庆探采队的技术和资金，采用露天开采，锤式粉碎机磨矿，简易溜槽重选和混汞生产成品金。1990年2月开始技术改造工程，11月竣工投入试生产，1991年产金精矿含金11.66千克。1992年3月，选厂50吨/日填平补齐技改动工，1996年初完成200吨/日采选技改，1997年初恢复原50吨/日生产线。1999年1月，进行第三次技改，2000年实际生产能力达750吨/日，当年完成黄金产量645.6千克，实现工业产值4372万元，实现利税704.73万元。2000年有固定资产4000余万元，职工339人，是江西省重点黄金矿山。

1991年—2000金山、花桥金矿年产金量一览

表12-2-3　　单位：千克

单位	1991年	1992年	1993年	1994年	1995年	1996年	1997年	1998年	1999年	2000年
金山金矿	85.5	107.3	145.89	238.66	231.89	248.76	279.92	399.49	691.81	838.21
花桥金矿	11.66	41.77	64.16	65.41	34.9	121.07	267.02	380.53	678.06	645.6

银 1991年，万年银金矿生产规模为50吨/日采选量，当年产银金矿含银1.9吨，含金2.1千克，1992年规模为100吨/日采选量。1994年，通过技术改造，规模扩大到200吨/日，当

年产白银精矿含银10.11吨,含金12千克。1997年将矿厂一分为二,分别成立万年矿业有限公司和万年银业有限公司,并筹建电铅锌生产线。

1991年—1997年万年银金矿产量一览

表12-2-4

项 目	1991年	1992年	1993年	1994年	1995年	1996年	1997年
银金矿含银(吨)	1.9	6.18	7.55	10.11	7.4	12.02	10.05
含金量(千克)	2.01	11.50	12.82	18.88	12	18.05	13.48

1998年—2000年万年矿业公司产量一览

表12-2-5

项 目	1998年	1999年	2000年
银金矿金银(吨)	12.01	10.65	11.89
含金量(千克)	15.5	12.69	11.12

1998年—2000年万年银业公司产量一览

表12-2-6

项 目	1998年	1999年	2000年
电铅(吨)		772	2056
粗铅(吨)	475	45	
白银(吨)		5.43	1.72
黄金(千克)			11.47

铅、锌 江西银山铅锌矿 建于1958年,位于德兴市境内,属国家小型井下矿山,开采矿种为铅锌矿石,主要产品为铅精矿、锌精矿。银山铅锌矿隶属于江西铜业公司,称江西铜业公司银山铅锌矿,为非独立法人企业。1970年—1990年,银山铅锌矿生产经营达到辉煌时期,连续22年保持年产铅、锌及其他伴生金属万吨以上,一直保持盈利。从1958年—1990年,累计实现利税1.34亿元。1991年后,矿山资源日趋萎缩,井下开采向深部延伸,开采难度加大,原矿品位下降,加上原材料价格上涨,职工工资提高,产品成本升高,而矿产品市场又见疲软,价格下滑,矿山社会负担日益加重,以致连续多年亏损,1991年—2001年累计亏损2.28亿元。

铅山银铅矿 1990年开始建设,是上饶地区唯一一座地方国有铅锌采选联合企业,但建成后未正式投入生产。原因是地质勘探程度低,储量品位变数大。境内其他小铅锌矿均以民采为主,集中在铅山县和横峰县,手工采掘,出卖原矿。1991年—1995年间,采掘量曾达年产矿石几十万吨;1996年后,因资源有限,大多停产。

1991 年—2000 年江西银山矿产量一览

表 12-2-7 单位:吨

年份	精矿金属总量	其中			标硫	精矿含金总量	精矿含银总量	精矿含硫总量
		铜金属	铅金属	锌金属				
合计	59345	3480	23994	31871	159971	197.55	138.305	26040
1991	11266	205	5667	5394		24.07	25.4	2726
1992	8763	562	4101	4100		36.83	25.1	
1993	9008	562	4107	4339		42.47	25.1	
1994	10066	789	4448	4829		55.01	26.8	6793
1995	9447	663	4434	4350		49.43	23.3	4078
1996	10068	418	4359	5291	17829	27.89	23.37	4206
1997	11345	402	4464	6479	30277	22.95	25.45	4779
1998	11778	587	4552	6639	33971	33.19	27.27	5153
1999	12533	820	5252	6461	34063	44.38	30.68	5428
2000	13621	1253	5367	7001	43831	69.14	31.53	6474

钨、锡 1970 年,县属国有企业横峰钨矿成立,1990 年扩建为日产 150 吨规模的钨锡采选联合企业,后因原矿品位低,大部分储量已被民采,加之选厂选址不合理,建成后没有正式生产。“八五”期间,全区钨锡开采,以乡镇、垦殖场自办的小钨矿为主,手工采掘,机械破碎,磁选机选矿,年产量在 100 吨~150 吨之间。1995 年以后,受资源日近枯竭及国家产业政策的限制,全部关闭。1999 年,鄱阳县民采钨精矿折含量(折三氧化钨 65%)8 吨。

钽、铌 1968 年,县办国有企业横峰县钽铌矿成立,位于葛源镇,主要生产钽铌矿精矿。当地经地表冲刷到葛源河道沉积的钽铌矿砂长达 3 千米,品位最高达 0.122%。1985 年投资进行技术改造,产量由原生产精矿 20 吨提高到 45 吨,日处理矿石 100 吨。1988 年与广州有色金属研究院投资 86 万元兴建有色金属开发公司,年产铌铁合金 100 吨。1995 年由于以销定产,产品主要供外贸出口,受国际市场冲击而停产,2003 年依法破产关闭。

铜材延压加工 以乡镇和二轻企业为主,主要生产企业为德兴市泗洲铜材线缆厂和上饶市振达铜材厂。弋阳县的一些铜材加工企业,产品主要有管、棒、板、带、线五大系列。弋阳的铜材加工企业原只有弋阳江冶有色加工厂(简称 701 厂),至 2000 年,除 701 厂外,规模较大的尚有江西富达钢材有限公司、弋阳扬帆铜业有限公司、弋阳铜管厂等。

企业选介 弋阳县扬帆铜业有限责任公司 前身是弋阳县电磁线厂,建于 1985 年,是江西省电磁线专业生产厂家,生产各种规格 QZ 聚酯漆包铜圆线,年生产能力 1500 吨,1991 年获优质产品证书。1993 年新建一条无氧铜杆生产线,可年产无氧铜杆 2500 吨。1999 年 12 月通过股份制改造,成立弋阳县扬帆铜业有限责任公司。

第三节　非金属矿

1990年，境内有非金属矿29个，至2000年，增至648个（不含煤炭），累计投资达1.55亿元，从业人员18002人，年产矿石量562万吨，产值9474万元。主要产品有：

耐火黏土　分布在铅山县新安、玉山县下镇、余干县黄金埠等地。新安属上二叠统耐火黏土矿床，矿物成分为高岭土、胶铝矿、玉髓、金红石、白云母、石英、褐铁矿等，三氧化二铝含30%～38%。全区耐火粘土保有储量3300万吨，其中新安乡622.3万吨；年产3000吨～5000吨不等。

熔剂灰岩、白云岩　主产地在万年县大源乡，探明储量熔剂灰岩1.69亿吨、白云岩4.7亿吨。熔剂灰岩矿物成分为方解石，含少量白云石、燧石，质纯。白云岩主要由白云石组成，含少量方解石、粘土质、石英碎屑。两种矿物合计年产16万吨左右。

萤石　分布在上饶县华坛山，玉山县樟村、怀玉山，德兴市龙头山，弋阳县磨盘山，铅山县太源，广丰县岭底，横峰县葛源，波阳县莲花山等地均有出产。全区探明储量为288万吨，保有量237.3万吨。既可用于冶金工业，又是氟化工的重要原料。

硅石（石英）　分布于玉山县樟村、怀玉山、上饶县茗洋，广丰县岭底，德兴市畈大等地，一般呈脉状产出，保有储量88万吨，年产约1万吨。

铸型用黏土　主要分布于广丰县排山、玉山县双明、上饶县茶亭。较大型的矿山有广丰县排山李家膨润矿，上部为钙基膨润土，深部为钠基膨润土。玉山县双明周家坞膨润土矿，经深加工生产活性白土。全区膨润土保有储量3367.6万吨，其中，广丰李家2807.6万吨。

磷矿　集中分布在上饶市、广丰县、玉山县三县（市）毗邻地区，是省内磷矿石的重要生产基地，矿山基本建设和外部条件都比较好。矿区分为朝阳、大南、前村、青金，其中大型1个、小型3个。已探明储量10676.6万吨。朝阳磷矿是江南九大磷矿之一，探明储量9093万吨，保有储量8787.6万吨。

蛇纹岩　已探明的有4个矿床，分布在弋阳县樟树墩、直源、中畈和德兴市张村西湾，储量3.76亿吨，保有储量36201万吨，居全国第二位。弋阳县樟树墩矿床氧化镁含量36.11%，保有储量3801.5万吨，其中伴生铬保有储量0.8万吨，镍9.18万吨。直源矿床氧化镁含量36.13%，保有储量53.3万吨，共生石棉保有储量1.7万吨。中畈矿床氧化镁含量36.31%，保有储量499.5万吨，共生石棉保有储量0.4万吨，伴生镍8771.9万吨。德兴市张村矿床氧化镁含量36.36%，保有储量32434万吨，共生煤16.3万吨，伴生钴4069吨，镍16.28万吨。

硫　主要分布在铅山县永平、德兴市银山、铜厂等矿区，均为伴生硫矿，在选铜过程中综合回收硫精矿，年产80万吨，是省内硫精矿的主要生产基地。保有储量德兴市3050.3万吨，铅山1961.4万吨。德兴银山、铅山永平、武夷山沙畈等地尚分布有共生或单一硫铁矿，其矿石保有储量3590.5万吨，有待开发。

砷矿　以伴生矿形态赋存于万年县虎家尖银金矿及部分多金属矿中，品位2.8%，探明储量3450吨，保有储量2814吨，已综合回收利用，年产白砒500吨（含砷70%）。德兴市金山金矿，弋阳县铁矿街铜矿，铅山县寿源铅锌矿区也有伴生砷，属有害组分。

附录：据清光绪辛卯年（1891）年孟夏月重镌的《江西考古录》（作者王仁圃）："通志载：玉山有砒井，封禁甚严。按苏松本草图经：砒霜不著所出郡县，惟信州者佳，其块有甚大者，色如鹅子黄，明澈不杂，此类本处是难得之物，真者人争求之，不啻千金。惟出信州，故人呼为信石。”所言是否真实？附录于此备考。

重晶石 上饶县煌固乡石煤层中有重晶石，含硫酸钡 85% ~94%，储量预计为 70 万吨。鄱阳县金盘岭亦有一小型重晶石矿，断断续续开采。

水泥灰岩 主产地 6 处，主要分布在玉山、万年两县。大型矿床有万年大荷山矿区，探明储量 8250 万吨，保有 6600 万吨。玉山岩瑞陈发山至鸡头山矿区、陆岩峰、姐妹峰矿区，探明储量 25603 万吨。全区共探明储量 38910 万吨，保有 35616 万吨。

滑石 黑滑石矿产地有三：广丰县下溪，玉山县华村，上饶市秦峰；保有储量 8697.8 万吨，远景储量 5 亿吨，居全国首位，年产 30 万吨。其中，广丰下溪溪滩保有储量 6874.3 万吨。

瓷石—叶蜡石矿 主要分布在上饶县高州龙门底，玉山县仙岩等地。探明储量 1120.2 万吨，保有 1078 万吨。瓷土矿有 6 处，分布在余干、波阳等地，保有储量 242 万吨。

膨润土 主要分布在广丰县排上李家，玉山县双明周家坞，上饶县茶亭等地。全区保有储量 3367.6 万吨，其中广丰李家 2807.6 万吨。

饰面石材 以花岗岩、大理石为主，主要分布在上饶县南高峰，德兴市万村，玉山县怀玉山，弋阳县三县岭等地，品种多，储量丰，年产荒料 3000 平方米左右。

水泥用页岩、黏土 分布广泛，保有储量 5123 万吨。

珍珠岩矿 主产地 1 处，保有储量 1152 万吨。

砚石矿 两处，以婺源县溪头龙尾山砚石（歙石）最著名。玉山罗纹石，多产于怀玉山下。

建筑石料、砂石、砖瓦黏土 点多，面广，量大。

石棉矿 主产地 2 处，保有储量 2.11 万吨，矿石量 34.8 万吨。

1991 年—2000 年全区非金属矿从业人数，矿产量、产值一览

表 12-2-8

年份	从业人数（人）	矿石量（万吨）	产值（万元）
1991	19356	759.21	12005.18
1992	22807	786.33	12444.92
1993	17303	708.86	13198.83
1994	23357	603.7	11706.83
1995	24699	627.25	14553.9
1996	21710	630.61	14800
1997	18346	652	15113
1998	18257	498.57	16650
1999	18169	560	10708
2000	18002	561	9474

1991 年—2000 年全区主要非金属矿产量一览

表 12－2－9　　　　单位:万吨

年份	萤石	膨润土	磷矿	瓷石	石灰石	蛇纹石	水泥粘土	滑石	硫铁矿	耐火粘土
1991	5.4	0.35	13.6	4.32	257.9	59.19	12.58	1	6.3	3.7
1992	6.83	0.5	10.58	3.23	328.18	67.27	14.46	1.2	3.23	9.15
1993	7.9	0.6	9.67	5.3	110.89	31.5	24.1	1.5	2.7	6.2
1994	9.36	0.7	7.5	10.54	372.94	36.85	16.67	2.1	1.5	3.8
1995	12.1	0.73	8.15	8.3	869.8	58.56	19.84	2.7	3.04	2.1
1996	7.41	1	4.8	2.29	341.7	7.16	16.37	3.6	1.84	1.7
1997	5.6	1.9	4.06	0.18	283	8	18.1	4.9	1.7	1.6
1998	6.17	1.8	2.58	0.8	290.1	8.16	19.1	6.2		1.1
1999	5.7	2	4		305	16	18.2	7.3		0.7
2000	4.3	2.3	2.1		313	3	19	8.4		0.3

1991 年—2000 年全区矿业产量产值一览

表 12－2－10

年份	从业人数(人)	矿石量(万吨)	产值(万元)
1991	42774	2412.97	91668.36
1992	48023	2756.3	115396.2
1993	42201	2824.77	138597.54
1994	46855	2984.97	183767.72
1995	49540	3089.91	198754.7
1996	46015	3110.61	204691
1997	41776	3172.57	212760
1998	40885	3112.67	207527.55
1999	39479	3174.1	177974
2000	38455	3402	181126

企业选介　*江西弋阳蛇纹石矿*　位于弋阳县樟树墩镇,属于中型露采化学矿山,原由上饶行政公署管辖,1998 年 1 月下放弋阳县管理。1990 年,该矿曾被江西省人民政府授予省级先进企业称号,同年获国家化工部全国工业卫生先进企业称号,属全国 29 个重点化学矿山企业之一。主要生产蛇纹石粉矿、标矿、石棉及石棉衬垫板、轻质碳酸钙、石粉、白炭黑等。2000 年完成工业总产值 561 万元,完成蛇纹石产量 10.384 万吨,上交税金 39.2 万元。

中国核工业总公司七一三矿　中国核工业总公司七一三矿(中国核工业总公司江西华信化工冶金公司),位于上饶县枫岑头境内,系大二型国有企业,全国十大稀土企业之一,1958 年

筹建,1962 年 11 月投产。该矿占地面积 3.87 亿平方米,建筑面积 17.84 万平方米。有 8 条以稀土产品为龙头的生产线。主要产品有:稀土系列、介质瓷料、无毒环氧大豆油,稀土三基色萤光粉等。1986 年年底有职工 2748 人,工业产值 915 万元。1987 年后,矿源日渐枯竭, 1990 年中期停产。

第三章 建材工业

新中国成立前,上饶地区建材行业长期处于一砖、二瓦、三砂石的阶段,全部是民间零星采用土窑生产,新中国成立后,逐步建立和发展起来。1970 年代,建材产品有水泥、石灰、砖、瓦等少数品种,水泥总生产能力不足 15 万吨。1980 年代后,建材行业迅速发展,尤其是 1990 年代后,调整建材行业的整体结构,生产门类不断扩大,产量产值连年增长,至 2000 年,已形成有水泥、水泥制品、建筑陶瓷、石棉及其制品、砖瓦、非金属矿及其产品、石材、化工建材、采掘业、新型建材等 10 大类、50 余种产品的大行业,成为全区工业经济的支柱产业之一。企业所有制形式,也从改革开放前的以全民所有制为主,改变为国有、合资、私营、个体、股份制等多种所有制形式并存。

第一节 水泥与制品

1991 年,全区水泥生产企业共 34 家,主要产品为硅酸盐水泥。至 2000 年底,经过不断的技术改造。县以上水泥企业全部采用机械化立窑生产,生产工艺采用了微机配料,预加水成球,生料均化,磨机节能衬板,高效烘干炉,粉尘治理等 142 项先进技术,有些企业采用晶种技术,都能稳定生产 425#水泥和相当数量的 525#水泥。同时,实行淘汰“两小”拆窑压产的产业政策,虽然企业数减为 22 家,但总规模能力则由 1991 的 108 万吨提高到 240 万吨。水泥制品主要是水泥电杆,其他为农房构件、压力管等。

江西水泥厂 江西水泥厂位于万年县城东,省属企业。始建于 1958 年,1961 年因故停建,1968 年复建,1982 年扩建,1986 年建成国内第一条自行设计、制造和安装的日产 2000 吨熟料窑外预分解新型干法水泥生产线,是国家“六五”期间重点建设工程和重点科技攻关项目,获“国家级企业技术进步奖”。1997 年,以部分资产改组成立江西万年青水泥股份有限公司。1998 年 11 月动工,2000 年 4 月竣工投产的 1#窑技改项目,即易地建一条日产 2000 吨熟料新型干法水泥生产线,获国家“九五”技术改造优秀项目奖,使江西万年青水泥股份有限公司,总资产达 11 亿元,成为江西省最大的水泥生产企业。江西水泥厂和江西省万年青水泥股份有限公司现有职工 3558 人,高级职称人员 60 余名、中级职称 200 余名。江西万年青水泥股份有限公司的“万年青”牌硅酸盐水泥、普通硅酸盐水泥和复合硅酸盐水泥,品质优良,质量稳定,连续 17 年保持出厂合格率 100%,其中 525# R 普通硅酸盐水泥为部优产品。“万年青”商标为江西著名商标,1998 年 12 月,顺利通过 ISO 9001 国际标准质量体系认证。1990 年,江西水泥厂晋升为国家二级企业;1992 年,跻身于“中国 500 家最大工业企业”;1993 年,跨入建材行业 50 强;1994 年,荣列“中国工业企业综合评价最优 500 家”第 323 位;1995 年,被国家经贸委列为“全国 300 家重点联系企业”;1996 年,被国家六部委联合审定为“国家大型一档企业”,

并被国家经贸委列入“百户扶优增效工程”企业，被国家工商总局授予首批“重合同守信用”企业。

1991 年—2000 年江西水泥厂生产销售情况

表 12－3－1

项目	1991 年	1992 年	1993 年	1994 年	1995 年	1996 年	1997 年	1998 年	1999 年	2000 年	合计
水泥生产量(万吨)	76.55	90.03	95.10	100.62	101.32	105.10	110.10	106.22	115.73	116.60	1017.37
销售收入(万元)	13278	17545	29865	31953	30650	31150	30900	27285	30148	28945	271719

说明：1991 年普通硅酸盐水泥生产能力 120 万吨，2000 年为 200 万吨。

江西省玉山水泥厂　建于 1958 年，拥有固定资产 1.37 亿元，职工 1700 多人，系国有中(一)型水泥生产企业，是江西省水泥生产重点企业之一，所产“鸡山牌”普通硅酸盐水泥，获国家产品质量认证，成为全省免检产品和著名商标。该厂为一老牌企业，直到 1988 年，仍只有一条生产线，年生产能力 13 万吨。1993 年，投资 3000 多万元新上一条 10 万吨的生产线后，当年投产，当年见效。接着又投入 1000 多万元，对生产线填平补齐、扩大生产能力，2000 年生产能力达到 40 万吨，年实际生产能力 36 万吨，是上饶地区建材行业的龙头企业。

1991 年—2000 年全区水泥及水泥制品产量一览

表 12－3－2

年　份	水泥(万吨)	水泥电杆(根)	年　份	水泥(万吨)	水泥电杆(根)
1991	74	19024	1996	150	14030
1992	87	19127	1997	143	14001
1993	106	17737	1998	136	17166
1994	136	18225	1999	180	26513
1995	145	16125	2000	156	24000

第二节　建筑陶瓷

全区建筑陶瓷工业是从 1982 年逐步兴起的，1991 年有余干建筑陶瓷厂和上饶五府山建筑陶瓷厂两家企业，总能力为年产 140 万平方米 151X152 白色釉面砖，采用辊道窑烧结、喷雾干燥等新工艺。1996 年，余干建陶厂扩建改造形成 105 万平方米生产能力。同年，上饶地区建材局、上饶五府山建陶厂、上饶地区农垦局三家合作兴建上饶振达建筑陶瓷有限公司，能力为 80 万平方米，使全区建筑陶瓷生产总能力达到 250 万平方米。1996 年后，白色釉面砖市场销量下滑，产量逐年减少，至 2000 年，这 3 家企业陷于停产状态。

1991 年—2000 年全区白色釉面砖产量一览

表 12－3－3

年　份	产量(万平方米)	年　份	产量(万平方米)
1991	80.0	1996	30.4
1992	60.5	1997	11.5
1993	96.5	1998	—
1994	119.8	1999	—
1995	100.1	2000	—

第三节　石材加工

1991 年,境内有以生产大理石板材为主的德兴和弋阳两家国有大理石厂,总生产能力为 10 万平方米。当年,两家企业实际生产大理石板材 4.42 万平方米,1992 年 6.42 万平方米。1993 年,德兴大理石厂扩建改造,提高生产能力,产量 13.08 万平方米,1994 年 27.98 万平方米。1993 年,小型乡办花岗岩板材和大理石板材企业崛起。1996 年起,市场大理石板材逐渐由花岗板材所取代,两家国有大理石厂生产陷于困境,1996 年产量下降至 1.74 万平方米大理石板材,1997 年停产。

第四节　砖瓦制造

1990 年代初,境内有 6 家国有砖瓦生产企业,以生产传统的实心黏土砖为主,产量约占全区粘土砖总产量 10%,其余为乡办和个体砖瓦企业所产。1991 年,黏土砖总产量 5.97 亿块,乡办和个体办砖瓦厂所产为 5.38 亿块,占 90% 以上。此后,国有砖瓦企业逐步停办,乡办和个体砖瓦企业一统全区市场。1992 年,黏土砖产量为 7.8 亿块,1993 年产为 16.76 亿块,1994 年为 29.97 亿块,1996 年达到 47.8 亿块。国家为保护耕地,限制实心黏土砖的生产受到,1997 年回落到 26.87 亿块,1998 年进一步回落到 16.84 亿块,1999 年—2000 年,在 15 亿块左右徘徊。

第五节　新型墙体材料

1994 年 4 月 1 日,上饶行政行署发布《上饶地区鼓励发展新型墙体材料暂行办法》,节约能源,保护耕地,保护环境,改善建筑功能,在全区推广使用新型墙体材料(新墙材),从而陆续兴起了一批非实心黏土砖墙材企业,主要产品有混凝土小型空心砖块、混凝土多孔砖、空心黏土砖等。1996 年实际产量为 2.32 亿标准砖,1997 年为 2.52 亿块,1998 年为 2.8 亿块,1999 年为 3.04 亿块,2000 年为 4.1 亿块。新墙材在建筑中的使用率,1998 年已达 15%。全区墙材建筑面积累计达到 200 多万平方米,累计节约土地 186.67 公顷,降低能耗折标准煤 10 万余吨,利用煤渣 8 万吨。新墙材重点生产企业为广丰县华物新型墙体材料厂和广丰县南山黏土空心砖厂。

第六节 其 他

耐火材料 仅余干耐火材料厂(国有企业)一家,规模较小,产品竞争力不足。1991 年生产耐火材料 32.30 吨,1992 年 80.9 吨,1993 年 94.19 吨。1994 年,以转让方式承包给私人经营,1995 年停产。

油毡 1991,油毡生产企业有两家,即上饶县玻璃布油毡厂和波阳县油毡厂,当年共产玻璃布 5.78 万卷。1992 年,上饶县玻璃布油毡厂停产关闭。波阳县油毡厂因在生产过程中严重污染县城环境,1998 年被责令停产关闭。该厂关厂前历年产量如次:1992 年 4.54 万卷;1993 年 4.13 万卷;1994 年 4.63 万卷;1995 年 6.02 万卷;1996 年 10.28 万卷;1997 年 6 万卷。

建筑用石灰 1991 年,境内有 3 家国有和集体石灰生产企业,其产量只占总产量的 12%,大部分建筑用石灰为乡镇办和个体企业所产。1991 年全区产量为 36.64 万吨,1992 年 38.69 万吨,1993 年 60.2 万吨,1994 年 217 万吨。1995 年后,随着两家集体企业的所倒闭,全区建筑用石灰基本上由乡(镇)办及个体企业生产。

石棉制品 1991 年,区内石棉制品企业有 3 家,一为国有弋阳蛇纹石矿石棉制品厂,其他两家为上饶市街道办的小厂,三家石棉制品企业生产工艺落后。历年产量如次:1991 年 654 吨,1992 年 925 吨,1993 年 921 吨,1994 年 776 吨。石棉制品加工对工人身体健康危害较大,加之生产工艺落后,从 1996 年起,企业逐步转产或淘汰。1996 年产量降至 116 吨,1997 年再降至 19.92 吨,1998 年基本停产。

减水剂 上饶县建材厂与清华大学合作,研制开发出 NF 型高效减水剂(属化学建材类),1991 年已形成生产能力 1000 吨。经过技术改造,1995 年达到 3000 吨。扩建和进一步技改后,2000 年达到 1.2 万吨,企业更名为上饶长城集团减水剂厂,有职工 100 多人,是全区化学建材重点生产企业,产品远销广州、上海、深圳等地。

装饰装修材料 1998 年,月兔集团广丰蒙莱特漆业有限公司建成投产,成为区内装饰、装修材料重点生产企业。1998 年—2000 年共生产水性墙面漆 1.2 万吨。1999 年通过 ISO 9002 质量体系认证,2000 年获绿色标志。

企业选介 上饶长城化工助剂有限公司 股份合作制企业,主要生产产品为 ZF 高效减水剂,年产能力 1.2 万吨。长城牌混凝土外加剂系列产品,年产 7000 吨,是获得江西省科学技术进步奖的新产品。企业总资产 2530 万元,有职工 105 人,其中 19 人为企业股东。企业自 2000 年 8 月组建后,运行情况良好,有一定的发展潜力。2000 年销售收入 834.43 万元,利润 3.4 万元,税金 35 万元。

第四章 机械电子工业

新中国成立后,经过 50 余年的建设和发展,至 2000 年,全区机械工业从无到有、从小到大、从弱到强,已形成由汽车、电子电器、仪器仪表、农机、轴承、石化通用、矿山机械、食品机械等八个行业组成、主机与零部件结合、具有一定规模的地方工业优势行业,产品品种由 1978 年不足200种扩大到600余种。这一巨大变化,主要发生在改革开放后的20余年,其中又以1990年代的后10年最为显著。一是企业规模扩大,产品品种增多,技术水平上新台阶,生产集中度提高,综合实力增强。二是在市场竞争中投入大量的技改资金,建成加工、装配、检测生产线57条,有的工艺装备达到国内同行业先进水平。从1980年代中期后,共开发新产品300多种,其中省级以上新产品175种,省级以上新产品技术水平达到国内外同类产品先进水平的计79种;获省优秀新产品奖的44种,其中获省以上科技进步奖的有11种。拥有一批优势特色产品,如客车、电磁线、电力电缆、电度表、轴瓦、轴承、磁性元件等。1978年—1998年的20年,全行业科技进步速度为9.78%,科技进步对经济增长的贡献率为68.78%。三是转换经营机制建立现代企业制度,迈出了坚实的步伐,通过采取公司制、股份合作制、租赁承包、托管等形式改制,使全行业盘活存量、搞活企业、发展生产均取得一定成效。至2000年,全区机电企业有15家,职工6120人,固定资产原值32682万元,净值23846万元,完成工业总产值54142万元(不变价)。上饶客车集团公司、上饶振达铜材工业集团等过去名不见经传的小型企业,已发展为国家中型企业,结束上饶机械行业无一家中型企业的历史;进入全省机械行业重点骨干企业行列的,由1家增至5家。

第一节 农机修造

主要生产厂家为赣东北轴瓦厂。该厂是机械工业部定点生产轴瓦的专业厂,是江西省机械系统重点企业,年生产能力为汽车配件46万件,农机配件187万件(包括轴瓦、铜套等)。2000年通过ISO 9000系列质量管理标准认证,其翻边轴瓦工艺等组成技术达同行业先进水平。

鄱阳连杆厂,主要生产连杆等汽车配件,年生产能力为1.1万套。

余干县信丰农机修配厂老工人袁他山研制的离心式水泵,不管是深水还是杂草、异物的池塘,均可抽水灌溉且拆装修理简便。1998年11月,在澳大利亚国际博览会上,获金奖。

第二节 运输机械修造

主要企业为上饶客车集团公司,1969年,由一家地方机械厂和一家汽车修理厂合并组建的上饶汽车制造厂是该公司的前身,1984年改称上饶客车厂。1989年引进外资,组建了上饶鸿裕客车有限公司,扩建了中高档客车生产线,1992年建成投资,当年创销售收入1735万元,税利265万元。1995年新组建成上饶客车集团公司。针对公交长途和个体客运事业蓬勃发展的新形势,适时把团体车改变为公路客车,并在公路客车上试装空调获得成功。同时,开发适应短途客运和个体营运的中巴产品,包括17~19座的SR65POA,26~28座的6700轻型客车,造型美观,价格适中,获江西省乘用车展览会设计、造型、工艺三项优秀奖和'94蒙古乌兰巴托国际博览会金奖。随着国内旅游业车辆更新和添置数量的增加,引进国际流行车型,设计制造新一代豪华旅游客车——SR6970HK宝立华客车,安装高档座椅、音响、车用电视、冰箱、卫生间等设施。为适应城市交通文明化的历史潮流,又开发城市无人售票车。1998年7月,在南昌召开上饶客车集团公司新产品鉴定会,来自全国各地的专家对该集团推出的豪华客车、低地板城市公交车等五个新车评价很高,获准批量投放市场。1991年—2000年,该集团公司

(含原上饶客车厂)共生产各种改装汽车 11541 辆。已拥有汽、柴油动力,前置发动与后置发动,大中小型齐备,高中低档兼有的 8 大系列 40 个品种。1992 年春节前夕,波阳造船厂建成江西省首艘豪华快速浅水客轮“滕王阁 21 号”。船长 34.4 米,型宽 5.6 米,型深 1.3 米,吃水 0.7 米,载客 220 个,航速每小时 19.4 公里。

第三节 其他机械修造

境内主要生产企业及产品有:

上饶水动力厂 属机械工业部定点生产水轮机和自动调速器的专业厂,为省机械系统重点企业。该厂年生产水轮发电机组 1 万千瓦,中小型水轮机和自动调速器系主导产品,其调速器曾出口泰国等 11 个国家和地区。1987 年晋升为国家二级企业,1999 年被天津天骄集团兼并,更名为上饶天骄水电成套设备制造有限公司。2000 年在册职工 428 人,工业总产值 1200 万元。主要产品有:容量 350 ~ 50000 牛顿米调速器、速功机械液压自动调速器、电液压自动调速器、冲击或水轮机调速器、操作器,0.3 立方米 ~ 8 立方米、0.5 兆帕 ~ 4.0 兆帕压油装置,10 千瓦 ~ 3000 千瓦等不同规格品种的水轮机组,小型农用凿岩机,一、二类压力容器等。

永平耐酸泵厂 属省机械工业生产高硅铜耐蚀铸铁泵和钨铜合金耐磨铸铁泵产品专业厂,主要产品有多级分段式耐酸泵、单级悬臂式耐酸泵、水平中开式耐酸泵、多级清水泵、单级清水泵等 6 个品种 18 个型号的泵产品和多铸管与配件,以中小型煤矿为销售与服务对象。

玉山轴承厂 属机械工业部滚动小轴承定点生产厂,省机械系统重点企业,省轴承出口基地,国家二级企业,主要生产“O”类、变形及非标本轴承。所产产品除销本省外,还远销全国 27 个省(区)及东南亚、欧美等 22 个国家与地区。1990 年,“180203KE”轴承评为部优、省优产品。1993 年,“三清”牌、“203I”轴承参加首届“中国科技之星”博览会获金奖。1996 年企业一分为二,另组建玉山县第二轴承厂。1997 年玉山轴承厂完成工业产值 2420.2 万元,1998 年仅完成 61.8 万元,生产严重滑坡,2000 年关闭破产。分出的第二轴承厂 1997 年完成工业产值 863 万元,1998 年完成 208 万元,1999 年 194.2 万元,2000 年工业产值降至 114 万元。

上饶市振达铜材工业集团 中型企业,机械工业部电线电缆行业定点生产厂家,前身是上饶市线材厂,年产电磁线 1.2 万吨。1992 年成立集团企业,1995 年又与吉林省白城通业集团公司联合,组建江西振达电线电缆有限责任公司。生产的产品由原来的聚酯漆色线扩展到 3 大类(无氧铜杆、漆包线、电线电缆)上百种规格型号。主导产品为漆包线,系机械工业部一等品,江西省名牌和免检产品。

第四节 电子工业

上饶市上字仪表有限责任公司 原为国有上饶市仪表厂,1997 年 5 月改制而成股份合作制企业,易现名,是江西省仪器行业重点企业,也是机械工业部定点生产电度表的专业厂,具备年产 120 万只各类电度表的生产能力。主要产品有 DD862 系列单相电度表、DT86 系列三相电度表、防窃电度表、DD650 型长寿命电度表、预付费表及低压开关柜等。所产“上”字牌电度表是上饶地区优势特色产品之一。1999 年下半年,自筹资金改建扩建 DD862 电度表生产线,于 2000 年初形成 60 万只的综合生产能力。现有职工 700 人,2000 年实现工业总产值 3472 万元,上交税金122万元。

上饶市电焊条厂 原系中国电工设备公司电焊条成员厂,集体企业。1993年加入天津大桥集团公司,通过与天津电焊条厂、哈尔滨焊接研究所的横向联合,技术上得到支持,管理上吸取了经验,企业得以长足发展。至2000年,先后开发低氢焊条、铸铁焊条、SH锡铜焊丝、银茎钎料、不锈钢及特细不锈钢焊条、铝及铝硅焊丝、镀铜埋弧自动保护焊丝等。其中,SH锡黄铜焊丝、特细不锈钢焊条和铝及铝硅焊丝填补了省内空白,获得省新新产品证书;银茎钎料、不锈钢焊条获省新产品奖;A102T碳钢芯不锈钢焊条获国家级新产品证书。2000年有在职职工234人,其中高中级职称19人;拥有国内先进水平的黑色焊接材料生产线5条,有色材料生产线2条;全年完成工业总产值1769.40万元,销售收入1200万元,完成利税60万元,全员劳动生产率74975元/人。

凤凰光学仪器(集团)有限公司 凤凰光学仪器(集团)有限公司(原江西光学仪器集团公司),省属企业。原是一家小三线企业,1981年由德兴迁上饶市,占地面积36万平方米,建筑面积23万平方米。有主要生产设备2000多台(套),引进世界先进设备60多台(套)。具有光学仪器生产、模具制造、精密制塑、表面装饰等综合研究、开发、生产能力。主要生产照相机、望远镜、生物显微镜、大地测绘仪器、影视机械、光学元件、光学设备、水晶饰品等8大系列200多个产品,所产凤凰照相机驰名国内外,是国家二级企业,全国高新技术企业、机械部明星企业。1990年代初,由于国外大量的进口相机和“水货”蜂拥而入,全国37家生产相机的企业纷纷关、停、并、转,民族相机行业遭受重创,凤凰也濒临破产边缘,年销售降至3000多万元,亏损近千万元。通过转机制、创品牌、严管理,起死回生,年销售收入由1991年的3000多万元增至2001年的4.7亿元,由亏损近千万元转为利税4700余万元;1997年5月,“凤凰光学”在上海证券交易所上市,成为中国光学行业第一家上市公司。所产照相机在国内市场的占有率从2%上升到11%;“凤凰”商标被评为“中国驰名商标”;凤凰单反相机、凤凰平视相机双双荣膺“中国名牌产品”。

第五章 化学与医药工业

境内的化学工业是新中国成立后逐步发展和建立起来的,至1978年,系统内化工企业共有16个,其中化学矿山4户,小氮肥厂6户,小磷肥厂6户,初步改变了仅有少量乡办或个体石灰厂生产石灰的历史,化工行业工业总产值1696万元。主要产品有:矿石20.8万吨(折P2O530%),碳铵9187吨(折100%),磷肥10596吨(折100%),蛇纹石11.3万吨。改革开放以来,全区化工工业进入新的发展时期,化工技术装备不断进步,生产过程已实现机械化和自动化仪表控制。除钾肥、尿素外,其他化肥已能自给,磷矿石、蛇纹石和硫铁矿石大量运销出省。1990年代后化学工业行业的发展进一步形成一定规模和多元结构,有化肥、农药、化学矿山、无机化工、有机化工、精细化工、涂料、林产化工、生物化工、橡胶加工、火工等十多个门类100多个品种。

境内的医药工业最早形成于1958年的玉山制药厂,随后逐渐发展,但速度慢、规模小、产品种类不多。改革开放后,尤其是进入1990年代,全区医药工业已发展成能生产中成药、化学药制剂、化学原料药、医疗器械、卫生材料、医药包装、中药饮片等部类较多的医药工业体系。

现有医药工业企业17家,职工共2113人。17家生产企业中,广丰制药厂和弋阳制药厂为江西省医药公司的条管企业,其余均为地方所属企业。规模上,6家为中型企业、11家为小型企业。8家为国有或国家控股企业、7家为股份制企业,2户为民营企业。2000年年底,全区医药工业总产值20990万元(现价)销售收入18773万元。

第一节　化学工业

1991年—1995年"八五"期间,区内化工预算内企业总产值累计完成3.79亿元,比"七五"增长63%,平均每年递增12.6%。这一时期,支农化工产品的发展高于全省发展的平均水平。主要产品产量1995年与1990年比,磷肥增长10.5%,硫酸增长28.3%,农药增长100%。累计生产化肥76.44万吨(实物量),农药130吨,硫酸10.95万吨。实现税利2459万元,年均491.86万元。全员劳动生产率由1.48万元/年提高到1.87万元,年均7.8%。固定资产投资取得重大成果,主要化工企业总投资4072万元,一批骨干项目建成投产。朝阳磷矿投资1000万元,建成10万吨/年选矿工程。广丰磷肥厂投资129万元,建成一条1000吨/年乳化炸药生产线。婺源化工厂的88A不饱和树脂,投资50万元,建成投产。铅山县硫酸厂投资360万元,进行石灰窑节能改造,生产10000吨/年轻硫酸钙项目竣工。上饶县选矿药剂厂投资1070万元,建成黄药与黑药选矿药剂生产线。全区推广新技术11项,开发新产品28个,一批新产品填补了区内、省内空白,LYA—302多氨茎硅酮高弹性织物整理剂,获省科技进步二等奖。1995年预算内化工企业工业总产值9324.7万元,销售收入11539万,实现利润308万元。有二户企业亏损,蛇纹石矿亏147万元;万年磷肥厂亏28万元。

按照国家化工部的布置,从1994年年初起,对联合国关于"禁止生产、使用、储存化学武器公约"的要求,对全区40多家企业生产有公约中规定的第三类民用化工产品进行了清查登记,如期完成任务;年中又进行了例行检查。

"九五"期间,全区化工企业生产经营发生较大变化。1996年,根据国家环保局关于立即关停严重污染小企业的要求,取缔了铅山县武夷山化工厂,停止了土法炼制硫黄的生产线。关停了波阳农药厂、余干县化工厂、横峰县友发化学股份有限公司。上饶县硫黄矿因资源枯竭而转产选矿药剂。是年,系统内化工企业亏损296万元。1997年,亏损户增至9户,亏损面达60%,亏损额365万元。1998年,亏损12户,亏损额2451万元,职工人数由1997年的4297人减至3306人。1999年—2000年,化工企业进行改制,有的倒闭,改制后国有企业大幅度减少。至2000年底,预算内化工企业共5户,工业总产值(1990年不变价)3364万元,销售收入3780万元,销售税金10万元,利润负666万元,固定资产总额11245万元,职工2716人。一批民营企业相继建立,如广丰大南磷肥厂、铅山县复合肥料厂、铅山县永平复合肥厂、上饶县复合肥厂、上饶县年丰普钙厂、上饶县霞光企业集团、玉山县林岗乙炔厂等。这一时期,一批新产品开发成功。其中有波阳兽药厂的强力霉素散、禽药片,上饶县选矿药剂厂的异丙茎黄药,广丰非金属工业公司的钠基膨润土,横峰精细化工厂的过碳酸钠,婺源县化工厂的磷酸二氢铝,弋阳博龙硅肥厂的硅肥,弋阳磷肥厂的对羟基笨甲醛,横峰精细化工厂的铝铁合金,上饶市有机化工厂的紫苏亭,玉山化工厂的低钾钠氯化铵等。上饶县霞光企业集团开发的磷酸一铵,填补了省内化肥产品的空白。波阳化学工业公司的5万吨棉花专用肥新产品,获省科技新成果金奖。1998年,月兔集团广丰蒙特策漆业有限公司建成投产,拥有固定资产2000多万元,占地3万平方米,职工160人,可年产水性墙面漆6000吨,各类家具及装修漆近万吨。投产后至2000年,共生产水性墙面漆1.2万吨。1999年,该公司通过ISO 9002质量体系认证;2000年获绿色标志。“九五”期间,全区化工企业共创汇610万美元。主要创汇产品是:玉山县怀玉活性炭厂的活性炭;广丰非金属工业公司的萤石精粉;横峰精细化工厂的氧化亚锡、二氧化锡。

上饶是农业大区,每年要从外地购进大量复合肥,自国家改革化肥调拨体制后,地区没有调拨指标。为此,地区农资总公司投资220万元,于1995年初兴建复合肥料厂一座,当年5月18日投产。投产后,可年产高浓度复合肥3万吨,或低浓度复合肥5万吨。

2007年主要化工产品产量:轻质碳酸钙3830吨,化学农药(杀虫剂、杀菌剂、除草剂)129吨,油漆164吨,建筑涂料874吨,油墨329.47吨,黏合剂4746吨,炸药1355.71吨,食品添加剂3010吨。

企业选介 上饶旭日化工有限责任公司 属私营企业,资产总量1007万元,主要生产活性白土。2000年销售收入6万元,利润1.1万元,税金0.8万元。该公司前身为上饶县选矿药剂厂,有黄药、黑药2条生产线,改制(拍卖)后重新组建现公司,有员工23人,其中大学本科4人。

江西霞光企业集团 原为上饶县枫岭头联营化工厂,1992年改组为上饶化工实业公司,1996年改制为私营企业,1997年12月组建为江西霞光企业集团有限公司,属江西省乡镇一级企业。公司占地面积2万平方米,固定资产1000余万元。主要产品有精铋、贵金属、化肥等,产品出口到美国、日本和香港地区。2000年实现工业产值2200万元,上缴税金130万元。

玉山金菊油墨化工公司 原为玉山县油墨厂,建于1958年,主要产品有油墨12大类150多个品种,质量稳定,在全国油墨行业中名列前茅。1994年总产值2285.08万元,产量1779吨;1997年总产值2405.9万元,产量1396吨。1998年8月改制,由县教委出资管理有偿转让的有效资产,组建新企业玉山金菊油墨化工公司。1999年公司有职工102人,固定资产1072.6万元,生产油墨357.31吨,产值542万元;2000年有职工95人,固定资产1049.1万元,产油墨329吨,产值522.5万元。

横峰县精细化工厂 1991年创办,县办国有企业。产品主要是锡盐系列(二氧化锡、氧化锡、硫酸亚锡、氯化亚锡、过碳酸钠)和洗涤系列(洗衣粉、洗洁精),产品销往国内市场及韩国、印度等国。奥峰牌洗衣粉于1995年获江西省三新博览会金奖;过碳酸钠获1996年江西省新成果、新产品交易会金奖,当年产值804万元。2000年完成产值38.2万元,2001年关停。

鄱阳化工四厂 位于县城,占地4万平方米,固定资产876万元,有职工152人。主要产品为95型2吨岩石铵梯油炸药,年生产能3000吨,产值600万元,税收70万元,利润50万元,属县二轻工业。

第二节 医药工业

生产企业与产品 1990年代初,全区医药企业生产的产品只有80多个品种。2000年,已能生产片剂、针剂、丸剂、糖浆剂、散剂、冲剂、茶剂、酒剂、酊剂、胶囊、油膏等11个剂型163个规格、546个品种,并研制、开发、引进新产品294个,省内首创新药2个;有6项医药科研成果获江西省优秀新产品奖。药品生产范围以化学药品和中成药为主。生产技术设备和基础设施均比1990年代初大为改善,多功能提取罐、真空浓缩蒸发器、离心薄蒸发器、喷雾干燥器、沸腾干燥器、胶囊填装器、口服液灌装线、滴丸机械、水针机械、压片机械、中剂包装机械、颗粒机械、糖衣机械等技术设备均已陆续普及。代用厂房、敞口煎煮、常压浓缩、手工搓丸等落后生产方式已基本消除。新技术、新工艺得到广泛推广和应用,微机的运用也在生产经营中发挥作用。产品虽多为普通常用药品,但也不乏一些高、新、特、精的新产品,如:恒康药业公司研制的“恒康正清”,已广泛应用于外科手术治疗中的肠道清洁准备,属国内首创,填补了国内空白,婺源制药厂开发的山腊梅冲剂、山腊梅片剂,为治疗感冒的新药,属全国独家产品。2000 年全区生产化学原料药 4.86 吨,中成药 765 吨。

2000 年全区药品生产企业一览

表 12-5-1

企业名称	所在地	隶属关系	所有制形式	从业人员(人)	企业规模	生产范围
德兴市制药厂	德兴市	地属	国有	80	小型	化学药品、中药
江西恒康药叶有限公司	上饶市	地属	股份制	96	小型	片剂、硬胶囊剂、颗料剂
上饶奥康有限公司	上饶市	地属	国有	163	小型	油酸、软脂酸、谷维素
上饶康达制药有限公司	上饶县	地属	股份制	221	中型	大、小容量注射剂、片剂、酊剂
江西余干制药厂	余干县	地属	股份制	15	小型	膏药
江西玉山制药厂	玉山县	地属	民营	25	小型	丸剂、糖浆剂、片剂、胶囊剂、颗粒剂
上饶恩泉油脂有限公司	上饶县	地属	民营	80	小型	药用油
江西弋阳制药厂	弋阳县	条管	国有	258	中型	片剂、胶囊剂、颗粒剂、合剂、水针剂
万年湖云珍珠粉厂	万年县	地属	国有	16	小型	散剂
大茅山制药有限公司	德兴市	地属	股份制	58	小型	化学药品、中药
横峰盛翔制药有限公司	横峰县	地属	股份制	68	小型	糖浆剂、口服液
江西婺源制药厂	婺源县	地属	国有	94	小型	化学药品、中药
江西珠湖制药厂	波阳县	地属	国有	387	中型	大小容量注射剂、片剂、散剂、合剂、糖浆剂
江西一村制药厂	上饶市	地属	股份制	193	小型	化学药品、中药
江西广丰制药厂	广丰县	条管	国有	117	中型	片剂、丸剂、溶液剂、硬胶囊剂
江西天海药业有限公司	德兴市	地属	股份制	124	中型	片剂、硬胶囊剂、滴丸剂、中草药种植
江西第三制药厂	余干县	地属	国有	118	中型	中药、口服液、胶囊剂、片剂、水针剂

药材资源 境内药材资源丰富,经普查,全国重点普查的 362 个品种中,全区有 205 个,省规定的 180 个品种中,境内有 164 个。全区共有药材 542 种,藏量达 800 多万千克;草药 216 种。通过普查,还发现了一些新品种新资源。沙泥虫、青龙藤、铁骨人参,是疗效较好、群众习

惯使用的新品种;盐扶木、绞股蓝、猕猴桃、灵猫、乌黑鸡等是新药材资源,野生变家种的有厚朴、玄参、防己、天冬、麦冬、半夏、桔梗、枳壳、金银花、栀子、龙胆草、茯苓、木瓜等。全区试种、引种和野生变家种面积达600公顷。

药材生产基地　全区现有药材生产基地14个,分别是:

杜仲基地　种植面积888亩(每亩120株),主要分布在德兴市大茅山、梧风洞、福泉山等乡(场),零星分布在广丰县嵩峰乡,玉山县紫湖乡八仙洞,铅山县武夷山垦殖场,上饶五府山、华坛山,弋阳县磨盘山等地。

厚朴基地　种植面积120公顷(不含野生),主要分布在玉山县怀玉乡、樟树乡,广丰县铜拔山、嵩峰山、毛岩山、德兴市大茅山,上饶县华坛山、五府山。

白术基地　种植面积66.67公顷,主要分布在弋阳县曹溪乡、漆工乡、三县岭乡、中坂乡、磨盘山乡。零星分布的有万年县的磨岭乡,横峰县的青板乡。

淮山基地　种植面积6.67公顷,主要分布于广丰县五都乡、横山乡、塘边乡。

桔梗基地种植面积15.4公顷,主要分布于弋阳县曹溪乡、三县岭乡、中坂乡,横峰县青板乡,万年县盘岭乡。

丹参基地　种植面积20公顷,主要分布于弋阳县曹溪乡、三县岭乡,横峰县青板乡。

浙贝基地　种植面积1.6公顷,主要分布于玉山县紫湖乡土城与建设林。

茯苓基地　种植面积1.87公顷(每亩120窖),主要分布于德兴市梧风洞、界田,婺源县珍珠山、鄣公山。

红花基地　种植面积1.4公顷,主要分布于余干县三塘乡、杨埠乡。

菊花基地　种植面积6公顷,主要分布于铅山县城郊及江村。

枳壳基地　种植面积133.07公顷,主要分布于铅山县汪二乡,弋阳县中坂乡,余干县黄埠。

鹿场　主要有玉山县怀玉山鹿场,弋阳县圭峰鹿场,现存栏200头,年产鹿茸50千克。

辛夷花基地　种植面积58公顷,主要分布于婺源县的阆山、鄣山、万年县的上坊、石镇等地。

黄栀子基地　种植面积33.33公顷,主要分布于余干县梅港乡王化林场、新庚乡王家村,弋阳县港口乡,玉山县下镇占坂村,上饶县八都,鄱阳县莳山林场。

在医药保健事业不断发展当中,各县市医药公司按照规范要求,设立了中药饮片加工部,有条件的还建立了饮片加工厂,按照《中国药典》和中药炮制规范要求,进行饮片加工泡制。

企业选介　江西第三制药厂　1988年建于余干县黄金埠,原名江西第三化工厂,1990年江西省人民政府为支持余干老区脱贫,投资3500万元而兴办,称江西第三制药厂,属国家中型企业。1991年以来,与北京、天津、上海、南昌等地颇具实力的科研机构的制药企业建立技术合作关系。1992年生产全国市场少见的赤霉素,开发的第二代赤霉素能有效地使植物提早发芽成熟,畅销农村市场。1993年首创以山楂、麦芽为原料研制的"三清山"口服液。1995年与江中制药厂联手,实行利润分成经营,开展"江中"牌健胃消食片拳头产品生产,畅销国内外市场,工业产值达3380万元,利润840万元。1997年市场变化,主导产品赤霉素价格下跌,企业陷入困境。1999年与上海同仁药业有限公司联营,组建江西同仁药业有限公司,以赤霉素为主导产品,生产和销售中西成药。2000年生产赤霉素17吨,其他各类药品生产也上了新台阶,总产值9510万元,利润451万元,成为上饶地区重点企业、国家中型企业。2000年有职工

529 人，固定资产原值 3905 万元。

江西上饶康达制药有限公司　位于上饶县旭日镇罗桥，原为部队办的新星制药厂，1999 年 3 月改制为股份制企业，是中型制药企业和国家定点的大输液生产厂家。固定资产原值 3800 万元，注册资金 2236 万元，员工 358 人，有各类专业技术人员 106 人。该厂基础设施齐全，技术力量雄厚，质保体系健全，生产品种较多，已形成多元化体系，并以生产名、特、优新产品见长，其中“新星癣特灵”“新星冻疮灵”被誉为“江西二绝”，称之为“神药”“妙药”，新星牌大输液选入《中国名牌大典》；水针剂品种中的“赛宝伦”“诺比仙”，为国内独家品种；大输液的生产能力由原一条生产线日产 4 万瓶，增至现在的一条生产线日产 12 万瓶。2000 年产值达 3000 万元，上缴税收 80 万元。

1991 年—2000 年全区医药工业经营情况

表 12－5－2　　单位：万元

年　份	销售收入	实现利税	固定资产
1990	483	27	263
1991	509	6	263
1992	598	70	234
1993	785	93	275
1994	993	61	432
1995	1481	106	491
1996	1696	141	418
1997	2199	183	420
1998	－	－	－
1999	－	－	－
2000	3538	－	－

1994 年—2000 年全区医药工业产值一览

表 12－5－3

	1994 年	1995 年	1996 年	1997 年	1998 年	1999 年	2000 年
产值（万元）	12275.7	48830	12737.53	16326.41	－	82627.3	10830.7

第六章　纺织工业

新中国成立后，全区纺织工业虽逐步有了发展，但速度不快，生产总量不高，产品档次低，花色品种少，附加值低。改革开放以来，全区纺织工业快速发展，形成有棉、毛、麻、针织品、羽绒、服装、纺织器材等成龙配套的生产线。进入1990年代,国家对纺织行业投入大量资金进行技术改造,引进先进生产设备和工艺,一批上规模、上档次,具备出口外销产品的骨干企业相继建成,如上饶纺织总厂、波阳纱厂。同时先后新建扩建了11个缫丝厂,形成了33800绪的缫丝生产能力,占全省的三分之一,使丝绸工业上了一个新台阶,上饶染织厂完成了细支高密绸出口基地项目。横峰纺织器材厂在巩固老产品木梭年产200万支的基础上,新上了剑杆织机剑杆头项目。1990年代后期,纺织行业发展失衡、总量过剩,进行结构调整,通过租赁、拍卖、兼并、股份制等形式,转换经营机制。横峰纺器厂改造为国有独资公司,上饶纺织总厂拍卖后转为民营;上饶针织总厂、上饶毛纺厂、上饶染织厂等通过产权制度改革退出国有序列;波阳纱厂、波阳床单厂采取租赁方式维持运转。各级政府还出台一系列优惠政策,鼓励私营企业以租赁经营,资产配债,整体收购等形式参与国有企业的改革。经过结构调整和企业改制,纺织行业生产总量有所回落,至2000年,工业总产值为14476万元(现价),实现利税554万元,共有纺织企业41家。其中大中型企业4家。

第一节 棉 纺

1978年后先后建成投产的两个纱厂,结束了区内有棉花20万担原料而无纱厂的历史,现拥有棉纺锭139280锭,年产各种棉纱3.5万件,年消化棉花16万担。布机在“六五”建设期间为521台,年产棉布480万米。“九五”期间布机增为888台,年产量1200万米。主要产品有:上饶染织厂生产的42S12X34色织缎条府绸、中长花呢、维棉花呢、32SX32S纯棉布、40SX40S涤棉衬衫布。上饶纺织厂、波阳纱厂生产的纯棉、纯化纤、混纺三大系列18个品种纱线;波阳床单厂生产的彩条被单布;上饶市制线厂生产的纯棉线、纯纶线、针织线、色缠线等三大系列200多种颜色、20多个规格。2000年全区产棉纱4995.21吨,棉布567.81万米。

上饶惠达棉纺有限公司 原为上饶纺织总厂,是区内最大的纺织企业,固定资产原值4000万元,有棉纺锭3.2万枚,纱锭1000枚,生产纯棉、纯化纤、混纺三大系列产品。1997年4月改制为上饶市三清棉纺有限责任公司,2000年8月申报破产,同年12月转为民营,易现名。2000年有职工1204人,全年工业总产值4660万元,产品销售收入4298万元,上缴税金148万元。

上饶市经建色织有限公司 江西省色织布行业骨干企业,位于上饶市茶山路北段,属于市经贸委。该厂原称上饶市经建染织厂,成立于1952年,1957年改为上饶市染织厂,占地面积3.23万平方米。主要设备750台,其中织机256台,进口筒子纱染色机2台。产品有纯棉色织布、涤纶色织布、中长纤维色织布、维棉色织布等四大类70多个品种。1997年改制更名为上饶经建色织有限公司。

第二节 毛 纺

境内毛纺织企业于“六五”期间出现,即余干禾斛岭毛纺厂;“七五”期间通过技改增设了上饶毛纺厂,形成全省以粗纺锭为主的毛纺生产基地,拥有毛纺锭9272锭,其中精纺锭3976锭、走锭800锭、年产毛线600吨、兔毛纱200吨、呢绒70万米、驼绒30万米。引进西德电脑提花机12台和半自动、手摆式捷机60台。年产各类羊毛衫160万件。主要产品有上饶毛纺厂生产的腈纶膨体针织绒、兔花混纺纱、各种规格的羊毛衫、粗纺呢绒,余干禾斛岭毛纺厂生产的毛线、驼绒、呢绒等。2000 年全区生产丝绒(毛线)374 吨,呢绒 1 万米。

余干禾斛岭毛纺厂 原纺织工业部粗梳毛纺定点生产厂,位于余干县禾斛岭垦殖场狮子山,建于 1970 年,属禾斛岭垦殖场,占地面积 8 万平方米,固定资产原值 337 万元,职工 600 人。有粗纺、精纺两条生产线,毛纺设备 56 台,粗纺锭 1200 枚,产品有毛线、驼绒、呢绒等。1994 年后,由于工艺落后,销售疲软,生产逐步下滑。1999 年,企业实行分车间切块租赁承包经营,2000 年停产。

上饶毛纺厂 江西省先进企业,位于上饶市北门乡沽塘,1980 年 3 月由原上饶市机床厂改建,属市经贸委。占地面积 10.2 万平方米,固定资产原值 3505 万元,职工 1161 人。有毛纺机、毛针织机、细纱机、栟线机、染色机、烘干机等主要设备 196 台,毛纺锭 6592 枚。1992 年成立上饶市纺织服装工业总公司,毛纺厂为其所属企业之一。1995 年该总公司撤销,毛纺厂改为无主管工业企业。2000 年产品销售收入 445.5 万元,亏损 168 万元。

第三节 丝 绸

2000 年,全区有 11 个丝绸企业(其中"六五"期间所建 4 个,"八五"期间所建 7 个),拥有立缫机 1.712 万绪,年产白厂丝 500 吨;丝织机 163 台,年产丝织品 150 万米,年需干蚕茧 15 万担,缫丝生产规模占全省约三分之一,列全省第一位。全年丝产量为 77 吨。主要产品有广丰县丝绸厂生产的白厂丝、双丝被面、华达呢、双面珠、巴拿马。玉山丝绸厂生产的电力纺绸、双丝被面、斜纹绸、真丝绸。余干丝绸厂生产的白厂丝等。

江西铭日集团有限公司 前身是地方国有企业余干丝绸厂,1993 年 8 月投产,1997 年 6 月变国有为民营,改现名,属中型民营企业。改制后至 1999 年,共生产白厂丝 183 吨,销售收入 3304 万元,创利 35 万元。2000 年扩大再生产,白厂丝生产线由改制前的 2400 绪扩大到 3200 绪,生产白厂丝 78 吨,销售收入 2100 万元,创利 78 万元。现为国家出口丝生产定点厂家,被国家经贸委列为茧丝绸储备库全国 20 个库丝来源地之一。

广丰县丝绸厂 位于广丰县五都镇六都岗,1982 年由化肥厂改建,占地 10 万平方米,国有企业,属县经贸委,所产梅花牌白厂丝质量为 AAAAA 级,创省历史出口纪录(原省记录 AAAA 级),为行业出口优良产品。1993 年技改后规模扩大,装有立缫机 288 台(5760 绪),全铁织机 30 台,固定资产 1196 万元,职工 1200 人,可产白厂丝 120 吨,丝织为 25 万米,1997 年获"全国缫丝企业生产准产证",因受国际市场疲软影响,1999 年停产。

玉山县丝棉被服有限公司 前身是玉山县丝棉皮服厂,以生产真丝绸为主的企业,1994 年厂房、设备均租给私人经营,为私人独资企业,有职工 48 人,主要产品为"三清宫"丝棉被。1996 年更名为玉山县丝棉被服有限公司,有职工 90 人。公司以蚕茧为原料生产特级丝棉,以传统手工艺生产丝棉系列产品,主要有真丝棉被、丝棉毯、丝棉枕头、丝棉绵衣、高级丝棉背心、丝棉童装等。产品销往全国各地,并有小批量优质产品销往美国、韩国、东南亚等地,2000 年工业总产值 86 万元。

第四节 针 织

针织内衣类 有台车56台,进口大园机10台,电脑印染整理后4条生产线,袜机97台,年产天鹅绒、毛巾布料涤、盖棉、印花布料800吨,袜子200万双。主要产品有上饶市针织总厂生产的纯棉、混纺内衣(汗衫、背心、棉毛衫裤、绒衫裤)、锦纶丝袜、弹力袜及运动服等。新崛起的波阳大绅针织厂,1987年开办时只有几台脚踏缝纫机、几名员工,占地十多平方米的小作坊,现为一较具规模的现代化工厂,所产印花针织内衣童装(自行设计)在华东地区享有盛誉,1997年8月江西省名优特产品香港展销会上,受到海内外客商青睐。2000年针棉织品折用纱量630.26吨,内服装79.14万件。

制线行业类 上饶市制线厂为江西省唯一专业制线国有企业,产品达到国内出口领先水平。1986年以来,生产纯棉、涤纶包缠针织线、人造丝电脑绣花线等4个系列30多个品种的工业和民用线。1990年后产品缺乏市场竞争力,逐步走入困境,1994年转产,1997年停产。

复制行业类 波阳床单厂生产的宽幅单(7X8)和独幅特宽100英寸被单布,年产床单200万床,具有历条印花后整理生产线。横峰毛巾厂是全省毛巾行业三大厂之一,拥有大提花毛巾机135台,年产各类毛巾1000万条(毛巾、枕巾、毛巾被、浴巾等)和印花后整理生产线。

上鹰针织服装总厂 原为上饶针织总厂,市属国有中型企业,江西省针织行业重点骨干企业,是具有织造、染整、印花、缝制的全能型针织企业。1992年—1998年,处于停产、半停产状态,1998年6月,由上饶市经济发展企业集团托管,1999年7月组建上鹰针织服装总厂。2000年7月因亏损严重,资不抵债而申请依法破产,是年有职工831人,工业总产值223万元,产品销售收入216万元,亏损146.1万元。

第五节 麻 纺

2000年,全区有6个苎麻厂和3个麻袋厂,年产精干麻800吨,苎麻纱400吨,年产麻袋300万条,夏布60万米。改革开放后,广丰县的夏布生产和出口,得到恢复和发展,壶桥、湖丰等地涌现不少家庭夏布工厂,1984年全县产夏布50万匹(7.5丈为一匹),产值达1000万元,从业人数3000多人。20世纪90年代后,该县湖丰镇在“以工兴镇”中把夏布作为拳头产品,构架“一村一品”的经济格局,在广州珠海设立销售点,与外商直接洽谈业务。号称“全国最大的夏布生产基地”的广丰县壶桥镇夏布经营公司,向生产夏布的专业村、专业户辐射,全镇2.2万人办有村办、户办夏布厂3000多家。2000年,全区产萱麻布及亚麻布55.74万米。

第六节 服装 皮革

2000年,全区有20个服装厂,年产各类高、中、低档服装460万套,有各种缝纫设备2400台,引进电脑多头绣花机2台。能大批量生产各类面料的内外服装(时装、西装、童装、学生装、职业服装)20大类200多个品种。有60多个品种300多种规格的羽绒服装、羽绒被、羽绒睡袋。1991年10月25日至月底,上饶市举办了为期4天的服装艺术节,有棉织、毛织、针织、丝织等20多个系列500多个品种在艺术节上展现风采;来自英国、港澳台地区和国内纺织服装界的客户400多人参与经贸洽谈,成交总额7570万元。

1990年,境内有皮革(含毛皮及其制品)工业企业21个,当年工业总产值1092.2万元。2000年,企业减至8个(含羽绒),但工业总产值增至10401.8万元。皮革工业的主要产品是皮鞋、猪皮面革、牛皮烤革、羊皮衣服等。有的皮革厂因经营不善而破产倒闭或停产,有些皮革厂在改制中转私营或租赁承包给个人。改革开放以来,皮革业中的个体或合伙经营户增多。至2000年,据工商行政管理部门企业登记资料,全区皮革、羽绒、毛皮及其制品业有44户,其中法人33户。当年产轻革51.25万平方米,革皮服装400件。

江西上饶羽绒厂 中国土畜产进出口公司江西省公司重点骨干企业,位于上饶市解放西路,1958年建,原称上饶地区畜产品加工厂,占地面积1.05万平方米,固定资产原值1530万元,职工408人。主要生产设备有先进的羽绒生产线,高速平缝机和各种专机300多台,三套羽绒水洗设备,其中一套从德国进口,三箱分毛机1台,单箱分毛机2台。1991年—2000年,累计加工生产羽绒1491吨,羽绒被778021条,被壳240079条,睡袋222331条,睡袋壳11336条,枕头375726只,枕壳312147只,羽绒服装112738件。1991年—2000年,年均工业产值4165万元,年均销售收入4000万元,合计上缴利税1576万元。所产羽绒服装及制品均为出口免检产品。

上饶市华盛皮革有限公司 原为上饶市皮革厂,集体所有制,系江西省皮革行业骨干企业,1991年,所产舒适牌无涂饰猪软面革、猪高级结合鞣箱包革、二层彩色猪代牛革获江西省优秀新产品奖,猪皮制革年生产能力达80万张,箱、包、袋皮革制品年生产能力15万件。1996年,扩大生产规模,新产品开发取得成效。1998年,所产湿磨服装革、湿磨服装革衬衫、石磨服装革、仿古服装革等6个新产品被江西省经贸委评为省级新产品、省优秀和优秀新产品二等奖,湿磨服装革获国家经贸委新产品称号。2000年,其中工程技术人员46人;有职工136人,工业总产值5095万元,产品销售收入3270万元,实现利税235万元,全员劳动生产率37.46万元/人。多年来评为“十佳”名星企业。

第七节 纺织器材

主要企业为横峰纺织器材厂,能产多种制梭120万只,并可生产制梭专业设备及各种纺织器材专业配件。此外,弋阳旭光纺器厂生产的宝塔纱管、定纬管、化纤丝宝塔管;有婺源县鄣公山纺器厂生产的木刺轴,纺织木配件等。

横峰纺织器材厂责任有限公司 原为横峰纺织器材厂,改制后称现名。该厂是国内纺织器材行业重点企业、国家二级企业、大庆式企业、江西省六好企业,位于横峰县城岑阳镇中华路南段,1951年建,占地面积11.93万平方米。固定资产原值1226万元,职工1000人,主要设备551台,内制梭专用设备352台,通用设备199台,木梭生产实现机械化、自动化。能生产棉织、毛织、麻织、丝织等四大类360多种规格型号的木梭、塑料梭、制梭专用设备及箭杆头、塑料配件等。2000年木梭产量675.1万只,塑料梭产量272.1万只,产品销往国内29个省(市、区),占全国市场的15%;出口25个国家和地区,是全国最大的木梭生产基地。2000年产品销售产值3774.2万元,有职工1300人,利税总额253.6万元。

第七章 造纸与印刷工业

第一节 造 纸

“八五”期间，全区造纸业有较大发展，成为轻工行业支柱之一，产品有文化用纸、包装用纸、生活用纸三大类40多个品种，企业最多时为15家，大部分属小型企业。1996年国家明令淘汰严重污染环境的“十五小”企业后，大部分造纸企业关停，2000年仅剩造纸企业两家，即弋阳造纸公司和广丰纸业公司。弋阳造纸公司原为弋阳旭光造纸厂，1998年改制为股份制企业，称弋阳造纸有限公司，总资产1200万元，为全区造纸行业中规模较大的中型企业，有职工378人。2000年完成工业总产值2139.8万元，销售收入3860万元，税利251.8万元，主要产品为黄板制、涂布版纸、普通白版纸。广丰纸业公司总资产2300万元，有职工310人，产值1800万元，销售收入2200万元。

历年来，机制纸是境内主要产品之一，包括文化用纸、包装用纸、生活用纸三大类。文化用纸中有上饶市的铁笔蜡纸、万年、铅山紫溪的有光纸、凸版纸，万年、紫溪、上饶县的书写纸，横峰、上饶县的打字纸等。包装用纸则有德兴大茅山、玉山怀玉山、婺源鄣公山的纸袋纸，大茅山的炸药包装纸，横峰的条纹纸，上饶市的瓷用贴光纸，广丰的金银卡纸等。生活用纸主要有上饶市生产的各种卫生纸。机制纸版也是主要产品，主要有弋阳县旭光的瓦楞纸、黄棉线纸、箱板纸，玉山县的高强瓦楞纸，玉山县、弋阳县的涂布版纸等。1991年—1995年间，造纸行业有多个产品获省优秀新产品奖或填补省内空白，如三清光版特号高强瓦楞纸；环峰版A级28克打字纸，A级、B级单面白版纸，A级箱板纸，彩色薄形工艺绢花纸，涂布刷光白板纸；彩色糖果、茶叶、玻璃色装纸填补了省内空白。2000年产机制纸2693.89吨，机制纸版26314.18吨。

境内手工纸的生产历史悠久，2000年，手工纸主要有产于铅山县石塘的连史纸，是书画、古籍用纸，产品销往上海、杭州等地。广丰县十都乡石岩村专做土纸，1993年有纸槽230座，产土纸1500担；1999年工业销售产值348万元，

第二节 印 刷

印刷业是境内轻工行业支柱之一，“八五”期间得到快速发展，除各县（市）各有一家预算内企业外，集体、个体印刷企业遍地开花，最多时近百家，至2000年年底，全区有印刷企业23家，其中国有12家。主要厂家有：

赣东北印刷厂 国有企业，国家书刊印刷定点厂家。拥有四色机、双色机、罗兰印刷机、双面胶印机、08单色机、04单色机、转轮机及激光照排系统等设备。2000年实现工业总产值2005.9万元，产品销售收入712.1万元，实现利税5.9万元，有职工445人。

江西省丰华彩印有限公司 合资企业，1997年4月8日开业，位于广丰县芦林工业区，有多色胶印、凹印、丝印、烫金激光、凹凸成形等特印工艺流水生产线。2000年有员工480人，当年价产值31265万元，实现利税3779.2万元。2000年销售收入9688万元，利润2231万元，税

金592万元。

第八章　食品工业

新中国成立至2000年,上饶地区食品工业经历了困难、起步和全面、持续、协调发展三个阶段。1978年全区食品工业总产值仅1.1亿元,1978年—1985年进入起步发展阶段,食品工业的产值和实现利税均较前大增。1985年后至2000年,全面、持续、协调发展,企业规模迅速壮大,涌现出一批骨干企业和新产品。企业改革全面深化,各种形式改革面达到90%,非国有食品企业发展迅速,成为食品工业的"半壁江山"。至2000年,全区拥有食品企业700多家,职工2.5万人,其中科技人员2000多人;有固定资产10亿元,形成了以农副产品加工为主体,食品科技和食品机械包装为两翼,门类基本齐全,国有、股份企业、合资、独资、民营、个体等所有制齐上的格局。生产食品23大门类,3000多个品种,包括烟、酒、茶、鳗业、粮油、糖、珍珠等八大系列以及蔬菜加工等。2000年食品工业销售收入全口径为24.5亿元,实现利税3.43亿元,财政收入20%来源于食品工业。

第一节　制　茶

上饶是历史悠久、驰名中外的茶叶产区,主产区有婺源、上饶、德兴、广丰等县(市),其中婺源是全国两大"文化与生态旅游示范区"之一,是全国著名的绿色茶叶之乡,茶叶品质极为优良。清光绪二十五年(1866)出版的《农学报》称:"向来之茶,南以婺源,北以六安为最多,盖以婺源之茶,行销洋庄,引领甚广。"该县北部有一座在《山海经》里称为"三天子山"的大鄣山,特定的气候和土壤使这里成为生产名茶的灵秀之地,大鄣山茶具有"香高、汤碧、味厚、汁浓"的特色,多年来一直被定为"特供茶",供中央领导人饮用。1990年代初期,受国际市场影响和人们消费观念的变化,茶叶出口受阻,茶叶市场疲软,上饶茶厂、婺源茶厂生产被迫不能正常运行。1996年,婺源绿色食品有限公司成立,制茶工业形成国际国内两条腿走路。1997年8月,欧盟有机食品监督认证机构(BCS)专家班什先生、德国威伯公司奥古斯塔女士和茶道公司突尼斯先生等,在中国绿色食品发展中心有关领导陪同下,首次到婺源考察大鄣山茶。1999年4月,国际有机食品认证机构(BCS)的德国、美国、瑞士的认证官员及德国威伯公司、茶道公司专家一行,到婺源大鄣山茶基地考察,进行年度有机茶认证。1997年10月,大鄣山茶首次出口欧洲,数达1吨之多,创汇2万美元。1999年8月,大鄣山茶荣获"'99昆明世博会"金奖。经过农业部食品质量检测中心检测,该公司生产的鄣山茶荣获中国茶叶首家AA级绿色食品证书,连续6年通过欧盟有机食品认证机构BCS的认证。此后又生产天估茶,并获得有机食品认证机构欧盟ECOERT组织和中国国家环保总局有机食品发展中心权威机构认证,占据欧盟有机绿色市场大部分份额,是国内出口茶类最大创汇的食品企业。2000年全区茶园面积26.3万亩,出口创汇450万美元,茶叶产值1.2亿元。

婺源绿色食品有限公司　1997年成立,主要生产大鄣山茶、天估有机茶。公司实行"公司十基地十农户"的产业化管理模式,与农户以合同的形式建立稳定的供销关系与合理的利益联盟机制。2000年已建立AA级绿色食品基地56个,茶叶初制加工厂60座,有机茶园面积3

万亩,分布在8个乡镇、50个自然村,通过技术指导、技术培训,提高茶农科学生产种植水平。2000年生产大鄣山茶1500吨,销售收入5000万元,税利超过200万元。公司根据市场信息和客户反馈,不断调整食品结构,相继开发了绿茶、花茶、蒸青茶、红茶、CTC茶等数大类,茗眉、云翠、特级、1~5级、袋泡茶、珠茶、半珠茶、茉莉花茶、工夫红茶、红碎茶、蒸青茶等系列品种,并与德国公司合作,在祁门建立祁红基地,与德国、印度公司合作,引进了CTC红茶生产线。

第二节 酿 酒

1990年代后,全区酿酒工业发展较快,2000年有酒厂17家,生产各类酒20520吨,其中白酒9300吨、啤酒1.1万吨、保健酒200吨,销售收入13301万元,实现利税2318万元,内税收1829万元。主要产品有白酒(全良液、月兔春、上饶大曲、信州春、清华大曲、古汉春、康郎等),啤酒(100、110、120黄啤、黑啤、鲜啤),配制酒(月兔春养生酒、中国古汉酒、清华婺酒等)。

江西省全良液酒业有限公司 前身为上饶全良液酒厂。1979年以后,先后试制成功“上饶梨酒”“中华猕猴桃酒”“七峰大曲”“香槟酒”。1982年10月试制成功“全良液”酒,主导产品开始诞生。该酒以大米为原料,结束了以前用杂粮酿酒的历史,1985年经省评酒委员会专家品评打分,所制“全良液”酒分数名列全省白酒第一。随后又相继开发280、380、450、500全良液、全良醇、全良花雕等系列产品。1997年研制成功特制酒—高档全良液,经省食品协会新产品鉴定达到国内先进水平。1998年又向市场投放呈酱香型、具茅台风味的“全良液王”和浓香型、具五粮液风味的“全良液特曲”。公司坚持“以质量求生存、以质量求发展、以质量求效益”的生产经营方针,所有全良酒都坚持用粮食酿造,确保产品合格率100%。由于全良液酒具有“清亮透明,窖香浓郁,醇厚绵甜,回味悠久”等特点,被评为’96江西白酒唯一名牌产品,省免检产品,两次获国际金奖。多次被评为“江西省优秀企业”,1999年被评为“全国著名酒类品牌企业”。现为江西省重点食品工业企业,拥有员工600余人,总资产1亿多元,年产全良液系列酒1万吨。

江西信州酒业(集团)有限公司 信州酒业(集团)是江西省年产名优白酒超5000吨的几大厂家之一,也是一个拥有较先进设备和2000多万元固定资产的国家中型企业,原为上饶地区酒厂。1997年以上饶地区酒厂、上饶地区酒类检测站、地区食品科研所等单位为核心,集科、工、贸为一体多种经营,成为一个跨行业、跨地区的大型企业集团。注重科技,严抓质量,使主导产品“上饶大曲”“信州春”等酒连获部、省名优称号,畅销各地,并获江西省消费者协会质量认证标志。新开发的产品——武夷山蛇酒、信州二锅头酒,1997年均获省优秀新产品奖,“武夷山蛇酒”是以武夷山的蕲蛇为原料,加上各种中草药精制而成,对风湿、类风湿、关节炎、肩周炎、四肢麻木、骨质增生、半身不遂等均有疗效,是江西省保健酒的佼佼者。2000年工业总产值974.4万元,产品销售收入481.1万元,利税42万元。

第三节 制 糖

1958年筹建玉山糖厂,1960年建成投产,曾经是上饶地区年产值百万元的企业之一,属以制糖为主综合利用的国家中(一)型企业,固定资产原值2900万元,有职工1361人,1968年下放玉山县政府管理。1990年代初(1990年—1991年),由于自然灾害,榨季亏损968.7万地名。1993 年企业好转，产蔗糖 8800 吨，1997 年产蔗糖 6120 吨，1998 年产蔗糖 10347 吨。1995 年该厂改制为玉山县轻化工业总公司，1996 年称玉山追日集团。2000 年 8 月，国家经济贸易委员会、国家发展计划委员会、财政部、中国人民银行印发《关于制糖行业结构调整部分企业关闭破产有关问题请示》的通知（国经贸运行〔2000〕703 号），明确将玉山追日集团列入江西省 10 家、全国 150 家制糖行业结构调整、实行关闭破产项目之一。经企业申请，玉山县人民法院于 2000 年 12 月 28 日，宣告玉山追日集团破产。据玉山县人民法院玉民破（2001）字第 1 号正卷 3 第 31 页《江西省玉山追日集团清算情况报告》，审计后资产总额为 103、145、710. 38 元，其中固定资产为 70、379、783. 09 元；负债总额为 222、008、992. 39 元，其中流动负债 160、685、057. 57 元，国内银行短期借款 101、773、168. 18 元。1991 年—1999 年累计共产蔗糖 71366 吨，2000 年无产量。

第四节　绿色食品

境内绿色食品行业启动于 1993 年，此后渐为群众所关注。1995 年 9 月 25 日，成立上饶地区发展绿色食品领导小组，行署副专员陈发芳任组长。国家农业部食品质量检测中心对婺源大鄣山茶进行实地检测，发现其农药残留、有害重金属等十几项理化指标远低于国家和国际规定的标准。之后，中国绿色食品发展中心进行连续 3 年的环境跟踪检测，并于 1996 年 5 月给大鄣山茶颁发了中国茶叶首家 AA 级绿色食品证书。1997 年 5 月 30 日，婺源县茶叶集团与台湾欣电电信有限公司签订合作开展绿茶生产加工新技术项目。婺源县绿色食品有限公司生产的“大鄣山极品茶”，以其无污染、高品质、高安全度，于 1999 年 9 月一举夺得’99 昆明世博会金奖。该公司 2000 年有绿色食品基地 53 个，基地茶园 3 万亩，定点初制厂 60 座。到 2000 年，全区有绿色食品企业 4 家，绿色食品 4 个，其中 AA 级绿色食品 1 个，即婺源的大鄣山茶，A 级绿色食品 3 个，分别是德兴异 VC 钠有限公司生产的“维钠”牌异 VC 钠、德兴少华山红花茶油公司的“少华山”牌红花茶油、婺源源发有机资源有限公司的“源发”牌苦丁茶。当年绿色食品销售收入 1. 2 亿元，实现利税 1300 万元，出品创汇 1100 万美元，有从业人员 800 人。

婺源绿色食品有限公司（见本章第一节）。

德兴市异 VC 钠有限公司　江西省食品添加剂骨干企业，江西省高新技术企业，建于 1993 年，位于该市新岗山，属新岗山垦殖场。占地面积 44076 平方米，总投资 6346 万元，其中固定资产 1853 万元，有职工 375 人。主要产品异 VC 钠、异 VC 酸，是以大米为原料、微生物发酵而得，是新型生物型食品抗氧防腐保鲜剂，广泛用于肉、鱼、蔬菜、水果、酒类、饮料及罐头食品的防腐保鲜，1999 年获中国进出口商品质量认证中心颁发的 ISO 9002 质量体系认证证书。2000 年获得国家 A 级绿色食品证书，年产 3000 吨，70% 外销。2000 年销售收入 7839 万元，利税 697 万元，创汇 690 万元，产量和销售居全国第一。

德兴市红花茶油有限公司　1999 年在该市原占才乡油脂化工厂破产基础上改制而成的股份有限公司，注册资金 50 万元，固定资产 120 万元，员工 12 人，精制加工厂占地面积 1600 平方米，年产红花茶油 100 余吨，产值 200 万元。公司实行“公司十基地十农户”的生产经营模式，着力培植红花茶油支柱产业和红花茶油产品精深加工。红花茶油于 1999 年底开发并投放市场，2000 年 9 月获国家绿色食品证书，2000 年在昆明中国第一届绿色食品博览会上推荐为绿色环保食品，部分质量已接近地中海国家橄榄油，部分指标远超过橄榄油，被称为“东方橄榄油”,是高级保健食用油。红花茶油油酸含量在10%以下,亚油酸含量在83%以上,不饱和脂肪酸达92%以上,含有多种人体所需的微量元素和A、D、B、K等多种油溶性维生素。

玉山县精制食油厂 1994年12月,私营业主李碧霞总投资300多万元,开始筹建,1995年12月28日建成投产,该企业引进CY5型油脂精炼成套设备,主要产品有“得尔乐”精制茶油、“茶花女”高级清香山茶油和油榨红薯片。生产经过脱酸、脱胶、脱色、脱臭四道工艺流程,产品质量执行GB/T17757—1999高级烹调油通用标准和GB2716—85卫生标准。产品主要销往北京、上海、广东、浙江等省市。1995年—2000年底,共加工精制油1596吨,实现产值1280万元,上缴税收13万元。

江西宝善国际实业有限公司 1986年创办,前身为余干县大溪营养制剂厂,主要生产蜂王浆保健系列产品。1990年研制开发具有清凉解毒防暑降温作用的纯天然绿色食品—天然凉粉系列产品,年产能力100吨,1991年通过省级新产品鉴定。1992年后,日产天然凉粉2万合,日产清凉宝5万杯,日产蜂蜜2吨。1994年获亚太地区食品博览会金奖,1997年获加拿大国际绿色食品金奖。1997年获加拿大国际绿色食品金奖。

峰饶食品有限公司 1993年创办,日商独资企业。2000年有职工173人。主要出口腌制菜。以公司加农户形式,每年向菜农推广日本高菜、美国盘瓜、津研4号黄瓜、红芽芋等外向型蔬菜良种20余种,带动菜农种植外向型蔬菜333.33公顷。2000年销售收入981万元。

专记:

科技创新迎来艳阳天

——德兴市异VC钠有限公司科技兴企记

一批又一批的异VC钠产品从一个名叫新岗山的山沟沟里翻山越岭走向大江南北、长城内外,跨洲渡洋打入美国、加拿大、日本、欧共体、伊斯兰国家等世界各地,每年出口创汇400万美元,占世界总销量的二十分之一。

三年来德兴市异VC钠有限公司向国际国内发货产品质量合格率达100%;今年6月份与去年同期相比,虽然市场销价下降了15%,但是生产成本却下降19%,销售数量增长60%,吨均利润增加63%。

在激烈的市场竞争中,德兴市异VC钠有限公司从零开始,在短短的几年间一跃成为我区工业的骨干企业,成为国内最大的异VC钠生产厂家,年销售收入达6000万元,靠的是什么呢?在采访中我们得出了答案:靠的就是科技。在永不停止地实施科技创新中,德兴市异VC钠有限公司迎来了魅力独具的艳阳天。

异VC钠,又名D—异抗坏血酸钠、赤藻糖酸钠。它是以大米为主要原料.采用微生物发酵技术生产获得。它是新型生物型食品抗氧化、防癌保鲜产品,能防止睫制品中致癌物质——亚硝胺的形成,根除食品及饮料的变色、异味及混浊等不良现象,被广泛用于肉类、鱼类、蔬菜、水果、酒类、饮料及罐头食品保鲜。在国际上,异VC钠是食品加工不可缺少的抗氧保鲜剂,是世界卫生组织和粮农组织确认的法定添加剂。

1993年初,德兴市新岗山垦殖场领导以超前的眼光决定发展异VC钠这刚刚起步尚未被人们普遍认识的朝阳产业,依托本地及周边充裕的早稻资源,创办异VC钠有限公司,向国外出口创汇,挣外国人的钱。

5年完成技术创新重大项目54项

社会在不断进步,科学技术在高速发展,企业想要立足于世界企业之林,就必须不停止地推动技术创新。德兴市异VC钠有限公司清醒地认识到这一点。公司创建以来.无论是在举步维艰的困难时期还是在市场走俏春风得意时期,都未间断过创新工作。公司1994年获省级新产品奖,1997年完成省级火炬计划,1998年获省级科技进步二等奖,今年又开始实施国家级火炬计划。5年来。异VC钠有限公司完成技术创新重大项目54项。

市场竞争是最无情的。近年来,德兴市异VC钠有限公司在与日本TM公司抢占美国市场的产品价格大战中,从每吨产品6200美元的价格降到了1998年的3600美元。残酷的市场大战迫使该公司别无选择,只有实施技术创新。公司在技术创新中力求国内先进水平,做到一个“新”字。公司现已拥有设备工艺技术的各个方面,均具有独创性,是其他厂家或科研设计单位均不具备的技术。它新就新在用500吨生产能力的场地和设备生产出2000吨的产品,新就新在各项物料消耗的下降幅度达到40%以上。建厂初期,公司用1500万元投资,实现了500吨产量,每100吨产量需300万元投资;在以后技术创新的时间里,公司用1000万元投资,实现了1500吨产量,每100吨产量仅用了67万元的投资,每100吨节约投资233万元。

公司负责人充满自信地说,科技创新使公司产品质量已达到国际同类产品的领先水平,产品成本已具备与发达国家同类产品竞争中取胜的能力,公司的工艺技术、设备技术和管理水平完全成熟,处于全国同行业的领先水平。

以市场作指挥棒不断创新

德兴市异VC钠有限公司坚持国际、国内两个市场同时开发,坚定地提出“市场的需要就是对工厂的命令”的口号,不懈地以市场作指挥棒进行科技创新。

1996年,市场信息表明:欧洲市场大量需要的不是异VC钠,而是异VC酸。工厂技术人员立即投入了技术攻关,仅半年时间就解决了工艺难题,建成了一条年产300吨的异VC酸生产线,1997年初投放市场,满足了欧洲市场的需求。1997年,公司从当前的市场信息发现,国际通用的标准已经变更,已由美国FCC(Ⅲ)版转升为FCC(Ⅳ)版标准。该公司立即着手改工艺,提指标,在生产线上按新的标准运行。在不到3个月的时间里,公司的产品就以新的FCC(Ⅳ)版标准销国际市场。目前,公司还获得国际犹太证书,产品进入伊斯兰、阿拉伯、犹太教国家已畅通无阻。

德兴市异VC钠有限公司两年前就已进入因特网,随时随刻跟踪国际市场信息;公司还通过种种渠道购得日本、美国等国的产品样品和自已的产品进行比较分析,从而确保自已的产品质量时时能够胜人一筹。

以市场为指挥棒不断进行科技创新,德兴市异VC钠公司的市场生存空间得到了不断扩展。现在,公司满负荷运行,每月向国内国际两个市场发货80余批次。但仍不能满足如雪片般飞来的订单的需要。1997年上半年,公司完成生产产量942吨.出口供货创汇230.2万美元,上交税收138.4万元,实现利润238.8万元,分别比上年同期增长62%、36.5%、62%、160.4%。

7月下旬,ISO9002国际质量认证现场审核末次会在德兴市异VC钠有限公司顺利通过。进一步科技创新,扩大国内销售市场,提高国际市场占有率,这是异VC钠有限公司永恒的追求。

(原载《上饶日报》1999年8月31日作者)

第五节 食品加工

1990年代，全区食品加工业由过去的一些小酱油坊、碾米加工、小糖果生产，发展到现在以具有地方特色食品加工为支柱的产业，如广丰县的白银鹅、上饶市的颜记炒货、豆豉果与南瓜干、余干的乌黑鸡、横峰的葛粉、弋阳的大禾米粿、铅山的鳗业等等。2000年底，全区有食品加工企业257家，主要包括粮油制品、小食品、淀粉加工、罐头、调味品、豆奶、肉禽制品、水产、蜂制品、饮料（纯净水、矿泉水）等。主要产品有小食品类的花生、瓜子、南瓜干、红薯干、蔬菜果。粮油制品的精制油、面粉、精制大米。淀粉制品类的粉丝、红薯粉丝、粉皮、粉条、葛粉、水磨糯米粉。肉食制品类的香飞雁、白银鹅、松花无铅皮蛋、香肠、板鸭、三黄白耳鸡、中华乌黑鸡、圭峰扣肉、酱鸡。非酒精饮料类的葛露、豆奶、酸奶、矿泉水、纯净水。蜂制品中的益精蜂蜜。水产品类的烤鳗、新芝安水产品、真贡鱼、酒糟鱼。其他还有弋阳年糕、破壁花粉、保健茶、红花茶油等。1997年9月28日，由江苏省龙山集团在玉山县投资创办的西龙食品有限公司烤鳗厂，是国内首屈一指的烤鳗企业，工程总投资4.3亿元，全年可加工烤鳗6000吨。

2000年全区年产值200万元以上食品加工企业一览

表12－8－1

企业名称	性质	主要产品
上饶益精蜂业有限公司	民营	蜂产品、隔皇板
上饶宝乐鲜豆奶有限公司	民营	豆奶、酸奶
德兴市绿色食品开发公司	国有	红花茶油
上饶颜记炒货食品有限公司	民营	花生、瓜双炒货系列
江西横峰葛业开发有限公司	国有	葛露、葛粉
江西镇世堂绿色食品有限公司	民营	淀粉、葛粉、荞麦粉
江西康百乐食品有限公司	民营	豆奶粉、钙粉
弋阳大禾谷食品有限公司	国有	大禾谷、年糕
上饶县友帮饼业公司	民营	饼干
广丰白云淀粉有限公司	股份合作	精制淀粉
江西开源野生资源保护开发有限公司	民营	香飞雁
江西蜂饶食品有限公司	外资	蔬菜加工
波阳新安食品有限公司	民营	水产品、春不老腌菜
龟峰制胶有限责任公司	股份合作	食用明胶
铅山和华烤鳗厂	外资	烤鳗

江西横峰葛业开发公司 2000年年初建，位于横峰县城，是江西省最大的葛业加工企业。2000年已建立绿色产品原料基地400公顷。公司充分利用本地丰富的资源，引进高新技术，

采用先进科学工艺进行深加工，形成种植—加工—效益—再种植良性循环，已开发出葛饮料、葛粉、葛茶三大系列十余个品种。所产“葛源”牌葛露具有清热祛火、解酒生津、调节血压、血糖、降低血脂等作用，获2000年江西省优秀新产品奖。鲜葛根的年加工能力3万吨，生产葛露饮料3000万罐。

江西益精蜂业有限公司　1996年成立，江西三大蜜蜂产品企业之一，是一家集蜜蜂养殖、蜂具、蜂产品生产、研究、加工和销售为一体的民营企业，2000年已形成年产“樱花”、“益精”牌隔皇板50万张，年产销蜂产品1000万元的生产规模。

上饶颜记炒货有限公司　1972年成立，原称炒货厂，占地面积3600平方米，是全区最大民营炒货企业，有两条不锈钢烤焙设备，年产炒货100万千克。产品主要有多味花生、葵花子、西瓜子、奶油葵花子等，产品连续四年在江西省食品展销会上获优胜称号。

龟峰制胶有限责任公司　前身是1980年弋阳县二轻局创办的明胶厂。1984年扩大食用明胶生产，在上海市九三学社长宁区分社技术咨询服务处支援下，建成1条年产150吨的食用明胶。1996年更名为弋阳县明胶工贸公司，1998年实行股份制改造后，更名为龟峰制胶有限责任公司。1998年，食用明胶评为江西省优质产品。

第六节　烟草加工

1958年由公私合营广丰刨烟厂转办的国营广丰县烟厂，时有职工40人，固定资产0.3万元，产值4.9万元。1968年改名广丰烟丝厂，1978年下马，1987年恢复，用卷烟专用设备开始生产“蜻蜓湖”“广烟”等牌号的机制烟，1991年经国务院批准，江西广丰卷烟厂为计划内国营地方卷烟厂，1992年国家烟草专卖局发给广丰卷烟厂地方烟草专卖生产企业许可证。1993年，投资4500万元的技改工程竣工后，新厂占地面积31465.5平方米，其中主厂房5000平方米，建筑面积10417.9平方米；锅炉房、发酵房、制冷站占地2700平方米，建筑面积3211平方米。建厂初期还是一手工作坊式小厂，技术上一片空白，固定资产不足200万元。技改后，原陈旧设备全部更新，全厂拥有主要专用设备23台(套)和1条1500公斤/小时制丝生产线，动力设备9台(套)，设计年产能力10万大箱，固定资产增加到1亿元，一套从产品开发、设计、试制、生产、销售、服务和信息反馈全过程的系统工程式的质量保证体系已建立起来。卷烟结构随着人民生活不断提高和市场需求的变化而不断改变，1990年滤咀烟产量比例8%，到2000年已全部生产滤咀烟，档次不断提高。1990年停止生产戊级烟，1994年停止生产丙级烟，全部生产甲、乙两级烟，其中甲级占84.9%。1995年将卷烟等级改为类级，是年一类烟占总产量7.8%；二类占45.2%；三类占47%。2000年一类烟占17.38%，二类占18.82%，三类占63.8%；在总产量中，混合型卷烟占0.42%。1988年至2000年共生产卷烟牌号48个，90年代中叶形成了月兔系列产品，到2000年有创新和保留的卷烟牌号24个。国家核定广丰卷烟厂年产能力3.5万箱，年生产量限定为2.2万箱。

1997年7月份以后，广丰卷烟厂在企业内部全面推行ISO 9000标准和宣传、认证工作，并于1998年10月正式通过ISO 9002质量体系认证，获得由中国方圆标志认证委员会颁发的ISO 9002质量体系认证证书，成为江西省烟草行业第一个建立并通过ISO 9002质量体系认证的工业企业。

1997年3月，成立广丰月兔实业总公司，对广烟多种经营产业统一管理，并建立符合现代企业制度所要求的以产权为纽带的母子公司体制,形成广烟集团新格局。1991 年—2000 年,实现了卷烟生产两个根本性转变:一是产品结构调整,月兔系列产品已成为龙头;二是经济效益,利税逾亿元。安排社会劳动力就业 5000 多人,资产总值超过 5 亿元,年销售收入超过 10 亿元。1998 年在全省食品工业、企业综合排名第二,不仅是广丰县财政收入的重点支柱,也是上饶地区第一税利大户,江西工业十强企业。

第九章 电力工业

1992 年,上饶地区电力工业局改变隶属关系,上划江西省电力局管辖。1996 年成立上饶供电局(前身为地区电力工业局)。至 2000 年底,上饶供电局拥有固定资产原值 1.9388 亿元,年供电量 7.335 亿千瓦时,年实现利税 1989.10 万元,分别比 1987 年增长 7.4 倍、4.12 倍和 10.72 倍。拥有 220 千伏变电站 1 座,110 千伏变电站 8 座,35 千伏变电站 5 座,变电总容量为 48.45 万千伏安;拥有 220 千伏输电线路一条,全长 86.48 千米;110 千伏输电线路 12 条,全长 330.03 千米;35 千伏输电路 5 条,全长 38.13 千米。1986 年前,上饶电网仅是一个以小火电、小水电为主的地方小电网,由上饶县、玉山县、广丰县 3 个农网和上饶市配电网组成,结构脆弱,电力供应严重不足,体制的改变和上饶供电局的成立和运作,使这种状态得以根本改观。1987 年—2000 年间,先后兴建玉山叶家塘、广丰县、上饶县皂头、铅山县河口等 4 座 110 千伏变电站和 1 座上饶 220 千伏变电站,架设 110 千伏输电线路 8 条、220 千伏输电线路 1 条;尤其是 1996 年电压等级 220 千伏,主变容量 12 万千伏安的上饶变电站建成投运,极大地提高了上饶电网的输变电能力和供电的可靠性、安全性与稳定性,比较彻底地解决了扼制上饶经济发展瓶颈问题。一个以上饶变电站为中心枢纽、以 110 千伏为主网架及区内各 110 千伏变电站为主体的上饶电网基本形成。电网覆盖玉山、广丰、铅山、横峰、弋阳、上饶县、上饶市、三清山风景区等 6 县 1 市 1 区。波阳、余干、万年、德兴、婺源 5 县(市)由赣东北供电局管辖。

2000 年,全区 12 县(市)共发电 46161.86 万千瓦时,其中火电 4139.00 万千瓦时,水电 42022.86 万千瓦时,总发电量较 1990 年 40181 万千瓦时增长 14.88%。

第一节 发 电

火力发电 2000 年,全区火力发电 4139 万千瓦小时,比 1990 年 8479 万千瓦小时减少一半多,比 1991 年 11370 万千瓦小时少 7231 万千瓦小时。火力发电的发电量比重一直不大。上饶电厂是上饶电网仅有的火力发电厂,先后三次更新改造,装机容量由初期的 750 千瓦发展到现有的 6000 千瓦。两台机组的锅炉分别于 1996 年、1997 年进行炉管更换,设备完好率比较高。机组自投产以来,基本上是燃烧 3000 大卡/公斤以下的劣质煤,属于综合利用劣质煤的发电企业。固定资产由原 674 万元增加到现在的 4731 万元,厂区面积也较前扩大 16.7%,建筑面积现为 70870 平方米,增加 214.98%;职工 960 人,较前增加 761.5%。上饶电网上划省电力局管理后,上饶电厂未能一起上划,但省电力局每年给予 4000 万千瓦时左面的上网代售电量。

水力发电 1991 年—2000 年,全区水力发电基本建设累计完成投资 58609 万元,新增水电装机容量10.1444万千瓦,装机过万的有上饶、广丰、玉山、铅山、德兴、婺源六县(市)。水电建设继续贯彻实行了"自建、自管、自用"、"谁办电、谁受益"原则。广丰县七星、条铺,铅山县铁炉一级、铁炉二级,玉山县广平梯级、峡口,婺源县晓庄、钟吕,大茅山双河口以及地属大坳水电厂等骨干水电站都在这一时期建成,并完成了铅山县高店水库电站的初步设计及玉山县琴上电站、广丰县岭底电站、铅山县伦潭水库电站、弋阳县万源梯级电站的部分前期工作。一批股份制和个体独资水电站也建成投产,如婺源县的汪潭、广丰县的横坑、银根、玉山县南奥等都是个人独资所建,而铅山县的桥亭、广丰县的芦林水电站则属股份制。大坳水利枢纽工程的建设,是水电开发的重点,是全区有史以来投资最大的工程。1995年12月16日前期准备工程动工,1996年7月1日主体工程开工,2000年4月28日第一台机组72小时试运行成功,5月底全部投产发电,5月30日举行了发电庆典。大坳水电厂装机4万千瓦,多年平均发电量9067万千瓦时,装有水轮发电机组二台、单机容量2万千瓦。大坳水电厂至罗桥变电站110千伏输变电工程由接入系统、罗桥变扩建间隔、线路工程三部分构成,线路全长36.39千米,年发电近1.2亿度。至2000年底,全区拥有水电站427座,总装机22.9124万千瓦,其中总装机容量1000千瓦以上引水水电站28座;总装机容量500~1000千瓦引水水电站31座;蓄水工程坝后电站总装机1000千瓦以上13座。2000年全区水力发电的发量共42022.86万千瓦时,占全部发电量的91%。

1991年—2000年全区水电建设情况一览

表13-9-1

年份	年末装机拥有量			当年新增装机(千瓦)	当年净增装机(千瓦)	当年完成投资(万元)
	处	台	容量(千瓦)			
合计				101444	94813	723269.9
1991	492	738	144162	10351	10351	6158.4
1992	509	765	147381	3401	3219	1946.1
1993	495	753	153457	8461	6076	3002.4
1994	490	743	164603	11475	11146	4032
1995	487	743	165495	895	892	2682
1996	474	741	168269	3150	2774	3243
1997	469	739	173914	6151	5645	5612
1998	464	737	182177	9585	8263	4821
1999	414	692	183209	1925	1032	3280
2000	427	731	228624	46050	45415	37550

大坳水电厂　大坳水利枢纽工程位于信江一级支流石溪水中游,上饶县上泸镇境内,坝址距上饶市42千米。水电厂装水轮发电机2台,水轮机型号HID74—LI—180,单机容量2.0万千瓦,总装机4万千瓦时。水电至罗桥变电站110千伏输变电工程由接入系统、罗桥变扩建间

隔、线路工程三部分组成,线路全长36.39千米。

第二节 输变电工程

输电工程 220千伏输电工程(一)贵上线(贵溪电厂至上饶变电站间的输电线路),1995年8月20日开工,1996年10月20日竣工,途经贵溪、弋阳、横峰、铅山、上饶4县1区,总长86.48千米,总造价3501万元。投运后,上饶电网与省主网的联结大大加强,被喻为“世纪工程”。(二)罗皂线(始于上饶市罗桥变电站,终于上饶县皂头变电站),1999年底竣工,总长16.9千米,当年12月29日与皂头变电站同步投运。(三)弋虹线(起于弋110千伏变电站,终于横峰县虹桥变电站),1995年6月9日开工,同年10月16日竣工,长8.135千米,总造价109.69万元。(四)上叶线(始于上饶市上饶变电站,终于玉山县叶家塘变电站),1995年竣工,长39.2千米,该线路是江西省向东部玉山县的延伸。(五)贵弋线(始于贵溪电厂,终于弋阳变电站110千伏构架,长24.86千米,1988年6月29日正式投运。(六)上广线(始于上饶市上饶变电站,终于广丰县西桥110千伏变电站,1992年竣工,长19.778千米,造价63.4万元。(七)永罗线(始于铅山永平110千伏变电站,终于罗桥110千伏变电站,1985年开工,1986年竣工,长37.99千米,造价174.49万元。(八)上罗I.II线,为上饶变与罗桥变联络线。I线长4.58千米,II线长7.06千米。(九)罗茅线(始于上饶市罗桥变电站,终于上饶市茅家岭35千伏变电站,长8.45千米,造价46.86万元。

变电工程 220千伏上饶变电站 上饶变电站,是上饶电网第一座也是当时唯一的220千伏变电站,主供上饶地区六县一市,位于上饶县石狮乡、上饶市北门乡沽塘村,占地3.28公顷,1995年10月20日开工,1996年7月11日竣工,12月26日投运,总投资3665万元。该站系上饶供电局枢纽变电站,建成投运标志着上饶电网跨入省主干电网行列。

110千伏变电工程 (一)叶家塘变电站,位于玉山县城西北部320国道两侧叶家塘村。1995年10月5日开工,1996年2月6日竣工。(二)广丰变电站,位于广丰县城北西桥,1996年6月2日开工,1997年7月30日竣工。(三)皂头变电站,位于上饶县皂头三联村,1996年7月开工,1999年12月29日投运。(四)河口变电站,位于铅山县河口镇,1999年11月1日开工,2000年6月5日竣工。

第三节 供 电

电网供电区域 上饶地区的供电分为两大块,上饶供电局管辖上饶市、上饶县、广丰县、玉山县、横峰县、弋阳县、铅山县等,波阳县、万年县、余干县、婺源县、德兴市由赣东北供电局管辖。上饶供电局送电线路有22条,共543.926千米,35千伏及以上变电站增加到12座,主变压器容量增加到46550千伏安,最高电压等级为220千伏。下设市区供电分局和弋阳供电分局。市区分区管理上、广、玉三县110千伏变电站和线路;弋阳分局管辖弋阳、横峰、铅山三县110千伏变电站和线路。

带电作业 上饶供电局由于进网较晚,管理水平及设备健康状况都和兄弟局有较大差距,在不中断供电的情况下,对电力设备进行检修的带电作业还是一个新课题。1996年5月成立带电作业班后即到九江供电局学习取经一个月,项目是带电更换110千伏、220千伏零值绝缘子;带电调整110千伏、220千伏防震锤;带电更换110千伏、220千伏直线悬垂线夹。同年9月,在110千伏永罗线现场表演取得成功,从而所有线路全面展开带电作业,1996年—2000年共多供电量300多万千瓦/时。1998年后,又部分开展变电作业。

城网改造　上饶市区电网始建于1940年代,发展于五六十年代,形成于七八十年代,配电网布局不合理,风吹、日晒、雨淋、超负荷运作,配电网线路严重老化,电压低、停电频繁,配电网如"蜘蛛网",用电"卡脖子"现象严重。1998年,上饶市城市电网改造正式获准上报国家计委,1999年获正式批复,1999年—2001年,城网建设改造总投资为1.78亿元,批复12个项目,其中110千伏2个,中低压项目9个,一户一表改造。至2000年年底,大部分项目铺开,其中10千伏上施I.II线建成投运,其余项目主体工程基本完成。

2000年上饶供电局市区分局送电线路参数一览

表12-9-2

线路名称	电压等级(千伏)	导线规格	导线长度(千米)	投运日期(年月日)
合　计			273.82	
贵上线#109—268杆	220	LGJQ—400	86.5	1996.12.26
永罗线	110	LGJ—185	38.00	1986.06
上叶线	110	LGJ—150	39.22	1996.12
上广线	110	LGJ—150	22.86	1993.06
上叶线	110	LGJ—150	33.18	2000.08
上罗I线	110	LGJ—150	4.58	1996.12
上罗II线	110	LGJ—150	7.06	1996.12
罗沙线	35	LGJ—150	18.18	1984
罗龙线	35	LGJ—150	2.85	1987.09
罗茅线	35	LGJ—150	8.28	1991
龙茅线	35	LGJ—150	3.98	1971
茅　线	35	LGJ—150	9.12	1971

2000年上饶供电局市区分局变电站一览

表12-9-3

站名	电压等级(千伏)	主变容量(千伏安)	投运时间(年、月、日)
合计(千伏安)		319000	
上饶变	220	120000	1996.12
罗桥变	110	31500*2	1986.7
广丰变	110	20000+31500	1997.1
皂头变	110	20000	1999.12

续表 12－9－3

站名	电压等级(千伏)	主变容量(千伏安)	投运时间(年、月、日)
叶家塘变	110	20000	1996.2
施家山变	35	8000＊2	1985
茅家岭变	35	8000＋5000	1989
龙潭变	35	8000＋7500	1972

2000 年上饶供电局弋阳分局送电线路参数一览

表 12－9－4

线路名称	电压等级(千伏)	导线规格	导线长度(千米)	投运日期(年月日)
合　计(千米)			317.22	
贵上线#1—108 杆	220	LGJQ—400	86.5	1993.12.26
黄永线	110	LGJ—240	6.25	1986.6
贵弋线	110	LGJ—240	32.7	1988.02
永河线	110	LGJ—120	16.31	2000.1
弋河线	110	LGJ—120	37.41	2000.1
弋虹线	110	LGJ—120	17.8	1996.12
接弋线	110	LGJ—95	43.5	1968.01
弋横线	35	LGJ—70	19	1968.01
虹横线	35	LGJ—50	1.5	1972.08

2000 年上饶供电局弋阳分局变电站一览

表 12－9－5

站名	电压等级(千伏)	主变容量(千伏安)	投运时间(年月日)
合　计(千伏安)		146500	
永平变电站	110	25000＊2	1978.12
弋阳变电站	110	25000＋31500	1988.4
虹桥变电站	110	20000	1997.5
河口变电站	110	20000	2000.9

第四节　用　电

用电构成　工业用电　上饶供区因工业基础较薄弱,重工业基础差,工业用电一直维持在全社会总用量的 70% 左右。1997 年工业用电(不含六县市自发自用电量)39504 万千瓦时,比上年下降 18.2%。

照明用电　1990 年后生活用电不断增长,1998 年—2000 年后实施一户一表改造工程,用电量呈旺盛上升势头，但所占全社会用电量比例不过10%左右。

农业用电　比例不断升高，1990年后升至占全社会用电的10%以上。

计划用电　1996年上饶供电局成立后，着手电力负荷集中控制规划工作，同年省公司正式立项并投资建设，设主站和中继站各一个，负控终端235台，计划控制负荷60%以上。1997年、1998年系统进入实施阶段，1999年5月进入实用化考核期。1999年，电力由卖方市场转变成买方市场，负荷监控系统失去计划用电特性后，主要发挥其在负荷预测、电量分析、防范窃电方面的功能。

节约用电　1993年前，节约用电是以管理节电为主，着重向用户宣传节约用电的社会及经济意义。1993年后，节能手段由行政手段逐步转向技术手段，包括推广节能新技术、新工艺、新产品。1997年逐步推广绿色照明工程，共推广各种节能工具4000只。1996年社会节电量1600万千瓦小时，1997年社会节电量2100万千瓦小时。

用电营业　用电营业工作原由供电所（下设营业站）管理。1993年1月成立用电管理所（下设计量和供用电业务部），负责用电营业和三电（计划用电、安全用电、节约用电）工作的管理。1996年3月成立用电科。1998年成立“分局用电检查大队（原为用电检查班）”，以加大对违章、窃电的查处力度。2000年3月撤销用电科，成立用电营销部，负责原用电科的职能和上、广、玉山三县（市）一区直供用户的日常用电业务，下设客户中心、核算班、高压站、解放路营业站、中心路营业站、计量班、用检班、负控班，弋阳分局的用电工作职能不变。

针对农民反映农村电价既高且乱的问题，1998年4月25日，上饶行署根据中央有关文件通知，要求各地通过加强农村电价管理，理顺农村用电管理体制，整顿农电管理队伍，建立健全农村用电价格管理队伍，建立健全农村用电价格管理制度等措施，把电价降下来。现在农村到户电价水平平均每千瓦小时已由原先的1.40元/千瓦小时甚至2元/千瓦小时下降到1元/千瓦小时以内，每年可减轻农民负担4000万元左右。

1990年—2000年若干年份上饶供区用电情况

表12-9-6

类　别	1990年	1996年	1997年	1998年	1999年	2000年
售电量（万千瓦小时）	21474.51	69513	70450	74535	81225	86454
工业用电量（万千瓦小时）	12950.31	48903	48762	52648	55639	58788
占总电量比重（%）	60.31	70.35	69.22	70.64	68.5	68
农业用电量（万千瓦小时）	2192	7572	9021	7738	8105	8433
占总电量比重（%）	10.21	10.89	12.8	10.38	9.98	9.75
照明用电量（万千瓦小时）	2006	7950	8077	9551	11079	12959
占总电量比重（%）	9.34	11.44	11.46	12.81	13.64	14.99
工业产值（万元）	69082	500579	518698	576875	640331	713969
度电产值（元/千瓦小时）	5.33	10.24	10.63	10.96	11.51	12.14
万元产值耗电（千瓦小时/万元）	1875	976.9	940	912.64	868.91	823.4

说明：1.1990年供电范围：上饶县、广丰县、玉山县、上饶市；

2. 1996 年—1998 年供电范围：上饶市、广丰县、玉山县、弋阳县、横峰县、铅山县。

3. 用电量和工业产值为全社会口径，含各县（市）所在地的中央、省、地厂（矿）。

1990 年—2000 年全区用电综合管理水平一览

表 12－9－7

年份	售电量（万千瓦小时）	线损（%）	平均电价（元/千瓦小时）
1990	11834. 99	6. 96	158. 4
1991	14909. 28	6. 88	157. 7
1992	15703. 43	6. 9	158. 7
1993	17786. 88	6. 6	160
1994	22557. 16	6. 81	254. 3（税后）
1995	23889. 88	6. 79	259. 31（税后）
1996	60442. 25	6. 55	277. 17（税后）
1997	52184. 08	4. 44	317. 57（税后）
1998	53842. 57	5. 85	343. 78（税后）
1999	60024. 93	5. 98	373. 25（税后）
2000	68916. 58	6. 04	319. 15（税后）

1993 年上饶供区电力价格

表 12－9－8　　　　单位：元

		基本电价	城建附加	用电保险	煤运加价		新电新价	电建资金	非生产性营业加价	总单价
					省网加价	上电加价				
	城镇居民照明	0. 2		0. 01	0. 07		0. 06			0. 34
	农村居民照明	0. 2			0. 04		0. 02			0. 26
	农排用电	0. 06			0. 056		0. 02			0. 136
动力用电	福利	0. 11	6%	0. 005	0. 056		0. 04	0. 02×95%		0. 2316
	医院、广电	0. 11	6%	0. 005	0. 146	0. 0497	0. 04			0. 3573
	化肥	0. 11	6%	0. 005	0. 076	0. 0497	0. 04			0. 2873
	农膜生产	0. 11	6%	0. 005	0. 106	0. 0497	0. 04	0. 02×95%		0. 3363
	机关部队	0. 11	6%	0. 005	0. 146	0. 0497	0. 06			0. 3773
	专用变	0. 12	6%	0. 005	0. 146	0. 0497	0. 04	0. 02×95%		0. 3763
	公用变	0. 12	6%	0. 005	0. 146	0. 0497	0. 04	0. 02×95%		0. 3813
	非生产营业	0. 25	6%	0. 005	0. 146	0. 0497	0. 04	0. 02×95%	0. 304	0. 7047

续表12－9－8

		基本电价	城建附加	用电保险	煤运加价		新电新价	电建资金	非生产性营业加价	总单价
					省网加价	上电加价				
公用照明	非生产营业	0.25	8%	0.005	0.146	0.0497	0.06		0.174	0.7047
	前店后院	0.25	8%	0.005	0.07	0.0497	0.06		0.095	0.5497
	机关、学校	0.25	8%	0.005	0.076	0.0497	0.06			0.4607
	部队	0.25	8%	0.005	0.076	0.0497	0.06			0.4357
	公用照明	0.25	8%	0.005	0.146	0.0497	0.06			0.5307
综合用电	工业用电	0.16	7%	0.005	0.1957×90% 0.07×10%		0.04×90% 0.06×10%	0.02×80%		0.412
	农业用电	0.16			0.0897		0.02			0.2647
	工业用电	0.17	7%	0.005	0.1957×85% 0.07×15%		0.04×85% 0.06×15%	0.02×75%		0.4175
	部队用电	0.17			0.1957×70% 0.07×30%		0.04×30% 0.06×70%			0.378
	江光	0.17	7%	0.005	0.1957×85% 0.07×15%		0.04×85% 0.06×15%	0.02×75%	0.50%	0.4073
	临时用电	0.18	7%	0.005	0.146	0.0497	0.04	0.02×80%		0.4493

2000年上饶供区电力价格

表12－9－9　　　　　　　　　　　　单位：元

用电类别	目录电价			多种加价				合计		
	<1千伏	1－10千伏	35千伏	电建资金	三峡基金	上电加价	城市附加	<1千伏	1－10千伏	35千伏
居民生活	0.426	0.421	0.421	0.02	0.013		0.02	0.479	0.474	0.474
非居民照明	0.612	0.597	0.582	0.02	0.013	0.039	0.02	0.704	0.689	0.674
商业用电	0.88	0.865	0.85	0.02	0.013	0.039	0.02	0.972	0.957	0.942
江光铁路非居民	0.612	0.597	0.582	0.02	0.013		0.02	0.665	0.65	0.635
非普工业	0.498	0.483	0.468	0.02	0.013	0.039	0.009	0.579	0.564	0.549
普通中小化肥生产	0.392	0.377	0.362	0.02	0.013	0.039	0.007	0.471	0.456	0.441

续表 12－9－9

	目录电价			多种加价				合计		
大工业生产		0.392	0.377	0.02	0.013	0.039	0.008		0.472	0.457
大工业中小化肥		0.298	0.283		0.013	0.039	0.006		0.356	0.341
电解烧碱电炉黄磷等		0.352	0.337	0.02	0.013	0.039	0.007		0.431	0.416
大工业电石		0.342	0.327	0.02	0.013	0.039	0.007		0.421	0.406
大工业生产（江光铁路）		0.392	0.377	0.02	0.013		0.008		0.433	0.418
农业生产	0.416	0.401	0.386	0.02	0.013	0.039		0.488	0.473	0.458
趸售居民生活		0.363	0.363	0.02	0.013				0.396	0.396
趸售非居民照明		0.44	0.425	0.02	0.013	0.039			0.512	0.497
趸售农业生产		0.321	0.306	0.02	0.013	0.039			0.393	0.378
趸售工业生产		0.394	0.379	0.02	0.013	0.039			0.466	0.451
趸售贫困县农排		0.224	0.209			0.039			0.263	0.248
贫困县农业排灌	0.3	0.285	0.27			0.039		0.339	0.324	0.309

说明：大工业基本电价，按变压器容量16元/千伏安/月，按最大需量24元/千伏安/月。

第五节 上饶电网

上饶电网位于江西省东部，在1970年代，主要以水电为主、水火电联网的局部小电网，分分合合，无一定式。1986年6月26日，架通了永平至上饶110千伏输电线路37.99公里，并临时降压35千伏运行。1987年9月，罗桥110千伏变电站建成投运，联结龙潭35千伏变电站、茅家岭35千伏变电站、施家山35千伏变电站、永平110千伏变电站及贵溪发电厂，成为上饶电网中的中心枢纽变电站。1992年，上饶电网并入江西主网。在此之前，上饶电网还是一个相对独立的地方性小电网，主要由上饶县、广丰县、玉山县三个农网及上饶市城市配电网组成，电源来源主要靠上饶电厂。1996年，上饶电网由原来的三县一市（上饶县、广丰县、玉山县、上饶市）扩展到六县一市（增加横峰、弋阳、铅山三县）农网及上饶城市配电网组成。1996年起，开始兴建110千伏输变电工程，1999年架通大坳水电厂至罗桥变电站110千伏输电线路，全长36.49公里。至2000年底，上饶电网形成了以110千伏输电线路为主干网架，通过220千伏上饶变电站入江西主网。可统一调度的发电厂有两座，发电机总装机容量为5.2万千瓦，其中水电厂1座，装机容量4万千瓦，年供电量73346万千瓦·时；220千伏变电站1座，变电容量为12万千伏·安；110千伏变电站8座，变电容量为33.25万千伏·安；35千伏变电站5座，变电容量为3.2万千伏·安。220千伏输电线路1条，全长76千米；110千伏输电线路12条，全长330.03千米；35千伏输电线路5条，全长38.13千米。

第六节 农村电网改造

上饶供电局农网辖上饶市、上饶县、广丰县、玉山县、弋阳县、横峰县、铅山县，供电面积10158平方千米，人口近300万，供电总户数70.44万户。供电主要以定售为主，区域内小水电自供自发为辅。2000 年完成供电量 5.57 亿千瓦小时,售电量 4.61 亿千瓦小时。波阳县、余干县、万年县、德兴市、婺源县则由赣东北供电局农网管辖。

1998 年 3 月,上饶供电局对六县一市供电企业全部实行代管,为农电体制改革平稳过渡奠定了基础。1999 年,按照国务院统一部署,“两改一同价”工作全面铺开,使这一“德政工程”“民心工程”落到实处。到 1999 年 6 月,各县(市)供电有限责任公司相继挂牌成立,乡镇同时成立供电营业所,实行县乡一体化管理。在农网建设与改造上,坚持“项目跟着体制走,资金跟着项目走”原则,以农村电网达到“安全、优质、高效、低耗”为原则,2000 年年底,上饶市、广丰县、玉山县、横峰县第一批农网建设与改造宣告完成,另 3 县亦进入收尾阶段;共完成 35 千伏线路 105.96 千米,投资 834 万元;完成变电投资 1530.5 万元;新建与改造 10 千伏线路 1090.5 千米,投资 2255.1 万元;新建与改造配电台区 3529 台,投资 5761.35 万元;低压用户改造完成 60.13 万户,投资 13814.85 万元。网架布局更为合理,县县都有 110 千伏变电站,电能质量和供电可靠性明显提高,广大农民可以用上安全电、放心电、舒心电。

1991 年—2000 年全区发电量

表 12-9-10　　单位:万千瓦小时

	1991 年	1992 年	1993 年	1994 年	1995 年	1996 年	1997 年	1998 年	1999 年	2000 年
发电量	43668	50596	55900	56244	55857	49040	55266	61813	58069	46163

第十章　其他工业

第一节　工艺美术品

1990 年代后,全区工艺美术品生产,当以婺源县龙尾砚一枝独秀,享誉海内外。龙尾砚,因产自婺源县溪头乡的龙尾山而得名。龙尾砚又称歙砚,源于婺源县历史上曾属安徽省歙州管辖,为中国四大名砚之一。南唐后主李煜称:“澄心堂纸,李廷珪墨,龙尾砚,三者为天下之冠”。1964 年成立婺源县砚台厂,使龙尾砚的生产由手工作坊制作步入规模生产,1980 年更名为龙尾砚厂;1981 年进一步扩建,砚雕工人达 100 余人;1989 年,发展为以龙尾砚雕刻为主的婺源县工艺雕刻厂;2000 年改制,青年工艺美术师江亮根保留原厂并将源远流长的龙尾砚文化与博大精深的朱子思想结合起来,将砚雕厂易名为“朱子艺苑”,成为婺源县最大的龙尾砚生产企业,2000 年砚台产量 2000 方,销量 1500 方。改革开放开始,制砚艺人在继承“精细优逸”的传统风格基础上,汲取金石、汉魏石刻、中国画等艺术表现手法,因形造型,精心设计,生产出“云龙”“秋声”“浴牛”“古馨”“欲闭”等精品,多次获外贸部、轻工业部和省优质产品证书,一些著名书画家誉之为“石冠群山”“砚国明珠”,县工艺雕刻厂成为远近闻名的龙尾砚制作专业厂。该厂原厂长、工艺美术大师胡中泰制作的“断魂鱼文砚”,入选中国艺术代表团出访时的国家礼品;“北魏像残碑砚”,中央电视台在新闻联播中作了报道。龙尾砚唐宋时即著称于世、以“色如碧云、声若金石,纹理妍丽,缜涩坚润”而名重天下,古时定为贡品,现时曾被选为国家领导人出访的珍贵礼品。

玉山县砚台厂、玉山工艺院及一些私营企业生产的罗纹砚,结构缜密、纹若水波,石面光泽,呵气成汗,沉浸水中,湿润如玉,具有发沫细块,久磨无粉杂,贮水不涸等特点。雕砚工艺由浮雕、浅雕、阴刻,发展到圆雕。

铅山县竹编工艺厂生产的各种工艺品,曾以造型逼真,编织精致美观,油漆锃亮,色彩和谐,深受国内外客商青睐。主要产品有各种大小花篮、动物造型、装饰品等,是出口创汇产品之一。

鄱阳县脱胎漆器厂 创建于1958年,主要产品是以天然生漆和夏布为材料的工艺品,具有防潮、防锈、耐酸、防腐蚀、无毒等特点,1982年获对外经济贸易部荣誉证书,系二轻企业。1995年遭受火灾后,生产经营陷入困境,2000年被迫停产。

第二节 民族乐器

境内民族乐器生产厂家较少,专业厂家仅有余干乐器厂一家,始建于1973年,1976年与上海乐器厂联营。不仅是上饶地区而且是江西省唯一生产民族乐器的专业厂,是国家民族委员会定点生产民族乐器的企业,紫竹京胡、柳叶琴先后获江西省优质产品称号。1986年—1993年,每年生产的乐器在2000件至4000件之间,产品运销全国20多个省市区,及朝鲜、韩国、日本、马来西亚等国。1997年改制,由租赁该厂的几名工人组建“江西余干民族乐器有限公司”后,产量大增。1997年—2000年,各种乐器产量分别为0.7万、0.9万、1.0万、1.5万件;产值分别为65万、85万、110万、150万元;利润分别为4万、6万、8万、10万元。主要产品为胡琴、大中小三弦、柳琴、笛子、鼓等高、中、低档的拉弦、弹拨、打击、吹奏四大类共200个品种。所产二胡、琵琶、堂鼓,在1999年新中国建立50周年民族乐器博览会上获金奖;国家民委主任司马义·艾买提亲笔题词:“丝竹融古今,古乐动山川”。该厂有固定资产491万元,职工60人。

第三节 体育用品

玉山县方圆实业公司 原名樟村工艺厂,利用该县丰富的青石、螺纹石资源,1992年开发出新产品“京江”牌英式豪华台球桌,质量达国家标准,填补了江西省空白,已成为全国最大的青石台球桌生产基地,产品产量和出口量,均占全国1/3。公司设料山、制砚、台球桌面加工、修理等车间,1999年工业总产值80万元。

上饶羽毛球厂 1984年3月从市日用化工厂分出,成立羽毛球厂。生产“大雁”牌、“双狮”牌、“航天”牌三个品牌的羽毛球系列产品。其中“大雁”牌101型、102型被指定为江西省全运会比赛用球和省级比赛用球。“大雁”牌塑头羽毛,1991年获江西省优质产品称号。2000年工业总产值470万元,产品销售收入198万元,实现利税21万元,有职工58人。

第四节　烟花爆竹

境内以广丰县为代表的烟花爆竹生产历史悠久。1992 年,广丰县有烟花爆竹企业 18 家,完成产量 20. 2 万箱。广丰县出口花炮厂、广丰县出口花炮火炬厂、广丰县洋口出口花炮厂,均为江西省出口定点生产厂家,也是上饶地区仅有的三个花炮出口厂,生产烟花品种 300 多个,其中《荣恒礼花》获国家专利;《美人蕉》获省优产品称号。广丰县生产的“高空礼花弹”,1997 年被定为江西省出口产品。1999 年,全县生产烟花爆竹 16. 42 万箱,产销率达 99. 17%;2000 年生产 20. 96 万箱。

第五节　二轻企业

概况　全区二轻集体企业(以下简称的二轻企业均指此)现在的总户数是 162 户。其中,上饶市 23 户、上饶县 11 户,广丰县 10 户,铅山县 15 户,横峰县 10 户,玉山县 15 户,婺源县 15 户,德兴市 14 户,鄱阳县 12 户,余干县 17 户,万年县 9 户,弋阳县 11 户,上饶市轻工集团无论在企业的数量、规模、职工人数,或在工业产值方面,所占比重都比较大。行业分布有塑料、皮革、食品、印刷、五金电器、工艺美术、家具杂品、机械及配件加工、化工、建材、纺织服装及第三产业等。重点企业有华澳皮革(主要产品为湿磨服装革、耐水洗绒面服装革)、电焊条、弋阳明胶、玉山活性炭、鄱阳化工四厂(炸药)、余干乐器(各种高档民族乐器)、上饶县长城集团(主要产品为水泥、外加剂等)。二轻集体企业在全区经济发展过程中发挥过积极作用,企业的生产经营有过鼎盛时期,对地方财政增收作出过一定贡献;即使在 1999 年,仍完成工业总产值 3. 22 亿元,实现销售收入 2. 32 亿元,实现利税 1539 万元,其中上交地方财税 1364 万元。在发展过程中,由于国家对二轻集体企业的资金投入、技术改造力度等各项扶持比国有企业少得多,企业本身的发展相当一部分是靠本身的积累,因而在发展速度、生产规模、技术装备水平、新产品开发、技术人才引进等各方面都受到一定限制。全区二轻企业规模偏小(大多数为小型企业),基础薄弱而造成生产设备落后、产品档次低、市场竞争力弱,负担太重(老企业多、退休职工比重大、债务包袱重)影响之下,整体发展速度慢,在全区国内生产总值快速增长的总量中比重和作用都下降。二轻企业已出现两极分化趋向:一是产品有市场、有特色,企业有规模、有效益的,通过改制转为民营企业,体制上更具活力、扩张更快,如华澳皮革、长城集团、余干乐器等。二是企业包袱重、无效益、不能维持生产、资不抵债、不能顺应市场经济大潮、只能通过破产,走向消亡。

县(市)基本情况　婺源县 1991 年有二轻企业 15 户,从业人员 801 人,资产总值 580 万元,实现总产值 696 万元,实现利税 24 万元。主要产品和业务有:龙尾砚,木制家具,农用和粮油加工机械及金属制品,竹串和革编工艺品,建筑安装施工等。1994 年实现工业总产值 972 万元,实现利税 46. 2 万元。1994 年以后,由于资金投入少,底子薄,产品技术含量低,市场竞争力弱,效益逐年下降,企业陆续停产,工人下岗,退休工人工资亦无法保证。2000 年有二轻集体工业企业 14 户,总资产 278 万元,总负债 424 万元,资不抵债,当年 7 月总体进行改制。改制中,二建公司转制为民营企业,砚山砚石矿包括矿山开采权、房屋、土地使用权整体转让,其他 12 户破产解散,企业资产公开向社会转让变观,转让土地使用权 4. 35 万平方米,房屋建筑面积1.3万平方米,共取得改制资金650万元,全部用于职工安置和偿还债务。改制后剩余的资产由县二轻工业总公司统一经营管理,所得收益用于企业改制遗留问题。

余干县 1986年有二轻企业40户,其中县二轻局直属16户。1988年至1996年推行二轮招聘(部分委聘)厂长承包责任制,生产有发展,1993年产值1323万无,1995年为2261万元。但全县二轻工业底子薄、设备差、技术落后、资金短缺、竞争力弱、产品老化等问题很突出。从90年代中期开始滑坡,不少企业陷于停产状态。至2000年,能维持正常生产的仅有民族乐器有限公司、瑞洪塑料厂、双联变压器厂、工艺厂等4户,总产值512.9万元,较1986年下降32%,较1995年下降77.1%,占全县工业总产值的2.38%。余干镇、瑞洪镇、黄金埠镇三镇所属二轻企业全部解体。县二轻局局属企业中,1992年有篾器厂,1993年有轮胎翻修厂,1994年有油漆厂,1997年有圆木厂,1999年有雨具厂和玻璃厂先后解体,棉针织厂1994年停产后于2000年解体;服装厂1994年停产后于1998年被民营企业铭日集团兼并;民族乐器厂1997年停产后由几个职工合股组建民族乐器有限公司,转为民营企业

万年县 1980年代二轻企业处于鼎盛时期,从1990年代初起,资金周转不足,产品科技含量低,体制不活,产销逐步萎缩,至1990年代末9家企业能基本维持生产的仅有3家。2001年11月止,9家企业全部改制完毕,解除劳动合同关系职工共532人,退休人员176人;资产评估价939.4万元,实际变观466.5万元,负债高达1337万元,其中欠银行贷款1128.8万元。改制中资产处置情况是:县童伞厂量化给职工,县皮革厂、县锅犁厂、华东工贸公司、金玉实业公司、县服装厂、县产品开发公司、武山石矿等均拍卖变现,县计量服务部为零资产。

横峰县 1991年二轻企业有金属制品、五金工具、印刷、家具、制鞋、阀门、包装装潢、综合服务等8家企业。1991年—1992年继续推行招聘厂长承包责任制。1993年3月成立县轻化总公司,属集体所有制的性质的综合性经济实体,实行工资制度、劳动用工制度、人事制度三项改革,全面转换经营机制,把企业推向市场,经济效益一度明显提高。但终因底子薄、设备差、技术落后、资金短缺、产品老化、竞争力弱,1996年后开始走下坡路,企业或停产、或招租、或拍卖、或合并、或解体。2000年进行“两个置换”(产权置换、劳动者身份置换)后,企业全部转为民营,原二轻企业职工分流或一次性安置。

广丰县 全县二轻企业由二轻局直属企业和永平、五都、洋口三镇镇办工业组成,1985年有直属企业6家,镇办企业28家,1987年工业产值首次突破1000万元。1992年有归口行业15个,企业38家,其中直属8家,完成工业总产值2603万元。1993年实行不同形式的体制改革,1995年完成工业总产值4920万元,销售产值4880万元,产销率99%,入库税金117万元。1996年1月工艺美术厂宣告破产,1997年出口花炮火炬厂、皮革制品厂停产。1999年,以“盘活存量、减负减压、确保重点、退城进区”改革措施,对资不抵债的安居厂、火炬厂、皮革厂、皮革制品厂、塑料厂、五金厂、时代鞋厂和二轻供销公司予以拍卖,重点扶持东方龙出口花炮厂和月兔光源有限责任公司。2000年二轻工业企业沿存6家,产值1373万元,销售收入1313.62万元,上交税金125万元。

铅山县 1980年代末,经济效益逐年上升,皮革、竹编、竹器、绢扇、电扇、柳木等骨干产品问世,并有创汇企业3家,1970年代达到鼎盛时期。1990年代以后,随着国家宏观调控政策的实施和计划经济向市场经济的转变以及产品的更新换代,原先传统的家庭式、作坊式的管理模式和产品式样、运输及成本费用过高,使企业发展受到局限,效益逐年下降,1998年的特大洪水灾害,更加“雪上加霜”,一些企业“回生无望”,到2000年,所有企业全部停产。

玉山县　“六五”期间，全县二轻工业生产发展速度年递增为67%，5年共创税利299.85万元。“七五”期间生产发展迟缓，呈下降趋势。1986年—1993年虽投资545万元，共上技改项目15个，但没有彰显成效，反而亏损318.8万元（不含潜亏），生产仍然上不去。1993年4月，县二轻工业局转变为二轻工业总公司。1996年，二轻工业完成产值2431万元，同比增长30.37%；销售产值1789万元，产销率73.66%。1996年—1997年，县砚台厂、县五金厂、县化工厂、县砖瓦厂、县轻工包装总厂、县皮革厂、县家具厂等7家主要企业均负债，负债总额1996年共752万元，1997年757.6万元（缺皮革厂），经营陷入困境。1998年，县政府同意县二轻工业总公司制定的《关于加快玉山县二轻集体企业改制步伐，逐步实行民营化的试行办法》，并在县塑料厂、县服装厂进行试点。1999年，在试点的基础上，继续对县轻工包装制品总厂、县砚台厂等11家企业进行改制向民营经济转化。从此，二轻企业变成民营企业

鄱阳县　1980年代初有32家，因产品严重滞后，至1990年已有8家自行解散或解体。随着市场经济的发展和民营经济快速崛起，加上企业本身资金短缺、技术落后、设备老化、管理不善，至2000年，剩余的24家企业中，又有7家自行解体或解散，15家相继停产，其中包括1996年曾评为江西省大庆式企业的县制革厂和1982年获对外经济贸易部荣誉证书的县脱胎漆器厂，江西省最大服装生产出口基地的县服装厂，只有2家（县化工四厂、二轻供销公司）尚在艰难运行。

上饶县　1980年代开始起步，1990年代进入鼎盛期。由于基础差、企业规模小、技术含量低、经营粗放、在市场经济的冲击下，至1990年代末除少数企业外，多数不能维持。2000年底，全县有二轻企业11家，职工1490人（含退休职工322），工业总产值5200万元，上交税收326万元，主要企业有长城集团、变压器厂和服装。长城集团生产的NF高效减水剂，是中国混凝土协会1999年推荐的著名品牌。1999年9月，变压器厂开始改制，方式是资产公开拍卖，职工身份置换。2000年5月服装厂改制，剥离债务400万元，用净资产实行职工股份合作，职工身份置换。2000年长城集团改制，剥离负债，分块出售，职工身份置换。印刷厂、地毯厂等其他8家企业，均将资产公开拍卖，职工身份置换。

弋阳县　1991年，二轻工业企业有12家，从业745人，资产总值不足一千万元；全年实现工业总产值972万元，上交税收26万元。主要产品有皮革、明胶、塑料薄膜、绵纶强力衣裤、木家具、钢家具、药用胶囊、氧气、服装加工、五金电镀等。由于增加了企业投入、加大技术改造力度，到1994年生产经营达到历史最好水平，全年实现工业总产值1300多万元，上交税收75万元。此后，因企业规模偏小，技术力量薄弱，产品开发能为差，资金严重匮乏，产品质次价高，管理水平普遍较低，难以适应市场经济需要，效益每况愈下，陆续出现停产半停产状态。1995年开始改制，至2000年底，完成6家，尚余3家。分别是：1995年8月，皮鞋厂依法破产，破产后由县手工业联社收购，12月由县服装针织厂托管。1996年9月，明胶、皮革两厂依法破产，破产后仍由手联社收购，明胶厂更名为县明胶工贸公司，皮革厂则于次年3月由该公司托管。1999年7月，皮革厂实行资产处置，全部资产划拨给社保局抵交职工养老金。1996年10月，钢家具厂将厂房地产分别转让给县信用合作联社和弋横供电局，转让所得用于清偿债务和职工安置。1997年10月，五金、木器两厂将厂房地产划拨给县社保局，除抵交两职工终身养老保险金外，其他资产出售转让，抵偿债务。1998年10月，明胶工贸公司实行股份制，31名职工自原入股，成为股东，其余职工领取一次性安置费后解除劳动关系。1999年11月，由二轻工贸公司托管的皮鞋厂实行资产转让，一次性安置在职职工67人。2000年12月，县服装针织

厂实行股份制,16 名职工自愿入股,其余领取一次性安置费后解除劳动关系。

德兴市 全市原有独立核算的二轻企业 14 家,职工总数 813 人。1996 年以后,企业生产经营困难,经济效益连年滑坡,亏损严重,大多处于停产半停产状态。1999 年 11 月,五金线材厂依法破产,企业退出大集体序列,职工解除大集体职工身份,进行一次性安置。同年,二轻供销公司、锅炉安装修配厂实行个人租赁承包。2000 年 11 月,民族铜制品厂整体出售,转为私人经营。其他如通用机械厂、通风设备厂,将在 2001 年开始依法破产;钟刻厂、服装劳保用品厂、铜矿综合厂、木器厂等实行公开部标出售。1991 年有二轻企业 10 家,实现工业总产值 1405.4 万元,占全部工业总产值的 4.1%。至 2000 年底,有市属二轻工业企业 2 家,实现工业总产值 75 万元,占全部工业总产值的 0.1%。

上饶市 1999 年有二轻企业 32 户,从业人员 6606 人,资产总值 3109.3 万元,实现工业总产值 10731 万元,销售额 11679.1 万元,实现利润 160 万元。主要产品和业务有鞣制皮革、皮箱、钢木家具、木螺丝、电焊条、羽毛球、竹编工艺品、塑料制品、元钉、手电筒、雨伞、棉布、服装、豆制品、灯泡、漆包线、瓦楞纸、轮胎翻新、汽车配件、减压启动器、瓷管座、再生胶、饲料、萤石粉、铜火锅、扑克牌及锅炉安装、维修等业务。1993 年实现工业总产值 16562 万元,销售额 18201.64 万元,实现利税 985.92 万元。1993 年以后,市政府将二轻局所属企业上饶市金祥服装厂、市华达制衣厂、市棉针织厂划拨给市纺织服装总公司管理,市线材厂划出二轻系统,转为无主管经营,使二轻企业总体规模缩小。与此同时,经不起市场经济的冲击,根基开始动摇。由于二轻企业投资规模一直偏小,技术改造滞后,新产品开发资金匮乏,原有产品属于劳动密集型,技术含量低,产品质次价高,销路每况愈下,严重滞销积压,经济效益逐年下降,企业陆续进入半停产、停产状态;1991 年以来,先后有市雨伞工艺厂、市副食品厂、市精炼油厂、市食品饲料公司、市印刷厂、市日用化工品厂、市灯泡厂、市金属家具厂、市电筒厂、市电器厂等企业停产,大批工人下岗。至 1998 年,市二轻局直属的 22 户企业资产总额为 6174 万元,负债 10246.95 万元,大部分企业面临破产。1997 年开始企业改制,当年 7 月市五金机械厂将厂房、土地等整体转让给上饶市地方税务局;1999 年 2 月,市橡胶厂将厂房、土地等整体转让给沙溪镇佛手瓜酒厂;2000 年 6 月,市二轻工业供销公司将“精品一族”商场资产整体转让给上饶五星实业公司。上述转让所得资金,均全部用于企业职工安置和偿还债务,职工与企业解除劳动关系。2000 年后,改制工作继续进行。

第十一章 企业管理

第一节 管理机构

上饶地区经济贸易委员会 原为上饶地区经济委员会,1996 年 4 月 26 日,根据地委、行署《关于实施地直党政机构改革方案的通知》,改组为上饶地区经济贸易委员会。内设机构有:政治处、办公室、综合科、经济运行科(挂三电办公室牌子)、财贸金融科、企业科、培训科、质量科、能源科、技术指导科、技术科、资源节约综合利用科、行业发展协调科;另设纪委(监察室)，为地区纪委(监察局)的派驻机构。行政编制44人，事业编制3人。

上饶地区机械电子工业局　1989年改上饶地区机械电子工业公司为地区机械电子工业局。1996年机构改革，根据“三定”方案，内设人事秘书科、技术质量科、生产经营科，另设纪检组。行政编制10人，事业编制13人。

上饶地区煤炭冶金工业局　原称上饶地区煤炭冶金局，1996年实施机构改革时，改称上饶地区煤炭冶金工业局。内设机构有：人事秘书科、煤炭科、冶金科(挂上饶地区黄金管理局牌子)、计划财务科，另设纪检组。行政编制4人，事业编制20人。

上饶地区轻化纺工业局　1988年，在原上饶地区轻化工业局基础上改为轻化纺工业局，1996年机构改革中，将二轻工业局并入，组成新的轻化纺工业局。内设机构有：人事秘书科、计划财务科、生产技术科、科技质量科、城镇集体经济管理科，直属企业管理科，另设纪检组。行政编制15人，事业编制20人。

上饶地区第二轻工业局　1984年9月恢复成立，并与江西省手工业联社上饶办事处合署办公。根据1996年4月26日地委、行署《关于实施地直党政机构改革方案的通知》与上饶地区轻化纺工业局合并后撤销。

上饶供电局　原称上饶地区电力工业局，1993年，供电部分上划省电力局管理，成立赣东北供电局上饶分局，与上饶地区电力工业局两块牌子，一套人马。1996年1月，在上饶分局基础上，划入原属赣东北供电局管辖的弋阳分局，成立新的上饶供电局，为江西省电力局直管局，负责上饶市、广丰县、玉山县、上饶县、横峰县、铅山县、弋阳县等7县(市)的供电和行业管理。内设机构有：党委办公室、宣传科、纪检监察室、工会办公室、局长办公室(兼企管办、档案室)、生产技术科(兼科技、基建科)、安全教育科、计划统计科、审计科、劳动人事科、财务科、保卫科、用电营销部、农电科、多经办、总务科。下属生产单位为：市区分局、弋阳分局、检修分局、电力调度所、饶电实业总公司，职工总人数821人。

上饶地区建筑材料工业局　1990年11月，成立上饶地区建筑材料工业局，编制15人，1996年机构改革中转为经济组织，改为上饶地区建筑材料工业总公司。建材局时期，内设人事秘书科、生产技术科、企业管理科，下属事业单位有散装水泥办公室、水泥质检站，改建材工业总公司后，增设党委办公室、行政办公室、行业管理科、财务审计科，增设事业单位墙体材料革新办公室。

第二节　企业体制改革

改革开放之初，全区国有工业企业以建立经济责任制的形式，迈开企业体制改革的步伐。1984年6月29日，地委、行署制定并发出《关于加速工业体制改革的意见》，放权让利，扩大企业的劳动人事、资金使用、经营自主权限。

1987年，按所有权和经营权分离的原则，全区工业企业实行第一轮大承包。以承包责任制为核心的，包括利润和亏损包干，恰当处理国家、企业之间，企业内部各部门、岗位和职工之间的责、权、利益关系，承包期为三年。到1990年底，参加承包的工商企业共472户。1991年，地委、行署出台《关于企业二轮承包实施方案》，根据国家产业政策、企业规模、技术改造任务和实际经营管理水平，因厂制宜确定第二轮承包形式。这些形式有“两包一挂”(包上缴利润，包技术改造任务，实行工资总额和经济效益挂钩)；上缴利润递增包干，超收分成；上缴利润基数包干,超收分成;微利和亏损企业实行上缴和亏损定额包干等。实行第二轮大承包后,对全区88个企业进行了承包全程管理。同时,扩大了全员风险抵押承包,由原来的经营者抵押延伸到职工全员抵押;由单纯的交纳风险基金,发展到职工集资入股。

1992年3月8日,行署印发《上饶地区一九九二年度经济体制改革工作要点》,强调从分配制度改革入手,强力推进企业三项制度改革(工资制度、劳动用工制度、人事制度),全面转换企业经营机制,把企业推向市场。三项制度改革后,企业全面实行工资总额与经济效益挂钩,优化劳动组合,推行全员劳动合同制,实行干部聘任制,做到能上能下,亦工亦干。地区客车厂率先进行了转换经营机制综合改革试点。为帮助各地企业转换经营机制,推广客车厂的综合试点经验,有计划有步骤地全面实行放开经营。配合改革,地区经委制定了《工业企业试行放开经营实施方案》,放开企业经营管理权和投资决策权,劳动人事权,工资资金分配权,产品定价权,财产处置权,一业为主,兼营各业,政企分开,政府对企业只管"三个一":一个班子,一个承包合同,一个工效挂钩。

1994年6月16日,地委、行署制定并发出《关于加快企业产权制度改革的意见》,要求各地针对城乡不同的企业,采取不同的形式,进行产权制度改革,改革中一厂一策,不搞一刀切和一个模式,建立现代企业制度。同年,成立上饶地区工业企业转换经营机制建立现代企业制度工作领导小组,并在横峰纺织器材厂和上饶客车厂进行建立现代企业制度试点。根据地委行署的部署,产权制度改革分别不同情况采取的模式有:已经达到一定规模,效益又好的骨干企业,组建为股份有限公司或股份集团公司。规模小、效益较好的企业,通过参股或出售方式,改组为有限责任公司。资产较多的微利企业,实行资产承包经营。微利和亏损企业,通过出售、兼并、租赁或租售结合(还本租赁)进行改造。小规模的集体企业,改造为股份合作企业或合伙企业。资不抵债有转机可能的企业,把债务转为股权,实行债权股份制。资不抵债,生还无望的企业,实行拍卖或破产。农村股份合作企业和私营企业,明确出资人资产所有权,保护个人资产权益,根据发展需要改组为规范化的股份制公司。国有企业、二轻企业、集镇集体企业,也可与外商合资,进行嫁接改造。当年,有84户进行了各种形式的转机建制改革,占全区独立核算国有工业企业的15.18%。至1996年,以40户重点调度企业为对象、利税过千万元的骨干企业为核心,全区组建了较规范化的企业集团12家,集团资本总额达3亿元,全年完成产值83418万元,实现利税16327万元。全区国有工业企业大多是小企业。1996年5月8日,行署出台《上饶地区关于积极推进小型工业企业改革与发展的试行办法》,通过多种形式,放开搞活小企业,至1996年底,有225户进行了体制改革。其中:有限责任公司14户,集团公司9户,股份合作制17户,一厂多制5户,租赁承包22户,嫁接合资10户,联合兼并13户,分块搞活22户,实行目标责任管理76户,拍卖出售3户,破产5户,其他27户。1998年加大改革力度,企业改制面达100%,股份制企业股权证发放率达70%。横峰县商业局食品厂是一家国有小集企,1994年8月改制为股份合作制的横峰县丰华食品有限公司。改制后成立了董事会、股东会、监事会,职工自愿入股,既是劳动者又是股东,实行统一的合同制,定岗、定员、定责,按劳动强度、技术含量高低,工资向一线倾斜。通过改制,转换了经营机制,企业活力、实力增强。

2000年1月15日,地委副书记、行署专员陈达恒在全区三级干部大会上的报告中提出,要对国有、集体企业产权制度进行"脱胎换骨"式的改革,并从五个方面入手:能出售的出售,处理好职工与企业的关系。实行股权转让,使股权向企业经营层及业务骨干相对集中。加大破产力度。只求所在,不求所有,靠大联强。能出租的出租。至2000年底,全区已有298户完成各种形式的企业体制改革。其中,股份有限公司1户,有限责任公司30户,股份合作制73户,兼并联营21户,出售21户,破产22户,其他形式130户。1999年3月,弋阳县对国有企业进行“两个置换”后,全区以国有经济成份逐步退出一般性竞争行业为主攻方向,以“两个置换”为主要内容,加大企业改制的力度,已有11个县(市)60家企业推行“双置换”,职工达14327人。

第三节　技术改造

资金来源　针对区内工业设备超期服役多、陈旧老化多、设备新度系数平均为58.5%的状况,1991年—1995年,全区工业企业围绕产品结构调整,提高产品质量,扩大出口创汇,搞好综合利用,节能降耗,开展了有史以来较大规模的技术改造。1991年,上饶行署颁发《上饶地区技术改造管理暂行办法》(〔1991〕饶行署发45号文件),明确地区财政每年从企业上交的利税中提取一定比例的资金用于企业技术改造。虽然国家实行紧缩银根政策,但由于各级银行、财政部门和企业本身重视,地、市、县制定一系列“放水养鱼”的优惠措施,多方筹集资金,不断加强了技改力量。累计全区共投入技改资金10.46亿元,较“七五”期间相比,增加投入70820万元。在10.46亿元中,银行贷款5.13亿元,企业自筹3.13亿元,财政及其他资金2.1亿元。1996年—2000年的“九五”期间,结合经济体制与经济增长的根本转变,以市场为导向,以产品为龙头,以调整结构为重点,以提高经济效益为目标,加快了技术改造步伐,全区累计共投入技改资金16.47亿元。其中1996年2.6亿元;1997年2.9亿元;1998年3.24亿元;1999年3.8亿元;2000年4.2亿元。

技改项目　1991年—1995年的“八五”期间,全区共完成技改项目501个,其中50万元以上项目206个。技术引进项目1个,用汇103万美元;利用外资项目6个,完成投资额225.48万美元,其中引进外资59.5万美元。在206个50万元以上项目中,轻工22个,纺织29个,机械18个,电子6个,建材46个,化工30个,医药13个,冶金17个,食品9个,其他16个。地区玉山水泥厂10万吨技改工程是“重中之重”,地委、行署十分关心,预算总投资2941万元。1996年—2000年,共完成技改项目234个,其中1996年86个,1997年53个,1998年47个,1999年22个,2000年26个。

效益　大部分企业,原有设备都较陈旧,生产技术落后;技改后,技术、装备都有改善和提高。如机械行业固定资产新度系数即由1990年的0.59,提高到1995年0.7,固定资产净值增长了128.34%。全区年产4.4万吨以上的水泥厂普遍采用微机配料,印刷行业采用激光照相排版,生产活性炭的多层耙动炉新工艺已处国内领先水平。产品结构得到调整,主要产品产量大幅度增长。1995年,改装汽车达到1404辆,较1990年的623辆翻了两番。其他如水泥新增83万吨,铜金属4500吨,铜材加工能力1.5万吨,卷烟10万大箱,白酒2000吨,啤酒3万吨,造纸1.5万吨,活性炭7500吨,普钙10万吨,釉面砖80万平方米,大理石花岗岩4万平方米,D导抗坏血酸纳1000吨,电焊条5000吨,油墨2000吨。油脂化工产品谷维素,形成了年产15万吨的能力,在全国同行业中,产量占二分之一,产品行销河南、四川、浙江等20多个省市,人均创利1.3万元。节能降耗成果明显。所有4.4万吨以上水泥企业,吨熟料标准煤耗由160多千克下降到140千克左右;综合电耗由吨水泥120度降为90度上下;机立窑粉尘排放浓度由840毫克/立方米降至300毫克/立方米。1996年以后,以市场为导向,以企业为主体,以技术改造为基础,大力推广新技术,加快技术改造步伐,实施王牌战略,培育工业经济新的增长点。1998年,先后在18家企业推广运用18项新技术,其中上饶市自来水厂的变频高速恒压供水新技术,婺源绿色食品开发有限公司开发的国家级新产品大鄣山茶等,都取得了很大成功。运用这18项新技术,每年可创效益1500万元以上。弋阳蛇纹石矿承担的2000年度国家技术创新项目——蛇纹石精矿粉,在铜铁烧结中具有提高产品质量和高利润回报率的工业性试验项目,总投资2259万元,利用蛇纹石精矿粉逐步代替白云石作为铜铁烧结助剂,在上海铜铁厂的协作下,已取得成功,不仅开发了蛇纹石新的应用领域,而且救活了一个濒临倒闭的企业,使该矿走出困境。

第四节　扭亏增盈

1991年,全区亏损企业299个,占企业数23.09%。当年3月11日起,在全区开展"扭亏增盈"活动,集中全力抓好这一工作,并作为工业调整,提高攻坚战的重要内容,各县(市)均成立扭亏增盈领导小组,由县(市)长亲任组长,并建立扭亏目标责任制和扭亏增盈通报制度,将指标层层分解,落实到企业、车间、班组和个人,强化企业管理。同年9月,地区行政公署出台《关于企业扭亏工作的几项规定》,为搞活企业,帮助企业扭亏增盈,提高经济效益,提出了六条具体措施。1992年全区预算内工业企业产品销售收入76408万元,增长21.6%,实现利润3459万元,增长32.63%。

1994年,采取"抓两头,带中间"办法,即对盈利100万元以上和亏损30万元以上企业实行领导挂钩,建立"四定"(定领导、定目标、定时间、定奖惩)扭亏增盈责任制。同时,对亏损大户和扭亏有望的企业派出工作组"扶、帮、促",一厂一策,一品一策,针对性地提出整改措施。1995年,上饶客车厂等25户重点企业工业总产值115371万元,增长25.90%;产品销售收入118954万元,增长34.39%;实现税金11460万元,增长28.27%;实现利润6373万元,增长32.59%。

1998年10月24日至25日,行署在婺源县召开全区工业会议,要求着力抓好重点县(市)、重点行业、重点企业的扭亏增盈。采取的主要办法是:通过兼并、租赁、收购等形式与实力强、规模大的企业"攀亲结友",摆脱一部分中小企业困境。发挥区内优势企业的辐射带动作用,形成优势互补的企业集团。以优势企业为龙头,以名牌产品为核心,以资产为纽带,互惠互利,将产品相似、相关、相同的企业联合起来,形成利益共享、风险共担的联合体。1998年,全区地方工业和销售收入500万元以上的非国有工业企业累计完成工业总产值43.23亿元,同比增长14.26%;工业产品产销率97.5%,增长3.09个百分点。全区279个地方国有工业企业完成销售收入29.07亿元,同比增长9.64%;192户产生利润,盈利共13894万元,增长11.39%;盈亏轧差后实现利润5745万元,增长1.01%;利税合计2.93亿元,增长18%;亏损8149万元,减亏15.3%,亏损面31.18%。1999年,地委、行署对全区工业企业扭亏目标责任制继续做好抓两带中间工作:一头是13户利税大户,即信江实业公司,广丰月兔实业公司(含广烟),波阳酒厂,广丰建材集团公司,德兴市竹压板厂,上饶市陆羽泉啤酒有限公司,上饶全良液酒厂,余干第三制药厂,和华烤鳗厂,德兴异VC钠有限公司,婺源人造板公司,横峰纺器厂,长城集团。一头是十二户亏损企业,即横峰铺前煤矿,万年水泥厂,玉山追日集团,朝阳磷矿,富家坞铜业集团,地区酒厂,德兴市铜材线缆厂,弋阳蛇纹石矿,弋阳县水泥厂,上饶市染织厂，江西玉山水泥厂，横峰旋窑水泥厂。

2000年全年全区完成全部工业增加值49.39亿元，比上年增长9.5%。其中，国有及年产品销售收入500万元以上的非国有企业增加值18.69亿元，比上年增长4.48%。在规模以上工业企业中，国有企业增加值14.37亿元，增长3.81%；集体企业增加值1.61亿元，增长16.92%；其他经济类型企业增加值2.8亿元，增长9.90%。全区规模以上工业销售产值54.49亿元，增长10.81%，全年产品销售率为97.36%，比上年同期提高1.05个百分点。已实现整体扭亏为盈，共实现利润总额0.85亿元，比上年同期增长59.79%，其中国有控股企业实现利润0.75亿元，增长53.33%。全区盈利企业利润为2.05亿元，增长4.46%；亏损企业219个，亏损额为1.2亿元，减亏16.14%。地方工业实现利润0.88亿元，增长12.83%。

第五节　工业园区

1990年代中期以后，境内出现了工业园区的建设和物业管理。1992年8月，位于德兴市花桥镇的大茅山经济开发区，经省人民政府批准设立。广丰县于上广公路芦林地段，开辟和建设了芦林工业园区。该园区1996年12月筹建，1997年11月一期工程竣工；2000年9月，二期工程基本竣工，共建成标准厂房60栋，成立了芦林工业园区管理委员会。区内产业结构，主要是以烟酒为龙头的食品工业，以水泥陶瓷为龙头的建材工业，以非金属采选为龙头的矿业，以出口花爆为龙头的烟花鞭爆业。县内原有企业原则上“退城进区，退乡进区”，同时吸引投资者到工业区投资办厂。在管理体制上实行物业管理，成立物业管理公司，改变过去企业办社会的状况，园区内职工住宅、餐饮、环境卫生、美化、绿化、保安、文化娱乐、基础设施，均由物业公司有偿服务，至2000年年底，已有30家企业进驻。

1996年6月，余干县开始建设马背咀工业园区。第一期已开发使用面积13.3公顷，硬件设施“六通一平”（供电、供水、通路、通讯、有线电视、排污、平整土地）全都到位，已落户企业9户。

波阳县开辟了波北工业开发区，玉山开辟了城西工业区，地属上饶凤凰工业园区，上饶市三江工业园区，上饶县旭日工业园区等，均在筹办或正在建设。

1990年—2000年全区工业总产值及指数一览

表12-10-1　　单位：万元

年份	全部工业总产值	其中		全部工业总产值指数（上年=100）	地方工业总产值	地方工业总产值指数（上年=100）
		轻工业	重工业			
1990	388791	143262	245529	103.39	244251	109.26
1991	476858	178291	298567	122.65	307954	126.08
1992	611921	222492	389429	128.32	416163	135.24
1993	911938	352302	559636	149.03	697348	167.45
1994	1569270	603850	965420	172.08	1348541	193.38
1995	883726	315616	568110	151.61	656138	152.15
1996	1094000	424547	669453	123.79	863270	131.57
1997	1174346	424547	749799	107.34	933530	108.14

续表 12－10－1

年份	全部工业总产值	其中		全部工业总产值指数(上年=100)	地方工业总产值	地方工业总产值指数(上年=100)
		轻工业	重工业			
1998	1093320	438196	655124	104.24	984549	105.47
1999	1147986	530935	617051	105	1059964	107.66
2000	1195965	543435	652530	104.18	1144889	108.01

1990年—2000年全区工业主要产品产量一览

表 12－10－2

年份	原煤(万吨)	发电量(万千瓦小时)	布(万米)	糖(吨)	饮料酒(吨)	磷肥(吨)	水泥(万吨)	照相机(万架)	改装汽车(辆)
1990	100.15	40181	803	6485	41024	19850	137.6	9	632
1991	105.08	43668	759	9727	45252	21658	156.91	16.17	707
1992	112.01	50592	803	8339	42347	27960	182.89	14.2	1001
1993	145.09	55900	794	8800	38500	44400	202.83	13.15	1308
1994	233.14	56244	985	5733	41152	24960	222.15	17.97	1400
1995	171.81	55857	730	6732	47328	31486	245.99	21.75	1404
1996	167.82	49040	617	3760	40512	72213	267.5	21.78	1284
1997	175.72	55266	624	6920	41148	32442	263.66	17.32	1257
1998	77.07	61813	609	10347	49173	15575	250.34	17.22	931
1999	154.71	58069	672	4643	48248	7395	304.17	19.27	781
2000	189.42	46163	586		30726	3900	280.28	17.84	836

1991年—2000年全区“双新”(新产品、新技术)情况一览

表 12－10－3　　单位:项

年份	新产品	新技术	获省优秀新产品	达国内国际水平产品	落实科技开发贷款(万元)
1991	42	16	25	15	833
1992	110	14	25	16	826
1993	85	15	27	18	590
1994	72	14	18	9	656
1995	62	12	10	5	1146
1996	45	20	20	18	495
1997	47	16	21	23	1300
1998	35	15	23	12	1360
1999	55	16	30	21	1500
2000	62	21	35	20	3000

1995 年—2000 年全区工业产品获江西省名牌产品一览

表 12－10－4　　　　单位:项

年　份	名牌产品名称	生产厂家
1995	上饶牌大客车	上饶客车厂
1996	方圆包色线	上饶振达集团
	月兔牌香烟	广丰卷烟厂
1997	全良液白酒	上饶全良液酒厂
	松鹤牌活性炭	玉山怀玉山活性炭厂
	长河牌木梭	横峰纺织品材有限公司
	555 牌赤霉素(九二 O)	余干同仁药业有限公司
1998	大鄣山牌云雾茶	婺源县大鄣山集团
	万年贡牌贡米	万年贡米集团
	长城牌减水剂	上饶长城集团化工厂
	饶州牌白酒	波阳县酒厂
1999	金银卡纸系列	广丰广厦印刷包装有限公司
	珍珠系列	万年珍珠集团
2000	高峰牌纤维板系列	婺源纤维板有限公司
	月兔牌卫生巾	广丰月兔集团

卷十三 乡镇企业

1990年代，地委、行署确立“稳农兴工，突破乡镇企业”的指导思想，制定《关于突破性发展乡镇企业的补充决定》。1991年—1995年境内乡镇农业企业快速发展，1995年企业个数发展到1291个，职工人数14569人；1996年以后，随着乡镇企业改革的不断深化，集体办的种植企业、养殖企业逐步转化为私营企业，集体办的农业企业逐年减少，2000年企业个数减少到365个，职工人数4166人，分别比1995年净减926个，10403人。1992年—1996年，经地区乡镇企业局组织验收年产值500万元以上或年利税50万元及以上乡镇工业企业全区达678个，1996年以后，个体私营工业是整个乡镇工业主体。“八五”期间，全区乡镇企业总产值、利税总额年均增速86.9%、72.4%。

进入“九五”时期，贯彻实施《中华人民共和国乡镇企业法》，乡镇企业改革主要形式有：承包、租赁、股份合作制、拍卖、兼并、组建集团等。1999年，个私企业在乡镇企业份额中“三分天下有其二”，次年达到“四分天下有其三”，共有个私企业94807户，从业人员29.21万人，实现总产值115.9亿元，占乡镇企业总量的79.76%。至2000年年底，全区2358家乡村集体企业中，实行各种形式的改制企业共2337家。

1991年—2000年，全区乡镇企业累计为国家提供税金25.57亿元，全区每个农业人口平均从乡镇企业得到纯收入425.31元，占全区农民人均纯收入的20.9%。

第一章 管理机构

第一节 地、县(市)级机构

地级机构 1991年，地区乡镇企业管理局人员编制30名，其中行政编18名，事业编12名，内设人事秘书、生产技术、计划财务、经营管理、科教信息5个职能科室。1994年7月，增设石材开发科，人员编制不变。1996年年底至1997年年初，因机构改革，地区局重新核定编制为27名，其中行政编20名，事业编7名，增设调查研究科、审计科，撤销石材开发科，经营管理科更名为企业管理科。之后，地区乡镇企业局行政事业编制设置保持不变。1997年7月，增设局属正科级事业单位上饶地区乡镇企业培训中心，配备自收自支事业编6名。2000年5

月,成立监察室。

县(市)机构　全区 12 县(市)均设有乡镇企业管理局,干部编制一般为 15 ~ 25 名,内设办公室(人秘股)、生产技术股、企业管理股、计划财务股、科教信息股等职能机构。到 2000 年底,县(市)管理机构共配备干部 249 人。

第二节　乡(镇)级管理机构

乡镇一级多设乡镇企业办公室或工业办公室,负责管理乡(镇)办、村办、户办、联户办企业和各类合作、联营企业,隶属乡(镇)政府领导,并接受上级乡镇企业主管部门的业务指导,工作经费大多来自乡镇企业管理费。

1996 年 4 月,上饶地区机构编制委员会与上饶地区乡镇企业管理局共同制定印发《关于组建全区乡镇一级企业管理服务机构的实施方案》。6 月,上饶地委、行署在饶发〔1996〕31 号文件中明确规定:“全区乡镇企业办公室一律改称乡镇企业管理服务站,为国家事业编制单位,定编人员经费列入财政拨款,财政状况好的县(市)全额拨款;一般县(市)拨款大部分;最低拨款不低于 50%”。通过一年多工作,到 1997 年 8 月,全区除余干县外,共设置管理服务站 261 个,配备事业编制 984 名。管理服务站一般设有正副站长、会计、统计等岗位。在此基础上,地、县(市)乡镇企业主管部门会同人事、劳动部门具体开展人员转编、定编工作。由于次年县(市)机构换届影响,此项工作进展不顺,财政拨款问题在部分县(市)难以解决,在相当程度上挫伤乡(镇)企业管理服务站干部职工的工作积极性。到 2000 年,全区除广丰县、玉山县、上饶县、德兴市、铅山县外,其他县(市)乡镇企业管理服务站不太稳定,人员经费难以保障。

第二章　行业门类

第一节　农业企业

乡(镇)、村集体办农业企业,主要有林场、果园(场)、茶场、养鸡场、养鸭场、养猪场、蚕桑场、养鹅场、特种水产场、水库、湖泊养殖、珍珠养殖、药材种植等。林场、果园、茶场、水库、养鸡场相当部分企业是由原来人民公社(乡、镇)、大队(村)集体投资兴建起来。1991 年后,各种形式股份制、股份合作制的果园、养鸡场、养猪场、湖泊养殖、药材种植、特种水产养殖、蚕桑场等蓬勃兴起。1999 年—2000 年,余干县利用鄱阳湖大片荒洲种植藜蒿,建立藜蒿基地,2000 年种植藜蒿 0. 13 万多公顷。1991 年—1995 年是境内乡镇农业企业发展最好最快的 5 年。1996 年以后,随着乡镇企业改革的不断深化,集体办的种植企业、养殖企业逐步转化为私营企业。集体办的农业企业逐年减少。企业个数:1991 年 874 个,1995 年发展到 1291 个,2000 年减少到 365 个;2000 年比 1995 年净减 926 个,减少 71. 7%。职工人数:1991 年 12036 人,1995 年 14569 人,2000 年 4166 人, 2000 年比 1995 年净减 10403 人。现价产值:1991 年 4815 万元;2000 年比 1995 年净减 26802 万元,减少 74. 2%。农业企业人数占乡镇企业总个数:1991 年

0.9%,1996 年 0.6%,2000 年 0.4%;农业企业现价产值占乡镇企业现价总产值:1991 年 2.4%,1996 年 1.7%;2000 年 0.6%。

第二节 工业企业

工业是境内乡镇企业主体,乡镇工业产值占全区乡镇企业总产值 62% 左右。1995 年以前,乡、村工业是乡镇工业骨干;1996 年以后,个体私营工业是整个乡镇工业主体。1992 年—1995 年是境内乡镇工业发展最辉煌的 4 年,地委、行署提出"突破性、高速高效、大发展、大提高"发展乡镇企业,发展乡镇企业主要做法:一是靠大联大,德兴市依托德兴铜矿办起泗洲镇铜中矿加工厂、铜材线缆厂、海绵铜公司、抗磨材料厂、海口锰钢厂、花桥金矿、花桥黄金冶炼厂、银城钢管厂等等;婺源县依托德兴铜矿办起太白供水公司;铅山依托永平铜矿办起陈家寨海绵铜公司;弋阳依托国营连胜厂办起葛溪电子摇篮厂;玉山县依托地区水泥厂办起岩瑞水泥厂、鸡头山水泥厂、电石厂、水泥制品厂;万年县依托江西水泥厂办起珠山纸袋厂、马家纸袋厂等等。二是发展一批"双五"工业企业,1992 年—1996 年,经地区乡镇企业局组织验收年产值 500 万元以上或年利税 50 万元及以上乡镇工业企业全区达 678 个,其中:上饶市 62 个、上饶县 48 个,广丰县 67 个、玉山县 59 个、铅山县 59 个、横峰县 43 个、弋阳县 55 个、余干县 53 个、波阳县 59 个、万年县 52 个、德兴市 65 个、婺源县 56 个。三是地委、行署采取一系列优惠政策,鼓励、促进全区乡镇工业大发展。1990 年 9 月上饶地委、行署饶发〔1990〕24 号文制定下发"大力发展乡镇企业补充决定";1991 年 4 月上饶地委、行署饶发〔1991〕13 号文制定下发"突破性发展乡镇企业补充决定";1996 年 6 月上饶地委、行署饶发〔1996〕31 号文制定下发"促进乡镇企业大发展、大提高决定"。规定各级党政一把手是乡镇企业工作的第一责任人,对乡镇企业的发展负总责。把发展乡镇企业纳入县(市)、乡(镇)党委、政府的目标管理,层层签订责任状,年终实行奖惩。县(市)领导和地直部门都要挂点抓一个重点工业企业,定目标、定责任、定奖罚,年终考核兑现。地区、县(市)设置乡镇企业目标管理奖,奖励完成乡镇企业目标任务的先进单位 5 个;未完成全年目标任务的县(市),扣发党政正职、分管领导、其他班子成员和乡镇企业局干部职工当年职务工资 1 ~0.5 级。1998 年 5 月上饶地委、行署饶发〔1998〕13 号文下发"关于加快非公有制经济发展的意见"后,全区乡镇个体私营工业迅猛发展,乡镇企业改革不断深化。2000 年,全区个体私营工业产值(现价)68.29 亿元,较 1996 年 25.39 万元增长 169.0%,较 1991 年 6.05 亿元增长 10.3 倍。个体私营工业产值占乡镇工业产值(现价):1991 年 48.1%,1996 年 39.3%,2000 年 76.0%。

2000 年,全区乡镇工业企业 30628 家,其中:集体工业企业 1529 家,私营工业企业 3432 家,个体工业企业 25667 家。2000 年,全区乡镇工业产值(现价)89.85 亿元,较 1996 年 64.58 亿元增长 39.1%,较 1991 年 12.57 亿元增长 615%。1991 年—2000 年,全区乡镇工业产值年均增长 25.5%。德兴市泗洲镇与富家坞铜矿联办的大兴冶炼厂 1996 年产值 1.21 亿元,是全区乡镇企业之最。

建材工业 建材工业是全区乡镇工业的主要行业之一。建筑材料工业起步较早、发展较快。品种主要有水泥、石灰、砖瓦、砂石、水泥预制件、装饰材料、石板材、耐火材料、日用玻璃、建筑陶瓷、釉面砖等。产量最大的是砖瓦、水泥、石灰、砂石、水泥预制件、石材等。1997 年,全区乡镇集体建材企业 872 个,占乡镇集体工业企业个数 28.%;产值 8.98 亿元,占乡镇集体工业产值19.4%。

砖瓦　乡镇企业生产的砖瓦主要是以煤为燃料，轮窑、围窑烧制的机制砖瓦为主，其次是少量的手工制作、柴草为燃料、土窑烧制的青砖青瓦和机制的黏土空心砖。1998年遭受百年一遇的特大水灾后，全区开展移民建镇，砖瓦生产形势是1990年后来最好的几年。2000年，全区乡镇企业产砖45.7亿块，产瓦4.4亿片。有乡镇集体砖瓦企业285个，从业人员8831人，生产砖15.1亿块，产瓦1.66亿片，砖瓦产值3.48亿元，占集体工业企业产值16.2%。

水泥　1991年以前，全区水泥企业规模较小，一般是年产2.2万吨规模。1992年以后，先后新建、扩建一批年产4.0万吨以上规模水泥企业，如铅山县湖坊乡的天峰水泥厂、铅山县永平水泥厂、广丰县排山水泥厂、广丰县吴村水泥厂、玉山县岩瑞水泥厂、上饶县枫岭头天峰水泥厂等。1993年以后，玉山县岩瑞水泥厂经过几次技术改造、扩建，将原来的年产2.2万吨生产规模提高到2000年产10万吨以上规模，该厂2000年完成产值1226万元，实现营业收入1313万元，实交税金112万元。2000年，全区乡镇企业生产水泥50万吨，较1996年33万吨增长51.5%，较1991年5.3万吨增长8.4倍，1991年—2000年均增长30.8%。

石灰　境内石灰石分布较广，上饶县、广丰县、玉山县、铅山县、横峰县、弋阳县、万年县、德兴市都蕴藏丰富的石灰石，煅烧石灰工艺简单，农民一般都有烧石灰的技术，石灰窑遍布农村。石灰用途广，建筑、农田、化工等领域都要用上石灰，石灰生产量大。2000年，全区乡镇企业生产石灰165万吨，占全区生产总量99%以上。

砂石　靠近江河的乡（镇）、村有捞砂石的传统习惯，小溪小河旁的农民一般是肩挑手挖，就地使用和出售砂石；大江大河的砂石，采用机械化作业。1995年以前，沿大江大河旁的乡（镇）、村成立采砂石队、砂石场等集体组织。1996年以后，随着乡镇企业的改制，原集体办的采砂石队、砂石场相继改为私有企业。砂石是建筑业不可缺少的材料，建筑业的蓬勃发展，砂石需要量越来越大。全区一些砂石企业的产品销往各大中城市。

石材　境内石矿资源丰富，有花岗石、大理石、青石等。花岗石极为丰富的有：上饶县、玉山县、横峰县、德兴市、婺源县；大理石蕴藏量较大的有弋阳县、上饶县、德兴市等；青石资源较为丰富的有玉山县、婺源县等。1992年—1995年，上饶行署提出大力开发石材资源，地区相继成立石材工业公司、饶红公司、饶垒公司、石材市场，实行石材开发、生产、销售一条龙。到1993年，全区建起38个花岗石板材加工厂，92条生产线，年生产能力50万平方米。1998年，玉山县樟村镇与北京客商联办青石桌球台面板，产品销往北京等大中城市。2000年，全区乡镇企业生产花岗石板材16.7万平方米、大理石板材60万平方米，较1993年3.44万平方米，3.13万平方米分别增长3.9倍和18.2倍。

2000年，全区乡镇企业生产水泥预制构件2140万立方米，耐火材料制品785吨，釉面砖178万平方米，建筑陶瓷10万平方米。

食品工业　境内是产粮大区，乡镇食品植物油、罐头食品、茶叶、饮料酒、板鸭、非酒精饮料、豆制品加工等。1991年以后，全区食品工业发展较快，到2000年集体食品工业产值（现价）2.54亿元，较1991年9690万元增长161.8%。1991年—2000年年均增长22.9%。2000年，乡镇集体食品工业产值占乡镇集体工业产值11.8%。

粮食加工　全区农村各地都有粮食加工企业，主要加工农民口粮。规模粮食加工企业，主要加工稻谷，出售大米；少数企业承接粮食部门来料加工，收取加工费。2000年，全区乡镇企业粮食加工224.5万吨，较1996年170万吨增长32.1%，较1991年61万吨增长2.7倍。

食用植物油　主要加工农民自己食用油，主要方式是以料换油，饼粕返还，收取加工费。少数企业收购菜（茶）籽、芝麻、花生等原料加工成品食用油后，出售给粮食部门或对外零售。2000年，全区乡镇企业加工食用植物油1.01万吨。

罐头食品　境内食品罐头品种主要有：竹笋、盐渍荞头、荸荠、橘子等。弋阳柏林实业公司1997年取得产品自主出口权，罐头产品出口到德国、英国、美国、日本等国家和地区，1999年，产品出口创汇84万美元，较上年增长82.6%。2000年，全区乡镇企业生产罐头食品4000吨，其中：水果罐头800吨，蔬菜罐头1690吨。

饮料酒　主要生产白酒、黄酒、药酒、糯米酒等，以白酒为主。上饶市沙溪镇三清粮液酒厂利用当地种植佛手瓜优势，生产佛手瓜酒；佛手瓜酒价格高，销路好，1997年实现营业收入1300万元，利税总额155万元。2000年，全区乡镇企业生产饮料酒（混合量）2028吨，其中：白酒1658吨。

软饮料（非酒精）　主要产品有果汁、汽水、保健饮料、矿泉水等。2000年，全区乡镇企业生产软饮料（非酒精）3594吨。

茶叶　境内是盛产茶叶之乡，全区12个县（市）都有茶叶。特别是婺源县，茶叶生产历史悠久，种植面积广，产量高，茶叶是这个县经济主要来源之一。婺源的绿茶、上饶县的白眉驰名国内外市场。2000年全区乡镇企业加工茶叶2992吨，其中：精制茶1660吨。

采矿业　乡镇企业采矿业主要有：煤矿、金矿、铅锌矿、磷矿、蛇纹石、石灰石及非金属矿等。1995年以前，乡（镇）采矿业以乡（镇）、村集体办企业为主，1996年以后，逐步改制为联营、合伙、股份、私有企业开采。1991年，全区乡村集体办各种采选矿企业302个，完成工业产值（现价）1.02亿元；1995年全区乡村集体办各种采选矿企业493个，完成工业产值（现价）14.87亿万元；2000年，全区乡镇集体办各种采选矿企业211个，完成工业产值（现价）3.31亿元，企业个数较1991年减少30.1%，较1995年减少57.2%；工业生产值（现价）较1991年增长225.3%，较1995年减少77.7%。

煤炭采选　煤炭主要产于上饶县、横峰县、铅山县，其次是婺源县、广丰县、波阳县。乡（镇）煤矿的煤外销主要是江浙等地。铅山县2000年销售收入500万元及以上乡镇私有煤矿就有4个，规模最大的是铅山县金钢煤矿，2000年销售收入1100万元，利税总额154万元，实交税金110万元。1998年以后，小煤窑整顿，一些私有煤矿关闭转产。2000年，全区乡镇企业煤矿产原煤155.2万吨，较1996年198.2万吨减少21.7%。

石灰石　境内的玉山县、广丰县、弋阳县、上饶县、铅山县、万年县、德兴市都蕴藏丰富的、高质量的石灰石。石灰石主要用于生产水泥、烧制石灰、破碎垫石铁路及建筑用材。1992年，万年县太源乡新建以石灰石为原料的"矿物质材料厂"，产品—钙粉主要用于养殖业，1993年完成工业产值（现价）134万元。2000年，全区乡镇企业开采石灰石1286万吨。

黄金　主要产于德兴市花桥镇、潭埠桥镇、香屯镇、饶二乡、新营乡、海口镇、泗洲镇、上饶县茶亭乡、铅山县五桐乡等地。1991年以后，全区黄金企业发展较快，德兴市1998年营业收入1000万元以上金矿就有7个（蛤蟆石金矿1620万元、花桥金矿2754万元、上洛金矿1450万元、石碑金矿501万元、七十圩金矿1849万元，太白门金矿1732万元、罗家墩金矿1641万元）。德兴花桥金矿1995年以后经过几次技术改革，产量大幅度提高。1998年10月18日，全省首家年产黄金突破1万两。2000年营业收入4373万元，较1994年760万元增长4.8倍，较1992年136万元增长31.2倍。2000年全区乡镇企业生产黄金920千克，较1996年698千克增长31.8%，较1991年81千克增长10.4倍。

机械电子工业　乡镇企业机械电子工业主要产品有：拖拉机、脱粒机、轴承、消防器材、陶瓷机械、抗磨材料、铸造产品、指示灯、电泡、农机具配件、铁制农具等。1998年，国营玉山轴承厂倒闭后，私营轴承厂发展迅猛，到2000年年底，全县私营轴承厂发展到近30家，销售收入近4000万元。

2000年，全区乡镇工业生产农机配件42.1万件，中小农具106万件、农用运输车1249辆。全区2000年乡镇集体办机械电子企业60家，完成工业产值（现价）1.32亿元。

木竹加工及制品业　境内木材、毛竹丰富，全区12个县（市）都有木材、毛竹加工及制品企业。主要产品有木竹家具、木竹农具、木竹生活日用品、竹压板、木地板、胶合板、木竹工艺品、锯材、木制包装箱等。婺源县新光有限公司利用当地丰富的枫木、荷木、萝卜木和小材小料生产木制餐具，产品通过广州外贸出口到美国、日本等地，1999年创产值580万元，实现销售收入525万元。德兴市竹压板厂利用当地和周围地区丰富的毛竹篾黄，生产竹压板，与铁道部挂钩（做火车箱板），产品供不应求，2000年创产值4221万元，实现销售收入3691万元，实交税金644万元。

2000年，全区乡镇企业生产木制家具203万件，较1996年94万件增长116%。2000年全区乡镇集体办家具制造企业19个，完成产值1374万元。

化工工业　乡镇企业化工产品较多，主要有：各种涂料、仿瓷、水泥漆、化学浆糊、油漆、化工助剂、化学农药、化学日用品、化妆品、医用药品、化纤、橡胶、塑料制品、硫潢、蒸馏松节油、松油醇、珍珠霜（胶）、油墨、化学肥料、香料、珍珠粉等。1999年下半年，德兴市人造板集团新建一个年生产能力3000吨制漆厂，产品既满足本集团生产需要，又降低本集团产品的成本。德兴市香屯制药厂1993年—1995年扩建，由于生产设备不配套，造成连年亏损，且亏损额较大，资不抵债780多万元，被迫停产多年；1999年天海集团董事长祝天才租赁，2000年买断所有权，其投资341万元进行设备改造，恢复正常生产。婺源县许村香料厂是个老骨干化工企业，1998年以前由于原材料紧缺、管理松懈、产品老化等原因，连年亏损。1998年11月婺源县农业银行信贷股股长汪家林承包。其承包后，积极开发新产品，加强企业各项管理，1999年扭亏为盈。2000年2月，汪家林又利用广西资源丰富、劳动力廉价、电力价格低、少数民族地区免税的优势，投资80万元在广西新办松油醇分厂；广西分厂产品——松油醇拉回婺源许村厂部加氢后，每吨产品可增值7000元/吨～9000元/吨（含松油醇成本比婺源当地生产低3000元/吨～4000元/吨），生产、销售两旺，效益很好。

2000年，全区乡镇企业生产化工原料药6187吨，农用化学肥料2.81万吨，塑料制品2323吨。

工艺美术制品业　工艺美术制品品种主要有：雕刻、漆器、竹草编、刺绣、绢扇、工艺伞、工艺扇、盆景、玩具、陶瓷工艺、烟花、鞭炮等；有的工艺品已成为促销的出口产品。铅山县的石塘镇、广丰县的洋口镇等地的竹编、草编，余干县瑞洪镇的挂毯，铅山县的绢扇，上饶县田墩，婺源县秋口等地的雕刻樟木大套箱、雕刻家具，婺源县甲路的工艺伞，上饶县石人的雕刻骨灰盒等驰名国内外市场。

烟花鞭炮是上饶的传统工艺品，产值占工艺美术品制造业产值的2/3以上。广丰县、余干县、波阳县、玉山县、万年县、德兴市都有生产烟花鞭炮的历史，广丰县的烟花鞭炮俏销到全国各大中城市，出口到有关国家和地区，烟花鞭炮的税收是广丰县财政收入的主要来源之一。

2000年,全区乡镇企业生产烟花36.8万箱,鞭炮132.5万箱。乡镇集体办烟花鞭炮制造企业29个,职工年平均人数1603人,完成产值(现价)4973万元,分别占乡镇集体办工艺美术制造企业的个数54.7%,人数65.7%和产值66%。

2000年,全区乡镇集体办工艺美术品制造企业53家,职工年平均人数2439人,完成现价产值7530万元,占全区乡镇集体工业产值3.5%。

纺织工业 上饶市的沙溪、秦峰,广丰县的壶桥、湖丰,玉山县的仙岩、群力等地都有制作夏布的历史,当地农民有种麻、织麻的传统。夏布绝大部分出口韩国、日本等国家和地区。以公司加农户方式组织生产,以股份公司和私营公司收购供应出口创汇。2000年,产品出口创汇的企业有:上饶市以兴、利兴、忠兴、松罗夏布厂销售收入分别是920万元、940万元、940万元和960万元;广丰县壶桥夏布厂营业收入1500万元;上饶市沙溪桑王绢纺厂销售收入520万元。

服装鞋帽工业 1995年以前,多数是乡、村集体办,1996年以后,逐步改制为私营企业。1992—1993年余干县富湾鸭制品总厂生产的羽绒袄、羽绒被销往俄罗斯等国家。1993年上饶市珠联针织服装有限公司引进美国、日本设备23台(套),年产真丝针织服装20万件、纯棉针织服装60万件。

2000年全区乡镇企业生产服装138万件,其中:衬衫36万件、西装18万件、童装23万件,皮鞋31万双、布鞋19万双。

电力工业 境内山区水资源丰富,小水电企业产电自发自销。乡镇电力企业生产的电,价格较低,在90年代缓解生产和农户(居民)用电不足。1998年以后,企业只管发电,发出的电由电力部门收购。2000年,全区乡镇企业年发电量11761万千瓦小时,其中小水电8934万千瓦小时。有乡镇集体办电工业企业80家,年平均人数1415人,完成产值(现价)7630万元,占乡镇集体工业产值3.5%。

1991年—2000年全区乡镇企业发展情况

表13-2-1 单位:人、万元

年份	企业数	从业人数	总产值	工业产值	营业收入	实交税金	净利润
1991	93230	309128	205988	127787	164424	5083	12623
1992	103573	345674	327869	205257	261513	7220	19279
1993	138650	455652	743177	468684	691177	15898	42271
1994	150166	546385	1691253	1074183	1500749	19117	89907
1995	169066	695287	3298455	2096679	2933612	23971	146911
1996	112783	431379	887527	503025	906550	23206	73566
1997	107027	415388	1277926	823968	1250248	40595	95446
1998	101223	393807	1397989	902400	1325863	39133	100333
1999	99119	378587	1404763	891210	1272394	36183	83585
2000	97165	360431	1453244	898549	1355641	36220	92281

1992 年、2000 年若干全区乡镇工业企业主要产品的产量

表 13－2－2

产品名称	计量单位	1992 年	2000 年	产品名称	计量单位	1992 年	2000 年
铁矿石	万吨	2.57	0.8	其中:大米	万吨	74.65	103.6
钨矿石	万吨	0.01	1	面粉	万吨	0.57	3.6
铅锌矿石	万吨	1.83	11.6	食用植物油	吨	11823	10092
硫铁矿石	万吨	2.67		配混合饲料	万吨	0.33	24.1
磷矿石	万吨	6.12	227.4	糖	吨	60	16
石灰石	万吨	140.27	1286	罐头食品	吨	1793	4000
黄金	公斤	159	920	乳制品	吨	13	199
发电量	万度	13325	11761	饮料酒	吨	2599	2028
其中:小水电	万度	12482	8934	其中:白酒	吨	1202	1658
原煤	万吨	80.7	155.2	软饮料	吨	1466	3594
农用化学肥料	吨	27803	28090	板鸭	吨	185	240
其中:磷肥	吨	27643	26470	制茶	吨	4093.1	2992
农机配件	万件	242	42.1	其中:精制茶	吨	2855.1	1660
中小农具	万件	207.9	106	轧花	吨	3540.4	540
其中:铁制农具	万件	84.3	34.6	针织服装	万件	188	41
水泥	万吨	6.52	50	机制纸和纸报	吨	3844	11395
水泥预制构件	万纺米	9.37	2140	土纸	吨	7034	9166
石灰	万吨	48.43	165	塑料制品	吨	646	2323
砖	万块	142891	456923	布	万米	50	151
瓦	万片	51423	43769	服装	万件	62	138
石英石	吨	3307	9100	鞋子	万双	27	32.9
萤石	吨	29455	115565	工艺美术品	万元	3235	7566
耐火材料制品	吨	3186	785	烟花	万箱	2.11	36.8
釉面砖	万平方米	0.45	178	鞭炮	万箱	5.63	132.5
玻璃制品	吨	1162	6000	竹藤棕草制品	万元	963	3390
粮食加工	万吨	83	224.5	日用陶瓷	万件	200	183.7

第三节　建筑业

1990 年代,乡镇建筑施工企业,从过去单一的房屋建筑,发展到与土地相配套的建筑安装、装潢、涂料、木材加工、水泥预制件的生产经营；从工业、民房建筑，发展到承建矿井施工、公路桥梁、铁路涵洞、园林装饰、建烟囱以及房地产开发，逐步向功能、综合性的现代企业发展，建筑质量和技术水平不断提高。2000 年，波阳县江西锦宇建设工程公司晋升为建筑技术资质二级企业。1992 年以后，建筑施工市场逐步开放，乡镇建筑施工企业进城镇建筑施工越来越多，北京、上海等各大中城市都有乡镇建筑施工人数 2.52 万人，施工产值（现价）4.41 亿元，房屋竣工面积 234 万平方米。

2000 年，全区乡镇建筑企业 6222 个，占乡镇企业总个数 6.4%；年末职工人数 5.8 万人，占乡镇企业年末职工人数 16.1%；完成施工产值 15.37 亿元，占乡镇企业总产值 10.6%。其中乡镇集体建筑企业 228 个，占乡镇建筑企业总数 3.7%；年末职工人数 1.7 万人，占乡镇建筑企业年末职工人数 29.4%；完成施工产值 5.16 亿元，占乡镇建筑企业施工产值 33.5%。

第四节　交通运输业

乡镇交通运输业主要是陆运和水运。1991 年以后，私人购买大板车、大小拖拉机、农用车及汽车和私人购买（自造）机帆船、木质船、钢质船数量猛增。货物水运主要在波阳县、余干县、万年县。交通运输业主要是私营、个体运输业，集体运输企业很少。

2000 年，全区乡镇运输企业 2 万余个，年末职工人数 2.88 万人，创产值 12.48 亿元，占乡镇企业总产值 8.6%。其中乡镇集体交通运输企业 52 个，占乡镇交通运输企业总数 0.26%；年末职工人数 650 人，占乡镇交通运输企业年末职工人数 2.3%；创产值 249 万元，占乡镇交通运输企业产值 2%。2000 年全区运输企业运输量 9970 万吨。

第五节　商　业

1992 年以后，个体私营商业企业发展迅猛，1996 年后原集体办的贸易公司、物资销售公司、经营部、加油站等一批商业企业逐步改制为私营、个体企业。1999 年，全区乡镇个私商业企业 26167 个，占乡镇企业总个数 26.4%，占乡镇商业企业个数 99.5%；完成产值（现价）13.07 亿元，占乡镇企业总产值 9.3%，占乡镇商业企业生产值 93.4%。

2000 年，全区乡镇商业企业 26298 个，其中集体商业企业 89 个，个体私营商业企业 26209 个，分别占乡镇企业总个数 27.1%。集体企业 3.8% 和个私企业 27.6%；完成产值 16.43 亿元，其中集体商业企业 9698 万元，个体私营商业企业 15.45 亿元，分别占乡镇企业总产值 11.3%、集体企业产值 3.3% 和个私企业产值 13.3%。

第六节　旅游饮食服务业

1992 年开始，农民进城开办小吃店、酒家、餐馆、电脑室、游戏室、旅社、招待所等。1994 年—1995 年，行署提倡发展“马路经济”，大批餐馆、旅社、停车场、修理店等在公路沿线两旁落户，特别是三清山、婺源、圭峰、茅家岭等旅游业的大力度开发，乡镇旅游饮食服务企业发展迅猛。2000 年，全区乡镇旅游饮食服务企业 10216 个，其中集体旅游饮食服务企业 46 个，分别占乡镇企业总个数 10.5% 和集体企业个数 2%；乡镇旅游饮食服务企业完成产值 53037 万元，其中集体旅游饮食服务企业产值2360万元，分别占乡镇企业总产值3.6%和集体企业产值0.8%。

1991年全区乡镇企业基本情况

表13－2－3

项　目	企业个数（个）			年末职工人数（人）			总产值（现价，万元）		
	合计	集体企业	个私企业	合计	集体企业	个私企业	合计	集体企业	个私企业
合计	93230	5697	87533	309128	128346	10782	20386	95829	108032
农业企业	874	874		12036	12036		4815	4815	
工业企业	43638	3738	39900	182523	80199	102324	125667	65279	60388
建筑企业	6878	326	6552	44656	28835	15821	23918	17810	6108
交通运输企业	13813	172	13641	19173	2257	16916	23352	2422	20930
商业企业	19483	318	19165	32493	2612	29881	20235	4471	15764
旅游饮食服务企业	8232	246	7986	17410	2264	15146	5874	1032	4842
其它企业	312	23	289	837	143	694			

2000年全区乡镇企业基本情况

表13－2－4

项　目	企业个数（个）			年末职工人数（人）			总产值（现价，万元）		
	合计	集体企业	个私企业	合计	集体企业	个私企业	合计	集体企业	个私企业
合计	97165	2358	94807	360431	68344	292087	145244	294244	1159000
农业企业	365	365		4166	4166		9301	9301	
工业企业	30628	1529	29099	183087	44643	138444	898549	215614	682935
建筑企业	6222	228	5994	58030	17041	40989	153934	51621	102313
交通运输企业	20035	52	19983	28839	650	28189	124810	2491	122319
商业企业	26398	89	26209	48941	833	48108	164332	9698	154634
旅游饮食服务企业	10216	46	10170	25936	297	25639	53037	2360	50677
其它企业	3401	49	3352	11432	714	10718	49281	3159	46122

第三章 名优产品

第一节 传统产品

乡镇企业传统产品有:茶叶、夏布、竹藤棕草制品、建材、烟花鞭炮、茶油、茶叶,茶油为全国重点生产基地之一。

茶叶 上饶土壤肥沃,气候温湿,光照适宜,具有茶叶生长的良好条件。婺源绿茶,简称“婺绿”。《宋史·食货志下(六)》将“婺源之谢源”列为当时全国六大绝品名茶之一。“婺绿”有茗眉、翠峰、贡熙、珍眉、雨茶等20多个品种,以茗眉最为著名,誉为茶中极品。精制的“茗眉”,用沸水冲泡,翠芽在水中舒展,鲜绿油嫩宛如刚从树上摘下来一样。1991年产茶乡、村都办起茶叶初制加工厂,是年乡村办精制茶厂有15个。1995年,乡村办初具规模的制茶企业有68个,精制茶4495吨。1993年开始发展有机茶,大樟山有机茶1996年获国家第一批AA有机绿色食品认证。上饶绿茶,简称“饶绿”,产于上饶县、玉山县、广丰县。“饶绿”以外形细匀,肉质清嫩,香气袭人,入口甘泉而获海内外客商青睐。

夏布 夏布又名苎布、生布、麻布、扁纱。以苎麻纤维为原料,经脱胶、漂白、经纱刷浆、上机、织造等工序编织成布。有粗夏布、细夏布之分。具有不皱褶、不变形、易洗涤、凉爽清汗、轻盈、耐用等特点,夏布用途广泛,大量出口东南亚等国,上饶市的沙溪、秦峰,广丰县湖丰、壶桥等乡(镇)为传统产地,以公司加农户的形式生产手工织造本色夏布供出口创汇。1995年,上饶市沙溪夏布总公司、秦峰夏布厂年创产值分别达5000万元、1167万元,广丰县壶桥夏布实业公司创产值2000万元。2000年,上饶市沙溪拥有夏布规模企业4家,年创产值3760万元。

竹藤棕草制品 竹藤棕草制品生产,为劳动密集型产业,以毛竹、小山竹、藤皮、棕片纤维、席草、龙须草等为原料,手工编织制作的工艺品、陈设品、日用品。全区生产竹藤棕草制品企业主要分布在上饶县、广丰县、铅山县、万年县、德兴市,上饶县田墩的草竹编、广丰县洋口的草编、藤制品,万年县大黄的草席,德兴市、婺源县的竹凉席等,享誉国内外。1995年,全区乡镇企业竹藤棕草制品产值达4453万元,2000年产值达2.6亿元。

建材产品 境内各种建筑材料是乡镇企业最传统最大宗的产品,有砖瓦、石灰、水泥及石材等,砖瓦是乡镇建材工业中产量最大的产品。随着国民经济的发展,城乡基本建设对砖瓦的需求量逐年增多。2000年,全区乡镇企业共产砖45.7亿块,瓦4.4亿块。石灰全区各县(市)都有生产,以弋阳县、玉山县、广丰县、万年县、上饶县产量最大。2000年,全区乡镇企业生产石灰16.5万吨,水泥全区乡镇企业有水泥生产的县有玉山县、广丰县、铅山县、万年县、上饶县。1999年—1995年进行全面技术改造,新建生产线,产量不断增长。1995年,全区乡镇企业生产硅酸盐水泥25万吨。到2000年年底,全区乡镇企业生产企业有19家,产量50万吨。

烟花鞭炮 烟花鞭炮总称花爆。鞭炮即爆竹,有寸金、粗边、统管、金红礼炮、大地红礼炮、大小彩炮、雷公炮等60余个产品。烟花,除爆竹所需材料外,还配入烟火剂,集声、色、光、香为一体。品种有火箭类、喷花类、手持类、地面旋转类、吐珠类、造型类、升空类、笛音类等8大类1000余个花色品种,制作独特,造型新颖,形象逼真,色彩艳丽,燃放安全,包装精美。产地以广丰县、波阳县、万年县、余干县为主,2000年年底,生产厂家有667家,从事生产的职工8700

人，产量烟花36.8万箱，爆竹132.5万箱。

茶油　植物油、茶油为多年生长的，多数属自然生长，无污染，油脂营养全面，极具保健功能，品质能与国际著名的橄榄油相媲美。德兴市、婺源县、横峰县、玉山县、上饶县产量较大，以德兴市、婺源县的红花茶油品质最优。2000年年底，全区乡镇企业茶油精制厂有6家。

第二节　优质、名牌产品

优质产品　1991年，全区乡镇企业获省优质产品奖5个，1991年后，国家停止产品评优工作。

名牌产品　1994年，在国家停止产品评优工作后，在原有优质产品的基础上，对得到市场认可的产品进行名牌产品评定。1995年，中国乡镇企业名牌产品审定委员会审定，上饶市消防器材厂生产的江安牌直流水枪，评为“中国乡镇企业名牌产品”。1995年—2000年，全区乡镇企业获省乡镇企业名牌产品18个。

1991年全区乡镇企业创江西省优质产品一览

表13-3-1

优质产品名称	生产企业
信江牌人造石美晶体	上饶县石美晶体厂
江安牌Q216型直流水枪	上饶市消防器材厂
翠松牌W26、3V0、1A微型指示炮	玉山县信号灯厂
信珠牌精漂印花汗布睡衣裤	上饶市内衣一厂
灵鲜牌葡萄糖酸-8-内酯	上饶食品添加剂厂

1995年—2000年全区乡镇企业获省乡镇企业名牌产品一览

表13-3-2

获奖产品名称	生产企业	获奖年份
江安牌直流水枪	上饶市消防器材厂	1995
白云牌精制淀粉	广丰县白云淀粉有限公司	1995
泉山牌松油醇	江西省婺源香料厂	1995
信江牌FDY纸筒管	上饶市纸管厂	1996
卯卯牌雕漆工艺品	上饶县石人雕漆工艺厂	1996
力航牌Q3.0mm裸钢线	德兴铜材线缆厂	1996
德畅牌车用竹压板	德兴人造板集团公司	1996
松剑牌碳化硅	婺源县碳化硅公司	1997
京江牌豪华台球桌	玉山县方园实业公司	1997
元璋牌醉元樟特曲	江西康山酒厂	1997

续表 13－3－2

获奖产品名称	生产企业	获奖年份
蓝天牌钢化仿瓷涂料	上饶地区装饰材料厂	1998
湖云牌珍珠化妆品	江西万年春珍珠化妆品公司	1998
月兔牌卫生巾	广丰月兔卫生用品有限公司	1998
绿叶牌雨具系列	广丰县月兔雨具有限公司	1999
珍珠牌维 E 胶丸、益肝片、月见草油胶丸系列	江西天海药业有限公司	2000
天峰牌 32.5 及普通硅酸盐水泥	上饶天峰水泥有限责任公司	2000
岩鹰牌 32.5 及普通硅酸盐水泥	玉山县水泥有限公司	2000
龟峰牌年糕系列	弋阳大禾食品有限责任公司	2000

第三节　创汇产品

全区乡镇企业有矿产、轻工、食品、土产、畜产、纺织、丝织服装、工艺品、机械等 10 多类产品出口，其中，上饶市的夏布、服装，婺源县的茶叶，上饶县的矿产品，广丰县的草编、烟花、夏布，德兴市的猪鬃，玉山县的砚台，台球桌，铅山县的鳗鱼，横峰县的蔬菜等，规模较大的企业还获得了自营出口权。2000 年年底，全区乡镇企业有 8 家出口企业获得自营出口权。

1991 年—2000 年全区乡镇企业出口产品交货值

表 13－3－3　　单位：万元

年份	合计	化工	机械	矿产	轻工	食品	土产	畜产	纺织	丝织	服装	工艺品	其它
1991	5294.5	50		335.3	150.9	631	2775	25			138	793.3	436
1992	7121.2	46		319	10	2129	2180	19	29		651	1002.7	685.5
1993	12509			387	339	2109	4809	4	902		510	674	482
1994	24381			831	1291	2929	6110	968	979	132	1630	4456	5055
1995	32084	165		3538	305	3575	3592	1267	3647	991	1994	4150	8860
1996	32383	540		2974	338	4883	4720	774	343	74	485	7259	9993
1997	39612	535	240	3026	810	3802	5528	4245	8298		624	5643	6861
1998	41093	1394	1150	2560	1347	4250	4576	670	9988		1200	8452	5506
1999	26061	1892	200	3306	640	3836	2807	75	3366		1802	5105	3032
2000	22009	1328	200	703	2350	1312	2793	213	2951	260	1081	4046	4772

第四章　发展环境

第一节　政府推动

1990年代,全区各级党委、政府把发展乡镇企业作为加强农业基础地位、振兴农村经济的大事,摆上重点议事日程,调动各方面积极因素,扶持引导其健康发展。具体措施为:

加强领导　1991年开始,中共上饶地委、上饶地区行署确立乡镇企业为农村经济发展主要增长点的指导思想,提出“大发展、大提高”的方针,实施跳跃式发展战略。每年定期召开专门会议,听取主管部门的汇报,研究措施,确定发展目标。从地区到县(市)、乡(镇)以现场办公的形式,安排项目、资金、物资,为乡镇企业解决发展中的具体困难和问题。每年至少召开一次高规格的全区乡镇企业工作会议,总结交流经验,表彰先进,部署任务,分析形势,落实目标和措施。地、县(市)、乡(镇)三级都成立发展乡镇企业领导小组,一把手负总责,党委、政府各安排一名副职专抓乡镇企业,地、县(市)两级各套班子成员挂钩一个重点工业企业,党委、人大、政府、政协各个职能工作部门挂钩服务一个重点企业,建立科学、严密的考核制度,重点考核上缴税金、营业收入、规模企业等指标,对考核前三名实行表彰。

解放思想　在农村,人们的思想受传统观念的束缚,搞农业单一经营,视“务工”为不务正业,“经商”是歪门邪道,生怕发展乡镇企业和多种经营会偏离方向。1991年以后,全区各级党委、政府非常重视解放思想、转变观念的工作。地委先后组织三次解放思想大讨论,要求转变观念促发展,对照先进找差距。1991年—2000年,地、县(市)、乡(镇)三级党委、政府多次到浙江、上海等地参观当地的规模企业,与当地领导、企业家座谈,学习了解当地发展乡镇企业的政策措施。地区乡镇企业局从1997年开始,组织主管部门负责人、乡(镇)书记、乡(镇)长和重点企业负责人共700多人次,到江苏无锡进行为期15天的学习培训。通过这些工作,使广大干部增长见识,加深“无农不稳,无工不富,无商不活”的认识,增强加快乡镇企业发展的紧迫感和责任感,对思想解放、观念更新起到极大的促进作用。

建立责任制　加快发展乡镇企业,寄希望于群众自己干起来,而群众的发动,关键在于领导。1993年5月,地委明确提出,全区各级党政一把手是乡镇企业工作的第一责任人,县一级领导更要把主要精力放在抓乡镇企业发展上。从上到下,把发展乡镇企业当作头等大事,逐级分解目标任务,层层签订责任状,责任落实到人,年终评比考核,表彰好的,批评差的。地直80多个部门和单位与各县(市)和重点乡(镇)、“空壳村”挂钩,实行对口扶持。地委、行署要求各县(市)每年要新上10个~15个“双五”(产值500万元,利税50万元以上)以上项目,对“双五”企业实行逐个考核验收,完成目标任务者奖,未达目标者追究责任,并实行“一票否决”,不评先进、不能提拔、不能易地做官;再延一年仍未达标者,就地降职或免职。这些措施对发展乡镇企业产生极大的激励和推动作用。

资金扶持　1991年—1992年,地区财政拿出400万元贴息资金,重点支持“双五”项目建设。1993年—1994年,地区财政共安排500万元周转金,用于扶持建立100条石材加工生产线。1997年,地区财政安排150万元,用于解决上饶县国人集团、德兴市竹压板厂等13户重点企业的流动资金。1995年—1998年期间,上饶地区共向省财政争取到670万元周转金,重点扶持境内骨干乡镇企业的发展。

第二节 政策支持

1991年以后，地委、行署坚决贯彻执行党和国家关于大力发展乡镇企业的一系列方针、政策，结合区情，制定一系列贯彻措施，积极引导、扶持乡镇企业发展。

在企业所有制上放开搞活 对企业所有制性质，不看姓“社”姓“资”，实行多轮驱动、多轨运行，对乡村集体企业进行转轨改制，动员和促进各级干部、机关、部门、厂矿投资兴办或合办乡镇企业。鼓励老企业实行股份合作制改造，在企业总资产中，历年享受减免税照顾总额所形成的资产，界定产权可以全部量化到企业和职工个人。对小微亏的乡村集体企业，进行租赁、兼并或拍卖，对一时不具备改制条件的企业，实行经营承包责任制或托管经营。到2000年，全区乡村集体企业完成改制面达98%，广丰白云淀粉厂、德兴竹压板厂、上饶县国人集团等一批产值过千万元的骨干企业，全部由经营者个人买断，成为私有企业。

在经营领域上放开搞活 明确规定除国家明令禁止生产的项目外，乡镇企业都可以经营。充分利用资源优势，发展农副产品加工业，提高农副产品加工业在乡镇工业中的比重；发展矿产品采掘加工业，变资源优势为经济优势；发展配套项目和企业，提高乡镇企业的协作水平；发展劳动密集型企业，增加乡镇企业安置农村剩余劳动力水平。

在企业布局上集中连片 每个县（市）建设一个拥有10家以上工业企业，产值达亿元以上规模的工业小区。成立乡镇工业小区管理委员会，实行统一领导、统一规划、统一开发、统一管理。在小区内办厂，实行异地办厂原地纳税，水电增容费地方部分全免，所得税第一年全额返还，第二、三年返还一半。户口可迁入小区所在地，子女入学、入托不另收集资费和借读费。个人固定资产投资10万元以上可以解决一个商品粮指标，免收城市增容费，每年城市维护费和城市增容费的10%用于乡镇企业小区的水、电、路、通信等基础设施建设。到1999年，全区有玉山城西工业区、广丰芦林工业区、德兴潭阜桥工业区被农业部命名为全国乡镇企业东西合作示范区。

在扶持政策上实行优惠 新办企业免征产品税、增值税一年。支农企业和为农业服务的产品免征三年；电力和农产品加工的农副产品，免征产品税，15种小食品减半征收所得税，允许乡镇企业在成本中据实列支技术改造和新产品开发费用，经省级以上鉴定的新产品当年新增增值税的25%返回企业。特困乡办的企业，5年内免征所得税。

第三节 企业减负

1990年代，境内乡镇企业治乱减负工作涉及面广，政策性强，情况复杂，难度很大，各级党委、政府及其有关部门对此高度重视，作为治理经济环境和纠风工作的重中之重，下大力气抓出成效。

开展乡镇企业负担大检查 1995年开始，全区开展5次乡镇企业负担大检查，在督促各县（市）、乡（镇）、企业和有关涉企部门认真开展自查自纠的基础上，由地区纪检委、监察局、乡企局、纠风办等多个部门组成联合检查组，由县级以上领导带队，到县（市）检查企业减负工作，受理企业投诉和查纠案件，总结企业减负工作经验。通过大检查，受理企业投诉45件，接受企业咨询200多人次,清理退还企业的“三乱”经费103万元,查处“三乱”案件13起,为企业挽回经济损失3000多万元。

清理收费项目 按照国家和省里的规定,1997年以后,全区累计取消向企业收费项目483项,如电力系统取消电力空调增容费、用电申请工本费、竣工验收费、用电查勘费、用电服务费等13项收费。交通部门取消车辆出勤费等15项收费。建设环保取消10项收费,降低收费标准一项。铅山和华鳗业水产有限公司在1998年应缴排污费40万元,经环保局按最低标准核定收缴排污费15万元,其中13万元留给企业用于污染治理。对各县(市)政府自行出台的收费项目一律取消,对确需保留的收费项目,专项上报省政府审批。

为企业发展保驾护航 实行政务公开,推行服务企业承诺制度,聘请人大、政协代表和老干部、群团负责人为企业减负监督员,经常开展明查暗访工作。实行企业检查收费登记制度和许可制度,把好收费的窗口,否则企业有权拒绝。把全区100多家骨干乡镇企业,实行挂牌保护,为企业撑起“保护伞”。同时,地委、行署先后出台《关于突破性发展乡镇企业的补充决定》《关于促进乡镇企业大发展、大提高的决定》《关于加快非公有制经济发展的决定》《关于进一步优化环境促进非公有制经济大发展的决定》《关于开展经济发展环境建设年活动的决定》和《关于对“三乱”进行专项治理的决定》等。

第五章 人才与科技

第一节 教育培训

培训网络 1990年底,地区乡镇企业管理局设置科教信息科,管理全区乡镇企业系统干部职工的教育培训工作。改变以往培训工作由各业务科室分别实施的做法。此后,大部分县(市)陆续设置科教信息科(股)。1990年9月,玉山县在全区率先成立乡镇企业培训站,1997年7月2日经地区编委(饶编发〔1997〕11号文)批准,成立上饶地区乡镇企业培训中心,1997年9月,德兴市乡镇企业培训中心成立。此后,广丰县、上饶县也相继成立乡镇企业培训中心。至此各县(市)乡镇企业系统均有专职人员负责培训和职工教育工作。各乡(镇)企业办(企管站)及部分具有一定规模的企业也建立自己的培训机构。地、县(市)、乡(镇)、企业四级培训网络初步形成。

短期培训 乡镇企业系统职工短期培训由地区局根据省局培训计划分解到各县(市)、由地、县(市)、乡(镇)企业各级分别组织实施。培训内容有新产品开发、技术改造、质量管理、财务会计、统计、岗位培训、生产技能培训、安全生产培训等,课程设置一般具有较强的针对性和实用性,参训人员为企业的管理人员、技术骨干及生产一线工人。培训时间一般为50课时左右。1991年—1992年,全区乡镇企业系统共组织各类专业技术培训2110期,培训人员81277人次,其中地区局举办92期,培训8121人次。

1991年—2000年全区乡镇企业系统组织各类专业技术培训情况

表13-5-1

项　目	1991年	1992年	1993年	1994年	1995年	1996年	1997年	1998年	1999年	2000年
培训期数	137	207	377	157	112	275	210	301	107	227
其中:地局期数	8	8	13	10	9	8	8	8	11	9
培训人数	7000	6949	13744	8269	4674	11184	9698	8857	9856	9046
其中:地局人数	714	439	717	724	1274	1164	1355	546	626	562

规模培训　供销员函授培训　1992年2月25日,省乡镇企业局和江西大学联合举办的全省乡镇企业供销人员函授岗位培训班举行开学典礼。全区参训人员2005人,学习内容是《营销心理与公共关系》《市场营销理论及应用》《营销决策分析》和《商品知识》,学员以自学为主,各县(市)根据学员分布情况编班,每门课程组织面授一次然后考试。面授辅导由各县(市)、乡(镇)、企业局派人担任,辅导员由省乡镇企业局组织培训,教材编写者为辅导员上课,此次培训历时一年。

全区分管乡镇企业领导培训班　1991年4月5-14日,23-30日,根据地委、行署部署,地区乡镇企业领导小组安排,地区乡镇企业局分两期举办全区分管乡镇企业领导培训班,参加培训的有全区各乡(镇),分管企业的领导和乡镇企业局长253人,培训班要求乡(镇)领导解放思想,真抓实干,突破性地发展乡镇企业。大规模地举办乡镇领导培训班在境内尚属首次。

学历教育　1988年江西省农业广播电视学校乡镇企业分校,在境内首次开办中专班。1997年—2000年,德兴市、横峰县、广丰县、玉山县和上饶县相继招生办班。设置企业管理、会计统计审计、机电和工民建等专业,采取录像、面授、函授三位一体的教学方式,经教育部门考试审定,先后在1990年、2000年—2002年,有12个教学班523人学业期满,成绩合格,如期毕业,获中专专业学历。

1994年9月,地区乡镇企业局组织83名乡镇企业系统职工参加江西省乡镇企业局、江西师范大学、南昌大学联合举办的乡镇企业管理、乡镇企业会计、工民建三个专业的大专学历自学考试。其中乡镇企业管理52人,乡镇企业会计29人,工民建2人,由地区乡镇企业局邀请江西师大教师在上饶进行面授辅导,每专业考试课程15门,至1997年坚持学习的57名学员中有50名学员获得自学考试大专学历毕业证。

定向招生　1992年—1999年,省政府同意在普通高校和中专学校及普通中专学校面向乡镇企业定向招生,这些学生实行"定向招生,定向培养,定向分配,定期服务",被录取的考生必须与所在县(市)的乡镇企业签订《定向考生聘任协议书》,毕业后到签约企业工作8年以上。毕业生原签约企业关、停、并、转的,由县、乡镇企业局与同级劳动人事部门负责在乡镇企业间调整使用。

1992 年—1999 年面向全区乡镇企业定向招生情况

表 13－5－2　　单位:人

类别	1992 年	1993 年	1994 年	1995 年	1996 年	1997 年	1998 年	1999 年
合计	45	68	106	100	128	120	103	90
大专	10	20	35	25	45	42	50	90
中专	30	32	36	34	18	14	6	0
普通中专	5	16	35	41	65	64	47	15

第二节　科学技术

新产品开发　1990 年代后,随着社会主义市场经济的发展,市场对产品要求不断增加,要求不断有新产品供应市场,但境内企业自身的科技创新能力还比较弱,企业开发新产品是以引进技术为主,具体做法有:一是以科研单位、大专院校为技术依托,引进专项科研成果,联合开发较高技术的产品。德兴铜材线缆厂引进上海电缆研究所技术,采用当时先进的“上引法”、“连铸连轧”新工艺,开发生产大长度光亮无氧钢杆系列产品;二是接受技术转让、开发新产品。婺源新型节能光电厂引进上海复旦大学科技成果试制而成的“电子镇流器”;三是购买专利技术组织生产新产品。弋阳葛溪电子摇篮厂购买专利生产的“多功能自动电子摇篮床”,德兴银城五金厂购买专利试制的“多功能防滑活动板头”。1990 年代中期,乡镇企业除引进技术开发新产品外,逐步依靠自己的技术力量,或聘请技术顾问,进行仿制创新开发新产品,上饶市铜合金铸造厂利用自己从上饶机械厂、江西光学仪器总厂聘用的技术人员开发“铸造工艺礼品”、“耐热钢铸件”等新产品,上饶市洗涤厂仿制开发的“丝光皂”等等。

1990 年代后期,乡镇企业加强自身技术力量,自主开发一批有一定技术含量的新产品,上饶市力丰照明器材厂自主开发的“高压钠灯电子镇流器”,不但通过新产品鉴定,还获得国家专利局的发明专利,德兴市竹压板厂开发的“斜排竹材层压板”“建筑模板”,上饶科华精细化工公司开发的“磷酸三辛脂”、弋阳县米发联合收割机厂开发的“圭峰—SI52 型水稻联合收割机”等都是企业自主开发的产品。

科技服务　1991 年 3 月、1992 年 3 月,地区乡镇企业局分别组织部分乡镇领导和企业参加由省乡镇企业局、省经委、省科委、省教委等九家组织召开的江西省乡镇企业第一、二届技术交易会,分别洽谈项目 159 项和 156 项。

1994 年 4 月,江西省乡镇企业局命名 100 家“全省乡镇企业科技进步示范单位”,境内德兴市竹压板厂、德兴市抗磨材料集团有限公司、上饶市消防器材厂、广丰月兔卫生用品有限公司、江西省余干县黄金玻纤厂、上饶市科华精细化工有限公司、江西省婺源香料厂、婺源县碳化硅公司、横峰县施塑防腐设备总厂、玉山县膨润土化工总厂、玉山县星华集团公司等 13 家企业获“全省乡镇企业科技进步示范单位”称号。

1995 年 3 月,地区乡镇企业局组织 40 个企业参加省科委、省计委、省乡镇企业局举办的“’95 江西新专利、新发明、新产品博览会”,有 27 个产品获得金奖,2 个产品获得银奖。

1996 年,农业部表彰德兴市竹压板为“八五”期间全国乡镇企业科技进步先进单位,地区乡镇企业局吕家芬、波阳县农药厂卓如意获全国乡镇企业科技进步先进工作者荣誉称号。

1997 年 5 月,地区乡镇企业局组织 300 余名企业及乡镇领导参加'97 全省乡镇企业新技术新产品交易会,组织招标难题 20 个,企业与大专院校、科研院所签订意向性技术合作协议 18 项。

1997 年 12 月 1 日,行署办公室印发《上饶地区贯彻江西省乡镇企业科技服务活动实施方案的实施意见》,明确本区乡镇企业科技服务活动的指导思想、主攻方面、主要目标、重点行业、区域。成立上饶地区乡镇企业科技服务活动领导小组,确定德兴市竹压板厂、铅山天峰合营水泥厂、余干红豆食品厂、上饶县国人集团、三源集团上饶化工有限公司、玉山县星华集团公司、德兴铜材线缆集团、广丰县医用材料厂等 8 家企业为科技服务活动重点企业。

第三节 职称评聘

职称评定 1990 年,江西省人事厅、江西省乡镇企业局联合下发《江西省乡镇企业专业技术职称暂行条例》,根据《江西省乡镇企业专业技术职称暂行条例》,在上饶地区乡镇企业局中开展工程、经济、会计、统计、工艺美术 5 个系列专业技术职称的评定工作,加上"七五"期间评定的各类专业技术职称 2745 人,至 1994 年获乡镇企业各类专业技术职称人员达 4996 人,其中高级 7 人,中级 479 人,助理级 1807 人,员级 2703 人。

1994 年,全省范围内各系统职称评定工作清理整顿,暂停所有系统职称评定工作,乡镇企业职称评定工作暂停。

2000 年,江西省人事厅下发《关于开展非国有企业专业技术职称评审工作的通知》,在全省乡镇企业工程、经济系列开展非国有专业技术职称评审工作,因当年没有具体可操作性文件出台,只在全区乡镇企业中贯彻宣传《关于开展非国有企业专业技术职称评审工作的通知》。

有突出贡献专业技术人员 有突出贡献的专业技术人员是在乡镇企业系统中具有高、中级专业技术职称,在专业技术上有一定的造诣,为服务乡镇企业贡献聪明才智,作出突出贡献人员,有突出贡献的专业技术人员每人每月享受 50 元贡献津贴(属支援乡镇企业工作的专业技术人员,由受援单位发给一次性奖金 1500 元);对享受贡献津贴人员每 3 年审核一次,不符合条件者,不再作为省乡镇企业有突出贡献专业技术人员,并取消贡献津贴。

1993 年 10 月,省人民政府下发《关于命名表彰优秀乡镇企业家和乡镇企业有突出贡献专业技术人员的决定》,境内波阳县食品二厂厂长刘监保等 12 人受到表彰。

1998 年 10 月,江西省乡镇企业局,江西省人事厅联合表彰全省乡镇企业有突出贡献的专业技术人员,境内上饶市常青房地产开发公司王德泉等 13 人被授予省乡镇企业有突出贡献专业技术人员,上饶县石人雕漆工艺厂张国寅等 4 人通过考核继续保留有突出贡献专业技术人员荣誉称号。

1993 年—2000 年全区乡镇企业有突出贡献的专业人员

表 13－5－3

姓　名	单位及职务	授予时间(年、月)
刘监保	波阳县食品二厂厂长	1993.10
杨国香(女)	上饶市消防器材厂书记	1993.10　1998.3
吴成其	德兴市第一化工厂厂长	1993.10　1998.3

续表 13－5－3

姓　名	单位及职务	授予时间(年、月)
余宏录	上饶县沙溪建筑公司经理	1993.10
汪绍珠	上饶市内衣一厂厂长	1993.10
张声木	广丰桐畈淀粉厂厂长	1993.10
张国寅	上饶县石人雕漆厂厂长	1993.10　1998.3
陈兆麟	德兴市铜中矿加工厂厂长	1993.10
林芳春	上饶市装饰材料厂厂长	1993.10
胡中泰	婺源县工艺雕刻厂厂长	1993.10　1998.3
唐华础	德兴市铜材线缆厂副厂长	1993.10
梁　斌	德兴市香屯制药厂副厂长	1993.10
王德泉	上饶市常青房地产开发公司副经理	1998.3
苏　华	上饶市燎原精细化工实业公司经理	1998.3
桑高良	上饶县化工实业公司董事长	1998.3
童土尘	玉山县信号灯总厂厂长	1998.3
邓仕辉	玉山县紫湖矿业公司经理	1998.3
林龙兴	横峰县岑阳房地产开发公司经理	1998.3
刘金章	铅山县天峰合营水泥厂厂长	1998.3
胡新华	德兴市竹压板厂厂长	1998.3
祝天才	德兴市抗磨材料厂厂长	1998.3
张有固	余干县橡胶厂厂长	1998.3
汪振光	余干县康山酒厂厂长	1998.3
祝春仂	德兴市泗洲海绵铜回收公司经理	1998.3
方荣福	婺源县香料厂厂长	1998.3

第六章　企业改革与管理

第一节　企业改革

全区乡镇企业改革，涉及经营制度、产权制度改革两大方面。主要形式有：承包、租赁、股份合作制、拍卖、兼并、组建集团等。至2000年年底，全区2358家乡村集体企业中，实行各种形式的改制企业共2337家，其中承包644家，租赁520家，股份合作制460家，拍卖329家，兼并29家，组建集团21家。

承包 境内乡镇企业在原社队企业"五定一奖赔"(定人员、定产值、定成本、定利润、超奖欠赔)或几定几奖赔责任制的基础上,于1991年开始推行各种形式的第二轮承包。

广丰县横山水泥厂,全厂186人,1991年实行集体承包,由厂长代表全体职工与乡镇签订集体承包合同。承包后,企业内部实行层层承包,职工按工种、技术、业务能力划分分配等级,实行联产、联利计酬。当年企业产值比1990年增长51%,每百元产值成本比1990年下降6.9%,利润比1990年增长2.2倍。

婺源县龙山乡木器厂是个仅有17人的小厂。1991年,龙山乡张榜招贤,由厂里懂技术、有经验、会管理、肯实干的干部职工合伙中标承包,并交风险金3万元,利益直接,风险共担,从而促进生产的发展,效益大大提高。承包的当年,实现利税、产值分别比上年增长26.5%、42.6%,人均创利税4471万元,是婺源县乡镇企业当年人均创利税最好的企业。

玉山县临湖乡信号灯厂是"产品销路、原材料采购"均在外地的两头在外企业,1991年,童土生出任厂长,与乡里签订承包合同,合同规定,工人由厂长聘请,财力和物资由厂长管理,生产经营由厂长安排,企业的人事管理、生产决策、经营管理权高度集中,承包后企业内部层层实行岗位责任制,责、权、利明确,使生产力得到发展,经济效益大大提高,在第二轮承包的三年期间,产值平均增长40%。

资产保值增值承包 1996年,玉山县在全面做好资产清查与评估,确定资产保值增值率、择优选聘企业经营者并严格考核奖惩兑现的基础上,率先在全县16家乡镇企业中推行资产保值增值承包,16家企业的平均资产保值、增值率分别为7.9%、21%,有效解决承包过程中的"负盈不负亏、穷庙富和尚"的现象。

乡镇企业刚开始承包时,"三个一"(一年承包、一人承包、一个指标承包)的承包方式,在实践中产生一些问题,承包人为追求短期效益而拼设备、拼资源;有的企业在完成上交利润后搞吃光分光;企业赚到的钱,大头装进承包者的钱包,中头被乡政府抽走,零头被职工分光,企业扩大再生产受到很大影响。为改善企业经营、增强企业活力,1986年7月25日,中共江西省委、省人民政府,在《关于大力发展乡镇企业若干问题的规定》中,要求"乡镇企业一定要实行政企分开,完善经济责任制,不断改善和加强经营管理。根据企业的不同类型和不同条件,因地制宜,实行集体承包厂长负责制或个人承包;或提倡全面承包,适当延长承包期,防止少数人搞单项承包和仗权垄断承包以及转手承包的现象发生"。1990年代初,境内乡镇企业在完善承包经营责任制中,打破由厂长一人承包的单一形式,向领导班子集体承包和全员风险抵押承包发展。

1989年—1990年,第一轮承包合同到期的乡镇企业开始第二轮承包。在1991年开始的第二轮承包工作中,各地吸取以往经验教训,努力克服过去"三个一"的承包方式,企业承包的内涵和期限得到进一步完善,第二轮承包经营更趋于合理化和科学性。具体表现在:承包内涵包括产值、利润、质量、安全、资产增值、折旧、积累提留、人才培训、管理费等各项指标。包死上交,超收分成,欠收自补;承包期限作适当延长,一般3年~5年,视企业具体情况而定;承包前评估资产,制订章程,包准包实,每年完成情况经过审计,核定分配、奖罚兑现。

(四)承包基数一般3年~5年不变,有的则先定死一年的承包基数,第二年至第五年按比例逐步递增,滚动承包。

租赁 在对效益较好,有一定规模的企业全面推行"一包三改"的同时,对小型、微利或亏损企业,实行租赁经营责任制。具体做法是,将集体所有制企业的资产,有期限、有条件、有偿地让渡给承租者经营。实行租赁经营的企业,一般是向企业内外招标,以固定资产净值、生产费用、上交利润的总和为租金依据。租金可先付一部分作为抵押,其余部分分年结算支付。租赁者,可以是国营或集体企业,也可以是生产能人。

1990年代初,随着市场竞争日益激烈,一些规模不大、效益低、生产不正常。产品单一的工业企业和一些商业服务性企业,亏损现象增多,有的濒临倒闭。为走出困境,这些企业实行租赁经营,因而租赁经营企业的面不断增大。德兴市香屯制药厂新生产线自1994年建成以来,由于流动资金严重不足,企业无法正常生产,长期处于停产状态,投资300余万元的片剂车间基本没有运行,1996年产值仅有20多万元,历年累计亏损141.4万元,1997年,德兴市一家村办企业和上海第二军医大学的技术人员联合租赁这个厂,通过开发新产品,狠抓产品质量,连年亏损的势头得到有效遏制。1995年,德兴市花桥竹压板厂以每年60万元的租金对国有企业德兴市刨花板厂实行租赁经营,开创境内乡镇企业租赁国有企业的先河,实行租赁经营后,这个连年亏损300万元以上的国有企业开始出现生机,1996年初投入280万元资金进行技改后,当年实现扭亏为盈。玉山县南山乡把乡镇企业租赁经营与招商引资、引进技术和人才结合起来,看准当地花岗石资源,于1993年,采用租赁的方式(年租赁费75万元),从浙江泰顺县工艺板材厂引进人才、资金,创办宏龙实业有限公司。

股份合作制　境内股份合作制企业始于1980年代,1990年代中期得到蓬勃发展。股份合作制其注册资金最低,限额为人民币3万元。它的基本特点是合作企业的所有要素、投入均折成标准的股份明确界定投资入股的股权份额,通过股份的联合,实现劳动者个人财产、集体财产及各种要素的联合。1993年底,根据地委、行署的部署,上饶地区乡镇企业股份合作试点工作组,由行署副专员陈发芳同志率领,赴余干县洪家嘴乡富湾鸭制品总厂实施股份合作制试点。试点从1993年12月23日开始至1994年1月12日结束,历时20余天,试点工作本着"规范操作,稳步推进,务求实效"的原则,实行"政策性与灵活性,规范性与可行性,开拓性与渐进性"三个结合,整个工作分成4个阶段,即:宣传发动,培训骨干;清产核资,明晰产权;界定股权,招股募资;建章立制,转换机制。试点结束后,1994年1月24－27日,地委组织部、宣传部、地区农经委、体改委、乡企局、农业局、林业局7家单位在地委党校联合举办全区第一期乡镇党委书记《股份合作制培训班》,全区大部分乡镇党委书记及各县(市)农经委、体改委、乡企局、工商局、会计事务所的负责人共288人参加培训。全面推动全区农村股份合作制经济。1994年1月,上饶地委、行署出台《关于大力发展农村股份合作制的意见》,并成立上饶地区股份合作制工作领导小组,各县(市)也相继成立股份合作制工作领导小组,一场有组织、有领导,以股份合作为主要形式的农村经济,乡镇企业改制工作由此全面展开。余干县富湾鸭制品总厂,1993年底,固定资产净值320万元,职工270名,共有食品加工、羽绒制品、服装加工等5个车间,主要产品有松花皮蛋、咸蛋、南安板鸭和羽绒系列产品,年产值达1000万元,利税超百万元,通过股份合作制改造,募集资金79.98万元,入股人数达202人,占全厂职工总数的95%以上,并建立、配套、完善股份合作制企业的有关制度、章程,改制后企业面貌焕然一新;玉山县鸿山高级墙地砖厂是玉山县冰溪镇、土管局、水电公司等单位与广东省石湾鸿业工贸集团公司于1993年合股联办,主要生产各类高档墙地砖和高档建材产品,企业设计规模为2990万元产值,项目总投资为1800万元,资金来源系各法人股东以资金、厂房、土地、设备等折价入股,其中佛山石湾鸿业工贸集团公司出资810万元,占总投资的45%,项目不仅资金到位快而且各方股东凭借自身的行业、部门优势,使项目工程进展迅速,比原定计划大大缩短施工周期。

1996年6月,地区乡镇企业领导小组下发《关于从地、县(市)直机关单位选派千名干部下基层,帮助乡镇企业改制工作的意见》,并成立12个督导组,分赴各县(市),对当地改制工作进行督促、检查、指导,各县(市)也相继召开动员大会,强化宣传,大造声势,对改制工作进行全面布置。同时,地区乡镇企业领导小组出台一批便于企业操作的具体办法。如:《上饶地区乡镇企业股份合作制试行办法》《乡(镇)村集体"小、微、亏"企业实行"租、并、卖"的试行办法》《乡镇企业资产评估试行办法》等,促使股份合作制改革日趋规范。

拍卖 1990年代,贯彻省乡镇企业局《关于深化企业改革,完善承包责任制的意见》中"对于规模小(产值5万元以下),生产上不去,连年亏损的企业,可以拍卖或兼并经营,把拍卖的资金,用于发展效益好的企业"精神。1994年,境内乡镇企业在推行企业整体拍卖中,明确提出,不仅拍卖效益差的、规模小的,而且拍卖效益好的、规模大的,实行产权制度改革的一步到位,在具体拍卖过程中,遵循四个原则:一是有钱能买;二是有能力经营;三是原企业经营者同等情况下享有优先权;四是债权债务全面落实不留后遗症。玉山县水泥有限公司,由一名国有企业的副厂长于1998年7月以1000万元买断产权,通过技术改造,生产规模由改制前的6.6万吨提高到10万吨,2000年纳税超百万元,职工人均工资由不足300元提高到700元。通过产权置换,企业活力明显增强,由停产半停产状态发展为效益显著的企业,出现"四不欠":即不欠税、不欠息、不欠电费、不欠工资。玉山县乙炔厂由林岗乡一名副书记于1994年6月以22万元现金购买,转债100万元,改制时银行100万元贷款和40万元财政借款均挂账处理,改制后产量净增1万瓶,当年付清6万元银行利息,上缴税收增长5倍。玉山县食品厂由一名个体私营业主于1999年7月付现金17万元购买,并承担240万元债务,改制后开展多种经营,先后办起建筑公司、房地产公司、快餐店,还与莲塘村合股建立冰溪大厦,全年纳税达20万元。1997年,上饶市沙溪镇三元集团公司以140万元买下产品档次低、年亏损达30万元的信江化工厂后,一期技改投入600万元,形成年产值4000万元的生产规模。上饶市九鼎集团以40.8万元买下亏损5万元的沙溪纸箱厂,注入资金、启动生产,1997年8月份投产后,三个月实现营业收入50余万元,上缴税金2万余元。

附一:拍卖方案

广丰县桐畈淀粉厂创办于1984年,到1994年年末,固定资产原值165万元,主要机械设备有红薯淀粉、小麦淀粉、粉丝三条生产线,产品有7个品种,其中系列产品之一的精制红薯淀粉于1988年评为省优产品,同年获首届中国食品博览会铜牌奖。1991年评为江西乡镇一级企业。多年来,由于经营管理不善,效益不高。中共广丰县委、县人民政府决定,由县乡企局、县委组织部、政研室、县体改委、工商局、财政局、司法局、审计局、税务局和县农行等单位联合组织"广丰县桐畈淀粉厂企业改革试点工作组",于1994年2月17日赴桐畈淀粉厂进行企业拍卖试点。在中共广丰县桐畈镇党委、镇人民政府的配合下,经过一个多月的时间,圆满完成桐畈淀粉厂拍卖试点工作。现将"拍卖竞投办法"和"拍卖应买合同书"附录于后。

附二:拍卖竞投办法

第一条 为了彻底明晰企业产权关系,适应社会主义市场经济发展的需要,经桐畈镇党政联席会议研究决定,对桐畈淀粉厂实行拍卖。为确保竞投工作顺利进行,保护竞投者的正当权益,特制定本办法。

第二条 桐畈淀粉厂拍卖竞投工作由桐畈镇人民政府负责主持。

第三条 竞投采用"亮牌报价,轮番竞投"的形式。

第四条　竞投者凭《竞投通知书》、居民身份证和法人代表的证明或委托书进入竞投会场。

第五条　竞投程序：

1. 竞投者凭《竞投通知书》、本人身份证，按报名先后顺序编号对号入座。各竞投者可另请五人陪同出席。

2. 主诗人首先介绍拍卖简介，尔后宣布报价开始后，竞投者可不按顺序号自由举牌报价，但后一人的报价必须高于前一人的报价2000元以上，前后报价间隔时间不得超过两分钟。两分钟后，如无新的竞投报价产生，则最高价者为中标人。

3. 每次报价都要做好记录。竞投人中标后，应立即在竞投记录上签字盖章，领取《中标证书》。中标人凭《中标证书》立即交付拍卖总额的40%的价款，其原交保证金可抵拍卖价款，并与镇人民政府签订《桐畈淀粉厂拍卖合同书》。从中标当日计算，在30天内全部交清其余60%的拍卖价款，并办理有关手续和更换证件。如逾期不交清拍卖金，则已付拍卖价款不予退回，并取消中标者享受的权益；未参加竞买和竞买中标后不签订合同者，保证金不予退回。其余未中标者所交纳的保证金可以10天内领回。

第六条　拍卖竞投由广丰县公证处进行公证。《桐畈淀粉厂拍卖合同》必须经广丰县公证处公证生效。

广丰县桐畈镇人民政府
1994年3月24日

附三：拍卖应买合同

订立合同双方：

拍卖方：广丰县桐畈镇人民政府（简称甲方）

应买方：广丰县桐畈镇鄢杰民（简称乙方）

广丰县桐畈淀粉厂，于1994年3月24日在桐畈电影院公开拍卖后，经甲、乙双方协商，特订立本合同，供双方共同遵守。

1. 拍卖与应买名称范围：拍卖物包括淀粉厂围墙内的所有财产及附属物、供排水设施、水井、排污沟及福州经销部的所有财产（具体按清产核资评估单登记），归买方所有。土地买方只有使用权，没有所有权。

2. 拍卖与中买价款：

拍卖物中买价壹佰零贰万零捌拾捌元捌角整，甲、乙双方均不得以任何理由增价或减价。

3. 付款时间及办法：

乙方分两次交付甲方中买价款。第一次交款乙方凭《中标证书》当即交付拍卖中买价的40%款额计人民币40.8万元。第二次交款从中买当日计算，乙方在30天内全部交清中买价的60%款额计人民币61.20888万元整。

4. 甲、乙方的权利和义务：

甲方的权利和义务：

(1) 甲方应协助乙方调解有关纠纷。

(2) 乙方如需进行技扩改，甲方应协助办理有关手续。

(3) 甲方应协助乙方处理重大工伤事故和自然灾害，费用由乙方承担。

(4)甲方不得以任何理由向乙方进行不合理摊派。

(5)对移交前的应收款,甲方务必在一个月内追回交给乙方,否则乙方可以剩余的中买款内相应扣除。

(6)甲方应将厂里原有的无形资产(商标、名称、证书、档案及厂驻福州经销部的各类证件手续)移交给乙方。

(7)甲方在一个月内负责办理好土地征用手续,费用由甲方负担。

(8)锅炉、分离机(两台)由甲方负责试机正常后交付乙方使用;清产核资评估表中的各种机械设备数量缺少,甲方应按清单表内的评估价格赔偿给乙方。

乙方的权利和义务:

(1)乙方实行自主经营,独立核算,自负盈亏,甲方不得以任何理由干涉乙方的经营管理。

(2)乙方承担甲方移交的一切债务,并享有一切债权(至拍卖前一日止)。

(3)乙方有权自行组织领导班子、聘用职工,原厂职工未录用者,由甲方负责安置。

(4)乙方在生产经营中,应遵守国家法律、法令,依法经营,照章纳税(核定1994年度上交税金15万元,1995年—1996年按18%递增,1997年度再核定税收任务)。

(5)乙方有权对拍卖物依法转让、出租、抵押和继承。

(6)现有厂区内的土地,乙方如需改变用途性质,务必按照有关规定办理审批手续。

(7)乙方应承担上交乡镇企业主管部门管理费,核定1994年度交纳管理费3万元,三年内按10%递增,如其他部门要收管理费,由甲方负责。

(8)拍卖后,需要换证件费用由乙方负担,甲方协助办理。

(9)乙方可继续使用渠道水,其污染由乙方处理。原厂属排污场及设施继续无偿使用,如发生纠纷,由甲方负责处理。

(10)拍卖后到1994年底,乙方在正常生产经营情况下,如果银行要追回原有全部贷款而造成不能正常生产,甲方应及时调处;如未能调处好,由甲方应在一个月内将中买款全部退回乙方,并赔偿乙方停产所造成的经济损失。

(11)乙方贷款需要担保时,甲方应允许镇办企业给予担保。

5. 违约责任

(1)甲方和乙方无论哪方违约,均应偿付违约金20万元给守约方,并且单方可终止合同。

(2)乙方如拖欠甲方拍卖款,每逾期一日,应偿付甲方1万元的滞纳金,如逾期15天,乙方未付清中买款,甲方按乙方违约处理。

6. 其他

为接受法律监督,甲、乙双方自愿申请广丰县公证处对本合同进行公证。

本合同自甲、乙双方签字并经公证处公证后生效。本合同遇有国家政策变化时,按变化后国家政策执行。

本合同生效后,甲、乙双方不得擅自变更或解除。如有未尽事宜,须经甲、乙双方协调,作出补充规定。补充规定条款与本合同具有同等法律效力。本合同如法人代表发生变更,不得变更本合同。

本合同正本一式3份,甲、乙双方各执1份,广丰县公证处留存1份。合同副本一式5份,中共广丰县委、县人民政府、县乡企局、县体改委、镇企办各1份。

甲　方:广丰县桐畈镇人民政府(公章)
法定代表人:　　　　(签名或盖章)
乙　方:广丰县桐畈镇鄢杰民(签名或盖章)
1994年3月24日
签约地点:广丰县桐畈镇

兼并　境内乡镇企业兼并经营起步于1990年,当时有的乡村集体企业由于技术力量薄弱,生产设备落后,在激烈的市场竞争中出现亏损和倒闭。为了不让这些企业倒闭,只有让他们依靠大的企业或先进的优势企业,继续生存下去,在大厂或先进厂的带动下,加强管理,提高技术水平,提高产品质量,发展自己。于是,一个以强带弱、优势互补、相得益彰的兼并经营方式应运而生。

企业集团　1990年代,乡镇企业原有的优势逐渐消失,在新形势下面临新的矛盾和挑战:一是国有工业进行改革、改组、改造,人才、技术、装备、经济实力优势将进一步释放出来,产生巨大的市场冲击力;二是个体"两户"私营企业大发展,成了乡镇企业强有力竞争对象;三是乡镇企业规模小,面广量多,很分散,基础素质差,投资又少,自我发展能力脆弱,难以适应大发展形势和国内外市场竞争的要求。1991年,贯彻江西省乡镇企业局转发农业部关于组建和发展企业集团暂行办法的通知下达后,乡镇企业比较发达的地区和一些有条件的工业企业,先后组建企业集团。德兴市为营造乡镇企业的"航空母舰",促其上规模、上档次、上效益,1996年先后组建铜材线缆集团、特种养殖集团、抗磨材料集团、人造板集团、鬃业集团、黄金集团,六大集团共吸收资金1500万元,投资入股630万元,1996年1—8月份六大集团共完成产值1.81亿元,实现利润1307万元。婺源县以资源依托为优势,以地方名牌产品和特色产品为龙头,对分散经营的企业进行存量优化,资产重组,形成拳头,于1996年,先后组建碳化硅集团公司、信义工贸集团公司、木竹制品集团公司、兴文砚台集团公司。1995年创建的广丰振东实业集团公司,地处广丰县东北的管村乡,素有传统的铸造历史,主要产品有脚踏打谷机配件、电风扇底盘、地弹簧配件、牛头锁锁壳等8大类产品,铸造企业15家,选矿企业、化工厂各2家,锰钢厂1家,花岗石板材厂2家,炉料公司1家,1996年实现产值5000万元,利税420万元,初步形成以铸造业为龙头,集选矿、房地产、建材、商贸、炉料销售等行业于一身,一业为主,多业并举,全面发展的跨行业乡镇企业集团。

第二节　计划统计财务管理

计划管理　乡镇企业管理部门编制的计划包括长期计划(即中长远规划,每五年编制一次)和年度计划。计划内容包括总产值、工业产值、增加值、工业增加值、营业收入、利润总额、实交税金、出口产品交货值、利税总额、农民从乡企得到纯收入、新上"双五"企业等指标。编制计划依据:一是省局下达的指导性计划;二是上年度和上个五年计划的实绩;三是考虑当年度(当期)增长因素的实际情况。计划编制程序:由地区乡镇企业局根据以上三点编制出计划草案,报上饶行署主管领导审查批准后,以正式文件下达到各县(市)乡镇企业局。各县(市)依据本地实际,逐级分解到各基层企业实施。同时,报送省乡镇企业局、地委、行署有关领导和地直有关部门,形成上下协调、分级负责的规范化科学管理体系。

1991年—2000年全区乡镇企业计划完成情况

表13-6-1　　单位:%

指标名称	1991年	1992年	1993年	1994年	1995年	1996年	1997年	1998年	1999年	2000年
总产值:计划增长	30	30	50	70	80	50	25	25	20	15
目标任务增长			100	100	90.8					
工业产值:计划增长	30	30	50	70	80	50	26	25	20	15
目标任务增长			100	100	90.7					
总产值:完成年计划	109.6	122.4	151.1	133.9	108.3	19.2	115.2	87.5	83.7	89.9
完成目标任务			113.3	113.8	102					
工业产值:完成年计划	118.1	123.6	152.2	134.8	108.4	17	130	87.6	82.3	87.7
完成目标任务			113.9	114.6	102.3					

统计管理　队伍建设　上饶地区乡镇企业局计划财务科负责全区乡镇企业统计工作;县(市)乡镇企业统计工作由县(市)乡镇企业局财统股(科)管理;乡(镇)企业办公室(乡镇企业管理服务站)和有一定规模以上企业配备专职或兼职统计员担任乡镇企业统计工作。各级乡镇企业主管部门由下而上逐级统计汇总上报。2000年底,全区乡镇企业统计人员实有1104人,其中有统计岗位证580人。

统计制度　1996年以前,乡镇企业统计执行1984年农牧渔业部颁发的《乡镇企业统计报表制度》和1993年7月农业部乡镇企业司编写的"乡镇企业统计指标解释"。随着乡镇企业经济结构的变化,1997年8月,农业部农企发〔1997〕16号文印发"全国乡镇企业统计报表制度"。11月,上饶地区乡镇企业局召开全区乡镇企业统计年报会,以会代训贯彻执行。乡镇企业由1996年及以前的乡办、村办、联户办、个体办(9个轮子)的统计分组改为集体企业、私营企业二种类型,1998年年报增加个体企业,计三大类型。同时,取消总产值、工业产值长期以来使用的不变价计算方法,一律使用现行价计算方法,并进一步明确集体企业、私营企业、个体企业统计范围。

统计调查、抽查　1995年4月,江西省统计局、监察厅、国家税务局、地方税务局联合开展全省统计执法重点抽查。由省统一组织的鹰潭市统计局、监察局、国家税务局、地方税务局组成的联合检查组于1995年6月对境内德兴市年销售收入在百万元以上14家乡镇企业的1994年报统计数据进行重点抽查。检查结果:企业销售收入误差率为-6.7%,税金误差率为-16.2%,1995年下半年至1996年上半年,全国开展第三次工业普查。1996年下半年,依据第三次工业普查资料,全区乡镇企业普遍开展调整数据工作。10月,行署召开由地区乡镇企业领导小组成员、各县(市)主管乡镇企业的副县(市)长或副书记、县(市)乡镇企业局长参加的"核准、搞实乡镇企业数据"工作会议;接着地区乡镇企业局召开各县(市)乡镇企业局局长会议,专门研究把乡镇企业数据核准、搞实具体措施。1997年—2000年,每年都进行统计数据核查工作。

统计报表　随着城乡经济的发展,企业改制的进一步深化,非公有制经济的发展迅猛,企业个数越来越多,统计指标越来越细,统计人员的工作量越来越大。1991年以后,乡镇企业统计报表分为:月报、季报、年末预报、年报,1998年以后,增加年营业收入500万元及以上乡镇工业企业月报。地区、县(市)乡镇企业主管部门依据统计月报编报主要经济指标完成对比分析表和乡镇企业生产完成情况表。

财务管理　1991年5月,江西省乡镇企业局、省财政厅、省农业银行联发文件,转发农业部、财政部《关于印发乡镇企业会计证管理办法》,要求:"乡镇企业会计人员一律持《会计证》上岗,未取得乡镇企业会计证人员,不得任用其独立担任乡镇企业会计岗位工作;没有会计证的企业,银行不予立户,工商、税务部门不予承认"。通过严格的考核、考试,1996年底,全区乡镇企业系统有3070人取得《会计证》。1999年7月,全区乡镇企业系统财会人员5814人(兼职589人),其中:县(市)级23人(兼职8人);乡(镇)级437人(兼职65人);企业5353人(兼职516人)。

1993年以前,乡镇企业执行1986年财政部、农业部联合制定的"乡镇企业财务制度""乡镇企业会计制度""乡镇企业成本开支范围的规定"。从1994年1月开始,乡镇企业系统执行新的企业财务会计制度,即由农业部制定的"乡镇企业系统贯彻企业财务会计制度实施办法"。各乡镇企业结合本企业实际,制定适应本企业财务管理和会计核算的财会制度。

1992年6月,上饶地区税务局、地区财政局、地区乡镇企业局联合制定本区乡镇企业系统税收、财务管理有关规定。1997年6月,地区国家税务局、地区地方税务局、地区财政局、地区乡镇企业局又联合制定乡镇企业财务、税收有关规定。

乡镇企业上交主管部门管理费,1995年前按销售收入总额1%计提上交(种植业、养殖业不交管理费)。1996年1月江西省人民政府办公厅转发省乡镇企业局关于减轻乡镇企业负担意见中规定,乡镇企业上交主管部门管理费按销售收入0.7%计提上交。从1998年1月1日起,按国家计委、财政部联发通知规定,乡镇企业上交主管部门管理费比例由原来的0.7%降低到0.1%。同时,取消工商部门收取私营企业管理费的规定。乡镇企业只能按规定上交主管部门管理费,非主管部门不得向企业收取管理费。乡镇企业管理费主要用于:补助乡镇企业主管部门未列入行政编制人员的经费开支,补助乡镇企业人员培训、技术推广、新产品试制损失,必要的检测仪器购置和有关费用以及展览宣传、样品费用不足、报表印刷、评比奖励等支出。

第三节　质量管理

1991年,地区乡镇企业局转发省局《关于在乡镇企业系统开展"质量、品种、效益年"活动的通知》,要求各县(市)乡镇企业主管部门采取有效措施,有声有色地开展活动,促进产品质量大幅提高。全区重点调度的21家乡镇企业产品质量合格率达99.6%,稳定提高率达99%。1993年9月1日,国务院正式颁布《中华人民共和国产品质量法》,10月,地区乡镇企业局发出通知,要求各县(市)乡镇企业主管部门广泛开展质量教育工作,把质量法和GB/TI9000—ISO

9000质量管理系列标准以及质量管理基本知识作为重要内容，采取灵活编班，机动授课，分层施教等办法，对各级管理干部和企业职工进行质量教育和培训。至1995年，全区乡镇企业培训人数达1.2万多人，促进企业质量管理水平不断提高。1995年—2000年有18个产品获省乡镇企业名牌产品，1995年，上饶市消防器材厂江安牌水枪获中国乡镇企业名牌产品。

标准化、计量管理　1993年，对全区乡村工业企业进行一次全面的采标调查，调查结果，乡村两级工业企业标准覆盖率达95%以上，是年有28个产品采用国际标准。2000年，全区乡村两级企业的标准覆盖率已达100%，且普遍设有计量机构，并配齐计量器具。

全面质量管理　1991年，地区乡镇企业局举办全面质量管理培训班，培训22名全面质量管理基本知识普及教育辅导员，初步形成一支乡镇企业质量管理队伍。对全系统干部职工进行全面质量管理(TQC)知识普及教育。1991年—1995年，地区乡镇企业局每年举行一次质量控制(QC)成果发布会。到2000年末，全区有203个企业获得农业部颁发的全面质量管理达标证书，26个企业获得省级质量管理奖，有3个QC小组获得农业部优秀QC小组，52个QC小组获省级、地级优秀QC小组。

第四节　安全管理

1991年，建立健全全区乡镇企业安全管理网络，地县(市)两级主管部门成立安全生产办公室。矿山、花炮等危险行业及规模较大的企业成立安全科(股、室)，花炮企业还成立消防队等组织，建立安全生产领导责任制度，下达安全事故人员伤亡内控指标，层层签订安全生产责任状，健全落实安全管理规章制度，逐步走上依法管理、按章办事、严格执行安全操作规程的轨道。1993年8月，全区有111个百万元以上产值乡镇企业，被省乡镇企业局评为连续5年无事故安全生产先进单位(1988年1月1日至1992年12月31日)，其企业法人代表和安全厂(矿)长，给予奖励和表彰。各县(市)加强安全管理的同时，支持乡镇煤矿、矿山进行自我技术改造。到1995年底，全区乡村办煤矿达118个，年产原煤101万，矿井基本达到“五消灭”(消灭独眼井、明火明电照明，明闸刀开关、明火明电放炮、自然通风)，不仅生产能力有提高，而且安全生产有明显的好转，伤亡事故大大下降。花炮是火工产品，极易发生爆炸，从原料进厂、生产、贮存、运输、销售等各个环节都存在危险因素。1997年，广丰县为根本上杜绝烟花爆竹重特大事故的发生，引导加工生产户上山建基地进行生产，被公安部命名为“广丰模式”。2000年，全区花炮企业进行清理整顿，对不符合安全生产条件的企业责令限期整改，对整改后仍达不到安全要求的企业给予取缔，2000年底，全区有烟花爆竹企业677家，从业人员8700人。

第五节　审计监督

1990年以前，全区乡镇企业系统主要以乡镇为单位，定期(半年或一年一次)开展会计网组活动，进行财务互审互查，对健全财务管理、严肃财经纪律、提高管理水平和经济效益，发挥一定作用。1990年后，全区乡镇企业进入大发展、大提高时期，这种网组活动已不适应经济发展需要。1990年农业部颁布《乡镇企业系统审计暂行规定》。1992年省乡镇企业管理局颁发《江西省乡镇企业内部审计实施细则》。全区乡镇企业主管部门财务统计部门加大财务管理，经常组织财务人员不定期深入乡镇企业查账，但这种查账形式无法替代内部审计工作职能。

1996年，地区乡镇企业局设立审计科。1997年，全区各县（市）乡镇企业局分别设审计科（股）或财审科（股、所），乡镇级设审计组（室）。1997年6月，地区乡镇企业局结合区情，制定《上饶地区乡镇企业审计工作意见》、《关于加强乡镇企业审计人员管理的通知》和《上饶地区乡镇企业审计工作考核办法》，对内审机构、队伍建设、审计依据、审计重点、主要职权、审计程序和考核办法等分别作规定。

1997年—2000年，全区乡镇企业系统建立县级内审机构12个，乡镇级内审机构262个，企业内审机构44个，共配备401名专（兼）职内审人员，其中行政26名，事业331名，企业44名，先后对479名内审人员开展审计知识系统培训，对544名内审人员开展法律、法规教育，对433名内审人员颁发审计证。地、县（市）、乡（镇）三级内审机构对5617个单位开展内部审计，其中：经济效益审计1627项，财务收支审计1387项，经济责任审计1282项，财务决算审签185个，共查出损失浪费金额924.4万元，促进增收节支3261.7万元，查出违约金额102.48万元，纠正违纪金额72.9万元，提出并被企业采纳合理化建议2041条，建立或完善内控标准402条。对一些情节严重的案件做出处理。初步形成乡镇企业系统内审工作组织体系和监督机制。

第六节　企业升级

1990年起，贯彻国务院《关于加强工业企业管理若干问题的决定》（〔1986〕71号）文件精神，境内乡镇企业全面开展以抓管理、上等级、提高素质为内容的乡镇企业升级活动，同时成立“上饶地区乡镇企业加强企业管理领导小组”，各县（市）成立相应机构，以加强对乡镇企业升级工作的领导。各级乡镇企业主管部门制订企业升级规划，广泛向干部群众宣传企业升级意义的同时，抽调企业骨干举办企业升级工作人员培训班，培训一批企业评审员。

依照国务院《决定》和赣府发〔1989〕88号文件规定：凡具有一定生产规模、产品适销对路、生产经营稳定、经济效益好、具有法人资格、年产值50万元以上的乡村、户办、联户办企业均可申报。申报省级以上先进企业，一般应是省乡镇一级企业，个别素质好，确实达到省级、国家级标准的，亦可越级申报。

在等级考核上，除执行省级、国家级等级标准外，根据乡镇企业实际情况，增设“江西省乡镇一级企业”和“省乡镇二级企业”。企业评审工作每年进行一次。企业对照考评标准自检达标后，按照审批办法向所在县（市）乡镇企业升级领导小组提出申请，然后按审批办法，逐级上报审批。省级先进企业，由省乡镇企业管理局组织考核，报省加强企业领导小组审查，由省人民政府批准发证。省乡镇一级企业，由地区乡镇企业管理局考核，报省乡镇企业升级领导小组审查、发证。省乡镇二级企业，由县（市）乡镇企业管理局考核，地区乡镇企业管理局审批，报省乡镇企业管理局升级领导小组备案并发证。

考核内容上，分别制订四大指标体系：①产品质量标准体系，包括主要产品合格率、全面质量管理、标准化和计量合格证书等；②物资消耗指标体系，包括原辅材料及能源单耗水平等；③经济效益指标体系，包括人均创利税、流动资金周转天数等；④安全生产体系，包括安全教育工作、安全责任事故、文明生产制度等。同时，按照《江西省乡镇工业企业管理基础实施细则》和《江西省乡镇企业现场管理基本标准（试行）草案》，将企业的基础管理和现场管理作为评选先进企业的重要参考条件。

为了确保评审工作质量，巩固企业升级成果，对已授予省乡镇二级以上称号的企业，每年复查一次,对达不到标准的限期整改,限期内仍达不到要求的,撤销其称号,收回证书。还规定:凡达到国家级、省级和乡镇一级、乡镇二级的企业,除分别发给荣誉证书、授予荣誉称号以外,还在税收、信贷、出口、工资等6个方面给予优惠政策。1997年底,全区乡镇企业系统有省级一级企业147家,省乡镇二级企业102家,明星企业22家(省级先进企业)。

第七节 乡镇企业家

全国乡镇企业家 1991年—2000年,全区先后获得全国乡镇企业家、优秀乡镇企业厂长、优秀青年乡镇企业家荣誉称号的,共计8人次。

全省乡镇企业家 1993年,经各地、县(市)推荐,省人民政府下发《关于命名表彰优秀乡镇企业家和乡镇企业有突出贡献专业技术人员的决定》,授予境内徐大龙等20人为优秀乡镇企业家,其中徐大龙被授予全省最佳乡镇企业家。1997年,江西省乡镇企业局、人事厅下发《关于命名表彰全省乡镇企业家的决定》,授予境内朱秀云为全省优秀乡镇企业家。1999年,江西省乡镇企业局、共青团江西省委下发《关于表彰全省优秀青年乡镇企业厂长(经理、董事长)的通报》,授予境内张联恩等3人为江西省优秀青年乡镇企业厂长(经理、董事长);江西省乡镇企业局、妇女联合会下发《关于表彰全省优秀乡镇企业女厂(经理、董事长)的决定》,授予境内朱秀云、杨国番两人为全省优秀乡镇企业女厂长(经理、董事长)。

1991年—1994年获全国乡镇企业家一览

表13-6-2

姓 名	单位及职务	授予时间(年)
朱秀云(女)	上饶市纸管厂厂长	1994
徐大龙	江西省大兴冶炼厂董事长	1991.1994

1993年获全省最佳乡镇企业家一览

表13-6-3

姓 名	单位及职务	授予时间(年月)
徐大龙	江西大兴冶炼厂董事长	1993.10

1993年获全省优秀乡镇企业家一览

表13-6-4

姓 名	单位及职务	授予时间(年月)
王鹏飞	德兴市香屯制药厂厂长	1993.10
毛锡雄	德兴市铜材线缆厂厂长	1993.10
方荣福	婺源县许村香料厂厂长	1993.10
卢明满	上饶市常青房地产综合开发公司经理	1993.10

续表 13－6－4

姓　名	单位及职务	授予时间(年月)
童土生	玉山县信号灯厂厂长	1993.10
朱秀云(女)	上饶市纸管厂厂长	1993.10
桑高良	上饶化工实业公司经理	1993.10
刘国兴	波阳县人造板厂厂长	1993.10
吴胡旺	婺源县碳化硅厂厂长	1993.10
江明根	德兴市黄柏石灰厂厂长	1993.10
江南锦	波阳县城关建筑公司经理	1993.10
江炳荣	上饶市消防器材厂厂长	1993.10
许正华	横峰县葛源钽铌矿矿长	1993.10
杨富庭	德兴市泗洲铜精砂回收公司经理	1993.10
吴世平	余干县富湾鸭制品总厂厂长	1993.10
何　平	玉山县樟村方园实业公司经理	1993.10
张运高	上饶县清水罐头食品总厂厂长	1993.10
陈成条	广丰县桐畈淀粉厂厂长	1993.10
祝天才	德兴市抗磨材料厂厂长	1993.10

1994 年获全国优秀青年乡镇企业家一览

表 13－6－5

姓　名	单位及职务	授予时间(年、月)
祝天才	江西德兴市抗磨材料厂厂长	1994

1997 年获全国优秀青年乡镇企业家一览

表 13－6－6

姓　名	单位及职务	授予时间(年、月)
朱秀云(女)	上饶市纸管厂厂长	1997.6

1997 年获全省优秀青年乡镇企业厂长(经理、董事长)一览

表 13－6－7

姓　名	单位及职务	授予时间(年、月)
张联恩	波阳县陶瓷机械有限公司董事长	1997.7
郑德森	上饶市桑王绢纺厂厂长	1997.7
汪美生	德兴市制刷厂厂长	1997.7

1997年获全省优秀乡镇企业女厂长(经理、董事长)一览

表13－6－8

姓　名	单位及职务	授予时间(年、月)
朱秀云(女)	上饶市纸管厂厂长	1997.7
杨国香(女)	上饶市消防器材厂厂长	1997.7

1997年获全省乡镇企业家一览

表13－6－9

姓　名	单位及职务	授予时间(年、月)
卢明满	上饶市常青房地产综合开发公司经理	1997.6
江炳荣	上饶市消防器材厂厂长	1997.6
张国寅	上饶县石人雕漆工艺厂厂长	1997.6
鄢杰民	广丰县白云淀粉有限公司营营长	1997.6
管中东	广丰县管村乡电器铸造厂厂长	1997.6
何　平	玉山县方园实业公司经理	1997.6
崔国平	玉山县金猴油墨厂厂长	1997.6
王玉麟	玉山县岩瑞镇风钻队队长	1997.6
陈国龙	铅山县天峰合营水泥厂厂长	1997.6
张荣竹	横峰县岑阳建筑公司经理	1997.6
徐祥根	余干县宏达实业有限公司经理	1997.6
汤春声	余干县电力工具厂厂长	1997.6
刘国兴	波阳县人造板厂长	1997.6
卓如意	波阳县农药厂厂长	1997.6
叶剑云	万年县珍珠加工厂厂长	1997.6
毛锡雄	德兴市铜材线缆集团有限公司经理	1997.6
杨富庭	德兴市泗洲铜精矿回收公司经理	1997.6
孙浩民	德兴市制鬃厂厂长	1997.6
练华晨	德兴市泗洲建筑工程公司经理	1997.6
潘茂泉	德兴市第二建筑工程公司经理	1997.6
徐江华	上饶市新时代装饰有限公司经理	1997.6
石云生	江西红豆食品厂厂长	1997.6

1998年获全国优秀乡镇企业厂长(经理、董事长)一览

表13-6-10

姓名	单位及职务	授予时间(年、月)
胡新华	江西省德兴人造板集团公司董事长	1998.11
张国寅	江西省上饶国人集团董事长	1998.11
徐祥根	江西亚奇实业有限公司总经理	1998.11
祝天才	江西德兴抗磨材料集团有限公司董事长	1998.11
朱秀云(女)	江西上饶市纸管厂厂长	1998.11(复查通过)

卷十四　交通运输

1990 年代，全区公路建设快速发展，公路等级全面提升。水泥（柏油）路每年平均以 130 多千米的速度延伸。2000 年，上饶地区公路总里程已达 7708.74 千米（未包括村道公路），比 1990 年增长 11.38%，全区高级、次高级路面公路 2690.33 千米，比 1990 年增长 6.9 倍，占总里程的 35.08%，比 1990 年提高 30.5 个百分点；铺上柏油路面有 2073.65 千米，比 1990 年增长 4.3 倍。全区实现了地至县、县县通油路，初步完善以国道省道、县与县连接线为主的区内干线公路网。

2000 年年末，全区公路密度每平方千米 33.69 千米，比 1990 年提高 3.3 个百分点。全区 289 个乡（镇）全部通公路，公路通乡（镇）率达 100%；已有 2901 个村（行政村）通公路，已通公路村数占全区总村数 3022 个的 96%。

交通运输发展迅速，运输生产持续攀升。2000 年，上饶铁路旅客发送 304.47 万人次，货物发送 189.43 万吨，分别比 1991 年增长 1.6 倍、2.2 倍。公路运输全社会完成旅客运输量 4510 万人次，旅客周转量 186394 万人千米，分别比 1991 年增长 37.3%、93.9%。全社会完成货物运输量 2348 万吨，货物周转量 182840 万吨，分别比 1991 年增长 76.8% 与 2.5 倍。水路运输 2000 年全社会完成旅客运输量 99 万人次，比 1991 年降低 8.7%，旅客周转量 4927 万人千米，比 1991 年增长 36.6%。全社会完成货物运输量 95 万吨，货物周转量 26389 万吨千米，分别比 1991 年增长 37.7%、26.3%。

2000 年底，全区境内拥有 320、206 两条国道，九景高速公路、梨温高速公路，浙赣铁路复线、皖赣铁路，横南铁路及其上饶联络线，还有 17 条省道通往四面八方。信江、乐安河、昌江自东向西汇入鄱阳湖，沟通长江水系，“三江一湖”成为长江水运的组成部分，使全区的水路交通运输通江达海。全区交通管理逐步走向行业化、规范化、法制化方向发展，运输市场经营行为逐步规范，运输市场秩序呈现良好态势。上饶地区成为江西省对外开放，直接面临江（苏）、浙（江）、沪、闽等沿海开放地区的东大门。

第一章　铁　路

第一节　干　线

2000 年，境内有浙赣、皖赣干线和横南铁路线。

浙赣线　东起浙江杭州，经金华、衢州、江山，跨越江西玉山、上饶、鹰潭、向塘、南昌、新余、萍乡等地，西至湖南株洲北站。经浙、赣、湘三省，连通沪杭、京广两线，并与鹰厦线联轨，全长1008千米，境内128.5千米。浙赣复线工程建设，开始于1970年代，自1978年12月分段实施施工建设，1978年1月28—30日南昌铁路局组织验收浙赣线内第一段复线——彬江至下浦区段。在国家“七五”“八五”计划期间，贯彻铁道部“中取华东”、“再取华东”的战略方针，逐步掀起高潮，1989年4月1日，上海铁路局在南昌成立浙赣复线工程指挥部，1995年12月25日全线胜利通车。

皖赣线　北起宁（南京）铜（陵）线上的火龙岗车站，自安徽省芜湖站，南至江西境内的贵溪站，与浙赣线接轨，跨越皖赣两省，全长549.3千米，经过区境万年县，线路长23千米。在路网中，是京沪与浙赣两大干线的联络线，分流沪宁、沪杭和浙赣线东段的客货运输量，比绕道上海、杭州缩短运程300千米。皖赣线修建自民国25年（1936年）12月开始，至1981年12月完成正线铺轨，南北两段在祁门接通，近半个世纪屡建屡停，历尽沧桑，1984年6月通过交验，1985年6月1日，皖赣线全线正式运营，成为华东南北第二铁路通道。

横南线　横南铁路是国家重点建设项目、全国铁路网建设“再取华东”的重要组成部分；线路北起浙赣线横峰站，经江西省横峰、铅山县和福建省武夷山建阳、建瓯市、延平区，南抵南平市南站与外福线接轨；正线全长251千米，其中新建222千米，利用横永支线29千米与浙赣线接轨；是Ⅱ级铁路干线，设计单线最大输送能力客车14对，货运1400万吨；横南线由铁道部和福建省合资建设，项目修正总概算31.95亿元。横南线江西境内路段长67.6千米由铁道部投资95963万元，上饶地方投资上饶联络线征地拆迁费用2000余万元。横南铁路上饶联络线从上饶站两头分岔到永平长42千米，横峰至永平间32千米。横南铁路1993年11月正式开工，1999年10月7日全线竣工通车。横南铁路上饶联络线自1999年10月投入营运以来，每天开行货车4对，旅客列车3对。横南线建成后，从杭州方向到福州经由此线比经由鹰厦线的运营里程缩短160千米，到厦门缩短94千米；从浙赣线方向到福州缩短运营里程40千米。

第二节　支　线

2000年境内有乐德、横永、弋樟3条支线、全长85千米。

乐德支线　自乐平站至德兴香屯站，全长43.4千米。1971年由铁道兵部队承建。全线由乐平县站分岔，经德兴县香屯，至泗洲庙德灵铜矿。沿线经乐平、德兴、婺源3县（市），全长64千米。第一期工程乐平至德兴香屯43.4千米，由德兴铜矿投资5800万元，1981年底铺轨结束，因沿线设备不齐等原因，直至1988年底才正式通车。乐德支线德兴路段是德兴铜矿的铁路运输专线。主要承运铜精矿、硫精矿和进、出口大型机械设备的运转工作，年货物吞吐量75万吨。

横永支线　自横峰站至铅山县永平站，在横峰站与浙赣铁路接轨，是浙赣铁路的支线。沿线自北向南经横峰岑阳镇、莲荷乡，在6.4千米处进入铅山县境，穿越新滩乡、河口镇，经福惠、鹅湖乡和永平镇至永平铜矿矿区，线长29千米，总投资1.04亿元。横永支线属国家建设江西铜业基地的配套工程，是我国第六个五年计划的重点建设项目之一，1985年年底完成基建工程，1987年2月26日开通营运。

弋樟支线　位于弋阳东站浙赣铁路干线里程442K+402m处，出岔向东北方向延伸、穿越弋阳县城郊花亭、葛溪、樟树墩3个乡(镇),至蛇纹石矿,为弋阳蛇纹石矿的铁路运输线,全长12.63千米(不包括蛇纹石矿矿区专用线和站线3.55千米),1966年1月10日竣工通车。修建弋樟支线,主要是解决樟树墩蛇纹石矿运输,弋樟支线终点设有樟树墩车站,站址在弋阳县樟树墩镇境内,系弋樟支线一个终点站,隶属弋阳东站管理,2000年底有职工8人,该站主要是办理蛇纹石矿的运输。

第三节 专用线

境内有企业专用线6条,全长4701米。其中:

坑口713矿专用线,全长843米,其中专15道长459米,专16道327米,专17道57米;

弋阳石油专用线291米;

弋阳蛇纹石矿专用线,全长1178米,其中专24道506米,专26道426米,专24道506米,专28道246米;

永平铜矿专用线,专16道567米;

灵溪油库专用线,全长804米,其中专6道402米,专8道402米;

铺前煤矿专用线,全长1018米,其中铺1线250米,铺2线250米,铺3线160米,铺4线50米,铺5线98米,铺6线210米。

第二章 公 路

第一节 公路建设

1991年以后,中共上饶地委、上饶行署十分重视公路建设和发展,实行积极的扶助交通发展的优惠政策,把公路建设由部门行为逐步转变为政府行为,公路建设列入县(市)政府目标考核,负责改造路段的征地拆迁,路基土石方施工,采取计划投资由地方政府贷款补贴、公路部门还本相结合的方法,由地、县(市)财政承担贷款贴息政策的出台,拉开了全区高标准、高速度、高起点建设公路的序幕,银行把公路建设贷款列入年度计划,向社会公开发行公路建设债券,发动全区人民民工建勤以工代赈等举措、筹集公路建设资金,形成全社会办交通的良好环境,加快公路建设的步伐。“八五”期间,全区水泥路(油路)每年平均以130千米的速度延伸,先后建成206、320国道及上德线、景白线、上二线等一批干线工程,实现地到县(市)通油路,初步完善以国省道、县与县连接线为主的区内干线公路网。到1996年底,全区基本实现省至地、地至县的二级标准水泥路或油路,在上饶的公路建设史上写下光辉的篇章。“九五”期间,上饶行署下发《加快全区公路建设的决定》,进一步确立国省道、县(市)乡道一齐上的公路建设方针,营造有利于公路交通建设全面发展的良好环境。1998年,开始实施全区县乡(镇)水泥(油)路化的规划,加快完善县乡公路网的建设步伐,“九五”期间,全区县乡公路建设完成各渠道投资达4亿元,使公路建设持续发展,全区建成水泥(油)路830千米,72%的乡(镇)通水泥(油)路,实现县乡公路建设历史性大跨越。

2000年末,全区通车公路555条,总里程达7708.74千米(未包括村级公路里程),比1990

年的6921.03千米增加787.71千米，增长11.38%。在总里程中，省养公路102条2392.9千米，比1990年的2231.65千米增长7.23%，县乡公路453条5315.84千米，比1990年的4615.65千米增长15.17%。此外，全区还有村道公路里程5148.29千米。

1990年代，全区公路建设进入一个以改造路基、改善路面为重点、省县乡三级公路全面提升的发展阶段，公路路面技术等级进一步提高，高、次高级路面大幅度增长，低级路面逐年减少。按面路等级分，2000年底，全区公路总里程7708.74千米中有高级、次高级公路2690.32千米，比1990年增长6.9倍，占总里程的35.08%，比1990年提高30.5个百分点。有中级路面2577.07千米，比1990年增长3.8倍，占总里程的33.61%，比1990年提高27.6个百分点；有低级路面2400.69千米，占总里程的31.31%，比1990年减少56.10%。全区通车公路经过表面技术处理，铺上沥青路面的有2073.64千米，比1990年增长4.3倍；全区绿化总里程为2780.94千米，比1990年增长3.4倍。

2000年年底，全区公路密度每百平方千米33.69千米，比1990年的30.4千米，提高3.3个百分点。2000年，全区289个乡(镇)全部通公路，公路通乡(镇)率达100%；全区3022个村，已有2901个村通公路，公路通村率达96%。

2000年，境内共有高速公路2条；国道2条，计长190.491千米；省道共17条，计长893.098千米。

第二节　高速公路

九江至景德镇高速公路　九景高速公路起自九江市木家垄，接南昌至九江高速公路互通互交，经庐山、湖口、都昌、波阳、浮梁一区四县，终于景德镇西郊罗家滩，接瓷都大道，全长133.74千米。该公路于1995年国家计委批准可行性研究报告，开始测设，1996年6月国家交通部批准初步设计方案，列为国家和江西省“九五”期间交通建设重点工程，属亚洲银行贷款项目，总投资30.2亿人民币。该公路原采用平原微丘区一级汽车专用公路标准设计，后按高速公路标准建设，设计行车速度为每小时100千米，路基宽度为24.5米，双向四车道，全封闭、全立交。桥涵设计车辆荷载采用汽车—超20级、挂车—120，主线及互通立交匝道路面层除隧道路面和收费站路面等处采用水泥混凝土结构外，其余路面均采用沥青混凝土结构。全路共建有大、中、小桥44座，累计桥长8488.7延米，其中特大桥2座、大桥14座、中桥17座、小桥11座；建成涵洞、通道776道，双线隧道2座，互通立交桥9座，分离立交桥48座。

九景高速公路湖口至景德镇段，于1997年11月8日正式动工，历时3年，2000年11月8日竣工通车。

九景高速公路是联结九江市、上饶地区、景德镇市的公路干线，位于长江下游经济带南岸，联通206国道、皖赣铁路、南九公路、105国道、大京九铁路和九江港，使赣北地区构成一个完整的运输网络。

九景高速公路的建成，对改变赣东北地区交通滞后状况，加快黄山—庐山旅游线路和长江中下游经济带的开发，增进与皖、鄂、苏、浙、沪等毗邻省份的联系，改善沿线投资环境，扩大对外开放开发，促进南昌—九江—景德镇金三角地区乃至江西全省的经济发展将起到十分重要作用。

梨温高速公路　又称311高速公路。上海至瑞丽国道主干线梨园至温家圳段高速公路，

2000年12月28日,在江西省鹰潭市余江县平家乡万村路段正式开工。中共江西省委书记舒惠国、省长舒圣佑亲临余江出席开工典礼并为工程奠基。

上海至瑞丽公路是国家规划"五纵七横"国道主干线之一。梨温高速公路是该主干线在江西境内的东段,是国家和江西省"十五"交通重点工程,是江西省"十"字形高速公路主骨架之一,是江西省一次性开工建设里程最长,投资最大的一条高速公路。它东起浙赣交界的玉山县梨园上朱坞,与浙江省衢州至窑里高速公路相连,西至进贤温家圳,与温厚高速公路相连,横跨上饶、鹰潭、抚州、南昌4个市,途经玉山、广丰、上饶、铅山、横峰、弋阳、贵溪、余江、东乡、进贤11个县市,全长245千米,总投资52.68亿人民币。梨温高速公路全线主线采用沥青混凝土路面,路基宽26米(中间绿化带2米),双向四车道,全封闭、全立交,设计行车时速100千米。

梨温高速公路全线共建特大桥2座、长1464.22延米;大桥15座、长3122.76延米;中桥57座、长2850.48延米;小桥34座、长890.09延米;涵洞696道,以及互通式立交桥12处,分高式立交桥144处,通道434道。桥涵设计荷载汽—超20级,挂车—120。桥梁采用分离式断面,一般桥梁建筑外测宽度为26米,特大桥增设人行道或非机动车道,建筑外测总宽度为29.5米。2002年12月28日全线通车。

第三节 国 道

经过上饶地区的国道共2条,计190.49千米,其中320国道133.01千米,206国道57.48千米。

320国道上海至瑞丽线 320国道上饶境内路段自玉山县太平桥K497+153处起,经广丰、上饶县、上饶市、横峰,迄于弋阳流口K630+164处,全长133.01千米。该线分两期按二级公路技术标准修建,第一期工程为上饶地区东线工程,1987年动工修建,全长61.65千米,按照平原微丘区二级公路标准进行改造,路基宽12米,路面宽9米,两侧设1.5米硬路肩,路面结构:面层为22厘米厚水泥混凝土,基层为15厘米厚水稳砂砾,垫层为15厘米厚天然砂砾,1992年完工通车;第二期工程为西线工程,全长71.36千米,1993年动工修建,1996年全线完工通车。

206国道烟台至汕头线 206国道上饶境内路段自万年K1471+693处起,至余干K1529+173处讫,全长57.48千米,该线原称"赣皖公路",是江西通往安徽的六大干线之一。始建于民国21年(1932年),民国23年(1934年)10月全线通车,民国28年(1939年)遭国民党军队破坏,民国38年(1949年)重新修建,解放后恢复通车。该路1999年建成油路18.29千米,2001年建成油路21.81千米,水泥路17.38千米,以上改建均按平原微丘区二级公路标准设计,路基宽12米,路面宽9米。

第四节 省 道

上饶地区境内省道共17条计893.10千米,其中二级公路815.96千米,三级公路77.14千米。

上乐线 上饶至乐平公路上饶境内路段自上饶市K00+000处起,至德兴市K112+718

处讫,途经上饶县、玉山、德兴、乐平四个县市,全长112.72千米,路基宽8.5米,路面宽7米,水泥路8.66千米,沥青路66.40千米,砂石路37.66千米,属二级路。上乐线始建于民国24年(1935年),当时只完成路基土石方,桥涵路面未完成而停工,直到1952年由乐平德兴两县征集民工自筹资金于次年修建完成,乐平、德兴两县恢复通车,德兴至上饶路段直至1958年完成通车。1993年德兴境内银城至东坞段9.21千米改建成沥青路面,1998年底上饶县境内4千米路段改建成二级沥青路面,2001年玉山境内7.33千米路段改建成三级沥青路面。

二上线　二度关至上饶公路自广丰县铜板乡二度关与福建省浦城县交界处K00+00处起,至上饶市前进大桥头K53+46处讫,全长53.46千米,是连接江西、福建两省的重要干线。1981年改建,1983年完成油路面铺设任务,1992年6月省公路局以赣路计字63号文下达新建油路改建计划,按平原微丘区二级公路标准改建,路基宽12米,路面宽9米,由原来的57.39千米缩短成53.46千米,其中水泥路20.08千米,沥青路33.38千米,1995年底全线完工。

上分线　上饶至分水关公路自上饶县K00+00处起,至分水关K81+86处讫,全长81.86千米,是江西通往福建的重要国防战备公路。始建于解放前,1950年由于支前的需要,对路面、桥涵进行全面整修、改造,改变了当时的交通环境,但沿线地形复杂,山峦重叠,等级仍然很低。1993年6月省公路局以赣路计字23号文批准按山岭重丘区二级公路标准改建,路基宽18米,水泥路4.1千米,沥青路77.76千米,共投资868万元,1997年全线完工。

玉广线　玉山至广丰公路自玉山K00+00处起,至广丰K30+04处讫,全长30.04千米。始建于民国17年(1928),由广丰绅商俞应麓集资筹建。民国30年(1941年),日军入侵浙赣铁路沿线,公路交通被迫停业,路况遭到严重破坏,1956年援建恢复通车,但等级低。1992年8月省公路局以赣路科字第48号文批准玉广线按平原微丘二级公路标准改造,路基宽12米,沥青路面宽9米,成为连接玉山、广丰两县的重要通道。

十坊线　十里山至坊头公路自玉山十里山K00+00处起,至坊头K24+08处讫,全长24.8千米,是玉山县境内的重要公路。始建于民国23年(1934年),抗日战争时期遭到破坏,1952年玉山县动员民工修复,1955年11月通车,但路况差,等级低。1992年完成二级公路改造,改造后该路路基宽9米,路面宽7.5米,其中沥青路面14.91千米。

东河线　东坞至河口公路自德兴东坞K00+00处起,至铅山河口K87+02处讫,全长87.02千米,是弋阳、横峰、德兴与铅山相衔接的通道。1993年11月省公路局以赣路科字第52号文批准东河线按二级公路设计标准改造,路面结构为4厘米厚沥青碎石表处和0.5厘米~0.8厘米沥青石屑下封层,15厘米厚水泥稳定碎石基层和水泥稳定砂砾15厘米厚基层两种基层结构,20厘米厚砂砾垫层,路基宽12米,路面宽9米,批准包干总经费4043万元。1994年动工,2000年全线完工。

黄锦线　黄柏刘至锦江公路自万年黄柏刘K00+00处起,至余江锦江镇K430+98处讫,途经裴梅、陈营、珠山、江家等乡,是万年县联系余干、鹰潭、余江和南张线的主要通道,全长30.98千米。1992年省公路局投资680万元按一般二级公路平原微丘区标准进行改建,路基宽9米,铺设沥青路面,2004年建成。

珠城线　珠山桥至城厢公路自万年珠山桥K00+00处起,至余干城厢K15+82处讫,全长15.82千米,是万年县联系南张线和余干县的主要通道。1953年由万年县发动群众兴建,1954年建成通车,途经姚源、入四、鸭卵墩。2003年建成二级路,路基宽8.5米,其中水泥路面2千米,沥青路面13.82千米。

南峡线 南昌至峡岭公路自 K64+1 处起至 K71.33 处讫、K88+00 处起至余干峡岭 K98+02 处讫,全长 17.43 千米,是南昌通往余干峡岭的省道公路。1998 年完成二级路改建,路基宽 12 米,路面宽 9 米,其中油路 11.03 千米,水泥路 6.4 千米。

余珠线 余干至珠桥公路自余干 K00+00 处起,至珠桥 K28.75 处讫,全长 28.75 千米,是余干连接南张线和县城出口的主要通道。始建于 1956 年,次年建成通车,标准低,通行能力差。1993 年 10 月省公路局以赣路工字第 47 号文批准余珠线二级公路改建,路面宽 9 米,路面结构采用 1+2.5 沥青表处(机拌)及 0.5 厘米~0.8 厘米沥青石屑下封,采用 5% 水泥稳定级配砂石砾基层 23 厘米厚,预算造价 20 万/千米设计施工,1994 年 10 月全线完工,其中水泥路面 4 千米,沥青路面 24.75 千米。

黄东线 黄金埠至东乡公路自余干黄金埠 K00+00 处起,至东乡 K12+06 处讫,全长 12.6 千米,是余干县黄金埠与东乡县相衔接的省道公路。1989 年在原来黄鹰线的基础上改建成二级公路,路基宽 8.5 米,路面宽 7 米,其中水泥路面 1.3 千米,沥青路面 11.3 千米。

田乐线 田坂街至乐平公路自波阳田坂街 K00+00 处起,至乐平 K78+14 处讫,全长 78.14 千米,途经港口、鸣山、洪门口、饶丰、三庙前、鄱阳镇,是景湖线与南张线联系的交通纽带。始建于民国 18 年(1929 年),民国 21 年(1932 年)完工通车,抗战时期遭破坏,1950 年筹资修建恢复通车,1992 年—1993 年,省公路局以 92 赣路计字 36 号、93 赣路计字 1 号、93 赣路工字第 273 号三次批文批准改建,按三级公路标准设计,由上饶公路分局包干完成。2001 年全线改造,修建成二级公路,路基宽 12 米,路面 9 米,沥青路面。

景湖线 景德镇至湖口公路自景德镇市 Kll+37 处起,至九江湖口 K62+28 处讫,途经上饶市、波阳县,全长 50.91 千米。始建于民国 18 年(1929),民国 24 年建成通车,民国 29 年抗战期间遭到日本军队破坏,交通中断,1952 年修复通车,1982 年省公路局批准改建 3.5 千米,1983 年改建 4.5 千米,1984 年改建 34 千米,1985 年改建 7.78 千米,分 4 次完成景湖线二级公路改建,路基宽 9 米,路面宽 7 米,沥青路 48.41 千米,水泥路 2.5 千米。

溪婺线 溪西至婺源公路自溪西 K00+00 处起,至婺源 K47.55 处讫,全长 47.55 千米,是婺源通往邻省安徽的干线公路,也是一条旅游线路。始建于 1960 年,由于山区弯急、坡陡,该路路基窄、标准低,限制了婺源出省公路的通行,1999 年重新修建,2000 年建成二级公路,路基宽 9 米,路面宽 7 米,沥青路面。

白景线 白沙关至景德镇公路自白沙关 K18+77 处起,至婺源 K92+05 处讫,全长 92.5 千米,是景德镇经婺源、白沙关通往浙江的重要通道。始建于民国 22 年(1933 年),民国 23 年竣工通车,民国 28 年遭日本军队破坏,1950 年由浮梁、婺源两县征集民工修建,1951 年 8 月修复通车,但等级低,后经几次改造。于 2004 年建成二级公路,路基宽 12 米,路面宽 9 米,其中水泥路面 12 千米,沥青路面 80.5 千米。

九德线 九都至德兴公路自白景公路九都桥头 K00+00 处起,至德兴市银城镇 K45+06 处讫,全长 45.6 千米,与乐平、上饶相衔接,是德兴通往浙皖二省的主要干线公路。始建于 1958 年,1961 年、1969 年先后二次整修、改善,路况仍达不到通车要求。1995 年 10 月省公路局以赣路工字第 47 号文批准,改造九都桥头至舍家及潭埠桥头段 30.85 千米公路,其中安排 11 千米改造工程,路基宽 12 米,路面宽 9 米,桥梁及构造物按二级公路标准设计,路面用 4+1.5 厘米上拌下贯沥青面层,基层为水泥稳定砂砾结构,其余路段按地县通油路标准改善成二级公路。

乐江线　乐平至江村公路自乐平众埠 K33+61 处起，至铅山县江村 K131+26 处讫，全长 97.65 千米，沿线经过众埠、秧坂、邵坂、曹溪、中坂等乡，是景德镇乐平市通往铅山江村干线公路。弋阳公路分局管养 58.03 千米，分别用 1989 年、1990 年、1995 年 3 个年段完成油路改建，其中建成水泥路面 6.81 千米；铅山公路段管养 39.62 千米，和弋阳同期分 3 个年段建成油路，其中建成水泥路面 3.4 千米。该路全线为二级公路，路基宽 12 米，路面宽 9 米，水泥路面 10.21 千米，沥青路面 87.44 千米。

第五节　全区县道支线

2000 年年末，全区县道支线公路共有 144 条，总长 3160.49 千米，其中：省养 62 条，计长 1164.74 千米，县乡 82 条计长 2005.75 千米；乡道支线公路 393 条，计长 3397.82 千米，其中：省养 21 条，计长 106.63 千米，县乡 372 条，计长 3291.19 千米。

上饶至坑口公路　起自上饶市五桂山，经上饶县罗桥枫岭头，与上饶至分水关公路相接，止于上饶县坑口 713 矿，全长 18.85 千米。沿线有桥梁 5 座，总长 178 延米，涵洞 34 道。路面宽 8.5 米，1981 年进行沥青表面处治，宽 6 米～7 米。1986 年上饶市辖路段 2.85 千米，320 国道建成后，为便于养护和管理，延伸到与 320 国道交接处，此后上坑线从上饶市区就近转经铁路西交桥由民主路北段出境，1996 年江西省公路局投资 200 万元对该线路部分路段进行改道重建，按二级公路标准进行改造，路基宽增至 12 米，路面宽增至 9 米。2000 年，上饶市辖路段长 3.06 千米。

上饶至甘溪公路　起自上饶市前进桥头，与上饶至三江桥公路相接，止于上饶县甘溪，全长 45.71 千米。沿线与上饶县皂头至尊桥公路、新田至花厅公路、里洲至上泸公路、前塘至铁山公路、樟潭至茶坪公路和甘溪至禹溪公路贯通，是上饶县东南地区的主要公路交通线，也是区境开发山区工农业生产的交通命脉。上甘线自 +1000 至 37+000 段为平原微丘地区，37+000 至 45+710 段为山岭重丘地区。沿线有桥梁 15 座总长 194.5 延米，有涵洞 94 道。上甘线上饶市辖段起自前进桥头，终至车头村与上饶县程家堡村交界处。1998 年 8 月之前，市辖路段为 2 千米。1998 年，按路基 12 米、路面宽 9 米的标准进行改建，并与南环路相连，新浇筑了水泥路面。此后市辖路段为 2.34 千米。与此同时，上饶县新建甘溪至武夷山公路 1 条，全长 10 千米。

冷水铺至铺前公路　起自上饶县冷水铺，与上饶至坑口公路衔接，止于横峰铺前，与铺前至葛源公路相连，全长 36.02 千米。是上饶市、上饶县与横峰、弋阳等县沟通的重要公路，也是通往青板、葛源、漆工等革命老根据地的交通要道。1958 年，上饶、横峰县人民政府采用民办公助的办法修建，沿线有桥梁 10 座，总长 175.4 延米，有涵洞 88 道。1990 年代，上饶县辖路段按国家二级公路标准改造为水泥路面。

新田至花厅公路　起自上饶县新田，与上饶至甘溪公路相连，止于上饶县花厅。全长 18 千米。1957 年建成通车。沿线有桥梁 2 座，总长 92.6 米，涵洞 30 道。1990 年代，上饶县按三级公路标准改造为水泥路面。

郑家坊至华坛山公路　起自上饶县郑家坊，与乐平至上饶公路衔接，止于上饶县华坛山。1960 年建成通车，全长 16.2 千米。沿线有桥梁 3 座，总长 53.4 延米，涵管 35 道。1990 年代，上饶县按三级公路标准主线改造水泥路面。

五都至廿四都公路 起自广丰五都，终至廿四都，全长9.34千米。1958年修通。该线与新建（湖里）至岭底公路、社塘至少阳公路相连。沿线有桥梁1座，长11延米，有涵管19道。1997年按三级公路标准进行改造，于1998年完成水泥路面工程。行车密度，昼夜50辆~100辆次。

新建至大丰源公路 起自广丰新建（湖里）终至岭底乡大丰源，全长44.5千米。为四级公路砂石路面。1990年，军潭至条铺段列入以工代赈工程项目，进行改线，全长9.6千米，途中建有2处隧道，1号隧道穿军潭山腹而出，长150米，2号隧道穿江山岭腰出，长158米，于1995年竣工通车。

广丰至管村公路 起自广丰，终至管村。全长34.96千米。1969年建成。沿线与玉田至吴村公路，玉田至十都公路相通。有桥梁5座，总长106.1延米，涵管93道。1995年按二级公路标准进行水泥和沥青路面的改造，于2000年竣工通车。在沿线（江山市）廾二都乡的花溪岙向东，于道院路口与205国道相接。

玉田至十都公路 起自广丰玉田，终至十都，全长27.04千米。沿线与玉田至吴村公路、杉溪至五都公路相通。有桥梁4座，总长66.3延米，有涵管38道。玉田至大坞11千米由广丰县公路段管养，为四级公路，砂石路面；大坞至十都16.04千米，由县公路管理站管养，1999年改建成四级公路水泥路面。

玉田至官溪公路 起自广丰玉田，途经吴村、路亭山出境，终至玉山县官溪，全长13.35千米。1999年玉田至吴村段5.35千米浇筑成水泥路面，其余8千米属四级公路砂石路面。

桥头至西溪公路 起自广丰湖丰镇毛家山，终至下溪镇西溪（大阳亭），全长16.05千米，为四级公路砂石路面。1967年5月大阳亭至壶峤公路建成通车。1968年从壶峤延伸到湖丰桥头公路建成。

洋口至社塘公路 起自广丰洋口镇，终至横山镇社塘，全长15.36千米。1968年筑通洋口至霞峰、社塘至少阳段。1977年完成霞峰至少阳路段，全线通车。1996年铺设洋口至霞峰路段柏油路面，段长4千米。1998年开始浇筑水泥路面，到2002年底建成。为四级公路水泥路面。

河北至金鸡公路 起自广丰河北，经洋口、枧底到上饶县金鸡口，全长14.53千米。属四级公路。2000年浇筑水泥路面10千米。（附记:2002年底全线建成）。

毛家山至大南公路 起自广丰毛家山，终至大南，全长8.98千米。原为等外公路，1998年，省公路局投资改建从毛家山经桥头到大南为二级公路沥青路面。2001年升为县道，由公路段管养。

苏村至怀玉山公路（苏怀线） 起自玉山县苏村，终止怀玉山，与十里山至坊头公路相接，全长40千米。其中省养17.4千米，县养22.6千米，1993年公路部门和樟村乡共同投资20万元，对营滨大桥——樟村大桥1.6千米铺设油路面。1996年冬，童坊乡投资80万元，改造筑建童坊街0.7千米(510米×18米)水泥路面。1997年，由交通部门投资4万元，抢修水毁路面；投资13万元抢修营滨大桥。1998年投资5万元，抢修葛家桥；投资69万元，浇筑2.3千米水泥路面。1999年投资175万元，改造樟村段3.22千米，拓宽6米；童坊段2千米。

玉山至浙江开化县花山村公路（玉花线）玉山段 全长43.94千米。1992年10月，发动四股桥、横街等10个乡镇组织二万多群众，投资525万元，按三级标准改造十七都—七一水库14千米路基。1996年春夏，玉山公路段投资350万元，铺设十七都一双明13千米油路面。

玉山至詹德湾公路（玉詹线）　起自玉山县冰溪镇塔山，终止该县仙岩镇詹德亭。全长23.42千米。1991年10月至1993年，县公路段、六都乡投资50万元，按三级标准，对六都街1.349千米路段改线。2000年，县政府组织公路段、六都乡、群力乡、仙岩镇、冰溪镇投资1500万元，按二级标准改造（工程未完工）。

会英亭至文成花屋公路（会花线）　全长20千米。1998年12月1日至1999年1月2日，由玉山县交通局、林岗乡、良种场投资78万元，浇筑田飞路2.61千米水泥路面（按四级标准）。1997年—1999年，由林岗乡、冰溪镇、县交通局投资120万元，按三级标准改造东津桥一东门4千米路基。1999年林岗乡投资60万元，浇筑1千米水泥路面。

玉山至梯云岭外双溪公路（玉溪线）　全长50.9千米。1985年—1988年，世界银行贷款212.89万元，省交通厅拨70万元，地区交通局拨61.79万元，玉山县财政拨23.1万元，民工建勤投工折资360.71万元，合计728.49万元，按四级标准改造南山—玉山31.5千米，南山—玉坑10.35千米路基。1991年8月15日，在江西省计委、省交通厅、省建设厅、省旅游局投资200万元的基础上，由上饶行署组织施工，按四级标准改造玉坑一外双溪7.74千米路基。1991年因建峡口水库，原峡口一白石桥段将被库水淹没，1992年峡口水库工程指挥部投资21.35万元，改线6.315千米，比原路提高38米。1993年，横街镇投资8.26万元，对0.236千米横街街面路段浇筑水泥路面。1996年9月至1997年初，按二级标准，林岗乡投资262万元对下徐一洋岩2.82千米、横街镇投资733.62万元对洋岩一横街9.08千米路基进行改造，1996年—1997年公路段总投资600万元，铺设了湖村一下步岭12.7千米油路，下步岭一外双溪8.85千米水泥砼路。1997年公路段投资600万元完成峡口一湖村16千米油路，1999年公路段投资1000万元铺设玉山一峡口13.35千米油路。横姺线（横街一姺姆）5.05千米1997年投资4.8万元，抢修路面4千米。2000年秋冬，由横街镇、姺姆镇投资382万元按二级标准进行路基改造。

花山至三清山公路　全长18.478千米。1992年12月至1993年2月，由中共玉山县委、县政府组织樟村、童坊等12个乡镇民兵按四级标准改造紫湖—金沙—白沙尾12.48千米，总投资360万元。

张岭至八仙洞公路　全长10.24千米。2000年底，由玉山县紫湖镇、三清山管委会投资237.73万元，按四级标准进行全线改造。

白沙尾至太坪公路（吊桥、灵玉观）　全长4.56千米。1992年10月中旬至1993年5月18日，由玉山县三清乡贷款150.28万元，按四级路标准进行建设。

南山至童坊公路　全长13.58千米。1985年—1988年与玉溪线同时投资建成四级公路。1997年冬，投资13万元，抢修后叶、双桂段路面。2000年9月13日至12月10日，玉山县交通局、南山乡、童坊乡共同投资340万元，浇筑水泥路面。1999年，投资5.1万元，整修6千米路面。

仙岩至霞仙公路　全长14.8千米。1996年11月20日，玉山县仙岩镇投资41.19万元，按四级标准改造2.378千米路基，1996年11月10日，官溪乡投资190.29万元，按四级标准改造清口一官溪7.703千米路基。1998年投资16.5万元，重建麦坞桥。

梨园至华村公路　全长51.87千米，途经下镇、渎口。1994年冬，玉山县交通局投资139.89万元，按四级标准改造岩瑞一下镇段8.826千米。1995年，下镇投资50万元，对下镇段10.5千米路基进行加宽改造。1996年8月13日至1998年元月4日，由县交通局、下镇投资190万元(其中下镇120万元,县交通局70万元),对下镇境内7千米浇筑水泥路面,又于1999年投资86万元浇筑嘉湖一下镇3.2千米水泥路面。1996年冬,六都乡投资5万元改造0.32千米路基;华村乡投资119.9万元,按四级标准改造6.763千米。2000年由县交通局、华村乡投资178万元,浇筑水泥路面7.12千米。2000年9月至12月,县交通局、岩瑞镇投资60万元,对岩瑞一下镇界2.4千米浇筑水泥路面。2000年11月由南昌铁路局、下镇共同投资260万元新建下镇铁路立交桥和引道。

松毛岭至沙溪公路 全长9.595千米。1996年9月20日,玉山县下塘乡投资209.48万元,按三级标准改造松下7.03千米路基,2000年8—11月,县交通局、下塘乡共同投资345万元,浇筑9.6千米水泥路面。

飞机场至青边公路 全长12.56千米。1986年,由中共玉山县委、县政府牵头,沿途厂矿投资97.75万元(上饶地区水泥厂55万元,江山水泥厂14.25万元,南铁水泥厂14.25万元,县水泥厂9.5万元,鸡头山水泥厂4.75万元),按三级标准对飞机场一岩瑞6.5千米路基进行改造,并浇筑水泥路面。1996年,由岩瑞、县交通局出资100.8万元,由公路段对岩青段5.6千米铺设油路。1998年由上述单位出资45万元,浇筑1.5千米水泥路面(青边段)。1999年3月,由岩瑞出资30万元,江西水泥厂1.3万元,南铁水泥厂2万元,地区水泥厂1万元,按三级标准对岩瑞一青边5.6千米路基进行改造。1999年9月1日至11月30日,由沿途水泥厂出水泥,岩瑞、种猪场、良种场出碎石,县交通局出资金2.5万元,重浇飞机场一岩瑞6.65千米水泥路面。

紫溪至石垅公路 起自铅山县紫溪,与上饶至分水关公路衔接,止于该县石垅(武夷山垦殖场总场所在地)。全长12.78千米。1957年地直机关干部上山创办垦殖场时动工,次年竣工通车。沿线有涵管23道。

汪二至陈坊公路 起自铅山县汪二与鹰潭至江村公路衔接,终至该县陈坊,与弋阳双港至洪山公路沟通。1953年建成通车,全长29.15千米。沿线有桥梁6座,总长198延米,涵管60道。

东坞至河口公路 起自德兴市东坞至铅山县河口,途经弋阳、横峰两县,原称上德公路。该线由弋阳县界入境,经青板乡徐村、铺前、县城、320国道、莲荷乡五甲、杨梅岭抵铅山县界,经县境长29.22千米。1995年7月改建,1996年8月竣工通车。二级公路标准施工,路基宽12米,路面宽9米,沥青路面。该线是横峰至德兴、梨温高速公路、铅山的干线公路。

横峰县城至杨家村公路(横杨线) 起自横峰县城上畈村至杨家村的县道,全长17.4千米,其中县城至练家为砂石路面,路基宽6米,路面宽5米;练家至义门原为砂石路面,1998年改建为水泥路面,路项宽6米,路面宽5米;义门至杨家砂石路面,路基宽6米,路面宽4.5米。

山黄至葛溪公路(山葛线) 起自横峰县山黄终至弋阳葛溪,横峰县境内长43.635千米。其中葛源镇枫林经溪畈至青板路段长28.84千米,由公路分局养护,其余路段由县交通局养护。原为砂石路面,路基宽8米,路面宽6.5米。1998年11月改建为三级公路,路基宽12米,路面9米。

弋阳县城至漆工镇公路(弋长线) 1958年建成,自弋阳县城经大树周家、花亭、葛溪、樟树墩、至漆工镇,长33.9千米。弋漆线自1998年开始改造,至2000年全线通车。弋阳至葛溪段10千米为水泥路,樟树墩至漆工为沥青路面。系三级公路技术标准。路基宽10.5米,路面宽7米。

尚和至岗上公路(东岗线) 全长10.79千米,经弋阳县境长6.79千米,1959年建成。该线路起点为德兴市的尚和村 K36 +000,其中 K0 +000—K36 +000 为省养,该线经枣树岭至岗上与省道乐江线 K45 +110 处相交。全线属平原微丘地形。1986 年投资 21 万元,由德兴县和弋阳县交通局共同负责将该线 K36 +000—K40 +800 按四级公路技术标准进行铺修,并将枣树岭至岗上的 5.99 千米路基加宽,按四级公路技术标准进行铺修,路基宽 6.8 米 ~7.4 米,路面宽 3.5 米,泥结碎石路面。永久性桥梁 1 座,长 17 延米。永久性涵洞 8 道,长 59.4 米。

汪家农场至杨达桥公路(汪杨线)　全长 30.87 千米,经弋阳县境长 8.66 千米,1982 年建成。起点在弋阳县道东岗线(K13 +084)汪家农场向左延伸,该线 K22 +010 处进入弋阳境内长毛岭,沿线经祝家、郑家、胡家山、马家等村委会,终点在县道青漆线 K19 +490 杨达桥交点。该线处在山区,路线大致南北走向,唯纵断面显得较为起伏繁多。该线为四级公路技术标准,路基宽 5.5 米 ~7.7 米,路面宽 3.5 米,泥结碎石路面。最大纵坡 11%。永久性桥梁 1 座,长 12.3 延米。永久性涵洞 23 道,长 172.3 米。

坑口至弋阳公路(坑弋线)　为原新弋线的延伸线。全长 43.17 千米,经弋阳县境长 9.66 千米,1959 年建成。起点与县道上坑线 K14 +033 平交,由上饶县坑口经横峰县城,该线 K33 +515 石牌湾处进入弋阳,终点与弋阳水泥厂铁路平交。该线位于弋阳县东郊,属平原微丘地形,大部分紧靠浙赣铁路。1986 年被上级列入老区扶贫重点改造项目,共投资 58 万元。经过技术改造,达到四级公路技术标准。路基宽 6 米,路面宽 3.5 米,泥结碎石路面。永久性桥梁 1 座,长 7 延米。永久性涵洞 2 道,长 194 米。

杨树桥至叠山公路(杨双线)　为原周港线的延伸线。全长 36.87 千米,起于杨树桥,经圭峰、箭竹、港口,终点在叠山镇境内,1968 年建成。1997 年投入 328202 元,对该线 K17 +980 ~K22 +980 段进行水泥路面改造。1998 年完成流口—箭竹—港口段 11.6 千米的水泥路面改造。该线系四级公路技术标准,路基宽 4.5 米 ~6.7 米,路面宽 3 米 ~3.5 米。最小弯道半径 30 米。最大坡度 12%。永久性桥梁 8 座,长 117.4 延米。永久性涵洞 42 道,总长 266.15 米。

蚱蜢山至圣旨山公路(蚱圣线)　自蚱蜢山至圣旨山。起于乐(平)弋(阳)线 K59 +700M 处,全长 7.3 千米,1962 年建成。四级公路技术标准。路基宽 6.5 米,路面宽 3.5 米,泥结碎(砾)石路面。最小弯道半径 25 米,最大坡度 12%。桥梁 3 座,总长 64.6 延米。涵洞 12 道,长 91.3 米。绿化 7.65 千米。

弋阳至清湖公路(弋清线)　起于弋阳县城省道乐江线 K80 +700 处向右延伸,经湖山乡,两次与浙赣铁路平交,迄于清湖乡,全长 20.55 千米,是弋阳县城通往西南的唯一公路,1974 年建成。1987 年省、地交通部门补贴 6.3 万元,对全线进行旧路改造。1996 年,弋清线清湖段铺设 5 千米柏油路。2000 年 6 月,弋阳县政府向世界银行贷款 576 万元,开始对弋清线弋阳至湖山 10 千米进行水泥路面改造,至年底完成 4 千米。路基宽 7 米,水泥路面宽 6 米。全线未改造路段系四级公路技术标准,路基宽 6 米,路面宽 3.5 米,简易路面;最小弯道半径 14 米,最大坡度 12%;桥梁 5 座,总长 221.6 延米;涵洞 26 道,长 160.8 米;绿化 9 千米。

姚畈至漆工镇公路(姚漆线)　全长 15.34 千米,自弋阳县姚畈至漆工镇,起于乐(平)弋(阳)线 K50 +980 处,1960 年建成。该线大部分路段属山岭重丘区,跨过 6 条乐安河的支流;路基宽 6.3 米 ~7 米,路面宽 3.50 米,泥结碎(砾)石路面;最小弯道半径 15 米,最大坡度 11%;桥梁 6 座,总长 98 延米;涵洞 29 道,长 182.35 米;全线只有竹、木及支农物资车辆行驶,交通量不大。

周店至毛家墟公路(周毛线)　起于省道乐江线 K78 +238 周店向右延伸,经弋阳县东李、广兴飞机场、陈塘、花家,终点在弋阳县道蚱圣线 K6+400 毛家墟处,全长 21.95 千米。该线 1968 年建成,1989 年升级为县道。该线系四级公路技术标准;路基宽 7 米~7.7 米,路面宽 3.5 米,泥结碎(砾)石路面;最小弯道半径 15 米。最大纵坡 12%;永久性桥梁 3 座,总长 99.2 延米;永久性涵洞 31 道,长 235.1 米。

朱家至润溪公路 起自余干县朱家,终至该县润溪,与南昌至张王庙公路相连接,全长 38.9 千米,沿线与社红线、九永线、涧鸡线沟通。1960 年建成 0+000 至 7+150 路段,1972 年建成 7+000 至 38+900 路段后全线通车。全线有涵管 189 道。

余干至信丰公路 起自余干县城,终至该县信丰农场,与珠湖山至瑞洪公路衔接,全长 21.7 千米。1960 年动工,1972 年竣工通车。沿线与李营线、石康线、枫信线、信三线沟通,有桥梁 2 座,总长 39.3 延米,有涵管 16 道。1992 年开始,按三级公路标准对全线 23.7 千米进行改造,路宽增至 7 米。

碧山至石门街公路 起自波阳田畈街镇碧山村,经福山、谢家滩至石门街与安徽省东至县大石公路相接,全长 36.98 千米。二级公路,路基宽 12 米,路面宽 9 米,沥青路面。是波阳一条重要出省公路。1996 年—2001 年,对碧石线进行全线改造,并加铺沥青路面。该改造工程按平原微丘区二级公路标准改造,路基宽 12 米,路面宽 9 米。路面为沥青碎石结构。桥涵设计荷载为汽-20,挂-100,大中桥设计洪水频率为 1/100,小桥涵 1/50,桥面净宽为 9+2×1.5 米,8 米以下小桥涵与路基同宽。该工程征地、拆迁和路基土石方及路面垫层,由碧山乡、谢家滩镇、石门街镇承担,省公路局按 50 万元千米包干,总投资包干经费为 1980.14 万元。该公路在改造中,从 19 千米桩(松树下村)开始改线,由原来从谢家滩经北槎垅走西河之东,通石门街接安徽东至县龙泉湾,改由河西直至石门街镇,接安徽东至县大石公路。改线里程达 17.98 千米。2001 年竣工通车。

洪门口至老人桥公路 起自波阳县洪门口,与田乐线 K72+053.27 处相接,经芦田乡、饶埠镇,终止万年县石镇街老人桥,与万年县交界的玉溪大桥相接,全长 17.92 千米。为二级公路,路基宽 12 米,路面宽 9 米,沥青路面。洪老公路原线经饶埠集镇,通石镇街汽车渡口。1995 年,由波阳县承担征地、拆迁任务,折合投资 116.1945 万元;1996 年由省公路局投资 175 万元,按准二级公路标准进行改造,路基宽 12 米,路面宽 7 米,并铺设沥青路面。1999 年竣工。2000 年 10 月,石镇渡口开始改渡建桥,桥址选在波阳玉溪渡口(又名石镇渡口)下游 500 米处,故名玉溪大桥(又称石镇大桥)。2003 年竣工。2004 年 1 月至 9 月,又将洪老线按标准二级公路进行改线,直通玉溪大桥。洪老公路是联结波阳与万年一条直达通道。

滑石坦至银宝湖公路 起于波阳县谢家滩镇滑石坦,经肖家岭、响水滩、土箕垄,终于银宝湖鸣山村。滑银公路始建于 1972 年,全长 57.9 千米。其中响水滩至土箕垄段 11.14 千米,为省养公路。公路部门负责防护工程、桥涵工程和路面工程,计投资 400 余万元。按三级公路标准进行改造,路基宽度 8.5 米,路面宽度 7 米。(附记:2005 年 5 月建成沥青路面)。响水滩至滑石坦段和土箕垄至银宝湖段,共计 46.76 千米,属县乡公路,均由波阳县交通局管养。其中土银段 12.9 千米,1998 年—1999 年,由当地乡(镇)投资 112 万元,进行路基改造,县交通局投资 352 万元,建成水泥路面;2000 年周家畈桥因洪水冲刷下沉,县交通局投资 50 万元重建此桥。滑银公路北接县道杨莲公路,南通省道景湖公路,与都昌、彭泽等县的公路相连,是波阳西北地区一条重要公路。

铁路前至江埠公路 起自波阳县铁路前村,与田乐公路相接,经红头山、灌塘、饶丰、桐山、乐丰、珠湖山等地，终于万年县江埠村，波阳境内全长28.40千米。平原微丘四级公路标准，路基宽7米，路面宽5.5米。其中K0+000至K5+500，为市养公路，于1996年由饶丰镇投资56.8万元，上饶公路分局投资110万元，进行路基改造，建成沥青路面。K5+500米至K28+403，属县乡公路，由县交通局管养。2000年至2004年，由沿线乡（镇）先后投资171万元，将全线路基进行改造；县交通局先后投资403.5万元，将全线建成水泥路面。该公路北接田乐线，南通206国道线，是饶丰、乐丰、桐山、珠湖山等乡（镇）场一条重要交通要道。

洪源至玉田公路　起自景德镇市浮梁县洪源镇，经过波阳县枧田街乡，终于波阳县莳山玉田村。洪玉公路始建于1952年，全长31.46千米。其中K0+000至K7+000路段，计7千米，由浮梁公路段管养。2002年建成三级公路沥青路面；K7+000至K14+530，计7.53千米，由鄱阳公路分局管养，由公路部门投资374.12万元，进行桥涵、防护工程重建和路面整修，路基宽7.5米，路面宽6米；K14+530至K1+460路段，属县乡公路，由县交通局管养。1998年因特大洪水枧田街中桥被洪水冲跨，是年县交通局投资40万元将枧田街中桥重建，并于年底竣工。2004年，由枧田街乡投资144万元，进行四级公路改造，由县交通局投资432万元，建成水泥路面。洪玉公路东连景湖公路，西接江石公路，对发展枧田街等山区经济有十分重要的意义。

江家桥至石门街公路　自波阳县田畈街江家桥，与景湖公路相接，经莳山、侯家岗、新村，终于石门街，接安徽省东至县公路，波阳境内全长31.03千米。其中江侯段长21.85千米，始建于1951年，一直由波阳公路段管养。2003年由市公路局批准，鄱阳县承担征地、拆迁和路基土石方工程费用，公路部门负责路面、防护工程和桥涵建设费用，路基按二级公路标准改造，宽12米，路面按三级公路标准改造，宽7米，并计划建成沥青路面。侯石段长9.18千米，属县乡公路，由县交通局管养。始建于1958年，是年修通侯家岗至新村路段，1975年全线建成通车。1991年县交通局安排资金，将该段路进行局部改造。2004年，由侯家荫乡投资76万元，进行路基改造，县交通局投资256.5万元，建成水泥路面，路基宽7米，路面宽6米。江石公路原分称江莲公路江侯段和侯石公路，2000年公路普查以后，市交通局批准，合称江石公路。

高家岭至双港公路　起自波阳县高家岭，接田乐线，经珠湖乡、白沙洲乡，终于双港镇，接鄱阳镇至莲湖公路，全长41.18千米。原为县道鄱高线之一段，2000年公路普查后改称高双公路。高双公路始建于1966年。1996年省地交通部门投资55万元，县交通局投资40万元，铺设珠湖境内6千米油路。1997年县交运局投资330万元，沿线乡镇配套75万元及路基土石方，将高家岭至珠湖路段建成水泥路。1999年县交通局投资137万元，建成珠湖至白沙洲水泥路。2000年县交通局投资106.6万元，建成白鹿岗至小华水泥路。2001年县交通局投资126万元，建成罗墩至白鹿岗水泥路。2004年县交通局投资135万元，建成白沙洲至罗墩水泥路。至此，鄱阳县县乡公路第一条高级、次高级公路宣告建成。

新桥至枫树下公路　起自景德镇市新桥，接国道206线，经波阳县凤岗终于芦田乡枫树下村，与田乐公路相通，该公路始建于1960年，全长30.6千米。波阳境内25.35千米。四级公路，路基宽7米，路面宽5米~6米，原为泥结碎石路面。1999年县交通局投资88万元，将神山路段3千米建成水泥路面。2000年改造田乐线波乐路段时，将K0+000米至K0+942.84路段，作为挂线，按三级公路标准建成沥青路面。新枫公路南接田乐线，北通206国道，是鄱东地区一条重要公路。

河东至大塘下公路　起自波阳县凰岗镇河东集镇，接县道新枫公路，经凰岗、滨田水库、游城，终于高家岭大塘下村，接省道田乐公路，全长27.76千米。四级公路，路基宽7米，路面宽5米~6米。该线原称大凰线，始建于1959年。1991年昌江渠化凰岗枢纽大坝完工，凰岗公路桥竣工，渡口才告取消。同年，县交通局拨款42万元，完成大桥两头引道，将大凰线改连接凰岗大桥，直通河东新枫线。

2000年公路普查后改称为河大公路。2000年—2004年由滨田、凰岗两乡（镇）投资224万元，进行全线路基改造，由县交通局投资704万元，全部建成水泥路面。

鄱阳镇至莲湖公路　起自鄱阳镇滨洲路，经双港小华、尧山、莲湖渡口、莲湖桑镇，终于莲湖朱家村，全长32.26千米。为原鄱高线鄱阳至双港路段及双港至莲湖路段，2000年公路普查后，将该两路段合称为鄱莲线。鄱莲线属四级公路，路基宽7米，路面宽5米。鄱莲公路始建于1970年。1987年由县交通局投资和沿线单位集资合计10万元，将K0+000至K1+000路段（滨洲路）建成水泥路。1989年由双港乡政府和县交通局投资，建成小华集镇路段水泥路。1992年县交通局投资25万元，接滨洲路1千米桩建成1.1千米水泥路。1998年—2004年，由县交通局先后投资973.48万元，将其余路面全部建成水泥路面。2004年县交通局投资20万元修建莲湖渡口码头路面。鄱莲公路，是莲湖这个四面环水的乡与外地交往的唯一陆上交通要道。

莲花山至福山公路　起自波阳县莲花山乡，经军民水库、侯家岗乡，终于谢家滩镇福山村，与碧石公路相接。全长43.58千米。平原微丘区四级公路标准，路基宽7米，路面宽5.5~6米不等。原是砂石路面。2002年—2003年，由县交通局和沿线乡（镇）投资728万元，将侯福路段进行路基改造，并建水泥路面；2003年—2004年由沿线乡（镇）和县交通局投资141万元，将侯莲路段进行路基改造，并由县交通局投资1100万元，将该段路全面硬化。莲福公路始建于1960年。该公路由原县道江莲线侯莲路段与乡道侯福线组成，2000年公路普查后，合称为县道莲福线。莲福公路是莲花山乡唯一出口公路。

康村至东风林场公路　起自波阳县团林乡康村，与田乐公路相接，经团林集镇、西山岭，终于双港东风林场，全长13.017千米。该公路始建于1958年。1988年县交通局投资，对公路进行局部改造。1998年由县交通局投资20万元，将K0+000至K1+000路段1千米建成水泥路面。2000年由团林乡投资将康村至团林桥3千米路基，按三级公路标准加宽改造，路基宽9米，路面宽7米。由县交通局投资196万元，将此段路全部建成水泥砼路面。2001年—2002年，双港、团林两乡（镇）共同投资162万元，将团林桥至东风林场路段按四级公路标准进行改造，路基宽7米，路面宽5米。同时，由县交通局与县防汛抗旱指挥部共同投资445万元，建成水泥路面。

刘家至白鹿埠公路　起自波阳县游城乡白杨刘家，经古县渡、古南，终于芦田乡白鹿埠，与田乐公路相接，全长30.93千米。刘白公路始建于1968年。是年修通古南至白鹿埠路段，1970年修通刘家至古县渡路段。1991年县交通局安排资金，将古刘路段进行局部改造。四级公路，路基宽7米，路面宽5米~6米。1998年—1999年由当地乡（镇）投资100万元，将K18+930至K30+930计12千米，进行路基改造，由县交通部门投资376万元，建成水泥路面。其余路段均为砂石路面。原称古刘线和古罗线两条乡道，2000年公路普查以后，市交通局批准合称刘白公路，定为县道。

杨梓至莲西公路　起自彭泽县杨梓镇，经波阳县义门、滑石坦、谢家滩、三滝镇、桥头、莲山，终于莲西，与景湖公路相接。全长42.601千米。杨莲公路杨梓至谢家滩路段，长17.5千米，原称谢彭公路。始建于1974年10月，1975年竣工。1985年县交通局投资3万元，将沙朗岭降坡，将该路段进行局部改造。2001年—2002年，由谢家滩镇投资88万元，先将杨梓至滑石坦路段11千米进行四级公路改造，后由县交通部门投资214万元，建成水泥路面。三澹镇至桥头乡荻溪大桥路段9千米，原属村道，于1990年安排以工代赈资金修建而成。荻溪大桥至莲山路段5.061千米，原亦属村道，后经多次改造成四级公路，砂石路面。1999年县交通局投资50万元，新建起漳溪公路桥，接通了此路。莲山至莲西路段6.5千米，原属县交通局管养的乡道，始建于1984年。1998年—2000年，由莲山乡投资48万元，县交通局投资195万元，进行了路基改造，建成了水泥路面。杨莲公路路基宽7米，路而宽5.6米。2000年公路普查后，合称为县道杨莲线。

太阳埠至官田公路　起自波阳县太阳埠，经古县渡、游城，终于高家岭官田，与田乐公路相接。全长27.99千米。四级公路，路基宽7米，路面宽5米。其中K0+000至K1+049为砂石路面；Kl+049至K27+990，于2002年—2003年，由沿线乡（镇）投资216万元，进行路基改造，由县交通部门投资537万元，建成水泥路面。期间，县交通局投资40万元，新建和重建2座中小桥。太官公路始建于1968年。1968年修通古县渡至官田路段，1989年—1991年由县交通局投资修通古县渡至太阳埠路段，以后多次整修改造，全线贯通。该两段公路一直属于县交通局管养的乡道，2000年公路普查后，合称为县道太官公路。

青云镇至石镇公路（青石线）　起自万年县青云镇，经齐埠、湖云、梓埠至石镇，全长41.89千米，路面宽5米，水泥路面与砂石路面。有桥梁9座，长310.9延米。

洪门口至老人桥公路（洪老线）　起自波阳县洪门口，跨乐安河，至万年县石镇街老人桥，与206线连接。此线原名老（人桥）石（镇街）线。万年段长3.16千米，路面宽4.5米。1992年铺成沥青路面。

珠山桥至曹溪镇公路（珠曹线）　起自万年县珠山桥至弋阳县曹溪镇，全长24.24千米，路面宽7米。沥青路面。

天陈桥至陈营公路（天陈线）　起自万年青云镇天成桥，经苏桥、垱下、山家寨、上坊至陈营，起点与206线相接，终点与黄锦线交会。全长35.98千米，路面宽5米，砂石路面，部分为水泥、沥青路面。

下荧营至火车站公路（下火线）　起自万年上坊乡下黄营村，穿皖赣铁路，经万年县城，至老火车站与珠城线连接。1969年10月建成。全长4.41千米，路面宽5米，砂石路面，部分水泥路面、沥青路面。

王村至赋春公路　起自婺源县王村，终至该县赋春，与婺源至休宁公路衔接，全长69千米。1958年动工，1960年竣工通车。与景德镇至白沙关公路沟通。沿线有桥梁7座，总长121.6延米，有涵管159道。2000年该线路按二级公路标准改造动工，次年油路铺筑竣工。

清华至岭脚公路　起自婺源县清华，终至该县凤山岭脚，与王村至赋春公路衔接，全长24.75千米。沿线与沱川至鄣公山公路、双溪至芦坑公路沟通。1958年动工，1962年建成通车。有桥梁9座，总长365.3延米，涵管49道。

汪口至中村公路　起自婺源县汪口，终至该县中村，全长39.25千米。1960年建成0+000至30+000路段，1972年建成31+000至39+250路段，全线通车。沿线与港口至溪头公路连接，有桥梁3座，总长54延米，涵管85道。

汪家至杨达桥公路（汪杨线）　从德兴市张家乡汪家起，沿途经墩上、笪家庄、瑶畈、祝家营、沙路、张村、李家畈、大畈、梅溪、蒋家坊，至长毛岭通往弋阳杨达桥，全长30.87千米。从德兴笪家庄至张村梅溪段，按四级公路标准改造。路基宽7米，水泥路面宽6米，全长11千米。1997年动工，1999年竣工，共投资440万元。

体泉至占才公路（体占线）　从德兴市新建乡体泉至占才乡胜利大桥，全线按三级公路标准建设。路基宽8.5米，路面宽7米，全长16.06千米。其中体泉至丁村段沥青路面，全长12.66千米；丁村至占才段为水泥路面，全长3.4千米。1999年动工，2001年竣工，总投资803万元。有中桥1座、小桥2座、涵管27道。

三木源口至分水公路（三汾线）　自德兴市皈大乡三木源口至分水，全长24千米。从皈大乡三木源口至南首段，全线按三线公路标准改造。路基宽8.5米，水泥路面宽6米，全长6千米。1997年动工，1999年竣工，总投资240万元。

1990年、2000年全区通车公路里程一览

表14－2－1

项　目	1990年	2000年	2000年比1990年增长(%)
全区通车公路总里程(千米)	6921.03	7708.74	11.38
铺上沥青路面(千米)	394.52	2073.64	425.61
绿化总里程(千米)	634.49	2780.94	338.30
在总里程中:省养公路(千米)	2231.65	2392.9	7.23
县乡公路(千米)	4615.65	5315.84	15.17
厂矿垦殖场专用公路(千米)	73.90	189.25	156.10
高级、次高级公路(千米)	338.28	2690.32	795.29
中级公路(千米)	532.90	2577.07	383.59
全区干线公路(千米/条)	1030.58/18	1114.84/19	8.18
县道支线公路(千米/条)	897.01/67	3160.489/144	252.34
乡道支线公路(千米/条)	303.32/55	3397.821/393	1020.21

2000年年末全区公路路线一览

表14－2－2　　计量单位:千米

县(市)名称	总里程	国道	省道	县道	乡道	专用公路	桥　梁	
							座	延米
全区合计	7708.74	190.49	933.84	3160.48	3397.82	26.09	1503	45301.8
上饶市	212.11	28.67	19.45	88.01	75.98		48	2264.67
上饶县	620.78	19.5	77	295.94	224.18	4.16	171	4689.84
广丰县	831.04	2.8	66.52	272.26	489.46		186	5324.74
玉山县	618.27	30.17	40.56	340.38	205.16	2	151	3879.96
铅山县	493.74		109.57	243.87	140.3		114	3971.56

续表 14－2－2

县(市)名称	总里程	国道	省道	县道	乡道	专用公路	桥梁	
							座	延米
横峰县	264.74	19.85	29.22	133.04	82.17	0.46	59	1619.75
弋阳县	654.05	32.01	73.39	247.90	292.27	8.47	158	4617.5
余干县	607.16	24.48	75.45	228.81	278.42		61	1908.89
波阳县	1439.66		131.12	507.40	801.14		119	4182.47
万年县	473.22	33	47.55	185.71	206.95		93	2276.74
婺源县	950.00		121.28	321.79	495.92	11	198	5621.22
德兴市	543.91		142.73	295.33	105.85		145	4944.46

说明:全区公路渡口7处,全长2608延米。其中:余干县2处长823延米,波阳县4处长1485延米,万年县1处长300延米。

全区公路隧道3道,全长528延米,其中广丰县2道长280延米,婺源县1道长248延米。

2000年年末全区公路路线一览(公路部门管养)

表 14－2－3　　单位:千米

县(市)名称	总里程	国道	省道	县道	乡道	专用公路	桥梁	
							座	延米
全区总计	2392.9	190.49	933.84	1164.74	106.63	7.19	62	23430.47
上饶市	80.63	28.67	19.45	29.87	2.64		23	1474.57
上饶县	228.11	19.5	77	122.02	5.43	4.16	80	2391.91
广丰县	160.05	2.8	66.52	90.73			50	1874.99
玉山县	223.24	30.17	40.56	150.51		2	65	2004.46
铅山县	209.59		109.57	100.02			44	2008.26
横峰县	102.25	19.85	29.22	49.72	3	0.46	24	723.63
弋阳县	213.28	32.01	73.39	89.01	18.3	0.57	72	2691.35
余干县	160.83	24.48	75.45	60.9			28	1417.59
波阳县	245.26		131.12	114.14			44	1792.97
万年县	112.01	33	47.55	31.46			36	907.24
婺源县	309.62		121.28	148.69	39.65		63	2678.74
德兴市	348.01		142.73	167.67	37.61		91	3564.76

说明:万年县有公路渡口1处,长300延米。

2000年年末全区县乡公路路线一览(交通部门管养)

表 14－2－4　　单位:千米

县(市)名称	总里程	县道	乡道	专用公路	桥梁		隧道		渡口	
					座	延米	道	延米	处	延米
全区总计	5315.84	2005.74	3291.19	18.9	883	21871.33	3	528	6	2308
上饶市	131.48	58.14	73.34		25	790.1				

续表 14－2－4

县(市)名称	总里程	县道	乡道	专用公路	桥梁		隧道		渡口	
					座	延米	道	延米	处	延米
上饶县	392.67	173.92	218.75		91	2297.93				
广丰县	670.99	181.53	489.46		136	3449.75	2	280		
玉山县	395.03	189.87	205.16		86	1875.5				
铅山县	284.15	143.85	140.3		70	1963.3				
横峰县	162.49	83.32	79.17		35	896.12				
弋阳县	440.76	158.89	273.97	7.9	86	1926.15				
余干县	446.33	167.91	278.42		33	491.3			2	823
波阳县	1194.40	393.26	801.14		75	2389.5			4	1485
万年县	361.21	154.25	206.95		57	1369.5				
婺源县	640.381	173.103	456.28	11	135	3042.48	1	248		
德兴市	195.9	127.66	68.24		54	1379.7				

2000 年年末全区村道公路里程一览

表 14－2－5　　单位:千米

县(市)名称	村道里程总计	等级公路里程	四级公路里程	等外公路里程	有路面里程	高级路面里程	水泥路面里程	中级路面里程	低级路面里程	无路面里程
全区总计	5148.29	160.35	160.35	4987.93	4882.28	50.69	50.69	123.67	4707.92	266.00
上饶市	56.63	3.36	3.36	53.27	56.63	9.28	9.28	0	47.34	0
上饶县	666.75	0	0	666.75	666.75	0	0	0	666.75	0
广丰县	623.4	17.5	17.5	605.9	623.4	0	0	17.5	605.9	0
玉山县	177	0	0	177	177	0	0	0	177	0
铅山县	183.98	20.8	20.8	163.18	183.98	0.8	0.8	50.05	133.13	0
横峰县	107.85	0	0	107.85	107.85	0	0	0	107.85	0
弋阳县	308.84	23.2	23.2	285.64	301.64	0	0	0	301.64	7.2
余干县	292.90	48.62	48.62	244.27	188.33	1.1	1.1	22.55	164.68	104.56
波阳县	1377.16	0	0	1377.16	1227.32	0	0	2	1225.32	149.84
万年县	59.53	0	0	59.53	55.13	0	0	12.33	42.79	4.40
婺源县	757.17	5.12	5.12	752.05	757.17	0	0	0	757.17	0
德兴市	537.07	41.74	41.74	495.32	537.07	39.50	39.50	19.23	478.33	0

2000 年年末全区县道支线公路路面等级一览(交通部门管养)

表 14－2－6　　　　单位:千米

县(市)名称	路线名称	总里程	有路面里程				
			小计	高级	次高级	中级	低级
	全区总计	2005.74	2003.70	645.19	80.48	1143.02	135.00
上饶市	灵溪—周田	20.90	20.90	5.4	4.42	11.08	
	松毛岭—沙溪	1.63	1.63			1.63	
	横街—七里门	35.60	35.60	35.60			
	上饶—杨庄	31.75	31.75	4.63		3	24.12
	四角亭—江村	27.61	27.61	18		3.28	6.33
	坑口—清湖	3.61	3.61			3.61	
上饶县	东山岭—黎家滩	23.59	23.59		8.93		14.66
	新田—黄狮	4.39	4.39			4.39	
	皂头—周家	13.31	13.31	13.31			
	里洲—大坳	18.2	18.2	18.2			
	姜村—湖村	34.87	34.87	15.6		3.8	15.47
	河北—下会坑	16.59	16.59	8.21		8.38	
	新田—黄狮	15.36	15.36			15.36	
	广丰—毛村	18.38	18.38	4.11		14.27	
	桥头—西溪	18.45	18.45			18.45	
广丰县	新建—小丰	31.19	31.19			31.19	
	洋口—社堂	15.36	15.36	14.36		11	
	河北—下会坑	14.9	14.9	7.74		7.15	
	仙岩—六石坑	38.49	38.49	18.32		20.17	
	仙岩—霞峰	29.4	29.4	11.03		18.37	
	花山—三清	18.47	18.47			18.47	
	梨园—华村	51.02	51.02	22.10		28.91	
	会英亭—花屋	20	20	5.95	10.55	3.5	
	清边—飞机场	12.56	12.56	6.5		6.06	
玉山县	仙岩—六石坑	6.8	6.8			6.8	
	仙岩—霞峰	14.82	14.82	14		0.82	
	苏村—怀玉山	20	20	4		16	
	松毛岭—沙溪	9.59	9.59	9.59			
	横街—七里门	10.59	10.59			10.59	
	南山—童坊	13.58	13.58	13.58			
	葛岭—古井头	12.43	12.43			12.43	

续表 14－2－6

县(市)名称	路线名称	总里程	有路面里程				
			小计	高级	次高级	中级	低级
铅山县	四角亭—江村	4.62	4.62	3.62		1	
	彭村—车盘	16.22	16.22			16.22	
	紫溪—桐木关	26.39	26.39			26.39	
	陈家寨—老虎寨	57.27	57.27	3.85	6.2	47.22	
	港东—上港	12.54	12.54			12.54	
	虹桥—五铜	8.1	8.1			8.1	
横峰县	汪二—高岗	18.72	18.72		5	13.72	
	坑口—清湖	27.78	27.78	2.4	4.93	20.45	
	横峰—杨家	17.4	17.4	5		12.4	
	山黄—葛溪	14.79	14.79			14.795	
	朝堂—黄滕	23.35	23.35	5.70		17.65	
	坑口—清湖	30.60	30.60	11.67	5.85	13.08	
	山黄—葛溪	7.75	7.75			5.7	2.05
弋阳县	漆工—姚坂	15.34	15.34			15.34	
	杨树桥—箭竹	8.74	8.74			8.74	
	双港—流口	35.81	35.81	15.94		19.87	
	毛家墟—周店	21.95	21.95			21.95	
	摘麻山—圣旨山	7.3	7.3			7.3	
	汪家—杨达桥	8.86	8.86	8		0.86	
	汪家—黄金山	22.54	22.54			22.54	
余干县	濠源—九龙	16.46	16.12	16.12			
	朱家—宋塘	5.51	5.51			5.51	
	社庚—邓墩	12.12	12.12	12.12			
	禾山—禾斛岭	10	10		4.8	5.2	
	院前—官山	45.3	45.3	42.74			2.56
	李家渡—江埠	30.10	30.10	9.71		20.39	
	康山—瑞洪	15.86	15.86	15.86			
	铁路前—江埠	32.53	32.05	28.61		3.44	

续表 14－2－6

县(市)名称	路线名称	总里程	有路面里程				
			小计	高级	次高级	中级	低级
波阳县	洪源—玉田	16.93	16.93	1.5		15.43	
	新桥—枫树下	25.35	25.35	3		22.35	
	杨梓—莲西	42.60	42.60	5.3		37.30	
	南岭—蔡岭	9.3	9.3			9.3	
	鄱阳镇—莲湖	32.26	32	24.56		7.44	
	康村—东风	13.01	13.01	5		8.01	
	高家岭—双港	41.18	41.18	25.80	5	10.37	
	莲花山—福山	43.58	43.58			29.7	13.88
	江家桥—石门街	9.18	9.18			7.18	2
	刘家—白鹿埠	30.93	30.53	3.5		27.03	
	河东—大塘下	27.76	27.76			27.76	
	太阳埠—官田	27.99	27.99	5		6.19	16.8
	铁路前—江埠	22.90	22.34	14.90		7.44	
	滑石坦—银宝湖	47.02	47.02	10.2		30.8	6.02
	峡岭—珠湖山	1	1	1			
	黄柏刘—桐山	2.26	2.26				2.26
万年县	镇桥—垲下	42.83	42.83	17.10	14.8	4.23	6.7
	孙家桥—大源	11.65	11.65	1		10.65	
	火车站—下黄营	4.41	4.41	1.41		3	
	峡岭—珠湖山	23.25	23.25	18.61		4.64	
	黄柏刘—桐山	19.32	19.32	15.42		3.9	
	石镇—蛸下	52.79	52.79	32.47		20.31	
婺源县	婺源—小港	60.9	60.9	5.3	1	54.6	
	清华—吴楚分源	18.50	18.50		3	15.50	
	小港口—虹冲	20.45	20.45			12.3	8.15
	万田庄—香屯	33.4	33.4		6	27.4	
	长林—郭家	16.67	16.67	2		14.67	
	金村—大岭	9.18	9.18			9.18	
	灵岩洞—古坦	14	14				14

续表 14－2－6

县(市)名称	路线名称	总里程	有路面里程				
			小计	高级	次高级	中级	低级
德兴市	铁丁山—祝家	10.95	10.95			10.95	
	葛岭—古井头	1.77	1.77			1.77	
	万田庄—香屯	5	5			5	
	浮溪口—昭林	9.4	9.4			9.4	
	体泉—界首	5.4	5.4			5.4	
	小关—闵田畈	16.16	16.16			16.16	
	江田—暖水	12	12			12	
	三部源—碧玉岩	34	34	5		29	
	绕二—余家墩	6.92	6.92			6.92	
	汪家—杨达桥	22.01	22.01	15.5		6.51	
	汪家—黄金山	4.05	4.05			4.05	

说明：全区县道支线公路有渡口 5 处、总长 2044 延米。其中余干县濠源—九龙公路渡口长 345 延米，铁路前—江埠公路渡口长 478 延米；波阳县鄱阳镇—莲湖渡口长 265 延米，刘家—白鹿埠公路渡口长 396 延米，铁路前—江埠公路渡口长 560 延米。

2000 年年末全区公路路面等级一览（公路部门管养）

表 14－2－7　　单位：千米

县(市)名称	路线名称	总里程	有路面里程				
			小计	高级	次高级	中级	低级
全区总计		2392.9	2392.6	339.08	1398.25	643.93	11.33
上饶市	上海—瑞丽	28.67	28.67	28.67			
	上饶—分水关	4.79	4.79		4.79		
	上饶—乐平	1.57	1.57		1.57		
	二渡关—上饶	13.09	13.09		13.09		
	上饶—十里	5.5	5.5		5.5		
	上饶—三江桥	8.67	8.67	2.06	6.61		
	郭门—七里	5.58	5.58	5.58			
	上饶—杨庄	2.34	2.34	2.34			
	四角亭—江村	4.72	4.72	4.72			
	上饶—坑口	3.06	3.06		3.06		
	上饶—郭门	2.64	2.64			2.64	

续表 14－2－7

县(市)名称	路线名称	总里程	有路面里程				
			小计	高级	次高级	中级	低级
上饶县	上海—瑞丽	19.5	19.5	19.5			
	上饶—分水关	16.07	16.07	1.69	14.37		
	上饶—乐平	60.93	60.93	10.23	25.41	25.29	
	上饶—杨庄	43.03	43.03	19.35	12.63	11.05	
	上饶—坑口	15.79	15.79		16.79		
	东山岭—黎家滩	3.07	3.07		3.07		
	新田—黄狮	18.77	18.77	12.87	5.9		
	铁丁山—祝家	4.16	4.16			4.16	
	冷水铺—铺前	21	21			21	
	郑家坊—华潭山	16.2	16.2			16.20	
广丰县	玉山—广丰	22.07	22.07	4.7	17.37		5.43
	二渡关—上饶	44.45	44.45	14.83	29.61		
	新田—黄狮	9.39	9.39	9.39			
	广丰—毛村	34.26	34.26	7.3	14.7	12.26	
	毛家山—大南	8.98	8.98		8.98		
	新建—小丰	23.97	23.97			23.97	
	仙岩—六石坑	14.13	14.13			14.13	
玉山县	上海—瑞丽	30.17	30.17	30.17			
	玉山—广丰	7.97	7.97		7.97		
	十里山—坊头	24.8	24.80		15.35	9.44	
	上饶—乐平	7.79	7.79		7.79		
	玉山—紫湖	43.93	43.93		17.03	26.9	
	玉山—占德湾	23.43	23.43		21.95	1.48	
	玉山—双溪	50.9	50.9	12.13	38.76		
	太平桥—牌楼山	7.1	7.1			7.1	
	苏村—怀玉山	20	20		1.62	18.38	
	横街—七里门	5.15	5.15		5.15		
	七一—七一水库	2	2			2	

续表 14－2－7

县(市)名称	路线名称	总里程	有路面里程				
			小计	高级	次高级	中级	低级
铅山县	上饶—分水关	83.45	63.45	1.68	61.76		
	东坞—河口	6.5	6.5		6.5		
	乐平—江村	39.62	39.62	3.4	36.22		
	河口—雷石	19.5	19.5			19.5	
	八都—英将	21	21			21	
	紫溪—桐木关	15.37	15.37			15.37	
	陈家寨—老虎寨	14.93	14.93	8.6	6.33		
	汪二—高岗	29.22	29.22				
横峰县	上海—瑞丽	19.85	19.86	19.85			
	东坞—河口	29.22	29.22	1	28.22		
	冷水铺—铺前	16.15	16.15			16.15	
	山黄—葛溪	28.84	28.84			28.84	
	洄垅—桥头	4.73	4.73	1.17	3.56		
	铺前—姚家	3	3			3	
	岔路口—葛源镇	0.46	0.46	0.46			
弋阳县	上海—瑞丽	32.01	32.01	32.01			
	东坞—河口	15.36	15.36		15.36		
	乐平—江村	58.03	58.03	6.81	51.22		
	弋阳—烈桥	45.59	45.59	10.2	19.88	15.50	
	弋阳—杨树桥	12.11	12.11		12.11		
	周潭—洪山	15	15			15	
	杨树桥—箭竹	5.06	5.06		5.06		
	珠山桥—曹溪	11.25	11.25		11.25		
	徐家—铁砂街	12.4	12.4	1.4		11	
	何家—铁砂家	5.9	5.9				5.9
	岔路口—圭峰洞	0.57	0.57		0.57		
余干县	烟台—汕头	24.48	24.48	3.8	20.68		
	南昌—峡岭	34.1	34.1	14.4	19.7		
	余干—珠桥	28.75	28.75	4	24.75		
	黄金埠—东乡	12.6	12.5		12.6		

续表 14－2－7

县(市)名称	路线名称	总里程	有路面里程				
			小计	高级	次高级	中级	低级
余干县	余干—信丰	22	22	3	19		
	朱家—宋塘	38.9	38.9		38.9		
波阳县	田畈街—乐平	80.21	80.21	1.42	78.78		
	景德镇—湖口	50.91	50.91	3.5	47.41		
	洪源—玉田	7.53	7.53			7.53	
	岔路口—寺山	4.09	4.09	4.09			
	碧山—石门衡	36.98	36.98		36.98		
	江家桥—石门街	21.85	21.85			21.85	
	洪门口—老人桥	17.5	17.5	1.33	16.16		
	张家—泗溪岭	9.55	9.55			9.55	
	铁路前—江埠	5.5	5.5		5.5		
	滑石坦—银宝湖	11.14	11.14			11.14	
万年县	烟台—汕头	33	33	8.5	24.5		
	黄柏刘—锦江	30.98	30.98		30.98		
	珠山桥—城厢	16.67	16.57		16.57		
	洪门口—老人桥	4.3	4		4		
	珠山桥—曹溪	24.24	24.24		24.24		
	石镇—墙下	2.92	2.92		2.92		
婺源县	溪西—婺源	47.55	47.55	3.68	43.86		
	白沙关—景德镇	73.73	73.73	2.1	71.63		
	东流—董家山	8.9	8.9			8.90	
	王村—赋春	69.7	69.7		46.4	23.30	
	清华—吴楚分源	14.42	14.42			14.42	
	汪口—中村	40	40		7.4	32.60	
	金村—大岭	15.67	15.67			15.67	
	鹤溪—李坑	4.5	4.5		4.5		
	辛田—立新煤矿	12	12			12.00	
	冷水亭—鸡山	2	2			2.00	
	赋春—峰庵	10.85	10.85			10.85	
	沱口—障村	7.55	7.55			7.55	
德兴市	岔路口—星江桥	2.75	2.75		2.75		
	东坞—河口	36.94	35.94		35.94		
	白沙关—景德镇	18.77	18.77		18.77		
	九都—德兴	45.6	45.6	7.75	37.84		

续表 14－2－7

县(市)名称	路线名称	总里程	有路面里程				
			小计	高级	次高级	中级	低级
德兴市	上饶—乐平	42.42	42.42	6.55	32.23	3.64	
	铁丁山—祝家	18.74	18.74		18.74		
	葛岭—古井头	4.64	4.64		4.64		
	坑口—湖田	10.43	10.43	10.43			
	浮溪口—昭林	11.02	11.02		11.02		
	体泉—界首	12.66	12.66	12.66			
	江田—暖水	15	15	14.69	0.30		
	新营—双河口	54.75	54.75	21.13	33.61		
	绕二—余家墩	7.8	7.8	7.80			
	汪家—黄金山	26.95	25.95	10.32	15.63		
	炉湾—寺源坞	6.68	6.68	6.68			
	龙头—水竹洋	7.06	7.06		7.05		
	乌风洞—曾家	6.03	6.03		6.03		
	杨林—化工厂	4.4	4.4		4.4		
	坑口—金山	3.5	3.5		3.5		
	杨村—东矿	2.75	2.76		2.75		
	新营—盘田	2.15	2.15		2.15		
	徐家坊—花林	2.55	2.55		2.55		
	胜利亭—南墩	5.5	5.5		5.5		
	瑞港—电站	1.8	1.8		1.8		
	香屯—小港	1.87	1.87		1.87		

说明：万年县洪门口—老人桥渡口1处，长300延米。

第三章 水路交通

境内河流总长约3200千米，汇入信江、饶河等干流，注入鄱阳湖，贯通长江，形成天然水运航道。

1990年，全区通航河流21条，通航里程781千米。其后因水土流失、河床增高，加上拦河筑坝等原因，通航河流逐渐减少，通航里程逐渐缩短，到2000年，全区通航河流14条，通航里程725.1千米。

第一节 信江航道

信江是江西省五大水系之一。信江发源于玉山县与德兴市交界的信源山南侧。自东向西流。其主流经玉山、上饶市、上饶县、铅山、横峰、弋阳、贵溪、鹰潭市和余江、余干、波阳等县市，在余干县新渡万家分东西两支，东支又名余水河，经马背嘴、珠湖山、十字河与乐安河汇流后，经饶河龙口入鄱阳湖；西支为干流，经瑞洪镇至三江口，与赣江东支和抚河汇合，注入鄱阳湖。

干流全长361千米，流域面积1.76万平方千米。

信江之名称，历来称谓不一。信江流经各地均随地异名，玉山俗名金沙溪、玉琊溪，上饶称上饶江，弋阳唤作弋阳江，贵溪谓之锦江，余干称为龙窟河等名虽异，而实为一水，统称信江。

信江流域地势，东南高西北低，上饶至贵溪间属丘陵，贵溪以下属冲积平原，流域内植被较好。信江水资源比较丰富，正常年平均水量为177.3亿立方米，约占全省水资源总量的12%。据梅港水文站多年资料统计，历年最大流量1.36万立方米/秒，最小流量17.0立方米/秒。历年最高水位28.76米，最低水位17.61米，平均含砂量0.14千克/立方米。上游怀玉山一带为全省大暴雨中心之一，多年平均降水量1845毫米，水位暴涨暴落，洪峰期较短（一般1～3天），具有明显的山区河流特征；下游东西两支梅港以下，均受鄱阳湖顶托影响。下游自鹰潭—乐安村，长105.2千米，地势逐渐平坦开阔，进入滨湖平原。

干流航道、支流航道情况：信江东河珠湖—齐埠15千米航道。航宽10米～20米，水深0.4米～0.5米，弯曲半径300米，通航保证率60%，洪水期受鄱阳湖水位顶托的影响，通航条件较好，通航船舶多为10吨～50吨丁级砂石船舶，航道技术现状为Ⅷ级，一类保护。

信江西支瑞洪镇以上43千米为天然河流，瑞洪镇以下12千米位于鄱阳湖区之内，航道现状技术等级为等外，赣府字〔1997〕85号文批复，该段河流规划航道技术等级为Ⅴ-⑶，每年4-6月为汛期，7-9月受长江鄱阳湖洪水顶托，航道条件优良，可通航100吨～200吨的船舶。

第二节　饶河航道

饶河原名鄱江，以鄱阳县曾为饶州府城而名。饶河发源于赣皖交界的莲花顶西侧。

饶河　上游分南北二大支流：南支为乐安河，《山海经·水经》称“庐水”，干流全长213.5千米；北支为昌江河，干流全长253千米。乐安河、昌江河在鄱阳镇姚公渡汇合，总称饶河，主流自鄱阳镇经双港、莲湖至龙口注入鄱阳湖，全长34千米。

乐安河　系饶河主干流，以流经古乐安乡而得名。发源于皖赣边境的婺源县五龙山西侧，流经婺源、德兴、乐平、万年、波阳五市县，在乐安村与信江东支汇流，经波阳县城、双港、莲湖至龙口注入鄱阳湖，波阳县境内长41千米。

乐安河属山区性河流，洪水暴涨暴落，持续时间一般1～3天，据虎山水文站资料记载，历年最高水位30.73米，最低水位19.53米，变幅11.2米，最大流量1.01万立方米/秒，最小流量仅6.32立方米/秒，多年平均流量224立方米/秒。石镇街以下河段受鄱阳湖水位顶托和长江水位倒灌影响。

乐平至波阳龙口（104.5千米）为乐安河下游，属丘陵平原过渡区和滨湖低洼地区。两岸地势平坦，筑有防洪圩堤。河宽200米～300米，枯水平均比降0.003‰，河床底质为卵石泥沙，流域内植被良好，河流含沙量小，河床稳定，冲淤现象不显著。

乐安河干流航道情况：饶河航道罐子口（楮溪河口）—乐安村，全长106.9千米，褚溪河口—龙口63.6千米属湖区航道，航宽60米～375米，最小水深1.0米，曲率半径300米～800米，通航保证率95%，可常年通航100吨级左右的船舶，季节可通航300吨～500吨级船舶，航道现状等级为Ⅵ级。

龙口—乐安村43.3千米为滨湖平原区，属天然河流，河宽180米～360米，航通宽180米，最小深1.2米，曲率半径80米～360米，通航保证率为95%，龙口—姚公渡33.3千米可常年通航300吨～500吨级船舶,姚公渡—乐安村常年可通航100吨级船舶。目前航道现状登记等级为Ⅵ级。

乐安河至鸣山45.5千米为Ⅲ－(4)级,是信江至通航支线航道,鸣山至铜埠112千米为Ⅴ－(3)(大部分属乐平市),铜埠至婺源36千米为Ⅷ－(2)级,乐安村至乐平60.5千米为二类维护。常年可通航50吨～100吨级船舶,乐平以上航道由于当地村民大肆淘金,无序开采砂石,航道遭到破坏,枯水季节只有些砂厂船舶装砂石,通航船舶大多数为10吨～20吨。

乐平至波阳姚公渡(70.5千米),河床多为卵石泥沙,水深0.7米至1.0米,航宽20米,最小弯曲半径300米,通航30吨～50吨机动船。鸣山至波阳(57.5千米),地处平原地区,设有重点助航标志。波阳至龙口(32千米)为滨湖航道,设有一类助航标志。据《江西内河航道技术等级评定》:鸣山至龙口(89.5千米)航道等级为Ⅲ—(4)级。

昌江 系饶河北支流。在景德镇市境称昌江,入波阳县境后称北河、昌河,现统称昌江。发源于安徽省祁门县大洪岭、西坑,流经祁门、浮梁、景德镇、波阳四市县。人波阳境内后纳入滨田河、浦汀港二支流,经古县渡、磨刀石、三庙前于姚公渡汇人饶河。干流全长276千米,鄱阳县境内52千米。

乐安河支流航道,昌江干流航道情况:昌江干流航道里程174千米,祁门县倒户火车站至浮梁县 溪口(48千米)为昌江上游河段,属山区性河流,现为未定级航道, 溪口至旧城(22千米)为中上游丘陵区,河宽50米～120米,航宽8米～12米,浅滩水深0.4米～0.7米,曲率半径80米～200米,平均比降0.37‰,现为等外级航道、季节性通航,旧城至景德镇(15千米)为中游丘陵区,河面宽180余米,枯期水深0.6米,航宽15米,现为Ⅶ级航道、景德镇以89千米航道,有鱼山凰岗两座枢纽,可常年通航100吨～300吨级轮驳船队,景德镇至鱼山(9千米)属库区航道,Ⅴ级航道,鱼山至凰岗(19千米)为中游平原丘陵地属库区,Ⅴ级航道,(以上河流段属景德镇市)。

西河 西河位于波阳县西发,源于安徽东至县九岗岭及彭泽县上十岭。自北向南流经安徽东至县的永丰、下股和江西波阳县石门街入境,经董泉、荻溪、小港至漳田渡,汇响水滩河于独山注入鄱阳湖,主河道90千米。石门等至漳田渡可季节性通航,谢家滩至石门街洪水期可通航。

西河干流航道:西河朱袍山至独山通航里程41千米,航道等级为Ⅵ－(3)级,为湖区航道,水势平缓,平均比降为0.04‰,通航保证率80%。该段洪水期可航行船舶100吨～300吨级,枯水基本断航,航道技术现状Ⅶ级。

独山至谢家滩通航里程39.5千米,航道等级为Ⅶ－(3)级。独山—漳田渡(18千米)为下游航道,平均比降为0.116‰,通航保证率90%,可常年航行50吨～100吨级船舶,航道技术现状Ⅷ、三类维护。漳田渡—谢家滩(21.5千米)为中游航道,平均比降为0.21‰,通航保证率70%,可航行15吨～30吨船舶,航道技术现状Ⅷ、三类维护。

西河支流航道:位于波阳县西部及都昌县南部,航道里程为18千米,平均比降0.318‰,航宽10米～20米,弯曲半径80米～100米,可季节性通航,航道技术等级评级为Ⅷ－(2)。响水滩至漳田渡14千米,航道等级为Ⅷ(2)级。

潼津河 潼津河又名东河,在波阳县东北部,源于波阳县莲花山与安徽省东至县交界之白马岭。上游分东西两支。东支称千秋河,源于莲花山百福。两支在廖家嘴汇流,至朗埠在车门注入鄱阳河。主河道长68.5千米,流域面积为1056平方千米,属鄱阳湖水系,可季节性通航。

潼津河流域的永滩港是水陆联运的中转港。田畈街镇是腹地乡镇企业的中心，充分开发和利用东河航道，形成水陆运输网络，对流域内地区经济发展具有促进作用。据《江西内河航道技术等级评定》：永滩至车门29千米航道等级为Ⅷ—(3)级。

第三节　鄱阳湖航道

鄱阳湖东起波阳、都昌，西迄九江、星子、永修、新建，南界余干、南昌、进贤，北抵湖口之长江。南北长170千米，东西宽74千米，总纳赣江、抚河、信江、饶河、修河等10川。南部地势宽阔，为江西5大河系冲积平原。北部狭长，山丘对峙，为通长江洪道。流域面积16.2万平方千米。水面面积：高水位（吴淞高程21米）时，湖面面积3600平方千米~4500平方千米，容水量299亿立方米；枯水位（吴淞高程13米）时，1000平方千米，容水量15亿立方米。大水年的汛期，1个月内蓄洪量达82亿~135亿立方米。湖东北面约313平方千米属波阳县境，都昌县以南640平方千米属余干县境。

水位每年从4月起上涨，6-7月为高水位。因受长江水顶托，高水位可持续至9月。9月以后至翌年2月为枯水期。长江汛期前，湖面由南向北倾斜。长江汛期时，受长江水顶托影响，水位比降小，严重还出现倒比降。水位高幅一般9米，最大为13.5米（永修县吴城站），呈现"枯水一线，洪水一片"的特色。

鄱阳湖港汊密布，滨湖村镇均可通船。区内航道有：龙口至罐子口63千米，水面（枯水）比降为0.08‰，河床为泥沙，枯水深1米左右，通航100吨~200吨级船舶。主要浅滩为龙口、鲫鱼背、铁门槛、罐子口。梅溪（三江口）至瓢山35千米，水面（枯水）比降0.07‰，湖床为泥沙和胶泥，枯水深0.8米，通航30吨~50吨级船舶，有浅滩4处。老虎口至康山15千米经济航道，每年洪水期水位16米~16.5米时开放，开放时间为3—6个月；洪家叶至棠阴20千米经济航道，每年洪水期水位16米~16.8米时，开放3~6个月；朱袍山至独山22.5千米，红沙洲至老虎口7千米航道已不通航。

瓢山—三江口航线　亦称赣江东河航线。自三江口至瓢山全长31千米，赣江东支、信江西支、抚河以及进贤四湖之水均集于三江口，注入鄱阳湖，经康山至瓢山与信江至饶河航线相汇合。康山至三江口（11千米）右侧为康山围垦圩堤，左侧为低矮开阔湖州，高程15米左右，瓢山至康山（20千米），湖洲开阔，枯水水面宽200米~300米，水流归槽，航道水深在2米以上，仅瓢山枯水航深为1.0米，平均比降为0.03‰，湖床底质多以沙、胶泥为主，常年可通行20吨~50吨级轮驳船，设置三类助航标志，为波阳至南昌航线中洪水期航道。

据《江西内河航道技术等级评定》，龙口至褚溪河口通航里程63.6千米航道等级为Ⅲ—(4)级；瓢山至三江口通航里程31千米，航道等级为Ⅴ—(2)级。

鄱阳湖区支汊航道　棠荫—洪家叶（20千米），江家—纽丝林（13千米），龙口—康山（15千米），3条航线位于鄱阳东北部，两岸湖区草地，地势低洼，航宽8米~20米不等，水深0.2米~0.5米，平均比降为0.04‰。此3条航线受鄱阳湖水位顶托和长江倒灌影响均颇为显著，中洪水期可通航，枯水期基本断航。

这3条航线是饶河、鄱阳湖东河、西河沟通南昌与长江沿线的重要经济航道，也是波阳、都昌、余干滨湖水网地区中洪水位时相互沟通的水运要道，同时又与湖区主航道构成完整的航道网络。据《江西内河航道技术等级评定》：鄱阳湖区3条支汊航道等级均为ⅤⅢ—(1)级。

滨湖航道 尧山至独山航道,位于鄱阳湖东北部,饶河在尧山(八字脑)分汊,左汊经聂家、珠湖白沙洲至独山与鄱阳西河相连接,全长35千米,属滨湖航道。

航道内两岸地形低洼,分汊众多,最低通航水位时,西河东汊断流,潼津河上游由于建有调节水位的军民水库,致使入湖水量严重不足,滩地高于水面1.2米~2米,仅中洪水时方可通航。原尧山至白沙洲航道被珠湖联圩拦断,于1975年开工修建的珠湖联圩取土所形成的沿堤航道,航宽30米,水深0.7米,弯曲半径400米,坝顶高程23.5米,通航条件较好,全航段水文特性与鄱阳湖水文特性相同。

尧独航线既是鄱阳沟通西北地区乡镇的水上运输线,又是饶河、信江与鄱阳湖东、西河相连的便捷通道,在历史上为发展该地区的农业生产和繁荣城乡物资交流起过重要作用。1950至1970年代,由于围湖造田及潼津河上游修建大型水库,致使其入湖流量减小,湖床逐年增高,西河东汊枯水期断航,水运量减少。为充分发挥该航线对流域内经济和工农业生产发展的积极作用,形成综合运输网络,1992年波阳县人民政府根据城镇规划和国民经济发展的需要,以县府发(1992)134号《关于要求整治西河(湖区)航道的请示》,专题向江西省交通厅进行报告。1993年波阳县人民政府、上饶航务分局联合成立了规划小组,编制完成《西河航道(湖区)整治可行性研究报告》。据《江西内河航道技术等级评定》:尧山至独山35千米航道等级为Ⅵ—(3)级。

内湖航道 波阳县车门至四十里街航线位于鄱阳湖尾闾区水道,全长18千米。是波阳县中部地区沟通波阳东西河和省内五大河流及长江沿线港埠的一条重要水运线。1975年波阳车门一带修建珠湖联圩,因未建通航设施,致使车门至四十里街成为一条内湖航道。

波阳县内湖港汊众多,航宽25米~30米,水深可达0.7米,通航条件较好。

波阳县内湖区域有白沙洲、珠湖、高家岭、四十里街、团林、双港等乡镇,陆运极不方便,水运为本区域传统的运输方式,随着交通运输的发展,珠湖联圩内外湖航道的恢复和沟通,其水运条件会得到较大的改善。据《江西内河航道技术等级评定》:车门至四十里街18千米航道等级为Ⅷ—(1)级。

第四章 设 施

第一节 桥 梁

公路桥梁 1990年代,随着公路建设事业的发展,大吨位车辆增多,不仅要求桥梁永久耐用,而且要求荷载能力强,境内公路桥梁新的桥型、新的结构不断涌现,荷载重量和使用年限也在不断提高,一大批公路大桥及中小桥梁相继建成通车。至2000年年末,全区共有公路桥梁1503座,总长45310.8延米(其中省养620座、23430.47延米,县乡883座、21871.33延米)。按桥梁使用年限分:永久性桥梁1501座,总长45281.3延米;临时性桥梁仅有2座,长20.5延米,基本上实现了全区公路桥梁永久化。

按桥梁跨径分:区境有大桥68座,总长12369.8延米(其中省养49座9187.3延米,县乡19座3182.6延米)。公路大桥技术结构:一类桥占20.39%,二类桥占61.17%,三类桥占14.56%,四类桥占3.88%;区境有中桥245座,总长13934.56延米(其中省养122座6658.43延米,县乡123座7276.13延米);区境有小桥1190座,总长18997.34延米(其中省养449座

7584.74 延米，县乡 741 座 11412.6 延米）。

1991 年—2000 年，全区新建、改建永久性公路大桥有：

胜利大桥　坐落在上饶市区西部信江上。为连接老城区的交通要道。南接三江新城区叶挺大道，北接老城区胜利路。总投资 2000 万元。1990 年 12 月开始兴建，1994 年 9 月 1 日建成通车。主桥长 395.6 延米，南北引桥长分别为 101.2 米和 77.5 米。桥面宽 15.5 米，其中车行道宽 12 米、两边人行道各宽为 1.75 米。为 9 孔 10 墩，上承式钢筋混凝土无绞肋拱桥。桥高 8 米，单孔跨径 43.95 米。设计标准荷载汽车 20 吨，挂车 100 吨。原胜利浮桥同时拆除。

东岳大桥　坐落在上饶市区东部的信江水上。为上饶市内通往广丰、福建浦城县等地的桥梁之一。北接体育馆路，南连东环路（320 国道挂二线）。1990 年动工兴建，1991 年 11 月建成通车。主桥长 236.78 延米，桥面净宽 12 米；其中两侧人行道各宽 1.75 米；5 孔，桥高 2.53 米，单孔跨径 40 米，是省里立项、以工代赈的重点工程。设计标准荷载为汽车 20 吨，挂车 100 吨。由上饶公路分局工程队承建。

灵溪大桥　北连上饶市灵溪乡灵溪村，南接工农村。于 1993 年 10 月动工兴建，1998 年 12 月通车。桥长 212 延米，宽 8 米，车行道 6 米，两边人行道各宽为 1 米。桥高 8 米，为 5 孔 4 墩 2 台石拱桥，是省里立项、以工代赈的重点工程。设计荷载为汽车 20 吨、挂车 60 吨。由福建浦城市中门驻省林业二队承建。

龙潭大桥　坐落在上饶市城区西部信江上，北起西环路，南接上分路，1966 年动工，1968 年 10 月建成，宽 9 米，桥长 312 延米。为 9 孔 8 墩预应力混凝土支梁结构。为利于泄洪，1999 年 6 月投资 147 万元，在桥南端增建 3 孔，桥长增至 416.7 米，为上饶公路分局工程队承建。设计荷载汽车 13 吨，挂车 60 吨。

东门信江大桥　上饶市东门信江大桥，主桥全长 229.76 延米，桥宽 12 米，车行道宽 9 米，人行道宽各 1.5 米，包括桥南跨线立交桥在内，结构为桁架拱形、钢筋混凝土。设计荷载汽—20、挂—100，工程总投资 245 万元，于 1990 年年初开工，历时 2 年，1992 年 1 月底竣工通车。该桥为上饶市区信江上的第四座公路大桥，属 320 国道挂线工程，直通广丰县、福建省，对发展浙赣闽三省的经济有重要作用。

永丰大桥　坐落在广丰县城永丰大道南道，月兔广场南翼，跨丰溪通水南花园小区小康城。由上海同济大学桥梁工程系设计，南昌铁路工程总公司三建总公司三建公司承建，于 1997 年 8 月 1 日破土动工，翌年 10 月底建成。1998 年 12 月 28 日举行通车典礼，总投资为 2012.79 万元。大桥全长 169.23 延米，桥高 7 米，分 5 孔，跨径分别为 $22 \times 2 + 72 + 22 \times 2$ 米，桥宽 $12 + 2 \times 2 + 2 \times 5 + 2 \times 1.5$ 米。桥墩为钢筋混凝土空心桥梁，主孔路径 72 米，为 T 承式钢管混凝土系杆拱，采用缆索吊装工艺整体拖吊就位。设计荷载、行车道汽车—20 级，挂车—100。永丰大桥设计新颖，造型美观，桥面的宽度与上海杨浦大桥相同，桥的南北两头、东西两侧，置有铜铸（单只吨重）巨狮两对，成为广丰县城区一道靓丽的风景线。

芦洲大桥　位于二渡关—上饶线路（广丰路段）。大桥全长 222.86 延米，桥高 8 米，10 孔跨径 20 米，砼 T 型梁结构，设计荷载汽—20 拖—100，1999 年 11 月建成通车。

玉虹大桥　位于玉山县城城南门，跨冰溪河，1990 年玉山县人民政府和铁道部第四设计院、上海铁路局共同商定兴建铁路、公路立交桥。1991 年 3 月 21 日委托铁四院设计。玉虹大桥采用 T 梁式桥体，上部结构：跨河 4 孔是 3:1 米装配式后张预应力简支梁，河岸 8 孔（含丁字桥、立交桥）是 16 米 T 形梁。整桥自南向北下坡，坡比 2.05%；下部结构：主桥 0 号台采取动式桥台,9 号台采用浆砌片石 U 台;丁字桥采用耳墙式桥台。16 米桥梁墩采用 120×80 厘米柱墩;30 米跨桥墩采用 140 厘米圆墩;丁字桥采用 120×80 厘米墩,基础嵌岩 1 米,主桥长 222.6 延米。丁字桥长 54.3 延米,桥面净宽 13+2×1.5 米,桥高 15 米-18 米,主桥 9 孔,丁字桥 3 孔。荷载:汽—20、挂—100 吨,桥面纵坡 2.5%。1992 年 8 月 24 日开工奠基,主桥、丁字桥由上饶公路分局工程队承建,造价分别为 238 万元和 200 万元;1993 年 9 月,铁路公路立交桥由浙江铁路复线工程指挥部负责施工,造价 71 万元。1994 年 7 月 20 日竣工。同年 9 月 20 日正式通车。

汪二镇下程大桥 坐落在铅山县汪二镇下程村道 K1+500 上。桥长 135.64 延米,桥高 7 米,桥面净宽 5.5 米,9 孔,每孔跨径二联 3×16 米和一联 3×13 米,结构为整体式钢筋混凝土连续板桥,设计荷载汽—15、挂—80,1998 年 10 月建成通车。

马背咀大桥 位于余珠公路 K4+470 至 K5+363.9 处,距余干县城 5 千米,横跨信江东大河,全长 393.9 延米,引道长 3.7 千米,桥宽 9+2×1.5 米,14 个桥墩,跨径 70×35×2 米,结构为钢筋混凝土 T 型桥,设计荷载汽车—20、挂—100。此桥于 1988 年 7 月 30 日引道开工,1989 年 3 月 20 日主桥开工,1992 年 1 月 30 日竣工通车。工程总投资为 1385 万元,大桥由江西省交通设计院设计,主桥工程由交通部二局一处工程队承包,时任省交通厅厅长张家耀题写“马背咀大桥”桥名。马背咀大桥的建成,使余干县第一条陆路通道更加畅通,结束了几千年来出门摆渡的历史。

潭石大桥 位于弋阳县东朱坑镇潭石村,跨越信江南北两岸,坐落 320 国道 K605+831 处。该桥全长 468.73 延米,桥面行车道宽 7.5 米、人行道宽各 1.5 米,桥高 2.4 米,15 孔,每孔路径 30 米、桥结构及式样:上部为 T 梁铪,下部 V 双柱,浆砌片石,设计荷载汽—20、挂—100。1996 年建成通车。

红旗大桥 位于弋阳县东北葛溪乡红叶村,跨越葛溪河,坐落在弋(阳)长(田)公路 K4+970 处。人行道宽 1 米。该桥为 1 孔,路径总长 100 米,桥梁结构及式样,上部 T 梁铪,下部 V 型重力式台墩、片石,设计负荷汽 20、挂—100,1999 年 3 月建成通车。

大塘埠大桥 位于鄱阳县侯家岗乡道大塘埠至塘屋里公路上,全长 108 延米,桥宽为 7+2×0.75 米,设计荷载汽—20,挂—100,为双曲拱桥。造价 127.6 万元,其中以工代赈资金 128 万元。1998 年动工,1999 年竣工通车。

玉溪大桥(又名石镇大桥) 位于波阳与万年交界的乐安河,是洪门口至万年县石镇街老人桥公路一座重要桥梁。该桥为预应力 T 型刚构桥。全长 605.6 延米,桥面宽度 9+2×1.5 米人行道。桥高 9 米,载重汽—20,挂—100,设计洪水频率 1/100,通航等级三级。造价 1850.46 万元。由省公路局投资招标建成。引道工程,全长 7.58 千米,其中波阳境内 1.12 千米,由波阳县负责施工,按平原微丘区二级公路标准修建。路基宽 12 米,路面宽 9 米,沥青碎石路面。玉溪大桥于 2000 年 10 月开工。2003 年 1 月 26 日竣工通车。该桥北通省道田乐公路,南通万年 206 国道和昌万公路。它的建成通车,结束了波万两地居民靠渡船来往的历史,有利于两地的经济发展和交流。

永滩大桥 位于波阳县田畈街镇永滩村,是波阳县政府为永滩村施行移民建镇的配套工程,坐落在乡道碧山至游城公路上。全长 185.326 延米,桥宽为将 7+2×0.75 米,桥高 13.46 米,设计洪水频率 1/100,荷载汽—20,挂—100,为钢筋混凝土刚架拱桥。总投资为 340.15 万元。该桥由江西省三建公司建造。2000 年 1 月动工,2001 年底完工。它的建成,不仅对改善移民建镇村内的交通状况,而且对改善碧山至游城农村公路交通有重要作用。

千秋大桥　是根据波阳县建设移民集镇新村总体规划,为解决移民新村公路交通而建。坐落在波阳县田畈街镇松林村至小莲、蓄田新建的移民建镇久接公路上,跨越松林村至蜈蚣山的千秋河。主桥长113.16延米,为钢筋混凝土刚架拱桥,桥面净宽为7+2×1米,3孔,净跨30米,桥高9.6米,荷载汽-20,挂-100,洪水频率1/100。

昌江渠化凰岗枢纽坝公路桥　凰岗枢纽工程是一座桥坝结构的航道工程,位于波阳县凰岗镇上游220米处。投资3800万元。枢纽主体项目由船闸、泄水闸、溢流坝、公路桥等四部分组成。其中桥梁工程,长315.6延米,净宽7+2×0.75米,高25.7米,荷载汽-20、挂-100。是河东至大塘下公路唯一通道。东接206国道、新枫公路,通景德镇市,西接省道田乐公路,通波阳县城。东西引道,由省交通厅投资,县交通部门组织施工。该项工程1986年动工,1991年竣工。它的建成,结束了河大公路和凰岗镇两岸人民靠渡船过往的历史。

龙泉大桥　位于波阳县境内碧石公路K23+589处,为钢筋砼T梁桥,5孔,净跨20米,全长112.92延米,桥宽-净9+2×1.5米,桥高8米,荷载汽-20,挂-100。造价172.1万元,由省公路局投资,上饶公路分局工程队施工。1997年12月10日开工,1998年8月30日竣工。龙泉大桥是碧石公路上一座重要桥梁,北通安徽东至县,南接景湖公路,直通景德镇市和九江市。

石镇大桥　位于洪老线K18+320万年县境内乐安河上,该桥为预应力T型刚构桥。全长800延米,跨径总长700米,单孔最大跨径22.6米,桥梁全宽12米,桥面净宽9米,主桥31孔,水泥混凝土桥面,桥高8米,双柱式墩,板式橡胶支座,设计承载量汽-20。2001年12月竣工通车。是洪口门至万年县石镇街老人桥公路一座重要桥梁。

清华大桥　婺源县清华大桥因王赋线改线而新建,全长165.44延米,桥面宽9+2×1.5米(人行道)。全桥采用等高式橡胶支座,行车道采用板式橡胶伸缩缝。上部构造为跨20米钢筋混凝土T型梁;下部构造采用片石混凝土墩台,片石混凝土扩大基础。1999年7月22日经江西省公路局批准,该桥经费为231.6万元。由上饶公路分局设计室设计,婺源县公路段负责组织施工,承建单位为上饶公路分局工程队。工程于1999年9月20日开工,2000年3月10日竣工通车。设计技术标准为汽-20、挂-100。

金竹大桥　婺源县金竹大桥因王赋线改线而新建。全长145.42延米,桥面净宽992×1.5米人行道。全桥采用高式橡胶支座,行车道采用板式橡胶伸缩缝。上部构造,为6孔20米钢筋混凝土T型梁;下部构造采用片石混凝土墩台,片石混凝土扩大基础。1999年7月22日经江西省公路局批准,该桥经费203.6万元。由上饶公路分局设计室设计,婺源县公路段负责组织施工,下部工程承建单位为安徽省黄山市公路局工程队,上部工程为上饶公路分局工程队。工程于1999年10月18日开工,2000年12月26日竣工通车。设计技术标准为汽-20、挂-100。

炉湾大桥　位于德兴市黄柏乡炉湾村,横跨建节水。桥长140.5延米,桥面宽11.5米,高8.11米。柱式墩台结构,6孔,跨径120米。1996年10月建成通车。

铜都大桥　位于德兴市银城镇南门,横跨洎水,桥长160.4延米,桥面宽12米,高8.05米。柱式墩台结构,7孔,跨径140米。1996年12月建成通车。

白米洲大桥　位于德兴市银城镇白米洲,横跨洎水,桥长165.4延米,桥面宽12米,高8.55米。柱式墩台结构,7孔,跨径140米。1996年12月建成通车。

黄柏大桥 位于德兴市黄柏乡黄柏村,横跨建节水,桥长121.5延米,桥面宽10.5米,高10米。柱式墩台结构,5孔,跨径100米。2000年10月建成通车。

双溪水库大桥 位于德兴市绕二镇双溪,横跨长乐水,桥长126.8延米,桥面宽9米,高20米。柱式墩台结构,3孔,跨径120米。2000年4月建成通车。

瑞港大桥 位于德兴市绕二镇瑞港,横跨长乐水,桥长123.8延米,桥面宽8.5米,高12米。柱式墩台结构,5孔,跨径120米。2000年7月建成通车。

界田大桥 位于德兴市界田乡界田村,横跨长乐水,桥长100.5延米,桥面宽10米,高9米。桩(柱)式墩台结构,4孔,跨径80米。1995年12月建成通车。设计荷载汽车-20级。

新营大桥 位于德兴市新营镇二村,横跨洎水,桥长117.4延米,桥面宽7.7米,高11.1米。桩(柱)式墩台结构,9孔,跨径113.4米。1996年12月建成通车。设计荷载汽车-20级。

铁路桥梁 2000年年末,境内铁路桥梁共76座,其中浙赣线43座,横南线15座,皖赣线13座,弋樟支线5座。

铁路大桥 境内铁路大桥共13座,其中浙赣线5座,横南线7座,弋樟支线1座。区境1990年代新增铁路大桥6座。

铁路中桥 境内铁路中桥共21座,其中浙赣线16座,横南线2座,皖赣线2座,弋樟支线1座。

铁路小桥 境内铁路小桥共32座,其中浙赣线18座,横南线10座,皖赣线1座,弋樟支线3座。

铁路立交桥 境内铁路立交桥共9座,其中浙赣线3座,横南线6座。

旱桥 境内铁路旱桥1座,座落在上饶市区,浙赣线K384+242处。桥名庆丰,净跨18米,全长46米,钢筋混凝土结构。

1990年代,境内新建铁路大桥有:

刘家铁路桥 位于上饶县枫岭头镇永乐村。铁道部上海第四设计院设计,铁道部第十四工程局施工。桥长155.4米,6孔,24米预应T型结构。1992年12月竣工。

槠溪铁路桥 位于上饶县旭日镇东,横跨槠溪。1998年9月开工,1999年年底竣工。桥长555.6米,29孔,后张预应力钢筋混凝土梁。

白沙信江铁路桥 位于上饶县茶亭镇白沙村北,横跨信江。1998年9月开工,1999年年底竣工。桥长361.9米,12孔,后张预应力钢筋混凝土梁。

茶亭铁路桥 位于上饶县茶亭镇白沙村南,横跨公路和周家田畈。1998年9月开工,1999年年底竣工。桥长142.7米,8孔,先张预应力钢筋混凝土梁。

炉前大桥 坐落横峰县司铺乡司铺村,位于浙赣线K409+213处,1995年8月竣工。桥长636米,10孔,桥梁结构预应力钢筋混凝土梁。

复线玉山信江大桥 坐落玉山至广丰之间,位于浙赣线K349+459处,全长219.9米,分为10孔,桥面宽5.5米,先张预应力钢筋混凝土低高度T型梁,于1991年10月建成通车。

2000年年末全区公路桥梁一览

表14－4－1

县(市)名称	桥梁总计		按桥梁使用年限分		按桥梁跨径分类					
			永久性		大桥		中桥		小桥	
	座	延米	座	延米	座	延米	座	延米	座	延米
全区总计	1503	45310.8	1501	45281.3	68	12369.9	245	13934.56	1190	18997.34
上饶市	48	2264.67	48	2264.67	6	1542.63	5	236	37	486.04
上饶县	171	4689.84	171	4689.84	5	473.55	42	2338.5	124	1877.79
广丰县	186	5324.74	186	5324.74	7	1180.10	24	1712.4	155	2432.24
玉山县	151	3879.96	151	3879.96	6	940.69	24	1120.59	121	1818.68
铅山县	114	3971.56	113	3963.56	9	1578.4	19	1015.46	86	1377.7
横峰县	59	1619.75	59	1619.15	1	135.5	8	499.23	50	985.02
弋阳县	158	4617.5	158	4617.5	6	1216.57	18	1140.22	134	2260.71
余干县	61	1908.89	61	1908.89	2	787.6	7	301.64	52	819.65
波阳县	119	4182.47	118	4169.97	6	1466.52	20	1117.12	93	1598.83
万年县	93	2276.74	93	2276.74	1	104	16	1046.58	76	1126.16
婺源县	198	5621.22	198	5621.22	7	1309.77	36	1851.48	155	2459.97
德兴市	145	4944.46	145	4943.46	12	1634.57	26	1555.34	107	1754.55

说明:全区公路临时性桥梁共有2座长20.5延米,其中铅山县1座长8延米,波阳县1座长12.5延米。

2000年年末全区公路桥梁一览(公路部门管养)

表14－4－2

县(市)名称	桥梁总计		按桥梁使用年限分		按桥梁跨径分类					
			永久性		大桥		中桥		小桥	
	座	延米	座	延米	座	延米	座	延米	座	延米
全区总计	620	23430.47	620	23430.47	49	9187.3	122	6658.43	449	7584.74
上饶市	23	1474.57	23	1474.57	4	1039.53	3	148.6	16	286.44
上饶县	80	2391.91	80	2391.91	1	109	27	1429.06	52	853.85
广丰县	50	1874.99	50	1874.99	3	600.9	9	595.8	38	678.29
玉山县	65	2004.46	66	2004.46	5	812.29	11	442.49	49	749.68
铅山县	44	2008.26	44	2008.26	7	1095.2	8	384.36	29	528.7
横峰县	24	723.63	24	723.63	1	135.5	3	161.63	20	426.5
弋阳县	72	2691.35	72	2691.35	5	1105.07	11	608.52	56	977.76
余干县	28	1417.59	28	1417.59	2	787.6	5	225.24	21	404.75
波阳县	44	1792.97	44	1792.97	3	765.82	7	467.43	34	559.72

续表 14-4-2

县(市)名称	桥梁总计		按桥梁使用年限分		按桥梁跨径分类					
			永久性		大桥		中桥		小桥	
	座	延米	座	延米	座	延米	座	延米	座	延米
万年县	36	907.24	36	907.24	1	104	6	334.58	29	468.66
婺源县	63	2578.74	63	2578.74	6	1096.12	14	815.88	43	666.74
德兴市	91	3564.76	91	3564.76	11	1536.27	18	1044.84	62	983.65

2000年年末全区公路桥梁一览(交通部门管养)

表 14-4-3

县(市)名称	桥梁总计		按桥梁使用年限分		按桥梁跨径分类					
			永久性		大桥		中桥		小桥	
	座	延米	座	延米	座	延米	座	延米	座	延米
全区总计	829	21889.3	881	21850.8	19	3182.6	123	7276.1	741	11412.6
上饶市	25	790.1	25	790.1	2	503.1	2	87.4	21	199.6
上饶县	91	2297.9	91	2297.9	4	364.5	15	909.4	72	1023.9
广丰县	136	3449.7	136	3449.7	4	579.2	15	1116.6	117	1753.9
玉山县	86	1875.5	86	1875.5	1	128.4	13	678.1	72	1069
铅山县	70	1963.3	69	1955.3	2	483.2	11	631.1	57	849
横峰县	35	896.1	35	896.1			5	337.6	30	558.5
弋阳县	86	1926.15	86	1926.1	1	111.5	7	531.7	78	1282.9
余干县	33	491.3	33	491.3			2	76.4	31	414.9
波阳县	75	2389.5	74	2377	3	700.7	13	649.6	59	1039.1
万年县	57	1369.5	57	1369.5			10	712	47	657.5
婺源县	135	3042.4	135	3042.4	1	213.6	22	1035.6	112	1793.2
德兴市	54	1397.7	54	1379.7	1	98.3	8	510.5	45	770.9

说明:全区公路临时性桥梁2座,长20.5延米,其中铅山县1座长8延米,波阳县1座长12.5延米。

第二节 站 点

汽车站 1990年代,全区加大了公路交通运输基础设施建设的力度,通过多渠道、多形式、多方筹集资金,先后修建和新建了一批汽车站,不断完善公路客运站基本设施,多数县(市)设有2个县级客运站。至2000年底,全区有客运站25个(其中一级1个,二级12个,三级12个),货运站2个(均是三级),集装箱中转站1个(上饶集装箱中转站、三级站)。

全区各县(市)客运站分布如下:

上饶客运中心站 坐落在上饶市带湖路33号,建于1996年11月,是年11月26日试运行。新客站占地1.53公顷,总投资1000余万元,候车大厅1300多平方米,一次性可容纳旅客400余人,日发客车量700多班次。开往上海、杭州、南昌、德兴、乐平、铅山、广丰、横峰及煌固姜村方向的客车均由该站营运发车。车站造型美观,设施齐全,并投资15万元,改造票房和添置8套微机,实行微机售票,客运量、结算业务全部由微机完成。当时属江西省客运系统最大的汽车站。

上饶县汽车站　位于旭日镇北大道西侧,总投资298万元。于1996年9月28日动工,1997年12月25日竣工投入使用。占地面积1公顷,建筑面积3514平方千米,其中主站房建筑面积2277.12平方千米,附属工程1237平方千米,停车场3500平方千米。2000年车站有职工32人,进站作业客运车辆89台,日发班次181台次,全年共发班次66065班次,日送旅客1800人次,全年共完成旅客客运量65.7万人次。

广丰汽车站　位于广丰县城西门口右侧。1949年11月建站,占地面积3997平方米,利用旧时公屋售票,年客运量88万人次,货运量2.7万吨,下设有五都乡站和桐畈、廿四都、河北、大南等代办站,沿线有50多个招呼站,隶属上饶运输总站。1986年江西省交通厅投资兴建车站客运大楼2177.62平方米左右的新设施。1999年在体制改革中,由广丰卷烟厂托管、车站人员设施和财产由广丰县汽车运输总公司调配使用。

广丰汽运总公司客运总站　1999年广丰县汽运公司投资2300万元,由上海同济大学设计,在芦林工业区征地43668.8平方米,于是年3月28日破土动工,新建客运总站建筑面积1.08万平方米,于2000年元月交付使用。客运总站设计新颖,功能齐全,可日发旅客1万人次,日发客运班次600班,票房全面实行微机售票,采用广播音像系统,为候车厅播放闭路电视,在电子屏幕上为旅客播放乘车信息;候车大厅分区设置现代的单人坐椅,并在大厅内设置副食品、小百货、旅游用品等售货柜台,方便旅客选购。卫生设施先进,客运厅造型美观,环境优美。是年5月客运总站开展ISO 9002质量体系标准认证工作,于12月底由中国方圆委员会上海质量体系认证中心审核通过,属国内第2家通过认证的道路客运企业。它以上乘的质量,优质的服务,让旅客"走得了"又"走得好"。2002年12月改制后,归属上饶汽运集团有限公司。

玉山汽车站　原站址冰溪镇王家山,建于民国34年(1945年)。1984年在冰溪镇莲塘垄口建成新站房,占地11358平方米。年客运量88万人次、货运量0.7万吨。下属临湖代办站和11个招呼站。到1990年冬,玉山汽车站开往上饶、衢州、江山、常山、德兴、花桥、铜矿、广丰、临湖、石坑每日1~2次班车,总里程单程690千米。

弋阳汽车站　坐落在弋江镇胜利路北端。始建于1955年。1981年建成新站,占地面积5000平方米,建筑面积300平方米。1986年,弋阳汽车站营运路线有12条,其中县际路线4条,县内路线8条;有职工32人,其中管理人员6人,站务人员8人,装卸人员4人。年客运量14.6万人,年客运周转量731.2万人/千米;年货运量8648吨,年货运周转量692880吨/千米。2000年营运路线有14条,其中省际2条,跨县(市)9条。职工62人,其中管理人员7人,站务人员12人。是年完成客运量182.8万人,客运周转量1468.2万人/千米。

横峰汽车站　坐落在横峰县岑阳镇解放西路75号,占地7000平方米。1981年10月横峰汽车站改为上饶地区汽车运输公司横峰分公司。1990年11月,新建汽运大楼竣工,位于城区中心地段,建筑面积1950平方米(投资135万元)。新汽车站包括候车厅、售票房、货运室、车库、停车场,设施先进,功能齐全,由3级站升为2级站,为旅客创造了良好的候车休息环境。1995年有中型客车16辆,营运班线8条,日发36班次,其中跨县3条,日发12班次,县内5条,日发24班次。2000年,横峰汽运公司客运量55万人次,客运周转量602万人/千米。2001年12月,上饶汽运公司兼并横峰县汽运公司,接管客车和跨省营运班线。

铅山县汽车站　坐落在河口镇狮江路，于1988年8月建成，占地面积6877.7平方米，建筑面积2226.6平方米，进站车辆90余辆。2000年末，有职工21人。

永平汽车站　于2001年建成，坐落在永平桐江路，占地面积4616.7平方米，建筑面积1900.61平方米，职工人数10人，进站车辆40余辆。

余干县客运服务中心　1993年9月成立，前身是余干汽车站，占地1万平方米。1985年驻站及过往车辆每天10余辆。2000年日发客运汽车增至200余辆，凡在余干县城经营长途及黄埠方向的客运汽车，统一进入中心作业，实行统一排班发车、自行售票。管理班子由运管所和上饶汽运总公司余干公司组成，人员实行招聘。

余干西客站　属县汽车运输公司客运站场，占地面积3200平方米，成立于1995年，主要经营江埠、三塘方向客运。

黄埠客运服务站　为上饶汽运公司设在余干县黄埠镇的社区性三级车站。1986年驻站及过往车辆每天120辆。该站1997年进行扩建，占地面积由3000平方米扩大到5000平方米。2000年日发客运车120辆。

瑞洪汽车站　坐落在余干县瑞洪镇，原属上饶汽运总公司社区性短途客站，建于1991年。由于站址偏僻，加上运输市场放开、车辆增多、不方便作业，该公司与土管局于1995年将原站土地等资产整体拍卖。2000年由私营投资兴建停车场。

波阳县汽车站　坐落在鄱阳镇西北，新民路，占地2000平方米。年客运量235万人次，货运量25万吨。始建于1952年3月。1986年8月至1987年9月，在原车站处建成波阳新车站大楼，总建筑面积为2197平方米，其中候车厅为583.4平方米。1991年7月，波阳汽车站首次对外开放，为上饶地区国营汽车站对外开放试点之首，50辆社会客车实行“车进站，人归点”。1994年11月正式对外开放，本地及外地各线班车定点进站作业。1996年，上饶地区汽车运输总公司波阳分公司有客车30辆1090座位(其中豪华卧铺客车18辆720个座位)，客车往返广东、安徽、浙江、福建、江苏、上海等大中城市及经济特区。是年10月，波阳汽车站在全省县级汽车站首次使用微机售票，江西省公路运输管理局召开全省汽车站微机售票工作会议，在会上提名表彰波阳汽车站。2000年1月，波阳县汽车运输公司兼并上饶地区汽车运输总公司波阳分公司，波阳汽车站划归波阳县汽车运输公司管辖。

波阳县客运总站　波阳县汽运公司在成功兼并原上饶地区汽运公司波阳分公司的基础上，加大企业发展力度，多方筹资500万元，建设新型客运总站。新客运总站占地1.5万平方米，停车场总面积达1.3万平方米，全县长短途客班车263辆全部在此停站。新客运总站设有候车大厅、计算机售票处、小件寄存处、汽车修理、汽配件销售、餐厅招待所等多功能服务设施。于2000年4月18日正式开业营运。

婺源县汽车站　设在婺源县城城关镇东门大桥头，隶属上饶地区汽运总公司婺源分公司。1994年省交通厅投资199万元，在东门大桥头新建车站，可停靠各种车辆70余辆，日站务工作量约为3200人次。

婺源县汽车西站　位于城西星江大桥南岸桥头，隶属1982年县办的汽运公司。1993年县汽运公司自筹资金150万元建成交通大厦，并对站房等基础设施进行了扩建，可停靠各种车辆103辆，日站务工作量4000人次左右。

万年县汽车站　1972年8月，成立县汽车站。1987年，成立上饶汽车运输总公司万年分公司，业务隶属上饶汽车运输公司管理，政治属万年县交通领导。1985年，耗资100万元，在县城之南划地2330平方米。于1990年建成万年县汽车站,经营全县客运。90年代末,通往县内外各地,年客运量60.48万人次,每天始发跨省线车次有福建石狮、浙江温州、义乌、余姚、深圳龙岗;跨区线:南昌、抚州、鹰潭、景德镇;跨县线:余干、波阳、弋阳。

德兴市汽车站　1991年年初,德兴汽运公司拥有东风大客车(45座)18辆,解放大客车(40座)7辆,中巴1辆,全部在德兴汽车站发车,运行路线跨省、市及各乡镇,共有26个班次。1994年,德兴汽车站所辖的3个乡级站和10个代办点全部取消,只设铜矿汽车站。1995年,德兴汽车站向社会开放,大客车淘汰换成中巴客车。1998年,德兴至南昌班车路线全部换成空调"依维柯",德兴至上海线路新购进"亚星奔驰"豪华高靠背的大客,原有卧铺大客车按规定置式全部改装。新增衢州、金华、杭州、上海、宁波等9条线路。2000年,德兴汽运公司有在册职工82人,全年客运量达至274.09万人,旅客周转量11878.37万人/千米。

水运站点　境内水路客运站以波阳为中心,1990年通往区内外14条航线,设置客运站点72个,2000年通往区内外16条航线,设置客运站2个。航线分布:波阳至南昌线2个,波阳至九江线1个,瑞洪至南昌线1个,波阳至景德镇线2个,波阳至鹰潭线1个,波阳至珠湖山线1个,波阳至中洲线4个,波阳至莲湖线1个,波阳至马背咀线1个,波阳至梓埠线1个,波阳至石口线1个。

重点航运站如下:

凰岗航运站　地处昌江中下游水路转运交接点。1952年建站,原址凰岗河西街上,1962年凰岗至新桥公路修通后,凰岗码头迁至对面河东,航运站也随迁河东。

漳田渡航运站　地处波阳西河中上游。1953年4月建航运组,1954年12月改建航运站。

泗溪岭航运站　地处乐安河下游,为波阳洪门口煤矿的运输站点。1952年建站,系乐安河水运重点站之一。

火车站　管内火车站分布如下:

浙赣线:湖沿、玉山、广丰、上饶、横峰、弋阳东。

皖赣线:万年。

横南线:铅山西、永丰。

乐德支线:香屯。

2000年全区火车站站内情况一览

表14－4－4　　单位:平方米

站名	建站时间(年)	主体站房				站台		货场仓库		站内情况
		建造年度	建筑结构	层次	建筑面积	数量(个)	建筑面积	个数	面积	
一、浙赣线										
玉山	1932	2005			1948	2	1000	3	1545	旅客地道1条56平方米
广丰	1981	1995			1336	2	2100	1	256	
上饶	1935	1998	框架	3	11193	2	2936	11	3160	旅客地道1条252平方米

续表 14－4－4

站名	建站时间（年）	主体站房				站台		货场仓库		站内情况
		建造年度	建筑结构	层次	建筑面积	数量（个）	建筑面积	个数	面积	
横峰	1935	1990	框架	2	1298	2	8127	2	1076	旅客地道 1 条 168 平方米
弋阳东	1965	1998	框架	1	2780	2	9830	5	1794	旅客地道 1 条 100 平方米
二、皖赣线										
万年	1983	1984	钢混	2	1600	2	6300	1	887	旅客地道 1 条 310 平方米
三、横南线										
铅山西	1987				307	2	2250	1	202	
永平	1987	1993	框架	3	1080	1	2100	2	1018	

2000 年全区客运站分布一览

表 14－4－5

县（市）名称	站名	级别	站名	级别
上饶市	上饶客运中心站	一级	三江客运站	三级
上饶县	上饶县汽车站	二级		
广丰县	广丰汽车站	二级	广丰汽运总公司客运总站	三级
玉山县	玉山汽车站	二级	三清山汽车站	三级
弋阳县	弋阳汽车站	二级		
横峰县	横峰汽车站	二级		
万年县	万年汽车站	二级		
	青云客运站	三级	石镇客运站	三级
余干县	余干汽车站	二级	客运西站	三级
	黄埠客运服务站	三级		
波阳县	波阳汽车站	二级	田畈街客运站	三级
	波阳客运总站	二级		
德兴市	德兴汽车站	二级	铜矿客运站	三级
铅山县	铅山汽车站	二级	湖坊客运站	三级
			永平客运站	三级
婺源县	婺源汽车站	二级	客运北站	三级

第三节 渡 口

公路渡口 1991年,全区公路渡口共有9处。1990年代,随着公路建设的发展,许多地方纷纷撤渡建桥,区境公路渡口逐渐减少,渡运设备经历了一个由人力木质渡船向钢质机动渡船的变化过程。至2000年年末,全区尚存干线公路渡口七处,主要分布在波阳县、余干县、万年县境内。

2000年,波阳县乡公路尚存5处公路渡口,1984年以前,这些渡口一直是当地乡(镇)政府管理,从1985年起,收归县交通局公路管理站直接管理。1996年以后,乡道上两个渡口放回当地乡(镇)管理,县道上3个渡口继续由县交通局公路站直接管理。1978年—1995年,县交通局投入渡口设备更新维修经费达117.45万元;1998年—2004年,县交通局投入渡口设备修理费达242万元,维护了正常渡运。

桐山渡口 位于波阳县道铁路前至余干江埠公路K11+950米处乐安河上。常水宽560米,洪水宽664米,枯水宽531米。引道北岸长宽58米×6米,南岸长宽160×7米,码头宽30米,浆砌片石。该渡口始建于1979年,当年新造铁趸船1艘,1981年新建渡工房1幢,1982年新建拖轮1艘,并新建渡口码头,1988年—1989年、渡船大修,1991年鉴于渡口所在地章杨村村民在渡口码头乱堆沙石,妨碍交通,县交通局派员与章杨村协商,支持村里在渡口附近新建一个堆砂码头,以保证渡口秩序和渡运行车安全。1997年重建渡工房1幢,计164平方米。1998年,投入修理费80万元。1999年投资45万元,更新拖轮和渡船各1艘。2001年又投资60万元,再建拖头、渡船各1艘。现有拖轮2艘(100马力1艘,80马力1艘),渡船2艘,均为双车渡船。渡工14人,其中驾驶员3人,轮机员2人。日昼夜平均渡运量98车次。该渡口属县道渡口,由县交通局公路管理站直接管理。

古县渡渡口 位于波阳县道刘白公路上古县渡集镇与古南集镇之间昌江河上。常水宽396米,洪水宽423米,枯水宽365米。北岸引道长宽40×7.5米,南岸引道长宽89.2×7.5米,码头宽15米,浆砌片石。1969年建成白官线,1975年将原古县渡公社用于防洪装砂石的旧趸船改修成人力渡船,维持渡运。1978年整修码头,1981年新造铁趸船1艘,1982年建成渡工房1幢,1983年新建钢质渡船1艘,1986年硬化南岸码头。2000年投资12万元,进行渡工房改建,面积340.98平方米。该渡口配有渡工9人,日昼夜平均渡运量50车次。此渡口属县道公路渡口,由县交通局公路管理站直接管理。2003年县交通局积极向省公路局争来石镇渡口拖轮、渡船各1艘,拖轮为180马力,渡船为3车渡船。

莲湖渡口 位于波阳县道波莲公路双港镇南面的饶河上。常水宽284米,洪水宽346米,枯水宽214米。北岸引道长宽80×6.5米,南岸引道长宽70×8.8米,码头宽8米,砂石路面。该渡口建于1976年,始为人力木质渡船。1981年—1982年整修渡口码头,1984年新建拖轮1艘,1985年新建渡工房133.4平方米,1987年更新趸船1艘,同年由铅山大王渡口调来拖头和趸船各一艘。1995年又一次更新拖轮和渡船。1999年投资25万元,进行码头改建。2000年投资8万元将渡工房加层扩建为266.8平方米。有60马力拖轮1艘,双车渡船1艘,渡工8人。日昼夜平均渡运量为60车次。该渡口系县道公路渡口,由县交通局公路管理站直接管理。

昌洲渡口 位于波阳县昌洲乡道朗昌公路永平街东面的昌江支流上。常水宽200米,洪水宽300米,枯水宽150米,日平均渡运量20车次。该渡口属乡道渡口,由昌洲乡政府管理。渡口始建于1978年,开始为人力木质渡船,并建有渡工房1幢。1979年渡船大修。1982年批准改为机动渡船。2001年—2004年因管理不善,先后两次被责令停渡。

太阳埠渡口 位于太阳埠至神山乡道线上,坐落波阳县太阳埠集镇的昌江河上,连接县道太官公路。与县道新枫公路相通。原由太阳埠乡政府管理,现由凰岗镇政府接管。该渡口是桥坝结合的凰岗枢纽坝大桥建成通车,凰岗渡口取消后,于1992年批准当时太阳埠乡政府要求,调拨原凰岗渡口的拖轮和渡船新设立的。1999年投资12万元修建码头,配有60马力拖轮1艘,双车渡船1艘,渡工5人,日昼平均渡运量30车次。2001年—2004年因管理不善,先后两次被责令停渡。

凰岗渡渡口 位于波阳县大塘下凰岗公路K26+983路段处的昌江上。1991年桥坝结合的昌江渠化凰岗枢纽坝工程竣工,凰岗大桥引道和公路改线工程完成,凰岗公路渡口结束了渡运使命。

石镇渡渡口(原名玉溪渡) 位于波阳县洪门口至万年县老人桥公路K4+000千米处的乐安河上。由万年县公路段管理。有80马力拖驳3艘、承载6车的铁质渡船1艘,渡工6人,昼夜最大渡运量150车次。是波阳通万年的重要渡口。2001年改渡建桥,结束了汽车过渡的历史。

珠湖渡渡口 位于余干至珠湖公路K16+400路段处的信江上。1951年设人渡,1969年改设汽车渡,是波阳至余干的重要渡口。由余干县交通局管理。该渡口为余干县通往经珠湖、波阳的汽车轮渡。有拖轮2艘、钢质渡船2只,渡工8人,昼夜最大渡运量100车次。2004年鄱余公路动工,珠湖渡口开始改渡建桥,称珠湖大桥。

马背嘴渡 位于余干珠桥至瑞洪公路K23+500路段处马背嘴信江上。1956年余干至黄金埠公路开通后设。有机动渡船2艘,到1985年配有渡工15人分2班作业,昼夜平均渡运量200车次。1989年3月动工兴建马背嘴大桥,1992年大桥建成,马背嘴公路渡口随即退出渡运。

民间渡口 1990年代,随着经济建设和交通事业的发展,加快了县乡公路建设步伐,有的民间渡口已改渡建桥,全区民间渡口逐年减少,至2000年末,全区共有民间渡口184处。

上饶市 1991年有胜利、畴口、东瓦窑三个渡口,1993年5月,上饶县三乡一镇(灵溪、朝阳、秦峰、沙溪)划入后,渡口数量增至13个。1991年—1994年,东岳大桥和胜利大桥先后建成通车,胜利、东瓦窑2个渡口随后废除。至2000年末,全市有11处渡口,有渡船11艘,分布在玉山水、饶北河、丰溪3条水系、5个乡镇、10个行政村。

上饶县 1991年有渡口29处,1993年拨出11处,1994年—1999年撤销2个渡口,渡改桥7处。至2000年末,全县拥有渡口9处,分布在5个乡镇9个行政村。

广丰县 1991年有渡口33处,此后建桥撤渡14处,新增茅山底、渡船头2个渡口,至2000年,全县有渡口21处。浮桥船、渡船66艘(其中钢质人力渡船17艘、钢质机渡船5艘,钢质浮桥船28艘,木质浮桥船16艘),分布在信江、丰溪、十五都港和棠岭港四条水系的9个乡镇19个行政,有渡工26人,专职管理干部2人,日均渡量1300人次~2000人次。

玉山县 1991年全县有民间渡口3处(岑溪渡、杨宅渡、板桥渡),至2000年末,全县共有民间渡口2处,分布在2个乡镇2个村庄和县,共有木质人力渡船2艘。

横峰县 1991年全县民间渡口有5处。此后,九公滩渡因渡口人流量逐年减少,于1997

年4月被撤销;何子岭渡、上湾姚源渡因渡船报废,也于1997年4月被撤销。至2000年,仅保留民间渡口2处,即上畈乡杨家渡、祝家渡,配有木质人力渡船2艘,有渡工2人。

铅山县 1991年全县共有民间渡口44处,90年代,减少渡口14处,至2000年末,尚存渡口30处(其中有10处无渡船未使用),分布在全县10个乡镇28个村庄,共有渡船25艘(其中钢质机渡船11艘,木质机渡船4艘,木质人力渡船10艘),有渡工22人。

弋阳县 1991年全县民间渡口有8处,此后增加乌鸡山、刘家、梅杭、胡家4处,至2000年年末共有民间渡口12处,分布全县5个乡镇12个村庄,共有渡船12艘(其中钢质渡船3艘,木质渡船9艘),有渡工14人,

余干县 1991年全县共有民间渡口55处,1993年—1994年进行整顿撤销不合格渡口21处,至2000年年末,全县有正式渡口34处,有渡船60艘,渡工120人,分布在12个乡镇(场)。

波阳县 1991年全县民间渡口共有78处,1994年经县人民政府批准,民间渡口设置进行了调整,全县共设民间渡口41处,列入政府职能部门进行行业管理,其中营业性渡口11处,义渡性渡口30处。1997年,鄱阳镇的新桥渡口因不具备设置条件被撤销。1999年底,全县民间渡口共有40处。进入2000年,随着城市规划建设规模不断扩大,民间渡口有的列入退田还湖、移民建设中,有的已改渡建桥,经县人民政府批准,有5处渡口被撤销。至2000年末,全县共有民间渡口35处(其中23处古渡),分布在饶河(昌江、乐安河),信江、潼津河、西河、内珠湖沿岸的17个乡镇35个村庄。全县有渡船40艘1336客位(其中钢质机渡船29艘),日均客流量1.6万多人次。

万年县 1991年有民间渡口8处,到2000年年末增至12处,共有渡船13艘(其中钢质机渡船5艘、木质人力渡船8艘),渡工19人,分布在2个乡镇12个村庄。

婺源县 1991年有民间渡口21处,到2000年末仅存10处,共有渡船10艘(其中钢质机渡船1艘、木质机渡船1艘、木质人力渡船8艘),有渡工10人,分布在6个乡镇10个村庄。

德兴市 1991年有民间渡口16处,到2000年末仅存6处,共有渡船7艘(其中钢质渡般3艘,木质渡船4艘),分布在4个镇6个村庄。

2000年年末全区民间渡口分布情况

表14-4-6

县(市)名称	乡(镇)名称	渡口名称	渡口情况
上饶市	灵溪镇	杨村	钢质机渡船1艘
		塘尾	木质人力渡船1艘
		淤里	木质人力渡船1艘
		楼底	木质人力渡船1艘
		丁洲	木质人力渡船1艘
	沙溪镇	前王	木质人力渡船1艘
		丁洲	木质人力渡船1艘
	秦峰乡	白石渡	木质人力渡船1艘
		溪边	木质人力渡船1艘

续表 14－4－6

县(市)名称	乡(镇)名称	渡口名称	渡口情况
上饶市	朝阳乡	中潭	木质人力渡船 1 艘
	茅家岭乡	畴口	钢质机渡船 1 艘
	茶亭乡	占家	木船 1 艘、渡工 1 人
		昆山	已渡改桥
	董团乡	马鞍山	木船 1 艘、渡工 1 人
		红石	木船 1 艘、渡工 1 人
上饶县	煌固镇	墩头	木船 1 艘、渡工 1 人
		观上	木船 1 艘、渡工 1 人
	石狮乡	西山	已渡改桥
	黄沙岭乡	花门楼	木船 1 艘渡工 1 人
		中洲	已建人行桥
	湖丰镇	南山	钢质人力渡船 1 艘
		石山	钢质人力渡船 1 艘
	壶桥镇	大溪沿	钢质机渡船 1 艘
		塘头	钢质人力渡船 1 艘
		渡头	钢质机渡船 1 艘
广丰县	桐畈镇	二渡关	钢质人力渡船 1 艘
		大湾	钢质人力渡船 1 艘
		大洲	钢质人力渡船 1 艘
		王家	钢质人力渡船 1 艘
	沙田镇	何裕墩	钢质人力渡船 1 艘
		港口	钢质人力渡船 1 艘
		溪东	钢质人力渡船 1 艘
	五都镇	项家	钢质人力渡船 1 艘
		渡船头	钢质机渡船 1 艘
		黄泥洲	钢质人力渡船 1 艘
广丰县	排山镇	下余	钢质人力渡船 1 艘
	大石乡	土坞	钢质人力渡船 1 艘
	霞峰镇	三官殿	钢质机渡船 1 艘
	鹤山乡	和尚渡	钢质人力渡船 1 艘
	河北镇	青湖	钢质人力渡船 1 艘

续表 14－4－6

县(市)名称	乡(镇)名称	渡口名称	渡口情况
广丰县		茅山底	钢质人力渡船1艘
玉山县	文成镇	板桥	木质人力渡船1艘
	南山乡	王坊	木质人力渡船1艘
弋阳县	朱坑乡	复兴	木质人力渡船1艘、渡工1人
		胡家榨	木质人力渡船1艘、渡工1人
		金家埠	木质人力渡船1艘、渡工1人
		梅山	钢质机渡1艘、渡工2人
	弋江镇	乌鸡山	木质人力渡船1艘、渡工1人
	南岩镇	杭溪渡	木质人力渡船1艘、渡工1人
	清湖乡	石灰渡	钢质机渡船1艘、渡工1人
		刘家渡	木质人力渡船1艘、渡工2人
	圭峰镇	梅坑渡	木质人力渡船1艘、渡工1人
		戴家渡	钢质机渡船1艘、渡工1人
		胡家渡	木质人力渡船1艘、渡工1人
		流口渡	木质机渡船1艘、渡工1人
婺源县	段莘乡	王村	木质人力渡船1艘、渡工1人
		金村	木质人力渡船1艘、渡工1人
	珍珠乡	虹冲	木质人力渡船1艘、渡工1人
		秀水	木质人力渡船1艘、渡工1人
	梅林乡	福洋	木质人力渡船1艘、渡工1人
		石枧	木质人力渡船1艘、渡工1人
	太白乡	玉坦	木质人力渡船1艘、渡工1人
		曹门	钢质机渡船1艘、渡工1人
	秋口镇	黄源上溪	木质人力渡船1艘、渡工1人
	秋口林场	秤勾湾	木质人力渡船1艘、渡工1人
万年县	石镇镇	中洲上孙渡	木质人力渡船1艘、渡工1人
		中洲下孙渡	钢质机渡船2艘、渡工3人
		中洲李湾渡	木质人力渡船1艘、渡工1人
	梓埠渡	古城詹家渡	木质人力渡船1艘、渡工1人
		大河李家渡	木质人力渡船1艘、渡工2人
		道港下董渡	木质人力渡船1艘、渡工1人
		道港下张渡	木质人力渡船1艘、渡工2人
		上周湾渡	木质人力渡船1艘、渡工1人

续表 14－4－6

县(市)名称	乡(镇)名称	渡口名称	渡口情况
万年县		下周湾渡	木质人力渡船1艘、渡工1人
		山河李家渡	钢质机动渡船1艘、渡工2人
		柴埠赵家渡	钢质机渡船1艘、渡工2人
		柴埠毛家渡	钢质机渡船1艘、渡工2人
铅山县	汪二镇	石壁渡	未使用,无渡船
		洪沿渡	木质人力渡船1艘、渡工1人
		下程渡	未使用,无渡船
	新滩乡	杨梅山渡	木质人力渡船1艘、渡工1人
		蒋家渡	木质机渡船1艘、渡工1人
		刘家渡	未使用,无渡船
		大脚石渡	钢质机渡船1艘、渡工1人
	鹅湖镇	九狮渡	钢质机渡船2艘、木质机渡船1艘、渡工2人
		庙湾渡	钢质机渡船1艘、渡工1人
		上古埠渡	钢质机渡船1艘、渡工1人
		下古埠渡	钢质机渡船1艘、渡工1人
		青洲渡	木质机渡船1艘、渡工1人
		石桥渡	未使用,无渡船
		前进渡	未使用,无渡船
	湖坊镇	吴家渡	木质人力渡船1艘、渡工1人
		东山渡	未使用,无渡船
	永平镇	宋家埠渡	木质人力渡船1艘、渡工1人
		张家渡	未使用,无渡船
		安洲渡	钢质机渡船、木质人力渡船各1艘、渡工1人
		林家渡	未使用,无渡船
		杨家桥渡	未使用,无渡船
	石塘镇	横板渡	木质人力渡船1艘、渡工1人
铅山县	稼轩乡	五堡洲渡	木质人力渡船1艘、渡工1人
		鲤鱼洲渡	钢质人力渡船1艘、渡工1人
		关坝潭渡	木质人力渡船1艘、渡工1人
		湖村畈渡	木质人力渡船1艘、渡工1人
		康家垅渡	木质人力渡船1艘、渡工1人

续表 14－4－6

县(市)名称	乡(镇)名称	渡口名称	渡口情况
铅山县	杨林乡	蒿山渡	未使用,无渡船
	英将乡	大坳水库渡	钢质机渡船、木质机渡船各1艘、渡工1人
	虹桥乡	桥亭水库渡	钢质机渡船3艘、渡工1人
余干县	梅港乡	炭埠	钢质机渡船1艘、渡工1人
	黄金埠镇	金埠	木质渡船1艘、渡工1人
		三门塘	木质渡船1艘、渡工1人
		梅港	木质渡船1艘、渡工2人
	杨埠乡	坪上	木质渡船1艘、渡工1人
		杨埠	木质渡船3艘、渡工3人
	白家桥乡	周家弄	钢质渡船1艘、渡工1人
		大溪	木质渡船2艘、渡工3人
		清水	木质渡船1艘、渡工1人
	华林岗乡	洪源	无
		张家港	无
		清水	木质渡船1艘、渡工1人
		沙港	钢质渡船1艘与古埠共有、渡工2人
	古埠镇	余家渡	木质渡船1艘、渡工2人
		沙港	钢质渡船1艘与华林岗共有、渡工2人
		枫滞	木质渡船1艘、渡工5人
		干港	钢质渡船2艘(其中华林岗1艘)渡工5人
余干县	江埠乡	良种场	木质渡船1艘、渡工1人
		北湾	木质渡船1艘、渡工1人
		武石	木质渡船1艘、渡工2人
		黎背	木质渡船1艘、渡工2人
		花门	钢木质渡船各1艘、渡工2人
		江家	木质渡船1艘、渡工2人
		大港	木质渡船2艘、渡工4人
		院家	木质渡船1艘、渡工1人
		坝口	木质渡船1艘、渡工2人
		饶城	木质渡船1艘与禾山共有、渡工1人
	禾山乡	洪贤	钢质渡船1艘、渡工1人

续表 14 - 4 - 6

县(市)名称	乡(镇)名称	渡口名称	渡口情况
余干县		饶城	木质渡船 1 艘与江埠共有、渡工 1 人
	大溪乡	杨埠渡口	木质渡船 3 艘、渡工 3 人
	东塘乡	珠湖渡口	钢质渡船 6 艘、渡工 18 人
	县良种场	良种场渡口	无
		洪家沮龙津渡口	木质渡船 2 艘、渡工 2 人
横峰县	瑞洪镇	瑞洪渡口	木质渡船 1 艘、渡工 5 人
	上畈乡	杨家渡	木质人力渡船 1 艘渡工 1 人
		祝家渡	木质人力渡船 1 艘渡工 1 人
波阳县	饶埠镇	钱家渡	钢质机渡船 1 艘
		张家渡	钢质机渡船 1 艘
	桐山乡	章杨渡	钢质机渡船 1 艘
		宋家渡	钢质机渡船 1 艘
	饶丰镇	邵家渡	钢质机渡船 1 艘
	饶州监狱	珠山湖渡	钢质机渡船 1 艘
	凰岗镇	坑下渡	钢质机渡船 1 艘
		太阳埠渡	钢质机渡船 1 艘
		杨家渡	木质机渡船 1 艘
		亭子下渡	木质机渡船 1 艘
	古南乡	古县渡	钢质机渡船 1 艘
	古县渡镇	鸳鸯岭渡	钢质机渡船 1 艘
	古南乡	桐湖渡	木质机渡船 1 艘
		钟岸渡	木质机渡船 1 艘
波阳县	昌洲乡	刘凤咀渡	木质机渡船 1 艘
		庙背渡	钢质机渡船 1 艘
		坤刘渡	钢质机渡船 1 艘
		南湖渡	钢质机渡船 1 艘
		孙家咀渡	钢质机渡船 1 艘
		曹家咀渡	木质人力渡船 1 艘
		永平街渡	钢质机渡船 1 艘
		其林岸渡	木质机渡船 1 艘
	莲湖乡	四望湖渡	钢质机渡船 1 艘

续表 14－4－6

县(市)名称	乡(镇)名称	渡口名称	渡口情况
波阳县	拓港乡	潼子渡	钢质机渡船 1 艘
	鄱阳镇	邓家渡	钢质机渡船 1 艘
		磨刀石渡	钢质机渡船 1 艘
		童屈渡	钢质机渡船 1 艘
		管驿前渡	钢质机渡船 1 艘
	谢家滩镇	潼滩渡	木质机渡船 1 艘
	桥头乡	源公里渡	木质人力渡船 1 艘
	油墩街镇	合成渡	钢质机渡船 1 艘
		大港边渡	木质机渡船 1 艘
	响水滩乡	洲头咀渡	木质人力渡船 1 艘
	银星湖乡	竹篙咀渡	钢质机渡船 1 艘
	白沙洲乡	礼恭脑渡	钢质机渡船 1 艘
德兴市	香屯镇	王家山	木质人力渡船 1 艘
	潭埠镇	湾　头	钢质机渡船 1 艘
	沙洲镇	铜　埠	木质人力渡船 1 艘
	海口镇	海　口	钢质机渡船 2 艘
		湓　潭	木质人力渡船 1 艘
		碧泥田	木质人力渡船 1 艘

第四节　港口码头

2000 年年末，全区港口生产用码头共有 41 座，总长 2722 米，共有泊位 91 个，最大靠泊能力 500 吨级。泊位按靠泊能力分：100 吨以下 23 个，100 吨～299 吨级 53 个，300 吨～499 吨位 11 个，500 吨～999 吨级 4 个。泊位按生产用途分客运码头泊位 12 个，货运码头泊位 79 个，煤炭码头泊位 6 个，粮食码头泊位 2 个，石油码头泊位 1 个，杂货码头泊位 70 个。全区利用自然岸坡作业的地段长度为 260 米。

2000 年年末，全区港口装卸机械总计 11 台，起重机械共 11 台 36 吨，其中固定式起重机 5 台 26 吨，汽车起重机 1 台 5 吨，桥架起重机 1 台 5 吨，拉坡机 4 台；起重机最大起重能力为 8 吨。

港口　鄱阳港　位处鄱阳湖东，波阳县鄱阳镇的饶河河岸，为昌江、乐安河、信江汇合入湖之要冲。东岸从鄱阳大桥墩下游 500 米到管驿下游 500 处；西岸从义仓油库至管驿前下游 500 米处，港岸全长 5100 米，河宽 200 米以上，水域面积 100 多万平方米，前沿水深 1.5 米至 2 米，最深处达河宽 30 余米，可停泊 500 吨级船舶。日泊船舶可达千艘，素为江西省六大港口之一。港口四通八达，江河湖水一脉相通，港区逆昌江而上 90 千米，直通景德镇市；沿乐安河上溯 75

千米，直抵乐平市；由信江上行 115 千米达鹰潭市；顺饶河 30 千米进入鄱阳湖；越湖区航道进赣江右达南昌；北行经湖口可直通九江及武汉、南京、上海等长江沿岸港口。

新中国建立后，鄱阳港成为赣东北客货运输的中转、集散中心。

从 1954 年—1985 年，鄱阳港区共兴建码头 10 座，总长 910 米。进入 90 年代，经省交通厅批准，对港口码头进行了新建和改建。人民路码头于 1994 年 12 月建成投产，造价 70 万元。新码头为钢筋混凝土重力式结构，码头前沿水深 1.5 米 ~ 2 米，一个 300 吨级泊位，岸线长 14 米，有 40 米长水泥地面货场，配有 5 吨级装卸吊机 1 台，年货物吞吐量 8 万吨。高门码头 1996 年 12 月建成使用，投资 110 万元。码头结构为钢筋混凝土重力式，枯水前沿水深 2 米，岸线长 39 米，有 500 吨级泊位一个，设有水泥地面货场和 5 吨级吊机 1 台。年货物吞吐量为 12 万吨。与此同时，高门粮食专用码头建设也于 1997 年底全部竣工，总投资为 512.10 万元，其中国家内贸部拨款 225.50 万元，世界银行贷款 23 万美元（折合人民币 200.10 万元），国家开发银行贷款 48.5 万元，地方配套资金 38 万元（波阳县粮食局自筹）。码头结构为钢筋混凝土重力式，枯水前沿水深 2 米，一个 500 吨级泊位，岸线长 39 米，设有 300 平方米水泥地面货场和 5 吨级装卸吊机 1 台，年粮食吞吐量为 12 万吨。另外还建有 20 万千克容量筒仓一座，配有工作塔、吸粮机等设施。鄱阳港区 3 个码头的新建和改建，极大地改善了港口装卸条件。鄱阳港客运码头系 1950 年代建造，1970 年代改建。客运基础设施落后，不能适应改革开放、经济发展的需要。为改善鄱阳港客运条件，波阳县人民政府、县交通主管部门努力向省交通厅争取项目，并积极落实了新港区的拆迁资金，经省交通厅批准投资 465 万元，由上饶市港航处承建①。

瑞洪港　位于余干县瑞洪镇。瑞洪港连江带湖，是物资运输中转港，上通鹰潭、上饶、玉山，下达南昌、赣州、九江、武汉、上海。

码头　波阳县：主要分布在饶河（昌江、乐安河）、信江下游及西河沿岸。

鄱阳镇地区水运码头主要在鄱阳港区 5100 米长的岸线上。1984 年，码头数量共有码头 22 个。码头岸线长 2473 米，有钢筋混凝土结构码头 7 个，枯水前沿水深可停靠 200 吨 ~ 300 吨级的船舶。到 1990 年代，新建和改建了一些码头，港口装卸机械有所更新，客运设施有进一步改善。

波阳县主要码头分布如下：

人民路码头　位于鄱阳镇激扬桥沿岸，1956 年 10 月投产，用于通用散货装卸，斜坡结构，码头前沿水深 1 米，码头长 40 米，1 个 100 吨级泊位，年吞吐能力为 2 万吨。

人民路 1 - 2 号码头　位于鄱阳镇激扬桥沿岸，1963 年 7 月投产，用于通用散货装卸。码头结构为斜坡式，前沿水深 1 米，100 吨级泊位 2 个，年吞吐能力为 7 万吨。

水塔 1 - 4 号码头　位于鄱阳镇新民路沿河。1955 年 11 月投产使用。主要用于通用散装装卸，码头前沿水深 2 米，4 个 300 万吨级的泊位，长 135 米，年吞吐能力 5 万吨。由波阳县

①2001 年 12 月开工建设，2003 年竣工。新客运码头岸线长 92 米，有码头泊位 3 个，候船综合大楼 1889 平方米，水泥趸船长 30 米的一艘、长 24 米的二艘，还有其他客运附属设施。客运码头的建成，新增旅客发客能力 52.3 万人次/年。

2004 年，鄱阳港共有码头 27 座，码头泊位 58 个。其中客运码头泊位 17 个，货运码头泊位 41 个。港口主要吞吐货物为粮食、煤炭、水泥建材、矿石、化肥、水产及轻工日用产品。港口吞吐量 92 万吨，旅客运输量 36 万人次，货物运输量 29.2 万吨。

搬运公司新建和使用。

人民路新码头　位于鄱阳镇激扬桥沿岸，1995 年 10 月投产。重力式结构，主要用于通用散货装卸。码头前沿水深 2 米，1 个 300 吨级泊位，配有 5 吨吊机 1 台。

文化宫 1－5 号码头　位于鄱阳镇文化宫沿岸，1967 年投产。主要用于通用散货装卸，码头均为重力式结构，总延长 208 米，5 个 200 吨级泊位，前沿水深 2 米，年吞吐能力 10 万吨。

高门码头　位于鄱阳镇高门口沿岸，1996 年 12 月投产使用，主要用于通用件杂货装卸。码头为重力式结构，前沿水深 2 米，长 39 米，1 个 500 吨级泊位，有 5 吨吊机 1 台，年吞吐能力为 12 万吨。

高门粮食专用码头　位于鄱阳镇高门口沿岸，1997 年底投产，码头为重力式结构。前沿水深 2 米，长 39 米，1 个 500 吨级泊位，主要用于粮食及通用件杂货装卸，有吊机 1 台，年吞吐能力为 7 万吨。

五一路 1－2 号码头　位于鄱阳镇五一路沿河，1956 年 10 月投产。码头为斜坡式结构，用于通用散货装卸。1997 年由波阳县搬运公司重建，新建码头为三级平台式码头，河沿宽 80 米，前沿水深 2 米，2 个 300 吨级泊位，年吞吐能力为 3 万吨。

砂石专用码头　位于鄱阳镇姚公渡、大桥、架木棚 3 处沿岸，2000 年投产。码头均系斜坡式结构，前沿水深 1 米，共有 3 个 200 吨级泊位，码头总长 120 米。

五一路 1－4 号客运码头　位于鄱阳镇五一路闸口沿岸，1971 年 10 月投产。码头为斜坡式结构，长 80 米，4 个 100 吨级泊位，主要用于乡镇小客船停靠，年客运量 10 万人次。

新桥 1－3 号码头　位于鄱阳镇新桥沿岸，1988 年 4 月投产，2、3 号码头用于通用件杂货，1 号码头为客运。码头长度 90 米，2 个 100 吨级泊位和 1 个客泊位。前沿水深 1 米，年可运送旅客 10 万人次，货运吞吐量为 3 万吨。

南门 1－2 号码头　位于鄱阳镇南门沿岸，1988 年投产。码头为斜坡式结构，长 40 米，前沿水深 1 米，2 个 100 吨级泊位，年客运能力 5 万人次。

老客运 1－3 号码头　位于上饶市航运公司所在地沿岸，1955 年 10 月投产。码头结构为水泥踏步式，设有 3 个 150 吨级浮趸式客泊位。前沿水深 2 米，码头总延长 64 米，年客运能力 30 万人次。2004 年乡镇短途小客船统一在此停靠。

波阳县主要乡镇港口码头分布如下：

凰岗码头　位于昌江中游。随着景德镇市铁路、公路的兴起，大部分物资弃水走陆，货运量逐渐下降，1987 年仅为 5 万吨。

珠湖山码头　位处信江东支流下游。1964 年 4 月建成投产。码头结构为斜坡式，前沿水深 1 米，有 2 个 150 吨级的泊位，其中一个客泊位和一个煤炭装卸泊位，总长 50 米，年客运量为 8 万人次，货物吞吐能力为 2 万吨。

古县渡码头　位处昌江下游。1982 年建成投产。码头结构为斜坡式，前沿水深 1 米，有 3 个 100 吨级泊位，其中 1 个是客泊位，年发运旅客 3 万人次。1 个煤炭泊位和和 1 个散货泊位。年吞吐量均为 1 万吨。码头总长 60 米。

玲口码头　位处乐安河下游。1978 年上级投资和县航运站自筹资金，对码头进行了改造，修建了砖石结构阶式斜坡码头。码头长 96 米，前沿水深 1 米，3 个 150 吨泊位，年吞吐量为 10 万吨。

万年县主要码头分布如下：

石镇街码头 位于石镇街乐安河南岸,建于明洪武年间(1368~1398),古称玉溪渡。原为简易码头,1980年8月,万年县交通局报请省交通厅要求投资22万元,兴建石镇货运装卸码头(年吞吐量10万吨,码头80米,立式,四排位,改建公路1千米)。1983年5月江西省计划委员会批准在石镇街玉溪渡下游0.5千米处河南岸建成万年货运码头。是年10月动工,12月中旬,因对岸波阳县饶埠提出“建码头后,水冲击对岸圩堤”工程暂停。1986年7月,经两县协商,由省补助20万元,为波阳畲族修筑护堤工程。最后由省交通厅投资127万元,于1988年11月复建,1990年9月竣工,完成立式胸墙和上下挡土墙长65米,货场400平方米,高压专用线500米,进港公路1.15千米,安装8吨吊机1台。

石梓埠码头 位于乐安河南岸石梓埠,旧时为乐平、德兴、婺源3县通往鹰潭的船只停泊口岸。码头长200米,可泊船100多艘。北起马脊、南至前街呈丰环形。1978年改建成红石结构的喇叭形阶梯式码头,从联圩赍闸直达港中,长5米,上宽3米,下宽14米。

港区 *马背嘴港区* 位于余干县城西南3千米的马背村,1995年投资183.7万元建成马背嘴港区,占地2公顷。港区拥有Z150B型装载机1台。

黄埠港区 原黄金埠码头,位于余干县黄金埠镇信江东西两岸,砖石水泥结构长200米,泊位3个,最大停靠能力300吨。1990年代前是客货兼用简易码头,改革开放后已关闭。2000年由私营运输企业投资200万元重建。拥有吊装机11座,从事经营。

瑞洪港区 坐落在余干县瑞洪镇,位于鄱阳湖畔,是鄱阳湖通经信江的主要码头。1950年建成红石水泥结构客运、货运码头各1个。有常年通航便利的水系,又靠近南昌、波阳的地位条件,水运事业日益兴旺。为适应客运业发展要求,有关部门已申报立项,投资200万元在该港区新建一座客运码头。

第五章 运 输

第一节 铁路运输

机构 *上饶铁路办事处* 系铁道部南昌铁路局(1986年—1996年为上海铁路局鹰潭分局)派驻机构(处级编制),负责对该铁路地区各单位行使管理协调、监督的职能。内设行政机构有办公室、安全监察科,人武部、综治办等,有机关干部18人。实行一人兼多职的管理模式。

上饶铁路办事处管辖的下属单位有上饶车务段、上饶机务段、上饶房产建筑段、上饶铁路职工医院、上饶铁路职工子弟中学等。2000年,有全民职工5548人,大集体职工1396人,离退休人员2511人。

上饶铁路办事处管辖的路段,浙赣线东起赣浙交界处玉山县下镇,西至贵溪市的河潭埠信号机处,长144千米;横南线北起横峰车站,南至铅山县永平镇,长32千米;横南线上饶联络线从上饶站西出到永平,长42千米,总长218千米。

上饶车站 建于民国24年(1935),1986年之前,上饶站归上海铁路局鹰潭分局管理,是年10月,铁道部撤销鹰潭分局,并入南昌铁路分局,上饶站亦属其管辖。1996年8月18日,南昌铁路局重新成立,并设立铁路上饶办事处。1997年3月13日撤销上饶车站,并入上饶车务

段。1997年8月前上饶站站房面积有2050平方米，旅客候车室一次仅能容纳旅客277人，行包房一次性只能摆放行李265件。站内地道仅横穿2条股道。1997年8月10日，站房扩建和改造工程动工，主体建筑车站大楼由南昌铁路局投资，南昌铁路局工程公司承建。1998年10月18日竣工并投入使用。该工程投资2500万元，占地面积6465平方米。站内建有人行天桥一座，长27米，横跨5条股道；地下通道拓宽延长，横穿5条股道63米，宽4米，高3.3米。旅客站台仍为2条，雨棚仍为2836平方米。站房布局是：1楼为购物、餐饮等场所，2楼、3楼设售票大厅、候车大厅（3个）以及行包厅，还设有贵宾接待室，军人和母婴候车室，旅客日流量5万人次。候车大厅内装有自动扶手电梯1部，以及自动安全检测设备1套；大楼正面安有接受卫生信号自动校时大钟1座。售票实行计算机联网。车站还建有高、平、低以及滑坡等多种货物装卸站台及总面积3160平方米的货物仓库。备有一次性货物吞吐量为11704吨各式装卸车辆30台（套）。是当时浙赣铁路江西境内建筑面积最大、设备最先进的火车站。

站前广场　1995年8月动工，按现代化中等城市的要求规划设计。上饶市政府组织动员上饶市线材厂（上饶铜材集团公司）、上饶市第三中学、市车站百货和饮食服务大楼等近百家单位搬迁，空出7万多平方米面积供重新规划建设用地需要。1998年10月，上饶车站站前广场建成，长宽各100米，面积1万平方米，并有花坛、喷池、雕塑和绿地。广场外围东、南、西三面有半环形大道供车辆通行，南边还建有长100米、宽40米的站前大道与沿河西路交接。整个工程共浇筑混凝土路面2.1万平方米。

客货运输　机车设备　1986年—1990年底，上饶机务段共有国产蒸气机车39台，国产东风4型内燃机车40台。2000年，上饶机务段计有国产内燃机车87台，其中DF4型73台、DF4B型9台、DF7型1台。站场调车机牵引亦改用国产内燃机车，至此蒸气机车全部淘汰。

客货运输量　上饶车站内有股道57条，其中段管线37条，其他线路26条，上饶车站有接发、存车及走行线股道13条。1996年3月20日，上饶至南昌"月兔号"特快旅客列车81/82次首发式在上饶站举行，结束了上饶站无始发车的历史。是年4月5日，开通上饶至广州东527/528次直快旅客列车。2000年，又增发上饶至南昌的始发旅客列车。

从1986年起，机车牵引动力不断扩大，运行时速不断提高。货车单机牵引定位由1990年的0.25万吨提高到2000年的0.35万吨，运行时速也由50千米提高到80千米，最高区段时速可达125千米。1990年浙赣线每天开行客车15对、货车26对。2000年每天开行客、货车接发过境临时客车8对。横南铁路联络线自1999年10月投入营运以来，每天开行货车4对、客车3对。2000年，上饶铁路旅客发送304.47万人次，货物发送189.43万吨，比1991年分别增长16倍和2.2倍。

1986年—2000年上饶铁路客货运量一览

表14-5-1

年份	货物发送（吨）	旅客发送（人次）	年份	货物发送（吨）	旅客发送（人次）
1986	710198	1100844	1994	556117	1441631
1987	625446	1089512	1995	591952	1493549
1988	602124	1186458	1996	2585120	1365532
1989	574835	1212637	1997	2309163	2610589
1990	579769	1108560	1998	1998600	2736219

续表 14－5－1

年份	货物发送(吨)	旅客发送(人次)	年份	货物发送(吨)	旅客发送(人次)
1991	589491	1190730	1999	1980053	2914024
1992	606322	1255596	2000	1894310	3044731
1993	549084	1365655			

第二节　公路运输

1990年代,交通基础设施的加快建设,增添了运输生产的后劲,促进了运输生产的发展。全区公路运输市场运量与运力供需相对平衡,实现了客便于行,货畅其流,并向舒适性、特色性、特种性发展,较好地满足人民生活、生产的需要,公路运输生产持续攀升。

公路运输工具　随着国民经济的不断发展和运输市场的蓬勃发展及信息产业化的逐步形成,"快、捷、稳"的交通运输工具已成为当今社会的需求。营运车辆增多,非国有车辆发展尤快,截至2000年末,公路运输工具(营业性)拥有量:全区营运汽车6522辆,比1991年增长11.9%,其中营运载客汽车1620辆、35284客位;营运载货汽车4902辆、19045吨位。在载货汽车中有普通载货汽车4860辆、18788吨位,专用载货汽车42辆257吨位。此外,全区其他机动车2456辆、2151吨位,轮胎式拖拉机4190辆、6230吨位,均为个体运输户拥有。随着上饶地区经济结构的调整与发展,交通运输状况有较大的改善,全区公路营运运力持续增长。为适应客运市场的变化和发展要求,全区客运企业加快车辆更新步伐,改善车辆技术状况和车辆动力结构。2000年末,全区营运客车数与客运数,比1991年分别增长1.1倍、29.2%,客车数量增幅大于客位数增幅。2000年全区营运货车数比1991年增长3.8%,而货车吨位数与1991年相比却下降1.2%。1990年代,全区公路运输行业运力结构中,货车正走向大、小吨位合理调整,朝着大吨位、专用型方面发展;客车则趋向快捷、舒适、安全的中、小型化,已逐步向舒适型、高档次方面发展。运输结构日趋合理,以适应市场经济发展的需要。

进入1990年代,全区各类进口、国产车辆剧增,型号不断更新。目前货运以东风加长、新东风为主,辅以老式解放、湖南、福建农用车等车辆;客运以东风、扬州大客,高级豪华车以依维柯等车型为主,辅以各种的大、中巴、昌河小客车等组成境内汽车运输的主要形式。运输能力的提高,车辆档次的提升,又进一步活跃了运输市场。

2000年全区公路运输工具拥有量

表 14－5－2

类别	全区合计		其中:个体	
	(辆)	吨(客)位	辆	吨(客)位
汽车合计	6522		2875	
载客汽车	1620	35284	997	17818
载货汽车	4902	19045	1878	6807

续表 14-5-2

类别	全区合计		其中:个体	
	(辆)	吨(客)位	辆	吨(客)位
普通载货汽车	4860	18788	1873	6786
专用载货汽车	42	257	5	21
其他机动车	2456	2151	2456	2151
轮胎式拖拉机	4190	6230	4190	6230

1991 年—2000 年全区公路营运客、货车辆数

表 14-5-3

年份	汽车合计(辆)	客车数(辆)	客位数(人)	货车数(辆)	吨位数(吨)
1991	5500	779	27319	4721	19270
1992	5609	783	22993	4826	20082
1993	6450	818	21819	5632	23021
1994	7022	1176	29873	5846	24329
1995	7286	1286	28498	6000	25819
1996	7621	1654	33568	5967	2601
1997	8115	2233	41412	5882	2574
1998	6403	1657	37677	4746	19861
1999	6617	1646	35822	4971	20439
2000	6522	1620	35284	4902	19045

公路旅客运输 公路客运线路班次 1990 年代,全区运输线路不断延长。2000 年末,全区开通公路客运线路 444 条,营运班线里程 12.12 万千米,日发班次 2966 个。按区域分,跨省线路 155 条 9.36 万千米,跨地(市)线路 75 条 1.26 万千米,地(市)内线路 214 条 1.5 万千米,其中县内线路 109 条 0.46 万千米。按类型分:一类 39 条、二类 70 条、三类 135 条、四类 200 条。在全区日发 2966 个班次中,跨省 288 班、跨地(市)394 班、地(市)内 2284 班、县内 117 班。公路客运可直达 8 个省和省级直辖市,连接 230 个地、县级城市,较好地解决了群众“乘车难”问题。全区二级以上公路均开通中、高档快速客运班车和县(市)至上饶的直通班车,尤其是高档空调、卧铺客车发展较快。道路客运舒适性、动力性、经济性和安全性有了很大提高。运输能力的提高,车辆档次的提升,又进一步活跃了运输市场。一个以上饶市为中心,省外直通、区内干支线相连、辐射城乡的全区公路运输网络已初具规模,并在不断扩展和延伸。

公路旅客运输量 随着改革开放政策的不断深化和公路建设的快速发展,1990 年代,全区公路客运市场十分活跃,形成多家经营、平等竞争共同发展的新格局。虽然公路旅客运输和铁路、民航在旅客运输市场相互竞争日益激烈,但随着人民生产、生活水平的提高,节假日经济的发展,外出人数逐年增多,上饶地区三清山、圭峰等风景区游客激增,极大地促进全区客运市场的发展。同时,1990 年代农村、城镇广大富余劳动力进城经商,外出务工等活动的流动人口逐渐增多,给公路旅客运输创造了一个良好的外部环境,卧铺车、中巴车等新型车辆的使用,改变了单一简陋的大客运输状况,为旅客提供了舒适的乘车环境,全区城乡客运市场日益繁荣,客运量显著增长。至2000年末,全区从事旅客运输生产的业户有5125人(其中班车4272人,出租车853人),2000年,全社会完成客运量4510万人次,旅客周转量186394万人千米,比1991年分别增长37.3%、93.9%。1990年代,随着交通基础设施逐步改善,公路运输便捷,社会运量保持较快的增长态势,交通部门旅客运输量却逐年减少,由1991年的2293万人降低到2000年的1552万人,减少741万人,降幅为32.3%;而非交通部门公路旅客运输量由1991年的991万人上升到2000年的2958万人,净增1967万人,增幅为1.98倍。

公路货物运输 自从公路运输市场实行开放以后,农民个人、集体、联户纷纷购置各种形式的机动运输工具,按照"三自"(自揽货源、自派车辆、使用交通和税务部门印制的统一凭证自行结算运费)政策,采取灵活多样的经营方式,广泛地参与公路货物运输市场,给全区的公路货物运输带来新的生机和活力。同时,1990年代国家加大基础建设的投资,基础建设项目增多,短途运输增长较快,而短途运输向小型吨位货车发展,发挥汽车货运短小、灵活的特点,提高了实载率、又降低了运输成本。随着经济快速发展、长途货源增多,为适应运输市场的发展,不断调整货运车辆结构,中型货车有所减少,逐步向大吨位货车发展,危险货物、散装水泥、集装箱、零担、大件运输、罐车冷藏车等专用货车逐年增加,极大地满足了不同种类、不同体积、不同特殊要求的货物运输需求。汽车货物运输也从一般工业产品、商品,扩展到重工业、建材业等其他部门,并由城镇发展到乡村。全区基本形成中小齐全、高中低配套、长中期结合的运输服务经营格局,"运货难"的状况已彻底改观。至2000年末,全区从事货物运输生产的业户5858人(其中集装箱183人,危险货物133人),客货兼营的业户251人。1990年代,公路货物运输优势继续得到发挥,全区货物运输量呈逐年上升的好势头,货物运输量增幅大,2000年,全社会完成货物运输量2348万吨,比1991年增长76.8%,货物周转量182840万吨千米,比1991年增长2.5倍。

公路运输客货汽车运输效率 *载货汽车运输效率* 2000年上饶地区载货汽车完好率、工作率、车日行程、里程利用率、单车年产量、车吨年产量等6项指标均高于全省平均水平,只有吨位利用率、实载率2项指标略低于全省平均水平。2000年,全区载货汽车运输效率5项指标数值均比1991年有较大的提高。

载客汽车运输效率 2000年上饶地区载客汽车完好率、工作率、里程利用率、单车年产量4项指标均高于全省平均水平,而车日行程、客位利用率、实载率、车座年产量4项指标均低于全省平均水平。2000年,全区载客汽车运输效率只有里程利用率,单车年产量略低于1991年,其余项指标数值均于1991年的数值。

1991年—2000年上饶地区全社会公路客货运输一览

表14-5-4

年份	运输量		周转量	
	客运(万人)	货运(万吨)	客运(万人千米)	货运(万吨千米)
1991	3285	1328	96103	52274
1992	3494	1297	107637	49445

续表 14－5－4

年份	运输量		周转量	
	客运(万人)	货运(万吨)	客运(万人千米)	货运(万吨千米)
1993	2658	1463	77596	65210
1994	2718	1673	99735	73392
1995	3112	1880	118538	95987
1996	3565	1808	123189	111694
1997	4011	2037	146534	98037
1998	4040	2172	160919	131850
1999	4532	2212	171226	143717
2000	4510	2348	186394	182840

1991 年、2000 年全区公路运输载货汽车运输效率

表 14－5－5

年份	区域名称	平均车辆(辆)	平均总吨位(客位)	完好率(%)	工作率(%)	车日行程(千米)	里程利用率(%)	吨位利用率(%)	实载率(%)	主、挂车综合计算(人千米)	
										单车年产量	车吨年产量
1991	上饶地区			86.3	65.3	204	54.3	92.8	67.4	241411	46898
2000	全省	65560	232325	90.0	72.1	237	70.0	136.1	95.3	210996	59541
	上饶地区	4781	18575	93.5	86.2	361	70.4	110.3	77.7	342960	88279

1991 年、2000 年全区公路运输载客汽车运输效率

表 14－5－6

年份	区域名称	平均车辆(辆)	平均总座位(客位)	完好率(%)	工作率(%)	车日行程(千米)	里程利用率(%)	客位利用率(%)	实载率(%)	主、挂车综合计算(人千米)	
										单车年产量	车吨年产量
1991	上饶地区			83.2	74.7	74.7	100	73.7	73.7	1540872	38398
2000	全省	15534	37095	89.1	85.0	214	98.0	80.0	78.4	1066667	52254
	上饶地区	1593	34685	96.5	94.0	195	99.9	76.0	75.9	1105356	50754

上饶地区汽车运输总公司　1949 年 11 月，江西省公路局在上饶成立运输总站，以后多次改变机构名称，至 1985 年定名为上饶汽车运输公司，隶属江西省汽车运输总公司，1990 年改为上饶地区汽车运输总公司。系中(一)型专业道路运输企业，客运二级资质。在全区 10 个县(市)(除波阳、上饶县)设立以客货运输为主业的汽运分公司。1991 年，该公司从业人员 2493 人，客货汽车共计 416 辆，其中客车 344 辆，14336 个座位，货车 72 辆 408 吨位。是年完成客运量 1255.1 万人，货运量 8.1 万吨，客运周转量 48136.4 万人千米，货运周转量 1419.2 万吨千米，营运收入 2601.5 万元。1996 年 11 月，该公司在上饶市带湖路新建一个全区最大的

上饶客运中心站，日发客车量700多班次，当时属江西省客运系统最大的汽车站。2000年，该公司年末职工人数在职2209人，离退休人员650人，客货汽车共计资产总额8053万元，负债总额6457万元，上交税金附加2832万元，利润总额653万元，年末运力保有量；客货汽车共计476辆，其中客车367辆9328个座位，货车109辆500吨位。当年完成客运量612万人、货运量3.49万吨，客运周转量33696万人千米，货运周转量752万吨千米，均比1991年有不同程度下降，而总收入8590万元，其中运输收入5065万元，都比1991年有较大幅度增长。

上饶地区汽运总公司原为国有企业，2003年12月改制为民营企业后，更名为上饶汽运集团有限公司，总部设在上饶市信州区，下辖26个基层经营单位，分布在上饶市10个县市区（除鄱阳、上饶县），该公司以客货运输为主业，辅以运输业务的配套服务项目，同时兼营汽车维修、销售、车辆检测、房地产开发、汽车驾驶员培训、物业管理等。改制后，该公司设有8个机关部室，在册职工960人。全公司共有营运客车736辆/14207座（其中高级客车84辆，普通客车484辆，城市出租车168辆），营运货车178辆。客运线路总里程6.95万千米（其中省际班线52927千米，跨区8779千米，跨县5576千米，县内593千米，专线117千米，高速客运1510千米）。客运班线225条（其中省际107条、跨区44条、跨县49条、县内19条、专线3条、高速3条），辐射周边6省市。全公司共有客运车站12个，分布在全市10个县（市、区）（其中一级站1个、二级站9个、三级站2个）。

第三节 水路运输

1990年代，全区水运市场建设坚持“开放市场，宏观调控，健全规则，公平竞争，强化监督”的原则，水运市场开放，出现国营、集体、个体运输业竞相发展的局面，在各级政府和交通主管部门的重视和支持下，水路运输得到平稳发展。

水路运输船舶 1990年代，全区船舶动力不断增加，船舶更新加快，水运运力进行结构性调整，船舶基本上实现机动化。发展高速客轮和集装箱运输船，逐步淘汰一批老旧船，船舱结构逐步优化，服务质量不断提高，在长途客班轮上增设软座、卧铺，配备闭路电视，开办食品饮料供应；短途客轮实行夜宿农村小港，方便农村居民、职工赶早进城、趁晚回家，满足当前市场和企业的需求。2000年末，全区拥有客货运输船舶871艘，其中客船72艘1672客位、货船749艘44887载重吨、客货船12艘1361客位、驳船26艘5400吨重吨、拖船12艘1575千瓦。

2000年全区水路运输工具拥有量

表14-5-7

		全区合计	其中:个体
合计	艘数(艘)	871	345
	净载重量(吨位)	50287	7202
	载客量(客位)	3035	1674
	功率(千瓦)	23074	4468

续表 14－5－7

			全区合计	其中:个体
一、机动船		艘数(艘)	845	345
		净载重量(吨位)	44887	7202
		载客量(客位)	3035	1674
		功率(千瓦)	23074	4468
客船		艘数(艘)	72	72
		载客量(客位)	1674	1674
		功率(千瓦)	1360	1360
客货船		艘数(艘)	12	－
		载客量(客位)	134	－
		功率(千瓦)	1986	－
货船		艘数(艘)	749	273
		净载量(吨位)	44887	7202
		功率(千瓦)	18166	3108
拖船		艘数(艘)	12	－
		功率(千瓦)	1562	－
二、驳船	合计	艘数(艘)	26	－
		净载重量(吨位)	5400	－
	油驳	艘数(艘)	18	－
		净载重量(吨位)	2440	－
	货驳	艘数(艘)	8	－
		净载重量(吨位)	2960	－

水路客货运输 1980年代后期,为适应城乡经济发展和人民生活的需要,国家交通部提出“有水大家行船”的方针,交通主管部门放宽政策,搞活水上运输市场,发展了集体、个体短途运输、旅客运输。1990年代,全区水运企业克服水运市场货源逐年减少的困难,深化改革,加强内部管理,调整货运船舶结构,发展特种动力,引进具有竞争力的新型客船,改造老旧船,开发新项目,开辟新航线,组织新货源,逐步摆脱困境,增开快客、快艇和夜班船,适应了群众时间就是效益的需要。水路运输在产业结构性调整中,保持健康发展的势头,全区水路运输量稳步增长。

水路货物运输 2000年,上饶地区全社会完成水路货物运输量95万吨,比1991年增长37.7%,货物周转量26389万吨千米,比1991年增长26.6%。1990年代,全区交通部门货物运输量逐年下降,由1991年的44万吨,降至2000年的31万吨;而非交通部门货物运输量都逐年上升,由1991年的25万吨增至2000年的64万吨,增幅为156%。

水路旅客运输 2000年,全社会完成旅客运输量99万人,比1991年减少7万人,降幅为6.7%,旅客周转量4927万人千米,比1991年增长36.6%。1990年代,全区交通部门旅客运输量逐年减少,由1991年的37万人减至2000年的16万人,降幅为56.7%;而非交通部门旅客运输量都逐年上升,增至2000年83万人,比1991年增加13万人,增幅为18.6%。

1991年—2000年全区水路运输量一览

表14-5-8

类别	1991年	1992年	1993年	1994年	1995年	1996年	1997年	1998年	1999年	2000年
货物运输量(万吨)	69	70	72	87	78	93	83	84	93	95
货物周转量(万吨千米)	20845	19791	22567	27296	25400	27619	31429	28464	37370	26389
旅客运输量(万人)	106	123	109	83	102	96	106	107	103	99
旅客周转量(万人千米)	3607	3907	3611	3159	3810	3975	3659	4398	4543	4927

上饶地区航运公司 建于1953年,是上饶地区一家中型航运老企业。1980年代后期,由于受整个航运市场不景气的影响,加上企业内部管理不善,亏损严重,至1991年底亏损额达711万元,处于资不抵债、濒临破产的边缘。面对奄奄一息的企业,中共上饶地委、上饶行署重新配备航运公司的党政班子。自1992年起,该公司大力宏扬"艰苦奋斗、开拓进取"的企业精神,注重对企业内部挖潜和整顿,依托水运区位优势,以提高航运服务质量为突破口,开辟卧铺夜航和快速客运,发展集装箱运输,扩大油运,多方组织客、货源,开发房地产和第三产业,形成多业开发、多种经营、以客为主、客货并举的经营态势,发生了令人惊喜的变化,从1996年起,企业一举扭亏为盈。1996年完成营业收入531万元,实现利润5.8万元,1997年实现利润10.3万元,1998年实现利润70多万元,成为江西省水运企业扭亏为盈的成功典型。从1996年起,该公司连续三年获得"江西省交通系统两个文明先进单位"的称号。进入2000年后,随着公路、铁路迅速发展,水路货源、客源大部分向陆地分流,加上航道水位出现特枯,客运量、货运量急剧下降,至2000年末,该公司职工总数1403人,其中在职912人,离退休人员491人;公司主要收入来源为客、货运承包收入及船舶、码头、店面、仓储出租。

第四节 民间运输

进入1990年代,随着改革开放的深入发展,民间运输异常活跃,涌现出一批购买汽车、拖拉机和机动船舶的个体私营运输户投入公路、水路运输市场。货运快捷,客运方便,整个运输市场日益活跃。

民间公路运输 民营公路运输工具 1990年代,民营公路运输工具大量涌现,境内公路运输市场活跃。随着经济体制改革的不断深化,非交通部门全民、集体所有的汽车先后租赁和拍卖,个体、私营汽车运输队伍不断扩大,境内民营公路运输工具有相当的规模。2000年末,全区个体公路运输工具拥有量:共有汽车2875辆,比1991年增长1.3倍;其中载客汽车997辆17818客位,比1991年增长3.4倍;载货汽车1878辆6807吨位,比1991年增长80%;其他机动车2456辆2151吨,比1991年增长1.5倍;轮胎式拖拉机4190辆6230吨,比1991年增长27%。随着经济的不断发展,民营公路运输的发展趋向先进型汽车,拖拉机已逐步被淘汰。90年代,民间客运发展较快,个体私营运输以小型车为主约占个体客车总量70%,多数个体运输是一户一车,少数是一车多户或一户多车。

民营公路运输量　1980年代末,专业客货运输量呈逐年下降趋势,而全社会客货运输量不断上升。1990年代,参加营运的民间(个体户)运输队伍的车辆活跃在城乡客货运输市场。2000年,全区个体公路货物运输量1312万吨,比1991年的176万吨增长6.5倍,其中汽车货物运输量609万吨,同比增长5.2倍。是年个体公路货物周转量79531万吨千米,比1991年增长9.9倍,其中汽车货物周转量60673万吨千米,同比增长9.6倍。全区个体公路货物运输量占当年全区社会货物运输量的比重由1991年的13.3%上升到2000年55.9%,提高了42个百分点,占据全区货运运输量的半壁江山。2000年,全区个体公路旅客运输量2829万人次,比1991年增长5.9倍,是年旅客周转量101319万人千米,同比1991年增长8.8倍。2000年全区个体运输实现的旅客运输量占全区公路旅客运输量62.6%,个体旅客周转量占全区旅客周转量的54.4%,占据全区公路旅客运输量的半壁江山。横峰县是全区人口最少的县,个体运输"唱大戏"。在横峰县城,每天都有成百上千的人进城下乡,据统计,仅县城通往上饶、铅山的十字路口地段,高峰期日人流量高达6000余人次,这些行色匆匆的"流动人口"为出租车提供了招财进宝的"源头活水"。2000年,横峰县私营客运量达72万人,占当年该县全年客运量的80%以上。

民间水路运输　1990年代,全区内河运输,个体私营业主船舶不仅取得客运市场的垄断地位,同时还占据水路货物短途运输的大部分份额,特别是在短途沙石运输市场方面发挥其优势。

进入2000年,随着社会主义市场经济的发展,全区航运大户和个体联户通过合资合作、股份制等方式组建私营航运公司,实行企业化经营,全区水上运输结构发生根本性变化。水上运输按市场经济运作,传统的运输模式已改变,船舶运力出现大吨位、大功率,运输业务扩展到长江流域经济发达城市。2000年,全区从事水路运输的个体经营户拥有各类客货船345艘,其中客船72艘、载客量1674客位,货船237艘、净载重量7202吨位。2000年,全区个体经营户实现水路旅客运输量83万人次,比1991年增长18.6%,占全区水路旅客运输量98.9万人次的比重84.7%。是年,旅客周转量3378万人千米,比1991年增长93.6%,占全区4927万人千米的比重68.6%。2000年,全区个体水路货物运输量57.7万吨,货物周转量94.63万吨千米,比1991年分别增长164.7%、140.9%。

1991 年、2000 年全区个体水路运输量

表 14－5－9

年份	旅客运输量（万人次）	旅客周转量（万人千米）	货物运输量（万吨）	货物周转量（万吨千米）
1991	70	1750	21.8	3929
2000	83.0	3378	57.7	9463

1991 年、2000 年全区个体公路旅客运输量

表 14－5－10

年份	旅客运输量(万人次)			旅客周转量(万人千米)		
	合计	汽车	其他机动车	合计	汽车	其他机动车
1991	408	319	89	10356	9501	855
2000	2829	2182	647	101319	90964	10355

1991 年、2000 年全区个体公路货物运输量

表 14－5－11

年份	货物运输量(万吨)				货物周转量(万吨千米)			
	合计	汽车	其他机动车	轮胎式拖拉机	合计	汽车	其他机动车	轮胎式拖拉机
1991	176	99	19	58	7258	5710	220	1328
2000	1312	609	174	529	79531	60673	7413	11445

第六章 管　　理

第一节 管理机构

上饶地区交通局 上饶地区交通局是上饶地区行政公署主管全区公路和水路交通行业的职能部门。

1981 年 10 月，上饶地区交通局更名上饶地区交通处，1984 年 4 月 19 日，经江西省人民政府同意，将赣州、宜春、吉安、上饶、抚州地区交通处作为省交通厅的派出机构，是行署管理交通工作的职能部门，受省交通厅和行署的双重领导，属事业单位。同年 5 月 9 日正式成立上饶地区交通处。1985 年 2 月，江西省人民政府决定，地区交通处划回上饶行政公署领导，属行政机构。1988 年，更名为上饶地区交通局。

1990 年 1 月成立地区运输管理处，是年 9 月成立地区港航管理处，均为地区交通局管理的副县级事业单位。1991 年 7 月，地区交通局公路科撤销，成立地区公路管理所，是年 7 月成立地区公路货运配载服务中心，均为正科级事业单位。1993 年局机关增设交通规费征收办公室和交通战备办公室。1996年,成立地区公路勘察设计室。是年10月成立地区水路货物配载信息服务中心,为副科级事业单位。1999年,设立地区交通工程质量监督站,为正科级事业单位。

2000年,上饶地区交通局机关内设秘书科、人事教育科、计划财务科、综合科、交通规费稽征办公室、交通战备办公室和纪检监察室7个职能科室,局机关在职人员24人。下属单位有地区公路运输管理处、地区港航管理处、地区公路管理所、地区公路勘察设计室、地区公路货物配载服务中心、地区水路货物配载服务中心,在职人员124人。

江西省交通厅公路管理局上饶分局　江西省交通厅公路管理局上饶分局,是全区专养公路的管理机构,它的前身是上饶浮梁工务段,1954年1月,合并成立江西省人民政府交通厅公路局上饶公路总段。1976年4月20日,上饶公路总段改名为"江西省交通厅公路管理局上饶分局",至2000年。

2000年,上饶公路分局为江西省公路管理局管辖的正县级事业单位。分局机关内设行政办公室、教育科、质量监督科、安全技术科、纪检、总工办、路保科等18个职能科室。下辖12个县(市)公路段及上饶公路分局工程队、上饶公路分局机修厂、上饶公路分局科研室、上饶公路分局通信站、上饶公路分局职工学校5个直属单位,全局共有在职人员2333人(干部420人,工人1913人);有各类在职技术人员479人,其中,中级职称120人。上饶公路分局负责全区(上饶地区境内)2条国道、17条省道、79条县乡道及4条专用公路、共2392.9千米的建管养任务。

第二节　公路交通管理

路政管理　1983年7月9日,国务院以105号文下发《关于加强路政管理,保障公路安全畅通的通知》,上饶公路分局及各县(市)据此通知精神,设置了专职的路政管理机构,配备路政专职人员,进行路政普查。1987年10月,国务院发布《中华人民共和国公路管理条例》的通知(以下简称"条例"),次年6月28日,交通部以第一号令,发布《中华人民共和国公路管理条例实施细则》(以下简称"细则"),为认真贯彻"条例"与"细则",增强人民公路人民管,人民公路人民爱的护路意识,全区公路交通部门一方面加大了"条例"与"细则"的宣传力度,另一方面加大路政执法管理力度,由单一的公路巡查,扩展为控制公路两侧红线,清除路障,依照法律、法规和有关规定,制止并查处各种违章、利用、占用、毁坏和破坏路产、路权,维护了路产路权。

1990年代,全区在路政管理方面加强工作力度,以国、省道干线为重点,以落实路权、清理路障为中心,整治占路为市,控制"建筑红线",从整体上强化以法治路,路政管理逐步走上法制化、规范化轨道。为保障全区公路交通安全畅通,适应改革开放和经济发展的需要,1993年2月,上饶行署发出《关于进一步加强公路路政管理的通知》,并明确要求:"公路交通主管部门和其他授权的公路管理机构负责管理和保护公路、公路用地和公路设施,依法查处各种违章、利用、侵占、污染、毁坏路产行为,控制公路两侧建设红线,审理跨越公路的其他设施建筑事宜,核批公路渡口和公路养护作业的正常秩序、维护公路管理机构及其工作人员的合法权益等。"

在各级地方政府和有关部门支持下,全区各县(市)先后成立"路政管理执行室",在执法过程中,紧紧依靠地方政府与沿线乡(镇)签订了责任状,落实各自的责任范围,积极与法院、武警、交警、工商、城建、土管等部门联合,多次开展规模较大的上路清障和清理违章建筑活动,公路两侧建筑红线基本上得到控制。

全区各县(市)根据1995年12月12日,上饶行署下发《关于加强公路路政管理和开展文明路活动的通知》精神,突出重点,对三二〇国道、省道及主要干线进行综合治理,集中力量对违章侵占、污染、毁坏公路、公路用地及公路设施的现象进行整顿,并注意把建设文明路工作同治理公路"三乱"结合起来,同创文明街(路)活动及公路绿化等结合起来,有效地制止和清除各种破坏公路的行为,使公路面貌明显改观。

1997年7月3日,全国人民代表大会常务委员会第26次会议通过《中华人民共和国公路法》(以下简称《公路法》),并于1998年1月1日正式实施,全区各县(市)在广泛宣传贯彻《公路法》的同时,进一步强化路政管理,全区各级路政职能机构分别建立了路产设施、行政处罚、复议、诉讼等路政档案,基础管理工作做到法制化、程序化、规范化。在处理公路违章时,坚持依法办事,按法定程序立案、调查、取证,认真分析案情,及时查处违章行为。据统计从组建路政专业队伍以来,全区共依法受理案件28630件,拆除违章建筑7940幢、193640平方米,收回路政赔偿款260余万元,有效地维护公路的合法权益,改善了全区交通环境,提高了道路通行能力。

公路运输管理 1990年代,全区公路运输管理的主要内容是对运输市场的整顿。在运输市场空前繁荣的同时,针对因无序竞争而出现的一些混乱现象,对无证经营、偷漏税费、"私挂公"(个体车辆以国营集体名义领取证照)、"公挂私"(全民企事业单位车辆以个人名义领取证照)和少数"货霸"欺行霸市、居间盘剥等进行整顿,公路运输管理逐步走上行业化、规范化、法制化的轨道。1990年代,在全区公路运输管理中,开展整顿货运市场、客运市场、出租车等、公共客运为重点的管理活动。

客运市场管理 1990年代初,全区交通部门认真贯彻江西省公路运输管理局整治客运市场的要求,对全区客运进行清理审验和治理整顿工作,强化客运车辆管理,完善客运班线的审批制度,合理划分营运范围。所有客运车辆,必须全面实行"三定"(定线路、定班次、定站点)、"四统一"(统一营运证、统一线路、统一路单、统一票据)。1995年,对全区客运班线进行清理整顿,重新建立新的客运台账资料,换发新的线路牌。是年,全区实行客运动力增长计划管理,同时加强客运班线管理。1990年代后期,为加强出租汽车客运管理,根据交通部《出租汽车、旅游汽车客运管理规定》和1998年11月17日上饶行署办公室《关于印发整顿出租客运市场秩序的实施方案的通知》及1999年1月27日上饶行署下发《上饶地区出租汽车客运管理办法》的精神,全区对从事营业性道路出租客运车辆进行全面清理,取缔无证经营,对出租客运车辆设施、技术状况进行严格检查,划定出租车经营范围,制止违章经营和不正当竞争,整治出租车变相从事定线客运。同时整顿出租客运市场,划定县(市)出租客运停车场点,为全区出租客运市场制造一个公平竞争的良好环境。1999年,各县(市)认真贯彻省运管局召开整治客运市场会议精神,从车站秩序、班线营运、出租车客运及服务态度等进行全面整顿,使一度混乱的秩序得到有效的治理,巩固开放经营的成果,强化"站管会"管理与服务功能,并实行出租客运管理公司化、协会化。是年,全区重新实行客运动力增长计划化,波阳、德兴、余干、上饶县还创造性运用于农客市场,规范农客运力的发展。

为优化道路运输资源配置,维护和促进运输市场的良性竞争,提高客运服务质量,引导企业以优质服务回报社会,赢得市场,2000年10月24日,上饶市(原上饶地区)交通局依据《中华人民共和国招标投标法》结合上饶客运市场特点,印发《上饶市(即上饶地区)道路班车客运服务质量招标投标法》。此办法自2000年11月1日起执行，全区积极推行客运热线经营竞标，对促进全区道路客运市场健康有序发展和维护公平竞争起到积极作用。

2000年，各县(市)运管部门加大对道路运输行业管理力度，集中治理班车客运沿街揽客、宰客、甩客、倒客等严重影响道路客运秩序行为，重点查处无证经营、自制线路牌和窜线抢班争客等违章行为；在整顿城市客运秩序中，对报废车、无牌无证车、私挂公车、限期限营的出租车进行全面的调查、取证，分别不同情况予以取缔、限期整改、理顺权属关系、限期退出市场或更新的处理，制止了出租车冲击班线客运违章经营行为，划清了公交客运和班线客运界限，查处甩客、宰客行为，纠正非营运车从事城市客运的非法行为等，为清理城市客运车收费、实行班线客运和城市客运统一管理创造条件。经过上下一致的努力，全区运输市场经营行为逐步规范。是年末经上饶市政府(原上饶行署)研究，城市客运从2001年起纳入交通一家管理，为全面规划上饶市客运市场铺平了道路。

货运市场管理　1990年代，各县(市)对货物营运车辆进行清理审验和治理整顿工作，对“私挂公”、户权归属不当的货车予以纠正，并控发“中华人民共和国道路营运证”，严把危险货物运输车辆审验关，对未达到开业条件的危货运输企业车辆不予年审，改从事普通货物运输。

2000年4月，全区运管部门在全区范围内开展货运市场整治月活动。地区运管处和各县(市)运管所均成立整治领导小组，制订活动方案，开展扎实有效的整治活动。重点查处无证经营及报废车营运行为，清理车辆挂靠经营，严厉打击非法经营和不正当竞争及超类别经营。在整顿治理过程中，既采取坚决措施，推进整治工作，又注意政策的连续性和稳定性，努力创造平等竞争条件，使不同经济成分和不同性质的运输力，在国民经济中发挥应有的作用。

2000年，在运政管理年活动中，全区共查处无证车317辆，取缔报废车856辆，清理无证货配点15个，停车场4个。通过整治，各县(市)运管所进一步完善货运管理规章制度。同时有些县(市)还因地制宜建设了货运有形市场，如余干、婺源、玉山、广丰初步建起9个货运交易市场、9个货运停车场、6个货配服务站，为提高货运市场管理奠定了基础，积累了经验。为进一步深化行业管理，提高货运市场有形化、组织化程度迈出可喜的一步。

第三节　水路交通管理

航运管理机构　*上饶航务分局*　1978年3月25日，航道机构从上饶航运分局划出，成立“江西省上饶航道段”，办公地址从波阳县城迁到上饶市。1981年1月，上饶港航监督所从上饶航运分局划出，成立“上饶船舶监理所”。1989年1月，上饶航通段与上饶船舶监理所合并，成立“江西省交通厅航务管理局上饶分局”，为副处级事业单位，受江西省航运管理局领导，办公地址在波阳县城，延续至今。其主要职责是负责全地区的水上交通安全监督管理、船舶检验、航道工程建设、航道养护、水上稽查征费等工作。

随着形势的发展变化，各县(市)也成立相应管理机构。

上饶地区港航管理处　1989年4月28日，经上饶行署第177次专员办公会议研究决定由波阳县航运管理站和上饶地区航运公司从事港务管理人员合并，组建“上饶地区港航管理处”。1990年11月正式成立“上饶地区港航管理处”，并挂牌按新体制运作，为副处级事业单位，归口上饶地区交通局，业务受江西省航运管理局指导，办公地址设在波阳县城。波阳县、余干县、弋阳县、德兴市、上饶县、横峰县、上饶县也相继于1991～2000年成立港航管理所。其中

德兴市管理所1994年因水域干涸而自然撤销。现存的各县(市)港航管理所均归口各县(市)交通局管理。业务上受上饶地区港航处指导。

港口管理 1988年6月,江西省人民政府颁发《江西省港口管理暂行办法》,明确规定交通主管部门负责辖区内港口管理工作,港务管理机构是当地政府管理港口的职能部门。按照“一城一港一政”的原则,一个城镇只设一个港务管理机构。1989年4月,上饶行署决定由波阳县港航管理站和上饶航运公司从事港务管理人员合并组建上饶地区港航管理处(设置在波阳县),内设波阳港航管理所,负责全县港口及水路运输的行业管理。

1991年,波阳县人民政府以47号文件作出《关于波阳港区范围划分的决定》。1992年8月,结合全县港口的实际情况,制订《关于〈江西省港口管理暂行办法〉实施细则》,这个细则进一步明确港航管理机构是管理港口的职能部门,履行港口管理工作职责,受上一级主管部门和县交通局的指导和监督。对港口收费、违章处罚等也作了相关规定。同时对波阳县城镇及乡镇港口码头岸线进行划定。

1988年以前港政管理机构实行政企合一体制。1989年以后,政企分开,县级管理机构建立,地县两级机构相互配合,在划定港区、督导港埠企业经营管理、办理船舶报港手续,维护港区正常生产秩序,以及提供技术信息服务等方面发挥了积极的作用。与此同时,按照规定实施运政管理,坚持经营证照的年检年审,强化运政监督检查,抓好有形市场建设,打击非法经营,维护合法经营,港口秩序呈现良好的态势。

渡口管理 1990年代,全区根据1989年3月5日颁布的《江西省渡口管理条例》精神,将渡口实行分类管理,进一步明确有关安全管理和监督、物料供应、渡运设施建设等方面的职责。为维护渡运安全,加强渡口管理,各县(市)从1980年代末起相继成立渡口管理站,建立渡口设置许可证审批制度,并制定《渡口守则》和《渡工职责》,进一步加强安全和监督检查与渡口基础设施建设。在渡口安全管理中,根据1995年4月2日上饶行署下发《关于切实加强水上交通安全管理工作的通知》精神,逐步完善“三证”(渡口位置许可证、渡船检验证、渡工驾驶证)、“一线”(渡船载重线)、“一牌”(船只牌)的基础工作。对境内渡口重新登记审批。渡口安全实行分级管理制,每年县和乡、乡和村、村和渡工签订安全管理责任书,做到渡口负责人、渡船渡工、渡船维修更新经费、安全设施、渡口牌“六落实”。并且每年定期召开全县(市)渡口工作会议。对乡镇渡口、渡运秩序、渡船检测、渡工考核培训实行大力整治,严格管理。各县(市)交通、船监等有关部门狠抓渡运安全教育和安全检查;及时抓好渡船维修更新,逐步将渡运管理纳入依法治渡的轨道。除平时经常性的安全检查外,还在节假日、汛期和春运期间进行重点跟踪检查、现场监督。重点监控“船、人、证”是否相符、齐全有效,制止超载超额运输,打击“三无”(无船舶登记证、无船舶检验证、无船员证)船舶航行,渡口安全管理逐步走向制度化、规范化,把事故隐患消灭在萌芽之中,确保渡运安全。

水路运输管理 1980年代后期,全区航管部门根据中共十一届三中全会作出进行治理整顿和深化改革的决定,和江西省人民政府颁布的《江西省水路运输管理方法》,及省地交通部门的工作部署,从审验证照入手,对水路运输企业与个体的经营条件、经营范围、运输服务质量,有步骤、分阶段进行全面整顿治理。通过整顿治理,清理不符合经营条件的单位和个人,按产权归属关系,纠正了“私挂公”、“公挂私”的不正常现象,对客船实行“五定”(定航线、班期、站点、载客量、时间)管理,客货运输及运价、税费、票证管理也都有了加强。1990年代,航管部门根据《江西省水路运输经营行为规范》精神,主要抓宏观调控,建立有效的调控和监督机制,放开水运市场,实现“管而不死,活而不乱”。水路运输管理,进一步朝着开放、统一、有序的方向发展。

随着公路、铁路、航空运输业的迅速发展,水路运输市场竞争日趋激烈,加上水运业自身经营方式的多样化、经济成分的复杂化、业户素质的低层次化等,使水运市场管理难度加大,市场调控手段弱化。为了培育和发展统一开放,竞争有序的运输市场,各级运政部门抓好水路运输市场管理,维护稳定的运输秩序,加强经营行为的检查监督,规范水运尤其是客运业户的经营行为,同时热情为业户服务,为业户排扰解难,争取水运货源;并抓好运政人员的教育和培训,努力提高运政执法水平,从而保持了水运业的稳定发展。

第四节　稽　征

机构人员　*江西省交通厅稽查征费局上饶分局*　1986 年 12 月 1 日,江西省人民政府根据国务院《关于改革道路管理体制的通知》(国发〔1986〕94 号),原属交通监理的交通安全工作划归公安部门,其公路规费征收职能仍由交通部门行使,决定(赣府厅抄字〔1986〕165 号)组建省、地(市)、县(市)各级养路征收机构,组建为:省交通厅设“交通稽查征费处”(正处级);地区、省辖市设“交通稽查征费所”(副处级);县(市、区)设“交通稽查征费站”(正科级),所需人员从省、地(市)、县(市、区)车辆监理处(所、站)分管养路费征收人员中划拨和交通系统内部调剂。1987 年 5 月组建上饶交通稽查征费所,并从 1987 年 6 月 1 日与上饶公安车辆管理所分开办公。上饶交通稽查征费所新建时在职工作人员 54 人。

江西省人民政府 1987 年 5 月 23 日赣府发〔1987〕46 号文赋予交通稽查权,包括上路检查、扣车、扣证和发“征费待理证”。

1988 年 10 月,按江西省机构编制委员会赣编发〔1988〕159 号文,省稽查征费处改称为省交通厅稽查征费局,地(市)为交通稽查征费分局,县(市、区)为交通稽查征费所。1993 年,按省编委、赣编发〔1993〕84 号文,稽征分局级别调整为正处级。2000 年,经中共江西省委、江西省人民政府批准赣发〔2000〕15 号文,省稽征机构更名为江西省交通厅稽查征费局,级别调整为副厅级。

2000 年,上饶稽征分局内设行政办公室,征收科、法规稽查科、通行费科、计财科、审计科、微机室、监察室等职能科室。在职工作人员 216 人。

稽征机构主要职能:代表国家对行驶道路的车辆征收养路费、交通重点建设费、机动车辆客货运附加费、车辆购置附加费和贷款路(桥)通行费。

公路征收站情况　1989 年 6 月至 1995 年 2 月期间,经江西省人民政府批准,在玉山县古城镇设立大吨位车辆补偿费征收站(后改为古城贷款路通行费征收站)、施加山贷款路通行费征收站,在弋阳县圭峰镇弋阳贷款路通行费征收站。1999 年 7 月 1 日经江西省人民政府批准,玉山古城收费站、弋阳收费站、施家山收费站等三个收费站收费权转让给江西赣东公路开发公司。

2000 年 4 月 25 日,经江西省人民政府批准,在波阳县设立波阳贷款路通行费征收站。

2000 年 12 月 8 日,经江西省人民政府批准,在横峰县铺前镇设立铺前贷款路通行费征收站。

公路规费征收标准　为了保证公路建设、养护经费开支和管理人员活动经费,国家根据不同的特定条件,颁发了各项规费的征收标准和征收对象。

公路养路费　原称通行费、养路捐、路租等。养路费是公路养护管理经费的主要来源。中华人民共和国成立,公路养路费是国家对参与公路营运车辆为用于养护公路所征收的事业费,其中分汽车养路费和拖拉机养路费两种。汽车养路费开始由监理部门征收,1987 年 6 月监理、稽征分家,道路交通管理移交公安部门管理,公路养路费从 1987 年起,由稽征部门负责征收;拖拉机养路费则由地方交通部门征收。

1990 年代,执行的是交通部、国家计划委员会、财政部、国家物价局的《公路养路费征收管理规定》(交工字〔1991〕714 号)和 1997 年 10 月 23 日江西省人大常委会发布的《江西省公路规费征收管理条例》以及 1998 年 2 月 10 日江西省人民政府第 63 号令《江西省公路养路费征收管理办法》,征收标准为客车 105 元/吨/月;货车 65 元/吨/月;客货两用车 75 元/吨/月;摩托车每月 15 元。

交通重点建设费基金　是用于交通基础设施建设和改造。为了加强全省交通基础设施建设,适应国民经济发展的需要,江西省人民政府于 1986 年 10 月 7 日第 84 次省长办公会议决定,对境内公路、水上旅客运输开征交通建设基金(客运附加费)。是年 11 月 11 日江西省计划委员会、江西省经济委员会、江西省财政厅、江西省交通厅《关于颁发〈江西省交通建设基金征收实施办法〉的通知》(赣财工字〔1986〕300 号、赣交财统字〔1986〕66 号),决定从 1986 年 12 月 1 日起,对境内公路、水路旅客运输开征交通建设基金。征收标准按车、船、客票、里程每人千米加收人民币 2 厘。江西省人民政府赣府字〔1986〕63 号文,将征收标准调整为:货车 15 元/月/吨、客车 25 元/月/座。经 1991 年 6 月 21 日江西省人民政府批准(赣府发〔1991〕51 号),从 1992 年元月 1 日起,调整为:货车 35 元/月/吨、客车 45 元/月/座。经江西省人民政府 1998 年 2 月 10 日批准(省政府 1998 年第 63 号令),调整为:货车 65 元/月/吨、客车 75 元/月/座。

机动车辆附加费(属交通重点建设基金)　经江西省人民政府 1990 年 11 月 23 日批准(赣府厅发〔1990〕111 号),从 1991 年元月 1 日起,在全省范围内征收机动车辆附加费,标准为:参加营运的客、货运输车辆,分别按每人千米、每吨千米各征收 0.01 元。1998 年 7 月 2 日经江西省人民政府批准,更名为"公路客货运附加费"(赣府发〔1998〕22 号,标准为:0.03 元/每吨千米)。

车辆购置附加费　1985 年 4 月 2 日,国务院发布《车辆购置附加费征收办法》(2000 年 10 月 20 日改为购置税),同年 4 月 6 日,交通部、财政部、中国工商银行颁布《车辆购置附加费征收办法实施细则》,规定全面开征车辆购置附加费。自此开始对所有购置车辆的单位和个人(包括国家机关和军队)征收车辆购置附加费。每辆车只征收 1 次。凡购买或自行组装使用的车辆(不包括人力车、畜力车和自行车),在购买时或投入使用前,必须交纳车辆购买附加费,国内生产和组装的车辆购置费由生产厂或组装厂代征,以车辆的实际销售价为计算依据费率为 10%;外进口的车辆购置附加费由海关代征,费率为组合价格的 15%。各地(市)稽征分局为车辆购置附加费征收单位。2000 年 10 月 20 日,国务院第 294 号令,将车辆购置附加费改为车辆购置附加税,税率为 10%,自 2001 年 1 月 1 日执行。

1987 年 5 月组建当年全区征收车辆购置附加费 411.6 万元;2000 年,全区征收 2871.71 万元。

贷款路(桥)通行费　为鼓励各地、各部门、企业和个人修桥建路,促进公路交通事业发展,适应经济建设发展需要,江西省人民政府 1988 年 7 月根据《中华人民共和国公路管理条例》,参照国家交通部、财政部、国家物价局《贷款修建高等级公路和大型公路桥梁、隧道收取车辆通行费规定》,批转了省交通厅等部门《关于江西省贷款修建高等级公路和大型公路桥梁、隧道收取车辆通行费实施办法》的报告(赣府发〔1988〕84号),自1988年8月1日起执行。贷款路(桥)通行费只许用偿还贷款和收费公路、桥梁、隧道的养护、管理及收纳机构的正常开支,任何地区、部门和单位不准挪作他用,贷款本息还清后即停止收费。此费原属交通重点建基金,从1994年起报表上单独列出,当年全区征收额2361.89万元,2000年,征收额210万元。

公路运输管理费　原称企业行政管理费或交通管理费,用于管理部门的事业经费和工作人员的工资福利。

公路规费征收管理　开展规费稽查活动　1990年代后期,交通规费征收工作处于"费改税"的准备时期,由于社会上一些单位和个人存在片面认识,出现了拖欠、拒缴、抗缴交通规费现象。全区稽征部门充分运用政府给予的稽查权力,积极开展查漏补征,配合法院宣传依法征税,提高车主依法纳税费的自觉性。2000年,上饶地区交通局在加大政策宣传力度的同时,在全区打破费种、行政区域界限,开展了拉网式的规费大稽查活动,先后两次共组织300多名稽查人员,实行24小时循环检查,共检查辖区内车辆7199辆次,检查到偷逃、漏规费车辆5719辆次,补征规费车辆5286辆,补缴规费30多万元,保证了交通规费应征不漏。

公路规费征收情况　1990年代,全区各级交通部门和征管单位稽征人员大力开展政策法规的宣传,排除干扰抓征费,狠抓上路稽查、上户追缴,加大科技征费的力度,充分运用依法征收、强制执法手段,查处逃费、漏费、车辆外挂、大车小标等偷漏规费行为。有力的打击了各种偷、漏公路规费的违法行为,千方百计稳定规费征管秩序。同时,通过进一步理顺征费体制,强化管理,完善管理规章制度,强化源头管理,抓好各项基础工作,提高一线征收人员的水平,不断改进征费手段和方法,1996年开始使用微机征费,以后又与省联网,使稽征效率和质量大为提高。切实做到公路规费应征不漏,不断提高了规费的实征率,有效的促进各项公路规费的征收。至2000年,全区稽征机构共征收"五费"(即公路养路费、交通重点建设基金、机动车辆附加费、车辆购置附加费、贷款路(桥)通行费)合计15068.85万元,比1991年的6033.71万元增长1.5倍,比1987年组建时3675.8万元增长3.1倍。2000年征收"五费"中,养路费4011.03万元,交通重点建设费基金、机动车辆附加费7976.67万元,车辆购置附加费2871.71万元,与1991年相比,分别增长25.45%、2.3倍、5.4倍,其中车辆购置附加费增幅居首位。

第五节　交通规费(税)征收

养路费　征收范围　凡领有牌证(含临时牌证、学字牌证、试车牌证)和已投入使用但尚未领用牌证的各种机动车、挂车,除按规定暂定免征的除外,均应缴纳养路费。

征收标准　客车(含客货两用车),月征收180元/吨,其中含重点建设费75元。货车(含正三轮摩托车、三轮简易车),月征收170元/吨,其中含重点建设费65元。简易汽车,月征收170元/吨,其中含重点建设费110元。汽车挂车,月征收119元/吨,其中含重点建设费45元。二轮摩托车(含轻骑)每辆每月15元,侧三轮摩托车每辆每月18元,均作重点建设费。出租车(含旅游车)九座以下,月征收280元/辆。不能载客货的特种车按其自重吨位减半后,按货车费额标准征收。征费吨位从一吨起征,不足半吨按半吨计征,超过半吨不足1吨按1吨计位。

征收依据　《中华人民共和国公路管理条例》、《江西省公路规费征收管理条例》、江西省人民政府〔1995〕第42号令即《江西省公路养路费征收管理办法》。

处罚规定　应缴未缴的、补交养路费和滞纳金外，并处以应缴额30%～100%罚款。未按期缴费的，以迟交日起每日1%的滞纳金。免费车辆未按规定办理免费手续的补交未办理期间全部养路费，并处以10%～30%的罚款。

客货运附加费　征收范围　凡在江西省从事公路客货取酬运输的各类车辆一律征收公路客货车附加费。

征收标准　运附加费：客车：每月每座90元，在城市市区道路营运的中巴每月每座70元，城市出租车每月每座129元。农用运输车每月每座75元。正三轮摩托车每月每辆120元。

运附加费用：货车3吨至20吨每月每吨48元，3吨以下（含六轮农用车）每月每吨54元，20吨以上按车标准每辆次运输用周转量计征。全挂车每月每吨32元（汽车拖斗）。客货两用车2吨以下（含2吨）每月每车100元，2吨以上每月每吨54元。

征收依据　《国家发展计划委员会、财政部、交通部计价管〔1998〕1104号文件》、《江西省公路客货运附加费征收管理办法》。

处罚规定　免征客货运附加费车辆未按规定办理免征凭证的、视同取酬运输车辆征收客货运附加费。未按期交费的，按每逾期一日处以应缴费额1%的滞纳金。改变原非取酬运输性质从事取酬运输的车辆而漏征的补交全额客货运附加费，并按第2点课以滞纳金。

代征车辆购置税　征收范围　购买或自行组装使用的车辆（不含人力、畜力、自行车）应自购买之日起60日内或投入使用前60日申报纳税；进口自用应税车辆自进口之日起60日内申报纳税。

征收标准　车辆购置税税款应为一次缴清，但不得低于部颁最低征税标准：纳税人购买自用应税车辆的计税价格，为纳税人购买应税车辆而支付给销售者的全部价款和价外费用，不包括增值税税款。纳税人进口自用的应税车辆的计税价格的计算公式为：计税价格 = 关税完税价格 + 关税 + 消费税。

征收依据　国务院令第294号、《中华人民共和国税收征收管理条例》。

处罚规定　纳税人在规定期限内不缴或少缴的，可处不缴或少缴税款百分之五十之一、五倍以下的罚款。

公路运输管理费　征收范围　公路运输业户

征收标准　对于财务制度健全、营业额计算准确的公路运输业户的运管费，按客货运输、搬运装卸、运输服务营业收入的0.8%计征；

对于财务制度不健全，或虽财务制度健全但营业收入计算不准确或无法计算的公路运输业户的运管费实行定额计征。征收标准为：客运：15座及15座以下，每月每座6.5元（不足12座的按12座计征）；16座到22座，每月每座4.5元；出租车（含快轿）每月50元；快客，每月每座9元；卧铺客车，每月每卧8元。货运：货车（含大小轮），每月每吨20元；机动三轮车，每月每辆22元；脚踏三轮车，每月每辆12元；平板车，每月每辆7元。

征收依据　《关于公路运输管理费征收标准的通知》、饶交计财发〔1999〕6号、饶价费字〔1999〕1号。

处罚规定　道路运输经营者偷漏道路运输管理费时间达30天以上的，除责令补交外，还应按日收取道路运输管理费1%滞纳金的罚款。使用仿造、转让、涂改道路运输管理费专用收据或缴讫证的，收缴其非法收据和缴讫证，处以500元以上1000元以下的罚款。

1987 年—2000 年全区交通规费征收情况

表 14－6－1 单位:万元

年份	养路费	重点、机附费	通行费	车购费	合计	附:运输管理费	建勤费
1987	2725.8	538.4		411.6	3675.8		
1988	2987.1	643.5		421.88	4052.48		
1989	3258.1	924.6		393.59	4576.28		
1990	3508.7	958.6		419.37	4886.67	202.33	
1991	3197.37	2384.14		452.2	6033.71	291.37	
1992	3265.8	3395.77		559.03	7220.61	371.50	
1993	3412.5	5050.77		1548.48	10011.75	543.34	
1994	3943.9	6393.73	2301.89	1777.82	14417.34	692.84	257.64
1995	4351.17	6845.73	3207.56	2846.91	17251.5	853.41	287.43
1996	4483.71	7617.02	4270.37	2134.86	18505.96	977.14	397.94
1997	4455.49	8026.1	5742.56	2020.72	2021.87	1060.03	401.69
1998	4201.24	8295.86	6860.71	2549.03	21906.84	1074.92	374.87
1999	4131.98	8236.8	3779.99	2981.71	19130.48	1080.37	301.66
2000	4011.03	7976.67	210	2871.71	15068.85	1105.15	

说明:1. 运输管理费、车辆建勤费由交通部门征收;表中其余规费均由稽征机构征收。
2. 车辆建勤费 1994 年开始征收,1997 年 7 月 1 日取消。

第六节 监 理

1986 年 12 月 1 日,江西省人民政府根据国务院《关于改革道路管理体制的通知》(国发〔1986〕94 号),原属交通监理的交通安全管理工作划归公安部门。1987 年 6 月,撤销上饶地区交通监理所及各县(市)交通监理站。车辆监理移交公安机关,组建江西省上饶公安车辆管理所(后称上饶公安交通警察支队)及各县(市)公安车辆管理站〔后称县(市)公安交通警察大队〕。其主要任务是担负境内道路交通管理以及机动车辆的挂牌、发证、检验、过户;机动车辆驾驶员的考试、发证、年审;路检路查、事故查处和清理路障,保护道路畅通。

车辆管理 遵照公安部、江西省公安厅《关于启用换发"九二"机动车牌证的通知》精神,废除 1995 年 2 月 28 日以前领取的种类民用汽车、摩托车、挂车和农用运输车车牌,并换发新牌证。换发后的新牌证由原来的江西 33 式改为"九二"(赣 E)新牌证,新牌证从 1996 年 7 月 1 日启用,老牌证同日停止使用,各种车辆的基数均以启用新牌证后算起。1995 年起,全区公安交警部门认真做好"九二"式机动车辆牌证的启用、换发工作。全区共换发机动车辆证 10723 辆,启用新牌(含新车挂牌)12654 辆。换牌后的车辆管理按照《机运车辆安全技术监督管理办法》,实行机动车辆的技术鉴定管理。在车辆的排污标准上严格按照《汽车排气污染监督管理办法》实施管理,以减少城市污染。

1997 年以来,按照公安部交警局关于《机动车辆注册登记工作规范》的要求,全区公安交警部门,对新车注册登记、车辆过户、转籍登记、变更改装登记、停驶、复驶登记、报废、注销登记、临时入境登记等实行严格管理。在此期间还遵照上饶地区公安局《关于定点停放机动车辆的通知》精神,实施车辆管理。

交通安全 1990 年代,全区交通安全始终以“压事故、保畅通”为中心,普及推广现代化管理手段。开发计算机管理车辆和驾驶员档案系统,不断提高管理效率和质量。在城市交通管理上,12 个县(市)城全部有红绿灯岗亭和一支交管执勤队伍,维护交通秩序。

1990 年代,全区公安交警部门和县(市)运管所依据交通部颁布的交通安全法规,采取相关的安全措施,确保交通安全,定期对各客运站、点实施监督,检查、堵绝车辆超载和危险品上车,确保车辆及旅客的安全。每年“春运”到来之前,对投入春运的客运车辆进行严格的资质审批,并经常进行公路巡逻,及时疏通车辆阻塞,依法处理交通事故,确保春运工作不出现重大安全事故。

1991 年,全区公安交警部门坚持“预防事故、缓解阻塞、综合治理、安全畅通”的方针,深入贯彻江西省人民政府办公厅《关于进一步加强交通管理工作的通知》,大张旗鼓地宣传《道路交通管理条例》和《实施办法》,进一步落实道路交通安全的“综合治理”措施,在切实加强对驾驶员和机动车辆管理的同时,对全区 6 个汽车驾驶员培训班进行整顿,重新核发培训许可证。

1992 年,全区公安交警部门紧紧围绕“压事故、保畅通”这一中心,大力整顿交通秩序,因地制宜地进行专项整治工作,特别是广泛开展警民携手并肩创建文明路的活动。当年全区共清除路障 1096 处,拆除违章建筑 1240 处、12482 平方米,清除路面 15788 平方米,为保畅通打下良好基础。1996 年,全区公安交警部门,大力整顿交通秩序,严格依法处理交通事故,当年交警支队审批事故 162 起,追究刑事责任 37 人,吊销驾驶证 89 人,吊扣驾驶证 68 人,扣留、罚款 17 人,注销驾驶证 12 人,同时协助外地交警部门追随查交通肇事逃逸案 12 起。

1997 年,根据《江西省公安厅公路巡逻民警统一执法暂行规定》,至年底全区 12 个县(市)全部成立公路巡逻民警大队。

1998 年 8 - 11 月,根据江西省公安厅《关于开展对无牌无证和假牌、假证机动车辆专项整治活动的通知》,是年,全区公安交警部门查扣无牌、假牌车辆 10112 部、查处无证驾驶 7681 人次,纠正各种交通违章 15. 45 万起,处罚 8. 26 万人次。

1999 年,上饶公安交警支队为适应农村新一轮经济发展,提高农民群众的交通安全意识,在全区国道、省道沿线创建 22 个交通安全试点村。

2000 年,根据《国务院办公厅转发建设部关于实施全国城市道路交通管理“畅通工程”意识的通知》精神,从 2 月份起,全区各县(市)相继创建“严管示范街”,实施“畅通工程”。与此同时,运输从业人员培训工作也有所加强。2000 年,全区对驾驶员进行岗位培训 571 人次,对从事危险货物运输的驾驶员、押运员、搬运装卸人员培训 489 人次。

第七节 公路养护

1982 年,全区公路养护开始实行分级管理,推行养护经济责任制。1980 年代后期,全区省养公路由上饶公路分局及其下设公路段管养,县道公路由县(市)交通局管养,乡道公路由乡

(镇、场)管养。

1990年代,全区公路养护遵循“建养并重,强化管理,深化改革,调整结构,依靠科技,提高质量,依法治路,保证畅通”的方针,深化养护运行机制改革,以国、省道干线公路为重点,积极实施GBM工程,以文明建设样板路为突破口,大力开展以路面为中心的全面科学养护,积极改善路况质量,逐步提高公路好路率。2000年,全区公路养护里程7708.74千米,其中省养2392.9千米,县乡5315.84千米,厂矿垦殖场专用公路26.09千米。在公路总里程中,全区省养公路养护好路率为72%,比1990年的62.3%提高9.7个百分点,全区县乡公路养护好路率为48.5%,比1990年的39.2%提高9.3个百分点。

养护机构及队伍 *省养公路* 2000年,全区省养公路里程2362.03千米,省养公路专业养护机构为江西省上饶公路分局,下辖12个县(市)公路段,各公路段设4~20个养路道班。从1988年起,国道、省道由全区12个县(市)公路段负责养护,担负境内国道、省道、79条县乡道公路、桥梁和渡口的保养维修任务。2000年,全区共设186个养路道班,其中大道班42个,共有公路养职工2350人。

县乡公路 按照“统一领导,分级管理”的原则,从1988年起,全区12个县(市)交通局管理负责县乡公路养护,对县乡公路实行“县管、乡办、群众养”的方法,由县(市)交通主管部门统筹规划,统一领导和管理。1990年代,全区公路养护包干普遍推行承包合同制,由乡(镇)向县(市)交通局签订承包合同养护,各乡(镇)与养路队签订养护责任状,做到责、权、利统一,充分调动了养护工作的责任性。

养护队伍由县(市)交通局正式工(2000年为127人)和乡镇推荐农民代表工(2000年约800人)组成。

养护道班建设 公路养护道班是公路系统最基础的第一线建制,是养路工人生活工作的重要场所,它的建设发展,有利于养护职工队伍的稳定和公路事业的发展。1980年代,着力改善道班配套建设。进入1990年代,随着全区公路建设的发展,原有的小道班、小集体养路作业区难以适应公路养护的需要,为此公路分局又把道班建设的重点转移到“大型化、园林化、公寓化”的发展上。

省养公路 至2000年末,共建成养护大道班45个、约2.7万平方米,小道班98个、约1.47万平方米。

县乡公路 2000年末,有小道班37个。

机械化作业 全区公路路面养护以人工养护为主,辅以割草机、清扫车、龙马养护车等机械。养护大中修路基,路面施工主要以压路机、路面摊铺机、装载机、推土机、水泥(沥青)拌和机等机械为主。

1990年代,全区公路养护的机械化程度逐步提高,上饶公路分局在机械化养护上逐年加大投入,在养路机械设备上投放大量资金。1990年代,为全区每个养路道班配备小四轮养护车,为国道省道养护大道班配备了沥青洒布机、油罐车等机械,极大地提高机械化养护程度。至2000年,全区所有公路养护基层单位都装备装载机,每个公路段都达到2~4台碾压设备,基本上保证使用,每个段普遍有5吨、8吨、15吨等不同吨位的沥青混凝土拌和机,告别了油路施工用炒板的手工作业年代。1990年代,从公路路基、土石方施工、对面层铺筑、碾压全过程每个环节基本上实现机械化作业,大大缩短工程施工期限,提高工程质量。

科学养护 1990年代,全区公路养护从当初的人工养护、被动养护,逐渐发展到“预防为主、防治结合”的科学养护，基本上能按照交通部颁布的《公路养护技术规范》的技术质量要求，开展养护工作，做到预防性养护，以路面为中心的全面养护，并加强对桥梁的养护。大力推广和发展公路养护机械化，应用推广公路路面与桥梁管理系统，同时推广面由国省道干线公路发展到县乡公路。大量的新技术、新机械、新材料应用于公路养护工作中，推广 GBM 工程，实施公路科学养护与规范化管理，普遍采用了计算机进行技术档案管理，逐步建立公路数据库，使公路养护逐步走上正规化、科学化。

养护管理 *省养公路* 1990 年代，全面实行大包干目标责任制，将包干目标层层分解，层层签订目标责任书。对养路道班长实行招标聘任，对养路工人实行聘用和优化组合，养路经费实行包干，节约留用，超支不补。1990 年代后期，全面推行招标承包责任制，养路道班长实行公开招聘，养路工人实行双向优化组合，实行“三定”（定人员、定路段、定任务），负责确保公路常年保持路面整洁，水沟排水畅通，及时疏通涵管，做好公路的路面、路肩及边坡整修，路基缺口回填、水沟开挖、清理塌方以及水毁抢修等工作，每月底严格对生产任务完成情况进行考核。国道、省道干线好路率保持在 70% 以上。

县乡公路 县管公路由县（市）交通局负责修建、管理和养护。乡管公路由所在乡（镇）用“民工建勤”的方法组织养护。1990 年代初，县管公路推行“四定一包”（定里程、定人员、定任务、定奖罚、包干养路经费）的管养方法。1990 年代中期，实行“队长负责制，全员风险承包，专业户个人承包”的管养方法，1990 年代后期，实行“四包三定”（包经费、包线路、包小修保养、包好路率；定生产任务、定奖罚、定人）的管养方法，调动了职工养路积极性，县乡公路好路率逐年提高，减少次等路，消灭差等路，全区营造了一个“畅、洁、绿、美”的公路交通行车环境。

1991 年—2000 年全区公路养护通车里程一览

表 14－6－2 单位：千米

项目		1991 年	1992 年	1993 年	1994 年	1995 年	1996 年	1997 年	1998 年	1999 年	2000 年
公路里程总计	合计	4378	4421	4421	4421	4421	4423	4518	4651	4651	4651
	公路分局养护	2228	2271	2271	2271	2271	2273	2365	2365	2365	2365
	交通局养护	2150	2150	2150	2150	2150	2150	2153	2286	2286	2286
国道	合计	204	186	186	186	186	186	190	190	190	190
	公路分局养护	162	144	144	144	144	144	190	190	190	190
	交通局养护	42	42	42	42	42	42				
省道	合计	885	885	885	885	885	863	933	933	933	933
	公路分局养护	879	879	879	879	879	857	933	933	933	933
	交通局养护	6	6	6	6	6	6				
县道	合计	2386	2447	2447	2447	2447	2479	2513	2550	2550	2566
	公路分局养护	1071	1132	1132	1132	1132	1164	1136	1136	1136	1136
	交通局养护	1315	1315	1315	1315	1315	1315	1377	1414	1414	1130

续表 14－6－2

项目		1991 年	1992 年	1993 年	1994 年	1995 年	1996 年	1997 年	1998 年	1999 年	2000 年
乡道	合计	848	848	848	848	848	840	833	918	918	961
	公路分局养护	110	110	110	110	110	102	106	106	106	106
	交通局养护	738	738	738	738	738	738	727	812	812	855
专用公路	合计	55	55	55	55	55	55	49	59	59	59
	公路分局养护	6	6	6	6	6	6				
	交通局养护	49	49	49	49	49	49	49	59	59	59

说明：此表公路里程为入册里程。

1991 年—2000 年全区公路里程年底数(一)

(按技术等级分)

表 14－6－3 单位：千米

项目			1991 年	1992 年	1993 年	1994 年	1995 年	1996 年	1997 年	1998 年	1999 年	2000 年
总计			4378	4421	4421	4421	4421	4423	4518	4651	4651	4651
合计	等级公路	合计	2060	2172	2223	2223	2223	2326	2518	2335	2799	2930
		二级	53	221	259	259	259	374	567	627	724	879
		三级	251	274	296	296	296	310	368	41	439	460
		四级	1756	1677	1668	1668	1668	1641	1583	1667	1636	1591
	等外级公路		2318	2249	2198	2198	2198	2197	2000	1947	1852	1721
国道	等级公路	小计	123	124	124	124	124	186	191	191	190	190
		二级	－	62	62	62	62	70	141	141	165	183
		三级	3	3	3	3	3	3				
		四级	120	59	59	59	59	59	21	21	21	5
	等外级公路		81	62	62	61	62	54	29	29	4	4
省道	等级公路	小计	568	625	654	654	654	656	767	788	825	856
		二级	50	146	184	184	184	203	327	362	399	493
		三级	233	219	219	219	219	219	217	217	223	188
		四级	285	260	251	251	251	234	223	209	203	175
	等外级公路		316	260	232	232	232	207	166	143	108	77
县道	等级公路	小计	927	1001	1003	1003	1003	1095	1153	1221	1550	2565
		二级	3	33	13	13	13	101	99	1223	154	197
		三级	9	46	68	68	68	82	145	177	200	256
		四级	915	922	922	922	922	912	909	921	895	911
	等外级公路		1460	1466	1443	1443	1443	1384	1360	1329	1301	1201

续表 14－6－3

项目			1991年	1992年	1993年	1994年	1995年	1996年	1997年	1998年	1999年	2000年
乡道	等级公路	小计	393	393	393	393	393	394	389	473	478	522
		二级	–	–	–	–	–	–	–	–	5	5
		三级	–	–	–	–	–	–	–	–	–	–
		四级	393	393	393	393	393	394	389	473	473	517
	等外级公路		455	755	455	455	455	446	446	445	439	439
专用公路	等级公路	小计	49	49	49	49	49	49	49	59	59	59
		二级	–	–	–	–	–	–	–	–	–	–
		三级	6	6	6	6	6	6	6	16	16	16
		四级	43	43	43	43	43	43	43	43	43	43
	等外级公路		6	6	6	6	6	6	–	–	–	–

说明：此表公路里程为入册里程。

1991年—2000年全区公路里程年底数(二)

表 14－6－4 （按路面分） 单位：千米

项目		1991年	1992年	1993年	1994年	1995年	1996年	1997年	1998年	1999年	2000年
合计	总里程	4367	4421	4415	4415	4415	4422	4518	4651	4651	4651
	高级	25	96	97	97	97	191	191	318	512	530
	次高级	467	548	598	598	598	971	1129	1138	1120	1192
	中级	2223	2116	2065	2065	2065	1730	1652	1646	1521	1511
	低级	1652	1650	1650	1650	1650	1596	1546	1549	1418	1418
国道	小计	204	186	186	186	186	186	190	190	190	190
	高级	1	63	63	63	63	63	133	133	133	141
	次高级	132	72	72	72	72	80	57	57	57	49
	中级	32	11	11	11	11	4	–	–	–	–
	低级	39	39	39	39	39	39	–	–	–	–
省道	小计	885	885	885	885	885	863	933	933	933	933
	高级	9	9	9	9	9	8	8	46	56	60
	次高级	310	405	451	451	451	620	743	716	742	742
	中级	566	471	425	425	425	235	182	171	135	131
省道	低级	–	–	–	–	–	–	–	–	–	–

续表 14－6－4

项目		1991年	1992年	1993年	1994年	1995年	1996年	1997年	1998年	1999年	2000年
县道	小计	2386	2447	2447	2447	2447	2479	2513	2550	2550	2566
	高级	14	23	24	24	24	45	46	124	273	70
	次高级	18	63	69	69	69	253	311	348	378	324
	中级	1483	1491	1484	1484	1484	1368	1348	1323	1240	543
	低级	871	870	870	870	870	813	808	755	658	199
乡道	小计	848	848	848	848	848	840	833	918	918	961
	高级	1	1	1	1	1	5	5	5	39	5
	次高级	4	5	5	5	5	15	15	14	19	14
	中级	125	125	128	128	128	111	110	142	135	142
	低级	707	706	706	706	706	709	703	759	725	757
专用公路	小计	55	55	55	55	55	55	49	59	59	59
	高级	–	–	–	–	–	–	–	10	10	10
	次高级	3	3	3	3	3	3	3	3	3	3
	中级	17	17	17	17	17	11	11	11	11	11
	低级	35	35	35	35	35	35	35	35	35	35

说明:此表公路里程为入册里程。

1991年—2000年全区公路里程年底数(三)

表 14－6－5　　单位:千米

项目		1991年	1992年	1993年	1994年	1995年	1996年	1997年	1998年	1999年	2000年
晴雨通车里	总计	4367	4403.8	4404.23	4404.23	4404.23	4416.79	4518.42	4651.17	4651.17	4710.43
	国道	204	186	185.67	185.67	185.67	185.67	190.49	190.49	190.49	190.49
	省道	885	885	885.69	885.69	885.69	863.07	933.27	933.27	933.27	933.27
	县道	2386	2446.80	2446.80	2446.80	2446.80	2479.16	2512.98	2550.19	2550.19	2566.19
	乡道	837	837	837.07	837.07	837.07	839.89	832.68	918.01	918.01	961.27
	专用公路	49	49	49	49	49	49	49	59.21	59.2	59.2
其中:绿化里程	总计	766	766	856.93	856.93	856.93	916.96	1236.95	1293.75	1312.46	1312.46
	国道	100	91	115.58	115.58	115.58	115.58	127.0	127.0	146.41	146.41
	省道	362	362	425.87	425.87	425.87	482.88	480.40	480	479.85	479.85
	县道	229	238	241.23	241.23	241.23	241.25	482.40	531.60	531.45	531.45
	乡道	72	72	71.25	71.25	71.25	71.25	147.15	152.15	151.75	154.75
	专用公路	3	3	3	3	3	3	3	3	3	3

说明:此表公路里程为入册里程。

2000年年末全区公路技术等级一览

表14－6－6　　　　单位:千米

县(市)名称	总里程	等级里程				等外里程
		小计	二级	三级	四级	
全区总计	7708.74	3902.08	1077.82	804.35	2019.90	3804.04
上饶市	212.11	141.39	66.95	21.41	53.03	70.72
上饶县	620.78	384.41	77.82	70.92	235.66	236.37
广丰县	831.04	343.15	121.95	9.3	211.9	487.89
玉山县	618.27	301.33	101.82	55.29	144.11	316.94
铅山县	493.74	261.22	43.54	109.04	108.63	232.52
横峰县	264.74	184.44	54.26		130.18	80.3
弋阳县	654.05	335.78	66.29	87.62	181.86	318.26
余干县	607.16	445.72	103.74	143.44	198.54	160.61
波阳县	1439.66	550.73	88.49	107.49	354.74	887.44
万年县	473.22	281.27	63.98	39.3	177.99	191.65
婺源县	950.00	315.31	169.36	27.95	118.00	634.68
德兴市	541.91	357.28	119.50	132.56	105.22	186.63

2000年年末全区公路技术等级一览

（公路部门管养）

表14－6－7　　　　单位:千米

县(市)名称	总里程	等级里程				等外里程
		小计	二级	三级	四级	
全区总计	2392.9	1969.19	1058.07	613.17	297.94	423.41
上饶市	80.83	80.63	59.19	18.8	2.64	
上饶县	228.11	184.04	77.82	69.42	36.79	44.07
广丰县	160.05	145.92	121.95		23.97	14.13
玉山县	223.24	176.83	101.92	17.30	57.61	46.41
铅山县	209.59	174.29	43.54	109.04	21.7	35.3
横峰县	102.25	79.34	54.26		25.08	22.91
弋阳县	213.28	191.38	66.29	87.62	37.46	21.9
余千县	160.83	160.83	100.93	59.9		
波阳县	246.26	218.57	88.49	106.69	23.38	26.69
万年县	112.01	111.71	63.98	16.57	31.16	
婺源县	309.62	173.78	160.18	2.75	10.85	135.84
德兴市	348.01	271.85	119.50	125.06	27.29	76.16

2000年年末全区县乡公路技术等级一览

（交通部门管养）

表14－6－8　　单位:千米

县(市)名称	总里程	等级里程				等外里程
		小计	二级	三级	四级	
全区总计	5315.84	132.89	19.75	191.17	1721.96	3380.63
上饶市	131.48	60.76	7.76	2.61	50.39	70.72
上饶县	392.67	200.37		1.5	198.87	192.3
广丰县	670.99	197.23		9.3	187.93	473.76
玉山县	395.03	124.49		37.99	86.50	270.53
铅山县	284.15	86.93			86.93	197.22
横峰县	162.49	105.10			105.10	57.39
弋阳县	440.76	144.39			144.39	296.36
余干县	446.33	284.89	2.81	83.54	198.54	160.61
波阳县	1194.40	332.16		0.8	331.36	860.75
万年县	361.21	169.56		22.73	146.83	191.65
婺源县	640.38	141.53	9.18	25.2	107.15	498.84
德兴市	195.9	85.43		7.5	77.93	110.47

2000年年末全区公路路面等级一览

表14－6－9　　单位:千米

县(市)名称	总里程	有路面里程					无路面里程
		小计	高级	次高级	中级	低级	
全区总计	7708.74	7668.09	1200.44	1489.88	2577.07	2400.69	38.03
上饶市	212.11	212.11	39.04	39.04	84.1		
上饶县	620.78	620.78	90.26	90.26	175.89	189.76	
广丰县	831.04	831.04	70.66	70.66	196.62	440.16	
玉山县	618.27	618.27	126.18	126.18	371.06	88.8	
铅山县	493.74	493.74	151.23	151.23	222.56	51.92	
横峰县	264.74	264.74	37.72	37.72	139.51	229.37	3.6
弋阳县	654.05	650.45	121.30	121.30	203.84	147.96	23.44
余干县	607.16	582.9	143.43	143.43	117.52	724.54	10.99
波阳县	1439.66	1427.19	189.84	189.84	350.28	156.14	
万年县	473.22	472.92	120.64	120.64	80.78	331.42	
婺源县	950.00	950.00	191.04	191.04	380.38	40.6	
德兴市	541.91	543.91	208.50	208.50	252.50		

2000年年末全区公路路面等级一览

表14－6－10　　（公路部门管养）　　单位：千米

县(市)名称	总里程	有路面里程				
		小计	高级	次高级	中级	低级
全区总计	2392.9	2392.6	339.08	1398.25	643.93	11.33
上饶市	80.83	80.63	43.37	34.62	2.64	
上饶县	228.1	228.11	63.64	81.33	77.7	5.43
广丰县	160.05	160.05	39.02	70.66	50.36	
玉山县	223.24	223.24	42.31	115.63	65.30	
铅山县	209.59	209.59	13.68	140.03	55.87	
横峰县	102.25	102.25	22.48	31.78	47.99	
弋阳县	213.28	213.28	50.45	115.45	41.50	5.9
余千县	160.83	160.83	25.2	135.62		
波阳县	246.26	245.26	10.34	184.84	50.07	
万年县	112.01	111.71	8.5	103.21		
婺源县	309.62	209.62	5.78	176.54	127.29	
德兴市	348.01	348.01	14.21	208.50	125.20	

2000年年末全区县乡公路路面等级一览

表14－6－11　　（交通部门管养）　　单位：千米

县(市)名称	总里程	有路面里程					无路面里程
		小计	高级	次高级	中级	低级	
全区总计	5315.84	5275.49	861.36	91.62	1933.14	2389.36	38.03
上饶市	131.48	131.48	45.60	4.42	81.46		
上饶县	392.67	392.67	101.22	8.93	98.19	184.3	
广丰县	670.99	670.99	84.56		146.26	440.16	
玉山县	295.03	395.03	78.72	10.55	305.75		
铅山县	284.15	284.15	17.46	11.2	166.69	88.8	
横峰县	162.49	162.49	13.10	5.94	91.52	51.92	
弋阳县	440.76	437.16	45.51	5.85	162.33	223.47	3.6
余干县	446.33	422.07	148.78	7.8	117.52	147.96	23.44
波阳县	1194.40	1181.93	152.16	5	300.21	724.54	10.99
万年县	261.21	361.21	106.86	17.43	80.78	156.14	
婺源县	640.38	640.38	39.35	14.5	255.09	331.42	
德兴市	195.9	195.9	28		127.3	40.60	

卷十五 邮政 通信

1990年代,全区邮政电信事业发展迅猛。1991年,地区邮电局辖邮政、电信两个部门;1998年,地区邮电系统体制改革,邮政和电信分设,11月5日,上饶地区邮政局和上饶地区电信局分别挂牌成立;1999年,根据国务院关于电信重组的精神,移动通信业务从电信局剥离,组建移动通信公司,6月12日,全区11县(市)移动通信公司挂牌成立。7月8日,地区移动通信公司正式挂牌成立,隶属中国移动通信集团江西省移动通信公司;1999年7月1日,中国联通上饶分公司成立,2000年4月25日正式开网运营。

1991年10月,地区邮电局建成容量480路数字微波传输系统,可自动受理长途电话直拨业务,打长途电话只要拨打对方区号和电话号码,便可接通。同年10月,上饶通联经记开发公司接受地区邮电局委托,设立第一批上饶市内公话亭12个,结束了解放后上饶市无公用电话的历史。1993年5月,地区局在上饶市推出磁卡电话,共装7部,分别在宾馆、大专院校和邮电营业大厅内,供广大电户使用。1992年6月29日,上饶地区第一个农村电话端局在玉山县岩瑞镇建成开通,此端局有500门程控设备;同年8月18日,公众移动电话系统(大哥大)在上饶试通。10月1日,模拟移动电话正式营业。

1996年,上饶地区电话号码由6位升至7位。随着通信工具的迅速发展,邮政、电信业务中的函件和电报业务量明显下降,邮政快件和特快专递业务量上升。全区委办汽车邮路逐渐被自办汽车邮路取代,自办汽车邮路的兴起,很快取代自行车邮路。

1998年,地区建成全省第一个酒吧式移动电话营业厅;2000年11月18日,投资200多万元的中国移动通信标准化营业厅暨手机商城在上饶抗建中路开张营业。营业厅设了13个受理台、1个业务引导台,4个手机专柜。

2000年,电信行业形成电信公司、移动公司、联通公司三家竞争态势。

第一章 邮 政

第一节 机构人员

上饶地区邮电局 1991年,地区局职能机构下辖邮政、电信两部门。邮政部门设:邮政科、机要科、集邮公司、储汇科、速递公司和邮区中心局。全局职工588人(女职工209人),从事邮政与通信生产的154人,邮政管理及服务人员41人。

1995年3月,地区局改革邮政生产管理体制,撤邮政科,设邮政管理部,下设若干科室。是年底,地区局设职能机构:办公室、政治处、组织科、宣传科、监察室、计财科、审计科、劳资科、教育科、保卫科、总务科、文史办、离退休管理科、行管办、多经科;邮政管理部下设速递科、机要科、储汇科、视察室、邮车站、邮资票品公司。从事邮政通信生产的171人,邮政管理及服务56人。

1998年,国家对邮电体制实施重大改革,11月5日,上饶地区邮政局挂牌成立。地区邮政局设综合办公室、人教部、财计部、党群工作办公室、市场部、递送局、速递中心、储汇中心、行保部、审计室、纪检监察室、邮区中心局、邮购中心、集邮公司、广告公司、报刊零售技术中心、零售公司、信达公司、市郊中心。

邮政支局(所) 1991年,地区局在上饶市五三路设五三邮政支局。

1993年,地区局设在上饶师范专科学校的杨家湖邮政所改为代办所。

1995年,地区局在上饶市带湖路设带湖邮电支局。年底,上饶市共设4个支局、2个邮电所、1个代办所。全区共有自办支局所190处,代办所39处。

2000年,全区邮政局、所227处,提供全功能服务的204处。1984年3月,省邮电管理局决定上饶地区邮电局行使一级管理机构的职能(兼现业),直接领导与管理上饶县、广丰县、玉山县、铅山县、横峰县、弋阳县、万年县、余干县、波阳县、婺源县、德兴县邮电局(1991年5月,德兴县邮电局改称为德兴市邮电局),成为兼有管理与现业双重职能的邮电企业。

第二节 邮政业务

函件 1979年,国内函件按性质分类,简化为信函、明信片、印刷品、盲人读物4种,事务文件改作印刷品交寄;按处理手续、需承担责任、传递方式分类,有平信、挂号、保价、航空4种。1980年代,增发代办广告业务,凡经工商行政管理部门批准,持有营业执照并正式开业的工商、文教、企业及服务性质的单位,均可申请由邮电局代为散发各种商业广告。

1991年,全区国内平常函件:出口1165.0万件;进口1540.9万件;转口1221.7万件。国际给据函件:出口737件;进口1123件;转口659件。是年12月,发行中国人民邮政贺年(有奖)明信片,1992年10月作为一项函件业务,每年发行。1994年4月1日起寄发信函必须使用符合国家标准的(GB/T1416—93)信封。

1995年7月,开办邮政礼仪信函业务,包括敬礼卡、生日卡、婚庆卡、致哀卡、邀请卡等5种。11月,根据邮电部规定,将国内邮件回执业务扩大到单位交寄的挂号信函;开办邮政回音卡业务;恢复国内邮筒业务。

1996年,随着通信工具的迅速发展,函件业务量下降。1998年3月开办专送广告业务和普通邮资广告明信片业务。1999年函件业务收入722.44万元。2000年,函件业务量创新低,出口仅866.0万件。但单项业务中,完成函件广告收入1182.61万元,占年计划100.22%,较上年增长52.12%。

1991 年—2000 年全区函件量

表 15-1-1 单位:万件

年份	函件	年份	函件
1991	1165.0	1996	1388.15
1992	1263.0	1997	1246.62
1993	1165.	1998	1248.91
1994	1771.32	1999	1041.0
1995	1592.1	2000	866.0

包裹 1990 年 7 月,凡国内包裹全部实行保价。取消民用包裹业务。当年,又取消快递小包业务。包裹业务中,仅有包裹一种。价值在 300 元以上的称为贵重包裹,在收据存根上加盖红色三角形戳记。

1991 年,全区出口包裹 14.3 万件;进口包裹 22.0 万件;转口包裹 9.4 万件(均由上饶地区局转口);出口国际包件在 100 件以上。

1993 年 2 月,商品包裹重量限额为 28 千克,尺寸以能装入 3 号邮袋为限。同月,按省邮电管理局通知精神,开始对交寄商品包裹大户实行交费下浮 20%,5 千克以下的商品包裹改按民用包裹计费。是年,全区出口国际包裹 148 件,进口 61 件,转口 3 件。

1995 年 11 月,保价包裹最高值限额由 1 万元提高到 5 万元,贵重包裹最低价值额由 300 元提高到 1000 元。

1999 年包件收入 381.29 万元。2000 年,包裹邮寄收入 422.25 万元。

1991 年—2000 年全区国内包裹业务量

表 15-1-2 单位:万件

年份	函件	年份	函件
1991	14.3	1996	15.8
1992	15.2	1997	13.9
1993	16.7	1998	17.2
1994	18.00	1999	18.0
1995	16.2	2000	11.9

邮政快件 亦称快信、快递邮件。1989 年,加强对新业务的宣传,专业银行交寄的联行给据函件,大部分按快件交寄。邮政快件业务量 28.95 万件,比上年(5280 件)增长 53.8 倍。

1991 年全区邮政快件出口 82.6 万件,进口 87.3 万件,转口 64.4 万件。

1994 年 7 月,邮电部邮政总局编印的《邮政快件运递时限表》,规定地区局(指定转口局)直封国内 249 个城市邮政快件的运递时限(天数)。

1998 年邮政快件业务量 32.70 万件。当年 6 月邮政快件业务停办。

1991年—1998年全区邮政快件业务量

表15-1-3　　单位:万件

年份	业务量	年份	业务量
1991	82.60	1995	125.94
1992		1996	77.88
1993	105.25	1997	60.37
1994	119.06	1998	32.70

特快专递　信函、文件资料、物品均可作为特快专递邮件交寄。物品类邮件限重20千克,对整体不可分的物品可放宽到25千克;除纺织品及细小物品外,一律装入纸质包装箱、盒内交寄;信函类邮件,使用专用标准信封封袋。

1993年1月15日,地区局开办邮政特快专递业务。1—6月,业务量1589件(6月份634件)。是年,全区邮寄业务量4723件(上饶市4637件),其中同特特快专递823件(上饶市823件),进口10278件(上饶市9423件)。国际(含港澳台地区)出口特快专递147件(上饶市147件),进口75件(上饶市75件)。业务收入86987元。

1994年4月1日,全区11个县(市)局全部开办邮政特快专递业务。地区局为邮政特快专递业务的指定转口局,其他11县(市)局为经转办局。德兴市、上饶县、玉山县、横峰县、弋阳县、铅山县、广丰县局的邮政特快专递邮件,由地区局转发;波阳县、婺源县局的邮政特快专递,由景德镇市局(指定转口局)转发;万年县局的邮政特快专递邮件,由鹰潭市局(指定转口局)转发;余干县的邮政特快专递由南昌转发。邮电部邮政总局规定地区局邮政特快专递邮件的全程时限(天数)。与邮政快件专递时限相比,少数城市快0.5或1天,又有少数城市慢0.5或1天。是年8月,地区局实现邮政特快件专递邮件查询传真化,并推出电话服务、定时服务和上门服务。年末,邮政特快专递达26527件,业务收入150.78万元。

1995年,全区邮政特快专递102970件,国际邮政特快专递业务345件,特快专递收入150.78万元。

1996年,全区邮政特快专递132941件。

1997年,速递部门从职工的营收、服务礼仪等方面,统一规范、统一标准,坚持为用户提供文明优质的服务。在业务发展上,改变只靠一、两人揽收的单一作法,而是按投递划分揽收区域,做到投递员就是揽收员,每个人都成为业务员。一些县(市)局积极开办同城特快、特快汇款、鲜花礼仪、特快送新娘、特快送新生儿、特快送录取通知书、特快送课本和特快“八代办”业务。当年4月起,地区局在上饶市范围内推行揽收、投递特快专递服务:自接到用户申请特快专递业务电话后,市区内60分钟(市郊区90分钟)到达,未做到每次向用户赔偿20元。做到24小时上门服务;速递部门自收到特快邮件后,4小时内投递到用户手中,超过一个小时,赔偿用户10元。使特快市场很快启动起来。全区实现业务收入446.5万元,比1996年同期增长90.21%,走出了市场低谷。

1998年11月1日,鹰潭邮政中心局开办鹰潭至余干逐日班自办邮政汽车邮路,于是余干局特快归鹰潭局转发。是年,上饶地区遇特大洪水灾害,万年县局职工王广绪,为妥投一封高校录取通知书,自费100余元钱租船、租车,将通知书及时送到被洪水围困的农家弟子手中。

11 月底,全区特快专递快件完成 11.51 万件,实现收入 374 万元。

1999 年,余干县、波阳县局利用母亲节,与当地县妇联联会举办“为父母送鲜花”活动,先后寄同城特快件 900 余件;广丰县局加强与公安部门的联系,发展特快专递业务 6000 余份;地区局速递公司与所有驻上饶市大中专院校签订代送录取通知书的协议,先后揽收特专递业务 2000 余份。当年,特快专递收入 357.6 万元。

2000 年,全区邮政特快专递出口量 10.8 万件,实现收入 422.25 万元。

报刊发行 1991 年,《赣东北报》期发数,一般 2 万余份,多时 3 万余份。全区报纸期发数 27.7 万份,累计 969.2 万份;全区杂志期发数 30.4 万份,累计 457.2 万份。报刊流转额 1056.4 万元。

1993 年 1 月 1 日,地区局发行《上饶师专学报》季刊,邮发代号 44 - 68。全区报纸期发数 32.22 份,累计数 5958.56 万份;杂志期发数 28.75 万份,累计 485.47 万份。报刊流转额 1373.48 万元。

1994 年 10 月 1 日,《赣东北报》改名《上饶日报》,试刊 3 个月。全区报纸期发数 26.40 万份,累计数 6045.31 万份;杂志期发数 19.88 万份,累计数 439.42 万份。报刊流转额 1527.66 万元。

1995 年 1 月 1 日,《上饶日报》正式创刊,邮发代号:43 - 8。全区报纸期发数 26.3 万份,累计数 6193.89 万份;杂志期发数 20.23 万份,累计数 391.09 万份。报刊流转额 1567.21 万元。

1998 年,以“98 邮政服务年”和“让用户满意、树邮政形象”活动为契机,在全区邮政系统全面推行“首问负责制”和“承诺服务”,较好地解决了邮件查询、缺报少刊等热点、难点问题。据统计,全区共受理用户申告投诉 338 件(次),处理率达 95.74%,用户满意度为 88.88 分,名列全省第一。当年,订销报刊累计数 5143.38 万份,报刊收入完成 808.31 万元,较上年增长 18.76%。

1999 年,订销报刊累计 6113 万份。是年,各局、分局、所积极争取当地中共党委的支持,抓好党报党刊发行,并通过摆摊设点和上门揽收,扩大报刊发行。至 12 月底,全区邮政一次性大收订流转额达到 2509.41 万元,占计划的 114.06%,各局都完成了大收订任务。地区零售公司突出主营业务,明确销售重点,缩短运递时限,实行规模化经营,业务收入达一到 200.03 万元,取得比 1998 年翻一番的好成绩。

2000 年,订销报刊累计数 4230 万份。报刊发行收入 1024.22 万元,占年计划的 80.71%,较上年增长 7.61%。

邮政汇兑 邮政汇款属个人汇款性质,有普通汇款和电报汇款业务。1988 年 5 月 1 日,开办快件汇款业务。1991 年,出口汇票 36.2 万张。改革开放后,百万劳力涌入打工潮,1993 年上半年,出现汇票兑付难,即“绿条子现象”。是年 7 月,中国人民银行、邮电部、中国工商银行、中国农业银行,出台新的《邮政汇兑资金清算办法》规定,地区和各县市邮电局一律在当地人民银行开户,办理邮政汇兑资金的收付和清算。乡镇支局(所)所需的现金,由县(市)邮电局向人民银行提取。1993 年 7 月至 1995 年 6 月,上饶地区银行系统共支出兑付现金 11.5 亿元,满足了邮政汇款兑付的需要。1995 年出口汇票 39.7 万张。1996 年 6 月 1 日,每张汇票以 1 万元为限,超过 1 万元可分张开发。1997 年开办特快汇款业务。1999 年 3 月,开办礼仪汇款业务与入账汇款业务。是年 11 月底,铅山县邮政分局分拣员吴惠民,利用职务便利截留虚开汇票35张,每张1万元共35万元。汇票上本应盖邮政汇兑专用邮戳,而此35张汇票盖的却是EMS(特快专递)邮戳。12月初,吴惠民往浙江义乌市小商品市场熟人处取款,熟人知情后劝其投案自首,并电话报告了铅山县邮政局。铅山县检察院反贪局专案组赶往义乌市,在有关方面配合下,顺利取回了35万元公款。将吴惠民逮捕移送审查起诉。2000年10月,每张汇票以5万元为限。同年,开办协议入账汇款业务。

第三节 邮路网络

铁道邮路 亦称火车邮路、铁路邮路。1985年,每天接发10趟,交换邮件1000多袋。1986年,每天接发火车邮件12趟。1991年取消数趟,又增加6趟,75/76、79/80、395/396次。1992年每天接发14趟(特快列车9趟,直快列车3,趟普客2趟)。1995年6月1日起,南昌—上饶自办汽车邮路、上饶—弋阳自办汽车邮路开通,取消471/472次火车邮路,上饶邮电局每天接发火车邮件12趟,直至2000年。

委办汽车邮路 1991年7月以后,全区委办汽车邮路逐渐为自办汽车邮路取代,当年委办汽车邮路3344千米,比上年减少了554千米。1993年全区委办汽车邮路2628千米,其中二级汽车邮路166千米、农村2462千米。1994年全区委办邮路1716千米,其中二级汽车邮路94千米、农村1632千米。上饶市、德兴市、万年县取消委办汽车邮路。1995年全区委办汽车邮路1599千米,其中二级汽车邮路158千米、农村1441千米。又有上饶县、余干县取消委办汽车邮路。2000年,委办邮路取消。

自办汽车邮路 1991年,全区自办汽车邮路进入大发展时期,相继取代委办汽车邮路。当年7月1日,德兴市邮政局开通德兴—婺源的自办汽车邮路,逐日班。同月,江西省邮电管理局开通南昌至德兴自办汽车邮路(1994年10月1日取消)。是年12月25日,上饶地区邮电局开通上饶—广丰、上饶—铅山自办汽车邮路。这两条邮路总长310千米,沿途24个交换点和9个接转点,解决广丰县、铅山及上饶县部分地区运邮难的问题,确保邮件传递的质量、时限和安全,沿途交换和接转的分支机构进出邮件比以前提前一天。沿途附近的用户可以看到当天出版的《赣东北报》。

1992年1月11日,上饶邮车站成立,隶属上饶地区局。1993年,全区自办汽车邮路(单程)共计1072千米(2级自办汽车邮路252千米;市内自办汽车邮路29千米;农村自办汽车邮路791千米)。1994年全区自办汽车邮路(单程)共计1959千米(2级自办汽车邮路295千米;市内自办汽车邮路29千米;农村自办汽车邮路1635千米)。

1995年6月1日,江西省邮运局开通南昌—上饶自办汽车邮路。同日,上饶邮车站开通上饶—弋阳自办汽车邮路(系原上饶—铅山自办汽车邮路的延伸)。自此,上饶邮区(上饶市、上饶县、德兴市、横峰县、弋阳县、铅山县、广丰县、玉山县)地区到各县(市),全部开通自办汽车邮路。自办汽车邮路(单程)共计3132千米(2级自办汽车邮路365千米)。

1998年,邮区内地至县(市)邮路全部实现汽车邮路自办化,县以下邮路基本实现自办。

摩托车邮路 1988年全区摩托车邮路17千米。1989年—1991年平均为11千米。1993年全区摩托车邮路14千米,全部为市区。1994年,摩托车邮路被自办邮运汽车取代。

自行车邮路 1991年全区自行车邮路353千米。1993年491千米(市区25千米,农村466千米)。自办汽车邮路的兴起,很快取代自行车邮路。1994年,全区自行车邮路已经很少,只存在于极少数交通闭塞的乡村。

水道邮路　亦称水路邮路。1989 年—1991 年,全区机动船邮路 114 千米。1993 年,全区机动船邮路 95 千米,系农村机动船邮路。1995 年—2000 年,全区水路邮路 32 千米。

邮件收寄　全区历来收寄方式有 2 种:窗口收寄和信箱、信筒收寄。1994 年,全区设信箱、信筒 951 个;1995 年 1087 个,其中上饶市 39、上饶县 186、广丰县 55、玉山县 71、铅山县 99、横峰县 26、弋阳县 58、余干县 56、波阳县 295、万年县 42、德兴市 15、婺源县 145 个。以后每年有的县(市)略有增减。

分拣封发　1991 年起,地区局直封格口数分别为:平信 77 个(省内 9 个,省外 68 个);挂号 63 个(省内 9 个,省外 54 个);桂刷 14 个(省内 2 个,省外 12 个);包件 31 个(省内 9 个,省外 22 个)。1994 年,地区局邮政快件直封 249 个城市(省内 10 个,省外 239 个)。2000 年,地区局邮政特快专递直封格口 240 个以上城市。

城市邮件投递　1991 年,上饶市设 21 个投递段道(含郊区 4 个),多数段道每日投递 2 次,少数段道每日投递 1 次。1993 年设 22 个段道。1994 年,全区县上城市共设 66 个投递段道(上饶市 23 个)。随着城市建设速度的加快,有的县城投递段道有所增加。2000 年 5 月,特快专递由投递部门专投。10 月,县城以上的城镇包裹也改为直投到户。地区局对市区投递段道进行了调整,设 20 个自行车段道,3 个昌河牌面包车特快投递段道。

农村邮件投递　1991 年,上饶市有 4 个郊区投递段,均为自行车班。邮件报刊由邮局送到邮政业务委托代办点或村委会驻地,再由代办点或村委会送到用户手中或用户上门领取。是年,全区有"农村信报站"214 个,"信报站"人员多数是小学生,放学时将邮件报刊带到村民小组。全区通邮的乡镇比重 100%,每天投递邮件一次及以上的 95.95%;通邮路的行政村比重 100%,每天投递邮件一次及以上的 54.69%。

1993 年,全区农村投递路线,私人承包 27 条,长度 1045 千米。农村投递有自编人员、"信报站"人员和委办人员共存。1994 年,全区农村邮政投递服务水平:乡镇总数 279 个,按照固定班期投递的 268 个,每 3 天内投递一次的 262 个;1995 年乡镇总数 279 个,按照固定班期投递的 278 个,全区农村投递线路总长度(单程)17259 千米。每 3 天内投递一次的 278 个。随着自办汽车邮路的不断完善,每 2 天和 1 天投递一次的乡镇个数越来越多。

第四节　邮政设备

1990 年 10 月,地区局购进 1 台电动过戳机,用于地区局邮政投递组进口邮件投递日戳的盖销。

1991 年,全区邮政主要通信设备有:汽车 15 辆、摩托车 14 辆、自行车 489 辆、牵引车 2 辆、拖掛车 10 辆、邮件升降机 1 架、包件分拣机 2 台。

1992 年初,有电子秤 12 台(每局 1 台)。是年 11 月,有台式捆扎器 2 台,地区局使用。1993 年 11 月,全区增加电子秤 7 台,包裹收寄机 2 台,电脑包裹仪 3 台,报刊捆扎器 3 台,点钞机 7 台,信函捆扎器 5 台,邮码显示器 3 台。1994 年 1 月,全区增加一批销票机、电动日戳、识假钞机等通信设备。1995 年 9 月 18 日,地区局邮政营业厅实现电子化。

1997 年,全区有 13 个支局建成为电子化支局。6 月,上饶地区邮电局自筹资金 1498.8 万元,在三江开发区叶挺大道 96 号,新建高 3 层总面积 13280 平方米的上饶邮件处理中心大楼。

1998年12月8日,大楼竣工验收。12月28日,发投、速递、邮区中心局等单位及相关班组乔迁入内作业。该中心1层为生产作业场地,面积2000余平方米。配备各类中小型邮车6辆、火车站牵引车3辆、中型邮件拖车7辆、小型邮件周转盘车20辆、手动液压式装卸叉车4辆,担负邮区范围内8县(市)(上饶市、上饶县、广丰县、玉山县、铅山县、横峰县、弋阳县、德兴市)的进出口邮件转运工作。

1998年,地区局、万年县、德兴市、上饶县局分别安装了多媒体电子查询台,全区新安装电子显示屏85块,EMS语音查询系统12套。建成地区局邮票微机管理系统,并与全省联网。全区配备邮政储蓄自动收款机12台(上饶市4台、德兴市、波阳县、婺源县、弋阳县、铅山县、上饶县、广丰县、玉山县各1台)。全区邮政固定资产原值为7413万元。

2000年,全区有微机84台,上饶市41台。邮政汽车32辆。

第五节 集 邮

邮票被称为浓缩的"微型百科全书"。它以丰富的思想性、广博的知识性、精湛的艺术性和真实的史实性,深刻地反映一个国家的民族精神和时代风貌。集邮是以收集、欣赏和研究邮票、邮品为主要内容,是一项高深文明的群众性文化活动,也是一项邮政业务。

1985年11月,上饶地区邮电局集邮公司正式成立。此后,全区各县(市)局相继开办集邮业务。

1991年,为拓展集邮业务,集邮网点增多,地区邮电局集邮公司积极向上级争取票源,还派人到南昌、上海、北京、沈阳等地组织票品。并组织国外及香港、澳门邮票和编码台历、挂历等,满足不同层次爱好者的需求。当年,全区集邮销售邮票311.2万枚(上饶市140.7万枚)。

1992年9月,闽、浙、赣毗邻六地市(南平、丽水、抚州、三明、衢州、上饶)第三届集邮展在上饶市举行。共展出《中华健儿,为国争光》《闽、浙、赣揽萃》《保护环境—救救人类自己》等18部专题,855张标准贴片。

1993年,销售集邮邮票587.3万枚(上饶市273.5万枚),业务收入262.5万元(上饶市116.7万元);1994年销售集邮邮票572.6万枚。

1994年2月20日,《上饶集邮》(1989年10月1日创刊),由季刊改为双月刊。

1995年11月1日,由上饶画家黄永勇、温祖旺设计的三清山特种邮票首发式在三清山举行。三清山特种邮票全套邮票共4枚:三清山福地(20分)、司春女神(20分)、观音赏曲(50分)、巨蟒出山(100分)。并开发了手绘封礼品册等集邮品。当年,销售集邮邮票483.1万枚。年底,上饶地区集邮协会有会员3395人(上饶市934人);有基层协会63个(上饶市18个)。

1996年9月10日,上饶集中营革命烈士陵园和上饶集邮公司,联合发行《叶挺诞生100周年》和《上饶集中营革命烈士陵园建园40周年》两枚一套纪念封。当年,全区销售集邮邮票965.1万枚,集邮收入620.3万元。

1997年,全区各集邮公司互通信息,票品互通有无,并与上海、广州、北京、沈阳、郑州5大邮市建立联系,及时了解市场行情,购进200多万元邮品在各县(市)公开发售。当年又开发新的三清山高档旅游册。选题突出、设计新颖、印刷精美。是年,选送的3部邮集参加全省邮展,有2部分获二、三等奖。年末,集邮收入1863万元,比上年同期增长200%,占省局下达第二目标值的195%。

1998 年 6 月，全区集邮爱好者达 5.4 万余人，基层邮协发展到 50 个，集邮协会会员 8750 人。当年，上饶地区邮协选送上饶市第一小学学生周延韬的“森林之歌”和市少年宫小朋友舒梦歆的“牛乐图”2 件作品，到北京参展，分获优胜奖和纪念奖（又被选送参加 99 世界邮展）。是年，销售集邮邮票 987.63 万枚，集邮收入 4005.49 万元，较上年增长 131.22%。

1999 年 8 月 21 日，值方志敏烈士百年诞辰之际，国家邮政局公开向全国发行一套方志敏纪念邮票。中共上饶地委、行署在弋阳举行了首发仪式。阎炳武、季宏敏设计的题为“方志敏像”，“坚贞不屈”一套两枚面值各为 80 分。同期发行的还有方志敏诞辰 100 周年纪念册、卡书册、四方联册及首日封、当地封。是年，地区局集邮公司采用购票预订，凭票供应的促销手段，仅国庆节当天，就售出《民族大团结》邮票 2300 多套，收入 13 万元。当年，在江西省庆祝建国五十周年邮展中，上饶铁路电力领工区程道寿精心制作的“屋顶”作品，获取银奖。另一部开放类集邮获三等奖。在 1999 年江西省青少年集邮知识竞赛中，区代表队获二等奖。是年，全区集邮基层组织 46 个，注册集邮协会会员 9253 人，集邮爱好者 5 万余人。地区邮协配备专职干部和专门办公场所，地区邮政局拨专款 7 万余元，为集邮协会购置 30 个国际一流水平的标准展框。年底，销售集邮邮票 695 万枚，集邮收入 4071.19 万元。

2000 年，集邮公司抓住撤地设市的契机，10 月 8 日，地区集邮公司发行一枚纪念中国共产党上饶市第一次代表大会纪念封；10 月 11、15 日分别发行上饶市第一届人民代表大会纪念封、上饶市第一届政治协商会议纪念封，同时还发行一套 13 枚《上饶风光》连体明信片和一本《上饶风采》专题纪念册。当年，销售集邮邮票 279 万枚，集邮收入 4353.44 万元，占计划 106.08%，较上年增长 6.95%

第六节　邮政储蓄

1986 年 4 月 1 日，邮电部决定恢复邮政储蓄（金）业务，由银行付给代办费。邮政储蓄分为 2 种，定期和活期。定期储蓄分为整存整取和零存整取。是年 6 月 15 日，上饶地区邮电局在江西省率先恢复办理邮政储蓄业务。

1990 年，全区各邮储点代兑国库券。1991 年，上饶地区局储汇科获全省先进储汇科（全省 5 个）称号。德兴局、广丰局、万年局、铅山局获全省储汇先进局（全省 35 个）称号。上饶地区邮政局抗建中路储蓄点获“储蓄余额超千万元”（全省 7 个城镇）奖。德兴局的花桥、泗洲庙支局，广丰局的五都、洋口支局获“储蓄余额超百万元”（全省 17 个农村支局）。是年，全区设储蓄点 57 个。

1992 年 1 月，全区各局开办礼仪储蓄业务。3 月，全区邮政储蓄余额首次超亿元。4 月，发行大额可转让定期存单。10 月 1 日，举办“有奖定期、无奖还本”有奖邮政储蓄券活动。

1993 年，全区各邮储点代销国库券。5 月 1 日，举办“汽车、住房有奖邮政储蓄”活动。是年，全区邮储点 74 个，年末收储余额 1.4 亿元，邮储收入 174.73 万元。

1994 年，全区邮储点 138 个，年末收储余额 2.65 亿元。

1995 年，全区邮储点 169 个，收储余额 5.26 亿元。

1996 年，全区县（市）以上储蓄营业窗口实现电子化。年末，收储余额 6.05 亿元。

1997 年，上饶县局推出送汇单、存单、邮储业务宣传信给储户的三送活动，这一诚信新颖的服务形式，使汇款单的转存率大大提高。余干县局寄发给“打工仔的一封信”，进行汇劝储，效果明显。年底,全区收储余额6.71亿元。

1998年,全区各局辅以劝储的办法,上饶县邮储余额破2亿元大关。铅山、玉山县邮储余额亦超亿元。发展速度之快,全省屈指可数。当年12月18日,上饶地区局邮政储蓄“绿卡”工程正式开通,对外营业。年末邮储余额13.77亿元。

1999年3月,“绿卡”二期工程全面铺开,4月底提前完工,全区共建11县(市)管理中心,26个邮储网点。7月初开始办理绿卡业务。11月,全区12台ATM(自动柜员机)安装调测完成,并安全运行。年底,邮储余额137737万元。

1999年元月至2000年3月,全区共发生储汇资金案件6起,涉案金额160多万元。局领导班子迅速进行查事故隐患、查制度落实、查人员责任的“三查”大行动,很快查清责任。

2000年,新增绿卡网点28个。地县局对邮储业务更为重视。玉山县局采用情感法(以情吸储)、网络法(通过亲朋好友吸储)、互动法(通过为兄弟单位职工完成营销任务来吸储)、回访法(回访老客户)大力发展邮储业务,全年净增邮储余额7100多万元,余额达2.33亿元,比上年增长44.19%,专业组个人吸储最高达1100万元,非专业组个人吸储最高达800多万元;上饶县局发挥情感揽储优势,邮储余额净增4100万元,其中2000万元为活期储蓄存款;德兴市局发展代理业务,代发工资、代发养老金,月均沉淀资金65万元。是年,全区邮储余额净增4.5亿元。年末收储余额18.01亿元。

第七节 邮政资费

国内函件 1990年7月31日,本埠平信邮资调整为0.10元,外埠调为0.20元;明信片每件本埠0.10元,外埠0.15元。1999年3月1日,本埠调整为0.60元,外埠0.80元。交寄挂号信函,在平信的基础上,每件加收挂号费2元。

国际邮件 1990年2月1日起,信函每重20克(含20克)以下调为1.50元;1994年9月1日调价。1999年以后,20克以下信函每件4.4元,亚太地区3.7元。

1994年9月1日国际邮件资费调价情况一览

表15-1-4 单位:人民币元

计费单位	资费			信函减低资费
	信函	印刷品	小包	
20克以下	2.20	1.50		1.90
20克~50克	4.30	2.20	5.20	3.70
51克~100克	6.70	4.20		5.70
101克~250克	13.20	7.90	10.50	11.20
251克~500克	26.80	14.80	18.90	22.80
1000克~2000克	74.10	39.10	58.50	63.00
以后每续重1000克或其零数		10.50		

说明:减低资费仅适用于寄往下列国家的水陆路信函、明信片阿富汗、澳大利亚、孟加拉国、不丹、文莱、达

鲁萨兰、印度、印度尼西亚、日本、老挝、马来西亚、马尔代夫、秘鲁、尼泊尔、新西兰、巴基斯坦、巴布亚新几内亚、菲律宾、韩国、新加坡、斯里兰卡、泰国、越南。

港澳台函件　1990 年信函每重 20 克(含 20 克)以下为 0.40 元,1994 年调为 0.6 元。1996 年 1 月 1 日起实行特殊资费,总的原则是低于国际而高于国内资费标准。1999 年以后,20 克以下信函 1.5 元,100 克以下小包 4.4 元。

包件　1991 年 8 月 10 日至 12 月 30 日,全区各局试行部、省商用包件资费临时下浮和临时改变纸包计费的规定。1993 年 3 月起,商用包件资费可在民用包件和商用包件之间浮动。1995 年起,实行每件包件另收处理费 0.50 元,保价费 1%。1999 年 3 月 1 日起,包裹资费标准按投寄里程分区核定,每件包件收挂号费 2 元。1986 年 7 月 1 日起,包件分民用包裹和商品包裹。民用包裹处理费 5 千克以下收费 0.2 元,超过 5 千克的收费 0.4 元。民用包裹运输费每千克运输 1000 公里收费 0.35 元,区内运费每千克 0.1 元。商品包裹资费按普通包裹总费的 150% 计收。1990 年,包裹资费提高 150%,当年 7 月 31 日起,资费起算单位内 1000 克恢复到 500 克。

邮政汇兑　1990 年 7 月 31 日,汇费按汇款额的 1% 收取,30 元以下者,按 0.30 元收取。1999 年 3 月 1 日,最高汇费 50 元(即汇 5000 元~10000 元收汇费 50 元)。电报汇款,除按普通汇款费外,加收电报费。

邮政快件　每重 100 克,截至 1990 年 7 月 30 日,为 0.80 元。7 月 31 日起为 1.00 元,100 克至 5000 克以内每续重 100 克或其零数,加收 1.00 元。快件查询费每件 1.00 元,经查询属邮局责任按规定补偿。

邮政特快专递　基本资费每重 200 克为 12 元,每续重 200 克及其零数,加收 3 元。保价费按金额 1% 收取,查询费每件 3 元。

报刊发行费　报刊订阅发行费率 1980 年以来为定价的 30%,零售折扣为定价的 35%。杂志书刊订阅和零售费率均按定价的 30% 计收。社会发行站的酬金一般按报刊定价的 4% 付给,发行费率的分成,发报刊局收取定价 5%,其余部分由订销局收取。

第二章　电　信

第一节　机构人员

地区局机关　1991 年,地区邮电局电信部门设有:长途电信科、市话科、农话科。全局职工 588 人,从事电信通信生产的 284 人,电信管理及服务人员 109 人。

1993 年,地区局成立电信管理科,下设电信业务技术管理科、电信设备维护科、电信营业科、市话工程科。

1994 年初,地区局改革电信生产管理体制,成立电信经营业务部,运行维护部和通信工程建设部。电信经营业务部下设经营业务管理办公室、电信营业科、市话机线科、移运通信科;运行维护部下设网管交换维护中心、传输维护中心、电源维护中心;通信工程建设部下设总工办、基建科。

1995年年底,电信机构设:电信经营业务部、电信营业科、移动通信科、数据通信科、农话科、市话装机公司、市话工程公司;通信工程部、总工办、基建科;运行维护部,网管交换维护中心、传输维护中心、电源维护中心。

1998年,地区邮电系统体制改革,邮政和电信分设。11月5日,上饶地区电信局挂牌成立。地区电信局直接管辖广丰县、玉山县、铅山县、横峰县、弋阳县、万年县、余干县、波阳县、婺源县、上饶县和德兴市电信局,并经营上饶市电信业务,是兼有管理和现业双重职能的电信企业。地区局分行政管理和生产两大部分,设综合办公室、党群办公室、监察室、计划财部、人力资源部、通信建设部、运行维护部、市场经营部、服务监察部、营销服务中心、公话管理中心、资费稽核中心、市话机线中心、数据通信中心、长途线务局。2000年,上饶地区电信局共有职工1099人。

电信支局(所) 地区局在上饶市区设有五大支局、江光支局,在二镇二乡设有沙溪支局和灵溪、秦峰、朝阳三个电信所。2000年,全区设有电信支局、所的乡镇214个。

第二节 电 报

业务 随着电报设备的进步,传递方式的改变,邮电部1985年4月1日起规定,凡在国内各地之间通过公众网络传递的文字、图表、相片等信息,称为国内公众电报。根据不同的服务对象和业务性质分为天气、水情、公益、政务、新闻、普通、汇款、公电8种。特别业务有特急、加急、邮送3种。地区局于同日开始执行。

1990年4月,地区局开办用户电报,上饶工商银行为第一家用户。用户在办公室通过长途电路可与国内和国外有同样设备的用户直接通报和机上对话,具有迅速、方便、经济、直接的优点。

1994年开办礼品电报业务,其种类有礼物电报(CF)、礼金电报(CH)、鲜花电报(FR)、蛋糕电报(CE)。

1995年5月17日,地区局向社会推出双向名瓷礼品电报和单向鲜花礼仪电报业务。同年10月1日,鲜花礼仪电报单向服务转为双向服务(可收可发)。由于通信工具的快速发展,电报业务量明显下降。

1991年—2000年全区电报业务量

表15-2-1　　单位:万份

年份	业务量	年份	业务量
1991	77.30	1996	27.74
1992	87.1	1997	16.81
1993	90.8	1998	12.52
1994	66.79	1999	8.85
1995	49.79	2000	10.76

设备 1990年10月1日，开通上饶——南昌256自动转报系统。从此，平均电报接转时间由人工机38分钟，降低至2.5分钟。

1992年1月20日，开通BFJOIA电报发报集中器，实现各支局去报直接通南昌"256"转报中心。来报也可经电报集中器转发到各相关局。是年5月，各局统一配备了一台FAX450佳能中型传真机，并开通桑达电报汉字终端设备。是年7月，全区各县(市)邮电局部(除上饶县局外)，购置较为先进的电报传输设备——TDM时分复用设备，并开通使用。

1995年，用户电报集中器装用160线，全区有电传机52台，其中地区局11台。

1998年，载报终端设备容量231路，用户电报集中器装用128线，传真服务器端口24个，全区共有电传机274部。

电路 1990年，上饶—南昌市4路。上饶—广丰县、玉山县、横峰县、铅山县、弋阳县、余干县、波阳县、万年县、婺源县、德兴市各2路；上饶—上饶县1路。上饶—各县(市)用户电报各1路；上饶—南昌市用户电报1路。市内电报电路7路。

1995年，全区有公众电报电路23路，其中省内13路，市内10路(用户电报4路)。2000年，全区有公众电报电路35路(地区局12路)，用户电报电路3路(均为省内二级数字电路)。

电报投送时间 1985年4月1日起，规定1~3级电报及4级电报中的公益账务、新闻加急、病危等紧急内容的国内普通电报及国内政务、新闻、普通电报和港澳电报均昼夜投送，其余4级电报和国际书信电报夜间停止投送。停送时间21:00~07:00。

电报投送范围：一直按照市区的范围投送。对超出市内电话基本营业范围的来报，采取按邮班作挂号信件寄递。

第三节 长途电话

业务 1990年4月21日，地区局程控电话开通，对外开放国内国际直拨业务，因电路有限，长途直拨电话用户限制发展。即使是开通直拨的用户有时也很难拨通长途电话。据此情况，长途电话组建议开办173特快长话业务，用户挂发长途电话，可不放听筒稍等片刻，话务员即接通电话。

1991年10月，建成容量480路数字微波传输系统，可自动受理长途电话直拨业务，打长途电话只要拨打对方区号和电话号码，便可接通，为用户提供了方便。

1995年9月8日，上饶移动电话交换中心开通，一期工程开通98个信道，可满足3000个用户需求，至年底，全区各县(市)局移动电话基站均开通。是年9月22日，上饶长途程控交换局建成投产，使全区的长途通信能力增强，全区12个局实现长途数字化。

2000年，全区网络运行指标平均为：长途综合来话接通率60.53%，省内去话接通率62.24%，网路接通率93.6%。

1991 年—2000 年全区长途电话业务量

表 15-2-2

年份	国内(万次)	国际(含港澳)(万次)	传真(次)	年份	国内(万次)	国际(含港澳)(万次)	传真(次)
1991	211.7			1996	2254.3	2.23	17046
1992	388.1			1997	2321.8	2.73	20489
1993	583.1	2.25	19277	1998	2837.09	4.22	21701
1994	986.9			1999	3263.53	5.56	28337
1995	1706.3	2.93	17238	2000	3539.53	6.56	29739

网路 1990 年初,全区有长途电话电路 219 路,其中地区局 163 路(省际 30 路、省内 133 路)。219 路中,有长途自动电路 43 路,半自动拨号电路 31 路(点对点半自动拨号电路 27 路),出租电路 26 路。当年 4 月 20 日,地区局 5000 门程控电话开通,长途路端 510 线,开通 120 线,长途电话可以直拨。在长途电路不多的情况下,设立即接续台(也叫 173 台)、113 记录台。是年,为配合鹰潭局机务站由郊外迁回鹰潭市局内,完成敷设长途电缆 23.6333 皮长公里。

1991 年,全区长途杆线总长度 574.3 杆千米,其中水泥杆路 454.9 杆路千米(一级干线 272.2 杆路千米),柏油杆 119.4 杆路千米。全区架空明线总长度 3211.7 对千米。当年 10 月,建成传输速率 34MB/S,480 路数字微波传输系统,它跨越九江市、鹰潭市、景德镇市、上饶地区,干线全长相 400 多千米,共设 11 个接力站,其中 6 个无人站,实现传输数字化。是年,上饶至省会南昌有直达电路 120 路,至所属各县 145 路,至省内其他地市直达电路 41 路。

1993 年,地至县新增数字微波电路 840 路端,新增长途电话 180 路。长途交换机容量达 1890 路端。

1994 年,全区各局进局长途电缆 22.7 皮长千米。当年 10 月,完成南昌—上饶和上饶本地网(微波)设备安装,并开通微波电路。

1995 年 3 月 10 日,上饶—衢州架空长途光缆通信干线通过验收,全长 133.46 千米。可供上饶终端 1 个三次群(480 路),上饶—衢州和上饶—玉山各开 1 个二次群(120 路),上饶—玉山各开 1 个二次群(120 路),上饶—杭州开 1 个三次群(480 路)。光缆线上饶维护的部分 66.1224 千米。

是年 9 月,福杭贵成光缆江西段开通,全区增加长途电路 5400 路。光缆线上饶线务局维护 165 千米,途经上饶地区 7 个局(玉山县、广丰县、地区局、上饶县、铅山县、横峰县、弋阳县)。当月,地区局建成长途程控交换局,容量 8100 线。当年,全区微波接力站有 17 个(铅山县、朱家山、广丰县、青金山、横峰县、天台山、玉山县、塔山、弋阳县、德兴市、鸡公尖、婺源县、扁担山、波阳县、余干县、万年县、上饶县),微波支线 472 千米。其设备系国产组装。全区 12 个局实现长途电话传输数字化,告别打长途电话难的历史。

1996 年 4 月,地至县(市)二级干线光缆 340 多千米敷设完毕,并于年内开通电路。

1998 年,新增本地网光缆 692 千米,全网达 3321 千米。新增长途业务电路 535 路(省际 153 路,省内 382 路)。2 个 2.5GB/S 本地 SDH 环网工程顺利完工,并通过初验。

1999年，长途程控交换机又扩容8100线。2000年，全区长途电话业务电路5344路，长途数字微波电路1230路，长途电话交换机总容量16200线，实占容量9060线。

第四节　市内电话

市话基本营业区　1993年，划定的上饶市内电话服务范围，东起长圹路向南延伸至广丰路口分线箱；南由广丰路口分线箱沿河边圩堤至713矿电厂附近；西由713矿电厂向西北面铁路板道口附近向东至长圹路。以后随着市区的扩大和市话用户的发展，基本营业区不断扩大。

业务　1990年4月，市内程控电话开通后，设长途区号(0793)，设地区局号为22#、上饶县局号为44#，用户号由原来的4位升为6位。设立的特别业务号码，有火警(119)、匪警(110)、市内电话号码查询(114)、市话电话障碍申告(112)、国内人工长途挂号(113)是沿用过去的电话号码外，又先后推出无线寻呼人工台(126)、电话信息服务台(160)、自动声讯系统(168)、音乐台(123)、无线寻呼自动台(127)、交通肇事(122)、挂发农话台(118)、电信资费查询(170)、用户投诉服务台(180)，业务咨询台(189)、报时台(117)、天气预报台(121)等号码。并向用户提供缩位拨号、呼叫等待、转移呼叫、呼叫限制、遇忙回叫、恶意呼叫追查、三方通话、六方电话、闹钟服务、免打扰服务、热线服务等11项程控市话服务。

1991年10月，上饶通联经记开发公司接受地区邮电局委托，设立第一批上饶市内公话亭12个，结束了解放后上饶市无公用电话的历史。

1993年5月，地区局在上饶市推出磁卡电话，共装7部，分别在宾馆、大专院校和邮电营业大厅内，供广大电户使用。当年，市内电话亭发展到59个，在市内各主要路口都有公用电话亭。是年，市话扩容，为保证市内电话通信服务工作的正常开展，公开向社会提供电话号码簿，使电话通信工具成为社会各方面相互联系的桥梁。

1995年，地区局建成全省一流的电信营业大厅，占地300平方米，共开设10个窗口。厅内宽敞明亮，全部利用计算机操作执行工作。从受理、收费到查询，实行一条龙服务。当年，上饶市公话532部，全区公话2660部。

1996年5月18日和6月1日，分别进行全区电话号预升位，7月13日升位成功，上饶地区电话号码由6位升为7位，地区局、上饶县局电话号码6位前为8；玉山县、广丰县局为2；余干县、万年县局为3、铅山县、横峰县、弋阳县局为5；波阳县局为6；婺源县、德兴市局为7。

1997年5月上旬，121气象信息系统已全区联网。第29届世界电信日期间组织了电信业务演示会；开展电话装机送话机活动；投资1400万元购置了620台IC卡话机，方便用户打电话。并在全区统一开展公用电话普查整治工作，杜绝公用电话乱收费现象。当年地区局、余干局、上饶县局在营业厅内增设了多媒体触摸式用户查询系统。年底，上饶市户线工程割接完成，2.2万户市区及近郊居民可实现一户一线。

1999年，11县(市)局交换机软件升版改造，实现来电显示功能，拓展增值业务。

2000年，地区局对交换机实施CDN改造和升级改造，在上饶市实现百分之百的来电显示功能和开放CENTREX、ISDN功能，并新建智能网工程，开放800、301及IP业务，基本上满足各层次用户的需求。

1991年—2000年全区市话装机一览

表15－2－3

年份	市内电话(户)	公用电话(部)	年份	市内电话(户)	公用电话(部)
1991	8722		1996	52224	2858
1992	12809		1997	84268	3864
1993	18384		1998	124234	5102
1994	20921	609	1999	150873	7695
1995	43011	2660	2000	211471	6919

网路 程控电话引进前，全区各局使用的自动电话设备制式多样化，地区局为纵横制上海产HJ－921 2000门；德兴局为准电子自动电话；万年局为江丰厂生产的自动电话，后又改为二手设备；横峰县、弋阳局为天津厂生产的纵横制1000门自动电话；波阳局由共电交换程控电话；广丰、余干局由磁石改程控电话；上饶县局纵横制HJ－921 1000门；玉山局市话设磁石交换机7台，后改成纵横制自动电话2000门；婺源局磁石交换机480门；铅山县局纵横制自动电话1000门。

1988年11月，地区局引进的加拿大北方电讯公司（简称北电）DMS—100/200型长市合一数字程控电话交换设备69箱运抵上饶，12月北电公司的技术人员进地区局安装调测。1989年5月，因政治风波，北电公司的技术人员全部去香港，11月恢复施工。1990年3月北电公司完成各项安装调试工作，4月初省局11人验收组进行系统测试，主要功能和技术指标达到进网要求。经报请省局和邮电部批准，于当年4月21日23时一次性顺利割接成功，系统投入运行。市话容量LS:5000门；长途路端TS:510线（其中：模拟60线，市县PCM间中继6个系统180线，市话全塑充油电缆9.2千米）。利用PCM传输设备解决上饶市至上饶县间通话难的问题，使两地紧密而有机地联为一体。

1991年，上饶市有架空明线44.8皮长千米。随着电缆线对的调整和电缆的延伸，部分电缆由架空引入地下管道，架空电缆长度减少。当年地下电缆为29.2皮长千米。

1992年，再次引进北电公司DMS100/200交换设备1万门，长途1020线和相应的配套设备，1993年底安装成功投入运行。市话容量达到1.7万门，实占门数6293门。全区各局程控电话开通日期详见表。

1994年，从行署门口至解放路口处，新建电缆管道全长0.51千米。新管套全部使用塑料管，共32孔。当年上饶市地下电缆总长度257.2皮长千米。

1995年，上饶市地下电缆总长度399.4皮长千米。地下、架空电缆在建设过程中，注意了对线电路网络结构的调整，电缆交换箱布局合理，室外线路事先布好，一俟用户申请装机，即可立即装上电话。

1996年，地区局新建带湖路市话分局，新建程控交换设备容量6144门。是年，玉山县市话扩容5000门。波阳县局市话扩容4096门。

1997年，地区局、广丰县、铅山县、弋阳县、万年县、婺源县、玉山县、余干县局市话共扩容6.33万门。

1998年，新增市话交换设备容量37248门。

2000年年底,上饶地区市话交换设备容量达225142门,实占容量为197476门。

1990年—1995年全区邮电局程控数字交换机开通(扩容)一览

表15-2-4

县(市)	开通(扩容)时间(年、月)	型号	规格	容量(门)	产地
上饶地区邮电局	1990.4.2	DMS	100/200	5000	加拿大
	1993.12			10000	加拿大
德兴市邮电局	1991.7.28	DMS	100/200	4000	比利时
	1995.4	S1240		6000	台湾
波阳县邮电局	1993.12.26	S1240		6000	台湾
余干县邮电局	1993.12.28	S1240		5000	台湾
玉山县邮电局	1994.8.18	DMS	100/200	6000	加拿大
铅山县邮电局	1994.9.18	DMS	100/200	5400	加拿大
万年县邮电局	1994.9.26	DMS	100/200	6000	加拿大
广丰县邮电局	1994.9.28	DMS	100/200	6000	加拿大
弋阳县邮电局	1994. 10.9	DMS	100/200	6000	加拿大
横峰县邮电局	1994.10.28	DMS	100/200	6000	加拿大
婺源县邮电局	1994.10.18	DMS	100/200	6000	加拿大
上饶县邮电局	1994.10.30	DMS	100/200	6000	加拿大

说明:1995年12月地区局扩容到2.54万门。

第五节 农村电话

1984年10月,上饶地区局设立农村电话科,专门管理全区农村电话工作。1990年,全区农村有电话6433部。

1992年6月29日,上饶地区第一个农村电话端局在玉山县岩瑞镇建成开通,此端局有500门程控设备。全年建成25个农村程控端局(其中500门24个,200门1个),大部分可直拨国内外用。交换机容量12200门。是年,全区有农村电话8205部。

1994年3月30日,农村程控电话除开放一般电话业务外,并开放下列新服务项目:呼出限制、呼叫等待、缩位拨号、热线服务、转移呼叫、三方通话、闹钟服务、遇忙呼叫、遇忙记存呼叫、免打扰服务、缺席用户服务、追查恶意呼叫等12项服务。当年,全区实现交换程控化、长途传输数字化和农村电话程控化,彻底甩掉几十年使用的“接把子”电话。并架设开通德兴—花桥、德兴—泗洲庙农话传输光缆40千米,实现区内农话光缆传输零的突破。是年,全区设有邮电局(所)的乡镇204个,已通电话的乡镇268个,进入长话自动网的乡镇237个。

1995年,全区共建成农村电话端局102个,80%的端局实现数字化。交换机总容量3.2万门,用户1.39万户(私人电话8900部),农话普及率为百人0.22部。设有局所的乡镇205个,已通电话的乡镇267个,进入长话自动网的乡镇257个。

1996年11月,全区乡镇通电话率已达98.96%,电话传输全部实现数字化。德兴市泗洲镇建成4000门程控电话交换局,每幢楼一个分线盒,基本实现每户一线的布局,装电话量

2197 户;驻镇铜矿电话交换机容量 2000 门,装电话量 1819 户。话机普及 12.4%,主线普及率 6.8%,所属村委会全部通电话,泗州镇成为全省第一个电话镇。

1997 年,全区乡镇以下的电话建设总投资 9878 万元,完成杆线进村 1239 杆千米,完成光缆 805 皮长千米,新增农话交换机容量 4.76 万门。上饶县局采取杆线进村,无线接入齐步走的办法,于 9 月 28 日率先实现村村通电话。广丰、玉山县也已当年实现了村村通电话。

1998 年,全区新增本地光缆 692 千米,乡镇传输全部采用 PDH 设备,新增乡镇电话交换机设备容量 9.85 万门。农话累计放号 7.06 万户,全区建成 21 个电话乡镇、42 个电话村、138 个电话大户村。

1999 年 1 月 6 日,地处偏远山区,通讯设施十分落后的铅山县篁碧畲族乡开通了程控电话。该程控设备投资 200 多万元;群众义务投工 1000 多个,在山上凿洞 487 个而建成的。

2000 年,全区设有电信局所的乡镇 214 个,已通电话的乡镇 282 个,进入长话自动网的乡镇 282 个。年底,农话交换机总容量 24.56 万门,电话大户村 157 个,用户总数 19.08 万户。农村电话通信建设的飞速发展,为促进和加快上饶地区的农村经建设起到积极作用。

第六节 数据通信

1992 年,地区邮电局开始数据通信建设,1993 年开通分组交换网,设备最初系美国 Turbo-PAC 交换设备,当年更新换代为加拿大北电 DPN/100 交换机。

1995 年,地区局成立数据通信科,对数据通信网络的建设、管理和业务发展实行专业化运作。年底,DDN 网由初始的 CP3000/4000 节点机发展到与 1600 节点机并存。当年,分组交换网 216 个端口,数字数据网 96 个端口。分组交换网延伸到部分县(市)。

是年 12 月 15 日,地区局开通可视电话会议系统。由省邮电管理局从美国 CDI 公司引进设备,首期工程主会场设在南昌电信局,地市设立分会场,组成一个省至地市会议电视系统。

1996 年,净增各类数据通信用户 146 户。

1997 年,分组交换网新增 168 个端口,DDN 网扩容 274 个端口;互联网已延伸到全区各县(市)。

1998 年,新增 DDN 端口 317 个,“163”“169”端口 144 个,上饶信息港与全省其他地市实现互联互通。建成地至县(市)、乡镇公众多媒体网。当年,计算机互联网用户 897 个。

1999 年,数据通信工程建设先后完成城域网,163 扩容、ATM 帧中继系统等工程。其中城域网工程新增中心局和带湖路两节点、新增中继端口 4 个,用户端口 102 个,并添置 46020 智能网络管理系统;163 扩容工程,新增 TCH 接入服务器,能够提供 240 路 PSTN/ISDN 用户接入;帧中继系统工程实现了数据通信网的调整宽带化。满足了用户多层次、多样化的要求,改善了数据通信网络的性能。

是年,发展数据通信基本业务 233 户,增值业务 1745 户。基本业务用户和增值业务用户总数分别达到 1099 户和 2694 户。

2000 年,互联网有用户达到 25924 户。基本业务净增 363 户,增值业务净增 23760 户;ISDN 业务发展 171 户。

企业上网方面,立足本地特色,充分依托政府部门的支持,已发展上网企业 300 多家。特别是抓住全区丰富的农业产品资源和旅游资源,大力发展农业信息网和旅游信息网。农村信息网已初见规模，共有 70 多家经营农副产品的企业建立网站和主页。

第七节　电信资费

电报　1992 年 12 月 20 日零时起，全区范围内对公众电报基础费作了调整。

1992 年 12 月 20 日全区实行国内电报资费一览

表 15－2－5　　单位：元

种　类	计费单位	计费标准
天气、水情、公益电报	每字	0. 13
政务、普通电报和银行系统汇款电报	每字	0. 13
新闻电报	每字	0. 05
邮电办理汇兑业务所发的汇款电报	每份	2. 00
去译电费按计费字数计算	每字	0. 01
补送来报报底	每份	1. 00
注销尚未发出的电报手续费	每份	0. 20
抄录去报报底	每份 100 或不足 100 个字 每份超过 100 个字	0. 60
1. 00		
查阅去报报底或来报回单	每份	0. 20
供给去报报底由用户来局拍照	每份	0. 20
发报人因遗失电报收据要求补出证明	每份	0. 20
空白发电纸收取成本费	每张	0. 10
电报挂号登记使用　一年	—	60. 00
三个月	—	20. 00
更改名址手续费	—	5. 00
礼仪电报　电报费	每字	0. 13
特别处理费	—	2. 00
去报特制发电纸	每张	0. 05
公众船舶电报　陆线费	每字	0. 13
岸台费	每字	0. 18
译电费	每字	0. 01
经传真机发出的去报收传真纸成本费	每份	0. 50

1993 年 2 月 15 日，省局规定：电报专送费，3 千米内往返收取 1 元，每增加 1 千米加收

0.20 元,但最高不得超过2.50 元。上楼送费,第三层以上每份每次0.40 元。电报重复投递服务费,每份每次0.80 元。传真电报邮电局传真机接收投递每页12 元;用户传真机接收每页6元,加收长途电话分钟资费。

长途电话 1987 年11 月1 日调为12 级:每分钟收费1 级(25 千米以内)0.10 元;2 级(25千米~50 千米)0.20 元;3 级(50 千米~100 千米)0.30 元;4 级(100 千米~150 千米)0.40元;5 级(150 千米~200 千米)0.50 元;6 级(200 千米~400 千米)0.60 元;7 级(400 千米~600 千米)0.70 元;8 级(600 千米~800 千米)0.80 元;9 级(800 千米~1000 千米)0.90 元;10级(1000 千米~1500 千米)1.0 元;11 级(1500 千米~2000 千米)1.1 元;12 级(2000 千米以上)1.2 元,并加收每分钟0.10 元的附加费。香港、澳门、台湾每分钟通话费11 元,叫人、传呼附加费11 元。

1992 年11 月1 日起,对省内挂发全国各地长话征收的地方附加费由原来的0.10 元调整到0.20 元,国际长话按计费分钟数,每分钟数收取地方附加费0.50 元。

1998 年7 月1 日起,对午夜长途电话实行优惠,0:00~07:00 话费按现行标准30% 收取。1999 年3 月1 日电信资费实行结构调整。省内长话每分钟收费0.60 元,省际800 公里以内每分钟收费0.80 元,800 公里以外每分钟收费1.00 元。长话附加费标准为基本通话费20% 。在法定节假日7 时至24 时以及非节假日21 时至24 时通话的,长话费按现行标准50% 收取;在法定节假日和非节假日的0 时至7 时内通话的,长话费按30% 收取。

市话 1990 年12 月,程控电话初装费,甲类用户每部2000 元,乙类用户(个体工商户在住宅或在其他地点开业申请安装的电话)每部4000 元。1991 年6 月起,采取时间性下浮10~50% 。月租费:甲类用户每部7.60 元,乙类用户每部12.00 元。程控电话开通后,对市话基本营业区以内用户,根据用户发话资数和通话时间计收通话费,每3 分钟为1 次,每次0.10 元。1999 年3 月1 日起,电信资费实行结构性调整。市话费每3 分钟按0.20 元,网话费每分钟按0.40 元收费。市话与本地移动电话通话费按每分钟0.40 元收取。基本月租费:市话甲种12.6 元,乙种15 元。

农村电话 1992 年11 月1 日起,调整邮电地方附加费,农话区间电话计费,每分钟由原来的0.15 元调整到0.20 元。

1994 年3 月30 日,省局调整和制定新增部分农村电话资费标准规定:程控电话初装费,甲种用户(含财政拨款的党政机关、财政拨款的中小学、幼儿园、医院,但不含其下属单位)每部收取2000 元;乙种用户(含从事生产经营活动的个人、集体单位安装住宅电话)每部收取3000 元。

人工制式磁石电话所在地,甲种用户每部收取初装费300 元,乙种用户每部收取600 元。

改制费:凡由人工或机电制电话改为程控电话的用户,甲种用户每部收取600 元,乙种用户每部收取1500 元。

1999 年3 月1 日,电信资费结构性调整,甲种用户月租费15 元,乙种20 元。

本地电话网使用费:凡进入本地电话网的县(市、区)市话用户和农话用户,均收取本地电话网使用费。标准为:甲种用户每部每月3 元,乙种用户每月5 元。

第三章　移　动

第一节　机构人员

1992 年 7 月，上饶地区移动通信建设领导小组成立。9 月，模拟移动电话开通，由地区邮电局长电科管理。1994 年，地区局成立移动科，下设营业组、寻呼组、机务组。1998 年 9 月，上饶地区邮电局划分为上饶地区邮政局、电信局，邮政、电信开始分营，移运通信业务由上饶地区电信局移动科管理。1999 年，根据国务院关于电信重组的精神，移动通信业务从电信局剥离，组建移动通信公司。6 月 12 日，全区 11 县（市）移动通信公司挂牌成立。7 月 8 日，地区移动通信公司正式挂牌成立，隶属中国移动通信集团江西省移动通信公司，设置综合办公室、党群办公室、市场经营部、计划财务部、网络部等机构，在册人员 212 人，劳务工 42 人，辖 11 县（市）分公司。2000 年 1 月，公司改名为江西省移动公司上饶地区分公司。10 月，上饶撤地设市，公司更名为江西省移动通信公司上饶市分公司。

第二节　网络建设

1992 年 9 月 18 日，上饶模拟移动电话网（TACS）开通第一座基站，建在上饶电信大楼，采用 MOTORLA 设备，配置为 8 +2 信道，总投资 140 万元（人民币，下同）。

1993 年 3 月 12 日零时，省 GSM 二期工程上饶数字移动交换机正式割接成功，全区第一批 13 个基站全部开通。10 月，完成 TACS 二期扩容工程，在上饶市内新建 3 个基站（水南街、羽绒厂、物资局）。基站扩容 18 个信道，投资 78.49 万元。

1994 年，基站建成数达 7 个，置 86 个信道，投资 1438.64 万元。

1995 年，完成 TACS 二期工程，基站建成数 11 个，置信道 148 个，投资 750.82 万元。新建 EMX250G 交换机 1 台，容量为 6 万门，可容纳更多的模拟手机用户。

1996 年 5 月 17 日，数字移动电话网（GSM）开通，采用 NOKIA 基站设备，配置 4 个载频。是年，完成 TACS 四期工程，建成基站 14 座，信道 292 个，投资 1305.25 万元。建成 GSM 基站 1 个，载频数 4 个，投资 88.06 万元。

1997 年 3 月，GSM 数字电话二期扩容工程完成，18 个基站，62 个载频，投资 3424.18 万元，交换机总容量 3 万门。是年 10 月 20 日，模拟移动电话五期扩容工程完成，基站 17 个，466 个信道，投资 1464.15 万元。

1998 年 5 月，完成 GSM 三期工程，基站达 39 个，载频 181 个，投资 2439.41 万元。交换机容量扩 6 万门。

1999 年 7 月，上饶移动综合业务管理系统正式开通。22 日，GSM 移动电话号码由 10 位升为 11 位。是年 10 月，完成 GSM 四期工程，网络规模为交换机 1 座，HLP1 座，交换机容量 15 万门，BSC3 座，TC4 座，基站 134 个，载频 575 个，无线容量 12.3 万门。

2000 年 12 月，GSM 四期工程全面完成，新建基站数 161 个，载频数 715 个，投资 2562 万元。当年全区共有 GSM 基站数 295 个，载频数 1290 个。

第三节 经营业务

1992年8月18日，900兆蜂窝式公众移动电话系统（大哥大）在上饶试通。10月1日，模拟移动电话正式营业，首位客户是邹义洲。移动电话距离可覆盖上饶市为中心半径15千米范围，用户也可持机到省内的南昌市、九江市、赣州地区、新余市、景德镇市、吉安地区漫游电话。是年用户55户。

1993年，上饶市使用“大哥大”用户152户。1994年用户数484户。

1995年年底，全区各县（市）邮电局移动电话基站相继开通，为广大用户使用移动电话提供了方便。当年用户数1920户。

1997年，全区推出“大哥大”出租业务，出租“大哥大”1640部。当年TACS用户1.07万户，GSM用户6717户。

1998年，地区局建成全省第一个酒吧式移动电话营业厅，面积300平方米，布置新颖，分设大堂、受理、收费、展柜、维修、演示厅、短柜台、面对面座式受理台，给用户宾至如归之感。使移动通信业务做即买即通一台清。年底，TACS用户1.25万户，GSM用户1.82万户。

1999年，全区有移动用户6.82万户。10月，客户服务中心1860开通，一台微机、2部固定电话、2个话务员，免费受理各种咨询和投诉。年底，公司专门购置改装了中国移动通信流动服务车，作为又一服务窗口，根据用户要求，定期上门服务，也可通过预约上门服务。

2000年11月18日，投资200多万元的中国移动通信标准化营业厅暨手机商城在上饶抗建中路开张营业。营业厅设了13个受理台、1个业务引导台，4个手机专柜，统一价格，若有假货以一罚十。婺源、万年等7个县的标准化营业也陆续开张。公司在各县（市）设服务网点24个。移动特约代销点遍布各乡镇，用户可在当地办理各种移动综合服务。公司陆续开通了1258移动秘书、1259全球呼、1868声讯台、移动OICQ、12590信息点播、中文短信、移动IP电话、手机上网WAP等新业务，并专为聋哑人开放了“爱心卡”业务。公司与银行精诚合作，移动客户交费网点增加到了100多个。是年，全区移动用户达13.08万户。

第四节 服务承诺

2000年4月，公司通过《上饶日报》和上饶电视台公告承诺：移动客户办理完入网手续后，30分钟开通；因欠费停机，结清后12小时内复通；办理更名、过户、停机、换卡、移动短讯和来电显示等功能，12小时内开通；移动电话号码冻结后，重新启用该号，最短为90日；因本公司原因发生通信障碍，必须在24小时内恢复正常；手机购买后，非人为损坏，三个月内免收一切维修费用，4～12个月内只收取维修材料费；手机修复时限不超过10天，如需延时，公司提供备用手机；免费向客户提供本人移动电话发生的详细清单，免费邮寄移动电话费账单。

公司为网上用户提供多种新业务：来电显示，使手机具备寻呼机的显号功能；中文短消息、语音信箱，为手机增加秘书功能；呼叫转移、呼叫限制，为用户提供各种通话转移和通话限制；神州行预付费卡、免入网费、免月租费，一卡行神州；手机银行，使客户足不出户，走遍天下；移动IP电话，为客户提供优质价廉的长话服务。此外，随着爱心卡、神州行亲情号码和全球呼等新业务的不断推出，为用户提供更方便优质服务，网号139、138、137、136、135已家喻户晓。

第四章　无线寻呼

第一节　机构人员

1991 年,地区邮电局开设无线寻呼台,机构设在长电科,有工作人员 2 人。1994 年,地区局成立移动科,无线寻呼由移动科管理。1998 年 1 月,随着邮电体制的改革,无线寻呼从邮电局电信移动通信业务中剥离出来,独立组建国信寻呼。当年 9 月,上饶国信寻呼公司正式挂牌成立。公司设综合部、计财部、市场部、网运部,在册员工 24 人。全区 11 个县(市)设立寻呼营业部(租用场地,聘用临时业务员)。

第二节　网络业务

1991 年,上饶地区局引进美国摩托罗拉公司无线寻呼设备。10 月 21 日,126 人工台语音型无线寻呼网开通。为给用户提供优质服务,地区局成立移动通信营销科,从销售、维修、收费实行一条龙服务。当年用户 168 户,增加市话通话 5 万多次,增收 2.5 万元。

1993 年 10 月 18 日,地区局又开通 127 自动数字寻呼台及 128 汉字寻呼台,采用珠海和平公司设备。为广大用户提供各种功能的无线寻呼服务。年底,全区有无线寻呼用户 8168 户(地区局 5116)。

1994 年,全区 12 个局均开设无线寻呼系统,与全省地(市)县邮电寻呼台联网,开办了长途 126 异地寻呼和异地有权寻呼业务。用户持 BP 机在邮电局 127 台登记,就能将 BP 机带到外地使用。

1995 年 5 月,全区均开办全省范围的漫游寻呼、跟踪寻呼、异地寻呼业务。年底,全区有用户 1.56 户,计费用户 1.50 万户(地区局有用户 9452 户,计费用户 9302 户)。

1996 年 2 月,全区实现无线寻呼联网。5 月 17 日,无线寻呼联网工程投入运营。10 月,率先在全省组织 BP 机出租业务,一个月时间共出租 BP 机 5897 部。年底,有用户 3.16 万户,计费用户 3.09 万户。

1997 年 4 月 1 日起地区局在上饶市范围内,对用户购买 BP 机办理进网手续后,10 分钟内开通(停电除外),每超过一分钟向用户赔偿 1 元;BP 机非人为损坏,从购机之日起三个月内免收一切维修费用,第 4 月 –12 个月内,只收维修材料费;BP 机购机一年内如属本身质量问题,修复时限不超过 7 天,未按时修复,第 8 天起由局提供备用机暂用。9 月 15 日,无线寻呼三期扩容工程完成,全区共有无线寻呼基站 12 个,总容量达 13 万门。是年,全区试行 BP 机主叫付费,引起了用户对 BP 机的空前热情,全区用户达 6.90 万户。每个 BP 机用户都可配备语音箱,享受语音服务;新增 128 中文股票信息业务,为广大用户提供了股票信息及秘书服务。

1998 年,全区销售无线寻呼机 16351 个,用户 11.04 万户。6 月 –12 月业务收入 908.1 万元,净利润 383.5 万元。

1999 年,全区销售寻呼机 1172 个,用户 5.60 万户,全年业务收入 1183.9 万元,净利润

336.2 万元。

2000 年,无线寻呼共用基站 45 座,其中,自有基站 9 座,租用 36 座。有发射机 115 台,主要有 MOLOLOLA、风云、神风的产品。共使用 126/127、128/129、198/199 等 6 个频点。是年,销售寻呼机 6528 台,有用户 5.06 户。营业收入 1098 万元,净利润 415 万元。当年 8 月,国信寻呼公司与中国联通上饶分公司融合(2003 年 10 月,无线寻呼基站全部关闭)。

第五章 联合通信

第一节 机构人员

中国联合通信有限公司(简称中国联通),是 1994 年经国务院批准成立的全国唯一一家综合电信基本业务和增值业务的全国性国有大型企业。中国联通在江西成立分支机构,上饶联通是江西联通的分支机构,负责中国联通在上饶地区的通信服务业务。1999 年 7 月 1 日,中国联通上饶分公司成立,2000 年 4 月 25 日正式开网运营。上饶联通分公司属县(处)级编制,公司设综合办公室、市场经营部、财务部、工程部、寻呼事业部 5 个部门。下辖上饶市、德兴市,上饶县、广丰县、玉山县、铅山县、横峰县、弋阳县、余干县、波阳县、婺源县等 12 个经营部,2000 年末在册员工 126 人。

第二节 网络建设

1999 年,公司投资 2800 万元,进行二期 GSM 网络基站建设,共建基站 14 座,采用摩托罗拉基站设备,配置 423 个载频。当时交换机挂在鹰潭,容量为 10 万门,初步完成上饶市、德兴市,上饶县、广丰县、玉山县、弋阳县、横峰县、铅山县、余干县、波阳县、万年县、婺源县城区的信号覆盖。

2000 年 4 月 25 日,中国联通上饶分公司移动电话通信网正式开通,打破了上饶移动通信的市场垄断,出现了竞争局面。当年 11 月,投资 3500 万元,GSM 网扩网三期工程开始。年底,全区共有联通基站 37 个,载频 475 个,完成了全区城区范围和部分乡镇的联通移动电话信号的覆盖。

第三节 经营业务

营业范围 为 130 号段移动电话、无线寻呼、数据通信(含 IP 电话、165 互联网络)、国际长途电话、国内长途电话、本地电话和电信增值业务等。

公司规范营业服务,建立“星级营业厅”,推行“首问责任制”“服务人员末位淘汰制”,规范资费执行标准,让客户享受优质的服务和实惠的价格。为寻求快速发展,公司引进人才的同时,以“走出去”“请进来”“互教互学”“自学自考”等多种形式培养高素质人才,夯实发展基础。

2000 年,公司创业务收入 4900 万元,联通移动通信用户 1.41 万户。

第六章　通信资费

第一节　移动通信电话资费

1992 年 9 月购机者一次性收取入网费 2.2 万元，优惠价 2 万元，开通当日购进者，还另赠送数字 BP 机 1 只，以后只优惠 2000 元。1994 年后，基本月租费由原每号 150 元调为 50 元，本地通话由每分钟 0.5 元调整为 0.4 元（双向收费），主、被叫每分钟 0.4 元，国内漫游费通话每分钟 0.6 元。1999 年初，入网费 2000 元（2 月调为 500 元；2000 年 7 月调为 100 元），月租费 50 元，来电显示费 10 元，本地通话每分钟 0.4 元，国内漫游费每分钟 0.6 元，SIM 卡费 200 元。

第二节　无线寻呼资费

1991 年开户费每部 100 元。数字人工无线寻呼、数字自动无线寻呼，本地服务费每部每月 15 元；无线汉字寻呼本地服务费每部每月 30 元；省内寻呼漫游，除收取本地服务费外，另每部加收省内联网服务费 10 元。1998 年以后，随着电信市场开放，寻呼资费逐步按市场调节价收取。

第三节　联通移动电话资费

2000 年，入网费 65 元，月租费 25 元，来电显示费 5 元，本地通话费（主被叫）每分钟 0.32 元，国内长途费 0.07 元/6 秒，国内漫游费每分钟 0.6 元，SIM 卡费 100 元。

卷十六 国内贸易

1990年代开始，随着改革开放政策的深入贯彻和社会主义市场经济的建立，全区商业贸易跨入大发展的时期。国有商业通过承包经营责任制和改、转、租、卖等方式，转变企业经营机制。在对国有商业进行改组、改制转型转轨的同时，大力发展非公有制经济。城乡贸易空前活跃，国有、供销社、集体、个体私营商业齐头并进，共同发展。一个多种经济成分、多种经营方式、多渠道而少环节的商业流通网络在全区城乡逐步形成。全区各类商品市场的发展日新月异，超市、连锁店、专卖店大量涌现，城乡市场商店林立、繁荣兴旺，集市贸易摊点遍布乡镇，商品琳琅满目，商业经营购销两旺。2000年，全区社会消费品零售总额达812858万元，比1991年增长2.4倍。在社会消费品零售总额中，个体私营经济，增幅居首位。是年，全区城乡集贸市场达377个，比1991年增加84个，集贸市场成交额353467万元，比1991年增长4.3倍。

1991年—2000年，上饶地区粮油经营伴随着国家粮食流通体制改革的步伐而逐步进行，1991年提高粮食统购价格，1992年实行购销同价；1993年放开粮食价格和经营；1994年提高粮食定购价和销售价；1995年实行粮食“四定”①包干责任制和粮食部门两线运行机制；1996年—1997年实行了“两分开一并轨”②。由过去单一的国有粮食企业经营，转变为以国有粮食企业为主，多种经济成份、多种渠道共同经营的格局，市场竞争日趋激烈。1998年，中共中央、国务院将深化粮食流通体制改革作为全国五项改革之首，全区粮食部门实行以“四分开一完善”③为主要内容的新一轮粮食流通体制改革。贯彻“三项政策、一项改革”④，逐步向粮食市场化的方向迈进。

全区粮食部门在经营上，执行一业为主、多种经营的方针，形成集粮食政策性业务管理、粮食商业、加工业、运输业为一体的粮食经营体制，增强粮食部门的经济活力。全区粮食部门为在竞争中求发展，坚持以市场为导向，加大企业改革力度，改革企业用工、分配制度，全面实行两线运行机制，将政策性业务与商业性经营彻底分开，对政策性业务部门实行定员、定岗、定责、定费用，对商业性经营单位实行独立核算，自负盈亏。

---

①“四定”：粮食收购、粮食销售、粮食调拨、粮食库存。

②“两分开一并轨”：政策性业务、商业经营性业务分开，粮食价格平价与议价并轨。

③“四分开一完善”：政企分开、储备与经营分开、中央与地方责任分开、新老财务挂账分开，完善粮食价格机制。

④“三项政策，一项改革”：按保护价敞开收购农民余粮、粮食顺价销售、粮食收购资金封闭运行、加快粮食企业自身改革。

随着经济体制改革的深入和国有粮食企业的改制,国有粮油加工企业生产量呈萎缩趋势,企业经济效益下降,利润逐年减少,到1997年,全区粮油加工企业出现严重亏损。加之历史包袱困扰,全区粮食企业亏损巨大,1997年度,全区粮食企业亏损额达22785万元。此后,虽然国家和江西省人民政府及上饶地区采取相应措施,全区粮食企业亏损额逐年减少,2000年度,全区粮食企业仍亏损9649万元。

第一章　商品购销

第一节　物　资

1991年开始,上饶地区物资系统深化经营体制改革,逐步实行四放开,不断调整经营策略,进一步扩大经营范围,走向大市场,参与大流通。

物资购进　1991年以前,上饶地区物资管理实行按计划分配的生产资料,作为商品进入市场。1991年起,实行"双轨制",且以市场采购为主,计划调拨为辅。除钢材、生铁等少数特种物资实行专营,大部分生产资料取消专营。1991年,上饶地区物资局企业主要经营品种有金属材料、建筑材料、机电产品、汽车、化工原料及产品、废旧物资等400多个品种,是年,地区物资局企业商品总购进额27487万元。其中:购进生铁4166吨,钢材75252吨,铜1925吨,铝材84吨,烧碱1128吨,纯碱500吨,水泥2940吨,平板玻璃20880重量箱。1996年后,商品市场物资全面放开经营,全区国有物资企业全面走向市场经济,参与市场竞争。在市场竞争中,全区国有物资流通企业的市场占有率急剧下降,经营范围缩小。至2000年,地区物资企业总购进额为23307万元,比1991年下降15.2%,购进物资与1991年相比,除铝材与水泥有较大上升,其余均大幅度减少。

物资销售　1991年,生产资料物资取消计划分配,生产资料的计划内价格和计划外价格(价格双轨制)也随之取消。地区物资企业从发展生产出发,采取跨省跨地区进货与销售的经营策略,是年完成总销售额30175万元,其中销售生铁5190吨,钢材77570吨,铜1928吨,铝材55吨,烧碱953吨,纯碱731吨,水泥29229吨,平板玻璃21271重量箱。1993年后,物资供应完全纳入市场经济范畴,地区国有物资企业由于经营体制不活,历史包袱过重,经济效益逐年下滑。至2000年,地区物资企业实现总销售额为25403万元,比1991年下降15.8%,销售品种与销售量均普遍大幅度下降。

1991年—2000年全区物资部门主要物资购进一览

表16-1-1

年份	生铁(吨)	钢材(吨)	铜(吨)	铝材(吨)	烧碱(吨)	纯碱(吨)	水泥(吨)	平板玻璃(重量箱)	汽车(辆)	废钢铁(吨)
1991	4166	75252	1925	84	1128	500	29240	20880		
1992	817	104782	6482	56	11	841	27651	20313		

续表 16-1-1

年份	生铁（吨）	钢材（吨）	铜（吨）	铝材（吨）	烧碱（吨）	纯碱（吨）	水泥（吨）	平板玻璃（重量箱）	汽车（辆）	废钢铁（吨）
1993	247	102616	7593	27	101	4599	18223	22995		
1994	136	36746	4153	12	5	943	13815	22022		
1995	141	44202		4	113	588	4475	206	521	1712
1996	59	65130	82		69	106	1307	6147	593	6096
1997	154	49094	404	6	64	179	18110	37405	428	7561
1998	167	51316	1541	1	57	455	46556	13582	435	4554
1999	622	45202	117	182	69	178	129505	3177	369	6701
2000	44	37782	18	482	18	1	33390		304	5371

1991 年—2000 年全区物资部门主要物资销售一览

表 16-1-2

年份	生铁（吨）	钢材（吨）	铜（吨）	铝材（吨）	烧碱（吨）	纯碱（吨）	水泥（吨）	平板玻璃（重量箱）	汽车（辆）	废钢铁（吨）
1991	5190	77570	1928	55	953	731	29229	21271		
1992	979	106688	6384	61	59	869	27245	24590		
1993	251	96716	7674	48	116	4547	19198	20075		
1994	136	39393	4209	50	247	1020	14248	16301		
1995	141	15502		14	113	593	3885	3713	503	3046
1996	59	66201	77		148	1074	1737	6989	593	6704
1997	157	47931	404	6	66	186	18149	23022	421	7287
1998	167	51575	1541	2	49	456	45017	17791	438	4645
1999	622	44858	117	115	77	169	132201	2160	374	6295
2000	44	38197	24	229	13	1	33097	643	283	5664

第二节 生活用品

2000 年，全区商业、供销社系统经营居民生活用品销售量与 1991 年相比，棉布、毛线、手表、自行车、缝纫机等生活用品有不同程度下降，而彩电、洗衣机、空调器等家电商品销量急剧上升，照相机、摩托车增长幅度较大。

主要商品销售 棉布 1990 年代，人们主要由买布制衣变成买成衣，居民衣着向成衣方面发展，各种款式的时尚服饰遍布街市。1991 年，全区商业供销社系统年度棉布销售量为 72566 百米，从 1993 年起，棉布销售量逐年下降，2000 年，棉布销售量仅为 34620 百米，比 1991 年减少 37946 百米。

毛线 羊毛衫、羊皮衣、羽绒服进入千家万户，各种羊毛衫在市场销售量增大，毛线销售滞销。全区毛线销售量由 1991 年的 126.5 吨下降到 1998 年的 32.6 吨，销售量比 1991 年减少 84 吨。

自行车 随着交通事业的迅速发展,越来越多的人已经使用摩托车或者乘坐公交车、出租车。城乡居民出行的主要工具不再是自行车。自行车销售量从1992年起逐年减少。全区自行车销量从1992年57964辆,减至2000年的29244辆,与1991年销售量相比降幅为38%。

缝纫机 1990年代,城乡居民衣着消费由剪布自制向购买成衣转化。从1993年起,传统脚踏式缝纫机年度销售量渐减,1998年,全区缝纫机实销6601架,比1991年减少9714架,比1993年减少22111架。

手表 1980年代后期,市场手表供过于求,由于电子、石英手表在市场占有率大增,机械手表销售量明显下降。1990年代,手表销售量逐年减少,1998年全区仅销售手表14517只,比1991年减少60888只。

摩托车 1990年代,高档耐用品迅速增加,摩托车已进入一部分城乡居民家庭。全区消费的市场,由厂家专卖或国有、私营经营的摩托车销售量与日俱增,全区摩托车销量逐年增加,由1991年的210辆,猛增到2000年的2817辆,2000年销量比1991年同期增长12.4倍,增幅居生活用品的首位。

照相机 1990年代,居民生活观念和生活方式发生深刻的变化,休闲娱乐生活丰富多彩,旅游怡情消费悄然兴起,照相机进入市场,销售量渐增。2000年,全区国有商业、供销社经营照相机销量达2084架,比1991年的412架增长4倍。

电视机 进入1990年代,城乡居民家庭拥有电视机由普及到更新换代,正逐渐向高档化发展,黑白电视机逐渐淘汰,彩色电视机销量大幅度上升。1990年代,电视机生产厂家和私营专卖代销网点剧增,彩电向大屏幕、多功能方向发展。全区国有商业、供销社经营彩电零售量由1991年的5748台,上升到2000年的18753台,2000年彩电销量比1991年增长2.3倍。全区彩电销量占电视机销售的比重由1991年的16%上升到2000年的71%,2000年彩电的比重比1991年提高55个百分点。

电冰箱 1980年代进入上饶市场,“七五”期间成为人们追求的家电新“三大件”(彩电、冰箱、录音机)之一。进入1990年代,成为人们居家必备的日用品,销售量平稳。1991年,全区电冰箱销售量6104台,1999年达到6179台,2000年销量5124台,稳中有降,比1991年减少980台。

家用空调器 1990年初进入上饶市场,1992年空调器销售实现零的突破,是年全区销售量只有181台。此后,随着人民生活水平不断提高,空调器逐步进入普通居民家庭,成为人们盛夏消暑的生活日用品。在全区市场流行的主要有长城、海尔、长岭、新科等品牌,形状有立式和卧式两种。空调器销售量呈逐年上升态势。从1992年起,全区销量以年均25%速度递增,猛增到2000年的811台,2000年全区国有商业、供销社销量是1992年的4.5倍。

洗衣机 1980年代中期进入上饶城乡居民家庭,开始在市场上销售的是单缸洗衣机。进入1990年代,双缸洗衣机和全自动洗衣机相继出现,销售量呈上升态势。1990年代,全区洗衣机持续旺销,1991年洗衣机销量为4549台,到2000年销量达到8195台,比1991年增加3646台,增幅为80.1%。

电风扇 自1970年代中期进入上饶市场起,逐渐成为城乡居民家庭必备的日用品。进入1990年代,其款式趋向高档、多功能、豪华型发展,各种吊扇、台扇、落地扇、壁扇应有尽有。2000年,全区国有商业、供销社销售电风扇117599台,比1991年增长1.1倍。

社会消费品零售额 1990年代,全区商业流通繁荣兴旺。全区社会消费品零售总额,

1991年为23.91亿元,其后,以年均13%的速度递增,2000年达到81.29亿元,比1991年增长2.4倍。

全区社会消费品零售额,按经济类型分,1991年全区国有商业零售额8.55亿元,集体经济零售额6.61亿元,个体经济零售额5.35亿元,其它经济零售额3.39亿元。1990年代初,随着流通体制改革力度加大,全区形成国有、集体、个体、民营、农民贸易多种经济成分并存,市场多元化的格局,个体私营企业迅速发展,城乡市场更加活跃。至1998年,全区社会消费品零售总额71.59亿元,比1991年增长2倍。其中,国有经济零售额14.90亿元,比1991年增长74.3%;集体经济零售额10.07亿元,比1999年增长52.3%;个体私营经济零售额为31.17亿元,比1991年增长4.48倍,增幅居首位;其它经济零售额15.45亿元,比1991年增长3.6倍。1998年,各类经济零售额所占比重与1991年所占比重相比,国有经济比重由35.77%降至20.81%;集体经济比重由27.66%降至14.07%;个体私营经济比重急剧上升,由22.38%上升为45.54%;其他经济比重由14.19%上升到21.58%。按行业分,2000年全区各行业零售额全面增长,其中餐饮业增幅持续高位运行。2000年,全区批发零售贸易业零售额47.51亿元,比1991年增长2倍;餐饮业零售额6.23亿元,比1991年增长9倍;制造业零售额5.74亿元,比1991年增长2倍;其它行业零售额21.80亿元,比1991年增长3倍。2000年各行业零售额所占的比重与1991年所占比重相比,批发零售贸易业比重由66.6%降至58.4%;餐饮业比重由2.5%上升到7.7%;制造业比重由8.3%降至7.1%,其它行业比重由22.6%上升到26.8%。按地区分,2000年全区城市消费品零售额实现49.47亿元,比1991年增长2.2倍;农村消费品零售额实现31.81亿元,比1991年增长2.8倍。

1991年—2000年全区供销社主要商品销售一览

表16-1-3

类别	1991年	1992年	1993年	1994年	1995年	1996年	1997年	1999年
电视机(台)	13263	28604	26624	22311	22204	13786	22372	22304
其中:彩电(台)	453	105	3942	2861	4662	4140	9088	13149
家用洗衣机(台)	109	751	1727	1770	2235	1599	3047	6086
家用电冰箱(台)	881	559	1451	1102	1264	1217	3992	3035
家用空调机(台)				62	24	1682	54	396
电风扇(台)	25144	29320	25783	25822	18531	17420	21730	22549
布匹(百米)	90428	68530	60284	59769	80445	65114	92553	103224
其中:棉布(百米)	45770	32821	25850	20397	22840	17146	23594	33286
毛线(千克)	98476	79319	81527	95729	92630	74589		
自行车(辆)	21102	24319	27573	20003	27940	15218	25815	21811
摩托车(辆)	64	336	338	305	8983	1139	1887	4090
缝纫机(台)	10967	13407	15667	13343	14282	9879		
手表(只)	29906	27457	21601	257	21690	18646		
照相机(架)	51	13	193	11	114	9	246	936
鲜蛋(千克)		15264	8478		4957	1709	16101	6506

说明:表中缺1998年、2000年资料

1991 年—2000 年全区国有商业供销社主要商品零售量

表 16－1－4

类别	1991 年	1992 年	1993 年	1994 年	1995 年	1996 年	1997 年	1998 年	1999 年	2000 年
电视机(架)	35951	53171	55628	32820	32728	26276	33211	36176	35770	26470
其中:彩电(架)	5748	7440	13975	6856	9944	13381	17311	18498	24791	18753
家用洗衣机(台)	4549	5155	8222	5103	5578	4660	4048	6780	12001	8159
家用电冰箱(台)	6104	5373	8182	5086	5540	4713	7364	5869	6179	5124
家电空调器(台)		181	165	212	382	738	638	586	1038	811
棉布(百米)	725.66	70966	37680	22410	23924	19647	24507	25592	35077	34620
毛线(千克)	126.510	104007	132324	111553	107890	95045	16062	32613		
自行车(辆)	47072	57964	53342	34734	41194	27618	36920	48390	31409	29244
缝纫机(架)	16315	19690	28712	17380	16652	10806		6601		
手表(只)	75405	68495	72746	38972	35333	42520	32176	14517		
照相机(架)	412	538	676	215	192	410	911	1587	2626	2084
机制薄纸(十千克)	19139	17842	30918	1338	1551	1131	739	1416		
食糖(百千克)	45555	62695	67751	32053	29469	36545	56080	50888	49271	47789
酒类(百千克)	17002	15133	38124	4506	6089	18228	9121	6951	11334	
鲜蛋(千克)	35412	43830	22148	6075	4957	3909	16101	14864	11529	12625
生猪(头)	57177	66702	22992	16027	15906	36326	60545	54664	77921	83608
摩托车(辆)	210	592	1158	762	1828	2192	2799	2841	2934	2817
电风扇(台)	57074	60982	71894	78316	81725	86574	100649	88196	123560	117599
煤炭(吨)	163273	154759	154197	39356	54466	58351	38584	20528	26149	

1991 年—2000 年全区社会消费品零售总额

表 16－1－5　　单位:万元

项目	1991 年	1992 年	1993 年	1994 年	1995 年	1996 年	1997 年	1998 年	1999 年	2000 年
社会消费品零售总额	239073	265765	300144	409731	530818	615007	692470	715930	767097	812858
按经济类型分										
国有经济	85508	92484	112159	108987	144333	136907	136971	148978		
集体经济	66126	68676	55737	69203	71795	77639	89398	100728		
私营经济			893	97	1945	21216	29267	57601		
个体经济	53526	63582	80568	142494	198273	286866	284790	254090		
联营经济						43	51			
其他经济	33913	41023	50787	88950	114472	92336	151993	154533		
按行业分										

续表 16－1－5

项目	1991 年	1992 年	1993 年	1994 年	1995 年	1996 年	1997 年	1998 年	1999 年	2000 年
贸易业	159244	173803	225608	268576	311236	401347	424426	430096	451332	475012
餐饮业	6081	8206	9657	16968	25611	50635	52170	50567	57461	62346
制造业	19766	25415	13648	27800	47791	45831	48255	56567	64867	57439
其它行业	53982	58341	51231	96387	146180	117194	167619	178767	193437	21061
农对非	33913	41023	42754	86919	132065	92331	132245	147130	158898	39514
按地区分										
县(市)	154735	176291	190773	232004	304103	335163	409797	436692	467939	494730
县以下	84338	89474	109371	177727	226715	279844	282673	279238	299158	318128

第三节 农业生产资料

农业生产资料是上饶地区供销社系统经营的主要商品。

1990 年代，全区供销社系统经营农业生产资料主要品种有化肥、农药、农膜、农具等。2000 年，全区供销社系统农业生产资料销售额为 35935 万元，比 1991 年增长 38.7%。

化肥 大化肥有尿素、氯化钾、复合肥等；小化肥有碳酸氢铵、各种磷肥。1994 年前，大化肥一直由地区农资部门按计划调拨供应，供销社专营，各县（市）农业局，按各乡（镇）田亩数分配，各零售店负责供应。小化肥则自行采购，议价敞开供应。1995 年取消化肥的计划统配制度，化肥由专营改为"一主两辅"（以农资公司为主、生产厂家和农业局土肥站、植保站、农技推广站为辅）的经营方式。1998 年，国家对化肥流通的管理由直接计划管理为主改为间接管理为主，拓宽化肥流通渠道。全区供销社系统化肥销售量下降，2000 年销售量降为 302225 吨，比 1991 年减少 66138 吨。

化学农药 1990 年代，全区供销社系统农药经营仍以零售为主。经营的农药品种有四大类 20 多个品种。杀虫剂类有敌敌畏、甲胺磷、乐果、杀虫霜、叶蝉散等。杀菌剂类有呋喃丹、托布津、井岗霉素、硫酸铜等。除草剂有除草醚、敌稗。杀鼠类有磷化锌、安妥等。主要从上海、浙江、江苏和江西的农药厂购进。为切实加强农药管理，1990 年代中期，各县（市）政府明文规定农药经营单位必须经农业行政部门审查同意，核发农药经营许可证后，方可经营，所销售农药必须具备"三证"（农药登记证、农药生产许可证和产品标准证）。剧毒农药禁止销售，销售人员必须持证上岗。1990 年代，全区供销社系统各种农药销售量下降。由 1991 年的 2462 吨，降低到 2000 年的 1643 吨。

农用塑料薄膜 1997 年以前，全区农膜经营分计划内和计划外两种。每年计划内拨给的农膜，按江西省农贸公司下达计划数在上饶市塑料厂进货，并由各县（市）农资公司按各村早稻和蔬菜种植面积进行分配，执行高价进低价出、国家补贴的优惠政策供应。1997 年后，政府取消原材料的价格补贴，造成农膜生产企业成本倒挂，无法正常生产。全区计划内农膜供应也随之取消。计划外农膜则采取高进高出办法经营。全区供销社系统农膜销售量，由 1991 年的 829 吨，降为 2000 年的 153 吨，销售量减少 676 吨。

农用机具　中小农具,一直是非计划商品,任何企业及手工作坊均可经营。铁制农具有犁头、犁壁、耙齿、铁锄、条锄、菜锄、铁铲、镰刀、柴刀等;竹制农具有竹箩、晒垫、簸箕、斗笠、扁担等;木制农具有犁箭、犁横柴、风车、木桶、尿桶、锄头柄等;棕制农具有牛绳、箩绳等。1990年代,上述大部分农具逐渐被塑料制品所替代。供销社对中小农具经营做到有货销售、不脱销,但销量不大。1990年代中期,由于农用机械的增多、中小农具销售呈逐年下降趋势。全区销售量由1991年的22.46万件,1996年降到12.03万件。

1991年—2000年全区供销社系统农业生产资料主要品种销售量

表16-1-6

年份	销售总额（万元）	化肥（吨）	农药（吨）	煤炭（吨）	农具（百件）	农膜（吨）	柴油（吨）	汽油（吨）	煤油（吨）
1991	25386.21	368363	2461.82			828.86	6826.4		
1992	23909.04	347941	1859.1			736.752	4143.4		
1993	25397.36	313657	1414.51	1412	2146	387.162	2186.4	1036.3	3943.7
1994	29606.95	42395	99.49	793	1763	160.952	2645.8	1514.2	1912.6
1995	35775.91			1930	1494		2802.8	1742.1	947
1996	59480.89	394530	2694.21	6717		458.04	3589.1	1315.1	962.7
1997	41004.36	460126	153.45	1346			3036.4	1483.3	1161.6
1998				3357	1203				767.8
1999	3142.38						5471.4		
2000	35934.98	302225	1643.39			153.355		1693.6	

第四节　石　油

1985年1月,按照国务院国发〔1984〕142号文和江西省政府赣府发〔1985〕20号文,上饶石油分公司成建制从上饶地区商业局划出,归中国石化销售公司江西省石油公司领导,分公司于1985年1月开始对上饶地区12个县(市)的石油经营机构进行交接,至6月底,除上饶市之外,都已交接完毕。

机构人员　1991年,改称为中国石化销售公司江西省石油总公司上饶分公司,机关内设:行政办、财务科、业务科、销售科等9个职能科室。下设润滑油公司、灵溪油库和11个县(市)石油支公司。是年,分公司在册职工有216人,全区县(市)支公司有职工377人。

2000年,企业名称改为中国石油化工股份有限公司江西上饶石油分公司和中国石化集团江西石油总公司上饶分公司,一个是上市公司、一个是实业公司,二块牌子、一套班子。改制后的机构:主业公司有办公室、政工办、综合办公室、人事教育科、财务资产科、审计科、储运安全科、油库、加油总站、润滑油公司、车队;实业公司有综合办公室、人事教育科、经营管理科、财务资产科。改制后的11个县(市)石油支公司,除波阳、余干、婺源建制划为景德镇、鹰潭管理外,其余8个县(市)改为石油经营部。2000年改制后分公司在册职工有223人,8个县(市)

经营部在册职工有516人。

体制改革 1991年4月,上饶石油分公司第一次进行收入分配制度改革,由原来的固定工资制改为实行工资与企业经济效益挂钩,实行浮动工资制。

1996年3月,上饶石油分公司在用工上全面实行劳动合同制制度,全员职工从法律上以合同文本的形式界定了员工与企业的劳动关系,在一定程度上打破正式职工、合同工、大集体、临时工的身份界限。同年5月,波阳、婺源、余干等县支公司建制分别划归景德镇、鹰潭石油分公司管理。

2000年8—12月,上饶石油分公司全面开展正式职工自愿与企业解除劳动关系的改制工作,当年,全系统有394人解除劳动关系。

石油经营 1991年以前,石油是计划供应物资,石油整个购销活动都是在国家指令性计划的控制下进行的,仍执行上级计划分配各用户和粮食奖售柴油、按计划分配凭票(证)到指定地点购油。随着社会主义计划经济向市场经济转变。1992年开始,石油经营也由计划经济逐步变为市场化。

计划外采购是企业进货的主要渠道,企业开始实行独立核算,自主经营、自负盈亏的法人实体运行方式,公司的职能由双重职能向专业公司过渡。1994年5月,取消计划指标,实现价格的并轨。企业经营的油品完全转入市场销售,价格随行就市,企业职能向经营型转变。取消计划指标,石油供应由封闭垄断转向放开竞争,全区出现多家经营石油的局面。全区各县(市)一些企业单位及个体经营户参与石油商品的经营,在公路两旁兴建加油站,设立售油点。全区石油公司为开拓市场,深入进行经营机制改革,积极组织货源,扩大自采油量,合理安排石油供应,保证城乡用油需要。

1998年国务院对石油体制进行重大改革,将石油行业组成二大集团公司,按地域关系上饶石油划入中石化,使石油行业进入集团化、一体化的经营阶段。1999年10月,分公司第一次与当地政府协调,对全区成品油市场进行全面清理,监督整顿。

2000年,全区石油商品销售额32680万元,比1991年增长2倍;石油销售量195182吨,比1991年增长72.79%。其中汽油64058吨,柴油129227吨,煤油964吨,润滑油933吨。

1991年—2000年上饶地区石油公司石油商品销售情况

表16-1-7

年份	销售额(万元)	销售量合计(吨)	其中			
			汽油	柴油	煤油	润滑油
1991	10811	101269	39540	52678	5743	3308
1992	10350	93040	40464	46433	3792	2351
1993	13223	10635	41947	51099	4899	2691
1994	9739	74907	28607	43920	1523	857
1995	16594	126432	48505	74708	1529	1690
1996	19237	129841	51302	76071	2039	429
1997	15366	173907	68104	103322	1591	890

续表 16－1－7

年份	销售额（万元）	销售量合计（吨）	其中			
			汽油	柴油	煤油	润滑油
1998	25246	186886	70097	115262	731	796
1999	28085	148881	50046	96494	1542	799
2000	32680	195182	64058	129227	964	933

说明：①石油销售量包括全地区 11 个县（市）支公司；

②石油销售额从 1996 年改制后，未包括波阳、婺源、余干 3 个县石油经营部的数据。

第五节 煤 炭

1990 年代，全区煤炭仍由上饶地区煤炭公司及各县（市）煤炭公司经营。1991 年前，煤炭仍实行计划供应，在国家价格监控下，对城镇居民用煤实行凭证定量供应。全区原煤购进主要来自山东与省内萍乡、丰城、横丰等地煤矿及上饶、广丰等县小煤矿产品。

1992 年下半年，原煤市场煤炭经营全面放开，国家取消城镇居民的平价煤供应指标，取消煤炭经营政策性亏损补贴。从 1993 年起，液化气亦逐渐充裕，城镇居民燃料消费结构发生变化，煤炭销售量开始下降。上饶地区国有商业生活煤炭销售量由 1993 年的 154197 吨，下降到 1994 年的 32639 吨。从 1995 年后，各县（市）财政取消对煤炭销售的补贴，煤炭行业开始走向市场，自主经营，自负盈亏。1996 年后，各县（市）煤炭公司通过经营体制改革，实行经营承包责任制或职工自行组合经营。煤炭市场剧变，集体单位和个体户经营点增多，煤炭行业经营日渐低落，至 2000 年，全区国有商业生活煤炭销售量仅为 26149 吨，比 1991 年减少 137124 吨。

第六节 烟 草

机构人员 上饶地区烟草专卖局（分公司），1991 年，局机关内设政工科、销售科、财务科、行政办公室等 12 个科室，与卷烟经营部，共有在册职工 68 人。2000 年，地区烟草专卖局（分公司）机关内设行政办公室、政工科、销售科、财务科等 13 个科室和卷烟销售经营部，共有在册职工 67 人。

卷烟销售 1987 年以后，卷烟市场由于受多渠道计划外购进卷烟的冲击，加之国家放开 13 种名烟价格，实行市场调节，全区卷烟市场发生急剧变化，省产烟销售开始滑坡。1991 年以来，全区各县（市）烟草专卖局根据江西省烟草专卖局（公司）提出的坚持两个为主（以销售省产烟为主，以本地市场为主）一个刹住（坚决刹住计划外进烟）的要求，积极调整经营策略，深化企业内部改革，加快转换企业经营机制，全面推行经营管理承包责任制，进一步改进和完善工效挂钩，把奖罚措施与省产烟销售紧密结合起来，公司与基层、领导与职工，分别签订责任状，共担风险，强化专卖管理，搞活流通，扩大购销业务，有效促进省产烟的销售，市场占有率稳步上升。

1990 年代后期，地区烟草专卖局（分公司）、各县（市）专卖局（公司）继续坚持以市场为导向，以省产烟为重点，以经济效益为中心的经营方针，积极组织货源，加强企业内部管理，在发挥本系统主渠道作用的同时，利用城镇国有商业、农村供销社和集体、个体等各种渠道，形成一个四通八达的销售网络。2000年，全区卷烟销售量94491（大箱），比1991年增长1.3倍，其中省产烟销售81081（大箱），比1991年增长2.7倍，省产烟销售市场占有率由1991年的54.6%，上升到2000年的85.8%，比1991年提高31个百分点。是年，全区卷烟销售额105840万元，比1991年增长3.3倍，实现利润1403万元，比1991年增长5.2倍，完成税金2258万元，比1991年增长5倍。

烟草市场管理 1990年以前，由于烟草市场专卖管理较薄弱，地下批发、无证经营、销售走私、假冒牌号卷烟等情况较严重，计划外卷烟通过多条非法渠道不断流入上饶地区，挤占全区卷烟市场，省产烟在上饶地区的占有率不断下降，国有商业卷烟销售主渠道日趋萎缩。1991年1月，上饶行署在上饶市召开全区烟草市场专项整治工作会议，整治重点是取缔各种类型的卷烟交易市场，打击长途贩运、地下批发、走私贩私、无证经营等不法活动和查堵计划外卷烟的流入。

1991年开始，上饶地区及各县（市）烟草专卖局（公司）依照《中华人民共和国烟草专卖法》、《烟草专卖实施条例》和《江西省烟草专卖条例》，结合当地实际情况，加大执法力度，在当地公安、工商、技术监督等部门的密切配合与大力支持下，围绕"持证经营率，按规定渠道进货率、省产、地产烟覆盖率"三方面开展卷烟市场整治工作，依法打击假冒、贩运、走私、乱渠道进货，取缔无证经营、地下批发等违规行为，规范烟草流通秩序。1995年以后，各县（市）相继成立烟草专卖稽查大队（下设中队）。1998年1月，上饶地区烟草局成立专卖稽查支队。至2000年，全区共成立烟草专卖稽查支队1个、稽查大队14个、中队50个，充实了专卖队伍力量。在烟草市场专项整治工作中，全区各县（市）采取经常检查和临时检查相结合，一般检查和重点检查相结合，设卡检查和流动检查相结合的方式。1991—2000年，上饶地区烟草专卖局专卖执法共查处违法卷烟案件5600多起，罚没金额2710万元，查扣卷烟12万余件，销毁假冒品牌卷烟4万余件。

1991年—2000年全区卷烟经营情况

表16－1－8

年份	卷烟销售（大箱）		销售额（万元）	税额（万元）	实现利润（万元）
	合计	省产烟			
1991	40265	21978	24646	371	225
1992	57941	37381	38269	574	222
1993	63243	34733	47999	307	108
1994	106924	51163	44637	498	383
1995	63395	36152	68009	1709	2140
1996	75165	63311	62207	1052	2190
1997	68412	62052	60856	1786	2076
1998	70545	65510	70026	862	900
1999	71448	62383	66628	1151	337
2000	94491	81081	105840	2258	1403

1991 年—2000 年上饶地区烟草专卖局专卖执法查处情况

表 16－1－9

年份	查处违法经营贩运卷烟（起）	查扣卷烟（件）	罚没金额（万元）	销毁假日品牌卷烟（件）
1991	122	2702	20	1616
1992	150	7667	30	2112
1993	168	8678	62	2816
1994	179	9768	102	3684
1995	230	11098	210	3971
1996	410	13280	289	4321
1997	580	14117	363	4687
1998	996	16731	489	4896
1999	1102	17429	510	5213
2000	1663	18530	635	6684

第七节　食　盐

机构设置　1983 年 7 月，江西省人民政府赣府〔1983〕57 号文件核定了全省盐业系统体制改革方案，成立江西省盐业公司、江西省盐业局，两块牌子、一套班子，实行体制改革。上饶地区盐业公司从地区商业局划出，于 1984 年 10 月改制为江西省盐业公司上饶分公司，并成立江西省盐务局上饶分局。重新确定以交通经济流向的隶属管理关系，原上饶地区公司下属的鹰潭市食盐批发部划出，并成立鹰潭市盐业公司，鹰潭市盐务分局，辖销上饶行政区内的万年县、余干县。改婺源县、乐平市盐业公司隶属景德镇盐业公司（原乐平市公司属上饶地区公司管辖）。至此，上饶地区盐业公司隶属有玉山、弋阳、波阳 3 个县公司，1985 年玉山、弋阳、波阳县相应成立江西省盐务局玉山县局、弋阳县局、波阳县局。玉山县盐业公司辖本县区域和广丰县大南、湖丰 2 乡镇。波阳县公司辖销本县区域和万年的石镇梓埠镇。弋阳县公司辖销本县区域和德兴市的万村、张村乡、黄柏乡，铅山县汪二、湖坊、陈坊、大源、新安 8 个乡镇。上饶地区辖销上饶市、上饶县、广丰县、铅山县、横峰县及德兴市绕二镇。上饶行政区内的德兴市其余乡镇由乐平市公司辖销。

1991 年，江西省盐业公司上饶分公司机关内设办公室、业务科、财会科、盐政管理科等 6 个科室和五桂山批发部，有职工 63 人。1992 年，成立贸易开发公司。

2000 年 8 月，上饶地区撤地改市，更名为江西省盐业总公司上饶市公司、江西省上饶市盐务局。机关内设办公室、业务科、财会科、劳动人事科、盐政管理科、五桂山批发部、盐海贸易开发公司。是年，有职工 60 人。

食盐专营　1991 年以来，根据 1990 年 3 月中华人民共和国国务院令第 51 号《盐业管理条例》、1992 年 3 月江西省人民政府令第 11 号《江西省盐业管理实施办法》、1996 年 5 月 27 日中华人民共和国国务院令第 197 号《食盐专营办法》的精神，全区各县（市）盐业公司成立相应的机构，配备人员，专门负责食盐专营和盐政管理。食盐专营实行四证制度（生产企业定点生产许可证、运销企业批发许可证、运输准运证、零售商零售许可证）。上饶地区是食盐纯销区，由辖销内盐业部门核发食盐零售许可证。从1991年起，上饶地区、各县（市）盐业公司核发辖区域零售许可证，至2000年，上饶分公司辖区域内核发零售许可证共2294家，其中上饶市发证698家，上饶县302家，广丰县498家，铅山县482家，横峰县256家，德兴绕二镇58家。此外，上饶地区行政内玉山县发证361家，弋阳县674家，波阳县665家。全区食盐供应由江西省盐业公司上饶分公司专营，按省盐业公司指令性计划，从产盐区运发食盐，然后拨给各县（市）公司，并由各县（市）副食品商店及个体经营户持证零售。2000年，上饶地区盐业公司辖区食盐销售量26705吨，比1991年增长12%。

食盐市场管理 根据1994年6月27日江西省人民政府颁布的《江西省食盐加碘消除碘缺乏病危害管理条例》、1994年8月23日国务院令第163号《食盐加碘消除碘缺乏病危害管理条例》的精神，1994年，上饶地区盐业公司调拨加碘盐1156吨，主要供应上饶市及上饶、广丰、铅山、横峰等县城，病区人口达21万人。

1994年以来，全区各县（市）盐业公司在公安、工商、卫生部门的密切配合下，严厉查处经销劣质盐和非碘盐行为，处理违章案件，收缴私盐，杜绝非碘盐上市。1995年，全辖区共上路稽查566人次，出动车辆100趟次，查获非碘盐、私盐89.72吨，端掉私盐窝点6个，罚款2.6万元。

碘盐供应 1996年6月1日起，全区一律供应小包装（500克）碘盐，是年全区碘盐销售量达4348吨。1997年起，全辖区人口全部供应加碘盐。

1998年8月，国家轻工业局盐业管理办公室、中国盐业总公司联合下达《关于开展1998年全国食盐专营工作大检查的通知》，根据这一通知，地区盐务局、县（市）盐业公司，会同工商、公安、卫生、技术监督等部门进行整顿盐业市场，坚持打击非碘盐和私盐冲击市场的不法行为的大检查。并在大检查的同时，广泛宣传碘盐，千方百计扩大碘盐销售量。

至2000年，上饶盐业公司辖区内碘盐供应量累计达46716吨，确保食盐市场稳定和城乡人民食用碘盐的需要。通过全面执行和监控加碘食盐的供应，上饶地区碘缺乏病得到有效的控制。据上饶地区防疫站资料表明，截至1997年末，全区各县（市）就实现了消除碘缺乏病的阶段性目标。其中上饶市在全省县级市中为第一个消除碘缺乏病的达标市。

1991年—2000年上饶地区盐业公司辖区食盐销售情况

表16－1－10 单位：吨

年份	上饶	玉山	弋阳	波阳	辖区合计	余干	婺源
1991	12406.83	3435.33	3000.23	5011.23	23853.62	1312	1553
1992	11448.7	3866.69	3102.45	3887.2	22305.04	1079	1861
1993	12809.91	5167.15	3106.02	5592.28	26675.36	1144	2223
1994	8630.96	3652.91	2677.49	3517.66	18479.02	980	1418
1995	11510.55	3231.25	1909.24	3552.29	20203.33	722	1287
1996	12451.09	3582.15	2575.38	3182.83	21791.45	1370	1595
1997	10952.55	4289.25	2660.24	4677.84	22579.88	2480	1254

续表 16－1－10

年份	上饶	玉山	弋阳	波阳	辖区合计	余干	婺源
1998	12074.62	4623.35	3096.27	6500.89	26295.13	4234	1439
1999	12930.17	4357.35	3175.22	7005.86	27468.6	4411	1519
2000	12728.3	4110.5	2774.86	7091.38	26705.04	3559	1492

说明:上饶地区盐业公司辖区外的仅有余干、婺源两县资料。

第八节　医　药

机构设置　上饶地区医药管理局系上饶地区医药行业的行政管理部门,与上饶地区医药公司合署办公。1991 年,局机关内设办公室、财务、生产等 10 个科室。下设药品、中西医疗器械、化学试制玻璃仪器 3 个业务站,机关人员 38 人,全地区各县(市)公司共 2251 人。

1992 年 9 月,开办上饶地区医药公司综合经营部。1993 年 6 月,成立江西省医药管理局科技信息中心站上饶地区分站。同年 12 月,上饶地区医药公司综合经营部更名为上饶地区医药贸易发展公司。1994 年 1 月,成立上饶地区医药三零实业公司,撤销医药器械化学玻璃仪器科(站),成立医疗器械科(站)和化学试剂玻璃仪器科(站)。同年 4 月,上饶市药品包装厂从上饶市医药公司划出,隶属上饶地区医药公司直接管理。同年,江西省医药公司上饶分公司更名为江西省上饶地区医药公司。1995 年 1 月,上饶地区医药公司驻鹰潭市中药材仓库、上饶地区医药公司鹰潭经营部移交鹰潭市医药公司经营管理,其国有资产无偿移交鹰潭市公司接收。1996 年 2 月,成立上饶地区医药公司中药饮片厂。1997 年,成立江西制药有限责任公司技校上饶分校。1998 年 4 月,成立上饶地区医药企业职工再就业服务中心。同年 12 月,决定设置:上饶地区医药公司新特药分公司、上饶地区医药公司药品分公司、上饶地区医药公司中药材分公司、上饶地区医药公司化学试剂玻璃仪器分公司、上饶地区医药贸易发展公司。

2000 年 10 月 30 日,因上饶撤地设市,上饶地区医药公司变更为江西省医药集团上饶公司。同年 12 月,上饶地区医药管理局变更为上饶市医药管理局。

2000 年,江西省医药集团上饶公司(上饶市医药管理局)机关内设办公室、财务、综合、零售管理等 8 个科室。下设采购部、批发部、储运部、中药经营部、器械化玻璃经营部 5 个部。机关人员 44 人。各县(市)公司人员 2329 人。

医药流通体制改革　1991 年以后,全区医药行业加快企业经营机制转换,推进各项改革。一是全面放开三级站经营,改革购销关系,进一步打破区域限制。与此同时,全区医药行业开拓经营服务领域,在医药商品经营中,除国家法规明确规定限制的外,均可扩大经营范围。二是各县(市)医药公司积极开展多种经营,从单一药品经营向多种形式经营转变。有些县(市)公司改革中药材经营机制,创办以国有商业为主体,联系千家万户,集中药材产、供、销为一体的经济实体。三是全区医药流通企业,调整企业组织形式,根据医药行业的特点和企业不同情况,基础比较好的企业,在完善经营责任制的同时,进行股份改制或组建企业集团,以多种形式加强联营或联合;商业零售亏损企业实行国有民营。四是全区医药企业继续深化改革,按照系统承包,上交利润,递增包干,超收分成,减收自补的形式,地区分公司分别与各县(市)公司、直属药厂实行承包合同,全区医药系统普遍实行工资与效益挂钩。

中西药品经营 1990年代,全区医药行业主要经营中药材、中药饮片、中成药、化学原料药品及其制剂、抗生素、生化药品、血液制品和诊断药品9大类。1991年以来,全区医药行业由单一的药品经营向多种经营转变。加强商卫、工商之间联营,积极推行合同制、代理制等多种经营方式。为适应市场变化,强化行业管理,修订和完善经营管理,及购、销、调、存的各个环节的制度与措施。同时,全区各县(市)医药公司,重视医药商业网点和基础设施建设,不断扩大中医药经营网点,向全区重要集镇增设综合性批发零售网点,使全区大多数乡镇,特别是边界地区都有药店。

全区中西药经营网点由1991年192家上升到2000年的278家,新增86家。全区中西药品销售额由1991年12894万元猛增到2000年的28023万元,比1991年增长1.2倍。

医药市场管理 1991年以来,地、县(市)医药公司,对全区医药市场坚持宏观管好、微观放活,批发管严、零售从宽,治疗药品管严,国家允许上市的中药材、健字号滋补品从宽的原则,在整顿医药市场方面,坚决依法办事,并在当地政府领导下,配合有关部门查处打击制售伪劣假冒药品的违法活动,从而确保医药市场活而有序、活而不乱。

1992年8月,在上饶行署的重视和有关部门的支持下,召开全区整顿医药市场工作会议。行署办公室下发《关于坚持药品批发统一经营的通知》,并作以下规定,严厉打击制售假冒伪劣药品的犯罪行为,凡是制售伪劣假冒药品者,给予经济、法律的制裁,非医药商品专营部门一律不准从事药品批发业务,违者按有关规定给予严肃处理,经营兽禽药品的单位,一律不准经营人用药品,违者严肃处理。全区医药公司坚持依法经营,严格管理,杜绝假冒伪劣药品进入医药流通渠道。

专记

老字号鸿春堂

清朝末年至民国期间,鸿春堂是上饶集批发、零售于一身中药店铺之一。由于经营灵活,在上饶较有名气,该店于民国17年(1928)从铅山县河口镇迁入上饶县域,坐落在上饶西门(今为信江中路1号),占地158.29平方米,建筑面积达238.21平方米。股东(掌柜)邹初和,企业性质独资,从业人员10余人,流动资金1.6万银元。

1997年,上饶市医药公司为了继承和发扬中医中药的传统国粹,发挥老字号药店的信誉和影响,投入100余万元在鸿春堂原址上兴建一栋7层综合大楼,一楼为医药商场,营业面积400多平方米,商场重新启用鸿春堂招牌。原先的鸿春堂进货,一般都是在外地设庄收购,长途贩运;经营方式为前店后坊,加工炮制饮片,自制膏药、丸、散、成药等。如今的鸿春堂药店实施连锁经营,统一进货渠道和销售价格,市场占有率不断扩大。2000年,鸿春堂发展到14家连锁药店,遍布上饶城区,销售额达1000万元。2002年年初,鸿春堂与上海医药股份公司重组,更名为黄庆仁栈华氏大药房。

1991 年—2000 年全区中西药经营情况

表 16－1－11

年份	中西药经营网点(家)				销售额合计(万元)	其中				
	合计	其中				中药材	中西成药	化学试剂	玻璃仪器	器械
		国有	集体	个体						
1991	192	51	62	79	12894	2542	9508	84	14	746
1992	194	51	62	81	13332	2826	9593	95	18	800
1993	194	51	62	81	14434	2803	10740	114	27	750
1994	197	51	63	83	13667	2144	10654	114	46	709
1995	201	52	63	86	16259	2645	12607	87	45	875
1996	210	54	65	91	17526	3175	13269	110	41	931
1997	231	58	68	105	19517	3113	15359	110	48	887
1998	253	62	71	120	19626	3180	15474	101	44	827
1999	264	66	71	127	23409	2956	19573	130	45	705
2000	278	67	75	136	28023	2360	24838	133	45	647

第九节　农副产品

1990 年以前,农副产品由供销社独家经营,1991 年以后,全区农副产品购销和废旧物资收购仍是上饶地区供销社商业主营业务。1990 年代,全区供销社系统农副产品购销主要品种有棉花、茶叶、黄(红)麻、桐油、晒(烤)烟、中药材、生猪、土纸。

棉花　1991 年在市场放开,大量棉花流入市场的情况下,全区供销社系统收购量达 6656 吨,当年棉花销售量为 4356 吨。此后,棉花收购量逐年减少,至 2000 年全区棉花收购量为 1842 吨,比 1991 年减少 4816 吨。是年,棉花销售量 4240 吨,比 1991 年减少 116 吨。

茶叶　1991 年,全区供销社系统茶叶收购量 607 吨,销售量 610 吨。2000 年茶叶收购量 452 吨,销售量 501 吨。与 1991 年相比,茶叶购销量分别减少 155 吨与 109 吨。

黄(红)麻　1990 年代,由于黄麻供过于求,市场滞销,收购量与销售量逐年下降。至 1995 年,全区黄麻收购量 180 吨,比 1991 年减少 145 吨,是年销售量 89 吨,比 1991 年减少 238 吨。

桐油　区境内桐油产量较少,大部分靠外地购进。桐油销路主要用于油漆制造业,全区年均销量在 150 吨左右。1991 年,全区供销社系统桐油收购量 152 吨,当年销售量 174 吨。1992 年桐油收购量与销售量分别达到 192 吨与 202 吨,是 1990 年代全区购销量最高年份。其后,桐油购销量日渐减少,至 1995 年,全区桐油收购量仅有 74 吨,销售量为 107 吨,与 1991 年相比,购销量分别减少 78 吨与 67 吨。

晒(烤)烟　1990 年代,由于市场放开,收购部门收购量与销售量渐减。全区供销社系统晒(烤)烟收购量由 1991 年的 2611 吨,降至 1996 年的 217 吨;销售量也由 1991 年的 1666 吨,降至 1995 年 92 吨。

中药材　1990 年代,全区供销社系统中药材收购量与销售量均在 30 吨～60 吨波动,中药材收购量由1991年的51吨上升到2000年的66吨，比1991年增加15吨；而销售量都由1991年的57吨降至2000年49吨，比1991年减少8吨。

1991年—2000年上饶地区供销社系统主要农副产品购销量情况

表16-1-12

品种		1991年	1992年	1993年	1994年	1995年	1996年	1997年	1999年	2000年
棉花（吨）	购	6655.7	7768.1	1931.1	12597.4	9268.8	5496.5		460.3	1841.6
	销	4356	8430.6	1908.9	9629.4	8953	6051.5		279.9	4240.4
茶叶（吨）	购	606.88	864.48		469.65			1385.51	232.41	452.2
	销	609.79	880.28		345.33			388.07	74.62	501.4
黄红麻（吨）	购	324.7	202.8		149.7	179.8				
	销	326.8	211.1		64.9	89.3	12.3			
土纸（吨）	购	924.3	1084.1							
	销	859.3	1089							
桐油（吨）	购	151.6	191.7	7.5	99.8	39.4	73.7			
	销	173.5	202.3	24.1	146	42.6	106.6			
晒（烤）烟（吨）	购	2611.3	1750.4		156.7	84.7	217.3			
	销	1666	1170.5		49.6	91.9	1			
中药材（万元）	购	50.54	31.65	22.28	24.03	28.68	46.27	35.82	41.8	66.05
	销	56.82	34.69	27.2	62.24	44.89	63.91	34.17	40.5	49.13
废旧物资（万元）	购	2961.09	4415.41	2216.6	2785.98	1718.2	3339.72		1502.32	
	销	3433.99	5072.74	246303	3126.65	1788.05	1113.1		1745.83	

说明：缺1998年资料。

第二章 城乡市场

第一节 商业网点

商场建设 1990年代，上饶地区坚持统一规划，优化结构，形成规模，强化管理的市场建设方针，采取多种措施，调动各方面的积极性，多层次、多渠道兴办各类商品市场。商品市场投资主体已由单一的部门行为，逐步转向多元化投资的新格局，个体、私营、集体、企事业单位的投资已成为商品市场资金的主要来源，并逐步建立适合不同层次消费需求、购买方便、遍布城乡、结构布局合理的商业网点。

1990年代，上饶地区商业部门通过银行贷款、招商引资、利用外资、资产变现、职工集资、施工方垫资等途径先后在上饶商业闹市区(上饶市)新建了上饶大酒店、正大商厦、糖酒大厦、鑫源批发市场,扩建了国贸大厦。1990 年代地直商业网点累计投资达 1.86 亿元,是 80 年代投资总和的 10 倍。2000 年,地直商业网点建筑面积比 1991 增长 11.8 倍,也是全区商业网点建设最快最好的时期。全区供销采取自筹资金和银行贷款等形式,共投入近亿元资金,用于商业楼房建设,在全区城市和农村集镇新建扩建一大批商贸大楼、综合性商场以及其他经营场所。

1991 年—2000 年,上饶市商业、供销社系统按照上饶市政府提出的充分利用地理优势,把搞活流通作为经济的重点和突破口,扩大商业网点,增强吞吐能力的要求,加快商业营业网点建设,建成一批集购物、娱乐、旅馆为一体的上规模、高档次、多功能的大中型商场。至 2000 年,上饶市商业、供销系统经上饶市计划委员会批准立项新建的综合大楼 16 栋,即国泰商厦、明珠商厦、大江南商厦、华联商厦、亚细亚商厦、溢洲商厦、五三商城、人民照相馆、新都宾馆、解百商厦、东方商厦、桃花园公寓,共计投资 15893 万元,总建筑面积 10.18 万平方米,其中营业面积 7.99 万平方米。

零售网点　1991 年,全区商业零售网点有 35008 个,其中国有商业 1260 个,供销社及其他集体商业 4678 个(供销社 3682 个),个体私营商业 29070 个(含私营商业 12 个)。

1990 年代,全区商业系统推行四放开,实行三多一少(即多种经济成分、多种经营方式、多种渠道、少环节)的流通体制,非国有经济有较快发展,改变国有商业一统天下的局面,形成多种经济成分并存,市场多元化的商品流通网络。至 2000 年,全区商业零售网点有 31113 个,其中,国有商业 3817 个,供销社商业 3566 个,个体私营商业 23730 个。全区贸易业零售额 4.75 亿元,比 1991 年增长 2 倍。其中个体私有商业零售额由 1991 的 3585 万元增加到 1.88 亿元,比 1991 年增长 5.24 倍。个体私有商业零售额占社会消费品零售额的比重由 1991 年的 1.5% 上升到 2000 年的 23.2%,提高了 21.7 个百分点。

批发机构　1980 年代后期,工业自销零售兼批发,地区出现民营和个体商业经营批发。进入 1990 年代,全区国有商业批发和供销社商业的批发机构及个体私营商业从事批发业务的持续增多,特别是各县(市)城乡个体私营商业店铺密集,商品丰富,品种繁多,批发业务灵活。全区民营批发企业蓬勃兴起,家电专营、酒类专营,服装专营和超级市场、批发市场等一大批专营公司和专业市场实行批零兼营,厂价直销逐步取代同合商业批发企业,成为上饶生活资料流通领域中的新渠道。至 2000 年年末,全区商业批发机构(网点)发展到 4530 个,比 1991 年增长 97%,其中,国有商业 1163 个,同比增长 42.2%;供销社及其他集体商业 1323 个,同比增长 47.5%;个体私有商业 2044 个,同比增长 2.5 倍,增幅居首位。

商厦选介　*上饶九重天大厦*　位于上饶市赣东北大道 137 号,原地区供销社商业局办公大楼,旧址拆迁兴建,1999 年 1 月 9 日竣工开业,占地面积 645 平方米,建筑面积 6000 平方米,楼高共 9 层,总投资 1000 万元。是中共上饶市委、市政府城市规划建设的重点工程之一。大厦外观造型新颖,服务功能齐全,是一座集娱乐、休闲、餐饮、宾馆、购物、办公为一体的综合大楼。

溢洲商厦　位于上饶市中山路与赣东北大道交汇处。1992 年,中山路拓宽,在原综合商场旧址上扩大规划用地 1650 平方米重建新楼,楼高 21 层,营业面积 1.6 万平方米,是一座集购物、餐饮、娱乐、住宿、休闲为一体的多功能大型商厦,总投资 5000 万元。1996 年 2 月 6 日竣工开业。商厦 1 至 4 层(6000 平方米)为购物中心,经营副食品、家用电器、文化用品、化妆品、百货、服务、金银首饰等 5 万余种商品。5 ~ 19 层为客房部、餐饮部、娱乐部、商务中心、美容美

发厅、卡拉OK厅及健身、浴房等。地下室2层为停车场和备用电房。商厦安装上下自动扶梯2部(直达4楼)和立式电梯一部(直达19楼)。溢州商厦坚持以质量树信誉,以形象创效益经营宗旨,取得了较好的经济和社会效益。2000年营业额达3507万元、上缴税金155万元,比1996年分别增长21.36%和43.5%。1998年获江西省文明单位称号。2000年3月,国家经贸委等6部委授予溢州商厦为全国百城万店无假货活动示范店称号。

解百商厦　位于解放路、抗建路交汇处。前身为解放路第一百货商场。1994年,投资1800万元在原地段新建集购物、娱乐、休闲为一体的综合性大厦。1999年2月竣工开业。商厦占地面积2000平方米,建筑面积1.77万平方米。主楼高11层,其中1至3层为营业楼,面积为5448平方米。经营范围有洗涤用品、化妆用品、副食品、家用电器、金银珠宝、钟表、照相器材、针纺织品、床上用品、日用百货、鞋帽、服装、文化体育用品等3万余种。4至10层为写字楼。2000年,销售额4000万元,上缴税利70万元。是年,被上饶市委、市政府授予上饶市"百城万店无假货活动示范单位"称号。

国泰商厦　位于抗建路、信江中路交汇处。建于1988年4月,占地面积5000平方米,建筑面积5600平方米,总投资为3600万元。1992年10月竣工开业。主楼高8层,其中1层为购物超市,计有营业面积800平方米,主要经营食品、化妆品、日用品、文化体育用品、保健品及土产品等16大类、3000多种商品。2~3层为酒店,设有12个典雅别致、风格各异的包厢,常年提供粤、川、沪名菜佳肴和地方传统名菜。3楼有宴会大厅,可容纳400人就餐。4~8层为客房,有标准单人、双人、三人客房共80间。客房设有自动喷淋和自动报警系统以及卫星电视、中央空调等。1993年—2000年,该商厦年创利润300余万元。

第二节　超市连锁店

随着改革和对外开放进程的不断加快,区外和境外资金逐渐流入,全区流通领域各种超市连锁店、专卖店等新兴业态发展迅速。进入1990年代,相对单一的传统百货店、副食品店的销售形式,被越来越多的连锁店、专卖店、仓储式商场等新型销售形式所取代;在经营形式上零售商业也由过去传统站柜台的销售形式向着多种新的商品经营形式转变。1996年9月,上饶国商大厦有限公司,先后设12个副食品连锁店,把原来的副食品仓库改为连锁商品配送中心,与此同时,实行经营品种的调整,将经营副食品改为经营名牌服饰系列,开设"金利来""梦特娇"专卖店,"宜而爽"内衣专卖店,深得顾客青睐。连锁经营品种达3890个,其中名、特、优、新商品约占40%。这是全区首家超市连锁店,也是首家私营超市连锁店。1997年上半年,上饶国贸集团先后在上饶市五三大道居民区铁路新村建立2个面积300多平方米连锁商场,在亚细亚、百货大楼等上饶市较大商场中开辟国贸连锁经营专柜。同年下半年,扩展亚细亚商场,在广丰县、横峰县、万年县均开辟大型连锁商场。到是年底,上饶国贸集团共发展连锁商场、店、专柜36个,形成国贸集团连锁营销的网络。1998年,上饶市国泰超市、大江南超市、百货大楼超市、溢洲商厦超市应运而生。广丰县继联华超市后,新增有月兔、日新、大世界等开架售货的连锁网点。此后,全区各县(市)各类超市、连锁店、专卖店大量涌现,形成商业新型业态。1990年代后期,全区各类超市、连锁经营向着多层次、规模化方向发展,经营范围不断拓展,经营商品已涉及到食品、副食品、百货、医药、烟草等领域。超市连锁商业经营形式多、途径广,全区不仅有零售业的超级市场、便民连锁店、批发业的仓储式商店,还有服务业连锁店和以快餐业为主的餐饮业连锁店。2000 年,上饶市各类超市连锁店、专卖店鳞次栉比。市区超市、连锁店、专卖店已由 1990 年代中期的数家发展到 200 余家。是年末,余干县个体工商户开办的冰箱、彩电、空调器、摩托车、洗衣机、名牌服装、化妆品等各类消费品专卖店超市近 100 家。

第三节　集贸市场

市场建设　1990 年代,随着城乡经济的发展,上饶地区围绕建立社会主义市场经济的要求,突出抓好各类市场的建设和培育。以建设闽、浙、赣、皖毗邻地区大市场为契机,确立大市场促大流通求发展的市场建设目标,统一制定市场建设总体规划和合理安排布局,分类指导,积极发展各类市场。全区的市场建设经历三个阶段。

1990 年代初,各县(市)坚持"谁投资、谁受益"的原则,鼓励国有、集体和个人参与市场建设,市场主体由国有和集体的单一化向多元化转变。随着农业结构的调整,农业品交易日渐活跃,市场建设也有较快的发展,全区集贸市场建设逐步由城市、县城转向到城镇、乡村。各县(市)的乡镇都在当地政府所在地建立集贸市场。与此同时,广丰、玉山、婺源、德兴、波阳、余干、上饶 7 个县(市)投资 1000 多万元在所在县(市)边贸发达地区,建成 40 多个边界集贸市场。如广丰县在毗邻玉山的湖沿铺墟场,毗邻浙江江山的管村社后墟场,毗邻福建浦城的桐畈墟场等。德兴市在地处赣浙边境新岗山开辟边境贸易市场。1990 年代初,通过多种形式、多渠道筹集市场建设资金,同时,全区各级工商行政管理部门对新建市场管理费实行一些优惠政策,大大加快全地区市场建设步伐,1990 年—1995 年,全区新建扩建市场 167 个。

1990 年代中期,本着建一处市场、带一门产业、活一片经济、富一方群众的原则,在加快市场建设过程中,突出考虑市场的培育,进一步完善基础设施,搞好综合配套服务,努力为市场建设创造良好的外部环境。市场建设由顶篷式向楼层式转变。全区集市贸易市场场所由过去的马路市场,发展到既有固定场地,又有种类设施的永久性市场。市场规模由小型逐渐向大中型发展,这期间,全区先后建成如上饶白鸥园商场、上饶大市场等一批辐射全地区,影响较大,档次较高的封闭式楼房集贸市场。

1990 年代后期,在当地工商部门的带动下,市场类型由单一消费品零售市场逐步转向综合性市场、生产资料市场、生产要素、专业性、多功能市场,市场建设的转变,促进了流通体系的发展。在运营的市场中,使用面积超万平方米的有波阳县鄱阳集贸中心、广丰县广丰商城和洋口商贸中心、玉山县工业品综合集贸市场、弋阳县叠山商城、余干县集贸大世界、上饶市白鸥园商场和八角塘中心贸易市场。至 2000 年,全区城乡集贸市场共有 377 个,比 1991 年新增 84 个,其中城市集市 32 个,比 1991 年新增 17 个,乡村集市 345 个,比 1991 年新增 67 个。

城乡集贸市场　墟集俗称"插花集",亦称"赶集"。广丰、余干县较多,上饶、铅山、玉山等县次之。墟集一般为大村落人口相对集中之所,大都是乡镇所在地。墟集按农历每月分一、四、七或二、五、八或三、六、九为墟集期进行交流,一县之内,墟期大抵错开。以广丰县为例:如广丰县城、桐畈、少阳、枧底,逢农历三、六、九为墟日;洋口、廿四都、杉溪、大南逢农历一、五、八为墟日;五都、壶桥、霞峰、排山逢农历一、四、七为墟日;湖沿铺、八都逢五、十为墟日;湖丰、桥头、石阳路逢三、八为墟日;湖囯逢四、九为墟日;吴村逢二、七赶集;管村逢一、六为墟日。

1990 年代,由于市场选址准确,布局合理,市场建设效率提高,基本上避免了"有场无市"现象。全区城乡集贸市场日益活跃,上市商品丰富,不局限于蔬菜、肉禽蛋、水产品、粮油、农副产品,而且扩大到手工业品、工业品、日用品等15大类4000多种商品,交易秩序良好,市场繁荣,购销两旺,城乡集贸市场成交额不断上升。2000年,全区集市贸易成交额为353467万元,比1991年增长4.3倍,占全区社会消费零售总额的比重由1991年的27.9%上升到2000年的43.5%,提高15.6个百分点。2000年全区集贸市场成交额中,城市成交额为80231万元,比1991年增长7.1倍;占全区成交额的比重由1991年的14.9%,上升到2000年的22.7%,提高7.8个百分点;乡村成交额273236万元,比1991年增长3.8倍。2000年全区涌现出一批成交额超亿元的上饶市宝泽楼市场、余干县集贸大世界、弋阳集贸大楼、铅山河口综合集贸市场。

城乡集市贸易有效地推动地方商品经济的发展并产生显著的经济效益和社会效益。90年代,全区依托集贸市场参与流通的农民达100多万人,从事修理、饮食、旅店、百货、种植养殖、长途贩运等多种行业,当地农民人均纯收入中的20%来自于市场流通。

市场选介　宝泽楼市场　位于解放路中段商业区解放桥至杨家石桥段的解放河河面上。1989年,以预约商业房的方式向社会集资建商贸用房,总投资486.1万元。由上饶设计院设计,市房屋建筑公司承建。1990年10月竣工,建筑面积17850平方米,全长305米,2层钢混框架结构,有营业房738间,东西两端为仿古建筑牌楼大门,飞檐翘角,古朴典雅。1990年11月10日开业。2000年销售额达7840万元,占全市商品交易市场工业品销售总额的34.18%,占是年全市社会消费品零售总额的4.7%,是市内第二大工业品市场。

白鸥园市场　位于解放路49号。1990年市财政局和市工商局共同投资1655万元,在煤球厂旧址上兴建市场。上饶建筑设计院设计,市第一建筑公司和市工业设备安装公司承建。占地面积9360平方米,建筑面积2.13万平方米,7层钢混框架结构。1992年10月竣工。主体1层、2层各5600平方米,为主要营业场所,设636个摊位。以经营服装、鞋帽、纺织、日用百货、家具、钟表等为主。3层以上有副楼五层,以娱乐、写字楼为主,曾设儿童娱乐园、歌舞厅、旱冰场、台球室等;底层为停车场(1997年改为皮革制品专营市场)。是一个集商贸、娱乐为一体的综合性室内市场,也是市内最大的室内工业品市场。1992年10月21日开业。1994年全年销售额达1.05亿元。1995年1月,被江西省工商行政管理局授予1994年—1995年度全省文明市场称号。2000年,白鸥园商场周围商业店铺密集,成为全市最繁华的商业区,全年销售额达到10723万元,占当年全市商品交易市场工业品销售总额的46.75%,占当年全市社会商品零售总额的6.4%。

上饶大市场　位于三江开发区。由上饶裕民实业有限公司与澳门和丰进出口贸易公司合资开发建设(上饶方出资2550万元,占总投资的51%;澳方出资2450万元,占总投资的49%)。一期工程于1996年11月28日开工,1997年7月1日交付使用。二期工程于1998年开工,2000年竣工。为欧式建筑风格,罗马柱,西班牙瓦,德国进口迪诺瓦外墙涂料,钢混框架结构。两期工程共建营业楼房45栋,全部依据房屋不同区段和功能分别建成1至6层,高低有致的房屋。另建有仓库、停车场。市场楼房间隔通道建有塑料玻璃瓦遮阳大棚。占地总面积66660平方米,建筑面积5.6万平方米,营业房1300余间。一期工程自交付运营后,至2000年,年均交易额1亿多元,累计上缴税费600万元。上饶大市场虽然是20世纪末上饶地区最大的现代化综合性室内批发市场,但由于距市内中心商业区较远,因此,到2000年年末,正常开业的营业房仅占35%左右。三江开发区正在建设之中。

八角塘中心农贸市场　1955年建,但店面较少,多数以路(街)为市。1993年2月由市工商局牵头拆除新建,市场建设投资400万元。江西省建筑设计院设计,上饶市房屋建设开发公司承建。1994 年 2 月竣工。占地面积 12225 平方米，是集商品住宅楼与市场为一体的综合性群体 7 层框架混建筑。1 层大厅为室内市场，面积 8408.88 平方米，设计摊位 700～800 个（实有摊位 469 个），是上饶市最大的蔬菜副食品市场。2 至 7 层为商品住宅楼。2000 年，销售额达 9229 万元，日均销售额 25 万元左右，全年销售额占当年全市蔬菜副食品市场销售总额的 23.1%。

沙溪市场　1991 年，上饶县工商行政管理局筹资 370 万元兴建，是年 10 月动工，次年 10 月竣工。占地面积 1.05 万平方米，建筑面积 7843 平方米。市场由两部分组成：一部分是钢混框架 2 层的营业楼房，建筑面积 4222.68 平方米，有营业房 168 间；另一部分为钢架玻璃钢瓦大棚顶的农副土特产品市场，面积 3620.4 平方米，建有水泥面板的售货台，有摊位 280 个。市场东段附设小猪交易市场。1993 年 5 月划入市辖后，是上饶市农村最大的综合性集贸市场。

1991 年—2000 年全区集市贸易基本情况

表 16－2－1　　　　单位：吨、万元

类别		1991 年	1992 年	1993 年	1994 年	1995 年	1996 年	1997 年	1998 年	1999 年	2000 年
集贸市场（个）	总数	293	307	314	322	348	353	368	376	363	377
	城市	15	17	26	24	28	30	30	32	31	32
	乡村	278	290	288	299	320	323	338	344	332	345
集贸市场成交额	总额	66631	77422	118865	184417	246652	303218	312457	318802	335992	353467
	城市	9924	11495	26440	36321	54764	55782	56824	59338	64289	80231
	乡村	56707	65927	92425	148096	191888	274436	255633	259464	271703	273236
粮食	数量	15970	33143	37876	26758	45055	54403	70968	83265	91590	202321
	金额	1862	3372	4602	5605	11813	14142	16012	17620	19365	20832
食用油	数量	2091	3502	5894	7254	10840	14004	14037	16295	18522	18841
	金额	1817	2036	3473	4321	9570	11973	12959	13968	16962	15877
肉禽蛋	数量	40107	44650	58913	50110	61574	68316	69495	73787	88898	92391
	金额	22253	25304	33535	45136	71428	85638	91513	94896	101121	103062
水产品	数量	14245	14286	17922	16204	20022	27731	26712	28741	28801	33230
	金额	5560	6098	8689	11107	16281	22267	25166	25975	26341	26771
干鲜果	数量	39395	39175	46638	33487	49377	52064	68484	83943	83329	85125
	金额	5402	7089	9018	12128	16154	16798	18671	21634	23541	29355
蔬菜类	数量	138814	166556	162796	145620	180835	217987	265064	265858	356384	314013
	金额	12252	13584	18456	26182	36927	45979	51074	51178	57447	63973
大牲畜	数量										
	金额	987	1005	1688	2124	3024	2783	3019	3051	3165	3223
集贸市场成交额占社会商品零售总额的比重%		27.6	19.2	39.6	45.0	46.5	49.3	45.1	44.5	43.8	43.5

第四节 批发市场

1990年代，随着商品流通体制改革的不断深化，上饶地区在继续培育拓展原有市场的同时，根据人民生活水平提高和市场发展的要求，加快商业基础设施和市场建设步伐，在商品生产地、集散地、消费地发展各种专业批发市场和贸易市场，并以上饶市城区为中心建设具有较强辐射能力的综合购物中心。全区城乡各类市场得到迅速发展，已由过去的农贸市场为主、农民手工业者之间互通有无调剂余缺的初级市场，发展到现在以大型综合批发市场为龙头，专业批发市场为骨干，集贸市场为基础的市场体系。全区批发市场已形成大中小结合、综合与专门相结合，集中与分散相结合，区内外市场相衔接，遍布城乡的市场网络。2000年，全区各类批发市场共有50余个，主要分布在市区和各县城。其中，上饶市区基本形成抗建中路、赣东北大道的购物中心，宝泽楼、白鸥园百货、日用品批发市场、渡口、信江中路以副食品为主的批发街，上饶市大市场综合批发中心，上饶市水果批发市场，上饶市蔬菜批发市场及上饶市粮食批发市场6个批发市场。

第五节 专业市场

1990年代，上饶地区充分发挥地处闽、浙、赣、皖四省要冲，市场流通能力强的优势，依托地方支柱产业的产品和地方名、特、优产品，全力打造专业市场群。

进入1990年代，部分墟集、集贸市场转化为专业市场，吸引当地和邻近乡镇的农副业产品与同类特产进入市场交易。各县(市)对于已有的传统专业市场，在稳步发展消费品零售市场的同时，积极引入新的经营理念，加快转型，提升层次，由一般的集贸市场、消费品市场逐步转变为专业性、多功能市场。至2000年，全区建立了工业品、室内装饰材料、小猪、竹木、水果、粮油、水产业等各类专业市场个。此外，上饶市还聚集上饶大市场、义乌小商品市场、上饶钢筋石料建筑市场、上饶市废旧物资交易市场等一批新兴市场。

第六节 夜 市

1990年代，全区各县(市)商业流通领域，除白天经营的各类商品市场外，根据城乡居民消费需求，一些县(市)也开设小商品、餐饮夜市。其中，上饶市从1986年夏季开始，在市广场中心商场周围开设小商品夜市，1991年改迁抗建路，1993年迁到解放路，1998年又回迁抗建路。1996年上饶市又在市五三大道、胜利路两侧人行道开放餐饮夜市。一般在夏、秋两季、每日从17时开始到次日1时收摊。据2000年统计，上饶市抗建路小商品夜市一年四季常有经营者200余户，最多时达300户，全年营业额200余万元。上饶市饮食夜市常有经营者近百户，全年营业额超30万元。

余干县县城10里长街晚上搭篷，摆设夜宵，遍及主街道。

第七节 饮食业

1991年,上饶地区饮食业经营机构网点有4322个,从业人员10551人。1990年代初,随着粮食市场的放开和商品经济的蓬勃发展,全区饮食业也发展迅速。1996年,全区饮食业网点增加到7992个,从业人员上升到31937人,分别比1991年增长84.5%、2倍。此后,随着饮食业体制改革力度加大,国有、集体饮食企业转换经营机制,饮食市场个体私营企业快速发展,经营网点迅猛增加。至2000年,全区饮食业网点有17146人,从业人员45637人,分别比1996年增长1.1倍、42.9%。其中个体私营饮食网点有17116个,比1996年增长2.2倍,从业人员45113人,比1996年增长43.6%。1990年代,全区餐饮市场消费需求,是以基本生活消费为基础的多层次消费。一类是基本生活消费,是多数城乡居民的经常性消费,即早餐(早点)、快餐、风味小吃和大众化点菜,大众化消费成为餐饮业的主流。经营此类消费除县城的一些酒店餐馆外,大都是个体户开的夫妻店或小吃摊点。另一类是社交性、享受性消费。主要是包席和高档筵席。这类消费多为业务往来、迎送宾客、亲朋聚会、殡葬嫁娶、乔迁新居、升学就业、生日寿诞等喜事。1990年代,随着市场经济的推进,单位之间接待交往频繁,宴请风气盛行。

1990年代,随着"肯德基"等海内外一些先进的餐饮业先后进入,和原有大中型酒店、菜馆、风味小吃、特色酒吧、西餐厅、茶楼等餐饮业一起构成上饶丰富多彩的餐饮世界,从川味、湘味、粤味、本地餐到西餐、日餐,应有尽有,给当地的餐馆业注入勃勃的生机与活力。1990年代,全区饮食业出现前所未有的鼎盛状况。2000年,餐饮业营业额为62346万元,比1991年增长9.3倍,占全区社会消费零售总额的比重由1991年的2.5%上升到7.7%,提高5.2个百分点。

酒楼菜馆 1990年代,随着人们生活方式、消费观念的转变,以及旅游业的兴起,在外就餐的人数不断增加,带动了餐饮业的蓬勃发展。全区各种酒家、餐馆、茶座、快餐店纷纷开业。在此期间,上饶市国泰大酒店、力诚大酒店、东方大酒店、溢洲大酒店、新华宾馆大酒店、上饶大酒店、九重天大酒店等一批高档次的酒店先后开业。为适应部分消费者高(质量高)、精(烹调精)、雅(设备雅)的要求,老企业普遍进行更新和装修,均设有各具特色的包厢和豪华大中型餐厅。以其较好的设施、典雅的环境、优质的服务和精美的菜点,吸引顾客。在城市、县城,中西式快餐店遍布大街小巷。

小吃业 上饶历史悠久,居民酷爱小吃。随着经济的发展和城乡人民生活日益提高,具有地方特色的传统名点日益恢复,菜肴面点花色品种日益增多。1990年代,全区小吃业经营小吃有米粉、面条、清汤、馄饨、麻糍果、油条、烧饼、麻圆、水饺、豆浆、馒头、发糕、花卷、烧卖、煎饼、油子、麻花、春卷、椰子球、荞麦果、粽子、糯米饭、韭菜饼、羊角糖、破片果、碗果等数十种传统大众小吃。外地传入的面包、三明治、雪花饼等糕点,兰州拉面、刀削面、烙饼、天津煎饼、四川麻辣粉丝等小吃应运而生。1990年代中后期,小吃业在继承传统花色品种的基础上,又增加了咖啡、西式点心、西式热饮冷饮、快餐、自助餐、包餐包席等服务项目,方便和丰富了城乡居民的生活。各县(市)名目繁多饮食店、小吃摊点遍及城镇大街小巷,各农贸市场、娱乐场所附近都有数量甚多炒粉、烫粉、面点类的热食摊点,晚上各县城(城区)及各住宅区的夜宵小吃摊点生意也十分红火。如上饶市天津街的风味小吃价廉物美,此外饶城的夜市饮食摊点也别具情趣。

赣东北特色风味小吃选介　麻糍果　是上饶传统风味小吃之一，以糯米蒸熟后捣烂成果状，伴以芝麻、白糖，香甜可口，如油条裹之味道更香。麻糍果在赣东北各县都很流行。

清明果　又称青蓬果，以野生植物青蓬为主要原料，捣成泥状，和以糯米粉，包上内馅即成。因这这种小吃盛行于清明节前后，故名。

上饶灵山荞麦夹　传统风味小吃荞麦夹，与灵山一样远近闻名。制作方法：荞麦夹首先是做稞坯，得用沸水将荞麦粉泡热，不能用冷水调和。稞坯一定要用手捏成，若用擀面杖，味就不一样了。心子（即馅）亦是土生土长的灵山货如用萝卜丝配以咸肉、熏大肠、冬菇、冬笋、油豆腐丝等配之辣椒、葱蒜等佐料炒制成。荞麦夹的皮子要捏得薄馅要包得多。捏合后用手指拧上齿轮状花边，包好的荞麦夹，中间鼓鼓的，两头尖尖的，像只小船。当地传言冬天三件宝：烧酒、狗肉、棉花袄，另外加一句："荞麦夹，撑破肚皮不叫饱。"荞麦性温，有滋阴壮阳、祛寒暖胃之功效，在严寒的冬天，若能吃上一顿荞麦夹，不能不说是一种享受。

铅山县名菜、名点选介　红白烧烤乳猪　以乳猪为原料，配以芝麻油（或豆油）、甜酒、酱油、葱、姜、蒜等。制法：将1千克～1.5千克重的乳猪一只开膛洗净，肚内填入葱、姜、蒜为佐料，再用白炭火烘烤，边烤边刷上芝麻油（或豆油）、酱油、甜酒等，直至烤熟为止。具有色泽黄亮、香味浓郁、骨酥肉鲜之特点。

灯盏馃　将大米放入加有少量白碱或旱稻秆灰汁的水中浸透后，磨成浆，再倒入锅中边加热边搅拌，直至搅熟成馃团。将馃团从锅中取出，置于砧板上揉透，分成小团，做成盏状，即成馃胚。然后将萝卜、黄豆芽、墨鱼、猪肉等切碎剁细，添加食油、食盐等倒入锅中炒熟，是为馃馅。在馃馅中加入适量馃浆，拌均搅匀，分置馃胚中，装笼蒸熟即成。

食用前适量撒以葱花、香菜，浇淋少许麻油，更加香气扑鼻，鲜美可口。

肉丝米粉　以大米、新鲜瘦猪肉、肉骨汤为主要原料，配以酱油、葱、姜、食盐等。制法：将大米水浸后磨成浆状、沥干，揉透成团，置于木榨中压榨，使米粉丝从榨筒的细孔中挤出，流入沸水锅中，煮熟后捞出，放进清水中漂洗干净，复捞出备用；将鲜猪瘦肉切成丝，拌以适量食盐、酱油、湿薯粉，放进煮沸的肉骨汤内汆熟；将米粉重新放入清水中洗净，用漏勺将其沥干，放入沸水中烫热，装碗，浇入有肉丝的肉骨汤，撒上葱、姜末即成。具有爽滑柔嫩，鲜美可口的特点。

广丰县特色小吃选介　广丰传统菜肴以味道浓厚、油腻适中、咸鲜兼辣、原汁、原味为基味，尤偏爱酸辣，注意主料的色、香、味，喜爱佐料的咸鲜酸辣等特点。具有地方特色风味的小吃有广丰米粉条、羊肉粉、锅边馃、廿四都糖糕等。

广丰米粉条　选用优质早米，经过浸米、磨浆、吊包（沥水）、煮粉团、揉粉团、榨制、煮熟、洗涤等10多道传统手工工艺生产制成。具有粗细匀称、色白如玉、弹韧性好、劲而不坚、爽而不腻等特点，鲜粉条经饮食店加工后，可制成肉丝炒粉、汤粉、羊肉粉等品种，并可晒制成干粉条，民间俗称粉干，广丰每年中秋节有炒粉干食用的习惯。

羊肉粉　是广丰冬季早点的名吃。该粉选料考究，制作火候精工，以优质粉条和带皮肥壮山羊腿肉（煮熟、去膻、去骨、冷却压成肉饼，切成约6×4×0.5厘米的羊肉片备用）为主要原料。其制作程度是：先将煮羊肉后的羊骨汤水煮熟，放入7两～8两鲜粉条，略煮，然后加上8片～10片切好的熟羊肉，稍煮，再加上青大蒜、葱花、米醋盖面，顾客食后满头冒汗，浑身舒坦，有祛寒暖胃、舒筋活血之功效。

锅边馃　广丰传统饮食业小各异类的主要品种。制作方法是：在大锅中放约半锅水，热至70℃～80℃时，将制作米粉条用的粉浆（糊状）沿锅边慢慢倒下，待烤至半干成片状时铲入水中煮熟,然后加入猪油、肉丝、香菇丝、木耳丝、白菜丝(熟)、青大蒜,煮沸,再加入食盐、红辣椒末、生姜末、米醋等调味料即成。其特点是鲜、嫩、滚(热)、辣、香,且用料齐全,价格低廉,很受顾客欢迎。

廿四都糖糕　广丰民间著名食品。由优质糯、粳米混合浆蒸成糕,酱红色,方、圆皆有,每个重约3千克~4千克。具体制作方法为:以糯、粳米7:3的比例合成磨浆,加入适量砂糖、食用植物油拌成糊状,入笼蒸熟,摊凉即成。食用时切成片块,放入鸡蛋或面粉糊中醮一下,加植物油用文火煎至两面金黄即可,其特点是色、香、味俱全,软而不粘,老少皆宜。民间视作送亲友乔迁新居、祝寿的必备礼品,取生活蒸蒸日上、步步高升之意。春节时,廿四都糖糕是广丰县城和南乡家家户户必备食品。

弋阳县特色菜肴选介　弋阳鸡　又名豆豉清蒸鸡,系选用当地产土鸡为原料,佐之以料酒、精盐、胡椒粉、豆豉、姜、葱等配料,入笼旺火蒸成。具有汤清味美、肉质鲜嫩的特色,为弋阳传统名菜。

芋头蒸肉　精选本地嫩芋头、糯米粉、五花猪肉为主原料,佐之以麻油、酱油、精盐、葱末,加水上笼蒸熟,做好后,调料即成。具有浓香四溢、柔软爽口之特点,为龟峰特色名菜。

龟峰扣肉　又称经国扣肉、梅干扣肉。工艺系1930年代蒋经国在赣南的厨师涂光明所传。以上好五花猪肉为主原料,佐以梅干菜、白糖、味精、精盐等蒸制倒扣而成。具有色泽红亮、梅香四溢、油而不腻的特点。

弋阳油淋鱼　选用鲜活草(鲤)鱼为主原料,配以米酒、香料、酱、食用醋、茶油等,以民间传统工艺烹制而成。具有食而不腥、油亮澄黄、香浓可口、开胃生津、健脑护胃等功效。

第八节　服务业

1990年代,全区旅馆、照相、理发、沐浴、洗涤、修理等行业迅速增多,日益繁荣活跃。全区服务业已从1991年的4573家,发展到2000年的7558家,从业人员由9366人,增加到21863人。与1991年相比,分别增长65.3%与133.4%。

旅馆业　1990年代,随着旅游业的发展,商务活动的增多,各行各业竞办服务业,带动了旅馆业的发展。为适应市场竞争需要,各县(市)招待所相继扩建或改建为宾馆,集就餐、住宿、舞厅、承办会议等多种用途为一处。许多宾馆、旅社也竞相改善基础设施,对原来客房进行改造,客房内配有地毯、席梦思床、沙发、空调器、浴盆、彩电、程控电话等设施。在加大硬件建设的同时,一些宾馆、旅社相继开办营业性音乐茶座、舞厅、游乐场,提供电子游戏、台球桌、放映录相等,以满足不同层次消费者的需要。

改革开放以后,国有商业垄断饮食服务行业的格局被打破,许多行业和部门自办宾馆、招待所和酒店。1991年后,上饶市新都宾馆、饶兴宾馆、新华宾馆、上饶大酒店、桃花园公寓、体育中心宾馆、工商宾馆、华都度假村、带湖山庄等一批上规模、上档次、上水平的宾馆(酒店)先后开业。其中上饶宾馆、华都度假村属三星级宾馆,上饶大酒店、国泰大酒店、带湖山庄、体育中心宾馆属旅游涉外定点宾馆饭店。在此期间,各县(市)宾馆(酒楼)林立,市场日见繁荣。

旅社选介　上饶宾馆　位于市中山西路66号,隶属于上饶行署办公室。创建于1950年代,时称上饶行署交际处,1985年改称上饶宾馆。占地面积2.54万平方米,建筑面积9000平方米,拥有5栋客房营业楼,500个床位。客房有豪华套间、三人、双人、单人间等,内有地毯、沙发、闭路电视、程控电话、中央冷暖空调等设备,环境优美舒适。宾馆内有大小餐厅15个、会议室7个。还设有歌舞厅、的士高舞厅、蒸气浴室、美容厅、商场、电脑打字复印室,并办理旅游业务等。宾馆为园林式布局,有喷泉鱼池,回廊亭阁,花木繁茂,环境幽美。2000年,有职工280人、营业额1600万元。

上饶大酒店　位于上饶市五三大道59号,是上饶地区商业局与香港多茂有限公司合资,按三星级标准兴建的16层综合性涉外酒家。占地面积1300平方米,建筑面积1.1万平方米,总投资1500万元(中方投资占55%)。1995年5月9日开业,经营住宿、饮食、娱乐、美容等业务。有舒适雅静的各类客房80间,201个床位;配有中央空调、闭路电视、直拨国际国内长途电话等。内有聚福楼餐厅、怡然餐厅、咖啡厅、西餐歌舞厅、卡拉OK厅。餐厅共有座位900个。还有能容纳600人就座的大会议室1个、小会议室2个。2000年有职工120人。

万年宾馆　始建于1961年,时称万年县委招待所("文化大革命"期间称县革委招待所)。1992年,改称新邑宾馆。1994年10月,新邑宾馆拆除原主楼,按星级宾馆标准设计兴建2号楼,建筑面积达4700平方米,历时1年8个月,于1996年5月竣工投入使用。是时,将新邑宾馆更名为万年宾馆。万年宾馆现有标准客房70间,140个床位,简易客房30间,70个床位;中小型会场和会议室3个。占地1.53公顷,建筑总面积1.07万平方米,员工82人。内设客房部、餐饮部、简易大餐厅和按摩中心。1998年1月被评为二星级宾馆,是国家旅游涉外定点接待单位。1998年,接待国内外游客1.8万人次,客房部收入140万元,餐饮部收入226万元,上交税利62万元。成为全县最大的旅游、饮食、服务接待单位。

理发业　1990年代,理发业已从传统的理烫发,发展成为美发、护发、形象设计于一体的美发业。经营项目除保留原有项目外,增加发型设计、彩色染发、玉米面烫、离子烫、焗油、漂发干洗、烫睫毛、绣金唇、绣眼线、面膜、修指甲、美甲、美体、去纹、按摩、洗头、浴足、塑身、为新娘化妆等业务,且大都与美容、甚至保健相结合。1990年代,全区理发业发展最快的是个体发廊,其优势是店容店貌美观,环境清洁卫生,营业时间长,价格灵活。个体理发店遍布县(市)城区大街小巷。部分理发店还安装理发标志滚灯,店名更是标新立异。

照相业　1980年代末,上饶地区只有县城才有一二家照相馆。进入1990年代,不仅全区各县城相继新开多家照相馆,各乡镇及旅游风景区也增设了新的照相摄影网点。1990年代,照相摄影业是全区发展较快的一个服务行业之一。照相摄影在保持传统服务项目的基础上,新增产品照、生活照,摄影增有如婚纱摄影、艺术摄影、广告摄影、礼仪摄影、喜庆录像、制作光碟等服务项目。一些照相馆还兼营照相器材或感光材料。

照相馆选介　上饶市人民照相馆　位于上饶市中山路5号。建于1955年,是当时上饶市及整个地区唯一一家国营照相馆,规模较大,设施齐全,技术力量较强,是上饶市公安局指定的市民身份证照拍摄点。1991年,从业人员37人,其中摄影师、着色师、暗房师等技术骨干占50%以上。1995年,被江西省公安厅定为身份证照定点单位。1996年,企业自筹资金92万元,在原址新建高7层建筑面积678平方米的营业大楼,比原面积增加57%,同时,还投资40余万元添置了冲印机、扩印机、照相机、灯光和服饰等,1997年5月,新建营业大楼开张营业。拥有冲印机、扩印机、照相机等设备10余台。2000年,营业额133万元,实现利税总额8.9万元,均比1991年翻了一番。

上饶县新艺照相馆　1990年11月开业,业主汪祖多,注册资金2万元。该馆经营总面积300平方米,有员工14人。经营范围主要是照相、身份证定点照相、婚纱艺术摄影、电视摄影、广告策划等。2000 年，上交税金 2 万元，营业额 20 万元。该照相馆系上饶县城规模最大、技术力量最好的照相馆。

上饶县丽人艺术婚纱摄影　2000 年 4 月开业，业主李主根（中国摄影家协会会员），注册资金 2 万元。当年上交税 1 万元，营业额达 20 余万元。该馆集婚纱摄影、广告摄影、风光摄影、身份证定点照相于一体，其摄影技术、艺术效果堪称上饶县城一流。

沐浴业　由于季节性强、燃料涨价等原因，在 1980 年代，全区浴池业是一个处于停业状态的行业。随着改革开放的深入和人民生活的不断提高，1990 年代，为满足部分人群洗浴需要，一些个体户办的浴室纷纷开业。1990 年代桑拿浴一度成为时髦，为满足消费者对高中档淋浴的要求，各县（市）一些档次较高的宾馆、大酒店大都设有此服务项目，受到部分生活条件较好的消费者的欢迎。

洗染业　1990 年代，随着城乡居民生活水平的逐步提高，着装趋于高档，全区洗染业也随之发展，各县（市）个体户开办洗染店大都集中在县城各街道及一些繁华乡镇。各洗染店均有干洗设备，也辅以手工熨烫。一些洗染店在夏令季节生意清淡时，也兼营冷饮批发等其他业务弥补。

修理业　随着经济的发展、社会消费品供给量不断增加，城乡居民收入和生活水平不断提高，以家用电器为主的各种耐用消费品迅速增加，摩托车、家用电脑、轿车等高档消费品也逐渐进入高收入的居民家庭。1990 年代，全区修理业在原有修理自行车、钟表、炊具等项目基础上又新增家电维修、摩托车、汽车、灶具等服务项目。

第三章　个体私营商业

1990 年代初，中共上饶地委、行署把发展个体私营经济摆上重要议事日程。上饶行署成立个体私营经济领导小组，由行署副专员任组长，工商、计委、土管等部门领导为小组成员。各县（市）也相应成立领导小组。主要领导亲自抓，分管领导具体抓，为抓好全区个体私营经济工作提供强有力的组织保证。全区各县（市）都相继制定一系列切实可行的政策，鼓励个体私营经济的发展。1995 年 1 月，中共上饶地委、行署以 1 号文件下发《关于进一步大力发展个体私营经济的决定》，此后，中共上饶地委、行署均以红头文件分别下发补充规定、通知、意见。与此同时实施目标责任制，全区发展个体私营经济列入县（市）政府的管理目标进行考核，做到年初有目标，年中有措施，年末有考核，把个体私营经济的发展作为一项硬指标来完成。各县（市）政府并结合当地实际情况，采取积极措施，对个体经济的政治待遇、鼓励政策、合法权益等一系列问题作了明确的规定，有效地促进全区个体私营商业的发展。

第一节　个体商业

1991 年，全区有个体商业企业 33237 户，从业人员 57077 人，其中商业 27351 户 45914 人，餐饮业 3893 户 8030 人，服务业 1993 户 3133 人；注册资金 4524 万元，其中商业 3908 万元，餐饮业 414 万元，服务业 202 万元；销售额 7968 万元，其中商业 6902 万元，餐饮业 645 万元，服务业 421 万元；社会消费品零售额 3982 万元，其中商业 3422 万元，餐饮业 333 万元，服务业

227万元。

个体商业经营范围有百货、副食品、五金交电、饮食、蔬菜、服务、修理等20多个业类近千个品种。进入1990年代,信息广告、打字复印、名片制作、婚纱摄影、茶艺、鲜花、家电修理等新兴行业应运而生。

个体商业户大部分坐店经营,亦有摆摊设点或租赁亭棚的,还有走街串巷叫卖的。个体商业多数为独家经营,亦有合伙者。各类商品进货渠道各不相同,除当地外,还远及上海、广州、浙江、福建等地。所经营的服装式样新颖时髦,日用品精美别致,蔬菜瓜果鲜嫩洁净。经营方式有代销、直销、连锁、超市、批发等,价格面议,顾客喜购爱买。

1996年以后,下岗工人开店、摆摊、农民进城经商和区境外个人及企业到上饶经营商业增多。

至2000年,全区有个体商业企业42608户,从业人员141709人,分别比1991年增长28.2%、1.5倍,其中商业7294户19063人,餐饮业12041户38815人,服务业7294户19063人。注册资金33735万元,比1991年增长6.5倍,其中商业19035万元,餐饮业8458万元,服务业6242万元。销售额297249万元,比1991年增长36.3倍,其中商业166650万元,餐饮业94390万元,服务业36209万元。社会消费品零售额191019万元,比1991年增长47倍,其中商业120069万元,餐饮业48496万元,服务业22454万元。

第二节 私营企业

1991年,全区私营商业企业仅有12户,从业人员136人,注册资金143万元,销售额287万元,社会消费品零售额163万元。1990年代,中共上饶地委、行署把个体私营经济纳入全区经济发展的总体规划之中,制定《关于加快发展个体私营经济的措施》等文件,使私营经济得到较快发展。至2000年,全区私营商业上升到899户,从业人员15272人,分别比1991年增长74倍、111倍,其中:批发零售业457户6674人,餐饮业278户6298人,服务业164户2300人。注册资金54451万元,比1991年增长379倍,其中批发零售业33416万元,餐饮业16028万元,服务业5007万元。销售额214444万元,比1991年增长746倍,其中批发零售业152641,餐饮业45551万元、服务业16252万元。社会消费品零售额106705万元,比1991年增长653倍,其中批发零售业68322万元,餐饮业23844万元,服务业14539万元。

2000年,全区登记在册的私营商业中,注册资金1000万元以上的有8户,其中上饶市有5户,即江西华能(集团)有限公司、江西三源(集团)有限公司、上饶市鼎金实业有限公司、上饶市三鑫实业有限公司、上饶华都度假村有限公司。是年江西三源(集团)有限公司被评为全国500家最大私营企业之一(排序为第73位)。江西华能(集团)有限公司,早在1995年被国家工商行政管理总局、中国企业评价协会评定为全国500家最大私营企业之一,排序为第58位。2000年纳税405万元,占当年上饶市个体私营经济纳税总额的10.5%。同年,被国家工商行政管理局、中国个体私营经济协会评为全国"光彩之星"。

1991年—2000年部分年份全区个体工商户、私营企业主要经济指标一览

表16－3－1

年份		项目	合计	商业	餐饮业	服务业
1991	个体工商户	户数(户)	43407	27351	3893	1993
		从业人员(人)	75571	45914	8030	3133
		注册资金(万元)	9940	3908	414	202
		销售额或营业收入(万元)	71975	6902	645	421
		社会消费品零售额(万元)	49893	3422	333	227
	私营企业	户数(户)	111	12	－－	－－
		从业人员(人)	2238	136	—	—
		注册资金(万元)	850	143	—	—
		销售额或营业收入(万元)	347	287	—	—
		社会消费品零售额(万元)	336	163	—	—
1996	个体工商户	户数(户)	91937	43180	6045	16079
		从业人员(人)	286287	124549	25130	13600
		注册资金(万元)	83085	24498	3481	7505
		销售额或营业收入(万元)	453879	232637	21983	13640
		社会消费品零售额(万元)	254009	173910	13640	26674
	私营企业	户数(户)	1235	306	6	54
		从业人员(人)	22284	4745	73	778
		注册资金(万元)	27728	13193	88	582
		销售额或营业收入(万元)	28984	23836	103	3209
		社会消费品零售额(万元)	11021	4975	13	1430
2000	个体工商户	户数(户)	56530	23273	12041	7294
		从业人员(人)	189897	83831	38815	19063
		注册资金(万元)	64129	19035	8458	6242
		销售额或营业收入(万元)	378853	166650	94390	36209
		社会消费品零售额(万元)	260673	120069	48496	22454
	私营企业	户数(户)	1845	457	278	164
		从业人员(人)	34469	6674	6298	2300
		注册资金(万元)	114388	33416	16028	5007
		销售额或营业收入(万元)	245676	152641	45551	16252
		社会消费品零售额(万元)	170757	68322	23844	14539

第四章 粮油购销

第一节 粮油收购

粮食收购 境内粮食收购的形式，在统购统销时期有征购、统购、换购、超购、零散收购、议购6种。至1990年代，粮食收购的形式主要是定购、议购两种。

定购 1991年，上饶地区粮食部门贯彻国务院《关于调整粮食购销政策有关问题的通知》的规定，加强粮食计划管理，保证平价粮食供应，从当年度秋粮收购开始，将粮食合同定购改为国家定购，作为农民应尽的任务，必须保证完成。并对粮食收购价作了适当的调整（收购价详见附表）。1992年粮食生产形势好转，各地粮食市场价格平稳，1993年，上饶地区粮食部门依照国家相关规定将粮食定购又改为合约收购（具有合同收购的性质），逐步使粮食购销走向市场化。1993年起粮食收购执行定购价和保护价。1993年初，地区粮食局抽调业务科室的人员，深入到上饶县的产粮大乡茶亭进行合约收购的试点，尔后向全区进行推广。1993年下半年，粮食相对歉收，上饶地区出现粮价波动，居民和用粮企业抢购粮食。有相当部分的余粮户，抵制合约收购，当年全地区仅完成粮食合约收购计划的56.8%。针对以上情况，上饶地区粮食部门又将粮食合约收购改为国家粮食定购。1990年代初，上饶粮食部门对农民实行化肥、柴油、预付定金的“三挂钩”鼓励的政策。即农民交售50千克定购粮（稻谷，下同），供应平价化肥8.5千克，平价柴油3~5千克（以价外加价的形式付给农民价外加价款1.05元），并预付给农民粮食定购价20%的预付定金（粮食部门负责在粮食入库时收回）。在执行粮食收购“三挂钩”政策的过程中，由于存在一些问题，如：预付定金难以如期收回，平价化肥供应品种不一，上饶粮食部门执行中国人民银行、财政部、国内贸易部、农业部、中国农业银行相关规定，从1994年起，国家定购粮的“三挂钩”全部实行价外加价，银行停止发放粮食预付定金的贴息贷款。农民春耕生产所需资金由农业银行发放农业贷款予以解决。至1994年11月，合同定购改为国家定购，三挂钩随之取消。1995年，上饶粮食部门执行国务院《关于深化粮食购销体制改革的通知》和江西省政府为贯彻《通知》相关指示，对本地区实行粮食四定（定购、定销、定调、定库存）包干办法。即在原定购价的基础上，每50千克稻谷价格外补贴10元。1996年，地区定购粮食收购计划保持上年水平不变，但提高粮食定购价格水平，并取消上年定的定购粮价外补贴。1997年定购粮收购计划保持上年水平，但对早籼稻的议购价执行全省统一的收购保护价，即每50千克中等早谷为55元，晚谷为66元，在定购粮食以外开始提出粮食收购保护价。1998年，地区粮食部门执行国务院对粮食流通体制改革的决定，简称粮改。其主要内容是三项政策，一项改革。同年6月1日，国务院颁布《粮食收购条例》，上饶地区粮食部门执行国家相关规定，粮食收购一律由国有粮食收储企业来承担，其他任何企业、单位和个人，不得到农村插手收购原粮。并要求各工商行政管理部门加强粮食收购市场的管理，严厉查处私商粮贩和未经批准收购粮食的单位违法收购粮食。1998年，全区粮食定购计划比1997年调减32%，早、晚稻的收购比例为4:6，定购价格也相应调低，并执行全区一个价位。1999年，执行国家提出的调整农业和粮食生产结构，促进粮食供求平衡和结构平衡，1999年开始实行粮食收购价定购价与议购保护价统一的政策,收购价参照1998年的保护价执行。2000年,按照国务院办公厅《关于部分粮食品种退出保护价收购范围有关问题的通知》,上饶地区同全国一样早籼稻从2000年新粮上市起,退出保护价收购范围,同时取消早稻的定购任务,调减全年的定购任务量,把1999粮食年度下达的占定购任务总量40%的早籼稻数额减下来。2000年国家放开早稻收购价格,全区粮价随行就市。晚稻收购实行定购价和保护价同价政策。2000年粮食定购任务只保留上年度的晚稻部分。允许多渠道经营早稻,粮食收购市场准入的审批程序:国有、集体、个体等从事粮食经营的法人,都可以直接收购,收购价格由此市场形成,至此,全区早稻收购市场几乎全面放开,粮食部门独家收购粮食的格局被打破。

1991年—2000年全区粮食定购量情况

表16-4-1　　　　单位:吨

指标	1991年	1992年	1993年	1994年	1995年	1996年	1997年	1998年	1999年	2000年
定购计划	265000	265000	265000	270000	266730	260970	246500	170000	170000	102000
定购量	268010	266570	150530	267260	266730	270130	254350	135990	156960	156970
当年稻谷产量	2082600	2106137	1877964	2253228	2061132	2360996	2366948	1762242	2084075	2073875

1991年—2000年全区定购粮收购价格一览

表16-4-2　　　　单位:稻谷、元/50千克

指标	1991年	1992年	1993年	1994年	1995年	1996年	1997年	1998年	1999年	2000年
早稻	22.1	24.5	21	45	56	65	65	57	51	放开
中稻	22.8	27.5	26	52	63	73	73	64	56	56
晚稻	22.8	27.5	26	52	63	73	73	64	58	58

说明:其中上饶市、广丰县高2元

议购　在粮食统购统销时期和后来的粮食定购时期,粮食议购工作由基层粮食购销企业来承担。上饶地区地、县两级都成立粮油贸易公司和贸易部,具体负责议价粮的经营,收购价随行就市。到1990年代初期,上饶地区地、县(市)两级的粮食议销机构依然健全,粮油贸易公司参与当地粮油议购议销,并与外省建立了良好的粮油购销关系,取得良好的信誉与经济效益。1990年代初,年收购量为12万吨左右。1993年以后,上饶执行粮食定购价和保护价同价,粮食统销价放开,粮食议价收购和销售,1993年由国有粮食购销企业收购的议价粮改为按国家统一规定的保护价收购,列入政策性粮食收购范围。此后,随着粮食销售市场的全面放开,早稻退出保护价收购范围,按市场价收购,并允许除国有粮食企业外,其他企业和个人按市场价自行收购,粮食议价收购量急剧上升。至2000年,全区粮食议购量达19.12万吨,比1991年增加16.41万吨。

1991年—2000年全区粮食议购量一览

表16-4-3 单位:吨

指标	1991年	1992年	1993年	1994年	1995年	1996年	1997年	1998年	1999年	2000年
议购量	27140	123220	27070	31100	102560	115660	121600	83860	212990	191180

油脂购销 1990年代,国家对油脂购销逐步放开,收购由指令性计划转向指导性计划。1992年6月1日,按照国家放开食油销价,油脂(油料)收购即变为市场收购。按照购得进、销得出,有微利的原则,由各地自行定价,全区每年的油脂收购计划在350万千克左右,主要是收菜油,购销均按市场规则运行。

1990年代,全区每年油脂收购计划合计为360万千克,其中上饶市6万千克,上饶县9万千克,铅山县、波阳县14万千克,广丰县12万千克,万年县、玉山县15万千克,横峰县4万千克,弋阳县22万千克,婺源县8万千克,余干县83万千克,德兴市21万千克。各县(市)也未认真执行过购销计划。油脂的议购议销活动仍由各县(市)粮油贸易企业自行开展。1992年的6月1日,油脂购销市场放开,油脂统购统销的历史宣告结束。

第二节 粮油销售

粮食销售 计划经济时期,境内粮食销售分为农村统销、城镇供应(统销)、议价销售等多种形式。

农村统销 农村粮食统销,是国家对农村缺粮农民各项用粮的计划供应的总称。此项销售从统购统销开始,一直持续到1992年粮食销价放开为止。1990年代初期,国家调整农村粮食销售价格,实行购销同价,1991年—1992年对农村销售的粮食全部改为按当时的比例价(购价)供应。

农村粮食统销的对象 农村粮食统销的对象,按照政策规定的主要有五种;一是对灾区缺粮农民的统销。二是对粮产区常年缺粮农民的统销。三是对经济作物集中产区缺粮食农民的统销,主要是因按国家计划.专门从事某些经济作物的生产,并向国家交售产品而缺粮的农民,所缺粮食由国家计划供应。此项供应在上饶市、广丰县、玉山县较为集中。四是对民工口粮的补贴销售,指政府兴办水利、修路和其他基本建设等工程,从农村招用民工时,按其规定口粮标准,不足部分由国家补贴供应。五是对交售某些农副产品的集体和个人,按照当时的政策规定奖售一定数量的粮食。

农村粮食统销的形式 统购统销时期,由于粮食购销价格倒挂,国家每年要给予大量的财政补贴,当时农村粮食销售的形式,仅限于统销、定销和借销三种。统销,是指国家对粮食实行计划供应。定销,也是按统销价供应口粮,不同点是定销指核定粮食供应指标一年以上或几年不变,带有较长期固定的性质。而统销则随年景丰歉而定,属暂时的安排。借销,适用于原来有余粮或能自给,因遭受一般自然灾害或其他原因暂时缺粮,国家借销粮食后,具有偿还能力的,可按统购价借销,待下年新粮收获后再还粮退款。

到1990年代,上饶地区农民除按计划交售粮食以外,还有大量的余粮出售。10年间,除

1993年下半年和1994年、1995年度出现过粮价波动，市场粮食供应稍偏紧外，其余年份粮食一直处于买方市场，因而实际上1990年代初在农村粮食统销只存在两年的时间，且数量很少，价格也未按统销价执行。1992年江西省人民政府《关于提高粮食统销价格的通知》规定，从1992年5月1日起，供应农村的平价口粮，一律改按调整后的统销价执行。其实已经是购销同价，按当时的比例价供应。而销售价格与当时的市场议价已相差无几。1991年、1992年，全区农村口粮统销量（贸易粮）分别为3.99万吨与6.11万吨。

城镇供应　城镇供应是粮食统销的主体，指国家对所有的城镇人口、工商用粮、行业的用粮实行有计划的供应，供应的类别包括居民口粮（含工种粮）、工商行业用粮、各项补助粮、部队用粮等。

居民口粮（含工种粮）　上饶地区城镇居民口粮执行"凭证、凭票（券）、定点、定量"供应制度，按国家规定的统销价销售。在全区实行按人定量，归户计算，凭证凭票供应，干什么工种吃什么工种定量的办法。1980年代末和1990年代初，由于城镇居民生活水平的普遍提高，才作必要的定量调整。1991年初，根据江西省政府《关于调整部分定量口粮标准，适当压缩平价粮销售的通知》和上饶行署的《实施要点》精神，本着既按照上级文件要求，总体不予突破，又结合下面实际，使定量趋于合理的原则，全区对商品粮人口的定粮进行适当调减。在校的大、中专学生（含技校、中学）以及少年儿童口粮定量仍维持原标准。全区调整后有关居民定量标准见附表。

从1991年5月1日起，国家调整粮食销价。当时上饶地区标二晚米的统销价由0.153元/500克，提高到0.258元/500克，其他品种销价也相应提高。遵照国务院国发〔1992〕15号文件和江西省人民政府《关于提高粮食统销价格的通知》精神，从1992年4月1日起，再次提高粮食统销价格。当时的标二晚米由0.258元/500克提高到0.4元/500克，基本实现粮食购销同价。按文件的相关规定是：按购销同价的原则，全省四种粮食（早籼米、晚籼米、粳米、面粉）中等质量标准品的统销价平均每500克提高0.11元。财政对职工适当给予粮食提价补偿，补贴标准是国家机关企业单位干部职工（含退休人员），每人每月补5元，并相应提高伤残人员和优抚对象的补贴标准。中小学民办教师、大中专及技校在校学生每人每月补贴3元。食用油统销价暂不作变动。1992年4月，江西省财政厅和江西省粮食局联合下文，从1992年7月1日起，对商品粮职工的基本口粮仍由粮食部门按计划供应，超过基本定量口粮部分的工种粮改为议价供应。实行工种粮补贴由企业和单位负担。当年国家又作出决定，从1992年9月1日起，全面放开粮食经营和销价。从此，"粮食统销"退出了历史舞台。

工商行业用粮　在统购统销时期，境内所有工商行业用粮都由粮食部门按计划供应，企业不得自行到产地采购。到1990年代，工商行业用粮的供应价格，实际上基本上已改为议价或比例价（当时的一种购价）供应。在1992年9月1日放开粮食统销价之前，只有为数极少的工商行业由粮食部门继续实行计划供应。按照当时的规定，以粮食为原料或辅料的工业用粮单位，都由粮食部门按计划供应，实行指标月清季结，对酿造、制药、浆纱、冶炼等行业，由于生产的产品销售后无法收回指标（粮票），由粮食部门根据其生产规模情况，核定用粮计划后，按计划供应平价粮。而对熟食、糕点、粉干、腐竹、粉丝等行业，销售产品后可以收回部分粮票的行业，由商业、粮食部门按市场正常需要和企业生产情况，提出用粮计划，报县（市）级人民政府批准后，粮食部门先供给铺底粮，待产品销出后，用粮单位凭收回的粮票向粮食部门购买平价粮。不足部分经粮食部门核实后给予平价供应，一般每季结算一次。工商行业用粮的类别有工业、手工业用粮,酿造业用粮,复制业用粮,熟食业用粮,糕饼业用粮,副食业用粮,冶炼、制药工业用粮 7 种。

1990 年代初,按照国家有关规定,陆续将工商行业用粮改为议价供应。如当时的饮料酒、酒精、溶剂、制药、浆纱、味精、淀粉等工业产品用粮已改为议价供应。并规定,工业用粮除酿酒用粮由粮油贸易公司经营外,其他行业用粮仍归口各级粮食购销部门经营,供应价格一律按市场议购议销价格执行。

补助粮　在粮食统销时期,有些工作,需要增加粮食消费,国家在口粮定量以外给予必要的补助。到 1990 年代补助粮的供应工作实际上只保留一年左右的时间,要求补助的单位和个人很少。最后保留以下 6 个补助项目:

经省人民政府批准,进入荣誉复员军人(简称荣复军人)疗养院疗养的病员,在疗养时间,其自带口粮每月不足 15 千克的,按 15 千克补差。

入院的精神病员,在治疗期间,其口粮定量加补助,每人每月不足 16.5 千克,按 16.5 千克补差。

在荣复军人疗养院休养的特一等残废军人,经省民政厅批准回乡(不论在农村、城镇)休养的,每月口粮定量不足 15 千克的,按 15 千克补差。

二等一级以上残废军人,回乡患有严重慢性病,久治不愈的复员军人的口粮,在城镇的本人月定量不足 15 千克的,按 15 千克补差。

盲聋哑学校的农村学生,户口在外地城镇的中学学生,自带口粮不足的,按同年级学生定量标准补差。

抗洪抢险人员的粮食补助,由县级以上防汛指挥部统一调配的人员,每人每天补助大米 0.25 千克;白天抗洪,晚上连续工作超过 12 点的,每人每晚增补大米 0.15 千克。

部队用粮　部队用粮(即军粮供应),一直是粮食部门实行统销价供应的最后一块业务。军粮一律凭军用证和军用粮油票按平价供应,1994 年以前军用粮票,有两种不同性质的购粮凭证。一种是军粮供给粮票,部队购粮时不付粮款,粮食部门凭供给票供应军粮,尔后统销价的货款由国家粮食局向财政部结算后逐级下拨到基层。另一种是军粮价购粮票,粮食部门凭价购粮票,按当期的统销价供应军粮,不存在差价款结算,平议差价由粮食部门负担。实际上也是由平价指标内安排,当时军粮供应的财务与业务脱钩,由粮食大财务统一结算。1994 年,按照国务院、中央军委《关于改革军粮供应体制的通知》,决定从当年的 6 月 1 日开始,对几十年的军粮供应体制进行改革。粮食价格和经营放开后,粮食部门负责筹措议价货源,按统销价供应部队,其平议差价款(即统销价与议价的差额部分),由财政部门拨补给军粮供应企业(差价款由中央和省级财政共同负担,各分担总额的 50%),并实行预决算制度。军粮财务与原粮食大财务脱钩,实行军粮财务与业务合一的,自上而下的专户专项管理,以确保军粮差价款及时到位。实行军粮差价款预拨制度,每年进行差价结算,各级粮食部门都要有军粮供应的管理机构和人员。当时,参照江西省供应部队的军粮种类为大米、面粉、食油和大豆四种。供应的标准是标一大米、特制二等小麦粉、二级以上菜油、三等以上大豆。供应价格按当时的统销价执行。军粮供应体制改革后,军粮供应企业服务得到改善,部队普遍反映良好。

1996 年,落实国务院、中央军委《关于深化军粮供应体制改革的通知》,从 1997 年 1 月 1 日起,军粮供应只保留大米和面粉两个主食种类的统销价供应,油、豆价格放开,采取议价供应的办法。继续强调军粮财务的独立性和军粮差价补贴款使用的严肃性。军粮差价补贴款改由中央财政全部负担。提高军粮供应等级，供标一大米，特一面粉（精粉），一级食油（议价），二级以上黄豆（议价）。统销价为，标一粳米0.94元/千克，标一晚籼米0.78元/千克，特一面粉1.06元/千克。

议价销售　粮食议销，原指执行粮食统销价（平价）以外的所有粮食销售。1992年9月1日放开粮食统销价后，除军粮供应以外，其他销售价格均放开，粮食议销价由市场决定。当时粮食部门供应城镇居民口粮的价格一般在1.0元/千克左右，与市场价持平。由于1993年粮食大幅减产，粮食市场波动，粮价上扬，政府为加强粮食调控，决定又对居民的口粮实行限量、限价供应。所以粮食议销又可分为政策性议销和市场议销。而粮食部门从事的主要是政策性议销。

政策性议销是指国家在放开粮食统销价后，为继续达到对粮食市场的宏观调控，决定动用定购粮或专储粮对一些特殊的供应对象实行保障供应的一种粮食议销形式。1993年，全区稻谷产量为191.46万吨，比1992年减产19.36万吨，同比减产幅度为9.2%。加上当年收购计划执行不好，市场粮价从1993年下半年开始飞速上扬。出现居民和个体粮商竞相到国有粮店购粮食。对此，一方面加强粮食计划收购的力度，一方面在粮店实行粮食销售限量限价。1994年，上饶市粮店的标一早米销售限价定为1.78元/千克，晚米为1.98元/千克，其他县略有不同，并对销售对象和销售量进行必要的限制，即明确规定政策性的销售对象为：城镇居民的基本口粮、军供、灾供、农村需救助的贫困地区缺粮农户、水库移民等。对销售的对象实行凭证限量供应，大、中专学生月定量限15千克，其他城镇居民月定量一律限10千克，且不分年龄、不分工种。政府采取政策性议销以后，对稳定当时的粮食市场起到积极的作用。但尽管采取措施，市场粮价还是居高不下。1995年开始至1997年连续三年，实行关于粮食销售包干的规定。根据江西省政府赣府发〔1995〕25号文件规定，1995年，对粮食销售限价又作了调整，规定凡属用农业税部分安排的五种供应对象的基本口粮价格，仍按江西省物价局赣价农字〔1994〕第20号文件核定的各地销售价格执行。除此之外，其他计划内凭证限量供应的粮食销售价格，从1995年9月1日起，每500克标一早籼米提高0.16元，标一晚籼米提高0.17元。当时上饶市的早米销售限价为1.05元/500克，晚米销价为1.16元/500克。上述用农业税部分安排的五种供应对象是军供粮，灾供粮，在校大、中专院校学生口粮，列入民政管理的城镇优抚对象和定期社会救济对象。1996年粮食销售继续以量力而行、保证重点、从严掌握、不大包大揽、并采取必要措施，使低收入居民真正享受到定价供应粮食照顾的精神安排。但销售量作了调减。1996年对粮食销售限价调高，从1996年7月1日起，上饶市的标一早籼米销售价格调为1.2元/500克，标一晚籼米销售价格提高至1.3元/500克。但从1996年下半年开始，粮食销售从卖方市场转向买方市场。当年粮店并未完成销售计划。1997年，定购粮食销售仍按1996年的有关精神执行。议购粮的销售，由粮食企业按照保本微利的原则，顺加作价。由于当时粮店的粮食销售价格定得过高，而市场粮价已大幅度回落，1997年定购粮与议购粮的销售，都出现滞销的现象。1998年，实行国家关于三项政策、一项改革的“粮改”要求，粮食部门一律顺价销售，不能逆向操作，对于低于成本销售的，要依据《粮食购销违法行为处罚条例》进行查处。1998年，在粮食市价较低的情况下，按照江西省物价局（1998）14号文件精神，以在原粮购进价的基础上，实行加权平均法，计算出当时粮店零售的价格是，标一早籼米1.05元/500克，晚籼米1.2元/500克。由于粮食销售环节还是放开的，政府定的政策性粮食销售价格，远高于当时的市场粮价，粮食购销企业，当年的销售量，达不到销售计划的20%。1999年、

2000年的粮食销售状况仍然困难。到2000年,约有60%以上的粮店难以为继,而个体粮店则遍地开花,大部分国有粮店被承包给个人,曾肩负着粮油分配和交换双重职能的粮油供应企业已名存实亡。

油脂销售 油脂统销时期的供应类型有城镇居民定量、工商行业用油、补助用油等。1991年至1 992年5月份,居民定量供油尚且保留,而后两项已取消。当时城乡农业人口定量为每人每月0.25千克,按人计算,归户凭证供应。价格按当时不同品种的统销价执行,而实际上,1990年代初的议价油源丰富,平议价差不大,已很少有人到粮店购买。

1991年1月1日起执行全区调整后的有关居民定量标准

表16-4-4 单位:大米、千克

类 别	等 级	月定量	主要工种(定量人口)	附注
特重体力劳动者	一等	23	井下挖掘工、井下手镐工、风钻工等	比原来压2.5千克
	二等	22	井下人力绞车工、井下支柱工等	
	三等	21	露天采矿土高温炼焦工、井下道工等	
	四等	20	地石推煤(矿)工、铁路线路工、手工据木工等	
重体力劳动者	一等	19.5	井下安全员、井下维修工等	比原来压1.5千克
	二等	18.5	井下输信号工、井下电工等	
	三等	17.5	农村邮递员、钣金工等	
	四等	16.5	铁路养路工、园木工、小木工等	
轻体力劳动者	一等	16	内线安装工、机刀切纸工、棉棕工等	比原来压1千克
	二等	15	糕点工、油漆工等	
	三等	14.5	理发员、兽医员、配电工等	
	四等	13.5	缝纫工、刻字工、修钟表工等	
干部、职工、脑力劳动者	实行同一等级	13	机关干部、职工、事务员、打字员、其他勤杂人员等	比原来压1.5千克
大中学生	一等	18	大学生	未作调整
	二等	17	高中生	
	三等	16	初中学生	
城镇居民	一等	13.5	参加集体组织劳动的临时工	作适当调整
	二等	12.5	参加零星劳动的居民	
	三等	12	一般居民	
	四等	11.5	老弱病残居民	

续表 16－4－4

类 别	等 级	月定量	主要工种(定量人口)	附注
十周岁以下儿童	一等	4.5	1周岁儿童	10周岁以上儿童至成年居民的定量不变
	二等	6	2周岁儿童	
	三等	7	3周岁儿童	
	四等	8	4周岁儿童	
	五等	9	5周岁儿童	
	六等	10	6周岁儿童	
	七等	11	7周岁儿童	
	八等	11.5	8周岁儿童	
	九等	12	9周岁儿童	
	十等	12.5	10周岁儿童	

1991年1月1日起新增“农转非”人员定量标准

表 16－4－5　　单位:千克、大米

类 别	月定量	类 别	月定量	附 注
脑力劳动者	11.5	四周岁儿童	4.5	计划内招收的大、中(专)学生仍执行部分调整定量标准前的大、中(专)学生定量标准。体力劳动者的工种粮由工人所在企业承担解决。
体力劳动者	12.5	三周岁儿童	4	
居民(含初中、小学生)	10.5	二周岁儿童	3.5	
七周岁儿童	7	一周岁儿童	3	
六周岁儿童	6	不满周岁儿童	2.5	
五周岁儿童	5			

1992年全区粮食供应网点和定量人口数

表 16－4－6

县(市)	粮管所(所)	粮店(家)	其中:城镇粮店(家)	定量人口数(万人)
全区合计	198	429	109	75.9
上饶市	4	16	12	14.4
上饶县	28	33	6	4.3
铅山县	10	36	6	5.6
广丰县	8	28	10	5.8
玉山县	15	37	9	4.9
横峰县	11	15	4	2.4
弋阳县	19	37	12	4.6

续表 16－4－6

县(市)	粮管所(所)	粮店(家)	其中:城镇粮店(家)	定量人口数(万人)
婺源县	11	40	7	3.4
波阳县	42	83	7	12.9
德兴市	17	55	24	7.9
余干县	25	25	4	5.7
万年县	8	24	8	3.8

1992 年全区部分粮食统销价格(最后统销价)

表 16－4－7　　单位:元/50 千克

品　名	等级	调前统销价	调后统销价	调高金额(元)	调高幅度(%)
早籼米	特二	29.5　43　13.5		45.76	
	标一	26.8　39　12.2		45.52	
	标二	25　36　11		44	
晚籼米	特二	30.4　47　16.6		54.61	
	标一	27.6　43　15.4		55.8	
	标二	25.8　40　14.2		55.04	
杂优晚籼米	特二	31.3　47　15.7		50.16	
	标一	28.4　43　14.6		51.41	
	标二	26.5　40　13.5		50.94	
面粉	标准	27　40　13		48.15	
	赣一	32　47　15		46.88	
	精制	38　56　18		47.37	
早籼稻	中等	17.4	24.5	7.1	40.8
晚籼稻	中等	17.9	27.5	9.6	53.63
杂优晚籼稻	中等	18.4	27.5	9.1	49.46
粳稻	中等	20.9	31.5	10.6	50.72
小麦	中等	20.6	30.4	9.8	47.57

1994 年—1998 年全区粮店大米销售价变化情况

表 16－4－8　　　　　　　　　　　　　　　　　　　　　　　　单位:元/50 千克

县(市)			上饶市	上饶县	铅山	广丰	玉山	横峰	弋阳	婺源	波阳	德兴	余干	万年
早籼米销售价	1994 年		89	87	87	87	87	83	87	83	83	85	83	83
	1995 年		105	103	103	103	103	99	103	99	99	101	99	99
	1996 年		120	119	119	119	119	119	119	119	113	119	115	119
	1997 年		120	119	119	119	119	119	119	119	113	119	115	119
	1998 年		105	105	105	105	105	105	105	105	105	105	105	105
晚籼米销售价	1994 年		99	97	97	97	97	93	97	93	93	95	93	93
	1995 年		116	114	114	114	114	110	114	110	110	112	110	110
	1996 年		130	129	129	129	129	129	129	129	123	129	120	129
	1997 年		130	129	129	129	129	129	129	129	123	129	120	129
	1998 年		120	120	120	120	120	120	120	120	120	120	120	120
1995－1996 年集贸市场大米售价	早籼米	最高	125	122	125	114	115	120	120	125	115	120	115	125
		最低	110	118	115	110	115	115	118	125	113	115	105	115
		平均	120	120	120	113	115	117.5	118	125	114	117.5	110	120
	晚籼米	最高	140	154	140	135	120	130	130	135	125	135	120	135
		最低	120	130	130	128	120	125	128	135	123	130	110	125
		平均	130	132	135	130	120	127.5	129	135	124	132.5	115	130

第三节　储运调拨

仓库建设　1990 年起,粮食库存逐年上升,到 1992 年年末,全区库存总量达 123.64 万吨(原粮,下同),与 1990 年比较增长幅度达 132.2%,尚有 40 万吨稻谷储存在库外。3 年间,全区建仓 75 座,增加容量 9.66 万吨,但远远满足不了储量的增长。

1993 年—1995 年,全国范围普遍遭受旱涝灾害,粮食减产,境内救灾任务繁重,库存迅速下降,1995 年末,全区仅有储粮 57.63 万吨,仓容暂时得以缓解。1996 年起,粮食生产形势再度好转,库存猛增,仓容再度紧张,仓库供需成为粮食部门乃至各级政府的主要矛盾, 1996 年后解决仓容的途径,主要是建仓,这一决策得到各级党政和有关部门的大力支持和配合,在建仓用地和规费减免等方面给予优惠和照顾。粮食部门在积极用好上级下拨建仓专款的同时,通过银行借贷,企业内部自筹,干部职工集资,从专储粮补贴费中提取,动员社会资金建仓等渠道筹资,1996 年—1997 两年,全区共筹资 2438 万元,建仓 218 座,仓容 23.05 吨,及时解决仓容不足的矛盾。1997 年末,全区库存达 143 万吨。

1998 年开始的粮仓建设,均属国家投资,把所有资金集中投入上饶市里安山、弋阳葛溪、波阳田畈、余干二库、玉山十七都、横峰吴家、婺源油茶山 7 个国库的扩建上。粮仓建设起点高,质量好,单仓仓容量大,5000吨~10000吨左右,堆粮线6米以上,通风密闭性能好,机械化程度高,且交通便利,粮源丰富,库区规划合理,仓型一律为拱板仓。

1992年—1996年,全区先后三批,共有上饶、波阳、弋阳、余干、万年、波阳高门、玉山、铅山金鸡山、婺源油茶山9个粮库批准为国家粮食储备库。

1991年—2000年,全区粮食基础设施建设新增424座仓库、57.72万吨仓容,同时对l89座、容量7.42万吨陈旧破烂、不适应继续储粮的仓库进行报废处理,仓库质量得到整体提高。其中上饶、弋阳、波阳、余干、德兴国库仓容分别都达到了2.5万吨以上。

2000年,全区粮食系统共有各类粮食仓库1568座,仓储总容量128.91万吨,其中基建仓1029座(容量96.56万吨)、简易仓388个(容量27.4万吨)、砖圆仓143座(容量3.49万吨)、立筒仓8座(容量1.42万吨,含其他仓1座,容量700吨)。2000年,全区仓储总容量与1990年的93.53万吨相比增长37.8%。

油库:1990年代,油脂率先退出统购统销,10年中没有新增油池、油罐,对闲置不适应继续存油的29个油池、油罐进行报废,容量890吨。

仓储管理 全区各储粮单位均实行集体领导、分工负责的制度,按粮仓区域、品种分片包干管理。各粮库均配有保管员、化验员,建立岗位责任制,并由局公司和库三级定期或不定期的进行检查。在具体保管工作中,始终贯彻以防为主,防治并举的方针,常年开展"四无"(无虫、无毒、无鼠雀、无事故)保粮活动。积极采取"三低"(低温、低氧、低药量)的科学保粮方法。

1992年,库外储粮迅速增长,针对其在储藏期间易产生高温、虫蚀、鼠害、返潮的特点,全区开展库外储粮"四无"活动,动员各地在库外粮中推广铺垫防潮,机械通风降温,防护剂防虫,磷化铝、氯化苦混合熏蒸,敌敌畏定期消毒和各种形式的捕鼠灭鼠活动,确保库外储粮安全。1993年后,高水分晚谷保管过夏任务繁重,余干县粮食局在实践中不断摸索,不断总结,在江西省内率先探索出一条采用机械通风、结合人工翻扒粮面,确保水分16%左右的晚谷安全度夏技术,在区内得到了普遍的推广和应用,同时也推动了全区机械通风储粮技术的发展,截至2000年,全区机械通风储粮达85%左右。1994年,全区贯彻"以防为主,综合防治"的保粮方针,积极开展"一符(剧毒杀虫剂的使用严格符合技术操作规范的要求)四无"粮仓活动,此后粮食系统连续七年"一符四无"单位粮仓率均达95%以上。1994年6月,全区积极贯彻赣粮字〔1994〕124号文件,对中央储备粮实行"一符、三专(专人、专仓、专账)、四落实(落实数量、品种、质量、地点)"管理,并做到仓外挂牌,仓内设卡,单位建账,实行微机联网。1996年要求各县、市对中央储备粮集中管理,1997年提出消灭500吨以下中央储备粮库点,1998年消灭1000吨以下库点,1999年督促各地将中央储备粮全部集并到国家储备库和县城直属粮库统一管理,并和地方储备、周转粮严格分开。此后,中央储备粮确定在21个代储库保管储粮保管业务由南昌中储粮分公司直接管理。

1990年—1992年,由于仓容紧缺,全区普遍实行民代国储、场代国储、预约收购、租借社会仓房等措施扩充储备,库存管理出现纰漏,承储单位和责任人因无法长期安全保管,擅自低价出售代储稻谷;预约收购订合同时粮价低,并预付了一半粮款,收粮时物价上涨,无法兑现;加上虚报入库进度,历年风雹、水灾损失,库外粮食虫蚀、鼠害、霉变等,致使库存空缺。1993年全区库存清查,短少6.62万吨(贸易粮)。以后几年,地区积极督促补库,但收效甚微,至2000年,全区仍短少库存7.79万吨,其中波阳一县短少6.75万吨。

粮油储备 境内粮食储藏分为国家专储、省级储备、地方周转三类;油脂储藏分为国家专储、甲字、省级储备和议价四类。

国家专项储备　1990年代初开始，设国家专项储备粮，其所有权、动用权属国务院，由国家粮食储备局负责管理，未经国务院批准，任何地区、部门、单位和个人都不准擅自动用。1991年，全区粮食储存量71.12万吨（贸易粮），其中有中央储备37.30万吨（贸易粮）。至2000年，全区粮食储存量88.32万吨，其中国家储备23.20万吨。

省级储备　为加强国家对粮食的宏观调控，根据中央和国务院指示，自1992年起实行中央、省级专项储备粮制度。1995年起，设省级储备粮，其所有权、动用权属省人民政府，由省粮食厅负责管理。当年，全区粮食储存量40.34万吨（贸易粮），其中有省级储备粮8.27万吨。至2000年，全区粮食储备量88.32万吨，其中省级储备粮8.28万吨。

地方周转　上饶地区地方周转储备粮食1991年为31.82万吨（贸易粮），至2000年全区地方周转储备粮食56.84万吨。

江西余干国家粮食储备库简介　江西余干国家粮食储备库前身是余干县粮食局第二直属库。1992年11月由国家粮食储备局命名为江西余干国家粮食储备库。

该库坐落于余干县马北嘴大桥南侧，余黄公路弯，地理位置优越，水路交通方便，地势较高，无水患之灾。库北侧有500吨通航码头1座，库内建有标准化仓库28座（含国家粮食局命名后，由江西省粮食局投资兴建的拱板式仓库8座），总容量为3890万千克，整个库区占地面积8.5万平方米。有1幢1500平方米4层办公、住宿楼房和1幢600平方米高精度办公、住宿楼房，1个1000平方米面积花园。该库设正副主任6名，防化员2人，保管员100名。库下设正副站长、防化员、保管员共26员。仓库储粮配有信息设备、检测化验仪器、衡器、谷物干燥机、鼓风机、排风扇、剂熏蒸机、容量器、黏度器、滴空管、滴空台、康氏振荡机、真空泵、消防设备等共394台（件）。仓库设施齐全、布局合理。建立严密岗位责任制和储粮防患于未然管理系统。保管员全部实行专仓专责。该粮库1993年末存粮10729万千克（含其他仓库储存），为确保国家粮食储备质量安全无患，1994年开始，采取逐年以陈换新。至2000年年末，该库实存粮食3885万千克。

粮食调运　1990年代以前，全区粮油运输任务主要由粮食系统专业车队承担。遇上粮食调动任务紧张时，还租用社会车辆运输。进入1990年代，社会车辆迅速增加，尤以个体运输户突出。1991年，全区粮食系统专业车队实行自主经营，自负盈亏，逐步走向市场。1992年由于社会车辆竞争激烈，车况老化，运输成本提高等因素影响，全区粮油运输车队亏损44万元。1993年，弋阳、铅山两个车队经营灵活，管理规范，盈利12万元，但婺源、上饶市、余干、玉山、万年5个车队亏损较大，全区盈亏轧抵基本持平。1994年开始，粮食专业车队生存困难，多数靠拍卖和承包车辆维持，车队名存实亡。1996年，粮食专业运输车队的汽车全部作价变卖，人员分流，粮油运输任务全部由社会车辆承担。

粮食调拨　1991年以前，全区粮油调拨以计划为主，市场调拨为辅。此后，国家放开粮油经营和价格，取消计划调拨，粮油调拨根据市场供求关系进行。

1991年开始，上饶地区粮食调拨基本为半计划半市场化，平价粮、专储粮调拨由上级下达计划，再由地区分解到各县市，并负责安排铁路运输车皮，议价粮实行自由贸易、自行安排运输工具。1995年后平价粮取消，铁路运输逐步宽松，粮食市场充分放开，计划调拨逐年减少。

调拨计划执行情况　1991年，全区下达定购粮纯调出计划7060万千克（贸易粮），实际完成6777万千克，实际完成占计划的96%。完成调拨计划较好。1992年，粮食形势发生很大变化,粮食丰收,收购量大,库存爆满,出现了农民卖粮难现象。因此造成粮食调拨计划难以执行,1992 年度,全区下达粮食纯调出计划为 7620 万千克,实际仅完成 2707 万千克,实际完成占计划 35.5%。1993 年,上饶地区为搞好产、销区的粮食平衡,保证国家对粮食的宏观调控,稳定粮食市场,对粮食的调拨实行产区与销区直接见面,经济合同订货。全区下达合同收购粮调剂计划 8500 万千克,实际完成为 333 万千克,此计划为指导性计划。平价粮食调拨计划由省直接下达到县,境内粮食主要调往景德镇、九江和樟树,全年共调出 4209 万千克。这一年全国发生较大的洪涝灾害,江西省救灾任务重,根据省政府下达上饶地区计划,全区大力组织专储粮调出省外,用于支持上海、广州、贵州、云南等 10 个省、市的救灾工作,全年专储粮纯调出 2628 万千克。由于粮食遭受洪涝灾害,以及平价粮及专储粮大量调出,到 1994 年度,全区粮食库存大幅减少,粮食几乎是一天一个价。为此,1994 年 10 月份全区实行国家总量平衡粮收购计划,加强对粮食的宏观调控,共下达总量平衡粮调拨计划 9050 万千克。而实际只完成 2987 万千克,此计划为指令性计划,但仍有少数县(市)从自身经济利益出发,拒不执行调出计划。同年专储粮调拨计划执行很好,调出数量最多,共调出 l4688 万千克,为上饶地区缓解部分销区省的粮食紧张状况做出了一定的贡献。到 1995 年,全区粮食库存量仍然很少,粮食销售价格上涨,按照国家大幅度地提高粮食收购价格,采取分季下达调拨计划,年度包干结算的办法。1995 年度,全区下达粮食纯调出计划 4883 万千克,实际完成 4037 万千克,执行计划比前两年有所好转。1996 年,粮食生产获得较大丰收,粮食收购价在 1995 年度基础上价外加价 10 元/50 千克,极大地提高了农民售粮的积极性,1996 年度,共收购粮食 46279 万千克,达到 10 年中的最高水平,从 1996 年开始,由于收购价格高于市场价,粮食部门收购形势越来越好,粮食部门库存逐年增大,由买粮难又转变为卖粮难,由此造成粮食调拨计划执行也越来越难到位。1996 年,全区下达粮食包干调出计划 12735 万千克,实际纯调出 1682 万千克,1997 年,全区下达定购粮包干调出计划为 11235 万千克,实际调出 114 万千克,1998 年,下达定购粮调出计划 3350 万千克,实际完成 521 万千克,1999 年,下达定购粮调出计划 4000 万千克,实际完成 36 万千克,2000 年度未下达定购粮调拨计划。

出口粮食 1997 年,全区针对国内粮食销、调市场疲软这种状况,为缓解粮食库存压力,解决粮办工业的经济出路,共出口粮食 3927 万千克,1998 年出口 9803 万千克,1999 年出口 5990 万千克,2000 年出口 7936 万千克,连续几年大量组织粮食出口,缓解了全区仓容爆满的压力,为敞开收购农民余粮,为粮办工业取得一定的经济效益起了积极的作用。

1991 年—2000 年全区新建和报废仓库(油池、油罐)情况

表 16-4-9 单位:吨

年度	新建仓库		报废仓库		报废油池、油罐	
	座数	容量	座数	容量	个数	容量
合计	424	577240	189	74177	29	892
1991	59	83110	39	9630		
1992	16	13500				
1993	21	24000	26	19670	1	10

续表 16－4－9

年度	新建仓库		报废仓库		报废油池、油罐	
	座数	容量	座数	容量	个数	容量
1994	13	11000	20	5975	7	46
1995	8	16350			3	21
1996	29	37750				
1997	189	192780	1	500	3	30
1998	34	50550				
1999	33	38200				
2000	22	110000	103	38402	15	785

2000 年全区各类粮食仓库分布情况

表 16－4－10　　单位：吨

县（市）	总 计		基建仓		简易仓		砖圆仓		立筒仓		其他仓	
	座数	容量	座数	容量	座数	容量	座数	容量	座数	容量	座数	容量
全区合计	1568	1289093	1029	965583	388	274405	143	34905	7	13500	1	700
上饶市	38	37800	32	29550					6	8250		
上饶县	93	61400	81	53750	4	5650	8	2000				
铅山县	133	89980	11	8200	101	76380	20	4700			1	700
广丰县	90	46040	17	9490	50	29550	23	7000				
玉山县	108	75440	64	51100	37	21560	10	2780				
横峰县	71	42390	34	26900	28	14525	9	965				
弋阳县	139	117560	67	56185	44	48875	27	7250	1	5250		
婺源县	107	65470	36	20110	71	45360						
波阳县	256	265808	227	246198	23	18050	6	1560				
德兴市	103	65115	87	60280	6	3355	10	1480				
余干县	272	245590	246	239020	4	1400	22	5170				
万年县	128	88700	106	83300	18	4400	4	1000				
地　直	30	87800	24	81500	2	5300	4	1000				

1991年—2000年全区粮食油脂库存及调出情况

表16－4－11　　　　单位:贸易粮、吨

年度	粮食储存量				粮食调出量		油脂	
	合计	其中			纯调出	其中出口	库存量	调出量
		中央储备	地方储备	地方周转				
1991	711170	372980		338190	69950		4751.3	
1992	865490	454980		410510	13860		3286.5	
1993	565150	446520		118730	71700		1752.3	
1994	487570	212200		275370	126170		4085.5	
1995	403410	114210	82650	206550	－9770		5819.7	
1996	716330	343990	82740	289600	409200		5271.5	
1997	1000010	365740	82820	551450	39540	39870	4642.7	
1998	902830	316590	82820	503420	112470	98030	4305.7	
1999	988980	282640	82820	623520	82210	59900	4173	
2000	883200	231980	82820	568400	135220	79360	3734	

2000年年末全区粮食油脂库存情况

表16－4－12　　　　单位:吨

县(市)	粮食库存				油脂库存				
	合计	国家专储	省级储备	地方周转	合计	专储	甲字	省级储备	议价
全区合计	880200	228980	82820	568400	3734	500	400	598.1	2235.9
信州区	8810	4900		3910	251.2			233.9	17.3
上饶县	32580	10730	5390	16460	83.4		50	7	26.4
铅山县	56330	14240	200	41890	2.2			39.3	－37.1
广丰县	22230	8160	4480	9590	44.5			29.2	15.3
玉山县	44490	10490	2050	31950	234.6		50	49	135.6
横峰县	22570	5800	4900	11870	20.9			6	14.9
弋阳县	76420	17360	8530	50530	74.5			65.5	9
婺源县	48320	15050	3030	30240	39.4			36.2	3.2
波阳县	256010	51880	12480	191650	3455.6	200	200	69.9	1985.7
德兴市	56790	15010	5960	35820	37.4			24.3	13.1
余干县	178890	38850	33990	106050	273.4	100	100	25.2	48.2
万年县	50770	13600	1110	36060	16.9			12.6	4.3
地直	25990	22910	700	2380	200	200			

第四节　粮油加工

1991年,全区各级粮食部门抓住1980年代末期的粮食连年丰收,市场粮食销量不断增加的有利条件,大力主攻粮油加工业,走以工养粮、以工促粮、以工富粮、以工兴粮之路,投入大量资金对粮油加工业进行技术改造,增强企业发展后劲。全区基本形成粮食、油脂、饲料三大系列组成的粮油加工业产业群。

1991年年末,全区粮油加工企业共有72家,固定资产原值7600万元,全年实现工业总产值19680万元,利税总额为323万元。1995年全年实现工业总产值38384万元,利税总额高达1241万元,是1990年代全区粮油加工企业经济效益最好年份。随着粮油市场的放开,粮油加工都逐步被私营和个体户加工厂所代替,粮办工业逐步走下坡路。随着经济体制改革的深入和国有粮食企业的改制。国有粮油加工企业生产量呈萎缩趋势,企业经济效益下降,利润逐年减少。到1998年,全区粮油加工企业出现严重亏损。2000年末,全区粮油加工企业只有50家,固定资产原值为12775万元,比1991年增长68.1%,全年实现工业总产值14911万元,比1991年下降25%。

粮食加工　1991年,全区国营大米加工厂共有47家,设计能力2510吨/日,实际生产能力2450吨/日。分别是:上饶市1家;上饶县4家;铅山县5家;横峰县1家;弋阳县3家;婺源县3家;波阳县8家;德兴县3家;余干县8家;万年县6家;广丰3家;玉山2家。

制米　1991年,全区粮食企业大米加工量185635吨,1997年,大米加工量高达36.85万吨。1990年代后期,由于个人开办粮食加工企业逐渐增多,加工议价调出大米大幅度下降,随着粮油市场的放开和企业改制,国有大米加工企业日益减少。至2000年,全区国有大米加工厂共有34家,分别是上饶市3家,上饶县1家,铅山县1家,横峰县1家,弋阳县2家,婺源县3家,波阳县2家,余干县9家,万年县6家,广丰县3家,玉山县1家,德兴市2家。2000年,全区粮食企业大米加工量14.23万吨,比1991年下降23.3%。

制粉　1991年,全区国营面粉加工厂有7家,设计能力255吨/日,实际生产能力243吨/日,其中:上饶市、上饶县、铅山县、广丰县、玉山县、弋阳县、德兴县各1家。1991年,全区粮食企业面粉加工量2.67万吨。

1992年,国家放开粮油经营和价格,取消面粉加工调拨计划,外地各种面粉进入上饶地区内市场。1997年后,全区国营面粉加工企业日渐减少,面粉加工量急剧下降。2000年,全区国营面粉加工厂仅有2家(上饶市、玉山县各1家)。2000年,全区粮食企业面粉加工量为2155吨,比1991年减少2.46万吨。

油脂加工　全区油脂加工历来处于小型分散状态,而且大多附设在各粮食加工厂的榨油车间。1980年代后期,各县(市)相继扩建油脂厂,承担所在县(市)的油脂加工任务。有些县(市)油脂加工厂以生产精糠油为主,同时利用其副产品生产谷维素、脂肪酸、油酸、软脂酸、植酸钙等产品。1991年,全区国营油脂加工厂有5家,其中上饶市、玉山县、波阳县、余干县、德兴县各1家。同年,全区粮油企业油脂加工量3517吨,1997年上升到10772吨。至2000年,全区国营油脂加工厂有3家,其中上饶市、波阳县、余干县各1家。全区粮油企业油脂加工量为2933吨,比1991年下降16.6%。

饲料加工　1991年,全区国营饲料加工厂有14家,设计能力69500吨/年、班,实际生产能力54900吨/年、班。其中上饶市、上饶县、铅山县、广丰县、玉山县、弋阳县、婺源县、波阳县、余干县、万年县、德兴县、地直各1家,横峰县2家。1991年,全区粮油企业饲料加工量83961吨。1990年代后期,全区饲料加工业得到较大发展,除各县(市)饲料公司饲料加工厂外,还有小型的个体饲料加工厂,1996年,全区粮食企业饲料加工量高达117688吨。1998年后,国营饲料加工企业呈萎缩状态。至2000年,国营饲料加工厂有9家,其中上饶市、上饶县、铅山县、横峰县、婺源县、波阳县、余干县、万年县、广丰县各1家。2000年,全区粮食企业饲料加工量降为39774吨,比1991年下降52.6%。

粮食加工业 加工业管理 1991年3月,为进一步加强对全区粮油加工业的领导,集中力量协调解决好粮油加工生产中的实际问题,地区粮食局成立全区粮办工业生产协调小组,地区粮食局副局长担任组长。同年5月,行署在弋阳召开了全区第四次食品工业会议,会议提出将粮油加工业列为全区食品生产行业的重点行业。地区粮食局为贯彻好这次会议精神,在玉山县召开全区粮油加工现场会,将精米、精粉、多种食用油加工生产作为全区食品生产的重点产品,同时提出全区粮油加工企业在完成计划内加工任务的前提下,应努力拓宽生产经营渠道,找米下锅,弥补计划内加工任务不足,积极参与市场竞争,及时改变产品的品种结构,增强应变能力,提高企业的经济效益。

1993年6月,为转变机关职能和企业经营机制,适应粮食经济体制改革的需要,地区粮食局决定,撤销原地区粮油工业公司和地区饲料公司,组建工业管理科。原两公司担负的行业管理工作,划归工业管理科承担。

1994年初,地区粮食局下文,要求强化对粮油加工业的行业管理,要求各县(市)粮食局在机构改革中,要成立工业管理股(室),并实行分级管理制度。凡年产值在500万元以上,利税在50万元以上的企业,列为全区骨干企业,由地局统一调度,统一掌握。每月直接向地区粮食局工业管理科报送报表;凡年产值在200万元以上,利税在20万元以上的企业,由县(市)粮食局统一调度和掌握。

从1994年起,地区粮食局对各县(市)粮食局粮油加工业每年年终进行考核,根据各县(市)粮食局完成年度计划指标情况,对各县(市)粮食局局长、副局长实行奖罚兑现。

1996年5月,地区粮食局成立全区粮食系统主攻工业领导小组。制定下发《加快全区粮油工业改革与发展步伐的实施意见》(饶粮工字〔1996〕07号),提出在加快粮办工业发展步伐上做到"三个不动摇"(即坚决贯彻落实省、地会议精神,主攻工业思想观念不动摇;坚定不移地把主攻工业摆在发展全区粮食经济的主导地位不动摇;下大力气转变增长方式,创造性地发展粮油加工业不动摇)。

1996年起,全区粮油加工企业认真负责地做好出口大米生产工作。截至2000年底,江西省粮食局下达上饶地区大米出口计划共计27.6万吨。为做好这项工作,地区粮食局成立出口大米工作领导小组,地区粮食局副局长任组长,各县(市)对大米出口工作非常重视,从任务的分配到粮源的选择,从加工生产到出口运输,建立起一套质量保证体系,全区按时、按质、按量完成省粮食局下达的出口大米任务。

1990年代末期,根据国务院关于深化粮食流通体制改革的有关精神,全区粮食系统认真、全面贯彻中共中央粮改政策,紧紧围绕加快两个根本性转变,坚持"三个有利于"的原则,按照建立现代企业制度的目标要求,以产权制度改革为突破口,以职工身份置换为着力点,全面推进国有粮办工业改革。

名、优、特战略　进入1990年代，全区粮油加工业从整体来说，技术含量低，精深加工能力不足，相当一批设备还是六七十年代的，针对这种状况，自1992年起，全区先后投入资金6700余万元，对全区粮油加工业进行技术改造。对波阳县城一米厂，1993年投入资金194万元，对原米厂进行精制米生产线技术改造，次年该厂纯利润就突破58万元大关，成为区内第一个跨入全省粮食系统大米加工骨干企业行列。1994年上饶市油脂化工厂依靠科技力量进行油脂产品攻关，利用清糠油脚生产谷维素，将油脂生产与医药生产结合起来，在开展综合利用上搞活全厂的生产和经营，成为江西省粮食系统油脂生产骨干企业。玉山县粮油工业公司改菜油粗加工为精加工，生产的二级精炼菜油被评为江西省优质产品。横峰县城米厂，是1952年建的老厂，不仅厂房狭小、破旧，设备老化，产品消耗高，且只能加工标一大米；1992年，为加速革命老区的经济发展，横峰县精制米厂技改项目正式立项。工程总投资340万元，总占地面积5938.5平方米，建筑面积1565平方米，厂房单层钢筋混凝土框架结构，生产设备由原商业部定点生产厂家—湖北安陆粮机厂生产的全套仿日自动化生产设备组装而成，是全区首家使用该套设备的精制米加工厂，可随精度要求任意组合，可加工各种等级大米。

全区粮油加工企业，通过实施名、特、优战略，各类产品在市场上占有一定的份额。其中：万年县的万年贡牌系列大米、米粉、养胃面条、荞麦粉条，赣亭牌系列大米，芳彩牌系列高级烹饪油，波阳县的白天鹅牌系列大米、天天牌高级烹饪油，婺源县的星河牌系列大米和纯粮大曲酒，弋阳县的弋阳年糕和三叠龟牌系列米粉等优质品牌食品，不仅在上饶地区、江西省市场上打响，而且还远销到上海、浙江、福建、广东等地，品牌战略收到一定的效果。

1991年—2000年全区粮油加工企业基本情况

表16－4－13　　单位：个、万元

项目	1991年	1992年	1993年	1994年	1995年	1996年	1997年	1998年	1999年	2000年
企业个数合计	72	71	69	68	68	77	63	67	57	50
大米加工企业	47	46	46	46	46	51	37	48	38	34
面粉加工企业	7	7	7	7	7	6	8	3	3	2
饲料加工企业	14	14	12	12	12	16	12	13	10	9
油脂加工企业	4	4	4	3	3	4	4	3	3	3
食品加工企业							2		3	2
固定资产原值	7600	740	6971	6864	6647	10009	12075	12546	12613	12775
固定资产净值	6400	6200	6764	6226	5477	8283	10299	10540	12613	10610
工业总产值	19680	20169	20387	27320	38384	36205	45545	29329	23705	14911
利税总额	323	398	455	874	1241	482	120	18	－468	－346

1991年—2000年全区粮食企业大米加工量

表16－4－14　　单位:吨

县(市)	1991年	1992年	1993年	1994年	1995年	1996年	1997年	1998年	1999年	2000年
全区合计	185635	154415	145154	254946	309901	301544	368530	286102	207080	142315
上饶市	9629	9715	15316	11066	20004	16853	5923	27902	15075	5760
上饶县	11133	7795	7471	17895	23376	3953	7487	5701	5210	6731
铅山县	11939	9562	2377	26480	34120	50200	61100	35100	20200	19208
广丰县	10785	9241	9672	15937	17015	26380	30074	13943	20061	9947
玉山县	10127	8499	8853	15879	20347	20234	32134	11623	13309	18896
横峰县	5638	4630	3777	18792	5247	18278	30279	11633	12360	8724
弋阳县	24621	16705	13152	24023	46457	36051	39000	16078	10693	8771
婺源县	12855	8845	9245	11710	11906	5809	11576	10282	7193	7230
波阳县	31609	33849	28031	46891	45691	45090	63320	41526	24583	20790
德兴市	14138	9955	13240	12220	15922	4974	6299	14392	4562	6476
余干县	21818	18034	14808	24304	35076	50635	55338	54300	63000	13088
万年县	21343	17585	19212	29749	34740	23087	26000	43622	10834	16694

1991年—2000年全区粮食企业面粉加工量

表16－4－15　　单位:吨

县(市)	1991年	1992年	1993年	1994年	1995年	1996年	1997年	1998年	1999年	2000年
全区合计	26717	25883	28217	25619	35403	25512	12923	6777	5300	2155
上饶市	19218	20646	19382	8227	19443	17832	4626	4793	2268	955
上饶县				478	52					
铅山县			1045	1586	1497	1117				
广丰县	347	483	834	9308	6954	2486	1641			
玉山县	35	41	1624	2074	1442	762	3010	1831	3032	1200
横峰县										
弋阳县	1897	772		705						
婺源县										
波阳县	5220	3941	2231	2255	3955	3104	2746			
德兴市			3101	986	1073	91				
余干县										
万年县					987	120	900	153		

1991 年—2000 年全区粮食企业油脂加工量

表 16 - 4 - 16　　单位:吨

县(市)	1991 年	1992 年	1993 年	1994 年	1995 年	1996 年	1997 年	1998 年	1999 年	2000 年
全区合计	3517	1339	2146	3749	8072	8141	10772	5289	7476	2933
上饶市	5		18	985	1807	1552	1447	1482	2436	678
上饶县	2									
铅山县	2									
广丰县	85	70	149	104	330	219	938	217	156	52
玉山县	491	434	413	518	1419	1014	1886	1703	3319	817
横峰县			16							
弋阳县	189	71	2	151						
婺源县	14	7	87	68	158	111	32	17	17	
波阳县	1877	379	613	782	1884	3154	3657	573	255	58
德兴市	12		50	6	536	127	149			
余干县	840	378	633	1135	1546	1890	2553	1000	1200	270
万年县			165		392	74	110	297	93	1058

1991 年—2000 年全区粮食企业饲料加工量

表 16 - 4 - 17　　单位:吨

县(市)	1991 年	1992 年	1993 年	1994 年	1995 年	1996 年	1997 年	1998 年	1999 年	2000 年
全区合计	83961	74384	67156	84968	108986	117688	106858	88866	51887	39774
上饶市	11703	10278	15173	11021	19135	18711	6500	13221	10813	4162
上饶县	8568	6948	4911	4198	3704	2299	5957	2817	3004	2664
铅山县	7949	5482	3863	3004	3278	4700	4150	8260	1011	786
广丰县	7947	6712	4617	8519	12673	13892	15321	5788	7452	5520
玉山县	3517	8256	9920	15928	12559	13092	17059	4611	5584	4540
横峰县	1967	1866	1495	3928	3911	5087	6456	2818	4171	7681
弋阳县	8034	4998	3705	6560	5745	5122	1928	4835	2430	1873
婺源县	7955	5321	3389	4389	4414	8671	4272	3051	1675	1934
波阳县	9103	5115	2235	6916	10522	13813	5330	7868	4310	3156
德兴市	3798	5792	5684	5414	8815	2176	2455	4985	1756	2811
余干县	5398	5275	4926	10466	14494	17797	19330	13500	6828	3665
万年县	8022	8338	7238	4625	9736	12328	18100	17112	2853	982

1991 年—2000 年全区粮食企业食品加工量

表 16－4－18　　　　单位:吨

县(市)	1991 年	1992 年	1993 年	1994 年	1995 年	1996 年	1997 年	1998 年	1999 年	2000 年
全区合计	4402	2311	2491	6941	9360	7005	6120	1953	1598	718
上饶市	534		241	760	2311	3179	3371			
上饶县	83									
铅山县	464	1229	1437	1433	1987	842				
广丰县	277	26	252	282	117	266	581	116		
玉山县	44	20		1489	1543	1978	1588	1405	1247	700
横峰县	143	62	5	6	10		6			
弋阳县	319		23	1056				199	266	
婺源县	744	107	80	199	193	100	37	19		
波阳县	389				628	140	37			
德兴市	395	303	402	747	768					
余干县	674		51	5	756					
万年县	336	564		964	1047	500	500	214	85	18

第五节　经营管理

机构人员　机构设置　1991 年,地区粮食局有 18 个直属企事业单位。局机关设 7 科 1 组(秘书科、财务科、审计科、综合购销科、计划统计科、基建储运科、人事保卫科、纪检组),本级职工总数为 362 人。1993 年 7 月 24 日,根据上饶地委组织部《关于地区粮食局、地区商业总公司实行优化组合的改革试点意见》(饶发〔1993〕16 号文件)的通知,地区粮食局的机构设置为 6 科 1 室,即:办公室、财会科、监察审计科、人事保卫科、仓储管理科、购销计划科(购销与计划合并)、工业管理科。随着粮食政策不断变化,粮食经济体制改革不断发展,1997 年 5 月,局机关内设办公室、纪检监察室、计划科、购销管理科、储运基建科、保卫科、财会科、劳动人事科、审计科、工业科 10 个科(室)。2000 年,地区粮食局有 15 个直属企事业单位。局机关设 10 个科室,即办公室、劳动人事科、监察审计科、财务科、购销科、计划科、仓储基建科、科技工业科、保卫部(武装部)、工会,本级职工 560 人。

下属单位　1991 年—1993 年初,地区粮食局原有下属单位 8 个(上饶地区粮油工业公司、直属库、上饶地区饲料公司、上饶地区粮油质量监督检验站、粮食干部学校、粮油机械厂、地区粮食局车队、粮油贸易公司)。1993 年 1 月 28 日,为了适应粮食经济体制改革和机关转变职能的需要,发展粮油食品生产经营,经地区体改委批准,在地区粮食局直属库的基础上,成立上饶地区粮油食品开发公司和里安山国家粮食储备库,撤销原直属库。1993 年 2 月,成立上饶地区粮食经济发展总公司。1993 年 3 月 30 日,成立上饶地区粮油包装制品厂。1993 年 4 月 7

日,成立上饶地区精细化工厂。1993 年 5 月 20 日,成立赣东北汽车服务中心。1993 年 7 月 2 日,成立上饶地区粮油工贸实业总公司和上饶地区粮油储运开发总公司。1993 年 7 月 17 日,由上饶地区饲料行更名成立上饶地区粮油工业供销公司。1993 年 10 月 30 日,成立“上饶太平洋夜总会”。1994 年 5 月,为强化管理,保障军队粮油供应,经批准成立上饶地区粮食局军粮管理站,属事业性质。

政企机构分开　1997 年,上饶地区油脂公司成立,1998 年,地区粮食局根据国务院《关于进一步深化粮食流通体制改革的决定》文件精神,实施政策性业务与商业性经营两条线运行机制,地区粮食局政企机构按一局(粮食局)二司(政策性公司、经营性公司)一场(粮油批发市场)的格局分开设置。

政策性公司　上饶地区粮食购销总公司由原上饶地区粮食经济发展总公司更名而成,属副县级事业性质单位,里安山国家粮食储备库,属正科级单位,上饶地区粮食中转储备库由原上饶地区粮油工业科学技术研究所更名而成,属正科级单位,三个单位的职责是承担国家储备粮油储藏管理,省(区)间调拨等政策性经营业务。

经营性公司　上饶地区粮油工业贸易总公司,地区粮油贸易公司、地区食品开发公司、地区饲料公司、地区油脂公司、地区粮机厂、地区精细化工厂、地区包装制品厂,均属地区粮油工业贸易总公司下属经营性企业。

粮油批发市场　上饶地区粮油批发市场与上饶地区粮油储运开发总公司实行两块牌子、一套班子人马,属企业管理的事业性单位,其职责是提供信息、结算、运输等配套服务,形成统一的市场网络,繁荣粮食市场,促进粮食流通。

上饶地区粮油质量监督检验站、上饶地区粮食干部学校属事业性单位。

县(市)粮食局机构人员　由于县(市)粮食局是受地区粮食局行业管理、政策指导,其机构设置以及人员配备基本与地区相配套,各县(市)粮食局可根据本县(市)实际情况对机构人员作适当的调整。

1991 年—2000 年全区各县(市)粮食机构人员情况

表 16-4-19　　单位:人、个

县(市)		1991 年	1992 年	1993 年	1994 年	1995 年	1996 年	1997 年	1998 年	1999 年	2000 年
人员总计		12778	13209	13770	14132	14792	15403	15673	16523	33304	16930
上饶市	人员	787	854	913	1023	1086	1097	927	906	886	887
	机构	33	48	52	19	43	38	33	16	14	16
上饶县	人员	694	711	731	594	707	726	738	754	751	739
	机构	46	49	46	44	45	52	48	36	37	43
广丰县	人员	673	720	4785	966	759	781	781	794	770	60
	机构	79	47	133	23	22	23	23	25	24	24
玉山县	人员	1029	961	979	914	1027	1018	1035	1042	1025	1045
	机构	38	73	113	21	46	47	49	23	26	25

续表 16－4－19

县(市)		1991 年	1992 年	1993 年	1994 年	1995 年	1996 年	1997 年	1998 年	1999 年	2000 年
铅山县	人员	705	708	729	736	763	804	824	879	868	852
	机构	42	49	54	25	47	47	47	46	48	48
横峰县	人员	491	518	518	537	569	592	627	582	625	632
	机构	37	27	17	23	474	28	26	18	8	8
弋阳县	人员	868	956	986	930	1078	1155	1146	1143	1143	1125
	机构	49	40	56	14	40	34	34	31	9	9
德兴市	人员	831	865	969	969	1097	1004	1002	1030	1033	1022
	机构	25	76	84	28	55	56	37	30	14	14
婺源县	人员	1030	1035	1101	1180	1228	1247	1247	1248	1233	1217
	机构	28	50	50	50	55	56	53	40	37	36
余干县	人员	1706	1836	1902	1902	1978	1998	2186	2779	2904	2972
	机构	120	120	128	38	111	114	114	47	48	47
波阳县	人员	2551	2606	2633	2783	2881	3233	3351	3565	3592	3705
	机构	147	153	75	73	217	130	70	71	70	70
万年县	人员	1051	1073	1153	1153	1175	1286	1341	1336	1364	1443
	机构	25	26	53	53	40	80	80	46	28	18
地直	人员	362	366	371	444	444	462	468	466	458	531
	机构	10	10	16	18	18	18	15	14	14	15

经营体制改革 1991 年—1997 年，全区粮食企业推行多种形式的经营承包责任制。1998 年，全区粮食企业推行两司一场（粮油收储公司、粮油经营公司、粮油批发交易市场）改革模式，实施减员增效，2000 年，全区粮食企业逐步推行产权制度改革，实施企业资产置换及企业职工身份置换。

1990 年代，全区国有粮食企业经营机制转换和企业内部改革，大致经历以下三个发展阶段：

国有企业转轨变型阶段 长期以来，政府对国有粮食企业实行的是保护型的集权式管理方式。实行双轨制后，地区粮食企业致力于从被动执行型向经营管理型的转变，但由于深受旧观念、旧思想、旧模式的影响，企业机制的转换未有实质性的突破，1990 年—1997 年，基本上以基层粮管所（站）、仓库、粮油加工厂推行各种形式的经济责任制为主。

经营承包责任制 一种是基层粮管所（站）经营承包责任制。基层粮管所（站）是集粮油购、销、调、存和加工于一身的综合性企业，根据企业的业务特点和企业现状，经营承包责任制主要有以下两种形式：

实行二保、四定、六包〔即保粮油定购任务完成、保各项工作质量（购销、统计、会计、防化、保管、质检、行政管理等）；定粮食收购计划、定粮油销售指标、定各项费用总额、定奖惩办法；

包粮油调划接收计划、包平价粮财务盈亏计划、包议价粮油经营利润、包食品等多种经营利润、包储存粮食数量、包安全无事故〕经营承包责任制。企业收入，一般实行“包死基数，超利分成”的办法。企业支出，一般实行“死包活结”的办法。

百分或千分制目标管理。各项指标定分，以分进行考核，指标与效益挂钩，工资实行浮动。奖励办法：全面完成目标管理要求，发给一定数量的资金；增盈减亏部分，按比例分成；年终总分达不到目标的，按差距扣发一定比例的工资。

第二种是粮油仓库经营承包责任制。一般实行两包、两定（一包完成粮油储存任务、二包仓储设施完好；一定仓储费用、二定商品损耗）责任制，即参照历年粮油仓储费率，结合当年仓储业务变化影响费用增减因素核定仓储费率。根据粮油储存条件和保管时间，参照历史资料，合理核定粮油保管损耗率。

第三种是粮油加工厂经营承包责任制。一般实行一包、三定、四保（即包上缴利税基数；定产值产量、定成本、定增收节支数额和自营业务收入；保出品率、保设备完好、保产品质量、保固定资产原值增长）经营承包责任制。

第四种是基层粮食企业中的食品店、小饭馆、小旅社、小门市、小作坊等零散生产经营门点，租赁给集体或职工个人经营。

开办各类新型经济实体　各县（市）粮食局因地制宜，广开门路，大力开办诸如铅山医药安瓿厂、德兴夹芯板材厂、婺源丝绸挂毡厂、横峰万头瘦肉型猪养殖场、上饶县粮食基建工程队等数十个新型实体，粮食系统经营项目范围遍及石油、建材、五金、交化、服装、百货、种养殖业。新型实体和经营项目所创造的经济效益，为深化国有粮食企业和促进粮食经济发展增添了壮实的后劲。

改革企业用人、用工和分配制度　对干部实行聘任制。基层粮管所（站）主要领导干部由县（市）粮食局聘任；企业中层干部由法人代表聘任；一般干部由企业中层干部聘任。对职工实行定岗、定员、定额。实行多种形式分配制度，(1)风险共担，责任挂钩。全体干部职工按照岗位和责任，预交一定数额的风险金，年终按任务完成情况，应负责任和贡献大小，决定返还或是扣留风险金。(2)实行浮动工资制。(3)实行计件工资。

地局直属单位改革　1996年3月，地区粮油食品包装制品厂租赁给福建个体业主经营，租赁期限为5年。1997年5月，地区油脂公司实行股份合作制改制。1997年10月，经上饶地区体改委批准，地区粮食局对地区粮机厂进行股份制改制，组建上饶振业粮机有限责任公司，全厂职工105人，86人参股分红，每份股金5000元，为支持企业改制，地区粮食局党组成员大部分也出资参股。

深化改革阶段　1998年，全区国有粮食企业贯彻落实国务院《关于进一步深化粮食流通体制改革的决定》，改革进入一个新的里程。1998—1999年，全区粮食部门贯彻落实中共十五届四中全会精神，以实现“四分开”为原则，以企业产权制度和用人用工制度改革为重点突破口，以建立富有生机和活力的现代企业制度为目标，在有利于形成搞活企业的运行机制，有利于促进经济的发展，有利于促进社会保障制度改革和社会稳定，有利于职能转变、实现政企分开的原则下，加快国有粮食企业改革步伐。按照《江西省政府关于印发抚州地区县级粮食系统自身改革综合试行方案的通知精神》和上饶行署批转的《上饶地区粮食局关于全区县（市、区）粮食系统自身改革的实施意见》，全区粮食系统实行政企分开、业务分开，切实转换粮食企业经营体制。在全区12个县（市）粮食局先后推行一局二司（或多个经营公司）一场的改革模

式。

县(市)级粮食系统的改革 县(市)粮食系统实施一局二司一场的改革模式。一局为县(市)粮食局。负责本辖区粮食流通的宏观调控和粮食行业管理,在人财物上与企业彻底脱钩。二司:一是粮油收储公司。从事定购、粮油、议购粮油、中央和地方储备粮的购销、调拨、储存,以及粮油进出口业务和其他粮油收储业务。独立法人资格,隶属于县(市)粮食局实行独立核算,自负盈亏。二是粮油经营公司。从事粮油经销、加工及多种经营等业务。独立法人资格,隶属县(市)粮食局,实行独立核算,自负盈亏。一场:粮油批发交易市场。为公开性的粮食批发场所,具有提供信息结算、运输等配套服务功能。

地区粮食局机关及直属单位改革 根据上饶行署关于印发地区粮食局及直属单位改革实施方案的通知,地局机关由原来的7科2室精减为5科2室,即办公室,监察审计室、财会科、计划购销科、经营管理科、储运基建科、人事保卫科。对机关科室人员定员定岗,实行公务员制度管理。

对直属单位作了以下改革,保留上饶地区粮食经济发展总公司,属粮食收储业务性单位。上饶里安山国家粮库为独立核算单位;将上饶地区粮油工业技术研究所更名为上饶地区粮食中转储备库;上述二个单位均隶属地区粮食经济发展总公司管辖。

地区粮油工贸实业总公司、地区粮油贸易公司、地区食品开发公司、地区饲料公司、地区油脂公司、地区粮机厂、地区精细化工厂、地区粮食食品包装制品厂一律为商业性经营单位,自主经营,自负盈亏,自我约束,自我发展。

成立上饶地区粮油批发交易市场管理服务中心,与地区粮油储运开发总公司实行两块牌子,一套班子。

分流人员,减员增效 国有粮食企业推进自身改革,加大了减员分流工作力度,1998年,全区粮食经营分流人员4769人。占省局下达计划的101.7%。对富余分流人员实施了再就业工程,基本上实现自我减员,自我消化的目的。

攻坚发展阶段 上饶粮食系统一局二司一场的改革模式,对国有粮食企业自身改革起到推动和深化作用,但单一的改革模式与日益深化的粮食流通体制改革不相适应,国有粮食企业虽经改革,但企业干部职工中等靠要的陈旧思想观念并未从根本上消除,为此,2000年,全区国有粮食企业改革围绕两个置换(即企业产权的转换和职工身份置换),全面推进企业职工身份和国有资产一次性买断。当年,地区粮食局先后组织科室干部和直属企业负责人,各县(市)粮食局长50余人,分期分批前往邻省浙江衢州、开化等市县进行学习取经,实地考察国有粮食企业深化改革的崭新举措,借以推动全区国有粮食企业改革的深入发展。

全区国有粮食企业在认真学习外地先进经验的基础上,结合自身企业实际,研究和制定了国有粮食企业改革的新方案,将改革重点放在了企业、职工身份双置换上(即将国有企业转为民营企业,企业职工转为社会自由人)。在实施双置换中,对与企业解除劳动合同关系的职工,给予以下二种方式的一次性经济补偿:一是基数(2500元~3000元)加工龄(每年工龄400元~500元,地直企业800元),工龄不足5年的按5年计算。二是每年工龄按450元~500元的标准,按职工实际工龄补偿,工龄不封顶。

市场管理 1991年—2000年,全区粮食市场管理工作共分为四个阶段(时期):

卖粮难时期 第一阶段(1990年—1992年)的卖粮难时期;购与销均在指令性政策范围以内,市场化管理程度很低,因此市场管理未列为粮食工作的专项内容。1991年,各县(市)工

商部门重新恢复核发非粮食部门的单位和个人经营粮食营业执照，在完成定购任务后，对符合手续的要积极支持其粮食购销业务，不准设卡，确保粮食流通畅通无阻。

买粮难时期　第二阶段（1993年—1995年）的买粮难时期；居民统销口粮放开，居民口粮供应打破了国有粮店独家供应局面，改由粮店和市场多渠道供应。此阶段的市场管理也只是由工商部门核发经营许可证，粮食系统内部质检站配合有关部门检查规范粮油品质。在第二阶段由于粮源紧缺，出现过一些违反收购政策的行为，包括粮食系统内部的一些议价公司，均在国家未完成指令性收购计划之前便上农户抢购粮食。对此的管理是强调政策的严肃性，对违反政策的单位进行批评，对个体户则作一定的罚没处理。

购销倒挂时期　第三阶段（1996年—1998年）上半年新一轮购销倒挂时期；销售市场已由个体或民营企业垄断，国有粮店通过拍卖等形式全部退出销售市场。第三阶段由于粮食生产总体供大于求，因此国家定价要高于市场价。由此又发生一些国有粮食企业职工以个人名义或与个体粮贩勾结，低价收粮，转抵价格较高的国家定购任务，套取差价款的违纪行为。为贯彻国务院《关于进一步深化粮食流通体制改革的决定》，1998年后，各县（市）相继组建了由工商、物价、粮食、公安、国税、地税等部门组成的粮食市场管理稽查大队，加强对粮食市场监督管理，对经营粮食的企业和个体工商户进行全面清理整顿，并由各县（市）工商部门核发营业执照，责令不符合从事粮食经营的企业与个体户停业或变更经营范围，查处违法经营粮食案件，维护了粮食市场秩序，确保了粮食市场有序运转。

以上三个阶段，与收购市场的管理基本上是一致的，即先公粮，后定购，再议购。各县（市）在未完成公粮和定购任务之前不得放开收购市场。

粮改执行时期　第四阶段（1998年6月以后）新的粮改执行时期。针对第三阶段出现的购销倒挂，并造成一些新的矛盾，国务院出台了新的粮改方案，并制定《粮食收购条例》。此方案的关键是必须管住粮食收购市场，由国有粮食企业垄断一级粮源，销售商只能从国有粮食批发企业进货。这就要求对一级收购市场进行有效的管理。通过广泛研讨，形成有力的市场管理措施。一是各县（市）均成立了粮食市场稽查大队，专门从事粮食市场管理工作；二是对粮食运输实行准运证制度，由省粮食局统一制定准运证明，并由县级国有粮食批发企业开具；三是要求加工企业和零售商建立进出货台账，以利监控。铅山县工商部门还采取加工企业用电量核定加工量的措施，防止加工企业进出货的虚报现象；四是建立有奖举报制度。这一制度非常有效，横峰县个体粮商用邮政车偷运粮食，也由于举报而被查获；五是市场稽查大队在乡村大道设点检查，蹲点守候，并对粮食市场巡回检查，做到堵源截流，确保粮食市场有序运转。

2000年起，早稻退出国家保护价收购范围，允许私营、个体户直接上市收购早稻，但不得收购中、晚稻谷。各县（市）粮食部门按照国家《粮食收购条例》，对未经批准擅自插手粮食收购的粮贩和个体私营及粮食经营企业，依照相关政策，严肃查处。各县（市）粮食部门在国家取消粮油统购统销政策后，制订一整套完成粮油定购定销任务的措施，组织实施对社会粮油流通的宏观调控，从而保证国家定购任务的完成和粮油市场进一步活跃。在全区集贸市场上，不同标号、不同等级的大米、面粉、芝麻、花生、食油应有尽有，消费者任意选择，市场秩序井然。

财务管理　为保持政策的稳定性和连续性，粮食财务在三年包干（1988年—1990年）的基础上，国家对1991年—1992年度继续实行粮食购销调拨包干的办法。上饶地区粮食局根据江西省粮食局的文件精神，对全系统粮食企业的财务实行大包干、分行业管理。

对平价粮食商业企业实行钱粮挂钩，钱随粮走的浮动结算办法。对经营平价粮油企业亏损实行“定量、定率、定额”(按照上级下达的粮油销存量分别核定一个合理补贴率,给予亏损定额补贴,年终报结算)管理。对超计划的销售财政不予补贴,对因政策性规定形成的收入,如调价收入、专储粮收入、议转平差价收入要纳入财政补亏来源;核定补贴后,企业减亏全留,超亏自补。

对城市粮店逐步推行批零差办法,批零差率控制在5%以内,具体差率由同级财政部门会同企业主管部门核定。

对粮油工业、饲料工业继续实行利改税和承包包干办法,独立核算的饲料工业可按政策规定享受优惠待遇。粮油工业、饲料工业技术改造贷款在确保完成承包任务或上缴所得税基数前提下,经财政部门批准,可用新增利润在税前归还。

对议价、运输业、附营及其他企业实行上交利润办法,采取“包死基数、确保上交、欠交自补、超收分成”办法。

从1993年起,国家对粮食政策作了较大调整,江西省粮食价格和经营全面放开,上饶地区继续加强粮食企业财务管理,完善各级政府对粮食财务盈亏目标管理责任,对目标管理的完成情况实行严厉的奖惩措施,对企业自身经营不善造成的亏损。采取经济制裁和行政处罚。粮食财务取得明显的效果。在会计核算上,从1993年7月1日起,执行新的分行业的会计核算制度。同时实施国家颁布的《企业会计准则》和《企业财务通则》。

根据国家规定,从1994年度起,全区建立粮食风险基金管理制度,以利平抑粮食市场价格,实施经济调控。1994年,根据《中共中央、国务院关于当前农业和农村经济发展的若干政策和措施》精神,对全区粮食企业财务历史挂账进行一次全面清理。清理期限为1992年3月底以前,彻底划清政策性亏损挂账和经营性亏损挂账。

1995年,根据江西省人民政府《关于全省粮食部门深化改革实行两条线运行的实施意见》和江西省财政厅、江西省粮食局制定的《江西省粮食部门两条线运行财政财务管理暂行办法》及《江西省粮食部门“实行两条线运行”的政策性经营业务会计核算问题规定的通知》精神,全区粮食部门对政策性业务和商业性经营实行划分,财务分开,单独核算。对系统内政策性业单位实行统一领导、双线运行、钱随粮走、分别核算、分别立账的方法,在经营上严格按照钱进来,粮出去,钱随粮走,钱货两清的结算原则、控制经营费用,加强资金管理,并按照年初制订的计划,分配的费用指标,同各独立核算单位签订《年度经济目标责任状》,年终进行考核。地、县(市)粮食局机关、直属粮库、军粮供应站,各乡、镇粮管所为政策性业单位,实行定员、定岗、定责、定费用,其他企业属商业性经营单位,实行独立核算,自负盈亏。

国家和省里在1993年度以提高粮食购价与销价,国家对政策性亏损一块给予贴息并适当增加补贴,逐步消除历史包袱,以减轻粮食企业压力。在连年减亏的基础上,1994年—1996年度,全区粮食企业连续三年实现扭亏为盈。1995年度,上饶地区粮食局获得省粮食局表彰的全省粮食系统扭亏增盈先进单位称号。

1997年,根据国务院关于按保护价敞开收购议价粮的通知,全区粮食部门在仓容紧缺资金困难的情况下,不惜代价筹措收购资金,扩大仓储能力,充分发挥粮食部门购销主渠道作用和市场粮价形成的主导作用,坚决把农民手中的余粮收购进来。同年,国家对国有粮食企业收购的保护价粮实行超储补贴。全区粮食部门对政策性费用补贴实行代理包干。

1998年,根据国务院《关于进一步深化粮食流通体制改革的决定》,上饶地区粮食财务采取以下举措:一是实行粮食政企分开,人、财、物等方面彻底与企业脱钩,不参与粮食经营,不直接干预企业自主的经营活动，所有国有粮食企业都要面向市场实行独立核算，成为自主经营、自负盈亏、自我发展的经济实体；粮食行政管理部门的经费支出纳入当地财政预算。二是收储企业必须与经营性企业的财务彻底分开、单独核算。盈亏不能互相抵补或转移。三是中央储备粮与地方储备粮及企业经营周转粮分开，实行中央储备粮财务垂直管理。四是资金封闭运行，凡粮食收储企业的收购、销售所发生的业务都要建立台账管理、资金封闭运行，不得体外循环。五是实行新老财务挂账分开，对 1992 年 3 月底以前的财务挂账，继续按文件规定由地方政府多渠道筹措消化挂账资金。

随着经济体制改革的不断深入，粮食经济发生深刻的变化。个体商贩经营不断涌现。由于世界粮价冲击国内市场，为保护农民利益，粮食部门按保护价敞开收购农民余粮，因而导致国内粮食销调困难，从 1997 年起，出现前所未有的粮食胀库、利息负担沉重，加之历史包袱困扰，粮食企业亏损巨大，1997 年度，全区粮食企业亏损达 22785 万元。此后虽然国家和江西省人民政府及上饶地区相应采取一些措施，全区粮食企业亏损额逐年减少，但由于相关配套政策不能及时跟上，仍一时无法摆脱企业亏损局面。2000 年度，全区粮食企业仍亏损 9649 万元。

2000 年，根据江西省人民政府《关于建立约束机制，加强内部监督，强化财务管理的暂行规定》和国家发展计划委员会、财政部、国家粮食局、中国农业发展银行四家联合下发《关于严格执行国家粮食统计和会计制度确保账实相符的紧急通知》精神，全区进行一次全面的粮食清仓查库工作，清查结果为账账、账物相符。

1991 年—2000 年全区粮食企业盈亏情况

表 16-4-20　　单位：万元

年度	合计	购销企业	商业企业	工业企业	饲料企业	运输企业	其他企业
1991	-7099	-6564	-1108	530	58	-15	
1992	-5256	-5315	-304	384	-15	-6	
1993	-3515	-4740	827	406	-5	-3	
1994	1040		241	684	89	24	2
1995	2127	248	865	1056	26	-10	-58
1996	396	474	18	142	-27	-7	-184
1997	-22785	-22023	-687	90	-10	-46	-109
1998	-18158	-16293	-785	-159	-74	-32	-815
1999	-14132	-12464	-714	-563	0		-280
2000	-9649	-8276	-706	-527	-48	-27	-65

说明：1991 年—1993 年购销企业属平价经营，商业企业属议价经营。

1994 年购销企业、商业企业合并，1995 年度以后分开。

第五章 商业管理

第一节 管理机构

商业局 1991年,上饶地区商业局内设办公室、业务、财务统计、政工、商办工业、教育、保卫7个科室。是年,地直商业企业有上饶地区百货纺织品公司、上饶地区五交化公司、上饶地区糖酒副食品公司、上饶地区食品公司、上饶地区燃料公司,以及上饶运输服务公司、上饶商办工业联合公司、德兴铜矿贸易公司和上饶地区肉类联合加工厂、上饶地区酒厂、上饶地区食品厂、上饶地区淀粉厂共12家独立核算企业。

1992年12月,上饶行署以饶行字〔1992〕153号文批准上饶地区商业局转变职能,成立上饶地区商业总公司(以下简称总公司),与上饶地区商业局合并办公,实行一个领导班子、挂两块牌子。

1993年6月,在总公司成立后,将原上饶地区商业局机关7个职能科室改革,精简为办公室、财会审计部、行业管理办公室3个职能部门。

1994年9月,总公司与韩国西蒙公司签约成立中外合资华西雨具有限公司。

1995年5月,总公司与香港多茂发展公司合作,历时25个月筹建施工,按国家三星级宾馆标准建设,建筑面积1.1万平方米的中外合资上饶大酒店开张营业。同年7月,总公司与澳门华丰行合作,创办捷利五金制品有限公司,产品出口销售。同年8月,总公司与外商创办信彩工艺制品有限公司,其产品按订单生产,出口销售。同年12月,以上饶地区百货纺织品公司、上饶国贸有限公司为核心,成立上饶国贸(集团)有限公司,是当时全区最大的商业股份制企业。

1996年6月,总公司与外商合作,收购“带湖山庄”。同年7月,由华茂房地产开发有限公司对扭亏无望、难以持续的地区淀粉厂和地区商业运输公司实行兼并。同年8月,将德兴铜矿贸易公司调整划归德兴市商业局领导管理。1996年地区商业局(总公司)被评为江西省商业厅目标管理的优胜单位,并同时被上饶地委、行署评为全区先进单位。

1997年5月,总公司与香港新河实业公司、香港巴林实业公司共同投资1000万美元,新建江西省最大的人造花卉企业—江西新河人造花卉有限公司。是年,地区商业局(总公司)被评为江西省商业首名的先进单位。

2000年末,上饶地区商业总公司管理经营国有独资企业(上饶商贸集团所属企业)有国贸有限公司、正大有限公司、国商有限公司、食品工业有限公司(含信州商业酒厂)、房地产开发有限公司、旅游实业有限公司(含上饶大酒店)、进出口有限公司(含纺织品服装公司)、新河集团有限公司(含人造花卉厂)、恒康药业有限公司、储运配送有限公司共10家企业。是年末,全区商业职工共有18134人,比1991年的15099人增长20.1%,其中地直商业企业1790人,比1991年增长18.4%。

物资局 上饶地区物资局属上饶地区行署行政职能单位,负责协调全区生产资料市场流通,及承担全区特种物资的管理和专营。主要职能有废旧金属回收、报废车辆回收拆解、旧机动车辆交易等。

1991 年,地区物资局机关设办公室、劳动人事科、保卫科、综合科、财务基建科、监察室、审计科 7 个科室。局下属 6 个公司:上饶金属材料总公司、上饶轻化建材总公司、上饶物资开发公司、上饶金属回收公司、上饶机电设备公司、上饶生产资料服务公司。共有干部工人 501 人。

1993 年,物资供应完全纳入市场经济范畴,物资经营部门亦以此实行彻底企业化管理。

1996 年,上饶地区物资局改为隶属上饶行署直接领导的事业单位,履行物资流通的行政和行业管理职能,实行上饶地区物资总公司(上饶地区物资局)一个机构,对外同时挂上饶地区物资局牌子,机关设办公室、财审科、管理科、保卫科、监察室等科室。

1997 年成立上饶产权交易中心,同年成立上饶旧机动车辆交易市场。

1998 年成立上饶汽车贸易市场。

2000 年,上饶地区物资局机关内设办公室、财审科、管理科、保卫科、监察室等科室。局下属 6 个公司,分别是:上饶金属材料总公司、上饶轻化建材总公司、上饶物资开发公司、上饶金属回收公司、上饶机电设备公司、上饶生产资料服务公司。全局共有干部工人 651 人。

供销合作社 1991 年,根据江西省人民政府赣府字〔1991〕190 号文件《关于抓紧完成省、地(市)两级商业、供销社机构分设的通知》精神,上饶地区商业局、上饶地区供销合作社分署办公,恢复独立建制。1991 年 4 月,成立上饶地区供销合作社后,全区供销系统的机构逐步健全,人员相对稳定。

机构人员 上饶地区供销合作社以及上饶市、上饶县、广丰县、玉山县、铅山县、横峰县、弋阳县、波阳县、余干县、万年县、婺源县、德兴市供销社,是全区和各县(市)供销社系统的管理机构。1991 年,上饶地区供销社机关设立办公室、教育、保卫、财务、审计、市场综合、基层工作 7 个科室,另设监察室(上饶地区监察局的派出机构)。各县(市)供销社机关也分别设立相应科室。

1991 年,全区供销社系统共有在职人员 16854 人(干部 1175 人,职工 15697 人),其中地区供销社机关人员 33 人,地社直属 5 个经营公司人员 480 人。1992 年 2 月,地区供销社增设监察室,与纪检组合署办公,两块牌子一套人马。

1993 年初,根据江西省上饶行署《关于对地区供销合作社转变职能实施方案》(饶行字〔1992〕154 号文件)的批复精神,成立上饶地区供销合作(集团)总公司。新组建的上饶地区供销社实行两块牌子、一套机构、一个班子。仍然是上饶行署直接领导下的全区供销合作经济的主管部门,承担行署赋予的行政管理职能,同时又是全区供销社系统起龙头作用的经济实体。同年 6 月地区供销合作(集团)总公司内设机构调整为 4 个部室,分别是总公司办公室、行业管理办公室、财会部、业务经营部。

1998 年 12 月,以九重天大厦为依托,成立上饶九重天实业有限公司。2000 年 10 月 18 日,上饶地区撤地设市,上饶地区供销合作社随之改为上饶市供销合作社。

2000 年,地区供销社机关设立办公室、监察室、财审科、教育科、经营管理科、合作指导科 6 个科室。是年末,全区供销社系统共有在职人员 17612 人(干部 988 人,职工 16624 人),比 1991 年增加 758 人。其中,地区供销社机关人员 29 人,地社直属 5 个经营公司人员 384 人,比 1991 年分别减少 4 人、96 人。

经营公司 1991 年,全区供销社系统共有从事农业生产资料、土产棉麻、杂品茶果、再生资源,以及工业品等商品经营的公司 62 个。其中地区供销社直属的 5 个公司,分别是上饶地区农业生产资料公司、上饶地区土产棉麻公司、上饶地区杂品茶果公司、上饶地区再生资源公司、五府山贸易公司。各县(市)经营公司有57个,其中,上饶市5个、上饶县4个、广丰县3个、玉山县6个、铅山县5个、波阳县5个、万年县4个、德兴市7个、婺源县6个、横峰县4个、余干县4个、弋阳县4个。1994年9月,上饶地区土产棉麻公司在上饶市解放路兴建土产棉麻大楼银海大厦开张营业。2000年10月,成立烟花爆竹经营公司。

至2000年末,全区供销社系统经营公司已发展到123个,其中地区供销社直属的5个公司,分别是:上饶地区农业生产资料公司、上饶地区土产棉麻公司、上饶地区杂品茶果公司、上饶地区再生资源公司、上饶地区九重天烟花爆竹有限公司。各县(市)经营公司增至118个(比1991年增加61个),分别为:上饶市29个,上饶县10个、广丰县8个、玉山县7个、横峰县6个、弋阳县6个、余干县4上、波阳县8个、万年县8个、德兴市7个、婺源县17个、铅山县8个。

基层供销社 农村基层供销社,一般设在乡、镇所在地,被称为供销社的“前沿阵地”。1991年,全区供销社系统设在农村的基层供销社共有218个;1993年11月,上饶县城郊供销社改为第二贸易公司;1995年5月,玉山少华与双明合并为双明供销社;1996年8月,铅山县撤销太源供销社;1996年10月,弋阳县樟树墩与葛溪合并为葛阳供销社;1997年7月,上饶县增加五府山供销社。

至2000年末,全区农村基层供销社215个,比1991年减少3个。

社办工业 全区供销社系统在做好商品购销的同时,为适应市场需要,大力发展社办工业。1990年代,全区供销社系统社办工厂生产的产品涉及化肥、茶叶、轨花、皮革、印刷、食品等领域,为适应市场变化和消费者需求,全区社办工业经过不断深化改革和产品结构的调整,采取“优胜劣汰”的办法,对社办工业进行不断调整。到2000年末,全区供销社系统社办工厂只有19个,与1991年相比减少50%,但其经济效益都大幅度增长。2000年,社办工业总产值2979.58万元,比1991年38个的1724.46万元增长72.78%,2000年实现利润128.18万元,比1991年增长3.2倍。

1991年—2000年全区供销社系统社办工业产值、利润情况

表16-5-1 单位:万元

	1991年	1992年	1993年	1994年	1995年	1996年	1997年	1998年	1999年	2000年	合计
产值	1724.46	2672.76	2689.52	2337.00	2839.20	3302.00	5215.80	5243.16	6159.57	2979.58	35073.05
利润	30.23	52.50	87.44	54.26	70.02	110.80	125.25	110.22	117.95	128.18	886.85

第二节 商业企业管理

财务管理 *商业企业财务管理* 1990年代,上饶地区商业局(总公司)在强化管理上,围绕产权清晰、责权明确、政企分开、管理科学现代企业制度的总目标,建立以财务管理为核心,以资金运筹为重点的理财机制,企业经济效益显著提高。

建立激励机制,实现扭亏为盈 1993年年初,总公司制订《地直商业企业1993年—1995年度经济目标责任管理奖惩办法》,实行责、权、利相统一,责权明确、奖惩分明。每年终后,由

总公司对各企业进行检查、考核、评比,对超额完成目标任务的企业法人代表,分别奖励2000元~10000元;对未完成目标任务的企业法人代表分别在向总公司交缴的风险抵押金内扣罚。地直商业企业在1993年末亏损362.62万元的情况下,1994年末一举扭亏为盈,实现利润2000万元。至1996年末,地直商业企业完成的商品销售额、缴纳税金总额、利润总额,实现全面增长。其中上饶国贸集团、上饶地区五交化公司、上饶国商集团的年销售收入均突破亿元大关。1997年4月国内贸易部公布,江西上饶国贸集团商品销售额已位居全国商业批发企业500强之448位,并荣获国内贸易部授予的"全国商业星级信誉企业"、"星级企业"称号。

严格财务监控　促进经营发展　为进一步贯彻1993年7月1日开始实行新的财务、会计制度。1996年,地直商业企业在开展全面清产核资工作的同时,建立和健全资产的核算体系和成本、费用归口分级控制体系,统一调度,分层负责。地直各企业将财务主要指标实行量化,对经营目标层层分解,层层落实、层层控制、层层考核,使企业各部门理其事而有其权,尽其责而得其利。1998年2月,总公司成立内部银行,负责受理、转办所属企业开户、存款、结算、贷款业务。地直商业企业2000年末商品库存额为2026.2万元,比1991年末减少3183万元,节约利息368万元;商品周转率由1991年的2.6次加快到2000年的15.1次,比1991年净加快12.5次;资产负债率由1991年的148%降低到2000年的69%。符合建立现代企业制度的要求。2000年,全区国有商业商品纯购进50478万元,比1991年增长38.4%;是年商品纯销售43314万元,比1991年增长1倍。

供销社企业财务管理　1991年,上饶地区供销社恢复成立后,全区供销社系统,坚持为农服务,深化改革,转换机制,开拓经营,在多家经商、市场竞争激烈,特别是1995年以后,随着农资政策调整,由过去供销社专营改为放开经营的情况下,加强企业管理,在积极做好传统经营业务的同时,不断开拓新的经济增长点,使商品购销额不断扩大。2000年,全区供销社系统商品购进总额为1102785万元,比1991年增长12倍,是年商品销售额为1205395万元,比1991年增长12.3倍。

1990年代,全区供销社系统在财务方面出现了固定资产、流通资金、上缴税金全面增长,企业亏损额大幅度减少的喜人局面。2000年,全区供销社系统流动资金总额为74032万元,比1991年增加30606万元,同比增长70.5%;固定资产总额16700万元,比1991年增长6681万元,同比增长66.7%;全区供销社系统上缴税金953万元,比1991年增加101万元,同比增长11.9%;1991年全区供销社系统亏损额为298万元,2000年仅亏70万元,比1991年减亏228万元。

行业管理　1990年代,全区商业行政管理部门根据商业部提出的指导、协调、服务、监督的要求,逐步实现商业部提出的三个转变(从直接管理转到间接管理、从微观管理转到宏观管理、从购销管理转到行政指导上来),认真贯彻执行国家的政策、法规,紧密结合当地商业实际,加强行业管理和指导。全区生猪定点屠宰和化学危险品的发证工作,在全省商业系统中名列前茅。

生猪定点屠宰　1990年代初期,肉食品市场全面放开,呈现繁荣兴旺景象,但在上市猪肉供应上一度出现没有严格检疫,病猪、灌水猪肉等问题,严重影响消费者的利益和身体健康,群众反映十分强烈。

1995年12月,江泽民总书记和李鹏总理作出关于加强生猪等禽畜屠宰检疫管理工作的重要指示。1996年国务院发出40号文件,提出生猪实行"定点屠宰、集中检疫、统一纳税、多渠道经营”的规定。随后，国务院以第238号令颁发《生猪屠宰管理条例》，江西省人大常委会通过并颁发《江西省生猪屠宰管理条例》，上饶地区行署认真贯彻执行《条例》，责成上饶地区商业局负责具体实施。

地区商业局把推开生猪定点屠宰当作为老百姓办好事、办实事的重要工作来抓。首先深入广泛地开展宣传，散发和张贴了政府通告1.2万多份及公发材料5万多份。并通过召开各种会议，与认真部署，层层推开。在1996年10月份，全区共建立定点屠宰厂、场、点25个，县城推开面达100%。当年全区定点屠宰生猪17.8万头，城乡居民吃上“放心肉”。在此基础上，本着对消费负责的精神，按照定点标准对屠宰点进行清理整顿，坚决取缔私屠乱宰，取缔不符合定点要求的屠宰场点。各定点屠宰厂、场，严格把好检疫关。为解决上市生猪私宰、滥宰和猪肉质量不好的问题，严把生猪宰前、宰后、市场复检“三关”，成立全区定点屠宰服务质量监督小组，定期不定期到各县(市)巡回检查。地、县(市)两级分别成立专业稽查队，实行生猪定点屠宰封闭式管理。如上饶市成立以商业部门为主，畜牧、物价、工商共同参与组成生猪定点屠宰稽查大队，配备专职人员，常年开展执法检查，加强管理有效地使生猪定点屠宰工作走上法制化、规范化轨道。上饶市在1997年上半年，对全市生猪定点屠宰工作进行全面检查整顿，共查获私屠滥宰猪肉3万余斤，查获病死猪20余头，全部实行无害化(烧毁)处理。有力地打击非定点屠宰猪肉上市和病猪、死猪、灌水猪肉进入市场，提高肉食品质量，维护广大消费者利益，确保老百姓吃上“放心肉”。1996年—2000年，全区定点屠宰生猪达160万余头，居江西省第二位。

化学危险品经营发证换证 1996年国务院发布《化学危险物品安全管理条例》文件。同年3月，上饶地区商业局根据上饶行署的布置，会同公安、消防、工商等部门，在全区开展化学危险品经营发证工作。

地区和各县(市)成立化学危险品经营发证换证领导小组，下设办公室，组织力量，深入到经营企业了解经营情况，向企业宣传化学危险品经营的政策和规定。协助经营企业提出申请，办公室联合审批。部分县(市)对经营企业和有关人员进行定期培训和业务指导，对从业人员实行持证上岗制度。

化学危险品经营发证工作做到从全区实际出发，分期分批进行，第一批办理商业、供销、物资、石油、医药系统；第二批办理其他国有企业的经营化学危险品的单位；第三批办理非国有企业的社会集团和个体经营者。由专营商品管理部门严格把关，用实地检测的方式检查企业的经营条件，有效地提高发证的质量。

根据1998年江西省人民政府发布《江西省化学物品经营许可主管理办法》(江西人民政府第77号令)，地区商业与公安、消防、工商部门密切配合，通力合作，在1999年上半年对辖区内化学危险品经营单位，逐一进行检查，及时做好查证、验证和复查换证工作。在检查整顿中，发现违反国务院和省政府《条例》的，坚决依法取缔和查处，确保《条例》的贯彻实施。1996年—1999年，全区共发证1452份，名列江西省首位。

1991年—2000年全区国有商业财务情况

表16-5-2　　单位:万元

年份	固定资产原值	流动资金	利润	税金
合计	249867	64201	3261	22277
1991	9360	6919	492	1147
1992	9765	8214	419	1219
1993	10761	8315	376	1519
1994	12802	7555	298	1919
1995	24895	6913	319	2080
1996	27907	6719	248	2299
1997	33904	6115	319	2718
1998	37100	5918	311	3198
1999	39707	4119	278	3219
2000	43666	3414	201	2959

说明:利润数因当时国家实行利改税的政策,是经过调整后的数字。

1991年—2000年全区供销社系统财务情况

表16-5-3　　单位:万元

年份	流动资金	固定资产	利润(亏损)	上缴税金
合计	636204	169535	-36287	11752
1991	43426	10019	-298	852
1992	48458	10608	-313	1132
1993	54856	14238	-290	1212
1994	56548	18724	-39	1320
1995	62838	19392	-41	1381
1996	70841	20474	-26	1438
1997	77247	21969	-3486	1548
1998	76336	18716	-20457	903
1999	71622	18695	-7267	1013
2000	74032	16700	-70	953

1991年—2000年全区国有商业商品纯购进一览

表16－5－4　　　　单位:万元

县(市)	1991年	1992年	1993年	1994年	1995年	1996年	1997年	1998年	1999年	2000年
合　计	36469	38203	37750	44255	51615	61472	73579	71216	79231	50478
上饶市	3063	3727	7132	8344	6393	6205	13909	16188	20696	15911
上饶县	2339	2814	2418	26099	2661	5489	1206	796	1649	2630
广丰县	1282	1719	3133	3339	2492	6578	5837	4201	4997	5095
玉山县	2939	3572	4089	4433	4549	5304	6776	5118	5022	5755
铅山县	2361	1903	974	1055	1712	3014	4111	4370	4844	3296
横峰县	801	344	544	611	804	1042	1251	1605	1009	1099
弋阳县	1755	1481	719	1875	1274	1804	2460	1654	853	999.7
余干县	2981	2288	2003	3705	4973	5553	7212	6790		
波阳县	5327	4545	3680	1799	5632	3746	8751	7569		4744
万年县	2137	2316	3192	3256	4516	5689	6219	3791	3273	3401
德兴县	1076	895	1223	897	959	608	7380	9152	903	885
婺源县	651	609	1291	972	934	1489		2273	2648	2642
地　直	9759	11989	7352	11362	14217	14650	16388	10029	6377	6001

1991年—2000年全区国有商业商品纯销售一览

表16－5－5　　　　单位:万元

县(市)	1991年	1992年	1993年	1994年	1995年	1996年	1997年	1998年	1999年	2000年
合　计	21647	27645	37603	483630	41608	48885	59213	69649	71336	43314
上饶市	4788	6118	15994	10194	12292	17047	18247	26087	33537	25517
上饶县	1844	2803	113	1428	2216	10245	1724	3364	3948	820
广丰县	759	798	1446	1165	865	478	1178	839	1522	1001
玉山县	1166	1774	2615	1811	1793	2943	3712	2310	4372	4286
铅山县	2075	3633	1476	3264	3106	2316	2775	2864	2857	2112
横峰县	824	797	1183	1639	2210	2524	2643	2209	1736	1694
弋阳县	1059	1823	2250	2985	4403	4290	4278	4268	1321	1474
余干县	821	1001	122	284	1446	2001	2248	2274		
波阳县	1886	2098	1970	1450	1107	2965	4687	9461		7349
万年县	703	1604	2658	1133	2465	2754	2348	2522	1605	2113
德兴县	1659	1941	2166	3284	3443	2544	21331	20324	1863	1308
婺源县	890	940	1449	2294	1727	1256		1717	1988	2043
地　直	2431	2326	5283	5964	40027	5581	10761	2714	4306	476

1991年—2000年全区供销社系统商品购销总值一览

表16－5－6　　单位:万元

类别	1991年	1992年	1993年	1994年	1995年	1996年	1997年	1998年	1999年	2000年	合计
商品购进总额	85101	81228	89967	10489	116343	126449	140023	118952	130100	114133	1102785
商品销售总额	90553	91064	100469	113978	126844	139362	150988	129743	140145	122249	1205395

1999年年底全区城镇生猪定点屠宰情况

表16－5－7

县(市)	城镇屠宰数(头)	城市人口(万人)	人口屠宰率(%)	推广机械化半机械化屠宰情况
合计	289721	98.59	29.39	
上饶市	66294	16.83	39.39	肉联厂机械化、其他半机械
上饶县	6342	4.59	13.82	手工操作
广丰县	46977	11.12	42.24	机械化
玉山县	38603	6.53	59.12	机械化
铅山县	9032	6.80	13.28	半机械化
横峰县	7466	3.00	24.89	半机械化
弋阳县	10392	6.19	16.79	机械化
余干县	24612	7.47	32.95	半机械化
万年县	24303	5.30	45.85	机械化
波阳县	23612	16.01	14.75	机械化
德兴市	20865	10.49	19.89	半机械化
婺源县	11223	4.31	26.04	半机械化

1996年—1999年全区化学危险品经营发证一览

表16－5－8　　单位:份

县(市)	合计	1996年3～12月	1998年11月～1999年12月
合计	1452	718	534
上饶市	138	855	83
上饶县	60	33	27
玉山县	140	104	36
铅山县	230	114	116
横峰县	42	42	—
德兴市	117	50	67
弋阳县	52	49	3
万年县	207	207	—
婺源县	43	43	—
波阳县	63	—	63
余干县	89	—	89
地　直	41	21	20

卷十七 对外经济贸易

1990年代,全区对外贸易完成从计划经济向市场经济的过渡。1993年以前,地、县两级外贸公司都是实行收购、供货调拨业务。1992年12月,上饶地区进出口公司成立,标志着全区对外经济贸易首次获得自营进出口权,独立承担省外经贸厅下达的出口创汇任务,境内开始自营出口业务,至2000年底,全区8家外贸公司、20家生产企业拥有进出口经营权,出口商品的国别和地区辐射到全世界32个国家和地区,主要的贸易市场仍在亚洲,约占贸易额80%。1993年—2000年,全区累计实现进出口贸易总额为21177万美元,其中出口总额为18275万美元,进口总额为2902万美元,实现贸易顺差为15373万美元。

1996年11月,上饶地区对外经济贸易局上海办事处成立。1997年,上饶地区外贸局组建上饶国际经济技术合作(集团)有限公司,9月15日,上饶地区工矿产品进出口公司进行公司剥离,首次组建外贸股份制企业。

1991年—2000年,全区共批准成立三资企业287家,实际利用外资1.1亿美元,出口7864万美元。外资利用缓解了全区建设资金紧张的状况,培育和加快了外向型经济的发展,促进了企业管理水平的提高,加快了产业结构的调整及产品的升级换代,带动了全区优势产品的出口,创造了就业机会。

1998年4月,上饶商检办事处正式开展进出口商品检验、检疫工作。1999年11月,上饶出入境检验检疫局成立,为国家出入境检验检疫局设在上饶的支局,实行垂直管理体制。至2000年,累计检验进出口商品102种,共检验检疫商品3419批,货值1.28亿美元,规费收缴253万元人民币。

第一章 机 构

第一节 机构设置

地级机构 1990年—2000年,上饶地区对外经济贸易合作局(简称地区外贸局)一直沿称。

1991年9月11日,所属的地区粮油食品进出口公司、地区工业矿产品进出口公司、地区土畜产品进出口公司、地区对外贸易进出口公司经批准为副县级单位。

1992年12月1日,上饶地区进出口公司成立,自主经营,自负盈亏,独立核算。标志着全区对外经济贸易首次获得自营进出口权。同月地区对外经济贸易局将原有的9个科室合并为办公室、综合业务科、财务审计科、外经科4个部门,纪检组与监察室也合署办公。12月20日,根据省外经贸字(1992)1053号文的通知,上饶羽绒厂、玉山种兔场、余干综合加工厂划归为江西省畜产品进出口公司管理,次年8月31日,江西省畜产品进出口公司将玉山种兔场的管理权下放到上饶羽绒厂管理,直至1997年9月16日又将江西省畜产品进出口公司所属玉山畜产厂(玉山种兔场)、余干畜产品加工厂全部人、财、物和飞鹅羽绒厂资产(人员不接收)划为上饶地区外贸局管理,上述3个企业的债权、债务同时移交,12月22日上饶地区外贸局将飞鹅羽绒厂划归地区土畜产进出口公司管理。

1996年11月,上饶地区对外经济贸易局上海办事处成立。

1997年,上饶地区外贸局组建上饶国际经济技术合作(集团)有限公司,将上饶地区经济技术合作公司国际经济技术合作经营权和上饶地区进出口公司外贸经营权一并转入集团有限公司,其成员有:上饶国际经济技术合作有限公司、上饶地区进出口公司、上饶地区工矿产品进出口公司、上饶地区粮油产品进出口公司,上饶地区对外经济贸易运输公司、珠宝首饰进出口公司,集团核心企业为:上饶国际经济技术合作有限公司。3月23日,上饶国际经济技术合作(集团)有限公司进行改组重建,采取由局外贸进出口经营权的公司出股筹资,抽调部分人员组建劳务输出部、进出口部、综合部,设立董事会,采用股份制运作方式,由地区外贸局局长陈枫出任公司董事长、总经理,副局长周进富兼任副董事长、副总经理。9月15日,上饶地区工矿产品进出口公司进行公司剥离,首次组建外贸股份制企业,上饶地区对外经济贸易局对外经济贸易有限公司成立,后改名为荧辉对外经济贸易有限责任公司。11月13日,上饶地区外运公司下属股份制企业上饶外贸五矿化工有限公司成立。11月20日,中国国际贸易促进委员会上饶支会暨上饶商会成立。

1998年4月15日,上饶行署驻厦门办事处由上饶地区外贸局代管,8月26日,成立上饶地区外贸局再就业服务中心,负责系统内国有企业下岗职工基本生活保障和再就业工作。

2000年6月8日,上饶地区农垦集团总公司与上饶地区外贸局协商一致,同意将下属企业鹰潭信贸实业总公司(含金鹰酒店有限责任公司)的人、财、物及债权、债务无偿划拨给地区外贸局管理。10月,上饶行署驻厦门办事处划归行署办公室管理。截至年底,地区外贸局下辖有8家地区专业进出口公司、2家直属加工厂、12个县(市)的对外经济贸易局公司。

县级机构 1990年代,境内县(市)对外经济贸易机构一直保留。1992年以前,全区12个县级外贸公司的人、财、物实行垂直管理,财务上和省各专业进出口公司对口挂钩,行政隶属关系由上饶地区外贸局统一管理。

1993年开始,随着外贸体制改革深入,各县(市)外贸机构的行政属关系由各县(市)政府管理,地区外贸局只负责全区外贸机构的行业管理。

第二节 体制改革

机构改革 1992年以前,全区12个县级外贸公司,实行垂直管理,行政隶属关系由上饶地区外贸局统一管理。

1992年12月1日,上饶地区进出口公司成立,全区对外经济贸易首次获得自营进出口权。12 月 20 日,根据省外经资字(1992)1053 号文的通知,上饶羽绒厂、玉山种兔场、余干综合加工厂划归为江西省畜产品进出口公司管理。

1993 年开始,各县(市)外贸机构的行政属关系由各县(市)政府管理,上饶地区外经贸局只负责全区外贸机构的行业管理。

1993 年 8 月 31 日,江西省畜产品进出口公司将玉山种兔场的管理权下放到上饶羽绒厂管理,直至 1997 年 9 月 16 日又将江西省畜产品进出口公司所属玉山畜产厂(原玉山种兔场)、余干畜产品加工厂全部人、财、物和飞鹅羽绒厂资产(人员不接收)划为上饶地区外贸局管理,上述 3 个企业的债权、债务同时移交,12 月 22 日上饶地区外经贸局将飞鹅羽绒厂划归地区土畜产进出口公司管理。

1997 年,上饶地区外经贸局组建上饶国际经济技术合作(集团)有限公司,将上饶地区经济技术合作公司国际经济技术合作经营权和上饶地区进出口公司外贸经营权一并转入该集团有限公司,其成员有:上饶国际经济技术合作有限公司、上饶地区进出口公司、上饶地区工矿产品进出口公司、上饶地区粮油产品进出口公司,上饶地区对外经济贸易运输公司、珠宝首饰进出口公司,集团核心企业为上饶国际经济技术合作有限公司。3 月 23 日,该集团公司又进行改组重建,采取由局外贸进出口经营权的公司出股筹资,抽调部分人员组建劳务输出部、进出口部、综合部,设立董事会,采用股份制运作方式。9 月 15 日,上饶地区工矿产品进出口公司进行公司剥离,首次组建外贸股份制企业,上饶地区对外经济贸易局对外经济贸易有限公司成立,后改名为荧辉对外经济贸易有限责任公司。11 月 13 日,上饶地区外运公司下属股份制企业上饶外贸五矿化工有限公司成立。

2000 年 6 月 8 日,上饶地区农垦集团总公司下属企业鹰潭信贸实业总公司(含金鹰酒店有限责任公司)财、物及债权、债务经协商无偿划拨给地区外经贸局管理。

财务体制改革　1992 年以前,全区 12 个县级外贸公司,人、财、物实行垂直管理,财务上和省各专业进出口公司对口挂钩。

1993 年开始,外贸财务体制改革,财务下放到各地财政,省、地、县三级外贸机构与财务体制脱钩,和各地方财政挂钩。

第二章　对外贸易

第一节　进出口贸易

1993 年以前,地、县两级外贸公司都是实行收购、供货调拨业务。

随着对外贸易体制改革的深化,1992 年 12 月 1 日,上饶地区进出口公司成立,独立承担省外经贸厅下达的出口创汇任务,境内开始自营出口业务。当年累计完成进出口贸易额 1019 万美元,其中外贸公司完成出口创汇 478 万美元,三资企业出口创汇 382 万美元,进口贸易额为 159 万美元,贸易顺差为 701 万元,出口商品主要有:饲料、纺织品、服装、轻工工艺品、化工产品、机械及设备。出口法国、德国、意大利、西班牙、智利、美国等国家和中国香港、台湾地区。进口的商品主要为三资企业的生产设备、生产原料及辅料。出口国的比重主要为亚洲、西欧市场,尤其是出口法国的服装达到237万美元。年内,上饶地区进出口公司首次参加上海的华东交易会和广交会,并加入相关行业的商会组织,为进一步走向国际市场、广交四海客户奠定基础。

1994年,为加快对外开放的步伐,适应全区国民经济发展的需要,继上饶地区进出口公司获得自营进出口权后,上饶地区土畜产进出口公司也获得外贸部赋予的自营进出口权,并在海关、商检、外贸办理注册备案,独立承担出口创汇任务。当年,全区完成进出口贸易总额1257万美元:其中外贸企业出口创汇756万美元,三资企业完成出口创汇480万美元;进口贸易额为21万美元,贸易顺差1215万美元;出口的商品大类有:粮油食品类、畜产品、纺织品、服装、轻工工艺品、非金属矿产品、医药、化工产品,同比1993年增加了4个大类20多个品种的出口,出口的国家和地区在1993年的基础上扩大到日本、韩国、缅甸、加拿大。同年,上饶地区进出口公司派员赴新加坡,参加江西省政府在新加坡举办的投资贸易洽谈会。同时公司领导还赴东南亚,日本、美国等国进行贸易考察,签订贸易合同。县级外贸公司及无直接自营进出口权的其它地直公司也同样承担出口创汇任务,实行"挂户"经营,挂靠在上饶地区进出口公司,以地区进出口公司的名义对外出口成交,通过"挂户"经营这一方式,扩大全区外贸出口的规模。

1995年,全区完成进出口贸易额为1305万美元,其中外贸企业出口创汇643美元,三资企业完成外汇611万美元,进口贸易额为51万美元,贸易顺差1203万美元。出口的贸易业务方式除自营出口还开展代理业务和加工贸易,出口国别和地区进一步扩大,除了东南亚、西欧市场,还分别进入非洲、拉丁美洲市场,出口的商品结构也发生大变化,由传统的农副产品、初级原材料转向工业制成品及附加值较高的机电产品、光学仪器,出口的格局也在发生变化,初步形成外贸、三资企业、工贸企业共同承担出口创汇任务的局面。

1996年,全区完成进出口贸易总额2781万美元,其中外贸企业出口创汇1243万美元,三资企业创汇889万美元,工贸企业创汇639万美元,进口贸易额为65万美元,贸易顺差2651万美元,出口创汇超过200万美元的企业有:上饶地区进出口公司、上饶地区土畜产品进出口公司、上饶市纺织服装公司。创汇超过100万美元的企业有:上饶地区工业矿产品进出口公司、怀玉山活性炭有限公司、婺源县工贸集团公司。出口创汇过50万美元的企业是:上饶地区外贸实业公司、余干县外贸公司、波阳县外贸公司。出口商品主要有13大类:粮油食品类出口74.63万美元,食用动物及其产品30.76万美元,食品制成品44.31万美元,饲料23.55万美元,茶叶12.35万美元,山货1.25万美元,畜产品46.63万美元,纺织品653.67万美元,夏布543.32万美元,松醇油81万美元,中成药3.58万美元,各类机械20万美元,工农具31万美元。尤以纺织品和夏布为特大宗出口产品,其中夏布出口628万米,比1995年增加492万米,磷石粉出口11650吨,比1995年增加5670吨,活性炭出口3194吨,比1995年增加1707吨,服装出口65万件,比1995年增加21.89万件,出口的国别和地区也比1995年净增5个。在进口贸易方面,外贸企业实现了进口业务"零的突破",代理进口推土机、搅拌机配件及羽绒服装辅料64.77万美元。1996年,全区对外贸易出口得到快速增长,增长的势头比较显著,主要是在巩固传统产品和传统市场的基础上,立足于培植和发展出口支柱产品,培植具有上饶特色的支柱出口商品,如苎麻布服装、活性炭、磷石、野生皮张等产品已初具规模。同时进一步扩大代理出口业务,已获得自营进出口权的企业有上饶地区进出口公司、地区土畜产品进出口公司,为10余家企业办理了代理业务,贸易方式的多元化促进了外贸出口的增长。三是随着国家赋予大中型企业自营出口权的增加,工贸企业的创汇能力增强。

1997 年,外贸出口重点在结构调整上实施两个转变,一是由组织收购货源到开展自营出口贸易的转变,让更多的地方产品进入国际市场,扩大自营出口的规模;二是在巩固传统出口产品的同时,积极开拓新的产品和加工附加值高的产品出口,实现数量型向质量型的转变。1997 年完成进出口贸易额为 3316 万美元,全区进口贸易额为 219.55 万美元,贸易顺差 2876 万美元。尤其是具有上饶特色的出口支柱商品从数量、质量上都有较大幅度的提高。其中出口日本的野生皮张占日本四分之三的市场,上饶县华坛山硒石选矿厂的出口硒石被美国工商五金商社定为优质产品,并先后有美国、日本、澳大利亚等客户到厂考察订货,茶叶出口也获重大进展,自营出口达 700 吨。同时在开拓新的国际市场上很有进展,年内组织在香港、厦门举办的商品展销会,参加华交会、广交会,在开拓新的国际市场上下工夫。

1998 年,完成进出口贸易额 4070 万美元,贸易顺差为 2832 万美元,其中外资企业产品出口额超 2000 万美元,尤其是当年竣工投产的和华水产有限公司,新河、信彩花卉等大型出口加工型企业已成为全区出口创汇大户,成为地方财政收入的新增长点,并为当地提供数千人的就业机会。由于当年外贸出口受东南亚金融危机的影响,大部分传统出口商品苎麻布、活性炭、纺织品和工艺品价格大幅度下跌,需求萎缩,出口受阻。地区外贸局年初提出了坚持大经贸发展的指导思想,调整工作重点,在出口创汇上从过去抓专业外贸公司转为抓三路出口创汇大军,并重点抓好外资企业、工贸企业出口,同时积极帮助工业企业争取外贸自营进出口权,鼓励更多的企业获得进出口权,当年超额完成省下达的出口创汇任务,使出口创汇总量和增长比例从 1997 年全省第 6 位跃居全省第 3 位,仅次于南昌市、赣州地区。年底,全区有 11 家工业企业、7 家外贸企业获得进出口经营权。在全区出口商品在东南亚地区受挫的情况下重点开拓欧美市场,利用各种渠道促销地方产品,利用在美上饶同乡关系,在因特网上展示上饶出口产品,并在出口产品结构调整上下功夫,全区逐步形成食品罐头、机电产品和具有特色的传统产品三类有竞争的出口商品,有 40 余家的产品和丰富特色的农副产品精深加工商品运销到欧美、日本、东南亚等 20 多个国家和中国香港、澳门、台湾地区。

1999 年,完成进出口总额 2869.5 万美元,其中进口贸易 627.28 万美元,贸易顺差为 1615 万美元。

2000 年,完成进出口总额为 4560 万美元,其中进口贸易 1140 万美元,贸易顺差 2280 万美元,出口量最大的前 8 个商品为:烤鳗 989 万美元、照相机及光学仪器 800 万美元、活性炭 490 万美元、人造花卉 288 万美元、服装出口 275 万美元、罐头出口 128 万美元、茶叶出口 110 万美元、蔬菜 109 万美元,全区形成四大支柱出口商品,其中食品工业占 45%,机电产品占 15%,传统商品占 25%,加工贸易产品占 15%,形成外贸专业公司、外商投资企业和生产型工业企业三路出口创汇大军的合理结构,至 2000 年底,全区 8 家外贸公司、20 家生产企业有进出口经营权,出口商品的国别和地区已辐射到全世界 32 个国家和地区,主要的贸易市场仍在亚洲,另有上饶客车厂在秘鲁设立维修装配厂、艾蒂臣有限公司在洪都拉斯设立服装加工厂。

1993 年—2000 年,全区累计实现进出口贸易总额为 21177 万美元,其中出口总额为 18275 万美元,进口总额为 2902 万美元,实现贸易顺差为 15373 万美元。

1991年—1993年全区外贸出口供货总值

表17-2-1 单位:万元

项目	1991年	1992年	1993年
出口商品收购总额	25209	32369	19807
粮油食品类	3067	2469	4528
纺织品类	1340	1014	2929
土产类	1355	4263	1155
畜产类	5097	9242	560
茶叶类	4280	4956	522
轻工类	1004	1002	720
工艺品类	1257	405	538
五金矿产类	2069	2169	1882
化工类	907	1300	2658
机械类	292	457	682
医药保健类	122	410	264
有色金属类	1745	1540	8
服装类	1702	1850	617
针织品类	258	368	
珠宝首饰类	175	924	
其他	539		2318
丝绸类			426

1993年—2000年全区进出口贸易总值

表17-2-2 单位:万美元

年份	进出口总额	进口额	贸易顺差
1993	1019	159	701
1994	1257	21	1215
1995	1305	51	1203
1996	2781	65	2651
1997	3316	220	2876
1998	4070	619	2832
1999	2869	627	1615
2000	4560	1140	2280
合计	21177	2902	15373

1993 年—2000 年全区分国别地区出口额

表 17－2－3　　单位:万美元

地区(国)	1993 年	1994 年	1995 年	1996 年	1997 年	1998 年	1999 年	2000 年
出口总额	478	756	643	1882	2158	1420	1696	2706
中国香港地区	57	239	126	224	467	158	92	285
中国台湾地区		7	5	4	45	61	34	152
日本		95	7	406	248	361	985	1411
缅甸		9						
泰国			21	21	7			
新加坡				34	24	92		8
巴基斯坦				3	44		10	5
阿富汗			7		49	34		2
叙利亚				19				
韩国		123	237	548	507	330	135	45
阿联酋					2			
马来西亚					5			
印尼					6			
伊朗					15			
老挝								15
柬埔寨								3
捷克				3				
德国	76	11	92	189	161	179	175	336
法国	257	145	10			45	35	21
意大利	39	92	9	144	35		21	39z
比利时	11					12		
英国			2			19		53
西班牙	17	18	30	38			2	7
土耳其		37					3	
荷兰					2	5	23	10
俄罗斯					2			
丹麦								4
波兰								44
加拿大		15		12	15		24	
美国		15	14	231	435	124	74	129
新西兰								13
澳大利亚		6	6					15
多哥					15			
智利					7	8		

续表 17－2－3

地区(国)	1993 年	1994 年	1995 年	1996 年	1997 年	1998 年	1999 年	2000 年
尼日利亚					2			
突尼斯					53			53
南非					6			
塞内加尔					5			26
塞浦路斯								9
阿根廷								12

1993 年—2000 年全区外贸出口总值(分商品大类)

表 17－2－4　　单位:万美元

项目	1993 年	1994 年	1995 年	1996 年	1997 年	1996 年	1999 年	2000 年
总值	478	1236	1254	1882	2158	1420	1696	2706
饲料类	60.83	2.4						
香料油类	52.40	6.1						
土产类	61.60	31.36	32.45	23.5	22.5			
纺织品	37.85	158	214.3	628	461.54	284	71	49
服装	228	498	322	285	330	16		
轻工	37	221	158.12	34		15	37	28
化工类		98	198	498	546.36	404	465	490
机械设备类		19	95.6	52	23	13	11	625
粮油食品类		53.56		155.4	227.6	323	898	1132
畜产品类		61		46.5	144.8	106	30	38
非金属矿产类		87.58			43.37	61		56
茶叶			66.6	12.35	122.5	181	86	110
其他			166.93	147.25	238.33	17	95	178

第二节　主要出口商品

粮油食品类　优质大米、肉制品、杂豆、黑白芝麻、脱水蔬菜、水黄笋、淡水产品、烤鳗、板鸭、鲜蛋、再制蛋、各类罐头、味酒、酒等。

土畜产品类　茶叶类、香料油、饲料、蜂蜜、松香、精干麻、麻布、夏布、烟花、鞭炮、兔毛、羽毛及其制品、各类野生皮张、野生葛粉。

服装类　棉布、涤纶、麻棉、化纤、纯涤纶服装、童装、衬衫等。

针纺织品　各种规格的(全棉、麻棉、纯麻、人棉、涤棉、纯涤、Tle)纱、坯布、色织布、漂布、印花布、毛纺织及制品、各种规格的床单、床上四件套、毛巾、浴巾、方巾、枕巾、毛巾被、运动衫。

轻工及工艺品　各种劳保用品、纸张、包装物料、日用百货、箱包、鞋类、文体用品、电器、玩具、日用陶瓷及建筑陶瓷、木雕、木刻、竹草编、藤编系列产品、文房四宝、脱胎漆器、仿古瓷、珠宝首饰、珍珠项链、工艺玩具、手电筒、磁性材料、电焊条等。

五金矿产类 萤石、钨锡矿、硫铁矿、各种规格的大理石和花岗石及板材、石英石、稀土、优质水泥、重晶石、各种铜制品、紧固件、实用刀具、日用小五金。

化工医保类 活性炭、柠檬酸、硫酸锌、群青、油茶皂素等各种无机、有机化工产品、各种西药原料药、成品药、各种中成药、中草药、保健品及卫生材料。

机电产品类 各种规格的工农具、纺织器材、石英晶体、电度表、电视机、大客车、照相机、光学仪器、铜线、铜管、翻车及其零配件。

第三章 经营管理

第一节 企业管理

1991年3月20日,上饶地区外贸局制订《上饶地区经贸企业一九九一年目标考核和创评先进企业的实施办法》,根据这一办法,由地区外贸局统一抽调人员,组成6个考核组,分片开展考核工作,对全区所属外经贸企业1991年的工作实际情况全面考核,以确保承包奖惩兑现和评选先进企业的正确实施,考核的内容主要是出口供货、外经工作、经济效益、内部管理四个方面,根据考核的结果,逐项打分,然后按照各单位得分多少,排列名次,对名列前五名者认定为1991年度全区经贸企业的先进企业。经考核评定为1991年度的先进企业,由地区外贸局分别发给奖金和奖状。

1992年3月13日,上饶地区外贸局制订关于执行《江西省经贸企业转换经营机制,全面实行承包经营的暂行规定》的实施细则,规定:全区各经贸企业实行全面承包经营;承包指标:地直各直属公司、各县(市)经贸公司和自属加工企业承包出口供货额和利润两项指标;外运公司只承包利润指标、出口供货额承包指标。由地区外贸局根据省厅下达的出口商品供货计划,经过综合平衡后,下达到所属企业,以上饶地区1992年对外贸易的供货计划为考核依据;利润承包指标,以上级下达的利润计划为考核依据。实行全员风险抵押;划小核算单位,凡具备条件的可以将业务科(股)改为经营部,经营部独立核算,自负盈亏,企业内部实行两级管理,先在地区外经公司、珠宝联营公司、玉山县经贸公司三个单位试行;实行优化组合;地区外贸局建立调控基金。调控基金来源,一是由各企业按出口商品总额的1%提取;二是由企业按实际超基数利润的5%。收缴的调控基金由地区外贸局用于加强经贸企业行业宏观调控管理所需增加的费用开支。年内地区外贸局成立了承包经营领导小组,局长张定安任组长,副局长郑明达任副组长,日常工作由局企参办处理。

1993年,省政府下发《江西省人民政府关于深化外贸体制改革若干问题的决定》,地区外贸局结合自己的实际,拟出关于《贯彻江西省人民政府关于深化外贸体制改革若干问题的决定的意见》,报请行署审定下发,并于3月底制定《上饶地区直属经贸企业转换经营机制,完善承包经营责任制的暂行规定》和《上饶地区直属经贸企业1993年目标考核和创评先进企业的实施办法》;各县(市)经贸企业都结合实际研究制定了本单位深化改革的具体措施。从1993年1月1日起,深化基层外贸体制改革,全面实行自负盈亏,所有地(市)、县经贸企业的人、财、物全部与省公司脱钩，地区外贸局作为政府对外经贸行业的职能管理部门，主要是做好“规划、协调、监督、服务”工作；同时要求对县级外贸企业的下放要慎重，待条件成熟逐步下放，要稳定经贸企业人员增长比例，要求严格按照经贸行业进人标准要求，公开面试，择优录用，要加强对国有资产的管理，外贸国有资产下放后，只能由原单位使用，任何单位不得侵蚀，并严防流失，保证国有资产的价值和保值，全面取消出口供货总值计划，除国家有专门规定的商品外，放开进出口商品经营范围，允许跨行业经营，坚持经贸结合、全方位开拓经营渠道、全面实行自负盈亏。由于上下共同努力，全区在深化外贸体制改革方面有新的进展，当年，全区经贸企业在经营方面有6个明显转变：从单纯组织货源向走向市场开发转变；从重经营、轻管理向经营、管理、效益并重转变；从等待观望向大胆利用外资转变；从独立经营向联合经营转变；从单纯贸易型向贸易实体型转变；从坐商向行商转变。随着经贸体制改革的不断深入，“三外并举”“五路”并进的经贸大格局逐步形成。

1994年，国家对外贸体制的改革是在前一轮以建立自负盈亏机制为主线的改革的基础上，与财政、金融、计划、投资、外汇等领域的改革同步进行的，涉及外贸企业的主要是汇率并轨和取消上缴外汇任务的两大举措，为各类外贸企业创造平等竞争的条件。4月13日，地区外贸局拟订关于贯彻《江西省人民政府关于深化对外贸易体制改革加快发展对外经济贸易的决定》的实施意见，其重点主要是：加快外经贸企业经营机制的转换，使之真正成为自主经营、自负盈亏、自我发展、自我约束的法人实体和经营主体；加强国有资产管理，建立新型的外经贸国有资产管理和经营体制，行署授权地区经贸局对地直经贸企业国有资产实施监督管理，对地直经贸企业国有资产保值值的目标考核；改承包经营责任制为实行以出口外汇、收汇、利润和国有资产保值增值为主要内容的目标经营责任制；对现有国有外经贸企业进行公司制改制，1994年先在地区土畜公司下属的二级公司进行股份制试点，在地区外运公司修理厂进行国有民营试点，取得经验后再逐步推广；对企业法人代表、专职党支书记奖励办法，凡完成了当年上缴利润任务和实现了消化超亏损挂账额度的企业，其法人代表、专职党支部书记由地区外贸局发给奖金5000元，并且退还上交风险抵押金，超利润部分按二五三分成，即：法人代表、专职书记得20%，用于企业福利奖励基金50%，用于企业发展基金30%。当年亏损企业先用企业法人代表、专职书记的风险抵押金补充，然后挂账；为了鼓励非专业进出口公司出口创汇的积极性，地区土畜公司、地区工矿公司各需承担100万美元的创汇任务，地区粮油公司承担50万美元的创汇任务，地区实业公司承担20万美元创汇任务；地直各经贸企业的法人代表和专职党支部书记一律由地区经贸局党组任命，副职及中层干部由企业法人代表聘任，落聘的干部，自落聘之日起职务自行消失，对新聘用的干部，聘用期内，享受岗位待遇，解聘后自行消失。对落聘人员，区别情况采取下列办法进行安置：在企业内作一般业务人员安排；允许在本系统企业内双向选择；允许停薪保编另谋职业；男的年满55周岁以上，女干部年满50周岁以上，女工人年龄45周岁以上的，本人自愿可实行提前退养，发给基本工资（业务骨干、原法人代表可继续聘用）；严格控制企业进人，亏损企业原则上不得进人，盈利企业进人，要与利润挂钩，每进一个人当年净增利润5000元，进人都必须先试用一年；企业法人享有经营自主权、商品定价权、人员管理权、劳动用工权、工资分配权、投资发展权、机构设置权、拒绝摊派权。企业实行民主管理，凡企业的重大决策，应由党支部、管委会、正副经理等联席会议研究决定，按职工代表大会条例规定，企业法人代表要每年两次（半年、年终）向职工大会报告工作；地区外局负责管理企业法人代表和专职党支部书记，对企业实行目标经营责任考核。年底，全区各经贸企业按照省、地的文件精神,认真抓好本单位的改革工作,在转换经营机制,加强企业管理,改进经营承包责任制等方面迈出新的步伐,进一步调动各方面的积极性,促进经贸工作的更好发展。当年,地直8家外贸公司普遍改进内部承包责任制,全面实行风险抵押,职工个人收入与经济效益紧密挂钩,取得明显的效果。地区进出口公司创办木雕工艺厂、地区丝绸公司创办砖瓦厂、地区外经公司创办小煤矿、地区珠宝首饰公司创办珠宝黄金首饰商行。

1996年,地区外贸局从本区外贸实际出发,提出实施“一二三四”工程,局长陈枫和局直属企业法人签订当年经营工作目标责任状。6月21日,成立上饶地区对外经贸局“三挖潜四清理”工作领导小组,“三挖潜”是:挖资金潜力、挖费用潜力、挖市场潜力;“四清理”是:清违期应收账款、清投资项目、清库存商品、清经济案件;第一阶段从6月初7月底,为“四清理”阶段,第二阶段从8月初到9月底,为“三挖潜”阶段,重点清欠,回收资金,清仓利库,第三阶段从10月初至10月底,为建章立制、验收总结阶段。

1996年开始,地区外贸局对与所属8家公司法人签订的经营目标责任状规定的条款,进行综合考评验收,财务审计,对负责本单位完成创汇和利润两项指标的法人,给予奖惩兑现。

1997年—1998年,由于东南亚金融危机的负面影响,全区外贸出口受到严峻的挑战,为应对危机,在出口创汇上从过去注重抓专业外贸公司转为抓三路出口创汇大军,并重点抓好外资企业、工业企业出口。1998年,全区选择15家出口企业进行重点调度,协调解决问题,地区外贸局还积极帮助工业企业争取外贸自营进出口权,鼓励更多企业获得自营进出口权。同时,以产权制度改革为核心,深化外贸企业改革,针对外贸企业改革滞后的现状,地区外贸局党组从抓直属企业改革入手,在全区经贸系统以股份合作制为主要形式的企业转制,从盘活存量资产上做文章,一企一策,以优势项目,拳头出口产品为龙头,组成新的股份合作公司,发展混合型经济,实施减员增效。并对直属企业下达以效益为主要目标的经济目标责任制,加强以国有经济保值增值为重点的考核,实行以资金运行为中心的监管措施和固定资产购置处理申报制,对企业的经营状况进行跟踪审计,对直属企业的经营资产情况进行全面的审计,摸清家底。要求地、县外贸企业加速从收购供货向一业为主、多种经营的转轨,走好外贸企业贸工农一体化、实业化之路,以改革求生存和发展。

第二节 财会管理

在财会管理上,根据国家的有关制度实行对流动资金、固定资产、会计核算的管理。

财务体制 1988以前,外贸的财务体制及财务收支一直隶属于中央财政,执行中央财务管理制度和办法。1988年始,外经贸体制实行改革,财务体制也由原来隶属中央财政和省地方财政挂钩,实行自负盈亏,自立经营。

1993年1月1日,外贸财务体制和省专业公司脱钩,外贸企业全面实行“独立核算,自主经营,自负盈亏”。全区所属外贸企业及生产加工型企业除上饶羽绒厂仍然和省畜产进出口公司财务挂勾外,其余企业全部和省专业公司脱钩。据统计,1992年底以前,全区地(县)外贸企业与省粮油食品进出口公司财务对口的企业7个,与省化工进出口公司和省工艺进出口公司财务对口的企业7个,与省土产进出口公司、省畜产进出口公司、省茶叶进出口公司财务对口的企业6个,共计与省公司财务对口的独立核算户为26个。

2000年,全区所属经贸企业独立核算户20个;其中:地直企业的直属加工厂10户;县

(市)企业10户,省、地、县三级外贸企业不再有财务对口的关系,财务体制上的重大变化,外经贸企业真正成为独立核算的法人实体。

财务计划 1991年—1993年,外贸企业的财务计划仍然实行计划管理,也是对外贸易计划的组成部分和中心环节,外贸财务计划由利润计划、商品流通费计划和流通资金计划部分组成。地直各专业公司及各县(市)外贸公司编制本企业的财务计划,上报到地区外贸局,再由地区外贸局汇总区所属企业的财务计划,经过综合平衡,编制上报到省外经贸厅,经省外经贸厅审核批准后再另行下达。

1985年—2000年上饶地区外商投资企业一览

表17-3-1 单位:万美元

项目名称	中方	外方	生产经营范围	总投资	注册资本	外资额	批准时间(年、月)	项目所在地
江西金祥服装制品公司	上饶市被服厂	香港福祥贸易公司	服装制造业	23.4	23.4	5.9	1985.8	市区
江西富饶竹制品有限公司	铅山二轻工业供销公司	台湾台北市宜兴有限公司	生产竹香脚、神香竹筷	50	50	25	1988.3	铅山县
江西华恒服装有限公司	上饶恒发服装厂	香港大华企业公司	生产针织、梳织四季服装	16	16	3.6	1989.9	市区
江西多丽丝服装制品有限公司	地区工矿进出口公司	香港伟华集团	生产各类服装、床上用品	11.2	8	2.6	1989.10	市区
江西港达竹制品有限公司	上饶市港达竹木艺厂	香港达华行	生产卫生竹筷、打梭棒	12	12	4	1989.11	市区
江西华达制衣有限公司	上饶市被服厂	香港信达贸易公司	生产各类服装	20	18	10	1991.3	市区
江西宏侨金刚砂制品有限公司	上饶市华侨建筑材料厂公司	香港宏发五金建材贸易	金刚砂制品	10	10	8	1991.5	市区
江西铜丰电工器材有限公司	德兴市铜材电缆厂	香港多丰公司	镀锡铜钱、裸铜线	50	50	15	1991.7	德兴市
江西阳成竹艺有限公司	弋阳乡镇企业供销公司	香港东成实业公司	竹席及竹制品	60	60	21	1991.7	弋阳县
江西世明光源电器有限公司	铅山工业供销公司	台湾土祯企业有限公司	三基色荧光节能灯	33.7	33.7	13	1991.7	铅山县
江西兴丰日用化工有限公司	横峰县皂素化工厂	香港创伟室内设计装饰公司	洗理香波、洗涤剂	52.6	47.7	18	1991.8	横峰县
江西大东山水产养殖有限公司	万年县水产养殖厂	台湾大东山珊瑚宝石公司	养殖观赏鱼、贝类等	20.9	20.9	10	1991.8	万年县
丰饶石英晶体有限公司	上饶县石英晶体厂	香港吉利丰企业公司	石英谐振器	54	38	9.5	1991.10	上饶县
星升电子有限公司	上饶市半导体元件厂	香港永升天缆公司	拉杆天线	53.6	48.8	12	1991.11	市区

续表 17－3－1

项目名称	中方	外方	生产经营范围	总投资	注册资本	外资额	批准时间（年、月）	项目所在地
江西鸿裕客车有限公司	上饶客车厂	台商私人投资	高、中档豪华客车	140	112	20	1991.11	市区
江西裕辉液体燃料有限公司		台商私人投资	非甲醇液体燃料等	10	10	10	1992.11	市区
江西典亨服装有限公司		香港典亨有限公司	皮革服装织带、床上用品	25.6	19.2	19	1992.1	市区
江西玉新罗纹砚有限公司	玉山砚台厂	新加坡建筑公司	罗纹砚及石料产品	43.1	33.2	15	1992.1	玉山县
江西玉侨旅游汽车运输公司		台商私人投资	旅游运输客运业务、住宿、饮食娱乐及相关服务	88.5	87.3	87.3	1992.5	玉山县
江西迈业金属制品有限公司	上饶卫校劳动服务部	香港万青有限公司	彩色钢板卷帘门	8	6.3	5	1992.6	市区
江西饶太塑料制品有限公司	上饶市塑料厂	美国泛太平洋制塑股份有限公司	塑料袋制品	140	103	32	1992.6	市区
江西饶球针织品有限公司	上饶毛纺厂	香港耀球实业有限公司	腈纶化纤、羊毛、棉	186	136	41	1992.4	市区
江西华龙服装针织有限公司	弋阳花亭垦殖厂	香港长江贸易公司	服装加工、针织、丝袜	27.4	27.4	19	1992.6	弋阳县
江西富信食品有限公司	地区食品厂	香港富皇国院开发公司	芳宝豆等膨化系列食品	280	225	135	1992.6	市区
江西武夷竹业有限公司	武夷山垦殖厂	台湾弦元有限公司	竹凉席	80	60	18	1992.7	铅山县
江西和丰时装有限公司	饶丰羽绒厂	香港大地投资有限公司	时装、羽绒制品	72	54	22	1992.7	波阳县
江西金门塑料制品有限公司	上饶市塑料三厂	美国金门国际公司	塑料纱罗织物袋	480	480	141	1992.7	市区
江西山山食品有限公司	铅山酿造总厂	台湾芋山有限公司	古汉酒包装	14.8	14.8	7.3	1992.7	铅山县
广大荣兴工艺品有限公司		台胞私人投资	木雕、根雕、工艺品	12	12	12	1992.7	广丰县
江西飞扬窗帘有限公司	上饶市针织总厂	台湾飞扬实业股份有限公司	铝片烤漆窗帘门	497	457	251	1992.7	市区
江西万通金属制品有限公司	万年县阀门厂	香港通利发展有限公司	铝铁复合节能锅	18.9	18.9	5.7	1992.7	万年县
江西加华彩印有限公司	地区赣东北印刷厂	艾辛姆（加拿大）进出口公司	彩印、包装印刷品	18	13.9	3.5	1992.8	市区
江西波阳泰阳制衣有限公司	波阳湖滨服装厂	美国康泰财务投资公司	服装加工	22.3	18.3	9.1	1992.8	波阳县
江西江辉照相器材有限公司	江西光学仪器总厂	香港汉辉照相机器材公司	生产各类照相机及器材	150	105	55	1992.8	省直

续表 17－3－1

项目名称	中方	外方	生产经营范围	总投资	注册资本	外资额	批准时间（年、月）	项目所在地
江西香江彩印有限公司	地区赣东北印刷厂	香港爱丽峰贸易公司	彩印、装潢印刷	115	80	24	1992.8	市区
江西兴华非织布制品有限公司	弋阳县粮食总公司	香港荣森实业有限公司	喷胶棉及加工制品	60	42	13	1992.8	弋阳县
江西华多纺织服装有限公司	地区工贸实业公司、铅山杭铅纺织品有限公司	香港多茂发展有限公司	纺织品、服装生产	100	100	40	1992.8	铅山县
江西华新服装礼品有限公司	上饶县新华书店	香港华兴贸易公司	特种加工服装	18.2	18.2	10	1992.9	上饶县
江西海丰高级标准件有限公司	横峰县农机修理厂	香港海龙有限公司	高级标准件	52	52	18	1992.9	横峰县
江西勤曜羽绒制品有限公司	上饶羽绒厂	台湾博羽有限公司香港勤丰企业公司	生产羽毛、羽绒、羽绒制品	74	55.6	22	1992.9	省直
江西蓝青旅游有限公司	上饶三清实业发展股份公司	美国蓝湖国际有限公司	旅游业、旅游精品	100	100	30	1992.9	市区
江西华茂大酒店有限公司	地区工贸实业公司、铅山杭铅纺织品有限公司	香港多茂发展有限公司	饮食业、服务业	200	200	60	1992.9	铅山县
江西富国金属工艺制品有限公司	上饶市电筒厂	台湾大西亚股份有限公司	生产金属工艺制品	60	60	15	1992.9	市区
江西山海鞋业有限公司	鄣公山垦殖厂	香港云海实业有限公司	生产各式运动鞋	183	140	42	1992.9	婺源县
江西和兴电子有限公司	上饶赣兴石英电子有限公司	香港佳荣国际有限公司	石英晶体片、谐振器	120	120	63	1992.9	上饶县
江西星饶进口汽车维修有限公司	上饶市商业车队	新加坡德星机械公司	各类汽车维修、配件	36.5	36.5	18	1992.9	市区
德兴市德盛纸制品有限公司	饶二乡工业公司	印尼 P. T. Givimas	金银纸	110	110	44	1992.10	德兴市
江西福山水泥有限公司	铅山县水泥厂	香港南洋贸易公司	普硅水泥	937	818	449	1992.10	铅山县
江西三友工艺品有限公司		台湾农友企业有限公司	工艺品、草制品	150	105	105	1992.10	上饶县
江西黄金制药有限公司	江西第三制药厂	香港伟航发展有限公司	西药制剂	46	46	14	1992.11	余干县
江西华晖化工实业有限公司		台商私人投资	液体燃料	45	42	42	1992.11	市区
江西弋阳佳强鞋业有限公司	弋阳城郊建筑材料厂	香港民强实业有限公司	各种高、低档旅游旅游鞋	50	40	12	1992.12	弋阳县
江西环宇制药有限公司	上饶制药厂	香港津环国际有限公司	羧甲基半胱氯酸、中西药	55	50	15	1992.12	市区
江西华茂房地产开发有限公司	地区工贸实业公司铅山杭铅纺织品公司	香港多茂发展有限公司	房地产开发等	357	357	214	1992.12	市区

续表 17－3－1

项目名称	中方	外方	生产经营范围	总投资	注册资本	外资额	批准时间（年、月）	项目所在地
江西赣豪医药卫生材料有限公司	弋阳工贸实业总公司	香港豪章国际集团股份公司	创可贴、辣椒布	255	215	86	1992.12	弋阳县
江西强信饮料有限公司	上饶市啤酒厂	香港科腾发展有限公司	矿泉水等饮料	100	120	60	1992.12	市区
江西华怡服装有限公司	上饶县服装厂	香港金承怡有限公司	各类服装	18.6	13	6	1992.12	上饶县
江西万振白鹭食品有限公司	万年营养补剂厂	新加坡郭贸易私人有限公司	中式、西式糖果	25	18.5	11	1992.12	万年县
江西展味香食品有限公司		台商私人投资	食用植物油加工	30	25	25	1992.12	铅山县
江西花港制药有限公司	大茅山制药厂	港商私人投资	中西药品、保健品	36.5	27.3	6.8	1992.12	德兴市
江西千和田礼品有限公司	地区印刷制品厂	香港中建集信国际有限公司	压花工艺品、精美印刷	55.2	55.2	21	1993.1	市区
上饶新星制药有限公司 深圳南方制药厂	上饶新星制药厂	泰国正大999药业有限公司	跳骨丹、疤痕膏	239	239	59	1993.1	上饶县
江西春晖电子科技有限公司	江西九华电子设备厂	台湾圳华企业有限公司	微电脑遥控器	92.3	73.8	30	1993.1	上饶县
铅山矿产品有限公司	铅山陈家赛矿产公司	台湾乐石企业有限公司	海棉铜、硫酸铜	11.1	11.1	3.7	1993.1	铅山县
江西加华汽车维修有限公司	地区汽运公司 地区工贸实业公司	艾辛姆（加拿大）进出口公司	进口汽车维修	25.9	25.9	10	1993.1	市区
江西赣鹰甲鱼酒有限公司	波阳县酒厂	香港鹰腾实业有限公司	甲鱼酒及其制品	100	72	36	1993.1	波阳县
玉山县东山房地产开发有限公司	玉山县房产管理局	香港东冠公司	销售综合性商品房	369	277	83	1993.1	玉山县
江西味津食品有限公司	万年县湖云水产繁殖场	台湾大金山珊瑚宝石股份有限公司	水产养殖、加工、销售	50	50	60	1993.1	万年县
华鑫旅游用品有限公司	上饶市副食品厂	南非华联经济技术发展股份有限公司	旅游用品	18	18	5.4	1993.1	市区
江西万通粮油食品有限公司	万年县粮油制品厂	香港通利发展有限公司	真宝养胃面、保健米粉	27	27	8.2	1993.2	万年县
上饶瑞成客车有限公司	上饶客车厂	香港合利建筑有限公司	轻型客车、改装车	500	500	300	1993.2	市区
婺源县友好宾馆企业有限公司	婺源旅游公司	日本株式会社世界航空服务公司	旅游综合服务	37	36	12	1993.2	婺源县
江西创丰化工燃料有限公司	广丰振兴华侨公司	香港创维有限公司	生产日用化工燃料	50	50	35	1993.2	广丰县
上饶东饶大酒店有限公司	地区供销合作集团总公司	香港东达公司	住宿、旅游接待	369	277	83	1993.2	市区

续表 17－3－1

项目名称	中方	外方	生产经营范围	总投资	注册资本	外资额	批准时间(年、月)	项目所在地
江西东侨房地产开发有限公司	地区华侨房地产总公司	香港东达公司	销售综合性商品房	369	241	89	1993.2	市区
上饶合城KTV娱乐有限公司	地区地产公司	台湾高雄市承颐企业有限公司	歌舞厅、美容厅	38.7	38.7	32	1993.3	市区
江西峰饶食品开发有限公司		日商私人投资	农副土特产品系列加工	20	15	15	1993.3	横峰县
江西富锦生物制品有限公司	万年青云饲料厂	香港富锦有限公司	草粉生物饲料及制作剂	17.3	17	8.6	1993.3	万年县
江西金源名茶有限公司	省外贸广告公司 婺源茶叶公司	美国金安国际贸易公司	茶叶包装、茶具包装	20	20	6	1993.3	婺源县
江西星江丝绸有限公司	婺源县缫丝厂	台湾远东印铁制品股份有限公司	白厂丝及白厂丝深度加工	67.8	54	16	1993.3	婺源县
玉山翠河花岗岩板材有限公司	玉山县外贸公司	香港耀和实业有限公司	生产花岗岩板材、桌、凳	15	15	8.8	1993.3	玉山县
江西港饶铜工艺品有限公司	上饶铜业集团	香港中美国际贸易公司	铜工艺品	200	200	120	1993.4	市区
江西信欣竹制品有限公司	上饶县家具厂	香港欣格有限公司	香棒、肉签等制品	16.5	16.5	4.6	1993.5	市区
江西皇宫大酒店有限公司	上饶地区商业发展公司	香港中美国际贸易公司	饮食服务业、文化娱乐中心(舞厅、卡拉OK)	100	100	60	1993.4	市区
江西信珍房地产开发有限公司		香港嘉晖发展有限公司	房地产开发及生产销售配套的建筑材料	200	140	140	1993.5	上饶县
江西黎思铸造有限公司		美商私人投资	各种铸件	15	11	11	1993.5	波阳县
江西珠联针纺服装有限公司	江西上饶市内衣一厂	香港江中实业有限公司	不受配额限制的针织服装、针织坯布等	97	69	20.7	1993.5	市区
江西金龙雨具服装有限公司	玉山县金龙咨询服务公司	香港九阳制衣厂	雨具、服装	138	104	46.5	1993.6	玉山县
婺源婺绿保健茶有限公司	婺源秋口工业总公司	香港衡通有限公司	保健茶	14.2	10	4.5	1993.6	婺源县
江西华澳针织有限公司	上饶针织总厂	澳大利亚英柏时装有限公司	不受配额限制的针织毛坯布、光坯布、成衣时装	83.3	83	33.3	1993.6	市区
江西飞雅制衣有限公司	上饶市华侨友谊公司	香港叶秀琴、美国智全工业有限公司(台湾)	不受配额限制的高中档时装、其他纺织品等	20	20	16	1993.6	市区
江西金泰人造板有限公司	德兴市胶合板厂	泰国挽那钢铁两合公司	生产销售人造板、竹木制品	120	120	53.9	1993.6	德兴市
江西华龙房地产开发有限公司	上饶地区商业总公司	澳门泉丰发展有限公司、澳门华丰行、澳门利通公司	经营房地产开发及相关建筑材料	210	200	124	1993.7	市区

续表 17－3－1

项目名称	中方	外方	生产经营范围	总投资	注册资本	外资额	批准时间（年、月）	项目所在地
江西广厦包装印刷有限公司	广丰卷烟厂 厦门赣南贸易公司	美国 HTH 集团公司	铅箔、彩印、纸箱等包装材料加工、销售	143	143	55.3	1993.7	广丰县
江西腾辉房地产开发有限公司		澳门华丰行	房地产开发	200	140	140	1993.7	市区
上饶东恒影像开发有限公司	上饶恒化影像开发总公司	香港东达公司	影像开发	70.2	53	36.9	1993.7	市区
上饶华信药膳饮料食品开发有限公司	玉山县保健食品饮料厂	香港中信行	生产销售绿色味津、药膳食品饮料系列产品	35.1	35	17.6	1993.7	玉山县
江西恒安石材有限公司	上饶县工矿物资公司	香港恒光纸业有限公司	开发、生产、销售石板材系列产品	30	21	16.4	1993.8	上饶县
江西易承金属制品有限公司		台湾易承金属制品公司	生产经营金属门窗	18	18	17.6	1993.8	玉山县
上饶飞信地产发展公司	上饶地区地产公司	香港飞信有限公司	房地产开发	200	200	195		市区
江西长顺鞋来有限公司	鄣公山垦殖场	香港帮孚国际贸易公司	各类时装鞋	140	100	30	1993.8	婺源县
华裕工艺品有限公司		株式会社、北斗（日本）	木制品、手提包袋	21	15	15	1993.8	市区
江西高敬水泥有限公司	铅山水泥厂	台湾高敬电器有限公司	普硅水泥	527	439	223.9	1993.8	铅山县
江西惠达实业有限公司	上饶师专三清山科教培训中心	香港诚信贸易公司	电化教育、自动化设备、通讯设备、旅游、工艺品	70	70	40.6	1993.8	市区
江西华祥石材有限公司	弋阳县大理石厂	香港金祥贸易公司	电生产经营天然花岗石、大理石	80	59	26.24	1993.8	弋阳县
江西得裕娱乐有限公司	上饶得一实业发展总公司	菲律宾协裕成商业有限公司	餐饮、文化娱乐及美容业	60	60	36	1993.9	市区
江西安杰纺织品有限公司	禾解岭毛纺织厂	安杰贸易香港公司	生产、加工、销售毛纺纱	111	111	33.21	1993.9	市区
江西活力药业有限公司	横峰县制药厂	马来西亚活力有限公司	生产销售中西药品、保健品	79	58	52.68	1993.9	余干县
上饶通达出租汽车有限公司	上饶通达出租汽车公司	香港精致表业制品厂有限公司	城市出租营运、郊区专业营运汽车维修、配件	24.2	24	12.1	1993.9	市区
江西金利达汽车维修有限公司	上饶铜业集团工贸实业公司	香港利发贸易公司	维修进口及国产汽车	55	55	22	1993.9	市区
江西捷尔利娱乐有限公司	上饶地区百货纺织品公司	澳门华丰行	饮食、卡拉 OK 及其配套服务	50	50	27.5	1993.10	市区
江西饶兴房地产开发有限公司	上饶市房地产总公司	香港长江地产贸易公司	房地产开发及其配套的建筑、装潢、材料	200	200	98	1993.10	市区

续表 17－3－1

项目名称	中方	外方	生产经营范围	总投资	注册资本	外资额	批准时间（年、月）	项目所在地
江西信和汽车维修有限公司	上饶地区商业运输服务公司	香港建业贸易公司	各类汽车维修	70	50	30	1993.10	市区
江西德业建材有限公司		香港德业国际有限公司	生产经营建筑材料	100	100	100	1993.11	波阳县
广丰永加建筑材料有限公司	广丰县大南水泥厂	加拿大加中投资有限公司	生产、销售普通硅酸盐水泥、墙地砖等建筑材料	91.3	70	17.6	1993.9	广丰县
上饶新洲大酒店有限公司	上饶市新加坡酒店	香港亚洲兴业公司	饮食、卡拉OK、舞厅及相关配套服务	18	18	8.78	1993.7	市区
江西力城大酒店有限公司	上饶市农业生产资料公司	香港依力贸易公司	歌舞厅、卡拉OK、酒吧、饮食	65	65	39	1993.10	市区
横峰县新洲大酒店		香港广国有限公司	饮食、卡拉OK及其配套服务	8	8	5.65	1993.12	横峰县
江西时鲜食品有限公司	江西省外商投资企业物质总公司余干县康乡特种水产品加工厂	香港时光丝绸有限公司	从事不受配额许可证限制的水产品、果菜皮相关产品的养殖	107	107	60.66	1993.12	余干县
江西开味园食品有限公司	婺源县制酱厂	香港开心园食品有限公司	酱菜、酱调味品系列产品	57	40	20.7	1993.12	婺源县
江西上饶房地产开发有限公司	上饶市规划物业发展公司	台胞林树人	经营房地产开发、建筑装潢、设计等	200	200	140	1994.1	市区
江西万峰非金属矿有限公司	上饶市非金属矿加工厂	香港万通贸易行	非金属矿产品及此类矿产品加工艺、首饰加工	12.5	12.5	10	1994.1	市区
江西宝星工艺品有限公司	上饶市经济发展实业总公司	香港宝星行有限公司	矿石产品及宝石半宝石加工	25	20	11	1994.1	市区
江西宏达纺织服装有限公司	铅山县制衣厂	香港泓鸿基发展公司	生产销售不受配额许可证限制的纺织服装	92	92	36.8	1994.2	铅山县
上饶云舒真丝制品有限公司	玉山县外贸公司	香港耀和实业有限公司	生产和经营真丝及其系列制品	14.36	14.36	7.53	1994.3	玉山县
江西信达英杰房地产开发有限公司	上饶地区信达房地产开发公司	香港英杰国际企业公司	房地产开发及其配套的建筑、装潢材料	344.7	229.8	98.8	1994.5	市区
江西上饶本图房地产开发有限公司	上饶县房地产总公司	香港本图发展有限公司	县城北区地产开发	22.98	22.98	11.49	1994.6	上饶县
江西佳利电子有限公司	上饶粮发实业公司	香港利发贸易公司	生产经营有线电视系列电子元器件	55	55	22	1994.2	市区

续表 17－3－1

项目名称	中方	外方	生产经营范围	总投资	注册资本	外资额	批准时间（年、月）	项目所在地
江西金云实业有限公司	余干石油实业有限公司	新加坡宋云小姐	不受配额许可证限制的肠衣加工等罐头加工	14.5	14.5	10.15	1994.7	余干县
江西银球房地产开发有限公司		香港银翘投资有限公司	房地产开发及相配套的建筑材料装潢	200	140	140	1994.7	上饶县
铅山县阳光实业有限公司	铅山县紫溪纸业公司	阳光（香港）实业公司	生产销售宣纸、木地板条、五金工具柄	35	35	25	1994.7	铅山县
江西港龙娱东有限公司		香港昌顺置业公司	饮食、卡拉 OK、歌舞厅及配套娱乐服务	11.5	11.5	11.5	1994.8	市区
江西昌信实业有限公司	上饶市信江铜窗厂	香港昌顺置业公司	生产销售钢门、钢窗	12.94	12.94	6.47	1994.8	市区
江西太平洋融峰花岗岩开发有限公司		台商陈义就	花岗岩开采、加工、销售	71.42	71.42	71.42	1994.8	铅山县
江西同荣化工制漆有限公司	上饶铜业集团竹制品厂	香港福祥贸易公司	生产销售漆包线用漆及其他化工产品	17.24	17.24	5.18	1994.8	市区
江西顺达织带有限公司	上饶市织带厂	香港宝发贸易公司	生产销售各式服装等塑料制品	48	33	22.1	1994.8	市区
江西生泰特种养殖开发有限公司	玉山地方产品贸易公司	美国美龙环球实业有限公司	美国山羊、彩狐等动物养殖及皮毛加工销售	8.04	6.89	3.38	1994.8	玉山县
江西德兴保健食品有限公司	德兴市占才企业总公司	香港健成贸易公司	高级烹调油、保健茶、茶晶、保健饮料的生产和销售	11.63	11.63	4.88	1994.9	德兴市
江西波港紧固件制造有限公司	波阳县烟叶复烤厂	香港川泽有限公司	生产、销售钻头螺丝产品及其他紧固件	80	60	18	1994.10	波阳县
江西上饶佳信丝绸针织有限公司	上饶地区丝绸印染总厂	香港志英投资有限公司	生产销售不受许可证和配额限制的丝绸针织服装	230	180	72	1994.11	市区
江西大东海水产养殖有限公司		台胞吕梁鉴	淡水养殖、加工销售及活小动物饲养、水产的手工制作销售	20	20	20	1994.9	万年县
江西华西雨具有限公司	上饶地区纺织服装公司	大韩民国 SIMON 株式会社	雨衣制品及其他服装的生产和销售	13.65	13.65	5.19	1994.11	市区
江西广丰县扶正堂制药有限公司		香港扶正堂制药厂	生产销售扶正油、风瘫酊百灵油等外用药剂	20	20	20	1994.12	广丰县

续表 17－3－1

项目名称	中方	外方	生产经营范围	总投资	注册资本	外资额	批准时间（年、月）	项目所在地
万年县办恒机械弹簧有限公司	万年县机械弹簧厂	香港海洋五金弹簧制造厂	生产销售民用弹簧和机械弹簧	20	20	10	1994.12	万年县
江西余丰饲料有限公司	余干县粮食局饲料公司	香港毅兴包装公司	生产销售系列饲料及饲料添加剂	11.63	11.63	5.815	1994.12	余干县
上饶华堂石材开发有限公司	波阳县花岗石总厂	香港华联贸易公司	开采、加工各类花岗石、大理石的荒料、板材和石雕工艺品	15	15	9	1994.12	波阳县
江西贝特白水泥有限公司	德兴市水泥厂	香港东鹏贸易公司	生产、销售325#、425#白色硅酸盐水泥	353	247.1	128.5	1994.12	德兴市
江西庆兰檀香有限公司		庆兰香（新加坡）私人有限公司	生产销售棒香、线香、塔香、香芯和香粉等庆兰香系列产品	13.53	13.53	10.59	1995.1	上饶县
江西江鑫装饰技术有限公司	江西光学仪器总厂	泰国SJ鑫攀有限公司	生产销售特制镶嵌技术建筑装饰材料、工艺美术品	38	38	18.24	1995.1	市区
江西华泰盛旅游娱乐有限公司		泰王国华泰盛有限公司	旅游、娱乐、饮食	20	20	20	1995.1	市区
中外合资江西富达实业有限公司	余干县富湾工贸实业公司	美国达泰集团光华贸易公司	生产销售不受配额限制的羽绒制品及各式服装	20	20	8	1995.2	余干县
江西福华房地产开发有限公司		香港富华国际贸易公司	房地产开发及建筑装潢材料业务	200	140	140	1995.2	弋阳县
江西皇晖工艺品有限公司	上饶市宏华实业贸易公司	香港皇晖贸易发展公司	生产销售绒毛玩具、工艺品	11.8	11.8	5.9	1995.3	市区
江西万兴石材有限公司	万年县裴梅乡精制米厂	澳门来兴贸易公司	花岗石开采、生产加工及石材系列产品的销售	30	21	10.08	1995.4	万年县
江西上饶饶健轻合金车轮有限公司	上饶轻合金车轮厂	瑞士汪人健	生产经营轿车、摩托车车轮零部件及其他有色金属产品	33.14	23.67	5.92	1995.5	市区
江西万申电工器材有限公司	万年美德审电工器材有限公司	台湾新大方鞋业股份有限公司	生产销售各利规格的漆包线及铜裸线	30	21	6.93	1995.5	万年县
江西饶芳电子有限公司	江西赣东北无线电厂	美国尤尼泰克国际工贸公司	电子元器件、电子产品及计算机的生产和销售	70.5	54	14	1995.5	市区
上饶天利房地产开发有限公司	上饶江滔企业发展公司	香港正豪实业有限公司	旧城改造、土地成片开发土地使用出让出租、房地产开发及相关建筑装潢材料	200	140	68.6	1995.7	市区

续表 17－3－1

项目名称	中方	外方	生产经营范围	总投资	注册资本	外资额	批准时间（年、月）	项目所在地
百利富（江西）房地产开发有限公司		香港百利富国际有限公司	基础设施建设、房地产开发、销售、租赁及相关的物业管理	300	300	300	1995.7	玉山县
江西海飞达钟表实业有限公司	上饶地区商业物资贸易公司	香港海达实业公司	从事钟表及配件的开发、生产和销售	23.62	17.72	14.18	1995.8	市区
江西利达新型建筑材料有限公司	弋阳光明实业有限公司	美国宾夕法尼亚洲鲍敏章	从事新型建筑材料的生产开发销售	96	72	23.8	1995.8	弋阳县
江西三清山索道有限公司	上饶地区三清山旅游公司	香港新海国际集团股份有限公司	旅游索道的经营管理以及相应配套项目的经营管理旅游服务摄影	146.34	146.34	121.95	1995.8	市区
江西广丰梅林百果有限公司	广丰县水土保护开发有限公司	台商 方陈三汝	桃、梨、茶、大棚蔬菜的种植和猪、鸡、鱼的养殖及其加工销售	60	60	36	1995.9	广丰县
江西玉龙实业发展有限公司	玉龙经济技术实业公司	香港成龙贸易公司	不受配制限制的真丝产品加工生产、销售、工矿产品（石英矿、长石矿）生产加工、销售	30	30	20.1	1995.10	玉山县
江西仁福服装有限公司		台商蒋富雄	生产、销售不受配额许可证限制的各类服装及针织产品	40	40	40	1995.10	市区
德兴市合兴碧玉发展有限公司	德兴泉发硅石工艺品厂	台湾戌添企业有限公司	硅石系列工艺品加工销售	22	22	12.6	1995.11	德兴市
江西万年塑胶包装制品有限公司	万年塑胶包装制品厂	香港刚信贸易有限公司	生产销售柔性集装袋及复合包装袋	498	498	400	1995.12	万年县
江西广丰海丰特种养殖有限公司		香港海达实业公司	鳗鱼、甲鱼养殖、销售及加工	84.35	60.25	60.25	1995.12	广丰县
江西嘉晖石材有限公司		香港嘉晖发展有限公司	开发生产花岗岩石材系列产品开采花岗石岩矿及其配套的设备	260	260	260	1995.12	上饶县
江西新中发娱乐有限公司		新加坡同谥实业贸易公司	娱乐、饮业及配套水产果林种养业和供水系统	100	100	100	1995.12	市区
江西皇辉实业发展有限公司		香港皇辉贸易发展公司	玩具、雨伞及其配套的化纤布电子件	490	360	360	1995.12	市区

续表 17－3－1

项目名称	中方	外方	生产经营范围	总投资	注册资本	外资额	批准时间（年、月）	项目所在地
上饶万力娱乐发展有限公司	上饶万力（集团）有限公司	台商蔡木根	茶座、卡拉 OK、舞厅	24	16.78	8.44	1995.12	市区
江西横峰粤豪电子有限公司	横峰粤货批发中心	香港茂昌实业有限公司	生产销售电子元器件	120	100	60	1995.12	横峰县
江西宏达红木家私工艺品有限公司	上饶华龙发展有限公司	王业贤（台商）	生产和销售红木家私工艺品等	24.1	24.1	6.1	1996.1	市区
江西欣瑞有色金属发展有限公司	上饶华龙发展有限公司	王业贤（台商）	生产和销售铅、锌有色金属材料	15.06	15.06	7.3	1996.3	市区
江西锦山竹木制品有限公司	江西省铅山县竹业开发公司	台湾锦昆业有限公司	收购、生产、经营、销售各种高级豪华竹胶地板、壁板和其他竹	62	62	24.8	1996.1	铅山县
江西万年县祥绒服装织造有限公司	万年县珠绣服装厂	香港环宇实业公司	生产销售不受配额和许可证限制的针织运动套装和鞋帽针织品	36.15	36.15	17.36	1996.2	万年县
江西东和光学有限公司	江西光学仪器总厂	香港和东有限公司 日本东和	生产设计天文望远镜及其零部件	14	14	7	1996.2	市区
江西余干优克实业有限公司	江西余干县黄金埠校办汽车用品厂	PW 国际技术有限公司	汽车防冻液、车蜡、化油器清洗剂，皮革清洗剂丝绒清洗剂玻璃防雾剂等汽车护理用品和生产	40	40	36	1996.3	余干县
上饶振大高档瓷有限公司	上饶地区振大建筑陶瓷有限公司	日本合同贸易株式会社	各种高档瓷的生产和内外销售	65	65	1931.9		上饶县
江西上饶丰泰毛织制衣有限公司	江西上饶毛纺厂	香港丰泰实业有限公司	设计、制造和销售不受配额和许可证限制的提花、腈纶、化纤、羊毛、兔毛棉麻、花式纱丝质棉质等一系列各种泥坊编织品	20	20	7	1996.3	市区
江西亚洲凤凰照相机有限公司	江西凤凰光学仪器（集团）有限公司 亚洲光学国际有限公司	光学制造所株式会社	生产经营设计及销售照相机并提供售后服务	80	80	40	1996.4	市区
江西江太快门有限公司	江西凤凰光学仪器（集团）有限公司	日本太阳交易株式会社	产销单镜头反光照相机钢片快门	426	426	252	1996.4	市区
万年欣润电工器材有限公司	万年县城	香港东亚联合发展有限公司	电线电缆生产塑料丁笨胶铜铝杆材加工	100	100	50	1996.5	万年县
江西大电塑料有限责任公司		日本大电株式会社	PVC 复合材料的生产和销售	38	28	28	1996.5	

续表 17－3－1

项目名称	中方	外方	生产经营范围	总投资	注册资本	外资额	批准时间（年、月）	项目所在地
江西共和饮料有限公司	上饶市三清山粮液酒厂	韩国 崔利充	酒类饮料系列副食品	75	75	30	1996.5	市区
上饶信华鞋业有限公司	上饶县乡镇企业供销公司	柬埔寨王国来国际贸易旅游公司	生产销售旅游鞋橡鞋及鞋业系列产品	15	12	8	1996.5	市区
江西创新特种水产有限公司	江西余干县富湾综合养殖开发公司	韩国新时代制衣株式会社	水产品养殖、销售及加工	208	208	204	1996.6	市区
江西德昌螺旋藻有限公司	江西铜业公司德兴铜矿生态生物工程开发中心	澳门其昌公司	生产和销售螺副食品	75	75	30	1996.6	广丰县
江西广丰融丰特种水产养殖有限公司		香港新泰达建筑装潢、装修设计工程有限公司	鳗鱼的养殖、销售及加工	120	84	84	1996.6	余干县
江西富新制衣有限公司	江西余干县富湾工贸实业公司	韩国新时代制衣株式会社	设计、生产和销售各类不受配额的许可证限制的制衣服装	31	31	15	1996.6	余干县
江西广丰万丰特种水产养殖有限公司		香港金源投资开发公司	鳗鱼的养殖、加工及销售	118	83	83	1996.7	广丰县
玉山科达新型石材有限公司	玉山县技术市场开发中心	日本小川株式会社	花岗岩石板材的生产和销售	15	15	8	1996.7	玉山县
江西广丰丰威精密螺丝有限公司	江西省广丰县汽车修配厂	香港林威（集团）螺线发展总公司	生产经营各种精密螺丝	121	121	58	1996.9	广丰县
上饶华都度假村有限公司	上饶市带湖路二区	香港协顺贸易公司	住宿饮食文化娱乐	100	100	35	1996.5	市区
上饶人文机械电子有限公司		苗宗迪	环保设备的加工和销售	35	35	35	1996.9	市区
江西弋阳荣华有色金属冶炼加工	江西省弋阳县	江运强	有色金属再生资源及制品的加工和销售	183	134	134	1996.9	弋阳县
江西宏盛珠宝有限公司	万年县裴梅镇	香港宏盛贸易公司	珍珠养殖加工及销售及配额许可证自行解决	30	30	10	1996.9	万年县
江西盛纳艺品有限公司	余干县瑞洪镇农场路	韩国昌盛企业株式会社	产销各类不受配额及许可证限制的工艺品	13	13	7	1996.9	余干县
江西弋阳万马淡水养殖有限公司	江西省弋阳县圭峰镇	印尼伟光农场	淡水鳗鱼养殖和销售养鳗用饲料和药品的生产	98	98	98	1996.10	弋阳县
江西丰华彩印有限公司	广丰县西门大道22号	台湾华安电脑有限公司	彩印书刊、包装、纸张等	121	85	42	1996.11	广丰县
玉山鸿玉纸品有限公司	玉山县七里街1号	港商黄冲贺	生产销售高级妇女卫生巾及纸品	20	20	9.9	1996.11	玉山县

续表 17-3-1

项目名称	中方	外方	生产经营范围	总投资	注册资本	外资额	批准时间（年、月）	项目所在地
江西婺源海源特种水产养殖有限	江西婺源县中云镇	香港海达实业公司	鳗鱼的养殖、加工和销售	85	61	61	1996.12	婺源县
江西上饶市宏昌塑料包装制品有限公司	江西上饶市灵溪乡丁家洲村	台湾郑展堂	塑料包装制品	9	7	3	1996.12	市区
余干县粮安彩印有限公司	江西省余干县县城西街	香港孙绍安	生产销售激光全息彩印装饰装潢材料	24	24	17	1996.12	余干
江西捷利五金制品有限公司	上饶地区商业物资贸易公司	澳门华丰行	从事五金建材的加工生产	50	50	35	1996.12	市区
江西勖光学仪器有限公司	江光工贸实业总公司综合经销部	台湾鑫勖企业有限公司	生产和销售种种显微镜、教学仪器及各种光学仪器，进行技术服务和销售服务	8.68	8.68	5	1997.1	市区
江西群豪木制品开发有限公司		香港群豪发展有限公司	生产和销售塑胶、五金制品、清洁厨具、厨房餐具等	18.07	13	13	1997.1	婺源县
江西信彩工艺制品有限公司	上饶地区商业总公司	天采（香港）实业有限公司	生产和销售人造绿色观赏植物工艺制品	154.24	154.24	62	1997.2	市区
江西新河人造花卉有限公司	上饶地区商业发展总公司	香港新河实业公司	生产人造绿色花卉、植物	966	483	193	1997.3	市区
江西佳源农牧有限公司		台商林若莉、陈仁伸	茶园开发农牧养殖及木竹加工和销售	10	7	7	1997.3	婺源县
江西永安物产有限公司		贤淑电子公司（韩国）	橡子、鲜虾等农副土特产品加工和销售及电子产品组装	22.6	22.6	22.6	1997.3	波阳县
江西欣源农牧有限公司		台湾欣电电信有限公司	竹木制品等农牧业的种植、加工和销售	8.5	6	6	1997.4	婺源县
江西庆华石材制品有限公司	弋阳县宏达石材厂	西班牙墨利纳市徐清华	花岗石、大理石大中小方料及各种石雕工艺品的生产和销售	100	100	65	1997.4	弋阳县
江西新江特种水产有限公司	余干县水产综合养殖开发公司	韩国移动流通	水产品的养殖、加工和销售	13.85	12	10	1997.4	余干县
横峰港泰汽车维修服务有限公司	横峰县城阳供销社	香港东光电子仪器公司	各类汽车维修、配件系列服务	9.7	7.2	5	1997.5	横峰县
江西连通交通设施有限公司	浙江兰溪连通实业有限公司	香港地利贸易有限公司	生产、安装高速公路护栏、花纹钢板、高频钢管、五金机械加工出口、集装箱制造	150	120	55	1997.8	市区

续表 17－3－1

项目名称	中方	外方	生产经营范围	总投资	注册资本	外资额	批准时间（年、月）	项目所在地
江西港铅利丰针织服装有限公司		香港永丰贸易公司	针织系列服装加工	16	16	16	1997.6	铅山县
上饶华高大酒店有限公司	上饶万力（集团）有限公司	顺邦国际投资有限公司（香港）	文化娱乐及饮食服务业	223	156	78	1997.7	市区
上饶大市场建设有限公司	上饶市裕民实业有限公司	澳门和丰进出口有限公司	市场建筑和管理、房地屋开发、养殖业及加工业	280	255	125	1997.7	市区
江西鸿阳铜业有限公司	江西华赣铜厂	香港鸿懋有限公司	生产销售铜、铜制品及附产品阳极泥、硫酸、硫酸铜、水碎石、废杂铜回收加工等	2247.8	963.86	723	1997.7	弋阳县
上饶金谷银都实业发展有限公司	江西上饶地区粮食经济发展总公司	美籍华人 YUN YAN	房地产开发、销售及相关服务设施经营、建筑装饰材料生产销售	523	261.5	156.9	1997.8	市区
江西福华大酒店有限公司		香港恒信企业投资有限公司	住宿、餐饮及文化娱乐	97	70	70	1997.8	弋阳县
横峰县精韦工艺花边有限公司	江西横峰县精细化工厂	法国韦斯特拉集团公司	生产销售工艺花边系列产品	13.25	12.05	6.15	1997.8	横峰县
上饶铅山宾馆有限公司		澳门利通公司、香港巴林公司	住宿、餐饮业及文化娱乐服务业	182.99	182.99	120.7	1997.8	铅山县
上饶双奇棉织品有限公司	江西波阳县良种轧花厂	台北县中和市上豪实业股份有限公司	生产销售高级纯棉防臭袜及其他棉针织品	30	24	11.85	1997.9	波阳县
波阳嘉莲装饰材料有限公司	江西波阳县莲花山林场	台湾省桃园县嘉德实业股份有限公司	加工、销售木地砖	18.1	18.1	7.2	1997.9	波阳县
江西上饶宏越实业有限公司		缚宇驾（美国）	生产、加工、销售农副产品、竹木、草、棕制品、水产品	10	10	10	1997.10	上饶县
上饶三和出租汽车有限公司	上饶市灵燕集团有限公司	兴联盛有限公司（香港）	汽车出租、租赁、客货运输、汽车零配件经营	130	130	104	1997.10	市区
江西爱而富木业有限公司		台湾爱而富木业有限公司	生产木制品儿童玩具、木制工艺品、竹木制品	36	25	25	1997.10	德兴市
江西和华水产有限公司		万柏发展有限公司（香港）	经营鳗鱼、蔬菜等水产食品的冷冻加工及鳗鱼养殖	326	235	235	1997.10	铅山县
江西上饶天天食品有限公司	上饶地区粮食经济发展公司	台湾戍添企业（集团）有限公司	生产和销假售速溶营养麦片产品	28.7	28.7	14.1	1997.10	市区
江西省上饶茂华实业有限公司	上饶地区对外贸易运输公司	福华（香港）房地产开发有限公司	房地产开发、建筑装潢及相关配套业务	100	100	40	1997.10	市区

续表 17－3－1

项目名称	中方	外方	生产经营范围	总投资	注册资本	外资额	批准时间（年、月）	项目所在地
江西天龙保健品有限公司	上饶华农发展有限公司 上饶市绿晶特色农业开发公司	王业贤台商	水力发电、供电，水产养殖	24	24	6	1997.10	市区
玉山南奥水利开发有限公司		奥地利 吴阿金	竹业开发加工、制造	45	45	45	1997.10	玉山县
江西三泰竹制品有限公司		台北三友贸易股份有限公司	生产销售出租模特衣架、不锈钢市场陈列衣架和其化商场用设施	18.7	18.7	18.7	1997.11	玉山县
江西大一商场设施有限公司		香港第一模特儿衣架有限公司	生产销售非配额限制的丝绸产品	40	29	29	1997.12	德兴市
江西上饶劳务丝绸有限公司	上饶地区劳氏丝绸染织厂	香港伟力国际集团有限公司		1000	1000	700	1997.12	弋阳县
江西省港丰矿产开发有限公司		香港明升集团有限公司	黑滑石开采及系列产品开发	276.39	195.45	195.45	1998.1	广丰县
江西立新塑胶制品有限公司	江西婺源县立新煤矿	美国得克萨斯州休斯敦胶袋制造有限公司	纸塑复合袋及相关包装物料	60	42	15	1998.2	婺源县
江西宏达箱包有限公司	江西省广丰宏丰金属选	法国亨达国际有限公司	ABS 系列箱包产品的生产销售	96.4	72.3	36.9	1998.3	广丰县
江西上饶太平洋娱乐有限公司	上饶地区粮食经济发展总公司	澳门福顺实业有限公司	餐饮、文化娱乐及相关服务业	35	24	6.2	1998.3	市区
江西波阳鑫港宾馆有限公司	波阳县银鑫宾馆	香港富华国际贸易公司	住宿、饮食、娱东	24	24	12	1998.4	波阳县
江西万年红珍珠保健品有限公司	江西省万年珍珠保健品厂	澳门利通公司	生产加工开发、经营珍珠产品	102.4	72.3	43.5	1998.4	万年县
江西哈通化工有限公司	上饶市华通企业集团	哈佛国际集团有限公司	化工、墙体产品销售及开发	1000	1000	800	1998.6	市区
上饶富泰塑胶有限公司	上饶富达塑胶实业有限公司	意大利泰基麦克斯有限公司	可降解塑料原料、塑料制品	69	48	22	1998.6	上饶县
（增资）江西三清山索道有限公司	上饶三清山旅游公司	香港新海国际集团股份有限公司	旅游索道经营管理及相关业务	267	206	182	1996.8	市区
江西省博山旅游开发有限公司	江西广丰县河北镇博山林场	美国美威斯特发展有限公司	博山旅游区内的宾馆、娱乐城	242	181.2	164.5	1998.9	广丰县
（增资）上饶大市场建设有限公司	上饶市裕民实业有限公司	澳门和丰进出口有限公司	市场建设和管理、房地产开发	522	497	367	1998.9	市区
江西源林绿色木业有限公司	江西省婺源县纤维板厂	台湾云林县新陶芳餐业公司	生产销售木制玩具、家具制品	60.4	60.4	30	1998.10	市区
广丰县嘉慧中英文幼儿园		香港嘉慧企业有限公司	幼儿全托半托接送及对外经营	97	97	97	1998.10	广丰县

续表 17－3－1

项目名称	中方	外方	生产经营范围	总投资	注册资本	外资额	批准时间（年、月）	项目所在地
江西婺龙制管有限公司	婺源县鄣公山垦殖场	法国密尔格洽姆股份有限公司	生产销售铝塑复合管系列产品	54.3	42.3	16.9	1998.10	婺源县
（增资）江西和华水产有限公司		香港万柏发展有限公司	鳗鱼、蔬菜等水产加工	591	500	500	1998.10	铅山县
江西三清山天门山庄有限公司	上饶地区景泰实业有限公司	香港新海国际集团股份有限公司	酒店管理、餐饮、娱东旅游服务	60.2	60.2	15.05	1998.11	市区
江西月兔包装有限公司	广丰卷烟厂	香港永发贸易公司	纸类包装的生产、销售	96.4	96.4	72.3	1998.11	广丰县
上饶松罗晚纺织服装有限公司		韩国客商郑道均	生产销售纺织、服装及农副产品	30	25	25	1998.12	市区
江西万年春食品有限公司	江西万年春珍珠集团责任公司	台湾天梓企业有限公司	生产、销售冷冻脱水系列食品	130	120	48	1998.11	万年县
上饶先锋房地产开发有限公司	弋阳县先锋有色金属有限公司	捷克 CPC 国际贸易有限公司	房地产开发、建筑安装装潢	145	108.7	76.1	1999.1	弋阳县
上饶利源娱乐有限公司	上饶地区莹辉对外贸易有限公司	香港兴丽集团有限公司	美容、文化娱乐餐饮及相关业务	15	10	3	1999.2	市区
江西上饶三华饲料有限公司		齐翔国际有限公司	鳗鱼等水产饲料生产、销售	12	12	12	1999.2	上饶县
上饶富爱思实业有限公司	上饶鸿福实业有限公司	美国吴经熙	饮用纯净水	10	10	8	1999、3	市区
江西大和纸业有限公司		印尼王志英	生产销售特种纸、印刷包装用纸	120	100	100	1999.5	德兴市
上饶金湖港水产有限公司		中联实业公司（香港）	鳗鱼的养殖和销售	300	210	210	1999.6	铅山县
上饶东方房地产开发有限公司	上饶娱乐城	日本河原井庆子	房地产开发建筑及相关配套业务	80	56	34	1999.6	市区
江西蒙莱特娱东有限公司	上饶广德实业有限公司	香港勤丰企业公司	饮食健身住宿桑拿沐浴娱乐	60.4	48.3	12.1	1999.6	市区
上饶龙江房地产开发有限公司	玉山县商业城开发有限公司	香港王斌	房地产开发、房屋出租相关业务	140	100	30	1999.7	市区
上饶松明竹草制品有限公司	上饶市孔云竹制品有限公司	台湾弦元企业有限公司	生产和销售毛竹制品及配套产品	12	10	3	1999.9	市区
上饶智诚光学仪器有限公司	上饶地区智通实业有限公司	台湾诚洋光学股份有限公司	生产销售光学原件产品	15	15	12	1999.9	市区
上饶宝阳塑料制品有限公司	江西朝阳磷矿	宝莱（香港）发展有限公司	生产销售可降解塑料薄膜	90	80	52	1999.10	市区
上饶火成织品有限公司		韩国株式火成织物会社	麻纺织服装制造、农副产品加工	20	15	15	1999.10	市区
上饶海富海产品有限公司	上饶地区糖酒副食品公司	香港信易公司	速食鱼翅、海产品	50	35	14	1999.11	市区

续表 17－3－1

项目名称	中方	外方	生产经营范围	总投资	注册资本	外资额	批准时间（年、月）	项目所在地
江西上饶三鼎蔬菜加工有限公司	上饶三鼎实业发展有限公司	台湾毕甄	生产和销售蔬菜加工产品	36	36	12	1999.12	上饶县
（减资）上饶人文实业有限公司		美国苗宗迪	机械电子产品生产农业开发	14	14	14	1999.6	市区
（增资）江西本图房地产开发有限公司	上饶县地产公司	香港本图发展有限公司	房地产开发、销售物业管理	120	120	118.8	1999.11	上饶县
江西协大农业开发有限公司		台湾候宗庆	农来综合养殖及游乐开发	25	18	18	1999.10	上饶县
上饶广裕灯饰有限公司		香港仲裕贸易公司	生产、销售各种微型灯泡	19	13.5	13.5	2000.1	上饶县
江西隆丰木业有限公司	广丰县方正建筑装潢有限公司	台湾邱永丰	木饰板材的生产及销售	121	121	72.5	2000.3	广丰县
江西旺饶纺织有限公司	上饶毛纺工业总公司	香港华岳发展公司	生产销售全毛、混纺、腈纶针织毛纺及制品	70	70	43.5	2000.4	市区
上饶华盛制革有限公司	上饶市盛皮革有限公司	加拿大西蒙龙集团公司	生产高档的皮革产品	86	60	29	2000.5	市区
上饶风华实业有限公司	上饶市吉阳集团有限公司	香港万柏实业有限公司	房地产开发物业管理	100	100	95	2000.5	市区
弋阳丽都宾馆有限公司	弋阳县红珊瑚实业有限公司	（香港）凤洋贸易公司	住宿、餐饮	145	101.5	99.5	2000.9	弋阳县
上饶亚冠农业综合开发有限公司	上饶金信商厦有限公司	台湾王玉振	水果、蔬菜、花卉种植	13.6	13.6	6.12	2000.8	市区
江西龙盛青湖食品有限公司	上饶地区青湖实业有限公司	香港百盛控股有限公司	生产、加工板鸭及鸭类产品	165	115.5	112.5	2000.10	玉山县
上饶金通电线电缆有限公司	江西振通电线电缆有限公司	香港金迪仕集团有限公司	生产、销售电线电缆	50	50	20	2000.10	市区
国丰（上饶）工艺品有限公司		台湾吴金泉	生产高洲（腊）石工艺品	13	10	10	2000.10	
上饶县江西新河服装有限公司更名为（江西和利服饰有限公司）	上饶市商业总公司	香港新河集团有限公司变更为日本阿凡提乐株式会社	纺织品、服装及相关配套产品的生产、加工、销售	18	14.4	13.7	2000.1	市区
江西丰华彩印有限公司（变更股权）	广丰月兔实业总公司 深圳劲嘉彩印有限公司 上海银丰纸业有限公司	台湾华安电脑有限公司 香港太和印刷公司	彩印、书刊、印刷等	666	666	162	1996.8	广丰县
江西新河人造花花卉有限公司（变更）	香港新河集团有限公司变更为：香港东迪有限公司		生产人造花卉	500	350	350	1997.5	市区

续表 17－3－1

项目名称	中方	外方	生产经营范围	总投资	注册资本	外资额	批准时间（年、月）	项目所在地
江西带湖实业有限公司	（合资－独资）	澳门利通公司	住宿、餐饮	338	338	338		市区
江西省博山旅游开发有限公司	江西省博山旅游开发有限公司	美国美联国际投资集团（已变更）	宾馆山庄、水上乐园	242	181	164.5	1998	广丰县
上饶大酒店（增加经营范围）	上饶市商业总公司	香港多茂发展有限公司	客房、餐厅、桑拿美容	818	818	204	1995.5	市区
江西广厦包装印刷有限公司	广丰月兔实业总公司	美国 HTH 集团公司	包装、印刷	12.1	12.1	4.8	1993.5	广丰县

第四章 出口商品检验检疫

第一节 机构人员

机构筹建 1992 年 10 月，江西商检局决定在上饶筹建进出口商品检验局。1993 年 2 月，江西商检局批准成立中国江西进出口商品检验局上饶办事处，简称上饶商检办事处。在上饶商检办事处正式成立的同时，上饶地委、行署成立上饶海关进出口商检局筹建处，委派行署副秘书长汪兆荣具体负责筹建工作，暂定上饶商检办事处人员编制 2 名。

1994 年 8 月，江西商检局下发进行调整的通知，决定对上饶商检办事处进行调整，名称保留，暂不挂牌，人员撤回，办事处日常工作由江西商检局地市商检机构筹备办公室负责，办事处基础设施建设由上饶行署海关商检筹建处负责实施。11 月 9 日，江西商检局与上饶行署就上饶商检办事处办公大楼建设达成 3 年内动工的共识，并采取交钥匙工程。1995 年 5 月 9 日，上饶市政府正式签批无偿划拨 5 亩（价值 32.9 万元）建设用地给上饶商检办事处，6 月 18 日，上饶商检大楼正式破土动工。1997 年 7 月竣工交付使用。上饶行署为商检办公大楼建设累计投入 247 万元。

人员设置 1997 年 7 月 17 日，中华人民共和国江西进出口商品检验局上饶办事处正式成立，机构规格为处（县）级，定行政编制 10 名，由江西商检局内部调剂解决。11 月 29 日，中华人民共和国江西进出口商品检验局上饶办事处正式挂牌并对外办公。实有工作人员 5 名，其中专业技术人员 3 名，行政管理人员 2 名。1998 年专业技术人员增至 6 名。

1999 年，根据国务院关于口岸“三检”机构改革精神，在上饶商检办事处的基础上，组建上饶出入境检验检疫机构，职能由“一检”变“三检”①。11 月，国家出入境检验检疫局下发批复，同意成立中华人民共和国上饶出入境检验检疫局，机构规格正处级，设置一室二科，即办公室、动植卫检科、轻纺机电化矿科。行政编制 11 名，事业编制 2 名。11 月 29 日正式挂牌对外办

①说明：“一检”即原先国家规定的“进出口商品检验”。后扩大为“三检”，即“出入境动植物及其产品检验检疫、出入境卫生检疫、进出口商品检验”。

公。2000 年,全局实有工作人员 9 名,其中专业人员 6 名,行政管理人员 2 名,工勤人员 1 名。

体制变换 1993 年 2 月 17 日至 1999 年 11 月 13 日,上饶商检办事处属江西商检局派出机构。1999 年 11 月,上饶出入境检验检疫局成立后,为国家出入境检验检疫局设在上饶的支局,实行垂直管理体制,归属江西出入境检验检疫局领导管理。

第二节 职责管理

职责分工 1997 年,上饶商检办事处的主要职责为:收集外经、外贸、外资方面的有关信息,综合上报省局;检验上饶地区进口的机动车辆;检验上饶地区的出口包装;检验江西光学仪器厂出口的相机、生物显微镜及其他光学仪器;检验玉山县出口的轴承;检验上饶地区进口的 100 万美元以下的设备(不含三资企业资产鉴定);与省局四处共同检验 100 万美元以上的进口设备;与省局考核组一起参加对上饶地区出口企业申报《出口商品质量许可证》和《出口食品卫生注册登记证》的考核工作;对已取得上述"两证"企业实施日常监管工作;必要时派员进驻当地的出口企业。

1999 年,上饶商检办事处升格为上饶出入境检验检疫局后,按照江西出入境检验检疫局下发的通知,主要职责为:贯彻执行出入境卫生检疫、动植物检疫和进出口商品检验法律、法规和政策规定的实施细则、办法及工作规程,负责上饶地区的出入境检验检疫、鉴定认证和监督管理等行政执法工作。负责实施出入境卫生检疫、传染病监测和卫生监督、口岸传染病的预防与控制以及出入境人员的预防接种和传染病监测体检等的管理工作。负责出入境动植物及其他检疫物的检验检疫与监督管理、动植物疫情监测、调查等工作。负责实施进出口商品(含食品)的法定检验、监督管理和出入境许可验证、一般包括和出口危险品货物包装检验、进出口商品鉴定以及外商投资财产鉴定工作。在江西出入境检验检疫局的统一管理下,履行对上饶地区的进出口认证认可制度、注册登记制度和许可制度的组织实施。负责实施出入境交通运载工具和集装箱及容器的卫生监督,检验监督和有关的适载检验,负责出入境交通运载工具、包装物及铺垫材料和货物的卫生除害处理的管理工作。负责出入境检验检疫单证、标志及签证、标识、封识的正确使用与管理工作;负责出口商品普惠制原产地证和一般原产地证的签证工作。负责上饶地区的出入境检验检检疫业务统计,定期向江西出入境检验检疫局上报有关的各种业务统计数据,并调查和收集传染病疫情、动植物疫情,提供有关信息。负责本局人事、财务、纪检监察、外事、科技、思想政治工作与精神文明建设、物资管理等工作。承办江西出入境检验检疫局交办的其他工作。

制度规范 从 1993 年 2 月成立到 1999 年 11 月期间,上饶商检办事处各项具体管理规章制度按江西商检局有关制度执行。1999 年 11 月成立上饶出入境检验检疫局后,加强了自身制度建设,结合当地工作实际,2000 年制订各类规章制度四大类(34 项):上饶检验检疫业务工作制度、上饶出入境检验检疫局检务工作管理规章制度、上饶出入境检验检疫局会议制度、上饶出入境检验检疫局行政、事务工作制度。

固定资产管理 自 1993 年 2 月成立上饶商检办事处,到 2000 年成立上饶出入境检验检疫局期间,财务一直未独立,固定资产管理工作主要由江西局计财处负责,上饶局主要负责使用、保管、实物登记造册。从 1995 年上饶商检办事处兴建办公大楼起,固定资产才逐步开始投入。到 1997 年上饶商检办事处正式挂牌对外工作时,固定资产值总计 255.1 万元,其中包括办公楼247万元、办公设备3.88万元、办公用具4.25万元,全部由上饶行署投入。

1998年,累计固定资产值为264.2万元,比上年增加39.1万元,增加的资产包括房屋建筑(宿舍)、汽车、办公设备、办公用具等,多由江西局投入。1999年累计固定资产值为340.2万元,比上年增加4.59万元,增加的资产包括宿舍、办公设备、办公用具、检验设备等,由江西局投入。2000年累计固定资产总值349.1万元,比1999年增加了8.89万元,增加资产包括办公设备、办公用具等,全部由江西局投入。

第三节 商检业务

质量体系认证 1999年4月23日,上饶商检局在弋阳县宾馆召开全区出口专储大米质量工作会。5月1日,开始开展ISO 9000咨询认证工作,对江西丰华彩印有限公司进行IS0 9000质量体系咨询工作。此为上饶商检局成立以后首次向企业推行此项工作。7月6日,上饶商检局在全区开展“商检法”实施十周年执法大检查。12月,由上饶商检局咨询的江西丰华彩印有限公司,一次通过CQC江西评审中心现场审核。

2000年1月26日,江西怀玉山活性炭(集团)公司顺利通过江西评审中心ISO 9000质量体系现场审核。这是上饶商检局继广丰月兔集团江西丰华彩印有限公司咨询认证的第二家企业。1月28日,组织检查组对上饶流通领域的进口商品进行检查。

3月,江西局局长助理张振华一行到上饶,对出口动物检疫工作进行调研和协调。同月,上饶商检局与“凤凰”光学股份有限公司签署IS0 14000咨询协议。6月,开展工作质量自查和固定资产清查登记管理。江西局工作质量检查小组到上饶检查业务工作质量,检查结果反映良好。

9月,由上饶局咨询的横峰纺织器材有限责任公司和广丰月兔高级装饰板材厂,先后顺利通过江西评审中心IS0 9000质量体系现场审核。

商品检验 1998年4月,上饶商检办事处正式开展进出口商品检验工作,首检商品为江西广丰丰华彩印厂进口印刷设备。至12月,共开检进出口商品14种,包括大米、烤鳗、夏布、服装、显微镜、照相器材、望远镜、轴承、稀土、包装、进口彩印设备、进口汽车发动机、进口空调等。检验进出口商品561批,货值1783万美元,检验规费46万元人民币。其中检验进口商品118批,货值407.1美元,不合格1批,出具150多万美元的索赔证1份;出口商品(含预验)检验450批,货值1375.9万美元,检出不合格4批,金额为15.1万美元;出口包装检验93批。签发普惠制证书34份,签证金额285.4万美元。

1999年,检验进出口商品36种,有大米、烤鳗、罐头、茶叶、异Vc钠、山芋、服装、色织布、绢云母、夏布、茶籽、电池、木折尺、活性炭、显微镜、望远镜、照相机、照相器材、开关、插座、电缆、配件、自行车、机械设备、轴承、蜂鸣片、电珠、膨胀节、羽绒制品(羽绒被、羽绒睡袋)、稀土、铅笔、洗发香波、餐垫、铋锭、纸箱、编织袋等。共检验检疫商品1100批,货值3662万美元,规费收缴81万元人民币。检出不合格商品3批,货值1 7万美元,对外出证索赔40万美元;出口包装1 65批。签发普惠制原产地证86份,签证金额995.4万美元,为企业创造直接经济效益1300多万美元。

2000年,检验进出口商品52种,有大米、烤鳗、罐头、茶叶、异VC钠、速冻山芋、龙虾、冷冻棍子鱼、冷冻河虾、盐渍菜;服装、色织布、苎麻布、大麻布、苎麻纱;显微镜、照相机、水准仪、光学镜片、客车、客车散件、自行车配件、链斗输送机、轴承；羽绒制品（羽绒被、羽绒睡袋）、丝质睡袋、草编制品、木制餐具、竹筷子、竹凉席、木制手杖、木折尺、橡木棒；茶籽粕、兔毛、黄狼皮鹿皮、日用刷、烟花、碳化硅、稀土（氧化钆、氧化钇、氧化铒）、电池、活性炭、铋锭、洗发香波、纸箱、木箱、编织袋等。全年共检验商品1758批，货值7356万美元，规费收缴126万元人民币。其中出口检验检疫1446批（包括实施检疫429批）；入境检验检疫54批；出口普包203批，危包46批，出境木质包装检疫9批。签发普惠制原产地证335份，签证金额2225万美元；一般原产地证30份，签证金额167万美元；签原产地调查结果单8份，金额19.4万美元。

第四节　宣传培训

信息宣传　1998年8月，上饶商检部门编印上饶商检信息，当年共编印4期《上饶商检》信息，面向上饶地区外向型企业、地方各级政府相关部门、上级主管部门发送。1999年共编印10期《上饶商检》信息。当年12月《上饶商检》信息更名为《上饶检验检疫》信息，至2000年底共编印8期《上饶检验检疫》信息。

业务培训　1999年5月，为提高工作人员的业务水平，江西"三检"临时协调小组成员、南昌卫生检疫局刘九胜局长和九江动植物检疫局王庆军科长向上饶商检办事处全体工作人员讲授卫生检验和动植物检疫知识及有关法律法规。7月底，举办全区首期ISO 9000内审员培训班。

2000年3月28日，举办上饶地区第二期ISO 9000质量体系内审员培训班。9月27日，江西局到上饶商检局安装调试CIQ2000（检验检疫计算机管理系统）系统。10月8日上饶商检局CIQ2000系统进入试运行。

1998年—2000年全区出入境商品检验检疫业务情况

表17－4－1

年　份	商品品种数（种）	总批数（批）	货值（万美元）	规费（万元）
1998年4～12月	14	561	1783	46
1999年1～12月	36	1100	3662	81
2000年1～12月	52	1758	7356	126

卷十八 旅游业

境内多名山胜迹，风景点星罗棋布，为全省旅游大区。有国家级风景名胜区三清山，“天然盆景”龟峰，“华东屋脊”——武夷山主峰黄岗山，道教第三十三福地——灵山，“三天子都”——鄣公山，“天下第一洞”——灵岩洞，全国最大的淡水湖——鄱阳湖等等。三清山、龟峰、怀玉山、武夷山、葛仙山均为历史名山，名人遗迹数不胜数，自古人文荟萃，文物云集，寺观成群；而婺源、鄱阳湖、三清湖又是新兴的生态旅游热点，绿水青山，碧波万顷，间以粉墙黛瓦、翘角飞檐的古建筑群，和浓郁的乡风民情，游客络绎不绝。与绿色旅游资源相映生辉的，还有大革命时期和抗战时期遗留下的一大批革命遗迹遗址：横峰葛源苏区苏维埃政权，如闽浙赣省委、省苏维埃政府、省军区、红军第五分校、列宁公园、红军操场等革命旧址，以及皖南事变中关押新四军干部的上饶集中营旧址等等。

1990年代初，全区旅游业全面起步，玉山、弋阳、婺源、广丰等旅游大县，先后邀请同济大学、南京大学等院校的专家学者前来考察，请专家学者帮助制订长远规划。三清山、龟峰、婺源等地的旅游业呈迅速上升态势，至1990年代中期，全区旅游业基本完成由接待型到市场型的过渡。1999年黄金周制度实行后，全区旅游服务行业的发展渐趋正规化、制度化，游客和旅行社数量日增，旅游设施日益完善，旅游效益等各项指标均翻番。

因旅游业是1980年代—1990年代兴起的新产业，上轮修志时，志书未设旅游卷，故此卷将旅游卷的上限年代适当延伸追述。个别章节追述至1950年代或之前。

第一章 旅游资源

第一节 国家级风景旅游区

三清山风景名胜区 三清山，又名少华山，坐落于区境玉山县与德兴市畈大乡接壤处。是以自然景观为主要特色，兼具道教历史文化遗存的山岳型风景名胜区。人称江南第一仙峰。因三座主峰以道家三位主神玉京、玉虚、玉华之名命名，而“三峰峻拔，如三清列坐其巅”，故名。景区总面积220平方千米，中心景区71平方千米。主峰玉京峰海拔1816.9米，为怀玉山脉的主峰。有梯云岭、西海岸、南清园、玉京峰、三清宫、三洞口、冰玉洞、西华台、玉零观等9个景区。1988年8月经国务院批准，列为国家重点风景名胜区。

三清山以自然山岳风光称绝。峰峦秀中藏秀、奇中出奇，著名散文家秦牧称其为“云雾的家乡、松石的画廊”。山势东险西奇，北秀南绝，中峰巍峨，既汇集了名山大川的险峻秀拔，又展现出别具一格的风采。其精华主要集中在南清园和西海岸景区。据考查，景区共有奇峰48座，怪石89处，景物景观300余处。还有日出、晚霞、响云、蜃景等气象奇观，美不胜收。

三清山以奇峰异石、虬松鹃花、泉瀑溶洞、云海神光、冰川遗迹、道教古建筑及名贵动植物为景观特色。最为形象并罕见的景观有：玉京蓬莱峰中奇、神龙戏松峦中奇、观音赏曲叠中奇、万笏朝天嶂中奇、仙苑秀峰秀中奇、观音渡海雾中奇、老道拜月夜中奇、玉女开怀石中奇、巨蟒出山怪中奇、司春女神绝中奇等十大高山胜景奇观。

三清山以道教文化渊源显胜。以三清宫为主体的道教建筑以古朴、小巧、干砌和玄妙布局，被专家誉为“少有的道教建筑露天博物馆”。相传东晋时就为葛仙修道之所，自葛洪开山后，三清山成为历代道家修炼场所，自古享有“清绝尘嚣天下无双福地，高凌云汉江南第一仙峰”之盛誉。三清宫踞九龙山口，位道教八卦之中心。龙虎殿、詹碧云（道士）墓、九天应元府、演教殿、涵星池、飞仙台、天一水池、王祐墓等道教建筑依周易八卦排列，自然景点景观与道家风水理念天人合一，充满玄机奥秘，引人入胜。

三清山以青山秀水见长。珍稀动植物遍布景区，有植物157科1088种。猴头、云锦等多种名贵杜鹃争媚斗艳，华东黄杉披绿拥翠，黄山松千姿百态，世所罕见；还有动物800多种，熊、獐、鹿、麂、山羊、锦鸡、野猪、野兔、娃娃鱼等时有所见。泉瀑丰富，有龙潭、玉帘、石涧、三叠及冰玉洞等飞泉巨瀑，各具风姿。

整个三清山景区可分东、南、西、北、中五大部景点。

东部景点。主要有：三清湖、金沙溪、灵济庙、玉女潭、金沙湖、玉帘瀑布、石鼓潭、吊桥一线泉、玉灵观、牧牛峰、石林、冰玉洞、十八龙潭、五色碧玉潭、龙梁瀑布、石涧瀑布、三叠泉等。

南部景点。景点密集的精华景区，主要有玉珊溪、峡口水库、外双溪、仙童牧牛、琵琶亭、观音赏曲、藏秀出奇、红茶花王、船尾石、众仙迎客、金童开泰、老狼抱石、老道拜月、金猫峰、友人峰、犀牛峰、相恋石、女娲碑、南清天门峰、梯云岭摩崖石刻、伟人峰、梯云岭、金鹏啸天、流霞台、逍遥唐僧、天鼠下凡、灵龟祝福、三排尖、始足岭、舒泰路、三勤石、三静石、十常洞、寡欲石、比寿台、观音显圣、借寿门、献寿台、寿藏石、三淡桥、海狮祝福、大拇寿尊、富贵棺材、仙猿祝寿、万寿台、长生桥（无疆路）、安步岭、青牛背脊、黄杉抱鹃、神龙戏松、观音渡海、王母峰、一线天、松林卧虎、来生台、弥勒峰、乌龟现形、蛤蟆待天鹅、将军峰、玉女开怀、玄天柱、鞠躬石、蟠桃石、雏鸡出壳、道士打坐、伏牛台、颐寿松、玉台、点将台、仙翁唱歌、五屏迎旭、杜鹃林、天狗望月、万笏朝天、企鹅仙桃、女神峰、巨蟒出山、游云峡、仙苑秀峰、王冠峰、金阙峰、狸猫待鼠、财神高照、狐狸啃鸡、三龙出海、玉皇顶、葛洪献丹、福寿双全、广寒嫦娥、玉兔奔月等。

西部景点。西海栈道，又称西海岸，位于三清山西部悬崖，2000年10月始建，于海拔约1600米的高山悬崖绝壁上，向外悬挑出一条全长约3700米，宽1.3米至2米的钢筋混凝土栈道。南起梯云岭日上山庄西侧上方130米岔路口处，北至三清福地涵星池南侧，是迄今世界最长的高山悬空栈道。其中有2700米路面平坦、不见台阶，平整如岸，因栈道旁为茫茫云海，故名西海岸。是连通三清山南北峰的交通要道，视野开阔的观景长廊，惊、奇、险、幻、幽、宏，无不令人唏嘘感叹；云海、山海、石海、林海、花海，苍苍茫茫无不令人心醉神迷，大饱眼福；霞光、华彩、蜃景、珍禽、异兽，时隐时现无不充满神奇。路侧绝崖峭壁，连绵千米，逶迤数里；奇石巧岩，千姿百态，夹道奉迎；古松、香柏、红杉、鹃花，琳琅满目，尽收眼帘；飞云流雾，香风仙气，裹足拥身,拂面沁心,给人以“逍遥游西海,快活似神仙”的美妙感觉。沿途主要景观有:石人负松、幽湾晓泉、天伦之乐、西霞台、送子观音、葫芦岛(穿云缝)、仙桥墩(神仙赶石)、双松探海、空港回音、西海港湾(妈祖神像)、九天锦屏、松龟延年、玉女献花、猴王观宝、狮身人面像、鱼王石。

除此之外,还有汾水关至梯云岭沿途景观:八石祭 龙潭瀑布、汾水关、永绥堡、尊乐亭、三洞口、葛仙岩、打铁岩、三羊开泰、琼台、七夕双星、雄狮滚球、红瀑、唐僧西征、老君睡浴。

北部景点。主要有缚虎石、步云桥、老子看经、扬清桥、扬清瀑布、庆云岭、庆云瀑布、西华台、碧玉岩。风门至三清福地登山沿途景观主要有:风门、剑阙、天一水池、神仙现指、银瓶石、清都吊桥、八戒相亲、挂冠岭、结须岩、天宝石、神仙洞、罗汉洞、仙果石、神仙晒酱、醉罗汉、迭瓮石、蛤蟆石、神龟探海、乘鸾涧、云衢垄、田字石、蹑云岭、老爷下轿、泸泉井、香云岩、元宝石、锯解石、六合岩、岩珑峰、逍遥路、探海松、禹门、禹门泉、千步门、千步岭、金猴戏手、黍珠峰、倒挂琵琶、五天门、冲虚百步门、百步岭、浮云桥、雷神石雕像。

中部景点。主要有聚仙台、演教殿、三清宫、三清宫牌坊、元泉、詹碧云藏竹之所、纠察府、龙首山、舍身崖、聚宝盆、摇钱树、龙虎殿、伏魔上相神龛、飞仙台、灵龟峰、潘公殿、风雷塔、王祜墓、丹井、丹炉石、流霞三池、流霞桥、虎头山、冲虚峰、骆驼峰、天门、天门华表、天门牌坊、大鹏展翅、金鼓石、紫烟石、雷公石、天梯石、三星石、华盖松、连松、鸾交松、凤凰松、和合峰、舞鹤松、九天应元府、玉兔登京、登真台、玉华观音、木鱼镇鳌、尚书悟仙台、玉华峰、仙人搭桥、玉虚峰、飞仙谷、冲霄谷、玉屏峰、灵鸟衔玉、玉垄峰、奉迎松、石笋峰、双驼峰、真绝顶、好汉坡、神狼守阶、探云松、猿人系领带、八戒登真、蓬莱三峰、天罡松、瑶台、升天石、玉京峰等。

龟峰风景名胜区 位于境区中南部的弋阳县圭峰镇境内,东离上饶市50千米,西至南昌市200千米。居龙虎山、三清山、武夷山和瓷都景德镇等“三山一都”的中心位置。风景优美,奇峰如画,集自然精华,纳人文风采,聚雄伟、俊秀为一体,融千年历史、宗教、养生、民俗文化于一地,有“江上龟峰天下稀”“大地文章集龟峰”“殊胜长城壮汉关”的美誉。龟峰风景区因地域划为三大片:主景区龟峰位于弋阳县城西南,320国道南侧,距县城10千米,景区面积约200平方千米;其二为南岩景区,在县城之南,320国道北1千米处,景区面积约16平方千米;其三是弋阳县城弋江镇景区,散布在县城城区,主要以人文景观为主,有方志敏纪念馆、叠山书院等,旅游规划区总面积136平方千米。三大景区均集中分布在县城南北方圆10千米的范围之内。景观集中,交通便利。

三大景区分别有三奇:一为独步天下的龟形丹崖之奇,有中华丹霞精品,东方神龟乐园之美誉;二为天造地设的洞穴佛龛之奇,中华第一佛洞——南岩、飞来禹迹——龙门岩、古双岩寺,象三颗明珠镶嵌在龙门湖畔;三为千古流传的志士仁人之奇,叠山书院折射出铁骨忠魂谢叠山的爱国丹心,方志敏纪念馆展示红土地的光荣与骄傲,弋阳腔展览馆记载了南曲四大声腔之一——弋阳高腔的千古风流。

龟峰景区 龟峰又名圭峰,为自然景观最集中的中心景区,小巧秀丽,人称江南盆景。主峰骆驼峰海拔363.2米。龟峰为丹霞地貌,碧水丹崖,山明水秀;山峦峻峭,峰岩秀逸,湖泊碧澄。以奇峰怪石古木秀水见长,尤以灵异的龟石形象为最,从西南方向眺望,整个龟峰俨然一只巨龟,且景区内无山不龟,无石不龟,故称龟峰。明正德年间,邑人大理寺少卿李奎视展旗峰如圭璋、圭璧,故更名为圭峰。据传更名原因之一是为忌避“龟”意之俗,而取“圭”意之雅。后人为发展旅游业,仍择景区形象特征,复称龟峰。1988年被列为国家级风景名胜区,2001年被列为国家AAAA级旅游区。景区原有36峰,1990年代又开发新景数十处。主要景点有:三叠龟峰,位于景区中心南面200余米处,有岩峰高达77米,峰顶有三块形似乌龟的巨石相重叠,故得名。为景区的标志性景观。道者峰(又称武士峰、螺蛳峰、老人峰)、狮子峰、仙獒峰(又名天狗峰)、骆驼峰、罗汉峰、八戒峰、断墙峰、锦屏峰、海螺峰、二郎峰、蛟龙峰、蛤蟆峰、香盒峰、童子拜观音、老虎扑羊峰、卓笔峰、轿顶峰、象牙峰、硕鼠峰、女王峰(伊丽莎白塑雕)、奇人峰(天外来客)、罗汉献宝、玲珑宝塔、蛟龙斗凶神、四声谷、天女散花(雨花岩)、香炉峰、观音峰、净瓶峰、望郎峰、鹰嘴峰、座熊峰、龟峰将军楼、金线吊蛤蟆、孝子哭坟(状元拜塔)、一线天、马头峰、灵芝峰、老鹰戏小鸡、振衣台、无声泉、摩尼洞天、天然三叠、百年道、八戒峰、玉兔峰、双剑峰、双钗峰、金钟峰、展旗峰、化生池、棋盘峰、伟人峰、巨象峰、雄龟峰、船篷峰(石墓峰)、石人峰、天柱峰(排骨峰)、洪钟峰、罗汉峰、朝帽峰(轿顶峰)、断垛峰、城垛峰、画壁峰、猕猴峰、明星峰、眠牛峰、如意峰、醉人峰、情侣龟峰、龟人峰、烈女峰、舍身崖、仙人桥、忠魂石、尼姑恋和尚、神塘(温泉)等数十处景点。

展旗峰、振衣台至一线天等处的崖壁上,有古今摩崖石刻共计200余条,被列为省级重点文物保护单位。展旗峰石壁上的佛字,古朴厚拙,笔力刚劲,为唐代礼部尚书李益的墨迹。1956年冬,江西省长邵式平游览龟峰题诗"大地文章集圭峰"凿于石壁上,行书字体,苍朴遒劲。世纪之交时,弋阳县政府将历代流传题写龟峰的诗词临刻于龟峰崖壁。其中"龟"字为2000年时国内最大的单字石刻,达18×13米。

景区东南部有人工湖——清水湖。2000年8月动工兴建,集水面积19.87公顷,坝长140.3米,坝面建有古色古香的长廊,和红石砌成的码头,配有游艇,供游人乘艇欣赏湖景和两岸丹霞景观。清水湖与龟峰奇景山水相映,形成独特的湖光山色。

南岩景区　位于弋阳县城南方志敏大道1千米处的凤凰山,属丹霞地貌。为佛教岩雕文化区,主要由南岩佛窟洞群包括"中华第一佛洞"南岩寺、"飞来禹迹"龙门岩以及龙门湖水上娱乐中心和天然卧佛岩雕等景点组成,面积为16平方千米。历史悠久的佛教文化和奇特的熔岩景观等美丽的自然风光浑然一体,碧顶丹崖叠嶂,倒映在清澈的湖中,山水相依相映,景色清幽。此外还有龙源峡、仙女浴池、海螺峰、骏马峰、巨象峰、双岩寺、龙门岩寺等自然与人文景观。

景区有天然石窟23座,其中1000平方米以上的石窟有9个,最小的有100多平方米,最大的面积达1502平方米。实属罕见。远在晋代就有僧人于此修行,利用天然洞窟建立南岩寺、龙门岩寺、双岩寺等著名庙宇。龙门岩(卧佛),因岩如巨龙盘绕而得名,外观气势不凡,有天然跨度约30多米的巨大石桥横亘,明末清初僧人上熊因慕其名而居之建寺,称龙门岩寺。巨岩山体高70米,长400米,整座山岩酷似巨大卧佛。2000年8月,采纳前往考察的全国政协委员尼玛泽仁先生建议,将岩体稍事修整雕刻,凿成卧佛形象。龙门岩从此成为世上最大卧佛。

南岩寺为江西境内第二座重要佛窟。寺建在一天然巨洞中,洞窟宽70米,高30米,进深30米,可置千余人。三面红岩环绕,森林茂密,洞前一池碧水,景色清幽。远在晋代,就有僧人在此依穴建寺修行;唐太和年间(827—835)僧人神曜重修并在石壁上始凿石龛;宋嘉定年间(1208—1224)邑人王元长建殿门、堂庑、钟楼及架桥之亭,又续凿石为诸佛像;此后经元、明、清、民国历代重修、增修,香火一直鼎盛。1951年僧人离寺返俗。1960年佛窟成为国家物资局504处仓库,同时也被列为省级重点文物保护单位。1966年"文化大革命"期间佛窟遭受严重破坏,佛像头全被打掉,惟释迦牟尼像因石质坚硬而保存完好。1999年,弋阳县政府对南岩寺进行整体修复,并在寺前放生池的淤泥中找回了39尊佛像头,重新安装复原。2000年元旦正式对外开放。洞内现存唐宋石龛40座,摩崖石刻10余处,依岩环列成半圆形,龛内雕塑有释迦牟尼、文殊、普贤、观音大士、十八罗汉等佛雕及宝塔造型。气势宏大,雕刻技艺娴熟,为南方古代石窟艺术的一大奇观,是国内自然洞窟中最大的一座佛教石窟。中国社科院佛教研究所丁明夷教授称其为稀世国宝,并因其单窟规模之大定名为“中华第一佛洞”(个体)。山西艺术家郭成宝先生观诸佛后,称为生平所仅见。

弋江镇景区 据旧志载,弋阳县城原有弋江十二景:宝峰叠秀、灵岫排云、虹桥横跨、笔卓文星、葛水回浪、凫砥中流、弋溪环带、龟峰树屏、琬潭印月、渔次神石、江城晓霁、村郭斜阳等,由于时代发展,变化巨大,上述景致多有改变或不存。

文星塔,建于明天启年间,“文化大革命”中,当作“四旧”炸毁,2000年在原址复建。叠山书院,位于城东濒江处,元延祐四年(1317)为纪念南宋爱国名人谢枋得而建。占地面积6936平方米。现存主体建筑有望江楼、文昌阁、明伦堂、桂花园等,气势宏伟,依山层层递进;布局巧妙,长廊曲径通幽。民国初年起一直是县中学校所在,为区境内屈指可数、保存完好且景色优美的古园林建筑群。现为弋阳县博物馆址。儒学宫,位于县政府内,始建于宋绍兴二年(1132),明洪武二年(1369)重建,后多毁,仅存大成殿、泮池等建筑物,为县级文物保护单位。方志敏纪念馆,1978年9月建成,占地7.8万平方米,两层展厅,建筑面积为1400平方米。1987年被列为省重点烈士纪念建筑物保护单位。1995年定为上饶地区爱国主义教育基地。2001年6月,经中共中央宣传部审批,被列为全国百个爱国主义教育基地之一。桃花洲,位于弋阳县城西侧,洲上桃林中有著名的桃花古寺,香火很是鼎盛。此外还有各村遗存的弋阳腔古戏台,最具代表性的3座,坐落于湾里乡西李村、中畈乡芳墩村、曹溪镇,3座建筑具有鲜明的明清时期风格特征。

第二节 国家森林公园

灵岩洞国家森林公园 位于婺源县西南古坦乡通元观村,距县城67千米。在2.5千米的范围内,有大小溶洞36个,大者雄浑奇伟,小者玲珑秀丽,景观奇特,总称灵岩洞。早在唐时即为远近遐迩的名胜,官僚名士、寻幽探秘者往来不绝。后被当地百姓填塞,80年代初,经文化部门重新发掘,其中已探明的有卿云、涵虚、凌虚、莲华、琼芝、萃灵6洞。诸洞幽深广邃,怪石嶙峋,曲径长廊,以奇见胜,总面积约4.6万平方米。地下河声宏水明,岩石倒映其中,景象万千。洞中有朱熹、岳飞等历史名人珍贵题墨2000余处。1983年,被前来考察的洞穴专家誉为天下第一洞。1988年5月,经林业部批准建立国家森林公园。1993年5月,定名为婺源县灵岩洞国家森林公园。1994年11月,县政府对公园开发作出具体部署。1995年7月,省政府将其列为省级重点风景名胜区。至1997年已开发涵虚、莲华2洞。

涵虚洞 又名含虚洞,位于通元观村南侧山腰。洞府上下七层,游程长2100米,面积达7200平方米。洞内危岩密布,怪石嶙峋,阴雾浓重,洞府广阔,故名涵虚。有湖光山色、镇门神将、三潭印月、金山银山、犀牛饮水、珠落玉盘、梅苑报春、泥潭仙踪、定海神针、翰墨遗香、龙门泻玉、虚谷连环、雪崖香岭、倒挂莲花、曲径通幽、鲲化南溟、仙槎泛海、江峡夜航等景观。洞内有清代著名科学家、文学家齐彦槐的“云垂海立,第一洞天”题词,另有其他古代游人题字题诗千余处。

莲华洞　又名莲花洞，位于通元观村西侧，因洞内多莲状乳石而名。洞区面积约3500平方米，有狮象把门、神龟出海、钟鼓石、鲲鹏展翅、青牛推磨、老君炼丹、菇蕈山、荔枝山、和尚拜天窗、蟠桃赴会、龙井、迷宫、仙人书堂等景观。唐道士郑全福曾栖此洞修真。相传郑道士下到洞底，遇一神仙撑铁船来，遂乘船羽化而去。

凌虚洞　位于通元观村之南，又称上南洞。因高凌于涵虚洞之上数十米，故名。景观面积1000多平方米。洞之两口犹如巨兽双目，洞内乳石造型奇特，珠帘垂挂，光彩夺目，有帘掩青山、月窟仙蟾、伯乐相马、玉屏引胜、琅环金编、云谷游龙等景观。南宋名将岳飞、张浚有题字勒铭。齐彦槐在洞壁题诗"乘兴来寻小洞天，琅环无处问金编。姓名敢乞山灵护，留向人间五百年"。

琼芝洞　位于通元观村之东北侧。洞内钟乳石形多有类芝者，故名。面积2500平方米。洞有二厅，乳石晶莹，奇秀如云，有钧天兽舞、金阙瑶池、龙跃天门、群仙赴会、天河待渡、昆仑积雪、鳌戕仙山、琼芝献瑞、玉龙渊、雪瀑等景观。岩壁上留有北宋宣和殿大学士何执中、南宋刑部侍郎何涛和朱熹等人题墨。

卿云洞　又名庆云洞，位于通元观村之东北侧。洞口顶端乳石倒挂，状若奇云簇拥，因名。洞门轩敞，高30米，宽45米。洞府幽深高广，面积1万多平方米，一条长约500米的溪流碧水从洞内贯穿而过。有云崖俯首、雄狮仙柏、百鸟争喧、拥春台、天尊阁、雷公洞、九真阁、乌龙洞、聚仙台、玉佛堂、芝田绣墩等景观。洞门高挂的一棵倒垂红豆杉，相传为吕洞宾所栽。石壁上有唐大中十一年(857)御史中丞卢潘、明兵科给事中戴铣等人的摩崖石刻。

萃灵洞　位于通元观村西南侧山间。洞体高广深幽，洞景面积2万平方米。洞内石花铺地，石柱擎天，石幔如云，人称此洞荟萃山川灵秀奇异之景，故名。景观有灵霄、震寰、霓虹、太虚等四大厅，内含景点30多处，诸如玉帝巡天、玉树琼枝、果老骑驴、百灵仙境、仙猿揽月、雷音宝刹、湘君夜巡、玉磬喧天、银河倒泻、镇海神针、百里桃溪等。

鹅湖山国家森林公园　位于区境南部的铅山县，距上饶市政府约30千米。境内山奇水秀，林海苍莽，泉峰石洞，仙光逸致。而山水之间，遍布历史名人的活动遗迹，其自然景观、文物遗址均具较高的游览与观赏价值。景区景点主要分布在铅山县境南部、中部、北部等几处，以峰顶山景区为核心，涵盖华东屋脊——黄冈山景区、道教名山葛仙山景区、七星山景区、太源畲乡民俗风情、九狮山景区（含县城河口镇的明清古街）等六大自然、人文景观景区，总面积达80平方千米，中心景区面积约7950公顷。1998年秋，经中国风景资源评价委员会的专家审慎地考察论证后，于2000年12月28日被国家林业局批准列为国家级森林公园。

黄冈山景区（武夷山自然保护区）　位于铅山县黄冈山镇以南24千米处，与福建武夷山自然保护区接壤。距上饶市100千米。全境总面积约160平方千米。中心景区面积约41平方千米。1982年划为省属自然保护区；1992年得到联合国多样性保护组织的确认，成为中国40个A级保护区之一。省级保护区获此殊荣的，全国仅此一家。

保护区风光旖旎，环境清幽，山林如洗，泉瀑清澈。大片的原始森林覆盖区域，终年绿荫蔽日，四季空气清新，酷暑季节尤为清凉宜人。平均气温仅22℃～23℃。境内山峦起伏，海拔1800米以上的山峰就有15座。是中国东南近海地区唯一高耸的高海拔区。因生态环境悬殊，境内植物分布随垂直高差分为五个截然不同的层次和景观；低谷是翠竹幽篁的世界，继而是古老的阔叶林，再而是针阔叶混交林、中山矮曲林、中山草甸。其中后三个层次景色最美。春可赏百花盛开，夏观潭瀑奔流，秋眺层林尽染，冬看冰挂雾凇。

保护区内地形复杂，雨量充沛，气候温暖湿润，植被保护完好，呈典型亚热带山地森林与中山草甸景观，有着丰富的动植物资源。仅高等植物就有2829种，有不少属于珍稀濒危物种，如黄山松、红豆杉、鹅掌楸、半枫荷、天女花、木莲等50余种古生代树类及世界油王——油棕等。野生动物有418种，仅鸟兽就有300种。两栖爬行类82种，仅蛇类就有60多种。其中特别稀有珍贵的，是在猪母坑海拔1820米处发现的“角怪”——崇安髭蟾，为世界罕见的武夷山特有物种。境内属国家一、二级重点保护的有华南虎、黑麂、云豹、黄腹角雉、白颈长尾雉、白鹇、短尾猴（红面猴）、黑熊等91种动物。昆虫种类有1329种。

保护区内主要景观大体可分为五类：山景地质类。有武夷主峰黄冈山极顶，星状分布的七仙（星）山，及地质断裂带、第四纪冰川形成的冰臼和大量冰川遗迹、遗址，高达百余米的悬崖峭壁，形态奇异的孤石、奇石和秀美传奇的三姑石等。泉瀑湖泊类。有大坑口瀑布、猪母坑瀑布、白水际瀑布、九龙瀑布群、铁炉水库、伦潭水库及随处可见的碧溪澄潭。原始森林类。有大面积的南方铁杉林、古柳杉林、中山苔藓矮曲林、红豆杉群落等。野生动物类。有绚丽多姿的各色蝴蝶、珍禽黄腹角雉、白鹇及黑麂、藏酋猴等。管理处机关所在地设有标本展览馆，内有各种珍稀濒危的动植物标本和图片展出，配有中英文字说明，旨在宣传保护。标本图文并茂，很值一观。古迹类。有历史悠久的分水关、桐木关等古关隘及双泉古庵。

七仙山景区　又名七星山，与武夷山保护区北部边境毗连。著名旅游胜地，因七座山峰并列而名。主峰海拔1402米，与武夷山主峰——黄岗山遥遥相望。景区面积约13.3平方千米，森林茂密，环境幽美，风光旖旎，景色宜人，峰峦环簇。东汉道家鼻祖葛玄曾云游此地，后人为纪念葛仙翁，遂在山顶建庙，四时香火不断，朝拜者云集。山顶建有七星山庄，有7栋二层条石结构房屋，面积1400平方米。

葛仙山景区　位于铅山县东南部的武夷山支脉，距上饶市约70千米。景区面积11平方千米。主峰海拔1096米，四周有9条山脉如苍龙盘旋腾跃。形如九龙窜顶，气势雄伟。山原名云岗，后相传葛玄于此道成升天，更名葛仙山。山间风景奇秀峻绝，林木蓊郁，危崖峥嵘，云雾迷蒙，清泉奔流。登峰顶可眺武夷黄冈、上饶灵山、弋阳圭峰等。明赵敔赞曰：“与池之九华、歙之黄山、括之仙都、温之雁荡、夔之巫峡皆同，谓天下所珍重者。”

葛仙山为道教名山，山上有规模庞大的道观、寺庙建筑群，经历代修葺扩建，寺、观已相连成片。佛、道同处一山，历经沧桑，兴衰共渡，为葛仙山宗教文化一大特色。其主要建筑分葛仙祠（道教）与慈济寺（佛教）两大部分，1984年被列为江西省重点寺观之一，宗教活动频繁，庙会兴旺。1990年代初，先后在山上入口处修建了三座牌坊式山门。每年六月初一为葛仙山开山门日，赣东北及江浙闽皖一带的善男信女争先上山朝拜，不绝如缕。此传统庙会已延续近千年，今规模虽不如前，但每年香客游人仍有十数万人。

山中古迹众多，亭台碑塔错落在幽谷悬崖间，奇景荟萃。主要景点有葛仙峰（主峰）聚仙崖、香炉峰、仙人足印、试剑石、息心岩、步云亭、石羊望佛、象形山 、观道亭、双狮守门、济公石、龙须谷、西潭谷、道人石（又称道人诵经）、飞升谷、飞升台、飞升亭、灵猴上树、舍身崖、炼丹台、炼丹炉、龙舌池、七星井、接官亭等，景点多与道教传说有关。

南部山顶有道教建筑葛仙祠（玉虚观），始建于北宋元祐七年（1092），屡毁于火，今存祠为民国28年（1939）重建，占地576平方米，屡有修葺。有大小殿宇17幢，均依山而建，金碧辉煌，气势非凡。祠外山间有仙井（龙眼井）、上马石、下马石等古景十余处，其传说均与葛玄有关。祠西北、东南约2千米处分别建有娘殿和爷殿，祀葛玄父母。因香火旺盛，太极殿倾倒在殿前深谷中的香灰,堆积竟然几尺厚。

葛仙祠北百步阶下,有佛教建筑慈济寺,始建于明万历三十年(1602)。葛仙山本为道教名山,据清同治《铅山县志》载:明时因葛仙山宫观住持乏人,便礼请附近峰顶山慈济禅寺僧人上山协助管理。僧众上山后,一面协助道观管理观务,一面在葛仙殿北修建慈济禅寺,从此佛、道两教一山共存。寺庙建筑群由钟楼、鼓楼、大雄宝殿、罗汉堂、观音堂、药王殿、天王殿、韦驮殿等组成。主要建筑大雄宝殿等于1986年—1992年先后修复扩建。庑殿式结构,飞檐翘角,碧瓦黄墙,朱门金钉,气派端庄。寺门上悬中国佛协会长赵朴初题写的"慈济寺"匾额。梁柱皆为雕塑滚龙抱珠、九龙窜顶之图案,镏金饰彩,金碧辉煌。门口为雕梁画栋的长廊,廊柱、横楹上浮雕佛教故事。寺前龙池有岩石如舌伸入池水中,传为葛玄炼丹洗药处。池崖临深谷,古木蓊郁。

葛仙山西南侧峰顶和东北坡上有碑林,1999年建,占地2744平方米,建筑面积2532平方米。碑林按《周易》原理排列,由北京园林古建设计研究院设计布局,上饶书画院黄永勇和铅山统战部汪华光主建。融道、佛文化与古建艺术为一体,根据山势地形分为"道禅集处"和"鸣鹤余音"两大部分。以三清山罗纹砚石为碑料,精选海内外名家书画作品99幅,篆、隶、楷、草,荟萃一山,各展其长。刻工精湛,设计布局巧妙。碑林内遍植花草,黄瓦、白墙、绿树,有古建园林风格。

葛仙山乡斜岭村山半腰,有溶洞深约数千米,与别处的另一个山洞相通,洞口附近有好几个通道。洞内绝壁处有一奇泉,只要大喊一声,便有泉水喷涌,喊声越大,泉水喷射得越远。洞口正前方原有太平天国军队的哨卡,易守难攻,太平天国军凭借此哨卡曾击退过清军。

峰顶山景区　位于铅山县鹅湖乡鹅湖山之北,距上饶市约40千米,西南离永平镇7千米。海拔690米,面积约5平方千米。史载汉时山有湖九百亩皆植荷,故原名荷湖。晋时有龚氏在此育群鹅,更名鹅湖。鹅湖山顶有三峰并列,端中见秀,各有奇姿:一峰如犀牛望月,一峰如大象伫立,一峰如雄狮跃踞。三峰最高处为峰顶山,景色秀丽,上有唐建慈济禅寺(又名峰顶寺),北麓有著名的鹅湖书院、石井庵等古迹。

慈济禅寺位于峰顶山小盆地中,始建于唐大历十一年(776),著名高僧大义禅师为开山鼻祖,唐宪宗赐名慈济禅院。殿宇规模宏大,庙产丰厚,曾为赣东北第一大禅院,也是赣东北佛教活动中心之一。寺院原有大雄宝殿等建筑32栋,计1.2万平方米,宏制巧构,十分壮观。"文化大革命"中被捣毁一空。自1970年代末又逐步恢复,1985年重建大雄宝殿等殿宇,但规模远不及前。寺外有龙井、石井、瀑布泉、大义泉、罗汉塘、养公池诸名泉和毕敬桥、濯缨桥、舍身崖、涅槃窑、石臼锅、听松园、欢喜林、登峰亭、蹑云亭等古迹。

石井位于永平镇北2千米处,距县城17千米。"井"实为石灰岩孔中的涌泉,占地约100平方米,水深约2米。泉水澄清如镜,须眉可鉴,不耗不溢,大旱不竭。井上石纹错镂如莲花倒生。井边石上刻有《石井泉铭》,朱熹游此曾留有诗咏。清康熙题鹅湖书院楹下联"石井波分太极泉",即指此泉井。井旁石井庵始建于唐僖宗光启年(885),今建筑为1990年代末重修,古时为峰顶山慈济禅院的下院。

鹅湖书院位于鹅湖山北麓,距上饶市35千米。为江南四大古书院之一。1990年被列为省级重点文物保护单位。书院始建于宋嘉定元年(1208),为纪念鹅湖寺历史上两次著名的聚会而建。抗日战争和"文化大革命"期间,书院损毁严重。1983年—1991年,政府按所存文物原状,进行三期修复工程。今存建筑除明清时的遗存外,多为此时修复,基本保留宋、明代建筑格局。书院坐南朝北，古朴端庄，格调高雅。主要建筑集中在一条南北中轴线上，照墙、头门、石牌坊、拱桥、泮池、仪门、讲堂、四贤堂、御书楼等自北而南依次而建，两侧碑亭、士子号庐则相向而造。院子共六进，占地5536平方米。牌坊造型别致，雕刻精美，为江南罕见。原书院遗址在建国后多被四周民房或校舍蚕食：东侧的舍利塔、文昌阁，西侧的鹅湖寺等残址，均占为它用。鹅湖书院前有狮峰，后有石人峰，四周奇峰环列，阡陌纵横。自唐起便以风景名胜著称。许多文人墨客都曾留下咏此地风物的诗篇。常有专家、学者及国内外游客来访。

九狮山景区　分布在信江两岸，主要景点为铅山县城城郊北岸的九狮山、天乳寺，及南岸河口镇的明清古街等。景点集中，山水、古迹浑然一体。

九狮山又称九石山，位于铅山县城河口镇信江北岸。九座红石山并立相连，雄峙江边。间距基本相等，平均海拔80米，犹如九头蹲狮，故名之。山无林木，色如生铁，状若覆釜，为铅山县北之门户，故又称龙门。因山赭水碧，风景秀丽，历代文人多有题咏。山壁上镌有“龙门第一关”的巨型石刻，为明代丞相费元禄所书。

天乳寺位于九狮山临江凹处。清康熙年间建，省级文物保护单位。寺中岩下有天然古泉池，长约5米，宽2米余，深1米余，呈不规则椭圆形，澄碧如镜，大旱不涸，如天赐乳汁，故名之。池上方有壁刻大字“天乳池”。寺门临信江，佛像、楼层倚岩构筑，环境清幽。庙堂为天然岩洞，洞壁上嵌满木制小神像。传说此庙签灵，香火颇盛。

河口明清古街位于铅山县河口镇信江边，与九狮山隔江相望。街道由东而西沿信江南岸建筑，明清时期为江南的重要商埠，盛极一时。旧时分一堡、二堡、三堡，全长约2.5千米，街道平均宽6米，路面用长条青、麻石铺砌而成，布满车辙旧印。街道两边尚存店铺450多家，多数保持了明、清建筑的特色：外围封火山墙，店面后延伸多进，有前、中、后堂。屋上建晒楼，门前砌台阶。建筑造型考究，多为一至二层木构架式结构，青砖粉墙，门楼檐角飞飘，梁枋、斗拱、门楣上精雕细刻着松柏花鸟和戏文人物的图案。

第三节　生态旅游风景区

婺源名胜　1991年—2000年，生态旅游开始兴起，婺源县因其文化与生态的完美结合，人与自然和谐相处，成为全国著名的文化与生态旅游县。婺源位于区境东北，东邻衢州，西毗景德镇，北枕黄山，南接德兴铜矿，是皖、浙、赣三省交界地的著名古县，唐时即为游览胜地。历史悠久，物华天宝，素以书乡、茶乡和“四古”之乡（古建筑、古树、古洞、古文化）著称。全县森林覆盖面达82%，有木本物种500多种，草本物种3500多种。赋春鸳鸯湖是世界最大的鸳鸯越冬栖息地，最多时达2000余只。还有世界濒危鸟种黄喉噪鹛，并发现有华南虎活动的踪迹。生态环境优美，碧水青山、小桥流水人家，粉墙青砖黛瓦，天人合一，相映成趣，被誉为中国最美的乡村。婺源自古文风鼎盛，由宋而下，有仕宦2665人；还有许多文化名人如宋教育家、理学大师朱熹，明篆刻家何震，清经学家江永、科学家齐彦槐、铁路之父詹天佑，现代医学家程门雪等等。名人仕宦在婺源留下的大量活动遗迹和文物，成为丰富的旅游资源。婺源县博物馆珍藏的历史文物，馆藏量为全国县级馆之最。

1990年代，婺源有“一区四线”5条游览线路，每条线路均可安排一日游。主要景区有紫阳镇景区、江湾景区、思口景区、清华景区、浙源景区、赋春景区、镇头景区、灵岩洞景区和许多零散景点。

晓起村 位于江湾镇,建于宋代的古村,自然环境优越,村四周珍稀古树荟萃,有巨大的古樟及楠木、红豆杉等,计600余株,其中树龄在千年以上的约数十株,被誉为生态绿洲。村中小巷均铺青石,古民居多系明清徽派建筑,主要有敦彝堂、荣禄第、进士第、敬序堂、大夫第、礼耕堂等,官邸气派堂皇,民居精雕细刻。2000年晓起村被列为省级农业生态示范村。

旃坑村 位于江湾镇,主要景点为古建筑萧江大宗祠。宗祠幽然坐落在村末水口的宽旷田园之中,左有秀水环绕,右有攸山屏障,前后有"狮象把门"。"狮头"和"象鼻"上,古树名木参天,其中经林业部门勘定并列为国家重点保护的古树就有20余株。宗祠重建于清康熙甲午年(1714),迄今已280多年。占地面积2400平方米,分前院、前堂、中堂、后堂四进。前院花园;前堂五凤楼、九脊顶、午朝门、月楼,梁枋檐椽,巧饰雕琢;中堂粗梁大柱,鼓式石础,一律青石板铺地;后堂楼阁寝座。匾额楹联措词秀丽、蕴意深长。整个建筑宏大雄伟,庄严肃穆。

汪口村 位于江湾镇,古时汪口是乐安河水运最上游靠埠码头,明清时期这里文人辈出、店铺林立,一片繁华景象。村中保存完好的徽派古建有大夫第、一经堂、养源书屋等官厅、商宅,和俞氏宗祠、千年古街、曲尺竭等景点。俞氏宗祠为清代中轴歇山式古祠堂,建于清乾隆元年(1736),占地面积1116平方米,三进院落。气势宏伟,布局严谨,工艺精巧,风格独特,祠内凡木质构件如梁枋、驼峰、雀替均巧琢雕饰,精雕细刻有人物、禽兽、山水、花果等百余组精美图案,被建筑学家誉为"建筑艺术宝库"。1990年被列为省级文物保护单位。老街全长600多米,呈弯月形,一律青石板路面。村西侧河中有曲尺竭,又名汪口竭,由清代著名学者江永设计。竭呈矩形,用鹅卵石砌筑,长120米,宽15米。因设计科学合理,历经200多年河流冲刷,现仍完好并在继续使用,被称为水利建设史上的一项奇迹。

延村 位于思口镇境内,距县城紫阳镇18千米。村始建于北宋元丰年间(1078~1085),明清时期,村人多经商外埠,业茶业木致富后,于家乡建造豪华的民宅民厅,形成典型的清代徽商古村落。村中至今保存有古民居56幢,多系清乾隆、嘉庆间建的徽派屋宇,一律封火山墙、青瓦坡顶,三进三开间。室内"三雕"艺术(木雕、砖雕、石雕)精美绝伦。其中建筑结构与雕琢艺术突出的有余庆堂、训经堂、笃经堂、聪听堂等古建。

思溪村 与延村相邻的徽商古村落。南宋庆元五年(1199)建村,至今已有800余年。当时建村者俞氏以(鱼)思念清溪水而名,现有保存完好的明清古建30余幢。其中建于清雍正年间的敬序堂是徽派建筑的代表,由庭院、正厅、后堂、花厅、花园、厨房等组合,占地700平方米。室内木构件雕刻精细完美,风格古色古香。村中其他古建景点还有通济桥、承裕堂、振源堂、孝友兼隆厅等。其中一幢古民居内,96个不同体的寿字分别镌雕在十扇门的锁腰板上,加上中间门横板上的1个和窗户上的2个寿字,与寿字形的地基组成一幅绝妙的"百寿图",而且百个寿字均为阳刻,堪称绝品。1987年,《聊斋》电视剧曾借此拍摄镜头。

彩虹桥 位于清华镇北侧河上。始建于宋代,状若彩虹卧波,因名。桥长140米、面宽3.1米,4墩5孔,由11座廊亭组建而成,木椽青瓦结顶,桥面铺设木板,廊亭两侧有栏杆和坐凳,供行人观赏憩息。彩虹桥上游南侧,有"小西湖"景点。明嘉靖年间,江苏吴派篆刻家文彭与何震(婺源人,徽派篆刻创始者)同游彩虹桥后,见山清水秀充满诗情画意,文彭欣然提笔,在石壁上题下长3米、宽1.5米的"小西湖"三字。后人慕名,依三字原迹,重刻加深。1983年,政府拨款10余万元修饰一新。1990年代末,又在桥北修建了大水车、风碓等,有不少影视剧在此拍摄外景。2000年被列为省级文物保护单位。

浙源山 又名浙岭,位于县境北部边界,春秋时吴楚分疆划界之地。海拔811.5米。山上有两条古驿道来往，数千级台阶以清一色长方石板砌成，整齐宽敞，历经数百年而完好无损。岭脊上原立有吴楚分源界碑，年久遗失，清康熙间县人按原碑仿制竖立（此碑已由县博物馆收藏）。立碑处原有石砌茶善庵、同春亭和一线泉等胜迹。1985年列为省级风景名胜点。

龙天塔　位于凤山村头（乡政府辖地），耸立于浙溪旁。建于明万历年间。相传过去凤山村多发火灾，故村人筑塔以借“龙天”而镇火神；塔名与村名“凤山”相应合，有龙凤呈祥之意。塔为砖石结构，6面7层，高30余米；塔檐层层支出，每层檐角悬铁铃，风起铮铮有声。塔内有阶梯攀登，可直上顶层远眺。塔身经400多年风雨销蚀，现仍屹立溪水边，倒影亭亭。

虹关村　位于浙源乡政府以北，村内有徽饶古道、永济茶亭、虑得堂、留耕堂、长生圳、长人故居、大厅屋、“江南第一樟”等古迹景点。虹关村在明清时期是徽墨的主要产地，全村墨业最盛时，仅詹姓一氏就有80余家墨铺（全县墨铺百余家），故有“徽墨名村”之赞誉。村中詹氏是业墨世家，产业发展到海外。1990年代末，有在海外制墨发家的詹氏后代，回婺省亲时，将保存的百副制墨模具赠送村中。村口溪畔一株千年古樟，树高26米，胸径3.4米，冠幅达0.2公顷，枝繁叶茂，被誉为“江南第一樟”。村人多有题咏，民国间编成《古樟吟集》刊行。1984年，已移居海外的詹氏后裔、爱国侨胞詹沛霖捐款修筑石磅、栏杆，保护此樟。

大游山　别名浚源山、凤游山，位于县境西南边缘，距县城约55千米。相传唐时有董姓人爱此山水，于山下建村，并以己名字浚源为山、村名。后有彩凤翱翔于此，改名凤游。主峰海拔675米，面积约8平方千米。山峰耸立如屏，蜿蜒广奥。山顶平旷，昔有舍利塔，可远眺鄱阳湖。远在唐宋时期，便有开山、王崇二祖师在此栖真修道。后建有静隐寺，成为佛、道二教活动之所。山上奇峰怪石，千姿百态，石林密布在古树中，疏密有致。天然景点有龙吟涧、剑泉、仙人桥、鸳鸯池、一线天、舍身崖、望湖峰等。山畔有大安洞，洞内宽平，石钟、石鼓、石笋、石柳各呈风姿。有通天岩，窍深数十仞。1993年5月，游山村建立“凤游山旅游开发公司”，对景点进行了普查，修建了供游客休憩的剑泉阁、景区厕所和部分道路，于同年10月开放迎客。2000年，景德镇鸿荣公司投资开发游山村景观和凤游山景区。已完成项目有长1500米、宽7米的盘山公路；600平方米的停车场。

李坑村　位于县境东秋口镇中部，始建于北宋，又名理田村。周围群山环抱，村头大片古樟郁闭成林，一条蜿蜒曲折的小溪穿村而过，村中人家大多依溪而住，溪上多架小桥，两岸民居粉墙黛瓦，倒映水中。小桥、流水、人家，构成一幅古诗中的天然画卷，故景区又称“小桥流水人家”。昔有“理田十二景”的题咏。村口要道上有六角重檐的古“申明亭”，是村民评辨是非、惩恶扬善之地，也是宗法制度管理村民的见证。村头有中书桥，系北宋大观三年村里进士李侃官至中书舍人时建，是境内现存最古老的单孔青石拱桥。村中有许多古建筑，现尚存铜绿坊、李翼高故居（商宅）、大夫第（官邸）、鱼塘屋（书斋）、通济桥等景点。旅游开发较早，1990年代初即为热门景点之一。

理坑村　位于县境北部沱川乡之北。全国百个民俗文化村之一。村内有明清官邸府第20多幢，被专家誉为“中国明清官邸、民宅最集中的典型古建村落”。游人称之为仕宦名村。2000年，村里有6处古建筑被列为省级文物保护单位。主要景点有天官上卿第（明吏部尚书余懋衡府第）、尚书第（明工部尚书余懋学府第）、都谏第（明礼科给事中余懋孳府第）、驾睦堂（明副都御史余自怡官厅）、司马第（清兵部主事余维枢府第）。其他景点有云溪别墅（富商宅）、福寿堂（民厅）、花厅（官商厅）等。

文公山　位于县城以西约20千米处 山原名九老芙蓉尖，主峰海拔315米。因朱熹四世祖祖母程氏墓葬山腰,且有朱熹手植古杉群存在,故称文公山。1985年列为省级风景名胜点。朱熹祖墓坐西北朝东南,以石块垒砌,封土呈弧形。墓周尚存南宋淳熙三年(1176年)朱熹返乡扫墓时手植杉树16棵(原有24棵)。树最高的38.7米,最粗的胸围3.07米。被游客赞为“江南杉王群”。1993年5月,县制定《文公山旅游风景区初步开发方案》,当年新建风景区门楼、山门牌坊,修缮了朱熹祖墓、积庆亭、仿竹亭、桂花桥、古驿道等,并于12月开放迎客。(附:2001年9月,由县旅游局买下景区50年开发、经营权。)

鄱湖览胜 坐落在鄱阳湖东岸的鄱阳县,地势自北向南倾斜,横卧在鄱阳湖边上,4215平方千米的土地上分布着1067个湖,水面占国土面积的30%,号称千湖之县。整个鄱阳湖区在东南季风的影响下,形成“泽国芳草碧,梅黄烟雨中。枫红送暑归,翠竹迎飞雪”四季分明的润湿型季节气候,风光旖旎,景色如画。从空中鸟瞰全境,山丘错落,河网纵横,平畴千里,湖光山色,碧水蓝天相映如画,一派水乡景观。鄱阳拥有众多的旅游资源和人文景观,县城东湖古代就有“浮舟孤寺,洲上百花,柳堤春色,芝峤晴云”等十景,可与西湖媲美;芝山因盛产灵芝得名,山下止水池系南宋丞相江万里全家投池殉国处。

境内千里鄱阳湖,一片白沙洲。丰水期千帆竞发,百舸争流,水天一色,“落霞与孤鹜齐飞,秋水共长天一色”。秋冬时节水落滩出,滨湖湿地是天鹅、仙鹤的乐园,白鹭的天堂,到此繁殖的冬候鸟、夏候鸟不计其数。1990年代中期,因国家对野生动物加强保护,到鄱阳湖越冬的候鸟逐渐增多,观鸟游人也随之日渐增多。每年秋冬,大批候鸟自北飞南,波阳、余干滨湖地区,游客趋之若鹜。其中波阳县珠湖的白沙洲、余干县康山的大湖口等地,因湖面广阔,岛屿和草洲植被丰茂,群鸟翔集,均为观鸟佳处。

白沙洲是鄱阳湖珠湖中的一个小岛,地处鄱阳湖东部,总面积56平方千米,辖车门、汪家等8个村委会,与庐山隔湖相望,东西两头为防洪大堤与陆地接壤,大堤一侧是鄱阳湖,另一侧是白沙洲大水面,形成堤内堤外两重景观。防洪大堤外侧的鄱阳湖,丰水季节水天一色,千帆竞发,古诗云“四望疑无地、孤舟若在天”。枯水季节,万亩湖洲草坪露出水面,港汊密布,芳草萋萋,芦花飞舞,牛羊徜徉,吸引了数万只珍禽飞至越冬栖息。到此越冬的候鸟约87种,主要有大天鹅、小天鹅、白鹤、白头鹤、白枕鹤、灰鹤、黑鹳、豆雁、灰雁、朱鹮、鸬鹚、河鸥等等,每年达8万余只。站在岛上,可见百鸟争鸣,万禽蹁跹,鸟儿们或嬉戏,或觅食,或翱翔,鸣声震天,千姿百态的万鸟翔集图令人流连忘返,陶醉其中。

防洪大堤内侧的白沙洲岛,绿树成荫,无噪音、无灰尘、无污染。内湖(珠湖)水面8万余亩,湖岸群山起伏,水光潋滟,四季景色怡人,自然风光秀丽。鸟岛瓢里山,原名黄溪山,是白沙洲的一个小岛,面积只有5.53公顷,绿树成荫,景色怡人,每年有数万只夏候鸟白鹭在此繁衍生息。黄溪山原有古寺名黄溪庙,供奉南海观音菩萨,香火十分旺盛。僧人曾在岛上广植花果树,阳春三月,桃红李白,映衬碧波,美轮美奂,游客、香客络绎不绝。宋景祐三年(1036),北宋名臣范仲淹贬任饶州知州,慕名到此游玩,面对湖光山色,不由赞叹“真乃人间仙境”,并赋诗一首:“黄溪渡口看黄溪,忆想当年试水时。忽被南方风吹出,化为岩石镇湖眉。”上岸后,他见岛上绿树婆娑,花果成行,寺庙俨然,梵声轻曼,挥毫题下“小南海”三字,并为庙堂题一联:“福地飞来小南海,禅心静到大西天”。黄溪庙从此易名“小南海寺”,小岛也声名大噪,成为鄱阳湖著名景观。

1970年—1990年代,岛上树木被砍,鸟巢被毁,鸟渐稀少。2000年起,爱鸟者周志勇(白沙洲乡党委书记)以承包的名义将瓢里山小岛保护起来,并在岛上广植树木,恢复生态,百鸟始重新归来。小岛的夏候鸟以白鹭和苍鹭为主,分别以岛南和岛北作为其种族分居地。每年10月底至次年2月,到白沙洲赏湖观鸟的旅客多达数万人,且随着交通的完善日渐增多。白沙洲已成为全省闻名的观鸟地。

白沙洲还有丰蕴厚重的历史文化沉淀,有许多古迹和名人传说:如被列入中国古代十二列女的饶娥庙;宋代大文豪洪迈的墓葬地龙吼山,为明代淮王堡遗址,有14个世袭王墓葬于此。还有杨留庙和范仲淹拒贿而得名的乌金汊、朱元璋大战陈友谅的古战场遗址等等。

观鸟胜地 大湖口 位于余干县康山乡,大湖原属鄱阳湖东部湖区入口处,与鄱湖连成一片。1960年代围起的康山大堤将其与鄱阳湖分开,成为省内第二大内湖,总面积约866.67公顷。有湿地面积90多万亩,野生动植物尤其是水生植物资源丰富。大堤内外水天一色,牛羊成群,风光秀丽。堤上芦苇深处,是鸟类的繁殖地。每年初冬至翌年春季,有数万天鹅、鹤类、雁类等珍禽至此越冬。其中有国家一级保护候鸟白鹤、白头鹤、白鹳、东方白鹳、黑鹳、金雕、大鸨、遗鸥、白肩雕等约10种;有国家二级保护候鸟天鹅、灰鹤、白枕鹤、沙丘鹤、赤腹鹰、凤头鹰、苍鹰等29种;有省重点保护候鸟50多种,及其他各种鸟类310多种。境内有朱元璋与陈友谅发生大战的插旗洲古战场遗址。

陈家塘沙洲 位于弋阳县清湖乡庙脚村信江河段,是观看珍稀候鸟中华秋沙鸭的河滩佳地。中华秋沙鸭体形色彩美丽,是第三纪冰川期后遗存下来的物种,分布区域十分狭窄,野生种群数量极少,2000年底全世界仅有1200对。已被列入国际自然与自然资源保护同盟濒危动物红皮书(IUCN),和国际鸟类保护委员会濒危鸟类名录(ICBP)。与大熊猫、华南虎、滇金丝猴齐名,被称为四大国宝,属国家一级重点保护动物。信江系贯穿境内的大河,湾大滩多,在清湖乡庙脚村陈家塘形成大片沙洲,有清澈的激流与静水,鱼类、甲壳类及水生昆虫较多,饵源丰富,适宜秋沙鸭避风、觅食和栖息,成为迄今在中国南方发现的秋沙鸭最大种群越冬地。每年10月至次年3月,约有近百只中华秋沙鸭从西伯利亚飞此河滩越冬。经中国科学院和省、地鸟类专家考证,确认弋阳县清湖河段为世界上最大的中华秋沙鸭越冬栖息地。2000年8月,由弋阳县政府批准建立县级自然保护区。

鸳鸯湖 位于赋春镇西侧,原名大塘坞,为1960年兴建的中型水库,总面积9.17平方千米,库区森林覆盖率达95%。1986年,发现有1000多只鸳鸯汇集库区,白天成群结队游乐,晚间雌雄依偎不离,观赏者遂称之为鸳鸯湖。此后汇集越冬的鸳鸯越来越多,多时达2000多只。1991年,由县水利局鸳鸯湖管理局进行旅游开发,购置20座位的游艇1艘,在湖心岛上建湖心亭1座。1995年,建筑景区大门牌楼、小桥和林阴小道。1997年,水库被列为省级自然保护区。2000年,私营老板承包湖区后(包期30年),投资300多万元兴建书翠斋(餐厅)、票房、竹楼和草棚亭榭、九曲廊桥、观鸳阁各1座,水上码头2座;添置游船、游艇20多艘,并对湖心岛进行绿化、美化,整修了游步道,平整了停车场。主要景点有湖心岛、翠微岭、观鸳阁等处。湖心岛面积约2公顷,辟有桃、李、柑橘果园;观鸳阁临近鸳鸯戏水的湖区水湾,是观看鸳鸯的理想所在;翠微岭为湖区林间小道,游人到此仿佛置身森林氧吧,尽情享受回归自然的乐趣。

第四节 著名革命纪念地

1990年代以后,传统革命教育重新受到重视,红色旅游业兴起。境内横峰县葛源镇的苏维埃政府机关遗址群,弋阳县漆工镇农民暴动遗址,万年县裴梅镇的赣东北苏维埃政府和赣东北军事委员会等旧址保存完好，人文景观丰富，历史意义深远，被列为全国爱国主义教育基地，成为宝贵的红色资源，国家传统教育基地。1990年代末，各地以中共党支部为单位组成的参观团络绎不绝，前往接受传统教育和廉政教育。

葛源革命旧址群　位于横峰县葛源镇，距离县城33千米，与弋阳、德兴、上饶三县交界，葛源镇因漫山遍野生长野葛，又处葛溪水源头而得名。葛源古镇具有深厚的历史文化底蕴，不仅有保存完好的明清古街、白石书院旧址、万年戏台等历史文化景观，还有第二次国内革命战争时期遗存的丰富的红色旅游资源——闽浙赣革命根据地省委省政府所在地。1927年冬，在秋收起义的影响下，方志敏、邵式平、黄道等在赣东北组织了轰轰烈烈的弋（阳）横（峰）农民大暴动，建立红色政权。根据地的发展由弋、横两县到信江河两岸，到赣东北，再扩展到闽浙皖赣四省边界地区。1931年11月正式成立赣东北省苏维埃政府。1932年12月，按党中央指示，为加强领导，赣东北省改名闽浙赣省。根据地鼎盛时期，苏区范围包括赣东北18县、闽北6县、浙南3县、皖南7县共34县，游击区地跨闽、浙、皖、赣四省边界52县，总人口达数百万，并创建了著名的中国工农红军第十军和第十军团，成为全国六大根据地之一，曾被毛泽东赞誉为“很好的创造”、“方志敏式根据地”，葛源也一度成为著名的红色省会。第五次反“围剿”失利后，苏区范围逐步缩小。1934年10月，奉中央命令，闽浙（皖）赣苏区主力红军红十军团北上抗日。不久，根据地失陷。葛源镇现存有闽浙赣省委、省苏维埃政府、省军区、红军五分校、列宁公园、红军操场旧址等1处7点国家级文物保护单位，及省、市级文物保护单位30多处。

葛源革命烈士纪念馆　位于葛源镇街中心的烈士陵园内，建有红军战士手持钢枪塑像、赣东北革命烈士生平事迹陈列室、闽浙皖赣革命斗争史陈列室，院内草木森森，白鹭成群。有棵数人合抱的古樟树，是著名烈士吴先民就义处。吴先民系闽浙赣省苏区早期革命领导人之一，黄道烈士的妻弟，颇有才干，因反对王明派来的“左”倾代表曾洪易的瞎指挥，遭受曾洪易的残酷迫害，被诬为“AB团的省委书记”，绑在古樟树上焚烧而死。今树已半残，但未经焚烧的另一半仍枝繁叶茂，是前去瞻仰的人们吊唁先烈处。

中共闽浙赣省委机关旧址　位于葛源镇枫林村，1931年—1934年中共闽浙赣省委在此办公。

闽浙赣省苏维埃政府旧址　位于葛源镇枫林村周家大屋，1931年—1934年闽浙赣省苏维埃在此办公。

闽浙赣省军区司令部旧址　位于葛源镇枫林村，1931年—1934年闽浙赣省军区司令部在此办公。

红军学校第五分校旧址　位于葛源镇葛源街杨家祠堂，1931年—1934年中国工农红军第五分校设于此地。饶守坤、吴克华、洪涛等名将即出于此校。

红军操场旧址　位于葛源镇枫林村委会前，正面建有司令台，红军曾在此操练、开会。现存面积已不及当年。

闽浙赣“四部一会”旧址　位于葛源镇枫林村汪家祠堂，1932年—1934年，闽浙赣省苏维埃政府劳动部、土地部、内务部、工农检察部和妇女生活改善委员会曾在此办公。

闽浙赣省财政部旧址　位于葛源镇枫林村后山脚下蒋家，1932年—1934年，闽浙赣省财政部曾在此办公。

列宁公园　位于葛源镇葛源街，总面积2万平方米，1931年由方志敏倡建，内有六角亭、莲花池、游泳池等，环境优美、鸟语花香，供苏区群众休息、游乐。

万年台旧址 位于葛源镇葛源街东面,1927 年 12 月,葛源暴动胜利后,方志敏、程伯谦等在此召开群众大会,台前建有广场。

赣东北省革命军事委员会旧址 位于葛源镇牌楼底村吴家祠堂。

赣东北省苏维埃银行旧址 位于葛源镇南市街。

麒麟峰 位于葛源镇东部,山峰起伏犹如麒麟,面积 4 平方千米,主峰海拔 872.6 米。登上麒麟峰顶,极目旷野,令人超然。远望群山绵绵,云蒸雾障,山下村庄点点,炊烟袅袅。往南看麒麟峰山头,犹如一个巨大人体仰卧形象,眉骨、鼻梁都清晰可辨。

仙岩洞 位于葛源镇南侧小山上。洞高 4 米,宽 20 米,内有滴泉,阴凉幽奇似仙境,故名。土地革命时期,红军兵工厂设此洞内。民间传说此洞深不可测。

漆工革命旧址群 漆工镇暴动纪念馆 位于弋阳县东北,距离县城 30 千米,著名的方志敏领导两条半枪闹革命的漆工暴动发生地。第一次国内革命战争时期,方志敏回乡闹革命,在湖塘村创办旭光义务小学和平民夜校,成立暴动队。1926 年 11 月,漆工镇周围村庄的 200 余农民协会骨干聚集在湖塘村,由漆工镇党支部书记方远杰和黄镇中等人率领,举着红旗、火把开路,农友手执大刀、梭镖、鸟铳,还有的扛着锄头、扁担冲向漆工镇警察派出所,砸毁派出所的牌子,吓跑横行乡里、作恶多端的巡官余麻子。农友们占据了派出所,缴获两条半枪(其中一支九毛瑟枪因没有退子钩,又被裁去半截,故称半条)。

1959 年 8 月,为纪念赣东北革命斗争史上著名的漆工镇暴动,弋阳县政府在原漆工镇城隍庙处设立漆工镇暴动遗址石碑。1977 年 4 月,又拨款在此兴建纪念馆,并在馆前建纪念碑,同年 10 月竣工。1985 年 8 月,在纪念方志敏殉难 50 周年之际,新馆更名为漆工镇暴动纪念馆。馆为宫殿式建筑,四周回廊。分为两部分,通过丰富的文字史料、画面图片以及部分革命文物,展示漆工镇人民在中国共产党和方志敏领导下,英勇顽强、前仆后继开展革命斗争的光荣历史。现已成为县、镇爱国主义教育和革命传统教育基地。

吴克华纪念碑 位于弋阳县中畈乡芳墩村边乐(平)江(村)公路东侧的罗家坞山顶,占地面积 1344 平方米,四周建有围墙。为纪念中国人民解放军中将吴克华而建。吴克华(1913—1987),弋阳县中畈乡芳墩村人,1928 年投身革命,次年加入中国共产党,参加工农红军。后赴中央苏区,参加长征。1955 年被授予中将军衔,逝世前任广州军区司令员。纪念碑于 1994 年 1 月落成,由吴克华将军子女和芳墩村民筹资所建。建筑主体由吴克华将军立式塑像和石碑组成,塑像面东而立,塑像后建有弧形石碑,碑文为吴克华生平简介。塑像南北两边各有一座八角凉亭。

另有姚畈溶洞景区、方志敏故居、窖头会议旧址、红军总医院旧址、三百烈士岩等,详见 1991 年版《弋阳县志》。

赣东北苏维埃政府旧址 位于万年县裴梅镇富林村西,省级文物保护单位,占地面积约 600 平方米,砖木结构,前后两进,共 14 个房间。1930 年 3 月,赣东北特委所属 18 个单位、赣东北苏维埃政府和赣东北军事委员会全部迁移于此。旧址至今保护完好,陈列着方志敏、邵式平当年睡过的床、帐,用过的桌、椅、挎包、竹笠以及红军作战时用的土枪、土炮、大刀、梭镖、炸弹等珍贵文物。

第五节　其他著名风景区

铜钹山　位于广丰县南部，距县城38千米，属武夷山脉东段北麓，东南与福建省浦城县、浙江省江山市相邻。铜钹山地处三省交界处，地广人稀，形势险峻，历史上一直是封禁地，因此成为国内罕见的一块生态净土：无边的云海，漫山的古松，高悬的飞瀑，神奇的巨峰，怪异的石林，奇、险、秀，闻名江南。一年四季云雾缭绕，特别是雨后的山林，云遮雾罩，如诗如画。

景区面积312平方千米，占全县总面积的22.7%。主峰铜钹山尖海拔1535米。森林覆盖率达98%以上，有3万亩原始森林，植被类型多样，保存完好，珍稀动植物种类繁多，如红豆杉、香榧、蛇、熊、环颈雉、麂子等。其中被称为国宝的红豆杉林，约有7000余棵相连成片，最大的树围有3米。野生数量之多，江南罕见。

景区空气清新，山清水秀，有秀丽的自然景观和悠久的人文景观。水资源丰富，山涧、小溪、河流、瀑布、湖泊遍布。有军潭、条铺、七星三个高峡湖，及白腊坑、小丰龙井等瀑布，水光潋滟、风景绮丽。境内多奇峰怪石，铜钹山尖、七星尖、双峰尖、悟道尖等，雄奇险峻；九仙山峰石林立，奇峰突兀。人文景观有著名的白花岩，西石寺，马氏夫人庙，北宋名将张叔夜及清朝进士徐邦泰故里，清末九仙山农民起义军古堡营寨，高庄宋代瓷窑，清河书舍，悟道尖庵，木城关、条铺关、太平关等古关隘，县、乡苏维埃政府旧址，18名红军跳崖就义的红军岩，散见于民房土墙上的红军漫画、标语等，及历代名人留下的诗文墨宝。

白花岩　位于铜钹山景区，广丰县著名三岩之一，地跨赣浙闽三省四府，具有深厚的历史文化积淀，素有"东南第一峰"之美誉。历代府志及县志均有载。1987年被列为省文物保护单位。

白花岩为整体独立巨岩，高约60余米，远望如大瓮高台斜立，又似吐蕊花瓣；岩上有大片白斑、苔藓，远观如朵朵白花，其背面又长满野梨花，故名白花岩。岩腹有洞穴，面积约2500平方米，宋庆历至熙宁年间(1041—1077)，高僧净空禅师植锡于此，建有广福寺，后屡经兴废，现存古建筑为清代修葺。寺庙正殿后壁上，保留着完整的元朝岩壁画，绘有二十四诸仙图，人物神态各异，造形生动活泼，具有极高的历史价值和艺术欣赏价值。

历代官僚、文人墨客题咏白花岩甚多。史载宋代俞掞、明代夏言及孙继皋、清代张秘等文学家，都游览过白花岩，并题有诗文。在白花岩的岩壁以及广福寺墙壁上，保留着许多文人题刻，如"别一洞天""界外福地""今到真佛仙岩""东南第一峰"等。岩壁高处刻有醒目的"白花岩"三大字，为明代文学家吕怀在此结庐办学时所题。据传，明代旅行家徐霞客也曾游览白花岩，并在《闽游日记》中，赞其"此真独胜"。

白花岩地势高耸危峻，四周松竹苍茫，峰峦环列，石痕竹影，风景秀丽。主要景点有广福寺、清风峡、回声谷、天星门、公婆石、迎客松、木城古关等。登岩顶极目远眺，周边石林峡谷尽收眼底，可"一眼望三省"——福建浦城县盘亭乡和浙江江山市廿八都镇的村落，均历历在目。

灵山　位于上饶市西北郊，距上饶市18千米。因山岭逶迤，酷似美人横卧，头、发、眼、鼻、口，五官俱全，颈、胸、乳、腹、足，五体清晰，故又称美人山。景区集自然景观与人文景观于一体，自然山水与历史文化交相辉映。有世间罕见的环状花岗岩峰林地貌奇观，江南罕见的造型石(倒石)景观，颇具特色的高山梯田——灵石梯田，还有颇具影响的宗教、民俗文化。其资源特色总体可概括为"雄、奇、幽、幻、秀、灵"六个字。山明水秀，风光奇特，文化底蕴深厚。许多达官名臣、文人学士如王安石、朱熹、辛弃疾、韩元吉等，都曾游过灵山，有诗文流传。

景区总面积约160平方千米,主峰海拔1496米,由延绵80千米的花岗岩山峰组成新月型山脉,雄峻奇伟,如天然屏障横梗于上饶市城北。古时号称七十二峰、三十六瀑、九十九庙,宋道教典籍《云笈七签》曾列灵山为天下第三十三福地。景区地貌类型多样,奇峰怪石林立,山体中部有保存较完好的森林生态。石屏峰飞瀑高悬百丈;圆墩峰侧"雨汛壁",每逢泉涌必有雨;峰下水牛精洞,岩石色白,晶莹透亮;岩前峰下养真岩,系东汉恒帝时郎中胡昭隐居处;道士峰下有岩洞,因风声穿越若琴鸣称"仙洞鸣琴";山脊上原有石人峰,头、肩、躯干俱全,俨若巨汉屹立山巅,古往今来,名人文豪题咏无数,惜"文化大革命"中被炸毁。所存著名道观石人殿,始建于东汉,唐时扩建,此后历代均有修葺。每年九月初一有盛大庙会。

怀玉山 位于玉山县城西北66千米,与三清山西部毗连,因高僧志初在此得美玉而名。主峰云盖峰,海拔1538米。次高峰玉琊峰(又名香炉峰)海拔1380.3米,是上饶两大河流之一信江的发源处。怀玉山是山区盆地,山高气爽,气候宜人。"立秋桃始熟,盛夏夜盖被",是理想的高山型旅游避暑胜地。景区面积约80平方千米,山上原有35景,1983年风景普查时,尚存三清朝旭、七盘夕辉、玉琊擎天、金刚侍立、天门霁雪、拍板炊烟、云盖氤氲、唐帽飞岚、狮子卧立、石牛眠雾、飞泉银汉、罗汉峻、屏风叠嶂、石鼓桴声、灵岩飞瀑、龙冈松涛、鸳潭双色、玉溪鉴人、观天灵石、孽龙遁踪、泮桥晓月、十八龙潭、空谷回声、辉山夜烛等24景,及志初岩、浴佛池、望香墩、洗墨池、狐仙墓、释迦牟尼像、草堂书院遗址等景点。

怀玉山平均海拔千米,四周高山环绕,有云盖峰、金刚峰、香炉峰、狮子峰等40多座奇峰,还有乌龟石、鸡公石、凤凰石、水牛石、蛙石、剑石等多处怪石;山中溪涧如网,潭瀑溅玉,奇幽雄险,堪称奇观。有一线瀑、白莲瀑、八音瀑、双色潭、垂帘瀑、珠光瀑、龙潭瀑、一勺泉、浴沸池、玉琊二叠瀑、灵雨岩瀑布等20多处泉瀑。景区遍布珍贵树种,如华东黄杉、铁杉、白豆杉、红豆杉等,还有石耳、龙须、黄精、厚朴、杜仲等千余种中药材。森林覆盖率达80%以上。

自唐至清,怀玉山都是儒、佛教活动频繁的名山,孕育了辉煌灿烂的"怀玉文化",是玉山县最早建有官办中学处,赣剧发源地之一,文风鼎盛。历代儒、佛名家和官宦隐士来此游山观水,留下大量诗词,清赵佑有诗云:"玉斗何年坠碧空,琢成面面翠玲珑,山神坐阅沧桑变,尽付烟云舒卷中"。金刚峰东麓有朱熹讲学的书院遗址,山间遗存大量的摩崖石刻:朱熹讲学时手书的"蟠龙冈""青山绿水""源头活水""怀玉书院"等题刻、匾额;宋代王奕题"斗山吟志",明代王宗沐题"灵雨岩",清代赵佑题"高山流水"等石刻,及蟠龙岗石刻、灵雨岩石刻、斗山石刻等等。

怀玉山历来是兵家必争之地,1935年1月,方志敏曾带领抗日先遣队红十军与国民党军在此浴血奋战,不幸被捕。1985年起,玉山县政府陆续在山中修建方志敏纪念亭、纪念碑、纪念馆、清贫碑等等,收集并展出大量珍贵史料和照片,成为开展爱国主义教育的好场所。

三清湖 位于三清山东南,距玉山县城16千米,以水发源于三清山而得名。三清湖原名"七一水库",始建于1958年7月1日,故名。景区总面积54.8平方千米,旅游资源丰富多彩,以清幽秀丽的湖光山色、奇特险峻的溶洞景观、世外桃源式的田园村寨、野趣盎然的山林风光和佛道并奉的人文景观为特色。景区冬无严寒、夏无酷暑,是理想的旅游度假胜地。

三清湖以湖景见长,三清湖截河长46千米,最宽处3千米,拦河坝长400余米,湖面面积9.9平方千米。三清湖面碧波千顷,是一块镶嵌在苍山翠谷中的碧玉。湖区由东南向西北成带状延伸,蜿蜒曲折,将偌大湖面分成芳湖、棠梨湖、星湖、神龙湖、翠湖和曲湖6个串珠状小湖。湖上游水流湍急,下游平静清澈,湖面碧波浩渺,清亮如镜。既可轻舟漫游,又可竹排漂流。两岸青山对峙,林木葱茏,溪涧淙淙,风光旖旎。奇峰秀峦、白云彩霞倒映水中,野鸬拍水,飞鹜冲天,分外迷人。其水源自三清山、信源山等林木葱茏的高山溪涧,生态环境优良,水质清澈无染,甘甜纯净,是品茗、制作饮料的天然佳泉,今已引为玉山县居民饮用水。

湖边的山景古迹亦十分可观,湖西南有溶洞群,钟乳嶙峋,暗溪潜流。湖西北畔少华山,石林巧布,怪石玲珑,景色清幽。主要景观有:水滴石穿、神狮戏猪、大象乘凉、生子岩、八戒醉酒、鸳鸯、恐龙、悟道门、曲径通幽、蝙蝠迎宾、摩崖石刻、放生池、财神庙、石林、回音石、观音殿、三清观、千年铁树、少华开山祖晓明和尚纪念塔、罗汉洞、鸡公洞、太平天国古城墙,和宋代少华禅寺等古庙、观。还有许多景观,因地处密林,交通不便,尚在逐步开发中。

赭亭山 位于横峰县莲荷乡杨家村东北方向500米,南临信江,海拔400米,因山岩呈赭色,远望似亭得名赭亭。赭亭山属于典型的丹霞地貌,独特的象形特征,在省内罕见。山突兀于一片平原之上,显得雄伟独特。海拔232米,面积1平方千米。山势险峻,山顶平坦,有小片竹林,四周悬崖峭壁,南侧峭壁有狭道蜿蜒通向山顶。山中有赑屃送玺、龙女献宝、巨鲸出海、双鹰护潭、一线通天等景观,赭亭山是土地革命时期著名的"赭亭山战役"纪念地,立有红军赭亭山保卫战的石碑。

赭亭山上有赭亭侯墓,墓顶呈八面形,上有柱体巨石压墓,为东汉赭亭侯李恂之墓。山左侧,有龟形石体,上驮一印状石块,人称赑屃送玺。传说赑屃是龙王的九子之一,形似龟,喜负重,古代用以驼碑。山右侧,从水体中突出元宝状的山体,民间传说此山内埋藏着金银财宝,故名龙女献宝。巨鲸出海是山内最具象形的造型之一,巨大的山体犹如一只鲸鱼翻浪昂头出海。双鹰谷因两侧的山体高耸,形成悬崖峭壁,犹如雄鹰张开两翼、气势迫人,再加上天空有老鹰翱翔,故名。有太平天国翼王石达开驻军所在地赤堡,上山道路有四道关隘,颇为雄奇险峻,有一夫当关,万夫莫开之气势,故名雄关漫道。赭亭山顶前的一处小山包,在山下可见类似一线天的景观。

天象山 景区包括天台山(岑山)、象山(油桶石)两个部分。

天台山位于横峰县岑阳镇北,为酸性火山凝灰岩,山峰酷似弥勒佛像,自然天成,造型雄伟。因山顶有一大块平坦的天然台地,故名。又因其矗立于岑港河畔,故又名岑山。中国山脉走势多呈东西向,而此山却呈南北向,人称横峰,县名即由此得来。天台山最高突出处,有天台阁。山麓有清代顺治年间建的菩提寺,由浙江天台山受登法师之弟子灵承法师修建,寺边建有憩仙阁,阁内石壁上有明代所刻的吕洞宾碑像。岑山中部岩壁顶端有岑山洞,洞口朝西南,前临悬崖,入洞须盘旋拾级而上。洞呈半圆形,高6米,宽17米,深30米,洞内建有龙泉庵,庵内有一滴泉,长年不断,清凉怡人,民间传说此泉水能医眼病。山北山腰的悬崖绝壁上有道岩,距岑山洞约200米,下临岑港河,洞高5米,宽4米,深5米。洞中建有道观和寺庙,内有佛像及石刻洗心泉三字。在道观上可以远眺蜿蜒的岑港河和富饶的河谷平原。

象山位于横峰县莲荷乡黄藤桥九都村,为一整体丹岩,山高、顶圆、体积巨大,长1050米,宽380米,高120米,山形粗犷,造型独特,风景别具一格。此山面积0.5平方千米,海拔190.2米。由两座山岩连体组成,左面柱形山体似象鼻,右面一塔形山体似象身,故名象山。古代传说此山有一洞中常年有食油流出,故又称为油桶石。象山两峰并峙,一大一小,一似塔、一似笔。清咸丰八年(1858年)知县吴朝宗将似塔的丹岩改称为石城塔,似笔的丹岩改称为文笔峰。象山石壁上密布古代石刻,有许多明清的名流题诗,因年代久远,多已模糊难辨。象山南侧有古驿道,地面砂岩有车轮留下的深深刻痕。古道边建有古朴长亭。此外还有文笔书天、两情相悦、下龙泉庵、樱桃谷、紫薇谷、文笔寺等景观景点。新修复的寺庙雄伟壮观,四周山色秀丽,山前有水库的自然风光。

仙人洞(神龙源) 位于万年县大源镇,东连弋阳,北邻乐平,距万年县城20千米。占地约43.13平方千米,景区分仙人洞—吊桶环、神龙宫溶洞、荷溪古村、大赦庵、港道源5个部分,有景点47处,其中一级景点3处;二级景点13处;三级景点16处;四级景点15处。是岩溶地貌与洞穴古文化遗迹型的地质公园,具有岩溶地质、构造地质、岩溶地貌、文化遗存的地学与美学完美结合的特征。生态资源丰富,地质景观奇特,山林溪水优美,历史古迹众多,具有很高的欣赏价值与文化价值。景区内还有保存完好的常绿叶次生林,森林覆盖率达78.2%,生态环境良好。是一处极具特色、科研与旅游价值较高的风景名胜区。2000年6月,省政府批准仙人洞(神龙宫)景区为省级风景名胜区。

仙人洞与吊桶环遗址,位居仙人洞景区东部,面积52.2平方千米,其中核心景区面积为1.2平方千米。为旧石器时代晚期至新石器时代(约2万~8000年前)早期洞穴遗址,被称为人类稻作文化起源地。通过考古发现了世界上已知最早的栽培稻植硅石标本和稻作遗迹,将人类种植水稻的历史上溯至公元前1.2万年~1.4万年前,是举世公认的稻作文化发祥地。并出土了大量的骨器、石器、蚌器,发现了当今世上已知最早的条纹陶罐(距今万年以上)。被评为'95全国十大考古新发现之首和"八五"期间全国十大考古新发现之一。2001年被中国社科院评为中国20世纪百项考古大发现之一。同年,国务院公布为全国重点文物保护单位。

神龙宫位于万年县盘岭乡盘岭村东南黄天峰下,原名双岩溶洞,因洞前有双岩,岩上多异石,石上有莲台大士、海岛、龙翔凤舞等古崖刻而名。又因周围山水均从此洞排泻,故又名消水岩。景区面积为35.5平方千米,其中核心面积3.7平方千米。据清同治版《万年县志》的记载及洞口的古崖刻可知,此洞自古即为游览胜地,后因地处偏僻而湮没久远,近百年鲜为人知。连居住在洞口——盘岭村黄天峰下的百余户村民,也无人知晓他们脚下有一个秘藏仙境。直至1998年为泻山洪,偶然炸开洞口,才被重新发现。溶洞属亚洲较年轻的溶洞之一,具有典型的喀斯特地貌特征,集现代地下河与古河道于一洞,全长7000多米,落差300余米。已开放游程1600米,其中水路468米。洞内生活着大量洞穴生物,有些昆虫种类为世界仅有,形成丰富多彩的洞穴生物世界。洞中各类钟乳石品种繁多,琳琅满目,质地纯净,色泽如玉,景观十分丰富。景观主要类型有:神奇美丽晶莹剔透的石花、鹅管、石盾、石笋、石柱、石笋斜塔、钟乳石吊石柱、石幔、石瀑布等等。石幕低垂,石瀑悬泻,石柱擎天,石乳悬吊、石田阡陌纵横,石人、神、兽、物等形象惟妙惟肖,栩栩如生,或伟岸壮烈或风光旖旎,构成神秘的地下世界,置身洞内如临仙境。被中国地质科学院评为中国洞穴重大发现,中国洞穴景观评价一等奖,中国洞穴探险研究江南基地,享有"中国最美的地下河"的美誉。

莲花洞,位于万年县盘岭乡港道的溶洞群,是1980年代江西省自彭泽县龙宫洞以后新发现的又一较大型的溶洞群,共有大小溶洞15个,其中最大的长达580多米,宽8米~9米,高20多米。洞内钟乳石林立,造型各异,姿态万千。

石林景区位于万年县盘岭乡盘岭,面积为50.9平方千米,核心面积为11.9平方千米(其中弋阳曹溪镇西山村和乐平众埠镇文山村各占石林面积5、6.9平方千米)。是华东地区迄今为止发现的最大石林,由风动石、风门口、石林迷宫三部分景区组成。有如来神掌、三星高照、天马行空、白玉石林、一线天、九重天、音乐石、风动石、天涯海角、强盗岩十大景观;象形奇峰60余座;酷似各种飞禽走兽、人神形象、器皿物件的石景500余处。石林高度一般0.6米~7

米，景观类型多样，错落有致，百态千姿，以典雅精致见长。灵石奇景，惟妙惟肖，尽现大自然巧夺天工的无穷变幻。植被中有大面积的国家级保护植物红豆杉，石林与藤蔓相互交错，树木、灌丛、花草点缀其间，每当朝夕红霞辉映之际，丛丛石林，披彩沐霞，扑朔迷离，宛若虚幻仙境。专家评价"似云南石林，胜于云南石林"。

荷溪古村落位于大源镇，历史文化源远流长，遗迹众多，如明代古城墙、古井、古戏台、彭氏祠堂等。荷溪古城墙建于明正德四年(1509)，东、南、北城楼已毁，仅存拱形西门，红石青砖砌成。洞门宽3.8米，深4.5米，高6.7米。古井建于明万历年间，深2丈许，井口石圈上刻有"万历七年"。荷溪古戏台保存完好，风格呈浓郁地方特色，各种刻画雕镂，栩栩如生。

九子溪地处大源镇柳家分场。生态环境优美，空气清新，溪水清澈，竹林茂密，幽美的自然风光显现"自然的美，美的自然"。九子溪内原始森林遍布，动植物资源丰富，种类繁多，栖息着大量珍贵野生动物。四季景色迷人：春时花香遍野，夏至绿荫葱葱，秋冬红叶点缀，满山彩林。

第二章　资源普查与保护

第一节　资源普查

改革开放后，旅游业兴起，境内丰富的旅游资源开始受到国家、省、地、县各级政府和周边经济区的重视。得天独厚的自然条件和发展旅游的各种先决优势，使地方政府开始日益重视对旅游资源的科考、探察、普查。1980年代初，一批媒体记者及摄影爱好者，首先深入到各地被历史湮没的景区景点，成为旅游考察开发的先行者。1982年—2000年，根据国家的统一布置，全区各县(市)陆续开展对各地旅游资源的大普查。大批基层业务工作人员在资源考察、景区规划的活动中，倾注大量心血和汗水。随着旅游资源考察的深入，宣传报道、精品打造等各种活动广泛展开，许多深藏山野、毁圮多年、不为人知的旅游佳境，如三清山、灵岩洞、龟峰南岩、神龙宫、灵山等渐渐亮相荧屏，为社会所熟知。这些前期的考察工作，为此后的旅游规划设计及大规模的发展旅游业，提供了大量必不可少的数据资料。

组织大普查　1982年年初，根据国务院的统一部署，上饶地区开始全区风景资源大普查，文物普查与之同时进行。婺源县、波阳县、德兴县、弋阳县、铅山县在1982年内完成，其余各县于1983年7月全面完成。普查范围有旅游风景、革命旧址、古建筑、古寺庙、古碑刻、古墓葬、古城址城墙、古窑址等等，重点普查有古文献记载和群众反映的线索。这是新中国建立后，上饶地区进行的第一次风景资源全面普查活动。为搞好资源普查及评价，1982年4月，行署专门成立上饶地区风景名胜资源普查领导小组，组长刘海峰，副组长陈天才，成员徐有庆、刘华、马淑芳。领导小组下设风景名胜资源普查办公室，由地区建设局、地区外事办、地区文化局、地区林业局和有关单位抽调干部组成，以三清山、龟峰、婺源等地为重点进行旅游风景资源普查。地区、县(市)、乡(镇)、村各级政府均抽调熟知地情的精干人员，组成各级旅游资源普查办公室和旅游资源普查队，深入荒野山村和名山胜水进行调查。地区与玉山、德兴县共同组织20多人，对三清山的自然风光、人文景物资源进行初步普查，拍摄各种景点景物彩色、黑白照片近千张，汇集了一部分普查资料，装订成册。

1982 年 3 月,玉山县、德兴县、弋阳县、婺源县组成县风景资源普查办公室和考察队伍,深入人迹罕至的景区腹地,攀山越岭,披荆斩棘,穿林过溪,寻找古迹旧址,走访知情人,拍摄照片。玉山县组织 70 余人,以清代县志记载为线索,对三清山进行历时 16 天的普查。全区通过大量实地勘察,日积月累,逐渐收集到一批宝贵的第一手资料,整理出玉山、婺源、铅山、德兴等县和三清山、龟峰等处图文并茂的旅游资源普查报告,出版《三清山风景名胜区资源普查资料汇编》。此后,各县、乡级小规模的资源考察活动,断断续续直到 2000 年仍在进行之中。

1995 年 4 月底,广丰县文化局、宗教办公室及考古专家、旅游学者组成的普查小组,对享有"天下第二丛林"的江南名刹博山寺进行全面考察。普查小组对博山寺的地理地貌、历史沿革、民风习俗、名人遗迹等进行全面考证,确定了稼轩书舍、卧虎听禅等 16 个古迹遗址、景点,收集整理民间故事传说 36 个,收集考证历代文人墨客包括辛弃疾的诗词 21 首。广丰县据此对博山寺的旅游开发作出初步规划。

1998 年 11—12 月,江西地质调查院在赣东北地质科研考察中,发现婺源境内多处溶洞奇观,分布在婺源镇头镇、中云等地,洞中石峰、石芽、石沟、落水洞、暗河、溶蚀洼地等样样齐全。其中镇头镇石峡村有一落水洞,洞内宽敞,有石笋、石桌、石凳等,洞壁上有先人留下的摩崖石刻。

挖掘灵岩洞 灵岩洞,位于婺源县古坦乡通源观村,传说原有 36 洞,因达官贵人游者甚众,官府迎往送来不绝,当地百姓被抓差带路、派饭、备梯具火把,不堪重负,愤而填之,故淤塞多年。1981 年,婺源县文化部门的王季桂、王涧石及《江西日报》鲍嘉龄等 2 名省报记者,在地方政府的支持下,组织探险队,对销声匿迹数百年的灵岩洞群进行初步考察。《江西日报》副刊对其作了 4 个月的连续报道。此后,专家学者接踵而至,探访考察,灵岩洞始重见天日,举世惊叹!1982 年,婺源县政府组织力量对灵岩洞群进行较为全面的勘察,初步探明洞群大大小小有 36 个洞,总称灵岩洞。其中最有开发价值的,主要是卿云、莲华、涵虚、凌虚、琼芝、萃灵 6 个洞,洞内多天造奇观,景致绚丽。1983 年,据前来考察的清华大学某洞穴专家称:灵岩洞为其所考察过的 80 多个国家洞穴中,最为奇特的一个,誉为天下第一洞。1985 年 8 月,新华社等 8 家新闻单位联合对灵岩洞及婺源风景名胜进行实地考察。1988 年 5 月,林业部派员考察婺源县灵岩洞,查实后批准建立灵岩洞国家森林公园。

探访三清山 三清山,位于玉山县北金沙乡,与德兴市皈大乡东南交界,自古即为著名胜地。三清山从身藏深闺无人识到后来名扬四海,前后不过 30 年左右的时间,起初的发现,还要归功于一批摄影爱好者。他们是三清山普查最早的探索者、发掘者、宣传者。最早上三清山拍照的人,是在玉山县文化馆搞摄影工作的汪维炎。三清山由于位置偏僻、交通闭塞,山顶古观早已成断壁残垣,"文化大革命"十年浩劫时更是没了人迹。自 1972 年起,汪维炎几乎每年都要上山拍照。此后连续 30 年,在不同的季节,不同的角度,拍下大量宝贵资料。第一个写三清山游记的人。三清山游记古代就有,此处指新中国成立后。1978 年,江西日报摄影记者余泽恩和周勇在德兴县采访时,听说畈大乡有座很漂亮的少华山,觉得是个很吸引人的题材,于是一彪人马浩浩荡荡,好不容易到得山上。两个人满山乱转,见好就拍,过足了瘾。回南昌后周勇立即写好游记,配了几张照片,以《独柱擎天见少华》的标题在《江西日报》副刊上发表。据称:此为新中国成立后在正式报刊上发表的第一篇三清山游记。山南的第一位探险者。三清山南麓是自然景观最集中、最精彩的地方,1980 年代初还是一块处女地,处于混沌未开的原始状态,莽莽丛林掩盖着山岩,高深莫测。只有砍枕木、找纸浆原料、挖草药的人带出过山上有"观音石""罗汉石""神仙泉"之类的传闻,引起玉山县文化馆摄影家邱炳炎的兴趣,1982 年 7

月,他在县旅游普查办公室杨主任带领下,先后从紫湖八仙洞、东凹等地出发,都是无功而返。后来打听到有位叫鲍隆发的基层干部曾经上山采过药,于是请他当向导,又请几个农民挑行李,进山拍照。当年下半年,邱炳炎又上去5次,把三清山所有的山峰、奇石、岩洞都走遍。最得力的宣传者。山南奇特的自然景观被发现以后,1982年秋天,新闻敏感性很强的新华社江西分社摄影记者游云谷来到玉山县,沿着那些景点浏览一圈,觉得这些新发现非同一般,很有开发潜质。为加大宣传力度,回省城后又邀中央记录电影制片厂驻江西的资深摄影师解廷勇,一起到山南采访。听采药人说:三清山上有一个仙境,长着各种形状的石头。游云谷于是请民工从荆棘和灌木丛中砍开一条小路,带着全套摄影器材上山。山上如梦似幻的仙姿神韵深深地吸引了他们,他们在山洞中安营扎寨,并请来一户村民,由村民的父亲做饭,村民三兄弟开路探景,爬山越岭,开始为期半个月的拍摄工作。拍摄到云雾缥渺、仙梯浮现的《梯云灵秀》和恰似天门初开、金光倾泻的《晨沐峰林》的精品照片。有一次见块100多米高的条形巨石凌空竖立,像巨蟒腾空而起,他将照片取名为"巨蟒出山"。后来,还发现"观音赏曲"、"猴王献宝""万笏朝天""神龟探海"等石景。这些最早发现并拍成照片的景观物像,后来都成为风景名称,成为三清山风景名胜区的标志性景观。在县里开始动手开发建设的同时,他们组织一批批摄制人员上山宿营,花了很长一段时间,拍照片、拍纪录片、拍三清山题材的电视剧,通过各种途径向外界传播三清山。

此后,政府对三清山的旅游资源逐渐开始重视。1983年,国家建设部、同济大学的专家应邀对三清山进行实地考察,并开始勾勒开发建设总体规划的轮廓。以三清山为重点的旅游资源的普查、开发、建设和保护工作,被省政府和地区列入重要议事日程。上饶地区把山北山南的景区合并到一起,成立三清山旅游开发管理专门机构,1984年9月,上饶地区三清山风景名胜区管理局成立,特邀省内外专家、学者和有关领导,组成上饶地区三清山考察团,再次对三清山风景区进行考察、评价。1985年,上海经济区组织四省一市城乡规划院的专家和工程设计人员赴三清山考察。三清山的名声开始响彻海内外。此后,每年上三清山考察的海内外专家学者络绎不绝,无以计数。

考察灵山境　灵山为上饶的千古名山,距中心城区仅数十千米,历史上一直是上饶城的"来龙山""大灵山"。有天然奇绝的峰林景观,72峰,峰峰簇拥,山势陡峻,从山脚至山顶,水平距离约5千米,海拔由110米陡增至1496米,地势高差很大,形成极其雄浑壮观的环形山岳景观。岩体中心地势平缓,边缘为陡峻山峰,平面上近圆形,形如环状,俗称"环状花岗杂岩"。灵山文化底蕴深厚,道教兴盛,民俗浓郁,前往考察的专家、企业家很多。1959年,苏联专家一行3人,对灵山石人村背的灵山主脉进行了为期3个月的考察勘探。1994年1月,香港古稀天子药酒有限公司董事长张深,率5人到灵山清水乡水晶山考察旅游综合开发项目。

2001年,灵山旅游开发列入上饶市旅游业"鲲鹏"战略规划。8月11日,华东师大地理系旅游研究与开发中心教授洪雪晴一行3人,在县长助理邱小明等领导陪同下到水晶山考察灵山旅游资源,认为灵山应属国家级自然生态遗产,具有自然风光奇特、地理位置优越、视野内人口密度大三大优势,是一处很有开发价值的风景名胜区。11月,成立上饶县旅游开发领导小组,县长任组长。下设办公室,着手进行灵山旅游开发的前期工作。12月,县政府组织县直12个有关局、室和乡镇负责人对灵山景区景点进行考察调研,撰写旅游工作开发建议。

发现龙门佛　1990年代,弋阳县政府多次邀请、组织文物、古建等有关专家至南岩景区考察,研究修缮事宜及发展规划。2000年8月,十世班禅画师、中国藏语系高级学院藏传佛教传统绘画研究员、全国政协委员尼玛泽仁先生应邀到龟峰佛教名胜——南岩景区考察,远眺龙门岩时,发现整座山体犹如一幅天然巨型“如来涅槃图”,并认定是至今发现的世上最大天然卧佛岩。

考古仙人洞 1993年10月4日至11月16日、1995年9月18日至11月18日,由北京大学考古系、美国安德沃考古基金会、江西省考古研究所和万年博物馆组成中美联合考古队对万年县仙人洞和吊桶环遗址进行采样和发掘考察。首次发现1.2万年以前的野生稻植硅石,8000年~10000年前人工栽培稻植硅石,是现今世界上发现最早的栽培稻遗存。这一考古发现被评为1995和“八五”期间全国十大考古新发现之首、中国20世纪100项考古重大发现之一。考古活动结束后,仙人洞和吊桶环遗址作为景区开放。1998年冬季,政府组织考察仙人洞景点及附近溶洞,并将溶洞命名为神龙宫。2000年6月,仙人洞风景名胜区被省政府列为省级风景胜区。

2001年6月,仙人洞吊桶环被国务院公布为全国第五批重点文物保护单位。

“炸出”神龙宫 1998年初夏,一场大暴雨引起山洪暴发,万年县大源镇盘岭村的排水口——悬崖下神秘的“消水岩”,被山洪冲下的树干枝叶堵住了入水口,引起盘岭村盆地的雨水淤积,很多村民家的房屋和农田都因此被淹。为疏通积水,村民们请来爆破手炸开被堵的石缝,淤水杂物泻尽后,显露出一个黑幽幽的洞口,几个胆大村民点燃火把,试探着爬进洞口,洞中的景观让人们目瞪口呆——洁白如玉的钟乳石千姿百态,景象万千,俨然一个地下宫殿!村民们惊喜得奔走相告,随后纷纷敬香祭拜,并尊称此洞为“神农宫”。

万年县委县政府得知这一消息后,于当年冬季精心组织探险队,并由领导亲自带队前往神农宫考察。参加探险的队员们背上干粮、氧气和枪支,进入洞穴深处之后,历尽艰险,在沿途千奇百怪的钟乳石中,不时窜出粗壮的毒蛇和密集的蝙蝠群。探险队先后发现奇怪的青蛙、贝壳、洞蜘蛛和罕见的盲鱼等洞穴内稀有动物,还有很多没见过的无名生物。队员们在洞中走了近10个小时,仍远不见出口,不得不遗憾地结束探险行动。

万年盘岭发现神奇溶洞的消息在社会上传开后,立即在国内科学界、探险界引起轰动,引来全国各地众多科考队和探险爱好者的光顾。神农宫陆续被中国地质科学院评为中国洞穴重大发现,中国洞穴景观评价一等奖,被列为中国洞穴探险研究江南基地。

第二节 资源保护

1983年11月、1984年7月,行署先后两次向省政府报告,请求将三清山批为自然保护区或风景名胜保护区,由地区直接管理。1985年12月,省政府将三清山、龟峰、灵岩洞等景区列为江西省第一批省级风景名胜区,三清山列为全省四大旅游区之一,开发者蜂拥而入。因地方政府管理不力,1980年—1990年代初,景区早期的开发往往带有较大的破坏性和随意性。如三清山景区,当地农民砍掉风景树,在山上抢占地盘,任意搭建简易毡棚和大通铺,长年以砍伐珍稀古木为燃料,烧饭取暖,对景区环境破坏很大。大片的珍稀动、植物被肆意摧毁,三清宫周围珍贵的古杜鹃林,数年之间几乎砍伐殆尽,有摄影记者在三清福地拍下大片残留的杜鹃林树兜,题名“树魂”,报道此类令人痛心之现象。许多珍稀动物如黑熊、黄麂、黄腹角雉都成为饭馆高价出售的野味,野生石蛙几乎被捕尽杀绝。1982年,三清山的松鼠满山跳跃,冰玉洞瀑布长长的溪涧中,娃娃鱼(大鲵)的叫声曾此起彼伏,不绝于耳。至1980年代末,已闻所未闻,销声匿迹。

1990年代初期，在景区的开发建设中，各级政府开始对丰富的旅游资源采取合理适度开发的原则。在合理利用旅游资源的同时，有些政府和业务部门也采取一系列得力措施，注意加强资源保护和修复，以便可持续性利用。

三清山　三清山自然资源和人文景观富集，森林生态基本保留原始风貌，以三清宫为中心的道教古建筑群，无论总体结构布局还是个体造型艺术，都是不可多得的精品。建国后，由于山高林密，三清山与外界接触少，山上石构建筑被草木覆盖，湮没无闻。但在"文化大革命"中，沿途神道、神像和庙中造像惨遭破坏，许多石像头部被砸掉，幸石壁上浮雕造像和题刻保存较好。

1987年，三清山古建筑群（含石雕、石刻）由省政府公布为省级文物保护单位。1989年，上饶地区文物管理所对三清山文物进行全面普查，编制了总体保护规划方案，并于年底通过省级评审，先后将其上报为省级和国家级文物保护单位。在规划中，按其原有的古拙小巧、朴素粗犷的风格，对三清宫等古建筑群和沿途的摩崖石刻进行了保护性的修复，拓开清华、净衣、涵星三池，结合道教风格适当地修建观景亭台。当年12月，地区文物管理所、三清山风景名胜区管理局联合考察制定《上饶地区三清山风景名胜区文物保护和维修总体规划》，对三清山的开发提出总体保护方案，决定分三级划定保护范围，具体划分与要求为：一是在绝对保护区域内，一草一木一石皆以维护原貌为原则，除必要的环境卫生整理外，不得有任何形式的基建工程妨碍原貌。二是在一般保护区域，不得安排与文物无关的其他建设项目。如特别需要，应从严控制，宜小不宜大，宜简不宜繁，维护原来环境气氛不变。三是在建设控制地带，不得有高层建筑或污染环境、妨碍森林植被和水源的工程建设，以保持文物周围一定范围内的环境气氛不被改观。在上述三级文物保护区域内，绝对禁止对森林、植被、鸟兽、花木、山石等的偷伐、偷采和偷猎行为。在后两级保护区域内，需要安排基建工程项目时，必须先审报省和国家级文物主管部门审批同意，并会同各有关部门工程技术人员和负责人，现场踏勘取得一致意见后，方可破土动工。

对三清山道教遗存的维修，以保护为前提，基本遵循三个原则：一是规划设计的界线，必须从全局出发，符合设计者原本建筑蓝图的外围界线，努力保护界线之内的历史原貌不受任何损坏。二是完整保护，全面维修。保持原有的八卦方位排列，不能随意增减。否则损其一即伤全体。维修时按轻重缓急，先抢救危亡后及一般，分期分批进行。三是维修中按国家颁布的政策法令切实做到四坚持：坚持形制不变（即保持原来的环境气氛，保持原来的平面布局，保持原来的造型，保持原来的艺术风格），坚持结构不变，坚持材料不变，坚持传统工艺不变。与此同时，经地区文物管理所建议，在三清山成立文物保管所，下设保护点，建立文物保护员制度和值班制度，形成保护网络。

1992年8月，地委、行署召开三清山风景名胜区工作会议，下发通知禁止砍伐景区森林，杜绝烧柴。禁止乱占土地、乱搭乱建等（详见景区管理一目）。1995年，上饶地区文物管理所、上饶地区三清山文物管理所在国家、省文物主管部门的关心支持下，对三清山重要建筑龙虎殿、飞仙台、西华台、九天应元府、纠察府、演教殿和王祐墓、詹碧云墓等十多处古建筑进行了抢救性保护维修，取得良好效果。1996年—2000年，在三清山深化开发建设的同时，政府进一步完善并强化景区的各种管理法规与条例，使景区内自然与人文景物得到有效保护。

仙人洞　仙人洞景区位于万年县大源镇小荷山下，因考古发现距今1万年～1.2万年左右的人工水稻植硅石标本和原始陶片，而蜚声中外。仙人洞遗址周围，存在丰富的喀斯特地貌，有神龙宫溶洞、冰水岩、蝙蝠洞及奇异石林等。为在开发中保护好上述旅游资源，万年县将景区保护同文物保护结合,公布文物保护单位,成立县、乡、村三级文物保护领导小组;同林业、水利管理相结合,保护生态资源;对刚刚发现、尚待开发的神农宫溶洞封堵洞口,派村民看护,防止遭到人为破坏。2000年,地区制定出保护规划,通过植树种草、建立防护林带,以及迁移工厂、疏通河道、拆除妨碍景观的建筑物等有效手段,保护这一著名的原始人生活遗址及附近的溶洞景观。

南岩寺　南岩寺位于龟峰二景区南岩,佛龛设在高30米,宽70米,深30米的自然岩洞穴内,洞内石壁上依山凿石佛像数十尊,摩崖石刻十余条。专家鉴定此处为中华第一佛洞(个体),列为省级重点文物保护单位。1999年9月,根据南岩寺的修复设计方案,保留原有洞窟石墙,采用“加、减法”在石墙上建设门窗,进行改造和修复。专家按“整旧如旧”的要求,修缮现有佛龛和40余颗佛像头。同时,对洞窟石墙进行彻底整改,用仿红砂岩的金钢砂正石漆进行墙体喷涂,使庙墙颜色与周围丹崖山体浑然一色,保持寺庙原有的自然特点。

叠山书院　叠山书院位于弋阳县城,元时为纪念民族英雄谢枋得而建,建国后成为弋阳中学校园。为保护好叠山书院,弋阳县政府于1983年组织人员对书院建筑进行摸底调查。1986年,县政府将其列为县级文物保护单位;1987年升为省级文物保护单位。1995年,县博物馆再次组织人员对书院进行彻底调查,并完成了“有保护范围、有标志说明、有记录档案、有专门机构或专人负责”的保护工作。同年11月11日,县政府下文(弋府发〔1995〕81号文件),叠山书院划归县博物馆管理、使用,将书院所在的中学校舍东迁新址。

婺源景区　婺源号称“四古之乡”,全县有古树、古洞、古建、古文化无数。在旅游开发建设的同时,县委县政府坚持“保护与开发并重,开发与建设并举”的方针,注重生态环境的保护,注重文化遗迹的抢救和整理。为让民俗文化传承发展,婺源县多管齐下加大文化保护力度,成立县、乡、村三级文化保护管理体制,并出台相关文化保护管理办法。建立健全茶文化、砚文化等9个民间文化保护协会和18个古村落保护协会,鼓励群众自发保护挖掘乡间文化,让文化“源远流长”。1990年—1992年,对年久失修的古建筑如彩虹桥、经义堂、俞氏宗祠、阳春古戏台、虹井、廉泉等一批景点进行保护性抢修。并规定开发建设、筑路等工程必须保护古树。

在开发鸳鸯湖旅游资源的同时,县政府十分重视对野生鸳鸯及其生存环境的保护,1991年和1997年,先后申报建立鸳鸯湖县级自然保护区和省级自然保护区,保护区面积917公顷。并于1993年成立鸳鸯湖管理局,划定保护区的范围,严禁在保护区内建厂办企业,同时禁猎、禁伐、禁渔,以免破坏野生鸳鸯的自然生态环境。

灵山景区　2001年11月,上饶县政府下发《关于加强灵山旅游资源保护的通知》,对灵山的十大景区160平方千米范围内森林实行全面封禁,花岗石采石划定区域,控制采石量,有效保护灵山的旅游资源。

第三章　规划 建设

第一节　规划设计

1980年代起,国家规定风景名胜区评定等级后,须由相应具有资质的规划设计单位定出景区的总体规划和详细规划,并报地区、省政府批准,方可进行实施。1980年—1990年代,全区陆续定有旅游发展规划的主要有三清山、弋阳县、婺源县、万年县等地景区。

三清山景区 1983年,国家建设部和同济大学的领导、专家、学者会聚上饶,对三清山进行实地考察后,开始勾勒开发建设总体规划的轮廓,指导上饶有关部门草拟《三清山风景名胜区开发建设总体规划》。同年10月,成立三清山旅游区规划建设办公室。1985年,三清山被列入省级风景名胜区后,上海经济区派专家和设计师考察三清山,决定把三清山列为上海经济区的重点风景区进行规划开发。1986年7月,地区以省政府名义召开三清山风景名胜区总体规划评审会,11月,省政府批准《三清山风景名胜区总体规划》。从此,三清山的开发建设进入相对规范的运作,开始有序进行。1989年12月,地区文物管理所和三清山风景名胜区管理局,联合编制了《上饶地区三清山风景名胜区文物保护和维修总体规划》,对三清山的文物保护和维修,提出了总体保护维修的原则。

1994年,三清山风景名胜区管理局和省城乡规划设计院根据省政府批文,和专家、学者对三清山的开发意见,对三清山的总体规划进行补充、完善,编制出比较完善而又具地方特色的《三清山总体规划》,规划面积为229.5平方千米,由省政府上报国务院,获国务院正式批复同意。当年9月,国家建设部下发《关于三清山风景名胜区总体规划的批复》,批准实施,三清山的开发建设从此纳入法制化、科学化的发展轨道。同期,还对三清山金沙综合服务区和梯云岭、玉京峰、三清宫、西华台的小区进行规划,聘请浙江大学专家先后编制完成《三清山旅游经济开发区规划纲要》《三清山旅游度假区规划要点》《玉灵观—龙虎殿客运索道可行性报告》《三清山森林防火规划》《沙溪—汾水公路可行性研究报告》《东坳至紫湖环山公路测设报告》等一系列规划纲要,对三清山作出系统开发、分布实施、全面发展的长远规划。同时,按照国际旅游业的发展趋势,对建立三清山旅游度假区进行多方论证。

1995年,成立三清山旅游经济开发区,范围涉及德兴市畈大乡、玉山县怀玉乡、三清乡、南山乡、紫湖乡,规划面积25平方千米。按三清山总体规划,对景区进行保护、开发和管理,做到开发一片,建成一片,收益一片。同年,经省政府批准,三清山脚下的七一水库正式更名为三清湖,纳入江西东大门旅游开发项目。同年在七一水库成立三清湖旅游开发办公室,组织编写了《三清湖旅游开发规划》。

龟峰景区 1989年5月,江西省城乡规划设计院应邀对龟峰风景资源及其开发建设进行总体规划,同年,省政府〔1989〕112号文件批复龟峰的总体规划。1996年初,弋阳博物馆制定《叠山书院保护和维修总体规划》,并委托省文物建筑保护中心进行维修设计。1997年,省文物保护中心列出叠山书院规划图,按规划对书院进行逐步修缮。1998年初,弋阳县委托同济大学常青、严国泰等教授制定《弋阳龟峰风景名胜区总体规划》。总体规划将县境主要景点划分为三大景区,一景区为主景区,是以龟峰为主的山水自然风光区,主要包括龟峰地区和金鱼石地区及其周边地带,面积为28平方千米;二景区是以"中华第一佛洞"南岩寺、"飞来禹迹"龙门岩、天然卧佛岩雕、龙门湖水上娱乐中心为主构成的佛教巨型岩雕文化区,面积为10平方千米;三景区则以方志敏纪念馆、叠山书院、县城区古建筑以及信江流域、沙洲和龟峰文化森林公园为主的人文景观区,面积为69平方千米。规划总面积135平方千米,其中风景名胜区面积为107平方千米。

婺源景区 婺源县是全区旅游大县,景点众多,开发规划较早。1991年8月,经江西省林业勘察设计院编制的《灵岩洞森林公园总体规划设计》,通过省内外专家论证。1992年县旅游局成立后,立即开始进行婺源旅游开发总体规划的全面编制,建设规划以突出古文化内蕴为总则,依据旅游资源普查资料,先后编制《灵岩洞风景名胜区总体规划设计》《鸳鸯湖风景区总体规划设计》《凤游山风景区总体规划设计》《建设婺源古建博览区可行性研究报告》等,制定《文公庙复原方案》《重建朱松故居方案》《建设廉泉公园方案》《茶院公陵园建设方案》等。1993年5月,游山村编制《凤游山风景旅游区开发规划》,县乡镇企业局批文同意建立凤游山旅游开发公司。1994年,灵岩洞国家森林公园开发建设总体规划,上报省政府批准实施。1996年10月,县旅游局编制《婺源县凤游山风景区总体规划设计》。1999年,聘请中国旅游学院的专家编制《江西省婺源县旅游发展总体规划》。2000年5月,国家旅游局批复此规划,将婺源旅游发展定位为"文化与生态旅游示范区"。

仙人洞景区 1999年,对万年县大源仙人洞景区的神农宫进行保护并编制《全县旅游资源报告》,同时,聘请江西城乡规划设计院编制《神农宫溶洞洞内规划》;2000年,地区文物管理所对大源仙人洞制作旅游发展规划。

灵山景区 2001年10月,灵山旅馆开发列入上饶市旅游业"鲲鹏"战略规划。11月,成立上饶县旅游开发领导小组,县长任组长,县长助理任副组长。下设办公室,着手进行灵山旅游开发的前期工作。12月,县政府组织县直12个有关局、室和乡镇负责人,对灵山景区景点进行考察调研,撰写旅游工作开发建议。并着手编制总体规划及系列宣传策划。

第二节 开发方略

1983年—1984年,根据旅游普查的数据,行署数次向省政府、国务院打报告,申请将三清山列为国家级风景名胜区进行开发。1991年起,根据国家和省政府关于积极发展旅游业的精神,地区开始着重发展旅游业。玉山县三清山、婺源县乡村、弋阳县龟峰成为全区先行发展的重点区域。

1992年初,地委、行署提出"背靠大山、东出南引、以区带区、跟进接替"的经济发展方略,决定大力发展以三清山为龙头的旅游业,并制定一系列鼓励内宾外商投资的优惠措施,举全区之力,加快三清山开发建设的步伐。8月,地委、行署决定加强领导,开创三清山建设的新局面。具体措施有:1. 调整三清山开发领导小组,由地委副书记、行署副专员等担任领导成员;2. 密切三清山周边5个乡之间的友谊,携手开发三清山。对三清山的宣传,要统一目标、统一口径、统一优惠政策。3. 进一步发挥三清山管理部门的职能作用,对三清山进行保护、建设、开发、管理,各有关部门要维护其权威。管理局在2个月内迁到山上办公。11月,地委、行署经认真调查研究和多方征询,鉴于三清山的内外部条件与各方因素,通过反复比较,对三清山的短中长期建设作出规划,提出"突出东部,提高南部,规划西部,促进北部"的中期发展思路,旨在贯彻量力而行、有所侧重的原则。按此发展思路,1993年—2000年,三清山总开发分两步进行:

第一阶段(1992年—1995年),边打基础边开放,期间突出重点,分步开发,加快改善山上山下的基础设施,提高景区外部公路等级及新辟环山公路;修复以"三清福地"为重点的文物景观;安装千门程控电话,建设移动电话,实现国际国内电话直拨;开展国内外邮政业;增加进山输变电线路,实现火电与水电互补,确保景区电力供应;新建梯云山房及上饶三清山旅游大厦等一批星级服务设施;建立三清山旅游经济开发区,成立三清山旅游经济开发区管理委员会，理顺三清山管理体制，统一各方力量，按照“谁投资，谁收益”的原则，动员各行各业的多方力量，加速旅游资源的开发利用；重视旅游市场的开拓，积极参加国内外旅游活动，充分利用外事、经贸、对外文化交流等渠道搞好旅游促销宣传；努力办好三清山国际旅游文化节；争取一批国内外知名人士上山旅游观光题诗吟赋，扩大三清山的知名度，增加客源；重点开发具有特色的旅游线路和旅游项目；进一步加强与省内外旅游景区的横向联合，拓宽旅游网络和项目，进而推动旅游业及与旅游相关重点领域的对外开放。

第二阶段（1996 年—2000 年），大规模建设、全方位开放。这一期间加大三清山的深度开发，建立两条上山客货运索道和三清山国家旅游度假区；对外开放的各种机制进一步健全，投资环境进一步改善，三清山实现全方位开放。同时，进一步完善并强化景区的各种管理法规与条例，使景区内自然与人文景物得到有效保护。培养一批高素质的管理人才，使风景区和旅游管理各项工作步入程序化、规范化、制度化、标准化的轨道，积累跨入国家先进风景区行列的条件。总体上把握“八五①期间打基础，九五②期间大发展”的原则。

1991 年—1995 年，婺源县委、县政府审时度势，果断决策，将开拓与发展旅游业定为强县富民之策，作出优先发展旅游、培育主导产业的决策和建设中国最美乡村的科学定位。并确定“以保护历史文化遗产为起步，以修缮、开发人文与自然景观为重点，三年打基础，五年大发展，十年成（产业）支柱”的计划目标。首先突出重点，抓灵岩洞群的开发建设。2000 年，根据国家旅游局的批复，婺源将旅游发展定位为“文化与生态旅游示范区”，明确婺源旅游必须加快转型增效，由单一的旅游观光向休闲度假转变，由休闲度假向最佳人居环境转变，实现梯度发展的目标，使婺源真正成为国内新型旅游胜地。“八五”至“九五”期间，婺源县政府广纳各方资金，鼓励多元化大办旅游业，出台一系列优惠政策措施，积极主动帮助投资商协调关系，排忧解难，全县出现民办、村办、乡办、县办、国家办等五级办旅游的兴旺局面。李坑、文公山、鸳鸯湖、灵岩洞等景区，众多的宾馆、旅行社以及鼓吹堂、茶馆等旅游企业均为民营。放手民营，多元投资，为婺源旅游业的迅速发展提供了源源不断的资金保证。

1998 年初，弋阳县确立“三产抓旅游”，即“旅游兴县”的发展战略，开始对境内龟峰、南岩、叠山书院等景区进行有步骤的、大规模的系统开发。

第三节　景区建设

1985 年—2000 年，全区旅游开发建设仍着重在几个著名景区进行。

三清山景区　1988 年 8 月，三清山被国务院批准为国家级风景名胜区后，省政府领导先后两次在三清山召开现场办公会，解决许多关键性问题。地委、行署经常召开专题会议，为三清山的发展作出一系列重大决策。景区的各项建设尤其是基础建设有较大发展，加大资金投入。1992 年 5 月，地委、行署下发通知，要求玉山县、德兴市及三清山管理局、地区公路局、电力局等单位，必须将三清山开发建设的总体规划、资金安排以及景区道路、电力、通讯、医疗等开发工作的进展及其主要问题，逐月汇报一次。同时，由地委宣传部、地区文化局、广播电视局负责上报对三清山宣传的具体措施安排及实施进展情况，从而督促加快三清山的开发建设。8

①“八五”即国家第八个五年计划，时间为 1991 年—1995 年。

②“九五”即国家第九个五年计划，时间为 1996 年—2000 年。

月，行署下发通知(饶办发〔1992〕10号)抓紧景区基础设施建设，突出抓好交通、供电、通讯的建设。景区外部公路(即由德兴市、上饶市、玉山县进山的3条公路)当年要提高等级，维修由所在县(市)负责；环山公路(3段)建设由德兴市、玉山县分头负责，地区财政负责提供“三材”，县(市)负责出劳力，地区建行负责提供贷款，整个工程在1992年冬至1993年春完成。地区电力局负责在1993年完成三清山的供电工程，确保三清山景区的供电，为索道建设打好基础。地区邮电局10路有线载波电话已开通，千门微波程控电话尽快拿出方案，资金按原定比例筹措。

1992年8月，德兴市兴起集资开发三清山的热潮，市、乡两级动用广播、电视、宣传车等，街头摆上募捐箱，宣募员走村串户。捐款的有六套班子领导、机关干部、过路群众，连在德兴工作多年的上饶离休老干部李明、王万朝也各捐出300元，赵振木捐200元。至8月18日止，收到各界个人捐款17.3万元。同期，玉山县决定在三清山东部划出20平方千米土地，建立旅游开发区，并多方筹资2000余万元，用于修建环山公路、架设输电线路、装备微波通讯、开通程控电话等20多项旅游配套基础设施建设，到1995年，基本形成较完善的旅游接待网络。1993年，景区改造1条公路，打通2条上山公路，总里程达40千米；新增高、中档接待床位200余张；架设2条3.5万伏的上山电线，1994年，地区将三清山东麓地势开阔、山清水秀的金沙乡列入开发中心，按照“小集镇，大都市”的要求，加快建设金沙旅游集镇。至1994年底，国家和地方先后投资三清山基础设施建设总资金达5000万元以上。景区基本形成3条进山公路，45千米石阶游步道贯通全山，沿途配置观景亭、观景台、安全栏杆、扶链设施；兴建38家宾馆、招待所，有近4000张多档次床位；建成独具风格的南部山门和停车场。

1992年—1994年，为解决景区建设资金，地区加大招商引资力度，积极内引外联，分别与南非投资集团、北京丹侬集团、广州天佳实业公司、南京亚太科技中心、江西五十铃集团等财团和企业，进行广泛接触；同时，积极争取国家交通部、建设部、财政部及省有关部门的景区开发建设资金。1995年，三清山旅游经济开发区经省政府批准成立后，享受相关优惠政策，省有关部门支持1360万元建设资金。地区在财力并不宽裕的情况下，先期拿出700万元开发建设垫底资金，有关县(市)也竞相投入数千万元巨资，加入到开发三清山的行列之中，景区的社会总投入年均在2千万以上。1999年，三清湖景区的美景在中央电视台《神州采风》栏目播出后，吸引众多投资者，纷纷到景区兴建水上乐园、儿童乐园和避暑山庄，使三清湖的旅游开发迅速进入实质性的引资阶段，年游客数猛增至4万多人次。2000年春季，三清湖游客出现史无前例的高峰，仅大年初一到正月十五，就接待6500余人次。为规范旅游管理，水库管理局加快基础设施建设，兴建旅游步行街，集餐饮、住宿、购物、娱乐于一街。成立环保小组，搞好景区绿化、美化和卫生，加强水上航运安全措施。6～9月，三清山管委会投资136万元打造玉仙园景区，历时3个月的日夜施工，在悬崖峭壁上新修1条长2千米的水晶花岗岩游步道；在险要地段修建900多米长、风格独特的防护栅栏，即安全又可点缀景致；新建重修11座观景台。全区的旅游开发建设出现前所未有的局面。

婺源景区 婺源历来被称作“森林公园县”，景区多在山区。1988年冬，政府在县城东南近郊，建立婺源植物园，是为当时全省唯一一座县级植物园。植物园占地124公顷，绿化面积达122公顷，分为药用植物、苗圃、果木、花苑、林木种子、森林6大植物区，种有樟、楠、梓、柏等名贵树木83种。园中建有游亭、旅馆、餐厅、会议室、办公楼等服务设施，具有科研、游览和接待的多种功能，每年都吸引安徽、广东、北京、上海等10多个省(市)及省内大量游客前来观赏住宿。至1991年冬,植物园开业仅3年时间,即接待游客达10余万人。

1990年—1996年,为解决制约旅游经济发展的山区交通问题,婺源县先后自筹资金和投工投劳计2500多万元,另由县财政贴息、公路部门贷款投资4160.5万元,于1996年11月全线打通至景德镇和浙江省的通道——景白公路,带动了赋春、许村等沿线7个乡镇的建设发展。1998年,县里又筹资4000多万元,仅一年时间就开通婺源至安徽休宁全长47千米的婺溪公路,吸引众多游人与客商到婺源旅游观光、投资办厂。

1993年,婺源县多渠道筹措资金600余万元,投入旅游景点和旅游基础设施建设,形成县、乡、村、民四级开发旅游资源的兴旺局面。1992年11月、1994年11月,婺源县政府两次于灵岩洞所在地通源观村召开现场办公会议,就洞群开发、旅游设施、交通运输、对外宣传等事项作出具体安排,开始灵岩洞国家森林公园的系列建设。投资125万元绿化景区,又自筹159.5万元进行基础设施建设。1993年—2000年,灵岩洞国家森林公园集资新建公园大门(牌楼)、景区办公楼房、停车场、公厕;新辟景区公路21千米,扩修景区道路46千米;架设千伏高压输电线路22千米、低压输电线路6千米;开发涵虚洞和莲华洞,完成登山石阶、洞口票房、洞内游路、景点灯光设置等服务工程。涵虚洞与莲华洞于1994年和1997年先后开放迎客。在县政府对灵岩洞开发工程的带动下,由水利部门兴建的鸳鸯湖景区、晓林乡开发的文公山景区、村委会开发的汪口和晓起村景区、个人开发的凤游山景区等一大批景区景点陆续对外开放。1997年,晓起村委会变卖所属企业,筹措资金投入旅游开发。共投资270余万元,修建村口4720平方米停车场、公厕、牌楼、竹楼、木楼,整修游路,修缮古建筑物,开发名木古树观光园。县政府先后投入30余万元,在鸳鸯湖景区的湖边、湖心岛种植松树、竹子和花草。1999年10月,乡镇干部许某承包保护开发鸳鸯湖,又投资10余万元购进10艘游船,方便游客观鸟。并在岛上建度假村竹楼、别墅,满足日益增多的游客需要。2000年9月1日,全县开发建设并对外公布开放的第一批景区(景点)先后有灵岩洞国家森林公园、文公山、鸳鸯湖、晓起村、李坑村等18处。

弋阳景区　龟峰建立地区干休所后,专署将景区与公路相接的游步道拓宽成砂石路面的公路。为方便游人,1954年在展旗峰下开凿一条隧道进入龟峰景区,名"展旗洞",长77米,宽16.2米,拱形顶,高8.2米,洞内气温冬暖夏凉,设石桌、石凳、供游人歇息。1961年龟峰内外湖工程竣工后,通往中心区的公路改经外湖堤穿过展旗洞而入。1993年建有营业餐馆和售货点。1994年,景区多渠道筹措资金,采用股份制形式,吸收职工闲散资金,在内湖南岸建砖木二层客房丹霞楼,面积786平方米,内设50个标准床位。利用外资建设综合楼、圣龟宫,开辟新景点,更新招待所服务设施,在展旗峰南建电视卫星地面接收站及门球场等,改善旅游、疗养环境,使游客量大幅度增加。至1994年,龟峰中心景区累计建筑房舍面积1万余平方米,总投资约64万元。先后建有客房、餐厅、办公楼、职工宿舍、车库、礼堂、医疗门诊部、锅炉房、水泵房、油库等。景区内的房屋建筑,根据因地制宜,就地取材的原则,建设时注重"保持清静、保护风景、防潮采光、隔热保温",在具体设计上突出"分散、低层、厚墙、大窗、尖屋顶、地空心"的特点。

1996年7月起,弋阳县政府在2年内拨款20万元,全面维修叠山书院。成立副县长负责的维修领导小组,并向省文物局报告要求立项拨款维修。1996年4月至1997年2月,省文物保护中心多次派专家对书院进行实地勘察,提供《弋阳县叠山书院维修方案》、叠山书院规划图及总体维修概算。1998年9月,主体建筑望江楼维修竣工,耗资149.2万元。10月,叠山书院第二期主体维修工程全面展开，对山长室、藏经阁、文昌殿、明伦堂、长廊、礼圣门、台阶、望江楼停车场等进行全面修缮。为确保维修质量，经省文物局审核同意，选择湖北大冶古建公司承建维修工程。1999 年 11 月，叠山书院内的园林化工程全面铺开，移栽红豆杉、银杏、水杉、罗汉松等名贵树种，在县林业部门支持下，园内建起松林、竹园，所有空地都铺植绿化草。从开始规划到正式对外开放，历经 4 年，维修及搬迁费用共投入 200 多万元，这座元代古书院得到了全面恢复与保护，浓荫蔽日，生机勃勃。2000 年元旦，整修一新的叠山书院正式对外开放。

1999 年，龟峰景区面积由原先的 26 平方千米扩大为 136 平方千米，建设力度逐年加大，景点不断丰富完善。9 月，经省文化厅批准，弋阳县政府对龟峰二景区年久失修的南岩寺进行整体改造、修复工程。施工中根据总体规划的要求，请文物专家按“整旧如旧”的原则，修缮现有佛龛，并安装修复“文化大革命”运动中被打落、后在放生池的淤泥中找回的 39 颗佛头。同时，在洞窟前清理修复放生池，用花岗岩雕筑池栏，对洞窟石墙进行喷涂，使庙墙颜色融于周围丹岩山色。修复工程于年底竣工，2000 年元旦对外开放。为重现南岩寺的历史盛况，及周边地区佛教文化内涵，同年开始进行南岩佛窟拓展工程，将南岩寺两旁 4 个洞窟各设置 1 ~2 个佛像供游人参拜烧香。以“佛教和中国传统文化的结合”为主题，用彩色壁画和立体雕塑的形式，逐步形成以南岩寺为中心的佛教主题洞窟。并对龙门岩形似天然卧佛的山体，做出进行适当雕琢改造的规划，使南岩佛文化与龙门、双岩佛文化相互呼应，形成整体的佛教文化公园。9 月，南岩景区新辟一条游步道投入使用，新游线宽 1.5 米、长 1500 米，把周边原本孤立零散的南岩寺、双岩寺、龙门湖等景点巧妙连成一线，游客无须转乘，在阵阵松涛声中、轻舟荡漾之间便可领略佛窟之宏大、丹霞之美景。

2000 年，依据《弋阳龟峰风景名胜总体规划》的要求，在龟峰景区骆驼峰下清水塘村下游建设清水湖水库，以使龟峰山水相映。水库坝址选定于原清水塘自然村下游约 1 千米的峡口处，水库库容为 99.9 万立方米，设计坝顶高程 77.5 米，坝顶长度 140 米。当年 8 月开始水库大坝主体工程，年底基本完工。清水湖建成后，奇峰碧湖山水交融，湖岸风光旖旎，湖面小舟泛波，成为一处景色绝佳的水上娱乐中心。同年，龟峰山庄和龟峰旅游服务中心也开工兴建。

万年景区 1991 年 9 月，万年县盘岭乡港道的莲花溶洞群，历经一年多的开发建设，安装各种灯光、扶栏，于 10 月 1 日国庆节期间开始接待游客。2000 年，神农宫溶洞景区投资 16 万元炸开洞口，并将洞内狭窄难行处炸开拓宽，牵入照明灯，平整游步道，对外开放。

横峰景区 1998 年，横峰县全面展开旅游资源的开发，一是开发红色旅游——葛源革命旧址区，包括闽浙赣省委、省苏维埃政府旧址，红军学校第五分校，闽浙赣省军区指挥部旧址，红军操场，列宁公园等，供人参观旅游；二是开发建设近郊两山——岑山、天台山休闲中心，寺庙；三是建设城南人工湖风光工程。并投资 516 万元，对方志敏生前战斗及生活过的 10 余处革命旧址进行维修。

灵山景区 1967 年 9 月，灵山石人峰巅的“石人公”景观被当成四旧炸毁，1996 年 3 月，乡民自募捐资恢复（人工再造）“石人公”工程开工。2000 年，灵山石城寺大雄宝殿重建工程全面竣工，建筑面积 765 平方米。次年 4 月，灵山九牛至望仙公路拓宽和水泥路面铺浇工程竣工。9 月，灵山石人殿大高元殿重建工程全面完工。

第四章　旅游设施

第一节　交通　电力　通信

交通　1990年代初,全区旅游交通开始快速发展,服务项目日益丰富。铁路、公路、景区道路、配套设施都得到改进(详见本志交通卷),同时对水运航道进行了整治,有专门的旅游线路和航线,基本形成包括飞机、火车、游船、汽车、缆车和山轿的立体旅游交通服务体系。1994年,浙赣铁路线上每天有28趟列车在上饶停靠;320国道横贯地区东南境,国道挂线直通三清山风景区;公路客运网点遍布全区,连通邻近各省、区主要城市,每天接发客班车400多次,日吞吐量1.4万多人次。1996年,国家旅游业收入及入境旅游人数,分别进入世界前九名和前五名,带动各地旅游业的日渐升温,也刺激境内交通业的迅速发展。

铁路　贯穿上饶境内的铁路线原只有一条浙赣线,始建于清光绪年间,1937年正式通车。起自浙江杭州,止于湖南株洲,全长946.93千米。在境内途经玉山县、上饶县、横峰县、弋阳县等地。1973年底开始复线改造,至1990年改造复线186.9千米。1980年代中期,旅客日益增多,开始续建皖赣线。皖赣线始建于民国25年(1936),屡建屡停,1981年完成正线铺轨,1985年正式运营。起自安徽芜湖,止于江西贵溪,在区境内途经万年县,连通京沪与浙赣两大干线。如此仍不能缓解境内游客的需求,1993年又开始建设横南线(横峰至南平),1999年竣工通车,途经境内的横峰县、铅山县,连通江西与福建的铁路线。

1995年以后,上饶地区的铁路运输与游客需求产生严重矛盾,因铁路票务车次较少,使到饶旅游的游客买票难、乘车难,交通拥堵的状况,严重制约上饶地区旅游业的发展。为缓解交通和游客的矛盾,政府协调各部门酝酿增加始发列车和车次。1996年3月,上饶—南昌月兔号特快列车81/82次在上饶开通;同年4月,上饶—广州东527/528次直快列车开通;1997年5月10日,为三清山旅游而开通的玉山—南昌281/282次旅游特快列车举行首发式典礼。2000年,又增发上饶至南昌的始发5203次普快列车。

公路　上饶行署在龟峰中心区建立干休所后,1954年将龟峰与弋(阳)——港(口)公路相接的游步道拓宽成砂石路面的公路。同时将通往龟峰景区的崎岖小路,改建成公路,由展旗峰下开凿一条隧道(展旗洞)进入。1961年龟峰内外湖工程竣工后,通往景区的公路改经外湖堤沿展旗峰北侧穿过展旗洞而入。自1980年代中期起,由于旅游业的发展,三清山、龟峰、婺源等地游客激增,特别是双休日、节假日,客车拥塞,旅客滞留,许多游客不得不步行数十里路。此状也成为区境公路建设迅猛发展的原因之一,水泥(油)路平均每年以130余千米的速度延伸,公路等级全面提升,景区交通逐步得到改善。1990年代初,省内已形成了南昌—上饶—三清山的客车经营线路,途经(余江县、鹰潭市、贵溪县)弋阳县、上饶县、玉山县至三清山,全长383千米。

与此同时,一些短途公路建设特别是景区公路建设发展迅速。三清山环山公路、玉山横街至白沙关公路建设,婺源清华至灵岩洞、铅山分水关至黄岗山、上饶新县城至灵山等景区公路改造,黄山—景德镇—婺源—衢州的高速公路等。1984年,建成三清山北山德兴市皈大乡至汾水村公路14千米;1985年—1991年,分段先后改造建成玉溪公路98.18千米;1988年,建成玉山至童坊公路50.15千米;同年,三清山东、南、北公路线与玉山县、上县饶、衢州等地建成接通。1989年,省公路局投资16万元,将龟峰中心景区至320国道全长2.4千米的路段,铺设柏油路面。1991年8月,开始改造玉山南山枫林至外双溪公路,投资352万元,全长8.16千米,于次年5月1日旅游旺季竣工通车。1993年,三清山景区总投入社会资金近2000万元,改造一条进山公路,打通两条上山公路,总里程达40千米。为改善景区交通状况,玉山县投资260余万元,兴建白沙坑至三清山北部玉零观景点公路,当年5月竣工。将游客徒步登山的时间,由原来的3个半小时,减为1个半小时。1994年,三清山景区已有三条进山公路,从上饶市、德兴市、玉山县三城镇均可直达景区东、南、北山脚。

2000年11月,九景高速公路湖口至景德镇段竣工通车,横贯境内波阳县,连接九江、上饶、景德镇三地;12月,311高速公路梨温路段①开建,横跨境内的玉山县、广丰县、上饶县、铅山县、横峰县、弋阳县,有效改善境内落后的交通状况,推动旅游事业的发展。

游步道 随着景区景点的开发,各大景区都开始注重修建和改善游步道,尤其是三清山、龟峰、婺源等大型山岳旅游胜地。三清山原来只有东、南、西、北几条进山小路。1985年,铺设并完善金沙至玉京峰的山道和石阶路;1988年,将北山古石磴道整修一新,保留“众妙千步门”石阶原貌1000级;同时完成南山和金沙、三清宫至玉京峰、仙桥墩至打铁岩石阶游步道,还修筑梯云岭至玉京峰石阶磴道,沟通南、北交通(此前南北山因悬崖绝壁而阻断)。当年全山已有石阶游步道40千米,贯穿于各主要景区。1985—1989年,圭峰(龟峰)疗养院先后投资2.7万元,修建咬羊峰、玉兔峰、八戒峰、狮子峰、朝帽峰等各景点之间的游步道4.05千米;此后,龟峰风景名胜区管委会先后投资数十万元,对通往骆驼峰、舍身崖等陡峭景点的游路进行拓宽改造、新建,新建从八戒峰绕骆驼峰山腰至清水塘自然村路段以及经玉兔峰到舍身崖的游路,开辟上骆驼峰顶的攀登线,将原来宽1.2米的游步道拓宽为1.5米,沿途增设休息亭,新建游步道约3千米。1999年12月,龟峰景区完成对南岩寺、龙门湖公路改造和景区游步道建设工程,将南岩寺至志敏大道和龙门湖至龟峰大道这两段窄小弯曲的公路,按国家二级公路标准进行改造,改造后公路宽为9米,其中车行道7米,两边各设1米宽的绿化带。新建从南岩寺绕山至龙门湖游路,游步道宽1.5米,长2.1千米。

索道 为减轻游客上下山的疲劳度,满足各种年龄段游客的需要,1995年10月,三清山开始建设索道,由上饶地区三清山管委会和香港新海国际集团股份公司合资兴建,次年9月29日通车运营。三清山索道采用世界旅客索道最先进的奥地利技术,为单线循环的固定抱索器吊厢式,有15道自我保护装置,安全系数在5倍以上。索道架建在景区南部绝景云集的梯云岭景区,上站在梯云岭,下站在外双溪山脚。行程全长2426.3米,飞越5座山峦,上下站垂直高差591.13米,有25个支架,最大跨度294米,运行时速1.05米/秒,单程运行时间38分钟,单程运量为350人/小时,其长度、高差和跨度均为国内同类型客运索道之首,也是华东地区海拔最高的索道。这是全省第3条客运索道,总投资2000余万元。

交通工具 1990年代初,各地相继建立或者扩充旅游汽车服务公司(旅游车队),各主要宾馆、饭店、旅行社也开始拥有自己的旅游车队,一些个体司机也纷纷参与短途旅游营运,服务游客。龟峰管委会下属旅游车队有轿车4辆,中巴10辆,分别营运在火车站和320国道路口等通往景区景点的旅游线路上;龙门湖水上娱乐中心有花楼船15艘,负责接送游客前往南岩

①说明:311高速公路途经上饶段称梨温高速公路,2002年竣工通车。

一日游。1993年，在三清湖大坝至张岭段航线组建三清湖航务站，建有400平方米的航务大楼。湖内设机动船32艘，其中客运船12艘，旅游汽艇2艘，旅游船1艘。

1990年代中期，应游客之需，山轿、滑竿开始在各景区出现，成为景区重要的旅游交通服务项目之一。景区管委会对轿夫队伍实行规范化管理，轿工在抬运过程中，为游客讲解沿途景点传说。1993年10月24日，三清山景区管委会成立一支轿工服务队，并在铅山县河口竹器厂定制6台造型美观、乘坐舒适的滑竿山轿。为避免山轿滑竿与游客争道，三清山景区还在山道狭窄处为山轿、滑竿另辟专门路线，并以标牌标示。

1999年4月，为强化旅游行业和旅游客运市场管理，解决旅游团体到达上饶火车站后再租车转车解团分乘的问题，开始准许外地旅行社接团车进入市区。所有进入市区的旅游车辆，必须提供营运证、车辆保险证、行驶证、年检合格证，行走由交警和旅游部门商定的专用绿色通道，并在指定的停车点停车落客，不准随便跨线行车和随地停车。

2001年7月，三清山直达上饶市的旅游班车开通，首批运行6辆崭新旅游客车，每天准时往返于三清山、南山、上饶市之间，大大方便游客和景区居民。在此之前，旅客要辗转于上饶、玉山火车站，或拦乘小面的，吃力又费时。

电力　随着旅游业的发展，供电部门和电信、移动等通讯部门也加大对各大旅游区的通讯设备投入。1980年—1990年代初，三清山一直靠水量不定、时有时无的分散小水电和柴油机发电，宾馆照明以煤油灯和蜡烛为主。1992年5月，地区电力局按地委、行署的布置，制定三清山电力供应的规划方案，将玉山县和德兴市电网线路分别连接三清山。至1993年，三清山电力开发一期工程结束，供电部门耗资82万元，架设两条长24千米、3.5万伏的上山电线，并在山上成立三清山电力开发公司，从此结束山上没有稳定供电的状况。

通讯　1980年代，三清山上一直没开通电信，仅在山下有几部手摇电话机。1991年年底，三清山所在的玉山县、德兴市等地先后开通程控电话。1992年12月，玉山县邮电局在三清山南山外双溪、紫湖乡开通了各20门模拟程控电话，自动长途电话电路开始进入景区南山。次年又在三清山北山开通500门程控电话。邮电部门还在主要风景区和涉外饭店提供电报、电传等多种电讯服务。1996年3月，三清山南麓梯云岭及其毗邻南山、童坊、樟村等乡镇，全部开通数字程控电话，总装机容量达1000多门。2000年，三清山景区各单位都有程控电话，梯云岭、外双溪、金沙等地的公共场所均设有IC卡公用电话。

1990年9月，上饶地区和三清山开通移动电话。10月，上饶至九江数字微波通讯线路建成开通。1998年4月至2000年3月，玉山县邮电局先后在三清山的南山、梯云岭、金沙等地开通GSM网移动通信基站，移动通信网络初步覆盖了景区大部分范围。2000年2月，联通公司也在三清山南山外双溪、紫湖镇开通GSM网联通通信基站。至此，游客在景区的移动电话通信畅通无阻。

1996年以前，三清山邮政业务一直属空白。1996年4月起，三清山邮政业务由玉山县南山邮电所代理；2000年末，玉山县邮政局正式在三清山南山外双溪设立三清山邮政代办所，办理报刊、邮件、信函及三清山风光明信片、集邮邮品等邮政业务。

第二节　旅行社

1980年代中期，境内三清山、龟峰、婺源等地游客增多，旅行社（含旅游公司）也相继成立。

1986年,上饶中国旅行社最先成立;1989年,上饶青年旅行社成立;1992年已有上饶中国旅行社、上饶汽运旅行服务公司、上饶地区三清山旅游公司、江西铁路开发总公司上饶车站旅行社、上饶市旅游服务公司、上饶地区龟峰旅游公司、玉山县三清山旅游总公司、玉山县三清山旅行社、德兴市旅游服务公司、婺源县文化旅游总公司等,为游客提供吃、住、行、游、购、娱一条龙服务。至1994年,全区共有旅行社(含旅游公司)15家,从事旅游业的干部职工达839人。

1996年后,全区旅行社数量、规模均有发展,一些旅游公司多撤并或改为旅行社。1998年2月,经国家旅游局批准,成立上饶中国国际旅行社,是为全区唯一一家同时经营国际、国内旅游业务的国际旅行社,隶属地区旅游局,属于独立核算自收自支单位。至2000年年底,全区已有2家国际旅行社和18家国内旅行社。其中上饶中国旅行社、上饶中国国际旅行社为入境社,不仅办理国内旅游业务,还可办理国外及港、澳、台地区游客的递接业务。其余18家旅行社是国内社,只办理大陆(不含港澳台)游客的旅游业务。上饶市有上饶中国旅行社、上饶中国国际旅行社、上饶青年旅行社、上饶邮政旅行社、上饶山水旅行社、上饶铁路旅行社、上饶光大旅行社、上饶春秋旅行社、上饶吉阳旅行社、上饶三清山康辉旅行社、上饶华都旅行社等11家旅行社;玉山县有三清山旅行社、教育旅行社、天马旅行社、三清湖旅行社、冰玉洞旅行社、青年旅行社等6家旅行社;弋阳县有龟峰旅行社、南岩旅行社、教育旅行社等3家旅行社,管理及服务人员100余人。出现了一批经营效益好、竞争力强的旅行社,如玉山青年旅行社,2000年荣获国家旅游局授予的全省唯一一家"全国百强国内旅行社"称号。至2000年,各旅行社的业务主要是与国内其他旅行社合作,办理游客递接形式的旅游中转业务,自行组团旅游的业务不多。

上饶中国旅行社简介。1986年成立,隶属于上饶行署侨务办公室,是经国家旅游局批准的国营国际旅行社。下设出境部、港澳部、东南亚部、外联部、国内部、票务中心、办公室等机构。I993年经中国旅行社总社、江西省公安厅批准授权直接办理中国(上饶)公民到港、澳和东南亚出境旅游业务,接待外国旅游者、海外华侨、外籍华人和港澳同胞的入境旅游业务。同时,开始独家办理衢州民航的上饶机票、货运服务;1994年开展了内地赴港澳旅游专线,及港澳等地游客赴庐山、三清山、千岛湖等名胜旅游专线,当年已开辟连接上海、杭州、新安江千岛湖、黄山、景德镇、婺源、南昌、庐山、广州、厦门、武夷山、龙虎山等地的5条旅游线路,满足国内外旅游者的选择。1996年3月,上饶中国旅行社在南昌设办事处,接办业务。

第三节 宾馆 山庄 服务中心

1980年以前,主要是接待型旅游,如到龟峰游览的游客凭有关部门介绍信,与圭峰疗养院(或龟峰其他景区管理部门)联系接待,安排食宿,临时指定人员导游。直到1998年10月,弋阳县龟峰风景名胜区管委会等管理机构成立后,各项接待工作才逐步正规化,商业化。至1990年代初,境内各风景名胜区接待设施落后、标准低陋,已远远跟不上社会需求。许多游客抱怨说:白天游览的景观属一流,晚上住宿的宾馆数末流。随着旅游业的日益发展,政府及有关部门开始重视服务设施建设,许多单位及个人也开始大力投资兴办宾馆山庄招待所。

宾馆 1980年—1990年代初,景区早期开发阶段,接待设施简陋。如三清山景区,山上多为当地农民砍伐珍稀古木搭建的简易毡棚和大通铺,不抵风寒,且对景区环境破坏很大。以后虽逐渐建有简易宾馆、招待所,但多以牺牲环境资源为代价,管理混乱。1990年代初,除上饶市以外，全区各县（市）大都只有一家公办宾馆，个别单位有设施简单的招待所。1992 年，全区国有旅游涉外饭店共 6 家，其中上饶大酒店、上饶体育中心宾馆、三清山宾馆、婺源宾馆为旅游定点单位；上饶宾馆为二星级，铅山宾馆为一星级。同年 9 月，日本世界航空旅行社与婺源文化旅游总公司及江西省海外旅游总公司，就共同开发婺源旅游资源事宜达成协议，决定三方合资建造菊间旅游宾馆。总投资额为 168 万元，设中高档客房 38 套，建筑面积 2280 平方米，这是日本世界航空旅行社为开辟黄山——婺源——景德镇黄金旅游线，在婺源县的第一项投资。

1990 年代中期，全区旅游宾馆业较之前大有发展，公办、私营或公办租赁私人承包的各种性质都有，楼堂馆所蜂起，但一度仍跟不上旅游发展的需要，个别景区有时仍供不应求。如三清山每逢节庆加双休日，山上宾馆 2、3 人挤一张床，连大堂、过道都睡满游客，许多游客自带帐篷或露天过夜。又如婺源县每遇旅游高峰季节，游客爆满，宾馆床位告急，县政府即向全县临时广播、电视通告，请家有空房及洁净被褥的城乡居民报名登记，帮助接待游客。此种现状刺激了景区旅游宾馆的迅速崛起，1997 年，全区旅馆仅 46 家，从业人员 1687 人，资产总计 16831.7 万元。1998 年，全区各类宾馆激增，多达 150 余家，龟峰、三清山、婺源等旅游胜地亦有数十家宾馆。例：1994 年弋阳县始有旅游饭店，至 1998 年，县内旅游涉外宾馆仅有弋阳宾馆 1 家。1999 年弋阳全县上档次、达水平的旅游饭店已达 40 多家；1996 年万年建立万年宾馆，1998 年被评为二星级宾馆。开业仅仅 5 年，万年宾馆年营业额竟达 500 万；1997 年 8 月，三清山第一家山外旅游宾馆在玉山县城开业。至 2000 年底，三清山景区宾馆、招待所已达 27 家，仍供不应求，需提前电话预定。每逢节假日、双休日，山上山下房源紧张，房价高涨。婺源县规模较大、设施较全的宾馆、饭店，已由 1990 年代初的一家（县委招待所），数年间发展到数十家，许多单位和个人都纷纷投资兴办招待所、宾馆、饭店。一些在外经商多年的企业家，也相继将资金转到家乡的旅游服务设施建设上。2000 年，婺源县城北新区文公路一带已形成旅游宾馆一条街。除此之外，各景点景区的乡村小型饭馆、旅店不计其数，基本满足了旅客食宿的需要。

1998 年，上饶市作为全区中心旅游城市，宾馆、饭店、招待所的数量设施均居赣东北地区之首，其中有 26 家宾馆、饭店、招待所被列为旅游发展专项使用费代收单位，负责接待过往游客。至 2000 年，市内旅游发展专项使用费代收单位正常营业的还有上饶宾馆、国泰富华大酒店、亚细亚大酒店、东方大酒店、华都度假村、溢洲大酒店、吉阳大厦、白云酒店、新都宾馆、市工商宾馆、华龙宾馆、华良宾馆、林苑宾馆、武夷宾馆、松江大酒店、力诚大酒店、长征旅社等 17 家。

2000 年，全区计有旅游涉外饭店 14 家，旅游星级饭店 10 家，其中三星级饭店 3 家，二星级饭店 3 家。其中上饶宾馆、铅山宾馆被省旅游局评为“全省优秀星级饭店”。

1997 年全区主要涉外宾馆基本情况

表 18－7－1　　单位 间、张

宾馆名称	客房总数	床位总数	宾馆名称	客房总数	床位总数
上饶宾馆	145	294	铅山宾馆	96	200
上饶大酒店	99	207	弋阳宾馆	50	198

续表 18-7-1

宾馆名称	客房总数	床位总数	宾馆名称	客房总数	床位总数
上饶带湖山庄	60	135	余干黄金埠招待所		80
上饶县宾馆	18	50	余干宾馆	30	170
广丰宾馆		128	万年宾馆	136	257
玉山宾馆	109	218	婺源友好宾馆	40	88

山庄　1990年代末，各种国有、私营山庄在各大景区悄然兴起，如铅山县七星山景区的七星山庄、三清山的日上山庄等，其中尤以婺源居多，多系当地农民利用自家老宅兴办。景区一些大型山庄，则引进外资由大财团投资兴建。1997年8月，三清山梯云岭景区的天门山庄动工兴建，1999年2月正式营业。天门山庄由香港新海国际集团份有限公司与上饶景泰实业有限公司合资兴建，是当时三清山唯一一家集餐饮、住宿、娱乐、商务、购物为一体的三星级宾馆。山庄总建筑面积5800平方米，因位居天门群峰下而得名，天门烽海拔1358米，景色奇绝，因而得名。在整个建筑布局上，山庄充分利用山谷走势和四周奇峰叠翠的环境，仿古园林建筑风格，回廊相连，布局合理，秀丽精致，与大自然浑为一体。天门山庄有各类客房102间(套)，客房典雅舒适，配备宽带网和30余套卫星电视频道；拥有宴会厅、中餐厅和多功能厅，能容纳300人同时就餐。宾客在用餐时可尽览中心景区奇峰秀色。天门山庄设施较齐全，管理相对规范，屡次被评为江西省优秀星级饭店、文明单位、服务质量放心单位。

2000年，龟峰景区开工兴建龟峰山庄，山庄坐落在美丽的龟峰外湖西北侧、原圭峰中学校址处，占地2.67公顷。以三星级旅游宾馆的标准进行工程施工，由上海红商事集团公司投资建设。在龟峰山庄足不出户，即可饱览龟峰的秀丽景色。山庄由上海同济大学古建系专家设计，因地制宜，造型独特，错落有致，古朴典雅，房屋掩映在景点之中，与景色和谐相融，富有韵味。龟峰山庄占地3万余平方米，集食、宿、娱、购、休闲于一体，共有200个高、中档床位和200个餐位，餐厅、高档标房、豪华歌舞厅、健身房、游泳池、大小会议室、购物中心、商务活动中心、停车场等一应俱全，是龟峰主景区内唯一按三星级涉外旅游接待标准设计的宾馆。

1969年—1998年婺源县旅游定点宾馆一览

表 18-7-2

名称	开业年月	建筑面积（平方米）	客房		坐落地址	级别
			间	床位		
婺源宾馆	1969	2450	45	110	蚺城路24号	旅游涉外定点单位
友好宾馆	1994.6	3700	40	79	星江路15号	二星级旅游涉外定点单位
金牛宾馆	1999	5200	43	78	五一大道	二星级旅游涉外定点单位
良友宾馆	1995.12	5400	21	55	天佑路2号	旅游涉外定点单位
植物园宾馆	1993	1500	32	71	植物园	
国防园宾馆	1998.5	1253	23	90	环城北路3号	

2000 年玉山县旅游宾馆、山庄、招待所一览

表 18－7－3

名　称	地　址	名　称	地　址
日上山庄	三清山南北景区中心	南星宾馆	三清山外双溪
云中园山庄	三清山梯云岭中心	公路山庄	三清山外双溪
天门山庄	三清山梯云岭中心	青云山庄	三清山外双溪
梯云岭宾馆	三清山梯云岭	玉京宾馆	三清山外双溪
三清山大酒店	三清山梯云岭顶	国税宾馆	三清山外双溪
三龙山庄	三清山梯云岭中心	劳动培训中心	三清山外双溪
神龙山庄	三清山南清园神龙戏松北	双溪酒楼	三清山外双溪
杜鹃山庄	三清山南清园杜鹃林	天龙宾馆	三清山外双溪
女神宾馆	三清山南清园女神峰前	三清山宾馆	三清山南山山门北
女神翠苑	三清山南清园女神峰前	玉山宾馆(二星)	县城三清大道东头
巨蟒山庄	三清山南清园巨蟒出山西	玉福大酒店	县城沿河路
龙凤山庄	三清山南清园一线天上方	两岸情大酒店	县城人民大道 110 号
玉台山庄	三清山南清园玉台下	供销大酒店	玉山大桥北
珉鸿山庄	三清山金沙竹林湾	聚星宾馆	县城人民大道南路
南铁三清山疗养院	三清山金沙	玉汽大酒店	县城人民大道中路
三清度假中心	三清山金沙	三清宾馆	县城三清大道中路
农行培训中心	三清山金沙	假日大酒店	县城人民北路国道口
南清饭店	三清山外双溪	冰溪大厦	县城人民北路国道口

旅游服务中心　1993 年前后，全区旅游景区陆续建有旅游市场，销售各地土特产品、旅游纪念品。3 月底，三清山下的紫湖旅游市场开业，市场占地 2600 平方米，由玉山县投资 120 万元修建。内设旅游纪念品、百货、服装、粮油、肉食品、水产蔬菜等摊位，同时建有配套的金融、医疗、电信等服务设施。

1990 年代末，景区旅游服务中心开始陆续筹建。2000 年，位于龟峰山庄北侧的龟峰旅游服务中心开工兴建。龟峰旅游服务中心占地 4 公顷，由江苏昆山集团公司投资修建。根据设计要求，服务中心主要包括中心广场、食坊街、购物街、停车场、住宿宾馆以及管理服务中心等。主要建设分布在弋阳——龟峰公路两侧，以及三角区北侧的道路两侧定为购物商店，形成购物街，三角区东侧道路两侧定为饮食业街，此外三角区内设置美食城。

第四节　旅游服务

娱乐　1990 年，为改变旅游者“白天看庙、晚上睡觉”的状况，丰富中外游客的夜生活，省旅游局明文规定，凡海外旅游团体在江西境内停留 3 天，至少应安排 1 次文艺活动。上饶地区各旅游接待服务部门纷纷积极创造条件,举办各种形式的娱乐活动,如舞会、歌舞表演、展览、联欢会等。1990年代中期,各地纷纷挖掘丰富的地方传统文化资源,开发一批具有地域特色的民俗风情、民间艺术的文化娱乐项目,如铅山的畲寨风情;弋阳腔戏曲;婺源的徽剧、傩舞、茶道、鼓吹乐;上饶采茶戏等等,大大增强游客的趣味性和参与性,刺激旅游消费,宣传地方文化。

1999年—2000年,顺应旅游业的需要,婺源县的茶馆蜂起多达数十家。民俗专家、老艺人孙振铎组织一批退休下岗的老艺人,自发组成鼓吹堂,集当地各种民俗表演于一堂,与游客互动娱乐,颇受游客欢迎。一时间,茶馆、鼓吹堂成为游客在婺源晚间的主要消遣处。人们在茶馆或鼓吹堂品茗,观茶道表演或傩舞、鼓吹乐、婚俗表演,参与其中,其乐融融。

医疗点 1991年,为解决景区没有卫生所、游客无法及时就诊的问题,一些景区宾馆、招待所与地区医院、玉山县医院联合协作,在景区开办医疗点,为游客服务。上饶地区人民医院在三清山南山景区的财政招待所,长期设置医疗点,为游客和参加会议的人员诊病。仅1992年6~9月,就先后派出9批由科主任带队、有副主任医师和主治医师等医护人员组成的医疗组,共计36人,上山为游客进行医疗服务。累计诊治病人600多人次。

第五节 旅游商品

1990年代初,全区一批土特产及旅游工艺品已颇受旅游者青睐,成为馈赠亲友的佳品,主要有:婺源绿茶、荷包红鲤鱼、徽墨与龙尾砚;三清山云雾茶、石耳;上饶雪梨、全良酒、沙溪夏布纺织品;玉山罗纹砚、白玉豆;德兴猕猴桃、铜制品;万年珍珠工艺品;铅山竹雕、竹扇;横峰葛粉;此外还有各种笋干、香菇、木耳、白莲等。

1991年—2000年间,全区充分利用各地丰富的旅游商品资源,与南昌的一些院校合作研制、开发一批特色鲜明、品质优良、具有时代感和地域文化特色的旅游商品,如:弋阳大米果、油淋鱼、经国扣肉、漕溪米糖;玉山黄金茶、炸薯片、精制茶油;横峰葛露、葛根系列制品;余干乌黑鸡、板鸭、银鱼干、酒糟鱼、凉粉;信州豆豉果、南瓜果、柚子皮;婺源酒糟鱼、子糕、茄子干;波阳春不老(腌菜);德兴红花茶油、天然甜茶、各种铜制品、铜书签等;万年贡米系列、珍珠饰品系列、珍珠面、酱菜;铅山熬笋、上饶县土蜂蜜等等,精心设计包装后投放市场,受到游客的欢迎,大大提高旅游商品的附加值。

境内有制作酒糟鱼的传统,但各地制作工艺与风味略有差异。较著名的有滨湖区的余干、婺源、鄱阳县的产品。余干县康山出产的明太祖牌酒糟鱼,根据朱元璋在康山养伤时流传下来的腌鱼工艺精制而成,传说朱元璋曾十分喜好。1980年代末,余干县康山垦殖场食品罐头厂与江西大学食品科学系根据明代流传的民间工艺,结合现代科技研制成袋装旅游食品——明太祖牌酒糟鱼,投放市场后获省优秀产品奖;1990年获国家科技成果奖;1993年获首届中国农业博览会银奖,并被列入全国第六届屈原杯、庐山杯国际龙舟赛指定产品,畅销南昌、南京、上海和港、澳、台地区。婺源县民间以鲜鱼、米酒为主要原料,将鲜鱼经熏、蒸再拌酒糟、辣椒等佐料,以赋春镇的酒糟鱼最具特色。1988年,酒店个体户吴桁庆夫妇,将自制的酒糟鱼供顾客食用,大受欢迎,成为酒店的特色菜。后不断改进,并加入中草药,改成真空包装,远销省内外市场。鄱阳新芝安牌鄱湖酒糟鱼,集传统制作方法与现代科技酿制而成,皮黄肉红,光滑油亮,糟粒清爽,有特殊香味,对冠心病及动脉粥样硬化有一定预防作用,受到游客欢迎。

婺源的荷包红鱼本是活物,不便携带,开发出新型透明充氧的手提包装袋后,红鱼在氧气水里游动,既保鲜活又美观非常,深受游客喜爱,江浙、上海游客在离婺时多手提双鱼。上饶县土蜂蜜也是如此,开发出新型塑料袋小支装,改变以前瓶装易摔不易携带的情况,很受欢迎。1990年代,婺源的传统砚台制作业,因政府的倾力打造而恢复发展。1995年11月,婺源砚石主要产地大畈镇,投资400万元建造砚台一条街,有60多户砚农携资落户开店坊。砚台制作形式多样,风格古雅,雕刻细腻,很受游客青睐,甚至吸引了邻近(如黄山、屯溪)一些旅游市场的游客前来购买。全镇420多户砚农利用与安徽屯溪、歙县等旅游区毗邻的优势,内引外联推销产品,并选派20余名精明的经纪人,常驻黄山等地,砚刻业产销两旺。

2000年前后,主要旅游大县及景区均先后建立旅游购物一条街或旅游购物中心,方便游客购买土特旅游产品及纪念品。尤其是婺源景区的古民宅里,到处可见购物摊点。

第五章　旅游经营

第一节　推介促销

1990年代起,上饶的旅游市场日臻成熟,基本成型。地区组织和指导各县(市)、各景区通过多种方式开展旅游促销。旅游部门以市场为导向,重点做好长、珠、闽三角洲的市场促销。根据上饶面向江、浙、沪、闽、粤的开放取向,按照客源市场的特点,重点抓好南京、无锡、上海、杭州、金华、鹰潭(龙虎山)、武夷山市等主线城市和旅游热点的促销。邀请专家参与,制定了切合实际的旅游营销规划,强化营销网络建设,建立持久的市场营销机制。通过全区形成合力,统一定位、统一策划、统一组织,努力打造“上饶牌”。政府高度重视,在政策、人力、物力、财力方面大力支持,将上饶旅游品牌推向海内外。地区和各县相继在主要客源市场和目标市场设立办事处,在旅游促销、招商引资及与当地新闻媒体、旅行商建立联系等方面发挥了重要作用。同时,积极举办各类大型国际旅游活动和交易会,“旅游搭台、经贸唱戏”,将旅游与经贸有机结合,取得明显效果。

1991年—2000年,各级旅游局通过新闻媒体宣传,参加旅游推介会,制作画册、光盘,举办大型活动等形式,加强宣传促销。10年间,在《人民日报》《中国旅游报》《经济日报》《华东旅游报》《江南都市报》等报刊上陆续发表推介文章或开辟上饶旅游专栏;邀请中央电视台、江西电视台、香港凤凰卫视等媒体到上饶采风,摄制三清山、龟峰、婺源旅游风光片,并在各级电视媒体上滚动播出,展开强劲的宣传攻势;组织旅行社、旅游景区赴泉州、上海、温州、广州、成都等地参加旅游交易会,举办上饶旅游推介会,策划展出上饶旅游风光图片展,开展现场咨询,散发宣传资料,全方位宣传和推介上饶地区旅游的整体形象、精品景区、精品线路和精特旅游商品,并在旅游交易方面取得明显实效;龟峰管委会、弋阳县旅游局于1998年、1999年、2000年分别派人参加在福建泉州、云南昆明、新疆乌鲁木齐召开的全国旅游交易会,加强同国内各风景区、旅行社、旅游局的交流。

1996年11月中旬,上饶地区中旅社邀请厦门市考察团到上饶著名景区考察,期间,地区中旅社与厦门考察团达成了互相组团、共同开辟旅游业务的意向。1997年4月,上饶地区组织各县参加上海新闻发布会,隆重推介三清山,散发旅游宣传资料1万余份,与百家旅行社洽谈旅游业务,签订组团合同。天马旅行社还在5月3日的《解放军报》上刊登三清山旅游报价的游程设计。1999年末,地区组成各县(市)、各旅游景区、旅行社共60多人的代表团,由行署领导带队,赴南昌参加由省政府、省旅游局主办的“迎2000年暨神州世纪游——京九江西行开幕式”大型旅游促销活动。活动期间,上饶地区代表团在南昌八一广场策划展出上饶旅游风光展,格外引人注目,前来观赏咨询的旅行商和市民络绎不绝。同时还制作了三清山大型旅游彩车,在广场及市区主要街道、车站、码头进行展示,产生空前的轰动效应。在此次促销活动中,共接待咨询人数12万余人,发放资料6.5万份,意向组团人数1.8万人。

龟峰景区制作《龟峰探奇》风光片,在省电视台旅游节目中插播景区天气及风光介绍,独家买断江西卫视《故事》栏目全年广告播出权,投入20万元,独家买断江西省首届“双十佳”电视节目主持人,和电视台播音员评选活动冠名权,成功协办上饶市首届“龟峰杯”县(市)级电视节目摄制比赛,和“月兔杯”第三届全国武术之乡武术比赛。

2000年初,为培育以三清山为龙头的旅游业为新的经济增长点,三清山管委会对武汉旅游市场进行调查,从大交通是否具备、市民出旅意识、市民的收入和消费水平、市场容量及由此形成热点后带来的辐射效应等方面作预测研究,同时把三清山作为旅游商品中的精品,加以包装和推介。借助《湖北日报》、湖北电视台等新闻媒体,大力宣传三清山的自然风光和深厚文化底蕴。4月21日,汉口站旅行社、长江海外总公司、武昌国际旅行社和汉口火车站,联合发出首列三清山旅游专列。

同年“五一”节旅游高峰过后,三清山景区先后举办华东地区部分城市电视台、电视报聚集三清山、闽浙赣皖城市电视台三清山专题片大奖赛、江西省首届周末版年会等旅游宣传活动;铅山县利用承办纪念朱熹诞辰870周年国际学术研讨会的契机,散发旅游风光画册,大力宣传旅游资源。播放《铅山览胜》旅游风光片,精心设计铅山旅游网页,全县旅游资源和旅游开发项目上互联网。在江西电视台旅游天气预报节目中播放葛仙山景区画面;婺源县旅游局派出推介组分赴全国各地,加大宣传,开拓旅游市场。7月初,国内旅游界一年一度规模最大的宣传促销盛会在新疆乌鲁木齐市举行,上饶地区旅游局利用组团参会之机,在乌鲁木齐全国国内旅游交易会期间大力开展促销,取得良好效果。会议期间共发放宣传资料4.3万份,意向组团人数2万多人,受到主办单位的高度评价。8~9月,弋阳旅游局加大国庆前夕的旅游宣传,印发大量宣传资料,制作龟峰风景光碟,派出25名营销员分赴全国各大中城市,开展旅游促销活动。出台让利措施,动员各界参与促销。10月,地区组团参加上海商品交易会,召开旅游推介会,举办咨询活动,共发放婺源旅游宣传品2万多份,与诸多旅行社建立合作关系。通过上述几项大的促销活动,进一步树立上饶旅游界的良好形象。

每年五一劳动节、十一国庆节放长假的“黄金周”期间,《上饶日报》、上饶电视台等新闻媒体开辟假日旅游专栏,及时发布旅游信息,旅游动态,正确引导假日旅游客流,也起到很好的宣传效果。

第二节 精品线路

1990年代初,随着三清山、龟峰、婺源、鄱阳湖等地旅游业的发展,全区旅游线路网络已形成,逐渐成为江西省旅游线路的重要组成部分,在国内外旅游市场中具有一定的知名度和竞争力。1996年以后,全区旅游业针对市场发展的需要,推出了国际旅游线路和专题旅游线路、跨省区旅游线路、区县旅游线路、景区旅游线路。

国际(专题)旅游线路

名山名镇旅游线　黄山—婺源—景德镇—庐山

自然风光旅游线　上饶—三清山—鹅湖书院—武夷山;上饶—三清山—圭峰—龙虎山

民俗风情旅游线　婺源李坑—汪口—上下晓起—江岭;博物馆—文公山—彩虹桥—龙天塔;延村、思溪—清华—灵岩洞、理坑

革命传统教育旅游线　上饶集中营旧址—上饶县七峰岩—横峰葛源—弋阳方志敏纪念馆

宗教文化旅游线　三清山—葛仙山—广丰博山寺—贵溪上清宫

生态与文化旅游线 铅山(武夷山自然保护区)　—婺源—鄱阳湖(候鸟保护区)

三清山特色旅游线　杜鹃观赏游、珍稀植物考察游、道教气功研修游、民俗风情游、攀岩探险游。

跨省、区旅游线路

主要有武夷山—龟峰—龙虎山;金华—衢州—三清山—抚州;武夷山—三清山—兰溪—千岛湖;齐云山—金华山—三清山—龙虎山—麻姑山;景德镇—婺源—金华—丽水龙泉等5条线路。

南昌—鹰潭(龙虎山)—上饶(三清山)—南昌　系在原有“南昌—鹰潭(龙虎山)”线路基础上扩充而成的重要国际旅游线路,是游览赣东名胜的主要线路。以南昌为出发点,将龙虎山、三清山、龟峰和赣东重镇上饶、鹰潭串联构成一个以自然山水、道教圣地、文物古迹和现代建筑为主要特色的带状游览区。位于这条线路上的主要景区景点,除南昌市和龙虎山风景名胜区外,境内有弋阳县龟峰风景名胜区的狮子峰、龟峰、老人峰、望郎峰等36座奇峰、72大景观,上饶市茅家岭的上饶集中营旧址,三清山风景名胜区的玉京峰、女神峰、观音听琵琶、巨蟒出山、道人拜月等10大绝景和三清宫、九天应元府等古代道教遗存以及怪石、奇松、响云、彩瀑、神光等自然景观。主要物产和风情有:婺源龙尾砚和婺墨、婺源绿茶、弋阳扣肉、漕溪米糖、玉山板鸭、黄金茶以及畲族民俗观赏等。这条旅游线路由省内各旅行社、旅游服务公司经营,接待国内外旅游团体,日程安排一般为5~7天。

南昌—九江(庐山、鄱阳湖)—景德镇—上饶(三清山)—鹰潭(龙虎山)—南昌　系1980年代形成的江西东北部环形综合旅游线路。这条线路将赣北、赣东两个游览区连接起来,集2处国家级历史文化名城(南昌、景德镇)、3处国家级风景名胜区(庐山、三清山、龙虎山)和一处国家级自然保护区(鄱阳湖)于一体,构成名列华东十大旅游区之一的赣东北旅游区,是江西省日显重要的国际旅游线路。

上述旅游线路的节目内容丰富多彩,其中具有浓郁地方特色的主要活动有:欣赏滕王阁仿古歌舞,品尝浔阳露香茗佳酿,观看东林寺礼佛诵经,聆听能仁寺佛教音乐,参加鄱阳湖仿古战场演练,参观景德镇仿古窑作坊并亲自制作,饱览庐山、三清山的云海、响云、彩瀑、佛灯、神光等天然奇观,参观龙虎山天师府的道教祭祀仪式和仙水岩春秋战国的崖墓群,还可以品尝浔阳鱼席、湖口鱼餐、庐山“三石宴”、天师府家宴等佳肴,购买享誉天下的景德镇瓷器以及各种旅游纪念品。此条旅游线路多由省内市(区)一、二类旅行社经营,接待对象多为海外旅游团体,同时接待国内游客,时间安排为10天左右。

南昌—三清山—南昌　系1980年代中期形成的重要国内旅游线路,由全省各三类旅行社经营。游程分为四日游、五日游和六日游。四日游:第一天,从南昌乘汽车赴三清山,或从南昌

乘火车至上饶或玉山,再改乘汽车赴三清山,住南麓或北麓。第二天和第三天,游览梯云岭、三清宫。从南麓登山,第一天游览梯云岭,夜住山上。第二天游览三清宫,然后原路返回山下,或顺游览方向从北边下山。由北山入口,则游程相反。第四天,乘汽车返回南昌,或乘汽车到玉山、上饶,再改乘火车返昌。五日游:在山上增加一天,游览玉京峰、玉灵观(或西华台)两个景区;在山上分别住梯云岭和三清宫,欣赏三清山夜景。六日游:在山上再增加一天,游览西华台(或玉灵观)、三洞口、石鼓岭等景区。

区、县旅游线路 1980年—2000年,区至县的旅游线路主要有上饶—三清山—铅山—龟峰;上饶—德兴—婺源;上饶集中营—七峰岩—葛源—方志敏纪念馆;万年仙人洞—鄱阳湖(候鸟保护区);婺源文公山—鸳鸯湖—灵岩洞;铅山鹅湖书院—葛仙山—武夷主峰黄岗山。

上饶—三清山—上饶 1980年代初期辟设,由上饶旅游部门经营,日程安排游三日、四日和五日,以三日游为多。三日游:第一天,上午从上饶乘汽车抵达三清山麓,午餐后沿石砌游步道登山,根据上山方位,游览南山中心景区梯云岭或北山中心景区三清宫,夜宿山上。第二天,上午游览三清宫景区或梯云岭景区,下午游览玉京峰景区;仍住山上。第三天,上午返回山下住地,午餐后乘汽车返饶。四日游或五日游:可从容游览玉灵观、玉帘瀑布、西华台、三洞口等边缘景区。

上饶—龟峰—上饶 1960年代初期形成,1970年代末期逐渐成为省内热线,多为一日游。游程安排:上午从上饶市乘车游览茅家岭集中营,再经江西古代名镇河口镇抵达龟峰风景区;午餐后游览龟峰、老人峰、狮子峰等造型奇特的山峰,以及四声谷、一线天、无声泉等胜景,然后返回上饶。这条线路也可从上饶直达龟峰,游客能够从容游览龟峰的“八景三十六峰”。

上饶—婺源—上饶 系1980年代中期辟设的国内旅游线路,一般为二日游。第一天,上午从上饶市乘汽车赴婺源县城,下午游览延村明代古建筑群;晚宿县城、可浏览古街景,购买绿茶、婺墨、龙尾砚、子糕等特产,品尝荷包红鲤鱼。第二天,上午赴古坦通元观村游览灵岩洞群;下午返回上饶。

景区旅游线路 婺源景区线路 根据全县景区分布情况和公路交通条件,划分为中心旅游区(县城及近郊)、东线(溪婺公路线)旅游区、北线(婺清公路线)旅游区、西线(景婺公路线)旅游区。以县城为中心,辐射全县东、西、北部。

城区旅游线: 县博物馆—民间民俗展览馆—虹井—廉泉—虹井公园—县植物园等。

东部旅游线: 县城—李坑—汪口—江湾—晓起一带。辖李坑村、汪口村、江湾村、旃坑村、晓起村等古村落景区。

西部旅游线: 县城—文公山—鸳鸯湖—游山村一带。辖文公山、鸳鸯湖、金山生态茶业观光园、古城、翀山、凤游山、游山村等景区景点。

北部旅游线: 县城—延村——彩虹桥—龙天塔—虹关—理坑;县城—思溪—彩虹桥—灵岩洞一带。辖延村、思溪村、洪村、彩虹桥、虹关村、龙天塔、理坑村、灵岩洞国家森林公园、黄村百柱宗祠、石城古林等景区景点。

弋阳景区线路 以县城城南为中心,向西10千米是一景区龟峰;向西2千米是二景区南岩寺、双岩寺、龙门巨佛;向北0.5千米是三景区叠山书院、方志敏纪念馆,游客可根据下列游览路线,尽览龟峰丹霞地貌、湖光山色和文化胜迹。

一日游。至龟峰宿,次日上午游览桂花园—观景台——线天—四声谷—将军楼—天女散花—百年道—鹿苑—仙犬峰—舍身崖—东方龟乐园—八戒峰—二郎峰(南国激情)—骆驼峰—狮子峰—好汉坡。

二日游。第一天上午到龟峰用中餐，下午游龟峰一线各景点。第二天上午游好汉坡—咬羊峰—玉兔峰—舍身崖—东方神龟乐园—八戒峰—二郎峰—骆驼峰—狮子峰—好汉坡。下午游龙门湖—龙门岩—南岩佛窟—叠山书院—方志敏纪念馆。

横峰景区线路　分县城岑山、赭亭山自然风光和北部葛源红色旅游两大片区，均为半日游或一日游。

岑山景区。天台山脚—菩提寺—天台阁—岩熔台地—下龙泉庵—岑山洞—道岩—佛乐天台—两情相悦—象山脚—象山石刻—文笔书天—樱桃谷和紫薇谷—古道长亭—文笔寺。

赭亭山景区。赭亭山脚—巨鲸出海—龙女献宝—赑屃送玺—双鹰护潭—雄关漫道—平步青云—仙谷聚宝—赭亭侯墓——线通天。

葛源景区。葛源烈士纪念馆—红军第五分校—列宁公园—万年台—赣东北省革命军事委员会旧址—赣东北省苏维埃银行旧址—红军操场旧址—中共闽浙赣省委旧址—闽浙赣省军区司令部旧址—闽浙赣省苏维埃政府旧址—闽浙赣"四部一会"旧址—闽浙赣省财政部旧址—麒麟峰—黄岩洞—仙岩洞。

第三节　旅游效益

1980年代起，境内部分景区由接待型旅游转为经营性旅游。1981年2月起，规定游客进入龟峰名胜风景区，每人需购人民币2元的门票。1984年10月，龟峰门票价调至5元。1980年代初，三清山在尚未开发之前，已经出现"未开先游"的局面，1982—1984年，地区与德兴市、玉山县先后接待上山旅游观光的国内游客近万人。三清山约于1984年前后开始收门票，但体制混乱，德兴市和玉山县、乡、村各自为政，占山为王，各收各的门票，一段游路上重收门票的事亦常见。1993年6月，经三清山管理局制止，予以统一管理。

1991年，全区共接待前来旅游观光的游客50万人次，营业额1150万元，上缴税利210万元，创汇4.2万美元。1993年，旅游综合接待能力有所加强，全区共接待游客55.6万人次，其中海外旅游者1520人次；实现收入7500万元，创汇50万元外汇人民币，上交税利221万元。旅游接待人数和旅游收入数两项指标，比照1984年统计数分别增长4倍和10倍。1994年，全区旅游综合接待能力进一步得到加强，满足不同层次旅游者文化娱乐生活的需要，基本形成一个完善的旅游服务体系。尤其是1996年以后，全区旅游业发展迅速，旅游人次和旅游收入纷纷创新高。1996年，全区共接待国内旅游人员162.18万人次，接待海外旅游者1925人次，实现全区旅游行业收入5.41亿元，旅游外汇收入105.79万美元。一些略有文化的当地农民，利用自己熟悉景区地情的优势，在农闲或旅游旺季当季节性导游，一个旅游旺季多的可挣1万多元，少的也有3000元~4000元。1990年代中期，仅三清山就有农民业余导游50~60人。在玉山县南山乡，山多田少，人均只有四分地，许多农民的生活因此发生巨大变化，有十多户农民用从事导游赚的外快盖起了楼房。

1995年6月，婺源县旅游总公司抓住双休日这一契机，推出一系列周末国内旅游线路。其中一日游3条、二日游3条、三日游1条，并采取全包、经济团、标准团等多种服务方式接团，先后接待30多个海外旅游团队，游客近2000人次。1992年—1997年，婺源县接待游客人数34.31万人次（其中海外游客1153人次），旅游营业直接收入835.43万元。1998年—2000

年,共接待游客50余万人次,营业直接收入近7000万元。

龟峰风景名胜区旅游业逐年发展,接待游客人数逐年上升:1994年,旅游业收入92.5万元,比上年增长54.8%,实现利税翻番。其中仅门票收入就比上年增加12万多元,增长率达100%以上;1997年游客量约8万人次,门票收入110万元;1998年游客量约10万人次,门票收入200万元;1999年游客量约13万人次,门票收入320万元;2000年的游客量达18万人次,门票收入420万元。

1999年"黄金周"开始施行后,全区假日经济凸显。2000年到三清湖春游的游客日达400人次,正月初一突破1000人次,仅半月时间就达6500余人次,游客量比上年同期增长10%。"五一"黄金周期间,全区共接待游客人数达13.21万人(其中三清山景区2.4万人,龟峰景区3.9万人),接待海外游客1439人;实现旅游收入1561万元,其中门票收入223万元。"十一"黄金周,全区各景区景点游客接待量和旅游收入虽没有达到"五一"火爆的程度,主要旅游景区接待人数仍达7.1万人次,实现旅游收入1390万元,其中门票收入179万元。

2000年,全区旅游人次与旅游收入再创新高,国际旅游保持较快增长速度,全年接待海外旅游者7913人次,旅游外汇收入320万美元,同比分别增长21.3%和15%;国内旅游市场空前活跃,全年共接待国内游客290.25万人次,国内旅游收入14.98亿元,同比增长13.4%、15.1%。各大景区也纷纷获得满堂红,旅游人次和旅游收入增幅都超过50%以上。

1995年—2000年全区旅游接待人数及收入情况

表18-5-1

年份	海外人数（人次）	比上年增长(%)	外汇收入（万美元）	比上年增长(%)	国内人数（万人次）	比上年增长(%)	国内收入（亿元）	比上年增长(%)
1995	1771		123					
1996	1925	8.7	105.79	-13.9	162.18	—	5.4	—
1997	4422	129.7	192.61	82.1	179.39	10.6	9.65	78.7
1998	5320	20.3	288.22	49.6	124.1	-30.8	6.12	-36.6
1999	5826	9.5	269.79	-6.39	185.73	49.7	10.09	64.9
2000	6523	11.96	278.42	3.2	287	54.53	13.88	37.6

2000年全区主要景区旅游接待人数与收入情况

表18-5-2

景区名称	人数(万人)	门票收入(万元)	综合收入(万元)
合计	63.02	852	6333.5
三清山	24	420	3000
婺源	12.52	52	1902
龟峰	9.5	295	1000
铅山	8	18	350

续表 18-5-2

景区名称	人数(万人)	门票收入(万元)	综合收入(万元)
万年	0.5	5	1.5
上饶集中营	8.5	62	80

1992 年—2000 年婺源县旅游业经营效益一览

表 18-5-3

项目	1992 年	1993 年	1994 年	1995 年	1996 年	1997 年	1998 年	1999 年	2000 年	合计
接待旅客人次(万人)	2.52	2.64	4.22	8.18	10.25	6.5	6.9	9.01	12.52	62.74
直接营业收入(万元)	50.75	53.39	88.89	168.4	200	274	487.08	504	1902	3728.51

第六章　旅游宣传

第一节　专题宣传

1980 年—1990 年代初,上饶地区的旅游资源虽有一定优势,但由于宣传投入不够,长期以来一直处于“养在深闺人不识”的状态。1990 年代初,通过多次出外考察,与一些同等景区的横向对比,政府意识到“酒香也怕巷子深”,宣传的功能不可忽视,于是逐年加大旅游宣传的力度、提高宣传资金。从 1992 年起,国家旅游局借鉴国际上举办大型主题年活动的成功经验,开始举办系列旅游年活动,1992 年为中国友好观光年,1993 年为中国山水风光游,1994 年为中国文物古迹游,1995 年为中国民俗风情游,1996 年为休闲度假游,1997 年为中国旅游年,1998 年为华夏城乡游,1999 年为生态环境游,2000 年为神州世纪游。九年间,上饶地区旅游局积极配合国家旅游局和省旅游局的宣传活动,根据上述旅游主题,依托当地资源,多渠道、多形式进行旅游专题宣传,在推动旅游资源的深层次开发、增强旅游产品在市场上的竞争力等方面取得显著成效。

1992 年 8 月 16—25 日,由行署副专员带队的 5 人代表团,赴香港参加中国旅行总社和香港合办的“92 香港中旅展”,首次向海外隆重推出三清山。4 天展期约有 3 万人参观询问,散发《三清山导游图》、《中国上饶》画册 2000 多份。22 日举办新闻发布会,新华社香港分社、香港《大公报》、《经济日报》、台湾《中国晚报》等新闻单位记者参加。次日,《人民日报》、中国新闻社香港分社、香港《中国旅游》杂志社、《经济时报》《新报》《中国旅游报》及台湾《中国晚报》《中央时报》等 8 家媒体记者采访上饶代表团,详细了解三清山风光、旅游线路、开发情况及招商引资优惠政策。会展中,上饶代表团与 3 家公司洽谈了合作项目,与 2 家公司签订意向协议书。与香港中美国际贸易公司、香港旅行界联合会主席梁文伟签订合作意向书,与香港捷星国际旅运社就开发旅游线路进行洽谈。

1993年初，上饶地委、行署决定在上饶—玉山举办中国三清山旅游文化节，以宣传三清山为契机，提高上饶的知名度。3月起，为搞好三清山旅游文化节的宣传工作，地委成立筹备领导小组，宣传部门统筹安排，分工协作，加强有关三清山影视剧的创作、修改和拍摄；搞好三清山影展、画展、碑林制作，筹备出版《三清山诗文选》等；加快收集、整理三清山的有关资料。新闻部门设置专题栏目，开始向全区、全省、全国和海外大力宣传三清山的优美风光，及其开发建设的成果和前景，吸引海内外游客前去旅游观光，为三清山旅游文化节做好前期宣传。1994年10月，实行旅游搭台，经贸唱戏的策略，利用新闻媒介，扩大对外宣传，鼓励外商投资三清山建设，纵深推进全区的对外开放。

第二节 影视 新闻 广告

1983年—1984年，中央新闻电影制片厂摄影师解廷勇一行上三清山拍摄《祖国新貌·三清山》纪录片，中央民族乐团高潮等人也上山考察，作出影片主题曲。江西电视台及《人民日报》、新华社、中国旅游出版社、北京外文出版社等单位记者，也先后登山采访、拍摄电视片、照片，在各大媒体发表介绍文章。

1984年—2000年，地区不断变换手段，扩大宣传空间。先后在香港和上海成功召开新闻发布会，引起较大且持久的反响；派员赴香港和深圳参加国际旅游博览会、国家旅游项目招商引资会、省政府招商引资会，广交朋友，获取信息，陆续拍摄并在中央电视台数次播放3部上饶电视风光片，邀请中央电视台、江西电视台、香港凤凰卫视等到上饶采风，摄制三清山、龟峰、婺源旅游风光片，使更多客商和民众了解三清山、圭峰、婺源，提高上饶风景名胜的知名度。10年间，先后在《人民日报》《经济日报》《羊城晚报》《文汇报》《新民晚报》《中国旅游报》《中国名胜风景杂志》和香港《大公报》《中国旅游画报》等较有影响的报纸杂志上，刊登宣传介绍三清山的文章专版；新华社、《文汇报》数次发表内参文章，推介三清山，引起高层领导的关注。

1986年开始，婺源县委宣传部门加强旅游宣传，努力提高婺源在国内外的知名度。11月15日，通过《人民日报》（海外版）以整版篇幅编排婺源专版，介绍婺源旅游与特产资源。同月23日，《人民日报》（海外版）刊出《景绝尘寰、翰墨遗香——婺源灵岩古洞重现奇观》的专题报道。1990年，《中国新旅游区指南》发表玉山县叶青、官涛的“览胜遍五岳，绝景在三清”一文；1992年8月30日，通过《信息日报》以“应识婺源多姿彩”为题，报道婺源县境自然风光和特色资源。同年，组织拍摄《朱熹故里行》《婺源茶道》等专题片，并多次在招商引资和对外文化交流中播出。1993年，与中央电视台共同策划，摄制《婺源古文物》《龙尾砚》《婺源古建》3部专题片，在中央一台神州风采栏目播出。1993年6月，玉山县旅游局官涛在国家《旅游与调研》杂志上发表有关三清山发展的论文；同年12月21日，由中国国际文化艺术中心影视部总策划、三清山管委会协助的三清山涉外音乐风光电视片完成外景航拍，历时一个月。此片是国家文化部对外联络局委托拍摄的《锦绣中华》百集巨片之一，译为世界8个语种，发往国家驻外使馆作为对外文化宣传用，内容主要介绍国内重点风景名胜区的人文、自然景观。三清山为此片重点拍摄的14个风景区之一。三清山因此大大提高国际声誉。

1994年年初，为加大宣传三清山的力度，塑造三清山的对外形象，上饶地区在上海市繁华地段召开一次有特色、有规模的三清山开发新闻发布会，约有250名政要名流、文人画家、旅游业和新闻界人士到会。会议通过各种传播媒介在上海引起不小的轰动，中央电视台新闻频道播出此次会议新闻。为配合江西省第九届运动会，上饶地区分别在中央电视台、江西电视台和中央人民广播电台推出两个旅游专题，介绍上饶风光。10月，推出8集音乐风光电视片，从不同时间与空间，多角度地反映三清山秀丽迷人的景色和独具风采的道教文化。与此同时，三清山风光歌曲选播专题也在中央人民广播电台《九州彩虹》栏目中重点播出，在海内外引起较大影响。

1996年5月，上饶地委、行署和人民日报社华东分社联合举办主题为《春到三清山》的全国摄影大赛，吸引许多摄影名家和摄影爱好者聚焦三清山，一大批精美的图片刊登在全国的报纸杂志上，受到各界广泛瞩目与好评。当年9月，三清山旅游索道的开通，也为三清山做了一次集中宣传报道，中央、省、地区电视台均在黄金时间播出了这条电视新闻；《人民日报》在头版显著位置刊登了这条消息；新华社中新社向国内外播发的新闻稿被各大报刊采用。上述这些成功的宣传，大大提高了三清山的知名度。同年，婺源县协助上海东方电视台拍摄《婺源印象》，在上海播出后，引起轰动效应。

1997年4月，上饶地区参加上海新闻发布会，隆重推介三清山。当年三清山旅游出现高峰。1999年，《世界日报》《人民日报》（海外版）先后刊出《婺源古民居"物迷"文化》和《江西婺源推出碧水青山生态情》通讯报道。

1999年，邀请江西电视台到上饶采风，摄制三清山、龟峰、婺源旅游专题，并在江西卫视连续播出。为《信息日报》组织"中国最美的乡村——婺源"专版稿件进行广泛宣传；龟峰景区制作《龟峰探奇》风光片，编印大型旅游画册，在省台电视台旅游天气预报节目中播出景区天气及画面。11月13日，江西电视台（一套）播出专题片《谢叠山与叠山书院》。同时，加大了对三清湖的广告宣传，玉山县派员参加旅游交流会和昆明世博会，把三清湖推向旅游市场。

2000年，中央电视台焦点访谈栏目，播出婺源生态环境保护专题《爱我家园》节目。1～6月，江西卫视在黄金时段播放龟峰景区形象广告。7月，在浙江电视台黄金时段播放龟峰景区形象广告。10月，《龟峰探奇》风光片光碟制成，同时推向市场；11月4日，江西省电视台《落英缤纷》栏目播出电视散文节目《千龟万壑竞风流》。同年，《上饶日报》对万年县旅游景区进行专题报道。

第三节　邀请名人考察

1982年10月，香港《大公报》记者徐建中应邀登临三清山考察，次年2月在《大公报》发表"喜攀三清山"一文。1984年8月，上饶地区邀请60多位省内外专家、学者和有关领导赴三清山实地考察，专家们对三清山的风景资源给予很高评价，充分肯定了它的开发价值，一致认为三清山的自然景观完全可以和黄山媲美，是黄山"姊妹山"。且资源多于黄山，交通便利，极具开发价值。1985年4～6月，玉山县政府邀请《人民日报》《光明日报》、"国际广播电台"等新闻单位及省林业厅、自然保护区的记者、专家20余人，上三清山考察，宣传三清山。5月28日，玉山县旅游公司在《信息日报》上整版刊登"欢迎中外旅游业前来三清山、龙华湖创建旅游服务中心"的宣传广告。7月，北京外文出版社记者陈渊、《江西日报》社文艺处长毛士博考察三清山梯云岭景区，及其西邻怀玉山八礤龙潭瀑布。8月，新华社等8家新闻单位应邀联合对婺源灵岩洞等风景名胜进行实地考察，并作出连续报道。10月，中央乐团著名作曲家王酩、凯传，解放军总政歌舞团团长、著名作曲家张士燮，省书法协会主席、省工艺美术研究所主任傅周海等，应邀考察三清山，并分别作《三清山所见》《未见神女留下山音》《三清山绝秀壮我中华》《山水壮美，人民多情》等歌曲。1987 年 10 月 21～25 日，著名散文家秦牧应邀偕夫人游三清山，撰写《三清山题壁》一文，次年 3 月在《人民日报》发表。1988 年 10 月，三清山、龙虎山、武夷山笔会在玉山县文化馆召开，与会代表应邀上三清山考察，并发表撰文。1990 年 4 月，《上海商报》《上海旅游报》《解放日报》《新民晚报》《旅游天地》《劳动报》等 6 家报刊记者、编辑一行 7 人应邀登上三清山实地考察，对三清山给予高度评价，发表《世所罕见，中国第一山》等文章，共同宣传三清山。

1992 年 7 月，日本世界航空旅行社社长菊间利通和铃木幸子等一行，应邀专程到婺源县实地考察旅游线路，考察了灵岩洞群、明清古民居等名胜景点，观看独具风味的婺源茶道和傩舞表演，对婺源县丰富的旅游资源表现出极大兴趣。8 月，杭州大学考察团应邀到玉山县考察旅游业，考察团重点考察了三清山风景区，对沿途的风景点分布、观赏价值等进行科学论证，为玉山县旅游业的发展提供了新思路。

1996 年，邀请国家文物专家罗哲文教授考察三清山道教古建筑群，并对三清山古建筑群进行点评。1997 年 1 月 5 日，澳大利亚访华考察团一行 8 人，至三清山观光游览并进行商务考察。考察团在游览三清山后，还就在三清山旅游经济开发区玉坑村开发鸵鸟养殖基地等事宜进行磋商。8 月，美国国家森林公园访华团应邀到三清山考察，访华团评价三清山风景区的自然资源是世界级，美国国家公园基金会主席保罗先生称："三清山是世界上为数极少的精品之一，是全人类的瑰宝，是精神的玉境"。1996 年 11 月中旬，上饶地区中旅社在行署驻厦门办事处的协助下，邀请厦门市各大旅行社总经理、保险行业业务经理、大学旅游专业教授、著名画家、摄影家、报社和电台记者共 17 人组成的考察团，到上饶集中营旧址、三清山、圭峰等景点考察参观。

1999 年，邀请中国社科院佛教研究所丁明夷教授至弋阳县南岩景区考察南岩佛窟，丁教授对南岩佛窟给予极高评价，将其誉为"中华第一佛洞"。2000 年 8 月，邀请十世班禅画师，中国藏语系高级学院藏传佛教传统绘画研究员，中国美术家协会会员，全国政协委员尼玛泽仁先生到南岩景区考察，评价龙门岩整座山体如一幅天然的"如来涅槃图"，认定是至今发现的世上最大天然卧佛岩体。后采纳其建议，将龙门岩略加整修凿成卧佛形象。

第四节　刊物网站

专志编撰　1985 年 10 月，德兴县地方志办公室开始编纂《三清山志》，全书 17 万字，1990 年 5 月内部出版发行，详细记载三清山道教古建筑遗存；1986 年，德兴县地方志办公室编撰出版《三清山古诗文、匾联石刻集注》一书。1992 年，三清山三清宫石牌楼的"三清宫"青石匾由国家文物局评选为"中华名匾"，《中华名匾》画册由辽宁人民出版社出版发行。同年，《东南文化》3—4 期刊登《江南道教胜地三清山出土道家古印》文章。1994 年 5 月，弋阳县地方志办公室与上饶地区圭峰风景名胜区管理处开始联合编纂《圭峰志》，全书 20 万字，1995 年 8 月由黄山书社出版发行。1999 年 3 月，上饶县政府成立编委会，开始编撰《灵山志》(2002 年出版)。2000 年前后，全区第二轮地方志编修工作开始后，各县(市)志书均增加旅游卷。

特种邮票　1995 年 11 月，由上饶书画院著名画家黄永勇、温祖望设计的三清山特种邮票经邮电部向全国发行,并在三清山举办隆重的首发式,两位画家到场为邮迷签名,场面极为火爆。邮票图案分别为"三清福地""司春女神""观音赏曲""巨蟒出山"等风景,设计典雅,色彩清新,在方寸之间展现出三清山的独特风光。此为江西省发行的第一套由地方选题的邮票。三清山的旅游宣传热潮由此再创新高。

旅游地图 1990年前后,三清山、婺源等风景区开始印制各种简略的导游图。1991年11月,上饶市地方志办公室在江西省地名办的指导帮助下,制作上饶地区和上饶市交通旅游、标准地名图。地图的一面标有上饶市四通八达的交通现状、旅游景点、单位地址、电话号码,及上饶集中营烈士陵园和庆丰公园简介;另一面印有上饶地区交通旅游地名图,图上专门介绍三清山景点分布图。这是上饶地区第一份较为详尽的旅游综合地图。1998年,龟峰风景区开始印制导游图。2000年以后,三清山基本上每年都更新导游图。此后,各种旅游地图层出不穷,图制印刷日渐精美,服务内容日趋丰富。图中往往囊括上饶地情和景区介绍、交通状况、服务设施、宾馆住宿、土特产购物、地址电话、旅游线路参考等等。售价一般3元~5元不等。

图书画册 1984年—2000年间,上饶行署克服资金不足的困难,出版系列宣传刊物:《三清山风光摄影集》《三清山画册》《三清山丛书》《三清山的传说》《三清山故事传奇》《上饶旅游》及三清山导游图、招贴画等,为提高三清山的知名度,加快全区旅游市场的拓展及招商引资,作出有效的努力。1992年出版《中国上饶》图册,介绍全区名胜古迹;1996年6月27日至7月3日,国家建设部首次举办全国风景名胜区图片展览,全国共有144家景区参展。上饶地区送展的30余幅照片,展出三清山悠久的历史文化、瑰丽奇特的自然景观和众多的名胜古迹,吸引北京城众多参观者,获得国家建设部颁发的优秀奖;1999年9月底,画册《信江风情诗画选》出版发行会在上饶召开,全区著名风景彩色图片配上诗词,附有景点介绍和注释,第一次全面展示上饶的高山大川、名胜古迹、革命遗址、民俗风情等景点120余处,图文并茂,抢售一空。

三清山画册 1982年,玉山县出版彩印画册《三清山》5000册向全国发行;1983年12月,《三清山报》创刊,玉山县旅游公司首次印制《三清风光》宣传资料5000份对外发放。1985年8月初,出版发行《三清山诗文选》1万册。1990年,《神奇的三清山》(彭学甫、俞福麟、赵忠旺等著)出版发行;1997年6月,三清山旅游景点编入《中国旅游名胜大辞典》向全国发行;2000年11月,官涛编辑出版《三清山旅游通览》3000册发行。

龟峰画册 1984年中山大学主办的《地球》杂志第5期刊登了北京师范大学徐振溥、耿侃的学术研究文章《丹霞胜景圭峰》;1998年8月4日《江西日报》第五版专版报导《龟峰天下稀》,并配有图片;1999年程欣荣的《龟峰诗集》由中国文联出版公司出版发行;1999年2月始,由龟峰风景名胜区管理委员会、弋阳县旅游局编印的《龟峰旅游》彩色报,至2000年共办6期。1999年—2000年,国内各级各类报刊宣传、介绍龟峰及龟峰旅游的文章约50余篇。2000年4月18日《华东旅游报》以《江西弋阳·探龟峰三奇》为题辟有"龟峰旅游"专版,配有图片;8月,由刘书宗等编辑的《龟峰风光》由江西省美术出版社公开出版;10月2日《东楚晚报》(湖北黄石市主办)以《中华丹霞精品,东方神龟乐园》为题有图文结合的龟峰旅游宣传专版;12月由龚国光、涂新华等编著的《丹霞龟峰·奇绝江南——龟峰旅游概览》列入江西旅游文化丛书,由百花洲文艺出版社公开出版发行。

婺源画册 1986年,婺源县林业局和县文联分别编印《婺源古树》画册与《婺源风物录》一书。1992年,婺源县城建局、旅游局制作婺源专版参加江西省风景名胜图片巡展活动。

1994 年,婺源县委宣传部编印《投资热土——婺源》画册发放宣传。同年 11 月,县文化旅游公司出版《朱熹故里——婺源》画册。1995 年,婺源县旅游局参与编写《中国开放市县大全》一书的“婺源县”词目,并在《闽浙赣九地市旅游指南》上登载婺源的旅游景观。1996 年,婺源县旅游局制作“朱熹故里——婺源”旅游画版,参加江西旅游展暨’96 江西休闲度假游宣传日活动,画版存南昌名楼滕王阁展出。1999 年—2000 年 9 月,《绿色明珠——婺源旅游概览》(胡兆保著)一书编辑完稿(次年出版)。

网页网站 1999 年,婺源县邀请中央电视台摄制《婺源画中游》VCD,制作婺源旅游网页;2000 年,婺源县政府网站制作婺源文化与生态旅游网页;随后,婺源县旅游局建立婺源旅游网站,设有游程预览、引资项目、评点婺源等 8 个栏目。网站建立后,点击率居全国旅游网站、网页的前茅。2000 年 5 月,彭涛在雅虎网站建立三清山网站,内容有三清山景点示意图及各县特色的 20 多个栏目,点击景点示意图或栏目中的某个景点,相关图文立即跳出,足不出户即可游遍三清山。网站建立仅 4 个月,点击率便超 7000 人次,收到有关三清山的反馈信息上百条。

第七章 行业管理

第一节 管理机构

旅游公司 1980 年代初,为发展旅游的需要,一些县(市)或景区先后成立旅游服务公司,成为旅行社或旅游局的前身。1983 年,玉山县率先成立旅游服务公司。此后部分县(市)相继成立性质不一、归属不一的旅游公司。地区、县(市)级旅游局成立后,旅游公司多半撤销,或改成旅行社,或归属于旅游局。

1981 年 2 月,上饶地区圭峰疗养院为适应形势发展,明确提出疗养、旅游并重的方针,由圭峰疗养院新招收的青工组成龟峰第一个专职旅游接待机构——龟峰旅游服务组,隶属于疗养院办公室。1986 年 10 月,上饶地区外事办公室经专员办公会授权,以饶外发〔1986〕18 号文件,批复成立上饶地区龟峰旅游公司。公司对外和疗养院平级,两块牌子一套班子,对内属疗养院下辖部门,与院接待科合署办公。1989 年,公司业务上与上饶地区旅游局对口,并接受地区旅游局业务指导。

1992 年,全区已有上饶汽运旅行服务公司、上饶地区三清山旅游公司、上饶市旅游服务公司、上饶地区龟峰旅游公司、玉山县三清山旅游总公司、德兴县旅游服务公司等。1992 年 8 月,婺源县文化局成立婺源文化旅游总公司。次年 7 月,省旅游局批复同意公司经营三类社业务。1997 年 1 月,县政府将婺源文化旅游总公司改为婺源县旅游总公司,归县旅游局管理。1999 年,玉山县成立三清湖旅游开发总公司。

旅游局 1980 年代末,随着旅游业的兴起,地区和一些旅游大县相应成立旅游局,但归属不一,多与其他部门合署,独立门户的较少。成立时间也先后不一。1989 年 8 月,行署为加快旅游业的发展、加强旅游业的管理,成立上饶地区旅游局,与地区外事办、侨务办合署办公,属地区二级局,编制 9 人。1996 年地直机构改革,地区旅游局单设出来,成为行署主管全区旅游行业的直属部门(副县级直属事业单位)。

1987 年,为对应开发三清山的需要,玉山县在全区率先成立旅游局;1992 年 3 月,婺源县成立县旅游局,1996 年 7 月定编 5 人;1997 年上饶、德兴市、横峰县成立旅游局,横峰县旅游工作原先一直由县文化局兼管,当年 8 月县旅游局成立后,仍与县文化局合署办公。1998 年 4 月,万年县成立旅游局,与万年宾馆合署办公,2001 年 10 月独立。同年 8 月,弋阳县成立旅游局,与龟峰景区管委会合署办公。1999 年铅山县成立旅游局。2000 年后,各县均设有旅游局。

各级旅游局系负责管理境内旅游事业的职能部门,主要职能为:贯彻国家发展旅游业的方针、政策和法律法规,对全区旅游行业实行管理与监督、指导;编制旅游发展规划并组织实施,负责旅游资源景区景点的开发建设事宜;协同有关部门管理、审核旅游建设项目,抓好旅游配套设施建设;推动旅游商品开发、生产、销售和旅游交通的发展和管理;受理游客的咨询、投诉等等。

景区管委会　1936 年,国民政府成立弋阳县圭峰整理保管委员会,主事龟峰旅游建设和接待等事务。1953 年 10 月,龟峰景区中心建立归专署管辖的圭峰干部休养所,1955 年 7 月,隶属于省卫生厅后,更名为圭峰疗养院,均兼职龟峰旅游建设和管理职能。实为景区管委会之前身。1980 年—1990 年代,为加强对景区各项事务的管理,政府在一些游客较多的重点景区,先后成立管理局、管委会。1984 年 9 月,地区成立上饶地区三清山风景名胜区管理局(县级建制)。1987 年 10 月,成立三清山旅游区规划建设办公室。1995 年,省政府批准设立三清山旅游经济开发区,与三清山风景名胜区管理局两块牌子一套班子,受上饶行署领导。1996 年,取消上饶地区三清山风景名胜区管理局,成立江西省三清山风景名胜区管理委员会。办公室设三清山南山外双溪索道站下。

1988 年 5 月,婺源县灵岩洞国家森林公园成立管理局,为副科级自收自支事业单位,编制 6 人,其中技术人员 3 人,多为林业部门人员兼职。1993 年 9 月,县政府颁文成立灵岩洞国家森林公园管理局,为正科级编制。办公室设婺源县古坦乡政府内。同年,还成立婺源县鸳鸯湖自然保护区管理局,副科级事业单位编制,管理人员 4 人,其中技术人员 2 人。

1988 年,龟峰被评为国家级风景名胜区,为适应新形势需要,1989 年 3 月,行署成立上饶地区圭峰(龟峰)风景名胜区管理处,同圭峰疗养院两块牌子一套班子,副县级,属地区直辖事业单位。1998 年 8 月,龟峰风景名胜区由地区划归弋阳县管辖,取消龟峰名胜区管理处,成立江西龟峰风景名胜区管理委员会、江西弋阳龟峰疗养院,与弋阳县旅游局合署办公。三块牌子、一套班子。管委会为副县级事业单位,下设三个景区管理处,龟峰一景区(龟峰自然景观区)、龟峰二景区(南岩佛教区)、龟峰三景区(弋江镇人文景区),为正科级自收自支事业单位。龟峰景区管委会机关设党政办公室、农村工作办公室、规划建设办公室、营销招商办公室、旅游行业管理办公室、计划财统办公室、警务办公室及龟峰书画院等 8 个职能科室,均为副科级。局机关定编 30 人。2000 年,龟峰被林业部列为国家森林公园后,又成立龟峰国家森林公园管理委员会,与江西龟峰风景名胜区管理委员会两块牌子一套人马。负责对龟峰一、二、三景区和弋阳县境内各旅游散点的规划管理,为到龟峰旅游的客人提供导游、住宿、餐饮等服务。

2000 年,万年县成立仙人洞风景名胜区管理局,与万年县旅游局合署办公。

第二节　管理措施

景区管理　1983 年—1984 年,政府开始对三清山进行管理。地委、行署多次召开玉山、德兴县及地直有关部门负责人会议,对保护三清山风景资源采取一系列措施。先后成立三清山自然保护区、开发三清山领导小组,组建三清山风景名胜管理局,设立三清山公安派出所,作出开发三清山的六条规定。

1990年代初,三清山、龟峰、婺源、鄱阳湖等地旅游业迅速发展,各地旅游部门按国家旅游局和省旅游局的要求,日渐加强对景区的管理。1994年,全区各大景区已基本建立一套行之有效的管理制度,先后出台的管理办法涉及资源保护、建设管理、环境卫生、服务规范等各个方面。龟峰、三清山、婺源景区沿途设立道路标示、吸烟处、垃圾箱和随门票配送的卫生袋,为游客提供便利。景区内数百棵珍奇名贵树木挂上解释说明牌,标示树木的俗名、学名、拉丁文名和主要习性、用途等,增加游客游览时的知识性和趣味性。

1992年8月,针对三清山管理体制不顺、造成景区建设缓慢、无序开发的混乱现象,三清山开发建设领导小组召开工作会议,就如何保护、开发、建设三清山的一些重要问题进行讨论研究。地委、行署转发会议纪要,要求尽快理顺三清山的管理体制,在三清山建市方案未批之前,暂设三清山旅游开发区,与三清山管理局两块牌子一套人马,作为行署领导下的行政管理机构,行使三清山行政管理职权。玉山县、德兴市必须顾全大局,令行禁止。为强化景区管理,切实制止"五乱",会议制定了三清山《统一规划和管理的若干规定》《组建资源保护治安纠察队的方案》《门票管理的方案》等三个管理办法,主要内容有:1. 制止乱砍滥伐森林。对景区实行全方位封山,严禁乱砍滥伐(包括拾枯枝败叶);玉山、德兴二县(市)林业部门不得下达中心景区的砍伐任务;三清山所有旅游接待单位(包括个体户),必须在2个月内改柴灶为柴油灶,杜绝烧柴。要尽快成立资源管理纠察队与治安管理纠察队合署办公。2. 制止乱征乱占土地。玉山县、德兴市均不得在景区内乱圈土地,如有建设要求,需经三清山管理局审批,统筹安排。3. 制止乱搭建房屋。凡未经三清山管理局审批而在中心景区乱搭建的房屋,必须在10月之前拆除。4. 制止乱设门岗乱收门票。在三清山外双溪、汾水、金沙设门票点3个,门票管理权由三清山管理局统一行使;门票收入上交三清山管理局,按一定比例一次性返还有关乡村。5. 制止旅游秩序混乱。尽快成立三清山景区治安管理纠察队,由三清山管理局和地区公安处双重领导,具体组建工作由地区公安处负责。

1993年6月前,三清山门票曾各自为政,分德兴市、玉山县几处售票,县、乡、村级各占一方,随意乱设路卡,游客经过就要收费。因缺少统一的管理,一度混乱不堪,常与游人发生争执,备受游客指责。经多次与德兴市、玉山县协调,三清山管理局终于收回境内金沙、风门、外双溪的门票经营权,自6月开始实施三清山门票的统一管理:统一票价、统一票面、一票游全山,从而扭转了景区多年难治的多头管理、重复收费、乱设卡、游客怨声载道的现状。改为统一的门票管理后,使游客明明白白的消费,减少乱收费。1993年—1994年,三清山管理局先后制定21项管理措施,将治理工作具体化,重点整治景区"五乱"。经一年多艰苦细致工作,清理了部分违章建筑;一次性拆除柴灶75座,使资源保护获得突破性进展。相继完成全省第一部《景区森林防火设施建设规划》《旅游度假区实施方案》《国家森林公园呈报方案》,拟定了文物修复方案,使景区管理逐步规范化、科学化。1995年,玉山县出台《旅游安全管理办法》《旅游安全与社会综合治理目标管理责任状》等,县旅游局提出"无安全就无旅游"的口号,并与各旅行社签订旅游安全和社会治安目标综合管理责任状。5月初,县旅游局检查所有旅游车、船的执照、行驶证、保险卡,对三证缺一的车船一律予以取缔。由县交警大队对合格的旅游车下发通行证,方可进入景区运行。为减少交通拥堵及事故隐患,玉山县投资1600万元,拓宽玉童、玉金公路。同年,玉山县成立三清湖旅游开发办公室,负责旅游规划的部署和实施,保护景点景观,收集民间传说,做好开发前期工作。1999 年,组建三清湖旅游开发指挥部、三清湖旅行社。

1996 年,三清山风景名胜区管委会和旅游经济开发区管理委员会成立之后,开始对三清山景区进行统一管理,统一规划,统一开发,统一建设,彻底中止长达 10 多年的地、县、乡、村各自为政、乱圈土地、乱搭乱建的混乱现象。管理局依据《江西省风景名胜区管理条例》对景区进行管理,从有利于保护、有利于开发、有利于旅游的原则出发,先后制定景区管理措施 20 余项,成立三清山景区管理大队,配备森林防火通讯设施。同时对三清山景区内乱占土地、违章建房等现象,进行清理,加强景区土地管理和建设管理,将景区管理做到日常化、电讯化,景区的管理状况明显改善,树立良好的服务形象。

1999 年,地区在"黄金周"旅游安全、投诉与询问、服务与规范等方面都采取一系列措施:一是全面落实旅游安全责任制,通过召开旅游安全紧急会议,组织人员深入各旅游景区景点,加强旅游安全检查,确保旅游安全。二是按照国家旅游局《旅游发展规划管理办法》,加强景区开发、规划和建设的管理,制定了旅游区质量等级评定制度,对铅山葛仙山等景区进行评定。三是认真做好"黄金周"的旅游景区管理。对各大宾馆饭店的安全设施、卫生情况以及景区险要地段进行复查,消除隐患;配备专门清洁人员,大力整治景区环境;配备大量导游并加强培训,以满足"黄金周"的需要,所有导游统一着装,挂牌服务,并接受游客的监督和意见反馈;全面启动各级"黄金周"旅游统计预报系统,发布境内各旅游区(点)接待信息,为市民出行提供参考。四是规范价格,会同有关部门审定各景区宾馆饭店的房价、餐价,维护游客的正当利益。1999 年 3 月,三清山玉京峰景区被授予全省文明风景旅游区示范点的荣誉称号。

2000 年 2 月,由宣传部、文明办、城建局、旅游局、爱卫办实施开展推荐、评选、命名首届文明风景旅游区示范点活动。3 月,团地委决定以创建青年文明号山和开展青年志愿者文明使者行动为重点,组织动员青年参与三清山、龟峰的旅游业建设,将两大景区建成青年文明号山。6 月,召开全区创文明风景旅游示范点工作会,探讨"创建促旅游,旅游促效益,效益促文明"的新路子,以提高旅游业的水平、文明程度,交流旅游景区的规划、建设、整治、管理的经验,发展旅游。同时在景区、宾馆、饭店开展彻底的安全、卫生大检查,为 16 家合格宾馆饭店发放旅游定点接待单位牌;在景区游步道的险隘路段,设置醒目的指示标记,旅游高峰期派专人 24 小时守护,严禁存在安全隐患的车辆、场所投入使用。婺源县按国家 AAA 级旅游区的标准要求,对各景区设置的景观说明牌、导游图牌、告示牌等都作出统一的规定要求,并进行检查督促,确保旅游环境优美。同时对全县旅游从业人员进行经常性的职业道德教育,帮助他们树立遵纪守法、爱岗敬业精神,各景区景点基本杜绝乱收费、索要小费等不正之风,使游客的回头率大增。截至当年底,全县未发生一起旅游安全事故,未接到一起旅游投诉案件,树立了婺源旅游业的良好形象。三清山管委会邀请有关部门对所辖宾馆进行卫生防疫检测,彻底整治环境卫生。制定规范操作和处罚条例,保障游客的用餐卫生和身体健康。国庆节前对索道进行了检测、维修和保养,杜绝安全隐患。玉山县拆除进山公路两旁占道经营的摊点。节假期间,公安部门进驻景区,维护旅游秩序;交警部门坚持上路疏导交通,不准任何部门对外来车辆检查收费。同时鼓励外地车辆加入客流的接送,以缓解景区客运车辆的不足。

游客投诉制度　1990 年代,针对旅游业发展迅速,景区、旅行社、旅游车队、宾馆等接待机构服务尚不完善的情况,为维护旅游者的合法权益,国家旅游局和省旅游局制定多项法规与措施。上饶地区按国家规定也建立游客投诉制度,向社会公布游客投诉和安全举报电话,尤其在“黄金周”时期,24 小时派人值班,认真接受和处理游客投诉。但在 2000 年前,游客投诉制度尚不够健全,执行缺少力度,形同虚设。

2000 年,龟峰管委会向社会公布旅游投诉电话,全县各有关职能部门在邮电、银行、公安、车站等窗口单位,组织行风评议,进行监督。三清山管委会除设立投诉举报电话外,还加大物价管理力度。

第三节 导游管理

早在 1980 年代,三清山、龟峰、婺源等地已有少量“导游”和景区讲解员,但这些业余导游大多是农民,文化素质较低,且未经组织和培训,只能领领路,讲解一下地名和传说,远不能满足游客的需要。1980 年代末,上饶地区开始进行导游队伍建设,经过筛选面试,一批批有文化并受过培训的导游,开始有组织地进入各大景区和旅行社,为游客提供服务。

1988 年 12 月,根据国家旅游局召开的全国导游人员资格统考工作会议精神,省旅游局着手对导游人员进行培训和考试。1989 年,上饶地区开始举办导游培训班,开设方针政策、导游业务、导游基础知识、外语等辅导课。并配合省旅游局积极参与全省导游的外语培训、选送外培、综合性培训、智力竞赛、服务技能培训等。

1990 年代中后期,随着旅游业的迅速发展,地区加强对导游人员的培训和管理,对农民业余导游也进行适当管理,须经培训持上岗证方可从业。1996 年 12 月 1 日,三清山首期讲解员培训班在梯云岭景区开学,培训时间为半个月,邀请上海国际春秋旅行社、上饶师专、三清山书画院和三清山管委会的专家、学者前去授课。参加培训的有来自上饶市、德兴市、玉山县的 50 多名学员。1997 年,地区旅游局成立上饶旅游教育培训中心,先后组织和举办四期全国导游资格考试培训班。当年 12 月中旬,省旅游局首次在上饶地区举办为期 15 天的导游培训班,有 80 人报名参加。1999 年 7 月,经省旅游局、省教委、省计委等部门的批准,在上饶市设立江西省旅游学校上饶教学基地,至 2000 年共培训导游人员 230 多人次。2000 年,全区获得导游资格证人员共有 300 多人。

1998 年 11 月,龟峰景区接待组团游客开始配有专职导游。1999 年,龟峰风景名胜区培训导游员 40 余名,经弋阳县旅游局考核合格发给地方导游证。次年,又面向全区公开招聘 10 名素质较高的导游小姐,进行强化培训。至 2000 年,弋阳县全县有持证上岗导游员 30 名,其中一景区 20 名,二景区 5 名。婺源县规范导游管理,旅游局对各景区的导游词和宣传材料进行审阅,给予指导,并对导游人员加以培训,先后举办 3 期 120 人次参加的导游培训班。

上饶地区志

SHANG RAO DI QU ZHI

（1991－2000）

下册

上饶市地方志编纂委员会 编

方志出版社

目　　录

（下册）

卷十九　名特优新产品

1990年代,境内名特优新产品有地方工业产品、农牧水产品、工艺品和土特产等几类。尤其是茶叶的历史悠久,宋朝时,“婺绿”被列为全国六大绝品茶之一。清乾隆年间(1736—1795)即由广州十三洋行远销海外,驰名欧洲;烟叶“紫老红”,早年蜚声国际市场,外商只要看到其外包装上的“石马紫老”印记,就免检进口。明、清时期,广信府的纸名重于世,玉山县、铅山县、广丰县所产,多征调入京,供朝廷之用,民谣有“饶州瓷器玉山纸”之说;上饶的酒业源远流长,南宋时,信州出产的白酒以其出色的风味,令文人雅士一饮为快,辛弃疾饮后,留下“一杯千岁”名句。还有上饶县的夏布,波阳县、余干县的银鱼,万年县的贡米,横峰县的茶油、葛粉,弋阳县的大禾米粿,婺源的歙砚等等,无不闻名中外。巧夺天工的铅山竹编,明、清时期饮誉大江南北。清同治二年(1863),江西举办首届物产总会,广信、饶州两府均有名特优产品参展,广丰的花豆获二等奖;波阳县的白米,誉为“独占江西优势”;同年,在巴拿马万国博览会上,波阳县的“太少珠兰茶”、脱胎漆器、余干县的铜剪刀,均获银奖。新中国成立,特别是改革开放以后,许多传统产品进一步得到发展,成为振兴当地经济的优势产业。余干县的乌黑鸡,药用价值很高,但到1975年,全县仅剩几百只,濒临灭绝,1980年代初,余干县政府重新开发,使其成为县域经济的一大产业。上饶境内自古即有淡水珍珠,唐贞观年间(627—649)有采珠于波阳之说,但产量不多。改革开放以后,万年县开发的系列珍珠产品,受到广大消费者的青睐。玉山的“三清”牌203Z轴承,参加首届中国科技之星博览会获金奖。德兴的异Vc钠、异Vc酸,投入市场后获得很高评价,被誉为现代食品的保护神。上饶客车厂开发的17~19座SR65POA、26~28座6700轻型客车,获’94乌兰巴托国际博览会金奖。此外如“方圆”漆包线、“凤凰”照相机、“上”字牌电表等均为全国名牌。

第一章　工业品

第一节　机械 电子

上饶大客车　上饶客车厂生产的17座~19座SR65POA、26座~28座6700轻型客车,造型美观,价格适中,获江西省乘用展览会设计、造型、工艺三项优秀奖和’94蒙古乌兰巴托国际博览会金奖。该厂设计制造的豪华旅游客车——SP6970HK“宝立华”客车,安装有高档座椅、音响、电视、冰箱、卫生设施等。1998 年 7 月,在南昌召开的上饶客车集团公司新产品鉴定会上,该厂推出的豪华客车、低地板城市公交车等五种新车,受到很高评价。

上牌字电度表 上饶市上字仪表责任有限公司(原上饶市仪表厂)生产的“上”字牌电度表是上饶地区优势特色产品之一,DD28 型单相电度表,1983、1987 年连获省人民政府授予的优秀产品奖。

方圆牌漆包线 上饶市振达铜材工业集团的主导产品—方圆牌漆包线,国家机械工业部定为一等品,属江西省名牌产品和免检产品。

轴承 轴承是玉山县的著名产品。1981 年 10 月 1 日,玉山第一批 203Z 轴承进入美国、加拿大等国市场。1982 年,203 型轴承被评为江西省优质产品;1987 年,203Z 轴承获国家机械委优质产品奖;203Z 轴承评为部优、省优。1989 年,国务院批准玉山县轴承厂为江西省首家轴承行业外贸出口权企业。1990 年 180203KE 轴承被评为部优、省优。1993 年,“三清牌”203Z 轴承参加首届“中国科技之星”博览会获金奖。玉山县第三轴承厂生产的轴承系列产品,具有结构新、噪音低、升温小、寿命长、防尘等优点,广泛用于机械、冶金、电子等行业,受到客户好评。

“凤凰”照相机 江西光学仪器集团公司生产的“凤凰”牌照相机(凤凰相机,凤凰平视相机)为中国名牌产品。该相机 1992—1996 年连续四年获全国最畅销商品奖—金桥奖。1999 年,“凤凰”相机被国家工商总局命名为中国驰名商标。

消防器材 省明星企业上饶市消防器材厂生产的 QZ16 型直流水枪,KD50 型、65 型水带结扣,分别获省优质产品称号。直流水枪获 1995 年中国乡镇企业名牌产品称号。“江安”牌消防水枪被列入国家级名牌产品目录。1999 年,该厂产品被认定为江西省信得过产品,2000 年被定为省消防器材定点生产厂家。

第二节 建材 轻纺

电焊条 上饶市电焊条厂生产的 SH 锡黄铜焊丝、特细不锈钢焊条、铝及铝硅焊丝,填补了江西省空白,获省新产品证书。银基钎料、不锈钢焊条获省新产品奖。A102T 碳钢蕊不锈钢焊条获国家级新产品证书。“长风”牌电焊条,1986 年、1990 年连续两届被评为江西省优质产品,1998 年获省轻工名牌产品称号,被列为江西省重点保护产品。

铌铁合金 由横峰县钽铌矿与中国科学院力学研究所合作开发,具有工艺简单、成本低、污染小和产品质量好等综合优势,产品质量达到和超过美国、日本、前苏联和巴西质量标准。1991 年获国家专利(专利号 ZL911054855),同年获江西省新产品证书;1998 年获国家新产品证书。具有提高材料或合金强度与耐温、耐磨、耐腐蚀的独特性能。主要用于石油天然气管道、造船钢板、汽车用薄钢板等高强度低合金钢、不锈钢、非晶软磁材料。

NF 高效减水剂 NF 高效减水剂是上饶县建筑材料厂研制的新产品,1986 年 10 月 14 日通过清华大学技术鉴定,同时被评为江西省优秀新产品。NF 高效减水剂,各项指标达到并超过国家一等品标准,为国内生产及使用最好的一种高效减水剂,适用于配制高强度混凝土、普通混凝土等。混凝土掺入 NF 高效减水剂后,可大量提高拌和物的流动性,增加拌和物的和易性,减少拌和物的用水量,降低水灰比而使拌和物仍有很好的和易性。在配制同样标号混凝土时,既可提高混凝土的强度,又能节省 10% ~15% 的水泥用量。上饶长城集团化工助剂厂生产的“长城”牌高效减水剂经江西省工业实施名牌战略领导小组认定为“’98 江西省名牌产品”称号。

蒙莱特油漆　广丰蒙莱特漆业有限公司生产。产品包括内外墙面漆、高级木器漆、漆料、油漆辅助材料等。该产品具有优良的户外耐久性、保光性、保色性、柔韧性，漆膜光泽、附着力强，适用于木质家具、车辆、建筑物、橱卫等喷涂。1999 年，全部产品通过 ISO 9002 质量体系认证和绿色环保产品认证。同年，被中国保护消费者基金会评为“消费者信得过产品”。2000 年，蒙莱特高级木器漆获江西省“优秀新产品三等奖”。

漆刷　德兴市制刷厂生产的高、中、低档各种规格的漆刷，采用纯猪鬃制造，品质优良，款式新颖，经久耐用，远销日、韩等十多个国家和地区。

银陶　银陶是余干县工艺陶瓷厂为弘扬中华民族文化，充分利用当地丰富的陶瓷资源而开发的陶瓷新产品。多年来，该厂研制出结晶釉瓷，紫砂陶和黑陶等多项陶瓷新品种，其中的银陶，填补了世界陶器行业中的空白。银陶是一种没上釉的陶器，外表呈银白色，略带灰蓝，用银、铝、锡的金属制品相对照，可以达到以假乱真的效果。银陶产品风格独特，美观大方，是陶器中难得的珍品。

竹胶合板模板　竹胶合板是继木模板、钢模板之后的第三代模板，用胶合板作为模板板面是当代模板产品的主要形式，它以多层竹席加酚醛胶在高温下压合而成，是一种具有高强、耐水的板材，分厚薄两种类型。德兴市所产“德畅”牌竹胶合板模板产品以其优异的力学性能，是理想的代木产品，具有耐酸碱、耐冲击、抗曲耐湿等特点。广泛运用于火车汽车车厢板、底板、棚板、轮船壁板、集装箱板及建筑模板和高档装饰板材。

彩釉琉璃瓦　江西景峰联营瓷厂生产，采用江南优质高分子土紫色泥浆，经独特工艺焙烤而成。色彩鲜艳，光彩度好，强度比普通土汉瓦大 3～4 倍。其釉料采用原矿色料，性能稳定、抗污力强，是宾馆、机场、民宅、车站、饭店、商场等建筑的首选装饰材料。

竹木复合系列装饰板　产于铅山县河口镇的“九狮”牌竹、木复合系列装饰板，采用武夷山山麓优质天然材料，经高温蒸煮、热压定形、蒸汽干燥等工艺精制而成。产品纹理清晰、光洁高雅，具有防水、防蛀、防霉、耐磨、阻燃、不变形等特性。广泛适用于居室、宾馆、写字楼、舞厅和运动馆所的地面、墙裙、吊顶等装饰；亦可制作高档家具和办公用具。1999 年经上饶地区消费者协会推荐为“消费者信得过品牌”，省科委列为 1999 年第一批重点开发计划，是现代高级建筑室内装饰的理想材料。

水泥　1958 年创办玉山县水泥厂，1963 年改为上饶地区玉山水泥厂，是上饶地区重点企业之一，主要产品为 425#普通硅酸盐水泥。1980 年生产的“金鸡牌”纯硅酸水泥获省优质产品奖。1994 年 6 月企业产品通过国家质量认证委员会 ISO 9002 体系质量认证。1994—1998 年，“鸡山牌”水泥连续获江西省优质产品称号，1998 年“鸡山牌”被评为江西省著名商标和最畅销产品商标。1990 年玉山县水泥厂生产的“三清山”牌 425#普通硅酸盐水泥，被评为江西省优质产品。玉山县第三水泥厂生产的“岩鹰牌”水泥，1999 年经江西省技术监督局质检协会评定为“江西市场质量信得过产品”。江西水泥厂、江西万年青水泥股份有限公司生产的“525#”普通硅酸盐水泥，为省优产品、525#R 普通硅酸盐水泥为部优产品；“万年青”牌 P. c32. 5R、P. c42. 5R、P. 042. 5R 水泥连续授予首届（1995 年）、第二届（2000）年江西名牌产品称号，并首批进入国家免检产品行列。

“新安”牌水泥制品　由江西省田园水泥制品有限公司生产，包括两个系列 40 多个品种。

其中,自应力钢丝网水泥压力管及预应力—自应力钢丝水泥压力管(高压管)是主导产品之一,曾获全国科学大会和国家建材工业总局优秀科技成果奖。该产品壁薄、高强、抗渗性好,耐腐蚀,用途广泛。

铜制品 德兴市铜制品,多年评为省优产品,花色品种多,有无氧铜杆、铜火锅、铜暖壶、铜炒锅、铜脸盆,铜书笺、铜水壶、铜餐具、铜彩画盘、铜商标、铜招贴等10大系列、50多个规格品种,美观实用,质好货俏,畅销全国及日本、东南亚等国及中国香港地区。德兴市铜器厂生产的"龙凤火锅",造型美观大方,多次评为省优产品。德兴市通过机械厂生产的"黄花"牌铜火锅、材质有紫铜、黄铜两种,光彩照人、富丽堂皇。1985年被轻工业部选送莱比锡春季博览会参展。铜质工艺书笺,图案繁多,画面绚美,色泽鲜艳,抗腐蚀、耐高温。上饶市电筒厂生产的芙蕊牌双层隔热龙凤铜盆获国家"七五"星火科技博览会金奖。该厂生产的凤凰版SQ-100-2全铜手电筒为江西省优质产品,镂花铜质磁化奶茶具为省优秀新产品。

"德畅"牌纯山棕保健床垫 德兴市所产"德畅"牌纯山棕保健床垫,采用纯天然山棕和橡胶为原料,利用空气动力学原理,使天然卷曲的山棕纤维铺放均匀,然后运用流体力学原理,将天然乳胶注入其中,经高温处理后成型,使整张床垫成为三维天然"植物网状弹簧"体。每根棕维交叉都为支点,每个支点即是托力点,又是拉力点。整张床垫弹性均衡、软硬适中。该产品具有耐腐耐磨、耐老化、无毒无异味、防潮、防风湿、利筋骨、抗疲劳、醒脑健体、柔软结实、透水透气性好,冬暖夏凉等特点,属环保保健产品。2001年获江西省国际家具博览会金奖。

鄱湖鱼钩 鄱阳名产。此鱼钩以钢刃好、锋利、价廉物美而受用户喜爱。分为大鱼钩、小鱼钩和适合淡水湖港垂钓的鱼钩,品种、规格多样。原为手工生产,现为机械化生产。曾参加厦门、深圳、上海等六省市轻工业产品展览,获好评。产品远销海内外。

皇冠瓶盖 波阳县乐丰农场乐丰包装总厂生产,由国内著名厂家印制,用进口马口铁和意大利自动生产设备加工而成。表面光洁、图案清晰、发泡、密封性能好,内注塑料,外观美。经卫生部门检验,符合食品工业卫生标准。

纸餐具 德兴市星海纸塑制品有限公司生产的纸餐具餐盒(450毫升、650毫升)、纸茶杯(250毫升)等系列,能防水防油(耐120℃、耐100℃水不渗漏),洁白美观,坚挺实用,适合冷冻保鲜。无毒无味无污染,各项卫生指标达标,能自行降解(1~3个月)或回收造纸,符合环保政策。

"长河"牌梭子 横峰县是全国最大的木梭生产基地,主要生产供棉、毛、麻、丝、化纤、地毯等织机使用的"长河"牌梭子,已形成木梭、尼龙梭、塑料梭等系列近千种规格型号。"长河"牌商标被认定为江西省著名商标,多次获国家银质奖和全国纺织行业"金梭奖"、国家技术进步奖、"国家名牌产品"等荣誉称号,产品畅销国内外30多个省(市、区)和20多个国家和地区。2000年木梭产量675.1万只,塑料梭产品272.1万只。

碳纤尼龙剑杆头 产于横峰县河纺织器材有限公司的碳纤尼龙剑杆头,是顺应我国无梭织机发展要求的一项新型纺织器材产品,采用碳纤尼龙复合材料制成,夹纱钳口镶有硬质合金,易损部位设置金属嵌件,入纬率可达1100米/分钟。适用于织造棉、毛、篥及丝织等物,具有强度高、耐磨、尺寸稳定、变形系数小及永久抗静电等特点,是当时国内替代进口的新型产品,使用该产品后比传统织机提高工效4倍以上。该产品填补了江西省空白,并获省优秀新产品二等奖。

台球桌面板 罗纹石,俗称青石,除生产传统工艺品罗纹砚外,从1990年起又成为生产台球桌面板和台球桌的主要材料，是玉山县开发罗纹石新产品的亮点。1989 年，玉山县方园实业公司引进先进技术，生产出罗纹石台球桌面板，经江西省体委台球协会鉴定，符合国家标准，并列入 1992 年北京健牌国际台球精英赛指定产品，销往北京、天津等地。从此，玉山县成为最大的台球桌面生产基地。1994 年，所产“京江”牌高档豪华型台球桌，首次出口韩国，每套 1000 美元。1997 年所产美式、英式等台球桌面板和各式高中低档台球桌，销往全国 26 个省市和美、泰、韩、日、俄等国。

民族乐器　余干乐器厂生产的“江月”牌民族乐器，质量上乘。主要产品有拉弦、弹拨、打击、吹奏四大类共 200 个品种，是国家民委定点生产民族乐器的企业。其中的二胡、琵琶、堂鼓于 1999 年参加新中国建立 50 周年民族乐器博览会获金奖，产品远销国内外。

连史纸　铅山县造纸业历史悠久，“铅山唯纸利天下”（清《铅山县志》），以所产连史纸最为有名，明、清两代一直是皇宫的用品，历代文人、画家常以先得为快。铅山连史纸以未长叶的嫩竹为原料，经渍、捣、蒸、曝等工艺精制而成，纸面光洁，厚薄均匀，色如白霜，临墨不浸，永不褪色，为书画拓印之上品。

瓦楞纸　玉山糖厂生产的三清牌 150 克/平方米高强度瓦楞纸获 1990 年第二届国际仓装技术展览会暨中国仓装十年成果展览会银奖，为轻工业部命名的全国轻工优质产品。

夏布　上饶县传统手工产品。明、清以来，乡间农妇人人织麻，户户做夏布，产品自产自用居多。沙溪、秦峰二地，以优质苎麻织成的夏布，质量最好，远销浙江、江苏等地。清光绪三十二年（1906）九月，知县赵令峻责令县工艺局教学漂麻、葺法等法。三十四年全县产销夏布 2890 尺。民国初，全县从事夏布业约五六百家，3000 余人，有织机 1000 多架，单户夏布 12 万匹左右。民国 19 年（1930）输出夏布 9000 匹。民国 25 年有夏布行 3 家、麻行 1 家，营业额法币 40.8 万元。上饶夏布应征参加浙赣特产联合展览，其时，县人杨裕盛专营夏布出口，成为巨贾，并和另两位杨姓，设铺上海等口岸，称为上包夏布“三条羊”。上饶夏布种类有荷花、青莲、云青、元青、靠白、白露、漂白、本色 8 种，前 4 种为妇女所用，后则为男子所需。夏布分 11 个等级，即白顶魁、白顶锦、白顶、白顶提、白老、白尖、匀老、副匀、匀匀、最匀、秃匀，白顶魁为最佳。夏布也是玉山、广丰等县的特产。据清同治《玉山县志》记载：县内盛产苎麻，质佳，纤维细长，坚韧、富有光泽，制成夏布，质地优良，经久耐用。清光绪六年（1880）《江西通志》载：“葛布，广丰产”。1990 年代后，广丰县壶桥镇有村办户办夏布厂 3000 多家。上饶市沙溪镇徐忠兴、祝金星、陈以兴被称为夏布大户“三颗星”，2000 年营业收入达 2850 多万元。

第三节　化工　医药

“长荣”牌纯樟脑　德兴市生产的“长荣”牌纯樟脑，是将樟树的干、根、枝、叶经蒸馏制得樟脑油，再经提纯后制成白色结晶物而得来的。该产品醒脑提神，不含萘和对二氯苯，达国际 BP88 标准，对人体无毒无害。经上海市化工产品质量监督检验中心检验认证，其主要指标比旋光度为 +42.5 度，而以化工合成原料生产的樟脑丸是无比旋光度的。“长荣”牌天然纯樟脑系列产品面向百姓家居需要而开发的纯樟脑制品，可适用于毛、棉、针织品、皮革、木制家具、木地板、书籍等各种物品的防蛀、防霉、防蟑螂。

“维纳”牌异 Vc 钠、异 Vc 酸　产自德兴市的异维生素 C 钠，又名 D－异抗坏血酸钠、赤藻糖酸钠，是一种新型生物型食品抗氧、防腐保鲜剂，能防止腌制品中致癌物质——亚硝胺的形成,根除食品饮料的变色、异味和混浊等不良现象,可广泛用于肉类、鱼类、蔬菜、水果、酒类、饮料及罐头食品的防腐保鲜。“维纳”牌异 Vc 钠以大米为主要原料,采用微生物发酵生产获得产品。它按国家 GB8273－87 标准生产,符合美国 FCC(Ⅳ)版标准。“维纳”牌异 Vc 酸,又名 D－异抗坏血酸,其作用与 D－异抗血酸钠相似。该产品符合美国 FCCIII 牌标准。异 Vc 钠、异 Vc 酸是现代食品的“保护神”,主要销往北京、上海、广东、湖南、湖北、河南、山东、香港、台湾等地及美国、加拿大、日本、欧共体、韩国、智利、澳大利亚。

活性炭 1986 年,玉山县怀玉山活性炭厂以木屑为原料,采用化学法、物理法生产各种粉状活性炭和定型、不定型颗粒炭。1995 年,怀玉山活性炭(集团)有限公司生产的粉状糖液脱色用活性炭获国家新产品奖,江西省名牌产品,并获国家外经贸部《出口产品优良荣誉证书》。1997 年“松鹤”牌活性炭获“江西名牌产品”称号。2000 年通过 ISO9002 质量体系认证,严格按照 ISO9002 标准组织生产。产品共 8 大系列 20 多个品种、100 多个规格,性能各异。G－A 系列产品具有发达的中孔结构,吸附容量大、快速过滤等特性,主要适用于各种氨基酸工业、精制糖等高色素溶液的脱色、提纯。P－A 系列产品具有发达的表面积,不含锌盐等特性,适用于食品工业产品的脱色、精制。E－A 系列产品具有发达的微孔,提纯度高等特性,适用于医药工业、生物制品、精细化工等行业的脱色、精制、除臭。MA 系列和 MAB 系列产品具有一定的抗压强度、易再生等特性,均适用于空气净化、水质处理等。HA 系列产品易再生,适用于氰化法金矿的提金、化学合成中作催化剂的载体、饮水净化等。CO－A 系列产品具有发达的孔隙结构,适用于食品油、工业油的精炼、去杂等。D－A 系列产品具有良好的吸附性能,适用于电镀厂电镀液杂质的去除及电镀废水的处理。活性炭制品系列,主要有活性炭鞋垫、布、蜂窝活性炭和活性炭纤维等。活性炭远销欧、亚、美等 29 个国家及全国各省市,品种、数量、出口创汇均居全国同行业之首。

银鹿复合肥 德兴市生产的“银鹿”复合肥,有高浓度、中浓度、低浓度复合肥、BB 肥、过磷酸钙和部分酸化磷肥及各种专用肥。年产复合肥 2000 吨,自动化流水线作业,通过国家级质量检测机构的认证,投入市场后,受到各地用户好评。

明胶 明胶是一种淡黄色、透明、带有光泽的粉粒状产品,是感光材料、药用(胶丸、油胶、软胶等)、食用(雪糕、奶油糕、冰淇淋、软糖、果冻、蛋糕、蛋白、饮料)、工业(纺织、印染、电镀、火柴、五金、木器)等生产部门不可缺少的材料。弋阳县龟峰制胶有限公司生产的弋阳明胶生产符合部颁标准和国家 GB6783－94 标准,食用明胶获江西省优秀新产品奖、新成果交易会金奖;1998 年获江西省食品展销会优胜奖。

油墨 油墨是玉山县的著名产品。1958 年仅产单一的誊写、胶印、铅印、塑料油墨等 30 个品种,产量达 307.71 吨。主导产品树脂胶版油墨于 1981 年、1987 年、1991 年连获江西省优质产品奖,并获 1990 年首届全国轻工产品博览会银奖。1989 年快干亮光油墨、1990 年誊写油墨、1992 年塑料凹印油墨均获省优质产品称号。1993 年,玉山县油墨厂成为轻工业部油墨定点厂,是江西省唯一生产油墨的厂家。主要品种有:快干亮油墨、树脂胶牌油墨、树脂铅印油墨、轮转胶印油墨、塑料凹印油墨、复合塑料油墨、誊写油墨等 12 大类 150 多个品种,1993 年产量 1355.33 吨,1994 年 1779 吨,1996 年 1080 吨,1997 年 1396 吨,1998 年 709 吨;改制后 2000 年生产 329 吨。

金属精铋 江西霞光集团有限公司生产的金属精铋(99.99#),广泛用于制药工业、化学试剂、冶金添加剂、制低熔点合金、国防工业及化妆品工业等方面,产品供不应求。

快速堵漏胶　快速堵漏胶，系上饶慰诺集团1988年研制发明的胶粘剂新产品，1989年3月经国家计委、科委、化工部、铁道部、交通部、石化总公司、中国汽车联合会等八个部门的高级专家鉴定，一致认为：该产品黏附力极强，能快速堵漏，对装有水、油、汽(气)、酸、碱、盐、化学试剂、制冷剂的各种金属和非金属硬质材料制成的容器、管道、罐体，能在不停产、不清洗容器、不停电、不动火的情况下，进行边漏边胶。修复后，可在-50℃～+250℃温度及30兆帕的压力下长期安全使用。广泛适用于机械、化工、石油、制冷、交通、医药、陶瓷、自来水、建筑、造纸、电力、塑料、制糖等行业企业及家庭民用。操作简单，使用方便，对设备不腐蚀、不易燃、无毒无污染、耐介质性能优良。

活性白土　玉山县生产的“三清山”牌活性白土(膨润土粉)系列产品有1020#、1040#、1060#等型号。该产品具有脱色力高、添加量少、过滤性能好、滤饼残油低，可完全脱去黄曲霉素，成品油清亮且稳定性能好，白土保持期长等特点。主要用于石油加工、食用油和工业油脱色、净化、去杂质等。产品技术标准执行HG-T2569-94规定。1993年，活性白土和颗粒白土获江西省新产品称号。

黄精中药材　鄱阳湖优质黄精，是以鄱阳湖九龙峰蟹“黄精”为原料，利用现代科技加工而成，集中代表了红参、黄芪、生晒参、糖参的优点，药用价值极高。具有滋润心肺、生津养胃、补充气血、内热消渴、补肾益精、壮骨填髓、益智安神、延寿美容等功效。通常用于肺燥干咳、肾虚精亏、脾虑胃弱、消渴糖尿、五痨七伤、五毒五癣等疾病。古人称之为“仙芝草精”“仙人余粮”，用以泡酒、炖鸡、炖肉、煲汤、泡茶、入药。波阳新兴中药材科技开发有限公司有产。

赤霉素　江西第三制药厂拳头产品，1992年开始生产，当时全国市场少见，能有效地使植物提早发芽成熟；1999年组建江西同仁药业有限公司后，赤霉素为主导产品。

山蜡梅叶颗粒　属纯中药制剂，婺源产。辛凉解表、清热解毒，用于风热感冒、发热、恶寒、咽痛，具有消炎抗病毒作用。山蜡梅叶与草珊瑚、牡荆油、夏天无，被誉为江西四大著名药材，婺源境内有丰富的资源。早在北宋时期，民间就用以泡茶，治疗和预防感冒。婺源天佑药业以山蜡梅叶为原料，运用现代化中药提取技术，研制开发了国内独有的抗感冒新药，山蜡梅叶颗粒，质量标准符合国家标准，1997年评为江西省同行业最畅销商品。

第二章　农牧水产品

第一节　粮　豆

万年贡米　万年贡米为传统名产。该米米质优良、粒细体长，光洁诱亮，状如梭、白如玉，软而不粘、香柔可口，糯而不腻、味道清香，蛋白质含量高，营养丰富，誉盖五谷，三粒一寸，与众不同。1958年在印度尼西亚万隆博览会上展出，受到好评。1959年中共庐山会议期间为选用食米，颇受赞誉。该米系由贡谷加工而成，贡谷产于万年县裴梅镇荷桥村和梨树坞乡龙港村一带。明朝正德七年(1512)进贡朝廷，皇帝食用后大加赞赏，遂传旨“代代耕食，岁岁纳贡”，贡米因而得名。在清代，各州县纳粮送至京城时，必待万年贡米运到，方可封仓。万年县经与江西农业大学、江西农科院合作研究，在传统贡米基础上，现已开发出贡香米1号、贡香米2号、贡香米3号、贡丝米1号、贡丝米2号、珍珠贡米、贡晚籼米、贡糯米等十多个品种。1998年,万年贡米系列产品被评为'98江西名牌产品。

特种优质大米　特种优质大米"9194"品种,由江西省上饶地区饶良优质米厂出品。该品无腹白,透明度一级,直链淀粉含量20%,蛋白质含量9.76%,铁是普通大米的七倍以上,维生素B_1、B_2是二倍以上。含有人体必需的多种营养成分及其他矿物质元素,有润肝、明目、温肾、健脑、生津、开胃之功效。尤其是儿童、年老体弱者和孕妇及肠胃功能障碍者的营养滋补食品。色、香、味与泰国香米相媲美,营养成份超过泰国香米。蒸煮时香味浓郁,饭粒滑爽,柔软富有黏性和弹性,有光泽、粒形好,细嚼味不变,食味品质有独特之处。

黄柏大米　产于有"德兴粮仓"之美称的德兴市黄柏乡。粮区方圆数10千米无工业厂矿,空气清新、清澈、无污染,施用的肥料多为农家肥和沼液肥,所产大米为纯天然、绿色有机食品,尽汲四季清泉,无虫害。该大米蛋白质含量比普通大米高,富含人体所必需的氨基酸和微量元素,加工精细,色白如玉,体粒匀称,糯而不腻,味美醇香,堪称米中珍品。畅销浙江、广东、福建、上海等十几个省市,深受客户青睐。

紫宝香糯　是玉山县特种水稻研究所繁育的一种地方优良特种水稻,是目前世界遗传工程水稻中唯一富含维生素A的水稻品种。该稻生长周期长,适宜高山深垅,昼夜温差大的山区生长,从未使用化学肥料和农药,纯属天然无公害优质稻。糙米紫色,香味独特,营养保健价值高。据中科院水稻研究所分析测定,富含维生素A、B_1、B_2、B_6、VC、油酸、黄酮及铁、锌、钙、磷、硒等,含有17种氨基酸。常规大米不含维生素A,紫宝香糯VA含量极高,油酸、黄酮、硒含量是常规大米的数十倍,是当时世界上营养保健价值最高的大米之一,被誉为"世界奇糯"、"米中极品"。维生素A缺乏症和"三高"患者适合食用,并能有效防治夜盲症及儿童发育不良,可阻断某些化学物质的致癌作用,防治皮肤粗糙及心脑血管疾病。

细花绿豆　广丰县细花绿豆是地方特产。该豆生育期短、株型紧凑,成熟一致,易种高产,翡翠晶莹、硬粒稀少,略小于普通绿豆。据检测,蛋白质含量为28.7%,居全国绿豆品种之首,1992年获全国农业博览会铜奖。主产于大南、湖丰、壶桥、下溪等乡镇,2000年全县产量为211吨。

第二节　油脂　油料

油茶　油茶,俗称苦茶、白花茶,是世界四大木本油料作物之一,主要分布于横峰、上饶、玉山、广丰、弋阳、铅山、德兴等山区,是传统特产。茶油为油茶树的果实提炼而成,是纯天然高级木本食用植物油,所含不饱和脂肪酸高达93%,其中油酸含量83%,亚油酸100%,且不含任何茶酸,为天然植物油之首。成品油色泽金黄、油液清亮、香气浓郁。用茶油烹调的各类菜肴、食品,油而不腻,口感清新,色香味奇特。用茶油淋青菜、炒黄豆、煎麻糍果、炸豆腐、酥蕃薯片、浸鱼干、蒸豆豉果,是特具风味的地方食品,外地人品尝后无不叫绝。长期食用茶油,能有效降低血液中的胆固醇,防止高血压、高血脂,延缓动肪粥样硬化,可润肠清胃、杀菌解毒、清肝降火,加速伤口愈合,增强机体抗衰老功效。油茶树耐旱抗寒,生长在山区和丘陵地带。横峰县新篁乡,由于远离城市污染,植被完好,空气中负离子含量丰富,所产茶油品质极佳,被誉为"油中圣品"。油茶树高大婆娑,树龄5~6年开始挂果,盛果期单株产量最高可达百来斤。油茶果生长期长,从开花到采摘,历经春夏秋冬12个月,霜降采摘茶果时茶花已是盛开怒放,素有"抱子怀胎”之誉。茶果小如丸、大如桃。阴山产青果，含油量低；阳山产红果，含油量高。背风向阳，土质肥沃的沙子山茶果，出油率最高。一般年份，每 50 千克茶果出籽率 9 千克～10 千克，每 50 千克茶籽出油率在 12.5 千克～13.5 千克左右。茶籽壳可作燃料，茶籽饼是肥皂的上等原料。

红花茶油　德兴市“少华山”牌红花茶油，是国家认可的绿色食品。该产品含有多种氨基酸和对人体有益的元素，营养丰富，常年食用具有健脑益智，强身健体的功效，对血压、心血管、肥胖症等有明显预防作用。“少华山”牌红花茶油出自旅游景区三清山北脉、十八亩段高山，海拔 900 余米，常年云雾缭绕，山清水秀，气候宜人。生长环境独特优美，不施化肥，不用农药。秋冬两季开花挂果，沐浴一年四季阳光雨露方可采摘。该产品采用传统榨制工艺，再经现代先进设备和科学技术精制而成，具有原汁原味，色泽明亮，香气浓郁，无激素、无污染、纯天然等特点。

山茶油　玉山县生产的“得尔乐”牌山茶油不含黄曲霉素，不含胆固醇，不含防腐剂，含有丰富的维生素 E 和油酸、亚油酸及亚麻酸。具有油性平、色泽好、无异味、无油烟等特点。《中国医药宝典》载：长期食用山茶油，有“明目发亮，润肺通便，清热化湿，杀虫解毒”之疗效，并有“抗暑、抗癌、降脂、降血压、抗菌、抗病毒，增强人体免疫，预防中风”等功效，堪与世界上最流行的食用油——橄榄油相媲美，被誉为“油中之王”。1998 年，“得尔乐”牌山茶油被评为江西市场食品质量优胜产品，产品销往全国各省市，并远销日本、马来西亚、新加坡和国际最大的连锁超市——沃尔玛。上饶县恩泉油脂公司生产的“恩泉”牌山茶油既保持了透明晶莹的外观，又保证了食用的口味与滋味，是冷拌、烹调佳肴的较好食用油脂。

波阳黑芝麻　波阳县历来盛产黑芝麻，其产量及质量均为全国之冠，1995 年被列为江西省黑芝麻出口基地。经加工整理出口的黑芝麻是单壳食用型（简称米芝麻），粒大、色黑、味香，含水分 8%，含杂 1%，在日本市场享有较高声誉。

菜籽油　玉山县粮油工业公司生产的二级菜籽油为烹饪主要食用油之一。用以制作煎、炒、炸类菜肴俱佳，亦为生产氢化油、色拉油的主要原料，曾获江西省优质产品称号。

第三节　家畜　家禽

广丰铁蹄牛　广丰黄牛是江西省优良牛种，体型、役用和繁殖能力之强，在华南牛类中罕见。该牛体形高大，骨骼紧凑，胸部发达，肌肉强健，皮毛光滑，狮子头，府字角，颈粗短，肩峰高，前宽后狭，四肢较高，关节明显，站立正直，尾长过飞节。生长发育良好，耕作力强，善爬山道，惯走长路，繁殖率高，性情温驯，蹄坚如铁，故称“铁蹄牛”。成年牛每天犁田 2～3 亩。母牛 14 岁前每年可生一胎；20 岁前 3 年生 2 胎，配种受胎率 99.2%，小牛成活率 90.5%；母牛产奶期 8～10 个月，日均产奶 1.25 千克。广丰铁蹄牛视为农家宝。

广丰山羊　广丰山羊为江西优良品种之一。体型中等，性情温顺，耐粗料，繁殖率高，适应性广，蹄坚硬，抗病率强。成年公羊体重 42.5 千克左右，母羊 28.4 千克左右。毛色以全白为主，占 89.9%，全黑毛 5.4%，黑白花毛占 0.9%，黄褐毛占 3.8%。母羊怀孕期平均为 145 天，日产乳量 0.25 千克～1 千克，乳味香甜，营养丰富。广丰山羊素以肉食为主，其肉肌理细嫩、膻味少、口感好、不油腻，性燥热，冬食暖脾胃，补身体，增强抗寒能力，故习惯在冬季宰杀，屠宰率为 42%～54%。低脂肪，低胆固醇含量，是高血压、动脉硬化病患者的理想肉食品。副产品价值高,其皮张皮质柔软,毛孔细密,为皮类中上品。其毛软中见硬,弹性好,板皮和肠衣享有盛誉,出口不衰。该县引进纯种南非波尔山羊,与本地山羊进行杂交,产生的第一代波尔山羊,具有生长速度快、体积大、屠宰率高、肉质细腻、低脂肪、营养价值高、无膻味、口感好、抗病力强等特点。其皮质柔软,毛孔细密。

玉山黑猪 玉山黑猪,又称赣东北黑猪、玉红猪,是江西省重点保护地方猪种,被联合国粮农组织编入《世界家养动物多态性信息系统》。玉山黑猪体形稍小,被毛全黑,全身浑圆,背凹,脸面呈狮子脸型或马脸型,耳中等大小下垂并略向前翘,臀稍丰满,四肢较短,乳头排列整齐,一般为6~7对,俗称"萝卜猪"、"乌猪"。成年公猪体重90千克左右,母猪体重85千克左右。该猪种具有适应性强、耐粗饲、母性好,繁殖率高、性成熟早等特点,初产母猪窝产仔平均9.56头,经产母猪窝产平均12.44头,45日龄断奶窝重114.72千克。玉山黑猪肉嫩多汁,肉鲜味美,香味独特,属脂肉兼肉型。据江西农业大学测定:玉山黑猪肌纤维细(直径46.43微米),肌肉脂肪含量8.7%,氨基酸丰富,每100毫克肌肉中,含谷氨基酸11.26毫克,甘氨基酸2.26毫克,丙氨酸2.29毫克,肌苷酸1.63毫克,腺苷酸0.22毫克。此外,玉山黑猪肌肉中,亚麻酸含量1.96%,比大约克高28倍,比杜洛克高65倍。1989年—1990年全县共繁育杂交良种仔猪51万头,创造经济效益864.59万元,创收外汇55.86万美元。现已培育出的二元杂交猪,其生长速度和瘦肉率有明显提高,又保留了玉山黑猪肉嫩味美的特性,1993年被农业部定为国家级瘦肉型商品猪基地县畅销国外及广东、上海、浙江、吉林、新疆等18个省、市。

余干乌黑鸡 余干乌黑鸡,具有从冠、毛、皮、趾到肉、骨、血、内脏全身乌黑的特征。经中国科学院遗传研究所、中国农业大学、上海农科院、湖北农科院等国家权威机构鉴定,余干乌黑鸡完全不同于国内其他类型乌黑鸡的地方优良品种。其蛋白质、氨基酸、锌等人体必需的营养成份,远远高于其他鸡种,胆固醇含量只有其他鸡种的三分之一,黑色素和多种维生素含量相当丰富,具有滋阴、养血、补肾、添精的神奇功效。其"功能性食品"的特点,满足了现代人滋补消费需求,享有清补胜甲鱼,疗伤赛白鸽,养颜如珍珠的美誉。余干乌黑鸡制品工艺考究,1999年荣获"全国食品行业名牌产品证书",中国食品协会监制、推荐和江西省消费者协会监制产品称号。

广丰白银鹅 广丰白银鹅是一种优良的草食肉用家禽。体型大,适应性特强,耐粗饲料,喜吃青草、菜叶和粗糠,消耗粮食少。抗病率强,成活率高,且生长快,出肉率高。在一般条件下饲养,90天后其体重可达4千克~5千克,产肉率70%以上。无论是丘陵、山区、平原、滨湖沿河地区均可饲养。白银鹅肉质细嫩,味道鲜美,是酒宴之佳肴。凡是到广丰去的客人,均以一尝鹅肉为快。

玉山白鹅 白鹅是玉山县农村传统家禽。头大,颈长,喙扁阔,前额有冠,背宽体壮,龙骨长,胸部丰满,尾短,脚有大蹼,羽毛白色,喙、脚及冠呈黄色。嗜食青草,耐寒,合群性好,抗病力强,生长快,一般饲养4~5个月,体重可达3.5千克~4.5千克。母鹅年产蛋量近百个,平均每个蛋重200克左右,壳呈白色。县内多数农户均有饲养,尤以下镇为最多,故有"鹅乡"之称。白鹅在玉山县家禽出口中占有重要地位。

上饶白耳黄鸡 上饶白耳黄鸡在赣东北的广丰、上饶、玉山等县都有圈养。白耳鸡小巧玲珑,其耳洁白如雪,全身毛黄、皮黄、脚黄、冠红、尾翘、羽毛细密,外形异于常鸡。因毛黄、皮肤黄、蹠黄,耳叶白(仅尾部有少量黑羽毛),故又称三黄白耳鸡。白耳黄鸡成年母鸡仅重1千克,比著名的"来杭鸡"轻0.5千克多,性情活泼,觅食力强。鸡肉品质极佳,具有皮薄、肉嫩、骨细、低脂肪、味道鲜美等特点，是宴席中的上乘佳品。该种母鸡产蛋比较多，一般连产3～5个蛋才歇一天，年产蛋量可达260个以上。其蛋大、黄大而均匀，平均每个蛋重53.6克，且蛋壳厚，不易破碎，便于长途运输和保存。

桥下麻鸭　麻鸭亦称草鸭，是蛋用型地方优良品种。明初，上饶县旭日镇桥下村鸭农邱老五、陈金堂，设场用炒谷壳孵鸭，艺传至今。所孵雏鸭畅销江西、福建、浙江、湖南、安徽等省。桥下麻鸭体型长窄，形似木船，善泳。头小颈长，咀宽扁平，两边有针状锯齿，善捕泥鳅、小螺。全身羽毛紧贴，黄褐、墨绿、乌黑三色羽相间成麻色。麻鸭生长快，成熟早。体重虽轻，但产蛋率极高，饲养有方，每只鸭年产蛋300枚左右。麻鸭蛋除作菜肴外，是制皮蛋的主要原料。罗桥、清水、郑坊、煌固、秦峰、尊桥等乡，历有养成群麻鸭的农户。1980年后，全县平均年饲养麻鸭5.5万～6万只。

白番鸭　白番鸭是上饶农村传统家禽，属肉用型鸭种。以玉山县的番鸭较为有名。白番鸭体表特征为全身羽毛白洁，头颈中等大小，眼周围和喙的基部有皮瘤，胸和腿肌肉特别发达，翅较长。喙呈淡黄色，胫、趾、蹼均呈黄色。用一般的农家饲料饲喂150天，公鸭体重达2.5千克～3千克，母鸭体重达2千克～2.5千克，年产蛋数为80枚～120枚，每个蛋重70克～80克。玉山白番鸭肌肉中含多种氨基酸，肉质细腻，味道鲜美，且有滋阴凉血的药用价值，是体虚火盛者的食疗佳品。

第四节　水　产

荷包红鲤鱼　产于婺源县，乃淡水鱼类中的珍品。据《徽州府志》记载，荷包红鲤鱼在婺源已有300多年的养殖历史。传说明代万历年间，婺源籍户部尚书余樊学告老还乡，皇帝念他功高爵显，特从御花园鱼池选出两尾红鲤鱼作为赏物。余返乡后凿一石池，将御赐的红鲤鱼放养其中，后逐步培养繁殖。荷包红鲤鱼，色呈金红，头小尾短，背高体宽，腹厚肥大，状似荷包，故称荷包红鲤鱼，是中国著名的良种淡水鱼。此鱼不仅肉质肥美，营养丰富，且具有药用价值。清初，著名学者汪双池在《医林纂要探源》一书中写道：荷包红鲤鱼有“安妊孕，好颜色，止咳逆，疗脚气，消水肿，治黄疸……”还说它具有和脾、滋肝、补心的功能。将此鱼烹调（或清蒸），肉质细嫩，香鲜味甜。荷包红鲤鱼适应性广，抗病力强，性情温和，生长很快，如放养大规格鱼种，当年可长到1千克以上。为了改变荷包红鲤鱼长期自由交配、自然繁殖、品种混杂状况，婺源县于1958年成立了荷包红鲤鱼研究所。1959年从全县各地搜集到种鱼17条，经过20多年的系统选育、七代提纯复壮，取得了重要成果，培养出的“荷源鲤”、“芙蓉鲤”等优良品种，其繁殖的鱼苗，当年就能长成商品鱼，每尾平均体重0.89千克，最大的达1.2千克。1980年通过鉴定，荷包红鲤鱼已成为国内第一个人工选育淡水养殖的优良鱼种，并按照无公害模式进行操作养殖。婺源县每年能育出鱼苗20多万尾，已推广到全国25个省、市、自治区，深受欢迎，同时远销香港等地。烹制红鲤鱼采用清炖法，风格独树一帜，是江西一道传统名菜。

花鲭鱼　是亚鲔科鱼类中生长速度快、体重较大的一个优良品种，主要分布于信江流域，广丰县水产站养殖。花鲭鱼冬龄体重可达150克～200克，体长18厘米～25厘米，含肉率高，营养丰富，是一种稀少的名贵经济鱼类。

银鱼　银鱼古名“脍残鱼”，是鱼类中较小的一种。波阳、余干等鄱阳湖滨湖地区所产。银鱼细长光滑，全身银白，呈肉色。蹦跳时银光闪闪，晒干后质地雪白透明，因而得名“银鱼”。

银鱼四五月间群游于鄱阳湖中，体形细小扁平者称“绣花针”，圆壮者称为“圆壮银鱼”。银鱼是淡水鱼中之珍品，肉质细嫩清凉，味最鲜美，含有丰富的蛋白质，营养价值很高，是酒宴之佳肴，堪称湖鲜之首。银鱼的药用价值也很高，无论干鲜，均有益脾、润肺、补肾、增阳、去虚、补阴之功效。鄱阳湖是银鱼的主要产区。这里水面辽阔、水深岩多，为银鱼的繁衍、生息提供了优越的自然条件。所以湖中银鱼出产丰富，仅余干县年均产量就达到7500千克。银鱼在国内外市场供不应求。

珠湖银鱼干 属名贵淡干水产品，产于鄱阳湖内珠湖。珠湖银鱼干全长6厘米~10厘米，尾上有一芝麻大小的黑斑，质地干燥，色白、纯洁、味鲜、营养丰富，经漂、洗、晒、揉而成，具有滋阴、壮阳、利尿等功效，属高档天然补品。

鳜鱼 又名桂鱼、桂花鱼、季花鱼，是淡水鱼中一个极为名贵的品种，产于波阳、余干等鄱阳湖滨湖地区及饶河、信江流域。鳜鱼是肉食性鱼类，以捕食鱼虾为主，肉质细嫩鲜美，骨刺极少。特别难得的是，具有一种淡水鱼类很少有的类似海鱼的鲜味，故凡是品尝过鳜鱼的人，都赞不绝口。用它做成的名菜，如糖醋鳜鱼，是筵席上的佳肴，视为口福。

鄱湖青虾 肉质细嫩，营养丰富，每百克虾肉含蛋白质16.4克，脂肪1.3克，碳水化合物0.1克，钙99毫克，磷205毫克以及多种维生素。不仅是美食，并且有补肾、壮阳、速乳、治阳痿和丹毒等药用价值。余干全阜水产食品有限公司选用鄱湖淡水龙虾加工而成系列产品，有整肢虾、尾虾、龙虾仁等，远销欧美、日本、东南亚等国和中国港澳地区。

甲鱼 即鳖，又称脚鱼、团鱼、水鸡、王八。甲鱼体健味美，营养丰富，富含人体所必需的多汰、多糖、氨基酸，尤其是脯氨酸和羟脯氨酸，能提高人体免疫功能与明显的抗癌作用，既是美味食品，又是名贵补品。甲鱼入药，有滋阴补血功效。产于鄱阳湖中的中华鳖，是珍贵的水产品。每百克鳖肉含蛋白质18.5克、脂肪0.7克、磷138毫克、钙107毫克、铁1.8毫克、硫胺素0.60毫克、核黄素0.30毫克、尼光酸3.7毫克、维生素A16个国际单位。肉质细嫩鲜美，有益脾、润肺、补肾、壮阳、补虚、滋阴、抗癌等功效。

白莲 白莲，俗称“莲子”，粒大质白，是玉山县传统的经济作物，种植历史悠久。民国期间，县域内平原地区，普通种莲，尤以现今的华村、六都、下镇、仙岩等乡镇为最多，产品远销杭州、宁波、上海等地。1950年代中期，有农户种植白莲，因制莲工序繁多，操作复杂，产量日趋下降。1980年代后，提倡多种经济，产量逐年回升。2000年全县种植白莲面积497亩，总产量21吨。波阳白莲壳薄肉厚，莲仁含淀粉、蛋白质、脂肪、糖、钙、磷、铁及多种维生素，被称为食中珍品，天然营养品，去心莲仁又是宴席上的佳品，也是年老体衰及病后的滋补品。产品销往国内外，糖水莲子罐头，荣获江西省农业名特优土特产品新产品奖。

珍珠 珍珠为区内特种水产养殖产品，淡水珍珠古已有之。据有关资料，波阳县西的蠙洲，“唐贞观年间，常有采珠于此者”。万年县是珍珠生产的主要产地，盛产淡水珍珠，全县吊养1333.3公顷，年产量8万千克，淡水珍珠销售量占世界年销售量的1/12。珍珠作为中国名贵中药材和养颜滋养补品，已有2000多年的历史，国际市场上流传“西珠不如东珠”之说。

珍珠系列产品 江西万年春珍珠集团生产。包括：珍珠粉系列，含有人体必需的18种氨基酸和微量元素，具有止血、消炎、生肌、清凉、解毒、镇静安神、清肝明目等功效，可治咽喉炎、口腔疾病、胃病、高血压等，外治皮肤溃疡、疥疮、肿毒、角膜炎、刀伤、烫伤、烧伤等症及养颜美容等功效。珍珠化妆品系列，主要成分为天然淡水珍珠水解蛋白和人体所需的微量元素，具有祛斑、增白、嫩肤，增强人体细胞活力之功效，并对刀伤、烧伤、烫伤、皮肤皲裂、紫外线损伤有明显治愈效果。珍珠食品系列,采用珍珠降解液为主要原料,再配制其他相关大米、水果汁、面粉、菊花等制成,具有养胃、清肝明目、安神、解乏等健身效果。珍珠工艺品系列,以天然三角帆蚌珍珠,手工精心制作而成,具有性寒、质坚、色艳、名贵等特性,对人体无副作用。

第五节　茶叶　烟叶

婺源绿茶　婺源绿茶历史悠久,唐代陆羽所著《茶经》中,就有"歙州茶生婺源山谷"的记载。《宋史·食货》称婺源之谢源茶为全国六大绝品之一。明、清时期,号称四大名茶的婺源溪头梨园茶,砚山桂花树底茶,大畈灵山茶和济溪上坦源茶被列为贡品。乾隆年间,婺绿外销,英国贵族视之为不可缺少的饮料。咸丰年间,俞德昌、俞德和、胡源馨、金隆泰四家茶号所制绿茶均销往香港。此后外销不断,婺绿以其"颜色碧而天然,口味香而浓郁,水叶清而润厚"三大特点享誉国际市场。民国24年(1935),美国纽约出版的威廉·乌克斯著《茶叶全书》中,称婺源茶叶"不独为路庄茶之上品,且为中国绿茶品质之最优者"。婺源绿茶主要品种有茗眉、毛尖、云翠、仙枝、灵岩剑峰、特供茶等。该县大鄣山茶"香高、汤碧、味厚、汁浓",一直被定为特供茶,供中央领导人饮用。1996年,婺源拥有茶叶自营出口权,进入国际市场。2000年4月26日,上海市举行大鄣山茶产品推介会,此后,批发经销单位逐步增多,至1999年,北京、上海、武汉等8个城市即达300多个。1999年,婺源绿色食品有限公司生产的大鄣山茶,荣获中国茶叶首家AA级绿色食品证书,并连续六年通过欧盟有机食品认证机构BCS的认证。之前,民国4年(1915),婺绿荣获巴拿马万国博览会金奖。1981年,"雨茶一级"和"贡熙一级"荣获商业部颁发的优质产品证书;1982年评为全国名茶。AA级大鄣山茶,获'99昆明世博会金奖。

上饶白眉　产地在上饶县尊桥乡周坞村,是上饶县农艺师王仕圻等茶叶科技人员于1984年研制成功的特种名茶。评为江西省优质高档茶,1985年又评为部级优质茶,1986年获农牧渔业部优质产品"金牛奖",1995年获全国农业博览会金奖,并列为国家指定的特供产品。该茶外形壮实,白豪满披,形似寿星白眉,故名。冲泡后香气四溢,入口清醇,沁人心肺,常饮有提神、滋补、敌涩、杀菌、止痢、解暑、醒酒、降压、减肥、抗癌等作用。白眉分为银毫、毛尖、翠峰三个等级。正宗白眉每500克有茶索4万余片,为绿茶中珍品,嗜茶者若得半斤四两,便乐不可支,畅销国内外市场。

玉山"云雾茶"　玉山是江西省重要产茶区之一,茶园遍及全县各地,西、北山区尤其适宜茶树生长。怀玉山、三清山所产"云雾茶"久负盛名。就其形状,可分为凤眉茶、麻珠茶、珍眉茶等;按其色味,可分为绿毛茶、红毛茶。县内盛产绿毛茶,红毛茶次之。清末、民国时期,樟村的四方尖茶最为著名,其次是紫湖柘坑头所产的茶叶。怀玉山、三清山和邻县德兴、婺源、上饶北乡等所产茶叶,大部分集中在这里加工精制外销。民国17年(1928)产量25万千克,22年40万千克;31年后因日本军队入侵,大部分茶山遭破坏,产量减少,37年仅11万千克。新中国成立后,垦复旧茶山,开辟新茶园,茶叶生产得以恢复和发展。1952年总产2530担;1982年全县收购量16.35万千克;1985年突破25万千克;1989年引进"龙井"等优良品种,1990年,紫湖、少华等乡利用世行贷款改造低产茶园近533.33公顷。通过3年的低产改造,精制出的名茶每千克价格160元~240元。1993年全县茶树种植面积近1333.33公顷,总产量35.9万千克。

灵山石茶　清同治《上饶县志》载:“灵山茶……一壑鲜芽曾几茎,风味敢与蒙芥争。”该茶树为野生,是灵山珍稀树种之一。上饶县灵山石茶生长在海拔800米以上悬崖峭壁的石缝中,茶树零星。树干比普通茶树高,叶片厚,叶形圆,颜色深绿。由于山高水冷,茶叶采摘期比普通茶叶要晚一个月左右。灵山茶味道奇特、口感微酸、微咸、微苦、微涩,入喉清凉,具有生津、止渴、清热、解毒、防暑、降温等功能,是热咳和各种咽喉炎症的克星。灵山人夏季多不长痱子疖毒,无不与饮用石茶有关。家住灵山脚下的妇女,每年立夏前后都要上山茶摘石茶。他们把采摘的青叶片用传统工艺小心地加工成石茶干,装入陶罐或瓷罐珍藏。灵山茶越陈越凉,把隔年陈茶换出来炎夏饮用,多年陈茶用来馈赠亲友。灵山石茶属珍稀生态保健饮品,具有很高的开发价值和广阔的市场前景。

有机黄金茶　有机黄金茶是玉山县山区特产。野生黄金茶系蜡梅科植物,学名“柳叶蜡梅”,多年生灌木,主产于江西省赣东北地区海拔800米以上高山深处。民间历来作为清凉解暑、健身消食、治胸腹胀痛、除烦躁咳嗽的良药。此茶芳香馥郁,滋味醇厚,甘中略含清苦,清苦之中草本香,清苦之末更余甘。因其资源珍稀,功效奇特,被当人誉为“绿叶黄金”,经检测,此茶含挥发油、生物碱、黄酮类等多种有效性成分,有铁、钙、锌、硒等微量元素,维生素VB_1、VB_2、V_C等18种氨基酸。现代科学研究表明,有机黄金茶所具有的抗菌、抗炎、解热及免疫增强等作用,对于镇痛、镇咳及祛痰、预防及辅助治疗支气管哮喘、病毒性流感等方面有特殊疗效。玉山县冠生牌有机茶由江西省三清山绿色食品有限公司专业生产,以高山天然野生柳叶蜡梅叶为原料,采用传统工艺和现代技术精制而成。

铅山苦甘茶　苦甘茶生长在武夷山脉的崇山峻岭之中,终年云遮雾障。该茶自明清以来均列为贡品。铅山河口茶厂精制的苦甘茶,色香味型别具一格,是省内的优秀名茶,产品畅销京、津、沪、闽、浙、穗等23省市和远销到日本、前苏联、东南亚等国及中国香港地区。此茶条索紧结,汤色清澈,叶底嫩匀,经久耐泡,饮之清苦可口,喉清凉生风,留香持久,回味甘苦。

珍珠保健茶　万年县上坊乡开发的珍珠保健茶系列产品,1994年5月在广州举行的全国食品博览会上获银奖。该茶具有美容保健,延年益寿之功效。

葛茶　铅山县葛仙山食品饮料厂生产的保健茶,以野生葛根为原料,经科学配方加工而成。具有清热祛火、生津止渴、补气益胃、利尿通便、解酒健脾、抗疲劳、抗衰老、美容益寿等作用,是纯天然绿色食品。

“晶品香茶”　产于德兴市新建乡,是将民间制茶工艺溶于机器制作而成的无污染绿色食品,1997年获江西省机制名优茶第一名。特点是:条型茶,白毫显露,条索清晰。扁形香,色褐而活,短而实。茶底清绿,茶汁晶莹,高香持久。饮之从苦而甘,津味诱出,爽心悦目。

紫老红烟　产于广丰县横山镇二十四都、关里等地,是传统名品,早在清顺治年间(1644—1661)即有出产,因晒后呈紫红色,故称紫老。属雪茄型晒红烟种类,具有叶大肉厚、虎斑紫红、油脂丰润、桂圆香味,手握如绸,不破不皱等特点。加工后,吸时醇香四溢,经久不散,称为烟中上品。清朝中叶即远销海外,国际客商一看其外包装上的“石马紫老”印章,即知为中国名产,列为进口免检商品。1984年,广丰县被国家烟草专卖局指定为名优烟生产基地。1992年,县人民政府成立烟草生产办公室,根据市场需求,调整种植结构。紫老红烟年出量在15万~20万千克之间,1993年为24.5万千克。除紫老红烟外,还有该县另一传统名产姜黄晒烟。

姜黄晒烟　广丰特产,是黄烟中的上品。清康熙年间即有种植,因色似生姜,花纹虎斑,叶厚油足,香味芬芳,醇厚劲足,故称“姜黄”。有金黄、白黄之分,均属调味型,适用制作混合型卷烟。姜黄晒烟，清嘉庆年间即销入国际市场。1982 年，广丰县被列为江西省和国家晒烟出口生产基地。

第六节　水果　蔬菜

上饶"早梨"　上饶早梨，果大皮薄，色白光滑，肉质细嫩，汁多渣少，味甜微酸，酥脆可口。经化验，每百克鲜梨含苹果酸 8 克，葡萄糖 8 克，碳水化学物 10 克，蛋白质 1 克，脂肪 0.1 克，钙 5 毫号，磷 6 毫克，还含有胡萝卜素和维生素 C、B 等多种营养物质，具有生津润肺、清热化痰、解热消暑等功效，是夏令佳品，又是中成药"雪梨膏"的最佳原料。上饶早梨有 300 多年的栽培历史，经过不断选种、嫁接，培育出"黄皮消""六月雪"两个优良品种。"黄皮消"和"六月雪"均在 3 月中旬开花，4 月初挂果，4 月底 5 月初套袋包果，果实生育期 90 天～100 天，6 月中、下旬果熟应市，成熟比其他梨早，故名早梨，亦称上饶早梨。早梨树耐旱力一般，抗寒力强，梨蒂脆弱，怕风，适宜种植在气候温和、土壤肥沃、避风向阳的山坳里。梨树栽培 4～5 年开始挂果，10 年后进入盛果期，树龄一般在 120 年～130 年之间。单株年产量 50 千克～300 千克不等，幼果必须以柿油浸泡过的纸袋包裹，以防虫害。梨袋以陈包效果最好，陈袋包的梨，成熟后白净如玉。田墩镇的陈团畈、湖潭，黄市乡的鸟门楼、长塘，花厅镇的枫岭苏家，应家乡的佛母、浮墩、石门，尊桥乡的洛村、石山，是早梨的主要产地，尤以枫岭苏家、陈团畈所产质量最佳。清代，苏家村有一株早梨，梨果去皮或切开后，玉白梨脯过夜不黄，嘉庆年间荐为贡品。1997 年，上饶早梨被农业部评为"优质早熟梨"奖。1999 年昆明世界园艺博览会定为"长期展出的优质农产品"。

广丰天桂梨　广丰县是南方早熟梨的主产区，天桂梨具有早熟、果大、优质、外观美、无公害等特点。果近圆形，皮细薄，滑嫩光洁，芳香秀美。果肉乳白色，细嫩松脆，汁多味甜，酥润无渣，果心极小，无公害。单果均重 345 克，大果重 485 克，固形物含量 12.5%～13%，品质好。该梨曾获上饶地区早熟梨第一名、全国南方优质早熟梨、北京国际博览会名牌产品等称号。2000 年 7 月，经省果树专家组鉴定，上报国家工商局注册为"天桂牌"优质早熟梨。

无核椪柑　"惟德"牌无核椪柑，系德兴市畈大乡政府组织选育研究，经过 6 年观察和对母体本株、高接株一代果实进行验证、检测，其种核、各种含量均达到和超过原定指标，被列入江西省一级重点攻关项目。经过江西省农科院测试分析，该产品可溶性固形物达到 14.23%，总糖 12.9%，每果种子仅 0～0.1 粒，遗传性稳定。据查样报告反映，各项指标均高于国内外同类品种，具有抗病、耐寒、耐瘠、投产快、产量高等特性，前景看好，经济、社会、生态效益显著。该椪柑入选 1999 年昆明世界博览会和中国农产品博览会，有较高的知名度。

红心柚　玉山县传统特产。此柚风味独特，营养丰富，果皮金黄色，每个重约 1 千克，呈球形；瓤肉鲜红美观，脆嫩爽口，汁香味甜。每 100 毫升果汁中含维生素丙 80 毫克，全糖 9.87 克，酸 0.63 克，固形物 11.85 克；果皮可加工成风味食品，柚籽可入药，具有消炎、止咳、平喘作用。红心柚树耐旱抗冻，适应性强，气温在 -6℃以内不会造成冻害，且易种易管理。早果性能好，种后 3～4 年开始挂果，盛产期珠产 100 千克～150 千克，经济寿命长达 80 年左右；丰产年平均亩产 1640 千克。果实耐贮藏，便于长途运输，被誉为"天然绿色罐头"。1997 年，县人肖信木从民间柚树中筛选培育出具有地方特色的柚类新品种，1998 年向国家商标局申请注册为"信木"牌红心柚，成为江西省第一个获得独立知识产权的地方优质柚产品，属甜柚类。1999

年，“信木”牌红心柚获中国农科院新品筛选科技进步二等奖。1999 年在全国第 6 次优质柚评比中获金杯奖。

甜柚桃、布朗(李) 甜柚桃是桃的变种，果实鲜红艳丽，单果重 100 克～250 克，肉质细嫩，松脆味甜，香气浓郁，且耐贮运。布朗(李)系美国杂交李，果实大型，单果重 80 克～200 克，果色艳丽，尤以黑色品种为最珍贵，肉质细嫩，风味香甜，营养丰富，贮运性好。上述二品均为果品市场新兴高档水果，由玉山县甜柚桃、布朗(李)研究所生产。

玉山马铃瓜 马铃瓜，俗称梢瓜，玉山县传统特产。属西甜瓜类。果呈椭圆体，壳薄而脆，瓤多汁、味甜，有淡红、黄、白三色，清暑解热。果仁肉厚，亦可食。县城西北玉琊溪两岸(文成、横街)系冲积平原，含沙量较多，土壤肥沃，易于排水，灌溉方便，适宜种植瓜类，是该县著名的马铃瓜产地，尤以文成镇姜宅所产最为有名。亩产 1.5 万千克左右，远销省内外。

上饶梨瓜 为上饶古老农家品种，亦为江西省首屈一指的瓜类传统特产。果呈梨形，高约 1.3 厘米，横径约 10 厘米，皮光滑、乳白色，肉厚约 2.6 厘米，色白，肉质细嫩，甜爽可口，外形美观。1986 年全省优质甜瓜评选会上，玉山县送评的上饶甜瓜获甜瓜类第一名。

白玉豆 区内著名农产品，因其色如乳玉而得名，俗称“白京玉”，属一年生蔓生芸豆类，对自然环境要求高，区域局限性强。玉山白玉豆形状扁平椭圆如肾。品质佳，含淀粉、蛋白质颇多，甜咸皆宜，配料炒，烹调成佳肴，清香可口似白莲。据农业部食品定点监测中心(国)字(V1710)号鉴定：“玉京”牌白玉豆为高蛋白低脂肪类食品。蛋白质 16% 以上，粗脂肪 2.5% 以下，每 100 克白玉豆中含维生素 A15 克，维生素 C0.3 克，维生素 E20 毫克，铁 3.2 毫克，锌 2.7 毫克，钙 83.6 毫克。含有人体所必需的 18 种氨基酸，含量达 20.49%，还含有油酸 8.34%，亚麻酸 47%。

大青豆 大青豆，又称大青丝、“白毛尖”，是玉山自育品种，种植历史悠久，具有株高中等、株型紧凑、结荚较多，豆皮青色，颗粒大，含脂肪蛋白质高，能适应各种土质生长等特点，是高产稳产、利于改良土壤，促进后作物增产的秋大豆优良品种。清光绪二十年(1894)，县城三里街有专营大青豆的市场，人称“豆墟埂”。丰收年每日购销量达千担左右，其中 60% 远销上海、港澳和日本、东南亚。民国期间，种植面积很广，除山地、丘陵地带较少外，其他地区普遍种植，尤以现在的文成、横街、下镇、仏姆、四股桥、华村、六都等乡镇为多。新中国成立后的五十年代初期，种植面积曾达 5 万～6 万亩。青豆形椭圆，粒大饱满，呈乳青色，略有纹丝斑状。分两个品系，一种叫“小青丝”，花瓣细小，白色，荚壳薄，易裂荚，会牵藤，但产量低，现已濒于绝种。另一种叫“大青丝”，花瓣较大，淡红色，荚壳较厚，不易裂荚，不牵藤，较耐肥，产量高。青丝豆品质优良，色泽美观，营养丰富，粗蛋白质含量为 37.8%，脂肪含量为 20.4%，获 1992 年首届农业博览会银奖。色味俱佳，为全省豆类之冠。

鄱阳“春不佬” 春不佬菜是鄱阳名产，尤以鄱阳镇地区西门、北关所产最佳。春不佬菜种植历史悠久，耐寒力强，抗病虫，产量高，叶片墨绿色，茎嫩白，为羽状分裂或不整齐羽状分裂形，叶片有茸毛，柄具翘狭，植株多含矿物质、维生素，叶片辛辣味重，肉质紧密。年产 50 万公斤上下。腌制后风味独特，夏天用春不佬腌菜烧肉，久存不坏；用其煲汤，清咽利喉，清火降压。春不佬腌菜与“黄牙头”鱼同煮，味道鲜美，脍炙人口，是鄱阳的一道名菜，久负盛名。“春不佬菜”为江西省新安食品有限公司开发的地方特色食品之一，深受消费者青睐。

铅山红芽芋 红芽芋，俗称芋头，学名芋，是铅山县紫溪的特色农产品。紫溪红芽芋，子卵圆形，除皮呈玉白色，大小适中，每个 50 克～100 克，淀粉含量高，营养丰富。经测定，鲜子芋含脂肪0.14%，蛋白质1.78%；无氮浸出物14.04%，粗纤维0.64%，灰分0.88%，热量662卡。煮食时肉质细嫩，香气浓郁，味道极佳，既可烹调成餐饮主菜，又可煲汤为风味小吃。用芋母、芋子进行精加工，经蒸煮、切片、晾干、碾磨加工成芋母沙、芋头酱、盐卤芋头、保鲜芋头、五香芋头母干等产品，很受消费者喜爱。紫溪红芽芋已在国家工商局注册为"紫溪红芽"牌商标，产品销往上海、杭州、广州、深圳、厦门、香港等大中城市及东南亚国家。

龙芽百合　波阳县团林乡特色农业服务公司所产龙芽百合，产量高，个体大，品质好，鳞片肉质洁白如脂，细嫩、滑腻似玉，清香可口，营养丰富，并有较高的医学价值。

临湖大蒜子　境内名产，因多产于玉山县临湖而得名。临湖人有善种大蒜的传统，尤以四甲、杨宅、詹塘村居多。临湖土大蒜子具有肉厚瓣大(大的每头0.1千克)、性脆、芳香、洁白光泽，表面有蜡粉，切片过夜不变色等特点。具有药用价值，可治吐、泻、肠道炎、解毒、去风寒等功能。

九龙山食用菌　德兴市李宅食用菌开发公司生产。知名品种有竹荪：长约12厘米~13厘米，有"真菌之花""菌中皇后"之美称。营养丰富，酥脆可口，香味浓郁，传说有类似人参的补益功效，还具有治疗肥胖症的作用。黑木耳：营养丰富，有很高的药用价值，有益气强身、活用止血、治痔、防癌、减轻脑血栓等功效。香菇：含有十余种氨基酸，不仅味香、营养丰富，且有抗癌、预防肝硬化、降低胆固醇等功能。猴头菇：肉嫩味鲜，营养丰富，药用价值高，对消化道肿瘤、胃、十二指肠等都有较好的疗效，还能滋补强身，医治神经衰弱。蕨菜：山间野生，嫩时长有短毛，精心烹调后干缩，具有防癌抗癌作用。笋干：山间野生无污染的小水竹或竹笋尖上的嫩衣剥去外壳后，经特殊加工而成，有"素食之王"美称。姬松茸：有抗癌、防癌、抗凝血、降血糖、安神等药用疗效。草菇：又名兰花菇，中国蘑菇，不仅肉肥嫩、味鲜美，且有一定药用价值，能强身，抗坏血症。

大球盖菇　余干县金草实业有限公司生产的大球盖菇，具有清香柔和，菇质嫩脆，适用性好的特点，种植上栽培材料广泛，投资少，见效快。

食用笋竹　雷竹(又名雷公竹)，是优良食用小竹品种，三月初出笋，笋期分春秋二季，笋体粗壮，壳薄笋肥，味鲜美，纤维素丰富，含蛋白质2.74%，脂肪0.52%，总糖3.54%和人体不可缺少的多种维生素，是理想的绿色食品。提取的竹叶素是消炎抗癌良药。

上饶空心菜　由上饶市农业局科技人员从地方良种中选育而成，生长迅速，高产优质，高抗C抗白锈病，抗虫，耐肥耐水，适应性好，以嫩、滑、爽著称。每百克鲜菜含蛋白质2.3毫克，与毛豆同等；含钙100毫克，是南瓜的3倍；含抗坏血酸28毫米，是番茄的2倍。

"峰饶"蔬菜　横峰县峰饶食品开发有限公司生产的美味黄瓜、酸辣萝卜等系列产品，是精选黄瓜、萝卜为原料，采用传统工艺，对比日本同类产品的配方精制而成。适合大众口味，将人体必需的多种氨基酸和各种微量元素有机地合为一体。本品色艳味香，酸辣适口，风味独特，食用方便，是居家旅游、馈赠亲友的佐餐珍品。

脱皮夹心辣椒　是铅山县酿造总厂1992年开发的新产品。拓扩鲜红辣椒去皮去籽夹藠头，保持辣椒天然本色和形态，不加任何防腐剂，味道微酸、微甜、微辣、微咸，四味融为一体，全国首创，受到国内外消费者欢迎。

第三章 食品糕点

第一节 酒 卷烟

全良液酒 上饶县全良液系列酒,以优质大米为原料,采用传统工艺,经续渣固态老窖池发酵,蒸馏陈贮勾兑而成,具有诸香谐雅、绵甜细致、丰润爽顺、回味悠久的特点。全良液白酒系列1987年被评为江西名酒,1995年评为江西省用户满意产品;1991年评为国家质量达标产品,并通过ISO9001:2000质量管理体系和ISO14001:1996环境治理体系认证。全良液集团设有独立的白酒科研所,以董事长张荣烈为首的科研人员,不断研制优质产品,现已开发全良液系列名酒有白酒、黄酒、啤酒、补酒、果露酒5个大类40多个产品,可满足各消费阶层的需要。全良液集团生产基地在信江南岸皂头傅家,是1984年在一个资产权十来万元的作坊式酿酒小厂的基础上发展并连续十几年利税上千万元的中型民营企业。

上饶大曲酒 产于信州古城的上饶市(今信州区)。南宋时,词人辛弃疾寓居上饶,曾对信州当地酿制的白酒赞叹不已,写下了"一杯千岁"的词句。如今生产信州名酒的上饶地区酒厂,北临信江,面对金山。当地用古老的传统大曲老窖发酵工艺,汲山泉之水,固态发酵,山洞储藏,精心酿制而成的"上饶大曲",产品远销北京、新疆、内蒙古、黑龙江、山东、河南、福建、浙江等地。

饶州酒 波阳县酒厂的名牌产品。选用优质大米,采用地下深井水,按传统工艺,用现代新设备、新工艺酿制而成。酒质优美,特点是入口绵、落口甜,醇香浓郁,回香悠长,属浓香型白酒。饶州酒历史悠久,宋代文学家范仲淹任饶州知府时曾留下诗句:"常饮饶州特曲酒,开弓九箭射东湖。"1984年获省、部优质产品证书,连续12年为省优质产品,享有较高声誉,畅销省内外市场。

甲鱼酒 采用鄱阳湖特产野生甲鱼和江南优质糯米,佐以药食两用名贵药材精工配制而成。色如琥珀,幽雅晶莹,醇香浓郁,口味纯正,后味绵甜,含有多种维生素和人体必需的氨基酸及微量元素。具有滋阴补血、平肝息风、软坚散结,益气清热等功效。常饮能促进新陈代谢,增强体质,防癌抗癌,延年益寿。江西饶州酒集团生产。1988年获首届中国食品博览会银奖,并获江西免检产品证书,1989年获国家博览会金奖,1994年获全国果酒行业优质酒奖。

珍珠"贡米酒" 采用万年特产珍珠和优质贡米为原料,以调和脏腑的中药材及优质苏桥泉水、适量葡萄糖、果糖为辅料,用科学的方法,精心勾兑而成,内含18种氨基酸及对人体有益的微量元素。具有营养、保健、益智、抗衰等功能,是省内首创的一种高级保健型露酒,产地万年县苏桥。

中国"古汉酒" 根据马王堆古汉墓出土秘方,反复筛选各种名贵药材,结合现代医学科学成就精制而成。是高档低度的健身酒,各项理化指标均符合国家食品卫生标准,含有丰富的对人体有益的微量元素。具有健脾胃、补气血、壮元阳、益肝肾、强筋骨、防老抗衰、去病延年之功效。此酒橙黄自然,透明清亮、香味协调、绵甜纯正,醇厚丰满,一经问世便得到中外顾客青睐,先后获首届中国食品博览会金奖,全国星火计划科技成果金奖,全国轻工业优秀出口产品银奖。铅山县河口镇酿造总厂生产。

月兔牌卷烟 广丰卷烟厂生产。主要有月兔、月兔春、月兔王、小月兔、新月兔王、特醇月兔、广烟、紫老红、三清山、夕阳红等30多个系列品种,受到消费者欢迎。1993年,“月兔”卷烟被评为“炎黄杯”世界华人华侨龙舟赛唯一指定产品,获优秀新产品二等奖。1994年,“特制月兔”卷烟获“首届中国优秀与名牌产品博览会金奖”、江西省“新发明、新产品、新专利”金奖。1995年,“月兔王”获江西省“新产品、新专利”金奖,1996年被列为江西省名牌产品,并获全省“科技成果、新产品”金奖。1998年,“月兔”卷烟在“中国市场商品质量跟踪调查活动”中获“十佳”品牌称号,被认定为“江西十大明星产品”。2000年,获江西省经贸委“优秀新产品”二等奖和“江西省市场龙头品牌”称号。

第二节 粮豆面制品

弋阳大禾米粿 色泽莹白如雪,油光锃亮似玉的弋阳大禾米粿,是风靡赣东北一带的传统民间美食。据说,曾为贡品。米粿图案美丽、大小均匀、细嫩软韧的米粿,生产历史悠久,流传至今仍是当地人们喜庆丰收、欢度年节的必备食品。因主产江西弋阳、故又名弋阳团子。食用方便,炒、煮、蒸均宜。米粿选用当地耐寒性强,经受山风冰水和雾水滋润的晚米为原料,经蒸、打、压等多道工序,采用“三蒸二百锤”的独特工艺精制而成。该产品又称弋阳年糕,外观透明似玉,洁白如霜,油质发亮,口感不粘不腻,又韧又滑,久煮不糊,富含多种维生素和微量元素,长期食用可消脂去肥,养生健体,是招待宾客、送亲馈友的佳品。

米粉 米粉是境内传统食品,各地均有出产。江西弋阳紫文食品有限责任公司生产的“弋阳米份”“龟峰米粉”“银丝米粉”“江西米粉”“大禾米粉”“米皮”等系列产品,均不含任何添加剂,保持自然风味。具有越煮越白、久煮不糊汤、不断条、不粘锅,食用口感滑腻,有酒香味,深受海内外消费者欢迎。万年县贡贡米集团生产的珍珠贡米粉,以优质贡米为主原料,调以适量珍珠粉及其他营养成分。质白如玉,香软可口,蛋白质含量高,营养丰富,久煮不糊,久炒不沾,食用鲜美,是馈赠亲友、宴请贵宾的佳品。

净豆粉丝 净豆粉丝在江西已有90多年的生产史,是颇受欢迎的传统豆制品之一,其质量以上饶、宜春地区为最。生产原料一般以蚕豌豆和绿豆为主。蚕豌豆粉丝的淀粉不及绿豆的细糯有韧性,成品质量略逊于绿豆粉丝,但也不失为上品。其中上饶地区淀粉厂用传统工艺生产的净豆粉丝,因洁白似银透明发亮,丝长细嫩柔软,韧而不脆,耐煮不糊,深受省内外消费者的欢迎,并获得江西省政府和商业部的优质产品称号。上饶地区淀粉厂生产的“金山”牌净豆粉丝,是传统产品。它以上等豌豆、蚕豆、绿豆等为原料,继承传统工艺,采取新技术制作,纯白、透明、发亮、不脆、无并条、无疙瘩、无黑点、耐煮,过夜不糊,丝条细嫩柔软,在同类产品中独具特色。

红薯淀粉 广丰县白云淀粉有限公司生产的白云牌精制红薯淀粉,属江西省优质产品,1988年获首届中国食品博览会铜奖。特点是:白色粉状,不溶于水和酒精,加热70℃~76℃形成直链淀粉溶于水。广泛应用于纺织、造纸、有机化工、食品、工业淀粉源、糖源、宾馆餐厅炊事佐料,特别用于制作鱼丸食品。

养胃挂面 万年县粮油制品厂开发的真空养胃挂面,经江西省科技检测中心测试,含有18种对人体有益的氨基酸。该挂面添加了珍珠粉、猴头菇、人参、维生素B2等营养加剂,是一种营养保健食品。该县贡贡米集团生产的仙人洞牌珍宝系列——珍宝养胃挂面,获省经委、省粮食系统“九二科技成果二等奖”“九三中外名、特、优、新产品优秀产品奖”“九四中国食品博览会金奖”。该产品含有18种氨基酸、12种维生素、8种人体必需的微量元素。

银丝贡面　玉山银丝贡面，俗称“素面”，最佳者叫“油面”，旧时专为进贡朝廷之用，故名“贡面”。具有质白柔软、细似银丝、入汤不糊、口味爽美等特点。民国期间，制面作坊设县城社稷坛一带，后遍及三里街、七里街、新胜街、横路巷、大水坑等地，县城共有20余家素面加工店，每位师傅一般日制素面20千克～25千克。产品除销本县、多运销上饶、弋阳、贵溪等地。每年端午节前，上饶、弋阳等地到山收购银丝贡面的商人尤多。抗日战争时期，玉山沦陷，制面作坊一度停业。日军退后，陆续复业。新中国成立后，机面代替了手工面，银丝贡面产量下降。改革开放后，集体和私营面坊相继出现，银丝贡面产量日增，与机制面同时应市。

第三节　肉禽蜂水产品

“明太祖”酒糟鱼　“明太祖”酒糟鱼，是余干县康山食品罐头厂根据明太祖朱元璋在康山养伤时流传下来的工艺，结合现代科技，采用鲜活鲤、青、草鱼与优质糯米为主要原料，精制而成。产品先后获省优秀产品奖，国家科技成果奖，首届中国农业博览会银奖，畅销全国和港、澳、台地区。产于波阳的“新芝安”牌鄱湖酒糟鱼，集传统制作方法与现代科技酿制而成。鱼块完整，皮黄肉红，光滑油亮，糟粒清爽，有特殊的香味，对冠心病及动脉粥样硬化有一定的预防作用，是馈赠亲友的佳品。

婺源酒糟鱼　酒糟鱼是婺源县民间传统食品，以鲜鲤鱼、糯米酒为主要原料。将鲜活鱼宰杀切成块，经烟熏、蒸熟，再拌酒糟、辣椒等佐料，密封后即可出售。该县赋春镇的酒糟鱼最有特色。1988年，开酒店的个体户吴裄庆、汪新英夫妇，将自制的酒糟鱼供顾客食用，结果大受欢迎，从而成为酒店的一道特色菜。经过不断摸索，并加进中草药，真空包装，除供应本地需要外，远销省内外市场。婺源酒糟鱼闯出大市场后，带动了水产养殖业和粮食加工业的发展。

板鸭　饶丰板鸭厂生产的“饶河”牌生整大包装板鸭，1995年10月在全国农业博览会上获银奖。该产品采用传统工艺与现代技术精制而成，常温下可保存6个月。用料考究，腊味浓郁纯正，肉嫩骨脆，营养丰富，是席上珍品和馈赠亲友的佳品。

白银鹅系列产品　广丰白银鹅食品有限公司生产的白银鹅系列产品（酱香鹅、烤鹅、卤鹅、盐水鹅等），选用纯种广丰白银鹅，采用30余种名贵中草药，以珍藏百年老卤，传统工艺配方，真空包装，微波灭菌保鲜等现代高新技术精制而成。集香、酥、脆、嫩于一体，融清、补、健于一身，具有滋阴补肾、益脾健胃、祛风、补充微量元素、增强人体免疫等功效。酱香鹅系列获第五届国际食品博览会金奖，并获’98江西市场食品质量优秀产品称号。

烤鳗　江西和华水产有限公司生产的烤鳗，以鲜活鳗鱼为原料，精工烤制，口味独特，是高级营养品，产品全部出口。

“真贡王”烤鱼　余干天然矿泉水有限公司生产的鄱湖“真贡王”烤鱼，风味独特，市场看好。1999年，该公司与江西省科学院微生物研究所共同开发研制而成。产品富含有机钙、多种微量元素和多种氨基酸。“真贡王”风味烤鱼采用鄱阳湖特产针公鱼，浸渍调味后再烤制，经江西省科学院卫生检测和江西省分析测试研究所分析测试，符合国家标准。该产品系独家生产，鱼种名贵珍稀，包装精巧新颖，吸引了海内外广大客户。

弋阳扣肉　弋阳扣肉是弋阳名菜，系1930年代曾任蒋经国厨师的涂充明所传，是江西特有的传统菜肴,有着特殊的江南风味。本品选用鲜嫩五花猪肉和雪里红,经煮、炸、蒸等数道工艺,采取先进技术精制而成,食用方便,油而不腻,营养丰富,是旅游、家居及各种宴会的首选食品。

"益精"系列蜂产品　上饶市益精蜂业有限公司生产的皇浆蜜、花粉蜜、蜂蜜等,具有健身美容、滋阴壮阳、补虚等特点,对人体内分泌失调、发育不良、失眠、便秘、胃病、高血压有明显疗效,可抑制癌细胞生长。"花粉蜜"被称为前列腺克星;"皇浆蜜"称为长寿药。

第四节　糖果　糕点

白糖　玉山县制糖工业历史悠久,民间多以木制土榨生产砂糖。1980 年开始生产机制白糖。1993 年产机制白糖 8780 吨;1998 年生产蔗糖 10347 吨,主要有白砂糖、赤砂糖、糖蜜、酒精等。"玉白"牌白砂糖按 GB317－84 组织生产,指标符合国家一级标准。2000 年制糖行业结构调整后,开始生产绵白糖。该糖晶粒细小均匀、洁白,质地绵软,易溶解,糖水溶液清晰透明、味甜,口感好,无杂质,不含铅、砷、铜等有害物质,是配制各种高级饮料、食品、药品和家庭饮品的上乘佳品。

红糖　砂糖,又名红糖,为广丰县传统特产。该糖纯净色黄,松散起砂,清甜味纯,营养丰富。含有丰富的钙、磷、铁、胡萝卜素、核黄素及烟酸等成分,有舒筋活血、驱寒除湿、回阳通脉、暖胃强身等功能。民间素有产妇坐月子时,用砂糖伴粥食的习俗,食后能滋阴生津、淤血消行、产门腹肌快速收敛,恢复元气,增进食欲,丰富母乳。玉山县亦为砂糖重要产地,棕红色、饴状,其中水分 21%,纯蔗糖　56.46%,转化糖 9.94%,灰分 3.2%,非有机物 9.4%。

曹溪米糖　弋阳县所产"曹溪米糖"(又名观香糖)历史悠久,品种有糖子、酢糖、麻杆糖、灌香糖等,尤以灌香糖口味最佳。该食品具有乳白、酥香、味甜等特点,并有止咳化痰、健脾舒胃、帮助消化之功效,是米糖中的佳品。"龟峰"牌曹溪芝麻米糖选用黑芝麻、糯米、麦芽、天然桂花汁,采用民间工艺精心熬制而成,皮薄如纸,甜而不腻。

饶州牛皮糖　鄱阳县为古代饶州府所在地。这里山清水秀,物产丰富,是江西省著名的鱼米之乡,饶州牛皮糖就是这里的特产。古代饶州,许多农户习惯自做糖块,供年节喜庆之用。开始做的糖,又黑又硬,后来在实践中积累了经验,逐步摸索出一整套做糖的秘诀。做出的糖,颜色油黑,状如牛皮,经过刀切,又像牛皮带,卷成小卷,恰似牛胶。细嚼起来可拉出长丝,宛若牛筋,呈半透明状,故称饶州牛皮糖。牛皮糖味道甜美,柔韧有劲,还有生津止渴、润肺的药用价值。

葛源芋头糖　为传统名食,产于横峰县葛源,又名蓼花糖、兴安酥。葛源四面环山,山清水秀,北部有一前山村,盛产优质糯米谷——重阳糯。很久以前,当地人即以重阳糯、芋头浆和茶子油为主要原料,经精磨、蒸坯、膨化等工艺,以白糖、白芝麻精制而成,特点是香、酥、松、脆,进口消融,是馈赠亲友的上等佳品。葛源芋头糖,明、清时期即为贡品。

香酥熟花生　弋阳县圭峰花生食品厂生产。"三叠龟"牌香酥熟花生选用弋阳特有的长条果型小子花生(每个果中有三粒以上花生仁)精制,香味甜、油膜少,蛋白质含量高,形、香、味均佳。

花生酥、花生糕等系列　波阳明辉泰食品有限公司生产的回林寺牌花生系列产品,以当地著名的珍珠粒花生为原料,经科学加工成花生酥、花生糕、香酥花生、滴滴香珍仁等 20 余种产品系列,香、咸、甜、辣、脆诸味均佳,多次获省优产品称号。

柏林罐头 在1998年10月30日结束的广州中国出口商品秋季交易会上,弋阳县私营企业柏林罐头厂,一举与外商签约280万元出口罐头。该厂主要生产出口罐头有四大类,即肉类、禽类、蔬菜、水果等40多个品种,产品销往美国、新加坡等10多个国家。该厂出口罐头具有独特的风味,优惠的价格,并拥有美国、新加坡注册证书,为外商看好。

超微破壁蜂花粉 江西信江源生物食品有限公司与国防高科技部门合作,以信江源头纯天然优质蜂花粉为原料,用"风洞"技术生产而成的超微破壁蜂花粉。据江西省分析测试中心检验,含有人体所需的18种氨基酸、维生素A、B、C、D、E族,20多种微量元素、100多种酶和辅酶及多种活性物质等营养成分均破壁而出,人体极易吸收。《中医蜂疗学》研究表明:长期服用蜂花粉,全面调理身体,改善和保护神经,消化、心脑血管系统,调节内分泌,延缓衰老,提高免疫力,增强体系。超微破壁蜂花粉的问世,解决了有史以来花粉营养不易吸收的难题,填补了江西的空白。

第五节 醋

陈醋 弋阳县地处赣东北信江上游,山清水秀,风景宜人,生产陈醋有悠久的历史。弋阳酿造厂继承传统方法,采用夏晒冬冰、储存陈酿等现代工艺,利用本地优势,精心制作。特别是近些年来把传统工艺和现代技术结合起来,使该厂生产的醋,不仅调味性好,且有一定的医疗保健功效。特点酸而不涩、香而微甜、色浓味鲜,存放时间愈久,其味愈香醇。铅山县生产的陈醋,获轻工业部、江西省1981年、1985年、1988年优质产品奖。该产品采用大米、麸皮等天然原料,传统陶缸发酵,结合现代生物工程、工艺科学先进方法酿造而成,经储存脂化,风味独特。有精制陈醋,普通型陈醋、白醋等种类。陈醋既可调味,又可治病,有益健康。

"猕猴桃"果醋 铅山县酿造总厂生产的猕猴桃果醋,营养丰富,含有多种氨基酸,维生素C含量为150毫克~400毫克/100,是柑橘的5~10倍,是苹果、梨等水果的30~40倍,还含有胡萝卜素、维生素B等多种维生素、果胶、粗纤维及钙、钾、钠、碘、锌等元素,既可调味,又可冲饮。

第四章 工艺品 土产

第一节 工艺品

脱胎漆器 是鄱阳县传统名产,具有色彩古朴素雅,造型简练新颖,质地轻巧玲珑,脱漆厚薄均匀,色泽光润照人,具有防潮、防腐蚀、绝缘、无毒等特点,做工精细,工艺独特,既是装饰品,又有一定的实用价值。产品始创于民国3年(1914)。民国4年两对黑退光脱胎漆器帽筒在巴拿马国际博览会展出获四等奖。1959年国庆10周年期间,鄱阳制造的盛具、茶具、烟具、酒具、花瓶、方圆合、横屏、台折屏等脱胎漆器,在北京全国工艺美术展览会展出。不久,又将其中一部分分送印度新德里和埃及、来比锡展出,受到赞誉。此外,多次参加广州国际交易会。1980年,52厘米青影青花鱼瓶和45厘米双宝沙扁瓶,获江西省轻纺工业品展览会优胜奖。

1981年,产品获江西省脱台法技术改进奖。1982年获省工业品展览优胜奖、优质奖。同年获外贸部荣誉证书。1983年1月,香港天虹广告有限公司来人拍摄脱胎漆器彩照多幅,向世界各地发行。1994年,纸脱胎漆器获省科委新产品开发三等奖。产品达300余种,花色达2000多种,远销美国、西欧、日本、南美、东南亚等地。

罗纹砚　玉山罗纹砚多产于怀玉山下,纹理似丝罗,唐代大历元年(766)已开采,制成砚台,名罗纹砚台。清同治《玉山县志》载:"石之属有体青而带白,纹直而理精者,出沙溪岭,可研。朱子称为怀玉砚。"朱熹在《怀玉砚铭》里说:"怀玉山相连,山产砚石,盖歙砚之佳者。"《怀玉山记游》载:"制砚工人大半操农业。闻近年之销路,不独东南亚各国,日本亦欢迎云。"罗纹砚结构缜密,纹若水波,石面光泽,呵气成汗,沉浸水中,湿润如玉,具有发沫细快、久磨无粉杂入墨中,贮水不涸等特点。罗纹砚品种繁多,造型有方、圆、椭圆形等多种,施艺分为素砚和雕砚两大类。素砚规格:有长方形、方墨海、圆墨海、圆嘴、圆盒和半月形等,价廉物美。雕砚,被文人墨客视为文房备之佳品,国内外爱好者和外商,竞相洽购和收藏。

龙尾砚　婺源传统手工艺美术产品,始制于唐代,为中国四大名砚之一,因砚石产于县内溪头龙尾山而得名。婺源古隶歙州,故又称"歙砚"。此砚天然纹理十分丰富,精细秀逸,可归为金星、金晕、眉子、罗纹、鱼子五大类,石质优良,具有"涩不留笔,滑不拒墨,瓜肤而縠里,金声而玉德"之特点,是人工与自然的完美结合的艺术精品。南唐后主李煜称"龙尾砚为天下冠"。当代书法家题下"砚国名珠""石冠群山"的美誉,曾被选为国家领导人出访时的珍贵礼品,产品畅销国内外。2000年产量2000方,销量1500方,主要销往全国各地。

甲路纸伞　民谣:"金豁斗笠甲路伞,扬州女子不用拣"。婺源县甲路伞厂生产的甲路工艺纸伞,在旅游市场受到青睐。明、清时代,甲路纸伞就伴随徽商的足迹走遍长江流域。现在的甲路伞厂继承传统工艺,选用优质木竹、皮纸、桐油、皮油等原料,精工细作,不仅晴雨相宜,经久耐用,而且外观漂亮轻巧,有欣赏价值。甲路工艺伞厂在继承传统工艺基础上,开发出民间工艺伞、旅游伞、丝绸伞等规格齐全的系列产品40余种,销往全国各大中旅游城市和日本、新加坡、欧美等国。1936年获国际博览会金奖,1993年11月获中国明星县市经济成果博览会银奖。2000年产30万把,销30万把。

新婚保健床单　具有"新、奇、特、优"四大特色,荣获江西省"双新奖",评为消费者信得过产品,该产品采用优质纯棉全线丝光布制作而成。主要技术指标:纱支18#×2/18#×2。表态228厘米×200厘米,经纬度287根×189根/100厘米。床单配有保健性垫,经高温、高压药物杀菌,能预防疾病,提高性功能。床单图案花型融国家计划生育政策于其中,配有新婚知识小画册,令人耳目一新。波阳县床单厂研制并生产。

彩格系列卧室配套用品　波阳县床单厂生产,采100%天然纤维,手感柔软细腻,透气性好,吸水性强,品种齐全,彩色丰富、和谐,过渡交织,构成不同格调,给人以或明朗,或朦胧的感受,为现代家庭卧室消费时尚之精品。

海洋古生物化石　又名格架礁。经南京大学地球科学系边立生教授等考察鉴定,玉山海洋古生物化石属珊瑚层孔虫,由几亿年前的贝类、鱼等多种古海生物引成。通过切割、光磨、精心加工、制作匾等工艺品,自然图案清晰,精细美观,栩栩如生。具有考古、艺术、欣赏、收藏等价值,是大自然赐给人类的稀世艺术珍品。

烟花鞭炮　广丰县著名特产,具有选料考究、工艺独特、色彩艳丽、音响动听、燃放安全、包装精美、携带装运安全方便等特点。产品中的"荣恒礼花"获国家专利,"波波彩弹""金色瀑布”“金塑火箭”“美人蕉”“砂炮”“三发花筒”等,获江西省新产品称号。“荣恒礼花”和“美人蕉”被美国列为免检包销产品。“10 寸锥形花筒”参加 1988 年西班牙国际烟花大赛,获第二名;“美人蕉”被外商誉为“中国最好的烟花产品”。1989 年泰国国王生日盛典燃放的礼花弹,选用了广丰花炮厂的产品。

木雕工艺用具 广丰县古建筑、古家具用具图案的精湛雕刻技艺,历史悠久,1980 年代重新兴起。主要名优产品有:雕花樟木箱(1983 年获外贸部全国出口商品成果展览会荣誉证书)、嵌花首饰合(1988 年获轻工业部“优秀新产品”奖)、“庐山”牌樟木箱(1986、1991 年两度获“江西省优秀产品”奖)、“庐山”牌雕花箱柜(1987、1991 年两度获“江西省优秀产品奖”)。婺源县生产的双龙凤太师椅、竹节椅、鹊梅太师椅等 30 余种桌椅系列,均用名贵木材制作,款式新颖,典雅豪华。

铅山竹编 铅山竹编,篮罐瓶篓、盘碟箱盆,造型美观,所编各种生物、形神兼备,惟妙惟肖。竹编造型结构的形体美、构质材料的质地美、编织工艺的形式美,有机地结合在一起。铅山竹编历史悠久,工艺精湛,明、清时期就饮誉大江南北。县竹编厂生产的竹编,每年均参加广东进出口商品交易会。

第二节 土 产

葛根与葛粉 素有“北参南葛”的葛,是一种多年生藤本豆科植物,生于高山野谷,富含异黄酮与葛根素。1980 年代,世界卫生组织(WHO)曾宣布心脑血管病是人类健康的“第一杀手”,而葛根则是人类心脑血管的“首选战略武器”。《中药大辞典》载:葛根,具清热解毒、解痉镇痛、升阳解肌、透疹止泻,增加脑和冠状血流,改善脑微循环等作用。临床上用于高血压、高血脂、冠心病、心绞痛、脑血栓等病,疗效显著。葛根除含有大量的膳食纤维和多量的高级淀粉,以及丰富的氨基酸和硒、锗、锰、锌等微量元素外,主要为异黄酮类化合物及少量的黄酮类物质。葛作为功能性食品的优质基料,经过深层加工生产的各种制品,是人们日常降压降脂、清火排毒的首选功能食品。葛根被卫生部正式认定既是食品又是药品的山地植物。横峰县称为中国的“葛之乡”,该县葛源镇更因盛产葛而得名。境内葛分布广泛而集中,品质独特而优秀,葛生长的生态环境良好。横峰乡民采深山野葛,取山涧清泉,制成葛粉历史悠久,葛粉成为当地著名特产,不仅成为贡品,而且在唐代即传至日本。葛源的葛粉,一直是馈赠亲友很受欢迎的礼品。横峰县葛业开发公司,玉山县新田园公司,均以葛根为首选开发项目,已开发的系列产品有:纯生葛粉、速溶葛粉、功能葛粉米、葛露饮料、葛茶、葛奶、葛根酒、葛根汁、葛饼干、葛根果蔬糕点等 3 大系列 20 多个品种。“葛源”牌葛露饮料获“2000 年江西省优秀新产品奖”。

土蜂蜜 产于怀玉山、三清山、磨盘山、郭公山等赣东北山区的高山崖洞、树林及农家土蜂之中。土蜂蜜每年剥蜜一至二次,酿蜜时间长、蜜的浓度高、品位好、香味浓、甜味纯,营养全面,保健功能好,《神农本草经》视之为蜂蜜中的上品。含有丰富的蛋白质、氨基酸、维生素、微量元素和酶类、核酸、黄酮类等 100 多种营养物质,是浓缩的天然药库,能增人体免疫功能,提高肌体抗病能力。中老年人食用,可防咳嗽、失眠、心脑血管疾病、消化不良、便秘、肠胃病,保肝护肝,防癌抗癌,延年益寿。还可防衰抗皱、消斑、护肤养颜。儿童食用,能促进生长发育,健脑益智。

野木耳 多产于境内深山老林椴木树中,如三清山等山区。野木耳受雨露之气渐渍而成,无污染、无公害、鲜嫩爽口、营养丰富、风味独特，为江南山蔬第一珍品。黑木耳性味甘凉、无毒，含有多种维生素、微量元素及氨基酸等，有清热凉血、化痰润肺、益气轻身、利五脏、养胃气、排毒气等功效。男人食之生精填髓，女人食之洁宫养颜。尚能降低胆固醇，防治高血脂。

草菇　又名兰花菇，多产于境内山区森林中，历代视为贡品。草菇营养丰富，味道鲜美，高蛋白，低脂肪，含有17种氨基酸，维生素C含量丰富，每100克鲜菇中，有206.27微克VC。现代科学研究认为，草菇尚含有一种能增强人体抗癌性的异种蛋白质。草菇有消暑清热，加速创伤愈合，防治坏血病，减少血中胆固醇之功效。

藜蒿　在鱼米之乡的鄱阳湖畔，有一道传统的时令名菜—藜蒿炒腊肉。藜蒿是孟春时节，湖边、草地、田埂上的一种野生植物。采集后置篓中沤数日，理其嫩芽配腊肉烹制，风味甚佳。数百年来，藜蒿妙腊肉一直流传于鄱阳、南昌等地，为百姓所偏爱。据《本草纲目》：藜蒿具有黑发、促发、减肥、治肿瘤、滋阴壮阳、延年益寿、平抑肝火等功效。美国《食物与营养百科全书》介绍："藜蒿"能促进人体生长发育，降低和消除汞、砷、镉等有害离子毒性，抑制肿瘤细胞生长，破坏胆固醇，有明显的防癌、抗癌和防治高血压、心脏病的作用。

野生芡实　俗称鸡头莲或鸡头米，以其子实似鸡头而得名，滨湖各县均有出产。芡实为一年生草本植物，根白色，茎长约1米~2米，叶圆形，春末夏初出水面，秋末成熟，含淀粉、蛋白质、脂肪、碳水化合物、核黄素、抗坏血酸等成分，常用中药，具有补血安神，除湿健脾，固精益肾等功效。

三石　广丰县铜钹山的"三石"（石鸡、石耳、石鱼）为当地特产。石鸡，蛙类，属棘胸蛙，产于深山崇岭中，又称石鳞。外形似蛙，紫褐色，皮肤多褶皱，有棘状突起物，腿有毛，身有吸盘，可吸附于悬崖峭壁之上，栖于有毒蛇的山涧岩洞水穴之中，晚上出来觅食。蛙肉细嫩，鲜美如鸡，含糖分较低，脂肪少，性凉。用腊肉炖食，具有清凉解毒之效，是滋补珍品。石耳，脐衣科，呈树叶状，片块大而厚实，表面有绒毛，生于终年云雾缭绕湿气浸润的高山岩石上，性味甘平，有清热解毒、利尿、养颜美容之功效。含有多种维生素，是滋阴润肺、治疗高血压的良药。石鱼，野生鱼类，产于峡谷溪流之中，体小，长而略扁，生于浅水卵石山涧小溪中，大者二三寸，小者四五分。肉质细嫩滑爽，味鲜美，滋补祛火。除广丰铜钹山外，其他山区"三石"亦有出产。

余干凉粉　余干县中外合作宝善国际实业有限公司推出的产品——天然凉粉，在'97加拿大国际营养保健产品荣誉评奖会上，荣获"国际绿色食品"金奖。"永强"牌凉粉，由野生植物——仙人草，加入甘草，通过精制提炼而成，是清凉解热的天然保健食品。

薏仁汁、薏仁奶　以薏仁为主要原料，通过生物技术转化，科学调配而成。含有丰富的蛋白质、氨基酸、维生素、微量元素等营养物质以及薏仁素、薏仁脂和特有的三萜青化合物等。饮用可健脾、补肺、清热、利湿，治泄泻、筋脉拘挛、屈伸不利、水肿、脚气、肺痿、肺痛等，对癌细胞亦有抑制作用。余干县红豆食品厂生产。

卷二十 金融 保险

1990年代,全区金融业发展迅猛,各类金融机构蓬勃兴起,各家商业银行竞争日趋激烈;政策性银行——中国农业发展银行应运而生;城乡信用合作社机构遍及城乡;中国人民保险公司与中国人寿保险公司分业经营;证券公司营业机构逐步向县(市)发展。1995年开始,境内建设银行逐步完成了肩负财政银行双重职能而成为履行单一银行职能的国有商业银行的转变。辖内国有金融机构向撤并调整的趋势发展日益明显。到2000年底,全区各金融部门共设有各类金融机构1352个,其中地级金融机构142个;县级金融机构132个;县以下设立的金融机构1078个,分别比1991年增加574个、70个、53个和451个,都分别将近增加一倍。拥有员工8603人,比1991年6770人增加1833人,增长27.08%。其中具有大专毕业员工2865人,占员工总人数33.31%;高中毕业4694人,占54.56%;初中文化586人,占6.81%。有高级经济师25人,经济师884人;会计师188人,政工师53人(含高级政工师1人),助理经济师2378人;助理会计师895人,工程师64人。10年间,共有172人被评为省部级先进工作者;有311人被评为市级先进工作者。在参加省、市级各项业务技术比赛中有101人获得优胜前三名。

1991年—2000年,全区金融机构各项存款从1991年的302685万元,增加到2000年1717840万元,增长467.5%,各项贷款从1991年的425782万元,增加到2000年的1588651万元,增长273.1%。

1991年—2000年,人保公司累计保费收入67853万元,2000年保险费收入比1991年增长4.38倍。险种从1991年13个增加到2000年的70多个,保险种类增加5.4倍,承担风险总额达1149亿元,缴纳税款5000多万元,支付赔款4.4亿元。

第一章 机构人员

第一节 银 行

中国人民银行上饶地区中心支行(简称地区人行) 地处上饶市城区信江桥北端的信江河畔,1991年建成办公大楼(12层),为当时全区第一幢高层建筑。内设机构随着组织隶属关系的改变(由地方管理改为中央垂直管理)和改革开放的要求,进行调整。1993年撤销原由省分行管理的江西省人民银行电视大学,改为干校,由地区中心支行管理,作为临时保留机构。

1994 年初撤销了原有的资金市场;1998 年 9 月,原人民银行上饶市支行撤销,人员分流;同年,原有中心支行的经济实体——上饶银鹰首饰商行与中心支行脱钩,次年改由地区城市信用社中心社接收;1999 年,将原有的稽核科改为内审科,工作职能也随之转变,由过去主要对金融机构业务活动进行常规稽核和专项稽核检查,转为主要对辖区内人民银行内部进行审计监督;2000 年,将原分设的资金计划科、调查统计科合并为货币信贷与统计科;将原有的行政科改为后勤服务中心(对外称机关事务管理科);将原设的政治思想办公室,合并到机关党委;同年还设立合作金融机构监督和信用合作管理办公室。到 2000 年年底,地区中心支行内设机构 19 个,下设县级机构 11 个。共有干部职工 674 人,其中:业务人员 280 人、行政人员 392 人、其他 2 人;大专以上学历 408 人、中专(含高中)217 人、初中 49 人;高级经济师 4 人、经济师 115 人、工程师 9 人、高级会计师 1 人、会计师 24 人,政工师 27 人。

2000 年地区人行机构设置一览

表 20－1－1

内设机构		下属机构
办公室(党委办公室)	科技科	上饶县支行
人事教育科(组织部)	内审科	广丰县支行
后勤服务中心	外汇管理科	玉山县支行
群工部	保卫科	铅山县支行
宣传部(机关党委)	金融机构监管科	横峰县支行
纪检监察室	合作金融机构监管科	弋阳县支行
货币信贷与统计科	合作信用办公室	万年县支行
会计财务科	干部学校	余干县支行
货币金银科		波阳县支行
国库科		德兴市支行
营业室(清算中心)		婺源县支行

说明:1. 国家外汇管理局上饶地区分局为二级机构,局长由地区中心支行行长兼任,内设外汇管理科。
2. 表列括号内为合署办公机构。

中国工商银行上饶地区分行(简称地区工行)　2000 年年底,地区工行机关内设有办公室、人事处、行政处、教育处、保卫处、监察室、工会、计财处、工商信贷处、项目信贷处、住房信贷处、资法处、个金处、会计结算处、资金营运处、稽核处、技术保障处、管理信息处等 18 个处(室);直属机构有直属办事处、分行营业部、汇通支行、赣东北大道分理处、广信分理处、德兴铜矿分理处 6 个;下属县级机构有信州支行、上饶、广丰、玉山、铅山、横峰、弋阳、万年、余干、波阳、德兴、婺源等县(市)支行 12 个。拥有干部职工 1433 人,其中:业务人员 1137 人、行政人员 257 人、其他 39 人;大专以上学历 742 人、中中国农业银行上饶地区分行(简称地区农行)地处上饶市沿河东路 19 号(信江河北岸),1996 年落成的新办公楼——银河大厦(21 层)是当时全区的一幢标志性建筑。2000 年,农行地区分行机关内设机构有办公室、审计中心、工会、个人客户部、法人客户部、农业信贷部、信贷管理部、计划财务部、风险资产管理部、人力资源部、会计电算部、监察室、保卫部等13个处(室)。全区农行系统有356个分支机构,其中县市支行(包括地区分行营业部)15个,营业所(分理处)、储蓄所341个。拥有干部职工1577人,其中:业务人员1289人、行政人员170人、其他118人;大专以上学历354人、中专(含高中)922人、初中301人;高级经济师1人、经济师147人、工程师2人、会计师31人。

中国建设银行上饶地区分行(简称地区建行) 1991年,地区建行内设机构为:办公室、人事教育科、老干部科、思想政治办公室、监察室、工会、保卫科、财务会计科、计划信贷科、投资管理科、建筑经济科、审计稽核科、筹资储藏科、房地产信贷科、电子计算机室等15个职能科(室)和一个直属办事处(省分行投资公司上饶办事处);1992年8月增设了营业部;1993年1月,地区中心支行更名为地区分行,科更名为处(审计科更名为稽核审计处、电子计算机室更名为计算机应用管理处、投资管理科更名为投资信贷处、计划信贷科更名为计划处),10月增设国际业务部、信用卡部、项目审查处和纪检组(与监察室合署办公);1994年3月,撤销房地产信贷处,设立房地产信贷部;1995年,建行成为行使单一银行职能的商业银行,内设机构有所变更。撤销投资信贷处、建筑经济处,设立信贷一处,(主管利用信贷资金发放的固定资产贷款业务);信贷二处,(主管利用信贷资金发放的流动资金贷款)。增设委托代理处,统一主管银行、财政及部门、企业委托建行代办的各项业务及中间业务;1996年3月,增设资金清算中心。其职能是负责全区建行资金汇划清算、查询查复及清算系统管理,8月,信贷一处、信贷二处合并为信贷处;1997年3月,信用卡部更名为饶龙办事处(2000年8月又改名为赣东北大道分理处),国际业务部更名为饶汇办事处(2000年8月又改名为住房城建分理处),房地产信贷部更名为住房城建办事处(2000年8月又改名为住房城建分理处);1998年7月,设立会计核算中心、会计稽核中心;同年12月,撤销稽审处;2000年10月,上饶撤地设市,建设银行上饶地区分行随之更名为建行上饶市分行,同年10月,分行营业部降格更名为饶信分理处,11月设立机关服务中心,并将信贷经营处更名为公司业务部,筹资储蓄处更名为个人银行部。

2000年年底,建行上饶分行内设机构和直属机构有:办公室、监察室、人事教育处、老干部处、保卫处、机关服务中心、公司业务部、个人银行业务部、信贷风险管理处、信贷管理委员会办公室、委托代理处、计划财务处、会计处、资金清算中心、会计核算中心、会计稽核中心、科技处。

1991年,建行地区分行所属12个县(市)支行;2个专业支行(德兴铜矿专业支行、永平铜矿专业支行),共14个县级支行;1995年11月,随着永平铜矿基建任务的完成,永平铜矿专业支行降格为办事处,隶属铅山县支行;1996年9月,建行上饶市支行并入地区分行营业部,其所有业务归并营业部管理;1998年12月,三家县级支行降格更名分别为:上饶县支行降格更名为旭日分理处,归属地区分行营业部,横峰县支行降格更名为地区分行横峰分理处,德兴铜矿专业支行降格更名为德兴支行铜矿分理处;1999年12月,弋阳县支行降格更名为地区分行弋阳分理处。通过撤、并,到2000年年底,14个县级支行减少到8个,分别是:广丰县支行、玉山县支行、铅山县支行、德兴市支行、婺源县支行、波阳县支行、余干县支行、万年县支行。全区建行系统拥有干部职工937人,其中:业务人员787人、行政人员99人、其他51人;大专以上学历380人、中专(含高中)509人、初中21人;高级经济师4人、经济师73人、工程师19人、会计师20人。

中国银行上饶地区分行(简称地区中行) 在建行初期不仅行使国家外汇、外贸专业银行的职能,经营全区的外汇、侨汇及有关的人民币业务,而且兼管国家外汇管理工作。1983年9

月，中国银行上饶办事处由科级升格为处级单位；1984 年 1 月上饶办事处改称上饶支行；1985 年增设光学路分理处；1988 年，成功组建了弋阳、铅山、玉山支行；1992 年 7 月，上饶支行升格为上饶地区分行，同年万年、婺源、德兴、广丰 4 县（市）支行相继成立；1994 年 9 月，原上饶县支行更名为旭日支行；2000 年 9 月，因精简机构，撤并铅山支行、婺源支行；2000 年 11 月 2 日，中国银行上饶地区分行随着上饶撤地设市，更名为中国银行上饶市分行。中国银行作为在上饶设立的二级分行，到 2000 年年底，已设有 4 个县（市）支行，2 个办事处和 30 个分理处、储蓄所。拥有干部职工 336 人，其中：业务人员 199 人、行政人员 102 人、其他 35 人；大专以上学历 198 人、中专（含高中）124 人、初中 14 人；高级经济师 1 人、经济师 50 人、工程师 4 人、会计师 26 人。

中国农业发展银行上饶地区分行（简称地区农发行）　1997 年 1 月 9 日成立，结束了由农行代理农业政策性金融业务的历史，成为首家政策性银行。之后，全区 12 个县（市）相继成立农业发展银行。农发行的主要业务范围：一是办理由国务院确定、中国人民银行安排资金并由财政予以贴息的粮食、棉花、油料、猪肉、食糖等主要农副产品的国家专项储备贷款；二是办理粮、棉、油、肉等农副产品的收购贷款及粮油调销、批发贷款；办理承担国家粮、油等产品政策性加工任务企业的贷款和棉麻系统棉花初加工企业的贷款；三是办理国务院确定的扶贫贴息贷款、老少边穷地区发展经济贷款、贫困县县办工业贷款、农业综合开发贷款以及其他财政贴息的农业方面的贷款；四是办理国家确定的小型农、林、牧、水利基本建设和技术改造贷款；五是办理中央和省级政府的财政支农资金的代理拨付，为各级政府设立的粮食风险基金开立专户并代理拨付；六是发行金融债券；七是办理业务范围内开户企事业单位的存款；八是办理开户企事业单位的结算；九是境外筹资；十是办理经国务院和中国人民银行批准的其他业务。到 2000 年年底，全区农发行系统共有各类机构 18 个，其中地区分行内设机构有计划信贷处、会计处、人事教育处、稽核处、信息电脑处、监察室 6 个处（室）；下设县（市）支行（营业部）机构 12 个。拥有干部职工 275 人，其中：精选人员 254 人、行政人员 21 人；大专以上学历 79 人、中专（含高中）152 人、初中以下 44 人；高级经济师 1 人、经济师 70 人、工程师 1 人、会计师 13 人。

第二节　保险公司

中国人民保险公司上饶地区分公司（简称地区人保公司）　1996 年 6 月，根据《中华人民共和国保险法》规定，中国人民保险公司上饶地区分公司实行分业经营，分别是中保财产保险有限公司、中保人寿保险有限公司。1998 年根据国务院决定，中保财产保险有限公司继承人民保险公司品牌，更名为中国人民保险公司（简称“中国人保或人保公司”），业务范围包括财产保险、责任保险、信用保险、保证金保险、运输保险（含进出口涉外业务）、投资收益性保险业务和短期健康保险、意外伤害保险业务。到 2000 年底，公司共设有机构 20 个，其中：地区机关内设有办公室、人事处、计财处、业务管理处、理赔中心、稽核审计处（监察室）、分公司营销部等科（室）；下设县（市）支公司（营业部）12 个，另外还有众多代理服务网点；拥有干部职工 236 人，其中：业务人员 198 人、行政人员 34 人、其他 4 人；大专以上学历 142 人、中专（含高中）83 人、初中 11 人；高级经济师 1 人、经济师 52 人、高级会计师 8 人、会计师 9 人、政工师 1 人。

中国人寿保险公司上饶分公司（简称上饶寿险公司）　1996 年 6 月从中国人民保险公司

上饶分公司划出,实行分业经营,成立时称中保人寿保险有限公司,1999 年 1 月改称中国人寿保险公司。主要职能是在全区范围内开展经营人身保险业务。到 2000 年底,分公司内设机构和下设机构共 22 个,其中分公司机关内设有综合管理处、人事处、直销业务处、业务管理处、计划财务处、稽核处、纪检监察室、分公司营业部等处(室);下设上饶市、万年县 2 个营业部,德兴市、玉山、广丰、弋阳、波阳县 5 个支公司,铅山、横峰、余干、婺源、上饶县 5 个办事处。全区人寿保险公司拥有干部职工 112 人,其中:业务人员 80 人、行政人员 32 人;大专以上学历 65 人、中专(含高中)46 人、初中文化 1 人;有经济师 32 人、会计师 1 人。

第三节 证券公司

江西省江南证券公司上饶营业部 1993 年成立,前身为江西省农业银行信托投资公司上饶营业部。成立之初仅有员工 15 人。经营范围包括证券的代理买卖,代理证券还本付息、分红派息,证券代理保管、鉴证,代理登记开户,证券的自营买卖,证券的承销和上市推荐,证券投资咨询和财务顾问,资产管理,发起设立证券投资基金和基金管理公司与中国证监会批准的其他业务。到 2000 年底,营业部内设有办公室、财务部、电脑部、交易部、拓展部、咨询部 6 个职能部门,下设 1 个德兴市证券服务部,并在玉山、横峰、广丰、弋阳、铅山、婺源开通了网上交易远程委托。有员工 23 人,其中:业务人员 15 人、行政人员 6 人、其他 2 人;大专以上学历 14 人、中专(含高中)8 人、初中文化 1 人;工程师 2 人、会计师 1 人。

华夏证券公司上饶证券营业部 1994 年成立,前身为工商银行江西省信托投资公司上饶办事处证券营业部。1994 年初着手筹建,经人民银行上饶地区分行〔1994〕饶管机构字第〔1990〕号批准,于 10 月 6 日正式开张营业。1996 年根据国务院〔1996〕86 号文件和《中华人民共和国银行法》有关银行业不得兼营证券业务规定,工商银行上饶地区分行与华夏证券公司江西业务部(华夏证券江西管理总部)达成收购转让协议。同年 12 月 1 日将工行上饶证券部转让华夏证券有限公司,有员工 23 人。营业部内设有财务办公室、交易部、电脑部,并于 2000 年 12 月筹建了广丰县服务部。财务办公室主要职能是会计核算,资金调配,行政、后勤管理;交易部主要职能是经纪业务管理、客户服务、市场开拓、员工业务培训;电脑部主要职能是交易系统管理、设备管理、员工及客户技术(包括网上业务)辅导,广丰服务部是报经证监会批准,原华夏证券公司的三级分支机构。到 2000 年底,营业部有员工 16 人,其中:业务人员 12 人、行政人员 4 人;大专以上学历 9 人、高中文化 7 人;高级经济师 5 人。

江西省信托投资公司上饶证券营业部 1997 年 6 月 23 日正式开业。1999 年 4 月 23 日经中国证监会复审后取得"证券经营机构营业许可证"。营业部地处赣东北大道 36 号,投资 1100 万元,是当时设备最先进、功能最齐全的证券交易网点。到 2000 年底,营业部内设有综合财务部、电脑工程部、客户交易部、网络经纪部等 4 个部门;并在玉山、铅山、弋阳、波阳、横峰 5 个县(市)筹建了远程证券服务部 。有员工 17 人,其中:业务人员 16 人、行政人员 1 人;大专以上学历 14 人、中专(含高中)3 人;经济师 3 人。

江西省申银万国证券公司上饶证券营业部 1997 年 9 月成立,前身是建设银行江西省信托投资公司上饶证券部。根据国家银证分立政策规定,申银万国证券公司收购了原建设银行信托投资公司证券部,成立申银万国证券股份有限公司上饶证券交易营业部,注册资金 500 万元。营业部成立时设有电脑部、交易部、财会部、咨询部 4 个部门;经营范围有证券的代理发行,证券的代理买卖、证券本息红利的代收代付,证券投资咨询等。1998 年 4 月增设了办公室,1998 年 9 月又成立万年县延伸大户室,后于 2000 年底经证监会批准规范为万年县服务部。有员工 15 人,其中:业务人员 8 人、行政人员 3 人、其他 4 人;大专以上学历 14 人、高中文化 1 人;经济师 2 人、会计师 2 人。

第四节　邮政储(汇)局

1991 年—1996 年,全区拥有营业网点分别为 57 个、74 个、134 个、159 个和 160 个。1998 年 11 月,邮电分营后,成立地区邮政局储汇中心,副科级建制,全区储汇业务管理职能划到经营部。2000 年 6 月,地区邮政局实行内部改革,在储汇业务管理上实行专业化管理,成立地区邮政局储汇局,正科级建制,负责全区储汇业务管理。下辖玉山、广丰、铅山、德兴、横峰、弋阳、波阳、余干、万年、婺源和上饶县 11 个县(市)储汇局。2000 年底,全区共有营业网点 160 个。有员工 778 人,其中:业务人员 737 人、行政人员 41 人;大专以上学历 72 人、高中文化 709 人;经济师 8 人、会计师 1 人。

第五节　典当(拍卖)行

1996 年 10 月筹建汇杰典当行,1997 年 1 月经江西省人民银行批准正式开张营业,共有员工 26 人,其中:大专以上学历 4 人。典当拍卖行原属人民银行管理,2000 年 7 月 18 日,根据武汉人民银行 327 号转发人民银行总行和国家经贸委关于典当行业监管职责交接的通知精神,划归经贸委管理。典当行是股份制行业,共集资 500 万元,其中:单位股东 15 户;个人股东 6 户。经营范围主要是为中小企业和个人提供质押和部分抵押贷款服务、典当物质范围比较广泛,包括生产资料和生活资料、居民私有房屋、交通工具、珠宝玉器等等。2000 年底,内设办公室、业务部 2 个机构。有员工 12 人,其中:业务人员 7 人、行政人员 3 人、其他 2 人;大专以上学历 4 人、高中文化 7 人、初中文化 1 人;经济师 3 人、会计师 1 人。

拍卖业务不属于金融行业,是于 1996 年 12 月经上饶行署批准成立的,注册资金 100 万元。

2000 年全区金融机构状况

表 20－1－2　　单位:个

行　名	总　数	地级机构数	县级机构数	县以下机构数
合　计	1352	142	132	1078
人民银行	30	19	11	—
工商银行	123	18	18	87
农业银行	247	13	14	220
建设银行	94	23	12	59
中国银行	45	12	4	29
农业发展银行	18	6	12	—

续表 20－1－2

行　名	总　数	地级机构数	县级机构数	县以下机构数
城市信用社	12	7	5	—
农村信用社	539	4	12	523
人民保险公司	20	8	12	—
人寿保险公司	22	10	12	—
邮政储蓄部	173	1	12	160
江信证券公司	9	4	5	—
江南证券公司	7	6	1	—
华夏证券公司	4	3	1	—
申银万国证券	6	5	1	—
汇杰典当行	3	3	—	—

说明：表中反映了全区金融机构的总体状况，但金融机构由于业务经营种类不同，既有以经营存款、贷款、汇兑、结算为主业的各家商业银行、政策性银行和城乡信用合作社；又有以经营财产保险，人寿保险为主业的中国人民保险公司和中国人寿保险公司；也有以经营证券股票交易为主业的各家证券公司证券营业部以及典当行业。

2000 年全区金融系统人员状况

表 20－1－3　　单位：人

职工总数		总计	人民银行	工商银行	农业银行	建设银行	中国银行	农业发展银行	城市信用社	农村信用社	人民保险公司	人寿保险公司	邮政储蓄部	江信证券公司	江南证券公司	华夏证券公司	申银万国证券公司	汇杰典当行
合　计		8603	674	1433	1577	957	336	275	218	1944	236	112	778	17	23	16	15	12
其中	业务人员	695	280	1137	1289	787	199	254	173	1713	198	80	737	16	15	12	8	7
	行政人员	1441	392	257	170	99	102	21	45	231	34	32	41	1	6	4	3	3
	其他人员	257	2	39	118	51	35			—	4	—	—	—	2	—	4	2
	男	5588	471	973	1163	463	193	177	64	1151	181	84	622	6	12	12	8	8
	女	3015	203	460	414	494	143	98	154	793	55	28	156	11	11	4	7	4
大专	人数	2865	408	742	354	390	198	79	59	311	142	65	72	14	14	9	14	4
	%	3331	60.5	51.8	23	42	59	29	27	16	62.1	58	93	88.8	61	56	94	37
高中	人数	4694	217	586	922	509	124	152	138	1185	83	46	706	3	8	7	1	7
	%	54.56	32.2	39.6	59	56	37	55	63	61	34	41	91	11.2	35	44	6	58
初中	人数	586	49	123	301	21	14	44	21		11	1			1			1
	%	586	73	5.6	18	2	4	16	10		4.9	1			4			5
业务技术职称	人数	5798	594	1170	1430	453	206	244	99	1251	168	84	72	3	6	5	7	6
	%	67.40	88.1	81.6	91	50	61	89	45			75	9.3	17.6	26	31	47	50

续表 20－1－3

职工总数		总计	人民银行	工商银行	农业银行	建设银行	中国银行	农业发展银行	城市信用社	农村信用社	人民保险公司	人寿保险公司	邮政储蓄部	江信证券公司	江南证券公司	华夏证券公司	申银万国证券公司	汇杰典当行
高级经济师	人数	25	4	8	1	4	1	1			1					5		
	%	29.1	0.6	0.6		0.4	0.3	0.3										
经济师	人数	884	115	190	147	73	50	71	14	125	52	32	8	3			2	3
	%	10.28	17.1	13.3	10	8	15	25	6	6		28	1	17.6			13	28
助经济师	人数	2378	341	630	462	103	77	61	40	549	20	49	45					1
	%	27.64	50.4	44	32	11	23	22	18	28	44	5.8						0.8
工程师	人数	64	9	27	2	19	4	1						2				
	%	7.43	1.3	2		2	1.3	0.3						8.7				
高级会计师	人数	9	1								8							
	%	1.05	0.1															
会计师	人数	188	24	33	31	20	26	13	2	24	9	1	1		1		2	1
	%	2.19	3.6	2.3	2	2	8	5	0.9	1		1	0.1		4.3		1.3	0.8
助会师	人数	895	73	122	256	132	48	42	14	186	16	2					3	1
	%	10.4	10.8	8.5	18	15	14	15	6.4	10		2					20	0.8
政工师	人数	53	27	24					1		1							
	%	0.6	3.9	1.7					0.5		0.5							
经济员会计员	人数	1302		136	531	102		56	28	418	61		18		3			
	%	15.13																
业务技术省级前三名人数		101	5	1	14	57	1	7	3	3	4		6					

第二章　货　币

第一节　流通币种

1991 年—2000 年，全区新发行的人民币流通币种共有 38 种，其中：新发行的流通纪念币 27 种，流通币 11 种，新发行的人民币以金属纪念币（不包括金币和银币）为最多，达 26 种。其题材大致可分为三类，一是国际国内具有重大意义的纪念事项如《联合国成立五十周年》《中国抗日战争和世界反法西斯战争胜利五十周年》《香港特别行政区成立》《中国共产党成立七十周年》等。二是纪念中国共产党和国家领导人如《毛泽东》《朱德》《周恩来》等。三是以保护自然环境和野生动物为题材如中国珍稀动物系列纪念币。

1999年9月发行《庆祝中华人民共和国成立五十周年》面值为50元的纪念钞。2000年11月发行了面值100元的《迎接新世纪塑料纪念钞》,这些纪念币印制精美,具有较高的艺术欣赏价值,而且在材料的运用上有新的突破,利用塑料代替纸张,这是在新中国成立以来,在发行流通币种上的创新和突破。

1991年—2000年全区人民币流通纪念币种

表20-2-1

类别	名称	发行时间(年、月、日)	类别	名称	发行时间(年、月、日)
流通纪念币	全民义务植树运动十周年	1991.3.2	流通纪念币	周恩来诞辰100周年	1998.3.1
流通纪念币	中国共产党成立七十周年	1991.6.18	流通纪念币	中国珍稀野生动物—丹顶鹤	1998.6.1
流通纪念币	第一届世界女子足球锦标赛	1991.11.1	流通纪念币	中国珍稀野生动物—朱	1998.6.1
流通纪念币	宪法颁布 周年	1992.11.27	流通纪念币	中国珍稀野生动物—扬子鳄	1998.11.28
流通纪念币	宋庆龄诞辰100周年	1992.11.27	流通纪念币	中国珍稀野生动物—褐马鸡	1998.11.28
流通纪念币	毛泽东诞辰100周年	1993.12.26	流通纪念币	中国珍稀野生动物—金斑喙凤蝶	1999.7.15
流通纪念币	中国珍稀野生动物—大熊猫	1992.12.26	流通纪念币	中国珍稀野生动物—中华鲟	1999.7.15
流通纪念币	希望工程实施五周年	1994.10.26	流通纪念币	庆祝中华人民共和国澳门特别行政区成立	1999.12
流通纪念币	第43届世界乒乓球锦标赛	1995.10.25	流通纪念币	庆祝中华人民共和国成立五十周年纪念钞	1999.9
流通纪念币	中国抗日战争和世界反法西斯战争胜利五十周年	1995.8.31	流通纪念币	迎接新世纪塑料纪念钞	2000.11
流通纪念币	联合国成立五十周年	1995.10.20	纪念币	金属硬币1元、5角、1角(共3种)	1992.6.10
流通纪念币	联合国第四次世界妇女大会	1995.8.31	纪念币	第四套人民币100元券(1990版)	1992.8.20
流通纪念币	中国珍稀野生动物—金丝猴	1995.11.16	纪念币	1990版2元券	1996.4.10
流通纪念币	中国珍稀野生动物—白鳍豚	1996.11.16	纪念币	1990版1元券	1995.3.1
流通纪念币	中国珍稀野生动物—华南虎	1996.11.16	纪念币	1996版1元券	1997.4.1
流通纪念币	庆祝中华人民共和国香港特别行政区成立	1997.7.1	纪念币	第五套人民币100元券	1999.10.1
流通纪念币	朱德诞辰100周年	1996.11.27	纪念币	第五套人民币20元券、金属币1元、1角、(共三种)	2000.10.16

新发行的人民币图案精美，内容丰富，尤其是纪念币。印制技术先进，采用防伪金属条、荧光显示等。除发挥货币的一般职能与作用外，还有较高的艺术欣赏和收藏价值。不仅能满足经济活动和人民生活的需要，而且还从币种和图案上展现国际主义、爱国主义、革命传统、环保等方面内容。

第二节　货币投放与回笼

1991 年—2000 年，全区共投放货币 2050. 57 亿元，回笼货币 2009 亿元。收支相抵，净投放 41. 57 亿元。

货币投放　1991 年，全区投放货币为 46. 34 亿元，回笼货币 44. 17 亿元，净投放 2. 17 亿元。到 2000 年，全区投放货币达到 440. 88 亿元，回笼货币 440. 46 亿元。分别比 1991 年增长了 8. 5 倍和 9 倍。从投放渠道分析，工资性投放增长平缓，1991 年为 9. 68 亿元，2000 年为 30. 09 亿元，增长 2. 1 倍。工资性投放在全部货币投放中的比重呈逐年下降趋势，1991 年工资性投放占 20. 9%，到 2000 年年末下降到 6. 8%。其原因有二个方面：一方面国家提高了职工的工资水平，但提高的幅度有限，所以通过工资这个渠道反映的货币投放增长不大；另一方面由于经济体制改革，就业方式的多样性，居民工资以外的收入大大增加，单纯从工资投放的增长幅度，不足以表明人民生活改善的程度。其次从农副产品收购来看，1991 年农副产品收购支付的现金为 5. 28 亿元，2000 年达到 9. 54 亿元，增长 81%，其增长幅度远远低于其他产业，但银行现金支出的统计数字只反映粮、棉、油、茶等主要农副产品收购现金支出，主要农副产品产量增加有限，随着农业产业结构的调整，养殖业、林业、果业以及其他特色农业迅速发展，这些产品的收购不反映在农副产品收购支出中。城乡居民储蓄存款支出大幅增长，1991 年储蓄存款支出为 18. 51 亿元，占全部货币投放的 39. 9%，到 2000 年达到 314. 24 亿元，增加 16 倍，占全年货币投放的 71. 3%。成为货币投放的主要渠道。

货币回笼　1991 年—2000 年，全区共回笼货币 2009 亿元。从货币回笼渠道分析，历史上都是以商品销售收入作为货币回笼的主渠道，但是这 10 年有根本性的变化，商品回笼的比重逐年下降，1991 年商品销售收入为 14. 59 亿元，占银行全部现金收入的 33%，到 2000 年商品销售收入增加到 39. 53 亿元，但比重下降到 9%，而储蓄存款收入从 1991 年的 19. 85 亿元，增加到 2000 年的 319 亿元，增加 15 倍，储蓄存款收入占全部现金收入的比重也由 1991 年的 44. 9% 上升到 72. 4%。其次是服务事业的现金收入增加较快。1991 年为 23183 万元，为商品销售收入的 15. 9%，到 2000 年达到 23. 31 亿元，增加 9 倍。为商品销售收的 59%，

1991 年—2000 年全区金融机构货币投放与回笼一览

表 20－2－2　　单位:万元

指标		合计	1991 年	1992 年	1993 年	1994 年	1995 年	1996 年	1997 年	1998 年	1999 年	2000 年
现金支出		20505736	408712	610248	840569	1180365	1645863	1960462	2165326	3253408	3977347	4408777
工资	金额	2012460	96817	120314	138960	180288	195542	203987	205220	260996	309450	300886
支出	%	9.8	20.9	19.7	16.5	15.3	11.9	10.4	9.5	8.0	7.8	6.8
农副产品	金额	600242	52803	47240	48612	62593	55278	61475	61891	40667	74234	95449
收购支出	%	29	11.4	7.7	5.8	5.3	3.4	3.1	2.9	1.2	1.9	2.2
农村信用	金额	739162	44047	55056	56750	70815	81207	73046	44713	80262	117507	115759
社支出	%	3.6	9.5	9.0	6.8	6.0	4.9	3.7	2.1	2.5	3.0	2.6
行政企业管	金额	981045	31207	43146	61832	75631	93083	105234	99141	134910	165664	171192
理费支出	%	4.8	6.7	7.1	7.4	6.4	5.7	5.4	4.6	4.1	4.2	3.9
储蓄存款	金额	12996182	185112	264959	411022	598260	880032	1165976	1354950	2214259	2779158	3142454
支出	%	63.4	39.9	43.4	48.9	50.7	53.5	59.5	62.6	68.1	69.9	71.3
其他	金额	3176645	53385	79533	123393	192778	340721	350744	399411	500309	531334	583037
支出	%	15.5	11.5	13.0	14.7	16.3	20.7	17.9	18.4	16.1	13.4	13.2
现金收入		20090035	441682	569458	816686	1122654	1600998	1925835	2119857	3207381	3977347	4408727
商品销售	金额	2613446	145880	160165	201360	229851	265258	288744	267154	302126	357631	395277
收入	%	13.0	33.0	28.1	24.7	20.5	16.6	15.0	12.6	9.4	9.2	9.0
服务事业	金额	1016585	23183	29637	40167	59092	74704	96560	113837	148260	198072	233073
收入	%	5.0	5.2	5.2	4.9	5.3	4.7	5.0	5.4	4.6	5.1	5.3
城乡储蓄	金额	13280808	198535	275063	428817	635736	909186	1191487	1382592	2288663	2780689	3190040
收入	%	66.1	44.9	48.3	52.5	56.6	56.8	61.9	65.2	71.4	71.7	72.4
税款	金额	228048	5098	6511	9916	14346	20231	23040	29274	37366	39199	43067
收入	%	1.1	1.2	1.1	1.2	1.3	1.3	1.2	1.4	1.2	1.0	1.0
其他	金额	2951148	68986	98082	136426	183629	331619	326004	327000	430966	505335	543101
收入	%	14.7	15.6	17.2	16.7	16.4	20.7	16.9	15.4	13.4	13.0	12.3
净投放(+)回笼(－)		415701	21689	40790	23883	57711	44865	34627	45469	46027	96421	4219

第三节　市场货币流通量

关于市场货币流通量及其分布状况,只有 1991 年—1992 年的数据。从 1993 年开始就没有进行这方面的调查分析,全区货币流通量在地域上的分布情况也只有 1991 年—1995 年的数据,1996 年以后没有进行这方面的测算。

1991 年—1992 年全区市场货币流通量及其分布状况

表 20-2-3　　单位:万元

项目		1991 年	1992 年
上年末市场货币流通量		6700	73500
年度投放(+)回笼(-)		21702	41286
年度货币净流出(+)流入(-)		-15202	-11787
年末市场货币流通量		73500	103000
较上年末增减		9.7	40.14
集团单位库存现金	金额	7500	16400
	占当年货币流通量的%	10.2	15.92
农民手持现金	金额	57090	73000
	农业人口(万人)	509.35	510.61
	人平持币(元)	112.08	142.94
城镇居民持币量	金额	8175	12300
	非农业人口(万人)	80.24	82.64
	人平持币(元)	101.88	148.84
其他(含流动人口持现金)		735	1300

说明:从 1993 年起,上级主管部门对市场货币流通量及分布情况不要求调查。

1991 年—1995 年全区市场货币流通量区域分布状况

表 20-2-4　　单位:万元

县(市)	1991 年	1992 年	1993 年	1994 年	1995 年
合计	73500	103000	119000	150000	16000
上饶市	2073	4535	6980	8000	9200
上饶县	9495	12565	13710	17000	18000
广丰县	7880	10980	13550	25000	25900
玉山县	6567	8950	9520	10200	11100
铅山县	4830	6760	8610	13200	14200
横峰县	2134	2970	3240	3200	3500
弋阳县	4136	5865	6930	6000	6500
万年县	4100	5775	6640	7200	7600
余干县	10220	13810	10640	12000	13000
德兴市	3751	5910	7980	7000	8000
波阳县	14059	19090	25270	35200	36200
婺源县	4255	5790	5930	6000	6800

说明:从 1996 年起,上级主管部门对区域货币流通量不作抽样调查。

第三章 存 款

第一节 存款规模

2000年底,全区银行各项存款余额1717840万元(超过了同期贷款总额1588651万元),比1991年302685万元增加1415155万元,增长近4.7倍。

人人出力,广辟存款资金来源与渠道,坚持优质服务为本,不断强化存款工作机制等的改革措施,到2000年底各项存款余额上升到428565万元,比1991年增加170960万元增长57.44%。

建设银行强调:存款是商业银行生存之本,发展之源。自1991年—2000年,全行上下面向市场,坚持一手抓单位存款,一手抓储蓄存款,促使各项存款迅猛上升,实现一年重上一个台阶。到2000年底各项存款余额猛增到178655万元,比1991年增加140501万元增长5.2倍,增幅名列全区第一。

农业银行认为:农行要生存、要发展,首要问题是要解决资金来源问题,尽快将存款参与贷款比例升上去,确立存款立行的思想,动员全行员工深入企业抓大户存款;走街道里弄扩大储蓄存款客户;走遍农村田间地头,家家户户广揽农村存款。到2000年底各项存款余额上升到308967万元,比1991年增加242174万元,增长3.6倍,增幅名列全区第二。

中国银行通过强化员工存款立行意识,狠抓组织落实,自始至终把吸收存款工作列入全行首要工作来抓,并提出“六抓”①战略,取得本币存款和外币存款齐头并增的好成绩。2000年各项存款89303万元,比1991年净增加5250万元,增幅为6.25%。同年,上饶中行全面办理国际结算业务,主要业务品种:国际汇兑、侨汇解付、票单托收、保函保理、票据兑换、贸易融资、跟单开证、信用咨询等业务。2000年底,全行各项人民币存款从1991年2713万元递增到25999万元,增长9.6倍;各项外币存款余额由1991年159万美元递增到1630万美元,增长10.2倍。

城乡信用社在开展组织存款中,增加营业网点,扩大吸收城乡各类存款的覆盖面,加大对吸收存款的宣传力度,通过组织宣传和开展上门存款咨询服务与增加服务项目等多种方法,广辟存款来源,增加存款客户,做到存款年年上升。到2000年底,城市信用社存款余额63506万元,比1991年3024万元增加60482万元,增长21倍。农村信用社存款余额371161万元,比1996年农村信用社从农业银行划出时203567万元增加167594万元,增长82.32%。

①“六抓”:一要抓早,二要抓落实,三要抓大户,四要抓增量,五要抓网点,六要抓优质服务。

1991 年—2000 年全区金融机构各项存款年末余额

表 20－3－1　　　　　　　　　　　　　　　　　　　　　　　　　　　　单位:万元

年份	各项存款合计	企业存款	财政存款	机关团体存款	储蓄存款	其中		农业(村)存款	信托存款	委托存款	其他存款
						定期	活期				
1991	240459	57936	5297	8405	138130	116584	21546	19154	1187	–	10351
1992	299119	65769	4440	9226	176504	144984	31520	28804	1479	–	12897
1993	383961	67261	5517	8482	238779	191288	47491	45945	1393	–	16584
1994	448680	98403	6322	9779	329546	260958	68588	2946	1685	–	–
1995	583603	114937	11451	9932	444055	353445	90610	2866	362	–	–
1996	725980	133803	12993	11133	563138	447314	115824	3392	1521	–	–
1997	1187936	189971	14883	11181	928193	765747	162446	18178	443	－8552	33639
1998	1411351	208719	19729	28378	1113149	907888	205261	16348		－9527	34555
1999	1603970	257009	18608	49807	1206748	950690	256058	21385		－726	51139
2000	1717840	256091	13202	56559	1317750	1006198	311552	25146		－1879	50971

说明:1. 本表按人民银行统计报表年末统计数填列;

2. 本表格数字均包括国有商业银行、农村信用社、城市信用社、信托投资机构。

第二节　单位存款

单位存款包括企业存款、财政存款和机关团体存款。2000 年,全区单位存款余额占银行各项存款的比重为 23.4%,在银行存款总额中有将近四分之一来自于单位存款。随着我国经济的快速发展和工农商贸企业的增加与民营企业的突起,单位存款余额呈逐年增长趋势,到 2000 年底,单位存款余额 401969 万元,比 1991 年 110419 万元增加 291550 万元,增长 2.6 倍,其增幅之大主要是企业和其他民营企业的兴起,存款余额从 1991 年 7679 万元猛增到 2000 年 104482 万元,增长 13.6 倍,列单位存款增速榜首。但商业企业存款由于商业体制改革,机构撤并和经营管理等等方面的原因,存款余额略有下降,从 1991 年 14359 万元减少到 2000 年 2316 万元,减少 12043 万元,下降 83.8%,出现了 10 年中不增反减的少有现象。

单位存款增加,是各家银行、信用社树立存款立行的牢固思想,充分利用境内与浙西、闽北、皖南毗邻的地理优势,引进外资增加,为存款增加,广辟来源的结果。

工商银行从 1992 年开始建立对公存款机制试点获得成功之后,就在全辖区 10 个支行和办事处,设立资金业务科,配备专职单位存款管理人员,实行承包责任制。采取多种对应的工作方法来拓宽存款来源:一是通过采取分类管理法,将单位存款按存款的资金性质、稳定程度和余额大小划分类型,分别由公存、计划、会计、信贷等部门进行管理,对重点系统、部门和单位分别实行各种优惠服务;二是采用信息网络法,通过在重点单位聘请存款信息员,建立单位存款网络,及时沟通信息,掌握存款变化动态;三是以贷稳存法。就是通过贷款解决企业某种用途的资金需要,稳定企业的大额存款;四是情感投入法。常年与存款大户群保持密切联系,加大金融服务力度,主动捕捉存款信息,1993 年信州支行以 100 万元贷款稳住了公路段 600 万元的存款。五是建立相应机制和强化揽存手段。1995 年通过建立三个机制①和强化三种手段②,全辖区当年单位存款余额达 511092 万元,比 1994 年初净增 4576 万元,完成目标 1101.7%。到 2000 年年底,全行对公存款余额达 137752 万元,较 1991 年初翻 5 倍。

建设银行通过稳定巩固老户,大力扩展新户的单位存款的策略。一方面依靠长期代行财政职能的优势和长期与财政部门建立起来的良好合作关系。使财政部门、开发银行的政策性资金,大部分委托建行办理的资金,都揽存进来了,同时办理保险公司等部门的委代业务,以及申银万国、华夏、江信等证券部门的转存业务也增加存款来源;

另一方面,又通过大力实施“双大”③战略,全力支持效益好信誉度高的大企业、大行业的生产发展,与江西水泥厂、邮电、电力、公路、石油、烟草等 10 余家大中型企业建立起良好的银企合作关系,以贷款吸引存款,共谋发展。通过这一系列卓有成效的工作,到 2000 年年底在建行开立结算户的有 58104 家,比 1991 年增加 43112 家,单位存款也由 1991 年年底的余额 18975 万元,增加到 2000 年年底的余额 59916 万元,增长 2.16 倍。

农业银行通过分工合作,各负其责,共同抓好企事业单位存款工作。除资金组织部门具体抓单位存款外,信贷、计划、会计、国际业务、信用卡等部门,也把企事业单位存款作为一项重要工作来抓,这些部门充分利用与企事业单位业务往来关系的便利条件,把吸收企事业单位存款落到了实处。特别注意发挥信贷部门的优势,通过以贷引存、以贷款促存款、存贷结合的经营策略,改变以往信贷员只放贷,不抓存款的现象,做到存款、贷款、现金管理一起抓,保证了企事业单位的存款稳定增加。通过建立公关小组形式,大力开展公关活动。地、县(市)两级行都成立由行长挂帅,计划、信贷、会计等部门参加的企事业单位存款公关小组,建立一支能攻善战的外勤公关队伍,瞄准存款重点地区、重点企业和重点项目,争取地区行署、地区法院、地区人民医院、地区烟草公司、江西凤凰光学集团等一批好的客户。各县(市)支行也拥有一大批优良客户群体,特别是 1999 年—2000 年,通过公关,全行代收、代付业务取得了实质性突破,相继取得农村电话费、联通公司话费、医疗保险费、法院诉讼费等 12 个项目的代收权,大大增加单位存款余额。通过改善服务质量,切实做好大户工作。地、县两级行都建立存款大户档案,组织专门人员上门收款收单,并在结算、贷款等方面给予一定的优惠;经常深入大户企业,了解资金运行情况,帮助企业加强财务管理,催收货款,并及时解决企业实际困难;每年春节前后都要召开大型银企业座谈会,互相沟通信息,增进友谊,建立稳定的客户群;另外还聘请各有关单位的厂长、财务人员为特约信息员,为掌握单位存款信息,及时把握资金动向,更好地开展存款公关工作创造了条件。到 2000 年年底,企事业存款余额 103908 万元,比 1991 年底增长 4.1 倍,企事业单位存款占各项存款余额的 28%。

---

①“三个机制”:齐抓共管的工作机制、存款大户联络机制、销货款归行管理机制;

②“三种手段”:强化公关手段、强化存款检测手段、强化服务手段。

③“双大”:大企业、大行业。

第三节 储蓄存款

2000年,全区各家商业银行和城乡信用社储蓄存款余额1317750万元,占各项存款总额的76.71%。2000年,城乡储蓄存款比1991年增加1130683万元,增长6.04倍,年均以60.44%的幅度递增。

1991年—2000年,储蓄存款增幅最大的单位是:城市信用社增加54倍名列榜首;邮政储蓄增加23.9倍名列第二;中国银行增加10.1倍名列第三;建设银行增加8.8倍名列第四;其他银行和农村信用社增加幅度也均在4~6倍之间。

工商银行通过强化储蓄职能,全面推行《储蓄承包方案》,与各单位自办储蓄所,储蓄专柜和联办储蓄机构,签订承包合同,试行按储蓄余额"计作承包"和"资金买卖"等方式和不断开发新业务,推出"打工储蓄"、"学生储蓄"等等,仅以上几项招数就多吸收不少存款,仅据开办新业务一项统计,一年就多收存款4388万元。

建设银行根据总行"巩固、完善、提高、发展"储蓄业务发展方针,采取一系列措施发展存款,其一是抓好网点建设,在储源丰富的闹市区储蓄所,下本钱装修门面,完善服务措施,增强了吸收存款的辐射功能;二是不断推出新储种,1992年推出"巾帼建功储蓄""当好家爱国储蓄";1993年推出"通知储蓄";1994年城中储蓄所储蓄存款一举突破亿元大关,受到省分行专电祝贺。1996年推行"储蓄卡"业务,由于不断推出揽储新招来增加储蓄品种,到2000年底储蓄存款比1991年增长了8.8倍。

中国银行通过大力推进人事制度改革,完善激励约束机制,强化储蓄存款考核工作,增强整体意识,并实行各储蓄所主任竞争上岗等措施,从1991年—2000年储蓄存款增加10倍。

城市信用社通过采取"三民"①传统优势,对重点户常年坚持存款上门收,取款送上门,10年中储蓄存款增加了54倍。

邮政储蓄发挥点多面广方便及时的优势,通过推行存、汇(邮政汇款)结合,采取一面上门送汇款,一面上门揽储蓄,10年存款增加23.9倍。1991年年底,全区邮政储蓄余额8258.4万元(1986年邮政储蓄业务恢复办理之初,全区邮政储蓄余额仅为101.45万元,网点11个),网点57个;到2000年年底,全区邮政储蓄余额增加到19亿元,网点160个,邮政储蓄余额比1991年增加18.17亿元,增长22倍,网点增加103个,增长180.7%。1998年,境内邮政储蓄在全区率先实现了省内联网,1999年7月实现全国联网,且联网网点到达乡镇一级邮政储蓄机构,到2000年年底,全区共59个网点实现全国联网,在11个区、县安装了12台自动取款机。1991年—2000年10年间,各级邮政局投入大量的资金,在网点建设、人员配备等方面都加大投入,对县以上的储蓄网点都进行标准化改造,对一些农村网点也都实行安全设施等方面的达标建设,尤其是邮政储蓄活期通存通取工程即绿卡工程的开办,推动邮政储蓄的发展。"一卡在手,走遍神州"的便利,赢得了大部分外出人员、打工人员的青睐,联网后,这部分网点业务量占全部业务总量的80%强。全区各级邮政部门先后推出全体从业人员的"首问负责制",地局储汇局还实施"首办、首问负责制";2000年开始,地局储汇局在上饶市抗建路窗口实行"星级服务"的试点工作。

---

①"三民":便民、利民、为民。

农业银行通过加大地、县(市)、乡(镇)三级的储蓄宣传力度,在城区主要地都有农行广告牌和宣传标语,所有乡镇都有农行刷写的墙体广告。电视、广播、文艺演出、书画大赛等宣传,常年不断,丰富多彩。农村信用社在宣传上采取“多管齐下”的策略,力度之大,开创宣传史上的先河。除利用横幅、标语、报刊等宣传之外,在广场、大街、乡镇集市和电视新闻上也经常有信用社宣传、咨询人员的身影,储蓄存款年年增加。建设银行、工商银行、中国银行、城市信用社、邮政储(蓄)汇局都根据各自特点,除运用以上宣传形式外,有的运用各种宣传媒体和在闹市大街上树立荧光屏,宣传储蓄业务,广揽客户。

1991 年—2000 年全区城乡储蓄存款年末余额

表 20-3-2　　单位:万元

年份	合计	工商银行	农业银行	建设银行	中国银行	邮政储汇局	城市信用社	农村信用社
1991	138130	69920	42081	12079	5740	8310	1139	47799
1992	176504	85475	54420	17697	8354	10558	2542	62966
1993	238779	106891	71844	32231	13833	13979	5562	89327
1994	329546	138610	95510	44731	22943	26618	10301	127588
1995	444055	176852	122735	60828	30999	52573	14424	162582
1996	563138	216645	160373	85057	44763	60512	22189	196451
1997	928193	259493	194875	99768	59885	67103	26777	219666
1998	1113149	320771	227013	108924	71911	97687	36775	249819
1999	1206748	338998	238776	113289	63266	137738	44576	269947
2000	1317750	330813	250217	118964	63304	180098	38442	335772

说明:1. 邮政储蓄余额为存入户实际余额;

2. 本表“合计”是按银行统计口径填列,而邮政储蓄局除去留下的存款支付备用金等以后,按实际存入银行的余额统计的。

第四节　外币存款

2000 年年底,外币美元存款从 1991 年 293 万元上升到 2623 万元,增长 8.7 倍;法郎存款从 1991 年 2 万元上升到 16 万法郎,增长 8 倍;日元存款从 1991 年 5 万日元上升到 47 万日元增长 9.4 倍,港元存款从 1991 年 15 万上升到 222 万增长 14.6 倍。10 年间全区外币存款增长速度很快。全区外币存款余额与外省毗邻地区比较还有较大的差距。全区各家商业银行在争取外币存款方面做了不少工作,保持外币存款年年有升,出现增幅较大的局面。例如中国银行把争取外币存款定位于对外强化市场营销,对内完善激励约束机制。采取一系列的措施,促进外币存款持续保持年年增加的好势头,2000 年年底,美元存款余额从 1991 年 382 万美元增加到 1630 万美元,增长 6.9 倍,名列全区银行外币存款第一名,存款余额占全区外币存款总额 90.15%;港币存款从 1991 年 15 万元上升到 124 万元,增长 7.3 倍。

建设银行从拓展国际金融业务入手增加外币存款。2000 年,美元存款余额从 1991 年 8.9

万美元增加到147.1万美元，增加138.2万美元，增长15.5倍；港元存款余额增长18.3倍。

工商银行从1991年开始办理国际金融业务，在办好外汇存、贷款，兑换、汇款业务的同时，还代理人民银行办理居民外汇调剂业务。从1992年起在全区各行处全部设立外汇存款业务代办处。1993年，外币储蓄归口储蓄部门，是年，通过巩固发展代办机构、重点挖掘外币储源、建立外币信息网络和不失时机地开辟外币储蓄新的增长点等措施，当年外币存款净增56万美元，完成考核计划433.1%和目标计划144.4%。此后，不断加大对外币存款的考核力度，将外币存款列入行长经营目标管理，由储蓄处和国际业务部进行双重考核和奖励；坚持上门服务，主动争取各地台办的支持，保持外币存款快速发展势头，1995年、1996年、1997年连续三年名列全省前三位，到2000年，美元外币存款余额达846万美元，较1991年的4万美元增加了842万美元，增长21倍。

1991年—2000年全区外币存款状况

表20-3-3 单位:万元

年份	合计				甲种存款		丙种存款			
	美元	港元	日元	法郎	A 美元	B 港元	A 美元	B 港元	C 日元	D 法郎
1991	293	15	5	2	134		159	15	5	2
1992	452	21	8	3	155.6	7	296	21	8	3
1993	487	46	11	4	158	17	329	45	11	4
1994	599	68.6	11	5	139	5.67	460	3	11	5
1995	629	75.8	15	5	91	2.87	538	73	15	5
1996	719	90	17	6	90	8	7629	82	17	6
1997	895	96	21	7	192	5	7703	91	21	7
1998	1063	131	28	9	151	25	7912	106	28	9
1999	1349	176	36	12	174	27	71175	149	36	12
2000	2623	222	47	16	212	307	2411	192	47	16

第四章 贷 款

2000年底，全区银行各项贷款总额1588651万元，比1991年425782万元增加2.7倍。从贷款增加绝对额上看，以商业贷款，农业贷款和基本建设贷款增加最多，2000年分别比1991年增加了12552万元，122853万元和72507万元。从增长幅度上看，以三资（独资、合资、外资）企业贷款，基本建设贷款，乡镇企业贷款，增长幅度最大，2000年分别比1991年增长7倍、

4.1倍、2.6倍和2.2倍。

1991年—2000年全区金融机构各项贷款年末余额

表20-4-1　　　　单位:万元

指标	1991年	1992年	1993年	1994年	1995年	1996年	1997年	1998年	1999年	2000年
各项贷款合计	385201	457986	524984	615660	702573	885757	1103064	1454825	1599905	1588651
一.流动资金贷款	280845	330713	378554	487184	555430	707482	894526	1130149	1224554	1218140
工业贷款	87473	105485	123240	144733	167832	206820	252893	276148	291164	281618
商业贷款	173837	205558	228508	237904	276976	360416	457071	468816	498234	487149
农副产品贷款	87009	111802	123734	157046	176269	247732	322881	288156	310960	302634
建筑业贷款	4431	4981	6660	9656	12913	15515	7592	7681	7236	8273
农业贷款	46790	56262	65819	42790	51190	59738	71724	180613	202973	190093
乡镇企业贷款	14073	13585	18715	20977	24870	29089	34805	82050	85535	73910
三资企业贷款	-	-	-	-	-	2918	2724	3852	13694	12145
私营企业及个体贷款	10319	1104	1431	1138	1889	1504	4477	7428	10304	12226
其他短期贷款	5107	9814	11745	57672	60242	31482	63240	103561	115414	152726
二、中期流动资金贷款	-	-	-	-	-	-	-	44414	60228	65401
三、中长期贷款	53237	62763	71231	125059	139609	168395	203906	272721	307397	299786
基本建设贷款	17637	18221	17470	18670	19971	20018	25768	75680	81551	90144
技术改造贷款	26372	32948	39472	47195	53594	71698	79499	84552	104997	82796
其他中长期贷款	9228	11595	14290	59194	66044	62491	105271	112489	120849	126846
四、信托贷款	568	592	589	315	310	431	4632	2450	2201	2070
五、农发银行贷款								267334	279550	291652
六、其他贷款	3761	7655	8791	2322	7219	10189		5091	5525	3254

说明:1. 工业贷款包括集体工业贷款。2. 商业贷款包括集体商业贷款。3. 农业贷款包括信用社发放的农村承包户贷款,集体农业贷款。4. 乡镇企业贷款包括农村信用社发放的乡镇企业流动资金贷款。5. 本表流动资金贷款的其他短期贷款中包括抵押贷款,其他工商企业贷款(城信社),小型国营工商企业贷(城信社),城信社及农信社的其他贷款。国家银行的其他短期贷款,信托投资机构的投资。6. 乡镇企业贷款包括农行的乡镇企业贷,农村信用社的乡镇企业贷款(剔除设备贷款)农村信用社的乡镇企贷款中的设备贷款并入中长期贷款中的技术改造贷款。7. 第八项其他贷款包括信托投资机构的其他贷款,国营有商业银行的其他贷款,逾期贷款。8. 本表各栏数字包括国有商业银行、城市信用社、农村信用社、金融信托投资机构。9. 本表按人民银行统计数字填列。

第一节　工商贷款

2000年年底,全区银行系统工业流动资金和固定资产贷款余额311118万元,占银行贷款总额1588651万元的19.58%;商业流动资金和固定资产贷款余额占银行贷款总额37.47%,工商贷款合计所占贷款总额比重高达57.05%,即银行贷款有一半以上是用于支持工商企业的发展和壮大。

工业流动资金贷款　包括工业生产、供销、建筑、城镇集体,基本建设,技术改造和中长期工业贷款等项目。到2000年底,全区工业流动资金贷款余额645699万元,比1991年146060万元增加499639万元,增长3.4倍。从贷款增加年份上看,从1995年开始大幅增加,1995年比1991年增加207140万元,增长141.91%;2000年在1995年大幅增加的基础上又增加292499万元,增长87.38%。从接受贷款的行业上看,基本建设贷款增幅最大,2000年比1991年增加72507万元,增长4.1倍;第二是工业生产供销企业,比1991年增加192675万元,增长2.2倍。工业贷款投向基本符合国家产业政策导向的企业。

1991年—2000年全区工业流动资金贷款年末余额

表20－4－2　　单位:万元

年份	合计	工业生产供销企业	建筑企业	城镇集体企业	三资企业	基本建设	技术改造	中长期贷款(其他)
1991	128414	88934	3644		—		26608	9228
1992	176780	107720	4981		—	17637	34263	11595
1993	220771	126821	6660	13618	—	18221	41161	14290
1994	304781	150167	9656	13578	1499	17470	53217	59194
1995	351879	173151	12913	19465	1990	18670	59646	66044
1996	427145	213319	15515	23961	2918	19971	74782	76679
1997	492373	252893	9975	28625	2724	20018	79499	98639
1998	605089	276148	9259	43073	3852	75680	84552	112489
1999	672223	291164	9439	50529	13694	81551	104997	120849
2000	645699	281618	9805	43245	12145	90144	82796	126846

说明:资料来源,根据各家银行报送材料汇总填列。

商业流动资金贷款　包括国营商业、粮食、供销、外贸商业和私营、集体、民营合资和其他商业及予购定金等等。2000年年底,全区商业流动资金贷款余额487149万元,占各项贷款总额的30.66%,略次于工业流动资金贷款,名列第二。从贷款增加额度上看,以国有商业、集体商业、民营合资商业贷款增加额度最大,分别从1991年29512万元、3127万元、9666万元和1136万元增加到2000年104236万元、14502万元、28985万元和2805万元;国营商业、集体商业、其他商业、民营合资商业增幅最高,2000年分别比1991年增长4.6倍、3.9倍、3.5倍和3

倍。银行商业贷款在支持商品流通方面,基本上贯彻了国营、民营、集体、个体一齐上的方针。

工商银行按照产业政策要求和商业信贷企业的经济效益状况,对全区辖1020户商业信贷企业按“五个贷款序列”进行了排队:一序列企业为贷款支持重点,二序列为一般支持,三序列有收有放,四序列只收不放,五序列贷款余额要较年初下降10%,以此明确了支持与限制的对象。在此基础上注重效益,用好用活贷款规模。1995年商业流动资金贷款累计发放16631万元,为了支持效益好的国营企业,就增发了贷款5283万元,占年累计发放额31.7%;为了稳定市场、平抑物价,对国有商业进行白糖储备和供应又增发了贷款1320万元,占年累计发放额的7.9%。为了支持有市场、有效益的商办工业企业正常生产所需资金,又发放流动资金贷款3130万元;使其产值、销售和税利分别比上去年增长35%、42.5%、28.3%。通过实施“扶优增效”工程,促进了重点企业上规模效益。1996年上饶市有三户企业在全省25户实力强、规模大、经营效益好的国有大中型商业企业中被列为“扶优增效”工程重点扶持对象,当年,销售收入达16901万元,比上年同期增长40.07%,利税为394万元,比上年同期增长79.1%,利润实现109万元,比上年同期增长21.1%,贷款收息率达100%,与此同时还在全区范围内开展了“20户扶优增效工程”(其中国有商业流通企业10户,国有商业生产企业10户),年末实现销售收入40049万元,比年初增长11.48%,实现利税998.2万元,比年初增长2.1%,贷款收息率达100%。

建设银行从1991年开始涉足商业领域。为确保贷款资金的安全,严格做到“三个坚持”①;通过这些措施,商业流动资金贷款由1991年年底余额仅为529万元,到2000年底,贷款余额猛增到20310万元,增长37.39倍。

中国银行把效益好的外贸企业、自营进口企业,“三高”外商投资企业和转制成功、实力雄厚、有发展潜力的国有大中型企业,效益好、信誉高的商业企业确定为重点扶植对象,合理地满足这些企业在经营过程中正常的贷款需要,并采取了人民币贷款、外汇贷款、公司贷款、零售贷款、出口打包贷款、保函、承兑汇票等业务品种多管齐下的办法,支持商业企业扩大业务,抢占市场份额、不仅使贷款业务得到了快速发展而且还促进了企业扩大销售,提高了经营效益,与此同时还果断地推出了汽车消费贷款和住房消费贷款。2000年底,人民币贷款总额为83586万元(剔除剥离16825万元),比1991年年初增加64736万元,增长343%,其中流动资金贷款比1991年初增加62061万元,增幅355%,固定资产贷款比1991年初增加2675万元,增幅197%。如加上2000年剥离给东方资产管理公司贷款16825万元,贷款总额达到100411万元,实际增加81561万元,增幅达433%。外汇贷款余额625万美元。在行业分布上,积极向上市公司、邮电通信、电网改造、石油化工等行业渗透,原则上按照“区别对待,扶优限劣”的授信原则,把有限的资源放在有效益的客户群体上。在重点客户的选择上,积极稳妥地选择有效益、有质量的新生客户,在条件成熟的情况下,双方签订银企协议,并为其实施协同工作制,在授信上实行重点扶持和提供多功能、全方位的金融服务。

农业银行支持农村商品流通,把贷款投向国有营商业、供销合作商业和个体商业。2000年,供销合作商业贷款余额为33417万元,比1991年14966万元增加18451万元,增长1.2倍,加上农村信用社的贷款投入,商业贷款成为支持农村商业经济发展的重要支柱。

---

①“三个坚持”:坚持贷前调查评估,从贷款资金的安全性、流动性、效益出发,扶优限劣,择优发放;坚持有担保和实物抵押,并通过公证签订贷款合同;坚持在建行开立结算户。

1991 年—2000 年全区商业流动资金贷款年末余额

表 20－4－3　　　　单位:万元

年份	合计	国营企业	粮食商业	供销合作商业	外贸商业	予购定金	集体商业	私营、民营及个体商业	其他商业	民营商业和合资商业
1991	173195	29512	104788	14966	10802	1841	3127	1536	1156	5467
1992	207001	32214	107109	15593	9649	3460	4344	1776	3220	29636
1993	211824	37806	106182	28682	10038	773	6486	2736	—	19121
1994	245485	43863	148701	16976	9506	—	8160	2695	2654	12930
1995	293448	52722	168430	25563	10933	—	10446	4820	7219	13315
1996	363201	62181	184410	28084	12742	—	11294	3952	9449	51089
1997	457074	83716	221055	31518	14607	—	12900	4477	—	88801
1998	468773	99451	251001	33543	24365	—	16055	7428	5091	31839
1999	498234	99178	267774	36934	27386	—	18985	10304	5525	32148
2000	491058	104236	283187	33417	29529	—	14502	12226	3254	10707

第二节　农业贷款

1991 年—2000 年,全区两大农业贷款的单位:农业银行和农村信用社各项农业贷款余额从 1991 年的 67240 万元增加到 2000 年的 190093 万元,增加了 122843 万元,增长 1.8 倍。国营、集体、个体农业贷款,是农业银行和农村信用社信贷资金运用的主要渠道。首先是“其他贷款”增长最猛,从 1991 年 159 万元猛增到 2000 年 30520 万元,增加了 30361 万元,增长 19.1 倍;其次是技术改造贷款和国营农业企业贷款,分别从 1991 年 6290 万元和 46788 万元增加到 2000 年 16050 万元和 105536 万元,分别增长 1.6 倍和 1.3 倍。其他各项贷款也均有不同程度的增长。2000 年,农村信用社在婺源县推行小额农户信用贷款,制订《小额农贷管理办法》,当年增发贷款 2.6 亿元,中国人民银行总行为推广婺源经验,还在婺源县召开“全国农村小额信用贷款工作会议”。10 年间全区农业贷款的投向和投量,基本上符合国家对农业扶持的政策要求。

1997 年—2000 年,农发行共对 228 个贷款项目发放扶贫贴息贷款和农业开发贷款,其中包括大坳水库、婺源中纤板厂等大型项目。

1998 年 4 月,国务院决定调整农业发展银行的业务范围,农发行的扶贫贷款和农业综合开发贷款划归农业银行管理。农发行专司经营管理粮食棉花收购贷款,以粮棉油收购资金封闭管理为主线,努力做到“收一斤粮,给一斤粮的贷款,卖一斤粮,收回一斤粮的贷款”,既确保不向农民“打白条”,又防止了收购资金产生新的流失。2000 年,根据国务院决定调整保护价粮食收购范围,全区农发行按照“以销定贷,以效定贷”的原则,开始发放非保护价粮食收购贷款。

1991 年—2000 年全区农业贷款年末余额

表 20-4-4 单位:万元

年份	合计	国营农业企业	农工商企业	技术改造	开发性投资	家庭投资	其他贷款(包括联营)
1991	67240	46788	—	6290	8853	4150	159
1992	81819	21569	23053	13707	19128	4208	154
1993	97484	65818	12193	5558	13330	360	225
1994	62893	48613	—	6520	2575	5180	—
1995	81335	57440	8369	6142	2535	6296	553
1996	110725	66849	5374	7793	3275	8954	15890
1997	71724	33404	7245	4465	6074	3051	17485
1998	180613	122936	6340	9442	11998	8591	21306
1999	202973	121930	13445	21252	14372	3702	28272
2000	190093	105536	14416	16050	18505	5066	30520

第三节 乡镇企业贷款

1991 年—2000 年,随着农村经济的发展,特别是种植业和养殖业的发展,全区乡镇企业贷款呈逐年上升的势头。地区农行下发《加强乡镇企业贷款,促进乡镇企业发展的决定》,明确提出“区别对待,优化配置,突出重点,集中与分散相结合”的贷款原则。对信贷资金进行了统筹安排,做到适时注入,保持投入的适当增长幅度。对一些效益好、资金需求量大的乡镇企业,农业银行和信用社互成合力,做到共同支持;农业银行和信用社都建立对乡镇企业的服务措施和管理制度,利用银行信息面广的优势,为乡镇企业提供有效信息,帮助乡镇企业加强财务管理,协助乡镇企业推销产品,催收货款。2000 年,全区农业银行和信用社乡镇企业贷款余额达 73910 万元,比 1991 年 20596 万元增加 53314 万元,增长 2. 6 倍。从贷款项目上看,以周转贷款增加最多,2000 年底贷款余额 48123 万元,比 1991 年 6523 万元增加 41600 万元,增长 6. 4 倍;其次是设备贷款也从 1991 年 2321 万元上升到 2000 年 4915 万元增加 2594 万元,增长 1. 1 倍。与此同时还加大周转贷款的投入量,增加贷款发放面;通过增加设备贷款,使农村一些原始由手工操作的乡镇企业转向以初步机械化操作所替代,提高产品产量和经营效益,一些企业逐步转亏为盈。随着市场经济的发展和市场竞争的日趋激烈,乡镇企业在发展中也面临着基础差、管理能力低、自我积累和自身发展能力弱等诸多困难和不利因素,加上自有资金投入不足,人才匮乏,市场信息不畅等原因,从 1996 年开始,又处于低迷状态,许多乡镇企业通过改制成为个体私营企业。其间,农业银行和农村信用社对乡镇企业的贷款投入并未减少,采取了耐心扶持,静观其变,择优供贷的政策,使一批企业转危为安。

1991 年—2000 年全区乡镇企业年末贷款余额

表 20-4-5 单位:万元

年份	合计 年末余额	周转贷款		设备贷款	其他贷款
		余额	当年放出数 累计额	余额	余额
1991	20596	6523	—	2321	11752
1992	25484	11899	—	3165	10420
1993	38280	19565	—	4689	14026
1994	43702	19251	—	6022	18429
1995	52788	25040	—	6052	21696
1996	60487	28314	9588	3084	29089
1997	34805	10500	8276	3505	20800
1998	82050	26317	10571	3731	52002
1999	85535	38138	9952	1052	43345
2000	73910	48123	13916	4915	20872

说明:由于农业银行和农村信用社机构撤并调整,有些年当年放出累计额无据填报。

第四节 外汇贷款

1991 年—2000 年,全区外汇贷款余额从 1991 年的 107 万美元增加到 2000 年的 3322.6 万元,增长 31 倍。外汇贷款量和国际结算业务量都有所增加,形成了中国银行、工商银行、农业银行、建设银行四足鼎立,共同介入外汇贷款业务的专业银行。

中国银行通过发放外汇贷款支持全区通讯设施建设,通过转贷加拿大政府混合贷款 215.66 万美元,支持上饶邮电局新上程控电话和程控扩容工程。这两个项目分别于 1990 年初和 1993 年全部竣工,新增了程控电话 1.7 万门,长途线路 4500 线,新增产值 1938.3 万元,利税 294 万元。与此同时还支持国有大中型企业的技术改造和设备的更新换代。帮助江西光学仪器总厂转贷日本黑字“还流”贷款 6.6 亿日元(折合 500 万美元),引进反相机,变焦镜头关键生产设备和钢片快门及部分软件等,改善和提高了企业生产力和技术水平,形成年产 DC303 单反相机 10 万架,新增产值 3000 万元,利税 300 万元,出口创汇 500 万美元。

工商银行在国家有关政策和计划的指导下,从 1990 年代起,便支持上饶市磁性材料厂软磁生产线,上饶毛纺厂兔毛纱生产线以及江西飞扬窗帘有限公司技术改造,并运用吸收到的外汇资金,支持企业引进国外先进技术设备和进口国内短缺原材料,发展生产,扩大对外经济技术文化交流,活跃国内市场,增加外汇收入。到 2000 年年末,外汇贷款余额达 352.5 万美元,名列全区外汇贷款第二名,贷款余额仅次于中国银行。

农业银行紧紧抓住由世界银行扶持的,对德兴市、婺源、万年、玉山、广丰、上饶县 6 县(市)花园改造和茶叶粗制加工、种桑、珍珠养殖三大项目的第四笔农村外汇信贷项目贷款。同时,通过加大外汇贷款投入力度,支持了江西柏林实业有限公司、弋阳富达铜材有限公司、江西凤凰光学进出口有限公司、上饶旺岗矿业发展有限公司、上饶国际经济技术合作有限公司、江西怀玉山活性炭(集团)有限公司、江西凤华实业有限公司等企业扩大出口业务,增强了企业实力,提高了经营效益。

建设银行为拓展外汇信贷业务,成立国际业务部,从1993年起开始选择一些经济效益好,创汇能力强的企业,发放了短期小额外汇流动资金贷款8万美元。由于境内外向型经济不够发达,"三资"企业也比较少,且多数在中行开户,发展空间较小,贷款余额一直徘徊在7万美元左右。同时外汇存贷款比例严重失调,国际业务结算也呈起伏不定状态。1993年收汇额为400027美元,1994年增加到955481美元,1996年收汇额又下降到737125美元,付汇额7500美元,呈连年下挫,到2000年底,收汇额下降到15586美元。

全区外汇贷款从1991年107万美元起步,到2000年增加到3322.6万美元,增长3125.6万美元,增长31倍。但全区外向型经济发展缓慢,国际结算业务更是停滞不前,10年间收汇额一直在45.4万美元到420.9万美元之间,付汇额也在17万美元到374.2万美元之间。

1991年—2000年全区外汇贷款年末余额

表20-4-6　　单位:万美元

年份	外汇贷款	国际结算	
	年末余额	收汇额	付汇额
1991	107	—	—
1992	1473.2		—
1993	1804.8	83.4	124.9
1994	1887.3	45.4	17
1995	1864.8	187.6	91.4
1996	2017.2	254.5	186.4
1997	2017.1	419.7	265.2
1998	1994.1	420.9	374.2
1999	5131.7	199.3	128.6
2000	3322.6	296.9	59.3

第五节　其他贷款

更新改造资金贷款　1991年—2000年的10年间,随着经济体制改革和投资体制改革的不断深化,从1985年起执行财政部和人民银行总行文件规定,对更新改造资金项目或更新改造资金与国家预算,地方预算合并建设的项目,除对国家预算安排的项目与无能力偿还的行政、事业等单位继续拨款外,其他单位全部由财政拨款改为银行贷款,拨款从2000年1月1日相继停止。

1991年开始,全区更新改造资金基本上都是以拨(款)转贷款的方式,由各家银行用贷款解决。2000年末全区更新改造资金贷款余额90325万元,贷款项目246个,分别比1991年

17646 万元增加 72679 万元，增长 4 倍，项目增加 101 个。这些贷款均由农业银行、建设银行、工商银行、农业发展银行以贷款方式解决。

工商银行在 1991 年—2000 年的 10 年中，共发放更新改造资金贷款 120603 万元，支持改造项目 549 个。其一是支持了企业技术进步。1991 年对汽车保养厂发放 23 万元贷款，研制改装成机动车安全技术检测自动化装置，同年 7 月通过省级技术鉴定，各项性能技术参数均达到国际先进水平。全年检测车辆增长 6000 辆，翻了一番，当年新增利税 6 万元。技改后检测一台车只需 5 分钟与过去手工检测对比，工效提高了几十倍，23 万元贷款一年内大部分收回。其二是支持了产业结构调整。对全省最大的国营制线专业厂（上饶制线厂）及时发放贷款 40 万元，用于开发人造丝产品，促使其用 3 个月时间就开发出 120P×2 人造丝新产品 15 吨，销路大畅，年底产值即达到 300 万元，创利税 47 万元。其三是支持城市基础建设。1997 年向公路、邮电、自来水等大系统的基础改造和规模经营投放了贷款 5261 万元。

建设银行在 1992 年面对全区遭受特大洪水的袭击，不少企业设备受损，生产停顿，交通瘫痪，及时发放更新改造贷款 1451 万元，帮助一批企业恢复生产，其中的 700 万元集中用于特大洪水冲毁的公路路面、桥梁、涵洞等。后因资金不足，又请示省分行续贷 400 万元，帮助地区公路局顺利完成省局下达的公路改造，新建油路、道班房等总价 5691 万元的工程改造任务，修复水毁公路 360 公里。截至 2000 年年底，更新改造资金贷款余额 15519 万元，在 1991 年底余额 1269 万元的基础上，净增 14250 万元，与此同时还通过调查，筛选一批有发展前途的项目向省建行积极推荐，争取到更新贷款规模和贷款资金，集中支持境内的能源、交通、邮电等重点行业更新改造。

农业银行除对一批有发展潜力的项目和单位给予大力支持外，还对一些城乡工业企业给予必要的支持，累计向婺源县中纤板有限公司发放贷款 8000 万元，提高产品科技含量，使该企业 2000 年实现产品销售 3500 万元，利润 276 万元，而且贷款都按期还本付息。

农业发展银行 1997 年从农业银行划出后，当年就发放属于更新改造方面的贷款 4760 万元。

1991 年—2000 年全区更新改造资金贷款情况

表 20－4－7　　单位:万元

年份	项目个数	贷款额	完成额
1991	145	17646	4493
1992	295	23373	9561
1993	302	28311	12063
1994	409	39446	15052
1995	221	15625	15625
1996	454	30267	28317
1997	450	30947	26517
1998	774	69289	25470
1999	921	89803	34512
2000	1246	90325	25746

老区建设资金贷款 1991 年贷款余额 8516 万元(含少数民族地区),项目当年完成 8516 万元;到 1995 年全区贷款余额 13614 万元,新增贷款项目 29 个,1996 年贷款余额 13186 万元,贷款项目 48 个。1997 年老区建设专项贷款停办,改由各家商业银行用信贷资金方式参与。

建设银行根据省委、省政府关于加快老区经济建设,帮助老区发展生产,摆脱贫困的要求。按照省分行的安排,从 1991 年起,重点扶持由国务院贫困地区经济发展领导小组审定的波阳、余干、上饶三个贫困县。当年,建行发放贷款 60 万元用于波阳县邮电大楼的土建; 1993 年大楼建成后,又增加贷款 60 万元用于从国外购进 6000 门程控电话设备。1993 年还对上述 3 个贫困县的 13 个项目,累计发放老区建设贷款 1039 万元,据统计:当年新增产值 2124 万元,税利 421 万元,增加社会就业人员 1849 人。1996 年贷款余额下降到 734 万元,1997 年后,此项贷款改由农业发展银行办理,1998 年又划归农业银行业务范围。

工商银行使用信贷资金先后对公路、邮电、自来水等大系统基础建设等方面发放贷款 5261 万元。

农业银行将老区建设贷款摆在与常规贷款一样重要的位置上进行管理,在放得出、收得回的前提下放好、管好、用好贷款。充分利用当地资源优势,重点支持那些有市场的项目和行业,1998 年 4 月至 2000 年年底,全区共投入小额扶贫贷款 64655 万元,重点支持了余干县乌黑鸡养殖,波阳水产养殖、横峰的葛根种植项目的持续性生产和发展。2000 年,农行对扶贫贷款重点项目的弋阳县龟峰旅游公司发放扶贫贷款 1500 万元;对横峰县葛根种植加工发放贷款 560 余万元;对改制后的上饶县天峰水泥有限公司发放流动资金贷款 80 万元。与此同时,根据总行信贷管理的有关规定,遵循准入原则和标准,拓展一批新的经济增长点的黄金客户。婺源县中纤板有限公司效益一直较好,为此,农行将其列为优质客户重点给予支持。从 1998 年—2000 年,农行累计向该企业投放贷款 8000 万元,收到良好的经济效益。2000 年,农行还对三清山景区旅游步行街道扩建项目发放配套流动资金贷款 300 万元,使其成为该行新的黄金客户。

农业发展银行为了帮助老区摆脱贫穷,除保证政策性贷款业务正常开展外,还竭力安排资金 1371 万元用在支持老区开发性投资和家庭农场等等方面(含少数民族地区建设资金拨、贷款)。

1991 年—2000 年全区老区建设贷款状况

表 20 - 4 - 8 单位:万元

年份	项目个数或贷款单位个数	贷款额	完成额
1991	15	8516	8516
1992	27	10816	10810
1993	39	13216	13216
1994	39	12883	12883
1995	48	13614	13614
1996	48	13186	13186
1997	18	7299	7299

续表 20－4－8

年份	项目个数或贷款单位个数	贷款额	完成额
1998	23	8693	8693
1999	45	13700	13700
2000	36	11610	11610

说明:1. 老区建设贷款自1996年开始收缩,1997年基本停贷,改由各商业银行用固定资产贷款或流动资金贷款发放;

2. 上表资料1991年—1996年原于人行统计表;1997年—2000年原于市老建办资料。

基本建设资金拨(贷)款　1995年,随着建设银行的职能转变,在拨款改贷款政策出台后,拨款相继减少,基本建设资金拨款统由财政部门办理。到1998年拨款总额减少到340万元。1998年,中央级基建拨款从1986年的778万元减少到340万元,地方级拨款从182万元减少到"0"。1999年,拨款相继停止,除一些经中央和地方政府安排的大项目由财政部门安排拨款外,其余均由银行信贷资金贷放。

1991年—2000年全区基本建设拨(贷)款状况

表20－4－9　单位:万元

年份	合计		工业		农业	商业	城建	其他
	拨款	贷款	拨款	贷款	贷款	贷款	贷款	贷款
1991	1230	17637	1230	6998	7508	3134		
1992	1470	18221	1470	8788	7128	2305		
1993	3100	17470	3100	9137	1330	6558		
1994	1161	18670	1161	12352	2010	4308		
1995	1070	19971	1070	14404	—	—		
1996	1035	20018	1035	15200	4818	—		
1997	2998	25768	2998	17500	5203	3065		
1998	340	75680	340	22300	14693	19303	9211	10173
1999	—	81551	—	32400	15454	22644	3050	8003
2000	—	90144	—	29500	19827	20469	9011	11337

说明:1. 表中所列的拨款数是建设银行转型前的通过该行的拨款额;

2. 表中所列的贷款是根据各家商业有关报表材料的相关科目统计出来的,若与财政部门相关项目或有出入,以财政部门数字为准。

第五章 保 险

1996年6月在推进保险体制改革中，根据保险总公司的通知，人寿保险从中国人民保险公司划出，设立中国人寿保险公司上饶分公司。从此保险业一分为二，人民保险公司与人寿保险公司开始分业经营。人民保险公司主要经营企业财产、家庭财产、货物运输、机动车辆、工程责任等等财产保险业务。人寿保险公司主要经营简易人身保险、养老保险、重大疾病保险、团体保险、两全个人保险、团体人身意外伤害保险，家庭幸福保险等等业务。

第一节 财产保险

根据1996年《保险法》规定，中国人民保险公司与人寿保险实行分业经营后，中国人民保险公司业务范围包括财产保险、责任保险、信用保险、保证保险、运输保险（含进出口涉外业务）、投资收益性保险业务。人保公司上饶分公司在全区设立15个营业机构和众多代理服务网点。承担风险1149亿，缴纳税款5000多万元，支付赔款近4.4亿元。

1991年—2000年全区财产保险业务经营状况(1)

表20-5-1　　　　单位:千元

年份	财险保费收入合计	较上年同比±%	财险承保保额合计	财险赔款支出合计	财险综合赔付率%	较上年同比±%	企财险					
							承保数量	保费收入	保额	赔案件数	赔款支出	赔付率%
合计	678529		114928152	440639	55.54		13506	134273	58241606	8591	119671	89.13
1991	24704	10.63	6026932	15983	64.70	27.22	1692	6523	3786482	916	3839	58.85
1992	34575	39.95	7049811	40145	116.11	51.41	2315	9280	3994105	1666	14289	153.98
1993	41771	20.82	6261324	30950	74.09	-42.02	1680	11306	3345404	1009	7177	63.48
1994	57113	36.73	6897970	49016	85.82	11.73	2034	14067	3124418	1223	10604	75.38
1995	60330	5.63	7376661	35682	59.14	-26.68	1177	11238	3852797	905	6963	61.96
1996	73024	21.04	10412863	37381	51.19	-7.95	2028	14401	6558918	704	7890	54.79
1997	81993	12.28	14832657	51714	63.07	11.9	582	14198	7061665	545	17628	124.16
1998	93089	13.53	20889107	74124	79.63	16.56	872	17639	12897848	811	30588	173.41
1999	103750	11.45	16139843	45558	43.91	-35.72	563	16848	6519268	415	5925	35.17
2000	108180	4.27	19040984	60086	55.54	11.63	563	18773	7100701	397	14768	78.67

说明：保费收入和承保额，根据人保公司编写人候永忠向公司统计部门核查，由于统计口径的变化，保费和保额项目增减也略有变化。

1991 年—2000 年全区财产保险业务经营状况(2)

表 20－5－2　　　　单位:千元

年份	机动车险						货运险					
	承保数量	保费收入	保额	赔案件数	赔款支出	赔付率%	承保数量	保费收入	保额	赔案件数	赔款支出	赔付率%
合计	87147	453619	36077957	45439	265708	58.58	210269	46132	9288351	3301	14403	31.22
1991		13872	703648	3470	9108	65.66	59348	2721	1001927	643	885	32.52
1992		16167	1050496	4584	14557	90.04	17849	2890	709529	480	857	29.65
1993		23192	1108945	4210	16721	72.1	36552	3529	770403	338	1246	35.31
1994		36612	1778805	6614	32725	89.38	12446	3163	720449	677	1145	36.2
1995		43310	2391116	6754	25104	57.96	13418	3507	642732	224	966	27.54
1996		51990	2072897	3754	27053	52.04	15340	4994	466709	144	1091	21.85
1997	19553	57270	5712069	4081	29939	52.28	21752	6181	767584	204	1998	32.32
1998	19301	63143	5529192	4270	35375	56.02	11796	7247	1432891	155	2102	29.01
1999	23497	72832	6944050	4010	34578	47.48	10052	7293	1150973	245	2372	32.52
2000	24796	75231	8786739	3692	40548	53.9	11716	4607	1625154	191	1741	37.79

1991 年—2000 年全区财产保险业务经营状况(3)

表 20－5－3　　　　单位:千元

年份	家财险						其他险				固定资产投入情况
	承保数量	保费收入	保额	赔款件数	赔款支出	赔付率%	保费收入	保额	赔案支出	赔付率%	
合计	1202675	11019	4579000	80428	21275	193.08	33486	6741238	19582	58.48	59838
1991	243015	1046	531315	18856	1449	138.53	542	3560	702	129.52	733
1992	313005	1657	638820	37030	3632	219.19	4581	656861	6810	148.66	2814
1993	256588	966	778250	9902	4502	466.05	2778	258322	1304	46.94	8824
1994	105469	989	525839	6359	2306	233.16	2282	748459	2236	97.98	388
1995	99191	1170	290265	3691	1812	154.87	1105	199751	837	75.75	3821
1996	102723	1226	652630	883	853	69.58	413	661709	494	119.61	660
1997	26494	903	329315	1408	1259	139.42	3441	962024	890	25.86	1152
1998	31933	883	285285	1472	4042	457.76	4177	743891	2017	48.29	402
1999	13544	943	247899	448	830	88.02	5834	1277653	1853	31.76	0
2000	10713	1236	299382	379	590	47.73	8333	1229008	2439	29.27	41044

第二节 人寿保险

1996年6月,人寿保险从中国人民保险公司划出,实行分业经营。1996年—2000年保费收入呈逐年上升势头,1996年保费收入5500万元,到2000年增加到17615万元,增长312%,险种从1996年10个增加到2000年的50个,增长5倍,其中:1997年增加了新险种10个;1998年增加2个;1999年增加20个;2000年增加8个。5年中向国家和地方缴纳税金700万元。到2000年底,险种共增加了40个,平均每年增加8个险种。大街上光亮的荧光屏展现出来的“人生风雨路,国寿伴您行”的贴近人心的宣传,极大的激发人们购买保险的积极性;公司亮出了“95519服务到永久”的保证,让投保人放心,并伴之实行预约上门服务,经常在闹市区、广场等设点咨询,散发保险条款及保险知识,使人们增加保险知识,了解保险险种,增加投保热情;便民服务到位,做到上门揽保,上门理赔、上门宣传、上门解难、上门咨询。

1996年—2000年,全区先后办理理赔案130772件,特别是意外险方面的理赔较多,涉及到学生平安保险、团体人身意外伤害险、个人意外伤害险等3个险种。寿险方面主要是简易人身保险、66鸿运(AB型)保险、99鸿福保险、重大疾病终身保险等4个险种,理赔金额共计7169万元,赔付率45%。其中:学生平安险理赔4694万元,团体人身意外伤害险,理赔2266万元;个人意外伤害险,理赔58万元;66鸿运AB型险,理赔78万元;99鸿福险,理赔32万元;重大疾病终身险,理赔39万元。1999年6月29日波阳县被保险人金洋,年方9岁,在京九高速公路发生车祸死亡,公司一次性赔偿保险金10.15万元。理赔工作坚持以保险法为准绳,重调查、取证,只要事故清楚、证据确实,属保险责任范围内的事,公司都以最快速度、及时将保险金送达受伤害人家中。做到符合赔偿条件的坚决赔。对个别不属于保险范围内的不符合规定的赔偿,做到以理服人。1998年5月23日上饶县被保险人张某,男,50岁,持医疗发票到公司要求赔偿住院医疗医药费,经公司员工审核,查看医疗发票和有关证明材料等,发现不属保险责任范围,然后善意的解释说:“按照你所投保的保险单,你的疾病不属保险责任范围,公司不能赔付。”张某虽然不同意,但员工做了耐心、善意的说服工作,最后拒赔这笔8万元不符合规定的赔款。

1996年—2000年人寿保险公司上饶分公司业务状况(一)

表20-5-4　　单位:万元

项目		1996年	1997年	1998年	1999年	2000年
保费收入合计		5500	10603	12045	14963	17165
人身保险小计	件数	554272	2534186	3565021	2548730	1374137
	保费	5500	10603	12045	14963	17165
团体定期人寿、年金保险	件数	7120	365	暂停办	250	1850
	保费	712	37	—	44	693
简易人身保险	件数	442598	2414623	3279326	2207622	1064456
	保费	354	1932	2624	1766	852

续表 20－5－4

项　目		1996 年	1997 年	1998 年	1999 年	2000 年
个人养老金保险	件数	1161	1206	982	1260	2
	保费	116	121	98	126	0.3
子女教育婚嫁保险	件数	55	52	58	74	379
	保费	6	5	6	7	38
年金保险	件数	1160	5984	4876	3981	3875
	保费	58	299	244	119	194
集体职工养老金保险	件数	188	364	774	47	5
	保费	11	22	47	3	0.3
养老金还本保险	件数	1	471	189	81	102
	保费	0.2	47	19	8	10
学生平安保险	件数	3600	3721	3700	3800	4103
	保费	1004	1900	1281	1404	2539
人身意外伤害保险	件数	9611	77466	193487	241648	187659
	保费	961	775	1935	2417	1867

1996 年—2000 年人寿保险公司上饶分公司业务状况(二)

表 20－5－5　单位:万元

项　目		1996 年	1997 年	1998 年	1999 年	2000 年
普通寿险保险	件数	2278	3376	162		
	保费	2278	337	162	停办	
鸿寿养老保险	件数		401	3442	4551	1396
	保费		92	792	1047	320
66 鸿运保险(A 型)	件数		155	240	290	223
	保费		16	24	29	22
66 鸿运保险(B 型)	件数		1201	5936	6994	6199
	保费		120	594	699	620
88 鸿利终身保险	件数		3504	30680	19336	7821
	保费		105	921	580	235
99 鸿福终身保险	件数		20084	29755	32898	31191
	保费		1607	2380	2632	2495

续表 20－5－5

项 目		1996 年	1997 年	1998 年	1999 年	2000 年
重大疾病定期保险	件数		11	6626	9765	6953
	保费		0.5	331	488	348
重大疾病终身保险	件数		540	1413	7249	5252
	保费		54	141	725	525
福寿安康保险	件数		582	3129	2287	14
	保费		82	439	320	2
其他保险(含 31 个险种)	件数		26478	81472	7298 6098	300340
	保费			18.7	35038	6385.2
理赔	件数	16252	20071	35015	28443	30991
	保费	9013	12082	14098	16262	2024

第六章 信托 证券 典当

第一节 信 托

1984 年 8 月,上饶地区工商银行率先成立信托部;同年,地区建设银行、农业银行和中国银行也先后开办了信托咨询业务。委托业务有:单位资金委托,专项资金信托,委托贷款等;代理业务有:代理发行债券,信用签证,代理收付,代理清欠;设备租赁有:自营租赁,委托租赁;其他信托业务有:票据承兑贴现,物资补偿贸易信托等。1985 年 3 月执行人民银行总行关于“宏观控制,微观搞活,抽紧银根,整顿信托”和县(市)一级不设信托机构的精神,全区各家银行信托部于年底先后改为地区银行信托投资公司代理处。

1991 年 12 月份前后,根据上级有关银行业与证券业务分业经营的政策,代理处相继停办:工商银行信托代理处转为华夏信托投资公司上饶证券营业部;农业银行信托代理处于 1992 年 9 月转为江西省江南信托投资公司上饶证券营业部;中国银行信托投资代理处经省协调组建为江西省国际信托投资公司,于 1997 年 6 月成立江西省国际信托投资公司上饶证券营业部;1997 年 9 月建设银行信托投资公司组建为申银万国证券公司上饶证券营业部。上述 4 个信托投资公司从组建到停办的时间都比较短,信托业务量根据 1998 年底全面停止运行后的报表统计,全区各家银行信托投资机构(包括代办点)各项委托存款 29780 万元。其中:委托存款 12520 万元,信托存款 16210 万元,其他存款 1050 万元。各项委托贷款 62630 万元,其中:委托贷款 12580 万元,信托贷款 41750 万元,抵押贷款 110 万元,票据贴现 50 万元,金融租赁 7810 万元,其他贷款 330 万元。

第二节　证　券

1991 年 12 月,根据人民银行总行《关于银行业与证券业分业经营的通知》,上饶地区工商银行、建设银行、中国银行、农业银行的信托投资公司相继停办,先后转为证券公司营业部。农业银行信托代理处于 1992 年组建为江西省江南信托投资公司上饶证券营业部;中国银行信托投资代理处,经省协调组建为江西省信托投资公司上饶证券营业部;工商银行信托代理处组建为华夏证券公司上饶证券营业部;建设银行信托投资公司组建为申银万国上饶证券营业部。华夏证券营业部率先于 1995 年开张营业、江南证券营业部、江信证券营业部、申银万国证券营业部于 1997 年先后开张营业。

各家证券营业部自成立起,业务发展很快,加上各证券营业部宣传工作深入、业务服务周到、电子设备先进、投资客户(股民)与日俱增,分流了一部分储蓄存款和社会闲散资金进入证券市场。从证券营业部 1995 年开办,到 2000 年年底,业务快速跃居各行各业榜首,开户户数、A 股交易量,营业收入,净利润,上缴营业税和所得税增幅平均为 10.6 倍、3.9 倍、5.7 倍、1.3 倍和 1.5 倍。1995 年—2000 年,开户户数从 585 户增加到 37891 户,增长 63.8 倍;A 股交易量从 29500 万元增加到 691402 万元,增长 23.4 倍;累计营业收入从 180 万元增加到 6164.6 万元,增长 5 倍;累计实现利润从 121 万增到 933.9 万元,增长 7.7 倍,上缴税金 602.2 万元。

1995 年—2000 年全区证券市场(营业部)经营状况

表 20-6-1　　　　单位:万元

年份	开户数	A 股交易量	营业收入	实现利润	缴纳税款	客户存款保证金
1995	585	29500	180	121	—	—
1996	2359	36300	208.2	162	—	958.3
1997	18402	216410	856	163	75	3083
1998	22995	220393	778.4	-290	80.9	3246
1999	28345	420597	1470.2	196.9	180	8006
2000	37891	720902	6164.6	933.9	347	12203
2000 年比 1995 年增长(%)	6377.09	2343.73	3324.77	671.81(1997 年)	362.66	1173.4(比 1996 年)
年平均递增(%)	230.3	589.51	202.75	150.47	166.63	188.92

江信证券上饶营业部　内设综合财务部、电脑工程部、客户交易部、网络经纪部等 4 个部门,并在玉山、铅山、弋阳、波阳、横峰 5 个县筹建了远程证券服务部。营业部配有两台美国惠普公司生产的高档专用服务器,网络系统采用全星型网络拓朴结构,网络具有极高的可靠性。1300 平方米的大厅设有 4 块 LED 电子显示大屏,能同时显示 288 种股票即时行情,18 台 29″高清晰度彩显组成电视墙和 12 台散户钱龙操作机,20 台刷卡机,二楼大户室设有 400 余台钱龙操作机。客户可通过钱龙自助、柜台、刷卡自助进行现场交易。同时,为方便非现场客户,营业部提供了自动电话委托,客户通过拨打自动电话可进行委托、成交查询、股票余额查询、资金

余额、指数查询、个股行情查询。1998 年，营业部在上饶率先与上饶电信局合作，在 169 互联网上安装了南天证券股票分析交易系统，方便、快捷地为投资者接收到各种行情分析、信息公告；1999 年 5 月，营业部与中国农业银行上饶地区分行在上饶率先开通证券联网电子转账业务，2000 年 10 月开通了与中国银行上饶市分行的银证转账业务，客户可通过银行网点或电话银行进行证券账户资金与银行账户资金之间的直接划转；营业部一楼散户大厅设有报刊栏、信息栏，报刊栏张贴每日中国证券报等证券报刊，信息栏分别张贴每日政策时事、股市资讯、分红派息公告、交易规则等内容供客户阅读，大厅还配有信息公告机，即时发布上交所和深交所卫星传来的信息；开通了与江信证券总部投资咨询部联网的声讯系统，每日定时在早盘前、午间收市后及下午收市后及时收听总部资深股评人士对当日大盘、个股走势的解盘。同时，在大厅还设有客户咨询专柜，随时向广大客户提供现场解评。此外，还与上饶晚报合作，独家协办《证券市场》栏目，共办 195 期。与上饶电视台合作，营业部咨询人员作为该台《股市周评》主持人，每周对大盘和个股进行评点；营业部定期为股民免费进行证券基础知识、操作技巧、钱龙系统操作培训。同时，不定期开办夜市，方便上班族分析股票行情。多次邀请省内知名证券人士到营业部举行股评报告会，对政策时事、财经要闻、大盘走势进行研讨，并现场回答股民提出的问题。

1999 年，为祝贺《中华人民共和国证券法》正式实施，营业部与上饶晚报社合作主办《证券法》有奖知识竞赛，同时，组织股民成立江信股市沙龙，制定股市沙龙组织章程，由股民自愿申请加入。通过沙龙进行行情研讨、郊游等活动，架起股民和券商、股民与股民之间的交流桥梁；利用营业部面积大的优势，建立娱乐生活服务场所，设立娱乐室，配置桌球、乒乓球等娱乐设施，让股民在休市期间进行一些有益健康的娱乐活动，丰富股民的生活，并于 1999 年举行江信杯第一届股民乒乓球比赛、2000 年举行股民联谊会。

1997 年—2000 年，营业部的股民开户数从 1997 年 4123 户增加到 2000 年 10507 户，增长 1.5 倍；交易量从 1997 年 17400 万元增加到 2000 年 200849 万元，增长 10.5 倍；营业收入从 1997 年的 70 万元增加到 2000 年 759 万元，增长 9.8 倍；净利润从 1997 年的 11 万元增加到 2000 年 160 万元，增长 13.5 倍。

江西省江南证券公司上饶营业部 1993 年成立，前身为江西省农业银行信托投资公司上饶营业部。营业部内设有总经理室、电脑部、财务部、办公室、交易部、拓展部 6 个职能部门，并分别在玉山、横峰、广丰、弋阳、铅山、婺源、德兴等 7 个县(市)开通网上交易远程委托，形成以营业部为结点，服务部为基点，辐射整个上饶地区的营业网络。在上饶首家实行客户经理制。1997 年—2000 年，累计网上客户数已达 600 余户，交易量达证券部总交易量的 20% 左右。其中德兴服务部被江西省证券协会正式批准为合法的远程服务点。营业部自成立之日起就坚持总公司“诚信、尊重、敬业、服务、创新”的指导思想，开户户数从 1997 年的 5260 户发展到 2000 年的 10428 户，增幅达 98.5%；交易量从 1997 年的 62350 万元增加到 2000 年的 186803 万元，增幅达 199.6%。1997 年至 2000 年累计实现利润 197.5 万元，共计上缴税款 67.8 万元(包括营业税和所得税)。

江西省申银万国证券公司上饶证券营业部 营业部自 1997 年开业时，一直秉承“开拓奉献，追求卓越”的企业精神，以一流的环境、一流的设施、一流的服务展开活动：其一是扩大了营业部面积，1997 年开业时，营业面积只有 1～4 楼，1000 平方米左右，环境比较简陋，经过一次次地装修改造，营业柜台全部安装了防盗门及防弹玻璃、与“110”联网的防盗防抢报警装置;安装了闭路电视摄像系统及传感报警系统;每个房间都配备空调、饮水机等。随着业务量的逐渐扩大,客户数量的不断增长,1999 年又租下国税大楼 5 楼,将营业面积从 1000 平方米,扩大至 1500 平方米; 其二是引进先进设备,两块大型电子显示屏,同时显示 A、B 股行情;上海、深圳均采用双向卫星传送行情及委托数据,准确而迅速;100 兆高速网,集成化管理;A 股及 B 股均为无形席位报价,成交即时回报;先进的自助委托系统,32 路电话委托;1999 年开始拓展“网上交易”,拥有专业证券网站“神网”,将行情、信息、网上交易为一体;其三是加强服务工作。首先在信息服务上,营业部拥有申银万国公司全国联网的信息系统,并设立信息专栏,在钱龙里设置了信息专版,全面及时地为股民提供大容量的信息;其次在交易服务上,增加磁卡刷卡机、自助委托机、自助交割机,增设自动电话委托等方便客户进行委托,提高客户委托的效率,通过推行代理配股、代理申购、代理配售等便民服务,节约客户时间,利用先进的技术手段及遍布全国的网点优势开设“银证联网”“网上交易”“通买通卖”等特色服务,使客户无论身处何处,都能够方便、快捷地进行交易,同时承诺“客户首问制”。最后,在客户最关注的咨询服务上,有营业部咨询部的分析师在现场为客户提供咨询服务,还依托公司的内部卫星会议系统,每天同步播放上海申银万国证券研究所著名投资分析师的即时解盘,评点大盘走势及个股推荐,并通过热线电话,使客户能够方便地与全国著名的投资分析师进行交流、咨询。与此同时营业部的特色服务——投资者教育活动也开展得有声有色,如在散户大厅设立投资者教育专栏,开办“投资者学校”,向股民免费散发投资者教育教材,组织客户参加证券知识竞赛,开展投资者征文等等。树立“诚信、专业”的企业形象。开户数从 1997 年的 3978 户增加到 2000 年 7230 户,增长 81.75%;保证金余额从 400 余万元上升到 2400 万元,增长了 5 倍;业务交易量达到 16.7 亿元,比 1997 年增长 32.5 倍;1997 年至 2000 年上缴营业税和所得税 52.8 万元,比 1997 年增长 4.8 倍;营业收入 105.4 万元比 1997 年 0.18 万元,增加 103.6 万元,增长 575.6 倍。2000 年实现利润 150.5 万元,比 1997 年大幅增长。

华夏证券公司上饶证券营业部 营业部开张时,只有一台 HP5/66LF 的服务器,到 2000 年底,已拥有五台服务器,(其中 DELL6300 服务器两台、COMPAQ530 一台)实现交易、数据服务器的热备份和交易与行情服务器相分离。实现交易故障发生时服务器的快速切换,确保系统安全可靠,网络设备也全部采用 CISCO 交换产品;对柜台交易系统多次升级,最终采用杭州恒生公司开发的恒生企业版柜台交易系统;1995 年 3 月,营业部在上饶独家开通国债期货交易(同年 5 月 18 日受政策因素影响全国停办了国债期货交易);1997 年 6 月,采用了 32 门自动连选中继电话,第一个结束以低效率、高风险的人工接听委托方式,方便在异地、及上班族的客户,同年底推出“运胜”远程交易系统;1998 年 4 月与工商银行科技处、卡部一同到外地实地考察银证转账业务,1998 年 7 月上旬又与当地其他三家券商营业部一同开通互联网远程交易,同年 12 月 8 日又与工商银行在上饶全区首家开通了银证转账业务;同年,率先开通 B 股交易业务,使 B 股业务在上饶证券市场首次登陆。网上交易、电话委托交易等非现场业务达到 35%左右。2000 年底,开户户数从 1995 年 585 户增加到 9726 户,增长 16.81 倍;交易额从 1995 年 29500 万元增加到 513800 万元,增长 17.7 倍;营业收入从 1995 年 180.5 万元增加到 1916 万元,增长 10.2 倍;实现净利润从 1995 年 121 万元增加到 644.8 万元,增长 5.2 倍;上缴营业税从 38.8 万元,增加到 159 万元,增长 4.2 倍;客户存款保证金从 958.3 万元,增加到 3814 万元,增长 1.8 倍。

第三节 典当(拍卖)

全区仅有一家汇杰典当行,于1996年10月筹建,1997年1月经省人民银行批准正式开张营业,典当行原属人民银行管理,2000年7月18日根据武汉人民银行237号转发人民银行总行和国家经贸委关于典当行业监管职责交接的通知精神,划归经贸委管理。典当行是股份制行业,共集资500万元,其中:单位股东15户;个人股东6户。截至2000年止,典当抵押占款余额180万元,质押占款余额19万元,合计199万元,占资本金兑额38%,资金循环运转安全性较好,但使用率不高,经营状况一般,除1997年因开业,门面装修设备添置等等方面的原因,亏损3万元以外,1998年—2000年都实现盈利,但业务量除在1998年创下400万元大关,占资本金总额80%以后,1999年和2000年两年均呈现萎缩状态。

拍卖行是于1996年经上饶市政府批准营业的,归属经贸委管理,注册资金100万元,1996年至2000年成交总额205.55万元。

1997年—2000年汇杰典当行业务经营状况

表20-6-2　　　　单位:万元

年份	抵(质)押占数	盈(+)、亏(-)
1997	130	-3
1998	400	21
1999	260	5
2000	180	2
2000年比1997年增长(%)	138.46	166.62

说明:拍卖行不属于金融系统,故未列表显示。

第七章 信用合作

第一节 机构人员

上饶地区城市信用合作社(中心社) 1992年12月8日批准成立,名称为上饶地区城市信用社中心社;1993年1月30日开张营业。办公地址在上饶市抗建中路2号,1994年迁至赣东北大道110号,1996年12月位于信江东路的中心社新建办公大楼竣工。中心社主要是由全区各县(市)城市信用社入股组成的城市合作金融组织,实行独立核算,自主经营、自负盈亏,单独纳税。是具有法人地位的经济实体。中心社行政主管部门原来是中国人民银行上饶地区中心支行。受中国人民银行领导、管理、协调、监督、稽核。

中心社本身是一个独立的经营金融业务的经济实体,但同时根据中国人民银行上饶地区中心支行的授权,管理全区各县、市城市信用社,对其行使行政和业务的领导和管理。中心社与各县(市)城市信用社在行政上是上下级关系,在经营上是企业法人之间的平等关系,在资金往来上是借贷关系。1996 年 9 月 30 日至 1998 年 6 月 30 日万年、广丰、婺源、横峰、波阳、铅山、玉山、德兴市、弋阳、上饶市、上饶县 12 县(市)城市信用社先后与当地人民银行正式脱钩。1998 年 6 月 30 日,地区城市信用中心社与人民银行彻底脱钩。人民银行不再是城市信用社的行政主管部门。人民银行对城市信用社与其他金融机构一样在金融业务上实行监管。1997 年,玉山县城市信用社划转农村信用联社管理。1998 年原地区房地产金融公司撤销,划归地区城市信用社中心社管理,更名为城市信用社中心社“银都营业部”。1999 年,波阳、余干、万年、弋阳 4 个城市信用社分别划归上述四个县的农村信用联社管理,其中弋阳县城市信用社一直未办理交接手续;2000 年 5 月横峰、德兴、婺源、铅山 4 县(市)分别划归上述 4 个县(市)的农村信用联社管理。同年 9 月,上饶市城市信用社更名为信州区城市信用社。

2000 年底,地区城市信用社内设人事处、资金信贷处、稽核保卫处、办公室、业务发展处、物业管理办 6 个处(室);下属中心社直属营业部、中心社银都营业部、信州区城市信用社、上饶、广丰县城市信用社 5 个机构;营业网点 21 个。有员工 218 人,其中:业务人员 173 人、行政人员 45 人;大专以上学历 59 人、高中文化 138 人、初中文化 21 人;经济师 14 人、会计师 2 人、政工师 1 人。

农村信用合作社(农金体改办)　1996 年以前一直隶属原上饶地区农行代管,设立信用合作管理科,行使人事教育、计划信贷、会计等职责,各项职能的实施都在农行的指导下进行。1996 年与农业银行“脱钩”后,成立了上饶地区农村金融体制改革领导小组办公室(简称“体改办”),由人民银行监管。体改办内设社务科、计划信贷科、稽核保卫科、财务电脑科 4 个科(室)。下辖 12 个县(市)农村信用联社。农村信用社与农业银行“脱钩”后,根据基层信用站的基本情况及稽核中发现的隐患,5 年中,清理撤并 374 个信用站。至 2000 年底,全区农村信用合作社下辖 12 个县(市)联社,230 个信用社,71 个分社,222 个储蓄所,331 个信用站。有员工 1944 人,其中:业务人员 1713 人、行政人员 231 人;大专以上学历 311 人、高中文化 1185 人;经济师 125 人、会计师 24 人。

城乡信用合作业务属城市信用社和农村信用社业务范畴。城市信用合作社和农村信用社都属股份制非银行金融机构。经营存款、贷款金融业务,服务对象主要是城乡集体企业、个体户、民营企业、乡镇企业、专业户,业务面覆盖广及城乡千家万户。机构延伸到街道里弄和广大农村。在县(市)设有城市信用合作社,在乡(镇)、场(矿)设有农村信用合作社,经营城市信用合作业务的城市信用合作社在街道里弄还设有营业网点和储蓄代办所;办理农村信用合作业务的农村信用合作社在乡一级设有基层信用社,在重点村设有农村信用分社,信用社触角星罗棋布,员工遍及广大农村。

第二节　经营业务

城市信用合作业务　主要办理城市集体企业,小型国营企业,股份制企业,个体工商户的存、贷款,租赁、投资和票据承兑、贴现以及结算业务,办理城镇个人储蓄存款,组织城市信用社联合贷款,办理各城市信用社的资金调剂,拆借和同城、异地汇划业务,经人民银行批准的其他代办业务等。

上饶城市信用社坚持以人为本、稳健经营、效益优先、优化服务、开拓创新、勤俭节约的办社宗旨。

1992年12月，上饶市城市信用社中心社成立之初，由于时间短，实力小，社会影响有限，各方面的条件都无法与几大国有商业银行相比，大企业几乎被几大商业银行垄断。城市信用社通过自己的努力，采取了各种有效办法来拓展业务，首先从扩大存款入手，把一些存款金额较大的客户，视为黄金客户，加强与他们的沟通和联系，主动走出去，做到上门服务，上门收、付存款。请进来广泛征求客户意见，从而稳住“黄金客户”的存款。其次是通过拓宽服务领域；塑造文明优质服务的良好形象，取得客户的普遍信赖。加上在信用社内部又推行《目标管理责任制》把目标任务层层分解，落实到人，实行工效挂钩。1991年，全区城市信用社存款只有2875万元，在全区所有金融机构存款中仅占0.09%，到2000年年末达到63506万元，增长21倍，占全区金融机构存款比重上升到3.7%，其中不包括已经划转给农村信用联社管理的8个县市城市信用社的存款数。由于城市信用社把组织存款的主要目标定位在个体工商业和城镇居民储蓄上。10年间，个体工商业存款从1991年的35万元，上升到2000年年末的4609万元，占据了绝对优势。城镇储蓄存款从1991年的1138万元，上升到2000年年末的42225万元，增长36倍。

1991年年末，全区城市信用社贷款只有3322万元，至2000年年末达到40280万元，增长11倍，资产负债比例也趋向合理，实力增强。在努力开拓业务的同时，不断改进和强化内部管理，取得较好的经济效益。

上饶地区城市信用社中心社1993年年末有固定资产212万元，2000年年末增加到1546万元，增加1334万元。2000年年末，公积金累计75万元。实有资本从1993年的100万元，增加到5008万元（改制时的资本金）；不良资产占信贷资产的13%，相对较低。在业务发展速度，盈利水平、资本充足率，不良资产所占比例等各个方面都优于国有商业银行。

1991年—2000年全区城市信用社年末存款余额

表20-7-1　　单位：万元

年份	合计	集体工业	集体商业	个体（民营）工商业	居民储蓄	其他存款
1991	2875	785	210	35	1138	1103
1992	6724	1004	507	120	2542	2551
1993	18047	853	918	340	5562	10374
1994	20740	2299	592	773	10301	6775
1995	31031	3989	1817	1634	14424	9167
1996	39786	4172	3670	2850	22189	6905
1997	46865	5318	3811	5508	26778	5450
1998	64065	1205	1040	3987	39114	18719
1999	76539	1377	2652	5838	47326	19346
2000	63506	734	1508	4609	42225	14430

说明：此表存款合计数2000年比1999年是下降的，原因是有4个城市信用社划转给农村信用联社管理。其存款不在城市信用社反映。

城市信用社贷款从1991年的3322万元，增加到2000年的42315万元，增加38993万元，增长11.7倍。由于2000年还有8个县级信用社从1997年开始先后划归农村信用联社管理，2000年末贷款余额还不包括上述8个城市信用社的贷款，因此贷款的实际增长数远远大于38993万元。城市信用社在贷款方向上，坚持优先投放风险相对较小的利润率较高，经济效益好的"两小"①企业；坚持优先贷给竞争力强，发展潜力大和政策性保护的企业；坚持贷给信誉程度高的储蓄存款户。大力支持民营工业企业：例如上饶市天元金属有限公司，生产的主要产品是粗铅、电解铅、金、银、铋和冰铜，在城市信用社支持下，完成三项技术改造工程，2000年实现销售收入1900万元，累计上缴税金180万元。企业历年都被评为地、市先进民营企业和纳税大户。民营上饶建信实业有限公司，是民营专业从事房地产开发的三级企业。开发南门西区2#、3#、5#楼、南门东区、火车站综合楼、解百商住楼、中山路休闲购物广场、云天楼、佳能小区、金色家园等10余个较大的项目都全部完工，开发销售的商品房达10多万平方米，信用社从资金上给予1000多万元的贷款支持，扶助企业发展，并取得良好的经济效益和社会效益。曾多次获得省建设厅、省消费者协会、市委、市政府授予的"先进房地产开发企业"、"重合同、守信用"、"质量信得过"等荣誉称号，通过ISO 9001:2000标准质量体系认证。

2000年底，全区城市信用社实现总收入3808万元，其中：营业收入3571万元，投资收益231万元，营业外收入6万元。实现利润104万元，上缴国家税金86万元。

1991年—2000年全区城市信用社各项贷款年末余额

表20-7-2　　单位：万元

年份	各项贷款合计		其中				
	金额	较上年增减+-	工业贷款	商业贷款	私营企业及个体贷款	中长期贷款	其他贷款
1991	3322		760	1461		502	599
1992	5505	2183	1445	2235		671	1154
1993	13618	8113	3316	3581		1305	5416
1994	13578	-40	4381	5434	828	1628	1307
1995	19465	5887	6472	5319	1252	2954	3468
1996	23961	4496	6816	6499	2013	2448	6185
1997	28625	4664	6589	8708	1133	9878	2317
1998	43073	14448	8371	9981	2330	15594	6797
1999	50529	7456	13700	13575	4746	14081	4427
2000	42315	-8214	11258	11060	2575	7131	10321

说明：1. 本表各项贷款合计数除1991年、1992年、1994年、1995年、1996年年数与人民银行统计资料数字一致，其余年份均与人民银行统计资料的数字有出入，本表按中心社所报数字填列；

2. 表中2000年与1999年比较贷款数是减少的，其原因是由于机构变动，有4个城市信用社划转农村信用联社管理，其贷款数不在城市信用社反映；

①"两小"：规模小、风险小。

3. 1993年与1994年比较贷款下降,原因是人民银行减少对城市信用社的再贷款,促使城市信用社压缩贷款规模。

2000年全区城市信用社股金结构情况

表20-7-3　　　　单位:万元

单位	股本金	股东户数(户)	其中				
			财政参股	法人股		自然人数	
				股金	户数	股金	户数
中心社	2366.7	106	500	1516.2	22	350.5	84
上饶市城市信用社	632.8	84	100	312.5	19	220.3	65
上饶县城市信用社	605.6	196	100	270.8	21	234.8	175
广丰县城市信用社	863	47	200	500	5	163	42
弋阳县城市信用社	539.7	72	100	120	4	319.7	68
合计	5007.8	505	1000	2719.5	71	1288.3	434

农村信用合作业务　2000年年底,全区农村信用社各项存款余额从1996年末的203567万元增加到371161万元,净增167594万元,占全区金融机构存款总额的21.6%,增长82.15%;其中农村储蓄存款余额339182万元,占农信社存款总额95.38%;乡镇企业存款31979万元,占存款总额4.62%。农村储蓄存款的增幅超过预期增长幅度,2000年比1996年净增149366万元,增长179.78%。农村储蓄存款的增加:首先是农村经济发展,农民增收门路拓宽,增收渠道增加,农民收入增加;其次是农村的种植业,养殖业、农副产品加工业发展的劲头大,增加农民的副业收入;第三是农忙务农、农闲进城做工,增加农民收入;第四是一批走出外地打工的"打工族",汇入养家资金转存信用社。股金余额6514万元,比1996年387万元增加了6127万元,增长16.8倍。在推进业务开展中,一是做到了各个县联社都从实际出发制定存款计划提交社员代表大会审议通过,并把存款工作任务落实到了每一位职工,实现年年首季"开门红";二是在宣传上下功夫。农村信用社在宣传上采取"多管齐下"的策略,充分利用横幅、报刊、广场大街咨询、电视新闻报道等等各种宣传工具;三是提高服务水平,增加服务项目,每个储蓄网点都推出一些符合实际情况的服务项目,如电话预约、上门服务、代收代付等。1998年起信用社因地制宜地加快农村信用社管理体制改革,全面推行劳动用工和工资制度的改革,把信用社的效益与职工的收入挂钩。加大扭亏为盈责任制考核奖惩力度,进一步提高农村信用社自主经营、自我发展、自负盈亏和自担风险的能力。

2000年年底,全区农村信用社各项贷款余额224110万元,比1996年增加11265万元,增长5.29%。农村信用合作社贷款发放紧紧围绕农村产业结构调整,改进和加强支农服务。做到心想农业,关心农民,心系农村,人走田间地头,钱投广大农村,大力扶持种植业,养殖业和农副产品加工与运输的发展。信用社根据农村产业结构调整中,农民对发展生产、改善生活的新要求,改进服务方式,简化贷款手续,增加"小额农户信用贷款"新品种,争取到"全国农户小额信用贷款"会议在婺源召开。

2000年年底,全区农村信用社发放农业贷款余额为99416万元,占贷款总额的69.60%。

1991年—2000年年底,累计发放各项贷款余额155980万元,其中累放各项农业贷款76253万元,帮助农民购买化肥70119吨,农药6123吨,种子6276吨,薄膜4380吨,农机具12090台(件),耕畜8931头,饲料6039吨,建水电排灌站416个。制定《小额农贷管理办法》,发放农户信用贷款(小额),对备春耕生产小额贷款实行"小额定向,双开双包"的服务方式,根据农户承包土地、经营情况和还款能力,确定在2000元以下小额农业贷款免除抵押担保,采取"一次核定,随用随贷,余额控制,次数不限,周转使用"的办法,凭《贷款证》《股金证》《身份证》随到随办。

1996年—2000年全区农村信用社存款及股金余额

表20-7-4　　单位:万元

年份	合计	农村储蓄存款			乡镇企业存款	股金（不计入存款）
		小计	定期	活期		
1996	203567	189816	156195	33621	13751	387
1997	237087	219966	180206	39760	17121	738
1998	268575	252013	210000	42013	16562	4572
1999	298684	277133	225230	51903	21551	48840
2000	371161	339182	275482	63700	31979	6514

1996年—2000年全区农村信用社贷款余额

表20-7-5　　单位:万元

项目		1996年	1997年	1998年	1999年	2000年
年末余额		111456	130245	160677	181137	224110
乡镇企业贷款	小计	36387	38853	47288	54697	68130
	生产费用	28094	29234	34674	32394	43143
	生产设备	8293	9619	12614	22303	24987
农户生产费用与设备贷款	小计	30859	38071	48702	52364	65759
	生产费用	20173	26568	34009	36910	45932
	生产设备	10686	11503	14693	15454	19827
农户多种经营、农业、生活贷款	小计	44210	53321	64687	74076	90221
	多种经营	12205	14573	17984	20329	30883
	农业贷款	21009	27878	34827	39126	45307
	生活贷款	10996	10870	11876	14621	14031
累计放出贷款		95881	82757	105711	99522	139162
累计收回贷款		73245	60182	82270	71169	94310

第八章 国库 国债

第一节 国 库

根据《中华人民共和国国金库条例》的规定,国库工作实行垂直领导。人民银行上饶地区中心支行设立中心支库,各县(市)人民银行设立支库。各专业银行基层机构设国库经收处,代理国库业务。

1991年—2000年10年间,全区国库部门共办理预算收入2270769万元,其中:中央预算收入321428万元,地方预算收入1954341万元。预算支出1398817万元。所有预算收入都做到及时收纳,按时报解,预算支出按计划和审批程序拨付。

预算收支增减变化情况:1991年中央预算、省级预算、市级预算收入分别为8630万元、1059万元、39420万元,2000年分别达到50151万元、9698万元、105255万元,较1991年增长4.81倍、8.2倍和1.7倍。增长速度省级预算收入高于市级预算收入。

从预算支出分析,1991年预算总支出为39832万元,扣除预算调拨支出,实际支出21044万元,到2000年达到99406万元(扣除调拨支出)增长3.7倍,低于收入的增幅。其中行政事业管理费1991年5910万元,2000年达到20646万元,增长2.4倍;文教卫生事业费1991年为10605万元,2000年达到36818万元,增长2.5倍;基本建设拨款1991年为134万元,2000年达到26121万元,增长193倍。增幅最高的是基建拨款和城市维护费。

1991年—2000年国家金库上饶中心支库预算收支情况

表20-8-1　　单位:万元

年份	预算收入					预算支出							
	合计	中央预算收入	地方预算收入			合计	基建拨款	企业控潜改造	城市维护费	文教卫生事业费	抚恤和社会福利费	行政管理费	预算调拨
			省级	市级	预算调拨收入								
合计	2270769	321428	46508	754802	1148031	1398817	155000	60510	41001	247840	33029	132437	729000
1991	98826	8630	1059	39420	49717	39832	134	1602	1263	10605	1530	5910	18788
1992	104756	4279	856	44785	54836	71167	15	1723	1539	13599	2471	7579	44241
1993	130302	4936	1127	63882	60357	89438	70	3749	1759	14896	1850	9174	57940
1994	158134	35464	3864	53808	64998	73879	63	5908	2913	20508	2008	1310	41169
1995	156475	40151	3935	69126	43263	74233	380	5247	4443	18324	2929	11847	31063
1996	188205	43090	4410	85064	55641	91832	678	7256	5077	25246	3127	18211	32237
1997	240978	40577	6509	95880	98012	141794	2089	10714	4568	37143	3891	20991	62398
1998	355434	46629	7312	94400	207093	213706	24754	8814	6323	35916	7402	17317	113180
1999	489436	47521	7738	103182	330995	368172	100696	9291	6907	34785	4415	19452	192626
2000	348223	50151	9698	105255	183119	234764	26121	6206	6209	36818	3406	20646	135358

第二节　国　债

1991年—2000年，全区各级人民银行根据《中华人民共和国中国人民银行法》第24条“中国人民银行可以代理国务院和财政部向各金融机构组织发行、兑付国债和其他政策债券”的规定，按照国家财政部的统一计划，分期发行，各金融机构营业网点代理发行，发行方式由不记名逐步到凭证式国债。10年中先后代理兑付各种债券本金9919万元，代理债券利息4732万元。代理国债发行和兑付是国库部门的职责。国债兑付期结束后，各金融机构向同级国库划转资金。

1991年—2000年全区国债发行兑付情况

表20－8－2　　单位：万元

年份	发行数	本金	利息	本息合计
合计	27407	9919	4732	14651
1991	–	1700	685	2385
1992	–	1370	620	1990
1993	6150	1090	460	1550
1994	–	1323	530	1853
1995	–	2115	1242	3357
1996	5518	286	167	453
1997	6903	760	481	1241
1998	9210	397	221	618
1999	14940	74	40	114
2000	12080	804	286	1090

第九章　金融监理

第一节　机构管理

人民银行上饶地区中心支行依法对境内金融机构实行全过程管理。

市场准入和退出的管理　境内凡是设立新的金融机构和金融机构增设营业网点，搬迁营业网点、撤销营业网点、营业网点更名、变更业务经营范围等都必须报当地人民银行批准。设立金融机构，增设营业网点也事先报人民银行审核批准，经人民银行审核批准后，发给经营金融业务许可证，然后向工商行政管理部门登记，领取营业执照后，方开张营业。凡是单独核算的金融机构撤销，均提前报人民银行批准，同时进行清产核资，所有债权债务清算及交接手续办妥后,便宣布撤销,退出金融市场。

对高级金融管理人员的管理 金融机构高级管理人员在任职前报同级人民银行进行任职资格审查,经人民银行审查认可后任命。人民银行还定期对高管人员进行考核,建立高管人员档案,发现有重大违法、违规行为者提出撤换。

对金融机构业务活动的监督管理 人民银行对金融机构日常监督管理主要是监督检查各金融机构是否合法、合规经营,不干预金融机构的具体业务活动。对违规经营的,有权对其进行处罚,处罚方式有提出警告、限期改正、停业整顿、免去其领导人职务、直至下令撤销该机构等。

监管方式主要有常规稽核、现场检查、非现场检查、专项检查等。同时设立举报电话、举报信箱,受理群众举报。常规稽核由人民银行稽核科承当,但 1999 年稽核科撤销。中支推出了派驻监管员制度,各经营机构的日常业务活动都有专门人员负责监管。现场检查由人民银行组织人员,到各金融机构检查各类账表、凭证等。非现场检查主要是通过分析各金融机构业务报表,从中发现问题。1991 年—2000 年,全区人行系统投入的工作量累计达 25352 人/日,查出违规金额 462916 万元,处以罚款 147.03 万元,补交利息 217.19 万元,提出整改意见 1928 条,其中绝大部分被接受检查的单位所采纳。

金融机构年检 人民银行每年对辖区内的所有金融机构都要普遍进行一次全面检查。据 1991 年—1995 年统计,对全区 1000 余家金融机构(1991 年为 1201 个,1995 年为 1338 个)进行了每年一次的年检,检查面达 100%。通过年检撤销不合格金融机构 34 个,罚息 20.6 万元。年检中发现的问题有关机构都及时进行了整改。

运用信息技术 建立银行信贷登记咨询系统,实施动态即时监督。2000 年年末全区金融机构 124.1 亿元贷款进入了人民银行信贷登记咨询系统,占全部贷款的 83.9%,发放贷款卡 2719 户,配虚拟卡 5246 户。通过网上查询,可以随时了解各金融机构贷款的发放与收回情况,贷款的投向和投量。同时也为各金融机构提供了网上信息服务,各金融机构上网查询企业资信 2200 余次,效果很好。该系统的开发和应用获得人民银行总行的通报表彰。

建立行业自律机制 1991 年—2000 年,主要是通过行长联席会议,相互通报情况,协调各家银行之间的关系,解决业务纠纷。2000 年由人民银行牵头筹建了银行同业公会,制定会员公约、规范和约束会员的业务活动,协调同业关系。形成了自我约束机制。

发挥驻金融系统纪检监察机构作用 1997 年,在全市区范围内开展了一次金融执法检查,查出违规、违纪金额 51 笔 280.3 万元,避免和挽回经济损失 249.5 万元,实行经济处罚 2 人,行政处分 7 人,撤职 1 人,开除 1 人,记过 3 人,降级 2 人,提出执行监察建议 5 份,协助建章立制 9 项。

第二节 利率管理

1990 年代初,各金融机构通过发储蓄手续费,搞有奖储蓄,发纪念品等各种手段变相提高利率的现象较为普遍,有的手续费甚至高达 2.5%。针对这一情况,人民银行地区中心支行采取了各种有效措施加以制止。

仅据 1993 年、1996 年、1997 年、1999 年 4 年统计共组织检查 462 次,查处违规单位 147 个,处以罚款 618.2 万元,冻结储蓄存款 2004 万元(该金融机构不能使用这部分存款,不影响储户提取存款)责令停止整顿的金融机构有5个,吊销营业许可证一家,违规的储蓄所负责人受到撤职和降级处分的5人。并将查处情况在金融系统中予以通报。

1988年—1999年部分年份存贷款利率变动情况

表20-9-1　　单位:年利率%

项目	时间			
	1988年9月1日	1993年7月11日	1997年10月23日	1999年6月10日
存款利率				
一、活期	2.88	3.15	1.71	0.99
二.整存整取				
三个月		6.66	2.88	1.98
半年	6.48	9	4.14	2.16
一年	8.64	10.98	5.67	2.25
二年	9.18	11.7	5.94	2.43
三年	9.72	12.24	6.21	2.7
五年	10.8	13.86	6.66	2.88
三、零存整取、整存零取、存本取息				
一年	7.2	9	4.14	1.98
三年	8.64	10.98	5.67	2.16
五年	9.72	12.24	6.21	2.25
四、定活两便				
不足三个月	—		1.71	0.99
三个月	—	按一年期以内定期整存整取同档次利率六折执行	1.728	1.188
半年	5.832		2.484	1.296
一年及一年以上	7.776		3.402	1.35
五、通知存款				
一天	—	—	按同期同档次储蓄	1.35
七天	—	—	存款打六点五折	1.89
贷款利率				
一、短期贷款				
半年以下	8.64	9	7.65	5.58
半年至一年	9	10.98	8.64	5.85
二、中长期贷款				

续表 20－9－1

项目	时间			
	1988 年 9 月 1 日	1993 年 7 月 11 日	1997 年 10 月 23 日	1999 年 6 月 10 日
一年以下	9	10.98	8.64	—
一至三年	9.9	12.24	9.36	5.94
三至五年	1080	13.86	9.9	6.03
五年以上	13.32	14.04	10.53	6.21
三、住房贷款				
1. 职工个人政策性住房贷款(在 3 个月整存整取存款利率基础按表列加点执行)				
一至三年		加 1.8 个百分点	加 1.8 个百分点	加 1.8 个百分点
三至五年		加 1.8 个百分点	加 2.16 个百分点	加 1.8 个百分点
五至十年		加 1.8 个百分点	加 2.34 个百分点	加 1.8 个百分点
十至十五年		加 1.8 个百分点	加 2.88 个百分点	加 1.8 个百分点
十五年至二十年			加 3.42 个百分点	加 1.8 个百分点
2. 商业银行自营性住房贷款:按同档次固定资产贷款利率执行				
住房开发贷款				
个人住房贷款				
一年以下		加 1.8 个百分点		5.58
一年至三年		加 1.8 个百分点	加 1.8 个百分点	5.85
三年至五年		加 1.8 个百分点	加 1.8 个百分点	5.94
五年以上		加 1.8 个百分点	加 1.8 个百分点	6.03
十年以上		加 1.8 个百分点	加 1.8 个百分点	6.33

第三节 现金(工资基金)管理

1994 年,执行中国人民银行制定了《银行帐户管理办法》,办法规定账户分为基本存款帐户、一般存款账户、临时存款账户和专用存款账户四种。一个单位只能在一家银行开立一个基本存款账户。只有基本存款账户可以在规定范围内提取现金,其他账户一律不得提取现金。防止多头开户、开设多个,账户套取现金。同时,实施中国人民银行江西省分行在全省范围内推行的现金结算卡制度。规定每一个在银行开有基本存款账户的单位,可以在当地人民银行申请现金结算卡,凭卡以及现金支票在银行提取现金,开户银行对客户提取的现金都必须在现金结算卡上登记备查。1997 年,贯彻中国人民银行下发的《大额现金支付管理的通知》及省人民银行制定的具体实施办法,对大额现金支付的审批程序和审批权限以及登记备案等作了详细的规定。

《大额现金支付管理的通知》对个人储蓄存款提取大额现金也作出了规定，这是以往的现金管理规定中所没有的。通知规定继续执行“存款自愿，取款自由，存款有息，为储户保密”的原则。但对一日一次性从储蓄账户（含银行卡户）提取现金5万元（不含5万）以上的，储蓄机构柜台人员应请取款人提供有效的身份证件，经储蓄所负责人核实后予以支付。其中一次性提取现金20万元（含20万元）以上的，应请取款人至少提前一天以电话等方式预约。同时规定对一日一次性超过5万元以上或一日累计超过5万元以上的现金支付，银行内部要逐笔登记，并按月向当地人民银行报送备案。

人民银行现金管理的主要职责是监督检查各金融机构按上述规定做好日常的现金管理和支付审查监督工作。其次是组织现金管理检查，深入机关、企业、事业单位，进行现金管理检查，大都与地方组织的财务、税收、物价三大检查同时进行。目前现金管理方面又增加了一项重要内容，即反洗钱。

关于工资基金管理，发生了较大变化。在1990年代之前银行对工资基金管理比较严格。进入1990年代后，随着企业改革的不断深化，分配方式呈现多样性，工资的浮动幅度较大，银行已难于控制，银行单位工资基金台账已经取消，工资基金的管理由劳动部门和企业主管单位自行控制。开户行不再逐笔审批。

第四节　人民币管理

1991年—2000年，中国人民银行上饶地区中心支行在管理人民币方面严格执行《中华人民共和国中国人民银行法》、《中华人民共和国人民币管理条例》和《全国人民代表大会常务委员会关于惩治破坏金融秩序犯罪的决定》。

地区中心支行担负全区各县（市）的发行基金保管与调拨任务。人民银行的发行库，好比人民币流通中的心脏。投放出的货币从发行库到各金融机构，再由金融机构的营业网点投入市场流通，各金融机构回笼的货币除保留必要的库存以外，全部交存人民银行发行库。需要时又从人民银行发行库中支取，再投放到市场，如此循环往复。其出发点和归宿都在人民银行。人民银行根据市场需要投放一定数量的货币，并随时调节，同时主币与辅币，各种不同券别都根据经济活动的需要保持一定的比例。随时监测市场货币流通状况，及时调整。使市场货币流通量始终保持在正常需要的水平。

人民银行建立了整套严密的库房管理制度。从库款的保管、出入库、守卫、押运等各个环节都有章可循，严格执行。行长每月至少要亲自参加查库一次，检查账款是否相符，各项规章制度是否真正落实，安全设施是否安全有效，有无隐患等等，发现问题及时采取措施，加以改进。同时加强安全设施建设，安装了先进的电子监控设备，配备了武器弹药和专职经警守卫，实行24小时全天候监控和守卫。各级政府也十分重视银行库房的安全保卫工作。10年间中心支行和各县（市）支行发行库尚未出现任何安全事故。

人民银行注重对人民币的宣传教育，保持流通中人民币的整洁，维护人民币信誉。各金融机构营业网点的出纳人员经常做好柜面宣传工作，向客户和广大储户宣传人民币管理的有关规定，人民币真伪的鉴别方法。营业场所张贴有关爱护人民币的标语。新版人民币的发行事先在报纸、电台公布，张贴票样，介绍其特征和防伪标识等，让公众事先了解，便于流通。每年还要组织若干次有关人民币知识及爱护人民币的大型咨询活动，张贴宣传标语，出动宣传车，设立宣传咨询点,帮助群众了解有关人民币的常识,培养全社会爱护人民币的道德风尚。如1997、1998连续两年开展了爱护人民币的宣传周活动。1997年在宣传活动中,全区共设立咨询点60个,参加咨询服务人员1250人次,分发宣传单1万余份,宣传画5000余张。1998年在宣传周活动中设立咨询点172个,印发宣传资料51万份。

各金融机构在受理单位和个人存入银行的现金时,将破旧、污损的人民币逐一挑剔出来,集中交人民银行,定期将这些损伤券销毁,补充新人民币。每年都有相当数量的残损券销毁。在销毁前这些损伤券都要经过认真复核,然后在上级行派出的人员监督下,进行粉碎,再送造纸厂作为造纸原料。1991年—2000年10年间,全区共销毁损伤人民币567482万元。市场流通中的人民币新旧程度基本保持在7成左右。

1991年—2000年地区中心支行损伤券销毁数

表20-9-2　　单位:万元

年　份	销毁金额	年　份	销毁金额	年　份	销毁金额	年　份	销毁金额
合　计	567482						
1991	26851	1994	11863	1997	83800	2000	175041
1992	14525	1995	20739	1998	63700		
1993	8501	1996	48262	1999	114200		

1991—1990年代,由于技术进步,犯罪分子利用彩色复印、电子扫描制版等先进技术,大量印制假人民币,而且难以识别,达到以假乱真的地步。国外、境外犯罪集团也把大量假币走私到境内,针对这一情况,地区人民银行中心支行加大打击假币的力度,每年都开展反假币宣传活动,宣传有关人民币真伪鉴别方法,介绍有效的验钞设备,宣传有关法律知识,从各方面杜绝假币的流通。其次是要求各金融机构把好关口,凡是柜面收到的假币一律当场没收,并盖上假币印章,收缴的假币统一上交人民银行销毁。同时联合公安、工商管理等部门成立打击制假贩假领导小组,集中打击制造和贩卖、走私假人民币的犯罪分子。清理收缴盗用人民币、外币图案的印刷品等,到2000年底,境内尚未发现制造假币窝点,也未发现巨额的贩假活动,收缴的假币数量相对周边地区较少。

1991年—2000年全区假人民币收缴情况

表20-9-3

年　份	张数(张)	金　额(元)	年　份	张数(张)	金　额(元)
合　计	64456	1785039	1996	4218	126795
1991	389	23201	1997	5315	146880
1992	916	32350.8	1998	16244	188157.5
1993	1382	89792.5	1999	12135	531457
1994	3595	267774.2	2000	16446	267734
1995	3816	110897			

第五节　金银管理

1990年代开始，境内各大商场和各县（市）均开设了金银饰品专卖柜台，金银饰品加工户也逐渐增多，仅上饶市城区经批准的金银饰品加工点就有近40个。

金银饰品市场虽然开放，但金银仍然作为通货实行统购统配。1999年，执行中国人民银行《关于白银改革有关问题的通知》，取消了白银统购统配的管理体制，放开了白银市场，允许白银生产企业产销直接见面。对白银生产经营活动按照一般商品的有关规定办理。从此，管制了50年的白银终于完全放开。到2000年止，黄金虽然没有完全放开，但价格基本上按照国际市场黄金价格浮动。

1991年—2000年全区黄金、白银收购配售情况

表20-9-4

年　份	收　购			配　售
	黄金（克）	白银（千克）	银元（克）	白银（克）
合　计	3893795.12	279165	1145	27.3
1991	111266.56	30191	504	4.6
1992	51796.03	3210	245	
1993	47091.83	35045	249	
1994	90678.05	27555	7	
1995	245637.21	38503	16	9.05
1996	389578.35	40589	6	
1997	679018.3	77616	19	
1998	835437.45	10051		
1999	882536.07		99	13.65
2000	560755.27			

说明：上饶地区首家批准经营金银饰品的是上饶市侨汇商店，1986年，上饶银鹰金银饰品商行开业。

第六节　结算管理

境内人民银行结算管理依据的主要法律规定是《中华人民共和国票据法》《票据管理实施办法》《支付结算办法》《银行账户管理办法》《结汇、售汇及付汇管理办法》《违反银行结算制度处罚规定》等。

人民银行日常的结算管理活动是：1. 审查批准设立银行账户，避免多头开户，逃避银行结算监督。规定所有单位无论在哪家银行开立结算账户都必须经当地人民银行审查批准，经人民银行审查批准后方可开户。同时规定一个单位只能选择一家银行开立一个基本账户，作为该单位办理结算和提取现金的主要账户，确属需要可以申请开立临时账户、专用账户，作为该单位的辅助账户;2. 统一印制和管理重要结算凭证,支票(包括现金支票)、汇票等重要结算凭证由人民银行统一设计规格、指定印制单位、统一印制和管理;3. 进行结算纪律检查,检查各金融机构有无违反结算管理规定,纠正金融机构之间相互扣压凭证以及无理拒收、拒付、拖延付款等行为,人民银行经常组织人员到各营业网点进行检查;据 1991 年、1992 年、1993 年、1996 年 4 年统计,全区共检查金融机构 458 个,检查笔数 199751 笔,金额达数十亿元,对违规结算处以罚款 25437 元,支付结算赔偿金 2.4 万元,撤销违规账户 1361 户,严肃结算纪律,维护正常的结算秩序。4、搞好结算服务,境内先后建成了两个卫星地面站、12 个票据交换中心,为金融机构提供了安全、快捷的异地结算和金融机构之间的清算服务。据 2000 年年末统计,全年共办理银行间票据交换业务 354854 笔,金额 6368203 万元,没有出现任何差错事故。

第七节 风险监管

地区人民银行中心支行针对境内存在的非法金融机构乱集资,管理混乱亏损严重的金融机构,质量差、有问题贷款多,超规模发放贷款资产负债比例高等 4 个方面的金融风险。采取严加防范措施。

打击非法金融机构制止乱集资 凡是发现未经批准开设的非法金融机构,坚决查处。1997 年地区中心支行与弋阳县支行一起查处了弋阳县国债推销公司非法经营金融业务的案件,成功地化解一起极为严重的潜在金融风险。弋阳县国债推销公司成立于 1993 年,注册资本 29.53 万元,经营范围为国债推销、兼营电脑打字、装潢材料等。弋阳县人民银行于 1995 年曾对该公司进行过检查,发现该公司非法办理贷款及收购美元等金融业务,为此,弋阳县人民银行曾对该公司进行处罚并责令其停办金融业务。1996 年年底再次到该公司检查时,发现其不仅没有停办金融业务,而且变本加厉,扩大金融业务,并且将吸收的存款借给外地,法人代表携带公款 300 余万元外逃。弋阳县人民银行将检查情况报告地区中心支行,1997 年初,地区中心支行组织人员到该公司再次检查核实,并向上饶行署写出书面专题汇报,行署领导十分重视,分管金融工作的副专员在报告上作重要批示,弋阳县政府根据领导批示,召开县政府常务会议进行专题研究。决定依法立案,果断处理。成立专案组,由县公安局局长任组长。并由县公安局、县人民银行、县工商局共同查封该公司。对公司账务进行全面清理。同时县公安局向全国发出《通缉令》捉拿该公司法人代表,对涉案人员行政拘留 13 人次,全力追缴欠款。经过全面清查,该公司从 1993 年至 1997 年 1 月 20 日止,共发生存款业务 24338077.83 元,其中收入 14246643.24 元。账面定期存款余额 4155208.65 元,活期存款 50728.48 元。经过公安、法院、检察院的共同努力,想方设法寻找借款户,收回借款 144.7 万元,加上公司在金融机构存款及有价证券 40 万元,共计收回 184.7 万元。无法兑付客户全部存款。县政府在征得有关部门同意后决定由县财政向县各家金融机构借款,分两次向所有客户兑清全部存款。

同年,对波阳县桥头乡滩头镇部分村民私设“储金会”以“高进高出”手段办理存贷款业务进行立案查处,收回贷款 150 万元,退回群众存款 130 万元。1999 年又取缔农村合作基金会 26 家,清付股金存款 3640 万元,收回贷款 1663 万元。

1998 年,通过检查发现广丰县芦林大道项目有限公司以股权转让形式高息集资的行为,进行制止,责成该公司退回全部集资款项。

1999 年,对德兴、铅山、弋阳等地以发电影票、有奖销售名义非法发行彩票和变相发行彩票的集资活动进行了查处，坚决取缔。

清理整顿高风险金融机构　清理整顿高风险金融机构的重点是城乡信用社。地区中心支行组织力量于1998、1999两年对全区农村信用社进行全面清理整顿。对215个农村信用社业务活动进行规范。经过清理整顿，降格信用社19个，撤销信用社51个，化解资不抵债信用社51个，清收不良资产1.5亿元，入股社员36.17万户，入股资金5096万元。制定《上饶地区农村信用社贷款管理试行办法》和《新增贷款责任人终身承诺制》。

对城市信用社分不同类别实行分类监管，对高风险城市信用社，加强监管。同时在玉山试行城市信用社划归农村信用联社管理的试点，在试点的基础上全面推开，先后将玉山、横峰、铅山、德兴、婺源、万年、余干、波阳县8个城市信用社划归农村信用联社管理。

加强对贷款的监督检查　1991年9月至10月，对部分信贷资产进行专项检查，成立4个检查组，抽查县以上金融机构42个，基层机构160个。全面检查上述机构1991年6月末集体、个体贷款46620.81万元，检查结果显示：正常贷款21818.3万元，基本正常的12198.79万元，有严重问题的6289.07万元，难以收回的12198.79万元。不正常贷款高达39.6%。从检查结果看问题相当突出，检查后向各有关单位提出相应的处理意见和改进建议。1993年对违章拆借资金和违规贷款进行清理检查，查出违规拆借资金27152万元，督促收回19237万元，占应收回数的70.85%。收回违规贷款822.3万元。

争取地方政府支持，降低不良资产　1996年，人民银行地区中心支行发现德兴市金融系统实行高效低风险、盘活资金存量的做法比较好，并建议行署在德兴市召开有各县（市）长、各家银行行长和有关部门负责人参加的全区信贷资金管理工作会议。推广德兴市经验。专题研究盘活资金存量，增加有效供给，提高资金效益问题。同时把盘活资金存量列入对县市政府目标考核内容之一，引起各级政府的重视，收到较好的效果，到年底金融机构不良资产下降5个百分点，盘活资金4.12亿元。

建立风险预警系统　人民银行地区中心支行建立一套完整的监测指标体系，通过收集到的各金融机构的统计数据以及各项业务报表、调查研究资料的综合分析，及时预测可能存在的风险，以便及时采取有效措施，予以化解。1991年—2000年的10年间，全区金融系统尚未发生过任何金融风险。

第八节　外汇管理

地区外汇管理分局下设外汇管理科，具体负责本辖区金融机构经营外汇业务的审批，检查监督外汇金融机构执行国家外汇管理政策、规定情况，按规定汇总上报有关外汇业务的报表，如国际收支申报、外债、外汇转贷款登记、外商投资企业外汇管理、进出口收、付汇核销。查处违反国家外汇管理的违规行为。1995年国家对外汇的管理实行的是管制政策。1995年随着国家外汇管理体制改革的出台，对经常性项目的外汇管理有所放宽。

1990年代之前，境内办理外汇业务的金融机构只有中国银行一家，到2000年年末，经批准办理外汇业务的金融机构达到54个，其中绝大部分是办理外币储蓄和外汇人民币兑换的储蓄所。

地区外汇管理分局根据国家赋予的外汇管理职权，加强外汇管理，开展各项检查，据统计，1993年—1996年，全区共查出金融机构违反外汇管理规定的金额268.64万元，处以罚款3.51

万元。责令未经批准经营外汇的金融机构停办外汇业务,纠正各种违规行为。

1998 年,立案查处了江西信彩工艺制品有限公司骗汇一案。1997 年 10 月,“江西省信彩工艺制品有限公司”向工商银行江西省分行提出申请开立信用证,用于进口生产原材料,省工行为该公司开出 59.4 万美元不可撤销的远期信用证,并于 1998 年 4 月 21 日将所购外汇 59.4 万美元,汇往香港的意大利银行,收款人为香港汇银国际有限公司。但原材料并未从境外进口,而是东莞的三资企业购进,利用深圳某公司的两份假报关单套购 48.33 万美元,支付东莞的原材料款。形成了事实上骗购外汇行为,处以 4883 美元的罚款。

1999 年,查处了江西光学仪器总厂擅自向香港精熙投资有限公司借款 690 万元港币一案。1995 年,江西光学仪器总厂与台湾佳能工业股份有限公司达成合作协议在广东东莞成立广东联合光学仪器有限公司。1997 年 3 月,该公司签订合资变更合同。增加注册资本,其中:江西光学仪器总厂出资 690 万港元,在向广东联合光学仪器有限公司注入投资份额时,未报外汇管理部门审批的情况,擅自与香港精熙投资有限公司签订了金额为 690 万元港元、期限一年的借款合同,作为江西光学仪器总厂的投资汇入广东联合光学仪器有限公司账户。合同到期,需要购汇还款时,才向上饶外汇管理支局报告。上饶外汇管理支局给予该厂警告,并通报批评和处罚款人民币 10 万元。

2000 年,查处江西峰饶食品开发有限公司擅自举借外债一案,违规金额 405 万元人民币,处罚款人民币 2 万元。

1997 年—2000 年全区银行结汇、售汇情况

表 20-9-5 单位:万美元

项 目	1997 年	1998 年	1999 年	2000 年
结汇收入合计	1205	838	2138	2904
贸易收入	498	579	1981	2690
国内企业	491	579	1981	2690
外商投资企业	7			
非贸易收入	674	259	157	178
国内居民外汇	609	259	157	178
外商投资企业	65			
资本收入	13			36
外商投资				36
其他资本收入	13			
售汇支出合计	391	467	1128	1252
贸易支出	229	287	990	1069
国内企业	226	287	990	1069
外商投资企业	3			
非贸易支出	144	132	138	146
国内居民外汇	144	132	138	146
资本支出		18	48	37
偿还国内外汇贷款	18	48		
外商投资企业资本汇出				37

说明:1997 年以前没有结汇、售汇统计资料。

卷二十一　财政　税务

1991年—2000年，全区累计财政总收入为105.89亿元，财政支出为138.43亿元，财政收支分别比“六五”、“七五”时期的累计收入20.21亿元和累计支出28.47亿元，增长4.24和3.86倍。财政收入的迅猛增长，得益于经济的快速发展。全区各级财政部门通过向上争取、预算安排和财政信用等多种渠道，筹措生产发展资金，大力扶持经济发展，培植税源。基本形成以工、农业等第一、二产业的主体财源为骨干，第三产业及个体私营经济的新型财源为基础，加强预算外资金管理和实施综合财政计划的替代财源的多层次、立体式的财源体系。财政支出以对农业、科技、教育、扶贫、重点建设等的投入增长较快，尤其是集中财力向重点工程的倾斜：22万伏输变电线路、横南铁路、上饶火车站改扩建工程、大坳水利工程，还有程控电话扩容、建材行业及赣中南项目、吉湖项目等重点工程建设都得到财政的大力投入和支持。

1991年—2000年，全区税务系统实行税制改革，分设国家税务局和地方税务局；1995年实行“三位一体”的征管改革，境内12个县（市）局相继建立集中、公开、快捷的多功能办税大厅，农村分局和驻征站设立纳税窗口。1991年，全区共组织工商税收收入32702.9万元，1994年—2000年，全区累计征收地方各税收入318930.7万元（含1994年前9个月原税务局征收的地税税种收入12514.9万元，下同）。7年间，从1994年的21593.7万元至2000年的57370.5万元，累计增长165%，平均每年增长27.5%；地税收入占财政总收入比重由1994年的25.22%到2000年的37.9%，提高了12.7个百分点。1995年，国税局正式独立组织中央税收48517万元，2000年实现税收收入56590万元，增长116.64%。

第一章　财税机构

第一节　财政机构

1991年，全区财政系统有机构289个，其中地区局1个，县（市）局12个，乡镇财政所276个；干部职工总数1497人，其中地区局75人，12个县市局518人，乡镇财政所904人。地区财政局内设机构有：人事秘书科、预算科、农业财务科、农业税征收管理科、文教行政财务科、会计科、综合计划科、商业财务科、工业交通科、控制社会集团购买力办公室、国债办公室；二级单位有：行署三大检查办公室、生产发展资金管理处；下属单位有：地区财政财务干部学校、上饶地区国债服务部、三清山财政财务干部培训基地、地区会计师事务所。

1992 年 4 月,地区房改资金管理处成立,为副县级事业单位,挂靠地区财政局。同年 5 月,地区国有资产管理局成立,隶属行署,挂靠地区财政局,属副县级事业单位,核定事业编制 6 名。1995 年 7 月,地区编委重新核定"该单位属副县级行政机构"。

1993 年 5 月,地区会计函授中心成立,正科级事业单位,核定事业编制 15 名。

1996 年 9 月,根据上饶行署办公室关于印发上饶地区财政局、上饶地区国有资产管理局职能配置、内设机构和人员编制方案的通知,上饶地区财政局与上饶地区国有资产管理局一个机构,两块牌子。地区财政局内设 15 个职能科(室):人事秘书科、预算科、工业交通科、商贸科、农业科、农业税征收管理科、文教行政科、会计科、外经科、社会保障科、综合科(防洪保安基金征收办公室)、基本建设科、财政监督科(挂三大检查办公室)、地区控制社会集团购买力办公室、国有资产管理科。局机关原国债办公室转为事业单位,与国债服务部一个机构两块牌子。另设纪检组(监察室),为地区纪委(监察局)的派驻机构。

1997 年 8 月,地区国有资产管理局增设行政事业科、企业科、综合管理科。同年 12 月,原国有资产管理科撤销。局机关增设预算外资金管理科,并增加 4 个科级职数。

1999 年 11 月,上饶会计师事务所脱钩改制结束。从 2000 年始为社会中介机构,脱离地区财政局领导,受省注册会计师协会指导。

2000 年底,全区财政系统有机构 295 个,其中地区局 1 个、县(市)局 12 个、乡镇财政所 282 个(含五府山垦殖场、饶丰垦殖场);干部职工总数 2482 人,其中,地区局 135 人,县(市)局 938 人,乡镇财政所 1409 人。

第二节 税务机构

1991 年全区税务系统(含国家税和地方税)共有各类机构 157 个,其中地区局 1 个,直属分局 3 个;县(市)局 12 个,县市直属分局 59 个,税务所 82 个。有工作人员 1721 人,其中地局机关 48 人,地属分局 21 人,县市局、所 1652 人。

国家税务局 1994 年开始税制改革,9 月地区国家税务局正式挂牌成立,主要负责境内中央税、中央和地方共享税收的征收和管理,具体征收范围有:增值税、消费税、中央企业所得税、外商投资企业和外国企业所得税;出口退税管理、金融保险业营业税(提高 3% 部分),同年分流到地方税务局有 530 人。当年,全区国税系统有机构 176 个,人员 1276 人;1995 年,全区国税系统有机构 170 个,其中地、县(市)局 13 个,直属分局 90 个,税务所 40 个,事业单位 27 个;实有人员 1257 人,其中地、县市局机关 283 人,直属分局 767 人,税务所 114 人,事业单位 93 人。

1996 年,全区国税系统共投入 981.1 万元,用于基层设施建设,基层分局拥有单独办公楼院 56 个,办税服务厅 56 个,档案资料室 73 间,有 3 个分局晋升省二级档案管理先进单位,18 个分局晋升省三级档案管理先进单位。拥有电话 89 部,BP 机 284 只,汽车 75 辆,摩托车 129 辆,计算机 126 台。

2000 年年底,全区国税系统共有各类机构 128 个,其中行政机关 13 个,直属行政单位 1 个,税务所(分局)79 个,直属事业单位 35 个;实有工作人员 1090 人,其中本科学历 118 人,专科学历 472 人,中专和高中学历 420 人。

地方税务局　1994年9月,地区地方税务局(以下称地税局)根据国家税制改革方案,由上饶地区税务局分设成立,有干部职工532人;1994年9月至2000年7月,地区地税局为地区行署主管地方税收工作的职能部门;2000年7月地税管理体制改革,12县(市)地税局的管辖权由当地政府划归地区地税局垂直管辖。

2000年底,地区地税局机关内设人事秘书科、法制教育科、税收政策科、征收管理科、计划会计统计科等5个职能科和直属税务分局、税务稽查分局。全区地税 系统共有干部职工1156人,比1994年地税分设成立时增长117%,其中女干部职工283人,占24%;同时,人员知识结构也有很大改善,中专学历以上干部933人,占81%。

第二章　财　政

第一节　财政体制

1991年—1993年,全区实行"划分税种,核定收支,分级包干"的财政管理体制。

1994年1月1日始,地区对县(市)实行"分税制"财政管理体制,主要内容:

(一)地、县(市)收支范围划分。

支出的划分　除按省规定理顺部分专款外,支出范围基本上按现状确定,不作大的调整。具体是:

地级财政支出:地级企业挖潜改造资金,地方地质勘探费,支援农村生产支出,地级农口各部门事业费,工交商部门事业费,城市维护和建设经费,文教科学卫生事业费,其他部门事业费,抚恤和社会救济费,地级行政管理费,公检法支出,价格补贴支出,环境保护补助资金和其他支出。县(市)级财政支出:县级企业挖潜改造资金,支援农村生产支出,县级农口各部门事业费,工交商部门事业费,城市维护和建设经费,文教科学卫生事业费,其他部门事业费,抚恤和社会救济费,县级行政管理费,公检法支出,价格补贴支出,环境保护补助资金和其他支出。

收入的划分　地级固定收入:地级企业所得税(不包括地方银行和外资银行及非银行金融企业所得税),地级企、事业单位缴纳的其他收入,其他资源税20%,土地使用税、印花税、土地增值税、个人所得税、房产税、遗产税10%、证券交易税5%。县(市)固定收入:营业税(不包括铁道部门、各银行总行、保险总公司集中缴纳的营业税),增值税25%的部分〔不包括省冶金工业总公司所属701厂及原包干财政体制地、县(市)共享企业的增值税〕,县(市)级企业所得税(不含地方银行和外资银行及非金融企业所得税),固定资产投资方向调节税(不包括德兴铜矿、银山铅锌矿缴纳的部分),城市维护建设税(不含铁道部门、各银行总行、保险总公司集中缴纳的部分),车船税、屠宰税、农业特产税、农业税、耕地占用税、契税、县(市)属企事业单位缴纳的其他收入,其他资源税40%,土地使用税、印花税、土地增值税、个人所得税、房产税、遗产税50%,证券交易税25%。地区与县(市)共享收入:德兴市德兴铜矿、银山铅锌矿、万年江西水泥厂、上饶市江西光学仪器厂、弋阳连胜自行车厂5家企业实现的增值税地方分享25%部分,以1993年为基数的税收返还数、税收增收返还0.2部分和德兴铜矿、银山铅锌矿实现的固定资产投资方向调节税,仍按原体制实行地县(市)7:3共享,同时取消共享增长返还办法;地区水泥厂、上饶客车厂实现的较1993年实际新增部分的增值税地方分享25%部分,实行地、县(市)8:2共享。广丰卷烟厂1993年卷烟产品税按省核定的基数,地、县按2.5:7.5共享,固定上缴。

(二)税收返还和原体制上解、补助核定以及有关结算事项的处理

地区对县(市)的税收返还数额,以1993年县(市)实际收入及税制改革和收入划分来核定县(市)净上划的收入数额〔即上划中央消费税+上划中央75%的增值税+上划省、地的其他资源税的60%、个人所得税、房产税的50%-中央和省下划的收入-原地、县(市)共享六企业税收返还数的70%〕。1993年县(市)净上划收入,全额返还县(市),保证存量财力,并以此作为地区对县(市)税收返还基数。1994年以后税收返还额在1993年基础上逐年递增,递增率按全国增值税和消费税的平均增长率的1:0.2系数确定,即省对地(市)的递增率。如果1994年以后上划中央收入达不到1993年基数的,省扣减地区税收返还基数,地区相应扣减县(市)税收返还基数。

分税制后,原体制固定比例递增上缴(上饶市、德兴市,婺源县、弋阳县、铅山县)及固定上缴(玉山县、万年县)的体制不变。根据(赣财预字〔1991〕34号,〔1992〕41号)通知规定,波阳县、上饶县定额补助1994年减补75%,1995年取消;余干县1994年递减10%,1995年递减20%;广丰县、横峰县1995年减补75%,1996年起取消。根据行署(饶行发〔1993〕19号)通知,从1993年起各县(市)财政收入较上年增收部分上缴地区1.9%。分税制后,以1993年实际上缴数为基数,从1994年起,每年递增5%结算上缴。原属于固定比例分成的收入仍作为固定比例分成收入。对于县(市)1993年及其他年度结算的上解和补助项目,予以相抵,确定一个数额,作为一般上解或一般补助处理,以后年度按此定额结算。

(三)主要结算事项的调整

1995年,国税局集贸税收经费基数780万元上划省财政;1996年,确定三清山管理委员会(以下简称三管会)财政体制,以1995年收支为基数,三管会每年定额补助玉山县48.6万元,德兴市9.1万元;1996年—2000年,三管会地方财政定比增长的25%部分补助玉山县、德兴市。三管会国土收入20%上缴省财政,40%补助玉山县、德兴市,40%留存。三管会财政收入平时入玉山金库,年终上解地区,支出由地区财政列支,地区财政只补助三管会编制内人员工资经费,其余经费不补助。1996年,确定弋阳电力分公司增值税25%部分平时入当地金库,年终结算上解地区财政。

1997年始,地区财政适当集中县(市)财力1000万元,其中,上饶市300万元、广丰县500万元、德兴市200万元;同年,地区无线电管理委员会支出基数3万元上划省财政。1998年地区水泥厂下放玉山县,原结算体制废止,玉山县每年定额上解地区财政50万元;同年,上饶市肿瘤医院支出基数11.7万元上解地区财政;圭峰疗养院下放弋阳县,从1998年起,弋阳县每年固定上解地区财政8万元;五府山垦殖场、饶丰垦殖场、乐丰良种场分别下放上饶县和波阳县,从1999年起,地区财政将上述三场的1998年支出基数(分别为92.67万元,73.6万元,46.1万元),连续3年分别补助给上饶县和波阳县。1999年,地区工商局支出基数956万元上划省财政。2000年,地区技术监督局支出基数441万元上划省财政;康山垦殖场、大茅山垦殖场由省下放至所在县(市),其支出基数29万元和174万元分别下划余干县和德兴市。

2000年,上饶地区撤地设市,原县级上饶市称信州区后,市、区财权和事权均作了较大的调整,上划了部分收支。信州区城区范围内的中央、省地属行政、企事业单位的各项税费(包括上划单位)均为市级收入(不包括中央、省属企业所得税,大坳公司除企业所得税外,其他税收按属地缴纳),江光、客车厂的税收划归市级。同时,对公安、建设、国土等相关事权上划到市级管理。

第二节 财政收支

财政收入 1991 年—1995 年“八五”期间,全区财政总收入累计为 350344 万元,比“七五”时期增长 148.2%。1995 年全区财政总收入 111855 万元,比 1990 年的 36609 万元增长 205.5%。1993 年上饶市、德兴市实现财政总收入过亿元,跨入全省 10 个亿元县(市)行列。1994 年,广丰县财政总收入过亿元;1995 年,铅山县财政总收入过亿元。

1996 年—2000 年“九五”期间,全区财政总收入累计为 708561 万元,比“八五”时期增长 102.25%。2000 年,全区财政总收入为 152936 万元,比 1995 年增长 36.72%。1996 年,波阳县财政总收入过亿元,上饶市财政总收入过 2 亿元;1997 年、1999 年,广丰县财政总收入分别过 2 亿元和 3 亿元;2000 年,上饶县财政总收入过亿元。

1991 年—2000 年全区财政收支情况一览

表 21-2-1 单位:万元

年 份	财政总收入	一般预算收入	一般预算支出
合计	1058905	612104	1384324
1991	39421		57100
1992	44786		65048
1993	63882		77730
1994	90400	53808	94105
1995	111855	71609	115042
“八五”时期	350344	125417	409025
1996	129880	86377	138013
1997	136696	97475	147198
1998	139540	94399	179554
1999	149509	103181	291801
2000	152936	105255	218733
“九五”时期	708561	486687	975299

说明:表中财政总收入是指一般预算收入加上划中央和省收入。

1991 年—2000 年全区一般预算收入分类一览

表 21－2－2 单位:万元

年 份	工商税收入	农业税和耕地占用税收入	企业收入	其他收入
1991	30612	4681	402	2267
1992	35782	4972	27	2654
1993	52171	5066	497	4206
1994	28779	10399	4566	8068
1995	36699	11456	8722	5197
八五时期	184043	36574	14214	22392
1996	41658	16605	11437	5692
1997	43626	17718	11937	6781
1998	51025	13775	11725	3984
1999	51701	15729	14833	2294
2000	49980	17811	15738	2714
九五时期	237990	81638	65670	21465

说明:表中其他收入不包括罚没收入不和行政性收费收入。

财政支出 1991 年—1995 年“八五”时期,全区财政一般预算支出累计为 409025 万元,比“七五”时期增长 103.9%。1995 年全区财政一般预算支出为 115042 万元,比 1990 年的 48577 万元增长 136.82%。1996 年—2000 年“九五”时期,全区财政一般预算支出累计为 975299 万元,比“八五”时期增长 138.5%。2000 年,全区财政一般预算支出 218733 万元,比 1995 年 115042 万元增长 90.1%。

1991 年—2000 年全区财政一般预算支出分类一览

表 21－2－3 单位:万元

年份	合计	经济建设	教科文卫	行政管理	抚恤救济	其他
1991	57100	11112	17500	8874	2043	17571
1992	65048	13838	21637	11108	3468	14997
1993	77730	19220	25704	14007	3236	15561
1994	94105	26064	33126	19156	2995	12764
1995	115042	26666	35929	22984	5172	24291
“八五”时期	409025	96900	133896	76129	16914	85184
1996	138013	40304	43709	28311	5119	20570
1997	147198	35978	49424	29363	5345	27088

续表 21－2－3

年份	合计	经济建设	教科文卫	行政管理	抚恤救济	其他
1998	179554	48762	57070	31279	9111	33332
1999	291801	154152	59610	36401	6050	35588
2000	218733	57874	68301	40604	5890	46064
“九五”时期	975299	337070	278114	165958	31515	162642

说明:1. 表中支出分类是按支出性质分类的;

2. 表中行政管理费类支出包括公检法司支出。

第三章　税　收

第一节　税收种类

1991 年,全区实行以流转税为主体税种,以所得税、财产行为税为辅助税种的工商税制,主要包括 32 类,其中主要税种有 3 类:产品税、增值税、营业税。

产品税　对生产、采购或进口的特定产品,就其流转额征收的一种税。境内划分为工业品和农林牧水产品两部分,境内工业品有 13 类 87 个税目,农、林、牧、水产品有 10 个税目。

增值税　是依据商品生产和流通过程的增值额所课征的一种税,境内划分为 31 个税目,12 档次的税率,最高的是化妆品 45%,最低的是钢坯 8%,大多数产品适用 14% 的基本税率。

营业税　对一切从事商业、交通运输和各类服务性业务的单位和个人,就其所得的经营收入征收的一种税。境内划分为 14 个税目,共设 4 个档次税率(3%、5%、10%、15%)。

此外,还有资源税、盐税、城镇土地使用税、国营企业所得税、国营企业调节税、集体企业所得税、私营企业所得税、城乡个体工商业户所得税、个人收入调节税、国营企业奖金税、集体企业奖金税、事业单位奖金税、国营企业工资调节税、固定资产投资方向调节税、城市维护建设税、烧油特别税、筵席税、特别消费税、房产税、车船使用税、印花税、屠宰税、集市交易税、牲畜交易税、外商投资企业和外国企业所得税、个人所得税、工商统一税、城市房地产和车船使用牌照税共 29 种。还包括三项税式收费:教育费附加、国家预算调节基金、能源交通重点建设基金。

1993 年停征粮食专项基金(1990 年始征)。

1994 年全区开始工商税制改革,主要内容包括:

流转税法以对商品的生产、批发、零售和进口实行全面的增值税为核心,设置了增值税、消费税、营业税、资源税等税种。增值税划分一般纳税人与小规模纳税人,对一般纳税人实行凭发票扣税办法,由价内税改为价外税。增值税:以增值额为课税对象征收的一种税,税率为 17%、13%、0,3 个档次;消费税:以应税消费品为课税对象征收的一种税,设有 11 个税目,税率有从价定率与从量定额两种;营业税:对从事交通运输、建筑安装和各类服务业的单位和个人,就其取得的经营收入征收的一种税,设有 9 个税目,最低税率为 3%,最高税率为 20%。

所得税法的调整主要包括将原有的国营企业所得税、集体企业所得税、私营企业所得税合并为企业所得税,并在税率和税前扣除项目上作了较大幅度的调整与规范,基本税率为33%、另有18%、27%两档照顾税率。原有的个人所得税、个人收入调节税、城乡全体工商业户所得税合并修订为新的个人所得税。

其他税法的改进:增设土地增值税,对固定资产投资方向调节税、印花税、土地使用税、耕地占用税等予以保留,对城市维护建设税、契税等予以修订。

根据《国家税务局和地方税务局征收管理范围的划分》(国办发〔1993〕87号文)规定,全区国税系统主要负责:增值税,消费税,中央企业所得税,出口退税的管理,集贸市场和个体户的各项税收(按税种分别入中央库和地方库),中央税的滞补罚收入,按中央税、共享税附征的教育费附加,国家能源交通重点建设基金、国家预算调节基金等的征收和管理。

1994年10月,印花税、土地使用税、固定资产投资方向调节税、屠宰税全部由地方税务局征收。

1996年,根据《国务院办公厅转发国家税务总局关于调整国家税务局、地方税务局征收管理范围意见的通知》(国办发〔1996〕4号文)规定,全区就征管范围进行了重新调整,主要是集贸市场和个体工商户、涉外税收的营业税、个人所得税及其他地方税种由地方税务局负责征收管理,教育费附加由地方税务局负责征收管理。同年,停征国家能源交通重点建设基金①、国家预算调节基金②。

1997年1月1日起,全区金融保险业(农村信用社自1998年1月1日起)营业税税率由5%提高到8%。提高税率后,原5%税率征收的部分由地方税务部门负责征收,归地方财政收入;提高3%的部分由国家税务局征收,归中央财政收入。

第二节 税收收入

1991年,全区税务系统(包括国税和地税)共组织工商税收32702.9万元,比1990年增长11.46%,其中地方收入为30582.1万元,为年任务的105.38%;征收国营企业所得税2843.8万元,国家能源基金3834.3万元,国家预算调节基金2675.8万元。

1992年,组织工商税收37895.1万元,较上年同期增长20.14%,其中地方收入35815万元;组织入库国营企业所得税2952.4万元,能源交通基金1495.4万元,预算调节基金976万元,教育费附加509.4万元。

1993年,组织工商税收55292.4万元,同比增长45.94%,其中地方收入为52312.3万元;组织入库国营企业所得税3115.2万元,预算调节基金991.9万元,教育费附加761.5万元。

1994年9月,国税、地税机构分设,人员分流,全区共组织工商税收49820.3万元,同比增长29.7%,完成“两税”(即中央税和地方税)43839.2万元。

1995年,地区地税局独立组织地方税收,当年共组织地方各税收入34011万元;同年,地区国税局正式独立组织中央税收一块,共组织税收52456万元。2000年,地税局实现税收收入57370万元,比1995年增加23359万元,增长68.68%;国税局实现税收收入59760万元,比1995年增加7304万元,增长13.92%。

---

①国家能源交通重点建设基金:1983年1月1日开征,税率15%,上解中央金库。

②国家预算调节基金:1989年1月1日起征,税率10%。

1991年—1994年全区税收收入情况

表21-3-1　　单位:万元

年 份	合计	其中: 地方税收收入	国营企业 所得税	国家能源 交通基金	国家预算 调节基金	教育费 附加	较上年同 期增长%
1991	32702.9	30582.1	2843.8	3834.3	2675.8		11.46
1992	37895.1	35815	2952.4	1495.4	976	509.4	20.14
1993	55292.4	52312.3	3115.2	1241.4	991.2	761.5	45.94
1994	49820.3						29.7

1995年—2000年全区国家税收收入分税种情况

表21-3-2　　单位:万元

年份	总计	增值税	消费税	国有企业所得税	涉外企业所得税	其他收入
1995	52456	44740	5250	—	12	2454
1996	52225	44742	6788	597	17	81
1997	47475	39446	6537	208	16	1168
1998	55688	45806	7243	465	23	2151
1999	57120	44961	8477	736	276	2670
2000	59760	45750	7942	702	563	4803

1995年—2000年全区国家税收收入分县(市)情况

表21-3-3　　单位:万元

县(市)	1995年	1996年	1997年	1998年	1999年	2000年
合计	52456	52225	47475	55688	57120	59760
上饶市	8902	9651	9142	10509	11427	10000
上饶县	2914	2875	3053	3244	3984	4370
广丰县	7690	9638	10475	12341	13919	15034
玉山县	2981	2947	2613	3120	2609	3094
铅山县	4743	4158	2609	3411	2700	3530
横峰县	1166	1135	1002	891	1030	1169
弋阳县	3097	3377	3003	3335	3215	3464
余干县	1267	1470	1573	1640	1711	1717
波阳县	2550	2625	2772	2823	2733	2721
万年县	4599	4644	3523	4273	3780	3875
德兴市	8714	7736	5889	7963	7627	8563
婺源县	2143	1969	1823	2138	2302	2095
稽查局	—	—	—	—	83	130

1994年—2000年全区地税收入分税种情况

表21-3-4　　单位:万元

项目	总计	1994年	1995年	1996年	1997年	1998年	1999年	2000年
税收合计	306415.8	9078.8	33281.2	45630.8	48970.2	53977.4	58106.9	57370.5
营业税	114205.7	2560.1	11288.2	16280.7	18295.8	21189.7	21555.2	23036
企业所得税	64680.9	1232.4	6284	11284	11579.3	9619.8	12212.4	12469
个人税	19586.4	181.7	573.6	1833	2218.1	3396.1	4733.2	6650.7
资源税	22871.9	1487.9	3941.9	3888.2	2789.4	3489.2	3363.6	3911.7
固投税	21964	1258.4	3026.1	2448.7	3060.1	5542.8	5743.6	884.3
城建税	18253.5	585.2	2423.3	2984.7	2641	3314.8	3084.9	3219.6
房产税	14153	530.9	1433.5	1841.9	2191	2576	2853.5	2726.2
印花税	1834.2	50.3	195.9	230.4	326.2	334.9	350.8	345.7
土地使用税	5585.9	214.8	632.8	924.5	971.8	945.5	985.4	911.1
土地增值税	551	0	26	11	37	85.4	105.4	286.2
车船使用税	879.3	45.4	68.7	142.3	145	148.8	159.1	170
屠宰税	20792.3	706.4	2891.1	3578.9	4561.7	3334.4	2959.8	2760
工商税滞补罚	1057.7	225.3	496.1	182.5	153.8	0	0	0
其他收入	9328.5	73.8	226.7	1170.1	2888.1	1424.5	1472.6	2072.7

1994年—2000年全区地税收入分县(市)情况

表21-3-5　　单位:万元

县(市)	合计	1994年	1995年	1996年	1997年	1998年	1999年	2000年
总计	306415.8	9078.8	33281.2	45630.8	48970.2	53977.4	58106.9	57370.5
上饶市	52210.3	880.6	5609	7235.8	8392.9	9961.3	10418.8	9711.9
上饶县	20890.9	663.2	1679.7	3224.4	3428.2	3813.1	4378.7	3703.6
广丰	52065.9	270.6	3628.8	5239.4	7955.6	9564.1	12488.7	12918.7
玉山	19967.4	618.5	2197.2	3241.5	3117.5	3552	4103.8	3136.9
铅山	19929.3	769.1	2658.9	3731.7	3266.6	3220.2	3219.1	3063.7
横峰	216.6	746.3	1025.2	1113.8	1266	1350.4	1428.4	7146.7
弋阳	14478.7	520.9	1827.2	2312.5	2466.3	2393.5	2461.8	2496.5
余干	15366.2	538.1	1544.7	2184.2	2610.4	2650.7	2572.8	3265.3
波阳	22575.9	779.8	2506.7	3803.8	4684.5	3800.1	3200.7	3800.3
万年	17608.3	605.5	1987.6	3165.2	2851.8	3208.4	2920.8	2869

续表 21-3-5

县(市)	合计	1994年	1995年	1996年	1997年	1998年	1999年	2000年
德兴	49433.9	2701.5	6957	8013.4	6956.3	8085.2	8473.4	8247.1
婺源	11778.5	514.4	1263.5	1581.1	1692.5	1962.7	2227	2537.3
直属分局	2701.6	—	674.6	872.6	433.8	500.1	108.2	112.3
稽查分局	262.	—	—	—	—	—	182.7	79.52

第四章　监督　管理

第一节　财政监督

税收财务物价大检查　1985年，上饶地区行署成立税收财务物价大检查办公室(简称“三检办”)，设在地区财政局。根据国务院、省政府文件要求和行署的统一部署，连续13年开展了一年一度的全区税收财务物价大检查(简称“三大检查”)和专项检查工作，全区共查出违纪资金4.53亿元，应入库3.9亿元，已入库3.63亿元，入库率达93%。其中：1992年9～12月开展的一次全区三大检查中，全区26775户应自查户全部进行自查，自查面100%。全区各级、各部门先后组织556个检查组和政府工作组共2229人，对全区11223个行政、企事业单位和个体工商户进行重点检查。重点检查面41.9%，超过省提出30%的要求。通过自查和重点检查，全区共查出各类违纪金额2200.3万元，其中应入库金额1758.1万元，已入库金，1673.7万元，入库率达95. 2%。在检查中，有118个单位69人分别受到经济处罚，6人受到党纪、政纪处分，6人被移交司法机关立案查处。

1998年6月，全区统一执行国务院决定，取消一年一度三大检查。

1999年3月，上饶地区行署“三检办”更名为地区行署财经监督检查办公室(简称“财检办”)，更名后，全区共组织586个检查组，2129名参检人员，分别对13287个单位进行重点检查，共查出各类违纪金额3317万元，应入库2438万元，已入库金额2350万元，入库率96.4%。检查中，有1024个单位和10人受到经济处罚，移交司法机关立案查处3人。

财经监督检查　1992年1月，地区财政局单独设置财经监督科。1995年，全区开展了清理“小金库”工作。全区共组织84个检查组，287名检查人员，对380个单位进行重点检查。查出“小金库”资金613.6万元，挽回财政损失212.6万元.

1996年和1997年，全区开展了两次预算外资金检查。在单位自查的基础身上，1996年对510户进行重点检查，共查出各类违纪金额4384万元，其中应入库499.9万元，已入库248万元；1997年对189户进行重点检查，查出，违纪金额2594万元，其中应缴预算金额193.69万元，已缴133.23万元，应缴未缴财政专户金额815.58万元，已缴517.28万元。

1991 年—1997 年全区财政税务物价三大检查情况

表 21-4-1 单位:户、万元

年份	自查企业	抽查企业	违纪总额	应交金额	已交金额	入库率%
1991	6381	3010	2425.0	1773.0	1703.0	96.10
1992	26775	11223	2200.3	1758.1	1673.7	95.20
1993	27021	13287	3317.7	2438.7	2350.9	96.40
1994	28080	15116	4938.0	4542.0	4465.0	98.30
1995	27750	14861	4820.2	4542.6	4469.8	98.40
1996	28937	16582	4089.0	3986.0	3836.0	96.20
1997	27469	16216	4128.0	3955.0	3801.0	96.11

行政事业财务管理 1991 年,地委、行署大院内各部门经费由财政切块给机关事务管理局,实行经费大包干财务管理体制;1994 年,为进一步有效控制行政经费的过快增长,确保完成省下达控制境内地区本级行政费考核指标任务,签订了地级行政管理费包干协议书;1996 年,修订《上饶地区国家机关、事业单位工作人员差旅费开支规定》,对出差人员的住宿费实行限额凭据报销,区内交通费、伙食补助费实行限额包干办法,明确各类差旅费开支标准;1997 年,印发《上饶地区行政单位预算管理的若干规定》和《上饶地区事业单位预算管理的若干规定》,要求行政事业单位预算按照"稳妥可靠、量入为出、自求收支平衡"的原则编制,不得编制赤字预算,财政对行政事业单位实行"核定收支、定额或定项补助、超支不补、结余留用"的预算管理办法,行政事业单位各项财政收支纳入单位预算实行统一管理、统一核算;对县(市)级的行政经费实行"下管一级"的定额考核办法,考核指标包括人均支出综合定额、行政费总量增长水平、行政在职人员控制数、小汽车控制数、会议费控制数、邮电费控制数、财务管理考核指标等 7 项内容,考核结果纳入年终财政工作目标管理评比内容。

预算外资金管理 根据国务院、省政府关于加强预算外资金管理的要求,地区财政对预算外资金管理的模式是:对行政事业单位的预算外资金实行"专户储存、计划管理、财政审批、银行监督"的管理办法;对国有企业及其主管部门的预算外资金,原则上采取计划管理,政策引导的方式。1993 年,全区对行政事业性收费进行一次全面清理。地委办、行署办下发文件,行署召开了大会。通过清理,取消了一批乱收费项目。同年开始对行政事业性收费实施年审制度。1996 年,全区开展清理整顿行政事业单位银行账户工作。1997 年 9 月,地区财政局增设预算外资金管理科,全面负责预算外资金管理的各项工作。1998 年,行署下发《关于进一步完善预算外资金管理办法的通知》(饶行发〔1998〕14 号),7 月 1 日开始,地直行政事业单位预算外资金统一实行"票款分离、集中管理、比例调节、综合平衡"的管理办法。地区财政局先后制定下发 7 个 相关文件。1999 年,为贯彻落实全国、全省召开的"收支两条线"规定的电视电话会议精神,地区于 8 月 31 日召开全区落实"收支两条线"规定工作情况汇报会。11 月始,开展落实"收支两条线"规定工作的专项检查。2000 年,为整顿、治理、优化经济环境,地区财政局积极参与组建收费管理中心,并开设"财政服务窗口",负责日常事务工作。

国有资产管理 1993 年始,全区先后开展国有企业和城镇集体企业清产核资工作。1996 年,对全区范围内的行政事业单位进行国有资产产权登记工作,并核发了产权登记证。1997

年,完成了1996年度全区国有企业和行政事业单位国有资产统计和年检工作任务。开展国有企业保值增值工作。印发《上饶地区企业国有资产经营业绩考核奖惩试行办法》。1998年,加强资产评估管理,参与国有企业改革。

会计管理 1991年,地区财政局组织实施并圆满完成全区首次注册会计师全国统一考试;1992年,地区财政局组织实施并圆满完成全地区首次会计专业技术资格全国统一考试工作;1996年,根据国务院"关于整顿会计工作秩序,进一步提高会计工作质量的通知",地区财政局通过舆论宣传、业务辅导,贯彻实施财政部颁布的《会计基础规范》,开展会计打假、整顿会计工作秩序、规范会计基础工作、提高会计信息质量等工作;2000年,地区财政局在全区范围内开展宣传、学习和贯彻实施《中华人民共和国会计法》,并在全省会计知识竞赛中荣获三等奖。

其他管理 1991年,在全区范围内开始实行国有企业工资总额同经济效益挂钩;并开始实行上饶地区行署《关于农业发展基金管理实施办法》中地本级农业发展基金的筹集、管理、使用原则等的规定;1992年,对外商投资企业实施财务管理,对到境内投资的外商企业实行财政登记、年度财务决算报表报送制,并开展年检工作;1993年—1996年,贯彻执行中央、省财政部门关于《支农周转金管理办法》《农业综合开发资金管理办法》和《粮食自给工程资金项目管理办法》等一系列农业专项资金管理规范性文件。

1991年—2000年,上饶地区在农业税征管中一直采取轻税政策和稳定负担政策,全区的农业税计税面积始终稳定在28.3万公顷,计税常年产量控制在6.75亿千克左右;1990年代中后期,随着农民现金收入的增加,农民交实物的逐渐减少,折征代金的比重日益提高,2000年达到50%以上。10年间,上饶地区始终认真贯彻农业税减免政策,1998年境内遭遇特大洪涝灾害后,全区减免农业税正税及其附加2930万元。

第二节 税收管理

税政管理 *税法宣传* 1991年是税法宣传教育年,全区12个县(市)均成立税法宣传教育领导小组和办公室,地区税法办印发税法教育活动目标考核实施细则。地区税法宣传活动领导小组领导发表了电视讲话,组织了以《税务之声》为主题的税法宣传文艺节目,先后在12个县(市)巡回演出,观众达5万多人次。其中上饶市、波阳县、万年县在3、4月份先后举行大型的税法宣传游行活动,共出动干部1100余人。各单位充分利用影剧院、黑板报、幻灯片宣传税法,播放幻灯200多场,出黑板报271期,张贴税法宣传标语319条。

全区税务部门在每年的税收宣传月,都要开展税法宣传活动,运用张贴标语、悬挂横幅、街头咨询、发放资料、上门为企业、党政领导讲税法、为中学生上税法课等形式,增强公民的纳税意识。

1994年,新税制实施前后,全区广泛开展新税制的宣传工作,共举办不同层次、不同程度的培训班169期,培训人员2.9万余人。

依法治税 1994年,地税局分设后,把依法治税作为工作的重中之重,确定每年的1月份为全区地税税源普查月。严格纳税申报制度,制定下发《税务违章处罚标准》,统一逾期申报纳税违章处罚标准,企业和个体工商户纳税申报率由1995年的56%上升到2000年的93%。

1998年,地区国税局以有关税收政策执行逐步规范、统一,进一步理顺了增值税、消费税、所得税、涉外税收和进口税收管理方面的规章制度,先后制定实施《商业增值税一般纳税人管理办法》《增值税一般纳税人认定管理办法》《增值税一般纳税人年检管理办法》《增值税一般纳税人申报管理办法》;全区全年重新认定办理增值税一般纳税人260户,取消不合格一般纳税人550户,审批办理退税634万元;核定审批烟、酒消费税计税价格,成立烟、酒税收征管组;制定实施对全区金融、保险等系统的汇总缴纳成员企业所得税监管办法,以及税前扣除、财产损失、税前亏损弥补、减免税、资料管理等规范化管理办法;实行所得税税源计算机管理。1999年,严格增值税一般纳税人认定,全区共办理三类企业退税115户次,计1573.68万元,取消一批不合格的增值税一般纳税人和三类企业;对烟、酒全面推行核定计税价格征税办法;建立、健全所得税税前扣除项目的审批制度,共审批税前弥补亏损213.54万元,财产损失171.83万元,核销呆账18.27万元,审批城市、农村信用社业务手续费174.95万元,大宗固定资产修理费46.55万元,租赁费19.2万元;开展对汇总纳税企业的汇算清缴与专项检查工作,共计查补税款97万元;进行对个人存款利息所得税的开征工作,首笔入库税款14万元;开展对上饶市国税局流转税规范化试点工作。

征管稽查 税务登记 1992年8月,按照省税务局的部署,全区进行税务登记证的验收工作,共验证25610户,查补税款171584元,查出漏管户410户。1993年,全区共有1800余户纳税人进行税务登记证的换发。

1996年,全区进行换发税务登记证工作,共登记各类纳税人30472户。同年,国税系统对全区31445户税户的税务登记证进行换发,清理漏管户737户,查补税款12.06万元;查出应办未办税务登记证户数2563户,查补税款51万元。1997年,地税、国税与工商建立了联系制度,分级分片核对办证户数,清理漏登漏管户。1998年,各县(市)地税局设置税务登记管理所,专门负责纳税人开业、歇业、停业、变更的税务登记工作,实现税务登记专门化管理。1999年,地区国税局总结广丰县局利用计算机实行户籍式管理基础上,在全区全面推广,结合换证与年检工作,清理漏征漏管户794户,查补税款(罚款)84.75万元。

2000年年底,全区(市)共登记纳税人43050户,其中国有企业1928户,集体企业1993户,个体工商业37434户,其他1695户。同时,全区各级地税机关与行政、企事业单位、乡镇、村居等负有代扣代缴、代收代缴税款义务的单位和个人,广泛建立协税护税网络。1994年—2000年,全区共向1万户各类企业和行政事业单位发放代扣代缴证书,发放委托代征证书6000人次。

1994年—2000年全区地方税务登记户数情况

表21-4-2 单位:户

类别	1994年	1995年	1996年	1997年	1998年	1999年	2000年
合计	6507	6455	30472	34046	37739	40364	43050
国有企业	1566	1402	2457	2559	2537	1991	1928
集体企业	2236	2486	3229	3457	3333	2196	1993
个体工商户	2374	2396	24234	27261	30842	34581	37434
其他	331	171	552	769	1027	1596	1695

发票管理 1991年,地区税务局选择广丰、弋阳两县为全区有奖发票试点单位,并于10月份试行有奖发票。1992年,按照省税务局的部署,全区进行税务发票换版工作,对所有用票单位和个人旧版发票进行全面清理,并对全区发票实行统一定点印制。1993年1月1日起用新版发票,并实行税务部门与交通运输部门共同管理公路运输票据的双向监督机制;对实行增值税一般纳税人使用的《增值税专用发票》进行调查摸底和统计。

1994年,全区加强了增值税专用发票的管理和稽查,及时做好增值税专用发票的领用、发放工作,建立、健全完善发票管理制度,对发票的保管做到"三专"①,开展检查,对已抵扣税款的专用发票抵扣联加盖"已扣"字样印章。同时,地区税务局组织4个工作组,分别到100户增值税一般纳税人企业了解检查专用发票使用、保管情况,全区共检查3174户,稽核25万份已填开的专用发票,对10万余份企业取得的专用发票进行逐份检查,查处上饶地区鹏达物资有限公司虚开增值税专用发票案件。

1994年,全区全面换发地税统一发票。1995年,地税部门在全区范围内开展清理检查旧版发票的工作。1996年全区饮食业统一使用"截填式"发票,账务健全发票管理规范的国有饮食企业使用剪填式发票,对财务不健全的单位及个体户实行"定额加发票"的征管办法(即对不需开发票的营业额部分核定征收,对开据发票的部分按票面额据实征收)。1997年,印发违反发票管理法规行为的处罚规定,规范各用票单位的行为,并将应依法纳税的行政事业性收费项目使用的各种凭证,纳入税务管理。1998年,针对收款收据"满天飞"现象,进行专项检查;对饮食业全面使用定额发票,住宿业实行限额发票,通讯业实行小额发票,将照相业、干洗业的取件单纳入发票管理。1999年,确定专项检查的11个具体内容,13个重点检查项目,各县(市)地税局成立专项清理领导小组和办事机构,集中人员、时间、精力,统一开展一次大规模清理活动,并出台举报发票违法行为奖励办法,对公民举报的发票违法案件,查实后给予举报人每次500元以上1000元以下奖励。

1996年,地区国税系统开展普通发票清理检查和鼓励消费者向经营方索取发票的活动,建立、健全普通发票印制、审核、管理、违章处罚等各项制度。全区共查处发票违章案件201起,查补税款500余万元,配合检查专用发票用户38户,查出不予抵扣进项税金千余万元,检查普通发票212户,补税罚款4000余元。1998年,全面推行剪贴式发票,在全区范围内开展鼓励消费者索取发票活动,组织人员对信访、举报普遍反映不规范开具发票的一些行业,如通讯器材、加油站等行业进行专项检查,收缴"收款收据"26本、罚款0.6万元,重点对行政、事业性单位接受票据进行检查;同时,制定《发票管理办法》《发票稽核操作规程》《增值税销项凭证审核办法》《发票保证金管理制度》等;对江西铜业股份有限公司德兴铜矿非法接受虚开增值税专用发票案和江西西龙食品有限公司等案件进行查处。1999年,全区国税部门对专用发票进行专项治理,实行稽核三级审核制,对16387份专用发票进行自查,发函1839份,复函859份,共查补税款455.55万元,罚款66.76万元;并对弋阳县、玉山县、上饶县等地的几起重大虚开专用发票案进行立案查处。

---

①"三专":专人、专库、专柜。

2000 年,全区对建筑业发票管理实行“三个统一”①,对饮食服务业和交通运输业,在领购时实行以旧换新,在购买时按规定的税率完税。税务人员在管理发票过程中,凡未按规定征足税款的,一律由税务人员向纳税人追缴,并由所在单位追究税务人员责任。同年,还印发行政、企事业单位接受非法发票入账责任追究制度,有效遏制“白条”入账现象。

税务稽查 1991 年 9 月,根据国家税务局和省税务局的通知,开展对个体工商户和私营企业税收专项检查。全区 20492 户个体户全部自查申报,自查补报税款为 63.8 万元;重点检查 9982 户,检查面达 48.7%,查出偷漏税款 225.2 万元,罚款 3.1 万元,滞纳金 0.1 万元;共计查补偷漏税款 292.2 万元,入库 264.4 万元,入库率为 90.5%。

1992 年 9 月,根据省局统一部署,全区集中组织 1394 人,分别到各企业、商店、厂矿等单位,全面开展税收大检查,到年底,通过自查、检查,全区共查补各项税款 1549.99 万元,入库 1394.99 万元,入库率 90%,其中重点检查金额 880.88 万元,重点检查面 42.83%。同年,按照上级的部署,全区开展了两次专项检查:其一是对个人收入调节税的专项检查,共对 3000 人进行了检查,查补入库税款 38.56 万元;其二是对固定资产投资方向调节税的专项检查,征收单位 356 个,查补入库税款 88 万元。

1993 年,全区开展的税收大检查应自查户数为 23368 户,自查 23330 户,自查面 99.8%,重点检查 10813 户,检查面 46.3%,共查补税款 1716.98 万元,入库率 64.8%。

1994 年,全区开展税收大检查,共有 25743 户纳税户进行自查,自查面达 100%,自查补报税款 484.47 万元,入库率 90.31%,同时,全区共组织了 297 个检查组,对 11981 户企业进行了重点检查,检查面 46.54%,查补税款 1517 万元,入库率 80.42%。

1995 年 5 月,地区地税稽查局成立。同年,各县(市)地税稽查局先后组建完成,年底,全区共有稽查干部 30 余人。1999 年,全区各级稽查队伍在全省率先实行稽查员等级制度,经过严格考试和考核,取得一级稽查员资格的有 4 名,二级稽查员 46 名,三级稽查员 56 名,四级稽查员 20 名,取得稽查员资格的人数占稽查人员总数的 80.6%。同年,地区国税局和 12 个县(市)国税局成立稽查分局,稽查人员数占城区征管人员数的 30%。

2000 年底,全区地税系统共有税务稽查机构 13 个,内部分别设置综合(选案)、审理、检查、执行等科(室),拥有稽查用车 14 台,摩托车 23 辆,计算机 18 台,有稽查干部 132 人,其中党团员 104 人,大专以上学历 63 人,稽查干部占税务干部总人数的 11.5%。

稽查方式主要以审计式稽查为主,当年共查补税款 2864.29 万元。1995 年—2000 年,全区地税稽查机构检查纳税户 14890 户次,查补税款 23489 万元,罚款 979 万元,加收滞纳金 21.1 万元。其中,重点查处一批证据充分,涉税金额在 50 万元以上的 26 起,涉税金额在 100 万元以上的 8 起。

1997 年,全区国税部门对重点行业、重点企业开展专项稽查,对异常申报企业,如商业系统、几个月零申报企业进行重点稽查,先后对邮电、私营企业大户、烟草、电力等重点企业,组织专项稽查,查补税款 2000 多万元,罚款 300 多万元。1998 年 3、9、10 月份先后组织开展对金融、保险、邮电、粮食系统和重点企业、重点税源单位的专项稽查,共计查补税款 3200 多万元,

---

①“三个统一”:即统一发票式样,由过去的填写式发票,改为剪填式限额发票;统一发票开具人员,由过去纳税人自行领购填开,改为税务部门指定专人填开;统一所得税附征率,开出去的发票必须按规定税率收取营业税并附征企业所得税或个人所得税。

尤其是10月份对德兴铜矿、永平铜矿、广丰卷烟厂等重点税源单位的重点稽查,仅对德兴铜矿的稽查,就查补入库税款近2000万元;全区当年共稽查户数2610户,查补税(罚)款6111万元,较上年增加1614万元,增长33.7%,其中:查补税款5546万元,占全区实际完成工商税收数的10.04%,入库5281万元,入库率95.22%;罚款558万元,处罚率10.06%。1999年,开展对江光、江西水泥厂等重点企业的重点稽查,查补税款(罚款)500万元;组织三次专项稽查,共查补税款(罚款)1630万元。

征管改革 1991年,地区税务部门根据《江西省全面推行征管改革意见》,制定《上饶地区全面推行征管改革的具体意见》。征管改革的形式有三种:一是对上饶市城区、县城(镇)所在地的税务局、所普遍实行征管、检查两分离或征、管、查三分离;二是对农村税收普遍实行划片管理、定点征收、交叉检查;三是对集贸税收普遍实行双人上岗、票款分开、联收计酬的征管办法。至年底,全区共有114个税务所、分局中,有44个进行两分离,10个进行三分离,农村实行交叉检查的有56个,只有4个没有进行改革。

1992年,全区在1991年的上饶市、广丰县、波阳县进行中层次征管改革的基础上,对全区其他9个县(市)相继进行征管、稽查两分离的中层次征管改革,全区共成立27个征管分局、12个稽查分局。在农村,除仍继续实行和完善"定点征收、划片管理,交叉检查"的模式外,当年重点进行农村驻征站的设置和健全工作,在没有设税务所的乡全部设置驻征站,全区共设有农村驻征站189个,配备人员531人,聘请代征员3447人,加强农村税收的征管,全区农村税收较上年同期增长21.05%。

1993年,根据省局的要求,全区在上饶市进行个人收入调节税应税收入申报试点工作,重点对出租车司机、涉外企业中方人员,承包经营厂长(经理)进行检查,并在7月份开展个人收入调节税专项检查月活动,共组织个人收入调节税7万元。

1994年,全区开始新税制改革,建立税制改革监测网,密切注意新税制运行状态;强化税收征管,全面推行普遍申报纳税和严格滞纳金制度,全区纳税申报面达95%以上,根据《征管法》规定,加收滞纳金97.3万元。

1995年,国税部门进行"三位一体"的征管改革,全区12个县(市)相继建立起"集中、公开、快捷"的多功能办税大厅,农村分局和驻征站设立纳税窗口;全面推行纳税申报和加盖"红、蓝、黄"标志的纳税申报方法,全区上门申报率城镇达98%以上,农村达90%以上,各县(市)城镇基本上取消专管员管户制度,变"管户"为"管事";广泛开展税务代理,全区12县(市)均设立税务师事务所,下设48个代理部,制定税务师事务所章程,税务代理工作程序和代理情况月报表,根据地区物价局有关规定,统一代理收费标准,当年办理税务代理1500余户。1996年,在上年确定上饶市局为第一批征管改革试点单位的基础上,又确定上饶县、广丰县、弋阳县为第二批"征管试点"单位,微机网络运行调试全部完成,完善部分县局局域网,进行IC卡系统研究和开发,并将所有征管资料全部录入微机实行档案化管理;同年全区共有代理户4229户,其中全面代理984户,单项代理3245户,比上年分别增长40.77%、23%、51.28%。1997年,按照省国税局要求,统一全区"双定"户底册,统一制作下发个体工商业户办税手册,至此,全区的征管方式达到4种:一是实行IT卡管理,如上饶市局实行将纳税人所有纳税资料免费输入IC卡,以卡交费;二是运用新闻媒介监督管理,如婺源县国税局同县电视台联合开办《纳税之窗》栏目,每月定期滚动播出企业和个体工商业户申报纳税情况;三是实行国税、地税联合办公制度,如万年县局成立由当地政府牵头,有国税、地税人员参加的个体税收征管小组，做到“六统一”①，分别开票、入户；四是实行停歇业保证金制度，如广丰县局实行个体户停歇业交纳保证金制度。同年，全区第三批国税征管改革运行单位在计算机人员培训，软、硬件安装，征管资料和录入等方面严格按省局有关要求全部按时正式运行，据统计，运行单位所辖业户企业纳税申报率县城达100%，农村达95%；个体户城区达95%，农村达90%。

1997年，地税部门为改变传统的上门入户收税、突击征收、既征税又收费等问题，地区税务局向行署提交《关于推进和深化县（市）城区税收征管改革的实施意见》，提出“一个建立，两个取消”的目标，即建立纳税人自行申报纳税制度，取消上门 开票征收，取消专管员管户制度。1998年2月，行署向各县（市）人民政府批转了这一实施意见。同年初，在农村，上饶县湖村乡地税所率先探索并实践以“摸清税源、公平税负、申报纳税、集中征收、重点稽查”为主要内容的农村税收征管改革，当年即取得了申报率100%，税款比上年增长84%。地税局及时总结了他们的经验，同时参照这一经验，下发《关于进一步加强税收征管改革的几点意见》。到1999年底，全区12个县（市）中有7个全面推广，其余县也选择了部分乡镇进行试点，全区已实行或试点的乡镇达到158个，占全区乡镇总数的55.2%。同时，各级地税部门新建或改建办税服务所59个，面积1739平方米，有1万余户纳税人进入办税大厅办理各项税收业务；在城区，按照“以纳税申报和优化服务为基础，以计算机网络为依托，集中征收，重点稽查”的征管 改革模式，设置了征税服务中心、管理分局、稽查分局，明确了各自职责范围，并下发5个配套文件，即《关于明确实施分类税务检查有关问题的通知》《关于征收、管理、稽查部门相互联系制度的通知》《纳税户ABC分类管理制度》《实施分类税务检查管理暂行办法》《税务违章处罚标准》。同时，组织税务人员和深圳金双联计算机系统集成有限公司的科研人员一起精心研制出适合地税实际的征管软件，对操作人员进行为期半个月的培训，到2000年年底，上饶市、德兴市、玉山县、横峰县、婺源县、万年县、波阳县城区办税服务厅都实现计算机征管。

1998年，全区国税系统将税收征管全过程纳入计算机管理，成立计算机管理领导小组，制定有关管理制度，并装备各类计算机382台，局域网个数达到12个，实现征管电子化的基层单位数达到26个，约占征收单位总数的42.6%，地区局实现计算机结构化布线，使局域网、广域网连为一体。1999年，继续推进征管改革，对城区实行划片管理，对农村实行驻乡（镇）征收，继续推行“六大块”②分类管理、考核，全区全年“六大块”零散税收同比增加1123万元、增长15%，是两税增收总额的3倍，其中前五项税收同比均有较大幅度的增长，分别增长12.5%、16.6%、20.3%、43%、53.6%。1998年底，全区12县（市）的县城分局全部实现计算机征管。

2000年，地区国税局在上饶市（信州区）开展日常稽查规范管理试点，协调征管与稽查的关系；并对重点税源企业和一般企业进行分类管理：对重点税源企业实行驻企征收（全区10户驻企征收企业实缴税款占到全区40%左右）；对一般企业 采用税负警戒线管理，分行业确定税负警戒线；对个体税收管理实行公开评税，双定管理，群众监督；同时还对集贸税收、个体税收、砖瓦税收、小煤窑税收、生猪税收分别统计，单独考核，奖惩挂钩。

①“六统一”：统一办公、统一核定税额、统一调整税负、统一审批停歇业、统一上户催缴检查、统一处理违章案件。

②“六大块”：集贸零散税收、核定税收、小煤窑税收、砖瓦窑税收、加油站税收、生猪税收。

卷二十二　综合经济管理

1990年代，境内经济发展由封闭走向开放，经济结构由单一走向多元，科技文化由相对落后走向欣欣向荣，人民生活由温饱走向小康，是全区经济体制由计划经济走向市场经济的关键时期，全区经济管理机构的职能有较大改善。

计划工作从具体、微观、指令性计划，逐步转向战略性、政策性、指导性规划。计划管理，在计划中增加直接利用外资计划、招商引资计划和农村扶贫开发计划；统计管理的改革力度加大，统计报表开始实施新的国家统计报表制度，改革和完善统计指标体系，建立统计标准体系，进行统计调查方法改革，在重要统计领域推行抽样调查，同时，改变传统落后的统计数据处理方式，强化统计系统计算中心的综合管理职能；工商行政管理，企业登记改革措施主要是两个取消、两个放宽、两个淡化：即逐步取消主管部门对开办企业的审批，取消不必要的前置审批条件；放宽经营范围和经营方式，放宽公司的登记条件；淡化核准经营范围时主、兼营的划分，淡化对企业经营场所的审查。

物价部门主要是根据各个年度的不同要求，结合区情，或治理“三乱”开展物价大检查，重点检查行政事业单位和国营、集体企业、经营单位违反价格法规，乱涨价、乱收费、乱集资、乱摊派行为；或者物价检查重点放检查行政事业性收费、农村中小学教育收费、农电价格、农资价格等涉农收费；或者照国家和省里的安排，开展铁路、客货运价、铁路系统的劳动服务收费检查等等。

审计机关根据省审计局的部署和要求，围绕转换企业经营机制这个中心，重点加强对占有、使用国有资产数额较多，亏损和接受国家财政补贴较多，以及对当地经济发展影响较大的企业的审计。在企业审计中，普遍开展资产、负债、损益审计，重点检查国有企业资产、负债和损益是否真实合法，监督国有资产保值增值。

第一章　计划管理

第一节　管理机构

1991年，地区计划委员会内设机构有秘书科、综合科、基建科、物资财贸科、农水科、工业科、国土区划办等7个科室，下属经济信息中心、农业利用外资办公室；1993年，增设以工代赈办公室;1994年,增设了外经科;1997年机构改革,地区计划委员会内设机构有:人事秘书科、综合科、投资科、财贸与市场科、农经科、外经科、工业科、国土区划科、以工代赈办等9个科(室),人员编制28个。2000年,上饶撤地设市,地区计划委员会正式改名为上饶市计划委员会。12个县(市)政府机构均设有计划委员会。

第二节 计划编制

1991年—2000年,全区两级计划委员会在制定国民经济和社会发展计划时,都是严格按照上级有关国民经济和社会发展计划编制的要求,结合各自的实际分别进行年度计划的编制和中长期发展规划的编制。如1995年编制的《上饶地区"九五"计划和2010年规划纲要》《上饶地区"九五"社会事业发展计划》;1996年编制的《江西省上饶地区国土开发整治规划》;2000年编制的《上饶地区国民经济和社会发展第十个五年计划纲要》。

全区的国民经济和社会发展计划主要包括: 对经济形势的分析;计划期经济和社会发展的方针、政策、任务和奋斗目标;国民经济和社会发展速度;国民经济主要比例关系;建设规模和人民生活安排;主要指标和经济效益要求;以及保证计划完成所采取的重大技术、经济政策和主要措施等。计划指标以1992年为例,主要有:国民经济发展主要指标计划(包括国内生产总值、工农业总产值、社会消费品零售总额、财政收入、城镇居民年收入、农民人均年纯收入等);农业总产值计划(包括农、林、牧、渔产值);主要农产品产量计划(包括水稻、玉米、大豆、棉、油、黄麻或苎麻、蚕茧、花生、芝麻、甘蔗、茶园、果园、桑园面积、产量、牛、羊、猪、家禽饲养量、出栏肥猪、肉类总产量、水产品产量、有效造林面积等20项);工业总产值(包括国有、集体和乡镇企业产值计划);主要工业产品产量计划(包括原煤、发电量、水泥、木材、铜矿石、黄金、布、纱、卷烟、化肥、农药、照相机、改装客车等十余项);主要商品流转计划(包括销售和调拨);外贸易计划(包括进口、出口);人口发展计划;农业人口转非农业人口计划;教育事业发展计划;建设用地控制和国土开发整治计划;环境保护计划等。随着社会主义市场经济的发展,政府职能由直接管理经济转变为间接管理经济,国民经济和社会发展计划内容也随之发生变化。2000年,全区国民经济和社会发展计划由1992年的12大项减少到9大项,另外,由于加大对外开放、招商引资和扶贫开发力度,因此,增加了直接利用外资计划、招商引资计划和农村扶贫开发计划。

"八五"计划主要指标完成(1995年) 国内生产总值(1990年不变价)125.33亿元,其中:一产52.29亿元,二产38.48亿元,三产34.56亿元;全社会固定资产投资16.59亿元;全社会零售物价总指数115.4;社会消费品零售总额53.1亿元;出口总额1254.2万美元;财政总收入11.22亿元;农民人均纯收入1544元;年末总人口627.03万人;人口自然增长率12.03‰;工业总产值119.5亿元;农业总产值(1990年不变价)85.14亿元。

"九五"计划主要指标完成(2000年) 国内生产总值(1990年不变价)173.43亿元,其中:一产56.77亿元,二产50.62亿元;三产66.04亿元;全社会固定资产投资32.77亿元;全社会零售物价总指数102.4;社会消费品零售总额81.29亿元;出口总额2706万美元;财政总收入15.66亿元;农民人均纯收入2038元;年末总人口611.78万人;人口自然增长率9.79‰;工业总产值149.5亿元;农业总产值95.83亿元。

第三节　计划实施

全区计划部门在完成国民经济和社会发展计划编制的同时，对组织计划的实施采取了切实有效的行政手段和措施，并加强调研监督和检查。在执行计划过程中，遇到有特殊情况（如1998年遭受的特大自然灾害，发生未能预料的重大事件等）需要对原计划作部分调整时，均依据分级管理的规定，经本级政府同意后对原计划进行必要的调整，并报上一级业务主管部门备案。

1991年—1995年的“八五”计划期间，全区的计划执行结果是：国内生产总值分别为49.06亿元、59.15亿元、73.93亿元、110.08亿元、125.33亿元；经济结构进一步完善，第一、二、三产业的比例由1990年的50.3∶28.47∶21.27，调整为1995年的41.72∶30.70∶27.58；基础设施建设步伐加快，全区完成固定资产投资累计63.36亿元；“八五”期末全区社会消费品零售达到53.1亿元，完成财政总收入11.22亿元；科技教育等社会事业蓬勃发展，“八五”期间全区设立自然科学基金3项，实施科技计划项目303项；教育结构调整步伐进一步加快，“八五”期间累计培养大中专毕业生3.83万人，学龄儿童入学率达98%；医疗卫生和预防保健事业不断加强，计划期间每年实际人口都未超过计划数，均控制在计划内的98%左右；“八五”期间全区积极参与各种形式的经济技术合作，广泛引进外资、人才、先进技术和设备，进口贸易和引进外资不断增长，“八五”期末全区实际利用外资748万美元；城镇居民人均收入2716元；农民人均纯收入1992年—1995年连续4年超额完成计划的2.52%、4.90%、21.76%和9.86%，“八五”期末全区农民人均纯收入达到1543元；城乡居民储蓄存款达到60.66亿元。

1996年—2000年的“九五”计划时期，全区经济社会发展面临一系列新情况、新矛盾和新问题，市场供求关系发生严重变化，有效需求不足的矛盾突出，亚洲金融危机对外贸出口和利用外资带来冲击，历史罕见的洪涝灾害使境内的经济建设和人民生命财产遭到重大损失。

1998年—2000年，得到中央积极的财政政策扶持，全区的移民建镇、粮库、能源、水利、城建、交通、工业和完善社会事业的一大批建设项目得到国债的投入，国债投资总额达到35.98亿元。“九五”期末的2000年，全区国内生产总值达到173.43亿元；经济结构发生比较大的变化，第一、二、三产业的比例由“八五”期末的41.7∶30.7∶27.6到“九五”期末的32.7∶29.2∶38.1。“九五”期末财政总收入达到15.66亿元；全社会固定资产投资累计32.77亿元，一大批重点工程相继建成，横（峰）南（平）铁路上饶联络线和新上饶火车站先后建成，大坳水利枢纽工程建成发电，国道、省道、县道等公路建设突飞猛进，电信事业飞速发展，经济发展环境更加优化，有效地拉动经济增长；“九五”期末农业总产值（1990年不变价）95.83亿元，社会消费品零售总额81.29亿元；人口自然增长率由“八五”期末的12.03‰下降到9.79‰；城镇居民人均可支配收入4891元；农民人均纯收入达到计划指标的2038元。

第二章　土地资源管理

第一节　管理机构

地区机构　1991 年,地区土地利用管理局与地区农牧渔业局合署办公,为副县级单位;1993 年 7 月,地区土地利用管理局由副县级升格为正县级,内设办公室、建设用地管理科、地籍管理科 3 个科(室);1996 年 9 月 17 日,党政机关机构改革三定(定编、定岗、定人)《方案》,将机构名称改为上饶地区土地管理局,内设办公室、地籍管理、建设用地管理 3 个科(室),定编 26 人。2000 年 10 月,上饶地区撤地设市,上饶地区土地管理局更名为上饶市土地管理局。

县(市)机构　1993 年 4 月至 1994 年 7 月,全区各县(市)土地利用管理局与城乡建设委员会合并为县(市)城乡建设土地环保局,内设土地管理科(股);1994 年 8 月后,各县(市)又先后恢复土管局;1997 年前后,各县(市)土地利用管理局先后更名为土地管理局。

第二节　土地资源调查

1987 年 11 月,贯彻执行国务院关于在全国范围内开展土地利用现状调查(简称“土地详查”)工作精神,落实江西省赣府厅〔1987〕62 号文件,行署部署地区土地管理局先在上饶市进行土地详查试点,各县(市)土地利用管理局支援 16 名技术干部参与上饶市土地利用现状调查工作,同时,还从各乡镇和城建局、农林水利局等单位抽调 13 人参加,组成上饶市土地利用现状调查专业队。至 1998 年 4 月,历时 1 年零 5 个月,完成上饶市的土地类型、数量、质量、分布和利 用现状,编写《上饶市土地利用现状调查报告》,绘制 1: 25000《上饶市土地利用现状图》、《上饶市土地资源详查图》、《上饶市土地详查作底图》等 11 份图表,其中上饶市土地管理局的《土地利用现状调查成果》获全国土地资源详查科技成果三等奖。

在上饶市试点取得经验的基础上各县(市)相继展开。土地资源调查阶段,全区共组织 1700 多名国家干部、科技人员、乡镇土管员,严格按照全国和江西省《土地利用现状调查技术规程》和补充规定,制定土地详查实施方案,对本地的自然资源和社会经济技术条件,工农业生产的现状,进行实地考察与分析研究。同时,在调查工作中,充分利用先进的航空遥感技术,采用航摄像片(或正射影像图)野外实地调绘,室内单投转绘、微机量算面积,清绘等技术,建立数据信息系统。1993 年底,全区 12 县(市)全面完成县级土地详查任务,并通过省土地资源调查办公室和技术指导组检查验收合格。1994 年 12 月,转入地级汇总;1995 年年底,全区基本结束土地资源调查工作。

第三节　地籍管理

1991 年—2000 年,全区 12 个县(市)城区地籍调查全面完成,建制镇地籍调查完成 70%,并全部实现数字化微机管理。其中,婺源县城区地籍调查成果获省土地管理局科技进步二等奖,上饶市日常地籍管理工作获国家土地管理局二等奖;并基本结束初始土地登记发证工作。

全区共颁布国有土地使用证50335本,集体土地使用证320203本。1999年,首次开展国有土地使用证书年检,共查验国有土地使用证41736本;全区12个县(市)城市土地定级估价全面完成,建制镇土地定级估价工作完成30%,全区地价初步建立。其中,玉山县城区土地定级估价成果获江西省科技进步三等奖,婺源县城区土地定级估价成果获省土地管理局科技进步二等奖;城镇地籍管理工作正逐步走上现代化日常地籍管理轨道。地籍档案管理渐趋规范,其中铅山县、德兴市达省一级标准,上饶县达省二级标准,铅山县土地管理局被省档案局评为全省档案管理先进单位。

1991年—2000年全区土地使用证发放情况

表22-2-1　　单位:平方米

年份	合计		国有土地使用证		集体土地使用证	
	宗　数	面积	宗　数	面积	宗　数	面积
1991	86233	8886322	15623	5292389	70610	3593933
1992	13484	3978141	4164	2318212	13338	1659929
1993	8980	2157724	2445	1450879	6535	706845
1994	10678	9553229	3550	8569572	7128	983657
1995	17184	13336675	5624	12474462	11560	862213
1996	15504	5590250	4137	4088943	11367	1501307
1997	229737	7665120	4790	4878749	24947	2786371
1998	54297	9431859	5316	4366985	48981	5064874
1999	23175	9847719	5224	7871304	17951	1976415
2000	21597	17605962	5522	15638882	16075	1967080
总　计	480869	88053001	56395	66950377	228492	21102624

第四节　土地定级

1995年,全区12县(市)陆续开展城镇土地定级估价工作。

1996年,行署所在地的上饶市城区土地定级工作开始。城区土地定级的范围是:东起国道挂二线;南起南环路;西以西环路为界;北止北环路。定级土地总面积24.9平方千米。

土地定级工作分四个阶段,各阶段主要工作有:准备阶段,包括成立领导小组,组织工作班子,制定工作、技术方案,培训人员,收集资料和宣传发动等;调查阶段,包括商服繁华度、交通条件、基础设施、公共设施、环境质量、地价资料等调查;土地定级阶段包括运用信息系统软件进行调查资料处理,绘制形成因素、因子分值图,进行多因素分值图加权叠加,形成定级总分值图,实地落实、调查总分值图界线。文字报告编写阶段,包括土地定级报告、土地定级技术总结、土地定级工作总结。1996年11月,上饶市区地价定级工作成果通过省土地局组织的验收评审。

上饶市区土地定级工作成果:文字类有上饶市区土地定级估价报告;图件类有上饶市区土地综合级别图,定级因素作用总分值图、土地级别图、级别基准地价图。

第五节 用地管理

土地利用总体规划 1996年,行署和各县(市)根据《中华人民共和国土地管理法》的要求,先后编制《上饶地区土地利用总体规划》(1997—2010)和县(市)《土地利用总体规划》(1997—2010)。2000年10月,《玉山县土地利用总体规划》被江西省国土资源厅评为优秀成果一等奖,并推荐为国土资源部土地利用总体规划优秀成果二等奖;同年,上饶行署陆续审批一批县(市)各乡镇的土地利用总体规划。

土地有偿使用 1990年,地区在万年县石镇镇窑前村开始实施农村宅基地有偿使用试点,而后横峰县、广丰县推行农村宅基地有偿使用,首先在桐畈镇、管村乡进行试点,然后全面铺开,当年全县有偿使用的宅基地面积约700万平方米,按照“标内均收、超标累进”的办法收费,全县每年收取宅基地有偿使用费约40万元,该项经费本着“取之于土,用之于土;取之于户,用之于村”的原则,用于农村的农田基本建设和修路、打井等集体公益事业。1993年—1995年,根据国务院、省、地有关文件精神,广丰县政府推行国有土地有偿使用制度改革,根据土地所有权与使用权分离的原则,开放土地市场,允许土地使用权依法有偿出让、转让、出租、抵押,逐步建立国有土地有偿使用方式与由行政划拨无偿使用方式相结合的土地运行机制。1995年12月28日,婺源县也举行全县第一次国有土地使用权出让招标拍卖会。

基本农田保护 1995年开始,遵照《中华人民共和国土地管理法》和《中华人民共和国农业法》的规定,全区各县(市)先后完成各自的《基本农田保护区的规划》工作,划定基本农田保护区,建立境内的基本农田保护区,确定规划期内的耕地需求及保护面积。全区基本农田保护面积达到34.56万公顷。

2000年全区各县(市)土地利用现状分类面积情况

表22-2-2 单位:公顷

县(市)	总 计	农用地	建设用地	未利用地
全区	2282604.15	1794911.86	139203.33	348488.96
上饶市	30883.71	21590.26	5064.25	4229.2
上饶县	223843.18	180741.13	13442.34	29659.71
广丰县	138548.25	122344.96	8626.12	7577.17
玉山县	172260.11	148539.09	13199.13	10521.90
铅山县	217452.22	187863.45	8454.09	21134.68
横峰县	64763.87	55407.64	4738.90	4617.33
弋阳县	158043.38	129998.39	9232.78	18752.20
余干县	233710.21	123481.65	21921.20	88307.37

续表 22-2-2

县(市)	总　计	农用地	建设用地	未利用地
波阳县	422521.31	250440.06	30372.11	141709.13
万年县	115074.54	97249.23	7391.90	10433.41
婺源县	296014.83	282051.39	6895.52	7067.91
德兴市	209488.54	195204.61	9864.99	4418.94

第六节　土地监察

1990年代初,全区各县(市)先后成立城市管理纠察大队土地管理监察队伍,以兼职(义务)与专职土地监察员相结合,开展土地执法检查和对土地清理整顿工作。

1991年—2000年,全区各级土管部门在做好日常监察工作的同时,分别于1993年、1997年、2000年,在全区范围内陆续开展清理整顿土地、土地执法大检查、乡镇创"三无"①活动。其中,玉山县被确定为全省第一批、全区第一个创土地执法模范试点县。2000年,玉山县获全省第一批土地执法模范县称号。

第三章　统计管理

第一节　管理机构

地、县(市)统计局　1991年—2000年,全区统计机构逐步健全和完善,地区统计局内设科室也有所增加。1993年年初,县(市)级统计机构改革试点,上饶市、德兴市和玉山县统计局与计委合并,至1996年又先后分开,其他各县统计局仍单独设立;1994年德兴市成立统计信息咨询服务中心,有人员编制6人。1997年,大多数县(市)统计局都设立了综合、业务股、办公室及农调队等内设机构,有的县(市)还增设了城调队和统计信息咨询服务中心。

1997年,地区统计局内设机构增设人口科,负责搜集、整理和提供人口方面的统计资料;1999年1月8日,国家统计局上饶企业调查队成立,内设机构有综合科、产业调查科和专项调查科,人员编制16人,该队业务受省统计局企业调查队领导,行政上委托同级统计局代管。2000年年底,地区统计局内设机构除保留原有的秘书、综合、工业、农业、法规等5个行政科室和农业调查队、计算站两个事业单位外,新增设了人口科、上饶企业调查队和上饶地区经济信息开发公司。

2000年年底,全区地、县(市)统计局有在编的干部职工233人(包括事业编制人员),比1991年增长2.19%,其中行政编制151人,事业编制82人,分别比1991年下降1.31%和增长9.33%。在职统计人员中获得中级以上统计职称的人员有93人,比1991年增长116.28%。

①"三无":无违法批地、无违法管地、无违法用地。

乡镇统计站 1991年全区乡镇有专职统计员164人,占所有乡镇总数的59.42%。1994年贯彻执行省政府批转省统计局《关于建立建全乡镇统计信息网络的请示》,全区所有的乡镇都建立统计站,配备专职或兼职统计员,统计站站长由分管统计工作的乡镇长担任。2000年年底,全区乡镇统计站达到281个(不包括场、所、库等单位),乡镇专职、兼职统计员297人(其中专职202人),比1991年增长23.17%,乡镇在职统计人员中,有统计或其他专业职称的210人,比1991年增长28.04%,其中统计师20人,比1991年增长5倍;在297名乡镇统计员中,有行政编制(国家干部)76人,事业编制54人,聘用干部68人,干部人数已占总人数的66.67%。

第二节 统计报表

1991年,全区统计报表依照《江西省统计表管理条例》执行;1993年,全区统计报表开始实施新的国家统计报表制度,改革和完善统计指标体系,建立统计标准体系,进行统计调查方法改革,在重要统计领域推行抽样调查;1994年,实行全国统一的统计方法制度改革:一是删除和取消一些不适应新形势发展需要的重复、矛盾、过时、繁琐的统计指标和表种,建立和完善一些适应党政领导和宏观调控部门决策需要的统计指标、统计体系、统计方法与手段;二是在重要统计领域推行抽样调查技术,如农业、工业、商业等都广泛应用抽样调查方法搜集资料;三是改变统计资料的汇总方式,有的专业实行超级汇总。

2000年,全区统计管理的报表主要有国民经济核算、农业、工业、交通运输、邮电、固定资产投资、建筑业、城市公用事业、物资、能源、国内贸易、饮食业、对外经济贸易、旅游业、人口、劳动工资、财政、金融、保险、教育、科技、文化、体育和企业调查等25个大类,近300多种常规报表。

第三节 统计分析

1991年—2000年,全区的统计分析工作进入新的发展时期,共完成体裁多样、内容新颖、分析全面深刻的统计分析和调查报告300余篇,其中有100余篇分别被省、地报刊转载或发表,有的还被评为省局优秀分析文章。如1997年地区统计局写的《用市场经济办法来解决再就业问题》;1998年写的《调整结构,优化布局,实现工业经济发展新突破》;1999年写的《增加农民收入,开拓农村市场》;2000年写的《上饶地区工业企业扭亏情况简析》,以及企调队写的《敢问路在何方》等文章,分别在《江西日报》《上饶日报》、省政策研究室的《政策广角》、省委党校的《求实》、省统计局的《统计与信息》,地委、行署的《上饶工作》《决策参考》《经济参考》等刊物上发表,有的还获得省统计局优秀课题评选二、三等奖。另外,为使统计分析和信息更好地为社会各界和基层服务,地区统计局还在《上饶日报》、上饶电视台两家地方主要新闻单位定期发布经济形势信息,每年被选登和报道的稿件约40余篇。同时,每年5月份前后,地区统计局都要在《上饶日报》公开发表上饶地区国民经济和社会发展统计公报。公报主要有综合、农业、工业和建筑业、固定资产投资、交通、运输和邮电、国内贸易和对外经济、金融和保险业、科学技术和教育、文化卫生和体育、人民生活和环境保护等10个方面的内容。

第四节　统计资料

1991年以前,全区统计资料的整理编印形式只有每月的《主要统计数字一览表》、《上饶统计信息摘要》和每年的《统计年鉴》,且《主要统计数字一览表》的内容只反映全区经济运行情况中的综合、工业、全民单位投资、商业、财政、金融、物价、职工工资等8个方面共120多个指标。2000年,全区统计资料整理与编印发生了很大变化,每月除有《主要统计数字一览表》《上饶统计信息摘要》《上饶农调》《上饶企业调查》等资料,年度除《上饶统计年鉴》外,还有《上饶统计提要》《上饶之最》《万年县之最》《广丰特色》,以及县(市)的专项统计资料等。且统计资料的内容更加丰富,《主要统计数字一览表》反映的指标达到200个。还有《统计年鉴》的内容也不断增加,如1993年—1995年的年鉴既增加有关经济运行统计指标,还增加各县(市)的骨干企业简介、彩照和获得各项考核评比的先进集体的单位;1998年—2000年的统计年鉴又增加历年或主要年份的主要统计指标数据,如2000年《统计年鉴》中的特载"沧桑巨变五十二年",就是专门编印新中国成立52年的主要统计指标资料。

第五节　统计信息工程

1991年—1995年,全区各级统计部门贯彻执行省统计局提出的"统筹规划、多方集资、人机结合、软硬配套"的"八五"系统建设方针,并充分利用人口、工业、农业等普查契机,加快统计信息工程建设和计算机专业人员的业务技术培训,尤其是通过1993年和1994年全省统一设计、统一布置、统一标准的新统计年报制度的实施(即采取"四十一"与"七加一"一套表年报数据处理模式的实施和工业、农业普查数据汇总处理等实施),较好地改善统计部门数据处理的环境。地区统计局各科室的每个专业都配备较为先进的计算机,各县(市)统计局也增添计算机,初步改变传统落后的统计数据处理方式。

1996年—2000年,全区贯彻实施"九五"国家统计信息工程,地区统计局开始局域网的建设,2000年底,地区统计局建成局域网和联上国际互联网。

第六节　统计执法与监督

地区统计局的法规科成立于1989年7月。1991年,地区统计局与地区法院联合成立统计法规执行室;年底,全区各县(市)统计局都先后成立法规检查所或法规检查股,有的县(市)(如上饶县、上饶市)也与当地法院联系,成立统计法规执行室,配合开展统计执法检查活动。

1991年—2000年,地区统计局积极配合全国、全省开展统计执法大检查。首先是总结统计"二五"普法经验,制定《上饶地区统计法制宣传教育第三个五年规划》,并采用多种形式,对统计法制知识和统计执法工作进行广泛宣传,据不完全统计,全区共发行统计法制宣传小册子2万多本,编写法制工作简报180多期,向电视、报刊等新闻媒体投稿200余件;其次全区各县(市)统计局加强统计执法人员的申报和业务培训,仅1996年,全区地、县(市)两级统计局重新申报和培训统计检查员108人,各县(市)主要经营部门还配备兼职统计执法人员;三是全区各级统计部门按照国家和省统计局有关统计执法检查要求与部署,每年与监察局、法制局等部门联合组织统计执法检查工作,1991 年—2000 年累计罚款金额达 40 万元;四是全区各县(市)统计部门对主要统计数据实行“填报人、科股负责人、分管领导三级审核和多方评估论证制度”,即统计数据上报前,先由填报人、科(股)负责人和分管领导三方严格审核,再通过算账对比、因素分析、逻辑推理和征求当地党政领导及有关综合部门意见等多方论证后才能上报。

第七节 统计普(调)查

普查 1991 年—2000 年 10 年间,全区共进行有第三产业、工业、农业、基本单位、人口等全国大型普查活动。

全区第一次全国第三产业普查 1993 年 8 月至 1995 年 4 月,全区开展第一次全国第三产业普查活动。这次普查,查清 1991 年和 1992 年全区第三产业单位数、从业人员总数、财务收支与实物资产状况和第三产业增加值等情况。普查数据显示,1992 年,全区第三产业单位数(不包括军队、武警、铁路三个系统)71108 个,其中独立核算单位 8869 个,单独核算单位 5171 个,个体户 57068 个;第三产业从业人员 351689 人,其中独立核算单位 198404 人,单独核算单位 70449 人,个体户 88007 人;第三产业增加值 17816 万元,占国内生产总值的 27%;提供税金 8966 万元,占同期财政的 20%。

全区第三次全国工业普查 1995 年 3 月至 1996 年 1 月,全区进行第三次全国工业普查。经过普查,查清全区工业经济的规模、经济类型、结构、产业结构、地区结构、装备水平、经济效益、科技活动和国有工业、“三资工业”、乡镇工业、大中型工业以及工业劳动者等主要数据。资料显示,1995 年,全区工业企业和工业生产单位为 3. 12 万个,比 1985 年增长 28. 98%;资产总额 129. 46 亿元,比 1985 年增长 7. 48 倍;工业产品销售收入 87. 77 亿元,比 1985 年增长 6. 85 倍;上缴税金 5. 52 亿元,比 1985 年增长 5. 11 倍;工业增加值 30. 24 亿元,占国内生产总值 24. 13%,按可比价计算,比 1985 年增长 2 倍,平均每年增长 11. 62%;工业产值 129. 44 亿元,按可比价计算,比 1985 年增长 3. 34 倍,平均每年增长 15. 80%。

全区第一次全国农业普查 1996 年—1998 年历时 3 年,全区开展第一次全国农业普查。这次普查采取直接访问普查对象,当场询问的登记方式,共对全区 106. 35 万户农户,3733 个非农乡镇企业,2915 个行政村,265 个乡镇(不含城关镇)逐个进行查点登记。时点指标为 1996 年 12 月 31 日,时期指标为 1996 年 1 月 1 日至 12 月 31 日。通过普查,查清全区农业和农村生产经营单位的类型及规模、农村从业人员的数量、素质、行业和地域分布、农村科技人员状况、农业机械与设备的数量及结构、非农乡镇企业的类型及其规模、农村乡镇社区环境与基础设施状况、农村建制镇的规模和社会经济状况等情况。

全区第一次全国基本单位普查 1996 年 3 月至 1997 年年底,全区进行第一次全国基本单位普查。经过普查,取得全区法人单位和产业活动单位(包括乡及乡以上单位)以及法人单位、产业活动单位从业人员等内容丰富的资料。资料显示,1996 年全区法人单位 14517 个,其中乡及乡以上单位 9091 个;产业活动单位 21261 个,其中乡及乡以上产业活动单位 15835 个;全区法人单位从业人员数 608924 人,其中单产业法人单位从业人数 417234 人,多产业法人单位从业人员 191690 人;产业活动单位从业人员 619873 人,其中多产业法人的产业活动单位从业人员 202639 人。普查还查清了全区按经济类型分组法的法人单位、产业活动单位(乡及乡以上)和按第一、二、三产业划分的法人单位、产业活动单位(乡及乡以上)等资料。

全区(市)第五次全国人口普查　1998年11月至2002年8月,全区进行第五次全国人口普查。通过普查,摸清了全区人口数量、人口素质、人口结构、人口分布、人口迁移、劳动与就业和住房状况等主要情况。普查资料显示,2000年全区常住人口597.77万人,比1990年第四次人口普查579.44万人增加了18.33万人,增长3.11%,增幅低于同期全省人口增长9.78%的水平。资料还显示,2000年全区户籍人口634.13万人,常住本地人口572.17万人,外出人口57.64万人,外来人口1.6万人,居住本乡户口待定4.3万人。这说明户籍人口是全区人口的基数,人口流出大于流入。

抽样调查　1991年—2000年,全区主要进行农村社会经济和城市社会经济抽样调查,以及1%全国人口抽样调查和企业调查。

农村社会经济调查　1991年,根据国家统计局通知,原地、县(市)农村抽样调查队①更名为“农村社会经济调查队”。1997年,经省政府同意,省统计局将省点农调队下放到地、县(市)直接管理,并由当地财政解决人员经费,省统计局负责解决调查的业务经费。农村社会经济调查队的主要任务是运用抽样调查方法开展三项常规调查:一是农产量调查,定期反映农业生产情况和问题;二是农村住户调查,反映农民生产、收入、分配、积累、消费等情况;三是农村经济基本情况调查(简称农经调查),反映农村经济组织形式、劳力分布、生产布局、经济效益变化等情况。完成三大项调查任务的同时,还不定期开展一次性的专项调查,及时提供有关调查资料。1991年—2000年的10年间,全区县(市)农调队密切联系政府中心工作和社会经济中的新情况、新问题进行调查研究,完成常规调查任务同时,还关注社会的热点、焦点问题开展专项调查,撰写针对性强、对策建议操作性强、决策参考性较强的统计分析和调查报告,如地区农调队写的《增加农民收入,开拓农村市场》《加强奔小康领导,加快奔小康步伐等到分析文章》,均获得省局优秀统计分析文章奖。

城市社会经济调查 全区只有上饶市和铅山县两个城市抽样调查队②。城调队的主要任务是应用抽样调查等多种方法开展城镇住户调查、物价调查和非常规调查,收集、整理、汇总、分档和上报当地城镇居民家庭生活收支调查和各种物价指数以及有关城市社会经济的专项调查等资料。1991年—2000年10年间,两个城调队适应改革开放和市场经济的需要,加强对社会经济的热点、难点、等新情况、新问题的调查,撰写各种调查报告和统计分析400多篇,其中近百篇分别在《中国信息报》《江西城市调查》、省局的《统计与信息》和《上饶日报》等报刊上刊登或转载。如铅山县城调队写的《住房改革排难而进,社会经济效果显著》《三年内城镇居民家庭“三大件”将全面普及》《今年物价涨幅仍再现负增长》;上饶市城调队写的《必需重视“菜篮子”工程》《转变观念,开拓新路子—对下岗职工就业的思考》《我区住宅发展状况调查与思考》等调查分析被省统计局、省城调队评为优秀统计分析文章,有的还获得了一、二、三等奖。

1%全国人口抽样调查　1995年3月至1995年10月底,根据国务院办公厅《关于进行

---

①农村抽样调查队:1984年5月成立,其中玉山、弋阳、余干、波阳县4县为国家调查点,其余县市为省调查点,均配备了专职人员(国家点7~8人,省点3~4人)。农村抽样调查队属二级单位,业务上受省队指导,行政上归本级统计局统一管理。

②城市抽样调查队:分别成立于1984年和1987年,其中上饶市城市抽样调查队为省调查点,铅山县城市抽样调查队为国家调查点,属省统计局和国家统计局直属机构,其业务受省城调队和国家队指导,行政上归县(市)统计局领导,人员定编4人和6人,1989年更名为“城市社会经济调查队”(简称城调队)。

1995年全国1%人口抽样调查的通知》,全区进行1%全国人口抽样调查工作,这项调查是国家每10年进行全国人口普查后的第五年进行的人口变动情况抽样调查。调查登记的标准时间是1995年10月1日零时,调查项目共36项,其中按户填报的项目14项,按人填报的项目22项。此次调查在境内的上饶市、广丰县、玉山县、余干县、万年县、婺源县的50个乡镇、186个村(居)委会进行调查登记活动。

企业调查 1998年5月18日,根据《关于全省七个中心城市企业调查队人员编制分配方案及有关事项的通知》(赣统字〔1998〕92号)批准,成立国家统计局上饶企业调查队。1999年1月8日,国家统计局上饶企业调查队(简称企调队)正式挂牌成立《关于同意成立国家统计局上饶企业调查队的通知》(饶编发〔1999〕01号)。企调队属国家统计局派驻地方,行使统计调查行政职能,依照公务员制度进行管理的全额拨款县处级事业单位,人员编制16人,内设综合科、产业调查科和专项调查科。其主要任务是承担全区企业集团及重点企业建立现代企业制度的基本情况调查。2000年底,广丰县、德兴市组建企调队,人员定编3~5人(德兴市5人、广丰县3~4人),成为全省最早的两个县(市)企调队。企调队严格执行各项报表制度,并在景气调查表和集团与企业报表中,建立由106家企业构成的景气调查体系和确定一批现代企业制度企业跟踪调查单位。企调队在完成上级布置的有关调查任务的基础上,开展以服务当地经济建设为中心的专项调研和统计科研活动,并撰写调查报告和课题研究文章,如《全市乡镇企业经营情况发展调查》《上饶工业主导产业选择的实证分析》《从产业经济学看小企业大发展战略》等分析文章,均在省统计局的《统计与信息》《江西企业调查》,地委、行署的《上饶工作》《决策与参考》《经济内参》等刊物上转载或发表,并被评为全省优秀统计分析文章。

第四章 工商行政管理

第一节 机构人员

1991年,地区工商行政管理局(简称地区工商局)机关内设人事秘书科、企业登记管理科、市场管理科、经济合同管理科,有干部职工43人,其中干部34人,工人9人;全区工商局共有基层工商所114个,职工1405人,其中干部933人,工人472人。1992年,地区工商局直属分局成立,与企业科两块牌子一班人马合署办公。1993年机构改革,玉山县、德兴市、上饶市相继将工商、物价合并为工商物价行政管理局,1996年1月又分设。1996年9月16日,上饶行署下发《上饶地区工商行政管理局职能配置、内设机构和人员编制方案》(饶行发〔1996〕74号)中,内设机构为:办公室、人事科、法规科、企业注册监督管理科、个体私营经济监督管理科、商标广告科、市场监督管理科、公平交易科(加挂合同科牌子)8个室;机关行政编制21名,事业编制2名,领导职数:局长1名,副局长3名,纪检组长1名,科级职数14名;地区工商局下辖12个县(市)工商局,与地方党委、政府实行“双重领导”①;同年,地区局、上饶市、德兴市

①“双重领导”:即人事、财务、党群关系归地方管理,地区工商局对县市工商局业务工作进行指导;

等县(市)成立了“双生”①市场管理所。1999 年 1 月开始,根据省政府〔1998〕41 号文,地区工商局人事、经费均由省工商局管辖,党群关系隶属当地党委、政府。

2000 年年底,全区(市)工商系统共有干部职工 1716 人,其中地区工商局机关有干部职工 66 人,12 个县(市)工商局及 142 个基层工商所、队,拥有在职职工 1650 人。

第二节　企业登记管理

1991 年—2000 年,全区工商部门共办理注、吊销工商企业执照 2375 户,其中注销 650 户,吊销 1725 户,非法人公司 677 户,有限公司 569 户,分支机构 1129 户。

1991 年,全区工商部门根据“省政府批转省工商局关于清理和整顿假集体企业报告的通知”(赣府发〔1990〕32 号),清理出一批名为全民、集体,实为个体、私营的企业共 1269 户,其中名为全民所有制企业 63 户;名为集体所有制企业 1206 户,其中工业 240 户,商业 812 户,其他行业 217 户。

1992 年 5 月,地区工商直属分局成立(与企业科合署办公),接受省工商局授权登记,直接办理中央、省、地所属企业法人 621 户、营业单位 217 户。

1993 年,根据国家工商局《关于改进企业登记管理工作,促进改革开放和经济发展的若干意见》和省工商局赣工商企字〔1993〕1 号文,地区工商局拟定《关于进一步改进工商行政管理工作,促进经济发展的意见》,并以行署(饶行发〔1993〕29 号文)下发各县(市)政府执行,地区工商局召开全区企业登记工作专题会议,下达《关于当前企业登记工作若干问题的意见》。各县(市)工商局采取相应的改革措施,简化程序,加快办照速度。

1994 年上半年,地区工商局根据中办发〔1993〕17 号、赣办发〔1993〕8 号文件精神,对全区党政机关所办经济实体进行全面清理。全区 654 户党政机构所办经济实体中,国有资产占 6144 万元,兼职干部 180 人。通过清理“三不准”企业,注销 57 户,转出 52 户,改造 24 户,改造保留 23 户;“四脱钩”企业注销 74 户,划转 64 户,改造 48 户,保留 212 户。同年下半年依照《关于鼓励股份合作制企业发展的十条意见》,登记股份合作制企业 325 户。1994 年 7 月 1 日起,对公司的登记管理依照《中华人民共和国公司法》和国务院关于《中华人民共和国登记管理条例》实施,对申请开办但不符合《公司法》要求和条件的企业一律停办。当年,全区新开业法人公司 460 户,比上年同期减少 641 户,下降 58%;1994 年,全区共注销企业 814 户,其中 企业法人注销 505 户,占歇业数的 62%;从行业上看,工业和商业分别为 169 户和 249 户,各占歇业数的 21% 和 31%。

1995 年,根据《关于开展清理“三无企业”的工作实施意见》(赣工商字〔1995〕4 号),全区工商部门对 1898 户企业(含分支机构)进行了全面检查,其中法人单位 1025 户,检查清理出“三无企业”185 户。同年,地区工商局提出简政放权的工作要求,将企业登记的受理、初审下放到各分局、所。

1998 年,贯彻执行中央关于军队、武警部队不再从事经商活动的决定,地区工商局清理撤销军队、武警所属和挂靠企业。同时,贯彻执行国务院、省政府关于煤炭行业关井压产的重大决策精神,全区工商局全面参与整治工作,关闭国有煤矿 4 家,压减产量 11 万吨,取缔关闭乡

①“双生”:生产资料、生产要素。

镇、个体煤矿 647 处,压减产量 118.5 万吨。

2000 年,根据《关于加强烟花爆竹生产经营安全监督管理清理整顿的紧急通知》(国办明电〔2000〕7 号),及省政府、省工商局有关会议精神,全区工商部门共清理规范烟花爆竹生产经营企业 57 户,关停注销 790 户。对不漏一村,不漏一户的工作中,发出委托调查函 2596 份,收回 2590 份。同时还配合有关部门对雷管炸药、压力容器、液化气站点等关系到安全生产和人民生命财产安全的企业进行全面清理整顿。同年,全区共登记有外商投资企业 105 户,注册资本 11650 万美元,其中外方认缴额 6833 万元。

1991 年—2000 年全区内资企业情况一览

表 22-4-1

年份	单位	合计	一	第二产业					第三产业										
			A	B	C	D	E	合	F	G	H	I	J	K	L	M	N	P	合
1991	户	14347	218	-	3507	-	447	3954	5	322	8218	782	652	-	2	148	16	30	10175
	万元	266222	4824	-	195987	-	11705	207692	445	5382	40021	2088	4379	-	6	1085	99	201	53706
1992	户	17173	295	-	4167	-	534	4701	6	434	9717	850	890	-	7	184	43	46	12177
	万元	297751	5734	-	189144	-	14820	203964	488	6786	61269	2577	14606	-	184	1248	534	361	88053
1993	户	20526	357	-	4855	-	692	5547	6	508	11607	950	1163	-	11	212	88	77	14622
	万元	353213	6768	-	188879	-	18532	207411	495	9246	95223	10628	20297	-	250	1650	759	486	139034
1994	户	22365	407	-	5334	-	771	6105	8	525	12567	980	1325	-	18	221	95	114	15853
	万元	434257	9265	-	232813	-	21670	254483	958	10280	120501	11164	23667	-	332	1988	947	672	170509
1995	户	21901	495	390	4583	163	781	5917	13	561	12085	1027	105	1288	20	212	99	79	15489
	万元	461435	10933	48974	164511	27350	25264	266099	1550	13167	128236	11319	14097	12206	335	1872	962	659	184403
1996	户	20089	527	379	4189	170	754	5492	12	681	10786	1038	108	1114	18	155	101	57	14070
	万元	488980	13457	19432	173339	28798	32631	284200	1550	13298	132355	7894	15764	14284	332	1320	3944	600	191323
1997	户	15989	509	292	3197	166	617	4272	16	599	8213	1003	225	873	20	120	86	53	11208
	万元	530840	19485	62922	196812	24785	34627	319146	1956	13485	132407	10471	14998	16094	314	1038	859	587	192209
1998	户	15789	566	280	3018	165	629	4092	19	617	8071	992	219	943	22	122	73	53	11131
	万元	600388	20025	66530	225154	29047	53430	374161	3209	13361	139850	8286	20045	18308	315	990	941	897	206202
1999	户	15457	569	279	2838	180	584	3881	28	651	7898	979	220	947	22	121	86	55	11007
	万元	612701	20172	66134	238372	34299	49190	387995	3788	13153	136898	9015	19721	17914	315	1584	999	1147	204534
2000	户	14576	593	263	2556	182	552	3553	29	685	7289	942	227	973	26	120	83	56	10430
	万元	595666	19698	41400	235676	35081	56669	368826	3800	12100	132232	8347	27299	18696	361	1826	998	1483	207142

说明:A 农林牧渔业、B 采掘业、C 制造业、D 电力、煤气及水的生产和供应业、E 建筑业、F 地质勘查业、水利管理业、G 交通运输、仓储及邮电通信业、H 批发和零售贸易、餐馆业、I 金融、保险业、J 房地产业、K 社会服务业、L 卫生、体育和社会福利业、M 教育文化艺术及广播电影电视业、N 科学研究和综合技术服务业、P 其他行业。

1993 年—2000 年全区外资企业情况一览

表 22－4－2　　　　单位:万美元

年　份	户　数	注册资本	外方资金
1993	95	7902	3243
1994	117	8905	3836
1995	120	8918	5175
1996	113	7428	4599
1997	125	10839	6929
1998	113	11567	7545
1999	96	11121	6447
2000	105	11650	6833

第三节　市场监督管理

1991 年—2000 年,全区市场监督管理工作实现四个转变:一是在市场管理模式上,从既建市场又管市场向集中精力监管市场转变;二是在市场监管的内容上,从单纯管理集贸市场向监管社会主义大市场转变;三是在市场管理的方法上,从驻场式管理向全面推行市场巡查制转变;四是在市场监管的目标上,从为管理而管理向服从改革、服务改革这个中心转变。

1990 年代初期,全区集贸市场多为露天市场,少数顶棚市场,设施也很差,市场体系更未形成。1991 年和 1993 年上饶行署分别在玉山县、婺源县召开市场建设工作会议,研究部署市场建设工作。行署每年从财政列支 30 万元作为市场建设的启动资金。各县(市)工商局主动为政府当好参谋,从市场的选址、可行性研究、资金筹措、规划,到建设施工,领导都亲自参与。同时,行署下达市场建设红头文件和规划,明确市场建设“多方兴建、工商行政管理部门统一管理”和“谁投资谁受益”的主导思想,新建市场的管理费原则上采取“一免二减三照顾”等原则和优惠政策。1990—1995 年,全区兴建市场 167 个,市场面积达 68 万平方米,投入资金 1.7 亿元。1995 年 10 月,根据国务院有关市场办管脱钩的通知,地区工商局在横峰县召开会议,布置开展市场办管脱钩工作,至 2000 年年底,全区除广丰县外,其他县(市)工商局都成立市场物业管理中心,在工商行政管理系统内部实现了机构、人员、名称、职能四分离,并与市场物业管理服务中心脱钩。

1990 年代初期,全区尚未形成社会主义市场经济体系,市场管理面对的是分散在广大乡村、城镇的集贸市场。1995 年,根据国家工商局《集贸市场管理规范》的规定,地区工商局制定了集贸市场管理的十要、十不要、八个不准、八个必须,对集贸市场的场容场貌、市场秩序到经营者职业道德都作出详细的规定,并以地区工商局的正式文件下达执行。同时,广泛开展创建文明集贸市场活动,1996 年,铅山县河口镇集贸市场、弋阳县集贸大楼被评为全国文明集贸市场,广丰商城等 12 个集贸市场被评为全省文明市场。同年,地区工商局成立“双生”市场管理所,上饶市、德兴市成立双生市场管理科,同时 ,各县(市)工商局加强对钢材、汽车、农资、成品油、棉花、粮食等重要生产资料的管理,加强对房地产、劳动力、信息、技术等生产要素市场的管理。1997年开始,地区工商局培训考核发展经纪人。至2000年12月,全区经考核、颁发经纪资格证书300余份。

1998年,根据国家工商局关于市场管理推行巡查制的决定,地区工商局下达《关于推行巡查制的通知》,1999年上半年,地区局在上饶县旭日镇进行市场巡查制的试点。巡查制的试行,改变以往境内工商行政管理部门监管市场习惯于一个市场设一个所或者几个市场设一个所的管理模式,习惯于"一人管一项,多人管一片"的管理方法。

1998年,根据国务院有关深化粮食流通体制改革的决定和国家工商局制定的一系列粮食市场管理具体规定,全区各级工商行政管理机关把粮食市场管理作为第一位的职责、第一位的任务完成。截至2000年11月底,全区共查处粮食案件98起,没收非法收购、交易粮食332万公斤,罚没款32万元。同年,还重点加强对农贸市场的监管,以及对棉花、汽车、成品油等重要商品以及电信、邮政、旅游市场的监管。

1991年—2000年全区集贸市场一览

表22-4-3 单位:个、万元

年份	集贸市场	市场成交额	占社会商品零售总额的百分比	年份	集贸市场	市场成交额	占社会商品零售总额的百分比
1991	293	66631	33.20	1996	353	303218	49.30
1992	307	77422	34.16	1997	368	312457	45.12
1993	314	118865	39.60	1998	376	318802	44.53
1994	322	184417	45.00	1999	318	335992	43.80
1995	348	246652	46.00	2000	321	353467	43.48

第四节 经济合同管理

1991年—1995年,地区工商局单独设立经济管理科;1996年9月机构改革,地区局内设机构法制科兼管合同管理工作,12个县(市)工商局中除波阳县、玉山县、婺源县、万年县、广丰县仍保留合同股外,大部份县(市)撤并经济合同管理机构,分别划归市场科、法制科、公平交易科兼管。1991年—2000年,全区工商部门的经济合同管理工作大致经历三个发展阶段:

1991年—1995年,全区各级工商行政管理机关贯彻执行《经济合同法》,开展经济合同纠纷的调解、仲裁,经济合同的鉴证,"重合同、守信用"活动,以及查处利用经济合同进行违法活动等工作。1991年,行署命名30家"重合同、守信用"企业;1994年,地区工商局举办《经济合同法》(新修改)学习班56期,参加学习人员972人次。同时,全区各级工商行政管理部门在各县(市)的经委、商业、物资、二轻、乡镇、街道等部门及下属企业都配备了专(兼)职经济合同管理人员,仅上饶市各企业就成立经济合同管理小组267个,有专(兼)职经济合同管理人员2126人。全区基本形成了工商行政管理机关→企业主管部门→企业三级经济合同管理网络制。

1994 年—1995 年,全区共鉴证各类经济合同 7403 份,金额达 107220 万元。1995 年,行署授予上饶市信江百货商场等 44 户企业为“重合同、守信用”企业称号(饶行发〔1995〕25 号);

1996 年,随着《中华人民共和国仲裁法》《中华人民共和国担保法》和国家工商局《企业动产抵押物登记管理办法》的实施,全区经济合同纠纷仲裁变协议仲裁为民间组织仲裁,加上全区经济合同管理机构的撤并,经济合同管理力量有所削弱,调解、仲裁经济合同纠纷案件大幅度下降,经济合同鉴证工作也受到一定影响。全区经济合同管理开始逐步向经济合同监督检查、打击合同欺诈和开展企业抵押物登记方面转变。当年,全区共鉴证各类经济合同 3039 份,金额为 59508.36 万元;共检查各类合同 11663 份,金额为 61458 万元,协助经济合同当事人挽回或避免经济损失 205 件,金额达 2710.73 万元;查处违反合同法 23 件,罚没款 3.78 万元;查处合同欺诈案件 20 件,案值 316.55 万元,罚没金额 1.68 万元;登记企业抵押物 98 份,金额 7611 万元。

1998 年,地区工商局按照《中华人民共和国拍卖法》的有关规定,事先对委托拍卖合同、拍卖人、竞买人的主体资格和拍卖标的物的权属情况进行审核,派人到拍卖现场进行监管,及时纠正和制止不规范的拍卖行为,规范了全区的拍卖市场。

1999 年,地区工商局举办 4 期《中华人民共和国合同法》培训班,参训人员 200 人次;据不完全统计,全区工商系统共举办《合同法》培训班 35 期,参训人员达 1651 人次,并动用宣传车 25 次,出宣传栏 200 余期,印发宣传材料 5000 余份;上饶市工商局还举行“信州杯”合同法知识竞赛;同时,全区 99% 的企业逐步建立合同“三落实”制度。同年,全区开展“重合同、守信用”企业复审工作,截至 2000 年,全区共复审企业 120 户,取消“重合同、守信用”资格企业 11 户。

1991 年—2000 年全区经济合同纠纷案件处理情况

表 22-4-4　　单位:万元

年份	合同受理数		检查情况		调解数及挽回金额		案件查处数	
	份数	金额	份数	金额	份数	金额	份数	金额
1991	2187					3095		
1992	2598					1781		
1993	2740					1312		
1994	3522	5300	17180	122671	213	2643		
1995	3881	54220	19395	112763	222	3349.3	22	
1996	3039	59508	11663	64158	205	2710.73	23	316.55
1997	1530	39889	2538	27854	108	921		
1998	1302	46918	2967	38370	52	55.4	13	
1999	1138	55754	3607	51569		326		
2000	601	31205						

第五节 个体私营经济管理

1991 年,全区个体私营经济纳税 4015 万元,占财政总收入 10.2%;2000 年,全区个体私营经济纳税 33458 万元,占财政总收入 21.4%,占地方财政收入 30.7%。据统计,1998 年—2000 年,全区共有 18523 名下岗职工从事个体私营经济,其中 6640 名下岗职工成为个体业主,6516 名下岗职工成为私营企业投资者,5367 名下岗职工成为个体私营企业从业人员。截至 2000 年底,全区共有个体私营企业从业人员 224366 人,比 1991 年增长 1.88 倍,其中城镇 114112 人,农村 110254 人。

1991 年—2000 年 10 年间,全区个体工商户由 43407 户增至 56530 户,增加 13123 户,平均每年增加 1300 户,增长 30.23%;从业人员由 75571 人增加到 189897 人,增长 151.28%;注册资金由 9940 万元增加至 64129 万元,增长 545.16%;户均注册资金由 0.23 万元增至 1.13 万元,增长 3.91 倍;实现总产值由 19499 万元增加到 112614 万元,增长 477.55%;实现销售额或营业收入由 71975 万元增至 378853 万元,增长 426.37%;实现社会消费商品零售额由 49893 万元增加到 260673 万元,增长 422.46%。同时,全区私营企业由 111 户增至 1845 户,增长 15.62 倍;从业人员由 2238 人增加到 34469 人,增长 14.4 倍;注册资金由 850 万元增至 114388 万元,增长 134.57 倍;户均注册资金由 7.66 万元增至 62 万元,增长 7.09 倍;实现总产值由 1776.7 万元增至 139833 万元,增长 77.7 倍;实现销售总额或营业收入由 347.6 万元增至 245675 万元,增长 705.78 倍;完成社会消费商品零售额由 336.4 万元增至 170757 万元,增长 506.6 倍。2000 年,全区私营企业注册资本 100 万元以上的有 125 户,比上年增长 83.8%。其中注册资本 100 万—499 万元的私营企业 106 户,比上年增长 92.7%;注册资本 500 万—999 万元的私营企业 11 户比上年增长 37.5%;注册资本 1000 万元以上的私营企业 8 户,比上年增长 60%;私营企业集团 4 户。同年,境内的江西三源集团有限公司经中国民营企业 500 强评委会评定为排名第 75 位。

1991 年—2000 年 10 年间,全区各级工商部门把服务好个体私营经济作为一项硬指标完成,搞好环境整治,为外商和个体私营企业提供“一站式”审批,一个窗口收费的高效便捷服务。据统计,2000 年全区工商行政管理部门投诉监督中心共接到各类投诉案件 471 件,办结 456 件,办结率为 97%,处理违纪人员 28 名,96 万元的违纪钱物被收缴并退回投诉人。

第六节 商标监督管理

商标注册 1991 年—2000 年 10 年间,全区的商标注册 800 余件,其中:1991 年 92 件;2000 年为 120 件。

1991 年—1995 年,境内的商标注册每年约在 60~90 件左右。但是一些在 80 年代注册的商标,因注册期满未能继续注册而相继消亡,如 6909 工厂的九华牌电视机、上饶牌大客车因商标更改为图形,痛失上饶地名注册的商标,曾在 1980 年代畅销省内外市场的上饶毛纺织厂的仙女牌 2826 开司米、上饶毛纺织厂的山茶花牌金线提格底绸,双茶花牌维棉交织呢等商标随着产品工艺落后而淘汰。

1990 年代后期,境内的个体私营经济发展较快,个体私营作坊式的食品加工,如上饶市的颜桂寿、皇子王、红叶商标，弋阳县的圭峰食品系列商标；婺源县的大鄣山绿茶，源发、圣源苦丁茶，上饶县的白眉等茶叶商标得到了注册。同时还有饮食服务行业的，如上饶大酒店的图形和溢州商厦，弋阳县的国道鱼商标等分别注册了服务类商标。特别是广丰县的月兔集团，每年以10～20件的"月兔"牌系列产品注册月兔商标，成为境内商标注册最多的企业。2000年，全区共查询商标234次(件)，注册商标184件。

商标保护 1991年—2000年，全区各级工商行政管理部门根据省工商局的有关通知，在全区范围内，就商标持有人对商标的使用、管理和保护的有关资料作详尽的调查，并对企业商标在市场上可能被侵权等因素的分析，列出名录给予重点保护。1998年—1999年间，地区工商局下发《关于大力扶持我区烟酒工业发展，运用职能做好服务工作的意见》和《关于印发"上饶地区重点商标保护名录" 的通知》，将境内的"月兔"卷烟"信州""全良""康郎""饶州"酒类等34件注册商标列入全区重点商标的保护。在注册商标保护中，原万年县裴梅制米厂注册的"万年贡"大米商标，因企业拖欠鹰潭市贵溪县某企业的债款，被鹰潭市法院将"万年贡"注册商标判给贵溪县某企业，当时在万年县任县长的刘健得知地区工商局的通报后，迅速与有关部门协调，立即安排万年县粮食局出资68万元，将债款还清，赎回"万年贡"大米的商标注册证。

商标管理 商标印制企业 根据江西省工商局的有关文件精神，地区工商行政管理局对管辖区的商标印制单位采取三级核准制，即由企业申请先由公安、新闻出版单位作前置审批，再经县(市)工商局核实发给"营业执照"后，上报有关材料到地区局商标广告管理科审批后发给《商标印制许可证》。1991年—2000年的10年间，地区工商局分别给各县(市)局商标印制单位进行每两年一次的换证。截至2000年年底，全区共有42户商标印制单位(企业)。其中具有承印人用药品、烟草制品的企业29户。最大的企业是广丰月兔集团丰华彩印厂。

专营专卖经营户 全区各级工商行政管理部门利用每年对《营业执照》年检和平时的例行检查，加强对专营专卖经营户的管理。1995年开始，地区工商局和上饶市局每年都在市区联合进行1～2次的专营专卖经营检查；截至2000年底，全区共有专营专卖经营户350户。主要专营全国驰名、著名商标(品牌)的各类商品，如家用电器有"长虹、海尔、创维、赣新"等商标，服装类有"七匹狼、雅戈尔、红豆、恒源祥"等商标，摩托车类有"雅马哈、嘉铃、济南轻骑"等商标。

查处商标案件 1992年，地区工商局查获假冒"茅台"酒商标2.8万套、假冒"全良液"酒商标7万套；1998年，上饶市工商局查处上饶市电池厂侵权上海电池厂"白象" 商标的案件，没收商标标识9.78万张，罚款5000元；1999年，地区工商局查处上饶铁路彩印厂擅自非法承印假冒"白象"牌商标标识案，罚款3000元，收缴半成品商标标识2万张；波阳县工商局查处该县张金梁等人倒卖假冒"梦特娇、鳄鱼、苹果、老爷车"等名牌服饰，处罚1.25万。2000年，地区工商局查处上饶县金星轧钢厂假冒南昌钢铁厂"海鸥"商标侵权案，罚款1.2万元；同年，还查处上饶县上字仪表厂侵权上饶市仪表厂"上字"商标的案件。

2000年全区著名商标认定一览

表22－4－5

商　标	商品/服务	县(市)	商标注册人
全良	酒	上饶	江西上饶全良液酒厂

续表 22－4－5

商　标	商品/服务	县(市)	商标注册人
月兔	卷烟	广丰	广丰卷烟厂
月兔	卫生巾	广丰	广丰月兔卫生用品公司
白云	制造淀粉	广丰	江西省广丰县白云淀粉有限公司
信州	酒	上饶市	江西省上饶地区酒厂
上饶	客车	上饶市	江西省鑫新实业股份有限公司上饶客车厂
长风	电焊条	上饶市	江西省上饶市电焊条厂
方圆	绝缘铜线等	上饶市	江西省鑫新实业股份有限公司上饶客车厂
上字	电度表	上饶市	江西上饶市上字仪表有限责任公司
大鄣山	绿茶	婺源	江西省婺源绿色食品开发有限公司
维纳	D－异抗坏血酸钠	德兴市	江西省德兴市异 VC 钠有限公司
狮	水泥	德兴市	江西省德兴市水泥厂
珍珠	牡荆油胶丸	德兴市	江西省铜都药业有限公司
鸡山	水泥	玉山	江西省玉山水泥厂
万年青	水泥	万年	江西水泥厂
圭峰	西药、药酒	弋阳	江西弋阳制药厂
555	赤霉素	余干	江西第三制药厂
红豆	食品	余干	江西省红豆仪器厂
凤凰	照相机	上饶市	江西光学仪器集团有限公司
江安	直流水枪等	上饶市	上饶市消防器材厂
婺荷	红鲤	婺源	婺源荷包红鲤原种场
鄱湖	水产品等	波阳	波阳县管驿前水产冷冻加工厂
月兔	厨柜台板	广丰	广丰卷烟厂

说明:1. 1999 年底,“凤凰”商标被认定为中国驰名商标;

2. 表中为江西省第四届著名商标认定(2000 年 7 月)。

1991 年—2000 年全区各县(市)商标注册一览

表 22－4－6　　单位:件

县(市)	1991 年	1992 年	1993 年	1994 年	1995 年	1996 年	1997 年	1998 年	1999 年	2000 年	总计
总计	67	92	74	88	63	67	112	80	118	89	855
上饶市	14	13	19	11	7	8	23	7	20	15	137
上饶县	10	8	3	6	8	7	10	8	11	14	91

续表 22－4－6

县(市)	1991 年	1992 年	1993 年	1994 年	1995 年	1996 年	1997 年	1998 年	1999 年	2000 年	总计
广丰	9	7	7	7	/	11	6	27	20	19	112
玉山	7	8	7	9	18	5	16	5	5	2	82
铅山	/	4	1	2	2	3	13	1	2	3	31
横峰	2	4	2	6	/	/	5	1	7	3	30
弋阳	4	7	6	7	4	4	6	5	14	10	67
余干	3	12	4	3	2	6	9	5	6	7	57
波阳	4	5	5	8	4	4	9	7	10	1	57
万年	5	4	2	5	6	5	5	1	16	4	53
德兴市	7	13	8	13	4	10	8	7	1	4	75
婺源	2	7	10	11	8	4	2	6	6	7	63

说明:1. 1991 年—2000 年的注册商标总数含 80 年代的商标续(宽)展数;

2. 年度的商标注册数为下年度的商标领证数。

1991 年—2000 年全区商标监管一览

表 22－4－7

年份	查处商标案件数	罚没款(万元)	年份	查处商标案件数	罚没款(万元)
总计	606	523920			
1991	91	27700	1992	79	34257
1993	73	45068	1994	75	85700
1995	52	23770	1996	53	55801
1997	42	76210	1998	46	38960
1999	42	70894	2000	53	65560

第七节　广告监督管理

1980 年代末,全区各级工商行政管理部门均设立商标广告监督管理科(股),对辖区内的广告进行监督管理。各县(市)工商局直接对所在地的广告业主及经营单位、广告发布单位,在广告发布前的广告内容实行审查登记等管理。特别是烟草、医疗、医疗器械、药品等广告,需经省级行政部门审批的广告严格把关,未取得省级广告审批证明的广告一律不准发布。尤其是对证明不全,内容虚假的广告严格禁止。1990 年代开始,境内的广告经营准入资格采取三级审查的一证一照制,其程序为:由各县(市)工商局注册登记股(科)核审“营业执照”受理登记,待发给“营业执照”后,由县广告监督管理股(科)对其广告经营单位的设施、人员、制作场地进行资格审查,填发《广告经营许可证申请表》,再由县(市)局的业务股整理好材料报地区工商局广告科核审,发给“广告经营许可证”。每年的 1 ~4 月份为“广告经营许可证”年检期,由各县(市)工商局的广告股(科)对其“广告许可证”是否破损遗失,承接广告业务合同档案是否齐全,对“广告审查员证”“广告专业技术岗位证书”进行年检。1991 年全区的广告经营单位和广告发布单位为 23 户,从业人员 201 人,广告经营额为 105 万元,从事广告经营的企业主要集中在上饶市城区内。1995 年、1999 年、2000 年由地区工商局举办的广告审查员培训班,共对 289 名广告专业人员进行培训,经考试评分合格的,核发“广告审查员证”;同时,根据江西省工商局、江西省广告协会的安排,由地区工商局和上饶广告指导组分别在 1995 年、1996 年、1999 年、2000 年举办“广告专业技术岗位证书”培训班,经考试合格者,可以领取由国家工商局广告监督管理司统一的“广告专业技术岗位证书”。

1991 年—2000 年,全区工商行政管理部门对广告市场违法案件的查处力度加大,其主要做法采取查堵与疏导结合的方法。每年以上饶市为中心的广告市场进行治理整顿,特别是以商业繁华区、车站、码头等地为重点。据统计,全区各级工商行政管理机关共查处各类广告案件 1228 件,罚没款金额 44.68 万元。拆除违章建筑 51 块,收缴各类药品、保健品等印刷品广告 20 万份,各种招牌(匾)175 块,清缴违章条幅、布幔广告 586 条(块)。

1991 年—2000 年全区广告监管一览

表 22-4-8

时间	广告经营户数(户)	从业人员(人)	经营额(万元)	查处案件数(件)	罚没款(万元)
总计	838	5612	8312.2	1228	44.68
1991	23	201	105	216	0.32
1992	43	367	216	220	0.56
1993	67	464	354	2114	0.71
1994	88	476	466	63	0.62
1995	90	503	610	96	20.4
1996	99	653	904	76	5.4
1997	104	658	1075	65	7.6
1998	120	663	903.58	116	2.94
1999	96	770	1493.62	88	4.75
2000	108	857	2185	74	1.38

第八节 交易管理

1991 年—2000 年,全区工商部门经济检查都以打击假冒伪劣商品为工作重点,特别是在每年的“五一”“十一”“元旦”“春节”期间开展的“整市场、保节日”专项执法行动中,对假食品、假饮料、假农资、假烟、假酒、伪劣家用电器等与人民群众生活息息相关的商品进行严厉查处。1992 年元月,全区各县(市)均成立打假领导小组,下设办公室(简称打假办)。“打假办”设在各县市工商局。同年,上饶市场上出现大量的假冒全良液酒,上饶县工商局与公安局一起组成9人专案组,查获了一个制假团伙,缴获赃款4.2万元。1993年9月,地区经济检查大队对婺源县烟草公司经营销售假烟案进行查处,查扣该公司购进的150箱假红塔山香烟,公司经理被撤职,并将全部假烟进行销毁。

1996年,根据国家工商局确定的1996年—1997年为公平交易执法年和工商形象建设年的决定,全区各县(市)局均成立"两年"活动领导小组,地区工商局经检大队具体负责"公平交易执法年"活动的指导协调工作,同时,加大对《中华人民共和国公司法》《中华人民共和国反不正当竞争法》《中华人民共和国消费者权益保护法》《中华人民共和国商标法》《中华人民共和国广告法》的宣传教育,全区共举办公平交易执法培训班34期,印发有关宣传材料1.8万余份。同年9月,地区工商局正式设立公平交易科。此前称经济检查科或经济检查大队,两块牌子一班人马。活动期间,还开展取缔私货交易市场专项整治活动,重点对成品油、计算机及主板、卷烟、通讯器材、家用电器、盗版光盘、进口建材等商品进行检查。全区共查处光盘6240张,卷烟3735条,成品油0.5吨,查获违法金额10.4万元,立案13起。1998年4月,地区工商局依法查处广丰县农资公司销售假冒俄罗斯尿素654吨,非法获利13万元的案件;7月28日,地区"12315"投诉电话正式开通,并印发《上饶地区工商行政管理机关实施"12315"消费者举报投诉指挥中心工作试行手册》,基本做到"有诉必查,有查必果"。同年,根据国务院《关于禁止传销经营活动的通知》,全区开展打击传销的活动。余干县工商局通过"12315"消费者举报投诉,查处一场传销"益生藻""益儿藻"的传销案,收缴案值4万元的传销物品,为受骗群众追回货款4.8万元。自"12315"开通后至1999年年底,全区受理案件328件,调解处理226件,立案查处13件。

1991年—2000年10年间,全区经济检查(公平交易)科(股)共办理各类案件3686件(其中不公平交易案件1219件),其他违章违纪案2476件,其中非法获利5000元以上案件66件,移送司法机关案件12件,罚没款1085.21万元。

1991年—2000年全区查处经济违法案件情况

表22-4-9　　单位:件、万元

年份	案件总数	其中:不公平交易案	违章违纪案	罚款总金额	其中:大要案件数	非法获利5001元以上案件	移送司法机关案件
合计	3695	1219	2476	1085.21	234	44	12
1991	377	157	220	41.64	42	7	1
1992	298	147	151	27.4	7	4	6
1993	234	52	182	123.9	68	33	3
1994	141	50	91	72.92	22	22	—
1995	153	95	58	96.49	14	—	2
1996	304	180	124	87.03	26	—	—
1997	330	140	190	111.83	—	—	—
1998	370	126	244	151	25	—	—
1999	953	195	758	187	15	—	—
2000	535	77	458	186	15	—	—

第九节　法治建设

1991年,地区工商局内设机构中增设政策法规科,各县(市)工商局相继设立法规股(科),主要职能为政策调研和法规宣传。1997年,地区工商局政策法规科更名为法规科。

法规宣传　法制机构成立后,开展形式多样的法律宣传活动:一是举办各类人员培训班,对新出台的法律法规,如《行政处罚法》《行政复议法》进行培训;二是举办企业经营管理人员培训班,宣传讲解工商法规;三是派出咨询队伍上街宣传工商法规,以宣传车在闹市区开展咨询服务、黑板报、宣传栏等方法开展宣传;四是举办工商法规知识竞赛,1995年11月,地区工商局组织全区首届"工商杯"工商法律知识竞赛,铅山县工商局夺得第一名;2000年3月,地区工商局与地区司法局共同举办全区工商法律,全区所有工商干部和5000多名企业经营管理人员、个体户参加此次竞赛活动,铅山县代表队获第一名。

执法检查　2000年7月,地区工商局根据国家工商局92号令的规定,对全区工商系统行政执法情况进行大检查,主要检查各县(市)局作出的行政处罚行为、行政许可行为及有关法律法规的学习和贯彻情况。这次检查共查阅行政处罚案卷61件,行政许可方面的档案68个。

行政复议　1997年开始,全区工商行政管理部门受理案件审核工作。截至2000年年底,共受理行政复议案件13件,其中维护4起、撤销6起,申请人撤回复议申请3起。

1997年—2000年全区工商行政处罚、复议诉讼案件情况

表22-4-10　　单位:件

年　份	案件总数	其　中		
		核审	复议	诉讼
1997	520	512	–	–
1998	739	698	7	–
1999	658	658	5	1
2000	487	487	1	–

第十节　干部培训与基层建设

干部培训　1993年年初,地区工商局投资50余万元在三清山征地1.4公顷,建造学员宿舍、教室、食堂等设施约800平方米,购置设施建立三清山工商培训中心基地,可一次容纳60余名学员培训,并于当年10月开办第五期培训班。1997年10月15日,原地区工商行政管理干训班(1986年8月18日成立)更名为地区工商行政管理培训中心。1998年,地区工商管理干部培训大楼建成。

1991年—2000年,由地区工商局统一部署,采取集中培训和函授辅导相结合的办法,各县(市)局共举办普法、知识更新、股(所)长培训及其他培训27528人次,投入经费632万元;地区局组织各类培训3345人次,投入经费81万元。10年间,分别送国家局和省局进行知识更新培训的副县级以上干部12名,科级干部26名。通过培训和学习,全区工商系统干部素质和知识结构发生了很大变化:研究生学历由零增加到6人;本科学历由零增加到47人;大专学历由125人增加到636人;初中以下学历由556人减少到138人。

1991年—2000年全区教育培训情况

表22-4-11　　单位:万元

项目		1991年	1992年	1993年	1994年	1995年	1996年	1997年	1998年	1999年	2000年	合计
普法培训	期数	23	21	22	29	27	21	25	33	24	22	247
	人数	1191	1457	1111	1717	1379	1160	1497	1356	1222	1392	13482
	经费	3.06	3.83	3.63	4.45	4.70	4.80	4.70	4.46	4.90	4.12	42.68
知识更新培训	期数	6	9	11	10	12	18	19	22	35	26	178
	人数	232	280	465	204	499	440	317	532	842	764	4575
	经费	1.15	1.43	2.21	1.68	2.37	3.54	2.04	4.40	11.13	8.80	38.79
岗位培训	期数	16	17	20	21	16	20	19	18	23	23	193
	人数	153	151	181	162	150	183	179	170	209	211	1749
	经费	2.19	3.03	3.62	3.20	2.22	3.45	3.50	2.98	3.72	3.89	31.76
其他培训	期数	32	50	49	39	54	60	48	45	59	57	491
	人数	496	811	601	635	659	826	1009	782	100	894	7722
	经费	4.49	5.15	3.31	3.14	5.56	11.3	4.51	5.32	5.38	9.51	59.86

基层建设　“八五”期间,在基层建设上提出工商所“六有”建设:办公有场所、办案有车子、通讯有机子、吃饭有食堂、居住有房子、检查有资料;开展“五好工商所”和“怎样当好所长经验交流”等活动,推行局长包干负责制,到1996年年底,全区共有83个工商所评为“五好工商所”,占工商所总数的70%,其中有25个连续三年被评为“五好工商所”。

“九五”期间,提出创“星级工商所”的基层建设工作思路,并结合省工商局提出的“33410”工程开展工作,111个工商所达初级规范化标准。

1991年—2000年,全区工商行政管理部门在基层建设上围绕《基层建设纲要》开展工作,重点是抓基层工商所办公、办案等硬件设施的改造。10年间,全区工商系统共新建改建工商所59个,面积18718平方米,投资650余万元,另外,地区局还拿出170余万元用于基层工商所的改建、改造,基层建设其他方面投入达1390余万元,被省局评为百佳工商所26个,国家局评为先进工商所3个。2000年年底,全区工商所拥有汽车、摩托车100辆,微机4台,彩电43台,电话147部。

第五章　物价管理

第一节　机构人员

地区物价局　1991 年，地区物价局内设秘书科、综合科、检查科、工农业产品价格科 4 个科，定编 3 人；1996 年，地直党政机构改革，局机关内设机构为人事秘书科、综合科、工农业产品价格科、收费管理科、房地产价格科 5 个职能科；确定机关行政编制 16 名，事业编制 1 名；1999 年 5 月，增设地区物价监察室；2000 年年底，地区物价局机关共有编制 18 名，其中，行政编制 17 名，事业编制 1 名。

地区物价局下属机构有：　物价检查所　1984 年 6 月成立，正科级事业单位，编制 14 名。1999 年 3 月，内设检查一科、检查二科、检查三科、检查四科和办公室 4 科 1 室；2000 年 4 月又调整为一科、二科和办公室。

农产品成本调查队 1984 年 6 月成立，正科级事业单位，编制 3 名；1999 年 7 月，更名为上饶地区价格成本调查队。

价格事务所 1992 年 10 月成立，正科级自收自支事业单位，编制 5 名；2000 年 7 月，更名为上饶地区价格认证中心。

物价局培训中心 1999 年 4 月成立，正科级自收自支事业单位，编制 4 名。

物价局举报中心　1999 年 10 月成立，与上饶地区物价检查所实行两块牌子一套班子。

县(市)物价局　1991 年，全区 12 县(市)均设有物价局。1993 年，县(市)机构改革，德兴市、上饶市、玉山县 3 县(市)均与工商局合并，改名为工商物价局；1994 年 11 月、1996 年 1 月、1996 年 9 月又分别恢复 3 县(市)物价局机构的设置；1998 年，三清山风景名胜区物价局成立，并赋予县级政府价格主管部门的同等价格管理权限；2000 年，上饶地区撤地设市，上饶地区物价局更名为上饶市物价局；县级上饶市物价局更名为信州区物价局。2000 年底，县(市)级物价系统拥有干部职工 279 人，其中行政编 100 人，事业编 179 人。

第二节　管理办法

实行企业提价申报备案制度　1993 年 9 月 15 日，贯彻执行中共中央〔1993〕60 号文件精神，地区行署印发《关于积极稳妥地推进价格改革抑制物价总水平过快上涨的通知》(饶行发〔1993〕73 号)，规定实行申报备案的品种有：晚米、菜油、民用煤、民用液化气、计划外议价灯用煤油、地产酱油、中小学作业本、电冰箱、洗衣机、釉面砖、胶合板、镜子、玻璃、外地演出团体到上饶演出票价。

1994 年，地区物价局根据江西省人民政府《江西省居民生活必需品和服务价格监审试行规定》(赣府发〔1994〕34 号)和省物价局《江西省企业提价申报和备案制度的试行办法》(赣价综字〔1993〕第 30 号)文件精神，以饶价〔1994〕第 008 号文决定，对少数放开的重要商品和劳务价格建立提价申报和备案制度。并规定除江西省物价局规定的提价申报和备案品种外(见附表)，地区物价局增加备案品种有：釉面砖、三板(胶合板、刨花板、纤维板)、上饶客车厂生产的各类车辆。确定向地区物价局提价申报的企业名单（见附表）。粮油销价、民用燃料价格、中小学作业本价格和垄断配售商品价格仍按照地区物价局原规定管理。各县（市）可在上级规定的提价申报和备案目录的基础上增加少数品种。

全区企业提价申报和备案品种目录：

1. 企业提价申报品种目录

（1）食品类：普通大米、面条、米粉干、食用植物油、食糖、奶粉、酱油、豆干；

（2）工业消费品类：洗衣皂、洗衣粉、普通灯泡（15～40瓦）、民用煤、计划外石油液化气；

（3）劳务项目类：普通理发、大众浴室。

2. 企业提价备案品种目录

（1）工业消费品类：彩色电视机、电冰箱、洗衣机、省产沪产自行车、普通日光灯管、中小学学生作业本；

（2）工业生产资料：棉纱、坯布、化纤、电解铜、铝锭、生铁、钢材、水泥。

向地区物价局提价申报的企业有16家：

地区粮食局及所属公司、地区副食品公司、地区五交化公司、地区百货公司、地区燃料公司、地区金属材料公司、地区化建公司、地区农资公司、地区液化气公司、地区林业公司、上饶国贸大厦、地区水泥厂、上饶客车厂、五府山陶瓷厂、玉山糖厂、南铁玉山水泥厂。

1995年，地区物价局根据江西省人民政府《江西省居民基本生活必需品和服务价格监审规定》（第38号令，对全省33个品种进行价格监控），制定《关于适当增加部分居民基本生活必需品价格监审的通知》（饶价〔1995〕工字第23号）。

1997年，地区物价局印发《关于为企业服务，促进经济发展的几点措施》（饶价综字〔1997〕09号）文件，规定：进一步放开企业定价权，除江西省人民政府第38号令和国家明确政府定价的以外商品定价权一律放给企业，撤销饶价〔1995〕工字第23号文增加大豆、电冰箱等15种价格监审商品的监审；除国家和省统一部署的价格监督检查任务外，三年内，全区国有（集体）工贸企业、“三资”企业和乡、镇企业一律免予物价检查。

实行企业“定价许可证”制度　1991年—2000年，根据江西省物价局赣价综字〔1992〕第16号、赣价综字〔1994〕第039号、赣价综字〔1998〕第009号文件精神，在全区范围内3次换发江西省物价局统一印制的新版“江西省企业（个体）定价许可证”。

第一次为1992年9月1日起换发新证，每证收费88元；第二次为1995年3月1日起换发，原江西省统一印制的“江西省个体工商户定价许可证”仍按原规定继续使用，每证收费50元；第三次为1998年7月1日换发，每证收费50元。1998年，根据江西省减轻企业负担工作领导小组《关于公布我省取消第二批行政事业性收费项目和第一批降低收费标准项目的通知》（赣减字〔1998〕02号），全区物价部门取消了“企业定价许可证”“年检费”项目和标准。

灾期价格管理　1991年、1992年、1995年、1996年、1998年的5年，境内多次遭受洪涝灾害，尤其是1996年和1998年，全区大部分地区连降大至暴雨，导致山洪暴发，江河水库水位上涨，持续时间长，强度大，给农业生产、农民生活造成严重损失。地区物价局多次印发关于加强灾期价格管理的通知，加强对救灾物资、农业生产资料、粮、棉、食品、副食品等价格的管理；加强对日用工业消费品和重要服务收费的管理；简化、优先办理救灾物资等价格事务。

1998年6月23日，贯彻执行省委、省政府《关于灾后重建、根治水患的决定》（赣发〔1998〕22号），地区物价局印发《关于做好汛期市场价格管理的通知》（饶价综字〔1998〕5号）；1999

年1月18日又发《关于认真落实灾后重建价格、收费优惠政策的通知》(饶价费字〔1999〕5号):对列入全省“平垸行洪、移民建镇”计划的圩堤内的称移民,不论农户迁至何处建房(包括迁往县城)均应免征其市政公用设施配套费。其他地区灾后重建的村、镇,凡属灾民建房的,同样应免征其市政公用设施配套费等等。

管道煤气和液化气价格 1999年8月25日,根据省物价局《关于加强民用管道液化石油气价格管理的通知》(赣价工字〔1999〕103号)规定:居民安装管道液化石油气一次性交付安装管网输配设施基准价格为每户2300元,允许上下浮动10%;管道液化石油气基准价格为每立方米7.5元,允许上下浮动15%。地区物价局批复上饶市管道煤气销售价格为:居民生活用气每立方米0.70元;经营性用气每立方米0.95元。自1999年12月起至2000年5月31日止,试行半年。2000年7月17日,省物价局批复上饶地区物价局,同意上饶市华能管道燃气有限公司管道煤气销售价格:居民生活用气每立方米0.75元;营业性用气每立方米0.95元,自2000年8月1日起执行。

电力价格 1991年,根据省物价局、省经济委员会、省电力工业局《关于我省1991年度煤运及自组燃料两项电力加价的通知》(赣价工字〔1991〕第026号),确定上饶地区电力局在其供电范围内的工业用电在1990年的基础上再加1.6分,即1991年每千瓦时电量加价8分;化肥生产用电每千瓦时电量加价6分;农业排灌用电、残疾人员开办的社会福利企业用电每千瓦时加价2分;照明用电免收加价电费。广丰、玉山、上饶县扣除照明用电比例加价,加价电量、范围、时间和有关问题按赣价工字〔1991〕第026号文执行。

1992年,根据省物价局、省计划委员会、省财政厅《关于江西电网实行新电新价的通知》(赣价工字〔1992〕第38号)精神,地区物价局、计委、财政局、电力工业局联合发文决定:全区工业用电和农村用电千瓦时电量加价2分;其余用电每千瓦时电量加价4分。工业用电和农村用电自1992年1月1日起加收,其余用户自同年3月1日起加收。实行新电新价后,对行政机关、企事业单位职工(含离退休职工)每人每月补贴2元。

1993年6月1日,上饶电网划归江西省电力工业局管理。

1996年7月1日起,上饶电网供电区域与江西电网实行同网同质同价,所有直供用户均执行《江西电网售电价格价目表》。同年7月1日起,上饶电厂上网电量试行委托代售电价。委托代售电价按江西电网1995年度综合含税平均电价扣除三峡基金后每千瓦时0.33元核定,不到位部分差额电费按上饶行署确定的范围在上饶市、上饶县、广丰县、玉山县3县1市用电量中(扣除城乡居民生活照明电量不加价)实行用电加价。上饶电厂上网电量加价由原来每千瓦时0.0497元调整为0.039元。1997年7月1日起,根据省物价局、江西电力工业局《关于调整上饶电厂上网电价的批复》,上饶电厂上网电价按每千瓦时(含税价)0.455元执行。

成品油价格 1991年,根据江西省物价局(赣价工字〔1991〕第30号文)通知,上饶地区平价油、计划内高价油市场批发价格调整,平价工业和农业用柴油的销售价格实行“两价合一,差价返还”。即农用柴油按调整后的非农用柴油销售,由此形成的差价款返还给农民。

1991年全区平(高)价油市场批发价格调整情况

表22-5-1　　　　单位:元/吨

县(市)	70号汽油(平价)		灯用煤油(平价)		0号柴油(平价)	
	原价	调后价	原价	调后价	原价	调后价
上饶市	728	835	600	705	520	670
上饶县	728	840	600	710	520	670
玉山县	728	840	600	710	520	670
横峰县	728	850	610	730	530	690
弋阳县	728	850	610	730	530	690
广丰县	728	845	625	745	550	710
铅山县	728	850	630	750	550	710
余干县	728	850	640	750	570	720
万年县	728	840	620	730	530	680
德兴市	728	850	640	750	560	710
婺源县	728	850	660	770	580	730
波阳县	728	840	640	750	550	700
上饶市	1020(高价)	1125(高价)			795(高价)	950(高价)
上饶县	1035	1140	805(高价)	960(高价)		
玉山县	1045	1150	795	950		
横峰县	1035	1140	805	960		
弋阳县	1035	1140	805	960		
广丰县	1056	1160	825	980		
铅山县	1060	1165	830	985		
余干县	1065	1170	835	990		
万年县	1035	1140	805	960		
德兴市	1065	1170	830	985		
婺源县	1075	1180	840	995		
波阳县	1050	1155	810	965		

1992年7月5日、8月10日,地区物价局根据江西省物价局《关于修订计划外议价成品油销售作价办法的通知》(赣价工字〔1991〕第007号)精神,分别以饶价〔1992〕工字第14号、第17号文批复上饶石油分公司计划外议价成品油综合销售价格:

单位:元/吨

序号	70号汽油	90号汽油	0号柴油	灯用煤油	补注
1	1570	1600	1560	1480	允许上下浮动5%
2	1820	1880	1780	1750	

价格调节基金 1992年10月25日,上饶行署办公室以饶价行办字〔1992〕49号文复函上饶市人民政府,同意上饶市政府建立市场价格调节基金。即从当年11月1日起,凡在上饶市范围内的工商企业、事业单位(不包括政策性亏损企业)和个体工商户,按纯销售额的千分之一征收价格调节基金。凡在上饶市范围内开办经营的各级各类宾馆招待所、旅社、各类舞厅、卡拉OK及社会文化娱乐市场均按营业收入的1%~2%征集价格调节基金。各类学校按政策规定收取的各费免征价格调节基金。

1996年4月17日,上饶行署发《上饶地区副食品价格调节基金征集使用和管理办法的通知》(饶行发〔1996〕25号)文,就有关基金的征集对象、范围、征集标准、方式、基金的管理,使用等作了规定,并成立上饶行署副食品价格调节基金领导小组,办公室设在地区物价局内。

1996年—2000年全区副食品价格调节基金征集情况

表22-5-2 单位:万元

县(市)	合计	1996年	1997年	1998年	1999年	2000年
合　计	1084.13	93.76	118.35	180.45	327.96	361.61
上饶市	211.37	60.37	15	12	30	94
上饶县	52.20	2.70	3.70	—	18	27.80
广丰	90.94	1.34	15	19	25	30.60
铅山	39.81	—	2.12	0.55	15	22.13
玉山	110.08	8.22	17	28	26.76	30.10
横峰	48.99	0.51	2	21.20	12	13.28
弋阳	82.10	1.50	4	3.60	35.80	37.20
波阳	119.40	-	10	30.10	38.40	40.90
万年	110.10	6	13	15	40	36.10
余干	6.30	0.30	2	1	1	2
婺源	38.43	1.10	5.33	2	15	15
德兴	101.12	0.92	22.20	40	26	12
地本级	73.30	10.80	7	8	47	0.50

第三节 收费管理

收费价格管理 自来水价格 1992年,根据地江西省物价局《关于进一步放宽部分价格及收费管理的通知》(赣价费字〔第161号〕)文规定,境内各县(市)自来水收费由地区管理。

1993年起,全区各县(市)自来水价格除上饶市自来水价格由少物价局审批外,其他县(市)自来水价格均地区物价局审批。

旅游景点门票价格　1992年起,地区物价局接受省物价局下放的旅游景点门票价格核批权限。

1991年—2000年圭峰、三清山景点门票价格

表22-5-3　　单位:元/人次

年份	圭峰	三清山	年份	圭峰	三清山
1991	1.5	–	1996	15.0	26.0
1992	1.5	–	1997	15.0	38.0
1993	3.0	8.0	1998	20.0	38.0
1994	8.0	16.0	1999	30.0	50.0
1995	8.0	16.0	2000	35.0	60.0

1997年10月8日,地区物价局以(饶价费字〔1997〕34号)批复三清山索道有限公司索道收费标准为:上行50元/人,下行40元/人,自当年的10月1日起执行。2000年8月23日,地区物价局以(饶价费字〔2000〕72号)文调整索道收费标准为:"五一""十一"期间上浮,每人次由90元上浮到100元(上行55元/人、下行45元/人)。其他时间按原价执行。

教育收费　1991年—2000年,根据上级文件精神,全区先后五次(1992年、1996年、1997年、1999年、2000年)调整中、小学学费、杂费收费标准。

1992年—2000年间全区五次中、小学学费、杂费收费标准一览

表22-5-4　　单位:元/每生每学期

年份	项目		行署所在地城市	县城及工矿区	乡镇及农村	执行时间
1992	杂费	小学	12	10	9	1993年春季开学时执行
		初中	20	18	14	
		高中	20	20	15	
	学费	高中	24	22	20	
1996	杂费	小学	35	30	25	1996年秋季开学时执行
		初中	50	45	35	
	学费	高中	120	110	90	
1997	杂费	小学	36	31	26	1997年秋季开学时执行
		初中	52	47	36	
	学费	高中	128	117	96	

续表 22－5－4

年份	项目		行署所在地城市	县城及工矿区	乡镇及农村	执行时间
1999	杂费	小学	—	—	—	义务教育阶段各项收费按原规定执行，一律不得调整
		初中	—	—	—	
	学费	高中	200～270	150～180	100～120	
2000	杂费	小学	40	35	30	2000年秋季招生开始，试行一学年。
		初中	60	55	40	
	借读费	小学	130	130	60	
		初中	180	180	100	

说明：1. 义务教育阶段小学、初中免收学费；2. 经省批准的重点高中学费可在上述标准外上浮20元及60%不等；3. 非义务教育阶段择校费的比例控制在当年招生计划的20%以内，各校择校生的具体比例数由教育部门会同物价部门核定。

1996年，地区物价局、教育局和监察局根据行署办公室《关于治理中小学乱收费的通知》（饶行办发〔1995〕55号）文件精神，以饶价费字〔1996〕04号印发《关于进一步治理中小学乱收费的通知》。规定中小学贯彻执行五不准招收择校生和变象的收费生。1999年，地区物价局、教委和财政局联合发文（饶教字〔1999〕146号），加强教育收费管理，全区实行“一证①、一卡②、两公开③、四统一④”的管理办法。

收费年审 1991年—2000年，全区物价部门按照省物价局的安排，先后于1992年、1996年、1999年三次换发“收费许可证”。

地区物价局自1993年起，按照《江西省行政事业性年度审验办法（试行）》和1997年“江西省行政事业性收费年审办法”，组织全区实施收费年审制度。各县（市）物价局、财政局组成年审办公室、结合“收费许可证”年检，采取送审上门审验的办法，每年4～6月份，对实施行政事业性收费的部门和单位上一年度的收费情况进行年审。并按规定的收费标准，按收费单位年收入总额的3‰收取审验费。

价格评估 1992年10月，地区价格事务所成立。次年制定《上饶地区价格事务所章程》，坚持依法实施价格评估、鉴定。

1994年6月1日，上饶行署下发《关于印发〈上饶地区处理公物、纠纷财物价值鉴定暂行办法〉的通知》；1995年4月25日，地区物价局以饶价〔1994〕事字第1号文印发《上饶地区价格评估工作规则》、《上饶地区物品估价程序》和《上饶地区价格评估统计报告制度》，规范价格评估，依法按程序、按制度开展价格评估工作。先后进行交通事故车损、物损、涉案的赃物、罚没物、扣押物及民事、经济、行政案件损坏赔偿事件和应税扣押、抵税财物，保险赔付等标的物的价格评估（认证）。2000年7月，上饶地区价格事务所更名为上饶地区价格认证中心。

---

①“一证”：各级中、小学都要到当地物价部门办理“收费许可证”。

②“一卡”：各级中、小学坚持“收费卡”制度，每生一卡，凭“卡”收费。

③“两公开”：公开收费项目和收费标准，公开收费的使用情况。

④“四统一”：统一收费时间、统一收费项目、统一收费标准、统一使用省财政厅印制的收费票据。

1993 年—2000 年全区价格评估(认证)情况

表 22-5-6　　单位:万元

年　份	评估件数	评估标的	年　份	评估件数	评估标的
1993	—	—	1997	496	2273
1994	103	1123	1998	711	7865
1995	223	2415	1999	431	4704
1996	318	2935	2000	422	4762

第四节　监督检查

1991 年,根据行署《关于开展 1991 年税收财务物价大检查的通知》(饶行发〔1991〕109 号),在全区开展物价大检查。检查的范围包括:国营、集体企业、企业集团、行政事业单位和社会团体。对群众反映较大的公安、城建、教育、卫生、电力、土管等部门的收费情况进行重点检查。同时开展元旦、春节、中秋、国庆节节日的市场检查。据统计,当年全区共清理整顿各种收费项目 421 项,取消不合理收费 147 项;查出违法案件 980 件,查出非法所得 450 万元;实行经济制裁 250 万元,其中上缴财政 130 万元,退回用户 120 万元。

1992 年,全区物价部门主要是结合治理“三乱”开展物价大检查。重点检查 1991 年 10 月以来行政事业单位和国营、集体企业、经营单位违反价格法规,乱涨价、乱收费、乱集资、乱摊派行为。并依照地区物价局《关于加强灾期物价管理的通知》(饶价〔1992〕综字第 09 号)加强对农业生产资料、救灾物资和人民生活必需品价格的监控、检查。当年,全区共查出价格违法案件 43 件,查出非法所得 125.51 万元;实行经济制裁 81.25 万元,其中上缴财政 75.39 万元,退回用户 6.28 万元。

1993 年,全区物价检查重点检查行政事业性收费、农村中小学教育收费、农电价格、农资价格等涉农收费。并按照国家和省的安排,开展铁路、客货运价、铁路系统的劳动服务收费检查。当年共查出价格违法案件 542 件,查出非法所得 169.2 万元,实行经济制裁 151.0415 万元,其中上缴财政 64.426 万元,退回用户 86.6158 万元。同年,规范行政事业性收费管理、清理整顿乱收费,规范收费行为,全区共换发“江西省行政许可证”3434 份,并会同地区财政局对全区 206 个单位的收费情况进行年审。通过年审制止乱收费项目 160 多项,取消收费项目 380 多项,收缴乱收费金额 10 多万元。

1994 年,贯彻执行江西省人民政府《关于开展全省物价大检查的通知》(赣府字〔1994〕80 号)文件精神,地区行署成立物价大检查领导小组,全区物价检查部门在工商、财税、公安、技术监督及有关部门的密切配合下共组织 74 个检查小组,重点对有收费行为的行政事业单位和所有企业、个体工商户进行与人民生活密切相关的基本生活必需品和服务价格的检查。共查出价格违法案件 476 件,查出非法所得 210.8 万元。同年,强化价格监督,治理乱收费,对行政事业性收费进行年审,全区年审单位 1866 个,通过年审停止收费项目 412 项,取消收费项目 98 项。收缴乱收费金额 80 余万元,退回用户 1.45 万元。

1995 年,根据上级文件精神,地区行署部署对粮食价格专项检查的具体工作,组织 12 个检查组,对全区粮食系统1994年执行粮食价格政策情况进行全面检查。同年,物价部门重点加强灾区市场价格监督,加强“米袋子”、“菜篮子”价格管理。同时,在全区开展明码标价工作和“物价计量信得过”活动。上饶市信江百货商场荣获全国执行物价计量政策法规优秀单位称号,上饶国贸大厦、上饶市综合商场、弋阳县医药公司等企业荣获执行物价计量政策法规最佳单位称号。

1996年,重点检查关系人民生活必需品价格、粮食、棉花、化肥、电力价格和医疗卫生、教育收费;对交通稽征和邮电收费进行专项检查。清理整顿涉农收费,取消违纪收费项目104项,处理违纪金额110.89万元。同年,地区物价局确定上饶市、婺源县为上饶地区明码标价示范单位;在全区开展“一条街”“一个商场”“一个行业”和“一个乡镇”明码标价示范工作。在商业、供销、二轻、医药、金融等行业建立31个示范单位。

1997年,以“清费、治乱、减负”为中心,按照国家计委和江西省物价局的部署,结合本地区实际,对建设项目、教育收费、农资农电价格、林业收费、公路客运票价等进行重点专项检查;同时,按照全省统一安排,上饶地区物价检查所与景德镇市物价检查所配合,分别对上饶车务段、景德镇车务段的铁路运价和延伸服务收费情况进行交叉检查;地区物价检查所对地区人民医院和地区卫生防疫站等8家的药品价格和收费情况进行重点检查。同年,地区的物价检查所全体干部和各县(市)物价检查所所长参加全省价格监督检查人员培训班,经考试合格,全部36名价格监督检查人员首批领取“中华人民共和国价格监督检查证”。

1998年,配合整顿农村电价,全区开展农电价格检查;围绕减轻企业负担,重点开展对工商、税务部门的收费和房地产价格的检查;坚持开展了市场价格检查,重点对医疗收费、药品价格、水、电、气价格和中小学收费检查;同时,根据江西省物价局、省劳动厅《关于开展全省劳动部门收费检查的通知》(赣价办字〔1998〕1号)精神,对1996年以来,全区各级劳动部门及其有收费行为的下属事业单位和社会举办的职业介绍所、职业培训中心、职业技能鉴定站等部门所发生的收费行为进行重点检查。

1999年,按照省物价局的统一安排,对全区交通系统及其涉及交通收费的相关部门:交通局、公路局、运管所、稽征局、公安交警,车辆监测等部门1997年以来的收费情况进行专项检查;对全区各级教育行政主管部门、各级招生办和中、小学校1998年春季开学以来收费情况进行检查;对在上饶地区的省属高等院校、中等专业学校的收费情况进行检查;重点开展对“米袋子”“菜篮子”“火印子”的价格检查。同时开展“物价信得过”活动,规范市场明码标价。

2000年,根据省物价局的布置,在全区开展农村中小学教育收费和公安部门收费专项检查;对地直和县(市)房地产交易所1998年4月以来的收费情况进行检查;对全区计生委和婚姻登记管理机关、婚前检查部门进行专项检查;开展电力价格、旅游市场价格(收费)、中介服务收费、成品油价格以及全区有关涉农收费部门的乱收费、乱集资、乱罚款和各种乱摊派情况进行检查。

1991 年—2000 年全区物价检查情况

表 22-5-7　　单位:件、万元

年份	违法案件	非法所得	经济制裁		
			小　计	上缴财政	退回用户
合计	6328	4840.95	2292.20	1672.40	728.66
1991	980	450	250	130	120
1992	43	125.51	81.26	75.40	6.28
1993	542	169.20	151.04	64.43	86.62
1994	476	210.8	168.98	125.17	49.25
1995	779	2139	392	276	119
1996	904	354.6	305	171	134
1997	685	266.31	259.04	167.71	91.33
1998	816	493.42	254.15	304.57	49.58
1999	631	331.11	206.73	160.13	46.6
2000	472	301	224	198	26

第六章　审　　计

第一节　管理机构

1991 年,地区审计局内设机构有人事秘书科、财政金融审计科、行政事业审计科、工交企业审计科、商粮贸企业审计科、综合科 6 个科;有干部职工 28 人;1996 年 11 月,增设固定资产投资审计科;2000 年底,地区审计局内设机构有 7 个科,下辖 12 县(市)审计局;全区审计机关共有干部职工 312 人,其中地区局机关定编 31 人,行政编制 25 人,专项编 4 人,事业编制 2 人;县(市)机构定编 206 人,行政编制 184 人,事业编制 22 人。拥有硕士学位 1 人、本科学历 24 人、专科学历 159 人;专业高级职称 4 人、中级职称 117 人、初级职称 40 人。

第二节　国家审计

1991 年—2000 年,全区审计机关共审计项目单位 14935 个,查出违规行为金额 148421 万元;应上缴财政金额 14788 万元,上缴财政金额 13816 万元,促进增收节支金额 16428 万元;向司法机关移送案件 18 起。

1991 年—2000 年全区国家审计情况

表 22 - 6 - 1　　　　单位:万元

年份	审计单位(个)	查出违纪违规金额	应缴财政金额	实缴财政金额	促进增收节支金额
合　计	14935	148421	14788	13816	16428
1991	1192	5187	640	572	1436
1992	1585	6523	997	945	1673
1993	1585	8472	1252	1115	1678
1994	1618	5337	1398	1271	1532
1995	1553	7981	1887	1724	1654
1996	1679	9530	2301	2142	1762
1997	1687	9693	2156	2016	1789
1998	1478	10794	1363	1313	1965
1999	1390	37580	1367	1356	1656
2000	1168	47324	1433	1362	1283

财政税收审计　预算执行审计　1993 年 9 月,地区审计局根据审计署《关于加强对地方财税管理审计监督的通知》和省审计局的工作部署,对上饶市 1993 年 1 - 8 月份预算收入执行情况进行审计调查。1994 年 7 月,地区审计局对铅山县 1994 年 1 - 6 月份财政预算执行情况进行审计调查。

1995 年,是全区按《审计法》实行财政"同级审"的第一年,各县(市)审计局从 10 月 10 日起先后进点,在审计各级财税部门的同时,对部分预算单位进行延伸审计,共审计 107 个单位。

1996 年 4 月 28 - 30 日,地区审计局对地区本级财政 1995 年度预算执行情况进行审计,先由单位自查,在自查的基础上进行重点审计,并对预算单位进行延伸审计。

1997 年,全区各级审计机关对同级财政 1996 年预算执行情况进行审计,全区共审计 53 个单位(包括延伸单位),查出违纪金额 1194 万元。

1998 年,地区审计局根据省审计厅有关文件精神,制定出本级预算执行情况的审计实施意见,并由行署批转各县(市)执行。当年,本级财政预算执行审计共查出违规资金 4259 万元,处理增加财政收入 3183 万元,处理上缴中央、省地收入 527 万元;责成自行纠正 813 万元,冲减财政支出 303 万元,增加财政结余 882 万元,追加挪用专项资金 1820 万元,全区同级审缴款 532 万元。

1999 年,地区审计局组织全区审计机关对 12 县(市)1998 年度的预算执行情况进行审计,查出存在的主要问题是:财政收入不真实、隐瞒截留收入、部分乡镇用其他收入款代缴入库;违规退库、公款储蓄、随意追加支出、转移资金;个别县市因财政紧张,挤占挪用专项资金等。

2000 年,全区审计机关对 12 县(市)1999 年度的预算执行情况进行了审计,查出违纪违规金额 1005 万元。

财政决算审计　1991 年,落实国务院〔1991〕9 号通知,地区审计局对玉山县、德兴市、横峰县、婺源县1990年度财政收支决算进行就地审计，查出违纪金额1037万元。

1992年3－4月，根据全省审计工作安排，地区审计局先后对上饶市、万年县、广丰县、波阳县1991年度财政收支决算进行就地审计，查出违纪金额1108万元。

1993年4月8日起，地区审计局根据审计署《关于做好1993年财政审计监督工作的通知》精神，分别对上饶县、弋阳县、铅山县、余干县1992年度财政决算进行审计，查出违规违纪金额2032.07万元。

1994年，地区审计局分别对德兴市、婺源县、玉山县、横峰县1993年度财政收支决算及4县（市）财政执行财经纪律情况进行审计，查出违纪金额868.2万元。

1995年，地区审计局对上饶市、广丰县和波阳县1994年度财政决算进行审计，查出上饶市将应作国有土地转让金的118.08万元列其他收入；查出广丰县截留上级收入50.06万元；查出波阳县农业税减免未退款416万元，除1995年已入库235万元外，尚余181万元未按规定缴库。

1996年6－8月，地区审计局分别对德兴市、铅山县1994年度、1995年度财政决算进行审计，查出违纪金额合计282.5万元。

1997年5－6月，地区审计局对婺源县、广丰县1996年度财政决算进行审计，查出违纪金额合计1590.27万元，其中虚列支出挂预算暂存的资金达1281.58万元。

税收征管审计　1992年，地区审计局根据江西省审计局转发审计署《关于对地方税务部门税收分成情况进行审计调查的工作方案》，在审计上饶市、广丰县、波阳县、万年县财政决算的同时，对3县1市税务部门1987年—1991年共提取各种分成1288.27万元，其中：集贸分成895.82万元；代征手续费分成202.14万元；超收分成190.26万元，各项分成中，上缴省税务部门99.49万元，返还乡、镇政府107.04万元，付代征单位和市场征管费用188.43万元，用于本单位774.2万元（其中用于集体福利294.32万元，补助经费266.58万元，奖励及其他支出190.75万元）。

金融保险审计　金融审计　1992年5月，根据省审计局金融审计工作意见，全区各县（市）审计局对当地金融保险机构1991年度的财务收支进行就地审计，并对其真实性、合法性和合规性进行评价，查出违纪金额650万元。同年6月，根据赣审财字〔1992〕4号文件要求，地、县（市）审计局分别对全区工商银行系统1991年度第一季度流动资金贷款的发放和使用情况进行专项审计。全区投入专项审计力量34人，审计贷款4554笔，贷款总金额13.21亿元，查出违规贷款203笔，金额4910.5万元，多收利息15.03万元，有问题资金贷款2.42亿元。

1993年，地区审计局根据江西省审计局《关于做好1993年金融审计监督工作的通知》和年度审计计划，对上饶资金市场1991年和1992年经营状况及财务收支进行审计调查。同年，地区审计局和各县（市）审计局对当地金融机构1992年的财务收支进行就地审计。全区共审计57户，其中：人民银行14户，工商银行9户，农业银行14户，中国银行7户，建设银行13户。共查出违纪金额1592万元，追回侵占挪用资金705万元，补缴入库金额103万元。

1994年，根据江西省审计局《关于做好1994年金融审计监督工作的通知》（赣审财字〔1994〕2号），全区各级审计机关对各金融机构1993年度财务收支进行审计，并对全区工商银行固定资产情况进行专项审计，查出各类违纪违规资金691.27万元。

1995年，根据审计署审办金发〔1995〕28号和赣审财字〔1995〕5号通知，全区各级审计机关从3月23日起,先后对中国银行系统1994年度资产、负债、损益的真实性、合法性、效益性进行审计,实际审计9个单位,资产总额为70860万元,其中信贷资产53143万元;在信贷资产中,人民币贷款37677万元,其中逾期贷款16771万元,呆滞贷款2105万元,“一逾两呆”率为50%,负债总额68772万元,利润153万元。

1996年,全区各级审计机关对72户金融机构进行的审计中,查出违纪金额374万元,根据有关财经法规处以上缴财政201万元,并按照《国务院关于违反财政法规处罚的暂行规定》给予违纪罚款5.1万元。同年,根据省审计厅赣审财发〔1996〕3号通知,地区审计局组织有关县(市)审计局,对中国银行上饶地区分行下辖9个县(市)支行,1995年度资产、负债、损益进行审计。

1999年,地区审计局组织13个审计组对全区工行系统的13个分、支(行)及所管辖的办事处、分理处1998年度资产负债、损益的真实性,信贷资产的合规性进行审计,核增资产总额6198.84万元,核减正常类贷款1140.5万元,核增可疑类贷款4329.7万元,核减损失类贷款3787.9万元。

1991年—2000年全区金融审计情况

表22-6-2　　　　单位:万元

	合计	1991年	1992年	1993年	1994年	1995年	1996年	1997年	1998年	1999年	2000年
审计单位	600	46	54	81	95	90	72	25	36	48	53
国资流失	1401	28	123	69	162	323	61	7	47	235	346
负债不实	1841	232	196	213	98	7	37	367	268	225	198
违纪金额	合计	1299	1295	1618	1397	2155	2327	1247	1353	1312	1854
	截留国家收入	94	227	345	297	368	476	256	173	398	423
	乱摊成本	234	268	365	323	469	534	198	232	184	362
	虚列支出	190	20	69	80	120	360	240	290	160	323
	侵占挪用信贷资金	762	645	201	368	462	489	323	468	290	420
	其他	19	135	638	329	736	468	230	190	280	326

保险审计　1991年—2000年,全区审计机关共完成对190家保险系统的资产、负债、损益情况等财务收支进行就地审计,共查出违规违纪金额1452万元,存在的主要问题是基建挂账、虚报基建支出、挤占成本、少计收入、隐瞒利润、多列费用等。

1991 年—2000 年全区保险审计情况

表 22－6－3　　单位:万元

年份	审计单位（个）	损益不实（个）	违纪金额				
			小　计				
合计	190	98	1452	287	344	356	465
1991	12	5	107	15	9	65	18
1992	13	7	119	9	41	62	7
1993	6	2	62	4	18	37	3
1994	13	6	271	35	26	27	183
1995	36	18	176	46	38	23	69
1996	14	7	162	52	32	46	32
1997	18	12	115	23	19	31	42
1998	26	16	172	42	67	26	37
1999	28	13	146	32	53	19	42
2000	24	12	122	29	41	20	32

说明:1995 年起,“违纪金额”栏未分细目,故细目未合计。

企业审计　1991 年—2000 年,全区共审计企业单位 4569 个,审计总金额 136.55 亿元,查出违纪违规金额 1.44 亿元。

财务收支审计　1991 年,遵照省政府关于加强粮食行业审计监督的指示和审计署关于继续搞好粮食企业审计的要求,在省审计局的统一安排下,全区审计机关对 60 家粮食企业(其中经常性重点审计单位 2 家)1990 年的财务收支、经济效益和财经法纪执行情况进行审计。审计总金额 14185 万元,查出违纪违规金额 205 万元(其中违纪金额 116 万元),应上缴财政 84 万元。

1992 年上半年,地区审计局对玉山水泥厂 1991 年的财务收支进行审计,查出违纪金额 15.08 万元。

1993 年,地区审计局按照审计工作计划,对上饶地区电力工业局 1992 年度财务收支情况进行审计,查出有问题资金 19.13 万元。

1994 年 12 月,弋阳县审计局对县石油公司 1992 年—1993 年度财务收支开展就地审计,查出该公司隐瞒截留粮挂、农用柴油平价议价差价款 48.26 万元。

1995 年,全区各级审计机关在企业审计中,改变过去只重视企业财务收支合法性,而对真实性、效益性的问题相对注意不够的倾向,把重点放在那些对国计民生有重大关系,接受财政补贴较多或者亏损额较大的国有企业,主要审计监督其资产、负债、损益是否真实、合法,国有资产是否保值增值。查出资产不实金额 992 万元,国有资产流失 340 万元,损益不实 82 万元。

1996 年 8 月,根据省人民政府第 53 次常务会议决定和省审计厅赣审综发(1996)19 号《关于开展全省邮电附加费审计的通知》精神,全区各级审计机关先后开展对地区及 11 个县(市)邮电局 1986 年—1995 年邮电附加费收、缴、管、用的全面审计。审计查出了隐瞒转移省、地、县三级邮电附加费326.89万元，少交营业税、城建税及教育费附加51.42万元。

1997年上半年，上饶地区审计局对朝阳磷矿1996年度财务收支进行审计，查出该磷矿帐外资金4万元。7月，地区审计局对广丰县石油公司1996年度财务收支情况进行审计，查出违纪金额4.01万元。9月，地区审计局对玉山水泥年度财务收支情况进行审计，查出有问题资金86.29万元。

经济效益审计　1991年，为配合全国工业企业"质量、品种、效益"年，全区各级审计机关把支持搞好国有企业作为审计工作的中心，并适当调整审计内容和审计方法，把企业审计重点放在帮助企业完善经营管理、提高经济效益和优化企业外部经营环境两个方面，全区审计机关在企业财务收支审计中，注重向企业内部管理和经济效益两个方面延伸，促进企业眼睛向内，挖潜革新，提高效益，有的企业经审计后扭亏为盈或减亏增盈。

1992年，落实省审计局制定的《全省重点亏损工业企业成本管理审计调查方案》，地区审计局和部分县(市)审计局先后开展此项审计调查工作。

1993年，全区审计机关根据省审计局的部署和要求，围绕转换企业经营机制这个中心，重点加强对占有、使用国有资产数额较多，亏损和接受国家财政补贴较多，以及对当地经济发展影响较大的企业的审计。在企业审计中，普遍开展资产、负债、损益审计，重点检查国有企业资产、负债和损益是否真实合法，监督国有资产保值增值。

1994年，全区各级审计机关为适应建立现代企业制度的要求，继续以资产、负债、损益审计为重点。当年，全区审计机关共审计企业单位502个，查出保值单位126个，增值单位44个，损失单位34个，盈亏不实单位29个；损失浪费金额1127万元，其中经营决策失误221万元.成本管理不严76万元，物资管理不善469万元，设备利用率低67万元，经济往来损失236万元，其他38万元；追还被侵占挪用资金142万元；被审计单位采纳意见建议106条，促进企业提高经济效益154万元。

1995年，全区审计企业单位449个，其中资产不实单位18个，金额992万元；负债不实单位5个，金额66万元；损益不实单位22个，虚增利润787万元，虚减利润37万元；国有资产流失金额346万元。追还被侵占挪用金额132万元，促进企业增收节支393万元，其中减少不合理负担70万元。地区审计局在全区范围内选择50户亏损较大的企业进行审计调查，摸清亏损企业的家底，核实资产、负债、损益的真实性和合法性，分析亏损的原因，提出改进意见和建议。

1997年5月，地区审计局对地区赣东北印刷厂1996年度资产、负债、损益情况的真实性进行审计。

1998年，根据省厅的统一要求，全区共对60个工业、交通、商贸等国有企业进行审计，重点审计其国有资产的保值增值和经营损益情况，查出违规违纪金额50万元，决定处理处罚25万元，处理应上缴财政13万元。

经济责任审计　1992年6月，根据中共上饶地委工作安排，地区审计局派出审计组，对地区汽运公司经理任职期间经济责任进行就地审计。

1994年3月，地区审计局受中共上饶地委组织部委托，对朝阳磷矿原矿长进行离任经济责任审计。

1996年，全区审计机关完成的离任经济责任审计数量项目日益增多。当年，地区审计局根据组织部门的委托，抽调业务骨干，开展对上饶电厂、饶丰垦殖场等16个地直单位负责人的离任经济责任审计。

1997年,地区审计局根据地委、行署的安排,组织审计人员,对武夷山垦殖场、五府山垦殖场、航运公司、朝阳磷矿、赣东北印刷厂、蛇纹石矿、汽运总公司、外贸运输公司等单位经营者开展离任经济责任审计或任期经营成果审计。

1999年,全区审计机关共完成领导干部经济责任审计264个。

承包经营责任审计 1991年,根据省审计局的统一部署,总结工业企业第一轮承包经营的经验教训,全区各级审计机关在上年审计的基础上,继续开展工业企业第一轮承包经营终结审计。全区当年完成审计单位106户(其中,承包经营责任制94户.其他责任制12户。在94户承包经营责任制的企业中,属于第一轮承包经营终结审计的88户),审计金额6.83亿元。

1992年,全区审计机关共开展企业经营责任审计100户,其中,承包经营审计51户,其他责任制审计49户,审计金额58769万元。审计查明合同完成单位50户,未完成的17户。盈亏不实单位12户,其中虚盈金额257万元,虚亏金额7万元。审计查出违规违纪金额864万元,损失浪费金额115万元。

1993年以后,由于企业经营机制的转换,对企业审计重点开展资产、负债、损益的审计及离任经济责任审计。

企业破产责任审计 1994年10月,地区审计局对波阳船厂进行企业破产经济责任审计。地区波阳船厂被波阳县人民法院于1992年12月依法宣告破产,按照《中华人民共和国企业破产法》的要求,审计人员在参加破产清算工作的同时,还对该厂因经营管理不善导致企业破产的经济责任依法进行就地审计。审计查明,波阳船厂到破产清理和资产评估时止,资产总计为431.43万元,审查核定负债总额为945.09万元,资产负债轧抵后,资不抵债为513.66万元,资产负债率高达219.05%。

专项审计调查 1991年3－5月,全区各级审计机关根据江西省审计局的部署,对全区粮食行业1990年经济效益、财务收支和财经法纪执行情况进行专项审计调查。5～6月,地区各级审计机关,对全区13家五交化企业开展1990年度经济效益及执行财经纪律情况的专项审计调查,通过对各项经济指标和商品购、销、存各个环节的审计调查,查明效益滑坡的主要原因。

1992年3月,根据江西省审计局1992年审计项目安排,地区审计局派出审计调查组,对全区粮食行业1991年度盈亏情况进行专项审计调查。8月,地区各级审计机关对全区稽查征费16个局、所、站1991年1月至1992年7月规费收入和罚没款收支,进行全面的审计调查,查出违纪资金4.47万元。8月中旬,遵照中共上饶地委和上饶地区行署联席会议决定,由地区审计局、地区纪检委、地区经委、地区交通局等11个单位,抽调14名干部,组成联合调查组,进驻连年亏损、负债累累的波阳船厂,本着“了解情况,稳定当前,寻找出路,解决问题”的原则,进行为期20天的审计调查。调查组于当年9月如实写出调查报告送交地委、行署。12月,波阳船厂被波阳县人民法院依法宣告破产。

1993年4－5月,遵照审计署和省审计局有关文件要求,波阳县、余干县、万年县、横峰县、婺源县,上饶市审计局,对当地粮食企业105个核算单位,开展1992年粮食财务挂账审计和审计调查。审计调查的范围是:对粮食企业1992年执行粮油购销政策及其财务收支活动进行全面审计,对1991年底以前粮食财务挂账的拨补和消化情况进行专项审计调查。7～8月,遵照江西省审计局工作部署,地区各级审计机关对全区26户全民所有制工业企业(其中13户亏损企业),进行企业自主权落实情况的审计调查。8月,地区审计局根据省审计局工作安排,对上饶肉类联合加工厂企业自主权的落实情况进行审计调查。

1994年,地区审计机关对95个国有商业、供销企业转换经营机制后的经营情况进行审计调查。

1995年,万年县审计局对群众关心的热点问题——种子销价问题,开展专项审计,并收缴违纪款30万元上缴财政。同年,波阳县审计局接受省审计厅委托,对赣东北供电局波阳分局电力“两金”的收、缴、管、用情况进行审计调查,共查出违纪金额64万元。

1996年上半年,根据全区经济工作会议精神和审计工作计划安排,地区审计局组织全区审计机关,对地、县(市)25户工业企业亏损情况进行专项审计调查。5月,全区审计机关还选择25户流通领域亏损企业进行审计调查。经审计,25户企业实际亏损9147.50万元。

1997年4-6月,根据省审计厅授权通知,地区审计局对上饶供电局1993年5月至1996年12月的带料加工电收入、电网改造基金以及1995年1月至1997年3月的电力建设基金、还本付息基金,进行专项审计。4月,地区审计局对上饶供电局1995年前(过渡期)地方电力基金进行专项审计;5月,经省审计厅授权,波阳县审计局对赣东北供电局波阳供电分局1987年—1996年省电网改造资金,1992年—1996年带料加工电和1995年—1996年电力建设基金及新电新价资金收支情况进行专项审计。4-6月,根据省审计厅《1997年交通行业审计方案》,地区审计局先后对玉山县、铅山县、广丰县、万年县公路段,上饶市、铅山县、德兴市、婺源县稽征所1996年度的财务收支情况进行专项审计调查,这次调查的交通行业8个单位中,有公路段4家,职工723人,养护工程支出1817.6万元,养护事业费支出16.5万元,养护其他费支出229.5万元;稽查征费单位4家,职工33人,全年征收各项规费5850.75万元,人均收费177.29万元。

2000年,根据省审计厅的安排,全区审计机关对12县(市)1998年—1999年度环保资金进行审计调查,查出各类违规资金323.04万元,归还原资金渠道79.2万元,解缴财政资金60.25万元。同年,根据《关于企业职工基本养老保险两个审计调查方案的通知》,审计机关对全区企业职工基本养老保险扩大覆盖面和养老保险基金收支预测及基本养老基金违纪违规问题处理落实情况进行审计调查,纠正违纪违规资金8533.79万元。

1991年—2000年全区企业审计情况

表22-6-4　　单位:万元、个

年份	审计单位	审计总金额	资产不实	负债不实	虚增利润	虚减利润	国有资产流失	违纪金额	偷漏税收
合计	4569	1365494	6413	1910	10117	2850	6209	14351	1136
1991	482	144829	682	236	125	98	789	2378	23
1992	552	196159	736	212	89	76	823	2291	64
1993	452	221114	819	282	76	82	836	1587	38
1994	502	182736	782	293	68	56	936	1741	32
1995	449	136327	992	66	787	37	346	1263	163

续表 22-6-4

年份	审计单位(个)	审　计总金额	资产不实	负债不实	虚增利润	虚减利润	国有资产流失	违　纪金　额	偷漏税收
1996	516	169324	1388	345	6387	2110	1484	2037	230
1997	486	121369	332	40	1375	21	178	1166	180
1998	660	189763	436	220	987	169	678	1250	160
1999	289	740	19	35	37	17	10	325	154
2000	181	3133	227	181	186	184	129	313	92

行政事业审计　1991 年—2000 年,全区审计机关共对 6961 个行政事业单位的财务收支和离任经济责任审计,查出违纪金额 1.29 亿元

财务收支审计　1992 年,地区审计局对地区工商行政管理局 1991 年度财务收支进行审计,查出违纪金额 3.53 万元,全额上缴财政。

1993 年,在审计方法上注重了两个延伸,即面上扩展和纵向延伸,以及一条龙的方法,凡涉及有关单位或下属二、三级单位则进行跟踪审计。与上年比,审计面扩大 70%,审计总额增加 76%,查出违纪金额增加 109%,违纪款上缴财政增加 163%。

1995 年 6 月,地区审计局对地区中级人民法院 1994 年度财务收支及执行财经纪律情况进行就地审计。审计查出的问题金额 93.68 万元。9 月上旬,地区审计局对饶市交警大队 1994 年度财务支收及财经纪律执行情况进行了就地审计。同年,上饶市审计局对市领导关心的城市建设进行重点审计。在对城建委的审计中,追回城市配套费 423 万元;对三江新城区管委会的审计,追回截留土地开发费 104 万元。

1996 年,根据江西省审计厅《关于开展公、检、法机关财务收支审计的紧急通知》,地区审计局成立公、检、法专项审计领导小组,抽调全区审计机关精干力量 94 人,采取“上审下”方式,对全区 12 个县(市)的 36 个公检法机关及 10% 基层派出所、法庭、检察室的 1995 年度至 1996 年 10 月份财务支收进行重点审计,查出违纪金额 2242 万元。

1997 年 7-9 月,地区审计局统一组织对全区 12 个县(市)工商行政管理局及 78 个基层工商分局、工商所、物业中心、中介公司、个协、消协等单位 1996 年度各项财务收支(包括行政事业经费、工商管理收费、罚没款物、预算外收支等)情况进行审计。审计共查出违规违纪金额 2686.72 万元。

1999 年,按照国家审计署的统一部署,地区审计局组织对全区 24 个检察院和法院 1998 年—1998 年度的财务收支情况进行审计。

任期经济责任审计 1996 年,地区审计局对行署驻南昌办事处主任进行离任审计。6 月,弋阳县审计局首先对县公安局负责人进行离任经济责任审计,开了全区党政机关负责人离任审计的先河。审计的重点是:预算内、外资金管理情况;财产资金管理情况;债权债务合法合理情况;个人遵守财经纪律情况。尔后,玉山县和横峰县人民政府行文,决定对行政事业单位负责人的离任实施审计,并作为一种制度确定下来。2 月 4 日,地区审计局根据中共上饶地委组织部的要求,对地区二轻局局长任期(1990 年 10 月至 1996 年 1 月)的经济责任进行审计。

2000年初，地区审计局根据《江西省领导干部离任审计暂行规定》，制定了《上饶地区经济责任审计操作规程》；截至12月底，全区共完成任期经济责任审计单位88个，查出违纪违规金额1547万元，其中，主管责任960万元。

专项审计　1991年，根据省审计局通知，铅山县、弋阳县、万年县、波阳县审计局对各县1989年、1990年的发展粮食生产资金进行调查审计，被调查审计对象包括水电局、农业局在内共88个单位。审计调查资金总额544.55万元．占两年来上级分配数的52%，查出各种违纪资金51.95万元，占已安排使用资金5%。同年第二季度，遵照省审计局关于《中小学危房改造资金的使用效果审计调查实施方案》的部署，全区各级审计机关抽调50余人，对全区教育主管部门的危房改造资金的筹措、管理情况及部分资金使用单位进行审计调查。这次共审计调查187所中小学的121项危房项目，审计总金额1651万元，占用于危房改造资金38.3%。同年8月，全区审计机关对1989、1990年度各级财政支农周转金的管理、投放、使用与回收情况进行审计调查。共审计287个单位，审计总金额1463.25万元。审计查出违纪金额43.82万元。同年，万年县审计局在社保“两金”的征集、管理和使用情况专项审计中，采取“五结合”①，“三配套”②的工作方法，成效显著。地区审计局以饶审字(92)03号文转发万年县的审计报告，向全区推广。同年，广丰县审计局对7个乡镇及所属9个村的计划生育罚款的管理和使用情况进行调查审计。

1992年5－6月，地区审计机关按照省审计局《关于百户乡镇财务审计调查的实施方案》要求，组织57名审计人员，组成12个审计组，先后对全区12个县(市)的12个乡镇126个村委会、116个乡村企业1991年度财务情况进行审计调查。调查的资金总额4793.3万元，发现主要存在的问题资金411.3万元。

1993年4月，地区审计局根据行署领导指示，派出审计组对上饶体育中心工程指挥部1991年7月至1993年3月的工程支出情况进行就地审计。9月15日，由地区审计局、地区财政局、地区城建局组成联合审计调查组，对上饶地区1992年城市维护建设资金收支情况进行审计调查。同年，上饶市审计局对群众反映大、举报信件多的上饶市民政系统开展的社会福利有奖募捐进行审计。审计查清募捐活动中弄虚作假、侵犯购券者利益、收受贿赂、挥霍浪费等严重违纪问题。其中，查出挤占社会福利资金，用于挥霍、滥发补贴的43万元，组织者收受贿赂，进货未索取正式发票的营业额38万元，隐瞒进销差60余万元，收缴了弄虚作假、截留收入的资金135万元。同年，根据江西省人民政府《关于切实减轻农民负担的通知》精神，波阳县审计局，针对农民关心的负担问题进行专项调查。由局领导带队，选择了人口多、耕地少、农村基础设施差、经济较为贫困的莲湖乡，对乡村两级的账目进行清查。查出不合理收费25.2万元。责成退还向农民不合理收费10.14万元。

1994年，全区审计机关按照省局部署，从5月初至6月中旬，对全区行政性收费、罚没收入进行审计。共审计行政性收费单位111个，收费项目达728项，发现乱收费项目9项，占审计收费项目的1.2%；收费总金额5295.3万元，计查出未入账金额51.18万元，乱收费金额164.4万元。全区共审计罚没收入的单位92个，审计罚没收入总金额1426.3万元，查出挤占

①“五结合”：内外结合找难点、上下结合追底细、查算结合找疑点、审计算账与群众座谈相结合、审计部门与其他部门配合相结合；

②“三配套”：人员配套、工作配套、处理配套。

挪用金额129万元，审计处理金额91.7万元。同年，根据省审计厅赣审行发〔1994〕2号《关于开展救灾物款专项审计的通知》，全区各级审计机关对1993、1994年度救灾款物的筹集、管理、分配使用情况进行审计调查。5月，广丰县审计局对广丰县交警队进行审计，查出该单位自制罚没款收据，收缴罚没款列账外账，设小金库金额达170余万元，私分公款85万余元。11月，地区审计局根据省审计厅赣审农字〔1994〕8号文件规定，对地区乐丰良种场、饶丰垦殖场第2期赣中南农业综合开发资金进行审计。

1995年，地区审计局对全区12个县、市（重点是320国道沿线4个县市）交警大队1994年的财务收支情况进行审计，查出违纪资金并收缴入库76万元。同年，为配合治理公路三乱，对全区34个公路检查站进行审计，审计总金额5786.7万元，建议撤销非法设立的公路检查站8个。

1996年，地区审计局组织全区审计机关对12个县（市）社会保险局、劳动就业服务管理局征收的“两项基金”的管理和使用情况进行全面审计，重点调查参加“两项基金”统筹的部分工商企业交纳“两项基金”的情况。全区共审计24个单位，延伸调查28个企业，审计总金额41028万元，查出有问题资金74万元，其中违纪金额37万元。同年，地区审计局组织全区审计机关开展对农民减负情况的审计调查。重点调查56个乡、156个村，走访290户村民，对乡统筹、村提留资金进行调查分析。

1997年，根据省审计厅《关于加强监督，减轻农民负担意见》（赣综发〔1996〕22号）文件精神，地区审计局继上年审计后，再次组织全区各级审计机关，深入基层，结合乡镇财政收支审计，开展减轻农民负担的审计调查。全区重点抽查64个乡镇、182个村，并对316户村民进行调查了解，全区共审计调查乡统筹、村提留总金额2178.94万元，其中乡统筹1189.31万元，村提留989.62万元。同年，根据江西省审计厅赣审行办〔1997〕14号及赣审行发〔1997〕2号文件精神，地区审计局组织全区审计机关对全区计划生育经费的征收、管理和使用情况进行专项审计调查。全区共审计调查73个单位，延伸审计58个乡级计生办，走访52个村的200户计划生育交费户。审计查出各种违纪违规资金282万元。同年，根据江西省审计厅赣审农办发（1997）3号通知的精神，地区审计局组织力量对波阳县、余干县、横峰县、上饶县1994年—1996年度扶贫资金进行专项审计，查出各种违纪违规资金1025万元，占审计资金总额的21%。

2000年4月，根据省审计厅的统一部署，全区审计机关组织56人的8个工作组，分赴8个县（市），对全区第一期移民建镇资金的使用、拨付和管理情况进行就地审计，查出违规违纪资金32017万元。同年，全区审计机关对全区县以上教育主管部门、财政部门和部分乡镇财税所，教办以及78所中小学共150个单位1999年度的普教经费的筹集、管理、分配和使用情况进行审计，查出各种违纪资金1681.13万元，责成有关部门和有关单位将挪用资金归还原资金渠道267.52万元；对全区12县（市）公路、稽征、交通、运管等部门，并延伸到下属二级单位的公路建设资金进行全面审计，共审计项目单位50个，审计资金25274.1万元；对全区世界银行贷款7个项目①资金的使用情况进行审计，共检查资金27341.17万元。

①全区世界银行贷款7个项目：林业二期、红壤二期、卫Ⅴ、妇幼Ⅵ、贫教、长江水毁工程、农村改水项目。

1991 年—2000 年全区行政事业审计情况

表 22－6－5　　　　单位：万元

年份	审计单位（个）	主要问题金额小计	侵占挪用	虚列转移	贪污私分	截留财政收入	乱收费乱罚款	小金库	其他	国有资产流失
合计	6961	12925	2830	925	9	1895	1282	786	7311	1905
1991	398	416	100	49		91	36	17	225	223
1992	383	528	105	63		147	72	29	276	728
1993	652	1105	205	11	6	265	149	31	618	198
1994	673	985	111	75		318	226	62	481	262
1995	720	1289	312	46		237	26	194	474	143
1996	804	1684	445	48		254	92	79	766	78
1997	892	2268	119	37	2	150	77	76	1883	68
1998	768	1930	362	28		130	68	162	1823	71
1999	892	1413	406	168		230	181	107	321	98
2000	779	1307	665	400	1	73	319	29	444	36

说明：1. 1991 年中的其他：包括乱开口子 13 万元；

2. 1994 年中的其他：包括违犯控购 130 万元。

固定资产投资项目审计　1991 年—2000 年，全区审计机关先后对 961 个建设项目开工前、项目概算执行和项目决算进行审计，查出违纪金额 5238 万元。

建设项目开工前审计　1990 年起，全区审计机关根据全省审计计划的安排，陆续开展基建项目开工前的审计工作，地区审计局对 34 个地区直属单位的 46 个工程项目的自筹基建资金进行事前审计，审计总金额 908.1 万元。

1992 年，根据审计署、国家计委、建设部《关于印发（固定资产投资项目开工前审计暂行办法）的通知》〔审基发（1992）84 号〕。全区共审计固定资产投资项目 124 个，总投资额 5973 万元中，核减投资来源不合规、不落实的资金 128 万元。

1993 年，根据审计署、国家计委、国家经贸委、建设部、人民银行《关于加强对新开工建设项目资金来源审计的通知》〔审基发（1993）168 号〕下发后。全区审计机关即根据该《通知》规定和年度审计计划进行基本建设项目开工前审计。

1998 年，地区审计局开展对大坳水电站建设项目审计。

建设项目概算执行审计　1996 年 6 月，根据省审计厅授权，地区审计局对江西水泥厂 1995 年至 1996 年 5 月固定资产投资情况进行就地审计。12 月，地区审计局对地区教育委员会固定资产投资项目概算执行情况进行就地审计。审计中所发现的主要问题是漏交税费问题。

1997 年 3－4 月，地区审计局对地区五交化公司正大商厦建设项目概算执行情况进行就地审计，查出超投资（扣除基建收入）818.2 万元。

1997 年 7 月，地区审计局根据省审计厅的授权，对上饶供电局贵溪——上饶 220 千伏输变电工程的概算执行情况进行就地审计。

建设项目决算审计　1994 年 5 月，波阳县审计局对县程控电话工程支出决算进行审计，核减不合理支出 190.6 万元；6 月，根据行署领导的指示，地区审计局开展对沙溪集贸市场工程决算的审计。沙溪集贸市场是上饶市、上饶县关于三乡一镇行政区划变更中债务移交的难点问题。地区行署决定由地区审计局对沙溪集贸市场工程决算进行审计。经审计核定沙溪市场建设总造价为370万元,比原工程决算核减35万元。8－9月,地区审计局对地区工商银行房地产开发公司1991年—1994年9月固定资产投资规模执行情况及1993年9月至1994年9月财务收支情况进行审计。

1995年,万年县审计局对县邮电局6000门程控电话竣工决算审计中,核减工程造价104万元;对县万富饲料厂基建项目竣工决算审计中,核减工程总造价30万元。

1996年6月,根据省审计厅授权,地区审计局对江西水泥厂医院建设项目进行决算审计;7－8月,地区审计局对上饶供电局固定资产投资完成情况进行审计,查出的主要问题是漏交税、费51.89万元。10月,根据审计署、国家计委、建设银行总行《关于下达基本建设项目竣工决算试行办法的通知》精神,地区审计局制定《上饶地区建设项目竣工决算审计实施办法》,经地区行署办公室以饶行发〔1996〕135号文批转执行。是年,全区地、县(市)审计局对55个固定资产投资项目进行审计。其中生产性项目11个,非生产性楼堂馆所34个,城市基础设施3个,审计总金额16331万元,查出多列概算57万元,高估冒算104万元,挤占工程成本156万元,截留基建收入12万元,超规模40万元,损失浪费30万元,漏交国家税金152万元,财务收支中的违纪金额473万元。审计决定上缴违纪金额270万元. 核减工程决算253万元。

1997年,全区审计机关加大对水利、技术改造和楼堂馆所等建设项目的审计力度,通过对92个基建工程项目决算审计,查出违纪金额702万元,收缴违纪款264万元,核减工程决算101万元。

1991年—2000年全区基本建设项目审计情况

表22－6－6 单位:万元

项目	合计	1991年	1992年	1993年	1994年	1995年	1996年	1997年	1998年	1999年	2000年
审计项目(个)	961	132	124	118	145	76	55	92	89	75	55
审计项目投资总额	320256	5602	5973	6876	11425	12171	16331	14804	123680	114045	9349
已完成投资额	233358	1039	768	1684	3601	10789	13361	14657	121230	58090	8139
查出主要问题	超规模	3261	2783	2274	1296	2100	3210	2139	629	3247	1690
	多列概算	83	92	89	68	73	57	43	67	223	214
	高估冒算	96	38	13	69	50	104	169	138	129	96
	挤占工程成本	213	469	523	28	96	156	268	689	716	177
	偷漏税收	79	252	69	17	184	152	128	53	22	6
违纪金额	5238	36	129	82	197	419	473	702	836	962	1402
核减工程预、决算	2433	268	329	186	171	237	253	101	168	188	532

利用外资项目审计 1991年—2000年,全区审计机关对237个国际金融组织贷款、援款项目进行审计,查出问题金额1034万元。

国际金融组织贷款、援款项目审计 1992年3月,根据江西省审计局《关于世界银行贷款“第四个农村信贷”项目授权审计的通知》,地区审计局对地区农业银行的世界银行贷款“第四个农村信贷”项目进行就地审计。3月,根据江西省审计局《对世界银行贷款国家造林项目建设期间财务收支进行延续性审计》的授权审计通知,地区审计局对全区1991年度世界银行贷款国家造林项目财务收支及有关情况进行审计。3月,根据江西省审计局《关于世界银行贷款农业综合开发等项目授权审计的通知》精神,地区审计局对地区农业银行世行贷款“农业综合开发吉湖项目”1991年度执行情况进行就地审计。第3季度,根据江西省审计局工作部署,地区及有关县审计局进行全区第一期赣中南农业发展资金审计。针对各地农业发展资金的使用情况,调查农业开发项目的完成程度、投入效果以及管理情况。全区审计总金额6359.69万元,查出违纪金额68.23万元。波阳县审计人员在该项审计中共审查38个单位,审计金额2400万元,占总投资的70%。12月,根据江西省审计局授权通知,地区审计局对地区邮电局利用加拿大政府贷款进行的程控电话扩容工程开展调查审计。

1993年2-3月,根据江西省审计局《关于世界银行贷款“第四个农村信贷”项目授权审计的通知》精神,地区及有关县(市)审计局,对当地世界银行贷款“第四个农村信贷”项目继1991年审计后,再次进行就地审计。

1994年3-4月,根据省审计局授权审计通知精神,万年县审计局对世界银行贷款“第四个农村信贷项目”1993年度的财务收支、项目建设及效益等情况进行就地审计。

1996年3月,根据江西省审计厅授权审计通知精神,地区审计局和弋阳县、上饶县、波阳县、余干县审计局,对上述4县以及上饶师范1995年度世界银行贷款的贫困和少数民族地区基础教育发展项目(以下简称贫二项目)进行审计。3月,根据江西省审计厅授权审计通知。地区审计局和广丰县、铅山县、横峰县、万年县、婺源县审计局,对1995年国际开发协会信贷综合性妇幼卫生项目执行情况进行审计。经审计,实际到位世行贷款80.8万元,地县财政及单位自筹配套资金167.4万元,卫生事业费垫支263.4万元;1995年在建工程支出511.5万元,设备投资80.8万元,待摊投资202.8万元,其他投资136.3万元。

中外合资、合作企业审计 1992年5-6月,遵照江西省审计局赣审外字〔1992〕5号通知精神,全区各级审计机关对境内16户中外合资企业进行调查审计,了解其经营状况,

1993年3-7月,根据江西省审计局赣审外字〔1993〕6号通知要求,全区审计机关对境内外资企业经营情况进行审计调查。审计调查发现三资企业尚存在一些问题:一是成功率低,进资少,效益差。上饶市调查的20户中外合资企业,办起来的仅有10户,另外10户不了了之,在已开办的10户合资企业中,只有4户外资到位,另6户资金只有部分到位;二是可行性研究失误,丧失信誉;三是无力履行合同,影响生产。

1994年7-8月,遵照江西省审计局赣审外发〔1994〕1号通知精神,地区审计局组织部分县、市审计局对中外合资企业中的亏损企业进行审计调查。这次开展审计调查的上饶市、玉山县、万年县、婺源县、弋阳县的30户“三资”企业中,已开业的16户,重点对8户亏损企业作了调查审计。上饶市有5户亏损企业(含2户虚盈实亏企业),至1993年底,3户企业账面明亏95.98万元,潜亏93.79万元,实际亏损189.77万元,另2户虚盈实亏,潜亏额8.3万元;婺源县1户账面盈利1.5万元,实亏4.63万元;万年县、玉山县、弋阳县4户全部亏损。

1995年9月，根据江西省审计厅《1995年中外合资经营企业审计方案》的部署，地区审计局对上饶环宇制药有限公司1994年度至1995年6月财务收支和经营情况进行审计。1997年4月，根据江西省审计厅《1997年中外合资合作企业审计方案》的部署，地区审计局对上饶江辉照相器材有限公司1996年度的财务收支和经营情况进行审计，并对审计中查出的公司违规违纪问题，依法作出处理。

1991年—2000年全区国外贷款(利用外资)审计情况

表22-6-7　　单位:万元

项　目		合计	1991年	1992年	1993年	1994年	1995年	1996年	1997年	1998年	1999年	2000年
审计单位(个)		237	10	30	23	24	20	25	26	24	24	31
项目计划投资总额		189366	7939	11021	28031	5720	22085	19398	17866	18862	16676	41768
累计完成投资总额		120607	1378	8705	13673	10873	3299	1070	14008	16783	3184	47634
年度计划投资总额		52455	6983	7652	1606	2886	7135	1977	3271	8693	7619	4633
年度完成投资总额		62163	12916	6932	7768	96	7197	2998	2330	8432	7728	5766
查出主要问题	挪用外资	497	28	69	37	26	63	53	30	21	19	151
	挪用配套资金	392	36	32	17	29	47	68	52	36	29	46
	倒卖进口物资设备	64					7					57
查出主要问题	虚报配套资金外券	47					1				28	18
	其他	34			9	14	11					
	计划外投资额	76										76
	配套资金不落实	460	53	40	27	62	36	39	42	62	53	46
	查出损失浪费	232	12	23	9	14	23	62	31	29	17	12

第三节　社会审计

机构人员　机构　1991年，全区社会审计组织统称为“某某审计事务所”。12个县(市)和地区已全部建立，其管理机关是各级审计局。社审组织是依法独立承办审计查证和咨询服务的事业单位，实行“有偿服务，自收自支，独立核算，依法纳税”。各事务所根据自身业务发展情况，陆续完善内设机构。1993年，地区审计师事务所内设办公室、综合部、查证部、咨询部和基建部，各县(市)也建了相应的内设机构。

人员　1991年，全区社会审计组织实有人数69人，其中在编人员26人，聘用离退休人员29人，合同制招工5人。审计机关5人，其他4人。1994年，全区各审计事务所经审核13人有注册审计师资格。1995年，全区审计事务所经审核认定具有注册会计师资格的共计65人。随着社会审计事业的发展，人员不断充实，到1997年年底，定编73人，实有从业人员203人，其中,在编152人,聘用51人。

社会审计业务工作 财务收支审计、预算外资金清查 1991年,全区审计事务所受审计机关委托,对90户企业进行财务收支审计,查出违纪金额541万元,应上缴财政10万元。同年,地区所还对上饶石油公司废油加工厂、客车沙发厂等7户集体企业进行财务收支审计,查出违纪金额9.45万元,应上缴财政6.77万元。同年,波阳县审计事务所,受该县"财政税务物价三大检查"办公室委托,对10个单位进行财务重点检查,通过检查,已上缴违纪款9.62万元。

1992年,全区审计事务所受审计机关委托和"三大检查"办公室统一安排,对75户企事业单位进行财务收支审计,查出违纪金额177万元。应上缴财政48万元。其中,地区审计师事务所对23个单位进行财务重点检查,查出违纪金额23.01万元,应上缴违纪款19.12万元;广丰县审计事务所对10个单位进行财务重点检查,查出应上缴违纪款5.6万元。

1993年,地区及广丰县审计事务所,根据审计机关和"三大检查"的统一安排,对17个单位进行财务重点检查,查出违纪金额11.1万元。应上缴财政9.88万元。同年,地区所还对17户集体企业进行审计,查出违纪金额23.14万元,应上缴财政金额1.32万元。

1994年,地区审计事务所受地区审计局委托。对5个单位进行财务收支审计;按"三大检查"办公室和地区审计局的统一安排,对18个单位进行财务重点检查,共查出违纪金额5.92万元。应上缴财政5.72万元。同年。地区所还对4户集体企业进行财务收支审计,查出违纪金额1.27万,全额上缴财政。

1995年起,审计事务所参与财务重点检查,由"三大检查"办公室直接安排到位,违纪款缴"三检办"专户。地区所对13个单位进行财务重点检查,查出违纪金额44.68万元。应上缴违纪款26.25万元,当年上缴18.26万元。同年,地区清查预算外资金领导小组办公室,委托地区审计事务所对17个行政事业单位的"预算外资金"和"小金库"进行清查,共查出应上缴违纪金额37.76万元,当年上缴23.67万元。同年,地区所还对9户集体企业进行财务收支审计,查出违纪金额5.86万元,应上缴财政金额3.96万元。

1995年是实施国有企业审计查证工作的头一年,地区审计事务所受13户国有企业委托,进行审计查证工作,查证期限为1994年度及1995年1-6月,查证资产总额3926万元。通过审计查证,帮助纠正违纪违规账目58笔,调账总额115.3万元,调账后可减亏19.4万元,应补缴各税38.2万元。

1996年,地区审计事务所受地区"三大检查"办公室委托,对20个单位进行财务重点检查,查出违纪金额16.79万元,应上缴违纪金额9.11万元,当年上缴"三大检查"办公室4.58万元,向税务部门补缴税款2.24万元。广丰县审计事务所对9个单位进行财务重点检查,上缴违纪款4.6万元。同年,上饶县审计事务所受上饶县审计局委托,对上饶县医药公司1995年的财务收支进行审计,同时,延伸审计其下属门点。查出的主要问题:收入不上账,私设"小金库"1.2万元;开假退货发票,偷税17万元。

1997年,地区及上饶县审计事务所受"三大检查"办公室委托,参与财务重点检查,地区所共检查20个单位,查出违纪金额60.49万元,应上缴财政金额36.5万元;上饶县审计事务所通过检查,上缴违纪款17.8万元。同年,地区所受地区审计局指派,对27个单位进行财务收支审计,查出违纪金额235.83万元,应上缴财政违纪款71.88万。

专项经费审计查证 1991年,受林业部门的委托,波阳县、横峰县、铅山县、弋阳县、德兴县、婺源县(市)开展林业“两金两费”的审计监督征收工作查证,共查证424个单位,查出少征、漏征的“两费”159.15万元,大都陆续补缴给林业部门。

1992年—1994年,地区及上饶县、横峰县、弋阳县审计事务所,查证审计基层工会82个,查补工会经费23.4万元;弋阳县所查补林业“两金两费”40.6万元。1995年,地区审计事务所继续对26个基层工会的工会经费进行审计,查补上缴地区工会经费8万元,为基层工会增加留用工会经费5万元。

1992年—1995年,地、县(市)审计所根据教育部门的委托,对基本建设征收中校舍修建附加费进行了审计。从1992年起,地区和广丰县、余干县、德兴市、婺源县审计事务所,陆续开展该项审计监督工作,共审计98个单位的基建项目,查出补交校舍修建附加费102.2万元;其中:地区所查9户补5.5万元;德兴市所查37户,查补67.2;婺源县所查16户,查补23万元。

1996年—1997年,弋阳县审计事务所检查46个单位的林业“两金两费”,查补上缴金额9.7万元。

其他查证事项、验证鉴定 1991年9月,地区审计事务所受地区农牧渔业局委托,对所属农用塑料厂1988年10月至1990年的会计账目、债权、债务、固定资产、流动资产、经营盈亏、违纪情况进行查证。查出违纪违规金额6.65万元。

1992年1月,地区审计事务所接受地区“沙溪麻行”破产清算小组的聘请,对破产企业“上饶沙溪麻行”的资产、负债、经营盈亏、债权债务及财产状况进行账面查证。同年,上饶县审计事务所的基建工程决算验证工作开始启动;余干县审计局经请示县政府同意,将余干集贸大世界基建财务和工程决算委托地区审计师事务所进行审计验证,送审的决算金额385.65万元。核减工程造价54.31万元。是年,地区审计师事务所共审验基建工程决算11项,核减工程造价84万元。同年12月,地区审计事务所接受地区农垦管理局委托,对饶丰垦殖场承包上饶地区农工商联合企业鹰潭公司期间的经营成果及经济责任进行审计查证。经查证表明,在饶丰场承包公司期间,资产未达到合同约定的增值要求。

1993年6月,地区审计师事务所受地区中级人民法院委托,对董文华贪污汽油票款3270.78元一案进行鉴定。经鉴定结果,证实董文华没有拿走油票款,油票款仍挂在客户的应收款账户上,避免一起错案发生。同年6月,地区审计事务所还接受地区糖酒副食品公司的委托,对原任经理吴启文1990年8月至1993年4月任期内的经营、盈亏情况进行审计查证。通过查证,该公司内部经营机制改革与承包责任制尚不够完善,以包代管,奖罚不明,经济责任未照章履行,经营亏损严重。

1994年,全区有40%的审计事务所开展基建工程预决算验证工作,验证基建工程决算65项,核减工程造价110万元;其中地区所验证工程决算16项,原决算金额828.38万元。审验后核减69万元。

1995年,地区审计事务所完成地区体育中心工程指挥部于1994年委托的主体及附属工程的决算验证工作。送审的总金额2667.62万元。审定金额为2229.4万元,核减金额438.22万元。

1996年1月,地区审计事务所受地区对外经济贸易局委托,对所属进出口总公司经理张定安任期三年(1993~1995)的经济责任进行审计审计结果表明,该公司经理任职期间,基本完成出口创汇任务,平均结汇率达到国家要求,上缴外汇折合人民币300余万元,在财务收支中未发现违纪问题。同年,全区已有70%的审计事务所开展了基建工程预决算验证工作,审验工程决算82项，核减工程造价815万元。地区及德兴市审计事务所均取得良好的社会效益，地区审验的14项工程，原决算金额为2318.22万元。核减372.78万元，其中上饶大酒店工程审决算金额1339万元，审后核减219.89万元。

1997年10月，地区审计事务所受上饶检察分院委托，对上饶市石油公司王家坝加油站附属工程结算纠纷进行鉴定。核减少工程造价15.18万元。同年，地区审计事务所在办理注册资金验证中，拒绝了两起客户要求为其出具虚假验资报告。横峰县审计事务所接受委托开展社会保险审计，查补上缴社保经费42万元。

1998年，全区各级审计机关开展对救灾款物的审计，重点调查各县（市）民政局、红十字会和部分乡镇、医院及走访村委会和村民。对少数地方救灾款物不能及时发放到灾民手中，用救灾款物抵交上缴款及分配不合理等问题，及时向各级政府和有关部门汇报。

第四节　内部审计

机构人员　1994年，贯彻《中华人民共和国审计法》；1995年，执行审计署《关于内部审计工作的规定》，全区内审机构、内审人员逐年有所增加。1997年年底，全区有内部审计机构380个，其中专设机构194个；内审人员682人，其中专职人员331人。2000年，全区实有内部审计机构228个，其中专职机构99个，内审人员361人，其中专职人员150人。

内部审计业务　1991年起，部分内审机构实行财务审签制，截至1997年，共审签443户财务决算。1998年，全区内部审计共开展各项审计1863个（项），查出损失浪费金额752万元，促进增收节支543万元；提出建议意见被采纳455条，纠正违规行为金额2733万元。2000年，全区内部审计单位418人，其中，财务收支审计329人，经济效益审计42个，经济责任审计28个，基本建设审计3个，其他审计16个。查出损失浪费225万元，促进增收节支198万元，纠正违规行为金额66万元。

1991年—2000年，全区部分行业内审业务工作开展情况：

农业银行上饶地区分行　1991年，共完成审计项目16个，审计营业机构773个（次），查出违纪金额80.71万元，收回违反政策贷款42万元，纠正有问题的贷款2460万元，收回非正常贷款125万元.补收利息38.47万元，提出改进工作建议214条，被采纳176条。

1992年，开展稽核审计项目24个，稽核营业机构316个（次），查出有问题资金138.9万元，纠正77.7万元，补收利息28.5万元。1993年，开展稽核审计项目21个，稽核营业机构308个（次）。1994年，完成稽核审计项目40个，稽核营业机构268个，发现有问题资金20584万元，挽回资金损失5.7万元。同年5－6月，组织本系统所员，以县（市）为单位，对26个信资产质量进行专项审计。

1995年，完成稽核审计项目52个，稽核审计营业机构366个（次），收回违反政策贷款252万元，纠正有问题贷款67万，收回非正常贷款238万元，直接增加收入31万元。同年4月，广丰县农业银行内审稽核股在对岭底营业所会计出纳基本制度执行情况审计中，查出该所记账员和出纳员贪污储户利息和侵占公款1.24万元的问题；内审人员采取检查内部账证与上户核对取证并举的方法，又查出岭底信用社主任、会计、出纳、信贷员等4人集体贪污私分公款4.91万元的案件。

1996年，完成稽核审计项目30个，纠正违规贷款1079万元，直接增加收入37万元，查出经济案一起，涉案金额7.2万元。1997年，完成稽核审计项目18个，挽回经济损失50万元，对违规违纪问题处罚66次，处以罚款金额9万元。查处超规模贷款158.6万元，查出经济案件2起，涉及金额6.6万元。

农业发展银行上饶地区分行　1997年1月成立分行时，同时设置稽核处。同年，对全区11个县（市）支行、161户企业的粮、棉、油收购资金管理和使用情况进行现场稽核，总金额14.17亿元，查出不合理占用资金5.11亿元。

上饶地区邮电局　上饶地区邮电局审计科（1985年成立），先后开展了财务收支审计、多种经营审计、局长任期经济责任审计、基建工程项目审计、专项审计调查等。1991年，组织全区邮电部门审计人员，对所属各局报刊资金进行专项审计调查，共查出违纪金额13万元，提出改进工作意见44条，促进增收节支金额13.2万元，促进某局收回欠款7.2万元。1993年，开展用户欠费审计调查，促进增收12.27万元。

1991年—1992年，对10个县（市）邮电局长的任期经济责任进行审计。

1994年—1995年，审计科共审计32个单项工程的预（决）算，审计工程总造价2482万元，核减工程造价378万元。

江西上饶公路分局　1994年11月，公路分局审计科，对波阳公路段1993年田（畈街）乐（平）线17.293公里新建油路工程的财务收支进行就地审计。该工程预算总额为452.9万元。1994年11月底财务核算结果：支出总额456.75万元。经审计减列成本0.57万元，审计后的工程实际成本为456.18万元。

1995年1月，上饶公路分局审计科，对余干公路段1993年株（桥）余（江）线马背嘴大桥引道3.9公里新油路工程进行就地审计。该工程核准总投资136万元，公路段财务核算结果该工程成本135.57万元，经审计增列成本2.18万元，审计后的工程成本137.75万元。

上饶地区林业局　1993年，根据省林业厅、省审计局《关于对林业“两金两费”进行审计监督的通知》，地区林业局审计科与地区审计局有关科室、地区审计师事务所，对林业系统外的木材生产、经营加工及使用单位的林业规费进行联合审计，自1993年—1997年，先后对地区铺前煤矿、武夷山垦殖场、怀玉山垦殖场活性炭厂、横峰纺织器材厂、波阳洪门口煤矿等单位的林业规费及缴交情况进行审计，共收缴林业规费14.8万元。

1996年，审计科对行署林业公安局财务收支进行审计，地区林业局根据审计报告中所提出的问题，1997年，下发《关于加强材业规费专用票证管理的通知》《关于违反票证管理使用规定的处理规定》，加强了林业规费票证的使用管理。

乐丰水稻良种繁殖场　1991年，对农工商公司进行效益审计，查出虚报利润5万元，揭露了费用偏高，核算不规范等弊端。

1992年，对下属单位的奖金发放进行审计，制止滥发奖金的现象。通过对场工会、医院、乐丰中学3个单位的财务收支审计，帮助制订整改措施12条，节约经费开支2.4万元。

1993年，对劳动服务公司等6户企业法定代表人进行离任审计，审计总金额565元，查出违纪金额8万元，处以上缴金额3万元，调账5万元。

1994年，对建筑公司等4户企业、事业单位法定代表人进行离任审计，审计总金额473万元，查出违纪金额9万元。

1995年，对啤酒厂、食品厂、总场招待所等3个单位负责人进行离任审计，查出利用存货虚增利润15万元，饮料亏损12万元等问题，提出建议13条。还对村级财务进行了全面检查，规范了会计核算工作。

1996 年,对茨山分场、医院等 4 个单位的法定代表人进行离任审计,审计总金额 1089 万元,查出违纪金额 13 万元。乐丰医院法定代表人利用降低承包基数,收取贿赂 0.6 万元,违纪金额 l 万元,全部上缴。

1997 年,共审计 9 个单位,审计总金额 5908 万元,查出违纪金额 58 万元,追回损失 18 万元。

上饶地区水电局 1997 年,全区水利系统强化审计监督,开展以"扶贫"方式投入的水利水电资金调查,先后调查 24 个建设项目,资金总额 69.96 万元,未发现被挪用、侵占等情况,投资效果比较好。同时进行 54 项财务收支审计,13 项基建财务审计,查出上饶市农水局所属岩底水库管理局,1994 年—1997 年出纳现金账目不清、现金进出手续不清、短少现金 0.30 万元等问题。上饶县水电局通过对下属水电企业领导的离任审计,将企业挤占国家资金的违纪金额 10 万元,收缴财政,还处理了 1 户企业出纳员短少现金 1.03 万元的问题,责令其赔偿,并给予记大过处分,调离出纳岗位。此外,配合财政部驻江西省财政监察专员办事处上饶工作组,对特大防汛抗旱补助经费的使用和管理进行审计,审计总金额 1532 万元。在审计中,总结余干县水电局对特大防汛抗旱经费的管理经验。

上饶石油分公司 上饶石油分公司审计科,担负全区石油系统 12 个县(市)支公司的经济效益审计、经理(法人)经济责任审计。审计内容是根据分公司与县(市)支公司签订承包合同中的财务结算办法、费用管理措施、利润完成情况等。1997 年,对波阳县石油支公司副经理(法人)李明高进行离任审计,发现其任期 2 年内亏损金额(含潜亏)达 400 万元,县检察院进行立案侦查。

上饶地区粮食局 上饶地区粮食局审计科,自 1986 年—1997 年,共审计单位 2595 个(次),完成的主要审计事项:经济效益审计 254 项,承包经营责任审计 277 项,离任审计 335 项,财务收支、财经法纪审计 1073 项,共查出违纪金额 4519.85 万元,促进增收节支金额 2145.65 万元,违纪处理上缴金额 594.39 万元,调整账目 2527.85 万元,查处经济案件 42 起。

1994 年,弋阳县粮食局审计股,对所辖 16 个核算单位普遍审计一次,覆盖率达 100%,审计结论落实率为 100%。审计查出有问题资金 1448.81 万元。

第五节 乡镇审计

上饶地区的乡镇审计工作,开展较早的有玉山县、万年县、余干县。

玉山县在实行农村经济承包责任制后,县政府决定对乡镇企业的年中合同指标执行和年终合同兑现情况,由审计部门负责审核,未经审计不得兑现。审计局为解决力量不足与农村审计面广单位多的矛盾,及时向县政府提出建立乡镇审计机构的意见和方案。玉山县人民政府在 1989 年 4 月发出《批转县审计局关于要求建立与健全乡(镇)人民政府审计机构的通知》〔玉府字(1989)42 号〕。是年底已建立乡(镇)内审机构 26 个,配备专(兼)职审计人员 49 人(其中专职 21 人)。通过对审计人员的培训、试审计练兵、审计局派员指导等方法,对 177 户乡(镇)企业开展了 1989 年经营成果审计,落实了承包奖赔兑现。该县紫湖乡通过对 9 户乡办企业的合同指标执行情况审计,发现有 7 户亏损,及时帮助他们找出企业管理的弊端,压缩行政管理人员,加强成本核算,年终有 6 户扭亏为盈。该县还针对群众反映强烈的村级财务混乱的问题，开展了审计和清理整顿，共清理188个村的财务，审计总金额215.4万元，查出贪污案18起，纠正错账207笔，其中，少华乡东坑村在财务清理中，查出村党支部书记贪污3000余元的问题；岩瑞乡在乡供销社审计中，查出该社将失效农药卖给农民，没收其全部收入；紫湖乡查出9名村干部一年内多领误工补贴0.25万元。1989年经过乡镇审计，共查出违纪金额62.8万元，揭露损失浪费金额37.6万元，帮助纠正错账326笔。1994年4月，地区审计局发出《批转玉山县审计局〈关于开展乡镇所辖部分单位财政财务审计情况的报告〉的通知》〔饶审发(1994)1号〕。

1989年，万年县审计局牵头会同有关部门，对全县村级财务进行大检查。针对大部分乡村会计素质偏低，经济管理混乱的情况，该局向县人民政府提出《关于建立乡镇内审机构的意见》。1990年，万年县人民政府发文执行。次年，全县19个乡(镇)建立了审计室，由乡(镇)财政所所长兼任审计室主任，配备2～3名内审人员，全县共配备40人。该县大黄乡审计室成立不久，对黄柏村公所进行试审计，发现村公所多人管钱，手续不全，收入未入账金额0.48万元，有8人贪污、挪用公款0.57万元，悬案及提留1.70万元，往来未入账0.63万元等问题。梓埠乡审计室，审计一个固定资产200多万元，但面临倒闭的麻纺厂，协助企业清理“三角债”，催回货款11.2万元，收回46人借支3.8万元，并对企业内部控制制度及经济效益进行审计。1995年，万年县乡镇审计，完成审计项目36个，查出违纪金额21万元。

余干县于1990年着手组建乡镇审计所。余干县人民政府于1991年3月14日发出《关于建立乡镇审计所，对农村经济实行监督制度的通知》〔干政发(1990)15号〕。乡镇专职审计干部的待遇，可与乡财政所干部同等对待。县政府通知下发后，全县30个乡(镇)全部建立审计机构，当年开展49项审计业务，查出违纪金额15.7万元。梅港乡审计所在乡党委支持下，查出油源村党支部书记采取收款不报账手段，贪污售杉木款、承包山林利润计0.59万元。黄埠镇当年5月建立审计室，开展了审计业务，查出违纪违规金额4.6万元，查出贪污案1起，追回挪用款0.24万元。1992年5月，黄埠镇审计室根据省、地审计局开展百户乡镇财务调查的部署，对所属村委会和55%的镇办企业1991年度的财务收支情况进行了审计调查，查出违纪金额4.4万元。还调查6户镇办企业，发现有5户亏损，亏损额共计8.4万元。为推广余干乡镇审计工作经验，江西省审计局于1991年10月11日至13日，在余干县召开全省乡镇审计工作现场会，全省各地市审计局长，上饶地区及各县(市)审计局长参加，共计113人。尔后，铅山县、波阳县、弋阳县、婺源县政府都分别批转审计局关于建立乡镇经济审计制度的报告。

1996年9月，地区行政公署以饶行〔1996〕77号文批准，地区乡镇企业局设置审计科，定编2人。该局审计科成立后，先后下发《关于加强乡镇企业审计人员管理的通知》〔饶乡企字(1997)2号〕、《关于印发〈上饶地区乡镇企业审计工作考核评比办法〉的通知》〔饶乡企字(1997)3号〕、《关于印发〈关于我区乡镇企业审计工作的意见〉的通知》〔饶乡企字(1997)24号〕。

1997年9－10月，地区乡镇企业局举办两期审计骨干人员专业培训班，培训人员108人；与江西省乡镇企业局联办“乡镇企业资产评估资格证书”培训班，培训人数60人，均取得“全国乡镇企业资产评估资格证书”。同年底，完善县、乡两级审计机构，全区共设乡镇内审机构281个(其中独立机构170个)，定编557人，配备内审人员623人(专职147人)，其中，已领取农业部颁发的审计证的419人。当年，全区已审计单位1512个，其中，经济效益审计667个，财务收支审计519个，承包离任审计256个，其他审计70个。查出损失浪费金额370万元，促进增收节支金额1037.6万元,查出违纪金额35.27万元。已纠正违纪金额31.07万元。此外,全区设乡镇企业资产评估机构5个(其中有4个待农业部批),已开展24个项目的评估,评估后的资产总值,由评估前的15114万元,增至15828万元。玉山县、万年县还建立乡镇企业审计事务所,开展服务项目80个。

第七章 技术监督管理

第一节 管理机构

1991年7月,地区标准计量局下属成立地区产品质量监督检验所,为副科级事业单位;1991年—1993年9月,地区标准计量局为副县级差额拨款事业单位,隶属地区经济委员会。1993年10月,地区标准计量局更名为地区技术监督局,仍为副县级事业单位,下辖地区计量所、地区质检所两个事业单位,隶属地区经济委员会;1998年5月,行政职能为上饶地区行署直属单位;1999年开始,管理体制改革,地区技术监督局更名为地区质量技术监督局,升格为行政一级局;由地区行署管理转为省质量技术监督局直属机构,负责管理辖区内的质量技术监督和行政执法工作,12个县(市)技术监督局为地区质量技术监督局的直属机构。同时,地区经贸委质量管理职能、地区劳动局的锅炉容器管理特别安全监察职能及地区锅炉容器检查检验所、地区安检站的职能及人员划转工作也开始运作。

2000年年底,地区质量技术监督局机关人员55人,其中拥有本科学历的12人、专科24人、中专5人、其他14人,计量检定人员为17人,分别比1991年的39人,9人、9人、4人、17人,22人,增长141.03%,133.33%、266.67%、125%和下降17.65%,22.73%。

第二节 标准化管理

1991年—2000年,全区共有32项企业产品采用国际标准,21项产品获国家"采标标志"认可;共完成400项企业产品标准备案工作,帮助企业制定修改标准260项;共制定了9项省、地方标准,并经省局批准发布;全区共有18个企业获得省、地实施标准优秀企业,21项标准被评为省优秀标准。全区12个县(市)中有11个通过了国家及省级无标生产工作验收,标准覆盖率由47.9%上升到97.6%;2000年,万年全国淡水珍珠养殖标准化示范区取得显著成绩,并正式申请国家总局验收;全区共办理换发组织机构代码证1.2万余家,办理商品条码150余家,700多种产(商)品使用商品条码。

第三节 计量监督管理

1991年—2000年,全区的计量监督管理以法制计量为重点,共组织开展对加油机、商品房、瓶装液化气、电线及化肥、水泥等定量包装商品的计量监督次;通过对定量包装企业进行定量考核及整顿,使广丰卷烟厂等一批单位被省局评为江西省企业计量工作先进单位,一批加油站获得省局颁发的“双信”加油站荣誉称号。2000年年底，全区四大项计量器具强制检验的受检率从1998年以前的15%上升到90%以上；法定计量技术机构及授权计量机构使用的计量标准及重要计量设备受检率达到98%。

第四节　质量监督管理

1991年—2000年，全区共抽查企业数万家，监督重点是危及人身、财产安全、影响国计民生、消费者反映强烈的产品，仅1998年—2000年，全区共出动执法人员46792人次，检查市场2617个，捣毁制假窝点162个，查获假冒伪劣和不合格商品货值6978.85万元，并成功查处列入当年全国十大制假售假案之一的“弋阳县弋江镇制造销售假冒名牌牙膏窝点案”为代表的一批大案要案。

卷二十三 政 党

1990年代初,中共上饶地委、上饶地区行署提出“解放思想,打破常规,敢冒风险,开拓进取”的十六字要求,在全区上下开展“解放思想大讨论”活动。进一步深化农村改革,稳定家庭联产承包责任制,进行农业产业结构调整,推广科技兴农战略;加大国有工商企业改革,推广承包制,实行工资挂钩。进行转换企业经营机制改革,实行“六放开”①。建立现代企业制度。开展企业产权制度改革。在计划、财税、金融、物价、教育、科技、文化、卫生和社会保障方面全面推行改革。

全区对外开放不断扩大,横向经济联合发展迅速,先后参加“闽浙皖赣四省九地市”经济协作,上饶经济区、长江三角洲区域经济开发,在京(北京)、沪(上海)、杭(杭州)、厦(厦门)、深(圳)等开放区设立窗口54个,引进一大批资金、设备、技术和人才。拓展边界贸易,设立“三清山旅游经济开发区”。

地委重视党建工作,开展领导干部的读书活动,组织民主评议党员、民主评议干部、整顿机关作风活动,有计划地选拔一大批优秀年轻干部走上领导岗位。在全区广泛开展精神文明建设,创建文明村镇、文明单位、“五好家庭”②活动。按照中央和省委的部署,大力开展反腐倡廉工作,建立健全党风廉政建设责任制和各项规章制度,效果明显。

2000年撤地设市后,于10月8-9日,召开了中国共产党上饶市第一次代表大会。

第一章 中共上饶地方组织

第一节 中共上饶地委

党员教育 1991年—1993年,地委对全区党员和副科级以上干部举办以马克思主义哲学、政治经济学、党的基本路线、社会主义初级阶段理论、党建理论等为主要内容的教育培训,

①“六放开”:经营管理权、投资决策权、劳动人事权、工资分配权、产品经营权、财产处理权六放开。

②“五好家庭”:爱国守法,热心公益好;学习进取,爱岗敬业好;男女平等,尊老爱幼好;移风易俗,少生优育好;勤俭持家,保护环境好。

全区共有15.4万余名党员干部获得干部正规化理论教育结业证。1992年邓小平视察南方重要谈话发表之后，地委及时组织全区广大党员、干部学习“南方重要谈话”和中共十四大文件，在全区加速解放思想的步伐。

1994年—1997年，地委在全区党员、干部中持续开展学习邓小平理论和《中国共产党章程》的“双学”活动，每年组织学习活动的基层党委和参加学习的党员都达到100%。1994年还对农村党员进行实用技术培训和对企业党员进行专门的理论培训教育，使65%的农村党员和基层干部，掌握了1～2门的实用技术；98%的企业党员受到理论教育。

领导班子理论建设　1991年，地委对全区近百个县级领导班子在全面考察的基础上，进行调整，调整县级领导干部252人，其中行政机关提拔78人，调整后全区行政机关县级干部有高等学历以上比例由1990年46.33%上升至53.27%，优化领导班子结构，加快领导干部队伍的“四化”进程。从1993年开始，地委建立了县级领导班子定期分析制度，每年都对县(市)和地直单位县级干部的思想政治表现进行调查分析。为加强对领导干部的民主监督，地委和各县(市)委先后建立《民主评议党员和民主评议领导班子制度》，健全了党内民主生活制度。1994年地委又出台《集体领导和个人分工负责制度》《民主生活会制度》《重大问题请示报告制度》；1995年起，先后制订《中共上饶地委工作条例(试行)》《中共上饶地委关于加强班子自身建设的若干规定》《中共上饶地委关于转变工作作风、狠抓工作落实的决定》等。同年，根据中共中央关于《党政领导干部选拔任用工作暂行条例》，制订《关于干部考察工作责任制的若干规定》和《选拔任用干部监督检查制度》。从1996年开始，有计划地从应届高校毕业生中，逐年逐批选拔在校担任班长、团支部书记以上学生干部到山村锻炼，为培养造就一批能担当跨世纪重任的优秀年轻干部队伍作好组织准备。地委在推进干部制度改革，加大各级领导干部的交流，贯彻执行干部回避和退休等制度，培养选拔妇女干部、党外干部方面做了大量工作，取得明显成绩。

基层组织建设　在农村，认真贯彻落实《中国共产党农村基层组织工作条例》，按照中央和省委提出的整顿建设后进村三年规划的目标要求，在全区2862个行政村中，开展先进的示范、中间的提交、后进的转化工作，使300个后进村在整顿中得到转化。在企业，建立地、县(市)级领导挂钩企业抓党建促经济的联合制度，做到企业党建与地方党建同步部署、同步落实指导、同步考核评比。在全区国有和集体所有制企业，做到党委组织人事部门考察，党组织集体研究，凡党群口的中层干部，由党组织下文任免；凡行政口的中层干部，党组织则提名以行政会议名义或以法人代表名义下文任免。地委先后制订《关于加强企业党支部建设的意见》《关于加强乡镇企业党的建设的意见》《关于加强基层部、矿、社党的建设工作意见》《上饶地区企业党组织规范化建设的意见》(试行)。

1991年—2000年，地委重视党员队伍的管理和发展，通过民主评议党员和评比优秀共产党员、评比先进基层党组织以及“学先进，比贡献”等创先争优活动，提高了党员队伍的“先锋队”意识。在发展党员方面，按照“坚持标准、保证质量、改善结构、慎重发展”的方针，10年中，共发展党员49908名，至2000年年底，全区共有党员208744名，基层党组织11083个，其中，乡镇党委287个，其他党委237个，党总支402个，党支部10157个。

地委注重抓好惩治腐败和纠正行业不正之风及领导干部思想作风建设，1989年—1991年共清理党政机关干部在城镇建私房1230户，收、缴、补、罚款219.32万元，主要查处违纪建私房56起，21名党员干部受到党纪处分。在此期间，还结合治理整顿，抓了清理整顿公司，制止公款请客送礼以及治理“三乱”[①]等工作。对于发生在少数党员干部特别是领导干部身上的以权谋私、贪污受贿、腐化堕落等违纪犯罪行为，做到发现一起，查处一起。从1992年开始，每年都把领导干部廉洁自律、查处大案要案、清理整顿行业不正之风三项工作作为反腐败斗争的重要内容来抓。对用公款送礼或收受礼品、礼金，违规购买和乘坐小轿车，利用公款大吃大喝、违纪购房和霸占住房、用公款安装使用住宅电话和移动电话等不廉洁行为进行了认真清理和整顿。对公路“三乱”、加重农民负担、利用公事办婚事、侵害性钓鱼、到企业报销发票等不正之风进行及时纠正。地委在抓反腐败和纠正行业不正之风的同时，还抓了领导干部思想作风建设，制定下发《关于密切党群关系的意见》《关于党政领导干部深入基层调查研究的若干规定》《全县以上党政机关干部下基层工作方案》《关于干部参加劳动的规定》等文件，先后安排大批干部深入基层调查研究，帮助人民群众排忧解难，多办实事，进一步密切党群、干群关系。

1990年6月至2000年12月中共上饶地(市)委历任书记一览

表23-1-1

姓　名	任职时间(年月)	原任职单位与职务	后任职单位及职务	说　明
卢联灿	1990.6~1994.7	上饶地委副书记	江西省委农村工作委员会副书记、江西省人民政府农林水办公室主任	
王兴豹	1994.7~1999.9	宜春地区行署专员	江西省政府发展研究中心主任	
陈达恒	1999.9~	上饶地委副书记 行署专员	江西省委常委、省委秘书长	2000年10月撤地设市后任上饶市委书记

1990年6月至2000年12月中共上饶地(市)委历任副书记一览

表23-1-2

姓　名	任职时间(年月)	说　明
倪贤伍	1990.6~1992.11	
刘德旺	1990.6~1992.11	
邓布仁	1991.7~1996.4	
饶士圻	1992.5~1996.10	
王际贤	1994.7~2000.9	
陈达恒	1996.4~1999.9	
孔宗亮	1996.10~	2000年撤地设市后任上饶市委副书记
黄建盛	1999.8~	2000年撤地设市后任上饶市委副书记
黄木华	2000.8~	2000年撤地设市后任上饶市委副书记
刘卫华	2000.9~	2000年撤地设市后任上饶市委副书记

①公路“三乱”：乱设立站卡、乱收费、乱罚款。

第二节　中共上饶市第一次代表大会

中国共产党上饶市第一次代表大会　2000年10月8—9日,中国共产党上饶市第一次代表大会在上饶影剧院召开。大会代表494名,代表全市20多万共产党员。

这次大会的议程是:选举中共上饶市第一届委员会;选举中共上饶市纪律检查委员会。

大会主要任务是:紧密地团结在以江泽民同志为核心的党中央周围,高举邓小平理论伟大旗帜,在中共江西省委、省政府的正确领导下,按照"三个代表"的要求,认真贯彻落实党的基本路线,全面推进改革开放和社会主义现代化建设事业。进一步动员和组织全市广大党员和干部群众,按照"改革攻坚、外向带动、优化结构、梯次推进"的宏观发展思路,在建设中心城市上实现新跨越,在改革攻坚上实现新突破,在对外开放上实现新提高,在优化结构上实现新进展。加强培育中心城市,逐步形成城市经济与县域经济联动发展的新格局,把上饶建设成为辐射周边的区域中心,实现在江西东部的快速崛起,到2005年,全市经济达到或超过全省中等水平,力争到2010年把上饶建设成为江西省的经济强市。

大会主席团常务委员陈达恒首先致开幕词。陈达恒说,这次大会是在迎接世纪交替、上饶撤地设市的历史时刻召开的,具有重大的现实意义和深远的历史意义。这次大会的召开,是全市人民政治生活中的大喜事,是上饶加速发展的新起点,是承前启后、继往开来、再创辉煌的里程碑,必将极大地促进全市两个文明建设,必将载入上饶发展的光辉史册。受中国江西省委委托,上饶撤地设市指导组组长张友南到会并讲话。他首先对中共上饶市第一次代表大会的召开表示热烈的祝贺。接着张友南高度评价上饶改革开放和现代化建设取得成就,分析面临的许多有利条件。张友南强调,要加速上饶两个文明建设和各项事业发展步伐,就要按照江总书记"三个代表"的要求全面加强党的建设。

大会闭幕式由新当选的中共上饶市第一届委员会委员陈达恒主持,市委委员黄建盛之闭幕词。黄建盛号召全是党员干部高举邓小平理论伟大旗帜,以"三个代表"重要思想总揽全局,在党的路线方针、政策的指引下,继续深入贯彻党的十五大精神,抓住机遇,把握未来,同心同德,锐意进取,为实现上饶在江西东部快速崛起而努力奋斗。

大会选举产生中共上饶市第一届委员会委员37人,候补委员8人。市委一届一次全会选举产生市委常委11人,陈达恒任书记,黄建盛、黄木华、孔宗亮、刘卫华任副书记。大会选举产生新一届中共上饶市纪律检查委员会委员25人。市纪委常委9人,洪炳华任市纪委书记,胡开亮、何丰、杨新生任副书记。

附:中共上饶市第一届委员会委员、候补委员名单

委员(37名,按姓氏笔画为序排列)

万自强　王永革　王国梁　毛惠忠　孔宗亮　朱荣辉　刘卫华　江厚全
许明秋　李再春　李贤毅　李道根　吴治云　吴祖国　汪霞(女)　汪德和
陈　平　陈达恒　陈智祥　林秉济　柯进水　胡发群　洪炳华　夏有民
夏洪柏　郭爱华(女)　黄木华　黄建盛　曹炳根　章早彩　梁高潮
程建平　程爱平　熊良华　颜赣辉　潘赞海　魏振敏

候补委员(8名,按得票多少为序排列)

李友鸿　盛平珍　胡德江　于秀明　童晓航　邹义炉　徐志刚　熊玉昌

中共上饶市第一届委员会书记、副书记、常务委员名单

书记:陈达恒

副书记:黄建盛　黄木华　孔宗亮　刘卫华

常务委员会委员:

陈达恒　黄建盛　黄木华　孔宗亮　刘卫华　魏振敏　胡发群　熊良华

吴治云　洪炳华　颜赣辉

中共上饶市纪律检查委员会委员名单(25 名,按姓氏笔画为序排列)

刘拂升　刘学森　江业勤　江枝英(女)　江速英(女)　孙冬玖　杨一彪

杨章选　杨新生　何　丰　汪满火　陈子峰　陈金泉　陈意平　周宗海　周重明

周彩珍(女)　胡开亮　洪炳华　徐　旭　龚天和　程学军　程瑞振　游天林

曾祥水

中共上饶市纪委常务名单(9 名,按得票多少为序排列)

洪炳华　胡开亮　何　丰　杨新生　江业勤　江枝英(女)　杨一彪

杨章选　陈金泉

第三节　重要会议与决策

整顿作风　1991 年 6 月 14 日,中共上饶地委、上饶地区行署召开地区机关干部动员会,用一个月时间在地区机关开展“民主评议干部、整顿机关作风”活动,重点解放机关干部思想上的保守和僵化,进一步树立改革开放的意识,更好地贯彻地委、行署提出的“解放思想,打破常规,敢冒风险,开拓进取”的十六字要求;解决为人民服务观念淡薄,置党和人民利益于不顾,精神疲软,纪律松弛的问题,重振革命精神,保持良好的精神状态;改变工作不落实、不深入的状况,建立同新形势、新任务相适应的快节奏,高效率的党政机关新形象;解决无组织、无纪律、以权谋私、违法乱纪、执法犯法的各种问题。切实转变机关作风,提高工作效率,以适应形势发展的需要,为振兴上饶经济做出贡献。

1994 年 11 月 2 日,地委、行署召开地直机关整顿作风动员大会,集中解决领导干部作风和机关建设中的突出问题,增强为经济建设服务的中心意识和全心全意为人民服务的宗旨意识,把地区机关建成政治坚定、高效务实的指挥机关。整顿作风分为学习动员,思想教育;对照检查,梳理问题;整改立制,考核验收三个阶段。时间为一个半月,从 1994 年 11 月 21 日至 1995 年 1 月 10 日结束。

2000 年 2 月 13 日,地委下发《关于进一步转变工作作风,狠抓工作落实的决定》,针对有少数干部在作风方面存在问题,特别是工作作风不实,存在“说得多、干活少,部署多、落实少,

一般号召多、具体指导少，照抄照转多、创造性工作少”的现象，提出了“六反对”①、“六倡导”②的工作作风。

解放思想　1991 年 9 月 17 日，地委下发《关于今冬明春在全区农村集中开展社会主义思想教育的实施意见》。根据中共中央、江西省委和部署要求，全区农村社会主义思想教育分两批进行，当年冬次年春为第一批，次年冬至 1993 年春为第二批。第一批“社教”工作，用四个月的时间。基本方法是：领导挂点、单位包村、突击重点、分步实施。地委、行署领导班子成员都挂钩一个县（市），定好一个村。地、县直机关单位挂乡包村。

1992 年 2 月 11 日，地委、行署决定，在全区范围内开展“解放思想，转变作风，群策群力，振兴上饶”的大讨论，时间安排为 4 个月，从 1992 年 2 月 11 日开始至 6 月中旬结束。讨论要求联系全区经济生活中存在的问题进行，用事实说话，论述思想解放的必要性、可能性和坚定性；揭露解剖思想解放的阻力和影响经济发展的观念、意识、工作环境等，并论证其根源、危害和解放途径；探讨振兴上饶经济新思路，促进城乡经济全面发展。

1992 年 2 月 13 – 15 日，地委、行署召开地区本级干部大会，大会的主要任务：根据中央工作会议和党的十三届八中全会及江西省委九届三次全会精神，实事求是地总结工作中经验与教训，进一步认清形势，解放思想，改进作风，以超常规的工作方法奋战 1992 年，以优异成绩向中共十四大献礼。地委书记卢联灿作了题为《解放思想，转变作风，齐心协力奋战 1992 年》的工作报告。

1997 年 3 月 28 – 29 日，地委召开扩大会议，主题是：统一地、县两级领导的思想，正确认识和处理稳定和发展的关系，真正搅动思想，调动各方面的积极性，做到解放思想，大胆探索，勇于实践，知难而上，开拓前进，把全区的改革开放和经济建设搞得更好。

经济工作　1993 年 7 月 28 ~ 30 日，地委召开扩大会议，贯彻落实中央关于加强宏观调控的决策，分析形势，统一认识，研究在加强宏观调控的形势下，进一步抓住机遇，总揽好发展全局，加强党的建设，保证全区经济工作的健康发展。

1993 年 9 月 5 – 6 日，地委、行署召开全区县（市）委书记、县（市）长会议，会议传达全省地（市）委书记、专员（市长）会议的文件，对当年后 4 个月的经济工作进行了研究部署，要求各地切实加强领导班子思想作风建设，深入开展反腐败斗争，促进全区经济更快发展。

1994 年 1 月 15 – 17 日地委、行署召开《全区经济工作会议》，传达贯彻全省经济工作会议精神，全面安排 1994 年全区的经济工作，推进中央确定的各项重大改革，加强农业，主攻工业和乡镇企业，大力调整经济结构，狠抓内涵挖潜和经营管理，加速产品上档次，企业上规模，经济上水平，搞活商品流通，推动财政、农民、城乡居民增收。

1995 年 1 月 17 日，地委、行署做出《关于进一步大力发展个体私营经济的决定》。决定从提高认识、政策扶持、搞好服务、强化领导、加强管理、激励机制六个方面，共 16 条作了明确规定。

---

①“六反对”：反对脱离实际、脱离群众的不良风气，反对弄虚作假、欺上瞒下、搞花架子、做表面文章的行为，反对形式主义，反对简单粗暴的工作方式，反对长官意志、朝令夕改的行为，反对工作忙乱无序、眉毛胡子一把抓的工作方法。

②“六倡导”：倡导深入基层、深入群众、脚踏实地、扎实工作、狠抓落实的作风；倡导讲真话、办实事、求实主义的作风；倡导开短会，说短话，提高工作效率；倡导做耐心细致的思想政治工作；倡导深入实际，调查研究的作风；倡导抓大事、抓重点、抓难点、抓特色。

1995 年 2 月 6 –7 日,全区三级干部大会召开,会议的主要任务是:贯彻落实中共十四大和十四届三中、四中全会及中央经济工作会议精神,围绕“抓住机遇、深化改革、扩大开放、促进发展、保持稳定”的全党工作大局,总结交流经验,表彰先进,共谋振兴;深入动员全区上下振奋精神,真抓实干,乘势前进,实现更新更高的目标,努力把全区两个文明建设推向前进。同年 8 月 31 日,地委、行署召开全区抗洪救灾表彰会。是年七八月间,全区连降暴雨,洪水肆虐,遭受了百年未遇的严重洪涝灾害。面对灾情,全区广大干部、群众在各级党政的领导下,顽强拼搏、奋力抗灾,连续作战,重建家园,夺取了抗洪救灾工作的胜利,涌现了一大批艰苦奋斗、无私奉献的先进集体和个人。地委、行署决定:对 103 个抗洪救灾先进集体和 189 名先进个人进行表彰。

1997 年 1 月 26 日,地委、行署召开全区三级干部大会,动员全区广大党员、干部和人民群众按照中央“把握大局,再接再厉,同心同德,开拓前进”的要求,进一步解放思想,锐意改革,紧中搞活,稳中求进,为上饶地区的经济建设和社会发展不断注入新的活力,再创新的业绩。行署专员陈达恒作了题为“稳中求进,实干兴饶,力求新年迈出经济新步伐”的报告。地委书记作了题为“把握大局,开拓前进,为上饶的发展注入新的活力”的总结讲话。

1998 年 1 月 23 日,地委、行署召开全区三级干部大会,提出当年经济工作要继续加快经济体制和经济增长方式转变;立足上饶地区的区情,推进“农业稳区,工业强区,三产活区,科技兴区”,确保财政增长,农民增收,企业增效,后劲增强的奋斗目标。

1998 年 11 月 11 日,地委召开扩大会议,会上传达贯彻中共十五届三中全会和省委十届九次全会精神,总结全区 20 年农村改革与发展经验,分析当时农业、农村工作面临的新形势,对搞好全区农业和农村工作做出全面部署,进一步安排灾后重建和经济工作,动员全区上下以十五届三中全会精神为指针,团结一致,开拓进取,努力开创全区农业和农村工作的新局面,努力把上饶的改革开放和现代化建设不断推向前进。2000 年 1 月 15 日,地委、行署召开全区三级干部大会,提出:学广丰,缩差距,争发展,实现上饶地区在江西东部的快速崛起,到 2000 年全区经济发展达到或超过全省中等水平,力争到 2010 年把上饶建设成为江西的经济强区的奋斗目标。全区经济发展的重点是:在区位重点上突出抓好“一点①、一线②、一片”③。1999 年 1 月 16 日,地委、行署召开全区三级干部大会,对全区经济工作提出要求,抓好“一个重点”④、主攻“两个目标”⑤、打好“三个硬仗”⑥、做到“四个加大”⑦。

①一点:一点,是把上饶市作为区域中心城市加以培育,按照“撤地设市”要求,用一流规划指导建设,通过 3 ~ 5 年的努力,达到中等城市规模,对区域经济发展形成较强的辐射力和带动力。

②一线:一线,是加快 320 国道和 311 高等级公路沿线区域的建设,实行“山、水、田、林、路、镇、村、市场”综合开发、综合治理。

③一片:一片,是利用上(饶市)上(饶县)广(丰)玉(山)四县(市)的优势,建设一批具有一定规模的聚散功能较强的中心城镇,具有一定档次的工业园区,逐步形成“上上广玉城市群”。

④“一个重点”:扩大内需作为促进经济增长的重点。

⑤“两个目标”:财政增长,农民增收。

⑥“三个硬仗”:发展非公有经济,抓好移民建镇和重点城镇建设,壮大基础产业。

⑦“四个加大”:加大农业及农村工作力度,进一步推进农业产业化;加大经济体制改革尤其是国有企业改革力度,进一步增强经济发展活力;加大结构调整力度,培植新的经济增长点,提高地方产品市场占有率;加大优势企业、产品尤其是烟、酒、食品发展力度,增值有规模、有效益、有远大前景的优势企业、产业群。

班子建设　1999 年 10 月 9 日，地委做出《关于加强班子自身建设的苦干规定》，提出地委班子成员要坚持学理论，学经济、科技、法律等知识；每年要保证用三分之一以上的时间深入基层，倾听基层和群众意见，帮助解决实际问题；要坚持民主集中制，自觉维护班子团结；要认真执行《党政领导干部选拔任用工作暂行条例》，始终坚持干部选拔任用的原则；自觉遵守廉洁自律各项规定；带头维护党纪国法的严肃性，不得为违法违纪的人和事"讲情"；实行党风廉政建设责任制，班子成员分管的工作范围内出现重大责任问题，要实施责任追究。

1999 年 3 月 1 日，地委下发《关于认真贯彻中央、省委统一部署在全区县级以上党政领导班子、领导干部中深入开展"讲学习、讲政治、讲正气"为主要内容的党性党风教育》通知，要求通过"三讲"教育，切实解决领导班子和干部队伍中存在的忽视马克思主义理论学习，不注重读书看报，不能完整准确地掌握邓小平理论及其精神实质，不注重调查研究，不能将理论与实际很好地结合起来，甚至断章取义，搞实用主义；对社会主义、共产主义的理想信念动摇，缺乏政治敏锐性和政治鉴别能力，在重大原则问题上分不清是非不负责任地传播消极言论和小道消息；搞形式主义，弄虚作假，沽名钓誉，甚至不择手段，争权夺利；违反民主集中制原则，有令不行，有禁不止，重大问题不请示，不报告，无视组织纪律，放弃党性原则，不讲党性，讲人性，讲面子，奉行好人主义和庸俗的关系学；当官做老爷，作风不实，贪图享受，挥霍浪费，以权谋私，严重侵害群众利益，纵容亲属胡作非为，甚至贪污受贿，腐化堕落，徇私枉法，以罚代法，以罚代纪等问题。

第四节　纪律检查

1991 年，中共上饶地区纪律检查委员会（简称纪检委）内设机构有办公室、纪检处、案审处、信访处、调研室、教育室 6 个处（室）。1993 年 6 月，地区纪检委与地区监察局合署办公。各县、市纪检委、监察局同时合署办公，合署后，实行一套工作机构、两个名称的体制。全区纪检监察机关按新体制运行，履行党的纪律检查和政府行政监察两种职能，对地委、行署负责。1997 年 6 月，地直党政机构改革，"三定方案"，定人员编制 68 名（其中：工勤人员 6 名），内设：办公室、监察综合室、干部室、纪检监察一室、二室，信访室、案审室、执法监察室、调查研究室、宣传教育室、党风廉政办公室、举报中心 12 个职能机构。2000 年 10 月 7 日至 9 日（撤地设市后）召开中国共产党上饶市第一次代表大会，10 月 9 日选举产生第一届市纪委委员；下午召开市纪委第一次全会，选举产生中共上饶市纪委检查委员会常务委员会委员、书记、副书记。洪炳华当选为书记，胡开亮、何丰、杨新生当选为副书记。

党风党纪教育　1991 年—1993 年在全区党员干部中开展党纪条规学习教育，各县（市）普遍成立了党纪条规学习教育活动领导小组，开展专题讲座、案例剖析、电话录像、图片展览、党风党纪教育研讨会，党纪条规、行政监察条例为主要内容的知识竞赛活动，召开经验交流会和先进典型表彰会等形式，地区纪检委编印《改革先锋党风楷模》一书共 6000 册下发基层。参加业务培训，1993 年，全区有 38 名纪检干部参加中纪委和省纪委的培训班学习，113 名参加地区纪检委举办的第一期纪检监察干部培训班学习。1995 年，地区纪检委编印《领导干部廉洁自律学习手册》，发至全区副科级以上干部和基层站、所负责人。1987 年，全区又选派 75 名干部到中纪委培训中心学习，20 名到省纪委培训班学习，110 名参加地纪委培训班学习。从 1998—2000 年，用三年时间在全区组织实施党员干部教育的"警示工程"。1998 年，地纪委组织副县级以上领导干部进行党纪条规考试,参考人数达1300余人;县、市纪委、地直机关工委同时组织对科级干部进行党纪条规考试,印发《纪检监察法规选编》1.3万余册,组织全区副科级以上干部进行学习。1999年,组织了全区"廉政之声"专题文艺晚会,巡回演出21场,1.8万余名党员干部观看演出,并开展"党纪条规宣传月"活动。2000年在全区县级以上党政领导班子、领导干部中开展以"讲学习、讲政治、讲正气"为主要内容的党性党风教育,组织全区科级以上党员干部学习"三个代表"重要思想和党风廉政建设知识考试。开展"廉内助"评选活动,发挥领导干部配偶廉政监督的作用。

违纪案件查处 1991年—1992年,查办案件工作重点是查处党内违纪案件,即党政机关和领导干部的大要案、重大经济案、严重影响党群、干群关系的违纪案。全区共立案查处1016件,结案1004件,受处分人数954人。1993年—1996年,着重查处党政机关、领导干部、经济管理、执法监察部门及其工作人员,严惩以权谋私、贪污受贿、腐化堕落等行为,严惩违反财政纪律等违纪案,共立案查处4699件,结案4536件,受处分人数4626人,追缴违纪款1316万元,为国家挽回经济损失6000余万元。1997年—1999年,查处在公、检、法机关、金融建筑及干部人事工作、防汛抗洪救灾资金、物资食品管理等领域的违纪案件,共立案查处3777件、大要案1058件;结案3624件,受处分人数3776人。2000年重点查处影响经济发展环境、移民建镇、灾民新村建设资金管理信用、医药购销及党政机关工作人员,国有企业领导干部等的违纪案件共立案查处126件、结案1154件,受处分人数1278人。

1991年—2000年全区纪检监察案件一览

表23-1-3

年度	信访数(件)	立案数(件)	大要案(件)	结案数(件)	处分人数(人)		
					科级以上	其中县级	合计
1991		778	11	774	85	3	788
1992	486	238		230			166
1993	3679	914	118	875	74	4	733
1994	3052	1050		1014	102	4	603
1995	4259	1213		1160	138	6	1178
1996	4579	1522		1487	217	16	1550
1997	3997	1180	339	1096		18	1157
1998	4884	1308	392	1265	316	18	1356
1999	4925	1289	327	1263	202	14	1263
2000	4943	1261	126	1154	243	15	1278

纠风和执法监察 1991年—1992年,全区各级纪检监察机关把纠正行业不正之风和执法监察列为加强党风廉政建设的一项重要任务来抓。地、县(市)都成立"纠风领导小组",对党政机关干部在城镇建私房,用公款请客送礼,大吃大喝,减轻农民负担、治理公路"三乱"等开展监督检查。1993年,对行政事业单位的行政事业性收费进行审验,审验范围达97.5%,审验金额12554万元,查出乱收费项目229项,乱收费金额1400万元。1994年,清理私人拖欠公款,党政机关及其工作人员利用职权长期占用企业财物1104.14万元,收回683万元。清理出

1993年以来招工乱收费97万元。1995年—1996年,开展减轻农民负担、公路“三乱”、预算外资金及“小金库”、制止中小学乱收费的专项治理。减轻农民负担工作,全区共取消不合理负担110项,减轻农民负担2000余万元,直接退还农民669.92万元。治理公路“三乱”,1995年以后,撤销违反规定设立的站卡52个,整顿规范站卡51个。清查预算外资金及“小金库”,全区应自查单位1569个,通过自查和重点检查,查出有问题的单位828个,查出违规违纪金额1.23亿元,占预算外资金总额38%。制止中小学乱收费问题,从1993年开始,地、县(市)每年都进行1~2次的专项检查。全区共取消不合理收费94项。1997年,控制新建和装修办公楼,全区共取消新建办公楼14项,停止装修24项,停建6项,缓建11项,节约资金4894.6万元。取消各种会议284个,压缩各种会议278个,取消庆典活动109项,控制、禁止各种检查评比活动30余次;取消计划新购、更换小汽车128辆,取消不符合规定公费出国(境)团级1批3人。抓房改督查处理兑现,查出违反房改政策人员2678人,收缴各类补交房款439.67万元。1998年开始,重点是抓好推选社会服务的“承诺工程”,企业负担和清理预算外资金等项工作,率先在地区建设、邮政、电信、卫生、供电、工商、公安、民政、交通和地税等10个部门和单位推行署社会服务承诺制度,将服务的内容、标准、程序、时限和责任公开向社会对象做出承诺。1999年,扩大推行社会服务承诺制范围,增加土管、国税、计生等10个部门,承诺制由地、县延伸到乡、镇一级,承诺窗口821个,共处理违诺人员170人。对移民建镇和灾民新村资金到位和信用情况开展专项检查,查出违法违纪案件87件,处理违纪人员91人。2000年,率先在公安、卫生、电信、供电、土管、城建6个系统开展行风评议,聘请20名行风评议员,进驻被评单位,帮助、指导和督促开展行风评议。受理企业“三乱”①投诉471件,处分违纪人员28人,退回、收缴乱收费96.68万元。开展药品市场专项治理,取缔、查处药店29户、药品柜68个,清理人员32人;查处各类劣质药品20余种,销毁伪劣药品价值15.5万元,罚款10万余元。

领导干部廉洁自律　1991年—1992年,清理党政机关干部在城镇建私房,有效地遏制了这股歪风;制止用公款请客送礼,普遍实行“工作餐”制度,大吃大喝风有所收敛。1993年,在党政机关领导干部中,开展清退礼金、礼品券活动,全区共有387名领导干部退交礼金、礼品券163.28元。地纪委制订下发《上饶地区党政机关县(处)级以上领导干部廉洁自律自查和整改情况表》,全区169个县级单位的778名副县(处)级以上干部开展了调查自纠。1994年—1997年,重点抓“三清一刹”工作。一清“车子”,全区治理出428辆超标小汽车,通过变卖、调换,全部作了处理。92辆挂军警车号牌的小车,全部按规定更换成地方牌照。吊销副县级以上领导干部驾驶执照47本。二清“房子”,自1995年以来,对领导干部违纪购房、建房、多占住房进行督查。全区共查出违反房改规定2300人,退出住房215套,面积15050平方米;超面积,少计算面积及按商品房价补款1000余万元,其他补款43万元。三清“机子”,对党政机关和企事业单位,公费安装使用住宅电话和移动电话进行清理。全区共清理出不符合规定的公费住宅电话1400余部,补交初次安装费80余万元;公费购置信用移动电话629门,收缴违反规定配备、使用公费移动电话416门。一刹公款“吃喝玩乐”风。1996年,地委、行署制定下发《关于严禁用公款“吃喝玩乐”的规定》,地纪委对全区贯彻执行情况进行了重点抽查。95%以上的单位招待费同上年相比都有所下降,有的下降幅度达30%以上。1997年,地委、行署为贯彻中央关于厉行节约制止奢侈浪费八项规定,陆续制订下发《关于党政机关领导干部及有关

①企业“三乱”:乱收费、乱罚款、乱摊派。

人员不得在公务活动中收受礼品,严禁用公款送礼的暂行规定》《关于党政机关领导干部及有关人员到企业报销发票的暂行规定》等一系列廉政措施。地纪委对全区1000余名副县(处)级以上领导干部建立廉政档案,内容包括通信工具、住房、违纪、年度廉政考核等方面情况。1998年,清理公费移动电话1999门,其中不符合规定配备的1220门予以收缴拍卖,收回资金129.6万元。1999年,加强对领导干部配备通信工具的清理整顿,领导干部配用的移动电话和住宅电话全部实行“话费限额、超支自付”制度。为规范公务招待,地委、行署下发《关于规范公务招待的规定》和《关于接待区内来客一律凭券用工作餐的通知》,将县(市)和地直单位公务招待制度列入两个文明建设考核内容,实行党政一把手负责制,签订责任状。在抓好领导干部廉洁自律各项工作落实的同时,对全区32名地(厅)级领导干部的配偶、子女及子女配偶164人从业情况进行登记、核对。全区各级纪检监察机关共对702名党员干部进行廉洁自律诫勉谈话,使之增强防变意识,提高廉洁自律自觉性。2000年,先后制定下发《关于地直单位实行主要领导不直接分管财务的暂行规定》《关于加强对党政机关领导干部管理和监督的若干规定》《关于领导干部住房廉洁自律的规定》和《实行党风廉政建设建议书和信访监督通知书制度》等一系列措施,并在《上饶日报》开辟的“反腐倡廉”专版曝光反面典型案例58个,其中县级干部5个。

1991年—2000年中共上饶地区纪律检查委员会历任书记一览

表23-1-4

姓名	任职时间(年、月)
刘 秦	1991.4~1992.7
王样生	1992.7~1996.10
陈发芳	1996.10~1999.11
洪炳华	1999年11月起在职

第五节 政法综治工作

机构设置 1981年9月7日,成立中共上饶地委政法委员会,设主任、副主任,下设办公室。同年,10月15日,根据中共江西省委有关精神,将全区地、县(市)委政法委员会的主任、副主任改称书记、副书记。1988年10月29日,撤销地委政法委员会及其办公室,成立中共上饶地委政法领导小组,下设办公室(为副县级机构)。1989年3月31日,地委政法领导小组办公室定为正县级机构,内设秘书科、调研科。1990年4月5日,根据中央、省委有关精神,撤销地委政法领导小组及其办公室,恢复中共上饶地委政法委员会及其办公室,办公室为正县级机构,下设政工秘书科、调研科。1991年5月25日,成立上饶地区社会治安综合治理委员会,成员单位34个,下设办公室(为正县级机构,定编13人),与地委政法委办公室合署办公。1992年7月25日,地区社会治安综合治理委员会办公室设立社会治安综合治理科。1996年4月,地委政法委员会定为地委直属正县级工作部门,下设政工秘书科、调研科,撤销地委政法委员会办公室及其内设机构。1996年9月5日,地委政法委员会的内设机构变更为办公室、研究室、政治处、综治办等4个处室。1997年2月3日,增设中共上饶地委政法领导小组。1999年10月22日,地委政法委增设执法监督室。

2000年10月,随着撤地设市,中共上饶地委政法委员会改称中共上饶市委政法委员会。

1991年—2000年上饶地委政法委历任书记一览

表23-1-5

时间(年、月)	机构名称	职务名称及主要负责人	说明
1981.9	中共上饶地委政法委员会	主任 吴长根	地委副书记、行署专员兼
1981.10	中共上饶地委政法委员会	书记 吴长根	地委副书记、行署专员兼
1983.12	中共上饶地委政法委员会	书记 梁文星	地委副书记兼
1984.11	中共上饶地委政法委员会	书记 费荣兴	
1987.5	中共上饶地委政法委员会	书记 倪贤伍	地委副书记兼
1988.10	中共上饶地委政法领导小组	组长 倪贤伍	地委副书记兼
1990.4	中共上饶地委政法委员会	书记 倪贤伍	地委副书记兼
1992.5	中共上饶地委政法委员会	书记 饶士圻	地委副书记兼
1997.2	中共上饶地委政法领导小组	组长 孔宗亮	地委副书记兼
1997.2	中共上饶地委政法委员会	书记 李清福	
2000.10	中共上饶市委政法委员会	书记 孔宗亮	市委副书记兼

1991年—2000年上饶地区综治委历任主任一览

表23-1-6

时间(年、月)	机构名称	职务名称及主要负责人	说明
1991.5	上饶地区社会治安综合治理委员会	主任 倪贤伍	地委副书记兼
1992.5—1997.2	上饶地区社会治安综合治理委员会	主任 饶士圻	地委副书记兼

业务开展 1991年成立地区综治委,全区政法综治工作坚持“打防并举、标本兼治、重在治本”的工作方针,围绕“改革、发展、稳定”这个全党工作大局,切实承担起维护社会稳定、优化经济建设法治环境、组织“严打”斗争、组织执法协调与监督、推进社会治安综合治理、加强政法队伍建设的历史使命和政治责任,为上饶经济建设和改革发展创造和谐稳定的社会环境。

维护社会稳定 *维护社会政治稳定* 1990年,国内外敌对势力和敌对分子加紧破坏活动,形势十分严峻,全区全力维护社会稳定,深入开展了反渗透、反颠覆、反“和平演变”的专项斗争,坚决打击各种破坏活动。1991年,东欧剧变、苏联解体,帝国主义加紧推行“和平演变”,国内一些反动势力企图配合国际上的敌对势力颠覆我国的无产阶级政权。地委政法委组织全区政法机关贯彻“稳定压倒一切”的方针,始终把反渗透、反颠覆、反“和平演变”摆在首位。1995年,地委政法委建立突发事件、重大事件和事故及时报告制度,为领导决策、果断处置提供信息。1997年,在香港回归和十五大召开期间,地委成立以地委书记为组长的维护社会稳定领导小组，地委政法委分别下发《关于“七一”期间维护社会稳定应注意的几个问题的通知》和《关于进一步加强值班和重大事件报告制度的通知》，坚持每晚一报制度，建立快速反应机制。并根据地委要求批复地区公安局《关于预防和处置突发性事件的行动方案》，地区公安局和地区国安局分别成立处置突发事件小分队，并加强了演练。各县(市)均组建20人左右的防暴队。同时，派出6个维稳工作检查组赴各县市具体督导，排查出来的14个影响稳定的问题都得到了较好的解决。

加强隐蔽战线斗争 1995年9月26日，地区国家安全局成立。国安局组建后，即破获一起中央“两办”通报的重大案件。1996年，全区12县(市)相继成立国家安全小组，并恢复部分国家安全小组联系。1997年，在进一步规范国家安全领导小组工作的同时，经地委批准，又组建10个国家安全小组。

组织反邪教斗争 1992年以后，全区重点防止非法邪教势力利用宗教名义进行的各种非法活动。上饶市、上饶县、横峰县、余干县、波阳县等地的“呼喊派”“血水圣灵”“被立王”“连称建造教会”等邪教组织均被依法取缔，其活动得到有效遏制。2000年，市委、市政府主要领导亲自指挥和参与同“法轮功”邪教组织的斗争，坚决粉碎邪教法轮功顽固分子利用全国“两会”“4.25”“5.11”“6.4”“7.22”“10.28”等敏感时期聚集滋事的图谋，有效控制邪教“法轮功”在全区的反弹。各地各部门落实教育转化包干责任制和责任追究制，做好耐心细致的思想政治工作，全区绝大多数法轮功练习者经过帮教，得到转化。

优化经济环境 打击经济犯罪 1993年起，公安机关进一步提高对破坏经济发展案件的侦破能力，加强对重点工程和重点企业的安全保卫工作。检察机关多次组织打击偷税漏税犯罪，打击假冒伪劣商品犯罪的专项斗争。1995年，打击严重经济犯罪活动斗争取得重大战果。全区检察机关查办一批大要案，清除一批经济蛀虫，通过办案为国家和集体挽回经济损失444.07万元。

2000年，全区严厉打击侵害国有、集体和个私企业的经济犯罪，大力整治企业周边治安环境，在重要个体私营企业和外商投资企业实行挂牌服务，对发生在企业的刑事、治安案件优先受理，优先立案。据统计，1—10月，全区共立经济犯罪案116起，破104起，破案率达89.7%，帮助企业挽回经济损失849万余元，为招商引资营造了稳定的法治环境。

处理经济纠纷 1990年，全区法院审结经济纠纷案3460起。律师和公证事业也有新发展，企事业单位聘请律师担任常年法律顾问的越来越多，全年办理的47070起公证，70%是经济合同。1992年9月10日至11月30日，全区开展全方位大规模的调处民间纠纷“大会战”。期间对3025件各类纠纷(含经济纠纷)进行了调处，调处成功2599件，成功率达86%。全区法院加强经济纠纷的审理工作，简化手续，主动出击，尽快审理。1993年，全区法院帮助交通、稽查部门征收拖欠各种规费135万余元。通过公证和律师工作，司法部门避免国家和集体经济损失3515.4万元，挽回经济损失1500万余元。1998年，在百年未遇洪水灾害之后，组织纠纷调处大会战。全区调处各类纠纷17268件，其中调处涉灾纠纷3162件。

开展法制宣传教育 市场经济就是法制经济。1990年，410万人完成了10法1例的学习，全区“一五”普法工作验收合格。1991年，制订了“二五”普法规划，普法教育工作被纳入地委、行署目标管理，作为考评县(市)工作目标之一，从而使普法工作由软任务变成硬指标。1993年，中级法院举办厂长、经理法律培训班和座谈会14场，有400余人次参加。1995年，落实“二五”普法规划，地、县、乡三级层层举办法制学习班、办科以上干部法制学习班39期，培训干部4398人;组织普法电视大奖赛和文艺汇演,大型图片展览等活动。1996年,推行地委、行署制定的“三五”普法规划,继续深入开展法制教育。1997年地区印发《一九九七年全区法制宣传教育工作意见》,统一组织2.4万名公务员参加法律知识考试,举办行政执法人员、企事业单位法人代表和经济管理营销人员、村(居)委会干部法制培训班230余期,参加培训达2万余人次。2000年,地委政法委就优化经济发展环境进行专题调研,制订《为优化经济发展环境提供法律服务和法律保障的意见》,围绕整治和优化投资环境统一政法各部门和全体政法干警的思想和行动。

“严打”斗争　1990年,先后进行3次大规模的集中统一行动,配合全国4大区域行动和华东片行动。6月底到7月初开展“铁路行动”、“水网行动”、“打流行动”使犯罪分子的嚣张气焰受到沉重打击,刑事案件特别是重特大案件大幅度上升的势头有所遏制。1994年,地委、行署基于全区社会治安新形势和举办“一会三赛”任务的需要,作出在全区范围内再次开展总体战的重大决策,确保境内社会稳定和“一会三赛”的顺利进行。此后至2000年,地委政法委先后部署开展“打团伙、破大案、抓流窜、追逃犯”,打击“车匪路霸”“扫黄打非”“打击人贩子,解救被拐卖妇女儿童”,打击盗窃犯罪,打击破坏森林资源,打击诈骗活动,打击封建房股势力破坏活动,“收枪治爆”,禁毒等专项斗争,给予犯罪分子连续不断的打击。

专项整治与重点整治　1991年,针对鄱阳湖区日益混乱的治安状况,实施长达半年的重点整治,收到明显成效。波阳县举全县之力重点整治,靠齐抓共管稳定湖区的经验,在中央召开的“邵阳会议”上进行介绍。同时,对城乡存在的“积、大、难”矛盾纠纷,尤其是山林水利权属纠纷、宅基地纠纷、下岗职工再就业纠纷,邻里纠纷、干群矛盾等进行排查调处,及时化解,妥善处置,防止引发群体性事件甚至群众性械斗。1996年,根据省委政法委的部署,对饶州监狱周边治安进行重点整治。地委政法委组织地区司法局和余干县、波阳县、万年县及饶州监狱的领导成立总指挥部,余干县、波阳县、万年县和饶州监狱分别设立分指挥部,具体负责集中整治工作。整治工作得到省委常委、政法委书记彭宏松同志的充分肯定。2000年组织开展加强烟花爆竹安全监管和企业周边治安秩序的专项整治行动。对省重点企业德兴铜矿周边地区进行为期半年的重点整治,成立上饶市、德兴市、铜业公司和铜矿领导组成的工作组,取缔铜矿腹地的5家收购废旧金属站点,清理影响铜矿生产安全和环境污染的遍布几个山头的洗海绵铜设施和人员,破获一起长期在铜矿盗窃作案的多人犯罪团伙。根据“什么问题突出就整治什么”的原则,各县(市)也根据本地实际进行不间断地、有针对性的整治行动。

执法协调与监督　1993年,各级政法委进一步加强对大案要案查处工作的协调和督察。地委政法委办公室召开公、检、法、司四家负责人座谈会,研究提出协调重点案件查处工作的具体措施。2000年,地委办转发了地委政法委《党委政法委执法监督规则》,为党委政法委加强执法监督提供制度保证。同年5月中旬,地委政法委组织各级政法部门开展全区性的执法检查活动,发现和纠正各类问题230余起。8月下旬开始,地委政法委又组织超期羁押专项执法检查活动,共查处超期羁押案件166件172人,纠正165件170人,促进政法部门办案质量和办案水平的提高,维护案件当事人的合法权益。

政法队伍建设　*政法队伍思想作风建设*　1989年,地委政法领导小组下发《关于保持政法机关廉洁的十条规定》。1990年,地委政法委组织全区政法部门,先后制订完善关于廉政建设、关于公开办理农转非户口、关于罚没款标准及上缴财政、关于干警进入各公共场所不许要特权、关于加强思想政治工作等队伍建设制度。全区政法机关用整风精神,开展了纠歪风、刹违纪的教育整顿活动。同时开展学雷锋、学焦裕禄活动。1991年,根据地委安排、地委政法委组织地区政法各部门开展“评干整风”活动。1993年8月7日,根据中央作出的在全党全国开展反腐败斗争的决定,地委政法委召开专题会议,就全区政法系统开展反腐败斗争作出具体部署,并将《会议纪要》下发各县(市)政法部门贯彻执行。1995年,开展“反腐倡廉、兴警为民”百日活动,地区和各县(市)政法各部门都成立“百日活动”领导机构,组织干警进行自查自纠,建立健全了相关规章制度。1998年,地委组织部、地委政法委和地区公安局对各县(市)公安局和交警大队领导班子进行考核,对13名主官进行异地交流任职。1999年,全区政法系统组织开展以严格执法、热情服务为主题的“争创人民满意的政法干警(单位)”活动。先后派出三批督察组,对110个政法基层单位进行督导,解决群众反映强烈的滥用强制措施、超期羁押、变相刑讯逼供、超审限、执行难、办关系案人情案、耍特权等执法上存在的共性问题。2000年,地委下发《关于进一步加强政法队伍建设的实施意见》,积极推进政法队伍正规化和法制化建设,进一步加强党对政法干部队伍建设的领导。同时,在全区两级政法部门领导班子和领导干部中开展“三讲”教育,切实提高领导班子及其成员的思想理论水平。

树立先进典型、开展“创先评优” 1987年6月17日,中共上饶地委、上饶行署作出《关于组织全区政法干警向全国公安战线二级英模叶琳、汤云同志学习的决定》,组织全体政法干警学习他们的先进事迹,掀起“学英模、赶先进、争贡献”的热潮。1995年,地区政法各部门在全区组织开展创评“十佳警察”“十佳检察官”“十佳法官”等活动,珠湖检察院荣获全国监所检察工作先进单位,并在全国第三次监所检察工作会上介绍经验。1997年,地委政法委作出决定,号召全区政法干警向程平德同志学习。1999年,地委政法委在“争创”活动中大力宣扬推广10个先进单位和10名先进个人,推出“公正执法”的法官王发运、黄行兴,“见义勇为”的检察官王坚、揭茂军,“热情为民服务”的公安干警蔡新贵等先进典型。

查处政法队伍内部违法违纪问题 1990年,全区政法部门通过教育整顿和执法执纪大检查,共查处违法乱纪干警27人,其中开除党籍2人,法办2人,调离政法部门5人。1993年,地委政法委为贯彻《清理调整不适合在政法部门工作的人员的意见》,组织全区政法各部门通过认真调查摸底,确定清调对象49人。对这49人除个别病重住院确实无法清调的以外,其余都已调离政法部门。同年,根据中央对“办案看‘油水’”问题的重要批示和省委政法委的指示精神,全区政法各部门普遍开展一次执法执纪自查自纠活动,纠正执法不严问题,查处个别违法违纪干警。1995年,全区政法系统通过教育整顿,对揭露出来的干警严重违法违纪行为进行了处理,依法立案查处违法违纪案件14件,其中徇私舞弊5件,刑讯逼供2件,追究刑事责任8人,调离政法系统15人,撤销职务7人,辞退4人。1996年4月,地委政法委决定在全区政法系统开展的集中教育整顿活动中,又揭露出一批违法违纪干警,其中受到纪律处分的有36人。1998年,政法部门开展的集中教育整顿活动,对自查出的180余件纪律作风问题全部进行纠正和整改,23名干警受党纪政纪处分,8名干警被调离政法机关,146名合同警、联防员被辞退。

社会治安综合治理

综治三项制度 *领导干部责任制* 强调“为官一任,保一方平安”,各级党政机关、各有关部门的一把手,为本地、本部门综合治理工作第一责任人,分管领导为主要负责人。1993年7月,地委、行署开始实施社会治安综合治理领导责任制。1995年3月,地委、行署批转了地区五部委局联合制定的《上饶地区社会治安综合治理领导责任制实施细则》。各县市根据地区的这个细则，结合实际，普遍建立了实施社会治安综合治理领导责任制的各项制度，规范了各级领导在综合治理工作中的领导行为，加重了领导责任。

目标管理责任制　从1994年起，每年年初，自上而下逐级签订社会治安综合治理目标管理责任状；年终，对照责任状内容，逐条进行检查考评，把工作实绩与政绩考核、政治荣誉、职级升降和经济利益相挂钩。1990年，全区12个县(市)综合治理联席会议制度全部建立，综合治理纳入各级工作的管理目标。1993年10月26日，出台《上饶地区社会治安综合治理委员会成员单位职责任务》，明确各有关部门、单位在这一工作中的任务及职责分工。从1996年起，地委、行署又将维护稳定列为创评先进县(市)的主要内容。1997年，全区各县(市)均实行了波阳县首创的"红、黄、白"抄告单制度，即在平时督察检查工作中，单项工作成绩明显的，发出红色抄告单，年终考评给予加分；单项工作不力或存在问题的，发出黄色抄告单，敦促整改；单项工作存在较大缺陷或发生较大治安问题，发出白色抄告单，不仅年终给予扣分，还责令限期改正。

一票否决权制　1995年5月，地委、行署批转《上饶地区社会治安综合治理一票否决权制实施细则》，对社会治安综合治理实行一票否决权制。1996年，地委、行署又下发《关于社会治安综合治理一票否决权制实施细则有关问题的补充通知》。将一票否决权制，定为社会治安综合治理目标管理的一项重要措施，每年对上一年度发生重大治安问题或治安混乱的单位实行黄牌警告、限期整改，直至一票否决。

基层基础建设　1991年，地委政法委员会和地委组织部联合发出通知，选派优秀干部到乡(镇、街道)任副职，专抓综合治理。到年底，全区有250个乡(镇、街道)配备了专抓综合治理工作的副职，占乡(镇、街道)总数的80.9%。1993年7月，在全区范围内开展"加强基层基础建设年"活动，12月在波阳县召开了现场会，推广该县加强基层基础建设的经验。1995年，制定《上饶地区加强乡、镇、场、街道基层基础建设的若干规定》，进一步规范全区基层基础建设工作。1996年，全区2738个村委会制定《村规民约》。截至1997年，全区287个乡镇、176个居委会和2987个村委会均配备专抓综治工作的副主任。同时，地区综治办统一制定《社会治安综合治理工作情况一览表》和《加强社会治安综合治理实现社会长治久安》工作塑料图板，发至乡镇(街道)综治办悬挂。

基层平安创建　从1992年开始，全区选派1000多名机关干部，深入892个重点村庄，实行治乱治穷治瘫相结合，使105个村党支部跨入先进行列，60%的后进村改变落后面貌。通过"组织、人员、报酬、工作"四落实，使3515个治保会和3740个调委会在维护稳定的第一道防线发挥较好作用。全区共建立常年或季节性治安巡逻队625个，护村队、护厂队、红白喜事理事会、妇女禁赌会等群防群治组织也较为普遍地建立起来，参加这些群防群治组织的达6000多人。同时，举办轻微违法人员学习班，进行法制教育，全区办班2800余期，受教育的达1.5万余人次。

1997年，地委办、行署办下发《关于在全区开展基层"创安"活动的意见》，要求各基层单位制订"创安"工作规划，并将其纳入精神文明建设的总体规划。有57个单位先行试点，投入了大量创建经费。2000年，在广丰县召开全区创安工作现场会。至2000年年底，全区共建安全小区608个，安全乡镇278个，安全村2109个，安全单位321个，"创安"人口覆盖率达65%，其中上饶市、广丰县、玉山县达75%。

矛盾纠纷的排查和调处　1995年上半年，在全区范围内集中整治农村宗族房股势力。并对全区400多个治安落后的村庄，集中开展区域治理，打击一批“市霸”“街霸”“村霸”和地痞流氓。下半年，全区统一开展调处纠纷大会战，地区综治委转发司法局《关于在全区集中开展调处纠纷、化解社会矛盾活动的实施意见》，通过广泛发动群众，积极预防民间纠纷发生，妥善处理各种毗邻纠纷，坚决制止因纠纷可能引发的群众性械斗。据统计，全区共调处民间纠纷21547件，调处成功率达97.1%。1996年地委、行署下发《关于进一步化解矛盾，做好工作，保持社会稳定的紧急通知》，对调处矛盾纠纷工作提出了明确要求。为搞好跨界纠纷的联调联防，各县(市)还与毗邻地区(含邻省)建立联防协作关系。1998年8月8日，玉山县与浙江省的常山县、江山县成立“三山”人民调解委员会处理跨界纠纷。这一做法得到了中央综治委的肯定。2000年9月4日，地委行署两办转发了地区综治委关于加强矛盾纠纷排查调处工作、预防群体事件的意见，到年底，全区建立地、县(市)、乡(镇)、村、组五级8972人的情报信息队伍，共调处各类民间纠纷2780起，调处成功2575起。

六项专门工作 *安置帮教刑释解教人员* 各地建立提前介入、回归接茬、出狱(所)服务、就业扶持四大工作体系，安置帮教刑释解教人员。1996年，地区成立以行署常务副专员为组长，综治、司法、公安、财政、工商、劳动等部门负责同志为成员的协调小组。各县(市)和基层单位也成立相应的协调和办事机构。从1998年起，开展基层派出所干警、乡镇、街道、居委会干部与“两劳”人员开展“一对一”“几帮一”活动，使两劳回籍人员重新犯罪率控制在4%以内。

流动人口治安管理 1995年，行署制定颁发《关于加强流动人口管理工作的决定》，地、县(市)均成立协调小组，下设办公室，挂靠综治办。1996年，地区综治委推广了余干县流动人口管理实行统一组织领导、统一印制证件、统一发证登记、统一收费标准的“四统一”管理办法，全区此项管理工作逐步进入规范化轨道。1997年，流动人口管理工作被列入综治目标管理重要内容。

预防青少年违法犯罪 全区坚持学校引导、家庭引导、社会引导的有机结合、三方联动，深入开展法制宣传、模拟法庭、校园拒绝邪教等活动，积极预防青少年违法犯罪。仅1996年，全区就举办违法青少年法制学习班526期，对4341个有劣迹青少年建立社会、单位、家长“三位一体”的帮教组织1813个。2000年，地区综治委在信州区举办预防和减少青少年犯罪图片展览，参观的青少年和家长达1000余人次。地区普法办编印《上饶地区中小学法制教育指导纲要》全区聘配法制副校长549名。

铁路护路联防 全区积极开展平安铁路示范路段创建活动，重点排查调处涉铁矛盾纠纷，着力解决影响铁路安全运营的突出问题，杜绝五类治安案件和车辆肇事事故，境内铁路线未发生有影响的重大涉铁刑事案件。

学校及周边治安综合治理 1996年，地区成立学校治安整治领导小组，研究部署校园整治工作，组织“整顿学校校园周边治安秩序专项斗争”，对距校园门口200米内的“三室二厅”进行清理。2000年，全区开展学校周边治安整治工作，共取缔学校周边200米范围内“三室二厅”321家，出租房265家，拆除违章建筑29处，处罚46人，有效地净化了学校及周边环境。

弘扬正气、表彰见义勇为先进典型 1991年，行署和上饶市委、市政府联合表彰11名见义勇为积极分子。地委政法委、地区综治办联合发出“关于开展向郑华福等七同志学习活动的决定”。从1992年开始采取财政拨一点，单位赞助一点，社会捐赠一点等办法，多方面筹集见义勇为奖励基金，用于奖励见义勇为积极分子。1993年，奖励见义勇为先进人物18名。

1994 年地区综治委制定《上饶地区见义勇为基金管理、奖励办法》，规范对见义勇为行为的奖励制度。当年表彰李汉康等 3 位见义勇为先进人物。此后至 2000 年，先后表彰郑柯静等 80 名见义勇为积极分子。

由于全区对社会治安综合治理工作的高度重视，涌现一大批社会治安综合治理的先进单位和个人，受到各级表彰。1991 年，上饶地区获全省综合治理目标管理第三名；1993 年，上饶地区获江西省社会治安综合治理先进单位，2000 年，上饶市获全省社会治安综合治理目标管理先进市；1997 年—2000 年，上饶地区获全省社会治安综合治理先进单位。1994 年 9 月，万年县被评为全国法制教育先进县。波阳县委副书记周玉成同志被评为 1993 年—1996 年度全国社会治安综合治理先进工作者。

第六节　组织工作

党员发展　1991 年，贯彻中共中央组织部下发的《中国共产党发展党员工作细则（试行）》，重点在企业、农村生产一线发展党员，全区发展新党员 3465 名，其中企业、农村生产一线工人、农民 2788 名，占发展总数 77. 50%。1992 年，发展党员工作纠正“分指标，卡比例”的做法，把推荐优秀团员做党的发展对象工作，“推优”的立足点放在对团员的培养教育上。1993 年，突出解决农村党支部多年不发展党员、村民小组无党员和企业生产班组党员偏少问题。全区五年以上未发展党员的农村党支部由 1992 年年初的 271 个，下降到 1993 年年底的 40 个。1994 年，注重改善党员队伍结构，吸收青年和妇女中的优秀分子入党。40 个五年以上未发展党员的村党支部，全部发展了一名以上党员。企业生产班组无党员由原来的 41. 6% 降至 33. 3%。全区共发展党员 4922 名，其中：女党员 816 名，占 16. 6%；生产一线的工人，农民 3159 名，占 64. 1%；35 周岁以下的青年 3057 名，占 62. 1%；高中以上文化程度的 3029 名，占 61. 5%。

1995 年—1996 年，着力解决农村党支部三年以上未发展党员和村委会主任、村民小组长非党员问题。全区 43 个三年以上未发展党员的村党支部均发展了新党员，村委会主任、村民小组长是党员的由 1994 年的 80. 3% 和 53. 2%，增长到 92. 6% 和 58. 3%。1997 年，建立发展党员工作责任制，把组织发展工作任务和职责分解到各级党组织，落实到具体的责任人。全区共发展党员 5873 名，其中：妇女 1304 名，占 22. 2%；企业、农村一线的 3936 名，占 67%；35 周岁以下的青年 4268 名，占 72. 7%；经团组织“推优”的 1454 人，占共青团员入党的 91. 2%；高中以上文化程度 3963 名，占 67. 5%。1998 年，根据中共江西省委组织部的统一部署，在全区开展“发展党员质量年”活动，实行了“入党积极分子备案制度”。1999 年，发展党员工作实行全程质量管理，建立“入党材料评审制度”“农民党员建档制度”等，规范了发展党员工作程序。2000 年，在全区开展科学合理设置党员岗位，全面完成农民党员建档工作。发展党员工作走上规范化、程序化和制度化轨道。全区共发展党员 5462 名。截至 2000 年底，全区党员总数 208744 名，其中男 180904 名，女 27840 名。国家机关、企事业单位、群团等有党员 86998 名；农牧渔民党员 95804 名，离退休党员 20826 名；城镇个体劳动者党员 574 名；学生党员 92 名；民办教师、乡村医生党员 1962 名，其他 2488 名。

党员教育　1991 年，在党员中开展“忆传统，作贡献，做新时期合格共产党员”活动，深入开展“党员活动月”活动。1992 年，在全区开展“创一流成绩，向十四大汇报”为主题的党员教育系列活动。共召开学习座谈会6164个；表彰党员8682名；作巡回报告416场次；为群众做好事办实事5784件，提合理化建议129635条。1993年—1994年，组织党员学习中共十四大精神和党章，《邓小平文选》第三卷。对农民党员、企业党员进行全面培训。1995年—1996年，组织党员学习邓小平建设有中国特色社会主义理论和学习党章的"双学"活动，全区401个基层党员、182961名党员参加了这次活动。举办"双学"知识竞赛，加强对流动党员管理，为全区3982名外出党员下发"流动党员活动证"。1997年，在党员中开展"争做表率"活动。1998年，贯彻落实中共十五大精神，制定全区《1998年—2000年党员教育纲要》，部署新一轮党员"双学"活动。1999年，对党员进行深入揭批邪教"法轮功"的学习教育活动。2000年，做好疏通党员队伍"出口"，保持党员队伍先进性的前期准备工作。在农村开展"一学二带"（农村党员、村干部学习农村实用技术，带动群众致富、带领群众致富奔小康）活动。

党员电教工作　1992年，全区各乡镇党委已全部配备党员电教播放设备。1995年，全区已有242个企事业单位按规定配备了党员电教播放设备，占总数的92.4%。1997年，全区2860个行政村已有1209个村配备了电教设备，普及率达42.3%，到2000年，村级电教设备普及率达82.9%。

基层组织建设　*农村基层组织建设*　1991年—1994年，开展对农村后进村党支部的整顿，地、县、乡三级抽调1072名干部驻村帮助工作。通过整顿，全区一类村党支部由原来的1003个，上升为1046个，二类党支部由原来的1567个，上升为1718个，后进党支部由原来的274个下降为80个，培养小康示范村12个。1995年—1998年，贯彻落实中共十四届四中全会的决定，大力加强农村以党支部为核心的基层组织建设。1995年，成立上饶地区农村基层组织建设工作领导小组，下设办公室。1996年，地、县、乡三级抽调1500名干部驻村挂点，对全区300个后进村进行整顿。落实县（市）委书记是农村基层组织建设的第一责任人，乡镇书记是农村基层组织建设的直接责任人。建立领导抓村建工作目标责任制，各级、各包村单位层层签订三年村建工作目标责任状。全区地、县（市）党政主要领导分别挂钩一个后进村和一个小康示范村。三年中各级包村部门扶持的资金达1634万元。

1998年—2000年，贯彻落实《中国共产党农村基层组织工作条例》，在全区开展创建农村基层组织建设先进县（市）。推选村级财务公开、政务公开，促进农村基层民主政治建设。全区有137个乡镇推行了政务公开，2271个村开展了"村务公开、民主管理"工作。

企业基层组织建设　1992年，制定下发《加强乡镇企业党的建设的意见》和《加强基层站、所、社党的建设工作意见》，建立企业党建工作例会制度，从1992年起，一年召开二次企业党建工作例会，检查指导，总结交流，研讨企业党建工作的方法与途径。1993年，在玉山糖厂，上饶市棉针织厂开展企业党支部规范化建设的试点工作。1995年，抓企事业单位党组织按期换届选举和改制企业的党建工作，进一步完善和健全企业党支部规范化建设。1997年，以宣传贯彻中共十五大精神，开展企业党建工作"四个一"①活动。1998年，开展企业党建工作检查，内容包括企业领导班子建设，党务干部队伍建设，党员队伍建设，参与重大总决策，干部管理，企业职工思想政治工作等。同年，上饶地区受省委组织部表彰的企业先进基层党组织9个，优秀党务工作者8名，优秀共产党员8名。1999年，对机关、街道、学校的党建工作进行调研，会同上饶师专党委开展选派优秀毕业生到行政村培养锻炼，为学校党建工作开辟了新路子。2000

---

①"四个一"：即一次演讲比赛，一次巡回演讲，一次党务工作者外出考察，一次党建工作对口检查。

年,加强对非公有制经济组织党建工作会和大中专院校党建工作会,开展以学习"三个代表"[①]重要思想为中心内容的党建知识竞赛和学习座谈会。

"三讲"教育　1999年,按照中共中央、中共江西省委的统一部署,在全区县级以上党政领导班子和领导干部中开展以"讲学习、讲政治、讲正气"为主要内容的党性党风教育。首先在地区交通局和德兴市进行"三讲"教育的试点工作,同年10月29日至12月27日,地级领导班子和领导干部开展"三讲"教育,历时2个月,地委、行署、地区人大工委、地区政协工委四套班子28名领导干部参加学习。教育分为:思想发动、学习提高;自我剖析、查摆问题;交流思想,开展批评;抓好整改,巩固成果四个阶段。

2000年3月15日至5月23日,县、市领导班子和领导干部进行"三讲"教育,全区12个县市,共有教育单位96个,其中县级班子48个,纪委、法院、检察院、公安局部门班子48个,教育对象733名。在"三讲"教育中,做到认真学习理论,坚持边学、边摆、边思;坚持开门整风,广泛走群众路线;找准存在的主要问题,深刻剖析原因,明确整改方向;开展批评与自我批评,进行积极的思想斗争;坚持边整边改,推动各项工作的发展。

1991年—2000年全区党组织党员一览

表23-1-7

年份	中共组织(个)						共产党员(人)	
	县委	地	乡镇党委	其他党委	党总支	党支部	合计	发展新党员
1991	10	2	277	172	460	9899	179361	3465
1992	10	2	277	187	483	10004	182130	4206
1993	10	2	276	189	491	10104	185244	4407
1994	10	2	276	193	492	10191	188793	4922
1995	10	2	276	194	471	10325	192592	5147
1996	10	2	276	199	482	10410	196286	5640
1997	10	2	281	195	464	10396	200617	5873
1998	10	2	285	217	416	10110	202044	5567
1999	10	2	285	233	405	10133	205457	5219
2000	10	2	287	237	402	10157	208744	5462

干部工作　干部培养选拔和管理　1991年,针对党外、妇女后备干部的现状和存在的问题,地委下发了《关于培养选拔党外人士的工作意见》和《关于培养选拔妇女干部的工作意见》,在各县、市和地直单位对党外、妇女干部进行广泛推荐,后经组织考察,确定后备干部人选,党外县级后备干部由原来的9名增加到30名,妇女县级后备干部由原来的8名增加到21名。健全了人才库工作,地级人才库正式入库数达1100余名。同年8月上旬,地委、行署为首

①"三个代表":中国共产党要始终代表先进生产力的发展要求;代表先进文化的前进方向;代表中国广大人民群众的根本利益。

批23名地级专业技术拔尖人才举行了颁证大会。

1992年,在全区开展举荐人才月活动,经考察,83名各类人才得到合理使用。同年,县(市)、乡(镇)班子换届,全区县(市)党政正职调整8人,党政班子成员交流换岗53人,提拔45人。乡(镇)党政正职调整280人,提拔了664人进党政班子,县直机关到乡镇任职的195人。

1993年,为87名当年已到龄的领导干部及时办了离退休手续。1994年,制定《关于进一步做好干部选拔任用工作的意见》,对选拔任用干部的基本原则、选拔要求、工作程序等做出明确规定和要求。1995年,下发了《关于干部考察工作责任制的若干规定》,明确干部考察的责任,规范了考察工作程序。1996年初,制定了《关于加强领导班子思想政治建设的意见》,年底,地委召开全区县(市)领导班子思想政治建设情况汇报交流会,探讨加强各级领导班子建设的途径、方法和措施。1996年从应届大学毕业生中挑选13名在校担任学生干部、学习成绩优良的毕业生,到乡镇任乡镇长助理。1997年,从地直机关挑选8名优秀年轻科级干部到乡镇任党委书记或乡镇长,对全区国有企业领导班子进行考察、调整。考察国有企业领导班子246个,考核班子成员804人,调整企业班子65个,调整班子成员81人,建立企业后备干部200名。

1998年,开展评选"人民满意的公务员"活动,全区有5人被评为全省"人民满意的公务员"。开展选拔优秀专家和拔尖人才工作,其中,县、市65人,地直20人,享受国务院和省政府特殊津贴5人,同时,全区还选拔了正高21人,副高375人报省人事厅审批,使高科技人才队伍不断壮大。

1999年,按照地委公开选拔部分副县级领导干部的要求,自6月25日至9月25日,进行了宣传动员、公开报名、资格审查、笔试面试、组织考察、提交任命、岗前培训等阶段,在全区面向社会公开选拔8名副县级领导干部。2000年,面向全省公开选拔9名副县级干部,选拔93名应届高校毕业生到基层工作。同年,对地直单位科级干部提拔任用实行"公示制",调整了科级干部管理权限。科级干部管理权限原则上下放地直单位党组织管理。制定下发了《关于调整地直单位科级干部管理权限的意见》《关于调整乡(镇)党委书记、乡(镇)长管理权限的通知》和地委下发的《关于调整国有企业领导人员管理权限的意见》,使干部管理更加科学、规范。

干部培训　1991年,制定了《上饶地区1991年—1993年干部培训规划》,建立干部按计划培训制度、干部培训的档案制度、干部培训考察制度、科级干部"一年一训"读书制度。举办县级、科级、中青年干部培训班各一期,共200人。1992年,举办县级干部进修班五期,260人;科级干部进修班五期,300人。1993年,举办二期县级干部进修班,124人;二期县级干部学习《邓小平文选》第三卷读书班,124人;二期科级干部进修班,100人。1994年,举办各类培训班9期,培训干部983人。1996年—2000年,制定下发《关于加强领导干部经济知识培训教育的意见》《上饶地区1996年—2000年干部教育培训规划》,地区举办各种形式的进修班、培训班、研讨班65期,培训干部5650人。县、市举办的种类培训班400期,培训2.16万人。

干部监督　1991年—1993年,处理历史遗留问题,做好干部建国前参加革命工作时间的认定和更改,共认定和更改226人。1995年—1998年,对贯彻执行中共中央关于《党政领导干部选拔任用工作暂行条例》的监督检查,制定下发了《选拔任用干部监督检查制度》,每年进行两次督查。加强同执行执法部门的联手,定期走访,及时掌握领导干部廉政情况。1999年,抓好"领导干部谈心谈话制度、个人收入申报制度、广大重大事项报告制度"等项制度落实情况的督查，完成领导干部出国（境）政审与备案16人次。

2000年，制定了《关于建立党政领导干部考察工作责任制的暂行规定》，同年12月，召开了全区干部监督工作会议，对在新形势下做好干部监督工作提出了明确要求和具体措施。

1991年—2000年若干年份全区干部情况

表23-1-8　　单位：人

年份	总数	地级	县级	科级
1991	75689	21	627	8011
1995	91847	28	707	10168
2000	111942	32	745	11555

第七节　宣传工作

社会宣传　1991年，针对苏联和东欧政局的剧变，开展形势教育。举行纪念建党70周年系列活动，学习江泽民在纪念建党70周年大会上的讲话，组织文艺汇演，有17个单位、121个节目参演，主题突出歌颂共产党和社会主义建设事业的丰功伟绩，反映全区改革开放成就和新面貌。

1992年2月，邓小平视察南方并发表重要讲话后，地委、行署决定，在全区开展“解放思想，转变作风，群策群力，振兴上饶”的大讨论。同年10月，中共十四大召开后，举办各类培训班，轮训班45期，培训骨干3640余人，举行宣传报告会90次，地、县、乡三级组织干部1500人下基层宣讲十四大精神。1993年，开展“学雷锋树新风”活动，表彰先进集体47个，先进个人148名。1994年，围绕在上饶市举办的“一会三赛”，积极部署“当好东道主，争做文明人”活动，全区兴起“万众一心迎九运、群策群力办九运”的热潮。1995年，结合世界反法西斯战争和中国抗日战争胜利50周年纪念活动，广泛开展爱国主义主题教育。

1996年，在农村进行“双教”活动，历时四个多月，全区抽调干部3700名，组成工作队（组），进驻1190个行政村、5413个自然村。1997年香港回归祖国，突出宣传邓小平关于“一国两制”和香港《中华人民共和国基本法》的学习。1998年，全区发生特大洪涝灾害，大力宣传抗洪救灾、生产自救、重建家园的抗洪精神，激励全区广大干部群众的斗志。同年，为贯彻落实《中共中央关于在全党深入学习邓小平理论的通知》精神，采取讲座、辅导、讨论等形式学习宣传邓小平理论，全区共举办党员培训班1900余期，培训党员15.98万人。1999年，庆祝建国50周年、迎接澳门回归的宣传文化活动。2000年，进行“三个代表”重要思想的学习和全区整治经济环境的宣传。

理论教育　1991年3月26日，为进一步推动全区党员学习党史和新时期党建理论知识，举办“七一”杯党的知识电视有奖竞赛活动。同年6月25日，为纪念建党70周年，组织60多人参加的理论研讨会，就如何加强党的思想理论建设，坚持党的领导、建设有中国特色社会主义，坚持和发展马列主义、毛泽东思想，开展意识形态领域的斗争进行学术交流。1992年，开展以邓小平南方谈话、中共十四大文件为主要内容的社会主义市场经济理论教育，结合“双学”①活动，在全区开展解放思想的大讨论。1993 年 6 月 3 日，地委宣传部、地区经济委员会、江西省总工会上饶办事处对全区开展的“双基”②教育进行表彰，德兴市等 9 个先进单位，上饶市染织厂等 27 个先进集体，翁兴富等 81 名先进个人，楼饶英等 72 名优秀教员受到表彰。

1994 年，理论教育重点抓县级以上领导干部学习的“重点工程”，城乡基层党员干部培训的“基础工程”，青年、学生教育的“希望工程”。同年 11 月，组织全区科级干部的理论考试，8000 余人参考，参考率达 80% 以上。1995 年，集中学习《邓小平建设有中国特色社会主义理论学习纲要》，举办科级干部理论培训班 3 期，基层理论骨干培训班 3 期，乡镇党校举办的各类理论学习班 62 期，培训党员干部 3800 多人次。1996 年，组织党员干部学习中共十四届五中、六中全会精神和江泽民《关于正确处理社会主义现代化建设的若干重大关系》、《领导干部一定要讲政治》等重要讲话。1997 年，深入学习中共十五大精神。1998 年，贯彻落实《中共中央关于在全党深入学习邓小平理论的通知》精神，全区举办科级干部理论培训班 40 期，培训 1.1 万多人次。同年 10 月，组织科干理论考试，参考 7000 多人，平均成绩为优良。

1999 年，开展以讲学习、讲政治、讲正气为主要内容的“三讲”教育活动，建立党委中心组学习考勤制度、档案制度、通报制度、经验交流制度和考核制度。2000 年，集中学习“三个代表”重要思想。1991 年—2000 年，全区共举办各类培训班 2 万余期，参训轮训党员干部 130 余万人次。

对外宣传 1991 年 1 月，为适应对外开放的需要，地委决定，成立“地委对外宣传小组”。同年 6 月，召开“全区对外宣传研究会成立大会暨首届外宣研讨会”，在 12 个县（市）和地直涉外单位中发展会员近百名。1992 年，加强对外宣传的力度，提高上饶的知名度，隆重推出“三清山”。印制三清山彩色挂历一万余册，拍摄并播放三清山风光系列片，召开三清山电影剧本评稿会，印制大型画册《中国上饶》。1994 年，开展“爱我上饶，建设上饶”系列宣传活动，地委宣传部制作的《变化中的中国——来自江西上饶的报道》，由中央电视台播出，并送往国外传媒播放。1996 年—1997 年，围绕婺源和三清山，加大外宣的力度。中国国际广播电台“中国之窗”为三清山录制了专题节目；日文版《人民中国》杂志为婺源拍摄刊出婺源的彩色旅游专版。《婺源龙尾砚》在海外电视网播出；上饶东方台拍摄的两集《婺源印象》在黄金时间播出；中国新闻图片社电影声像部为三清山拍摄的电视片在中央电视台播出。铅山县与中央电视台合拍的三集电视专题片《满目财源话铅山》，用中、英文版在中央台 4 套、2 套连续 24 次滚动播放。万年县拍摄的专题片《闪烁的珍珠》在广东卫视和中央电视台 2 套、7 套播放。

1998 年，在党政机关和企事业单位，开展利用外资基础知识教育活动，举办“中行杯”全区利用外资知识电视竞赛，12 个县（市）和地区中行代表队参赛。

1991 年—2000 年，全区在省级以上主要新闻媒体刊发新闻稿件 2.3 万余篇（条），在境外或对外新闻媒体刊发新闻稿件 1100 余篇，制作画册、折页 20 万余册（页）。

①“双学”：学理论、学技术。

②“双基”：基本国情、基本路线。

第八节　机关工委工作

组织建设　1991年—2000年,地直机关工委在组织建设方面的工作主要是开展了有“创先争优”活动、“民主评议党员”、组织发展工作及其他活动。

“创先争优”活动　1991年—2000年,地直机关党组织开展了“创先进基层党组织、争当优秀共产党员、优秀党务工作者”为主要内容的创先争优活动。地直机关工委1991年、1994年、1996年、1998年、2000年7月1日前夕均召开了“创先争优”活动总结表彰大会,共表彰先进基层党组织148个、优秀共产党员799名、优秀党务工作者147名。其间有10个基层党组织、37名党员、19名党务工作者受到地(市)委表彰,3名党员受到省委表彰。

民主评议党员　1991年—2000年,地直机关共于1991年、1992年、1993年、1995年和1997年先后开展了5次民主评议党员活动,党员参评率和受教育面达98%以上。

基层组织建设　1991年—2000年,地直机关工委坚持标准,积极慎重地做好地直机关单位的组织发展工作,10年间,共发展新党员1491名,审批预备党员转正1244名,举办建党对象学习班11期,对1270名入党积极分子进行集中轮训。

1991年—2000年地直机关党组织情况

表23－1－9

年份	基层组织(个)			党员数(人)	发展党员数(人)
	党委	党总支	党支部		
1991	16	44	350	5833	113
1992	22	51	390	6224	134
1993	24	57	398	6475	135
1994	24	51	432	6666	120
1995	27	55	457	6850	164
1996	23	55	441	6972	142
1997	22	55	437	6951	196
1998	24	48	417	6549	157
1999	26	45	420	6944	182
2000	27	44	434	6861	148

其他活动(常规工作)　1994年,实行支部目标管理,加强基层组织建设。重点抓好后进转化升级。调阅了164个支部“三会一课”记录本,加上深入调查掌握的情况,确定后进支部的工作面,对这些支部进行具体分析,采取调整支部班子,和面对面的指导,促使其尽快转化升级。

1995年,根据省委、地委的要求,在地直机关开展出席江西省第十次党代会代表的选举工作,通过自上而下、自下而上的推荐选拔,分组逐个考察,召开地直机关党员代表大会,选举产生6名出席江西省第十次党代会代表。

1996年“七一”前夕，在地直机关党员中广泛开展重温党章和入党誓词活动。组织100多名新党员到上饶茅家岭革命烈士纪念碑前举行入党宣誓。同年，对电教工作配备专人负责，增购教育录像带定期播放，并与地区交通局、稽征分局联合录制《路的赞歌》《稽征前沿的战斗堡垒》电教片，被地委组织部分别评为三等奖和组织奖。

1997年—2000年，地直机关工委主要抓好三项工作：一是完成全国十五大代表和江西省代表大会代表的酝酿推荐工作；二是召开企业党建工作会议，开展“发展党员质量年”活动；三是对地直机关连续3年的“双学”活动进行全面检查验收。

机关党员教育 1991年，按照上级部署，在地直机关干部中开展认真学习中共党史和马克思主义党的建设理论。为隆重庆祝中国共产党建党70周年，地直机关党委、地区工会、地区文化局于6月28～30日联合举办地直机关庆祝建党70周年文艺汇演。地直机关各系统14个代表队共演出节目70多个。

1992年上半年，按照地委、行署的统一部署，地直机关工委集中5个月的时间，在地直机关174个单位开展“解放思想、转变作风、群策群力、振兴上饶”的大讨论。地直机关召开各种类型、多层次的研讨会、座谈会756次，撰写论文368篇。同年3—7月，协助地直机关社教领导小组在地直机关开展了社会主义思想教育，并组织编印了5500本《机关社教辅导材料》和10期《社教简报》。举办三期学习班，集中轮训科级干部和辅导员705名。同年，地直机关23所业余党校举办各类学习班28期，培训党员1500多人(次)。

1993年，重点围绕邓小平视察南方讲话和《邓小平文选》(第3卷)的学习，举办1期县级干部读书班和6期科级干部学习班，分别对近300名县级干部和700多名科级干部进行集中轮训；在地直单位开展市场经济理论的学习和教育，先后召开4次有30多个单位参加的座谈会和情况汇报会；5—9月，举办了地直机关纪念毛泽东同志诞辰100周年文艺汇演和专题报告会；地直机关23所业余党校举办各种类型学习班25期，培训党员干部2400人(次)。

1994年，重点抓好地直单位县级干部和单位中心组的学习，举办县级干部和理论辅导员学习班，分五个专题对272人进行了辅导。

1995年—1997年，在地直机关中开展了为期三年的建设有中国特色社会主义理论和《中国共产党章程》的学习活动(简称“双学活动”)。并用身边的英雄人物教育党员干部，先后组织召开两次向胡俊生学习的大型英雄事迹报告会和4次学习座谈会、交流会，协同地区歌舞话剧团组织了8场《青山之子》话剧演出。

1998年，开展了“创三优，评十佳”、“讲文明，树新风”和“树形象，比贡献”三大系列活动；1999年—2000年，开展了地直机关领导班子和领导干部“三讲”教育活动和“三五”普法教育。

1999年11月中旬，召开地直机关学习邓小平理论经验交流会，20多个单位撰写了经验材料，15个单位在会上作了经验介绍和交流。开展了庆祝新中国建立50周年和迎澳门回归活动，地直党群、教育、卫生、交通、商业、财税、农林等系统的单位组织1000多人的队伍参加全区庆祝新中国建立50周年歌咏比赛，分别获得一、二、三等奖。

2000年，突出抓好“三个代表”重要思想的学习和贯彻。与地委宣传部、地委讲师团联合举行4次专题讲座和辅导。11月5日，举行了地直机关县、科级干部参加的“三个代表”重要思想学习考试。

1991 年—2000 年地直机关党员教育情况

表 23－1－10

年份	学习班		业余党校		
	县级(人次)	科级(人次)	党校数(所)	班期	人(次)
1991		1258	23	26	1960
1992		2092	23	28	1500
1993	300	700	23	25	2400
1994	272	112	23	30	2500
1995		661	23	27	2816
1996			23	25	3000
1997		708	23	28	3000
1998			23	31	3200
1999		718	23	30	3185
2000		856	23	32	3250

党风廉政建设

教育培训　1991 年,市直机关工委抓好党规党纪教育,为满足党员学习需要,为地直各单位购买《纪检工作文件汇编》2300 余本;同时,于 3 月份组织地直机关党员干部 1000 余人,在上饶军分区礼堂听取熊云清事迹报告。

1992 年,举办地直机关党风廉政建设报告会,并购置《苏东演变思考》《廉政思考》《苦果坠落》等 10 多套录像片,在地直单位播放 58 场(次),5800 多人观看。

1994 年,开展电化教学,播放了 25 场(次)《风雪迷途》《贿赂忧思录》等优秀的党纪教育片,1170 人次党员干部受到教育。

1995 年,贯彻落实中纪委五次全会、省纪委十次全会和全区纪检监察工作会议精神,地直各单位结合部门实际开展纠风工作,地区教育局共清退各种不合理经费 13.71 万元。放映 90 多场次《金权蚀》《歧路恨》等 10 多个党风党纪教育片,受教育人数达 3000 人次。同年 11 月下旬,举办了一次地直机关纪检干部学习班,培训纪检监察干部 50 余名。

1996 年—2000 年,地直机关工委先后为地直单位提供《长天惊雷》《大潮沉沙》《从光明走向深渊》等党风、党纪教育片,播放 236 场次,受教育人数达 7700 人次。发放《领导干部廉洁自律文件选编》2000 余册(副科级以上干部人手一册),并组织党员干部学习《中国共产党纪律处分条例》等 10 多个党纪条规。

案件查办　1992 年办结违纪案件 9 起,处分党员 7 人,其中,开除党籍 2 人,留党察看 1 人,党内严重警告 2 人,警告 2 人。

1993 年,根据地委要求,在地直机关干部中,对 1993 年春节期间收受的各种有价证券和礼金进行清理,共清退出有价证券和礼金 4.28 万元。查办案件 7 起。

1994 年—2000 年,地直机关工委累计办结各类违纪案件 32 起。

1991 年—2000 年地直机关工委案件查办情况

表 23－1－11　　　　　　　　　　　　　　　　　　　　单位:件、人

年份	受理	结案	开除党籍	留党察看	撤销党内职务	党内严重警告	警告	结案率%
合计	60	57	20	9	1	21	11	95.5
1991	10	9	2	1	—	5	1	90
1992	10	9	2	1	—	2	2	90
1993	7	7	1	3	—	2	1	100
1994	3	3	1	—	—	1	2	100
1995	4	4	3	1	—	2	2	100
1996	2	2	1	—	—	1	—	100
1997	6	6	4	1	—	1	—	100
1998	7	7	3	1	—	3	—	100
1999	4	3	2	1	—	—	—	75
2000	7	7	1	1	1	4	4	100

第九节　统一战线工作

统战理论宣传　1991 年,全区 12 个县(市)普遍建立了统战理论研究会(学会),从事统战理论研究人员 264 人,并与党校、新闻、广播、文化等部门配合,开展统战理论、政策的宣传。地委党校举办县级和科级统战理论教育 65 课,受教育达 10270 人(次)。《赣东北报》刊载统战文章和新闻报道稿件 39 篇,并开辟了“海峡两岸”专栏。地区电视台播放统战专题录像 21 次。全区统战部门办统战知识墙报、黑板报 522 期,刊登稿件 2118 件。

1992 年,《赣东北报》登载统战工作信息、文章 25 篇,地区电视台播放统战新闻稿件 21 篇,12 个县(市)电视台播放统战新闻稿件 265 篇,举办宣传栏、窗 100 期,登载稿件 610 篇,举办统战理论学习班 23 期,受训人数达 4185 人次。在省级以上报刊发表理论文章和信息报道 176 篇,地级报刊发表 54 篇、编印宣传材料 1389 份。

1993 年,以《邓小平论统一战线》和《九十年代统一战线部门工作纲要》为基本材料,采用多种形式开展统战理论宣传教育,《赣东北报》登载统战理论宣传文章 23 篇,地区电视台播放统战新闻及专题报道 15 次,各县、市通过有线广播宣传统战稿件 395 篇,向省级以上报刊杂志投稿 502 篇,采用 185 篇。1994 年,在《人民日报》《团结报》《民族工作通讯》《江西日报》《心桥》《赣东北报》等报纸杂志刊登地委统战部提供的稿件 184 篇。1995 年,全区在省以上刊物上发表统战理论、调研报告、人物事迹等宣传稿件 133 篇。1996 年 4 月,省委统战部举办的“宁红杯”统战知识大奖赛,全区共组织 6849 份有效答题卡,获得了 13 个奖项。1997 年,组织“庆回归,话江西”竞赛活动,宣传邓小平一国两制理论,香港《中华人民共和国基本法》,与地区政协工委联合举办迎香港回归座谈会。1998 年,开展“学习周恩来伟大风范,做好跨世纪统战工作”,纪念周恩来诞辰 100 周年活动,地区电视台、报社等新闻媒体的专栏、专题、新闻及专

题采访等形式报道12次、各县市报道达39次。1999年,纪念新中国建立50周年和迎澳门回归,进行爱国主义、社会主义教育活动,在统战系统开展“热爱中国共产党,热爱祖国,热爱社会主义,热爱人民,热爱中国人民解放军”的五热爱活动。

民族宗教工作　民族工作　1992年,地区成立了民族宗教事务局,在统战部办公,1996年10月移交行署单设;12个县(市)也相继成立了民族宗教机构。全区有民族乡2个(铅山县太源畲族乡和篁碧畲族乡)、民族行政村8个(2002年8月成立了信州区车头畲族村)、畲族村民小组19个。全区有少数民族40个,外国人加入中国国籍1人,共1.4万多人。其中百人以上的有12个,畲族8000多人,依次是蒙古族、回族、苗族、布依族、满族、壮族等。少数民族有耕地566.47公顷,山坡2.2万公顷,村面积1.68万公顷。有民族小学22所,中学2所,卫生院(所)8个,文化站6个。

宗教工作　全区有佛教、基督教、天主教、道教、伊斯兰教五大教。佛教主要分布在上饶市、广丰、玉山、横峰、铅山、波阳等县;道教主要在铅山、德兴等县、市;天主教主要在波阳、弋阳、铅山、玉山等县;伊斯兰教主要在上饶市区;基督教遍及全区,尤以余干、波阳两县最盛。信教群众达8万余人,其中基督教7.9万余人,天主教636人,佛教265人,道教12人,伊斯兰教178人。经批准宗教活动场所有839处。全区12个县市均成立了基督教“三自”爱国组织,4个县市还成立了佛教协会,2个县成立了天主教“三自”爱国小组。上饶县基督教两会会长林裘寿牧师当选省政协第六、七、八届政协委员、省基督教两会副会长。

党外人士和民主党派工作　1991年6月15日,地委批转了组织部、统战部《关于培养选拔党外人士的工作意见》,全区选拔党外副县级干部43名,其中,地直部门5名,提拔担任党外科级干部204名,其中,地直部门55名,掌握县级预备干部49名,科级后备干部245名。

选定重点统战对象365名,其中,地区选定58名。发展民主党派成员7名。

1992年,地委下发13号文件,决定:民主党派、无党派人士的实职安排以及党外后备干部队伍的建设,以统战部为主,组织部配合,共同做好非党干部的物色、教育、选拔和推荐工作,并由统战部按干部管理权限报党委审批。全区安排党外副县级干部68名,其中,地直部门10名,安排党外科级干部331名,其中,地直部门65名。培养选拔党外副县级后备干部40名,正副科级后备干部236名。

1993年,12个县(市)安排党外副县级干部47名,提任党外副科级76名。发展民主党派成员27名。

1994年5月,地委批转统战部在全区党外人士中开展“建设上饶经济大区献计出力”,创评上饶地区党外十佳人士活动。全区安排党外副县级干部63名,其中,地直部门6名。培养选拔副地级党外后备干部5名,县(处)级党外后备干部48名。发展民主党派成员36人,工商联发展新会员274个。

1995年3月21日,地委召开’94振兴上饶党外十佳人士表彰大会,朱义财等10名党外人士受表彰。同年8月10日,地委召开全区各界人士纪念抗日战争和世界反法西斯战争胜利50周年座谈会,地委副书记王际贤作了题为“前事不忘,后事之师”的讲话。发展民主党派成员39名,工商联发展新会员703个。

1997年4月22日,地区社会主义学院成立暨第一期党外中青年干部培训班开学,培训时间一个月。

1998年11月1日至12月1日,举办一期党外科级干部培训班。各县(市)和地直有关部门党外优秀科级干部40名参加了培训。

海外联谊工作 1988年5月,成立上饶地区海外联谊会。1992年7月22日,海联会换届,改名为上饶地区港澳台同胞海外侨胞联谊会,简称地区“三胞”联谊会。1999年2月9日,地区“三胞”联谊会改名为上饶地区海外联谊会。2001年2月2日,上饶地区撤地设市后,地区海联会更名为上饶市海外联谊会。1994年,联谊会邀请港、澳、台同胞60余人到上饶观看江西省第九届运动会。同年,海联会帮助铅山县太源畲族乡引进台资人民币600万元,开发花岗岩石材资源,修通乡政府至畲族村的山间公路。1997年—1999年,海联会为地区引进海外资金353万元(人民币)。1994年—2000年,连续举办创评专题“十佳人士”“华能杯”“利达杯”“玉平杯”“远泉杯”“金钢杯”“兴赣杯”,振兴上饶、振兴江西献计出力有奖竞赛等活动。

第十节 政策研究

机构人员 1991年,全区地、县(市)政策研究室(简称政研室)组建完成。地委政研室(成立于1989年)内设秘书、党建、经济、综合4个科,定编20人,实有16人;全区共有政研干部61人,其中:大专以上文化46人,占75.4%;35岁以下的年青干部47人,占77%。

2000年,全区地、县(市)政研室实有干部52人,其中:地区政研室定编16人,实有14人;县(市)有38人。

专题研究 1991年,地委政研室完成课题研究10项。其中:有4项直接进入地委决策,形成红头文件;有3项根据地委领导授权,由地委、行署两办转发;有3项参加了省、地研讨会。

1993年,全区政研系统进入决策层的课题有151项,其中:地委政研室12项,各县(市)委政研室139项。1994年,全区政研系统针对农业生产、荒山开发、基地建设、企业改革、税费负担、劳务输出、村级党建、企业党建、乡镇党委坚持民主集中制和乡镇干部作风建设等10个问题进行专题调查研究。并写出相关的专题材料。

1994年,地委政研室就全区农业和农村工作、企业转制、“公司+农户”系列、党建工作、乡镇干部思想作风建设、劳务输出人员回乡办企业、农业基地建设、“四荒”①问题等10个专题进行调查研究,其中《关于当前农业生产存在的几个问题及建议》引起了地委、行署领导的重视,及时采取措施,确保了春耕生产的顺利进行。

1995年—2000年,全区政研系统共完成专题调研课题1000多项,其中:直接进入地委决策,形成红头文件的有25项,其他产生特别影响的有6项。

调研活动 1991年—2000年,地委政研室围绕区域经济建设的中心,配合地委工作部署,开展了一系列典型调查研究,共完成调研报告和方案、决定、意见、办法以及各类文章2000多篇,其中在省级以上报刊、电台刊载、播出的有331篇,地级有575篇。

①“四荒”:荒山、荒水、荒地、荒坡。

1991 年—2000 年地委政研室调研文章刊发情况

表 23－1－12　　单位:篇

年份	小计	中央级	省级	地级
合计	906	58	273	575
1991	145		31	114
1992	119	2	27	90
1993	120	4	28	88
1994	152	12	57	83
1995	90	10	24	56
1996	62	5	20	37
1997	68	10	26	32
1998	50	5	20	25
1999	50	3	22	23
2000	50	7	19	26

说明:包括报刊、电台。

刊物、资料工作　1991 年—2000 年,地委政研室按照“规范、科学、实用”的要求,对政策研究的基础工作—资料进行了收集、整理、装订、归类。其中:剪辑整理报刊资料 10 大类、50 种、2000 册,共约 1000 余万字。

1991 年—2000 年地委政研室刊物资料工作情况

表 23－1－13

年份	上饶政研(期)	领导参考(期)	资料收集	报刊剪辑	档案文件
合计	87	148	17 大类、50 种、100 个专题、1000 余万字	1700 千字	445 卷
1991	6	13	20 种、250 册	46 种、20 册 300 万字	302 件
1992	6	12		20 专题、31 册	
1993	15	15	14 大类、100 个专题	100 册、900 万字	120 卷
1994	12	12	—	70 目、121 册 220 万字	23 卷
1995	12	13	—	31 册、30 万字	20 卷
1996	12	17	—	—	—
1997	12	17	17 大类、100 余万字	—	—
1998	12	18	17 大类、200 余万字	—	—
1999	—	16	—	—	—
2000	—	15	—		—

第十一节 对台工作

对台经贸 全区台办系统把对台经贸工作摆在首位,大力推进饶台经贸交流与合作,采取走出去①,请进来②的方式,积极做好引进台资工作。1991 年引进台资项目 6 个,金额达 510 万元;对台贸易成交额 916.44 万元。1992 年 7 月,玉山籍台胞刘万炳在玉山县城投资 100 万元人民币创办"玉侨旅游运输有限公司",成为全区第一个回家乡投资办企业的台胞。刘万炳病逝后,其在台湾的女婿曾茂风继续在玉山投资房地产,2000 年 5 月,他投资 350 万元人民币在县城兴建的"两岸情大酒店"开业。1998 年 5 月,台商王沧夫投资 4400 万元人民币在铅山县兴建的江西和华水产有限公司,为全区投资额最大的台资企业。1999 年 12 月,上饶县台属青年蔡福伟投资近千万元(其中台商投资 12 万美元)创办的三鼎实业发展公司,已成为全区颇具规模的现代化农庄。蔡福伟本人 1998 年被评为"上饶十大杰出青年"。至 2000 年年底,全区有台资企业 52 家,协议投资金额 3686.66 万美元,其中合同利用台资 1939.67 万美元,实际到位台资 1766.56 万美元。台资企业涉及服装、彩印、光学仪器、仪器加工、水产养殖、农业开发等领域。

对台宣传 运用座谈会、形势报告会、电视专题、广播讲座等多种形势、广泛深入宣传党的对台方针政策。1991 年,全区完成对台宣传稿件 430 篇(张)〔省台办下达任务 195 篇(张)〕,名列全省第一。同年 10 月 25 日,地区台办系统组队参加省台联、省电视台举办的"91 全国台湾知识电视大赛江西分赛场"比赛,荣获一等奖。1992 年 7 月,在全省 1991 年度对台宣传优秀稿件评选中,全区有 11 篇稿件获奖,其中一等奖 1 篇、二等奖 3 篇、三等奖 7 篇,获奖篇数名列全省第二。由地区台胞台属联谊会编印的入岛宣传刊物《上饶乡音》第一期出刊。1993 年 3 月,省台办主持编纂地区台办参与拍摄的对台宣传品《鄱阳湖》画册出版发行。同年 9 月,在全省 1992 年度对台宣传优秀稿件评选中,全区有 11 篇稿件获奖,其中一等奖 1 篇、二等奖 4 篇、三等奖 6 篇,获奖篇数名列全省第一。1995 年 3 月,省台办下发《关于表彰 1994 年度对台工作先进单位的通报》,上饶地区台办获宣传工作单项先进单位。同年 12 月 14 ~ 15 日,省台办在上饶召开全省台办系统表彰大会,表彰上饶地区台办荣获全省对台宣传用稿十连冠(1985 年—1994 年)。1996 年 12 月,在全省 1995 年度对台宣传优秀稿件评选中,全区有 8 篇稿件获奖,其中一等奖 2 篇、二等奖 3 篇、三等奖 3 篇。1997 年 12 月,在全省 1996 年度对台宣传优秀稿件评选中,全区有 9 篇稿件获奖,其中一等奖 1 篇、二等奖 3 篇、三等奖 5 篇。1998 年,在全省 1997 年度对台宣传优秀稿件评选中,全区有 7 篇稿件获奖,其中一等奖 2 篇、二等奖 2 篇、三等奖 3 篇。1999 年 6 月,地区台办组织拍摄的《三清山》画册获得第三届全国优秀对台宣传品三等奖。同年 9 月,在全省 1998 年度对台宣传优秀稿件评选中,全区有 8 篇稿件获奖,其中一等奖 1 篇、二等奖 3 篇、三等奖 4 篇。

至 2000 年年底,全区对台、对外宣传用稿 4000 余篇,其中有 50 余篇在中央人民广播电台、海峡之声广播电台、《中国建设》杂志社获奖。在每年一度的全省对台宣传优秀稿件评选

①走出去:赴台经贸交流,到沿海地区招商。

②请进来:邀请台商到上饶考察,通过在饶台商引来新的台商。

中,有65篇稿件分别获一、二、三等奖。地区"台联会"会刊《上饶乡音》共编印23期,刊载文章、图片600余篇(张)。向台北上饶"同乡会"会刊《上饶乡讯》投稿,被刊用稿件50余篇。在台湾《民族报》刊出喜剧片6个,用稿46篇。这些稿件从不同角度宣传了上饶,使台湾乡亲增进了对上饶的了解。

联络接待　1991年,全区接待台胞506批,889人次。帮助台属出境会亲17批,22人。1993年,接待台胞298批,428人次。台属出境会亲10批、11人。1994年11月,江西省第九届运动会在上饶市召开,接待了台湾江西同乡会、台北上饶同乡会2批、64人。1995年10月,婺源朱熹研究会、世界朱氏联合会在婺源县举行"纪念朱熹诞辰865周年暨朱子故里寻根考察活动",6位在台的朱子后裔应邀参加了纪念活动。1996年12月,婺源县工艺雕刻厂厂长胡中泰应台湾书法教育会邀请,赴台进行了为期10天的书法学术研讨和讲学。1997年3月,上饶籍台胞张戈先生从台湾带来他搜集、制作的12项300幅绘画,摄影作品到上饶展出,并与上饶艺术工作者、上饶师专艺术系师生、上饶一中艺术教师进行了艺术交流。1998年7月,台湾中华大学外国语文学系助理教授马希宁女士到婺源县进行方言调查。同年11月,广丰县丰华彩印公司(台商合资企业)总经理吴信江、上饶县三鼎农庄庄主、台属蔡福伟作为江西省乡镇企业家赴台考察团成员,在台湾进行了为期10天的考察。2000年10月,国际儒学联合会、中国哲学史学会、上饶师院、铅山县人民政府在铅山联合举办"纪念朱子诞辰870周年国际学术讲座会"(新鹅湖之会),16位台湾学者应邀参加。

至2000年年底,全区共接待台胞8037批、11536人次;台胞向家乡捐赠公益项目350项,1000万元人民币,批准定居台胞105人。

第十二节　党史研究

资料征集与编研　1991年—2000年,相继编写出版《赣东北革命史简明读本》、《红色省会——葛源》《苏维埃模范省的报告》《闽浙皖赣革命根据地》《赣东北党史资料丛书》《赣东北革命故事集》《赣东北英烈》《丹心谱》《吴克华将军传记》《崛起在赣东北》《红波曲》《泗洲镇——赣东北的明珠》《上饶地区组织史》《中共上饶地方史略(1921—1949)》《上饶地区党史大事记》《赣东北出了个方志敏》《坚忍不拔的革命家黄道》《民族英雄方志敏》等革命回忆录、人物传记和重要党史资料共计18本(套),800余万字。各县市党史办也出版了一批史料丰富、质量优良,获得较好社会效益的党史书籍。如《黑狱红旗》《婺源人》《玉山博士谱》《弋阳革命风云录》《鄱湖风云录》《群英谱》《赤岩翠竹红军魂》《上饶市(信州区)党史大事记》《德兴市党史大事记》等。地委党史办杨子耀执笔编写的《方志敏》电视剧本,于1997年拍摄成12集电视连续剧《方志敏》。同年12月10日在首都北京人民大会堂江西厅举行首映式,该剧先后在全国11个省、市台播放。该剧本在1997年全省党史研究优秀作品评选中获得一等奖。地委党史办参与创作编撰的电视剧本《上饶集中营》,于1997年拍摄成8集电视连续剧,同年6月在上饶地、市电视台播放,1998年1、3、5月在中央电视台二、三、一套节目中播出。全区共撰写党史专题187个,撰写论文和资料性文章518篇。

1993年—2000年,通过函访、外调、清档、查档,全区共征集各种党史资料2306.6万字,历史照片395份,党史图片1143张(幅)。

党史宣传教育　1991年7月,纪念建党70周年,举办党史专题讲座40余次,展出图片

1000余张,撰写一批宣传党史文章,被地、县级报纸、广播电台采用200余篇,被省以上报刊采用44篇;同年11月,承办了地委、行署主办的纪念赣东北省委、省苏维埃政府成立60周年系列活动。1992年,地委党史办与省委党史委、上饶市联合召开纪念茅家岭暴动50周年座谈会,与地委组织部联合举办了一次全区党史、党建知识竞赛。1993年,开展毛泽东诞辰100周年纪念活动,全区办宣传窗栏11期、讲党史课21次。各县(市)还举行知识竞赛,发行毛泽东纪念像章,召开了座谈会,文艺晚会等形式。地委党史办与宣传部等6个单位联合举办了毛泽东思想理论研讨会,入选论文58篇,其中党史系统入选13篇,其中5篇分别获一等奖1名、二等奖1名、三等奖3名。

1994年,在纪念"五四""七一""国庆"期间,全区召开研讨会12次,座谈会30次,出宣传橱窗44期,上党史课176次。

1995年,在纪念抗日战争和世界反法西斯战争胜利50周年活动期间,地委党史办和宣传部、地委党校、上饶师专联合召开了理论研讨会;各县(市)也召开纪念会、座谈会、举办知识竞赛、大型图片展,在广播、电视、报刊上开辟专栏,并以各类革命纪念馆、博物馆、烈士纪念建筑物,革命战争中的重要战役、战斗纪念地为教育基地,运用课堂教学、党课、团课等形式向干部群众,尤其是对青少年进行革命传统教育。

1996年6月8日,地委党史办在婺源县召开纪念皖浙赣省委成立60周年理论研讨会,兄弟省市党史工作者和上饶党史学会成员共40余人参加会议。

1997年,适逢香港回归、十五大召开,八一起义、秋收起义、创建井冈山革命根据地、弋横暴动70周年,全区开展形式多样的宣传教育活动。举办图片展8次,组织2200多人参加省党史委主办的"三个70周年知识竞赛",上党史课和专题报告会59次,听课的有中小学生、中青年干部近万人。新华社、《人民日报》、中央电视台、中央人民广播电台、《党史信息报》,省、地、县报纸、电台、电视台播放、刊登区内党史系列新闻报道96条。

1998年2月27日,地委党史办与地区邮电局联合举办《纪念周恩来诞辰100周年》座谈会,邀请有关部门领导、党史专家及在周总理身边工作过的老同志参加。同年11月24日,举办"纪念刘少奇诞辰100周年"座谈会;12月4日,举办了"纪念中共十一届三中全会召开20周年座谈会"。

1999年8月21日,是方志敏诞辰100周年纪念日;8月23日,在弋阳县召开有500余人参加的纪念大会,召开方志敏生平思想学术研讨会。来自中央党史部门的领导及全国各地的专家、学者共90余人参加会议,收到交流论文60多篇。举办《光荣的赣东北——纪念方志敏诞辰100周年》大型图片展。图片展共分9个版块:一代英豪、燎原星火、血战东南、抗日烽火、解放战歌、宏图初展、英才辈出、辉煌业绩、名人名胜。

2000年,1月27日、4月23日分别是赣东北革命根据地主要创始人之一的邵式平、黄道同志诞辰100周年,地委党史办与弋阳县委、横峰县委具体承办了两项纪念大会及多项纪念活动,通过各种方式宣传了他们的优秀品质和人格风范。

第十三节 老干部工作

机构人员 1991年3月开始,全区对退休老干部进行统一管理。地、县(市)有老干部局13个。地委老干部局内设机构有秘书科、政治生活待遇科、宣传调研科、关工委办公室、老干部活动中心、老年大学、干休所7个科(室)。全区拥有专职老干部工作人员176名,兼职人员617名。

2000年年底,全区老干部局机构不变,拥有老干部工作人员208名,兼职人员516名。

安置工作　1991年年底,全区共有老干部16602人,其中:离休干部2864人,退休干部13738人。建立老干部学习小组568个,老干部党支部123个。邀请老干部参加有关重要会议,及时阅读应看的文件;设立老干部病床258张,并实行"门诊优先"制度;组织老干部到外地健康疗养,解决老干部配偶的"农转非"203人,子女就业710人。全区拥有老干部活动室440个,老同志大学11所。

2000年底,全区有老干部21236名,其中:离休干部有2508名,退休干部18728名。

落实老干部政策　1991年6月20日,地委组织部、老干部局、地区人事局、财政局联合转发省委组织部、老干部局,省人事厅、财政厅《关于部分老红军配偶生活补助费问题的答复》。分别按1942年12月31日前参加革命、工作年限10年以上的老红军配偶,每人每月补助117元;不满10年的,每人每月补助107元。1943年1月1日至1945年9月2日参加革命、工作年限在10年以上的老红军配偶,每人每月补助108元;不满10年的,每人每月补、助98元。1945年9月3日至1949年9月30日参加革命、工作年限在10年以上的老红军配偶,每人每月补助100元;不满10年的,每人每月补助90元。上述补助标准从1991年5月1日起执行。补助办法和经费列支仍按赣老通字〔1986〕03号文件规定办理。

1991年12月18日,地委组织部、老干部局下发了《关于加强老干部党支部建设的意见》。就有关在离退休党员干部中建立老干部党支部或党小组,安排他们过党组织生活的事宜作出相关性规定。

1992年1月2日,地区财政局、地委老干部局根据上级精神,从1992年1月起调整离休干部公用经费,按离休干部人数在原每人每年300元的基础上增加10%。经费来源,行政事业单位在本单位的行政、事业经费中安排,企业单位在营业外支出中列支。

1992年9月3日,地委组织部、老干部局,地区人事局、财政局、卫生局、编委联合印发了《上饶地区退休干部管理暂行办法》,对退休干部的管理范围、管理机构、管理业务经费和退休干部的政治、生活待遇等作了明文规定。同年10月19日,地委组织部、老干部局,地区人事局、财政局、劳动局转发省委组织部、老干部局,省人事厅、财政厅、劳动厅《关于我省退休人员有关待遇问题的几项规定和调整党政群机关、事业单位离退休干部几项经费的通知》,对退休干部活动经费作如下规定:地厅级退休干部每人每年200元;县处级每人每年100元;科级以下每人每年40元。活动经费由单位统一掌握使用,不得发给个人。企业单位,按赣劳险〔1992〕10号文规定,参照上述标准执行。对离退休干部交通费发放标准作如下规定:副地级以上离休干部每人每月30元;副县级离休干部每人每月20元;科以下离休干部每人每月10元;副地级以上退休干部每人每月25元;县处级以下退休人员保留上下班交通补贴,包干使用,节约归己,超支不补。

1993年7月12日,地委组织部、老干部局,地区人事局、财政局、卫生局联合转发省委组织部等五家联合下发的《关于提高部分离休干部医疗待遇的通知》,通知规定抗日战争时期参加革命工作,1983年年底以前行政15级(含1983年年底非国家行政级干部,其标准工资额高于当地行政15级工资额的),县处级以下职务的离休干部,可享受副地(厅)级医疗待遇。

1995年2月21日,地委组织部、老干部局,地区人事局、劳动局、财政局联合转发了省委组织部等四家《关于提高部分老红军配偶生活补助费标准的通知》,对建国前参加革命工作,1952～1955年期间,因服从组织决定,照顾老红军的身体及家庭等原因复员退职的老红军配偶,现享受定期生活困难补助的标准适当提高,在上述规定标准的基础上,每人每月每个档次均增加50元。

1995年6月12日,地委组织部、老干部局,地区人事局、劳动局、财政局联合印发《关于提高地直行政机关和事业单位离休干部护理费标准的通知》,从1994年7月1日起,提高党、政、群机关和事业单位离休干部护理费,具体为:1942年年底以前参加革命工作的离休干部和1943年1月1日至1945年9月2日参加革命工作且年满70周岁的离休干部,其护理费由每人:每月61元提高到140元;1945年9月3日至1949年9月30日参加革命工作且年满80周岁的离休干部,其护理费由每人每月51元提高到100元。企业单位可参照本通知规定执行。

1995年7月20日,地委老干部局发出通知,经地委同意,离退休干部的降温费和烤火费与在职干部同等享受。

1995年10月17日,地委老干部局,地区人事局、民政局、财政局联文转发《关于调查我省机关、事业单位工作人员死亡后遗属生活困难补助标准的通知》规定:机关、事业单位中1937年7月6日以前参加革命工作的老红军、老干部去世后,其无固定收入的配偶生活困难补助费每人每月提高到120元;抗战时期参加革命工作的离休干部去世后,其无固定收入的配偶的生活困难补助费提高到100元;解放战争时期参加革命工作的离休干部去世后,其无固定收入的配偶的生活困难补助费提高到90元。

1996年6月10日,经地委领导同意,地委老干部局发出通知,自1996年7月1日起,凡区内副县级以上离退休干部(含享受副县级待遇)病故后,经报地委老干部局审核后,可在《上饶日报》刊登讣告。

1997年1月3日,地委组织部、老干部局,地区财政局、人事局、劳动局联合转发了省委组织部等五家《关于调整离休干部几项经费标准的通知》,对因公致残和由于瘫痪生活不能自理的离休干部,在护理期间的护理费和离体干部的特需经费、公用经费标准从1997年1月1日起做出调整:因公致残和由于瘫痪,生活不能自理的离休干部,在护理期间的护理费标准由51元提高到100元。离休干部的特需经费标准.由150元提高到200元,公用经费标准由330元提高到400元。

1999年7月8日,地委老干部局、地区财政局联文转发省委老干部局、省财政厅《关于降低解放战争时期参加革命工作的离休干部享受护理费年龄的通知》,自1999年7月1日起,对1945年9月3日至1949年9月30日参加革命工作的离休干部享受护理费的年龄从原规定的80周岁降为75周岁,其护理费标准为每人每月100元,经费开支渠道不变。

1999年7月19日,地委组织部、老干部局,地区人事局、财政局、劳动局联文转发了省委组织部等五家《关于调整退休干部活动经费标准的通知》,自1999年起,退休干部活动经费每人每年在原有基础上提高40元,调整后的标准为:地(厅)级退休干部每人每年240元,县(处)级每人每年140元,科级以下每人每年80元。

1999年9月21日,地委组织部、宣传部、老干部局,地区人事局、劳动局联文转发省委组织部等五家《关于转发中组部等四部门〈关于加强退(离)休干部思想政治工作的通知〉的通知》,要求各地各部门进一步建立健全制度,重视退(离)休干部学习马列主义、毛泽东思想,特别是邓小平理论为主要内容的教育。

1999年9月28日，根据地委、行署的部署，为庆祝新中国建立50周年，地委老干部局在上饶人民艺术剧院举行离休干部国庆电影招待会，参加电影招待会的有地直单位的老红军、老八路和解放战争时期参加革命工作的离休干部484人。招待会上，地市老干部艺术团和老年大学学员表演了精彩的文艺节目，尔后，老同志观看了电影《中国1949》。

2000年5月25日，地委组织部、老干部局联文印发《关于加强退(离)休干部思想政治工作的意见》，要求重视退(离)休干部活动场所建设，充分运用新闻媒体，加大对老干部工作的宣传力度，建立健全责任制。

发挥老干部作用　1992年，全区在学习贯彻全国老干部工作经验交流会精神中，及时把老干部工作的重点转移到有组织有领导地发挥老同志在"两个文明"建设的作用上来。据统计，全区以离退休干部为主体或老同志带头兴办的各种生产经营、种植、养殖和科技咨询、教育等实体46个，其中从事农村种养业有1.3万余人，经济效益总产值达889万多元。全区成立关工委组织306个，成员945人，作传统报告712场，教育青少年4.5万多人次，办经济技术培训班5次，到劳教所帮教劳教青少年5次。

1993年年初，地委老干部局转发省委老干部局等六家联合下发的《关于离退休干部兴办经济实体若干问题的规定》，动员和组织老干部兴办各种经济实体。据统计，全区共创办老干部经济实体80多个。全区各级关工委组织老干部到机关、学校、厂矿、街道、乡村作传统报告832场，受教育的青少年达5万多人次。

1996年12月18日，全区离退休干部"老有所为"现场会在上饶召开。

会议强调，要进一步拓宽"老有所为"工作路子，要求对老同志兴办的有益于社会、有益于社会主义市场经济发展的各项事业给予大力支持和政策优惠。据统计，到1996年上半年，全区离退休干部通过各自不同的方式，在社会主义"两个文明"建设中发挥积极作用已达1.1万余人，约占离退休干部总数的59%。

据统计，截至1998年12月31日，全区离退休干部20268人。其中参加考察干部、查处案件54人；培养关心下一代2334人；撰写回忆录、编写专业史170人；从事种养业及专业技术服务4233人；领办创办经济实体238人；重新聘用500人；参加居委会工作437人；参加离退休干部管理服务工作456人；在各种学会、协会等组织中任职628人以及从事其他工作3309人。

老干部活动中心　1991年，为改善老干部活动条件，给老同志提供一个环境优美、设施齐全的学习活动场所，地委、行署决定投资兴建上饶市老干部活动中心综合大楼，占地6亩，建筑面积6000多平方米。2000年10月18日，上饶市老干部活动中心、综合楼作为上饶地区撤地设市献礼工程，举行了隆重的开放庆典。

开展形式多样的文体活动是老干部活动中心工作的主要任务。10年中，老干部活动中心始终把这项工作作为工作的重点来抓。在组织活动过程中，做到三个结合：日常活动和大型活动相结合，自由活动和集体活动相结合，思想性、趣味性和健身性相结合。一是开展多种形式的政治学习活动，使老干部的思想不断适应新形势的需要，真正做到"思想常新，理想永存"；二是开展形式多样的文体娱乐活动，在纪念红军长征胜利60周年、庆回归、纪念建党70周年等活动中，组织老干部精心排练节目，多次在剧院、广场、街道等地演出，深受社会各界好评。1998年举办的市直单位(包括上饶市)老干部运动会，参加人数达300余人。

老年大学工作　1992年2月25日，上饶地区老年教育研究会成立，由邓布仁任名誉会长，陈宗璜任会长，赵守信、彭治亚、廖汉民任副会长。成立会上，通过了《上饶地区老年教育研究会章程》。

1993年11月3日,《上饶老同志大学试行章程》正式通过并实施。章程对老同志大学性质、宗旨、任务、学员、教学、兴办经济实体、组织机构、经费来源等主要问题作了明确规定。同年12月26日,为隆重纪念毛泽东同志诞辰100周年,老年大学举办《三代同堂纪念毛泽东同志诞辰100周年书画展览》,展出作品76件,其中,学员30件,子女11件,孙子女35件。

1994年1月1日,上饶老同志大学改名为上饶老年大学。

1995年6月17日通知,根据省委老干部局赣老字〔1995〕24号文件,上饶老年大学被授予"老年教育先进集体"称号。

1996年10月,上饶老年大学学员周月德、耿立荣、王克敌三人的书法作品参加江西省老同志协会书画协会在南昌举办"庆祝97香港回归祖国"书画展览,荣获三等奖。周月德的另一幅作品,在江西省退休职工首届书法作品展赛中荣获三等奖。

1997年6月,江西省老年书画协会、省书法家协会、省美术家协会联合举办"1997:喜庆香港回归祖国"书画展览,上饶老年大学学员24件作品入展,其中耿立荣、王克家、周月德、项乃华、秘元昌、吴可传等6人的作品,收录"1997:喜庆香港回归、江西省老年诗书画作品选"。

1998年8月5日,经地委研究决定,对上饶老年大学领导成员进行调整:名誉校长王际贤,校长张续文,副校长李志宏、吴宝炎。学员王克家同志的隶书条幅汤显祖《牡丹亭》中的词牌"醉扶归"在全国"汤显祖杯"书画展览中荣获一等奖。上官国盛、周月德的书法,余永年的国画均荣获全国老年组金奖。

1998年,老年大学学员由建校初期的60名,发展到506名,课程也由书法、老年保健等发展到24门。学员数、课程数都是建校以来最多的一年。

为纪念彭德怀诞辰100周年,上饶老年大学23名学员的29件书画作品,被湖南《彭德怀纪念馆》收藏。

1998年,上饶老年大学书画班学员创作成绩显著,当年参加了全国、省、地、市和本校举办的有关纪念周恩来、刘少奇、彭德怀诞辰100周年和迎春展、"金秋颂"等内容的书法展览比赛6次,和部队、学校共同举办书画交流笔会两次,写春联一次,共计创作617件作品。其中参加全国展览和被收藏的611件,参加省展14件,地区和本校展出256件,笔会交流126件,写春联160件,获全国奖4件。

1999年5月28日,老年大学举办了建校10周年校庆活动,400多位老同志欢聚在上饶宾馆,并收到全国各地29个兄弟单位寄来的贺信、书画作品50余(封)幅。

上饶老年大学注意对学员进行政治理论教育,科学地安排丰富多彩的教学活动,使广大离退休老同志生活充实,精神愉快,全校500余名学员无一人参加邪教"法轮功"组织,对此,中国老年报、上饶日报和上饶电视台专题进行了报道。

上饶老年大学学员周月德、王克家的书法作品和虞水娇的山水画入选1999年文化部艺术人才中心、中国老年书画研究会、中国文联组联部联合编辑出版的《中华世纪之光》中国书画大展作品集,均获优秀奖;学员王克家一幅隶书"金石长寿,翰墨怡情"荣获1999年第三届国际"金鹅奖"书画大赛铜奖,在美国纽约展出;周月德、吴可传、王克家、秘元昌、耿立荣、黄金灿、陈寿兴等七位学员的书法作品,参加了(文化部)中国文化艺术中心和中国老年书画研究会举办的"1999年国际老人年中国书画展",荣获24K(镀金)世纪名家创作奖牌;为纪念"99国际老年人年,由人民政协报、中国文化报、中华老年报、中央电视台"夕阳红"栏目、中国国际广播电台华语台等6个单位共同主办出版的《国际老年〈中华老人诗文书画大赛〉作品集》一书，收录13名在校学员的书画作品。

2000年开始，上饶老年大学将24门课分设为政治、科技、艺术、保健、文体5个系，制订了系主任职责，办公室的同志分别担任各系主任。

2000年6月15日，召开了上饶老年教育研究会二届一次会议，修改了"章程"，选举产生了新的理事、常务理事：名誉会长张续文、刘卫华；会长吴宝炎；副会长李志宏、郭安海、吴晴峦；秘书长吴晴峦（兼）。

上饶老年大学学员王克家的隶书"文如春华，思若涌泉" 参加了由中华人民共和国文化部批办，中国文学艺术界联合会、人民画报社共同主办的"首届世界华人艺术展"（在北京中国美术馆举办）的展出。

为庆祝新中国建立50周年和喜迎澳门回归祖国，江西省老年书画协会出版了《江西省老年诗书画集》，上饶老年大学学员王意波（山水）、刘巧云（花鸟）、贺薰陶（篆书）、王克家（隶书）、周月德（行书）、吴可传、秘元昌、洪广发（楷书）等选编入书。

关心下一代工作　1991年1月8日，上饶地区关心下一代工作委员会（简称"关工委"）成立。地委副书记邓布仁担任名誉主任，地区政协联络处主任张续文任主任。同年5月29日，地区关工委召开向青少年赠送读物大会，向400多名团的基层干部和青少年赠书。同年10月，地区关工委在全区推广铅山县关工委总结的"双向活动"经验。

至2000年年底，全区共建立关心下一代工作组织800多个，并初步形成了地、县（市）、乡镇三级组织网络，其中上饶县、弋阳、横峰等县关工委基层组织延伸到行政村；从事关心下一代工作的队伍达到4万多人，其中经常从事关心下一代工作的骨干队伍也有2800多人。

思想教育　1991年—2000年的10年间，全区各级关工委以中国共产党成立70周年，抗日战争胜利50周年，中国工农红军长征胜利60周年，迎接香港、澳门回归祖国，纪念毛泽东、周恩来、刘少奇诞辰100周年，迎接共和国五十华诞等重大历史事件、重大社会活动、重大纪念日为契机，以报告会、读书会、故事会、书画展、图片展、知识竞赛、演讲比赛、歌舞晚会等丰富多彩的形式向青少年进行爱国主义、集体主义、社会主义和革命优良传统教育。特别是在1996年红军长征胜利60周年和1999年新中国成立50周年之际，针对全区青少年开展的以"中华魂"为主题的系列读书教育活动，受教育人数达160万人次，其中直接参加读书活动的青少年有40多万人次。同时，据不完全统计，全区有80多位老同志到学校、厂矿、部队、机关做各类报告600余场（次），受教育青少年达25万多人次。尤其是宣金堂、赵守信、董玉亭、张甘水、吴培基、张德润、张廷发等一批老干部、老教师、老模范，长期坚持活跃在青少年中，为下一代的健康成长忘我工作。

素质教育　1991年—2000年，全区各级关工委配合有关部门，采取形式多样的方式，因地制宜、因时制宜、寓教于乐，开展了社会公德、职业道德、家庭美德及自埋、自立、自强精神为主要内容的教育活动。如1998年，地区关工委组织全区部分县（市）的80多名学生，开展了井冈山夏令营。上饶市、上饶县、波阳、铅山等县（市）关工委还举办家长学校。2000年7月19—23日，地区关工委在上饶预备役炮团举办了"2000年我爱军营军事夏令营"活动。

法制教育　10年间，全区各级关工委成立法制教育辅导小组60多个、辅导员1000多名，一大批老同志以作普法报告、发放法律知识辅导教材、举办法律知识讲座、开展法律知识咨询，组织法律知识竞赛等形式，教育青少年达40多万人次。2000年，上饶县中小学普遍配备了

"法制副校长"。地区关工委,上饶县、波阳县关工委坚持每年到看守所协助管教干警对失足青少年进行帮教和挽救。此外,一批老同志还对社会上后进和有劣迹的青少年进行结对帮教,如地区关工委常务副主任赵守信、上饶县关工委闵珠生等,先后帮教多名失足及后进青少年。据不完全统计,10 年间,全区各级关工委帮教挽救失足及后进青少年 2300 多人次。

1992 年 12 月 5 日,地区关心下一代工作委员会由于工作成绩突出,荣获全国"老有所为先进集体创作奖"。张续文、赵守信荣获"全国关心下一代先进工作者"的光荣称号。

1996 年 6 月 5 日,地区关工委,地委组织部、宣传部、老干部局,地区教育局、团地委、妇联、工会、司法局、军分区政治部、武警上饶支队政治处等 11 家单位联合举办了"中华魂"(寻红军足迹,树革命理想)读书教育活动。7 月 2 日,地区关工委、教育局联合下发《关于加大"中华魂"〈寻红军足迹,树革命理想〉读书教育活动图书征订任务的通知》,要求在全区内除贫困生以外的在校大、中、小学生人手订购一册,社会青少年达 50% 以上。在为期一年的活动中,在全区青少年中广泛开展了征文、绘画、讲故事、演讲四项比赛,受教育人数达 50 多万人次。

1997 年 8 月 12 日,地工编制委核定地区关工委办公室 2 名全额拨款事业编制,参照公务员管理。

1998 年 8 月,地区关工委组织两批青少年学生赴井冈山开展夏令营活动。当年 11 月 12 日,庆祝中华人民共和国建立五十周年和澳门回归祖国,配合全省"中华魂"《伟大的祖国》青少年读书教育活动组织委员会(简称全省组委会)的工作,地区关工委相应成立了全区"中华魂"《伟大的祖国》青少年读书教育活动组织委员会。

1999 年 6 月 7 -9 日,地区关工委分三个组分别到各县(市)对"中华魂"《伟大的祖国》读书教育活动情况进行了一次全面检查;11 月 3 日,全区组委会、地区关工委在上饶教育大厦举行了全区"中华魂"《伟大的祖国》青少年读书活动演讲、讲故事、征文、绘画比赛,四个年龄组共决出一等奖 8 名,二等奖 16 名,三等奖 32 名;4 日,在教育大厦召开了读书教育活动总结表彰大会,会上对在这次读书活动中表现突出,做出优异成绩的 40 个先进集体和 263 名先进个人进行了表彰。在此次活动中,全区受教育青少年达到 100 多万人次。

2000 年 6 月 23 日,全省"中华魂"《伟大的祖国》青少年读书教育活动总结表彰会上,全区有 3 个单位获特别组织奖称号,5 个单位获优秀组织奖,2 人荣获特别荣誉奖,35 人荣获优秀学员,8 人被评为先进工作者 27 人被评为优秀辅导员。

第十四节 党校教育

1991 年—2000 年,全区共有以培训党政干部和理论工作者为主要职能的中共党校 14 所,其中地方党校有地委党校和 12 县(市)委党校,行业党校有中共南昌铁路局党校(1996 年前为中共上海铁路局党校)。此外,还有各乡镇、街道、地属与市属各机关及企事业单位创办的基层业余党校。

地委党校 机构人员 1991 年,中共上饶地委党校有校委办公室、机关党委、教务处、党校工作处、行政处、财务处、函授教育办公室、图书馆,哲学、政治经济、科学社会主义、党史党建、行政管理、电化教学、理论研究室等 15 个内设机构。

1998 年,地委通过"三定"方案,地委党校定编 100 人,但实际在编人数一直在 80 人左右。2000 年年底,党校实际在编人数为 81 人。

教学工作　地委党校教育工作在重点办好主体班次的同时，积极探索多元化办学的路子，形成了“一校、两院、一区、一部”①的办学格局。

1991 年—2000 年，地委党校设置的主体班次有：县级干部进修班、科级干部进修班、科级青年干部培训班；党外干部培训班、中青年专家班、乡镇正职领导培训班、农村基层领导干部岗位培训班、理论辅导员培训班、奔小康村干部培训班以及其他短训班等。学制分别为 1～3 个月不等，短训班次，一般为几天或半个月不等。学习内容主要有：邓小平理论、经济改革政策、市场经济知识、法律知识、时事政治以及科技知识、电脑课（1998 年开始设置）等。

（1）函授教育　1987 年，经江西省委党校函授学院批准，建立上饶函授学区；1989 年，经江西分院批准，设立玉山县、德兴市、弋阳县、波阳县、婺源县 5 个辅导站。2000 年，全区共设有辅导站 11 个，其中开设本科班的辅导站有上饶直属站、波阳、婺源站。学制：大专班（1987 年开办）三年，本科班（1992 年开办）两年半。专业设置（开班时间）：经济管理（1987、1992）、党政管理（1996）、行政管理（1997）、法律专业（1999）。

1991 年—2000 年，地委党校函授本科生毕业人数 1667 人，专科生毕业人数 3784 人。

（2）职业教育　1995 年 5 月，地委党校开始兴办职业教育。经江西省电大上饶分校批准同意，于当年创办首届电视中专全脱产两年制饭店服务与管理专业班。此后，学校又开办了自学助考班，招收公关文秘、经济专科和法律本科三个专业；并与江西师范大学对外贸易系合办一年制电脑公关文秘岗前培训强化班。学制 1～3 年不等。2000 年年底止，职业教育各班次共毕业学生 918 人。

理论研究　地委党校教研人员，在完成教学任务的同时，开展了广泛的理论研究工作。1991 年—2000 年，全校教研人员共发表国家级论文 26 篇，完成国家社科基金课题 1 项；发表省级论文 138 篇，出版或参编著作 20 多册。

思想政治工作　1994 年开始，地委党校每年抓住一个重点，有针对性地开展一次解放思想大讨论，当年，学校开展了为期三个月的解放思想大讨论。1995 年—2000 年，分别开展了以“党校要上去，我该怎么办”“争创一流党校”“教学质量年”“树形象，比贡献，向省级文明单位冲刺”“管理质量年”等等为主题的大讨论。通过连续几次大讨论，党校面貌发生了根本转变。

基础设施建设　1994 年起，地委党校加强了信息化建设，先后投入 85 万元购置 140 台电脑，并于 1996 年建成两个电脑教室。2000 年，全校拥有建筑面积 25635 平方米，其中，新教学大楼 7681 平方米，图书馆 1300 平方米。图书馆藏书 70652 册，订阅报刊 180 种，其中：报纸 29 种，杂志 151 种。

基层党校（选录）　中共上饶市委党校　校址在上饶市郊区车头村湖潭头。校园占地面积 1.05 万平方米。至 2000 年，学校建有教学、办公楼，学生、教工宿舍楼各 1 栋，共有建筑面积 0.24 万平方米。

中共上饶县委党校　2000 年，党校内设办公、教研、培训中心、基层党校指导 4 个科室，有在岗行政干部和教师 19 人，拥有办公、教学等用房 2500 平方米。

中共玉山县委党校　校址在玉山县城冰溪镇府前园 273 号。校舍占地面积 5797 平方米。2000 年，学校拥有教学大楼、办公综合楼、家属楼各 1 栋，运动场以及电脑等教学设施齐全，内设办公室、教研室、图书资料室、函授辅导站，有在岗教职工 18 人。图书馆藏书 2.5 万册。

①“一校两院一区一部”：党校、行政学院和社会主义学院、中央党校函授学院上饶学区、职业教育部。

第二章 民主党派地方组织

1991年—2000年,全区民主党派地方级组织主要有中国国民党革命委员会、中国民主同盟、中国民主建国会、中国民主促进会、中国农工民主党5个,截至2000年,共有成员641人、基层组织44个。均集中在上饶市,主要分布在地属和市属的文化、教育、经济、卫生、医药等行政机关、企事业单位和科研机构。除玉山、德兴两个县(市)外,其余各县只有少数会员,没有成立支部。随着中国共产党领导的多党合作和政治协商制度的不断完善,各民主党派组织健康发展,在政治协商、民族监督、参政议政、经济工作和各项社会事业中发挥着积极作用。

第一节 民革地方组织

组织机构 民革上饶市委员会 1991年,中国国民党革命委员会上饶市第十届委员会由9人组成,张毓昌为主任委员,朱立凡、王书琴(女)为副主任委员。1995年11月召开的第十一届党员大会,选举产生了由11名委员、1名候补委员组成的第十一届委员会,张毓昌连任主任委员,谢云林、朱立凡、王书琴(女)为副主任委员。2000年10月,随着地、市建置的变化,原民革上饶市委员会撤销,成立以谢云林为副组长的地级上饶市民革市委会筹备组。同年,民革上饶市委会下辖8个基层支部,有党员107人;党员中有1人任省政协第八届委员会委员,2人任省政府参事室参事,1人任市政协副主席,2人任市政协常委,15人任市政协委员,1人任市人大代表。

主要活动 参政议政 1991年—2000年,民革上饶市委员会在民革中央制定的“以服务于社会主义现代化建设为中心,以促进祖国统一为重点”的工作方针指导下,积极发爱国参政党的作用和自身的优势,通过市政协渠道提出提案和各类调查报告百余件基本都得到采纳。尤其是1994年提出的加速上饶市个体私营经济、组建鞋业批发市场、开展上饶科技精品活动等提案,得到上饶地区行署和上饶市政府的好评;1995年《关于反腐倡廉的几点建议》获江西省“兴赣杯”双百竞赛活动一等奖;1996年,张毓昌《关于发展鲁西有角高腿小尾寒羊,帮助农村脱贫致富的建议》,时任中共江西省委书记的吴官正也作了“发展‘鲁羊’的建议,应引起我们的重视,建议孙用和副省长召集农业厅、扶贫办、省科委、农科院畜牧所、农业大学畜牧系等单位的负责同志研究这个问题”的批示,给予充分肯定;2000年提出的《关于加强师德教育的建议》被江西省教育厅采纳。1999年—2000年民革上饶市委员会两度被评为市政协提案先进单位,谢云林获2000年民革全国先进个人称号并出席表彰大会。

兴办教育事业 1987年创办上饶市中山业余党校,至2000年共招收高考落榜学生895人,经过补习,有150多人考入大中专党校。1993年,开办会计培训班,42名学员考试全部合格,均为企业录用。

服务经济社会 1994年,为上饶轻合金车轮厂从瑞士引进外资50万元,组建成中瑞合资公司,形成年产20万只轻合金车轮规模,产值利税相应增加。1995年,引进闽浙两省鞋业企业到上饶市竞争,形成200余个摊位的鞋业批发市场。1996年积极倡导的上饶科技精品活动,得到上饶地区科协和有关企业的支持,从50多家企业中筛选出17个产品,分别定为“上饶科技精品”和“上饶精品”，推动了全区名牌战略实施。是年9月，特邀鲁西寒羊专家、北京农学院教授陈济生到上饶讲授小尾寒羊的饲养技术，并在朝阳农中、吉阳开发区和秦峰乡等地建6个养殖基地，还着手筹集一批扶贫基金在有条件的农村或单位推广小尾寒羊的养殖。1999年—2000年，每年都组织文化医疗卫生“三下乡”活动。

促进祖国统一大业　1991年10月，民革市委会与市政协召开有“三胞”眷属委员和市各民主党派成员参加的座谈会，强烈谴责台湾民进党搞“台湾独立”分裂祖国的图谋，表达了要实现祖国统一的坚强决心，《江西政协报》在头版头条作了报道。1995年8月，民革市委会与市政协、市委统战部共同举办世界反法西斯战争和抗日战争胜利50周年报告会，弘扬中华民族团结一心、共御外侮、不屈不挠的斗争精神，谴责李登辉一伙民族败类的分裂图谋。从是年起至2000年，民革市委会以学习、宣传江泽民对台八项主张为重点，不断探索对台工作的新特点、新形式，把做好大陆探亲、投资、求学、旅游和进行各种交流活动的台胞工作，作为促进祖国统一的重要途径。

第二节　民盟地方组织

组织机构　民盟上饶市委员会　1991年，民盟上饶市第十届委员会由15人组成，韩钟奇为主任委员，俞石雄、童复、鲍康为副主任委员。1995年10月18～20日，民盟上饶市第十一次盟员大会召开，参会盟员186人，选举产生由14人（缺1名）组成的第十一届民盟市委会，韩钟奇为主任委员，鲍康、卢国强为副主任委员。2000年，民盟上饶市委员会有盟员221人，下辖上饶师专民盟总支及11个基层支部、1个小组（由弋阳、波阳、上饶3县5名盟员组成）。盟员中具有高级职称64人，中级职称126人。是年10月，随着上饶地区地、市建置的改变，撤销原民盟市委会，成立地级上饶市民盟市委会筹备组。

各县（市）民盟组织　2000年12月，中国民主同盟玉山支部有盟员22人，徐宗正为主任委员，毛用益、俞银水为副主任委员，周仁妹、赵振亚为委员。

主要活动　参政议政　1991年—2000年，民盟上饶市委员会积极组织和推动盟员紧紧围绕地方党委和政府的中心工作、群众关注的热点难点问题，认真履行参政议政的职能。其中通过担任省、市人大代表和政协委员的盟员或以盟市委的名义，提出提案、意见和专题报告中，大量关于加强文化教育科技方面的意见建议，均受到同级地方党委和政府及有关部门的重视，并付诸实施。

服务经济建设　1991年成立群星技术服务维修中心，至2000年，该服务中心先后赴省内外开展各种服务活动百余次。1992年帮助市郊常青乡车头村制定《市郊农村经营模式示范村五年规划实施方案》，对该村的农业生产、村办企业、教育、文化、科技、卫生、体育事业的发展进行全面规划；还向村委会捐赠书籍3000余册，并建起了文化室。1995年7月，组建上饶市百名工程师科技服务团，帮助市属中外合资飞扬窗帘公司、轻合金车轮厂等企业进行多项技术改造，解决了多个技术难题。1996年派员参加“宁红杯”“兴赣杯”“华能杯”科技竞赛活动，并获省委统战部组织的“兴赣杯”科技竞赛成果二等奖。

创办经济实体　1991年从辽宁旨进资金，和市政协联办亨通工艺雕刻厂，产品远销日本，缴纳税款4万余元。1993年—1998年，先后与个私企业联办上饶市群星建材经营部、上饶市群星汽车修理厂等5个企业，安置待业青年20余人。

开展办学培训　1992年—1994年，为适应小学升初中需要，并根据少年儿童的特点，在上饶市的7所小学和外县4所小学内，开办了暑期少儿英语乐园，共计37个班，培训2000多人。

参与社会活动　1994年5月，民盟市委会全力参与接待“华东六省一市宣传工作会议”在上饶市召开，做好会务工作，受到与会领导的好评。同年，响应中共上饶市委、市政府“温暖童心”捐资助学号召，决定每年捐助朝阳乡两名贫困儿童每人100元；1996年开始，每年派盟员参加地、市组织的“三下乡”活动；1997年，市政协、市委统战部主办迎香港回归文艺晚会，由民盟成员担纲演出，获得很大成功；1998年，民盟市委组织盟员为受洪涝灾害的地方捐款2万余元、衣被1000余件，1998年，民盟上饶市委会被评为江西省民主党派中的先进集体；1999年，民盟市委组织盟员参加中华人民共和国成立50周年、人民政协成立50周年等各项庆典活动。

第三节　民建地方组织

组织机构　民建上饶市委员会　1991年，民建上饶市第六届委员会由11人组成，刘善海为主任委员，闵文寿、樊荣珍(女)为副主任委员。1995年10月18～20日，召开第七次会员大会，选举产生由13人组成的第七届市委会，刘善海为主任委员，樊荣珍(女)、刘远康为副主任委员。2000年10月19日，原民建上饶市委会撤销，成立地级上饶市民建市委会筹备组，刘远康为副组长，黄廉忠、李少梅、李靖为组员。时有会员151人，分属文教总支及市三小、四中、体校、工交、工商、制药厂、江光、机关、财贸、综合等10个支部。

主要活动　参政议政　1991年—2000年，民建市委会继续按照“坚定不移跟党走，尽心竭力干四化”的要求，围绕中共各级地方党委、政府的中心工作、重大决策，以及群众关心的热点难点问题坦诚已见，出谋献策。仅在市政协各次全会上提出的提案就近200件，其中，1996年，在市政协十届四次全会上提出的提案占总数的24.27%。关于减少机动车尾气，防止污染的提案被政府采纳后，专门下发了有关防止尾气污染的实施办法。有关加强居委会工作的提案，被中共上饶市委市政府采纳后，很快下发提高居委会干部待遇的文件，并作出从大专毕业生中招聘居委会干部的决定。民建市委会还通过深入调查研究，先后就企业兴建市场、兴建地方产品供销大楼，大力发展萍乡优质山羊、发展肉牛饲养帮助农民致富等方面的设想，提出20多份专题调查报告，供市委、市政府决策参考。2000年，市政协授予民建上饶市委会提案工作先进单位称号。

创办经济实体　1991年，民建市委会与市工商联合办上饶通联经济有限公司，至1997年停办止，共发展公用电话亭86个，安排下岗待业人员200余人，实现营业额500余万元，推动了市区公用电话事业的发展。1992年成立的上饶市信灵咨询服务部，先后为本地和外地许多企业解决了技术、设备上的不少难题，铅山县机械厂特地赠送“咨询之友、企业之友”的锦旗表示感谢；该服务部为上饶市染织厂联系10万米白坯布加工业务，缓解了该厂停工待料的困难；其下设的禽蛋批发部，从北京等地共购进30余万公斤鸡蛋供应市场，既丰富了市民菜篮子，也平抑了物价；下设的蓝天光学仪器厂也销售零配件近40万元，缴税5万余元；1996年10月，该部还帮助南京仪机股份有限公司，在上饶新华宾馆成功地举办“全国光学冷加工技术暨'97新产品展示展销会”，吸引国内外180余名专家及厂家代表参会，成交额达500余万元。此外，与工商联合办10年的市建联经济咨询服务公司，销售天厨佛手味精80余吨，缴税10余万元。

坚持办学　1992年秋，原民革、民盟、民建、农工党市委会共同创办的上饶市育才学校，改由民建和农工党市委会合办，使之成为全市坚持时间最长的补习学校，至2000年年底，该校共招收高考补习生2350多人，经过补习后参加高考而被省内外大专院校录取的学生达1587人，占补习生总数的67.5%。市教育局曾授予该校“办学有方、成绩显著”的奖旗。

第四节　农工民主党地方组织

组织机构　*农工民主党上饶市委员会*　1991年，农工民主党上饶市第十届委员会由14人组成，程怀生为主任委员，彭良瑞、李玲伟、张鲁为副主任委员。是年，上饶县和德兴市两个支部划归农工党江西省委直管，转出党员29人，上饶市实有农工民主党党员71人。1995年10月，召开第十一次党员大会，来自10个支部的114名党员参加大会，选举产生由10人组成的第十一届市委会，程怀生为主任委员，吴江海、李玲伟、杨剑英(女)为副主任委员。2000年10月，随着地、市建置的变化，原农工民主党上饶市委会撤销，成立地级市农工民主党上饶市委会筹备组，吴亦丰任副组长，杨剑英(女)、杜德胜、朱兰芳为组员。是年，农工民主党上饶市委会下辖10个基层支部，有党员128人，主要分布在医药卫生界、教育界，少数在科技界及政府部门；党员中任省人大代表、政协委员各1人，市政协常委3人、委员11人，市人大代表1人。

各县(市)农工民主党地方组织　在玉山县有会员王敏1人，为玉山县政协第四届委员会常务委员，第五、六、七届政协委员。政协八届期间，王敏作为特邀人员出席会议。上饶县、德兴市各有一个农工民主党支部。

主要活动　*参政议政*　1991年—2000年，农工党上饶市委会通过出席省、市人代会，政协会和双月座谈会、情况通报会，以及受聘担任“特约五员”等，切实履行参政议政职能。提出提案、建议和专题调查报告100余份。其中在省政协会上提出的关于改变机关作风的提案，省监察厅还派专人与提案人商谈，并向中纪委作了反映。关于医药卫生工作方面的大量提案及调查报告，也都得到地方党委、政府的重视。1997年、1999年，农工党市委会均被市政协授予提案工作先进单位称号。

开办专家门诊　1992年10月，农工党副主委张鲁创办传统保健服务部，先后接待患者3000余人次。

兴办教育事业　1992年，农工党上饶市委会与民建市委会接管原与民革、民盟四委会合办的育才学校。此外，还承办光明中医函大辅导站，为来自农村的85级、86级、88级学员按教学大纲完成了授课、考试评卷任务，对改善农村医疗条件起到了积极作用。1995年—1996年，举办了3期全国计算机等级考试培训班，有300余人参学，260余人获得国家二级证书，22人获国家一级证书。1996年3月，在市一中电教室为全市领导干部举办1期计算机普及知识学习班，是年8月1日至9月1日，又举办1期全国专业技术英语等级考试学习班，有25名医生、科技人员参加学习。

开发新产品　1992年9月，创办客车总成件厂，生产的团体客车SR6995H变速总成件，填补了江西省内机械行业空白。1994年，增加农用客车生产。3年创产值40余万元，缴税6万余元。1995年7月，创办上饶地区首家微生物技术开发中心，致力于生物制品开发，至翌年

底纳税4.5万元。

社会服务 1991年—2000年,农工党上饶市委会组织医务界党员下乡、下矿开展义诊10余次,举办讲座20余次,组织党员参加由省、市委统战部举办的各类知识竞赛和市委、市政府组织中心工作。1998年在全市抗洪救灾活动中,发动党员捐款1.067万元,捐赠药品价值3万余元,捐衣物3421件。1991年9月,农工党德兴市委会研究决定,将香屯镇畲族民族村蓝村列为扶贫帮困点,组织党员到蓝村开展扶贫帮困活动,并赠送村小学课桌、板凳35套及地球仪、教学用三角板等教学仪器,为村文化室捐赠科技书籍40余册。此后,每年均定期到蓝村开展帮扶活动。刘荣高等医药界党员为村民免费医疗咨询,先后达1000余人次;教育界党员伍进村先后3次对蓝村小学教师进行教学辅导;农业技术人员徐华生先后2次到蓝村向村民传授农作物栽培技术和病虫害防治知识。1995年6月中旬,医药界党员会同市内其他医护人员深入遭受严重水灾的万村、黄柏两乡开展免费医疗咨询服务并向灾民送去慰问金。同时,坚持每年1次深入偏远山乡,为农村居民免费诊疗,宣传防病、治病知识,每年的3月均参加"学雷锋"义务诊疗咨询活动。

第五节 其他党派地方组织

组织机构 民进上饶市委员会 1994年以前只有上饶师专教授严杰是民进会员。是年5月,民进江西省委组织部长金福来到上饶,发展吴剑文(女)、陶三元(女)等5名会员;同年8月,成立民进上饶小组,吴剑文为组长,陶三元为副组长;年底,民进上饶小组已有会员8名。1995年12月25日,召开民进上饶市支部成立大会,选举吴剑文为支部主任,陶三元为副主任。支部直属民进省委领导,会员增至20人。1998年11月26日,召开民进上饶市委员会成立大会,选举产生由7人组成的首届民进市委会,吴剑文为主任委员,陶三元为副主任委员。下设上饶市一中、市二中和综合3个基层支部,时有会员36人。2000年10月,原民进上饶市委会撤销,成立地级上饶市民进市委会筹备组,饶爱京、周延为副组长,吴剑文、陶三元为组员。时有会员42人。会员中出任上饶市政协常委1人、委员2人。

九三学社 在玉山县有会员洪琦1人,为玉山县政协第七届委员会委员,政协八届期间,洪琦作为特邀人员出席会议。

主要活动 1995年5月7日,民进上饶市委会与上饶地区文联音协、《上饶广播电视报》在上饶大酒店联合举办上饶地区青年歌手"爱我中华"卡拉OK大奖赛,有参赛歌手100名。同年,民进会员彭惠民等20名青年组成全区首支业余铜管乐队。1996年3月,出席上饶市政协十届四次会议的民进委员就道路和交通问题提出提案,被市政府采纳。是年,响应民进中央号召,发动会员为尊师重教活动捐款。2000年9月17日,在上饶地区宾馆举办"方正通讯杯"青少年歌手大奖赛,全区100名歌手参赛。1995年—2000年,会员中有2人被评为市优秀教师,1人先后获江西省第二届文艺创作二等奖、国家文化部群星二等奖和省文化厅一等奖,1人获《语文教学与研究》征文一等奖并出版专著一本。

卷二十四　群众团体

1990年代，境内延续工会、共青团、妇联、文化科技、工商业等群众团体。每个群团根据服务对象的不同特点开展活动。工会组织主要有保障职工生活的“送温暖”、解决特困职工生活、维护职工合法权益及开展“双增双节”的社会主义劳动竞赛；共青团组织宣传学雷锋做好事、对青少年进行爱国主义教育、实施“希望工程—百万爱心行动”计划；妇联组织开展农村妇女“双学双比”、城镇妇女“巾帼建功”活动，保障妇女儿童合法权益，实施春蕾计划；文化科技团体开展科普宣传、送科技下乡、科技培训、金桥工程，活跃业余作者的文学创作，综合性基础理论和专业性应用理论研究成果丰硕；工商联组织开展宣传培训、扩大对外联络和推动光彩事业的发展。

随着社会的进步，境内各级政府加强对社会弱势群体的关怀。1991年，全区地、县(市)全部组建残疾人联合机构，开展残疾人就业安置、残疾人康复、残疾人扶贫和残疾人权益保护等一系列活动。1999年5月，地区残联残疾人劳动就业服务中心成立，县(市)残疾人劳动就业服务所相继成立，负责残疾人就业调查，就业登记、职业培训、就业推荐及残疾人就业保障金的征收、管理和使用工作。至2000年年底，全区分散按比例安排残疾人就业789人，通过残联帮助和推荐就业3万人。

第一章　工人组织

第一节　组　织

江西省总工会上饶地区办事处　1991年后，一直沿称江西省总工会上饶地区办事处(简称地区工会)，内设三部二室，即办公室、宣传部、生产保护部、生活女工部、企业民主管理办公室。

1996年9月，江西省总工会上饶地区办事处内部设置为五部一室，即基层工作部、生活女工部、经济工作部、宣教文体部、财务部、办公室。

2000年10月20日，因上饶地区撤地设市，江西省总工会上饶地区办事处改称上饶市总工会。

县(市)级工会　1991年4月，德兴县工会改称德兴市工会。2000年10月，上饶市工会改称信州区工会，其他各县市工会称谓不变。

1991 年—2000 年全区工会基层组织情况

表 24-1-1

年份	基层工会数(个)	会员数(人)	年份	基层工会数(个)	会员数(人)
1991	2368	225829	1996	2410	227654
1992	2396	226638	1997	2395	227278
1993	2449	228713	1998	2365	226396
1994	2456	228928	1999	2327	223187
1995	2418	228136	2000	2231	218263

1991 年—2000 年全区厂矿工会情况(国有工矿企业)

表 24-1-2

年份	建会数(个)	会员数(人)	年份	建会数(个)	会员数(人)
1991	1986	190612	1996	2145	199839
1992	1998	193852	1997	1954	194121
1993	2014	197673	1998	1934	190112
1994	2124	198762	1999	1901	188326
1995	2136	199471	2000	1989	186215

第二节　保障职工生活

1991 年始,全区各级工会对停工停产企业困难职工开展“走千家、访万户,为职工群众排忧解难”的送温暖活动。2 月初,地区工会领导李道根、纪殿国分别带队走访铺前煤矿、713 矿等 45 个单位和 18 名全国劳模、省劳模,对困难职工和劳模进行补助和慰问。

1993 年,年初,地委副书记饶士圻、省总工会副主席韩峰等走访慰问地区区食品厂、建筑公司和上饶市特别困难职工家庭。春节前全区各级工会走访慰问 1000 多户特别困难职工,共发放补助款 20 多万元。11 月 30 日,地委、行署两办转发地区工会《关于我区职工生活状况的调查报告》(饶办字〔1993〕54 号),要求按照报告中提出的七项建议,切实做好困难职工的工作。

1994 年,1 月中旬,全区各级工会走访慰问 1000 多户困难户,共发放补助款 68 万余元。并就新安煤矿 300 名职工集体反映的生活困难情况向行署和铅山县政府领导汇报,经调查核实,行署和县政府各拨款 20 万元给该矿补助困难职工。10 月,为贯彻落实全国总工会、江西省总工会关于实施“送温暖工程”意见,妥善解决全区特困职工生活,维护社会稳定,成立上饶地区“送温暖工程”领导小组,下设办公室。

1995 年,1 月 4 日,地委主要领导与地区建筑公司、第三建筑公司 5 名退休职工代表和上饶地区工会、上饶地区建设局、上饶建筑总公司有关人员座谈,共商解决 78 名退休职工生活困难问题。至春节期间,各级政府、工会筹集、下拨困难补助款 116 万元,慰问特困户 6586 户,慰问救济职工2000多人。8月,全区共建立养老、医疗、丧子抚恤不同类型互助补充保险383个,1122名职工参加,成立433个互助组互济款98万元;同时对职工劳动保护卡进行了清理、登记。12月争取到送温暖基金100万元,其中地区财政50万元,保险金20万元,企事业单位个人捐助款20万元,地区工会10万元。

1996年,省总工会为全区送温暖工程拨款46万元。全区采取行政拨一点、工会挤一点,干部群众捐一点的形式,为困难职工筹集送温暖基金。到12月5日有40余家企事业单位将首批捐款63.55万元拨交给送温暖基金。

1997年7月28日,地区工会对全区职工下岗失业和工资发放进行一次全面调查,对1238个企业进行调查(国有企业582个,集体企业646个),亏损企业617个,占企业总数的50%;调查企业职工178736人,下岗职工有40726个,占职工总人数的23%;停发工资的职工有26177人,停发退休生活费的有3391人,全区职工中人均生活费不足60元的特困户有5252人。年底,根据基层工会审核的原则,全区建立困难职工档案18907份,对其中人均生活低于70元的特困户,全区第一批发放1143户特困证,给贫困职工带来多方面的实惠。

1999年,地、县(市)工会共建立职工职业介绍所13个,培训下岗职工1946人,全区实现下岗再就业4585人,筹集送温暖资金累计332万元,职工互助保险费累计920万元。新建劳动法监督委员会80家,举办两期专业人员培训。

2000年,地区工会对特困职工承担第一责任人的职责,协助党政做好国有企业减员增效、下岗职工基本生活保障和再就业工作,全年筹集送温暖款365.27万元,专访慰问困难企业378家,慰问补助困难职工21406户,其中将江西省总工会下拨17万余元,及时分拨给县、市和中央、省、地企业。

第三节　维护职工权益

1991年3月2日,地区工会女职工委员会第一次全体委员会在上饶市召开,大会审议通过了《上饶地区工会女职工委员会暂行条例》,为女职工活动的开展提供了依据。

1995年,8月29日,地区工会召开全区工作会议,以贯彻实施《中华人民共和国劳动法》(以下简称《劳动法》为中心,要求将维护劳动者合法权益提高到新水平,突出维护职能,建立平等协商、签订集体合同制度,参与现代企业制度试点,在劳动争议、仲裁工作中维护职工合法权益。10月,积极参与建立现代企业制度相配套的养老、失业保险为重点的社会保障制度的改革,调查了31个企业,103106个职工家庭收入低于78.36元的困难职工36166人,占调查职工总数的35.85%,其中低于45元以下的贫困职工9816人,占调查职工总数的9.25%,停产、半停产企业804户,没有正常领取工资和生活费的职工(含退休职工)12187人。同月,地区工会转发国家建设部、公安部、中华全国总工会《关于严肃处理侮辱殴打环卫职工事件,保障环卫职工利益》的联合通知。11月,在《劳动法》执法大检查中全区参加自查用人单位1970家,自查职工人数312235人,在511家用人单位94703名职工进行大检查中清退童工16名,督促企业补签合同2117人、补发被拖欠和克扣的工资17万元,实交社会保险金255432.8元,退回职工抵押金、保证金458万元等。通过大检查,不少企业规范了单位用工行为,扩大《劳动法》影响。

1996年2月13日,地区总工会、上饶市总工会和上饶地、市劳动人事局,根据《劳动法》及有关法律规定对中外合资飞扬窗帘有限公司职工徐翔的投诉作出公正的裁决，裁决飞扬公司补发徐翔病假期间的工资和报销医药费1.4万余元。

1997年，各县(市)全部建立劳动法律监督委员会，全区建立劳动争议调解委员会1036个，培训劳动法律监督员360人、劳动争议调解员360人，建立职工介绍所10人。

2000年，印发《关于建立上饶地区女职工委员会爱心互助会的实施意见》。并于11月11日成立上饶市工会法律援助中心，制定《上饶市工会法律援助试行办法》。

第四节 宣传教育

1992年，全区各级工会掀起学习贯彻《中华人民共和国工会法》(以下简称《工会法》)热潮。5月底，地区工会在上饶地区文化宫举办“信江杯”《工会法》知识竞赛，参赛共29个队，地区水泥厂、上饶地区信江商场、501地质队获一等奖；9月中旬，与中国工运学校在玉山县联合举办深入探讨《工会法》学习班，全国各地的学员有50名。

1993年，全区认真贯彻全国工会十二大会议精神。

1994年，地区工会在全区开展“迎九运”女职工法律知识竞赛，参赛队16个。

1995年，上半年，地区工会与地区劳动部门组织7万余职工参加《劳动法》知识竞赛，把《劳动法》配套的17个劳动法规资料1.6万多份，印发到2000多个基层工会。上饶市工会代表队参加江西省《劳动法》知识竞赛，获全省第一名。9~11月，组织举办学习班5期，各县、市基层1400多名职工参加培训，其中有负责干部386人。并组织学习全国总工会的《关于建立社会主义市场经济体制过程中工会工作若干问题的意见》，为全区工会在工作开拓新思路打下了思想、理论基础。

1996年，为提高职工文化素质，上饶地区教学站成立。地区工会当年在全省《中国工运》、《江西工人天地》征订工作中名列前茅。

1997年，地区工会在饶工大厦举办全区职工互助保险骨干培训班，参加人员有各县(市)、各农垦工会负责互助保险的骨干、分管此项工作的工会主席及各基层工会负责此项工作的干部80余人。

第五节 开展劳动竞赛

1991年后，地区工会在职工中继续开展“双增双节”(增产增收，节能节支)的社会主义劳动竞赛。

1995年，地区工会积极组织、开展以节能降耗、扭亏增盈、技术革新、合理化建议、安全生产为主要内容的“争创一流业绩，争当九五模范”的双增双节劳动竞赛。全区有1053家中央、省、地厂矿(场)和县属企业参加。江西省水泥厂、江西玉山水泥厂、横峰纺织器材厂、上饶客车厂获省优胜称。9月26日，全区人民银行系统组织了统计知识和业务比赛。

1998年，广丰卷烟厂等16个单位为全区“九五竞赛”的先进集体。

2000年，全区开展“双争”立功竞赛企业1011家，其中女职工立功竞赛341家。婺源中纤板厂、广丰月兔卫生用品有限公司等10个企业荣获“十佳优胜企业”，远兴等51人为先进个人。

第二章　青年组织

第一节　组织机构

共青团上饶地区委员会　1991年后，沿称共青团上饶地区委员会，简称团地委。下设组织部、宣传部、学校和少年工作部、工农青年部。

2000年10月，由于撤地设市，共青团上饶地区委员会改为共青团上饶市委员会，简称为团市委，内设机构不变。

基层组织　1991年4月，共青团德兴县委员会改为共青团德兴市委员会。

2000年10月，共青团上饶市委员会改为共青团信州区委员会，

1991年—2000年，全区团员总数、基层团委（总支、支部）数量逐年增加。10年中，全区团员总数增加54675人，基层团委数增加347个，团总支增加442个，团支部增加41313个。

1991年—2000年全区团组织建设情况

表24－2－1

年份	团员数（人）	基层团委数（个）	团总支数（个）	团支部数（个）
1991	232947	761	1714	203154
1992	246811	775	1780	219973
1993	250869	819	1801	220612
1994	261129	827	1864	235574
1995	267135	904	1893	236120
1996	270971	922	1907	237542
1997	278340	961	1995	240998
1998	280274	1012	2057	241525
1999	286105	1067	2112	244127
2000	287622	1108	2156	244467

第二节　宣传活动

团地委每年开展纪念“五四”运动的活动，并于1995年开始年度“上饶十大杰出青年”的评选活动。

1991年3月，在全区开展“我为经济建设献计出力，争当功臣活动”，学雷锋周活动，并举办“九十年代学雷锋”演讲比赛。10月，开展向农村青年活动阵地捐赠书刊活动。12月，开展电影《启明星》宣传、发行、放映工作。

1992年,组织全区团员认真学习贯彻中共十四大会议精神。

1993年,3月,全区团组织以"学雷锋精神,做四有新人"为主题,会同地委宣传部、行署办公室、军分区政治部、精神文明办等单位开展了纪念为雷锋题词30周年活动;举办全区第三届青年歌手大奖赛。10月,开展了"爱我江西"读书活动。12月,在全区开展学习邓小平理论和《邓小平文选》第三卷活动。

1994年,根据团中央的要求,在全区开始"青年文明号"创建活动。组织上饶大中学生志愿者开展94新春热心活动、"青年志愿者学雷锋奉献日活动"。7月,组织实施中国青年志愿者"一助一"长期服务计划及开展交通法规宣传活动。12月,开展青年志愿者道路交通法规宣传教育活动和"学习徐洪刚,兴饶当先锋"活动。

1994年,全区开展"一个活动"①,"二项工程"②。7月,开展为"希望工程"募捐活动。

1995年,3月,举办爱国演唱活动比赛。4月,开展为务工青年服务活动。5月,开展"服务进万家,真情献社会"活动;怀玉活性炭公司副经理郑晓红被评为全国青年星火带头人。6月,团地委与"五行一司"③联合开展创建"青年文明号"活动。切实加强"三项工作"④、"二个环节"⑤。7月,开展推荐江西青年实业发展促进会会员工作。10月,开展在农村大力兴办"青年服务经济实体"工作。12月,开展团办实体情况调查工作。响应团中央号召,全面启动"服务万村脱贫致富奔小康"行动。开展百万青年志愿捐助灾民行动,以奉献8个小时,分担一分困难,帮助灾区群众过好年为主题,动员一切有捐助能力的团员青年捐献8小时劳动报酬不少于10元和御寒物品,并倡导工商企业和行政事业单位为灾区群众开展义卖、义诊、义演,捐款捐物。11月,地区教育局、共青团上饶地委联合组织全区广大中、小学生、教师和家庭观看由北京电影制片厂和中国青少年发展基金会联合摄制的彩色立体声儿童故事《一样的天空》。该片集爱国主义传统和道德教育于一体,思想内涵深刻。同时也弘扬了时代的主旋律,内容健康向上,对广大青少年和儿童和普及教育工作者都有很大的教育意义。

1998年,3月,举办爱国演唱活动比赛,为庆祝建国49周年,与TCL集团有限公司上饶经营部联合举办TCL杯全区青年辩论赛。11月,为服务全区经济发展大局,增进企业家之间的交流与合作,成立上饶地区青年企业家协会。年内,组织实施青年志愿者爱心接力计划,以定期轮流方式,每年在寒暑假期间向铅山县太源畲族乡派遣20名青年志愿者进行金融、教育、科技、卫生等方面的志愿服务,每批服务期限为一年。全区团组织已成立"一对一"志愿服务队4763支,"一助一"结对服务对象6239人

2000年,5月,在全区青年中开展邓小平理论和"三个代表"重要思想的学习活动。5月17日,团地委授予万年县梨树坞乡龙港村委会聂家村聂致阳"舍身救人好少年"光荣称号。6月,举办以"市场经济与保尔精神"为主题的"世纪花园杯"全市青少年演讲比赛。7月,举办"跨进新世纪,歌颂新时代"为主题的全市青年歌手大奖赛。10月,举办"大地之子"乡村青年文化节。11月,以"国企改革与WTO"和"迎接新世纪,求得大发展"为主题,成功举办两次企

①"一个活动":百万青年看上饶、爱上饶、兴上饶活动。
②"二项工程":跨世纪文明工程、跨世纪青年人才工程。
③"五行一司":人民银行、工商银行、农业银行、中国银行、农业发展银行、保险公司。
④"三项工作":思想教育、服务青少年和自身建设。
⑤"二个环节":调研、团组织兴办经济实体。

业文化沙龙，建立13个县级青少年植绿护绿示范园地。开展13个县级青少年植绿护绿示范园活动。12月开展全市青少年“保尔精神”大讨论活动。

第三节 学校和少年儿童工作

1991年11月26日，全省少先队工作会议暨学赖宁活动现场经验交流会在玉山县召开。全省各地、市、县团委学少部部长及大队辅导员参加会议。会上，传达全国少工委第二次全委会精神，团省委副书记黄建盛作重要讲话。

1994年4月，在全区少先队组织中开展争创“五星少先队员”活动试点工作。

1995年4月，地委宣传部、上饶军分区政治部、团地委联合发出通知，在全区青少年和民兵预备役人员中开展“向俞刚学习，做见义勇为好公民”的活动。

1996年6月1日，团地委、团上饶市委在庆丰公园举办由500余名少先队员参加的地市儿童庆“六一”游园活动。

1997年3月，团地委、地区教委联合开展全区首届“十佳少先队员”、“十佳少先队辅导员”（简称“双十佳”）评选活动。授予上饶县旭日中心小学周静等10名少先队员为全区首届“十佳少先队员”光荣称号；授予铅山县永平镇中心小学杨小勤等10名少先队辅导员为全区首届“十佳少先队辅导员”光荣称号。

1998年，5月7日，由地委宣传部、团地委、地区教委联合举办由1500名大中专适龄学生参加的“十八岁成人宣誓仪式”，并组织一批优秀青年题材的影片播放。8月，开展1000个家庭资助1000名大中专学生活动。9月，举办全区大中专生文艺演出、摄影、美术、书法展。

1999年10月，团地委与地委宣传部、文明办、教委、新华书店联合举办“辉煌五十的、跨进新世纪”的读书教育活动，全区的小、初、高校学生用演讲、作文、故事等不同的方式抒发自己的爱国情。

2000年，3月，团地委组织地、市、县单位、学校及驻军部队的近千名团员青年，在上饶县枫岭头镇320国道旁的中垄山义务植树点开展植树造林活动，拉开全区青少年“实施保护母亲河行动”的序幕。4月，全省“新世纪我能行”体验教育活动现场会在上饶召开，全省少先队工作专家和全区学校校长共200余人出席会议，上饶市二小、上饶市实验小学、广丰实验学校作为大会的现场观摩点，团省委书记潘东军、副书记钟志生到上饶参会。

第四节 希望工程

1992年，全区实施“希望工程—百万爱心行动”计划以来，赢得各界的支持，至1993年收到捐款112257.66元，2107名孩子得到救助。

1993年8月，在实施“希望工程——百万爱心行动”计划中，全区各县（市）共结对达479名。

1994年7月，地委组织部、省总工会上饶办事处、地委联合开展在全区党员、共青团员、工会会员中开展为“希望工程”募捐活动。全区各级党、团和工会组织，积极响应为“希望工程”募捐的号召，组织党员、团员、工会会员共捐款316286.82元。

1995年，救助失学儿童712名。

1996年12月，由地委组织部、省总工会上饶办事处、地区工商行政管理局、团地委、地区个体私营经济协会、地区农业银行联合组织开展全区“希望工程爱心储蓄”活动，至1997年12月“希望工程”爱心储蓄共完成储蓄850余万元，希望工程筹措资金50多万元。全年救助贫困儿童954名；结对救助603人，新建“希望书库”40个，新建“希望小学”6所

1997年，救助失学儿童3491名。

1998年8月，由地委宣传部、团地委、地妇联共同组织开展1000个家庭资助1000名贫困大中专学校的贫困生活动，将300套生活用品捐给上饶师专、100套捐给上饶卫校、100套捐给万年师范。团地委将95000元现金捐给波阳，用于资助95名重灾区乡镇考取大中专院校却因贫困无法上学的特困生。全年救助失学儿童3510名，接受海内外捐款1389.75万元。

2000年，建希望小学5所，其中2所为团地委救助失学儿童援建。全年救助贫困大中专学生200人。

第三章　妇女组织

第一节　组　织

上饶地区妇女联合会　1991年后，一直沿称上饶地区妇女联合会上饶地区办事处，简称地区妇联。2000年10月，因撤地设市改称上饶市妇女联合会。下设办公室、组织宣传部、发展部、维权工作部、市直机关妇委会。

县(市)组织　1991年4月，德兴县妇联改称德兴市妇联。2000年10月，上饶市妇联改称信州区妇联。其余各县市称谓不变。

基层组织建设　1990年，全区有乡镇妇联297个，农村基层妇代会2850个，城市基层妇代会134个，妇委会209个。

1994年，有妇委会284个，实建村级妇代会2995个，

1996年，全区继续按照“选好一个妇代会主任，建立一支女能人队伍，寻找一条致富路，创建一块效益基地”的目标做好基层组织建设工作，开展了创评“一类”“五好”妇代会活动。

1997年，全区2941个妇代会进行整建，配备妇代会主任；城市党政机关、科教、文卫事业单位妇女组织得到进一步健全。

1998年，在城镇新增妇委会93个。

1999年，全区290个乡、镇场全部配备了妇联干部399人，63.7%的乡镇妇联主任进了党政领导班子，党政机关、科教文卫事业单位新增机关妇委会42个，并有4个县在非公有制经济领域妇女组织工作进行了试点

第二节　宣　传

宣传教育　1990年1月1日，《江西省保护妇女儿童合法权益的若干规定》生效。地妇联将其印发成册，下发到广大妇女手中，各级妇联经各种形式向广大妇女进行宣传。在农村继续深入

开展"双学双比"活动,提出了八项任务,在全区妇联系统开展了优秀调查报告评选活动。

1991 年,在全区妇女中开展了"巾帼建功"活动,各地开展各项竞赛。

1993 年,根据全国妇联精神将"双学双比"活动作为一项长期工作来抓。

1994 年,继续抓好"巾帼建功"活动,为使五好家庭基础上的家庭建设活动能深入广泛地开展,在全区开展"论家庭文化建设在社会主义市场经济体制中的作用"的社会调查。

1995 年,在全区开展学习贯彻"世界妇女大会"(简称"世妇会")精神宣传活动,各地出动宣传车 30 余辆,在当地电视台滚动播出世妇会新闻,并组织广大妇女收听收看世妇会电视、广播,召开学习贯彻世妇会精神座谈会 332 场。号召妇女干部开展"向孔繁森同志学习争当孔繁森式的好公仆"的活动,以实际行动学习孔繁森,争当人民好公仆。开展《中国母亲》(选本)读书活动,大力宣传中国母亲的伟大品格。地妇联制定下发《关于组织全区妇女中国母亲》选本,开展"三好"[①]读书活动 实施方案,各级先后成立读书活动领导党小组,全区妇女组织发行《中国母亲》10 万余本,上饶师专妇委组织的代表队参加全省《中国母亲》的读书知识竞赛,获二等奖。面对巨大的洪涝灾害,地妇联向全区妇女组织以出《关于动员全区妇女积极开展生产自救的通知》,灾区的基层妇女组织、广大妇女自觉奋战地抗洪第一线,城镇妇女为灾区捐款 10 万余万元、捐物 6 万余件。

1996 年,全区表彰"三八"红旗手 43 名、"二八"红旗集体 18 名,巾帼建功活动先进个人 22 名,优秀妇干 59 名,好母亲 100 名,女能手标兵 10 名,女能手 18 名。

1997 年,为纪念江泽民关于《男女平等是促进我国社会发展的一项基本国策》重要讲话发表两周年,地区妇女儿童工委向全区下发《关于纪念江泽民同志男女平等基本国策讲话发表两周年的通知》,并在全区妇女中开展向李素丽、邱娥国等模范人物学习活动,教育广大妇女树立正确的价值观、人生观、和世界观,开展千名新女性活动,表彰妇女先进工作集体 417 个,先进妇女 1146 名。

1998 年,大力宣传男女平等基本国策,表彰在与特大洪灾斗争中的巾帼英模 35 名,波阳县妇联、波阳县管驿前村妇代会主任汪平素、余干县梅港乡女农民吴花香荣获全国妇联系统抗洪先进表彰,并在年内举办学习贯彻全国妇女第八次代表大会精神培训班。

1999 年,全区 50 年妇女发展成果展、50 年妇女事业巡礼、新中国成立以来女劳模座谈会、各界妇女"抚今追昔赞中华"国庆座谈会相继举行。全区妇联组织举行庆国庆大型宣传活动 15 次。各级妇联围绕文化科学知识对广大妇女进行宣传教育,地妇联与老干局等部门联合举办"金味杯"中老年妇女健康知识竞赛,并发行《中老年妇女健康知识》3000 本,教育广大妇女学习健康文明的生活方式。

2000 年,在广大妇女中宣传贯彻全省第九届妇女代表大会精神,进行"巾帼创新业"思想大动员。在对全区思想政治工作调查研究的基础上下发《加强和改进妇女思想政治工作意见》。大力弘扬女性"四自"精神,通过树立和宣传大批的妇女先进典型,帮助广大妇女克服传统守旧思想和自卑畏难情绪,引导她们走出家门,参与经济建设。

理论研究 在各个时期,地区妇联根据当时的工作特点、重点、工作任务、内容、对象和工作方法进行社会调查研究,并进行理性分析。1990 年开始,地区妇联在全区妇联系统开展了优秀调查报告评选活动。1994 年,在全区开展"论家庭文化建设在建设社会主义市场经济体

①"三好":即读好《中国母亲》一书,做一个好母亲,写一篇好读书笔记。

制中的作用”的社会调查,对优秀调查报告进行评选。

1996 年,在全区妇女干部中开展第六次优秀调查报告和论文评选活动,围绕省妇联提出的 12 个调查提纲和地妇联提出的 6 个方面专题进行调查研究,拟定了调查报告。地妇联向省妇联推荐 19 篇优秀调查报告参加评选。

1990 年—2000 年全区妇联干部主要获奖文章一览

表 24－3－1

年份	作者单位姓名	获奖文章	获奖等级
1990	地妇联张冬玉、付晓飞	《从“六害”中青少年犯罪的成因,看家庭教育的重要性》	全省妇联干部优秀调查报告评选三等奖
1990	上饶县妇联娄彩琴	《从扫“六害”中看家庭教育、社会教育对儿少思想品德行为影响调查》	全区妇联干部优秀调查报告评选一等奖
1992	玉山县妇联林云仙	《关于妇女解放问题的调查》	全省妇联干部优秀调查报告评选三等奖
1992	铅山县妇联李静	《农村婚约纠纷的原因及其预防》	全省妇联干部优秀调查报告评选三等奖
1992	波阳县妇联曾花娥	《加强个体幼儿园管理势在必行》	全省妇联干部优秀调查报告评选三等奖
1993	上饶师专妇工委	《把握基本特点摸索工作路子》	全省妇联干部优秀调查报告评选三等奖
1994	地妇联江枝英	《浅谈社会主义市场经济体制条件下如何深化“双学双比”活动》	全省农村妇女参与发展和“双学双比”竞赛活动论文报告一等奖
1994	地妇联王莉娜、李翠兰	《浅谈下岗妇女问题》	江西省“巾帼建功”活动论文评选三等奖
1994	万年县妇联凌金枝	《浅谈家庭文化建设在改革开放中新思路》	全区妇联干部优秀调查报告评选一等奖
1995	波阳县妇联曾花娥	《把握着力点,实现新跨越——对波阳县妇代会建设的调查与思考》	全区妇联干部第五届优秀调查报告评选一等奖
1995	上饶师专妇工委吴务南、朱俊兰	《加强教育引导,树立正确的婚恋观》	全区妇联干部第五届优秀调查报告评选一等奖
1996	上饶县妇联娄彩琴、郑桂荣	《女童教育的现状、问题及对策》	全区妇联干部第六次优秀调查报告评选三等奖
1996	余干县广播电视局彭点清	《母亲—她有一颗明亮的报国心》	地妇联《颂母亲》征文活动一等奖
1996	上饶县妇联程花花、汪茶英	《春雨润物细无声——记地区优秀母亲许金女》	地妇联《颂母亲》征文活动一等奖
1997	万年县妇联胡莲芳	《浅谈如何搞好家庭教育》	全区家庭德育教育优秀论文评选一等奖
1997	婺源县妇联程莉萍	《浅谈孩子良好习惯的培养》	全区家庭德育教育优秀论文评选一等奖
1997	广丰县妇联夏小青	《家庭中不可忽视的一面》	全区家庭德育教育优秀论文评选一等奖
1999	上饶师专叶芳	《女大学生心理健康问题探析》	全区妇联系统调查报告评选一等奖

续表 24－3－1

年份	作者单位姓名	获奖文章	获奖等级
1999	横峰县二中钟美英	《"青蛙与水"故事的启示》	全区妇联系统调查报告评选一等奖
2000	地妇联付晓飞	《努力开创社区思想政治工作新局面——社区思想政治工作情况调查》	全区妇联系统调研文章评选一等奖
2000	德兴泗洲镇妇联徐双英	《新形势下加强妇女思想政治工作的思考》	全区妇联系统调研文章评选一等奖

第三节　保障妇女儿童合法权益

儿童少年工作　1980 年代后期,全区创办家长学校,从城市到农村全面展开,并要求学校要做到"五有"①。

1992 年,全区有家长学校 464 所,广播父母学校 2 所,家长函授学校 4 所,婚育学校 1 所。

1993 年,地区妇女儿童工作协调委员会制定《九十年代上饶地区儿童发展规划纲要》并由行署下发到各县(市)实施,各县亦分别制定规划,并组织各县、市教育局计生委等各相关单位举办宣传骨干培训班,为实现纲要开展各项工作。

1995 年 6 月,地妇联与地区卫生局联合举办"母婴保健法"宣传月活动,并对 5 个高危县市开展"消除新生儿破伤风,破伤风毒素类突击免疫接种"宣传动员工作。全年全区有家长学校 553 所,广播父母学校 3 所。

1996 年,创办电视家长学校向社会播放"三优"知识讲座,

1997 年,各县市妇联以学校、幼儿园为阵地,开办家长学校 1179 所。

1998 年,地市妇联与地市教委联合举行"优秀家长报告会"。

2000 年 12 月,市妇联、市教委为推动家教工作深入开展,联合表彰在家教工作"九五"计划中实现《九十年代中国儿童发展规划纲要》家庭教育目标中涌现的先进集体个人。

信访接待　各级妇联继续做好信访接待工作。

1991 年参与诉讼 4 件,接待来信 238 件、到访 1173 人次,处理 1394 件。

1992 年,来信到访 2606 人(次)。处理 4051 件人(次)。

1993 年,参与诉讼 21 件,代写诉状 80 份;接待来信 185 件,到访 720 件,处理 891 件。

1994 年,参与诉讼案件 61 件,接待来信 229 件,到访 944 件,处理 1158 件。

1995 年,来信 416 件,到访 3798 人次,处理 4134 件人(次),重大案件处理 53 件。

1996 年,接待处理来信到访 2380 件次,其中在妇联接待 150 件次

1997 年,接待到访 1178 件次,处理来信 377 件。

1998 年,接待来信到访 2227 件次,地妇联接待来信到访 82 件次。

1999 年,全区妇联接待来信到访 1638 人次。

---

①"五有":有教师、有场地、有计划、有教材、有牌子。

2000 年,全区妇联接到来信 722 件、接连来访 1630 人次,协调处理 10 起重大信访件,其中地妇联接待来信到访 62 件次。

妇女保健 全区妇女继续享受"经、孕、产、乳"四期保护。

1991 年,地直机关妇委会组织地直单位的女职工、干部进行妇科病普查、乳腺病普查。

1995 年 11 月,地直机关妇委会再次组织了地直机关妇女参加乳腺检查,参检人数 1299 人。

春蕾计划 1996 年 4 月,全区妇儿工作委员会召开,决定"春蕾计划"的实施计划,确定每个成员单位至少扶助一名失学辍学儿童的目标。与此同时积极动员社会力量办学。向全区发出《倡议书》,得到社会各界的响应,全区救助失、辍学儿童 680 名。在省妇联重视支持下,上饶县争取联合国儿童基金会宣传,动员失、辍学女童复学项目,办起全区第一个女童班。

1997 年,加大"春蕾计划"的宣传力度,全区新助女童 622 名。广丰县月兔卫生用品公司在全区救助辍学女童 101 名。余干、波阳县相继创办女童班。

1998 年,继续实施"春蕾计划",新增扶助失学、辍学儿童 749 名。

1999 年,开展架设春蕾桥活动,将城市的一些热心助困人士与农村特困女童联系起来,开展爱心传递活动。

2000 年,385 名女童借助春蕾桥圆求学梦。

第四节 农村妇女"双学双比"活动

1990 年代,全区深入开展"双学双比"活动。

1991 年,在全区农村开展"十赛、十比、十看"活动,全区围绕农业开发中开展"五个一"[①]活动。

1992 年,开展巾帼扫盲、科技兴农、创建基地、绿色工程达标竞赛活动。

1993 年,开展"一、十、百"活动[②]。

1994 年,继续开展"一、十、百"活动。深入开展"百、千、万"活动,即每个县(市)培养百名"三高"女能手。创建千亩基地、培养千名万元户。

1995 年,"双学双比"与农村基层妇女组织有机地结合起来,对基层妇代会调整充实。

1996 年,"双学双比"活动以扶贫开发为重点,开展"一、十、百、千、万"竞赛活动,即"地、县(市)、乡妇联开发新项目 1 个以上,树立在当地叫得响、有贡献的女能手标兵 10 名。全区妇女组织帮助引导妇女 1000 余户。据统计,全区妇联分别开发新项目 1 个,共扶持以妇女为主体的专业林 108 个,开展"手拉手"扶贫活动,发挥帮带作用,建立"双学双比"发展基金,地区财政局从农业主导产业资金中划出低息贷款 20 万元和民政局的扶贫资金 1.4 万元,用于扶持和发展以妇女为主体的项目,在着力抓好工作的同时,积极推广旱田育秧、大棚蔬菜、果树栽培、养殖与实用技术,组织妇女参与抢险和"三冬"生产。

1997 年,继续开展"一、十、百、千、万"活动,把"巾帼扶贫"活动和管好老基地作为竞赛活

---

①"五个一":培养一批女技术骨干、发展一批女科技示范户、建设好一批专业村或示范村、创建一批新基地。动员百万妇女投入"四冬"生产第一线,每个女劳力积肥 100 担。

②"一、十、百":人平均养一头猪、十羽禽、增收一百二十元。

动的重点。

1998 年,与农业部门配合,开展“百万农家女、十项拳技术”推广活动,对农村妇女进行实用技术培训。

2000 年,继续抓“巾帼科技致富”。在妇女中开展多层次、多形式实用技术以及新技术、新品种。市妇联协调老建办为余干县、波阳县、上饶市区争取到小额贷款 100 万元,扶助农村妇女发展种、养业 301 户。

第五节　“巾帼建功活动”

1991 年,在城镇妇女中围绕“五学、四比、三创”①,开展巾帼建功竞赛活动。

1993 年,这个活动以振兴上饶经济为中心,以提高妇女素质为目的。全区举办各种技能技巧比赛 561 次,采纳参赛妇女合理化建议 2322 条。

1994 年,竞赛内容上更加求实,形式更加创新。

1995 年,着重抓岗位培训、岗位比武。全年培训在岗女职工、岗位比武和下岗女工再就业工程,其中培训在岗女职工 21813 人,培训下岗女工 2834 人。各级组织帮助下岗、待业妇女重新就业 1861 人。

1996 年,创立《上饶地区“九五”期间城市妇女工作意见》,为激励女职工掌握业务技能,各级妇联主动与有关部门配合开展一系列行业技能竞赛。全区举办各类技能培训班 703 期,培训近 3 万人次。通过下岗就业培训,1336 名女工找到新的岗位,310 名妇女到外地就业。

1997 年,在全区女职工相对集中的教育、卫生、金融、商业、邮电、粮食、工商、政法、计生、供销系统广泛开展爱岗敬业活动。举办女职工培训班 252 期。在实施“再就业工程”中,全区为下岗女工举办各种技能培训班 41 期,安置妇女就业和再就业 8000 人次,树立下岗不落志的妇女典型 24 名。各级妇联向外省劳务输出女青年 1000 余人次。

1998 年,继续在岗妇女中开展“爱岗敬业标兵”评选活动。举办岗位培训班 419 期,培训人员 9385 人次。地妇联创办全区首家妇女儿童服务中心,提出“巾帼助困行动”的具体实施意见,重点推出“巾帼创业标兵”“巾帼创业带头人”和“再就业服务中心”(所、站)60 名(个)。

1999 年,全区培训下岗职工 2.3 万人次,2730 人获得再就业,各行业继续开展爱岗就业系统竞赛活动。

2000 年,继续组织广大妇女参与社区建设,创办一批适合妇女就业特点的服务实体。全区举办岗位培训班 97 期,举办“巾帼风采”图片展。

---

①“五学、四比、三创”:学政治、学文化、学科学、学技术、学管理;比进步、比技术、比质量、比贡献;创最佳成绩、创最好服务、创最高效益。

第四章 文化科技团体

第一节 上饶地区科学技术协会

1991年—2000年，上饶地区科协坚持“科学技术是第一生产力”的思想，发挥团体优势，履行团体职责，努力为全区工作大局和两个文明建设服务，广泛开展科学技术知识普及，进行学术交流，开展科技咨询服务以及维护科技人员正当权益等活动，取得较好的社会、经济和人才效益。为贯彻落实中国科协“五大”精神，1996年12月，全区科技大会召开，会上重奖有突出贡献的高级农艺师陆纪辉和高级工程师饶绍信各1幢别墅。

组织 上饶地区科学技术协会 1991年后，沿称上饶地区科学技术协会，简称地区科协。2000年10月，因上饶地区撤地设市，上饶地区科学技术协会改称上饶市科学技术协会。

基层组织 1991年，全区各乡(镇)建立科协，配备干部2461名，会员发展到17346人；有乡(镇)科普实体198个；专业技术研究会(协会)759个(县级43个、乡镇级585个、村级131个)，会员7877人；地级学会(协会)30个，厂矿科协(含中央、省属驻饶企业)4个，会员2000余人。

1996开始，地方财政加大科普投入，每年拨出12万元用于科普事业。截至2000年底，全区科协建地级学会(含协会)38个，会员9938个；厂矿科协8个；县(市)科协12个，乡(镇)场科协284个；农村专业技术研究会394个，会员11128人；直属科技咨询服务机构1个。全区形成上下贯通、左右相连、城乡结合的科学技术团体网络，为发挥党和政府联系科学技术工作者的桥梁纽带作用，巩固发展科技事业的社会力量奠定了良好的组织基础。

1999年，成立地级消防学会、防癌协会、体育科学学会3个。同时，根据民政部门的有关规定和学会活动情况，取消计算机学会、机械电子学会、智能气功学会3个。

2000年，全区有地级学会、协会30个。

活动 科普宣传 1991年—1999年，全区科协系统把精神文明建设寓于各项科普宣传之中，以提高公众的科学文化素质，开展科技宣传月活动。地区科协每年组织200余名科技工作者义务走上街头开展科技咨询和宣传活动，内容涉及工业、农业、医学、电信、交通、消防、教育等各个方面，科普月中受教育的群众每年超过10万余人次。

1991年，地区科协在全区广泛开展第二次科普文明宣传月活动，举行大型科普宣传96次，参加科普集市504次，咨询5515次，放映科教电影4857场次。

1997年4月12日，地区科协组织41个学会316名科技工作者在市中心广场举办大型科技咨询、科普宣传活动，展出科普画版72块，涉及卫生预防、药品真伪鉴别、水资源利用、破除迷信、林产品成果、农作物新品种介绍及青少年科普教育等科普知识，发放科普资料5700余份。6个科普录像展台同时播放科技知识录像。

1998年，举行“百万公众学科学挂画巡展”，同时开展宣传月活动，咨询的群众达5000人次。

1999年，在4月宣传月中，地区科协印发《避洪农业基本知识》1000份、《马铃薯脱毒种薯技术》、《推广两系杂交稻、发展粮食生产》2000余份，共展出科普画版36块；发放科普资料2

万余份,科普书籍300册。

2000年,3月21~27日,地区科协在市中心广场隆重地推出"上饶市首届科普周"活动,期间消防学会举行的防火救灾演习活动,吸引众多群众观摩,展出科普画版158块,发放科普资料5万余份,科技书籍500余册,受教育群众达4万余人次。9月,在市文化馆举办的"崇尚科学文明,反对迷信愚昧"展览,上饶军分区、市消防队、武警支队、中小学校组织团体观看。除了在12个县(市)巡回展览外,有9个县(市)到乡(镇)巡回展出。

送科技下乡　1996年,地区科协加大科技扶贫帮困工作。德兴市潜泽村是地区科协牵头的村建工作点,按照地委要求,选派1名副主席长期驻点挂钩,坚持在岗在位,扶贫帮困工作。实施"115125"工程(一座水轮泵灌溉站,一家综合养殖公司,一个电教馆,两家小型村办企业—砂厂和片石厂,封山护林5000亩,塑料大棚5亩)。提供项目启动资金7800元,并解决这个村其他实际问题。经过一年的帮扶,完成地委的帮困指标要求,并经地区村建办考核验收达标。

1999年3月中旬,地区科协组织以主席带队的科技小队深入鄱阳县横岗、田畈街等乡(镇),走进田间指导农民生产上的疑难问题;举办两期培训班,参加农民有150余人,发送农业科技书籍200余本、避洪农业的科技资料5000余份;赞助3000元,送2名农民赴山东寿光学习蔬菜种植的先进技术,面对面地传播科技知识。

2000年,4月8日,地区科协与上饶市科协组织20余名科技工作者,到灵溪乡开展送科技下乡活动,把农民最需要的技术送到他们的家门口;4月20~24日,地区科协陪同省科协组织的送科技下乡小组,到鄱阳县石门街镇、高家岭乡等地及县城开展大型送科技下乡活动,举办培训班、赠送科技书籍和农资产品、科普挂图展览等,受益群众2万余人,省、地、县电视台及《江西日报》分别作专题报道。

科技培训　农函大　1991年—2000年办学10年间,地区科协依托县(市)科协组织,围绕全区农民科学技术水平的提高、农业增产增收和老区贫区扶贫攻坚战的需要,开展函授教学工作。采取部门间合作、拓宽招生渠道。与老建办合作,明确享受老区贫区补助的学员,要求每户送一人参加函授学习,增加科技致富的捷径。与组织部门合作,强调贫困地区的共产党员和基层干部以及农村建党对象都要参加农函大学习,选就一支既能领头致富又有带领群众共同致富的领头雁队伍。特别是1993年后,科协、老建办、农办及组织部门联合办学,全区共招收农函大学员37992名(其中享受老区贫区补助学员1.66万名),结业率为学员总数的98%以上。围绕"三实"教学,注重提高效益。通过自学函授、辅导面授及现场指导,89%的学员掌握了1~2门实用技术,85%的学员脱贫,30%的学员致富,10%左右的学员被评上农民技术职称,全区涌现出数以万计的种养专业户和科技示范户,为全区农村经济发展、活跃市场经济作出了积极的贡献。玉山县官溪乡周家墩村就是一个"智力"扶贫,走上富裕道路的典范。这个村人平均只有3分田、3.5亩山地,曾被国家民政部定为"特困村"。1988年,村里有50位农民报名上农函大学习种桑养蚕技术。1997年,在村支书周大新的带领下,全村村民不赶打工潮,却追科技潮,学用科技蔚然成风,全村300来户340多个劳动力中拥有农函大学员166人。用科技知识充实头脑的周家墩村民利用自己所学一技之长富家、富村,改变穷面貌。1996年,全村人平均年纯收入2000元,10%的农户收入在5万元以上。村支书周大新多次被省、地农函大评为"优秀学员"。1996年、1997年分别在地、县科技大会上被评为"先进科技工作者"。

农村党员和基层干部实用技术培训　1994年,各级科协与组织部门密切协调,以党校、农函大、农技协会为阵地,在全区举办各级各类实用技术培训班250期,培训农村党员和基层干部3750人次。一大批村支书、党员学到实用技术,并运用到生产实践和指导农户生产上。年底,地委组织部、地区科协联合下发《上饶地区农村党员和基层干部"九五"期间实用技术和市场经济知识培训计划》,规划对培训内容、培训经营、培训方法、师资力量等作出明确的安排,并把此项工作分别作为年度党建工作和科普工作目标考评的重要内容列入目标管理。

1995年9月上旬,地委组织部、地区科协联合在鄱阳县召开农村党员和基层干部实用技术培训现场会,总结全区工作情况,参观考察县、乡实用技术工作典型。

1999年,地区科协和地委组织部联合举办实用技术知识竞赛和学用科技成果比赛活动。编印1.5万册《农村党员和基层干部实用技术读本》,发给基层的党员及村干部人手一册。评委会从各地推荐上来的较高经济效益和社会效益的26项成果中,评出广丰县村支书周诗乐的"烤烟种植"、余干县农民党员张少华的"乌黑鸡养殖"为一等奖;横峰县农民党员的"葛根种植"、上饶市村支书朱爱凤的"养鸡业"、上饶县农民党员吴桂女的"绒绣加工"为二等奖;其余7个县(市)上报成果均为三等奖。实用技术知识竞赛是根据各县(市)选拔赛前三名组成代表队。12月22日,12个县(市)36名选手参加笔试,得分前六名的县(市)参加下一轮抢答赛,通过紧张而有序的决赛,横峰县队为一等奖,鄱阳县队、上饶市队为二等奖,德兴市队、余干县队、玉山县队为三等奖,玉山、广丰、横峰等县被评为这次活动的"组织奖"。

1996年,落实地委、行署关于开展"科技兴农服务年"活动决定,地区科协通过科普基地的示范作用,抓出典型,以点带面,全方位搞好技术。行署下达由地区科协承担的铅山湖坊"吨粮田建设研究"项目,在这个项目中,境内首次将计算机运用到水稻的栽培管理上,经过3年实施,于1998年12月31日通过省、地、县专家验收,得到专家的高度评价,获得上饶地区1999度科技进步二等奖,3年试验示范面积4307.93公顷,项目区比常规田每亩平均年增稻谷202.64千克,增产27.03%,累计增产稻谷1356.6万千克,亩增经济效益227.26元。通过项目区吨粮田建设,为全区粮食生产提供科学依据。1999年,这个项目辐射到全区60万公顷。地区科协与农业局、气象局等单位联合编发《双季稻苗情预测预报简报》予以指导。1999年9月11日,江西农大戚昌翰教授陪同日本客人到上饶考察该项目实施情况。

1996年—2000年,地区科协共计下拨25万元资金扶持和帮助各县(市)科协建立属于自己的、科技含量高的科普示范基地。截至2000年12月31日,全区12个县(市)已建有上饶市科普示范基地(牧草鲁梅克斯等)、德兴市果业科普示范基地、婺源县龙山立体农业开发科普示范基地、玉山县麻羊养殖科普示范基地、弋阳县三高农业科普示范基地、上饶县立体农业开发科普示范基地。这些科普示范基地积极推广示范农业良种、合理施肥、植保技术、病虫害防治以及立体农业等先进技术。对于一些地方特产,进行挖掘、提高,让地方特产品质更优、稳产、高产,从产品优势转化为经济优势。

在基地建设中,地区科协除在资金、技术上的投入,联系引进外地新品种,增加示范基地的科技含量和示范效益。上饶县立体农业开发基地,设立玉米改良项目,2000年地区科协帮助从省红壤研究所引进"澳0—1"号优质玉米进行试种,获得成功,"澳0—1"玉米亩产比当地玉米提高近20%,且在抗病、抗旱等方面有大的改善,参观、购种的群众络绎不绝。上饶市牧草基地,1999年市科协从北京引进新型高蛋白植物"鲁梅克斯"种植,长势喜人,2000年移栽成活率达90%以上。为配合"鲁梅克斯"草的综合试验,2000年基地还从外地引进了优质品种黄麻羊、鄱阳湖驯养野鸭及花色野兔、白鹅等多种食草动物进行养殖。弋阳县基地,对柑橘、葡萄进行嫁接，提高其科技含量，新嫁接的柑橘个大、味甜，葡萄晶莹剔透。德兴市基地，经多方筹集资金，2000 提累计投入 7 万元用于基地开发。拥有 0.17 公顷山水塘、80 平方米的禽类栖息场所，试养崇仁麻鸡 200 多只，胡柚和板栗树长势良好，还建有一栋 100 平方米的管理用房。玉山县麻羊基地，1998 年，地区地区科协在铅山县杨林乡帮助引进麻羊试养、繁殖，养殖规模越来越大。2000 年 12 月底，存栏数由引进时的 16 头发展到 460 头(除卖出外)，价值约 15 万余元，并辐射到铅山县的 4 个乡(镇)农户进行养殖。由于麻羊养殖时间短、见效快，基地种羊供不应求。鄱阳的 5000 亩中药材基地、婺源立体农业开发基地皆运作良好。

青少年科技教育　1991 年，弋阳县被列为联合国儿童基金会第四周期援助的“青少年科技教育示范县”之一。

1992 年，全区 12 个县(市)均建立青少年科技辅导员组织，按照管理科学化、活动经常化、会议制度化、表彰严格化的要求，针对广大青少年的特点、兴趣和爱好，开展青少年科技活动，增强青他们的科学兴趣，扩大他们的视野，培养他们的思维能力、动手能力和创造能力，帮助他们树立正确的科学观、人生观和世界观。全区青少年活动丰富多彩，数学、物理、化学、生物、信息学(计算机)等奥林匹克竞赛、科技小论文征文、青少年发明创造和科学讨论会、青少年生物百项知识竞赛等已成为全区青少年常规的课外、校外科技活动，每年参与的中、小学生达数万人次。

1994 年，全区参加全省“小制作、小论文”活动，8 件作品全部获奖，其中三等奖一个。参加省组织微机竞赛，由玉山县瑾山小学组成的上饶代表队连续 5 年荣获全省小学组第一名。这个小学代表省队参加的全国数学奥林匹克赛，获团体总分第五名，个人分别获一、二、三等奖。

1995 年年底，弋阳县作为联合国基金会第四周期援助的“青少年科技教育示范县”之一，通过联合国基金会的评估验收。

1997 年，鄱阳县莳山乡玉田村定为联合国基金会第五周期援助的青少年科技教育示范点。地区科协为配合社区非正规教育的实施，为这个村青少年学文化、学技术提供良好的科技文化场所，投资 5000 元，捐赠一批科技图书，成立科普书库。10 月上旬，省、地科协和县政府领导出席科普书库开馆仪式。

1998 年，地区科协在弋阳县中畈乡、广丰县湖丰村建立两个科普书库。年底，地区科协争取地区领导重视和支持，建立上饶地区蝴蝶科技馆，丰富全区青少年第二课堂内容，形象生动地普及生物科学知识，增强广大青少年热爱大自然、保护大自然环境意识。蝴蝶科技馆在全区 12 个县(市)和新余市、鹰潭市、南昌市展出，共 12 万余名青少年前去参观。

地区科协积极主动配合，抓好联合国儿童基金会在鄱阳县开展的社区和非正规教育工作，取得良好的社会、经济效益，2000 年 9 月，参加在陕西西安召开的全国合作项目经验交流会并发言，技能培训工作受到联合国合作项目官员、中国科协领导的赞扬。由联合国儿童基金会资助的女孩高小英成为种养能手，

1999 年，地区青少年宫科技辅导协会转化职能机制，4 月份在玉山县举办参加全省计算机竞赛的选拔赛，有 130 余人参加选拔赛。其中，玉山县一中学生张林峰在 1999 年江西省青少年计算机奥林匹克竞赛荣获一等奖。8 月中旬，地区科协青科辅举行青少年军事夏令营活动，有 100 余名青少年参加这次活动，在活动中传授国防科技、国防教育等知识，并进行实弹演习。

2000 年 4 月，地区科协、青科辅在全区举行全省第十届“小星星杯”青少年科技创新大赛预赛，极大地激发全区近万名青少年的创新意识。在选送参加省里比赛的 10 件作品中，获得

“两金一银七铜”的好成绩，填补上饶市前九届的空白，其中广丰永丰小学吴鎏骑、周赣越发明的“包剪到”新型瓜果剪，代表江西省参加全国大赛，荣获三等奖，受到省、地教委、科协的嘉奖。8月中旬，地区青科辅与消防协会举办消防知识竞赛活动，提高青少年防火意识，增强防火能力。

学术交流　发挥学会地位超脱和联系广泛的优势，组织有关学会围绕全区经济社会发展等重大问题，开展学术交流，进行科学论证和研讨，是十年间科协系统为经济建设服务的重要工作。

1991年，地区工程师协会举办“科技兴饶”主题学术研讨会。

1994年，地区科协会同地区工程师协会、水利、环保、农林等行业专家，在上饶县石狮乡进行水土流失区农业开发综合试验研究。效果显著，茶叶产值比试验前增长10倍，所栽桃、桔长势喜人。

1996年开始，连续3年聘请省农业大学戚昌翰教授作为“吨粮田建设”的常年顾问，戚教授10余次深入铅山县农村，上台授课，现场抛秧，指导农民技术员操作。

1997年，地区科协邀请省农大、农科院的果树专家和教授到上饶进行“山地经济发展战略研讨”，为境内发展山地经济提供了有价值的论证资料。

1999年，4月13～14日，地区科协特邀北京301医院（解放军总医院）研究员赵霖到上饶讲学。13日，上饶卫校大礼堂，800个座位座无虚席，听课人员有 卫生系统医务人员及卫校学生800余人。14日在广丰县讲课，听课人员100多人。

1999年，市科协组织10余名教育科技工作者，到香港、澳门等地考察。

2000年，3月22～24日，省科协组织的工业、农业、青少年科普学术报告团到上饶作科普报告，在上饶农校、市农业局、江光厂、客车厂、市九中、六中、玉山县、广丰县等地作了8场报告，3名专家分别就不同的听课对象讲授“当代科技发展及推动传统产业的现代化”“高新技术在生态农业中的应用”“鸟类与兽类的生活习性和保护”等方面的科学知识，既有理论又有实例，浅显易懂。10月下旬，市科协组织部分县（市）科协主席赴四川巨大集团进行实地参观考察，学习借鉴该集团创业发展经验。

“金桥工程”与科技咨询活动　“金桥工程”是把科技与经济发展领域里的实际需求沟通起来，架起科技成果转化为现实生产力之“桥”。

厂矿科协在开展“讲理想、比贡献”竞赛活动中，密切联系企业生产和科研实际，把“讲、比”活动与实施“金桥工程”结合起来，使活动不断焕发新的生机和活力，为企业的机制转换、技术进步和效益增长出积极贡献。全区厂矿科协在组织“讲、比”活动中，完成技术攻关项目562项，推广新技术新成果149项。德兴铜矿科协成绩突出，“讲、比”活动参赛600人次，开发128个项目，其中获奖项目84个，节约投资、降低成本和创造效益等达26.86万元。广丰卷烟厂科协开展技术改造、科技攻关、技术培训，大大提高科技人员和职工的科学文化素质。

1991年是“质量、品种、效益”年，地区科协在德兴铜矿、江光、6909厂、701厂和客车厂等企业中开展“讲理想、比贡献”竞赛活动，促进企业两个文明建设，据统计，参赛人数1727人，提出科技建议实现179条，技术项目实现数68条，取得重大科技成果17项，获得总经济效益达1838万元。地区质量管理协会扶助的上饶市石棉一厂橡胶石棉新产品列入课题，并获得全面管理证书、标准化证书、计量证书和取得一个地优产品。上饶市科协从广西美国特种焊割工具厂引进铸铁冷焊等4项新技术，给上饶市企业设备的生产和维修注入新的活力。并在开展

TQC 咨询服务中，狠抓降低不良品损失活动。德兴市科协帮助全市各企业(包括乡镇企业)与省内外大专院校、科研院所进行科技联姻，结成友好对子 78 个，签订科技合作项目 54 项。

学会开展的技术咨询、技术服务和新技术推广工作取得可观效益。地区工程师协会在地区科协的指导、帮助和参与下，在上饶市朝阳乡王村规划、设计的果业工程 16.67 公顷，这个协会科研部和王村签订技术有偿服务合同书，科研部负责土地规划、苗木、技术服务，王村负责工程用地，用肥和日常管理，1992 年—1994 年，先后栽种柰李、水蜜桃、脐橙、椪柑等果树 14.67 公顷。1994 年 8 月，柰李收果创产值 1000 余元，单株最高产量近 50 千克。

1998 年，地区科协加强引导，突出重点，收集、传送信息，强化管理，成立“江西省经济技术信息网络上饶地区中心信息站”，开辟了全区的科技咨询服务业工作。

第二节　上饶地区社会科学联合会

组织机构　1991 年 5 月，上饶地区第三次社会科学工作者代表大会召开，选举产生第三届理事会和常务理事会成员。

1998 年 4 月，上饶地区第四次社会科学工作者代表大会召开，会上选举产生第四届理事会和常务理事会成员。

2000 年 10 月 16 日，上饶地区社会科学联合会更名为上饶市社会科学联合会。所属学会：1990 年以前成立的学会，有 12 个由于无人管理和无活动经费自行消失；1991 年新成立 12 个学会；2000 年，共有学会(协会)34 个。

2000 年全区社联所属学会一览

表 24－6－1

学会名称	成立时间	研究内容	挂靠单位
教育学会	1979 年 12 月	教育科学	地区教委
党史学会	1981 年 1 月	中共党史	地区党史办
哲学学会	1981 年 1 月	哲学理论	地委党校
经济学会	1981 年 1 月	经济管理	地委党校
会计学会	1982 年	会计业务	地区财政局
农业经济学会	1982 年 11 月	农业经济管理	地区农业局
统计学会	1982 年 12 月	统计科学	地区统计局
企业管理学会	1983 年 1 月	企业经济管理	地区经委
金融学会	1985 年 2 月	金融经济	地区人民银行
税务学会	1985 年 8 月	税务管理	地区税务局
图书馆学会	1985 年 10 月	图书管理	上饶市图书馆
新闻学会	1985 后 12 月	新闻工作	上饶日报社
统战理论研究会	1986 年 11 月	统战工作	地委统战部

续表 24－6－1

学会名称	成立时间	研究内容	挂靠单位
粮食经济学会	1986 年 12 月	粮食经济	地区粮食局
财政学会	1987 年 12 月	财政管理	地区财政局
群文学会	1987 年 9 月	群众文化	地区群艺馆
审计学会	1988 年 11 月	诗词理论创作	地区工商银行
城市金融学会	1989 年 5 月	城市金融理论	地区人民银行
钱币学会	1990 年 1 月	钱币理论	地区人民银行
历史学会	1990 年 6 月	历史研究	上饶师院历史系
江西省检察官学会上饶分会	1990 年 12 月	检察工作	地区检察院
邓小平理论研究会	1994 年	邓小平理论	地委宣传部
企业职工思研会		企业职工思想工作	地委宣传部
老年体育科学学会	1997 年 5 月	老年体育科学	
地方税务学会	1997 年 5 月	税务管理	地税局
政工师协会	1996 年 12 月		地委宣传部
农村金融学会	1996 年 1 月	农村金融管理	地区农业银行
粮食职工政研会		职工政治思想工作	地区粮食局
工商行政管理学会		工商管理	地区工商局
广电学会		广播电视管理	地区广电局
民俗学会	1997 年 5 月	民族风俗	上饶师院
朱子研究会		朱子研究	上饶师院

活动 综合性基础理论研究 1993 年 10 月，地区社联与地区诗词学会联合召开“纪念毛泽东同志诞辰一百周年研讨会”，与会者来自全国各地学者、诗人、教授 140 余人。

1995 年，地区社联与党史学会联合举办“纪念抗日战争胜利 50 周年理论研讨会”，与会者有抗日战争老同志、老专家、学者 170 余人，同时还举办《纪念方志敏殉难 60 周年学术研讨会》，收到论文 40 余篇。

1996 年，地区社联协同有关部门和学会组织关于邓小平理论问题中的“两个文明建设”“党的建设”和“解放思想问题”的学术讨论会，与会人员 110 多人，收到论文 64 篇，其中 16 篇已在省以上报刊和国家有关部门专题研讨会入选。

1998 年 5 月，与宣传部、讲师团、师专、党校等联合召开“纪念实践是检验真理唯一标准大讨论二十周年座谈会”。11 月与宣传部等联合开展“纪念十一届三中全会召开 20 周年暨第二次邓小平理论研讨会”征文活动，收到论文 56 篇，评出优秀论文 18 篇。

1999 年，地区党史学会为纪念方志敏诞辰 100 周年与弋阳县委共同举办“方志敏生平思想学术讨论会”，全国各地党史界专家学者 100 余人参加会议，收到论文 65 篇，并由中央党史出版社汇成《方志敏研究集》正式出版。

2000 年 10 月，地区社联与上饶师院等单位在铅山县共同召开纪念朱子诞辰 870 周年国际学术研讨会，来自日本、台湾地区及国内学者近百人，收到论文60余篇。

专业性应用理论研究　1992年9月，地区社联组织召开全省11个地(市)社联协作会，认真研讨深化改革、扩大开放、搞活社联工作等问题。11月组织“市场经济问题，企业转换经营机制问题”研讨会，为领导决策提供有价值的依据。

1996年，地区社联协同诗词学会在德兴举办“爱我中华、爱我家乡”和“信江风情诗画选”的创作活动，并协同农经学会，组织对特色农业的多种方式调查，以地区农办的名义形成《上饶地区特色农业的发展现状及今后对策》文件下发到各县。

1997年，地区社联针对地委、行署提出的“立足农业、主攻工业”的发展思路，积极组织有关学会开展调查研究，就农业产业结构调整、工业改组、改制，优化资源配置，盘活企业资产，下岗工人的安置等问题进行可行性论证。被采纳的研究成果45项。为庆祝香港回归开展宣传活动，出版《香港回归》图片展，举办文艺演出。

1998年11月，地区社联召开“知识经济与上饶发展”专题研讨会。

2000年，6月，地区社联组织召开加入世贸组织及发展外向经济对策研讨会，与会专家学者就加入WTO上饶应采取的对策、措施提出意见和建议，与会地委、行署领导给予充分肯定。10月与市计委联合组织召开了制定“上饶十五规划专家、学者座谈会”，就上饶“十五”规划的指导思想、宏观思路、总体目标、主要任务和实现“十五规划”的措施，提出意见和建议。

学术交流与人才培训　1992年8月，地区社联在玉山举办深入学习邓小平南方谈话学习班，参加人员有党政、企业干部、理论教育工作者和经济管理人员30余人。

1995年，地区社联组织各学会31名有一定研究能力的理论骨干组成理论骨干队伍，攻克理论研究重点项目，并协同各学会根据各部门业务工作需要举办各种培训，农经学会举办会计、审计、农民负担、农机管理培训班50多期，培训2.8万人次；召开各类理论研讨会118次，交流论文1452篇。

1996年，《虚实探》的文章先后被中国人民大学书报中心复印，《人民日报》《内部理论参考》《四川社会科学》《内蒙古大学信息资料库》《深圳日报》等原文转载9篇。

1997年，社联组织理论学习，聘请专家进行3次理论辅导讲座，辅导理论骨干120人次。

1999年，社联与地委组织部、地委党校聘请专家在职县级领导干部知识经济研讨班授课，听课人数482人。

科研成果　1991年—2000年，全区社联所属学会(协会)、研究会在国家级报刊上发表的论文有2146篇，省级报刊上发表论文10928篇，地(市)级刊物上发表论文有7831篇，出版专著107部。获江西省社会科学优秀成果奖29项，其中二等奖6项，三等奖23项。

江西省社会科学基金“八五”规划项目立项情况一览

表24－6－2

研究人	单位	研究成果	说明
程国有	地委党校	专著《国有资产监控机制研究》	国家级
胡松柏	上饶师院	专著《赣语、吴语、徽语、闽语、客家语在赣东北的交接与相互影响》	国家级
张玉奇	上饶师专	电视剧《辛弃疾研究》	江西省

续表 24－6－2

研究人	单位	研究成果	说明
殷 坛	地区社联	专著《时代脚印—漫谈现代科学技术带来的人的观念变化》	江西省“八五”规划项目
李 明	地委党校	专著《十一届三中全会以来马克思主义理论在中国的发展》	江西省“八五”规划项目
郑日金	上饶师专	专著《大中小学德育衔接运行规律》	江西省“八五”规划项目
匡萃坚	上饶师专	专著《雷锋道路与当代青年成长》	江西省“八五”规划项目
邹 毅	上饶师专	专著《南方正一天师道与台湾道教道德矛盾心理分析》	江西省“八五”规划项目
吴长庚	上饶师专	专著《朱陆与江西理学》	江西省“八五”规划项目
方建新	上饶地区教研室	专著《素质教育理论研究》	江西省“八五”规划项目
揭新华	上饶师专	论文《农村社会保险的国内外比较研究》	江西省“八五”规划项目

1991 年—2000 年全区获江西省社会科学优秀成果奖成果一览

表 24－6－3

获奖等级	专著或论文题目	出版刊物时间、地点	作 者	单 位
二等奖	试论结构性腐败	《求是》内部文稿 1993 年	程国有	地委党校
二等奖	宏观价格调控手段的辩证理论	《上饶师专学报》1995 年 3 月	揭新华	上饶师专
二等奖	扶贫攻坚的有益探索——江西上饶	《农民日报》1997 年 2 月	严传高	上饶老建办
二等奖	上饶地区志	方志出版社 1997 年		上饶地区地方志办公室
二等奖	就业理论与与实践	江西人民出版社 1999 年月	熊良华	上饶市委
二等奖	后来居上读广丰	中国文联出版公司 1999 年 7 月	于秀明	上饶市政研室
三等奖	关于知识分子提法思考	《人才开发》1991 年 7 月	钱卫平	上饶市财政局
三等奖	听说能力培养导论	上海教育出版社	饶祖天	上饶师专
三等奖	雷锋的道路与当代青年成长	江西高校出版社	胡金发等	上饶师专
三等奖	论农业信息市场发育	人大复印资料 1993 年	郑晓春	地区农业局
三等奖	毛泽东“三个世界”理论与国际新秩序	哈工大学出版社	罗时平	地委党校
三等奖	东南亚金融危机对中国利用外资的工作的借鉴意义	《现代国际关系》1997 年 11 月	罗时平	地委党校
三等奖	知识经济时代:江西怎么办	《企业经济》1997 年 11 月	罗时平	地委党校
三等奖	跨世纪青年知识分子的需求与调适	《中国软科学》1995 年 7 月	郑日金	上饶师专
三等奖	卷烟产品设计的豆腐与技术	中国轻工业出版社 1995 年 2 月	汪德和	广丰卷烟厂
三等奖	试论当前农民问题实质与对策	农业经济问题 1994 年 12 月	程国有	地委党校

续表 24-6-3

获奖等级	专著或论文题目	出版刊物时间、地点	作 者	单 位
三等奖	朱熹文学思想论	黄山书社 1994 年 1 月	吴长庚	上饶师专
三等奖	语文教学论基础	吉林大学出版社	刘孝学	上饶师专
三等奖	国内外农村社保的比较研究	《上饶师专学报》1997 年 4 月	揭新华	上饶师专
三等奖	唐代楷书主体形态分析	文艺研究 1997 年 5 月	韩顺任	上饶师专
三等奖	影响村级治理主要因素分析——江西省桥下村调查	《中国农村经济》1997 年 9 月	郑一平	地委政研室
三等奖	交际逻辑初论	《上饶师专学报》1996 年 2 月	樊明亚	上饶师专
三等奖	万年人民革命史	厦门大学出版社 1997 年 2 月	方进平	万年县委党校
三等奖	论道德情感的基本特征	《江西社会科学》1997 年 2 月	徐啟斌	上饶师专
三等奖	知识经济给知识分子女性带来的契机与挑战	《上饶师专学报》1999 年 2 月	任映红	上饶师专
三等奖	简论合同法上的债权人撤销权及其适用	人民司法江西专刊 1999 年 3 月	丁良喜	广丰县法院
三等奖	混合所有制:县域经济发展的增长点	《瞭望》1998 年 7 月	周厚丰	广丰县委
三等奖	铅山畲族志	方志出版社 1999 年 8 月	汪华光	铅山县委统战部
三等奖	赣东北闽南方言略说	《方言》1998 年 2 月	胡松柏	上饶师专

第三节 上饶地区文学艺术界联合会

组织机构 1991 年后,一直沿称上饶地区文学艺术界联合会,简称地区文联。

1992 年 7 月 25 日,地区编委批准成立上饶地区文联青少年文艺讲习所,是上饶地区文学艺术界联合会下属自收自支的科级事业单位,编制 3 个。

2000 年 7 月 7 日,地区编委将上饶地区《信江》文艺编辑部更名为上饶地区文学院,事业编制 7 个。10 月,因撤地设市,上饶地区文学艺术界联合会改称上饶市文学艺术界联合会。

组织活动 1991 年始,确定全区 30 名业余文学作者作为重点联系群众和扶持的对象,要求每个作者每年完成在省以上刊物发表 3 万字的作品,对完成者给予经费上的补助。

1993 年,在全区开展纪念毛泽东诞辰 100 周年活动;参与中华诗词研讨会,举办"我们心中的毛泽东"千字征文竞赛活动和书画展;为老红军宣金堂撰写 5 万字的回忆录;编印出版《经济与文艺》报纪念专版;为推出三清山做一系列工作,承办省作协的谷雨诗会,收集自唐朝以来三清山诗集文稿,编辑《三清山诗词选集》,编辑出版《信江文艺》三清山电影文学剧本专集。

1995 年 8 月,方志敏烈士遇难 60 周年之际,地区文联向驻饶解放军、武警官兵、社会各界赠送新出版的《方志敏文集》180 余册。

1991 年—2000 年,始终坚持文艺"二为"(为人民服务,为社会主义服务)方向和"双百"(百花齐放,百家争鸣)方针,以"出人才、出作品"为任务,充分发挥"联络、协调、服务、指导"的优势,配合地方党政中心工作,坚持自办、联办、协办的方式开展宣教活动,宣传城区建设新风貌、农村改革与发展成果,在关心、帮助作家、艺术家的成长方面收到较好的效益。

第五章　工商业团体

第一节　组织机构

1990 年 5 月,江西省工商联上饶地区办事处成立。1991 年 5 月,横峰县工商联恢复,全区工商联网络形成。

至 2000 年年底,全区共发展会员 3411 个,其中私营企业 593 户,建立基层分会 69 个,行政协会(公会)2 个。

地区工商联　1990 年 5 月,江西省工商联上饶地区办事处成立,简称地区工商联。1993 年 8 月,办事处内设副科级办公室。1998 年,江西省工商联上饶地区办事处法律咨询服务部成立,1999 年更名为江西省工商联上饶地区办事处华信律师事务所。

2000 年 10 月 26 日,上饶撤地设市,成立上饶市工商联筹备组,筹备上饶市工商联的组建工作。2001 年 12 月,上饶市工商联成立。

上饶地区民间商会　1999 年 1 月,地委饶办字〔1999〕1 号文同意成立上饶地区总商会,在市民政局注册登记时更名为上饶地区民间商会。

1999 年 8 月 31 日,上饶地区民间商会成立,选举行署副专员胡永达为名誉会长,工商联办事处主任吴启文任会长,选举理事 46 人。会上通过《江西省上饶地区民间商会章程草案》。

2000 年 4 月,在华能集团召开上饶地区民间商会第一次会长办公会议。

第二节　活　动

宣传培训　1990 年,德兴、弋阳等 8 个县(市)工商联自办《工商联简讯》,为会员传播信息、介绍产品,宣传政策,与省内外 80 多个县(市)工商联进行交流,促进横向联系。

1994 年,全区各县(市)征订《江西工商报》454 份,《中华工商报》57 份,《中国工商》杂志 18 份。

1996 年,地区工商联创办不定期刊物《上饶商讯》,及时刊登区内工商信息,发送给省地领导及各县(市)工商联,部分民营企业。

1997 年,地区工商联组织非公有制经济人士参加全省非公有制经济培训班及光彩事业培训班。

1999 年,地区工商联选派上饶、广丰、婺源、波阳、玉山、德兴 6 县(市)会长参加省工商联举办的新会长培训班。组织了 4 批 8 名民营企业主赴中央党校学习。各县(市)工商联举行了报告会、座谈会,德兴、婺源工商联组织了会员举行文艺演出。地区工商联与上饶电视台合作,拍了专题片《民营风采》,宣传了区内非公有制经济人士刘诗永、吴成水、姜正乾等人。

2000 年,遵循"团结、帮助、引导、教育"的方针,组织非公有制经济人士参加各种政治学习,提高政策素质和业务水平。4 月,地区工商联组织 10 名民营企业主到省经济管理干部学院学习;6 月,组织德兴、广丰、弋阳等地的民营企业主到广丰县党校参加省委统战部举办的学习班。还组织铅山、弋阳等地 6 名民营企业主到中央党校学习;9 月,组织 3 人到省社会主义学院学习。

参政议政　1991 年 9 月,地区工商联召开全区工商联主委工作座谈会,并邀请少数非公有制经济代表人士参加。这年,全区工商联参政议政递交的提案和建议百余个。

1992 年,全区工商联推荐非公有制经济人士 58 人担任县(市)政协委员、9 人任县(市)人大代表;并根据当地经济发展的主要特点和发展非公有制经济方面的问题递交提案 38 个。

1993 年,根据中央统战部(93)6 号文件和省委统战部(93)9 号文件,上饶市、上饶县、广丰县、婺源县、波阳县工商联进行换届,非公有制经济人士 65 人担任工商联执委、常委,4 人担任副主委。是年 2 名非公有制经济代表人士任省工商联执委。1993 年 9 月,推选弋阳光明实业有限公司总经理许光明代表全区非公有制经济代表人士出席中华全国工商联第七届会员代表大会,会上受到李瑞环等中央领导接见,这是境内首次有非公有制经济代表出席全国工商联会议。

1995 年,余干县、铅山县、万年县工商联都成立非公有制经济人士技术职称评定领导小组,对非公有制企业人员进行专业技术职称评定,为非公有制企业人士 125 人申报评定专业技术职称。同年,共推荐 97 名会员担任各级政协委员、人大代表,写出具有一定参考价值的调查报告 12 篇,提案及建议 98 条。

1997 年 10 月,地区工商联推选华能集团董事长温显来代表全区 33 万非公有制经济人士参加全国工商联第八次会员代表大会。同年,全区有铅山县、横峰县、德兴市、余干县工商联换届,铅山县、广丰县、上饶县、弋阳县工商联会长任县政协副主席。1998 年,上饶市、婺源县工商联换届,1999 年波阳县工商联换届,广丰啤酒销售行业协会、铅山煤炭行业公会成立,2000 年广丰县、弋阳县工商联换届。

1999 年,地区工商联在调查研究的基础上,向地委、行署提出《加快发展我区非公有制经济的建议》,为地委、行署领导提供决策咨询。

2000 年,地区工商联筹备组与省工商联配合对改善发展环境,减轻企业负担进行调查研究。4 月,参加地区计委牵头的全区市场建设调查,并对境内民营企业三源集团、华能集团、哈迪建材公司、弋阳县年糕厂和部分县(市)工商联进行考察。

扩大对外联络　1990 年,全区工商联为会员牵线搭桥,为企业会员销售地方产品 3167. 02 万元。5 月,组织全区 10 个县(市)工商联及地直公司 240 人、160 家企业、12 大类商品、379 个品牌以及提供补偿贸易 31 个项目参加福建省福州市举办的华东六省一市工商联(商会)商品交易会,共签订供销合同额 3229. 23 万元,居全省第 2 位。

1991 年,地区工商联组织企业会员 79 家参加全国工商联在华东六省一市等地举办各类商品交易会共 5 次,推销上饶地方产品兑现总额达 1865. 30 万元,成交额超过百万的县(市)有婺源县、余干县、德兴市、万年县、弋阳县、玉山县、广丰县,引进项目 3 个,引进资金 10 万美元。

1993 年,全区有 114 家国营、集体、私营企业,316 名代表、交易人员参加赣交会,签订购销合同 125 份,销售地方产品金额 3574. 09 万元。

1994 年,地区工商联承办江西省第九届运动会'94 上饶商品展销、经贸洽谈会,以"敞开区门,扩大开放,广交朋友,加强合作,增进友谊,共谋发展"为宗旨,以推销地方产品,宣传上饶为重点,来自全国各地及境内客商企业 1500 余人参会。是年,全区工商联组织参展企业

401家,成交额11.199亿元,合同193份。

1997年,扩大对外交流,加强与沪、浙、闽、粤等地工商界的联系。9月,地区工商联与上饶市工商联到上海市工商联、上海杨浦区工商联、浙江省工商联、温州市工商联和绍兴等地的工商联学习、考察当地的私营企业,并与杨浦区工商联结成友好商会,促进上海汇群食品有限公司、申尔乐有限公司在上饶进行投资和合作。铅山县工商联全年引进资金366万元。同年,上饶市、玉山县、铅山县共组织7家会员企业到东南亚地区考察及开展商务活动。

1998年,协助省工商联做好全省工商联经济联络工作会议,并与抚州地区工商联联合到新余市、萍乡市和宜春地区学习考察,并先后组织8人到北京、江西赣县参加全国工商联举办的私营企业发展研讨会和江西省食品博览会。11月8日,铅山县成立煤炭行业同业公会,51家煤矿自愿加入同业公会组织。

1999年8月30日,上饶地区民间商会成立,加强境内外、省内外工商界人士的联系。

2000年,地区工商联参与和协助上海市宝山区工商联与华能集团在上海的合作开发事宜,加强与浙江衢州市、永康市、金华市工商联的联系。成功承办闽、浙、赣三省兄弟县(市)工商联联谊会。并组织5名民营企业家参加全国工商联在昆明举办的第一届全国民营企业商品交易会。

开展光彩事业 1995年,4月,上饶地区光彩事业推动委员会成立,制定工作章程和“百、十、一”工程的推动计划(每年为贫困地区培训一百名人才,开办十个项目,开发一种资源)。5月,地区工商联会同省工商联在横峰葛源进行了实地考察,并与省委统战部、省工商联、省老建办共同组织的省民营企业家光彩事业考察团赴横峰、铅山县进行实地考察,两县工商联配合县委、县政府召开了项目发布会,两县共签订了15个项目。年内,光彩事业活动开发资源30个,洽谈项目46个,为贫困乡镇培训雕刻、缝纫、种植等各种人才276个,引进资金2457万元。玉山、婺源等县成功地举办了各种商品交易会。

1999年10月,地区工商联陪同全国工商联光彩事业中心负责人郑克俭、省工商联光彩事业中心李健成到上饶县远泉种植有限公司考察,事后呈报并经全国工商联批准,远泉委员会有限公司为全国光彩事业示范基地(已挂牌),获万元无息贷款。

第六章 残障人组织

第一节 组织机构

地区残疾人联合会 1989年3月,上饶地区残疾人工作办公室成立,为地区民政局的内设科室;1990年4月,上饶地区残疾人工作办公室正式成立,为上饶地区民政局代管的副处级单位;1993年11月,改为上饶地区残疾人联合会,简称地区残联;1996年5月地区残联升格为正处,配备县级正副理事长各1名,下设上饶地区残疾人用品用具供应服务站,同年,上饶地区行署残疾人工作协调委员会成立,由分管残联的政府领导任残工委主任,成员由民政、卫生、财政、劳动、人事、农行、公安等单位负责人组成。

1999年,市残联下增设自收自支上饶地区残疾人劳动就业服务中心。2000年10月18

日,上饶撤地设市,上饶地区残疾人联合会改称上饶市残疾人联合会。

县(市)残联 1991年6月底,全区12个县级残疾人机构全部完成组建,县级残联有编制59名,8个县残联为正科规格,配有专职正副理事长15人。1994年,全区各乡(镇)都成立残疾人组织。

1998年底,全区12个县(市)残联全部升格为正科级单位,县级残联定编5~8人,大部分县(市)残联设有办公室、劳动就业股、康复股3个职能科(室)。

第二节 活 动

残疾人康复 1990年代初期,康复工作以白内障复明、儿麻矫治和聋儿语训为主。

1991年,全区残联组建后,地区、县(市)分别成立康复工作领导小组和办公室,落实康复专项经费,市级2.5万元,县级5千元。

1993年,铅山县残联与北京铁道部16工程局中心医院联合成立铅山县儿麻矫治中心。

1994年,全区第一家残疾人康美假肢安装服务中心开业,康复工作增加低视力康复、智力残疾康复和补碘工作。广丰县被定为全国补碘工作示范县和全省智力残疾康复试点县,建立以乡民政所、计生办、卫生院、防疫站、村委会为一体的补碘工作网络。

1995年,万年县依托县医院成立全区第一个低视力康复站并展开工作。省康复工作办公室3次派来康复手术队,地区残联5次从省里请来专家分赴各县(市)开展儿麻矫治和白内障复明手术。累计完成白内障复明手术4109例,儿麻矫治1509例,聋儿语训332人,智力残疾儿童康复训练77人,培训家长262人,低视力康复154人,特需人群补服碘油16.4万人次,其中新婚育龄妇女2.68万人,孕妇8.35万人,婴幼儿5.37万人。

1996年,地区残联成立残疾人康复指导部,各县(市)相继成立康复站。

1997年8月,上饶市残疾人康复训练医院和残疾人康复扶贫病房。

1998年,广丰县依托县中医院成立精神病防治中心,玉山县依托县皮防所成立残疾人社区康复中心。铅山县、上饶县、玉山县、波阳县的残疾人用品用具供应服务站相继成立。

1999年,在上饶市(市立医院)、广丰县(广丰中医院)、玉山县(玉山县医院)、万年县(万年县医院)、波阳县(波阳县医院)5个手术点,省残联、省卫生厅组派3个医疗队到境内巡回手术,共为868名白内障患者施行复明手术,脱盲率达97%,脱残率达85%。

截至2000年年底,累计完成白内障复明手术7546例,训练聋儿260人,语训家长120人,低视力患者配戴助视器386人次,肢残矫治手术541例,装配假肢260名,装配矫形器96人,肢残系统康复训练428人,智残儿童康复训练280人,用品用具完成66953人。

残疾人就业安置 1994年,全区开展残疾人劳动就业摸底调查工作,至1995年,全区福利企业发展到223个,安置残疾人就业2000多人,地、县残联兴办经济实体26个,安置残疾职工2885人。据不完全统计,共安置5000多残疾人就业。

1998年11月,颁布《上饶地区分散按比例安排残疾人就业实施办法》,除波阳县外,各县(市)先后颁布就业办法。

1999年5月,地区残联残疾人劳动就业服务中心成立,县(市)残疾人劳动就业服务所相继成立,负责残疾人就业调查,就业登记、职业培训、就业推荐及残疾人就业保障金的征收、管理和使用工作。

1998 年始,全区残联贯彻“安人收金”的精神,对安排残疾人未达比例的单位,进行上门催缴保障金,广丰县、玉山县则以财政代收的方式收缴保障金,至 2000 年年底,全区累计收缴保险金 60 万元,分散按比例安排残疾人就业 789 人,通过残联帮助和推荐就业的达 3 万人。

残疾人扶贫解困 1997 年开始,上饶县政府每年安排 5 万元经费用于特困残疾人定期补助,每年补助 2000 余人;地区残联、上饶市残联为 122 名城镇特困残疾人办理养老保险,玉山县残联和民政局为四股桥乡 39 名残疾人办理养老保险。

1998 年,地区残联号召全区残联机关干部职工“从我做起,开展‘一帮一’结对子扶贫活动”,地区残联与广丰县大石乡中心小学 11 位残疾人贫困户结成对子,帮助贫困残疾户子女或残疾学生完成小学学业。至 2000 年,全区各县(市)累计申请到康复扶贫贷款 1250 万元,实际落实到位 927 万元,实施康复扶贫项目 20 余个,扶持兴办一批适合安排残疾人就业的经济实体。

各县(市)都建立了最低生活保障线,让所有无劳动能力的贫困残疾人都进入了最低生活保障线。

残疾人权益保障 1990 代初期,全区各级政府制定和实施《残疾人事业“八五”计划纲要》,各县(市)依据《中华人民共和国残疾人保障法》的规定,相继制定和颁布残疾人优惠扶助规定,大部分县(市)农村残疾人在各种减免的费用中,可得到 100 元左右的减免。

1990 年代后期,部分县对残疾人优惠扶助规定进行修订,一些乡、镇(场)制定了辅助规定。多数县都成立残疾人法律援助中心,配备专职律师,对残疾人打官司一律免收咨询费,对涉残案件收费减免 50%。

2000 年 8 月,在全区范围内开展残疾人保障法的执法检查。

残疾人事业宣传 1991 年—1995 年,全区共办宣传栏 36 个,广播专题报道 57 次,电视专题 50 次,省报以上报道 324 篇。1994 年的“全区助残日”,开展“我为远南献爱心募捐活动”,1995 年开展“一助一,献爱心”募捐活动。

1997 年 12 月,上饶地区残疾人新闻宣传促进会建立。

1998 年 3 月,地区残联创办上饶残联工作简报,各县(市)残联都有专人负责文体宣传工作,实行优秀稿件奖励制度。

1999 年,在“视觉第一中国行动”中,广丰县、玉山县、上饶市、波阳县录制复明行动专题片,其中《视觉第一中国行动与九只眼睛》等作品在江西省残疾人好新闻评比中获得一项一等奖、两项三等奖和多项优秀奖。

卷二十五　政权　政协

1990年代，境内省人大驻上饶地区机构、省政协驻上饶地区机构、上饶地区行政公署均系派出机构。其主要职责是：受江西省人民代表大会常务委员会、省人民政府、省政协的委托，负责同境内各县（市）人大、政协、人民政府的联系，交流工作情况和工作经验；反映他们的意见和要求；了解宪法、法律、行政法规、地方性法规和省人民代表大会及其常务委员会决议、决定执行情况；对全区各县（市）政协贯彻执行新时期统一战线的方针政策和江西省政协全委会、常委会的决议、决定进行检查督促；根据地委和省政协的要求，指导县（市）政协工作，负责同在上饶地区的全国政协委员和省政协委员的联系，及时向地委和省政协反映上饶地区政协工作的情况和政协委员的意见、要求，加强与兄弟地、市政协组织的联系，学习各地的先进经验，推进全区的政协工作。

2000年，撤地设市后，上饶市人大常务委员会和政协上饶市委员会的内设机构均由派出机构时的1～3个，增加到7～8个。人大机关内设机构由1个办公室变为内司委、财经委2个专门委员会，1个办公室和选任联、农工委、城建环资、教科文卫、外侨民宗5个工作委员会；政协由1个办公室增加有提案委员会、学习和文史委员会、经济科技委员会、农村和农业委员会、教文卫体委员会、法制社团委员会、“三胞”联谊委员会7个专门委员会；地区行政公署的工作机构则经历了一个设、撤、分、合、升、降、改的过程，特别是经历1992年和1996年两次转变职能的较大改革与调整。

第一章　人民代表大会

第一节　省人大驻上饶地区机构

内设机构　1991年4月，经中共上饶地委同意，江西省人民代表大会常务委员会上饶地区联络处办公室内设一、二、三科，定编10人。地区联络处作为省人民代表大会常务委员会派出机构，在省人大常委会和中共上饶地委领导下工作，其主要职责是：受江西省人民代表大会常务委员会委托，负责同本地区各县（市）人民代表大会常务委员会的联系，交流工作情况和工作经验；联系本地区的省人民代表大会代表，反映他们的意见和要求；了解宪法、法律、行政法规、地方性法规和省人民代表大会及其常务委员会决议、决定执行情况，并向省人大常务委员会报告；承办省人大常委会、省人民代表大会专门委员会和省人大常务委员会办事机构交办的其他工作。

1995年6月，上饶地区联络处更名为上饶地区工作委员会，并赋予了一定监督职能：按照省人大的工作部署，负责对地区行署、中级法院、检察分院的法律监督和工作监督等项具体工作。1997年3月，经中共上饶地委同意，地区人大工委办公室内设综合联络科、财经环保科、教科文卫科、内务司法4个科，定编20人。

2000年6月，经国务院批准，撤销上饶地区，设立地级上饶市。同年10月11－13日，上饶市第一届人民代表大会第一次会议召开，选举产生上饶市第一届人民代表大会常务委员会组成人员、市人民政府市长、副市长、市中级人民法院院长、市人民检察院检察长。市人大及其常委会设立内司委、财经委2个专门委员会，1个办公室、选任联、农工委、城建环资、教科文卫、外侨民宗5个工作委员会，暂定编制50人。

1991年—2000年上饶地区联络处(工作委员会)
及上饶市人大常委会正副主任一览

表25－1－1

姓名	职务	任职时间(年、月)	免职时间(年、月)
姚德林	副主任	1991.8	2000.10
吴怀亮	主任	1993.4	2000.10
钟典光	副主任	1993.4	2000.6
陈宗璜	副主任	1995.2	2000.10
方危海	副主任	1995.6	2000.10
饶士圻	副主任	1996.12	2000.10
陈达恒	主任	2000.10	2002.2
夏洪柏	副主任	2000.10	–
程才金	副主任	2000.10	–
方加初	副主任	2000.10	–
张又发	副主任	2000.10	–
程爱平	副主任	2000.10	–
郑树炎	副主任	2000.10	–
王永革	副主任	2000.10	–
周华北	副主任	2000.10	–

主要工作 人大的主要工作体现在执法检查、视察调查、督办代表议案和建议等诸多方面。

执法检查 1991年—2000年10年间，地区人大工委(联络处)以及市人大常委会先后开展对50余部法律、法规的实施情况进行检查。

其中1992年4－12月，先后对《中华人民共和国企业法》《江西省农民负担管理条例》《江西省劳动保护条例》《中华人民共和国矿产资源法》《中华人民共和国水法》《中华人民共和国著作权益法》《中华人民共和国环境法》《中华人民共和国技术合同法》《江西省科技市场管理条例》《食品卫生法》等10项法律、法规的实施情况进行检查；1993年，在全区范围内开展对《江西省社会治安综合治理条例》《江西省农民负担管理条例》《妇女权益保障法》《江西省计划生育条例》等法律、法规实施情况进行检查；1994年，组织开展《教师法》《消费者权益保护法》《全国人大常委会关于惩治生产、销售伪劣商品犯罪的决定》《药品管理法》《江西省实施〈未成年人保护法〉办法》和《江西省国防教育条例》执法检查；1995年，按照省人大常委会的统一部署，开展《妇女权益保障法》《城市规划法》《矿产资源法》《产品质量法》《科技进步法》《土地管理法》执法检查；1996年，根据《江西省人民代表大会常务委员会地区工作委员会工作条例》的规定，重点对《农业法》《农业技术推广法》《教育法》和《江西省义务教育经费筹措和使用管理办法》实施情况进行检查；1998年，开展《江西省计划生育条例》《江西省企业减负条例》《环境保护法》《税收征收管理法》《科技成果转化法》《档案法》等法律法规的执法检查；1999年，配合省人大常委会对《森林法》《水土保持法》《建筑法》《体育法》《消防法》进行执法检查，并开展“环保赣江行”活动。

2000年，对《统计法》《义务教育法》等执法检查，并协助省人大常委会“《统计法》、《义务教育法》”两法检查组赴上饶县、玉山县进行重点检查。

视察和调查　1994年12月，组织部分全国人大代表和省人大代表赴上饶县、德兴市视察，代表通过听取政府的综合汇报，深入企业、农村、学校、市场等实地察看，广泛听取群众意见，就粮食政策、农用物资、教育管理等方面问题向当地政府及其管理部门提出改进意见。

1996年12月26－30日，地区人大工委组织在饶的部分全国人大代表、省八届人大代表赴弋阳、万年两县视察。在弋阳县，代表们重点视察《劳动法》的实施情况，实地了解国有企业深化改革、停产和半停产企业职工生活解困情况；代表们重点视察万年县实施《关于加强社会治安综合治理的决定》和加强社会主义精神文明建设的情况。在两县视察中，代表们听取政府负责人的汇报，走访企业、农村、学校及街道，与干部、工人、农民、教师进行座谈和交流。

1998年，境内遭受百年罕见的水灾，上饶地区人大工委于9月14－18日，组织了部分全国人大代表和省人大代表到波阳、余干、万年3县视察灾情，慰问灾民，听取3县政府关于水情灾情、生产自救、重建家园、捐款捐物、救灾款（物资）发放等情况的汇报，并深入重灾区，逐户与灾民交谈，详细询问他们的实际困难。并将视察结果及时向上级反映，争取各界支援。

1999年12月，组织部分驻上饶全国人大代表和省人大代表视察地区汽运公司、上饶电厂、上饶县“全良液”酒厂等国有企业，对企业运行机制、深化国有企业改革情况、企业跨世纪发展思路、企业发展与环境保护的现状与所采取的措施等问题进行深入的调查研究，特别是在上饶电厂视察时，代表们针对电厂环境污染问题提出意见和建议。

2000年11月，新成立的上饶市一届人大常委会组织境内的部分全国、省、市人大代表到信州区、广丰县、婺源县3县（区）集中视察。视察组采取听、看、访、询问等方式，先后听取3县（区）政府2000年国民经济和社会发展计划、财政预算的执行、优化投资环境、民主法制建设、精神文明建设、廉政建设等情况汇报，听取3县（区）人民法院、人民检察院的工作汇报。在肯定成绩的同时，指出在事权调整、加快市区的城市规划进度、农民负担等方面存在的问题。

督办代表议案和建议　2000年10月，市一届人大一次会议期间，共收到代表议案2件，代表建议、批评和意见36件，其中10人以上联名提出的10件议案改作建议处理，闭会期间收到代表建议1件。市一届人大一次会议后,常委会及时召开代表议案及建议交办会议,并向各承办单位提出具体要求。

信访工作 1991年—2000年,共受理信访1100余件(次)。仅2000年就受理群体来信112件,接受群体来访197人次。经过深入细致的工作,及时转办了一批有社会影响、办理难度较大的信访案件。

决定重大事项 2000年,市一届人大一次会议于2000年10月10日作出了《关于设立上饶市人民代表大会专门委员会的决定》。

人事任免 2000年10-12月,市人大及其常委会共依法任免国家工作人员109人。

第二节 上饶市人民代表大会

上饶市第一届人民代表大会第一次会议筹备工作机构 根据江西省九届人大常委会第十八次会议《关于成立上饶市第一届人民代表大会筹备组的决定》,2000年8月30日成立市一届人民代表大会第一次会议筹备组,其主要职责:负责筹备上饶市第一届人民代表大会的有关事宜,主持上饶市第一届人民代表大会代表的选举,召集上饶市第一届人民代表大会第一次会议。筹备组下设代表资格审查委员会、秘书处、组织处、议案处。

人大代表产生的办法 上饶市第一届人民代表大会代表由各县(市)和驻饶军队(含武警、消防部队)共13个选举单位选举产生,地直单位代表推荐到各选举单位寄送,解放军(含武警、消防)代表的选举由军分区牵头负责。

人大代表名额分配 经江西省人民代表大会常务委员会决定,上饶市第一届人民代表大会代表名额为490名,考虑到一届任期五年内人员变动情况和工作需要,预留8个代表名额作为机动,其余482名代表名额分配到13个选举单位,其中地区领导及地直单位推荐代表名额73名;县(市)推荐代表名额400名,军代表名额9名。

代表候选人界别:干部代表候选人235名,占推荐代表总数的46%;工人代表候选人70名,占推荐总数的13.7%;知识分子代表(含民主党派、无党派爱国人士)候选人98名,占推荐总数的19.2%;农民代表候选人97名,占推荐总数的19%;其他代表候选人11名,占推荐总数的2.1%。

代表候选人构成:中共党员代表候选人309名,占总数的60.5%;非中共党员代表候选人202名,占总数的39.5%;妇女代表候选人129名,占总数的24.5%。

代表文化结构:大专以上学历314名,占代表总数的59.1%;中专、高中学历125名,占24.5%;初中学历68名,占13.3%。年龄结构:35岁以下110名,36~45岁214名,46~55岁176名,56~60岁11名(年龄计算到2000年10月),平均年龄为41.68岁。

上饶市第一届人民代表大会实到代表468名。

上饶市第一届人民代表大会第一次会议选举结果 2000年10月13日,上饶市第一届人民代表大会第一次会议选举产生上饶市第一届人民代表大会常务委员会主任、副主任、秘书长、委员,市人民政府市长、副市长,市中级人民法院院长,市人民检察院检察长。

(1)上饶市第一届人民代表大会常务委员会主任:陈达恒;副主任:夏洪柏、程才金、方加初、张又发、程爱平、郑树炗、王永革、周华北;秘书长:周涛渊;委员:龙志红、王来富、李道根、罗来舜、夏勤银、王长烟、董清明、余积善、金淑屏(女)、熊林生、曹润生、江卫农、刘梅英(女)、卢文芳、王菊萍(女)、陈亮华、简淑卿(女)、吴剑文(女)。

(2)上饶市人民政府市长:黄建盛;副市长:胡发群、吴治云、章早彩、毛惠忠、汪德和、胡汉平。

(3)上饶市中级人民法院院长:江厚全。

(4)上饶市人民检察院检察长:曹炳根(检察长报经江西省人民检察院检察长提请江西省人民代表大会常务委员会批准任免)。

(5)2000年10月11日,上饶市第一届人民代表大会第一次会议主席团第二次会议通过上饶市人民代表大会内务司法委员会、财政经济委员会主任委员、副主任委员。上饶市人民代表大会内务司法委员会主任委员:方加初,副主任委员:王长烟;上饶市人民代表大会财政经济委员会主任委员:程爱平,副主任委员:董清明。

上饶市第一届人大常委会主任会议(2000年11～12月)

2000年10月19日晚,市人大常委会召开第一次主任会议,市人大常委会主任陈达恒主持会议,副主任夏洪柏、程才金、方加初、张又发、程爱平、郑树奀、周华北及秘书长周涛渊出席会议。会议研究了关于市人大常委会主任、副主任及秘书长分工问题;常委会副主任、常委会专职委员、副秘书长及专门委员会、工作委员会组成人员到位问题;临时办公条件初步安排的意见;关于常委会专职组成人员的人事工资关系、福利待遇和生活服务问题;关于召开市一届人大常委会第一次会议问题。11月3日,受市人大常委会主任陈达恒的委托,主持常委会日常工作的副主任夏洪柏主持召开市人大常委会第二次主任会议,副主任程才金、方加初、张又发、郑树奀、周华北及秘书长周涛渊出席会议。市人大常委会委员余积善、江卫农列席会议。会议就召开市一届人大常委会第一次会议有关事宜进行研究。12月12日,受市人大常委会主任陈达恒的委托,主持常委会日常工作的副主任夏洪柏主持召开市人大常委会第三次主任会议,副主任程才金、方加初、张又发、郑树奀、周华北及秘书长周涛渊出席会议。会议重点研究召开市一届人大常委会第二次会议有关事宜。

第二章　政治协商会议

第一节　省政协驻上饶地区机构

机构人员　1988年6月,中国人民政治协商会议江西省委员会上饶地区联络处(简称政协上饶地区联络处)升格为正地级机构,为江西省政协的派出机构。负责同上饶地区县(市)政协的联系,对全区各县(市)政协贯彻执行新时期统一战线的方针政策和江西省政协全委会、常委会的决议、决定进行检查督促;根据地委和省政协的要求,指导县(市)政协工作,负责同在上饶地区的全国政协委员和省政协委员的联系,组织他们进行学习和参加必要的活动,帮助他们知情出力;及时向地委和省政协反映上饶地区政协工作的情况和政协委员的意见、要求,加强与兄弟地、市政协组织的联系,学习各地的先进经验,推进本地区的政协工作;承办地委和省政协交办的其他任务。内设机构只有办公室1个,没有其他的常设办事机构。办公室为正县级机构,办理整个机关的日常工作,定编10人,设主任、副主任。

1995年8月31日,政协江西省七届十三次常委会议决定:将省政协上饶地区联络处改为中国人民政治协商会议江西省委员会上饶地区工作委员会(简称政协上饶地区工委)。原任命的省政协上饶地区联络处主任、副主任,为省政协上饶地区工作委员会主任、副主任,不重新办理任命手续。

2000年8月25日,经中共上饶地委研究同意,撤地设市后的政协上饶市委员会下设7个专门委员会:提案委员会、学习和文史委员会、经济科技委员会、农村和农业委员会、教文卫体委员会、法制社团委员会、"三胞"①联谊委员会。专门委员会、办公室为正县级机构。专门委员会下设正科级办公室。暂定编42人。

2000年10月,江西省撤销上饶地区设立地级上饶市。10月15日至16日,政协上饶市第一届委员会第一次会议在信州区举行。会议选举产生了政协上饶市第一届委员会主席、副主席、秘书长和常务委员,顺利完成政协上饶市第一届委员会常务委员会的组建工作。至此,中国人民政治协商会议江西省上饶市委员会正式成立(简称政协上饶市委员会)。政协上饶市委员会,按照中国人民政治协商会议章程进行工作,主要职能是政治协商和民主监督,组织参加本会的各党派、团体和各族各界人士参政议政。

1991年—1995年省政协上饶地区联络处领导一览

表25-2-1

姓　名	性别	民族	文化程度	职务	任职时间(年、月)	任职前单位和职务
张绫文	男	汉	初中	主任	1988.10~1992.9	地委副书记
徐凤仙	女	汉	大学	副主任	1988.10~1995.8	行署副专员
黄知深	男	汉	大学	副主任	1989.4~1994.2	地区计委主任
陈康林	男	汉		副主任	1991.9~1995.8	横峰纺器厂党委书记、厂长
叶玉书	男	汉	大学	副主任	1992.7~1995.8	地委统战部部长
蒋华生	男	汉	大学	主任	1993.6~1995.8	地委委员、秘书长
余　锋	男	汉	大专	副主任	1995.1~1995.8	地委委员、行署副专员

1995年—2000年省政协上饶地区工委领导一览

表25-2-2

姓　名	性别	民族	文化程度	职务	任职时间(年、月)	任职前单位和职务
蒋华生	男	汉	大学	主任	1995.9~2000.9	省政协上饶地区联络处主任
徐凤仙	女	汉	大学	副主任	1995.9~2000.9	省政协上饶地区联络处副主任
余　锋	男	汉	大专	副主任	1995.9~2000.9	省政协上饶地区联络处副主任
陈康林	男	汉		副主任	1995.9~1997.9	省政协上饶地区联络处副主任
叶玉书	男	汉	大学	副主任	1995.9~2000.1	省政协上饶地区联络处副主任

①"三胞":台湾同胞、港澳同胞、海外侨胞。

续表 25 - 2 - 2

姓　名	性别	民族	文化程度	职务	任职时间(年、月)	任职前单位和职务
许明秋	男	汉	大学	副主任	1999.1～2000.9	地委统战部部长
王继兑	男	汉	大学	副主任	2000.1～2000.9	地区检察院检察长

2000 年政协上饶市委员会领导一览

表 25 - 2 - 3

姓　名	性别	民族	文化程度	职务	任职时间(年、月)	任职前单位和职务
王际贤	男	汉	大学	主席	2000.10	地委副书记
姜春珠	女	汉	大学	副主席	2000.10	地区行署副专员
陈椿年	男	汉	大专	副主席	2000.10	地区行署副专员
许明秋	男	汉	大学	副主席	2000.10	省政协上饶地区工委副主任
王继兑	男	汉	大学	副主席	2000.10	省政协上饶地区工委副主任
姚立新	男	汉	大专	副主席	2000.10	地区农业局党组书记、局长
李一帆	男	汉	大专	副主席	2000.10	横峰县政协副主席、县人民医院院长
俞景陆	男	汉	高中	副主席	2000.10	玉山县政协副主席、文联主席
宋光顺	男	汉	大专	秘书长	2000.10	行署农办副主任

民主监督　主要形式有参观考察、调查研究等。

参观考察　1991 年 6 月 15 日,地直单位的省政协委员一行 9 人视察上饶市青少年宫;同年 12 月 5 - 7 日,地直单位和上饶县的省政协委员赴上饶县视察了农业总体开发情况。

1992 年 6 月 24 日,地直单位的省政协委员一行 10 人,视察上饶体育中心工程,听取了上饶体育中心工程的情况介绍,并进行座谈;同年 8 月 20 日,地直单位的省政协委员视察上饶清水灵红股份农业立体开发试验场;当年 10 月 13 - 23 日,地区部分省政协委员一行 18 人,赴福建省参观学习。

1993 年 11 月 24 - 27 日,地区部分省政协委员分两组对广丰县、德兴市的乡镇企业进行了视察。委员们听取汇报,深入企业考察,开展座谈协商,对如何加快乡镇企业的发展进行形势分析、找出存在问题,提出意见和建议。

1994 年 6 月 30 日,地直单位的省政协委员视察省"九运会"场馆建设工程。

1995 年 9 月 18 日至 9 月 22 日,地区部分省政协委员赴宜春地区开展视察活动。在宜春地委、行署、政协工委的热情关心和大力支持下,先后到宜春地区的靖安县、万载县和宜春市,重点对乡镇企业进行视察。

1996 年 11 月 26 - 28 日,地直省政协委员视察组在政协地区工委主任蒋华生带领下,就全区职业教育及宣传、贯彻、落实《中华人民共和国职业教育法》情况进行专题视察。

1999 年 4 月 29 日,政协地区工委组织地直单位省政协委员到江西电大上饶分校视察成人教育工作;10 月 20 日,地直部分省政协委员在工委主任蒋华生的带领下,视察正在建设中的大坳水利枢纽工程。

2000 年 12 月 19－21 日，市政协组织部分市政协委员到婺源、德兴两县，就生态农业与生态旅游情况进行视察调研。

调查研究 1991 年 7 月，组织各县市政协就乡镇企业、计划生育现状、问题、对策和政协委员为两个文明建设献计出力的先进个人典型，各专门委员会、乡镇联络组先进集体典型情况开展专题调研活动。

1993 年 4 月中旬，组织部分省政协委员和文化部门的有关人员，就全区“文化市场管理”的有关问题开展调研。9 月，政协联络处组织部分省政协委员及有关单位对上饶地区个体、私营经济发展情况进行调研。地委办、行署办转发政协地区联络处《关于我区个体、私营经济发展情况的调查报告》。

1994 年 6 月，政协联络处就上饶地区发展农业生产、增加农民收入情况开展调研；8 月，政协联络处调查组到上饶客车厂调研。

1999 年 4 月 10 日于 5 月 10 日，政协地区工委和各县（市）政协分别组织政协委员开展食品工业发展情况的调研，委员们就进一步加快全区食品工业的发展问题，提出了积极的建议。

2000 年 5 月中旬至 6 月中旬，政协地区工委组织在全区开展科教兴赣与素质教育专题调研活动。

其他活动 1991 年 6 月 29 日，地区政协联络处邀请地直单位和上饶市部分省政协委员、民主党派负责人、各界人士及历届省政协老委员，举行纪念中国共产党建党 70 周年座谈会；10 月 9 日，举行地、市各界纪念辛亥革命 80 周年大会，地、市各界人士和群众代表参加了大会。

1992 年 1 月 22 日，举行各界人士迎春座谈会。省政协委员、各民主党派、省政府参事等各界人士代表 120 多人参加会议。

1994 年 9 月底，政协联络处和地委统战部联合举行党外人士国庆茶话会。

1995 年 1 月 20 日，举行地直单位省政协委员迎春座谈会。

1996 年 1 月 29 日，来自地直单位的各界省政协委员欢聚一堂，出席政协地区工委召开的迎春座谈会。

1996 年 7 月 19 日，政协地区工委和地委统战部在上饶宾馆联合召开党外代表人士通报会。地委委员、行署副专员倪忠民通报全区上半年的经济形势和下半年经济工作的主要思路。地委宣传部副部长王来富通报了全区解放思想大讨论活动情况。

1997 年 6 月 25 日，政协地区工委与地委统战部联合召开各界人士迎接香港回归座谈会。

参政议政 1991 年 1 月 9－11 日，政协地区联络处召开全区政协工作会议，总结汇报学习贯彻中共中央〔1989〕14 号文件和全国全省统战工作会议精神情况，根据省、地经济工作会议精神，总结交流政协为经济建设开展服务的做法和经验；11 月 15－17 日，召开全区县、市政协主席会议，总结交流全区政协组织贯彻执行中共中央〔1989〕14 号文件，省委〔1991〕3 号文件及地委〔1991〕34 号文件精神，围绕经济建设的中心，认真发挥政协“政治协商、民主监督”职能作用和加强自身建设的做法及经验，研究探讨做好新形势下政协工作的新途径和新方法，以统一思想、增加共识、振奋精神、再接再厉，进一步开创全区政协工作的新局面；7 月 17－18 日，全区政协“三胞”联络工作会议在铅山县召开，总结交流全区政协开展“三胞”联络工作的经验，参观学习了“三胞”联络工作的先进典型，探讨新形势下进一步做好“三胞”联络工作的新路子和新方法。8 月 19—20 日，全区政协学习、提案工作会议在德兴市召开，总结交流全区政协开展学习、提案工作的经验和做法，研究探讨新形势下进一步做好全区政协学习、提案工作的任务、路子和方法。

1992 年 7 月 29 - 31 日，在玉山召开各县(市)政协主席工作会议，传达贯彻全省地、市政协主席(主任)座谈会、省政协六届二十次常委会，全省“三胞”联络工作座谈会精神，总结交流上半年的工作情况，讨论研究下一步工作，并邀请地区台办负责同志和侨办外资办的同志就有关工作情况作了通报。

1993 年 7 月 28 - 30 日，全区县(市)政协主席会议在饶召开。这次会议的主题是，传达贯彻全国政协八届二次常委会议和省政协七届二次常委会议精神，结合当前形势，研究探讨改进和加强政协工作问题，部署下半年工作任务。

1995 年 4 月 11 - 12 日，中共上饶地委在上饶市召开全区政协工作会议。省政协副主席叶学龄专程到会指导，并作重要讲话。会议认真贯彻落实全国政协八届三次会议、全国地方政协工作经验座谈会议和省政协七届三次会议精神，总结交流近年来全区政协工作经验，研究探讨做好新时期政协工作的新方法和新路子，以进一步开创全区政协工作新局面，全面推进区内的改革开放、经济建设和社会发展。出席这次会议的有地区六套班子在家的领导，各县市委分管政协工作的副书记，县市政协主席、秘书长及有关地直单位的负责人。同年 5 月 24 ~26 日，全区政协第二次提案工作座谈会在婺源县召开。会议总结交流全区政协提案工作经验。是年 9 月 5 日，在德兴市召开全区政协法制社团工作会议，传达省政协法制社团工作座谈会精神，总结交流全区政协法制社团工作经验，探讨新形势下加强和推进政协法制社团工作的新途径。

1996 年 4 月 1 - 2 日，全区政协“围绕中心，履行职能”，经验交流会在广丰县召开。会议总结交流围绕经济建设中心，积极履行政协职能的情况和经验，并对“围绕中心，履行职能”，进一步开创政协工作新局面等问题进行深入探讨。同年 10 月 15 日，全区政协宣传报道和报刊发行工作会议在饶召开。省政协办公厅副主任、《光华时报》总编石弘宝、副总编熊宝华、王新民等专程到会指导。是年 10 月 30 日，全区政协文史资料工作会议在余干县召开。会议坚持以中共十四届六中全会精神为指导，传达贯彻全省政协学习文史工作座谈会精神，总结交流全区文史资料工作的经验，就进一步拓宽文史资料工作领域，更好地发挥文史资料在社会主义精神文明建设的作用等问同题进行了探讨，并对做好今后的文史资料工作提出了要求。

1997 年 1 月 27 日，政协地区工委在上饶市召开全区县(市)政协主席会议，总结 1996 年工作，部署 1997 年任务，表彰先进单位。4 月 17 - 18 日，政协地区工委在波阳召开全区政协专委会工作经验交流会议。会议认真总结交流全区政协在加强专委会工作，发挥专委会作用，积极履行政协职能等方面的经验，并就进一步做好专委会工作，履行好政协职能的新路子和新方法进行探讨。

1998 年 2 月 18 - 19 日，政协地区工委在上饶召开全区县市政协主席会议。会议总结 1998 年工作，表彰先进、部署 1999 年工作任务；9 月 8 - 9 日，政协地区工委在玉山县召开全区政协提案工作座谈会。会议传达贯彻省政协提案工作研讨会精神，总结交流各县(市)政协提案工作经验，探讨进一步提高提案质量的新路子。

1999 年 3 月 30 日，召开全区县(市)政协主席会议，总结交流 1998 年工作经验，表彰先进，部署了 1999 年政协工作，探讨在新形势下积极围绕地委、行署中心工作，进一步履行政协职能的新路子。

2000 年 3 月 7 日，政协地区工委召开全区县(市)政协主席会议，总结 1999 年工作，交流工作经验,部署2000年工作任务。是年底,政协上饶市第一届委员会委员共有279人,界别情况为:中共24人、民革8人、民盟12人、民建8人、民进5人、农工委12人、无党派5人、总工会11人、青年团6人、妇联17人、青联5人、工商联14人、科协8人、归侨8人、文化艺术8人、科技12人、社会科学9人、经济15人、农业11人、教育14人、体育5人、新闻出版5人、医药卫生9人、社会福利5人、少数民族5人、宗教5人、特邀33人;279名委员中,中共人士111名,非中共人士168名;具有高级职称的有60名。

第二节 上饶市政治协商会议

政治协商的主要形式有:全委会,常委会,主席会,常委专题座谈会,各专门委员会会议,根据需要召开的各党派、无党派爱国人士、人民团体、少数民族人士和各界爱国人士的代表参加的协商座谈会等。

全委会 2000年10月15日,市政协一届一次会议于在上饶影剧院召开,历时2天。

主席团常务主席(8名):王际贤、姜春珠(女)、陈椿年、许明秋、王继兑、姚立新、李一帆、俞景陆。会议选举了本届主席、副主席、秘书长和常务委员。

常务委员会议 2000年10月16日,市政协在信州区召开一届一次常委会议。会议讨论决定第一届委员会设置七个专门委员会,任命副秘书长、办公室和7个专门委员会主任、副主任。

主席会议 *第一届委员会第一次主席会议* 2000年10月17日,主席王际贤主持召开。协商确定主席、副主席、秘书长工作分工及机关内部建设等事项。副主席姜春珠、陈椿年、许明秋、王继兑、姚立新、李一帆、俞景陆,秘书长宋光顺参会。

第一届委员会第二次主席会议 2000年10月31日,主席王际贤主持召开第二次主席会议。听取赴金华和九江市、鹰潭市政协考察情况汇报。副主席姜春珠、陈椿年、许明秋、王继兑、姚立新、李一帆、俞景陆,秘书长宋光顺参加会议。

第一届委员会第三次主席会议 2000年12月6日,市政协召开第三次主席会议,副主席姜春珠、许明秋、王继兑、姚立新、李一帆、俞景陆,秘书长宋光顺出席会议。受主席王际贤的委托,姜春珠主持会议。会议研究了在饶市政协委员视察的有关事项等。

第三章 政府机构

第一节 上饶地区行政公署

机构沿革 行政公署是江西省人民政府的派出机构。1991年—2000年10月,沿用上饶地区行政公署;2000年10月18日撤地设市后正式挂牌改称上饶市人民政府。

领导人员 1991年—2000年10年间,地区行署领导人员由专员、副专员、督导员、专员助理、秘书长、副秘书长、行署工作部门的负责人组成;2000年10月,撤地设市后由市长、副市长、市长助理、秘书长、副秘书长、市政府工作部门的主要负责人组成。

1991年—2000年上饶行署正、副专员名录

表25-3-1

职务	姓名	任职时间(年、月)	免职时间(年、月)
专员	刘德旺	1990.6	1992.11
	邓布仁	1992.11	1996.4
	陈达恒	1996.4	1999.9
	黄建盛	1999.9	2000.10
副专员	饶士圻	续任	1992.5
	吴怀亮	续任	1993.5
	陈椿年	续任	2000.10
	陈发芳	续任	1996.11
	邓布仁	续任	1991.7
	方危海	1991.7	1995.7
	余锋	1992.5	1995.1
	胡永达	1994.1	
	倪忠民	1995.1	
	胡发群	1995.5	
	姜春珠	1995.6	
	章早彩	1995.9	
	毛惠忠	1995.11	
督导员	张凤选	续任	1991.3
	彭治亚	续任	1993.8
专员助理	张柳华	1997.11	

说明:专员助理张柳华下派挂职。

2000年10月撤地设市后第一任正、副市长名录

表25-3-2

职务	姓名	任职时间(年、月)
市长	黄建盛	2000.10
副市长	胡发群	2000.10
	吴治云	2000.10
	章早彩	2000.10
	毛惠忠	2000.10
	汪德和	2000.10
	胡汉平	2000.10

工作机构　1991年—2000年,地区行政公署工作机构一直延续的有:行署办公室、计划委员会、体制改革委员会、财政局、人事局、劳动局、编办、审计局、统计局、档案局、信访办、民政局、扶贫办、四省九地市联络处、技术监督局、交通局、公路分局、建设局、建材工业总公司、建筑总公司、矿管局、工商局、物价局、粮食局、合作办、外贸局、农办、林业局、水电局、计划生育委员会、气象局、大坳水利水电开发总公司、科委、教育委员会、体育运动委员会、卫生局、药品监督管理局、文化局、广播电视局、省新闻出版局(版权局)上饶分局、公安局、司法局、驻北京联络处、驻上海联络处、驻南昌办事处、驻厦门办事处等。其间经历了一个设、撤、分、合、升、降、改的过程,特别是经历1992年和1996年两次转变职能的较大改革与调整。

新设立(含恢复重建)的机构:　1991年3月,从地区商业局分出成立的地区供销合作社;4月,成立地区住房制度改革办公室;1995年5月,成立地区国家安全局;1995年12月,经华中电业管理局批准,成立江西上饶供电局。

撤销分设的工作机构:　1992年10月,地区煤炭冶金公司撤销,保留地区煤炭冶金工业局牌子;1994年8月,撤销地区税务局,分设地区国家税务局和地区地方税务局。

升格的工作机构:　1993年7月,地区土地利用管理局和地区垦殖场管理局升格为行署直属正县级机构;1994年2月,上饶交通稽查征费分局升格为正县级机构;1996年4月,地区农业开发办公室升格为一级机构。

更名的工作机构:　1992年3月,上饶地区电力工业局划归江西省电力工业局管理,并更名为赣东北供电局上饶分局,保留上饶地区电力工业局名称;1992年12月,地区物资局对外保留牌子,成立地区物资总公司;地区商业局对外保留牌子,成立地区商业总公司,均为两块牌子,一套班子;地区垦殖场管理局转为上饶地区农垦集团总公司,为行署直属正县级经济组织机构。1996年4月,地直机关进行了机构改革,更名的机构有:地直机关事务管理局更名为地直机关服务中心;三清山管理局更名为三清山管理委员会;地区公安处更名为地区公安局;地区教育局更名为地区教育委员会;地区经济委员会更名为地区经济贸易委员会;地区城乡建设环境保护局更名为地区建设局(保留环境保护局牌子);地区第二轻化工业局与地区轻化纺工业局合并重组地区轻化纺工业局;地区建筑工程公司更名为地区建筑工程总公司;地区对外经济合作委员会更名为地区对外经济合作办公室;地区建材工业局更名为地区建筑材料工业总公司;地区农村经济委员会更名为地区农村工作办公室;地区农牧渔业局更名为地区农业局;地区土地利用管理局更名为地区土地管理局;地区乡镇企业管理局更名为地区乡镇企业局;地区对外经济贸易局更名为地区对外贸易经济合作局;地区气象管理局更名为地区气象局等。

第二节　施政纪略

施政方式　有行署全体会议、行署常务会议、专员办公会议、专员例会、行署党组会议、专题会议和现场办公会议等,研究、制定、贯彻、落实中共中央、国务院和省委、省人民政府的一系列方针政策,部署推动全区各项工作的开展。

1998年3－12月,上饶行署专员办公会议共召开19次,先后就“横南铁路上饶段沿线征地拆迁问题”“永平铜矿与铅山县周边乡(镇、场)农赔问题”等18项议题进行研究、讨论和审定。同年4月17日,行署专员陈达恒主持召开第81次行署常务会议,讨论、审议了《关于进一步加强计划生产工作的决定》等 11 项议题。同年 10 月 10－14 日，行署专员陈达恒先后在波阳县、余干县、万年县主持召开现场会议，就 3 县灾后重建工作问题进行研究讨论。

2000 年 3 月 5 日，行署专员黄建盛主持召开第 100 次行署常务会议，重点研究审议农垦体制改革问题和组织江西上饶商业（集团）有限公司方案。

提案办理　1992 年 5 月，行署办公室接到省政府办公厅交办的省人大七届五次会议代表建议 1 件、省政协六届五次会议委员提案 4 件，其中涉及科教方面件、宗教政策 2 件、建议 1 件。当年全部办理完毕。其中对省政协六届五次会议第 110 号提案中关于要求在上饶师专校园围墙外辟一条简易公路，以解决村民的出行和维护校园正常教学秩序。市政府领导多次到现场办公，与校、乡、村三方协商共同投资建设一条机耕道；对省人大七届五次会议第 216 号建议和省政协六届五次会议第 351 号提案同一个要求归还波阳县天主教堂房产、开辟宗教活动场所问题，政府部门立即组织专门人员翻阅档案，找知情了解情况，并多次召开有关部门研究，与信教群众及宗教界人士协商，同意暂时指定若干简易宗教活动点，等财政形势好转时予以解决新的场所。

2000 年 10 月，市一届人大一次会议期间，共收到代表议案 2 件，代表建议和意见 36 件。市政府接到题案后专门召开市长办公会议，精心部署，制订办理方案，落实办理措施，做到件件有着落、事事有结果。如对代表提出的“关于加强上饶市城市公共消防设施建设的意见”的建议，得到市政府及建设局等部门的重视，立即将城市消防内容列入新编上饶市城市总体规划，进行消防设施布局，明确规定以后审批建设项目时，须由消防主管部门签署意见后才能办理城市规划“一书两证”手续。同时，加大城市消防设施的投入，搞好城市消防工作。

政务公开　1991 年—2000 年，地区行署根据江西省人民政府的决定，在全区行政机关推行政务公开。实行政务公开的机构是行署、各级人民政府及其所属部门和基层工作机构，依照法律、法规和规章的规定，受行政机关委托具有管理公共事务职能的事业组织。其中重点部门是各级计划、教育、科技、卫生、经贸、交通、城建、公安、民政、工商、物价、技术监督、农业、土管、计生、环保、劳动、人事、税务等部门。行署政务公开的内容有：行政决策、规范性文件、重大人事、政府采购、行政许可、行政处罚和强制措施和其他与群众切身利益密切相关的政务事项等。2000 年 4 月，行署下发《关于进一步推行政务公开的决定》（饶行发〔2000〕17 号）。行署政务公开的内容：行政决策事项，国民经济和社会发展计划（包括规划），财政预决算，应当让人民群众知道的涉及广大群众切身利益的如中小型国有企业改革、医改、房改等重大改革举措以及其他议决事项或工作部署应及时公开；规范性文件事项，行署制定的规范性文件的内容及执行情况应及时公开；重大人事事项。人事任免，公务员的录用程序、结果，荣誉称号评审条件、程序和结果等应予以公开；政府采购事项。采购的时间、标的物、数量、金额应 及时予以公开；行政许可事项。要将其法定依据、资格条件、办理时限、办理程序、结果、工作纪律、投诉渠道予以公开；行政处罚，强制措施事项。要将其法定依据、种类、标准向社会公开，将做出行政处罚，强制决定的事实和理由向处罚的对象公开，并告知其依法享有的权利；其他与群众切身利益密切相关的政务事项。行署所属部门政务公开的内容：各部门执法所依据执行的法规、规章及规范性文件的名称、内容应予以公开；行政收费事项，应将其法定依据、收费项目、标准、经费主要用途及时予以公开；行政审批、许可、发证、发照、登记、注册、年审事项，应将其法定依据、资格条件、办理时限、办理程序、办理结果，工作纪律、投诉渠道予以公开；行政处罚、强制措施事项，要将其法定依据、种类、标准向社会公开，将做出行政处罚、强制决定的事实和理由向处罚的对象公开,并告知其依法享有的权利;其他与群众切身利益密切相关的政务事项。

政事述要 经济建设 1991 年—1995(八五时期)经济发展。1995 年,全区完成国内生产总值 125.33 亿元,比 1990 年增长 179.07%。第一、二、三产业增加值分别为 52.29 亿元,38.48 亿元,34.56 亿元,经济结构进一步完善;全社会固定资产投资 16.59 亿元,基础设施建设步伐加快;全社会零售物价总指数 115.4;社会消费品零售总额 50.46 亿元;出口总额 1254.2 万美元;财政总收入 11.22 亿元;农民人均纯收入 1544 元;年末总人口 627.03 万人;人口自然增长率 12.7‰;工业总产值 301.36 亿元;农业总产值(1990 年不变价)85.14 亿元。教育结构调整步伐进一步加快,"八五" 期间累计培养大中专毕业生 3.83 万人,学龄儿童入学率达 98%;医疗卫生和预防保健事业不断加强,计划期间每年实际人口都未超过计划数,均控制在计划内的 98% 左右;"八五"期间全区积极参与各种形式的经济技术合作,广泛引进外资、人才、先进技术和设备,进口贸易和引进外资不断增长,"八五"期末全区实际利用外资 748 万年美元;城镇居民人均收入 2716 元;农民人均纯收入 1992 年—1995 年连续 4 年超额完成计划的 2.52%、4.90%、21.76% 和 9.86%,"八五"期末全区农民人均纯收入达到 1543 元;城乡居民储蓄存款达到 60.66 亿元。

1996 年—2000 年(九五时期)是全区企业体制改革、转换和产业调整时期。2000 年,全区完成国内生产总值 173.43 亿元,比 1990 年增长 286.19%。其中:第一、二、三产业增加值分别为 56.77 亿元,50.62 亿元;66.04 亿元,比例由"八五"期末的 41.7:30.7:27.6 到"九五"期末的 32.7:29.2:38.1。经济结构发生比较大的变化;全社会固定资产投资 32.77 亿元;全社会零售物价总指数 102.4;社会消费品零售总额 81.28 亿元;出口总额 2706 万美元;财政总收入 15.66 亿元;农业总产值 95.83 亿元;工业总产值 149.5 亿元。农民人均纯收入 2038 元;

1998 年—2000 年,得到中央积极的财政政策扶持,全区的移民建镇、粮库、能源、水利、城建、交通、工业和完善社会事业的一大批建设项目得到国债的投入,国债投资总额达到 35.98 亿元。"九五"期末财政总收入达到 15.66 亿元;全社会固定资产投资累计 32.77 亿元,一大批重点工程相继建成,横(峰)南(平)铁路上饶联络线和新上饶火车站先后建成,大坳水利枢纽工程建成发电,国道、省道、县道等公路建设突飞猛进,电信事业飞速发展,经济发展环境更加优化,有效地拉动经济增长;人口自然增长率由"八五"期末的 12.03‰下降到 9.79‰;城镇居民人均可支配收入 4891 元。

改革开放 1970 年代末 1980 年代初,上饶的改革开放基本上与全国同步,先从农村开始,而后推至城市;先实行经济体制改革,后带动政治体制改革,以及社会各项事业的配套改革。在改革的同时,敞开对外开放的大门。经济体制改革,首先是在农村推行家庭联产承包责任制,取消政社合一的人民公社制度,调整农产品收购价格和产业结构,极大地调动广大农民的生产积极性,稳定地增加农民收入,促进农村经济大发展。通过不断深化改革,全区农业朝着生产专业化、布局区域化、贸工农一体化方向前进。初步实现,向商品经济转变;由低质、低产、低效,向优质、高产、高效转变;由传统的耕作技术,向现代化农业转变。在城市,围绕增强企业活力这一中心环节,相继推行承包经营责任制,用工、分配、人事三项制度改革和经营范围、价格、用工、分配四放开,转换经营机制,建立现代企业制度等。在政治体制改革上,改变政企不分,权力过于集中,机构臃肿,人浮于事,办事效率低等弊病,加强民主法制建设,实行依法治区;大刀阔斧地进行机构改革,推行人事制度改革和国家公务员制度,以及全员劳动合同制等。上饶又率先在全国推行城镇住房制度改革,为房改提供有益的经验。

改革开放给上饶这一经济不发达的内陆农业区,带来很大的发展机遇,取得明显的经济效果和社会效益。但到1980年代末1990年代初,在全国、全省排名中,仍处于相对落后的位置,人们的思想满足于进步不大年年有。有鉴于此,地委、行署于1990年8月召开全区经济工作会议,提出“解放思想,打破常规,敢冒风险,开拓进取”的十六方针。1992年春,邓小平南方谈话发表,接着当年召开中国共产党十四次全国代表大会,这两件大事,推动了全区的改革开放进入新的高潮。

1992年4月18日,地委、行署在上饶市隆重举行改革开放动员大会,各县(市)设分会场。大会在邓小平视察南方谈话精神鼓舞和指引下,发出“放开胆子抓改革,拓宽路子搞开放,加快步子求发展,使全区经济迈上新台阶”的号召。在贯彻落实中共十四大精神的同时,抓住“解放思想、实事求是”这一理论精髓,以解放思想为先导,在地、县(市)、乡(镇)三级党组织和干部群众中,广泛深入地开展一波一波的思想解放大讨论,破除人们头脑中的思想禁锢和封闭意识,审视自我,调整战略部署,从上饶地区的实际出发,强化三种意识,一是超常规发展意识;二是敢冒风险发展意识;三是自主发展意识;深化改革,扩大开放,实施跳跃式发展,实现国民经济发展第二步战略目标。在历年召开的全区三级干部大会和地委扩大会议上,均不断强调解放思想,开拓前进,不断推动改革开放和经济建设发展这个主题。1998年12月19日,地委召开纪念十一届三中全会召开20周年纪念大会,认真总结20年改革的基本经验,强调在今后的改革发展中,坚持“三个有利于”为标准,解放思想,实事求是,团结一致向前看。2000年1月地委召开的全区三级干部,又针对上饶在思想解放的程度上还存在很大差距的现实,提出要坚持“五破五立”,带动上饶新一轮思想解放,实现上饶在江西东部的快速崛起。

城市建设 1990年代,上饶地区城市总体规划,除上饶市中心城区总体规划修编3次外,其他11县(市)城区和三清山的总体规划多数在80年代第1次编制规划的基础上进行重编或修编,将原1980年代的规划作了重大的调整,并对城市区域内各项建设作出具体规划。1993年上饶县三乡一镇划入上饶市,从1994年起,结合把上饶市建设成为现代化中等城市的奋斗目标,制定相应的现代规划,加快城市建设步伐,形成上饶市城乡建设新格局。

1991年始,全区城乡建设进入大发展时期,各县(市)在总体规划指导下,以改善城市基础设施为重点,相继在城(市)区新建、改建数十条重要交通干道,形成东西南北贯通道路网络。随着城市建设的逐步拓展,城市面积不断扩大。2000年,全区城市面积2543.67万平方千米,建成区面积104.72平方千米。城市道路总长由1990年229.59千米增加到624千米,城市功能进一步完善,城市排水管道长由151.49千米增加到449.79千米,城市日供水能力由11.18万立方米猛增到55.9万立方米,用水普及率由78.7上升到95.6%,城市路灯由3184盏增加到6894盏;全区城市液化气供应总量达13474立方米,用气户数127644户,用气人口51.94万人,用气普及率为71.15%。园林绿化建设发展迅速,园林绿地面积逐年增大,2000年,全区城市绿化覆盖面积3919公顷,园林绿地面积2376公顷,建成区绿化覆盖率23.79%,人均公共绿地面积由0.56平方米上升到5.36平方米。

1990年代,全区各县(市)政府先后印发《县城总体规划管理办法》中规定:任何单位和个人,在县城总体规划范围内从事新建、改建和扩建建设项目,必须服从县城总体规划,向城市规划行政主管部门提出申请。经批准取得“建设项目选址意见书”,“建设用地规划许可证”后,才能向政府土地管理部门申请征用划拨土地建设工程设计,工程设计图纸经城市规划主管部门审核符合规划要求后,发放“建设工程规划许可证”才能动工兴建。未取得“二证一书”视为违法行为,责令其停工和拆除。为做好这方面工作,各县(市)城市规划行政主管部门加大宣传力度,并派出专门队伍在规划区范围内进行巡查监督。严格执行“二证一书”制度,拆除一批违章建筑,城市规划设计和规划管理工作逐步走上法制化轨道。

全区各县(市)为加强乡村规划管理,各乡镇设立小城镇建设管理机构,并配备村镇建设助理员,对乡镇建房用地实行核发“两证”(用地规划许可证、工程规划许可证)制度。2000年,全区小城镇共287个,设立233个小城镇建设管理机构,村镇建设助理员274人,核发“两证一书”或“一证一书”2227份。

1990年代,全区住房制度改革的深入,住房由福利型逐渐向商品化转变,各县(市)城镇掀起商品房建设和私人建房的热潮。随着房地产开发事业的不断发展,各县(市)一批现代化建筑拔地而起。2000年,全区房地产开发企业完成商品房建设投资额15926万元,其中住宅建设投资13786万元,与1991年相比,分别增长8.7倍、9.2倍;商品房建筑施工面积45.33万平方米,其中住宅面积38.26万平方米,同比分别增长2.4倍与2.3倍;商品房建筑竣工面积22.63万平方米,其中住宅建筑竣工面积19.6万平方米,同比分别增长3.4倍、4.1倍。2000年,全区城市(镇)实有房屋面积2419万平方米,其中住宅面积1648万平方米,比1990年分别增长75.04%、120.07%。全区城市(镇)人均居住面积10.31平方米,比1990年增加2.09平方米。

精神文明建设 1990年代,全区以培养“四有”①文明公民和提高人们的思想道德素质、科学文化水平为目标,在全区城乡开展的以创“三优”②、创建文明卫生城市、文明单位、军(警)民共建等为主要内容的群众性精神文明建设活动。1992年,玉山县文明办以《职业道德》、《社会公德》和《文明市民读本》为主要教材,在核工业部华东268地质大队举办全区第一所“文明公民学校”的试点工作。1994年,以“文明公民学校”为阵地,大力加强职业道德教育。各行业、各部门还根据各自的行业特点开展一系列职业道德教育和评比活动。

1995年4月,地委宣传部结合上饶地区实际,重点实施爱国主义教育“3411”③工程意见。7月21日,地委、行署为加强爱国主义教育基地建设,在上饶市茅家岭革命烈士纪念营,宣布上饶集中营旧址、上饶集中营烈士陵园、江西省上饶军区革命烈士纪念碑、中共闽浙赣省委旧址、弋阳县革命烈士纪念馆、德兴市龙头山革命烈士纪念馆为全区首批6个地级爱国主义教育基地,并举行挂牌仪式。同年,把社会公德、职业道德等思想道德建设的内容纳入创建文明片区的活动之中。6月,玉山县文成镇金桥村成立全省第一个“农民道德教育协会”。

1997年,地委、行署转发地区文明委制定的《上饶地区文明单位建设和管理若干规定》,开展争创文明单位、文明家庭、文明小区、文明楼院、文明路(街)、文明车间、文明柜(组)活动。全区共有省级文明单位标兵3个,省级文明单位71个,地级文明单位338个,县(市)级文明单位1000余个,文明楼院390幢,文明家庭和五好家庭45.63万个。

2000年,地委通过命名第二批爱国主义教育基地的报告,批准并分别给弋阳漆工镇暴动纪念馆、万年赣东北苏维埃政府旧址、波阳革命烈士纪念塔、余干革命烈士纪念碑、婺源县博物馆、上饶县博物馆(含七峰岩、李村)、弋阳叠山书院、铅山县鹅湖书院、玉山县黄家驷公园、三

---

①“四有”:有理想、有文化、有道德、有纪律。

②“三优”:优美环境、优良秩序、优质服务。

③“3411”工程:即学习《邓小平文选》第一、二、三卷,加强四项基本建设,开展十一项主题教育活动。

清山风景名胜区、弋阳龟峰风景名胜区、婺源灵岩国家森林公园、广丰芦林工业区(含月兔集团、月兔广场、芦林大道)13 个爱国主义教育基地挂牌,全区共有爱国主义教育基地 47 个。

第三节　综合政务

信访工作　*机构人员*　1991 年—2000 年 10 月,系上饶地区信访办公室;2000 年 10 月撤地设市,改称上饶市信访办公室,正县级单位,内设秘书科、接待科、办信科。人员编制均为 12 人。地区信访办修订 8 项工作制度,强化目标管理,明确了领导分工和科室工作责任制。

1991 年—2000 年,全区 12 县(市)均设信访办公室,为正科级单位,人员编制数,1991 年为 65 人,2000 年为 70 人。

信访接待日　1991 年,地委、行署建立领导接待日制度。全区 12 个县(市)坚持每月至少一次的领导接待日制度。同时成立信访领导小组,所辖 283 个乡镇均成立信访领导小组,配有专(兼)职信访干部,实现层层有人分管,级级有人办事的纵成线,横成片,上下贯通,左右衔接的信访网络,为开展信访工作提供了有效的组织保证。在乡镇开展信访工作"四有三无"①活动,达标乡镇 137 个,占 43.3%。

信访学会　1992 年 6 月 10 日,成立上饶地区信访学会,强化信访工作宣传,加强信访工作横向联系。参与社教,搞好扶贫。社教工作点的横峰县龙门乡宜兴村农民人均收入由上年 480 元增加到 540 元。

信访活动月　1993 年 9 月,全区开展"信访活动月"活动。集中时间精力解决 50 个交办案件和 125 个积案难案。1994 年,全区通过认真疏理,解决"老大难"信访问题 113 个,为"一会三赛"的顺利进行创造稳定的社会环境。

信访案受理　1995 年,信访工作紧紧把握服从和服务于经济建设这个大方向,在当好参谋、服务大局上下功夫。在接访中,加强集体访的化解和劝阻工作。在办理群众来信中,对重要信件首次采取由收件单位报回执的做法。做好 第四次"世界妇女大会"和省党代会期间的超前防范工作,对重点信访问题实行领导包案,责任到人。

1996 年,贯彻全国全省信访工作会议精神,结合学习吴天祥开展信访工作的解放思想大讨论,为密切党和政府同人民群众的联系,促进社会稳定、改革开放和经济建设服务。5 月初,地委、行署调整、充实地区信访办领导班子,全区各县(市)都理顺信访机构,基本解决并提高信访干部的岗位津贴。全区地、县(市)领导贯彻落实省委吴官正书记关于"领导每人每月办一案"的指示精神,全区共处理群众关心的信访问题 1039 件,件件有结果。地委、行署与各县市签订信访工作责任状,把县市信访工作列入全区年初考核。地区信访办在上饶市、上饶县进行逐级上访和分级受理制度的试点,办结余干信丰垦殖场王思全,弋阳县三县岭汪小康、马金枝夫妇两个全省 20 多年老上访户的信访案。

1997 年,重点做好信访总量的控制和信访工作质量的提高两项工作,完成年初制定的"坚决把信访量降下来"的工作目标。全区各级党政领导亲自阅批群众来信、接待处理重大集体访、办理重大疑难信访案件。党政班子定期听取信访工作汇报,信访领导小组定期研究"老大难"信访案件已形成制度。全区地、县市党政领导每人每月办一案共 841 件,件件有结果。省

①"四有三无":有登记、有着落、有回音、有案卷;无信访积案、无上访老户、无越级上访。

政府办公厅信访处《信访情况反映》刊用区内领导办理典型案例20个。强化信访工作领导责任制，建立纵向到底、横向到边的信访网络，实行处理越级集体上访的定人、定岗和承包责任制。全面推行逐级上访和分级受理制度。全区通过多种渠道，共筹集资金85万元，为2308名生活困难的大中小学生解决学杂费，没有出现一起因生活困难而辍学的现象。提高信访交办案件的办案质量，处理的玉山县农民王玉清致信中共中央、国务院领导反映农民负担过重问题的交办件受到了省政府省长舒圣佑的表扬。香港回归和中共十五大期间，区内没有发生异常上访事件，也没有发生重大越级集体访。

1998年，境内的工业企业改制处在攻坚阶段，亏困企业在职、下岗、离（休）退（休）人员的生活、医疗保障和再就业出现困难；农业上遭受百年未遇的特大洪涝灾害，损失惨重。在信访工作上表现为信访总量、越级访、集体访前所未有地大幅度上升。1998年全区信访工作紧紧围绕化解这两个方面的矛盾和问题展开。妥善处理横峰县10万吨旋窑水泥厂100多名职工、朝阳磷矿100多名在职和离（休）退（休）人员等多起大规模赴地区集体上访。

1999年，地区信访办共受理群众来信来访3076件（次），比上年下降8.5%，其中来信1857件，较上年同期下降15.1%；来访1219人次，较上年同期上升3.7%；集体访33批854人次，较上年同期批次上升17.9%，人数上升4.1%。集体上访主体呈多元化，不仅有工人、农民（含移民、灾民）、教师、个体户、还有体制改革和市场经济运行过程中特定的行为群体，如乡镇被分流人员、下岗职工、营运人员等。全区赴京访85人次，比上年上升19.7%；赴省上访923人次，比上年下降34.6%。完成上级交办件201件，办结率达100%。

2000年，根据全省信访工作会议和市三级干部大会精神，结合"三讲"①教育及其"回头看"活动，把省里拟定的信访工作10项制度精炼为4项制度，并以两办名义下发。地、县两级信访部门共为群众解决实际困难和问题834件，了解张雅恪、汪荣先等8位5~20年的上访老户。每逢重大节假日或重大政治活动前，都及时召开电话会或下发明传电报，各地各部门做到无论在全省"两会"和撤地设市期间，还是在平时，全区都没有发生一起突发事件或异常事端，更没有发生一起越级去京赴省影响节日和重大政治活动正常秩序的异常访。妥善化解大坳水库移民、广丰县建材集团等多起大规模赴地委、行署的集体上访。

信访宣传　1993年3月份，在江西水泥厂举办"万年青杯"信访理论论文评奖会，在理论上就针对区内实际进一步做好信访工作进行了有益的探索，对9篇获奖论文进行了表彰。地区信访办在《人民信访》《江西信访》、省广播电台、《上饶日报》发表信访工作宣传稿件8篇。认真落实地委整风活动领导小组提出的要求，全力投入"整风"活动。

1995年，全区报送了12期《信访情况反映》和7期《信访信息》，在省、地级以上报刊发表宣传信访工作稿件共21篇。

1996年是《信访条例》颁布实施的第一年，全区各级信访部门采取多种形式进行广泛宣传。地区信访办共编发9期《信访信息》和11期《信访情况反映》。1997年编写15期《信访情况反映》、2期《信访信息》、3期《来访要情》，为领导决策提供参考。

1998年，通过报送《信访情况反映》和《信访信息》，加大信访信息工作力度，使波阳县采取向国家借粮分发给灾民，解决了全县几十万灾民的温饱问题，使万年县通过多渠道筹资为全县灾区336名贫困大学生解决入学经费17万元。

①"三讲"：讲学习、讲政治、讲正气。

信访业务培训　1997 年,举办 4 期全区乡镇分管信访工作领导干部培训班,参训干部 273 人,参训率达 90% 以上。

2000 年与万年县、铅山县、广丰县联合举办村干部信访业务培训班,印发《信访条例》4000 余份,共有 700 多位村支书或村主任参加培训。开展"三讲"教育和"三讲"教育"回头看"活动。在《江西信访》和《信访情况反映》上刊用信访信息 10 篇,在地以上党报党刊、电台、电视台发表宣传信访工作稿件 50 篇。

1991 年—2000 年全区受理群众来信来访及上级交办信访案件一览

表 25-3-3　　单位:件(次)

年份	县(市)信访总量				地本级信访总量				受理上级	
	来信	来访	合计	同比%	来信	来访	合计	同比%	件数	结案率%
1991	5636	2689	8325	-14.4	2271	813	3084	—	139	99.3
1992	4941	2284	7325	-12	2152	732	2884	-6.4	115	90.4
1993	4852	3840	8692	18.7	—	—	3079	6.7	123	91
1994	4441	5113	9554	9.9	1924	1189	3113	1.1	49	98
1995	—	—	—	—	2100	1715	3815	22.5	158	99.4
1996	—	—	—	—	—	—	4057	6.3	280	100
1997	6461	8493	14954	—	1727	1095	2822	-30.4	270	100
1998	7747	15093	22840	52.7	2188	1175	3363	19.1	281	100
1999	6352	19413	25765	12.8	1857	1219	3076	-8.5	201	100
2000	6594	23881	30475	18.2	2228	1433	3661	19	203	100

法制工作　机构设置　1990 年 3 月,行署办公室设立法制科,1992 年改为行署法制局,为副县级别;2000 年 10 月更名为市政府法制局。

1991 年—1995 年,全区县(市)一级的法制局尚未成立,只是在政府办内配备兼职法制干部;1996 年,全省第四次法制工作会议之后,全区各县(市)陆续成立法制局;至 1997 年,全区 12 县(市)法制局全部成立,其中德兴市法制局是一级机构。

文件审核　1993 年,共收到各类公文 166 件,审核规范性文件草案 35 件,论证省政府法制局下发的法律法规草案征求意见稿等 26 件。1994 年,行署下发《上饶行署规范性文件制定和管理的暂行规定》(饶行办发〔1994〕72 号)。

1995 年,地区法制局向地直有关单位发出《关于提交需制定的规范性文件目录的通知》及《关于印发〈上饶行署 95 年规范性文件制定计划〉的通知》,并召开了需提交制定规范性文件单位负责人会议,当年,全区各级政府法制机构共审核规范性文件 186 件,内容涉及农业、工业、文教、交通运输、体制改革、开发区管理、税收等方面。

1996 年,全区各级法制机构共审核规范性文件 247 件,内容涉及农、林、财、税、文教、工交等方面;并对新中国建立以后颁布的规范性文件,作了清理,共清理规范性文件 2130 份,其中需废止的 680 份,需修改后执行的 148 份。

1997 年，全区政府法制机构参与制定、审核把关的规范性文件共 368 件，其中有 10 件退回重拟；同年，12 县（市）的政府向行署备案的规范性文件 72 件，行署向省政府备案的规范性文件 10 多件。

1998 年—2000 年，全区各级法制机构参与制定，审核把关的规范性文件共 878 件，其中行署法制局审核有 56 件，县（市）政府法制局审核 822 件。

执法监督　1993 年 7 月，全区对行政执法机关具体行政行为开展检查清理工作，地区法制局和人大联络处、地区卫生局组成检查组，对上饶县、玉山县、广丰县、婺源县、铅山县、横峰县、弋阳县、万年县及德兴市、上饶市进行检查；全区各级政府及有关行政执法部门配备行政执法监督员 500 多人，并颁发证书；同年，制定《上饶地区行政执法监督检查试行办法》，建立行政执法监督网络。当年，全区法制部门共对 500 多个具体行政行为进行检查清理，发现违法或不当的具体行政行为 30 多个，都及时作了纠正。1995 年 3 月中旬，根据省法制局的统一部署，对具体行政行为开展监督检查活动，地区法制局会同地区工商局、地区消费者协会到上饶市、铅山县、弋阳县、玉山县（市）及厂矿，对《反不正当竞争法》《消费者权益保护法》贯彻执行情况进行检查；4 月中旬，牵头组织有关部门对《水法》和《水土保持法》及配套法规贯彻执行情况进行再检查；5 月下旬至 7 月中旬，会同交通部门对交通部门的一系列法律、法规的执行情况进行了检查；并参与配合地区人大工作委员会、工会、劳动局、教育局、卫生局、技术监督局、统计局、农业局等有关单位分别对《矿产品安全法》《劳动法》《教育法》《教师法》《商品管理法》《国旗法》《农机管理条例》等 10 多个法的监督检查工作，据不完全统计，全区各级政府法制机构共牵头或参与行政执法监督检查 161 次，纠正不当具体行政行为 200 余起。

同时，建立行政执法协调制度，全区 12 县（市）政府法制机构共出面协调重大的执法矛盾 38 起，内容涉及山林、土地、矿产、水利、工商、税务、城建、交通、旅游、人事等；同年，配合《行政处罚法》的贯彻实施，对执法主体资格和规范性文件进行清理，并对 8 个法律、法规的执行情况进行检查。对政府所属各行政执法主体的资格进行清理，清理出 8 个不合格行政执法主体。

1997 年，完成年初提出的“129 工程”：突出“规范性文件审核、备案”这一重点；贯彻落实《行政处罚法》和《行政执法监督条例》；确立行政执法证件及行政执法监督证件管理办法，法律、法规、规章执行情况报告制度，规范性文件执行情况反馈制度，规范性文件审核备案制定，行政执法持证上岗制度，行政执法协调制度，行政执法督办制度，重大案件报告制度，行政执法监督员制度等九项制度。当年，全区地、县两级政府法制机构对五大类别的 1200 多个具体行政行为进行了监督检查，对查出的问题及时进行了整改。

行政执法人员培训　1996 年 8 月份开始，按照国务院及省政府的指示，行政执法人员持证上岗制度在境内全面铺开，全区共举办《行政处罚法》培训班、座谈会 1000 余次，培训行政执法人员 14015 人，发放行政执法人员资格证 13498 件；

1997 年，地区法制局先后举办行政执法人员培训班 6 期，共培训执法人员 500 多名；行政执法监督人员培训班 1 期，培训执法监督人员 186 名；1996 年—1997 年两年间，共培训行政执法人员 14530 名，并颁发证书。至此，全区“两员”培训和“两证”发放工作全部结束。

同年，全区行政复议应诉队伍共有工作人员 1098 人，且所有复议应诉人员都建立个人档案，并形成了地、县、乡三级网络；同年 10－11 月，行署法制局在地委党校举办 4 期应诉人员培训班，培训人员 450 名，其中波阳县还单独举办培训班，培训人员 87 名。1998 年—2000 年，全区共培训行政执法人员 31216 人。

纠纷调处　1991 年,地区法制部门妥善处理婺源县与安徽省休宁县 3 起山林权属纠纷:一是婺源县大畈乡与休宁县岭南乡溪西村,一是婺源县的溪头乡龙池汰村与休宁县西田林堀、岭南乡璜茅村,三是婺源县小沱川林场、查木坑村与休宁县汪村上、下大连村。

1993 年,根据行署《关于切实做好预防和调处群众性纠纷械斗工作的通知》,全区法制部门协助调处各类权属纠纷 35 起,杜绝了大规模群众性械斗的发生,如余干县与进贤县黄家渡口纠纷,弋阳县三县岭与贵溪县左港乡的山林权属纠纷,波阳县与都昌县、波阳县与万年县互扣车船事件,波阳县与都昌县互扣人质事件等,都得到了妥善处理。1994 年是纠纷调处年,全区调处一些"老、大、难"的权属纠纷。1995 年,全区各级政府法制机构牵头调处各类权属纠纷 110 起。落实省政府下达的 2 起山林权属纠纷的处理决定。

1996 年—1998 年,全区各级政府法制机构共牵头调处各类权属纠纷 204 起,其中土地权属纠纷 82 起,山林权属纠纷 91 起,水利权属纠纷 4 起,其他 27 起。行署法制局协调重大执法争议 18 起,如省地矿厅牵头组织的测量小组在铅山县汪二乡执行公务时遭到少数派村民殴打一事,万年县裴梅镇与贵溪市团坊镇的山林权纠纷,万年县齐埠乡与余干县古埠镇的修建圩堤纠纷等。

1999 年—2000 年,全区法制机构牵头调处各类权属纠纷 83 起,其中土地权属纠纷 36 起,山林权属纠纷 42 起,水利权属纠纷 5 起。地区法制局协同地区政法委利用 2 个月的时间对全区的纠纷矛盾作了一次全面排查,共排查出大小纠纷 54 起,未发生一起大规模的群众性纠纷械斗事件。

行政复议与应诉　1991 年,全区共受理行政复议及应诉案件 22 起,其中复议案件 13 起。

1993 年,按照《行政复议条例》和省政府法制局的要求,地区法制局逐步完善复议应诉案件统计报表制度,法律文书归档制度,规范行政复议应诉法律文书,当年,全区共复议各类案件 19 件,应诉案件 15 件。1995 年,按照《行政诉讼法》《行政复议条例》和省政府法制局的要求,全区开展行政复议应诉工作,规范行政复议应诉程序,抓好玉山县、上饶县、婺源县、弋阳县、波阳县的联系点工作,全年共受理各类复议应诉案件 43 起,其中复议案件 24 件,并且全部结案。

1996 年,全区共受理各类复议应诉案件 52 起,其中复议案件 31 起,应诉案件 21 起。1997 年,根据省法制局的有关规定,地区法制局制定《上饶地区行政应诉规则》《上饶地区行政复议应诉案卷检查评比办法》《行政应诉案件文书立卷归档暂行办法》等;全年共受理复议案件 33 起,应诉案件 29 起。

1998 年,全区各县进一步完善行政复议与应诉机构,各地受理的行政复议案件开始增多。当年,全区法制机构共承办各类复议案件 35 起,应诉案件 35 起。

1999 年,全区开始正式实施《中华人民共和国行政复议法》,各地做了大量的宣传、报道工作。当年,共受理行政复议案件 37 起,行政应诉案件 68 起。其中,以婺源县办理行政复议案件最多,达 8 件,居全省县(市)前列。同年,上饶行署撤销余干县政府一水面决定案件,引起较大反响,开创"依法行政"、强化行政层级监督的个案先河。2000 年,上饶地区撤地设市,当年共办理行政复议案件 86 起,应诉案件 66 起。

侨务与外事　机构设置　上饶地区外事侨务办公室,属副县级机构,归口上饶行署办公室管理。1991 年—1996 年是上饶地区行政公署外事办公室、上饶地区行政公署侨务办公室、上饶地区旅游局三块牌子,一套班子;1996 年机构改革,上饶地区旅游局分出单设;后为两块牌子,一套班子;至 2000 年 10 月,上饶撤地设市,上饶外事、侨务机构改称上饶市人民政府外事侨务办公室。

1991 年，上饶地区所辖 12 个县（市）设有侨务办公室，属县（市）政府办公室二级机构。1992 年，全区 12 个县（市）有 11 个县（市）成立了外事办公室，与侨务办公室合署，两块牌子一套班子，仍属县（市）政府办公室的二级机构。1993 年，县（市）机构改革，德兴市、玉山县外事、侨务办公室并入县（市）委统战部；其他县（市）外事、侨务办公室仍归口县（市）政府办公室；1994 年，上饶市外事、侨务办公室并入市委统战部；1995 年，各县（市）外事、侨务办公室机构未变；1996 年，政府机构改革，上饶市、德兴市、玉山县外事、侨务办公室又划归县（市）政府办公室，直至 2000 年，各县（市）外事侨务机构没有变化。

基本侨情　1991 年，据全区侨情普查资料统计：全区有侨务工作对象 3426 户、15444 人。其中有在海外的华侨 714 户、2752 人；外籍华人 674 户、2921 人，在国内的归侨 67 户、117 人，归侨眷属 79 户、370 人。侨眷 433 户、2243 人；外籍华人眷属 369 户、1864 人。

上饶籍的海外华侨主要分布在美、英、法、德、加拿大、荷兰、瑞典、比利时、以色列、阿根廷、秘鲁、墨西哥、文莱、毛里求斯、西班牙. 沙特阿拉伯、扎伊尔、委内瑞拉、奥地利、澳大利亚、玻利维亚、沙捞越、南非、菲律宾、巴拉圭、芬兰、印度、缅甸、泰国、马来西亚、越南、朝鲜、韩国、日本等 40 多个国家和中国香港、澳门地区。海外华侨形成的过程，大致可分成两个阶段：1949 年前为第一个阶段，多数是外出做生意的，其中以婺源县人数最多，多做茶叶、婺（徽）墨生意，且以东南亚诸国和港澳地区为多；1949 年后为第二个阶段，一部分为出国留学后定居国外的；一部分是“文化大革命”后出去投靠海外亲友的。还有 1949 年以前随国民党撤退到台湾的人中不少移民定居欧美的发达国家或地区。

上饶籍的海外华侨主要特点是：一是出国定居时间短，社会地位不高；二是经济收入处中下水平；三是老一代眷念故土之情较浓，第二代则较淡薄。归侨大致有两种情况：一种是 1950—1952 年自愿回国参加祖国社会主义建设事业的；另一种是 1960 年代初，受排华、反华影响，从泰国、缅甸等国回归的青年学生。

港澳事务　1991 年，全区有港澳同胞 637 户、2700 人；港澳回归人员 5 户、14 人；港澳回归人员眷属 15 户、77 人；港澳同胞眷属 460 户、2386 人。

新移民　新移民是指 1990 年代中后期出国定居的人员和出国留学生。据 1998 年侨务调查资料：全区登记新移民 101 人，国内眷属 98 户、301 人。

侨务工作　侨务宣传　1991 年—1993 年，全区侨办在中央、省、地媒体上稿 68 篇；在全国、全省举办的《中国当代侨乡摄影展》中，地区侨办拍摄的《秋实》获全国一等奖，另有获全省二等奖一个、鼓励奖一个，入选作品 15 幅，地区侨办获得组织奖。

1992 年，全区各级侨办开展学习、宣传、贯彻《中华人民共和国归侨、侨眷权益保护法》（简称《保护法》），共翻印《保护法》和宣传资料 1. 5 万余份；召开各种形式的学习会、座谈会 1100 余次；参加学习的人数达 1. 7 万多人次，有 250 户侨眷侨属自觉将《保护法》寄给海外亲人；在结合宣传、贯彻《保护法》的同时，为维护归侨、侨眷合法权益办事 28 件，安排归侨、侨眷子女就业 15 人。

1995 年，纪念《保护法》颁布 5 周年，全区各级侨办运用广播、电视、宣传栏等形式宣传近 200 个宣传日，召开专题会、座谈会 30 余次，印发宣传材料 6000 份，为维护归侨侨眷合法权益办事 26 件。

1994 年—2000 年，全区侨办在全国、省、地媒体上稿 102 篇，寄贺卡 3520 余份。

外事工作 1991 年—2000 年,全区外事工作以扩大对外开放,促进地方经济发展为中心,贯彻执行党和政府的外事方针政策,严格外事归口管理,对外开放县(市)的申报,审核、办理因公出国(境),处理重大涉外事件,以及外事接待、外国专家管理,做好对外宣传等方面的工作。

1993 年 4－5 月,地区外事办先后两批收集上饶市、上饶县、玉山县、广丰县、横峰县、波阳县、万年县、余干县的资料,以行署的名义向省政府申报开放县(市)①;当年,经国务院批准,广丰县、玉山县、横峰县、波阳县、万县年、余干县为开放县,上饶市、上饶县未获批准。同年,上饶师专首次聘用外籍教师 2 人。

1991 年—2000 年全区办理因公出国(境)、外事接待情况一览

表 25－3－5

年份	办理因公出国(境)		外事接待(人次)
	批	人	
合计	185	339	3577
1991	—	—	910
1992	13	28	313
1993	15	20	328
1994	9	12	850
1995	16	45	114
1996	25	48	350
1997	29	52	217
1998	20	30	136
1999	27	46	119
2000	31	58	240

说明:2000 年的 58 人中包括劳务输出 39 人。

地方志工作 机构人员 1980 年,境内的万年县、婺源县、玉山县相继成立地方志编纂机构,开展地方志的编纂工作;1981 年横峰县、波阳县、余干县成立地方志编纂委员会,下设办公室;1982 年广丰县、铅山县、弋阳县、德兴县也相继成立地方志编纂机构;1985 年随着上饶县、上饶市地方志编纂委员会的成立,全区 12 县(市)均成立地方志机构,其中余干县、铅山县两个县是一级机构,其余各县(市)均为政府办的二级单位。

1985 年 6 月 4 日,地区行政公署下发《关于成立上饶地区地方志编纂委员会的通知》(饶行发〔1985〕79 号),地方志编纂委员会下设办公室,属二级单位,是常设办事机构。具体承担编纂上饶地区地方志和督促、检查县(市)编纂地方志等日常工作。

2000 年年底,全区地方志系统定编人员 59 人,实际拥有在编人员 51 人,借、聘用人员 100

①1991 年以前,上饶地区已有德兴、婺源、弋阳、铅山 4 县经国务院批准为开放县市。

余人。其中地区地方志办公室定编10人,在编10人,借、聘用20人;县(市)志办定编49人,在编41人,借、聘用80余人。

志书编纂　2000年年底,全区共编纂出版新编地、县(市)志书13部,专业志、部门志、山水志、书院志、乡镇志,年鉴等各类志书(年鉴)190余部,字数达8000余万字,其中地、县(市)志书1500多万字;收集的地情资料达1亿多字。

县(市)志编纂　1980年年初,境内的万年县最先开展第一轮的新编地方志工作,历经两载编成,为当时全国最早的5部新编县志之一;同年9月,玉山县成立地方志编纂委员会办公室,抽调和聘用16名编写人员,开展第一轮新编《玉山县志》的编纂工作,历时五载,四易其稿,于1985年正式出版并公开发行,被列为全国第六个五年计划地方志首批成果之一,也是江西省第一部正式出版的新编县志;是年8月,婺源县成立修志机构,抽调人员开展《婺源县志》的编纂工作,历时八载(因故中断过两年),四易其稿,于1993年10月正式出版发行。

1981年3月,横峰县成立修志机构,抽调人员,开始工作,历时八载,五易其稿,于1992年5月正式出版发行;同年7月,波阳县成立县志编纂领导小组,次年5月正式成立波阳县志编纂委员会,从县直各个部门抽调12~22人,历时8年,四易其稿,于1989年正式出版发行;是年9月,《余干县志》编纂领导小组成立,次年3月改为〈余干县志〉编纂委员会,下设办公室,并抽调14名人员,开始修志工作,最多时办公室人员增加到17名,历时五载,四易其稿,于1990年4月定稿付印。

1982年年初,广丰县开始组建修志机构,抽调人员最多时有19人,历时六载,三易其稿,于1988年印刷(内部版);同年2月,铅山县志编委会成立,次年3月正式开始工作,历时近六年,五易其稿,于1990年9月正式出版发行;是年5月,弋阳县成立县志编纂委员会,下设办公室,1983年2月正式开始修志工作,历时九载,四易其稿,于1991年12月正式出版发行;当年7月,德兴县成立修志机构,历经八载,数易其稿,于1993年7月正式成立出版发行。

1985年1月,上饶县县志编纂委员会成立,下设办公室,历时九载,四易其稿,于1993年10月正式出版发行;同年6月,《上饶市志》编纂委员会成立,正式开展《上饶市志》的编纂工作,历时九个春秋,数易其稿,于1995年2月正式出版发行。

2000年年底全区12县(市)第一届新编志书一览

表25-3-6

志书名	出版时间(年、月)	出版单位	主编	副主编	印数(册)	字数(千字)	价格(元)
万年县志	1982.8	万年县志编委会	徐继达 陈景潭	—	1000	635	15.00 (内部版)
玉山县志	1985.12	江西人民出版社	汪凤刚	林谋泱　吴　甫 彭学甫	7100	932	12.00
广丰县志	1988.6	赣东北印刷厂	刘璧镜 徐敬恩	—	2000	774	16.50 (内部版)
波阳县志	1989.4	江西人民出版社	刘汉艳	李炳才　刘义德 吴精华	2000	932	25.00

续表 25-3-6

志书名	出版时间（年、月）	出版单位	主编	副主编	印数（册）	字数（千字）	价格（元）
铅山县志	1990.9	南海出版公司	郑维雄	张慕元 陈连生	3000	1338	30.00
弋阳县志	1991.12	南海出版公司	花象太	罗道辉	2000	1224	36.00
余干县志	1991.12	新华出版社	谭劲风	—	3050	1006	35.00
横峰县志	1992.10	浙江人民出版社	叶元富	吴稚航	2000	815	35.00
德兴县志	1993.7	光明日报出版社	何逵东	余基福 钟国珍	3000	1560	60.00
婺源县志	1993.10	档案出版社	叶义银	江声德 陈爱中	4000	1100	50.00
上饶县志	1993.10	中共中央党校出版社	张德金	邱敬登 郭佐民	3000	1000	58.00
上饶市志	1995.2	中共中央党校出版社	萧洪泰 兰洪孝 童天祥	陈建生	2000	1100	70.00

地区志编纂 1985年6月4日，上饶地区行署发出通知，决定成立上饶地区地方志编纂委员会，由行署专员邵德任主任，常务副专员王万朝任副主任，下设办公室，具体负责督促检查全区地方志编纂工作。其时，办公室仅有一名副主任和一名借用干部。8月，地委、行署决定编纂《上饶地区志》。地区地方志办公室从全区各县（市）邀请7位有修志经验的人员，拟定出《上饶地区志》篇目。根据篇目，地区方志办借、聘、调用一批熟悉不同行业各有专长的人员从事修志工作。全办公室人员最多时达20余人。其间，办公室利用所掌握的有关资料，于1991年和1993年，先后编成出版《上饶地区概况》（即上饶地区简志）、《上饶通》（上饶地区800问）两本书，近70万字。1997年12月，历经13个春秋，六易其稿，字数约300多万的《上饶地区志》正式出版发行。

1991年—2000年地区地方志办公室编纂成果一览

表 25-3-7

书名	出版时间（年、月）	出版单位	主编	副主编	印数（册）	字数（千字）	定价（元）
上饶地区概况	1991.7	南海出版公司	何细贵 谭承志	—	1000	468	22.00
上饶通	1993.8	地区方志办	何细贵 谭承志	—	4000	180	6.00
上饶地区志	1997.12	方志出版社	何细贵	谭承志 严振洲	3000	3117	280.00
上饶地区综合年鉴	1999.12	方志出版社	何细贵	李玉娜 谭承志	850	635	90.00

专业志编纂 包括部门志、乡（镇）志和山水志等的编纂。1985年10月，地区地方志编纂

委员会召开部、委、办以及地直各单位方志工作会，这是上饶地区第一届新编地方志工作的动员大会，随后，于1986年3月和9月，分别举办地直机关修志讲习班和上饶地区地方志业务培训班，由此开始，全区上下新编地方志工作呈现出方兴未艾的局面，一批地直部门的专业志相继问世。这一时期，12个县(市)也出版一批专业志书。如广丰县直部门的《广丰县公安志》《广丰县政协志》《广丰县人民代表大会志》《中共广丰县组织史资料》《广丰县政协志》《广丰县公安志》《广丰县工商志》《广丰县邮电志》等；上饶县直单位的《上饶县政协志》《上饶县粮油志》《上饶县水电志》《林业志》《国营工业志》《二轻工业史》《供销合作社志》《金融志》《公安志》《法院志》《教育志》《文化志》《科技史》《交通史》《财政史》《青运史》《妇运史》《工会史》；弋阳县的《弋阳苏区志》和玉山县、余干县的《工商行政管理志》及33部《乡镇大事记》等等。

2000年年底地直单位第一届新编专业志一览

表25-3-8

书名	出版时间(年、月)	出版单位	主编	副主编	印数(册)	定价(元)
上饶地区体育志	1986.12	内部油印	陈志铸	-	-	-
上饶地区对外经济贸易志	1988.3	内部油印	-	-	-	-
上饶地区建筑工程公司志	1988.6	内部油印	-	-	-	-
上饶地区司法局志	1988.8	内部油印	-	-	-	-
上饶地区粮食志	1989.10	内部印刷	徐东南	-	-	-
上饶地区文化艺术志	1989.11	内部油印		-	-	-
上饶地区商业志	1990.5	内部印刷	徐鹤鸣 纪国华	王思彦		
上饶地区医药志	1990.12	内部印刷	朱念国	黄昌荣	-	
上饶地区金融志	1991.5	内部印刷	安新民	贾信江 王书馨 彭庚元	1000	-
上饶地区财政志	1991.6	内部印刷	叶玉书	-	-	-
上饶地区教育志	1991.6	内部印刷	黄日耀	王友教 沈建华	1000	
上饶地区农牧渔业志	1991	内部油印	-	-	-	-
上饶地区税务志	1992.11	内部印刷	杨饶生	孙济森	1300	14.00工本费
上饶地区交通志	1992.12	内部印刷	胡增敏	徐模元	500	-
上饶地区计划生育志	1993.3	内部油印	-	-	-	-
上饶地区烟草志	1993.5	内部油印	-	-	-	-
上饶地区民政志	1993.10	内部油印	-	-	-	-

续表 25－3－8

书　名	出版时间（年、月）	出版单位	主编	副主编	印数（册）	定价(元)
上饶地区气象志	1993.12	内部油印	–	–	–	–
江西省人民检察院上饶分院志	1993.12	内部油印	–	–	–	–
上饶地区工商行政管理志	1993.12	内部印刷	刘书田	徐茂禄	–	–
上饶地区卫生志	1994.7	黄山书社	徐茂良	陈木旺	1000	43.00
上饶地区城乡建设志	1995.10	内部印刷	—	洪饶松	—	—
上饶地区法院志	1996.9	内部印刷	张御诰	朱英禄 张　卿 张凯旋	400	100.00
上饶地区邮电志	1997.12	内部油印	—	—	—	—
上饶地区审计志	1999.4	中国审计出版社	华炳朝	陈邦仁 李怡祥	500	36.00
上饶地区林业志	—	内部油印	—	—	—	—
赣东北供电局志	—	内部油印	—	—	—	—

2000 年年底全区乡镇志（山水志）编纂出版一览

表 25－3－9

书　名	出版时间（年、月）	出版单位	主编	副主编	印数(册)	定价(元)
鄱阳镇志	1986.10	内部油印	汤富祥	李舜鸿 黄昭平	–	
鹅湖书院志	1994.8	黄山书社	陈连生	郑富金	1000	25.00
油墩街乡志	1996.1	内部印刷	吴重日	吴精华	2000	
石门街镇志	1996.12	内部印刷	黎海滨	雷振明 李炳才	1200	
三清山志	1990.5	内部印刷	李法庆	余基福 何逵东 娄兴元	2000	
圭峰志	1995.8	黄山书社	涂新华	陈家鹦 杨振卿 张贤军	1000	17.70
铅山畲族志	1999.8	方志出版社	汪华光 陈连生	龚　红 雷友根	1000	50.00

年鉴编辑　1997 年，全区地、县（市）的第一届新编地方志工作任务圆满完成。为了给第二轮的续志积累资料，各县（市）先后开展地方《综合年鉴》的编撰工作。至 2000 年年底，全区共编写完成并出版各类地方《综合年鉴》10 部，其中，地、县（市）《综合年鉴》9 部，地直单位《综合年鉴》1 部。

2000 年年底全区综合年鉴编辑出版一览

表 25－3－10

书　名	出版时间（年、月）	出版单位	主编	副主编	印数（册）	定价（元）
弋阳年鉴（1986－1992）	1993. 11	黄山书社	涂新华	陈家鹦	1000	43. 00
广丰年鉴（1986－1992）	1995. 5	社会科学文献出版社	鲍小慧	顾培树 吴业寿 王明熙	1000	75. 00
广丰年鉴（1993－1995）	1998. 5	方志出版社	顾培树	吴业寿 王明熙	1000	85. 00
上饶县年鉴（1987－1994）	1999. 3	江西人民出版社	邱敬登	郭佐民	1000	78. 00
德兴年鉴（1997 年版）	1998. 2	内部印刷	周　勇	邓邦五	1000	
上饶市年鉴（1986－1995）	1999. 6	方志出版社	王丽君		1000	110. 00
婺源年鉴（1987－1997）	1999. 12	深圳市天先艺出版社	王河瑞	江观林	1000	78. 00
上饶地区综合年（1997）	1999. 12	方志出版社	何细贵	李玉娜 潭承志	850	90. 00
上饶市年鉴（1996）	2000 年	中华书局	王丽君	—	1000	90. 00
上饶地区工商行政管理年鉴（1996 年卷）	1997. 6	上饶地区工商行政管理局内部印刷	涂福生	徐茂禄 吴西萍		

旧志整理　1985 年—2000 年，全区地、县（市）在第一届新编地方志工作开展的同时，也进行一些旧志的整理和标点工作。如地区志办指定专人，对同治十一、二年的《饶州府志》（共 32 卷、32 本）、《广信府志》（共 12 卷、57 本）进行断句、标点和全文抄录保存；《德兴县志》（民国八年版）的整理校订、标点注释出版；铅山县第一部县志《铅书》（明朝万历年间编修）的整理校订和标点注释。

经济研究　1997 年，行署办公室经济研究室开始编发《经济内参》，当年编发 32 期；至 2000 年，总共编发 154 期，其中 1998 年（54 期）、1999（38 期）、2000 年（30 期）。

1997 年—2000 年《经济内参》编发文章选摘

表 25 - 3 - 11

期号	文章目录	副标题	作者	单位
02	广丰县是如何实现财政收入五年翻三番的	对广丰县县域经济发展情况的调查		经济研究室
10	关于推进我区农业产业化的几点建议		叶成东　徐先佑	行署办
11	加快我区国企走出困境的几点建议		方鉴煌　王志平	行署办
12	关于抓好粮食代储扩销的几点建议		罗洪发　谭　艺	行署办
14	推进农业产业化关键在于发挥市场导向作用		程建平　周　琳	行署办
19	加快结构调整、振兴上饶经济		林　伟	行署办
21	对搞活我区边界贸易的一些思考		王卫闽　胡雪梅	行署办
22	当前我区啤酒行业萎缩成因及建议		齐忠有　滕　琪	行署办
33	市场定位要高低匹配		程建平	行署办
34	组建集团不能搞“五子登科”		经济研究室	行署办
43	正视困难，坚定生猪稳定发展的信心	生猪生产、销售的调查和分析	叶成东　杨建林　汪文英	行署办
69	架贯通起城乡市场的“连心桥”	对农村消费结构分析引发的思考	周　琳　胡雪梅	行署办
79	县城经济发展决策“十忌”		程建平	行署办
94	把财源建设重点放在非公有经济发展上	来自上饶市“老三乡”的调查与思考	刘　隽	行署办
97	万紫千红才是春	来自上饶县枫岭头镇发展非公有制经济的调查	胡雪梅、谭艺、何敏	行署办
134	创新是入世后上饶卫生发展的主导力量		吴晓成　欧阳利娟　陈长智	行署办
139	策应农村税费改革切实减轻农民负担	上饶县农民负担情况的调查与思考	吴宪翔	行署办

无线电管理　机构设置　1991 年，;全区地、县（市）均成立无线电管理委员会并设立办公室，有一名政府领导分管无线电管理工作。其中，地区无线电管理委员会办公室配备行政编制 4 名，下设的上饶地区无线电监测计算站，隶属地区无线电管理委员会领导，正科级事业单位，配备事业编制 4 名。

1996 年 7 月，贯彻落实《国务院关于调整无线电管理办事机构设置的通知》精神，地区无线电管理委员会更名为“江西省无线电管理委员会上饶地区无线电管理处”，为副处级机构，接受省无线电管理委员会和当地人民政府的双重领导；各县（市）人民政府继续在政府办公室配备专（兼）职干部，支持、配合地区无线电管理处的工作，协调所在县（市）的无线电管理事宜。

2000 年 8 月机构改革，地区无线电管理处更名为“江西省信息产业厅上饶市无线电管理处”，升格为正县（处）级单位，是信息产业厅派驻上饶的办事机构，在省信息产业厅和上饶市委、市政府的双重领导下开展工作。

业务开展　地区无线电管理处的主要职责是：宣传贯彻执行国家无线电管理的方针、政策、法律和法规；拟定地方无线电管理的具体规定；负责辖区内无线电发射设备的生产、销售、购置、引进、使用；根据审批权限审查无线电台（站）的建设布局和台址，指配无线电台（站）的频率和呼号，核发电台执照；紧急状态下的空中无线电信号的管制；查处各类无线电干扰；电磁环境的测试；协调辖区内外无线电管理事宜。下设的无线电管理技术机构——地区无线电监测站全面负责辖区范围内的频率指配和协调过程中的电磁兼容分析和无线电设备检测、监测工作。

频率台站管理　1991 年—2000 年，全区共有各类无线电台站 19 万多个，指配频率 1000 余个，累计监测监听 9.6 万个小时，检测无线电设备 1.2 万台次，查排协调无线电干扰 286 起，为国家征收频率占用费等各种规费 1738 余万元。

行政执法　1991 年，地区无线电管理委员会办公室在维护空中电波秩序中，排除干扰和协调频率 13 次，开展稽查 2 次。严格执行《中华人民共和国无线电管理条例》。1991 年—2000 年，全区共查处非法设台单位和个人 2300 余个，乱占无线电频率 1500 多（台）次，查处销毁空中公害——大功率无绳电话机 296 部。净化上饶的电磁环境，保障党政机关、民航、防汛、防火、公安、武警、军队、电信、移动、联通等单位的通信安全及市民收看电视效果。较好地履行“空中警察”的职责。

技术服务　提供技术咨询服务，及时给用户提供信息。帮助 120 家设台单位调试维修无线电设备 3200 次，为设台单位测试电磁环境 86 次，设计组建通信网 36 个。

基础设施建设　2000 年，地区无线电管理处拥有固定资产 600 余万元。购置 1463 平方米的监听监测机房及办公房，配置移动监测设备和各种综合检测设备 29 部，监测车 2 辆，建成一套覆盖全区范围的无线电监听、测向定位系统，实现台站网络数据的计算机自动化管理。

宗教事务管理　1991 年开始，全区地、县（市）两级相继设立列入政府序列，归口政府办公室的民族宗教事务局（玉山县、横峰县一直没有与统战部分开，上饶市分开后又合并）。

宗教法规宣传　1994 年，开展对国务院《关于中华人民共和国境内外宗教活动管理规定》《宗教活动管理条例》两个法规，与《宪法》及其他法律的有关条款的宣传教育活动；1998 年，将江西省政府颁布的《江西省宗教事务管理办法》这一政府规章印发给基层，在乡村和各个宗教活动场所张贴，同时举办各种培训班、学习班，组织宗教界人士系统学习。

宗教场所登记　1995 年开始，地区制订开展宗教活动场所登记工作方案，地、县（市）、乡（镇）三级共组织近千人分赴基层了解宗教活动场所的情况，并在此基础上，依据国务院《宗教活动场所管理条例》的规定，对符合登记条件的场所进行登记；对基本符合条件的给予临时登记，并限期整改；对离登记条件差距较大的给予暂缓登记。这次全区性的宗教场所登记工作历时 3 年，于 1997 年结束。据不完全统计，全区有宗教信徒 9 万余人，其中，佛教僧尼 257 人，道士道姑9人,天主教信徒446人,伊斯兰教信徒170人,基督教信徒8.9万余人;经批准的宗教活动场所839处,其中,佛教寺庙30处,道教宫观2处,天主教活动点11处,伊斯兰教活动点1处,基督教堂30处,活动点765处。全区有4个县(市)成立佛教协会;2个县成立天主教"三自"爱国组织;12县(市)成立基督教"三自"爱国组织,其中,4个县(市)为爱国小组。之后,每年对这些登记的场所进行年检,对年检不合格的予以限期整改直至撤销登记的处罚。

2000年年底,全区依法登记的各类宗教活动场所810个,信教人员有28万,其中以农村信徒居多,宗教活动场所和信教群众占全省的比例分别是16%和27%;各类宗教团体(含筹备小组)30个,其中基督教三自爱国会、基督教协会共17个,佛教协会7个,道教协会或筹备小组2个,天主教爱国会4个。

宗教执法检查　1996年,地区宗教管理部门针对余干县境内的基督教堂过多过滥的情况,组织工作组对该县基督教堂进行三个月的专项清理整顿,撤销相当一部分教堂;对有些不符合教堂登记条件的但确系当地信教群众过宗教生活必需的场所改为临时活动点。1998年,全区宗教事务局集中力量配合有关部门集中时间对境内的邪教组织,如"呼喊派""观音法门""血水圣灵"等进行清理和整治,对他们的活动场所进行查封,对其骨干分子进行依法惩处。1994年至1999年5月,全区共制止和清理滥建寺观70处。1999年,根据中央的统一部署,全区各级宗教事务局配合有关部门开展揭批和查处邪教"法轮功"活动,同时还开展制止宗教教职人员非法传教、布道、化缘等非法活动。

机关事务管理　机构人员　1989年5月4日,上饶地区机关事务管理局成立,定编82人,内设办公室、财务科、保卫科、管理科、生产福利科、机关车队6个科(室),拥有影剧院、保育院、液化气储存站3个下属单位;1992年6月11日,地委、行署机关汽车修理厂成立,下属单位增加到4个;1996年10月,政府机构改革时,机关事务管理局(又称机关服务中心,两块牌子一套班子)改为全额拨款的事业单位,参照公务员管理,定编63人,实有在职干部18人,在职职工45人,内设机构有办公室、大院管理科、财务科、房地产基建科、综合服务科、车辆管理科6个科(室);下属汽车修理厂、保育院、影剧院、液化气储存站4个单位。2000年10月,上饶地区撤地设市,更名为上饶市机关事务管理局,内设机构没有变。

后勤工作　1996年4月,地委办下发《关于印发〈地委行署机关事务管理制度〉的通知》(饶办字〔1996〕42号),分别对工作考勤、环境卫生、财产和水电管理、安全保卫、检查评比等项形成23条制度。1991年—2000年,机关事务管理局主要工作有:财务管理 负责行署各部门公用经费、基建资金、住房基金的管理和使用;指导、检查、督促下属单位财务管理和财务监督;成立之初,负责管理地委、行署大院各个单位部门的行政经费预算、支出和使用,全区大型会议的经费预算、支出和管理工作;负责行署机关及家属区的用电、用水管理及改造、维修工作,保证行政办公大楼和生活区的水电供应;保障行署机关办公的正常运转,为行署机关做好文件杂志、报纸、刊物、邮件等收发工作;负责行署机关单位的办公用房建设、分配、维修;负责大院内的房屋公用设施管理和维修工作。平均每年为大院办公区、生活区水电维修3000余次、土木维修1500余次。1995年起,实行大院各个单位部门行政经费分开管理办法,并且也不再管理全区的有关会议经费。

房地产管理　负责政府的土地使用权,用地规划管理,承办权属政府房地产的综合管理、规划和开发;制定房地产管理制度,承办机关房改及相应工作;负责机关干部职工宿舍的合作建房、集资建房和经济适用房的建设、审批、分配、调整工作;行署机关办公及其他用房的计划、设计、施工、竣工验收的监督管理。如1989年接手地委行署机关大院2栋办公楼、16栋干部住宅楼，建筑面积5.06万平方米的房产管理，其中行署办公大楼5100余平方米、综合大楼2500平方米、大院家属区（包括普济巷生活区、28栋住宅区）4.08万平方米、干休所2200平方米。1993年7月，地委行署家属新院——钟亭小区建设开工，次年10月竣工交付使用，解决了212户干部职工住房，共新增土地面积近2.2万平方米、建筑面积1.6万平方米；共建房23栋，其中：干部住宅楼6栋、奖励房9栋、拍卖房8栋；1996年12月，在大院家属区建领导住宅楼3栋24套，建筑面积3750余平方米；1997年接手管理省人大上饶地区工作委员会的办公楼，其建筑面积为4000平方米；2000年5月，在大院家属区建干部住宅楼2栋64套，建筑面积7500余平方米。

大院管理　负责地委、行署大院7.3万平方米面积的整体规划和环境卫生工作，其中：行政办公区近1万米、人大政协办公区1000平方米、大院家属区（包括普济巷生活区、28栋住宅区）3.5万平方米、干休所近5000平方米、钟亭小区近2.2万平方米；承担行署大院及地委行署家属区的社区建设、安全保卫、社会治安综合治理、庭院绿化、计划生育、爱国卫生、道路等基础、公共设施管理工作；负责行署大院车辆停放的管理工作；1999年10月，成立钟亭小区家属委员会。

第四章　基层政权

第一节　县（市）人民政府

上饶市人民政府　上饶地区行政公署驻地的县级市人民政府。2000年10月撤销上饶市设立信州区，更名为信州区人民政府。1991年—1998年，治所在上饶市沿河中路2号；1998年12月，搬迁至三江大道2号新办公大楼（21层）办公。距地区行政公署驻地中山路88号3千米。2000年，市政府有职能机构28个，行政编339人，实有533人。

德兴市人民政府　县级市人民政府，治所在德兴市银城镇朝阳路4号，距地区行政公署驻地上饶市120千米。2000年底，市政府有职能机构30个，行政编330人，实有329人。

上饶县人民政府　治所在上饶县旭日镇旭日路1号，距地区行政公署驻地上饶市6千米。2000年，县政府直属工作机构设5个委、2个办公室、21个局，全县行政机关在编干部1750人，其中县直机关915人、乡镇在编干部835人。

玉山县人民政府　治所在玉山县冰溪镇解放东路3号，距地区行政公署驻地上饶市42千米。2000年底，县政府有工作部门30个。

广丰县人民政府　治所在广丰县永丰镇府前街1号，距地区行政公署驻地上饶市27千米。2000年，县政府有工作部门33个，直属部门干部职工共有1668人。

铅山县人民政府　治所在铅山县河口镇黄岗山社区人民路68号，距地区行政公署驻地上饶市41千米，2000年，县政府有职能机构31个。

横峰县人民政府　治所在横峰县岑阳镇中华路17号，距地区行政公署驻地上饶市37千米。2000年，县政府有工作部门29个。

弋阳县人民政府　治所在弋阳县弋江镇解放路风7号,距地区行政公署驻地上饶市55千米。2000年,县政府有工作部门46个。

波阳县人民政府　治所在波阳县鄱阳镇芝阳路118号,距地区行政公署驻地上饶市215千米。2000年,县政府有职能机构47个。

余干县人民政府　治所在余干县余干镇东山大街15号(补记:2005年初迁入城北行政新区明珠路),距地区行政公署驻地上饶市191千米。2000年底,县政府有工作部门40个。政府机关共定编926人,实有876人(不含事业编制20人)。

万年县人民政府　治所在万年县陈营镇六0中路18号,距地区行政公署驻地上饶市158千米。2000年底,县政府有职能机构50个,行政事业编制1067人,实际有1050人;19个乡镇有编制515人,实际有414人。

婺源县人民政府　治所在婺源县紫阳镇蚺城路26号,距地区行政公署驻地上饶市176千米。2000年底,县政府共有直属工作部门25个,行政编386人,乡镇行政编制有748人。县委机构6个,编制80人;人大、政协38人;群众团体20人。县直524人,乡镇748人,总计1272人。

第二节　乡(镇)人民政府

乡人民政府　1991年,全区共有乡人民政府258个;1995年为211个;1997年为193个;2000年减少到179个,主要原因是撤乡设镇。具体分布情况如下:

上饶市　1991年有乡人民政府3个,分别是常青、北门、茅家岭乡人民政府;1993年5月,从上饶县划入沙溪镇、秦峰、灵溪、朝阳乡3个乡,使其总数达到7个;

德兴市　1991年有乡人民政府15个,分别是新营、香屯、界田、潭埠桥、黄柏、万村、张村、绕二、詹村、龙头山、李宅、昄大、海口、新建、占才乡人民政府,同年6月,詹村乡人民政府更名为花桥镇人民政府,香屯撤乡设镇;1993年5月,新营、潭埠桥、绕二、海口4乡撤乡设镇;

上饶县　1991年有乡人民政府31个,分别是华坛山、郑坊、望仙、茗洋、石人、汪村、湖村、清水、煌固、枫岭头、罗桥、石狮、姚坪、灵溪、秦峰、大地、董团、朝阳、茶亭、尊桥、高泉、皂头、黄市、上泸、黄沙岭、应家、田墩乡、花厅、四十八、铁山、前程乡人民政府,同年6月,田墩乡撤乡设镇;1993年5月,沙溪镇、灵溪、秦峰、朝阳3个乡划归上饶市管辖;

玉山县　1991年有乡人民政府23个,分别是竗姆、下塘、横街、文成、临湖、林岗、六都、华村、群力、仙岩、官溪、下镇、岩瑞、白云、四股桥、双明、少华、紫湖、南山、童坊、樟村、怀玉、三清乡人民政府;1993年5月,横街、文成、临湖、仙岩、下镇、岩瑞、白云、双明、紫湖、樟村10个乡撤乡设镇

广丰县　1991年有乡人民政府28个,分别是鹤山、枧底、霞峰、河北、西坛、城北、下溪、壶桥、湖丰、大南、排山、吴村、社后、管村、塘墀、大石、杉溪、泉波、毛村、嵩峰、十都、沙田、比古、桐畈、岭底、关里、横山、少阳乡人民政府;1993年5月,湖丰、大南、排山、桐畈、横山5个乡撤乡设镇

铅山县　1991年有乡人民政府21个,分别是新滩、福惠、傍罗、青溪、汪二、鹅湖、新安埠、虹桥、五铜、稼轩、湖坊、陈家寨、杨林、英将、港东、石塘、紫溪、陈坊、太源畲族(自治)、天柱山、篁碧乡人民政府;1993年5月,撤销石塘乡人民政府,设立石塘镇人民政府;

横峰县 1991年有乡人民政府11个,分别是新篁、葛源、上坑源、青板、龙门畈、港边、上畈、姚家、铺前、司铺、莲荷乡人民政府;1993年5月,葛源、铺前2个乡撤乡设镇;

弋阳县 1991年有乡人民政府16个,分别是漆工、烈桥、樟树墩、葛溪、圭峰、曹溪、中畈、三县岭、湾里、清湖、朱坑、城郊、箭竹、周潭、湖山、南港口乡人民政府;1993年5月,漆工、樟树墩、曹溪、港口4个乡撤乡设镇;

波阳县 1991年有乡人民政府39个,分别是谢家滩、肖家岭、侯家岗、莲花山、银宝湖、油墩街、湖滨、莲山、桥头街、响水滩、鸦鹊湖、碧山、柘港、金盘岭、枧田街、莳山、高家岭、游城、珠湖、站前、白沙洲、团林、四十里街、磨刀石、双港、聂家、古县渡、昌洲、古南、凰岗、东溪、太阳埠、神山、芦田、饶埠、桐山、三庙前、莲湖、水上乡人民政府;1993年5月,谢家滩、四十里街、古县渡、双港、饶埠、油墩街6个乡撤乡设镇;

余干县 1991年有乡人民政府27个,分别是华林岗、洪家嘴、鹭鸶港、石口、金山嘴、三塘、枫港、江埠、禾山、古埠、大溪、白马桥、杨埠、五雷、梅港、社赓、康山、邓墩、新生、东源、大塘、古竹、信丰、梅溪、峡山、东塘、九龙乡人民政府;

万年县 1991年有乡人民政府16个,分别是梓埠、中合、齐埠、大黄、汪家、大源、珠田、珠山、上坊、苏桥、垱下、裴梅、梨树坞、盘岭、山家寨、马家乡人民政府;1993年5月,梓埠乡撤乡设镇;

婺源县 1991年有乡人民政府25个。分别是潋溪、秋口、江湾、大畈、晓鳙、溪头、段莘、思口、梅林、太白、中云、高砂、龙山、赋春、甲路、镇头、许村、浙源、沱川、古坦、鄣山、珍珠山、晓林、凤洲、武口乡人民政府;1993年5月,江湾、大畈、思口、秋口、赋春、镇头、中云、许村8个乡撤乡设镇;

镇人民政府 1991年,全区共有镇人民政府23个,1995年增加到68个,1997年又增加到88个,2000年达到108个。

2000年,上饶市有沙溪、灵溪镇2个镇人民政府;德兴市有银城、海口、泗洲、香屯、潭埠桥、新营、花桥、绕二8个镇人民政府;上饶县有旭日、华坛山、郑坊、煌固、枫岭头、皂头、茶亭、花厅、田墩、四十八、上泸、五府山12个镇人民政府;玉山县有冰溪、紫湖、双明、樟村、白云、横街、岩瑞、必姆、文成、临湖、下镇、仙岩12个镇人民政府;广丰县永丰、湖丰、大南、壶桥、吴村、下溪、排山、霞峰、洋口、五都、毛村、泉波、横山、沙田、桐畈、枧底16个镇人民政府;铅山县有河口、青溪、鹅湖、汪二、永平、湖坊、石塘、黄岗山、武夷山9个镇人民政府;横峰县有岑阳、葛源、铺前3个镇人民政府;弋阳县有弋江、曹溪、漆工、樟树墩、南岩、朱坑、圭峰、叠山、港口9个镇人民政府;余干县有余干、石口、瑞洪、古埠、黄金埠、禾斛岭6个镇人民政府;波阳县有鄱阳、谢家滩、石门街、油墩街、田畈街、金盘岭、高家岭、凰岗、四十里街、双港、古县渡、饶丰、乐丰、饶埠14个镇人民政府;万年县有陈营、梓埠、石镇、大源、青云、裴梅6个镇人民政府;婺源县有紫阳、清华、大畈、江湾、思口、秋口、赋春、镇头、中云、许村、太白11个镇人民政府。

第三节 街道办事处

1991年—2000年,全区只有街道办事处2个,分别是上饶市的东市街道办事处和西市街道办事处。

东市街道办事处 驻上饶市东城区灵山路21号,1991年辖区有27个居民委员会,分别是金龙岗、中山路、灵山路、大井头、东门路、四股桥、南门路、东门外、箭道巷、祝家巷、道塘巷、建新、龙牙亭、施家山、北门村、抗建南路、文通巷、劳动路、滩头、前进路、滩头新村、刘家坞、沿城新村、崭岭头、上饶客车厂居民委员会、地委行署家属委员会、地区医院家属委员会;1995 年增加了军分区家属委员会;1997 年辖区内的居委会增加到 50 个,分别是金龙岗、沿城新村、北门村、建新、建新二、五三小区、五三第一、五三第二、龙牙亭、施家山、桐子坞、带湖路东一、带湖路东二、南门路、四股头、箭道巷、东门路、东门外、体育馆路、三里亭、灵山路、祝家巷、中山西路、马皇庙、大井头、道塘街、劳动路、文通巷、下滩头、丰溪路、丰溪路二、上滩头、水南街、崭岭头、书院路、刘家坞、普济巷、沽塘路、广场东、使漆巷、金山、豆芽巷、东岳、地委行署第一、地委行署第二、军分区、客车厂、地区医院、保养场、二中居委会。

2000 年年底,辖区内仍是 50 个居民委员会;有主次干道路 20 条,其中中山路、赣东北大道、五三大道、沿河东路、水南街、东门路等,大都进行了翻建、拓宽和延伸,新建的有带湖路、体育馆路和丰溪路;是全区的文化、商业中心,也是上饶地区和上饶市党、政、军机关驻地;辖区内有信江书院、上饶地区革命烈士纪念碑、黄道烈士墓和上饶体育中心及上饶体育场。

西市街道办事处 驻上饶市西城区新建路 37 号,1991 年辖区有 26 个居民委员会,分别是四脚亭、茶山路、光学新村、铁路新村 1~6 居委会、天津桥、解放路、大公厂、青石弄、八角塘、新建路、花亭子、马家弄、解放河、胜利巷、桂家巷、三官殿、渡口、杨家石桥、桥村、电厂、五桂山;1995 年增加了胜利路居民委员会;1997 年辖区内的居民委员会增加到 42 个,分别是大公厂、马家弄、花亭子、青石弄、渡口、胜利路、解放河、杨家石桥、五桂山、三官殿、桂家巷、新建路、太极宫、八角塘、胜利巷、解放路、天津桥、茶山路、桥村、外沽塘、四脚亭、天津桥头、二平桥、西张家巷、里安山、带湖路西、官仓弄、何家岭、吉阳山、铁路新村 1~9 居委会、汽运、江光、江光第二、电厂居委会。

2000 年年底,辖区内仍是 42 个居民委员会;有主次干道路 11 条,其中抗建路,信江中路、西路,沿河中路、西路,胜利路,解放路 7 条主干道是原有的老路,庆丰路、沿河西路(及延伸段)、民主北路是新增的 4 条主干道;抗建路、解放路、胜利路、信江西路是上饶市城区繁华的商业区,八角塘集贸市场、白鸥园商场、宝泽楼市场和经营百货、南杂货的“渡口批发一条街”、上饶火车站均在该辖区内。

卷二十六 民 政

1990年代,全区开始贯彻执行《中华人民共和国城市居民委员会组织法》。按照便于居民自治的原则,加强居委会干部队伍建设,拓宽居委会干部选拔渠道,每个居委会配备1~2名国家干部,主要从党政群机关分流人员、教育系统富余人员、机关下派锻炼干部和大中专毕业生中选拔,其他居委会干部从居民和下岗职工中推荐入选。

1991年—2000年,全区各级政府严格执行安置法规,采取安置就业、自主择业、自谋职业相结合的新型安置保障新体系。城镇退役士兵安置主要采取“按系统分配任务、包干安置”原则,实行指令性计划,10年间共安置复退军人23962名。

1992年,境内选择横峰、婺源两县为农村社会养老保险先行县,进行试点和骨干培训工作,开始实施农村社会养老保险工作,1997年全面推广。1998年,境内的城镇居民最低生活保障制度(简称“低保”)在上饶市、余干县试点。1999年6月底,全区12个县(市)政府所在地的镇全部建立低保制度。

1996年,玉山县建立全区首家拥军优属基金会;1994年、1997年,横峰县两次被民政部、解放军总政治部授予“全国拥军优属模范县”称号;1998年—1999年,全区开展大规模的移民建镇工作;1999年9月13日,地委、行署召开全区第四届村委会换届选举工作动员大会,全区首次实行由选民直接提名候选人的“海选”。弋阳县城郊乡的贞畈村于10月10日率先完成第四届村民委员会的换届选举工作,成为江西省内“村官‘海选’第一村”。

第一章 基层自治

第一节 村民委员会

全区各县(市)民政局组织负责村委会换届选举日常工作。村民委员会是群众自治组织,村民委员会的正副主任和委员由村民民主选举产生。各村民委员会一般设有人民调解、治安保卫、财会等委员。村民委员会的主要职能是:组织村民自我管理、自我教育、自我服务;办理公共事务和公益事业;调解民事纠纷,协助维护社会治安;向人民政府反映村民意见、要求,协助政府工作。村民委员会的换届选举是每三年一届。每届选举,县委、县政府均成立了村委会换届选举工作指导小组,各乡(镇)也成立相应机构,统一部署、指导、监督各村依法民主选举产生新一届村委会班子。

1992 年 11 月,在上饶县旭日镇桥下村进行为期 17 天的村民自治示范点活动。全区有 4 个乡镇、1 个街办、11 个村委会、2 个居委会、11 名村委会主任、2 名居委会主任被省民政厅评为先进。

1996 年 7 月,地区召开第三届村委会换届选举工作会议。11 月 30 日圆满结束第三届村民委员会选举工作,279 个乡镇 2866 个村委会开展选举工作。选民 336 万人,参加选举的有 308 万人,参选率 91.7%。依法选出村委会主任 2866 人,副主任和委员 10731 人。其中,党员 8222 人,占总数的 60.5%;初中以上文化的 10544 人,占总数的 77.5%;妇女 2393 人,占总数的 18%。新增设 26 个居委会。

1999 年 9 月 13 日,地委、行署召开"全区第四届村委会换届选举工作动员大会"。全区首次实行由选民直接提名候选人的"海选"。弋阳县城郊乡的贞畈村于 10 月 10 日率先完成第四届村民委员会的换届选举工作,被省民政厅的负责人称为"全省'海选'第一村"。同年,为做好新的换届选举,广丰县制订工作实施方案,并从县直机关和乡(镇)抽调 489 名干部下乡指导、监督"海选"工作,并充分利用广播、电视、报刊、标语、宣传栏和学生午呼队、夜呼队等形式,广泛宣传,大造舆论声势。通过"海选",全县 255 个行政村产生出整体素质较好的新一届村委会班子。共选出村委会主任 255 人,副主任 256 人,委员 548 人。其中村委会新任主任 136 人,副主任 46 人,委员 246 人。整个换届历时 3 个月,于 12 月 20 日全面完成村委会换届选举工作。12 月,德兴市通过省民政厅对其进行的争创村民自治模范县(市)工作的检查验收,被省政府命名为"全省村民自治模范县(市)"。

2000 年 2 月底,第四届村委会换届选举工作基本结束。12 月,信州区、婺源县被省政府命名为"全省村民自治模范县(区)"。

1999 年全区第四届村委会换届选举情况

表 26-1-1　　单位:人

县(市)	当选结果						党员数
	总数	主任数	副主任数	委员数	其中女主任数	其中妇女成员数	
合　计	11637	2729	1482	7426	107	1906	7896
上饶市	314	74	57	183	2	60	224
上饶县	1132	253	131	748	6	252	772
玉山县	1078	273	153	652	22	187	705
广丰县	984	239	215	530	6	163	856
铅山县	804	188	101	515	1	156	518
横峰县	303	70	52	181	3	69	186
弋阳县	645	162	75	408	6	107	314
德兴市	495	118	86	291	0	124	248
婺源县	706	190	84	432	2	115	434
鄱阳县	2785	580	357	1848	2	305	1889
余干县	1570	378	107	1085	35	206	1157

续表 26－1－1

县(市)	当选结果						党员数
	总数	主任数	副主任数	委员数	其中女主任数	其中妇女成员数	
万年县	790	196	58	536	22	153	576
三清山	31	8	6	17	0	9	17

专记：　　村官“海选”第一村

1999年10月10日，弋阳县城郊乡的贞畈村、水南村、叶坝村相继完成了村民委员会的换届选举工作。当日下午2时，贞畈村由于组织工作好，进展较快，第一个选出了新的村委会，叶建国当选村委会的主任，据悉，贞畈村是江西省全面推行“村官海选”后第一个选出村官的村。

这一天的上午6时30分，县、乡的村委会换届选举工作指导小组和贞畈村民选举委员会的成员就全部赶到了村里的选举大会会场，在这里布置好选民登记、投票准备、维护会场秩序、保管选票和管理票箱等事务性工作。7时30分，工作人员即持票箱和选票分赴各村民小组。贞畈村有10个村民小组，其中只有7户26个选民的杨源村小组自然是最快结束投票工作的。10个投票箱置于各村小组的中心地带，称为投票站，站内均贴有“充分发扬民主权利，投好庄严一票”的标语，村民选举委员会的公告以及村委会成员候选人条件均红榜公布。选民投票的积极性十分高，在槛家村小组，召集大家的钟声一响，近300个选民就齐齐赶到。在封闭的写票间里，大家都细致认真地勾画或平静地投下神圣一票。

在贞畈村，竞选村委会主任的候选人是原主任叶建国和叶长水，竞选副主任的是姚水旺和54岁的原委员叶水旺，竞选委员的是叶木金和原副主任叶青发。选举工作实行差额选举。

中午12时结束投票工作后，即开始唱票、计票，地点就在选举大会会场旁边的小学教室内。经过此起彼伏的票数增减，下午2时，整个计票工作全部结束。近百名围观者看到了这样一个选举结果：全村有1582个选民. 投出选票1437张，其中有效票1430张；原主任叶建国以916票连任村委会主任，姚水旺以881票当选村委会副主任。随后在中心会场，城郊乡的乡长蒋丽华当场向当选的3人颁发了《村民委员会成员当选证书》。大家在掌声中庆贺新一届村委会的诞生。他们说：这样选出来的村干部，我们服！之后，3名当选者上台表了态，表示决不辜负大家的希望，一定干出成绩来。

事后，村选委员会主任、村支书叶长良对记者说：“在村里只有2户的姚姓能在副主任的竞选上胜出450户的叶姓，正说明了这次选举工作是公平、公正的，老百姓在选自已的当家人时是绝不含糊的。”记者问：“姚水旺为什么能得票领先叶水旺？”村支书说：“姚水旺更年轻，是个退伍兵，人好，有点水平，大家都看得到。”

〔后记〕：

这届选举和历届选举的最大不同点就在于本届选举是“海选”，即候选人的产生完全出于民意，在正式选举日的5日前，由全体选民通过提名产生初步候选人，并张榜公布，堪称最广泛的民主。其次要对初步候选人进行资格审查，由村选举委员会逐条逐人进行对照，对不合格人员予以删除。这次城郊乡就删掉7名不合格的候选人。在10日之后的2天里，城郊乡的另外6个村又相继完成了村委会换届选举工作，总共产生了31名村委会成员，其中有近半数连任. 半数新当选。

贞畈村率先完成换届选举工作后，江西省民政厅一位负责村委会选举工作的同志赶到弋阳县，高兴地告诉大家，贞畈村的换届选举工作是全省“海选”第一村。

1999 年 10 月 10 日，历史将记住这一天。因为依法在农村普遍建立村委会，实行村民自治，是中国共产党领导亿万农民建设有中国特色社会主义民主政治的伟大创造，是我国农村政治体制的一项重大改革，也是贯彻依法治国方略的重要举措。历史还将同时记住弋阳县城郊乡的贞畈村和这片土地上的人们。

《上饶日报》1999 年 10 月 16 日

第二节　居民委员会

1990 年，全区开始贯彻执行《中华人民共和国城市居民委员会组织法》。

1994 年，加强居委会建设。每个城市居委会年办公经费提高到 1600 元，其中居委会正、副主任每人每月补贴为 40 元～50 元；每个城镇居委会年办公经费提高到 1200 元，其中居委会正、副主任每人每月补贴为 30 元～40 元。为每个居委会解决 20 平方米办公用房。

1995 年，全区开展居民委员会建设达标升级活动，将居委会划为一、二、三等 3 个等级。6 月，开展基层政权和群众自治组织先进单位、先进个人评选表彰活动。全区共表彰 13 个先进乡镇、1 个先进街办、30 个先进村委会、30 名先进村委会主任、13 个先进居委会和 13 名先进居委会主任。

1998 年，全区居委会达标工作上了一个新的台阶。全区一级居委会 35 个，二级居委会 56 个，三级居委会 78 个。11 月 30 日，行署出台《上饶行署关于进一步加强城市居委会建设若干意见的通知》（饶行发〔1998〕42 号），《通知》依照《居委会组织法》的有关条例，要求按照便于居民自治的原则，加强居委会干部队伍建设，拓宽居委会干部选拔渠道，每个居委会配备 1～2 名国家干部，主要从党政群机关分流人员、教育系统富余人员、机关下派锻炼干部和大中专毕业生中选拔，其他居委会干部从居民和下岗职工中推荐人选，进一步加大对居委会的财政投入。居委会干部的工资待遇：属国家干部身份的保留原工资待遇不变，其他居委会干部的生活补贴从 1999 年 1 月 1 日起执行，正、副主任的月工资补贴不低于 270 元和 240 元，工作人员不低于 200 元，年办公经费不低于 3000 元，按时下拨到各级民政部门专款专用。妥善解决居委会的办公用房和办公设备，保证每个居委会的办公用房使用面积不低于 30 平方米，对居委会安装的公用（办公）电话的初装费减免 50%，并优先安装。

第二章　拥军　优抚

第一节　拥　军

1991 年—1992 年，全区各级政府和民政部门都尽心尽力为部队办实事。上饶市、上饶县、横峰县等地各出奇招，开展“拥军优属月”活动。多渠道妥善安置部队转业、离退休干部及退伍军人，实行优待金以县统筹（横峰县军属优待金人平达到 450 元），建立拥军优属服务组织，为部队培养技术人才等。

1993 年,全区共组织慰问团(组)153 个,走访慰问驻军 43 个,安排随军家属 145 人,解决住房 160 户,安置军转干部 90 人,安排退伍兵 1800 人,为驻饶部队官兵补习文化、培养科技人员 1450 人。

1995 年,乡义务兵家属优待标准户均达 500 元~800 元(略高于当地乡镇上年人均收入的 7%),比上年增加 11%~64%。全区共拿出 200 多万元(含优抚事业费)用于解"三难"①,从而加快解"三难"的步伐。依据行署《关于批转〈上饶地区民政局优抚事业费使用管理暂行办法〉的通知》(饶行发〔1994〕5 号)中的各项条款,共清理出使用不当经费 12 万元。4 月,先后在玉山县、铅山县抓了"优抚基金会"试点工作,两县在 7 月建立优抚基金,筹资 10 万元。

1996 年,玉山县建立了全区首家拥军优抚基金会,并制定"拥军优属基金管理使用方法"。基金会刚建立就了解到文成镇带病回乡退伍军人王如义长期患病,生活确实困难,决定每月给其 20 元作为生活补助。

1997 年,全区各级安排专款 508.4 万元用于帮助部队解决粮油、燃料、水电、住房、训练等方面的困难。为驻军安排随军家属 31 人,调转换工种班次 152 人(次),解决住房困难 62 户,解决子女入托、入学 108 人。全区优待金统筹总额达到 949 万元。全区优抚事业单位创收达 130 万元。是年,横峰县(继 1994 年首次)再次荣获"全国拥军优属模范县"称号。该县在长期的"双拥"工作实践中,摸索总结出具有"横峰特色" 的"十上门"②工作法。

1998 年 6 月,行署向全区各县(市)人民政府批转"关于进一步做好农村义务兵家属优待金社会统筹工作的意见",全区农村义务兵家属优待金户均标准(除波阳县、余干县因遭受重灾外),均达到 1100 元(波阳 900 元,余干 1000 元),上饶县达到 1200 元,比上年提高 22%,全区统筹优待金 1301 万元,拥军优属保障金达到 279.4 万元。全区各地安排专款 894.56 万元,用于帮助部队解决粮油、燃料、水电、住房、训练等方面的困难,各地为驻军安排随军家属 36 人,调转换工作班次 206 人(次),解决住房困难 92 户,解决子女入托入学 128 人;慰问抗洪抢险第一线官兵,送去价值近 40 万元的猪肉、绿豆、饮料等慰问品。

1999 年,全区共安排专款 933.38 万用于帮助部队解决粮油、燃料、水电、住房、训练等方面的困难。安排随军家属 26 人,调转换工种班次 92 人(次),解决住房困难 34 户,解决军人子女入托入学 199 人。

1991 年—1999 年,先后有横峰县、上饶县、德兴市、弋阳县、上饶市、玉山县、广丰县荣获"全省双拥模范城(县)"称号;1994、1997 年,横峰县两次荣获"全国拥军优属模范县"称号。

第二节 军供支前

1991 年 6 月 1 日,上饶市支前站建制划归地区民政局管理,更名为江西省上饶军供站(支前站),为副县级事业单位。

1992 年,上饶军供站共接待转运新老兵和过往部队 3383 人次。实行平战结合,综合利

---

①"三难":生活困难、住房困难、就医困难。

②"十上门":上门送粮油、上门送立功喜报、上门慰问优抚对象、上门向有关单位推荐农村退伍军人、上门为优抚对象解决困难、上门为优抚对象培训技能、上门提供致富信息等。

用,开展多种经营创收40.5万元,比上年增长41%。年底,被南京军区后勤部评为“军供工作先单位”。

1993年,圆满完成南京军区“成功3号”军事演习的军供任务,被南京军区评为军供站正规化建设先进单位。军供站的正规化建设突出在3个字:早、快、实。对每一次军供任务,都做到组织、思想工作早准备;接到军供任务时,快速反应,快速准备;服务上做到“八个一样”,①服务真心实意,供应货真价实。

1994年10月,上饶军供站站长江有旺在“全国交通沿线军交运输正规化建设工作会议”上,从国务委员、国防部部长迟浩田上将手上接过一块国务院、中央军委表彰的“军供站正规化建设10周年先进单位”的奖牌。

1998年,军供工作创造4个第一:第一次全年接待人数突破2万人次,达到20516人次;第一次单趟供应饭菜2320人;第一次单趟供应饭菜分三个档次制作;第一次接待集团军3位将军。

1991年—2000年,过往上饶部队的接待和饮食供应所需经费均由上饶市政府按规定拨付。

第三节　优　抚

全区民政部门始终坚持“思想教育、扶持生产、社会优待、国家抚恤、依法保障”的工作方针和国家、社会、群众三结合的优抚制度。

1993年,全区各级拥军优抚服务组织3917个,参加活动的达到24万人次。全区共组织慰问团(组)153个,走访慰问驻军43个,走访优抚对象2万户,赠送慰问品价值28万元,安排随军家属145人,解决住房160户,安置军转干部90人,安排退伍兵1800人。各级优抚服务组织还为缺少劳力的优抚对象代耕、代种、代收,累计帮工23672个,为261户优抚对象解决修建住房的资金、建材、宅基地和劳力困难。

1996年7月1日起,全区执行新的抚恤金定期发放标准:家居农村的烈士家属、因公牺牲军人家属每月60元~65元,病故军人家属每月55元~60元;家居城镇的烈士家属、因公牺牲军人家属每月70元~75元,病故军人家属每月65元~70元;在乡复员军人每月35元,退伍军人每月20元,退伍红军老战士每月300元,红军失散人员、苏区老干部每月70元。全年发放定期抚恤金1005.4万元。其中,烈士家属定期抚恤119.5万元、牺牲病故军人家属24.19万元、革命伤残人员123.24万元。

1998年,民政部、共青团中央下发文件,确定在横峰县开展青年志愿者向农村优抚对象实施“一帮一”服务活动的试点,参加“一帮一”结成帮扶对子194户。12月26日,行署向各县(市)人民政府和各有关单位印发《一九九八年“三老”优抚对象住房特困户建(修)房实施方案》,各地已投入“三老”②建(修)房资金459.6万元。全区优抚事业单位和光荣院创收收入达

---

①“八个一样”:时间不分长短一样供应,人数不分多少一样接待,标准不论高低一样计划,采购不分计划、市场一样合格,任务不分昼夜一样接受,供应不分站内站外一样对待,饭菜不分季节一样保温,运输不分晴雨一样及时。

②“三老”:老烈属、老伤残军人、老复员军人。

140万元,比上年增长39%。

1999年4月,地委办、行署办转发地区双拥工作领导小组、地区民政局《关于在全区开展“爱心献功臣行动”的实施意见》。在全社会范围内开展“爱心献功臣”活动,以结对帮扶为主要形式的帮扶活动得到社会各界的支持参与。当年,全区共有优抚对象20.7万人,其中“三老”优抚对象1.2万人。各地民政部门集中时间、集中人力、走村串户,对“三老”优抚对象的住址、家庭人口、年龄、困难程度、经济状况进行全面摸底调查,建档立卡,并帮助签订协议,进行双向承诺。万年县针对“三老”建(修)房户面广,且资金有限,采取分类解决,对经济条件较好的,实行“两优惠”[①];对经济条件比较差的,实行“二补一包”[②];对特困户实行“三包到底”[③]定期完成。鉴于弋阳县优抚对象较多,江西省民政厅、省农业银行、江西农大、省肿瘤医院对口帮抚,通过省直四家单位个人捐款和单位捐资,筹集51.4万元帮抚改造县光荣院,发展院办经济和解决优抚对象住房难、治病难问题。全区党政机关、企事业单位,社会团体、驻饶部队和广大群众与“三老”优抚对象结成帮扶对子5621对,确定帮抚项目100多种,投入帮扶资金250万元,直接参与实施帮抚活动的志愿者近万人。全区共投入助建590.9万元,解决2298户优抚对象住房困难户的住房重建,维修问题,其中全倒(无房)520户,部分倒房(损房)275户、危房1503户。先后两次调整老复员军人、带病回乡退伍军人定期量补助标准。足额落实调标经费239.5万元,9月15日前又按时将中央下拨的定补调标经费发放给优抚对象。对“三老”医疗难问题,11月出台了《关于对重点优抚对象实行医疗优惠、医疗费减免的通知》。全区11县(市)都制定优抚对象医疗减免政策,做到“优抚优先,优抚优价”[④],在诊治过程中,合理治疗、合理检查、合理用药,开设优抚病床等。其中,横峰县卫生局建立4支义务巡诊医疗队,义诊5000多人次,免费送药2万多元,为745户优抚对象建立医疗档案,还成立14支自愿服务队伍,为全县196名重要优抚对象发放医疗服务卡,他们还利用省直单位挂点帮扶的优势,与省人民医院、省肿瘤医院建起优抚对象就医“绿色通道”。

优待金社会统筹和拥军全面性保障基金扩资工作进展顺利,上饶市财政安排优待金补贴3万元,并列入预算。全区优待金统筹总额达到1460万,超额完成年初省厅下达的1300万元任务。优待金标准全区平均1166.6元,超过省厅下达定量目标1080元8个百分点。拥军家属保障基金也得到顺利扩资,全区共筹基金120万元,累计基金达到399.4万元。

1999年10月17日,山东省按照国务院和民政部的统一部署,与余干县结对,向余干县捐赠了1000万元的资金和价值500万元的衣被等物资,帮助优抚对象解决困难:一是帮助余干县兴建一所集收养、保健、娱乐为一体的花园别墅式光荣敬老院,总建筑面积6000平方米,可收养200名孤老优抚对象;二是利用250万元帮助472户无房、倒房、危房的优抚对象修建住房。

2000年,全区共有42所光荣院,集中供养500余名孤老优抚对象。

1991年—2000年,国家先后10余次调整提高各类优抚对象的抚恤补助标准,都得到落实。1998年开始,每年有近百万元资金用于帮助优抚对象发展生产、解决生活困难。

---

①“两优惠”:对宅基地和供应建筑材料优惠。

②“二补一包”:县、乡各补一点,村里负责包工。

③“ 三包到底”:县、乡包资金,村委会包材料,村干部包建房。

④“优抚优先,优抚优价”:优先就诊,优先检查,优先安排住院和手术。

第三章　安　置

第一节　移民安置

1991年,省移民办分配给地区的移民①生产建设资金为75万元,按分配资金数额,结合当地的实际情况,对全区范围内有移民任务的9个县(市)的22个生产建设项目进行资金扶持,受益移民达8724人。1992年,婺源县晓庄库区142户移民和250多个安置点的干部群众,树立"舍己利、兴水利、顾大局"的观念,仅用一个月时间就全部完成移民搬迁工作;接受安置任务的20个乡、镇(场)共250个村组的16万干部群众,向广大移民伸出热忱之手,主动调配出最好的农田、茶园和住房等生产、生活用地133.33公顷,并送柴送菜、义务帮助建住房。

1992年1月,地区成立专门的移民办公室,具体负责境内的"两江"②移民工作。按照"大困大扶,小困小扶,全面发展"的指导方针,科学地编制移民生产发展规划,有效地解决移民生产生活中的突出问题,提高了移民的生活水平。同年,省移民办分配给地区的移民生产建设资金总额为60万元,投资扶持项目19个,受益移民达10180人;1993年,省移民办分配给地区的移民生产建设资金总额为80万元,投资扶持项目15个,受益移民达12340人;1994年,省移民办分配给地区的移民生产建设资金总额为118万元,投资扶持项目13个,受益移民达10144人。同年,开始编制"两江"水库迁赣移民遗留问题处理"五年规划"和完成"五年规划"以及编制中央直属水库迁赣移民遗留问题处理"六年规划"。

1995年,省移民办分配给地区的移民生产建设资金总额为121万元,投资扶持项目34个,受益移民达15021人;1996年,省移民办分配给地区的移民生产建设资金为137万元,投资扶持项目28个,受益移民达19873人。从1997年开始,遵照省移民办"总体规划,分步实施"的战略思路,按照《江西省境内新安江、富春江水库移民遗留问题处理(1997—2001年)规划》的具体部署和安排,实行按年度实施项目计划,扎实有效地推进项目建设。这年的扶持资金为820万元,完成项目263个。1998年,扶持资金为1037.5万元,完成项目347个。1999年,扶持资金为901万元,完成项目315个。2000年,扶持资金为937万元,完成项目291个。

"两江"水库移民温饱问题始终是移民工作的首要问题,也是国家"八七"扶贫攻坚计划的根本问题。重点从低产田改造和农田水利设施建设入手,增加粮食产量,确保移民能够粮食自给。针对"两江"移民人均土地占有量和土地生产力的局限,人均可耕水田0.06公顷,且不少存在的冷浆田、望天田,全区共投入45万元,完成86.67公顷低产田改造任务。就移民安置区人畜饮水困难情况,根据移民安置地不同的地理条件和环境,采取多种解决方式:1. 安装压水井或者是一户或几户共打一口井,各家安装小水泵的抽水设施;2. 从山坞中修建蓄水池,并引水入户的自流水设施;3. 在山坡上建水塔的自来水设施。全区共投入400万元,修建压水井

①1966年至1973年期间,由国家计划和移民自找门路,投亲靠友从浙江淳安、建德、桐庐、开化等县迁入境内的"两江"移民2.23万人,安置在德兴市、婺源县、弋阳县、铅山县、横峰县、鄱阳县、玉山县、余干县、上饶县和三清山管委会境内的68个乡镇,230个行政村,454个村小组。

②"两江":富春江、新安江。

1800眼,水井400口,饮水工程85处。全区共投入国家扶持资金1870万元,修建简易公路800千米,水泥路100千米,桥60座。完成输电线路项目61个,架线170千米,其中新架线路94千米,改造线路76千米,安装变压器28台。全区投入移民扶持资金180万元,修建校舍35所,安装闭路电视设施150座。80%以上移民村的移民看到电视。在生产开发上,结合当地经济发展规划,重点放在移民区农业结构调整和技术培训。其间,投资补偿金和周转金1784余万元,利用荒山和移民自留地种植无核椪柑100公顷,布朗李63.33公顷,毛竹林33.33公顷,板栗10公顷等,分户养猪50万头,精养鱼塘73.33公顷,养鸡鸭100万羽等,形成了以种植业为龙头的移民经济带。德兴市香屯镇茅坞村成为移民小康村,投入培训资金50多万元,对移民进行技术培训8650人次,对移民进行果树培育的技术学习和推广优势水果的种植技术。弋阳县宝峰村种植的枇杷初见成效,种植枇杷的移民户均收入达到5000多元。扶助婺源县武口余庆桥村移民10万元,建成了30个大棚蔬菜基地,彻底解决了他们没有水田只有少许茶园而没有什么农业收成的窘迫境地,人均收入达2000多元。

1999年,弋阳县、横峰县、铅山县、上饶县4个县顺利接收完成大坳水利枢纽工程库区40个自然村、1500户、近6000人的移民搬迁安置工作。

第二节 复退军人安置

1991年起,随着社会主义市场经济的建立和社会用工改革,城镇退役士兵安置难问题日益突出。为确保退役士兵得到妥善安置,全区各级政府严格执行安置法规,采取安置就业、自主择业、自谋职业相结合的新型安置保障新体系。城镇退役士兵安置主要采取"按系统分配任务、包干安置"原则,实行指令性计划。

1992年,全区共接收退伍军人和转业志愿兵2889人,其中统一安置工作的达2203人(含转业志愿兵117人),占接收总人数的76.3%。整个工作于当年10月底前完成。开发使用1983年以来回乡退伍军人8828人,完成107.7%,培训退伍军人796人,完成165.8%,其中开发使用1992年回乡的退伍军人395人,开发使用率57.9%,拨出部分专款帮助28名退伍军人解决住房困难。

1993年,为适应企业用工制度的改革,对退伍义务兵实行全员劳动合同制。是年,广丰县军地两用人才工作被民政部、总政部评为先进。

1994年,转业志愿兵实行集中交接,按省退伍办批准《转业志愿兵接收安置通知书》进行接收安置,减轻安置工作压力。针对安置渠道窄、办法单一的问题,提出所有机关、团体、企业、事业单位,不分所有制性质和组织形式,都有接收安置退役士兵的责任和义务。针对劳动力资源市场化配置趋势,采取"供需见面、双向选择、包底安置"的安置办法。

1990年代中期,国有企业的改革加快步伐,人员下岗分流,减员增效,安置渠道狭窄。针对这一特点,行署和军分区联合下发《关于切实做好退伍军人安置工作的通知》,规定对不接收或推诿,按每少接收1人交纳有偿转移金3万元,确保退伍安置工作落到实处。引入竞争机制,走进劳动力市场,把安置渠道向股份制合作企业、三资企业、私营企业拓展。

1996年,全区接收退伍军人2032人。安置政策是:从哪里来回哪里去;荣立二等功以上、三等乙级以上伤残军人、志愿兵和入伍前吃商品粮的,由国家统一安排;二等功以上、伤残军人及有专业特长人员优先安置。安置办法是:按系统分配安置任务,包干完成;各行政、事业单位和企业都有安置退伍军人的义务。安置任务，中央、省属单位由省直接下达，地属单位由地区行署下达，县（市）单位由县（市）政府下达。当年，全区（含地直单位）及各县（市），共接受城镇安置退伍军人959人，其中，安置到中央、省属企事业单位346人，占总数的39.49%。1073名农村籍退伍军人也得到妥善安置。

1998年，行署领导在全省退伍安置工作会议上作《运用行政、经济、法律手段，做好退伍安置工作》的典型发言，得到与会者的肯定。次年，根据新修订的《中华人民共和国兵役法》，认真落实退役士兵待安置期间的生活补助费，并积极探索多渠道、多形式的安置方式，通过安置就业、自谋职业、扶持就业等，进一步拓宽安置渠道。

从2000年起，根据新修订《兵役法》规定，对城镇退役士兵待业安置期间由政府按照不低于最低生活保障标准发给生活费。

1991年—2000年全区复退军人安置情况

表26－4－1　　单位：人

年　份	当年复退人数	安置去向	
		城　镇	农　村
合计	23962	13049	10913
1991	2264	1657	607
1992	2772	2086	686
1993	2584	1789	795
1994	2061	1213	848
1995	2288	933	1355
1996	2032	876	1156
1997	1708	774	934
1998	2523	1213	1310
1999	3408	1369	2039
2000	2322	1139	1183

第三节　军队离退休干部安置

1991年，军队离退休干部移交地方政府安置管理。全区各级军休部门按照国务院、中央军委关于军队离退休干部移交地方政府安置的决定，以落实"两个待遇"为根本点，不断健全军休服务管理机构，建立军休服务管理各项规章制度，开展积极向上的健身体育活动，丰富晚年生活，增添生活乐趣，保证了军休干部"老有所养、老有所为、老有所乐"健康发展。

1992年，为解决军休干部活动场地问题，中央财政分批拨款共计30.5万元，在军干休所西南侧征地666.7平方米，兴建上饶市军队离退休干部活动中心，1994年10月竣工。建有钢混结构大楼一幢,面积为560平方米,内设保健室、桌球室、棋牌室、阅览室、健身房等。是年,圆满完成第三批军队离退休干部接收安置任务,调整提高1981年年底前离退休军队干部的生活待遇。为9名军队离退休干部授勋。

1994年,根据上级关于军队离退休干部和志愿兵移交政府安置后,各项生活待遇按军队统一的项目和标准执行,不再执行安置地方政府规定的各种补助补贴的文件精神,及时进行调整,理顺关系,解决因接收任务不平衡、经济负担轻重不一而影响军队离退休干部生活待遇落实的问题,从而保证军休干部"两个待遇"的真正落实。

1997年,省民政厅、省军区政治部联合在南昌召开总结表彰会,上饶地区、上饶县军休办被评为全省军休安置管理工作先进单位,军休干部秦福新、李玉道、张宪孔、毕树峰、张绍臣、王仪祥、张泉水被评为先进军队离退休干部;张伟、陈瑞华被评为军休服务管理先进工作者;上饶县退休干部秦福新还被民政部、总政治部表彰为全国离退休干部先进个人,作为全省唯一军休干部英模代表参加国庆50周年观礼。

1998年,上饶市军休办被省民政厅、省军区政治部评为军休安置管理工作先进单位。

1991年—2000年,接收第三、四批24人,伤残志愿兵6人,三批无军籍职工44人。接收第五批军休干部5人。

第四章 赈济帮扶

第一节 灾害救济

1991年,全区遭受到建国后罕见的旱灾和严重的风雹灾,局部地区并发水灾和病虫灾。为贯彻全国灾区群众生活安排电话会议精神和省政府《关于切实安排好灾区群众今冬明春生活的紧急通知》,地区民政局调查组于10月2—10日,对部分县(市)的灾情荒情和灾区群众生活情况进行了为期9天的调查,查明灾区农户受灾情况:一是两季颗粒无收;二是一季绝收;三是两季均减产五成以上。并将查明情况上报。

1992年,全区遭受了极其严重的自然灾害。7月中旬,民政部救灾专员刘志林到铅山县、余干县视察灾情;8月下旬,联合国开发计划署朱涵彬专程到铅山县考察灾情项目。全区共接受1347个单位和78454名个人的救灾捐赠款331.35万元,其中地区赈灾办接受174.45万元,还接受一批衣服、食品、药品、水泥、汽(柴)油、化肥等物资。全区共下拨救灾款1402万元,地、县两级为灾民加工救灾棉被1.86万床,棉衣4.09万件。地区确定11个水毁村庄495户建设灾民新村,广丰县、铅山县、武夷山场确定15个水毁村庄297户建设灾民新村。1993年1月20日前,所有新村全面竣工,灾民搬进新居过年。

1994年,自3月开始,全区先后两次遭受严重的洪涝灾害和4次遭受特大的风雹灾。尤其是6月上中旬的洪灾,正值早稻扬花灌浆和各种农作物生长的关键时刻,造成农作物损失相当严重。同年,建设灾民新村34个,重建和搬迁1169栋、9322间,集中安置无家可归灾民1179户、5499人。建房面积按每户建筑面积120平方米,造价每平方米重建的300元,半重建半搬迁的250元,搬迁的200元计算,总投资金额3749.4万元。

1995年,全区多次遭受严重洪涝灾害,降雨量超历史,江河水位超历史,灾害损失超历史。全区共捐款24697万元,捐衣服22.28万件,大米10890千克,还有部分其他物资。全区分散建房9865户,49543间。规划建设灾民新村30个,安置无家可归灾民1078户,建筑面积20.5万平方米。

1996年,波阳县、婺源县、德兴市遭受特大洪灾,信江流域遭受严重的旱灾,局部地区遭受特大风雹灾。水灾和旱灾并存,风雹灾和病虫灾交替。为建立和完善救灾工作分级负责、救灾款分级负担的运行机制,增强救灾工作的经济实力,掌握救灾工作的主动权,提高救灾工作的实效性,以应付各种难以预测的突发性自然灾害。4月2日,行署决定在地、县(市)两级全面建立起救灾基金。救灾基金实行计划管理地区和县市设定救灾基金账户,实行专账专管,专款专用。当年,地区规划建设灾民新村28个,集中建房954户,预算总投资2729.88万元,其中灾民自筹1746.38万元(户均1809.6元),各级政府补贴268.9万元,乡村集体资金投入344.6万元,国家救灾款补助370万元。地、县(市)计委、老建办分别从以工代赈资金、老建资金中共安排140万元。28个灾民新村在春节前竣工,使灾民在新居中欢度春节。全区3350户散居灾民倒房也全部修复。

1997年,全区遭受多种自然灾害。针对全区遭受的特大洪涝灾害和风雹灾的袭击,灾区群众倒房非常严重,根据省民政厅《关于大力推进救灾救济改革的通知》精神,为认真抓好灾民倒房修复工作,尽快完成灾民重建家园的任务,行署于1997年8月21日印发了《上饶地区修建灾民住房工作的通知》。当年,全区建设灾民新村44个,建房2012户,每户建筑占地面积不得超过70平方米,多利用荒山荒坡建房,每户建筑面积控制在140平方米之内。

1998年,受中层切变影响,6月中旬,全区出现两次持续时间长、降雨强度大的暴雨、局部大暴雨或特大暴雨过程。历史罕见的反复持续的强降雨横扫信江、乐安河和鄱阳湖区,导致山洪暴发、江河湖库水位徒涨。信江上游水位反复6次超警戒水位,下游梅港站连续五天超历史最高水位,乐安河先后3次超警戒水位。全区8个县城被水围困,铅山县城几度被淹,上饶市城区5次进水。全区12个县(市)全面多次受灾,紧急转移安置灾民103万人,全区因洪涝灾害造成的直接经济损失139.2亿元,其中农业直接经济损失78.8亿元。同年,通过省民政部门下拨地区的捐赠款8960万元。地委行署根据灾情的发展,4次动员地、县(市)机关、企事业单位和社会团体开展捐赠活动。8月29日,地委宣传部、文化局、民政局、广播电视局、机关工委5家联合主办以《为了我们共同的家园》为主题的赈灾义演,当地募集捐赠款711万元,捐赠物资价值约7260.8万元。同年,全区新建244个灾民新村,受益户数19034户,受益人数86197人,建房85774间,建筑面积214.9万平方米;总造价60401.42万元,个人自筹43517.3万元,集体扶助12297.72万元,国家扶助4586.4万元

第二节 社会救济

城镇困难户救济 1991年,全区城镇社会救济支付149万元,其中用于城镇贫困户60.5万元,用于救济城镇老残幼48.4万元。

对城镇非农业居民中无依靠、生活无来源的孤老、残疾人员,由民政部门给予城镇定期定量救济。1991年—1994年,享受定期定量救济金标准为每人每月30元,1995年始标准提高,享受定期定量救济金标准为每人每月60元,1999年起停止发放,改为居民最低生活保障制

度。

精简退职职工救济 根据国务院国发〔1965〕224号文件规定，对1960年代精简退职老职工实行定期定量救济，对丧失劳动能力，或年老体弱，或长期患病而家庭生活无依靠的由民政部门按月发给本人原标准工资40%的救济款，对不符合享受40%救济条件的老职工，生活确实困难则由民政部门给予定期定量救济。

1991年，全区共发放精简退职老弱残职工救济费96.97万元，其中：享受原工资40%救济费的482人，救济金26.59万元。

1995年，全区共发放精简退职老弱残职工救济费135.14万元，其中：享受原工资40%救济费的450人，救济金31.23万元。

2000年，全区共发放精简退职老弱残职工救济费127.37万元，其中：享受原工资40%救济费的399人，救济金29.94万元。

农村贫困户救济 农村贫困户救济，是对农村中缺劳力、缺钱、缺粮食的"三缺户"实行临时补助或定期定量补助救济。1991年，全区下拨农村社会救济费470.3万元，救济贫困户13.09万人。

1995年，全区下拨农村社会救济费1157.4万元，救济贫困户22.44万人。

2000年，全区下拨农村社会救济费1344.8万元，救济贫困户26.29万人。

农村五保户救济 1990年，根据省人民政府颁发《江西省农村五保供养工作暂行条例》的规定，对五保户实行每人每年300千克口粮，3千克菜油，60元零用钱。

1991年，全区有五保供养人数19818人。是年，余干县政府下发《关于五保户五保金实行乡镇统筹的通知》，取消了以田代保，代之以五保金。其标准根据各乡镇五保人数，每人每年不低于480元，高则不限。

1995年，全区有五保供养人数21885人。

1996年，余干县人民政府下发《关于加速做好五保供养工作的通知》，五保供养标准递增到每人每年400千克稻谷，800元钱。

1998年，弋阳县农村五保户人数为1558人，享受国家定量救济的为298人，政府发放五保户救济费4万元。

2000年，全区有五保供养人数25034人。

农村互助储金会 救灾扶贫互助储金会是在政府倡导、扶助下，村民通过资金借贷方式开展互救互助，共同解决生产、生活困难的民间合作性基层社会保障组织。在发展初、中期，在救灾扶贫、开展农村社会化服务等方面发挥了积极作用。

1991年，全区有互助储金会1484个，参会人数109.47万人，储额3123.4万元。

1998年，因国家加强扶贫力度，互助储金会数量逐年下降，全区有互助储金会807个，参会人数18.76万人，储额1030万元。弋阳县的农村互助储金会停办。次年，广丰县的互助储金会也停办。

2000年，全区有互助储金会103个，参会人数8.2万人，储额259万元。

1993 年、1994 年全区享受补助、救济人员情况

表 26－5－1　　　　单位:人

项目	1994 年	1993 年	1994 年比 1993 年增长(%)
农村贫困户得到救济人数	73216	49397	48.2
国家定期定量救济的人数	9643	8597	12.2
农村散居孤老残幼得到救济人数	23125	18414	25.6
国家定期定量救济的人数	4018	3882	3.5
城镇困难户得到救济人数	8259	6103	35.3
国家定期定量救济的人数	1635	2214	－26.2
城镇散居孤老残幼得到救济人数	3075	1909	61.1
国家定期定量救济的人数	1230	1311	－6.2
精减退职工、老弱残职工得到救济人数	3049	3232	－5.7
享受原工资 40% 救济人数	454	460	－1.3
享受定期定量救济人数	2695	2772	－2.8

1991 年—2000 年全区社会救济情况

表 26－5－2　　　　单位:万元、人、个

项目			合计	1991 年	1992 年	1993 年	1994 年	1995 年	1996 年	1997 年	1998 年	1999 年	2000 年
精减退职职工救济	金额		1240.31	96.9724	119.81	108.96	115.88	135.14	133.95	133.451	134.276	134.5	127.369
	其中:40%救济	人数	4505	482	475	473	460	450	444	447	442	433	399
		金额	8190.72	26.5912	27.661	28.061	26.8832	31.233	30.5964	30.5364	30.3164	7928.9	29.937
定期救济	人数		223486	18533	19120	20483	21154	21669	23826	25830	27052	26661	19158
	金额		1867.82	171.54	183.1	187.75	200.66	176.87	215.15	208	193.3	171.15	
城市低保情况	人数		14462					826	4254	9382			
	金额		495.5							32.1	150.3	313.1	
	其中:下岗职工保障	金额	129.72							10.376	30.4676	88.8813	
		人数	4434							240	1004	3190	
农村社会救济	贫困户救济	人数	2604516	130916	143637	139567	183365	224383	476590	225480	299969	517750	262859
		金额	12365.32	470.3	637.99	560.21	993.2	1157.4	1021.3	1056.42	1708.7	3415	1344.8
	五保供养人数		228453	19818	20086	20570	21399	21885	19770	23734	24528	31629	25034
储金会情况	个数		12974	1484	2485	2370	1681	1518	1189	979	807	358	103
	参会人数(万人)		564.04	109.466	114.177	104.288	67.134	58.09	43.74	28.56	18.76	11.628	8.2
	储额		161368	3123.4	3073	2779.4	1524.3	1281.8	1229.1	1185.5	1030	651.3	259
农村低保情况	人数		32075							10395	10608	11072	
	金额		512.81							158.86	174.3	179.65	

第三节 低保工作

1998 年,境内的城镇居民最低生活保障制度(简称“低保”)在上饶市、余干县试点。城镇居民、下岗职工家庭每月人均收入低于 80 元的,一律给予低保。是年,上饶市有低保对象 413 人,共发放低保金 21.3 万元。广丰县在永丰镇进行建立低保制度的调查,确定保障对象,测算救助标准,制定出台《广丰县实施城镇居民最低生活保障制度暂行办法》。

1999 年 6 月底,全区 12 个县(市)政府所在地的镇全部建立低保制度。保障标准最高为铅山县 105 元,上饶市、上饶县 104 元,广丰县 95 元,其余县(市)91 元,全区平均保障标准为 95.3 元。婺源县政府于 6 月制订并实施《婺源县城镇居民最低生活保障暂行办法》,对城镇非农业人口中生活确实困难户给予最低生活保障金补助,每人每月保障金标准补足 70 元。通过调查摸底、张榜公布,最后核定首批保障对象 30 户、共 62 人,自 6 月起每人每月补足纯收入 70 元,其中“三无”(无子女、无生活来源、无劳动能力)对象,月保障金补足 85 元。7 月,保障金标准提高为补足 91 元,1999 年年末,紫阳镇保障对象共有 183 人。

2000 年 4 月,广丰县组织 14 个工作组深入到全县各乡(镇)开展建立农村非农人口最低生活保障制度的调查摸底工作,全县共有 744 户、2011 人属农村非农人口低保对象。6 月,婺源县政府颁发《农村乡镇居民最低生活保障暂行办法》,规定县内各乡镇非农住户(吃商品粮住户),符合享受居民最低生活保障的,由民政局发给“乡镇居民最低生活保障金领取证”,从 7 月 1 日 起施行,由乡镇民政所凭证按月发给保障金,保障金标准按每人 91 元补差。7 月 1 日,广丰县在全县范围内实施农村非农人口最低生活保障制度,保障资金由县财政承担 70%,乡(镇)财政承担 30%,一次性落实 30 万元保障资金。

第四节 农保工作

全区农村社会养老保险工作,坚持以保障老年人基本生活为目的,坚持自愿原则,资金以个人交纳为主,集体补助为辅;农村务农、务工、经商各类人员向一体化的方向推进。

1992 年,境内选择横峰、婺源两县为农村社会养老保险先行县报民政部和省民政厅,10 月,民政部下发《关于同意在江西省的南城等 9 县(区)开展农村社会养老保险的批复》,确定横峰、婺源两县为农村社会养老保险先行县,进行试点和骨干培训工作。

1993 年 3 月,行署下发《上饶地区行署善于在全区推广农村社会养老保险工作的决定》(饶行发〔1993〕17 号)文件,开始实施农村社会养老保险工作,地区民政局进行全面部署。余干县、玉山县农村社会养老保险工作领导小组成立,下设办公室。为加强农保工作队伍的建设,提高业务素质,县民政局多次派员参加省、地业务培训班,同时运用广播、电视、墙报、黑板报、宣传车,设立咨询服务点,利用墟日、集会等形式,进行全方位的宣传和政策咨询服务。

1996 年 11 月下旬,在全区推广玉山县临湖镇“三个一” 农保工作经验:制定一个农保工作规划,按全省“九五” 规划提出的农保覆盖率要求,规划到 1999 年农村人口参保面达到 30%,并将收取保金任务落实到各村委会;建立一支农保工作专业队伍,乡(镇)设农保代办所,配备 2 名专职农保员,各村委会配备 1 名农保代办员,代办员由本人申请,村委会推荐,乡(镇)政府审核,县农保办批准聘用,发证上岗,其报酬按当年收取保险金总额的 2% 计发;推行一套简便易行的农保申报制度,农保员上门发放农保申请表,指导农户根据自身的经济承受能力,自愿确定投保金额和参保时间。

1997 年,全区开展农村最低生活保障工作。保障对象共有 22640 人,占农业人口的 6%,全区发放保障资金总额 235.57 万元,其中,县(市)财政共投入 129.53 万元,乡村集体共投入 106.04 万元。保障标准每人每年最高 600 元/年·人,一般标准 400 元/年·人,最低标准 100 元/年·人,如上饶市、上饶县标准较高,多数为 600 元/年·人;横峰县、弋阳县标准较低,横峰县最低标准为 100 元/年·人,弋阳县最低标准为 156 元/年·人。地区民政局在《上饶日报》及时推出一期专版,采取答记者问的形式全面介绍农村养老保险,引起社会各界的普遍关注。各县(市)密切配合,大做宣传文章,把专版分别送达六套班子主要领导,人手一份;在重点乡镇组织学习。是年,大力推进农保工作收缴保费 2200 多万元的做法,在全省地市民政局长会议上作了经验介绍,并被评为全省农保工作先进单位。

1998 年,全区有 9 个县(市)的农保工作,经过省民政厅农保办的检查验收,授予规范化管理达标铜牌。全年收缴保费 738 万元。

第五章 社会福利

第一节 机构人员

社会福利院、光荣院、敬老院 1993 年,全区有社会福利院 16 所,职工 154 人,床位 584 张,在院 487 人。有光荣院 43 所,工作人员 177 人,床位 1338 张,供养 1049 人。有敬老院 193 所,工作人员 538 人,床位 3772 张,供养 2987 人。5 月,上饶市(县级)新增沙溪、灵溪、秦峰 3 所敬老院,集中供养孤、残老人 42 人,有管理服务人员 13 人。

1996 年,上饶市(县级)政府利用国家民政部资助的专项资金 50 万元,在上饶市北环路 246 号修建社会福利院。2000 年 9 月竣工并交付使用,建筑面积 3965 平方米,内设儿童部、夕阳楼、食堂、洗衣房、浴室、锅炉房等,并建立老人活动中心,配有健身器材、电视、棋牌、书报等。是年,全院有职工 29 人、收养人员 91 人(其中残疾儿童 27 人、弃婴 40 人)。

1998 年,波阳县农村敬老院由 1979 年的 4 所、供养人数 36 人发展至 37 所、供养人数 407 人。集体供养金额 32.56 万元,院办经济年营业收入 19.5 万元。

1999 年,上饶市(县级)民政局与常青乡政府共同投入 40 万元,在乡敬老院旁,新建 1 幢(3 层)砖混结构,面积 600 平方米的老年公寓楼,设有 15 个套间,住有孤残老人 29 人,其中托养 23 人,管理、服务人员 17 人。孤老每月伙食标准为 130 元。托养对象则分全瘫、半瘫、聋哑痴呆、双目失明、精神病、生活基本自理 6 个等级,收费标准最低每人每月 300 元~400 元,最高每人每月 800 元。

2000 年,全区有社会福利院 16 所,职工 219 人,床位 894 张,在院 714 人;有光荣院 44 所,工作人员 47 人,床位 1655 张,供养 1303 人;有敬老院 145 所,工作人员 546 人,床位 4509 张,供养 3530 人。

是年,广丰县在永丰、五都、洋口等 3 个镇建立了老人护理院;在横山、桐畈、排山、湖丰、大南、毛村、泉波、壶峤、枧底、霞峰、沙田、下溪、关村等13个建制镇建立了老年人活动中心、托老所，丰富了老年人的晚年生活。

社会福利企业 1994年，全区有社会福利企业78家，10万元以上的有7户，由于有些福利企业的设备比较陈旧，管理不当，生产出的产品比较落后，产品无销路，工人发不了工资，生产停顿、倒闭。每年都按照省民政厅、省国税局的要求，市民政、国税、地税三家联合，严格按照福利企业的四表一册的有关规定，认真进行审查，10万元以上的福利企业年审资料上报到省厅，再由省民政厅、省国税对福利企业认真进行审查，年检合格的福利企业享受税收的先征后返的优惠政策。

2000年，全区有社会福利企业33家，职工1052人。4月，婺源县民政局协助清华镇政府对清华镇社会福利厂进行企业改制，公开竞标拍卖，使清华镇社会福利厂成为全区首家改制的私营福利企业。

社会福利生产 地区福利厂以为全区加工救灾衣被为启动项目，逐步过度到生产向市场销售的服装。“四块基地”是玉山县金桥村的水果基地，横县葛源的油茶基地，上饶县桥下村的养鱼基地和万年县的猪、禽、珍珠养殖基地，有的基地初见效益。德兴市与香屯镇联合引进专利，投资兴办化工建村福利厂，填补了民政工作先进市无直属福利厂的空白。上饶县在1991年引进浙江东阳市绣品项目的基础上，1992年又引进金属棉太空衣被等项目。上饶市兴办起“恒通物资经营部”“华星贸易经营部”和“江南海绵厂”三个经济实体。波阳县芦田乡民政所办的轧钢厂，利用回收废钢材轧制民用钢材，产品供不应求，1992年产值利润分别达到200万元和25万元。各福利企业注重以经济效益促进社会效益，努力发展外向型经济。婺源、德兴等县(市)有的乡、村福利产品飘洋过海。

2000年全区社会福利事业情况

表26－6－1

项　目	合计	项　目	合计
社会福利事业企业单位情况			
一、社会福利院(个)	16	八、殡仪馆单位数(个)	4
年末职工人数(人)	219	职工人数(人)	77
床位数(张)	894	**享受补助、救济人员情况**	
年末在院人数(人)	714	一、农村传统救济情况	
二、光荣院(个)	44	临时救济人次(人次)	40685
年末职工人数(人)	47	国家定救人数(人)	10644
床位数(张)	1655	二、五保户救济	
年末在院人数(人)	1303	集体供养人数(人)	17673
三、敬老院	145	#老人(人)	14933
职工数(人)	546	三、社会救济	
床位数(张)	4509	救济总人数(人)	330831
年末在院人数(人)	3530	(一)城镇救济对象合计(人)	30433
四、国有社会福利工厂	6	1. 低保对象	22079
职工人数(人)	260	2. 特殊救济对象	2559

续表 26－6－1

项　　目	合计	项　　目	合计
五、集体所有制社会福利厂(个)	27	3. 其他	5795
职工人数(人)	792	(二)农村救济对象合计(人)	300398
六、烈士纪念建筑管理单位(个)	5	1. 困难人口	251098
职工人数(人)	75	2. 散居孤老残幼人数	38520
七、收容遣送站(个)	1	3、其他	10780
职工人数(人)	34		

2000 年全区社会福利机构基本情况

表 26－6－2

机构名称	职工队伍(人)				服务对象(人)				场所情况(平方米)			经费情况
	管理员	技术员	护理员	合计	老年人	残疾人	儿童	合计	占地面积	建筑面积	床位数(张)	财政拨款(万元)
弋阳县社会福利院	2	2	10	14	67	4	50	121	10 亩	2347	120	14
广丰县洋口社会福利院				4	4	17			17	160	360	20
广丰县五都福利院			4	4	13	5	2	20	580	480	17	3.5
广丰县社会福利院	4	3	20	27	15	3	42	60	3387	1746	64	
德兴市社会福利院	2	1	3	6	11	4	13	28	2500	1658	110	14.8
铅山永平社会福利院	3		6	9	23		1	24	7200	1750	24	
铅山县福利院	3		6	9	21			21	500	300	25	14.8
余干县社会福利院		3	2	5	35		30	65	3920	1500	35	

1993 年、1994 年全区社会福利事业、企业单位基本情况

表 26－6－3

项目	计量单位	1994 年	1993 年
年末职工人数	人	170	154
床位数	张	635	584
年末在院人数	人	522	487
国家办光荣院	个	3	3
年末职工人数	人	22	21
床位数	张	90	90
年末在院人数	人	48	48
城镇社会办光荣院	个	6	5
工作人员数	人	24	22
床位数	张	160	145

续表 26－6－3

项目	计量单位	1994 年	1993 年
供养人数	人	154	136
乡村集体办光荣院	个	33	35
工作人员数	人	136	134
床位数	张	1052	1103
供养人数	人	871	885
城镇集体办敬老院	个	42	31
工作人员数	人	125	96
床位数	张	953	673
供养人数	人	733	464
乡村集体办敬老院	个	148	162
工作人员数	人	411	442
床位数	张	2893	3099
供养人数	人	2503	2523
民政部门办:福利工厂数	个	13	15
职工人数	人	472	543

第二节　社区服务

1996 年年底,全区有各类社区服务设施 1360 个,其中国家办的 370 个、集体办的 740 个、个体办的 250 个。上饶、德兴两市的社区服务工作已全面铺开。德兴市银城、泗洲两镇的社区经济,实现销售收入 25 万元、利润 2.5 万元。全区有各种志愿服务者 12350 人。

1999 年,社区建设试验田全线启动。社区服务作为城市管理的前沿阵地,主要是调节社区内人际关系,满足社区成员生活要求。重点是抓网站建设,每个县(市)抓一个社区服务网点的建设,社区服务站设有棋牌室、桌球室、文化娱乐室,便民饮食店等。做到有机构、有人员、有场所、有服务项目。德兴市建社区服务中心 2 个,建网点 12 个,社区建设呈良好发展趋势,广丰县在永丰镇建立了一个社区服务站试点——商城区社区服务站,设立了 3 个物业管理网点,共吸纳 500 多名困难群众和 20 多名下岗职工参与社区服务活动,重点帮助所在社区居民解决实际问题,受到群众欢迎。

2000 年,广丰县在永丰镇建立了社区服务中心,并在该镇 6 个居委会建立起社区服务站,设立社区服务网点 32 个,吸纳 800 多名困难群众和 100 多名下岗职工参与社区服务活动,从事保洁、修理、托幼抚老、医疗、家政等便民服务,为社会群众提供服务 8162 人次。

2000 年,“微笑列车”开进 。“微笑列车”是在美国正式注册的国际性儿童慈善组织,1999 年 3 月,中华慈善会与美国“微笑列车”国际慈善机构合作,为全国贫困地区唇腭裂患者免费实施矫治手术,2000 年 5 月中华慈善总会医疗专家组对定点手术医院进行考察,确定上饶市人民医院为赣东北片矫治手术医疗单位。

第三节　有奖募捐

1990年12月26日,上饶市500万元即开型福利彩票在上饶市中心广场举行首发式。即开票大奖组销售从此走上规模化、规范化的发展轨道。

1992年,全区实际销售即开型福利彩票634万元,完成317%,筹集福利资金130万元。上饶市、波阳、玉山、上饶县等4个县(市)年销售即开票100万元以上。

1996年,首次社会福利有奖募捐获得成功,全区共发行奖券2500万元、销售奖券2040万元,筹集社会福利资金428万元。其中,地、县联合在波阳县销售320万元,为地、县联合销售奖券积累了经验。上饶市销售奖券600万元、余干县销售720万元,为大奖组销售积累了经验。

1998年,经过全区上下4个多月的共同努力,圆满地完成了省政府下达的800万元赈灾彩票发行任务,并且严格遵循"地方一分不留"的规定,及时将所筹集的资金全额上缴省财政。

1999年,省募委办正式下文批准成立上饶地区福利彩票二级发行站(后改为发行中心),授权地区募委办履行地区福利彩票统一发行,统一结算的职能。

1991年—2000年,发行即开票9600多万元,除上缴中央统筹外,全部用于资助各类社会福利和社会公益项目。包括星光计划、社区建设;兴建和改造社会福利院、光荣院、农村敬老院;开展救灾工作,上缴赈灾专项资金;通过各种形式,帮助福利企业进行技术改造,为一部分残疾人提供就业机会;资助困难群众、失学儿童等。

第六章　社会事务管理

第一节　婚姻登记

1991年,依照婚姻法,全区各乡(镇)均成立违法婚姻清理小组,对违法婚姻和搭车收费进行清理整顿,最大限度地杜绝违法婚姻现象的发生,建立并健全婚姻登记档案,对1980年以后的已婚夫妇严格执行《婚姻登记管理办法》,进行重新建卡登记。

1992年,全区地、县、乡(镇)三级对违法婚姻、婚前检查和结婚证书乱收费问题进行清理纠正,基本上做到统一使用省民政厅印制的婚姻证件,结婚登记率城市和农村分别达到100%和95%。4月,地区民政局和地区电大联合举办一期全区婚姻登记员培训班,培训婚姻登记员208名,占乡镇总数的73.5%,并颁发结业证书。其中广丰县各乡镇的婚姻登记人员先后全部经过专业知识培训,并参加婚姻登记员统考,岗位培训达100%。

1994年,全区办理结婚登记34109对,办理离婚登记805对。1996年,全区县(市)、乡(镇)298个民政局(所)办理结婚登记38421对,比上年增长7.5%;办理离婚登记912对,比上年减少1.3%;办理涉外、涉港澳台结婚登记52对。

1997年,开始实行婚姻登记体制改革。全区各县(市)除地处偏远的乡(镇)仍由当地民政所办理婚姻登记工作外,其他乡(镇)的婚姻登记由县(市)民政局集中办理。次年在全区铺开,并在全省推广。

1999年,玉山县成立婚姻服务部,开展快速照相、婚前教育、证件复印、发放婚姻科教书等服务项目。5月开始,广丰县实行婚姻相对集中登记,除偏僻边远的十都、嵩峰、岭底、关里、二渡关、管村、社后、枧底、鹤山等9乡(镇)仍由乡(镇)民政所办理外,其余乡镇均集中到县民政局办理。婚姻登记率达98%,登记合格率达100%。

2000年,全区办理结婚登记44103对,办理离婚登记1149对。

全区指定开展结婚登记工作的乡镇名录

德兴市:昄大乡 占才乡 张村乡 万村乡

上饶县:望仙乡 茗洋乡 铁山乡 前程乡 大地乡
湖村乡 汪村乡 石人乡 五府山场

广丰县:管村乡 岭底乡 枧底乡 社后乡 关里乡
鹤山乡 沙田乡 湖丰镇 二渡关镇

玉山县:怀玉乡 童坊乡 南山乡 樟树镇 紫湖镇

弋阳县:烈桥乡 清湖乡 曹溪镇 漆工镇 叠山镇

横峰县:新篁乡 上畈乡 葛源镇

铅山县:太源乡 篁碧乡 天柱山乡 港东山 英将乡 陈坊乡 虹桥乡

婺源县:晓鳙乡 段莘乡 溪头乡 沱川乡 鄣山乡
古坦乡 甲路乡 珍珠山乡 凤洲乡

波阳县:桐山乡 凰岗乡 神山乡 东溪乡 太阳埠乡 候家岗乡 莲花山乡
响水滩乡 银宝湖乡 谢家滩乡 肖家岭乡 石门街镇 军民水库

余干县:邓墩乡 社赓乡 九龙乡 禾山乡 枫港乡 梅港乡
五雷乡 康山乡 梅溪乡 新生乡 东源乡 瑞洪镇

万年县:湖云乡 齐埠乡 垱下乡 苏桥乡 梓埠镇

1994年全区婚姻登记情况

表26-7-1

县(市)	准予登记结婚(对)	初婚数(人)	再婚数(人)	准予登记离婚(对)
合计	34109	65973	2245	805
上饶市	2217	4046	388	136
上饶县	5000	9800	200	80
广丰县	2500	4936	64	32
玉山县	3694	7297	91	26
铅山县	2451	4854	48	35
横峰县	1100	2156	44	18
弋阳县	2049	4012	86	61
余干县	2864	5666	62	36
波阳县	5614	10146	1082	257

续表 26－7－1

县(市)	准予登记结婚(对)	初婚数(人)	再婚数(人)	准予登记离婚(对)
万年县	2042	4070	14	34
德兴市	2207	4302	112	65
婺源县	2371	4688	54	25

2000 年全区婚姻登记情况

表 26－7－2

县(市)	准予登记结婚(对)	初婚数(人)	再婚数(人)	准予登记离婚(对)
全区	44103	86279	1827	1149
上饶市	2950	5610	190	238
上饶县	4376	8601	151	52
广丰县	4957	9718	196	98
玉山县	4018	7766	270	71
铅山县	3200	6298	102	102
横峰县	1600	3160	40	
弋阳县	2856	5596	116	180
余干县	3298	6470	126	37
波阳县	9000	17740	260	120
万年县	2700	5352	48	57
德兴市	2491	4700	282	90
婺源县	2646	5246	46	104
三清山	11	22		

涉外与涉港澳台婚姻　改革开放后，境内公民与外国人、旅外华侨及港、澳、台同胞通婚的逐渐增多。从 1996 年起，省民政厅指定地区各县(市)的涉外与涉港澳台婚姻登记，均由上饶市民政局办理。1998 年，登记数有 83 对。在办理过程中，凡中国公民同外国人在中国境内自愿结婚的，必须按照《中华人民共和国婚姻法》和国务院批准、民政部颁布的《中国公民同外国人办理婚姻登记的几项规定》等文件要求，到指定的婚姻登记机关申请登记。华侨、港澳台同胞与国内(内地)公民在中国境内自愿结婚的，必须按照《中华人民共和国婚姻法》和民政部颁布的《华侨同国内公民、港澳同胞同内地公民之间办理婚姻登记的几项规定》《大陆居民与台湾居民婚姻登记管理暂行办法》等规定办理。婚姻登记(结婚、离婚、复婚)程序，与国内(内地)居民相同。从 1999 年 4 月起，涉台婚姻登记改由省民政厅办理。1987 年—2000 年，上饶

市民政局共办理内地与港澳台同胞结婚登记314对,办理涉外婚姻登记148对。

1992年全区涉外及华侨、港澳台同胞婚姻登记情况

表26-7-3

项目			合计
准予登记结婚	初婚(人)		29
	再婚(人)		15
	合计(人)		44
准予登记结婚人员分类(人)	国内公民	男	1
		女	21
	港澳同胞		7
	台胞		13
	华侨		0
	外籍华人		1
	外国人		1
申请离婚数(对)	合计		0
	其中:准予登记离婚数		0

第二节 民间组织管理

民间组织管理工作 1991年,设立地区民政局社团科(对外称上饶地区社会团体管理办公室)。开展全区社会团体清理整顿和复查登记工作,制定和实施有关管理制度,对社会团体实行依法登记管理工作,把社会团体登记活动纳入法制轨道。

1992年,县(市)成立社团管理机构,横峰县、弋阳县、德兴市等配备社团管理专职干部。全区各地基本完成所辖区域社会团体的清理整顿、复查登记和发证工作。

1997年11月—1998年12月底,开展第二次全区社会团体清理整顿工作,并对社会团体作出保留、整改、合并、注销的处理意见,清理非法社会团体,查处违法违纪社会团体,规范社会团体行为,加强社会团体管理。

1999年12月,在全省第二次社会团体表彰大会上,全区有3名社团管理干部被省人事厅评为全省先进社团管理干部;3名社团工作者被省民政厅评为省先进社团工作者;4个社团被省社团发展促进会评为省先进社团。

2000年5月,在上饶县和广丰县开展民办非企业单位复查登记试点工作。上饶县根据县政府批准的《上饶县民办非企业单位复查登记实施方案》,全县共注册登记民办非企业单位332个,注册登记率达95%,其中教育类71个、卫生类254个、文化类7个。试点工作取得成功,并在全省民政系统进行推广,《中国社会报》《中国民政》刊登了经验。10月28日,全省民办非企业单位复查登记试点工作经验交流会在上饶市召开,民政部民间组织管理局、省民政厅领导亲临会议作指导,并对全区民办非企业单位登记试点工作成绩给予充分肯定。被省民政厅评为目标管理考评第一名和民办非企业单位登记管理工作单项第一名。

民间组织基本情况 社会团体登记 2000 年全区注册登记社会团体 374 个,其中:市级社会团体 146 个,县(市、区)级社会团体 228 个。

民办非企业单位登记 2000 年全区注册登记民办非企业单位 1221 个,其中:市级民办非企业单位 42 个,县(市、区)级民办非企业单位 1179 个。

第三节 收养登记

1992 年,境内上饶市民政局成立弃婴、孤儿收养登记办公室,专门办理收养工作。1994 年—2000 年,上饶市办理弃婴收养登记的有 280 人,其中 202 人被外国人认养。

1994 年 1 月 1 日起,德兴市弃婴收养由市民政局管理,对于被遗弃的未成年儿童,鼓励符合条件有收养能力的家庭收养,办理收养过程坚持有利于被收养的未成年人的合法权益,平等自愿,不违背社会公德和计划生育政策,认真审查收养登记人的申请和证明材料,登报公布后给予登记。1994 年—2000 年,共办理国内收养登记 142 件。

1996 年,余干县社会福利院被省民政厅社会事务处确定为涉外收养儿童定点福利院。从 1996 年—2000 年,88 名收养的女婴被美国、荷兰、比利时等国家公民领养。

1999 年 4 月,施行新修改《中华人民共和国收养法》,境内国内公民依法收养数量增加。

第四节 收容遣送

1991 年,全区有收容遣送站 1 所——上饶市遣送站,是省民政厅确定的对口遣送接收站,事业单位,隶属上饶市民政局,定编 14 名。上饶市遣送站位于上饶市北门乡沽塘村,占地面积 4800 平方米。

1990 年—1998 年,上饶市财政局每年安排 5 万元专项经费,用于节(假)日和重大活动期间,采取突击办法,对不够判刑、劳教、治安处罚的外来卖淫妇女以及被拐妇女、儿童进行收容遣送,全市共收遣外地流入人口 3000 余人次。1998 年 6 月,上饶地区发生百年不遇的水灾,从外县流入上饶市街头的灾民有 120 余人,经收容动员、教育,在灾后全部遣返回原籍。

1999 年—2000 年,市遣送站主动加强与浙江金华、衢州、温州等市和江苏、上海等地遣送站的业务联系,收容遣送量迅速增加。帮助沿海开放城市转送盲流、乞讨等人员达 1.9 万余人次。

2000 年,上饶市遣送站有工作人员 34 人。

第五节 殡葬改革

1991 年,境内弋阳县农村各行政村成立红白理事会,对本村的丧葬进行监督管理,提倡文明节俭办丧事。

1992 年,地区民政局以弋阳县的土葬改革和新建公墓区为试点,全区各地殡仪馆尸体火化量1913具,完成117%。是年,上饶市委、市政府大力改革殡葬管理,运用各种宣传工具,开展宣传教育活动,增强人们殡葬改革意识。次年,上饶市成立有10余人的市殡葬督查队,开展殡葬监督、检查工作。

1994年,上饶市和波阳县、万年县、余干县有火化殡仪馆,火化量1239具。弋阳县清理经营性公墓区和筹建殡葬管理所。上饶市发布《上饶市殡葬管理暂行规定》,将城区和近郊的北门、常青、茅家岭三乡划为实行火化区,并提倡骨灰深埋、撒放、植树挂牌等葬法;远郊的沙溪、灵溪、朝阳、秦峰等乡镇划为近期内推行火化区,即对有固定工资收入的国家干部、职工及乡镇居民,死亡后一律实行火化,其他村民死亡后提倡火化;对交通不便,暂缓实行火化的山村,经所在地乡镇人民政府批准,可选用荒山瘠地葬坟。

1995年,弋阳县土葬改革取得进展,乱埋乱葬乱占耕地的现象得到控制,县铁沙公墓经省民政厅批准为经营性公墓基地。

1996年,全区有4个火化殡仪馆,共有职工87人(干部5人)、火化炉8台、冷藏箱18只、汽车7辆、公墓墓地15公顷。火化量2047具。

1997年,德兴市政府加强殡葬管理,改变市境殡葬按当地习俗实行土葬为积极提倡火化,制止在丧葬中滥占土地,乱建坟墓行为。婺源县在县汤村街灵佛山建成县殡仪馆,占地面积5066平方米,馆堂建筑面积730平方米。上饶县政府出资30万元,在旭日镇西购买土地5.33公顷作公墓山,实行统一规划、统一管理,建成存放骨灰的双人墓和单人墓100余个。

1999年10月,玉山县召开由直属机关单位负责人和全县各乡(镇)分管领导及民政干事150余人参加的全县殡葬会议,成立玉山殡葬管理领导小组,由分管副县长任组长,县政府办公室主任、民政局长任副组长,公安局、工商局、计划委员会等12个单位为领导小组成员,并建立县殡葬管理执法稽查大队(属自收自支单位)。要求全县除交通极不方便的边远山区为土葬区外,其余皆为火葬区,并以村为单位建公益性公墓区,制止乱埋乱葬现象,党员、干部、职工带头实行遗体火化,丧事简办。是年,弋阳县除17个偏远山区的村外,均被省政府确定为火葬区。

2000年6月,上饶县人民政府制定《上饶县殡葬管理若干规定》。8月,弋阳县颁发《弋阳县殡葬管理暂行办法》《弋阳县殡葬工作十年发展纲要》,把殡葬管理工作纳入法制化管理。

第六节 地名管理和勘界工作

地名管理机构调整 1991年,根据江西省人民政府决定,全区地、县(市)地名管理机构(地名办公室)划归同级民政部门管理。

1992年8月,全区进行调整,年底,除地区、万年县、余干县,其余10县(市)地名办公室均移交各县(市)民政局。

1993年1月,地区地名办公室移交地区民政局。

地区标志设置 1991年起,开始在各县(市)驻地镇的街、路、巷子设置地名标志,列入城镇创"三优"检查评比内容。年底,上饶、德兴两市和上饶县、玉山县、铅山县、横峰县、万年县、婺源县、余干县的14个建制镇共设置各种地名标志1614块。德兴市、铅山县、玉山县、横峰县、弋阳县、波阳县、婺源县、铅山县的地名档案工作经省地名委员会检查验收合格,颁发建档合格证。

1994 年 9 月,全省地名工作经验交流会在德兴市召开,地区地名办被省地名委员会评为先进集体。

1995 年,民政部、交通部、公安部、建设部联合下发《关于在国道两侧设置地名标志的通知》,要求 1996 年—1998 年完成全国沿国道两侧 500 米以内村镇地名标志设置任务。1996 年—1997 年,在经过地区的 206、320 国道上,按照省统一设计要求,制作了用瓷版烧制的大型地名标志牌 75 块,提前一年完成任务。1999 年 12 月 15 日,地区民政局受到民政部、交通部、公安部、建设部的通报表彰,被评为全国国道设标先进单位。

《中国地名大词典》编写 1994 年,在继续补充完成《中华人民共和国地名词典》(江西省)编纂工作的同时,完成编写《中国地名大词典》上饶地区 700 余条词目的编写工作。

局部行政区划调整 1991 年—2000 年,上饶地区的行政区划变动不大。1990 年乡镇总数 281 个,其中 23 个镇,258 个乡。2000 年乡镇总数 287 个,其中 108 个镇,179 个乡。增加乡镇的主要原因是原来的垦殖场撤场后改设乡镇。2000 年 6 月,上饶地区撤地设上饶市,其行政区划不变,原县级上饶市改为信州区。

勘界工作 1996 年 5 月 23 日,贯彻执行国务院《关于开展勘定省、县两级陆地行政区域界线工作有关问题的通知》(国发〔1996〕32 号)文件和江西省勘界工作会议精神,地区成立以副专员为组长、行署秘书长和地区民政局局长为副组长,民政、公安、地矿、水电、农业、林业、财政、土管、法制局等 9 个单位负责同志组成的“上饶地区勘界工作领导小组”。主要职责是:部署全区勘界工作,制订勘界工作方案,代表行署主持边界争议的协调和裁决。领导小组办公室设在地区民政局,由地区民政局副局长任主任。6 月 25 日,行署第 61 次常务会议决定:召开全区勘界工作会议,部署勘界工作;解决地区勘界工作人员工作用车和经费问题;从 1997 年起,勘界经费列入财政预算。同时,行署下发《关于切实抓好全区勘定县级行政区域界线工作的通知》,要求各县(市)尽快成立勘界工作机构。8 月 16 日,召开全区勘界工作会议,部署各县(市)抓紧抓好勘界工作,明确各业务部门的职能和职责,会后随即举办勘界人员培训班。

1997 年 5 月,根据《江西省勘定县级行政区域界总体方案》,地区制订《上饶地区勘定县级行政区域界线实施方案》,省下达上饶县(市)级行政区域界线 39 条(原为 40 条,后将一条并入其他两条县界中)、35 个三县交会点〔原为 36 个,后又决定将都(昌)新(建)余(干)和都(昌)余(干)波(阳)两个三交点合并成新(建)都(昌)余(干)波(阳)四交点〕。其中 39 条县界中跨设区市界线 19 条。此外,还要协助省勘界办勘定与境内周边相连的浙赣线、闽赣线、皖赣线 3 条省界,共计 729 千米,其中浙赣线 320 千米、闽赣线 258 千米、皖赣线 151 千米。

在 5 年多的勘界工作中,全区地、县(市)勘界办及工作人员多次受到国家、省、市的表彰。上饶市勘界办和婺源县勘界办连续五年被评为省勘界工作先进集体;上饶市勘界办魏金钰同志被国家人事部、民政部评为全国勘界工作先进个人,荣记一等功;王春平、张志强两人被省人事厅、民政厅评为全省勘界工作先进个人,荣记二等功;童图才、余元堂、柴忠思、徐明正、潘维旺等五人被评为省勘界工作先进个人,荣记三等功。

2001 年 12 月,全市 39 条县界的埋桩测绘、资料汇总、签订协议、上报审批等后续收尾工作全部完成,其中对分歧比较大的三段分别由省政府和上饶市人民政府裁定。县界的测绘工作是严格按照《江西省县级行政区域界线勘界测绘技术规定》及双方联合勘界实施方案进行的,分别由江西省第一测绘院、核工业部华东地质局二六二大队测绘队和中国建筑材料工业地质勘查中心江西省总队测绘队承担。

全区39条县界从1:1万和1:5万地图上量取的长度为2492千米,其中跨设区市19条1105千米,境内20条1387千米。比省下达的任务1666千米多出826千米,县界上共埋设两面型界桩78个。勘定的35个三县交会点中,有22个三县交会点共埋设三面型界桩26个,13个三县交会点未埋设界桩,其中在省界上的有9个,在水中的有3个,在争议区的有1个。共签订39份勘界协议书约33.5万字,协议书附有1:1万地形图363幅,1:5万地形图13幅。

为从根本上解决边界争议,地区勘界办根据国发〔1996〕32号文件精神,结合上饶实际情况,决定对已勘定边界线两侧的插花地、飞地、争议地段的地点、面积、原因、权属等,组织详查,建立档案,在深入调查研究的基础上,拟定《关于对已勘定县级行政区域界线两侧插花地、飞地及争议地段详查建档的工作方案》,经过铅(山)横(峰)边界线上的试点,取得较好效果,得到省勘界办的肯定,并将"方案"转发全省各地试点。境内20条线均完成详查建档工作,并建立档案40卷。

1991年—2000年部分年份全区民政部门人员配备情况

表26-7-4 单位:人

年份	合计	地区民政局机关人员		县(市)民政系统	
		干部	职工	干部	职工
1991	901	30	4	294	573
1995	1142	21	5	366	750
2000	1434	30	7	454	943

第七章 老区扶贫建设

第一节 工作机构

1991年—2000年,地区老区建设办公室属正县级,行政编制,内设综合科、计划财务科、社会扶贫科3个职能科室,在编人员12名;下设培训中心,属自收自支正科级事业单位。

第二节 老贫区基本情况

1986年11月,境内的上饶县、波阳县、余干县和广丰县被国务院贫困地区经济开发领导小组核准为国家定点扶持贫困县。弋阳、横峰两个县被省政府核准为省定点扶持贫困县。全区有贫困乡115个,贫困户143484户。

1994年,波阳县、余干县、上饶县、横峰县被确定为"八七扶贫攻坚计划"的国家定点扶持贫困县,106个乡镇被省政府定为重点扶持贫困乡,贫困人口为63.85万人。1995年,省老建委宣布上饶地区脱贫31个乡镇。1997年年底,全区贫困人口下降至24.3万人,年人均纯收入1216.82元。1998年,由于遭受特大洪涝灾害,返贫、致贫情况严重,贫困户人均纯收入下降至931元,贫困人口达70.5万人(其中在册贫困人口25.22万人)。

第三节　扶持措施

1991年,地区老建办在做好"八五"扶贫支柱产业为主导产业的起步发展、壮大村级集体、开展横向经济联合和科技扶贫等方面取得一定成效,全年共投入扶贫资金2268.9万元,其中专项贴息贷款1997万元,发展资金271.9万元,共安排扶贫项目294个。通过扶持,全区的特困户温饱率达94%,温饱巩固率达80%,脱贫率达86%,贫困户人均纯收入为407元,特困户人均纯收入为446元,比上年分别增长4.1%和5.4%。同年,"空壳村"集体经济发展迅速,全区老建系统共扶助空壳村290个,加上上年扶助的51个,累计扶持341个,主要发展种、养、加工业。

1992年,全区大部分老区贫困地区受重灾,农村基础设施和扶贫项目损失惨重,地区老建办及时调整扶贫资金使用方向,相对倾斜到重灾区,帮助恢复生产,扶持有一定市场能力的县办修企业部分资金。安排项目318个,其中专项贴息项目151个,发展资金项目167个,124.4万元;乡村办加工企业110个,896.7万元;农田基本建设41个,76.1万元;电力建设14个,119.2万元;县办企业3个,130万元;文卫科技项目31个,75.8万元;其他项目4个,资金14万元。上述项目在1992年已建成200个,完工率达63%,预计年产值可达成42353万元,年利税21362万元,可新增加发电量237.2万千瓦时,新增灌溉面积693.33公顷,可安排贫困户劳力36475人次,解决14个村3576户照明,2310人上学,1200人就医和2803人的饮水问题,投入产出达1:3,经济效益十分明显。

1994年,贯彻国家实施的"八七扶贫攻坚计划",通过七年的扶持,到2000年末,全区贫困人口年人均纯收入1052元,比照"八七"初1994年的600.66元,净增451.34元,增长75.14%。

1996年是国际消除贫困年,也是"八七"扶贫计划的关键性一年。地区老建办坚持"真扶贫、扶真贫"宗旨,组织贫困乡领导干部外出参观学习进行培训,建立贫困户卡片档案,清理整顿老区建设发展基金,考察筛选立项,安排扶贫项目,组织扶贫攻坚试点,组织扶贫企业带村帮户,加强基础设施建设,建立种植、养殖基地。安排农田基本建设和基础设施项目81个,增加有效灌溉面积20万亩,18个村通电,35个村通公路,9所学校、4所卫生院得到扶助,扶助2088名贫困户子女入学,解决13.2万人治病难问题。为突出种养等特色农业项目开发,共安排扶贫资金5771.4万元,发展种养支柱产业,累计发展基地1200个,面积达1.87万公顷,覆盖农村人口72.4万人,其中千亩花园1个,千头猪场3个,甲鱼、珍珠、螃蟹、荷包鲤鱼等特种水产面积达到196.67公顷。涌现一批像杨金标、张保勋等种养大户的典型。清理老建发展基金,除理呆账,请省老建办减免342项投资项目366个,资金6688万元,资金额度净增1458.5万元。年内脱贫人口18.92万人,贫困户人均纯收入1116.08元,比上年净增315.23元,增长39.36%。

1997年,集中扶贫资金879万元,安排农田基本建设和基础设施项目22个,使17个村通了电,27个村通公路,增加农田有效灌溉面积1.73万公顷。扶助13所学校和5个卫生院,解决3600名贫困户子女就学和15万人次就医问题。同时,由于加大科技培训力度,使得全区贫困乡镇约3000个贫困户劳动力掌握1门~2门脱贫实用技术。全区贫困户人均纯收入达到

1437元,比上年净增321元,贫困人口比上年减少133807人,315个贫困村告别贫困。

1998年,注重加大扶贫项目的科技含量,实施科技扶贫三大工程:一、黄牛改良工程。通过建立牛改基地,采取基地+贫困户的办法把牛分散到贫困户家中饲养。基地把母牛放在贫困户家中养,由基地负责配种,待生下小牛,断奶后送交育肥场养,贫困户从中赚取抚育费。二、巴西陆稻工程。3月中旬,举办培训班,请高级农艺师授课,聘请种植技术顾问根据陆稻不同生长期进行实地指导。三、猪—沼—果(菜)工程。每个县先在交通便利、条件成熟的村户试点,每个点选择10户以上农户建沼气池,并依次推广。注重科技示范村的建设,全区在上半年抓了10个科技示范乡和20个科技示范村,加大信息技术服务到贫困户的力度。

2000年末,"八七扶贫攻坚计划"在册贫困人口153537人,比照"八七扶贫徒计划"期初的1994年638515人减少484978人,解决温饱人口占76%,基本实现"八七扶贫攻坚计划"任务。

"八七扶贫计划"期间,全区共投入扶贫贷款5.5亿元,其中种植业1.28亿元,养殖业1.35亿元,乡村企业1.72亿元,县办企业0.38亿元,基础设施建设0.4亿元,其他投入0.37亿元。

财政扶贫资金投入12225万元,其中种植业2806.5万元,养殖业1828.7万元,乡、村企业265.8万元,县办企业34万元,基础设施建设5326.5万元(其中排灌站1815千瓦/12座、输电线路142千米/9条、道路建设7914千米/458条、桥梁400米/44座),文卫科技1234.6万元(其中中小学校16386/47所、卫生院4540/15所),其他投入729万元(其中扶持农户建沼气2728个,扶持资金175.68万元)。

2000年末,扶贫支柱产业累计完成果茶2.36万公顷,蚕桑746.67公顷,林业化工1.72万公顷,经济作物483.33公顷,畜禽养殖已达531.7万(头、只),水产养殖已达2.44万公顷。扶贫支柱产业综合效益:2000年产值达122681万元,利税28013万元;覆盖196个乡、1665个村、957502人;安置贫困户劳力32923人,贫困户年人均从扶贫支柱产业中获得纯收入205.8元;扶贫支柱产业覆盖的乡、村农民所得纯收入16834万元,人均175.8元。

1994年—2000年,全区共安排科技培训经费272.1万元,先后举办各类实用技术培训班近千期,受训人员达8万人次,选送8000余名贫困户劳力参加农函大学习,805名参训者掌握了1~2门实用技术。

主要扶持措施(扶贫五到户):一是社会力量关心到户。通过广泛开展"百村千户"持钩扶贫、领导干部结对帮扶、计生部门开展"三结合"活动,共青团组织希望工程,教育部门的智力扶贫,文化宣传系统的文化扶贫、新闻扶贫以及科技部门的科技下乡等等,为贫困地区办了许多好事实事;二是项目资金扶持到户。1998年—2000年,全区共发放小额扶持到户资金5100万元,到户3.5万户,每户500元~2000元资金不等,帮助贫困户启动发展种养业;三是产业扶贫到户。采取公司加基地加农户和能人带贫困户等方式,通过扶持龙头把千家万户的小生产和千变万化的大市场紧密结合;四是扶贫企业带村帮户。这是上饶地区通过探索创造出来的扶贫工程再扶贫模式。到2000年底,全区共组织64家扶贫企业与64个贫困村结对子,扶持贫困户2110户,投入扶持资金130.9万元,吸收贫困户劳力1879人进厂做事,贫困户人均增收232.5元;五是科技扶持扶贫效益到户。以良种良法推广为重点,进一步加大扶贫项目中的科技含量,使贫困户依靠科技增收。

1991 年—2000 年全区财政扶贫资金分配情况

表 26-8-1　　单位:万元

县(市)	1991 年	1992 年	1993 年	1994 年	1995 年	1996 年	1997 年	1998 年	1999 年	2000 年
上饶市	0	0	0.9	28.3	9	4	39	40.9	59.9	120.5
上饶县	49.9	41.8	33.5	98	111.5	89.8	174	207	425.3	624.1
广丰县	40.3	28.3	22.4	22.3	10	16.5	111	55.1	119	157
玉山县	10.3	15.1	12.5	24.6	23.5	24	52.5	79.2	155.8	236.5
铅山县	12.9	25.4	24.9	13.8	16	17.5	34.5	95.5	1113.2	109.7
婺源县	22.2	28.3	25.1	26.5	43.5	36.5	103	106	213.1	564.3
弋阳县	35.6	25.5	25.6	14.7	28	14.2	38.5	63	120.7	195.1
余干县	9.2	9.5	8	79.8	90.5	70	131.5	244	399.1	700

卷二十七 劳 动

1990年代,全区贯彻执行国家的劳动方针政策和法律,广泛深入地宣传《中华人民共和国劳动法》,履行《劳动法》赋予的职责。全面推行劳动用工制度改革,原有固定工和新招工人均实行劳动合同制,实行岗位合同管理,包括国有企业和其他所有制企业;全面推行工资总额同经济效益挂钩的办法。1991年实行"工效挂钩企业"为149户,至1998年为443户,2000年,未改制企业继续实行,同时推广岗位技能工资制、年薪制等。

1991年—2000年,全区共安置城镇待业人员17.43万人,失业率始终控制在3.5%以内。针对大批职工下岗的新情况,采取各种政策措施,帮助下岗职工再就业。1996—2000年,共有9.37万余人实现再就业,并筹集下岗职工基本生活保障金7200多万元。全区共设立职业介绍所246家,地区和县(市)均成立了劳动力市场,有24.34万余人被招聘或介绍用工。劳务输出480多万人次,其中劳动部门组织176万人次。

1990年代,劳动监察工作始终放在重要位置,如职业安全监察,矿山安全监察,压力容器安全监察,非法使用童工专项监察等。1996年,地区和县(市)成立了专门的劳动监察机构,受理有关案件,1997年—2000年,共受理729件。

2000年,国有企业和城镇退休费用社会统筹发展形成集养老保险、工伤保险、女职工生育保险、医疗保险、失业保险为一体的社会保险体系。同年,参加养老保险人数为21.48万人,收缴保险费1.82亿元,支出保险费2.03亿元。累计共收工伤保险金2284.8万元,为死亡和伤残职工支付1466.9万元。2000年年底,生育保险参保人数为12.58万人,支出987万元。收缴大病医疗保险费2082万元,支出1221万元。全区参加失业保险的单位1386个,累计筹集保险金2814万元,失业职工均及时领到失业救济和医疗补助。

第一章 就业与再就业

第一节 城镇待业人员安置

1990年,全区城镇待业人数为30737人,安置15776人,占51.3%。1991年后,面对转换企业经营机制,减员增效,下岗分流,农村富余劳动力涌入城镇,待业人员不断增加带来的严峻就业形势,各级劳动部门采取市场取向新体制,缓解就业压力,主要措施是:培育发展劳动力市场，发挥市场机制在劳动力资源开发和合理配置中的基础作用；继续发挥集体和个体私营经济在安置中的主渠道作用；继续发挥劳动服务企业的“蓄水池”作用；积极发挥劳务输出的分流作用；发展社会服务企业，组织区外就业，制定优惠政策，鼓励到乡镇企业、农垦企业中就业、自谋职业等。1991 年—2000 年，共安置（城镇新增就业）174272 人，平均每年 1.6 万人左右，历年均超额完成安置计划，失业率控制在 3.5% 以下。

1998 年 11 月 30 日，对于安排残疾人就业，行署出台《上饶地区按比例安排残疾人就业实施办法》（饶行发〔1998〕41 号）。按此办法，境内的机关、团体、企业（国有企业、集体企业、私营企业、股份制企业、“三资”企业）、事业单位和其他经济组织（以下统称各单位），应按各单位在职职工（含正式工、合同工、一年以上临时工）总人数的 1.5% 的比例安排就业（超 0.5 人的按 1 人计算，不是 0.5 人的可免于接收，但需按比例交纳残疾人就业保障金）。未按 1.5% 比例安排或安排残疾人就业比例未达到要求的各单位，当年度应按差额人数向地县残疾人服务机构缴纳残疾人就业保障金。

1991 年—2000 年全区安置城镇待业人数一览

表 27－1－1　　单位：人

年　份	安置城镇待业人数	完成年计划（%）	安置去向						失业率%
			国有企业	集体企业	私营经济	个　体工商户	临时工	其他	
1991	16303	116.5	2096	10155		1583	976	1493	
1992	19934	147.6	3990	9212		1634	758	4340	
1993	18234	135.1	4029	6889		982	1901	4433	
1994	20235	161.9	4080	3766		1525	2100	8764	3.0
1995	16811	134.0	3919	2777		1661	1940	6514	2.5
1996	17419	129.0	2031	3350	2087	1435	397	8516	
1997	16142	119.6	2565	2641	2107	2084	2051	6745	
1998	17600	135.4	1380	1939	3361	3060	2755	7860	3.5
1999	16023	123.3	1804	1496	1918	3580		7225	
2000	15898	122.3	2642	1520	1998	2951		6787	3.5

说明：“其他”包括“三资”企业、区外、社区服务等。

第二节　下岗职工再就业

政策措施　全民所有制企业实行全面整顿、改制、转换经营机制、企业破产等重大改革后，出现了大批职工下岗的新情况。到 2000 年 12 月底，有下岗职工 3.7 万人，涉及 3 万多个家庭，影响 15 万多人的生活，再就业，1991 年以来，地委、行署先后 4 次召开专门会议研究对策。1996 年 12 月 12 日，行署印发《关于上饶地区再就业工程实施意见的通知》（饶行发〔1996〕57 号），正式启动下岗职工再就业工程，敲定工程的实施范围为境内的国有企业，县以上城镇集体企业撤离生产岗位的富余职工及失业职工；实施重点是：失业 6 个月以上，并有再就业要求的失业职工。实施了劳动制度综合配套改革后，在企业待岗的富余职工（不含病残及接近退休年龄的人员)。明确提出六条安置原则和具体的十四条配套措施。“地区和县市国有企业下岗职工基本生活保障和再就业工作领导小组”,(详见本志卷 附录)先后派出1000多人调查研究,掌握第一手资料,制定相关政策,规范下岗程序,提出具体措施。1998年5月18日和11月19日,行署先后下达《关于进一步抓好下岗职工再就业工作的意见》《关于切实做好国有企业下岗职工基本生活保障和再就业的通知》。鼓励企业发展第三产业,创办劳动服务企业;鼓励失业人员和下岗职工到乡镇、街道企业就业和自愿组织起来或自谋职业;鼓励用人单位吸纳失业和下岗人员,政府在政策上给予倾斜和扶持。凡企业为失业和下岗职工兴办第三产业和劳服企业,安置失业和下岗职工总人数达60%以上的,税务部门免交所得税3年;企业组织下岗职工开展转岗训练和生产自救筹资确有困难的,劳动部门可使用失业保险金中“两项费用”予以扶持。自谋职业的,劳动部门将其应享受的救济金一次性拨付给本人作为开办资金。对符合条件的失业人员和下岗职工,分别发给“失业手册”“下岗职工登记证”,持证从事个体经营的,一年内免、减摊位费、卫生费、营业额所得税等。用人单位吸纳失业、下岗职工就业,凡签订3年以上劳动合同的,劳动部门将他们应享受的失业保险金一次性拨给用人单位,并支付一定的安置费。1999年4月10日召开全区下岗职工基本生活保障和再就业工作会议,认认真真地实施这项“民心工程”。

服务中心 全区共建立下岗职工再就业服务中心528家,有工作人员1571人,其中行业主管部门所建96家,凡有下岗职工的国有企业无一例外。中心的主要任务是:向下岗职工按时发放基本生活费,代缴养老、失业和医疗保险金,负责进行职业技能培训,通过各种渠道分流安置等。2000年年底,进入服务中心的下岗职工21832人,领取下岗证,签订再就业协议,领取基本生活费9981人,领取下岗证享受优惠政策11851人。

基本生活保障金 为做到“两个确保”(确保国有企业下岗职工基本生活,确保离退休人员养老金发放),完善三条保障线(进一步完善下岗职工基本生活保障、失业保险和城市居民最低生活保障),按照“三三制”原则(财政预算安排三分之一,企业负担三分之一,社会筹集三分之一),1998年10月至2000年年底,共筹集下岗职工基本生活保障金7205.3万元,其中财政安排1489.7万元,中央及省财政借款与补助4887万元。2000年,全区共使用2793.26万元,其中发放基本生活费1714.6万元。2000年,地区财政在预算中安排了350万元用于地区本级国有企业下岗职工基本生活保障。代缴养老保险费764.3万元,代缴医疗保险费229.96万元,代缴失业保险费843.3万元。

1999年7月1日起,国有企业下岗职工基本生活保障标准提高30%。上饶市的国有企业下岗职工基本生活费由每人每月130元提高到169元;社会保险费按调整工资待遇后企业所在地职工月平均工资的6%为基数缴纳;其他县(市)由原每人每月110元,提高为143元。上饶市失业保险金发放标准由原105元,提为每人每月150元;其他县(市)由97.5元提为132元。

再就业示范基地 1996年10月,地区劳动就业局率先创办全区第一个下岗职工再就业示范基地—新日制衣厂,至2000年年底,先后安置下岗职工500余人就业,年创产值300多万元,利税总额30多万元,产品主要以出口为主。1997年10月19日,全区下岗职工再就业工程现场会在广丰县召开。广丰县劳动就业局先后投资14.5万元,引资38万元,创办了4个示范基地:广丰工艺针织厂、广丰原星地毯厂、东井煤矿和大南种养综合场,安置下岗、失业职工210人,城镇待业青年1200人,农村富余劳动力1000多人。现场会推动了这项工作的开展,各县(市)劳动就业部门相继开办。至2000年,全区有再就业示范基地25个。

拓宽再就业渠道　按市场经济要求,引导下岗职工转变就业观念的同时,拓宽就业渠道。主要是:(一)在深化企业改革中,开展多种经营,创办第三产业,增强自身安置的能力,尽量不将富余职工推向社会。(二)发展多种所有制经济,吸纳下岗职工再就业。(三)巩固和发展劳动就业服务企业。(四)动员下岗职工从事农业开发、社区服务和个体经营。组织劳务输出,鼓励区外就业。(五)举办劳动力双向选择交流大会。全区通过各种渠道共安置下岗职工实现再就业,1996 年 16989 人,再就业率 60.6%;1997 年 18389 人,再就业率 69%;1998 年 22421 人,再就业率 61%;1999 年 19055 人,再就业率 51.5%;2000 年 16866 人,再就业率 52%。1998 年—2000 年,通过个体私营经济安置的下岗职工就业 18523 名,其中个体业主 6640 名,私营企业投资者 6516 名,个私企业从业人员 5367 名。2000 年,广丰县再就业率达 80%。

原上饶市光学原件厂工人黄兴,1996 年下岗。下岗后,先从事农副产品经营。1998 年,他见市场对光学元件的需求有潜力,自己有这方面的技术,便借助朋友的帮助,开办荣兴光学仪器有限公司,生产小球面镜片。1999 年,面对市场激烈竞争,他及时调整产品结构,试制通讯产品中所需的一种小镜片,按技术要求,组织攻关,终于成功,满足需方要求,销路顺畅,年销售收入达 300 多万元。他又进一步扩大经营规模,并安置 200 余名下岗职工到自己的公司就业。

"保编流动"　从 1993 年起,允许技术工人保留编制流动不受所有制性质限制。签订协议后,保编(保留原身份)流向集体、"三资"、乡镇、私营等企业或自谋职业。当年,全区共办理"保编流动"手续 1649 人。

破产、关闭、撤销企业职工安置　1992 年 10 月 27 日,行署常务会议同意波阳造船厂破产。第 41 次常务会议决定在各县(市)及地直有关企业安置破厂后的职工。1999 年 6 月,全区两个确保会议上决定,给予破产、关闭、撤销等企业职工的一次性安置费,鼓励他们自谋职业。凡实行劳动合同制以前参加工作的,按当地企业职工年平均工资三倍的标准,发给一次性安置费后,不再享受失业救济。实行劳动合同制后参加工作的,按工龄每满一年,发给一个月的标准,支付经济补偿金,并按规定享受失业保险待遇

1992 年全区破产、关闭、撤销企业职工安置情况

表 27-1-2　　单位:人

县(市)或单位	安置总数	其中:在职工人	离退休人员	说　明
合计	644	445	199	其中辞去公职 79 人
上饶市	45	29	16	
德兴市	46	30	16	其中辞去公职 28 人
玉山县	41	26	15	
横峰县	20	14	6	
弋阳县	38	26	12	
波阳县	63	53	10	
余干县	28	16	12	
婺源县	33	20	13	

续表 27－1－2

县(市)或单位	安置总数	其中:在职工人	离退休人员	说 明
万年县	41	26	15	
广丰县	42	30	12	
铅山县	41	26	15	
上饶县	38	23	15	其中辞去公职 20 人
客车厂	20	15	5	其中辞去公职 10 人
赣东北印刷厂	10	6	4	
横峰纺器厂	14	9	5	
赣东北轴瓦厂	18	13	5	
蛇纹石矿	10	6	4	
朝阳磷矿	10	8	2	
供销社	12	10	2	
物资局	10	8	2	
金属总公司	4	4		其中辞去公职 2 人
商业局	10	8	2	
汽运公司	13	13		
电厂	4	4		其中辞去公职 2 人
水泥厂	20	12	8	其中辞去公职 10 人
铺前	6	6	3	
粮食局	7	7		

第三节 就业市场

职业介绍所 1991 年,全区多种经济成分的职业介绍所有 77 家,2000 年增至 246 家,除 13 家为各级劳动就业部门所办外,其余均为经政府批准成立的社会职介机构。10 年间,共办理求业登记 387421 人,为企业或用工单位介绍用工(招聘)243438 人;其中,2000 年办理求职登记 76819 人,办理招聘 46088 人,介绍用工 41807 人,成功率 54%。2000 年,办理登记与介绍用工,分别为 1991 年的 18.9 倍和 11.8 倍。

1998 年 9 月,上饶市针对一些无证职业介绍机构的乱收费,随意张贴招聘用人广告,招摇撞骗,职业介绍行为不规范等情况,与工商、公安部门一道,进行清理整顿,依法取缔非法职介所 3 家。经批准从事职业介绍活动的 18 家,全部纳入新建立的劳动市场内,实现“归场管理”。

劳动力市场 1999 年 4 月 29 日,广丰县劳动力市场揭牌开业,投资 29 万元,用于劳动力市场的硬件设施。标志着劳动用工制度改革向纵深化迈出关键性的一步。9 月 21 日,上饶地区劳动力市场挂牌成立,正式开业。各县(市)亦相继成立正式的劳动力市场。地区劳动力市场配置电脑,计算机触摸屏,大型彩色电子显示屏等先进设施,与全省联网。

各地劳动力市场每天迅速向社会发布用工信息,为求职者和用人单位双向选择提供便利、快捷、优质服务,开展职业素质指导和政策咨询,组织招聘洽谈、人才交流、技工培训、档案代管等业务。

1991 年—2000 年全区职业介绍所情况一览

表 27-1-3　　单位:人

年份	职介所数				登记人数	介绍人数	成功率%
	合计	劳动部门办	民办	其他组织办			
1991	77	13	24	40	4063	3535	87
1992	25	13		12	4540	4055	89
1993	37	13	3	21	9172	9072	98
1994	29	13	1	15	8913	7668	86
1995	284	13	23	248	90821	88774	97
1996	321	13	39	269	17926	9850	55
1997	221	13	21	187	49689	18227	37
1998	221	13	26	182	47291	17980	38
1999	253	13	27	213	78187	42418	54
2000	246	13	30	203	76819	41807	54

第四节　劳动就业服务企业

全区集体企业性质的劳动就业服务企业兴建于 1970 年代末,被形容为安置待业人员、缓解就业压力的"蓄水池",其发展经历了兴办创业(1979 年—1984 年)、巩固发展(1985 年—1995 年)、第二次创业(1996 年—2000 年)3 个阶段。随着经济体制改革的深化和现代企业制度的建立,失业增多,大批下岗职工需要再就业,全区劳服企业继续发展,并创造了较好的经济效益和社会效益。1991 年,全区 178 个劳服企业安置 2379 人,创产值(含营业额和劳务收入)12095 万元,实现利税 481 万元。2000 年,劳服企业 289 个,安置待业人员 1149 人,创产值 21840 万元,实现利税 1969 万元。十年共安置待业人员 48258 人,创产值近 20 个亿,利润和税收 1.7 亿元。

上饶供电局 1987 年办劳动服务公司时,员工 18 人,年销售收入 50 余万元。至 2000 年已发展成为集通信、电力设计与安装、运输、信息、旅游、宾馆、房地产及小水电开发为一体的产业集团,拥有固定资产 12390 万元,员工 342 人,年经济收入 5556 万元,创利税 460 万元,实现了从安置型向生产经营型、单一经营向多种经营、零散型向规模效益型的跨越。玉山县工艺院是一家靠 2 万元生产扶持资金兴办的劳动就业服务企业。开业以来,不断发展新产品,在市场竞争中求发展。1995 年,为生产各式砚台,成立造型、工艺雕刻、洗磨打蜡、文房四宝锦盒、木盒包装等工艺生产流水车间,产品有8大系列150多个花色品种,其中“玉山罗纹砚”及文房配套产品销往国内25个大中城市,远销日本、东南亚各国和中国台湾地区,创产值100多万元,创外汇30多万元,创利税10多万元,员工由开办时的23人,增至2000年的62人。

1991年—2000年全区劳动就业服务企业产值、利税及安置待业人数情况

表27-1-4

年 份	劳服企业数(个)	产值(万元)	利税(万元)	安置待业人数(人)
合 计		194448	17112	48258
1991	178	12095	481	5771
1992	191	13506	1255	5893
1993	215	17642	1450	8415
1994	240	18560	1550	8106
1995	286	20948	1915	7680
1996	349	22479	2390	6254
1997	269	23043	2059	2350
1998	271	22390	2054	1353
1999	288	21945	1989	1107
2000	289	21840	1969	1149

第五节 劳务输出

概况 1990年代开始,农村外出打工人员逐年增多,加上企业富余人员和国有企业下岗职工的涌现,劳务输出人数只增不减。1991年,全区劳务输出75472人,其中劳动部门组织2924人。至2000年,输出641310人,其中劳动部门组织33940人,分别为1991年的9.5倍和12倍。总计10年间全区劳务输出4818877人次,其中劳动部门组织176945人次。劳务输出人员中,农村剩余劳动力占90%以上,其次为城镇失业人员,下岗职工,其他闲散人员。每年春节期间,形成前所未有的“民工潮”,也是外出务工人员流动的高峰期,车站码头,拥挤不堪,每到此时,各有关部门均组织大批干部进行分流疏导,跟踪服务和管理工作,力促外出务工人员有序流动。外出务工人员遍布上海、浙江、福建、江苏、广东、海南、湖北、北京、新疆等地,80%以上去往广东、福建、浙江、上海等经济发达地区打工。为使劳务输出健康发展,各级政府和劳动部门先后采取的措施主要有:进行试点,制定方案。在广丰、波阳等劳务输出大县进行了农村劳动力有序流动试点,在此基础上制订出民工有序流动方案和实行外出务工人员就业卡和外来人员就业证等管理办法,组织主管人员赴沿海开放城市实际考察当地用工情况,开拓劳务输出等路子与外地建立长期协作关系。建设网络,传输信息。全区共建立了乡镇劳动服务站248个,占乡镇总数的89%,有服务人员521人,逐村逐户调查了解辖区内劳动力流动情况,上门为外出人员提供信息,发放输出卡、就业证等,形成一个以村为基地、乡镇为桥梁、县(市)为中心,广泛联系省内外的劳务输出网络。部门配合,定向培训。1994年,地区劳动就业局即与上饶地区工业中等专业学校、粮食干部学校等联合办班，提高外出务工人员业务素质，满足用工单位需要。

1991年—2000年全区劳务输出情况一览

表27-1-5　　单位：人次

项　目	合计	1991年	1992年	1993年	1994年	1995年	1996年	1997年	1998年	1999年	2000年
全区劳务输出人数	4818877	75472	216871	431313	406146	463010	652147	652899	613000	666709	641310
其中劳动部门组织	176945	2924	6194	6446	10798	16320	22386	24163	23000	30774	33940

广丰县劳务输出　*产生和发展*　清代以前，广丰县劳务输出无考。民国时期，为了养家糊口，少数生活困难的农村青壮年劳力，三三俩俩自发结伴到毗邻的福建省浦城县、崇安县和浙江省常山县、龙泉县做挑夫，俗称“挑浦城担”、“挑崇安担”和“挑常山担”。民谣“一根扁担两只箩，累得腰酸背也驼”，就是对当时长途跋涉卖劳力挑担艰辛生活的真实写照。此外，每逢农忙收割季节，一些家庭劳力富余的农民，常常三个一伙，五个一帮，到邻近的玉山县、上饶县等地当“割谷客”，帮当地豪绅大户打短工割稻子，攒点钱粮补充家中生活。

从1956年起，广丰县开始有组织、有计划地进行劳务输出，先后参加了鹰厦铁路、宁赣铁路、6567工地和大型矿山建设。1964年10月，交通部从广丰抽调50名建筑工人，赴北京、河北、山西等地帮助建设公路桥涵，成为广丰当时跨省最远的一次劳务输出。

1970年代，广丰县劳务输出规模不大。1980年代后，沿海开放城市和经济发达地区需要大量的劳动力，广丰县劳务输出开始分两种渠道：一种是由县、乡、村建筑工程单位集体组织的劳务输出（主要在建筑工地劳作）；另一种是城乡居民自发结伴的劳务输出（主要在各种企业打工）。1987年，组建了广丰县建筑工程管理局，对全县建筑行业实行归口管理。至1988年底，全县有48家县、乡集体劳务建筑企业，其中二级企业一家、三级企业一家、四级企业27家。拥有各种机械设备828台，总功率22800马力，设备净值886万元。有工程师、助理工程师55名（含企业聘请），经考核合格的施工员、质检员118名，劳务输出人数62459人，劳务输出收入达7884.92万元。劳务输出业务遍及北京、上海、广东、湖北、浙江、福建等14个省（市）和南昌、新余、九江、萍乡、鹰潭、景德镇、宜春、吉安等地（市）及上饶地区的大部分县（市）。

1989年12月，广丰县被国家建设部、农业部、国务院贫困地区领导开发小组列为全国30个建筑劳务基地县之一。同时，成立“国家建筑劳务基地广丰县管理处”，与广丰县建筑工程管理局实行“两块牌子，一套人马”，合署办公。

1990年，在农民自发劳务输出发展到一定规模时，县委、县政府因势利导地提出了“广丰经济要上去，十万劳力要出去”的战略口号。当年，全县劳务输出人数达67650人，劳务输出收入8168.5万元。

1991年，广丰县在劳务人员比较集中的北京、上海、广州、深圳、厦门、中山等城市设立专门办事处，并利用江西省驻外办事机构的“媒介”作用，建立了一个覆盖面大，信息畅通的信息网，使劳务输出变无序流动为有序流动。当年，劳务输出人数达86543人，劳务输出收入1.1176亿元。

1993年，广丰县各乡镇涌现出父子同行、夫妻携手、兄弟姐妹结伴外出打工的热潮。当年，全县劳务输出人数达15.12万人，劳务输出收入达3.18亿元。劳务输出以“队伍庞大、力量雄厚、吃苦耐劳”饮誉省内外。1993年10月，《新华每日电讯》发表了题为《十万斗笠闯天下》的长篇报道，对广丰的劳务输出工作进行了充分的肯定。

1994年，广丰县人民政府制定了《关于进一步加强劳务输出管理和服务工作暂行规定》，要求各相关部门要为劳务输出提供优质服务，为他们排忧解难。同时，成立了“广丰县劳务输出工作领导小组”，由县分管领导任组长，县建工局、税务局、建行、计生委等部门主要负责人为成员。各乡(镇)、村(居)也成立了相应的机构，并确定一名领导主管劳务输出工作。全县形成了县、乡(镇)、村(居)三级劳务输出管理网络。同时，根据不同的劳务输出类型，由广丰县建工局、广丰县劳动就业局实行行业归口管理。当年，广丰县劳务输出人数达20.3万人，劳务输出收入达4.2亿元。

1995年—2000年，全县劳务输出人数达110.1万人，实现劳务输出收入29.3亿元。劳务输出业务覆盖北京、上海、广东、浙江、福建、辽宁、江苏、安徽、山西等30个省(市)、自治区。主要从事建筑、采矿、加工、修理、交通运输、饮食服务、种植、养殖等30多个行业。

主要工程业绩 广丰县劳务建筑施工企业依托国家建筑劳务基地的优势，以技术、资本、装备为实力，以发展外向型经济为主导，以多元化经营为发展方向，内抓管理，外拓市场，严格遵循“科技领先，质量第一，恪守合同，确保工期，集约经营，信誉为本”宗旨，取得了显著成绩。

1991年，广丰县第一建设工程公司三处承建沪杭复线34号特大桥引桥工程全面竣工，质量评定全优。前来视察的原江西省副省长钱家铭赞叹道：“广丰老俵真有本事!”上海电视台、江西电视台等新闻单位对该工程进行了专题报道。

1992年10月至1996年7月，广丰县第一建筑工程公司苏州路桥分公司承建的造价2003万元的沪宁高速公路B1－1标段公路工程，质量评定为优良。

1996年1月至1997年9月，广丰县第一建筑工程公司苏州路桥分公司承建的造价3418万元，宁铜钱一期拓宽公路D标高级公路工程，质量评定为优良。

1996年3月至1998年11月，广丰县第一建筑工程公司苏州路桥分公路承建的造价5185万元的南昆铁路工程，质量评定为优良。

1997年1月至1999年6月，广丰县建工(集团)有限公司承建的造价5125.3万元的锡澄高速公路N9－1标公路工程，质量评定为优良。

1997年3月至1998年9月，广丰县交通公路桥梁工程有限公司承建的造价1386.7万元的长水运河大桥(江苏常熟段)桥梁工程，质量评定为优良。

1997年10月至1999年6月，广丰县交通公路桥梁工程有限公司的造价5187万元的沂淮高速公路H－1标公路工程，质量评定为优良。

1998年5月至1998年12月，广丰县建工(集团)有限公司承建的造价2415万元的江广线公路改善工程，质量评定为优良。

1998年8月至2000年8月，江西华鑫交通建设工程有限公司(2000年5月经省工商局批准由广丰县交通公路桥梁工程有限公司更名)承建的造价1398万元的上海新亚明珠大厦房屋建筑工程(13层)，质量评定为优良。

1998年10月至2000年4月，广丰县交通公路桥梁工程有限公司承建价1489万元的福建政建公路工程A标段，质量评定为优良。

1999年1月至2000年7月，广丰县建工(集团)有限公司承建的造价5251.8万元的汾灌高速公路 P5 标公路工程,质量评定为优良。1999 年 3 月至 2000 年 3 月,广丰县建工(集团)有限公司承建的造价 4088 万元的江宁路公路改建工程,质量评定为优良。

1999 年 7 月至 2000 年 8 月,江西华鑫交通建设工程有限公司承建的造价 2066 万元的宁靖盐高速公路 V3 -1 标公路路基工程,质量评定为优良。

1999 年 10 月至 2000 年 10 月,广丰县建工(集团)有限公司承建的造价 2500 万元的安徽马鞍山泰公款轧钢厂厂长房工程,质量评定为优良。

1999 年 9 月至 2001 年 10 月,江西华鑫交通建设工程有限公司承建的造价 1782 万元的苏州苏申外港线公路路面工程,质量评定为优良。

2000 年 8 月至 2002 年 3 月,江西华鑫交通建设工程有限公司承建的造价 5603 万元的苏嘉杭高速公路 B3—1 标公路工程,质量评为优良。

经济效益和社会效益　1990 年代起,广丰县每年平均有 15 万农村剩余劳力外出务工经商,不但富了广丰人的钱袋,也富了广丰人的脑袋。

一是解决了大批农村剩余劳力就业问题和缺粮问题。按每人年均吃粮(大米)500 斤计算,每年为广丰节省粮食(大米)7500 万斤。

二是增加了农民收入,改善了生活条件。广丰县劳务输出往往是出去一人,全家致富;出去一批,带动全村。广丰县如火如荼的城区建设,其资金有 70% 来自外出打工者;农村新盖的居民住房,其资金有 90% 来源于劳务输出收入。

三是发展了广丰社会公益事业。许多外出务工经商致富后的农民,自发捐资帮助家乡建学校、修公路、造大桥、架设电视差转台、抚慰孤老孤儿等社会公益事业。据不完全统计,广丰县各乡镇打工者累计赞助社会公益事业资金达 3000 万元以上。

四是繁荣了广丰个体私营经济。广丰县有一批在外务工经商增长了见识,学到了一技之长的有志之士,毅然从外地带回资金、信息、技术、项目和人才,回广丰家乡创办经济实体。广丰县委、县政府适时制定出台各项优惠政策,积极鼓励和引导外出务工经商人员返乡创业。到 2000 年底,全县由外出打工者回乡投资兴办的个体私营企业已达 200 多家,企业总投资 2 亿多元,安置剩余劳力 5000 多人,实现利税 2000 余万元。

余新发,吴村人,1988 年高考落榜后到广东宝安、福建泉州伞厂打工任厂长助理。6 年后,他学到制伞的全套技术,便毅然辞去高薪的工作,于 1994 年回乡筹资 40 万元办起了“广丰县创达雨伞厂”。1997 年,创达伞厂发展成为“广丰县月兔雨具有限公司”,产品从雨伞发展到雨衣、太阳帽、背包等系列产品。1999 年创产值 1000 多万元,创利税近 100 万元。产品远销美国、韩国,畅销湖南、福建、贵州和本省各地。

蒋国山,泉波乡人,1990 年从江西省财经学院毕业以后,到上海、厦门等地打工。1994 年,学成回乡的蒋国山筹资办起了“嵩峰卫生巾厂”,年创产值 160 余万元。1996 年,他与广丰卷烟厂合资,组建“广丰县月兔卫生用品有限公司”,利用卷烟厂的资金,新增了两条新的生产线,产品不断创新。1998 年,该公司生产的护翼卫生巾获江西省新产品优质三等奖。1999 年获科技示范单位称号,销售收入 3000 多万元,实现利税 100 多万元。

顾卫华,河北乡人,在浙江省富阳县务工经商时,发现该县 200 余家纸厂产销两旺,于是他立即回广丰家乡,投资 200 万元办起了“河北造纸厂”,年销售收入 400 多万元。1998 年,该厂搬迁到芦林工业区后,投入 900 余万元,进行易地改造,使该厂一举发展成为年产值 3000 多万元的中型企业,产品除供应本县水泥企业、纸箱包装企业、烟花鞭炮企业以外,还远销贵州、云南等地。

徐信意,大石乡人,在外从事水电建设10余年,积累一定的资金和水电管理经验。1996年,回到家乡后,经多方考察论证,毅然回十都与乡政府签订了由他个人独资在毛岩村建设电站的合同。1997年5月,他投资250万元、装机容量500千瓦、年发电量251万度的首期工程—横坑电站竣工发电。接着,他又贷款600万元先后建起了第二座电站和大型水利工程—白水泉水库。并耗资76万元为水库淹没区内21户村民,每户新建了一幢两层楼房。至2000年底,徐信意的水电企业累计投资达1000余万元,年发电量600万度,解决了周边4个乡镇10余万山区村民的照明用电问题农田灌溉问题。

专记

打工潮的起因、利弊及对策

朱重权　游何保　方鉴煌

邓小平同志的南方谈话,犹如一股强劲的东风吹遍神州大地,也催醒了习惯于"日出而作,日落而息"的农民,今年,上饶地区外出打工的人员高达70万之多,比去年增加一倍。劳务输出超过10万人的有广丰、波阳和上饶县,连只有6万劳力的横峰县,今年竟出去3万人。

面对这股滚滚大潮,是喜?是忧?何因?何策?带着这些问题,我们深入农村调查研究,大量的事实证明。

"打工潮"涌非偶然　上饶地区是一个经济欠发达地区,之所以会兴起如此波澜壮阔的"打工潮",决非偶然。这里,既有内部的原因,又有外部的因素;既反映了农民希望早富快富的迫切愿望,又体现了经济发展的必然规律。

其一,农村大量的劳力过剩,是"打工潮"涌的先决条件。

上饶地区现有460万亩耕地,平均每个劳力只负担耕地1.8亩。按每5亩耕地只需一个劳动力计算,剩余劳力164万。这些劳力按照过去的老办法,"战马下鞍,劳力归田"是拴不住的。再加上乡镇企业不发达,无力全部消化剩余劳动力,因此,只有向外找出路。而近几年来沿海发达地区由于经济发展快,尤其是能接纳大量劳力就业的乡镇企业和私营、个体企业发展快,急需大量的外地劳力去参与他们的经济建设。外有需要,内有要求;不谋而合,顺理成章。"打工潮"的兴起就成了情理之中的事情。

其二,比较利益的"天平"出现严重倾斜,是导致"打工潮"涌的决定因素。

"不算不明,不比不清,一算一比,头脑清醒。"农民是非常善于用算帐对比的方法来确定他们何去何从的。外出打工人员,一般平均每人每年收入2000元至3000元,干得好的一年收入可超万元,而在家种田,一年辛苦,收入只有几百元。这一算一比,农民在家坐不住了,纷纷外出,去闯荡世界。

其三,一批率先外出的打工人员从中"穿针引线",是"打工潮"涌的催化剂。

"榜样的力量"是诱发农民外出的"催化剂"。在家的农民看到前几年外出"闯江湖"的打工仔、打工妹,身上穿的、手上戴的、家里用的都"旧貌换新颜",心潮激动,思想感动,也就跟着行动。据调查,上饶地区劳务输出人员当中以三带(以老带新、以亲带友、以邻带邻)形式出去的约占70%至80%。

其四,宽松的外部环境,为劳务输出创造了良好的条件。

中共十四大确立了经济改革的目标是实行社会主义市场经济，客观上为劳务输出提供了良好的、宽松的外部环境。如今，农民外出打工，不需要“村查、乡审、县盖章”，只凭一张“身份证”，就可以走遍全国。农民们说：“现在是千载难逢的好时机，泥腿子也该出去走一走，看一看，干一干了！”于是大批农民外出，汇成泱泱大潮。

剖析事实话利弊　从调查所得的大量事实中，我们清醒地看到劳务输出的有利方面：

一是有利劳力资源的充分利用。上饶地区剩余劳力164万，现外出打工70万，消化43%的剩余劳力。

二是有利于增加农民收入。70万劳务输出人员，如按每人年收入3000元计算，全区劳务输出一项收入就可达21亿元。退一步说，外出人员巩固率按60%计算，劳务输出收入也可达12.6亿元。这对资金紧缺的上饶农村，无疑是“雪中送炭”。从实际情况看，去年广丰县劳务输出收入达2个亿，玉山县紫姆乡苏村，去年仅在春节期间，就收到在外地打工者寄回的现金51万元，全村户均1000元。

三是有利提高农民素质。劳务输出人员在经济发达地区打工，不仅可以增加个人收入，而且可以直接接受现代工业生产的洗礼和经受商品经济的熏陶，“免费”培训生产技能。从这个意义上讲，广丰县在建筑劳务输出中，就培训了10名高级工程技术人员、25名中级工程技术人员和479名中级岗位技术员。

四是有利于促进地方经济的发展。劳务输出之后，这一大批人员中，有的是为家乡传递外地经济发展的信息员；有的是帮助地方引进外资的“红娘”；有的学到了技术，赚到了钱，回家乡办厂开店。万年县大源乡鲇山村村民彭罗元，1991年去广州打工，1992年回到本村，投资38万元，办起了铸造厂。广丰县近几年来，全县乡镇农田水利工程700多处，新办林场、桑园40多个，建电视差转台15座，群众高兴地说：劳务输出是“墙外开花墙内香”。

但是，调查的事实也告诉我们，劳务输出并非十全十美。其弊端主要有：

一是对本地大规模的农业开发和基本建设投工不利。有些乡镇由于大批青壮劳动力外出，在兴修水利、植树造林、建造公路中，劳力难以调集。如弋阳县去年冬季修建上（饶）德（兴）公路弋阳段工程时，劳力集中不了，影响了工程进度。

二是在家务农人员的整体素质下降。农业生产的“内弱”问题比较突出。农村中流传着这样几句顺口溜：“出去的精兵强将，留下的杨门女将，务农的老兵弱将”，形象地反映了农村的“内弱”问题。据横峰县委政研室调查，该县有些村60%的强劳力外出之后，留下一些老弱病残，目前已出现两季稻改种一季，某些低产田撂荒现象。

三是对计划生育带来了一定难度。调查表明，劳务输出人员中，绝大多数是外出赚钱，但也夹杂着一部分“超生游击队”，给计划生育工作造成了困难。

四是对乡镇企业和学校有一定的冲击。劳务输出之后，有些乡镇企业的职工也跟着外流。玉山县临湖镇的信号灯厂、花炮工艺厂就先后走掉4名技术骨干、200多名熟练工人，造成这两个企业开工不足，影响了生产。横峰县有近3000名中小学生辍学，有的当了打工队伍中的“童子军”；有的大人外出，小孩上不了学，在家当“保姆”。县里虽已采取措施，追回了一部分流生，现仍有一部分学生辍学。

因势利导引潮流　随着社会主义市场经济的建立，“打工潮”不可阻挡。那么，怎样使劳务输出工作朝着健康、有序的方向发展下去？我们认为，必须在“四化四变”上下功夫。

第一，组织体系网络化，变无组织为有组织。目前的情况是，有组织的劳务输出少，无组织的盲流多。针对这种情况,必须建立与健全劳务输出组织负责总揽和协调劳务中的大事、要事,制订有关劳务输出工作。有些县市劳务输出的专业性比较强,如广丰县建筑劳务。各乡镇、各行政村,都要建立相应的劳务输出组织,具体负责收集掌握本地劳力资源情况。及时与地、县(市)劳动就业部门取得联系,使劳务输出有组织、有领导地进行。

第二,劳务管理制度化,变无序为有序。劳务输出工作是一项极其复杂的社会工程,要使这项工作有条不紊地进行,就必须建立与健全一系列之有效的规章制度,如:劳力资源登记制度、劳务人员档案管理制度、招工考核制度、纳税监察制度、培训上岗制度、外出党员教育管理制度、计划生育工作检查制度以及对优秀劳务工作人员的奖励制度等,使劳务输出工作有规章可依,有制度可循,纳入健康、有序的轨道。

第三,信息传递准确化。变盲流为导流。信息在劳务输出中起着举足轻重的作用,是防止"盲流"的必要手段。为使信息准确无误,必须建立一张纵横交错、联络各方的信息网。纵向,地、县(市)、乡、村劳务输出管理组织都要有人负责信息的传递工作;横向,地县(市)现有的驻外地的办事机构,都应确定人员及时反馈外地劳务市场信息。要及时传递劳务情况,本地劳务输出部门要与外地劳动部门挂钩,取得对方的大力支持与通力合作。

第四,内外工作协调化,变人走田荒为人走田未荒。为了避免"劳力外出、家里田荒"的现象发生,必须采取切实可行的措施,确保田地不荒。其办法主要有:一是实行"两田制"。劳务输出不多、土地面积大的地方,可以将土地分为两部分,即:一部分为口粮田,由农户自主经营;另一部分为经济田,由村民小组发包给种田能手经营;二是实行"亲帮亲、邻帮邻"的办法,外出务工经商的农户,可将责任田转让给亲戚、邻居、朋友经营;三是全家外出,其责任田找不到亲朋种的,可由村委会指定农户种。这些工作,关键在于村、组,只要工作抓实,荒田问题就可以解决,劳务输出工作也可以做得更好。

(原载《理论导报》1993年第6期)

第二章 职业技能开发

第一节 培 训

全区职业技能培训,实行地、县(市)两条腿走路办法,重点抓好企业在职职工培训,下岗职工再就业培训,社会力量办学管理。1991年,地区劳动局出台《关于就业训练中心开展职业技术培训的意见》和《关于就业训练中心开展职业技能培训的实施办法》两个文件,使技能培训向正规化、制度化、规范化发展。1992年,地区就业训练中心改为综合性专业培训基地,同时设立交通、林业、轻纺、商业、建材、煤炭冶金、农牧、水电、电力等8个行业性培训(考核)基地。1995年,行署下发《上饶地区社会职业培训管理办法》,对各地职业培训工作提出具体要求。

开展职业技能培训主要在三个层面:一是就业(上岗)前培训,包括下岗职工再就业坚持先培训,后就业,先培训,后上岗。二是厂(矿)企业主管人员。三是特种作业人员。1991—2000年,共培训结业167317人,其中上饶地区就业训练中心单独培训1万多人,包括财务会计、电工、电焊工、烹饪、美容美发、服装剪裁、家电维修、摩托车修理、汽车修理、汽车驾驶、建筑、司炉、压力容器操作、石油液化气操作、电脑操作等综合、专业、特种作业。在培训中，对下岗职工和失业人员实行免费等优待，2000 年，全区培训结业的下岗职工和失业人员为 17097 人。

江西省劳动技校在上饶设有分校与职业培训中心合署办公，1998 年面向社会招生 296 名，开设电工、计算机应用、旅游 3 专业。

1991 年—2000 年全区职业技能培训结业人数一览

表 27－2－1　　单位：人

	合计	1991 年	1992 年	1993 年	1994 年	1995 年	1996 年	1997 年	1998 年	1999 年	2000 年
人数	171670	11485	17407	15044	16289	15500	19984	15000	19422	19104	22435

第二节　劳动预备制度

针对全区国有、集体企业中级工以上技术人员占技术工人总数的比例仅为 34%，企业技术工人整体素质不高的现状，经行署专员常务会议研究通过，1997 年 12 月 24 日，颁布《上饶地区劳动预备制度实施办法》，并于 1998 年全面推行。1998 年 1 月 15 日，行署召开全区推行劳动预备制度工作会议进行动员和部署，会上，万年县人民政府介绍了开展试点工作的经验。

《上饶地区劳动预备制度实施办法》第二条明确："建立劳动预备制度的目标是：对城乡新生劳动力有计划、有组织地实行追加 1～3 年的职业培训和相关教育提高其素质能力，为其实现就业创造条件。把加强新生劳动力培训教育同对劳动力资源有效调节结合起来，建设一种以职业培训为主导，以相应的组织管理为基础的就业培训新机制"。实施办法第四条规定，劳动预备制度实施的范围和对象是本地区辖区内城乡具有劳动能力并有就业愿望的城镇普通初、高中毕业后，不能升入高一级学校学习的人员；农村普通初、高中毕业后，不能升高一级学校学习，并准备向非产业转移或进城务工人员；未参加过职业培训以及要求参加劳动预备制度的基地人员。初步统计，全区每年适合参加劳动预备制度的人员约有 5.5 万人，除去参加辅导、准备来年继续参加升学考试和其他原因外，约有 5 万人应当纳入劳动预备制度培训。适合参加劳动预备制度的人员，只有取得相应的培训证书和职业资格证书，方可就业。

1998 年，全区首批参加劳动预备制度培训有 5100 人。1999 年，借助社会力量，培训 6000 人，有 1165 人取得技术等级证书。

第三节　鉴　定

1995 年，上饶地区职业技能鉴定中心成立前，全区通过鉴定考核的初、中、高级技工仅有 4618 人。

1996 年 7 月，上饶地区职业技能鉴定中心成立，至 2000 年，共完成数百工种 5 万多名技术工人的职业技能鉴定，统一职业资格证书的管理。1997 年 1 月，启用全省职业技能鉴定试题库应用软件。1997 年，有 124 名技师、28 名高级技师，4718 名中级技工，906 名高级技工通过鉴定考核,32 个技术工种持证上岗。1998 年,持证上岗技术工种 61 个,120 名技师,5 名高级技工,4226 名中级技工通过鉴定考核。2000 年 4 月,1603 名高级技工参加鉴定考核,其中 1417 人取得资格证书。当年,还开展两次技师考核,513 人取得合格证,组织一次中级技工统考,1312 人取得合格证。

第三章 劳动用工与工资

第一节 用 工

1990 年代,各县(市)和地直国有企业开始全面推行劳动用工制度改革,实行劳动合同制,凡新招工人,无论从社会招收,还是从国家统配人员中招收,都实行劳动合同制。1991 年,全区实行合同化管理的国有企业职工为 26949 人,其中办理签证 26778 人,占 99.3%。同年,在上饶地区水泥厂进行了优化劳动组合试点。随后,在搞好定员定额和对职工全面考核的基础上,在国有企业逐步推开岗位合同管理。1992 年,全省劳动用工制度改革座谈会在弋阳连胜自行车厂召开后,扩大合同化管理的覆盖面。1993 年,地区劳动局制定《关于进一步落实劳动用工和工资分配权的补充通知》,提出企业可根据自己的需要,自主决定招工简单、招工时间、方式和数量,在工人调动和工资分配方面可以自主。1994 年 4 月 14 日,行署批转地区体改委、地区劳动局《关于在全区企业推行全员劳动合同管理的报告》,指出:"实行全员劳动合同管理是企业劳动用工制度的深层次改革,是企业强化管理转换机制,增强活力的需要,有利于搞好企业,切实保障企业和劳动者双方合法权益"。年底,全区有 230 个单位的 11 万职工签订了劳动合同。1995 年,纳入合同化管理的企业扩大到 2748 家,292537 人,占职工总数 83.5%。1996 年,所有国有企业基本实现劳动合同制。1997 年,行署下发《关于加快全区三资企业、私营企业和个体工商户实行劳动合同制的通知》,同时在行政事业单位的工勤人员、乡镇企业员工中推行。当年,95%以上的行政事业单位的工勤人员和 26567 名乡镇企业员工履行了劳动合同签订手续,履行手续的"三资"企业有 69 家,770 家个体私营企业的 1450 名员工。此后,地区劳动局相继出台《上饶地区劳动合同管理试行办法》《上饶地区劳动力管理试行办法》,使企业与职工劳动关系的建立、变更、终止、调节与监控,纳入了法制化、规范化轨道。

推行全员劳动合同管理的主要内容是:统一身份。在企业内部引入竞争机制,打破干部、固定工、合同制工、计划内临时工等界限,统称企业职工,原职工身份保留在册。竞争上岗。企业合理定岗、定员、定任务,明确各个岗位的量化标准,职工对照岗位的条件、任务职责,根据自愿选择,经民主评议,组织考核上岗。签订劳动合同。职工竞争上岗后,及时与企业签订合同,根据承包到岗的要求,把企业承包的经营指标和各项管理指标,按照责、权、利相统一的原则,逐层分解到岗到人。按岗取酬,岗变薪变。企业根据劳动"四要素"(劳动技能、劳动责任、劳动强度、劳动条件)和按劳分配原则,搞活内部分配,拉开分配档次,向一线苦、脏、累、险和高技能工种倾斜。建立三级劳务市场。凡落岗职工一律实行 1～3 个月试岗期,试岗不合格者,逐级进入企业—系统—县(市)级劳务市场,进行培训或保编流动。对待业职工和富余劳力,尽量在内部消化,进入县(市)级劳务市场控制在 1%以下。

各县(市)成立劳动仲裁委员会及办事机构,配有专职仲裁员,实行仲裁员、仲裁庭办案制度。大部分企业还建立劳动争议调解组织,有些县(市)如上饶市、上饶县、德兴市成立劳动争议调解组织的企业达100%。

第二节　工　资

工资总额同经济效益挂钩　1980年代中期,全区开始在少数国有企业中试行工资总额同经济效益挂钩(简称工效挂钩),迈开企业工资制度改革的步伐,企业在以丰补歉的前提下,实行“上不封顶,下不保底”,分配可以灵活多样。90年代以后,以工效挂钩为重点,不断推进企业工资制度改革。1991年实行工效挂钩企业149户,挂钩职工34837人;其中工业预算内企业69户,占全区工业预算内企业126户的54.7%,集体所有制企业6户。对上年工效挂钩企业结算结果,有效益增长工资的78户,持平1户,效益下降工资下浮的70户。核定效益固定工资升级的指标5208级,其中升级已达40%的34户。采取“抓宣传,抓总挂、抓重点、抓落实”后,1992年全区实行工效挂钩企业458户,职工82329人,占国有企业职工总数83.99%,超额完成江西省劳动厅提出的75%以上的考核目标。通过对上一年工效挂钩企业的结算,审核国有企业一次性升级指标5751级,利润增长升级指标441级。1993年工效挂钩企业598户,职工96149人。1994年挂钩面进一步扩大,当年全区实行工效挂钩企业达630户,职工100134人,占同口径职工总数的91%。对上年度工效挂钩企业结算结果,效益增长的556户,核定效益升级指标35405.5级。1995年工效挂钩企业641户,职工103382人,占同口径职工总数94%。对上年工效挂钩企业结算结果,工资总额随经济效益上浮的489户,占挂钩总户数78%,核批升级指标29943级,上浮工资序号的287户;经济效益下降工资总额相应下浮的152户,占总数27%。1996年结算235户工效挂钩企业中,效益工资上浮的168户,占71%。1997年,工效挂钩企业降至508户职工9.71万人。1998年为443户,职工101153人,占同口径职工总数96%。对上年结算结果,效益工资上浮的212户,下浮的192户,持平的39户,核批效益升级指标11126级。1999年对上年工效挂钩企业结算结果,效益工资上浮212户,效益下降工资下浮192户,持平33户,核批效益升级指标11126级。2000年,对未改制的企业继续实行工效挂钩办法。

岗位技能工资制　1991年—1992年,在横峰纺织器材厂进行全省首批实行岗位技能工资制试点,经省劳动厅验收合格。1993年,试点面扩及德兴市水电公司等5个企业。1994年,全区批准实行此项工资制的企业扩大到18户,职工4332人。1995年为45户,职工12875人。1996年,全区劳动工作会议确定把推行岗位技能工资制作为年终考核评比目标。当年,推行企业164户,职工6.21万人,占同口径职工总数60.19%。1997年为173户,职工6.7万人,占同口径职工总数64.1%,超过省劳动厅计划指标4.1个百分点。1999年基本与1997年相等,为171户,职工64837人,2000年(11月止)26户,67432人。

年薪制及其他　1996年,玉山水泥厂列为全省开展企业经营者年薪制20家试点单位之一。试点取得初步成效后,1997年,全区试行企业扩大到10户。1998年,对试行企业经营者年薪制的全部试点单位,按规定进行结算和兑现。

2000年起,广丰县“月兔集团”对非烟产业的18个集团管理企业、控股企业和实行股份制改造后由集团经营的企业和经营者实行年薪制。年薪由基薪和风险两部分组成,由经营者所在企业支付。具体运作方式是:根据各企业当前的实际情况分为两大类型,第一类型为基薪与风险收入与企业发展指标挂钩考核;第二类型为基薪和风险收入与企业效益挂钩考核。按第一类型运作的企业分为A、B、C三个档次,每个档次经营的年度基薪依次为1.8万、1.56万、1.32万元,每月按1:12的比例计发;风险收入浮动基数依次为5、4、3万元。按第二类型运作的企业分为A、B、C、D四个档次,每个档次经营者的年度基薪依次为1.56万、1.38万、1.2万、1.08万元,每月按1:12的比例计发;风险浮动收入基数依次为4、3、2、1万元。在第一类型中风险收入的基点为100%完成集团下达的销售收入指标,实现利润和货款回笼、资金保值增值作为补助考核指标。凡完成集团下达的年度销售指标,企业经营者可得全额风险收入浮动基数。在第二类型中,风险收入的基点为100%完成集团下达的利润指标,销售收入和货款回笼,资产保值增值作为补助考核指标;凡完成集团下达的年度利润指标,企业经营者可得全部风险收入浮动基数。在上述两大类型中,企业经营者风险收入基数超欠按1:3的比例进行奖赔,即考核结果每超核定年度指标1个百分点,经营者可加得风险收入浮动基数3个百分点,上限为加得风险收入浮动基数100%;考核结果低于核定年度指标1个百分点,扣减经营者风险收入浮动基数3个百分点,下限以风险收入浮动基数扣完为止。对企业各副职及助理级管理人员的年薪发放标准也作了具体规定。

1998年,在上饶电焊条厂(非国有企业),进行集体协商谈判工资制的试点,试点后没有推广。

调整工资标准　1994年,根据江西省劳动厅、省财政厅、省经济委员会有关文件调整和统一了全区企业职工工资标准,并于当年1月1日起执行。1995年,对当年9月30日前未实行岗位技能工资制的企业职工,普调一级工资,增资时间可从当年1月1日起执行,也可由企业视情况自主决定。同年,根据江西省人民政府公布的《江西省最低工资标准及其适用区域》的通知,上饶市、德兴市属二类区域,最低工资标准每月为170元;上饶县、婺源县、铅山县、波阳县、玉山县、弋阳县、广丰县、万年县等为三类区域,150元;横峰县、余干县等为四类区域,140元。1997年,区域和月最低工资标准又作了调整,上饶市、德兴市、广丰县为二类区域,月最低200元;玉山县、弋阳县、铅山县、万年县等为三类区域;180元;横峰县、波阳县、上饶县、余县、婺源县等为四类区域,190元。1999年全区职工年平均工资5252元,月平均工资437.6元,其中上饶市分别为5769元与480.75元。2000年2月,省人民政府根据经济发展和职工生活水平提高的情况,再次相应调整了最低工资标准。调整后一类区(250元)上饶地区没有;二类区为230元,有上饶市、德兴市、广丰县;三类区210元,有玉山县、弋阳县、万年县、铅山县;四类区190元,有横峰县、波阳县、上饶县、余干县、婺源县。

第四章　劳动监察

第一节　机构人员

监察机构　1996年9月,地区成立劳动监察支队,各县(市)先后成立劳动监察大队,共有专兼职劳动监察员165名,其中专职74名,在企业设立劳动监察联络员450人。

检测检验机构　1991年,正式成立上饶地区劳动安全卫生检测检验站,配备专职干部,开展检测检验业务。检测站成立以后,每年对电梯、起重设备、粉尘扬尘点、噪声高温作业及有毒有害气体产业点、行车、厂内运输车辆、避雷设施等定期检测检验。

第二节　安全监察

职业安全监察 各级劳动监察专门机构,根据《中华人民共和国劳动法》(以下简称《劳动法》),对用人单位和劳动者遵守劳动法律、规章等情况进行监察检查,对违法行为予以处罚。1997年—2000年,除接待群众来访(含上门举报、投诉)外共受理群众举报案件126件;同期受理立案劳动监察案件729件,结案657件,结案率为90.12%。案件的分类情况是:涉及劳动合同的签订与解除133件。涉及工作(劳动)时间113件。涉及社会保障费缴纳124件,涉及招用外来劳动力87件,涉及职业技能开发72件,涉及收取风险抵押金64件,涉及最低工资支付48件,其他16件。查处非法职业中介机构16起,取缔2家。

定期在全区开展安全生产大检查,查处事故隐患,对未及时整改的单位发出限期整改通知书。1991年检查3次,涉及单位132个,查处隐患661处。1992年对60个工厂和220个建筑行业进行检查监察,下达监察意见书133份。1993年重点监察企业32家,下达限期整改通知书170份。1994年检查企业352家。1995年重点监察企业20家,建筑施工场地22个。11月份,开展遵守《劳动法》情况大检查,涉及单位511家,职工94703人,清退童工16人。1996年,全面开展建筑安全大检查,涉及企业25家,施工场地41处。对“三资”和私营企业监察后,下达整改意见书24份,清退童工47名。1997年在先后3次的安全生产大检查中,查处隐患38处,下达限期整改意见书267份。重点监察集体、外资、私营、乡镇等非国有企业,覆盖面92%。1998年监察工厂18家,建筑施工场地363处,查处隐患375处,当场整改356处,占94.5%。扩大劳动用工年检范围,涉及各类企业1500家,其中非国有企业230家。1999年重点监察各类企业28家,进行8次安全生产大检查,注重对女职工和未成年工的特殊劳动保护,曾被省人民政府列入全省41个重大隐患的永平、德兴铜矿均整治完毕。2000年监察企业18家,建筑施工场地75处,审查验收6个生产性建设工程项目。6月,专项开展查处非法使用童工的活动,重点是外资,私营、乡镇企业和餐饮业,并对烟花爆竹进行拉网式检查。1991年1月至2000年12月31日,全区共发生职业安全卫生方面的事故68起,死亡74人。

1991年—2000年全区职业事故一览

表27-4-1

	1991年	1992年	1993年	1994年	1995年	1996年	1997年	1998年	1999年	2000年
事故(起)	11	20	8	5	6	6	4	3	2	3
死亡(人)	12	20	9	6	8	7	4	3	2	3

矿山安全监察　全区矿山安全监察重点放在五个方面:一是矿山企业和主管部门贯彻执行矿山安全法律法规情况;二是矿山建设安全设施设计审查和验收情况;三是矿山劳动条件和安全状况及措施经费提取使用情况;四是企业职工安全教育、培训情况;五是事故调查与处理

情况。1991 年—2000 年,共重点、专项监察 185 个矿山,前 5 年每年 22 个,后 5 年每年 15 个,对职业危害如粉尘、高温、劳动强度等进行检测和分级。关闭不合格的小煤窑也是工作重点。1993 年,对全区小煤窑进行全面清理,取缔封闭不合安全生产要求的小煤窑 200 多个,限期整改 172 个。1999 年再次清理,关闭不合格的小煤窑 647 个,占总数的 77.6%。2000 年在专项监察中,关闭不合格小煤窑 600 个。此外,对矿山特殊工种作业人员加强培训和考核,取得合格证才能上岗,每两年复审一次,经过培训考核的特殊工种作业人员近 2000 人。10 年间,全区矿山共发生事故 137 起,死亡 384 人。

【案例】 1993 年 6 月 4 日上午 9 时许,上饶县田墩镇儒圩村联户办兴旺煤矿井下发生瓦斯爆炸,死亡 11 人。直接经济损失 16 万元。直接责任人、打水工兼电工尹奕福(在事故中死亡),明知井下不能带电作业,却违章带电检修空气开关,且未通知井下人员撤出地面,修理开关后又擅离岗位,结果由于空气开关一线接头接触不良发热冒火,引起瓦斯爆炸。主要责任人、矿长罗来贵,无视国家矿山安全法,对煤管站检查人员关于井下瓦斯严重超限,并通知他停采的警告,置之不理,继续违章组织工人下井生产,以致造成严重恶果。

1991 年—2000 年全区矿山事故一览

表 27－4－2

	1991 年	1992 年	1993 年	1994 年	1995 年	1996 年	1997 年	1998 年	1999 年	2000 年
事故(起)	20	15	9	7	12	11	19	10	10	24
死亡(人)	49	47	18	31	42	36	51	31	35	44

压力容器安全监察　通过安全监察,使各地锅炉房长期存在的跑、冒、滴、漏现象明显改观。1991 年定期检测锅炉 600 台次,1992 年 520 台次,1993 年 540 台次,1994 年 420 台次,1995 年 450 台次,1997 年 571 台次,1996 年 412 台次,2000 年 460 台次,定期检测率均在 95%以上。对液化石油气钢瓶、槽罐车、液化气站等也强化了监察管理。

禁止使用童工专项监察《劳动法》颁行以后,全区劳动监察部门严格执行《劳动法》,每年对非法使用童工进行专项监察,维护未成年人的身心健康。1997 年—2000 年,共查处 23 家用人单位非法使用童工 113 人。2000 年 6 月,在全区范围内对各类企业进行一次拉网式检查,重点是外资企业、私营企业、乡镇企业、餐饮业和烟花爆竹生产单位等。1996 年—2000 年,全区共依法清退童工 300 余人,对有关企业进行处罚。

第三节　特种作业人员培训

1991 年—2000 年间,对各种特殊作业人员,如电工、电焊工、起重工、冷作工、电梯操作工、建筑登高作业、锅炉工、压力容器操作工、矿山特种作业人员、其他特种作业人员及安全监察人员等等,加强了安全知识培训。1992 年办班 55 期,培训 2401 人,安全员 76 人。1993 年办班 19 期,培训 599 人。1997 年办班 13 期,培训 230 人。1998 年培训 100 人。2000 年办班 6 期,培训 232 人。

第四节　安全生产目标管理考评

1997年5月7日,行署以饶行发〔1997〕21号文件《关于建立健全安全生产责任制的通知》,要求各地建立和健全安全生产责任制,安全生产实行目标管理考评,并列入创评先进县(市)和创评先进乡(镇)的考评之中。每年年初,各县(市)人民政府与行署签订安全生产责任状;各乡(镇)人民政府及属县厂矿企业与所属县(市)人民政府签订安全生产责任状;其他厂矿企业均照此办法实行。通知中,对安全生产目标管理考核的内容作出具体规定,并提出县以上工矿企业、乡镇企业、道路交通、水上交通四项死亡人数不得超过的控制指标。

2000年,全区安全生产工作先进单位是:第一名,余干县人民政府,奖金8000元。第二名,婺源县人民政府,奖金6000元。第三名,弋阳县人民政府,奖金3000元。

根据2000年各县(市)签订的责任状,超控指标而受处罚的单位是:上饶县,罚金4.5万元;铅山县,罚金3.5万元;广丰县,罚金3万元;德兴市,罚金3万元;万年县,罚金2万元;玉山县,罚金1万元;波阳县,罚金0.2万元。

第五章　社会保险

第一节　养老保险

1987年3月,对劳动合同制工人建立"完全积累"式养老保险制度,国有企业职工养老保险制度改革由此而始,并先在婺源县开展试点。至1988年,先后开展国有企业、城镇集体企业和非财政拨款的事业单位退休费用社会统筹。1990年6月,全区国有企业退休费统筹工作纳入全省统筹并实施个人缴纳养老保险费制度,同时开展企业补充养老保险和个人储蓄性养老保险。从1995年10月1日起,全区城镇企业养老保险,不分所有制,不分用工形式,统一制度,统一征缴比例,统一养老保险待遇计发标准,并给每个职工建立个人账户,基本形成与市场经济相适应的社会统筹与个人账户相结合的新型养老保险模式。1998年起,逐步推行养老金社会化发放,至2000年,社会化发养老金的离退休人员已达27966人,社会化发放率已达62%以上。1999年,对城镇个体劳动者、私营企业职工、外商投资企业中的中方职工、农垦企业职工均实行养老保险制度,至此,养老保险在全区覆盖到城镇各类所有制企业及其职工。

1998年开始,全区养老保险基金征缴收不抵支,连年出现赤字。全区1998年赤字为1822万元,1999年2627万元,2000年4693万元。1999年年底,欠交企业有714家共拖欠10263万元。原因:(一)企业大面积改制,许多职工与企业解除劳动关系,使缴费人数锐减,而离退休人员则快速递增。(二)参保单位经济效益不佳,一部分企业名存实亡,无力缴纳养老保险费。(三)部分企业领导人员社保意识不强,借口种种理由拒缴或少缴。

1991年—2000年全区养老保险基本情况

表27-5-1 单位:人、万元

年 份	参保人数	离退休人数	收缴养老保险费	支出养老保险费
1991	177284	35207	5847	4911
1992	193489	37666	6671	5539
1993	182743	36096	8502	6843
1994	166775	33885	9095	6291
1995	171412	35453	9268	8471
1996	160889	36057	10157	10089
1997	161854	36717	10841	14221
1998	165775	38448	12232	15694
1999	205440	45820	13678	16964
2000	214753	51777	18220	20291

第二节 工伤保险

1993年,先在万年县等7个县实行企业职工工伤保险费用社会统筹,1994年扩大4个县。1995年6月,全区普遍实现以县(市)为单位工伤保险费用县级统筹,参加保险的企业1130家,职工122653人,收缴保险金268万元。工作中坚持工伤保险与工伤预防、安全生产、职业康复相结合的原则。1996年,根据劳动部1996年266号文件精神,行署出台《上饶地区企业职工工伤保险试行办法》,改行地级统筹;1997年又进一步制定实施细则,所有国有企业、集体企业、企业化管理事业单位(非财政拨款)及部分非公有制企业职工和从业人员都参加工伤保险社会统筹。1993年—2000年,全区共收缴工伤保险金2284.8万元,为伤残、死亡职工等支出工伤保险费1466.9万元。

【案例】 1996年6月9日,上饶石油公司灵溪油库副主任戴某,在检修变压器时受重伤,做了高位截肢手术,定为一级伤残废。面对19.13万元的医疗费,公司因效益不佳难以解决,使戴某及家人十分焦急。市社保局按工伤保险有关政策,雪中送炭,及时支付9.57万元,戴某一家十分感激,说:"工伤保险救了我全家人的命!"

1993年—2000年全区工伤保险基本情况

表27-5-2 单位:人、万元

年 份	参保人数	收缴工伤保险费	支出工伤保险费
1993	35137	29.8	0.9
1994	79861	138	29
1995	122653	268	40

续表 27－5－2

年　份	参保人数	收缴工伤保险费	支出工伤保险费
1996	124983	289	48
1997	133900	348	193
1998	144701	365	271
1999	136894	369	351
2000	120487	478	534

第三节　生育保险

1991 年，在上饶市、横峰县、婺源县进行企业女职工生育保险试点，建立生育保险基金，实行生育保险费用社会统筹。1992 年年底全面铺开，1993 年对境内所有的全民所有企业，非财政拨款事业单位、城镇集体企业及农垦企业全部女职工实行生育费用社会统筹。当年，全区有 200 多名女职工享受这项待遇，平均每人从社保机构领到生育保险费 633.89 元。1994 年，对生育保险费用社会统筹办法作调整和补充。经行署批准，从 1998 年 1 月 1 日起，执行《上饶地区城镇企业女职工生育保险实施意见》，以维护企业女职工的合法权益，保障她们在生育期间的经济补偿和医疗保障。境内的国有企业、集体企业、股份制企业、外商投资企业、联营企业、私营企业，包括中央、省部属企业和自收自支、实行企业化管理的事业单位，均应参加生育保险。凡与上述企业形成劳动关系的职工（不包括外商投资企业中的外籍职工）均属于实施对象。女职工生育保险费由县（市）统筹过渡到地区统筹。1991 年—2000 年，实收生育保险费 2020.3 万元，支出 987 万元。参保人数由 1991 年的 15563 人，增至 2000 年的 125812 人。

1991 年—2000 年全区女职工生育保险基本情况

表 27－5－3　　单位：人、万元

年　份	企业女职工生育保险		
	参保人数	收缴生育保险费	支出生育保险费
1991	15563	2.8	
1992	161955	74.7	11.9
1993	150389	220.8	77.1
1994	137245	238	144
1995	153437	215	88
1996	136230	206	96
1997	136277	224	97
1998	157371	231	122
1999	142359	348	132
2000	125812	260	219

第四节 大病医疗保险

1994 年,在德兴市、婺源县、玉山县进行城镇企业职工大病医疗保险费用社会统筹试点。1995 年,德兴市、婺源县、玉山县进入实际操作,其他县(市)开始摸底测算,制订方案。1996 年,总结经验,全面推广。1997 年,全区 12 县(市)全面运转,当年大病医疗保险全收缴率达 95.7%,有 8 万多名职工参保。至 2000 年,共收缴大病医疗保险费 2082 万元,支出 1221 万元。

1999 年 4 月 9 日,行署召开全区医疗保险制度改革工作会议。会议确定城镇所有用人单位,包括企业(国有企业、集体企业、外商投资企业、私营企业等)、机关、事业单位、社会团体、民办非企业单位及其职工,都要参加基本医疗保险,建立社会统筹与个人账户相结合的医疗保险制度。

1994 年—2000 年全区城镇职工大病医疗保险基本情况

表 27-5-4　　单位:人、万元

年份	参保人数	收缴大病医疗保险费	支出大病医疗保险费
1994	8892	15	4
1995	16854	45	20
1996	48573	85	94
1997	85799	354	161
1998	95465	451	208
1999	74275	563	383
2000	68324	569	351

第五节 失业保险

失业保险制度建立于 1986 年 10 月,自开始实施至 1998 年,全区参加失业保险的单位共 1386 个,参保职工 12.39 人,累计筹集保险金 2814 万元。接受登记的失业职工,累计为 7823 人。通过就业训练、就业服务等手段,有 7040 人重新走上工作岗位。向 7283 名失业职工发放失业救济金和医疗补助费共 167.33 万元;发放特困职工救济金 84.68 万元,计共 6852 人次。凡失业职工,均不同程度地享受医疗、生育等各种补助和丧葬抚恤费等及其他困难补助,累计金额达 49694 元。1992 年 12 月,上饶唯一的造船企业—波阳造船厂宣告破产,512 名职工顿失工作岗位,生活陷于困难。劳动部门及时将 36.82 万元失业救济金发放到他们手中。

凡特困职工(地直属单位职工家庭人均实际收在 70 元以下,县属单位人均收入 60 元以下),均建立职工家庭特别困难情况档案,发给《特困职工优惠证》。特困职工享受的优惠待遇,按行署办公室转发的省总工会上饶地区办事处关于对特困职工就业生活等给予优惠的通知(饶行办发〔1996〕144 号文件)精神办理。1998 年,全区筹集“送温暖”基金 325 万元,补助生活困难职工 15607 户。

卷二十八　人　事

1990年代,境内开始人事制度改革。1992年企业先行,长期存在的干部与工人的界限被打破,用人实行双向选择,优化组合。1993年3月,全区第一个人才市场成立,开创人才流动走向市场化的新局面。1994年起,推行国家公务员制度,并与党政机关机构改革同步实施。1996年首次打破地域和身份的界限,面向社会公开招考。1997年对乡镇机关探求“小机构、大服务”的途径。1998年,事业单位实行“政事职责分开,单位自主用人,人员自主择业,政府依法监招,科学分类管理”的新政策。1999年,提拔任用科级干部始行公示制;随即,地委首次面向社会公开选拔8名副县级领导干部。在干部管理上,继续推行80年代已经起步的聘用制和考试录用的制度。1991年—2000年,全区共聘用(聘干)5266人,录用5300人。干部来源和干部队伍结构有进一步的改变。到2000年,干部总数比1991年有所增加,且知识化、年轻化的趋势非常明显。

1991年—2000年,全区共接收安置军队转业干部835人。科学技术人员的专业职称评聘工作,转向正常化、规范化、制度化,以考代评。至2000年,全区共有各类专业技术人员58196人,其中37人享受国务院特殊津贴,21人享受省人民政府特殊津贴;1993年,对全区机关事业单位工作人员和离退休人员进行工资改革;1996年,首次执行职务工资正常晋升;1997年,调整工资标准。

在机构编制管理和机构改革也有较大的动作。1991年建立“进人核编”制度,控制超编现象。经济管理的行政部门,进行建制改革试点,减少行政开支,地区商业局成为全区首家与财政“断奶”单位。1995年—1997年,地直机关全面铺开机构改革,落实“三定”方案(定职能、定机构、定编制),妥善安置富余人员。此外,开展事业单位法人登记工作,以规范事业单位的社会化进程,非领导职务设置等,都有明显成效。

第一章　人事管理

第一节　机构人员

地区机构　2000年,地区人事局有内设机构办公室、人事管理、专业职称、工资福利、教育培训等科(室)6个,编制46人,拥有干部职工46人。

县(市)机构 1991年—2000年,全区12县(市)均设有劳动人事局,1994年机构改革,先后改称人事劳动局,1997年开始,上饶市等县(市)先后成立劳动监察大队。内设机构主要有办公室、人事管理、专业职称、劳动关系与监察、计划工资福利、职业培训教育、劳动安全监察等科(室)。

第二节 人才流动开发

人才市场 1993年,全区首个人才市场—上饶地区人才市场诞生,隶属于地区人事局,有工作人员3人。至2000年,共有挂牌人才市场14个,其中,地区及县(市)人事行政部门所属13个,行业所属1个,共有工作(从业)人员21人。人才市场,由专门从事人事代理工作的人才流动中心负责规划和管理。人才市场的成立,开创了人才流动的新局面,使人才流动走向市场化。地区人才市场成立伊始,即首次举办人才智力交流大会,交流各类人才119人,并为流动人才挂编保存档案和人事关系, 1995年,万年县首次开展“举贤荐才”人才交流活动,20天内为企业办理40名各类人才引进手续。1996年11月,上饶市首次举办人才劳务供需洽谈会,把大中专毕业生和各类人才推向市场,实行人才,用人单位双向选择,营造了用人制度改革的声势。2000年,全区人才市场共接待求职人员1460人,实现交流128人,另有一部分人办理了挂编存档。

信息调研 1998年6月,《上饶人才信息》创刊,发布人才供求信息。辟有“领导论坛”“工作动态”“咨询热线”“异域风采”“伯乐信箱”“人才俱乐部”等专栏。创刊当年,发布供求信息50余条,为5家企业牵线搭桥,选聘人才30多人。

1996年对全区人才资源进行调查,通过调查发现的问题是:一是总量不足。全区人才总量10.21万人,按人口总数630万测算,平均每万人拥有人才162人,分别低于全省每万人拥有人才249人和全国平均368人的水平。二是总体素质偏低,老化、断层现象比较严重。大专以上学历人数4.9万人,中专(含高中)4.7万人,高中以下0.61万人。在副高以上职称人才中,35岁以下占总数2.26%,50岁以上占41.4%。三是结构不合理。表现为“四少四多”:乡镇基层人才少,地、县(市)属单位人才多。企业人才少,事业人才多。农、林、水人才少,文教卫生多。高层次人才少,低层次多。四是人才开发力度不大,思想观念不够解放,人才闲置、浪费,学非所用较突出;人才流失严重,主要流向上海、广东等东南沿海经济发达地区,即所谓“孔雀东南飞”。五大支柱产业(仪器建材、有色金属、食品、机电、轻纺和农业)所需人才短缺。

人才开发 1997年,对全区人才资源进行普查,将时有人才底数、分布状况、学历层次、职称等级、专业结构等资料输入微机,建立人才信息库。对硕士学位以上毕业的高层次人才和需要的紧缺人才,实行倾斜政策,打破地域身份界限,广招人才。1998年出台《上饶地区1996~2010年人才资源开发规划纲要》,加速人才市场建设和人才资源总体开发,在与区内外大中专院校联合办学,加速人才培养的同时,建立“政府控制、行业指导、单位自主、个人自觉”的培训机制和体系。当年7月2日,在全区人才交流中心主任会议上,协调了人才市场运作机制,规范了人才市场管理的措施。2000年强化人才市场运行机制建设,以人才市场为依托,加大人才资源整体性开发。3月开展全区“人才调查月”活动,扩大人才市场覆盖面和渗透力,收集供求信息和人才结构情况。至2000年年底,全区人才总量15.3万人,每万人拥有234人,人才与人口的比例为1:43,与国家提出的2000年人才与人口以比例各达到1:19有较大差距。

第三节 干部管理

推行国家公务员制度 1994年,地区人事局实施推行公务员制度前的骨干培训、宣传及考核工作,有59人参加首期业务骨干培训,万余名干部参加年度考试。1995年加快步伐,为将现有机关工作人员向国家公务员过渡做好准备。人事部门出台《上饶地区国家公务员过渡实施方案》,明确其范围对象为:一、机构改革后设立的各级国家行政机关中除工勤人员以外的工作人员。二、其他行使国家行政职能,从事行政管理活动的单位中除工勤人员以外的工作人员。上述工作人员包括在国家行政机关中从事党群工作的人员。三、省下达计划内的乡镇机关聘用制干部并且在行政岗位上的人员。凡实行国家公务员制度的单位不得实行企业、事业单位的职称、工资及奖金等人事管理制度。根据《国家公务员考核暂行规定》,全区有9100余名机关工作人员参加年度考核,有2.35万余名行政机关和行使行政职能的事业单位工作人员参加了日常考核。同时组织全区党政群机关和部分企事业单位工作人员参加国家公务员百题知识竞赛,参赛实际人数达16789人。各县(市)动作一致,办班1~2期,培训业务骨干。为与推行国家公务员制度相衔接,对新设机构进人,严把"进口关"。

1996年,《关于上饶地区现有行政机关工作人员向国家公务员过渡实施办法》出台,明确地提出过渡的基本原则,范围对象,步骤程序,纪律要求,在实施机构改革的同时,实施公务员制度。7月26日,全区统一进行时有人员过渡考试,地委、行署、地区人大工委、地区政协工委及各县(市)六套班子成员,凡在家的都参加考试。9月9日,召开全区推行国家公务员制度和参照管理实施工作会议,下发《关于认真做好现有行政机关工作人员向公务员过渡资格审查的通知》、《关于进行地直行政单位职位分类工作统计、审核备案等有关问题的通知》,过渡考试、过渡考核、过渡资格审查,进行职位分类等项工作及实施公务员制度有关单项法规全面展开。是年,地区人事局、编委办、劳动局、信访办、司法局等五部门首次面向社会,打破地域身份界限,共择优录用公务员7名。

1997年实行定量考核,结合日常考核,科学地量化考核标准。地直党政机关有1439人参加考核,获优秀165人,称职1274人。进一步规范公务员录用制度,严格把好机关工作人员"进口关"。8月18日行署,向全区下发《关于严格控制应届大中专毕业进入国家行政机关的通知》,补充机关工作人员,坚持考核考试,引入竞争机制,双向选择,择优录用,并完成公务员职位设置,选配人员,颁发证书的工作。1998年,加大培训工作力度,以提高国家公务员、专业技术人员、经营管理人员三支队伍素质,仅地直机关公务员,即办培训班6期,共培训616人。1999年—2000年,为使选拔人才与优化结构相结合,促使全区公务员的专业结构、文化结构、年龄结构更趋合理,一是实行多层面考核,扩大参加年终考核民主测评和推荐范围。二是扩大考核触角,既重视八小时之内的工作情况,又注意八小时之外的生活和社会交往。三是净化民主测评、推荐的环境,形成良好的用人导向。四是公示考核结果。坚持"公开、平等、竞争、择优"原则,完善考核录用制度,面向社会,公开考试,严格考察,把好公务员进口关,加强编制管理,控制人员总量增加。

至2000年年底,共考试录用公务员185人。

1998年—2000年全区公务员培训人数一览

表28-1-1

年 份	公务员初任培训(人)	公务员任职培训(人)	公务员计算机培训(人)
1998	254	97	1250
1999	480		1840
2000	120		

1998年10月20日,在全省纪念《国家公务员暂行条例》颁布实施5周年大会上,王福娇(上饶市商业局局长)、刘江南(铅山县汪二乡乡长)、乐新荣(万年县公安局治安科长)、秦接桃(波阳县工商局局长)、汪美根(婺源县公安局户政科长)、张跃平(德兴市经贸委主任)、江浩生(地区民政局优抚科长)、方爱国(余干县古竹乡党委书记)、姜盛林(上饶县姚坪乡党委书记)、郑兴贵(横峰县委办副主任)、谢冬火(广丰县委信访办主任)、胡启孝(弋阳县纪委副书记)等被评为"人民满意的公务员"(机关工作人员)。1999年,开展"人民满意的公务员"活动,有10人受到全区通报表彰,获得荣誉证书。2000年有3人获江西省"人民满意的公务员(机关工作人员)"称号,婺源县江湾镇党委、上饶地区水利局获"人民满意的公务员"集体称号。

全员合同聘用制试点 1998年,根据江西省人事厅《关于在事业单位实施全员合同聘用制试点工作的通知》,成立上饶地区实施事业单位全员合同聘用制试点工作领导小组,决定地直单位和各县(市)先试点,后铺开。上饶师范专科学校和上饶地区水利电力勘测设计院为地直试点单位。通过试点,以逐步建立符合各类事业单位特点的"政事职责分开,单位自主用人,人员自主择业,政府依法监察,科学分类管理"的人事管理制度,定编定岗,聘任上岗,合理分流。地区水利电力勘测设计院是具有国家水利电力乙级设计、咨询及施工总承包资质的差额拨款单位。经过改革,全院94人中,竞争上岗86人,落聘8人。分配上,将工资与岗位考核和生产挂钩,受聘人员均下浮工资总额的20%,按考勤、质量及任务完成等情况发放。内退人员按工资总额的80%发放。待岗人员发工资的固定部分。德兴市在教育系统全面推广全员合同聘用制,并将"校长负责制,教师聘任制,工资结构制"作为各类学校内部管理体制改革的重点。

企业用人优化组合 1992年4月,地区人事局出台《深化企业人事制度改革的几点意见》,迈开全区企业单位人事制度改革的步伐。通过改革,各类企业均打破长期存在的干部与工人的界限,实行双向选择,优化组合。不论是干部还是工人,只有岗位的不同,没有身份的差别,在什么岗位,享受什么待遇。企业管理人员,经考聘、选聘、招聘三条途径选拔,干部能上能下,工人能进能出,收入能高能低。人事安排建立"竞争、激励、制约"机制,"优胜劣汰",企业单位引入竞争机制改革人事制度后,分配制度同时进行改革,打破平均主义,端掉"大锅饭"。地区五交化公司在人事上实行三项改革:一是用工制度实行全员劳动合同制,破除干部、工人、合同工界限,一律竞争上岗,择优录用;未上岗的转入待岗培训,内部待业。二是干部实行聘用制,用人讲效益,只要懂管理、善经营、有能力,不分干部或工人,不管资历深浅,均能重用。三是破除等级工资制,按劳分配,强化风险意识,分配与效益挂钩。

提拔任用公示制 1999年,地委各部门、地直各单位科级干部提拔任用开始实行公示制。6月份,先在地区农业局、水电局开展试点,根据本单位民主推荐和内设机构职位空缺情况,商定提拔干部人选，成立考察组，对人选的德、能、勤、绩进行考察，然后在领导班子或党组会议上酝酿，形成人选任职意见，上报主管部门。主管部门按规定程序酝酿后，将意见反馈回来，本单位将符合条件的人选，分年龄、学历、工作经历、任职方向等情况，向全体干部职工公示，征求群众意见。公示后，没有反对意见，即由主管部门正式任命。

公开选拔副县级领导干部　1999 年 6 月，地委决定采取组织推荐，群众举荐，个人自荐与考试考核相结合的办法，面向社会公开选拔 8 名副县级领导干部。其职位为地委政策研究室副主任，地区精神文明办副主任，共青团地委副书记，地区体育运动委员会副主任，地区科学技术委员会副主任，地区乡镇企业局副局长，地区计划委员会副主任，地区文化局副局长。7 月 2 日，《上饶日报》刊登了选拔公告。根据条件和资格，全区共有 675 人报名，其中非中共党员 30 人，妇女干部 50 人，具有高级职称者 17 人。报名者中，上饶市 21 人，上饶县 44 人，广丰县 61 人，玉山县 50 人，铅山县 58 人，横峰县 33 人，弋阳县 36 人，波阳县 33 人，余干县 36 人，万年县 40 人，德兴县 38 人，婺源县 30 人，地直单位 195 人；至报名最后一刻，报名者增至 704 人。经完成推荐报名、资格审查、统一笔试、面试答辩、组织考察、决定任命等 6 道选拔程序后，选中任用的 8 名副县级领导干部名单，均向社会公布。

乡（镇）机关人员分流　1996 年下半年开始进行，乡（镇）精简机构、人员分流工作。1999 年 7 月 9 日，地委、行署下发《关于全区乡镇机关人员分流工作的意见》（饶发〔1999〕19 号）。10 日，地委听取有关部门关于全区乡（镇）机关人员状况的调查汇报。调查表明，全区 285 个乡（镇）共有机关人员 18497 人，比定编数多 9943 人；其中国家干部、招聘干部等在编人员 10359 人，占总数的 56%；自聘人员、临时工不在编制的人员 8138 人，占总数的 44%。由于乡镇人员过多，财政负担过重，在一定程度上制约农业和农村的发展，增加农民负担，影响乡（镇）机关的办事效率。为加强领导，成立上饶地区乡（镇）人员分流工作领导小组。

根据“坚决、稳妥、扎实、有效”的方针，按照“清退、归位、分流”的原则，地区人事局在横峰县司铺乡进行分流试点，各县（市）试点工作也先后铺开，2000 年年底，有 83 个乡（镇）共分流 3646 人。其中清退自聘人员 1797 人，归位事业编制 1347 人，分流行政干部 502 人（转岗服务，创办示范服务基地）。对分流人员实行“三保”：保基本工资、保编制、保职级待遇。上饶县黄沙岭乡用创办示范服务基地的办法，实行人员分流，有 30 名干部（占实有人员的 56%）另立锅灶，创办水产、农业技术服务、企业劳动服务、地产等 4 个公司（示范服务基地）。被分流者保留干部待遇。

第二章　机构编制

第一节　编制管理

上饶地区机构编制委员会办公室，受机构编制委员会委托，全权管理并审核全区各级党政机关、人大政协机关、法院检察院机关、各群众团体机关、各党派机关和地区本级事业单位的机构设置，内设机构设置，编制核定，职能配置及调整。管理全区各级机关的行政编制，政法专项编制，计划单列的转业军官安置编制，地区本级事业单位的事业编制。在省下达的总编制数额内,负责核定各县(市)和各乡(镇)的行政编制总数,负责审核地直各党政机关、人大政协机关、各群众团体机关、法院检察院机关、各党派机关的编制及日常管理工作。1991 年,建立地直行政事业单位"进人核编"制度,凡满编超编单位,一律不开"核编通知单",以对超编现象进行控制。至 2000 年年底,地区本级党政机关共设置 45 个,其中党委机关设置 6 个工作部门,政府工作部门设置 39 个,实有人数 1491 人。有 17 个具有行政职能单位但未使用行政编制,分别是:档案局、党史办、党校、上饶日报社、地委讲师团、三清山风景名胜管理委员会、机关服务中心、房改办、对外经济技术合作办公室、农业开发办公室、技术监督局、旅游局、接待处、文联、残联、社联、科协,共有人员 554 名。行署设有办事机构 3 个,分别为信访办、外事侨务办、法制办,共有人员 29 名。

第二节 机构改革

地直党政机关机构改革 1995 年,省委、省政府批准下达《关于上饶地区党政机构改革方案的通知》(〔1995〕181 号)。1996 年 5 月 6 日,召开地直党政机构改革动员大会,行署专员陈达恒宣布关于实施地直党政机关机构改革总体方案;副专员陈椿年就地直机关如何搞好"三定"工作做布置,全面铺开机构改革工作。各单位按照总体部署,落实"三定"(定职能、定机构、定编制)方案。此前,根据中共中央〔1993〕7 号文件《关于党政机构改革方案的实施意见》精神,完成了一系列的准备工作:一是围绕"精简、统一、效能"的原则,开展调查研究,听取群众意见。二是派人到兄弟地(市)取经,为本地区各部门"三定"方案的制订有所借鉴。三是专门召开各县(市)分管领导及地直各单位主要负责人会议,提高认识,统一思想,增强责任感。改革中,为妥善安置机关富余人员,采取六条措施和办法:一是坚决清退各种临时人员和借调人员;二是按照转变职能的要求,将有关事业属性和专业经济部门成建制转为事业单位和经济实体;三是结合自身的业务特点和机关各类专门人才的情况,鼓励部分工作人员走出机关,创办第三产业;四是将富余人员充实到事、企业单位并尽可能充实到实体性公司或自收自支、企业化管理的事业单位;五是选派一部分优秀干部到基层锻炼或任职;六是严格执行离退休制度,对已到离退休年龄的,按规定及时办理离退休手续,本人自愿,经组织批准,可以提前 1～5 年办理离退手续,也可提前办理离岗手续,离岗期间可享受本人在岗时的政治、生活福利待遇,待到离退休年龄后,再按规定办理离退休手续。在机构改革中,为保证编制分配准确合理,注意了"六个结合",即:结合单位职能配置,结合单位现有人员现状,结合上级对口单位编制核定情况,结合本省兄弟地区对口单位编制分配意见,结合各单位原有编制数,结合精简、调整的总要求。至 1997 年 3 月底,地直党政机关共设置 45 个工作部门,比改革前的 78 个减少了 33 个,精简 42.3%,其中党委机构由 13 个减至 6 个,减幅达 53.84%;行署机构由 65 个减至 39 个,减幅达 40%;行政编制由 1422 人,减为 1100 人,减幅达 22.64%,是历次改革中减幅最大的一次。

县(市)党政机关机构改革 1992 年,对全区 281 个乡(镇)进行机构现状问卷调查,为地方机构改革做准备,同时完成了全区农技、畜医、经营、农机、水产等农村五站 1106 个机构现状的调查和 5911 名编制的测算工作。作为试点单位,德兴市率先在全省进行了机构改革,实行市、乡(镇、场)班子优化组合,精简乡、镇(场)内设机构 154 个,实行双向选择聘任制,市直机关合署办公。市直党政机关由 79 个减为 34 个,减少 57%;内设机构由 258 个减为 98 个,减少

62%；人员编制由910人减为525人，减少42.3%；领导职数由204人减为129人，减少36.3%。各单位按三定方案开始正常运转。玉山县也开展了试点。改革后，县党政群机构由91个减为36个，精简60.4%；在职人员由1021人核减为600人，减少45.2%；内设机构由250个减为113个，减少54.8%。财政全额拨款单位由185个减为109个，减少41.1%；财政差额拨款单位由210个减为160个，减少25.8%；自收自支和企业化管理单位由31个增为39个，增加25.8%；有3个事业机构转为企业单位。1993年，地区人事局配合省编委抓德兴市、玉山县两个县级机构的改革试点，将其经验概括为四条：一是理顺关系，撤并机构，合署办公。二是扩大乡镇（场）职权，将驻乡事业单位下放乡（镇）管理。三是转变职能，将适宜改为事业或企业的经济管理部门从政府划出，开办服务性经济实体，与财政脱钩自养。四是优化组合，让主要负责人"组阁"，赋予权力和责任，促使班子队伍精干。1994年、1995年，对德兴市、玉山县机构改革试点工作进行跟踪调查，掌握改革后的机构、职能运转情况，为全区县级机构改革打基础、定对策。1996年，玉山县乡（镇）党政机构改革后，一类乡（镇）设5个综合办公室（党政、农业、社会事务、计划生育、政法）；二类乡（镇）设两个办公室（党政、计划生育）和若干助理员；三类乡（镇）设一个办公室和若干助理员。余干县定为一类乡（镇）6个，内设党政、财经、社会事务、乡村建设、科教文卫5个办公室；二类乡21个，内设党政、财经2个办公室和乡村建设、计划生育、科教文卫专职助理员；三类乡3个，内设党政办公室和若干助理员。

政企合一行政部门建制改革　1992年5月19日，首批推出的改行政局为经济实体的单位是具有政企合一性质的，地直有9个部门：商业局、供销社、物资局、粮食局、外贸局、建筑公司、煤炭冶金局、电力工业局、二轻工业局。5月25日，地委、行署召开动员大会，动员、部署各级机关尤其是地直机关进一步解放思想、转变职能、改进作风，更好地为改革开放服务，为经济建设服务。8月17日，地委、行署批转《地直部分经济管理部门转变职能试点方案》（饶发〔1992〕24文件），明确商业、供销、粮食、物资、外贸、二轻、建工、煤冶、电力等9个地直单位转为经济实体。地区人事局为贯彻地委饶发〔1992〕24号文件，结合人事政策，及时出台《关于贯彻地委饶发〔1992〕24号文件的实施意见》，就9个转变职能单位的改制工作，从职称、人员调配、编制管理、离退休人员待遇等4个方面提出具体意见。其主要内容是分清职能，认定界限，明确待遇，推进改革。上饶地区商业局是实行建制改革力度较大，且不断深化的单位。同年组建地区商业总公司，商业局由原单一的行使行政管理的职能转变为经济实体，实行一个领导班子，挂两块牌子。既行使商业行业管理职能，又有经济实体任务。1993年，地区商业总公司与地区财政局签订1993年—1995年总承包经济责任制合同书，实行"核定基数，超收全留，冲销挂账，歉收自补"承包方式，财政不拨行政、事业经费，成为全区首家与财政"断奶"的单位。1997年，经行署同意，地区商业总公司经营国有商业资产。2000年，地区商业总公司组织上饶商贸集团，开展资产重组，债务清理和职工身份置换，实现地直国有商业资本优化配置和人员合理流动，10月间，上饶商贸集团正式投入营运。

余干县将专业经济部门改为经济实体和服务实体，其行政职能集中到政府有关部门实行综合管理。政府不干预企业的经营活动，对企业只管"四个一"：管一个厂长（经理）、管一份承包合同、管一本资产保值增值账、管企业一年工资总额。政企分开后，企业发展自主权逐渐加强，由过去单纯依靠政府向"不找县长找市场"转变；企业真正成为自主经营、自负盈亏、自我发展、自我约束的社会主义商品生产者和经或者。

第三节　事业单位法人登记管理

根据江西省人民政府办公厅转发省编委《关于全省开展事业单位法人登记工作的报告的通知》(赣府厅发〔1996〕40 号)、江西省机构编制委员会《关于事业单位法人登记工作的实施意见》(赣编发〔1996〕64 号),1997 年 6 月 26 日,行署副专员、地区编委副主任陈椿年主持召开事业单位法人登记工作协调会议。动员深化事业单位机构改革,推进事业单位的社会化进程。实施事业单位法人登记工作事业单位法人登记工作包括登记的范围、登记事项、设立登记、变更登记和注销登记,公告、年检和证书管理,监督与管理、组织领导等。各级机构编制部门(地、县、市)是事业单位法人登记和事业单位登记的主管部门,按照"统一领导,分级管理"的原则,分别负责本地区所属各类事业单位法人界定、登记及其证书的颁发工作。至 2000 年年底,地直本级共登记事业法人单位 183 个,事业单位 51 个。

1997 年—2000 年地直本级事业法人单位登记一览

表 28－2－1　　单位:个

年　份	登记事业法人单位	事业单位
1997	157	47
1998	20	3
1999	6	1
2000	10	—

第三章　干部队伍

第一节　人员和结构

1991 年,全区干部总人数为 76725 人,其中大专以上文化占 26.4%,高中(含中专)文化占 54.3%,初中以下文化占 19.3%。各类专业技术人员共 47167 人,占干部总人数的 61.5%。在年龄结构上,35 岁以下占 44.6%。36～45 岁占 31.6%,46～54 岁占 19.8%,55 岁以上占 4.0%,中共党员占 49.1%。2000 年干部总数比 1991 年增加 1.46 倍左右,结构更有很大变化。全区干部人数为 111942 人,其中专业技术人员 75133 人,占 67.1%。大专以上文化占 40.1%,高中(含中专)占 52.0%;初中以下占 7.9%。35 岁以下占 46.2%,36～45 岁占 27.3%,46～54 岁占 19.4%,55 岁上占 7.1%;党员占 36.4%,干部的知识化、年轻化趋势明显。在分布上,2000 年机关干部人数占总人数 19.8%,比 1991 年减少 9.3 个百分点;事业占 68.4%,比 1991 年增加 11.1 个百分点;企业占 11.8%,比 1991 年减少 1.8 个百分点。按照中央和省委关于培养选拔年轻干部的要求,各级组织人事部门加大了工作力度和工作进程,使一批年轻优秀的干部走上了各级领导岗位,改善和优化了各级领导班子的年龄结构和文化结构。

1991 年—2000 年部分年份全区干部人员结构一览

表 28－3－1　　单位:人

年　份	总人数	总人数中专业技术人员	党员	文化结构			年龄结构			
				大学以上	高中（中专）	初中以下	35 岁以下	36－45 岁	46－54 岁	55 岁以上
1991	76725	47167	37745	20261	41648	14816	34257	25230	15227	6354
1995	91022		35347	28317	50805	11900	44001	22077	17735	7209
2000	111942	75133	40751	45705	58650	7587	51767	30625	21697	7855

1991 年、2000 年全区干部分布所占比例一览

表 28－3－2　　单位:%

年份	总人数（人）	机关	事业	企业	地区、县（市）	乡镇	工业	农林水牧	财贸	外贸	交通运输	党群	其他
1991	76725	29.1	57.3	13.6	81.6	18.4	4.5	8.8	7.3	0.3	1	4.4	73.7
2000	111942	19.8	68.4	11.8	69.8	30.2	2.1	8.8	4.7	0.2	1.1	5.4	77.7

自 1954 年开始办理干部退休、1980 年开始实施干部离职休养制度以来,1990 年年底,共有离退休干部 15055 人(其中离休 2734 人)。2000 年底,离退休人员已达 89348 人(其中离休 3516 人);另有领取定期生活费的退职人员 1612 人。

1991 年—2000 年,全区总调配人数 20779 人,其中行政调动 5013 人,调动事业单位 9714 人,调动企业单位 4202 人,外省市调动(调出本地区范围)1760 人。

1991 年—2000 年全区干部调配情况

表 28－3－3　　单位:人

年　份	合　计	行政调动	事业调动	企业调动	外省市调动
合计	20779	5103	9714	4202	1760
1991	2698	517	1116	807	258
1992	2568	635	976	769	188
1993	1844	510	641	512	181
1994	1868	417	1055	300	96
1995	2035	580	1085	233	137
1996	2491	496	1554	349	92
1997	1805	516	737	276	276
1998	1481	370	770	262	79
1999	2246	560	1256	239	191
2000	1743	502	524	455	262

1999 年—2000 年,共选拔高校毕业生下基层锻炼 279 名,主要去向是到农村基层支教、支农、支医、扶贫、当"村官"。1999 年,经过本人自愿申请,学校严格审核评议,组织推荐选拔等程序,39 名上饶师范专科学校应届毕业生被确定为全区首批由地委组织部和高校直接派遣到乡村的大学生"村官",分别担任村党支部副书记、村委会副主任、民兵营长、妇女主任、团总支书记等职务,享受乡镇国家干部同等待遇。他们中 70% 以上是中共党员或校系学生干部。2000 年,婺源县开始启动"一村一名大学生"人才工程,有 27 名优秀大学生,已走上村委会工作岗位。

大中专毕业生就业实行双轨制后,仍有部分全日制毕业生通过统分统配就业。1998 ~ 2000 年 3 年间,毕业生人数 19325 人,就业 11065 人,占 57.2%。其中,1998 年就业 5165 人,占毕业数 80.7%;1999 年就业 3015 人,占 43.4%;2000 年就业 2776 人,占毕业数 43.5%。

优秀退役运动员安置,1994 年 4 人,2000 年 3 人。

第二节 军队转业干部安置

1991 年—2000 年,全区共接收安置军队转业干部 835 人。其中,团职 109 人,营职 299 人,连排职 258 人,技术人员 169 人。安置去向:中直、省直单位 122 人,行政机关 648 人,事业单位 48 人,企业 17 人。同时,安置随调家属 208 人。军转工作注重抓落实,人事部门每年要派出领导干部和工作人员到各县(市)和地直单位走访,同接收单位和军转干部座谈,倾听意见和建议,坚持指令性分配与推荐选用、供需见面的双向选择相结合的原则。面对机构改革后各单位实行"三定"和一些企业效益不好而带来的"安置难"问题,加强与有关部门的配合和宣传力度,多方协调,达到接收好、安置好、培训好、使用好的要求。为提高军转干部的行政管理能力,改善知识结构,了解社会主义市场经济,了解上饶地情,各人事部门同时做好岗前培训,办好军转干部培训班。1998 年,上饶地区军队转业干部培训中心建成,12 月 18 日顺利开业,从此,全区军转培训工作有了基地。1996 年,上饶地区军队转业干部安置工作在全省和全国获得好评,地区人事局先后被评为全省和全国军转安置工作先进单位。

1991 年—2000 年全区军队转业干部接收安置情况

表 28-3-4 单位:人

年份	接收安置数					安置去向				
	小计	团职	营职	连排职	技干	小计	中直省直	行政	事业	企业
合计	835	109	299	258	169	835	122	648	48	17
1991	41	4	15	11	11	41	8	25	8	
1992	44	4	16	12	12	44	16	23	3	2
1993	90	6	26	42	16	90	23	55	6	6
1994	84	9	29	28	18	84	14	55	9	6
1995	69	9	21	22	17	69	9	55	4	1
1996	67	10	22	23	12	67	10	53	3	1
1997	67	9	19	21	18	67	12	50	4	1

续表 28－3－4

年份	接收安置数					安置去向				
	小计	团职	营职	连排职	技干	小计	中直省直	行政	事业	企业
1998	87	13	29	26	19	87	7	74	6	
1999	137	19	56	34	28	137	13	122	2	
2000	149	26	66	39	18	149	10	136	3	

第三节　聘用与录用

继续推行聘用制和考试录用干部的制度。在录聘用工作中，引进竞争机制，坚持公开、平等、择优的原则。1991 年—2000 年，全区共聘用（聘干）5266 人；包括事业、企业单位，乡（镇）专职武装干部，农垦系统及农业五站，农计员，大学毕业及“五大”毕业生等。录用干部 5300 人，其中包括民办教师转国家正式教师，即民办教师转编 4482 人，其他为政法机关、计划生育机关、人民武装部门所录用的人员。

陈实是铅山县石塘乡农民。1987 年冬，率先办起全县第一家家庭养蚕场，种桑 0.4 公顷，养蚕 47 张，收茧 100 多千克，当年收入 2000 元。第二年，他发动亲戚和邻居共 17 户，投资扩种桑树 2.53 公顷，养蚕 1007 张，收茧 5000 千克，收入 3 万元。附近农民都向他求艺，他毫无保留地传授养蚕技术，采取自愿入股办法，组织全县第一家蚕桑合作社，入社农民 402 户。他带领群众共同致富的精神和组织才干，被县委、县政府看中，破格录用他为干部，并担任县蚕桑工程办公室副主任，享受同级国家干部待遇。

1991 年—2000 年全区录聘干部情况

表 28－3－5　　单位：人

年　份	类　别	人　数	政策文件依据
1991	聘用	971	赣人考发〔1991〕8、9 号
	录用	68	赣人考发〔1991〕10 号
1992	聘用	2069	赣人录发〔1992〕3 号
	录用	410	赣计综字〔1992〕15 号
1993	聘用	104	赣人才发〔1993〕5、2 号
	录用	615	赣人录发〔1993〕4 号　赣教人字〔1993〕38 号
1994	聘干	235	赣人录发〔1994〕4 号
	录用		
1995	聘干	53	赣人录发〔1995〕1 号
	录用		

续表 28－3－5

年 份	类 别	人 数	政策文件依据
1996	聘干	115	赣组通〔1996〕56 号
	录用	1691	赣人录调发〔1996〕1、2 号 赣教人字〔1996〕13 号
1997	聘干	242	赣人发〔1997〕24、48、49 号
	录用	946	赣人字〔1997〕93、97、209 号
1998	聘干	258	赣人发〔1992〕3 号 赣人考发〔1991〕8 号
	录用	1375	赣人发〔1998〕13、15、37、41 号
1999	聘干	383	赣人考发〔1991〕8 号 赣人录发〔1992〕3 号
	录用		
2000	聘干	836	赣人考发〔1991〕8 号 赣人录发〔1992〕3 号
	录用	195	赣人字〔2000〕93 号

第四节 非领导职务

依据政策条件，1991 年全区确定为正副主任科员 4068 人，其中地直 321 人，县(市)3747 人。1992 年正副主任科员 5013 人，其中地直 517 人，县(市)4496 人。1993 年正副主任科员 6092 人，其中地直 720 人，县(市)5309 人，科员 875 人。1994 年—1996 年，因准备推行公务员制度，基本停止了审批非领导职务的工作，只按赣人核发〔1995〕2 号文件精神审批极少量以工代警录干人员的非领导职务。1991—1999 年期间，非领导职务称“一般行政职务”。1997 年完成公务员过渡工作，行政机关都进行职位设置，使非领导职务的申报和审批进一步规范，层次分类更细。

1997 年—2000 年全区干部队伍中确立的非领导职务人数情况

表 28－3－6 单位:人

年 份	区域	调研员	助理调研员	主任科员	副主任科员	科员	办事员
1997	地直	17	14	92	49	352	12
	县(市)			1274	440	4278	828
	乡(镇)					1451	1005
1998	地直	17	43	102	65	336	12
	县(市)			1274	440	4335	771
	乡(镇)					1517	939

续表 28－3－6

年　份	区域	调研员	助理调研员	主任科员	副主任科员	科员	办事员
	地直	9	30	107	82	285	18
1999	县(市)			1020	73	4209	716
	乡(镇)					1429	731
	地直	7	29	101	90	203	40
2000	县(市)			1227	411	3738	695
	乡(镇)					1531	966

第四章　专业技术人员

第一节　基本情况

1990年代,全区专业技术人员队伍不断壮大,1991年达41705人,其中工程2520人,农业996人,卫生7448人,科研82人,教学30659人。至2000年年底,已达58196人,其中工程4182人,农业1712人,卫生10526人,科研96人,教学41580人。1997年,全区掌握1～2项实用技术人员有20万人。同年,对2807个事业单位的专业技术人员69752人进行了普查,建立了专业技术人员资料库。同时加强以培养和造就跨世纪学术、技术带头人为重点的专业技术人员队伍建设,选拔推荐中青年学术、技术骨干进入"百千万人才工程",开展享受国务院和省人民政府特殊津贴人员的选拔、推荐工作。至2000年底,全区享受国务院特殊津贴的有37人,其中工程23人,农业4人,卫生5人;享受省人民政府特殊津贴的21人,其中工程11人,农业2人,卫生5人。享受国务院特殊津贴人员,1994年以前批准者,每人每月领取津贴100元;1995年后批准人员一次性领取津贴5000元。享受省政府津贴者,1994年前批准人员每人每月领取津贴50元;1994年后批准者,一次性领取津贴3000元。

专业技术人员继续教育培训:1998年2258人,1999年4720人,2000年5100人。科技技术人员计算机培训:1998年462人,1999年2760人,2000年3200人。

1991年—2000年全区各类专业技术人员一览

表28－4－1　　单位:人

专业	1991年	1992年	1993年	1994年	1995年	1996年	1997年	1998年	1999年	2000年
合计	41705	41839	42674	44159	48259	50829	55499	57612	66025	58196
工程	2520	2595	2975	2841	3069	3654	3831	3929	4734	4248
农业	996	967	1135	788	1103	1115	1301	1448	1515	1712
卫生	7448	7249	7373	7528	7838	8245	8864	8928	11175	10526

续表 28－4－1

专业	1991 年	1992 年	1993 年	1994 年	1995 年	1996 年	1997 年	1998 年	1999 年	2000 年
科研	82	69	43	37	52	62	87	65	62	96
教学	30659	30959	31148	32965	36197	37753	41416	43242	48539	41850

第二节 职称评聘

1988 年,全区事业单位实行专业职称聘任制,获高级职称 324 人,中级职称 3450 人,初级职称 6482 人。1990 年成立上饶地区职称改革领导小组,其办公室设在地区人事局职称职位科,领导小组由行署副专员陈椿年任组长,各有关部门领导为成员。1991 年,对已聘任技术职称的专业技术人员 4 万多人进行德、能、勤、绩四方面的考核,考核结果是:优秀占 15.79%;称职占 80.72%;基本称职占 13.17%;不称职占 0.29%。同年,组织 3095 人参加专业技术职务外语考试,发合格证 2146 份,占 76.7%,组织 4440 人参加全国经济员考试,迈出了“以考代评”职称改革的步伐,使职称评聘向正常化、规范化、制度化发展。1993 年办理申报 11 个系列高级专业技术职务资格 224 人(其中事业单位 208 人,企业单位 16 人),审批 16 个系列中级专业技术职务任职资格 1230 人(其中事业单位 1137 人,企业 93 人),助理级 3675 人,员级 1425 人。组织两次共 2751 人参加的外语考试,其中高级 321 人,中级 2074 人,初级 356 人,完成 6692 人的经济专业考试的报名和资格审查工作。完成会计专业 6858 人,审计专业 126 人的考试工作。1994 年,随着专业技术职务评聘工作正常化,以考代评及聘后管理成为重点,全区均建立专业技术人员《管理册》,为科学、合理的设置岗位职数提供依据。同年组织各类考试两万余人次,其中有全国经济系列 20 个专业资格考试 6800 余人,全国工商经济和国际商务师 5000 多人。此外,组织考试的还有:21 个系列无规定学历人员 2760 人(其中卫生局系统 1600 人,会计资格 700 余人)。1995 年组织 3488 人参加的专业技术人员外语考试,合格者均发证。组织 5031 人参加全国经济系列资格考试,3359 人无规定学历人员资格考试,财政、审计、统计等部门对参加资格考试的 5400 人进行资格审查,完成对 2886 名中级以上职务指标的资格审查及人员上报。1996 年完成对 3886 人专业技术资格审查(其中高级 308 人,中级 2771 人,民师 807 人),审查方式改以往由各地上报为分赴各县市就地审查。组织 2900 人参加经济系列资格考试,3500 人参加专业技术人员外语考试。选择上饶师范专科学校、上饶地区人民医院、上饶县罗桥中学等三个单位,开展专业技术人员聘后管理试点。1997 年完成 1996 年度 2984 人高、中级职称的评审(其中高级 409 人),高级职称在省职改办评审通过率为 95.5%,居全省各地、市之冠。用抽签方式产生中级职称评委,确保职称评定公平、公开、公正。1998 年完成 1997 年度高级职称 396 人和中级职称 2456 人的资格审查。增加地区水电勘测设计院,广丰县中学为专业技术人员聘后管理试点单位,试行择优聘任,竞争上岗。2000 年加大了专业技术职务评聘的改革力度,打破专业技术职务终身制,职数管理由下达岗位控制数改为实行结构比例管理,实现由身份管理向岗位管理的转变。根据有关政策,2000 年,非公有制企业人员参加职称评审。同年,非公有制单位评审 1 人。

1991 年—2000 年全区评审、认定、考试取得职称人数一览

表 28－4－2 单位:人

类　别	高　级	中　级	初　级
评审	3931	20418	28426
认定	—	987	2963
考试	—	4226	11993

1991 年—2000 年全区事业单位职称评定人数一览

表 28－4－3 单位:人

类　别		1991 年	1992 年	1993 年	1994 年	1995 年	1996 年	1997 年	1998 年	1999 年	2000 年
评定人数	评审	—	5031	5674	—	6766	5775	5203	6572	7664	4573
	认定	—	—	—	—	—	—	—	—	—	6831

1991 年—2000 年全区企业单位职称评定人数一览

表 28－4－4 单位:人

项目	1991 年	1992 年	1993 年	1994 年	1995 年	1996 年	1997 年	1998 年	1999 年	2000 年
评　审	—	202	191	—	163	145	97	67	43	38

说明:职数管理由企业自主评聘

第三节　科技下乡

1991 年—2000 年,人事和科技部门重视发挥专业技术人员“第一生产力”的作用,组织他们送科技下乡进户,为振兴上饶经济服务。方法是定人员、定任务、定时间,形式是技术咨询、技术承包、现场技术示范、送科技资料、播放录像等等。内容是积极发展本地特色农业、农林副渔齐头并进,综合开发,增产增收。1994 年—2000 年,组织专业技术人员送科技下乡进户 6919 人次,其中具有高级职称 170 人次。

1994 年—2000 年全区专业技术人员情况

表 28－4－5 单位:人

项　目	1994 年	1995 年	1996 年	1997 年	1998 年	1999 年	2000 年
职称人数	886	842	921	1162	1282	1710	1816
其中高级职称人员	18	19	20	22	25	28	38

第五章 工资福利

第一节 工 资

工资制度改革 1993年,根据国务院和省人民政府有关政策,对全区机关事业单位工作人员和离退休人员进行工资制度改革。参加工改的在职工作人员共108215人,每月共增资1002万元,每人每月人均增资96.74元。其中,行政机关36682人,每月共增资260.6445万元,人均增资106.86元;事业单位81883人,每月共增资739万元,人均增资101.45元。参加工改离退休人员共17913人(其中离休人员1712人,退休人员16201人),每月共增资131.0774万元,人均增资73.17元(离休人员每人每月增资170.38元,退休人员每人每月增资62.90元)。其中行政机关离退休人员共5601人(离休人员1060人,退休人员4541人),每月共增资47.046万元,每人每月平均增资84元(离休人员每人每月增资188.92元,退休人员每人每月平均增资59.51元)。事业单位离退休人员共12282人(离休人员652人,退休人员11660人/元),每月共增资84.03万元,每人每月平均增资77.15元(离休人员每人每月增资154.68元,退休人员每人每月增资66.77元)。全区退职人员共108人参加工改,每月增资共2548元,每人每月平均增资23.59元。其中行政机关26人,每月共增资612元,每人每月平均增资2354元,事业单位82人,每月共增资1936元,每人每月平均23.61。

职务工资晋升 1995年10月1日起,对全区机关事业单位工作人员首次执行职务工资正常晋升,同时对全区机关事业单位离退休人员增加离退休费。其政策依据是:《江西省人民政府办公厅转发人事部、财政部、国家计委关于机关、事业单位工作人员正常晋升工资档次办法的通知》(赣府厅发〔1996〕10号),《江西省人民政府转发国务院关于机关事业单位离退休人员增加离退休费的通知》(赣府发〔1996〕12号)。全区机关事业单位在职人数为110064人(机关25857人,事业单位84197人),月增资212.2774万元(机关月增资39.82万元,事业单位月增资17.24545万元),人均19.80元(行政机关18元,事业单位21元)。离退休人员2.17万人(内离休1700人),月增资共368470元,人均22.75元(离休人员25.5元,退休人员20元)。退职人员共110人(机关26人,事业84人),人均15元。上述职务工资正常晋升及增加离退休费均从1997年10月1日起执行。

调整工资标准 根据《江西省人民政府办公厅转发人事部、财政部关于调整机关、事业单位工作人员工资标准等问题的通知》(赣府厅发〔1997〕47号)文件规定,对全区机关事业单位工作人员进行工资标准调整,同时对离退休人员增加离退休费。两者均从1997年7月1日起执行。1999年,根据《江西省人民政府办公厅关于印发江西省调整机关、事业单位工作人员工资标准和增加离退休人员退休费三个实施方案的通知》(赣府厅发〔1999〕51号),对全区在职及离退休人员进行工资标准调整,从1999年7月1日起执行。全区调整工资标准总人数为144259人,月增资共1700万元,人均117.84元。在职人数为120944人,月增资共1527.47万元,人均116.65元(机关26222人,人均122.30元;事业104636人,人均116.14元)。离退休人员27244人,月增资共28973.99元,人均106.6元。

其他 大中专毕业生和工人转正定级 1993年—2000年,共为1964名大中专毕业生和工人转正定级。其中1993年251人,1994年254人,1995年287人,1996年253人,1997年236人,1998年311人,1999年215人,2000年157人。

工勤人员技术等级考证 1995年,全区首次开展了对机关、事业单位工勤人员技术等级考核评定工作。经考核评定等级的共3212人,其中高级工1263人,中级工1920人,初级工229人。1997年高级工114人,中级工46人,初级工3人。同时,对原劳动人事部门考核确定为技师进行复查,确定为技师等级的70人。同年经地区人事局审报,省人事厅考核确定为技师的47人。1998年,考核确定技术等级的3205人,其中技师100人,高级工922人,中级工1936人,初级工347人。

1993年—2000年全区职工年平均工资情况

表28-5-1 单位:元

类别	1993年	1994年	1995年	1996年	1997年	1998年	1999年	2000年
全区合计	2253	3142	3645	3978	4045	4323	5252	5662
企业	2187	2817	3465	3686	3704	3774	4500	4710
事业	2385	4089	4159	4674	5211	5211	6287	6810
机关	2549	3960	4041	4836	4965	5264	6366	7140

第二节 福利

1991年7月起,机关事业单位职工福利费调整为人均每月3.5元。1992年元月起,每人每月享受交通费6元(1993年10月工改后冲销)。1991年10月,按赣财字〔1991〕171号文件规定,相关事业单位工作人员享受书报费、洗理费,每人每月合计为16元,1993年10月工改后冲销。

从1994年起,按《劳动法》规定,对平常加班费按日标准工资的150%发放;法定假日加班费按日标准工资的300%发放。在职工按规定享受的副食品价格补贴和粮食价格补贴,肉食品价格补贴,1995年工资改革一律合并为每人每月22.50元。

1993年再次调整职工(含离退休人员)因工死亡其遗属的补助标准。遗属是非农业人口的,每人每月提高到60元;农业人口的,每人每月提高到55元。因病或非因工死亡的职工遗属,是非农业人口的,每人每月提高到50元;农业人口的,为45元。2000年7月,按照赣人字〔2000〕64号、赣财字〔2000〕14号文件,遗属生活困难补助标准再次提高。

1995年1月,国有企业职工死亡待遇进行了调整,调整的待遇,按江西省劳动厅、财政厅、总工会赣劳险〔1994〕3号、赣财工字〔1994〕131号、赣工〔1994〕147号文件执行。1999年7月,根据江西省劳动和社会保障厅、财政厅、总工会《关于调整企业职工死亡待遇的通知》精神,再次进行调整。

其他均按国家有关规定执行。

卷二十九 政 法

1990年代,地委、行署将维护社会稳定,与各级领导的政绩考核,政治荣誉,职级升降和经济利益挂钩,逐步形成全党全社会齐抓共管社会稳定的大环境。公安机关坚持“严打”方针,保持“严打”的态势,依法从重从快严惩严重危害社会治安的刑事犯罪分子。刑侦工作加强特情、阵地控制和犯罪情报信息,建立74个责任区刑警中队,刑警力量较1991年增幅90.6%。普遍建立“110”报警服务台,基层派出所达193个,基本形成覆盖社会面的治安防范网络。交通安全提高1991年—2000年破获各种刑事案件28014起,抓获各类逃犯5028人,一批重、特大案件告破,一批犯罪团伙和流氓恶势力被摧毁。检察机关始终与公安、法院等部门密切配合,保持“严打”力度,及时做好批捕、起诉和出庭公诉工作。1991年—2000年共受理公安机关提请批捕17644人,批准逮捕16071人,受理移送审查起诉18275人,提起公诉13944人,重拳打击经济犯罪,1991年—2000年共受理2537件,立案1723件,其中贪污、贿赂479件。在“侵权”和渎职犯罪案件的查处上,共受理1628件,立案814件。审判机关从重从快,严厉惩办严重危害社会治安的犯罪分子,打击职务犯罪。

1991年—2000年,共受理一审刑事案件14245件,涉及21968人,审结13365件、19720人。1996年6月12日,审判全区第一起县级干部受贿案。分布于各乡(镇)的70个人民法庭坚持服务经济,为群众办实事的方针。全区法院系统还深入开展“三创”①活动,取得良好效果。司法行政机关坚持“一五”以来的法制宣传教育。1991年后接着实施“二五”、“三五”规划,以《宪法》为中心的各种民事、刑事、行政、经济法律法规,得到全面普及。建立和健全法律援助机构,人民调解组织由1991年的3526个增至2000年的4195个,10年共调解纠纷230386件,有效防止“民转刑”案件4920件。1991年—2000年,全区共办理各类公证事项273423件;律师事务所由1981年初创时的12所增为23所。进一步加强刑释解教人员的安置帮教工作,建立三级帮教组织,刑释解教人员的重新犯罪率未超过4%。

---

①“三创”:创文明法院、文明法庭、文明法官。

第一章　公　安

第一节　机构队伍

地区公安局　1991 年 2 月，地区行署公安处增设法制科、户政科、水上治安科。同年 7 月，撤秘书科，改设办公室与行政装备科。1993 年 5 月，公安处五科改称上饶行署公安处刑侦支队，1997 年 6 月升格为副县级。1993 年 12 月，增设出入境管理科。1995 年 10 月，增设审计科；同月，警卫科更名为上饶行署警卫科和中国人民武装警察部队上饶地区警卫处。1996 年 5 月，公安处更名上饶地区公安局。1997 年 11 月 20 日成立警务督察支队，以保障公安机关及其人民警察依法履行职责，正确行使职权，防止权力滥用。同年 12 月，治安、水上治安、经文保、技侦、预审、政保等科，分别改称治安、水上治安、经侦、技侦、监管、国保支队。

1988 年 12 月，行署林业公安局成立，1998 年 7 月更名为森林公安局。

县(市)公安局　各县(市)公安局，内设机构基本与地区对口。1992 年 9 月 8 日设立上饶市保安公司；2000 年 7 月 10 日，德兴市保安服务公司宣告成立，均属基层治安组织。

1997 年—2000 年年底，各县(市)先后成立森林公安分局。

基层派出所　全区共有基层派出所 193 个，基层民警 900 人，基本形成覆盖社会层面的治安防范网络。从 1997 年起派出所不再承担刑事案件的侦破任务，而以加强辖区安全防范管理为工作重心，实行新的警务制度，一警一区、责任到人、分片包干，将防、打、管、建溶于一体。1998 年起，把抓好派出所工作改革，作为推动基层基础建设的首要任务，其核心是把派出所逐步建成以治安管理为中心，以户口管理为基础，以动态管理为模式，以群防群治为主要工作内容，充分发挥整体功能，确保一方平安的实体。责任区民警深入社区，深入群众，具体指导群众性治保组织的工作，使之在加强防范、调解、纠纷、维护稳定方面发挥重要作用。2000 年，全区有群众性治保会 2300 多个，治安小组 8300 多个，成员 5 万多人。

除上饶市、余干县、横峰县外，其余各县(市)均成立森林派出所，共 26 个，在编民警 241 名。

公安干校　上饶地区公安干部中等专业学校成立于 1985 年，拥有一支门类齐全、治学严谨、实力较强的师资队伍，建成一批与教学要求相适的配套设施。1995 年，经省公安厅全面评估，被评为 A 级学校。1996 年，被公安部批准为初级警官警衔晋升培训点。建校以来，为优化公安队伍知识结构，开展了学历教育和岗位培训。面向社会招生，至 2000 年年底，累计招收文秘、保卫专业成人中专生 650 名，毕业 450 人。

队伍　2000 年，全区公安机关人员共 4062 人，其中授予警衔的 3478 人。各级公安机关把政治建警放在首位，落实“从严治警”方针，领导班子建设着重树立“六个形象”①，强化职业道德，开展“为人民服务，树公安新风”活动，落实公安部提出的十条要求。1997 年开通“110”报警服务台，向群众公开承诺“有警必接，有险必救，有难必帮，有求必应”。三是提高执法水

---

①“六个形象”：奋发学习，开拓进取；勤政为民，无私奉献；秉公执法，廉洁奉公；遵纪守法，严于律己；敢抓敢管，高度负责；团结同志，从优待警。

平,严格民警管理教育,严禁"三乱"①,实施"禁酒令"。四是强化内部监督机制,建立督察机构,加强勤务督察。至2000年底,有国家公安部授予的一级英模1人,二级英模6人,个人一等功臣6人;公安部授予的集体一等功4个,集体二等功10个。省公安厅授予的个人二等功20人次,208个基层单位授予集体三等功,800多人荣立个人三等功。

1993年3月24日,上饶行署在市人民艺术剧院隆重举行人民警察首次授衔仪式,为地、市公安机关383名民警授衔(含上饶市241名)。

1998年,全区遭遇百年不遇的特大洪水。各级公安机关把抗洪抢险作为当时压倒一切的中心任务,组织民警全力投入抗洪抢险,严防死守,保护国家和人民生命财产的安全,维护灾区的社会治安。9月30日,《上饶日报》用半版篇幅,以《信江浪涌战犹酣——上饶地区公安局抗洪抢险纪实》为题,作了报道。

第二节　治安管理

整顿公共娱乐场所　1991年—2000年,每年均用2～3个月时间,在全区集中清理整顿公共娱乐场所,查处非法经营活动,严厉打击卖淫嫖娼、赌博、吸毒、贩毒,维护社会治安。至2000年底,共查处非法经营者685人,查处治安案件3659件。2000年8月3日,地区公安局、地区监察局、地区文化局、地区工商局联合制定《关于开展加强娱乐服务场所管理,严厉打击卖淫嫖娼赌博吸毒贩毒等社会丑恶现象专项行动的实施方案》,重点整治歌舞娱乐、桑拿洗浴按摩、录像放映、宾馆、饭店、美容美发、茶座、酒吧、网吧、电脑游戏等娱乐服务场所。

1991年—2000年全区清理整顿公共娱乐场所情况

表29-1-1

年份	发出整改通知书(份)	限期整改(家)	取缔非法经营场所(家)	拆除封闭包厢(间)	拆除按摩床(张)	查处非法经营者(人)	查外治安案件(件)
1991	127	190	56	500	894	44	362
1992	213	312	43	759	1200	124	562
1993	124	231	24	358	562	21	341
1994	549	390	57	135	794	53	24
1995	167	190	21	220	89	26	262
1996	467	390	136	900	1000	124	562
1997	67	90	16	10	100	17	162
1998	97	140	66	320	431	56	257
1999	167	290	36	700	1000	84	462
2000	—	—	—	—	—	—	—

①"三乱":乱收费、乱罚款、乱摊派。

特种行业管理　对非法经营的按摩场所、汽车摩托车修理业等特种行业,除平时加强管理外,每年还进行为期3个月的专项整顿,如2000年6-8月,即开展了以打击盗窃犯罪专项斗争为重点的“三项清查”①行动。取缔违法经营,依法及时查处违法犯罪嫌疑人。1991年—2000年,全区共查获违法犯罪嫌疑人914名。

1991年—2000年全区清理整顿特种行业情况

表29-1-2

年份	取缔非法按摩场所(家)	清理整顿汽车摩托车修理业(家)	取缔非法修理店(家)	责全停业整顿(家)	查获违法犯罪嫌疑人(人)
合　计	—	—	—	—	617
1991	56	967	30	42	76
1992	43	467	23	42	56
1993	24	567	23	67	45
1994	57	511	67	72	126
1995	—	—	—	—	—
1996	136	1267	78	84	146
1997	16	67	12	22	36
1998	—	—	—	—	—
1999	56	2120	56	40	132
2000	—	—	—	—	—

爆炸物品管理　1988年,上饶县“5·25”(5月25日)民爆器材被盗案,德兴市“5·26”民爆器材仓库被盗案一一告破。1999年,民爆服务站工作基本启动,全区共获举报线索214条,查处涉爆案件70起,查处违法犯罪嫌疑人89名,收缴炸药11267公斤,雷管7841枚,导火索3058米,罚没款50余万元。6月中旬,根据公安部通知,开展“强化民爆物品管理,严打涉爆犯罪专项斗争”。11月17日至18日,公安部在广丰县召开全国部分省(市)烟花爆竹安全管理经验交流会,公安部、国家工商局、国家质量技术监督局、全国供销总社、国家轻工业局的代表及河北、天津、山东、河南、江苏、浙江、安徽、湖北、湖南、福建、广西、广东、四川、重庆等14省(市)及江西8地(市)公安机关代表共110余人参加会议。2000年,对全区民爆物品管理进行检查,符合条件的197家实行统一归口管理,972家非法家庭作坊被取缔,下达限期整改、停业整顿通知书分别为126、256份,处罚94人、治安拘留17人,治安罚款57人,收缴成品、半成品价值14万元。

枪支管理　根据管紧、管好、管严的原则,对全区警用枪支、射击运动枪支经常进行安全检查,完善各项管理制度。全区散落农村民间的土枪土炮较多,一些地痞流氓依仗这些武器为非

①“三项清查”:即清查废旧金属收购业,清查报废机动车回收业,清查自行车、旅店、出租房、建筑工地。

作歹;封建房股势力也凭以挑起械斗纠纷,造成人员伤亡;一些犯罪分子更利用非法枪炮行凶施暴,杀人越货。1996年,结合"严打"开展"收枪治爆"专项斗争,从6月中旬到年底,共收缴各类枪支15767支,子弹6067发,雷管4837枚,炸药2.5万公斤,消除一批治安隐患。为使"收枪治爆"工作落到实处,各地一方面做好宣传工作,将有关通知翻印张贴,并通过新闻媒体刊登、播放;一方面层层动员,乡包村、村包组、组包户,层层落实责任,集中力量收缴。

水上治安 各水上公安机关,在经常开展法制宣传,调处治安纠纷和严格船舶管理的同时,注意严厉打击船匪水霸,制止、调处群众性械斗,进行专项整治,维护水上治安。1994年12月19－21日,组织"94·12"统一行动,出动干警200人(不含地方干部和武警),船只10余艘,抓获犯罪嫌疑人16名(涉嫌抢劫15人,涉嫌故意杀人1人),缴获一批管制刀具和自制梭镖、大刀、土枪及价值20多万元的非法运输物资。这次行动,共破获盗窃案16起,抢劫案8起,查处治安案件12起。1995年1－5月,余干县以康山为重点,开展"兰涛清渣"行动,破获刑事案件12起,其中重大案件5起,查处治安案件34起,逮捕人犯8人,收审3人,治安拘留40人;康山乡一起4人蒙面抢劫和盗窃案告破。1998年12月至1999年2月上旬,在鄱阳湖水域专项整治斗争中,出动警力280人次,公安、渔政、航务等有关单位参加,摧毁湖匪水霸团伙2个,抓获霸河霸港人员12人,处理非法捕捞12起,解决水上治安纠纷4起,治安拘留4人,破获刑事案件3起,刑拘6人,缴获定置网42部,电网8部,处罚17人。整治重点为波阳县瓢山(含龙口、周溪)水域、余干县康山水域。1991年—2000年,波阳县、余干县、万年县水上治安共破获各种案件2836起,其中刑事案件774起,治安案件2026起,调处治安纠纷741起;处置械斗事件20件。

1991年—2000年波阳县、余干县、万年县水上治安整治情况

表29－1－3 单位:起

年份	刑事案件		治安案件		治安纠纷案件		械斗事件	
	发生	破获	发生	处理	发生	调处	发生	处置
合计	1013	774	2084	2062	741	741	20	20
1991	105	77	189	189	47	47	1	1
1992	121	91	252	252	177	177	2	2
1993	127	86	269	269	108	108	1	1
1994	96	92	215	214	114	114	1	1
1995	138	136	226	226	62	62	10	10
1996	98	93	112	110	73	73	—	—
1997	92	46	189	188	63	63	4	4
1998	70	36	193	193	29	29	1	1
1999	78	65	203	203	10	10	—	—
2000	88	52	236	218	58	58	—	—

第三节　森林治安

1991 年后，全区林区的社会治安形势严峻复杂，盗伐滥伐、无证收购、无证运输、无证加工、乱捕滥猎、涂改和伪造林业票证等案件时有发生，大面积毁林和大肆乱捕滥杀野生动物屡禁不止，有的案件惊动了中央领导。1999 年 12 月，余干和波阳县乱捕、毒杀白天鹅;2000 年 10 月，婺源县中云乡特大滥伐盗伐森林，均被中央电视台《焦点访谈》节目曝光。针对这一情况，森林公安机关坚持“打防并举，标本兼治，以防为主”原则，采取措施使治安秩序逐步好转。

群防群治　全区共在林区设立执勤室 65 个，成立护林联防队 17 个，省、市、县级联防协查区 18 个，耳目 529 个，对 24650 人次的重点人口实行重点管理，对 684 家木材消耗行业进行监控。利用多种形式宣传法律法规，强化综合治理。

专项斗争　每年至少开展一次长达 3 个月的打击毁林犯罪的专项斗争，破大案、打团伙、追逃犯。1991 年—2000 年，共侦破大案要案 98 起，打掉犯罪团伙 69 个，抓回逃犯 39 人。1996 年查处发生在三清山国家级风景名胜区的一起特大毁林刑事案中，地区森林公安局办案民警五赴浙江、六进德兴，运用各种侦察手段，终于将 3 名案犯全部抓捕归案。1998 年，万年县森林公安分局查破盘岭垦殖场柳家分场滥伐林木、林积 688 立方米的特大毁林案，外逃一年之久的 5 名犯罪嫌疑人被捉拿归案。

专项整治　境内野生动物资源丰富，国家二级以上保护动物有 70 余种。为了保护野生动物资源，森林公安机关每年进行一至二次专项整治。每年 10 月以后，在鄱阳县、余干县、万年县等鄱阳湖滨湖地区，组织力量，集中整治捕猎、毒杀、贩卖珍稀候鸟的违法活动，到 2000 年的发案率比往年大为下降。10 年间，全区共查获各种捕猎野生动物案件 1694 起。1996 年，婺源县清华森林派出所在查获的猎杀和贩卖国家二级保护动物穿山甲和羚羊案中，将收缴的一只近 20 斤的活体穿山甲放归大自然。

林区治安　森林公安硬骨头肩挑保护森林资源，维护林区社会治安双重任务。10 年间，全区森林公安机关单独侦破非森林案件的刑事案件 36 起，协助地方公安机关侦破各类刑事案件 109 起。1995 年 7 月上饶县森林公安分局局长胡俊生，在配合地方公安机关处置一起紧急治安事件中殉职，被公安部追授为全国一级英模，其事迹为中央和省市新闻单位多次报道，1996 年 3 月 6 日，中共江西省委、江西省人民政府在上饶市召开大会，宣讲他的英雄事迹。

1991 年—2000 年全区森林案件查处情况

表 29－1－4　　单位:起、人

年份	刑事案件	治安案件	林政案件	逮捕人数	刑、拘留人数	治安拘留人数	林政处罚人数
合计	302	847	7427	291	91	352	10582
1991	16	49	456	14		16	742
1992	18	76	360	18		19	664
1993	24	69	439	17		17	743
1994	29		546	28		26	825

续表 29－1－4

年份	刑事案件	治安案件	林政案件	逮捕人数	刑、拘留人数	治安拘留人数	林政处罚人数
1995	13	60	633	14		24	795
1996	25	141	1153	25	11	43	1360
1997	26	165	867	23	27	20	921
1998	33	96	1011	34	21	24	1044
1999	46	38	920	49	18	31	1479
2000	72	153	1042	69	14	132	2009

1988 年—2000 年婺源县森林公安查处各类违法案件情况

表 29－1－5　　单位：起、人

年份	发生案件	查处数	其中				查处率%	处理违法犯罪人员	其中				
			乱砍滥伐	无证运输	殴打护林员	火灾			拘留	罚款	收缴林材（立方米）	法办	逮捕
1988	30	30	8	21	1		100	97	15	20	600	22	30
1989	280	280	98	182			100	292	4	267	1000	4	17
1990	81	81	25	55		1	100	85		85	142		
1991	162	162	48	114			100	217	4	207	352	1	4
1992	134	134	33	101			100	207	4	202	245		1
1993	170	170	51	119			100	243	13	230	345		
1994	128	128	27	98	2	1	100	149	5	134	300		1
1995	195	195	96	95		4	100	229	11	211	160		3
1996	181	181	48	130	1	2	100	294	6	274	126.7		1
1997	208	208	62	145		1	100	219	6	208	220.94		4
1998	142	142	56	85	1		100	169	2	163	82.8		8
1999	146	146	63	80		3	100	176	2	158			2
2000	162	156	59	87		10	96	194	5	185		4	4

说明："处理违法犯罪人员"中，包括责令补种树木、警告等处罚，故"其中"人数之和不等于合计数。

第四节 刑事侦察

刑侦改革 1993 年，根据省公安厅《关于改革和加强刑侦工作的决定》，全区刑侦工作开展改革。1997 年，建立覆盖社会面的责任区刑警中队。1998 年，基本实现侦审一体化，刑警警力前移,刑侦部门建立立案、侦查、调查取证、报捕、移送、起诉工作一体化格局。由于责任区刑警队的建立,使刑侦工作根基稳固,打击刑事犯罪明显增强。1999 年,着重加强刑事特情、阵地控制和犯罪情报信息工作。至 2000 年底,侦审合一全部完成,全区共有 74 个责任区刑警中队。刑警力量 1991 年为 224 人,2000 年底增为 427 人,增幅 90.6%。

专项斗争 10 年间,通过开展专项斗争,全区共破获各类刑事案件 28014 起,抓获大批犯罪嫌疑人。1991 年 6 月 15 日至 7 月底,在“打击自行车犯罪”斗争中,破案 232 起,抓获犯罪嫌疑人 105 人;同年 9－10 月间为期半月的“打流窜、反盗窃、追逃犯、破大案”斗争中,破案 141 起,内重特大案 58 起,盗窃案 79 起,抓获犯罪嫌疑人 141 人。1992 年 10－12 月在“百日追逃大会战”中,抓获各类逃犯 226 名。1993 年 3 月下旬至 6 月底,在重点打击车匪路霸斗争中,破案 532 起,抓获犯罪嫌疑人 335 名,摧毁犯罪团伙 21 个。1994 年 8－9 月,在大规模围剿车匪路霸斗争中,破案 277 起,抓获犯罪嫌疑人 201 名,1996 年 3－6 月,在“打击和防范机动车犯罪”斗争中,破案 149 起,内大案 54 起,抓获犯罪嫌疑人 81 人,摧毁团伙 47 个、165 人。1999 年 7 月至 9 月,在搜捕逃犯统一行动中,发布《敦促逃犯投案自首的公告》,做好逃犯家属、亲友的思想工作,讲政策、讲法律,敦促在逃人员投案自首。抓获各类在逃犯罪嫌疑人 696 人,破案 618 起,内重大案件 223 起,摧毁犯罪团伙 8 个。行动中,全区公安机关组织警力对辖区内的旅店、公共娱乐场所、出租屋、厂矿、林区、车站码头等,进行全面清查,共出动警力 6000 人次,参加行动的乡(镇、场)党政干部 1 万人次,动用警车 1200 辆,堵点设卡 400 处,审查各类可疑人员 800 多人。这年,首次试行网上高科技作战,采用了“上网查询”“光盘对比”等高科技手段。通过推行追逃工作新机制,全区公安机关将网上追逃纳入日常搜、抓捕工作中。2000 年 3－7 月,在“打击人贩子,解救被拐卖妇女儿童”斗争中,抓获犯罪嫌疑人 963 名,摧毁犯罪团伙 21 个,成员 111 名,解救妇女 556 名(其中外国人 2 名),解救儿童 507 名。1991 年—2000 年 10 年间,共抓获各类逃犯 5028 人。

1991 年—2000 年全区追逃战果一览

表 29－1－6 单位:人

县(市)	1991 年	1992 年	1993 年	1994 年	1995 年	1996 年	1997 年	1998 年	1999 年	2000 年
合　计	409	542	301	458	443	595	456	441	880	583
上饶市	14	21	12	30	52	106	65	74	161	138
德兴市	18	48			22		54		42	10
上饶县	85	106	45	96	54	107	44	43	125	49
广丰县	13	15	15	19	19	50	42	19	83	57
玉山县	16	90	25	32	39	62	97	38	114	43
铅山县		75	40	92	81	96	56	58	72	79
横峰县	18	24	12	20	9	12	7	13	17	27
弋阳县	101	88	33	49	25	3	9	8	20	31
万年县	19	9	11	12	14	39	18	23	65	23
余干县	97	32	82	103	89	61	22	118	87	66
鄱阳县	23	25	18	27	32	37	39	43	45	52
婺源县	5	9	8	8	7	22	3	4	49	8

严打 1983年开展严打①后,全区公安机关始终坚持严打方针,保持"严打"态势,充分运用统一行动、专项斗争和强化日常侦查破案等有效手段,重点打击杀人、抢劫、盗窃、绑架、爆炸犯罪、涉枪犯罪、毒品犯罪、拐卖妇女儿童以及金融诈骗、危害税收征管等严重破坏社会治安和社会主义经济秩序的犯罪。自1994年8月中旬开始,围绕"一会三赛"安全保卫居民为中心,开展为时两个月的"严打"斗争,共破获重、特大刑事案件453起,抓获各类违法犯罪分子1199名,摧毁各类犯罪团伙129个。1996年4月20日至12月31日,又一场声势浩大的"严打"斗争在全区打响。这次行动,按照地委政法委的统一部署,分三个阶段进行。第一为准备阶段:成立机构,制定方案,调查摸底,宣传动员,同时开展第一次集中搜捕。第二为集中行动阶段:破大案、追逃犯、公开捕判一批严重刑事犯罪分子,加强治安管理。第三为检查验收阶段,在整个行动中共破各类刑事案件2629起(年内案1448起,年前案1181起),其中大案991起;摧毁犯罪团伙286个,成员1156人;抓获作案人犯1862名,抓获逃犯1072名;整治重点地区和路段197处。查处治安案件1968起,处理违法人员4690人;查封、取缔有违法行为的公共娱乐场所156家。收缴各类枪支15767支,子弹6067发,炸药2.5万公斤,雷管14837枚,机动车辆122辆,工业原材料84吨、非法出版物2604件,黄色录像带3085盒,清除非宗教经文29万余幅(篇),拆除非法教堂116所,取消非法宗教聚会点318个,缴获赃款赃物共计683万元。1997年3至5月,开展春季"严打"整治行动,共抓获各类犯罪嫌疑人438名,摧毁各类犯罪团伙87个,破获各类刑事案件1062起,缴获赃款赃物折价300余万元。"严打"斗争打出了声威、打出了成效:一批重特大刑事案件告破。如铅山县"3·13"杀人白骨案,广丰县抢劫杀人大案,德兴市特大贩卖文物案等等。抓获一批重大逃犯。如鄱阳县特大杀人劫车犯蒋海长,余干县潜逃在外达3年之久的杀人犯张晓燕等等。摧毁一批犯罪团伙和流氓恶势力。如上饶县"8·24"车匪路霸犯罪团伙,婺源县以金晓平为首的杀人劫车犯罪团伙等等。此外,结合"严打""收枪治爆"消除治安隐患;因地制宜、全面开展、重点整治行动,都有明显成效。波阳县、余干县、万年县沿湖周边地区治安整治,受到省委常委、省政法委书记彭宏松致电表扬。2000年4月1日零时起至4月10日24时,全区开展"打拐"专项斗争统一行动,共抓获人贩子78名,解救出被拐卖的妇女、儿童79名,(其中儿童3名),摧毁拐卖妇女儿童犯罪团伙8个,破案69起,列全省第一。

打击流窜犯罪 1990年代初,流窜犯罪开始在区内呈上升趋势,为有效打击这一犯罪活动,地区公安处于1992年加入华东六省一市协作组织,1995年又成立浙、闽、皖、赣区域性协作组织(四省九地市协作区)。为方便区域性打击行动,1995年,上饶市、上饶县、广丰县、玉山县、铅山县与浙江、福建两省的周邻县(市)成立三省九县(市)协作区,公安机关制定协作章程,使区域性打击流窜犯罪工作制度化、正规化。至2000年年底,共抓获罪犯1000多人,协破各类刑事案件2300起。

禁毒 1990年代初,毒品犯罪活动从沿海向内地蔓延,上饶地区吸毒贩毒现象不断出现,境外毒贩还勾结不法分子,将内地作为生产毒品的基地。面对日益严重的毒品犯罪,各级公安机关按照"有毒必肃,贩毒必惩,吸毒必戒"的原则,加大禁毒宣传和打击力度,开展禁毒展览,组织专项斗争。1995年成立上饶地区禁毒领导小组,办公室设在地区公安处刑侦科,负责协调、指导、参与全区禁毒工作。当年,即破获全国首例制造冰毒案,摧毁设在玉山县、铅山县的

①严打:严厉打击严重刑事犯罪活动。

两个地下工厂,缴获冰毒成品250千克,半成品400千克,抓获犯罪嫌疑人5人。1997年,摧毁一特大贩卖海洛因团伙,缴获海洛因240余克。同年4-9月,开展声势浩大的禁毒专项斗争,全警动员、全警参战。1999年9月,根据地区禁毒领导小组工作会议精神,打击毒品犯罪进入新阶段。1998年、1999年、2000年相继打击一批省内外勾结贩卖海洛因、摇头丸的犯罪团伙。与此同时,重视控制和预防,开展毒品防范教育。1998年11月11-14日,首次在上饶市中心广场举行禁毒展览,第一天即有观展群众一万余人。1999年12月,制订印发《上饶地区开展创建"无毒社区"工作方案》。2000年1月,地委宣传部、地区教育委员会、地区公安处联合发出《上饶地区开展中小学校毒品预防教育的工作意见》;6月,地区公安局下发《关于在全区开展对吸毒人员普查登记的通知》,把预防毒品犯罪、禁吸工作作为社会治安综合治理的一项重大举措。1991年—2000年间,全区共破获毒品犯罪案16起,抓获犯罪嫌疑人45人,缴获海洛因近400克,查获吸食毒品人员100多人,一批罪大恶极的制贩毒品者被依法处决。同年,上饶地区公安局被国家禁毒委员会授予"全国禁毒工作先进单位"荣誉称号。

案例一 1991年6月2日中午12时45分,上饶市水南街金山储蓄所发生持枪抢劫杀人案,营业员傅寿良被打死,另一营业员郑华富被打伤。郑华富受伤后忍痛与罪犯衷建华搏斗,并连声大喊"抓强盗!"附近群众谢饶平等见义勇为将犯罪嫌疑人控制,公安局接到报案,迅即派刑侦人员赶来将犯罪嫌疑人制服、拘捕。当场缴获"五四"式手枪一支、子弹9发、弹匣2个,自制消声器一个及伪造证件等。

案例二 1996年2月28日19时30分,横峰县龙门乡党委书记朱某的母亲、妻子、女儿在家中被杀,被抢财物价值4000余元。案发后,省、地、县公安机关成立联合专案组,经缜密侦查于3月20日破案,主犯刘文军在上海被抓获,同案犯亦在上饶市抓获。此案还连带破获上饶市啤酒厂及地区医院两起抢劫杀人案及上饶市、吉安市等地盗窃保险柜案30余起。

案例三 1999年,地区刑警支队与余干县公安局联手破获一起投毒杀人案。犯罪嫌疑人吴启金(赤脚医生)自1997年开始,将"毒鼠强"用水化开,吸入注射器,深夜窜入村民厨房,将毒液注入食物或水缸中,使村民因中毒而向他求治,他则趁机大赚其钱。吴启金这一置道德与法律于不顾的罪恶行为,先后使160多人中毒,其中6人死亡。

1991年—2000年全区刑侦人数变更情况

表29-1-7 单位:人

县(市)	1991年	1992年	1993年	1994年	1995年	1996年	1997年	1998年	1999年	2000年
合 计	224	235	244	260	263	288	313	392	423	427
地区刑警支队	11	11	11	11	11	14	17	20	22	22
上饶市	31	31	31	33	33	35	40	45	45	48
上饶县	17	23	25	25	25	28	28	28	37	39
德兴市	15	19	19	17	17	23	20	21	30	28
广丰县	19	20	23	23	23	25	28	41	52	52
玉山县	18	18	18	21	21	24	24	30	40	40
铅山县	13	13	16	18	18	19	19	26	27	27
横峰县	12	12	12	13	15	15	15	15	15	16

续表 29-1-7

单位	1991 年	1992 年	1993 年	1994 年	1995 年	1996 年	1997 年	1998 年	1999 年	2000 年
弋阳县	16	16	16	24	24	24	24	24	24	24
万年县	10	10	11	13	13	15	29	29	27	28
余干县	20	20	20	23	23	23	23	40	40	40
波阳县	30	30	30	27	29	32	32	48	43	43
婺源县	12	12	12	12	11	11	13	25	21	20

1991 年—2000 年全区刑事案件发、破案数一览

表 29-1-8 单位:起

县(市)	1991 年		1992 年		1993 年		1994 年		1995 年	
	发生	破案	发生	破案	发生	破案	发生	破案	发生	破案
合 计	8603	5085	3959	3135	2913	2648	3346	3095	2568	2403
上饶市	1874	884	545	486	533	520	612	564	494	445
德兴市	540	253	290	221	135	121	103	93	135	115
上饶县	677	427	395	386	256	225	378	331	248	224
广丰县	525	476	410	357	425	377	624	581	431	429
玉山县	314	243	206	167	161	143	165	156	285	280
铅山县	1044	435	261	159	176	149	91	79	76	65
横峰县	183	88	119	86	60	50	52	48	43	40
弋阳县	506	381	187	153	88	80	199	176	89	84
万年县	439	313	207	168	130	123	106	100	68	63
余干县	989	585	449	319	274	234	402	386	216	208
波阳县	1024	748	632	533	509	478	441	418	392	369
婺源县	488	252	258	200	166	148	173	163	91	81

县(市)	1996 年		1997 年		1998 年		1999 年		2000 年	
	发生	破案	发生	破案	发生	破案	发生	破案	发生	破案
合 计	2345	2180	2056	1895	2314	2106	4398	2224	7869	3242
上饶市	361	310	316	279	578	513	1102	467	1967	530
德兴市	87	79	41	35	60	49	112	50	164	117
上饶县	226	193	164	138	219	150	330	209	804	332
广丰县	402	430	338	328	332	361	872	428	1113	591
玉山县	215	214	358	326	179	176	381	226	572	129
铅山县	73	68	99	85	132	112	343	152	282	93

续表 29-1-8

县(市)	1996 年		1997 年		1998 年		1999 年		2000 年	
	发生	破案	发生	破案	发生	破案	发生	破案	发生	破案
横峰县	28	26	28	26	58	31	86	29	145	45
弋阳县	58	54	58	51	57	51	159	61	195	79
万年县	102	98	68	65	96	88	258	158	360	268
余干县	328	254	218	208	235	229	259	175	929	436
波阳县	334	327	242	232	231	212	329	132	982	456
婺源县	131	127	126	122	137	134	167	137	356	166

第五节　户政管理

户政制度改革　1995 年,根据江西省人民政府赣府发〔1994〕62 号文件精神,全区开展小城镇户籍管理制度改革。4 月,先在广丰县永丰镇试点。改革的主要内容:解决长期以来在小城镇有固定住所、有稳定生活来源、长期居住在城镇经商、办企业的人员及亲属的落户问题。改革中各地严把登记关、政策条件关、落户关,共办理小城镇户口 11411 人;1996 年办理 3990 人。1997 年,结合换发户口簿和常表工作,全面铺开农村户口城市化管理,至 1999 年,314 个乡镇场完成了户口接管。人口信息微机建设试点在 1997 年取得成功,共有 15 台微机推向了前台办公。此后,人口信息微机建设稳步推进,至 2000 年,全区 203 个有户籍管理职能的派出所,配置微机 203 台,其中 180 台推向前台办公,录入人口 569 万人。

居民身份证发放与管理　1992 年—2000 年,全区共完成居民身份证 1562143 个,办理临时身份证 252065 个。身份证管理,历年来以做好日常发证、使用查验、底卡归档为主。1992 年—1997 年,利用身份证底卡为各部门和人民群众提供方便 13825 人次,提供各种线索 216 人。1996 年国庆前夕,出动警力 1937 人,出动警车 138 辆,实击查验公民身份证 7953 人,查验旅馆 579 家,查验出租房 1109 家,发现案件线索 21 条,查处治安案件 28 起,抓获批捕在逃人员 1 人。2000 年底,全区公民身份号码编制数为 612 万,占总人口 98%;常表过录数 569 万,占总人口 91%,户口簿过录数 124 万,占总户数 82%。

重点和暂住人口管理　贯彻执行公安部《关于加强重点人口管理工作的通知》,全区共建立帮教小组 1000 多个,1993 年曾达 1784 个,有帮教力量数千人,1994 年曾达 6443 人。据 1992 年—1994 年统计,共从重点人口中提供各种打击处理对象 2785 名,提供侦察线索 2232 条,破案 1298 件。全区各乡、镇、街道均建立暂住人口管理机构,开展对租赁房屋和暂住人口进行管理,实行申报登记制度,核发暂住证。1995 年—1999 年,全区共登记暂住人口计 102768 人次,发放暂住证 72038 人次。

其他工作　一是审批"农转非"。按照规定条件和三榜审定原则,审批"农转非"人员。1992 年全区为 3886 人,1996 年为 4889 人。二是签发边境通行证。1992 年全区为 36821 个,1996 年 18305 个。

1991 年—2000 全区户口情况

表 29－1－9　　单位:人

年份	总户数(户)	总人口			总人口中非农业人口	迁入		迁出	
		合计	男	女		省内迁入	省外迁入	迁往省内	迁往省外
1991	1327298	5895967	3068310	2827657	802519	69138	3313	59788	6465
1992	1348443	5932341	3088697	2843644	826296	68133	7739	63222	10452
1993	1317469	5948660	3094297	2854363	835162	49372	4326	53186	8879
1994	1372409	5975005	3109330	2865675	854257	58364	3440	54503	7316
1995	1388688	6021846	3136432	2885414	822698	69712	3665	56147	7178
1996	1400625	6028091	3171340	2906571	899260	64655	3294	47220	7537
1997	1423056	6141214	3188593	2952621	928783	74434	7717	53625	9455
1998	1467106	6192625	3209955	2982670	985898	12271	8173	10946	9232
1999	1509727	6256835	3253476	3003359	1012966	82564	8360	58710	8873
2000	1576532	6427158	3355966	3071192	1045406	98673	10548	84571	13871

第六节　出入境管理

1993 年年底,行署公安处出入境管理工作从政保科分离出来,成立出入境管理科。依据《中华人民共和国外国人入境出境管理法》《中国公民往来台湾地区管理办法》《中国公民因私往来香港地区或者澳门地区暂行管理办法》等法律法规,加强公民出入境管理,做到文明管理、热情服务、寓管理于服务中,为改革开放、招商引资、旅游、探亲创造良好条件。出境管理方面,一是制定制度,使出境审批程序化、规范化;二是认真审查、依法审批、坚决制止异地办照(证)和搞非法移民活动,把好受理调查关;三是改进办事制度,实行"两公开一监督",增加透明度,随到随办,急事急办,预约服务,只要不属于"不准出境人员",均尽量予以批准。在入境管理方面,一是重点下移、立足基层,加强外管队伍建设,基层派出所(分局)均选配兼职外事民警,涉外宾馆选聘户管员,大型厂(矿)、学校、"三资"企业建立外管联络员,乡村和街道居委会聘任信息员;二是通过签证、办证,热情服务,加强日常管理;三是加强对入境人员的证照查验。据统计,自 1994 年—2000 年,受理公民因私出境 8356 人次,到饶境外人员 20518 人次,办理各类签证(注)879 人次。

1994 年—2000 年全区公民出入境情况

表 29－1－10

类　别	1994 年	1995 年	1996 年	1997 年	1998 年	1999 年	2000 年
受理公民因私出境(人次)	237	676	1417	2410	853	1349	1378
到上饶境外人员(人次)	6577	1749	1867	3880	2178	2116	1973

续表 29－1－10

类　别	1994 年	1995 年	1996 年	1997 年	1998 年	1999 年	2000 年
办理各类签证(注)人次	99	92	91	125	117	154	201
查处“三非”案件(起)	1	24(人)	2	1		2	16

第七节　安全保卫

警　卫　1991 年—2000 年 10 月,国家列名的警卫对象和重要外宾到上饶地区视察或过境的安全警卫任务共 32 批次。当中有邓小平、乔石、宋平、刘华清、姜春云、李铁映、温家宝、张震、钱其琛、王任重、钱正英、刘澜涛、汪东兴、廖汉生、叶选平、王恩茂、钱伟长、李锡铭、费孝通、杨汝岱、王兆国、毛致用、周光召、陈慕华等。外国政要有泰国武装部队最高司令瓦拉那·阿披乍里上将。1992 年 1 月 30 日,邓小平视察南方专列途经弋阳县、横峰县、上饶县、上饶市、广丰县、玉山县等地,地区成立专列警卫临时领导小组,地委书记卢联灿任组长、行署专员刘德旺任副组长,倪贤伍坐镇指挥。专列运行两个多小时,其中在上饶车站停靠 10 分钟,确保万无一失,顺利完成警卫任务。1999 年 2 月 5 日至 6 日,中共中央政治局委员、书记处书记、国务院副总理温家宝到波阳县视察灾情,地委书记王兴豹、行署专员陈达恒前往陪同,地区公安局长李贤毅亲率全体警卫处干部到波阳协助县局做好线路、住地、现场安全警卫,顺利完成任务。

经济文化保卫　1991 年全区经文保部门共列管单位 1041 个,建立保卫机构 527 个,配备保卫干部 2058 名。1991 年—1995 年,全区内部单位共立各类刑事案件 1760 起,破案 1058 起;1993 年—1995 年共挽回经济损失 2500 多万元。1996 年,地区公安局制定《关于经保(经文保)部门办理金融财税犯罪案件的实施办法》。1997 年,全区经侦部门共受理金融财税案件 135 起,立案 52 起,破 44 起,挽回经济损失 453 万元。1998 年 3 月,地区技术监督局和地区公安局联合成立“打假”办公室,负责本行政区的“打假”工作。1999 年—2000 年 11 月,共受理各类经济犯罪案件 562 起,破 506 起,抓获犯罪嫌疑人 407 名,挽回经济损失 4518 万元。

第八节　消防监督

火灾事故与抢救　1991 年—2000 年,全区共发生火灾事故 1705 起,其中特大事故 2 起,重大事故 72 起,死伤 211 人,其中死 71 人,直接经济损失 4231 多万元。10 年间,公安消防机关接警 2906 次,出动 2495 次,出动人员 27899 人次,出动车辆 4695 车次,抢救人员 249 人,保护价值 17871.35 万元。1998 年 6 月 12 日 14 时,江西省棉麻(集团)公司六九零二储备仓库 1 号库因雷击发生特大火灾,烧毁 1 号仓库 1 栋,过火面积 605 平方米,库存棉花大部烧毁,直接经济损失 800 万元人民币。波阳县消防中队接警后,迅速出动消防车 2 辆,指战员 15 名,后在景德镇市、德兴市、万年县等消防机关派出的 6 辆消防车增援下,经全体参战官兵奋力扑救,才将大火于当晚 22 时扑灭,保护了邻近仓库及民宅的安全,共抢救出棉花 2000 多担,价值 2000 万元。1996 年 5 月 11 日,上饶市二轻商场“精品一族”商住楼发生一起因电线短路引发的重大火灾,死 1 人,直接经济损失 76.7 万元。市消防一中队接警后,迅速出动消防车 3 辆,市消防二中队及时增援,出动消防车 2 辆,在广丰、上饶县消防车辆的支援下,100 余名官兵参加了灭火战斗,12日凌晨将大火扑灭,22名被大火围困人员被救出,保护了比邻价值5000多万元的国家财产。

消防组织 除武警上饶地区消防支队及各县(市)消防部队外,至2000年,全区有义务消防队240个,队员2530人;有8支企专队,队员120人。1999年11月,正式成立上饶地区消防协会,有会员单位61家,会员个人90人。历年义务消防组织情况是:1991年731个,9677人;1992年340个,3030人;1993年340个,3030人;1994后377个,3349人;1995年390个,3560人;1996年390个,3560人;1997年328个,3241人;1998年160个,2420人;1999年225个,2656人。

第九节 交通安全

管理手段 以"压事故,保畅通"为中心,推广现代化交通管理手段。城市交通管理上,12县(市)全都有红绿灯岗亭和一支交管执勤队伍。地区交警支队成立车管所,各地成立车管站,成立机动车辆检测中心开发计算机管理车辆和驾驶员档案系统,改变以往靠手工管理的状态。推广山东济南交警先进经验。事故处理上,与"110"指挥中心联网的"122"事故报警台普遍建立事故现场勘察器材和交通工具得到改善快速反应能力大为提高。国道、省道执勤中队,全区已建立16个。

打击车匪路霸 1993年3月24日至6月底,全区开展以320沿线、省道主干线为重点的打击车匪路霸专项斗争,共抓获各类犯罪分子335名,摧毁犯罪团伙21个,破获案件532起,交通沿线车匪路霸猖獗的混乱局面得到有效整治。1994年8日至9月,继续开展大规模的打击车匪路霸的专项斗争,共抓获各类犯罪分子201名,破案277起。1997年,各县(市)均成立公路巡逻民警大队,加大对公路路面的控防力度,依法对行政辖区内道路交通管理及治安管理实行统一执法,改变过去只抓交通不管治安的单打职能。

1994年11月22日上午10时,4名持刀歹徒在上饶县湖村乡安吉岭村抢劫一辆由上饶市开往横峰县的中巴客车。湖村乡刘益冬等村民发现4名车匪作案后逃窜,立即招呼村民组织围捕。数百村民面对持刀歹徒,毫不畏惧,一气追赶5个山冈,终将犯罪嫌疑人全部擒获。11月17日上午,地区社会治安综合治理委员会和上饶县委、县政府召开表彰大会,授予湖村乡"社会治安综合治理先进单位"称号;授予该乡石嘴村、黎家村"社会治安先进村"称号;授予刘益冬、宁土根、赵长性等人"见义勇为先进个人"称号。

专项整治 1997年,全区交警部门相继开展"春运安全保卫战""春季道路交通秩序整治"和"讲文明,树新风,告别不文明交通行为"等整治活动。1998年,在对无牌无证和假牌假证机动车辆的专项整治中,共查扣无牌、假牌车辆10112部,查处无证驾驶7681人,纠正各种交通违章15.45万起,处罚8.26万人次。

社会化管理 建立各级交通安全委员会、农村交通管理站和驾驶员协会。1999年,在国道、省道沿线,创建交通安全试点村22个。从2000年2月起,各县(市)开始创建"严管示范街"。

交通事故 1991年—2000年,全区共发生交通事故6879起,死2812人,伤5086人,经济损失28103352元,其中特大交通事故25起。1998年2月1日、4月2日,万年县连续发生两起特大交通事故,各死7人。5月22日,弋阳又发生一起特大交通事故,死5人。

1991 年—2000 年全区发生交通事故情况

表 29－1－11

年份	事故起数(起)		死亡数(人)	伤残数(人)	经济损失(元)
	总　计	特　大			
合　计	6879	25	2812	5086	28103352
1991	523		208	349	907350
1992	582	2	265	431	128340
1993	539	1	273	321	1211090
1994	404	4	246	238	1503470
1995	428		275	298	1848002
1996	405		271	237	1451350
1997	393		292	285	2460000
1998	411	3	266	320	2312422
1999	951	9	353	733	5737359
2000	2243	6	363	1874	10543969

创建上饶市少年交警学校　2000 年 12 月,上饶市交警大队与市第六小学共同创建江西省首家“少年交警学校”,中队长王上荣任名誉校长。每学期由大队派干警到学校进行交通知识讲座,组织交通法规知识竞赛和演讲比赛,设计大套交通手势操。每逢节假日,学员随交警上街值勤,协助交警指挥车辆通行,擦洗隔离带,扶携老幼过马路。少年交警学校开学时举行隆重的典礼。学校挑选 30 名“小警员”组成护旗队,穿上小警服,每周的星期一均举行升旗仪式。

第二章　检　察

第一节　机构队伍

1991 年,上饶检察分院内设办公室、人事室、刑事检察、侦查监督、法纪检察、贿赂检察等科室。1991 年 6 月,科改处;7 月,增设法律、政策研究室,民事、行政检察处。1993 年,成立了上饶地区检察官培训中心。1996 年,反贪污贿赂工作处改称反贪贿赂处,与大案侦查指挥中心合署办公。尔后,内设机构有所变动,至 2000 年年底,分院内设机构为:政治部、反贪污贿赂局、办公室、监察室、审查批捕处、审查起诉处、法纪检察处、监所检察处、民事行政检察处、控告申诉检察处、检查技术处、法律政策研究室、干部教育训练处、法警处(挂法警支队牌子)。

各基层院(县、市)检察院内设机构有办公室、政工科、反贪污贿赂局、审查批捕科、审查起诉科、法纪检察科、监所检查科、民事行政检察科、控告申诉检察得。此外,县(市)根据工作需要,除上述科(局)室外,还设有检察技术科、法律政策研究室。

至 2000 年年底,全区两级检察院实有人数为 786 人,其中上饶分院 94 人(重建时,分院只有19人)。人员政治、素质不断提高,分院重建时,大专以上学历仅2人,占10%左右;1998年大专以上学历所占比例增至24.2%。

1999年,首次评定并经上级批准的全区检察官等级人数为:二级高级1人(分院),三级高级7人(分院5人),四级高级160人(分院24人),一级115人(分院15人),二级66人(分院5人),三级98人(分院5人),四级140人(分院19人),五级34人(分院2人)。

全区检察机关加强公诉人队伍的建设,通过组织业务学习和观摩实践,建立起一支精干的公诉人队伍,培养出全国优秀公诉人1名,省级和地区级优秀公诉人各6名。

第二节 刑事检察

1991年以后,刑事检察的重点是严重危害人民群众生命财产安全的杀人、放火、抢劫、强奸、投毒、爆炸以及其他严重破坏社会治安的刑事犯罪,做好批捕、起诉和出庭公诉工作,严防错捕错诉和漏捕漏诉。在历年开展的"严打"斗争中,一是坚持"基本事实清楚,基本证据确凿"的原则,对重大刑事案件适时介入,依法快捕快诉,突出打击恶性暴力犯罪、流窜犯罪、涉枪犯罪、毒品犯罪、团伙犯罪和流氓恶势力犯罪。1991年—2000年,受理公安机关提请批捕17644人;批准逮捕16071人;受理移送审查起诉18275人,经审查提起公诉13944人,追捕303人,追诉46人。对公安机关有案不立、有罪不究、以罚代刑和案情重大、群众反映强烈、社会影响大的案件,履行法律监督。1998年—2000年3年间,向公安机关发出要求说明不立案理由函61件;通知公安机关立案33件;公安机关已立案31件;口头通知纠正违法行为82人次,书面通知纠正违法行为78人次。

1991年—2000年全区审查批捕及审查起诉情况

表29-2-1　　单位:人

年份	公安机关提请批捕	审查批捕逮捕	受理移送审查起诉	经审查提起公诉	追捕	追诉
合计	17586	16071	18275	13944	303	46
1991	2674	2260	2927	1913	81	9
1992	1926	1840	2279	1721		12
1993	1697	1566	1721	1139	40	7
1994	1811	1626	2011	1526	54	13
1995	1672	1613	1766	1545	34	
1996	1891	1709	2074	1840	46	5
1997	1178	1064	1263	914		
1998	1329	1132	1167	922	20	
1999	1572	1328	1436	1143		
2000	1894	1963	1631	1281	28	

第三节 经济检察

1991年—2000年，全区各级检察机关受理各类经济案件2537件，立案1723件，其中贪污、贿赂案479件；挽回经济损失43321.62万元。其中，1991年受理各类经济犯罪案件421件，立案299件，比1990年上升27.8%，比历史上立案数最高的1989年上升11.1%；立大案36件，占立案总数12%，比1990年上升9%。立案贪污案115件，贿赂案35件，分别占立案总数的38.5%和11.7%，比1990年分别上升12.7%和40%。1993年加大打击力度和大要案的查处，在所立的248件案件中，贪污、贿赂案占41.9%；大案86件，相当于1987年—1989年3年的总和。1994年所立的贪污、贿赂案，占立案总数53.1%，受理县、处级立案线索17件，立案2件。1993年—1994年间，连续办理两件有影响的要案，即上饶市原副市长李杰卫受贿案和中共广丰县委原书记郑元盛受贿案。1996年，反贪污贿赂工作处（原经济检察科）改称反贪污贿赂局，加重工作分量。1995年—2000年，连续查处一批大要案，如玉山县原副县长徐宗正受贿案；上饶地区供销社原棉麻公司经理吴庆喜受贿案；1997年上饶地区卫生局红十字会原主任严忠帮贪污案；中共玉山县委原书记王学山受贿案；上饶茶厂原厂长徐久满挪用公款、贪污案；广丰县原副县长詹进茂某受贿案等。

1991年—1994年全区经济案件一览

表29-2-2

年份	受案件数(件)	立案件数(件)	大要案件数(件)	挽回经济损失(万元)
合　计	1673	978	232	1997.4
1991	421	299	36	350.73
1992	366	256	53	544.8
1993	469	248	86	644
1994	417	175	58	457.87

1995年—2000年全区反贪污贿赂案件查处情况

表29-2-3

年份	初查(件)					立案(件)				
	合计	贪污	贿赂	挪用	其他	合计	贪污	贿赂	挪用	其他
合计	869	371	211	139	143	745	330	174	180	61
1995	211	57	73	19	62	158	63	36	32	27
1996	199	71	46	24	58	159	64	41	39	25
1997	106	45	23	22	16	129	56	30	36	7
1998	109	56	26	25	2	81	39	16	26	
1999	134	75	27	28	4	99	49	22	28	
2000	105	67	16	21	1	119	59	29	29	2

续表 29－2－3

年份	侦察终结								挽回经济损失（万元）
	合计		移送起诉		不起诉		撤案		
	件	人	件	人	件	人	件	人	
1995	141	177	70	87	56	70	15	20	429.35
1996	231	251	84	94	56	69	91	92	586.83
1997	100	119	58	67	15	22	28	30	475.15
1998	74	88	52	61	13	14	10	15	338.48
1999	91	110	60	84	8	9	8	11	295.83
2000	82	93	67	76	6	7	10	10	208.58
合计	719	838	391	469	154	191	162	178	2334.22

第四节　法纪检察

1991 年—2000 年，全区共受理案件 1628 件，立案 814 件。这些案件包括：重大责任事故，非法拘禁，玩忽职守，徇私舞弊，刑讯逼供，非法侵入他人住宅，非法管制、虐待被监管人员，非法搜查，放纵销售伪劣商品，违法发放林木采伐许可证，破坏选举，伪证、走私，泄露国家机密，滥用职权，民事枉法裁决，失职致使在押人员逃脱，枉法追诉，徇私枉法，非法批准征用占用土地，国家机关工作人员签订、履行合同失职被骗等等。其中国家机关和非国家机关工作人员职务犯罪占相当比重，如 1997 年即达 88 件，约占 40%。在所立重大法纪案件中有 1991 年造成 37 人中毒死亡、571 人住院治疗、经济损失达 400 万元的贵溪农药厂泄漏甲胺特大责任事故案，追究了犯有渎职罪的朱某某、徐某某的法律责任。有 1999 年德兴市民政局副局长洪某在采购救灾物资时，既不签订合同，又不看样品，凭私人感情用事，结果所购棉衣、棉被全是劣质产品，使灾民无法御寒过冬一案。有 2000 年铅山县虹桥派出所原所长陆某滥用职权，违反枪支弹药管理规定，擅自使用枪支，因走火而造成一死一伤的严重后果一案。

1991 年—2000 年全区法纪案件一览

表 29－2－4　　单位：件

	合计	1991 年	1992 年	1993 年	1994 年	1995 年	1996 年	1997 年	1998 年	1999 年	2000 年
受案件数	1628	201	198	196	202	200	240	203	35	58	95
立案件数	814	93	118	116	116	96	118	88	15	22	32

第五节 民事行政检察

1991年7月13日，地区检察分院设民事行政检察处。1993年，各县(市)院相继完成民事行政检察机构与人员的设置和配备，开展办案工作，行使法律监督职能。1992年—2000年，全区共受案698件，提出抗诉405件，向法院发出检察建议75件。这些案件包括民事、经济、行政申诉等。民事行政检察始终坚持“严格执法，狠抓办案”的工作方针，“敢抗、会抗、抗准”的办案原则，以办案为重点，查处有关审判人员徇私舞弊，贪赃枉法，防止司法腐败，维护司法公正。1999年，地区检察分院民行处制定下发《关于办理民事行政申诉案件程序暂行规定》，将高检院公开审查制度具体化，实施公开听证制度，做到在审查案件时，听取双方当事人的陈述，不错抗一件案子。2000年，民事行政检察工作列全省第一名。

1991年—2000年全区民事行政检察案件一览

表29-2-5 单位:件

年份	受案件数	立案件数	提出控诉件数	发检察建议件数
合计	698		405	75
1991				
1992	8	8	1	
1993	49	12		
1994	89	39	20	14
1995	49	52	29	12
1996	62	55	38	5
1997	96		69	14
1998	97		67	3
1999	128		82	14
2000	120		99	13

第六节 控告申诉检察

1988年，全区检察机关相继设立人民检察院举报中心。1990年代，随着检察机关工作职能的转变，进一步建立和健全控告申诉和举报工作制度，坚持检察长接待日和审批，对来信来访做到有着落、有回音，开展创建“文明接待室”活动。1993年6月，地区检察分院将原先建立的“经济罪案”举报站，改为上饶检察分院举报中心，各县(市)举报中心也相应成立。举报中心建立和健全了举报宣传、受理、审批、分流、查处、反馈、奖励、保护举报人等制度。全区设有举报控申接待室14个、专用电话14部、专职接待员14人。1993年前，举报没有开展初查。1993年以后，把初查作为举报工作龙头，切实抓好。1991年—2000年，全区共受理群众来信来访17825件(次),其中来信14303件,来访3522次。1999年—2000年,属检察机关受理的举报10558件,通过办案为国家挽回经济损失2941多万元。其间,全区两院坚持了检察长接待日和检察长审批制度。1991年、1992年、1994年3年间,检察长接待、审批案件2018件。1995年—2000年,检察长接待日接待来访群众3627人,检察长审批7683件。在1997年—1999年度第四届创建文明接待室活动中,上饶市、德兴市检察院和波阳县、余干县、上饶县、玉山县、广丰县检察院和地区检察分院等8单位被评为全省检察机关"文明接待室",德兴市院被高检院授予"文明接待示范窗口"称号。

分院决定从1998年11月9日开始,在全区检察机关实行检务分开。公开的基本内容有:人民检察院的性质、任务、内部机构设置、工作职能;直接受理立案侦察案件的范围;贪污贿赂、渎职犯罪案件的立案标准;侦察、审查起诉阶段办案的期限;检察人员的纪律;在侦查、审查起诉阶段犯罪嫌疑人的权利和义务;证人的权利、义务;举报须知;申诉须知等。

1991年—2000年全区受理控申案件一览

表29-2-6

年份	来信来访			受理举报(件)	查办数	挽回经济损失(万元)
	来信(件)	来访(次)	小计(件、次)			
合计	14303	3522	17825	8077		2941
1991	1270	327	1597			
1992	1472	247	1719			
1993	1395	240	1635			100
1994	1208	518	1726			161
1995	1425	307	1732	1261	408	270
1996	1743	244	1987	1425	486	490
1997	1105	360	1465	985	517	400
1998	1432	352	1784	1342	466	300
1999	1292	383	1675	1146	526	520
2000	1961	544	2505	1918	821	700

说明:1990年—1994年,受理举报2481件。

第七节 监所检察

1991年,地区检察分院及各县(市)检察院监所检察机构健全。2000年,各县(市)看守所均设有检察室,饶州监狱由省院派驻人民检察员。实行派驻检察县(市)院的分管检察长每月参加防所检察1~2天,多的5天,与驻所人员共同研究解决有关问题,填写规定的"一志八表"。看守所检察,包括对收押、释放的人员是否合法进行检察、对羁押人犯是否超羁押实行检察、对已决犯是否按期投劳(投入劳动改造)实行检察,对看守所的安全防范进行检察。监所检察以办案为龙头,带动执法检察工作全面展开,自侦查办监所检察部门管辖的案件。严厉打击罪犯又犯罪活动的案件，复查控告申诉案件。据1995年—2000年统计，全区发现超期羁押1149件，纠正1132件，完全防范发现隐患853次，提出纠正844次，预防事故606次。

1995年—2000年全区看守所执法检察情况

表29-2-7

年份	超期羁押		安全防范		
	发现（件）	纠正（件）	发现隐患（次）	提出纠正（次）	预防事故（次）
合计	1149	1132	853	844	616
1995	20	20	192	183	169
1996	131	131	113	113	93
1997	128	128	128	128	116
1998	190	190	83	83	90
1999	494	494	81	81	86
2000	186	169	256	256	62

1995年—2000年全区监所办案情况

表29-2-8

年份	自侦案件		又犯罪案件		复查控告申诉案件	
	件	人次	件	人次	件	人次
合　计	55	65	253	316	127	124
1995	18	25	52	69	5	5
1996	17	17	60	67	24	28
1997	10	13	53	73	10	12
1998	4	4	52	63	54	54
1999	5	5	30	34	19	19
2000	1	1	6	10	15	6

第八节　检察技术

1993年技术侦察科改称检察技术处，至2000年年底，全区检察技术部门共有管理和技术人员35人，技术用房610平方米，技术设备投资70余万元，地区检察分院及上饶市、德兴市、波阳县、余干县等检察院均已建成预审、谈话监控室，能有效为法院提供视听证据。全区两院检技部门成立后，配合检察业务工作的全面开展，受理大量各类文证审查、检验鉴定、现场勘验、提供技术服务。包括法医检验、文件检验、司法会计检验、物证录像、物证照相、分析意见书，提供侦察方向等等。在及时打击各种刑事犯罪和经济犯罪分子中许多疑难案件顺利侦破。2000年加强检察信息化建设，通过语言、视频、数据“三网合一”，实现办公无纸化和办案现代化。

1991 年—1992 年，受理文检 36 起，直接辨认 16 起，刑事照相 110 件，出具鉴定书、检验报告等 178 份，拍摄现场图片 600 幅，现场勘察 59 次。1993 年—1994 年，受理检验、文证审查 1517 件，出具鉴定书、检验报告、分析意见等 1096 份，为办案提供证据 557 份，提供侦查方向 22 份，现场勘察检验 73 次。

1995 年—2000 年全区技术检察情况

表 29－2－9　　单位：份

年份	受理各类文证审查检验鉴定（件）	出具鉴定书	出具检验报告	出具分析意见书	提供证据或文书材料	提供侦察方向	补充原结论	改变原结论
1995	865	171	190	189	502	8	24	16
1996	858	263	174	136	672	17	15	22
1997	711	327	110	180	566	20		31
1998	570	300	57	42	429	20		13
1999	588	205	46	130	455			8
2000	701	261	94	104	702			3

说明：受理各类文证审查、检验鉴定包括检验鉴定、文证审查、提供技术服务、现场勘察等。

第三章　法　院

第一节　机构队伍

中级人民法院　1992 年 2 月 24 日，上饶地区中级人民法院增设执行庭，7 月 25 日增设研究室。1996 年 6 月 20 日增设司法警察大队（后更名为司法警察支队）。1999 年 4 月 26 日，全国法院干部业余法律业余大学上饶分部更名为上饶地区法官培训中心。1999 年 6 月，内设机构为刑事审判第一庭、第二庭，民事审判庭，经济审判庭（后更名为民事审判第二庭），行政审判庭，告诉审诉审判庭，执行庭，司法技术处，研究室，监察室，政治部，办公室，司法行政处，司法警察支队。2000 年年底，实有内设机构 14 个 ，编制 125 人，实有 127 人。有正副院长 4 名；其文化程度是：大专、大学本科、研究生、硕士、研究生各 1 名。1998 年，根据《中华人民共和国法官法》，上饶地区中级民法院第一次评定并经上级批准法官 104 名，其中三级高级法官 5 名，四级高级法官 27 名，一级法官 17 名，二级法官 19 名，三级法官 7 名，四级法官 24 名，五级法官 5 名。

至 2000 年年底，内设机构有办公室、刑事审判第一庭、刑事审判第二庭、民事审判第一庭、民事审判第二庭、行政审判庭、告诉申诉审判庭、执行庭、政治部、监察室、司法技术处、研究室、司法行政处、司法警察支队。

基层人民法院　1991 年后，各县（市）人民法院内设机构有增设，至 2000 年实有机构 11

个，另有人民法庭70个。总编制978人，实有1013人。根据《法官法》第二次评定并经上级批准有法官780名，其中三级高级法官5名，四级高级法官140名，一级法官122名，二级法官96名，三级法官125名，四级法官235名，五级法官57名。

至2000年年底，内设机构有办公室、刑事审判庭、民事审判庭、经济审判庭、行政审判庭、告诉申诉审判庭、执行庭、监察室、法医室、政工科、司法警察大队。

法官培训　据1985年统计，全区法院干警中，具有大专学历的只占5%（32人），属于法律专业的不到一半。为改变法院干警文化素质和专业知识结构，根据中华人民共和国最高人民法院统一部署，成立全国法院业余法律大学上饶分部，由地区中级法院院长兼分部主任，另设专职副主任一名。各基层法院设教学班，学制3年。3年中，系统学习哲学、政治经济学、中国革命史、法律基础理论、中国司法制度以及各部门法等15门课程。1985年—1995年，共举办七届，毕业学员487人，使全区法院干警具有法律专业大专以上学历的人由1985年占干警总人数的5%上升到61.1%。此外，还举办各种培训班，2000年之前共办班12期，培训审判人员495名，组织参加外出培训146名，同时全区法院共有24名青年法官参加中国社会科学院研究生院举办的经济法研究课程学习，并获得该院颁发的经济法专业研究生结业证书。

"三创"活动　1997年，全区法院开始创建"文明法院""文明法庭""文明法官"的活动。活动以"公正司法、文明执法"为中心，以提高法官队伍素质为基本点，以"便民、利民、为民、爱民"为立足点，以塑造良好风貌、创造优美环境为切入点，增强"全心全意为人民服务"的宗旨意识，锐意进取，严肃执法，加强队伍建设，提高执法水平。为此，调整目标责任，明确了奖惩措施，开展宣传发动，开展演讲比赛，组织巡回报告。年底评比时，有7个基层法院，15个人民法庭和15名法官获"标兵"称号。

第二节　刑事审判

1991年—2000年，全区两级法院刑事审判工作继续贯彻执行全国人大常委会《关于严惩严重危害社会治安的犯罪分子的决定》《关于迅速审判严重危害社会治安的犯罪分子的程序的决定》，从重从快，严厉打击严重危害社会治安的犯罪分子，重点是打击故意杀人、抢劫、流氓集团、盗窃集团、爆炸、强奸、拐卖人口、绑架妇女和儿童、毒品犯罪、带黑社会性质的集团犯罪等。10年间，共受理一审刑事案件14245件、21968人，审结13365件、19720人；受理二审刑事案件1559件，审结1455件。同时，根据"一要坚决，二要慎重，务必搞准"的原则，严厉打击经济犯罪，推动反腐败斗争的发展，打击的锋芒始终指向国家机关、企事业单位和金融系统中犯有贪污、受贿、挪用公款、偷税、抗税、走私、金融诈骗等罪行的工作人员，特别是领导干部的严重经济犯罪。1992年，全区法院共召开宣判大会142场，宣判刑事案件890件、1270人，旁听群众20余万人。大造严打声势，地区中级法院在6月下旬至"十一"前夕及12月中旬，分别于铅山县、波阳县、广丰县、德兴市、德兴铜矿等地，召开大规模宣判大会，对21名重大刑事犯罪分子执行枪决。1994年后，继续保持"严打"态势，对刑事案件，法院提前介入，快审快结，1994年全区召开宣判大会134次，宣判案件895件、983人。中院先后于5月和9月两次召开声势浩大的集中公开宣判统一执行活动，共宣判罪犯108人，其中死刑、死缓、无期徒刑32人。1996年，按照中央关于开展反腐败斗争的决策和部署，严厉打击国家工作人员贪污、受贿、挪用公款等犯罪活动。6月12日，地区中级法院公开宣判全区第一起县级干部受贿案，判处原广丰县委书记郑元盛有期徒刑13年,并处没收财产6000元。1997年刑事案件明显下降,全区法院,继续坚持“严打”方针。修改后的《中华人民共和国刑事诉讼法》和《中华人民共和国刑法》实施后,全区法院把好案件的事实、证据和适用法律关,做到无罪不被追究、有罪不轻纵、重罪不轻判、罪刑相适应,始终贯彻“宽严相济”政策,对于从犯、胁从犯、自首犯,该依法从轻、减轻、免于刑事处罚的,均依法办理。对于已投入劳动改造的罪犯,如确有悔改和立功表现的,依法减刑、假释。1991年—2000年,地区中院共审结减刑、假释刑事案件12742人。

1991年—2000年全区法院一审刑事案件一览

表29-3-1

		合计	1991年	1992年	1993年	1994年	1995年	1996年	1997年	1998年	1999年	2000年
收案	件	14245	1516	1421	1381	1443	1315	1560	1167	1515	1606	1321
	人	21968	2466	2310	2112	2362	2104	2539	1810	2215	2286	1768
结案	件	13365	1491	1413	1175	1376	1281	1522	1114	1286	1417	1290
	人	19720	2420	2280	1989	2108	2067	1585	1673	1865	1993	1740

1991年—2000年全区判处死刑、死缓、无期徒刑情况

表29-3-2

	1991年	1992年	1993年	1994年	1995年	1996年	1997年	1998年	1999年	2000年
人数	77	-	-	61	-	-	62	-	74	55

说明:1992年、1993年、1995年、1996年、1998年情况不详。

第三节 少年犯罪案件审判

1988年6月,江西省高级人民法院确定上饶市人民法院、波阳县人民法院为上饶地区少年法庭的试点法院。同年,地区法院成立全区少年法庭工作指导小组;各县(市)均在刑事审判庭内设立少年法庭,共有审判人员40名,对少年犯罪的审判,实行教育、感化、挽救的方针,坚持教育为主,惩办为辅的原则。审判时,针对少年犯的特点,采取了如下审判方式:

实行特邀陪审员制度。共特邀陪审员51名,其中共青团干部10人,妇联干部15人,教师9人,退休干部5人,工会和其他干部12人。中院为此举办特邀陪审员培训班1期。

建立公安、检察、法院、司法行政相互配合的政法“一条龙”工作体系和工、青、妇、劳动、教育等部门社会“一条龙”配套工作体系,共同做好少年犯的工作。

庭审期间,对少年犯进行教育、感化、挽救。法庭陈述阶段结束后,特邀陪审员、辩护律师、公诉人、教师、法定代理人等都在帮教会上发言,内容围绕4个问题:被告人行为的社会危害性;走上犯罪的主客观原因;如何正确对待审判;如何改造,正确对待今后人生等。

对判处免刑、管制、缓刑或投入劳动场所服刑的少年犯,进行回访考察、帮教和家访,召开失足少年家长会等。

第四节　民事审判

1991 年—2000 年,全区两级法院的民事审判工作,始终围绕稳定社会、稳定基层、稳定家庭、发展经济、促进改革开放而开展,历年视情况均有所侧重。1991 年,在建立目标管理制,加强民事审判力量,坚持对二审案件的分析研究,坚持案件检查和调查研究的同时,优先审理矛盾尖锐的民事案件,防止激化成刑事案件 100 余起。1992 年强调多办案、快办案、办好案,基层法院适用民事诉讼法中关于督促程序的规定,适用支付令案件 3763 件,巡回就地办案 1392 件,分别占民事案件审结案数的 50.5% 和 18.6% 。1993 年,重点抓房地产、劳动争议等新类型案件的审理。上饶市法院迅速成立房屋拆迁巡回法庭,以适应城市改造需要,及时审理因房屋拆迁引起的纠纷。1995 年民事审判的重点在基层,全区基层法院共审理各类民事、经济总案数据的 64.6% 。1996 年,婚姻家庭案件居多,全区法院共受理一审婚姻家庭案件 3315 件。1997 年,加强对债务、劳动争议等案件的审理,共审理 797 件。2000 年,根据江西省高级人民法院的要求,把审理的重点放在涉及城市“三条保障线”(国有企业下岗职工基本生活费、离退休人员基本养老金、城市居民最低生活保障)的案件。

案例　原告李伟忠,住余干县水利局宿舍。被告李霆、段成建、舒云淼、詹建民四人出资合伙经营赣 E—7528 号中巴客车,挂靠于被告余干汽车运输公司。1999 年 8 月 8 日上午,李伟忠乘坐由被告李某驾驶的该客车由县城去往黄金埠时翻车,造成重伤。经法医鉴定,李伟忠第 2 腰椎椎体压缩性的骨折、脱位并脊髓完全性损伤性断裂,双下肢截瘫伴大小便失禁,结论为重伤甲级,一级伤残。经余干县医院治疗并转院至中国人民解放军 301 医院、北京博爱医院治疗,共花去医疗费 177832.35 元,加上交通费、住宿费、护理费、法医鉴定费等,共计人民币 224850.55 元。余干县公安局交警大队对事故作出责任认定,造成本次事故的根本原因是李霆驾车思想麻痹,雨天转弯时车速过快。上饶地区中级人民法院作出〔2000〕饶中民初字第 18 号判决:由被告李霆、段成建、詹建民、舒云淼共同赔偿原告李伟忠医疗费 177832.35 元,护理费 1.91 万元,住宿费 15107.2 元,后期终生护理费 1.44 万元,残疾用具费 1.54 万元,残疾赔偿金 42480 元,精神损失费 2 万元,母亲赡养费 8495 元,女儿抚养费 29736 元以及伙食补助费、误工费、电话费、交通费、法医鉴定费等,合计人民币 542859.55 元,由以上四被告和被告余干县汽车运输公司承担连带赔偿责任。

第五节　经济审判

1991 年—2000 年,全区两级法院受理的经济案件分以下几类:一,国营企业的案件,妥善处理在深化企业改革和国家宏观调控中出现的企业承包、租赁、兼并、破产、乡镇企业经济纠纷等案件。参与清理“三角债”,帮助企业清欠债务,帮助银行收回贷款,为企业排扰解纷。并向企业派出司法联络员,组织巡回法庭,就地办案。1991 年,上饶县法院即帮助五府山陶瓷厂清欠债务 210 余万元。1992 年,地区中院受理《企业破产法》实施后全区第一起申请破产案,即上饶县沙溪麻行申请破产案,使 28 名债权人的合法权益得到保护。二,从稳定以家庭联产承包为主的责任制和促进统分结合的双层经营体制出发,及时地审理了一批农村承包合同纠纷案件。1992 年,在审理的各类经济案件 3960 件,此类案件就有 1214 件。同时,审理一批对农民“打白条”的案件,使农民的“白条”得到兑现。三,依法进行清收债款,盘活企业资金的专项经济审判活动,大胆尝试“有限司法保护”的做法。两级法院均成立清收债款工作领导小组。1996 年,在受理的 3537 件经济案件中,受理此类案件 290 件,涉及债权金额 12406 万元。审结 243 件,收回债款 1388.6 万元。从 1997 年起,地区中院经济审判庭受理一、二审经济案件,实行开庭审理,全区共受理 3027 件,审结 2719 件。四,及时审理证券股票纠纷案件和涉及港澳台、中外合资、合作企业经济纠纷案件。1997 年,地区中院审结新中国成立后上饶地区第一起证券股票纠纷案。全区法院在经济审判工作中,坚持多办案、快办案、办好案的要求和公正、合理、平等的原则,对各类经济主体同等对待,执法上一视同仁。1998 年,全区法院通过审理经济纠纷,盘活企业资金 8000 万元。

1991 年—1997 若干年份全区一审经济案件一览

表 29 - 3 - 3 单位:件

年份	受理案件数	审结案件数
1992	6960	6540
1996	3537	3356
1997	3027	2719

案例 1 原告华某,女,上饶地区房地产金融公司干部,1997 年 1 月 28 日在被告上饶地区工商银行信托公司证券部开设了上交所股票账户,股票代码为 A210528329。同年 1 月 29 日购入“西单商场”股票 8200 股,共计股价 69340.92 元。同年 1 月 30 日,浙江省金华信托公司证券部让一位自称刘淇的人,盗用原告华芳的股东代码,伪造股东账户卡,开设资金账户,将原告华芳 8000 股“西单商场”股票卖出,并于次日将卖得的资金 6.68 万元提走。被告金华证券部在接受“刘淇”开户时,未将其身份证和股东账户卡复印留底,刘淇提款时,只要他出示身份证而未要求出示审核股东账户卡,造成冒用原告股东代码卖出股票并提走巨款,违背中国证监委 1994 年《关于健全检验制度防范股票被盗卖的通知》第 5、6 条规定,被告金华证券部应负主要责任。被告上饶工行证券部,以公示股东代码人作为成交回报的方式,泄露股民交易的秘密,违犯《上海证券所交易市场业务规则》第 62 条规定,负有一定责任。据此,判决两被告赔偿原告华某 8000 股价款 67649.68 元,利息 1246.83 元;被告上饶地区工商银行信托公司证券部承担 10% 即 6889.65 元。

案例 2 原告中国农业银行上饶市分行营业部,被告上饶市农业生产资料总公司,被告上饶市供销合作(集团)总公司。1998 年 12 月 1 日至 2000 年 6 月 15 日,原告中国农业银行上饶分行营业部先后给被告上饶市农业生产资料总公司贷款本金 2696.6 万元,被告作了房屋抵押,其中 459.6 万元由上饶市供销合作(集团)总公司担保。由于被告未清偿债务,原告向上饶地区中级人民法院提起民事诉讼,要求偿清债务本金及利息。中院立案后,被告上饶市农业生产资料总公司答辩称,对所欠债务属实,但提出两点:第一,所欠货款中 16137 万元用于生产资料经营,属于政策性亏损,要求核查免除债务。第二,其中有 1930 万元未至合同规定期限偿还,要求驳回诉讼请求。经审理,法院认为,被告要求核减政策性亏损,不属法院职权范围,以前借款所欠本金利息未还已经违约,原告按合同规定可以提前要求被告偿还债务,并无不妥。为此,根据《中华人民共和国民法通则》第 108 条,《中华人民共和国担保法》第 6 条的规定,上饶中院〔2000〕饶中法经初字第44号判决如下：一、由被告上饶市农业生产资料总公司偿还原告中国农业银行上饶市分行营业部借款本金2696.6万元，利息133.79万元。二、被告上饶市供销合作（集团）总公司承担被告上饶市农业生产资料总公司借款459.6万元的连带清偿责任。

第六节　行政审判

1991年—2000年，全区法院共受理一审行政案件2506件，审结2282件；上饶中院受理二审行政案件358件，审结337件。

1991年全区审结一审行政案件116件，比1990年上升161%，中院二审审结的案件19件，比1990年上升280%，类型上由7类增设到12类，“民不告官，民不与官斗”的观念成为历史。1996年全区一审行政案件达434件，余干县、德兴市成为全区行政审判案件超百件县（市）。1997年，全区一审案件达687件。

1995年，《中华人民共和国赔偿法》颁布实施后，上饶地区中级人民法院国家赔偿委员会成立，设行政审判庭内，负责审理国家赔偿案件。1995年—2000年，全区法院共受理国家赔偿案件18件，作出赔偿决定14件，赔偿请求金额为121.5万元，决定赔偿73372.58元，退还非法扣押款10.46万元。

案例1　原告余干县黄金埠镇珠桥章家村小组村民章发春，被告余干县黄金埠镇人民政府，第三人村民章发余。原告章发春与第三人章发余争议的山林，坐落章家村小组村后，东靠胡家山，西靠章发春宅基，南靠第三人住房，北靠余黄公路，面积800余平方米。1953年土改时，该山林地权归原告章发春所有，农业集体化时，收归集体所有。1974年，第三人章发余在该地南边建住房一幢，自后在房前屋后栽种了果树等，实际上对部分争议山地管理使用，农村实行责任制时，村小组又将该山地分配给原告章发春管理使用（柴山）。1996年，第三人章发余申请在该地建房，原告章发春不同意，为此发生纠纷。黄金埠镇人民政府经调解无效，乃于1997年3月15日以黄府〔1997〕土决字第1号文件作出处理决定：第三人章发余按照法定程序申请建房，有关单位应按法律规定给予办理建房手续后，准许建房。宅基地以外山林应属章家村小组集体所有使用和管理。对此，原告不服，诉至余干人民法院。经法院审理，认为黄金埠镇人民政府行为证据不足，判决撤销该政府〔1997〕土决字第1号行政处理决定，限判决生效后二十日内重新作出具体行政行为。黄金埠镇人民政府不服，向上饶地区中级人民法院提起上诉，要求撤销余干县人民法院之判决，维持该政府的处理决定。经上饶中级人民法院二审审理，认为被上诉人章发春与第三人章发余所争议的山林地，土改时原属被上诉人所有，农业集体化时归集体所有，落实责任制时村委会又将该地分配给被上诉人使用。但在集体管理使用期间，第三人在该地建住房后便对部分争议山地实际管理使用多年，以上事实清楚。黄金埠镇人民政府从实际出发，决定按规定批准部分土地给第三建房使用是正确的，但对宅基地以外的山林收归集体所有使用和管理缺乏法律依据。为此，判决如下：撤销余干县人民法院〔1998〕干法行字第20号行政判决。维持余干县黄金埠人民政府1997年3月15日黄府土决字第1号处理决定书中的第1条，撤销第2条。

案例2　申请人卞鲁芳，女，1938年10月出生，江西连胜自行车厂劳资科科长。申请人沈柔刚，男，1963年出生，江苏省纺织工业总公司职工。两申请人是母子关系。1993年10月，卞鲁芳在任连胜自行车厂劳资科长期间，经厂领导研究决定要为全厂2400余人购买工作服，同意由卞鲁芳负责与申请人沈柔刚联系此项购买业务，沈从中得差价82574元。为此，弋阳县人民检察院以涉嫌贪污一案，于1997年3月17日将卞鲁芳拘留，同年3月30日逮捕。1997年4月7日将沈柔刚拘留，4月21日逮捕。1997年7月29日，弋阳县人民法院一审认为两被告主观上没有占有公款故意，客观上没有实施占有公款的行为，沈柔刚通过其母卞鲁芳为厂方购买服装是一种正当的商业行为，弋阳县检察院指控被告人贪污罪不成立，判决宣告无罪，1996年1月6日释放，判决后，弋阳县人民检察院通过上饶检察分院向上饶地区中级人民法院进行抗诉。1998年3月12日中院二审裁定，驳回抗诉，维持原判。卞鲁芳、沈柔刚分别被羁押295天和274天。1998年4月15日，两人向弋阳县人民检察院申请，因人身自由受到侵害，要求直接赔偿经济损失和退还扣押财产，弋阳县检察院未作答复。为此，两人向上饶地区中级法院国家赔偿委员会提出申请，要求决定弋阳县人民检察院因错误拘留、逮捕，赔偿经济损失各1万元，退还错误扣押人民币10.11万元、通讯录等物。1999年8月24日，上饶地区中级人民法院国家赔偿委员会依照《中华人民共和国国家赔偿法》第15、26、28条之规定，决定：1.弋阳县人民检察院赔偿申请人卞鲁芳经济损失6817.58元；沈柔刚经济损失6332.26元。2.弋阳县人民检察院返还卞鲁芳、沈柔刚被扣押的人民币10.11万元存折及通讯录等。

第七节 告诉申诉审判

1989年1月，地区中级人民法院成立告诉申诉审判庭。1991年，地区中院制订《加强告诉申诉工作的几点意见》，下发各县（市）法院。当年受理各类申诉案件462件，审结177件。1992年12月，中院制订《全区法院告诉申诉审判工作制度》，进一步统一全区法院申诉审查和再审审判工作的程序和制度。1992年，各县（市）法院相继成立，负责接待来信、来访、受理各类案件、申诉、负责立案、进行审判监督、纠正错案等工作。当年受理各类案件342件，审结281件。

第八节 执 行

1993年开始，全区法院相继都成立执行庭，至2000年年底，地区中院及各县（市）法院共配备执行干警92人，其中庭长11人，副庭长20人，审判员22人，助审员22人，其他17人。1999年，全区进行第一次执行月活动，开展为期一个月的执行大会战，共执行案件3000件。1992年，突击执行各类案件2073件。1993年，先后在税务、工商、交通稽征、路矿等12个部门设立58个执行室。1994年，针对“执行难”的问题，两级法院领导亲自上阵，一级抓一级，有的还签订四级责任状①。1995年，执行案件3809件，执行率达90.2%。1996年，地区中院在余干县召开全区第一次执行工作会议，针对群众对“法律白条”反映强烈的问题，制定和健全有关制度，果断执行积案。当年，共执行案件5903件。1997年，地区中院创造性地提出“执行工作十二法”②。从1998年10月20日起，全区开展一次有史以来规模最大的集中清理未结执行

①四级责任状：执行员与庭长、庭长与主管副院长、主管副院长与院长；

②“执行工作十二法”：综合协调法、执行担保法、转化股权法、转籍反租法、份额转让法、用地转让法、重新协作法、债务转换法、劳务抵债法、债权转让法、科技成果联保法、促销易物抵债法。

案件大行动。全区法院迅速行动，集中清理未执行案件，各基层法院则划分区域，逐案承包到组，责任到人。中院执行庭定期通报各县（市）法院执行情况，同时对外地法院委托执行案件，优先安排。波阳法院在审理、执行县陶瓷工业材料总厂拖欠县工商银行260万元贷款案件中，使停产3年的工厂恢复生产，300多名数次集体上访的下岗职工集资款全部得到清退，工厂所欠银行款也得以执行。5月，上饶市法院被最高法院授予“全国法院委托执行工作先进单位”称号。1999年，开展“执行年”活动，加大执行力度，切实解决“执行难”问题，全区共执行各类案件5145件，比1998年上升46.8%，执行率87.3%。2000年，进一步开展集中清理执行活动，采取果断措施，加大执行力度，对设置障碍、阻挠执行的单位及个人，依法处理。

1991年—1999年若干年份全区案件执行情况

表29-3-4

年　份	执行各类案件(件)	执行案件标的额(万元)
1992	2073	668
1996	5930	9652
1999	5145	8871.67

第四章　司法行政

第一节　法制宣传

1991年—2000年，以普法为中心的法制宣传教育，经历“二五”“三五”两个规划的实施，以《宪法》为核心的各种民事、刑事、行政、经济、法律法规，得到全面普及宣传。历次“普法”活动，地委、行署均将其纳入全区经济和社会发展计划，列入创评先进县（市）和综合治理一票否决的一项重要内容进行考核。措施上推行划分责任区，建立责任制的方法，实行一把手负总责，层层签订普法责任状，列入领导干部任职目标。从地区到村组都建立普法机构。1991年1月15日至16日，行署召开全区“一五”普法总结表彰大会，部署了第二个五年普法工作任务。1993年8月9日至10日，在万年召开全区法制教育现场会，推动“二五”普法深入开展。1996年10月30日，地委、行署制定《关于在全区公民中开展法制宣传教育的第三个五年规划》，继续深入进行法制教育，推进基层、行业、地方依法治理“三大工程”建设。全区有450多万人次接受了法律普及教育，所涉及的以宪法为核心的基本法律，社会主义市场经济法律，与公民生产、生活密切相关的法律法规达60余部。“为官须过法律关”，以领导干部学法为重点的普及工作也取得很大进展。地区和各县（市）历年都举办普法宣传骨干、宣讲员、机关干部、企事业单位人员培训班、学习班，1995年，在全区推行“社会细胞普法工程”，县（市）、乡、村、组层层签订普法责任状，按照“十户一员”，居民和农户每10户、企业车间班组、学校班级、机关配备普法宣讲员或辅导员，构成点、线、面结合的宣传体系。1995年4月份，在《上饶日报》开展有6万余人参加的“社会主义市场经济法律知识书面竞赛”。5月份，又从基层选拔出17个代表队参加地区“二五”普法电视大奖赛。8月30~31日，全区法制文艺汇演、法制宣传图片展、律师和执法机关等14家法律咨询活动同时在上饶市展开。1998年2月20日，地委作出《关于推进依法治区的决定》,地委、行署制定印发《1998年—2000年依法治区规划》,把普法依法治理纳入各部门、各单位精神文明建设的具体目标中,一同部署、一同检查、一同落实。

2000年3月5日,地区司法局、地区教委下发《关于在全区各类学校选聘法制副校长的实施方案》,至6月底,各县(市)选聘619名。

1991年—2000年全区历年普法内容一览

表29-4-1

年份	内容
1991	《中华人民共和国宪法讲话》《社会主义法制建设若干问题讲话》
1992	《中华人民共和国宪法》《国旗法》《国徽法》《行政诉讼法》《义务教育法》《工会法》《妇女权益保障法》《人民代表法》《企业法》引进外资法律法规、全国人大常委会关于禁毒、打击卖淫嫖娼、打击拐卖妇女儿童、社会治安综合治理等4个决定。
1993	《宪法修正案》《税收征收管理法》《未成年人保护法》《残疾人保障法》《环境保护法》《企业法》《著作权法》《全民所有制工业企业转换经营机制条例》
1994	《农业法》《公司法》《消费者权益保护法》《产品质量法》《反不正当竞争法》《经济合同法》《公务员暂行条例》《江西省国防教育条例》《江西省实施归侨、侨眷权益保护法》
1995	《劳动法》《国家赔偿法》《广告法》《监狱法》《仲裁法》
1996	《刑事诉讼法》《行政处罚法》《电力法》
1997	《刑法》《国防法》《乡镇企业法》《香港特别行政区基本法》《江西省法制宣传教育工作条例》《江西省保护和发展邮电通讯条例》《社会主义法制建设基本知识》
1998	《行政监察法》《防洪法》《防震法》《建筑法》《公路法》《江西省人大常委会关于开展依法治省决议》《档案法》《森林法》《中共中央法制讲座汇编》
1999	《九九宪法修正案》《合同法》《村民委员会组织法》《土地管理法》《兵役法》《消防法》《澳门特别行政区基本法》《江西省农民负担管理条例》《维护社会稳定法律知识问答》《维护社会稳定法律法规汇编》《农民法律顾问》
2000	《预防未成年人犯罪法》《气象法》《烟草专卖法》《个人独资企业法》《江西省反窃电办法》

第二节 公证工作

自1980年5月波阳县建立第一个公证处至2000年年底,全区地、县两级共设有公证处13个,公证人员59人。业务领域已渗透到经济、文化、科技、教育、金融、贸易、生产、生活等社会事务各个方面,并有3个公证处承担办理涉外、涉台公证事务。公证法律服务由过去办理几项业务的单一型向多领域、全方位、开放型发展;服务层次由提供简单的民事公证向国家重点建设项目、建立现代企业制度、发展农业和农村经济等提供高层次的法律服务转变。1992年,有周桂火等53位公证员被批准为中国公证员协会会员。1997年在"公证质量年"活动中,各公证处建立健全质量检查、岗位责任、销假证追究等制度。1998年,开展法律援助工作,规定每个公证员每年都要办理二件以上法律援助公证案件。同年,对全区公证员开展“六查六看”① 教育。1991 年—2000 年,全区共办理各类公证事项 273423 件,其中经济合同 161512 件,为企事业单位和广大群众避免或挽回经济损失 27826 万元。

1991 年—2000 年全区公证工作基本情况

表 29 - 4 - 2　　单位:件

年　份	公证数	办证数	其中经济合同	避免或挽回经济损失(万元)
1991	67	27678	8129	389
1992	65	36692	22745	2223
1993	68	29199	14188	3514
1994	68	26554	20093	903
1995	61	25195	20147	1495
1996	63	28000	22405	3202
1997	66	47359	22405	4024
1998	68	17940	13716	4030
1999	65	18740	6717	4100
2000	59	16066	10967	3916

第三节　律师工作

2000 年年底,全区有律师事务所 23 个,持律师专业证 210 人。律师机构已出现国资所、合伙所并存的局面。1991 年—2000 年 10 年间,全区律师担任政府、企业事业单位常年法律顾问 5652 家(次),办理刑事辩护 5540 件(缺 1996 年),民事代理 13669 件,非诉讼代理 4292 件。全区律师主动介入经济建设主战场,积极承办生产、分配、交换、消费各个环节的法律事务,在当好法律顾问的同时,利用非诉讼代理、法律咨询、司法建议等服务手段,及时为当事人解疑释惑、化解纠纷、减少诉讼,并对特困企业实行法律援助。

1999 年 12 月,召开全区第一次律师代表大会,成立上饶地区律师协会,王速胜当选为会长,周重和当选为副会长兼秘书长。

①“六查六看”:查思想,看政治立场是否坚定;查作风,看是否秉公执法、廉洁办证;查纪律,看有无违反公证法规和办证程序;查工作,看宗旨意识和敬业精神强不强;查案卷,看有无错假证;查财务,看有无乱收费和违反财政纪律现象。

2000年全区地、县(市)律师事务所名称一览

表29－4－3

县(市)	名称	县(市)	名称
地区	江西赣东北律师事务所	波阳县	江西鄱湖律师事务所
地区	江西帝经律师事务所	波阳县	波阳县饶州律师事务所
地区	江西带湖律师事务所	余干县	江西琵琶湖律师事务所
地区	江西灵信律师事务所	弋阳县	江西碧落律师事务所
地区	上饶地区红旗律师事务所	铅山县	江西鹅湖律师事务所
上饶市	江西东方红律师事务所	铅山县	江西业荣律师事务所
上饶县	江西全灵律师事务所	玉山县	江西淮玉律师事务所
广丰县	江西红源律师事务所	玉山县	江西三清律师事务所
广丰县	广丰博明律师事务所	德兴市	江西德兴律师事务所
横峰县	江西廉诚律师事务所	德兴市	江西乐安律师事务所
婺源县	江西茶乡律师事务所	德兴市	江西立凭律师事务所
万年县	江西万年红律师事务所		

第四节 基层工作

人民调解 全区人民调解组织(调解委员会)已由1991年的3526个人,增至2000年的4195个;调解人员由16405人,增至19316人。10年共调解纠纷230386件,防止"民转刑"案件4902件,防止非正常死亡1871件。1999年9—11月,全区有组织、有计划、有步骤、分阶段开展一次大规模、全方位的调处纠纷矛盾大会战,共抽调6000多名骨干深入基层,这是新中国成立以来,全区动员广大人民群众,对影响社会稳定的各种"积、大、难"纠纷进行的一次规格最高、声势最大、范围最广、力量最强的专项整治。大会战中,共调解处理疑难纠纷3025件,制止和平息械斗事件11起,消除械斗隐患41起,防止纠纷矛盾激化211起,使"大打三六九,小打天天有"的群众性纠纷械斗成为历史,使一些纠纷较多、治安较差的重点、热点地区得到有效整治。

玉山县与浙江省的常山县、江山市山水相连,由于天然的地理条件和历史形成的社会关系,彼此之间的山林、水利等民间纠纷一直未能解决。为搞好跨界纠纷的联调联防,1998年8月8日,成立"三山"人民调解委员会。随后,各毗邻乡(镇)相继成立人民调解跨界协调小组和联片调委会,形成县、乡(镇)、村三级跨界联调网络,使各种边界纠纷及时得到调解,维护边界安定团结。1995年10月,在玉山县召开"三山"(玉山县、江山市、常山县)联调工作协调会议,推广"三山"联调经验,当年共建立联调组织363个。至1998年,全区跨界联调组织发展到516个,边界纠纷大为减少。

法律服务 1991年,全区基层有法律服务所111个,1998年增至174个,占全区乡(镇)街道数的71.7%,2000年为143个,占乡(镇)街道数的100%。1996年在德兴、玉山两县市进行基层法律服务所体制改革试点后,形成以乡镇(街道)为依托,实行"两块牌子,一套班子"的"两所"(司法所、法律服务所)建设新格局。1991年—2000年,基层法律服务所共协办公证37226件,调解纠纷43705件,其中经济纠纷12064件,代理民事、经济诉讼9745件,办理非诉讼法律事务27733件，咨询74168件，代书33775件，担任法律顾问11072家（次）。1999年2月8日，12县（市）全面开通“148”法律服务专线电话。2000年，全区所有乡（镇）都建立司法调解中心。

体制改革　1996年在德兴市、玉山县进行基层法律服务服务所体制改革试点后，形成以乡镇（街道）为依托，实行“两块牌子（司法所、法律服务所）、一套班子”的两所建设新格局。2000年7月，经行署第104次常务会议研究通过实施《上饶地区基层法律服务所体制改革实施方案》。通过改革，将现有基层法律服务所建设成为由司法行政机关管理和指导的、不占行政编制、不要财政经费、自收自支、独立核算、自负盈亏，面向社会提供法律服务，具有独立事业法人资格的市场中介组织。

1991年—2000年全区人民调解工作业绩情况

表29－4－4

年份	调解委员会（个）	调解纠纷（件）	调解人员（人）	调解成功率（%）	防止民转刑案件（件）	防止非正常死亡（件）
1991	3526	16405	31390	95	636	274
1992	3592	14686	30145	95	624	271
1993	3592	14131	23696	95	229	169
1994	3620	14254	25564	95	342	192
1995	3740	14547	22291	96	278	218
1996	3768	14768	21821	95	257	176
1997	3758	15872	20486	97	185	182
1998	4291	17840	19292	97	1036	132
1999	4291	18846	18468	97.4	944	141
2000	4195	19316	17233	96.9	388	116

1991年—2000年全区法律服务所工作业绩情况

表29－4－5　单位：件

年份	建所数（个）	协办公证	调解		民代	非诉	咨询	代书
			经济纠纷	其他纠纷				
1991	111	5885	880	1017	754	1968	9509	3254
1992	111	6103	751	2290	891	2466	1064	2723
1993	128	3653	532	1914	580	1734	8210	2400
1994	144	3418	1743	2217	591	2041	1072	2526
1995	158	3039	1523	2352	717	2147	1102	2632
1996	163	3387	1150	1858	976	1830	2408	2483

续表 29－4－5

年份	建所数（个）	协办公证	调解		民代	非诉	咨询	代书
			经济纠纷	其他纠纷				
1997	174	6873	1408	2314	1427	5756	6446	6403
1998	174	1741	960	1009	584	1174	9263	1548
1999	175	1552	1687	2397	1571	4889	18491	4274
2000	143	1575	1431	2209	1654	3727	16573	5543

第五节 帮教工作

全区各级司法行政机关，承担刑释解教人员的安置帮教工作管理指导的任务。各县（市）、乡镇（街道）为适应这一任务的需要，均成立帮教领导小组和办事机构，并依托司法所、村民委员会、居民委员会、调解委员会，建立三级安置帮教组织，协助当地政府做好此项工作。1991 年—2000 年 10 年间，全区共安置帮教 13670 人次，他们的重新犯罪率没有超过 3%。德兴市路桥公司董事长范剑自 1996 年以来，先后安置刑释解教人员 46 人，无一人重新犯罪，被德兴市评为“综治先进个人”，受到社会各界的好评。

卷三十　军　　事

1990 年代,境内因与福建交界,仍处于“前方的后方,后方的前方”特殊地理位置的半军事禁区。上饶军分区、武警上饶支队、消防支队等各军事单位,始终坚持把思想政治建设摆在首位,自觉与中共中央、中央军委保持高度一致;“三讲”教育成效明显。通过开门整风、广泛听取意见、积极开展批评与自我批评,认真查找问题,使党员干部触动思想,得到锻炼,振奋精神。

贯彻科技强军、科技兴训的思想,以“打得赢”为标准,狠抓战备工作的落实,不断完善指挥所和指挥自动化建设;积极开展以新“三打三防”①为主要内容的战训法研究,大力开展科技练兵活动,完成首长机关在职训练和民兵军事训练工作;适应“两场”(市场和战场)需要,深化民兵预备役工作调整改革;圆满完成征兵任务。

加强部队条令条例正规化及行政管理,认真贯彻上级“两防”(防事故、防案件)工作精神,狠抓纪律建设和思想教育,有效地解决作风、纪律、制度等方面存在的突出问题;开展暑期安全竞赛活动,加大对人员、车辆、武器的管理力度。

后勤保障能力逐步增强。1990 年代初,全面开展“以劳养武”活动,有效解决了民兵经费不足的问题。完善各种后勤保障方案,认真组织后勤训练,大力开展后勤科技练兵活动;贯彻“标准加管理”和过“紧日子”的思想,加强资金管理,严格财经秩序;积极开展有偿服务,适时调整思路,抓好副食品生产基地建设。

在抗洪抢险、维护社会治安、冬修水利、扑灭山火及支援地方建设等急难险重任务中,上饶军分区和武警支队、消防支队等军事机关组织迅速,作用明显,屡受当地政府和人民群众的高度赞誉。在积极开展学雷锋树新风、扶贫帮困和军民共建等活动中,双拥共建工作取得丰硕成果。军分区、武警支队、消防支队先后被上级主管部门评为双拥工作先进单位。

对前志未记载的一些事项,此卷追述年限适当上延至 1980 年代初。

---

①三打三防:即打坦克、打飞机、打空降;防原子、防化学、防生物武器袭击。1999 年三打改为打武装直升机、打巡航导弹、打隐形飞机;三防改为防精确打击、防电磁毁伤、防侦察监视。

第一章　地方军事机构

第一节　上饶军分区

1991年—2000年，中国人民解放军上饶军分区机关隶属江西省军区领导，主要负责管理全区12个县市的民兵、预备役及其他军事工作。机关位于上饶市中山路，内设司令部、政治部、后勤部，辖全区12个县（市）人武部和1个干休所、1个教导队、1个招待所、1个民兵武器装备仓库。（1986年3月，上饶军分区进行整编，机关撤销科室和警通排编制。）1997年6月，军分区机关进行整编，重新设立科室，司令部、政治部、后勤部各设若干科室。1998年，根据编制体制调整改革的要求，机关内设的三部科室进行合并：军务科与动员科合并为军动科、宣传科与保卫科合并为宣保科、组织科与干部科合并为组干科、财务科与军需科合并为供应科、战勤科与营房科合并为战勤科。

上饶军分区附属单位干休所，位于上饶市中山路。1991年4月以前隶属于江西省军区领导，1991年5月1日，为了进一步做好离休干部的服务保障工作，加强干休所的全面建设，根据南京军区〔1991〕南司字第28号文件精神，将江西省军区上饶离职干部休养所改为江西省上饶军分区离职干部休养所，隶属于上饶军分区领导。

第二节　县（市）人民武装部

机构人员　县（市）人民武装部　主要负责组织实施民兵组训、支前、参加地方建设和兵员征集、预备役、学生军训，以及国防教育等工作。1991年，为加强人武部建设，全面调整人武部领导班子：将10名人武部领导调地直单位和县（市）担任领导工作，同时提升10名科级干部任部长、政委，调整科室干部20名，使人武部领导班子的年龄结构和整体素质有较大改观。1991年4月8日，因德兴县改市，德兴县人民武装部更名为德兴市人民武装部。

1993年，根据地委武委会的指示，对军分区、县（市）人武部职工进行调整交流，将其中年龄偏大、体质较差的职工，分批分期在2～3年内安置到地方工作，并不再调入正式职工，而由县（市）政府和人武部负责，从效益较好的企业选派退伍军人、优秀基干民兵。选派人员负责库室和军事设施的警卫工作，三年轮换一次。在军分区和人武部工作期间，其工资、福利由原单位照发，军分区、人武部给予适当补贴。

1986年6月至1996年3月间，县（市）人民武装部曾划归地方建制，由地方政府和军分区双重领导，为副县级单位，设军事、政工、办公室3个科室。1996年4月1日起，按照中发〔1995〕12号文件精神，上饶地区各县（市）人民武装部收归军队建制：称中国人民解放军江西省XX县（市）人民武装部，并由原副县级单位升格为正团级单位，隶属上饶军分区直接领导。2000年10月，上饶地区撤地设市后，上饶市人民武装部更名为上饶市信州区人民武装部。

基层人民武装部　1991年—2000年，根据有关政策，基层人武部招聘一批专职武装干部。1998年—2000年，根据上级精神，对民兵工作进行调整改革。通过调整改革，乡（镇）、场、街道基层武装部建设显著增强，全区专武干部配强、配齐，进出渠道顺畅，队伍稳定；企业武装部保持了稳定，没有擅自撤并企业武装部现象；行业系统武装部得到稳步发展，民兵建设的组织领导进一步加强。基层武装部总数由改革前的422个增加到469个。

改军队建制 1996年1月，根据中央军委精神，人武部收归军队建制，为做好改制工作，上饶地委、上饶行署、上饶军分区联合成立“县（市）人武部收归军队建制工作领导小组”。3月，中共上饶地委、行署、军分区根据中共中央〔1995〕12号和省赣发〔1996〕5号文件精神，在全区展开县（市）人武部收归军队建制工作，共安置留交地方人武部干部45名、职工44名，解决人武部行政、基建等方面的债权债务250余万元。到1996年4月1日止，改制工作结束，达到南京军区提出的“军地团结好、人员安排好、收留态度好、政策纪律执行好、经费物资清理好”的总要求，赢得军队、地方、人武部三满意。

第三节 武警上饶支队

1983年1月，根据国发〔1982〕15号文件和中发〔1982〕30号文件精神，以原上饶地区公安处武警民警科的警察、上饶军分区独立营的干部官兵为基础，正式组建中国人民武装警察部队上饶地区支队。主要担负上饶地区各县（市）看守所的外围武装警戒，协助公安机关执行枪决、逮捕、押解人犯，参加社会治安“严打”斗争，处置突发事件等重大临时性勤务。支队设司令部、政治处、后勤处、消防科，11个股室。1985年12月27日，根据上级指示精神，将消防科和所属的消防中队划出支队序列，归公安机关直接领导。1992年3月18日，武警总部颁发新编制表，原编制即行废止。支队执行四类编制，为正团级；支队司令部、政治处、后勤处为副团级；司、政、后所属各股为副营级；教导队为正营级；各县（市）中队为正连级，共13个中队。

第四节 武警上饶地区消防支队

1987年4月，成立武警上饶地区消防支队，下辖12个消防中队。隶属武警江西省总队，同时接受地方党委、政府及公安部门领导。1993年5月，地区消防支队的战训科、政工科、后勤科、防火科分别改称为司令部、政治处、后勤处、防火监督处，均由正营编制升格为副团编制。1995年10月，上饶地区12个县（市）消防科、消防中队分别相应改称为消防大队、消防中队；消防大队为正营编制，消防中队仍为正连编制，其中上饶市2个，其他各县（市）1个。支队、大队、中队对外称谓为公安消防支队（大队、中队），对内称武警消防支队（大队、中队）。

1997年，消防部队在开展“学习邱娥国，树消防新风”活动中推出新举措，扩大“119”报警的受理范围，即在受理火警、承担救火任务的同时，增加社会救灾和紧急情况下救命、救险、救急的任务。各县（市）消防大队门口纷纷挂出了“急难险事，找消防官兵”的醒目字牌。2000年10月，上饶地区撤地设市，原上饶地区消防支队改称为上饶市消防支队，编制仍为正团建制。

第五节 人民武装委员会

机构设置 为加强军事机关与地方政府的协调关系，1952年12月，根据中共中央《关于建立各级人民武装委员会的决定》，上饶地区地、县两级政府与地方军事机关联合成立人民武装委员会,为各级党委领导人民武装、进行军事协调工作的军事组织。“文化大革命”中,人民武装委员会的组织、工作被迫中断。1979 年 10 月,重新恢复中共上饶地委人民武装委员会,简称“武委会”。其主要任务是:贯彻执行中央及省委关于民兵、预备役建设和现役军人复员、退伍、转业安置工作的方针政策,结合本地实际,组织各种力量保证人民武装建设任务的落实。

各级人民武装委员会的主任委员,由同级党委书记兼任;副主任委员由同级政府、军事机关领导兼任;委员则由各有关部门和群众团体负责人兼任。武委会下设办公室,办公室设在上饶军分区司令部。办公室主任由同级军事机关有关领导担任;日常工作由军事动员科负责。

1995 年 10 月,地区和各县(市)国防动员委员会(简称国动委)成立后,武委会和国动委合署办公。1997 年 7 月,鉴于部分领导工作变动,上饶地委对武委会成员进行调整。调整后的武委会成员如下:

主任:地委副书记、行署专员陈达恒。副主任:地委副书记王际贤,地委副书记孔宗亮,地委委员、行署副专员倪忠民,地委委员、军分区司令员魏振敏,军分区政委幸宗伦。委员:地委委员、地委宣传部长程才金,地委委员、地委组织部长刘卫华,军分区参谋长黄忠金,军分区政治部主任周绍华,军分区后勤部部长万金星,地区计委主任林秉济,地区经贸委主任董清明,地区人事局局长陈玉琴,地区劳动局局长张又发,地区民政局局长郭爱华,地区公安局局长李贤毅,地区财政局局长徐志刚,地区交通局局长陈洪源,地区电信局局长孙苗根,地区粮食局局长叶本灿,地区教委主任盛平珍,地区卫生局局长童晓航,地区林业局局长刘敬辉,地区农村工作办公室主任熊玉昌,地区体委主任张孔宏,地区工会办事处主任李道根,团地委书记夏有民,地区妇联办事处主任汪霞。

地区武委会办公室设在军分区司令部,参谋长黄忠金兼办公室主任。1999 年因工作变动,武委会主任改由专员黄建盛担任。2000 年 10 月,上饶地区撤地设市后,中共上饶地委人民武装委员会改称“中共上饶市委人民武装委员会”。

全委(扩大)会议 1979 年起,地、县(市)武委会恢复后,坚持每年至少召开一次全体委员(扩大)会议。1995 年与国动委合署后,会议冠名为“国动委暨武委会(扩大)会议”。会议的主要内容:传达学习上级召开的有关会议精神及制发的重要文件;总结工作,布置任务;研究解决国防动员及民兵预备役工作中遇到的重要问题。

1996 年,人武部收归军队建制后,地方共拨出 400 多万元、征地 270 亩,用于人武部营院、民兵训练基地、武器装备仓库、副食品基地等基础设施建设。1997 年 2 月,针对人武部收归军队建制后存在的一些问题,地委、行署、军分区领导深入到横峰、铅山、上饶县人武部现场办公,共同研究解决人武部一些基础设施建设上的问题。省武委会对这一做法予以肯定和转发。1998 年 3 月,会议审议通过军分区对当年民兵预备役工作的安排意见,研究解决了国防动员和武装工作中如国动委下设机构、组成人员、民兵预备役专项经费等 8 个实际问题。2000 年 6 月,国动委暨武委会(扩大)会议在广丰召开,传达学习国家、南京军区、江西省三级国动委及省武委会会议精神,审议通过地区 1999 年国防动员及民兵预备役工作情况的报告,研究解决了如强化党政领导干部的国防观念、现役军人家属随军、随调安置和下岗再就业等 6 个重要问题。

议军会 随着社会主义市场经济的建立,地方军事和民兵预备役工作面临新形势下出现的许多问题,为进一步加强执政党对武装工作的统一领导,1993 年 4 月,上饶地委制定了《中共上饶地委议军会议制度》,并公布施行。此后,地委和各县(市)每半年召开一次议军会,有紧急情况则随时召开。会议议题主要是国防后备力量建设的重大问题,如有关县(市)人武部党委班子建设、民兵预备役工作的重大活动、民兵武器安全管理等几方面。会议一般由各级党委书记主持,党委常委和政府主要领导及有关部门领导参加。至2000年,议军会已形成制度化、规范化。

第六节　国防动员委员会

1991年—2000年,各级党委出台一系列文件、通知、意见,坚持将国防建设和民兵预备役工作纳入重要议事日程和年度工作总体计划,对武装工作始终实行"五统一",即统一计划、统一部署、统一检查、统一考评、统一奖惩。同时建立健全地、县两级第一书记兼任地方军事机关第一政委的述职制度,和国防教育"三进入"①制度。1995年10月,根据国务院、中央军委国发〔1994〕63号和江西省委、政府、省军区赣字〔1995〕154号文件精神的要求,地委、行署、军分区决定联合成立上饶地区国防动员委员会,简称"国动委",主管全区国防动员工作的议事协调,机构人员由地方政府各部门与军事部门领导担任,以备战时统一协调的需要。与地区武委会合署办公,实行两块牌子、一套人马。

国动委主要负责组织拟定国防动员工作的措施和规章制度,依法开展国防动员工作;组织编制国防动员规划、计划、落实国防动员经费;检查监督国防动员法规的实施和国防动员计划的执行;参加职能部门组织的会议和重大活动,保证国防动员和各项工作在基层得到落实;组织领导全区国防动员工作,做好应付突发事件和高技术条件下局部战争的动员准备工作;协调军事、经济、社会等方面的重大国防动员工作。

1995年—1999年期间,地区国防动员委员会下设"一组四办",即:秘书组(设在军分区司令部,为地区国防动员委员会综合协调机构,负责地区国防动员委员会的日常工作)、人民武装动员办公室(设在军分区司令部,办公室主任由军分区司令部军动科科长兼任)、经济动员办公室(设在地区计委,办公室主任由计委主任兼任)、人民防空办公室(设在市政府办公室,办公室主任由市政府办公室主任兼任)、交通战备办公室(设在交通局,办公室主任由交通局局长兼任)。同时,地区人民防空委员会、交通战备领导小组自行撤销。2000年5月根据赣国动字〔2000〕1号文件精神,成立地区国防动员委员会国防教育办公室,办公室设在军分区政治部,办公室主任由军分区政治部主任兼任,主要负责牵头协调全区国防教育和国防宣传工作。7月,根据省国防动员委员会赣国动字〔2000〕5号精神,经地区国防动员委员会全体会议研究决定:将原上饶地区国防动员委员会秘书组改为上饶地区国防动员委员会综合办公室,综合办公室主任由军分区参谋长兼任,专职副主任由军分区司令部军动科科长兼任,工作人员仍按秘书组原有人员编制组成。县(市)国防动员委员会参照地区做法执行。

2000年10月,上饶地区撤地设市后,上饶地区国防动员委员会更名为上饶市国防动员委员会。第一主任由地委书记兼任,主任由地区行署专员兼任,常务副主任由军分区司令员兼任,副主任由军分区政委、地委副书记、行署常务副专员兼任。秘书长、副秘书长分别由军队和地方有关负责人兼任。成员由军分区司令部、政治部、后勤部,地委办公室、组织部、宣传部,地区行署办公室、计委、经贸委、人事局、劳动局、公安局、财政局、建设局、交通局、邮电局、商业

①"三进入":国防教育进入中共党校教程,进入各大、中专学校教程,进入各级党委中心学习组内容。

局、粮食局、教委、卫生局、农业局、民政局、司法局、体委、工会、妇联、团地委、南铁分局驻饶办事处等单位的主要领导兼任。

第二章　兵　役

第一节　征　兵

兵役登记　根据《兵役法》第十三条规定:"每年12月31日以前年满十八岁的男性公民，都应当在当年9月30日以前，按照县、自治县、市、市辖区兵役机关的安排，进行兵役登记。经兵役登记和初步审查合格的，称应征公民。"1986年7月30日，上饶地区征兵办公室印发《江西省兵役登记工作试行办法》的通知，规定兵役登记须在上级军事机关和同级人民政府的领导下，由征兵领导小组负责，兵役机关牵头，征兵办公室组织，各有关部门积极配合。机关、团体、企事业单位和乡镇人民政府、街道办事处，根据县(市)兵役机关的安排，负责组织各单位、各地区的适龄男性公民进行兵役登记。具体业务由人民武装部办理，没有设人民武装部的单位，确定一个部门办理。登记期间，由武装部张贴公告，各单位向全体公民进行依法服兵役的教育，鼓励适龄男性公民自觉参加登记履行兵役义务。适龄男性公民必须在规定的时间内，亲自到指定的登记站履行登记。个别特殊原因不能亲自参加登记的，由其家属或所在单位派出的人员，向登记站申述理由，经批准后代登记。逾期仍不登记者，以逃避兵役登记论处。《试行办法》还对兵役登记的对象、条件、兵役登记站、预征对象、平时管理、经费等做出具体规定。1991年—2000年，依据《试行办法》，全区每年的兵役登记工作结合民兵整组、退伍军人登记统计工作，从每年7月初开始，至9月底结束，对全区适龄青年普遍进行调查登记。1997年4月，地区在玉山县进行兵役登记试点，进一步规范兵役登记的程序、内容和方法。10年期间，全区共对46万余名适龄青年进行兵役登记，落实预征对象14万余名。

征兵领导小组　每年征兵工作开始之前，地区、县(市)均成立征兵领导小组。地区征兵领导小组由行署常务副专员任组长，军分区参谋长担任副组长，领导小组成员由宣传、公安、民政、卫生、交通、教育、粮食、工会、妇联、共青团和军分区司令部、政治部、后勤部的领导组成。县征兵领导小组组长由常务副县长担任，副组长由县人民武装部部长、政治委员担任，领导小组成员由民政、公安、交通、卫生、财政、宣传、妇联等部门的领导组成。认真贯彻执行上级的征兵命令和有关规定，制订地区性政策；负责协调各方面的力量做好征兵工作，从有关部门抽调人员组成征兵办公室，落实征兵经费；深入搞好调查研究，及时解决征兵中的重大问题，对违反政策的问题做出处理。

兵役制度改革　1998年12月29日，第九届全国人民代表大会审议通过《关于修改中华人民共和国兵役法的决定》。新兵役法一是调整兵役制度。删掉原"义务兵役制为主体"的提法，规定"中华人民共和国实行义务兵与志愿兵相结合、民兵和预备役相结合的兵役制度"，现役士兵以义务兵为基础，同时，把一部分技术骨干和基层骨干改为志愿兵。二是缩短义务兵服现役期限。新《中华人民共和国兵役法》(以下简称《兵役法》)将陆、海、空三军义务兵服现役期限一律改为2年并取消超期服现役的规定。三是改革志愿兵服现役制度。将志愿兵一次性选改和退出现役的规定，改为志愿兵实行分期服现役制度，调整志愿兵服现役的期限，并规定"根据军队需要，志愿兵也可以直接从非军事部门具有专业技能的公民中招收"。志愿兵退出现役，由过去的一律安排工作，改为服现役不满10年（含义务兵服役期）退出现役的，按义务兵退伍办法安置；满10年后退出现役的，由国家负责安排工作；连续服现役满30年的，可作退休安置。四是强化义务兵家属优待政策。将原《兵役法》只规定对农村义务兵家属给予优待，城镇义务兵家属只对生活困难的给予补助，改为对城乡义务兵家属都给予优待。五是拓宽退伍军人的安置就业渠道。除规定城镇义务兵退伍由政府安排工作外，强调机关、团体、企事业单位不分所有制性质和组织形式，都有按照规定接收安置退伍军人的义务。还规定"入伍前是机关、团体、企业事业单位职工的退伍军人，允许复工、复职；企事业单位在农村招工时，要优先录用农村退伍军人。""城镇退伍军人待安置期间，由当地人民政府发给生活补助费。""城镇退伍军人自谋职业的，由当地人民政府给予一次性经济补助并给予政策上的优惠。"以及农村义务兵荣获二等功以上奖励的，退伍后按照城镇义务兵同等对待安排工作。六是完善对违反兵役法规行为惩处的规定，将惩处规定作了较大修改和补充，由原来的2条增加到5条，对公民、单位和国家工作人员违反兵役法规的行为、处罚措施、执行机关都做出明确规定，增强兵役法规的强制性和约束力。

1999年2月，上饶军分区司令部、政治部、上饶地委宣传部、上饶地区司法局联合行文下发《关于学习宣传修改后〈兵役法〉实施计划的通知》，成立新《兵役法》学习宣传活动领导小组，结合民兵训练、学生军训、民兵整组、兵役登记和征兵宣传等方式，在广大民兵、预备役人员和适龄青年中广泛开展新《兵役法》的宣传活动。

征兵先进单位　1991年，全区征兵工作达标的单位有玉山、弋阳、波阳、广丰、万年、余干、横峰、上饶县，婺源县与上饶市被评为全区征兵工作先进单位，德兴市和铅山县被评为全省征兵工作先进单位。

1994年，上饶地区被南京军区评为规范化征兵工作先进单位。铅山、玉山、波阳、婺源4县被评为上饶行署、上饶军分区征兵工作先进单位。1996年，万年县被国防部评为征兵工作先进单位；上饶地区和德兴市被省政府、省军区评为征兵工作先进单位；婺源、波阳、弋阳、铅山县和上饶市被地区行署、军分区评为征兵工作先进单位。

1997年，《上饶日报》报道：上饶县罗桥乡坂头村农民卢火生，一家四代有15人参军报效祖国。卢火生祖辈一代中，先后有5人参加红军；卢火生的父亲和卢火生的儿子三代中，先后又有10人应征参军。在卢家四代15个兵中，既有红军，又有海军、空军、陆军和武警兵。其中有4人加入中国共产党，9人加入中国共青团，3人荣获三等功，多人被评为优秀士兵、优秀共产党员，荣获各种嘉奖数十人次。一家15个兵的事迹，被世人传为佳话。1994年，万年县再度被国防部评为征兵工作先进单位；德兴市被省政府、省军区评为征兵工作先进单位；波阳、上饶、铅山、万年、广丰县被地区行署、军分区评为征兵工作先进单位。

1998年，婺源、弋阳县被省政府、省军区评为征兵工作先进单位；广丰、万年、横峰县和德兴市被地区行署、军分区评为征兵工作先进单位。

1999年，德兴市被南京军区评为征兵工作先进单位；上饶市被省政府、省军区评为征兵工作先进单位；弋阳、横峰、万年、余干县被地区行署、军分区评为征兵工作先进单位。

2000年，德兴市、万年县被省政府、省军区评为征兵工作先进单位；广丰、弋阳、横峰、婺源县被地区行署、军分区评为征兵工作先进单位；上饶市西市街道办事处、上饶县茶亭镇、广丰县洋口镇、玉山县冰溪镇、铅山县鹅湖镇、弋阳县曹溪镇、横峰县上畈乡、德兴市银城镇、婺源县梅林乡、波阳县古县渡镇、余干县禾山乡、万年县梨树坞乡被地区行署、军分区评为征兵工作先进基层单位。

第二节　预备役

预备役分为军官预备役和士兵预备役。军官预备役主要指退出现役转入预备役的军官、确定服军官预备役的退出现役士兵、确定服军官预备役的高等院校毕业生、确定服军官预备役的专职武装干部和民兵干部、确定服军官预备役的非军事部门干部和专业技术人员。士兵预备役指经过兵役登记的应征公民,未被征集服现役的和现役士兵退出现役时,符合预备役条件,由部队确定服士兵预备役。上饶预备役主要由三类人员组成:一是退伍军人预备役;二是民兵预备役;三是地方与军事专业对口人员预备役。士兵预备役年龄为18~35岁。分一类预备役和二类预备役。一类预备役:经过登记服士兵预备役的35岁以下的退出现役的士兵;经过登记服士兵预备役的35岁以下的地方与军事专业对口的技术人员;其他编入预备役部队和预编到现役部队的28岁以下的预备役士兵。二类预备役:除服一类士兵预备役的人员外,编入民兵组织的人员;其他经过登记服士兵预备役的35岁以下的男性公民。一类士兵预备役第三项所列人员,29岁转入二类预备役,预备役士兵年满35岁,退出预备役。

预备役登记　上饶地区预备役人员的登记统计工作由上饶军分区、各县(市)人武部和基层武装部共同负责。《兵役法》规定:凡符合服兵役条件而未被征集服现役的男性公民,退出现役而继续服预备役的军官和士兵,以及确定服军官预备役的高等院校毕业生,都要在到达工作单位或居住地以后的30天内,到当地县、自治县、市、市辖区的兵役机关办理预备役登记,并分别服军官和士兵预备役。上饶地区各县(市)人武部,结合每年退伍军人接收安置工作,对部队确定服预备役的退伍军人,办理登记预备役的手续,填写《退伍军人预备役登记卡片》。《退伍军人预备役登记卡片》一式两份,县(市)人武部保存一份,退伍军人所在单位保存一份,所在单位每年以6月30日为准,对经过登记确定服预备役的退伍军人变动情况核对一次,县(市)人武部每年根据各基层单位核对结果,填写并上报《退伍军人预备役登记统计表》。

1998年改革实行的新兵役法,完善预备役制度。调整士兵预备役分类对象,增加一类士兵预备役的技术含量。此外,将民兵、预备役人员参训的年龄,由18~20岁调整到18~22岁。

预备役炮兵团　根据中办发〔1998〕19号、南京军区〔1998〕87号命令和赣发〔1998〕25号文件精神,上饶地委、行署、军分区奉命于1998年10月开始组建江西省陆军预备役步兵师炮兵团,历时一年,至1999年9月,组建工作圆满完成。按省委、省政府、省军区提出的目标,投入组建经费396万多元,共分准备、实施、总结三个阶段实施。其间完成团、营、连部办公和生活用房等基础设施建设,分队部署,预任预编官兵选拔配备,建立健全党(团)组织,召开成立大会等各项组建工作。组建区域涉及5个县(市)中的24个乡(镇)、21个事业单位,19个企业单位,为预备役炮团的建设创造良好的环境条件。

1999年9月以前,炮兵团由上饶军分区代管,1999年10月之后属江西省陆军预备役步兵师管辖。团部驻上饶县罗桥乡,其他4个营、团直分队分别驻在广丰县、玉山县等地。

第三章　民　兵

第一节　组织建设

1991 年—2000 年,军分区和各县(市)人武部每年都下发民兵组织整顿指示,对民兵组织普遍进行整顿。通过整组,全区应设立基层武装部和民兵组织的单位,都作了相应设置;条件适应的公民都编入民兵队伍。全区乡(镇)、场、街道、厂矿和企事业单位,98%的单位都建立民兵组织,除此,还在全区金融、邮电、工商、税务、水电、教育、卫生、交通、林业等系统成立 46 个基层武装部,建立民兵组织,实行科学编组,配齐专武和民兵干部,使民兵工作的"条块"得到有机结合,进一步促进民兵工作的"三落实"①。

1991 年,全区开展评比双"十佳"活动,即每县(市)评选十个优秀青年民兵之家和十个"以劳养武"先进企业,利用青年民兵之家配合农村社教运动,组织民兵业余演出队和举办书画展、开展国防知识竞赛等活动,寓教于乐,增强教育效果。

1996 年,为推动全区民兵、预备役建设的发展,针对新形势下民兵、预备役工作遇到的新情况、新问题,军分区在全区进行企业民兵、预备役工作调查,召开企业民兵、预备役工作座谈会,研究探索新形势下做好企业民兵、预备役工作的新路子,得到省军区和地委、行署的充分肯定。

1997 年,采取军分区与人武部上下结合的方法,在全区开展"百连调查"活动,在广丰县召开民兵、预备役基层建设座谈会,总结经验;并以地委、行署、军分区名义联合下发《民兵、预备役基层建设暂行规定》,促进全区民兵预备役基层建设的全面发展。当年,广丰县横山镇廿四都居委会民兵营被南京军区评为民兵工作"三落实"先进单位。波阳县人武部 1997 年和 1999 年两度被南京军区司令部、政治部评为民兵工作"三落实"先进单位。

至 2000 年,全区共设立基层武装部 400 余个,配备专武干部 700 余人,建立民兵营(连)数千个,在编民兵数十万人,占全区总人口的 9.87%。

调整改革　1998 年—2000 年,根据总部《关于深化民兵工作调整改革的意见》和江西省深化民兵工作调整改革会议精神,围绕"两个适应"②,注重在重点、热点和难点问题上求突破,较好地完成了民兵工作调整改革任务,使民兵工作的整体质量有明显提高。

1998 年,军分区积极探索新形势下加强民兵组织建设的新路子,于 2~5 月在地处入闽通道的铅山县进行民兵组织调整改革试点,总结出民兵组织"应依据本地实际和战时可能遂行的任务,需要什么就建什么;以战斗力为标准努力适应两场③需要,怎么管用就怎么编;照应到当地民兵数质量情况和民兵组织特点,灵活应变,能编什么就编什么"的经验,试点成果得到南京军区和省军区充分肯定。经验材料被《南京军区国防动员》专刊第 9 期转发。

1999 年,在横峰县进行民兵组织布局和结构调整先行试点,初步探索适应上饶地区特点

①"三落实":指民兵工作的组织落实、军事落实、政治落实。

②"两个适应":适应打赢高技术条件下局部战争的要求,适应建立社会主义市场经济体制的新形势。

③"两场":指适应市场经济和未来战场双重需要。

的民兵组织建设的路子,总结出“五增五减”的编组办法,军区方祖歧政委至饶检查工作时给予充分肯定。同时,军分区组织各人武部主官、军事科长在横峰县召开全区民兵组织调整改革工作会议,向全区推广试点做法,进一步推动民兵工作调整改革的施行。通过调整改革:基干民兵规模得到压缩。比改革前减少2万余人,占全区总人口数的0.89%,基本上与地区所处的地理位置、人口和经济状况相适应,较好地落实省军区赋予的规划任务,打破民兵组织均衡分摊模式的布局。重点地区、重点方向、重点目标和沿江(湖)、沿公(铁)路、沿入闽通道地区基干民兵比例,比原来提高20个百分点,形成城镇高于农村,“三重三沿”①地区高于一般地区的总体格局。民兵组建范围进一步拓宽。企业效益较好、适龄青年较多、人员相对稳定的“三资”企业、股份制企业、乡镇企业以及其他非国有企业和大专院校、科研机构所属的企事业单位、行业系统大部分都建立民兵组织,拓展面达30%。民兵组织结构更趋优化。专业技术分队种类由原来的12个增加到30个,专业技术兵总数占基干民兵总数的比例由23.5%增加到42.3%,对口专业技术兵在技术兵中的比例达到31.3%。民兵的编组渐趋科学。基本做到与战时所担负的任务相适应,基本达到有利于领导、有利于提高质量、有利于开展活动、有利于执行任务、有利于平衡负担的要求。民兵政治建设有所加强。政治教育的形式、方法、时机和内容更加多样化和丰富多彩,教育面得到拓宽,教育的时间、效果基本上得到落实,基干民兵平均到课率达82%以上。民兵训练得到较好落实。基干民兵中经过军事训练合格的人员、退伍军人和军事专业对口技术人员的总和达到100%;基干民兵基本上能够熟练使用手中武器装备,掌握基础技术、战术性能,专武、民兵干部队伍具备组织民兵训练、执勤和带领民兵执行作战任务的能力,应急分队遂行应急任务的能力进一步增强,专业技术人员军事素质明显提高,民用技术向军事技术转化能力进一步增强,科技练兵有了良好的开端。

第二节 训练基地

民兵训练基地内设靶场和投弹场,有靶台、掩体、靶壕、营房等设施。自人武部改为地方建制后,地委、行署坚持把武装工作硬件设施建设纳入总体规划,将各县市的民兵教育训练基地、武器库等分期分批列入改造计划,每年都安排适当财力改善军事设施,至1995年止,10年间累计投资总额达700多万元。为提高全区的军事设施档次,1995年新上项目15个,总投资额1087万元。波阳县建起国防教育中心;余干县的民兵训练基地占地面积1800多亩,教学、操场、战术场、靶场设施齐全,可容一个野战师训练;德兴市投资160万元建立的军事指挥中心,还安装电子计算机和传真机等现代化设备,以适应高科技战争的需要。

1992年,婺源县民兵训练基地被南京军区评为民兵训练基地建设先进单位。1996年,上饶市征地104亩,筹资近300万元兴建民兵训练基地综合大楼及附属设施。1997年—1998年,全区共投入500多万元用于训练基地的办公、教学、训练、武器装备仓库、娱乐生活等配套建设。波阳、婺源、广丰、弋阳、玉山、德兴、上饶市等县(市)先后新建国防教育中心、教学楼或学员宿舍大楼。广丰县征地70余亩扩建民兵训练基地。1998年,德兴市投资100万元,在130亩的训练基地内,建成一座集办公、教学、展览、训练、娱乐为一体、全区首屈一指的国防教

①“三重三沿”:即突出交通要道、隘口地区,突出沿铁路、公路、水路地区,突出重要方向、重点地区、重要目标附近。

育大楼。同时,各县(市)积极开发基地资源,完善基地副食品生产建设,坚持以基地养基地、立足自我求发展,多数单位副食品基地都有一个好猪圈、一个好禽舍、一个好菜园、一口好鱼塘、一个好果园,基本达到军事训练、装备仓库、农副业生产基地"三位一体"的要求。同时严格落实规章制度,增强基地干部职工的事业责任心,明确工作责任制,对基地器材的管理定人、定库、定责任,包维修、包使用率、包完好率等;加强技术人才的培养,使基地工作人员成为既是管理员,又是军事教员,既是武器保管员,又是搞生产的多面手。

至2000年,全区共拥有民兵军事训练基地13个。

2000年全区民兵军事训练基地

表30-3-1

县(市)	民兵训练基地		
	面积(万平方米)	承训能力(人)	建设时间(年)
合　计		2370	
军分区	2.5	150	1972
上饶市	2.63	200	1996
上饶县	8.23	500	1984
广丰县	3.13	300	1997
玉山县	1.45	200	1977
铅山县	0.73	200	1987
横峰县	1.33	200	1985
弋阳县	0.84	200	1996
婺源且	1.15	200	1984
德兴市	1.4	200	1985
波阳县	0.8	200	1991
余干县	1.2	200	1977
万年县	1.25	120	1998

第三节　武器管理

1991年2月,贯彻国务院办公厅、中央军委办公厅转发总参谋部、总后勤部《关于进一步加强民兵武器装备管理工作的意见》,要求全面加强民兵武器装备安全管理和技术管理,使之达到规模适度、品种基本配套、布局合理、质量完好的要求。当年全区民兵武器装备实现连续第9年安全无事故,受到南京大区和省军区的表彰。军分区组织保管员队伍参加全省军械业务大比武,获得总分第二名的成绩。同年,军分区被省军区评为安全工作先进单位,和民兵武器装备管理工作先进单位,有7个县(市)的装备仓库被评为红旗武器库。

1994年,军分区民兵武器装备仓库被省军区评为正规化建设达标先进单位。1995年6月,中央军委颁发《民兵武器装备管理条例》,对民兵武器装备的基本任务、各类管理部门和人员的职责与分工,配备与补充、保管与使用、修理与报废、奖励与惩处等问题作出明确规定,使民兵武器装备的管理与使用有法可依。1996年上饶市民兵武器装备由军分区武器装备仓库代管。

1997年6月,江西省军区司令部下发《县级民兵装备仓库正规化建设标准及验收细则》;军分区根据全区民兵装备仓库建设的实际情况,也制定下发《上饶军分区民兵武器装备管理情况1000分制检查验收标准》,对民兵武器装备管理具体内容和要求,进行细化和量化,促进民兵武器装备仓库管理的正规化建设。次年11月,弋阳、玉山、余干县和上饶市武器装备管理工作分别受到省军区表彰。

1998年,进一步加强民兵武器弹药仓库的安全设施建设,5月底前,完成对全区武器弹药仓库大门加装暗锁的任务。之后,分区本级和11县(市)人武部先后投资25万余元,完成武器弹药仓库脉冲电网的安装工作。全区武器库实现连续16年安全无事故。

2000年12月,中央军委颁发《中国人民解放军装备条例》,对武器装备科研、订货、保障、装备退役、报废等内容从立法的高度进行规定,明确民兵装备管理工作的基本依据,规范装备工作秩序,促进武器装备的现代化建设。

到2000年年底,全区所有民兵武器装备仓库建设基本配套,武器库墙壁坚固,顶棚牢靠,安装了防盗锁、报警器、脉冲电网,实现与当地公安局110报警系统联网,配备消防器材,修建看管人员的生活设施,民兵装备仓库库房均达到库房建设合理、库内“六面坚固”、库区“四通”、储存条件良好、安全设施设备齐全的要求。当年万年县民兵武器装备仓库安全管理保持连续28年安全无事故,分区民兵武器装备仓库保持连续24年安全无事故,跨入全省民兵武器装备无丢失、被盗事故先进单位的行列。

第四节　主要活动

维护治安　1991年6月2日,在上饶市农行金山储蓄所发生持枪抢劫杀人案,上饶市人武部迅速组织民兵应急分队参加围捕,仅用20分钟时间就擒获歹徒。当年,全区组织民兵、预备役人员3000多人次参加社会治安综合治理,协助公安抓获罪犯200余名,缴获赃物1300余件。

1992年,为配合公安机关维护社会治安,全区共派出25个民兵小分队,协助公安机关抓获罪犯256人,查赌132次。9月,弋阳县发生群众械斗,弋阳县人武部组织30名民兵应急分队赶赴现场,收缴器械,制止械斗。1993年8月,为配合公安机关维护社会治安,全区共动用民兵应急分队36次,共抓获罪犯243人。弋阳县人武部组织民兵应急分队,配合公安干警围捕贵溪某军械仓库盗枪案逃犯,连续奋战4个昼夜,圆满完成设卡搜捕任务。

1994年8月,广丰县毛村镇下宅村基干民兵郭乃溪勇斗3名蒙面抢劫的歹徒,献出宝贵的生命。同年11月,郭乃溪被中宣部、公安部和中华见义勇为基金会联合追授为全国见义勇为先进分子。同年10月,在江西省九运会期间,出动民兵580人,配合地方公安机关积极做好维持秩序、巡逻执勤等任务,有效的保障九运会的顺利召开和圆满结束。

1995年1月,广丰县下溪镇大坪村基干民兵、派出所联防队员庄新才在值勤时勇追小偷,在与罪犯的搏斗中,光荣牺牲。当年,被上级有关部门追授为革命烈士。

1996 年,全区共出动民兵、预备役人员 4800 多人,配合公安部门“破案件、追逃犯、打团伙、治重点”的活动,抓获犯罪分子 360 人,缴获各种凶器 640 件。1999 年 7 月,波阳县人武部组织 50 名民兵配合公安干警,在田畈街镇端掉一伙黑势力团伙。

2000 年 1 月,余干县五雷乡人武部部长周军魁配合公安干警,勇斗持刀拦车抢劫歹徒。《江西日报》对此作了典型报道。4 月,波阳县人武部组织 100 名民兵配合公安部门,在莲湖乡参加严打活动,抓获犯罪分子 14 人。

灾害救援　1991 年 6—8 月,因久旱无雨,民兵高炮分队分别对铅山、波阳县和德兴市进行人工增雨活动,共作业 17 次,发射炮弹 268 发,平均降雨量 72.9 毫米,降雨面积 5850 平方千米,使 196.733 万亩旱地及时受益。同年 9 月,上饶县沙溪镇发生重大“一甲胺”泄漏事故时,民兵防化分队积极协调驻军防化部队进行现场的洗消和救护。在铅山县、广丰县、波阳县的护林灭火中,民兵行动迅速,指挥果断,受到上级的通报表彰和人民群众的好评。

1992 年 5 月,组织民兵预备役人员 15 万余人进行抗洪抢险,转移被困群众 9300 余人,抢运物资 400 余吨,排除险情 500 处,加固圩堤 150 多千米,挖运土石 10 余万立方米,装运草袋 10 万余条。其中余干、波阳、万年、玉山、铅山、横峰、弋阳等县人武部组织民兵投入抗洪抢险斗争中,共看护圩堤 380 多千米,抢救转移遇险群众 1 万余人,抢运物资 3000 多吨。1993 年,组织民兵积极参加抢险救灾,动用民兵 7.25 万人次,抢修圩堤 1050 处,抢修桥梁 35 座,抢修路面 125 千米,转移群众 9340 人,挽回经济损失 1700 余万元。

1994 年 6 月,组织民兵 5.6 万余人进行抗洪抢险,转移群众 4000 人,抢运物资 500 吨,抢修公路 12 千米,加固圩堤 1.7 千米,抢修桥梁 7 处,装填草袋 1 万多个,挖运土石 2000 多立方米。

1995 年,全区组织民兵 27 万人,出动车辆 1.2 万台次,动用各种器材 2 万余件进行抗洪抢险救灾,抢救各类物资 1.28 万吨,转移群众 10 万余人,挖运土石 35 万立方米。同年 6 月,地区遭受百年未遇的洪涝灾害,6 月 27 日,余干县马档圩罗英闸涵管漏水,随时都面临倒塌的危险,金山嘴乡土洪村民兵排长兼村民小组长吴长春,10 次潜入水中堵塞漏水的涵管,不幸被凶猛的洪水卷进涵洞,献出宝贵的生命。被誉为抗洪抢险中的“黄继光”,同年 12 月被江西省政府、省军区追记一等功,并批准为革命烈士。

1996 年,全区组织 5 万多名民兵预备役人员进行抗洪抢险,转移群众 1.6 万人,抢运物资 6000 多吨,加固圩堤 3 千米,抢修水库 16 座,挽回经济损失 3500 多万元。

1998 年 4 月底,波阳县发生特大沉船事故,上饶军分区、波阳县人武部组织民兵应急分队 100 余人奔赴现场,抢救落水群众 66 人。当年 6 ~ 7 月,上饶地区发生大面积洪涝灾害,全区出动官兵 5000 人次,成建制出动民兵应急分队 12 万人次,民兵预备役人员 180 万人次进行抗洪抢险,日夜奋战在抗洪抢险救灾第一线,与洪灾展开殊死搏斗,解救群众和转移灾民 30 万人次,抢运物资 5000 余吨,抢险 2700 处,排除重大险情 1500 余处(次),修筑堤坝 300 千米,加固圩堤 200 余千米,抢修道路 100 余千米、桥梁 1607 座。许多单位与个人立功受奖,被评为先进。余干县古竹乡东湾村民兵排长陈长生在抗洪中英勇牺牲,被解放军四总部授予抗洪勇士荣誉称号。波阳县古南乡人武部部长赵树高被南京军区评为抗洪救灾先进个人;余干县人武部、万年县民兵应急连被南京军区评为抗洪救灾先进单位;余干县人武部还荣立集体三等功一次。全区共有 35 名官兵和民兵预备役人员受到省、地以上表彰,7 人荣立三等功。

1999 年，在抗洪抢险中组织民兵 26 万人次，转移群众 5804 人，抢运物资 230 吨，抢修道路 86 千米。加固圩堤 98 千米。

2000 年 7 月中旬至 9 月，上饶地区出现严重旱灾，上饶市人武部组织 70 余名高炮专业民兵，先后转战上饶市、波阳、万年、弋阳、铅山县进行人工增雨，历时 1 个多月，发射炮弹 1300 余发，平均降雨约 250 毫米，覆盖面积约 13.33 公顷，为缓解全区旱情作出巨大贡献。

参加建设　1991 年，组织民兵 51 万人次，投工 310 万个，完成大小工程 520 项，兴建加固水库堤坝 150 余座，修水渠圩堤 210 千米，完成土石方 250 万立方米，挖山整地造林 1.33 公顷。

1992 年，玉山县为拓宽县城至三清山的旅游公路，人武部组织 1.2 万多名民兵参加修建，完成土石方 60 万立方米，工程造价近 1000 万元，仅用 1 个月时间就完成任务。

创评“双十佳”　1998 年 5 月，为激励广大民兵积极参加预备役调整改革的活动，军分区在全区组织开展十佳民兵和十佳民兵干部的“双十佳”评选活动。通过开展“六看”“四比”活动，充分调动全区广大民兵预备役人员的积极性，在民兵预备役人员中形成比、学、干、帮、超的良好氛围。朱位建、张启雷、周茂生、杨平、杨红高、吴春明、王国华、王辉、杨辉金、余允山等 10 人被评为“十佳民兵”；刘文彬、张家平、冉兴、韩勇庆、吴春胜、田刚、夏志文、胡永生、梁家峰、夏再强等 10 人被评为“十佳民兵干部”。他们有的积极带领民兵完成上级赋予的各项任务，成绩突出；有的在今年特大洪水灾害面前，发扬大无畏的革命精神，冲锋在前，舍小家顾大家，积极参加抗洪抢险；有的见义勇为，学雷锋做好事，扶贫帮困，弘扬社会正气；有的响应党的号召，走科技兴农之路，做勤劳致富的领头人；有的爱岗敬业，积极支持和拥护改革，在本职岗位上争当“排头兵”。其共同特点是热爱武装事业，热爱民兵工作，在平凡的岗位做出积极的贡献。

第四章　拥政爱民

第一节　支援地方建设

1991 年，武警消防支队全区成立学雷锋小组 35 个，义务劳动 945 日，出动人员 1891 人次，捐款 2801 元。1991 年—1995 年，武警支队在支援地方建设中，参加国家地方重点工程 5 项，参加义务劳动日近 8000 个，动用车辆机械 32 台次，出动官兵约 785 人次。为灾区灾民、希望工程和残疾人捐款 3176 元；捐献衣物 575 件(套)；向省“九运会”捐款 1 万余元。此外，还成立学雷锋小组 36 个，照料孤寡残疾 7 户，做好事 3500 件。

1991 年夏，因久旱无雨，造成全区大面积的干旱。7 月 31 日，军分区组织市人武部专武干部和基干民兵 32 人，分为 3 个发射组，动用 4 门高炮，发射 300 余发碘化银人工增雨弹，在上饶县、广丰县、铅山县、德兴市等地人工增雨成功，使上述地方加快抢种进度。同时组织铅山、上饶等县民兵抢修水渠 1.2 万米，打井 6 口，修理柴油机等 429 台(件)。驻饶 32268 部队、32271 部队、38577 部队、38572 部队，也积极支援驻地抗旱抢种，截至 8 月 2 日，共出动 500 多人次，义务检修农机具 300 多台。

1996 年，军分区在横峰县葛源镇清湖村建立扶贫帮困点，帮助当地群众建立蔬菜大棚，实行科学种养,取得良好的经济效益,受到当地政府和人民群众的高度评价。3～4月,军分区组织横峰、弋阳、婺源、波阳、万年、余干和上饶、德兴市人武部及民兵预备役人员近1.5万人,奋战45天,圆满完成全区385千米地、县二级光缆干线的施工任务。7～8月份,组织上饶市、广丰、玉山、上饶、波阳县人武部民兵动用高炮8门,作业34次,发射人工增雨弹976发,增雨近500毫米,缓解近25万亩旱地、34万亩水田的旱情。12月,组织全区官兵和民兵预备役人员参加地方的冬修水利活动,出动现役干部战士110人,人武、专武干部750人,民兵17万人,车辆200台次,挖运土石18万立方米,加固加高圩堤142千米,加固水库137座。

第二节　抢险救灾

1991年,武警上饶支队在支援地方"两个文明"建设中,义务劳动395天,抢险救灾14次,抢救遇险群众83次,铅山县中队被省委、省政府授予文明单位。9月3日,上饶县沙溪镇发生一起特大毒气泄漏事故,一辆日产槽罐车满载着2.4吨一甲胺,途经沙溪镇时,因槽顶阀门被树枝刮断裂而发生严重的毒气泄漏事故。接到报警后,上饶地区消防支队薛志清政委和陈交通副支队长亲自率领由市消防中队官兵组成的抢险队参加救援,并调集上饶县消防中队参加排毒抢险战斗。在抢救过程中,消防官兵始终冲锋在前,表现英勇顽强、临危不惧的战斗作风。经过9个多小时的苦战,成功地处置了毒气泄漏事故,稀释后的室外空气达到卫生检查的标准。在事故抢险救灾中,上饶市、上饶县消防中队官兵临危不惧,发扬英勇顽强的精神,受到上饶地委、行署等领导和驻地人民群众的高度赞扬。支队陈交通副支队长、上饶市中队王道林中队长、上饶市中队战士罗晓勇荣立个人三等功。当年,消防支队共参加抢险救灾56次。

同年11月14日上午,广丰县境内黄家山失火,因山高路险,火一时难以扑灭。零时45分,支队副参谋长张学俊率直属中队26名官兵前往协同当地群众及民兵灭火。着火点不通车,官兵们在当地人称"断命崖"的险要山崖爬上山,在仅有2尺来宽的山崖小道上冒险快速前进,很快到达黄家山火灾处。为抢时间,官兵们用大衣将身子裹紧向山下滚去。冲到山下时,尽快开辟出1条100米长的防火道,切断火源,防止火势向邻近的大林场蔓延。黄家山树高林密,月光也不能渗进,漆黑得伸手不见五指。战士们挥刀猛砍,制止火势的蔓延,又挥舞着树枝向大火扑去。凌晨5时20分,黄家山北面的扑火任务完成,战士们紧接着又向黄家山南面扑去,用树枝猛烈抽打树上的大火,衣服烧着了,便脱下衣服扑打着大火。扑灭一处火场后,没有稍事停留歇气,又冲向另一处。15日上午9时许,燃烧一天一夜的大火终于被扑灭。

1992年7月3—9日,境内大部分县(市)遭受建国后罕见的高强度、大范围暴雨和大暴雨的袭击,信江河水全面暴涨,造成百年未遇的特大洪灾。据地区防汛指挥部统计,被洪水围困的群众达20多万人,伤亡923人,受灾人口343.71万人,受淹农田275万亩,冲毁房屋2万多间,冲毁大小圩堤4234条(处),损毁水库工程1万余座(处),损坏通信、供电线路418千米,人民群众生命财产造成严重损失,直接经济损失达12亿元。7月3日,武警支队及时到当地防汛部门了解全区江、河、库的水位情况,并根据实际情况完善防洪方案,调整充实"基指"和"前指"人员及兵员力量,做到一旦有情况,部队能及时拉得出、行动快、用得上。司、政、后机关也根据支队的部署,分别制订详细的实施方案。因工作准备充分,在以后一个星期的抗洪抢险中,部队始终做到统一指挥,哪里有险情,哪里就有部队,真正发挥了武警部队担负急、难、险、重任务尖兵的作用。7月3日,支队得知铅山县鹅湖乡上千名群众被洪水围困,主动请示地委、行署,受领了救援被困群众的任务。由支队长、政委、参谋长率第一梯队120余名官兵,携救灾工具、物资,火速奔赴灾区。因公路淹毁严重,部队途中受阻,支队及时将部队迅速转移到上饶市信江河一带投入战斗。7月4日,当得知市区丰溪河堤坝严重塌方,堤坝外的学校和居民区面临着极大的危险,支队当即组织96人奔赴塌方现场抢险。当日22时10分,当得知上饶市车头大坝告急的情况,支队又主动派出62名官兵,冒雨跑步赶到现场,官兵们跳下齐胸深的河水,搬石头,装草袋,奋战4个多小时,保住大坝的安全。铅山县受灾最严重,为及时了解灾情,部署部队行动,在县城公路被淹、道路不通、情况不明的情况下,7月5日夜12时,政委费先文率领“前指”人员,冒雨徒步涉水4个多小时,于次日凌晨4时10分到达铅山县城,了解灾情。7月6日8时,支队长郑瑞明率领85名官兵绕道横峰县到铅山县展开抢险救灾工作,部分人员直至7月9日返回。广丰县武警中队在自身遭受严重损失的情况下,安排转移好在押犯人,保证了看守目标的安全,并积极主动投入到当地抗洪抢险战斗中,由15名中队战士组成抗洪抢险组。7月5日,广丰县水南桥居民区的群众被洪水围困在房顶10余小时,洪水流急,战士们不顾个人安危,哪里有危险就冲向哪里,解救群众,抢运物资,一干就是数小时。5名战士在夜幕中划水冲进民房,救出母子3人。县中队先后派出兵力64人次,冒着生命危险划水冲进将倒塌的房屋,抢救国家财产5万余元,抢救转移灾民150余人,及大量贵重物品。广丰县、铅山县武警中队被地委、行署评为抗洪抢险先进单位,支队长郑瑞明、战士李强、原春娣被评为抗洪抢险先进个人。截至7月9日,武警支队在7天的抗洪抢险中,始终做到预备在先,统一指挥,哪里有险情就冲向哪里,全区先后出动兵力696人次,车辆125台次,通信器材85台次,冒雨涉水在铅山县鹅湖、上饶市丰溪、车头大坝等地抢救遇险群众601人、各种物资46万千克,装运土石6400立方米,抢修堤坝8处620米,为群众治病送药800人次,捐献衣物201件(套),为灾区捐款2014元。武警部队救灾的事迹,被《江西日报》、省电台、《赣东北报》、上饶电视台、上饶市电台等省、地多家新闻媒体宣扬报道,在人民群众中树立良好形象。

同期,军分区也积极组织官兵和民兵投入抗洪抢险战斗,保护圩堤113条,长达130千米;抢救群众1.33万余人。受到省政府的通报表彰,被评为抗洪抢险先进集体。消防支队广大官兵积极投入抗洪救灾的第一线,弋阳县、横峰县消防中队官兵的表现尤为突出,被上饶地委、行署军分区评为抗洪救灾先进集体。当年,婺源县、弋阳县人武部还组织官兵先后扑灭森林火灾共16起。

1993年,武警支队全年共参加抢险救灾3次,使用兵力32人次,抢救群众20余名、物资150余件。1994年2月21日,上饶县罗桥乡风山村发生一起严重塌方事件,正在采挖土石的2名村民,被塌泻而下的10余立方米土石淹没,生命危在旦夕,驻风山村的直属中队官兵接到村民报警后,以最快的速度前往出事现场,官兵们冒着再次塌方的危险,全力抢救。为避免工具造成误伤,官兵们用双手扒土石,许多官兵的手被土石划伤流血,但他们克服重重困难仅用10余分钟时间,就将被埋的2名村民救出。尔后,又及时将受伤的村民送往4千米外的铁路医院抢救。

1995年5月,特大洪涝灾害袭击波阳,县中队指导员余国安带队先后3次出动兵力60余人次,奋战在抗洪抢险第一线,并捐献衣物200余件,同时还完成了国务院副总理姜春云到波阳视察灾情的警卫工作。6月7日,特大暴雨袭击区境,军分区和各县(市)人武部紧急动员,迅速成立抗洪抢险指挥部,随即派出近5万民兵、100多部车辆奔赴灾区,排除险情105处,装填草袋14.5万只,加固圩堤37千米,抢修道路75千米,抢修水库15座,转移被洪水围困的群众2.7万人。

同年11月4日17时，上饶地区卫校东南侧、刘家坞后山发生一起即将殃及民宅和大面积毁坏森林的山林火灾，烧毁山林5.33公顷，天干物燥，火势不断蔓延。17时10分，武警支队迅速调集直属中队、教导队机关共100名官兵，由副支队长张学俊、副参谋长吴春良等带领，奔赴火灾现场。总队吴副参谋长带领支队基指人员坐镇作战值班室，了解掌握情况，随时对部队实施不间断的指挥。17时45分，部队到达现场后迅速向当地群众了解火情，并马上与在现场救火的消防支队取得联系。根据当时山上枯枝干草众多和风向偏北这一情况，部队迅速清理火区边缘的枯枝杂草，整理出一条隔离带，而后猛扑山火。经过武警战士与消防队员1个多小时的奋战，18时55分，山火终于被扑灭。

1997年1月13日17时45分，地处上饶市东部的灵溪乡灵溪村乌石尖脑地区发生山林大火，着火点距市区约12千米，幼林覆盖面积占90%，是上饶市宝贵的森林资源。引发火灾的直接原因是村民烧草垦荒所致。因火灾发生在山区，山高路险，火情不能及时传递，致使火势未能及时得到控制，幼林大面积被烧毁。支队接到报告后，正给新兵上课的支队长程芳贵迅速集中"前指"人员，传达任务，与参谋长陶黑平、副参谋长陈日顺、作训股长占功达率新兵连2个排80余名官兵组成第一梯队，于17时55分首先赶赴火灾现场，又迅速组织兵力160人及各种车辆10台，前往灭火。与此同时，政委陈冬平、副支队长周智源及时组织第2梯队人员，根据火灾现场要求准备了50余把铁铲、10余把砍刀等灭火工具和夜间照明设施。18时10分，副支队长周智源率直属中队和新兵连3排共70余人开赴火灾现场，投入灭火战斗。在"联指"的统一指挥下，参战官兵不顾山高路险，风大火猛，与当地群众一道，经过7小时的艰苦奋战，于14日零时50分将明火全部扑灭。并将火情隐患彻底清除后，部队才撤离火灾区，安全返回驻地，圆满完成了灭火任务。保护了浙赣铁路、320国道线的车辆安全通行；保护了赣东北大型战备油库和沿铁路的高压输电线的安全；保护了山凹中的20余户村民266.67公顷杉树林、茶树林的安全，使国家和当地群众的财产免遭更大损失，受到当地政府和人民群众的高度赞扬。在当年抗洪抢险中，军分区协调驻上饶部队出动冲锋舟6艘，橡皮舟4艘，及时转移被洪水围困的群众，为国家和人民群众挽回近百万元的损失。

1998年6月中旬，上饶地区连降暴雨，信江流域、鄱阳湖地区遭受历史上前所未有特大高水位、大范围、长时间的洪涝灾害，人民的生命财产受到严重威胁。武警支队主动请缨，在长达2个多月的抗洪期间，共有463名官兵直接参加抗洪抢险战斗，出动兵力达4300人次，车辆305台次，排除险情52处，加固加高圩堤5480米，转移群众421人，抢运物资、粮食2.1万千克，为灾区群众义诊1451人，装运草袋18.27万包，运土石9940方，挖渗水沟1140米，维修电器125件，修路300米，为灾区捐款1.2万余元。整个抗洪救灾工作共分两个阶段：6月12～27日主要在信江河流域，时间是16天；7月23日至9月12日集中在鄱阳湖地区，时间是51天，总计参加抗洪抢险时间67天。6月21日，由支队长程芳贵、参谋长陶黑平、政治处主任张志、副参谋长陈建农率领120名官兵，先后排除了上饶市丰溪河滩头新村大小十几个泡泉，及上饶市茅家岭乡同心村三江大堤塌方的重大险情。6月22日，由支队长程芳贵、参谋长陶黑平率领100名官兵，参加加固加高上饶市天并大堤的战斗。6月24、26日，由支队长程芳贵率领120名官兵参加龙潭大堤和平源水库修补裂缝重大抢险战斗，确保浙赣铁路和320国道的安全畅通。7月23日，由副支队长詹伟东、参谋长陶黑平等率领120名官兵，参加玉山县七一水库附近鳗苗场抢险，保护价值3亿多元的鳗苗安全。

7月26日,司令部副参谋长陈日顺、政治处副主任余钟鸣等率领120名官兵赴波阳县,担负鄱阳湖珠湖联圩大磊圩堤和乐丰圩堤的抗洪抢险任务。部队分为2个突击队,一支由副支队长詹伟东率领60名官兵担负波阳珠湖联圩大磊圩堤的抗洪抢险任务。珠湖联圩是国家12条重要圩堤之一,全长19.6千米,堤内有7个乡镇,16万人口和6666.67公顷良田,4000公顷水田,是国家和江西省防汛指挥部下令死保的大堤。在支队官兵进驻抗洪时,当地群众已对圩堤失去信心,纷纷转移。危急关头,抗洪官兵先后出动兵力1800人次,搬运沙袋4万只,夯打木桩385根,挖运土石方3000立方米,加固圩堤2510米,挖渗水沟600米。通过奋力拼搏,保住了大堤,保护了当地10万群众及数万亩良田的安全,避免了巨大的经济损失。另一支由副参谋长陈建农率领60名官兵,担负乐丰农场3500米圩堤的加高及排除险情。乐丰圩堤是波阳县第4大堤,堤内有7万亩良田,1.6万余人口,其中珠湖农场有在押犯8000余人。部队进驻时,洪水已与圩堤顶同高,情况万分危急。部队到达后迅速投入战斗,经40多天的紧张抢险,压堵泡泉6处,排除下陷、裂缝、渗水等重大险情15处,对所担负的3500米圩堤加高1米,保住了大堤,保护了堤内7万亩良田和8000余名群众及珠湖监狱的安全。受到当地政府和人民群众的高度赞扬。弋阳县、横峰县、波阳县、万年县、婺源县、德兴市中队也多次参与地方组织的抗洪抢险战斗。涌现一大批先进单位和先进个人。支队长程芳贵被总部表彰为抗洪抢险先进个人;直属中队、弋阳县中队荣立集体三等功;詹伟东等6人荣立三等功;参谋长陶黑平、政治处主任张志受总队嘉奖。

其间,上饶消防官兵受命于危难之中,全力奋战在抗洪的第一线,不顾生命安危,于惊涛骇浪之中抢救国家和人民群众的生命财产,先后投入警力4980余人次,出动车辆260多台,抢救遇险群众270多人;搬运沙土、石料1.35万立方米,巩固堤脚7000多米,开沟导渗2600多米,修护外坡3200多米;堵泡泉、管涌和决口18处,排除重大险情11处,抢救财产400多万元。成功地保护3000多万元的国家财产和上饶市三江大堤、玉山县十七都村、横峰白沙岭圩堤、弋阳国家粮食贮备库、余干康山大堤等重要地段的安全。受到省委、地委等各级领导和驻地人民群众的高度评价。

在洪灾中,军分区、人武部负责的25个重要目标安全度汛,防守的8座主要堤段,没有出现倒塌现象。司令员魏振敏、政委幸宗伦身先士卒,坚持奋战在抗洪抢险第一线。在抢险中,全区人武部共出动官兵及民兵预备役人员180万人(次),解救或转移灾民30万人(次),抢运物资5000余吨,排除重大险情1500余处(次),加固圩堤200余千米。经受住信江流域6次洪峰、乐安河流域2次洪峰、鄱阳湖流域8次洪峰的考验。波阳县人武部主要担负濒湖的古南乡碗子圩防洪任务,在历时近3个月的洪水冲击下,先后排除408次险情,经受12次洪峰和风浪袭击,2000余民兵预备役人员仅靠只有23米高的堤坝挡住24.45米高的洪水。6月17日15时,古埠联圩坂头堤段漫顶,在50米长的距离内出现泡泉20个,余干县人武部迅速组织2000余名民兵突击队奋战一昼夜,筑起了一条150多米长的子堤,堵住全部泡泉。同时,积极组织献爱心活动,共向灾区人民捐款13.65万元,捐衣物5416件(套)。发动广大民兵预备役人员开展生产自救、重建家园,动用民兵预备役人员100余万人次,修复水毁重点工程160余处、公路620多千米、防洪大堤10千米,协助兴建灾民新村2.56万平方米,受到地方各级领导和人民群众的高度称赞。全区人武部干部及民兵预备役人员中有35人被评为先进个人,6个单位受表彰,7人荣立三等功。余干县人武部积极组织民兵预备役人员投入抗洪抢险战斗中,坚守康山大堤、古埠联圩等大小圩堤,发扬不怕困难、连续作战的作风,参加抢险历时近3个月。同时积极支援、密切配合参加抗洪抢险的部队官兵。10 月 13 日，政委肖月高、军事科长苏国忠参加省军区抗洪抢险总结表彰大会，被评为抗洪抢险先进个人；余干县人武部被南京军区荣记集体三等功一次；副部长叶新辉、干事雷福平荣立三等功。余干县古竹乡民兵排长陈长生被解放军四总部评为抗洪救灾先进个人，波阳县古南乡人武部部长赵树高被南京军区评为抗洪救灾先进个人。余干县人武部、万年县民兵应急连被南京军区评为抗洪抢险先进单位。

2000 年 2 月 12 日，上饶县自来水厂氯库房，因盛装 500 千克的液氯罐阀门断裂，发生严重的氯气泄漏事故。14 时 42 分，上饶县公安消防中队接到报警后，迅速出动一辆水罐消防车，6 名官兵赶赴现场抢险救援。火场指挥员根据事故现场情况，及时向支队、县委、县政府、公共局领导报告险情。支队接到险情报告后，迅速调集上饶市消防一中队、二中队三辆消防车和 21 名官兵前往增援，同时支队长严国富、副政委王方俭、参谋长王道林同志先后赶到现场，组织指挥抢险救援工作。县公安局调集 30 名公安干警负责事故现场的警戒，维护事故现场秩序。在支队领导的正确指挥下，公安干警和自来水厂的干部职工大力配合，经过消防指战员英勇顽强、紧张而激烈的抢险战斗，终于在 12 日 15 时 35 分将泄漏氯罐推入水池，并用雾状水进行洗消，迅速地排除险情，有效地防止泄漏毒气区域的进一步扩大，确保附近居民无一人中毒。

第三节　军民共建

1991 年，经地区军（警）民共建领导小组（1985 年成立）研究决定，在驻军团以上单位中开展支援地方两个文明建设达标创先活动，制定《一九九一年驻军支援地方两个文明建设达标创先评分标准》和奖励办法。全区有 34 个军民共建点被县（市）以上领导机关命名为文明单位。38577 部队、32271 部队、32268 部队、32380 部队及火箭炮营、汽车营、武警铅山县中队、武警德兴市中队、弋阳县消防中队、婺源县消防中队、武警上饶市中队、地区电力局、市侨汇商店、南昌铁路分局、上饶铁路中学，被评为全区军（警）民共建活动先进单位，受到表彰。12 月，行署、军分区授予武警婺源县消防中队双拥工作先进单位称号，授予武警上饶消防中队队长王道林双拥先进个人。武警上饶市中队、德兴县中队、婺源县中队被总队评为群众工作先进单位，德兴县中队队长胡祖跃被评为先进个人。

1992 年，继续开展驻饶团以上（9 个）单位支援地方两个文明建设达标创先活动。据统计，部队与地方共建双文明点 35 个，办企业 7 个，开发桑果基地 800 余亩，解决驻地剩余劳力 600 余人，为地方创税收近百万元。地委、行署对这一活动进行了总结表彰，并颁发了锦旗和奖金。38572 部队、32271 部队获得一等奖，38577 部队、武警上饶支队、32380 部队获得二等奖；武警上饶地区消防支队、87370 部队、87392 部队、32268 部队获得三等奖。《精神文明报》对境内军（警）民共建和部队支援地方两个文明建设活动中所取得的成绩和成功经验作了详细报道。地区消防支队开展以“与上饶人民建立同呼吸、共命运、心连心的警民关系”为主题的双拥活动，深入贯彻中央、省“双拥”工作会议精神。9 月，支队机关和茅家岭消防器材厂结成共建单位，被上饶军民共建领导小组评为“支援地方两个文明建设”三等奖。地区武警支队制定《警民共建三年规划》，与全区 17 个单位建立警民共建点，7 个定向服务点，4 个扶贫致富点。各县中队与共建单位签订《警民共建协议书》。

1993 年，地区武警支队积极开展共建“双拥城”模范活动，与 19 个单位建立警民共建点，及 2 个定向服务点。地区消防支队充分发挥共建单位的作用，开展共育工作，全区消防部队和地方共建单位24个。通过共建共育,培训军地两用人才64人。1994年,武警支队与22个单位建立警民共建点,6个定向服务点。在支援地方经济建设中,参加国家重点工程建设3项,完成485个劳动日,成立学雷锋小组32个,为群众治病580余人次,为群众做好事3500件(次),向灾区捐献衣物170余件,为全省"九运会"捐款1万余元,为大、中专院校、银行、企事业单位军训1200余人。

1993年,共建活动以共建一条文明街或共建文明单位(村)为主要内容,连以上单位与地方共建1~2个文明单位(村)或文明一条街,共建点做到有共建组织,有活动规划,有制度保证,有检查总结。

1995年,武警支队在全区建立警民共建点26个,扶贫助残点7个,在支援地方经济建设中完成3860个劳动日,出动人员420人次,动用车辆32台次;成立学雷锋小组36个,为群众治病680人,做好事3500件,培训技术人才620人。德兴市中队与潭阜桥乡王村建立挂钩扶贫点,受到地委、行署的表彰。广丰、余干、弋阳县消防中队被评为地级文明单位。1996年,横峰县被评为全国"双拥"模范县;武警上饶支队建立24个共建点,2个扶贫致富点。被省政府、省军区评为拥政爱民先进单位。广丰、铅山县中队、直属中队被地委、行署评为抢险救灾先进单位。

1995年,境内驻军32271部队,上饶县茶亭乡等4对先进集体和郑柏林等3位先进个人在全省军民共建表彰大会上受到表彰。

1997年,地委调整军(警)民共建领导小组,制定《一九九七年上饶地区军(警)民共建活动的实施意见》,共建活动以"共建文明小康村、共建文明社区(小区)、共建文明一条街(路)、共建文明服务示范窗口单位"为主要内容。并分别制定《竞赛评比细则》,确定奖励、表彰办法。全区共有军(警)民共建点137个。8月,余干县人武部与余干县余干镇东街居委会军民共建文明一条街活动,被中宣部、解放军总政治部授予军民共建先进单位称号。武警上饶县中队被总队授予拥政爱民先进单位。9月,全区消防部队共有28个共建点,6条共建文明路;同时向希望小学、希望工程捐款5万余元,为贫困地区捐衣物500多件;资助失学儿童9人,成立文明小组28个,为民服务小分队13个,为民解忧解难1500多件(次)。推出12个文明服务窗口,开展"急难险事找消防官兵"的服务承诺活动。上饶县消防大队与上饶师专中文系,实施"跨世纪育人工程",共同扶助上饶县茶亭中学。余干县消防大队与余干县常平仓小学开展"希望工程1+1手拉手"活动。当年,横峰县被民政部、解放军总政治部评为全国"双拥"模范县。武警部队与22个单位建立了共建点,积极开展共建社会主义精神文明活动。武警上饶县中队与县国税局的共建被地区评为警民共建先进单位。

1998年,地区军(警)民共建领导小组下发《关于做好军(警)民共建工作的通知》,组织对全区驻饶9个团以上部队、各县(市)武警、消防中队、县人武部的共建工作进行考核、评比。其结果是:组织协调工作好的县(市)有上饶、广丰、玉山、婺源县;共建文明村好的有铅山县人武部与河口镇清湖村,广丰县人武部与永丰镇北门村,玉山县人武部与文成镇姜宅村,婺源县人武部与紫阳镇汤村,德兴市人武部与银城镇二村,87392部队与枫岭头乡泉塘村,38577部队与清水乡周家村;共建文明街道好的有余干县人武部与东街居委会共建文明东大街,玉山县消防大队与县教委共建文明三清街,地区武警支队、地区消防支队与地直机关共建赣东北大队;共建文明小区好的有婺源县消防大队与紫阳镇城南居委会共建城南小区,玉山县武警中队与西商苑工业区共建西商苑文明小区,广丰县消防大队与广丰卷烟厂共建居民住宅小区;共建文明行业(单位)好的有32380部队与上饶供电局,32271部队与上饶县茶亭乡敬老院,上饶县消防大队与上饶师专在上饶县茶亭乡共建跨世纪育人工程,万年县消防大队与万年师范,上饶市人武部与溢洲商厦,上饶县武警中队与上饶县国税局。同年,江西省军分区政治部授予境内驻军32380部队、武警上饶市中队、上饶供电局、余干县余干镇东街居委会、万年师范学校、上饶县枫岭头镇泉塘村、上饶地区汽车站“江西省军民共建社会主义精神文明先进单位”称号。

同年,全区消防部队以警民共建为基本形式,开展创文明村、文明行业、文明小区、文明路活动。全区12个大队连续两年被评为县(市)级文明单位。铅山等3个中队被评为县级青年文明号。支队机关、弋阳县、余干县消防大队被评为地级文明单位。广丰县消防中队被评为省级文明单位。消防支队被省消防总队表彰为精神文明建设先进单位。当年,武警上饶支队各中队的共建点已达26个,支队与余干县江埠乡山里村建立挂钩扶贫点,捐款3万元为村里修路;上饶市中队与市汽车客运站的共建,连续两年被地区评为警民共建先进单位。

1999年7月6日,上饶地委、行署、上饶军分区联合授予横峰、上饶、广丰、弋阳县双拥模范县荣誉称号。授予德兴、上饶市双拥模范城荣誉称号。铅山县卫生防疫站医师叶晓茵,数年如一日积极热心为现役军人做红娘,被授予拥军模范荣誉称号。武警上饶支队有7个单位被评为县(市)文明单位,2个共建点评为警民共建先进单位。上饶市中队与市客运站的共建,被省政府评为警民共建先进单位。

2000年1月,横峰县消防大队被省双拥工作领导小组表彰为爱心献功臣行动先进单位。支队机关、广丰县、德兴市消防大队被评为省级文明单位。地区消防支队被省消防总队表彰为精神文明建设先进单位。当年,武警上饶支队全区24个共建点,有2个评为警民共建先进单位,12个单位被评为县(市)文明单位。

第四节　思想政治建设

1991年,上饶军分区始终坚持把思想政治教育摆在首位,认真落实政治理论学习制度、政治教育制度。通过一系列的思想政治建设,强化官兵的政治意识和纪律观念,保证部队的安全稳定和集中统一。以党的建设为主线,以人武部建设和基层民兵工作“三落实”为重点,围绕坚定政治信念,加强思想政治教育,保持高度稳定和集中统一等课题,军分区机关、干休所利用16天时间,进行坚持中国共产党对军队绝对领导的8个专题教育,通过采取学习党建基本理论与学习革命传统相结合,自学、领导辅导与联系实际讨论相结合等方法,帮助干部战士职工进一步坚定了信党、爱党、跟党走的信念;利用24天时间系统地学习科学社会主义理论和党建理论,进一步提高广大官兵的思想理论水平和明辨是非的能力;组织学习江泽民总书记在建党70周年大会上的重要讲话,坚定对建设中国特色的社会主义和实现第二步战略目标的信心,加深对贯彻稳定方针重要性的认识。次年,军分区和各县(市)人武部深入开展学习“十四大”和邓小平视察南方重要谈话精神的教育,加深对中国共产党“一个中心,两个基本点”基本路线的理解,增强支持和参与改革开放的紧迫感和自觉性。进一步加强青年民兵之家、民兵教育中心和国防教育馆的建设。

1991年—1992年,武警支队主要进行《邓小平南巡重要讲话》《中共党史》和“坚持党对武警部队绝对领导”的专题教育。成立25个理论小组,举办各种专题讨论会65场,编发35期教育简报,提高官兵理论水平和明辨是非能力。支队调整健全了基层党支部,对个别党支部进行了整顿，使支部的战斗堡垒作用和党员先锋模范作用得到较好发挥。

1993年，武警支队完成教育时间68课时，支队、中队两级共投入教育经费3600余元，观看革命影视片40余部，教唱革命歌曲56首，知识竞赛26场(次)，写心得体会共1100余篇。军分区集中组织官兵和民兵预备役人员认真学习建设有中国特色社会主义理论和邓小平同志新时期军队建设思想，进行以深化改革、建立社会主义市场经济体制、中央宏观调控、反腐倡廉和使命感为主要内容的思想政治教育。采取“请进来走出去”的方法，请地方专家辅导、观看电视录像、交流学习体会和理论考核等手段，进一步深化理论学习和政治教育效果。

1994年，军分区利用30天的时间，深入开展以《邓小平文选》第三卷为主要内容的理论学习专题教育。从5月开始，武警支队把学好《邓小平文选》三卷作为全年部队建设的大事来抓，成立教学小组，编写6个专题的提纲式教案，对全区18名政工干部进行培训，结合工作实际，开展国际国内形势教育，革命人生观、价值观教育，尊干爱兵教育，反腐倡廉和爱国主义教育。共投入教育经费4200余元，成立理论辅导小组26个，推选理论骨干78名，教唱歌曲70余首，举办演讲会、知识竞赛65场次，撰写心得体会2000余篇。据统计，全年部队共完成教育时间6890小时，平均每个中队530小时，到课率达98%以上。

1995年，军分区开展抵制“酒绿灯红”侵蚀、爱国奉献、向孔繁森学习等教育和作风纪律整顿。通过教育整顿，使广大官兵做到讲党性、顾大局，坚决服从组织安排和决定；增强艰苦创业、默默奉献的思想。武警部队开展以《邓小平文选》一、二卷为基本教材的特色理论学习教育，和以“爱国奉献、革命人生观、尊干爱兵、艰苦奋斗”为内容的四个教育。据统计，全区13个中队平均完成38个教育日，计304个课时，机关教育时间为20个教育日，计160个课时。13个基层中队平均投入教育经费达300元以上，支队机关投入近2000元，总投入达6000余元。

1996年4月，广泛开展人武部收归军队建制系列教育。通过教育，端正各县(市)人武部广大干部“第二次入伍”的思想动机，增强干部职工政治上的坚定性和思想道德上的纯洁性，强化纪律观念和命令意识。武警部队开展以“讲政治、讲奉献、讲道德、讲纪律”为主要内容的四个教育，支队政治处统一编发“四个教育”的教学提纲，对全区400多名官兵进行问卷调查，帮助官兵树立正确的人生观、价值观。各基层中队结合各自实际，有针对性地进行经常性思想教育，开展“爱祖国、爱人民、爱哨位、奉献在警营”的读书演讲比赛，同时结合纪念中国共产党诞生75周年、红军长征胜利60周年，展开“忆传统、做传人”教育。上饶支队深化“四个教育”注重针对性和有效性的做法，被总队《政工信息》第3期转发。

1997年，军分区重点进行“十五”大精神的学习教育，组织收看电视新闻和学习报刊等有关材料，集中抓两级党委机关的专题学习，举办理论读书班。通过多层次递进式的教育，保证学习效果，使官兵加深对“十五”大精神的理解，增强贯彻执行的自觉性。结合香港回归祖国，开展“百年沧桑话回归”的教育，通过教育，激发官兵的民族自豪感，坚信党的领导，更加热爱伟大的祖国。武警支队广泛开展以“做党和人民忠诚卫士教育、尊干爱兵教育、社会主义义利观教育和法纪教育”为重点的四个教育，采取理论学习、专题讨论和教育整顿等形式，先后5次集中进行教育整顿，机关开展的义利观教育《热爱部队、热爱本职、服务基层》的做法，被总队《政工信息》第10期转发。机关全年共完成教育时间20个教育日以上。据统计，支队全年共投入教育经费6000余元。教育期间，官兵写心得体会60余万字，结成100多对思想工作对子，使18名思想问题比较突出的战士得到转化，4名重点思想工作对象，也因支队、中队长期跟踪管理，采取了正确的转化措施，思想保持稳定。

1998 年，支队进行“保持昂扬的精神状态”的思想教育，针对党委机关建设中存在四个方面的问题，进行认真查摆。采取领导示范，典型引路，形象教育等方法，使教育真正达到触动思想、振奋精神、促进工作的目的。在进行“拥护改革、服从大局、维护稳定”的思想教育中，注意围绕官兵关注和议论的焦点、热点问题，从正面引导，从大处着眼，帮助官兵摆正眼前利益和长远利益、局部利益和全局利益、个人利益和国家利益的关系，引导官兵用“三个有利于”的标准看改革，澄清理论上的困惑。各单位普遍开展“我看改革二十年”“让青春在哨位上闪光”为主题的活动，不断激发广大官兵爱武警、爱哨位的工作热情和保卫改革大业的高度政治责任感。

军分区针对当年地方下岗人员增多的实际情况，及时下发《关于进一步做好维护社会稳定工作的通知》，强调保持部队稳定和自身安全的重要意义，正确对待利益关系调整，自觉与中共中央、中央军委保持一致。开展“顾大局、讲奉献、拥护和支持经济体制改革”“共产党员在改革中发挥先锋模范作用”“保持思想稳定、积极配合军队编制体制调整改革”“弘扬抗洪精神”等专题教育。着力解决官兵思想中存在的“改革来势过猛，会影响社会稳定的疑虑；地方机构精简，干部年轻化会影响转业安置的担忧；干部家属下岗，会冲击家庭收入”的心理压力等问题；进一步认清深化改革的重要性和必要性，自觉处理好全局和局部的关系，增强了服从大局，安心本职，扎实工作自觉性。

1999 年 7—10 月，军分区、人武部利用 3 个月的时间，按照学习提高、对照检查、总结讲评三个阶段，深入开展“讲学习、讲政治、讲正气”教育，针对党性党风方面存在的薄弱环节和主要问题进行整顿。通过“三讲”教育，振奋革命精神，提高工作效率。结合新中国建立 50 周年和澳门回归祖国，进行“赞颂光辉成就，迎接新的世纪”为主题的爱国主义教育。

1999，针对国家政治体制改革不断深化，军队兵役制度的改革和士官制度的实施带来的新问题，武警部队加强法纪教育，在玉山县中队开展法纪教育试点，得到总队的充分肯定。《着眼官兵思想实际抓好法纪教育》的做法，在总队《政工信息》第 5 期中转发，并获《政工信息》1999 年优质稿件三等奖。机关教育整顿《开展“强素质、正风气、树形象”教育，全面提高机关建设的整体水平》的做法，被总队《政工信息》第 6 期转发，获 1999 年优质稿件三等到奖。为增强教育效果，支队集中组织 13 个基层中队开展政治指导员授课比赛、法纪知识竞赛、手抄报比赛和文艺比赛，营造深厚的教育氛围。在加强部队政治教育方面，支队投入 5 万余元，建立政治教育信息库，购买 2 台电脑及其他用品，与全省实现联网，极大地丰富教育资源，真正实现教育资源和信息的共享。当年政治处办公基本实现微机化，年终接受总队考核总评良好。

2000 年，军分区开展“三讲正面教育”，进行“三讲回头看”活动，进一步发挥基层党组织的战斗堡垒和党员的先锋模范作用。武警部队针对兵员成分发生的变化，对新形势下部队思想政治工作的基本规律进行积极探索，注意研究和解决官兵的现实思想问题。一是组织部队深入开展以“永远做党和人民忠诚卫士”为主题的思想教育。二是重点抓基层党组织“三讲”正面教育。5—6 月，相对集中 20 天时间，在 15 个基层党组织中开展“三讲”正面教育。教育期间，对 96 名基层党员干部进行了评格定档，表彰优秀党员和优秀干部，对基本不合格和基本不称职干部进行重点帮教。三是完善干部教育管理制度，采取按季度考核评定、依据考评结果核发岗位津贴、机关基层实行双向讲评、建立干部现实表现档案等措施，量化干部考评标准，使干部教育管理逐步走上制度化、规范化。五是推进基层民主制度建设。运用成功经验指导基层民主建设活动，使广大士兵民主意识得到增强。5 月，支队投入 14 万元用于政工网络建设，

13个中队建立政治工作信息室，一次性完成与全省各中队的联通。7月，举办中队信息员（指导员和一名战士）的培训，使信息网络在部队教育中发挥较大作用。政工网络在政治工作中逐渐显现出优势，开阔政工干部的视野，提高效率，锻炼队伍，增强利用高科技做好政治工作的信心。

第五章　军事训练

第一节　部队训练

1991年，武警支队学习贯彻《军事训练条例》和《武警部队军事训练工作若干规定》，坚持依法治训，按纲施训。7月，将全区13个中队分为3个区，组织训练尖子比武10天。获单位团体总分前3名的是玉山县、上饶市、铅山县中队。上饶市中队吴广水获个人总分第1名；铅山县中队聂中华第2名；玉山县中队徐冬升第3名。截至年底，各单位训练到课率达80%以上。涌现出一批训练先进单位和个人，玉山县、铅山县、德兴市、余干县、广丰县等5个中队名列前茅；共有39人被评为神枪手，78人被评为擒敌技术能手，评出"四会"（会讲、会做、会教、会做思想工作）教员54名。各中队确保有1～2名训练尖子。1992年，以玉山县、铅山县、直属中队的训练为先行试点，进行全区军训尖子比武，有效促进了部队训练水平的提高。截至年底，全区部队平均训练到课率达80%，玉山县中队、直属中队、德兴市中队在全区军事训练尖子比武中，分别获得团体总分前3名。经支队年终综合考评，玉山县等7个中队被评为训练先进中队。

1993年，进行2次规模较大的全区军事业务尖子比武和军、政、后业务比赛，有效地促进部队训练水平的提高。上半年举办军事尖子比武，上饶市、铅山县、上饶县3中队分别获第1、2、3名；下半年举办军、政、后业务比赛，比赛主要内容有射击、擒敌技术、战术、五千米武装越野、器械体操、政治理论、后勤业务。荣获年度业务比武团体全能前3名的是玉山县、铅山县、上饶市3个中队；王胡松、王毅、敖建军荣获个人全能总分前3名。

1994年，支队从执勤和"处突"需要出发，坚持以质量为核心，按纲施训，突出重点抓好干部骨干训练，专勤专训，全面落实训练法规，部队军事业务素质有较大的提高。玉山县等4个中队达到先进标准，121人达到"四会"教练员标准。按照宜春支队专勤专训试点的做法，分别抓直属中队的训练和上饶市中队的专勤专训试点，在全区部队进行推广。1995年，军训工作积极适应执勤和处置突发事件的需要，切实加强组织领导，保证训练时间、内容、人员、效果的落实。支队认真按照总队下达的《处置突发事件应急训练计划》，及时作出调整，突出应急训练，加大了"处突"的训练比重。同时注重部队的基础训练、干部骨干训练和战术技能训练。百余名新兵经过3个月严格训练，训练成绩总评优秀。当年10月中旬，支队举行军政业务大比武，主要内容有射击、擒敌技术、单兵至班战术动作等6个项目。通过角逐，万年、玉山、德兴、直属、铅山、弋阳6个中队取得前6名的好成绩。

1997年10月上旬，支队组织全区13个县、市中队进行军政业务大比武，内容有：射击、擒敌、器械、战术、五千米武装越野。经过3天紧张激烈的比赛，玉山、万年、铅山县中队取得前3名。11月3—8日派出2个工作组，分别对全区13个县（市）中队的警容风纪、内务卫生、正规化训练秩序，班队列、擒敌拳、单兵战术、器械体操、执勤方案等进行考核。26日，总队年度军事工作考核组对德兴市、万年县中队的战备执勤，军事训练和正规化管理工作，进行全面调查。德兴市、万年县中队各项考核均为优秀、良好，总评成绩为优秀。支队受到总队工作组的好评。

1998年5－9月，支队在教导队举办擒敌技术集训和防暴应急小分队比武集训，擒敌技术集训内容有擒敌技术概述，教案编写与教学法，击打、防击打、摔擒技术，警棍术、警棍盾牌基本动作和警棍盾牌套路等。防暴应急小分队比武训练的内容有身体素质、共同科目、射击科目、战术科目、防暴科目等项训练。11月中旬，支队组织4个工作组对全区13个中队的军政后工作进行检查考评，进一步促进部队的全面建设。军事训练较好的单位是玉山、万年、铅山县3个中队，横峰县中队有明显进步，行政管理较好的单位是玉山、万年县中队。11－12月，支队在教导队举办新训班长岗前培训，集训的内容有各课目的教学法、动作训练以及学习“如何当好新兵班长”的各种理论教育，均取得了良好的训练成绩。

2000年10月15－18日，支队在教导队组织防暴应急小分队比武。比武有射击、投弹、五千米武装越野、通过400米障碍、单兵战术综合演练擒敌对打配套等5项内容。取得团体前4名的中队是：玉山、直属、万年、铅山县4个中队；取得干部前3名的是：广丰、玉山、铅山县中队排长范建良、李清培、李宜振；取得带队干部前3名的是：铅山、广丰、万年县中队队长刘永忠、林荣聪、仇从军；取得班长前3名的是：直属中队曹春江、波阳县中队张兴武、铅山县中队金森成；取得战士前3名的是：玉山县中队郑瑞东、直属中队柯书顺、高小强。

第二节　干部训练

武警支队　1991年，加强轮训队建设，培训56名军事主官和骨干，为部队搞好训练奠定了基础。机关完成34个训练日。主要进行队列、擒敌技术、执勤业务、军体、战术、射击、参谋业务和战术想定作业等训练内容，各项训练成绩总评为良好。1992年，进行机关参谋人员的业务学习和基层军事主官的数学法集训。全年共举办各级军事主官、骨干业务集训3期，培训警官18名。1993年，支队认真贯彻“质量建军”的方针，坚持以质量为核心，以干部为重点，全面落实训练法规，军训质量有明显提高。一是突出抓机关参谋人员的业务学习，提高“六会”（会读、记、算、写、画、传）能力，加强对基层训练工作的指导和帮助；二是抓基层军事主官和班长、骨干的教学法集训，提高干部、骨干的“四会”能力，培养和树立训练尖子，带动部队的训练。

1994年，在抓好基础训练的同时，重视战法研究和首长、机关的训练，举办各级军事主官、骨干业务集训4期，培训警官36名，骨干54名，训练总评成绩达到良好。7月，为提高军事干部的管理水平，根据总队精神结合部队实际，在直属中队举办1期20天的管理干部集训，参训人员共21人，编为3个班，由支队长、政委分别担任集训队队长、指导员。通过集训，较好地提高了部队的管理水平。1995年7月，支队基层警官进行军事达标活动，主要内容有军事理论、技术科目、战术科目和执勤业务科目4项。经年终考核，总评成绩良好，基层警官管理部队的能力明显提高。

1996年8－9月，为迎接总队基层干部军事比武，支队在教导队组织10名基层警官军事集训30天，内容有：五千米武装越野、射击、军体、捕歼战术等科目，收到良好效果。1997年8月，支队在教导队举办1期20天的基层警官军事达标集训，主要集训内容是射击和执勤业务。

通过集训，基层警官的射击技能和组织指挥能力得到明显的加强。11 月，总队年度军事工作考核组对支队首长机关的战备执勤、军事训练和正规化管理工作，进行全面调查考核。通过考评，支队首长机关警容风纪合格率 95%，正规化训练秩序为良，想定作业成绩为良，手枪第 1 练习射击成绩为优，总评成绩占良好。1998 年 10 月，支队组织 4 个军事工作考核组，分片对全区 13 个县、市中队的军事工作进行考核验收。通过考核，基层警官总评成绩良好。

1999 年 6 月，在教导队举办为期 16 天的基层警官军事达标集训，由教导队大队长、教导员分别担任集训队队长和教导员，集训的内容是：教学法、射击、识图用图以及捕歼战术和处置突发事件战术等。通过考核，总评成绩优秀，大大地促进了部队战斗力的提高。9 月，支队作训股组织驻市部队进行军事动作会操、警容风纪检查、参加会操的中队有直属中队、上饶市中队、上饶县中队，受考人员 33 人。通过会操，直属中队夺得团体总分第 1 名，获驻市部队军事流动红旗；上饶市中队获警容风纪检查流动红旗。直属中队获操枪队列、哨兵反袭击动作、五千米武装越野第 1 名、手枪 1 练习实弹射击第 2 名、器械体操第 2 名。上饶县中队获手枪 1 练习实弹射击、器械体操第 1 名，五千米武装越野第 2 名。上饶市中队获操枪队列、哨兵反袭击动作第 2 名。个人单项第 1 名的有：直属中队排长苏光华手枪第 1 练习实弹射击、上饶县中队指导员张灵器械体操、上饶县中队排长张忠军五千米武装越野。

2000 年 10 月，支队在教导队组织防暴应急小分队比武，比武项目有射击、投弹、武装越野、通过障碍、单兵战术综合演练、擒敌对打配套等内容。广丰县范建良、玉山县李清培、铅山县李宜振 3 位排长获得干部训练前 3 名。

军分区 1991 年以后，上饶军分区每年组织在职军官训练，重点进行以毛泽东思想、邓小平理论、战备工作、敌军研究、参谋“六会”基本功和现代高科技知识等内容的学习，以及“六会五能”①微机运兵员等基础性训练和战技术训练；组织军官进行了贯彻新条令、落实新大纲和民兵工作条例等内容的集训。并多次集中组织乡（镇）专武干部以军事理论、队列、教学法、轻武器射击和手榴弹实弹投掷为主要内容的集训，均取得较好成绩。1992 年在南京军区组织的抽查抽考中，德兴市人武部夺得干部训练总分第一，被南京军区授予“干部训练优秀单位”称号。

1991 年—1995 年，军分区坚持“宁可千日不战，不可一日无备”的原则，修订完善了抗洪抢险、围捕刑事犯罪、防卫作战、政治工作、动员支前等各类预案 50 余册，对市域地形情况进行了认真细致地勘察，收集整理、存储了大量的战备资料，建立了兵要地志数据库系统。研究制定了军事斗争准备规划，先后组织全区民兵预备役人员进行了五次网上演习和实兵实弹演练；组织驻饶部队和民兵预备役人员对信息战、入闽通道保障和防卫作战等课题进行研究，其经验做法得到南京军区、江西省军区领导机关的一致好评。

1996 年，根据省军区《人民武装部收归军队建制设防工程移交工作实施办法》的指示精神，完成上饶市和上饶县 5 条屯兵坑道的启封保养、移交转隶工作。协助省军区完成了军队干线的光缆施工，和机上报务教练等工作。与行署联合下发了《关于落实民兵应急分队编制装备的通知》，改善民兵应急分队的装备，组织编写《上饶地区民兵应急分队训练系列辅导材料》，进行地区民兵应急营升级训练和综合演练，以及军分区机关应急兵员动员室内想定作

①“六会五能”：六会指会“读、记、算、写、画、传”；五能指具有“分析判断能力、运筹谋划能力、组织协调能力、检查指导能力、研究创新能力”。

业。当年4月人武部收归军队建制后,及时组织人武部部长、军事科长、部分专武干部集训,主要进行队列、军事地形学、高科技知识、战法研究、战术教学、军事理论、常规武器精度射击和基层业务技能等课目的集训;同时,还集中组织全区现役干部进行以队列、轻武器实弹射击、高科技知识、战法研究、军事地形学、战术标图、军用公文、摄影摄像、计算机运用等知识为主要课目的训练。组织军分区首长机关参加省军区组织的军事理论、战法交流会;指导婺源县人武部机关进行室内动员演练,积极开展科技大练兵活动等。从而增强全区军官队伍的综合指挥素质。

1997年,根据地区实际情况,研究制订《议军事斗争准备措施》《军分区军事斗争准备工作任务规划》,召开议军事斗争准备专题会议,组织地区民兵应急分队进行组织调整,完善应急方案。婺源县、上饶市民兵应急分队在省军区的军事表演中获得好评;高技术含量民兵专业分队训练取得初步成效。同年5月,在德兴市、万年县进行应急动员实兵演练,尝试组织高技术含量兵员动员的路子。

1998年,在落实战备教育、战备检查和战备值班的基础上,重点加强对民兵武器装备仓库、机要保密室和财务室等重要部位的安全管理,尤其是落实首长、机关干部、民兵应急分队和车辆的战备值班工作。2000年3月,军分区组织对信息战中的通道保障和防卫作战课题进行研究,召开了防卫作战等项目研讨会。

第三节 民兵训练

民兵训练主要由各县(市)人武部组织基层人武部进行。1991年,全区圆满完成了数千名民兵军事训练任务,优秀率达66.7%。弋阳县连续三年被省军区评为民兵军事训练先进单位。当年6月,全省城市民兵“三落实”(即组织落实、政治落实、军事落实)工作现场经验交流会在玉山县召开,玉山县古城女子民兵排的队列教学法及上饶地区10个训练改革课目的汇报表演,得到上级的充分肯定和赞扬,玉山县和上饶市人武部分别荣获表演一等奖。有3个基层人武部被树为城市民兵“三落实”先进单位,获得省军区军事课目表演一等奖,《解放军报》刊登了其事迹。

1992年,在南京军区组织的抽查抽考中,婺源县、铅山县被南京军区评为民兵军事训练基地先进单位。1995年2月,上饶行署、上饶军分区对1994年度民兵军事训练中的3个先进单位、12名先进个人予以通报表彰。当年,德兴市与婺源县被省军区评为年度民兵军事训练先进单位。

1996年人武部收归军队建制后,重点突出对新任职专武干部以高科技知识、军兵种知识、动员业务知识和《江西省民兵工作条例实施细则》、战术技术、队列、军事地形学和处置突发事件的方法等为主要内容的集训。组织德兴市民兵应急分队进行反空袭作战演习;组织全区民兵应急营进行“紧急集结、摩托化开进、搜捕战术、轻武器实弹射击、野外生存、徒步按图行军”等课题的综合演练;组织上饶县民兵进行电子对抗、广丰县民兵进行抗击巡航导弹、上饶市民兵高炮分队打武装直升机、德兴市民兵炮兵分队运用GPS系统、玉山县民兵进行隐蔽伪装等课目的科技大练兵活动;组织上饶市民兵高炮分队进行实弹射击,被省军区首长称为“作风强、纪律严、成绩好”的民兵分队,有效地促进了民兵工作的“三落实”。

1998年实行新兵役法,改进民兵、预备役人员参训误工补贴办法。将原来农村的由乡镇平衡负担、城镇的由所在单位照发工资和奖金的规定,改为“预备役人员参加军事训练,由当地人民政府给予误工补贴。具体办法和补贴标准由国务院、中央军事委员会规定;在国务院、中央军事委员会做出规定之前,由省、自治区、直辖市规定。”1998 年—1999 年,玉山县人武部等 7 个单位先后被评为军事训练先进单位,刘海生等 25 人被评为军事训练先进个人。

第六章 内卫勤务

内卫勤务、防火灭火是武警部队的主要勤务,武警支队和消防支队担负着全区各县(市)看守所的警戒任务,协助公安机关参加“严打”斗争,维护社会治安,处置突发事件,防火救灾等等。武警支队始终坚持以执勤为中心,积极研究防逃制逃措施,正规执勤秩序,圆满完成执勤任务,稳定了上饶地区的社会治安,保护了人民生命财产的安全。

第一节 看 守

1991 年 4 月上旬,全区部队集中 15 天时间,开展执勤教育整顿。并在横峰县中队召开执勤教育整顿现场会,部署整顿的内容、方法、步骤,并总结推广整顿的经验,收到较好的效果。11 月、12 月,万年县中队战士尉国祥、上饶市中队战士王雷在执勤时,发现异常情况及时报警,避免了 2 起在押犯自杀事故。受到表彰。

1992 年 7 月 3 日,广丰县全境遭受大暴雨袭击。7 月 4 日晚 8 时,洪水漫进入看守所监室,在押犯情绪开始波动。县中队副指导员祝力军带病逐号挨个做在押犯的思想工作,稳定在押犯的情绪。在公安机关作出转移在押犯的决定后,中队立即研究制定在押犯转移途中的各种应急方案,成立 4 个战斗小组。经过严密组织,官兵们配合公安机关将 102 名在押犯转移到安全地带,切实保证了看守目标的安全。

1993 年 1 月,余干县看守所执勤哨兵丁业民警惕性高,成功地制止 1 起在押犯企图越狱事件,整个处置过程不足 5 分钟。同月底,弋阳县看守所执勤哨兵晏春根在新年发生紧急情况时,及时报警,在中队官兵的配合下,迅速按预订方案进入战斗位置,制止 1 起在押犯有目的的闹监事件,受到好评。

1994 年 1 月,上饶县看守所执勤哨兵刘海平及时发现并制止在押犯的自杀行为;6 月,德兴市中队战士刘鹏、陈天鹏,在执勤中及时发现在押犯的不轨行为和私藏匕首,避免了在押犯企图逃跑事件的发生。受到县公安的高度赞扬。

1998 年 4 月,支队以总队《1998 年执勤工作指示》和武警部队《执勤规定》为主要内容,结合执勤工作中存在的实际问题,在全区部队中开展广泛的教育和训练,并组成 5 个工作组,对全区 13 个中队军事工作进行检查。4 月下旬,总队朱副参谋长率工作组,检查支队机关和广丰等 9 个县中队的执勤工作、看守所监管和正规化管理等工作。当年 11 月,支队组织 4 个工作组对全区 13 个中队执勤工作进行考评。

1999 年,根据省公安厅、省武警总队、省检察院、省监狱管理局,《关于开展“三个一遍”联合检查的通知》,支队及时与地区公安局,地区检察院召开联系会,结合地区看守执勤实际,制定地区联合检查实施方案细则。9 月初,省公安厅、武警总队、省检察院组成的联合检查组对上饶地区看守执勤工作进行抽查,广丰、玉山、万年、横峰县中队和上饶市中队成绩较好。2000

年3月21日，支队根据公安部公通字〔2000〕9号文件和《武警部队执勤训练工作会议精神传达提纲》，着重研究和部署武警县(市)中队和看守所开展“三共”(共建共管共保安全)活动及科学练兵问题，5月在上饶市看守所、监所科、武警中队开展“三共”活动试点，6月在全区全面展开，均收到良好的效果。

第二节　安全保卫

保卫　1994年9月，江西省第九届运动会和全国体操冠军赛在上饶市举行，上饶武警支队担负起赛场安全保卫、国家级运动员驻地警卫、城市武装巡逻三大任务，支队成立指挥所，抽调700名兵力担负机动备勤任务，出动兵力千余次，车辆40余台次。其中担负比赛场地安全保卫11场次，派兵600余人次；国家级运动员住地警卫100余人次；城市武装巡逻20组300余人次，抓获不法分子2人。较好完成了运动会期间的安全、警卫、巡逻任务。

1995年5月，波阳县发生特大洪涝灾害，国务院副总理姜春云前往视察灾情。武警波阳县中队在担任中央领导安全警卫的同时，还先后3次参加抗洪抢险。

协助治安　1991年—1994年，武警上饶支队在年节期间组织城市武装巡逻组390余组上街巡逻，计出动兵力约3737人次。1995年，组织城市武装巡逻660人次，共出动兵力15022人次，车辆42台(次)，均圆满完成任务。

1994年，武警上饶支队先后派出260余名官兵参加社会综合治理，抓获各种违法犯罪分子175名，缴获赃物赃款价值3.2万元。9月22—28日全国体操冠军赛在上饶市体育中心举行。其间，支队担负赛场安全保卫、国家级运动员住地警卫、社会面控制(城市武装巡逻)三大任务，共出动兵力1000余人次，车辆40余台次。其中担负比赛场地安全保卫11场次，派兵600余人次；国家级运动员住地警卫100余人次；城市武装巡逻组20组300余人次，抓获不法分子2人。同月，江西省第九届运动会在上饶市体育中心体育场举行。支队担负省九运会期间的机动任务及其他临时性勤务，抽调700名兵力担负机动备勤任务，成立基本指挥所和前进指挥所。

1995年，参与社会综合治理处置各种刑事犯罪22起，抓获不法分子210名。当年3月，武警波阳县中队密切配合公安机关，前往双港乡打击犯罪分子，抓获流氓团伙30人。1999年2月，武警弋阳县中队积极协助当地公安机关，成功抓获由玉山逃往弋阳方向的7名抢劫犯，深受当地公安机关好评。春节期间，武警上饶市警通排每天派出兵力8人次，在市区主要街道担负武装巡逻，处置小型群体闹事2起，抓获罪犯8名，受到当地政府和群众的称赞。

第三节　处置突发事件

1994年10月，德兴市绕二乡瑞港村村民与大茅山垦殖场所属瑞港电站职工因供电矛盾发生纠纷，进而演变成严重的打砸抢暴力事件。冲突双方有多人受伤，电站一名职工被杀死，四幢职工窗舍的门窗及电站主要领导家里的家具、电冰箱、洗衣机被砸毁，职工、村民生命受到严重威胁，财产遭到严重破坏。10月7日，应市政府、市公安局要求，德兴市中队由副中队长张磊带领10名战士参与处置这起暴力事件。处突中，面临着刀、棍、鸟铳、炸药的威胁，官兵们组成隔离带，将冲突双方隔离开，有效地制止了大规模械斗和流血事件的发生，将双方损失减到最低限度。其间,官兵们始终保持克制,做到打不还手,骂不还口,气不馁,阵不乱,耐心地做好说服劝导工作,连续执勤25小时,始终保持高昂的精神,受到冲突双方的信赖和赞誉。8日13时,少数打砸抢分子,用炸药开路,企图冲破中队官兵组成的隔离带,冲入电站制造更大的事端。当2名歹徒手持炸药,企图炸毁职工食堂时,代理班长刘鹏、战士赵军面对即将引爆的炸药,迅速冲上前去果断制止。市政府、市公安局下达拘捕为首分子的命令后,官兵们迅速果敢,勇猛顽强,协助公安机关拘捕7名闹事歹徒,缴获械具10余件,狠狠打击了不法分子的嚣张气焰,迅速平息了事态。中队处突官兵顽强的战斗作风和过硬的军事技能,赢得了德兴市委、市政府、大茅山垦殖场领导以及广大人民群众的高度赞誉。支队给予张磊、赵军记个人三等功各1次,给刘鹏、宣虎东、刘超、明军、王二冬记个人嘉奖一次。

1995年3月,波阳县中队密切配合公安机关打击犯罪分子,指导员余国安带6名战士奉命前往双港乡,抓获流氓团伙30余人。8月,上饶县郑坊乡一伙不法分子无视国家法律,打着"减轻农民负担"的旗号,不交纳公粮,不纳税和非法建房占用土地。经上饶县、乡政府多次做工作无效,在政府决定对洲村进行整治时,少数不法分子煽动群众闹事,用鸟铳、炸药、大刀等凶器进行对抗,打死打伤公安干警。为打击首恶,平息闹事,支队出动兵力数十人,协助上饶县政府和公安机关对洲村不法分子进行打击、搜捕,抓获罪犯6名,其中主犯2人。

1998年,地方下岗人员增多,社会不稳定因素也相对增多,针对当年实际情况,军分区定期对辖区内敌、社情进行综合分析,主动与地方公安、安全部门取得联系,积极配合协助地方处置各种突发事件。2月中旬,组织民兵应急分队配合地方公安人员,平息了弋阳县某地两个村庄数百人参加的械斗事件。此外,还组织民兵协助侦破了上饶市2起公共场所爆炸案,和德兴市、上饶县民爆物品被盗案。

1999年2月8日,弋阳县中队在抓好固定目标安全的同时,积极协助当地公安机关成功抓捕由玉山逃往弋阳方向的7名抢劫犯,深受当地公安机关好评。春节期间,上饶市中队圆满完成押解13名罪犯到珠湖农场的任务,警通排每天派兵8人次在市区主要街道担负武装巡逻,处置小型群体性闹事事件2起,抓获罪犯8名,深受地方政府和群众的好评。

第七章　防火灭火

第一节　防火组织

为彻底遏制火灾,除了专职救火的武警消防队外,地区及各县(市)还配合消防队成立防火安全委员会,并设有防火负责人。1991年11月,上饶地区防火安全委员会任命吴孝彰等32人为地直单位和各县(市)防火负责人,下设若干义务消防队。一旦遇有火灾,由防火安全委员会统一协调配合消防队灭火。

1999年11月,上饶地区消防协会正式成立,协会共吸收会员单位61家,会员个人90人。11月16日,上饶地区消防协会成立大会暨第一届会员代表大会正式召开,会议选举消防协会理事,通过协会章程,并召开第一次理事会。2000年,全区共组建8支企业专业消防队,队员120人。

第二节　防火监督

防火监督是消防部门的主要职责之一。1991 年元旦、春节期间，武警消防支队和地区防委会组织为期 12 天的全区防火安全大检查，重点检查 48 个单位，液化气站 32 个，公安派出所 24 个，县以下政府或部门 36 个，共发现火险隐患 96 处，不安全因素 124 处，提出整改意见 660 条。3 月，地区消防支队会同地区城建局、劳动局对全区液化石油气站、供应点进行一次全面清理整顿，关闭一些不规范的供应点。8 月，地区经委、公安、工商、标准计量四家单位联合召开会议，研究加强全区消防产品质量监督管理工作，成立“消防产品质量监督管理领导小组”和“消防产品质量监督管理站”。10 月，地区消防支队对全区 15 幢高层建筑进行安全大检查。

1992 年 1 月，消防部门会同有关县、市公安局内保、治安科、工商局等单位对 320 国道线附近的小油库、加油点及液化气供应站进行一次全面清理整顿，共检查 16 个加油站、6 个液化气站和营业点，下发《火险隐患整改通知书》11 份。4 ~5 月，地区消防支队会同地区城建局、劳动局对全区 32 个液化气站供应点进行安全检查，关闭存在严重隐患的液化气站 4 个，取消个体经营点 3 个，限期整改液化气站 5 个。

1993 年，唐山林西百货大楼、南昌万寿宫商城、深圳清水河危险品仓库发生特大火灾事故后，全区消防部门对高声能建筑、易燃易爆化学物品生产、储存场所进行专项治理，共检查高层建筑 18 栋，地下工程 16 个，歌舞厅 60 个，宾馆饭店 48 个，大中型商场、集贸市场 32 个，发现火险隐患 386 处，当场整改 349 处，下发《火险隐患整改通知书》34 份，《停产停业整改通知书》7 份，关闭液化气门市部 1 个，违章加油站 10 个。5 月，全区消防部门会同公安、工商管理部门对辖区内国营、集体、个体的宾馆、招待所、影剧院、歌舞厅等公共场所、易燃易爆物品生产、储存、销售、运输等单位办理“消防安全管理许可证”，共发证 1600 多个。

1994 年 6 月，上饶市消防科会同市燃气管理所、市劳动人事局对全市 21 个燃气经营部门和使用单位进行为期一周的安全大检查，查封不符合消防安全要求的玉山经济协作液化气门市部。8 月，支队为迎接江西省第九届运动会，确保“一会三赛”在上饶顺利召开，与市防委会组成联合检查组，历时 14 天，对比赛场馆、宾馆、招待所、大型商场等公共场所计 59 个单位及市区消防设施进行检查，发现火险隐患 236 处，提出整改意见 213 条，下发《火险隐患整改通知书》10 份。

1995 年 1 月，地区防火委员会组成 6 个检查组对全区 12 个县(市)的消防安全工作进行一次大检查。共抽查 121 个单位，发现火险隐患 261 处，提出整改意见 231 条，下发《重大火险隐患整改通知书》29 份，《停业整改通知书》2 份。3 月，各地消防部门相继会同公安、文化、商业、工商、保险等部门对全区 42 家影剧院、131 家歌舞厅、卡拉 OK 厅和 381 个录像放映点进行全面检查。共发现火险隐患 76 处，下发《火险隐患整改通知书》48 份，《停业整顿通知书》8 份，查封卡拉 OK 厅 15 家，录像放映点 6 个。下发《停业使用通知书》8 份。

1996 年 1 月，地区防火安全委员会组成 4 个检查组，对全区 12 个县市的消防安全工作进行一次大检查。共抽查 87 个单位，发现火险隐患 184 处，提出整改意见 176 条，下发火险隐患整改通知书 4 份。同时，针对上饶市力诚大酒店存在着疏散通道、防火分隔、建筑装修等火险隐患，并且一直未进行整改的情况，消防部门依法对其予以查封。3 月，地区消防支队会同上饶市消防大队对上饶市建筑工程的消防安全情况进行一次专项治理，检查正在新建、扩建、改建的工程项目20个,对部分违章建筑进行罚款和查封处理。12月,全区开展冬季防火安全大检查,共抽查46个单位,发现火险隐患105处。

1997年1月,地区防委会组成6个检查组,对全区12个县(市)的冬季防火安全工作部署落实情况进行一次大检查,抽查25个单位,发现火险隐患79处。6月,地区公安、文化、商业、工商、旅游等部门抽调人员,组成两个检查组,对全区43家影剧院、131家歌舞厅和381个录像放映点、19个大中型商场、13个集贸市场等重要场所进行检查。7月,地区消防支队组织有关人员对上饶城区的上饶大酒店、新华宾馆、市百货大楼等14幢安装自动消防系统的高层建设进行消防设施专项检查,共发现42处火险隐患,下发《火险隐患整改通知书》14份。

1998年4月,地区防委会对上饶市农业银行综合楼、上饶力诚大酒店等21个存在重大火险隐患单位进行黄牌警告,并通报全区。同时,支队和上饶消防大队一起对上饶市区35栋消防安全问题较为突出的已建、在建高层建筑进行专项治理检查,发现火险隐患120处,对上饶市农行综合楼、上饶大厦、东方大酒店、力诚大酒店、华能商厦等5栋火险隐患严重的高层建筑实施挂"消防不合格单位"的黄牌警告。5月,地区防委会召开开展火险隐患整治活动新闻发布会,公布全区开展隐患整治工作情况,对21家存在重大火险隐患的黄牌警告单位进行曝光,并对其中6家黄牌警告单位进行现场采访报道。同时,地区消防支队会同劳动、城建部门抽查液化石油气库25个,油库15个,加油站38个,液化气经营门市部36个,共发现火险隐患70处,提出整改意见112条,下发火险隐患整改通知书22份。

1999年2月,由行署牵头,地区公安、消防、建设、工商、粮食、广电、文化、劳动、商业、供销、烟草专卖局等部门抽调人员组成6个检查组进行全区消防安全大检查。地区参加检查人员168人,共检查单位380个,发现存在重大火灾隐患单位4个,发现火灾隐患698处,消除火灾隐患651处,共下发《火灾隐患限期整改通知书》39份,责令停产停业整改单位2个,查封隐患单位19个,进行消防处罚单位16个,罚款1.5万元。

4月中旬至5月中旬,消防支队会同地区气象局有关人员组成2个检查组,对全区高层建筑、易燃易爆场所、重要物资仓库等消防安全重点单位或场所的防雷设施安装、使用情况进行联合检查。全区共检查单位209个,其中重点单位166个,高层建筑22栋,液化气库29个,油库20个,储存价值100万元以上的重点仓库12个,下发隐患整改通知书34份,督促整改单位28个。

6月,全区开展建筑消防设施专项整治活动。共检查建筑165栋,发现火灾隐患360处,提出整改措施318条,下发各类法律文书198份,处罚126起,罚款金额61.99万元,查封、停止使用、停止施工建筑12栋。对上饶地区计委大楼、上饶市大江南商厦、上饶东方大酒店等单位的隐患情况进行曝光。

9月,在全区开展公共场所专项整治活动。全区共组织检查人员1650多人次,检查公共场所319个,其中宾馆店酒店104家,集贸市场14个,游戏室、游乐场所等53家,保龄球馆3个,桑拿浴室4个,旱冰场所8个,共发现火灾隐患733处,下发各类法律文书325份,督促整改火灾隐患567处。

10月,全区开展易燃易爆化学物品专项整治活动。全区共检查加油站263个,液化气库、站75个,易燃易爆物品仓库26个,化学危险品生产单位28个,共发现火灾隐患580处,下发法律文书130份,已督促整改火灾隐患520处,依法取缔易燃经销点55个,收回消防安全管理许可证38个。

2000 年 1 月，地区防委会组成 4 个检查组，对全区各县(市)的冬防情况进行检查，共抽查 85 个单位，发现火灾隐患 349 处，提出整改意见 362 条，当场督促整改火灾隐患 165 处，下发《责令限期整改通知书》25 份。

萍乡“3·11”恶性爆炸事故、河南焦作天堂录像厅特大火灾事故发生后，全区开展消防安全大检查活动。全区消防监督机构共组织检查 1227 次，参加检查人数 5832 人次，检查复查单位 3464 个，查出隐患 5670 处，提出整改措施 2271 条，下发各类法律文书 1072 份，关停加油站(点)104 家，其他易燃易爆场所 28 家，关停公共娱乐场所 66 家，警告单位(个人)121 次，责令停止施工 10 起，停产停业 72 起，罚款 62 人次计 20 多万元。

3 月，开展易燃易爆场所专项整治活动。对全区 1272 家易燃易爆场所进行清理整治。共发现火险隐患 641 处，督促整改 574 处，责令停产停业 96 家，责令限期改正 196 家，收缴证照 276 份。9 月，开展公共聚集场所安全疏散设施专项检查活动。全区共检查单位 266 个，查出火灾隐患 328 处，提出整改措施 282 条，当场整改隐患 621 条，限期整改 45 家，下发各类法律文书 294 份。

第三节　消防灭火

1996 年 5 月 11 日，上饶市二轻商场“精品一族”商住楼发生一起因电线短路引起的重大火灾，死 1 人，直接经济损失 76.7 万元。23 时 40 分，上饶市消防一中队接到报警后，迅速出动 3 辆战斗车，上饶县 2 辆战斗车，共 12 辆指挥、战斗车，100 余消防官兵参加灭火战斗。经过全体消防指战员英勇顽强、奋力扑救，12 日凌晨 2 时将大火基本扑灭。成功地抢救出 22 名被大火围困的人员，保护了毗邻价值 5000 多万元的国家财产。支队司令部警训科科长王道林、上饶市一中队队长张永愚、指导员周运生、上饶市二中队副队长章高岩、上饶市一中队战士刘发斌、邱群，二中队战士黄志军荣立个人三等功；上饶市一中队荣立集体三等功。

1998 年 6 月 12 日，位于波阳县的江西省棉麻集团公司六九〇二储备仓库 1 号库因雷击发生特大火灾，烧毁 1 号仓库 1 栋，过火面积 605 平方米，库存的棉花大部分被烧毁，直接经济损失 800 万元人民币。波阳县消防中队接到报警后，迅速出动了 2 辆消防车、15 名指战员前往救火。由于火势猛烈，经报告总队、支队同意，又先后调集了邻近的德兴市中队、万年县中队以及景德镇市消防支队三处各 2 辆消防车，共 6 部消防车进行增援。在火场指挥部的正确指挥及群众职工的密切配合下，经全体参战官兵的奋力扑救，大火于 22 时被扑灭。在这起火灾扑救中，由于指挥得当，战术措施运用正确，消防官兵克服装备差、火场条件恶劣等困难，发扬不怕死不怕苦的革命精神，保护 2 号仓库等邻近库房和居民住宅的安全，共抢救出棉花 2000 多担，火灾扑救保护价值近 2000 万元，受到当地政府和人民群众的高度赞扬。

1991 年—2000 年全区消防支队火灾扑救一览

表 30-7-1

年份	接警(次)	出动(次)	出动人员(人次)	出动车辆(车次)	抢救人员(人)	保护价值(万元)
合　计	2906	2495	27899	4695	249	17871.35
1991	142	131	1104	184	0	345.1

续表 30－7－1

年份	接警(次)	出动(次)	出动人员(人次)	出动车辆(车次)	抢救人员(人)	保护价值(万元)
1992	125	113	1345	220	6	265.4
1993	214	199	2347	390	0	2840
1994	198	136	1632	270	11	2210.5
1995	295	242	2416	473	77	1227.76
1996	356	270	2264	376	55	912.39
1997	374	306	3695	620	73	588.2
1998	362	362	4320	718	21	6272
1999	429	381	4566	752	2	2276
2000	411	355	4210	692	4	934

第八章　行政管理

第一节　纪律管理

武警上饶支队　自组建起始终以条令条例严格管理部队，坚持按纲建队，按照“三化”（革命化、现代化、正规化）标准建设部队，部队正规化建设水平明显提高。1991 年，对工作失职，酿成 2 起训练事故的 4 名干部，分别报总队给予纪律处分。

1992 年，武警支队组织全区进行 4 次条令知识竞赛，对部队进行条令条例考核，单位及格率达 100%，优良率达 95% 以上。铅山、玉山、广丰县和上饶、德兴市中队达到正规化管理先进单位标准。同时，支队积极开展评比优秀班长和优秀志愿兵活动，26 名班长和 5 名志愿兵分别被评为优秀班长和优秀志愿兵，并选出参加总队先进会议的 3 名班长和 1 名志愿兵代表，组成先进事迹报告团，到全区部队巡回演讲。4 月末，支队结合开展“警容风纪整顿月”活动，举办志愿兵教育整训，参加整训的共有 29 人。通过对志愿兵工作讲评、条令训练、警容内务评比等方法，达到整训的预期目的，强化“兵”的意识。同时重点抓干部队伍的思想建设、计划管理和后勤队伍的培养工作，全区举办干部理论学习班 2 期，培训 86 人次。

1994 年，支队针对部分基层干部不与战士实行“五同”（同吃同住同训练等）、想进机关离基层、遇到困难或受外界影响想转业这三种思想倾向，作出处理办法；制定选拔机关干部的统一标准，规定了转业的必备条件等 3 项对策。同时着重抓干部队伍的思想建设和后备队伍的培养工作，把好干部教育、管理、选配、培训、服务的 5 个环节，设立奖惩规定。1995 年，支队在调整、使用干部时，加强教育管理，采取集中培训或以会代训进行传帮带的方法，使基层干部的整体素质有明显的提高.

1997 年 3 月，武警支队对 3 名不请假外出、打架斗殴，造成社会不良影响的严重违纪士兵，给予行政记过和行政警告处分。7 月 16—26 日，集中 10 天时间，组织全区部队进行作风纪律教育整顿。其间,召回探亲出差人数12名,集中基层干部49名,集中授课154次,组织机关干部下队蹲点代职15人,解决问题15件,清退战士赊欠款900余元,清理非一线用兵3人。通过教育整顿,收到较好的效果。同时,支队制定下发《干部管理细则》,对干部的思想、作风和生活进一步作出规范,并结合每季度工作检查对干部队伍情况进行检查分析,适时地予以讲评。树立基层干部的优秀典型:被总队评为基层建设标兵个人的万年县中队中队长倪伟民、被总队评为基层建设标兵中队的玉山县中队指导员周世岳等。同时,支队对个别问题比较多的中队干部,采取集体谈话、亮黄牌、限期改正的方法,进行帮助。支队在抓干部队伍建设中,十分重视选好配强中队主官工作,大胆使用年纪轻、能力强的干部。全年先后选拔7名中队副职担任中队主官,充分调动干部工作的积极性。

1998年,支队针对干部队伍中存在的责任意识不强、组织纪律观念淡薄、精神状态不佳等问题,依据总队有关规定和纪律条令,制定《干部教育管理规定》。次年,结合干部管理的实际情况,重新修订和完善此规定,明确了衡量干部表现状况和工作业绩的"硬尺度"。同时进一步完善领导查勤、干部跟训、到课,每月对机关干部、每半年对基层干部进行讲评以及领导干部述职等制度。4月,支队机关围绕"学条令、正风气、强素质、树形象"的要求,从穿衣戴帽、到操到课、室内外卫生、办公秩序等日常工作和生活细节入手,加大对机关干部的管理力度,使机关营院管理、办公秩序、生活秩序逐步走向正规。在对基层干部的管理中,支队重点抓干部的违法违纪问题,采取值班首长查勤制,加强检查督促力度,强化干部的责任意识。对少数有违法违纪行为的干部,予以行政警告处分、通报批评和书面检查,在干部队伍中产生很大震动,营造了"遵章守纪、爱岗敬业、立足本职、争先创优"的良好氛围。同月20日,武警支队在教导队组织条令知识竞赛,全区13个中队和支队警通排共14个单位的28名选手参加,竞赛的内容是《内务条令》《纪律条令》《队列条令》和《警备条令》有关知识。竞赛采取闭卷笔试和必答、抢答的方法进行。通过紧张激烈的角逐,玉山县中队、波阳县中队、支队警通排代表队分别获得团体第1、2、3名;获得分组必答、抢答小组第1名的选手有邓芳勇等5人;有3人获得个人抢答第1、2、3名。5月上旬,支队为执行条令条例及有关兵员管理规定,加强机关零散人员管理,组建机关保障中队。10月,支队司令部对擅离部队的两名汽校战士予以警告处分。

1999年,支队发现少数中队有非正常执勤用兵的现象,严重违反兵员使用规定。为加强兵员管理,杜绝搞有偿执勤、派遣非正常执勤用兵,支队决定凡有非正常执勤用兵的单位,于6月15日前必须撤回。同年10月26日至11月3日,支队成立5个考核小组,由党委成员带队对全区14个单位的军事行政进行全面考核,军事训练较好的单位有玉山县中队、万年县中队、上饶市中队;战备执勤工作落实较好的单位有玉山县中队、广丰县中队、万年县中队、上饶市中队。

2000年,为切实加强干部队伍建设,进一步营造良好的争先创优氛围,支队在干部管理上建立"年初建账、季度查账、年终算账"的考核考评制度。为建立健全激励机制,调动广大干部的积极性和创造性,坚持机关每半年、基层每季度对干部实行称职等级评定。干部称职状况分别为优秀、称职、基本称职、基本不称职、不称职5个等级,采取自我评估、群众评议、组织考评、等级定位的评定方法对每个干部进行称职等级定位。全年有12人被评为优秀干部,32人被评为称职干部,40人被评为基本称职干部,2人被评为基本不称职干部。其中有7名优秀干部得到提拔使用,8名优秀干部荣立个人三等功;对评为基本不称职的2名干部,及时进行帮助教育,责令限期改正。对一般性的违纪违规行为,采取了扣发岗位津贴的办法,加以警示。干部管理机制逐步完善。

上饶军分区　1991年—1994年,军分区按照调整精简后的新编制,重新明确职责,理顺关系,坚持部队的经常性教育和管理,正规机关工作秩序。在认真贯彻落实军委12号文件精神的基础上,广泛开展纪律教育,增强讲党性、守规矩、听招呼、严纪律的自觉性。针对东欧剧变、苏联解体和国内外敌对势力渗透腐蚀的严峻形势,及时进行形势政策教育和反和平演变教育,用中共中央、中央军委的决策统一思想,重申解放军总政治部的“十个不准”和南京军区“十个严禁”的规定,使全区官兵保持思想稳定、政治合格。1996年年初,根据省军区要求,组织全体干部、战士进行“学条令、训队列、整纪律”作风纪律整顿;1997年,针对调入新干部较多的情况,专门制订下发《加强新调入干部管理规定》,并分别进行对口业务集训,增强新调入干部的综合素质。当年,新条令颁发后,组织全区官兵开展学习贯彻落实新条令活动,并结合本单位特点,对全区战士、职工进行了作风纪律教育整顿。

1998年,军分区广泛开展以贯彻落实新条令为主线的管理教育工作,进一步加大管理教育力度。先后两次组织机关进行了队列训练和新条令知识测验以及作风纪律整顿。2000年,军分区在全区上下广泛开展“五治”(治官、治编、治松、治散、治软)活动。当年,军分区和弋阳、上饶县人武部分别被省军区评为“五治”工作先进单位。

第二节　正规化建设

1991年,县(市)人武部改归地方建制已经5年,各县(市)人武部自觉适应体制变化的新形势,立足现有体制,坚持从严治部,努力加强自身建设,自觉保持军事机关的本色,继承发扬人民军队的优良传统,人武部的全面建设和各项工作都取得显著成绩。南京军区、江西省军区、上饶军分区联合工作组两次现场考察,婺源县人武部因工作成绩卓著,被省委、省政府、省军区授予模范人武部称号。婺源县人武部连续14年征兵无退兵,受到国防部表彰;武器管理年年被省、地评为先进单位;民兵组训工作被南京军区评为先进;已连续3年被评为省达标先进单位。7月,上饶地委、行署、军分区联合颁布《关于开展向婺源县人武部学习活动的决定》,在全区展开向婺源县人武部学习的活动。当年,德兴和上饶市人武部也被评为江西省人武部正规化建设达标先进单位。

同年,武警支队先后10次组织官兵学习共同条令,结合实际进行作风纪律整顿,强化按条令管理部队的观念,重点提高干部的管理水平,增强部队管理的整体效能。12月,铅山、玉山县中队被总队评为落实《纲要》达标先进中队,同时,铅山县中队被总部评为基层建设先进集体,记集体三等功一次。1992年,支队组织全区部队进行了专项治理整顿,和4次条令知识竞赛、考核,单位及格率和优良率分别达100%、95%。结合开展警容风纪整顿活动,举办教育整训班,通过训练评比,有效克服松散现象,强化了“兵”的意识。同时积极开展评比优秀班长和优秀志愿兵的活动,组织先进事迹报告团巡回报告,使官兵深受教育和鼓舞。1994~1995年,支队面对新形势下部队建设出现的新问题,多次组织专项工作组,深入调查研究,加强管理和经常性教育。支队以广丰县中队和上饶市中队为正规化管理试点,为全区树立样板,组织学习交流,达到共同提高。同时,不定期地开展以治理“三松”为主要内容的作风纪律整顿。

1994年,军分区组织开展“三学三整”活动,即学法律、学条令条例、学规章制度;整军容、整纪律、整行为,建立考勤、考绩制度,修订《关于加强干部、战士、职工管理的措施》,机关工作秩序进一步正规化。1996 年,军分区制订下发《人武部正规化建设实施细则》,在全区范围内广泛开展以抓好军容风纪为重点的整顿教育,指导人武部进行了 3 次思想作风纪律整顿,逐步规范人武部“四个秩序”——即正规战备,正规训练,正规工作,正规生活。并于 5 月份在弋阳县召开人武部正规化建设现场观摩会,进一步促进全区部队的正规化建设。对全区 12 县(市)人武部进行了思想作风纪律教育整顿,从“讲政治、讲大局、讲纪律、讲奉献”思想教育入手,着力解决倾向性问题,强化军人意识和爱岗敬业的使命感。

1997 年 7 月,武警支队在进行作风纪律教育整顿中,集中授课 154 次,组织机关干部下队蹲点代职,解决了一些问题。通过教育整顿,收到了较好效果。同年,军分区在波阳、余干县和德兴市召开人武部正规化建设现场会,组织全区人武部科以上干部实地参观学习婺源县人武部保持军事机关特色的经验。波阳县人武部被南京军区评为正规化建设先进单位。

1998 年 3 月,军分区组织全区人武部部长参加省军区新条令集训。并就如何适应形势发展的需要,依据新条令加强县(市)人武部正规化建设问题进行研讨。次年 6 月,地委、行署、军分区联合颁发《县(市)人民武装部建设三年规划(1999 年—2001 年)》的通知。

1999 年 4 月,支队再次组织条令知识竞赛,竞赛内容有《内务条令》《纪律条令》《队列条令》等等,以竞赛的方式对士兵进行普及教育。竞赛采取闭卷、笔试、必答、抢答等方法,经一天的激烈角逐,玉山、波阳县中队和警通排分别获 1、2、3 名。部队的正规化建设有了新的进步。10 月,经支队考核,落实《正规化管理验收标准》较好的单位有上饶市中队、广丰县中队、万年县中队、余干县中队。

2000 年 10 月,南京军区民兵预备役工作首次“十佳”评选活动揭晓,广丰县人武部部长胡康毅荣获南京军区司令部、政治部“十佳”人武部和预备役团“好主官”称号,受到南京军区司令员、政委签署的通报表彰。同期,在波阳县人武部召开全区正规化建设现场会。

第三节　事故防范

1991 年,武警支队以“小题大做、他题我作、旧题新作”为基础,查找安全隐患,使车辆安全工作得以提升。严格实行限额千米、限额油料和封存车辆制度,统一归口管理车辆,严格派遣审批手续,减少无计划用车。当年共行驶 21.3 万千米,耗油 22 吨。1992 年,加强制度建设和车勤人员的管理教育,强化安全意识,确保车辆行驶安全。当年 7 月初,上饶地区大部分县、市遭受特大洪水灾害时,支队在抗洪抢险中,共出动车辆 50 余台次,行驶 4000 余千米,抢救物资 170 吨,解救群众 389 余人次,全年行驶万千米,耗油 9.5 吨,在车辆破旧的情况下,较好地完成应急和正常运输保障任务。

1993 年,支队调整充实车辆维修技术骨干,购置比较齐全的维修设备,基本上做到车辆小修、中修不出门,节约大笔经费,在总队进行的车辆年检中,连续获全优成绩。1997 年—1998 年,及时贯彻落实总部后勤部《关于废止生产经营车辆原使用的武警号牌的通知》《关于申报九八年度车辆退役、报废计划的通知》,同时抓好后勤部《关于调整价拨油料价格的通知》精神的贯彻执行。

1991 年起,军分区每年 6—9 月份坚持利用 4 个月时间,开展暑期安全竞赛活动。1998 年,军分区针对分区机关发生的“3·26”严重车辆责任事故,组织全区驾驶员队伍进行教育整顿,学习上级有关指示、规定,认真吸取教训,查找事故隐患,制定和完善各种制度和措施,加强车辆管理,严格派车手续,开展红旗车驾驶员评比竞赛活动。

1999 年,支队制定《车辆驾驶员管理规定》,除了完善派车手续和程序以外,突出抓了合理开支经费和安全行车这 2 项工作,过去驾驶员不分出勤率定月补助,改为根据行车里程给予相应补助;过去发生车辆事故带车干部、驾驶员不负任何经济责任,改为根据事故性质承担一定比例责任,从而增强了驾驶人员的责任心,有效地预防了车辆事故的发生。

2000 年,支队完善《车辆驾驶员管理规定》,严格派车出车手续,严防军油外漏,突出抓了合理开支经费和安全行车举办了 1 期两用人才驾驶员培训,组织了 1 次参加总队修理工比武活动;同时,为贯彻总队运输工作会议精神,强化车勤人员的安全意识和责任感,提高车勤人员的业务技能,支队于 5 月 13 日至 5 月 19 日集中在职驾驶员在上饶县中队举办了为期 7 天的教育整训,收到较好的效果,全年安全行车里程 272500 千米。

军械管理　自 1984 年起,武警支队每年都进行军械员培训,学习军械的使用、擦拭、保管、检查和移交。上饶市中队被评为军械管理安全先进单位。1985 年 2 月,支队成立武器弹药检查领导小组,组长由副支队长担任,副组长由司令部、后勤部门领导担任,负责部队武器弹药的检查、管理、维修,发现问题及时处理。

1991 年,认真贯彻《武器装备管理工作条例》,加强对基层武器装备管理的检查指导,落实"双人双锁、三铁两器"制度,并为全区部队更换了灭火器,确保武器装备的安全。经年终考评,军械管理安全先进中队有 4 个;装备完好率达 100%。1995 年,在总队组织的军械装备技术普查中,支队受检的 8 个单位成绩均达到良好。当年底,将原报警器进行了更换升级。1997 年,为确保武器弹药的安全,全区各中队安装红外探头报警设施。经总队军械装备技术普查,武器装备完好率达 100%。上饶市、铅山、弋阳、波阳、万年县中队被评为良好。

1992 年—1998 年,军分区连续 7 年被省军区或南京军区评为暑期安全竞赛活动优胜单位。1991 年—1995 年,加强武器弹药和职工队伍管理,实现机关连续 11 年安全无事故。

1999 年,对武警全区各中队兵器室的安全防盗设施进行了普查,有针对性的制定了《营建期间军械管理规定》,规定要求设专哨,不许陌生人接近兵器室,并加大巡查力度。2000 年,改善军械库设施,军械管理上严格落实"双人双锁、三铁两器"和出入库"双进双出"制度,坚持武器擦拭保养。年内组织了 3 次军械安全大检查,保证了报警装置完好率达 100%。同时举行了 2 次军械员业务培训,参加了总队军械大比武活动。

机要密码管理　当年 8 月,军分区机关投资 2.8 万元,用于屏蔽机要机房施工建设,机要保密连续 33 年安全无事故,军分区被南京军区司令部评为"密码保密"工作先进单位。

第四节　文化建设

1990 年—1991 年,全区武警有 4 个中队俱乐部达到一级标准,7 个中队达到二级标准,2 个中队达到三级标准,总体水平有较大提高。同时,各中队均培养有 5 ~6 名文化骨干,保证俱乐部的活动经常性。支队以健康向上的思想占领部队文化阵地,各中队俱乐部发挥了较好作用,自购书籍 500 余册,举行文艺活动 52 场,教唱革命歌曲 15 首。

1992 年,军分区政治部和上饶市、德兴市、上饶县、弋阳县、余干县、铅山县人武部被省军区评为新闻报道先进单位,共完成对台宣传稿件 56 篇。

部队文化设施得到进一步完善,武警支队全年共拨经费 3000 余元,为基层中队添置和维修文体活动器材,配发图书3250册。13个中队俱乐部,6个为一级标准,5个为二级标准,2个为三级标准,文体活动更加丰富,共举办文艺晚会78场次,教唱新歌68首,开展各类体育比赛423场次。1993年,全支队13个俱乐部,已有8个达到一级标准,4个二级标准,1个三级标准。举办文艺晚会78场次,体育竞赛43场(次,)读书演讲41场(次),各中队普遍教唱了10首歌曲。

1994年,支队文化工作得到加强,经常举行各项活动,全支队13个俱乐部达到一级标准9个,二级标准3个,三级标准1个,三分之二的中队建立了“三室一场”,藏书量人均达到10册以上。文化活动更加丰富,全年共举办文艺晚会38场(次),体育竞赛480场(次),读书演讲130场(次),各种联谊活动52次,各中队普遍教唱10支以上新歌,坚持每天听广播新闻,收看电视新闻和阅读书报,三个半小时文体活动得到较好落实。支队3个放映点,共放电影180场,其中优秀电影177场。至年底,新闻报道用稿55篇,其中中央级3篇,《人民武警报》7篇,省级25篇,地市级报刊、电台20篇。

1995年,全区部队藏书量人均达到15册以上,共举办文艺晚会150场(次),体育竞赛560场(次),各中队普遍教唱20支以上新歌。有效抵制了各种不健康的腐朽思想对警营的侵蚀渗透。支队3个放映点,共放电影86场。新闻报道用稿90篇,其中中央级6篇,《人民武警报》12篇,省级48篇,地市级报刊电台24篇。与上一年同比增加用稿35篇。

1998年,支队深入开展“写《军旅日记》,走好人生路”、“读三本教育丛书”和“三评”活动,激发官兵的工作热情。1999年,支队全面落实《基层文化建设三年规划》,共投入8万余元,为各单位添建文体器材和设施。经总队检查验收,符合三年规划的标准要求。同时各基层中队多方筹集资金5万元,规范“六室”“三场”建设,加强图书阅览室建设,基层中队达到了人均10册书的要求。

2000年加强基层文化建设。支队共投入6万余元用于添置文体器材和购置图书,为强化基层文化阵地建设提供必要的硬件。除迁建新营房的3个单位外,其它所属中队的三场设置规范,文体器材基本配套,人均拥有图书达到10册以上。同时,还组织基层中队广泛开展读书演讲、体育比赛和文艺创作演唱等活动,“八一”建军节期间,举办了以“演中队事,赞身边人”为主题的文艺汇演。10月,举办“唱响道德组歌,争当忠诚卫士”为主题的歌咏比赛,活跃基层官兵的业余文化生活。当年,支队新闻报道工作成绩突出,被总队评为先进单位。从1987年至2000年,部队陆续举办了多期函授大专的学习,先后有54名干部取得函授大专文凭。

第九章 后勤保障

第一节 生产经营

军分区 1991年—2000年,军分区紧紧围绕保障打赢这条主线,按照“保障有力”的总要求,突出“标准加管理”的思路,深化改革后勤管理,后勤各项工作稳步发展。1991年,全区各县(市)人武部创办企业120多个,为振兴军队经济、解决训练经费作出贡献。同时,加强机关营院的绿化美化建设,使营院面貌一新,达到“春有花、夏有荫、秋有果、冬有青”的要求,军分区被南京军区评为园林式营院。1992年，军分区机关生产经营共创利80余万元，比上年增长3.4%。全区12个县(市)人武部生产经营收益均超过5万元。分区机关生产经营共创收105万元，比1992年同期增长15%。

1994年，军分区进行房地产开发，完成3.86万平方米的营建工程任务。同时进行房地产开发经营审查和国有资产年检工作，被南京军区评为国有资产产权登记工作先进单位。开展预算外资金调查清理工作，被省军区评为预算执行情况先进单位。

1996年，积极主动地做好县(市)人武部收归后的各项接轨工作。按照“保障有力”的要求，树立“过紧日子”的思想，加大后勤工作力度，强化财务管理、财务审计监督，提高经费使用效益，较好地规范了人武部财务工作；制定《上饶军分区生产生活“九五”发展规划》，使人武部农副业生产有良好的开端；下发《人武部先进食堂评比细则》，促进机关食堂建设。当年，军分区筹措资金62万元，兴建中山路集贸市场，生产收益比上年增长32%。有4个县(市)人武部创利增长率在35%以上。营房管理和营区绿化美化进一步改善，分区机关营院被南京军区评为卫生营院，有9个县(市)人武部被省、地、县评为文明单位或文明楼院。

1997年，抓好以“百题知识竞赛”为主要内容的高科技知识和现代战争后勤保障理论的学习。在省军区后勤考核组的考核中，名列全省第二名。加强机关营院的管理，分区机关营院被省军区爱卫会评为卫生庭院。

1998年，在政策允许范围内，积极抓好有偿服务工作和副食品生产基地建设，根据省军区“副食品基地建设和评比标准”，制订副食品基地发展总体规划和目标，提高基地生产能力，保证了两级机关实物供应。当年，对全区财务人员进行了业务理论培训，实现了团级单位财务电算化管理。并强化了财务管理和审计监督，成立财经工作委员会，提高了全区经费预算标准化管理水平。严格按照接待费管理规定，降低接待标准，实行工作餐制度。当年接待费开支比往年同期相比降低了20%；机关办公、值班电话采用IC卡，实行经费定额包干，电话费支出较往年减少了50%。分区本级当年度财务预算被省军区评为优质预算先进单位。军分区制订了副食品基地发展总体规划和目标，加强了各县市人武部副食品基地建设，规范了人武部食堂建设。全区部队全年供应猪肉1.2万千克、鲜鱼1.3万千克、禽蛋1.1万千克、蔬菜2.2万千克，实物供应达到上级要求。

1999年—2000年，军分区加强后勤战备训练工作和各县(市)副食品生产基地的建设，后勤科技练兵活动被省军区评为后勤科技训练先进单位，军分区被省军区评为副食品生产基地达标单位。

武警支队　1986年8月，支队后勤处成立军人服务社。9月，在上饶市施家山生产基地内，开办木材加工厂，生产外包装箱和木材加工业务。1987年4月，在上饶市东山岭(轮训队营区内)成立汽车驾驶员培训学校，依托地方政府，利用自身师资力量，进行地方驾驶员培训。11月，支队筹集一部分资金，向总队后勤部门贷款12万元，依托江西光学仪器厂的技术支持，将木材加工厂转为生产凤凰205型照相机配件厂。1989年，支队成立生产经营办公室，领导、协调、监督各生产单位的经营管理，并将盈余的利润用于补助基层战士的伙食。

1991年，配件厂在加工任务不足的情况下，积极寻求增收途径，与上海静安区侨办签订为外商生产航模启动器的合同，每年增收10万余元。支队驾校虽然办校条件较为艰苦，但严格管理，教学质量高，赢得社会声誉和效益，入校学员期期爆满。各县中队积极开展养猪种菜，铅山县中队养猪收入达6000多元；广丰县中队全年蔬菜自给率达70%以上。截至当年10月，全支队产猪肉0.85万千克，产粮0.9万千克，产蔬菜4.6万千克，农副业总收入达38.5万元，其中基层农业生产收益6.1万元，用于补助部队伙食4.32万元，有效改善了部队的生活。

1992年，支队驾校扩大规模，新增教练车10余台，聘请地方教练员，新训学员600余名，增收20余万元；配件厂与地区邮电局签订生产信箱合同，年增收8万元。据统计，全年全支队养猪248头，产肉1.76万千克；产蔬菜265千克，养鱼4425千克。蔬菜自给率达70%以上。

1993年，支队始终坚持"办实体，走正路，抓机遇，促发展"的农副业经营方针，办好现有经营项目。当年新增教练车13台，新训学员850人；配件厂努力提高技能，保证质量。至年底，支队农副业总收入突破70万元，其中基层农副业生产收益7.8万元，用于补助伙食6.14万元，较好改善了部队生活。

1994年，支队制定3年生产发展规划，建立副食品生产基地，创收4.5万元。基层农副业生产采用四个模式：政府支持和自身挖潜力、共建联营式、租赁式、庭园式。铅山县中队大搞庭院式经济，房前屋后种瓜果、葡萄，收入颇丰；广丰县中队无生产基地，租用菜农1亩菜地，解决了蔬菜自给。

1997年，支队坚持以基层农副业业余生产为基础，以支队副食品生产基地为依托，因地制宜，多种经营。10月底，支队副食品生产基地供应鱼肉950千克，鸭子1200余只，全年获收8.5万元。

1998年，国务院规定部队禁止经商后，支队调整思路，想方设法利用现有条件发展农副业生产。针对各地洪涝灾害严重的情况，及时派人下中队指导农副业生产，80%的中队仍是"菜满园，猪满圈"。全区共养猪248头，产肉1.5万千克，产蔬菜5.5万千克，养鱼1万尾。收益超万元的中队有10个，肉菜自给率达75%的中队有9个，实现"人均一分地、三人一头猪"，全区农副业生产收益16.5万元。

2000年，支队把"因地制宜求发展，讲究管理求实效，依靠科技求效率"作为发展农副业生产的新思路，坚持"宜农则农，宜牧则牧，宜养则养"的原则，建立广丰县中队养羊基地和余干县中队养乌黑鸡基地，在上饶市中队、直属中队搞大棚种菜试点。集中各县中队的司务长，邀请上饶市农业局农技师现场讲解大棚种植经验。坚持科技兴农，年内投入3000元资金，兴建11个中队蔬菜大棚，引进先进品种，聘请生产顾问。全年共养猪250头，产肉1.6万千克，产蔬菜6.7万千克，养鱼1.2万尾。收益超万元的中队有11个，肉菜自给率达89%的中队有9个，全区农副业生产收益17.2万元。

第二节　以劳养武

1980年代末，军分区和各县(市)人武部根据上级的指示，先后尝试着办起企业经济实体，创收所得收入专用于民兵建设或军事训练，称之为"以劳养武"①活动，有效地解决了民兵工作经费不足、工作难以开展的问题，各地于是纷纷效仿。1990年4月，省委、省政府、省军区联合下发赣办字43号文件，将"以劳养武活动发展健康"，作为基层人武部达标创先的条件之一，号召"农村基层人武部围绕农业开发总体战，因地制宜组织多种形式以劳养武活动，积极组织

①"以劳养武"：活动即军分区和各级人武部开展创办企业的活动，其创收所得专用于补充民兵预备役经费的不足。故名。

民兵创办经济实体。厂矿人武部围绕企业发展目标,组织以劳务、技术服务和修旧利废等为主要形式的以劳养武活动。”并明确规定:“以劳养武活动和经费收支严格遵守政策规定,主要用于民兵预备役工作”。当年7月,全省基层人武部达标创先试点工作现场会暨民兵以劳养武现场经验交流会在德兴县召开。这是全省范围内第一次以劳养武工作会议,德兴县人武部在会上向全省推广以劳养武的经验做法。10月,地委、行署、军分区在全区第五届民兵代表大会上,总结推广全区基层人武部达标创先和民兵以劳养武活动的好经验好做法,推动了以劳养武活动的深入开展。至此,以劳养武活动开始向全区全面铺开。1991年5月,军分区下达文件贯彻省军区“兴赣强兵”的精神,再次号召各县(市)人武部要借“兴赣强兵”之东风,大力发展以劳养武企业,掀起以劳养武活动的高潮。当年,全区创办“以劳养武”企业120多个,为振兴经济、解决民兵经费作出贡献。

1992年1月,军分区对上饶市西市人武部招待所、上饶县华坛山乡鲁源村民兵萤石矿、广丰县塘墀乡民兵福利羽绒厂、横峰县姚家乡以劳养武袜厂、玉山县华村乡黄家井以劳养武综合场、弋阳县葛溪乡湖西村民兵果林场、德兴市昄大乡民兵食用菌厂、余干县古竹乡院前村民兵水产养殖场、婺源县凤洲林场民兵旅游制品厂、波阳县磨刀石乡北门村民兵板鸭厂等上年的“十佳”以劳养武企业,予以通报表彰。当年,军分区制订下发《关于适应改革开放和经济发展新形势,进一步加强民兵以劳养武工作的通知》,税务、工商部门配合此事联合下文,出台减免劳武企业税收政策。全区组织民兵兴办632个不同类型的以劳养武经济实体,共创利税775万元。

1993年6月,经地委、行署、军分区研究决定,成立上饶地区以劳养武领导小组。组长由行署副专员担任,副组长由军分区司令员和政委担任,成员有军分区参谋长、后勤部长、地区公安处长、工商局长、税务局长、中级法院副院长、物价局长、计委主任、财政局长、银行副行长等担任。办公室设在军分区后勤部。同时,继省军区“以劳养武”工作全省座谈会之后,军分区召开以劳养武经验交流会。以劳养武活动的普及率不断提高,全区共有各级劳武实体(项目)760个,年创产值3100万元。

1994年9月,省军区在萍乡市召开全省以劳养武工作座谈会,德兴市在会上做“勇于探索,敢于实践,坚定不移地走以劳养武之路”经验介绍。当年,各乡(镇)、各大系统人武部经济实体(项目)普及率达100%,人武部达85%;行政村民兵营95%有实体项目。

1995年,全区县(市)级人武部有以劳养武企业72个,创纯收入268万元;基层人武部共有以劳养武企业812个,其中产值超百万、利税超10万的企业有45个,总产值达1.4亿元,利税1500万元,基本达到省军区“基干民兵人均100元”的要求。其中上饶市基干民兵以劳养武收入人均达200元。当年,军分区开展评比以劳养武先进单位和个人“双十佳”活动。

1998年,根据中央军委〔1998〕4号文件关于“军队武警部队不再从事经商活动”决定,军分区成立清查领导小组,对分区和县(市)人武部所属企业及时进行清理整顿,撤销下属企业上饶地区红星钢球厂和上饶军分区电器厂,积极做好企业人员分流和安置工作。1999年起,军分区和县(市)级人武部不再创办以劳养武企业,但积极指导基层人武部大力开展以劳养武活动。此后以劳养武的内容在过去的基础上又有新的发展,主要有因地制宜、招商引资、多种经营、规模成型四种做法,既为民兵增加收入,又获得可观的劳武效益。

第三节　伙食管理

1983 年,武警上饶支队部队组建后,十分注重抓伙食管理,一是狠抓炊管人员的选配,采取自愿报名、民主评议、组织决定的方法,选拔炊管人员,取消后进战士到后勤的做法;二是健全食堂五项制度:订菜谱、公布伙食账目、给养逐日消耗登记、厨房值班帮厨、卫生制度。并狠抓五项制度的落实;三是对先进食堂提出更高要求,要求饭堂内统一张贴《伙食管理五项制度》《先进食堂评比条件》《炊事人员职责》,促进食堂各项制度的落实,并将先进食堂的评比列入支队检查评比中队工作的项目之一。

1985 年 7 月,支队后勤处下发《关于举办炊事员培训工作的通知》,各县(市)中队积极组织有志于厨师工作的优秀战士参加总队、支队和地方举行的各种厨师培训。

1990 年,全区建立健全中队经委会组织,实行经济监督,保证经济民主,推广广丰县中队采购主副食品逐日公布的经验。1991 年,按照新颁发的《共同条令》要求,狠抓伙食管理五项制度的落实,重点加强伙食费、粮的管理,针对有些中队伙食不好的问题,组织机关干部深入基层剖析原因,重点在采购、烹调、节约 3 个环节上采取改进措施,严格采购手续,主副食品消耗当日公布,当日记账,充分发挥经委会的督促作用。为提高炊事人员的主食制作技术,减少浪费,为全支队 16 个食堂培训三级厨师,参加培训的 16 名人员,经地区饮食职称组考核,均获得省商业厅颁发的三级厨师职称证书。同时推广节煤灶,使炊事用煤基本控制在标准以内。

1992 年,全面进行伙食费、粮和给养设施的普查,根据普查的情况,集中抓横峰、上饶县等中队的伙食标准化管理工作,推广广丰县中队实行标准化管理、给养设施管理、伙食费、粮"双节"的先进经验,在全区部队中积极开展伙食标准化管理达标竞赛活动,全区 13 个中队均达到伙食费、粮的节余,其中波阳、弋阳县等中队的伙食费、粮节余在 2 个月以上。经年终考评,全支队有 9 个中队继续保持"双节",并达到先进食堂标准,占总数的 69.2%。

1994 年 10 月,依据解放军总后勤部《关于调整部队伙食费标准的通知》精神要求,支队及时做好部队伙食费标准调整的各项准备工作。义务兵过节费标准由每人每天 8 元调整为每人每天 10 元,元旦和建军节各领报 1 天、国庆节领报 2 天、春节 3 天。新兵在集中训练期间享受一类补助。住院、疗养院伤病号、休养员,由二类补助调整为三类补助。

1995 年,转发总参谋部军务部、总政治部组织部、总后勤部军需部《关于将先进食堂评比纳入"双争"活动之中有关问题的通知》,明确先进食堂是评比先进中队的必要条件,评不上先进食堂的中队一般不能评为先进中队,先进食堂的比例要控制在总数的 35% 以内,评比条件不得随意降低。同时,认真落实总后勤部《关于搞好双休假日部队伙食的通知》精神,双休假日坚持一日三餐制,假日在位军官坚持与士兵同餐,组织军官和骨干帮厨。

1998 年,根据总队后勤部《关于转发〈统计配发厨房不锈钢给养器材的通知〉的通知》,支队指定军需股股长专门负责,进行认真统计,精确计算,严格执行配发标准和数量。

1999 年,按照总队后勤部《关于下发 1999 年军粮差价补贴标准的通知》精神,将大米、小麦、食油、黄豆、犬料差价补贴退发标准,统一进行调整。新标准执行期限从 1999 年 1 月 1 日起至 1999 年 12 月 31 日止。同年,支队在伙食管理上,认真抓好伙食管理五项制度的落实,坚持每周订食谱和伙食开支公开、厨房值班员实物验收签字制度,并按统一的内容和规格为每个中队制作了新经济民主栏,设立就餐意见簿。

2000年,在伙食管理上,坚持经委会活动经常性,每周订食谱和伙食账目公开,完善实物验收、厨房值班员签字制度,突出抓好主副食品的双人采购制度;对粮秣的采购方式进行调整变换,切实把农副业生产收益和粮差补贴按规定及时补入伙食。支队基层中队家底经费不少于0.4万元,伙食粮秣款节余1~2个月的硬指标全部实现。

第四节 医疗卫生

1983年7月,武警支队设立卫生队,有军医1人,卫生员3人。先后购置常用门诊检查器械、抢救设备、消毒器械、中成药、西药及抢救药品。机关、上饶市中队、上饶县中队干部、战士看病在卫生队门诊,重病转送总队医院,其他中队干部、战士参加地方公费医疗看病,在当地医院就医,凭发票报销,重病号由卫生队转送总队医院。直属中队驻扎在上饶县皂头乡境内,属血吸虫病灾区,支队卫生队经常去给干部、战士宣传血吸虫病的防治方法。11月,做出防治及补救措施,向总队后勤部上报了直属中队发生血吸虫病的调查及预防办法的报告。根据总队的通知,组织选拔文化素质较高、表现优秀、有志于卫生员工作的战士参加总队举办的卫生员培训。并根据支队的实际情况,组织卫生员集训或送地方医院培训,为每个中队配齐1名卫生员,负责中队的卫生防疫及一般的治疗工作。至1993年,卫生队先后购置了心电图机、电烤箱、显微镜、分析天平、高频治疗仪、分光光度仪、离心机、恒温箱、电子针感器、雾化治疗仪、喷射呼吸机等,逐渐完善卫生设施。

1984年2月,支队成立爱国卫生委员会,设立主任、副主任各1名,办公室设在卫生队,主任由后勤处处长担任。每年春季、冬季都开展爱国卫生运动,整治环境,灭蝇灭鼠。同年6月至9月,对全区各中队进行卫生普查,坚持预防为主。全区昼夜发病率为2.99‰、传染病发病率5.87‰、痢疾发病率2.93‰、肝炎发病率1.96‰。1985年6月,在全区各中队开展夏季卫生防病教育,进行卫生宣传,发动干部战士抓好“三管一灭”,管好生活用水,确保不吃霉变食物,按人口计量做饭,做好防暑降温工作,注意消毒,区分生、熟饭。

1986年8月,针对肠道传染病在全区蔓延的情况,发出紧急通知,控制人员外出和加强营区内卫生及饮食管理,有效杜绝疫情在部队的发生。1988年春季流行甲肝,支队及时下发预防教育资料,配发消毒和治疗药品,派出军医到就近中队指导消毒、预防工作。控制外出人员,严禁在外用膳,实行分餐制,对探亲休假人员实行单独住宿,进行40天的医学观察。

1991年,支队卫生工作,继续贯彻“预防为主”方针,树立“大卫生”的观念,落实《武警部队“七五”除害灭病规划》,切实加强基层卫生防病工作,提高部队的健康水平,全支队昼夜发病率控制在0.27%,传染病发病率控制在0.644%。1992年,卫生工作继续贯彻“预防为主,防治结合”的方针,围绕除害灭病的工作重点,积极搞好应急卫勤保障训练,坚持面向基层、服务基层。全年多次派出医疗小组下到所属中队开展卫生防病,为基层讲卫生课42课时,预防接种254余人次,为群众治病看病380人次。7月初,派出2个医疗组参加抗洪抢险,为群众看病800余人次,供应抢救人员伙食、服装、物具、药品等5000余元,深受上级机关和地方政府及人民群众的好评。全支队昼夜发病率控制在0.27%,传染病发病率控制在0.624%。

1990年代中期,为有效地缓解老干部就医难的问题,军分区和干休所在经费十分紧张的情况下,先后投资14万元用于中心卫生所建设。扩大卫生所规模,增添医疗设施:医疗用房由原来的7间140平方米,增加到25间575平方米,添置医疗器材20余台(件),并在病房安置空调和卫生间。扩充医务人员:在申请扩编3名医生的基础上,聘请5名军地医疗专家,借调1名卫生员,补充2名士兵。开设内、外、口腔、肛肠、妇产、皮肤等科室,建立急救室、理疗室、治疗室、X光室、B超心电图室、医学电脑远程室、化验室等诊疗室。引进和开发电脑医疗管理系统,将老干部病历资料、医疗收费、药品器械等实行自动化管理。并利用现有设备和技术,积极开展对外有偿服务,创收15万元,弥补干休所医疗经费的不足。

1995年,根据省财政部、卫生厅、司法厅和武警总队联合制定下发的《关于武警部队驻县(市)中队及驻监狱外围部队实行就地医疗的通知》精神,武警支队认真抓好驻县(市)中队就地医疗包干的落实。同时,积极贯彻总部爱卫会《关于进一步做好创建卫生营院工作的通知》精神,搞好部队营院卫生整治工作。

1998年,百年未遇的洪涝灾害不同程度的浸染部队营房,一些战士在抗洪救灾中感染疾病。为有效预防以传染病为主的各类疾病,武警支队及时派出医疗人员与地方政府派出的医务人员共同组队,对全区部队官兵、驻地的人民群众进行轮回巡诊。

1999年,流行牲畜五号病,武警支队抓好畜禽疫病防治工作,积极主动与当地防疫部门取得联系,对全区部队畜禽进行一次全面检查,并要求给养员外出采购过程中严格把关。发现玉山县中队饲养的3头生猪得了5号病后,立即进行处理。

2000年,对卫生队实行预算内承包制,并实施对外开放。对部队官兵的医疗费实行责任包干,规范卫生事业费管理,举办1期卫生员培训,配齐各中队的卫生员,开支经费0.6万元,组织3次巡回医疗,做好部队官兵肝疫苗接种工作,解决基层中队官兵看病难问题。

第十章　人民防空

第一节　组织机构

市人民防空委员会　1990年7月,上饶市政府调整人民防空委员会成员,市人防委主任由市长操香水兼任;副主任由副市长郭德荣、市人武部长张炳民兼任。1994年5月重新进行调整,上饶市人防委主任由上饶市长张海泉兼任,副主任由军分区副参谋长黄一忠、副市长吕家万,市人武部长张炳民,市人防办主任占希松兼任。

市人民防空办公室　是上饶市人民防空工作的行政主管部门,始为正科级单位建制,接受军队与地方双重领导。机关内设人秘科、工程技术科、指挥通信科。1990年5月,工程技术科改为工程技术平战结合管理科。1996年5月增设财务管理科,12月,人秘科改为综合科。

1996年9月,上饶市委决定成立中共上饶市人防办党组,党组分设机关党支部和老干部党支部。当年,上饶市人防办成为市国动委组成部门和常设办事机构。9月,根据赣编字〔1996〕58号文件精神,成立上饶地区人民防空办公室。10月,改定编制19人(1985年1月原定行政编制10人),其中行政编制3人,事业编制16人(全额拨款12人,自收自支4人)。

2000年10月18日,上饶撤地设市,上饶地区人防办更名为上饶市人防办,原上饶市人防办更名为信州区人防办。

1991年、1994年、1997年,上饶市人防办被省人防办评为全省人防系统目标管理先进单位。

第二节 工程建设与创收

上饶市防空工程始于1969年,分公共工程和单位工程两类。1990年年末,上饶市区人防工程面积为36459.4平方米。2000年年末,市区人防工程面积为55396平方米。

1991年3月,投资36万元的人防通信楼建成并投入使用,地址位于上饶市水南街崭岭头路6号。市人防办从信江东路22号迁入此处办公。

1995年开征人防易地建设费和人防工程维护建设费。

1996年5月18日,上饶市崭岭头地下指挥所续建工程正式动工,同年12月19日完成指挥所扩初和主体土建2260平方米建设任务。工程由省人防科研院设计,市第一建筑公司及地区建筑公司承建,达到设计要求。2000年市人防办以5万元的征地价格,依法征用崭岭头人防工程位于赣东北无线电厂洞口房东侧438平方米的口部土块。同年,督促德兴铜矿驻饶办事处、市立医院两处人防工程洞口房补建,新建、改造口部管理房4处。9月6日和10月9日,上饶市人防办分别与市土管局、市规划局联合向各建设单位发出"关于强化结合民用建筑修建防空地下室审批工作的通知",根据通知要求,未经人防主管部门审批的建设项目,土地管理和规划部门不予发证。1997年,上饶市人防办获全省落实人防收费政策单项奖。

1991年6月,上饶地区酒厂作为"七五"期间人防建设平战结合先进单位,受到南京军区人防委表彰。1986年至2000年,人防工程平战结合共创产值(营业额)8079万元,上缴税收688万元,利润549万元。具体情况见附表。

1991年—2000年全区人防工程平战结合情况一览

表30-10-1

年份	利用率(%)	产值(万元)	税收(万元)	人防收入(万元)	利润(万元)
1991	22.1	758	152.5	3.36	22.1
1992	27.1	495	132.3	3.1	44.2
1993	29.51	521	79.3	7.8	22
1994	33	550	28	10	20
1995	35.04	700	35	12	30
1996	36	750	37	13.2	36.6
1997	39.12	1012	50.1	15	80.5
1998	41	1032	52	16	100.7
1999	43	1000	66	15	91.3
2000	44	1100	68.5	8	78.9

第三节　宣传教育

防空主管部门历来重视人民防空宣传教育工作，将其作为一项基础性工作常抓不懈。1991 年 9 月 26 日，上饶市“三防”知识教育工作会议在市人防办召开。1992 年，上饶市成立“三防”知识教育领导小组和教研室，全市共有领导小组和教研室 22 个，成员 123 人。1992 年 2 月，上饶市第二中学和 6 名教师分别被省教委、省人防办表彰为“三防”教育先进学校和优秀作者。

1996 年 1 月，上饶市人防办成为 l995 年度省“2156”工程村建工作先进单位，受到地委、行署的表彰。同年，新一届市人防办领导班子组成。创办人防工作宣传橱窗，建立通讯报道组，设立流动宣传展板，举行人防知识竞赛活动。9 月 25 日，上饶市人防办和市教委在市人防办指挥室联合召开上饶市人防知识教育工作会议，市委常委、宣传部长和市人防办、市教委的有关领导，以及各中学有关领导和教师 38 人参加会议。11 月，为庆祝和配合《人民防空法》颁布施行，上饶市人防办在《上饶晚报》上开辟专栏，举办为期 2 个月的全市人防法律知识有奖竞赛活动，参加答题人数逾万人次。1997 年，上饶市人防办组成代表队参加江西省《人民防空法》知识竞赛活动，荣获三等奖。

1999 年，鉴于人防工作已沉寂 20 多年，许多市民对人防知识了解甚少，8 月 28 日，上饶市人防办在市中心广场举办大型的人防宣传活动。以 200 平方米的主题展板构成宣传长廊，十几条横幅标语，悬挂在广场周边。现场播放《三防教育》和《海湾战争》录像片，设立人防咨询台和人防知识有奖竞答观展台。市人防办工作人员严密组织、有条不紊，组织者与参观者互动交流，解答群众提出的问题，场面热烈而感人。通过宣传教育，成功地唤醒了市民的防空意识，产生良好的社会效果。一批批观展的人群如潮涌至，人们纷纷在人防留言簿上写下观后感：“这个活动办得很好”“人民防空工作确实太重要了”！地委书记陈达恒等众领导也观看了宣传展览。同年，上饶市人防办在上饶电视台“法制 900 秒”栏目插播有关人防的法律规定。并于警报试鸣期间，在《上饶日报》星期刊相应推出“和平年代，我们应有防空意识”的专题文章。与此同时，市人防办面向中小学生开展人防知识教育。截至 2000 年，上饶市共有 17 所中学开设人防课，受教育学生达 40188 人；全市共举办 4 期人防教育师资培训班，举办 3 届中学生人防知识竞赛，召开 5 次人防教育表彰会。

2000 年 11 月，北京召开第四次全国人民防空会议，市委常委、副市长胡发群、市政府办主任（兼人防办主任）王建平参加会议，受到中共中央总书记、国家主席、中央军委主席江泽民等中央领导亲切会见并合影。信州区人防办龚元水在会上被评为全国人防先进工作者，受到国家国防动员委员会表彰。

第四节　指挥通信

防空袭预案　1994 年 5 – 11 月，修订防核武器条件下的《上饶市防空袭预案》，成立以副市长吕家万为组长、军分区副参谋长黄一忠、上饶市人武部长张炳民、上饶市人防办主任占希松为副组长，地、市有关单位主要负责人为成员的上饶市防空袭预案修订工作领导小组。12 月，上饶市人防委扩大会议通过并上报审定。1995 年 4 – 6 月，修订完善上饶市区、街道、乡镇、大型企事业单位的防空袭预案。

1997 年 1—9 月，修订高技术局部战争条件下人民防空预案，12 月上报省政府、省军区审定。1999 年，制订重要经济目标伪装防护和各种保障计划演练方案。

专业队伍 1991 年以前，上饶市人防办组建 7 种人防专业队伍。为使专业对口，编组合理，提高快速扩编和平战遂行任务能力，市人防办常年组建防化、抢险抢修、医疗救护、通信、运输 5 种专业队伍（消防、治安专业队伍平时由市公安部门负责，待战时组建），人数 300 人，按连、排、班建制，进行在岗训练，每年抽出一支专业队伍组织实兵训练，专业队员来自地、市各组建单位。加强战时应用技术研究和提高应急保障能力的训练。

通信警报 1991 年上饶市人防通信楼建成使用，开设对上联络的单边带电台和 160 门有线程控交换机。

1997 年，上饶市人防办获全省人防系统通信建设单项奖。

1999 年 10 月 30 日是《人民防空法》颁布 3 周年纪念日。上午 9 时 18 分，在上饶城区举行警报试鸣，沉寂 26 年的防空警报声在市区上空骤然响起。

2000 年以前，上饶市 3 台防空警报器全部是老式的电动警报器，警报点设在市人防通信楼顶和市消防队瞭望塔顶各一台，功率 13 千瓦，音响覆盖半径 2.5 千米；市啤酒厂厂房楼顶 1 台，功率 7.5 千瓦，音响覆盖半径 1.5 千米。

2001 年，市人防办投资 90 余万元建成 180 多平方米的多媒体人防指挥室及无线统控警报网。整个系统具有集中控制管理功能，达到了现代可视电话、会议系统的要求。10 月，上饶市政府颁发《上饶市人民防空音响警报设施管理规定》。11 月 26 日，上饶市试鸣防空警报，新增的 18 台 4 千瓦电动警报器同时鸣响，由无线警报系统和有线电视切换设备控制，车载移动警报和有线电视、中国联通无线中文寻呼同步发放防空警报，实现了音响报警和图像、文字、语音报警的有机统一，音响覆盖率 95%，音响覆盖范围达 20 平方千米。

卷三十一　文化　新闻　档案

1990年代,全区文化事业处于一个机遇与挑战并存的关键时期,电视走进千家万户,群众文化生活更加丰富。原有的一县一专业剧团的状况发生改变,业余剧团活动频繁,尤以波阳县、上饶县等农村业余剧团最为活跃,演出形式多样,内容贴近生活、贴近百姓,群众参与热情高,深受农村老百姓的喜爱。1999年,广丰县月兔广场的竣工,带动广场文化的兴起,并逐渐成为城镇居民休闲、健身和娱乐中心。

1992年7月1日,《上饶广播电视报》创刊;10月1日,《上饶晚报》创刊。1994年10月1日,经国家新闻出版总署批准,《赣东北报》由四开周三刊,改为对开日报,并更名为《上饶日报》。

1991年—2000年,全区由单一的有线广播向有线广播、调频广播、无线电视、有线电视等多样化、全方位发展。电视及其他文化娱乐业的兴起,对全区的电影放映冲击很大,电影放映单位和放映点逐渐萎缩。1992年4月,上饶地区有线电视站开始试播;1993年,德兴市办起全省第一个区域性有线电视台;1997年7月1日,全区12个县(市)有线电视台全部开通中央电视台加扰节目。1998年,地区广播电影电视局启动广播电视"村村通"工程,2008年9月完成验收。

1991年—2000年这个时期的文艺创作,以音乐、美术最具特色。1994年,上饶承办江西省第九届运动会,给境内的音乐创作带来机遇。汪熙明、魏长辉、吴明祥、熊炜为省九运会集体创作的大型管弦乐组曲《运动交响》获1997年第二届江西省文学艺术优秀成果奖(省政府二等奖)。熊炜词曲的《再创辉煌》,成为1994年10月省九运会会歌。团体操音乐《红土地再创辉煌》和团体操插曲《在九运会的旗帜下》均由中国音乐家音像出版社出版。舞蹈音乐《三清神韵》于1994年10月由江西电视台播放。同年12月,又获文化部第四届群星奖铜奖。境内的美术创作,以版画特别是藏书票为一大特色。1993年,苏烈熙的新画种—吹塑版画,通过国家科委审核鉴定。1995年,黄永勇与温祖望合作的《三清山》(4枚)邮票,首开江西邮票由地方画家设计之先河。俞洪春为上饶举办省九运会创作的巨型活动背景画作品形式属江西首创。

第一章 机构人员

第一节 行政机构

上饶地区文化局 隶属上饶地区行政公署的正县级文化行政管理机构。1991 年初，局机关内设人秘、群文、艺术、市场管理等 4 科。局属副县级单位有地区群众艺术馆、地区歌舞话剧团、上饶人民艺术剧院、地区采茶剧团、地区电影发行放映公司、地区新华书店；科级单位有地区文物管理所、地区艺术创作研究室、江西省文艺学校上饶分校、地区娱乐城、地区文化系统音像发行管理站。1992 年，新设局纪检组（检察室）。1993 年 4 月，上饶地区文化市场稽查队成立，11 月更名为上饶地区文化市场稽查支队。1993 年，地区采茶剧团撤销。同年，地区新华书店划归省出版发行集团管理。1993 年 12 月，地区演出管理站成立。1995 年，地区艺术创作研究室更名为地区艺术创作研究所。1997 年 8 月，新成立局属科级单位上饶书画院。2000 年底，局机关行政编制 13 人，在职 13 人。

上饶地区广播电视局 隶属上饶地区行政公署的正县级广播电视行政管理机构。1991 年初，局机关内设人秘、宣传、技术、保卫、音像管理等 5 科。局属副县级单位有上饶电视台、省 705 电视台；科级单位有地区音像管理站、地区广播电视服务部。1991 年 4 月，开始筹建局属科级单位上饶有线电视台。同年 8 月 24 日，上饶有线电视台安装开通第一户上饶市区有线电视用户，收视七套节目。1992 年 7 月 1 日，创办局属科级单位《上饶广播电视报》社。同年，新设局纪检组（检察室）。1997 年，局机关宣传科改为总编室，音像管理科改为社管科。同时，新成立局属科级单位地区广播电视稽查支队。2000 年元月，上饶电视台、上饶有线电视台新闻部合并办公，联合成立上饶电视台新闻中心。同年底，局机关行政编制 13 人，工勤 2 人，在职 15 人。

上饶地区档案局 隶属中共上饶地委、上饶地区行政公署的组织、指导、检查、监督、协调档案事业的正县级机构。1991 年初，地区档案局为行署直属局，地区档案馆归口档案局管理，定编 12 人，实有 10 人，局机关没有科室。1993 年地区档案局、馆人员分开，实行两块牌子、两套人马，合署办公。地区档案局编制 8 人，内设办公室、业务指导科。地区档案馆编制 8 人。1996 年机构改革，地区档案局为地委、行署直属正县级事业单位，与地区档案馆一个机构、两块牌子，内设办公室、业务科、保管利用科等 3 科室，工作人员参照执行公务员制度。2000 年底，地区档案局（馆）定编 16 人，实有职工 15 人。

江西省新闻出版局（版权局）上饶分局 系省新闻出版局、省版权局派出的正县级机构。为两块牌子、一套班子。1999 年 7 月 15 日，经中共江西省委、省政府批准设立。同年 9 月 10 日正式挂牌办公。分局机关内设综合科、出版物市场稽查队。地区“扫黄”“打非”工作领导小组办公室由原设在文化局改设在分局，由分局局长兼任办公室主任。2000 年年底，分局正式编制 6 人，聘用人员 3 人，共计 9 人。

第二节　事业单位

上饶日报社　中共上饶地委机关报，系地委直属的正县级事业单位。原名《赣东北报》，4开周3报。1991年9月，赣东北报社由编委会改为社委会领导体制，实行社长负责制。内设七部二室，即要闻部、经济部、科教部、副刊部、通联部、美术摄影部、广告部、总编室、办公室。1993年6月，创办周末版《星期刊》。1994年10月1日，经国家新闻出版总署批准，《赣东北报》更名为《上饶日报》，由4开周3报改为对开日报。1999年，又创办《今日周刊》《50周刊》。2000年年底。上饶日报社有在职职工67人。其中采编人员43人，具有大专以上学历者53人，中专学历者14人；获正高职称1人，副高职称7人，中级职称17人。

上饶地区群众艺术馆　隶属地区文化局的全额拨款群众文化事业单位。内设文学戏剧曲艺科、音乐舞蹈少儿科、美术摄影书法科和办公室。2000年年底，地区群众艺术馆定编23人，在职23人。其中副高职称3人，中级职称12人。

上饶地区歌舞话剧团　隶属地区文化局的差额拨款专业艺术表演团体。内设歌舞队、话剧队和办公室。2000年年底，全团定编100人，在职演职员78人。其中副高职称4人，中级职称24人，有编导、演员、舞美、化妆、服装、道具等艺术人才。

上饶人民艺术剧院　隶属地区文化局的差额拨款文化事业型的综合场所，1986年11月，原上饶地区京剧团改制为地区文化活动中心；1990年4月再更名为上饶市人民艺术剧院。剧院内设剧场部、经营部、美术装潢部、演出队。观众席1066个。2000年年底，剧院定编69人，在职30人。其中副高职称1人，中级职称14人。

江西省电影发行放映公司上饶分公司　隶属地区文化局的自收自支事业单位。1991年年初，公司内设发行影管科、放映宣传科、器材技术科、计财科和办公室。1993年，改设城影部、农影部、放映厅和办公室。1996年，又设电影部、奥斯卡影都和办公室。2000年，公司在职41人，离退休人员15人。

上饶地区文物管理所　隶属地区文化局的全额拨款文化事业单位。内设文物保护组、博物馆组、办公室。1995年，成立三清山文物管理所，编制3人。2000年，全所在职12人。其中文化程度本科2人，大专4人；副高职称1人，中级职称4人。

上饶地区艺术创作研究所　隶属地区文化局的全额拨款文化事业单位。2000年，全所定编10人，在职5人。其中副高职称2人，中级职称3人。

江西省文艺学校上饶分校　隶属地区文化局全额拨款文化事业单位。2000年，全校定编39人，在职教职员37人。其中，副高职称3人，中级职称13人。

上饶地区娱乐城　隶属上饶地区文化局的差额拨款文化事业单位。内设剧场部、经营部、办公室。2000年，定编23人，在职16人。其中副高职称2人，中级职称3人。

上饶地区演出管理站　隶属地区文化局的差额拨款文化事业单位。1993年12月正式成立，其前身为上饶地区采茶剧团。2000年，定编20人，在职5人。其中中级职称1人。

上饶地区文化系统音像发行管理站　隶属地区文化局的差额拨款文化事业单位。2000年，定编8人，在职4人。其中中级职称2人。

上饶地区文化市场稽查支队　隶属地区文化局的差额拨款文化事业单位。与地区文化局市场管理科实行科队合一，两块牌子，一套班子。1991年初，地区“扫黄”“打非”领导小组办公室和地区文化市场活动委员会办公室设在地区文化局文化市场稽查支队内。1996年,地区文化市场活动委员会办公室改名为地区文化市场管理委员会办公室。1999年,地区"扫黄""打非"领导小组办公室改设在上饶出版分局内,但各县(市)仍在文化局文化市场稽查大队内办公。2000年,定编16人,在职18人。其中中级职称4人。

上饶书画院　隶属地区文化局的全额拨款文化事业单位。1997年8月,由上饶地区群众艺术馆拨出5个编制而成立上饶书画院。2000年,全院在职5人。其中副高职称1人。

上饶电视台　隶属地区广播电视局的差额事业单位。1991年,台内设新闻部、专题部、文艺广告部、技术部、总编室和办公室。1993年,上饶电视台由上饶市北郊螺丝山迁至上饶市区庆丰路3号。2000年10月,又迁至市区胜利路51号上饶广播电视大楼办公。2000年,电视台有职工99人。其中正式人员66人,合同制人员6人,长期临时工34人。

江西705电视台　隶属于地区广播电视局的全额拨款事业单位。1991年,开始转播上饶电视节目。1996年12月起,完整转播上饶电视台节目。2000年,该台在编29人,其中工程师1人,助理工程师3人。

上饶821台　隶属于地区广播电视局的全额拨款事业单位。1996年10月,正式启用卫星接收装置。1998年6月1日,由上饶市区胜利路51号迁至北门乡郭门村扁担山,正式启用开播。新址占地面积55亩,海拔高度83.6米。2000年,台有在编21人(含退休人员7人)。其中干部编制5人,工人技师1人,助理工程师1人。

上饶有线电视台　隶属地区广播电视局的自收自支事业单位。台内设行政人事部、财务部、技术部、业务开发部、用户管理部、干线网管理部。上饶有线电视台于1991年4月开始筹建。是年8月24日安装开通第一家上饶市区有线电视用户,收视7套节目。1992年,建立起一个可覆盖市区的网络框架。1996年6月,上饶有线电视台开通了中央电视台加扰电视和本台自办节目。2000年1月,上饶有线电视台实行网台分离,从事宣传工作的职工并入上饶电视台。2000年,有职工55人,其中正式职工21人,长期临时工34人。

上饶广播电视报社　隶属地区广播电视局的自收自支的事业单位。《上饶广播电视报》于1992年7月1日创刊,自办发行。其办报方针以介绍和评议节目为主,兼提供群众关心的信息、知识、资料和服务。报社设编辑部、广告部、发行部。2000年,编制5人,加上聘用人员共10人。其中副高职称1人。

上饶地区音像发行站　隶属地区广播电视局的自收自支事业单位。2000年,编制3人,在职3人。

上饶地区广播电视服务部　隶属地区广播电视局的自收自支事业单位。2000年,编制15人,在职15人。

上饶地区广播电视稽查支队　隶属地区广播电视局的自收自支事业单位。2000年,编制5人,在职5人。

2000年全区文化、新闻、出版、档案机构设置一览

表31-1-1

单位	合计	地区	上饶市	上饶县	玉山	广丰	铅山	横峰	弋阳	德兴市	婺源	万年	余干	波阳
文化局	13	1	1	1	1	1	1	1	1	1	1	1	1	1

续表 31－1－1

	单位	合计	地区	上饶市	上饶县	玉山	广丰	铅山	横峰	弋阳	德兴市	婺源	万年	余干	波阳
直属(管辖)单位	群艺(文化)馆	13	1	1	1	1	1	1	1	1	1	1	1	1	1
	图书馆	12		1	1	1	1	1	1	1	1	1	1	1	1
	博物馆	12		1	1	1	1	1	1	1	1	1	1	1	1
	文管所	8	1	1	1			1	1	1	1				1
	电影公司	13	1	1	1	1	1	1	1	1	1	1	1	1	1
直属(管辖)单位	专业剧团	10	1	1	1	1	1			1	1	1	1		1
	艺创所	1	1												
	音像发行管理站	1	1												
	演出管理站	1	1												
	稽查队	13	1	1	1	1	1	1	1	1	1	1	1	1	1
	书画院	1	1												
	其他	2	2												
	广电局	13	1	1	1	1	1	1	1	1	1	1	1	1	1
	电视台	4	1				1			1		1			
	有线台	13	1	1	1	1	1	1	1	1	1	1	1	1	1
直属(管辖)单位	广播站	12		1	1	1	1	1	1	1	1	1	1	1	1
	821 台	1	1												
	705 台	1	1												
	电视报	1	1												
	音像发行站	1	1												
	服务部	1	1												
	稽查队	13	1	1	1	1	1	1	1	1	1	1	1	1	1
	档案局(馆)	13	1	1	1	1	1	1	1	1	1	1	1	1	1
	出版版权分局	1	1												
	报　社	3	1	1											1
	新华书店	12	1		1	1	1	1	1	1	1	1	1	1	1

第三节　企业单位

上饶地区新华书店，曾隶属地区文化局的图书发行企业单位，业务由江西省新华书店管理。1993 年 11 月，上饶地区新华书店改归属江西省新闻出版集团管辖，并代管上饶地区县(市)新华书店(除上饶市没有外)人事、财务、业务等工作。新华书店的主要任务是，负责中共和国家政治读物、重要文献和中小学教科书及文化科技图书的发行。1995 年，成立股份制性质的上饶地区新华实业有限公司，兴建上饶新华宾馆并进行运营。书店内设办公室、财务科、劳动人事科、教材科、图书批销中心、中心门市部、音像门市部、读者俱乐部。2000 年底，有正式职工 74 人。

第二章　群众文化

第一节　文化网

1991 年—2000 年，全区有群众艺术馆（简称群艺馆）、文化馆、文化站、文化室的四级群众文化网络，乡镇有文化站或文化中心站，村有文化室或图书室（俱乐部）。1996 年，弋阳县率先跨入全国社会主义文化先进县行列，玉山、广丰等县积极创建社会主义文化先进县。全区 10 个文化站被省评为“百强文化站”，12 个县市 296 个乡镇文化站形成创优争先的局面。每年元旦、春节期间，地直文化单位和各县市均组织文化下乡服务队，开展演出、放映、送书、代写春联等各项服务。1997 年，省文化厅对弋阳县花亭垦殖场农村儿童文化园进行全面检查考评，并授予“省级农村儿童文化园”称号。1990 年代，地区大力支持和培育边界文化、校园文化、家庭文化和茶文化、酒文化、纸文化、铜文化、赣剧文化的建设，满足不同层次的群众文化生活的需要，有力推动了全区群众文化工作的开展。

群众艺术馆　上饶地区群众艺术馆是一个群众文化艺术单位，有文学、戏剧、曲艺、音乐、舞蹈、美术、摄影、书法、少儿文艺、馆站调研与指导等专长的各类业务辅导干部，行政、财会、后勤人员，一般也兼某项业务。群艺馆一直缺乏活动场所，馆舍较紧张，1997 年，由于基建经费不足，与别的单位合建一幢新楼，位于上饶市区沿河中路。活动场所部分仅有 500 多平方米，距离文化部规定的地级馆起码面积应有 3500 平方米甚远，利用自身馆舍开展较大的群众性文化艺术活动存在一定困难。因经费与馆舍限制，群艺馆主要以联办和协办的形式开展一些群众性的文化艺术活动。下乡下基层辅导、指导、培训、研究较少，但坚持编印了《情况交流》、《资料汇编》等。群众性的文艺创作主要通过编小报，编小册子，编《群艺天地》刊物给业余作者提供发表作品园地，培养和壮大文艺创作队伍。开设各种培训班，对舞蹈、音乐、美术、摄影、书法等成人或孩子培训每年坚持一、两次。承办节假日或喜庆事的广场群众文化艺术活动，成为这段时间的一大特点。由于经费困难，群艺馆在继续抓无偿服务的情况下，也开展有偿服务。利用寒暑假校舍空闲，与上饶市五小、九小或其他学校联办收费式少儿艺术培训班。更多却以馆里出力、企业出资的方式，联办各种各样的群众文化艺术活动。在提高企业知名度的同时，也扩大群艺馆的影响，锻炼自己的队伍，使群艺馆由单纯服务型变为服务经营型。对于县市文化馆，群艺馆侧重组织具有示范性的一些项目，引导全区群众文化艺术活动逐步走向高层次，提到组织、开展群众文化艺术理论研究的高度。临近 20 世纪末，地区群艺馆业务骨干年龄老化，除经费、场所问题外，业务人员的青黄不接、行当不齐，尤为明显。

文化馆　全区 12 个县（市）均设有文化馆，属综合性的群众文化事业机构，全额拨款单位，是当地群众文化艺术活动中心和辅导中心。1991 年—2000 年，铅山县、余干县、德兴市、弋阳县、上饶市等两市三县文化馆的馆舍有所改善，1996 年，弋阳县文化馆竣工后的活动场所面积达到 2700 平方米。其他 11 个县级文化馆的活动场所面积，尚未达到文化部规定的 2000 平方米。在市场经济大潮中,文化馆难以继续维持其作为所在县市群众文化艺术(娱乐)活动中心的地位。业务人员的总体素质也有所下降,骨干力量或年老或死亡。文化馆业务应有的文学、戏剧、曲艺、美术、摄影、书法、音乐、舞蹈、少年文艺、馆站指导等,但12个县市文化馆普遍缺项没配齐,有的也不适合。文学创作辅导干部,只有德兴市文化馆、婺源县文化馆各1人。摄影、舞蹈缺人现象严重。县市文化馆的正副馆长一般由馆内业务较强、有一定组织能力的人员担任,其他人员普遍业务不熟悉。

文化(中心)站 1990年代初,全区共有乡镇文化(中心)站298个,街道文化站30余个,工矿文化站10余个,实现了县有文化馆、乡有文化站、村有文化室的三级文化网。文化站一般有1~3名专职或兼职工作人员。大部分是乡镇集体编制和村里补贴。1984年底至1985年初,国家为全区12个县(市)在职文化站工作人员解决了79个干部编制指标,每乡镇1名,转正后由县市文化局管理。1991年以后,转为干部的文化站工作人员多数改行。文化站是城市街道、农村乡镇设立的综合性群众文化事业机构,是基层群众文化活动的组织者、辅导者。集镇文化中心站是在农村化站的基础上形成和建立起来的。乡镇(街道)文化站一般有图书室、阅览室、书画室、乒乓球室、文艺活动室,有的还有篮球场、露天舞台等活动场所。集镇文化中心站活动项目更多,场所更宽敞。文化站工作人员主要管理图书借阅、报刊阅览、文艺宣传、黑板报与墙报以及节目排练等日常工作。乡里举办文艺汇演、文艺赛事和参加县里演出,也由文化站出面组织。文化站还要过问乡镇节假日的展览、宣传等活动,丰富乡镇所在地的群众文化生活。1990年起,地区设立"乡镇领导群众文化业绩奖",每两年评选一次。1991年4月2日,经各县市初评推荐,地区审定,婺源县甲路乡等20个单位获"乡镇领导群众文化业绩集体奖",曹全水等21人获"乡镇领导群众文化业绩个人奖"。1992年6月,经省文化厅审核验收,万年县梨树坞乡等6个文化中心站评为一级文化中心站,上饶县黄市乡等3个文化站评为一级文化站。在全区创评"乡镇领导群众文化业绩奖"之后,全省又开展了"百强文化站"活动。1995年11月至1996年,先后有婺源县鄣公山垦殖场文化中心、凤洲乡文化站等10个文化站被省文化厅授予"江西省百强文化站"称号。1990年代中后期,农村电视、舞厅、录像、卡拉OK增多,文化站开始不景气。专职人员分别转为乡镇办公室、财会室或事企业单位工作。多数乡镇文化站名存实亡。1999年机构改革后,广丰县乡镇文化站全部撤销。随之,全区乡镇宣传、广电、文化"合三为一",取代了过去单一的乡镇文化(中心)站,日常工作以广播电视为主。

文化室、俱乐部 1991年,全区有城乡文化室1200多个;1992年,文化室增至2060个。文化室一般设在农村行政村或较大的自然村,城区设在居委会。文化室内常设图书室、阅览室、棋类室、球类室、文艺活动室等,或单独使用,或一室多用。每个文化室都有1~2名义务管理人员,农闲时一年开展几次娱乐比赛活动,还办墙报或黑板报、借阅图书等工作。条件具备的地方,组织业余文艺演出队走村串户。有的乡村举办一些民兵俱乐部或民兵之家,成为民兵开展学习、阅览、排练文体活动的场所。全区最多时有300多个民兵俱乐部。1990年代后期,由于管理人员属义务性质,变动较大,往往自谋职业或外出打工,经费困难,文化室趋于停顿。也有的转入棋牌馆或老年福利服务站,继续开展文体活动。

文化户 文化户是以户为单位,以从事各项文化业务活动为职业的个体户。改革开放以后,特别是进入1990年代,文化专业户增多,作为国办文化的一个有力补充。文化户专业项目多、种类全,从歌舞厅、卡拉OK厅、音乐茶座、电子游戏等文化娱乐,发展到音像制品零售、出租和录像放映、网吧、民办书店、个体书摊及其他。万年县垱下乡1991年涌现出各种新型文化专业户310个，活跃了山区群众文化生活。该乡11个村公所、97个村民小组，先后建立了“青年之家”“妇女之家”或业余剧团。一些初、高中毕业回乡青年自筹资金，办起一些图书室。夹罗村回乡知识青年吴子棋自筹资金700多元，买图书500多本办起家庭文化室，出租书籍800多人次。全区文化户主要分布在上饶市、德兴市和各县城及乡镇所在地。

第二节 文化活动

1990年代，上饶地区进一步深化文化体制改革，重点推动地区歌舞话剧团、电影公司、人民艺术剧院、娱乐城等单位内部管理为主的机制转换，使文化产业有较大发展，文化活动更加丰富多彩。同时，文化上加大“以文补文”“多业助文”的力度，仅1996年就比1995年创利递增15%。

节庆日文化活动 群众性的节庆日文化活动，以欢度元旦春节、五一国际劳动节、六一国际儿童节、七一建党纪念日、八一建军节、十一国庆节和庆祝中国革命历史上的重大事件为主要内容。1991年—2000年，节庆日文化活动的形式逐渐由室内转向室外、转向广场，逐渐由地区所在地转向以320国道文化带、鄱阳湖文化圈为主体的文化发展战略，并开始付诸实施。地区自身侧重抓了庆祝中共建党70周年、纪念毛泽东《在延安文艺座谈会上讲话》发表50周年、毛泽东诞辰100周年、二万五千里长征胜利60周年、抗日战争胜利50周年、香港与澳门的回归庆祝、改革开放20周年等，特别是中华人民共和国成立50周年更属大庆、特庆。来自省里组织的文化活动主要参与省玉茗花戏剧节、省音乐舞蹈节、省少儿艺术节三个全省规模最大、规格最高的重大文艺比赛，上饶地区参赛剧（节）目、获奖档次、获奖数量称得上名列前茅的地市。据不完全统计，至1997年底，参加省“三节”汇调演6次，获奖总数超过200多项。地区较大型的节庆日文化活动，均在地区所在地及各县（市）城区、甚至各乡镇，通过宣传部、文化局主办，有时还以地委、行署或县委、县政府的名义出面，具体则靠群艺馆、文化馆组织、操作、承办。有条件的乡镇同样由文化（中心）站开展某项或多种文化活动，丰富广大人民群众的节日生活。卡拉OK、时装模特表演等也开始进入地区及各县（市）舞台。

1991年元宵节，地区文化局与地区商业局、地区供销社主办，地区群艺馆承办的商艺杯地区民间灯彩大奖赛，规模为上饶历史上最大的一次。上饶市、上饶县、铅山县、弋阳县、横峰县、波阳县、德兴市、广丰县、玉山县和地直有关单位共260余盏灯彩参与比赛，评出一等奖5名，二等奖10名、三等奖20名，优秀奖56名。灯彩悬挂街道两旁，群众争相观赏评论，赣东北大道热闹非凡。同年7月1日前后，上饶各地庆祝中国共产党成立70周年活动隆重而热烈。由地委宣传部、地区文化局共同主办、地区工商银行协办的全区纪念建党70周年文艺汇演，于6月22日在上饶开幕。这是中共十一届三中全会以后，上饶规模最大的一次文艺汇演。各县（市）和地直有关单位的17支代表队，历时6天，进行10场演出。地区歌舞话剧团的舞蹈《军营里来了大学生》《为了明天》，上饶人民艺术剧院的独幕京剧《哦，红杜鹃》、上饶市的音乐诗《庆寿》、舞蹈《灯鼓庆》等节目得到好评。尤其是婺源的舞蹈《婺源傩舞》，以古朴而又奇特的形式，在人们面前展现出“盘古开天地”的神话世界。

1992年元宵节期间，铅山县博物馆举办的以“弘扬民族文化，振兴铅山经济”为主题的纸文化展览，再现铅山连四纸源远流长历史。同年5月，纪念毛泽东《在延安文艺座谈会上的讲话》发表50周年，地区及各县（市）活动众多。地委宣传部、地区文化局、地区工商银行和地区群艺馆联合举办工行杯诗歌大奖赛,有200多名地、县(市)业余作者均以自己创作的新诗与旧体诗词参加,大奖赛中发现了一批创作人才。纪念毛泽东《在延安文艺座谈会的讲话》发表50周年的同时,中国漆画四大流派之一、江西漆画的发源地——波阳县,在当地漆画创作群体为骨干创作的56件作品在上饶参展。

1993年12月26日,毛泽东诞辰100周年前后,上饶各地纪念活动数十场次。上饶地区及各县(市)都有文艺演出、歌咏比赛,图片展览、报刊专版、电影放映等吸引了广大干部和群众。

1994年10月,江西省第九届运动会(简称九运会)在上饶召开,文化活动集中在为省九运会筹备大型文体表演《红土地再创辉煌》以及省九运会会歌《再创辉煌》的创作与录制,宣传画和摄影展等,还有大型系列歌舞《三清神韵》的编导与音乐制作。

1995年春节,在上饶市中心广场举办大型摄影《红土地再创辉煌——省九运会回顾展》,展出摄影作品160幅。同年9月纪念抗战胜利和反法西斯胜利50周年,举办了全区群众歌咏比赛活动。

1996年,上饶市中心广场举办春节文艺活动,有百花迎春幼儿诗歌朗诵会、迎新春文艺演出、老同志尉德山牵头的群乐歌咏队和民间爱乐队上台演出、全区摄影精品展以及龚俊义摄影回顾展、郝正良舞台艺术摄影展等一系列群众文化活动。同年10月,纪念红军长征胜利60周年上饶地区老干部书画展在上饶举办,展出作品85件。

1997年春节,上饶市中心广场举办的带湖风光摄影图片展,120幅作品展示改革开放年代上饶的城市美。是年7月香港回归,地区群艺馆与地区诗词协会联合举办的喜庆香港回归摄影书画展,展出作品80幅。同时还有上饶风情诗画大型摄影诗词展,展出摄影作品120幅和诗词200余首。

1998年,组织广场文化闹新春活动和'98戏曲、民歌演唱会,成为欢庆春节的主要内容。另外,《异国风情》汪维炎、熊良华等4人摄影联展也同时举办。是年5月18日,纪念5·18世界博物馆日和开展全区文物保护宣传周活动,在上饶市中心广场举办了上饶地区著名文保单位图片展。7月1日,在广场举办辉煌20周年——上饶地区改革开放、经济建设成果摄影展;群艺馆同铅山县文联在南昌合办武夷山黄岗山风光展;深入抗洪第一线,举办抗洪救灾摄影展。众多的赈灾义演,是1998年文化活动的一大特点。

1999年春节期间,上饶中心广场举办熊良华、汪维炎、郝正良等7人摄影联展。上半年,广丰县月兔广场竣工,广场文化兴起并逐渐成为居民休闲、健身与娱乐中心。且直接影响并带动了周边县(市),仿效利用广场开展多种文化活动。下半年,隆重庆祝新中国建立50周年各项文化活动在上饶各地纷纷筹备。临近10月,地委宣传部组织与主办了祖国颂大型歌咏比赛活动。同时,地区摄影精品展、地区共产党员之歌摄影展、全国50个城市摄影联展,共展出560件作品,属上饶前所未有。10月1日,上饶地市数万军民参加国庆50周年佳节游行活动。同年12月,举办上饶地市迎澳门回归广场文艺演出。是月,地区歌舞话剧团承担了全国武术表演比赛开幕式大型文艺表演。

2000年春节,在上饶市中心广场首次举办了艺术人像摄影展。2月开始,地委宣传部、地区文化局、地区群艺馆忙于筹备上饶地区首届农民艺术节。同年6月底,婺源县城的江西婺源、江苏江阴摄影联展揭幕,婺源县有60幅作品参展。10月14—17日,为庆祝撤地设市,每天上午上饶中心广场演出一台庆典文艺节目。信州区、市职业艺术学校、广丰县、玉山县各演一场。配合撤地设市,还举办了广场摄影展。

1991年—2000年，连续4次参加三、四、五、六届江西省少儿艺术节。1992年、1995年、1999年，连续3次参加江西省玉茗花戏剧节。1993年、1996年连续参加江西省音乐舞蹈艺术节2次。参加省少儿艺术节演出，或以上饶市一小，或以上饶五小为主体排练组团，每次成绩优异。其中，第三届少儿艺术节，获一等奖112项(40人)，二等奖162项(18人)，三等奖302项(68人)，还获集体组织奖。参加省玉茗花戏剧节，均派地直和波阳县剧团出席。波阳县赣剧团赣剧《朱笔血泪》获省三届玉茗花戏剧节集体表演二等奖，赣剧《陶侃》获省四届玉茗花戏剧节集体表演二等奖，赣剧《沧海魂》获省五届玉茗花戏剧节集体表演二等奖；地区歌舞话剧团大型话剧《笑在人间》获省五届玉茗花戏剧节集体表演一等奖。五届少儿艺术节上饶市五小演出由微型学生剧《一千根头发》获创作、辅导、表演三项一等奖后，并代表江西省赴北京参加文化部少儿文艺“蒲公英”奖的角逐。

文化交流 1990年代，乡镇之间、县市之间、地区之间、省际之间，文化交流频繁。影响较大的文化交流有：玉山县与浙江江山市、常山县的三山之夏艺术节；婺源县与安徽休宁县、浙江开化县的皖、浙、赣三边艺术节；广丰县与浙江江山市、福建浦城县的仙霞美术书法艺术展；境内320国道沿线弋阳、玉山、上饶市3县市文化活动周活动以及弋阳县的3乡文艺汇演等。

浙赣边界的三山之夏艺术节开始于1986年初，每年轮流举办，除3县市委宣传部长、文化局长、文化馆长参加外，还有上饶、衢州两地市宣传部、文化部门负责人和浙江、江西两省兄弟县市观摩代表应邀出席。第七届更名为三山艺术节，于1992年5月26－27日在玉山县城举行。正值纪念毛泽东《在延安文艺座谈会上的讲话》发表50周年，玉山县代表队38人，演出女声独唱、舞蹈等7个节目。以后，按年度3县市继续轮流主办，合演一台。至2000年，已接连举办十五届。玉山县代表在第十一届三山艺术节自编自演的歌舞《三清山颂》，被江西省广播电视选播。第十二届三山艺术节玉山代表队的自编歌舞《老表哥的红腰带》演出后，为地区文艺学校选排参加全国舞蹈群星赛演出，并获银奖。第十三届三山艺术节玉山县代表队的节目《惊涛警魂》演出后，参加全省公安系统汇演获二等奖。

第一届皖、浙、赣三边艺术节于1987年5月21－29日在婺源县拉开帷幕后，每年依次在安徽休宁县、浙江开化县展演。1991年10月21－23日，继续举行皖、浙、赣三边艺术节暨开化商品交易会，邀请浙江省歌舞团作专场演出和邀请知名艺术家杨春霞、李炳淑、谢洁斯、王洁实等与3县业余演员到开化同台演出歌舞、小品节目。1992年10月30日至11月3日皖、浙、赣三边艺术节邀请安徽省安庆市黄梅戏二团作专场演出。另特邀著名歌唱演员刘斌、宋祖英、万山红同3县群众业余演员组台会演节目。婺源县派鄣公山垦殖场参加。以后，年年皖、浙、赣三边艺术节内容更新。1993年举行卡拉OK赛。1994年利用《边界经济报》开辟《艺苑文学》和举办篮球活动；1995年的戏剧小品；1997年的民间艺术表演及巡展。三边艺术节坚持多年，活动项目吸引观众。

1995年9月，上饶地区首届弋阳、玉山、上饶市的3县市文化活动周正式启动。有文艺演出、灯彩会展、书画比赛、图书展览等。整个活动周经评议，玉山获第一名。1998年7月，上饶市、铅山、弋阳、万年、波阳、余干的5县1市美展。还与其他地市同行合办展览。1999年10月，余干县与鹰潭市月湖区的美术书法摄影联展；2000年12月，余干县与景德镇市乐平县的两地书法作品展，都颇受欢迎。

县内乡际也开展群众文化活动。弋阳县3乡文艺汇演从1991年起开始，到1995年连续举办5次。首次有：港口、双港、箭竹3乡参加；第二次，漆工、烈桥、樟树墩3乡比赛；第三次，中畈、曹溪、姚畈3乡汇演;第四次,花亭、旭光、三县岭竞争;第五次,城郊、朱坑、圭峰举办。弋阳县乡镇之间的文化交流,在全区尤为突出。上饶县丰收杯农民艺术节始自1995年,每次全县所有乡镇都组队参加。累计演出戏剧小品、音乐舞蹈等200多个节目。玉山县首届农民艺术节于1996年在樟村镇举行,到2000年,连续四届,丰富了农民文化生活。

畲族文艺　全区少数民族人口数最多的是畲族,集中在铅山县太源、篁碧两个畲族自治乡。铅山县文化馆1986年普查、搜集、整理了畲族4个祭祖舞蹈:《杖脚司》《开堂》《请王郎下山救母》《告五方》。1998年以后,编排了舞蹈《盘瓠子孙》《畲族婆娘赶庙会》《程控电话进畲寨》等。1996年7月在太源畲族乡举办民族团结(家乡情)联欢晚会。2000年,在河口镇举办畲乡文化艺术专场晚会。

群众文艺报刊　为活跃群众文艺创作,地区群艺馆编印的不定期《群艺天地》文艺于1990年改为16开文艺季刊(内刊),每期以发表本地作者创作的小说、散文、诗歌、报告文学、故事等文学作品为主,兼发少量的戏剧、音乐、美术、摄影作品。1995年年底,《群艺天地》文艺季刊因缺少经费资助而停刊。

《经济与文艺》,地区文联编印的4开小报(内刊),主要发表当地业余作者的短小文学作品。1993年,纪念毛泽东主席诞辰100周年出专版,开辟"我们心中的毛泽东"千字散文征文竞赛活动。优秀的在《经济与文艺》上发表。不久,《经济与文艺》停刊。

《钟灵诗词》,上饶诗词学会编印的32开不定期内刊,以发表旧体诗词作品为主,创刊于1990年。每年编辑一期,免费赠阅。

《江南书画报》,上饶书画院编印的4开书画内部小报,旨在繁荣创作,提携艺坛新秀,传播书画信息,发掘地域特色为目的。1994年1月创刊,不定期编印,在美术书法界传阅赠送。

1991年—2000年全区群艺(文化)馆组织文化活动一览

表31-2-1　　　　单位:次

单位	1991年	1992年	1993年	1994年	1995年	1996年	1997年	1998年	1999年	2000年
合　计	86	100	76		97	123	380	118	102	117
上饶市文化馆					5		5	8	3	
上饶县文化馆					10	7	16	5	8	8
广丰县文化馆					11	16			14	10
玉山县文化馆					8	5	8	12	10	12
铅山县文化馆					5	112	16	17	6	16
横峰县文化馆					7	7			3	2
弋阳县文化馆					20		12	10	3	8
余干县文化馆					5	13	5	20	10	4
波阳县文化馆					8	29	294	6	15	28
万年县文化馆					3	4	8	5	4	5
德兴市文化馆					6	20	1	7	6	10
婺源县文化馆					4	5	10	7	4	6
地区群艺馆	6	5	16		5	5	5	8	8	8

第三章 文艺创作

第一节 文 学

1990年代,上饶地区的文学创作活跃,成果颇丰。文学创作由以散篇作品发表为主,过渡到以个人专著出版为主。诗歌、小说、散文、文学评论、报告文学的发表篇数之多、档次之高及获奖情况都大有增加。1991年,徐立忠创作的散文《遥远的灯笼》在人民日报海外版发表,同年,他写的评论文章《现代主义诗歌的出路》参加首届冰心文学奖比赛获三等奖。1994年,汪根发中篇小说《女子野狼队》《亚洲狼》均获第一届全国优秀通俗小说征文三等奖;1995年,涂新华小说集《红丘陵》、汪峰诗《昆仑(外一首)》、邹忠民文学评论集《文学的沉思与独白》分获江西第三届谷雨文学奖;2000年,史俊报告文学《我亲爱的红土地》获《人民日报》海外版纪实文学征文特等奖。

1991年—2000年,全区出版的文学专著主要有:帅经芝的纪实文学《留给二十世纪的故事》;罗宁、罗声的长篇小说《方志敏演义》、傅之潮的中篇小说集《桐江镇轶事》、黄禄善的翻译小说《生死仇敌》、汪根发的长篇小说《核幕下的中国战俘》、涂新华的小说集《红丘陵》;洪忠佩的散文集《感谢昨天》、张应想的散文集《倒扣的船》;陈运和诗集《情感·诗及多味豆》、桂向明散文诗集《美丽的选择》、徐建西的诗集《泥土吟》、汪锋的诗集《写在宗谱上》;邹忠民的文学评论《文学沉思与独白》等。主要编著有:帅经芝主编的《三清山诗文选》、江朝栋编著的《信江诗选》、董清明主编的报告文学《创业谱》等。

陈运和诗集《我是蒲公英的子孙》1985年出版后,获江西省首届谷雨文学奖。1991年起,又连续出版了诗集《情感·诗及多味豆》《柳絮,飘飘洒洒》(诗人、中国作家协会理事公刘作序《几句大实话》)《学步集》《山色 水色 不尽的绿色》(诗人、全国文联执行副主席李瑛题写书名)《红土情》(诗人《诗刊》顾问臧克家题写书名)《诗,在脚下延伸》《南方南方,北方北方》和政治抒情长诗《邓小平颂》等8部专著。桂向明诗集《如果我是十九岁》1986年出版后,获江西省首届谷雨文学奖。1991年起,又连续出版了散文诗集《美丽的选择》《中国的十月》和散文集《灵魂在高唱》等4部专著。同期,1996年,陈运和创作出版的政治抒情长诗《邓小平颂》,是全国最早直接歌颂世纪巨人一生丰功伟绩的四部长诗之一、也是江西省第一部。1997年,丁凯的中篇小说《荣调前后》和陈运和的政治抒情长诗《邓小平颂》被江西省作家协会推荐参加全国首届鲁迅文学奖评奖活动。

中国作家协会的中国作家网对桂向明、陈运和的文学创作简况作了介绍。陈运和的9部诗集、长诗专著由中国现代文学馆、国家图书馆、中国社会科学院图书馆和各省市自治区、重要城市、港澳台公共图书馆及北京大学、清华大学等大学图书馆收藏或上网。《南方南方、北方北方》和《邓小平颂》由美国哥伦比亚大学东亚图书馆、哈佛大学燕京图书馆、耶鲁大学东亚图书馆收藏。

1991年—2000年全区省级以上(含省级)文学作品篇目一览

表31－2－2

年份	作者	题名	类别	选载或获奖
1991	徐　勇	与阳光的声音机遇在幽林	组诗	《星火》十期选载
1991	汪　峰	甘蔗(外一首)	诗	飞天陇南春杯诗歌、散文二等奖
1991	刘志明	缪斯信箱	诗	《诗歌报》二期选载
1991	夏　瀚	饮茶闲话	散文	《星火》一期选载
1992	徐立忠	送你一张贺年长	诗	全国诗歌大奖赛获三等奖
1992	汪茶英	农民·土地	诗	《科学诗刊》三期选载
1992	刘志明	谷雨诗会十二家	诗	《星火》四期选载
1992	程欣荣	对联	诗	《人民日报》海外版壬申有奖　征联活动二等奖
1992	卢运和	生命的注解是春天	诗	《星星》诗刊八期选载
1992	汪　峰	一截欧洲的镔铁	诗	飞天陇南春杯三等奖
1992	傅之潮 张　奎	桐江镇志:人物　四题	小说	《星火》四期选载
1993	汪　峰	昆仑	诗	人民保险杯全国诗歌大奖赛三等奖
1993	桂向明	望大龙湫瀑布	散文诗	《诗刊》三期选载
1993	郑渭波	回程(四首)	诗	《星星》诗刊十期选载
1994	汪　峰	大钟(外二首)	诗	《诗刊》十二期青春诗会专号选载
1994	徐立忠	风流小镇	散文	《北京晚报》发表
1994	童美良	人生	诗	首届艾青杯全国当代文学　艺术作品大赛创作奖
1994	童美良	头发及其他	诗	世界华人杯文学艺术　作品大赛一等奖
1994	汪根发	女子野狼队	中篇小说	第一届全国优秀通俗小说征文三等奖
1994	汪根发	亚洲狼	中篇小说	第一届全国优秀通俗小说征文三等奖
1994	范晓波	聆听风声	散文	中国妇女报12月23日选载
1994	蔡阳启	孽种	短篇小说	《青年作家》二期选载
1994	俞　澄	地平线的传统	诗	首届文山杯全国诗歌大赛　优秀创作奖
1994	俞　澄	想起父亲	诗	首届月牙湾中国诗歌节大赛优秀奖
1995	汪　峰	昆仑 (外一首)	诗	江西第三届谷雨文学奖
1995	邹忠民	文学的沉思与独白	文学 评论集	江西第三届谷雨文学奖
1995	涂新华	红丘陵	小说集	江西第三届谷雨文学奖
1995	张晓峰	冬天的鸟	诗	北京首届(95)RJJ杯世界华人　优秀诗词二等奖

续表 31－2－2

年份	作者	题名	类别	选载或获奖
1995	汪　峰	诗二首	诗	诗神杯全国新诗优秀作品奖
1995	肖　穷	眺望(外二首)	诗	《诗刊》八期选载
1995	叶萃权	总书记或总书记的担子	诗	人民日报《大地》月刊　首届文学与道德创作三等奖
1995	徐立忠	山村无处不飞花	散文	《人民时报》海外版发表
1996	刘志明	满天飞雪	诗	《诗神》八期选载
1996	祝成明	山居雅记	散文	《中国校园文学》一期选载
1996	丁　凯	荣调前后	中篇小说	《黄河》大型文学刊物一期选载
1996	丁凯	荣调前后	中篇小说	《小说选刊》一期选载
1996	叶辉	浮尘	短篇小说	《当代》大型文学刊物六期选载
1996	程冬生	人生新语	散文诗	《工人日报》12 月 25 日选载
1997	邹忠明	文学的沉思与独白	文学评论集	第二届江西文学艺术优秀成果奖　(省政府奖)
1997	罗　宁 罗　声	方志敏演义	长篇小说	第二届江西文学艺术优秀成果奖　(省政府奖)
1997	陈运和	南方南方,北方北方	诗集	第二届江西文学艺术优秀成果奖　(省政府奖)
1997	傅之潮	秋阳下的草甸	散文	《江西日报》副刊发表后　《散文选刊》转载
1997	李昌盛	电讯时代的游子	散文	《法制日报》9 月 10 日选载
1997	曹华富	蜡烛	诗	《诗林》三期选载
1997	叶华明	残疾人	诗	《青春诗歌》二期选载
1997	夏　瀚	廉泉·贪泉·其他	散文	《星火》六期选载
1998	叶华明	一分钱	诗	《青春诗歌》一期选载
1998	叶华明	渡船	诗	《青春诗歌》三期选载
1998	史　俊	中国粮王	报告文学	中国记协大地之光征文一等奖
1999	邹忠民	腊叶	中篇小说	被江西省作家协会编入作家出版社出版　的《90 年代文学作品》各册
1999	丁　凯	荣调前后	中篇小说	被江西省作家协会编入作家出版社出版的《90 年代文学作品》各册
1999	帅经芝	凡人的丰碑	报告文学	被江西省作家协会编入作家出版社出版的《90 年代文学作品》各册
1999	邹忠民	红土地印象	文学评论	被江西省作家协会编入作家出版社出版的《90 年代文学作品》各册
1999	汪　峰	昆仑(外一首)	诗	被江西省作家协会编入作家出版社出版的《90 年代文学作品》各册
1999	陈运和	芦沟桥	诗	被江西省作家协会编入作家出版社出版的《90 年代文学作品》各册

续表 31－2－2

年份	作者	题名	类别	选载或获奖
1999	傅旭华	茅檐滴下的民歌（组诗节选）	诗	被江西省作家协会编入作家出版社出版的《90年代文学作品》各册
1999	肖　穷	眺望	诗	被江西省作家协会编入作家出版社出版的《90年代文学作品》各册
1999	渭　波	丰满或单薄的回程（组诗节选）	诗	被江西省作家协会编入作家出版社出版的《90年代文学作品》各册
1999	纪辉剑	细雨（外一首）	诗	被江西省作家协会编入作家出版社出版的《90年代文学作品》各册
1999	桂向明	野草札记	散文诗	被江西省作家协会编入作家出版社出版的《90年代文学作品》各册
1999	陈建强	我拍《残荷幻影》	散文	《大众摄影》举办的照片背影的故事征文一等奖
1999	李昌盛	孝心是美丽的	散文	《羊城晚报》10月18日选载
1999	曹华富	用名字走路	诗	《诗神》十二期选载
2000	史　俊	我亲爱的红土地	报告文学	《人民日报》海外版纪实文学征文特等奖
2000	洪忠佩	山村的飞檐	散文	千禧杯全国诗歌散文大赛优秀作品奖
2000	谢名荣	冬园（外二首）	旧体诗词	世纪风杯全国文学大赛二等奖
2000	徐建西	李白（外一章）	散文诗	《散文诗》二期选载
2000	曹华富	学会踢球多好（外一首）	诗	《青春诗歌》一期选载
2000	汪根发	杀手潜入世界妇女大会	中篇小说	当代章回小说第四届征文三等奖

第二节　戏　剧

1991年—2000年，全区专业剧团上座率每况愈下，地级两个、县级3个专业剧团撤销或改制，人员调入其他单位，戏剧创作步入低谷，但小品创作给戏剧舞台带来新的生机。1991年，储波小品《换房》获全国环保戏剧小品比赛一等奖；同时，三年一届的江西省玉茗花戏剧节，推动了地、县两级戏剧创作的繁荣。1992年，严光炎、俞景陆话剧《太阳岛》获江西省第三届玉茗花戏剧节创作二等奖；1994年，刘晓玲编剧的小品《夕阳好》获全国百优小品大奖二等奖；1995年，严光炎话剧《明天你是否依然爱我》和刘晓玲独幕话剧《女摊主》分别获江西省第四届玉茗花戏剧节创作二三等奖；1998年，储波编剧的大型话剧《居委会的女人们》获“田汉戏剧集”三等奖；1999年，张明正赣剧《小镇色斑斓》获田汉杯戏剧二等奖。1999年，俞景陆、严光炎小品《修理男人》获中国曹禺戏剧奖二等奖。2000年，储波小品《王百王审戏》获省剧目创作二等奖和剧作二等奖。

1991年—2000年全区省级以上(含省级)戏剧作品一览

表31-3-1

年份	作者	剧名	类别	选载或演出或获奖
1991	张明正	大排山	话剧	《影剧新作》创刊10周年优秀剧本 华东六省一市第五届 田汉戏剧奖二等奖 江西省剧本征集二等奖
1991	储 波	换房	小品	全国环保戏剧小品比赛一等奖
1991	刘继伟	举报	小品	中国青艺剧院在北京演出 《剧本》四期剧本选载
1992	严光炎、俞景陆	太阳岛	话剧	江西省第三届玉茗花戏剧节创作二等奖
1992	汪志红	朱笔血泪	赣剧	江西省第三届玉茗花戏剧节 剧本创作二等奖 《影视新作》四期选载
1992	吴冬华、王永哲	值日生	儿童小话剧	全国儿童戏剧(录像)业余组剧目二等奖
	上饶地区歌舞话剧团	护照的秘密	大型儿童剧	北京演出获文化部一等奖
1994	刘晓玲	夕阳好	小品	全国百优小品大奖二等奖
1995	严光炎	明天你依然爱我	话剧	江西省第四届玉茗花戏剧节创作二等奖
1995	上饶地区歌舞话剧团	明天你依然爱我	话剧	江西省第四届玉茗花 戏剧节演出二等奖
1997	夏 琼、俞景陆 严光炎	冰棍、螺蛳、	大型话剧 哈巴狗	《影剧新作》二期选载
1997	严光炎、俞景陆	太阳岛	话剧	江西省第二届文学艺术优秀成果奖(政府三等奖)
1998	严光炎	请打电话	小品	《影剧新作》四期选载
1999	严光炎、刘继伟	笑在人间	大型轻喜剧	《影剧新作》一期选载
1999	俞景陆、严光炎	修理男人	小品	中国曹禺戏剧奖二等奖
	张明正	小镇色斑斓	赣剧	田汉杯戏剧二等奖
	储 波	居委会的女儿们	无场次话剧	田汉杯戏剧三等奖

第三节 广播 影视

境内影视创作起步较晚,但发展很快,具有浓郁地方特色的题材,是广播、影视创作的主要内容。1991年,方建中广播剧《孺子牛与马二爷》在江西省广播电台播出,并获全国第三届白玉兰杯广播剧大赛剧本奖;1997年,刘付生广播剧《青山之恋》获中国广播剧学会金奖、首届梁希林业文学奖和江西五个一工程奖;1999年,俞景陆广播剧《映山红》获江西省广播电视厅优秀剧目三等奖。

1991年—2000年全区省级以上(含省级)广播、影视作品一览

表31-3-2

年份	作者	剧名	类别	拍摄或播放或获奖
1991	方建中	孺子牛与马二爷	广播剧	江西省广播电台播出,全国第三届白玉兰杯广播剧大赛剧本奖
1991	张明正	咱村有个杨冬生	纪实电视剧	江西电视台拍摄
1992	方建中	孺子牛与马二爷	广播剧	《剧本》四期选载
1993	汪根发	围猎	电视连续剧	江苏电视台、徐州电视台拍摄
1994	汪根发	围猎	电视连续剧	中央电视二台播放
1996	汪淦泉执笔	为了这个家	三集电视剧	海南、江西电视台拍摄中央电视台、江西电视台等8家电视台播出
1997	刘付生	青山之恋	广播剧	中国广播剧学会金奖、首届梁希林业文学奖和江西五个一工程奖
1997	严光炎、陈建英邓火林	远湖	八集电视连续剧	中共江西省委宣传部、江西电视台和中央电视台拍摄
1998	严光炎、陈建英邓火林	远湖	八集电视连续剧	中央电视台、江西电视台播出
1999	严光炎、夏　琼、俞景陆	冰棍、螺蛳、哈巴狗	二集电视剧	浙江百花电视艺术中心拍摄中央电视台一套播出
	俞景陆	映山红	广播剧	江西省广播电视厅优秀剧目三等奖

第四节　音　乐

1991年,由谭建作曲无伴奏童声合唱《静悄悄》《我们相会在井冈》,在江西省第三届少儿艺术节中分获一二等奖;1994年,上饶承办江西省第九届运动会,给境内的音乐创作带来机遇。汪熙明、魏长辉、吴明祥、熊炜为省九运会集体创作的大型管弦乐组曲《运动交响》,1997年获第二届江西省文学艺术优秀成果奖(省政府二等奖)。熊炜词曲的《再创辉煌》,成为1994年10月省九运会会歌。团体操音乐《红土地再创辉煌》和团体操插曲《在九运会的旗帜下》均由中国音乐家音像出版社出版。舞蹈音乐《三清神韵》,1994年10月由江西电视台播放。同年12月,又获文化部第四届群星奖铜奖。姜刘权词、熊炜曲的《把雷锋旗帜树起来》《人民公仆焦裕禄》等组成的《共产党员之歌》,于1992年5月由广州音像出版社制成盒带。

1991年江西省"三热爱"征歌,"团结鼓劲,振兴江西"征歌,1992年"当代农民之歌",1994年新编江西民歌评奖,1996年江西新歌评奖,1997年庆香港回归征歌比赛,1999年庆祝建国50周年独唱歌曲评奖,2000年新世纪之声——优秀歌曲征集和首届江西农民艺术节及省戏剧节、音乐舞蹈节、少儿艺术节,都有熊炜、汪熙明、王肃和、黄河九、黄耀国、吴亨庆等谱的曲,俞明龙、叶翠烟、姜刘权等作的词,歌曲获各种奖。1993年,黎辉光的一组《三清山风光》歌曲被中央人民广播电台、海峡之声广播电台等采用播出。1994年,熊炜曲、俞明龙词的《畲家节日灯》,获新编江西民歌评选一等奖。舞蹈音乐《老表哥的红背带》由柯仁(即汪熙明,熊炜)作曲,1996年11月获文化部第六届群星奖银奖、省文化厅创作一等奖。李高富的歌词《五十六个民族一个家》由作曲家田光谱曲，在《歌曲》发表后，被国家教委编入全国中小学生百首爱国主义教育歌曲专集《我爱你，中国》重大题材教科书出版。吴明祥作曲的《阳光下的中国》由歌唱家李谷一演唱，于1996年列入全省“五个一工程”立项项目上报中宣部，是全区首例入围全省“五个一工程”项目。王肃和收集整理的铅山畲族民歌《唱个金鸡对凤凰》等13首，于1998年2月编入人民音乐出版社出版的畲族民间歌曲集。歌词新秀汪茶英的歌词《小小的山村》等，先后在《解放军歌曲》和其他省（市）词刊上发表。

1990年代，《上饶戏曲音乐集成》经多年完成编辑油印成册。

汪熙明的音乐论文《另辟蹊径，独树一帜》，获1996年省音乐家协会首届论文评奖二等奖。王肃和的音乐论文《铅山畲山“交恋”剖析》获1998年江西省第二届音乐论文评选三等奖。

第五节　舞　蹈

1991年—2000年，境内的舞蹈节目创作和编排以省里举办的音乐舞蹈节、少儿艺术节、文化部组织的群星奖活动为目标而进行。1991年，在江西省首届少数民族文艺调演大会上，陈巧英编舞，傅之潮词，王肃和曲的舞蹈《畲山冬运会》获创作一等奖；朱曼莉、朱丽峰编舞，傅之潮词，王肃和曲的舞蹈《新潮时装进畲乡》获创作三等奖。同年，左文兵编排的少儿舞蹈获江西省第三届少儿艺术节演出三等奖。1993年，周汉成编排的舞蹈《女儿泪》，薛凡勋编排的舞蹈《茶韵》，分别获省音乐舞蹈艺术节二、三等奖。1994年，周汉成编导、熊纬作曲的大型系列歌舞《三清神韵》参加由文化部主办的群星奖评选，获全国群星奖铜奖。1996年，系列舞蹈《老表》在江西省音乐舞蹈艺术节上获7项大奖，其中《老表哥的红背带》一折，在全国第六届群星奖比赛中获编导银奖。《三清神韵》和《老表》的主创人员是周汉城。同样，由周汉城辅导的舞蹈《法官的奉献》《放脚歌》，在地区法院参加全省法院系统比赛中获创作奖。

第六节　美　术

版画和藏书票　1991年—2000年，境内的美术创作，以版画特别是藏书票为一大特色。1993年，苏烈熙的新画种—吹塑版画，通过国家科委审核鉴定。苏烈熙的吹塑版画《半开着的门》《栋和梁》分别入选第八、九届全国美术作品展，《乡探》《半开着的门》《赣东人家》分别入选第十一、十二、十三届全国版画作品展，《春》《听泉》等分别被中国美术馆、神州版画博物馆及美国、欧洲、日本等国家和中国香港地区有关单位收藏。黄永勇的《古扇》《信江书院》《辰龙书斋》等，分别入选全国第四、五、六、七届藏书票展，和多届世界藏书票展。1995年，黄永勇与温祖望合作的《三清山》（4枚）邮票，经国家邮政部向全国正式发行，首开江西邮票由地方画家设计之先河。俞洪春为省九运会创作的巨型活动背景画作品形式属江西首创。

江西的藏书票活动起源于上饶，1987年11月成立上饶版画藏书票研究会。到1996年底，先后有82人（260幅）藏书票分别入选全国第一、二、三、四、五、六届藏书票展览；有3人（16幅）藏书票获全国藏书票大展铜牌奖；有19人（195幅）藏书票先后参加第二十一、二十二、二十三、二十四、二十五、二十六届国际藏书票展览；有18人藏书票入选香港藏书票活动10周年展览；有5人藏书票入选“台湾国际藏书票邀请展”；有2人藏书票入选深圳中国藏书票画家邀请展；有5人5次出席“全国藏书票艺术研究会”；有1人出席国际藏书票、收藏家联合代表大会；在第二届全国藏书票代表大会和第三届版画代表大会上，黄永勇当选为理事并被授予藏书票荣誉奖章。上饶藏书票先后送日本、美国、丹麦、德国、新加坡、瑞典、立陶宛、意大利、捷克等10多个国家展出与交流。

波阳漆画　波阳县有丰富的漆画资源和漆艺传统，是中国漆画四大流派之一江西漆画的发源地。改革开放以后，创作的漆画有13件入选全国或国外大型美展，有3件被中国美术馆和文化部机关收藏。还有20多件被外商收购。1992年5月，为纪念毛泽东《在延安文艺座谈会上的讲话》发表50周年，全区首届波阳漆画展在上饶展出。

1991年—2000年全区省级以上（含省级）美术作品一览

表31－3－3

年份	作者	剧名	类别	入选或收藏或获奖
1991	徐良发	山那边的运动	版画	全国第八届群星奖
1991	李一新	玉簾春	油画	江西省第十届美术作品展览二等奖
1991	祝安峰	春风	国画	入选中国现代书画大赛展
1991	李一新	踏青	漆画	中国美术馆收藏
1993	徐良发	庆功酒	版画	全国群众艺术馆、文化馆（站）　优秀美术作品展一等奖　93全国群星美术大展优秀奖
1993	江治安	朱奋造像	国画	入选《20世纪国际现代美术精品荟萃》，并获国际文化交流荣誉奖
1994	李一新	江南四月	漆画	中国美术馆收藏
1994	江治安	文天祥	国画	黄河杯中国书画大赛铜牌奖，还送新加坡展览
		兰亭盛集图	国画	纪念王羲之诞展1691年金鹅奖书画大赛铜奖
1994	郑锦明	进修轶事	油画	入选江西省第十届美术作品展和第八届全国美术作品展
1994	李一新	线	漆画	入选江西省第十届美术展
1994	陈景南	入冬的田野	油画	入选第二届中国油画展
1995	陈景南	入冬的田野	油画	参加在日本举办的现代中国画展
1995	江治安	长青图	国画	捐赠第四次世界妇女大会展览并收藏
1995	余祖德		国画	中国首届书圣杯国际书画大赛铜奖
1996	郑立跃	期盼	漆画	入选江西省第十届美术作品展
1997	高伟青		书画	中华民族艺术杯民族一等奖
1997	郑立跃	江南渔林	漆画	参加中日友好都市联展并收藏
1997	徐良发	山那边的运动	版画	入选第四届中国体育美术展
1997	高伟青	红梅报春、荷香、雄鸡图、秋趣	中国画四件	参加革命中国国际文学艺术作品博览会并收藏
1997	江治安	万里雄风图	国画	参加中国当代书画名家迎九七精品展
		唐太宗李世民	国画	迎接九七香港回归中国书画作品大奖赛人物组优秀奖

续表 31－1－3

年份	作者	剧名	类别	入选或收藏或获奖
1998	徐良发	带雨的云	版画	江西省第五届版画作品展一等奖
1998	江　伟	风景	油画	入选江西油画展
1999	祝安峰	高风亮节	国画	入选江西省第十一届美术作品展
1999	祝正茂	远古的回音	陶艺	入选亚洲工艺美术作品集、日本出版第十届亚洲工艺展特别奖
1999	张顺良	祥云罩山村	国画	入选第十一届江西美术作品展
		山水	国画	入选庆祝澳门回归江西美术作品展
1999	郑立跃	伴侣	漆画	入选中国漆画艺术展送越南展出
1999	徐良发	矿井深深	版画	第十一届江西美术作品展二等奖
2000	徐良发	急速的节奏	版画	首届江西农民艺术节一等奖
2000	江治安	茶乡春	国画	世界华人艺术展主要奖
		李隆基与吴道子	国画	中国书画名家大展精品奖
			中国画	中华当代书画艺术展银奖
		清凉人间	国画	入选亚亨杯全国书画精品大展
2000	祝正茂		陶艺	中国工艺美术金奖
2000	江　伟	野韵	油画	江西青年油画展二等奖
2000	熊敏鹤		国画	中国(沈阳)书画艺术节银奖

第七节　书法　篆刻

1991 年开始，专业与业余的书法艺术创作均日趋活跃。尤其是婺源县的农民书法普及，常被人称之“书法之乡”。篆刻作为一种特有的传统艺术，得到继续发展。篆书刻成的印章点缀在书画上，是实用的艺术品。钱永瑞、王克敌的书法，胡润芝的篆刻在上饶颇有代表性，胡润芝还被评为全国百名篆刻家之一。新秀翁志强的篆刻《邓小平革命足迹印谱》，1997 年出版后被中国革命博物馆收藏。上饶书画院与有关部门重点开展三清山和葛仙山碑林名家墨迹的征集、筹备与动工。1995 年 1 月 10 日，三清山碑林名家墨迹展在南昌八大山人纪念馆开幕，为期一个月，征集了国内外书画家作品 2000 余件。1999 年 9 月 9 日，历时 4 年的葛仙山碑林竣工，从国内外 1000 余幅征集作品中精选出 99 幅碑林作品。

1997 年 5 月，韩顺任的书法论文《唐代楷书主体形态分析》在《文艺研究》刊物选载，并获 1998 年江西省第八次社会科学优秀成果奖三等奖。2000 年 8 月，王维汉的书法论文《速度在形式因素中的地位》在《中国书法》杂志选载。

1991年—2000年全区省级以上(含省级)书法、篆刻作品一览

表31－3－4

年份	作者	剧名	类别	入选或收藏或获奖
1991	韩顺任		书法	第二届全国电视书法篆刻大赛优秀奖
1991	楼望江	行书四尺竖幅古诗二首 草书四尺横幅古诗二首	书法	中国临沂书圣杯国际书法艺术大赛优秀奖 首届青年宫杯全国毛笔书法大赛三等奖
1991	余祖德	硬笔书法	书法	天涯杯国际书法美术摄影大奖赛三等奖
1991	翁志强		篆刻	《人民日报》海外版1月26日选载
1991	余风顺	草书:庄子句	书法	《中国书法》三期选载
1991	黄金虎	硬笔书法	书法	《中国硬笔书法》一期选载
1992	王克敌	行书条幅	书法	入选中国书协长江颂展
1992	祝安峰	草书:自作咏竹诗	书法	国际现代书法大赛三等奖
1992	章新亮	对联	书法	国际现代书法大赛优秀奖
1992	程欣荣	鲁迅先生的自题小像	书法	炎黄子孙与各国友好书画展(国际展)三等奖
1992	童美良		书法	金龙奖全国书画篆刻大赛佳作奖
1992	杨　剑	甲骨文对联	书法	中国书画艺术暨装裱艺术大奖赛第二名
1992	翁志强		篆刻	《人民日报》海外版10月1日选载
1992	钟自刚	对联	书法	入选全国第四届书法篆刻展
1992	叶淦林		篆刻	解放军《后勤》杂志总第436期选载
1992	张海林	一元复始,万象更新	篆刻	《新闻出版报》1月1日选载
1992	韩顺任		书法	入选全国第五届书法篆刻作品展
1993	王维汉		书法	纪念毛泽东诞辰100周年中国书法作品精选
1993	钟自刚		书法	入选全国第五届中青年书法篆刻家作品展 入选中国美术馆举办的中央部委书法联展 万家乐杯中国书法大赛优秀奖
1993	叶淦林		篆刻	《中国书画报》9月16日、9月30日选载
1993	韩顺任		书法	入选第二届中国书法新人作品展
1994	钟自刚		书法	兰亭书法节全国职工书法展一等奖
1994	江治安		书法	首届大足石刻杯海内外艺术大赛优秀奖
1994	杨　剑	毛笔书法 楹联 书法:柳宗元黔之驴篇	书法	名酒之乡杯国际书画大赛二等奖 入选第一届全国楹联书法大展 入选国际书法大展
1994	叶淦林		篆刻	《解放军画报》二期选载《中国书画报》1月6日选载

续表 31-3-4

年份	作者	剧名	类别	入选或收藏或获奖
1994	翁志强		篆刻	《人民日报》海外版2月9日选载
1994	王 璐	行楷	书法	《青年书法报》5月21日选载
1994	张 兴	草书:六盘山	书法	入选《中国美术书法界名人名作博览》一书
1994	王维汉	行书:陶渊明饮酒诗	书法	入选全国第一届正书大展成年组作品展
1995	吴克象		书法	江西省首届档案书法摄影作品展二等奖
1995	李湘泰	杜甫诗一首 毛泽东词一首	书法	中华全国总工会成立70周年 全国书画摄影艺术大展特等奖 入选纪念中央红军长征胜利 到达陕北60周年全国书画作品邀请展
1995	余祖德		书法	首届洗笔泉书法大赛三等奖 《中国书法》四期选载
1995	祝安峰	草书:唐王湾诗	书法	入选中日书法交流大展
1995	章新亮		书法	在北京中国美术馆展出入选95跨世纪当代诗书画印作品大联展
1995	王维汉	行书:陶渊明饮酒诗	书法	入选全国第六届书法篆刻展
1995	韩顺任		书法	入选全国第六届书法篆刻作品展入选提名全国第六届中青年书法篆刻家作品展
1995	杨剑	书法篆刻(四枚)	篆刻	《书法》五期选载
1995	黄淑庭	草书:腾飞	书法	入选中国国际文学艺术作品博览会展
1995	程盛林	小行楷书:完璧归赵	书法	入选江西省书法展
1996	江治安	条幅	书法	玉女杯国际书画大展三等奖
1996	李湘泰	苏东坡词一首 古诗一首 天下为公	书法	’95三国文化全国书画篆刻艺术大展三等奖 第四届阳光艺术杯全国书法大赛老年组金奖 入选江西省第四届书法篆刻作品展
1996	陶家鸿	行书	书法	入选江西省第四届书法篆刻作品展
1996	楼望江	行书六尺直幅 古诗四首	书法	入选纪念红军长征胜利60周年首届全国职工书法艺术展
1996	祝安峰	草书:唐诗湾诗	书法	入选中日书法绘画作品公开征集展
1996	吴可传	蝇头毛笔楷千字文	书法	第三次中外书画艺术交流精品大展金奖
1996	王克敌	行书	书法	入选全国行书展览
1997	祝安峰		书法	入选首届中日硬笔书法作品联展

续表 31－3－4

年份	作者	剧名	类别	入选或收藏或获奖
1997	徐文革	钢笔书法	书法	《上海写字》杂志四期选载
1997	陶家鸿		书法	首届江西卫视青少年书法大赛青年组二等奖 江西省安全杯书法大赛一等奖
1997	楼望江	行书八尺竖幅　古词二首	书法	龙脉杯全国书画大展优秀奖
1997	郭志瑞		篆刻	’97 和平杯国际书画交流大赛金奖
1998	陶家鸿		书法	入选全国第四届新人新作展
1998	王维汉	行书:范仲淹　渔家傲词	书法	入选兰亭奖牡丹杯全国书画作品展
1998	徐文革	钢笔书法	书法	上海写字杂志四期选载
1998	吴可传	楷书中堂古诗	书法	入选第二届国际书法艺术大展,在韩国、巴西等地展出
1998	陈寿兴	楷书	书法	入选纪念彭德怀元帅诞辰百年书画展,珍藏在彭德怀纪念馆
1998	钟自刚		书法	入选海峡两岸名人名家书画展入选 ’95 兰亭奖·牡丹杯展
1998	王少华		书法	入选第四展中国书坛新人作品展
1998	余祖德		书法	入选中国黄河魂艺术大展
1998	韩顺任		书法	入选全国 ’98 兰亭奖·牡丹杯展
1998	章新亮		书法	楚汉杯中国书画大奖赛优秀奖
1998	徐文革	筷子书法	书法	汤显祖杯全国书画展成年组一等奖
1998	上官国盛	行书	书法	汤显祖杯全国书画展老年组金奖,被汤显祖纪念馆收藏
1998	王克敌	条幅行书:寿如金石	书法	入选中国文联、中国书协“兰亭杯”大赛
1999	陶家鸿	清诗三首行书立轴	书法	入选金圣杯江西省第五届书法篆刻艺术大展
1999	吴象克	行书岳阳记四条屏	书法	入选江西省庆祝建国 50 周年展 入选金圣杯江西省第五届书法篆刻艺术大展
1999	李维华	草书立轴	书法	入选金圣杯江西省第五届书法篆刻艺术大展
1999	李武光	自作诗草书条幅	书法	入选金圣杯江西省第五届书法篆刻艺术大展
1999	楼望江	苏轼词行书中堂	书法	入选金圣杯江西省第五届书法篆刻艺术大展
1999	祝安峰	草书古诗一首	书法	入选纪念孔子诞辰 2550 年书画大展
1999	江治安		书法	入选纪念齐白石弃斧从艺 110 周年全国书画名家作品展

续表 31-3-4

年份	作者	剧名	类别	入选或收藏或获奖
1999	程欣荣	书法自撰诗:黎明	书法	入选金圣杯江西省第五届书法篆刻艺术大展
1999	吴可传	毛笔蝇头小楷条幅 楷书中堂论语五则	书法	第十届文明杯全国写字段位大赛6段优胜奖 入选纪念孔子2550年书画大展
1999	韩顺任	行书:对联	书法	入选全国第七届书法篆刻作品展 庆祝澳门回归江西省美术书法作品展二等奖
1999	钟自刚		书法	庆祝建国50周年暨澳门回归全国诗人、书法家、画家作品大赛优秀奖
1999	祝安峰	毛笔书法:自作题画诗	书法	辉煌50年——江西硬笔、毛笔书法大赛中老年组二等奖
1999	余风顺	古诗一首:草书中堂	书法	金圣杯江西省第五届书法篆刻艺术大展一等奖
1999	上官国盛	行书	书法	禹王杯全国书法大赛一等奖
1999	徐　攀		书法	首届伟人杯中国少儿书法艺术大赛金奖
1999	余祖德		书法	国花杯全国书画作品大展赛银奖
1999	郭志瑞	书画		’99中华当代书画艺术展金奖
1999	王克敌	对联	书法	入选昆明世界园艺博览会
2000	陶家鸿	行书	书法	入选江西省龙年书画展 入选第二届赵孟頫奖全国书画大展
2000	章新亮		书法	《中国书法》四期选载
2000	余风顺		书法	入选全国第八届中青年书法篆刻家作品展
2000	王维汉	行书:郑板桥诗	书法	入选全国第八届中青年书法篆刻家作品展
2000	王少华		书法	入选第四届中国书坛新人作品展
2000	余祖德		书法	入选2000中国(沈阳)书画艺术节展览
2000	郭志瑞	百寿图二则	书法	被世界书画家协会等收藏
2000	韩顺任	行书立轴	书法	世纪之光江西省美术、书法、篆刻作品展二等奖
2000	李维华	条屏	书法	广东省群众美术书法大展银奖
2000	余风顺		书法	21世纪全国首届书画篆刻作品展铜奖龙年“龙岗杯”国际书法大赛金奖
2000	徐　攀		书法	中国小画家——中国当代少儿书画精品选21世纪新星奖　全国青少年书法篆刻第四届神龙大奖赛　少年甲组金奖

第八节　摄　影

1991年—2000年，地区性的摄影活动经常有，地区级的摄影展览年年搞，推动了业余与专业摄影创作活动的开展。群艺馆利用暑假举办了小小摄影家的培训班，重视从少年儿童抓起。龚俊义、郝正良和熊良华、汪维炎、何义康、汪凯声、韩华分别举办了个人摄影展或数人摄影联展。王霖、陈建强、任春才、王冶洪、李土根等摄影新人辈出，给上饶摄影界增添了骨干力量。1998年5月，江西省摄影家协会主办的武夷山主峰—黄岗山风光摄影作品展览，王霖的摄影《黄岗烟云》《秋鱼》《山村瑞雪》等24件入选在南昌展出。

1991年，周堃的摄影论文《新闻摄影与大众传播的社会关系初探》在江西省第一届新闻摄影理论年会上被评为优秀论文，周堃的《母爱凝固在瞬间——评摄影作品〈母亲〉》《中西文化差异对摄影创作的影响》《摄影组织的社会关系初探》《抽象摄影对社会美的表现》《民族摄影的语言元素构成》《摄影艺术创作与美学表现的关系》《摄影语言放纵谈》《摄影艺术创作与发现的关系》《摄影创作与标题的关系》等分别在1991—2000年间《人民摄影》《摄影之友》《光与影》《西部摄影报》《人民摄影报》《摄影报》等诸多摄影报刊上选载。1998年，汪维炎的《岁月》获江西省艺术人像摄影大赛特等奖。1999年，陈建强的《我拍〈残荷幻影〉》获“照片背后的故事”征文一等奖。2000年，徐翔琪的《绿荫金毯》获中国文联艺委会主办的“世界华人艺术展”银奖。

1991—2000年全区省级以上(含省级)摄影作品一览

表31-3-5

年份	作　者	名　称	入选或获奖或选载
1991	王肃和	山在虚无缥缈间	首届DS杯全国摄影大赛优秀奖
		田园秀色	入选江西省摄影艺术新作展
		敬老院的爷们	入选江西省摄影艺术新作展
1991	周堃	双荷乍出(黑白)	入选第十二届江西省摄影艺术作品展
		时空的永恒	入选第十二届江西省摄影艺术作品展
1993	邱炳炎	彩虹璀璨	江西旅游大赛三等奖
1993	王冶洪	风雨行匆匆	首届全国职工开拓杯摄影大赛优胜奖
1994	王肃和	继往开来	入选江西省摄影作品交流展
1994	何义康	婺源茶道	《中华商报》选载
		江西大有希望	《江西画报》十一、十二月号封底选载
1994	陈建强	壮志在胸	入选江西省第十四届艺术摄影展
1995	邱炳炎	仙山琼阁	江西省第十四届摄影艺术展三等奖
		太虚幻境	入选全国蓬莱阁杯摄影展
1995	韩华	开山人	江西农村美术、书法、摄影、工艺作品展三等奖

续表 31－3－5

年份	作 者	名 称	入选或获奖或选载
1995	何义康	欢腾	入选《中国大潮》摄影图片展
1995	王 霖	香	入选江西省摄影作品交流展
1996	李土根	锦绣灵山	96 佳能与影友美丽的江西摄影大赛一等奖
1996	余建华	雪中深情	蓝盾在闪光摄影展三等奖
1996	李哲民	万众一心战天公	双鹿杯一周回眸摄影比赛二等奖
1996	王 霖	香	入选第二届全国群艺馆文化馆摄影艺术展
		多娇的主人	入选第二届全国群艺馆文化馆摄影艺术展
1997	陈建强	待耕	入选江西省第十五届艺术摄影展
		炎夏	第二届新时代杯全国儿童人像摄影展铜牌奖
		大自然的恋歌	兴华’96 闪光摄影比赛佳作奖
1997	王冶洪	序曲	入选江西省第十五届艺术摄影展
		大鱼鲵	中国野生动物摄影大赛三等奖
1998	任春才	春伢	第七届全国擎天柱职工摄影艺术联展二等奖
1998	顾萃	春耕田	辉煌的二十年江西省美术、书法、摄影作品评选二等奖
		遮不住的岁月	第五届佳能杯亚洲风采华人摄影比赛一般摄影组三等奖
1998	陈建强	组照:残荷幻影	第二届高坚杯摄影大赛铜牌奖
		哭泣	凤凰杯全国摄影大赛铜牌奖
1999	任春才	古宅春秋	入选第十九届全国摄影艺术展并送韩国、美国等地展出
		春伢	全国第八届群星奖评选优秀奖
1999	陈建强	醉人的乡办曲	江西省第十六届摄影艺术展金牌奖
		红荷	江西省第十六届摄影艺术展铜牌奖
		岁月难遮	江西省第十六届摄影艺术展铜牌奖
		大地的母亲	入选江西省第十六届艺术摄影展
		新潮时尚	入选江西省第十六届艺术摄影展
1999	王冶洪	走向明天	入选江西省第十六届艺术摄影展
		春之律	入选第十九届全国摄影艺术展优秀参赛作品选集
1999	何义康	小花	入选《江西五十年美术书法摄影作品选》(1949～1999)摄影卷
1999	李土根	凌空展翅	江西省第十六届摄影艺术展铜牌奖
		苍茫云瀑	入选江西省第十六届艺术摄影展
1999	钟永增	群峰近飞瀑	入选江西省第十六届艺术摄影展
		云绕奇峰	江西省第十六届摄影艺术展铜牌奖

续表 31－3－5

年份	作 者	名 称	入选或获奖或选载
1999	周　堃	云蒸霞蔚	入选全国第十二届尼康奖摄影比赛
		三清风光	入选蓝雪杯全国摄影大赛
1999	邱炳炎	江南第一仙峰	入选华夏杯全国影展
		云蒸霞蔚	入选新加坡第十七届国际彩色摄影展
2000	周　堃	玉台寻风	香港《文汇报》选载
		雪霁	香港《大公报》选载
2000	任春才	山居似画屏	第八届擎天柱职工摄影艺术联赛一等奖
2000	顾萃	开渔喜讯传千家	半岛风光全国摄影大赛三等奖
2000	钟永增	摄影	全国群众书画摄影大赛银奖
2000	李土根	生命	首届江西青年摄影艺术展三等奖

第九节　曲　艺

1990 年代，全区的曲艺创作新故事仍有很大收获。省曲艺家协会每隔一段时间会举行创作的新故事讲演比赛，省文化厅三年一届的少儿艺术节也有儿童讲故事的比赛，推动了全区新故事创作和讲故事活动的开展。1994 年，地区群艺馆组织创作的故事《我想有个家》获全省少儿艺术节创作三等奖。1995 年，傅之潮的《河口脱险记》获江西省新故事大奖赛作品奖。1997 年，吴建河的《红区奇遇记》获江西省“纪念秋收起义 70 周年”故事大奖赛优胜奖。夏乐飞的《风雨中的柔情》在《故事会》1997 年第八期选载，并获该刊优秀作品二等奖。翁志刚 1995 年开始从事新故事创作，其作品《鱼鹰》《疤痕》《血龙》《父子决斗》《匪训》等散见于《章回小说》《少年文艺》《故事会》《上海故事》《传奇故事》《故事大王》《故事报》《古今故事报》等刊。1996 年 11 月被《上海故事》编辑部邀请参加太湖笔会；1997 年 10 月被上海文艺出版社邀请参加故事研讨会。其中，翁志刚的传奇故事《天下第一撕》获《故事会》1996 年创作二等奖，并收入上海文艺出版社《当代传奇故事集》一书；悲情故事《血泪母子情》获《故事会》1997 年创作二等奖，并收入上海文艺出版社庆祝中华人民共和国成立 50 周年《故事精品集》一书。黄华帮的故事《山神》等，分别选载在山东《新聊斋》、辽宁《民间故事》、湖北《楚风》；吴建河的《一双草鞋》等，分别选载在人民文学出版社《文学故事报》福建《故事林》；蔡阳啟的故事《情缘》选载于 1992 年《山海经》；张孟麟的故事《郑板桥的初恋史》选载于 1992 年《文化报》。罗宁、陈家鹦编纂的革命故事多而有影响。陈忠琳、梁金联、谭卫平等业余故事员的讲演，多次在省里得奖。

第十节　民间文艺

民间文艺包括民间文学和民间艺术两个部分。1980 年代，对民间故事、民间歌谣、民间谚语进行了一些收集整理工作,编印了《圭峰的传说》《石人峰的金牛》等一些内部小册子。上饶市周宝光、弋阳县陈建英等对上饶的地名传说、对圭峰的民间传说都做过一些搜集整理方面的努力。1990 年代,由于经费、人员等诸多原因,民间文学的搜集整理工作逐渐停顿下来。而民间艺术只有铅山的剪纸较好,1994 年,杨丕文的《鲤鱼跳龙门》《荣华富贵》《国泰民安》《求索》《吉祥》《福寿双全》入选江西省第二届剪纸艺术大展;1995 年,陈跃进的《如意》由豫章民俗博物馆收藏并获首届江西省民间剪纸大赛二等奖。上饶市老民歌手姚金娜坚持演唱年迈而不衰。

婺源县组织文艺工作者和民间老艺人联手对婺源茶道、灯彩、傩舞、地戏等民间艺术精品进行整理,并通过创作攻关、文艺调演、组织大型广场晚会和组团外出表演等形式,使其艺术形式不断丰富和发展。由单一的民间娱乐活动,向舞台表演艺术、大型广场表演艺术、高雅茶馆艺术等多元化发展,构成多姿多彩的民俗风情画卷。婺源茶道是对民间茶礼、茶俗进行挖掘整理而形成。1993 年,王涧石编纂的《民间文艺:婺源茶道》由江西电视台摄制播出,该作品应邀参加多次国家级博览研讨会、学术会表演,并被选派科威特表演。

2000 年全区中国作家协会和中国文联所属各协会会员名单

表 31-3-6

协会名称	会员姓名
中国作家协会	陈运和、桂向明
中国戏剧家协会	王季桂 王腊珍 刘玉琴 刘莎香 江裕民 严光炎 肖桂香 胡瑞华 俞洪春 俞景陆 夏琼 黄有生 彭浮洲
中国美术家协会	刘道荣 李一新 苏烈熙 徐良发 黄永勇
中国书法家协会	王维汉 杨剑 钟自刚 胡润芝 钱永瑞 翁志强 黄永勇 韩顺任
中国摄影家协会	王霖 王汝春 计树民 刘学玉 叶翠烟 任春才 江凯声 何义康 吴龙章 陈建强 陈想来 余竟吾 余建华 汪维炎 周堃 郑志宁 郝正良 钟永增 徐翔琪 顾萃 廖国平
中国音乐家协会	王少林 王民安 邓志成 吴明祥 宋铁雄 汪熙明 陈晓芳 钟金亮 饶敏芝 徐艳萍 黄耀国 程晓峰 蔡毅 谭建
中国舞蹈家协会	周汉城 薛凡勋
中国曲艺家协会	王良松 邓志成 陈忠琳 徐广森 梁金联 谭卫平
中国民间文艺家协会	陈运和

第四章 艺术表演

第一节 专业剧团

1990 年代,地直及各县(市)艺术表演团体的经济状况拮据, 1993 年,各地政府及主管部门继续坚持贯彻整顿、改革的方针,对整顿后确定保留的艺术表演团体,以适应社会主义市场经济的需要,在管理体制、人事制度、经营管理等方面进行改革,重点办好地区歌舞话剧团、波阳县赣剧团,对古老戏曲弋阳腔、婺源徽剧进行整理、编写和建档的补救性保存扶植,对坚持演出尤其是坚持常年下农村、下厂矿演出的团体,在核定其差额补贴时适当给予照顾。文化系统实行减人不减经费、增人不增经费的办法,充分发挥人才作用,增强艺术表演团体的内部活力。离退休人员经费实行单列,专款专用。根据艺术表演团体的特点,不适宜上台演出而又不到离退休年龄,需要转业到其他部门或提前离退休的演员,可以按鼓励转业或提前离退休的政策,发给一定的转业、退休费。

上饶地区歌舞话剧团　1990年代中后期,成为地区所属的唯一专业剧团。保留剧目有话剧《护照的秘密》等。由于话剧编导、演员逐渐年龄老化或改行,又缺乏新生力量补充,剧团开始转以歌舞为主,演出多为公益性,排戏制景服装费由地方财政拨款。创作演出的儿童剧《我长大了》赴浙江宁波演出100余场,深受欢迎。还编排了大型芭蕾舞剧《白毛女》、大型系列歌舞《三清神韵》以及省九运会开幕式大型文艺表演和全国武术比赛开幕式大型文艺表演,经常承办大中型企业庆典活动、广场文化活动、节假日文艺活动,并与外地文艺团体艺术明星同台演出。

上饶人民艺术剧院　1990年4月由京剧团改制而得此名。1991年,因"以文补文"的成绩突出,获财政部、文化部颁发的"金马奖"。1994年—1996年,剧院实行责任承包制,利用合作经营和职工集资的形式,集资25万元,对剧场的设施更新,经营收入超过百万元。1996年,调整经营思路,分散经营,集中演出,自编自演大型京剧《雪域红柳——孔繁森》。1997年,排练大型儿童话剧《托起明天的太阳》,在福建、浙江、安徽等省演出500余场。1998年,排演大型轻喜剧《笑在人间》(话剧)。1998年年底至1999年年初,配合地区纪检委的"警示工程",组织排演了大型歌舞晚会《廉政之声》,并到各县市巡回演出。2000年,上饶人民艺术剧院已形成演出、电影、录像放映、承办会议和接待演出为一体的综合性剧院。

县(市)专业剧团　1991年,全区12个县市只剩9个专业剧团(广丰县、横峰县、铅山县已撤销)。其中赣剧团4个,越剧团3个,文工团1个,徽剧团1个。2000年,弋阳县弋阳腔剧团、余干县赣剧团撤销。全区赣剧团还有2个,越剧团3个,文工团1个,徽剧团1个,共7个专业剧团。活跃在戏剧之乡的波阳县赣剧团硕果累累,长盛不衰。每年都要上演数百场,有时还分两个队下乡演出,观众颇多。1991年,波阳县赣剧团被文化部、人事部授予"文化工作先进集体"荣誉称号。1992年与1995年,波阳县赣剧团分别编排了《朱笔血泪》《陶侃》。该团赣剧名旦胡瑞华,表演真挚细腻、唱腔优美、自成一体,被称为"水花腔"。上饶市越剧团经常深入农村、工矿、部队,并赴浙江萧山、诸暨、宁波等地巡回演出,先进事迹被中央人民广播电台专题报道过,1992年,获江西省文化厅、人事厅授予的"江西省文化工作先进集体"称号。

第二节　业余剧团

1990年代,全区多数专业剧团不景气。但业余剧团,特别是波阳县、上饶县等农村的业余赣剧团仍很活跃。1992年,波阳县结合"戏剧之乡"的特点,组织了由县赣剧团、皇岗业余剧团、谢家滩镇业余剧团、团林乡坂塘徐家村业余剧团等波阳县三级戏剧网调演,四个剧团同台竞技,县里六套班子均观看演出,在全县产生了强烈反响。赣东北农村逢年过节,喜庆之时都要演上“一票”戏。春节的欢乐戏,庙会的做庙戏,生日的祝寿戏,闲时的太平戏,落成的庆典戏,驱邪灭灾的开台戏,发生意外的平安戏,就是娶亲嫁女不演大戏也要请个串堂班唱上两天。多少年相传下来的风俗习惯仍保留,已故的江西省赣剧知名老艺人杨桂仙便从上饶这块土地走进省城。至今还享有“三天不看杨桂仙,人就要发癫”的美誉。波阳县更是“戏窝子”,群众不仅喜欢看戏,而且爱唱、爱演。“夜天深更半,处处有戏看,鸡叫天明亮,还有锣鼓响”。这波阳广为流传的民谚,说明“戏窝子”农村的真实状况。除县城有1个专业剧团,区、乡级有10个业余赣剧团外,还有数以千计的“太子班”“三角班”和“串堂班”,成为活跃波阳农村的一支重要的群众文化队伍。忙时务农务工,闲时敲起锣鼓走城串乡。有“小村大戏班”之称的波阳县凰岗乡牌楼村,全村54户,就有52人参加业余剧团,几乎家家有演员。波阳戏风极盛,人说“三天不看饶河戏,肚子发胀鼓闷气”。业余赣剧团还经常在农闲时到外地进行交流演出。许多泥腿子出身的演员崭露头角,唱腔乡音悠长,如行云流水;表演朴素大方,似瓜熟蒂落。武功技巧也相当不错,有的进了县专业剧团。上饶县的业余赣剧团也有八、九个,如长虹、汾阳、金栋、小百花、金凤、群艺、霞光、红曦等,演职员多达600余人,演出大小剧目60余个,年演出3000场左右。

第五章 电 影

第一节 发 行

1990年代,35毫米影片发行放映权归上饶地区电影公司,县(市)电影公司只有发行代管权,并承担所在县(市)乡镇和基层企事业单位16毫米影片的发行放映工作。1991年—1992年,电视及其他文化娱乐业对电影放映冲击很大,经济效益出现滑坡,不少地方出现负增长。1993年,广播电影电视部改革电影发行放映体制,打破了过去计划经济的电影发行放映模式。县(市)电影公司开始转变经营机制,实行自购拷贝,自主经营,自负盈亏。随着电影行业管理体制和经营机制改革的不断深化,1993年起县(市)电影公司仅有的35毫米影片发行代管权被取消,乡办电影队全部承包给个人。农村电影由于有关的收费政策得不到落实而市场日益萎缩,再加上8.75毫米的电影放映单位因影片停止缩印和发行而全部撤销,电影在农村步履艰难。1995年开始,广播电影电视部放开改变16毫米发行体制,农村电影放映队和个人可以自购拷贝,自行放映,大量的16毫米个人放映单位在农村兴起。35毫米电影仍由省、地、县三级片租分成改为逐级上报片租承包合同的办法发行影片,即县(市)电影公司向地区电影公司承包,地区电影公司向省电影公司承包。电影与电视及其他文化娱乐业的竞争越来越激烈,各级电影公司收入大大减少。发行渠道由上级电影排片过渡到基层电影公司购片后,一些基层电影公司财力不足,一年只能购买两部新片,其他则依靠翻旧片或外县换片发行。造成城乡电影观众与收入减少,电影公司、电影院有时连工资也发不出。1991年—2000年,各级电影公司(院)纷纷转营他业,以自办开设录像厅、招待所、饮食店、电脑培训班与打字复印室等为主要业务,开辟新的生存出路。各乡镇电影放映队先后自行解体。有的县(市)如上饶市电影公司连16毫米影片发行放映工作都暂停。

1991年,地区及12个县(市)有电影事业机构660个,职工2190人。其中电影管理机构16个,职工311人;电影院112个,职工693人;影剧院5个,职工134人;开放礼堂、俱乐部4个,职工213人;放映队470个,职工949人;对内俱乐部53个,职工90人。到2000年,地区及12个县市电影事业机构只剩下23个,职工623人。其中电影管理机构13个,职工335人;电影院10个,职工288人。

第二节　放　映

1990年代初,市区有地区属的上饶影剧院、上饶人民艺术剧院,市属的上饶市电影院、上饶市信江影剧院及金山影剧院5家可放映电影。金山影剧院虽为上饶市常青乡管理,但享有与其他4家影(剧)院同期放映同一部影片(即跑片)的权利。此外,还有军分区礼堂和铁路俱乐部礼堂两家对社会开放的2个放映点。随着电视,特别是有线电视和其他文化娱乐业的兴起,到2000年,地区属、市属包括军分区礼堂、铁路俱乐部礼堂多数关门停映。2000年年底,7处影(剧)院和电影放映点仅剩下地区影剧院和上饶市电影院2家。

1991年,上饶地区电影公司举办纪念建党70周年献礼片展,安排各地放映《焦裕禄》《周恩来》《毛泽东和他的儿子》《大决战》等影片,颇有成效。地区电影公司获省委宣传部、省文化厅颁发的二等奖,地区电影公司发行科获发行一等奖。1992年1月,在由农业部、林业部、科委、广电部、文化部、科协等六部委共同举办的全国第二届农林科教影片汇映中,上饶地区电影公司、余干县电影公司等10个发行放映单位,吴璘鸣等16人。1993年12月,纪念毛泽东主席诞辰100周年,地区和各县(市)影(剧)院组织片源,连续放映《毛泽东的故事》《开天辟地》《秋收起义》等反映毛泽东伟大一生的影片。1994年,根据中共中央宣传部、国家教委、共青团中央、文化部、广电部关于利用优秀影片对中小学生进行爱国主义教育的精神,在地区及12个县(市)开展"百部爱国主义影片"的发行放映工作,定期、定点为中小学校放映爱国主义教育影片。此后,放映爱国主义教育重点影片逐步成为城乡电影放映活动的主要内容。1995年,配合抗日战争胜利50周年的纪念活动,地区和各县(市)电影院都放映《七七事变》《平原游击队》等影片,有的县如广丰还组织电影队下乡放映爱国主义教育重点片《血战台儿庄》和《七七事变》,历时17天,共38场。各县(市)电影院为争取观众,提高看电影的舒适度,有的投资改造影院放映大厅,变普通为豪华,陆续更新设备和技术,在确保百部爱国主义电影放映活动的同时,偶尔放映进口著名"大片",招徕电影观众,拉动影院消费。1996年,地区电影公司投资50万元,改造成的300平方米立体声电影院——奥斯卡影都。影都内部设置软座位86个,情侣座位8个,柜式空调2台,挂式空调3台,放映设备为松花江5502Z型座机,金属荧幕,环绕立体声。各县(市)除部分影(剧)院关门停业外,生存下来的也进行现代化、多功能投资改造,以适应电影市场的需要。经营观念普遍改被动为主动上门联系、送票,综合性的一条龙服务。余干县康山、东源、古竹等乡镇建造放映人员生活和放映相结合的两用房,维持了农村电影发行放映的基本网络,属一种创举。从1995年放映进口大片《真实的谎言》(美国)以及《红番区》(香港)等,到1996年的独家放映国产片《红樱桃》,票房收入猛增。从1997年独家放映国产片《摇啊摇,摇到外婆桥》,到1998年推出"世界电影精品回顾影展"活动,吸引观众。还组织《背起爸爸上学》等优秀少儿影片下乡,到农村各中小学放映。组织放映国产反腐大片《生死抉择》。

1991 年—2000 年全区爱国主义教育影片放映情况

表 31－5－1

年份	影片名称	放映场次	观众人次
1991	开天辟地、焦裕禄、周恩来、大决战	12416	2693567
1992	平津战役、毛泽东的故事	40	17425
1993	秋收起义、地雷战、地道战、英雄儿女	462	47000
1994	闪闪的红星、上甘岭、烈火金刚	1150	131000
1995	七七事变、平原游击队	1260	157000
1996	重庆谈判、毛泽东和他的儿子	3280	386300
1997	大转折、大进军、鸦片战争、孔繁森	1802	512000
1998	丰碑、周恩来外交风云、较量、红河谷	1856	495160
1999	国歌、黄河绝恋、雷锋	1678	423400
2000	生死抉择、打击侵略者、春天的狂想	2486	628000

第六章　传　媒

第一节　报　纸

地区报纸　上饶日报　中共上饶地委机关报。国内统一刊号：CN36—0006，邮发代号：43—8。其前身为赣东北报，四开，周三刊。1994 年 10 月 1 日，经国家新闻出版总署批准，改为对开日报，并将赣东北报更名为上饶日报。当地读者可以最早读到国内外重要新闻。1991 年 8 月以前设编委会，实行总编辑负责制，9 月成立社委会，实行社长负责制。1996 年自筹建成 12 层高的新闻综合大楼，安装新华社卫星接收塔。一版常登各类重大经济新闻，每年刊登经济报道占用稿总量的 70% 以上。《上饶日报》围绕地委、行署部署的中心工作与任务，组织宣传战役，先后完成解放思想大讨论、九运会、特色农业、“严打”、抗洪抢险、国庆 50 周年、“三讲”、撤地设市等重大报道。特别是宣传 1998 年的抗洪抢险，新闻工作者不顾个人安危，深入抗洪抢险奋战第一线，宣传抗洪精神和先进事迹。1996 年开展读者服务日活动，收到读者意见书 1000 多件。报纸发行量年年稳中有升，在全区遭受特大洪灾的 1998 年，发行量仍突破 3 万份。1993 年 6 月创办周末版《星期刊》，以更新、更活、更软的新闻报道，作为党报宣传功能的延伸。经过几年的锤打成熟，1999 年又创办《今日周刊》、《50 周刊》。这三张周刊滚动式出版，融新闻性、社会性、艺术性为一体，使报纸的可读性、传播性功能得到充分的发挥，使党报进一步贴近读者，赢得了好评。报社在抓好报纸质量的同时，又进行经营体制改革。由粗放式承包的广告经营过渡到公司化的以专业经营分工为特征的全方位报业经营，从 1992 年的 22 万元经营收入达到 2000 年的 66 万元，增长 3 倍。上饶日报还积极开展与全国同行的交往，通过激烈的申请竞争，于 1997 年成功地举办全国地市报群工研究会第七届年会，80 余家各地报社 100 多人与会。1991 年—2000 年,先后从报社提拔县级干部 4 名,1 人连年获全区劳动模范,1 人获全区十佳青年,1 人获省十佳新闻记者光荣称号。

上饶广播电视　1992 年 7 月 1 日创刊,原名《上饶广播电视报》。地区编委批复上饶广播电视报编辑部为自收自支、自负盈亏的事业单位,编制 5 人。同时,省新闻出版局批准,该报为四开四版,准印号为报刊准印证赣 34—018。自办发行,主要靠零售,创刊号在上饶市区发行 1 万多份。广告创收是报纸唯一的经济来源,每个整版为 4000 元。1993 年起,发行向广丰、玉山、铅山、上饶县等地拓展,依靠各县(市)广电局渠道征订和零售,期发行量达 2 万份左右,广告创收 10 余万元。1995 年—1998 年,经省新闻出版局批准,报纸由四开四版扩大为四开八版,定位为服务大众,服务家庭,融知识性、趣味性于一体,突出地方特色。自 1996 年开始,为适应形势发展,报社建立和完善了一套规章制度。1998 年 7 月,地区编委下文更名为上饶广播电视报社。1997 年,发行量达到近 3 万份。1998 年,开始广告对外招标承包,创收大幅度增加,年纯收入达 48 万元。从 1998 年起,国家整顿报刊结构,全省 11 家地(市)广电报开始共同一个国内统一刊号,即 CN36—0034,报头改为《江西地市广播电视——上饶广播电视》。经省新闻出版局批准,1999 年 9 月 1 日开始,报纸由四开八版,不定期扩为四开十二版。2000 年第 1 期,扩为四开十二版,节目预告、剧情介绍和各类栏目相继出台,期发行量达 3 万份左右,广告纯收入达 65 万余元。增设的微机开始运转,编辑、记者经过培训自己能够排版。《上饶广播电视》报成为当地期发行量最大、拥有读者最多、覆盖面最广、传播声屏信息最丰富的报纸。2000 年 7 月 1 日,在全省各广电报中率先创办上饶广播电视报电子版,选编一些主要版面和栏目上互联网,提高了知名度和影响力。老栏目明星风采改为影视人物,新辟栏目有羽泉茶座、社会经纬、体育看台、学生习作、小幽默等。2000 年 9 月,正式确定三级审稿制(编辑、编辑部主任、总编),增加当地新闻和中央台、省市台的重点剧目介绍,副刊版与学生习作版轮流刊出,社会经纬版改为信息荟萃版。1996 年开始,每季度评选优秀版面,即一、二、三等奖各一、二、三个。

县(市)报纸　上饶晚报　中共上饶市委机关报,1992 年 10 月 1 日创刊,初为周刊,四开四版。1993 年 1 月 1 日起,改为周二刊,仍为四开四版,逢星期三、六出版。1994 年 1 月 1 日至 1995 年 12 月 31 日,报纸改为周三刊,四开四版,逢星期二、四、六出版。1994 年 3 月,市委同意上饶晚报与市财政脱钩,实行企业化管理。1994 年 4 月 5 日,市政府同意成立上饶市报业公司,与上饶晚报社实行两块牌子,一套班子,自负盈亏,自主经营。1994 年购置了北大方正电脑照排系统。1995 年 1 月,经新闻出版总署批准,上饶晚报获国内统一刊号,CN36—0046,邮发代号:43—35,成为江西省第一家正式出版发行的县级城市晚报。报纸由自办发行改由邮局发行。1995 年 1 月,报社成立激光照排部,报纸大样由自己排版。1995 年 11 月,开通新华社晚报电讯地面卫星接收站。当年,发行量 7000 余份。1996 年—1998 年,报纸改为周四刊,四开四版,逢星期一、二、四、五出报。发行量基本稳定在 8000 多份。2000 年突破 1 万份。广告收入由 1993 年的 7 万元递增到 2000 年的 66 万元。报纸版面主要有要闻版、社会新闻版、综合副刊版、国际国内版等。报纸栏目主要有:快人快语、万家灯火、上饶屋檐下、记者调查、记者在你身边等。在人事与分配制度上,实行企业化管理。人员采取聘任制,对考核特别优秀者委以重任。1999 年起,提出实行结构工资制。将人员的原档案工资存档,按岗位基本工资加工作业绩奖金,收入与工作量、工作业绩挂钩。

广丰报　中共广丰县委机关报,1956 年 11 月成立报社,1957 年 7 月 1 日创刊,时为八开二版三日刊,公开发行,期发行量为1900~3200份。1959年4月1日,改为四开二版隔日刊,期发行量为5000份,同年10月9日停刊。1995年7月1日,《广丰报》又内部出版发行,四开四版,初为周报,1997年1月1日改为周三报,辟有《乡村采风》《丰溪短波》《经济漫谈》《企业天地》《三岩名人名事》《学生园地》《读者来信》等栏目。期发行量50000份~10000份。2003年12月28日停刊,改为赠阅的《上饶日报·广丰新闻》。

波阳报 中共波阳县委机关报。1956年6月1日创刊,8开2版3日刊。1958年5月1日改为8开2版2日刊。1960年1月1日改为4开4版2日刊。1961年2月停刊。共出刊725期。1981年4月1日,经中共江西省委宣传部批准复刊。复刊后,改为4开4版周二刊,后陆续改为周三、周四刊,有办公室、编辑部、记者部、《周末大观》编辑部、微机室、发行部等部门。报刊设社长、总编、副总编。发行对象主要是县内各机关部门、基层干部、教师和农民。2003年12月停刊。截至停办时,总共出版3123期。

第二节 广 播

由单一向网络化发展 1991年10月18日,上饶地区行署下发《关于加强农村广播工作的决定》,要求各县(市)人民政府、地属农垦场、地直各单位加快步伐,积极发展农村广播,走"人民广播人民办,办好广播为人民"的事业建设路子。架设广播专用线的器材由各县(市)计委安排解决为主,坚持"质量第一"的标准,加强农村广播的维护工作,努力管好用好广播,重视县市广播电视局、乡镇广播电视站班子、机构和队伍建设,确保农村广播事业的健康发展。同年底,全区各县(市)先后建起调频转播台,基本上实现了"无线到乡"的目标。

1992年7月4日和8月31日,遭受两次特大洪灾,影响广播电视设备的正常播出。同年,省广播电视厅加大了对农村广播电视事业的投入,分配波阳县10万元,铅山、广丰、万年、余干、婺源县各1万元。加上地区行署也投入10万元,县、乡、村投入209.1万元,全部用于有线广播设备的更新改造。广丰县安装动圈喇叭1万多只,取得突破性进展,获全省农村广播电视事业建设一等奖。波阳县在芝山广播电视转播台开通了功率为300瓦的调频发射机。

1993年9月25日,地区广播电视局(简称广电局)根据国家广电部的要求,发文《关于实施现有调频频率改为规划频率的通知》(饶广技〔1993〕77号),要求各单位最迟必须在年底之前完成改频工作。1993年—1994年,全区农村广播电视事业又有较大发展。

1995年5月25日至6月3日和6月22-26日,两次暴雨和大雨,造成全区广播电视设备直接经济损失630.7万元。灾后除及时恢复损坏了的广播电视设备外,当年仍新建电视台差转台22座、卫星地面接收站190座、调频台16座;新架乡以下广播专线107公里;新建村广播室13个,有线电视80个;新挂各类喇叭5172只;更新乡镇广播电视站有线广播设备2个。

在此基础上,1996年初,万年县财政由于拨款20万元,各乡镇拨款1万元,加上村户筹款共计131万元,用于发展农村广播事业,在19个乡镇竖立了30米高的铁塔,办起乡镇调频广播,实现乡乡村村通广播,农村广播人口覆盖率达到93%。入户率为63.4%,安装调频喇叭1.5万只。年底,被省广播电视厅评为全省农村广播电视事业建设一等奖。同年,上饶县花厅乡于国庆前夕,全乡7个行政村开通了调频广播。弋阳县城区的主要街道、重要部门及繁华地段,挂起10只调频喇叭,基本覆盖整个县城。继烈桥乡之后,弋阳县又有中畈、姚畈两乡开通了调频广播。上饶市广播站、玉山县广播站实现站改台。

1997 年 1 月 8 –9 日,在万年县召开全区农村广播电视事业建设现场会。省广播电视厅和行署领导及各县市有关领导参观学习了万年县一年之内实现乡乡村村通广播的先进经验。弋阳县首先行动,年内各乡镇建 1 个卫星地面接收站,1 个有线电视站,一年之内乡乡镇镇通广播,获全省农村广播电视事业建设一等奖。1997 年,横峰县广播站改台,全县 12 个乡镇已有 6 个建起调频广播,占 50% ,广播人口覆盖率由上年的 32% 提高到 70% 。铅山县拨款 10 万元用于发展农村广播电视事业。广丰县 2 个乡镇、玉山县冰溪镇等也纷纷有了自己的调频广播。

1998 年 3 月 13 日,地区广电局技术科根据在万年、弋阳两县全面建设开通乡镇调频广播中所遇的实际问题,对乡镇的调频频率作了较为全面的调整,向省广播电视厅技术处重报全区 12 个县市乡镇调频广播的技术参数。同年 6 月 12 –21 日和 7 月中旬,百年不遇的特大洪水给广播电视事业造成 1500 多万元的严重经济损失。年底,被破坏的广播电视全面恢复工作,全区又新建乡级调频广播 9 个,村级调频广播 21 个,新增喇叭 2000 只。万年县巩固乡镇调频广播,县政府拨给每个乡镇调频广播设备维护费 5000 元,县广播站调频设备维护费 4 万元。万年县再次被省广播电视厅评为全省农村广播电视事业建设一等奖。

“村村通”工程启动、实施　1991 年—2000 年,全区由单一有线广播向有线广播、调频广播、无线电视、有线电视等多样化、全方位发展。1998 年 6 月 2 日,地区广电局下发《上饶地区“村村通”广播电视工程实施意见》,就“村村通”广播电视方法、经费、分步实施等作了具体部署,并成立了上饶地区“村村通”广播电视工程领导小组。6 月 30 日,即通过各县市广播电视局完成广播电视“村村通”的盲村调查摸底工作,年底核定为 313 个广播电视盲村数。

1999 年 3 月 23 日,地区广电局下文要求年底完成广播电视盲村脱盲任务 60% 以上。8 月 15 –16 日,地区广电局及弋阳、铅山、波阳、横峰、婺源等 5 县派员,同省广播电视厅计财处一起,订下全区“村村通”广播电视设备。10 月 14 日,地区 96 次行署常务会议同意地区财政在 1999 年、2000 年安排 30 万元资金用于盲点村进行“村村通”建设。11 月 1 日,地区广电局又制定《上饶地区广播电视局关于“村村通”广播电视奖罚办法》下发各县市贯彻执行。11 月 13 ~14 日,陪同省广播电视厅有关领导到上饶县、横峰县、弋阳县、余干县的“村村通”第一线督促检查。11 月 19 日,在横峰县召开全区“村村通”广播电视工作现场会,推广经验。

2000 年 7 月 28 日,地区广电局下发《关于“村村通”广播电视验收工作的通知》,从 8 月起,分两批对全区“村村通”工作进行正式验收。9 月 19 日,在铅山县召开的全区广电局长会暨“村村通”现场会上,宣布全面完成省定 313 个盲村的脱盲任务。同年,在全省农村广播电视事业建设评比中,铅山县获全省“村村通”广播电视第一名,并被省广播电视局推荐参加全国“村村通”广播电视评比获先进集体称号。地区广电局“村村通”办公室和婺源县广电局被评为全省“村村通”先进集体。

第三节　电　视

电视发展　1990 年代初,全区只有上饶电视台和 12 个县(市)广播电视站。1991 年—2000 年,上饶的电视事业经历了发展、规范、繁荣三个阶段。上饶电视台有 126 米电视调频微波综合发射铁塔 1 座,安装彩色电视发射机 3 台,总功率 4300 瓦。31 频道(300 瓦)转播中央电视台第一套节目,7 频道(1000 瓦)转播江西电视台第一套节目。15 频道(3000 瓦)播出自办节目,覆盖 1 市 5 县,覆盖人口近 300 万。1991 年,自办节目在江西 705 电视转播台插播,覆盖2市10县,覆盖人口700余万。1995年12月起,在江西705电视台用21频道(5000瓦)完整转播上饶电视台节目。1999年12月,在江西705电视台开始用2.6GHZ全向微波向波阳、余干、万年、弋阳、德兴、横峰等6县市有线网传输自办节目。各县市电视事业后来居上。1991年1月16日,省广播电视厅批准同意余干县增设电视频道DS-9,功率50瓦,用于转播省电视台节目;经批准余干县黄金埠使用DS-10频道,功率10瓦,能转播省电视台节目。9月23日,波阳县侯家岗乡兴建功率为10瓦的电视差转台。

1992年,弋阳县筹建电视台。1993年,弋阳县电视台正式开播。婺源县于1992年搬迁电视台,次年搬迁完毕。

为办好省九运会,地区广电局建设的九运会微波线路方案并付于实施,并安装调试开通。1994年8月26日,铅山县电视调频微波综合铁塔首先通过省、地、县三级验收。1994年下半年至1996年,新建小功率的电视差转台和卫星地面接收站遍及各县市。1997年7月,波阳县广电局筹资100多万元,建设142米芝山广电综合发射塔。同年11月8日,该铁塔建成。1998年,波阳县广电局购置1千瓦电视发射机,播出后使上饶濒湖地区电视覆盖率提高了10多个百分点。

2000年年底,全区共建电视差转台141座,卫星地面接收站1175座。

有线电视 1991年8月9日,地委、行署两办转发地区广电局《关于建设上饶地区有线电视站系统工程的意见》的通知,将有线电视作为一项重要的为民办实事工程建设来抓。1992年4月,城区广播电视实行共缆传输,上饶地区有线电视站开始试播。1993年,德兴市办起了全省第一个区域性有线电视台。横峰县、铅山县等随之也筹建有线电视台。年底,全区新开办有线电视系统20多个,新增终端用户4万余户。

1994年—1996年,从城区到乡村,有线电视网发展迅速。德兴于1996年12月拨专款和用户集资共计160万元,全部用于更新改造原市区有线电视工程,前端由300兆赫系统改造升级为550兆赫系统,并于1997年春节前全部投入使用。

1997年7月1日,全区12个县(市)有线电视台全部开通中央电视台加扰节目。

1995年1月,有线电视光缆传输网络开始兴建。1999年10月9日,地区广电局《关于申请上饶地区广播电视光缆传输网工程的立项报告》和《上饶地区广播电视光缆传输网可行性分析》通过立项。同年底,质量与稳定性都优于微波传输的光纤传输开始施工建设。2000年4月11日,地区广电局下发《关于上饶地区广电网络建设的决定》就上饶市有线电视接入网和地区至各县(市)光缆传输网络建设作出明文规定。同年5月,地区广电局与省广电网络公司签订协议合作建设上饶市至县光缆网络,各出资50%,各占50%股份,出资部分由省网络公司担保,地区用股权反担保。地区驻地至县光缆网络投资约4000万元,光缆网络工程材料(水泥杆、钢绞线、铁附件)招标。10月29日,上饶广播电视光缆传输网络工程建设正式开工。年底,杆路架设基本完成。

节目制作 1991年初,上饶电视台以播电视剧为主,自办节目分新闻类、娱乐类、社教类和经济类四种。新闻类节目主要是上饶新闻,1989年7月28日开播,1991年初起已增至每周四次,每次约10分钟,周日增播一周新闻选播。1994年7月1日起实现天天播出上饶新闻。2000年1月1日起,上饶新闻改版为上饶新闻联播,每周播六次,每次15分钟,周日播一周新闻选播。反映百姓生活、愿望与要求的“街头巷尾”,反映百姓关心的热点难点问题“今日话题”,引起社会广泛重视的“社会视点”,富有地方特色,融知识性、趣味性于一体的“信江多彩夜”等。信江多彩夜曾被省广播电视厅领导誉为全省地（市）台两个优秀栏目之一。上饶有线电视台有两套自办节目，有线一套除了播放文艺综合节目外，先后开办有线星期天、有线新闻报道、天气预报、广告等节目。有线二套图文频道提供证券、市场行情、商业需求等信息服务。有线新闻在省有线电视台上稿量连续四年名列全省第一，上中央电视台“东方时空”栏目共16期。

1991 年—2000 年全区广播电视事业发展一览

表 31－6－1

指　标	1991 年	1992 年	1993 年	1994 年	1995 年	1996 年	1997 年	1998 年	1999 年	2000 年
一、广播										
广播发射及转播台（座）	1	1	1	1	1	1	1	1	1	1
发射机功率（千瓦）	1	1	5	5	5	5	5	1	1	5
县市有线广播站（座）	14	12	12	12	12	12	12	12	12	12
广播专用线路（杆公里）	7823	6678	7118	7550	6994	6163	4705	1978	3906	3474
广播喇叭数（万只）	10.13	11.5	10.74	11.31	14.18	12.33	16.01	13.59	7.8	7.28
广播人口覆盖率（%）	74	74	74	75.4	75.5	77.1	82.08	82.75	85.54	89.77
二、电视										
电视台（座）	2	3	3	4	4	4	4	4	4	4
电视转播台（座）	240	264	275	295	238	202	215	188	124	141
发射机功率（千瓦）	18.166	18.353	18.12	20.93	34.06	24.23	28.99	31.11	28.06	17.12
有线电视台（座）				14	12	12	12	12	12	13
卫星地面接收站（座）			260	439	727	745	966	1144	1448	1775
电视人口覆盖率（%）	80	83	85	85	85.3	88.4	91.14	84.92	87.3	93.69

第七章　图书　出版

第一节　图书馆（室）

公共图书馆　上饶地区一直没有公共图书馆，只有地区图书馆学会挂靠在上饶市图书馆，偶尔开展全区性的图书馆学术研讨活动。上饶市图书馆作为地区所在地唯一的公共图书馆，起着中心馆的作用。在上饶市五三大道与赣东北大道交会处原有一座单独的二层图书馆，集藏书、外借、阅览于一楼。1994 年 9 月,因城建需要而馆舍拆除,用于搞房产开发,图书外借业务暂停。1998 年 6 月,坐落在市图书馆原址的顺其大厦竣工,市图书馆搬到该大楼三层、四层,归还馆舍面积 2000 平方米。10 月,重新对外开放。其他 11 县(市),各有一座公共图书馆,普遍馆舍活动场所狭窄,难以适应城区扩大、市民增多的需要。玉山县图书馆经多年努力,三层 890 平方米的新馆房于 1994 年竣工启用。1997 年因城市规划调整,新建图书馆又被拆除,借县博物馆的旌德会馆作报刊阅览室,图书借阅业务暂停。1990 年代初,余干县图书馆筹建的新馆,面积只有 1042 平方米,还是与县博物馆二合一建筑模式。1991 年,全区 12 个县市公共图书馆总藏书量为 70.44 万册;到 2000 年,只增加到 79.8 万册。各县市图书馆都有一些珍贵的古籍善本,以上饶市图书馆、铅山县图书馆、波阳县图书馆较多。1993 年、1994 年,上饶市图书馆两次被文化部定为三级图书馆。1999 年,弋阳县图书馆被评为"全国文化先进集体",系省内唯一获此殊荣的图书馆。10 月,弋阳县图书馆被文化部定为二级图书馆。同年,余干县图书馆被文化部定为三级图书馆。2000 年 10 月,文化部授予弋阳县图书馆"读者喜爱的图书馆"荣誉称号。12 个县市图书馆,各具特点。婺源县图书馆有县财政专款 6 万余元购买的《四库全书》一套,在编辑出版《婺源县图书馆馆藏地方文献目录》之后,1997 年继续编辑出版了《当代部分续一》。同年,编印的《婺源历代作者著作综录》一书作为内部学术著作交流。上饶市图书馆收藏清光绪十六年(1890)文房和刻本《张天师家谱》,属全省现存张天师家谱中的唯一珍品。1999 年、2000 年,上饶市图书馆还两次在市内组织开展藏书十佳家庭和藏书十佳单位评选活动。玉山县图书馆征集玉山籍作者著作活动中,已故玉山籍医学教育家、中国胸外科医学奠基人黄家驷的子女,将其父的藏书专程从北京送到县图书馆;国画大师柳子谷的子女们也将出版发行的《柳子谷国画作品集》赠给家乡图书馆收藏。余干县图书馆从 1996 年起坚持送科技书籍下乡,每年为农民免费提供各类农业科技图书千余册,科普资料两千余份;到 2000 年,还累计举办多种类型的读者活动 36 期。

基层图书馆(室)　1990 年代,随着公办教育规模增大和民办学校数量增多,教育系统图书馆(室)发展很快。上饶师专图书馆、上饶卫校(含江西医学院上饶分院)图书馆、上饶师范图书馆,及上饶市一中和二中图书馆、玉山县一中图书馆等,基本上能满足师生教学与学习的需要。但一些工矿企业由于经营不善、效益不好,或停产关门,或转卖地皮,所藏图书流失严重。图书室因文化站滑坡,工作人员改行,许多图书室关闭。部分经济状况较好乡镇仍开展活动,上饶市沙溪镇图书馆还被文化部定为三级图书馆。

1991 年—2000 年全区公共图书馆藏书量一览

表 31-7-1　　单位:万册

县(市)	1991 年	1992 年	1993 年	1994 年	1995 年	1996 年	1997 年	1998 年	1999 年	2000 年
合　计	54.2	55.2	55.4	56.4	75.74	72.77	76.3	75.9	77.2	79.8
上饶市	12	12	12	12	13.53	13.56	13.8	13.8	14.5	14.9
上饶县	1.5	1.5	1.5	1.5	5.5	5.5	5.6	5.5	5.5	5.8
广丰县	2.1	2.1	2.1	2.1	8.56	9	4.7	4.8	4.9	4.9
玉山县	6.5	6.6	6.7	6.8	6.83	7.19	7.6	6.8	6.7	6.8

续表 31－7－1

县(市)	1991 年	1992 年	1993 年	1994 年	1995 年	1996 年	1997 年	1998 年	1999 年	2000 年
铅山县	5.5	5.5	4.8	4.9	4.94	5.04	5.1	6.3	6.4	6.4
横峰县	1.3	1.3	1.3	1.3	2.1	2.12	2.2	2.2	2.4	2
弋阳县	5.4	5.4	5.4	5.3	4.61	4.61	8	6.8	6.7	8.6
余干县	2.6	2.8	3	3.3	6.71	7.51	5.7	5.9	6	6.1
波阳县	5.8	5.8	5.9	5.9	6.86	6.1	6.3	6.6	6.8	6.9
万年县	2.2	2.5	2.6	2.9	3.01	3.14	3.6	3.6	3.4	3.4
德兴市	3.3	3.7	4.1	4.4	8.1	8.4	7.7	7.6	7.9	8
婺源县	6	6	6	6	6	6	6	6	6	6

第二节　书　店

国有书店　上饶地区新华书店是地区图书发行、销售的主要机构。国有书店除上饶市没有外,其他 11 个县(市)各有一家新华书店。1993 年 4 月,地区及 11 个县市新华书店归条管,成为新成立的江西省出版发行集团紧密层企业。1995 年新建高 12 层,建筑面积 9400 平方米的新华实业有限公司营业大楼,集图书发行、办公、餐饮、住宿、娱乐为一体。1990 年代,新华书店实行层层经营承包责任制,引入竞争机制,改革人事制度。职工以班组为单位,由班长向部门科长承包,各部门科长向经理室承包,经理室向省新华书店承包,做到承包到岗,责任到人,双方签约,效益挂钩。全店分块进行经营承包,实行工资与经济效益挂钩,工资和奖金随着经济效益上下浮动,对成果显著、效益突出的予以重奖。针对农民对农业科技的渴求,各书店都开展送书下乡活动,加强农村图书批发业务、网点建设和辅导工作。1995 年下半年至 1996 年 4 月,全区下乡送书达 1407 人次,发行各类图书 71.5 万册,销售金额 235.6 万元。波阳县店采取大规模组织送书下乡、小群体分散流动发行、多项目开展农村调查的形式,轮流抽调 55% 的职工,深入到边远山区 94 个农村点摆摊发行图书。1994 年,波阳县店图书销售总额达 1000.13 万元,实现全省首家年销售额突破千万元大关的县级新华书店。1995 年,中宣部、新闻出版署等国家 4 部委授予波阳县店"全国送书下乡活动先进发行单位"光荣称号,成为江西省第一家获此殊荣的书店。各县市新华书店还努力做好中小学课本的发行工作,中小学教材供应工作课前到书率已提高到 100%。1991 年,地区店获省"双效益先进单位"称号。1992 年获新闻出版署、人事部联合颁发的全国新闻出版系统"先进单位"称号。

私营书店(摊)　1990 年代起,随着文化市场的逐渐放开,个人书摊日益增多,私营书店也开始出现。经营者多为下岗职工,少数属退休人员。经营各类畅销书刊及旧书旧杂志,集中在影剧院、车站附近和小巷居民点,上饶市区宝泽楼一带批发兼零售者较多,火车站、长途汽车站内外、地区影剧院前、马王庙出口处,有个人书摊出租或销售图书,以武侠小说等文艺书籍为主。先在步行桥头,后移灵山路边,不少私人利用双休日摆地摊卖旧书刊,价格便宜。信江东路夜市也有崭新的一些盗版政治、历史、文学书刊在地摊出售,质差价廉。2000 年,全区约有私营书店和个体书摊150家左右。

1991年—2000年全区各新华书店销售额利润一览

表31－7－2　　　　　　　　　　　　　　　　　　　　　　　　　　单位:万元

年份		地区	上饶县	广丰县	玉山县	铅山县	横峰县	弋阳县	德兴市	婺源县	万年县	余干县	波阳县
合计	销售	7596.7	7967.58	9956	8975	4692	2560	5569	5426	5462.88	5262.04	9049	14513.4
	利润	492.7	483.15	1017	1131.81	352	31	483	418.5	256.41	334.52	663.1	1021.5
1991	销售	295.5	265.41	324	132	174	79	183	180	169.92	172.98	278.9	524.9
	利润	39.3	22.09	23	6.01	16	4	25	29	12.96	9.83	29.1	39.3
1992	销售	323.1	351.84	289	226	184	92	216	284	172.73	194.67	333.8	590.8
	利润	37.9	26.62	26	22.8	17	6	23	8.5	10.83	18.55	28.2	55.9
1993	销售	359.9	381.7	300	336	217	104	288	289	269.8	217.72	412.1	774.6
	利润	37.4	23.56	22	28	16	6	26	26	11.83	11.46	27.3	41.7
1994	销售	426.7	357.27	440	400	213	119	230	298	277.76	240.45	420.4	885.1
	利润	29	17.43	28	48	12	3	18	9	14.62	11.05	26.7	35.5
1995	销售	576	538.42	634	735	313	181	287	413	580.31	428.61	779.8	1200
	利润	26.2	20.04	26	136	13	4	15	19	10.62	14.69	27.1	49.7
1996	销售	761.5	901.81	944	1200	317	247	730	606	557.8	709.96	1120	1792
	利润	21.9	32.7	46	160	12	0	26	20	24.86	25.94	100.7	81.4
1997	销售	1014	1082.56	1323	1400	748	310	783	717	778.7	751.15	1121	1965
	利润	110	80.21	148	180	80	1	50	57	33.87	53.89	85	199
1998	销售	1141	1478.58	1697	1656	879	456	759	983	877.2	891.76	1385	2255
	利润	71	71.2	200	201	74	1	81	102	52.05	55.04	119	208
1999	销售	1309	1554.89	2219	1563	897	498	1236	881	928.28	937.34	1609	2456
	利润	89	165.68	323	190	77	3	151	73	52.67	103.23	131	256
2000	销售	1390	1255.1	1786	1327	750	474	857	775	850.38	717.4	1589	2070
	利润	31	70.74	175	160	35	3	68	75	41.1	30.84	89	55

说明:地区销售金额从1997年起不含税。上饶市与地区合为一。

第八章　档　案

第一节　接收与征集

接收档案　1991年—2000年,全区各级综合档案馆有计划地将其所属各单位到期的各种门类各种载体的档案资料及时间久远的重要的珍贵档案接收进馆。特别是上饶地区档案馆还收集了中央、省部级领导在上饶考察工作活动照片、有地委行署领导到档案局（馆）进行调研与参加会议的活动照片、地级领导上任的照片等；地方名品实物档案；三清山名胜风景区录像带、照片等档案；有省九运会在上饶举办的包括开幕式等各项活动照片档案。上饶市档案馆收集了周恩来、刘少奇、朱德、江泽民等中央领导为上饶集中营的题词；余干县档案馆收集到了清康熙十八（1680）编纂的《康熙志》手抄稿，极大地丰富了馆藏。

征集档案　征集了上饶籍或工作在上饶的陈运和、龚俊义等个人生平、专著、荣誉证书、照片等。

第二节　档案管理

管理机构　2000 年年底，全区共设有 13 个综合档案馆，馆藏档案内容有政治、经济、科技、文化、教育、卫生等。全区各级档案馆根据《中华人民共和国档案法》和有关制度规定，负责接收各机关、团体、企业事业单位和其他组织需要长久保存的到期档案，对档案进行科学整理、编目，采取现代化手段管理档案，并积极开发档案信息资源，为社会各方面提供服务。

馆库建设　1990 年代初，由于缺乏人力、物力，特别是财力，档案事业发展受到影响，库房的扩建或重建成为当时亟须解决的重大问题。1996 年 12 月 23 日，专署召开 67 次常务会议，审议下发《上饶地区 1996 年—2000 年档案事业发展规划》，会议决定新建上饶地区档案馆，新馆地址确定在上饶市金龙岗 26 号原地区体委办公大楼旧址上重建。截至 2000 年，地区财政投资近 200 万元用于新馆建设，接着又拨出专款 32 万元，用于购买档案防盗、防火等设备设施。2000 年新馆完工，新馆建筑面积 2500 平方米，库房面积 1500 平方米，采用双层墙体、双层窗户，加上配置现代化的消防自动报警系统、防盗自动报警系统，库房达到“八防”要求，档案的保管条件得到改善。7 月 20 日，档案馆新楼正式启用办公。在这期间，上饶市、余干县档案馆分别新建了面积为 1600 平方米的档案馆库，其中余干县财政投资 60 万元，广丰县政府拨专款 18 万元用于县档案馆的维修，万年县、婺源县等档案馆也陆续添置了基本设施，做到了档案资料的安全保管。2000 年年底，地区档案馆存有馆藏档案 101 个全宗，共 66882 卷，资料 6660 册，12 个县（市）档案馆的馆藏档案有 1200 个全宗，共 483735 卷，资料 144864 册。

第三节　馆藏及编研利用

馆藏档案　地区档案馆馆藏档案分为六类：第一类，革命历史档案。主要是解放前中国共产党地下组织在上饶地区建立党、团组织、领导农民暴动，建立农民协会等革命活动中产生的文件、传单和书刊、文艺作品以及革命烈士事迹材料。第二类，民国档案，主要是民国时期国民党、团组织、邮电、交通、卫生、农场、诉讼等方面的材料。第三类，解放后上饶地委、行（专）署党、政、群及地直各部门、各单位 1949 年—2000 年的档案。第四类，专业档案。有科技、水利、审计及纪检案件档案等。第五类，名产名胜档案。第六类，企业改制档案。馆藏资料有史料书籍，各种报纸、杂志等。

编研利用　为了充分发挥馆藏档案作用，更好地为社会各界服务，全区各级档案馆利用馆藏档案资料为各级领导决策、经济建设、解决各种纠纷、编史修志等提供依据；并利用自身优势,开展档案的编研工作。地区档案馆编印了《档案业务文件汇编》《上饶地区改革开放以来经济政策文件汇编(工商企业类)》《上饶地区 1996 年大事记》《上饶地区 1996 年档案年鉴》、上饶县档案馆编印了《上饶县名优、特优产品介绍》;弋阳县档案馆编印了《弋阳乡镇企业工作纪要》等,波阳县档案馆为了配合农村生产结构的调整、利用馆藏档案编印了《波阳县棉花生产概况》和《波阳县烟草种植史》;玉山县档案馆配合机构改革编印了《玉山县建国以来县、乡级机构改革文件选编》。

第九章 文物古迹

第一节 文物管理所与博物馆

上饶地区只有文物管理所(简称文管所),却一直没有博物馆。所属 12 个县(市)都有博物馆,玉山县、广丰县、婺源县、万年县、余干县等只有博物馆,没有文管所。文管所和博物馆实行两块牌子、一套班子。2000 年,地区及 12 个县(市)有全国重点文物保护单位 3 处,江西省文物保护单位 25 处,县(市)文物保护单位 229 处。馆藏国家一级文物 84 件,二级文物 380 件,三级文物 1000 余件,馆藏文物总量达 2 万余件。婺源县博物馆自 1987 年以来,每年要接待国内外来宾 1 万多人参观,被誉为全国县级第一馆。

1991 年—2000 年全区各县(市)博物馆文物藏品一览

表 31-9-1　　单位:件

县(市)	1991 年	1992 年	1993 年	1994 年	1995 年	1996 年	1997 年	1998 年	1999 年	2000 年
合　计	18505	18605	18692	18726	19198	19253	17989	17767	17921	18913
上饶市	1063	1063	1063	1063	1132	1132	1132	1132	1132	1064
上饶县	550	550	550	550	550	550	550	550	550	550
广丰县	1255	1277	1279	1280	1254	1254				
玉山县	316	316	316	316	748	786	786	821	831	831
铅山县	680	680	680	680	805	805	805	805	805	805
横峰县	171	171	171	171	401	401	401	401	401	810
弋阳县	101	120	183	205	450	450	450	151	235	235
余干县	1118	1118	1118	1118	1237	1237	1237	1237	1237	1118
波阳县	1260	1318	1340	1351	1230	1230	1230	1230	1230	2000
万年县	1260	1260	1260	1260	1450	1450	1450	1400	1400	1400
德兴市	674	675	675	675	958	958	958	1040	1100	1100
婺源县	10057	10057	10057	10057	9000	9000	9000	9000	9000	9000

第二节　文物普查与保护

1990 年代,地区文管所利用《中国文物报》《江西都市报》《上饶日报》、上饶电视台等报刊和电视新闻媒体,作专刊、专版、专访,对上饶各地的文物普查与文物保护管理工作进行全方位的宣传报道。1997 年 12 月 27 日,上饶地区文物专版在《中国文物报》第 101 期刊发,收到较好效果,并在全区开展文物普查和文物保护管理工作。

文物普查　1990 年代,文物普查是地区及各县(市)文物工作的重点。1995 年 10 月,在普查的基础上,开展全区“文博单位馆藏文物”的普查统计工作。1996 年 6 月,进行全区文庙(孔庙)的普查。是年,配合横南铁路兴建,铅山县博物馆对沿线进行文物普查,发现紫溪方亭子西周遗址和五里峰明代青花窑。2000 年,配合梨温高速公路的建设,境内沿途县(市)文管所、博物馆也进行文物普查,铅山县发现新滩后坂来龙山商代遗址和一批古墓葬遗址。

1995 年以后,上饶集中营旧址和闽浙赣省委机关旧址,以及鹅湖书院,均先后被省政府列为爱国主义教育基地。2000 年 4 月,全区各级文物保护部门开展全面彻底的消防安全大检查,12 月 31 日,各级文物保护部门实现“第 14 个文物安全年”。

文物保护　1990 年代,根据国家文物局的统一要求,每年 5 月 18 ~ 24 日,地区都在上饶市中心广场、学校和文物保护单位开展“文物保护宣传周”活动,广泛宣传《文物保护法》和《江西省文物保护管理办法》等法律、法规。1992 年 10 月,为使文物管理更规范化,地区文管所开办下属上饶地区文物商店。是年 11 月 19 – 25 日,举办《文物保护法》颁布十周年纪念活动。1996 年 12 月 16 – 24 日,地区文管所开展“全区文物安全检查评比活动”。1997 年起,根据国家文物局的统一部署,每年 5 月 18 – 24 日,将“文物保护宣传周”活动内容与“国际博物馆日”并联开展宣传。1998 年 5 月 18 日,在纪念“5 · 18 世界博物馆日”和开展全区“文物保护宣传周”活动中,上饶市中心广场举办了地区文管所制作的“上饶地区著名文保单位图片展”。对全国重点文物保护单位之一的上饶集中营旧址的保护引起重视。1994 年夏,上饶市博物馆将上饶集中营旧址坐落在周田村中的“一中队”“班本部”“太平间”“七君子”征购为国有。1998 年 8 月 30 日,上饶市博物馆又制订并完成《上饶集中营保护规划》。

文物申报　1993 年 5 月,婺源县江口村俞氏宗祠、黄村“经义堂”两处文物保护单位经省文物局推荐申报国家重点文物保护单位。1993 年 10 月,地区 12 个县(市)博物馆、文管所完成“馆藏二级文物”建档工作。是年 12 月,省级文物保护单位“三清山古建筑群”申报国家重点文物保护单位。婺源县“阳春古戏台”、“朱熹四世祖母墓及手植古杉”、“灵岩洞墨刻”申报省级文物保护单位。1995 年 9 月,国家文物局对余干县博物馆文物进行鉴定,鉴出一级文物 3 件,结束了余干县无一级文物的历史。1996 年 6 月,地区 12 个县(市)文管所、博物馆配合“国家鉴定组”完成对全区馆藏一级文物的鉴定确认工作。

文物保护单位

上饶地区　三清山古建筑群(江西省文物保护单位)

地点:德兴市和玉山县交界处,包括立体建筑三清宫及飞仙台、风雷塔、詹碧云藏竹之所、王祜墓、九天应元府、千步门、伏魔上相、摩崖题刻等 130 余处。

年代:三清宫,明建,建国后失修倒废。1970 年代以后重建。风雷塔,明前建筑。

信江书院(江西省文物保护单位)

地点:上饶市水南街信江桥头道观山,现存古建筑有日新书屋、又新书屋、讲堂、春风亭、一榻轩、钟灵台等11处。

年代:始建于清康熙初年,历经修葺。

上饶市 上饶集中营—茅家岭监狱旧址(全国重点文物保护单位)

地点:上饶市茅家岭乡茅家岭村,被俘新四军指战员和爱国志士等经过苦工劳役后,其中革命坚定者在此受酷刑。这儿,曾发生著名的“茅家岭暴动”。

年代:1930年代至1940年代。

上饶集中营—周田苦工营旧址(全国重点文物保护单位)

地点:上饶市茅家岭乡周田村,“苦工营”由国民党第三战区政治部特派员直接管辖,被俘新四军指战员和爱国志士等在七峰岩审讯后,押到此做苦工。

年代:抗日战争时期。

鸡应寺铜钟(江西省文物保护单位)

地点:现存于上饶市东岳庙内,重万斤,高270厘米,径170厘米,钟钮已残,铭文模糊不清。

年代:南宋建炎元年(1127)所铸。

杨益泰旧第(上饶市文物保护单位)

地点:上饶市新建路,现为上饶市博物馆所在地。为上饶籍纸业商人杨益泰故宅,建筑精美,具有晚清建筑风格,是市区内唯一保存完好的大型古民宅。

年代:始建于1932年,扩建完工于1948年。

陆羽泉(上饶市文物保护单位)

地点:上饶市一中校园内。

时代:唐。

龙潭奎文塔(上饶市文物保护单位)

地点:上饶市北门乡。

年代:明。

五桂塔(上饶市文物保护单位)

地点:上饶市五桂山。

年代:明。

东岳庙(上饶市文物保护单位)

地点:上饶市郊碧云山。

年代:宋。

太子庙(上饶市文物保护单位)

地点:上饶市信江中路。

年代:元。

杨时乔府第(上饶市文物保护单位)

地点:上饶市水南街。

年代:明。

黄道烈士墓(上饶市文物保护单位)

地点:上饶市信江南岸书院路。

年代:1955 年建成。

德兴市 红十军团军政委员会旧址(江西省文物保护单位)

地点:德兴市绕二镇重溪村。

年代:1934 年。

上饶县 上饶集中营—李村高干禁闭室旧址(全国重点文物保护单位)

地点:上饶县皂头村。原为国民党第三战区高干招待所,新四军军长叶挺曾囚禁于此。

年代:抗日战争时期。

上饶集中营—七峰岩高干禁闭室旧址(全国重点文物保护单位)

地点:上饶县黄市乡七峰禅寺内。原为国民党第三战区副官住址,设有二间禁闭室,新四军部分高级将领囚禁于此。

年代:唐。

安坑龚氏宗祠及"浣纱记"石刻(江西省文物保护单位)

地点:上饶县应家乡安坑村。

年代:明、清。

夏言墓(上饶县文物保护单位)

地点:上饶县秦峰乡。

年代:明。

石人殿(上饶县文物保护单位)

地点:上饶县石人乡。

年代:明。

玉山县 官溪胡氏宗祠(江西省文物保护单位)

地点:玉山县官溪乡。

年代:清。

考棚(江西省文物保护单位)

地点:玉山县冰溪镇。

年代:明。

阎立本墓(江西省文物保护单位)

地点:玉山县城南武安山。

年代:唐。

旌德会馆(玉山县文物保护单位)

地点:玉山县城,现为玉山县博物馆所在地。

年代:清嘉庆年间。

冰溪第一楼(魁星阁)(玉山县文物保护单位)

地点:玉山县城。

年代:清。

广丰县 九仙山城堡(江西省文物保护单位)

地点:广丰县岭底乡。

年代:明、清。

天桂岩石刻(江西省文物保护单位)

地点:广丰县排山乡。

年代:唐至清。

蛇山头古文化遗址(广丰县文物保护单位)

地点:广丰县五都镇。

年代:西周。

祝氏宗祠(广丰县文物保护单位)

地点:广丰县管村乡龙溪村。

年代:明成化年间(1465—1487)。

铅山县 鹅湖书院(江西省文物保护单位)

地点:铅山县鹅湖乡。

年代:明、清。

澄波桥(江西省文物保护单位)

地点:铅山县湖坊镇。

年代:清。

辛弃疾墓(江西省文物保护单位)

地点:铅山县陈家寨乡虎头门。

年代:南宋。

蒋仕铨墓(江西省文物保护单位)

地点:铅山县陈家寨乡董家坞。

年代:清。

河口古街(铅山县文物保护单位)

地点:铅山县河口镇。

年代:明。

斩马亭(铅山县文物保护单位)

地点:铅山县稼轩乡,辛弃疾活动遗址。

年代:南宋。

瓢泉(铅山县文物保护单位)

地点:铅山县稼轩乡,辛弃疾活动遗址。

年代:南宋。

永平白菜石刻(铅山县文物保护单位)

地点:铅山县博物馆。

年代:明。

横峰县 闽浙赣省委机关旧址(全国重点文物保护单位)

地点:横峰县葛源镇枫树坞村,1931 年—1934 年方志敏、邵式平领导的闽浙赣省革命根据地的中心所在。其保护单位包括:闽浙赣省苏维埃政府、闽浙赣省军区及红场、中国工农军学校第五分校、列宁公园等革命旧址 40 余处。

年代:第二次国内革命战争时期。

弋阳县 叠山书院(江西省文物保护单位)

地点:弋阳县城。元初虞臣为纪念抗元志士谢枋得(叠山)所建,早毁。现仅存讲堂、望江楼、桂花园等。

年代:清。

谢叠山墓(江西省文物保护单位)

地点:弋阳县南港口乡。

年代:元。

南岩石龛(江西省文物保护单位)

地点:弋阳县南岩寺。

年代:明。

圭峰摩岩题刻(江西省文物保护单位)

地点:弋阳县圭峰。

年代:唐至清。

周执羔墓(弋阳县文物保护单位)

地点:弋阳县漆工镇。

年代:宋。

方志敏故居(弋阳县文物保护单位)

地点:弋阳县漆工镇湖塘村。

年代:第二次国内革命战争时期。

婺源县　江口俞氏宗祠(江西省文物保护单位)

地点:婺源县江湾镇汪口村。

年代:清。

沱川理坑古建筑群(江西省文物保护单位)

地点:婺源县沱川乡理坑村。

年代:明、清。

清华"彩虹桥"(江西省文物保护单位)

地点:婺源县清华镇清华村。

年代:南宋。

黄村"经义堂"(江西省文物保护单位)

地点:婺源县古坦乡黄村。

年代:清初。

齐彦槐故居(婺源县文物保护单位)

地点:婺源县赋春乡。

年代:清。

万年县　万年仙人洞、吊桶环遗址(全国重点文物保护单位)

地点:万年县大源乡,属新石器时代早期遗址。

年代:距今约八千年至一万年。

赣东北省苏维埃政府旧址(江西省文物保护单位)

地点:万年县东源乡。

年代:1930 年。

波阳县　莲山汉墓群(江西省文物保护单位)

地点:波阳县莲山乡、桥头乡、谢家滩镇的交界处。
年代:西汉。
观音堂塔(江西省文物保护单位)
地点:波阳县城。
年代:宋。
文庙(波阳县文物保护单位)
地点:波阳县城,现为波阳县博物馆所在地。
年代:晋。
余干县　干越亭(余干县文物保护单位)
地点:余干县东山岭中段。
年代:唐。
忠臣庙(余干县文物保护单位)
地点:余干县康山乡西岸。
年代:明代。

第三节　文物维修

重点维修　1990年代,地区文物保护的最大维修工程数三清山古建筑群。1993年7月,维修前期准备工作已就绪,工程的筹款、计划、论证、预算等工作在上饶地区文管所的具体实施下全面展开,8-11日,全国政协委员、国家文物局古建专家组组长罗哲文带领的一批专家到三清山考察并全面审核《三清山古建筑群维修方案》。1994年12月26日,地区维修三清山古建筑群的龙虎殿、飞仙台、演教殿、王祜墓等12处文物工程正式开始。1995年5月11日,三清山古建筑群第一期文物维修工程圆满竣工。

已有800年历尽沧桑的铅山县鹅湖书院,为地区文物维修的另一个重点。在1990年底完成第一期维修工程后,第二期维修工程以抢修士子号舍为主,即抢修房屋116榀104间,总面积2816平方米。1998年10月和次年1月,县文化局两次呈报方案,就维修要点、工期安排、经费预算及筹措办法等问题,专题报告省文化厅文物局。上级终于同意立项。2000年10月初,完成了东号房抢修,总造价约66万元。经请示县政府同意,筹款渠道有三:一拆卸原古镇文化中心剧场,旧料全部送往书院,解决维修工程所需部分木料、石料、屋瓦,约值28万;二借文化中心11.8万元;三由乙方垫资购料4万元。竣工结算时,尚欠乙方维修工资18万元,合计支出65.8万元。2000年底,省下拨专款10万元。经过两期大规模维修,基地无改,风貌依旧,格局完整,原状存留。

一般维修　1994年夏,上饶市博物馆将上饶集中营旧址处在周田村的“一中队”“班本部”“太平间”“七君子囚室”征购为国有。1996年,上饶市对上饶集中营的“一中队”“太平间”“特别班学员队”“班本部”“围墙”“水沟”等旧址重点项目,进行了维修保护。1999年12月,上饶市博物馆开始全面维修上饶集中营周田“苦工营”旧址,其中包括“特训班”、“七君子囚室”等。1995年4月,上饶市政府成立信江书院修复工程指挥部,请浙江东阳建筑修缮公司制订信江书院修复方案。2000年6月,在上饶市中心广场举办修缮信江书院宣传活动,制作宣传展览版面50块,介绍信江书院的历史沿革、历史价值及修复方案,为信江书院的修缮作了大量宣传和前期准备工作。省文物局及市委、市政府领导出席了宣传活动开幕式，到场观众先后达2万余人(次)。1995年，上饶市开始对杨益泰府第进行维修保护。2000年，再次对杨益泰府第屋顶进行维护、翻盖。1991年10月，上饶市将鸡应寺铜钟迁至东岳风景区，妥善保存。

历时1年零3个月的婺源县江湾汪口俞氏宗祠维修工程于1991年12月30日竣工。1992年8月，婺源县对古坦乡黄村经义堂进行了白蚁防治。1996年4～12月期间，婺源县又分别对俞氏宗祠和经义堂再度修缮。1998年10月，婺源县邀请由国家文物局安排的故宫博物院专家张金英、徐建华、杨泽华等来指导装裱修缮婺源县博物馆珍藏书画文物。是年，婺源县重点对秋口李坑的申明亭、沱川理坑官厅两处明代古建进行了抢险加固和保养性维修。2000年，婺源县投入2万元资金，更换汪口俞氏宗祠的霉烂柱子。

1991年8月，广丰县政府将一度为排山粮管所仓库的广福罗汉院(西岩寺)的产权划归为县文物部门管理。1993年10月5日，正式办理移接交手续，11月，省文化厅拨款1万元清理、整修该寺古建筑。修葺后，成立广丰县天桂岩文保站，负责天桂岩石刻和广福罗汉院的保护管理工作。1993年，省文化厅拨款8000元修缮广丰县九仙山城堡。2000年，广丰县政府还拨款1万元维修广丰县管村乡龙溪村“祝氏宗祠”和“文昌阁”。

1991年，弋阳县修葺了谢叠山墓。1996年—1998年，再次整修叠山书院。1999年—2000年，南岩石窟得以维修保养。

1993年4月，余干县级文物保护单位、古建筑干越亭失火毁坏。是年7月，县政府拨而专款7万元进行抢救性修复。本着“不改变文物”的原则，再现了县城东山岭中段的形象工程。1993年，修复康山忠臣庙，为期三年，投资20万元，其中省文物局2万元，县政府2万元，康山乡自筹16万元。1995年起，康山忠臣庙成为鄱阳湖旅游线上的一大景观。

德兴市绕二镇重溪村的红十军团军政委员会旧址，1991年，市政府拨款3万元，对红十军团领导人方志敏、刘英、粟裕等人工作与居住过的清代两层楼房作了维修，保护原状。

横峰县利用国家文物局两次拨款，1997年4月，对葛源镇闽浙赣省委机关旧址进行维修，并清理旧址后违章建筑物；1998年3～8月，又对葛源镇闽浙赣省苏维埃政府与省军区司令部旧址进行了全面维修，并整理复原军区院墙禾基200余平方米。2000年，由省建设厅捐助拨款，绿化和修整了闽浙赣省列宁公园旧址。

上饶县对位于县境内的上饶集中营旧址的李村叶挺囚室，1998年—1999年进行重点维修。2000年，同样对七峰岩高干禁闭室作了全面修整保护。

万年仙人洞、吊桶环遗址和位于万年县东源乡的赣东北省苏维埃政府旧址，也作了几次小规模的维修整理。

第四节　考古发掘

广丰县五都镇前山村蛇山头遗址距今4500年的新石器晚期。1982年6月，广丰县文物普查工作队发现该遗址。由于受当地陶瓷厂取土破坏，经国家文物局批准，在1983年冬，进行第一次抢救性发掘之后，又于1991年、1995年先后配合厦门大学人类学系考古班师生实习，进行两次联合发掘。三次发掘，布方24个，连同扩方共揭露面积770平方米；其中清理灰坑83个，房址22处，墓葬17座，出土陶器、石器、骨器、玉器等2000余件。1991年11月23～24日，国家考古工地检查团团长、原故宫博物院院长张忠培率领一批专家、学者到蛇山头遗址发掘工地视察、指导工作。1995 年 10 月，美国考古学家马尼博士到蛇头山发掘现场参观，对遗址充实的内涵及出土文物，赞美不绝。

毛家山遗址位于广丰县北边缘 25 公里的湖丰乡湖丰村，浙赣铁路南侧。1992 年 11 月 30 日，省考古研究所为配合浙赣铁路复线工程建设，对毛家山地段的商周至春秋时期文化遗址进行了抢救性的发掘工作，出土少量文物。

1992 年 10 月，婺源县朱熹遗迹遗址维修时，从虹井内打捞出《虹井记》石刻一方。文公山“四世祖母程氏夫人墓”冢沿出土墓碑两块，其中一为朱氏十八世裔孙、明代户部致仕朱稔所立。1994 年 9 月，经查访，县邮电局职工朱春龙珍藏数十年秘而不露的《婺源阙里朱氏宗谱》（共四卷，民国 9 年版本）面世，为朱熹家族研究提供了珍贵史料。

1994 年，在 320 国道施工中，上饶县境内清理发现恐龙蛋化石 20 余枚。

1995 年 3 月，余干县黄金埠中学操场发掘出土的四方铜印，即“南阳中护卫指挥使司经历司印”“唐府仪卫司典仗印”“唐府长史司典籍之印”和“唐府审理所印”，对研究明朝廷与地方政府施行的政策、军事建制、行政建置、职官制度及当时雕刻铸造工艺，提供了珍贵的实物资料，具有重要的史料与艺术价值。

万年县大源乡仙人洞、吊桶环遗址经国家文物局报请国务院批准由北京大学考古系和江西省文物考古研究所以及美国安德沃考古研究基金会联合组成中美考古队，从 1993 年秋至 1995 年秋两次考古发掘，在赣东北洞穴遗址寻找中国史前稻谷起源地及最早被驯化时间的证据，由于发现世界最早的野生水稻植硅石标本，而被列为 1995 年全国十大考古新发现之首、“八五”期间全国十大考古新发现之三。

1995 年 9 月 4 日，在上饶电厂建筑工地发现南宋曹铨夫妻合墓，出土有影青堆塑瓶一对，和吉州窑木叶贴花黑釉盏。

1996 年 4 月 1 日，在上饶市信江路地区副食品公司附近古窑址发掘出 38 件元代窑藏瓷器。

第五节　文物征集　收购

广丰县的文物征集、收购起步较早，1980 年代就有所收获。1990 年代以后，县文管所在开展“广丰县苏区文化史资料征集”工作中，征集到红军油印小报、漫画、文献等革命文物，其中红军油印漫画送北京展出。同时，还收集整理革命历史歌曲和红色歌谣 140 余首。1991 年 3 月，广泛开展社会失散文物的征集活动，县文管所在洋口镇 300 余件历史文物中，发现有古字画（册页）、古陶瓷、玉器、拓片和《黄山谷全集》等古籍，不少属文物珍品。

1991 年 9 月，婺源县文管所和所属婺源县文物收购站同时正式挂牌开展工作。次年 10 月，地区文管所成立了上饶地区文物商店，便利文物的征集、收购。

第六节　考古研究成果

广丰县文管所和江西省文物考古所、厦门大学人类学系联合编写的《江西广丰社山头遗址发掘》，发表在《东南文化》（南京博物馆主办，东南文化杂志社出版）1993 年第 4 期上。

广丰县文管所和江西省文物考古所、厦门大学历史系考古专业联合编写的《江西广丰社山头遗址第三次发掘》，发表在《东方文物》（江西省文化厅主办，全国发行）1997年第1期上。

广丰县文管所罗小安、俞满涛编写的《龙溪古建筑撷英》，发表在《中国文物报》1998年12月27日第4版。《南方文物》1999年第2期全文转载。

广丰县文管所罗小安、俞观义编写的《广丰历代书院简介》，发表在《朱子学刊》（中国社会科学院历史研究所和上饶师专主办，黄山书社出版发行）1998年第1辑上。

根据省文物局的安排，婺源县文管所、博物馆于1999年完成了《全国文物地图集·江西卷·婺源条目》的编写工作。

第七节　打击盗卖文物犯罪

1990年代，地区文管所及12个县（市）文管所、博物馆继续贯彻执行国务院发出的《关于打击盗掘和走私文物的通知》，进一步宣传、落实《文物保护法》，有效地刹住了盗掘古墓与走私文物的歪风。1991年起，上饶各地每年举办的文物保护宣传周活动各具特色，除印发中宣部编写的《人人爱护祖国文物宣传提纲》，分送乡镇张贴宣传外，县市党政领导还积极参与。广丰县党政领导发表电视讲话或开展文物法律、法规咨询活动，上街宣传讲解文物政策法令或举办《文物保护法图片展览》《打击文物犯罪成果展览》等，广泛地宣传了“保护文物，人人有责”。

婺源县大畈木竹检查站于1991年9月查获一起贩卖走私文物案。1992年7月，县公安部门在太白乡破获两起盗墓团伙，收缴的文物中有宋代朝散大夫、韶州太守汪杞（婺源县曹村人氏）墓志铭，石质上乘，刻写精湛，反面铭刻“佛说八师经”全文，较为罕见。是年11月，又在晓林乡破获官坑盗墓一案，追回出土文物23件。1995年6月，婺源县文化局派出调查组赴许村调查“继述堂”拆卖之事，写出调查报告上送县政府。

1992年—1995年，上饶市共查获文物走私案9起，收缴走私文物98件。其中古钱币140余枚，纸币48张，古瓷（陶）器8件。

第十章　文化市场

第一节　市场管理

上饶地区及12个县（市）文化市场管理工作，主要是依据国务院颁布的《娱乐场所管理条例》《音像制品管理条例》《营业性演出市场管理条例》《互联网上网服务营业场所管理条例》和《江西省文化市场管理条例》等有关法律、法规及章程，坚持一手抓繁荣，一手抓管理。地区及县（市）文化市场的管理，实行市场管理科（股）和稽查支队（大队）合署办公、办证、稽查、收费、管理一条龙服务。实行统一管理，打防结合，分片负责，责任到人。

净化文化市场和“扫黄打非”一直是文化市场管理工作的重点。1991年起，对全区文化系统录像及有关电动游戏机进行压缩整顿，保护文化经营户的合法权益，打击违法经营。横峰县先后召开7次会议，加强文化市场管理并组织工商、公安、广电对岑阳镇文化经营点进行全面调查,登记注册,制定收费标准和8条文化市场稽查员守则。1992年,抓好经营业主的学习、座谈,签订"合法经营合同书"。同时,制定与完善工作、财务、学习制度,健全自身的岗位责任制和稽查员职责。是年初,德兴市坚持深入乡镇对录像市场、书刊市场、娱乐市场进行清理检查,封停录像放映点2家,取缔书刊销售点2个,收缴非法录像带160盒。波阳县还结合本县实际情况,先后制定《波阳县文化市场管理条例》《波阳县桌球管理规定》,促进文化市场朝健康方面发展。1993年,万年县文化市场稽查人员会同公安、工商、街管队等有关部门突击行动8次,收缴盗版录音带200余盒、录像带30余盒、取缔无证录像放映2家、扣押放像机1部、收缴麻将机8台、苹果机3台、桌球桌22张、非法书刊120本。1994年系文化市场法制年,开展全国第一个文化市场法制集中宣传月活动,地区及各县市形式多种多样。是年,一些县市还纷纷派稽查人员赴省培训,提高素质。根据文化部颁发的《文化市场稽查暂行办法》的规定,广丰等县加强对稽查人员实行培训考核,坚持持证上岗。地区及12个县(市)多次举办文化市场经营单位法人代表和从业人员培训班,使参加培训者知法、懂法、守法,为规范文化市场打下良好基础。横峰县还下文《关于严禁打击宗谱的通知》《关于取缔营业性露天卡拉OK活动的通知》《关于加强全县游艺场所管理、治理整顿学校周边环境的通知》《关于在"三赛一会"期间开展文化市场整治活动的通知》分发给每个经营者。从1995年开始,地区及各县(市)建立市场监督网络,建立举报电话和奖励制度。对困难职工和残疾人经营户,普遍采取扶持优惠政策,简化审批手续。面对各县(市)中小学生进入电子娱乐场所或利用电子游戏机赌博的现象日益严重,地区及各县(市)均下达严禁通知,并采取制止手段,突击检查电子娱乐场所。1997年,横峰县开始为电子娱乐场所订购"未成年人不得入内"的牌子,突击检查、严格制止中小学生进入电子娱乐场所。同时,防火检查也成为文化市场稽查人员的另一项工作。1998年全区遭受特大洪灾,大水侵袭的当天,铅山县及时组织人员对文化市场经营单位、经营户走访慰问,还主动减免3个月的管理费。即使大灾之年,地区及各县(市)仍鼓励文化产业的发展,政策上给予扶持,管理上给予指导,坚持业务培训和法律知识培训,开展集中性整治和专项检查活动。1999年,文化市场的工作重点放在整顿印刷行业和印刷企业。与此同时,查处学校周边200米以内的游戏场所,也在上饶各地进行。国家实行税费改革,文化市场管理费取消,文化经营户只缴纳文化经营过程中的各种税。2000年,许多县(市)娱乐场所都悬挂"未成年人不得入内"的标志牌,2月间,上饶各地电子游戏机市场进一步规范,重新审核登记。

第二节 法规宣传

地区文化市场稽查支队,坚持把文化市场管理法律、法规的宣传放在首位,每当新条例实施前,支队领导都要组织队员进行学习,并在上饶市中心广场开展有关法律、法规宣传咨询活动,解答群众对法规的咨询,还通过条幅、报纸、电视台等新闻媒体报道宣传有关法律、法规。特别在"文化市场法制年"和全国第一个文化市场法制集中宣传月活动中,地区及12个县(市)普遍利用广播、电视、大幅标语、宣传画、黑板报、幻灯等多种宣传工具,大张旗鼓地宣传文化市场有关法律、法规。铅山、横峰、玉山、德兴、余干等县市都出动了宣传车,深入乡镇巡回宣讲。1990年代,仅铅山县就出动了宣传车50车次。

1990年代初,国家对文化市场管理有一定的法律、法规。根据地区及各县(市)的实际情况,开展法规宣传活动往往带有针对性。开始,主要是开展严禁淫秽物品上市的宣传,具体宣传的文件有国务院关于严禁淫秽物品的规定，新闻出版总署关于认定淫秽及色情出版物的暂行规定，全国人大常委会关于惩治走私、制作、贩卖、传播淫秽物品的犯罪分子的规定等。随着文化经营个体户的不断增加，国家对文化经营户实行登记制度，也制订了一些法规。地区及各县（市）针对新情况，宣传的内容又增加有：国家文化部关于印发实行文化经营许可制度的规定，国家工商总局关于文化行业外商投资企业登记管理有关问题的通知等。对快速发展起来的县（市）歌舞厅，就宣传营业性歌舞场所管理办法，文化部、工商总局及地区关于营业性歌舞娱乐场所实行文化经营许可制度的通知，以及文化部关于对卡拉 OK 场所管理的通知等。紧接着，游戏机与网吧增加极快，又增添大力宣传关于电子游戏机市场清理整顿的通知以及加强电子游戏机娱乐场所管理、取缔有奖电子游戏机经营活动、互联网上网服务营业场所管理条例等内容，有利于整顿游戏机市场和网吧市场。

第三节　业主培训

上饶地区文化市场稽查支队每年不定期的举办不同门类的经营业主培训班，使经营业主懂得社会主义市场经济规则，自觉守法，合法赚钱。1998 年 7 月 21 – 23 日，举办全区电子游戏经营主培训班；同年 11 月 6 日，又举办全区录像放映业主学习班。1999 年 4 月 6 日，举办全区印刷企业经营业主学习班；接着 6 月 8 日，又举办全区音像制品业主学习班。

1990 年代，为了规范文化市场经营秩序，广丰县举办了 3 期文化市场经营单位法人代表和从业人员培训班，组织学习有关法律、法规和行政规章。铅山县 1992 年 8 月至 1996 年，每周二召开经营业主学习、座谈；1997 年 5 月至 1999 年 11 月，先后举办 3 期文化市场法律、法规培训班，每次参加人数为 40 ~ 50 人左右；2000 年 8 月，又举办全县电子游戏经营业主培训班，有 38 人参加。上饶县从 1997 年起，先后对歌舞娱乐场所、电子游戏机、音像制品零售与出租、互联网上网服务等文化经营业主和主要从业人员进行培训，学习有关法规并考核。横峰县于 1996 年举办 1 期文化娱乐经营负责人培训班，考试合格者发给资格证书和上岗证。玉山县坚持每年举办 2 期法规培训班，对城乡经营业主进行培训。德兴市从 1992 年开始，共对娱乐场所经营业主进行 4 次专项培训；1994 年、1995 年、1998 年、1999 年还先后对音像制品经营户、电子游戏机经营户、文化经营户和娱乐场所经营户等连续进行 5 次法律、法规知识培训。万年县 2000 年 7 月也举办娱乐业主学习法律、法规学习班。

第四节　扫黄打非

1990 年代，黄色和非法出版物不时在上饶各地民办书店或个体书摊出现。在全区范围内，每年都要开展“扫黄打非”集中行动，主要在国庆、元旦、春节期间。地区及各县市专门成立了“扫黄打非”领导小组，设立办公室，由地区或各县市的社会文化管理委员会牵头，集中开展扫除黄色淫秽和非法出版物活动，查处非法出版、翻录、放映、出售、出租淫秽色情出版物案件，清查“黄”源，狠狠打击制“黄”、贩“黄”犯罪分子。地区及 12 个县市坚持“扫黄”与综合治理相结合，集中打击与经常管理相结合，堵“源”与截“流”相结合，“扫黄打非”与反走私相结合，集中打击与广泛宣传相结合，抓“扫黄”与抓繁荣相结合的方法。保护文化经营户的合法权益，做到坚决打击违法经营的目的。

1993 年 1—8 月，全区出动稽查人员 810 余人次，检查 114 次，收缴销毁非法出版书刊 6002 册，录音带 928 盒，录像带 683 盒。

1994 年 11 月 4 日，地市联合进行检查，对上饶市文化市场进行大清扫，收缴销毁非法出版书刊 179 册，录像、录音制品 396 盒。

1995 年，集中公开销毁非法书刊 263 册，录像、录音带 992 盒，盗版 VCD207 盒。

1996 年 12 月 9 日，在上饶丰溪河畔销毁非法音像制品 1 万余盒，省文化厅市场处和地委、行署及宣传部、文化局、广电局、公安局、工商局等单位有关领导参与监烧。

1997 年—1998 年，集中销毁非法录像、录音带 3349 盒，盗版 VCD456 盒。

1999 年—2000 年，在全区"扫黄打非"集中行动中，收缴销毁各类非法录像制品 2556 盒，非法出版书刊 2271 册；对典型案例，还通过新闻媒体公开曝光。

1999 年 11 月 26 日，查处弋阳县旭光印刷厂盗印《新华字典》案，没收盗印《新华字典》117990 册，总价值 12.98 万元。

截至 2000 年 10 月 18 日撤地改市，稽查支队共出动 884 人次，151 车次，检查和查处书报刊经营单位 397 家，音像电子出版物出版、复制、发行单位 88 家，印刷企业 478 家，收缴各类非法出版物 14752 册，音像制品 10660 盒。

第十一章　艺　文

第一节　书　目

自然科学　1991 年—2000 年，据不完全统计，全区自然科学类著书有 22 部，其中以医药保健类著述居多，有 9 部，约占全部自然科学类书籍的 40.91%。

1991 年—2000 年全区自然科学类著、译、编书目录一览

表 31－11－1

书　名	类　别	著、译、编者姓名	出版时间(年)	出版社名称
轮机工程手册(上)	交通	张一公著	1992	人民交通出版社
果蔬加工技术	农业	王刚著	1992	农业出版社
电磁散射和热辐射的遥感理论	物理	金亚秋著	1993	科学出版社
药用植物栽培与加工	医药	刘良源等著	1993	江西科学技术出版社
失量辐射传输理论和参数反演	物理	金亚秋著	1994	河南科学技术出版社
消化道重建科学	医学	程建华著	1994	贵州科技出版社
易与生命奥秘——医易相关探索	医学	余先莹著	1994	中国医学科学出版社
肾素——血管紧张素系统与临床	医学	郑成规编	1995	江西科技出版社
结构力学学习指导	物理	程根梧等编	1995	中南工业大学出版社

续表 31－11－1

书　名	类　别	著、译、编者姓名	出版时间(年)	出版社名称
烟草薄片	烟草	汪德和主编	1996	中国轻工业出版社
森林蔬菜(下)	生物	刘良源等著	1996	江西科学技术出版社
老年健身之道	保健	余先莹著	1996	天津体育杂志出版社
困学斋中医随笔	医学	朱炳林著	1997	中国中医药出版社
中国医道	医学	余先莹等著	1997	中国中医药出版社
老年抗衰老小百科	保健	余先莹著	1998	江西科技出版社
川江航道整治	交通	王士毅著	1998	人民交通出版社
实用工程材料选用手册	机械	张一公著	1998	机械工业出版社
内燃机燃料	石化	詹永厚等著	1999	中国石化出版社
汽车覆盖、冲压形成技术	机械	张如华著	2000	机械工业出版社
脑伤科学	医药	梁军潮著	2000	中国中医药出版社
个性居室装修	装潢设计	林辉等著	2000	江西科学技术出版社
巧算装修手册	装潢设计	林辉等著	2000	江西科学技术出版社

社会科学　1991 年—2000 年,据不完全统计,全区社会科学类著书 68 部,其中志书、年鉴、党史类书籍有 28 部,约占全部社会科学类 40% 强,。

1991 年—2000 年全区社会科学类著、译、编书目录一览

表 31－11－2

书　名	类　别	著、译、编者姓名	出版时间(年)	出版社名称
余干县志	志书	余干县志编纂委员会编	1991	新华出版社
冲出夹缝	新闻	龚乃旺、郑孟仙、刘梅影著	1991	社会科学文献出版社
中国共产党上饶县组织史资料(第一卷)	史料	中共上饶县委组织部、党史办、档案局编	1991	中共党史出版社
中国共产党江西省弋阳县组织史料	史料	中共弋阳县委组织部、党史办、档案局编	1991	中共党史出版社
中共弋阳党史资料	史料	中共弋阳县委党史办	1991	中共党史出版社
弋阳县志	志书	弋阳县志编纂委员会编	1991	南海出版公司
当代中国科技名人成就大辞典	辞典	李玉辉编	1991	福建科技出版社
地方人大代表实用读本		李惠编	1992	江西人民出版社
弋阳革命风云录		中共弋阳县委党史办	1992	中共党史出版社
中国名砚鉴赏		胡中泰等著	1992	山东教育出版社
横峰县志	志书	横峰县志编纂委员会编	1992	浙江人民出版社

续表 31－11－2

书　名	类　别	著、译、编者姓名	出版时间（年）	出版社名称
德兴县志	志书	德兴县地方志编纂委员会编	1993	光明日报出版社
毛泽东“三个世界”理论与国际新秩序	理论	罗时平著	1993	哈尔滨工业大学出版社
黑狱红旗		中共上饶县委党史办公室编	1993	中共党史出版社
上饶县志	志书	上饶县志编纂委员会编	1993	中共中央党校出版社
弋阳年鉴（1986～1992）		弋阳县地方志办公室编	1993	黄山书社
可爱的家乡		中共上饶县委宣传部	1993	团结出版社
弋阳年鉴（1993～1996）		弋阳县地方志办公室编	1993	江西人民出版社
婺源县志	志书	婺源县志编纂委员会编	1993	档案出版社
新时期的人民内部矛盾	理论	齐平著	1993	电子科技大学出版社
社会主义市场经济纵横谈	理论	陈椿年等主编	1994	中国改革出版社
语文教学论基础	教学理论	刘孝学著	1994	吉林大学出版社
现代汉语教程	高校教材	胡松柏主编	1994	气象出版社
红枫颂——中共弋阳党史人物记		中共弋阳县委党史办	1994	黄山书社
饶守坤回忆文集	文集	饶守坤著	1994	中共党史出版社
鄣公山共产主义劳动大学简史	史料	高长生等著	1994	江西人民出版社
上饶市志	志书	上饶市志编纂委员会编	1995	中共中央党校出版社
共和国走过从前	新闻作品	童伟华著	1995	北京广播学院出版社
民族魂——历代爱国者的故事		叶宝生主编	1995	21 世纪出版社
卷烟产品设计的理论与技术		汪德和著	1995	中国轻工业出版社
广丰年鉴（1986～1992）		广丰年鉴编纂委员会编	1995	社会科学文献出版社
鹅湖书院志	志书	铅山县志办公室编	1995	黄山书社
圭峰志	志书	弋阳县地方志办公室 龟峰风景名胜管理处	1995	黄山书社
南方三年游击战争皖浙赣边游击区	史料	上饶军分区编	1996	解放军出版社
企业文化文论	理论	程锦川著	1996	华东理工大学出版社
上饶地区志	志书	上饶地区方志办公室编	1997	方志出版社
中国共产党上饶县组织史资料（第二卷）	史料	中共上饶县委组织部、党史办、档案局编	1997	中共党史出版社
玉山县教育志	志书	玉山县教育局编	1997	江西人民出版社
玉山年鉴			1997	方志出版社

续表 31－11－2

书 名	类 别	著、译、编者姓名	出版时间(年)	出版社名称
闽浙赣苏区革命文化史料汇编	史料	祝也安主编	1997	江西人民出版社
中华文房		胡中泰著	1997	广西教育出版社
万年人民革命史	史料	方进平等编	1997	厦门大学出版社
好新闻作品与编辑点评	新闻	龚乃旺主编	1998	新华出版社
广丰年鉴(1993～1995)		广丰年鉴编纂委员会编	1998	方志出版社
广丰邮电志	志书	广丰县邮电局编	1998	江西人民出版社
玉山博士谱	资料	玉山县政协编	1998	江西科学技术出版社
中共婺源县组织史资料(1987.11～1999.12)	资料	中共婺源县委组织部党史办	1998	新华出版社
婺源县邮电史	史料	婺源县邮电志编纂委员会编	1998	江西人民出版社
追赶春天	新闻作品	龚乃旺著	1998	江西人民出版社
后来居上读广丰		于学明著	1999	中国文联出版公司
就业理论与实践		熊良华著	1999	江西人民出版社
上饶地区审计志	志书	上饶地区审计局编	1999	中国审计出版社
永远的怀念	怀念金少英文集	张续文、程关森编	1999	中国文联出版社
现代经济学与工商管理理论	理论	汪德和等著	1999	经济科学出版社
经济社会发展与改革探索	理论	毛通水著	1999	江西人民出版社
铅山畲族志	志书	中共铅山县委统战部编	1999	方志出版社
辅导孩子成才的奥秘		胡钢泰著	1999	河北教育出版社
婺源革命史话	史料	胡兆保著	1999	新华出版社
上饶县年鉴(1987－1995)		《上饶县年鉴》编纂委员会	1999	江西人民出版社
上饶县年鉴(1995－1996)		《上饶县年鉴》编纂委员会	1999	江西人民出版社
无限的思念	纪念彭协中文集	张续文、程关森、徐鑫辉主编、	2000	中国文联出版社
李登辉当政下的台湾政局	理论	李伯顺著	2000	海风出版社
县域经济发展的实践与思——广丰现象的透视考	理论	周厚丰著	2000	江西人民出版社
红土地·黄土地·黑土地	散文、通讯、报道集	周亚鹰著	2000	江西人民出版社
岑阳淘经		陈益民著	2000	江西高教出版社
绿色明珠		胡兆保著	2000	百花洲文艺出版社
万年县志	志书	万年县志办编	2000	方志出版社

续表 31－11－2

书 名	类 别	著、译、编者姓名	出版时间(年)	出版社名称
道德文化与经济技术时代		詹世文著	2000	江西人民出版社

说明:因为地区一级的志书、年鉴类书籍在卷二十五有详细记载,表中不再重复。

文学艺术 1991 年—2000 年,全区文学艺术创作成果丰硕,据不完全统计,出版文学艺术类著书 120 余部,其中诗歌、散文集有 51 部,占全部文学艺术类著书的 42%。

1991 年—2000 年全区文学艺术类著、译、编书目录一览

表 31－11－3

书 名	类 别	著、译、编者姓名	出版时间(年)	出版社名称
蒋仕铨诗选	诗选	吴长庚编	1991	中州古籍出版社
生死仇敌	翻译小说	黄禄善译	1991	时代文艺出版社
情感·诗及多味豆	诗集	陈运和著	1991	西南交通大学出版社
美丽的选择	诗集	桂向明著	1991	西南交通大学出版社
噩梦醒来迟	长篇小说	陈玉静著	1991	国际展望出版社
茶乡恋	散文集	夏瀚等著	1991	百花洲文艺出版社
孔雀山撷记	散文集	汪新安著	1991	百花洲文艺出版社
瞿秋白的故事	故事集	罗宁著	1991	21 世纪出版社
八一起义的故事	故事集	罗宁著	1991	天津人民出版社
余干诗文选(集注)	诗文选	江朝栋主编	1991	百花洲文艺出版社
信江诗选	诗文选	江朝栋编	1991	百花洲文艺出版社
唐宋百家诗钢笔行书字帖	书法	程欣荣编	1991	江西美术出版社
柳絮,飘飘洒洒	诗集	陈运和著	1992	易通出版社
学生写作技巧	理论	俞顺洋著	1992	西南交通大学出版社
梦的歌唱	歌词集	俞明龙著	1992	广西民族出版社
邓小平革命足迹篆刻	篆刻集	翁志强著	1992	中国文联出版公司
鄱湖珠光	散文集	胡普江著	1992	百花洲文艺出版社
余生吟	诗集	朱德熹著	1992	中国古籍出版社
创业谱	报告文学集	董清明主编	1993	江西人民出版社
学步集	诗集	陈运和著	1993	民族出版社
山色 水色 不尽的绿色	诗集	陈运和著	1993	新世纪出版社
红土情	诗集	陈运和著	1993	新天出版社
诗,在脚下延伸	诗集	陈运和著	1993	海风出版社

续表 31－11－3

书　名	类　别	著、译、编者姓名	出版时间(年)	出版社名称
日照松林	散文集	傅之潮著	1993	香港讯通出版社
红丘陵	小说集	涂新华著	1993	团结出版社
外国名人名言钢笔三体字帖		程欣荣编	1993	新加坡热带出版社
当代硬笔书法家辞林		胡志刚主编	1993	江西美术出版社
摄魂	诗集	白宇明著	1993	香港天马有限公司
故乡的石路	散文集	汪新安著	1993	甘肃人民出版社
詹同漫画集	画册	詹同著	1993	山东文艺出版社
方志敏演义	传记文学	罗宁、罗声著	1993	百花洲文艺出版社
方志敏的故事	故事集	罗宁著	1993	天津人民出版社
毛主席百岁诞辰诗词选	诗词集	詹骧云编	1993	江西人民出版社
莎士比亚新论	评论	阮坤著	1993	武汉大学出版社
心灵的盛宴	文集	张秀萍著	1993	新世纪出版社
南方南方,北方北方	诗集	陈运和著	1994	国际文化出版公司
罗田喜画册	油画集	罗田喜著	1994	海风出版社
烟笼鄱湖	长篇小说	李定芳著	1994	百花洲文艺出版社
枫叶颂		范式增著	1994	香港金陵书社
文学的沉思与独白	文学评论	邹忠民著	1994	百花洲文艺出版社
孽种	中短篇小说集	蔡阳敞著	1994	新天出版社
石凌鹤传	传记文学	童伟华等著	1995	百花洲文艺出版社
三清山诗文选	诗文集	帅经芝主编	1995	百花洲文艺出版社
玉山历代艺文精选	诗文集	叶礼森编	1995	江西科学技术出版社
桂香时季	散文集	柯振生等著	1995	海风出版社
缤纷的落英	散文诗集	徐建西著	1995	成都科技大学出版社
心印集	散文集	胡普江著	1995	百花洲文艺出版社
龙虎吟	诗文集	张炜编	1995	百花洲文艺出版社
又村诗选	诗选	张树滋著	1995	香港金陵书社
赛金花韵史		吴建威著	1995	香港出版社
邓小平颂	政治抒情长诗	陈运和著	1996	天地出版社
过去的帆影	小说散文集	周晓霞著	1996	百花洲文艺出版社
中国的十月	散文诗集	桂向明著	1996	哈尔滨出版社
人生参考	散文集	戴学盛著	1996	新华出版社

续表 31－11－3

书　名	类　别	著、译、编者姓名	出版时间(年)	出版社名称
核阴影下的中国战俘	长篇小说	汪根发著	1996	百花洲文艺出版社
金一如先生书画作品集	画册	金一如著	1996	逸鹅书屋出版社
东山诗词(第一集)	诗词集	吴南盛编	1996	江西人民出版社
幽思集		黄毅著	1996	岳麓出版社
学生字帖		张国庆编	1997	中国文联出版社
东山星云		吴南盛主编	1997	江西人民出版社
婺源人	传记	胡兆保著	1997	新华出版社
年夜	诗集	叶华明著	1997	中国广播出版社
同心掀起工农戟	小说散文集	陈家鹦主编	1997	黄山书社
鄱湖梦歌	散文集	于秀明著	1997	中华工商联合出版社
倒扣的船	散文集	张应想著	1997	百花洲文艺出版社
爱恨悲情	文集	张应想著	1997	中华工商联合出版社
鸟之魂	诗集	顾承一著	1998	黑龙江人民出版社
血战	长篇纪实文学	常建新、陈建中著	1998	江西人民出版社
中国新世纪诗人诗歌精品选	诗集	顾承一著	1998	黑龙江人民出版社
98 抗洪画册	摄影集	熊良华主编	1998	华艺出版社
中国葛仙山碑林墨迹荟萃		黄永勇执行主编	1998	世界华人艺术出版社
三清山	画册		1998	中国海风出版社
大学生字帖	书法	王维汉、韩顺任著	1998	江西美术出版社
撑起一片蓝天	报告文学集	傅乃吉著	1998	国际文化出版公司
海天行吟	诗集	夏利渊著	1998	经济日报出版社
写在宗谱上	诗集	汪锋著	1998	国际文化出版公司
桐江镇轶事	中篇小说集	傅之潮著	1998	国际文化出版公司
方志敏全传	传记文学	方梅著	1998	解放军出版社
秋尽扬州	散文集	汪新安著	1998	兰州大学出版社
青葱岁月	散文集	石红许著	1998	金陵书社出版公司
留给二十世纪的故事	纪实文学	帅经芝著	1999	中国文联出版社
时代楷模	报告文学	徐立忠等著	1999	中国文联出版社
春天的呓语	诗集	顾承一著	1999	哈尔滨出版社
三清山诗画	摄影图集	汪维炎编	1999	新华出版社
王克敌书画集	书画集	王克敌著	1999	中国文联出版社

续表 31－11－3

书　名	类　别	著、译、编者姓名	出版时间(年)	出版社名称
灵峰雪松		邱敬登、郭佐民编	1999	江西人民出版社
灵魂在高唱	散文诗集	桂向明著	1999	中国文联出版社
泥土吟	诗集	徐建西著	1999	中国文联出版社
古今联话选编		黄国城著	1999	国际文化出版社
华彩人生	传记文学	丁一岸著	1999	江西人民出版社
龟峰诗集	诗集	程欣荣著	1999	中国文联出版社
文化景观:缤纷我应识	散文集	曹炳根等著	1999	新华出版社
涉世闲言	散文集	胡普江著	1999	中国文联出版社
感谢昨天	散文集	洪忠佩著	1999	中国文联出版社
情系东山		胡普江主编	1999	天马图书有限公司
晨曦藩外吟草		彭华川著	1999	中国文联出版社
秋声集		詹骧云著	1999	中国文联出版社
高伟青书画集	书画	高伟青著	1999	国防文艺出版社
秦锡麟陶瓷艺术		秦锡麟著	1999	江西美术出版社
新光集	诗词集	谢名荣著	2000	天马图书有限公司
山水辉映、神奇秀丽 ——铜钹山旅游概览		毛小东、刘志明著	2000	百花洲文艺出版社
相思梦	小说集	张彪著	2000	中国文联出版社
霞岐弄	短篇小说集	傅之潮著	2000	中国文联出版社
大源山的秘密	长篇儿童小说	涂新华著	2000	中国文联出版社
为了可爱的中国	纪实文学	陈家鹦著	2000	中国文联出版社
丹霞龟峰,奇绝江南		龚国光、涂新华编	2000	百花洲文艺出版社
水乡花香	散文集	史俊著	2000	天马图书有限公司
方志敏审美思想研究		罗宁著	2000	天马图书有限公司
世界现代陶瓷(中国卷)		白明著	2000	新疆美术摄影出版社
世界现代陶瓷(外国卷)		白明著	2000	新疆美术摄影出版社
莎士比亚经典名著译注丛书		阮坤译	2000	湖北教育出版社
丹麦文学的群星		阮坤等译	2000	辽宁教育出版社
敬一轩吟稿		洪勋著	2000	北京大学出版社
期待集		黄毅著	2000	中国文联出版社
浪涌集		吴绍本著	2000	香港银河出版社
中国古代陶瓷典图		白明著	2000	新疆美术摄影出版社

续表 31－11－3

书　名	类　别	著、译、编者姓名	出版时间(年)	出版社名称
旅游散记	散文集	张永峰著	2000	中国文联出版社
流年钩沉		张永峰著	2000	中国文联出版社
陆昌清传		王士权、王世欣著	2000	江西人民出版社

第二节　文　选

一、散　文

想起江万里

石红许

追溯逝去的千年风雨，触摸一千次冬去春来，回眸壮阔、厚重历史出演的人世沧桑，指点繁如星辰的一代又一代风流人物，忽然想起千年初叶南宋时的饶州鄱阳(今江西波阳)名人江万里。江万里乃波阳千年时空中划过的一颗耀眼的彗星，可惜世人还未读懂就悄然陨落苍穹。

想起江万里，是因为波阳人知之不多，甚至不识他还是波阳人。某日“打的”前往止水，朝圣江老先生遗风，孰知年轻司机竟不知止水何在，这实在令我为之惊诧。“的士”司机固然不能代表波阳人，但毕竟是外地客商认识千年波阳文明的“窗口”之一。面对他的一脸茫然，我心隐隐作痛，为一个区域文化是否会像水土一样流失而不安起来。历史的石块丢了，怎么摸过河告诉未来?

想起江万里，是因为他有一颗真诚正直、不屈不挠的爱国心。站在芝山之巅，透过潇潇风雨，鸟瞰止水微澜，我仿佛看见一个面容清癯、目光冷峻、铁骨铮铮的老人端坐烟雨氤氲中的止水亭沉思，那不就是“罢官卸甲”回到故乡的江老先生么? 他体弱多病，仍念念不忘国事，日夜为匡宋抗元操心尽力。匆匆下得山来，哪见江老先生踪影！想必江老先生太累，已走进卷帙浩繁的历史，让我们到《宋史》里去拜谒他吧。久久伫立风雨中，耳际响起他晚年的诗作《溪桥》：“草际春回残雪消，强扶衰病傍溪桥。东风不管梅花落，自染新黄绿柳条。”我深深地怀念这位彪炳汗青的历史老人，其拳拳爱国爱乡志震撼千年。

想起江方里，是因为他有一腔难以割舍的悠悠桑梓情。波阳，江万里魂牵梦萦的地方。他跋涉仕途，一生倥偬，辗转南宋江山，官至左丞相兼枢密使。其时，朝廷腐败，奸佞掌权，烽火连年，生灵涂炭。江万里年逾古稀，仍远去湖南披甲同元兵血战，终遭弹劾，壮志未酬，毅然回到日夜思念的故土，在芝山南麓凿“止水池”取清纯止水洗尽风雨征程几十年的尘埃；并建“止水亭”，以示誓与南宋江山共存亡的决心。江万里返乡兴学讲诗，教育英才。其行可圈，其情可点。千年风雨，饶州古城波阳屡遭战火洗劫，然“止水”尤在，成为后人凭吊江万里的历史见证。

千年来，波阳出演了这么一个为国捐躯、留芳百世的江万里，这是源远流长赣文化浸润的结果。作为乡人，当以有江万里而骄傲，我们要从江万里的爱国精神中汲取营养。“君子只知有是非。不知有利害”、“弗作耽视之虎，弗为忘机之鸥”，江万里的名言，难道不值得我们当代人深思吗？

鄱阳湖一千年水涨水落，冲刷不尽的是漫漫赣文化的积淀。’98 洪水过后，我们在重建家园、发展经济的同时，也该规划、构筑精神家园，让赣文化润泽赣江两岸这方神奇的土地。倘若如此，江老先生当含笑九泉。

（原载 1999. 3.《江西日报》）

佛道同在神仙地，天地南北一奇山
——游葛仙山有感

汪彩萍

葛仙山位于武夷山脉北坡的铅山县杨林乡境内。从山脚下拾级而上八里山道便可到祭祀葛仙翁之母的娘殿。在娘殿喝一碗热粥，休息片刻再登七里陡坡便到了海拔 1096.3 米高的葛仙祠。山上有清淡可口的斋饭，有琉璃瓦飞檐的香客房。如果您选在七月流火的季节登葛仙山，山上凉爽的气候会令您有如隔世之感。您若有空在香客房里住上一夜，盖上厚实的棉被美美睡一觉，聆听法事、佛事活动的暮鼓晨钟，感受道教、佛教在同一片净土上和谐的宗教气氛，冥冥中您会有一种超凡脱俗之感。到葛仙山朝拜的善男信女多为福建、浙江、安徽和邻近县市的香客。据县志记载，每年农历六月初一开山门，农历十月初一关山门，仅这两天来葛仙山的朝香客就多达万余人。善男信女们结社而来，一路社旗飘扬，铳炮齐鸣，好不威风。

古人云：“山不在高，有仙则名”。葛仙山因为东汉道士葛玄在此羽化成仙而闻名。在铅山县民间流传着许多葛玄除恶安良的神话故事。传说葛仙祠后巨大的试剑石就是葛玄用锋利的神剑劈成两半的。葛玄因而镇住了在此作恶的九条龙，并让九龙化作九条碧绿的山脉护卫在葛仙祠下。九龙的唾液变成葛仙山慈济寺前的“龙井”、“龙池”，其水终年不涸，清澈见底。山后左侧有“七星泉”，泉水从岩缝中渗出，涓涓细流，四季不辍。相传也是由九龙胆汁所化，故而清凉无比，可治眼疾。后人感怀葛玄功德道行，捐资在此修建一座祠庙祭祀葛仙翁。入唐以来，历代名人诗圣都慕名拜访葛仙山，大诗人白居易、李商隐和韦应物、夏言等都登临过葛仙山。更不消说那些历代乞求神灵护佑的达官贵人的祭礼活动了。

我的同伴们朝圣心切，步履如飞，而我却被葛仙山一路碧树琼溪的好景所吸引，总落人后。静心攀登在山涧古道上更诱发我访古寻幽之情，我在问林海涛声，在问路边怪石，哪里是先人的吟诗作画之地？我在寻找诗人们“杨村山落下，三天极目观”，“神游八极，不觉超凡”的诗境。

在葛仙山让我感动的莫过于汩汩跳跃的山泉了。这是葛仙山随处可见的风景，我用双手掬一大口，一直凉快到心里，胜过世间任何饮料。喝着甘甜的山泉，恨不得和流动的山泉揉为一体。我的手浸泡在欢畅的泉水中，仿佛触摸着葛仙翁跳动的脉搏。眼前满山的葱绿也许仗着山泉的滋润才会如此鲜嫩吧？山脚下搭了一茅屋，只听见茅屋里传来“笃、笃”的舂米声，我好奇寻声走去，却不见有人在茅屋打理。原来这是一个舂米用的水碓，您能说，这不是葛仙山又一风景吗？一路上彩蝶翩翩，鸟儿喳喳，使古道多了几分诗情画意。在七月的骄阳下登山，阳光穿过树隙有些刺眼，我却不愿戴草帽和墨镜，生怕扭曲了这绿油油的生命原色。葛仙山比起我所到过的黄山、泰山确实少了点名气和雄伟，但葛仙山的灵秀，足以吸引远从安徽屯溪、旌德来的千万香客。您只要看他们手上高擎“有求必应”的社旗，就不必赘述这其中许多动人的故事了。

一阵阵势如破竹的鞭炮声告诉我们：葛仙祠到了，望着一幢幢依山而建的宏伟殿宇，立刻忘了艰难跋涉时腿脚的酸痛。我和香客们一窝蜂似地跟着女执事到净房用山泉沐浴，洗去山外的一路尘埃。据说沐浴后要换上干净的衣服去求签才灵验，难怪香客们从净房出来后一个个容光焕发。我沿着石阶走到葛仙山顶峰的葛仙祠，葛仙祠的大门用青石镶嵌成八卦形的拱门，门的两边书写着“德配天地，道法自然”八个大字。殿内塑着葛玄像和列位道家始祖神像。大殿两侧分别为观音堂和老君堂，每个神像前都摆着四季鲜果，五谷供品。香烛冉冉，烟雾缥渺，踏进葛仙殿，迷漫的香雾增添了神秘感，一种庄严、肃穆的宗教气息，使您自然和虔诚的香客们融为一处，跪立在葛仙翁神像前，静听葛仙祠主持方信才法师不紧不慢敲击木鱼做法事功课。从葛仙殿沿百步梯而下是三宫殿、灵宫殿、地母宫、玉皇楼。在每个神像面前，都使您变得格外虔诚。这里的道士、僧人随口可以讲出几个从这里走出去洗心革面、从善自新的故事。

与玉皇楼相邻的慈济寺的大雄宝殿和罗汉殿，使初来葛仙山的人有些惶惑。为什么道教、佛教同在一座山上建庙立观？原来万众香客涌入葛仙山，山上的道士唯恐滋生事端，明朝万历年间，葛仙山主持便邀请本县鹅湖山上“峰顶寺”僧人来葛仙山设分庙，共理葛仙山庙会。就这样如来佛和葛仙翁走到一起来了。山上的僧人道士对彼此偶像只拜不跪，来山朝拜的香客既拜如来又敬葛仙翁。四百多年来，同在葛仙山传道诵佛，相安无事，流传至今，为宗教史上增添了许多佳话。

夕阳西下，告别葛仙山，我知道，葛仙山的佛、法活动刚刚拉开序幕。在我们返程走到娘殿时，看见结社而来的朝香客一路鼓点、—路鞭炮涌上葛仙山。引人注目的是广丰洋口的一位朝香客，他请了二位挑夫扛着一饼三尺多直径的大鞭炮，说这几年自己发了，前来敬香。看见满脸喜气的朝香客，我要为朝香客、为葛仙翁祝福，我觉得他们都赶上了好年景。

（原载 1994 年 9 月 2 日《光华时报》）

古街幽幽韵悠悠

傅之潮

时过境迁，岁月沧桑。如今的河口镇区已扩大了几倍，这条明清古街也失去了往昔的商业地位，而作为历史文物完好无损地保存了下来。

古街幽幽韵悠悠。踏着石板路面漫步在明清古街上，你会有一种穿行在时光隧道中的感觉。那朱漆斑驳的木楼，那高大巍峨的砖厦，那依稀可辨的店招，那通往码头的石阶……无不会唤起人们对历史的追忆和遐思。

披着夕阳的余晖，我伫立在一幢砖石结构的建筑物前。这是一爿百年老药店，青石墙基石库门，8 根石柱上镌有经营内容和宗旨，横梁镂刻寿星和松鹤花卉，门楣上嵌一方石刻“金利合”店招，古朴端庄。该店始创于 1875 年，店主何姓，丰城人氏，少时做药店学徒，艺成后自立门户。含辛茹苦，惨淡经营，终成大业，成为当地同行业之翘楚，业务遍及全国各地。据说该店开张伊始，营业大厅即悬一“诚心药室”横匾，两旁有楹联云：“修合虽无人见，诚心自有天知。”坚持货真价实，从不出伪售假，深得顾客信赖。

商业其实也是一种文化。一块店招，由文人撰写、匠人雕刻，它本身不过是一个符号，但要赋予实在的生命,就要持之以恒地付出。像“金利合”这样的老字号,当年在古街上不下百家,尽管行业不一、经营各异。但大都有一个共同点,那就是以信誉为本,以优质取胜,“买卖公平,童叟无欺”。因而,得以在激烈的市场竞争中生存、发展。他们的经营之道,对今人不是还有着一定的借鉴和启迪作用吗?夜幕垂临,古街显得更加深邃幽远。三三两两的白发老人散坐在街边乘凉,他(她)们或枯坐或闲聊,是在追忆逝去的岁月,还是在缅怀当年的故人?“忆往昔峥嵘岁月稠”。那时候,方志敏、邵式平领导的赣东北土地革命风起云涌,古街对岸就是“红区”。一水之隔,两个政权。镇上的进步商人们经常在夜幕隐蔽下把食盐、布匹、药材、电池等物资从这里搬下码头,用船运往对岸,有力地支援了苏区斗争,他们有的还为此献出了自己的生命。在这条古街上,方志敏为红十军筹过军饷,邵式平遇险获救,黄道“壮志未酬身先死”、一代英杰万民哀……对中国人民的革命事业,古街曾经作出过力所能及的贡献。难怪邵式平省长重游河口镇时,回首往事,感慨万千,即兴写下了这样的诗句:

“九狮欲渡几千秋,河口镇前水自流;杀敌冲锋当年事,丰衣足食是今谋。”

(原载 1998 年 6 月 2 日.《江西日报》之《文苑》)

自　序

帅经芝

许多朋友初识上饶是在看了电影故事片《上饶集中营》之后,而且,还以为上饶就是一个荆棘丛生、遍地芭茅的荒蛮之地。因为上饶集中营的主监狱在茅家岭,茅家岭自然是一个生长茅草的地方。这实在是一个误会。其实,上饶是一个很好的地方。地处赣东北的上饶,自古称“上乘富饶”之地。如今以上饶市为经济、政治、文化中心的上饶地区,辖 12 个县(市),方圆 2 万 2 千 7 百多平方公里的土地上,居住着 648 万人口。田园富庶,山川秀美。在上饶集中营旧址附近的上饶县境内,就有一座美丽的山,其名曰灵山,其形似仰卧美女。山中有 72 峰,处处峰峦峻峭,气象万千,在深山峡谷中寻幽览胜,野趣良多。当年,著名诗人、文艺理论家冯雪峰面对这座山,写下的《灵山歌》,深情地描述了灵山的雄奇风貌。灵山只是上饶地区万千景象中一景,还有更多的分布在各地,东南西北中,处处有胜景。东部的三清山,风光绮丽,是国家级旅游胜地,著名散文家秦牧说它是“黄山姐妹山”。西部的全国第一大淡水湖鄱阳湖,波光潋滟,是鱼米之乡;南部的国家级自然保护区武夷山,有华东地区最高峰黄岗山,遍山是珍禽异兽,宝树奇花,林木葱茏,景色怡人;北部毗邻黄山的婺源茶乡名扬天下,绿茶醇香,民风古朴,古建群落,熠熠生辉。处于中部的弋阳,有龟峰怪石,酷似昂首蓝天的巨龟,山中奇景多处,号称“天然盆景”。周边接壤与浙江、安徽、福建毗邻,赣文化、闽文化、徽文化、吴越文化、客家文化,相互交流、影响、渗透,溶于一地,交相辉映。

上饶有绚丽多彩的艺术。明代戏曲四大声腔之一的弋阳腔和饶河流域的饶河腔、信河流域的信河腔均由本地发源,成为江西代表剧种赣剧的三大主要声腔,而其中的弋阳腔一支独秀,源远流长,其影响遍及全国各地的高腔剧种,有所谓“弋阳子弟满天下”的美誉。上饶也因此被称为中国戏曲之乡。具有浓郁水乡风味的鄱阳湖渔歌,清新悦耳,最早由鄱阳湖的渔民唱响。还有遍及全区广大乡间的民歌、民谣、故事、灯彩、串堂班、采茶戏曲、舞蹈等,是人民群众逢年过节盛行的喜庆活动艺术形式,至今盛演不衰。

上饶有历史上杰出的人才。上饶这个地方,四省通衢,往来便捷,自古以来,就是商贸、文化交流的中心地。自东晋以来,从这里路过、旅游、讲学、讲道的著名文化人,数不胜数。东晋有道教理论家、医学家葛洪在三清山炼丹。唐代诗人戴叔伦,北宋诗人王安石、黄庭坚,南宋诗人杨万里、陆游等在这里游览并留下了许多脍炙人口的不朽诗章。唐代大画家阎立本在三清山下的玉山县居住多年,最后他的墓立在城南冰溪河畔的武安山上。南宋杰出的豪壮派爱国词人辛弃疾在上饶、铅山一带居住了二十年,一生绝大多数诗词都是在这里写作的。铅山鹅湖书院,是朱熹、吕祖谦、陆九渊、陆九龄等人聚会讲学之地,留下了一个久经沧桑又几度修复的书院。如今,虽然空空落落,有几分凄凉。但当年名人荟萃、风云聚会的盛况,留在历史的陈迹中,依然清晰可辨。南宋淳熙二年(1175 年)的鹅湖之会,是我国哲学史上的重要事件。

历代本地籍的各类人才如群星灿烂。全区 12 个县(市),县县有名人。广丰有唐代著名文学家王贞白,他的千古名句"读书不觉已春深,一寸光阴一寸金"编入了《全唐诗》,家喻户晓。波阳县有东晋的著名政治家、军事家陶侃,南宋的杰出文学家洪迈,江南著名词人、音乐家姜夔。洪迈写作的《容斋笔记》是一部能代表中华文化的著作,毛泽东生前特别喜爱,每回外出巡视都要将此书随身携带,时时翻阅。婺源有著名理学家、文学家朱熹,有我国第一位铁路工程师詹天佑。朱熹的名句"问渠哪得清如许,唯有源头活水来"至今被人经常使用在讲话或写文章中。弋阳有宋代的爱国文人谢叠山,有杰出的无产阶级革命家方志敏。方志敏不仅是一位杰出的革命家,还是优秀的文学家,他的《可爱的中国》,充满了对祖国母亲的无限热爱之情,激励和教育了几代人,至今闪烁着不朽的历史光辉。玉山有著名医学家黄家驷、画家柳子谷。铅山有清代著名戏剧家蒋士铨、著名动物学家陈桢……上饶真是名符其实的物华天宝,人杰地灵!

上饶是礼仪之邦。上饶人历来重义轻利,讲究名节、骨气。文学家谢叠山,一生勤奋好学,刚直不阿,忠心爱国,为世人赞颂。元兵侵犯时,力主抗击,被奸臣陷害关押,后遇赦出狱,又再度在信州弋阳组织民兵抗元,失败后弃家入闽。有人数次劝他出山做官,他至死不做元朝的官,最后以绝食而死。德兴明代的胡靖,是景泰五年进士。他为官慷慨任事,风纪严厉,历官30 年,所到之处仅取得俸禄供生活日用和纸墨开支,别无赢余。他长年身穿长袍,家无积粟,居无宁宇。德兴还有一个人,叫舒清,明代成化二年进士,他授升工部主事后,裁减朝廷多余费用。后到浙江任职,清廉为民,筑堤防御水患,人称"舒公堤"。升任河南参议时,正值河水泛滥,城被灌淹,各署官员纷纷夺船逃命,而唯独舒清取船焚毁,以安民心,和民众一起共克水患。他一生清贫,因病辞官回乡后,农民起义军走他家门口过,都传言:"此清官家,勿犯!"

方志敏更是以清贫著称于世,被捕时,国民党士兵搜查后感到惊讶,这般大官竟身无长物。赣东北苏区创始人之一的横峰人黄道当了革命领导人也还是非常俭朴、谦逊,讲究礼仪、仁爱,关心民众生活。

……

所有这些都足以看出上饶这一方水土蕴含了多好的仁山圣水,养育了多少中华英杰,一部中国文学史、戏剧史、科技史、社会发展史,离开了上饶这一章节,必定是逊色的。

把上饶看作茅草丛生之地,是 20 世纪 40 年代初,因为皖南事变之后在上饶建起了一座人间地狱——集中营。

集中营总老板是国民党第三战区司令长官二级上将顾祝同,字墨三。他对蒋介石百依百顺,深得蒋的重用。他经管的集中营美其名为"第三战区司令长官司令部训练总队军官大队"和"第三战区司令长官司令部特别训练班",实际上就是监狱。设有周田、李村、七峰岩、茅家岭、石底、西山等六处监狱。集中营犹如长在人体身上的毒瘤。随着一批恶魔似的国民党军警宪特的到来，邪恶、淫靡之风便带进了上饶这块文明之地。在皖南事变中被俘的新四军干部和三战区军警特机关从东南各省搜捕来的共产党员、抗日爱国进步人士，共760多人被关押在这里。布置了装备精良的宪兵守卫，周围村子里的树木全都砍光，山头上架起铁丝网，遍设岗哨，日夜巡逻，戒备森严。在集中营里负责管理的人员都是经过专门反共训练的特务。由张超一人兼任大队长和主任。张超早年毕业于国立中山大学，结业于中央军校，长期从事反共的特务生涯。因干特务有“功”，被提升为少将。他所管辖的军官队、特训班各组室负责人、中队长、指导员都是经过中央军校特别训练班训练的、有校级军衔的特务。区队长、分队长一般是上尉，也有是少校。他们对囚禁的新四军干部和抗日爱国志士进行精神上和肉体上的折磨，施以所谓的“政治教化”和名目奇特的毒刑、绞杀。使这块地方成了40年代初人间最黑暗的地狱。

在被囚禁的人员中，有一代北伐名将、新四军军长叶挺，有经历过二万五千里长征的老红军、新四军高级将领张正坤、冯达飞，有领导过“一二·九”运动的著名学生领袖黄诚，有著名作家冯雪峰、画家赖少其、音乐家钟袁平、版画家林夫，有海外归来赤心报国视富贵如云的华侨陈子谷等。先后被杀害和折磨死的有名有姓的烈士达105人。他们都是中华儿女的杰出代表，是我国民族文化精神的集中体现。国民党反动派对这些民族精英进行惨无人道的折磨、杀害，从文化角度上说，也是对中华民族文化的一种毁灭。

被囚禁和被杀害的这些民族英雄们，如果凭借自己的青春、才华或者家庭的财富，完全可以享受到人世间的幸福生活。但是，当祖国命运处于危亡的紧急关头，他们没有追求个人的享乐，没有考虑个人命运的安危，毅然地选择了救国之路。可是，他们没有想到，在自己的国土上抗击外敌也会成为“囚犯”。顾祝同刚刚还以“礼”接待叶挺军长，并信誓旦旦地表示以“人格”担保，保证新四军安全北撤渡江。转眼间却翻脸不认人，设下陷阱，包围、残杀自己的同胞。这些昨天还是驰骋抗日战场的将士，今天便成了“自己人”的“囚犯”，生命处于朝不保夕之中。

“人生自古谁无死，留取丹心照汗青。”上饶集中营里的抗日民族英雄们在走上抗日战场之前，都有充分的思想准备，对自己的父母、妻子、兄弟、姐妹有交代，早已把个人的生命安危置之度外。为民族的利益，即便肝脑涂地亦在所不惜。然而，令人扼腕痛惜的是，这许多的英雄志士们没有轰轰烈烈地倒在冰天雪地的抗日战场上，也没有死在侵略者的枪口刺刀下，却死在一班民族败类、灵魂猥琐的奸佞小人手中。死得极其惨烈而草率：或是一柄钝斧或是一个黄土坑或是一根绳索或是一阵乱枪或是一包毒药，或是风高月黑的夜晚或是冰霜冷冽的雪地，被秘密地处死。没有正义、公理和法律，只有邪恶和强权。邪恶的力量，有时确实是可怕的。在一个地方，一旦邪恶占了上风，善良者必遭残害。但是，正气或早或迟总是会压住邪气的。一时之强弱在于力，千古胜负在于理。上饶集中营的先烈们坚信正义必将胜利，临刑前喊出了那个时代的最强音：

“浩气永长存，丹心照万古，生前未了事，留与后人补。”

这惊天地泣鬼神的豪言壮语是王之燕烈士喊出的，也是上饶集中营所有先烈的共同心声，是留给后人宝贵的精神财富，是先烈们生命价值之精髓。

当然，假如英雄们在临刑前，到刽子手们早已预备好的“自首书”上划一个押，签上自己的名字，向恶魔们忏悔，那么，也许死神就会走开。但是，人不能低下高贵的头颅。在生死攸关的时刻，我们的英雄们把个人生命注入了集体生命的熔炉，从而在烈火中永生，实现了生命的超越。瑰丽的生命与卑劣的灵魂在这里形成何等鲜明的对比！

或者会有人说,先烈们的生命价值诚然可贵,但那是那个时代的产物,现在已经消失了,或者说不值钱了。真是这样吗?不,我以为它是永存的。在中华大地每一个地方,在每个中国人的心灵深处,在鲜艳的五星红旗上,在执政者的权力中,都可以找到。你能说,丰盛的宴席、可口的山珍海味,不是先烈生命价值的体现?你能说,你手中持有的手机、乘坐的轿车不是先烈生命价值的体现?用一句通俗的话说,就是:没有先烈们的流血牺牲,就没有我们这些后来者的财富、权力和享乐。而这一切不正是他们生命价值的现实体现?珍惜今天的幸福,就是珍惜革命先烈的生命价值。

我居住在这座日渐繁荣美丽的城市,原先每日站在屋楼的阳台上,就可以凭栏远眺,看得见信江南岸茅家岭那上饶集中营的所在地以及高耸云霄的烈士纪念塔。现在随着城市里一幢一幢高楼大厦的拔地而起,渐渐挡住了我的视野。尽管这样,我依然时时想见纪念塔和塔顶,似乎日夜跳动着先烈们的生命火光。那火光仍灼烧我的眼睛和心灵,提醒我不要忘记了那些发生在20世纪40年代初的故事。当然,我也希望我的子女、朋友不要忘记。

21世纪的曙光已经临窗,鲜活的太阳正在升起。面对历史的进步,那不堪回首的往事就让它留给消逝的岁月。鲜花、绿树和芳草将簇拥先烈不朽的生命,同我们一起步入新时代,同蓝天、同大地、同炎黄子孙一起欢笑,一起歌唱,坚持以邓小平理论为指导,在江泽民总书记为核心的党中央领导下建设有中国特色的社会主义现代化强国,实现梦寐以求的理想。

(摘自帅经芝著《留给二十世纪的故事》,中国文联出版公司1999年版)

二、诗 词

临江仙·三清山

吴官正

美绝胜景赋山中,奇险雄秀无穷。
响云彩瀑烟雨风。珍禽伴异兽,
奇花笑古松。

观音巨蟒女神峰,
公殿神像虎龙。玉京虚华三清宫。
造物情意浓,登山吊葛翁。

三清山秀峰

张静江

鬼斧神工刻意精,青天削出秀芙蓉。
芙蓉出水香清远,云海天池别有春。

上饶山水

俞新民

灵山睡美人

纵横百里复西旋，七十二峰碧玉装。
只叹美人千载梦，犹随行客到他乡。

石人殿

石人峰下石人殿，香火氤氲千百年。
石人一去不复返，几多憾恨化青烟。

金龟护丹

卜谷仙峰石似磐，石岩磊落道风寒。
葛仙昨日瑶池去，留得金龟护渥丹。

黄沙道

山道蜿蜒石板连，辛公过此有遗篇。
旧时茅店今安在，依旧稻花香满天。

李　村

——叶挺将军囚室

花发三春树，鸟鸣旧瓦椽。
曾经困虎处，小屋尚依然。

龙潭塔

谁修古塔镇妖龙，今日依然傲碧空。
阅尽饶城迁变事，沧桑几度夕阳红。

江西九运会开幕

——文体表演十分成功观后志感

横峰七六健者 香港专栏作家 蔡省三

江西九运盛会开，健儿凯歌漫天来。
借问群英何所自？地灵人杰出高才。

三、报告文学

南国潮
——来自南粤的报告

刘德旺

初夏,随江西省政府代表团赴广东省南部地区考察经济。半个多月的时间里,途经广州、东莞、深圳、珠海、中山、佛山、顺德、湛江等市县,感到商品经济的大潮在南国这块土地上汹涌澎湃,气势恢宏。最令人感奋的,当首推——

引人注目的外向型经济

实行改革开放以来,广东省南部地区充分发挥紧靠国际市场,华侨、港澳同胞众多的优势,抓住机遇,敞开大门,先后与美国、日本、新加坡等国家和中国香港、台湾等地建立了经济技术合作关系,自“借船出海”起步,以乡镇企业为依托,从开展“三来一补”业务突破,一开始就把经济发展的标尺定在“外向型”上。深圳、珠海、东莞等地明确提出“资金以外资为主,产业结构以加工工业为主,产品销售以出口创汇为主,经济运行以市场调节为主”的方针,珠海市出口工业品的比重已达41%,而深圳达62%,该市中华自行车有限公司去年生产自行车107.5万辆,产品全部销往美国、欧洲和大洋洲,当问及EMMELLE型五档变速自行车内销价格时,公司总经理竟顾盼幕僚,一时语塞。

农业也向商品型、创汇型发展。广州白云山农场农工商联合公司十年来引进外资8000多万美元,采取补贸、合资、合作形式建立创汇农业生产基地,大力发展果、蔬、花卉以及水产、禽蛋生产,销往香港、澳门,为国家创造了大量外汇。

外向型经济不断发展,扩展到整个南部地区乃至全省范围。“七五”期间全省利用外资123亿美元。兴办外商投资企业1.2万家,引进100多万台套的设备和3000多条生产线.在国外建立了200多家销售点;10多年来出口创汇521亿美元.相当于三中全会前30年总和的4.5倍。

广东南部地区发展外向型经济有着其他地区不可比拟的优越条件,首先是国家对特区和沿海开放地区的优惠政策,如对进口设备和出口产品减免税收的政策,大大刺激了“三资”企业的发展,其次是临近港澳,交通方便,信息灵,每天往来于港澳和内地的车辆、船只数以万计,港商甚至可以昼出夜归来内地办理业务。一位负责人很客观地说,如果在长江以北,即使有这个优惠政策也很难行得通。第三是港澳台胞和华侨多,港澳居民中祖籍广东的占80%,东莞市竟有65万人在港澳,这些人每年几次来内地探亲访友,旅游观光,同时投资办实业和福利事业。仅中山市近10年来,港澳同胞兴办的各种形式的外资企业就有2000多家,接受港澳同胞无偿捐赠达4.5亿港币,兴建大、中、小学150多所。

蓬勃发展的外向型经济其意义是多方面的。东莞市长安镇高副书记告诉我们,外向型的经济给本地经济发展注入了新的活力,他列举了几条:1、引进境外的资金、技术、设备和管理方法,又充分利用内地的廉价劳动力、土地、厂房、水电,既扬长避短,又使生产要素实现大跨度的优化组合;2、不受国内小气候的影响,风险小,效益好。在1989年春夏之交的政治风波和经济治理整顿期间,这些企业照样以较高的速度发展,不存在产品积压和三角债,一般2~3年可收回投资;3、经受国际市场的锻炼和考验,培养造就了我们的工业管理人才。他还说,通过引进加快消化吸收,增加积累,发展我们内地经济,类似台湾50年代发展本岛经济的路子。他还补充说,海湾战争,美国取消对中国的最惠国待遇等,可能对外资企业会有些影响。

外向型经济迅猛发展使南粤人的思想观念、思维方式也发生了变化,人们再不满足于封闭式的自然经济,而是把自己推向国际市场的风浪中,以至于对大气候、小气候的界定也与内地迥然不同。我们一路考察看到,新开工的"三资"企业如雨后春笋般兴起,搅拌机、脚手架照样热闹。去年,广东全省外商直接投资增长26%。仅长安镇去年"三来一补"企业获工缴费就达1.5亿港元,创汇1500万美元。

外向型经济好比商品经济大潮中一排排狂涛,南粤人并不对形成外向型经济固有的条件存在优越感,而是继续推波助澜,力图通过自身的努力使狂涛来得更猛烈一些。为了创造一个适应更大规模的国际经济技术合作的投资环境,他们始终注意并花极大的努力改善投资环境——

加快基础设施建设

重视基础设施建设,用他们的话来说,叫做"栽好梧桐树,引来金凤凰"。

代表团沿着考察路线,行程3000里,换乘"海陆空"等多种交通工具,下榻多处城市宾馆,一路感到,南粤地区的基础设施建设超前发展,颇具规模。

交通建设方面,不断扩大公路的通过能力、运载能力和港口码头的装卸能力。尤其是公路和桥梁建设,真可谓"逢山开路,遇水搭桥",以干线为主轴,成扇形伸延到区、乡、镇、村,四通八达。等级高、功能全、造型各异的公路桥梁、架设在纵横交错的江河湖汊上,过往行人、车辆,如履平地,十分便捷。

对能源、通讯建设也舍得花本钱。中山市原来花高价从香港买电,每天40万度,现在办起了三座电厂,适应了工农业生产和家用电器增多的需要,不再为电犯愁。东莞市投资3亿元,从日本引进光纤通讯设备,办起了10.6万门的程控电话,现在全市每13个人有一部电话,可与全国250个城市和世界150个国家和地区直接通话,加快了信息传递,邮电营业额由每年290万元上升到1.8亿元。

把市政公用设施作为基础的重点来抓,增强了城市化水平和城镇的辐射功能。珠海市为了扩大市区范围:大面积地围海造地,然后向国内外投资者出卖,今年预计可收入6亿元。对于土地的概念,不仅是地皮加黄土,而是已经搞好了"三通一平"的适用极广的地产。近几年,珠海在未建的空地上敷设各种管道,仅此一项,地下埋去28亿元。这样的土地买来就可以用,省去许多麻烦事,即使昂贵,也十分抢手。

宾馆、游乐、购物等市政设施都按照有利于投资环境改善的要求加紧建设,并形成系列化配套,甚至连厕所建设也摆上了显著的位置。

东莞市后街镇是个只有万把人口的小镇,过去因为上厕所难,令外商投资者紧蹙眉头,不无遗憾地掉头就走。去年,镇里拿出200万元建了25个厕所,适应了发展外资企业的需要,投资者纷至沓来。起初,大家并不懂厕所与投资的这种因果关系。镇长介绍说,"三资"企业劳动纪律十分严格,中间休息15分钟,没有一定容量的厕所,将会延误时间。于是,大家随镇长参观厕所去。只见一片鹅绒草地上堆放着几座小假山,又有几杆修竹从石缝中长出,掩映着一幢建筑物——白色马赛克墙体、黄色琉璃瓦、蓝色有机玻璃的图案标示着男女性别,——是厕所无疑。再往里，映入眼帘的是釉面砖蹲坑，大理石的洗手池和巨大的穿衣镜……这些，分明与"拉撒"联系不上，真是"临到阶前未敢越，待进门后又生疑"。

这里厕所也被赋予了特定内涵，让人感到新奇。仅止厕所乎？商品经济的大潮对陈旧思维方式的冲刷，对传统观念的荡涤，让你始料不及。这里有许许多多的新鲜事物等待你以全新的眼光去发现、去认识，这个"全新的眼光"便是南粤人的商品观念和——

思变图强的改革创新精神

如果把南粤地区的经济发展仅归结到优惠政策和地理位置，显然是失之偏颇的。他们朝着建设四个现代化的总目标，从商品经济的点点浪花到排山倒海的大潮，始终按照"一个中心，两个基本点"的要求，走好了改革开放的强国之路。

靠改革，调动各方面的积极性，广东省前几年就把中央赋予省里的关于审批外资项目的权力逐级下放到县、市，规定100万元以下和50万元以下的利用外资项目的审批权分别放给市、县，极大地调动了市、县的积极性。在一次香港经济技术合作洽谈会上，谈成43亿美元的合作项目，主要是市县的作用。省政府一位领导介绍说，权是为人民办事的，下放权力是让更多的人办事。这种开明、豁达的权力观不是改革创新精神在为人民服务实践中的具体体现吗?

在国家计划指导下，发挥市场调节作用，放开了大部分商品的价格，广州市改革前市民持有65种定量供应票证，现在除了定量粮油、民用煤和高知、老干部享受的少量液化气外，其余全部依靠市场调节。广州市放开大部分农副产品价格后，市场不但没有乱，反而刺激生产，丰富了市场。考察团在农贸市场看到大米、肉类、水产、果蔬、干货等农副产品供应充足，价格公道，按照生活费收入水平计算，并非高得惊人。一位深谙价格改革的负责人说，一放就贵，一贵就多，一多就便宜。深奥的价值规律在广东人看来竟像"顺口溜"那般通俗。而广州市民则更是心平气顺，他们开心地说笑着："改革把周身的病症（凭证）都医治好了。"

搞活企业作为经济体制改革的中心环节，各地根据经济发展水平和承受能力而运用自如。深圳的股份制企业率先迈出步伐。广州市围绕搞活大中型企业，利用外资嫁接和部分嫁接一些企业，使广州啤酒厂、钢铁厂、肥皂厂等一批50年代的老企业恢复了生机。

改革开放作为没有模式可借鉴的探索，既要积极又要稳妥，是胆略与谋略的结合。在谋略方面，先进行可行性论证，凡预料可能引起社会振荡的敏感问题，都采取小步快走的审慎态度。广州市价格改革采取逐步放开、分步到位的办法，以民用煤为例，原来每个蜂窝煤价为0.021元，现在调到0.05元，下一步还将提到0.12元。在最终实现市场价格前，逐步过渡，既增强群众的心理承受能力，又不致引起价格轮番牵动。他们认为，改革动作快中有慢，寓动于静，实质都是前进，胆略与谋略看似一对矛盾，实质是统一的。

大胆改革，体现在两个方面：一是看准了的事坚决干。中山市的负责人介绍说，农村联产承包责任制，上级还没有红头文件前，他们就在一个公社里悄悄搞起来。他们认准了这是符合发展社会生产力的。直到现在，他们仍在咀嚼着"早改早得益"的甘甜。二是要干就要有气魄，不能小手小脚地转圈圈。在改革企业组织结构方面，他们瞄准发展大型的集团（公司），以某项拳头产品为龙头，组织专业化生产。如中山市以威力洗衣机为龙头，组织若干个企业配套服务，搞系列化生产，使产量达到100万台，成为全国首家过百万台的厂家，产值达5.3亿元。

改革企业组织结构值得一提的是以行业为主线，组成工贸联合体。佛山陶瓷工贸集团公司集生产、销售于一身，对成员企业实行指导、协调、服务。其主要内容为统筹成员厂家进行技术改造,技改贷款由银行先贷给集团公司,再由集团公司贷给生产企业。这几年投入技改资金7000万元,实行了厂厂改造,帮助改进工艺,解决"小而全"。如模具、耐火窑具、原料加工统一由集团公司直接负责安排,协助成员企业销售产品。目前,40%的内销产品、80%的出口产品都通过集团公司销售,为成员企业统一组织原材料供应;90%的三油、瓷土都由集团公司的物资公司组织,为成员企业搞技术升级和新产品开发。

以行业为主体的集团公司,或紧密型、或松散型、或半紧密型半松散型,都从发展行业出发,宜紧则紧,宜松则松,紧而不死,松而不散。有的工贸集团(公司)在对企业的责任方面,是两级法人。集团公司也是经济实体,有自己的固定资产和直属企业。在干部管理方面,厂长由集团公司任免,厂长以下由企业任免。这样松紧适度的联合方法,吸引了大批同仁。佛山陶瓷工贸集团公司目前已发展到60余家成员企业、2万多员工,工业产品已达到八大类7000多个,全员劳动生产率和人平贡献都领先于全国同行业先进水平。"八五"期间拟发展到10亿产值和4.5亿税利,并着手发展跨国公司,在更大范围内实施联合。

改革开放,加快了经济运行机制的转换,给工业经济注入了新的活力。改革开放,也使农村长期积累的经济能量集中释放出来,尤其是沿海半渔农和丘陵山区生产力水平迅速提高,生活过得殷实起来。而农村改革如何深化,许多地方的做法是借农村改革的成功之举,选择了走发挥资源优势——

大搞农业开发的路子

这里属亚热带气候,阳光、雨量、气温适宜多种动植物生长发育。5月的广东更是满目葱茏,一派生机。高大的椰子树,潇洒挺拔;美丽的槟榔树,婀娜多姿;鱼尾葵、木菠萝、罗汉竹、桉树,苍翠欲滴,异彩纷呈。连续几年,广东植树造林,打了漂亮仗、过硬仗。全省基本消灭荒山,一位镇长把我们领上他们的果木基地的瞭望哨.极目远山含黛,俯瞰近岗吐翠,柑橙、菠萝、香蕉、荔枝、龙眼、芒果,郁郁葱葱,蔚为壮观。

"搞农业也能致富,"中山市的负责人给我们介绍说,"关键在于调整农村产业结构,发展多种经营。"他说,他自己1970年代是县粮食局长,当时想在90万亩耕地上过10亿斤粮食大关,但没有实现。因为以粮唯一,家庭副业被砍光,越搞越穷,大家没有积极性。现在全市只用60万亩耕地搞粮食,亩产达1500多斤,总产已过10亿。而其他耕地搞经济作物和养殖业,并由此发展加工业。农民人平年收入已达1500元,得到了实惠,积极性也就来了。没有花很大精力唱"粮食调",而多年的"粮食梦"却变成了现实。他继续说,现在每年流动人口200万,都可以不收粮票放开吃。

中山市家庭副业放开也是比较早的。农村责任制之前就明确只要完成国家集体上交任务,种养多少都算社会主义。性质定下后,农民就按比较效益进行自主的选择。养一亩虾可得纯收入4000元,自然再也不会花更多的精力种稻子。在一望无垠的田畈上,水稻田、养鱼塘、香蕉地相依相间,犬牙交错,恰似一幅色彩斑斓的水彩画。

农业致富的另一种形式是向生产的广度进军。开辟新的生产门路和领域,使劳力资源得以充分利用,从而增加经济收入。这方面,湛江市的农业开发堪称成功的典范。这个市除在原有500万亩耕地上调整结构外,用5年时间新开出400万亩"五荒"资源,大力发展"两水一牧"(水产、水果、畜牧),使水果面积发展到108万亩,水产570万担,生猪320万头,糖蔗213

万亩，机榨糖80万吨，北运菜40万亩。536万亩的林业用地，在适地适树的总布局下，全部种上了经济价值较高的树。开发性农业的产值达42亿元，占全部农业产值的三分之二。

湛江市五年走六步，不断加快开发农业进程，扩展开发成果。他们按照区域化、专业化、基地化的要求，集中连片，集约经营，形成规模经济效益。现在已建成水产、水果、畜牧、林业、农作物五大类21个初具规模的生产基地，为全市农村商品生产建立了一份家当。同时，把国家上的、集体上的、联户上的和千家万户上的纳入产供销一条龙、贸工农技一体化的轨道，建立和完善诸如种苗生产、产品加工、饲料兽药、冷冻保鲜、包装运输、销售服务等系列化配套服务体系，真正形成轰轰烈烈、气度不凡的农业开发场面。

农业开发的价值并不仅在农业本身，而是带动了乡镇工业和以销售为中心的第三产业的发展，与之配套的社会化服务体系应运而生，协调发展。湛江市的农业开发，使60万左右的劳动力有了用武之地。以北运蔬菜发展为例，为其服务的领域扩展到交通，修建了12条民用铁路专线，总长5000米；仓储，建仓库4万平方米，堆场11万平方米，制冰厂19家；包装，每年编织竹筐1000万只，草袋80万个；销售，经营果蔬的各种所有制形式的联合体400多个，交易所1000多个，从事运输人员10万人，每年运出量200万担，销往全国136个大中城市。

开发性农业加速了资源优势向经济优势的转化，使农民较快地富了起来。湛江市去年农民纯收入达823元，比五年前增1.3倍，涌现了许多靠农业开发致富的典型，有的人均收入过5000元，有的户均收入过2万元，有的养虾、种蕉的单项收入人均过500元。在全市111个镇中，人平收入1000元的已有14个，基本不存在500元以下的镇。毫无疑问，农业开发增强了农业的自身积累能力。全市开发性农业五年增长226%，农业总产值以12.3%的速度递增。

这就是农村改革的大潮，这就是商品经济的大潮。在翻江倒海的大潮中，南粤人没有被掀翻、被吞噬，他们劈波斩浪，潇洒酣畅。真正称得上——

弄潮儿向涛头立

南粤人是时代的搏击者、历史的弄潮儿，他们在商品经济的大潮中击水、冲浪、遨游，自由地驾驭。

把中央的大政方针结合实际加以运用，绝不生搬硬套，表现了强热的自主意识。南粤地区的几个市、县，实际也存在地理位置、历史背景、发展阶段上的差异。临近港澳的深圳、珠海，特区特办，把资本主义社会先进的一面大胆“拿来”，使经济迅速腾飞起来；东莞、中山、佛山则利用港澳同胞多、信息灵、资金雄厚的优势，建立以外向型经济为主体的经济框架；而湛江为广东省的西南边陲，原有经济基础较差，他们选择了农业开发的路子，若干产业上主动与上述地区衔接、跟进、接替，同样达到繁荣富庶的目标。

为发展社会生产力不断开拓创新，表现出较强的风险精神。一位负责人认为，什么都等“红头文件”，实际是追求安稳保险的托词。只要不违背党中央的大政方针，有的“边斩边奏”，有的“只斩不奏”，很多改革措施出台和办法创新都是如此。广东人对架桥修路的集资办法十分有见地，尽管社会上褒贬不一，颇有微词，但他们却将此称为“以桥养桥、以路养路”的好办法而长期坚持下来。近年来，全省建了1300多座桥，最长的可与南京长江大桥媲美，绝大部分是用这种集资办法搞起来的。他们说，有的已经收回了投资，就不再收了。话语竟是那么坦然，以至于当有人问及是否有“三乱”之嫌，他们先感愕然，继而爽朗大笑。在他们看来，道理十分简单：上面没有拨款，只有通过贷款搞，而贷款不过是一种“预支”行为，预支当然要归还。

归还则要新增效益，过往车辆是直接受益者，当然应参与归还贷款。严丝密合的逻辑推理，运用到交通建设上，显得那么合情合理合法，令你无懈可击。

自主意识、风险精神都源于对社会主义现代化建设事业执著的追求。为此，力排众议，义无反顾，一个时期曾有人对沿海地区改革开放迈出较大的步子不理解，一位内地到广东参观者指责道，搞了几十年的公有制，搞成这个样子，怎么得了！还有一位边远地区的负责人看了广东以后竟说，没想到广东被"和平演变"到这个地步，边说边伤心地流下了眼泪。对这些不理解，甚至对有的非议责难，广东人认定，实践会做出评判。现在，历史已证明他们获得了巨大成功，社会主义优越性在这里得以充分显示。5、60年代搞"政治边防"时，农民一年的收入抵不上一河之隔的香港新界农民10天的收入，人心思变，却又无用武之地，当时"青年跑光，土地撂荒，老人心慌，干部难当"。今天内地生活富裕，当初的偷渡者又纷纷跑了回来，仅3.5平方公里的沙头角就有200多人回来定居，他们重新回到商品经济的大潮中一显身手。"贫穷不是社会主义"——小平的话——社会主义的真谛。

广东人作为中华民族的一部分又有很强的自立自强精神。从唐朝末年开始，广东就有人因避战乱，移居海外；鸦片战争后，沿海人民被迫离乡背井，漂洋过海谋生。同时，西方殖民主义者又从广东掳去大批华工，从此广东的华侨华人遍及世界五大洲。他们凭着自己的聪明才智，朴实勤劳，从事实业，繁衍生息，而长期寄人篱下、漂泊不定的艰难生活又铸成了他们强烈的生存竞争观念和自立自强意识，昂扬向上正是特区人生活的主旋律，怠惰懒散的"铁饭碗"、安逸舒适的"铁交椅"与勤奋向上、开拓进取的"人生价值"格格不入。连机关事业单位也不再是人们向往和留恋的"伊甸园"，大家都愿摆脱人生依附，到商品经济的大千世界里去认识自我，实现自我，以至于有的地方选拔干部难，已经把提高干部待遇、稳定干部队伍提到议事日程上来。

"时间就是金钱，效率就是生命"不是时髦的点缀，实际生活中处处可见。许多基本建设项目从争取到立项到土建到安装到调试到正式投产到达产达标，都是十分惊人的速度。中山市洗衣机厂，1980年还是一个小农机厂，1983年开始改造转产洗衣机，设计能力为年产10万台。仅用一年时间就完成了土建、设备引进和安装调试，投产第一年就突破设计能力近一倍，达19万台。第二年40万台，第三年60万台。二期改造也早已达产，两期贷款1亿元已全部还清。办事高效率、运转快节奏是特区人的基本精神状态。在珠海市外商投资管理服务中心，外商洽谈项目可以不出门，便能在比较短的时间里完成咨询洽谈、呈批文件和海关、税务、工商登记及银行开户手续等事宜。如此便捷的服务，吸引了大批投资者。在这幢大楼里，平均每天有2至3个外资项目问世。难怪广东经贸委的负责人说，去年他们一年干1000多个项目，如果沿袭老办法，10个也干不成。

向往和平、安宁、幸福生活，被视为光彩崇高的追求。普通老百姓也许并不懂"金钱拜物教"，但通过勤俭守法的劳动去获得合理报酬已是理所当然。人们对此再也不噤若寒蝉、讳莫如深。在合资企业会客室里贴着"大略经营飞跃展，鸿猷贸易展宏图"的联语，在乡镇企业的大门上刷出"望前程财源广进，图大业生意兴隆"的对联。在更多的居民新式小楼房的门楣上是"财归新宇，福集华堂"的祝福。而在各式出租汽车的挡风玻璃上则挂着预兆吉祥、平安的小饰物。一家合资企业铝合金大门上.公然标出"财神到"三个楷体字；再往里，供奉着手持青龙偃月刀的美髯公，两边点燃着电子"蜡烛"，主人愿每一位来访者都带来财气，希冀神威守护财源。这家企业，在许多国家建立跨国公司，有着"世界第二"的产量和全国同行业第一流的劳动生产率。先进的工艺水平和管理方式却与神像同居一室,你也许感到“不协调”,但谁又能说“伤大雅”?

特区并不仅靠金钱诱惑和物质刺激来调动人的积极性和创造性。他们自有更珍贵的东西,这就是人的精神。许多企业都有“创新、信赖、尊重”的企业精神和经营理论,有“创一流企业,出一流产品,创一流效益”的企业目标。珠海市江海公司,始终贯彻思想领先的原则,把思想政治工作融化到规章制度中,他们提出特区并不是遍地黄金,要从搞码头搬运工开始去艰苦创业求生存;他们认为赚钱必须赚外国人的钱,不应利用特区的政策来抢内地的市场。因此,他们的产品90%出口,认为办企业不能躺在国家的优惠政策上。这家公司两年时间还清了基建投资贷款以后,主动提出不再享受减免税照顾。多年来,通过开展创评“金牌”职工的活动,激发了主人翁的责任感,去年产值1.6亿元,创汇1016万美元。今年再翻一番,全员劳动生产率达60万元。

各级干部都把主要精力集中到经济建设上来,排除一切干扰,大胆启用能人,对“能人”的失误采取总结、教育、保护的办法。各套班子齐心协力,以经济建设为中心。湛江市由人大副主任介绍农业开发情况时了如指掌、洞若观火。各级干部、各个部门不但亲自调查研究,决策服务,而且与人民同甘共苦,亲自参与。实地参加农业开发时了解到,好的典型,很多都是书记、市长亲自抓的点和市直部门联合开发的果园、林场。

广东在中国近代和现代史上具有重要的地位,是许多重大历史事件的发生和策源地。如鸦片战争、太平天国运动、戊戌维新、辛亥革命、北伐战争,在近百年的革命斗争中孕育着洪秀全、康有为、梁启超、孙中山等中华民族的杰出代表、民主革命先行者及一批杰出的无产阶级革命家和领袖人物,他们的光辉业绩深深影响和教育了今天的广东人。在虎门,民族英雄林则徐率领义勇军抗英销烟的沙角古战场、炮台和销烟旧址,让后人驻足深思;在翠亨村孙中山故居,有幸聆听了伟大的革命先行者孙中山1924年的演讲录音。当时,他满怀自豪地说,“中国几千年来是世界上头等的强国”。接着又毫不留情地针砭时弊:“现在我们中国,是世界上顶弱顶贫的国家”。一针见血地指出其原因是“近来几百年,我们国民睡着了”。转而信心百倍地高呼:“我们中国还可以得救,”最后号召“大家要警醒!警醒!”

孙中山的话,时隔半个多世纪,但字字铿锵,如雷贯耳,今天听来振聋发馈,催人奋进。爱国主义、革命英雄主义的熏陶,不正是南粤人在商品经济的大潮中敢于劈波斩浪、征服狂涛的力量源泉吗?

1991年7月

(原载于1991年8月17日《赣东北报》)

四、新闻及其他

关于发展山区经济的辩证思考

朱重权

前不久我深入到海拔1674米、方圆312平方公里的广丰县铜钹山区调查研究。深深感到:发展山区经济要讲辩证法,尤其在社会主义市场经济体制下更应讲辩证法。

破旧与立新

山区经济与市场经济接轨,首要的问题是:必须破除封闭的、自给自足的小农经济观念,树立敢于开放、敢于竞争的社会主义市场经济观念。

长期以来,山民居山守山,靠山吃山,加之山区交通不便、信息不灵,对市场经济就更不了解。因而,因循守旧、求稳怕险的思想也比较突出。但山区多属老区,对党有深厚的感情,山民对党号召的事,只要做好思想工作,还是比较容易接受的。铜钹山所在地岭底乡的做法是:针对山民听党的话的优点,开展各种宣传教育活动。开会是一种有效形式,同时,辅之以各种喜闻乐见的形式,如放电影、看录像、发资料、出墙报、举办图片展览、开展算账对比活动等。广泛而又深入地对山区进行改革开放和市场经济知识的教育。针对山民求稳怕险的思想,进行典型引路教育。以勇闯市场经济大潮的先行分子为典型,组织他们现身说法。

单一经营与多种经营

山区资源是丰富的,尤其是木竹资源极为丰富。就铜钹山来说,有18万亩用材林、6万亩毛竹林、1万亩油茶林。但是,资源与利用密切相关。科学开发、承续利用;乱砍滥伐,山荒林空。铜钹山区正在向多种经营发展。其指导思想是:建立以林业为支柱,以企业为龙头,以第三产业为网络,以林副产品加工为后盾的产业体系。其实施方案是:在工业上抓企业。已开办4厂、l矿、3个电站,1992年工业产值超1000万元,力争1995年超5000万元;在林业上抓工程造林和封山育林。从今年起,用3年时间营造工程林1.2万亩,封山育林4万亩,改造稀疏林5万亩,垦复毛竹山3万亩;在多种经营上,抓好果业、蚕桑、鹅鸭3大工程。5年内,建果园5000亩、桑园2400亩、茶园1.5万亩、药园1000亩、猕猴桃园1000亩,年养鸡鸭鹅10万羽;在市场建设上,以岭底乡为基地,建设铜钹山综合集贸市场;同时,开辟赣闽边际的小丰竹木专业市场。通过多种经营,改变山区单一、萧条的经济状况,推动山区经济走向繁荣。

卖原料与精加工

目前,山区卖原木、原竹、原矿、原果等,价格低,效益差,特别是鲜果之类,几天卖不出去,就烂成泥。因此,山区走精加工、深加工之路,已成为发展山区经济的—大课题。

合理布局,形成产业群。从铜钹山的情况看,可依托其丰富的地上地下资源,逐步建立和发展4大产业群。一是木制品产业群,加工板材,打家具,搞雕刻,制刨花板、胶合板、纤维板等,大搞木材的综合利用,加工增值;二是竹制品产业群,加工各种竹制品,晒笋干,制罐头,充分利用毛竹资源;三是林产化工产业群,包括茶叶、果品、药材、生姜、蚕桑、树脂、松香等加工利用;四是矿产开采加工产业群。通过合理布局,形成独具山区特色的经济格局。

精深加工,延伸产业链。以毛竹为例。1根毛竹如果卖原竹,只值两元钱。通过加工,竹兜做竹钉,竹腰做竹筷,竹梢做竹笠,竹枝做扫帚。同样1根毛竹,价值可达20多元。再如竹笋,如卖鲜笋,每斤0.2元,一支5公斤重的笋,也不过两元。如通过加工成笋干,精加工成笋罐头,其价值成倍增长。

强化科技,向生产的高度和深度进军。在农业上,大力发展高产、优质、高效农业;在林业上,推广优质速生树种;在林副产品加工上,坚持高起点,实施高技术,追求高效益。当前,—个既突出又严重的问题是,山区科技人才不足。外地的不愿来,本地的留不住。因此,必须采取优惠政策,在政治上关心、在生活上照顾科技人才。要提高其工资待遇,改善其住房条件,优先安排其子女上学、就业等,解除其后顾之忧,以吸引更多的科技人才进山来,为振兴山区经济作贡献。

相对稳定与频繁调动

山区经济的发展，在很大程度上取决于所在乡场领导班子的稳定，尤其是党政—把手要相对稳定。如果频繁调动，就易造成“李书记来了种李，陶书记来了种桃，石书记来了桃李都不种，上山采矿石”。稳定山区领导班子，稳定山区干部，是稳定发展山区经济之必需。

稳定的基础在于选准干部，选择“三强”干部，即：工作责任心强、吃苦耐劳精神强、身体强。绝不要把山区当成疗养院、休养所和安乐窝，安排照顾性干部。

强调干部本身的素质是重要的。但是，上级党委、政府和有关部门，对山区干部要关心、支持、爱护，帮助他们排忧解难。特别是，不要稍有差错就撤换，稍有不慎就调离。党政一把手要带头执行党的民主集中制原则。切忌骄横跋扈，独断专行。许多事实证明，干部不稳定，班子不团结是一个重要因素。后院起火，前方动摇，后院安心，前方稳定。因此，做好家属工作，是稳定山区干部不可忽视的因素。党和政府应采取优惠政策，对山区干部家属吃农业粮的，要优先安排农转非，对子女上学有困难的要优先解决上学问题；对家属没有工作的，要优先安排就业。通过做好上上下下、前前后后的工作，支持干部在山区建功立业。

发展山区经济，改变山区面貌，并非一日之功。一是要科学地制定长远规划，绘制建设蓝图，一届接一届连续作战；二是要有年度计划；三是要考证，要审计，要奖惩。上级对下级的政绩，每年都要严格考评；一届期满或乡场党政主要干部离任，在经济工作方面要审计。通过考评与审计，对政绩突出的班子要表彰，对成绩显著的干部要记功。对玩忽职守者，要批评；对造成损失者，要查处。只有奖勤罚懒，赏罚分明，才能真正激励干部在山区建设中奋勇拼搏，排难而进。

（原载 1994 年第 2 期《农村改革与发展》）

卷三十二　教　　育

1991 年,中共上饶地委、上饶地区行署作出《关于加强教育工作的决定》。1994 年,根据全国及江西省教育工作会议精神,地委、行署又下发《关于加强教育工作的补充决定》和《上饶地区贯彻〈中国教育改革和发展纲要〉的实施意见》,对全区 1990 年代教育改革和发展作出全面部署。到 2000 年,全区各级各类学校发展到 8518 所,其中,普通高校 3 所,成人高校 2 所,普通中专 9 所,成人中专 14 所,普通中学 429 所(高中 68 所,初中 361 所),职业中学 32 所(高中 30 所,初中 2 所),小学 3881 所,幼儿园 1529 所,特殊学校 2 所,成人中学 21 所,成人技术培训学校 1621 所,成人初等学校 922 所。

1994 年—1997 年,全区有上饶市、婺源县、德兴市、弋阳县、万年县、玉山县、铅山县、上饶县、广丰县等 9 个县(市)通过江西省人民政府的达标验收和年检复查,基本普及九年义务教育;波阳、余干、横峰 3 个国家贫困县的普及九年义务教育目标,则处于攻坚阶段。1994 年—1998 年,全区 12 个县(市)扫除青壮年文盲工作相继通过省政府组织的检查验收,全区实现基本扫除青壮年文盲的目标。1999 年,婺源县代表江西省在教育部教育督导团的扫盲抽查中达标。2000 年,全区适龄儿童入学率达到 99.49%,青壮年非文盲率达到 96.5%。

1991 年,全区教育事业拨款 11365.2 万元,占当年财政收入的 28.83%;2000 年,教育事业拨款 48186.9 万元,占当年财政收入的 45.78%。2000 年教育事业拨款是 1991 年教育事业拨款的 4.24 倍,10 年期间平均每年增长 17.4%。随着以政府拨款为主,多渠道筹措教育经费体制的完善,教育投入有较多的增加,改变政府包揽办学的体制,形成以政府办学为主,倡导社会办学,鼓励私人独办、民办公助和公办民助等多种形式办学的新体制。10 年间,全区教师队伍建设不断加强,教师待遇不断改善,教师素质不断提高。2000 年,全区小学、初中、高中教师学历合格率分别为 90.36%、78.09%、46.85%。

第一章　基础教育

第一节　幼儿教育

1995 年,江西省人民政府办公厅通知,改革幼儿教育管理体制。1998 年 11 月,上饶行署办公室印发《上饶行署常务会议纪要》,决定将地区妇联管理的幼、托(儿童)工作移交给地区教委管理，同时成立地区教委幼儿教育办公室。幼儿教育工作由妇联移交给教育部门管理后，该项工作实行在政府统一领导下，地方负责，分级管理，各有关部门分工负责，教育部门主管的各级管理体制。到1999年上半年，全区12个县(市)先后移交完毕，各县(市)教委相应成立幼儿教育办公室，配备了幼教专职干部，对各级各类幼儿园和学前班进行规范管理。

幼教工作建立新的领导管理体制之后，地区教委及时翻印原国家教委颁发的《幼儿园工作规程》和《幼儿园管理条例》，发给全区各幼儿园和学前班，要求全区幼教单位和幼教工作者认真学习，并在教育教学中贯彻执行。同时，按照《江西省幼儿园登记注册试行办法》和《江西省学前班登记注册暂行规定》的要求，对全区幼儿园和学前班全面登记注册，凡符合办园(班)条件的均颁发给许可证，使全区幼儿教育工作逐步走上依法治教的轨道。

全区幼儿教育在办学形式上有独立设置的幼儿园和有条件的小学附设的学前班。幼儿园招收了3~6周岁的幼儿入园，学制3年，按年龄分为小、中、大班，有的幼儿园还增设了小小班和学前班。城市小学和乡(镇)中心完全小学普遍附设了学前班，学制1年，招收5~6周岁(或7周岁)的幼儿入学。

幼儿园实行园长负责制。公办幼儿园园长由主管教育的行政部门任命，民办幼儿园园长报教委备案，并接受教育行政部门的领导和管理。为了提高园长的管理能力和幼儿教育的保教质量，适应新时期幼儿教育改革和发展的需要，地区教委1998年—2000年3年的暑期，连续举办了三期全区幼儿园园长岗位培训班，共培训169名园长，并颁发园长岗位培训合格证。

幼儿园教师实行聘任制，并根据《教师资格条例》的有关规定，评定相应的教师资格。幼儿园保健员和炊事员持健康卡上岗，严格执行幼儿园安全、卫生保健制度。

2000年，全区共有幼儿园1592所(其中民办715所)，班级3219个(其中民办1064个，学前班2220个)，在园幼儿85747人(其中民办26685人，学前班58270人)，初步形成了以政府办园为骨干，公办和民办共同发展的新格局。

2000年，全区共有幼儿园教职工3437人，其中园长221人，教师3292人。园长和教师的学历显著提高，他们中有高等师范院校本专科毕业150人(内有学前教育专业54人)，中师毕业829(内有幼师专业393人)，职业高中幼教专业毕业244人，普通高中毕业1302人；取得“专业合格证书”的310人。园长和教师中，有特级教师1人，中学高级教师9人，小学高级教师201人，小学一级教师290人。

1991年—2000年全区幼儿教育发展情况

表32-1-1

年份	园数(个)		班级数(个)		幼儿数(人)		教职工数(人)			
	合计	其中民办	合计	其中学前班	合计	其中学前班	合计	园长	教师	保健员
1991	715	77	1432	343	51294	18132	2064	118	1872	28
1992	693	22	1474	400	56497	20511	2076	92	1821	127
1993	672	63	1787	686	63184	30520	2247	88	2052	107
1994	644	154	1782	842	66212	35049	2287	109	2084	87
1995	734	329	1968	1060	68233	42769	2519	74	2360	82
1996	933	348	2161	1153	71990	46113	2632	118	2457	42

续表 32－1－1

年份	园数(个)		班级数(个)		幼儿数(人)		教职工数(人)			
	合计	其中民办	合计	其中学前班	合计	其中学前班	合计	园长	教师	保健员
1997	1118	412	2582	1568	78960	48891	3199	149	2972	70
1998	1374	579	2524	1473	72248	46812	3106	157	2869	62
1999	1536	603	2935	1894	81590	52860	3248	197	3141	76
2000	1592	715	3219	2220	85747	58270	3437	221	3092	103

幼儿园选介　地区第一保育院　建院近50年,占地面积2200平方米,建筑面积2402.76平方米。该院环境优美,设施齐全,功能完备。全院有14个班,在院幼儿500余名,教职工32人,其中大专以上学历15人。有小学特级教师1人,小学高级教师13人,还有专职保健医生和专业厨师。

1991年—2000年的10年间,稳步发展,建立健全了各种组织机构和规章制度,管理走向规范化、系统化、科学化。

1997年,舞蹈《看戏》获第五届全省少儿艺术节二等奖,水墨画《百年迎回归》获美术书法一等奖,独唱《捉泥鳅》获首届全省中小学、幼儿艺术节三等奖。1998年,该院代表参加第二届全国幼儿美术书法大赛,有两名幼儿获银奖,5名幼儿获铜奖。1999年,参加全国中小学、幼儿美术大赛,该院代表获集体二等奖。在历年全市文艺会演团体操比赛中,该院均获一等奖。

1991年—2000年,先后获得下列荣誉称号:地区文明学校、地区幼教先进单位、地区绿化先进单位、市先进学位、市文明单位、市巾帼文明示范岗、市卫生单位、市教育系统先进循环红旗和综合治理先进单位,还涌现了省"三育"先进个人、省果喜奖1人,地区"十佳"教师1人。1992年,全区示范性幼儿园评估荣获第一名;1999年,首批通过全地区一级一类幼儿园评估,被评为全区第一所一级一类幼儿园。

铅山县幼儿园　是一所县办示范性幼儿园,有9个教学班,350名在园幼儿。教职工35人,其中大专学历11人,中专24人;小学高级教师12人。全园占地面积3100平方米,教学大楼2821平方米。拥有大型活动器具10余件,设有玩沙池、嬉水池、供观察的种植园和饲养园,装备双向CATV教学系统,各班教室配有彩电、消毒柜、录音机、幻灯机、风琴、电风扇,幼儿寝室安装空调,食堂配备消毒柜、冰箱、大型煤油灶、蒸饭机、绞肉机、豆浆机等设备。

教师实行挂牌上岗,双向选择,做到优质优酬,奖惩分明。重视与家长的联系工作。各班开辟家长园地专栏,每学期开一次家长会。

1991年—2000年,该园教师获地区优教先进个人荣誉者3人,地区优秀班主任2人,地区巾帼标兵1人,县优秀教师10人,县师德标兵1人,县百名优秀教师1人。参加省、地优质课比赛,该园教师获省级奖1人,获地级奖13人。教师辅导幼儿参加全国和地区竞赛,有4人获全国少儿书画大赛铜杯奖,15人获优秀奖,7人获佳作奖,1人获地区儿童书画大赛二等奖、佳作奖。教师们撰写的论文,分别获省三等奖,地区一、二、三等奖。

1992年,荣获地区示范园质量评估第二名,同年,又被地区教委列为电教试点园。1993年,被地区评为爱国卫生先进单位。1999年,被地区教委评为先进集体;同年,获地区幼儿广播体操比赛二等奖。2000年,经地区教委评估验收,被评为一级一类幼儿园。

德兴市幼儿园　创建于1958年。幼儿园址占地3000平方米,校舍建筑面积2268平方米,绿化面积300平方米。设有园长室、教职工会议室、保健室、阅览室、科学探索兼手工制作室、综合活动室、钢琴房、教室、卧室等。各班均有卫生间,配备了符合标准的桌椅、小床、饮水机、消毒橱柜及桌面玩具,每班有图书人均8册以上,户外活动场地有1500平方米。在岗教职工28人,上岗幼师都达到大、中专学历,达标率为100%。开设了大大班、大班、中班、混合班、小班,共7个教学班,在园幼儿200余人,是一所日托制幼儿园。

2000年,进行"三制改革",即园长负责制、教师聘任制和工资结构制。制定并实施目标管理方案,实行末位淘汰制和骨干教师奖励制,激励了教职工的创新意识和工作积极性。

10年间,先后有1名教师获省优秀班主任,7名教师获地区优秀班主任和优秀教师,1名教师获德兴市优秀共产党员光荣称号。教师们认真总结教育教学经验,有20余篇论文在省级刊物上发表,教师设计的幼儿游戏作品,在首届"好孩子杯"全国大赛中荣获优秀奖。该园在完成正常教学活动的同时,还积极开展第二课堂活动,为有特殊需求的幼儿创造学习条件,为幼儿学习、锻炼、展示自我提供平台。有不少幼儿在各级各类竞赛活动中获得好成绩。1997年,在全地区"迎香港回归"文艺比赛中,该园幼儿编排的《回归同乐》获集体一等奖,《采蘑菇的小姑娘》、《大花轿》、《小和尚》,分别获得单位一、二、三等奖。2000年,该园教师集体创作的《民族大团结》,获地区二等奖,并被选送到省参展,获省优秀奖。

第二节　九年制义务教育

1991年—2000年,全区实施九年制义务教育工作,除继续巩固初等义务教育普及成果外,重点落实初级中等教育的普及工作。1994年,上饶地区行署根据1993年中共中央、国务院颁发的《中国教育改革和发展纲要》及其《实施细则》与国家教委《中华人民共和国义务教育法实施细则》的精神,制订了《上饶地区2000年普及义务教育规划》,强调基本普及九年义务教育是全区1990年代的奋斗目标,是教育工作的"重中之重",是全党全社会一项紧迫而艰巨的历史任务。在普及九年制义务教育工作中,全区各级政府强化政府行为,增加教育投入,加大工作力度,上饶市(1994年)、婺源、德兴、弋阳(以上三县、市1995年)、万年、玉山、铅山(以上三县1996年)、上饶县、广丰(以上二县1997年)9个县(市),先后于1994年—1997年通过省政府的达标验收,基本普及了九年制义务教育。

1998年,落实国家教委、省教委关于深化教育改革,全面推进素质教育的意见,地区教委下发了《关于规范九年义务教育行为,全面推进素质教育的十条规定》①。同年6月,省决定,上饶市和婺源县为全省素质教育实验区。

小学教育　1991年,全区7周岁~12周岁在校适龄儿童558553人,适龄儿童入学率为97.9%。

2000年,全区7~12周岁在校适龄儿童691163人,适龄儿童入学率为99.49%。小学专任教师由1991年的33817人,增加到2000年的36158人,增长6.9%。小学专任教师学历达

---

①"十条规定"的内容:一、加强德育工作,二、加强教师队伍建设,三、面向全体学生,四、转变薄弱初中,五、严格执行课程计划,六、认真改革课堂教学,七、减轻学生过重的学业负担,八、加强实验电化教学,搞好图书馆建设,九、加快考试改革,十、构建督导评估机制。

标率由 1991 年的 70.2%，增长到 2000 年的 90.36%。

1991 年—2000 年全区小学教育发展情况

表 32－1－2

年份	学校数(所)		在校学生数(人)	毕业学生数(人)	教职工数(人)	
	合计	其中民办			合计	其中专任教师
1991	5860	27	712974	136124	36550	33817
1992	5950	46	699857	127270	36755	34199
1993	5732	53	683229	114442	37516	34572
1994	5487	11	679210	106595	38221	35268
1995	5563	2	714430	114735	38188	35246
1996	5327	15	733908	113955	38919	36064
1997	5314	5	783004	124596	39415	36673
1998	4994	38	785840	129297	39353	36529
1999	4566	77	776164	128982	39027	36370
2000	3881	113	754597	127803	38111	36158

教学　根据《中华人民共和国义务教育法》规定全区小学学生入学年龄为 6 周岁，也可推迟到 7 周岁。

1991 年—2000 年，全区小学学制为五年制与六年制并存。最早改为六年制的有玉山县(1984 年)和德兴市(1990 年)，其余各县进入 1990 年代以后，积极推行由五年制向六年制的改革。婺源县与上饶县于 1995 年，余干县于 1997 年，广丰县于 1998 年，万年县于 1999 年，铅山县与横峰县于 2000 年相继从一年级开始改为六年制。到 2000 年，全区共有 9 个县(市)实施小学六年制学制，其余县(市)仍实施五年制学制。

1992 年 8 月，国家教委制定《九年义务教育全日制小学、初级中学课程方案(试行)》。《课程方案》规定，全日制小学的起始年级从 1993 年秋季开始实施。为此，全区在 1991 年和 1992 年积极做好各项准备工作，如购置各科教学大纲和教材供有关人员学习；在全区 11 个县(市)开办小学义务教育语文、数学教材实验班；举办义务教育教材试教教师培训班等，为全区全面实施《课程方案》摸索经验。1993 年秋季起，全区全面实施《课程方案》。

根据《课程方案》规定，小学开设小学思想品德、语文、数学、自然、社会、音乐、美术、体育、劳动等 9 门学科。在课程安排上，全区六年制小学与五年制小学分别按国家教委制定的六·三学制和五·四学制两种不同学制《课程安排表》中全日制小学部分安排课程。1994 年，国家实行新二时制，全区小学按国家教委印发的《实行新二时制对全日制小学、初级中学课程(教学)计划进行调整的意见》《中、小学语文等 23 个学科教学大纲调整意见》和 1995 年印发的《实行每周 40 小时标准工作制后，调整全日制中小学课程(教学)计划的意见》组织、安排教学工作。

在按九年义务教育《课程方案》规定开设 9 门课程的同时，先后按国家教委和省教委的有关规定，从 1993 年秋季起，在全区小学开设健康教育课；1995 年秋季起，在全区部分(主要是城镇）小学开设计算机课；从 2000 年秋季起，在全区部分小学开设了英语课。同年秋季开始，全区小学一年级语文、数学使用修订后的教学大纲和教材。

全区小学执行省教委 1991 年印发的《中小学教学常规》和各县（市）制订的《小学教学业务管理常规》，加强教学管理，开展教材教法研究、教材教法改革实验、优质课评选等教学活动。注意发挥中青年骨干教师和学科带头人的作用，推广他们的教学经验，提高教师的业务素质和教学水平。全区广大小学教师积极参加全省、全国各学科优质课竞赛，均获得较好成绩。在全国性竞赛中，先后获得 1991 年全国首届复式教学录像课评选一等奖；1999 年中国电教协会小学协作研究会第十届年会语文活动课一等奖，全国“注音识字，提前读写”教学研讨优质课一等奖；2000 年全国首届小学英语优质课竞赛二等奖两个。10 年间，全区小学普遍开展电化教育，运用现代化教育手段，改革教学方法，优化课堂教学结构，提高教育教学质量。全区有 7 名中青年教师承担了国家教委下达江西省制作的九年义务教育小学数学教材 20 个《典型课例片断与点评》的师资培训系列录像教材的拍摄任务。该录像教材经国家教委中小学教材审定委员会审定通过，由山东教育电视台通过卫星向全国播放，并向全国发行。

1995 年开始，上饶市在市城区部分小学对素质教育的实施进行试点。1996 年对小学阶段的考试作出了改革，考试方法变单科考试为分项考试，如小学语文分拼读、词句、阅读、朗读、作文（谈话）、听话、写字等项，数学分口、笔算操作、应用题等项，几项考试都分期在平日里进行，期末，由教研室到各校对学生进行抽检。在分数评定上，逐渐谈化分数的作用，在小学取消了百分制，改为等级评定，优良、良好、达标、待达标四类，这种方法缓解了分数对学生的压力。1997 年 1 月，市区部分小学开始使用《小学生素质评估报告单》，采取“等级 + 特长 + 鼓励性评语”评价模式。在学生的操行评定上，改变以往的鉴定式评语，变为对话式评语。同年在市区 11 所小学全面推开，并提出“面向全体学生，全面发展学生”的口号。1998 年初，上饶市成为全省推进素质教育实验区。

1998 年秋季开始，全区小学毕业生不再进行任何选拔考试，一律实行划片就近升入初中。为全面推进素质教育，减轻学生过重负担，全区从同年秋季开学起，小学考试取消百分制，实行等级 + 特长 + 鼓励性评语的考核办法改革。根据每周五天工作制规定，在规定的周课时总量内，严格执行课程计划，不准占用节假日上新课或给学生集体补课，严格控制学生的作业量，严格管理各种学习辅导资料。

全区各小学开展音乐、舞蹈、绘画、书法等课外活动，踊跃参加全国、全省组织的有关学科知识竞赛，均取得良好成绩。自 1993 年全国小学数学奥林匹克总决赛举办以来，经江西省中小学竞赛组委会严格选拔，1993 年—1997 年，连续五年派出 8 个代表队代表江西省参赛，并都以名列前茅的优异成绩取得个人奖和团体奖，获得竞赛组委会专家和领导的好评。

思想教育　10 年中，全区各小学把德育工作列为学校工作的首位，以《中共中央关于进一步加强和改进学校德育工作的若干意见》、国家教委颁发的《小学生日常行为规范》、《小学德育纲要》《中小学德育工作规程》等文件为准则，以五爱教育为主线，以日常行为规范为基础，以课堂教育为主渠道，对思想政治教育持之以恒，常抓不懈。通过瞻仰革命烈士陵园，观看革命传统教育影片，请老红军、老干部讲革命传统故事，纪念毛泽东诞辰 100 周年，迎香港、澳门回归祖国等各项活动，有针对性地进行思想品德教育，培养少年儿童成为有理想、有道德、有文化、有纪律的四有新人。

根据《中共中央关于进一步加强和改进学校德育工作的若干意见》要求，地区教委组织编写了《思想品德》和《家乡》两套乡土教材,作为正式课本在全区小学高年级使用。这两套教材都选取有上饶地方特色,与本地的经济建设和社会发展密切相关的内容,使小学生了解家乡、认识家乡,从热爱家乡入手,培养儿童少年热爱祖国,振兴中华的思想感情和报效祖国的决心。

体育、卫生　全区各级教育行政部门和小学认真贯彻执行国家教委颁发的《学校体育工作条例》《学校卫生工作条例》《小学生体育合格标准实施办法》《学校健康教育评价方案》《小学、初中国防教育纲要》和《学校国防教育常规》等一系列规章、条例和办法,积极做好小学生的健康教育和卫生保健工作。各学校都配备了专兼职体育教师,按课程计划上好体育课,建立健全卫生保健制度。每天坚持课间操和眼保健操,做好近视眼和常见病的防治工作。各学校对学生坚持每年一次体格检查,检查结果记入学生健康卡。体检数据显示,10 年中,小学生的身高、体重、速度、力量等方面都有明显增长。

全区每年都举行小学或中小学运动会,进行田径、球类等项体育活动竞赛,促进学校体育活动的开展。1991 年,省卫生厅和省教委印发《江西省农村学校卫生工作试点县实施方案》,广丰县被确定为该项工作的试点县。同年,全区有上饶市十四小、上饶市五小、德兴市一小、横峰县一小和余干县新华小学等 5 所小学,被省体委和省教委命名为江西省体育传统项目学校(1998 年,调整为上述 5 校的前 4 校)。

1999 年,地区教委制订《评估细则》,对全区小学贯彻执行《学校体育工作条例》、《学校卫生工作条例》的情况进行了检查评估,促进了学校体育、卫生工作的开展。

小学选介　上饶市第一小学　始建于民国 10 年(1921)。2000 年,校园占地面积 13250 平方米,校舍建筑面积 10839 平方米。校园绿化面积达 65%。全校有教学班 29 个,在校学生 2100 余名,教职工 86 人。10 年间,学校投资 200 余万元,兴建多媒体双向控制系统,视听阅览室、电脑室、多媒体教室、实验室、演艺厅、仪器室、语音室等现代教学设备。

学校坚持“办一流的学校、育一流的人才、创一流的经验”的办学目标,以培养学生“会做人、会求知、会共处、会健体”为己任,推进以培养创新精神和实践能力为核心的素质教育,成为上饶地区对外的“窗口学校”,对内的“龙头学校”。

学校坚持走“名师立校”之路,重视师资队伍的建设,特别注意培养青年教师,强化教师继续教育和职称培训。全校教师 50% 达到大专以上学历,获中级职称的有 35 人。有全国优秀教师 3 人,全国教育系统劳动模范 1 人,还有 46 人次被评为省、地、市优秀教师,3 人被评为地区级骨干教师,并有 2 人参加国家骨干教师培训。该校教师获国家级奖励 26 人次,省级奖励 38 人次,地区奖励 76 人次。

学校以优化环境为基础,创造团结、紧张、严肃、活泼、向上的氛围。以活动为载体,开展思想品质教育,“跨世纪中国少年雏鹰活动”、“阳光下走过五十年活动”,定期军训,与农村学校结对子,帮助贫困学生,开展社区活动等,寓教于乐,潜移默化地达到德育效果。如在学生中开展“雏鹰系列奖章”评比活动,评出科技、劳动、文明等奖章优胜者,并制作“创星”校牌,让获得优胜的学生佩带。每年分别举办体育节、艺术节、科技节、读书节,为每个节日设计了“节旗”、节歌,提出了宗旨口号,赋予节日全新的活动内容,为学生锻炼自我,再现自己的才能提供了平台。注重培养学生的特长,开设了美术、器乐、微机、科技等 20 多个不同类型的兴趣小组。参加各种兴趣小组学生的各类作品有 209 人次获国家级奖励,300 多人次获省、地级奖励,其中,学生的书画作品还送往日本等国展出。

作为“省教育教学研究实验基地”,学校坚持以教育科研为先导,以现代教育为突破口,以课堂教学为主阵地,改革教学方法,提高课堂教学效率。学校先后承担了3次国家级课题、4次省级课题和3项地区级课题的研究,其中,“电影与学科课堂教学整合模式实验研究”,是国家“九五”重点课题,该课题已通过国家总课题组验收与鉴定,得到专家的肯定评价。电影课套版送往北京参展,获得由教育部、文化部等举办的《中小学影视教育成果汇报展》一等奖。学校定期开展“五个一”竞赛活动,即一堂示范课,一次讲课,一次讲评,一篇论文,一个课件,这是每个教师的必修课,列为必须完成的工作项目。科研活动中,教师撰写的论文有10多篇获国家级奖,20多篇获省级奖,99篇获地市奖。教师的优质课有11节获国家级奖,6节获省级一等奖,15节获地市级一等奖。此外,还有20多节录像课获省级以上奖励。

学校先后获得全国现代教育技术实验学校、全国体育先进学校、全国雏鹰大队、省现代教育技术示范学校、省现代教育实验基地、省爱国主义示范学校、省德育示范学校和地区教育教学先进学校、市十佳明星单位等荣誉称号,还连续六年被评为省级文明单位。

玉山县瑾山小学　学校位于玉山县城北面的景山。2000年,全校有48个教学班,在校学生3374人,教职工114人。校园占地95亩,校舍建筑面积1.4万平方米,另有5000多平方米教工住房。校内设有多媒体教室、图书室、微机室、音乐室、电子阅览室、多功能报告厅、主控室等。1992年和1993年,学校分别有1名教师获得全省和全国青年教师优质课比赛一等奖,1名教师被评为省先进教师。1995年,学校各有1名教师分别被评为全国劳动模范和全国优秀教师。2000年,学校5位教师的教学论文获得全国一、二、三等奖。

学校教师承担的全国“九五”教育科学重点研究课题《利用闭路电视系统促进学生养成教育》《利用三辰影库或其他电教媒体,加强学生综合素质培养》,2000年年底,通过中央电教馆验收。

1994年,在全国小学数学奥林匹克总决赛中,学校代表队获全国总分第五名,1997年,玉山县代表队获全国总分第一名,其中1名学生参加三项决赛都获满分。1999年,该校3名学生获全国奥赛的计算数学一、二等奖。在全国小学数学奥赛江西赛区竞赛中,该校学生获满分奖的两人,一等奖的3人次,二等奖的20人次,三等奖37人次。1992年,江西省第二届“八一杯”小学数学竞赛,该校学生获团体一等奖。1996年,该校1名学生在中国少年儿童美术文学大赛中获奖,被授予“小作家”称号。1999年,该校1名学生参加全国小学生作文比赛获一等奖。2000年,“双龙杯”全国小学书画比赛,该校学生分别获得银奖和铜奖。

10年间,学校少先队被全国少工委命名为全国“雏鹰大队”。被确定为江西省现代教育技术示范学校。上饶地委、行署授予学校“文明单位”称号。

初中教育　1991年,全区有初级中学319所,遍布全区每个乡(镇)。但发展极不平衡,存在一批薄弱学校。为了加强薄弱学校的建设,1993年12月,地区教育局印发了《上饶地区示范性初中标准》。经过评估,1995年批准玉山县四股桥中学、弋阳县烈桥中学、波阳县谢家滩化民中学、广丰县永丰中学、婺源县赋春中学、万年县盘岭中学、横峰县司铺中学等7所初级中学为示范性初中。1996年又批准婺源县秋口镇第一中学、婺源县思口中学、德兴市界田中学、德兴市龙头山中学、波阳县双港乡景岗中学、玉山县六都中学、弋阳县箭竹中学、铅山县杨林中学、上饶市五中、上饶市十中、万年县齐埠中学、横峰县青板中学、广丰县横山镇中学、波阳县柘港中学、余干县洪家嘴中学等15所初级中学为示范性初中。以上两批共22所示范性初中,为加强薄弱学校建设树立了样板。1998年1月,地区教委下发了《关于加强薄弱初中建设,全面提高教育质量的意见》,并制订了《上饶地区初级中学主要办学标准》和《加强薄弱初中建设三年规划》。同年10月，还下发了《上饶地区初级中学办学水平评估指标》。依据上述文件，地区组织力量对各县(市)初级中学办学水平进行了检查。经过多年的努力，对薄弱初中加强了学校领导班子建设和师资队伍建设，加大了经费投入，改善了办学条件，推动了高中、初中招生制度改革，促进了全区初中教育的均衡发展。

2000年，全区有初级中学361所；在校学生由1991年的200890人，增加到309699人，增长54.16%；专任教师由1991年的11944人，增加到15241人，增长27.6%，专任教师学历达标率由1991年的44.4%，增长到78.09%。

1991年—2000年全区初中教育发展情况

表32-1-3

年份	学校数(所)		在校学生数(人)	毕业学生数(人)	专任教师数(人)
	合计	其中民办			
1991	319		200890	53069	11944
1992	330	1	202464	52775	12270
1993	331	1	215660	57496	12398
1994	331	3	223010	63213	12522
1995	333	4	240198	63454	12909
1996	342	5	256198	72793	13974
1997	344	4	280118	76466	14188
1998	353	10	299902	80582	14682
1999	353	11	312462	84996	14899
2000	361	17	309699	92875	15241

教学　1992年8月，国家教委制订《九年义务教育全日制小学、初级中学课程方案》(以下简称《课程方案》)。江西省决定从1993年秋季开始，全日制初级中学实施《课程方案》。地区教育局为此举办了多期校长、教师培训班，并订购新教材的试用本和实验本供有关人员学习，为全区实施《课程方案》做好各项准备工作。

《课程方案》规定，初级中学开设政治、语文、数学、英语、物理、化学、生物、历史、地理、音乐、美术、体育、劳动技术等13门学科。全区初中学制均为3年，按国家教委制订的“三·三学制”《课程安排表》安排课程。1994年，国家实行新工时制，课程(教学)计划根据新工时调整后的意见进行安排。全区初中所用教材均为人民教育出版社编写的九年义务教育三年制初中教科书。2000年秋季起，初中一年级语文、数学、英语学科使用修改后的教学大纲和教材。

除使用人民教育出版社教材外，全区还进行了其他教材的实验，如心理研究所编写的《初中数学自学辅导教材》和华东版《初中物理教材》等。在进行教材改革实验的同时，还不断改革教学方法，如初中语文“自读、自评、自改”教学法，初中数学的“课前自学、课内析疑、课堂巩固”三环节教学法，化学、地理两科的程序教学法，初中物理的目标教学法等。上述教材、教法的改革实验都取得了良好效果，为提高课堂教学效果做出了有益的探索。

思想教育　全区各初级中学根据国家教委颁发的《中学德育大纲》和《中小学德育工作规

程》的要求,发挥政治课教学的主渠道作用,培养初中学生热爱祖国,立足为祖国社会主义现代化努力学习;初步树立公民的国家观念、道德观念、法制观念;具有良好的道德品质、劳动习惯和文明行为习惯;遵纪守法、自尊自爱、诚实正直、积极进取、心理品质等。

1991 年 2 月,中共上饶地委批准成立"上饶地区德育工作领导小组",由地委副书记担任组长。为贯彻落实《中共中央关于改革和加强中小学德育工作的通知》精神,各初级中学开展读书、作文、演讲、文艺等项活动,对学生进行思想教育。1991 年,开展纪念中国共产党成立 70 周年和学赖宁精神,誓做党的好孩子活动,举办"党在我心中"作文竞赛活动。为落实江泽民关于加强对青少年儿童进行中国近现代史及国情教育的指示,1993 年,全区编写与初中历史课配套的乡土教材《赣东北史话》一书;供初中历史教学参考使用。同年,全区还组织中学生参加纪念毛泽东诞辰 100 周年"井冈山杯"作文竞赛活动。1995 年,开展纪念抗日战争胜利 50 周年活动。1997 年和 1999 年,开展迎香港、澳门回归祖国系列庆祝活动。

全区各初级中学开展了创建文明单位、评选"三好"学生和优秀学生干部活动。1991 年—2000 年,除地委、行署每年表彰的"三好"学生和优秀学生干部外,全区受江西省教委表彰的初中"三好"学生 477 人,优秀学生干部 85 人。

体育、卫生　各校认真贯彻执行《学校体育工作条例》《学校卫生工作条例》《学校体育锻炼标准条例》等一系列文件,开展体育达标活动,举办田径运动会和各项球类比赛,坚持眼保健操和课间操,做好近视眼和其他常见病的防治,普及卫生知识,提高学生的健康水平。

1992 年,省教委在上饶市进行初中升学考试体育试点工作。次年,继续在全区上饶市、广丰、玉山、德兴、上饶县、弋阳 6 个县(市)进行试点,取得了良好成绩。1994 年,省教委决定该项试点工作在全省各地区全面开展。考试项目:男生为 100 米跑、立定跳远和俯卧撑;女生为 100 米跑、立定跳远和一分钟仰卧起坐。2000 年,上述短跑类项目改为男女 1000 米,女生 800 米。

初级中学选介　广丰县永丰中学　创办于 1957 年。坐落于广丰县城纪池塘。90 年代初期,学校有教学班 20 个,教职工 80 余人,学生 1300 余人,校园占地面积 1.33 公顷。由于城市化建设步伐加快,学生人数激增,学校规模不断扩大,该校原有校址不能适应教育发展的需要,1996 年,搬迁至县城北门路新街新校址办学。校园占地面积 4.67 公顷,校舍建筑面积 1.5 万平方米。它是上饶地区规模最大的一所初级中学,设计先进,布局合理,造型典雅,设施齐备。2000 年,有教学班 60 个,在校学生 4000 余人,教职工 200 余人,其中中学高级教师 14 人,中学一级教师 45 人;本科学历 48 人,专科学历 140 人,学历达标率 99%。

学校拥有实验室、微机室、语音室、多媒体阶梯教室、体艺室、电子备课阅览室、校园双向闭路广播网络以及劳技操作室、心理咨询室、学生阅览室、教师阅览室和藏书 5 万余册的图书馆等教学设施,还建有一个 100 多种花草树木的植物园和 400 米环形跑道的标准运动场以及其他体育场馆设施。校园绿树成荫,环境优美。

10 年间,学校坚持"以人为本,以教学为中心,发展特色"的办学思路,形成了"一个中心,两个全面"①,把好育人"三道关"②,唱响改革"四部曲"③,实现"四个优化"④的办学特色。学

①"一个中心,两个全面":提高教育教学质量为中心,全面贯彻党的教育方针,全面推进素质教育;
②"三道关":法制纪律教育、心理素质教育、孝敬教育;
③"四部曲":师德师风建设、文明校园建设、科研课题攻关、课堂主体教学;
④"四个优化":校风文明化、校园花园化、质量优良化、管理民主化。

校拥有一支高素质的具有开拓创新精神的师资队伍，教研风气浓厚，科研成果丰硕，其中省级立项的科研课题4个："学会做人工程""分层分类教学改革""初中化学优化课堂结构、提高教学效率""初中体育分层分类教学"，后两项课题已通过验收，并向全省推广。地级、县级教改课题10余个，电化实验教学、研究性学习告示活动多次在省、地、县各级展示。该校教师撰写论文及参加各类竞赛获全国、省、地、县各级奖达300余人次，教师参加优质课竞赛获省二等奖、地区一等奖、县一等奖的有50人次。在全国数理化竞赛和省、地级学科竞赛中，该校学生多人多次获奖。该校还获得了多项荣誉：全国启发式教学实验先进单位、全国爱国主义教育先进学校、上饶地区德育示范学校、地区级文明单位、上饶地区现代化教育技术示范学校、上饶地区首批示范性初级中学。

婺源县赋春中学　创建于1959年。1991年，学校有11个教学班，在校学生556人，教职工47人。2000年，发展到24个教学班，在校学生1300余人，教师80人，其中中学高级教师2人，中学一级教师19人，教师学历达标率95%。校园占地100亩，校舍建筑面积1万平方米。

10年间，调进20多名大专以上学历的教师。鼓励教师参加自学考试、函授和卫星电视教学等"三沟通"学习。并依靠学科教研组，以经验丰富的教师为骨干，组织教师开展教学比武，评选教坛新秀、教学能手、学科带头人，鼓励新老教师结对子互帮互学，建立学科教研机制，并经常和兄弟学校开展校际教研活动。

1995年，顺利通过了省政府"两基"验收，同年被确定为上饶地区首批示范性初中。1999年，省委宣传部、省团委等7单位授予该校"吉武杯"全省未成年人保护工作先进单位称号。2000年，全县初中教育评估获"腾飞奖"。此外，该校还先后被评为地、县"文明学校""先进单位""勤工俭学先进单位"等。

特殊教育　全区各县（市）为盲聋哑和弱智儿童先后举办了特殊教育，并将此作为巩固提高普及九年义务教育成果的一项重要工作。特殊教育的办学形式有三种：一是创办特殊教育学校；二是在普通中小学附设特教班；三是在普通小学和初中随班就读。建立以特殊教育学校为骨干，以特殊教育班和随班就读为主体的办学模式。10年间，各级政府帮助解决特殊教育工作中的各种困难，社会各界多方面关爱和支持特殊教育，使盲聋哑和弱智儿童、少年入学人数逐年增多。

1991年—2000全区特殊教育发展情况

表32－1－4

年份	学校数（所）	班级数（人）	在校学生数（人）			毕业生数（人）			责任教师数（人）
			合计	小学	初中	合计	小学	初中	
1991		3	39	39					6
1992		6	62	62					12
1993		7	100	100		18	18		11
1994		6	402	402		21	21		8
1995		5	680	658	22	27	22	5	6
1996		3	1231	1160	71	126	100	26	4

续表 32－1－4

年份	学校数(所)	班级数(人)	在校学生数(人)			毕业生数(人)			责任教师数(人)
			合计	小学	初中	合计	小学	初中	
1997	1	3	1283	1207	76	90	70	20	3
1998	1	4	1641	1528	113	142	112	30	8
1999	2	7	1143	1017	126	159	128	31	9
2000	2	5	3030	2229	801	185	150	35	18

特殊教育学校选介 婺源县特殊教育学校 学校的前身是1993年县民政局办的1个聋儿语言训练部,坐落在婺源县城的石牛巷9号。当时只有20多平方米,2名教师,1名职工,所用教材是《学说话》。1998年,新盖校舍1栋,占地面积602平方米,其中教室6间,寝室两间,食堂、餐厅各1间。

2000年,学校有学生29人,大部分来自农村和边远山区,有的还来自德兴、弋阳、横峰、乐平等外县市。为减轻学生和家长经济负担,学校对学生只象征性地收一点生活费(走读的每月90元,全托的180元),不足之数,由教师到各单位去募捐。在校学生以6～13岁聋哑儿童为主。设语文、数学、律动、画图、常识、手工等6门课程。使用全国统一的全日制聋哑实验教材。每学期结束进行期末考试。定期召开家长会,让家长了解学生在校情况。学校根据学生的残疾情况,学习一年,基本达到1岁半儿童的说话表达能力;学习两年,达到2岁半儿童的说话表达能力。手语班是培养学生用正确的手势与别人交流,并学习文化。学生学习2～3年后毕业,语训班毕业生大部分到普通小学随班就读。

学校有教师4人,职工2人。1名手语教师毕业于南昌幼儿师范手语班,已在校任教8年,另1名新教师也是手语专业毕业。语训教师是从普通小学调来的优秀教师,经省康复中心培训后再到校任教。县教委定时到学校检查工作,查看学生的生活和学习情况。学校对教师的要求很严格,除各种规章制度与普通小学相同外,还特别强调教师要有爱心和责任心。学校对学生实行封闭式管理,全校教职工没有双休日,没有节假日。。

学校得到各级领导和社会人士的关心和爱护。每年助残日,婺源县县长到学校看望学生,并赠送礼物和食品。学校在校残疾学生到县医院就医,只收药费,其他费用全免。婺源县紫阳一小与该校建立手拉手活动。县民政局每年都向学校赠送被子、床单、布匹等衣物。一位年过花甲的老人,每年给学校每名在校学生赠送一套衣服。学校有闭路电视和电话,每个教室安装上教学用的大镜子,聋哑、弱智儿童像普通儿童一样在学校愉快地学习和生活。有70多名聋哑儿童在学校接受过特殊教育,他们的各种能力均得到不同程度的提高。

上饶市第一特殊教育学校 1999年9月创办,校址设在弋阳县逸夫小学校园内,隶属该小学管理,由小学的一名副校长兼任校长,实行封闭式管理,教学和生活等活动与逸夫小学隔开。开办初期,招收8名聋哑学生,设一个教学班。2000年招收了7名聋哑学生。15名学生分为低、高两个教学班教学。有专任教师3人,生活教师1人,兼职校长1人。教师均具有大专以上学历,并经过半年以上特殊教育专业培训,适应特殊教育教学工作。学生每天上5节课,每周25节,实行走读,早、晚餐和住宿在家,中午在校用膳一餐。低级班开设语文、数学和美术3科,另加1节课外活动;高级班开设语文、数学、自然常识、社会常识和美术5科,另加1

节课外活动。采用1995年出版的《全日制聋校实验教材》。学科教学由专任教师负责，活动课由生活教师组织管理。

学校校舍建筑面积315平方米，有3间教室。学校有一些比较简单的教学仪器和教学用具，与逸夫小学共用部分现代教育媒体和活动场地。

第三节　普通高中教育

1991年，全区有普通高（完）中64所（其中省级重点中学14所），在校学生30787人，专任教师2423人。次年，波阳中学恢复为省级重点中学，全区省级重点中学增至15所。

1996年1月，全区普通高中教育工作会议召开，贯彻全国、全省普通高中教育工作会议精神。同年，玉山一中、上饶一中、婺源天佑中学和上饶市二中被江西省教委评为优秀重点中学。

1996年10月，地区教委召开全区重点中学校长会议，要求二、三年内全区重点高中教育质量赶上全省先进水平。重点中学要充分发挥自身师资、设备、经验等方面的优势，帮助和扶持薄弱高中的发展和提高，使全区普通高中大发展、大提高。会议期间，地区教委还就教育行政部门增强服务意识，办好重点高中提出了5点办法和措施：一是重点高中提前招生，将各县（市）重点高中生源质量列入县（市）政府教育目标管理内容。二是逐步扩大自费生比例，从1996年秋季起，重点高中自费生比例扩大到20%。三是调整重点中学内部结构，将初中从重点中学分离出去，逐步扩大高中招生规模。四是逐步推行优秀重点中学跨县（市）招生。从1997年秋季起，优秀重点中学可在完成本县（市）招生计划的基础上，由地区直接下达面向全区择优招生计划。五是扩大重点高中教师的任用、调配权。师范院校本科毕业生首先保证重点中学需要，凡学校提出调进、调出教师的意见，教育行政部门要给予大力支持。

2000年7月，经地区教委对全区各二类完中办学水平的综合评审，决定将波阳县二中、广丰实验学校、上饶县二中、婺源一中、余干黄金埠中学、清林中学（私立）、玉山二中、玉山樟村中学、万年青云中学、余干二中10所二类完中定为地区重点中学。同年，全区有民办高中16所，形成以政府办学为主体，公办学校与民办学校共同发展的格局。

2000年年底，全区有普通高（完）中68所，招生21435人，比1991年增长109.1%；在校学生49530人，比1991年增长60.88%；专任教师3426人，比1991年增长41.39%；专任教师学历达标率由1991年的34.71%，提高到46.85%。

普通高中教育办学规模的逐步壮大和教学质量的不断提高，促进了九年义务教育的巩固和提高，为高等学校输送了大批优秀人才。1991年—2000年，全区为普通高校输送合格新生33828人（统招29160人，委培、自费、定向4549人，保送生119人），其中，录取于全国重点大学的7169人。

1991年—2000年全区普通高中教育发展情况

表32-1-5

年份	学校数（所）		在校学生数（人）	毕业学生数（人）	专任教师数（人）
	合计	其中民办			
1991	64		30787	9419	2423

续表 32－1－5

年份	学校数(所)		在校学生数(人)	毕业学生数(人)	专任教师数(人)
	合计	其中民办			
1992	65		30356	9643	2574
1993	63		27807	9577	2556
1994	63		26407	9015	2452
1995	63		26766	8153	2445
1996	56		28311	8094	2394
1997	54		30827	8282	2480
1998	55	2	35354	8684	2657
1999	59	6	40975	9781	2941
2000	68	16	49530	11283	3426

教学　1991 年,根据国家教委印发的《关于实施〈现行普通高中教学计划的调整意见〉和普通高中毕业会考制度的意见》,全区普通高中从 1991 年秋季入学的高中一年级新生开始实施教学计划《调整意见》,并使用修订的教材或新编教材,同步进行普通高中毕业会考制度。1992 年,全区多次举办普通高中校长、教导主任和各学科教师学习班。

1996 年,根据国家教委印发的《关于在江西省、山西省和天津市进行普通高中新课程方案试验的通知》。和江西省教委的规定,全区所有高中从 1997 年秋季入学的高一年级起,全面实施《普通高中新课程方案》。地区教委选定余干二中、弋阳一中、上饶县中和广丰五都中学 4 所学校为试验的样板校,指导全区高中新课题方案试验工作。地区试验领导小组编印了《试教动态》刊物,交流试教经验,展示教改成果。该刊物从 1997 年 7 月到 2000 年 7 月,共编辑出版 20 期,总印量 1.5 万份。1998 年 10 月,国家教委基础教育司在上饶召开"两省一市高中任选课、活动课研讨会"。2000 年 10 月,国家教育委员会基础教育司和省教委先后召开高中课程改革总结表彰会,上饶地区被评为全国高中课程改革先进单位,受到上级的表彰。

思想政治教育　为了对学生加强思想政治教育工作,各学校认真贯彻执行《中共中央关于进一步加强和改进学校德育工作的若干意见》,建立以学校党支部为核心,学校行政、工会、共青团、年级组参与的、家庭、学校、社会三结合的教育工作网络。根据国家教委颁发的《中学德育教育大纲》、《中小学德育工作规程》有关高中阶段教育内容,对高中学生进行爱国主义、集体主义和社会主义教育。发挥思想政治课在思想政治教育中的主渠道作用,对学生进行理想、道德、劳动、法制和传统文化教育。结合节日、纪念日活动,利用当地思想政治教育资源,对学生进行内容丰富、形式多样、适合青年特点、富有时代信念的教育,激发学生爱国、爱党、爱校的思想感情。积极开展创建文明单位、文明班级活动,培养学生集体主义精神。通过评选"三好"学生和优秀学生干部活动,树立先进榜样。1991 年—2000 年,除地委、行署表彰的"三好"学生和优秀学生干部外,全区被江西省教委表彰的"三好"学生 319 人,优秀学生干部 59 人。同时,玉山一中等高中开展了在学生中发展中共党员的工作。

卫生、体育、军训　各学校认真贯彻执行《学校体育工作条例》《国家体育锻炼标准条例》

和《全民健身计划纲要》，建立学校运动队，开展体育达标活动，举办田径运动会和球类比赛。1997年—2000年，全区普通高中按照国家教委部署，进行《全日制普通高级中学体育教学大纲》和《全日制普通高级中学体育教科书》试验，在试验过程中，各学校均按照国家教委要求配备专职体育教师和体育器材设施。每年组织教师参加全省新大纲和新教材培训，进行体育实践课、理论课和活动课的研究以及学论文报告会。

每年秋季学年开始时，各学校都对高中一年级新生进行为期一周的军事训练和国防知识教育。

普通高中选介　上饶市第一中学　创办于清光绪二十八年（1902）。1991年—2000年，是上饶一中校史上发展最快的时期。1994年，通过省级验收，被首批评为全省优秀重点中学。1998年，被正式命名为全国示范重点高中。1984年—2000年，连年被评为全省文明单位。2000年，获国家教育部现代教育技术实验学校、江西省现代教育技术示范学校称号。

2000年，校园占地7.13公顷，教学用房2万余平方米。图书馆藏书10万余册。实验楼设有物理、化学、生物实验室，学校自筹资金更新了实验设备。建有卫星地面接收站、多媒体教室、多功能语音室，是江西省电化教学先进单位。

为迎接2002年上饶一中百年校庆，从1998年起，市政府拨款对该校大规模改建，东西教学楼已竣工使用，综合办公楼正在建设，翻修400米田径场，建设前庭广场。从1998年—2000年，初中部从该校分离出去，建成一所全日制高级中学。有教学班36个，在校学生2000人，教职工185人，其中中学高级教师49人，中学一级教师63人，专任教师85%为大学本科学历。

学校制定《教学常规工作量化评估方案》《班主任管理量化评估方案》《教研组评估条例》和《教学业绩奖励方案》等项制度。强化民主管理，学校重大事项集体讨论决定或教代会讨论决定，每学期公布账目，采购物资公开透明。

1993年，在校学生获全省高考文科第一名的好成绩。1995年5月，学校获国家教委、共青团中央“开展冬季体育锻炼活动先进学校”的表彰。参加中央电视台“第二起跑线”节目摄制。学校教师积极参加学科研讨，撰写教育教学论文，有近500篇论文在报刊上发表，有的还获奖。1999年和2000年，学校两名学生参加全国中学生物理竞赛获江西省第一名，均被保送清华大学。

10年中，学校先后被评为江西省首批教代会先进单位、省首批德育示范学校、省首批电教示范学校、省首批绿色学校、省园林绿化达标单位、省军民共建精神文明学校、省课程改革实验先进学校、省爱国主义教育先进学校、省学校民主管理先进单位、全国中小学和法律常识教育活动工作一等奖，全国优秀文学社团和全国关心支持文学社团先进单位。

玉山县第一中学　创建于民国28年（1939）春。至2000年，成为初具现代教学设施规模的省级优秀重点中学。学校校园占地8.67公顷，校舍建筑面积3万多平方米，有60多个教学班，在校学生3000余名，教职工220名。

学校一直坚持“德育为先，以人为本”的育人方向，在教学管理上坚持做到“四不准”，即不补课，不偏科，不唯尖，不滥练。提出了“认真贯彻党的教育方针，向课堂效率要质量，向学生素质要质量”的全优化课程管理办法，即优化学科课程、强化活动课程、增设选修课程“三个板块”的课程体系。学校被授予首批省级“研究性学习”教学实验基地称号，开展了“研究性学习”课程开设研究和实践，开拓了学生视野，激发了学生的学习热情，推动了素质教育的新发展。

2000年8月，学校实施以“公办民助制、校长负责制、教师聘任制、能绩工资制、招生自主制、投入多元制”为主要内容的教育改革。

10年间,玉山一中教育教学成绩斐然。教师科研成果获全国奖35人次,省级奖88人次,地级奖102人次;学生参加学科竞赛获全国奖59人次,省级奖376人次,其中生物学科还连续三年荣获江西省团体总分第一名。同时,学校还先后荣获:全国群众体育先进集体,全国首批现代教育技术实验学习、全国中小学艺术教育工作先进单位、省优秀重点中学、省级体育传统项目学校、园林化单位、爱国主义教育先进学校、青年工作先进单位、电教示范学校、文明单位、卫生庭院、先进基层党组织、先进团委、研究性学习教学研究实验基地、普通高中新教材试教方案先进集体、现代教育技术示范学校等。

婺源县天佑中学　创建于民国13年,以后多次更换校名。1993年11月,为纪念近代杰出的爱国科学家詹天佑(祖籍婺源),经江西省人民政府批准,将婺源县第二中学更名为婺源县天佑中学。

2000年,学校有教学班44个,在校学生2500人,教职工167人,其中中学高级教师28人,中学一级教师58人;获全国优秀教师称号的2人,省骨干教师12人,地、县级学科带头人50余人。校园占地面积7.07公顷,校舍建筑面积57491平方米,绿化面积达75%。

学校分教学区、运动区、学生生活区、教工生活区四大部分。有由香港著名实业家邵逸夫先生捐资兴建的逸夫楼,集图书阅览、报告集会、教研办公和教工活动于一体。有外观优美的综合教学楼,内有教室、多媒体室、微机室、美术室、音乐室等。有全省一流的实验大楼,内有仪器实验室、微机室、语音实验室、多媒体室等。有标准运动场1个,篮球场6个,排球场1个,乒乓球场1个,设备先进、布局合理。全校有教室56个,仪器实验室6个,多媒体室4个,微机室4个,64座语音实验室2个,美术室、音乐室各1间,电脑200余台。图书室4个,阅览室3个,图书资料6万余册。

学校实行年级组建制和“放权包干”,层层负责的管理体制。坚持全面贯彻中共教育方针,坚持社会主义办学方向,积极开展创建文明校园活动,以“求知、求实、求新”为校训,以“严于治校,精于治教,勤于治学”为办学原则,坚持“封闭式管理,开放式办学”。1996年至2000年,学校教师共出专著13部,所撰写的论文参加优质课评比和竞赛辅导等活动,共获国家奖9项,省级奖114项,已完成省级教育科研课题4个,申报立项的“十五”教育技术研究重点课题3个。在奥林匹克竞赛中,在校学生多次荣获江西赛区一、二、三等奖。在全区重点中学高中教育质量评估活动中,学校名列前茅。学生高考达到省专以上的上线率达92%以上,为清华、北大、中科大、浙大、复旦等名牌大学输送了一批合格新生。

1993年—2000年,学校先后被国家教委、省教委授予江西省优秀重点中学、全国自学考试先进集体、电教示范学校、仪器实验先进单位、信得过考点、绿色学校、卫生庭院等。

上饶市第二中学　系省级重点中学。校园占地面积59227平方米,校舍建筑面积28031平方米。2000年,有52个教学班(其中,高中22个班),在校学生2967人(其中,高中生1298人),教职员工264人,其中中学高级教师52人,中学一级教师103人;本科学历者116人,专科学历者99人。

为加速实现教育教学现代化,学校自筹资金购进各种类型的投影仪、实物展示平台、卫生电视解调器、无线调频耳机、刻录机等一批现代化的教学辅助设施,还陆续配备了校内自动电话交换机、办公电脑、复印机、一体机、卫生电视远程教学设备、电子备课室等,学校的科技楼装备有水平先进的天文气象观测站,功能齐全的多媒体网络教室、语音室、实验室等。

学校提出“科研兴教、科教兴校”的教研战略，向管理要质量，向教研要质量，大兴学习之风，教师的科研论文有28篇在国家级刊物上发表，有3人次受国家表彰，4人次受省级表彰。10年间，在全国和全省数、理、化、英语、美术等学科竞赛中，先后有52名学生获国家级奖，88名学生获省级奖。在第13届全国高中物理竞赛中，学校获得江西省团体总分第二的优良成绩。在第18届全国高中物理竞赛中，学校两名学生获江西赛区一等奖，1名学生获二等奖，7名学生获三等奖，其中1名学生以总分第一进入全国决赛，并获得全国二等奖。

10年间，学校有7名学生先后荣获上饶市或上饶地区中考、高考状元。由于办学成绩突出，学校先后获得十佳明星单位、江西省优秀重点中学、江西省绿化先进单位、江西省现代教育技术示范学校、江西省群众体育卫生工作先进单位。

万年中学　创办于民国11年，其前身是私立姚西中学。坐落于县城喜子岗，是江西省重点中学。2000年，有35个教学班，在校学生2500余名，教职工175人。校园占地面积7.2公顷，校舍建筑面积3万余平方米。全校分为教学区和生活区。学校现代化教学设施齐备，装备有卫星地面接收器和双向闭路教学系统，教室有大屏幕彩电，可以进行视频点播和视频广播等现代化教育教学。语音室、电脑房、图书室、阅览室等为教育教学提供了有利条件。

学校全面推进素质教育，构建“德、研、活、广、展”“五字”育人模式。“德”——以德治校；“研”——以研兴校，广泛开展教学研究和教育科研活动；“活”——活学活用，把活学活用作为课堂教学的主要目标；“广”——广开眼界，广泛利用教育资源，努力拓宽学生的视野；“展”——展露个性，充分挖掘学生潜力。学校还把心理健康教育摆在重要位置，成立心理咨询室，建立心理档案。

1990年代，学校获得江西省现代技术示范学校、江西省实验教学先进学校、江西省园林达标单位、上饶地区文明单位等荣誉称号。

第二章　中等专业技术教育

第一节　职业教育

1991年—2000年，全区的职业教育发展很快，有创办于1980年代中期，1990年代进一步得到发展的弋阳职业高级中学和玉山职业中等专业学校；还有创办于1992年万年县职业技术学校，1999年被江西省教委批准为省级示范性职业学校。职业技术学校的办学理念贴近社会需求，培养的学生实践能力很强，非常受用人单位的欢迎。

弋阳职业高级中学　1985年创办。前身为江西共产主义劳动大学旭光分校。1988年被评为省示范性职业学校，1991年国家教委授予全国科教兴农先进单位、省级重点职业学校称号，1996年被批准为国家级重点职业高中。

学校位于弋阳县旭光乡铁沙街。校园占地面积200余亩，有万亩山林，千亩良田和200余亩综合果园教学实习基地，还有教育科技器材厂、印刷厂、服务公司、竹木地板厂等校办企业，年纯利120多万元。2000年，全校教职工145人，在校生1381人，31个教学班，分设农学、经营、兽医、旅游、机电、计算机、财会、缝纫、园艺等专业，其中农学和旅游是学校的骨干专业。为了提高教育教学质量，学校建立农学实习综合基地、财会模拟室、计算机操作室、画室、练琴房和练功房等。华夏基金会资助项目智能温室大棚投入生产，为种植专业提供实训基地。

学校坚持以农学为龙头开设相应专业，为县域经济建设和社会发展培养实用型技术人才。教学中坚持产教结合，形成两个教学模式，一是课堂理论与基地生产经营实习相结合，二是学校教学与社会生产经营实践相结合。学校管理上坚持“三育人”和抓三个教育环节，即管理育人，服务育人，环境育人；抓入学教育环节、教学实践环节和就业指导环节。

婺源县鄣公山共产主义劳动大学 地处婺源县北清华镇郊。学校依山傍水，风光秀丽。2000年，有在校生526人，教职工318人，其中教师52人。设有机电一体化、模具制造、数控技术、中西医结合、缝纫、电脑财会、农业现代技术等7个专业，并兼办机动车驾驶、车工、焊工、护理等短期职业技术培训班。学校有固定资产800万元，建有微机室、电教室、家电模拟实验室、机电实验操作室等现代化教学设施，还办有6个专业教学实习厂、场和车间。

10年中，学校不断探索职业技术教育新路子，坚持以校办厂，以厂养校，产教结合，全面发展和理论与实践相结合，动脑与动手相结合，教学与生产相结合的办学模式，狠抓学生的素质教育，强化学校内部管理，推行考教分离、教师聘用等多种制度改革，不断提高教育教学质量。自创办以来，累计为当地及上海、广东、福建、海南、浙江等经济发达地区培养了5000多名既懂专业技术，又有良好职业道德的初、中级专业技术人才。

1992年10月，澳大利亚悉尼大学教育学院副院长、中国教育研究中心主任约翰·柯莱威利教授赴该校考察，认为学校办学方向符合当前职业教育发展方向。1993年，《江西教育》、《吉林职工技术教育》等杂志和《江西工人报》先后发文，介绍学校的办学历程和经验。1994年，省教委先后批准该校为江西省重点职业示范学校和江西省职业中专学校。1994年—2000年，学校连年被上饶地区行署和婺源县人民政府授予“精神文明单位”和“先进学校”等荣誉称号。

万年县职业技术学校 创办于1992年，1999年被江西省教委批准为省级示范性职业学校。校园占地110余亩，校舍建筑面积1.5万平方米，水产基地2公顷，实验果林花木1公顷，整个学校绿树成荫，环境幽雅。2000年，该校教学班19个，在校生1074名，教职工68人。设有珍珠水产、农学、淡水养殖、工艺美术、服装、电脑、电子、商务英语、日语特色高中等9个专业，还办有服装厂、工艺厂、家电维修部、珍珠系列营销部，每年利润15万元。

学校实施职、普渗透，三轮驱动的办学机制。职业中专、学习专业技术，全部推荐就业。职业高中，学习文化知识，选修专业课程，参加对口高考，为高职输送合格新生。特色高中，按普通高中课程教学大纲组织教学，学生专修一门商贸英语、日语、美术，参加普通高考。这样各有侧重，学生各学所需，各学所能，各学所用，形成“读万年职校，就业升学双保险”的共识。

管理上实行校长负责制，采用条条和块块纵横交错的管理模式，管理措施注重常规化、科学化、人文化，形成人人有事做，事事有人管的格局。严格执行教育方针，严谨治学。在教师中推行“五好”①工作，在学生中推行“五个一”工程。拓宽招生渠道，实行“宽进严出”。

坚持“服务学生，服务经济，服务社会”的办学指导思想，紧密联系县域经济发展战略，采用理论与实践相结合的教学方法，长训与短训相结合的学制，自办与联办相结合的办学模式，教学与生产相结合的机制等灵活多样的办学形式，注重培养全面发展、一专多能的实用性复合

---

①“五好”：备好每节课，上好每堂课，改好每次作业，管好每次自修，辅导好每个学生；

型人才。1992 年—2000 年,学校共培养 300 名珍珠水产人才,137 名农村后备干部,向沿海发达区域输送计算机、电子、电工、服装、工艺雕塑等专业人才 2800 多人,培训汽车驾驶人员 325 人,培训、安置下岗职工和社会青年 1600 多人,向高职院校输送合格新生 570 人。

玉山职业中等专业学校　创办于 1985 年 9 月,其前身是玉山县职业技术学校。校址在县城东郊大垄山。校园占地面积 6.67 公顷,校舍建筑面积 10258 平方米。办学初期,与县水电公司联办,设有印刷、摄影、机电、财会 4 个专业班。1991 年—2000 年,先后与县农业局、档案局、人武部、省武术学院等单位联合办学,相继开设了农经、文秘、农技培训、旅游、服装、预备役、武术、汽车驾驶等专业班。1998 年,还与南昌航空工业学院联合举办会计电算化大专班。

1999 年,省教委拨给学校国家专项基金 30 万元,学校用来配备了理化生物实验室、微机室、财会模拟室、电子电工模拟室、舞蹈室、音乐室、琴房和图书馆等教学设施。

2000 年,学校在校学生 861 人,教职工 72 人。10 年中,学校为当地和深圳等地输送大批毕业生,仅 1999 年,就有 132 名学生获得中级技术等级证书。1995 年—2000 年,共有 230 名毕业生先后考取江西农大、南昌职业技术学院、上海旅游专科学校、南昌大学等高等院校深造,教学质量获全区同类学校“五连冠”。

1991 年,该校被省教委评为“全省职业技术教育先进单位”。1995 年,国家教委认定该校为“省级重点职业高级中学”;同年,省教委批准该校为“职业中等专业学校”。

第二节　专业教育

1991 年,全区有茶叶、林业、卫生、师范四类普通中等专业学校 7 所(其中省属 2 所),在校学生 5647 人。1991 年—2000 年,全区普通中等专业学校有了新的发展,门类齐全,办学规模扩大,在校学生成倍增加。10 年间,先后恢复和新建了农业、工业、文艺三类中专学校。至 2000 年,全区有普通中等专业学校 9 所(其中省属 1 所)即江西婺源茶叶学校(省属)、上饶市农业学校、上饶市工业学校、省文艺学校上饶分校、上饶地区卫生学校、上饶师范学校、万年师范学校、芝阳师范学校、湖村师范学校。在校学生 12362 人,其中农业类(含茶校)1797 人,工科类 1715 人,卫生类 2756 人,文艺类 173 人,师范类 5921 人。

1991 年,全区有职业高中 40 所,在校学生 12619 人。2000 年,全区有职业高中 30 所,在校学生 12433 人。10 年期间,全区职业技术教育稳定发展,形成了普通中等专业教育与职业技术教育齐头并进,多渠道、多形式、专业化、现代化的格局。

江西省婺源茶叶学校　创办于 1939 年,曾经四易校名,于 1973 年正式定名江西省婺源茶叶学校,隶属于江西省农业厅。校址位于婺源县城北婺源路亭。校园占地面积 6.2 公顷,生产基地(茶园、果园)35 亩,校舍建筑面积 24219 平方米。有教学楼 2 栋,实验楼 1 栋,实习茶厂一个,学生宿舍 3 栋,图书馆 1 栋,标准篮球场 2 个,运动场 1 个,另有食堂、礼堂、浴室等生活设施。图书馆藏书 6 万余册,还有闭路电视系统。

学校面向全省招生,招生对象主要为应届初中毕业生,学制 3 年。2000 年有在校生 950 人。开设有计算机及应用、茶文化、包装与装潢、生态旅游、茶叶、文秘与档案、农业经济管理等 7 个专业。教职工 118 人,其中专职教师 52 人,教师中高、中级职称者 32 人,占教师总数的 65% 以上。校内设办公室、教务科、学生科、总务科、保卫科等职能部门。

10 年间,建筑面积扩大 1.2 万平方米,教学设备累计投资 150 万元。拥有各类专业实验室12个,微机房3个,形体房2个,语音室和电教室各1个。10年间,主编全国统编教材4本,参编教材16本,在省级以上刊物发表学术论文80余篇,通过地级科研部门鉴定的科研成果9项,开发新产品5个,其中玫瑰花茶获1993年国际博览会银奖,茶丽玟象甲的研究获国家科委颁发的《国家科技成果证书》。

学校在管理上推行全员聘任制,调动教职工的积极性。建立和健全学校的各项制度和规章,为《教师师德行为规范》《教师教学规程》《考务管理规定》《教师工作量制度》《学生管理条例》《财务管理制度》等教育教学管理工作进一步规范化。在多渠道招生,多形式办学方面也有新的突破,10年间,曾先后与抚州市、上饶市和婺源县等地政府合作办班,开设农学班、林学班、茶叶精制班、农职师资班、电工班等。

2000年,与安徽大学联合办学,并设立茶叶培训鉴定站和全国计算机NIT证书考试考点。加强实践教学,注重能力培养。

10年间,学校先后为国家培养出6000名茶叶技术人才和其他专门人才,毕业生中共有10人次获得全省三好学生、优秀学生干部称号。学校学生的茶艺表演队参加了1999年广州国际茶文化节的演出,获优秀表演奖。此后,曾多次赴北京、上海等地为江西省举办的商品展示会、招商引资会、茶叶博览会等特邀演出。

上饶地区农业学校　学校创办于1951年,"文化大革命"期间停办,1992年复校,2000年撤地设市改称上饶市农业学校。学校是一所全日制普通中等专业学校。复校后,围绕市场对人才的需求,转变办学观念,大胆进行改革,经受了并轨后的严峻考验,1999年通过了省教委办学资格评估。2000年,有在校学生1264人,教职工94人,其中高级讲师9人,讲师21人。开设有计算机及应用、电算会计、电子技术、商务英语、土地管理、农学、牧医、园艺等14个专业,并与南昌大学、江西农业大学联合举办成教大专班,开设计算机信息管理、会计等7个专业,招收200余名大学生。

学校位于上饶市郊区。校园占地面积13.2公顷,校舍建筑面积2万平方米。学校师生自己动手在黄土坡上平整出近万平方米的田径运动场,内有300米的跑道,铺设水泥质地的校园主干道,建起3000平方米的3个花园草坪;投资近千万元修建3700平方米的综合大楼,3200平方米的教学大楼,4400平方米的学生宿舍,1500平方米的多功能食堂;建立各专业实验室,购置近10万件生物标本和各种实验仪器,建立财会模拟实验室、电教室、微机室,实验课开出率达100%。图书馆藏书10万册,报纸杂志数百种;校内机构改革围绕"合理配置教育资源,提高教学质量和办学效益"这个中心,精简学校内设机构,充实教学第一线。

复校后,学校先后获得先进中共党支部、"二五"普法先进集体、全省文化保卫系统优秀单位、地区文明单位、地区卫生单位、地区大中专院校思想政治工作先进集体等。

上饶工业学校　1996年2月创办。是全日制普通中等专业学校,归属地区经贸委管理。校址位于上饶县罗桥乡人民政府所在地。校园占地面积21.34公顷,校舍建筑面积4万平方米。开设了计算机及应用、电子技术应用、机电技术应用、机械制造、数控机床及加工技术、工业分析、化工工艺、食品工艺、企业管理、装潢设计、电器应用及维修、商务外语、文秘等10余个专业,开办了大专、中专、技工、培训四个层次的教学,设有物理、化学、电子工、金工、机械零件及机械原理和计算机辅助设计(AUTOCAD)实验室,配备了微机房、图书馆、阅览室、校办工厂和彩色闭路电视等教学设备,建立起较完善的教学辅助和后勤保障体系。校内还设有上饶地区工业技术研究所和上饶经济管理干部学校,是省、地经贸委定点的工商管理培训基地和上饶地区培养工业技术人才的摇篮。2000 年，学校在校学生 2000 人，教职工 150 人（含外聘教师），其中，具有高级职称的 26 人，中级职称的 52 人。

学校办学坚持以市场为导向，以教育人为中心，遵循"高起点、高质量、高定位"的原则，形成"以能力为核心，学技术、拿证书、推荐就业一条龙"的培养体系和"开放式、多功能、多层次，集教学、科研、生产一体化"的办学模式。开拓就业渠道，除为本地企业培养、推荐毕业生外，还与沿海大中型企业、事业单位建立合作与联系，先后推荐 1300 余名毕业生到深圳、珠海数十家大型企业就业。

学校鼓励学生学技能，掌握一技之长，学做人，做文明学生。大力推行学历证书、职业资格证书双证书制度，实施"五个一"①训练，提高了学生专业技能，"一做三创"②活动为载体，实现寝室管理军事化、日常管理规范化、校园管理封闭化。

1996 年—2000 年，该校先后获得了省、地、市文明单位、先进单位、示范学校、优秀单位等 10 多项荣誉称号，并有数十位教师和学生获得了全省中专学校论文评比和学生英语演讲比赛、计算机操作比赛一、二、三等奖，以及省三好学生、省优秀学生干部、地区优秀教师、地区劳动模范等光荣称号。

江西省文艺学校上饶分校　1958 年创建。校址坐落于信水之滨的水南街，原是上饶专区采茶剧、赣剧培训班，专业比较单一。自 1978 年复校后。尤其是进入 1990 年代，学校办学由单一办学发展成多元化办学，由采茶剧、赣剧单一专业，增设话剧、舞蹈、美术、音乐、戏曲、群众文艺等 6 个专业。在校生人数由 1989 年的 50 人增至 2000 年的 300 余人，10 个教学班，教职员 50 人，高级、中级职称教师占 40%。校园面积由原来的 0.2 公顷扩展至 1 公顷，校舍建筑面积 7540 平方米，教学楼、办公楼、学生宿舍错落有致，设有专业教室、琴房、画室、练功房、排演厅、电教室、微机室等。图书室藏书 2 万余册。

学校坚持以教研求发展，以科学管理求效益的办学宗旨，始终把教学工作放在首位，建立科学的教学管理体系，探索先进的教学模式。学校师资结构合理，中青年教师全部达到大专、本科学历，教学效果良好。在各级文艺演出活动中均获得了理想的成绩，1996 年，代表江西参加全国"群星奖"舞蹈比赛获银奖，1994 年—1996 年连续 3 年代表地区参加全省音乐舞蹈节比赛，共获得 10 个奖项。

上饶地区卫生学校（见江西医学院上饶分院）

第三节　师范教育

1991 年—2000 年，全区的中等师范学校主要有 4 所。10 年间，各级师范学校为全区的小学校培养了大批合格的小学教师。

上饶师范学校　民国 28 年（1939）10 月创办，它的前身是上饶师资训练所。60 多年来，学校七迁校址，五易校名，历尽风雨沧桑。1996 年 1 月，定址于上饶市郊罗桥公路旁。

1996 年搬迁新址后，学校确定走大专化的办学方向。贯彻执行《江西省师范学校 3 +2 学

---

①"五个一"：即在校的每一位学生必须掌握演讲、书法、英并以语、计算机操作等四项技术及一项专业工种、专业操作技能；

②"一做三创"：即做文明学生、创文明班级、文明寝室、文明卫生区。

制，培养高师专科学历小学教师课程方案》。2000年，在校生1900多人，40个教学班，设有普师、幼师、英语、音乐、体育、美术等专业。教职工160人，其中高级讲师34人，讲师及其他中级职称32人；中共党员42人。校园占地面积8.8公顷，校舍建筑面积3.85万平方米，有教学楼二幢，教工宿舍7幢，学生宿舍4幢，食堂(兼礼堂)、培训楼、实验楼、艺术楼、图书馆、办公楼各1幢。学校现代化教学设施完善，有计算机100台，钢琴43台，风琴、手风琴、民族乐器、铜管乐器等教学器材300余台(件)，装备56座的电子琴教室1个，演播厅1个，多媒体教室1个，语音室2个，图书馆藏书9万册，报刊资料600种。

学校突出"育师"目标，按照"敬业、知行、勤奋、求实"的宗旨办学，注重师资队伍建设。10年中，学校教工获国家级优秀个人奖5人次，获省级优秀个人奖12人次，获地级优秀个人奖26人次。教师在省级以上报刊发表或参加编写中师教材，其中《江西地理》一书已被全省中师采用。青年教师参加各类讲课、说课比赛，并荣获国家级一等奖1人次，获省级一、二等奖12人次。10年间，学校为全区12个县(市)培养了合格毕业生6000人。

1991年—2000年，学校在改革中获得众多新的荣誉：受到国家教委的表彰与奖励；被省人民政府授予"德育先进学校"称号，被省委宣传部、省教委评为"青年教师工作先进单位"和"班主任工作先进单位"。1993年，推广普通话成绩显著，达标验收时受到国家教委、国家语委的表彰。

万年师范学校 学校坐落在万年县城北郊，前身是上清师范万年分校，始建于1978年，1981年改称万年师范学校。校园占地面积10万平方米，校舍建筑面积3万多平方米，固定资产1200万元，图书馆藏书8万余册。具有较完备的现代化教学设备和设施，微机室、语音室、多媒体教室、音像阅览室、电子琴房，物理、化学和生物实验室、心理实验室、风雨球场等。

2000年，学校设置普师、体师、艺师、幼师、小学教育、成人教育、英语、电子电器、文秘与写作、计算机应用、工艺美术装潢等专业，培养人才的路子不断拓宽。当年有在校学生1604人，36个教学班。教职工110人，其中教师86人，有高级讲师4人，讲师38人；本科学历者58人，大专学历者28人；40周岁以下的青年教师占75%，已成为学校教育教学改革的中坚力量，整体素质良好。教师们在国家级和省级报刊上发表论文50余篇，其中获奖20余人次。

10年中，该校为国家培养人才4000余人。

芝阳师范学校 创办于1924年，校址位于波阳县城。为适应教学改革发展的需要，校园占地面积由2.27公顷扩大到2.8公顷，校舍建筑面积由1.4万平方米增加到2.2万平方米，先后建造了培训中心大楼、图书馆综合楼、餐厅服务楼，全面改造学生宿舍，实行公寓化管理，设有大型多媒体电教室、语音室、电子琴室、心理学实验室，重新装备了理化生实验室，教室配备电视机，后勤服务实行社会化改革，食堂管理招标经营，分灶竞争，提高了服务质量，达到了学生实惠，学校增收，经营获利的"三赢"目标。

1991年—1994年，该校被列为中国—联合国儿童基金会合作项目学校，合作项目为设立"芝阳师资培训中心"。10年间，学校规模不断扩大，在校学生由1991年的487人，增加到2000年的1224人，28个教学班，教职员96人，其中专任教师61人(有高级讲师14人，讲师32人)。专业设置由原来单一的普师扩展为普师、幼师、音乐、美术、英语等5个专业。招生范围由原来波阳一县扩大到面向全地区，并以"芝阳师资培训中心"为依托，先后开办两期"小学校长岗位培训班"，还分别与波阳县文化局联办一届赣剧文艺班，与波阳县粮食局联办一届粮贸技校班，随后还开办成人高等教育自考班。

10 年间，学生有百余人次先后在全国、省、地级比赛中获奖，“青年志愿者”为孤寡老人和失学残疾儿童献爱心的事迹，多次被省、地、县级新闻媒体宣传报道。有 1 名教师荣获曾宪梓教师奖，1 名教师被评为全国优秀教师，6 名教师被评为全省先进教师，26 名教师被评为地区先进教师。学校还连续 6 年被评为地区文明单位。

湖村师范学校（见上饶教育学院筹建处）

第三章　普通高等教育

2000 年，全区有普通高等院校 3 所：上饶师范学院、江西医学院上饶分院、江西凤凰科技专修学院。在校学生 4949 人，其中本科学生 786 人，专科学生 4163 人。

上饶师范学院原为上饶师范专科学校。为了加快高等教育改革与发展，适应全区经济建设和社会发展对人才的需要，1999 年 6 月，成立了以行署专员为组长的上饶师范学院筹建领导小组，决定在上饶师专的基础上合并上饶教育学院筹建处，筹建上饶师范学院。2000 年 3 月，经国家教育部批准，江西省人民政府同意，上饶师范专科学校升格为上饶师范学院。此后，上饶市有了第一所大学本科院校。

江西医学院上饶分院是与上饶地区卫生学校合二为一的一所大、中专全日制医学院校。1984 年，该校开办了附属医院，作为学生教学实习基地。次年，上饶地区医学院所併入该校。之后，该校发展成集教学、科研、医疗为一体的专业学校。

江西凤凰科技专修学院，2000 年 5 月，省教育厅批准成立的民办高等学校。

第一节　师范教育

1991 年—2000 年，是上饶师范学院办校历史上一个快速发展的时期。经过 10 年建设，至 2000 年，学校发展具有相当规模，校园占地面积 517 亩，校舍建筑面积 17 万平方米。设有中文、数学、物理、化学、政治、英语、体育、史地、美术、音乐等 10 个系，除开办师范类 13 个教育专业外，还设有计算机科学与技术、信息技术、电子科学与技术、环境化学、会计学、法学、经济管理、外贸英语、旅游管理、装潢设计、社会音乐、体育保安、社会体育、幼儿教育、公共事业管理等 15 个应用性本专科专业。有全日制在校学生 4452 人，成人教育学生 1000 多人，专任教师 376 人，其中教授 20 人，副教授 111 人，讲师 164 人。教育、科研设施齐备，场馆齐全，拥有计算机中心和校园网络中心各 1 个，专业实验室 38 个，还有电教馆、图书馆、体育馆、田径场、风雨球场等教学、科研设施。全校有计算机 700 多台，机房 11 个，具有音像同步多功能语音室 5 个，多媒体教室 6 个，计算机校园网进入互联网（INTERNET）。图书馆有各类藏书 45 万册，各类电子读物 300 多种，设有两个电子阅览室。

学校增设适应社会需求的非师范专业，确定 11 个课程为校级重点建设课程，43 门课程为建立题库课程，实行由学年学分制逐步过渡到完全学分制。

10 年间，学校教师承担完成省部级纵向科研课题 78 项，获省部级优秀科研成果奖 49 项，优秀教学成果奖 40 项，出版各类专著 39 部，编著教材 105 部，发表学术论文 350 余篇。该校学报自1991年向国内外公开发行以后，办刊质量逐年提高，在全国学术界产生了一定影响，1999年被评为全国高校“双十佳”文科学报；学报理科版1995年获全国自然科学学报师专类二等奖。该校主办的《朱子学刊》以档次高、质量高赢得国内外学术界的好评。

10年间，学校狠抓党建工作和班子建设，实行党委领导下的校（院）长负责制，坚持把德育放在首位，坚持以职能部门、专职思想政治工作队伍为主线，相继推出一系列的校园精神文明建设活动。相继出台人事和分配制度改革措施，以定编定岗起步，进而实行全员聘任制。在学生管理改革上，改福利性助学金为激励性专业奖学金，建立起以“奖、助、补、减、贷”为主的多元扶助体系。在总务后勤改革上，将后勤职工成建制地从事业编制中分离出去，组建后勤服务总公司。

10年中，新建和改建校舍3万多平方米，基本满足了教学、实验、藏书、科研用房和师生生活需要。校园绿化覆盖率达40%，连年被省、地、市授予“园林绿化单位”和“绿化先进单位”称号。综合治理工作不断加强，校园内部治安秩序和周边环境进一步净化，得到省、地、市有关部门的表彰。学校先后受到中共中央宣传部、教育部、国家安全部、共青团中央和江西省委宣传部、组织部、统战部、省教委、省人事厅、省公安厅、共青团江西省委、省教育工会的表彰20余次。该校学生在中宣部、教育部、省委宣传部、省教委、省有关学科协会组织的各项活动中以及全国、全省大学生运动会上获奖20余项。

第二节 其他教育

江西医学院上饶分院 创建于1951年，坐落在上饶市书院路。江西医学院上饶分院与上饶地区卫生学校是一所大、中专合一的全日制医学院校，经过50多年的不懈努力，已发展成集教学、科研、医疗为一体的新型专业学校。

2000年，学校有教职工224人，其中专任教师118人，具有高级职称的教师64人，中级职称的教师71人。在校学生2820人，其中专科学生475人，中专学生2345人。大专开设了临床医学、医学影像两个专业；中专开设了护理、助产、药剂、检验、计划生育、公共卫生、医院信息管理7个专业。学校有较强的科研实力，10年中，主持承担国家科技部下达的科研项目二项，获得国家级科技奖二项，教师年均发表学术论文80多篇，大都刊登在公开发行的省级以上刊物上。校园图书馆藏书20.78万册，中外文期刊380多种，并拥有先进的多媒体电子文献阅览室。教学仪器设备价值700多万元。教学设施先进、功能齐全，有现代化的微机室、语音室、多媒体教室和学生公寓、食堂等良好的教学和生活服务设施。

1998年10月，学校顺利通过省教委组织的办学条件评估；2000年12月，又顺利通过省教委组织的办学水平暨省部级重点中专的评估，经省政府核验，学校成为全省重点中等专业学校。

学校实行定编定岗、职责明确、全员聘任、竞赛上岗的人事制度改革，校行政人员由113人减少到82人，中层干部由23人减为17人，充实教学第一线，减少非教学人员。根据“小机关、多实体、大服务”的思路，学校成立饮食服务中心、水电服务中心、校园建设管理中心，逐步过渡到企业化管理，采取任务、经费双包干，节余提奖、超支受罚、自主经营、自负盈亏的运行机制。

10年间，学校被卫生部、中共江西省委、省人民政府、省教育厅等先后授予“五好文明学校”“全国卫生文明建设先进集体”“思想政治工作先进单位”“省级重点学校”“教学管理优秀学校”“全省文化保卫系统优秀单位”“全省中专校园与卫生工作先进单位”“廉政建设先进单位”“卫生庭院”“全省关心下一代工作先进单位”“江西省法制宣传工作先进集体”“全区先进学校”等荣誉称号。

江西凤凰科技专修学院　2000 年 5 月，经省教育厅批准成立。院主体为江西凤凰光学仪器集团公司。学院占地面积 5000 平方米。建有电子电工实验室、数控实验室、机械传动实验室、语音实验室各 1 个，计算机 200 台。有专（兼）职教师 15 人（其中专职 8 人），具有高级工程师（副教授级）职称的 12 人，讲师职称的 3 人。2000 年，开设专业为模具制造，招收学生 22 人。

第四章　成人教育

1991 年—2000 年，全区成人教育迅速发展，形成一个从扫除文盲到中等教育、高等教育的成人教育体系，为全区经济建设和社会发展培养了大批实用人才，也为各层次成人的继续教育提供了培训基地。

第一节　扫盲教育和成人中专教育

扫盲教育和实用技术教育　基本扫除青壮年文盲与基本普及九年义务教育，被列为 1990 年代全国教育工作的“重中之重”。1993 年，行署调整了“上饶地区扫除文盲工作领导小组”，地、县（市）、乡（镇）配备了扫盲专职干部，加强了扫盲工作领导，加快了扫盲工作步伐，1994 年—1998 年，全区 12 个县（市）扫除青壮年文盲工作，先后通过了江西省人民政府组织的检查验收，全区实现了基本扫除青壮年文盲的目标。1999 年，行署办下文《关于进一步抓好扫除青壮年文盲工作意见的通知》（饶行办发〔1999〕17 号），布置对全区 6.85 万青壮年的扫盲工作，当年，婺源县代表江西省接受了国家教育部和教育督导团的扫盲抽查，结果达标。2000 年，全区青壮年非文盲率为 96.5%。

1980 年代，江西省教委确定弋阳县为全省农村教育集合改革实验试点县，省地、县各级投入大量人力、财力和时间组织实施该项工作。该县农村教育综合改革实验工作分两轮实施，第一轮从 1987 年—1990 年，第二轮从 1991 年—1995 年。

1992 年，上饶行署印发了《关于“4111”工程实施方案的通知》，部署在 1995 年前实行农科教统筹结合，全区建立 4 个农村教育综合改革实验县，100 个“燎原计划”示范乡，1000 个科技兴农示范村，培养 100 万个能掌握适用农业科学技术的新型农民。这一项人才培养、科技推广、经济发展的系统工程，先在弋阳、玉山、婺源、铅山 4 县实施，1997 年，又推广到上饶市、德兴市和万年县 3 个县（市）。

1994 年 6 月，上饶地区被国家教委确定为“全国 30 个农村教育综合改革联系点”之一。1996 年 11 月，全省农村教育综合改革经验交流会在弋阳县召开，会议对弋阳等县的农村教育综合改革进行了总结，交流了经验，肯定了改革取得的成果。经过历时 8 年的实验，弋阳县农村教育综合改革由“应试教育”逐步向“素质教育”转变，教育规模有所扩大，教育结构进一步优化，教育条件明显改善，教育内容更加适应经济和社会发展需要，尤其在改革实验中，运用“大教育”理论，实行“三教统筹”和“农科教”结合，教育质量和教育效益显著提高。为了推广弋阳县农村教育综合改革实践经验，省教委把总结弋阳县改革成果和经验作为一项科研课题，组织有关专家学者，对弋阳县农村教育综合改革实验的情况进行了深入的调查和总结，出版了《来自农村教改实验县的报告》和《农村教育综合改革效益研究》两本书，向全国发行、学生推广弋阳县农村教育综合改革经验。

2000年，全区有成人技术培训学校1612所，有150120人接受各种实用技术培训和文化教育。通过扫盲教育和"4111工程"的实施，提高了广大农民的文化素质和科学技术水平，促进了农村的社会和经济的发展。

成人中小学教育和成人中专教育 2000年，全区有成人中学21所，在校学生1100人，成人初等学校922所，在校学生5.1万人，成人中专学校17所，在校学生824人。

第二节 成人高等教育

2000年，全区有成人高校3所，即上饶广播电视大学、上饶教育学院筹建处、江西凤凰科技专修学院，在校学生3843人。同年，报考高等教育自学考试的考生有46407人，报考课程为136155科次；报考函授学校的考生6387人，其中报考本科的5232人，报考专科的1155人

上饶广播电视大学 1979年1月，江西省革命委员会批准成立江西广播电视大学；次年，上饶地区电大工作站成立；1984年9月，江西省人民政府批准成立江西广播电视大学上饶地区分校；2000年7月，省政府批准江西广播电视大学上饶地区分校更名为上饶广播电视大学。

上饶电大位于上饶市水南街，校园占地8322平方米，校舍建筑面积6569平方米。建成了地面卫星接收站、电视视听室、多功能视听室、多媒体语音室、计算机网络教室等，校园网经高速宽带的方式与互联网相连。学校内设4处1室1校（中专学校），拥有280余人的专兼职教师队伍，其中26名专职教师中有副教授7人。

上饶电大先后依托63个企事业单位、社会团体、大中专院校开办电大教学班或联合办学，建立了14个电大工作站，建成了以校本部为中心辐射12个县（市、区）的现代远程电大教育网络，形成了主动适应全区经济建设和社会发展的办学机制。学校先后开设了9个大学本科专业、40个大学专科专业和10个中专专业，其中有的还是上饶经济建设急需的短线专业，尤其是经济科和理工科的一些专业，弥补了上饶普通高校"缺工少经"的不足，改变了上饶高等教育结构不合理的状况。2000年春，学校开始参与"中央广播电视大学人才培养模式改革和开放教育试点"项目研究工作，设有开放教育本科专业9个（法律、计算机、会计学、汉语言文学、数学、金融、工商管理、教育管理、英语），专科专业6个（教育管理、小学师资、计算机、水利水电、金融、高级护理），在籍学生本、专科达7000余人。是"全国计算机等级考试"考点。

上饶教育学院筹建处 创建于1987年11月，是一所成人高等师范专科学校，1994年3月与上饶湖村师范学校合署办学，两块牌子，一套班子。1996年2月，学校迁至原信江书院，占地28公顷，校舍建筑面积2.8万平方米。

学校拥有教学仪器5500套，微机195台，设有物理、化学、生物、美术实验室及64座语音室、48座电工电子实验室各一个；图书馆藏书4万余册，各类期刊300余种。

学院下设办公室、政教处、教务处、师训处及总务处。学院有一支专、兼、聘三结合的师资队伍。2000年，在编教工82人，其中专任教师50人，具有副高职称的15人，中级职称的21人。从1988年起，学院承担上饶地区中等学校师资和干部培训、成人高等学历教育、继续教育

及各种职业技术培训的任务。开办了“函授、自考、电大”三沟通师资培训本专科教育，开设了政教、中文、数学、英语、教育管理等5个本科专业，中文、文史2个专科专业，先后招收学员本科2116人，专科7671人，中师5906人。1989年开始招收民师中专学生，采取脱产学习与函授学习相结合的方式，先后11届共招收5300名民师。自1993年起，先后与江西省轻工业学校、天津建材学校、昆明地区学校、江西财经学院联合办学，开设了轻工机械、工业电气自动化、电子技术应用、计算机应用、装璜设计、工艺绘画、电脑会计等7个专业，招收了非师范类中专生1680名，2000年开始招收师范类中专生，每年300名。

截至2000年年底，学院已为国家培养了本科函授毕业生1657人，卫星电视专科毕业生7417人，中专毕业生12702人，培训初中校长921人（其中岗位培训648人，提高培训273人），乡镇教办主任245人，中学骨干教师221人，教育基建管理干部36人。学院现有学生1060人，开设普通中师、计算机及应用、英语、工艺美术、装潢设计等5个专业，23个教学班，另有“三沟通”学员170人。

1991年—1993年，学院连续三年被评为上饶地区先进单位，1998年被省教委评为江西省中小学校长岗位培训先进单位，2000年被上饶行署评为文明单位。当年，学院组队参加江西省第11届“航天杯”学生电子电脑大赛获得团体总分第二名，1名学生荣获中专组个人第一名。

江西凤凰科技专修学院（见第五节普通高等教育）

上饶县教师进修学校　创建于1965年，前身为“共大”上饶县分校，1980年经省政府备案，定名为上饶县教育学校，1988年更名为上饶县教师进修学校。1988年迁址于上饶县旭日镇。学校占地7.2公顷，校舍建筑面积4万平方米。2000年，高标准地新建了一个现代化的多媒体教室和拥有30台电脑的微机室，更新了语音室、图书室等。

学校实行校长负责制。校内设有7个科室。2000年，有教职工84人，专任教师49人，其中高级职称12人，中级职称16人。从1992年起，先后开办了职业高中、中专委培班等多种形式的办学模式，1999年，学校又设立上饶县电大工作站，形成“二校一站一基地”的办学格局。本着“一流教师、一流教学、一流质量”的宗旨，采取“请进来，走出去”的措施，加强教师的学习培训，增强竞争意识，逐步采取“竞聘制”，努力营造一种有利于人才脱颖而出的竞争激励的机制。加大科研力度，确定“四定位”，即定任务、定档次、定范围、定奖罚。转变观念，推进以素质教育为中心的教学改革。在校园建设上，逐步投入，对校园环境进行全面改造，对教学设施进行全面更新。学校多次被省教委评为“小学校长培训先进单位”，1998年，被江西省人民政府命名为“江西省县（市）教师进修学校示范学校”，2000年，被中共上饶县委、县人民政府授予“文明单位”称号。

上饶地区公安干部中等专业学校　创建于1985年，2000年改为“上饶市公安干部中等专业学校”，学校是经省人民政府批准成立的全区公安民警培训基地，隶属地区公安局。1995年，经省公安厅全面评估，被评为A级学校。次年，经公安部批准，被确定为初级警官警衔晋升培训点。1998年，被地区人事局确定为“上饶地区继续教育培训基地教学点”。

1995年，学校受公安厅委托，为南昌公安局举办了一期民警授衔前培训班。1996年举办的两期警衔晋升培训班，参训学员既有来自上饶地区公安机关的，又有来自萍乡、九江、新余、鹰潭等地（市）及省公安专科学校和省公安厅机关的。当年4月，公安部督察组专程到该校考察培训情况后，予以充分的肯定。学校通过1996年以后历年的中专招生工作，进一步扩大了社会影响，中专生源既有本地区和本市毗邻地市的，又有浙江、上海、广东等地的。这些中专毕业生经推荐到深圳、广州等经济发达地区担任保安员。1991 年—2000 年,学校共培训在职的公安保卫干部 3600 人次,招收培训成人中专生 950 人。

上饶地区数千名公安民警中,有 2/3 的民警在这个学校接受过学历教育或业务培训。许多从这里走出校门的学员,都已经成为公安工作的业务骨干,其中有不少人还走上了领导岗位。他们中间,既有名闻遐迩的英雄模范,又有以身作则的优秀科所队长;既有屡立战功的风云人物,又有默默奉献的普通民警。为维护社会治安而英勇献身的原上饶县公安分局局长胡俊生烈士和原铅山县公安局杨林派出所指导员任水传烈士等,就是他们中的杰出代表。

第五章　社会办学

第一节　民办学校

1992 年,上饶行署办公室下发了《关于成立上饶地区社会力量办学管理委员会的通知》,当年,地区教育局下发了《关于对个人、集体办学现状进行登记的通知》,并于 1994 年制定了《上饶地区民办中小学设置暂行规定》。1997 年 7 月,国务院发布了《社会力量办学条例》。2000 年 10 月,江西省人民政府印发了《关于鼓励支持社会力量办学的若干规定》。由于社会力量办学有法可依,有章可循,全区社会力量办学的积极性空前高涨,不仅兴办了大批的民办幼儿园和小学,而且民办中学和大学也相继兴办起来,形成了以政府办学为主体,公办学校和民办学校共同发展的新格局。到 2000 年,全区有各级各类民办学校 868 所,其中幼儿园 715 所,小学 113 所,普通中学 33 所,职业中学 6 所,大学 1 所;在校学生 46040 人,其中幼儿园 26685 人,小学 7816 人,普通中专 10045 人,职业中学 1472 人,大学 22 人。

1991 年—2000 全区社会力量办学情况

表 32－5－1

年份	学校数(所)							在校学生数(人)					
	幼儿园	小学	初中	高中	职业初中	职业高中	大学	幼儿园	小学	初中	高中	职业初中	职业高中
1991	77	27						2689	892				
1992	22	46						891	1355				
1993	63	53	1					2630	1926	105			
1994	154	11	3					10055	430	528			
1995	329	2	4			1		14475	84	1020			160
1996	348	15	5			1		12844	872	1260			254
1997	412	5	4			1		16093	378	1198			364
1998	579	38	10	2		6		16817	2288	3034	216		1358

表32－5－1

年份	学校数(所)							在校学生数(人)					
	幼儿园	小学	初中	高中	职业初中	职业高中	大学	幼儿园	小学	初中	高中	职业初中	职业高中
1999	603	77	11	6	1	6		21419	5161	4473	884	50	1157
2000	715	113	17	16		6	1	26685	7816	6302	3743	335	1137

社会力量办学部分学校选介　玉山县小灵通幼儿园　1996年创建。当年招收两个班,40多名幼儿。为适应形势发展,该园创办者投资200多万元,于1999年秋,在县城沿河新区新建了一所幼儿园,占地面积1260平方米,建筑面积1590平方米,户外活动场地1200平方米,绿化面积500平方米。配套设施有:舞蹈房、琴房、演播室、电脑室、表演厅、幼儿寝室、资料室、游泳池、沙坑等。配备了大小型游戏器材、音乐器材、电教设备、图书资料等。每个班级配有独立的活动室、漱洗室和29寸彩电、电子琴、录音机、闭路电视教学系统、玩具柜等一套完整的设备。

幼儿园有教学班12个,在园幼儿159人,教职工26人(其中:大专毕业以上5人、中专16人、高中3人)。办园4年中,有5人次获全区幼师论文评比二等奖和三等奖,有3人次获全区幼师自制教玩具比赛优秀作品奖。

1999年,在园幼儿获全区少儿书画比赛优秀作品奖,全县庆祝"六一"幼儿团体操比赛二等奖;2000年,在园幼儿获全县幼儿美术比赛一等奖1名,二、三等奖8名,幼儿歌舞比赛二等奖2名,三等奖7名,幼儿运动会团体总分二等奖。当年,小灵通幼儿园获全县幼儿文体大奖赛优秀组织奖,并被评为全区幼儿教育先进集体。

玉山清林中学　1993年9月创办,是全区第一家私立中学。1998年增设高中部,成为一所完全中学。该校由创办初期的2个初中班、103名学生,发展到2000年的11个初中班、616名学生和9个高中班、473名学生。2000年,该校有教师65人,其中,中学高级教师4人,一级教师20人。创办以来,共投资3500万元。校园占地面积19666平方米,建筑面积11370平方米。教学、实验、电教、艺术、体育、住宿、饮食等设施齐全,是全区一所创办早、规模大、质量高的民办中学。

学校在教育教学上,按照"着重个性、分类教学、服务社会、继承创新"的教育理念和坚持"五育并举"①"四个学会"②"三个适应"③"两个全面"④"一个目的"⑤的教学理念,承认学生差异,通过分层、分类的教学组织形式,引导学生自立、合作、探索性的学习。在学生管理上,针对生源素质普遍较差的实际情况,在遵循青少年身心发展规律和教育规律的基础上,实施封闭式管理,把批量转化后进生作为该校的一支特色,推行"强化十爱心十关心"的管理模式,以情感交流为基础,以养成教育为切入点,引导学生以"奋发读书,长德长智长精神;坦然做人,立身

①"五育并举":德育、智育、体育、美育、劳动。
②"四个学会":学会做人、学会求知、学会生活、学会创新。
③"三个适应":适应当前学习的需要、适应未来学习的需要、适应终身教育的需要。
④"两个全面":面向全体学生、面向全面发展。
⑤"一个目的":使受教育者在德育、智育、体育等方面都得到发展,成为有社会主义觉悟的、有文化的劳动者。

立志立事业”为座右铭,提高学生自我教育、自我管理能力,逐步构建学生自我教育体系。在教师管理上,采用全员聘用的人事制度和“事业留人、感情留人、待遇留人、环境留人、培训留人”的办法,从满足其精神需要和改善物质条件等方面搞好教学环境。树立“以教师为本”的管理思想,积极调动教师参管认管的积极性。

通过师生共同努力,学校中考成绩连年名列上饶地区前列,2000 年中考升学率达 97%,1997 年、1998 年、1999 年参加全国、全省英语听力竞赛,获国家级三等奖 2 人,省级二等奖 3 人,三等奖 1 人;1998 年参加全国物理知识竞赛,获国家级三等奖 1 人,另外还获得玉山县“两语一数”竞赛团体第一名;2000 年,参加全国初中应用物理知识竞赛,获国家级三等奖 1 人。

弋阳私立国诚中学 1997 年创办。创办初期租用原弋阳铁路小学办学,教职工 13 人(其中教师 7 人),招收初中学生 97 人(初一、初二各 1 个班)。1998 年 8 月,开始创办高中,当年,初、高中学生 210 人。

2000 年,弋阳县委、县政府给学校“民办公助”一系列优惠办学政策,作为重点中学予以扶持,无偿划拨校园建设用地 10.67 公顷,当年兴建了现代化的教学大楼、师生公寓、多功能餐厅等配套建筑,首期 1.1 万多平方米的校舍投入使用。当年,有在校学生 1085 人,其中,小学 285 人,初中 560 人,高中 240 人,28 个教学班,教职工 116 人。学校面向全国公开招聘名优教师,专任教师中,既有省、地、县学科带头人,又有年轻的教坛新秀,平均年龄 35 岁,构建了一支以中青年为骨干的教师队伍。

该校装配了先进的多媒体教室、语音室、电脑房、现代化的物理实验室、化学实验室、生物解剖室,同时按一类完中标准配备了相关实验器材和药品。订阅了 100 多种报刊供师生阅读。音乐、舞蹈、美术、劳技等专用教室和运动场为全面实施素质教育提供了条件。校园还配有闭路电视系统、广播系统和“校园一频卡通”电脑管理系统。学生公寓内卫生间、电风扇、储物柜等配套设施齐全,为学生提供高效服务。

学校秉承“诚信爱国”的办学理念,依托现代化的教育设施和全寄宿“准军事化”的管理手段,在教育教学上取得了可喜业绩。初中升高中的总平均分和重点高中录取率连续两年名列全县榜首,先后荣获共青团中央授予的“少年雏鹰活动先进单位”、县教委授予的“目标管理先进单位”等荣誉称号。

信州理工学校 是 1998 年 6 月经上饶地区教育委员会批准建立的一所民办职业技术学校,次年 4 月江西省教育委员会批准开办职业中专班。办校短短 2 年时间,学校的办学规模、专业设置、教学设施、教育教学管理、办学效益许多方面均有较快的发展。学校由开办初期招收 2 个班、105 名学生,开设专业 2 个,发展到 2000 年的 10 个班,在校学生 700 多人,专业有计算机、电子、机电、模具、商务英语 5 个。校舍面积 3088 平方米。教师 47 人,其中高级教师 6 人,中级教师 15 人。3 年投资 80 多万元,建起了微机房,拥有高档计算机 131 台,有先进的电子实验室、机电、模具实验室、语音室、投影室等教学设施。

2000 年,学校被地区教委评为“民办先进学校”。学校按照“五年创一流,十年创名校”的奋斗目标,坚持“拓宽路子,面向社会,贴近市场,服务学生”的办学理念,先后在深圳、东莞设立学生就业办事机构,1998 年至 1999 年,共推荐 300 多名毕业生到沿海发达地区就业。

第二节　捐资办学

1991 年—2000 年 10 年间，全区共建成希望小学 50 所、帐篷希望小学校 12 所、希望书库 46 个，三辰影库 4 个，共有 1.52 万名青少年得到希望工程的资助，累计接受华人、华侨、港澳台胞及社会各界捐赠人民币 1389.75 万元。

团省委捐资建希望小学　1992 年 9 月 2 日，团省委从省青少年发展基金会拿出 10 万元款，捐赠给了余干县梅港乡金埠村，用于建造一所希望小学。

地委领导心系希望工程　1992 年 9 月 14 日，地委召开党政领导联席会，同意成立上饶青少年发展基金会，并拨给基金会垫底资金 10 万元。下午，地委会议室举行了"希望工程"捐款仪式，地区 6 套班子领导成员每人当场捐款 200 元，共计 3000 元捐献给"希望工程"；并与各县（市）因贫困失学的孩子结对子，帮助他们解决困难。

郑诚章在铅山等地设立奖学金　1993 年起，铅山籍旅美华侨郑诚章先生，出于对家乡教育事业的关心和支持，每年出资 1200 美元，在铅山县的一中、二中、三中、实验小学、永平中心小学等学校，设立"郑诚章奖学金"。每所中学每年奖学金为 200 美元，每所小学每年奖学金为 100 美元，均用于奖励品学兼优的学生。

上饶县第一所"希望小学"　1994 年 11 月，上海市南供电局投资 20 多万元，为上饶县茗洋乡兴建一所"希望小学"——茗洋中心小学。教学楼为 3 层 1000 平方米。1995 年下学期开学时，供电局又派人为希望小学 300 余名学生配齐了崭新的校服、书包和学习用品，并从上海送来 96 套课桌、椅凳。其后又投入 8 万余元帮助学校兴建校边河堤、围墙，保护学生安全。同时，还不间断地为学校选购千余册科技、文化图书，购买彩电、放像机、打字油印机等。

沈炳麟捐资建教学楼　1994 年 11 月，由香港大业织造厂有限公司董事长沈炳麟先生捐助人民币 24 万元的"上饶县尊桥中心小学"建成使用。教学大楼为三层，建筑面积 1440 平方米，县乡安排了 12 万元的配套资金。

婺源县第一座希望小学　1995 年 10 月 15 日，由上海虹桥机场捐赠 20 万元人民币建设的"鄣山希望小学"奠基。这是婺源县第一座希望小学，占地面积 400 多平方米，约容纳 300 余名学生，1996 年 6 月建成。

柴秀林捐资 15 万元建小学　1995 年 5 月，由广丰县政协委员、泉波建筑工程公司副经理柴秀林捐资 15 万元兴建的泉波乡王家坞村"华村秀林学校"全面竣工，150 多名山区小学生搬进新教室上学。教学楼为二层钢筋混凝土结构，拥有 4 个教室，2 个教师办公室，并有校门、围墙等配套设施。

玉山县第一所"希望小学"　1996 年 8 月中旬，玉山县第一所"希望小学"—新村希望小学竣工，学校占地面积 4000 平方米，建筑面积 686 平方米，为二层钢筋水泥结构，总投资 23 万元。

"沪饶友谊小学"落成　1996 年 11 月 15 日，坐落在上饶市秦峰乡下湖村七沙公路旁，占地面积 3700 平方米，有 8 个教室及其配套设施的"希望小学"建成剪彩。它是上海市人大常委会积极倡导，上海市园林集团捐赠 12 万元，并由上饶市秦峰乡政府筹办的上饶市第一所"希望小学"，总投资 28 万元。

刘毓标将军捐资助学　1997 年 4 月 29 日，横峰县葛源中学收到了一份珍贵的礼物："刘毓标、赵倩教育奖励基金”。刘毓标将军清光绪三十四年(1908)出生于横峰县葛源镇的一个农民家庭,17岁投身革命,曾参加过著名的淮海战役、渡江战役及抗美援朝战争。刘将军生前十分关心家乡的建设与发展,尤其是关心家乡的教育事业。在他临终前,嘱咐亲人把他和夫人平时节俭下来的1万元积蓄,以教育奖励基金的形式捐献给葛源中学。

深圳中行捐资建希望楼 1998年12月,中国银行深圳市分行捐赠玉山县怀玉乡初级中学20万元,用于建造一幢“希望教学楼”。

第六章 师资队伍

1993年,全区各级政府、教育行政部门和学校认真贯彻国家颁发的《中华人民共和国教师法》,注重提高教师的社会地位和经济待遇,切实加强教师的思想教育和业务培训,教师队伍逐年壮大,素质明显提高,为全区教育事业发展和教育教学质量的提高奠定了基础。1991年—2000年,全区小学专任教师由33817人,发展到36158人,增长6.92%;初中专任教师由11944人,发展到15241人,增长27.6%;高中专任教师由2423人,发展到3426人,增长41.1%。

1991年—2000年,小学教师学历达标率(具有中等师范学校毕业及其以上学历)由70.2%提高到90.36%。实现初中教师学历达标率(具有大学专科毕业及其以上学历)由44.6%提高到78.09%。高中教师学历达标率(具有大学本科毕业及其以上学历)由34.7%提高到46.85%。小学教师获小学高级教师以上职称的,1991年为2093人,2000年为5973人,增加3880人;初中教师获中学高级教师和中级教师职称的1991年为1481人,2000年为3170人,增加1689人;高中教师获中学高级教师和一级教师职称的,1991年为911人,2000年为1848人,增加937人。

第一节 教师管理

1991年,地区教育局下发了《关于加强教师管理、稳定教师队伍的若干规定》,1994年,又下发了《关于中小学教师队伍管理的暂行规定的补充规定》。上述规定对加强教师队伍管理,稳定教师队伍起到了积极作用。特别是《教师法》颁布后,教师管理工作日益规范化,中小学的教师调配,由各县(市)教育行政部门直接管理,地属中等专业学校的人事调配,3所地属师范学校和上饶教育学院筹建处等由地区教育行政部门直接管理,其他高等院校的中等专业学校实行“谁主办,谁管理”。

1994年起,全区中小学推行以“校长负责制,教师聘任制,结构工资制”为主要内容的内部管理体制改革,地、县(市)均相继出台了改革方案,实施以后都取得了一些成效,弋阳、广丰、德兴、玉山、上饶市、上饶县等县(市)全面铺开了此项改革。教师聘任制实行教学能力差的教师实行转岗分流。一些地方还实行了中、小学校长公开招聘。这些措施,激励了学校办学活力,调动了教师教书育人的积极性。

第二节　教师培训

全区各级政府、教育行政部门和学校都很重视教师的培训工作，不断提高教师的整体素质，以适应教育改革发展和全面推进素质教育的需要。

1991年，江西省教委、省外语培训中心决定在上饶教育学院兴办全省中学英语教师暑期培训班，6名美籍教师为全省108名英语教师进行了为期32天的培训，听力及格率达98.1%；1992年7月12日，6名美籍教师又来到上饶教育学院，为1992年江西省中学英语教师暑期培训班执教。

1990年代，全区教师培训工作大致分两个阶段：1991年—1993年，主要对教师的教材教法和提高学历层次进行培训。一方面对教学能力较差，又不具备合格学历的教师进行教材教法培训，经过培训和考核达到胜任教学，并取得教师专业合格证；另一方面又组织教师参加电大、函授、自学考试等形式的学习，通过二、三年的学习，取得合格学历或高一层次的学历。1993年和1995年，贯彻执行《中华人民共和国教师法》《教师资格条例》。全区的教师培训工作主要是对具有合格学历和具有相应教师资格的教师组织学习新的教育理论和教学方法，学习和更新教学专业知识，总结教育教学经验，加强基本功训练，同时，还对一部分具有合格学历的教师进行提高学历层次的培训。根据《教师法》《教师资格条例》和1999年教育部颁布的《中小学教师继续教育规定》，全区小学、初中、高中教师的继续教育和校长岗位培训，分别由县（市）、地区、省三级教师进修学院承担。截至2000年夏，上饶地区教育学院筹建处共培训初中校长921人（其中岗位培训684人，提高培训273人），培训乡（镇）教办主任245人，中学骨干教师221人。全区中小学校长已全部参加了岗位培训，并取得"岗位合格证"。

第三节　教师待遇

1991年—2000年，全区实行国家对教师多次进行的工资改革和工资调整，各级各类学校教师工资待遇有了较大幅度的提高。1993年10月，将1985年以来实行的结构工资制改为专业职务等级工资制，在工资构成上分为专业职务工资和津贴两部分。中小学（含中专）教师在新的专业职务工资标准的基础上提高10%，在津贴部分中保留了教龄津贴。同时，在考核的基础上，实行正常增资。凡考核合格者，每两年晋升一个工资档次，人均增资40元，离休和退休教师参照同职务在职人员的标准，亦适当增加离退休费（人均增资20元）。1993年、1995年、1997年和1999年的10月，全区教师都按照正常增资标准晋升了工资，离退休人员也相应增加了离退休费。进入1990年代中期，各地受"分税制"影响，教师工资由过去的县财政统一发放，改为乡镇财政包干，部分财政困难的乡镇出现了拖欠教师工资现象，个别地方还非常严重，这引起了各级党委和政府的重视。2000年11月，地区教委、人事、财政、编委四家联合下发《关于做好教师工资统一发放的通知》，各县（市）也相继出台优先保证教师工资发放政策，使这一问题得到根本解决。

10年间，全区共有84名教师受到国务院、国家教委和江西省人民政府的表彰。1991年，上饶地区有汪熙尧、胡启杰、李相宜、陈德成、周鸿生、汪鑑如、邵玑孝、汪森堂、李水荣、徐禄钟、孔才旺、任爱玉、潘行恂13名教师，被江西省人民政府批准授予全省第二批特级教师称号；

1993年,汪熙尧校长被国家教委授予全国优秀校长称号;1995年,童报春被国务院授予全国劳动模范称号,参加全国劳模表彰会。1991年、1995年、1998年3个年度,全区共有59名教师被评为全国优秀教师和全国优秀教育工作者而受到国家教委表彰,其中何隆高、周爱弥、王梅蓉、舒正新、郑素华、熊国显、严春晖7名教师被授予全国教育系统劳动模范称号。1999年,朱光瑜教师受国务院表彰,获国务院特殊津贴。当年,江西省人民政府批准了全省第三批特级教师,全区又有丁学军、卜照泽、王锡猷、刘道剑、邹炳兴、周爱弥、范雪生、胡务善、刘萍、严计鸾、孙闽燕、王震海、童报春13名教师被授予特级教师称号。

1991年—2000年10间,全区有数百名教师被江西省委宣传部、省教委、省人事厅、省教育工会、共青团江西省委评为全省优秀教师、全省优秀教育工作者、全省优秀班主任。上饶地委、上饶行署每年教师节表彰全区100多名优秀教师和优秀教育工作者。

第四节 民办教师

1991年,为了稳定民办教师队伍,使他们安心教育事业,全区各级党委和政府都十分重视和关心民办教师,认真做好民办教师的中师招生和选招工作,落实民师的工资待遇、职称评聘、“农转非”,为民师排忧解难。地区教育局下发了《关于公布民办教师资格审定情况的通知》,据此,各县(市)集中时间和力量,对区建档的民师资格进行审查核实,并对1980年7月19日以前任教的民师资格审定备案,张榜公布。1994年,地区教育局又下发了《关于对民师进行再核实的通知》。之后,各县(市)经过认真细致的核实查对,最后认定全区1980年7月19日前任教的民办教师共计15247人。1980年—1999年,全区民办教师转为公办教师12061人,其中,中师招生5280人,选招录用6781人,此外,到了退休养老年龄的558人(他们按月领取退养费),在册在岗的民办教师尚有1952人,基本上实现了中共中央、国务院确定的“争取到本世纪末基本解决民办教师问题”的战略目标。

1991年—2000年全区各级各类学校教职工情况(一)

表32-6-1　　单位:人

年份	普通高等学校		成人高等学校		普通中等专业学校				成人中等专业学校				普通中学			
	合计	其中专任教师	合计	其中专任教师	合计	其中中师	专任教师		合计	其中教师进修学校	专任教师		合计	专任教师		
							合计	其中中师			合计	其中进修学校		合计	高中	初中
1991	1061	485	15	10	1536	465	468	258	618	308	459	234	17703	14367	2434	11944
1992	935	500	25	18	819	426	461	244	668	313	502	237	18046	14844	2574	12270
1993	711	362	62	46	870	479	448	271	675	284	550	229	18042	14954	2556	12398
1994	808	431	144	80	854	470	422	249	618	260	562	224	18115	14974	2452	12522
1995	820	436	181	84	812	488	427	262	638	251	583	217	18429	15354	2445	12909
1996	824	442	84	45	988	579	421	270	669	263	613	229	19524	16368	2394	13974
1997	845	476	84	45	1046	569	479	154	466	272	406	236	19793	16668	2480	14188

续表 32－6－1

年份	普通高等学校		成人高等学校		普通中等专业学校				成人中等专业学校				普通中学			
	合计	其中专任教师	合计	其中专任教师	合计	其中中师	专任教师		合计	其中教师进修学校	专任教师		合计	专任教师		
							合计	其中中师			合计	其中进修学校		合计	高中	初中
998	824	443	84	45	984	608	482	277	470	270	410	231	20427	17339	2657	14682
1999	797	434	28	17	1023	645	452	292	472	287	410	247	20839	17840	2941	14899
2000	747	405	28	17	999	614	454	295	473	293	410	252	21538	18667	3426	15241

1991 年—2000 年全区各级各类学校教职工情况(二)

表 32－6－2　单位:人

年份	职业中学				小学		幼儿园		特殊教育		成人中学		成人技术培训学校		成人初等学校		其他教育事业
	合计	专任教师			合计	其中专任教师	合计	其中专任教师	合计	其中专任教师	合计	其中专任教师	合计	其中专任教师	合计	其中专任教师	
		合计	高中	初中													
1991	2558	892	690	202	36550	33817	2064	1872	6	6	84	34	231	86	478	265	6261
1992	2632	979	761	218	36755	34199	2076	1821	12	12	108	51	618	128	686	241	6630
1993	2522	961	785	176	37516	34572	2247	2052	11	11	101	44	184	94	639	510	6795
1994	2393	996	851	145	38221	35268	2287	2084	8	8			197	58	262	206	7307
1995	2424	1004	846	158	38188	35246	2519	2360	6	6			228	129	210	210	7639
1996	2426	1009	844	165	38910	36064	2632	2457	4	4			596	244	316	143	7941
1997	2547	1005	826	179	39415	36673	3199	2972	3	3			707	334	221	171	8701
1998	2558	1022	842	180	39353	36529	3106	2869	8	8			589	412	15	111	9838
1999	2283	880	764	116	39027	36370	3428	3141	9	9			808	474	509	175	9848
2000	2167	863	721	142	38111	36158	3437	3092	18	18			496	330	295	61	10446

第七章　教育行政

第一节　教育机构

1996 年 7 月,上饶地区教育局更名为上饶地区教育委员会(简称地区教委,下同)。同年 10 月,上饶行署办公室下发《关于上饶地区教育委员会职能配置、内设机构和人员编制方案》。方案规定:地区教委机关内设办公室、人事科、普通教育科、职业教育科、综合教育科等 5 个科

(室),并明确规定了各科(室)的管理职责。该方案还规定:上饶地区毕业生就业办公室仍设在教委。地区教委另设纪检组(监察室),为地区纪委、监察局的派驻机构。教委机关行政编制28人,事业编制3人。领导职数为:主任1人,副主任3人,纪检组组长1人,科级职数10人。根据教育事业发展需要,地区教委设有地区教学研究室(编制22人)、地区电化教育馆(编制12人)、地区招考委员会办公室(编制10人)、地区中等学校招考委员会办公室(编制5人)、地区勤工俭学办公室(编制5人)、地区教育工会(编制2人)等直属单位和机构。此外,地区教育学会及其所属的18个学科专业委员会、地区青少年科技辅导员协会等群众性学术团体也设在地区教委内。

2000年10月,上饶地区撤地设市,上饶地区教育委员会更为上饶市教育委员会。

第二节 教育经费

1991年—2000年,全区教育经费投入已由政府单一投入的体制逐步转向国家、社会、学校、集体、个人等多渠道筹措教育经费的体制,教育经费的来源逐步扩大。在政府拨款逐年增加的前提下,各种税费征收、学杂费收缴、校办产业收入和社会、个人捐资都按政策规定得到落实,保证了全区九年义务教育的实施和各项教育事业的发展。

校舍建设 1991年—2000年,政府大幅度增加校舍经费投入,多方筹措建校资金,全区各级各类学校校舍旧貌换新颜,一幢幢新建的教学楼、实验楼、科技楼、图书馆、教工住房、学生宿舍遍布各大中小学。危房面积大量减少,教学用房、办公用房、教师住房大大改善。

图书仪器 1996年,根据江西省人民政府办公厅和上饶行署办公室关于加强图书馆(室)建设的有关文件要求,成立了"上饶地区中小学图书馆(室)工作委员会",对全区中小学图书馆(室)的建设和管理进行指导、协调和服务。全区图书资料配备累计投入资金1128万元,藏书量466万册,有660余所乡中心完小以上学校建起了图书馆(室)和阅览室。到1999年,全区建有10座县级教育电视台,5座乡级电视差转台,60余座卫星地面接收站,400多个放像网点,有投影仪4000余台,收录机6000余台,电视机1200余台,录放像机800余台。有66所中小学(其中中学52所)装备了75套语音实验室教学设备,90余所中小学按省定标准配备了微机教学设备计2000余台(绝大多数为486以上档次的品牌机),电教软件基本配套,电教器材设备总拥有量价值达2000余万元。全区共建成实验室950余间计5.2万平方米,仪器室3200余间,计4.4万平方米,仪器橱1.33万余项,实验用的桌、凳1.25万余套。省、地、县投入资金1300余万元,为2900余所中小学装备了教学仪器。全区电教馆(站)、教育电视台以及中小学从事电教、实验的专兼职人员达1500余人。

1991年—2000年,全区12县(市)先后经江西省中小学实验教学普及县工作组验收合格,实现了全区中小学实验教学普及工作。

1991 年—2000 年全区教育经费收入情况

表 32-7-1　　单位:万元

年份	财政拨款	税费收入	学杂费收入	社会捐集资收入
合　计	280452.5	55327.5	59011	12646.3
1991	11365.2	306.2	1256.3	1000.6
1992	14300.2	281.4	1399.4	1074.7
1993	16660.3	1878.1	2714	663.7
1994	22762.2	3873.7	3317.2	713.8
1995	24444.6	6627.9	5003.9	969.3
1996	30391.1	7622.7	6102.7	850.6
1997	33059.8	9071.9	8554.4	1470
1998	39072.2	7549.6	8145.1	3099.6
1999	40210	7851.2	11392.1	1804.6
2000	48186.9	10264.8	11125.9	999.4

1996 年—2000 年全区校建主要指标完成情况

表 32-7-2

项目		计量单位	合计	1996 年	1997 年	1998 年	1999 年	2000 年
筹措资金	小计	万元	70804	13489	14036	17855	12217	13207
	中央、省财政		12232	1535	2363	4637	3289	408
	地、县财政		4612	1233	1190	901	846	442
	其他		53960	10721	10483	12317	8082	12357
农村教育费附加		万元	36338	8055	7344	7844	6856	6239
基建教育费附加			501.3	46.5	101.9	282.8	26.1	44
危房面积		万平方米	39.1	4.32	5.25	18.57	26.03	39.1
危房比例		%	8.1	1	1.21	4.1	5.52	8.1
新建教工住房		套/万平方米	2524/24.9	648/6.25	425/3.98	499/4.58	629/6.69	323/3.4
生均面积		平方米	4.42	4.1	4.58	4.13	4.37	4.42
新建校舍		万平方米	177.4	38	42	36.6	37.5	23.3
校舍总面积			480.1	411.8	434.4	451.2	471.3	480.1

卷三十三 体 育

1990年代,全区体育的硬件设施建设有了一个大的发展机遇期,为承办好全省第九届运动会,在全省率先兴建现代化的体育场馆。1991年,上饶体育中心和上饶体育场开始立项,1992年设计,1993年奠基,举全区之力,仅用了一年多的时间,就建成在当时全省堪称一流的现代化的体育场馆。由此拉开全区开展大规模的群众体育活动和承办高档次的体育赛事的序幕。2000年底,全区有400米标准的田径场12个,其中厂矿4个;简易的体育馆6个,其中厂矿2个;篮球场7个,其中带看台的4个;游泳池10个,其中厂矿4个;训练房20多个,门球场296个(包括厂矿),各种活动室404个,老年活动中心13个(包括厂矿),地掷球场11个,文化活动广场4个。

1990年代,境内的体育产业开始起步。1991年,为破解体育事业经费严重不足的难题,上饶在全省率先发行体育彩票。1997年,上饶体育中心和上饶体育场在承办了江西省第九届运动会、全国性的"一会三赛"之后,通过招商引资、工程垫资、彩票集资等,投入近百万元,新建卡丁车训练场、网球场、健身训练馆、乒乓球、羽毛球训练馆、健美训练中心、台球房等场地设施,创办地区全民健身俱乐部,以会员制的营运方式和主教练负责制管理模式,整体"包装"入市,启动体育消费,形成群众体育自发性机制。

1995年开始,为实施《全民健身计划纲要》,全区采取建立和健全各单项运动协会,兴建一大批健身路径,全面开展国民体质测试,经常举办全民健身的比赛活动和演示活动等等。全区群众体育工作和体育总会工作,一直居于全省的先进行列。

第一章 机构人员

第一节 机构团体

地区体育运动委员会 1991年,地区体委内设办公室、竞训科、群体科,行政人员17人。全区12县(市),除德兴市、玉山县体委合并教委,设立体育股,配备3名~5名干部负责体育工作外,其他县(市)单设体育运动委员会,配备正副主任和行政干部3名~7名。2000年,全区体委干部共116人。

地区体育总会 1991年,地区体育总会成立。随后,全区12县(市)都成立了体育总会。

各系统、厂矿企业都成立体育协会，各运动项目和健身项目都成立单项协会。全区有各级体育总会 14 个，各单项协会 1562 个，会员有近 25 万人。

地区老年人体育协会（简称老协）　1991 年前，全区除 12 县（市）成立老年人体协外，其他基层单位都没有成立。1994 年，地区、12 个县（市）、20 个乡（镇），59 个直属单位系统，35 个厂矿企业成立和健全老年体协，全区有老协 1364 个，会员 7.76 万人。

2000 年，全区各级老年人体协组织共 2364 个，会员 14.33 万人，余干、万年 50% 的行政村都成立老协。各老协的专职干部 241 人，兼职干部 2392 人。在地区老协指导下，成立门球、台球、太极拳（剑）、钓鱼、棋牌，木兰拳（剑）、舞操、书法等 10 个单项协会。

地区农民体育协会（简称农民体协）　1991 年 3 月成立，由地区农业局、体委各抽调一名干部兼任农民体协的日常工作。

1992 年，有 10 个县（市）成立农民体协，1995 年，全区 12 个县（市）都成立农民体协，有三分之二的乡镇也成立农民体协。

2000 年年底，全区各乡镇、三分之一的行政村都成立农民体协或文体合一的农村俱乐部。

第二节　体育队伍

教练员　1995 年，地区体委委托上饶市创办“三集中”（集中训练、集中学习、集中生活管理）的上饶市体校，教练员增加 2 人，工作人员增加 10 多人。全区有专职教练员 31 人，兼职教练员和其他工作人员 72 人。

2000 年，全区共有专职教练员 38 人，兼职教练员和工作人员 86 人，其中中级教练 2 名，初级教练 5 名。

裁判员　2000 年 6 月，上饶地区承办了全国门球教练员和裁判员学习班，全国 27 个省（市）和大型厂矿企业都派出 2～3 人参加学习，总人数有 287 人。2000 年底，全区有国家级裁判员 5 名（篮球国家级方伟民，田径国家级罗晓明、吴亦丰、徐永生，门球国家级朱筱华）。

社会体育指导员　1995 年，全区各级体委在贯彻落实颁布《全民健身计划纲要》和《体育法》的同时，制定《社会体育指导员制度》。根据省体委的要求，地区体委举办 4 期二级社会体育指导员培训班，共培养（授予）177 名二级社会体育指导员，同时选派一批优秀社会体育指导员参加省一级培训，各县（市）也举办三级培训班。到 2000 年年底，全区有国家级社会体育指导员 1 名（上饶师范学院龚婉敏），一级 12 名，二级 177 名，三级 1000 多名。他们长期活跃在全区几十个健身项目的 500 多个健身活动网点，组织、指导、推动全民健身活动的广泛开展。

等级运动员　1991 年—2000 年，全区共有 531 人达到等级运动员，其中达一级运动标准有 14 人。

第二章　群众体育

第一节　农村体育

传统体育项目　境内的大型传统体育主要有龙舟竞赛和龙灯活动。

每年端午节，在信江、丰溪两岸、波阳湖畔，都要举行龙舟比赛。上饶县的灵溪、沙溪、八都，广丰县的洋口、五都，万年县的石镇等乡镇有几十条龙舟下水竞赛。余干县每年端午节都要组织各乡镇龙舟比赛。1993 年分设余干镇、黄埠镇、瑞洪乡、大溪乡、江埠乡等五个赛区，共 150 余条龙舟参加比赛，观众达 10 余万人。组织培养了 27 名女子龙舟队，代表“共青鸭鸭集团”参加国际“庐山杯”龙舟赛、全国“屈原杯”龙舟赛和长江三峡龙舟拉力赛，连获三次冠军，被誉“全国女子龙舟之王”的称号。上饶市郊三个乡村村都有龙舟队，1995 年“宝丰 871 杯”龙舟赛和 1996 年的“天利杯”龙舟赛，每次都有 30 条 ~40 条龙舟参加，两岸观众达 5 万 ~6 万人。上饶县茶亭乡和德兴市泗洲镇的龙舟队，分别参加江西省第九届运动会和上饶地区第八届运动会的开幕式表演。

龙灯活动也是境内有悠久历史的传统体育项目。每年春节元宵，都有滚龙灯的习惯。龙灯分为文武两种，文的是花篮灯、茶灯、花船灯和蚌壳灯等，是唱做结合进行表演；武的是九节龙灯、狮子灯、桥灯等，以做为主进行表演。这些龙灯全区各县（市）都有活动。龙灯、狮子灯在上饶县、德兴市农村比较多；桥灯在玉山县比较流行，玉山县樟村、临江湖等地，每年元宵节，都有几条桥灯在农村表演，每条桥灯都有几百盏灯组成。

农民健身活动　1991 年—2000 年，全区各县（市）农民体协、各乡镇农民体协充分利用文化站、俱乐部、广播站的黑板报、墙报、宣传栏、电视传播网、横幅标语等各种形式，广泛宣传《全民健身计划纲要》和《体育法》，共出黑板报 220 多期，墙报 140 多板，宣传标语 2.5 万多（条、张），召开座谈会和讲座 80 多次。

各乡镇农民体协配合文化站、俱乐部，利用农闲季节、节假日，因地制宜地组织小型多样体育竞赛活动。德兴市泗洲镇每年都要举行运动会和篮球、乒乓球等单项比赛。弋阳县的朱坑乡、波阳的金盘岭乡、余干县的林岗乡、万年县的青云镇、德兴市的梅口镇等乡（镇）都在国庆节、春节期间举办篮球、乒乓球、象棋等各项体育比赛。玉山县林岗乡每年“三八”节举行妇女运动会；1993 年的第三届女子运动会，设有姐妹连脚跑、滚托球接力赛、投圈、拔河、抛绣球、猜谜等六项，全乡 13 个代表队 150 多名运动员参加比赛。

1991 年—2000 年，据不完全统计，每年各县（市）、乡（镇）举办的各项运动会和单项比赛达 323 次，参加人数达 20 多万人。

地区农民体协举办全区选拔赛，多次组队参加全省、全国比赛，取得了较好成绩。1991 年，地区组队参加全省农民中国象棋比赛，荣获团体第四名，周良水获男子个人第二名，并代表省队参加全国比赛；刘桂莲获女子个人第四名。

1992 年，在万年县举办自行车选拔赛，选出优秀选手组队参加省第二届农运会。同年组队参加全省农民乒乓球比赛，由德兴市男队和婺源县女队参加，分获男子团体第二名，女子团体第三名，冯涛获男单第四名；万年县陈营镇女子乒乓球队和横峰县葛源乡男子乒乓球队参加全省富裕乡镇乒乓球赛,分获女子团体第四名和男子团体第五名;同时组团参加省第二届农运会,中象队王仲丹(横峰)获女子第三名,周良水(波阳)获男子第四名;自行车队获男女团体亚军,个人两个第二名,两个第三名。

1993 年和 1995 年,德兴泗洲镇乒乓球队参加两次全省富裕乡镇乒乓球赛获得 3 个第一名,两个第二名,1 个第三名的好成绩。

1998 年,上饶市灵溪乡丁家洲村龙舟队参加全省龙舟比赛,获得男子 400 米第五名;万年县组队的自行车队参加全国第二届农运会,荣获团体第八名。

2000 年,端午节举办地区龙舟大赛,各县市 40 余条龙舟参赛。经过两天的比赛,丁家洲龙舟一队获第一名。

争创先进县、乡(镇)　1992 年,余干县、万年县被评为省级体育先进县,广丰县五都镇等 15 乡(镇)被评为省级体育先进乡(镇)。

1993 年,德兴市泗洲镇被评为全国体育先进乡镇。

1995 年,上饶市被评为全国体育先进县(市)。

1998 年,万年县汪家乡被评为全国体育先进乡。万年县唐航海被评为全国亿万农民健身活动积极分子,出席全国授奖大会。

1991 年—2000 年,全区被评为全国体育先进县(市)1 个,全国体育先进乡镇 2 个。被评为省级体育先进县 2 个,省级体育先进乡镇 44 个。受表彰的先进工作者共 25 人。

专记:

赣东北农村体育的明珠

——全国群众体育先进单位德兴市泗洲镇

德兴市泗洲镇是亚洲最大铜矿——德兴铜矿坐落地,全镇面积 57 平方公里,3 个行政村,总人口 3 万余人(镇所在地人口 4 千余人)。

党的十一届三中全会以来,镇党委认真贯彻落实改革开放的方针政策,全镇经济迅速发展,1992 年全镇工农业总产值达 1.5 亿元,财政收入 1000 余万元,人均收入 1202 元,成为上饶地区首富乡镇。随着经济的发展,全镇人民生活水平的提高,群众性的体育活动得以全面普及,广泛开展。“亿万农民健身活动”持之以恒,群众体育工作年年上新台阶,1992 年获全国”亿万农民健身活动”先进乡镇,1993 年被评为全国群众体育先进单位。

镇党委、政府一贯高度重视体育工作,一致认为:体育是两个文明建设的重要组成部分,是精神文明建设的窗口,是强民富镇的重要措施,广泛开展群众性的体育活动,将改变全镇人民的精神面貌,提高全民的素质,增强凝聚力,更好地为经济建设服务,发展生产。因此,镇党委、政府始终把体育工作列入议事日程,专门研究讨论,制定体育活动计划,落实措施,并成立了体育领导小组和镇农民体协,由书记、镇长分别担任组长、主任,各行政村和镇企业单位设立体协小组,由村支书和村长任组长,各级体协组织都配备专兼职干部,积极组织各项体育活动的开展,体育活动经费列入镇财政预算计划,每年都有增加。1991 年人均达 0.8 元,1993 年人均达 2 元,2000 年人均近 20 元。真正做到了机构、人员、经费三落实,确保全镇群众体育活动的开展。

积极投入资金,加快体育活动场地设施建设。1992 年镇财政一次拨款 3 万元修建水泥球场,1993年又拨款20万元新建灯光球场、文体俱乐部;同时,要求村委会和企业都拨出一定经费,修建体育活动场地。到2000年止,全镇有200米的田径场1个,文体俱乐部、棋牌室5个、带看台的灯光球场1座,简易篮球场5个、乒乓球活动室15间,供老年人活动的门球场2个、钓鱼池2个。泗洲镇的体育活动场地,从无到有,逐年建设,初具规模,基本上能承担各项体育比赛和活动需要。

群众参加体育锻炼蔚然成风,各项竞赛活动丰富多彩。每天晨曦初出,房前屋后的草坪上、运动场上、马路两旁、田野小道上,都有成百成千群众参加做各种体操、打太极拳(剑)、跑步快走、跳舞打球等各项体育锻炼;工余饭后,农闲季节,篮球场上、俱乐部内、养鱼池旁,人来人往,络绎不绝,每天计有一万余人参加各项体育活动。每逢节假日,开展小型多样、丰富多彩的竞赛活动,年年国庆节都要组织一次规模宏大的全镇农民运动会,有一千多人参加篮球、乒乓球、羽毛球、棋类、拔河、负重等项目比赛,其他节假日举行多样的单项比赛,如"六一"节的家庭趣味运动会,"三八"节的妇女健美操比赛,重阳节的中老年人迪斯科和钓鱼比赛,元宵节的龙灯表演等,全年有一万五千多人次参赛,也吸引全镇80%的村民观看,这样既活跃了节日气氛,又丰富了文化生活,更增强参加体育锻炼的积极性。在开展群众体育活动的同时,也积极组队参加省、地、县的各项比赛活动。连续几年参加德兴市农民篮球赛,均获得冠军,全市拔河比赛获得第二名。1993年参加全省富裕乡镇农民中国象棋和乒乓球比赛,获得乒乓球男子团体第三名,中国象棋第二名。1995年全省富裕乡镇乒乓球赛放在该镇举行,该镇乒乓球队获得女子团体第一名,男子团体第二名,男女单打第一名的好成绩单,为全区农民争得了荣誉。随着群众体育活动开展,不仅提高了人们的素质,而且扭转社会风气,正如全国文明村——铜埠村党支部书记说的"开展各项体育活动,农民精神面貌振奋了,胸怀开阔了,民间械斗、嫖娼、赌博没有了,违法犯罪行为减少了,人的体质增强了,工农业产值直线上升,实惠!"

第二节 少数民族体育

铅山县太源乡是全区唯一的少数民族—畲族聚居地。1989年成立乡农民体协,由副乡长担任主席,工、青、妇领导担任副主席,各村村长和体育积极分子担任委员。各行政村自筹资金组建文体合一的俱乐部,新建简易的篮球场。到2000年,全乡共有篮球场6个,文体俱乐部4个,门球场2个,还有羽毛球场、乒乓球室、练功房、民族体育广场等体育活动场所。

1991年,全乡举行传统体育运动会,设置了爬竿、山路跑、挤棍子、扳手劲、踢毽子、拔河等项比赛,有100多名运动员参加,在运动会开幕式上还表演了畲族歌舞,舞龙灯、狮灯和传统武术。组队参加铅山县"三八丰收杯"拔河比赛,"五四青年杯"双程接力赛。10月,被评为江西省第一批"亿万农民健身活动"先进乡镇。是年,被评为全国少数民族群众体育先进单位,

1998年,组队参加江西省少数民族传统体育选拔赛,取得较好成绩。男运动员雷华年获射弩20米跪射第三名,雷小明获射弩20米立射第四名;女运动员雷晓燕获射弩15米立射第三名,雷笑盈获15米跪射第六名,雷杜鹃、雷艳红获双蹴第六名,雷慧芳获女子传统拳术表演奖。

第三节　伤残人体育

1991 年,上饶地区残疾人代表队在江西省第三届伤残人运动会上,获得团体总分第五名,获单项冠军 12 个、第二名 5 个、第三名 5 个,分别是:张明锦(德兴市)获男子射击第一名,铅球第三名;付发贵(波阳县)获男子 50 米、100 米自由泳两项第一名;刘建峰(上饶市)获男子跳远第二名,100 米第三名;胡红卫(万年县)获标枪第三名;周九梅(波阳县)获女子射击(三种姿势)第一名,田径 A2 组铅球、铁饼、标枪三项第一名;杨济忠(上饶市)获男子 1500 米第三名;马高亮(德兴市)获男子标枪第二名,自由泳 100 米第二名、200 米第一名,田径 100 米第三名;郭吉田(玉山县)获田径 200 米第三名;邱建军(上饶县)获田径 400 米第三名;章板松(上饶市)获 AF5 组标枪第一名,TT9 组乒乓球第二名;徐广江(横峰县)获铅球、铁饼、标枪三项第一名。

1995 年,刘建锋在省残疾人运动会上,获聋哑组男子跳远第二名;徐广江获男子标枪第二名,铅球、铁饼第一名。

1997 年,全区组织 36 名运动员参加省残疾人田径、游泳选拔赛,获得 8 个第一名,1 个第三名,总分名列前茅,分别是:马林(上饶市)获男子跳远、400 米、1500 米三项第一名;蛙泳和 50 米仰泳三项第一名;刘益金(上饶市)获铁饼、铅球二项第一名;张荣田获跳远、铅球和 50 米仰泳三项表演奖。

1999 年,弋阳县的罗细明在省第四届伤残运动会上,获乒乓球男子单打第一名;铅山县的徐艳美获女子 48 公斤级举重第二名;上饶市的孙丽获女子 48 公斤级柔道第三名;上饶市的张荣田获男子 60 公斤级柔道第二名;上饶市的汪建辉获男子手枪射击第三名。

第四节　职工体育

1991 年 4 月 7－11 日,在玉山县举办全区第二届职工围棋赛,有 21 个队、62 名运动员参加。

1992 年,在乐丰垦殖场举办地区垦殖系统职工乒乓球赛,有 5 个单位、男女 9 个队参加,大茅山垦殖场队分获男女团体冠军; 9 月 16－20 日,在玉山县举办全区职工象棋比赛,有 24 个队参加,玉山县队获在职职工组冠军,广丰县队获退休职工组冠军。

1993 年 4 月 21 日,举办全区职工“邮电杯”国际体育舞蹈比赛,共有 11 个队、23 对选手参赛; 4 月 25 日举办地直机关部、委、办职工扑克比赛,有 30 个单位、114 名运动员参加比赛;是年,举办全区“工行杯”篮球赛,集全区 15 个大型厂矿、企业的球队参加。

1994 年 6 月 23－27 日,玉山县承办了江西省职工象棋比赛,各地(市)有 16 个队、45 名运动员参加。

1995 年,玉山水泥厂组队参加省第三届职工运动会,获得一枚金牌、三枚银牌、八枚铜牌,团体总分第五名。

1996 年,在全国第三届工人运动会上,玉山水泥厂的张林代表江西省获得单边滚桶和双拐两项冠军,广丰月兔卷烟厂代表队获得国际舞、健美操两项冠军。

1997 年,举办全区行政系统领导干部乒乓球赛,有 21 个队、68 名县(市)领导干部参加;

同年,举办了全区第三届职工运动会,设有国际舞、木兰拳(扇)、太极拳等六项比赛,有21个队、240多名运动员参赛。

1998年,参加江西省全民健身运动会,以县(市)为赛区、分散进行。6月10日上午,上饶市在市广场举行省全民健身运动“上饶市赛区”开幕式,2万多人参加开幕式,开幕式结束后还进行盛大游行。有113个单位组队参加18项的预决赛,参加运动员达8万多人次。这次运动会,全区共有150多项次,参赛人数达50万人次。

全区各基层体协都先后举办了健美操、广播操、木兰拳(扇)、太极拳(剑)、国际舞、健身球(操)等各种培训班260多期,培训了近3万名各项活动的骨干。上饶铁路体协举办木兰拳(扇)、国际舞、健美操培训班5期,参加学习的职工有1500多人次,1993年被评为全国铁路系统群众体育先进单位。

玉山县七一水库管理局每年举行一次全局职工运动会,至2000年连续举办了18届;江西水泥厂的国际舞、健美操的表演赛,永平铜矿的篮球、棋牌赛,江西凤凰光学厂的足球赛,年年举行。

第五节 老年人体育

经费、场所、培训班 地区把老年人体协的经费列入国家预算,每年都拨给5万~7万元。1999年,全区拨款115.42万元,社会赞助5.4万元。

老年人的体育活动场所大幅增加。地区投资近4万元,建造了12层大楼的老干部活动中心。婺源县新建了5层大楼的老年人活动中心,有18个活动室。德兴市拨款100多万元建造老年人活动中心,齐备健身器材。上饶市建造四个标准门球场。到2000年底,全区各县(市)各基层新建的活动中心、各种活动室有765个(包括村镇)、门球场185个(不包括村镇),地掷球场17个。

地区老协成立门球、乒乓球、台球、木兰拳(扇)、太极拳(剑)、舞操、棋牌、钓鱼等单项协会,建立各种辅导站、活动点、运动队280多个,举办各种培训班214期,培训人数达12764人次,培养各项辅导员1100余人。特别是木兰拳、太极拳协会,遍布全区各县(市)。

竞赛成绩 1991年,地区老年人门球队参加江西省第八届运动会,获得地市组第2名。同年,地区老年人钓鱼队参加共青城全省老年人健身钓鱼比赛,获团体总分第1名,个人单尾重量第2名;参加华东五省一市老年人钓鱼比赛,获得个人单尾重量第1名;老年农民李神祥(90岁)被评为“全国健康支委老人”。李神祥、孙景明(82岁)、徐进庚(82岁)、谢鹤楼(78岁)等四人被评选为第四届江西省“井冈健康老人”;10月10－12日,在上饶市举行地区老年人桌球比赛。10月20－23日,在上饶市举行地区第二届“敬老杯”老年人门球比赛。

1992年,地委书记卢联灿、地委宣传部长程才金、婺源县委书记曹炳根被评为支持老年人体育工作的领导。地区地直机关、上饶市、德兴市、玉山县、婺源县、铅山县、弋阳县、万年县、波阳县老年人体协被评为省老年人体育先进集体。瞿永甬、蔡步宏、李继贤、王阳春等17人被评为省先进工作者。

1993年,在江西省第三届老年人运动会上,全区各县市和地直13个队、178名运动员参加门球、乒乓球、钓鱼、台球、太极拳(剑)、棋类、徒步走等六项比赛,获团体总分第4名,代表团获道德风尚奖; 10月14－18日,在弋阳县举行第三届“敬老杯”老年人门球比赛,有13个县

(市)队参加,上饶铁路队、波阳队、弋阳队分获前三名。

1994 年 6 月 30 - 7 月 4 日,在上饶市举行地区第一届老年人运动会上,有各县(市)和地直 13 个队、178 名运动员参加,设有门球、乒乓球、钓鱼、台球、太极拳(剑)、棋类等六项比赛,上饶市、弋阳、铅山分获团体前三名。

1995 年 9 月 25 - 30 日,在上饶市举行第四届"敬老杯"门球赛,有各县(市)和系统 19 个队参加,经过预决赛,邮电、铁路、上饶市队分获前三名;10 月 10 - 11 日,在上饶市举行地区实施《全区健身计划纲要》钓鱼比赛,有各县(市)、地直机关、企事业单位和厂矿共 23 个队、62 名选手参加,经手竿、海竿两轮比赛,波阳队、地区医院队和余干队分获团体前三名;10 月 24 - 28 日,在上饶市举行地区第二届老年人台球比赛,有 15 个县(市)和系统代表队参加;同年,全省老年人钓鱼比赛,地区代表队荣获团体总分第一名和个人总重量第一名;在省首届"金利来"杯太极拳(剑)比赛中,获得金牌 2 枚、银牌 3 枚、铜牌 4 枚,团体总分第一;弋阳县粮食局老年人体协被评为全国群众体育先进单位。

在全省老年人台球比赛中,地区代表队张景太获老年人斯诺克个人第五名 ; 3 月 18 - 23 日,举办地直机关老年台球赛,有 30 余名选手参加,王忠臣获得冠军;10 月 5 - 8 日,地区首届"陆羽泉杯"老年人太极拳(剑)比赛在上饶市啤酒厂举行,有各县(市)7 个代表队、70 余名选手参加,上饶市、火车队、客车厂队分获团体前三名。10 月 17 - 24 日,地区第二届老年人运动会在万年县举行,有县(市)、地直和系统共 29 个代表队、700 名运动员和工作人员参加,设有门球、地掷球、台球、乒乓球、中象、太极拳(剑)、钓鱼等 7 项。县(市)组上饶市、地直、弋阳分获团体前三名;系统组铅锌矿、邮电、德兴铜矿分获前三名。

1997 年,上饶市、上饶县、广丰县、玉山县、铅山县、弋阳县、婺源县、波阳县、余干县、万年县及地区等 11 个老年人体协,在地区第八届运动会上受到表彰。

1998 年 5 月 13 - 15 日,在上饶市举行地区地掷球选拔赛,弋阳队获冠军,代表地区参加全省比赛;9 月,全区首届健身球(操)比赛举办,有 8 个队 90 名选手参加,余干县老年人健身球队获一等奖,代表地区参加全省比赛;在省老年人健身球(操)比赛中,余干老年队荣获老年组第一名,并代表江西省参加 10 月在河南举行的全国比赛,荣获老年组最佳奖;省老年体协授予余干、铅山、广丰、德兴、弋阳、玉山等 6 县(市)老年体协 1998 年《康乐寿》杂志发行先进单位。地区老年体协被评为省群众体育先进单位,在省十运会上被表彰。

1999 年 5 - 10 月,在江西省第四届老年人运动会上,地区老年人代表团荣获金牌 2 枚,银牌 5 枚,铜牌 2 枚,团体总分第三名,并获代表团、运动队两个道德风尚奖和最佳组织奖; 9 月 17 - 20 日,举行地区厂矿系统门球赛,有 20 个队、200 余名运动员参加,交通、铁路、江西水泥厂分获前三名;10 月 8 - 9 日,举行地区第七届老年人钓鱼比赛,有 15 个队、40 名钓手参加,德兴、上饶市、广丰分获团体前三名,钱照、张景星、彭坚允分获个人单尾重量前三名,杨人庄、潘绍全、徐东南分获个人总重前三名;10 月 11 - 14 日,在上饶市举行地区棋类选拔赛,有 26 名围棋选手参加,李炳才、童礼驹分获中象冠亚军,汤柏、江心清获围棋最佳,并代表地区参加全省比赛;10 月,地区第二届"陆羽泉杯"太极拳(剑)邀请赛在啤酒厂举行,来自部分县(市)和系统的 13 支队伍、130 名运动员参加,上饶市、波阳、德兴铜矿队分获前三名。

2000 年 10 月 25 - 30 日,在信州区举办首届"康百乐"杯老年人运动会,有县(市)组和系统组共 35 个代表队、1028 名运动员和工作人员参加,设有门球、地掷球、台球、乒乓球、太极拳(剑)、桥牌、棋类、钓鱼等八项比赛,县(市)组上饶市、弋阳县、铅山县分获前三名,系统组德兴铜矿、铁路、金融分获团体前三名。

老年人运动会 1991 年—2000 年,全区共举办三届老年人运动会。第一届举办时间为 1994 年 6 月 30 日 –7 月 4 日;第二届举办时间为 1996 年 10 月 17 –24 日;第三届举办时间为 2000 年 10 月 26 –30 日。

1994 年全区首届老年人运动会各项前三名

表 33 –2 –1

项目		第一名		第二名		第三名	
		单位	姓名	单位	姓名	单位	姓名
团体总分		上饶	160 分	地直	82.5 分	弋阳	81.5 分
门球		上饶市		弋阳		波阳	
地掷球		婺源		铅山		德兴	
中国象棋		横峰	童礼驹	德兴	谢成梁	上饶市	孙寿泉
乒乓球	团体	上饶市		万年		弋阳	
	男单	上饶市	朱益燧	上饶市	郑柏桥	德兴	汪济生
	女单	弋阳	龚根秀	德兴	徐秀云	上饶市	郑舜菊
台球	团体	上饶市		弋阳		婺源	
	个人	德兴	姚修平	弋阳	刘志刚	上饶市	白周玉
钓鱼	团体	玉山		余干		铅山	
	单尾	横峰	展世和	余干	高雪堂	德兴	潘绍泉
	总量	横峰	展世和	余干	高雪堂	德兴	潘绍泉
太极拳	团体	地直		上饶市		波阳	
	男(24)	地直	李志刚	波阳	陈文奎	波阳	陈光斗
	女(24)	上饶市	徐梅仙	玉山	占群英	德兴	李昌珍
	男(42)	上饶市	张光宇	波阳	高泽民	横峰	李兑海
	女(42)	上饶市	周桂芳	上饶市	王志华	铅山	祝贞容
太极剑	男(32)	地直	李志刚	婺源	毕效成	弋阳	廖日行
	女(32)	上饶市	王志华	铅山	张红梅	玉山	占群英
	男(42)	上饶市	张光宇	地直	吴良玉	波阳	高泽民
	女(42)	上饶市	周桂芳	上饶市	周梅仙	德兴	徐毓芬

1996 年全区第二届老年人运动会系统组各项前三名

表 33－2－2

项目		第一名		第二名		第三名	
		单位	姓名	单位	姓名	单位	姓名
团体总分		铅锌矿		邮电		德铜	
门球		邮电		铅锌矿		江泥	
地掷球							
中国象棋		江泥	江成泳	德铜	陈重光	党校	方审道
乒乓球	团体	永铜		卫生		邮电	
	男单	师专	蒋鑫	永铜	易燧头	金融	毛练生
	女单	永铜	王云南	德铜	毛辉丽	邮电	叶军
台球	团体	德铜		永铜		邮电	
	个人	永铜	赵福生	德铜	宋德祥	永铜	吴祖应
钓鱼	团体	铅锌矿		师专		客车厂	
	单尾	铅锌矿	彭芙蔚	铅锌矿	吴伯喜	师专	许士阜
	总量	客车厂	苏国梁	铅锌矿	吴伯喜	铅锌矿	彭芙蔚
太极拳	团体	德铜		铅锌矿		邮电	
	男(24)	金融	周昌锦	德铜	孙赞文	德铜	陈忠烈
	女(24)	邮电	翟玉凤	金融	吴有兰	铅锌矿	彭桂郎
	男(42)	德铜	罗华珍	邮电	刘树隆	金融	熊开福
	女(42)	铅锌矿	张琴珠	德铜	林兰英	德铜	李木英
太极剑	男(32)	金融	周昌锦				
	女(32)	邮电	卢淑贞	金融	吴有兰	德铜	张桂馨
	男(42)	铅锌矿	哈红胜	邮电	刘树隆	金融	李炳林
	女(42)	铅锌矿	张琴珠	德铜	李木英	德铜	林兰英

2000 年全区第三届老年人运动会县(市)组各项前三名

表 33－2－3

项目	第一名		第二名		第三名	
	单位	姓名	单位	姓名	单位	姓名
团体总分	上饶市		弋阳		铅山	
门球	余干		铅山		上饶市	
地掷球	弋阳		铅山		上饶市	

续表 33－2－3

项目		第一名		第二名		第三名	
		单位	姓名	单位	姓名	单位	姓名
桥牌		上饶市		德兴		弋阳	
乒乓球	团体	弋阳		玉山		上饶市	
	高男	上饶市	汪国栋	波阳	占光华	玉山	刘金荣
	高女	弋阳	龚根秀	德兴	徐秀云	横峰	周招姬
	低男	上饶县	吴庆华	弋阳	陈公展	玉山	叶美彬
	低女	玉山	朱琴芳	铅山	周火秀	婺源	董殿姿
台球	团体	铅山		德兴市		弋阳	
	个人	余干	孙占发	铅山	张康强	德兴市	尚礼芳
钓鱼	团体	弋阳		玉山		横峰	
	单尾	余干	胡寿生	广丰	纪奇光	上饶市	彭坚之
	总量	余干	胡寿生	玉山	郑金池	横峰	陈商裕
太极拳	团体	上饶市		横峰		上饶县	
	男(拳)	上饶市	张光宇	波阳	高泽民	万年	
	女(拳)	上饶市	丁志华	上饶市	白鸣江	铅山	
	男(剑)	上饶市	张光宇	波阳	高泽民	横峰	
	女(剑)	上饶市	白鸣江	上饶市	丁志华	上饶县	
棋类	团体	市直		德兴市		广丰	
	中象	广丰	俞瑞坤	玉山	杨汉彬	市直	李弋
	围棋	横　峰 上饶市	李春生 黄延龙			万年	程夫远

2000 年全区第三届老年人运动会系统组单项前三名

表 33－2－4

项目	第一名		第二名		第三名	
	单位	姓名	单位	姓名	单位	姓名
团体总分	德铜		铁路		金融	
门球	赣地		铁路		德铜	
地掷球	供电		银山矿		赣地	
桥牌	德铜		银山矿		永铜	

续表 33－2－4

项目		第一名		第二名		第三名	
		单位	姓名	单位	姓名	单位	姓名
乒乓球	团体	江光厂		铁路		德铜	
	高男	德铜	黄润华	卫生	梁炳炎	金融	毛德生
	高女	永铅	汪云南	江光	杨毓娇	信州区	叶军
	低男	江光	张凤祥	铁路	王永冰	江泥	陈炳阳
	低女	铁路	邬赛云	江光	任雪飞	金融	余春娇
台球	团体	德铜		电信		卫生	
	个人	卫生	钟有志	德铜	宋德祥	德铜	蔡菊平
钓鱼	团体	江泥		供电		银山矿	
	单尾	江泥	夏道才	江泥	杨绍发	德铜	董米纪
	总量	江泥	杨绍发	供电	杜庆敏	江泥	夏道才
太极拳	团体	金融		铁路		德铜	
	男(拳)	铁路	邱云龙	铁路	刘汉才	供电	周绍华
	女(拳)	金融	严雅芬	德铜	黄仕莲	金融	何彩美
	男(剑)	铁路	邱元龙	供电	周绍华	铁路	刘汉才
	女(剑)	德铜	黄仕莲	金融	严雅芬	金融	何彩英
棋类	团体	铁路		德铜		永铜	
	中象	铁路	祭方远	供电	黄强	客车厂	袁桂荣
	围棋	师院	杨纯瑞	德铜	王孚德	金融	徐文溪

2000 年全区第三届老年人运动会成绩(单项)

表 33－2－5

项目		第一名		第二名		第三名	
		单位	姓名	单位	姓名	单位	姓名
门球		铅山	弋阳	上饶市			
乒乓球	男	上饶市	汪国栋	铅山	程式虎	万年	蔡厚轩
	女	弋阳	龚根秀	德兴	徐秀云	铅山	杨桂红
中国象棋		上饶市	孙寿泉	玉山	杨汉斌	波阳	李炳才
钓鱼	团体	余干县		玉山		德兴	
	单尾	玉山	郑隆坤	波阳	林立	地直	李明
	总量	玉山	郑隆坤	万年	赵俊仁	余干	毛火才

续表 33－2－5

项目		第一名		第二名		第三名	
		单位	姓名	单位	姓名	单位	姓名
太极拳	男	波阳	高泽民	上饶市	童文勋	弋阳	廖日行
	女	上饶市	周桂芳	铅山	张红梅	弋阳	汪景英
太极剑	男	上饶市	童文勋	波阳	高泽民	地直	李剑清
	女	上饶市	周桂芳	余干	余爱仙	横峰	肖荣花
台球		上饶市	郭素珍	上饶市	龚瑞池	弋阳	张大鹏

第三章 学校体育

第一节 高等院校体育

上饶师专 设有体育系科，公体科有体育教师 34 人，体育系有体育教师 35 人。

学校成立了上饶师专体育运动委员会，由一名副校长任主任，一名教务处副处长和体育系、公体科负责人任副主任，总务处、学生处、团委工会、学生会以及各系科主管体育的领导任委员，设立校体委办公室，由公体教研室主持日常事务。各系科成立体育领导小组，负责本部门的体育工作。校、系两级体育机构的成立，推动了学校体育活动的开展。

学校在确保每周两节体育课外，积极组织开展课外体育活动，每天早晨和下午第三节课后，同学们都积极参加打球、跑步、做操、打拳、跳舞等各种体育活动。在群众性体育开展的基础上，同学们根据自己的爱好和兴趣，自愿组织各种单项体育协会，设有田径、健身操、武术、篮球、排球、体育舞蹈、足球等单项协会 10 多个，有会员近 2000 人，占全校学生的一半。各单项协会由学生会体育部领导，校体委给予指导，在场地和活动经费给予支持，选拔有组织能力、活动能力和积极肯干、责任心强的体育干部和体育积极分子担任各单项协会的负责人。小型单项的比赛天天有，早晨天刚亮，下午天黑前，在各活动场所都有学生参加体育活动的身姿。

学校的体育竞赛活动十分活跃，每年举办一次全校运动会，组织一次以系为单位的篮球、排球、足球联赛，每年举办春季、冬季越野跑各一次，毕业生的篮球、排球赛三次以上。每年还要组织趣味体育比赛，拔河比赛等单项比赛。全校每年参加比赛的人数有 3000 多人次。每年要组织两次大学生体育达标考试，学生达标率在 97. 35% 。

竞赛成绩 1991 年，参加江西省高校健美操比赛，获得 2 个第一名，1 个第二名。

1992 年，参加江西省高校健美操比赛，获团体第一名，单项 2 个第二名，3 个第三名，1 个第五名。

1993 年，参加江西省高校首届“王斌兵”杯篮球赛获第四名。

1994 年，参加江西省高校篮球赛，女子队获第六名。

1995 年，参加江西省大学生运动会田径赛，田径获女子团体总分第五名。

1996 年,参加江西省高校武术比赛,获团体总分第二名,单项获 7 个第一名,6 个第二名。

1999 年,参加江西省高校篮球赛,男子队获第一名。

第二节　中小学体育

教师教学　全区各学校都认真贯彻落实学校体育工作《两个〈条例〉》,始终坚持“二课二操二活动”。1993 年—1995 年,连续三年举办全区体育教师培训班,对没有经体育专业学习的体育教师进行培训,提高教学水平。每年组织一次体育优质课评估,召开体育教学科研究论文讨论等,提高体育教师的业务水平。

1992 年,在弋阳县、德兴市进行农村学校体育工作试点,要求农村每一所中、小学(中完小以上)都配一名专职或兼职的体育老师,要有一块跑表、一个皮尺、一个沙坑、一个铅球(铁球)、一条 30 米长的平地(或平路)、两根爬竿、1 副跳绳。通过试点,取得经验,全区铺开,使全区的农村学校体育教学正规发展,体育活动广泛、持久开展。

1998 年,全区共有学校 4188 所,其中中学 402 所(含 14 所重点高中),小学 3785 所,大专 1 所,共有在校学生 95872 人(不包括大专生)。全区共有专职体育教师 1400 多名,其中中学教师 900 多名,小学教师 500 多名,中学每校基本上配齐了体育教师,县城以上中心小学也基本配有专职体育教师。农村小学还有 50% 没有配备专职体育教师。

贯彻实施中小学两个《标准》　根据国家教委、体委制定的中、小学《体育合格标准》和《体育锻炼标准》,各县(市)都采取具体措施,把“达标”任务落实到校,责任落实到人。体育老师、班主任分班包干,人人负责,广泛地开展课外体育活动,使“达标”工作有了很大的发展,达标率有很大的提高(情况见附表)。

严格掌握《体育合格标准》,体育不及格不能毕业。全年初升高都要提前体育考试,按省教委的要求,均采用全封闭进行,严格按标准评分,每年的及格率都在 98% 以上。

1991 年—1999 年全区大中小学达标情况

表 33－3－1　　单位:人

年份	在校学生总数	达标适龄学生数	参加达标人数	达标及格以上人数	达标率(%)
1991～1992	956481	433121	397774	297770	75
1992～1993	936392	422010	390474	348188	89.1
1993～1994	940863	340758	307119	281463	91.6
1994～1995	941531	356116	351426	329888	93.9
1995～1996	942841	541008	456338	436318	95.6
1996～1997	910439	708559	699863	636875	91
1997～1998	958725	754284	680414	640201	93
1998～1999	比 1998 年的达标率增加了 4 个百分点				

“国家雏鹰起飞小能手”活动　1991 年—1998 年,全区各小学按“雏鹰起飞小能手”的项

目要求,积极开展活动,举办各种运动会,将比赛成绩统一上报地区体委。

1992年,由上饶市选出:上饶市十四小学的李小红、姚燕获女子短跑小能手,吴建华、王顺获男子跳绳小能手,李小红、邹燕获女子跳绳小能手;上饶市二小的胡旷、张成获男子游泳小能手,上饶市一小的汪盛兰、王秀英获女子游泳小能手,吕遐晟获男子乒乓球小能手,上饶市五小徐丹丹获女子乒乓球小能手等12名选手参加并获得"全国雏鹰起飞"小能手称号。徐丹丹和吕遐晟代表江西省出席"全国体育小能手"夏令营。

1997年,铅山县河口一小蒋鑫、朱俊获男子踢毽子小能手,熊克、唐梦高获女子踢毽子小能手称号。

体育传统项目 1995年开始,各级体委与教委密切配合,在全区建立各项目体育传统项目学校70多所,其中省、地区直属的27所。这些体育传统项目学校,在国家没有投资和补助,经费十分困难的情况下,仍制订计划,坚持长期训练,学校自筹资金,购置训练设备和器材。如上饶市五小,是地区乒乓球体育传统项目学校,长期坚持训练,为提高乒乓球技术水平,学校自筹2万元,购置一台乒乓球发球训练器,供同学们训练。上饶市一小、玉山一中、铅山河口一小等体育传统项目学校,在无补助,缺资金的情况下,仍制订计划,坚持正常的训练。

1995年,上饶市一小参加省体传校游泳比赛,男子获团体第二名,女子获团体第三名,陈坚获仰泳冠军,夏磊获蛙泳亚军。

1996年,玉山一中篮球队参加省体传校篮球赛获得女子篮球亚军,上饶县中参加省体传校"长江杯"田径赛,男子获团体总分第一名,并代表省参加全国南方片"长江杯"田径赛。

1998年,上饶市五小乒乓球队参加省体传校乒乓球赛,获得男子团体第四名,女子团体第六名。

1991年—2000年,全区体育传统学校为各业余体校、省体校、省运动队、大专院校输送体育人才1000余名,在省运动队的张丹和姬程就是上饶市一中和四中体校的学生。

体育竞赛活动 1991年开始,每年都举办2次~3次中小学体育比赛,到2000年共举行324次,参加学生达1.06万余人次。

1996年,第二届中学生运动会,设有男女篮球、足球、乒乓球、羽毛球,武术等6项比赛,全区12县(市)组队,有359名运动员参赛。

1999年,全区中学生足球赛,有20所中学组队参加。各县(市)每年都要举行2~3次中、小学生体育比赛,各中、小学校每年都举行4次~5次全校体育运动会和单项比赛,特别是14所重点中学,每年举行学校的单项比赛都在8次以上。

据不完全统计,每年全区举办的中小学各项比赛有780项次,参加学生达8万人次。如上饶市1996年举办中小学生单项比赛6次,上饶市逸夫小学1996年举办全校的单项比赛达16项,平均每月都有一次比赛活动。1991年—2000年,参加全省各项比赛共14次,均获团体前三名。共获金牌81枚,银牌64枚,铜牌66枚。参加全国比赛6次,有47人参加比赛,获得金牌1枚,银牌3枚,铜牌6枚。

获得荣誉、表彰 1991年,在江西省第八届运动会上,被表彰的群众体育先进单位有:上饶县中、上饶市一小。刘斌文、任仲宇、诸葛有帅、邓泳、欧阳平等五位老师被评为江西省体传校优秀教练员。

1992年,刘斌文、王女良、欧阳平三位老师被评为全国千名优秀体育老师。

1993年,在全国第七届运动会上,上饶县中、弋阳县花亭中学被评为群众体育先进单位,上饶县中校长王锡猷被评为群众体育先进工作者。

1994 年，在江西省第九届运动会上，上饶市二中、广丰中学、上饶县湖林中心小学被评为群众体育先进单位。

1997 年，玉山中学校长朱光瑜、上饶市五小老师俞小珍被评为全国学校体育先进工作者。

1998 年，在全国第八届运动会上，玉山县一中、上饶县中、上饶市一小被评为先进集体；同年，上饶市教委章玉汝和德兴市教委汪海海被评为全国学校体育先进工作者。

专记：

办有体育特色的学校　培养体育后备人才的基地

——上饶县中学

上饶县中学是江西省重点中学，有 32 个班，学生近 2 千人。学校一贯重视体育工作，田径项目是该校的传统，早在五六十年代就为国家培养田径人才，全省优秀的田径运动员姜忠岳、邱永发都曾经是该校的学生。八十年代学校对体育工作更加重视，明确提出三个典范，即要做贯彻《教育方针》的典范，贯彻《学校体育工作条件》的典范，培养体育后备人才的典范。1986 年，在田径体校的基础上，承办上饶县田径业余体校。1987 年，经地区教委、体委考察后在该校成立"上饶地区学生课余训练中心"。1988 年，被省教委、省体委确立为"江西省培养体育后备人才试点中学（第一批）"。

为了办好有体育特色的学校，在校党委的领导下，成立了"学校体育工作领导小组"，加快学校体育场地设施建设，创造办校条件。1986 年，在县教育经费投入不足，学校经费十分紧张的情况下，校领导下定决心，发动全体师生，完全靠手挖肩挑，挖平了 3.4 米高的山头，建造了 400 米标准的田径场。同时从十分困难的经费中挤出钱来购置一台 18 人同时训练的联合训练器和其他器材。接着新建了室内篮球场、训练房、举重房和 4 个室外篮球场。1990 年，新建了 60×8 米的田径训练场，确保了教学和训练的需要。

1992 年，被国家教委、国家体委评为全国高水平体育后备人才训练学校（全国共 51 所学校入选，上饶县中学是江西省唯一的一所）。

1988 年以来，在校党委的领导下，全校师生和教练员、运动员共同努力，取得了可喜的成绩。全校有 400 多人次参加省级以上运动会 43 次，共获得金牌 143 枚，银牌 121 枚，铜牌 138 枚。参加省中学生田径赛，获总分第一名 1 次，第二名 4 次，第三名 4 次。共培养二级运动员 67 人，向高校和省队输送体育人才 100 多人。1994 年以来，保送高校深造的体育人才有 36 人。1992 年，徐景峰同学参加全国中学生运动会获得 400 米金牌。1996 年，上饶县中学代表江西省参加全国中学生运动会，获得团体总分第 11 名的好成绩。近十年来，学校连续多次受到省和国家表彰。1991 年，在江西省第八届运动会上被授予群众体育先进单位，刘斌文被评为优秀教练员；1992 年，刘斌文被评为全国千名优秀体育老师；1993 年在全国第八届运动会上被授予群众先进单位，校长王锡猷被评为全国群众体育先进工作者；1998 年在全国第八届运动会上被授予体育工作先进集体。

1992 年 3 月 8 日，国家体委主任伍绍祖亲临学校视察，并题词"学校体育是我国体育事业的基础"，大大地鼓舞了师生奋发向上，努力拼搏，把学校体育工作做得更好，真正办成有田径传统特色的优秀学校。

第三节 幼儿体育

2000 年，全区幼儿园共有 933 所，其中教育系统办的有 230 所，其他厂矿、企事业等部门办的 355 所，民办的有 348 所。分布在城市的有 95 所，县（市）、乡（镇）有 333 所，农村有 505 所，实有在园幼儿共计 7.2 万人。

全区各幼儿园均开展了各项体育活动和游戏活动，如溜溜板、跷跷板、丢手帕等活动。尤其是教育系统办幼儿园，都能按幼儿教学大纲要求和内容进行教学，每天早上要做幼儿广播操和保健操，下午上游戏课，开展体育活动或跳舞活动。每年举办 3 次 ~4 次郊游、春游、秋游活动，每年“六一”儿童节都举行幼儿运动会或文艺比赛活动。1995 年，开展的《全民健身计划纲要》宣传周活动中，地区保育院和上饶市第一保育院组织幼儿文艺团参加游行宣传活动。1996 年，地区保育院举办“六一”趣味运动会，有 170 户家庭参加三代接力赛；上饶市第一保育院举行三轮车、滚皮球等比赛活动，举办了歌咏、舞蹈比赛。

第四节 业余体校

2000 年，全区业余体校共有 11 所，有教练员 31 人，在训学生 766 人，其中田径 317 人，游泳 63 人，拳击 16 人，摔跤 66 人，跆拳道 86 人，射击 38 人，赛艇 32 人，皮划艇 32 人，篮球 20 人，乒乓球 77 人，武术 19 人。

1995 年前，全区没有一所“三集中”业余体校，余干体校也只是食宿、训练两集中。1995 年，经行署批准，委托上饶市体委、教委在原上饶市业余体校的基础上，组建上饶地区体育运动学校，面向全区招生，结束了地区无“三集中”体校的历史。1999 年，国家提出两委办校后，上饶县体委、教委在上饶县中创办以田径为主的三集中体校，面向全县招生。

在体校工作的实践中，不断探索，结合实际，因地制宜试办各种形式的业余体校。一是玉山体校模式，以县二中、瑾山小学、镇中三所学校的场地设施和教练等条件，创办了田径、摔跤、乒乓球、举重等项目的业余体校，采用“二集中”的训练集制，逐步形成“以少儿体校为龙头，体传校为重点，学校业余训练队为基础”的训练网络。二是上饶县的“三集中”模式。三是上饶市二中的模式，根据该校的场地设施和教练员等条件，地区教委和体委决定其为全区田径项目训练试点学校。四是重竞技训练中心模式，依托体育中心现有的体育场馆条件，采取有偿训练的方针，解决经费问题，经过一年的试行，达到预期的效益。

1991 年—2000 年，全区业余体校取得了很大成绩。参加全国全省各项比赛，共获得金牌 294 枚，银牌 230 枚，铜牌 143 枚，达到一级运动员标准的有 14 人，二级运动员标准的 121 人，为省体工队、省体校输送了 110 多名优秀运动员，为省奥星输送了 20 多名体育苗子，为高等院校输送了 200 多名体育人才。培养了如潘峰、彭高军、江目标、徐井锋、王华娟、叶鹏飞等一批在全国获冠军的优秀运动员。同时，多数体校获全国、全省表彰，上饶县体校（上饶县中）于 1991 年被评为江西省群众体育先进单位，第七、第八届全国运动会表彰的体育先进单位。余干体校于 1991 年被江西省八运会和 1998 年全国八运会连续二次评体育先进单位，上饶地区运动学校于 1998 年评为江西省体育系统先进集体。创办于 1995 年的广丰县武术学校，有教职工32人，在校生600多人，1998年被评为江西省首批甲级武术学校。

专记：

培养冠军的摇篮　输送人才的基地

——记余干县业余体校

余干县业余体校成立于1979年，设有田径、赛艇、皮划艇三个班，有40名学员。1998年被列为全国男、女轻量级赛艇高水平后备人才基地。2000年，有赛艇、皮划艇两个省布局的重点班，两个划船中专班，自办了武术班，在训学生近100人。体校经过多年的努力，场地设施初具规模，水上训练面积51万平方米，拥有2000米六条航道的划船比赛训练场和上下头码头、比赛观望长廊，有50×25米标准游泳池及其配套设备。有400米八道标准田径场，带着看台的灯光球场及室内60米长跑道的田径训练房，400平方米的船库，500平方米办公大楼，400平方米的教学大楼和学生宿舍，600平方米的食堂餐厅。三层共1842平方米的赛艇基地训练大楼，内设荡桨池、赛艇库、教室、会议室和运动员接待站，购置了必要的训练船只和器材，已成为较好的比赛训练基地。

多年来，为上级和基地省、市输送了一批后备人才，也为社会培养了一批体育骨干，先后为省队输送了近百名选手，为河北省队、贵州省队输送4人，还有50多人考取了大专院校。在国际和全国比赛中共夺得金牌26枚，潘峰在全国青年拳击赛和第七届全国运动会上连续夺得金牌。近几年，在全国青年、少年赛艇比赛中均取得较好的成绩。在江西省第七、八、九三届运动会上均获赛艇、皮划艇金牌总分第一。1991年培养了女子龙舟队27名选手输送给共青鸭鸭集团。

余干体校自1984年以来，连年被评为全省和全国业余训练先进单位和体育先进单位。1987年、1992年、1996年评为全国业余训练先进集体。1995年在全国赛艇基地检查评估中获优胜奖。1998年评为全国体育先进单位，在全国第八届运动会授到表彰。

第五节　学校运动会

1992年，地区体校田径赛，有7个学校参加，上饶县中获总分第一名；6月，地区体育传统项目学校田径赛，在上饶县举行，共7所中学参加，上饶县中获总分第一名；11月15－17日，地区重点中学运动会在弋阳县举行，共13所学校，206名运动员参加，上饶县中获总分第一名。

1994年8月1－2日，上饶小学体传校田径对抗赛在铅山县举行，共有7所小学参加，上饶县旭日小学获总分第一名；11月11－16日，地区中学生田径运动会在上饶市举行，12县(市)组队参加，上饶市队获总分第一名。

1996年4月12－23日，地区第二届中学生运动会在上饶市举行，共有8个县(市)组队参加，弋阳县、万年县、波阳县、玉山县没组队参加，设有篮球、足球、羽毛球、乒乓球、中象等5项比赛。

1997年11月27－30日，地区中学生田径运动会在上饶市举行，全区12县(市)组队，有216名运动员参赛，上饶县队获总分第一名。

1998 年 4 月 25—28 日，地区第四届中学生运动会在上饶市举行，全区 12 县(市)组队参加，共有 310 名运动员参加，设足球、篮球、排球、乒乓球、羽毛球、武术等 6 项比赛。

1999 年 4 月 9—13 日，地区中学生足球赛在上饶市举行，共 20 所学校组队，有 318 名队员参赛，德兴铜矿中学队获冠军。

第四章 体育产业

第一节 发行体育彩票

1991 年，上饶地区为申办“九运会”而进行大规模的场地建设，各县(市)同时进行必要场地建设，体育事业经费十分困难，在此情况下，经行署批准，首次发行上饶体育彩票，发行量为 100 组。经半年多的发行，实际发行 50% 左右，总计收入共 300 余万元(地区收入 149 万元，各县市 160 万元)，解决地、县(市)经费不足，为办好“九运会”打下物质基础。

1995 年，落实国务院颁布的《全民健身计划纲要》和抓住中国体育彩票在全国开始发行的有利时机，在省体委指导下，1997 年 10 月 1 日，地区体委在德兴市首次发行中国体育彩票，取得经验后，在全区各县(市)全面推广并长期发行。

第二节 开放体育场馆

1997 年 7 月，地区体委全面接管了上饶体育中心。体育中心是集比赛、训练、休闲和服务为一体的综合体育活动场所。首先是加强原有场所—旱冰场、温水游泳池的管理，目标任务明确，责任到人，工资挂钩，奖励分明。提高了工作人员积极性，增加收入，每年创利达 4 万 ~ 5 万元。其次是投巨资完善体育中心健身服务功能。通过招商引资、工程垫资、彩票集资，投入近百万元，新建卡丁车训练场、网球场、健身训练馆、乒乓球、羽毛球训练馆、健美训练中心、台球房等场地设施，创办了地区全民健身俱乐部，以会员制的营运方式和主教练负责制管理模式，整体“包装”入市，启动体育消费，形成群众体育自我补偿机制，俱乐部全天候开放，成为干部群众节假日休闲娱乐健身的热点场所。三是体育宾馆的改造装修，使体育宾馆上档次，通过招标的方式；由投标方投入近百万元，改装了体育馆，为体育产业创收提供场所。四是于 2000 年投资 50 多万元，新建集健身、娱乐、休闲为一体的新经营项目—古岩松苑，进行开放运行。

第五章 体育竞赛

第一节 竞赛活动

承办全国性比赛 1992 年 8 月，“无敌杯”全国青年赛艇比赛在余干县赛艇基地举行。

1994 年，在上饶体育馆举办了“三大赛”：9 月 22—27 日“江铜杯”全国体操冠军赛，有全国 20 个省市和北京体院等 22 个队、298 名运动员和工作人员参赛；10 月 15—21 日，全国青年篮球联赛举行；11 月 19－25 日，“电力杯”全国女篮锦标赛（决赛），有沈阳部队、辽宁、八一、广州部队、河北、北京等 6 支全国高水平的篮球队参赛，国内外著名选手郑海霞、郑冬梅、王芳、刘军等人参加，八一女篮荣获冠军。

1997 年 12 月 25－1998 年 1 月 2 日，全国男排甲 B 资格赛在上饶体育馆举行，有八一、成都军区恩威、山东福建大隆、复旦大学、河北、上海大学、中国石油体协等 8 支球队参赛。

1997 年 6 月 23－26 日，“潮浓杯”国际女排邀请赛在上饶体育馆举行，有江苏队、福建队、河南队和朝鲜国家队参赛。

1998 年 5 月 23－26 日，全国青年男子柔道锦标赛在上饶体育馆举行，有全国各省、市和解放军、香港等 28 个队、300 名运动员和工作人员参加。

2000 年 12 月 22－26 日，“月兔杯”全国第三届武术之乡武术比赛在上饶体育馆举行，有全国各省、市 62 个武术之乡代表队、668 人参加。

承办省级比赛、培训　1991 年，江西省第八届运动会的乒乓球赛在上饶县举行，赛艇、皮划艇在余干县举行，门球赛在弋阳县举行；7 月 1－4 日，江西省体传校《长江杯》田径比赛在万年县举行，上饶县参加，荣获男子团体总分第一名，女子团体总分第三名；10 月 4－9 日，江西省职工围棋邀请赛在横峰县工人文化宫举行，有全省各地（市）12 个代表队、36 人参加，萍乡铜铁厂队获团体第一名，该厂的汤跃敏获个人第一名。

1993 年 8 月中旬，江西省传统项目学校教练员培训班在玉山三清山举办，全省 11 个地（市）124 名教练员参加培训学习。

1994 年，江西省职工中国象棋比赛在玉山县 268 地质队举行，全省各地（市）有 16 个代表队、45 名运动员参加比赛；7 月 30～11 月 13 日，江西省第九届运动会在上饶市举行，有 10 个地（市）和 29 个系统的 40 个代表队、7014 名运动员、工作人员和裁判员参加比赛。

1995 年 1 月，赣浙皖“三边四邻供销杯”男子篮球赛在婺源举行，安徽省休宁县，浙江省开化县，江西省乐平市、浮梁县、德兴市、德兴铜矿、婺源县等 7 个代表队参赛，乐平市获得冠军；7 月 16－18 日，江西省体育传统项目学校田径赛在体育中心举行，全省 11 个地（市）参加。

1997 年 10 月 30－11 月 3 日，“江铃杯”江西省第二届木兰拳比赛在上饶体育中心举行，全省厂矿、企业和地（市）体协 19 个代表队、216 名运动员参加比赛。

承办地区级运动会　1997 年 5－9 月，地区第八届运动会举行，9 月 21－28 日在上饶市总决赛。比赛分县（市）和系统两大组，县（市）组设田径、游泳、举重、射击、赛艇、皮划艇、柔道、国际式摔跤、乒乓球、羽毛球、足球、篮球、门球、武术等 14 项大项。系统组设乒乓球、羽毛球、篮球、足球、门球、排球、武术、田径等 8 项。共有 41 个代表团、2569 名运动员和工作人员参加比赛，其中县（市）组 12 个、1656 人，系统组 29 个、913 人。共破地区少年甲乙组纪录的有 17 人、22 项。上饶市、余干县、上饶县分获县（市）组团体总分前三名；教育系统、前卫体协、卫生系统分获系统组团体总分前三名。

地区各单项比赛　1991 年－2000 年，举行地区职工各项比赛 5 次；举办老年人单项比赛 16 项次，举办三届老年运动会。

1992 年 3 月 2－5 日，地区体委系统首届机关干部职工运动会在余干县举行，共有 13 个代表团、124 人参加。

1993 年 2 月 26 – 30 日，地区第二届体委系统机关干部职工运动会在德兴市举行。

1994 年 6 月 30 – 7 月 4 日，地区第一届老年人运动会举行；1996 年 10 月 17 – 24 日，地区第二届老年人运动会举行。

1997 年 5 月 10 – 11 日，地区政府系统领导干部乒乓球比赛在上饶体育中心举行，有县（市）和地直系统队 21 个代表队、68 名副县级以上干部参加，时任地委书记陈达恒、行署副专员倪忠民亲参加比赛。

2000 年端午节，地区“金圣怀”龙舟比赛举行，共有 40 条龙舟参赛；10 月 25 – 30 日，举行上饶市首届（地区第三届）“康百乐”杯老年人运动会。

第二节　竞赛成绩

全国比赛成绩　1991 年，全国第八届体传校“长江杯”田径邀请赛在昆明市举行，上饶县中组队参赛，获初中女子团体第四名，叶静萍获跳远第二名，刘莉获 80 米栏第五名；5 月，在南京市举行的全国拳击锦标赛上，余干县运动员潘峰获 71 公斤级冠军；8 月 16—26 日，全国中学生田径运动会在海南省海口市举行，上饶县运动员徐井锋、鲍同万两名运动员参赛，徐井锋获 400 米栏第五名（58″2）、110 米栏第八名（15″6），鲍同万获 400 米第六名（52″2）；是年，在河南周田举行的全国少年赛艇比赛，余干县赛艇队获团体总分第二名。

1992 年，在全国第二届农民运动会上，万年县自行车队参加比赛，获男子团体第八名；7 月 17 – 22 日，全国体育传统项目学校南方片“长江杯”田径赛在贵阳市举行，上饶县中男子队 8 名选手参加，徐井锋获 110 米栏第二名（14″8）、陈柏强获跳远第三名（6. 39 米）、吕炜获跳高第四名（1. 79 米）、徐华军获铅球第五名（11. 45 米）、汤樟华获三项全能第六名（1982 分）；8 月 22 – 26 日，在湖南省岳阳市举行的全国中学生田径运动会上，上饶县中有 5 位同学参加，徐井锋获男子 400 米栏第一名（56″）、110 米栏第六名，杨月莲获女子 400 米栏第三名（1′07″），周雪梅获女子三项全能第六名（2656 分），苏静获女子 400 米第八名（1′03″）。

1993 年，在全国第七届运动会拳击比赛上，余干县运动员潘峰获 67 公斤级冠军，5 月在上海首届东亚运动会比赛中潘峰再获银牌；7 月 25 日，在上海举行的全国青年赛艇锦标赛，余干队冯华获轻量级单人 2000 米第六名；8 月 19 – 28 日，在山东省青岛市举行全国第五届中学生田径运动会上，上饶县中有 5 名同学参加，徐井锋获男子 400 米栏第五名（55″9），鲍同万获男子 400 米第八名（51″4），杨月莲获女子 400 米栏第八名（1′07″），胡江华获男子跳远第九名（6. 67 米）。

1995 年 8 月 26 – 31 日，在全国第六届中运会上，上饶县中刘锋、陈再忠、王晓红参加比赛；是年，在香港国际赛艇邀请赛上，万年运动员彭军高获得一项冠军。

1996 年 5 月，在全国第三届职工运动会上，广丰卷烟厂代表队获田径比赛团体总分第八名，获国际舞和健美操两项金牌，玉山水泥厂（地区）组队参加大众体育比赛，张林获得单边滚桶和双拐两项冠军；在全国《吉尼斯》自行车赛中，玉山瑾山小学杨培水 20 公里自行车倒骑第一名；在全国赛艇比赛中，余干赛艇队参加，获得两个第四名，3 个第五名，1 个第七名，2 个第八名；在全国赛艇冠军赛中，彭军高、冯华获轻量级 22 人艇第四名、江日标获得第五名；8 月 21 – 25 日，在河南郑州举行的全国中学生田径运动会中，上饶县中田径队参加，获团体总分第十一名，其中银牌 2 枚，铜牌 4 枚，第四名至第八名 11 个，分别是：祝卫兵获男子 400 米第八名

(52″3),张华新获男子110米栏和400米栏第七名(17′6″8),黄小鹤110米栏第六名(16″6),吴锋获800米第六名(2′02″6),徐剑锋获乙组男子100米(11″7)和200米(23″5)二项第四名,卜雯艳获乙组女子400米栏第二名(1′04″6)、400米第三名(59″3),吴华芳获乙组100米第八名(13″1),余花红获女子乙组800米第三名(2′25″8)、1500米第七名(5′4″8),李英获女子铅球第三名(12.17米)、铁饼第三名(36.52米),卢晨获女子标枪第二名(35.38米)、铅球第四名(11.18米)、4×100米第四名。

1996年、1997年全国太极拳大赛,地区太极拳协会组队参加,获得团体总分第一名,单项金牌5枚,银牌6枚。

1997年,在全国第八届运动会拳击比赛中,潘峰获71公斤级金牌;余干县赛艇队参加全国少年赛艇比赛,江贵生获男子500米第二名、2000米第六名,徐晓燕获女子2000米第三名、500米第六名;在全国青年田径赛上,上饶市体校运动员王华娟获女子3000米和5000米竞走第六名;上饶市在全国龙舟通讯赛上获优胜奖。

1998年,在全国少年赛艇比赛上,余干县赛艇队参加,获团体总分第二名,徐晓燕队员获女子乙组综合技术评定第二名、4000米和全能第五名,江贵生获男子甲组500米和技术评定第四名、4000米和全能第三名,王金辉获男子综合技术评定第二名;在全国"泰迪"健身球保健操比赛上,余干县组队参加比赛,获得老年组最佳奖。

1999年,全国少年赛艇比赛在浙江省宁波市举行,余干县组队参加,获得1个单项第六名。

2000年10月25－11月4日,在四川省绵阳市举行的全国第四届农民运动会上,上饶县农民(上饶县的农村学生)参加田径比赛,获团体总分第25名,取得2项第八名,黄海峰获男子1万米获第八名,游高辉获男子5000米第八名;在全国赛艇锦标赛上,余干运动员朱智福获男子轻量级2000米双人双桨金牌;在全国皮划艇锦标赛中,余干队员雷国健获第五名,汤贵雄、汤青荣获男子乙组双人划艇金牌;在全国少年赛艇比赛中,余干队获团体第四名。

全省比赛成绩 1991年、1994年、1998年,地区体育局分别组队参加了全省第八、九、十届运动会,取得良好成绩。

江西省第八届运动会 1991年,上饶地区代表队获团体总分第六名,金牌总数29枚。

破全国纪录的有:林建华(女)100米蹼泳成绩46″44(国家纪录46″66);林建华(女)200米蹼泳成绩1′41″05(国家纪录1′42″71)。

破全省少年乙组田径纪录的有:鲍同万(男)400米成绩52″6(省纪录55″4);林熠华(男)三项全能成绩1586分(省纪录1554分)。

单项前三名:

赛艇

成年男组:

周斐海6000米轻单人双桨第三名

周君华、许丽倩1000米双人双桨第三名

徐竞东1000米轻单人双桨第三名

徐竞东、李仕光1000米轻双人双桨第二名

周斐海、上官黎明1000米轻双人双桨第三名

成年女组:

许丽芳 6000 米单人双桨第二名
赵苏英 6000 米轻单人双桨第二名
许丽芳 1000 米单人双桨第一名
吴翠锦 1000 米轻单人双桨第二名
赵苏英、吴翠锦 1000 米轻双人双桨第一名
少年男组:
江旺才 2000 米单人双桨第三名
江旺才 500 米单人双桨第二名
彭军高 2000 米、500 米轻单人双桨第一名
少年女组:
李白火 2000 米、500 米单人双桨第一名、第二名
张贵媛 2000 米、500 米单人双桨第二名
方玉霞 500 米轻单人双桨第三名

皮划艇

少年男组:
陈春潮 500 米单人皮艇第二名
徐国来 500 米单人皮艇第三名
杨卫清、徐国来 500 米双人皮艇第二名
陈春潮、吴义红 500 米双人皮艇第三名
杨卫清 1000 米单人皮艇第二名
徐国来 1000 米单人皮艇第三名
杨卫清、徐国来 1000 米双人皮艇第二名
陈春潮、吴义红 1000 米双人皮艇第三名
陈春潮 5000 米单人皮艇第一名
杨卫清 5000 米单人皮艇第二名
盛达仕、刘志高 1000 米双人划艇第三名
张晓东 5000 米单人划艇第二名
盛达仕、刘志高 5000 米双人划艇第二名
张晓东、张细武 5000 米双人划艇第三名
少年女组:
周桥英 3000 米、500 米单皮艇第一名
范丽清 3000 米单皮艇第三名
姚美娇、段双女 5000 米双人皮艇第二名
周桥英、范丽清 3000 米双人皮艇第二名
姚美娇、段双女 3000 米双人皮艇第三名
成年男组:
章渭清 500 米、1000 米单人皮艇第一名
黄建文 500 米、10000 米单人皮艇第三名
叶建武 10000 米单人皮艇第一名

章渭清、黄建文 500 米、1000 米双人皮艇第一名
艾长青、余金浩 500 米、1000 米双人皮艇第二名
叶建武、张玉泉 500 米双人皮艇第三名
叶建武 1000 米、10000 米单人划艇第一名
吴朝军、张玉泉 1000 米双人划艇第二名
叶建武、彭亦辉 1000 米双人划艇第三名
章渭清、黄建文 10000 米双人皮艇第一名
艾长青、余金浩 10000 米双人皮艇第二名
彭亦军、吴朝军 10000 米双人划艇第一名
成年女组:
毛春爱 500 米单人皮艇第二名
李柒花、毛春爱 500 米双人皮艇第一名
余凤女 5000 米单人皮艇第二名
余凤女、徐接政 5000 米双人皮艇第一名

游泳

男子团体总分第五名,女子团体总分第六名
单项
成年男组:
钟旭 200 米自由泳第三名
董浩雨 1500 米自由泳第三名
董浩雨 200 米蝶泳第三名、4 ×100 自由泳、混合泳第三名
少年甲组:
李华 100 米自由泳第一名
李华 1500 米自由泳第二名
李华 200 米个人混合泳第三名
少男乙组:
徐锋 200 米个人混合泳第一名
徐锋 800 米自由泳第三名
秦杰 500 米蝶泳第三名
徐锋 50 米蝶泳第三名
少女乙组:
刘燕 50 米仰泳第三名

成年女子蹼泳全能

林建华短距离(100 米、200 米)第一名

女子曲棍球 第三名

老年门球 第二名

射击

成年男子组:
邵益忠飞蝶多向 200 靶第一名

武术

成年男子组:

张云鹏南拳第三名、传统一类拳术第三名

成年女子组:

徐丽段、王秀梅对练第三名

田径

少男乙:

鲍同万 400 米第一名、800 米第二名

徐建民 100 米第二名

林熠华三项全能第二名

邬江 5000 米竞走第三名

巢爱民铁饼第三名

少女乙:

吴清华铁饼第三名

少男甲:

徐景锋 110 米栏第三名

少女甲:

金丽琴 100 米栏第二名

周雪梅五项全能第三名

成年男:

肖伟民 110 米栏第一名、100 米第二名

吴接发撑竿跳高第二名

成年女:

张彤跳高第一名、跳远第三名

江西省第九届运动会 1994 年,上饶地区代表队获团体总分第五名,金牌第四名(57 枚),道德风尚奖。

破全国纪录:吴丽青 50 公斤抓举成绩 65 公斤、50 公斤挺举成绩 82.5 公斤;苏宏坤、潘月飞、郑建泳男子标准手枪 60 发赛成绩 1548 发;鲍同万少年甲田径 400 米成绩 50″50;陈洪少男甲 70 公斤级抓举、挺举成绩 105.5 公斤、130.5 公斤;林振勇少男乙 83 公斤级抓举、挺举成绩 92.5 公斤、112.5 公斤;范宏建少男甲 91 公斤级抓举、挺举成绩 115 公斤、140 公斤。

单项前三项:

游泳

男甲:

徐锋 1500 米自由泳第三名、400 米自由泳第三名、100 米蝶泳第二名

秦杰 50 米蛙泳第三名

女甲:

刘燕 200 米仰泳第二名

男丙:

苗欣 200 米自由泳第二名、100 米仰泳第三名

女丙：
邢妍 200 米自由泳第三名
赛艇
男甲：
彭军高轻 500 米单人双桨第一名
盛辉旺轻 500 米单人双桨第二名
许丽清 500 米单人双桨第三名
周斐海、江目标轻 500 米双人双桨第一名
许丽清 1000 米单人双桨第二名
毛远球轻量级 1000 米单人双桨第一名
盛辉旺轻量级 1000 米单人双桨第二名
周斐海轻量级 1000 米单人双桨第三名
江目标、周斐海(轻)1000 米双人双桨第一名
许丽清 6000 米单人双桨第二名
彭军高(轻)6000 米单人双桨第一名
何波(轻)6000 米单人双桨第二名
江目标(轻)6000 米单人双桨第三名
男乙：
张伟荣 500 米单人双桨第一名
彭金平 500 米单人双桨第二名
李高先 500 米单人双桨第三名
冯华(轻)500 米单人双桨第一名
张伟荣 2000 米单人双桨第一名
李高先 2000 米单人双桨第二名
冯华(轻)2000 米单人双桨第一名
吴荣华(轻)2000 米单人双桨第二名
女甲：
蒋海霞 500 米单人双桨第三名
章玉梅(轻)500 米单人双桨第一名
周大明、章青春(轻)500 米双人双桨第二名
蒋锦霞 2000 米单人双桨第三名
章玉梅(轻)2000 米单人双桨第二名
周大明(轻)2000 米单人双桨第三名
车金霞 6000 米单人双桨第三名
章玉梅(轻)6000 米单人双桨第一名
章青春(轻)6000 米单人双桨第三名
女乙：
江晓霞(轻)500 米单人双桨第二名、(轻)2000 米单人双桨第二名
女超龄：

许丽芳 500 米单人双桨第一名
赵苏英(轻)500 米、2000 米单人双桨第一名
吴翠锦 2000 米、6000 米单人双桨第一名
皮划艇:
团体总分男子第一名,女子第二名
男甲:
陈春潮 500 米、1000 米、5000 米单人皮艇第一名
胡建顺、高俊 500 米、1000 米、5000 米双人双桨皮艇第二名
张细武 500 米单人划艇第二名
盛达仕、张细武 500 米、1000 米双人划艇第二名
邓煌强 1000 米、5000 米单人划艇第二名
程淳 1000 米、5000 米单人划艇第三名
男子乙组:
李小勇、吴义红 500 米、5000 米双人皮艇第三名、第二名
刘志高 500 米、5000 米单人划艇第二名
史进飞、官胜生 500 米、1000 米双人划艇第三名
占国民 1000 米单人划艇第二名
刘志高、王国民 5000 米单人划艇第三名
男超龄:
张玉泉 500 米、1000 米单人划艇第二名、5000 米单人划艇第三名
女甲:
朱桥英 500 米单人皮艇第二名
朱晓英、吴晓华 500 米双人皮艇第二名
吴晓华 1000 米单人皮艇第二名
朱桥英、吴晓华 1000 米双人皮艇第一名
女乙:
陈雪飞 500 米单人皮艇第三名
女超龄:
李柒花 500 米、1000 米单人皮艇第一名
毛春爱 1000 米单人皮艇第二名
射击
男甲:
奚鹏程小口径自选步枪 60 卧姿、3 ×40 立姿第二名,3 ×40 米跪姿第三名
男乙:
邓建泳自选手手枪慢射第三名
男甲:
小口径自选步枪 60 卧姿团体第二名
男乙:
自选手枪慢射团体第一名

羽毛球

女乙：

曾园园单打第二名

谭萍、曾园园双打第一名

柔道

男甲：

吴在团 60 公斤级第二名

李军 70 公斤级第二名

潘建斌 78 公斤级第二名

杨伟 +78 公斤级第三名

男乙：

徐信辉 65 公斤级第二名

陈正裕 -71 公斤级第二名

姜江华 +71 公斤级第三名

女甲：

徐伟华 52 公斤级第三名

张兰怡 56 公斤级第一名

王涉丽 61 公斤级第二名

女乙：

朱晓燕 44 公斤级第二名

刘红英 48 公斤级第二名

陈琪 56 公斤级第一名

国际式摔跤

甲组：

吴新辉古典 43 公斤级第一名

王渺自由 43 公斤级第三名

罗贤寿自由 52 公斤级第三名

马亮自由 62 公斤级第一名

乙组：

肖友定古典 40 公斤级第一名

郑国防古典 60 公斤级第二名

刘向涛古典 60 公斤级(上)第一名

窦光自由 51 公斤级第三名

李成自由 60 公斤级第一名

举重

女子：

吴丽清 46 公斤级抓举、挺举第二名

肖英 59 公斤级抓举、挺举第二名

徐建萍 70 公斤级抓举、挺举第三名

占丽芳76公斤级抓举、挺举第二名
男甲：
陈洪70公斤级抓举、挺举第三名
范宏建83公斤级抓举、挺举第一名
男乙：
林振勇83公斤以上抓举、挺举第二名
武术
男子：
黎凯长器械第三名、全能第三名
女子：
纪欣华短器械第三名、长器械第三名、全能第三名
篮球
女子组第一名
田径
团体总分:男子第三名、女子第四名
单项
男甲：
胡江华100米第二名、200米第三名
林熠华110米栏第二名、跳高第一名
林建文铁饼第三名
蒋国胜标枪第一名
男超龄：
肖伟民跳远第一名
男乙：
祝文斌100米第三名
鲍同万200米、400米、4×400接力第二名
涂新梁铅球第三名、铁饼第一名、链球第三名
陈佰强七项全能第一名
汤樟华七项全能第二名
男丙：
卢笑铭800米第二名
王冰1500米第二名
卢笑铭1500米第三名、4×400米接力第三名
女甲：
鄢仙仙200米第三名
金丽琴100米栏第一名
饶君100米栏第二名
鄢仙仙跳高、跳远第二名
金丽琴撑竿跳高第一名、跳远第三名

严凤英撑竿跳高第二名

蒋国红标枪第三名

超龄女：

张彤跳高第三名

女乙：

王小红 1500 米第二名

苏静 100 米栏第二名、200 米栏第三名

李育新 5000 米竞走第一名

祝丽萍铁饼第三名

韩春蓉标枪第二名

女丙：

吴庆云 800 米、1500 米第三名

王华娟 3000 米、5000 米竞走第一名

卢晓晨铅球第二名

江西省第十届运动会成绩

男丙：

肖文 1500 米第一名、800 米第二名

赵云 标枪第一名

杨邦 五项全能第三名

男乙：

叶鹏飞 110 米栏第一名

4×400 米接力第三名

女乙：

王莉铅球第二名

4×400 米接力第三名

女丙：

李饶婷铁饼第二名

王翠萍四项全能第三名

全省中小学校运动会　1991 年 5 月 28 日—6 月 2 日，参加省中学生田径运动会，获男、女团体总分第二名，其中金牌 9 枚，银牌 10 枚、铜牌 6 枚，第四名至第六名 12 个。

男子：

鲍同万 400 米、800 米第二名

徐井锋 110 米栏第三名、400 米栏第二名

赵捷进五项全能第一名

杨小平 3000 米第一名、1500 米第二名

张文军 100 米、200 米第一名

李昊 400 米栏第四名、800 米第四名

江放五公里竞走第五名、三公里竞走第二名

泮盛滨跳高第四名

陈春潮铁饼第三名

4×400 米接力第一名、4×100 米接力第四名

女子:

杨双燕 1500 米第一名、3000 米第二名

苏新红铁饼第一名、铅球第二名

万基清 200 米第一名、100 米第三名

苏静 200 米第三名、400 米第三名

杨月莲 800 米第三名、400 米栏第五名

祝志军 400 米栏第三名、100 米栏第四名

吴清华标枪第三名、铁饼第三名

周雪梅五项全能第二名

鄢仙仙跳高第三名、跳远第三名

汪丽江 800 米第四名、400 米第六名

4×400 接力第二名,4×100 接力第四名

1991 年 7 月 1－4 日,参加江西省体传校“长江杯”田径赛,获男子团体总分第一名,女子团体总分第三名,其中:金牌 7 枚,银牌 6 枚,铜牌 4 枚,第四名至第六名 5 个。

男子:

陈智云跳高第一名、跳远第一名

徐井锋 110 米栏第一名、200 米第三名、400 米第三名

鲍同万 100 米第二名、200 米第二名、400 米第二名

巢爱民铅球第一名

李海 1500 米第三名

江放 1500 米第四名

男子 4×100 米接力第一名

女子:

万基清 200 米第一名

苏静 100 米第二名

郑湘群 400 米第三名、800 米第六名、80 米栏第六名

吴清华铅球第一

汪丽江 800 米第五名

李英 80 米栏第五名

鄢仙仙跳高第二名

女子 4×100 米接力第二名

1992 年 6 月 2－4 日,参加江西省中学田径运动会,获男、女团体总分第三名,其中金牌 9 枚,银牌 4 枚,铜牌 9 枚,第四名至第六名 7 个。

男子:

徐井锋 110 米栏第一名、400 米栏第一名

鲍同万 400 米第一名

胡江华跳远第一名、100 米第五名

汤樟华五项全能第三名

江放400米栏第二名、1500米第六名

王军200米第三名、400米第四名

潘盛滨跳高第三名

4×100米接力第二名、4×100米接力第一名

女子:

苏静400米第一名、200米第三名

杨月莲花400米栏第一名

鲍媛娇100栏第一名

周雪梅五项全能第二名

鄢仙仙跳远第三名、跳高第四名

吴清华标枪第三名、铁饼第四名

苏彩红铁饼第三名

汪丽红3000米第五名

杨春娣3000米第六名

郑新华标枪第六名

4×100米接力第一名,4×400米接力第三名

1992年8月20-23日,江西省体传校乒乓球、游泳比赛,上饶市五小乒乓球队参加比赛,获男子团体第三名,女子团体第五名。

1993年5月18-22日,参加江西省体传校"长江杯"田径赛,获男子团体总分第二名,女子团体总分第三名,其中:金牌5枚,银牌2枚,铜牌4枚,第四名至第六名12个。

男子:

吴锋800米第一名、400米第二名

章毅东110米栏第一名、100米第四名

陈柏强三项全能第一名、跳远第二名

黄小鹤1500米第三名、3000米第四名

徐华军铁饼第三名

胡永德铅球第四名、标枪第六名

朱志锋跳高第三名、跳远第三名

女子:

陈雪飞铁饼第一名、标枪第一名

张飞云跳高第二名

游小娣400米第五名

叶丽美1500米第五名

钱春菲100米栏第五名

叶玉华200米第五名

李英铅球第六名

4×100米接力第五名

1993年6月2-4日,参加江西中学生田径运动会,获男女团体总分第一名,其中金牌11

枚,银牌8枚,铜牌8枚,第四名至第六名7个。

男子:

徐井锋110栏第一名、400米栏第一名

胡江华100米第一名、跳远第一名

鲍同万400名第一名、800米第三名

陈在忠110米栏第二名、400米栏第二名

汤樟华五项全能第五名

王军200米第二名,400米第六名

涂新梁铁饼第一名、标枪第二名

巢爱民铅球第二名、铁饼第二名

林熠华五项全能第三名

4×100米接力第二名、4×100米接力第一名

女子:

杨月莲100米栏第一名、400米栏第一名

苏静400米第二名、200米第三名

周雪梅五项全能第一名

鄢仙仙跳远第一名、100米第三名

游晓娣800米第四名、400米第六名

叶丽美3000米第三名、1500米第四名

吴清华铁饼第三名、标枪第四名

汪丽江800米第三名、1500米第六名

4×400米接力第一名

1994年5月24－28日,参加江西省中学生田径运动会,获男、女团体总分第三名,其中金牌6枚,铜牌6枚,第四名至第六名11个。

男子:

鲍同万200米第一名、400米第一名

王军200米第二名、400米第二名

童毅东110米栏第二名、400栏第二名

胡江华110米第三名、跳远第四名

陈在忠110米栏第四名、400米栏第三名

林建文标枪第三名、铁饼第五名

涂新梁铁饼第三名、铅球第五名

陈柏强五项全能第三名

汤樟华五项全能第五名

卢笑铭1500米第四名

4×100米接力第二名、4×400米接力第一名

女子:

苏静400米栏第一名、100米栏第二名

鄢仙仙跳远第一名、跳高第二名

吴清华铁饼第一名、标枪第二名

张飞云五项全能第三名

王小红 1500 米第四名、3000 米第五名

叶玉华 200 米第四名

李英铅球第二名、铁饼第六名

4×100 米接力第三名、4×400 米接力第四名

1994 年 7 月 16—19 日,参加江西省体传校田径比赛,获男子团体总分第二名,女子团体总分第五名。其中:金牌 4 枚,银牌 4 枚,铜牌 9 枚,第四名至第六名 8 个。

男子:

郑志君跳远第一名、跳高第五名

卢笑铭 800 米第二名、1500 米第二名

封利军铁饼第二名、铅球第三名

黄小鹤三项全能第三名、110 米栏第三名

吴锋 400 米第三名、800 米第三名

王冰 3000 米第四名、1500 米第五名

徐堂华 200 米第四名、400 米第六名

女子:

卢晨标枪第一名

王小红 800 米第三名、1500 米第三名

李英铅球第二名、铁饼第三名

张飞云三项全能第三名、跳高第四名

叶玉华 400 米第五名

4×100 米接力第五名

1995 年 6 月 1—4 日,参加江西省中学生田径运动会,获男、女团体总分第一名(三连冠奖杯),破省纪录 3 人次。其中:金牌 8 枚,银牌 9 枚,铜牌 2 枚,第四名至第六名 12 个。

男子:

陈在忠 400 米第一名、400 米栏第一名

涂新紧铁饼第一名(破纪录)、铅球第二名

陈柏强七项全能第一名

吴锋 800 米第二名、1500 米第六名

汤樟华七项全能第三名

卢笑铭 1500 米第四名

祝卫兵 100 米第五名、200 米第六名

郑义东标枪第二名、铅球第六名

4×100 米接力第五名、4×400 米接力第二名

女子:

王小红 800 米第一名(破纪录)、1500 米第一名

游小娣 400 米栏第一名、100 米栏第四名

李英铅球第一名(破纪录)

祝丽萍铁饼第二名、铅球第六名

张飞云五项全能第二名

余花红3000米第四名、1500米第五名

王华娟3000米竞走第四名

4×100米接力第五名、4×400米接力第二名

1995年7月16－18日，参加江西省体传校田径比赛，获男子团体总分第四名，女子团体总分第六名。其中：金牌2枚，银牌3枚，铜牌6枚，第四名至第六名18个。

男子：

吴锋400米第三名、800米第四名

封利军铅球第二名、铁饼第三名

郑志军跳高第三名、跳远第五名

祝卫兵200米第二名、100米第三名

叶剑1500米第五名、3000米第六名

徐绍鹏400米第六名

黄小鹤三项全能第五名

张小敏110米栏第六名

4×100米接力第一名

女子：

卜雯艳200米第三名、400米第四名

余花红1500米第二名、3000米第四名

游晓娣100米第三名

张飞云三项全能第五名、跳高第六名

任雁人400米第六名、800米第五名

吴华芳400米第五名、200米第六名

李英铅球第一名、铁饼第六名

卢晨标枪第六名

4×100米接力第六名

1997年5月28－6月2日，参加江西省中学生田径运动会，获男、女团体总分第一名，男子总分第一名，女子总分第三名。其中：金牌8枚，银牌2枚，铜牌5枚，第四名至第八名14个。

男子：

祝卫兵400米第一名（破纪录）、200米第一名

梁斌100米第二名、200米第七名

张华新400米栏第三名、110米栏第六名

吴健400米第一名、800米第三名

毛连琦400米第五名

涂新耀铁饼第一名（破纪录）、铅球第三名

张军铅球第三名

4×100米接力第一名、4×400米接力第一名

女子：

卜雯艳 400 米栏第一名、800 米第四名

游晓娣 400 米栏第四名、100 米栏第五名

吴华芳 200 米第五名、100 米第六名

付裕 200 米第三名、400 米第四名

徐玉兰 100 栏第六名、三级跳远第八名

卢晨铅球第五名、铁饼第八名

赵建红铅球第三名、铁饼第六名

4×100 米接力第四、4×400 米接力第一名

1998 年 5 月 9－13 日，参加江西省中学生田径运动会，获男、女团体总分第四名，女子总分第三名，男子总分第四名，其中金牌 3 枚，银牌 2 枚，铜牌 7 枚，第四名至第八名 17 人。

男子：

吴健 400 米栏第三名、400 米第四名

叶鹏飞 110 米栏第一名、400 米栏第三名

毛连琦 400 米第三名

肖文 1500 米第四名、5000 米第五名

鲍臻 200 米第五名

郑军三级跳远第五名

涂新耀铅球第三名、铁饼第三名

陈可锋铁饼第四名、标枪第五名

4×100 米接力第五名

女子：

卜雯艳 400 米栏第一名、400 米第七名

吴华芳 400 米第五名

冯丽春 400 米栏第四名、100 米栏第八名

余芳 100 米栏第四名、400 米栏第五名

赵娟 100 米第五名、200 米第五名

黄翠萍跳高第一名（破纪录）、跳远第三名

赵建红标枪第二名、铅球第三名

4×100 米接力第三名、4×400 米接力第四名

1999 年 7 月 14－17 日，参加江西省少年田径比赛，上饶县籍队员参赛有 18 人，达优秀者 2 人，达及格者 9 人。

男甲：

施新林短跑专项组达良

赵忠投掷专项组及格

罗来新短跑专项组及格

刘烈露中长跑专项组及格

余雷中长跑专项组及格

男乙：

陈波短跑专项组及格

周海波中长跑专项组及格

女甲：

投掷专项组第一名达优

韩丽群短跑专项组及格

女乙：

短跑专项组及格

女丙：

短跑专项组第一名，达良

苏雪清中长跑专项第一名，达良

郑雪琴中长跑专项组第一名，达优

陈柳短跑专项组及格

郑利岸中长跑专项组达良

何翠英短跑专项组及格

1999 年 4 月，参加江西省中学生田径运动会，获男女团体总分第三名，男子总分第一名，女子总分第五名。其中：金牌 4 枚，银牌 5 枚，铜牌 4 枚，第四名至第八名 12 个。

男子：

毛连琦 400 米第一名、200 米第四名

杨邦 400 米栏第二名、100 米栏第三名

叶鹏飞 100 米栏第一名、400 米栏第一名

肖文 1500 米第六名

徐辉铅球第五名

赵云标枪第六名

聂林辉 5000 米第六名

4×100 米接力第二名，4×400 米接力第一名

女子：

吴华芳 200 米第二名、400 米第三名

冯丽春 400 米栏第二名、100 米栏第六名

黄翠萍跳高第二名

廖卢芳 400 米栏第五名

王莉标枪第三名、铅球第四名

方素娟铅球第六名、铁饼第六名

4×100 米接力第四名、4×400 米接力第六名

2000 年 4 月 21—23 日，参加江西省中学生田径运动会，获男、女团体总分第三名，男子总分第四名，女子总分第三名。其中：金牌 5 枚，银牌 7 枚，铜牌 2 枚，第四名至第八名 15 个。

男子：

张剑锋 400 米栏第二名、400 米第三名

郑鹏 400 米第五名

徐建君 110 米栏第六名、400 米栏第六名

施升林 400 米栏第四名

朱霖跳高第六名、三级跳远第六名

龚国辉800米第七名

赵云标枪第一名、铁饼第五名

朱建平铁饼第二名、铅球第五名

张声华1500米第八名

4×400米接力第二名、4×100米接力第七名

女子：

吴华芳200米第一名、400米第二名

廖芦芳100米栏第三名、400米栏第二名

应俊400米栏第四名、400米第八名

王莉标枪第一名、铁饼第一名

徐桂英铅球第一名、铁饼第二名

郑雪琴1500米第八名

4×400米接力第二名、4×100米接力第六名

参加江西省其他运动会成绩 1993年，江西省业余体校皮划艇比赛在南昌举行，余干县皮划艇队荣获金牌6枚，银牌4枚，铜牌2枚。

1994年8月，江西省体传校篮球赛，玉山县一中女篮参加，获得第二名。

1995年7月，江西省体传校小学生游泳比赛在丰城举行，上饶市一小组队参加，男子获团体总分第二名，女子获团体总分第三名，男子陈坚获仰泳冠军，聂磊获蛙泳亚军。8月，江西省体传校排球比赛，玉山县中男排参加获三等奖。江西省业余体校赛艇、皮划艇比赛在南昌举行，余干县体校代表队参赛，获得赛艇总分第一名，皮划艇总分第二名，盛辉旺获五项第一名，朱智富获三项第一名、一项第二名，雷海涛获二项第一名、三项第二名，徐进波获二项第一名，魏进文获一项第一名、两项第二名。

1996年，江西省少体校赛艇、皮划艇比赛，余干县队参加，赛艇获团体总分第一名，获15项单项第一名，12个单项第二名，皮划艇获团体总分第三名，获8项单项第一名，6项第二名。江西省少儿田径分龄赛，铅山县队参加，获团体总分第三名。江西省少儿体传校田径赛获团体总分第二名，获金牌1枚，银牌2枚，铜牌6枚。

1997年，江西省少儿体校赛艇、皮划艇赛，余干县体校队参加分获团体总分第二名和第五名。江西省少儿体校柔、摔比赛，玉山县体校组队参加，玉山二中付炜霞获女子柔道66公斤级第一名，曾建华获男子摔跤57公斤级第二名，玉山一中雷忠获男子柔道66公斤级第二名。

1999年7月，江西省少儿体校赛艇、皮划艇比赛在宜春举行，余干体校组参加，赛艇获10个单项第一名，7个单项第二名，1个单项第三名；皮划艇获5个单项第一名，4个单项第二名。7月21－24日，江西省青少年拳击比赛在宜春举行，地区代表队参赛，获团体总分第四名，乙组徐飞获45公斤级专项第二名，总分第三名；甲组严小兵获51公斤级专项第一名，总分第一；张树辉获51公斤级专项第二名，总分第二名。

2000年，全省少儿体校赛艇、皮划艇比赛，余干县体校组队参加，赛艇获得单项15枚金牌，团体总分第二名，皮划艇获得单项金牌11枚，团体总分第三名。江西省中学生篮球锦标赛，玉山县六都中学女子篮球队参加，获得第二名。

上饶地区第八届运动会 1997年5－9月，上饶地区第八届运动会举行。有部分项目在

县(市)赛区进行预赛和决赛,9 月 21 -28 日在上饶市举行总决赛。

竞赛成绩 (前三名)

县、市

一、超破地区纪录

超破少年纪录:

男子举重:

42 公斤级抓举:铅山阎建卢 50 公斤、波阳张琼 45 公斤(原纪录 37. 5 公斤)

42 公斤级挺举:波阳张琼 62. 5 公斤(原纪录 60 公斤)

42 公斤级总成绩:波阳张琼 112 公斤(原纪录 97. 5 公斤)

46 公斤级抓举:铅山占建锋 52. 5 公斤(原纪录 40 公斤)

54 公斤级抓举:铅山李建发 72. 5 公斤(原纪录 60 公斤)

59 公斤级抓举:铅山丁焕良 73 公斤(原纪录 70 公斤)

59 公斤级挺举:铅山魏国春 95 公斤(原纪录 90 公斤)

59 公斤级总成绩:铅山魏国春 165 公斤(原纪录 163 公斤)

女子举重:

46 公斤级抓举:波阳童赛荣 60. 5 公斤(原纪录 45 公斤)

46 公斤级总成绩:波阳童赛荣 108 公斤(原纪录 95 公斤)

64 公斤级抓举:铅山徐建萍 55. 5 公斤(原纪录 52. 5 公斤)

64 公斤级挺举:铅山徐建萍 70 公斤(原纪录 60 公斤)

64 公斤级总成绩:铅山徐建萍 125. 5 公斤(原纪录 112. 5 公斤)

男子游泳:

男子 4 ×100 自由泳接力 上饶市队 4′35″81(原纪录 4′36"40)

男子 4 ×100 米混泳接力 上饶市队 4′59″90(原纪录 5′00″4)

破田径少年甲组纪录

三级跳远:玉山县罗强 14. 11 米(原纪录 13. 5 米)

二、体育道德风尚奖

代表团:上饶市、上饶县、波阳县、玉山县

三、县、市组各项前三名

(一)田径

获金牌数前三名:上饶市、上饶县、余干县;加分加牌数前三名:余干县、上饶市、上饶县

获团体总分前三名:上饶市、上饶县、横峰县;加分加牌总分前三名:上饶市、余干县、上饶县

(1)团体总分

男子:上饶县(291 分)、上饶市(275. 5 分)、铅山县(158 分)

女子:上饶县(332 分)、上饶市(227. 5 分)、铅山县(214 分)

(2)单项

1997 年全区第八届运动会田径单项比赛成绩一览

表 33－5－1

组别	项目	性别	第一名		第二名		第三名	
甲组	100 米	男	上饶市	鲍锋	上饶市	叶鹏飞	弋阳	李度庭
		女	上饶县	吴华芳	上饶县	游小娣	上饶市	王凌燕
	200 米	男	上饶市	叶鹏飞	上饶市	鲍铮	铅山	丁耀江
		女	上饶县	吴华芳	横峰	叶晓莉	横峰	陈美丽
	400 米	男	上饶县	吴　健	上饶县	毛连琦	上饶市	鲍铮
		女	上饶县	卜文艳	上饶县	吴华芳	横峰	叶晓莉
	800 米	男	上饶县	吴健	上饶市	张宁健	上饶县	杨奇波
		女	上饶县	卜文艳	横峰	叶晓莉	上饶市	王华娟
	1500 米	男	上饶市	周煜	上饶县	杨奇波	上饶县	吴强
		女	横峰	付玲俐	铅山	郑丽红	上饶县	卜文艳
	5000 米	男	铅山	聂林飞	上饶市	周煜	横峰	徐和军
		女	横峰	付玲俐	铅山	郑柏红		
	110 米栏	男	上饶市	叶鹏飞	玉山	王宾	铅山	丁耀江
	100 米栏	女	铅山	余小芳	上饶县	游小娣	铅山	谢琼
	5000 米竞走	男	横峰	周就仁				
	3000 米	女	横峰	付玲俐	铅山	郑丽红	玉山	余花红
	3000 米竞走	女	上饶市	王华娟	万年	周萍		
乙组	800 米	男	上饶县	肖文	上饶市	柏旋	上饶县	龚国辉
		女	上饶市	赵露	铅山	张丽萍	上饶县	陈小琴
	1500 米	男	上饶县	龚国辉	上饶县	肖文	万年	胡火柱
		女	上饶市	赵露	上饶县	陈小琴	铅山	张丽娟
	5000 米	男	上饶县	肖文	上饶市	赫斌	铅山	张瑜尤
	3000 米女	上饶市	赵露	上饶县	陈小琴	波阳	周芳	
	110 米栏	男	玉山	艾期锋	上饶县	杨邦	铅山	罗俊
	100 米栏	女	铅山	陈丽娟	上饶市	陈媛	上饶县	郑丹
	4×100 米接力	男		上饶市	万年	上饶县		
		女		上饶县	铅山	上饶市		
	4×400 米接力	男		上饶县	上饶市	铅山		
		女		上饶县	上饶市	铅山		
	跳高	男	上饶县	朱霖	铅山	罗俊	上饶市	袁俊
		女	上饶县	黄翠萍	铅山	裕淑芳	德兴	翁梅英

续表 33-5-1

组别	项目	性别	第一名		第二名		第三名	
乙组	跳远	男	上饶市	袁俊	铅山	罗俊	上饶县	朱霖
		女	上饶县	黄翠萍	横峰	饶蕾	铅山	骆淑芳
	铅球	男	上饶县	蒋文峰	德兴	王炜	弋阳	周建平
		女	上饶县	王莉	玉山	占军红	万年	苏丹
	铁饼	男	弋阳	周建平	上饶	蒋文峰	万年	苏丹
		女	上饶县	王莉	玉山	占军红	德兴	王炜
	标枪	男	弋阳	周建平	德兴	王炜	上饶市	袁振兴
		女	上饶县	王莉	玉山	占军红	万年	苏丹
	五项全能	男	上饶县	杨邦				
	四项全能	女	铅山	陈丽娟	上饶县	廖卢芳		
	3000 米竞走	女	上饶市	汪李雅				
	4×100 米接力	男		上饶市	上饶县	玉山		
		女		上饶县	横峰	上饶市		
	4×400 米接力	男		上饶县	上饶市	铅山		
		女		上饶县	横峰	上饶市		
甲组	跳高	男	波阳	胡楞	铅山	卓文竞	万年	朱万余
							上饶市	刘智
		女	德兴	徐丹	上饶市	王颖	铅山	骆丽君
	跳远	男	玉山	罗强	余干	余建锋	横峰	郑军
		女	上饶市	李林英	铅山	骆丽君	上饶市	王颖
	铅球	男	横峰	张军	玉山	周斌	德兴	余厚辉
		女	上饶县	赵建红	上饶县	方淑娟	广丰	周素萍
	铁饼	男	横峰	张军	上饶县	陈可锋	玉山	周斌
		女	上饶县	赵建红	德兴	邵燕萍	上饶县	方淑娟
	标枪	男	上饶县	陈可锋	横峰	张军	横峰	郑林军
		女	上饶县	赵建英	德兴	邵燕军	上饶县	方淑娟
	三级跳远	男	玉山	罗强	横峰	郑军	铅山	韩君
	七项全能	男	上饶市	杭征	铅山	卓文竞		
	五项全能	女	上饶市	李林英	横峰	徐玉兰	铅山	谢琼

续表 33－5－1

组别	项目	性别	第一名		第二名		第三名	
乙组	100 米	男	上饶县	吴林辉	上饶市	应俊	铅山	饶海丰
		女	上饶市	赵娟	铅山	张静	上饶县	郑丹
	200 米	男	上饶县	吴林辉	上饶市	应俊	上饶市	袁俊
		女	上饶市	赵娟	铅山	张静	上饶县	熊雪梅
	400 米	男	上饶市	柏旋	上饶市	余涛	上饶县	吴林辉
		女	上饶县	赵娟	上饶县	熊雪梅	铅山	张丽萍

（二）游泳 （1）团体总分：男子：上饶市（279 分）、波阳县（102 分）、横峰县（92 分）女子：横峰县（147 分）、上饶市（112 分）、波阳县（106 分）

（2）单项前三名：

1997 年全区第八届运动会游泳单项前三名

表 33－5－2

组别	项目	性别	第一名		第二名		第三名	
甲组	100 米自由泳	男	上饶市	敖　奕	上饶市	祁　勇	波阳	莫　鹏
		女	横峰	蔡　鸣	波阳	毛林燕		
	200 米自由泳	男	上饶市	敖　奕	横峰	周　建	万年	李一明
		女	横峰	蔡　鸣	波阳	毛林燕		
	400 米自由泳	男	上饶市	敖　奕	上饶市	程　坚	横峰	周　建
		女	横峰	蔡　鸣				
	800 米自由泳	男	上饶市	苗　欣	上饶市	程　坚	波阳	钟　栋
		女	波阳	吴海燕				
	100 米仰泳	男	波阳	虞　鹏				
		女	横峰	朱洁敏	横峰	董晓红	波阳	吴海燕
	50 米仰泳	女	横峰	朱洁敏	横峰	董晓红		
	50 米蛙泳	男	上饶市	祁　勇	万年	李一明	万年	刘　涛
		女	横峰	董晓燕	波阳	吴晓燕	波阳	张　丽
	100 米蛙泳	男	上饶市	祁　勇	横峰	周　建	万年	李一明
	100 米蝶泳	女	横峰	董晓燕				
	50 米蝶泳	男	上饶市	苗　欣				
		女	横峰	董晓燕				
	4×100 米自由泳	男	上饶市					
		女	横峰					

续表 33－5－2

组别	项目		性别	第一名		第二名		第三名	
甲组	4×100 米个人混合		男	上饶市	苗 欣				
	50 米	自由泳	男	上饶市	马 晨	上饶市	祝 俊	波阳	朱凯波
	100 米	自由泳	男	上饶市	马 晨	横峰	胡 泉	波阳	余秋旦
	200 米	自由泳	男	上饶市	杨 路	波阳	余秋旦	横峰	童 强
	400 米	自由泳	男	上饶市	余昌钰	上饶市	马晨	横峰	徐 达
	50 米	仰泳	男	上饶市	余昌钰	横峰	徐 达	横峰	黄 辉
	100 米	仰泳	男	上饶市	余昌钰	上饶市	杨 路		
	50 米	蛙泳	男	上饶市	祝 俊	万年	邓智聪	横峰	黄 辉
	100 米	蛙泳	男	上饶市	祝 俊	万年	邓智聪	横峰	胡 泉
	50 米蝶泳		男	横峰	徐 达	上饶市	杨 路	波阳	朱凯波
	4×50 混合接力		男	上饶市					
乙组	4×50 自由接力		男	上饶市					
	50 米	自由泳	女	上饶市	吴 钰	上饶市	聂霓虹	波阳	程红婷
	100 米	自由泳	女	上饶市	吴 钰	波阳	程红婷	万年	吕 萌
	200 米	自由泳	女	上饶市	潘 影	万年	熊征宇	波阳	朱建萍
	400 米	自由泳	女	上饶市	吴 钰	上饶市	夏霓虹	波阳	程红婷
	50 米	蝶泳	女	横峰	程 维				
	50 米	仰泳	女	上饶市	夏霓红	波阳	鲍景婷		
	100 米	仰泳	女	上饶市	潘 影	上饶市	华 云	波阳	鲍景婷
	50 米	蛙泳	女	上饶市	潘 影	上饶市	李 倩	上饶市	华 云
	100 米	蛙泳	女	横峰	李 倩	横峰	熊征宇		华 云
	4×40 自由接力		女	上饶市					

（三）举重

1. 团体总分

男子：铅山县（144 分）、玉山县（47 分）、波阳县（39 分）

女子：波阳县（57 分）、铅山县（48 分）

2. 单项

男子组：

42 公斤级波阳县张琼第一名

46 公斤级铅山县詹建峰第一名，玉山县郑波第二名，玉山县程伟华第三名

50 公斤级铅山县杨云涛第一名

54 公斤级铅山县李建发第一名

59 公斤级甲组铅山县魏国春第一名
59 公斤级乙组铅山县丁焕良第一名,玉山周虎第二名
64 公斤级甲组玉山县胡巨建第一名
64 公斤级乙组铅山县涂俊第一名
70 公斤级甲组玉山县舒玉华第一名
83 公斤级乙组玉山县黄威第一名
女子组:
42 公斤级波阳县钟金燕第一名
46 公斤级波阳县童赛荣第一名,玉山县张丽萍第二名
50 公斤级铅山县孙新莉第一名
54 公斤级波阳县李妮第一名
64 公斤级甲组铅山县徐建萍第一名
64 公斤级乙组玉山县郑艳第一名
(四)射击
1. 团体总分
男子:上饶市(162 分)、上饶县(61 分)、玉山县(39 分)
女子:上饶市(70 分)、玉山县(41 分)、上饶县(33 分)
2. 单项
(1)男子甲组
小口径自选步枪 60 发卧射上饶县林强第一名
小口径自选步枪 3×20 卧立跪射上饶县林强第一名
气步枪 60 发立射上饶县林强第一名
小口径自选手枪 60 发慢射上饶市魏旻军第一名,上饶市潘月飞第二名
气手枪 60 发立射上饶市魏旻军第一名,上饶市潘月飞第二名
小口径运动步枪 30 发卧射上饶县张天水第一名
小口径运动步枪 3×10 发卧立跪射上饶县黄良水第一名
普通气步枪 20 发立射上饶县黄良水第一名
(2)男子乙组
小口径自选步枪 60 发卧射上饶市郭鑫第一名,上饶市陈贻侠第二名,上饶市施瀚第三名
小口径自选步枪 3×20 卧立跪射上饶市陈贻侠第一名,上饶市郭鑫第二名,上饶市施瀚第三名
气步枪 60 发立射上饶市陈贻侠第一名,上饶市施瀚第二名,上饶市郭鑫第三名
小口径自选手枪 60 发慢射上饶市沈汗辉第一名,上饶市刘巍第二名
气手枪 60 发立射上饶市刘巍第一名,上饶市沈汗辉第二名
小口径运动步枪 30 发卧射横峰县宋智明第一名,上饶市王云第二名,玉山县周博铭第三名
小口径运动步枪 3×10 发卧立跪射上饶市王云第一名,横峰县宋智明第二名,玉山县陈建新第三名
普通气步枪 20 发立射横峰县宋智明第一名,上饶市王云第二名,玉山县周博铭第三名

(3)女子甲组

小口径标准步枪 60 发卧射上饶县李玲第一名

小口径标准步枪 3×20 卧立跪射上饶县王媛第一名

气步枪 40 发立射上饶县王媛第一名

(4)女子乙组

小口径标准步枪 60 发卧射上饶市郑英第一名,上饶市许亚纯第二名

小口径标准步枪 3×20 卧立跪射上饶市许亚纯第一名,上饶市郑英第二名

气步枪 40 发立射上饶市郑英第一名,上饶市许亚纯第二名

小口径运动步枪 30 发卧射玉山县夏小丽第一名,上饶市王霞第二名,铅山县贡秋芸第三名

小口径运动步枪 3×10 发卧立跪射玉山县夏小丽,铅山县贡秋芸第二名,上饶市王露第三名

普通气步枪 20 发立射玉山县肖丁运第一名,玉山县夏小丽第二名

(五)赛艇、皮划艇

1. 赛艇团体总分

男子:余干县队(147 分)、德兴市队(54 分)

女子:余干县队(151 分)、万年县队(71 分)

2. 皮划艇团体总分

男子:余干县队(122 分)、波阳县队(53 分)

女子:余干县队(100 分)

3. 赛艇单项

1997 年全区第八届运动会赛艇单项乙组前三名

表 33-5-3

赛程	项目	第一名		第二名		第三名
五百米	男单人双桨	德兴	陈波	余干	章双民	
	男轻量级单人双桨	余干	江贵生	德兴	杨新民	
	女单人双桨	余干	吴多兰			
	女轻量级单人双桨	余干	胡晓花	万年	江文霞	
二千米	男单人双桨	余干	章欢民	德兴	杨新民	
	男轻量级单人双桨	余干	江贵生	德兴	杨新民	
	女单人双桨	余干	余多兰			
	女轻量级单人双桨	万年	江文霞	德兴	万三女	

1997 年全区第八届运动会赛艇单项甲组前三名

表 33－5－4

赛程	项目	第一名		第二名		第三名	
五百米	男单人双桨	德兴	舒建青	余干	徐新平		
	男双人双桨	德兴	盛辉旺 舒建青	余干	曾海涛 徐新平	余干	朱德明 艾金锋
	男轻量级单人双桨	弋阳	朱智福	余干	徐进波		
	男轻量级双人双桨	余干	史进武 徐进波				
	女单人双桨	万年	芳大华	余干	涂晓贞	余干	赵辉
	男双人双桨	余干	吴水梅 王小华				
	女轻量级单人双桨	万年	杨园	余干	余赛勇	余干	舒丽斌
	女轻量级双人双桨	余干	舒丽斌 史晓霞				
二千米	男单人双桨	余干	徐新平	余干	曾海涛	德兴	盛旺辉
	男双人双桨	德兴	盛旺辉　舒建青	余干	朱继明　艾金锋		
	男轻量级单人双桨	余干	王坚				
	男轻量级双人双桨	弋阳	朱智福　黎建文	余干	史华武　徐进波		
	女单人双桨	余干	涂晓贞	余干	王小华	万年	芳大华
	男双人双桨	余干	吴水梅　王小华				
	女轻量级单人双桨	万年	徐晓燕	余干	余赛勇	余干	舒丽斌
	女轻量级双人双桨	余干	余赛男　舒丽斌				
六千米	男单人双桨	余干	曾海涛	余干	朱继明		
	男轻量级单人双桨	余干	王韶昆	余干	徐进波		
	女单人双桨	余干	吴水梅	余干	涂晓贞		
	女轻量级单人双桨	余干	史晓霞	余干	付海英	万年	徐晓燕

4、皮划艇单项

1997 年全区第八届运动会皮划艇单项甲组前三名

表 33－5－5

赛程	项目	第一名	第二名	第三名
五百米	男单人皮艇	万年 雷建国		
	男双人皮艇	万年 雷建国 王红太		
	女单人皮艇	余干 曹丽萍		
	女双人皮艇	余干 杨海莲 吴少华		
	男单人划艇	德兴 刘晓国	余干 齐定胜	
	男双人划艇	德兴 刘晓国 程 淳		
一千米	男单人皮艇	万年 雷建国		
	男双人皮艇	余干 吴 凯 许 强		
	女单人皮艇	余干 李美红		
	女双人皮艇	余干 曹丽萍 李美红		
	男单人划艇	德兴 程淳		
	男双人划艇	弋阳 吴寿春 江奇勇		
五千米	男单人皮艇	余干 吴凯		
	男双人皮艇	余干 李胜玉 史俊辉		
	女单人皮艇	弋阳 江夺勇		
	女双人皮艇	弋阳 吴寿春 江夺勇		

1997 年全区第八届运动会皮划艇单项乙组前三名

表 33－5－6

赛程	项目	第一名	第二名	第三名
五百米	男单人皮艇	余干 黎云长		
	男双人皮艇	余干 吴明生 盛抗清		
	女单人皮艇	余干 揭会清	余干 程晓燕	
	女双人皮艇	余干 揭会清 舒宇琼	余干 程晓燕 冯丽萍	
	男单人划艇	余干 刘国斌		
	男双人划艇	余干 刘国斌 朱文治		
一千米	男单人皮艇	余干 蔡云长		
	男双人皮艇	余干 吴明生 盛振清		
	女单人皮艇	余干 舒宇琼	余干 冯丽华	
	女双人皮艇	余干 程晓燕 冯丽华	余干 揭会清 舒宇琼	
	男单人划艇	余干 刘国斌	波阳 王晓亚	波阳 徐超强
	男双人划艇	波阳 刘三国 彭 伟		

续表 33-5-6

赛程	项目	第一名		第二名		第三名	
五千米	男单人皮艇	余干	黎长云				
	男双人皮艇	余干	吴明生　盛振清				
	女单人皮艇	波阳	刘三国	波阳	彭伟	波阳	徐超强
	女双人皮艇	波阳	刘三国　彭　伟				

(六)乒乓球

1. 团体成绩

男甲：

第一名　上饶市　第二名　德兴市　第三名　上饶县

女甲：

第一名　上饶市　第二名　德兴市

男乙：

第一名　上饶市　第二名　婺源县　第三名　波阳县

女乙：

第一名　波阳县　第二名　上饶市　第三名　德兴市

2. 单打

男甲：

第一名　杨　亮(铅山)　第二名　赵　磊(上饶市)　第三名　王利进(上饶市)

女甲：

第一名　吴　丹(上饶市)　第二名　曾　超(上饶市)　第三名　王　莹(上饶市)

男乙：

第一名　肖　亮(上饶市)　第二名　付　超(波阳)　第三名　于　超(上饶市)

女乙：

第一名　付莹莹(波阳)　第二名　郑　磊(波阳)　第三名　洪媛媛

(七)羽毛球

1. 团体

男甲：

第一名　上饶市　第二名　玉山县　第三名　德兴市

女甲：

第一名　玉山县　第二名　广丰县　第三名　德兴市

男乙：

第一名　玉山县　第二名　上饶市　第三名　铅山县

女乙：

第一名　玉山县　第二名　德兴市　第三名　上饶市

2. 单打成绩

男甲：

第一名 刘 佳(上饶市) 第二名 龚 玮(上饶市) 第三名 童 俊(玉山)

女甲:

第一名 曾启媛(玉山) 第二名 徐 伟(广丰) 第三名 余 清(德兴)

男乙:

第一名 林中静(上饶市) 第二名 冯 双(玉山) 第三名 冉川红(玉山)

女乙:

第一名 占晓丽(玉山) 第二名 王 晶(德兴) 第三名 陈旭霞(玉山)

(八)柔道

1. 团体总分

男子:广丰县(100 分) 玉山县(28 分) 上饶县(21 分)

女子:玉山县(55 分) 波阳县(34 分) 广丰县(33 分)

2. 单项

1997 年全区第八届运动会柔道单项前三名

表 33 - 5 - 7

性别	组别	级别	第一名		第二名		第三名	
男子	甲组	56kg	广丰	潘广永	广丰	毛荣根	德兴	缪志琪
		60kg	广丰	徐 震	玉山	谢小峰		
		65kg	广丰	周礼斌				
		71kg	广丰	陆 辉				
		- 78kg	玉山	姜世玺				
		+ 78kg	广丰	陈正裕	广丰	蒋 诚		
	乙组	55kg	广丰	刘志松	广丰	吴峰	上饶县	钱泽潘
		65kg	上饶县	陆兴国	广丰	占万雨	波阳	陈铭
		+ 71kg	广丰	周留强				
女子	甲组	52kg	广丰	朱晓燕	玉山	黄 利		
	甲组	56kg	广丰	潘水英				
		- 66kg	广丰	刘红英				
		+ 66kg	玉山	韩春荣				
	乙组	44kg	波阳	周丽娟				
		48kg	上饶县	游 琪	玉山	周胜英		
		52kg	波阳	熊云戒	德兴	余 婷		
		56kg	德兴	王建英	玉山	舒春霞		
		- 61kg	玉山	林丽萍				
		+ 61kg	波阳	章燕屏	玉山	黄韬卉		

(九)摔跤

1. 团体总分

玉山县(99 分)　广丰县(56 分)　上饶县(24 分)

2. 单项

甲组古典式:

48 公斤级上饶县徐华全第一名

57 公斤级玉山县林柳清第一名

62 公斤级玉山县吴明郎第一名,广丰县聂开福第二名,广丰县官达平第三名

乙组古典式:

37 公斤 ~40 公斤级上饶县严小兵第一名

43 公斤级广丰县吴兹亮第一名

47 公斤级玉山县韩琦第一名

51 公斤级玉山县傅李进第一名

60 公斤级官万辉第一名

60 公斤以上玉山县周辉第一名

甲组自由式:

48 公斤级玉山县尢榕第一名

57 公斤级玉山县许礼荣第一名

68 公斤级玉山县吴小原第一名

乙级自由式:

37 公斤 ~40 公斤级广丰县余碧波第一名

43 公斤级玉山县江永军第一名

47 公斤级广丰县吴超云第一名

51 公斤级玉山县毛建军第一名

55 公斤级玉山县尹小峰第一名

(十)武术

1. 团体总分:

横峰县(127.5)　上饶市(84 分)　万年县(74.5 分)

2. 单项

1997 年全区第八届运动会武术单项分县(市)前三名

表 33 -5 -8

组别	项目	第一名		第二名		第三名	
男子	拳术	横峰	徐跃群	婺源	何伟	横峰	宋智韬
	长器械	横峰	徐跃群	上饶市	周洪国	万年	黄从钊
	短器械	横峰	徐跃群	广丰	金泽东	万年	黄从钊
	对练	万年	黄从钊 陈　才	上饶县 婺　源	王远方　许金才 余　健　何　伟		
	全能	横峰	徐跃群	婺源	何　伟	万年	黄从钊

续表 33－5－8

组别	项目	第一名		第二名		第三名	
女子	拳术	上饶市	张 萍	婺源	吴慧芳	万年	刘 霞
	长器械	婺源	吴慧芳	上饶市 横峰	张 萍 何馥芸		
	短器械	上饶市	李敏	上饶市	张萍	万年	刘 霞
	对练	横峰	丰靖卿 巫 霞	上饶市	张 萍 李 敏	婺源	应 瑛 汪思思
	全能	上饶市	张 萍	上饶市	李 敏	横峰	何馥芸

（十）女篮：第一名 玉山县、广丰县

（十一）足球：第一名 上饶市 第二名 万年县

（十二）门球：第一名 上饶市 第二名 弋阳县 第三名 婺源县

A、 系统

一、金牌名次

第一名 教委系统（21 枚） 第二名 前卫体协（4 枚） 第三名 卫生系统（3 枚）

二、团体总分

第一名 教委系统（455 分） 第二名 前卫体协（130 分） 第三名 卫生系统（120 分）

三、获道德风尚奖代表团

教委系统代表团 邮电系统代表团 供电系统代表团

水电系统代表团 银鹰系统代表团 火车头体协代表团

四、各单项前三名

（1）乒乓球

男子团体：

第一名 水电 第二名 教委 第三名 卫生

女子团体：

第一名 教委 第二名 火车头 第三名 水电

单打：

第一名 张丽华（水电） 第二名 郑楚宇（教委） 第三名 侨宗镇（水电）

女子：

第一名 任继萍（物价） 第二名 杨玫（教委） 第三名 李钦（商业）

男子双打：

第一名 何平、张臻（教委）

第二名 陈向荣、邓明和（火车头）

第三名 陈之忠、严向宏（银鹰）

女子双打：

第一名 李钦、郑慧珊（商业）

第二名 黄龙英、陈继红（水电）

第三名 任继萍、杨兰（物价）

(3)羽毛球

男子团体:

第一名 火车头 第二名 银鹰 第三名 水电

女子团体:

第一名 教育系统 第二名 银鹰体协

男子单打:

第一名 郑剑(银鹰) 第二名 施小军(火车头) 第三名 罗理剑(火车头)

女子单打:

第一名 操光华(教委) 第二名 李春红(教委) 第三名 占利琴(银鹰)

(4)篮球

男子:第一名 物资局 第二名 外贸 第三名 水电

(5)门球

第一名 交通 第二名 行署办 第三名 民政

(6)武术

团体总分:

第一名 教委(227 分) 第二名 火车头(13 分) 第三名 卫生(9 分)

单项

1997 年全区第八届运动会单项分系统前三名

表 33-5-9

组别	项目	第一名		第二名		第三名	
	拳术	卫生	汤小明	教委	徐奕雪	教委	黎凯
	长器械	教委	黎凯	教委	徐奕雪	教委	高年明
男子	短器械	教委	黎凯	教委	徐奕雪	火车头	施发然
	对练	教委	黎 凯 徐奕雪				
	全能	教委	黎凯	教委	徐奕雪	教委	高年明
	拳术	教委	钟慧敏	教委	杨小芳	教委	腾福盛
	长器械	教委	钟慧敏	教委	杨小芳		
女子	短器械	教委	钟慧敏	教委	腾福盛	教委	杨小芳
	对练	教委	钟慧敏 杨小芳				
	全能	教委	钟慧敏	教委	腾福盛		

第六章 体育场馆

第一节 体育馆

上饶体育中心,1991年7月1日动工,1994年8月1日竣工,历时3年零1个月建成。上饶体育中心是由曾经为北京亚运会设计月坛体育馆、丰台体育中心等体育场馆的北京工业设计研究院高级建筑师蒋其芳设计。

这项工程选址合理,造型别致,功能齐全。它东依320国道,南接长塘桥,毗邻运动场,与东岳森林公园隔江相望。体育中心占地面积30630平方米,建筑面积18050平方米,由主体馆和两侧裙房组成。主体馆呈橄榄形,分为上下两层,下层为比赛馆,上层为训练馆。主体馆两侧裙房,北与长塘路、西与沿河东路相接,是观众出入赛馆的主通道。裙房两处三角区建有假山水池,花坛草地,绿树成荫。主体馆前面是一片绿地,建有彩色灯光喷池和竞技钢雕。比赛馆设有3217个席位,馆内安装有电子计时计分、通讯消防、通风报警、照明音响等设备,达到国际比赛标准。能举行篮球、排球、羽毛球、手球、体操、拳击、柔道、摔跤、举重及其他室内竞技比赛,还可供商品展销、集会、杂技、时装表演及文艺演出。看台与训练馆夹层部分设有贵宾室、接待室、休息室、警卫室、医务室及检录、电视转播、通讯、扩音录音、控制台等技术用房。训练馆可作训练和一般比赛使用。

第二节 体育场

公共体育场地 上饶体育场与上饶体育中心配套,1993年8月1日开工,1994年9月30日竣工,历时1年零1个月。占地25448平方米,建筑面积12488平方米,观众容量1.8万人。运动场铺设国际标准的塑胶跑道,可承担全国性田径、足球、曲棍球等大型比赛。

玉山县、万年县将灯光球场改建成简易体育馆。余干县、德兴市新建了50米×25米的标准游泳池。江西水泥厂投资86.4万元,新建了一栋体育活动中心,有50米×25米带3米×5米跳台的游泳池、综合性的灯光球场、旱冰场、400米跑道的田径场,以及门球场、排球场、羽毛场。永平铜矿新建了400米标准的田径场(包括足球场),50米×25米的游泳池,可容纳3500名观众的灯光球场、旱冰场,以及15个乒乓球室,20个棋牌娱乐室,9个水泥篮球场,2个门球场,豪华舞厅和露天舞场各1个。地区工商银行一次投入33.4万元为全区工商银行系统购买健身器材,修建314个活动室、篮球场。

2000年下,全区有400米标准的田径场12个,其中厂矿4个;简易的体育馆6个,其中厂矿2个;篮球场7个,其中带看台的4个;游泳池10个,其中厂矿4个;训练房20多个,门球场296个(包括厂矿),各种活动室404个,老年活动中心13个(包括厂矿),地掷球场11个,文化活动广场4个。

学校体育场地 1991年—2000年,学校体育场地建设有较大改善。全区10所重点中学,都有200米~400米的田径场,2个~4个篮球场、室内训练场、羽毛球场,以及4张~5张乒乓球台。上饶市21所小学有100米~200米跑道的简易操场16个,篮球场8个,训练房4

个,室外水泥乒乓球桌25张,还有爬竿等活动器材。上饶县有400米标准田径场、乒乓球房、训练房等。上饶师范学院有标准田径场1个,室内混合训练房1个,篮球场5个,足球训练场1个,门球场4个。

全区中小学189所,共有400米标准田径场9个,200米~300米田径场48个,中完、小以上都有30米长三直道运动场、跳远沙坑、1张~2张水泥乒乓球桌,每个中学都有简易篮球场。

卷三十四 自然观测

自然观测包含气象观测、水文观测和地震观测，这部分内容前志没有记载，续志补记时，上限适当溯延。

1990年代，境内气象观测、水文观测和地震观测机构基本建立。早在民国23年(1934)，境内铅山等地就设有气象观测站，观测天气雨情。1950年，玉山县建立了省内第一个气象站。1958年，境内形成专区有台、县有站的国家气象台、站网络；与此同时，还先后在境内五府山、大茅山、武夷山等重要山区和场、矿，建立农垦、厂矿系统专业气象站及大批农村气象哨，按中央、省气象局的统一规范要求进行地面气象观测，制作天气预报，并围绕农业生产的“种、管、收、防(洪)、抗(旱)、修(水利)”等方面开展气象服务。

1980年代起，上饶气象事业发展明显加快，气象业务由单纯的地面气象观测和天气预报，拓宽到农业气象和专业气象服务、农业气象技术开发和气候资源开发利用、人工影响天气、森林防火等工作领域。气象仪器设备不断更新。在地面气象观测中，部分项目实现自动化、遥测化；在天气形势观测中，装备天气雷达、计算机、传真机、高频电话等；在专业气象服务中，建立延伸到县、乡的农村气象警报网，使天气预报、情报能迅速传递到用户手中，极大满足防灾、抗灾的需要，取得明显的经济效益和社会效益。

民国18年(1929)，境内已设有水文观测机构，但直至新中国建立初，水文观测机构一直与气象部门合并办公。1956年，成立江西省水文总站上饶分站，两年后与气象站合并；1971年又成立上饶地区水文站。1993年3月，上饶地区水文站更名为江西省水利厅上饶地区水文分局。1994年3月，上饶地区水文分局增挂上饶地区水环境监测中心牌子，主要负责上饶境内的水环境监测工作。

1976年，境内建立上饶地震台，实行省、地双重领导，以省为主，之后几经撤销恢复。2000年10月，上饶地区撤地改市，上饶地区地震办公室改名为上饶市地震办公室。

第一章 气 象

第一节 机构设置

机构沿革 1958年3月，上饶专区成立江西省水文气象局上饶工作组，负责管理全区所属各县气象台、站,隶属于江西省水电厅管辖。9月,省水文气象局组建上饶气象台,调派气象工作组,驻上饶分站(办公点设地委大院)。11月,景德镇气象站划归上饶专区水文气象总站管理①。

1959年4月,成立上饶专区水文气象总站,设气象台、气象组、水文组,隶属上饶专署;各县先后成立水文气象站,担负当地水文气象管理工作。5月,景德镇市各水文气象台站从上饶专区划出,成立景德镇市水文气象总站。1962年6月又划归上饶专区水文气象总站管理。

1961年10月,气象部门开始试行省管,并进行调整、充实、提高,业务和服务有较大发展。1962年8月3日,全区水文气象体制正式上收,11月,上饶专区水文气象总站划归江西省水电厅气象局直接管辖;1963年9月,改称江西省水利电力厅水文气象局上饶分局,内设秘书科、水文科、水文气象服务台。行政上受水利电力厅直接领导,业务上由省水文气象局管理。1964年8月,江西省水利电力厅水文气象局上饶分局重新划归上饶专署管辖,内设秘书科、气象科、水文科、气象台。1966年7月“文化大革命”开始后,除日常预报外,其他各项工作基本处于停顿状态。1968年11月28日,成立上饶专区水文气象站革委会,内设气象班、水文班。1969年1月,将东乡县水文气象站划归抚州专区水文气象站管理。

1970年12月,地、县气象部门建制实行军管和地方政府的双重领导,水文部门分出另设机构。1971年4月23日,上饶专区改上饶地区,原上饶专区气象台改为上饶地区气象台。1973年7月,撤销军管,上饶地区气象台划归上饶行署管理,归口到农林办公室。1978年6月,上饶地区气象台改为上饶地区气象局,为正县级事业单位。1979年地区气象局设人事科、业务科、资料室和气象台。

1980年7月,经省政府批准,气象部门体制上收,上饶地区气象局划归省气象局管辖,实行以省气象局为主、上饶行署为辅的双重领导体制。1983年10月,上饶地区气象局复改为上饶地区气象台,实行局站合一体制。

1985年1月,上饶地区气象台改为上饶地区气象管理局(简称气象局),隶属于江西省气象管理局,管辖上饶地区所属各县气象站,并负责鹰潭市所属气象台站的业务管理工作。4月1日,景德镇气象台业务重新划归上饶地区气象局管理。

1988年11月,气象局内部改设人事秘书科、业务管理科、后勤管理科、综合经营科、气象台等机构。1990年3月改设办公室、人事科、气象服务科(1997年1月改为气象科技服务中心)、业务科、资料室、气象台。地区气象局所属县气象站改为县气象局。当年,地委、行署成立了上饶地区人工影响天气领导小组,下设人工增雨办公室,在地区气象管理局内办公。

1991年7月,成立上饶地区防雷技术中心,属上饶地区气象管理局下属单位,全区各县(市)局也成立相应机构。1992年5月,气象部门建立了双重计划财务体制。

1996年11月,上饶地区气象管理局复改为上饶地区气象局。

1999年7月,上饶地区防雷装置质量检测检验所成立,属上饶地区气象局下属正科级事业单位。主要负责全区的防雷设施检测、检验和监督管理工作。全区各县(市)也分别设立防雷装置质量检测检验站。2000年10月撤地设市后,上饶地区气象局改为上饶市气象局。

2001年7月,上饶市气象局及下属各县(市)局设立雷电防护管理局。次年4月,上饶市气象系统机构调整,市局内设办公室、业务科技科、政策法规科(雷电防护管理局)和人事教育

①气象台、站的设置不按行政区划进行,有其特定的地域条块。

科(监察审计科、精神文明建设办公室)4个职能科室。4个科级直属单位,分别为气象台、气象科技服务中心、防雷装置质量检测检验所和隶属于办公室的机关服务中心(财务核算中心)。全市11个县(市)气象局、站合一。7月,市政府成立上饶市减灾委员会。

站网设置 观测站、测候所 民国20年(1931)以后,江西水利局在上饶境内不定期的设立一些观测站及测候所,但等级较低,时有裁撤。27年9月,江西水利局在信江流域贵溪等地建立测候所。31年(1942)3月31日,省政府布置贵溪测候所将气象电报以军事一等急电发至中央气象局。6月,裁撤贵溪站。33年10月10日,建立铅山测候所(代号207)并开始观测,次年8月底停测。36年江西省第四区农场测候所(设上饶)建立,并开始观测。

气象站 民国37年,玉山气象站建立并开始观测,次年2月停测撤站。1950年10月,中央军委气象局中南军区气象处派遣李一甦、熊兆昌2人由汉口到玉山,在东津桥飞机场建气象站,11月开始观测。此为中华人民共和国成立后,在江西省建立的第一个气象站。次年10月,中南军区按规定确定其为乙种气象站。1952年7月,建立贵溪、浮梁气象站。1954年10月,中央气象局批文同意将浮梁气象站改称景德镇气象站,同时对上饶的台站等级划分作了修订:贵溪站划为一等气象站,景德镇、鄱阳站(筹建)划为二等气象站。12月,鄱阳气象站建立并开始地面气象观测。1958年,德兴县成立气象站,次年县气象站和水文站合并为县水文气象服务站。1965年7月,气象和水文又分开设。

1973年1月,鹰潭镇气象站建立并开始观测。1985年升格改为鹰潭市气象台。1980年1月,上饶县气象站建立并开展观测和天气预报服务工作。1981年3月1日广丰县气象站改为国家农业气象基本站。1983年7月,各县(市)成立县气象局,实行局站合一体制。1985年4月,景德镇气象台和乐平气象站业务划归上饶地区气象局管理。1987年上饶县气象站改辅助站,1月起,撤销其农业气象观测及天气预报服务,1989年3月1日至1999年12月停止观测,2000年1月1日起恢复一般气候站观测。

1990年4月,全区县气象站改为县气象局。8月,国家气象局指定玉山气象站为国家基准气候站①,当年12月底开始实行24小时基准气候观测。12月,德兴县气象局改为德兴市气象局。1994年起,余江、贵溪县气象局归鹰潭市气象局管理。

雷达气象观测站 1977年11月,地区气象台建立雷达气象观测站,使用省气象局统一配备的711测雨雷达,可测定半径达300公里(北至铜陵,东至北雁荡山,南至三明,西至靖安境内)空间积雨云层距离、方位、高度以及云层厚度。最初设在地面气象观测站西侧的解放牌牵引车上,1978年10月搬到位于上饶市豆芽巷文笔峰顶南侧新建的雷达专用房。根据强对流天气内容,对雷雨、大风、冰雹、强降水等项目和重要农事季节的晴、雨(雪)转折天气进行观测,对重大灾害性天气进行跟踪监测,及时准确地提供大量图像资料,为制作短时天气预报、进行灾害性天气预报服务提供可靠数据。

气候站 县级气候站后多改为气象站。1954年7月,余江县邓家埠农场气候站建立并开始观测,1965年6月撤销。1955年10月,在铅山县武夷山北麓七星山建立气象站,属国家基本站,参加亚欧气象情报交流,积累了宝贵的气象资料,1991年12月31日撤销。

1955年12月至1957年12月,弋阳、乐平、婺源、上饶、德兴县先后建立气候站,并开始观测。1958年9月,为配合中央气象局探讨研究武夷山对附近天气的影响,省气象局在境内武

---

①基准气候站为全天候观测站,其气候资料参加全国气象资料交换。

夷山北麓的铅山县杨村、车盘、娘娘庙、葛仙庙、西坑、桐木关、永平等地设立气候站,对武夷山的气候进行多方位观测,至1960年12月结束。同月,永平气候站迁往河口并改为铅山气候站。1959年1月,余干、万年、广丰、横峰、余江县气候站建立并开始观测。同年5月,上饶气候站改为上饶专区气象台观测组。1978年12月,波阳县石门街气候站建立,次年1月开始观测,1986年1月撤销。1982年10月,国家"亚热带东部丘陵山区气候资源及其合理利用研究"课题组,在境内武夷山的高州、姚家、禹溪、揭家等地建立4个山区气候站,进行为期3年的山区气候观测。1983年4月底,为研究鄱阳湖对气候的影响及其生态平衡中的作用,省气象局在余干县的东风乡、县良种场、信丰垦殖场蔡家设立气候站,进行为期1年的湖区气象观测。1998年,玉山县参加南海季风试验及淮河流域能量与水分循环试验。波阳县参加淮河流域能量与水分循环试验。

行业气象站 1959年—1983年,地区五府山综合垦殖场、武夷山垦殖场、乐丰良种繁殖场、德兴铜矿、永平铜矿等几处大型国营场、矿,先后建立行业气象站,各站配备专业人员3~5人,针对场、矿自身专业的需要,每日进行3次气象观测,观测项目与一般气候站相同,兼作气象预报,为场、矿业务提供专业气象情报服务。1983年1月1日,江西武夷山自然保护区(铅山县境南)建立的简易气象站开始正常观察记录天气要素,此后逐渐更新完善。

农业气象观测站 1959年,上饶、乐平、余江成立农业气象观测站。1960年3月,上饶气候站改建为上饶地区农业水文气候试验站,1962年8月撤销试验站,农业气象观测由上饶水文气象台观测组继续观测,至1967年终止。1970年,广丰、余干、婺源县的县国家农业气象情报站调整为气象站。同时,省局又指定余干、广丰县、景德镇市为省农业气象情报站。1980年1月,广丰县、余干县站被列为国家农业气象观测站。1981年,玉山、波阳、弋阳、余干、广丰县和景德镇市等气象站被列为省农业气象情报网。1983年,婺源县站调整为国家农业气象观测站。1984年,弋阳县站列为全省农作物产量预报试验协作站和全省农作物病虫害监测站。1986年,余干、婺源县站被列为省农作物病虫害监测站。1989年12月,省气象局重新确定婺源、余干、广丰县农业气象试验站为国家农业气象观测站;波阳、乐平、余江县、玉山县农业气象试验站为省农业气象试验站。1990年,广丰、余干、婺源县站调整为国家农业气象一级站。几经调整后,至2000年,国家农业气象一级站有婺源、余干、广丰县站;省农业气象情报站有波阳、玉山、上饶县站。

农村气象哨 1958年6月,为响应中央气象局发出的"依靠全党全民办气象,提高服务质量,以农业服务为重点,组成全国气象服务网"的号召,全区每个公社、场、矿都纷纷办起气象哨,观测天空云彩状况、风向、风速、温度、降水等等,一时轰轰烈烈,给农业生产带来很多便利。但后来多因经费、人员问题没有继续下去,只有少数坚持到80年代。其中坚持观测较好的气象哨有:1966年,婺源县段莘、赋春、珍珠山的气象哨;1974年,广丰县铜钹山、湖口的气象哨;1979年,玉山县紫湖的气象哨;1982年,德兴县占才、上饶县华坛山、弋阳县三县岭、铅山县陈坊、天柱山、万年县城厢镇、余干县瑞洪、波阳县漳田渡等地的气象哨。1986年4月,根据上级主管部门的意见,气象哨由以前"公办(业务部门)民助(公社资助)",改为"民办公助",至此,各气象哨先后停止工作。

气象联防组织 1970年8月,浙赣两省开始进行气象预报联防。浙江衢县空军气象台、衢县气象站首先发起,邻近的玉山县气象台响应参加,组成浙赣两省气象联防组织。1973年4月,上饶地区气象局及婺源、德兴、广丰、贵溪县、景德镇市气象台站加入联防组织;1976年4

月，铅山县气象站也加入。其后，安徽省黄山气象站、福建省南平地区气象局及部分县局也参加联防，两省气象联防逐渐扩大成闽、浙、皖、赣四省军地气象联防协会，进行四省气象联防，相互拍发危险天气联防预报，电话通报灾害性天气实况等。联防组织的主要任务是定期召开会议，交流预报业务和服务经验，遇有灾害性天气，上游站及时通知下游站作好防御准备。1990年以前，设备简陋的县气象站，通过联防，借助市级气象台、空军气象台的装备优势，提高预报服务质量。1990年代后，四省军地气象联防协会进一步扩大，横峰、弋阳县气象局也加入协会，协会进一步规范化、制度化，联防的手段越来越多，内容越来越丰富。联防会议每年由各理事单位轮流组织承办一次，各相关成员单位积极参加，交流的内容增加气象科技服务、雷电业务、装备保障、气象现代化建设等。1976年4月、1984年11月、1995年11月，上饶市气象局先后3次举办闽、浙、皖、赣四省军地气象预报联防会议。

1981年，上饶雷达站参加全省雷达站联防组织，每年3－9月定时向省气象台拍发天气雷达预报。同年6－7月，上饶、玉山县等雷达站参加华东地区雷达联防组织，向合肥、上海气象台拍发天气雷达报。

人员培训 1956年10月，省气象局在玉山县举办第一期气象干部训练班，为期8个月，培训地面观测员60人。1959年9月，省水电厅水文气象局干部训练班在玉山县开学，共培训水文气象干部100余人。1963年9－10月，省水文气象局在玉山县举办水文气象干部训练班，培训气象业务干部26人。1990年以后，上饶地区气象局加大了人才培养的力度，针对干部职工学历偏低的状况，重点加强在职继续教育，提升职工学历。1990年—2000年，全区选送26人参加中专学历教育，35人参加大专学历教育，5人参加本科学历教育。

1957年—1976年全区气象台站一览

表34－1－1

站名	建站日期	建站位置	迁站日期	迁站位置
玉山县气象站（国家基准站）	1950年10月	玉山东津桥	1954年1月1日	玉山县解放路太宝山11号
鄱阳县气象站（国家基本站）	1954年12月1日	鄱阳县城府城隍庙	1957年1月1日	鄱阳镇杉树台城郊
弋阳县气象站	1955年12月1日	城郊公社湖塘村		
婺源县气象站	1956年	每砂农场内	1961年1月1日	婺源县茶场乡村
德兴市气象站	1957年12月1日	德兴市女儿田村	1981年1月1日	市银城镇河西狮子山上
上饶市气象台观测站	1957年	上饶县皂头乡	1968年1月1日	上饶市刘家坞文笔峰
横峰县气象站	1958年	横峰县苗圃田园上	1960年1月1日	城北门窑背郊外
铅山县气象站	1958年9月1日	铅山县永平乡北极村	1960年1月1日	河口镇旺子元郊外

续表 34-1-1

站名	建站日期	建站位置	迁站日期	迁站位置
余干县气象站	1959 年 1 月 1 日	余干县马背嘴苗圃	1960 年 1 月 1 日	余干县玉亭镇琵琶洲郊外
万年县气象站	1959 年 1 月 1 日	万年县青云镇南门郊外	1960 年 1 月 1 日	县城陈营镇
广丰县气象站	1959 年 11 月 1 日	广丰县城郊公社东风大队上关村		
上饶县气象站	1976 年 7 月 1 日	上饶县旭日镇		

说明:1981 年 3 月 1 日广丰县气象站改为国家农业气象基本站。1987 年上饶县气象站改辅助站,1989 年 3 月 1 日至 1999 年 12 月停止观测,2000 年 1 月 1 日起恢复一般气候站观测。

第二节 气象观测

民国 18 年(1929),境内气象台站最初的气象观测,是与水文台站的水文监测同时进行的。1960 年年初,向省气象台拍发每日 8 时区域绘图天气报告。1962 年 1 月 1 日起,全区各台站所有观测项目均根据中央气象局颁发的《地面气象观测规范》进行观测。1980 年 1 月按照中央气象局第四次修改的《地面气象观测规范》规定项目进行观测。1981 年 3 月,全区气象台、站执行《江西省气象哨工作章程》。1985 年 1 月 1 日启用《新湿度查算表》。1991 年 7 月起,全区执行新的"台风业务和服务规定",1985 年版及历次补充的观测规则均同时停止使用。从 1996 年 4 月 1 日起,正式执行"江西省气象服务电码(GD-91)"。1999 年 3 月 1 日起开始使用 GD-05 电码,原江西省气象服务电报(GD-91)停发。

地面气象观测 观测项目 1951 年 1 月 1 日起,各台站进行气压、温度、风向、风速(目测)、湿度、降水量、蒸发量、云量、云状、能见度、天气现象、日照等项目观测。1954 年 1 月 1 日增加地面最低温度观测。1955 年—1962 年增加云向、云速观测。1956 年 9 月增加地面温度和地面最高温度观测。同年 10 月玉山、鄱阳气象站增加电线积冰观测。1957 年各站增加积雪深度观测;7 月增加浅层地温 5 厘米、10 厘米、15 厘米、20 厘米观测;玉山站还增加 40 厘米、80 厘米、160 厘米、320 厘米深层地温观测。1958 年前后,主要通过人工观测进行大气压力、空气湿度、风向风速、降水量、蒸发量、地面湿度、积雪深度、云量、云状等各类天气现象的测报。

1977 年 7 月 1 日起,各站增加指示性云、地方性云、系统性云等云天观测。1982 年玉山气象站增加施放小球测云高项目。1984 年 12 月 31 日 20 时起,上饶、波阳站使用 E601 大型蒸发仪进行观测。1985 年 1 月 1 日起,按《新湿度查算表》的数据进行观测。1998 年 1 月 1 日,玉山站开始使用 E601 大型蒸发仪进行观测。同日,弋阳、横峰、广丰县气象局恢复国家一般气候站的观测任务。

观测时次 1950 年代至 1960 年代,地面气象观测每隔 6 小时进行 1 次,每天按地方时于 01:00、07:00、13:00、19:00 四个时间段次定时观测。1960 年 7 月 1 日改为每日 4 次和每日 3 次两种,即在 02:00、08:00、14:00、20:00 和 08:00、14:00、20:00 采用北京时进行观测,但日照观测仍用地方时。1985 年 3 月 1 日起,增加地面气象观测时次,玉山、波阳增加 01:00、23:00

时2次,上饶观测组增加05:00、11:00、17:00、23:00时共4次,其他站增加11:00、17:00共2个时次。1986年取消增加的观测时次。1991年,玉山县气象站改为国家气候基准站,观测时次由4次改为24次,每小时观测1次。

农业气象观测　1957年4月,上饶气候站开始对农业气象进行观测,观测作物有水稻、棉花。1959年3月1日起,全区各县气象站开始进行物候观测,田间试验指标鉴定,制作报表,积累农业物候观测资料,定时进行田间土壤湿度观测。1960年3月,上饶气候站改建为农业水文气候试验站,1962年8月撤销。农业气象观测由上饶水文气象台观测组继续观测,"文化大革命"中,1967年终止观测。

1978年恢复农业气象观测。1979年2月,全区各县(台)站普遍开展双季稻、水稻制种的农业气象观测,此外还对油菜、棉花、花生、柑橘、茶叶、苏里娜、子粒苋、玉米、大豆、烟叶及作物病虫与水产养殖水温的农业气象物候进行观测。同年,省气象局下文:除国家农业气象基本站外,其他站也要对农作物进行简易观测。地区气象局要求全区气象部门为农村开展多种经营服务。1983年,婺源县站调整为国家农业气象观测站,开始进行农业气象观测。1984年,弋阳县站列为全省农作物病虫害监测站,开始进行农作物病虫害监测。1989年12月,省气象局重新确定婺源、余干、广丰县农业气象试验站为国家农业气象观测站,波阳、乐平、余江、玉山县农业气象试验站为省农业气象试验站。婺源、余干、广丰县农业气象试验站开始进行国家农业气象观测。波阳、乐平、余江、玉山县农业气象试验站开始进行省农业气象试验。1990年,广丰、余干、婺源县站调整为国家农业气象一级站,观测项目分别为:水稻、油菜、花生、大豆、冬小麦、烟草、玉米、物候。2000年7月,气象局开通运行上饶农村经济信息网,主要发布当地农业、农产品供求信息及气象信息等。

雷达观测　1977年11月,上饶地区雷达气象观测站建成,使用711型测雨雷达对雷雨、大风、冰雹、强降水等进行观测。1978年3月1日至10月31日,每天进行6次定时雷达气象观测,观测时间为01:00、04:00、08:00、13:00、16:00、20:00。1987年开始改为每天观测4次,观测时间为04:00、08:00、12:00、16:00。1989年起,改为每年3月1日至10月31日进行观测,每天3次,观测时间为04:00、16:00、23:00。定时雷达气象观测,非定时观测,根据需要而定。1990年以后,由于设备老化等原因,根据天气情况或在人工增雨作业时,进行不定时观测。

第三节　气象预报

新中国建立初期,气象系统为军事部门建制,气象资料属于保密范围。1953年,中央军委主席毛泽东、政务院总理周恩来联合发布命令,将气象部门从军事系统建制转到政府系统建制内,使气象工作同时服务于国防建设和经济建设。1956年6月,气象情报取消保密后,气象资料仍属内部资料,工程、厂矿、设计等部门需要某项气象资料,需派专人持介绍信到气象部门抄录,或由气象部门根据需要提供整编资料。

天气预报　1958年,上饶气象部门开始面向社会预报天气。1950年代至1960年代,因气象仪器简易,观测手段较原始,天气预报的种类方式也较单一。1970年代,随着气象事业的发展,天气预报的种类增多,预报期限延长,准确率相应提高,服务范围也逐渐扩展。1990年代,随着计算机和通信技术的发展,上饶建立气象卫星网络(9210工程),地区气象局建成气象信息卫星接收站，各县（市）气象局建成气象信息卫星单收站；同时建立了气象信息网络，成立气象内网，实现数据共享。1996年，全区建立气象声讯121平台，服务器设立在地区局气象台。同年与电视台协议开播电视天气预报栏目。气象部门加强气象业务软件的开发与应用，广泛应用世界上先进的气象数值预报模式及数值预报产品，实现预报技术人员的主观预报和数值预报模式的客观预报相结合，大大提高天气预报的准确率，尤其是短期天气预报和中长期天气预报的准确率。1998年，在特大洪涝灾害中，天气预报的准确度得到很好检验。1999年起，全区又开展防雷工程服务。

预报种类　1950年代至1990年代，天气预报种类主要有短期天气预报、中长期天气预报、短时天气预报、专业天气预报、灾害性天气预警、联防预报、指数预报等。

短期天气预报。1958年3月起，对外发布24小时天气预报。1959年1月起发布1～3天的天气预报。1974年后只发布1～2天天气预报。

中、长期天气预报。1959年1月起，每月逢10发布未来10天的中期天气预报；每年3月上旬发布春播长期天气预报。1971年后发布汛期、干旱期及寒露风长期天气预报。

短时天气预报。1974年开始，随时发布未来12、6、3小时的短时灾害性和突发性天气预报。

专业天气预报。1988年11月开始，根据林业、建筑、消防、电力、粮食仓储等行业的特殊需要，专门发布低温、冰冻、高温、干旱、火险、水灾、空气湿度等气象要素预报。

灾害性天气预警。1978年，德兴县站参加国家台风监测网测报。1988年开始，全区在党政机关、企事业单位安装警报接收机，通过警报系统发布天气预报，遇灾害性和突发性天气，随时开机发布各种气象信息。

联防预报。1967年，德兴、婺源县站参加浙江省、福建省、安徽省、江西省军民气象情报联防服务网。1970年—1973年，地域毗连的闽、浙、皖、赣四省组成军地气象联防协会，相互拍发危险天气联防预报。1981年，上饶雷达站参加全省雷达站联防组织后，每年3－9月定时向省气象台拍发天气雷达预报。同年6－7月，上饶雷达站、玉山县气象站参加华东地区天气雷达联防试验预报，向上海市、合肥市拍发天气雷达报。

指数预报。2000年起，逐步开展人体舒适度、啤酒指数、火险等级指数预报。

预报制作　1950年代末至1970年代初，天气预报的制作系“图、资、群”三结合，即由天气图、气象资料、群众经验综合而成。上饶气象台在收听南昌、汉口、长沙气象台大范围天气形势预报和区域天气预报的基础上，综合本站14时气压、温度、湿度、风等气象要素随时间变化的曲线图和剖面图，气象要素之间前后相关的点聚图，较大范围气象要素分布的简易天气图，结合建立的天气模式、相似过程、群众看天经验（天气谚语）和天物象反映等等，进行综合分析，作出1～3天的补充天气预报。

1978年后，气象台以传真机接收日本、北京的地面高空大气图、预告图及各种物理量传真图，数值预报产品、预报模式和指标，经综合分析，制作天气预报。1982年后，用数理统计，开展MOS① 预报方法。地区气象台建立3－6月份短期逐日晴雨，4－6月份短期大到暴雨降水强度的MOS预报方程。1988年通过计算机网络共享省气象台资料，丰富了资料信息的来源，

---

①MOS预报方法即由天气动力学预报方法和统计预报方法相结合的方法，称作由动力学预报模式得出的统计预报，简称MOS预报。

使短期天气预报的制作更趋于客观、准确。

1992年后,通过卫星单收站获取各类气象资料以及国内外的各种数值预报产品,延长预报时间。2000年,地区气象台卢秋芳主持开发信江流域雨量预报方法,并运用于预报制作。

传播途径 境内天气预报的传播途径,主要有广播电视、书面报刊、电话声讯、现场服务几种类型。

广播电视。1950年代末,实现专(区)有台、县有站后,专区、县气象台站展开了天气预报服务,专、县各级广播站由转播江西省气象台的天气预报节目,改播专区气象台发布的天气预报,每天早晚各播放一次。1958年10月1日,上饶广播电台第一次开播天气预报。1959年9月26日,正式通过广播电台发布全区未来1~2天的天气预报,包括天气、风向、风力、最高最低温度等。遇有灾害性天气,另作专题广播。1986年1月1日起,江西电视台在“每日新闻”节目后,播放上饶地区各县(市)未来24小时的天气预报。1990年起,上饶电视台“新闻播报”节目后,增加上饶气象台发布的各县(市)未来24小时天气预报。1990年代中后期,地区气象局建成电视天气预报制作系统,每天自主制作天气预报录像带,在地区电视台播放。同时,全区相继开通天气预报电话“121”自动答询系统。2000年起,各县(市)气象局相继独立制作天气预报节目,并在当地电视台播放。

书面报刊。从1960年代开始,除定期的向外发送书面预报外,还不定期地发布未来3天的中期天气趋势和过程性天气预报、旬报、月报及重要农事季节、重大灾害性天气预报。派有专人传送书面预报,但仅限于少数单位和领导。1980年代以后,书面预报传送的范围扩大:上至党政机关,下至城、乡(镇)政府所在地。1987开始,中、长期天气预报以《气象信息与咨询》刊物形式对外印发。春播、汛期及干旱期,不定期将温度、雨量、日照等气象要素,用书面形式送到用户手中。1989年2月15日,开始在境内第一大报《赣东北报》刊登上饶地区天气预报。90年代以后,随着其他服务手段的运用,地区、县(市)两级气象部门书面预报材料主要用于决策气象服务,供各级党政领导参考,材料内容增加了防灾、农事等方面的建议。

电话、声讯。在遇有重大灾害性天气出现时,气象部门通过电话及时向党政机关、农业生产和防汛抗旱指挥部传递预报。1988年在党政机关、企事业单位安装了警报接收机,遇有非常天气,可随时接收危险气象预报。1995年,地区气象台与电信部门联合建立“121”天气自动答询系统声讯台,用户可根据需要,通过声讯台随时查询各县(市)未来1~3天的天气情况。

现场预报。1960年代初期,每逢早稻春播季节,各气象台站先后派出春播服务小分队,深入郊外乡镇农村,就地开展气象预报服务。

第四节 气象服务

服务措施 1953年,气象部门从军事建制转到政府建制内,同时服务于国防建设和经济建设。当年4月,随着工农业生产发展的需要,省军区通知各气象站加强对农业、水利、经济建设部门的气象资料服务工作,各单位可根据需要持介绍信到气象部门索取有关资料。1950年代末期,气象部门开始进行专题气候资料分析,重点是为农村春播、防汛服务。1982年,由不定期的气候分析改为定期,进行年度、季度气候评价,无偿印发给有关领导和服务单位。

1980年代前,气象服务主要是公益性的无偿服务。1983年开始试行有偿气象服务,气象部门由单纯的公益服务部门转变为以公益服务为主、专业有偿服务为辅的科技单位。1985年后开展人工增雨、森林防火、防风防旱、科技扶贫、农业气候、农作物产量、病虫害监测等专业测报。1986年开展环境影响评价，为工厂企业服务。1987年—1990年，气象部门先后为保险公司投保单位或个人提供气象灾害的证明材料；向地、县(市)计委、统计局提供逐年气温、气压、温度、降水等气候资料，并且编入国民经济手册。根据上级要求编写农业气候资源调查报告、气候评价等气候分析材料，给有关领导作参考。1994年《中华人民共和国气象条例》出台以后，上饶气象事业得到快速发展，气象服务措施不断提升和改进，服务形式日趋多样化。

气候评价服务　有年度、季度和逐月的气候评价及专题农业气候分析服务，即总结某段时间内的天气气候，对农、林业、水利、交通以及人民生活的影响程度或针对某一作物进行气候分析，鉴定其可行性。此外，还为地质勘探、厂区规划建设、化工等提供气候资料和情报服务。

农业气象服务　有农业气候年景预报，重要农事季节天气过程预报，农用天气预报，低温冷害预报，农业气象灾害预报等。1950年代至1960年代，气象部门对农业的气象服务方式，主要是提供气象情报和重要农事季节天气预报；1970年代主要调查摸清当地农业气候资料，树立为大农业服务的观念；1980年代走出站门，深入农业第一线与农村挂钩，建立联系点和示范户，开展科技扶贫、科技兴农，深受有关部门和群众的欢迎。1990年代开展常规农业气象情报、农业气象预报、水稻、油菜、棉花、粮食总产等产量预报服务，并开展农业气候资源精细化分析区划工作。

春播、防汛期是农业气象服务的两个重点时段，地、县气象台站每年春夏都要采取各种措施，全力以赴，搞好服务。每逢早稻春播前，各气象台站利用当地政府召开各种会议期间，介绍春播适宜期天气预报分析及防止烂秧知识；并先后派出春播服务小分队，深入郊区乡镇，经常走访市郊、专业户、蔬菜场开展现场服务；同时利用乡、镇墟集，组织小分队深入上饶县沙溪镇、田墩乡、广丰县永丰镇等地走访集市，摆摊设点，开展春播天气咨询服务。每逢防汛期间，地区台(站)汛前均召开服务座谈会，走访重点用户，做到心中有数。汛期工作重点放在水库安全渡汛及蓄水抗旱方面，对于一些危险工程，气象部门专门组织流动服务台进行服务。

农业气象服务的主要内容：1. 编发农业气象旬报和农业气象灾害情报，1957年7月开始。总结上一旬的天气特点，分析将出现的灾害性天气对农业生产的利弊，针对性提出一些农事建议。同时根椐农作物各个不同生育期，编写专题农业气象情报。1970年代起，各站定期或不定期编发各种气象小报，如“气象与农情”“春播气象”“气象服务”等；1980年代大部分小报改为“气象信息与咨询”；1990年代主要有“农业气象旬(月)报”“农业气象”。2. 农作物生育期预报。有早稻成熟期、晚稻移栽期、晚稻抽穗期、油菜播种期、油菜成熟期预报等，充分利用农业气候资源，合理搭配品种，安排农作物布局供参考。3. 农作物产量预报。有早稻、晚稻、油菜产量预报，为领导和农业部门以及统计部门提供科学的产量数据。4. 病虫害气象预报。根据水稻的稻瘟病，稻纵卷叶螟、稻飞虱等病虫害的发生气象条件，结合天气预报与植保站联合发布病虫害预报，供有关部门防治参考。5. 农业气象预报。有农业气候年景预报，重要农事季节天气过程预报，农用天气预报，低温冷害预报，农业气象灾害预报。6. 气候评价。有年度、季度和逐月的气候评价及专题农业气候分析服务，即总结某段时间内的天气气候，对农、林业、水利、交通以及人民生活的影响程度或针对某一作物进行气候分析，鉴定其可行性。此外，还为地质勘探、厂区规划建设，化工等提供气候资料和情报。7. 农业气象科技推广。1980年代先后在广丰、铅山县等乡镇建立农业气象试验基地，进行“短、平、快”项目研究；波阳气象站建立水面综合开发点；广丰县气象站进行柑橘高产实用技术试验。铅山、玉山、弋阳县气象站积极参与当地杂交水稻制种实验,玉山县站还开展早稻中晚熟有效高产栽插期推广试验。1990年代,上饶气象部门进一步加强农业气象科普工作,组织人员下到农村,散发各种农业气象科普材料,接受农民咨询;另外还特为广大农村编印《养鸡与气象》、《养鱼与气象》、《春播天气展望》、《早稻最好播种期》等农业气象刊物。8. 建立农业气象情报站。(详见第一节机构设置中“站网建设”)

人工增雨　每年7—8月干旱期间,气象部门向政府提供有利的天气情报(副高边缘、台风前沿、地方性强对流云等),协助进行人工增雨活动。境内的人工增雨试验始于1958年,在铅山、上饶两县利用土火箭和熏烟等方法,在高山顶上对准降雨云层,发射装有催化剂的土火箭,达到催雨目的。1976年—1977年,先后在广丰县鹤山、车井、河北3个乡开展消雹试验和人工增雨试验;1978年在省气象局科学研究所的指导帮助下,调用鹰潭、上饶两个高炮营,在德兴县、余干县、万年县、铅山县、波阳县、玉山县、广丰县等地展开流动式的人工增雨作业试验,降水效果良好,社会反映颇佳。此后,全区人工增雨活动开始大范围推广。

1985年、1986年,在上饶县茗洋关水库进行春季人工增雨试验,炮响雨落,经济效益显著。1990年,上饶地区持续40~60天大旱,受灾面积约13万多公顷,地委、行署为此成立上饶地区人工影响天气领导小组,下设人工增雨办公室(简称“人影办”),在地区气象局办公,并抽调10余名气象技术骨干参加人工增雨工作。先后在波阳县双港乡、铅山县杨林乡、上饶县旭日镇开展增雨作业22天,发射碘化银弹510发,增雨效果十分明显,降水总雨量达1870毫米,受益面积3.53万公顷。1994年—2000年,上饶市、德兴县、广丰县、玉山县、铅山县、万年县人影办分别配备2门37高炮开展人工增雨作业。2000年起,人工增雨作业逐步由37高炮改为火箭发射架,各县人影办相继配备人工增雨火箭发射架1架。

专业气象有偿服务　1983年,境内开始开展专业气象有偿服务,与7个单位签订服务合同,收费800元。1984年地区台成立气象服务股,固定3个专业服务人员,建立“各负其责,通力协作”的岗位责任制,加强宣传走访,洽谈、会商,上门签订服务合同,使气象有偿服务有新的发展,先后签订22个单位服务合同,收费4000元。1985年5月,根据国务院第25号文件批准,气象部门的专业服务正式由无偿转为有偿。1986年地、县气象台站成立气象服务科、服务股,地区先后指定4名技术人员负责气象服务工作,并摸索一套服务工作程序,建立一整套服务常用图表,并研究制定服务收费提成、奖励等办法,合理解决服务人员劳保待遇和交通车辆等问题,大大提高服务人员的积极性,使有偿服务工作朝着正规化、专业化、制度化方向发展,全区服务合同数大幅度增加。此后,地区气象局陆续与厂矿企业、部队、电力、水库、保险等单位签订专业气象有偿服务合同。

1990年代,气象服务项目从1980年代初单纯的天气预报服务,发展到各行业要素指标预报、精细化天气预报、未来5~10天的天气预报服务、未来一个月的天气趋势预报、年天气趋势展望预报等多种形式的服务,增加了防雷检测业务、防雷工程技术、彩球广告、电视天气广告、电话声讯等气象服务项目。服务方式从初期的由专人递送天气预报,发展到电话、传真、网络、手机短信等多种方式。服务收入也不断增加,全区有偿气象服务总收入:1985年为5000元;1986年为3.3万元;1987年为6.1万元;1988年为13.8万元;1989年为17.77万元;1990年为24.12万元。有偿气象服务弥补了气象事业经费的不足,有力支撑了气象事业的发展。1991年地区局自建气象警报台,增加气象警报业务服务。1995年同电信局BB机台合作,通过BB机发布天气预报。1999年,为大坳水库和德兴铜矿等单位提供网络气象天气预报服务,使气象信息的传递更加全面、及时。

第五节　成效收益

1973 年 5 月至 6 月上、中旬，连续降雨，玉山七一水库蓄水已满。6 月下旬又连降大雨，特别是 25 日降了大暴雨，降水十分集中，致使七一水库水位猛涨，出现严重险情。防汛指挥部命令七一水库在副坝上埋好炸药包，随时准备打开非常溢洪道，若 26 日再降暴雨即炸开副坝泄洪。是行是止，众说纷纭。玉山县气象站预报人员经过认真分析资料信息，并与有关台站交流后，认为这场暴雨天气过程已趋结束，26 日降水量不多，且将逐渐停止，遂向有关领导汇报，缓行炸坝。指挥部领导听取并采纳玉山县气象站的预报。26 日 8 时到 27 日果然没有降雨，险情开始缓和，保住了七一水库的副坝和蓄水量，玉山县气象站为此受到表扬。

1984 年，婺源气象站根据县境春茶萌动起点温度，对全县春茶开采日进行预报，认为 4 月 20 日茶园可以大量开采，如此既可适时安排茶叶生产，又可省工省时，错开春播农忙，同时还能提高茶叶质量档次。仅此项服务，当年就为茶农增加茶叶经济效益 10 多万元。

1985 年 12 月 7 日，一次强寒潮过境，最低气温降至零下 5℃，产生冻雨冰冻。上饶地区长途线务站担负全区各县（市）电话线路、架设维护的管理。线路故障的出现，多半受大风暴雨、飑线过境、大雪封山、雪凇冰凌等恶劣天气影响，因此，灾害天气的提前预报对其至关重要。因气象部门及时向地区长途线务站予以通报，并指出可能受灾的地点、方位，使长途线务站加强防御措施，及时安排抢修线路，保证全区线路的畅通，免受经济损失约 100 万元。

1987 年 4 月 15 日前后，出现长阴雨天气，预报人员及时通知上饶市茅家岭乡、北门乡、常青乡进行深水护秧管理，避免秧田烂秧而造成谷种损失约 900 万公斤，群众十分感谢。当年 7 月，根据省、地气象台预报无严重伏旱现象，要求各地扩种二晚水稻，弋阳县、万年县、余江县等气象站及时向县领导汇报，并提出建议，适度扩种二晚面积。当年，全区比 1986 年多栽 10 万多亩二晚水稻，得到县领导和群众的好评。

1988 年，春播季节天气非常差，稳定通过 10℃的时间在 3 月 10 日，由于气象预报准确，横峰县没有按常年时间浸种，避免了烂种烂秧，事后县农业技术站、县良种场写信给横峰县气象站表示感谢。当年 7—8 月，因连日持续晴热高温天气，伏旱严重，有的田块龟裂，二晚无法栽插，弋阳县委、县政府决定拨款 1 万元进行人工增雨。弋阳气象站根据省、地气象台当时的天气形势分析和天气演变情况，预报 8 月底到 9 月初将有一次较大的降水过程出现，并及时向县领导建议不搞人工增雨，县委领导采纳意见，节省 1 万元开支，受到好评。同年，广丰县气象站应用气象科技改造“四低”，促进老区经济发展，在山区推广“双改革”发展综合经营，每年增收 40 多万元。

1989 年 5 月 27 日出现大暴雨，因气象局事先将天气预报通知地区铺前煤矿和横峰刘源坑煤矿，加强排水措施，避免淹井事故，减少直接经济损失 20 余万元。同年 6 月 27 日至 7 月 3 日，全区连降暴雨和大暴雨，过程平均降雨量达 362 毫米，日降雨量达 50 毫米以上的共出现 41 次。全区气象站不但预报准确，而且服务主动：地区气象局领导每天数次向地委、行署及有关部门提供预报和有关气象资料数据，以及抗灾决策意见；波阳县、弋阳县气象站派专人参加县防汛总指挥部值班，增加服务的针对性和有效性。在降雨过程即将结束前的 7 月 3 日，气象工作人员及时作出最后一场暴雨预报，并提出蓄水防旱建议。按此预报，全区各大小水库适时关闸蓄水,仅七一水库就比上半年多蓄水2254万立方米,取得显著经济效益和社会效益。地委、行署为此致函省气象局,要求为上饶地区气象局记大功。

1990年6月11－15日,全区连降暴雨、大暴雨,全区5天平均降水量达232毫米。以弋阳县424毫米为最大,横峰县、上饶县分别为389、280毫米。日降雨量≥150毫米的共出现10站(次)。其中弋阳县从6月11日开始,连续4天出现2次暴雨,2次大暴雨。此次降水过程强度大,而且持续时间长,引起山洪暴发,江河水位猛涨。6月14日凌晨1时,信江水位高达67.2米,超过警界水位1.2米,弋阳县、横峰县、上饶县先后遭灾。在强降水的灾害性天气预报服务中,全区广大气象工作者,认真负责,坚守岗位,在防洪抗灾斗争中,积极当好各地党政领导参谋,为保护人民生命财产安全做出贡献,得到各级领导的好评。

1992年—1993年,玉山县甘蔗榨糖季节,玉山县气象局根据甘蔗糖分积累和受冻害的生理特性,应用历年气候资料和当时气候趋势,分析未来冷空气活动规律和强度,提出12月上旬为甘蔗保鲜的最佳时期,使广大蔗农赶在冰冻期到来前,在最佳时间按时、按质、按量完成头榨的3.5万吨甘蔗保鲜任务,1993年1月上、中旬两次低于零下5℃低温冰冻过程中,有效防止了甘蔗冻害,为制糖厂增收效益104.3万元。

1994年4－6月汛期,全区出现12次区域性暴雨过程,累计出现暴雨86站次,其中大暴雨23站次,6月8日到23日,全区出现连续暴雨和大暴雨天气过程,特别是6月10～17日,全区平均降水量达433.1毫米。由于降水集中,雨量大,全区江河水位猛涨,信江河水位几次超警戒线,全区281个乡镇,1729个行政村,264.5万人受灾。进水城镇19个,因灾死亡13人,受伤401人,水利设施、公路桥梁、工矿企业、农作物因灾损失严重,全区直接经济损失高达10亿多元。是继1989年、1993年之后的又一大洪水年份。在整个汛期,全区气象部门各级领导始终坚守在预报服务第一线,坐镇指挥。在6月8－23日的连续暴雨过程中,气象局对9场暴雨都提前24小时作出了准确预报,尤其对暴雨过程的开始、持续、间歇、再度加强、减弱到结束等重要时段,都作出准确预报。6月16－17日,全区再次出现大范围连续暴雨和大暴雨,各地抗洪抢险十分紧张,未来降水趋势如何,对防洪决策至关重要。气象局根据科学预测,于17日再次明确向地委、行署报告:未来雨势减弱,25日以后转局部雷阵雨天气,汛期基本结束。为全区水库兼顾防洪和蓄水提供了科学决策依据。整个汛期,各级气象部门向各级党政领导和防汛部门提供各种气象情报、预报服务500多次,专题汇报200多次,还充分利用电话、气象警报网、广播、电视向广大公众和服务单位通报雨情、水情,为全区抗洪救灾最大限度地减少损失,做出巨大的贡献,取得显著的经济和社会效益。上饶行署和县(市)政府纷纷为当地气象部门请功,请求上级气象部门对上饶地区气象部门给予表彰。

德兴铜矿是国家重点建设工程之一,矿区范围广,工艺流程复杂,气象服务科工作人员时常深入矿区,了解到矿区在生产过程中,打炮眼、装炸药,点炮放炮,必须要晴天,而且怕雷击。而矿区的排石场,尾沙坝怕大到暴雨,雨量大于50毫米就有危险;矿区河里设施,矿石运输等等,工作也会受到天气影响。所以气象服务的重点在及时预报强对流天气和大于25毫米的降水天气,使矿区及早安排防备。仅1995年6月,气象服务科工作人员先后为德兴铜矿安全生产调度通报天气信息58次。每年通报约数十次至百余次,使矿区没有因天气影响而造成重大经济损失。

1997年3月20日,广丰县气象局对永丰蔬菜开发基地进行低温情报服务,提出加盖小棚建议,并进行温度对比试验,观测辣椒落花落果现象。当气温降至12℃左右时(大棚内),加盖小棚后气温提高至15℃左右,实测盖小棚后辣椒落花落果现象终止,未盖小棚的约10%植株有落花现象。10月1日,根据旬降温预报,县气象局建议蔬菜基地原定10月10日以后购买薄膜的提前1-2日购买,结果3~6号即降温6.2℃。菜农因提前覆盖薄膜,使正处于开花结果期的辣椒植株处于适宜温度范围,保证了坐果率,与气象部门配合管理的大棚,对比同类大棚蔬菜,每亩增加经济效益达1000元左右。

1998年汛期,上饶地区降水异常偏多,特别是6、7月两度遭受特大洪水袭击,为历史罕见,6、7月全区平均雨量分别达到809毫米和427毫米,是历年平均的2.6倍和2.7倍,造成百年未遇的特大洪涝灾害。在罕见的洪灾面前,上饶地区气象局全体干部职工全力投入防汛气象服务工作,密切监视天气变化,主动及时为各级党政领导和相关部门提供有针对性的服务。早在3月份地区气象台就在汛期降水趋势预报中明确提出:当年全区汛期降水呈前少后多分布,有降水集中期,全区有明显洪涝;在6月份的天气预报月报中又再次预报:6月全区雨量偏多,中旬初到下旬中前期有降水集中期。事后证明预报与实况完全相符。尤其是6月12-25日,7月17-26日的两次降水集中期,地区气象局都作出非常准确的预报。在汛期关键时期,地区气象部门全体干部职工上下一心团结拼搏,将为地方党政领导指挥抗洪救灾提供决策依据作为气象服务工作的重中之重,密切监视大型水库库区的天气变化和雨情水情,为水库科学调度和合理泄洪出谋献策。从6月中旬到汛期结束,地区气象局主要领导始终坚守在预报服务第一线,坚持每天至少两次向地委、行署和防汛指挥部门汇报天气情况,并提供针对性的预报服务。汛期期间,地区气象局共发布书面预报情报41期1200份,口头汇报和电话服务1600余次,提供加密观测雨量情报154份。为地方党政领导指挥抗洪救灾提供及时的决策依据,取得显著的经济效益和社会效益。

第六节 气象管理

防雷安全管理 1989年起,上饶气象部门开始履行雷电防御管理职责。11月6日,上饶地区气象管理局、劳动局、保险公司联合对安装避雷设施的单位进行检测,建立检测档案。此后每年定期检测一次。

1991年6月10日,地区气象管理局和各县(市)气象局防雷服务机构,受上饶地区劳动局委托,对全区企业、工业、民用建筑物、构筑物,及城市公共建筑有防雷技术要求的设备、设施的避雷装置安全性能进行检测。7月,上饶地区防雷技术中心成立,隶属于上饶地区气象管理局,负责全区的防雷技术服务和各县(市)防雷技术服务机构的业务指导,并承担全区各类建筑物、构筑物防雷设施的检测试验及防雷设施的技术咨询、设计、安装施工的中介,同时开展雷电灾害事故调查鉴定和雷击风险评估工作。各县(市)气象局也成立相应机构。

1999年7月,上饶地区防雷装置质量检测检验所成立,负责全区的防雷设施检测、检验和监督管理工作。各县(市)分别设立防雷装置质量检测检验站。同时编制《上饶地区防雷装置质量检测检验所质量管理手册》。同年10月,国家颁布《中华人民共和国气象法》,2000年1月1日起实施,明确赋予气象部门防雷安全管理工作职责。

2001年8月,市政府印发《上饶市防雷减灾管理规定》。12月,市气象局制定《上饶市防雷减灾管理规定》实施细则。

升空气球管理 1991年,省气象局下发开展彩球有偿服务工作意见的通知,对彩球有偿服务工作起到了指导和促进作用。此后相继下发《江西省经营性氢气球、飞艇充灌、施放上岗证管理办法》、《江西省经营性氢气球、飞艇充灌、施放技术资格认定管理办法》、《江西省经营性氢气球、飞艇充灌、施放操作规范》。上饶地区气象部门依据相关法规加强升空气球的资质和资格管理,颁发施放气球资质证 12 个,颁发施放气球资格证53 个。

气象探测环境保护 早期的气象台站多建在城区远郊或乡村,探测环境良好。90 年代起,随着城市建设和其他基础设施的迅速发展,气象探测环境及设施受到影响和破坏的现象日趋严重。上饶全区气象部门加强了气象探测环境保护工作,但成效不明显。2000 年,《中华人民共和国气象法》实施,明确各级政府保护气象探测环境及设施的责任和义务。

第七节 设施建设

1950 年代至 1970 年代末,气象设备较简陋,发展也较缓慢。自 1980 年代起,气象事业发展明显加快,气象业务拓宽到工农业各领域。气象仪器设备不断更新,部分项目实现半自动化、自动化,装备科技现代化程度日渐提升。

地面气象观测仪器 50 年代初,气象部门的地面气象观测仪器均为苏联、东德制造。1954 年以后,陆续改用国产仪器。1954 年,玉山、波阳站安装电线积水架、维尔达风压器、雨量器;6 月,空盒气压表改为福丁式水银气压表;1955 年至 1962 年增加梳状测云器;1956 年,各站安装地面温度表。1957 年,上饶开始安装浅层地温表(5 厘米、10 厘米、15 厘米、20 厘米),玉山县安装深层地温表(40 厘米、80 厘米、160 厘米、320 厘米)。1960 年 10 月 1 日,将 2 米高雨量器改为 70 厘米高,1961 年 1 月 1 日,百叶箱高度由 2 米改为 1.5 米高。1968 年 10 月,维尔达风压器改为 EL 型电接风向风速计。1970 年代后,全区气象仪器基本上实现国产化。而且逐步增设气压计、温度计、湿度计、电接风向风速计、翻斗式遥测雨量计。1983 年 1 月增加遥测雨量计;1984 年配备“PC - 1500”计算机。1991 年 12 月 31 日,玉山县、波阳县两站配备“EN 型测风数据处理仪”,并开始正式使用。

天气雷达 详见第一节机构设置中的“站网设置”。

通信设备 1958 年 10 月 1 日,上饶地区气象台报务组使用 7512 - B 型机,抄收汉口、北京中心气象台莫尔期广播。1976 年 11 月,改用 BDO55 型电传打字和 SDH1 - 62 型单边带接收机,接收由汉口、上海、北京发布的区域报、测水报和探空报(1990 年3 月,改 SDH1 - 62 单边带接收机收讯)。1979 年 1 月,地区气象台配备了单边带接收讯号的 117 型滚筒式传真机。1983 年底,添置甚高频电话通讯设备,1985 年—1986 年,全区各气象站先后配备甚高频电话并与全省联网。1988 年 1 月,地区台建立气象警报系统。1990 年起,各县气象局先后建立气象警报系统,同时将警报接收机安装到党政机关、防汛抗旱、农业指挥机关、工厂企业部门,定时或不定时向各单位发布天气预报、情报及灾害性天气预报警报。

计算机网络 1993 年,地区气象台建立基于 NetWare(中文名词)操作系统的客户端,与省局实现远程计算机互联,1994 年,在地区台建立基于 NetWare 操作系统的服务器①,县(市)局都建立基于 NetWare 操作系统的客户端,实现地区气象台至县气象台计算机互联。1996 年地

①NetWare(中文名词)是 NOVELL(中文名词)公司推出的网络操作系统。NetWare 最重要的特征是基于基本模块设计思想的开放式系统结构。NetWare 是一个开放的网络服务器平台,可以方便地对其进行扩充。

区台建立基于 Windows NT(中文名词)操作系统的服务器[①],并在服务器上设置拨号网络服务,所辖各气象台站统一购置 Hayes(中文名词)或 Hayes 兼容的 Modem(调制解调器),通过远程拨号登录网络服务器,与地区气象台建立网络通讯。

卫星通信　1997 年,在地区气象台建立气象卫星综合应用业务系统双向站(9210 工程),主要用于气象报文的上行,但随着有线通讯的迅速发展,气象电报主要通过有线路由传送。1998 年起,地区气象台及所有县(市)气象局建立 PCVSAT(中文名词)单收站,成为气象台站获取各类气象资料、指导产品、分析图表、联防信息的主渠道。

第八节　气象科研与科普宣传

气象学会　1979 年 9 月,上饶地区成立气象学会,系气象科技工作者的学术性群众团体,也是上饶地区科协学科、技术协会的团体会员和江西省气象学会的下属组织。学会下设天气预报、农业气象、大气探测及科普工作委员会四个专业学科小组。2000 年 11 月,上饶市气象学会成为法人社团,业务主管部门为上饶市科协,业务范围是理论研讨、学术交流、技术咨询与服务、科技普及、人才培训、承办政府交办的有关事项等。

科普活动　世界气象日　1984 年起,每年 3 月 23 日的世界气象日,气象部门均结合当年的主题举办科普宣传、报告会、座谈会,进行各种纪念活动,气象学会人员走上街头,深入田间,免费散发各种气象科普知识宣传材料,积极联系新闻媒体进行广泛宣传报道,唤起人们对气象的关注。

气象科普教育　1982 年在上饶市文化馆,1984 年在上饶县沙溪镇、广丰县永丰镇举办了流动画展。1985 年、1986 年与地区邮电学会联合组织了两期“气象邮电青少年夏令营”活动。1988 年,举办全区各县(市)中学生参加的气象知识竞赛活动。

学术活动　地区气象学会自成立后多次举办气象学术讲座。1984 年举行“计算机语言讲座”;1986 年举行“MOS”预报方法讲座;1988 年举行“农业气象使用技术讲座”;1990 年举行“避雷针检测技术讲座”。2000 年以后,多次组织召开学术交流会议,会员们撰写各种论文 100 篇。先后举办优秀论文和科普作品交流会多次,评出各类优秀论文 25 篇,推荐到《江西气象科技》《江西科协咨询》《上饶科技》《上饶林业科技》杂志发表 28 篇,获省级以上奖励 8 篇。其中李美华、方少华合写的《上饶大白菜软腐病发生发展规律初探》一文获江西省农业科普“百花”三等奖。王本一写的《婺源茶区春茶萌动起点温度和积温计算方法探讨》,获江西省科技成果四等奖。2000 年起,学术活动日渐活跃,学术论文由以前每年不到 10 篇而逐年递增。

课题研究　1996 年以前,科研课题研究较少。1997 年 7 月至 2000 年,地区气象局邹伦硕、谢银水、张成美、卢秋芳等人开展《上饶地区 3 - 9 月强对流天气预报方法研究》,围绕上饶地区强对流天气的特点,应用 T106 数值预报的物理量场,对强对流天气进行相关分析,并融入单站总温度、雷达回波等资料,建立强对流天气的预报模型,在实际业务预报中有一定的参考作用。

---

①Windows NT(中文名词)是 Microsoft(中文名词)推出的面向工作站、网络服务器和大型计算机的网络操作系统,也可做 PC 操作系统。它与通信服务紧密集成,提供文件和打印服务,能运行客户机/服务器应用程序,内置了 Internet/Intranet(中文名词)功能。

2001年起，谢银水、卢秋芳、周建雄、周丽蓉等人陆续完成《信江流域面雨量预报方法及其应用系统研究》，建立了信江流域24/48小时面雨量的客观集成预报方法，设计了自动或半自动化的实时业务系统，大大提高了信江流域面雨量的预报能力和服务能力。

人工影响天气实验 详见气象服务一节。

第二章 水 文

第一节 机构设置

机构沿革 民国18年(1929)，境内已设有水文观测机构，但直至新中国建立初，上饶地区水文观测机构一直与气象部门合并办公。1953年，省农林厅水利局确定信江水系以余干梅港的一等水文站为上饶水文管理中心。1955年省水利局决定，饶河水系内的水文观测站也划归梅港一等水文站管理。1956年江西省水利厅水文总站成立，并按行政区划设立分站，成立省水利厅水文总站上饶分站，站址暂设余干县梅港乡。1957年2月，根据水利部关于"水文测站实行分层负责、双重领导"的精神，省政府决定全省各级水文站实行双重领导，即上饶分站的行政领导、干部与财务管理由上饶专署领导，业务工作仍由省水利厅负责。当年10月，上饶分站由余干梅港迁往上饶市。1958年7月，省水文气象机构合并，成立江西省水利厅水文气象局，10月上饶气象台工作组与上饶水文分站合署办公。1959年3月13日，省人委同意省水电厅《关于水文气象机构体制下放问题的报告》，将省属的各级水文气象台(站)下放给所在专(行)署、县领导。4月，上饶专署决定成立上饶专区水文气象总站，隶属专署领导，下分行政组、水文组、气象组、气象台。5月，按省水文气象局(59)第453号通知，景德镇市范围内的水文气象站(台)由上饶专区划出。1962年5月，省水电厅将原下放的专、县水文气象台(站)，收归省水电厅领导，由省水文气象局直接管理，党团组织关系仍由当地党委领导。同月，省水文气象局通报撤销景德镇市水文气象总站，其所属水文气象站仍划归上饶专区水文气象总站管理。7月12日，上饶专区水文气象总站改称为上饶水文气象总站。1963年9月，上饶水文气象总站改称为江西省水利厅水文气象局上饶分局。行政上由省水电厅直接领导，业务由省水文气象局管理，下设秘书科、水文科、气象科、水文气象服务台。1966年"文化大革命"开始，各项业务工作基本停顿。1968年11月，成立上饶专区水文气象站革命委员会。1969年2月，景德镇市范围内的水文气象台、站划出。

1970年6月，各专区、县(市)水文气象台站由省局下放当地专区、县(市)革委会领导。1971年4月，水文气象机构分设，成立上饶地区水文站革命委员会领导小组，下分设行政、业务两部分。1973年业务部分划为测管、资料、水情三个组。全区计有水文站12处，水位站8处，雨量站82处，水文职工62人，其中行政干部4人，技术干部53人，工人5人。1977年4月，取消革命领导小组。1979年9月，省革委会批准各专区、县(市)管理的基本水文站、水位站、雨量站收归省水利局直接领导，党团组织关系仍由当地领导。1980年专区改地区，1981年2月，上饶地区水文站下设人秘科、站网科、资料科、水情科。4月，组建江西雨量站网实验研究队。截至1985年底，全区共有水文站22处，水位站16处，雨量站345处(含德兴实验队162

处)。全区水文职工179人,其中行政干部7人,技术干部92人,工人30人,离退休人员15人。1989年7月,上饶地区水文站定为副处级事业单位。下设办公室、测资科、水情科、水资源科、水质科。1993年3月,上饶地区水文站更名为江西省水利厅上饶地区水文分局。1994年3月,上饶地区水文分局增挂上饶地区水环境监测中心牌子,主要负责上饶境内的水环境监测工作。

2000年10月,上饶地区撤地设市,水文分局、水环境监测中心分别更名为上饶市水文分局、上饶市水环境监测中心,其编制设置不变。截至当年底,上饶市水文分局在职职工总计为116人,其中高级工程师6人,工程师28人,助工25人,高级工22人,中级工30人,职员5人。

站网建设 民国18年,交通部扬子江水道整理委员会和江西省水利局分别在境内信江、饶河及西河下游设立5处水文观测站,抗日战争期间大多停测。民国37年,全区有水文站4处,水位站1处。民国38年初,全区仅有水文、水位站各2处在进行工作。

1951年—1952年,在信江下游等地设立7处专用水文站。1953年,站网进行调整,专用水文站予以裁撤。1956年,江西省水利厅进行站网规划,分专用与基本站二种,水文观测站大量增加,先后在德兴县香屯、玉山县土城等地设雨量站、水文站。1960年代初,国家经济困难,适当压缩水文机构,水文观测站随之减少。1964年,省水文气象局进行第二次站网规划,水文站尤其是雨量站迅速增加。1960年代末,受"文化大革命"的影响,水文观测站又减少。1970年代后期,省水文总站以分区、分类、分级规划小河水文站和雨量站。1980年代初,陆续增建小河水文站和配套雨量站。

1981年,经水利部水文局批准,在德兴县设立雨量站网实验研究队,开展雨量站网密度实验研究,数年间布设实验雨量站167处。此外还在玉山县七一、婺源县段莘水库等大中型水利建筑中,按自建、自管、自用的原则设立水位站、雨量站。1988年底,德兴雨量站密度研究结束,除保留实验区6个水文站和配套雨量站外,其他雨量站全部撤销,成立乐安河水文勘测队。

1980年代末和1990年代初,部分小河水文站收集的资料已达到建站目的,于是先后撤销。按照水利部的要求,水文站实行站队结合,在进一步完善德兴水文勘测队的同时,1995年下半年,成立上饶水文勘测队,管辖信江弋阳站上游水文站。2000年底,全区设上饶、德兴两个水文勘测队,14个水文站:即上流、上饶、铁路坪、大坳、弋阳、梅港、汪口、三都、直源、朗口、银山、香屯、石镇街、石门街;7个水位站:即玉山、上饶、广丰、河口、大溪渡、鄱阳、古县渡;124个雨量站,8个蒸发站。

水文站 民国18年4－5月,分别在信江出口处的余干县瑞洪和西河下游的鄱阳县樟田渡设站观测水文;在鄱阳县城设站施测饶河流量。7月,在鄱阳县角山村和余干县黄金埠分别设站施测乐安河与信江流量。至民国20年6月,5站工作停止。24年恢复鄱阳县站和黄金埠站。26年8月,将水文站改为三等测候所。抗日战争期间大多停测。36年6月、8月,恢复鄱阳、黄金埠二站,至次年9月、10月又停止工作。37年10月,恢复鄱阳县角山站,增设鄱阳县义成村站,分别观测乐安河和昌江流量,38年2月停止工作。上述水文站流量测次少,资料质量差。

1949年底,新建余干县大溪渡站;1950年初,设鄱阳县古县渡与万年县石镇街站。1951年5月,新建上饶沙溪站、贵溪站;为配合信江下游堵支联圩需要,当年5－7月在余干、鄱阳县境内水网区增设松林、坞石、神头、团林、虎山嘴、神仙坂、清水渡等7处专用站,6月恢复西河漳田渡站。

1952年,沙溪、贵溪站停测。1—2月在上饶市临时测流,汛期在河口设站。漳田渡、大溪渡、石镇街、古县渡等站受鄱阳湖顶托影响严重,漳田渡站撤销,其余3站调整为水位站;4月,分别在梅港(余干)、虎山(乐平)、渡峰坑(景德镇)设站,另在信江支流白塔河耙石与信江东支马背嘴以及昌江下游刘家咀设汛期站。信江下游所设的专用站仅松林、坞石、团林、神仙坂4处,在4—5月期间测流。

1953年,全省水文站进行调整,境内信、饶两河仅保留梅港、虎山、渡峰坑控制站。1956年,省水利厅第一次站网规划,年底增建上饶、弋阳、耙石(余江)、香屯、潭口、石镇街、齐家埠、赍口、周王庙、天门柱、马背嘴等基本专用站,观测信江、饶河两大河流的水位、流量、降雨量。1957年下半年,增建香田、深渡、玉山基本站。1958年增建石门街、楠木田、潜泽、龙潭桥、铁路坪、薛家洲、柏泉基本站和峙滩专用站。樟树坑、石梓埠水位站调整为专用站,全分站管理达25处。此外,汛期采取边勘察边建站的办法,设立27处汛期小汇水站。1959年水文体制下放,景德镇市范围内各站划出,周王庙、天门柱、马背嘴、石梓埠等专用站撤销,赍口改建峡口站。小汇水站因人力、财力不够均停测,此时全区基本和专用站为16处。1960年,齐家埠站撤销,1962年石镇街调整为水位站,撤销玉山、峡口、薛家洲、铁路坪站。因水利部水文局不同意撤销铁路坪站,次年又恢复其水位观测,1964年恢复测流。1966年撤销潜泽站改建竹鸡笼站(今银山站),增建婺源汪口站(1968年停止工作)。1967年建成项源(铅山)小河站。1969年景德镇站划出,全区仅有水文站12处。

1972年汪口站恢复工作。1977年增建婺源西山月、德兴柴家坞2处小河站。1978年鄱阳石门街站调整为水位站,增建鄱阳荷塘、广丰朱坞、余干早龙源、玉山土城、弋阳乐家小河站。增建广丰、上饶田里水文站,恢复峡口水文站,石镇街水位站调整为水文站。经上饶行署批准建立大坳水文站。1980年,龙潭桥站撤销改建横峰小河站,此时全区共有水文站23处。1981年撤销田里、土城、柴家坞3站,建德兴直源、大林、老虎山3站。1982年,耙石、广丰调整为水位站。1983年增建朗口、圳上站,撤销乐家站。1984年在玉山怀玉山增建庵堂站。1985年,按行政区划管理原则,虎山、荷塘划景德镇管理。1987年西山月站撤销,横峰站调整为汛期水位站。当年全区共有水文站20处。1992年1月1日,峡口站撤销,建峡口水库。3月,省水文局批准在峡口站上游一支流建上流水文站。

此时小河水文站已收集到一定的资料,达到设站目的,大部分撤销。1992年1月,撤销朱坞站、早龙源站。1994年1月,撤销老虎山、大林、项源3站。2000年1月,撤销庵堂站。至2000年底,全区共有水文站14个。

水位站 一般根据需要随建随撤。民国27年设立贵溪站,观测信江水位,是为上饶地区最早的水位站,31年(1942)停测。36年设立上饶市、乐平县水位站,38年1月,上饶市水位站停止观测,乐平县水位站观测到当年7月止。

1949年12月,恢复上饶、鄱阳、乐平水位站。1950年8月,恢复黄金埠汛期站。1951年设康山站,1952年增设弋阳站。同时根据工程需要设立了专用站,大溪渡、石镇街、古县渡水文站调整为水位站。1953年,河口水文站调整为水位站,古县渡、乐平站停测。1955年恢复古县渡站,在余江建邓家埠站。1956年,增设鄱阳鲇鱼山和德兴六步街2站,恢复乐平站。1957年,石镇街水位站调整为水文站。增设万年石梓埠、余干瑞洪与大塘、鄱阳三门李与乐亭站。1958年撤销弋阳水位站,将石梓埠站调整为水文站,增设婺源湖村、德兴黄柏垣、鄱阳凰岗专用站。1959年,天门村水文站调整为水位站,增建婺源词坑口、龙腾、高沙三处专用站,撤销鲇鱼山、凰岗、六步街、黄伯垣、珠湖山专用站。1960年，增建广丰、上饶泉洋、铅山安洲、余江水岩专用站，当年全区水位站达20处。1961年，石梓埠、水岩、词坑口、龙腾、高沙等专用站撤销。1962年，广丰、湖村、泉洋、安洲、天门村、大塘、乐亭、三门李站撤销，石镇街调整为水位站。1966年增建贵溪、锦江二处汛期站。1967年增建鹰潭汛期站。1968年贵溪、鹰潭、锦江三站停测。1969年贵溪恢复汛期站(1970年—1971年停测)。1972年恢复漳田渡站。1973年恢复马背嘴、锦江站。1974年锦江站停测，恢复乐平站，1975年锦江站又恢复。1978年增设玉山站，石门街调整为水位站。1979年马背嘴站停测。1980年，石镇街站调整为水文站。1982年广丰、耙石站调整为水位站。贵溪、鹰潭、锦江站恢复常年观测。1985年，因上饶站资料需要，增设丁家洲水位站。1987年，横峰小河站调整为汛期水位站。1991年，撤销横峰水位站。1992年，撤销丁家洲站。1996年1月撤销漳田渡水位站。1997年1月撤销瑞洪水位站。到2000年止，全区共有水位站7处。

雨量站　民国20年，广丰县开始建站观测降水量，是为上饶境内最早设立的雨量站。民国24年，横峰、婺源、乐平、万年县设站。民国25年弋阳县设站，万年县停测。民国26年横峰县停测。民国27年广丰、弋阳、婺源县停测。民国30年—31年乐平县曾短期观测。上述雨量站时设时撤，观测资料全年完整者少。

1950年，恢复广丰、铅山、横峰、弋阳、婺源、万年、贵溪、余江县雨量站。1955年，省水利局布设茗洋关、段莘、暖水、曹溪站。1956年，在赉口、肖家岭、枧田、海口、陈坊设站。1957年设土城雨量站(1960年改为水文站)。1958年在甘溪、上泸坂、八都、临江湖设站，次年又增设峡口站。此时共有雨量站41处。以后因管理体制下放，人员不足，辅导少，至1961年，有资料的站仅24处。1962年以后，体制上收又逐步增加，1963年增加到65处。1964年，省水文气象局进行第二次站网规划，雨量站迅速增加，当年增加到83处。1965年增加到133处。1970年初，在信江上游的游击、双溪口、东坑等地设汛期雨量观测站。“文化大革命”开始后，受运动影响，站数逐年减少，1971年减到82处，1972年—1975年均略有恢复，1976年有雨量站97处。1977年后省水文总站进行站网规划，逐年增加中、小河配套雨量站，到1980年雨量站共有145处。

1981年，进行面上调整补建，雨量站达176处(不包括雨量密度试验的站)。1985年最多为183处。1987年部分小河站调整撤销，配套雨量站相应减少，当年雨量站总数为177处。以后又撤销小河站配套雨量站。1992年—1993年站网调整，撤销了50余站，到1994年为128站。2000年，庵堂水文站内4个配套雨量站撤销，全区共有124个雨量站。

第二节　水文监测

水文测验监测是水文工作的基础。上饶境内湖面广阔，江河如网，水文监测内容较多，主要有降水量、蒸发量、水位、水温、水质、流量、推移质泥沙、悬移质泥沙等方面的监测。

新中国建立前，上饶地区水文测验情况和技术规定不祥。新中国成立后，1950年代至1990年代，上饶水文监测按国家水利部、省水利局各个年代颁发编印的《水文测验手册》《水文测验报表格式和填写说明》《水文测验试行规范》《流速测量》《浮标测量》《含沙量测验》《断面布设和测量》《洪水调查资料重编刊印试行办法》《降水量资料刊印表及填制说明》《水文缆道》《地下水观测试行规定》《水库水文泥沙观测试行办法》等等技术文件，指导水文测验工作。

1989 年—1999 年，国家水利部发布行业标准，国家技术监督局、国家建设部联合发布国家标准，上饶水文测验均按此标准进行工作。

降水量观测　民国 38 年（1949）以前，降水量观测以每日 9 时为日分界，基本上每日 9 时观测一次，不记起讫降水时分。1950 年—1953 年，仍以 9 时为日分界。1954 年、1955 年采用北京时间 19 时为分界。从 1956 年起，改为以北京时间 8 时为日分界，沿用至今，其中 1961 年 5－9 月至 1962 年 4－9 月，每日以 6 时为分界。1950 年代起，水文、水位站均测记降水起讫时分，并增加降水强度变化观测。

从 1956 年起，汛期（4－9 月）人工观测每日 4 段 4 次定时观测（14 时、20 时、2 时、8 时），枯季（1～3 时、10～12 时）每日 2 段 2 次（20 时、8 时）定时观测。雨量站一般都委托给当地居民观测，并给予适当报酬。自记雨量计冬天冰冻期不使用（一般 11 月—次年 2 月），使用期每日 8 时换自记纸，无降水时调正笔尖。人工观测和自记方法一直沿用至 2000 年。

蒸发量观测　民国 20 年—23 年及 36 年（1947），开始在鄱阳县城、余干黄金埠观测蒸发量。27 年—31 年贵溪站开始观测蒸发量。38 年 2 月，鄱阳站停止观测。1950 年，在上饶市、鄱阳县城、余干县大溪渡观测蒸发量。1951 年增加沙溪蒸发量观测，1952 年增加玉山、广丰、永平、弋阳、耙石、炭埠、梅港、石镇街的蒸发量观测，当年全区蒸发量观测站达 12 处，为最多的一年。1953 年，玉山、耙石、炭埠、广丰停测。1955 年弋阳停测。1956 年增加河口、邓家埠、珠湖站的观测。1962 年仅梅港、香屯、德兴 3 处观测。1963 年—1979 年，稳定在玉山、弋阳、梅港、鄱阳、石门街等 5～6 站进行观测。1979 年后取消玉山，改广丰水文站观测。1980 年，增三都站观测蒸发量，1982 年增古县渡站，1983 年增项源站（此站 1994 年撤销后搬至铁路坪站观测）。2000 年后，蒸发量观测站有：广丰、铁路坪、弋阳、梅港、三都、古县渡、石门街、直源等处。

蒸发量观测每日一次，记至 0.1 毫米。1953 年以前，每日以 9 时为日分界，1954 年—1955 年改为 19 时为日分界。1961 年 5－9 月及 1962 年 4－9 月每日 6 时为日分界，其他时间 8 时为日分界。1964 年改用 E601 型蒸发皿后，改为 20 时为日分界。1977 年起，各水文站观测蒸发量统一定在 8 时为日分界，沿用至 2000 年。

水位观测　民国 18 年—19 年，每日于 8 时、20 时观测 2 次。民国 20 年后每日 6 时、12 时、18 时（或 7 时、12 时、17 时）观测 3 次，冬枯季节每日 8 时、16 时观测 2 次。1950 年每日仍为 6 时、12 时、18 时观测，（冬枯季 7 时、12 时、17 时）洪水期每日 9 时、15 时各加测 1 次。1951 年每日除 3 次观测外，在水位涨落急剧时每 1～2 小时加测 1 次。1952 年汛期（4－9 月）每日 6 时、9 时、12 时、15 时、18 时 5 次观测，枯期每日 7 时、12 时、17 时 3 次观测。当出现洪峰洪谷水位时，白天 30 分钟至 l 小时加测 1 次，晚上 1～2 小时加测 1 次，能完整地掌握水位变化过程。1956 年贯彻规范后，每日 8 时为定时观测时间，其余自行掌握，以掌握水位变化全过程为原则。

水温观测　1959 年开始在上饶市、弋阳县、梅港、香屯、香田、虎山、石镇街 7 处水文站进行观测。1960 年增加至玉山、峡口、铁路坪、耙石、石门街、潜泽 6 处水文站和广丰水位站，为观测最多的一年。1961 年广丰停测。1962 年、1963 年仅弋阳、上饶、梅港、玉山、虎山、香屯 6 站观测。1964 年—1966 年鄱阳水位站观测水温。1969 年—2000 年，今上饶、梅港、弋阳、香屯 4 站进行观测。

水温观测使用框式水温表，刻度 0.1 至 0.2 摄氏度，放在水尺边岸水流畅通、附近无泉水、工业废水和生活用水流入的地方观测。1975 年以前，每日 8 时、20 时定时观测 2 次。1976 年后，改为每日 8 时观测 1 次。1978 年—1979 年梅港站及 1984 年后各水温观测站，每季选择 2

~3 天进行逐时观测水温,探求 8 时水温和日平均水温的关系。

流量观测　民国 18 年(1929)起,鄱阳县城施测饶河流量。7 月,分别在鄱阳县城郊角山村和余干黄金埠施测乐安河和信江流量,是为上饶境内最早施测的流量。1950 年代前,水文站使用旋杯式流速仪测流速和测深杆测深,临时租用民船徒手提放仪器,测验方法欠准确,资料质量低。1953 年起自制木船施测。1958 年,玉山站首先架设吊船过河索。1960 年代,上饶等站架设木质支柱钢丝绳吊船过河索。1966 年,建成全区最大跨度(590 米)、支柱高 27 米的梅港水文站吊船过河索,进行流量观测。1970 年代起,部分大站改用木质机动船施测。1980 年代购置钢质机动船观测。至 2000 年,尚有弋阳、梅港、香屯、三都保留有吊船过河索进行流量施测。

1966 年,汪口站架设无偏角水文缆道和三都站闭口手摇和电动缆道。1970 年代部分区域站和小河站架设手摇缆道。1978 年全区有缆道 13 座。至 1980 年代,小河站均建测桥施测流量,最大的德兴直源站钢架测桥跨度 14 米。其次还有测流建筑物等测流设施。1984 年庵堂站建成省内第一座手摇水文缆车。1987 年省水文总站和上饶水文站联合研制水文缆道微机自动测流取沙控制系统。1997 年上饶站架设半自动缆道测流取沙,将电子技术应用在缆道上。2000 年,弋阳站建成测流取沙双索缆道,是全区第一座双索缆道。2000 年底,全区缆道站有玉山上流、上饶、铅山铁路坪、弋阳、婺源、汪口、三都、德兴香屯、银山、鄱阳石门街等站。

施测流量仪器均使用旋杯旋桨流速仪,只是随着时间不断更新型号,日趋先进。民国初期测验方法不详,新中国建立后,执行《水文测站暂行规范》《水文测验试行规范》以及 90 年代执行的国家标准《河道流量测验规范》。测次、测点布设是按洪水情况分别在峰谷、峰顶、峰腰、涨退水面布设,枯期平水期一般 7 ~ 15 天施测一次。一般站年测次在 100 次以内,大河站或水位变化、洪水过程多会超过 100 次。随着设备不断地更新和改善,测验手段的日渐先进,资料质量的提高和累积,按照站队结合的需要,经过认真对资料进行分析,一部分站会进行巡视、间测。

悬移质泥沙观测　民国 25 年 3 - 4 月,鄱阳和黄金埠开展含沙量测验。9 月,黄金埠停测,次年 5 月鄱阳停测。1950 年大溪渡、古县渡开展含沙量测验。以后有增加,有停测。1957 年有上饶市、梅港、弋阳、虎山、渡峰坑、香屯、石镇街 7 处泥沙站。1962 年石镇街停测。2000 年,沙量站有上饶、弋阳、梅港、香屯 4 站。

沙量测次:民国期间每月仅 1 次 ~2 次。1950 年后有所增加,1957 年一般在 20 次 ~40 次之间。1968 年—1978 年间测次有所减少,一般在 20 次 ~27 次。1980 年后有所增加,一般 20 次 ~50 次。按质量检验标准,要求每站断沙年 30 次 ~40 次,单沙不少于 400 次。

水质监测　1958 年省水利厅水文总站布置梅港、上饶、香田、德兴为水化学分析基本站,以后除梅港站外先后停测。1963 年进行调整,新增弋阳、香屯站。1968 年弋阳、上饶、香屯站停测。1970 年进行调整,恢复弋阳、香屯站。1972 年恢复上饶站。全区为 5 处水质监测站(包括景德镇的渡峰坑、虎山)。1982 年,省水文总站进行水质站网规范,分基本站、辅助站和自然背景值站三种类型。上饶、弋阳、梅港、香屯 4 处为基本站(1985 年后改为辅助站);玉山、广丰、河口、三都、德兴、万年、古县渡为辅助站。玉山县紫湖和婺源县段莘分别为信江、乐安河自然背景站。1997 年地区水环境监测中心成立,并通过全国 CMA 国家计量认证。设梅港、上饶市、香屯、石镇街 4 站为基本站。铅山、弋阳、玉山、广丰、古县渡、婺源、德兴 7 处为辅助站。1998 年,新增石门街为省界河流监测站。

水质监测站在水文站基本上水尺断面或流速仪测流断面中泓水面下0.2米~0.5米处取样。基本站逢1、3、4、7、9、12月每10日取样，辅助站逢1、4、7、11月每月10日取样。省界河站逢1、4、7、10月每月10日均按规范要求取样。监测项目共有29个：水温、流量、PH值、电导率、悬浮物、溶解氧、游离二氧化碳、侵蚀性二氧化碳、耗氧量、亚硝酸盐氮、铁离子、氨氮、总硬度、挥发性物、六价铬等。水质分析仪器设备齐全，化验工作按水电部《水质监测规范》和《水质分析方法标准汇编》相关规定进行。水质监测的水样，1958年—1968年送至省水科所化验，1969年至1981年3月送省水文总站化验，1981年4月起由地区水文分局化验。

第三节　水文调查

河道测量　民国25年(1936)，江西省水利局对全省河流进行过一次调查测量，分段调查高中低水位时的水面宽和最大水深等。1958年对信江、乐安河、昌江进行了水文调查测量，还对集水面积500平方千米支流17条、200平方千米~500平方千米支流22条、100平方千米~200平方千米支流15条、100平方千米以下支流7条进行了调查测量，调查河流总长度5050千米。1970年10-12月，对信江、乐安河、昌江及一级支流进行战备水文调查测量。

1994年下半年，水文分局组织50余人对玉山县城以下，广丰县城以下至弋阳流口的玉山水、丰溪河、信江河段进行调查测量。水准测量全河道统一使用黄海基面，施测四等水准216千米。河道布设101个断面调查洪水，实测大断面，推算不同频率的洪水水面线。

1996年上半年，水文分局组织40余人，对乐安河干流婺源武口至鄱阳陶家的河段进行测量。水准测量统一黄海基面，施测四等水准177千米。河道布设82个断面，调查洪水，实测大断面，推算不同频率的洪水水面线。

河道历史洪、枯水调查　1958年在省水电厅的统一布置下，对全区各河流进行水文调查，其中包括历史洪水、枯水调查。1959年刊印信江、乐安河、昌江、西河、玉山水、丰溪河、铅山河、白塔河八册《水文调查报告》。1970年，在各河流又设92处断面进行定点洪水调查。所调查资料由省水文气象局编制《江西省实用水文手册》，为水利建设服务。1970年在进行战备水文调查时，调查了各河历年最大及次大及当年大水高度，实测枯水流量107处。

1994年下半年和1996年上半年进行的信江、乐安河水面线测量中，在所布断面中分别调查1992年、1994年、1995年洪水，并在每断面实测枯水流量。

第四节　水文服务

1950年代起，全区水文情报站由少到多，从点线控制到全面掌握；预报工作从无到有，逐渐从短期预报发展到中长期预报，至2000年已建成一个完整的水文情报网，能及时、全面掌握全区的水雨情况。

服务形式　1958年以前，由各情报站直接向党政领导和防汛部门汇报雨情、水情，每日用书面向地区领导和各级防汛办汇报；逢洪水季节时，水文部门作业预报的情况，也及时向这些部门汇报。1963年开始填制“左边图右边表”的“水情简报”进行汇报。1990年代开始，定期编发“水情公报”向党政领导部门汇报；在大洪水时期，通过上饶电视台向社会发布“洪水消息”。1998年，上饶遭遇特大洪水，地区水文局向党政部门编发“水情公报”102期，并在上饶电视台、《上饶日报》播发“水情公告”,时间长达近2个月,为防汛工作的有效进行,起到了参谋和耳目作用。

水文情报 民国19年(1930)鄱阳水文站向中央研究院北极阁气象研究所拍发水文情报。23年向交通部扬子江水道整理委员会拍发水位情报。抗日时期停报。33年,鄱阳、上饶二站为省水利局报汛站。

1950年—1954年,上饶、玉山、广丰、弋阳、梅港、婺源、德兴、虎山、万年、鄱阳等10个水文站向省防汛抗旱指挥部报汛。1954年—1955年水文情报站增多,至1959年情报站增加到30处,并成立以上饶为中心的情报站网。1969年增加到54处。这些站除向下游水文(位)站或防汛指挥部报水雨情外,上饶、弋阳、梅港还向中央防汛指挥部报水雨情,弋阳、梅港、鄱阳、玉山等12站向长江流域规划办公室报汛,还有向邻省、邻地、县报汛。此后情报站网基本稳定,在站网规划中做到报汛站不动,保持情报网的稳定。2000年全区情报站共有45处,其中雨量站25处,水文(位)站15处、水库5处。其中有37处向中央防汛抗旱指挥部报汛。

报汛方法、时间 民国33年,省水利局颁发《水位雨量拍报电码和规定》及其说明;民国36年,国民政府行政院水利部颁发全国统一的报汛办法,次年起实施。上饶境内的水文部门均按上述规定进行。新中国建立后,1950年,省水利局制定报汛办法。1951年,上饶统一执行中央水利部颁发的报汛办法。1952年中央水利部颁发《防旱电报雨量办法》。1957年上饶执行江西水利厅水文总站制订拍报降水量补充规定。1960年3月,水电部颁发《水文情报预报拍报办法》。江西省也制订《江西水文情报拍报暂行办法》《江西雨情旱情汇报电报拍报暂行办法》等。1965年4月至1985年,上饶执行水电部重新颁发的《水文情报预报拍报办法》和《降水量、水位拍报办法》。1985年6月起执行水电部颁发的《水文情报预报规范》和省水文局制定的《情报预报质量检验标准》。2000年6月起,上饶境内水文部门均执行国家新标准《水文情报预报规范》。

报汛时间:民国33年定为每年4－8月;1950年改为5－8月;1953年开始定为4－9月,至2000年未变。

情报传递 民国时期各站水、雨情电报均由当地电信局传递。1950年,邮电部门将水情电报列为R类汛期优先传递外,报汛站均架设有专线电话。1960年代初,市局电报由邮电局派人日夜递送。1963年架设直通报汛专线,由电话传递。1970年代全区安装报汛电话,水文(水位)站22处,雨量站12处。1976年架设一对555型电传打字机和一部双机头发报机,通过电传打字机传递电报。1984年—1985年组建起以上饶为中心、弋阳为中转站的信江水系和汪口、三都XB一301无线对讲机通讯网络。1998年,改用450兆建成5对对讲机无线网用至2000年。1999年开始,各情报通过建成5对对讲机报分局,由分局将各站情报输入计算机,进省防办的水利局域网,加快了情报的传递,提高了情报质量。

水文预报 主要是汛期洪峰水位、流量预报。1959年3－4月,上饶地区开展水文预报。在省水电厅水文气象局派员指导下,采用降雨与水位总涨差、上下游水位相关、降雨与径流合成流量等方法编制上饶、弋阳、梅港、香屯、石镇街等站的预报方案图。1960年代用单位线(标注)等方法编制修正信江、乐安河预报方案,1970年代应用“湿润地区蓄满产流”方法(标注)编修预报方案,1980年代应用“坦克模型”(标注)编修主要站预报方案。1997年开始编制预报程序,通过计算机进行作业预报,速度快、精确度高,延长了预见期。

1960年代初到1970年代,除为水库设计管理提供数据外,还采用降雨径流和单位线法结合区域预报,编制七一水库等大中型水库入库水量和调洪演算方案供防洪调度使用。1970年代中期后,为军民、段莘、军潭等水库编制降雨入库水量和调洪演算方案,为确保水库安全及充分发挥水库效益起到一定作用。

从1970年代开始,开展长期洪水预报,每年汛前作出当年的洪水展望,向有关部门和领导发布,以供作好防洪抢险先期准备工作。

全区预报河段长度,信江从上饶市至余干县大溪渡225千米,乐安河从婺源县三都至波阳县城270千米。全区有13个站开展了预报工作。洪水预报预见期一般10小时,短的6小时,最长36小时,预报合格率达85%以上。1998年出现百年罕见的特大洪水时,全年发布预报206站次,合格率达到98%。其中关键的高洪预报30站次全部达到优等。

第三章 地 震

第一节 机构设置

1976年,上饶地区建立上饶地震台,实行省、地双重领导,以省为主。1978年6月成立上饶地区地震办公室,定编8人。1983年9月,根据省政府办公厅文件通知撤销上饶地震台,上饶地区地震办亦随之撤销。1992年根据饶编发〔1992〕56号文精神,恢复上饶地区地震办公室,成立三清山地震台,实行两块牌子,一套人马,为正科级事业单位,隶属地区科委,编制4人。1997年11月国家地震局下发国震计字〔1997〕317号文件,恢复上饶地震台,省地震局批示上饶地震台为地方地震台,归口上饶地区地震办公室管理,启用原上饶地震台台址办公。2000年10月,上饶地区撤地改市,上饶地区地震办公室改名为上饶市地震办公室。

2001年1月2日,市政府成立上饶市防震减灾工作领导小组,地震办作为防震减灾职能部门,承担领导小组办公室职责,负责日常事务处理。

第二节 监测预报

1978年5月,上饶地震台建成并投入地震监测,所用仪器为65型熏烟短周期地震仪和DD—1短周期地震仪。全区12个县(市)均设有地震测报站(点),监测手段齐全,有测震、定点地形变、地下水动态、水化学、地磁、地电、地应力等。1983年机构改革时,多数地震台因机构撤销而停止监测工作,但上饶市二中监测点一直坚持到1998年,才因人员和经费原因停止工作;婺源县段莘水库地震测报站坚持到2000年(后因经费和水库所属体制改变而停止);玉山县七一水库测报点至2000年仍在继续开展测报工作。2000年8月,玉山七一水库土地电观测项目更换为DB~20W型地下水动态监测仪,进行地下水动态观测项目。

1997年11月,上饶地震台恢复工作,在修缮台址、安装仪器测试后,于1998年6月重新开始进行地震监测,使用DD~2短周期地震仪,并先后监测到发生在境内的三次ML3.O级左右的地震。

自成立后,上饶地震台历年所提供的资料,在江西省地震局开展的各类观测资料质量评比和地震趋势会商资料评比中,都取得较好的成绩。其模拟测震观测资料曾获省级评比优秀,会商报告曾获得省级评比地方组一等奖一次,二等奖二次。

2003年2月,省防震减灾"十五",项目实施,省地震局撤换上饶地震台原DD~2短周期模拟测震仪为FBS~3B数字观测地震仪,性能良好,故障少,运行平稳,资料可用性高。

第三节 安全性评价

地震安全性评价是指对具体建设工程场地进行的地震烈度复核、地震危险性分析、设计地震动参数的确定、地震小区划、场址及其周围地震地质稳定性评价和地震灾害预测等工作。

随着全区经济建设和城市建设蓬勃发展,矿山和公路建设等大剂量炸药的使用,常引起大地震动,造成周边民房裂缝。1999年,地区地震办公室对德兴花桥镇金矿爆破进行了地震动检测工作,并出具检测报告,为此后矿山爆破投放炸药量提供了科学依据。

为适应防震减灾工作的发展形势,切实做好全区的建设工程抗震设防的管理工作,科学合理地确定建设工程抗震设防要求,确保建设工程的抗震能力,避免或减轻地震灾害损失,地区地震办公室结合本区的实际情况,1990年代末开始拟定《上饶市建设工程抗震设防要求管理办法》。

第四节 科普知识宣传

开展防震减灾法律、法规、科学知识的宣传工作,是地震部门认真贯彻"预防为主,防御与救助相结合"的工作方针的有效措施。1990年代中期以后,地区地震办公室着重以法律、法规出台日、唐山地震纪念日等特殊日子开展宣传工作,采取在电视上播放防震减灾宣传片或领导讲话,组织参加科技周活动,在主要街道悬挂横幅标语等丰富多彩的形式,广泛宣传防震减灾的法律法规和地震知识。同时,地区地震办公室每年定期出版"防震减灾"期刊,着重宣传防震减灾工作的法律、法规、科学知识及工作动向,发至各级领导及防震减灾工作领导小组成员单位。

卷三十五 科学技术

1990 年代,全区各级科研机构通过各种奖励措施,鼓励科技人才脱颖而出,保护科技人员的积极性和创造性,科技队伍迅速壮大。1991 年,全区共有科技人员 18964 人,每万人口中拥有科技人员 32.17 人;2000 年,全区科技队伍总量增加到 66389 人,每万人口中拥有 108.51 人,分别比 1991 年增长 3.5 倍和 3.4 倍。

1991 年,全区 12 个县(市)完善健全了县(市)级的技术市场开发中心,并以"中心"为主体从事技术开发、技术转让、技术咨询、技术服务、技术贸易等服务,全年共签订各类技术合同 14 项,实现技术合同交易额 121 万,到 2000 年,全区技术合同交易额达 2698.1 万余元,比 1991 年增加 22 倍。

1991 年—2000 年,全区实施星火计划、火炬计划、重大项目攻关计划、新产品试制计划等各类科技计划项目 829 项,项目经费(科技三项费)1553.5 万元,争取到国家、省、地科技三项费分别为 263.1 万元、651.4 万元和 639 万元。

全区广泛开展科技活动,坚持科技兴农、科技兴企,推广一批先进适用的科技成果,培植一批技术含量高并具有规模效益的支柱型产业,培训一批农村技术能手,实施一批科技计划项目,取得一批科技成果。1991 年—2000 年,全区鉴定(或验收)的各类科技成果项目 360 项。其中:国内领先或填补国内空白 12 项,国内先进 62 项;省内领先填补省内空白 120 项,省内先进 141 项。

第一章 机构人才

第一节 机构人员

地区科学技术委员会 1991 年,沿用上饶地区科学技术委员会名称,简称地区科委,是主管全区科技工作的职能部门。3 月 7 日,上饶地区专利事务所成立;7 月,上饶地区技术市场开发中心更名为地区开发中心;1992 年 9 月 11 日,上饶地区地震办公室恢复,成立三清山地震台,实行两块牌子,一套班子;1997 年,根据饶行办发〔1997〕75 号文,地区科委内设人事秘书科、综合计划科、科技成果科、科技管理科、农业科技科 5 个科室,行政编制 14 个,行政事业编 1 个。下属事业单位有上饶市科技情报研究所(副县级全额事业单位),上饶市地震办公室(正科级全额事业单位),上饶市科技开发中心(正科级自收自支事业单位),上饶市专利事务所(正科级差额事业单位)。12个县(市、区)均设有科委,大部分乡(镇)配有科技副乡(镇)长。

2000年10月18日,撤地设市,上饶地区科学技术委员会更名为上饶市科学技术委员会,上饶地区地震办公室更名为上饶市地震办公室,上饶地区专利事务所更名为上饶专利事务所,上饶地区科技开发中心更名为上饶市科技开发中心。

县(市)科委　2000年10月18日,上饶市科委更名为信州区科委。其他11县(市)机构无变化。

第二节　科技人才奖励

1991年—2000年,为鼓励科技人才脱颖而出,保护科技人员的积极性和创造性,地委、行署多次发文对科技人员在科技成果奖励、技术承包、技术入股以及科技人员下到乡(镇)一级工作的待遇问题等作出规定。

1992年,行署以饶行发〔1992〕34号、35号文分别下发了《上饶地区行署关于印发〈上饶地区科学技术进步奖励办法〉通知》和《上饶地区行署关于印发〈上饶地区星火奖励办法〉通知》,奖励在推动全区科学技术进步中作出重要贡献的集体和个人。

1993年,地委、行署(饶发〔1993〕10号文)《关于加强科技工作的决定》,在决定中提出:"八五"期间,科研机构在不断增加事业费的前提下,经主管部门批准,可聘用必需的科技人员和技术工人,每年可晋升3%的科技人员工资,允许自浮工资总额的20%~40%,具体办法由科委和人事部门提出制定。对长期在基层从事技术推广有突出成绩的科技人员的技术职称评聘可不受单位级别和岗位职数的限制,属于地区有权属评聘的职称由地区职称改革部门专项解决,需要报省职称改革部门批准的职称,给予优先上报。

1996年12月10日,地委、行署(饶发〔1996〕44号文)下发《关于贯彻〈中共中央、国务院关于加速科学技术进步的决定〉的实施意见》,提出"鼓励科研机构和专业技术人员走上按市场机制运行,面向经济建设自主经营、自主发展的道路";"支持鼓励机关、事业单位的专业技术干部,以调动、停薪留职或辞职的方式,创办、领办各类技术开发企业或承包、租赁亏损企业。允许专业人员利用业余时间到有关生产性企业从事技术指导、技术开发、技术转让等有偿服务";"凡进行科技成果研究,并将研究成功的成果转让给他人,单位应从转让该项目职务科技成果所取得的净收入中,提取不低于20%的比例,奖励为完成该项科技成果及转化做出重要贡献的人员";"企事业单位独立研究开发或与其他单位合作研究开发的科技成果实施转化成功投产后,单位应连续2~5年从实施该科技成果新增留利中提取不低于5%的比例,奖励为完成该项成果及其转化做出重要贡献的人员";"坚持每年一次的科技进步评奖活动,大力表彰优秀科技工作者和科技管理工作者,凡获得省级以上科技进步三等奖以上的,地区可评为科技进步一、二等奖,对有突出贡献的科技人员实行重奖"。通过这些政策支持鼓励机关、事业单位的专业技术干部,以调动停薪留职或辞职的方式,创办、领办各类技术开发企业或承包、租赁亏损企业。允许研究成功的成果转让给他人,单位应从转让该项目职务科技成果所取得的净收入中,提取不低于20%的比例,奖励为完成该项科技成果及其转化做出重要贡献的人员。

截至2000年底,全区科技队伍总量有了一定的增加,有科技人员66389人,每万人口中拥有108.51名科技人员。其中:工程技术人员4283人,农业技术人员1714人,卫生技术人员

10529 人，科学研究人员 104 人，教学人员 49759 人。

1991 年—1995 年全区科技队伍状况(一)

表 35－1－1

类别	1991 年			1992 年			1993 年			1994 年			1995 年		
	人数(人)	比重(％)	平均每万人口中(人)	人数(人)	比重(％)	平均每万人口中(人)	人数(人)	比重(％)	平均每万人口中(人)	人数(人)	比重(％)	平均每万人口中(人)	人数(人)	比重(％)	平均每万人口中(人)
总计	18964	100	32.17	18878	100	31.82	42674	100	71.31	44159	100	81.02	48259	100	77.42
工程技术人员	3244	17.10	5.50	3298	17.47	5.56	2975	6.97	5.00	2841	6.43	4.59	3069	6.35	4.92
农业技术人员	1184	6.20	2.01	1148	6.08	1.94	1135	2.65	1.91	788	1.78	1.27	1103	2.28	1.77
卫生技术人员	7495	39.50	12.71	7373	39.05	12.43	7373	17.27	12.39	7528	17.04	12.15	7838	16.24	12.58
科学研究人员	57	0.30	0.10	49	0.26	0.08	43	0.10	0.07	37	0.08	0.06	52	0.10	0.08
教学人员	6984	36.80	11.69	7010	37.13	11.82	31148	72.99	52.36	32965	74.65	53.21	36197	75.00	58.07

1996 年—2000 年全区科技队伍状况(二)

表 35－1－2

类别	1996 年			1997 年			1998 年			1999 年			2000 年		
	人数(人)	比重(％)	平均每万人口中(人)	人数(人)	比重(％)	平均每万人口中(人)	人数(人)	比重(％)	平均每万人口中(人)	人数(人)	比重(％)	平均每万人口中(人)	人数(人)	比重(％)	平均每万人口中(人)
总计	50829	100	80.59	55499	100	86.98	57612	100	89.31	62273	100	95.17	66389	99.98	108.51
工程技术人员	3654	7.18	5.79	3831	6.90	6.00	3929	6.81	6.09	2041	3.27	3.12	4283	6.45	7.00
农业技术人员	1115	2.19	1.77	1301	2.34	2.04	1448	2.51	2.24	1338	2.14	2.04	1714	2.58	2.80
卫生技术人员	8245	16.22	13.07	8864	15.97	13.89	8928	15.49	13.84	10828	17.38	16.55	10529	15.85	17.21
科学研究人员	62	012	0.10	87	0.15	0.14	65	0.11	0.10	70	0.11	0.11	104	0.15	0.17
教学人员	37753	74.27	59.86	41416	74.62	64.91	43342	75.05	67.04	47996	77.07	73.35	49759	74.95	81.33

第二章　科技管理

第一节　科技项目及经费

1991 年—2000 年，全区实施星火计划、火炬计划、重大项目攻关计划、新产品试制计划等各类科技计划项目 829 项，项目经费(科技三项费)1553.5 万元。其中：国家级项目 25 个(其类别为火炬、星火、重点、推广、新产品)，争取到国家科技三项费 263.1 万元；省级项目 475 个(其类别为一级、二级、火炬、星火、推广、新产品)，争取到省科技三项费 651.4 万元；(地)市级项目 329 个，安排地区科技三项费 639 万元。这些项目的科技三项费来源：国家、省戴帽下达的专项；省科技厅切块(体现于省二级项目经费)；地区地方财政专项经费(体现地级项目经费)。

1996 年，根据饶发〔1996〕44 号中共上饶地委、上饶地区行署《关于贯彻中共中央、国务院

〈关于加速科学技术进步的决定〉的实施意见》,地区级财政以1996年实际安排的科技三项费为基数,每年按20%递增。地区的科技三项费从零逐步增加到20万元、35万元、90万元、110万元、118万元。

1991年—2000年全区科技项目及三项经费一览

表35-2-1　　单位:项、万元

年份	国家级										省级											地级		年度项目小计	年度经费小计
	火炬		星火		重点		推广		新产品		一级		二级		火炬		星火		推广		新产品				
	项目	经费	项目	经费	项目	经费	项目	经费	项目	经费	项目	经费	项目	经费	项目	经费	项目	经费	项目	经费	项目	项目	经费		
合计	1	2	14	22.1	3	210	3	9	4	20	41	100.9	165	270.1	14	21	125	222.1	22	34.3	108	329	639	829	1553.5
1991			3								3	5.7	44	35.6			16	29	2	1.4		8	20	76	94.7
1992			3	4.5							2	4.7	35	33.5			13	20			7	15	30	75	92.7
1993			2	21							2	4	22	33.5	1	1	6	8.9			14	18	30	65	79.5
1994											3	3.4	14	33.5			15	19.2	3	1.6	8	20	30	63	88
1995											3	3	14	33.5	4	1	7	11.5	1	1.5	1	15	30	45	80.5
1996			2	3.5	3	210					4	6.4	13	33.5	1	1	14	17.5	1	1	7	45	84	90	356.9
1997			2	3			1	2.5			7	12	12	33.5	1	1	14	20.5	1	5	19	49	101	106	178.5
1998			2	6			1	3	2	20	6	16.7	11	33.5	1	1	13	19	6	9	21	48	97.5	111	205.7
1999	1	2									7	21			3	5	16	49.5	4	7	12	53	108.5	96	193
2000							1	3.5	2		4	24			3	14	11	27	4	7.5	19	58	108	102	184

第二节　“星火计划”实施

1991年—2000年,全区科技工作认真贯彻“科学技术工作必须面向经济建设、经济建设必须依靠科学技术”的基本方针,围绕全区经济和社会发展的总体部署,以经济建设为中心,重点抓对区域经济发展有牵动、有影响的项目,组织实施了“星火计划”①。全区共列星火计划项目139项,其中国家级14项;鉴定验收71项。这些星火计划项目共投入资金约7亿元,其中科技三项费244.2万元,科技贷款约6600万元,地方匹配及单位自筹63155.8万元;约新增产值27.77亿元,新增利税5.695亿元,创外汇1.457亿美元。投入产出比平均达到1:3.97。

万年湖云塘水产繁殖珍珠分场首次承担了省星火计划“珍珠、鱼、畜、禽综合养殖技术”项目。该项目在2.8公顷新开始水面中创产值126.5万元,获利56.8万元,投入产出比达1:8.1,投入利润比达1:3.6,1990年,由地区科委组织验收,并获地级星火一等奖、省级星火二等奖。此后,以这个企业为主,先后承担“珍珠”星火项目8项,共投入资金2.13亿元,其中科技三项费23.5万元、贷款7276.5万元,自筹1.4亿元;实现产值9.585亿元、利税2.8亿元,创汇6237万美元;有5个项目通过验收;获市级科技奖4项,省级科技奖1项。全县珍珠养殖面积达1333.33公顷,珍珠加工有6大系列、20多个品种,形成产、加、销一条龙,贸、工、农一体化

①“星火计划”:是我国科技计划的重要组成部分,以振兴农村经济为宗旨,以采用先进适用技术为核心,以技术开发、产品开发、人员培训为内容的为中小企业、乡镇企业和广大农村服务的科技开发计划。1986年,上饶地区开始了这项计划。

的产业化发展格局。1998 年初,万年县先后被国家、有关部委列为全国农业产业化综合改革试点单位。万年县星火项目的主要完成者陆纪辉荣获“全国农业劳动模范”称号、国务院颁发政府特殊津贴、人事部颁发的中青年有突出贡献专家证书。

第三节 技术市场

1991 年,贯彻执行《江西省技术市场管理条例》①(1991 年 6 月 22 日江西省七届人大第 22 次会议通过),全区 12 个县(市)完善健全县(市)级的技术市场开发中心,并以“中心”为主体从事技术开发、技术转让、技术咨询、技术服务、技术贸易等服务,全年共签订各类技术合同 14 项,实现技术合同交易额 121 万,此后,技术市场不断培育壮大,成为重要的生产要素市场,一些重大的技术成果通过技术市场已向经济领域扩展,形成了较大的产业规模。在“放开、搞活、扶植、引导”的技术市场发展方针指引下,全区县(市)和部分乡(镇)建立完善面向市场、自负盈亏、多种经济成分的技术市场开发中心,形成吸收能力强、辐射面广、多层次、多渠道、多形式、多功能的技术市场网络体系,积极开展了技术开发、技术转让、技术咨询、技术服务活动。技术市场进行的技术交易额每年大幅增长。到 2000 年,全区技术合同交易额达 2698.1 万余元,比 1991 年增加 22 倍。

1991 年—2000 年全区技术合同交易额情况

表 35-2-2 单位:项、万元

年 份	技术合同数	技术合同成效额	其中技术交易额
1991	14	121	89
1992	19	176	103
1993	24	210.3	197
1994	22	229	144
1995	107	926.6	365.5
1996	128	1385.7	616.6
1997	132	1604.1	728.6
1998	130	2059.8	1114.3
1999	74	2430.1	646.69
2000	2086	2695.1	1025.5

①1985 年 3 月,中共中央颁布了《关于科技体制改革的决定》,提出:开拓科技市场是促进技术成果商品化、我国体制改革的突破口。同时提出了技术市场“放开、搞活、扶植、引导”的发展原则。技术市场由此发育和发展。随着科技体制改革深入发展,技术市场也逐步走上健康有序、法制化管理的运行轨道。1991 年,江西省第一部地方性的科技法规《江西省技术市场管理条例》颁布实施,1996 年,省科委和省地方税务局联合下发了《江西省科研单位技术合同收入免征营业税资格认定办法和审批办法》。这些法律法规的实施,极大鼓励了科技人员从事技术贸易的积极性,促进了科技成果商品化,繁荣发展了全区的技术市场。1997 年,该《条例》经过省人大常委会进一步修改通过实施。

第四节　科研所体制改革

1991 年,全区 8 个地直独立科研所,农业、林业、水利、工业、水产、科技情报 6 个研究所为副县级单位,农用微生物、畜牧兽医 2 个研究所为科级单位。8 个科研所分别隶属于 5 个主管局、委,农业、水产、农用微生物、畜牧兽医 4 个科研所的主管单位地区为农牧渔业局,林业、水利、工业、科技情报 4 个科研所分别隶属于林业局、水电局、经委、科委。地区水产所地处波阳县,其余 7 个科研所都在上饶市区或市郊。科研所共有编制数为 530 人,在职职工总数为 479 人,其中干部 160 人,占 33.4%;工人 319 人,占 66.6%。专业技术人员(含技术工人)160 人,占职工总数 33.4%,其中,具有高级技术职务 13 人,中级技术职务 41 人,初级技术职务 83 人,尚未定技术职务 23 人。离退休的干部、工人为 75 人。1991 年科学事业费总额为 66 万元,按编人均事业费为 1245 元。拥有固定资产总额(原值)为 373.6 万元,其中仪器设备 72.8 万元,万元以上大型仪器设备达 10 台(套)。土地面积 3581 亩,其中实验地 1622 亩,旱地 110 亩,水面 1241 亩,山地 542 亩。建有办公用房 4225 平方米,科研用房 3398 平方米,生产用房 65822 平方米,宿舍 11534 平方米。

1992 年,各科研所深化内部改革,抓好各项责任制的配备实施,初步改变吃大锅饭的局面。根据行政、科研、生产等不同岗位,实行行政干部岗位目标责任制,对科研课题承包责任制,生产经营活动定额承包责任制。对科研课题由课题组长组阁,推行课题优化组合。建立健全各项规章制度。基本上做到岗位清楚,职责明确。在科研上,围绕经济建设主战场,各科研所从各自的实际出发,发挥各自的技术优势,围绕生产搞科研,围绕经济搞开发,1989～1991 年,承担科研课题共 92 项,其中上级下达课题 65 项,横向课题 12 项,自选课题 15 项,投入科研经费 39.5 万元。已通过技术鉴定的科研成果 16 项,其中获省级科技进步奖 4 个,获地级科技进步奖 6 个。推广应用的科研成果 6 个,推广应用率为 37.5%,累计自身收益 17.7 万元,社会效益 3860 万元;在技术服务上,推进了科技与生产的结合,农科所向广大农村推广水稻新品种和生产高效、优质"871"配合饲料,水科所为大坝承担地质勘察、质量检测及维修加固工程的设计与施工,畜科所派出科技人员到乡村企业养猪场、养鸡场进行技术承包,情报所开展"科技大篷车"活动,深入乡、村,现场咨询、培训,并编印《领导参考》《科技经济信息》刊物,为各级领导、乡镇企业传递信息;在开发经营上,积极创办技工(农)贸一体化的实体。

1991 年—2000 年,各科研所纷纷创办技术经营实体,如农科所的"871"饲料厂,林科所的蝴蝶开发,情报所"科信电脑"等,共创办各种形式的实体 15 个。1991 年技术、实体、经营创收 102.9 万元。

针对各所科技经费的投入严重不足;科研手段落后,基础设施简陋、陈旧;技术干部与工人的结构比例不合理;科技骨干缺乏,年龄结构不尽合理;在管理体制上,[①]关系不顺的情况。地委、行署进行了安排和部署,按照"稳住一头,放开一片"的改革原则,既稳住基础性研究,又放开开发类研究所,使其走向市场发挥作用,全区对科研所体制先后实施了"合并、下放、改制"的改革方法。

1990 年,上饶地区工业技术研究所率先改革,创办实体,不要财政拨款,自收自支,自我发

①1987 年以后,科研所的科学事业费统一归口科委管理,而人事、业务仍由主管单位管理。

展。1992年,地区农科所实行所长组阁制,并制定目标考核责任状,组阁期限为3年,期满后,视完成责任关各项目目标情况,在政治上、经济上给予组阁人以相应的奖惩。

1996年,上饶工业学校成立,行署将上饶地区工业技术研究所与上饶工业中专合并,促使其走产、学、研相结合的道路。鉴于上饶地区水产科研所处波阳县境,对发展鄱阳湖渔业作用明显,行署将上饶地区水产科学技术研究所下放给波阳县管理,使其科研更直接为波阳水产第一线服务。对上饶地区农科所、林科所、水科所、畜牧所、农微所、情报所等6个社会公益所主要以其内部管理机制转变为杠杆,促进内部结构调整和人才分流,全面实行所长负责制,使各研究所在人事制度、产权制度、财务会计制度和宏观管理制度等方面转制创新基本到位。根据有关政策的要求,各研究所都实现了政、研分开和所长负责制,赋予了科研所改革与发展自主权。政府部门变直接管理为间接管理,主要是科研机构承担重大研究课题的检查、督导。而各科研所由单纯科研性和行政性向科研经营型、开放型和企业转变,并取得了重要进展,包括对内实行结构调整和人员优化,对外实行技术开发、技术转让、技术服务和创办经济实体,既搞活了经济,又发挥了科技人员的积极性,使各科研所在市场经济中的能量得到释放,各科研所在面向经济、面向市场,走科研、生产、服务一条龙的道路上取得了重大成果。

10年间,全区各科研所共承担国家、省、地级科研课题72项,项目实施后,获国家级科技进步奖2个,获省级科技进步奖23个,获地区级科技进步奖14个,培训专业技术人员3万人次,向社会推广优良畜禽、水稻、水果、竹木、花卉、食用菌145个,产生社会效益达18亿元。为了增加科研所投资和弥补事业费不足,根据“放开、搞活”的科技体制改革原则,各科研所共创办经济实体21个,走出去进行技术承包,技术服务和创办、领办经济实体50余人,为科研所创收上千万元,科技人员和社会均获得一定的经济效益,为科研所体制改革初步创造了一条自我发展、自我壮大的路子。

第五节 专利工作

专利申请 1991年,全区专利申请量为20件,专利授权量为6件,随后逐年递增,2000年,全区申请量为54件,授权量为23件。10年间共申请专利395件,其中:发明专利申请71件;实用新型专利申请237件;外观设计专利申请87件;总授权量为300多件。截至2000年,全区专利技术实施近100件,社会效益和经济效益显著。

主要专利有:“组合式文具盒”、“中国古汉酒”、“信函公拣自动计数器”、“异形变经出水弯管”、“4A沸石”等,这些专利技术的实施,为全区新增产值亿元以上,新增利税1000万元以上。弋阳富达钢材公司实施“异形变经出水弯管”等两项专利产品,年产值达2000多万元,获利200余万元,广丰非金属工业公司实施的“4A沸石”(已申请发明专利),年产值2000余万元,实现利税400余万元。其他各县(市、区)也均有专利技术的开发实施,取得了一定经济效益。

专利培训 1991年—2000年,全区先后举办专利培训班5期,培训人员200人次。通过培训,人们的专利意识有所提高,出现了一批具有自主知识产权的企业,如信州区的恒泰公司、德兴的三连工艺厂、上饶的康源公司。恒泰公司的“称土永磁除铁器”,是一种各类矿山选矿的除铁设备,安全可靠,经过德兴铜矿试用,各项技术指标均优于现代普遍使用的、价格昂贵的电磁除铁器,由于这项技术取得实用新型专利权,有效地防止了同行仿制行为的发生。德兴三连的“手杖”,其生产工艺独特、巧妙,手握弯曲部平整、光滑,深受美国市场的欢迎。

第三章 科技活动

1991 年—2000 年,全区科技活动围绕科技进步月开展了送科技下乡、科技兴农、科技咨询等科普活动。每年 3 月,组织农、林、水、畜牧、卫生、气象为主的科技售货员分赴各乡镇,开展送科技活动,重点推广水稻栽培技术、薄膜育身技术、果树栽培技术、水产养殖技术畜禽疾病防治、经济作物栽培技术。仅上饶市在 10 年间就开展了不同层次的科普集市 16 次,放映科教电影 152 场,观众达 2 万余人次,举办科普挂图展及大型科普宣传活动,参与人数 49.93 万人次。各项科普挂图展展出防疫知识、优生知识、农技知识等。

第一节 科技兴农

1991 年,科技兴农呈现科教结合,“星火”计划和“丰收”计划相结合的特点,各县(市)普遍成立了科技兴农领导小组和办公室,制定了科技兴农发展规划。不少县的乡(镇)配备了科技副乡(镇)长。把推广科技成果、壮大科技队伍、培养农村实用人才作为科技兴农的重点,地区科委切出部分科技三项费,采取一乡一题,以计划项目为技术示范的生长点,发挥科技经费的诱导作用,帮助指导示范乡逐步建立有特色的科技示范基地。为配合科技兴农和“星火计划”的实施,积极开展农村运用技术培训,在有关部门的积极配合和支持下,利用各种渠道,多种形式,不同层次地培训蚕桑、茶叶、ABT 生根粉运用等多种实用技术 25 万人(次),全年全区共实现星火计划 10 项,丰收计划 15 项,科研计划 52 项,农业开发计划 4 项。

1992 年,继续加强科技意识的宣传,据不完全统计,全区播出有关科技兴农稿件、录像 3000 余件(片),编辑“科技兴农”“科技之音”“农民之友”“农村科技”“科技信息”“农资与科技”等科技兴农刊物 30 余种 300 余期,印发资料 30 多万份。为推广应用新的技术,地区财政增拨 10 万元推广经费。地区科委会同农经委、农牧渔业局、林业局联合发文《关于在我区我大力推广使用喷施宝、ABT 生根粉和‘871’猪用浓缩饲料》的通知,在全区推广使用。

在全区开展县(市)、乡(镇)科技达标活动,并组织对铅山县汪二、广丰县河北、弋阳县葛溪、上饶市北门 4 个乡组织、验收。

第二节 技术培训

1991 年 10 月,全区贯彻执行省内第一部地方科技法规《江西省技术市场管理条例》,并确定 10 月份为《条例》的宣传月,各县(市)政府(政府办)下发红头文件到各乡、镇(场)政府,县政府各部门,县直各企事业单位,要求各单位抓好贯彻和落实,由政府领导亲自宣传,如召开有关管理部门的协调会,开展各种形式的培训班,据统计,在宣传月活动中,各县(市)召开了技术市场各管理部门协调会,科技人员座谈会,参加单位 161 个,参加人数 240 人,举办《条例》及有关法律学习班 4 期,8 个县(市)领导作了电视或广播讲话,张贴布告 800 张,悬挂横幅 40 条,张贴标语 833 条,电影院放映宣传 63 次,组织 4 辆宣传车巡回宣传,举办宣传橱窗 14 个,墙报、黑板报23期，宣传稿件31份。1992年，培训掌握1～2门实用技术人才2.1万多人次。

1993年7月，在婺源举办全区贯彻实施科技法律、法规及政府研讨会，推动全区科技工作在法制化轨道上健康有序发展。地委办、行署办下发《上饶地区1993年科技进步月实施方案》的通知，要求在全区组织好一个“科技进步月”活动，并且印发《上饶地区科学技术发展十年规划和“八五”计划纲要》。

1999年，地委组织部和地区科协在全区农村开展“学、赛”活动，编印了以农作物栽培、果树蔬菜、畜牧兽医、水产养殖知识为主要内容的《上饶地区党员和基层干部实用技术知识读本》，免费下发给农村党员、村干部。在这次活动中，广丰县、余干县获得了常用科技成果比赛一等奖，横峰县代表队获得农村实用技术知识竞赛一等奖。

2000年4月19日，地委组织部、地区科委特邀省人大常委、省人大教科文卫委员会副主任委员、研究员杨淳朴为全区领导干部作了题为《深刻理解两大发展战略，努力推进各个领域科技进步》的科技报告。

第三节　科技推广

1991年，全区推广工农业科技成果10项，新型空冷贝氏体钢球、ABT生根粉系列产品的应用试验与示范推广，在农业生产上产生明显的示范效应。全区推广应用植物品种204个、217项，地区林业局因此荣获国家科委成果司和林业部科技司联合颁发的全国“ABT推广特等奖”。

1992年，继续推广应用实施喷施宝和ABT生根粉等新技术。推广15项省地级科技成果，创社会效益3000多万元，实施14项星火计划，投入产出比达到1:4.3。同年，地区畜牧科研所在研究出开发投资少见效快、技术简单的古巴牛蛙养殖技术；在地区农业开发办等部门支持下，建起占地6亩的牛蛙场和商品蛙养殖示范基地，为广大养殖户提供种蛙和示范，并为重点养殖专业户免费提供技术培训和服务。年底，养殖户获利10余万元，户均增收1000元。1993年11月，将该养殖技术推广到11个县(市)的百余个单位和个人养殖户。

第四章　科技成果

1990年代，全区科技部门贯彻“科学技术是第一生产力”的战略思想，围绕“经济建设必须依靠科学技术，科技工作必须面向经济建设”的方针，把改革与开放、改革与完善、改革与发展密切结合起来，逐步把科技工作转入面向经济建设主战场，组织实施一系列科技项目，科技成果不断涌现，成果转化得到加强，培植了新的经济增长点。

1991年—2000年，全区鉴定(或验收)的各类科技成果项目360项。其中：国内领先或填补国内空白12项，国内先进62项；省内领先填补省内空白120项，省内先进141项。在360项科技成果中，工业类成果119项，农业类成果83项，林业类成果41项，畜牧水产类成果30项，医药卫生类成果55项，其他科研成果32项。10年中，全区获地级以上科技奖励287项(其中国家星火奖1项，省科技进步奖、星火奖49项)，其中，工业101项，农业64项，林业33

项,畜牧水产业23项,医药42项,其他24项;地级科学技术奖237项。

第一节　工业类成果

在各类科技成果获奖项目中,工业类获奖项目101项,占获奖项目的35.2%。江西怀玉山活性炭厂积极开展科技兴厂活动,使生产能力和规模不断扩大、经济效益显著提高,取得了令全国同行为之瞩目的成绩。1990年,科技局投入三项费1.5万元,实施星火计划项目"颗粒定型活性炭开发"取得成功。从这年开始,科技局连续投入经费扶持项目,企业通过技术改造、技术开发,先后试制成功了味精炭、油脂炭、电镀炭、黄金炭等8大系列28个品种、100多个规格的活性炭。产品产量、质量、经济效益均在全国同行中独占鳌头,出口量占本行业全国出口质量的1/4,国内产品覆盖率达80%以上。"颗粒定型活性炭"项目获1992年度全区科技进步一等奖。

德兴市异Vc钠有限公司承担"D—异抗坏血酸钠"项目,通过几十项技术革新,成功地实现了早米转化,生产的异Vc钠高附加值创汇产品。地区科委将此项目一直作为重点项目跟踪扶持,从产品的研制开发到生产规模的不断扩大,1995年列入了省级火炬计划项目,验收后又推荐列入了1999年国家级火炬计划项目,2000年"年产3000吨异Vc钠"又被列为省高新技术示范工程项目,下达科技三项费10万元,该产品产量从1995年的年产500吨,上升到2000年产3000吨,其产品效益也从1995年的产值2250万元、税利450万元上升至2000年的产值6816万元、税利1133万元,创汇588万美元。这个项目获1998年度省科技进步二等奖。

第二节　农业类成果

在获奖项目中,农业类64项,占获奖项目的23%;林业类33项,占获奖项目的11.5%;畜牧水产类23项,占获奖项目的8.0%。1986年前,万年县湖云水产繁殖场只有几幢小平房,20名职工,条件差,还背着多年积下的103万元债务。通过几年奋斗,湖云水产繁殖场成为江西省珍珠产品的生产基地,其产品远销广东、浙江、福建、香港、台湾、日本、美国、瑞士等国内外市场。1987年,地区科委拨三项费4万元,组织实施"珍珠、鱼、畜、禽综合养殖技术"项目,之后不断加大资金投入,先后实施了"万亩鱼珠综合养殖及异形珍珠开发"、"大水面综合开发利用"等项目。其中"珍珠、鱼、畜、禽综合养殖技术"项目1990年通过省科技厅组织的专家验收,1991年获全区星火一等奖,1992年获省星火二等奖,1993年获国家星火四等奖。"万亩鱼珠综合养殖及异形珍珠开发"获1994年度省星火四等奖。珍珠养殖逐渐成为万年县支柱产业。

1991年—2000年全区获国家、省级科学技术奖情况

表35-4-1　　单位:项

年份	工业	农业	林业	畜牧水产	医药	其他
合　计	16	9	9	6	5	5

续表 35－4－1

年份	工业	农业	林业	畜牧水产	医药	其他
1991—1992	4	2	3	2	0	1
1993	0	1	0	1 *	1	1
1994—1995	3	1	0	3	1	0
1996	1	1	3	0	0	1
1997	4	2	2	0	0	1
1998	2	2	1	0	1	1
1999	1	0	0	0	2	0
2000	1	0	0	0	0	0

说明：1. 获国家、省级科学技术奖（科技进步奖、星火奖）。
2. * 为国家星火奖。

1991 年—2000 年获上饶地区科学技术奖情况

表 35－4－2

年份	工业	农业	林业	畜牧水产	医药	其他
合　计	85	55	24	17	37	19
1991—1992	15	17	4	5	2	9
1993	9	2	1	0	1	3
1994—1995	22	11	3	5	5	0
1996	8	5	1	1	5	2
1997	9	6	4	2	4	1
1998	7	7	5	1	7	2
1999	6	4	2	1	7	2
2000	9	3	4	2	6	0

1991 年—2000 年全区获国家、省级科学技术奖项目

表 35－4－3

科技成果名称	获奖单位（个人）	获奖情况
广丰山羊综合开发利用	广丰县科委汪志清等	1991 年度省星火二等奖
籼粳中间型晚稻新品种 B228 选育	上饶地区农科所杨学富等	1991 年度省科技进步三等奖

续表35－4－3

科技成果名称	获奖单位(个人)	获奖情况
北缘地区椪柑早结丰产优质栽培技术开发研究	德兴市皈大乡政府王兴途等	1991年度省科技进步三等奖
低铬合金耐蚀铸铁管及管件	铅山耐蚀合金铸管厂伍鸿章等	1991年度省科技进步三等奖
坝顶溢流平扳坝	上饶县水电局、上饶地区水电局沈全忠等	1991年度省科技进步三等奖
杂交水稻大面积高产制种技术开发	上饶县种子公司等	1992年度省星火一等奖
珍珠、鱼、畜、禽综合养殖技术	万年县湖云塘水产繁殖场珍珠分场刘宝珠等	1992年度省星火二等奖
ABT生根粉(膜)系列产品推广及其在林业、农业的开发应用	上饶地区林业局、上饶市农办、广丰县林业局黄辉铨等	1992年度省科技进步三等奖
赣东北蝶类研究	上饶地区森防站诸瑞龙等	1992年度省科技进步三等奖
鸭的养殖加工一条龙	余干富湾鸭制品总厂吴世平等	1992年度省星火三等奖
土法炼硫黄尾气制亚硫酸钠	上饶武夷山化工厂郑幼章等	1992年度省星火三等奖
纸管系列产品开发	上饶市纸管厂朱秀云等	1992年度省星火三等奖
大豆新品种"赣豆一号"的选育	上饶地区农科所汪国瑾	1993年度省科技进步二等奖
胫骨上段附骨膜的骨皮质切削加长人字形截骨延长术	横峰县人民医院黄海平等	1993年度省科技进步三等奖
万年星火计划管理	万年县科委方赛枝等	1993年度省星火三等奖
珍珠、鱼、畜、禽综合养殖技术	万年县湖云塘水产繁殖场珍珠分场刘宝珠等	1993年度国家星火四等奖
异形珍珠研究与开发	万年县湖云塘水产繁殖场珍珠分场陆纪辉等	1994年度省星火二等奖
52度浓香型大曲	江西康山酒厂汪振光等	1994年度省星火三等奖
余干黑羽乌鸡选育	余干县畜禽良种场、江西省农科院畜牧兽医研究所李房全等	1995年度省科技进步二等奖
赣芝2号新品种选育	上饶地区农科所刘毅等	1995年度省科技进步二等奖
矿山原料湿法生产还原铜粉	德兴市精细化工实业公司戴进达等	1995年度省科技进步三等奖
肠源性休克实验研究	上饶地区医药科研所、江西医学院上饶分院刘懋生等	1995年度省科技进步三等奖

续表35－4－3

科技成果名称	获奖单位(个人)	获奖情况
系列竹胶板	德兴市竹板厂胡新华等	1995年度省星火二等奖
水产养殖高产示范及水产品深度加工	波阳县双港乡青山湖水产场王启生等	1995年度省星火三等奖
江西省低丘陵荒山林业生态经济模式研究	江西农大林学院、弋阳县林业局等单位杜天真等	1996年度省科技进步二等奖
江西省湿地松纸浆与建筑材林适用栽培模式的研究	江西省林科所、弋阳县林科所等单位魏柏松等	1996年度省科技进步二等奖
100啤酒快速发酵新工艺	上饶市啤酒厂饶绍信等	1996年度省科技进步二等奖
香菇单孢杂交及优良菌种选育	江西省农科院应用微生物研究所、上饶地区农用微生物科学试验所罗福根等	1996年度省科技进步三等奖
玉山县七一水库水文自动测报系统	玉山县七一水库管理局华朝根等	1996年度省科技进步三等奖
促进幼树生长组装配套技术研究	德兴市林业局蓝林江等	1996年度省科技进步三等奖
SR6970W型卧铺客车	上饶客车集团公司特种车厂钱愉来等	1997年度省科技进步二等奖
无核椪柑选育研究	德兴市皈大乡人民政府王兴途等	1997年度省科技进步二等奖
红壤丘陵柰李早结丰产技术研究	上饶地区林科所、铅山县陈家寨乡人民政府俞方洪等	1997年度省科技进步三等奖
低丘红壤地区茶树良种试验示范研究	上饶地区农业技术推广站王士圻等	1997年度省科技进步三等奖
LYA—302多氨基硅酮高弹性织物整理剂	上饶燎原精细化工实业公司苏华等	1997年度省科技进步三等奖
婺源名茶系列开发	婺源县茶叶局茶叶技术推广站程顺生等	1997年度省科技进步三等奖
富家坞铜矿三选厂提高铜回收率及回收硫的研究	南方冶金学院、富家坞铜矿黄万抚等	1997年度省科技进步三等奖
钢盘砼简支梁桥上部构造加固拓宽技术研究	省交通科研所、省公路管理局、上饶公路分局王明华等	1997年度省科技进步三等奖
玉山县城区土地定级估价	玉山县土管局、上饶地区地产估价所何茶清等	1997年度省科技进步三等奖
稻田氮素管理优化系统的应用研究	江西农大、余干县农技推广中心石庆华等	1998年度省科技进步二等奖
D—异抗坏血酸钠开发	德兴市异Vc钠有限公司周兵等	1998年度省科技进步二等奖
德兴铜矿铜硫分离新工艺	南方冶金学院、江西铜业股份有限公司德兴铜矿黄礼煌等	1998年度省科技进步二等奖

续表 35－4－3

科技成果名称	获奖单位（个人）	获奖情况
硅肥肥效试验与示范	铅山县湖坊乡农技中心江建明等	1998 年度省科技进步三等奖
露天采矿后遗边坡绿化工程作业的研究	铅山县林业局俞瑞春等	1998 年度省科技进步三等奖
流行性出血热休克瘀湿热内闭气阴外脱症的临床研究	省中医药研究所、广丰县人民医院杨宁等	1998 年度省科技进步三等奖
德兴地方电网发供用电自动化管理系统	德兴市水电公司、省计算所、武汉联华电气有限公司董明坤等	1998 年度省科技进步三等奖
DC828 单镜头反光照相机	凤凰光学仪器集团有限公司龙华林等	1999 年度省科技进步二等奖
保儿饮治疗新生儿六病症的临床应用	横峰县铺前中心卫生院周博文	1999 年度省科技进步三等奖
甲硝唑口颊片（迷尔脱）	广丰制药厂、省医药技术开发公司郑唐华等	1999 年度省科技进步三等奖
浮选中矿选择性分级再磨新工艺研究	南方冶金学院、江西铜业股份有限公司德兴公司	2000 年度省科技进步二等奖

第五章　国际科技合作与交流

第一节　科技合作

1990 年，行署下文《关于成立上饶地区引进外国智力工作领导小组的通知》（饶行发〔1990〕100 号），下设办公室，挂靠上饶地区科委。这年开始，全区科委每年从三项经费中划出 5 万元专项经费用于引智工作，加大引智工作力度，加快引智工作发展。

1991—2000 年，引智工作走的是一条引进外国专家到上饶技术指导，送出人才出国培训的工作道路，共执行 22 个引智项目，请进来自德、意、法、美、日、泰国、澳大利亚、保加利亚等国共 32 名专家到区内进行义务技术指导和科技交流，技术指导的范围涉及的有种草养畜、网箱养鱼、养鳗、养虾、种茶、啤酒、制革、活性炭、机械制造、旅游管理、医疗卫生等行业，效果明显，成效很大。

德国鲁奇活性公司的专家于 1998—2000 年连续 3 年在江西怀玉山活性炭（集团）有限公司，一方面进行活性炭生产质量技术指导，一方面代销出口。开发的项目有“溶剂回收活性炭”、“针剂活性炭”等多种产品，每年营销的各种活性炭 500 吨左右，新增纯利 40 万元。

1996 年、1997 年德国啤酒专家带技术、带菌种到上饶啤酒厂进行啤酒质量改进技术指导，使该厂当年生产的 10 度和 10. 5 度啤酒获全省行业评比第一名，产量由 1995 年的 8 千吨提高到 1. 73 万吨，产值 2028 万元，利税 1016 万元。

1996 年 5 月，日本机械专家押切哲郎到玉山活性炭厂进行活性炭机械生产技术指导，赠送一套先进的活性炭生产工艺图纸和计算资料共500多份给厂方，为厂方生产工艺改进提供了技术储备。

1997年6月，日本淡水鱼养殖和鱼饲料专家永井康丰先后在波阳、玉山就网箱高产养鱼进行技术指导，提供了各种鱼饲料的配方。

1998年，7月，法国养鳗专家托马斯·尼尔森夫妇到玉山指导鳗鱼养殖生产技术，提供一套完整的养鳗技术材料，推荐了德国、丹麦的循环式高产养殖方法，为玉山养鳗提供了先进经验。意大利的波兹和泰普拉到上饶市皮革厂就皮革加工进行技术指导，并向该厂赠送1套先进的制革生产工艺资料。9月，澳大利亚草蓄专家弋阳箭竹乡就“南方草地畜牧业综合开发”技术指导，并相应举办全县性培训班，重点对三叶草的生长机理、牧草固氮改良土壤机理，鉴别羊的营养状况、牧草的收割技术进行详细技术指导，使该地农民初步掌握种草养畜技术。

2000年10月，德国医学博士在余干县中医院进行技术指导，先后就诊病人98人次，指导外科手术两例，举行全县性的医学报告会一次，医院受益颇丰。

第二节　科技交流

1998年5月，接待泰国农业部一行8位专家组成“茶叶生产与品质控制”科技考察团到婺源县进行考察与科技交流。通过这次活动，加强了两国在茶叶领域的科技交流与合作，推动了两国在茶叶领域的科技进步与发展。

1999年1月，全区遭受1998年特大洪灾重建之际，德国小城镇建设专家应邀到境内考察。在考察上饶市沙溪镇、弋阳、万年等地基础上，在上饶宾馆和万年县举办“城镇建设规划”专题讲座。在讲座中提出许多新的见解，解答大家各种问题，听众160余人次。9月，保加利亚眼科专家在婺源人民医院现场指导并开设眼科门诊，共诊治病人315人次，开展白内障囊外摘除+人工晶体置入手术11例，开展专题讲座1期。

2000年8月，日本旅游专家太田源山进行弋阳旅游风景营销策划技术指导，进行旅游培训，提出弋阳旅游整体规划方案并捐献3万日元作为弋阳县旅游教育基金。

卷三十六　卫生　医药

1990年代,全区卫生系统立足区情,坚持以改革统揽卫生工作全局,突出农村卫生、预防保健和中医药三大重点。全区婴幼儿死亡率从1990年的60‰下降到2000年的36.26‰,孕产妇死亡率从1990年的118.3/10万下降到2000年的57.7/10万,人口平均期望寿命已经提高到68.85岁。

全区医疗卫生机构进一步发展,卫生技术人员队伍继续扩大。2000年,全区拥有医疗机构418个(不包括门诊部所和个体开业),其中医院330个(含县及县以上医院59个),专科防治站(所)21个,卫生防疫站19个,妇幼保健院(站)14个,中心血站1个,其他卫生机构33个,卫生经费支出达13480万元。全区卫生医疗系统共有职工16549人,其中卫生技术人员13621人。在卫生技术人员中,有医生6188人,其中主任医师48人,副主任医师522人,主治(管)医师3128人,平均每千人口有医生1.02人。共有病床10510张,平均每千人口有病床1.73张。卫生医疗机构建筑总面积达899222平方米。新增CT、全自动生化仪等大型先进设备和设施。

全区卫生防疫工作逐步走上经常化、制度化、规范化和法制化的轨道。推行全民加碘盐,广泛开展创建卫生城(镇)活动。全区12个县(市)均达到国家基本消灭麻风病、碘缺乏病、丝虫病和疟疾病标准。

全区医学科研、教育迈出新的步伐。"八五"期间全区卫生系统就获得省科技创新奖和进步奖10项,国家发明专利3项和重大科研成果奖2项。2000年,全区有高等医学专科学校1所,中等卫生学校1所,卫生职工中专5所,在校学生总数3000余人。

第一章　防　疫

第一节　爱国卫生运动

1990年—2000年,地区设有爱国卫生运动委员会(简称爱卫会)。2000年10月,撤地设市后,改称上饶市爱国卫生运动委员会,委员会下设办公室,有专职办公室主任1人,工作人员2人。

全区12县(市)爱国卫生运动委员会均在县卫生局内设立办公室,共有专(兼)职工作人员45人。

创建卫生城市运动 1991年9月17—23日,以治理环境、清除疾病发生条件、提高群众自我保健意识为重点,在全区城乡全面开展卫生突击周活动。全区各级党政领导参与突击周活动达1520人次,群众参与116万人次;健康教育专业技术人员512人次;印发卫生宣传小报、简报1000多期;卫生知识宣传稿件、墙报1986篇;受教育人数达164万人次;清运垃圾9570吨;清除卫生死角1320处;疏通沟渠4.65万米;修缮改建厕所231座;清除蚊蝇孳生地865处。上饶市铁路新村第六居委会等15个单位获省爱国卫生先进单位,高瑞东等15人被评为省爱国卫生先进个人;地区爱卫会表彰弋阳老建办等273个单位为地区爱国卫生先进单位,徐武等33人为地区爱国卫生先进工作者。玉山县、永平铜矿、横峰纺织器材厂也分别在爱卫月、省辖工业企业、地辖工业企业考核名列前茅。

1992年,玉山县人民政府等12个单位被授予省爱国卫生先进集体称号,李先进等6人被评为省爱国卫生先进个人。

1993年3月5日,上饶市获江西省城市爱国卫生进步奖;上饶县委、县政府等85个单位被授予地区爱国卫生先进单位的称号。

1996年,上饶市荣获江西省卫生城市称号;4月15日,玉山县被命名为江西省卫生县城,是全省第一个省级卫生县城;地委等63个单位获省级卫生庭院的称号;5月15日,苏有明等22人被评为年度全省无烟学校优秀校长和控烟积极分子。

1998年,在遭遇百年一遇的洪涝灾害后,全区大力开展爱国卫生运动和防疫防病工作,并进行了灾后爱国卫生工作检查;1月13日,针对上饶市卫生状况滑坡,省爱卫会提出整改通知意见,通过明查暗访,省爱卫会决定保留上饶市"江西省爱卫城市"的称号;10月30日,万年县获全省城区灭鼠达标光荣称号;12月1日,广丰县获全省城区灭鼠、灭蟑达标称号。

2000年5月20日,广丰县洋口镇洋江村等8个自然村被命名为地区级卫生村称号;6月13日,全国爱卫办副主任施妈麟到广丰县进行创建工作调研;6月20日,婺源县获全省城区灭鼠、灭蟑达标称号;7月19日,地区卫校等60个单位被命名为省卫生庭院;8月24日,广丰县获全国卫生县城称号,是全省首家全国卫生县城;8月24-25日,全省创建卫生城市工作现场会在广丰县召开;9月1日,王传娣等12人被评为1997年—1999年度省、地爱国卫生先进个人。

农村改水改厕 1991年8月中旬,玉山县冰溪镇蔬菜村委会东津桥自然村被确定为全区农村改厕管粪工作试点。11月2日,召开全区改厕管粪工作试点现场会,弋阳等县落实了改厕启动资金,70%的县已开展试点工作。横峰县城第一个实现公厕全部水冲化,全区60%的县城建起了水冲公厕。德兴市被评为全国农村改水先进单位,齐金火、洪文声被评为全国农村改水先进工作者。

1992年底,全区有456.7万人饮水卫生条件得到改善,占农村总人口的89.7%,其中饮用自来水的有123.5万人,普及率为24.2%。因地制宜,在山区利用山泉引流建自来水,在丘陵建高位水池,在平原湖滨区则以改良大口井、手压机、压力罐为主。

1995年12月4日,弋阳县被命名为全省农村卫生厕所建设先进县,余雷等6人被评为全省农村卫生厕所建设先进工作者。

1996年11月14日,上饶县、横峰、铅山3县申请世界银行贷款实施第三期中国农村供水与环境卫生项目。玉山县荣获省农村改厕先进县称号,波阳县莲花山水厂被授予全省农村改水先进水厂，何国华等12人被授予全省农村改水先进工作者称号，丁显芳等6人被授予全省农村卫生厕所先进工作者称号。当年新增19.68万人饮用上安全卫生水，新增卫生户厕5.51万座。

1997年1月21日，世界银行官员普兰特先生、国家项目一行五人到上饶县、铅山县进行世行改水项目评估；5月13日，张火蓉、裴竹平、孟庆兰被评为八五时期全国农村改水先进工作者；6月23日，成立上饶地区中国农村供水与环境项目办公室，标志着上饶县、横峰县、铅山县世行改水项目正式启动，项目总金额515万美元，其中上饶县230万美元、横峰县130万美元、铅山县155万美元；11月，上饶县、广丰县、弋阳县、铅山县被授予全省农村卫生厕所建设先进县称号。

1999年2月5日，上饶市、上饶县、弋阳县、铅山县、横峰县启动全国爱卫会饮用水卫生援助灾区项目，改水物资价值224万元；4月22日，对实施情况进行检查。横峰县实施效果最好，作为全省唯一代表参加全国农村改水会议，并作典型发言。

健康知识教育　1991年12月16日，地区爱卫办、防疫站、健康馆联合开展“健康杯”卫生科普文章、美术、摄影、书法作品有奖评比活动。

1994年10月23日，成立全国九亿农民健康教育行动领导小组。

1996年，铅山县获全国九亿农民健康教育行动领导小组办公室通报表扬。

2000年4月25日，铅山县爱卫办主任徐淑仪被评为全国九亿农民健康教育行动先进工作者。

1991年—2000年全区农村改厕情况

表36-1-1

年份	农村总户数（万户）	已改厕累计		累计改厕类型（万座）					当年新增改厕数（万座）	累计粪便无害化处理率%	累计改造公厕总数（座）	当年改厕经费来源（万元）	
		户数（万户）	占农村总户数%	三格化粪池式	各类沼气池式	双瓮漏斗式	通风改良式	其他类型				政府补贴	群众自筹
1991	107.16	7.45	6.95	0.66	1.7	0.17		4.92		2.36		83.62	585.33
1992	107.16	12.92	12.1	1.25	1.57	0.24		9.86	5.89	2.86		8.55	283.77
1993	107.16	18.17	16.98	1.76	1.61	0.26		14.54	5.92	3.39		15.86	281.4
1994	107.16	19.83	18.5	1.92	1.76	0.27		15.88	1.66	3.69		7.7	133.46
1995	141.08	31.01	21.98	8.62				22.39	2.34	6.11	1260	128.7	497.87
1996	142.31	39.65	27.86	11.38				28.27	7.26	8.0	1927	58.8	511.54
1997	145.73	49.51	33.97	12.69				36.82	5.7	8.7		52.95	392.33
1998	138.87	46.04	33.15	10.64	0.24			35.16	4.26	7.83	2996		
1999	138.87	57.36	41.3	17.8	0.98	0	0.12	38.46	11.32	13.61	4320	137.23	659.59
2000	138.87	68.99	49.68	19.4	3.45	0	0.12	46.02	11.65	16.45	2650	135.95	654.04

1991年—2000年全区农村改水情况

表36-1-2

年份	农村总人口	已改水受益人口（万人）										
		合计			自来水				手压机井			
		累计受益	受益率%	当年受益	厂、站（个）	累计受益	受益率%	当年受益	台（万）	累计受益	受益率%	当年受益
1991	504.46	447.85	88.78	38.94	1137	116.92	23.18	5.26	21.20	144.87	32.3	15.67
1992	509.34	456.68	89.66	20.39	1119	123.46	24.24	10.25	22.45	145.87	28.64	3.60
1993	509.34	466.67	91.60	20.00	1219	134.16	26.30	10.39	.23.22	148.56	29.2	3.95
1994	509.34	474.37	93.10	12.9	1390	140.76	27.60	9.06	24.02	148.59	29.2	2.15
1995	570.44	521.46	91.40	14.41	1360	179.59	31.50	10.21	28.17	147.31	25.8	2.38
1996	570.77	529.10	92.70	31.10	1397	200.1	35.10	23.82	29.26	142.48	24.96	2.57
1997	588.25	544.18	92.50	19.49	1435	215.10	36.57	15.02	29..64	145.10	24.67	2.04
1998	588.25	475.41	80.82	17.54	1386	206.50	35.10	11.66	25.76	132.72	22.56	1.46
1999	588.25	531.64	90.38	56.23	1442	234.63	39.89	28.13	32.53	153.72	26.13	21.00
2000	588.25	556.27	94.56	24.63	1501	267.71	45.51	33.08	.37.50	152.05	25.85	-1.67

续表 36－1－2

年份	其他			用于改水投资(万元)				
	累计受益	受益率%	当年受益	总额	国家	集体	个人	其他
1991	186.06	41.6	18.01	621.11	212.74	127.25	237.1	44.02
1992	187.35	36.78	6.54	875.64	42.33	214.51	330.2	288.6
1993	183.95	36.1	5.67	1098.2	106	329.5	438.5	224.2
1994	185.02	36.3	1.69	637.34	88.25	249.65	274.11	25.3
1995	194.56	34.1	1.82	1224.19	58.13	129.60	212.72	823.74
1996	186.5	32.67	4.31	557.67	78.40	115.70	232.07	131.50
1997	183.98	31.27	2.43	897.62	70.60	161.20	397.09	268.73
1998	136.19	23.15	4.42	413.20	67.00	125.30	180.70	40.2
1999	143.29	24.36	7.10	1837.72	499.00	464.70	734.12	139.90
2000	136.51	23.21	－6.78	966.25	146.50	168.00	546.75	105.00

第二节 公共卫生

环境卫生 水质监测 1991年开始在境内主要水系—信江沿江各县(市)江段的上、中、下游布点监测。水质监测项目:浊度(2)余氧、细菌总数(80)个,大肠菌样(1)个(细菌含量单位:个/毫升)。

公共场所监测 主要是针对文化娱乐场所,商场书店、医院候诊室、公共交通等候室等人群密集,容易传播各种疾病的场所进行公共卫生的布点监测。

劳动卫生与职业病防治 1991年—2000年,全区对各级从事有害作业的人员进行体检和建档。同时对已经染上硅肺病的人员,给予正规的免费治疗。对接触苯、铅、汞、三硝甲基苯、有机磷作业职业病的普查和治疗情况,对接触铅作业工人每年进行一次尿汞检测,并治疗。

1991年地直公共场所卫生监督监测情况

表 36－1－3

公共场所名称	户数(户)	发证数(户)	监督数(户)	监督率(%)
总计	23	21	20	86.95
招待所	16	14	14	87.5
文化娱乐场所	4	4	4	100
商场书店	1	1	1	100
医院候诊室	1	1	1	100
公共交通等候室	1	1		

1991年全区各县(市)公共场所卫生监测情况

表 36－1－4

县(市)	公共场所数(户)	监测数(户)	监督监测率(%)
合计	1178	1153	97.88

续表 36－1－4

县(市)	公共场所数(户)	监测数(户)	监督监测率(%)
上饶市	161	161	100
上饶县	44	44	100
广丰	78	78	100
玉山	89	89	100
铅山	33	30	91
横峰	47	47	100
万年	158	158	100
弋阳	121	121	100
余干	192	184	96
波阳	81	71	87.65
德兴市	72	72	100
婺源	102	98	96.07

1995 年全区公共场所卫生监测情况

表 36－1－5

公共场所名称	户数(户)	发证数(户)	从业人员人(人)	监督数(户)
旅店	322	259	1240	316
文化娱乐场所	222	212	516	220
公共浴室	4	4	28	4
理发美容店	568	518	707	563
游泳场所	1	1	7	1
体育馆	1		1	1
图书博物馆	8	8	30	8
商场、书店	77	74	1074	75
医院候诊室	22	19	159	16
公共交通等候室	9	9	82	8
公共交通工具(辆)	2	2	4	2
其他	1	1	6	1

2000 年全区有危害作业企业情况

表 36－1－6

县(市)	县及县以上有害作业厂(个)	职工(人)	乡级职业有害企业(个)	职工(人)	县级县以上企业监测年覆盖率%	有害作业工人体检率%	建档率%	乡镇企业监督管理年覆盖率%	体检率%	建档率%
弋阳	13	2900	30	1100	100	95	100	100	80	90
铅山	50	5000	50	200	98	85	100	85	85	100
广丰	6	1300			100	85				
横峰	6	1913					80			
余干	8	651			34.61	21.4	100			

续表 36－1－6

县(市)	县及县以上有害作业厂(个)	职工(人)	乡级职业有害企业(个)	职工(人)	县级县以上企业监测年覆盖率%	有害作业工人体检率%	建档率%	乡镇企业监督管理年覆盖率%	体检率%	建档率%
万年	3	840			100	92.9	100			
婺源	7	678	5	462	100	13.8	100	100		100

2000 年部分县矽肺病诊断和治疗情况

表 36－1－7

县(市)	硅肺病人(人)	治疗情况
婺源	36(Ⅰ25、Ⅱ29、Ⅲ2)	100%矽肺病人都得到正规免费治疗,治愈率 60%。
弋阳	50	
铅山	50	
广丰	23	
横峰	95(Ⅰ80、Ⅱ15)	
万年	10	

放射卫生 地面 r 辐射测定;X 光线测定与防护。

食品卫生 食品卫生监测 1996 年 2 月,地市卫生防疫站联合派出卫生监督员 50 余人,分组分片对全市大小商场、饮食店、副食品店、粮油店、批发市场、农贸市场等地进行大检查,抽样检验各种副食品、粮油等 176 个品种,对一些细菌、糖精超标、标实不符等检验不合格的食品依法进行处理,查封销毁不符合卫生要求的糯米酒、加饭酒、可乐等 8500 瓶,假冒镇江陈醋 1400 瓶,假冒变质糖果、猪肉等其他食品 100 千克。没收无检验合格证明的快餐盒 2500 只,行政处罚 15 户。查获假冒伪劣化妆品 996 件,价值 2 万余元。

1991 年—2000 年,全区食品行业 129021 户,从业人员 246481 人,监督 257258 户次,监督覆盖率达 87.60%,从业人员体检应检 245326 人,实检 227632 人,体检率 92.79%,查出五病(肝炎、化脓皮肤病、痢疾、活动性肺结核、伤寒)17653 人,检出率 99.60%,调离 17653 人。食物中毒共计 52 起。

学校卫生 1991 年—2000 年,全市中小学校 328 所,实行卫生监督 236 所,监督覆盖率为 71.95%

中、小学生视力调查 2000 年,铅山县对县城中小学生 42313 名进行视力调查,近视患者 4924 名,其中,轻度患者 3535 名,中度患者 1120 名,重度患者 269 名,近视率为 13.04%,近视率随着年级和年龄的增长而明显增高。调查不同学习阶段人员的视力状况 97662 人,屈光不正人数为(近视)23925 人,占检查总人数的 24.5%,其中小学受检 44833 人,近视为 4905 人,近视率为 10.94%;初、高中受检 46765 人,近视 15526 人,近视率 33.2%;中专受检人数 5077 人,近视为 2843 人,近视率为 56%。

1991 年—2000 年,对铅山、广丰两个县学生视力监测情况来看,学生视力随着年龄的增长而下降,如 2000 年铅山县城市学生检查人数 9120 人,视力低下 2378 人,占 26.07%,农村学生检查 33193 人,视力低下 2546 人,占 7.65%;2000 年广丰县城市学生检查 25500 人,视力低下

8925 人,占 35%,农村学生检查 121502 人,视力低下 26730 人,占 22%,城市与农村相比,城市学生视力低下明显高于农村。

青少年生长发育调查 1991 年—2000 年,通过对万年县 10296 名高考学生体检情况和女学生月经有无来潮对身高、体重、胸围的影响情况分析,处于生长发育期的高考学生体检合格率偏低,合格限报率则高达 77.63%;女学生的月经来潮,可以使处于生长发育期的女生身高、体重、胸围都有不同程度的增加。寄生虫受检人数 4.2 万人,阳性 2.1 万人。龋齿受检人数 4.2 万人,患者 2000 人,占 4.76%。

1991 年—2000 年部分年份广丰县食品卫生监测情况

表 36-1-8

分类数目	1991 年			1995 年			2000 年		
	抽检(件)	合格(件)	合格率%	抽检(件)	合格(件)	合格率%	抽检(件)	合格(件)	合格率%
合计	151	120	79.4	257	209	81.3	489	439	89.7
酒类	5	4	80.0	7	6	85.7	15	15	100
调味品	10	7	70.0	15	12	80.0	32	28	87.5
饮料	76	61	80.3	130	110	84.6	244	216	88.5
肉制品	6	4	66.7	10	8	80.0	20	18	90.0
糕点	38	29	76.3	56	42	75.0	84	75	89.3
乳制品	4	7	77.8	13	11	84.6	28	25	89.3
粮油	12	8	66.7	26	20	77.0	66	62	93.9

2000 年铅山县中小学生视力典型调查

表 36-1-9

年龄段(岁)	受检人数(人)	近视患者				近视率%		
		小计	轻度	中度	重度	小计	男生	女生
合计	42313	4924	3535	1120	269	11.63		
8	9387	35	34	1		0.37	0.17	0.20
10~11	9456	289	273	14	2	3.06	1.62	1.44
12~13	9974	459	366	78	15	4.6	2.65	1.95
14~15	9763	2025	1636	346	43	20.74	11.35	9.39
16~17	3301	1873	1119	597	157	56.74		
18~19	432	243	107	84	52	56.25		

说明:男、女近视率随年龄增长呈上升趋势。

2000年全区部分学生不同学习阶段视力减退屈光情况分布

表36－1－10 单位:人

学习阶段	受检人数	屈光不正人数	占检查总人数(%)
		近视、远视、散光等	近视、远视、散光等
合计	97662	23925	24.50
小学	44833	4905	10.94
初高中	46765	15526	33.20
中专	5077	2843	56.00
其他	987	651	65.96

1991年—2000年铅山县学生视力监测情况

表36－1－11 单位:人

年份	城市			农村		
	检查人数	视力低下	占百分比%	检查人数	视力低下	占百分比%
合计	85736	18252	21.29	353464	27403	7.75
1991	8432	1576	18.69	34628	2536	7.32
1992	8467	1604	18.94	36912	2783	7.54
1993	8476	1654	19.51	36483	2732	7.49
1994	8518	1793	21.05	35147	2698	7.68
1995	8356	1732	20.73	34972	2632	7.53
1996	8578	1805	21.04	35438	2825	7.97
1997	8596	1839	21.39	36346	3018	8.30
1998	8581	1812	21.12	36158	2979	8.24
1999	8612	2059	23.91	34187	2654	7.76
2000	9120	2378	26.07	33193	2546	7.67

1991年—2000年广丰县学生视力监测情况

表36－1－12 单位:人

年份	城市			农村		
	检查人数	视力低下	占百分比%	检查人数	视力低下	占百分比%
合计	203700	64154	31.5	1162702	222239	19.1
1991	14500	4135	28.5	106000	21730	20.5
1992	17000	4726	27.8	110900	21070	19.0
1993	18500	5365	29.0	111000	19988	18.0
1994	19600	5899	30.1	111400	22290	20.0
1995	20500	6314	30.8	118500	17850	15.1
1996	21000	6510	31.0	119000	16660	14.0

续表 36－1－12

年份	城市			农村		
	检查人数	视力低下	占百分比%	检查人数	视力低下	占百分比%
1997	21500	6540	30.42	121000	24200	20.0
1998	22000	7480	34.0	122000	25620	21.0
1999	23600	8260	35.0	121400	26101	21.5
2000	25500	8925	35.0	121502	26730	22.0

1991 年—2000 年万年县高考学生体检情况

表 36－1－13　　单位:人

年份	人数	合格	合格率%	合格限报	限报率%	不合格	不合格率%
1991	1066	245	22.98	820	76.92	1	0.09
1992	1164	346	29.73	818	70.27	0	0
1993	1053	348	33.05	705	66.95	0	0
1994	856	302	35.28	554	64.72	0	0
1995	954	133	13.94	821	86.06	0	0
1996	985	142	14.42	843	85.58	0	0
1997	910	152	16.7	758	83.3	0	0
1998	1055	157	14.88	897	85.02	1	0.09
1999	1049	230	21.93	819	78.07	0	0
2000	1204	249	20.68	955	79.32	0	0

第三节　传染病防治

甲类传染病防治　鼠疫　1991 年,上饶市共检出 6 份放置阳性鼠血清,引起行署及卫生主管部门的高度重视,卫生防疫部门利用各种形式加大灭鼠和鼠疫防治知识的宣传力度,重点做好群众性鼠疫疫情“三报”(尤其是自毙鼠的报告送检意识)知识宣传,每年定期 2 次进行现场监测。

1993 年,上饶县沙溪镇划归上饶市管辖后,鼠疫防治工作主要在上饶市、广丰县、万年县。

1999 年,开展鼠疫监测现场工作 10 次,计 105 天;累计参加捕鼠 146 人次,共布放鼠笼夹 20622 个次,获鼠 2377 只,平均捕获率为 11.53%;在居民区内经 7 次测定,每次布放鼠夹 300 夹次以上,平均鼠密度 3.33%,均比上年度降低;室内捕鼠 2124 只,野外捕鼠 205 只,计 6 种,均为常见种。室内鼠种中,褐家鼠占 95.01%,黄胸鼠占 1.88%,小家鼠占 2.02%,臭鼩鼹占 1.04%,另获野外鼠种黑线姬鼠 1 只,占 0.05%;共调查雌鼠 1139 只,雄鼠 1156 只,总的雌雄比率无甚差异;从褐家鼠获体蚤 277 匹,计 3 种。印鼠客蚤占 46.27%,不等单蚤占 29.60%,

缓慢细蚤占24.19%;共梳检褐家鼠308只,染蚤鼠数99只,染蚤率为32.14%,总蚤指数0.90,比上年稍低。染印鼠客蚤鼠数54只,染印鼠客蚤率为17.53%,印鼠蚤指数0.42,不等单蚤指数0.27,缓慢细蚤指数0.22,均比上年有所下降。310份鼠材料进行细菌培养未检出鼠疫杆菌。共采鼠血精2249份,分两批进行放免及血凝试验,结果全部阴性。

2000年,布放鼠笼夹20780笼夹次,获鼠2288只,捕获率为11.01%;平均鼠密度3.12%;共梳检鼠236只,染蚤鼠数63只,占26.69%,获体外寄生蚤163匹,总蚤指数为0.69;共采鼠血清2142份(只),经放免、血凝试验均阴性;万年县、信州区共306只鼠材料培养,均未分离出鼠疫杆菌。

霍乱　1994年,全区共有霍乱病人36例,波阳县29例、玉山县3例、广丰县3例、铅山县1例,这次流行以波阳县为主,病例大部分为输入性,输入性病例分为两种类型,一种为本地区人员外出打工得病返回,另一种为旅客在火车上发病而放下(玉山县有2例为旅客所致)。36例中男性32例、女性2例,其中年龄最大65岁,死亡1例。1998年,上饶县田墩乡发生霍乱暴发流行,共有病人10例,这次流行均为当地病人,经省市流行病学调查未能找到引起本次流行的主要因素,但在病人家庭饮用水井及污水沟污水监测,找到霍乱弧菌。这次流行未造成人员死亡。2000年,波阳县发生一起聚餐而引起的一例霍乱病例。此例病人为男性,因在邻居家吃饭而引起发病。后经流行病学调查证实,邻居家主妇为霍乱弧菌带菌者。

乙类传染病防治　伤寒　2000年,全区伤寒共发生469例,德兴市发生142例,占全区发病数的30.27%,德兴市7月25日起发病人数急剧增多,仅7月25－27日三天内共报告22例,达到省卫生厅规定的重大疫情标准,构成了伤寒病重大疫情。这次发病主要集中在城镇(110例),其余分布在全区11个乡(镇)。伤寒流行的主要因素为一位下岗女工生产的凉粉销售所致,这次流行为期一个月得以控制。

疟疾　1991年起,上饶市疟疾防治工作已进入后期静化监测阶段,发病率一直维持1/万以下,并对散发的疟疾病人坚持限期根治和8日疗法,1994年,根据新修订《上饶市基本消灭疟疾达标方案》重新成立12个血检站,常规开展发疗病人疟原虫血检工作,1994年—1995年已分别血检2009人、2200人。

2000年7月7日开始,婺源县陆续出现几名不明原因的高烧、恶心、呕吐等病人,经诊断为恶性疟。恶性疟在境内1950年代曾有报告,从1960年代起一直没有病例报告,这次婺源县恶性疟的暴发流行经省、地、县流行病学调查,证实为一起输入性恶性疟流行。该县于2000年6月由地区协作办介绍集体赴海南造林,当地居住条件十分恶劣,温度高,又无防蚊设施,在山区居住3天~10天后,于6月26日陆续返回家乡,后陆续出现病人。共发病30例,分布在全县15个乡镇、34个自然村,年龄为26岁~52岁之间,其中6例发生自发性脾破裂,死亡1例。

钩端螺旋体病　1991年,上饶县煌固、汪村、灵溪、朝阳、高泉等乡先后出现钩端螺旋体病,患病人数逾百例,有3人死亡。为此,在疫区成立3人~5人的医疗抢救小组,早发现早治疗,就地抢救;组织30多名医务人员,到6个疫区的村、组、户,宣传钩体病的防治知识,发动群众搞好管水、管粪、管垃圾、饮用水消毒工作;发放灭鼠药物和器具,加强稻田消毒和猪肉出售的督查工作,杜绝传染途径;在疫区对壮年农民进行菌苗接种工作。

1998年,境内出现钩端螺旋体病大流行,全区共有病例1442例,分布在12个县(市),以横峰县、上饶县为多,横峰县637例,上饶县453例,分别占发病数的44.17%、31.41%,其余各县均有病例报告,最少为广丰县3例,这次发病数占全年各类传染病总数的17.18%。

脊髓灰质炎 1991年11月至1992年6月,广丰县脊髓灰质炎暴发流行,病例波及21个乡(镇),共发病115例,发病率达16.43/10万。病例发生较多的分别是五都、大石、横山、塘墀、河田、杉溪等6个乡镇。

1992年,全区有8个县、77个乡、164个行政村发生脊髓灰质炎爆发流行,共报告疑似病例227例,确诊187例。

1993年1-10月,报告疑似病例6例,确诊4例(其中波阳县3例,广丰县1例),确诊病人近占全省总确诊例1/4,但比上年同期下降97.86%。

1993年12月5-6日、1994年1月5-6日,全区开展消灭脊髓灰质炎强化免疫日活动,接种对象为全区12个县(市)辖区内所有0月~47月龄儿童。在两轮接种服苗活动中,适龄儿童43788人接受了服菌,接种率为98%。各县(市)政府共投入经费50万元,开展报刊、广播、电视、宣传车宣传500次,印发宣传材料20万份,卫生系统派出地、县级督导员800人(次),派出强化免疫接种工作人员15362人(次)。

1994年12月5-6日和1999年1月5-6日,开展第二次"脊灰"强化免疫日活动。全区2000多名防保人员深入街道、乡村,为全区35万名4岁以下儿童进行强化免疫接种。

1997年—2000年全区儿童常规免疫接种情况

表36-1-14 单位:人

年份	应种儿童数				实种儿童数			
	BCG	OPV	DPT	MV	BCG	OPV	DPT	MV
1997	70153	65894	66168	70963	66451	63649	62742	67361
1998	35553	35870	28132	29407	34055	34701	26613	28542
1999	67849	70164	69895	69289	64550	68553	61311	65853
2000	61870	61336	61110	61817	59367	59395	58542	58972

说明:1998年缺上饶县、波阳县。

1991年—2000年全区传染病发病率情况

表36-1-15 单位:例

年份	霍乱	伤寒、副伤寒	性病	流脑	钩体	乙脑	疟疾
1991	0	205	169	74	287	389	23
1992	0	267	90	95	154	110	11
1993	1	245	30	43	210	89	24
1994	34	251	343	27	158	179	12
1995	1	259	419	40	91	120	15
1996	0	251	204	25	115	164	11
1997	0	194	286	18	264	84	6
1998	10	160	545	19	1442	85	3
1999	0	351	849	12	185	85	6
2000	1	469	812	14	59	81	37

说明:1994 年霍乱 34 例,其中广丰 1 例、玉山 3 例、铅山 1 例、波阳 29 例。

1998 年霍乱 10 例,上饶县 10 例,钩体 1442 例,其中上饶市 36 例、上饶县 453 例、广丰 3 例、玉山 6 例、铅山 4 例,横峰 637 例、弋阳 46 例、万年 14 例、波阳 80 例、德兴 82 例、婺源 81 例。

1999 年性病 849 例,其中上饶市 181 例、上饶县 101 例、广丰 30 例、玉山 176 例、铅山 62 例、弋阳 139 例、余干 13 例、万年 96 例、德兴 21 例、婺源 30 例。

其他传染病防治 麻风病 1987 年—1997 年,弋阳县共发现新病人 17 人,累计有麻风病人 48 人。其中多菌型 23 例,少菌型 25 例,对所有现症病人全部按医疗方案进行治疗,全部治疗完毕,但其中 5 例多菌型病人仍在疗后监测之中。在治愈存活的 32 例病人中,II 级畸残的有 7 例,III 级畸残的有 10 例。

1991 年—1993 年,上饶市累计有麻风病人 5 例。1993 年,三乡一镇划归上饶市后,随同有 31 例麻风病人划入,有麻风病人 36 例,经历年治疗,累计治愈 30 例,未愈死亡 6 例,治愈率 83.33%。36 例麻风病人分布在西市街道办事处 1 例,常青乡 2 例,北门乡 2 例,沙溪镇 8 例,朝阳乡 11 例,秦峰乡 12 例。实施配合化疗方案,接受配合化疗 20 例,其中 MB 型 12 例,PB 型 8 例。

1991 年开始,余干县对 11 个疫源村 5000 余人进行麻风病普查,家属体检 1100 余人次,中小学体检 7000 余人次,发现麻风病人 6 例,经治疗痊愈。

继 1994 年婺源县达到基本消灭麻风病后,1996 年万年县、德兴市、余干县、上饶县;1997 年铅山县、玉山县、广丰县、弋阳县;1998 年上饶市;1999 年波阳县、横峰县也相继达到了基本消灭麻风病。2000 年,全区尚有现症病人 6 例,住院病人 90 人。全区利用三级防治网、开设门诊、报病奖励等措施,及早期发现病人,早期治疗,有效控制了麻风病的传播。1998 年—2000 年未发现新发病人。

结核病 1998 年,铅山县结核病发病 17 例,发病率 4.25/10 万;1999 年发病 153 例,发病率 38.34/10 万;2000 年发病 156 例,发病率 38.91/10 万。

1991 年—1999 年铅山县结核病人管治情况

表 36-1-16

年份	管治人数(人)	治愈人数(人)	治愈率%
1991	204	23	11
1992	165	91	55
1993	140	128	91
1994	133	125	94
1995	131	124	95
1996	133	126	95
1997	143	107	75
1998	77	53	69
1999	79	63	80

第四节　地方病防治

地方性氟中毒　1991 年—2000 年，铅山县卫生防疫站每年都对在 1986 年实施了降氟改水工程的英将乡余家湾村的饮用水进行监测，均符合国家饮用水标准。

碘缺乏病　地方性甲状腺病（简称地甲病，俗称大脖子病），是境内碘缺乏病的典型病种。1990 年代初期，按照《江西省碘缺乏病方案》，上饶市进行碘盐全定量监测。

1996 年，全区食用盐全部加碘。提出以食盐加碘为主，特需人群辅以碘油胶丸为辅的防治措施。年底，检查 3939 名儿童，甲状腺肿大 85 名，肿大率 9.05%；抽捡 3779 份碘盐，合格 753 份，合格率 96.67%；检测尿碘 276 份，中位数为 339 微克/升；问卷考查 230 名学生的防治常识，合格 198 名，合格率 86%。全区共投服碘油丸 499.038 人份。7 岁 ~14 岁学生碘油覆盖率达 95% 以上的有广丰县、横峰县、玉山县、婺源县、上饶市、德兴市。

1997 年，玉山县、上饶市实现消除碘缺乏病阶段目标考核。

1998 年，全区实现基本控制"碘缺乏病"的目标，共抽查 35 所小学 8 岁 ~10 岁儿童 1405 名，甲状腺肿大 64 名，肿大率 4.56%；抽查碘盐 669 份，合格 605 份，合格率 90.4%；抽查尿碘 290 份，尿碘中位数 135 微克/升；问卷调查 600 名小学四年级学生的防治常识，合格 574 名，合格率 95.67%。广丰县、弋阳县、万年县、余干县实现消除碘缺乏病阶段目标考核。

1999 年，全区甲状腺肿大率为 3.81%，尿碘中位数 225.65 微克/升，碘盐合格率 96%，销售合格碘盐 34294 吨。横峰县、波阳县、德兴市实现消除碘缺乏病阶段目标考核。

2000 年 4 月 17－19 日，省实现消除碘缺乏病阶段目标考核评估组，对玉山县进行考核评估。共抽查 5 个乡镇的 200 名学生，甲状腺肿大 19 名，肿大率 4.75%，学生碘缺乏病知识及格率及行为正确率达 90% 以上，三项综合指标为 95.5 分，考核组一致认为玉山县已达到实现消除碘缺乏病阶段目标。婺源县、铅山县、上饶县相继实现消除碘缺乏病阶段目标考核。

2000 年，全市目标管理监测 10 所小学 8 岁 ~10 岁学生 400 名，甲状腺肿大（B 超确诊）6 名，肿大率为 1.5%；抽查了 30 所学生尿碘 454 份，尿碘中位数 205.8 微克/升，其中尿碘低于 100 微克/升的有 29 份；抽查碘盐 228 份，合格 213 份，合格率 93%；碘盐半定量分析全部合格。

1991 年—2000 年广丰县地方性甲状腺病情监测及尿碘监测情况

表 36－1－17

年份	7 岁 ~14 岁学生病情监测			尿碘监测中位数 ug/L
	监测人数（人）	肿大人数（人）	肿大率（%）	－
1991	100	9	9.0	－
1992	1096	162	14.78	－
1993	1200	148	12.24	－
1994	291	33	11.3	－
1995	100	9	9.0	－
1996	84	9	10.71	－
1997	80	5	6.25	256.0

续表 36－1－17

年份	7岁～14岁学生病情监测			尿碘监测中位数 ug/L
	监测人数(人)	肿大人数(人)	肿大率(%)	－
1998	500	12	2.4	720.0
1999	80	1	1.25	221.76
2000	85	2	2.35	187.21

1993年—2000年广丰县碘盐监测情况

表 36－1－18

年份	合计		批发点		供销点		居民用户	
	监测(份)	合格率(%)	监测(份)	合格率(%)	监测(份)	合格率(%)	监测(份)	合格率(%)
1993	1402	49.2			202	57.4	1200	47.8
1994	1760	85.8			180	92.8	1580	85.0
1995	3420	92.4	120	100.00	900	95.0	2400	91.0
1996	5520	94.4	120	95.8	1800	96.0	3600	93.5
1997	12725	94.7	125	100.00	1800	96.3	10800	94.4
1998	8500	96.9	100	100.00	1200	98.9	7200	96.6
1999	7650	96.5	250	96.8	600	98	1800	96.0
2000	700	97.3	300	98.6	300	96.7	100	95.0

2000年全区碘盐缺乏病防治管理目标考评情况

表 36－1－19

县(市)	碘 盐			学校	尿 碘		盐 碘			甲 肿		
	实销(吨)	应销(吨)	销售率(%)		中位数 ug/L	≤100 ug/L	合格份数	检查份数	合格率(%)	肿大人数	检查份数	合格率(%)
上饶市	2332.95	1860	125.43	茅家岭西市	195.84	7	－	－	－	－	－	－
上饶县	3137.95	3300	95.09	茶亭尊桥	222.665	2	－	－	－	－	－	－
横峰县	810	1000	81	铺前莲荷	188.44	6	－	－	－	－	－	－
铅山县	1617.3	2200	73.51	青溪新滩	185.37	5	－	－	－	－	－	－
玉山县	3751.60	3200	117.23	四股桥双明	195.62	1	－	－	－	－	－	－
广丰县	3726	3700	100.70	吴村排山	187.21	1	－	－	－	－	－	

续表 36－1－19

县(市)	碘盐			学校	尿碘		盐碘			甲肿		
	实销（吨）	应销（吨）	销售率（%）		中位数 ug/L	≤100 ug/L	合格份数	检查份数	合格率（%）	肿大人数	检查份数	合格率（%）
余干县	3398	4968	68.40	白马 杨林铺	260.675	0	–	–	–	–	–	–
德兴市	1325	1648	80.40	万村 香屯	182.29	3	–	–	–	–	–	–
万年县	1951	2092	93.26	盘岭 大源	238.58	3	–	–	–	–	–	–
波阳县	6324.7	5970.25	105.94	站前 四十里街	242.57	1	–	–	–	–	–	–
婺源县	1752.9	1750	100.17	梅林			24	30	80	1	40	97.5
				二小			29	30	96.7	0	40	100
				思口	268.36	0	32	33	96.9	1	40	97.5
				中云			23	30	76.7	0	40	100
				秋口			30	30	100	1	40	97.5
弋阳县	2472.9	2500	98.92	旭光			–	–	–	2	40	95
				弋江			31	31	100	0	40	100
				中坂	267.545	6	20	20	100	1	40	97.5
				朱坑			24	24	100	0	40	100
				姚坂			–	–	–	0	40	100

第五节　血吸虫病防治

疾病流行　疫区　全区血吸虫病流行疫区有波阳县、余干县、玉山县、上饶县、广丰县、德兴市、婺源县、万年县、上饶市，属血吸虫病正型疫区，流行 114 个乡（镇）、890 个行政村。疫区乡（镇）占全区乡（镇）总数的 46%，疫区行政村占全区行政村总数的 33.23%。疫区行政村总人口数 1621926 人，耕牛 892772 头；历史有螺面积 87332.21 万平方米，是江西省血吸虫病流行最严重的地区之一。

1991 年，全区有波阳县、余干县、玉山县、上饶县、广丰县仍流行血吸虫病，尤其以波阳县、余干县、玉山县最为严重。波阳县血吸虫病流行于 34 个乡（镇）、248 个行政村，疫区人口 44.72 万，疫区类型属湖沼、山丘型。余干县血吸虫病流行于 24 个乡镇、287 个行政村，疫区人口 52 万，属湖沼型疫区。玉山县血吸虫病流行于 26 个乡镇、198 个行政村，疫区人口 32.05 万，属山丘型疫区。广丰县血吸虫病流行于 9 个乡镇、45 个行政村，疫区人口 11.22 万，属山丘型疫区。上饶县血吸虫病流行于 12 个乡镇、75 个行政村，疫区人口 15.86 万，属山丘型疫区。1993 年，上饶县沙溪镇、灵溪乡、朝阳乡、秦峰乡一镇三乡划入上饶市境后，朝阳乡 5 个行政村流行血吸虫病，疫区人口 1.18 万，属山丘型疫区。

2000 年，全区血吸虫病疫区分布与 1995 年相比无明显改变。

疫情　依据 1989 年流行病学调查资料，将流行村分为三个层次，人群感染率≥15% 为高度流行区，人群感染率 >3%、<15% 为中度流行区，人群感染率≤3% 为低度流行区。据疾病监测资料表明，境内高度流行区人群感染率由 1991 年的 10.8% 下降至 2000 年的 3.02%，下降了 72.03%；中度流行区人群感染率由 2.60% 下降到 0.27%，下降了 89.62%；低度流行区人群感染率（ZHA 查病结果）由 4.3% 下降到 3.7%，下降了 8.51%。全区活螺密度由 1991 年的 0.97 只/0.11 平方米，下降到 2000 年的 0.28 只/0.11 平方米。全区各地疫情有了根本的变化，经流行病学调查结果显示，全区有 27 个高度流行村降至中度或低度流行村，有 60 个中度流行村降至低度流行村。

疫病防治　查螺　1991 年，全区共查螺 92247450 万平方米，有螺面积 27737.6 万平方米；查出有螺行政村 155 个，钉螺密度为 0.97 只/0.11 平方米，阳性钉螺密度为 0.0044 只/0.11 平方米。

1995 年，全区共查螺 57848199 万平方米，有螺面积为 27737.6 万平方米，查出有螺行政村 144 个，钉螺密度为 0.46 只/0.11 平方米，阳性钉螺密度为 0.0016 只/0.11 平方米。

2000 年，全区共查螺 151.81 亿平方米，有螺面积为 27738.09 万平方米，查出有螺行政村 188 个，钉螺密度为 0.28 只/0.11 平方米，阳性钉螺密度为 0.0003 只/0.11 平方米。

灭螺　全区疫区范围灭螺方法主要是针对易感地带进行药物灭螺。常用的有浸杀法、喷洒法、铲草尖沿边浸杀法、筑圩药浸法等；采用药物一般为氯硝柳胺。另外还有结合生产的灭螺方法，如垦种灭螺；结合水利、水产养殖水淹灭螺；结合农田基础建设土埋灭螺、水改旱灭螺。1990 年代中后期，全区在波阳县、玉山县、上饶县、广丰县和上饶市等山丘型螺区采取综合治理环境改造灭螺，改变钉螺孳生环境，收到良好效果。1991 年—2000 年，全区累计灭螺面积为 4827 亿平方米。

1995 年，上饶市朝阳乡经地区、市血防站考核验收，达到基本消灭血吸虫病标准。

1996 年，上饶市秦峰乡、灵溪乡经省、地区验收，确认达到完全消灭血吸虫病标准。

1997 年，上饶市沙溪镇经省、地区验收，确认达到完全消灭血吸虫病标准。

1998 年，经省血防专家考核验收，广丰县达到消灭血吸虫病标准，玉山县、上饶县达到基本消灭血吸虫病标准，同时有 19 个乡、镇经地区血防办考核达到消灭血吸虫病标准。

查病　1991 年—2000 年，全区共查病 1039868 人次，急感发病人数 260 例，晚期病人 1800 例。检查耕牛 22796 头。

治病　1991 年—2000 年，全区共治病 241569 人次。治疗药物是吡喹酮。吡喹酮是当时唯一用于治疗血吸虫病药物，且不良反应轻、疗效高，在血吸虫病防治中起着重要作用。

健康教育　1991 年—2000 年，全区坚持在重疫区的中小学校开设血防知识课，利用各种形式开展健康教育活动，通过电影、电视、广播、标语、宣传画册、宣传专栏等宣传血防知识、急性血吸虫病预防措施、血防条例等，促进了疫区干部群众的血防意识和青少年血防行为的良好转变。根据波阳县莲湖乡表恩村、玉山县白云镇横塘村省级试点村统计，学生血防知识及格率由 61.0% 提高到 93.23%，居民由 44.8% 提高到 88.44%；疫水接触率大幅度降低，学生由 63.84% 下降至 32.30%，居民由 94.06% 下降至 7.99%。

第六节　防疫机构

防疫站　2000年,全区共有地、县(市)卫生防疫站19个,工作人员814人,其中卫生技术人员642人。

上饶地区卫生防疫站　2000年10月,撤地设市后改称上饶市卫生防疫站。有职工66人,其中卫生专业人员54人。具有副高以上职称5人,中级职称34人。设有办公室、疾病控制、食品卫生、环境卫生、劳动卫生、学校卫生、计免、业务、检验及预防接种门诊10个科室。负责全区的计划免疫、传染病防治、射线保护、食品卫生、环境卫生、学校卫生、地方病与寄生虫病查治、卫生防疫检验、卫生宣教、卫生防疫科研等工作。拥有气相色谱仪、原子吸收分子光度计、大型冷库、资料密集柜及疫情信息计算机管理系统等大中型设备150余台,办公用房面积2800余平方米,固定资产272万元,其中房屋及建筑物总值187万元,专业设备总值85万元。

1994年通过省计量认证,2000年通过省技术监督局计量认证复审;2000年获上饶市委、市政府颁发的“文明单位”称号。

地、县(市)血吸虫病地方病防治领导小组和地、县(市)血吸虫病防治站　1991年—1997年,地区行政公署血吸虫病地方病防治领导小组组长由行署副专员吴怀亮担任;1998年—1999年由行署副专员姜春珠担任;2000年,由市政府副市长胡汉平担任。

地区行署血吸虫病地方病防治领导小组下设办公室,在地区卫生局办公。其主要职责是组织制订全区血吸虫病、地方病防治规划、防治策略和防治任务;负责调查、处理血吸虫病、地方病疫情;组织、督促人群查病、治病、疫情监测、防治技术指导、协助疫区政府开展药物灭螺工作。2000年,地区血防办共有职工10人,其中正县级干部1人,副主任医师1人,中级技术职称3人,初级技术职称3人,高级工2人。固定资产74万元,其中专业设备25万元,一般设备4万元,房屋及建筑物18万元,建筑面积715平方米。

2000年,全区共有上饶市、上饶县、广丰县、玉山县、余干县、万年县、波阳县、德兴市、婺源县血吸虫病防治站,共有床位910张,职工664人,其中卫生技术人员573人(含高级职称18人,中级职称110人,初级职称445人)。

地、县(市)皮肤病防治所　2000年,全区共有皮肤病防治机构13个,其中地区皮肤病性病防治所和上饶县、玉山县、铅山县、横峰县、余干县、波阳县皮肤病防治所是独立的皮肤病防治机构,万年县、德兴市、婺源县为地病院,兼管皮肤病和血吸虫病、地方病防治,上饶市和弋阳县皮肤防治则由属区(县)防疫站管理,共有工作人员206人,其中卫生技术人员152人(含高级称职3人,中级称职36人,初级称职113人)。

上饶地区皮肤病性病防治所　1993年,由行署批准为上饶地区皮肤病防治所,后更名为地区皮肤病性病防治所,2000年10月撤地设市后改名上饶市皮肤病性病防治所。是皮肤病和性病防治的业务中心,有职工37人,其中副主任医师3人,主治医师11人,中级以上医技人员8人。设有皮肤科、性病防治中心、中西医结合门诊、整形外科、变态反应科、白癜风治疗专科、美容部、住院部、制剂室等临床科室及社防科、艾滋病监测室等防治科室,有病床20张。拥有先进的皮肤性病诊治设备和实验设备,购置了医院管理信息系统,全所实行计算机网络管理,引进白癜风黑色素细胞移植项目。在皮肤病专科治疗方面具有较强的专业优势,特别是对疑难皮肤病具有较高的诊治水平。自制特色的外用制剂近30种,对某些顽固性皮肤病有独特的疗效。2000 年,全年皮肤病、性病门诊量达 3 万人次。被省卫生厅指定为省艾滋病监察哨所,HIV 实验室被批准为全区唯一的市级艾滋病抗体体检初筛中心实验室。固定资产 1658 万元,其中专业设备 518 万元,房屋及建筑物 1140 万元,建筑面积 1237 平方米。

上饶地区鼠疫防治站 与地区卫生防疫站合署办公,编制 4 人,实际在编 3 人。负责全区鼠疫监测、防治及有关技术指导、业务培训、健康促进等工作。拥有开展鼠疫 RIP 放射免疫试验、鼠疫细菌培养、鼠疫血清试验等价值 10 余万元的专业设备。

上饶地区结核病防治所 1991 年—1993 年 7 月,地区结核病防治所与地区传染病院合署办公,1993 年 8 月,与地区传染病院分开独立开展工作。1999 年 10 月,在上饶市水南街 1 号购房开设结核病防治门诊部,设有结核、哮喘、检验、放射 4 个科室。2000 年,有职工 11 人,其中主治(管)医师 5 人,护师 2 人,其他技师 2 人。拥有 721 分光光度仪、无菌接种箱、水浴锅、冰排速冻器等专业设备,固定资产 33.7 万元,其中医疗设备 1.03 万元,房屋及建筑物 32.67 万元,房屋建筑面积 444 平方米。2000 年 10 月撤地设市后,改称上饶市结核病防治所,负责全市结核病调查和防治工作。

上饶地区健康教育馆 1990 年 11 月,上饶地区健康教育馆成立,2000 年 10 月撤地设市后改称上饶市健康教育馆,负责全区卫生科学知识宣传、咨询,健康教育和健康促进研究及效果监测与评价,以及开展相关培训与技术指导工作。定编 7 人,实有职工 7 人,其中副主任医师 1 人,主治医师 2 人,主管护师 2 人。装备有松下摄像机、富丽放像机、JVC 编辑机、特技机、彩色显示器、照相机、放相机等专业设备及各种健康教育音像资料,固定资产总值 4.5 万元。

第二章 保 健

第一节 妇幼保健

婚前医学检查 1991 年,全区 277 个乡镇,有 264 个开展婚前保健工作。婚前检查应检人数 5 万人,实检 4.32 万人,婚检率为 86.40%,查出患病人数 351 人,患病率为 0.81%,其中传染病 12 人,遗传性疾病 36 人,生殖系统疾病 262 人,内科系统疾病 18 人,其他 23 人;对影响婚育患者给予医学指导意见 82 人,其中不许结婚 2 人,暂缓结婚 68 人,不许生育 7 人,限制生育性别 5 人。

是年,为贯彻实施初级卫生保健工作方案,加强婚前医学检查业务指导,地区卫生局妇幼科在上饶县、广丰县、婺源县等 6 县举办婚姻保健学习班,对婚检医生进行集中培训。学习结束,发给婚姻健康检查培训证书,全区有 160 余个乡 300 余名医生接受了培训。

1992 年,全区共有结婚应检人员 43964 人,实检 36561 人,婚检率为 83.16%;查出患病人数 345 人,患病率 0.94%,其中传染病 39 人,遗传病 19 人,生殖系统疾病 155 人,内科系统疾病 68 人,其他 64 人;对婚育疾病患者给予医学指导意见 140 人,其中暂缓结婚 125 人,不宜生育 14 人,限制生育性别 1 人。

1995 年,全区婚检率为 80.05%,疾病检出率为 1.28%。

1997 年 7 月,上饶行署办公室下发《上饶地区贯彻〈江西省婚前医学检查管理办法〉实施意见》的通知,实行由保健系统集中婚检。10 月,地区卫生局与地区民政局共同举办全区婚检和婚姻登记管理培训班。

1998 年,婚检机构由地区卫生局审核发证,全区各县(市)妇幼保健院共 13 个单位为婚前医学检查机构,负责辖区内的婚检,并领取“婚前医学检查许可证”。涉外婚检全区只由上饶地区妇幼保健院承担。规定每对婚检对象收取婚检费、工本费合计 94 元,涉外婚检对象另外收艾滋病检查费每对 200 元。全区共有 11 个机构开展此项工作。波阳县、余干县未开展集中婚检。全区共有结婚人数 67018 人,11 个婚检机构辖区婚检 28631 人,集中婚检率为 42.72%,查出患病人数 1580 人,患病率 5.52%,其中传染病 457 人,艾滋病无,严重遗传病 9 人,有关精神病 3 人,生殖系统疾病 540 人,内科系统疾病 274 人。给予医学指导意见 469 人,不宜生育 9 人。

1999 年,全区集中婚检率为 53.45%,疾病检出率为 9.9%,比 1995 年疾病检出率高出 7 倍多,婚检质量明显提高。婺源县、万年县、铅山县、上饶市集中婚检率达 97% 以上,横峰县、玉山县、弋阳县集中婚检率达 79% 以上。广丰县除 9 个边远乡镇外,有 21 个乡镇实行集中婚检,该县不仅对婚检对象进行正规检查,还对婚检对象宣传婚前保健、健康教育、优生优育、孕产妇保健常识。地区妇幼保健院专门开通婚检咨询电话、开设婚检咨询门诊。

2000 年,全区有结婚人数 86640 人,集中婚检 46431 人,集中婚检率为 53.59%,查出患病人数 4700 人,疾病检出率为 10.12%,其中指定传染病 1869 人,严重遗传病 15 人,有关精神病 1 人,生殖系统疾病 1848 人,内科系统疾病 791 人。给予医学指导意见 1443 人,其中暂缓结婚 1428 人,不宜生育 14 人,限制生育 1 人。12 月,全区开展婚检专项治理检查,婚检机构的婚检医师,均接受了省级培训,实行持证上岗,婚检服务工作走向规范化。

孕产期管理与妇幼卫生项目　1991 年,地区卫生局将上年开展的农村围产保健三“十”(十种高危识别、十项监护技术、十项统一管理)措施试点工作由全区 12 个乡推广到 21 个乡,并成立试点工作领导小组,邀请省妇产医院农村围产保健技术课题教授姚家生给基层妇幼医师培训。全区试点统计:孕产妇死亡率由试点前的 11.83/万降低到 6.3/万,婴儿死亡率由 60.6‰降低到 42.4‰。统计资料表明,这项工作比较适合农村开展,是简便易行的规范化技术,能有效降低农村孕产妇及婴儿死亡率,使有限的妇幼卫生资源得到充分合理运用,发挥较大效益。全区孕产妇管理率 96.71%,住院分娩率 38.84%,高危住院分娩率 89.29%,孕产妇死亡率 6.64/万,新生儿破伤风发生率 0.47‰,婴儿死亡率 60.5‰。全区新法接生率在 90% 以上,严重危害妇女健康的子宫脱垂和尿瘘病得到有效控制。

1992 年,根据省卫生厅精神,地区卫生局在上年农村围产保健三“十”试点乡基础上扩大到全区 48 个乡(镇),同时在全区 101 个乡(镇)开展住院分娩试点工作。试点乡采取取消卫生院 5 千米范围接生员接生,以保健员取代接生员,由保健员负责产前检查,高危筛查,护送住院待产,进行产后访视。横峰县铺前镇试点,当年住院分娩率达 80%。是年,全区孕产妇系统管理率 93.73%,住院分娩率达 44.04%,高危孕产妇筛出率 10.9%,高危住院分娩率 93.59%,孕产妇死亡率 6.48/万,新生儿破伤风发生率 0.39‰,婴儿死亡率 27.84‰,新生儿死亡率 13.9‰,新生儿系统管理率 93.95%。全区有 6 个县成立初级卫生保健机构,制定初级卫生保健规划。余干县妇幼保健所顺利通过全省项目工作(即世界儿童基金会组织与世界人口基金会组织实施的妇幼合作项目)检查评比,并获得全省妇幼合作项目县第一名。地区卫生局妇幼科被江西省妇联、省教委、省总工会、省卫生厅、省计生委授予“全省家庭教育工作”先进单位。

1993 年,地区卫生局在继续推行妇幼保健保偿责任制基础上,抓理顺保偿程序、规范保偿内容,调整保偿收费工作。全区有 128 个乡开展此项工作,覆盖率达 46.4%。农村围产保健规范管理扩大到 76 个乡(镇),农村住院分娩率比上年提高 7.8%。在余干县、波阳县、玉山县、横峰县、弋阳县、上饶县分别建立孕产妇死亡和 5 岁以下儿童死亡监测点,完善孕产妇死亡、新生儿破伤风报告制度,建立地、县两级妇幼统计年报表会审制度。

1994 年,玉山县获得实施“中英妇幼保健合作项目”,并被纳入 95/96 周期项目县,允许 97/98 周期继续滚动。这项目旨在培训基层妇幼人员,配备妇幼卫生基层设备,建立新生儿急救中心和转诊网络,开展妇幼卫生健康教育。项目获得资金 19 万元,设备 30 种 116 件。玉山县举办 4 期项目新技术、新知识培训班,培训县乡级妇幼人员 1148 人次,扶持贫困边远乡镇山区妇幼卫生基础建设,受益人群达 12 万人次。同年,地区妇幼保健院、余干县、波阳县被列为 1994 年—1995 年“过渡周期”项目(续 1990 年—1994 年联合国儿童基金会、联合国人口基金会“加强中国基层妇幼卫生计划生育服务”项目的延伸和发展)。这项目旨在改善贫困地区基层妇幼卫生计划生育服务条件,继续加强老少、边穷地区的妇幼卫生工作。地区妇幼保健院抽派临床业务骨干经常下乡到项目县去督促、培训、管理等具体指导。项目县制订各级培训计划,把五本教材的救命知识和妇幼保健适宜技术教给基层人员,并分三批在地区医院安排余干县、波阳县 14 个中心卫生院 28 名妇儿科医生进修。项目围绕降低孕产妇死亡率、婴儿死亡率这一中心,推广妇幼保健适宜技术,使孕产妇保健管理率从 1989 年的 54.3% 提高到 1994 年的 88.1%,乡级 80% 的分娩是经过培训人员在消毒情况下助产的,85% 的高危孕产妇住院分娩,4 个月婴儿纯母乳喂养率达 50%,县、乡两级妇幼保健人员 90% 接受适宜的在职培训。孕产妇死亡率从 1989 年的 16.44/万降到 1994 年的 4.63/万,婴儿死亡率从 1989 年 64.28‰降到 1994 年的 32.4‰。上饶县获得与福建省屏南县共同实施“防止产后出血、降低孕产妇死亡率干预措施的研究”项目,实施时间两年,获得设备及经费共计人民币约 50 万元。全区有 129 个乡推行以三“十”措施为基本内容的围产保健规范化技术,母婴保健保偿覆盖率达 46.9%,山区住院分娩率达 45.3%,平原地区住院分娩率达 66.8%。

1994 年开始,地区卫生局发出创爱婴医院工作的通知,并成立创爱婴医院领导小组,在弋阳县举办创爱婴医院活动第一次培训班。全区各县(市)层层举办创爱婴医院、母乳喂养培训班。10 月,上饶县举办创爱婴医院培训班,有 69 名医生在促进母乳喂养保证书上签名;地区妇幼保健院印发上万份母乳喂养知识宣传资料,进行广泛宣传;万年县将每年 8 月的第一星期定为母乳喂养宣传周、并长年开设母乳喂养热线电话。同年,地区人民医院通过国家卫生部评估,被授予“爱婴医院”称号。

1995 年 6 月 1 日,《中华人民共和国母婴保健法》正式实施。地区卫生局先后两次在全区范围内开展宣传《中华人民共和国母婴保健法》活动,地区妇幼保健院领导与保健科全体同志一道走上街头,发放母婴保健知识问答宣传单,现场为群众解答保健知识,免费开展义诊咨询活动,共散发宣传资料 5000 余份。上饶县政府举办《母婴保健法》学习班,有 129 人参加,在县电台宣传一星期,县卫生局和县保健站领导及医务人员义务为群众咨询,发放母婴保健宣传资料 805 份。上饶县、玉山县、广丰县、波阳县、余干县人民医院和德兴市、玉山县妇幼保健所,通过改善产科条件、改革儿科制度,实行母婴同室,经过省级和国家评估,获得“爱婴医院”称号。全区农村围产保健三“十”措施覆盖面扩大到 198 个乡镇,覆盖率为 85%,孕产妇管理率为

92.47%,住院分娩率为61.58%,高危孕产妇住院分娩率96.99%,孕产妇死亡率5.21/万,新生儿破伤风发生率0.17‰,婴儿死亡率27.25‰,新生儿死亡率11.57‰,新生儿系统管理率92.49%。

是年,地区卫生局下发文件《关于贯彻落实卫生部加强妇幼卫生工作决定通知》,将妇幼卫生工作列为重点,提出加快保健机构建设的方针。地区妇幼保健院和横峰县、婺源县、万年县、铅山县、广丰县被列为世界银行贷款“综合性妇幼卫生”(简称卫生VI项目,旨在中国选择最贫困的县,通过提高各级预防、保健、医疗机构妇幼卫生服务的能力,帮助贫困人群获得项目提供的服务,达到减少孕产妇和5岁以下儿童的发病率和死亡率的目的。)受援单位,于10月正式启动。项目实施6年,总经费为2109.75万元,其中世行贷款1368.85万元,地方配套经费740.9万元。

1996年,地区卫生局在铅山县等地举办3期“创爱婴医院”培训班。创爱婴医院工作取得显著成效。全区有8所县级医院,7所妇幼保健站,5所中心卫生院和地区妇幼保健院共21个单位通过评估验收,获得“爱婴医院”称号。地、县(市)均举办《母婴保健法》执行操作培训班,建立执法队伍,全区范围内统一使用新的出生医学证明。全区完成对从事母婴保健法专项技术服务的380所医疗保健机构的审批和3100名专业人员的考核发证工作。上饶县完成《加强中国基层妇幼卫生生殖保健》项目10万人口的基础调查。全区农村围产保健三“十”措施保健技术规范化工作全面铺开,横峰县铺前镇住院分娩率达95%,该镇有80%的新婚夫妇参加保健,得到省卫生厅的肯定。玉山县保健站被评为全国妇幼卫生工作先进单位,得到卫生部表彰。万年县妇幼保健院院长陈枝秀荣获国家卫生部授予的“全国妇幼卫生工作”先进个人的称号。

是年,卫生VI项目工作全面展开。项目培训举办24期县级培训班和210期乡级培训班,地区举办1期电脑培训班。地、县(市)均成立卫生VI项目健康教育指导小组。地区做好20类2022件卫生VI项目设备的中转、发放工作,制定了设备使用制度,完成卫生VI项目贷款报帐和进度报告、进度报表的编制工作。9月,行署第64次常务会议研究,批准卫生VI项目地本级贷款资金82.46万元,配套资金57.79万元,计140.25万元。70%由地区财政局负担,30%由地区卫生局负担。12月上旬,卫生部贷款办、妇幼司、协和医科大的有关官员和专家对婺源县卫生VI项目培训工作进行监督评估,肯定了婺源县项目工作成绩。婺源县还完成了卫生部贷款办交办的配合国家级项目技术小组进行卫VI项目教材试验工作,受到卫生部好评。

1997年1月,地区卫生局制定下发《上饶地区妇幼卫生事业发展“九五”规划和2010年目标纲要》,6月,制定《上饶地区卫生局贯彻落实〈上饶地区妇女发展规划(1996—2000)〉实施方案》,全区各县(市)卫生局、各医疗保健单位认真组织实施。同年,全区有16所医疗保健机构通过“爱婴医院”评估。至此全区共有爱婴医院45所。全区举办《母婴保健法》知识培训班46期,培训人员3516人次,培训母婴保健监督员69人,聘任母婴保健监督员69人,有母婴健康检查员131人。成立地区母婴保健医学技术鉴定委员会,成员127人。从1996年执行发放新版“出生证明”到1997年底,共发放“出生证明”36421份。全区从事母婴保健专项技术服务机构360个,人员情况为:婚检机构67人,结扎机构135人,终止妊娠机构149人,助产技术机构人员943人,家庭接生员合格证人数为1370人。

是年,上饶地区新技术推广培训班一期开班,共有87人参加,均获得合格证。同时全区积极开展推广使用脐带夹、育龄妇女破伤风类毒素免疫接种,新生儿乙肝疫苗接种及母乳喂养,小儿急性呼吸道标准病例管理、小儿腹泻、小儿生长发育监测等适宜技术，有效地降低孕产妇死亡率和婴幼儿死亡率。孕产妇死亡率为5.25/万，5岁以下儿童死亡率为55.61‰，婴儿死亡率为47.13‰，住院分娩率63.5%。是年，玉山县中英合作项目顺利通过终期验收。上饶县“防止产后出血，降低孕产妇死亡率干预措施的研究”项目，通过卫生部的评审验收。卫生部妇幼司副司长及项目官员到上饶县视察妇幼卫生周期合作项目，上饶县孕产妇死亡率由项目前的14.59/万降到5.23/万，产后出血致死比例由项目前的52.08%降为22.2%。

1998年，地区卫生局转发《江西省农村孕妇住院分娩管理办法》，对全区农村孕妇住院分娩进行规范指导，实施政策保障，杜绝非法接生。对从事助产的机构和人员进行考核、审批和发证。为保障母亲婴儿的健康，地区卫生局在全区进行一次《母婴保健法》执法调查，从调查出的数据反映，执法情况良好，母婴保健技术机构健全，符合省厅要求。为加强米非司酮的管理，地区卫生局举办一期100人参加的米非司酮应用培训班，并对23所医疗保健机构和从事该项技术人员进行审核发证。完成了波阳县、余干县、上饶县项目的第四轮理论培训和项目中期自查评估工作，共举办110期培训班，培训人员5338人次。在全区开展孕产妇死亡漏报调查工作。全区12个县（市）15岁~49岁育龄妇女死亡928人，其中孕产妇死亡35人，漏报7人，漏报率20%，活产数为67189人，活产漏报387人，漏报率5.76%。孕产妇死亡率校正为5.45/万，婴儿死亡率45.57‰，5岁以下儿童死亡率53.5‰。

是年，世界银行贷款综合性项目实施顺利。5个卫生VI项目县短期培训累计完成23802/人周，长期培训累计完成1686/人周，播放电视录像539场次，发放宣传册20496册。5个VI项目县共抢救危重孕产妇1125人，成功率99.3%，抢救危急症患儿2709人，成功率90.5%。广丰县政府把卫生VI项目作为民心工程来抓，全面落实配套资金和扶贫经费，工作成绩突出。1月，广丰县代表全省31个项目县接受卫生部卫生VI项目监督团现场监督，中期评估获得高度评价。

1999年，全区结合“六一”服务活动开展广泛宣传《母婴保健法实施办法》，行署领导到现场视察宣传工作，电视广播进行专题报道，活动咨询服务2.1万人，体检6.3万人，发放宣传单2.6万份。上饶县委书记、县政府领导参加当地宣传活动，活动免费为儿童体检228名，咨询200人次，发传单1150余份。8月，地区举办两期提高产科质量暨米非司酮应用培训班，每期4天。全区地县（市）乡（镇）的医疗保健人员参训率达84%以上。全区孕产妇管理率93.4%，住院分娩率68.64%，高危住院分娩率98.7%，孕产妇死亡率8.22/万，新生儿破伤风发生率0.11‰，婴儿死亡率26.52‰，新生儿死亡率15.29‰，新生儿系统管理率93.31%。行署下发《上饶地区贯彻江西省实施〈中华人民共和国母婴保健法〉办法的若干意见》，对住院分娩、母子保健保偿、接生员职能转变提出明确要求。根据文件精神，地区卫生局对38家达不到助产机构标准的医疗单位进行整顿，并提出限期整改，同时抓转变接生员职能工作。经过培训、考核、筛选，将117名接生员淘汰，1541名接生员转为保健员，转变率为71%。乡镇基本配齐专职或兼职妇幼保健员，约75%保健人员接受3个月以上的进修或培训。上饶市卫生局专门下文《上饶市村级保健员工作职责及管理考核办法》，进一步规范村级保健员职能，加强保健网络管理，有效地促进住院分娩率的提高。上饶县政府制定《关于加强住院分娩工作提高农村住院分娩率的管理办法》，整顿村级接生市场，处理无证违法接生案件7起。广丰县在排山等6个乡开展住院分娩试点，取缔家庭接生，住院分娩率从72%升至89%，高危孕妇住院分娩率达99.5%，孕产妇死亡率从5.31/万降至4.6/万。

是年，地区卫生局进行孕产妇死亡漏报调查，育龄妇女死亡759人，死因分类为：各类疾病337人，肿瘤68人，服毒自杀155人，意外死亡136人，其他死亡23人，孕产妇死亡40人，活产69292人。校正后的孕产妇死亡率为5.77/万。孕产妇死亡监测工作获全省第三名。上饶县、横峰县、波阳县、余干县4个贫困县被列为“降低孕产妇死亡率，消除新生儿破伤风”项目县，获中央和省财政212.6万元援助。10月，为巩固爱婴医院成果，地区卫生局组织人员对上饶市、广丰县、铅山县、万年县、玉山县等，以及地直医疗单位共计11所爱婴医院进行抽查。全区基本达到爱婴医院标准，婴儿4个月纯母乳喂养率达89.2%。

2000年，全区5个卫生VI项目县和4个“降消”项目县全面开展卫生扶贫工作，享受扶贫补助的孕产妇与儿童达5000余人次。5个卫生VI项目县孕产妇死亡率由项目前的13.31/万降至5.1/万，婴儿死亡率由项目实施前的73.7‰降至38.31‰，5岁以下儿童死亡率由项目实施前的100.9‰降至46.7‰。广丰县代表全省卫生VI项目县接受世行官员、世界卫生官员及国家卫生部官员的监督检查。全区孕产妇系统管理率92.48%，住院分娩率80.21%，高危住院分娩率99.32%，孕产妇死亡率5.77/万，新生儿破伤风发生率0.075‰，婴儿死亡率23.18‰，新生儿死亡率15.13‰，新生儿管理率90.4%。

妇科病查治　1991年，全区共进行妇女病普查126221人，查出妇科病人数46037人，患病率为36.47%。查出阴道炎9098例，宫颈炎35464例，附件炎2602例，肿瘤230例，治疗41484人；查出宫颈癌7例，其中当年新发5例，治疗5例；查出尿瘘17例，其中当年新发2例，治疗16例，治愈4例；查出II0以上宫颈脱垂87例，其中当年新发4例，治疗74例，治愈12例。

1992年，全区进行妇科病普查92097人，查出患病人数33887人，患病率为36.79%，查出宫颈癌9例，尿瘘14例，当年新发4例，治疗10例；查出II0以上子宫脱垂98例，当年新发21例，治疗90例。

1993年，全区普查妇女病人数101072人，患病人数37859人，患病率37.46%，查出宫颈癌7例，尿瘘11例，当年新发1例，治疗7例；II0以上宫颈脱脱垂80例，当年新发28例，治疗67例。

1994年，全区普查妇女病人数107837人，患病人数37349人，患病率34.63%，查出宫颈癌11例，尿瘘9例，当年新发1例，治疗7例；II0以上宫颈脱脱垂79例，当年新发20例，治疗73例。

1995年，全区普查妇女病人数105950人，患病人数40816人，患病率38.52%，查出宫颈癌3例，尿瘘11例，当年新发1例，治疗9例；II0以上宫颈脱脱垂60例，当年新发15例，治疗53例。

1998年，全区普查妇女病人数137452人，查出妇科病人数44932人，患病率32.7%。查出滴虫性阴道炎人数9652人，治疗9192例，治疗率为95.2%；宫颈糜烂32728人，治疗31814例，治疗率97.2%；尖锐湿疣30例，治疗30例，治疗率100%；宫领癌12例，治疗12例，治疗率100%。

1999年，全区普查妇女病人数221679人，查出妇科病人数65738人，患病率29.65%。查出滴虫性阴道炎人数10318人，治疗10143例，治疗率为98.30%；宫颈糜烂52879人，治疗50573例，治疗率95.64%；淋病85例，治疗85例，治疗率100%；尖锐湿疣45例，治疗44例，治疗率97.78%；宫颈癌23例，治疗23例，治疗率100%；乳腺癌33例，治疗33例，治疗率100%；尿瘘10例，治疗9例，治疗率90%；II0以上宫颈脱脱垂45例，当年新发5例，治疗38

例,治疗率为 84.44%。

2000 年,全区普查妇女病人数 203708 人,查出妇科病人数 60916 人,患病率 29.9%。查出滴虫性阴道炎 12835 人,治疗 12274 例,治疗率为 95.63%;宫颈糜烂 44373 人,治疗 42711 例,治疗率 96.25%;淋病 202 例,治疗 170 例,治疗率 84.16%;尖锐湿疣 137 例,治疗 133 例,治疗率 97.08%;宫颈癌 26 例,治疗 25 例,治疗率 96.15%;乳腺癌 27 例,治疗 26 例,治疗率 96.3%;尿瘘 4 例,治疗 3 例,治疗率 75%;II0 以上宫颈脱脱垂 52 例,当年新发 4 例,治疗 46 例,治疗率为 88.46%。

1992 年全区乡(镇)住院分娩试点情况

表 36-2-1

指标	试点前	试点后
住院分娩率(%)	20	43.9
围产儿死亡率(‰)	28.1	23.15
孕产妇死亡率(1/万)	9.28	7.35
新生儿破伤风发生率(‰)	1.26	0.15
高危住院分娩率(%)	75.63	92.25
子痫发生率(%)	5.05	3.21

第二节 儿童保健

1991 年,全区有 714 个行政村(自然村、居委会)开展儿童保健系统管理工作。714 个行政村 0 岁~7 岁儿童 136536 人,实施管理 587521 人,管理率为 43.03%。查出患缺铁性贫血 10189 人,矫治 9965 人,矫治率为 97.8%。3 岁内患佝偻病 3408 人,矫治 3361 人,矫治率为 98.62%。查出体弱儿 4651 人,进行管理 3292 人,体弱儿管理率为 70.78%,结案 2350 人。

全区将上年开展小儿生长监测试点工作从全区的 12 个乡(镇)14 个村扩展到 32 个乡(镇)58 个村,试点村总人口 138520 人,其中 1989 年出生的 1391 人,给予监测 341 人,1990 年出生的 1469 人,给予监测 407 人,1991 年出生 1853 人,给予监测 772 人,共计 3 年出生的 3 岁以内的 4710 人,给予监测 1540 人,监测率为 32.7%。监测结果为:发育正常 1271 人,体重迟缓一次 150 人,二次 66 人,三次 53 人。监测其间对迟缓儿童乡级会诊 92 次,县级会诊 39 次。发育迟缓主要原因有:不明原因发热、营养不良、小儿腹泻、小儿肺炎、菌痢、先天性心脏病等。弋阳县有 4 个乡被定为全国 5 岁以下儿童死亡率监测点,横峰县、余干县、波阳县被定为省级 5 岁以下儿童死亡监测点,上饶县、玉山县为地区级监测点。

1991 年,全区共有托幼机构 881 个,实施卫生保健管理 854 个,入托儿童 39576 人,进行健康检查 32818 人,体检率 82.92%。

1992 年,全区共有托幼机构 913 个。进行托幼机构卫生保健管理的 873 个,入托儿童数 39600 人,进行健康检查 36038 人,体检率为 91.01%。“六一”前后,全区对 0 岁~6 岁儿童进行体检,检查人数 224161 人,体检率为 36.14%。0 岁~2 岁儿童患佝偻病 5092 人,患病率

5.28%,贫血患病人数10723人,患病率20.08%,婴幼儿系统管理人数40887人,管理率为18.25%,其中生长监测10415人。

1993年,地区行署印发《九十年代上饶地区儿童发展规划纲要》,地区卫生局下发《上饶地区卫生局贯彻〈九十年代中国儿童发展规划纲要〉实施方案的通知》。全区儿童保健工作紧紧围绕此纲要及实施方案开展工作,小儿生长监测试点工作推广到100个乡(镇),覆盖面提高15%。在各县(市)建立定期上报出生、死亡,出生缺陷资料的报告制度,地区每年开展一次补漏调查工作,全区积极推广使用脐带夹,开展急性呼吸道感染标准病例管理试点。

1994年,小儿生长发育监测试点扩大到133个乡,覆盖率比上年提高12%。广丰县积极加强儿童"四病"的管理,利用各种形式宣传"四病"的危害性,并加强儿童保健医生,乡村儿科医生的培训,提高儿科医学的诊断和治疗水平,对小儿呼吸道感染、小儿腹泻进行积极治疗,对查出的维生素D缺乏性佝偻病和缺铁性贫血给予及时的治疗,并采取预防措施,从而全面控制小儿"四病"的发生。

1995年,全区小儿生长发育监测扩大到160个乡(镇)918个村。全区儿童中重度营养不良患病率从1990年的4.46%降为4.07%。全区0岁~6岁儿童体检33780人,体检率57.98%,查出0岁~6周岁体重低于X—2SD人数24940人,占4.28%,0岁~2岁患佝偻病18360人,患病率为16.89%,贫血10807人,患病率为21.16%,婴幼儿系统管理人数51277人,管理率为28.63%,其中生长监测31720人。弋阳县应用OKS防治小儿腹泻的使用率达87.1%。铅山县对小儿腹泻病进行登记管理,并采取多种形式宣传普及科学知识,地区卫生局对照《九十年代中国儿童发展规划纲要》中期目标进行全面评估,17项卫生指标全面完成。

1996年,地区妇幼保健院制订《上饶地区五岁以下儿童死亡监测方案》下发到全区各县(市),要求每县有1/3个乡(镇)开展生命监测工作。全区小儿生长发育监测工作,AIR、OSK覆盖面进一步扩大,对小儿腹泻、小儿肺炎做到有效防治。在广丰县、万年县、婺源县等新生儿破伤高危县对18岁~35岁育龄妇女进行"破伤风类毒素"免疫接种,有效地降低新生儿破伤风的发病率。

1997年"六一"前后,全区开展7岁以下儿童健康检查,检查人数达258.88万人,体检率55.2%。地区人民医院、地区妇幼保健院、上饶市立医院开展新生儿疾病筛查工作。地区妇保健院实行对新生儿出生24小时内接种乙肝疫苗。

1999年,全区儿童体检31.96万人,体检率65.2%,查出5岁以内发育不良(体重低于X—2SD)人数为1.29万人,占5.65%,开展眼保健人数1.01万人,听力保健9591人,口腔保健131611人。婴儿管理人数12.53万人,管理率达61.76%。上饶县"消除新生儿破伤风"项目工作通过了卫生部检查评估,并获得高度评价。全区统计信息监测工作获得省卫生厅通报表彰。

2000年7月,地区举办儿童保健培训班。全区共有270名儿童保健医生参加,乡级参训率达74%。学习内容有:新生儿危重病症识别处理,新生儿窒息的预防的抢救,儿童保健管理。铅山县新生儿访视率达3701人,对5岁以下儿童进行体检,实查14665人,其中,有中、重度营养不良658人,并对658人登记随访给予处理。

2000年,全区婴幼儿系统管理率为67.72%,7岁以内儿童体检393057人,体检率为81.13%,5岁以下体重低于X—2SD人数9403人,占3.61%,开展眼保健人数7939人,听力保健7883人,口腔保健106367人。

第三节 干部职工保健

公费医疗 1991年,地区行政事业单位仍沿用以往的公费医疗管理办法。享受公费医疗的对象,按工龄核定费用标准,凭证到指定的医疗机构就诊,实行定点包干,记账到个人的办法。

1992年—1994年,地区对原有的公费医疗制度进行改革,将享受公费医疗的单位分为自管单位和统管单位两种类型。自管单位由财政拨付定额指标到单位,由单位自行管理,超支不补,结余留用;统管单位按定额指标的50%拨付给单位,作为门诊报销费用,指标的30%拨付到定点医院作为单位的住院周转金。职工住院时凭单位介绍信到定点医院记账就诊,20%的指标留在公费医疗办公室作为癌症及危重疑难病转院报销的统管经费。个人医疗费超过指标后,在职职工门诊自付20%,住院自付10%;退休人员门诊自付10%,住院自付5%;离休和二等乙级以上革命伤残军人个人不自付,医疗费实报实销。个人自付金额上不封顶,扣除定额指标和个人自付后超支部分,按"五·三·二"比例分担(单位负担50%,财政负担30%,定点医院负担20%)。副地级以上干部和具有正高职称的人员享受实报实销待遇,其医疗费由财政负担80%,定点医院负担20%。

1994年的公费医疗改革方案一直到2000年仍在继续延用。

防暑防寒费 1991年,全区行政事业单位继续执行干部职工发防暑防寒费规定。各单位根据工作环境条件不同,发给档次标准不同的防暑防寒费。发费计算时间为:夏季三个月即当年7、8、9月;冬季二个月半即当年12月15日至翌年2月底止。发防暑防寒费不同的单位费用金额数不同,执行办法各异,有发现金的,有发实物的(实物含防暑防冻药品),有发一部分现金一部分实物的。单位离退人员与在职职工干部享受同等的防暑防寒待遇。防暑防寒均列入单位专门科目费用中。这种发放防暑防寒保健费的办法2000年仍在使用。

除发防暑防寒费,一些单位还给该季节中下乡扶贫的干部(扶贫时间超过三个月)发草帽、胶鞋、电筒电池、蚊帐雨衣等物品。

干部健康体检 1991年—2000年,全区干部保健工作一直按有关规定执行。列为保健对象、发给"保健卡"和"优先就诊证"的人员为:1949年9月30日以前参加革命工作的离休老干部和在职的副地级以上领导干部及有正教授职称的高级知识分子。

地区老干局每两年组织一次全区副地级以上的离休老干部在地区人民医院进行健康体检,内容为老年人常规检查项目:肝胆B超,肝功能、血糖、血脂的化验,胸透,心电图、血压、血常规等检查。地区医院医防科为老同志体检建立了健康档案。体检经费开支渠道为老同志是行政事业单位的,费用按公费医疗管理办法支付,若是自收自支单位或企业单位的,到本单位实报实销。

地区大型厂矿企业(铁路系统、德兴铜矿、永平铜矿等)的老干部及高级职称人员一般每年体检一次,内容基本相同。永平铜矿健康检查人数1991年1217人,1992年1270人,1993年1011人,1994年1370人,1995年984人,1996年859人,1997年921人,1998年663人,1999年402人,2000年111人。

上饶铁路路段局的干部健康体检扩大到中级职称及科级干部,每4年检查一次,费用另外计算,由铁路局财务处支付。

行政事业单位正教授职称的高级知识分子健康体检由地区卫生局公费医疗办公室每两年组织一次。检查内容与离休副地级以上的干部健康体检内容相同,费用开支渠道也相同。

至2000年干部健康体检工作一直按上述办法执行。

企业职工劳保医疗　1991年,全区厂矿企业单位职工劳保医疗一般沿袭老的制度。大型企业均设有职工医院作为医疗点,零星中小企业则自行确定某家医院为医疗点。职工及家属原则上只能在该医疗点看病就医,需要转院的病例由医疗点提出,单位领导审批方能转诊。全区职工劳保医疗主要类型有:一是职工(含离退休职工)享受医疗费全免除,个人只交挂号费,职工家属(指户口在本企业)医药费半免,14周岁以下的独生子女医疗费全免;二是按职工工龄情况免费,住院治疗免除费用比例高于门诊诊疗比例,属于职业病、工伤、恶性肿瘤者全免;三是按职工工龄、年龄不同,每月发给医药费,年龄工龄越长者,医药费金额越多。

全区大型企业劳保医疗待遇一般采取上述第一种类型。上饶铁路路段职工劳保医疗制度2000年前一直是执行此办法,在2000年改革为:以局为单位,社会统筹基金和个人账户相结合的职工基本医疗保险制度。即医疗保险基金由用人单位按年职工工资总额的6%提取交纳,职工个人按月缴费,缴纳比例为个人年度月工资基数的2%。企业补充的医疗保险由单位按上年度职工工资总额的4%,每月缴入南昌铁路局医保中心,每年年初医疗中心将资金按不同年龄段的比例打入职工(含退休职工)个人账户保险卡中,若费用超过年度封顶线后由个人承担。职工(家属)凭医保卡就医,卡内资金用完后,由个人和医保中心各自按比例支付费用。职工住院的起付标准为统筹地区上年度职工的年平均工资10%,退休人员9%。

除医保措施外,南昌铁路局成立大病医疗互助济金,每人首次交20元,以后年交10元,由路局大病互助金医疗办统一管理,资助患大病的职工家属。

大型企业德兴铜矿、永平铜矿职工的劳保医疗从1991年至1996年6月以前均采取职工医药费全免,供养直系亲属半免,独生子女14周岁以下全免。1996年7月执行江西铜业公司新的劳保医疗经费管理试行办法。职工及其家属子女的门诊、住院、特殊检查等医疗费由单位和个人按一定比例承担。具体为:一是职工45周岁以下医疗费个人负担15%,45周岁以上个人负担10%,退休职工个人负担5%,但均须在定点医院门诊治疗。经同意转外院门诊诊疗,个人负担比例均提高5%。二是14周岁以内独生子女在定点医院门诊诊疗,个人负担药费15%,其他费用自理,经定点医院同意转外院门诊诊疗,个人负担药品20%,其他费用自理。14周岁以上的独生子女及职工供养的直系亲属在定点医院或转外院门诊诊疗,均只报销药品50%,其他费用自理。

企业职工除享受劳保医疗外,还根据不同工种定期发放劳动保护用品,如工作服、帽、鞋、手套、口罩、雨具等。对接触有毒有害物质的职工,每月发放保健津贴费及保健食品,每年夏、冬季按工种不同发放甲、乙、丙三等防暑降温和防寒取暖费。工伤、职业病及相关疾病的治疗,医疗费由单位负担。

离休老干部和荣获省、部级以上表彰的劳动模范享受单位全额负担的医疗保障待遇。

2000 年德兴铜矿、永平铜矿大型企业职工住院医疗费个人负担比例

表 36－2－2

类别		定点医院住院	同意转上级医院住院
在职职工	2000 元以内	10%	15%
	2000 元至 5000 元的部分	8%	10%
	5000 元至 10000 元的部分	3%	5%
	超过 10000 元的部分	2%	2%
退休(退养、病退)职工		5%	7%
		超过 1000 元,超过部分个人负担 1%	
14 周岁以内独生子女		报药品费 90%,其他费用自理	
职工供养直系亲属(含 14 周岁以上独生子女)		报药品费 50%,其他费用自理	
离休、省部级以上劳模		单位负担(国家规定自费药品自理)	

第四节 农村医疗保健

1998 年,全区农村卫生“三项建设”(县、市防疫站、保健站和乡镇卫生院)投资 3300 万元,完成项目 134 个,新建和改扩建房屋 10 余万平方米。全区有 7 个县(市)实现或基本实现了“2000 年人人享有卫生保健”的规划目标。1990 年后,全区共为农村培养输送了 5000 余名下得去、留得住的卫生技术人才;2000 多名乡村医生,经过“红色证书”工程专业教育,达到中专水平;1000 余名农村卫生技术人员免费接受地、县级医院的进修培训,农村卫生专业人员的整体素质得到明显提高。全区乡镇卫生院通过实施“房屋、人员、设备”三配套工程,步入了良性循环的发展轨道。

第五节 保健机构

妇幼保健机构 1990 年,全区 12 个县(市)均有妇女保健机构,共有保健站(所)12 个,床位 112 张,职工 334 人,其中卫生技术人员 277 人。1993 年 5 月,上饶地区妇幼保健院成立,全区妇幼保健机构达到 13 个。2000 年底,全区有妇幼保健机构 14 个。

地区妇幼保健院 2000 年 10 月撤地设市后改称上饶市妇幼保健院。该院现有职工 76 人,其中卫生技术人员 69 人,行政管理人员 5 人,其他技术人员 1 人。该院设有医防、内儿、保健、妇产、护理、医技、普外、中医、放射、药剂、理疗、供应、手术室等科室,拥有心电监护仪、惠普胎儿监护仪、CO2 激光机、B 超诊断仪、X 光机、冷光乳透机等专业诊断医疗设备。该院开设床位 30 张,2000 年有固定资产 187 万元,其中房屋及建筑物 80 余万元,专业医疗设备 90 余万元。房屋建筑面积 4600 平方米。

职工保健机构 地区圭峰疗养院 该院始建于 1953 年 10 月,1990 年有床位 200 张,职工

77 人,其中卫生技术人员 24 人。1997 年划归弋阳县管理。

第三章　医　疗

第一节　门诊与住院

1990 年,全区门诊人次 3035615 人次,住院 101208 人次,出院 95169 人次,治愈 70564 人次,治愈率 74.1%,死亡 483 人,死亡率 0.5%,病床使用率 64.3%。1995 年,全区门诊 2673828 人次,住院 92688 人次,出院 91736 人次,治愈 62903 人次,治愈率 68.6%,死亡 358 人,死亡率 0.4%,病床使用率 47.4%。2000 年,全区门诊 2528549 人次,住院 99682 人次,出院 98794 人次,治愈 71254 人次,治愈率 72.1%,死亡 491 人,死亡率 0.5%,病床使用率 42.9%。

第二节　卫生支农　巡回医疗

卫生支农　为切实做好"卫生下乡"工作,充分发挥二级以上医院人才、技术、设备等卫生资源在支农工作中的作用,提高农村卫生事业发达地区医疗服务水平,地区人民医院、地区肿瘤医院、地区妇幼保健院分别与多个农村卫生院挂钩,实行对口支援。同时抽出一大部分医务人员到农村卫生院挂靠工作,时间多达半年以上,同时各县(市)人民医院也相应派出医疗队为基层卫生机构送医送药,开设专家门诊。

巡回医疗　1992 年,由全国残联委派、省残联组织的白内障医疗队到余干县开展门诊治疗,使 3 名患者重见光明。

1995 年 11 月 3－5 日,由江西医学院上饶分院、地区卫校内科、妇产科、中医科等医疗专家等组成的扶贫医疗队,带上 X 光机、B 超仪、心电图仪等医疗诊断设备,赴万年县齐埠乡为群众义务检查身体、诊治疾病、提供医学咨询,共接待群众 600 人次。

1998 年,为控制传染病疫情暴发流行,市直各医疗机构纷纷派出医疗队,到全区各县市指导防病救灾工作,在防洪一线为广大群众、子弟兵送医送药。地区卫生局先后派出 12 支卫生防病指导小组下到各县(市),逐级培训卫生防病技术人员,并及时组织价值 45.2 万元的消毒药品运送灾区;同时,地区先后组派 21 支医疗队深入灾区一线为灾民治病。全区卫生系统共组派 442 支医疗队和 4474 人次医务人员,诊治病人 22.16 万人次,其中免费诊治病人 26124 人次,免费金额达 200 多万元,赠送治疗药品 173.28 万元。

1999 年 5 月,地区卫生局从地直医疗卫生事业单位抽调 64 名医生,组成 27 个医疗队、防疫队和督导组携带价值 12 万多元的药品和器械分赴全区 12 个县(市)开展春季防疫防病大行动。5 月 17 日,"视觉第一中国行"医疗队到上饶地区巡回治疗,此活动旨在为白内障患者解除疾病之苦,重见光明。

1991 年—2000 年底,余干县先后派出医疗队 79 个,医务人员 400 余人次,为 3.7 万人次的群众服务,免费下发药品,消毒药达 125 万元,弋阳县派出医疗队 56 个,广丰县派出医疗队 40 个,德兴市派出医务人员 235 人次,婺源县派出医疗队 41 个,为广大群众服务,受益人次百万人以上。

第三节 支边 援外

支边 1998年3月，铅山县杨林村卫生院内科主治医师吴兴旺、余干县古埠镇中心卫生院外科主治医师被选派到新疆克孜勒苏柯尔克孜自治州阿克陶县医院内、外科，主持医疗工作三年。

援外 1992年4月—1994年6月，经组织选派，从上饶市、横峰县、广丰县、弋阳县共抽调主治医师职称以上医务人员13人，出国到突尼斯参加援外医疗。1994年5月28日，首批援外医疗队归来，获得江西医疗总队三个年终评比的第一名。全队共接待门诊病人2.1万人次，急诊2000多人次，抢救危重病人300余例，施行手术6000多例，其中住院手术4000多台，并开展了脑外手术、安装心脏起搏器等新技术42项。

1992年和1996年，赵君茂主治医师两次赴突尼斯援外医疗，每期两年。

1998年，德兴铜矿医院3名医务人员赴巴基斯坦援外医疗。

2000年，上饶市、广丰县、德兴市选派13名主治医师职称以上人员赴突尼斯援外医疗。市妇幼保健院外科副主任医师徐仁善随上海医疗队赴摩洛哥援外医疗。

第四节 医疗技术

内科 随着医务人员素质的不断提高和先进的医疗检验器械的大量引进，内科疾病的诊断和治疗水平有了明显的提高。

消化系统 电子胃镜的应用，消化内窥镜下止血、注射、异物取出，幽门螺杆菌清除，三腔二囊管压迫止血，中西医综合治疗重症胰腺炎，超高倍显微镜下胃粘膜的幽门螺杆菌快速诊断。

呼吸系统 高频呼吸机应用，中心静脉置管大剂量冲击治疗晚期肺癌，东莨菪碱治肺性脑病，纤维支气管镜检查胸膜活检术，经皮肺穿刺术，血气分析。CT、B超引导下经皮肺活检。

循环系统 心电监护、除颤机、体外反搏机应用、电击复律、食道调搏平板试验，24小时动态心电图观察，心向量图，心室膜电位及频域心电分析系统、动态血压监测、永久性心脏起搏器安装，心梗溶栓治疗，受体阻滞剂治疗顽固性心衰，心包腔留置导管治疗顽固性心包积液。

血液与造血器官 中西医结合治疗再障，胎肝细胞输注重型再障重型肝炎。COA、COM—CSF、EPO治疗重型再障，血液量子治疗。

泌尿系统 血液透析、肠系膜透析治疗急慢性肾功能不全、肾衰。

内分泌与代谢病 同位素检测，糖尿病酮症酸中毒抢救，激素加细胞毒药物配合中药治疗狼疮性肾炎，多种激素检测对甲亢危象的抢救。

中毒抢救 有机磷中毒抢救，急性甲胺中毒抢救，芎中毒抢救。

外科 *普外* 乳腺癌根治，结肠造瘘，多脏器复合性损伤修补，全胃切除、脾切除、甲状腺切除、食道癌、甲状腺癌根治术、规范化胃肠癌根治、疝环充填或无张力疝修补。

肝、胆胰外科 胆肠吻合术，肝胰部分切除术，肝活检组织穿刺，肝内胆管结石并肝管狭窄行肝门部胆管成形，门脉高压断流、联合分流，腹腔镜胆囊切除，肝门部胆管癌根治，重症胰腺

炎坏死病灶广清除清流，腹腔镜阑尾切除。

胸、脑、泌外 二尖瓣狭窄闭式分离，心包穿刺、肺段切除术，各种类型颅内血肿清除手术，微创颅脑穿刺术，脑室引流、颅骨钻孔引流，颅骨修补术、去骨瓣颅高压减压术、颅咽管瘤切除术，脑胶质瘤切除术、脑膜瘤切除、四腔室肿瘤切除术、听神经瘤及三叉神经瘤切除术，脑积水经脑室腔分流术，颅内特巨大型蛛网膜囊切除术。小儿乒乓球样凹陷骨折撬起复位术，垂体腺瘤切除术，肾切除、尿道扩张术，背部直小切口经输尿管上路切开放石术、膀胱全切术、结肠代膀胱术、膀胱再生术、膀胱黏膜移植尿道成形术，尿道下裂成形术，肾盂输尿管交界处狭窄成形术，肾癌根治，前列腺、膀胱肿瘤气化电切术，射频治疗前腺冷疾病，前列腺摘除术。

矫外 四肢疤痕挛缩松懈矫形术，破瓣移植，小儿麻痹症矫形术，脊柱骨折瘫痪、椎弓根螺钉固定术，小切口开窗椎间盘摘除术，三维正骨仪治疗腰椎间盘突出，血管神经修复吻合术，关节融合术，内扩张应用各类创伤修复术，外扩张应用各类整形术、身部高电击伤腹部皮瓣带蒂移植或皮管成形术，头部电击伤大面积损失转移皮瓣移植或钻颅自体皮移植术，血管神经修复吻合术。

关节形成 人工股骨头及髋关节置换术，桡骨远端巨细胞切除，股骨腓骨移植，重建腕关节，第三代髓泥技术作不全髋关节置换术，骨盘骨折内固定术，四肢关节肿瘤切除，异体骨植入。

烧伤外科 重度特大面积烧伤自体微粒皮移植术，特大面积烧伤邮票状自体皮移植术，网状自体皮移植术，重度烧伤、削痂术后生物塑料覆盖开窗自体皮移植术，复杂性疤痕（大面积）挛缩转移皮瓣和自体皮移植术。

妇产科 产科 新式剖宫产，子宫破裂修补、切除术，各种助产术、输卵管再通术，宫颈癌根治、卵巢恶性肿瘤综合治疗，保留子宫动脉行支子宫切除，肾膜内子宫切除。

妇科 腹腔镜应用，巨大肿瘤切除，阴道成形术。

儿科 高频呼吸机、心电监护等先进技术提高了危重患儿抢救成功率，小儿呼吸道、消化道、中枢神经系统感染、血液病治疗率大大提高。

五官科 喉裂开术、鼓室成形术，扁桃腺电脑挤切、剥离术，上颌骨切除，外耳道成形、鼻整形、耳部肿瘤摘除术，咽后壁脓肿切开引流，纤维鼻咽镜检查息肉摘除术，射频鼻甲息肉照射术，下鼻甲切除术，人工晶体植入，人工造瞳术、斜眼矫正术、角膜移植，高度近视巩膜增修（加固）术，膜放射状切开治疗近视眼，改电凝缩短术为冷冻外加压线缩短术治疗视网膜脱离，睑成形术、眼球摘除联合义眼胎植入术。

口腔科 金属熔附烧瓷、腭裂修补术，牙列整形矫正术，舌系带矫正术，牙根癌联合根治术，胸大肌带蒂皮瓣转移修复，舌癌联合根治术，髁状突颈部骨折，下颌骨骨折复位，颌下腺混合瘤切除，腮腺混合瘤切除，主管瘤切除皮瓣修复，腭裂修复术，腮裂市肋切除，甲状骨市肋切除。

医技科 纤维胃镜肠镜、心电图阿托品试验，脑电图，24 小时动态血化监测，24 小时动态心电图记录，电子胃镜、结肠镜，镜下微波治疗异物取出，B 超引导穿刺，乳腺红外线诊断，脑血流图，脑地形图，彩色多普勒。

放射科 胃肠吞钡双重造影，脑血管造影，食道癌支架置放，心脏起搏器安装，二尖瓣狭窄球囊扩张术。

检验科 各种常规检查、血培养、药敏试验，血液分析 18 项，尿液分析 11 项，RH 血型鉴定,嗜银染色骨髓细胞系列组化试验,抗原体检测,各型肝炎检测、HBV—DNA 定性定时检测,PCR 扩增检测,各种病毒、支原体、衣原体、寄生虫、微生物、细菌学检测及培养,各种体液病原体检查,肝纤维化血清学四项检测、血气分析等。

第五节 中 医

全区有中医院 12 所,床位 757 张,职工 1345 人,其中卫生人员 1157 人。创建全省示范中医院 1 所,二甲中医院 2 所,全国中医工作先进县 1 个。有 4 所中医院的 5 个科室被省卫生厅列为全省“三十”工程重点建设项目。余干县被列为华东六省一市唯一的中医教育试点县。

2000 年全区各县(市)中医院简况

表 36-3-1

县(市)	床位数(张)	职工总数(人)	卫生技术人员	行政管理人员	工勤人员	其他技术人员
上饶市	90	190	162	4	19	5
上饶县	70	100	79	8	10	3
广丰县	70	136	114	10	10	2
玉山县	180	235	202	12	10	11
铅山县	30	71	58	6	4	3
弋阳县	40	68	53	1	11	3
横峰县	47	58	48		7	3
余干县	50	97	90		4	3
万年县	60	114	100	2	10	2
波阳县	40	103	96	7		
德兴市	40	96	81	1	14	
婺源县	40	77	74	2	1	
合计	757	1345	1157	53	100	35

第四章 药品 药政

第一节 药 品

药品生产 2000 年,全区共有药品生产企业 17 家,生产速效伤风胶囊、肠炎宁口服液、谷维素片、葡萄糖大输液等中西药465个品种，有片剂、针剂、颗粒剂、丸剂、散剂、胶囊剂等十几个剂型。

上饶一村制药厂　1993年研制出抗癌新药金复口服液，1992年2月该产品获得新药证书，1995年获省优秀新产品一等奖、省重点新产品奖，列为75、85计划的国家重点科技攻关项目，并获得国家自然科学基金的资助。2000年又获国家重点新产品奖。

广丰制药厂　1993年，与江西省医药技术开发公司共同研制开发采用口颊剂型的国家新药迷尔脱（甲硝唑口颊片），1998年6月获得新药证书，同年获省优秀新产品二等奖，1999年获省医药局科技进步二等奖，2000年获省科技进步奖，经上海科学技术情报研究所查新结果为：该成果达到国内领先水平。1996年与江西省药品科技开发部共同研制出纯天然无糖型中成药午时茶胶囊，1998年10月获得国家新药证书，1999年获江西省优秀新产品奖。

上饶县恩泉医用油脂厂　2000年，在上饶县湖村乡创办的股份制企业，生产医用油，填补了全省的空白。

2000年底，境内康达制药有限公司和珠湖制药厂的大输液生产车间通过了国家GMP认证。

医药科研机构　1985年3月，并入上饶地区卫生学校的上饶地区医药科学研究所，对内称医药科学研究处，对外仍称地区医药科学研究所，设有药理、药化、临床3个研究组。2000年撤地设市后，改称上饶市医药科学研究所，仍保留3个研究组。

第二节　药政管理

机构　1984年9月，上饶地区卫生局设药政科，负责药品的日常监督管理工作，各县（市）卫生局均设立药政股。1971年成立的上饶地区药品检验所，2000年有职工26人，其中卫生技术人员17人（含副主任医师6人，主管药师10人，药师1人）。该所设置业务、化学、中药、生测4个科室。固定资产总值109.2万元，其中房屋及建筑物总值70.14万元，专业设备总值27.05万元，建筑面积1080平方米。1990年后，全区有德兴市、波阳县、弋阳县、余干县、广丰县、玉山县、婺源县设立药品检验所，共有职工60人，其中卫生技术人员40人。

1992年，药政科、药检所合署办公，实行两块牌子、一班人马的工作方式，负责全区12个县（市）药品产、供、用单位的药品质量监督检验工作。1991年11月，上饶市药检所设科技咨询服务部，充分利用药检所专业人员的优势，与药品生产、经营企业签订服务协议，组织技术人员上门有偿服务，共培训基层药品检验技术人员300余人次。

管理　1993年，在全区药品质量大检查中，查出假劣中药材沉香、种洋参、川贝母等24个品种，不合格中成药婴儿素、跌打丸等4种化学药制剂，并发布首期《第一号药品质量抽验结果公报》。药检所为增强对药品质量的监督检测能力，提高药品检验的全检率，于1993年7月装备红外分析仪，10月与上饶新星制药厂联合投入5万余元建立实验动物房。

1994年，根据《国务院关于进一步加强药品管理工作的紧急通知》全国加强药品管理工作电话会议的精神，对全区的“三证”单位（包括兽药店、百货商场药品专柜等）进行一次药品质量大检查，共查处伪劣药品260多批次。其中查获江西星际实业公司非法生产假药“延生护宝液”，没收成品237件，计14220瓶（100毫升/瓶），价值27.16万元，全部销毁处理，并处2.8万元的罚款；没收江西万年中药材开发有限公司无证经营药品达45种，价值1.31万元，处以

4798 元的罚款;对波阳县人民医院自制剂外销处以 2000 元的罚款。药检所完成玉山制药厂跌打丸上卫生部标准的起草工作和《江西省中药材标准》的 7 个品种(吉祥草、石上柏、金毛耳草、茶叶、红茴香、樟树根、小金钱草)的标准采集与起草工作。

1995 年,为庆祝《药品管理法》实施 10 周年,地区卫生局药政科组织举办全区《药品管理法》知识电视大奖赛,德兴市卫生局队获一等奖。投入 4000 余元制作《中华人民共和国药品管理法》和假劣药品展览宣传画版 20 余块,在境内巡回展出,历时两个月。6 月,捣毁一个在广丰县郊以“合资”为名的无证非法生产假药“疯瘫酊”外用液的地下工厂,缴获印制的标签 10 万余套,半成品 39 箱,约 950 公斤,价值 10 万余元,全部当场烧毁。全年药检所药品检验数为 752 件、抽检数为 540 件,均是历年来最高纪录。德兴市药检所被授予全国药品监督管理工作先进集体称号。

1996 年,全区贯彻落实国务院办公厅《关于继续整顿和规范药品生产经营秩序加强药品管理工作的通知》精神,全年共派出 300 余人次,对 12 个县(市)的药品生产企业,二、三、四级药品批发企业,地、县(市)医疗单位共 50 余家的药品质量进行了整顿检查,共查出药品生产企业劣药 2 个经营企业假劣药 33 个,医疗单位 48 个,生产企业劣药 2 个品种,价值共计 2.38 万元,全部销毁处理,罚没款 8.54 万元。

1998 年,抗洪救灾期间,地区药政、药检全体人员担负着全区救灾药品的管理和接收、发放工作。及时检出河南安阳路德药业有限公司生产的假氟哌酸胶囊混入救灾药品中,省卫生厅根据这一情况,依法查处这一重大假案件,在波阳县、余干县等灾区追缴大批该厂生产的假氟哌酸胶囊,新组建的国家药品监督管理局高度重视此案,并开始全国范围内的假氟哌酸胶囊清查行动。1998 年荣获省卫生厅“抗洪救灾”先进单位称号。

1999 年 1 月 25 日—2 月 25 日,集中一个月的时间,组织全区药政干部对 765 家的药品产、供、用单位和个体诊所、个体药店进行过期失效药品大检查,共查假劣药品 18 种,价值 2.41 万元,过期失效药品 25 种,价值 2.55 万元,5 年以上药品 1187 批次,价值 44.34 万元,对假劣药品和过期失效药品全部销毁处理。

2000 年,组织人员重点对婺源县、弋阳县、余干县、横峰县和上饶县等基层的 20 余个重点乡(镇)卫生院,15 个药品四级批发站,100 余个个体诊所和个体药店进行检查,发现药品质量差,管理不善等诸多问题,主要体现在:进货渠道混乱,部分药品来自无药品批发资格单位、个体药店和个别医院制剂;只贪图便宜,不求药品质量;过期失效药品未及时处理,与合格品存放在一起;一类精神药品随意摆放,无专人管理等。

第三节 麻醉剧毒药品管理

1980 年代末至 1990 年代初,为做好晚期癌症病人使用麻醉药品的供应工作,根据卫生部、省卫生厅的精神,全区开展晚期癌症病人申领麻醉药品供应卡工作,给每个晚期癌症患者发放“镇痛专用麻醉药品供应卡”。并将县以上医疗单位麻醉药品的管理列入卫生工作目标管理考核项目之一,1990 年对全区 31 个使用麻醉药品的单位进行麻醉药品“五专”目标管理考核,并实行了三统一,即麻醉药品统一使用铁制保险柜存放统一使用印制的麻醉药品专用账册和统一使用麻醉药品交接登记表制度。同年根据国务院 1989 年第 25 号令发布的《放射性药品管理办法》和省卫生厅文件精神,对全区别使用放射性药品的医疗单位进行了审核,并发放《放射性药品使用许可证》。

10 年间麻醉药品失窃情况　1991 年 9 月 27 日,铅山县永平中心卫生院门诊药房被盗,盗走 50 毫克哌替啶(杜冷丁)注射液 111 支,30 毫克磷酸可待因片 183 片。1993 年 3 月 29 日,地区医院西药仓库被撬,库存的麻醉药品哌替啶(杜冷丁)注射液 1397 支被盗。1995 年 7 月 15 日,弋阳县城郊乡卫生院药房存放麻醉药品的抽屉被撬,盗走 50 毫克 ×40 支、100 毫克 ×3 支。1997 年,玉山县妇幼保健院被盗 100 毫克哌替啶(杜冷丁)注射液 46 支。

1991 年—2000 年全区药品检验情况

表 36－4－1　　单位:种

年份	完成总检品	其中抽验检品	抽验合格率%
1991	613	394	84. 3
1992	730	182	73. 1
1993	687	310	79. 0
1994	721	457	83. 8
1995	752	540	93. 0
1996	705	462	87. 0
1997	705	527	86. 3
1998	634	293	87. 4
1999	658	324	82. 7
2000	704	441	88. 9

1991 年—2000 年全区药品检验经费支出情况

表 36－4－2　　单位:万元

年份	人员机构经费	专项业务经费	补助经费
1991	7. 49		0. 5
1992	7. 27		
1993	7. 48		
1994	8. 18		
1995	8. 18		
1996	13. 28		
1997	10. 00	10. 00	
1998	15. 69		
1999	16. 19		
2000	20. 15		

第五章 医疗机构与设备

第一节 医疗机构

1991年—2000年，全区医疗机构发展迅速。2000年，全区拥有医疗机构418个，床位10510张，卫生技术人员13621人，按人口计算，每千人中有医疗床位1.73张，卫生技术人员工2.15人，医生1.02人，护士0.62人。

上饶地区人民医院 始建于民国29年(1940)，经过60年的建设，成为境内规模最大的一所集医疗、教学、科研、预防保健和急救于一体的综合性三级医院，是全区的继续医学教育基地，全国五百所综合性大医院之一。1996年被国家评定为“三级乙等医院”。被省红十字会冠名“上饶市红十字医院”“红十字急救中心”，省卫生厅批准为“上饶急救中心”，被卫生部认定为“国际求援网络医院”“爱婴医院”。

医院占地面积5.7万平方米，建筑面积7.71万平方米，其中医疗业务用房面积4.1万余平方米。1990年代，兴建面积1.6万平方米的现代化门诊综合大楼，大力整治医院环境，使医院逐步向花园式发展。2000年，医院有职工718人，其中卫生技术人员580人，具备教授、主任医师职称的11人，副教授、副主任医师职称的72人，主治(管)医(护、技)师的109人，初级技术职称的319人。开设有两个门诊部、一个急救中心和两个专家门诊部，门诊各专科设置齐全，住院部共设有28个临床科室，18个非临床科室。病床总数520张。拥有CT、阿克发LX3300型激光相机、弗森尤斯2008血透机、经颅多普勒仪、905全麻机、除颤监护仪等大型医疗专业设备150台。2000年，拥有固定资产5234.93万元，其中房屋及建筑物总值2602.56万元，医疗专业设备总值2123.65万元。地区医院一直坚持“深化改革、强化管理、科技兴院、发展专科”的方针，积极开展高、新科技项目，如人体微量元素检测、介入治疗、永久性心脏起搏器安装、超高倍显微镜作亚健康和细菌图谱检查、心梗静脉溶栓治疗、急性出血性坏死性胰腺炎的抢救、肺叶切除、肝叶切除等，还开展微创外科手术，如胸腔镜手术、腹腔镜手术、前列腺汽化电切、宫腔镜手术以及各种中毒抢救、大面积烧伤抢救、脑外抢救等新项目，都收到很好的成效。1991年—2000年，开展的新技术、新项目80多项，获卫生部科技进步二等奖1项，国家“八五”优秀科技成果奖2项，省卫生厅创新二等奖1项，市技术进步奖11项，市卫生局科技进步奖30余项，专业技术“国家专利”2项，并参与研制“国家标准”诊断项目(CB17056－1997)1项。该院先后获“省文明卫生单位”“省医药卫生科学技术工作先进集体”“省卫生系统财会先进集体”“全省文明规范服务竞赛先进单位”“省医院分级管理期前检查优胜单位”“省专业技术职务聘用管理试点先进单位”“省消费信得过单位”“地区消费信得过单位”“省文保系统先进单位”“地级文明单位”“市级文明单位”“市计划生育三无一好先进单位”“市社会治安综合治理先进单位”等荣誉称号。2000年10月，撤地设市后改称上饶市人民医院。

上饶地区第二人民医院 始建于1989年，前称为上饶地区传染病医院，1994年更名为上饶地区第二人民医院，2000年10月撤地设市后更名为上饶市第二人民医院。2000年8月与江西医学院上饶分院、上饶卫校附属医院合并，从原来全区唯一治疗传染病的专科医院发展为具有一定规模的综合性医院。2000年，医院人员定编224人，在编职工216人，其中卫生技术人员 178 人(高级职称 24 人,中级职称 58 人,初级职称 96 人),财务人员 8 人。临床科室设有肝病科、急传科、糖尿病科、中医男科、内儿科、外科、妇产科、皮肤科、肛肠科、五官科、口腔科、医技科室设有 CT 检查室、放射科、超声影像科、检验科、供应室、药剂室。医院开设两个门诊部和两个住院部,病床 120 张。1997 年建立的肝病检验中心,开展各型肝炎的血清学检测,其中乙肝基因检测由定性上升到定量,并在全区率先开展肝纤维化的血清学检测,使肝病的诊断和治疗水平大大提高。2000 年,医院拥有固定资产 864.66 万元,其中房屋及建筑物总值 476.2 万元,专业医疗设备总值 148.15 万元,房屋建筑面积 1.5 万平方米,其中医疗用房 1566 平方米。被上饶市物价局授予"明码标价示范单位""收费信得过单位"。2000 年被卫生部评为"全国卫生系统先进单位"。

上饶地区第三人民医院　原名上饶地区精神病院,1994 年更名为上饶地区第三人民医院,2000 年 10 月撤地设市后改称上饶市第三人民医院。医院以精神病专业为中心,分市精神病区、横峰精神病区、市综合病区 3 个病区,设有精神病科、骨伤科、手外科、脑外科、普外科、普内科、心血管科、消化内科、妇产科、急诊科、五官科、眼科、口腔科、皮肤性病科、中医科、针刀科、理疗科等临床科室和 CT 室、彩超室、胃镜室、检验科、放射科、脑电图室、心电图室等辅助科室,床位 380 张。职工 289 人,其中卫生技术人员 204 人(主任医师 2 人,副主任医、药、技、护师 4 人,主治医师 22 人),其他技术人员 10 人。拥有全身螺旋 CT、惠普彩超、电子胃镜、电视监控及电脑数字化管理 X 光机(电脑无片化处理)、后路椎间盘镜摘除系统、MDI 超高倍多功能显微诊断仪、新型血液透析仪、电解质分析仪、彩色脑电图仪、心电监护等先进专业医疗设备。2000 年,医院固定资产总值 2140 万元,其中房屋及建筑物总值 1198 万元,专业医疗设备总值 328 万元。房屋建筑面积 2.28 万平方米。

上饶地区妇幼保健院　始建于 1993 年,面积为 2800 平方米,人员定编 40 人,1996 年设立住院部,有病床 18 张,人员扩编 15 人,同年被授予爱婴医院,2000 年撤地设市后改称上饶市妇幼保健院。

上饶市肿瘤医院　始建于 1992 年 6 月,原名上饶肿瘤医院,2000 年撤地设市后改称上饶市肿瘤医院。医院分市综合病区和三江放疗中心两个病区,设肿瘤科、内科、外科、妇产科、急诊科、放射科、放化科、病理、检验、手术室和 CT、药剂、信息等科室,床位 160 张。职工 180 人,其中卫生技术人员 119 人(含高级职称 4 人,中级职称 26 人,初级职称 89 人),拥有 CT、BMV—直线加速器、立体放射治疗系统(X 刀)、模拟定位机、电子胃镜、800 医用摇控 X 光机、全自动生化分析仪、钴—60 放疗仪等大型医疗设备。2000 年,房屋及建筑物总值 370.67 万元,专业医疗设备 531.36 万元,房屋及建筑物面积 7343.68 平方米。

上饶地区中心血站　成立于 1998 年 5 月 16 日,地处三江区钟灵路 48 号。2000 年 10 月撤地设市后改称上饶市中心血站。中心血站占地面积 4000 平方米,建筑面积 2600 平方米,有职工 12 人,其中卫生技术人员 10 人。主要承担全区各级各类医院临床用血的采供和输血等相关业务的指导与培训工作,协助卫生行政部门实行全区临床用血的"三统一"管理。设有血源管理室、血液制备室、血液供应室、检验室、质控室、血型鉴定室、HIV 初筛实验室等业务科室,拥有美国产 CS—3000 血细胞分离机、瑞士产帝肯血站自动化检测仪、大型采血车、信息管理系统等专业设备,保持应急供血员 50 人,RH(一)性供血员 47 人。2000 年,中心血站固定资产总值为 387.47 万元,其中房屋及建筑物总值 184.74 万元,专业医疗设备总值 113.99 万元,房屋及建筑物面积 2600 平方米。

上饶铁路医院 始建于民国36年(1947),原为浙赣铁路局杭州铁路医院玉山分院,设在玉山县冰溪镇。1949年10月,迁上饶市,改称上海铁路局总医院上饶分医院。1952年,迁上饶市铁路新村四路2号,隶属南昌铁路局,是一所集医疗、教学、保健、科研为一体的综合性职工医院。1997年经江西省卫生厅评审批准为二级甲等医院。医院占地面积1.73万平方米,建筑面积总计1.54万平方米。2000年,医院有职工292人,其中卫技人员218人(主任医师3人,副主任医师3人,主治医师60人)。医院固定资产总额1959万元,其中医疗设备总值639.5万元。1998年医院设立南昌铁路局眼病治疗中心,设床位150张。2000年,医院门诊13.37万人次,住院2223人次。同年投资520万元建成面积3640平方米的门诊大楼。

永平铜矿医院 始建于1959年6月,是一所集医疗、教学、科研、防保为一体的综合性二级医院,担负着矿山职工、家属、驻矿单位及周边2个乡镇的医疗卫生服务。医院设床位120张,有职工134人,其中卫技人员119人(副主任医师3人,主治、主管医、护、技师45人,医、护、技师、士68人)。医院建筑面积6143.15平方米。日平均门诊量300人次,年住院1200人次。

武警江西省总队医院 前身为中国人民解放军陆军182医院,地址设在上饶县罗桥。1982年10月移交给中国人民武装警察部队江西省总队,改名为中国人民武装警察部队江西省总队医院。1991年9月由上饶市迁往南昌市。

县(市)人民医院 全区12个县(市)均设有人民医院。从1957年始,各县(市)医院统称为县(市)人民医院,上饶市设立上饶市人民医院和上饶市第二人民医院,2000年撤地设市后,分别改称为上饶市立医院和信州区第二人民医院。随着医疗卫生事业的发展,各县(市)人民医院职工队伍逐年壮大,素质不断提高,大型、精密医疗设备配备齐全。

县(市)中医院 1966年以后,各县(市)相继成立县(市)立中医院,2000年底,全区拥有县(市)中医院12所,床位总计757张,职工总数1345人,其中卫生人员1157人。

乡、镇(村)卫生院(所) 1990年,全区有乡(镇)卫生院247个,床位2808张,职工4708人,其中卫技人员3926人。在全区2854个行政村中,有2723个村设立卫生所或医疗站等医疗点4084个。随着农村经济体制和经济结构的变化,影响了农村乡镇(村)卫生院(所)产权制度等情况,特别是贫困地区,农村卫生事业发展较慢。到2000年末,全区乡(镇)卫生院计205个,床位1556张,职工3299人(其中卫技人员2825人)。

2000年全区各县(市)人民医院简况

表36-5-1　　单位:人

县(市)	床位数(张)	职工总数(人)	卫生技术人员	行政管理人员	工勤人员	其他技术人员
合计	2847	3738	3096	150	383	99
上饶市	303	479	427	8	35	9
上饶县	200	257	206	8	43	
广丰县	270	315	266	16	14	19
玉山县	254	362	300	17	35	10
铅山县	125	236	202	9	15	10

续表 36－5－1

县(市)	床位数(张)	职工总数(人)	卫生技术人员	行政管理人员	工勤人员	其他技术人员
弋阳县	200	279	225	6	46	2
横峰县	150	208	176	8	8	16
余干县	300	402	333	26	43	
万年县	192	228	184	18	12	14
波阳县	361	424	334	14	61	15
德兴市	222	270	216	15	38	1
婺源县	270	278	227	5	33	3

1993 年—2000 年全区卫生机构、床位和各类人员数(年末数)

表 36－5－2

项目	1993 年	1994 年	1995 年	1996 年	1997 年	1998 年	1999 年	2000 年
机构数总计(个)	675	676	678	417	419	418	420	418
床位数总计(张)	10088	10058	10322	10308	10190	9972	10071	10510
人员数总计(人)	17223	17462	17578	15529	15620	15491	16138	16549
卫生技术人员合计(人)	14254	14586	14788	12686	12708	12753	13248	13621
中医师	773	869	820	714	710	732	684	690
西医师	3772	4022	4171	3724	3902	3899	4135	4245
中西医结合医师	33	9	11	27	41	42	49	31
护　师	1626	1635	1748	1925	2202	2231	2454	2441
中药师	171	195	192	222	255	263	269	270
西药师	369	363	382	416	454	463	485	491
检验技师	294	312	329	332	391	381	373	411
其他技师	179	156	153	266	216	297	296	244
中医士	303	299	283	155	122	146	137	118
西医士	1753	1804	1858	1099	983	1004	1022	1100
护　士	1913	1964	1963	1705	1494	1471	1495	1608
助产士	222	222	209	157	221	182	191	251
中药剂士	305	288	289	278	246	209	195	197
西药剂士	409	415	441	401	368	375	375	441
检验技士	299	294	295	288	240	252	243	243

续表 36－5－2

项目	1993 年	1994 年	1995 年	1996 年	1997 年	1998 年	1999 年	2000 年
其他技士	196	163	157	119	157	169	176	228
其他中医	96	95	95	15	14	13	8	4
护理员	219	210	172	136	117	108	100	91
中药剂员	115	105	95	67	58	48	52	42
西药剂员	170	138	89	83	69	52	69	65
检验员	92	99	70	90	51	38	51	51
其他初级卫生技术人员	945	929	966	467	397	378	390	359
其他技术人员	210	150	150	288	414	397	494	454
管理人员	1716	1666	1543	1348	1180	1068	997	1085
业务管理人员	611	535	490	546	470	417	458	530
行政管理人员	1105	1131	1053	802	710	651	539	555
工勤人员	1043	1060	1097	1207	1318	1273	1399	1389

说明:1996 年及以后年份数据未包括门诊和个体开业。

2000 年年末全区各类卫生机构基本情况

表 36－5－3

分　组	机构数(个)	床位数(张)	人员合计(人)	卫生技术人员(人)	医生(人)
总　计	418	10510	16549	13621	6188
医院合计	73	6178	8383	6889	2881
县及县以上医院	59	6026	8133	6675	2761
综合医院	42	4568	6101	5045	2033
中医医院	12	757	1345	1157	529
传染医院	1	120	136	112	37
精神病院	1	360	264	128	48
妇幼保健院	1	30	74	68	32
肿瘤病院	1	136	128	107	54
骨科医院	1	55	85	58	28
其他医院	14	152	250	214	120
乡卫生院	205	1556	3299	2825	1331
疗养院	1	200	70	16	7
专科防治所、站	21	981	846	730	389

续表 36－5－3

分 组	机构数(个)	床位数(张)	人员合计(人)	卫生技术人员(人)	医生(人)
血吸虫病防治所站	9	910	664	573	297
麻风病防治所站	10	69	162	141	81
卫生防疫站	19	2	814	642	366
妇幼保健所站	12	193	483	418	233
药品检验所室	10		102	71	19
其他卫生事业机构	14		86	60	10
麻风村	10				
卫生宣教所	1		7	7	4
中等医药学校	9		456	235	148

说明:表内数据未包括门诊所和个体开业。

第二节 医疗设备

为加强医疗服务质量,改善医疗条件,提高医疗诊断水平,1991 年—2000 年以后,全区各级医疗机构添置许多先进的医疗检验设备。1993 年,上饶地区肿瘤医院建立全区首家“钴60”放疗中心;1994 年,上饶地区第二人民医院建立全区第一个 PCR 实验室;1995 年,上饶地区人民医院兴建 1.6 万平方米的现代化门诊综合大楼;2000 年,上饶地区皮肤病性病防治所经省卫生厅批准建立全区唯一的高级艾滋病抗体检测初筛中心实验室,上饶地区人民医院购进德国弗森尤斯 2008 血透治疗仪、DM30 除颤监护仪、阿克发激光相机(LX3300 型)、经颅多普勒仪。至 2000 年底,全区共有 CT10 台,500 医用摇控 X 光机 9 台,彩超 6 台,全自动生化分析仪 8 台,电子胃镜 10 台。卫生机构共有病床 10510 张,每千人拥有床位 1.73 张。

第三节 职称评定

1987 年,地区卫生局成立上饶地区卫生系列职称改革领导小组,下设地区卫生系列高级(副高)职务、中级职务和中医、中药中级职务任职条件评审委员会,负责全区卫生系列的副主任医(护、技)师、主治(管)医(护、技)师和主治中医(药)师、以及医(护、技)师任职资格的评审工作。1990 年,随着职称改革工作的深入,卫生系列副高以上职务任职资格逐步收归省卫生系列高级评审委员会评审。1993 年,卫生系列西医内科和外科的副主任医师职务任职条件评审工作恢复由地区卫生系列高级职务评审委员会会评审。中级职务任职条件的确定,则由中级评委会评审逐步向“以考代评”过渡,至 2000 年,中级职务全部以考试方式认定。

2000 年,全区卫生机构有职工 16549 人,其中卫生技术人员 13621 人。在卫生技术人员中,获得主任医师资格的有 48 人,副主任医(护、技)师资格的 522 人,主治(管)医(护、技)师资格的 3128 人。

卷三十七 人物 先进集体

1990年代，续志上下限时间仅有10年，逝世人物中可立传者有限。

上饶文化底蕴深厚，人文荟萃。各行各业，人才辈出。他（她）们中有为共和国的建立、民族的解放立下不朽功勋的军队高级将领饶守坤、黄知真、方志纯、刘毓标、黄玉庭、陈云龙等；有为中国的国防建设鞠躬尽瘁、死而后已的核物理学家方俊奎；有为区域经济发展、地方建设奋斗一生的党政领导管哲元、宣金堂；有为国家科学技术发展进步创新作出突出贡献的专家院士邓稼先、李国鼎；有立足平凡岗位作出不平凡业绩的劳动模范周慧；有为繁荣地方文化、歌颂两个文明建设的文学艺术家林予、俞百巍、宋遇春等等。

卷中录人物传33名，人物简介33名。

第一章 人 物

第一节 人物传记

（以卒年排列）

黄玉庭（1912—1991） 原名黄应庭，万年县人，生于贫苦农民家庭。土地革命时期，参加少年先锋队，投身打土豪、分田地的斗争。1930年1月，加入中国共产主义青年团，同年转为中国共产党党员。1930年2月，参加中国工农红军，历任红十军八十三团副排长、政治指导员、连长、副营长、中央苏区一分区第二大队大队长。期间，参加中央苏区的五次反“围剿”，在江西、广东、福建坚持三年游击战争。抗日战争时期，任新四军江南第二支队四团营长，率部在江宁参加赤山之战，一举歼灭日军杏田部。不久，任四团团长。1940年6月，新四军主力北撤苏北，黄玉庭仍留在江南坚持斗争。任苏区第一分区司令员兼四十七团团长。解放战争时期，历任华东野战六纵队十六旅参谋长、十六师副师长、二十四军七十一师师长。先后率部参加过苏中七战七捷、莱芜、孟良崮、淮海、渡江等战役。

中华人民共和国成立后，历任中南军区空军预科总队长、空军第十五师师长，第二航空总队总队长，曾率部参加抗美援朝。尔后，又继任山东惠民军分区司令员、淄博军分区司令员、德州军分区司令员、山东省军区副司令员等职。1955年被授予少将军衔，荣获二级“八一”勋章、二级独立自由勋章和二级解放勋章。1988年,被授予中国人民解放军一级红星功勋荣誉章。

1978年5月,离职休养,享副兵团职待遇。1991年3月20日在济南逝世。

李步新(1907—1992) 又名忠良、荣华,上饶县人。家境贫寒,从小务农。1929年在湖村参加农民暴动,同年10月加入中国共产党。1930年至1934年,先后任中共铅山县区委、上饶特委副书记兼军事部长,上(饶)横(峰)战地委员会书记等职,为创建赣东北革命根据地做出重要贡献。1934年10月,随方志敏领导的红军北上抗日先遣队转战皖、浙、赣地区,任泾(县)旌(德)宣(城)宁(国)中心县委书记兼红军游击大队政委。1936年至1937年任皖赣边区党委副书记兼休(宁)婺(源)祁(门)浮(梁)中心县委书记、独立营政委、是创建皖南游击根据地并进行长达三年之久游击战争的领导人之一。抗日战争期间,仍在皖南坚持长达8年的游击战争。1937年9月至1938年4月,任皖赣省委代理书记、书记,所领导的部队编入新四军第一支队。同年5月至1940年,任皖南特委书记。1941年"皖南事变"中,带领部分队伍突围后,任皖南地委书记,随后又任皖江区党委副书记兼长江支队政委。1945年10月,任新四军7师(后改为第四纵队)副政委兼政治部主任。1946年任中共中央华东局国民党统治区工作部副部长。1948年1月任长江支队(南下干部)政委,同年5月任华东野战军先遣纵队副政委。1949年4月任安徽省芜湖市军管会主任,中共芜湖市委书记、芜湖市市长、皖南区党委副书记。

1950年任华东军政委员会民政部副部长。同年,又任中共中央华东局组织部副部长。1955—1966年任中共中央组织部处长、副部长,为党的组织建设做了大量工作。"文化大革命"期间受迫害,离开工作岗位。1978年恢复中共中央组织部副部长职务。是第一届全国人大代表,第三、四届全国政协委员,第五、六届全国政协常委。

长期积劳成疾,1992年在北京病逝。同年4月30日,中共中央组织部按李步新生前遗愿,将其骨灰运回上饶,撒在家乡土地上。

方俊奎(1912—1992) 生于婺源县荷田村,火炮、弹道专家。1926年就读于皖南休宁县徽州中学初中部,1929年考入江苏省立南京中学高中部,"九一八"事变中,参加罢课、请愿、游行活动。1932年秋毕业。其父系儒商,因经商失利,家庭经济困难,只好停学留校在物理实验室工作。1933年考入清华大学物理系,由于数学、物理成绩突出,多次获清华大学和江西省教育厅资助的奖学金。在清会园,成为"一二·九"学生运动的学生纠察队成员。1937年清华大学毕业后,由清华大学物理系主任吴有训推荐,到兵工署弹道研究所工作。1944年夏,被工兵署选派送美国学习兵工勤务,直至1945年冬回国。1946年秋,调到上海物资供应局工作。1947年又奉调派遣去关岛办事处工作,1948年1月才回到上海物资供应局。解放战争期间,目睹国民党政府的腐败无能,1949年3月,决心辞去物资供应局工作,在上海静待解放。

1949年5月29日,上海解放。赴南京参加中国人民解放军第二野战军,正式在军械部工作。同年11月,随二野进军大西南,在军械部任副科长,并参与接管兵工厂工作。长期致力于弹道技术的研究与试验,从事常规武器的研究、设计工作,成绩优异,贡献突出,受到国家兵工总局的嘉奖。1950年代后期,为中国第一代战略导弹弹道设计、计算奠定基础,培养人才,赢得巨大的声誉。其生平简介入编《中国科学技术专家传略(工程技术编航天卷2)(精)》。

潘树人(1924—1992) 上饶县人。1940年在上饶私立祝同中学肄业后,考入国防医学院,1947年被派往台湾凤山陆军训练司令部军医院任内科军医。两年后,调任国防医学院助教,兼第一总医院内科医师。后升任讲师兼主治医师。1957年,赴美国杜克大学医学中心研究胸腔内科学。回台后,负责讲授物理诊断学、胸腔疾病等课程。1962年夏,考取德国鸿博学术基金会研究员，赴德国基森大学医学研究院深造，研究慢性肺病与心肺功能关系专业，并获博士学位。回台在国防医学院升任内科副教授兼第一总医院内科主任，同时兼荣民总医院胸腔病人治疗科主任等职。1968 年就任台湾三军总医院医疗部主任，不久又升任国防医学院内科系教授，获优良教授奖状。1975 年 4 月，出任台湾三军总医院院长。1976 年 1 月晋升少将。1979 年改任台湾军医署团长。1980 年再任台湾“国防部”军医局局长。1982 年 1 月晋升中将。1983 年兼“台湾国防医学院”院长，同年卸除军医局局长职务。1985 年 5 月至 1986 年 10 月，又兼台湾“国防部”军医局局长，是身兼军行政长官与军医教育最高主管之第一人。1986 年 11 月起，兼任台湾“国军”军医工作委员会副主任委员、执行员。随后，又继任台湾癌症研究委员会副主任委员、科学委员会咨议委员，当选为首任内科医学会理事长。论著有《结核病治疗》、《化脓性肺结核》等。1989 年退役后，致力于海峡两岸医疗学术交流活动。

1992 年 4 月，以中德文经协会理事长及台湾留德鸿博基金同学会长身份，率团到南京参加留德鸿博基金会大会。会议期间，突发急性胃肠出血，仍坚持参与会议。返台后住院治疗，病情好转出院回家休养。同年 4 月 22 日下午因患突发性心脏病去世。

陈云龙（1908—1993） 原名陈贺龙，弋阳县人。1928 年 5 月参加工农红军，1930 年 5 月加入中国共产党。1930 年 7 月编入中国工农红军第十军。土地革命时期，随红军转战闽浙皖赣数省，先后参加过 1930 年的溪战斗和湖口缸桥歼灭战。1930 年 12 月至 1931 年初投入攻打万年珠山桥，奇袭上饶县城、河口镇，参加弋阳七星尖伏击战等。

中华人民共和国成立后，先后担任第十三步校教育长，27 军副军长，南京军区后勤部、运输部部长。1955 年被授予大校军衔，获二级八一勋章、二级独立自由勋章、二级解放勋章。1988 年被授予一级红星勋章。1967 年 3 月离职休养。1993 年 1 月 4 日，在合肥逝世。

黄知真（1920—1993） 横峰县人。1931 年参加革命，1933 年参加中国共产主义青年团，1935 年转为中国共产党员。第二次国内革命战争时期，积极投入闽浙赣革命根据地和红军的建设。五次反“围剿”失败后，参加了三年游击战争，担任过闽北分区儿童局书记、闽北军分区政治部宣传部副部长等职。为保存革命武装，扩大革命根据地尽了力。抗日战争时期，浴血奋战。先后任中共弋横工作委员会书记，中共皖南地委青年部部长，乐平县委书记，浙东中共三北地委组织部部长，三北中心县委书记，新四军一纵队政治部秘书长、组织部长、民运部长。解放战争时期，转战大江南北，参加了著名的宿北、鲁南、莱芜、孟良崮、豫东、淮海和渡江、解放大上海等战役，历任华东野战军 1 纵后勤部政委、1 纵党委秘书长、1 纵政治部组织部长、第三野战军后勤部党委委员兼政治部组织部部长。4 月下旬渡过长江，5 月下旬配合地方党全面谋划，调遣各级各类干部，接管国民党溃逃时留下的一部分工厂、仓库、医院、银行等单位，完成了军事接管任务。

1949 年 8 月，由于当时中共江西省委邵式平的要求，转业到地方并调回江西连续工作 30 年。先后担任了中共上饶地委委员兼地区专员，江西省人民政府秘书长，省委统战部部长，省委委员兼秘书长，省政协副主席，省委候补书记、书记等职，并被选为中共十届中央候补委员。一贯坚决贯彻执行党中央和江西省委的决定，为改变革命老根据地贫穷落后的面貌，为加强党的思想、组织、作风的建设，为发展江西经济和各项社会事业倾注了满腔心血，作出了杰出的贡献。“文化大革命”中，遭受严重迫害。1978 年，被选为中共十届中央委员。年底，调湖北省工作。先后担任湖北省委书记处书记，革命委员会副主任，副省长、省长，省人大常委会主任等职。还是全国第三、第五、第六、第七届人大代表，中共第十、第十一、第十二、第十三、第十四届全国代表大会代表。并先后被选为中共十二届、十三届中央委员。粉碎“四人帮”后，精神更加焕发，坚决贯彻十一届三中全会的路线、方针、政策，为湖北省社会主义物质文明与精神文明的建设作出了重大贡献。1985 年起，主持湖北省人大工作期间，为省人大工作逐步走向规范化和制度化，为社会主义民主与法制建设呕心沥血。即使在重病缠身之际，他仍亲临省人大，参加会议并发表讲话。1993 年 2 月 5 日病逝。

方志纯(1905—1993)　弋阳县人。早年受堂兄方志敏的教育影响，投身革命活动。1922 年在弋阳高小参加弋阳革命青年社。1924 年在南昌中共特别支部机关工作，并加入中国共产党。1925 年夏，协助方志敏等在家乡创办旭光义务小学和贫民夜校，接着又组建中共漆工小组和共青团弋阳区委，同时兼任党、团组织书记。1926 年下半年在家乡参与组织漆工镇暴动。同年 11 月担任县工会主席。1927 年，参加八一南昌起义。中共“八七”会议之后，回到赣东北贯彻会议精神，作为领导成员之一筹备和参加窖头会议。先后任农民革命团团长，弋阳县九区团区委、信江团特委、赣东北团省委书记，中共赣东北省委常委、中共信江南岸特委书记，贵余万三县游击司令兼政委，红 10 军赤色警卫师师长、政委，赣东北省军委代理书记等职务。参与领导粉碎敌人对赣东北苏区的多次反革命“围剿”，参加二取景德镇、二打九江、二战闽北等战斗。为创建和巩固赣东北苏区为发展壮大红 10 军，为创建信南根据地作出了贡献。1933 年初，随红 10 军到中央苏区，先后任红 31 师师长、政委，中央闽赣省委常委，兼黎川军分区司令员、政委，闽赣省军区组织部、宣传部和地方工作部长等职，参加了中央苏区第四次、第五次反“围剿”，为保卫中共苏区进行了艰苦卓绝的斗争。红军北上后，留在闽赣根据地坚持游击战和党的地下工作。抗战爆发后到了延安，进入中央党校学习，任班长、党支部书记。1938 年春，去苏联共产国际党校学习，并任班学习委员。1942 年，回国途经新疆，被新疆军阀盛世才背信弃义，将在新疆工作及学习的中共人员全部关进监狱。在狱中，任中共秘密党支部书记，团结难友与敌人进行坚决的斗争。1946 年，经党中央多方营救后终返延安。解放战争中，先后担任中共中央社会部二室主任，中央卫戍司令部参谋长。在司令员杨尚昆、政委刘少奇的直接领导下，任警卫和情报等工作，随军转战西北，进军华北，直至解放北平，为保卫党中央和毛泽东，夺取全国胜利作出了重要贡献。

1949 年 6 月，南下江西省工作，长期任省党、政、军重要领导职务。历任中共华东局委员、江西省委常委、省人民政府副主席、省政府党组副书记、省委书记、省长、省军区第一政委，期间兼任过省民政厅厅长、省政府秘书长、省政法委员会主任、省血防领导小组组长、江西科学技术大学校长等职。1957 年，带干部职工到革命老区大茅山等地创办垦殖场。“文化大革命”中，受林彪、江青反革命集团的迫害。1975 年复出后，任江西省革命委员会副主任。1978 年当选五届人大代表、常务委员会委员。1978 年 12 月，在中共十一届三中全会上，当选为中央纪律检查委员会委员、常委。1980 年任江西省第四届政协主席、党组书记。1982 年当选为中共十二大代表、中央顾问委员会委员。其间，为在江西贯彻落实中共十一届三中全会以来的路线方针政策，促进改革开放和现代建设，发挥了积极作用。1985 年 9 月主动退出了中央顾问委员会。1987 年出席了中共十三次代表大会，1992 年是中共十四大特邀代表、大会主席团成员。

离休后，撰写近百万字的回忆录文稿，出版多部革命回忆录。1993 年 7 月 31 日，在南昌逝世。同年 12 月 16 日，骨灰安葬在家乡弋阳县漆工镇湖塘村。

管哲元(1911—1993)　河南省濮阳县人。1937 年 10 月参加革命，1938 年 10 月加入中国共产党。1939 年 10 月转冀鲁豫抗日救国会工作。1941 年 8 月任冀鲁豫支队独立大队政治指导员、党支部书记。同年9月进抗大四分校(新四军4师)干部班学习。1942年任辽宁省康平县委委员、毛城区一区区长。1948年任嫩江省安达县委组织部部长、区委书记。1948年9月任辽宁省鞍山市铁东区区委书记。

全国解放前随军南下,1949年12月任贵溪县委副书记。1952年5月任铅山县委副书记。同年10月任鞍山钢铁金属结构工程公司副经理、总工程师。1954年5月任武汉钢铁公司金属结构副厂长、冶金研究所所长。1960年3月任国家二机部十三局820厂厂长,参加了国家第一颗原子弹爆炸试验的全过程。1965年6月任上饶行署副专员。"文化大革命"期间,下放到江西有色冶炼加工厂,先后任厂革委会副主任、副厂长,对上饶地区的现状、前景作了大量的调查研究工作,以实事求是的态度,大胆地提出并组织实施一些较大的工业项目,如德兴县的双溪电站、朝阳磷矿的普钙生产等。1982年2月调任上饶行署顾问。1984年9月离职休养。1989年1月,经省委批准享受正地级政治、生活待遇。1993年逝世。

林　予(1930—1993)　作家。原名汪人以。原籍上饶,生于北平。少年就读上饶中学,初中毕业后到南昌进入江西省高中毕业进修班学习,边读书边学习写作。1949年5月南昌解放时,投笔从戎,参加二野4兵团。历任文化教员、助理员、创作员等职。随部队参加过广东、广西、滇南战役,1950年在昆明军区政治部文化部任创作员,1953年因创作短篇小说《勐铃河之春》及《苏娅》《界碑》,获西南军区文艺检阅小说创作一等奖。出版过短篇小说《勐铃河之春》(与人合著)《风雨红河》《森林之歌》。1955年调军委总政治部文化部,先后任《解放军文艺》社编辑和总政创作室创作员。1956年加入中国作家协会。1957年出版儿童文学集《播种者》,电影文学剧本《边寨烽火》(与人合著)由长影制片厂拍成,获国际卡罗维发利电影节奖。1958年转业到黑龙江铁道兵农垦局,参加北大荒垦荒建设。后调至农垦局宣传部任助理员,参加《北大荒文艺》的编辑出版工作。创作并出版短篇小说集《勐铃河边春来早》和长篇小说《雁飞塞上》。特别是反映东北垦荒斗争的《雁飞塞北》,深受广大读者欢迎。1962年调到中国作家协会黑龙江分会任创作员,1972年又调到哈尔滨市文联任创作员。"文化大革命"中受迫害,粉碎江青反革命集团后继续创作。历任中国作家协会理事、哈尔滨市作家协会主席、中国作家协会黑龙江分会副主席。中共党员,国家一级作家。当过黑龙江省第七届人大代表。期间,有长篇小说《咆哮的松花江》(与人合著)出版。此外,还有电影文学剧本《孔雀飞来阿佤山》、《奸细》(与人合著)拍成电影。1993年逝世。

宋遇春(1911—1993)　京剧武生、文武老生。北京人,原名仲杰。为知名的河北梆子旦角"毛毛旦"宋永珍之次子,其母宋凤云为京剧第一女丑演员。1923年小学毕业后,入"群益社"科班习艺,工文武老生,师从张玉峰等,主要学黄派武生戏和天霸戏,排名宋益俊。1934年演《古城会》《走麦城》,得"活关公"李洪春青睐,收其为弟子。改名宋遇春,即遇到洪春之意。自此随师边观摩、边学艺、边演出,凡关羽戏均能演,有"二号李洪春"之誉。1937年其艺得"四大名旦"之一的尚小云器重,不仅邀其配演,并委以"荣春社"文武总管事,成为尚小云得力辅弼。与李万春演《煤山泥》饰王承恩、与李砚秀演《红龙涧》饰周庄等,均享誉一时。1947年,应童芷龄之邀,赴南京、上海演出,剧目有《乌龙院》《红楼二尤》等。后与高盛麟等同为上海天蟾大舞台的基本演员。

上海解放不久,又邀去常州、无锡、武汉演出。年底,应上饶剧场经理孟玉亭之邀,与上饶京剧团武旦金少春、旦角耿苓秋等同台演出。在政府的支持下,取三位主演之名组成"春秋剧社"任团长,金少春、耿苓秋为副团长。剧目有《玉堂春》《逍遥津》《尤三姐》等。1952年,耿苓秋离团到唐山京剧团,剧社改名为“上饶实验京剧团”。50年代,被评论称全国“两把半大刀”中的“半把刀”,真正演了一辈子的关公戏,也改了一辈子的关公戏。1965年在上海举行的华东区现代戏会演上,一出《风雷渡》的老船工形象获一致好评。“文化大革命”中受迫害,年近花甲被强迫从事重体力劳动,只发11元生活费。1978年被落实政策,恢复剧团及社会上的一切职务。其一生热爱京剧事业,培养和提携青年演员。先后任上饶市戏剧家协会主席、市文联副主席、市戏剧艺术委员会主任等职。1953年被选为市政协常委、市人大代表,1962年被选为江西省政协委员。在上饶度过了30多个春秋,1983年退休回北京后,仍和专程进京的童芷苓再度合演《坐楼杀惜》,轰动一时。后又与陈永玲合作此戏,有关部门还录了像。1990年在京最后演出《骆马湖·问樵酒楼》成为绝唱。1993年4月28日在北京病逝。

张捷勋(1909—1994) 弋阳县人,1928年在烈桥投身革命,参加少年先锋队。1930年参加赣东北红军,同年加入共产主义青年团。1932年转为中国共产党员。历任排长、连长、副营长、代营长。1934年10月,随部队长征,到达陕北后,任独立一师参谋、副营长、陕北公学军事教员。抗日战争爆发后,先后任太行129师支队作战科长、冀鲁豫军区长垣独立团团长、八路军115师教导3旅9团参谋长、冀鲁豫军区第八分区参谋长。1943年调延安中央党校学习。1945年4—6月,作为华中代表团候补代表出席中共第七次代表大会。抗日战争胜利后,先后任东北安东第三分区副司令员、本溪市保安司令、东北野战军第四纵队10师参谋长、第41军121师副师长。解放战争时期,转战大江南北,参加了辽沈、平津、湘南战役。

中华人民共和国成立后,任第41军副参谋长、湖南省军区司令部副参谋长。1959年起,先后在浙江任省建筑工业厅副厅长、党组副书记,厅长、党组书记,省基本建设委员会副主任、党组成员。曾获二级八一勋章、二级独立勋章、二级解放勋章。1983年12月离休。1994年10月28日在杭州病逝。

宣金堂(1912—1996) 弋阳县人。幼时家贫,读过私塾。1928年在家乡投身土地革命,同年加入共青团。1929年任乡儿童团中队长。1930年9月,苏维埃政府发动的“扩红”热潮中,报名参加红10军,同年12月加入中国共产党。1931年被组织送赣东北红军彭杨军政学校(后改为红军大学5分校)学习。学习期满,回红10军工兵营任政委、82团2连指导员。同年参加赣东北红军赴中央苏区(瑞金)参观学习。1933年又进中央红军学校学习。后回赣东北苏区任弋阳县红军独立营政委、闽浙赣省红军少共国际团政委、红10军28师84团2连政委、红军挺进师3团2连1排排长。1934年夏,受曾洪易推行的极“左”肃反路线迫害,同一批红军官兵被诬陷为“AB团”反革命分子而囚禁和劳改。同年11月,平反后随方志敏领导的红军出征,向皖浙边区挺进。1935年在上(饶)铅(铅山垅西村)战役中腹部负重伤,伤愈留地方红军游击队。历任闽北红军独立师2团5连连长,福建省建(瓯)松(溪)政(和)中心县委文书、福建省委特务队政委、建(瓯)松(溪)政(和)人民游击队政委、横(峰)弋(阳)贵(溪)地委书记、闽北军分区游击司令部军事代表。

1949年5月弋阳县解放后,任中共弋阳县委委员、副县长,继任上饶专署民政科科长、上饶地区工会办事处主任、铅山县委书记兼武夷山垦殖场党委书记。1959年10月任上饶专署副专员。

1980年以正地级待遇离休。离休后为江西省第五、六届人大代表,并提供了10余万字的中国红军革命史料。1996年10月8日,在纪念中国红军长征胜利60周年采访中突发心脏病逝世。

朱　辉(1909—1996)　上饶县人。1927年投身革命,参加方志敏领导的弋横暴动。1929年加入共产主义青年团,1933年3月转为中国共产党员。1934年10月在瑞金参加二万五千里长征,历任红一方面军补充师地方工作团主任、九军团政治部民运科科长、红军先遣团没收科科长。到达陕北后,先后任全国总工会驻西北办事处国家企业部部长、神木府谷特区工作团主任、陕甘宁边区县委书记、中心县委书记、特委组织部长等职。抗日战争期间,又调回江西任赣北工委书记兼新四军驻景德镇办事处主任。1939年起历任浙西北特委组织部长、特委书记、苏浙皖地委组织部长,地委副书记、代书记,郎(溪)广(德)特委代理书记兼组织部长,杭嘉湖特委副书记兼组织部长。解放战争期间,历任鲁中地委副书记,支前司令部民政部长,华东军区兵站政治部副主任,华东野战军先遣纵队四支队副政委等职。参加过淮海战役和解放合肥的战斗,接管合肥后任合肥市公安局长。

中华人民共和国成立后,先后任芜湖市委常委、社会部长、公安局局长,华东局组织部干部处处长,最高人民检察署华东分署副检察长,上海市委委员,市委政法部部长、市委组织部副部长,市委监委副书记等职。1965年任中共江苏省第四届委员会常委、省监委书记。“文化大革命”中受迫害。1974年复出后任江苏省高级人民法院副院长,省委统战部副部长。1977年后劲任中共江苏省委委员、省纪委第三书记,江苏省政协副主席等职。晚年主动捐出一生积蓄,支持家乡兴办教育。

1996年11月3日,在南京病逝。江西省、上饶地区、上饶县有关领导在其故里清水乡党阜村前山举行骨灰撒放仪式,并竖立“朱辉纪念碑”一座。

俞百巍(1927—1996)　祖籍广丰县,生于上海市。当代剧作家。1947年,毕业于福建协和大学西洋文学系。1949年,毕业于中共华南分局领导的香港达德学院文哲系,同年加入中国共产党。先后任中共江西工委南昌特派员,南昌特委书记,中共赣东工委书记,二野西进支队2中队1分队队长等职。其间,以笔为武器在华南、香港、南洋等地报刊发表政论和文艺作品,揭露国民党反动政权的黑暗,歌颂革命的必然胜利。

解放后,历任遵义县人民政府教育科科长,中共遵义市委宣传部副部长,工农速成中学校长,贵州省文艺干校副校长等职。1979年起,先后任贵州省戏剧家协会副主席、秘书长,贵州省文化局副局长,贵州省文化出版厅副厅长、厅长,贵州省人大常委会科教文委员会副主任等职。是中共十一届、十三届全国代表大会代表,贵州省第五届人民代表大会代表、第七届人民代表大会常务委员会委员。同时,仍长期坚持戏剧创作和研究工作,潜心于地方剧种黔剧的建设,有《秦娘美》《奢香夫人》《血披毡》《山高水长》等作品。晚年,病中还不断关心和积极扶持贵州戏剧事业;对江西、遵义地下党的党史撰写给予热情具体的帮助和支持。

生前向组织和亲属提出丧事从简,不开追悼会、不举行遗体告别仪式,把骨灰撒在祖国大地上。1996年12月5日逝世。

刘毓标(1908—1997)　横峰县人,生于贫苦农民家庭。1927年4月投身革命,同年参加弋横暴动。1928年8月加入中国共产主义青年团,1930年8月转入中国共产党。土地革命时期,历任乡苏维埃主席,中共区委书记、县委组织部长、中心县委书记、皖浙赣省委组织部长,红军独立团政委等职。参加创建和发展赣东北苏区的斗争。1934年6月,成功地领导黟县、太平、祁门、石埭等地农民暴动,创建皖南第一个苏维埃政权。1934年12月加入中国工农红军后,在艰苦卓绝的南方三年游击战争中,面对十分险恶的环境,英勇顽强,参与领导开辟了皖浙赣游击根据地。并于1936年秋率部攻克敌人盘踞的开化和昌化县城,为保存发展革命武装和地方党组织作出了积极贡献。1937年3月战斗中身负重伤被俘，严刑拷打，威逼利诱，宁死不屈，始终保持共产党员的革命气节。抗日战争爆发后，被党营救出狱，历任新四军1支队政治部总务科长，新四军江北指挥部教导大队教导员、新四军江北干部学校政治处主任，抗日军政大学5分校政治部副主任兼组织科长，新四军直属政治处主任，52团政委，抗大8分校政委，淮南军区津浦路东分区副政委兼政治部主任等职。参加开辟茅山抗日根据地和苏北、苏中、苏南、淮南反扫荡、反清乡、反顽固派的斗争。在各个领导岗位上，坚决执行上级指示，做好政治思想工作，吸收且培养革命青年，为党和军队输送大批军政干部，作出了显著成绩。解放战争时期，历任淮南军区津浦路西分区兼新四军2师6旅副政委，华东野战军11纵队31旅、32旅政委，第三野战军29军86师政委，29军政治部主任等职。参加通榆线阻击战和苏中敌后斗争，坚持和扩大苏中敌后根据地，有力配合解放军主力正面战场的作战。转入战略反攻后，参加淮海、渡江、淞沪、福州、漳厦等战役，为中华人民共和国的建立再创功勋。

新中国建立初期，历任29军副政委兼政治部主任、政委，华东军区装甲兵政委，组建并领导了华东军区装甲兵。1953年7月，率部参加抗美援朝。作新技术兵种的组建者和领导者，为装甲兵部队的建立和发展作出开创性的贡献。1955年被授予少将军衔，获二级八一勋章、一级独立自由勋章、一级解放勋章。1950年代后期，因历史审查的错误结论而受到错误处理，转业到地方工作，任江苏省政法办公室副主任兼民政厅副厅长、党组书记，仍顾全大局，忍辱负重，做好工作。“文化大革命”中，遭受迫害，始终坚持党性原则，信念不改。1977年恢复工作，任江苏省革委会顾问和省民政厅厅长、党组书记。1979年，又任江苏省四届政协副主席，晚年坚决贯彻执行党的十一届三中全会以来的路线方针政策，工作尽心尽责。1980年，经省委复查，并报中央批准，纠正了错误的历史审查结论，不白之冤得以彻底平反。1995年8月，经党中央批准，定为正省长级待遇。1997年4月25日，在南京病逝。

李可时(1927—1998) 1927年5月出生于黑龙江省庆安县的一个贫民家庭。1946年2月参加黑龙江省明水县土改工作队，担任文书工作，从此走上了革命道路。1948年初，考入齐齐哈尔市卫生人员训练班，随后在齐齐哈尔市政府任科员。1949年2月加入中国共产党。1949年3月参加南下干部大队学习、行军，同年8月到江西工作。历任景德镇市政府科员、股长、秘书、副科长、科长，市立医院院长，市财委、计委副主任；1956年起又任中共景德镇市委常委、市委财贸部部长、市委工交部部长、市委秘书长。“文化大革命”中受冲击，1968年10月下放农村劳动。1970年11月，先后任景德镇市委常委，省陶瓷工业公司党委书记、革委会主任，中共景德镇市委副书记。1975年7月调任中共上饶地委副书记、革委会副主任；1977年7月任中共上饶地委书记兼上饶军分区第一政委；1982年当选为中共十二大代表，出席了中国共产党第十二次全国代表大会；1986年11月后任江西省人大上饶地区联络处主任、省人大常委。在上饶工作期间，致力拨乱反正，重视使用干部，坚持原则，作风正派，调查研究走遍地区所有乡、镇、场。1995年3月离职休养。1998年6月24日，在上饶逝世。

黄元庆(1911—1998) 弋阳县人。出生于贫苦农民家庭。1926年在家乡参加农民协会，同年11月初加入共青团并担任村团支书。1927年加入中国共产党，同年参加弋横暴动。1928年4月，赣东北组建正规的革命武装，成为首批红军战士。先后任红10军排长、连长、副营长、副团长、代团长等职。参加赣东北革命根据地多次反“围剿”，多次负伤。1933年1月至1934年10月调中央红一方面军任第五军团第11军(由老红10军改编)第31师91团副团长、代团长、19师司令部管理科长、第七军团司令部管理科长。1934年10月至1935年10月参加长征,投入中央苏区一至五次反“围剿”斗争。1935年10月起,在在陕北瓦窑堡中央学校高级班学习。1936年3月任延安中央党校红军游击战教员。1936年11月至1937年7月,在延长县的鲁迅师范学校任红军战教员。1937年8月至1937年12月,任国民革命军第八路军(9月改称第十八集团军)延长卫戍司令部侦(察)通(讯)参谋部参谋长。1937年12月,受委派从延安到南昌参与组建新四军工作。1938年2月至1939年2月,被派任新四军3纵队6团参谋长。之后,历任军部教导9队队长、新四军江北指挥部、江北游击纵队8团副团长、江北游击纵队副参谋长、人事科长、2师人事科长、6旅副参谋长、4旅作战科长、教导团参谋长等职。1945年11月至1946年12月,在淮北泗洲新四军华中军区第七军区司令部任参谋长。1946年12月至1948年8月,在山东省中国人民解放军司令部学兵训练处任参谋长。1948年8月至1949年5月,任华东军区后备兵团步兵1师副师长,兼任华东局党校2部3大队队长。1949年5月至9月30日,跟随大军解放了上海。

解放后,曾任上海卢湾区接收专员、嵩山区委书记、卢湾区委书记。1956年8月至1957年7月,任江西省民政厅副厅长。1957年7月至1960年7月,任上饶专员公署专员,并任中共上饶地委第二书记,兼军分区政委。1960年7月至1963年7月,任中共新余市委第二书记兼市长。1963年8月至1966年5月任江西省人委副秘书长兼省农林办公室副主任和省农办党委副书记。1968年7月至1971年5月,被下放到江西省东乡铜矿任建设兵团常委、25团副团长兼独立营长,后调省建设兵团后勤部副部长。1973年8月至1980年2月复出,任江西省革委会农林办公室副书记、副主任兼省农展馆馆长、省革委会护林防火副总指挥。1980年2月至1985年8月,任江西省人大常委、省人大法制办公室副主任。还先后兼任江西省老区建委特约顾问、中共江西省委顾问筹备领导小组成员、省政协常委、省伤残协会主席和名誉主席,省新四军历史研究会名誉副会长、省关心下一代协会筹备组顾问等职。是江西省第二、第三、第五届人大代表。身经百战,戎马一生,多次受伤,评为三等乙级残废军人,获淮海战役、渡江战役纪念章。1987年2月离休,享受副省级待遇。1998年12月29日,在南昌逝世。

宣恩金(1912—1998) 弋阳县人。贫苦农民家庭出身,10岁读私塾,13岁学裁缝。1927年底参加本村农民革命团体,1928年初参加弋横暴动。同年2月加入中国共产主义青年团,不久任团支部书记。1930年参加赣东北地方红军—江西红军独立第1团。同年7月,编入红10军19团1营1连当战士,12月转为中共党员。随后部队编制更变,先后在7旅和3团任文书兼宣传员。1931年11月,调任83团团部文书。1933年1月,赣东北苏区红10军调往中央苏区,所在83团仍留在赣东北编入重新组建的红10军(称新10军)。又28师政治部青年干事,同年6月改任83团10连指导员。8月在上饶与横峰之间的枫岭头、坑口战斗中腿部受伤,被送往红军医院治疗。1934年1月,伤愈出院坚决要求归原队上前线,与领导发生争执,受到“撤职留党察看6个月”的处分。同年4月被派往新兵团1连任连队文书。7月又调往红军10师(又称赣东北独立师)3团任团部文书,投身艰难的反“围剿”岁月。11月闽浙赣省会葛源与红色苏区失陷后,继续随红30师转战闽赣边区,与敌展开游击战。1935年1月,加入由粟裕、刘英率领的中国红军挺进师,任2纵队队部文书,在以仙霞岭为中心的游击根据地进行对敌斗争。1936年3月,任挺进师司令部参谋。4月在浙西南特委重建的2纵队6大队任政委,6月任恢复后成立的龙浦县委书记,9月调任江浦县委书记。1937年2月重归2纵队任1大队政委,3月在青田县与敌遭遇战中腿部第二次受伤。此时浙西南国共合作局面已形成。因伤未痊愈,未随部队赴抗日前线,被留下随省委书记刘英坚持地方工作。同年10月,游击武装改名为国民革命军浙闽边抗日游击总队,任下属教导队指导员。1938 年 5 月,任浙西南特委委员兼青年部长。1939 年 9 月调任龙朱县委书记。1941 年 11 月,又兼任地方武工队政委。皖南事变后,中共浙江省委被破坏,省委书记刘英被捕牺牲。又在发起组织的中共闽浙临时边委任代理书记。1949 年任特委第三支队支队长,配合解放军南下,解放浙西南各县城。

全国解放后,任中共丽水地委委员、丽水地区专员。1952 年调往上海市,历任上海市公用事业局党委委员兼第 60 审判庭副审判长、中共上海市委交通工作部肃反办公室副主任、上海宝山县委书记、中共上海市监察委员会专职委员兼农村工作处处长。"文化大革命"中,一度受审查下放劳动。1972 年 6 月,开始担任上海"五七"干校党委委员、校革命委员会副主任。1978 年至 1983 年 5 月,担任中共上海市委组织部顾问、中共上海市纪委筹备小组成员。期间,还当选为上海市五、六届政协委员。1983 年 5 月离休。1998 年 12 月,在上海病逝。

陈康林(1933—1998)　浙江省绍兴市人。1947 年在上海华吉梭子厂当学徒。1954 年调江西横峰纺织器材厂,1955 年加入中国共产党。历任工段长、科长、副厂长。1977 年任厂长兼党委书记。1991 年任上饶地区政协工委副主任兼横峰纺织器材有限责任公司董事长、总经理、党委书记。领导全厂职工在全国同行业中创造质量、品种、技术上的三大优势,创造一个国优、三个省优,外销 24 个国家和地区,内销 29 个省、市、自治区 500 多家纺织厂,销售量占全国 10% 以上。为高级制梭工程师,1985 年全国"五一"劳动奖章称号。1987 年获江西省人民政府劳动模范称号。1989 年出席全国劳动模范和先进工作者代表大会,获国务院授予的全国劳动模范称号。是第七届、第八届全国政协委员。1998 年 12 月病逝。

刘　毅(1937—1999)　上饶县人,农业专家,无党派人士。1952 年—1958 年在上饶中学读书,1960 年 8 月毕业于赣东北农学院。参加工作后,一生从事农作物遗传育种和品种资源研究,主攻黑芝麻育种。1960 年代初,服从国家分配,只身到远离城市、举目无亲、工作与生活环境都极为艰苦的饶丰垦殖场。在饶丰这片土地上,一干就是 20 多个春秋。一是推广应用了以矮杆水稻和杂交水稻等良种为主要内容的综合性新技术新措施指导农业生产。二是设计并指导实施农田基本建设,改变易涝易旱状况,开垦湖泊草洲,建成稳产保收基本农田 3 万余亩。三是试验示范推广双季水稻全面机械化生产及高产栽培技术的试验,并取得成功。四是开展一些应用技术研究,通过系统选育和配组杂交,先后育成了一批水稻、芝麻、西瓜等品种,受到农民欢迎。1983 年调到上饶地区农科所继续从事国家和省重点农业科技攻关项目研究工作,并取得几项重大成果。一是国家科技攻关项目"鄱阳湖区综合考察与治理研究",具体任务是湖区经济作物。历时 3 年多,完成对沿湖所有县市生产情况的调查,选择湖区特点的鄱阳县团林、四十里街、珠湖、双港 4 乡 5 个点,长年驻点指导以油菜、花生、芝麻三项油料作物为主的课题试验示范,使基点 6 万余亩油料作物单产总产大幅度提高,创经济效益 2000 多万元。此项技术规程,推动了湖区和全省油料作物生产发展。1990 年,"鄱阳湖区经济作物高产栽培技术体系调查与试验"(第二完成人)研究成果获国家科技进步二等奖。二是国家科技攻关项目"农作物品种资源研究",具体任务为主持"江西省芝麻品种资源搜集整理保存与利用研究"(第一完成人)。为此,先后跑遍了江西的山山水水,考察芝麻生产情况,并搜集地方农家芝麻品种 300 多份。经过几年田间试验观察与全面系统鉴定,整理编写了 240 多份品种资源目录以及相应份数的种子交国家农作物种质基因库长期保存。该项科研工作出色,1993 年获省农牧渔业厅授予的全省农作物品种资源研究先进工作者称号。同年,研究成果获江西省技术改进二等奖。1995 年又获江西省农业科技人员突出贡献三等奖。三是省级科技攻关项目"芝麻新品种选育研究”。独立承担的芝麻育种研究中,以黑芝麻新品种为主攻目标。10多年来,先后收集并研究了500余份国内外芝麻品种,通过杂交和系选等育种手段,获得了200多份性状较优良的新材料。育成“赣芝2号”,为国家最早人工培育的一个优质高产黑芝麻新品种。该品种获1992年首届中国农业博览会银质奖,获1994年上饶地区科技进步一等奖,获1995年联合国发明创新科技之星奖。另外,还有7个新育成的芝麻品种,经中国农科院油料所重复鉴定结果确认为优异种质,对国家芝麻科研与育种有极重要的价值。1987年—1989年和1990年—1991年两轮全国芝麻区试中,均获全国农作物品种审定委员会授予的先进工作者称号。为上饶地区农科所高级农艺师,中国农学会会员。一生主要论文有《鄱阳湖区经济作物生产概况及发展意见》《鄱阳湖区油菜高产栽培经验总结》《提高红壤地区秋芝麻产量的主要措施》《江西芝麻种质资源主要性状鉴定结果及优异种质》等。其中《江西芝麻品种资源主要类型与特征》获1991年江西省作物协会优秀论文奖,并被联合国粮食组选编入AGRIS数据库贮存。1996年起患癌,仍坚持在地里进行黑芝麻的科研试验。1999年12月6日在上饶逝世。

王泽农(1907—1999) 婺源县人。幼年刻苦勤学。1925年9月考入北京农业大学,在校受进步思想影响,积极参加爱国学生运动。1928年春,转学到上海进国立劳动大学农学院农业化学系继续读书。1931年6月毕业,先后在安徽桐城县立中学、福建省立厦门中学、九江江西省立农业学校任理化和农化专职教员。1933年去比利时留学。1937年7月,毕业于比利时颖播露国家农学研究院,并获比利时国家农业化学工程师资格,留任比利时颖播露国家农业试验场持师,从事科研试验工作。1938年8月回国,在西迁重庆的复旦大学农学院任教授,同时兼任茶叶研究室研究员。抗日战争结束,随校迁回上海,任茶叶专修科主任兼管复旦农学院图书资料室工作。

新中国成立后,担任上海复旦大学农业化学系主任。1952年8月,复旦大学农学院并入安徽大学,继任安徽大学农学院教授。1954年4月,安徽农学院独立建院,仍任茶叶系教授、茶叶生物研究室主任,并先后任教务处长、院务委员会委员、院学术委员会副主任等职。是省“九三”学社一、二届主委,三、四届名誉主委,并担任“九三”学社五、六届中央委员,七届中央常委,八、九届中央参议委员会常务委员。是安徽省三至五届人大代表,三至六届全国人大代表,省政协一至六届常委,四至六届副主席。1984年获由陈云题词、中国农学会颁发的坚持农业工作50周年的荣誉证书。同年,又获中国农业科学院第一届学术委员会优秀成果奖。

一生编著过7门课程的27种教材,发表或出版论文69篇、专著13部,达370万全字。多次出席全国召开的农学会、科协、茶叶学会等学术会议和代表大会。

李国鼎(1910—2000) 祖籍婺源县,出生于南京。曾祖父李介之随左宗棠从戎,后定居江苏南京。1930年,毕业于中央大学物理系获理学学士学位。先在钟南中学教书,后在金陵女子大学任数学和物理讲师。1934年9月,以高分考取中英庚子赔款公费入英国剑桥大学,进行真空中锡薄膜在液氦低温下超导现象研究。分别任剑桥大学凯文迪施研究室研究员和英国皇家科学院学会蒙特研究室研究员,陆续获有关国家和地区授予的经济学博士、科学博士、工学博士、哲学博士、法律博士、管理学博士、人文学博士、工业博士及剑桥大学伊曼纽学院荣誉院士和国际管理学院院士等学位。1937年回国参加抗日活动,担任照测总队修理所所长。1948年赴台湾,被任命为基隆造船厂协理。1953年—1958年任职台湾“经济安定委员会”委员。1958年—1963年任“美援运用委员会”秘书长。1963年—1969年任“国际经济合作发展委员会”秘书长和副主任委员,并就任“经济部”部长。1969年—1976年任“财政部”部长。

1975 年突发心脏病,经再三请辞,改任"行政院"政务委员。1988 年以后至去世前,又任"总统府资政"。

作为台湾经济快速成长的主要策划者和推动者,经济理论和实践方面建树甚丰。著作有《台湾动态经济成长之经验》《台湾经济之变革》《台湾发展成功背后的政策演进》《台湾快速发展之经验》《我国经济发展策略总论》《工作与信仰》《经验与信仰》《国鼎丛书》等,已整理成《李国鼎文集》共 14 分册,文章约 700 篇,500 万字。

骨灰安葬在南京市郊,墓碑有"婺源余庆堂李氏祖墓"字样。

黄贤度(1907—2001) 上饶县人。1932 年上海中国公学大学部政治经济系毕业,曾任上饶县教育局长,信江乡村师范教员,江西省保安司令部政治训练处上校组训科长,江西政治讲习院地方干部训练班副组长,上高县县长,赣州专员公署科员,中国知识青年远征军东南政工训练班上校组训科长、秘书主任,青年军 31 军政治部副主任,209 师政治部代主任,杭州青年军职业训练班主任。

解放后,历任上饶地区公款公产清理委员会副主任,江西省人民政府参事、参事室副主任,江西省劳动就业委员会秘书长。江西省人民代表大会第一、第二、第三届代表,第五届常务委员,第七、第八届常务委员会副主任。江西省政协第一、第二、第三、第四、第五届委员、常务委员、副秘书长。民革江西省委会常务委员、宣传处长、组织处长、秘书长,第六届委员会常务副主任委员、第七届委员会主任委员,第八、第九、第十届委员会名誉主任委员,民革中央第六、第七届中央委员。2001 年逝世。

徐大妹(1906—2002) 江西省乐平县人。1926 年参加革命,1930 年 10 月加入中国共产党。先后任赣东北工会膳食管理员,赣东北妇女解放委员会主任兼妇女解放委员会内务部长。1933 年 3 月当选为闽浙赣省苏维埃副主席。大革命失败后,坚持在闽浙赣苏区打游击,英勇善战,任第三特区指导员。1935 年 9 月在弋阳县的一次战斗中,受伤被捕,坚贞不屈,被反动派判为无期徒刑。1938 年 1 月因国共合作而被释放,但与中共党组织失去联系,为了生活嫁给乐平县城做面工人汪寿海为妻。1949 年 4 月乐平县解放后,重新参加工作,恢复组织生活。历任乐平县妇女主任,浮梁地区妇联主任,上饶地区妇联主任,乐平县县长,上饶地区茶厂党委副书记兼副厂长,上饶地区民政处副处长。1951 年,作为革命老根据地的代表出席了北京国庆观礼,并列席参加了中国人民政治协商会议全国委员会第三次会议,受到毛泽东、刘少奇、周恩来、朱德等中共党和国家领导人的接见。2002 年在上饶逝世。

郑柳英(1951—2002) 女,广丰县人,高中文化,中共党员。原上饶市溢洲集团有限公司董事长兼总经理。

1971 年 10 月参加工作,1990 年出任上饶市综合商场经理。1993 年接受组织安排负责溢洲商场的筹建工作,次年 3 月,溢洲商厦破土动工。1997 年,这座高 21 层,建筑面积达 1.65 万平方米的商业大厦竣工,成为上饶市标志性建筑之一。为了尽快发挥投资数益,她果断决策采取边施工、边营业、边完善的方案,被视为全市商厦建设的典型。郑柳英在商厦采取了"以我为主,博采众长,融合提炼,自成一体"的经营原则。多次被评为省、地、市"巾帼建功"积极分子、"三八"红旗手、"十佳"明星个人、先进工作者、优秀共产党员、劳动模范。1993 年当选为第八届江西省人大代表,1998 年当选为第九届全国人大代表。2002 年 9 月病逝。

李　明(1914—2004) 原名商振江,河北省泊头市人。自幼家贫,抗战爆发后,毅然投身革命。1938 年 5 月入党,参加区武装大队,任献交县区武委会委员。1939 年秋被选送晋察冀边区抗大分校学习。1941 年—1945 年，先后任献交县区武委会主任、敌工部、城工部委员。八年抗战中，他率领武工队凭借地道与日伪军展开艰苦卓绝的殊死斗争。1945 年—1948 年，先后任北阜义武装部部长、热辽军分区组织委员等职。解放战争时，李明参加了著名的辽沈等战役。

1949 年夏，李明随军南下，率领第一批南下干部进驻德兴县。9 月，担任德兴县县委书记。短期内组建起县、区委领导班子，领导全县开展剿匪反霸、土地改革和民主建政运动。1952 年，调省军区工作。1958 年从省军区转业到上饶行署任副专员，先后主持了德兴铜矿、大茅山垦殖场、玉山七一水库等大型建设项目。1962 年，响应中央大办农业的号召，以行署副专员的身份，在血吸虫病重疫区余干县，与干部群众在鄱湖荒滩上建起了信丰农场。1978 年复任上饶行署副专员。1983 年离职休养，享受正地级待遇，担任上饶行署顾问。2004 年 8 月 10 日在上饶病逝。

陈国栋(1911—2005)　原名吴永和，婺源县赋春镇赋春村人，出生于江西南昌。1931 年参加革命工作，1932 年 3 月加入中国共产党。1929 年—1938 年，在上海交通部无线电专科学校学习，任上海左翼社会科学联合会支会书记，共青团上海国际电讯局特别支部书记，共青团法南区委宣传部部长、共青团沪东区委组织部部长、区委书记，共青团江苏省委巡视员、组织部部长，上海文委组织的战地服务团团员、队长。1938 年—1945 年，历任安徽省动员委员会干事，皖东北区泗县县长，江淮银行经理，中共中央华中局苏北区财政部秘书，苏中区四分区税务局局长、专署财政科科长、海启行署财政科科长；苏中区贸易局局长、两淮盐务局局长、二专署财经处处长。1945 年—1949 年，任苏中区党委财委副书记、行署二厅厅长，苏皖边区政府财政厅副厅长，苏北区党委常委，苏北行政办事处主任，华中行政办事处副主任，华中工委财委副书记，华中支前司令部副司令员，苏南行署副主任，苏南财委副书记。1949 年任华东军政委员会财政部部长、华东财委副主任。1952，年 10 月，任中央人民政府财政部副部长、党组副书记兼交通银行董事长。1953 年 9 月起，任中央人民政府粮食部副部长、代部长、党组第一副书记、书记、国务院财贸党委委员。“文化大革命”中受江青反革命集团迫害。1975 年 2 月至 1980 年 1 月，任全国供销合作总社主任、党组书记，国务院财贸小组副组长、组长，国家农业委员会副主任、党组成员，国务院财政经济委员会成员，粮食部部长、党组书记。1979 年 12 月至，1980 年 4 月，任中共上海市委第二书记。1980 年 4 月至 1985 年 6 月，任中共上海市委第一书记兼上海警备区第一政委。1985 年 6 月至 1992 年 12 月，任中共上海市顾问委员会主任。2005 年 6 月 7 日病逝。

饶守坤(1914—2006)　德兴市张村乡梅溪村人。1930 年初参加共产主义儿童团，8 月，进入中国工农红军赣东北特区彭杨军政学校学习。1931 年 6 月加入中国共产主义青年团。1932 年 2 月在德兴县红军独立营当战士，11 月，随部编入红十军第八十三团一营一连，始任班长，后任排长。1933 年 6 月，由团员转为中国共产党党员。1934 年夏，任红七军团第八十三团一营营长。同年 7 月，红七军团组成红军北上抗日先遣队离开中央苏区，他奉命率 1 个营在资溪、光泽、贵溪一带坚持斗争。1935 年，他率部与坚持游击斗争的闽北红军会合，开辟闽东北游击新区。他先后任闽北红军独立师第二团团长、闽东北军分区司令员等职，率部与敌激战，取得甘溪、宝岱大捷。

1938 年 2 月，他奉命率部在江西铅山县石塘镇整编，被任命为新四军第三支队第五团团长，随后率部奔赴抗日战场。抗日战争时期，他历任新四军教导总队第二大队大队长、特务营营长兼政治委员、副团长、团长、军分区副司令员、副旅长、旅长等职。

解放战争时期,他历任旅长、师长、纵队副司令员兼第七支队司令员和政治委员、副军长等职,率部参加了苏中、涟水、莱芜、孟良崮、豫东、淮海、渡江、上海等战役战斗。他谋略有方,指挥果断,战绩显赫,颇受上级和广大指战员称道。其指挥苏中战役中的林梓、分界、加力三次战斗得到毛泽东赞扬,被视为“集中优势兵力,各个击破敌人”的成功战例。

1950年2月,他调入海军工作。首任华东海军第七舰队司令员,率第七舰队与陆军协同解放嵊泗列岛。同年12月,任吴淞要塞区司令员;1952年8月改任淞沪基地司令员。1953年2月24日,毛泽东视察海军,他受到接见。同年5月,任海军赴朝鲜实习团团长,帮助朝鲜建立海军。1955年9月,他被授予中将军衔,同时获一级八一勋章、二级独立自由勋章、一级解放勋章。1958年11月,任东海舰队副司令员;1967年1月,任东海舰队代司令员;1971年7月,任国防部第七研究院院长;1975年8月,任北海舰队司令员。1977年8月,当选为中国共产党第十一次全国代表大会代表;1978年,当选为全国人民代表大会代表。1979年8月2日,他陪同邓小平视察北海舰队。邓小平对舰队工作表示肯定,挥毫写下“建立一支强大的具有现代战斗能力的海军”题词。1980年1月,升任济南军区司令员。1982年9月,当选中国共产党第十二次全国代表大会代表;同年12月,任济南军区党委书记。1983年,当选第六届全国人民代表大会代表。1985年6月,退居二线。1985年9月,当选为中共中央顾问委员会委员。1988年8月,获中央军委颁发的中国人民解放军一级红星功勋荣誉章。2006年9月14日在山东济南病逝。

邹志成(1916—2006) 横峰县人,1916年生于贫苦农民家庭。1932年由放牛娃参加中国工农红军。先在红军新兵团受训,后分配到赣东北部指挥部当勤务员、警卫员,任皖赣特委警卫侦察连警侦排长,负伤后任浮梁县团委书记。经历过第三、第四、第五次反“围剿”和南方三年游击战争,参加了杨家门、贵夏家岭、凤岭头等战役和皖南突围游击战。1937年10月加入中国共产党。抗日战争和解放战争时期,任新四军1支队政治部机关支部书记兼通信班长,2团7连政治指导员,司令部侦察参谋,抗大5分校上干队学员,新四军1师2旅5团3营营长、苏北2分区工科科长,抗大分校学员,新四军16旅47团1营营长、团副参谋长、参谋长、副团长,华中6纵队16师46团团长,华北军政大学学员等职。参加过韦岗、溧阳、九里贺家村、三里湾、天目山、薛埠、东湾、大滩、大郭村、合德、姜堰、伍佑、大丰、大岗、曹甸、流王庄、溧阳、七战七捷、涟水保卫战、莱芜、孟良崮、南麻、马头崮、沙土架、豫东等战役,冲锋陷阵,勇敢顽强,多次负伤,为民族独立和中国人民的解放事业作出了贡献。特别是韦岗战斗决策前夕,主动请缨孤身侦察并提出作战建议,为新四军江南第一仗的胜利立了功勋,受到司令员粟裕的高度赞扬。

中华人民共和国成立后,历任32军96师副师长,华东高干轮训班学员,32军96师代师长,水兵师师长,军事学院高级速成系三期学员,32军66师师长,普陀守备区司令员,上海警备区副参谋长,南京军区装甲兵副司令员等职,出席过开国大典,受到中共党和国家领导人毛泽东的多次接见。1955年被授予大校军衔。获三级八一勋章,二级独立自由勋章,二级解放勋章。1988年获二级红星功勋荣誉章。

1982年离休后仍发挥余热,积极关心中国共产党的事业和军队建设。倡导并带领战友自发组成跨世纪老共产党员宣传报告团,深入军营、机关、学校、社会讲传统作报告近千场。《人民日报》《解放军报》、中央电视台等给予大力宣传,多次被军区和司令部评为先进离休干部、“五好家庭”。2006年9月17日,在南京病逝。

前志补遗：

张恨水(1895—1967) 近代章回小说家，新闻记者。祖籍安徽省潜山县。因父亲在广信坐卡子(税务管理员)，生于上饶。在江西度过童年、少年时期，考入南昌甲种农业学校时，开始接触欧美翻译小说。1913 年正式用“恨水”笔名写短篇小说《旧新娘》《桃花劫》，投寄上海《小说月报》发表处女作。同年，由于家庭包办的婚姻不如意，成亲后不几天就离家出走。考进南昌一所补习学校，攻读英语及数学，打算报考大学。因父亲死后家庭生活困难，中途辍学，开始了自谋出路的漂泊生活。1915 年到了湖北汉口，在报上发表一些诗词和散文。1919 年由友人介绍，任安徽芜湖《皖江日报》总编辑兼编文艺副刊。在副刊发表了长篇《真假宝玉》和中篇小说《迷魂游地府记》。受五四运动影响，辞去编报职务，去北京从事新闻工作。1920 年，任北京《益世报》天津版通讯员，后兼任北京世界通讯社总编辑。同时给上海《民国日报》《申报》等报刊撰写诗文。1924 年开始在《世界晚报·夜光》副刊上连载成名作《春明外史》。1929 年，应上海《新闻报》副刊“快活林”主编约稿，开始为该刊写作长篇小说《啼笑姻缘》，陆续发表后社会反映强烈。以后几年又先写了《鸡犬神仙》《剑胆琴心》《黄金时代》《太平花》《第二皇后》等 10 余部小说。1935 年应约去上海主编《立报》副刊“花果山”。约期将满准备回北京时，被国民党特务列入拟逮捕的北平文化界抗日人士的黑名单。接家属电嘱勿归后，而改到南京。在南京与友人合办《南京人报》，任社长并兼主编文艺副刊“南华经”，先后写了《鼓角声中》《中原豪侠传》《夜深沉》《水浒新传》等。1937 年 8 月 15 日，日机轰炸南京，形势日益严重而又身染重病，到芜湖医院治愈再转回老家潜山县。1938 年初，离家到汉口，被新成立的中华全国文艺界抗敌协会选为第一任理事会理事。接着又赴重庆，加入《新民报》工作任主笔，自编重庆版文化副刊“最后关头”。这一时期，写了《疯狂》《冲锋》《红花港》《游击队》《大江东去》和《八十一梦》等小说、随笔。1942 年秋，周恩来接见《新民报》主要工作人员时，对其用小说揭露黑暗势力的做法给予表扬。1945 年在重庆得到毛泽东召见，长谈 2 小时并接受礼物。

新中国成立后，成为中国作家协会会员。因患脑出血症而半身不遂，丧失工作能力。在经济来源困难的情况下，人民政府及时照顾，被聘为中央文化部顾问。1954 年病情逐渐好转，又写了《梁山伯与祝英台》《秋江》《白蛇传》《孟姜女》《孔雀东南飞》《魔镜记》《牛郎织女》《凤求凰》等。唯一的长篇是在上海《新闻报》发表的《记者外传》，没有完篇。1955 年南下安徽，写了中篇游记《南游杂志》。1956 年，全国文联组织作家、艺术家赴西北旅行，应邀参加写了游记《西北行》。列席过 1954 年全国第二届政治协商会议，并参加了 1957 年最高国务会议。1959 年被聘为中央文史研究馆馆员。一生著作丰硕，创作了 100 多部通俗小说。其中绝大多数是中、长篇章回体小说，总字数近 2000 万。早期作品都属言情小说，被称为“鸳鸯蝴蝶派”作家。抗日战争时，曾在上饶出版的《前线日报》副刊发表《我与上饶》一文，对出生地深表情感。1967 年病逝于北京。

陈直斋(1906—1981) 横峰县人，生于贫苦农民家庭。1929 年 8 月加入中国共产党。1930 年起，历任横峰县二区、五区区委书记，横峰县委组织部长，铅山县委书记，红十军十团政委，皖南绩溪县委、歙县县委书记，皖南特区组织部长、中心县委书记，湖南岳阳中心县委组织部长、湖鄂赣特委军事部长，新四军六师师部作战参谋，新四军六师十八旅侦通科长，江苏宝应县总队总队长，一分区江都团团长，一分区宝应团政委，苏中军区特务团政委。1947 年 1 月，任九分区七团政委。1947 年 2 月至 1947 年 6 月，任苏中台北县委书记兼县团政委。7 月开始，任一分区副政委兼政治部主任。中华人民共和国成立时，任华东警备六旅政委兼党委书记。1949年11月,改任南京市委纪委副书记。1952年12月,又任国营五二一厂厂长兼党委书记。1964年6月,调任第十三军修理厂厂长。1964年7月,开始任上海市冶金工业局副局长,直至“文化大革命”中遭受江青反革命集团迫害。1981年7月13日,因病在上海华东医院病故。

邓稼先(1924—1986) 核物理学家。祖籍鄱阳县,生于安徽怀宁县一个书香门第之家。1925年,随母到北京,在担任清华、北大哲学教授的父亲身边长大。1929年入小学,在父亲指点下打下了很好的中西文化基础。1935年考入志成中学,与高两班且是清华大学院内邻居的杨振宁结为最好的朋友。在校园中深受爱国救亡运动的影响,1937年北平沦陷后秘密参加抗日聚会。在父亲安排下,随大姐去了大后方昆明,并于1941年考入西南联合大学物理系。1945年抗战胜利时,从西南联大毕业,在昆明参加了共产党的外围组织“民青”,投身于争取民主、反对国民党卖国独裁的斗争。1946年回到北平,受聘任北京大学物理系助教,并在学生运动中任北大教职工联合会主席。1947年通过赴美研究生考试,进入美国印第安纳州的普渡大学研究生院。由于学习成绩突出,不足两年便读满学分,并通过博士论文答辩,人称“娃娃博士”。

1950年8月,在美国获得博士学位九天后,谢绝恩师和同校好友的挽留,毅然决定回国。1951年10月,到中国科学院近代物理研究所任研究员。此后8年间,进行了中国原子核理论的研究。1953年,与五四运动重要学生领袖、后担任全国人大常委会副委员长的许德珩长女许鹿希结婚。1954年,加入中国共产党。1958年秋开始从事核武器研究,任二机部第九研究所理论部主任。1959年6月,苏联中止了原有协议,中央领导决心自力更生。接任原子弹的理论设计负责人后,费尽心血,带头攻关,秘密生活与工作在戈壁试验场。1964年10月,亲手签字确定了设计方案,中国第一颗原子弹成功爆炸。随后又投入对氢弹的研究,用两年零8个月试验成功,创造了世界上最快的速度。1972年任核武器研究院副院长,1979年又任院长。1984年在大漠深处指挥中国第二代新式核武器试验成功。誉为“两弹元勋”,1980年当选为中国科学院院士。

1983年癌扩散无法挽救,国庆节提出的要求就是去看看天安门。1986年7月16日,副总理李鹏前往医院授予他全国五一劳动奖章。同年7月29日去世,临终前留下的话仍是如何在尖端武器方面努力,并叮咛:“不要让人家把我们落得太远……”

蒋润观(1916—1990) 广丰县人。1938年入中国人民抗日军政大学学习。同年加入中国共产党。抗日战争初期,先任抗大总校学员、干事,4队副政治指导员、2大队特派员,继任新四军3师10旅政治部组织股长、2支队5团政委、抗大5分校政治部组织科长、新四军3师特务团政治处主任。解放战争时期,任中共肇州县委副书记、东北西满独立3师1团政委、东北野战军7纵21师政治部副主任、第四野战军44军132师政治部主任。

新中国建立后任44军131师政委兼广东省东莞县委书记,志愿军54军130师师长兼政委,军政治部主任。1954—1957年赴苏联伏罗希洛夫军事学院学习。回国后,任中国人民解放军高等军事学院战史教授会主任、战略教研室副主任、主任及总政治部保卫部部长,福建省军区政委,军事学院副教育长、训练部副部长、顾问等职。1955年被授予大校军衔,获二级独立自由勋章、二级解放勋章。1964年晋升为少将军衔。1988年被授予独立功勋荣誉章。是五届全国人大代表。

1986年8月,以国防大学正兵团职离休。晚年参加了《中国军事大百科全书》的编写工作。1990年3月5日，在北京逝世。根据其遗愿，骨灰撒在故乡广丰县军潭水库中。

祝方明(1921—1990) 广丰县人，年幼时在故乡读书。其父祝与众早年随俞应麓赴日本求学，毕业于明治大学经济系。是同盟会会员，回国后任湖口县县长等职。1938年跟舅父俞百新去广西，就读于桂林中学，并在作家聂绀弩、葛琴主编的桂林《力报》、吕亮耕主编的衡阳《大刚报》等报刊文艺版发表了许多战斗性的诗文。高中毕业后，和青年诗人罗迦、麦柴等创办《新诗潮》诗刊。还和友人合开了一家请胡风题写店名的“恒星书店”。1946年带妻子回故乡。1947年秋考入广州中山大学历史系，参加了地下组织的一些活动。1948年春，因革命发展迅速而不想继续求学，便重返广丰县城当代课老师。同年7月，接受中共党员俞百巍等倡导成立信江解放社任总干事。11月加入中国共产党不久。在中共广丰县城关临时支部成立任支委，组建了一支以党支部为核心的武装队伍。经批准命名为“中国人民解放军信江支队”，以化名李晖的名义，任支队政治委员。1949年3月，在广丰县桐畈乡王家村建立武装斗争基地。同年5月初，配合二野5兵团17军51师解放了广丰县。

解放伊始，在赣东北区党委机关报《赣东北日报》任编辑。1950年春，奉调到刚接管的江西省人民广播电台，开展创建工作，随后任编辑部副主任。1954年5月，主编省教育厅《教育工作》半月刊。1957年6月，调省委文教部文艺处。1958年春，调江西人民出版社文艺编辑室，编辑出版《红色风暴》《江西戏剧》《红色歌谣》和《红色童谣》等书。“文化大革命”期间，度过5年牛棚生活和8年的下放劳动。1979年底开始编《星火》文学月刊，培养青年作者。1980年又回江西人民出版社，任江西人民出版社副社长、中国作家协会会员、大型文学刊物《百花洲》主编。主持编辑出版《革命先辈的故事》丛书、《百花洲文库》和《革命历史资料》丛书等。1985年离休，享受副厅级待遇。1990年逝世，遗言要求不开追悼会，不接受花圈、挽联，骨灰撒入赣江。

陈仁洪(1917—1990) 原名王继祥，铅山县人。当过儿童团团长、区团委书记。1931年参加红军，1932年加入中国共产党，历任班长、排长、连长、上饶铅山独立营政委、闽北军分区政治部青年干事。红军长征后，陈仁洪留任闽北军分区教导大队1中队指导员。国民党军队进攻闽北苏区，率部扼守苏区咽喉泗渡桥，浴血奋战8天，抗击国民党军几个团的轮番进攻，为军分区领导机关撤退赢得大量时间。随后1中队从陡崖滑下，突出重围。转入游击战争后，任独立师3团1营政委，率部攻打铅山紫溪，识破叛变的军分区司令员李德胜设下陷阱，有效保存了自己力量。继任闽北红军整编第2纵队1支队政委，率部北出江西打保安团。后编入第4纵队，参加开辟资溪光泽贵溪游击区的斗争。1937年10月，组织上指派参与国民党当局谈判，结束了三年游击战争。抗战时期，任新四军营长，皖南事变中率营掩护军部突围，身负重伤。后升任副团长。解放战争期间，历任新四军7师21旅参谋长、华东野战军第6纵队17师副师长、16师师长、24军70师师长。

中华人民共和国成立后不久即入朝作战。1952年起，仍任24军70师师长、后任24军副军长，参加五圣山阵地守卫战、朝鲜东海岸反登陆防御和金城战役等。获朝鲜二级国旗勋章、二级自由独立勋章。回国后，入高等军事学院基本系学习。毕业后，历任66军副军长、24军军长、军政委、北京军区副政委、济南军区副政委。1982年至1985年，任济南军区第二政委、政委。系中共十二届中央委员、中共十三届中顾委委员。1955年被授予少将军衔。获二级八一勋章、二级独立自由勋章、二级解放勋章、一级红星功勋荣誉章。1990年去世。

第二节　人物简介

（以生年排列）

一、两院院士

俞鸿儒　1928年6月生，广丰县人。气体动力学家。1953年毕业于大连工学院机械系，1963年中国科学院力学研究所高速空气动力学研究生毕业。现为中国科学院力学研究所研究员。在国内首先开展激波管研究，建成高性能激波风洞和配套的瞬态测理系统。提出方案并参与实现对激波管流动和有关瞬态测量关键难点的突破。开创了在航天器研制中广泛应用激波风洞的实践，为中国高超声速流实验开创出一条节省资金的独具特色新途径，并促进国内激波管事业的发展。提出一种利用普通激波管产生完整爆炸波的构思，成功用于冲击伤试验装置中。提出的爆轰驱动概念和原理性实验，为提高实验气体焓值开辟了一条新途径。还致力将气体动力学原理和方法，应用于改善和革新与气体流动有关的生产工艺研究。

1991年当选为中国科学院院士。

欧阳自远　祖籍上饶，1935年出生于江西吉安。天体化学与地球化学家。1956年毕业于北京地质学院。1960年中国科学院地球化学研究所研究生毕业。现为中国科学院地球化学研究所研究员。负责中国地下核试验地质综合研究，系统开展各类地外物质（陨石、宇宙尘、月岩）和比较行星学研究。提出铁陨石成因假说，吉林陨石的形成演化模式与多阶段宇宙线照射历史的理论。发现地质体中的消融型宇宙尘并提出判剧系列，划分了宇宙尘成因类型。对太阳星云化学不均一性与化学演化过程，行星模式丰度，行星与地球大气圈、水圈及其内部圈层的起源与演化，地球的能源与演化阶段等方面提出了一系列新模式与理论，论证中国白垩系/第三系界面撞击事件，提出地外物体撞击诱发古气候旋回的假说。

1991年当选为中国科学院院士。

胡仁宇　祖籍玉山县，1931年7月生于上海。核物理学家。1941年—1942年曾就读于浙江江山二中前身的私立志澄中学。1952年毕业于清华大学物理系，被选入中国科学院近代物理所工作。1956年9月被选派赴苏联科学院列别捷夫物理研究所攻读研究生。1958年回国从事国防尖端科学研究，负责组建加速器与中子物理实验室。1964年10月16日，参加了中国研制的第一颗原子弹爆炸试验。后又转入氢弹技术的实验工作，担任实验部副主任，为中国第一颗氢弹爆炸试验成功做出了贡献。1970年代初，随整支研制队伍调往四川基地，任第九研究院2所的科技领导。1981年被国防科工委聘为近区物理测量组负责人。1983年6月，任中国科学院第九研究院副院长，协助院长"两弹元勋"、教授邓稼先组织领导全院的科研工作。1985年9月，接替病重的邓稼先任代理院长。1986年，担任第九研究院院长。前后参加过6次国家核试验，1984年和1988年两次被评为国家级有突出贡献的中青年科学家，多次受到中央领导的亲切接见。在中共十四大被选为大会主席团成员。是获国家自然科学一等奖《聚合爆轰波人工热核反应研究》成果的主要作者之一。

1991年当选为中国科学院院士。

刘友梅　1938年2月生，上饶市人。电力机车专家。1957年毕业于上饶中学。1961年毕业于上海交通大学电力机车专业。在湖南株洲电力机车厂高速开发部任高级工程师、主任，中国电力机车发展的奠基者之一。1967 年—1976 年,主持国家第一代电力机车 SS1 型的三次重大技术改造并实现最终定型。1978 年主持第二代电力机车 SS3 型的研制,实现了电力机车技术上的更新换代,获国家科技进步二等奖。作为中国电力机车系列化、型谱化的组织实施者,1985 年—1993 年,主持第三代电力机车 SS4 型、SS5 型、SS6 型、SS6B 型的研究开发,其中 SS4 型机车双机重联在大秦线成功牵引万吨列车,使中国跨入国际铁路万吨重载牵引国家行列,成为目前国家铁路干线重载牵引的主型机车,获国家科技进步一等奖。1994 年—1996 年,主持“八五”国家重点科技攻关项目 SS8 型电力机车的研制,填补了快速客运电力机车国内空白。1998 年,在郑州—武昌铁路正线高速综合试验中创造 240 公里/小时的“中国铁路第一速”,为铁路提速提供了优良的牵引动力;主持“中国第四代电力机车 AC4000”的研制,成功实现了国家铁路机车交流传动技术“零”的突破,标志中国铁路机车研制进入高新科技领域。获铁道部科技进步奖等奖和“詹天佑科技成就奖”、“全国优秀科技工作者”等荣誉。主编《韶山 3 型电力机车》。

1999 年当选为中国工程院院士。

程书钧 祖籍浙江临安,1939 年 12 月生于玉山。肿瘤病因专家。1962 年北京医学院医疗系毕业。1965 年中国协和医科大学研究生院毕业。1978 年—1981 年在法国国防大学肿瘤研究所进修遗传毒理学。1986 年—1987 年在美国俄亥俄医学院做访问学者。1992 年、1996 年分别在荷兰肿瘤研究所和美国 MD Anderson 肿瘤中心短期工作。从事肿瘤的化疗病因和癌变机理研究、毒理遗传学研究 30 余年,主要是肿瘤病因、环境致癌和抗致癌物研究及人上皮细胞无血清培养,人肺癌变分子机理和肿瘤分子标志谱研究。主持国家“七五”“八五”“九五”肿瘤攻关有关致癌物检测及肿瘤早诊课题。建立了有先进水平的致癌物快速检测系统,对中国食道癌和肺癌发生相关的致癌因素作了大量研究并提供了重要资料。现任中国环境诱变剂学会理事长,中国抗癌协会副理事长,中国医学科学院和中国协和医大学术委员会执行委员,《癌变、畸变、突变》杂志主编,国防大学“973”肿瘤项目首席科学家,北京市科委肿瘤重大专项首席专家,第十届全国政协委员。多次获卫生部科技成果奖及国家级荣誉奖,对发展中国致癌物检测和遗传毒病理学的研究作出了重要贡献。

1999 年当选为中国工程院院士。

詹裕农 祖籍玉山县,1945 年生于江西泰和。新中国建立前,随父母定居台湾。

高级知识分子家庭出身,从小受到良好教育。1967 年毕业于台湾大学物理系。1968 年与毕业于同校同系的妻子叶公杼,一同到美国加州理工学院物理系就读,后又一起转读生物系。1974 年获生物博士学位,此后一直从事神经生物领域的科研工作。夫妇先后在加州理工学院做了三年博士后研究,1977 年—1979 年又在哈佛大学从事博士后研究,继后共同转到加州大学旧金山分校执教,是该校生理学及生化教授。

1996 年 5 月初,在美国科学院举行的第 133 届年会上,被选为美国科学院新院士。其妻叶公杼已于 1995 年的第 132 届年会上选为美国科学院院士。两人是美国科学院唯一的华裔夫妻档。

石　屏 1934 年 3 月出生,鄱阳县人。飞机设计专家。1953 年 9 月考取南京航空学院。1954 年加入中国共产党,1956 年 6 月大学毕业分配到江西洪都机械厂 650 设计所任设计员、设计组长、设计所副所长、副总设计师。20 世纪 80 年代初,成为研究员级高级工程师。一直负责研究设计新一代教练机,为初教 6 飞机获国家质量金奖、强 5 飞机获国家科技进步特等奖作出了贡献。任 K—8 教练机的总设计师,开创了中国出口飞机生产线和对外输出飞机设计制造技术的历史。1992 年获航空航天部“K—8 飞机首飞”、“K—8 飞机设计鉴定”两个一等功。1996 年又获中国航空工业总公司“JL—8 飞机首飞”、“JL—8 飞机设计鉴定”两个一等功。现任洪都航空工业集团飞机总设计师,南京航空航天大学兼职教授、南昌航空工业学院双聘教授。享受国务院颁发的政府特殊津贴。先后多次获得“江西省劳动模范”“江西省优秀共产党员”“航空航天有贡献专家”“全国劳动模范”“全国杰出专业技术人才”等称号和奖励。

2003 年当选为中国工程院院士。

二、高级军事将领

方　震　1911 年生,弋阳县人。1930 年参加中国工农红军,1931 年加入中国共产主义青年团,同年转入中国共产党。曾任红 10 军 83 团排长、连长,红七军团机炮连指导员。1932 年 11 月调到兵站工作,任红军总部设立的总兵部下属第 1 兵站政委。参加了中央苏区反“围剿”和长征。长征时所在兵站改编为军委 4 局运输队,任指导员。1935 年 6 月到红军大学学习,毕业后分配到红 31 军,后期任西路军总指挥任参谋。抗日战争期间,回到八路军兵站部。1937 年 10 月,任兵站派出所所长。同年 11 月,到延川县延水关分站任站长。1939 年,到前方检查兵站工作,负责平顺县福头分站工作。1940 年,任太谷兵站办事处主任和政委。参加了百团大战。1942 年到抗大分校学习,1943 年到延安中央党校学习。1945 年任晋绥军区总兵站副站长。1949 年,任华北军区运输分部部长,执行一野进军西南的运输任务。

中华人民共和国成立后,任总后勤部运输部检查室主任、总后勤部检查局副局长。1957 年后勤学院毕业后,继任总后勤部重庆办事处副主任、总后勤部第一物资部上海办事处主任、华东物质供应局政委,第二军医大学副政委、顾问。1964 年晋升为少将军衔。获二级八一勋章、二级独立自由勋章、二级解放勋章、一级红星功勋荣誉章。

汪　济　1912 年生,波阳县人。1919 年入私塾,1920 年读小学,1925 年考入江西省立鄱阳一中。1931 年高中毕业后,又进军政部电雷学校,即海军军官学校二十三年班学员。后留学德国两年,选送英国皇家海军大学深造四年,1949 年随军迁台。抗日战争时期,曾参加淞沪、江阴、马当、湖口暨粤桂江防等多次战役,袭击日舰出云号,阻止日军西侵。继任国民党江阴江防司令部鱼雷快艇艇长,海军司令部训练处科长,台湾澎湖马公巡防处处长,逸仙军舰上校舰长,海军第三军区司令部参谋长,海军总部办公室参谋组长,圆山军民训练团教育部副司令官,“国防部”第三厅副厅长,金门防卫司令部副司令官,海军总部研究发展室少将主任,海军总部督察室督察长等职。1970 年 2 月退役。

汪东兴　1916 年生,弋阳县人。1932 年由中国共产主义青年团团员转为中国共产党党员,同年参加中国工农红军。1933 年初随红 10 军转入中央革命根据地。在红一方面军历任排长、政治干事、连政治指导员、特派员、大队政治教导员、团总支书记等职。参加了第四、五次反“围剿”作战和红一方面军长征。1936 年后任红军第二野战医院政治委员,参加红军在陕甘宁地区的东征、西征战役的医疗救护工作。1937 年抗日战争爆发后,历任八路军两延(延川、延长)河防司令部组织科科长,八路军卫生部政治部副主任兼组织科长,白求恩国际和平总医院政治委员,中共中央社会部第三室副主任、第二室主任等职。被选为中共七大候补代表。解放战争时期,先后任中央直属队司令部副参谋长,中共中央书记处办公处副处长兼警卫处处长等职。曾随毛泽东、周恩来、任弼时等转战陕北,负责警卫工作,对保护毛泽东和其他中央领导的安全作出了贡献。

新中国成立后,历任政务院秘书厅副主任兼警卫处处长,国务院公安部第八局局长、九局局长,公安部副部长,江西省副省长等职。1955 年被授予少将军衔。1968 年起任中共中央办公厅主任兼中央警卫局局长,并兼总参谋部警卫局局长,直接主管八三四一部队,负责毛泽东、党中央的安全保卫工作。是第三、五届全国人大代表,中共八大代表。1969 年 4 月在中共九大上,被选为中央委员、中央政治局候补委员。1973 年 8 月在中共十大上,被选为中央政治局委员。1976 年 10 月,拥护中央并积极参与对江青反革命集团采取断然措施,实行隔离审查。1977 年 8 月,在中共十一大上,被选为中央政治局常委、中共中央副主席。1980 年 2 月,中共十一届五中全会决定批准辞去中共中央政治局常委、中共中央副主席的职务。1982 年 9 月在中共十二大上,被选为候补中央委员。1985 年 9 月在中国共产党全国代表会议上,被增选为中央顾问委员会委员,1987 年 11 月在中共十三大上,继续被选为中央顾问委员会委员。

程坤源 1920 年生于江苏武进县,祖籍婺源县。1936 年在南京市立师范高中肄业,曾参加中国共产党领导的南京地下学联。1938 年加入中国共产党。1939 年参加新四军。历任新四军第六支队随营学校政治指导员、2 团连政治指导员、营政治指导员、支队司令部政治协理员、4 师 35 团政治处主任、4 师政治部宣传部教育科长、骑兵团政治处主任。抗日战争胜利后,历任华东野战军 2 纵队 5 师 14 团副政委、政委,第三野战军十兵团政治部宣传部长,华东军政大学福建分校副政委兼政治部主任。

1949 年后,历任中国人民解放军师政委,华东军区文化补习学校校长,第二军医大学政委,后勤学院副政委兼政治部主任,总后勤部政治部副主任,军事医学科学院政委。1964 年被授予少将军衔,1988 年获一级红星功勋荣誉章。著有《金戈铁马》等作品。

潘启琦 1921 年生,婺源县人。在父亲潘书田和留学德国投身革命的叔父潘芳的影响支持下,1935 年在景德镇读中学时参加进步组织“救亡读书会”,初读一些传播马克思主义基本原理的书籍。1937 年秋参加景德镇中共组织领导的“抗日救亡歌咏团”。1938 年 1 月参加新四军,4 月加入中国共产党,先后任新四军战地服务团团员,军政治部宣传部干事,新四军 5 支队政治部青年干事、组织科科员、教导队教导员、2 师 5 旅政治部组织科长、2 师政治部及淮南军区政治部组织科长。1946 年后,任华东军区军政大学政治部组织科长、大队政治处主任、团副政委、政委。1947 年。因工作成绩显著,立大功一次。

新中国成立后,历任华东军政大学组织部副部长、第三高级步兵学校组织部长、总高级步兵学校政治部干部部长、南京军区炮兵师政委、南京军区政治部干部部部长,军政治部主任、副政委,南京军区陆军学校政委,解放军总政治部南京政治学校政委,济南军区副政委。获国家二级独立自由勋章、二级解放勋章。是第六、七、八届全国政协委员。1988 年获独立功勋荣誉章。1988 年主持编审《东岳军苑—解放战争时期华东军政大学》一书。

乔　崖 原名乔西兴,1934 年 4 月生,玉山县人。中学时因成绩优异获学校公费奖励,并参加进步的学生运动。解放前夕,参加中共地下党外围组织“冰溪之友”的活动和党领导的护校斗争。1949 年 5 月经中共玉山县委介绍参加解放军赣东北军区政治部文工团,同年加入中国新民主主义青年团。9 月随军挺进西南,任第二野战军 5 兵团先遣支队政治部工作员。1950 年调中共贵州省委政策研究室工作,1952 年任中共贵州省委办公厅党刊编辑室编辑,同年加入中国共产党。1954 年随原中共贵州省委书记、贵州军区司令员兼政委苏振华调入海军,任苏振华的秘书达 13 年之久,参加了海军许多重要文件的起草工作。1955 年被授予海军中尉军衔,1960 年—1963 年晋升为海军上尉、海军大尉。“文化大革命”中,因苏振华受林彪反革命集团的迫害而受株连。1970年调国务院、中央军委造船工业领导小组办公室任参谋，并负责主持该办组织计划处工作。粉碎林彪反革命集团后，任海军司令员肖劲光的秘书。1934年—1984年先后任海军司令部办公室外事处负责人、处长、办公室副主任，具体组织一系列重要的外事活动。1984年12月任海军装备论证研究中心船舰研究所政委，1986年任该中心政治部主任，参与了领导创建被誉为“海军思想库”的论证研究中心。1988年被授予海军大校军衔，后又晋升海军少将。1990年5月调任海军最高学府——海军指挥学院政治部副主任。1992年1月毕业于中共中央党校干部进修班。1994年8月离休后，授予中国人民解放军胜利功勋荣誉章。应聘担任海军政治工作研究委员会委员、海军新闻出版审读小组成员及海军出版社特约编审。

陈建华 1939年10月生，波阳县人。1957年7月波阳中学毕业后考入江西医学院医疗系，1962年7月毕业。1962年8月至1971年9月，任空军3620部队卫生科军医。期间，于1967年3月至1968年1月随空军高炮五师赴越南参战，任军医。1971年9月至1976年6月，任空军第八军卫生处副所长。1976年6月至1978年3月，任陆军94中心医院内科副主任。1978年3月至1985年12月，任中国人民解放军军事学院门诊部内科副主任、主治医师。1985年12月至1991年12月，任国防大学第一门诊部内科主任、副主任医师。1991年12月，任国防大学卫生部副部长、部长、主任医师、文职2级(少将级)。

一直从事医疗及行政管理工作。具有丰富的临床和卫勤工作经验，发表论文12篇。

(中将吴克华、少将谢锐的事迹见《上饶地区志》，方志出版社1997年12月版。倪南山及台湾中将潘树人的生平见本志“人物传记”。)

三、省部级党政领导

左丰美 1918年生，铅山县人。1931年加入中国共产主义青年团，1933年加入中国共产党。曾任少共广浦县委、闽东北特委书记，中共福建省委军事部部长，中共闽东、闽北地委书记，闽浙赣游击纵队司令员，中共闽浙赣区委组织部部长。

中华人民共和国成立后，历任中共福建省委农村工作部副部长，福建省民政局局长，福建省第四、五届政协副主席。是中共十二大代表。

李清泉 1919年3月生，波阳县人。少年时进本城省立陶业学校学习，1934年在该校艺术系毕业。1936年年初至1937年冬，开始投身学生运动、工人运动和抗日救亡运动。1937年11月，经陈毅介绍参加了红军游击队易名的江西人民义勇军(后改编为新四军一支队2团3营)，任战地服务团团员。1938年4月至1939年7月，任新四军政治部宣教部干事。1938年10月加入中国共产党，继任新四军四支队宣教科长，四支队9团、2师11团政治处主任，2师(兼淮南军区)政治部宣教科长。抗日战争胜利后，又任山东野战军二纵队民运部长、华东野战军二纵4师12团政委、第三野战军21军61师政治部主任，1949年9月升任该师副政委。

新中国成立不久，转入外交战线。1950年初至1955年9月，任中华人民共和国驻捷克斯洛伐克大使馆首席政务参赞、临时代办。1959年7月至1966年5月，任驻瑞士特命全权大使。1966年6月至1979年1月，在北京市委、党中央直属机关、总参二部、中央党校工作和学习。1980年5月至1988年4月，任安徽省人民政府秘书长、副省长和省政协副主席、党组副书记。1991年2月离休后，撰写大量的回忆文章，并任中国新四军和华中抗日根据地研究会理事、安徽省新四军历史研究会常务会长、安徽省政协文史资料学术研究会会长等职，发表的文章主要有:《学习周总理的谈判艺术和外交风格》《中、法建交谈判回忆》《在跟随陈总的日子里》《新四军的组建及其意义》等。

胡东太　1934年1月生，余干县人。1951年9月参加工作。1952年8月加入中国共产党。1952年4月任乐平县乐平镇工业工会主席。后任乐平镇工会副主任、乐平县工会副主席、省工会所属省轻工业工会生产指导员、中共乐平镇委书记。1964年7月任乐平县副县长。“文化大革命”初期赋闲两年。成立革委会时，结合为乐平县革委会常委，后任副主任、县委副书记。1975年7月任中共上饶地委副书记、中共乐平县委代书记，中共宜春地委副书记兼中共丰城县委书记、县革委会主任，后免去丰城县委书记、县革委会主任职务，回中共宜春地委工作，分管工交、财贸。1979年12月任江西省二轻厅厅长、党组书记。江西省机构改革时，任劳动人事厅厅长、党组书记。劳动、人事分设，任人事厅厅长、党组书记。1991年3月，江西省七届人大四次会议上，当选为省人大常委会副主任、党组成员。1993年省八届人大一次会议上，再次当选为省人大常委会副主任、党组成员。此期间，兼任省人大常委会秘书长两年。1997年离职休养。

舒圣佑　1936年12月生，玉山县人。高中文化程度，1956年参加工作。1959年8月加入中国共产党。1956年6月至1968年10月在景德镇市计委、中共景德镇市委工交政治部工作。1968年下放农村劳动。1971年后，任景德镇市二轻工业局政工组组长，商业局政治处主任。1976年任江西省陶瓷销售公司党委副书记、副经理。1977年11月至1990年5月，任中共景德镇市委常委、市委工交政治部主任兼市经济委员会主任、党组书记，景德镇市常务副市长、党组副书记，中共景德镇市委副书记，景德镇市市长。1990年4月任江西省省长助理、党组成员。1991年2月任中共江西省委常委、常务副省长、党组副书记。1995年4月任中共江西省委副书记、江西省代省长。1996年2月起任江西省省长、省政府党组书记。第十五届中共中央委员。2001年3月选为政协第九届全国委员会常委。

吴官正　1938年8月生，余干县人。1959年—1965年，在清华大学动力系热工测量及自动控制专业学习，任团支部书记。1962年3月加入中国共产党。1965年—1968年读清华大学动力系热工测量及自动专业研究生、任党支部副书记。1968年4月参加工作。1968年—1975年任湖北省武汉市葛店化工厂技术员，厂技术科副科长，车间主任，厂党委委员、厂革委会副主任。1975年—1982年，任武汉市科委副主任、党组成员，市科协副主席、党组成员，市革新改造挖潜指挥部副指挥长兼办公室主任，市工程科技中心主任、党委书记。1982年—1983年任中共武汉市委常委。1983年—1986年任中共武汉市委书记（当时设有第一书记）、市长。1986年—1995年调任中共江西省委副书记、副省长，代省长，省长。1995年—1997年任中共江西省委书记。1997年起任中共中央政治局委员，中共山东省委书记、省委党校校长。是中共十二届中央候补委员，中共十三届、十四届、十五届中央委员，中共十五届中央政治局委员。2002年，任中共十六届为中央政治局常委、中央纪律检查委员会书记。

孙希岳　1940年6月生，玉山县人。中共党员，大学本科，高级经济师。1981年任江西省商业厅研究室主任。1983年任江西省物价局局长。1985年任江西省人民政府副省长。1992年9月调任中国人民保险公司工作，1996年任中保财险公司、中国人保公司总经理，2000年6月任中国信达资产管理公司监事会主席。1990年主编并出版《流通纵横》一书。业余爱好绘画，1999年12月出版《孙希岳山水画集》；2000年11月出版《笔墨山水—孙希岳写生画选集》。

黄定元　1941年2月生，波阳县人。1962年8月加入中国共产党。1959年7月鄱阳中学毕业，考入江西工学院。1963 年 7 月毕业，1963 年 9 月入华南工学院进修一年。1964 年 7 月至 1983 年历任江西工学院助教、讲师、系副主任。1983 年至 1986 年 3 月任江西工学院（后改为江西工业大学）党委书记。1986 年 4 月任江西省教育委员会副主任、党组副书记。1988 年至 2000 年 2 月任省教育委员会主任、党组书记。1998 年 1 月起任江西省政协副主席。

李德水　1944 年 7 月生，玉山县人。曾在玉山县瑾山小学、玉山中学读书。1962 年考入江西冶金学院，1967 年毕业后，在马鞍山钢铁公司工作，当过工人、工段长、调度员，从事企业管理。1977 年在冶金部规划院负责冶金行业发展规划的编制。1984 年—1996 年在国家计委相继任长期规划司副处长、处长和国民经济综合司副司长、司长。1996 年—1999 年，调任重庆市副市长。1999 年 12 月起，又任国务院研究室副主任、党组成员。

北京大学兼职教授、清华大学公共管理学院顾问、中国人民大学兼职教授、中国宏观经济学会常务理事、《中国统计年鉴》编委会主任。多次参与党中央和国务院重要文件、国务院领导的讲话及“七五”、“八五”规划的起草工作。

2002 年 4 月又任中国国际工程咨询公司党组书记、副总经理，负责国家重大建设项目的论证和咨询评估工作，为国务院投资提供决策。2003 年 3 月出任国家统计局党组书记、局长。

刘德旺　1946 年 9 月生，波阳县人。1965 年 8 月参军，1969 年 4 月加入中国共产党，大学学历。历任战士、中国人民解放军测绘学院学员、排长、干事。1965 年至 1969 年在北京军事测绘学院航测系航空摄影测量专业学习（其间：1968 年 8 月至 1969 年 8 月在解放军 92 师任学员）。1969 年至 1972 年任解放军 92 师排长、师政治部组织干事。转业后，1972 年至 1983 年 4 月任波阳县食品公司人秘干事、副股长、股长，县饮食服务公司副经理、经理。1983 年 4 月至 1984 年 2 月任波阳县商业局党委副书记、副局长。1984 年 2 月任中共波阳县委副书记、县人民政府代县长。1984 年 5 月任中共波阳县委副书记、县人民政府县长、党组书记。1985 年 3 月至 1990 年 6 月任中共上饶地委委员、上饶行署常务副专员。1990 年 6 月至 1992 年 11 月任中共上饶地委副书记、上饶行署专员。1992 年 12 月至 1994 年 5 月任中共抚州地委副书记、抚州行署专员。1994 年 6 月任中共抚州地委书记。1995 年 5 月任江西省委组织部部长。同年 8 月任中共江西省委常委、组织部部长。调任河北省后，1998 年 10 月任中共河北省委常委、组织部部长。2000 年 12 月任中共河北省委副书记、组织部部长。是中共第十五次全国代表大会代表，第八届全国人大代表，中共江西省委第八、九届委员会委员，中共十六届中央后补委员。

四、社会名流

晓　河　原名何同鉴，1918 年生于上饶市。作曲家。学徒出身。1938 年参加抗日救亡活动，从事歌咏宣传工作。1939 年加入中国共产党。1940 参加新四军，毕业于抗日军政大学八分校。历任新四军抗敌剧团指导员、华东野战军师文工队队长、纵队文工团副团长。参加莱芜、淮海、渡江战役，立过大功。

新中国成立后，历任总政治部文化部文艺处干事，总政治部文工团创作员，解放军艺术学院教务处处长、干部进修班主任。1984 年离休，享受副军级待遇。是第一、二、三、四届全国文代会代表，第二届、三届中国音乐家协会理事，音乐创作委员会委员、常委。获三级独立自由勋章、三级解放勋章。立过一等功、二等功各一次，三等功两次，还获为几内亚（比绍）共和国、佛得角共和国谱写国歌的殊荣。创作了《瞎老妈》《白河浪》等大、小歌剧音乐 4 部，歌曲约 500 首。代表作有《三杯美酒敬亲人》《伟大的国家，伟大的党》等。出版过《晓河歌曲选》《希望之歌》歌集及《在我的大学里》音乐论文集。2001 年 5 月获首届中国音乐《金钟奖》及终身荣誉勋章。

杨桂仙 女,1918 年 8 月出生,上饶人。赣剧演员。中国戏剧家协会会员,中国戏剧家协会江西分会顾问,江西省老年文艺家协会顾问,江西省政协老年委员。曾在杨鸣舞台、乾坤舞台担任女主角。1951 年上饶专区成立赣剧团,任副团长。1961 年调省赣剧院先后任团长、副院长。主演过的赣剧有《白蛇传》《秦香莲》《花田错》《合玉环》《装疯骂殿》《杨贵妃》《哑背疯》《秋江》《拜月》等。1952 年参加中南戏曲观摩会演,主演《断轿》获表演奖。1954 年在江西首届戏剧观摩会演中主演《装疯骂殿》,获优秀表演奖。1955 年《装疯骂殿》赴京汇报演出。

华 夏 原名程珊,1923 年生,铅山县人。中共党员,美术评论家。1942 年江西九江中学毕业后,在江西、重庆等地的大学土木系学习三年,在重庆、北平"国立艺专"西画系学习两年。1947 年赴解放区,在冀察热辽联大鲁艺美术系任教,兼任系副主任。

解放后,历任中南文工团美术部副主任,中南文艺出版社美编室主任,湖北人民出版社副社长兼美编室主任,北京全国美协《美术》杂志编辑部主任,全国美协第三、四届理事,中国艺术研究院美术研究所现代美研室主任、兼任《美术史论》《中国美术通史》副主编和《中国大百科全书》近现代美术卷主编。1987 年离休。1990 年应中国美协返聘任《美术》杂志主编兼社长。1991 年任中国美术理论家代表团团长赴日本访问。其《当代美术艺论》文集撰有百余篇美术评论文章。

彭定安 1929 年 1 月生,鄱阳县人。学者。1947 年 8 月毕业于鄱阳正风中学。1949 年 4 月在南昌参加中国人民解放军,任文工团宣传员。1950 年毕业于北京新闻学校。此后长期从事新闻工作,先后担任《东北日报》文艺编辑、《辽宁日报》文艺编辑,发表了大量的通讯、报告文学、杂文和文艺评论。后因被错划右派,隐姓埋名 20 多年。1978 年从内蒙古昭乌达盟敖汉旗调回沈阳,右派改正后加入中国共产党。历任辽宁社会科学院文学研究所所长、副院长,东北大学文法学院院长。兼任辽宁省哲学社会科学联合会副主席、作家协会副主席。还任中国当代文学研究会理事、中国比较文学学会理事、中国报告文学研究会副会长、辽宁省科普创作协会主席等社会职务。1981 年首倡建立鲁迅学。曾是东北大学法学名誉院长、教授,辽宁大学、辽宁师大、沈阳师范、沈阳航院、鲁迅美术学院兼职教授,中共辽宁省委、省人民政府决策咨询委员,以及中国鲁迅研究支会副会长,辽宁省文史研究馆馆员,辽宁省文联、作协、社联顾问,辽宁省美学学会、文学学会名誉会长,鲁迅学会、比较文学学会会长,美国亚洲研究会、国际比较文学学会会员,辽宁省优秀专家。其研究领域涉及中国现代文学、鲁迅学、比较文学、文化社会学、美学、艺术心理学等方面,并从事当代文学评论和文学创作。享受国务院颁发的政府特殊津贴。还是辽宁省政协常委和学习委员会主任。先后发表重要论文百余篇,撰写出版著作 20 部,并出版《彭定安文集》四卷。

彭荆风 作家。原籍萍乡市,生于鄱阳县。青少年时代在铅山、上饶等地居住,读过两年初中。因家贫失学,1947 年—1948 年进上饶《民锋日报》当副刊校对、记者、编辑,办过文学团体"牧野文学社"。1949 年 6 月在南昌参加中国人民解放军二野 4 兵团,随军进驻云南边疆。在部队历任文化教员、编辑、创作员,曾参加剿匪战斗,做过民族工作,足迹遍及云贵高原的苗、瑶、侗、傣、哈尼、苦聪、阿佤等少数民族聚居地区。1952 年开始在报刊发表报告文学《搏斗在梅里雪山》,短篇小说《拉牯小民兵》《当芦笙吹响的时候》《边塞学校》等。其中《当芦笙吹响的时候》列为西南地区 1954 年度优秀小说。1955 年出版短篇小说集《边塞亲人》,并由边疆连队调到昆明军区政治部任创作员。1956 年出版短篇小说集《卡佤部落的火把》,同年加入中国作家协会。1957 年与人合写电影文学剧本《芦笙恋歌》、《边塞烽火》,均由长春电影制片厂拍成电影受到好评。反右派斗争开始,被错划为“右派”。“文革”期间又坐牢 7 年。离开文坛 22 个春秋之后,又复出创作。1978 年起直至 2000 年,连续出版短篇小说集《驿路梨花》、《红指甲》,中篇小说《蛮帅部落的后代》《雾茫茫》《云里雾里》《红指甲的女人》,中短篇小说集《绿色的网》《巫山一段云》,长篇小说《鹿衔草》《爱与恨的边界》《断肠草》《师长在向士兵敬礼》《伴随白花蛇》《绿月亮》《孤城日落》,散文集《泸沽湖水色》《九月衣裳》,传记文学《秦基伟将军》,以及电影文学剧本《绿色的网》,并由昆明民族电影厂拍成电影。《今夜月色好》获全国第八届优秀短篇小说奖,《红指甲》获首届金盾奖、《蚂蚱》获全国第二届卫生文学创作二等奖,报告文学《复盖再复盖》获 1987 年全军当代军人风貌奖,中篇小说《蛮帅部落的后代》获全国第二届少年儿童文艺创作三等奖等。1980 年代中期,先后任昆明军区政治部宣传部副部长、成都军区政治部创作室主任。正军级待遇,文学创作一级。中共党员,全国第六届人大代表。中国作家协会理事,云南省作家协会副主席。

滕　藤　1930 年生,祖籍婺源县,江苏省江阴人。教授。曾祖父时离开了婺源。高中毕业考入上海交通大学,不久又转入清华大学就读。1948 年,在清华大学加入中共地下组织。1951 年清华大学毕业,留校执教于化学系,并任校团委书记。1956 年调任工程物理系党总支书记。1957 年被派往苏联列宁格勒工学院留学,专攻原子能放射化工专业。1959 年学成回国,仍在清华大学化工系组织一批专业骨干进行研究和试验。苏联专家撤走后,在二机部的大力支持下,1964 年调集全国的专业力量到清华园攻关。后又在原子能研究所组织生产性试验,在大西北筹建核燃料工厂,1966 年终建成投产。“文化大革命”期间,从事教育工作。1978 年评为教授,随后成为清华大学第一批研究生导师,并任研究生院第一任院长。1984 年任清华大学副校长。1985 年调国家科委任常务副主任。1986 年调任中宣部副部长,不久担任中国科技大学校长。1988 年,出任国家教委副主任兼任中国联合国教科文组织执委、副主席。1993 年,被推选为全国人大常委,不久担任中国社会科学院副院长、党委副书记。其科研项目“萃取法辐照核燃料后处理化学工艺研究”获全国科学技术大会奖,“金属溶剂萃取热力学研究”获全国科技进步奖。1978 年,被评为科技教育界全国劳动模范。

潘凤霞　女,原名王凤香,1933 年 3 月生,玉山县人。赣剧演员,专长赣剧正旦表演。为江西省赣剧团一级演员。出身艺人家庭,11 岁学艺。先后拜潘金晋、杨桂仙、朱寿山为师。

1950 年起从事赣剧表演工作,曾在赣东北一带演出。历任上饶地区赣剧团演员,江西省赣剧团团长,江西省赣剧院副院长,中国文联第三、四届委员,江西省文联副主席。1961 年加入中国共产党。1979 年当选江西省第四届人大常委、省第四届政协常委。1980 年获江西省劳动模范称号。主演大型赣剧 14 个,拍摄戏曲艺术片 2 部、录制唱片 4 套,立体声唱腔选段 1 集。代表剧目有《梁祝姻缘》《僧尼会》《孟姜女》《白蛇传》《江姐》《方志敏》《祥林嫂》等。所演弋阳腔《珍珠记》《还魂记》曾搬上银幕拍成戏曲片。

黄朝商　1939 年 1 月生于玉山县。理论物理学家。1952 年由玉山浙赣铁路小学考入玉山初级中学。1954 年考入上饶中学。1957 年考入北京大学物理系。1964 年毕业,留校任物理系理论物理教研室助教。不久,参加了北京大学、中国科技大学、中国科学院原子能研究所、数学研究所等单位科研人员联合组成的基本粒子理论组,并合写了一篇论文《结构模型中介子的电磁衰变和轻子型弱衰变》。“文化大革命”期间,下放到江西南昌县鄱阳湖边的鲤鱼洲,创建北京大学“五七”干校，两年后返回北京大学。1978 年考入中国科学院理论物理研究所研究生。1981 年 12 月完成毕业论文，1982 年通过答辩，留中国科学院理论物理研究所任助理研究员。1982 年 8 月获理论物理学博士学位。1983 年 5 月 23 日下午，在北京人民大会堂接受由中国科学院授予的博士学位证书，成为新中国建立后全国首批 18 名博士之一。1986 年 7 月，任该所副研究员。1992 年 2 月晋升为研究员。1993 年 12 月被国务院学位委员会批准为博士生导师。1995 年开始，任该所第一研究室主任。多年来对粒子物理理论和弦理论两方面开展了一系列研究，取得重要成果。在国内外学术刊物发表论文 70 余篇。到过美国、德国、意大利、芬兰等国进行学术访问，多次在国内学术会议上作报告。

五、老红军　劳模

罗光烈　清宣统三年(1911)12 月生，四川省苍溪县人。中共党员，老红军。1933 年 4 月参加中国工农红军。1933 年6 月至1950 年4 月在部队历任副排长、特派员、副中队长、侦察参谋、教导员、团政治部主任、科长等职务。参加过二万五千里长征之后，抗日战争和解放战争期间，又投身于平型关战役、辽沈战役、平津战役等，多次立功授奖，享受国家二等残疾军人待遇。

1950 年5 月至1955 年3 月，在中南军大总校和江西省军区任学员、政治指导员、政治协理员等职。1955 年4 月转业地方，任上饶油脂分公司副经理，上饶地区粮食局副局长职务。1982 年离职休养，享受副地级政治、生活待遇。

周　慧　1970 年10 月生，浙江江山人。1987 年3 月参加工作，大专学历，中共党员，现任江西省移动通信公司上饶市分公司设备维护中心主任。高中毕业后进入上饶地区邮电局工作，在报话科、移动科、通信机房等不同的岗位从事平凡的工作。因为创造了不平凡的业绩，1995 ~1996 年连续被上饶地区邮电局评为先进工作者、被上饶地区电信局评为劳动模范。1999 年电信分营后，任江西省上饶地区移动通信公司交换基站维护组组长。负责全区移动交换设备的维护管理和网络优化工作，承担全区 134 个数字基站和 16 个模拟基站的维护、检修工作。在忘我工作中刻苦钻研，掌握了过硬的技术，在移动交换、基站设备维护技术方面在全省维护人员中首屈一指。同时利用掌握的技术，对公司交换机房的监控系统进行革新改造，优化网络系统，提高了工作效率。1999 年在江西移动通信公司二次创业中荣获功勋金奖。2000 年4 月又被国务院授予“全国劳动模范”荣誉称号，成为上饶地区邮电局的第一位全国劳动模范，也是江西移动通信公司的第一位全国劳动模范。

第三节　人物名录

党政军领导　1991 年—2000 年，据不完全统计，上饶籍在全国各地担任正地(厅、师)级以上党政军领导 64 名。

1991 年—2000 年全区正地(厅、师)级以上实职名单

表 37 -3 -1

姓　名	籍　贯	职　务
盛重天	上饶市常青乡	国家气象局局长

表37-3-1

姓　名	籍　贯	职　务
邱禄鑫	上饶市沙溪镇	赣州地委副书记、赣州行署专员
苏多寿	上饶市	江西省委党史研究室主任
徐章煌	上饶市	湖北大学校长、教授、博士生导师
徐国洪	上饶市	国家农业展览馆党委书记
童恒道	上饶县郑坊乡	解放军总政治部干部组织计划局干事(大校)
曾祥瑞	上饶县清水乡	铁道部纪检委副书记(正厅级)
夏礼忠	上饶县茶亭镇	江西省军区司令部副参谋长(大校)
陈长青	上饶县罗桥乡	江西省文联党组书记
丁子骏	上饶县	解放军总参谋部训练基地主任(正师)
萧茂普	广丰县洋口镇	江西省农业厅厅长、党委书记
夏衍绪	广丰县横山镇	中国人民解放军南京军区福州文化工作站站长、大校
管林根	广丰县管村乡	中国人民解放军53214部队副师长、军参谋长,大校
翁绍许	广丰县大石乡	湖北省纪委副书记、省监察厅厅长
周能福	广丰县永丰镇	北京军区空师93428部队政委、大校
管　林	广丰县管村乡	华南师范大学校长、教授
管伯源	广丰县管村乡	中国西安卫星测控中心技术部副主任、大校
洪金唐	广丰县	乌鲁木齐部队总医院政委、副军级
吴小伟	弋阳县中畈乡	广东省军区副参谋长(正师级)
钟煌球	弋阳县烈桥乡	江西省邮电管理局局长
余明顺	弋阳县	北京有色冶金设计总院院长、(正厅级)
倪贤伍	玉山县	鹰潭市政协主席、党组书记
余招元	万年县梓埠镇	国防大学外国留学系副教授、大校(正师级)
许宜书	婺源县许村镇	贵州省军区司令部参谋长
江根法	婺源县江湾镇	空军94755部队、正师级
金　森	婺源县思口镇	中国驻阿尔及利亚、埃塞俄比亚大使、正司级
黄关庆	婺源县清华镇	解放军郑州防空兵学院院长、大校军衔
程郅平	婺源县紫阳镇	贵州省人大教科文卫委员会常务副主任(正厅)
程新尧	婺源县溪头乡	政协景德镇市委员会主席
詹之光	婺源县镇头镇	昆明军区群众工作部正师级部长
詹九斤	婺源县浙源乡	福建省三明军分区司令员、大校军衔
潘　芳	婺源县龙山乡	国家安全部顾问

表37－3－1

姓 名	籍 贯	职 务
戴粹良	婺源县赋春镇	贵州省委组织部副部长、省委机关工委书记
胡东太	余干县古埠镇	江西省人大常委会副主任
蔡新贵	余干县华林岗乡	江西省军区副司令员
朱光泉	余干县三塘乡	福建省军区副司令员
袁景葵	余干县康山乡	四川省科委主任、党组书记
舒国华	余干县玉亭镇	江西省工商联党组书记、副会长
张卓群	余干县玉亭镇	中国建设银行江西省分行行长、党组书记
洪礼和	余干县洪家嘴乡	江西省计委主任
缪 兵	余干县社庚乡	江西省委农工部副部长
吴仕民	余干县华林岗乡	国家民族委员会副主任
李树源	余干县古埠镇	江西师范大学校长、教授
吴志远	波阳县芦田乡	北京军区后勤部政治部主任、大校
范佑先	波阳县白沙洲乡	江西省司法厅厅长、党组书记
吴吉祥	波阳县鄱阳镇	江西大学党委书记、教授
詹 森	波阳县鄱阳镇	中国人民解放军总参谋部工程兵部科技处副处长、大校军衔
徐金林	波阳县鄱阳镇	九江军分区司令员，大校军衔
李国庆	波阳县鄱阳镇	中国人民解放军总参谋部第五十七研究所处处长、政委、大校军衔
陈方荣	波阳县	赣南医学院院长
李元庆	波阳县鄱阳镇	中国人民解放军南昌军分区政委
李海泉	波阳县珠湖乡	江西省审计厅厅长、党组书记
王延汉	波阳县莲湖乡	中国人民解放军景德镇军分区司令员
胡永继	波阳县游城乡	湖北省社联党组书记、副主席，中共湖北省委组织部副部长
吴明辉	波阳县鄱阳镇	江西省经济体制改革委员会办公室主任
汪国光	波阳县谢家滩	江西省民财厅副厅长
汪忠武	波阳县莲湖乡	江西医学院党委书记、教授
操香水	波阳县金盘岭乡	江西省农垦集团总公司书记、董事长、总经理
徐和南	波阳县饶埠镇	解放军三十八集团军副参谋长、大校军衔
王仁福	波阳县双港镇	中共广东省直属机关工委副书记(正厅)
赵云吉	波阳县古南乡	中国人民解放军海军大校军衔
余爱水	波阳县四十里街	中国人民解放军空军某基地政治委员、大校军衔

表37－3－1

姓　名	籍　贯	职　务
单志辉	波阳县四十里街	原哈尔滨军分区后勤部部长、少将军衔
郑金士	德兴县	宁夏固原军分区司令员

高级知识分子　1991年—2000年，据不完全统计，全区上饶籍在全国各地被评为正高级职称的文教科卫人员395名。

1991年—2000年全区文教科技正高级职称人员名单

表37－3－2

姓　名	籍　贯	职　务
诸葛诞	上饶市茅家岭乡	中国医学科学院阜外医院主任技师
何　方	上饶市	中南林学院经济林研究所教授博士生导师
张凯珍(女)	上饶市	福建医科大学内科学教授、主任医师
周曼丽(女)	上饶市	华中科技大学教授博士生导师、硕士生导师
张荃星	上饶市	北京师范大学教授、博士生导师
王作新	上饶市	华南工学院教授
汪炳武	上饶市	上海大学教授
余达松	上饶市	华东理工大学教授
杨维甫	上饶市	南昌大学教授
林谋信	上饶市	江西中医学院教授
杨维今	上饶市	南昌第一人民医院教授
郑汉功	上饶市	武汉科技大学教授
魏　民	上饶市	江西省委党校教授
郑荣光	上饶县郑坊乡	华东理工学院教授
丁阳忠	上饶县汪村乡	北京环保所教授
苏贤贵	上饶县汪村乡	北京大学哲学系教授
丁声耀	上饶县汪村乡	中国原子能科学研究院研究员
王钟东	上饶县华坛乡	华中理工大学自动控制系教授
苏开鑫	上饶县郑坊乡	中国航空工业第二集团公司所属洪都航空集团飞机设计研究所研究员
龚义清	上饶县应家乡	上海科学技术情报研究所研究员
上官辉	上饶县	解放军第一军医大学教授、大校军衔
承　林	上饶县烈桥乡	华中科技大学教授
童小燕	上饶县煌固镇	西北工业大学国防科学研究院副院长、博士生导师

续表37-3-2

姓　名	籍　贯	职　务
张远飞	上饶县郑坊乡	中国有色金属工业总公司矿产地质研究院(桂林)教授级高级工程师
张　炎	上饶县罗桥乡	解放军八一军工大队高级教练
邹传教	上饶县皂头乡	江西财经大学财经学教授
张正钊	上饶县清水乡	中国人民大学法学院教授
吴吉春	上饶县田墩镇	南京大学教授、博士生导师
张光枢	上饶县茶亭镇	北京航空航天大学教授
黄孝盛	上饶县	湖南湘潭市雅康集团教授级高级工程师
林建龙	上饶县旭日镇	北京工商大学机械自动化学院教授
陈约翰	上饶县应家乡	第二军医大学上海长青医院口腔科教授主任医师
胡山鹰	上饶县铁山乡	清华大学化工系教授
周一鸣	玉山县冰溪镇	中国农业大学教授、博士生导师
黄朝商	玉山县冰溪镇	全国首批十八名博士之一、理论物理博士生导师
谢庭藩	玉山县仙岩镇	中国计量学院院长、教授
周孝德	玉山县冰溪镇	西安理工大学教授、博士生导师
陈祖安	玉山县下镇镇	中国科学院地球物理研究所博士生导师
缪辉南	玉山县横街镇	上海第二军医大学教授、博士生导师
郑衍生	玉山县冰溪镇	吉林大学教授、博士生导师
刘咸定	玉山县下镇镇	西安建筑科技大学教授、博士生导师
黄建始	玉山县冰溪镇	中国协和医科大学教授、博士生导师
王江海	玉山县六都乡	中国科学院广州地球化学研究所教授、博士生导师
舒良树	玉山县冰溪镇	江西省地质局、博士生导师
曾燕伟	玉山县冰溪镇	南京化工大学教授
吴炳方	玉山县下镇镇	原在中国科学院,后出国比利时,博士生导师
舒华忠	玉山县冰溪镇	华南大学教授、博士生导师
郑衍生	玉山县冰溪镇	吉林大学化学系教授
柳咏絮(女)	祖籍玉山,生于南京	沈阳市文史馆研究员、国画大师柳子谷之女
陈立民	玉山县岩瑞镇	复旦大学环境科学与工程系教授
余笑寒	玉山县冰溪镇	上海原子核研究所第二研究室研究员
詹一辉	玉山县下镇	美国华盛顿大学教授
王绍熙	广丰县五都镇	对外经济贸易大学国际贸易系教授
毛日清	广丰县吴村镇	中共江西省委党校教授
王钟友	广丰县泉波镇	江西省社会主义学院教授

续表 37－3－2

姓　名	籍　贯	职　务
毛鸿志	广丰县毛村镇	西安医学院教授
叶毓鹏	广丰县大石乡	太原机械学院化工系教授
刘允信	广丰县大南镇	江南机械厂职工医院主任医师
阮德水	广丰县壶峤镇	华中师范大学化学系教授、硕士生导师
杨马陵	广丰县永丰镇	广东省地震预报研究中心研究员
杨如陵	广丰县永丰镇	新疆大学教授
杨利普	广丰县永丰镇	中国科学院新疆生态与地理研究所研究员、硕士生导师
杨春生	广丰县永丰镇	上海交通大学教授
杨彦彬	广丰县社后乡	内蒙古流行病防治所主任医师
杨理合	广丰县永丰镇	中国麻风防治研究中心主任医师
吴俊发	广丰县永丰镇	国家一级美术师、江苏省美术馆馆长
韩百光	广丰县大石乡	湖北大学化学系教授
严习兴	广丰县永丰镇	黑龙江省第二律师事务所研究员、高级律师
肖全香(女)	广丰县洋口镇	江西农业大学教授、硕士生导师
余利风	广丰县霞峰镇	陕西动力机械研究所研究员
余健民	广丰县永丰镇	江西省人民医院内科主任医师
余祖信	广丰县霞峰镇	高级工艺美术师、四川省工艺美术学会副理事长
汪廷煌	广丰县五都镇	昆明理工大学教授
陈木生	广丰县永丰镇	河海大学理学院教授
林　松	广丰县	上海市财贸管理干部学院财会系教授
林拜松	广丰县洋口镇	中南工业大学数学力学系教授
罗来水	广丰县下溪镇	江西农业大学国艺系教授
罗宏水	广丰县下溪镇	江西省人民医院放射科主任医师
林　岚	广丰县洋口镇	珠江电影制片厂艺术中心导演
周晓农	广丰县	新华社贵州分社高级记者
周继洛	广丰县永丰镇	西安交通大学教授
周敦洪	广丰县排山镇	广西壮族自治区人民医院外科主任医师
郑永州	广丰县壶峤镇	南昌市第一医院主任医师
俞　萍(女)	广丰县永丰镇	重庆市社科院社会学研究所研究员
俞长彬	广丰县永丰镇	中国人民大学哲学系教授
俞玉森	广丰县永丰镇	华中理工大学教授

续表 37－3－2

姓名	籍贯	职务
俞和权	广丰县永丰镇	北京农业大学教授
俞和济	广丰县永丰镇	南昌三三四医院主任医师
俞德刚	广丰县永丰镇	上海交通大学材料科学系教授
俞景禄	广丰县永丰镇	西安冶金建筑学院教授、硕士生导师
饶明忠	广丰县下溪镇	山东理工大学教授
祝秉权	广丰县管村乡	贵州省商业高等专科学校教授
顾焕斌	广丰县永丰镇	九江医专教授
夏良树	广丰县	贵阳医学院附属医院主任医师
黄良炉	广丰县排山镇	中国农科院柑橘研究所研究员
徐剑尘	广丰县永丰镇	上海市陆家嘴规划建筑设计高级建筑师、国家一级注册建筑师
黄素娥(女)	广丰县永丰镇	中国水利水电第十三工程局职工医院主任医师
鄂栋臣	广丰县五都镇	武汉测绘科技大学教授、党委书记
韩钟文	广丰县永丰镇	山东曲阜师范大学教授、硕士生导师
潘顺仪	广丰县永丰镇	安徽省建医院内科主任医师
蒋梅芳	广丰县永丰镇	江西农业大学畜牧兽医系教授
韩忠朝	广丰县永丰镇	中国医学科学院造血干细胞和基因工程中心主任、十届全国政协常委
傅桂兴	广丰县五都镇	山东科技大学教授、硕士生导师
丁秉钧	原籍江西临川，幼年迁居弋阳	西安交通大学教授、博士生导师
周平远	原籍江西新干，幼年迁居弋阳	南昌大学中文系教授
魏　民	原籍河北辛集，幼年迁居弋阳	中共江西省委党校教授
徐立鸿	籍贯山东，生于弋阳	同济大学教授、博士生导师
欧阳江波	弋阳	加拿大多伦多约克大学教授
张叙荣	弋阳县弋江镇	成都飞机设计研究所高级工程师、研究员
熊幼翎	籍贯南昌，生于弋阳	美国肯塔基大学教授、博士生导师
杨晓华	弋阳县	美国康迪克州州立大学教授
李文侠	籍贯浙江云和，生于弋阳	华中师范大学数学系教授
周楚华	弋阳县	江西中医学院生理学教授、硕士生导师
吴布生(女)	弋阳县中畈乡	中国人民解放军总参三部316医院主任医师(技术4级正师级待遇)

续表 37－3－2

姓 名	籍 贯	职 务
施国良	万年县石镇镇	北京地质学院物理科研室教授
吴平生	万年县游云乡	广州第一军医大学教授
王勋仁	万年县珠田乡	西安空军工程学院教授
吴柏宾	万年县青云镇	中科院高能物理研究所研究员
朱盛昌	万年县青云镇	江西师范大学政教系教授
余龙生	原籍都昌,生于万年	南方冶金学院控制系教授
饶玉树	万年县齐埠乡	加拿大多伦多大学教授
徐志超	万年县	南昌大学新闻系教授
赵维炳	万年县	南京河海大学教授、博士生导师
张懿城	万年县苏桥乡	184 医院主任医师
李伟明	原籍波阳,生于万年	美国密西西比大学教授、博士生导师
童小燕	原籍上饶,生于万年	西北工业大学教授、博士生导师
余志玩	万年县梓埠镇	河海大学农水系教授
邱克昌	万年县梓埠镇	河南南阳高级农业专科学校土壤系教授
汪京生	万年县汪家乡	南京军区司令部研究员
李树春	万年县石镇镇	中国农科院西北畜牧兽医研究所研究员
熊明根	万年县石镇镇	广州第一军医大学教授
程雷羽	婺源县秋口镇	山东农学院教授
齐 平	婺源县赋春镇	中共四川省委省级机关党校教授
方玉树	婺源县秋口镇	中国人民解放军后勤工程学院教授
王桂荣	婺源县鄣山镇	德国霍恩海姆大学生物中心研究员
王美珠(女)	婺源县紫阳镇	内蒙古医学院教授
王俊奇	婺源县	上饶师院教授
王启怀	婺源县段莘乡	冶金部有色冶金设计研究总院教授级高级工程师
王 竞	婺源县紫阳镇	安徽省科委研究员
王学文	婺源县段莘乡	复旦大学政治系教授
叶德大	婺源县江湾镇	新疆库尔勒人民医院主任医师
吕云福	婺源县许村镇	山西省人民医院教授、主任医师
江作昭	婺源县紫阳镇	清华大学教授、博士生导师
江曼茵(女)	婺源县江湾镇	皖南医学院教授、主任医师
江长荫	婺源县江湾镇	电子工业部第二十二研究所研究员

续表 37－3－2

姓　名	籍　贯	职　务
江玉彬	婺源县江湾镇	南京大学教授
江起凤	婺源县江湾镇	浙江大学教授
江庆庚	婺源县江湾镇	南洋大学教授
江小明(女)	婺源县紫阳镇	北京联合大学教授、研究员
朱鹤松	婺源县沱川镇	南京理工大学教授
刘焕辉	婺源县梅林乡	江西大学中文系教授
汪渭忠	婺源县段莘乡	景德镇市中医院中医外科主任医师
汪大充	婺源县段莘乡	新疆中医学院主任医师
汪建新	婺源县紫阳镇	江西省委党校教授
汪启愧	婺源县段莘乡	北京电力科学研究院教授级高级工程师
汪秉宏	婺源县	中国科技大学教授、博士生导师
汪　玢	婺源县江湾镇	江苏大学教授
汪念祖	婺源县段莘乡	新疆中医学院教授
毕　奇	婺源县秋口镇	美国贝尔实验室研究员
张荣欧	婺源县紫阳镇	上海大学教授
张升阳	婺源县高砂乡	南昌大学中文系教授
陈光辉	婺源县溪头乡	文化部中国文化研究交流中心研究员
余海涛	婺源县	东南大学电气工程系教授
余大猷	婺源县段莘乡	上海第二军医大学教授
郑鸿泰	婺源县紫阳镇	西南交通大学教授
郑嘉话	婺源县紫阳镇	北京体育大学教授
金经元	婺源县思口镇	中国城市规划设计研究院教授级高级城市规划师
金亚秋	婺源县思口镇	复旦大学教授、博士生导师
金中泉	婺源县紫阳镇	北京商学院会计系教授
金　城	婺源县紫阳镇	中国科学院微生物研究所研究员、博士生导师
俞善庆	婺源县思口镇	上海能源研究所研究员
俞善信	婺源县思口镇	湖南师范大学教授
俞玉姿(女)	婺源县秋口镇	中央音乐学院教授、硕士生导师
俞　忽	婺源县思口镇	武汉大学结构力学系教授
俞宝安	婺源县思口镇	国防部第五研究院研究员
胡雄杰	婺源县清华镇	贵州省社科院《贵州社会科学》编辑室研究员

续表 37-3-2

姓 名	籍 贯	职 务
胡灶坤	婺源县紫阳镇	江西省人民医院主任医师、教授
胡立能	婺源县赋春镇	北京经济干部管理学院教授
洪广祥	婺源县清华镇	江西中医学院教授、主任中医师、博士生导师
洪薛金	婺源县珠山乡	长沙大学教授
施文赵	婺源县清华镇	武汉华中理工大学化学系教授
查秉枢	婺源县浙源乡	中国人民公安大学教授
查永如	婺源县浙源镇	广东省职业病防治院主任医师
查元坤	婺源县紫阳镇	西安解放军451医院美容外科主任医师
曹锦章	婺源县段莘乡	苏州大学教授、研究员
曹锦康	婺源县段莘乡	上海市第一人民医院主任医师、教授
董钟林	婺源县紫阳镇	同济大学、复旦大学教授
董闻达	婺源县紫阳镇	江西农业大学园艺教授
程天敏	婺源县紫阳镇	暨南大学新闻与传播学院教授
程锡年	婺源县高砂乡	河南师范大学物理系教授
程昌国	婺源县紫阳镇	甘肃兰州铁道学院教授
程质清	婺源县思口镇	苏州市书画研究院书法教授
程根梧	婺源县秋口镇	中南大学教授
程哲生	婺源县紫阳镇	中国石油化工信息研究所教授级高级工程师
程启坤	婺源县溪头乡	中国农业科学院茶业研究所研究员
程 娴(女)	婺源县紫阳镇	中国科学院金属研究所研究员
程 道	婺源县溪头乡	国防部第五研究院教授、研究员
程 瑛	婺源县秋口镇	上海医科大学中山医院教授
程光炜	婺源县紫阳镇	中国人民大学中文系教授
程 琪	婺源县紫阳镇	中央农业广播学校安徽省分校教授级高级农艺师
程晓曙	婺源县紫阳镇	江西医学院二附院教授、主任医师
程建华(女)	婺源县	贵州省人民医院主任医师、教授
程芸农	婺源县龙山乡	中国科学院江西分院特约研究员
詹森昌	婺源县段莘乡	德兴铜矿教授级高级工程师
詹远一	婺源县段莘乡	中国农业大学农经系教授
詹泰生	婺源县浙源乡	奥地利中华保健中心主任医师
詹若文	婺源县段莘乡	《经济日报》社新闻研究所研究员

续表 37-3-2

姓　名	籍 贯	职　务
詹雨田	婺源县浙源乡	兰州铁路局教授级高级工程师
詹助兰(女)	婺源县浙源乡	武汉大学教授
詹惠清	婺源县浙源乡	长沙大学教授
詹绍琛	婺源县浙源乡	福建省卫生防疫站教授级主任技师
潘天宝	婺源县紫阳镇	江苏省书画艺术进修学院教授
潘紫微	婺源县龙山乡	安徽工业大学教授
戴汉文	婺源县清华	南昌市中西医结合医院主任医师
张成武	余干县玉亭镇	江西医学院教授
李凤仪	余干县古埠镇	南昌大学教授、博士生导师
彭友善	余干县城	江西师范大学美术系教授
秦锡麟	余干县九龙镇	景德镇陶瓷学院党委书记、院长
张一公	余干县瑞洪镇	北京水运学院教授
刘会发	余干县玉亭镇	福建漳州175医院主任医师
江凤益	余干县黄金埠镇	南昌大学教授、博士生导师
范凤山	余干县社庚乡	江西省肿瘤医院主任医师
舒宝源	余干县玉亭镇	四川省凉山自治州医院主任医师
王士毅	余干县玉亭镇	长江航道重庆工程局教授级高级工程师
吴印爱	余干县大塘乡	广州军区157医院主任医师(副军级、少将军衔)
徐本源	余干县玉亭镇	江西省儿童医院院长、教授
戴　良	余干县黄金埠镇	武汉理工大学教授
张昆远	余干县洪家嘴乡	中国水利科学院图书馆研究员
张观行	余干县瑞洪镇	江西省科学院研究员
邵　斌	余干县玉亭镇	美国旧金山大学教授
姜梦璜	余干县玉亭镇	江西医学院主任医师
张丽琴(女)	余干县玉亭镇	江西医学院主任医师
汤文进	余干县三塘乡	江西省社会科学院教授
谭小江	余干县三塘乡	北京大学科学研究所教授
夏安邦	余干县黄金埠镇	北京煤矿设计研究院教授
吴国安	余干县瑞洪镇	北京科学技术协会教授
张仲伯	余干县瑞洪镇	中南财经政法大学教授
张春魁	余干县白马桥乡	江西财经大学教授

续表 37-3-2

姓 名	籍 贯	职 务
张永模	余干县瑞洪镇	江西医学院一附医院主任医师、教授
李象春	余干县玉亭镇	鹰潭市教育学院教授
梁新潮	余干县玉亭镇	厦门集美大学教授
梁军潮	余干县玉亭镇	广州军区总医院教授、主任医师
张国忠	余干县新生乡	江西农大医院主任医师
詹世友	余干县石口镇	南昌大学哲学系教授
王士刚	余干县玉亭镇	武汉农业大学教授
张美良	余干县瑞洪镇	江西农业大学教授
张丽君(女)	余干县瑞洪镇	中央农业科学院研究员
张凑兴	余干县瑞洪镇	中山医学院教授
张 华	余干县瑞洪镇	南昌大学教授
张国忠	余干县玉亭镇	江西农业大学医院主任医师
吴建威	余干县玉亭镇	江西省文史研究馆研究员
周端宁	余干县三塘乡	美国华盛顿大学教授
彭思奇	余干县江埠乡	北京大学药学院院长、教授
沈森局	余干县瑞洪镇	江西医学科学研究所主任技师
王东旺	余干县梅港乡	中国人民大学教授
万阜昌	余干县古埠镇	江西省药物研究所研究员
张志东	余干县新生乡	上海交通大学教授
汤晓正	余干县余干镇	江西省人民医院主任医师
阮 坤	余干县黄金埠镇	武汉大学外语学院教授
王高潮	余干县鹭鸶港乡	南昌航空工业学院教授
江建开	余干县余干镇	江西医学院一附医院教授、主任医师
张 剑	余干县余干镇	江西医学院一附医院教授、主任医师
王普才	余干县玉亭镇	中国科学院大气物理研究所研究员、博士生导师
邵桂娥(女)	余干县余干镇	江西省中医药研究所主任中医师
吴次南	余干县	贵州大学物理学教授、副校长
汤忠赞	余干县石口乡	江西省律师协会一级律师(正高级)
曾昭侃	余干县瑞洪镇	江西手扶拖拉机厂高级工程师(正高级)
张荣平	余干县余干镇	昆明医学院教授
吴日明	余干县乌泥镇	江苏南通大学教授

续表37－3－2

姓　名	籍　贯	职　务
李道和	余干县乌泥镇	江西农业大学教授
陈笑媛(女)	余干县古埠镇	贵州工业大学教授
陈笑蓉(女)	余干县古埠镇	贵州大学信息与计算机科学院教授
陈　明	波阳县双港镇	中国延安文艺学会会长、电影《六号门》作者
姜达雅(女)	波阳县磨刀石乡	《中国少年报》社编审
谭成祖	波阳县鄱阳镇	福建省司法厅一级律师
彭定安	波阳县鄱阳镇	辽宁省社联副主席、著名学者、东北大学等大学教授
陈先达	波阳县鄱阳镇	中国人民大学哲学系教授、博士生导师
姜达雍	波阳县磨刀石乡	中国气象科学研究院研究员、教授
王元萼	波阳县谢家滩镇	北京协和医院妇产科教授
刘秉京	波阳县珠湖乡	交通部第二航务局科研所教授级高级工程师
吴梓梁	波阳县鄱阳镇	广州医学院儿科教授
方维鹏	波阳县芦田乡	铁道部隧道工程局教授级高级工程师
王光祖	波阳县鄱阳镇	郑州国家高新技术产业园超硬材料工业园区顾问、教授级高级工程师
陈哲民	波阳县四十里街镇	国家电力部中南电力设计院教授级高级工程师
朱雪忠	波阳县磨刀石乡	华中理工大学知识产权系教授、硕士生导师
张松茂	波阳县	景德镇市文职高级工艺美术师、中国工艺美术大师
张仁星	波阳县鄱阳镇	中国核工业总公司研究员级高级工程师
王运华	波阳县双港镇	华中农业大学教授、博士生导师、副校长
陈秉衡(女)	波阳县双港镇	上海医科大学教授
周熙襄	波阳县鄱阳镇	成都理工大学教授、博士生导师
杜予民	波阳县鄱阳镇	武汉大学教授、博士生导师
施楚贤	波阳县鄱阳镇	湖南大学土木工程学院教授、博士生导师
王绍业	波阳县鄱阳镇	新华社高级记者(教授级)
彭珍荣	波阳县石门街镇	武汉大学科学院教授
吴崇浩	波阳县油墩街镇	江西省气象科学研究所研究员级高级工程师
姜朝皋	波阳县磨刀石乡	鹰潭市广播电视局国家一级编审
李菊生	波阳县鄱阳镇	景德镇陶瓷学院美术系教授
李隆贵	波阳县响水滩乡	重庆第三军医大学附属新桥医院内科教授、主任医师、博士生导师
严计庚	波阳县鄱阳镇	美国威斯康辛医学院教授博士生与博士后导师

续表 37-3-2

姓 名	籍 贯	职 务
杨拔贤	波阳县莲湖乡	北京大学人民医院主任医师教授、博士生导师
徐安龙	波阳县鄱阳镇	中山大学生命科学院教授、博士生导师
曹宏楷	波阳县昌洲乡	江西农业大学教授、硕士生导师
周镇远	波阳县珠湖乡	重庆市长寿化工总厂教授级高级工程师
吴小航	波阳县鄱阳镇	辽宁师范大学生物理系教授、硕士生导师
潘文锦	波阳县鄱阳镇	江西省陶瓷研究所教授级高级工程师
章若龙	波阳县团林乡	中南政法学院教授
周熙宁(女)	波阳县鄱阳镇	中国科学院金属研究所研究员
胡文耕	波阳县古县渡镇	中国科学院哲学研究所研究员、教授
谢森祥	波阳县鄱阳镇	中国农业科学院土肥研究所研究员
刘经荣	波阳县鄱阳镇	江西农业大学国土资源与环境学院教授、硕士生导师
刘玉萃	波阳县珠湖乡	河南农业大学林学系教授、副博士生导师
周希贤	波阳县鄱阳镇	兰州医学院教授
张 华	波阳县鄱阳镇	江西省农业科学院研究员
刘锡荟	波阳县鄱阳镇	中国电子科学院模糊系统与人工智能研究所研究员
胡梅村	波阳县鄱阳镇	中南工业大学教授
姜惟诚	波阳县磨刀石乡	中国科学院物理研究所研究员级高级工程师
余世俊	波阳县三庙前乡	江西省畜牧兽医局高级畜牧兽医师
吕 斌	波阳县鄱阳镇	核医学家、中山医科大学专家会诊组委员主任医师、教授
刘成林	波阳县	国家电力焊接信息网教授级高级工程师
姜达宪	波阳县磨刀石乡	宁夏大学医院主任医师
王遇仕	波阳县油墩街镇	北京中医药大学教授
程华英(女)	波阳县鄱阳镇	北京橡胶研究院卫生所内儿科主任医师
卢运培	波阳县古县渡镇	江西电力试验研究院教授级高级工程师
程秀文(女)	波阳县鄱阳镇	国家黄河水利委员会水利科学研究院教授级高级工程师
胡华章	波阳县鄱阳镇	江西省建工集团总公司教授级高级工程师、国家一级特许注册结构工程师
黎扬善	波阳县鄱阳镇	中联橡胶总公司教授、高级工程师
童春辉	波阳县鄱阳镇	华东交通大学电气信息工程学院教授
王文中	波阳县响水滩乡	江西医学院一附院内科教授、主任医师
徐希贤	波阳县鱼山乡	航天工业总公司一院十八所研究员
谢和祥	波阳县磨刀石乡	江西医学院教授、江西省肺科医院主任医师

续表 37-3-2

姓　名	籍　贯	职　务
叶荫庭	波阳县鄱阳镇	宜春地区人民医院五官科主任医师
胡绪敬	波阳县鄱阳镇	中国预防医学科学院流行病学微生物学研究所研究员
黄新光	波阳县鄱阳镇	南昌大学文学院教授、硕士生导师
周光烛	波阳县田坂街镇	鹰潭市人民医院主任医师、教授
潘春先	波阳县谢家滩镇	江西省宁冈县人民医院主任医师
李怀之(女)	波阳县古南乡	北京建材集团有限责任公司教授级高级工程师
徐国华	波阳县饶埠镇	江西农业科学院研究员
龚代贤	波阳县	上海市瑞金医院主任医师、教授
贾志良	波阳县鄱阳镇	南昌市电子工业局教授级高级工程师
曹宏经	波阳县昌洲乡	核工业航测遥感中心教授级高级工程师
王庭秋	波阳县鄱阳镇	江西贵溪市医院主任医师
程国才	波阳县凤岗乡	景德镇市第一人民医院主任医师
黄　立	波阳县鄱阳镇	江西医学院一附院教授、主任医师
胡耀元	波阳县鄱阳镇	浙江师范大学教授
胡胜权	波阳县鄱阳镇	广州中医药大学首席教授
孔令明	波阳县莲湖乡	宜春师专教授、副校长
李树琮	波阳县莲湖乡	江西财经大学经济学教授
李作凡	波阳县珠湖乡	江西师范大学文学院教授、硕士生导师
刘建生	波阳县鄱阳镇	连云港市建筑设计研究院全国一级注册建设师、教授
卢治平	波阳县石门街镇	华东地质学院教授
鲁志鸿	波阳县古县渡镇	昌河飞机工业集团公司教授级高级工程师
曹光辉	波阳县磨刀石乡	江西医学院第二附属医院副院长、消化内科医学专家、教授
平德威	波阳县鄱阳镇	江西省群众艺术馆国家一级美术师
吴义彬	波阳县桥头街乡	洪都无线电厂教授级高级工程师
徐贤书	波阳县四十里街镇	江西科学技术出版社编审
刘志文	波阳县莲湖乡	中国航空工业部602研究所研究员、主任设计师
刘　平	波阳县鄱阳镇	中国轻工业总会陶瓷研究所总工艺美术师、高级工艺美术师
高国珍	波阳县聂家乡	南昌大学机电学院教授、硕士生导师
江长波	波阳县太阳埠	江西省中医药研究所主任医师
舒国珍(女)	波阳县鄱阳镇	九江市庐山区人民医院内科主任医师

续表 37－3－2

姓　名	籍　贯	职　务
王德祖	波阳县鄱阳镇	萍乡市中医院主任中医师
程起胜	波阳县鄱阳镇	洪都航空集团洪丰摩托有限公司研究员级高级工程师
黄干平	波阳县桐山乡	武汉大学计算机学院教授
黄美蓉(女)	波阳县鄱阳镇	解放军国防大学第一门诊部主任军医
张天顺	波阳县双港镇	江西人民医院主任医师
叶树发	波阳县鄱阳镇	江西师范大学文学院教授
雷建平	波阳县谢家滩镇	江西省肺科医院主任医师、教授、硕士生导师
严忠民	波阳县鄱阳镇	河海大学水电工程学院教授、博士生导师
黄禄善	波阳县鄱阳镇	上海大学外国语学院英语语言文学系教授、硕士生导师
祝金泉	波阳县团林乡	江西医学院主任医师、教授、硕士生导师
何火娇(女)	波阳县鄱阳镇	江西农业大学计算机与信息工程学院教授
邱国珍(女)	波阳县鄱阳镇	温州师范学院中文系教授
金　辉	波阳县银宝湖乡	解放军第171医院主任医师、文职3级、技术5级(副军级)
吴波以	波阳县鄱阳镇	广州医学院第二附属医院骨科教授、硕士生导师
黄明和	波阳县鄱阳镇	江西师范大学计算机中心教授、硕士生导师
虞鹏程	波阳县柘港乡	南昌大学水产养殖与动物学教授
曾庆黎	波阳县鄱阳镇	江西省人民医院普外科主任医师
吴清华	波阳县莲湖乡	江西医学院第二附属医院教授、主任医师、硕士生导师
李　勇	波阳县鄱阳镇	江西医学院第一附属医院教授、主任医师
周靖波	波阳县站前乡	北京广播学院语言文学部教授、硕士生导师
吴志军	波阳县鄱阳镇	中国航空工业第六0二研究所研究员
詹真荣	波阳县四十里街镇	江西师范大学当代社会主义研究中心教授
英爱文	波阳县谢家滩镇	国家水利部水文局教授级高级工程师
项安波(女)	波阳县站前乡	英国格艺素史克公司日本筑波研究所研究员
朱雪忠	波阳县磨刀石乡	华中理工大学知识产权系教授、硕士生导师
曹　征	波阳县昌洲乡	江西省计算技术研究所研究员
王来义	波阳县石门街镇	美国马里克艺大学教授、博士生导师
刘义生	波阳县磨刀石乡	江西中医学院附属医院急诊科主任医师
曾庆黎	波阳县鄱阳镇	江西省人民医院主任医师
王　乔	铅山县	江西财经大学教授、副校长

续表 37－3－2

姓 名	籍 贯	职 务
朱美娥(女)	铅山县河口镇	江西财经大学国贸学院教授、硕士生导师
华 夏	铅山县	当代著名的美术评论家
杨善发	铅山县鹅湖乡	贵州航空发动机研究所自然科学研究员
陈 红(女)	铅山县	中国青年艺术剧院著名影视明星
廖玉麟	铅山县	中国科学院海洋研究所研究员

专记

站在南极大地上的广丰人

——记中国南极测绘第一人鄂栋臣

杨 剑

冰川任跋涉，经纬凭考测，鄂栋臣是开创我国南极测绘科学研究事业的带头人，是长城站和中山站首次建站的创业者之一。他对卫星大地测量有精湛的研究，主持我国南极测绘研究工作，带领出一批能胜任南极测绘考察的研究人员；他重视南极考察档案管理，历次南极考察档案齐全、完整、系统；他通过实践并与各国南极专家建立联系，广泛进行学术交流；他根据我国国情、仪器设备、技术水平，为我国南极建站的测绘保证提供了一整套完整和成熟的经验，为我国测绘史写下了光辉的一页。

令世人注目的是，1985 年 9 月在澳大利亚南部美丽的塔斯马尼亚岛上的霍巴斯市召开的第二十次国际南极科学考察委员会(SCAR)大会上，中国南极测绘第一人——鄂栋臣作为一个成员国代表，第一次坐在该委员会大地测量和制图学工作组的中国席位上，代表着中国的南极权益。

1984 年 11 月 20 日，中国首次赴南极进行科学考察、造福于后代的队伍出发了。鄂栋臣是考察队唯一的江西籍队员，他担任着考察队党支部副书记兼测绘班长。作为测绘建站的尖兵，作为测绘学科负责人，他参加了第一批登陆选站址，并在自己画的站址草图上欣然命名了第一个中国站名——长城海湾。在狂风暴雨等难以想象的恶劣环境中，他冒着生命危险，率领测绘班顽强拼搏，在站区建立了天文墩，它既是站位置的标志，又是中国在南极的第一个大地原点。在测绘过程中，鄂栋臣他们用卫星多普勒定位技术测出其坐标值为南纬 62°12′59″，西经 58°57′52″；用天文观测确定了方位角；测出长城站至祖国心脏北京的距离为 17,501.949 公里；用人工验潮定出平均海水面，建立水准原点，确定了长城湾的高程系统；测绘出站区 1:2000 第一张中国南极地形图，命名了 10 多处中国地名；联测了长城站重力基准点；完成了“长城站”各种建筑物复杂的施工放样测量，并为大型通讯天线指向北京提供了数据。首次南极考察填补了中国在南极洲测绘的空白，为我国测绘科学史书写了新篇章。这次以鄂栋臣为首的测绘班所取得的成果荣获1985年度国家测绘科技进步一等奖，国家南极委员会给他记了二等功。

1985年7月至1986年5月，鄂栋臣又任中国第二次南极考察队副队长兼科考班长，此次考察国家测绘局系统仅去他一人。在队友的配合下，他完成了菲尔德斯海峡断层形变网的布设、菲尔德斯半岛航测地形图的测绘、长城湾海底地形测绘、菲尔德斯半岛高精度重力网的布设、长城站重力基准点与国际重力网的再次联测、高纬区地区陀螺定位的研究、用常规法与近景摄影测量监测长城站建筑物的形变、纳尔逊岛冰川运动的监测等多项考察研究。

1988年9月至1989年5月，鄂栋臣再次任我国第五次南极考察中的首次东南极考察队党支部委员、科学考察班班长，随队乘极地号考察船航行16,000余公里抵南极普里茨湾，参加我国第二个南极考察重地中心站的建立和测绘科学考测。这次考察，他和队友不仅高质量完成了各种特殊建筑物的工程测量，而且是我国首次进入南极圈大陆环境中进行测绘研究工作。在极其恶劣的气候条件下，他们用卫星多普勒定位技术测定出中山站精确位置为东经76°22′40″，南纬69°22′24″；用天文观测太阳和陀螺定向确定中山站区子午线方向，测定中山站至北京的距离为12,553.16公里，方向角32°30′50″；设立了中山站卧龙滩验潮站，埋设了水准原准点；建立起我国东南极拉斯曼丘陵地区大地原点和中山海湾高程系统；测绘出比例尺1∶2000的中山站地形图，命名了十几处中国地名；完成了中山站各种特殊建筑工程精密施工放样测量、大型短波天线的发射和接收工程的定位定向测绘工作，对主建筑进行了第一期沉降监测。考察归来庆功会上，国家南极考察委员会又授予他二等功。

1991年10月至1992年3月，鄂栋臣继续飞抵中国长城站参加我国第八次南极考察。利用全球定位系统(CPS)和激光测距对菲尔德斯海峡地壳断层形变监测网的几十条边进行了监测，并对站区周围地面影像进行了小像幅航空摄影工作。经过努力，对菲尔德斯海峡地壳断层形变监测的研究已处于国际先进水平。

时年55岁、出生于江西省广丰县五都镇前山村农民家庭的鄂栋臣，1965年毕业于武汉测绘学院天文大地测量系，并留校。是中国南极测绘研究中心主任、国际南极科学研究委员会大地测量和地坦信息专业组中国代表、国家南极研究学术委员会委员。

远离故乡30多年的鄂栋臣，虽然身在地球的南端，远隔千山万水，却对故乡情有独钟，时刻想念着生他养他哺育他成长的故乡。以至在南极中山站莫愁湖畔的巍巍紫金山顶，他亲手制作了一座红色测绘觇标，上面钉着一块白底红字的醒目路标："中山站至江西省广丰县11,341公里。"这觇标，就是鄂栋臣作为一个广丰人在南极大地上留下的不朽踪迹；这觇标，更是鄂栋臣为故乡树起的一座征服自然、改造自然的信念灯塔。

(原载1994年10月9日《赣东北报》)

第二章 先进集体与先进个人

第一节 先进集体

1991年—2000年，据不完全统计，全区被国家和省、部级单位授予各种荣誉称号的先进集体有140个，其中受国务院表彰的先进集体有4个。

1991年—2000年全区先进集体名录

表37-4-1

单位	荣誉称号	授予单位	时间(年)
玉山县团委	“亚运”寄语征集荣誉证书	团中央	1991
玉山县团委	“学赖宁，做党的好孩子”活动先进集体	全国少工委	1991
玉山县岩瑞粮管所	全国粮油安全保管工作先进单位	商业部	1991
玉山县委	宣传、运用、发行《半月谈》先进单位	中共中央宣传部	1991
七一水库管理局	全国水利管理先进单位	水利部	1991
余干县民政局	抗灾救灾先进集体	民政部	1991
余干县血防站	全国血防工作先进单位	卫生部	1991
余干县教委	全国电教先进县	国家教委	1991
德兴市	全国造林绿化先进单位	全国绿化委员会、林业部、人事部	1991
德兴市双溪水库管理局	全国水利管理先进单位	水利部	1991
万年县梓埠圩管理局	全国水利先进单位	水利部	1991
波阳县赣剧团	全国文化工作先进集体	人事部、文化部	
玉山县税务局	全国税法宣传教授先进单位	税务总局	1992
玉山县二中	中学实践教育活动合格学院	团中央	1992
玉山县电影公司	“全国第二届农村科教片汇演活动”优胜单位	农业部、林业部、广电部、文化部	1992
玉山县樟村乡	“讲、比、建”先进单位	中共中央宣传部、科委	1992
玉山县委宣传部	宣传、运用、发行《半月谈》先进县	中共中央宣传部	1992
玉山县副食品公司	先进单位	商业部	1992
玉山县农业局沼气办	先进单位	商业部	1992
玉山县农业局农技站	油茶综合丰产技术一等奖	农业部	1992
玉山县司法局公证处	全国公证质量评比先进集体	司法部	1992
玉山县瑾山小学	全国红领巾助残活动先进集体	国家教委	1992

续表 37－4－1

单位	荣誉称号	授予单位	时间(年)
余干县体校	全国(1988～1992)业余训练先进集体	国家体委	1992
德兴市潭埠	林业工作全国先进	林业部	1992
地区邮电局审计科	全国邮电审计工作先进集体	邮电部审计局	1992
弋阳县圭峰水土保持站	全国水土保持先进单位	水利部	1992
余干县水电局	水利冬修奖	水利部	1992
地区财政局	全国广播电视财务管理工作先进集体	财政部、广电部	1993
玉山县268地质大队	全国模范职工之家	全国总工会	1993
玉山县一中	全国中学生数学联赛团体奖	国家教委	1993
玉山县农业局	全国农业基点调查先进单位	农业部	1993
玉山县司法局	调解宣传工作先进单位	司法部	1993
余干县供电局	全国电力“三为”服务达标单位	电力部	1993
余干县粮食局	粮油保管工作先进单位	商业部、粮食储备局	1993
万年江西水泥厂	全国部门造林绿化“300”佳单位	全国绿化委员会、林业部	1993
德兴市水电局水政股	全国水政水资源先进单位	水利部	1993
玉山县农业局	全国农业基点调查先进单位	农业部	1994
玉山县农业局	全国农牧渔业丰收奖二等奖	农业部	1994
上饶市	1990～1992年连续三年无森林火灾单位	林业部	1994
余干县	1990～1992年连续三年无森林火灾单位	林业部	1994
江西省武夷山自然保护区管理处	1990～1992年连续三年无森林火灾单位	林业部	1994
德兴市	全国林业宣传先进单位	林业部	1994
万年县	全国森林病虫防治先进单位	林业部	1994
婺源县	全国“长防林”工程建设先进单位	绿化委员会、林业部	1994
德兴市潭埠桥镇	全国造林绿化百佳乡(镇)	绿化委员会、林业部	1994
铅山县陈家茶乡文家桥村	全国造林绿化千佳村	绿化委员会、林业部	1994
横峰县莲荷乡九甲村	全国造林绿化千佳村	绿化委员会、林业部	1994
上饶县华坛乡茅村	全国造林绿化千佳村	绿化委员会、林业部	1994
玉山县紫湖镇程村	全国造林绿化千佳村	绿化委员会、林业部	1994
广丰县吴村乡玉田村	全国造林绿化千佳村	绿化委员会、林业部	1994
弋阳县湾里乡湾里村	全国造林绿化千佳村	绿化委员会、林业部	1994
地区邮电局审计科	全国邮电审计工作先进集体	邮电部审计局	1994

续表 37-4-1

单位	荣誉称号	授予单位	时间(年)
玉山县消防队	全国先进消防中队	公安部	1995
玉山县水务局	技术推广先进示范县	水利部	1995
玉山县水电局	《中国农村水电暨电气化县建设十年成就展》优秀组织奖		1995
玉山县农业局	全国农业基点调查先进单位	农业部	1995
玉山县电力公司	电力“三为”服务达标单位	电力部	1995
人行玉山支行	先进单位	人民银行总行	1995
玉山县水务局	农业科技推广先进单位	国务院	1995
玉山县检察院	全国文明接待室	最高人民检察院	1995
玉山县司法局	为人民调解宣传工作先进单位	司法部	1995
玉山县瑾山小学	全国红旗大队	国家教委	1995
玉山县人民政府	初级卫生保健达标县	卫生部	1995
德兴市、婺源县	全国造林绿化百佳县(市)	绿化委员会、林业部	1995
波阳县古南乡	全国造林绿化千佳村	绿化委员会、林业部	1995
上饶县应家乡石门村	全国造林绿化百佳乡	绿化委员会、林业部	1995
铅山县陈家寨乡卢家村	全国造林绿化千佳村	绿化委员会、林业部	1995
广丰县西坛乡西坛村	全国造林绿化千佳村	绿化委员会、林业部	1995
铅山县篁碧乡	全国造林绿化千佳村	绿化委员会、林业部	1995
余干县东塘乡东风村	全国造林绿化千佳村	绿化委员会、林业部	1995
万年县石镇镇罗湖村	全国造林绿化千佳村	绿化委员会、林业部	1995
万年县太源乡荷溪村	全国造林绿化千佳村	绿化委员会、林业部	1995
江西铜业公司永平铜矿	全国部门造林绿化“400”佳单位	绿化委员会、林业部	1995
地区邮电局邮政投递组	全国青年文明号	共青团、邮电部等8部委	1995
玉山县物价局	全国物价系统农产品成本调查先进集体	计委	1996
玉山县工商局	先进集体	工商总局、人事部	1996
玉山县林岗乡	计划生育工作先进集体	计划生育委员会	1996
人行玉山支行	调解宣传工作先进单位	人民银行总行	1996
玉山县司法局	农业基点调查先进单位	司法部	1996
玉山县农业局	初级电气化达标县	农业部	1996
玉山县人民政府	全国乡镇企业东西合作示范区	国家计委	1996
余干县体校	全国业余训练先进单位	国家体委	1996

续表 37-4-1

单位	荣誉称号	授予单位	时间(年)
余干县公安局	全国优秀公安局、记集体二等功	公安部	1996
余干县检察院	全国“打假”先进单位	最高检察院	1996
婺源县	全国绿化先进单位	绿化委员会、林业部	1996
江西铜业公司永平铜矿	全国绿化先进单位	绿化委员会、林业部	1996
上饶市财政局	全国群众体育先进集体	国家体委	1997
玉山县童坊中心卫生院	爱婴卫生院	卫生部	1997
玉山县四股桥	全国小学教学奥赛团体总分第一名	国家教委	1997
玉山县农业局	全国农牧渔丰收奖二等奖	农业部	1997
玉山县卫生局	妇幼卫生先进单位	国务院、卫生部	1997
玉山县教育局	群众体育先进单位	国家体委	1997
玉山县农业局	农业基点调查先进单位	农业部	1997
玉山县人民政府	全国创建文明镇活动示范点	中共中央宣传部	1997
余干县	全国中医先进县	卫生部	1997
余干县	全国粮食先进县	国务院	1997
铅山县辽家寨乡	全国造林绿化百佳村	绿化委员会、林业部	1997
波阳县军民水库南塘村	全国造林绿化千佳村	绿化委员会、林业部	1997
万年县梨树坞乡	全国造林绿化千佳村	绿化委员会、林业部	1997
横峰县岑则镇黄家村	全国造林绿化千佳村	绿化委员会、林业部	1997
余干县瑞洪镇建设村	全国造林绿化千佳村	绿化委员会、林业部	1997
弋阳县葛溪乡李坂村	全国造林绿化千佳村	绿化委员会、林业部	1997
江西铜业公司永平铜矿	全国部门造林绿化“400”佳单位	绿化委员会、林业部	1997
上饶县田墩镇廖家村	全国造林绿化千佳村	绿化委员会、林业部	1997
地区水电局水政水资源科	全国水利系统先进单位	水利部	1997
地区水电局	全国水利系统水政水资源先进单位	水利部	1997
地区国资局	全国城镇集体企业清产核资工作先进集体	财政部	1998
广丰县财政局	全国财政系统先进单位	人事部、财政部	1998
玉山县农业局	全国农牧渔业丰收奖二等奖	农业部	1998
玉山县农业局	全国农业基点调查先进单位	农业部	1998
玉山县司法局	为人民调解宣传工作先进单位	司法部	1998
玉山县公安局	优秀公安局	公安部	1998
余干县工会	全国先进工会	全国总工会	1998

续表 37－4－1

单位	荣誉称号	授予单位	时间(年)
余干县	全国群众体育先进县	国务院	1998
余干县水电局	全国水利系统先进单位	人事部、水利部	1998
地区水电局	抗洪先进单位	防总、人事部、解放军总政治部、长办防总	1998
地区防汛抗旱指挥部办公室	防汛挤满先进集体	长办防总	1998
玉山县农业局	全国农业基点调查先进单位	农业部	1999
玉山县农业局	全国农技推广先进单位	农业部	1999
玉山县公安局	优秀公安局	公安部	1999
玉山县司法局	为人民调解宣传工作先进单位	司法部	1999
玉山城乡建设	全国房地产产权管理先进水平达标单位	建设部	1999
玉山县瑾山小学	全国雏鹰大队	国家教委	1999
玉山县房管局	全国房地产产权管理先进评估达标单位	建设部	1999
玉山县创建办	精神文明创建活动先进单位	中央文明委	1999
玉山县六都乡	农业技术推广站先进单位	农业部	1999
玉山县青年旅行社	国内百强旅行社	旅游局	1999
余干县工商局	全国粮食市场监督管理工作先进单位	工商局	1999
广丰县	全国造林绿化百佳县	绿化委员会、国家林业局	1999
上饶县五府山镇	全国造林绿化百佳乡	绿化委员会、国家林业局	1999
铅山县新安埠乡杨箭村	全国造林绿化千佳村	绿化委员会、林业部	1999
横峰县司铺乡古楼村	全国造林绿化千佳村	绿化委员会、国家林业局	1999
弋阳县城郊宝峰村	全国造林绿化千佳村	绿化委员会、国家林业局	1999
万年县大黄乡黄柏村	全国造林绿化千佳村	绿化委员会、国家林业局	1999
江西凤凰光学仪器(集团)公司	全国部门造林绿化“400”佳单位	绿化委员会、林业部	1999
玉山县司法局	为人民调解宣传工作先进单位	司法部	2000
玉山县农业局	全国农业基点调查先进单位	农业部	2000
玉山县物价局	规范化物价检查所	国家计委	2000
玉山县公安局	创建平安大道先进单位	公安部	2000
玉山县气象局	全国双文明集体先进单位	国家气象局	2000
余干县检察院	全国检察机关人民满意的人民检察院	最高检察院	2000

第二节　先进个人

1991 年—2000 年,全区受国家和省、部级以上表彰的先进个人有 424 人(次)。其中受国务院表彰的全国劳模 9 人(次),全国总工会五一劳动奖章获得者 6 人(次)。

1991 年—2000 年全区先进人物名录

表 37－4－2

姓名	单位	荣誉称号	授予单位	时间(年)
刘惠珍	上饶市保育院	全国优秀教师	国家教委	1991
程红兵	上饶市一中	全国优秀教师	国家教委	1991
张荣仔	上饶市工程处	建设部劳动模范	建设部	1991
周爱弥	上饶市二中	全国教育系统劳动模范	国家教委	1991
詹水桃	上饶市公安局	颁发居民身份证先进工作者	公安部	1991
邱元福	上饶市二轻局	全国城镇企业先进工作者	轻工部	1991
施晓霞	上饶市工行	优秀工会工作者	中国人民银行总行	1991
吴立水	上饶市血防站	全国血防先进个人	卫生部	1991
罗敬亮	上饶市消费者协会	全国保护消费者权益先进个人	全国消费者协会	1991
李月仙	上饶县华坛山小学	优秀教师	国家教委	1991
何隆高	上饶县中	劳动模范	国家教委	1991
卢同凤	上饶县中	劲松奖	中国林学会	1991
姜永春	上饶县工行	先进个人	中国工商银行	1991
曾瑞和	上饶县血防站	先进个人	卫生部、水利部	1991
何茶德	上饶县林业局	劲松奖	中国林学会	1991
刘景训	上饶县公安局	先进工作者	公安部	1991
李资清	上饶县公安局	先进工作者	公安部	1991
孔德顺	广丰中学	优秀教师	国家教委、人事部	1991
汪大华	广丰县公安局	全国颁发居民身份证工作先进个人	公安部	1991
张江山	广丰县公安局	全国颁发居民身份证工作先进个人	公安部	1991
周金菊	广丰县公安局、永丰派出所	全国颁发居民身份证工作先进个人	公安部	1991
俞瑞云	广丰县萃始小学	全国颁发居民身份证工作先进个人	公安部	1991
韩南星	广丰县血防站	全国血吸虫病防治先进个人	卫生部、农业部、水利部	1991
林志华	玉山县	中国好少年	全国少工委	1991
汪新文		中国好少年	全国少工委	1991

续表 37－4－2

姓名	单位	荣誉称号	授予单位	时间(年)
王小桦		中国好少年	全国少工委	1991
曹　华		中国好少年	全国少工委	1991
毛　健		中国好少年	全国少工委	1991
罗敞青		中国好少年	全国少工委	1991
董武才	玉山县岩瑞中心小学	优秀教师	国家教委	1991
朱树池	玉山县工商局	先进工作者	工商行政管理局	1991
柳方鹰	玉山县	“中国好少年”勇敢奖	全国少工委	1991
舒全良	玉山县轴承厂	“小政小革”先进个人	全国总工会	1991
郑国炉	玉山县活性炭厂	优秀星火企业家	国家科委	1991
王长仁	弋阳县教育局	全国优秀教师	国家教委、人事部	1991
张　智	弋阳县记志敏中学	全国优秀教师	国家教委、人事部	1991
严先准	弋阳县	全国优秀教师	国家教委、人事部、	1991
陈智祥	弋阳县政府	全国职工技术教育先进工作者	国家教委、计委、劳动部、人事部、财政部	1991
张元运	弋阳县	人民警察“蓝盾”荣誉	公安部	1991
邵森忠	弋阳县	先进个人	公安部颁发身份证领导小组	1991
韩树本	弋阳县	劲松奖	中国林学会	1991
徐树森	弋阳县包峰疗养院	风景名胜区系统先进工作者	建设部	1991
陈荷花	弋阳县广电局	全国广播电影电视先进工作者	人事部、广电部	1991
方联富	弋阳县	先进个人	农业部	1991
詹成益	弋阳县	全国先进个体劳动者	工商行政管理局、中国个体劳动者协会	1991
罗冬根	弋阳县食品厂	科学技术管理先进工作者	商业部	1991
黄许兴	弋阳县	寄生虫病防治先进工作者	卫生部	1991
徐江火	万年县供销社	全国供销系统先进工作者	商业部	1991
周恩虎	余干县农机局	先进调查员	农业部	1991
吴福生	余干县中学	优秀教师	国家教委等	1991
王复进	余干县粮食局	先进工作者	商业部	1991
陈元根	地区林业局	全国绿化奖章	全国绿化委员会	1991
徐大伟	德兴市政府	全国水政先进工作者	水利部	1991
吴志炉	玉山县水电局	全国小水电先进个人	水利部	1991

续表 37－4－2

姓名	单位	荣誉称号	授予单位	时间(年)
徐琦荣	德兴市水电局	全国小水电先进个人	水利部	1991
林　桂	德兴市水电公司	全国小水电先进个人	水利部	1991
王文柏	地区水电局	全国血吸虫病防治先进个人	卫生部、农业部、水利部	1991
余兴钱	财政部驻上饶地区中央企业驻厂员组	全国税收财务物价大检查工作先进个人	国务院“三检”办	1991
王大正	地区水电局	全国血吸虫病防治先进个人	卫生部、农业部、水利部	
吴许心	波阳县谢家滩三中	优秀教师	国家教委	1991
蒋林祖	波阳县双港蒋家小学	优秀教师	国家教委	1991
杨盛才	波阳县站前东廊小学	优秀教师	国家教委	1991
刘　琴	上饶市粮油公司	全国粮食系统先进工作者	商业部	1992
黄锦玉	上饶市一小	全国绿化知识宣传先进个人	国家教委	1992
黄剑波	上饶市二中	施行《国家体育锻炼标准》先进工作者	省政府	1992
郭安财	上饶县财政局	先进个人	国务院“三检”办	1992
刘康和	上饶县地矿局	先进个人	地矿部、司法部	1992
肖朝杰	上饶县物价局	先进个人	物价局	1992
俞世杰	广丰县教育局招生办	全国普通高等学校招生工作先进个人	国家教委	1992
苏朝塘	玉山县人民政府	科学技术进步一等奖	农业部	1992
饶土金	玉山县农业局	科学技术进步一等奖	农业部	1992
姚成水	玉山县七一水库	水种管理优秀工作者	水利部	1992
章祝华	玉山县气象局	优秀测报员	气象局	1992
刘炭辉	玉山县工商银行	优秀出纳工作者	中国工商银行总行	1992
王如良	玉山一中	全国千名体育教师	国家教委	1992
戴流芳	玉山一中	优秀中学教师	国家教委	1992
王朝礼	玉山县司法局	优秀政治工作者	司法部	1992
郑茂盛	玉山县农调队	先进工作者	统计局	1992
叶敏奇	弋阳县	工业卫生先进个人	化学工业部	1992
董建敖	弋阳县	“丰收计划”二等奖	农业部	1992
王福林	弋阳县	“丰收计划”二等奖	农业部	1992
夏洪亮	弋阳县	“丰收计划”二等奖	农业部	1992
陶学勤	弋阳县	商品粮基地建设先进个人	农业部	1992

续表 37－4－2

姓名	单位	荣誉称号	授予单位	时间(年)
姚宁杰	弋阳县政府	全国农牧渔业丰收计划二等奖	农业部	1992
詹益盛	弋阳县曹溪镇	全国先进个体户	工商行政管理总局	1992
刘全胜	弋阳县	全国优秀老师	国家教委、劳动部	1992
陈忠琳	弋阳县	全国优秀自强残疾人	中国残疾人联合会	1992
叶多福	弋阳县农业局	丰收计划奖	农业部	1992
夏毓煌	弋阳县	抗洪救灾先进个人	省政府	1992
祝祥明	万年中学	优秀教师	国家教委、人事部	1992
柴忠兴	万年县珰下乡	“振兴农业”先进个人	农业部	1992
曹品高	万年县统计局	全国统计工作先进工作者	统计局	1992
李五法	婺源县甲路教办	扫盲工作先进个人	国家教委	1992
俞爱转	婺源县溪头乡下溪村	“三八”绿色工程奖章	全国妇联、林业部	1992
程才金	德兴市委	全国绿化奖章	全国绿化委员会	1992
张孟雪	德兴市龙头山	全国林业站先进工作者	林业部	1992
潘惠良	德兴富家坞铜矿	省劳动模范	省政府	1992
吴有志	余干县水电局	水利“卫士”	水利部	1992
郑华福	上饶市信用合作社	全国农行系统劳动模范	中国农业银行总行	1993
张华明	上饶县中	优秀教师	国家教委	1993
吴梅佳	上饶县皂头中学	优秀教师	国家教委	1993
张国华	上饶县尊桥小学	优秀教师	国家教委	1993
张晓春	上饶县清水小学	优秀教师	国家教委	1993
连代荣	上饶县旭日中学	优秀教师	国家教委	1993
谢强华	上饶县应家中学	优秀工作者	国家教委	1993
汪一枝	上饶县枫岭头小学	优秀教育世家	国家教委	1993
余建华	上饶县公安局	先进工作者	公安部	1993
黄宣发	上饶县司法局	银质荣誉奖章	司法部	1993
表昌良	上饶县水保站	先进个人	水利部	1993
曾建芳	上饶县血防站	先进个人	农业、水利、卫生部	1993
王国梁	广丰县委组织部	优秀党务工作者	江西省委	1993
周廉仁	广丰县红十字会	先进会员	中国红十字会	1993
汤哲文	广丰县农业局水产站	全国农村青年星火带头人	团中央、科委	1993
顾顺生	广丰县西坛乡黄尖山小学	全国教育系统劳动模范	国家教委、人事部	1993

续表 37－4－2

姓名	单位	荣誉称号	授予单位	时间(年)
郭秋花	广丰县残联	全国残疾人三项康复工作先进个人	国务院残疾人工作协调委员会等	1993
唐锦心	广丰中学	优秀教师	国家教委、人事部	1993
王燕萍	玉山一中	全国“三好”学生	团中央、国家教委	1993
程彩云	玉山县公安局	“卫士的追求”演讲全国二等奖	公安部	1993
李有恩	玉山县仙岩镇	模范调解员	司法部	1993
汪熙尧	玉山一中	优秀中学校长	国家教委	1993
童报春	玉山县瑾山小学	小学教学中青年优质课一等奖	国家教委	1993
刘　琦	玉山县三星街小学	优秀教师	国家教委	1993
徐正禄	玉山县冰溪中学	优秀教师	国家教委	1993
陈有金	玉山县南山小学	优秀教师	国家教委	1993
周　琦	玉山县瑾山小学	第三届全国万名好少年、好儿童、好学生奖	国家教委	1993
熊火旺	弋阳县农业局	农牧渔业丰收计划二等奖	农业部	1993
韩树本	弋阳县	ABT 生根粉表彰奖	中国林业科学院	1993
蔡景良	弋阳县	粮食购、销卡填报先进个人	国内贸易办公厅	1993
蔡景良	弋阳县	粮食统计工作先进个人	粮食储备局	1993
钟玉佩	弋阳县	全国工会保障工作先进者	全国总工会保障工作部	1993
翟永清	弋阳县	全国老年体育工作先进者		1993
徐成坚	万年县统计局	全国第三产业普查先进个人	第三产业普查协调小组	1993
李胜长	余干县三塘中心小学	优秀教师	国家教委、人事部	1993
章胜虎	余干县民政局	先进工作者	民政部等	1993
章国兴	余干县畜牧兽医站	先进工作者	农业部	1993
吴金旺	余干县第三制药厂	突出贡献先进个人	省政府	1993
江炳坤	婺源县教育局	优秀教育工作者	国家教委、人事部	1993
詹显华	婺源二中	优秀教师	国家教委、人事部	1993
戴旺灯	婺源县地方病防治院	全国血吸虫病防治先进个人	卫生部、农业部、水利部	1993
刘宝国	玉山县樟村木材检查站	全国林业职工见义勇为先进分子	林业部	1993
王义烈	地区邮电局长线员	全国“五一”劳动奖章	全国劳动模范大会	1993
王义烈	地区邮电局长线员	全国优秀劳动能手	全国劳动模范大会	1993

续表 37-4-2

姓名	单位	荣誉称号	授予单位	时间(年)
顾培庆	地区国资局	全国清产核资工作先进个人	财政部	1993
揭海荣	地区财干校	全国财政系统先进教育工作者	财政部	1993
彭日良	玉山县紫湖镇	全国“百优”乡邮员		1993
陈金炉	地区圩管站	全国血吸虫病防治先进个人	水利部、卫生部、农业部	1993
刘德光	地区水电局	全国水利行业职工教育先进工作者	水利部	1993
表昌良	上饶县水土保持站	全国水土保持执法先进个人	水利部	1993
胡益民	波阳一中	优秀教师	国家教委	1993
王宝峰	波阳县芦田小学	优秀教师	国家教委	1993
雷红珍	波阳县五一小学	优秀教师	国家教委	1993
江银贵	波阳县谢家滩教办室	先进教育工作者	国家教委	1993
周昆正	德兴大茅山垦殖场	全国五一劳动奖章、省劳动模范	全国总工会、省政府	1993
朱秀云	上饶市纸管厂	全国优秀女企业家	全国妇联	1994
陶炳荣	上饶市建工集团总公司	建设劳动模范	建设部	1994
涂忠寿	上饶市计委	全国先进工作者	第三产业普查协调小组	1994
徐　洁	上饶中国银行	全国中行系统先进职工	中国银行总行	1994
杨薪华	上饶县花厅小学	“希望工程”园丁奖	团中央	1994
韩翠荣	上饶县旭日小学	优秀指导教师	国家教委	1994
郑瑞良	上饶县林业局	劲松奖	中国林学会	1994
高孔杰	上饶县林业局	劲松奖	中国林学会	1994
杜　光	上饶县林业局绿化办	劲松奖	中国林学会	1994
吕　瑜	上饶县统计局	先进个人	“三产”普查小组	1994
方素君	上饶县统计局	先进个人	“三产”普查小组	1994
康　敏	上饶县公安局	优秀话务员	公安部	1994
周荣华	广丰县建设局	劳动模范	建设部等	1994
郭乃溪	广丰县毛村乡	全国见义勇为先进个人	公安部等	1994
黄祖泉	广丰县总工会	全国工会职工文化先进工作者	全国总工会	1994
饶士金	玉山县农业局	科学技术进步二等奖	国家科委	1994
李有恩	玉山县司法局	模范调解员	司法部	1994
杨素伊	玉山县横街镇	万例手术无事故先进个人	计生委、卫生部	1994
刘　凯	弋阳县农业局	技术推广“丰收计划”二等奖	农业部	1994

续表 37－4－2

姓名	单位	荣誉称号	授予单位	时间(年)
韩树本	弋阳县	ABT 生根粉二等奖	中国林业科学院	1994
徐恒昌	弋阳县总工会	工会积极分子	中华全国总工会	1994
吴利明	弋阳县乡镇企业局	全国乡镇企业供销系统优秀供销员	农业部	1994
姚宁杰	弋阳县政府	全国减轻农民负担先进工作者	农业部、监察部	1994
饶昌平	万年县青云派出所	全国优秀人民警察	公安部	1994
吴植森	万年县统计局	先进个人	第三产业普查协调小组	1994
林东娜	万年县齐埠乡政府	全国计划生育优秀工作者	国家计生委、全国妇联	1994
张学才	余干县卫生局	血防先进个人	卫生部	1994
胡道荣	余干县卫生局	先进个人	第三产业普查协调小组	1994
朱毅青	婺源县计生服务站	全国计划生育万例手术无事故先进个人	国家计生委	1994
吴培植	婺源县供销社	《全国商情》信息网先进工作者	国内贸易部	1994
程英勋	婺源县卫生防疫站	优秀卫生监督员	卫生部	1994
程发奎	婺源县省茶校	优秀教师	农业部	1994
陈发芳	上饶行署	全国绿化奖章	全国绿化委员会	1994
林　江	德兴市林业局	全国绿化奖章	全国绿化委员会	1994
吴孝彰	上饶市政府	1990～1992 年连续三年无森林火灾单位	林业部、人事部	1994
汪泉水	中共余干县委	1990～1992 年连续三年无森林火灾单位	林业部、人事部	1994
罗仕斌	武夷山保护区管理处	1990～1992 年连续三年无森林火灾单位	林业部、人事部	1994
余济带	余干县林业局	1990～1992 年连续三年无森林火灾单位	林业部、人事部	1994
朱火勤	余干县森林防火办公室	1990～1992 年连续三年无森林火灾单位	林业部、人事部	1994
陈　枫	弋阳县政府	全国“长防林”工程建设先进个人	全国绿化委员会、林业部	1994
薛风云	地区邮电局	先进工作者	第三产业普查协调小组	1994
刘民强	地区邮电局	工会活动积极分子	全国邮电工会	1994
施学文	波阳县碧山桃溪小学	先进教育工作者	国家教委	1994
陈滋君	波阳县东流湖小学	先进教育工作者	国家教委	1994
王明想	波阳县湖滨教办室	先进教育工作者	国家教委	1994

续表 37－4－2

姓名	单位	荣誉称号	授予单位	时间(年)
陈国华	上饶县财政局	先进个人	国务院“三检办”	1995
饶绍信	上饶市啤酒厂	全国轻工系统劳动模范	轻工部	1995
王饶萍	上饶市一小	全国优秀教师	国家教委	1995
郑进梁	上饶市人事劳动局	全国人事系统先进工作者	人事部	1995
王国鑫	上饶市人民法院	集体一等功	最高人民法院	1995
周燕燕	上饶市二中	全国优秀教师	国家教委	1995
汪明根	上饶市四中	全国优秀教师	国家教委	1995
吴宪洲	上饶市统计局	全国先进工作者	国务院第三产业普查领导小组	1995
吴丽跃	上饶市城建局	全国城市环境整治优秀局长	建设部	1995
徐德才	上饶县应家中学	优秀教师	国家教委	1995
林尚金	上饶县中	优秀教师	国家教委	1995
杨小平	上饶县中	先进个人	国家教委	1995
李祖英	上饶县皂头小学	“希望工程”园丁奖	团中央	1995
周灶仙	上饶县茗洋小学	“希望工程”园丁奖	中国青少年发展基金会	1995
孔庆林	上饶县茶亭镇财政所	优秀乡镇财政干部	财政部	1995
王信富	上饶县茶亭镇财政所	先进工作者	财政部	1995
程　蔡	上饶县防疫站	科研成果二等奖	卫生部	1995
林建华	上饶县防疫站	科研成果二等奖	卫生部	1995
杨金标	上饶县金标实业集团	全省劳动模范	省政府	1995
郑辉其	上饶县农业局	全省劳动模范	省政府	1995
余新水	上饶县湖村乡政府	全省劳动模范	省政府	1995
张国寅	上饶县国人实业集团	全省劳动模范	省政府	1995
管群良	广丰县财政局	全国税收财务物价大检查工作先进个人	国务院“三检办”	1995
贾松青	广丰县保险公司	全国金融系统职工生活后勤先进	中国人民保险公司	1995
周礼仁	广丰县永丰中学	优秀教师	国家教委、人事局	1995
冯建文	玉山县气象局	优秀测报员	国家气象局	1995
童报春	玉山县教育局	先进工作者	国家教委	1995
王梅蓉	玉山县教育局	先进教师	国家教委	1995
陈茂鼎	玉山县教育局	先进教师	国家教委	1995
胡达寿	弋阳县	全国劳动模范	国务院	1995

续表 37－4－2

姓名	单位	荣誉称号	授予单位	时间（年）
潘旺发	弋阳县	全国劳动模范	国务院	1995
林永新	弋阳县农业局	农业基点调查先进工作者	农业部	1995
方克清	弋阳县	粮食统计业务能手	国家粮食储备局	1995
徐雪萍	弋阳县	先进会员	红十字总会	1995
汪廷乾	弋阳县财政局	财务工作先进个人	国家统计局	1995
杨克政	弋阳县	退管工作先进个人	全国生活保障部民管会	1995
俞志堂	弋阳县一中	全国优秀教师	国家教委、人事部	1995
王修智	弋阳县计生委	先进工作者	省政府	1995
胡达寿	弋阳县	全省劳动模范	省政府	1995
吴林森	万年县统计局	先进个人	第三次全国工业普查办公室	1995
万云辉	万年县水产局	全国农技推广先进工作者	农业部等	1995
李附春	万年县陈营派出所	优秀警察	公安部	1995
曹映义	万年县统计局	先进个人	全国人口抽样调查办公室	1995
万志明	江西水泥厂	先进个人	全国工业普查办公室	1995
吴绍珍	万年县统计局	先进个人	全国人口抽样调查办公室	1995
吴春森	万年县裴梅镇	先进个人	全国人口抽样调查办公室	1995
章建铅	万年县盘岭乡	先进个人	全国人口抽样调查办公室	1995
吴汉平	万年县人民政府	防洪抗旱模范	国家防洪抗旱总指挥部	1995
周清明	余干县五雷中心小学	优秀教师	国家教委等	1995
张凡荣	余干县新生中心小学	优秀教师	国家教委	1995
舒正新	余干县中学	劳动模范	国家教委、人事部	1995
朱义财	余干县古竹乡	劳动模范	国务院	1995
彭秋兴	余干县梅港派出所	先进个人	民政部等	1995
方国华	婺源县天佑中学	优秀教师	国家教委	1995
张桂来	婺源县赋春中学	优秀教师	国家教委	1995
汪淦泉	婺源县科协	农村科普工作先进个人	中国科协	1995
郑磐基	婺源县林业局	农业技术推广先进工作者	国家科委等	1995
程喜芳	婺源县紫阳一小	优秀辅导员	团中央、全国少工委	1995

续表 37－4－2

姓名	单位	荣誉称号	授予单位	时间(年)
许佩玉	地区邮电局	优秀法制宣传教育工作者	邮电部	1995
赵为谦	地区水电局	全国水利行业先进工作者	水利部	1995
胡汉平	万年县水电局	抗洪抢险劳动模范	水利部、人事部	1995
叶　斌	波阳一中	优秀教师	国家教委	1995
严计鸾	波阳县五一小学	先进教育工作者	国家教委	1995
朱凤娥	波阳县碧山希望小学	先进教育工作者	国家教委 995	
聂　维	上饶市公安局	全国优秀人民警察	公安部	1996
江元海	上饶市商业局	全国先进个人	贸易部	1996
王月明	上饶市商业局	全国先进个人	贸易部	1996
胡俊生	上饶县林业公安分局	一级英模	公安部	1996
傅　红	上饶县妇幼保健站	先进工作者	卫生部	1996
洪道旭	上饶县血防站	先进个人	农业、水利、卫生部	1996
夏洪学	广丰县五峰山水泥厂	劳动模范	国家建材工业局、人事部	1996
黄国椎	广丰县血防站	防治血吸虫病先进个人	人事部、卫生部、农业部、水利部	1996
魏文辉	玉山县白云镇	人民满意司法助理员	司法部、卫生局	1996
韩绍华	玉山县水电局	防治血吸虫病先进个人	农业部、水利部	1996
彭缅贵	玉山县教育局	《国家体育锻炼标准施行办法》先进工作者	国家教委、体委	1996
陈智祥	弋阳县	第三次全国工业普查全国先进工作者	第三次全国工业普查办公室	1996
俞志堂	弋阳县一中	全国优秀教师	人事部、教委	1996
尤　芳	弋阳县	全国优秀教育工作者	人事部、教委	1996
陈狄青	弋阳县	第三次全国工业普查全国先进工作者	第三次全国工业普查办公室	1996
陈高升	弋阳县科协	先进人个	中国科协	1996
郭亦秋	弋阳县卫生局	全国妇幼卫生先进工作者	卫生部	1996
杨　威 宁　宸	弋阳县	全国“手拉手好少年”	团中央	1996
张海涛	弋阳县林业局	突出贡献二等奖	省政府	1996
吴植森	万年县统计局	先进个人	第一次全国基本单位普查办公室	1996
魏长富	江西水泥厂	劳动模范	全国总工会	1996

续表 37－4－2

姓名	单位	荣誉称号	授予单位	时间(年)
金建荣	万年县统计局	先进个人	第一次全国基本单位普查办公室	1996
陈枝秀	万年县妇女保健站	先进工作者	卫生部	1996
徐忆文	万年县公安局	全国公安宣传工作先进个人	公安部	1996
段华生	余干县煤矿	全国人口抽查先进人个	全国人口抽查办	1996
江和平	余干县技术监督局	全国打击假日伪劣商品先进人个	技监局	1996
邹龙昌	余干县杨埠乡赛岭林场	全国绿化奖章	国家绿化委	1996
丁　勇	婺源县卫生局	妇幼卫生先进工作者	卫生部	1996
叶兆卜	婺源县赋春排前村	法制宣传工作先进人个	宣传部、司法部	1996
程喜芳	婺源县紫阳一小	“全国一级星星火炬”奖章	团中央、全国少工委	1996
鲁凤娣	婺源县水电局	财会先进人个	水利部	1996
邹龙昌	余干县杨梓乡林业工作站	全国绿化奖章	全国绿化委员会	1996
董明坤	德兴市水电公司	全国“五一”劳动奖章、省劳动模范	全国总工会、省政府	1996
芝林江	德兴市林业局	全国绿化劳动模范	全国绿化委员会、林业部	1996
张发根	德兴市林业局	全国林业先进工作者	林业部	1996
张有根	德兴市银城镇林业工作站	全国林业先进工作者	林业部	1996
杨水木	玉山县八都林业工作站	全国林业先进工作者	林业部	1996
刘水蓉	铅山县永平木材检查站	全国木材检查先进个人	林业部	1996
傅廷梅	地区水电局	全国血吸虫病防治效治工作先进个人	水利部、卫生部、农业部	1996
鲁凤娣	婺源县水电局	财务工作先进个人	水利部	1996
吴滋干	波阳县桥头乡小学	优秀教师	国家教委	1996
关　萍	上饶市五小	施行《国家体育锻炼标准》先进工作者	国家教委	1997
杨文华	上饶市统计局	人口普查国家级先进个人	国务院人普办	1997
黄良华	上饶市秦峰小学	全省扫盲先进个人	省政府	1997
黄禄全	上饶市灵燕集团公司	省“五一”劳动奖章	省政府	1997

续表 37－4－2

姓名	单位	荣誉称号	授予单位	时间(年)
聂玉平	财政部驻江西省财政监察专员人事处上饶组	全国税收财政物价大检查工作先进个人	国务院“三检”办	1997
胡民英	地区财政局	全国先进会计工作者	财政部	1997
吴贵兴	上饶县财政局	先进个人	国务院“三检”办	1997
陈秋香	上饶县董团小学	扫盲先进个人	全国“双学双比”协调小组	1997
王美娟	上饶团县委	“希望工程”建设奖	中国青少年发展基金会	1997
周水花	广丰县物价局	物价工作先进个人	国家计委	1997
徐衰和	广丰县交通警察大队	优秀民警	公安部	1997
陈建国	玉山县水泥厂	全国“五一”劳动奖章	全国总工会	1997
李　俊 夏　寅	玉山县瑾山小学	全国手拉手少年荣誉	全国少工委	1997
舒福树	玉山县农调队	优秀工作者	农业普查办公室	1997
饶宏建	玉山县教育局	体育先进工作者	国家体委	1997
郑先禄	玉山县七一水库	群众体育先进个人	国家体委	1997
徐克刚	弋阳县	第一次全国基本单位普查全国先进个人	第一次全国基本单位普查办公室	1997
陈狄青	弋阳县	第一次全国基本单位普查全国先进个人	第一次全国基本单位普查办公室	1997
周少波	弋阳县统计局	全国农调系统先进工作者	国家统计局	1997
张火荣	弋阳县卫生局	全国农村改水先进工作者	卫生部、全国爱卫会	1997
曹映义	万年县统计局	先进个人	全国农业普查办公室	1997
何子军	万年县青云中学	“老有所为”奉献奖	民政部等	1997
吴贤长	万年县青云镇	先进个人	国家统计局、全国农业普查办	1997
邓安邦	万年县人民政府	先进个人	国家统计局	1997
涂昭华	余干县妇幼保健院	先进个人	卫生部	1997
邹忠昌	余干县杨埠林业工作站	绿化奖章	全国绿化委	1997
王关养	婺源县城建设局	抗洪救灾先进个人	建设部	1997
胡庆福	婺源县地方病防治院	马德海基金奖	国际麻风协会中国麻风协会	1997

续表 37－4－2

姓名	单位	荣誉称号	授予单位	时间(年)
余连高	上饶市秦峰乡开发有限公司	全国绿化奖章	全国绿化委员会	1997
詹润淮	铅山县陈家秦乡	全国绿化奖章	全国绿化委员会	1997
胡俊生	上饶县林业公安分局	中国林业十佳	中国林业报	1997
周玉成	波阳县委	1993—1996 年度全国社会治安综合治理先进工作者	中央综治委、人事部	1997
钟永生	波阳县古南蜈蚣小学	优秀教师	国家教委	1997
吴宜尔	波阳县桥头湖小学	优秀教师	国家教委	1997
陈水仙	波阳县谢家滩郭小学	优秀教师	国家教委	1997
叶长英	上饶市商业局	全国财贸系统先进个人	中国财贸工会	1998
俞小珍	上饶市三小	全国体育传统项目先进工作者	体育总局	1998
陈春菊	上饶市立医院	省“五一”劳动奖章	省政府	1998
黄茂康	上饶市教委	全省扫盲先进个人	省政府	1998
杨正祥	上饶县教委	优秀教育工作者	国家教委	1998
严锦春	上饶县石人小学	“希望工程”园丁奖	中国青少年发展基金会	1998
郑秋香	上饶县董团小学	扫盲先进个人	国家教委	1998
金禄春	上饶县大地小学	优秀辅导员	团中央	1998
王彩香	上饶县石狮小学	扫盲先进个人	国家教委	1998
夏洪学	广丰县王牌山水泥厂	优秀转业军人	民政部等	1998
李贤水	广丰县公安局	优秀民警	公安部	1998
杨　斌	广丰县卷烟厂	优秀转业军人	民政部等	1998
黄凤金	广丰县岭底小学	优秀教师	教育部	1998
黄　英	广丰县政府	麻防工作先进个人	省政府	1998
华朝根	玉山县七一水库	先进工作者	水利部	1998
管群良	弋阳县	第一次全国农业普查全国先进个人	第一次全国农业普查办公室	1998
陈狄青	弋阳县	第一次全国农业普查全国先进个人	第一次全国农业普查办公室	1998
刘显金	弋阳县	全国农村合作经济经营管理先进个人	农业部农村经济体制经营管理局	1998
周克荣	弋阳县	抗洪抢险先进个人	公安部	1998
熊楼前	万年县卫生局	抗洪抢险救灾防病先进队	卫生部	1998
汪怀禾	万年县公安局	二级英模	公安部	1998

续表 37－4－2

姓名	单位	荣誉称号	授予单位	时间(年)
程子贤	万年县山家寨乡	全国“五一”劳动奖章	全国总工会	1998
吴花香	余干县家庭妇女	抗洪抢险先进个人	全国妇联	1998
刘忠书	余干县民政局	先进个人	民政部	1998
盛春信	余干县石口中心小学	优秀教师	国家教委	1998
吴花香	余干县梅港乡	全国抗洪抢险先进个人	防总	1998
方爱国	余干县	全省抗洪抢险功臣	省委、省政府	1998
汪畅焰	婺源县水电公司	全国“五一”劳动奖章	全国总工会	1998
严春晖	婺源县中云小学	模范教师	国家教委	1998
陈云鹤	玉山县林业局	全国绿化奖章	全国绿化委员会	1998
郑盘基	婺源县林科所	1997 年底伍体贤现代林业基金奖		1998
蔡仁辉	铅山县水文站	全国抗洪抢险英模	国务院	1998
胡治政	万年县水电局	抗洪抢险劳动模范	水利部、人事部	1998
胡治政	万年县水电局	抗洪先进个人	长办防总	1998
方爱国	余干县古竹乡	全国抗洪抢险劳动模范	水利部、人事部	1998
彭双庆	余干县水电局	全国抗洪模范	水利部、人事部	1998
彭双庆	余干县水电局	抗洪先进个人	长办防总	1998
刘兴汉	地区水电局	全国抗洪模范	人事部、防总、中国总参谋部	1998
刘炳富	地区水电局	抗洪先进个人	长办防总	1998
蒋英慧	德兴市防汛抗洪指挥办公室	抗洪先进个人	长办防总	1998
彭贤松	地区圩管站	抗洪先进个人	长办防总	1998
江汉淮	波阳一中	优秀教师	国家教委	1998
叶　青	波阳县站前松桥小学	优秀教师	国家教委	1998
胡士华	波阳县饶埠乡教办室	先进教育工作者	国家教委	1998
许　永	波阳县双港教办室	先进教育工作者	国家教委	1998
郑水仙	上饶市妇联	全国妇联系统先进个人	全国妇联	1999
朱爱凤	上饶市茅家岭乡	全国“双学双比”先进女能手	全国妇联	1999
欧阳丽华	上饶市五小	施行《国家体育锻炼标准》先进工作者	国家教委、体委	1999
章雷汝	上饶市教委	全国群众体育先进个人	国家教委、体委	1999
郑雪兰	上饶市常青乡塑料厂	全国敬老好儿女金榜奖	民政部	1999
施智松	上饶县旭日镇旭日村	优秀调解员	司法部	1999

续表 37－4－2

姓名	单位	荣誉称号	授予单位	时间(年)
张荣烈	上饶全良液酒厂	全国“五一”劳动奖章	全国总工会	1999
张德润	玉山县	离休干部先进个人	中共中央组织部	1999
汪建明	玉山县公安局	优秀人民警察	公安部	1999
罗贤堂	玉山县教育局	全国第一届“烛光奖”先进工作者	国家教委等	1999
王立标	玉山县农业局	优秀监测员	农业部	1999
王立标	玉山县农业局	先进工作者	农业部	1999
赖正才	弋阳县	全国优秀教师	国家教委	1999
胡亚非	弋阳县职业高中	先进工作者	国家教委、人事部	1999
董玉亭	弋阳县	全国关心下一代优秀工作者	中国关心下一代工作委员会	1999
程欣荣	弋阳县	全国职工自学成才奖	全国总工会、教育部等	1999
张学明	余干县粮食局	先进工作者	国家粮食局	1999
周小军	成都空军政治部(余干籍)	先进个人	解放军总政治部	1999
卢安全	余干县教委	贫困地区义务先进教师	教育部等	1999
黄新春	余干县黄金玻纤厂	全国十大扶贫状元贡献奖	国家老建委	1999
王太和	余干县杨埠乡	拥政爱民先进个人	省政府	1999
杨　勇	地区财政局	国家贫困地区义务教育工程建设先进个人	财政部、教育部	1999
胡民英	地区财政局	全国财贸系统优秀工会工作者	中国财贸工会	1999
刘敬辉	地区林业局	全国绿化奖章	全国绿化委员会	1999
邹龙昌	余干县杨埠乡	全国十大绿化标兵提名奖	全国绿化委员会	1999
施雨晨	地区林业局	全国林政资源管理先进工作者	国家林业局	1999
潘表光	地区水电局	全国水利系统水电工作先进个人	水利部	1999
杨淑珍	地区水电局	全国水利系统劳动工作先进个人	水利部	1999
王运先	地区水电局	全国农村水利工作先进个人	人事教育教育司、水利部	1999
王锡猷	上饶县中	先进工作者	国家体委	2000
倪风华	广丰县卷烟厂	劳动模范	国务院	2000
吴小卫	广丰县气象局	双文明建设先进个人	国家气象局	2000
王立标	玉山县农业局	《全国农民负担监测点课题》推广成果一等奖	农业部	2000
陈维林	玉山县物价局	优秀个人	国家计委	2000

续表 37-4-2

姓名	单位	荣誉称号	授予单位	时间(年)
刘德鉴	玉山县保密局	先进工作者	中央保密办、保密局	2000
费成益	弋阳县	全国劳动模范	国务院	2000
江顺德	余干县血防站	劳动模范	国务院	2000
江和平	余干县工商局	优秀工商管理人员	工商总局	2000
章仕汉	余干县信访办	劳动模范	国家信访局	2000
胡末健	余干县公安局	优秀人民警察	国务院	2000
高喜凤	波阳县鸦鹊湖乡	全国农业劳动模范	国务院	2000
俞云祥	地区林业局	全国森林病虫害防治先进工作者	国家林业局	2000

附　　录

一、文献辑存

中共上饶地委　上饶地区行署
关于加强“八五”扶贫开发工作的决定

饶发〔1991〕21号

各县(市)委、人民政府,地委各部门,地直各单位,地属厂、矿、场:

为了帮助老区贫区人民尽快脱贫致富,赶上全区和全省平均发展水平,“八五”期间,我区扶贫开发工作要以党的十三届七中全会和省委九届二次会议精神为指针,紧紧围绕经济建设这个中心,“解放思想、打破常规、敢冒风险、开拓进取”,在国家扶持下,发扬自力更生,艰苦奋斗精神,稳定发展企业,加快发展工业,突破性地发展乡镇企业,逐步形成“一乡一业,一村一品”的经济发展格局。重点要抓好各具特色的粮、棉、油、猪、林、果、茶、桑、麻、烟、畜禽、水产、矿产等支柱产业的开发。在稳定地解决特贫困户温饱的基础上,转入以脱贫致富为主要目标的扶贫开发阶段,到“八五”期末,国家和省定贫困县以及老区特困乡脱贫率要达到100%,致富率要达到55%,特贫困户人均纯收入要达到700元、人均粮食产量要达到400公斤;工农业总产值要达到235546万元,比“七五”期末增长33.5%;财政收入要达到21158万元,比“七五”期末增长53.2%;国家和省定贫困县要有1~2个支柱产业,年产值达到1000万元,48个老区特困乡每乡要有一个主导产业,年产值达到100万元,307个“空壳村”每村经济收入要达到5万元以上。

实现上述奋斗目标,主要采取以下措施:

一、突出扶持重点

“八五”期间,扶贫开发实行五个重点扶持,即重点扶持特、贫困户抓好种、养、加,帮助他们稳定地解决温饱,走上脱贫致富之路;重点扶持国家和省定贫困县的支柱产业以及特困乡的主导产业;重点扶持乡镇企业;重点扶持“空壳桩”集体经济建设;重点扶持自然条件恶劣乡、村基础设施建设。对于没有列入国家省定扶持的分散插花贫困乡、村,地区和有关县、乡也应安排一定财力，帮助他们改善生产条件，发展乡村经济，以促进其脱贫致富。

二、落实优惠政策

“八五”期间，在继续贯彻执行国家和省对老区、贫区的各项优惠政策的同时，实行下列优惠政策：

1. 地、县财政部门对老区特困乡的超收部分，应全部返还特困乡；贫困乡超收部分也应大头返还。

2. 老区特、贫困乡中农民自产口粮不足250公斤的，其不足部分，由各县在地区下达的粮食包干指标内，按国家统购价加固定费实行补供。凡是特困乡农民交售给国家的粮食有关部门应按照国家价格政策，保证优先收购。

3. 计划、物资部门除按国家、省计划落实好与扶贫资金配套的物资外，每年还要划出部分专项物资，会同同级老建办，分配下达到老区和贫困地区，用于开发项目建设。

4. 农业、供销部门，对老区贫困地区特贫困户，要实行“四个优先”，即优先供应种苗，优先培训技术，优先供应农业生产资料。优先防疫治病。

5. 林业部门收缴的山区开发建设费，应全部返还，用于老区贫区发展林业生产和修建公路、桥梁及其他交通设施。同时，对老区贫区造林、育林要给予技术指导，并代为培训营林、森防、财会、技术力量。在坚持林木限额采伐的前提下，对老区贫区办理木材及其制品放行手续，要做到随到承办，给予方便，对木材及其制品、林副产品的销售等要提供优质服务。

6. 对特困乡不下达国库券认购任务。农业税减免应重点照顾特、贫困乡。

7. 国家和省定贫困县使用扶贫贷款兴办经济实体，每万元可安排一名特贫困子女就业；凡是在老区特困乡新上的扶贫经济实体，三年内可免交产品税、增值税和所得税。

8. 教育部门要采取多渠道、多形式培训老区贫困地区人才。上饶师专、江西医学院上饶分院、师范、卫校等普通大中专院校，每年要划出部分招生指标，对老区特、贫困乡实行定向招生。要巩固普及初等教育的成果，推进实施义务教育，特贫困户子女入学率要达到90%以上，巩固率要达到97%以上。非文盲率力争达到97%以上，中小学危房面积应降到1%以下。同时，要鼓励外地大中专毕业生到老区特困乡工作。对生产、生活确有困难的特贫困户子女入学，可少交成免交学杂费。

9. 卫生部门每年要组织医疗队，到老区、贫困地区进行巡回免费医疗，并解决好90%以上特贫困乡、村人畜的饮水问题，有效控制地方病的蔓延。

三、强化资金项目管理

首先，要不断增加扶贫的资金投入。要在发动群众集资的同时，积极引进资金；金融部门要根据需要与可能相应增加对扶贫项目的设备贷款和流动资金；地、县（市）财政每年也要拿出一定比例的专项资金，用于老区、贫区的经济开发。其次，要加强对到期扶贫资金的回收工作，争取每年专项贴息贷款和发展资金的到期回收率达到80%以上，壮大老区建设发展基金。第三，在安排使用扶贫资金时，要做到“五个优先”即特困村优先，解决特贫困户温饱优先，发挥当地优势项目优先，周期短、见效快项目优先，班子得力、管理有方优先。第四，在审批项目时要坚持做到有可行性报告，有主管部门的技术论证，有项目负责人，有全面实施方案。第五，对扶贫资金的使用，要专款专用，有专人管理。做到：资金投放前有调查，资金投放中有审查，资金投放后有检查。第六，审计、监察部门要做好审计监察工作。对于贪污、挪用扶贫资金的单位和个人，要根据情节轻重给予严肃处理，直至追究刑事责任。

四、加强基础设施建设

加强基础设施建设，大力改善农业生产条件。有计划、有步骤地建设一批水利工程，增加有效灌溉面积和旱涝保收面积，是提高老区贫区综合生产能力的重要保证。“八五”期间，我区老区贫区基础设施建设，重点要抓好水、电、路等的建设。到“八五”期末，90%以上的行政村要通公路、通电。80%以上的行政村要通广播，喇叭入户率要达到70%以上。

五、加强科技扶贫

科技扶贫是加快老区、贫困地区经济开发的重要措施。“八五”期间，要求：

一要不断增加对农业科技的资金投入。从1991年开始，各县（市）每年要从农业发展基金中切出20%，用于老区贫区的农技推广。科技三项费的60%要用于农业科研、开发和推广。老建资金扶贫贷款要优先用于农业开支和农技推广。

二要抓好科技培训工作。“八五”期间，计划培训老区分区特贫困户子女、回乡初高中毕业生、农业科技骨干（乡科协会员、科技示范户、专业户、退伍军人）、农村基层干部和乡镇企业管理干部50万人（次）以上。通过有效的培训，使每个特贫困户子女掌握1－2门实用技术。妇女参训面要达到20%以上，其中15%的人要达到农民技术员的水平。争取在今明两年筹建地区和各贫困县扶贫开发基地。

三要深入开展技术承包活动。继续组织农业科技人员深入生产第一线，开展集团技术承包、技术咨询，把科学技术送到千家万户、田边地头。对于承包三年以上，有突出贡献的科技人员要实行奖励，既在升级、工资、住房、职称、农转非等方面予以照顾。进行物资奖励，又要在评模、入党等方面给予重点考虑。

四要搞好科技示范。国家和省定点贫困县每年要抓两个科技示范乡。科技示范乡要做到“十有”，即有科技推广网络、有专职科技领导、有科技活动经费、有科技规划、有明确责任目标、有科技培训场所、有科技示范村、有科技示范基地、有科技示范户、有科技效益。各特贫困乡也要建立起自己的科技示范基地，以加快科学技术转化为直接生产力的步伐。

目前尚未配备科技副乡长、科技副村长的老区特困乡、村，要在今明两年内配齐。

六、抓好横向经济协作

“八五”期间，要充分利用我区与沿海经济发达地区毗邻和与闽、浙、赣、皖九地市、武汉经济协作区横向经济协作的有利条件，本着“开发、让利、搞活”的方针，以优惠政策和优势资源作引导，吸收发达地区的技术、人才、设备、资金、信息和管理经验，合资合作，扩散产品，输送劳力。对一些支柱产业的骨干项目，可实行联合开发。“八五”期间，争取达成技术协作项目300个，引进资金5000万元，引进人才400人（次），达成大小跨度项目40个，输出劳力20万人（次）。

七、严格控制人口增长

控制人口，缩小“分母”，是老区脱贫致富实现小康的重要措施。“八五”期间，要把计划生育与扶贫经济开发紧密结合起来，严格控制人口过快增长，使人口自然增长率控制在省下达的指标之内。要实行扶贫开发资金、物资的分配同计划生育挂起钩来，对人口增长率高于全区平均水平的县、乡，要相应减少扶贫资金；对自觉实行计划生育的特贫困户，在扶贫项目安排、农资供应、资金分配、子女就学、扶贫经济实体招工等方面，在同等条件下要给予优先照顾。

八、坚持“开发工程”与“保障工程”一起抓

在做好“扶贫开发户”工作的同时，还要积极做好“救济保障户”的工作。“八五”期间，每个特贫困乡要建好“三个一”即“一院”(敬老院)、“一厂”(福利厂)、“一会”(救济扶贫互助储金会),使“鳏、寡、孤、独”老人老有所养,“病、弱、呆、傻”者困有所扶,“盲、聋、哑、残”人员生有所靠。

九、进一步组织党政机关和社会各界扶贫济困

实行部门定点挂钩和动员组织全社会力量,帮助贫困地区经济开发,是党和政府加强同人民群众密切联系的一项重要措施。地直各部门对原定点挂钩的特贫困乡要做到“不脱贫、不脱钩、不放松”,并选择一个“空壳村”进行扶持,帮助他们建立“四个一”,即办好一个开发项目,建立一个服务组织,组建一支科技扶贫队伍,兴办一个农村夜校。老建部门要对“空壳村”进行1万~3万元配套资金的扶助。从1991年开始,全区选派1000名政治素质好,年富力强的中青年机关干部到老区贫区地区“空壳村”挂钩兼任实职,时间一般为两年。地直党政部门要把定点挂钩工作作为考核干部政绩的一项重要内容,对成绩显著的单位和个人要给予表彰和奖励。

上饶市和驻饶中央、省属企业和地属企业,科技单位,大中专院校也要分别建立1-2个扶贫横向联系点,开展“富帮穷”的对口帮助活动,并从人力、物力、财力、技术等方面给予支持,为联系点经济开发做好产前、产中、产后的全程服务。上饶市的对口帮助由地区计委牵头组织;中央、省、地属企业由地区经委组织;大、中专师范院校由地区教育局组织;卫生院校由地区卫生局组织;科研单位由地区科委组织。地县老建委要积极做好协调工作。

十、进一步加强对扶贫开发工作的领导

扶贫开发能否取得成效,关键在于领导。各级党政领导要不断增强扶贫济困的责任感和压迫感,既把扶贫开发当作一项复杂艰巨的经济工作来抓,又要把它当作一项关系到密切党群关系、稳定大局、体现社会主义制度优越性的严肃的政治任务来完成。亲自到贫困县、特贫困乡、“空壳村”建立扶贫联系点,深入下去,动感情、动脑筋、动真格,千方百计,真心实意地帮助老区贫区人民治穷致富,特别是贫困县、特贫困乡,要把脱贫致富为目标的扶贫开发作为经济建设的中心环节来抓,建立目标管理责任制,做到主要领导亲自抓,分管领导专门抓,各套班子一齐抓,形成扶贫开发的强大合力。

地、县两级老建办扶贫任务重,工作量大,只能加强不能削弱,要选择一批懂经济、善管理,精明能干的人员到老建部门去工作,同时要赋予老建部门一定的权力,使其职责与权力相符。今后,各县(市)老建办全部列入行政序列,为一级局单位,各特贫困乡要设立一名专职老建干事。为便于工作,各县(市)老建办应定编配置一辆工作用车,同时,适当增加办公经费,改善办公和住房条件,提高生活福利待遇。对老建办的干部要定期加强培训,提高业务素质,使他们真正成为一支思想好、作风正、业务精、能成为老区贫困地区群众服务的过硬队伍,以适应新形势下扶贫开发工作的需要。

一九九一年五月三十日

中共上饶地委　上饶地区行署
关于开展“解放思想，转变作风，群策群力，振兴上饶”
大讨论的决定

饶发〔1992〕5号

各县、市委，各县，市人民政府，地直各单位，地属各厂、矿、场：

今年，是我国实施“八五”计划和十年规划的第二年。为了圆满完成党和国家赋予我们的任务，加快振兴上饶的步伐，地委、行署决定在《赣东北报》上开展一场“解放思想，转变作风、群策群力，振兴上饶”的大讨论（简称“解放思想大讨论”）。

一、重要意义

1. 思想解放是社会发展的先导。1978年，全国开展的关于“真理标准”问题的讨论，带来了全党思想的大解放，结出了丰硕的成果。没有这场大讨论，就没有思想大解放，就没有党的十一届三中全会正确路线的形成，就没有农村以家庭联产承包为主的生产责任制的推行，就没有社会主义制度自我完善的改革开放，就没有广大人民的经济实惠，也就没有今天的社会稳定和安定团结的政治局面。

2. 思想守旧仍在阻碍经济的发展。1990年6月，地委提出的“解放思想，打破常规，敢冒风险，开拓进取”的十六字要求，推进了人们思想的解放，加快了改革开放的进程，促进了全区经济发展和各项工作。但我区经济发展同省内外条件相似的先进地区比较，仍然差距很大，与奔小康的大目标相比差距更大。究其原因，主要是思想不够解放的差距。“以我为主”，不顾中心；保守落后，安于现状；能上不上，怕担风险；工作松懈，作风懒散等等，仍然不同程度地存在。以经济建设为中心的观念，商品经济意识、改革开放意识、风险意识、竞争意识、参与意识、效益观念等等，并未完全成为人们的共识和自觉行动。阻碍经济发展的僵化思想、陈腐观念、封闭意识仍然束缚人们的头脑和手脚，如不冲破这些思想、观念的枷锁，振兴上饶就会成为空话。

3. 历史要靠人民来创造。上饶经济的振兴，要靠全区人民的共同努力。开展这场大讨论，必将引起广大干部群众的关注，唤起大家参与共谋经济振兴的思考，为振兴上饶出谋献策，为奔小康奋发图强。

全区各级干部和群众，都要从反“和平演变”的高度，从建设有中国特色的社会主义的庄严使命出发，充分认识开展解放思想大讨论的重要意义，积极支持、参与这场关系到我区前进步伐的大讨论。

二、目的要求

这场讨论的目的是冲破旧的传统观念的束缚，促进生产力的发展，加快奔小康的步伐。在讨论中，要大力动员全区干部和群众，以党的基本路线为指针，围绕贯彻去年召开的中央工作会议和十三届八中全会精神，针对我区人民思想和经济建设的现状，用“十六字”要求对照检查，在肯定成绩、总结经验的基础上，继续从横比中找差距，从理论上、意识上找原因，探讨更新

观念,开拓进取,加快振兴上饶步伐的新动作、新途径。为了组织好这场大讨论,地委、行署要求:

1、讨论要达到一定的广度。全区上下,各行各业、各级领导、广大干群都要动员起来,参加讨论,使干部的参与率达到95%,职工群众的参与率达到80%。

2、讨论要有一定的深度。各个单位、各个部门、各级领导,要自己带头并组织干部群众对自己的思想和工作进行一次很好的总结,重新审视自己,认真自我解剖,勇于揭短亮丑,剔肤见骨地寻找影响经济发展的“病根”,提出加快经济发展步伐的新思路。为了保证讨论的深度,地、县(市)都要分别组织精悍的3~5人的写作班子。写作班子的成员,要思想解放,阅历丰富,熟悉经济,具有政治敏感性和相应的写作能力,以便理出经济发展中存在的深层次问题,形成有观点、有事实、有见解的讨论文章。

3、要有一定的声势和强度。各新闻单位、理论研究和有关部门,要密切配合,运用一切宣传舆论工具,大造声势,广泛发动,推动大讨论的顺利发展。并组织一批骨干力量带着影响我区经济发展的问题,深入群众,认真采访,写出立意高、观点明、事实准、说理性强的专稿,提高讨论的效果。

这场讨论,必然触及各个层次、各个领域、各个环节中的思想与工作上的问题。各级领导要保护冷静的头脑,正确对待来自各个方面的批评,并以“引火烧身”的精神,从正确批评中激励自己,大步前进。

三、讨论内容

重点是解放思想、更新观念、转变作风,为振兴上饶经济扫清思想障碍,奠定思想基础。讨论应密切联系我区经济生活中存在的问题进行。

1. 用事实说话,充分肯定我区贯彻“十六字”要求的成果,论述思想解放的必要性、可能性和坚定性;

2. 披露、解剖思想解放的阻力和影响经济发展的观念、意识和工作环节等,并论证其根源、危害和解决途径;

3. 探讨振兴上饶经济的路子,促进城乡经济的全面发展。

四、大体部署

1. 时间安排为4个月,从2月11日开始到6月中旬结束。

2. 第一阶段,在肯定我区贯彻“十六字”要求取得的成果,论述思想解放意义的基础上,揭矛盾、找差距;第二阶段,根据讨论提出的问题,论方向、明是非;第三阶段,着重组织大家出主意、献计策。

3. 采写省内外的先进典型,为横比提供依据。

4. 破题文章及重要言论稿可同时或先后在上饶电视台、《波阳报》及各县市广播电台(站)刊登、播发。

5. 讨论结束前,由地委主要领导同志写讨论总结文章。

一九九二年二月十日

中共上饶地委　上饶地区行署关于切实减轻农民负担的决定

饶发〔1993〕5 号

近几年来,党中央、国务院及省委、省政府对减轻农民负担问题十分重视,制定和下发了一系列政策法规。我区在贯彻落实这些政策法规过程中,做了大量的工作,取得了一定的成效,但农民负担仍然比较重,如果任其发展,不仅会直接影响农业生产的发展,而且还将影响农村乃至整个社会的安定。因此,必须迅速采取措施,坚决保护农民合法权益,切实减轻农民负担。经研究,提出以下几点意见。

一、认真学习,高度认识减轻农民负担问题的重要性

各级党政部门要立即组织广大干部深入学习江泽民总书记在六省农业和农村工作座谈会上的重要讲话和李鹏总理在全国农业工作电视、电话会上重要讲话,学习国务院《农民承担费用和劳务管理条例》、《江西省农民负担管理条例》(以下简称《条例》)和中共中央办公厅、国务院办公厅《关于切实减轻农民负担的紧急通知》和省政府《关于切实减轻农民负担的通知》等有关减轻农民负担的文件,统一思想,提高认识。要使广大干部明白,减轻农民负担问题,不仅仅是个经济问题,而且是个重大的政治问题。它关系到党群关系、干群关系的融洽,关系到能否调动农民生产积极性,促进农村经济发展,加快农村奔小康步伐,关系到农村的稳定乃至整个社会的稳定。要教育广大干部树立牢固的政策法规观念,增强法律意识,严格依法办事,保护国家和农民的合法权益。同时,要向农民做好法规条文的宣传工作,使农民知法懂法。明白哪些是自己对国家和集体应尽的义务,哪些是不合法的负担,从而自觉地运用法律武器来保护自己的合法权益。

二、掌握《条例》精神,明确农民负担范围

根据一九九一年国务院下发的《农民承担费用和劳务管理条例》及《江西省农民负担管理条例》规定,农民依照法律、法规应尽的义务是:除按税法向国家缴纳税金外,必须向乡村集体上交占上年人均纯收入5%以内的村提留和乡统筹,以及每个农村劳动力每年必须承担5～10个义务工,10～20个劳动积累工。

其中,村提留款(占村提留和乡统筹总额的一半)包括三项:1. 公积金(占提留总额的40%),用于农田水利基本建设,购置生产性固定资产,植树造林,兴办集体企业;2. 公益金(占提留总额的20%),用于"五保"供养,特困户补助,合作医疗保健和其他集体福利事业;3. 管理费(占提留总额的40%),用于村干部报酬,办公费用、订阅报刊和其他管理开支。上述事业发展和费用开支,必须在定项限额内开支,不得突破,不得另立或重立项目。

乡统筹费(占村提留和乡统筹总额的一半),包括五项:1. 乡村两级办学经费(即农村教育事业费附加),可占乡统筹总额的60%,用于本乡范围内乡、村两级的民办教育事业;2. 计划生育费(控制在乡统筹费总额的10%以内),用于计划生育费用补贴;3. 优抚费,主要用于家居本乡农村服现役的义务兵家属的优待金,和由乡统一负担的"五保"供养部分费用;4. 民兵训练费,用于农村民兵参加军事训练期间,按照本乡同等劳力收入水平给予的误工补贴;5. 乡村道路桥梁建设和养护费用、广播线路维修费。上述事业发展和费用开支，必须在定期限额内列支，不得突破，不得另立或重立项目。

另外，如确需向农民集资和收取行政事业性费用，须经行署以上有关部门会同农民负担监督管理部门审核同意，报省人民政府批准，除此以外，要农民无偿提供任何财、物和劳务，均为非法，农民有权拒绝。

三、令行禁止，坚决废止违背《条例》规定的各种负担项目

农民负担重的问题，表现在农村，根子在上面各部门。凡是涉及农民负担的摊派、集资、达标活动和行政事业性收费及罚款等方面的许多文件，都必须一律先停止执行，然后进行清理。从源头抓起，地委、行署要求全区各机关、各有关部门，由一把手负责立即行动起来，对涉及农民负担的文件认真地进行清理。凡违背《条例》规定负担的项目，以及没有其他法律、法规依据的项目，应一律废止。省政府《通知》提出的第一批废止的 39 个农民负担项目和八种收费（税）方法，应立即予以废止。

1. 未按规定程序审批的各种集资。如"希望工程"集资（含强制性募捐）、卫生集资、广播线路维修集资、电视差转以台集资、公路拓宽集资、农贸市场集资、电气化集资、建电站集资、建桥集资、开发区集资、乡、村计生所、室集资、乡派出所集资、民兵训练集资、民兵训练基地集资、治安联防集资、体育中心集资及其它地方性各种集资等，一律废止。

2. 未按规定程序审批而设立的各种基金。如教育发展基金、甘蔗发展基金、烟叶发展基金（含烟草调节费）、粮食发展基金等，一律废止。

3. 未按规定程序审批的各种强行摊派。如计划生育保证金和公证费，强行摊派以资代劳款、普法宣传费、农村户口城市化管理费、军人家属慰问费、生猪收购差价费、贷款公证费、农业承包合同公证费、社会综合治理保证金、消防保证金、红壤开发费、农函大统筹费、县市各项统筹费、老干部退岗费、奔小康规划费、完不成产品任务罚款、建房保证金、贷款保证金、村镇建设达标费、村镇建设达标费、村"八室四化"（党、团、妇女之家或活动室达标等标准化）达标收费（或集资）等，一律废止。

4. 违背《条例》规定的审批程序，未经省批准的任何集资和基金，没有法律依据的各种罚款，一律废止。发放牌照、证件等行政事业性收费，法律、法规有规定外，未按程序审批的，一律废止。超过规定收费标准的要立即纠正。

5. 农村保险、妇幼保健、卫生防疫、畜禽防疫、农技推广、植物保护、订阅报刊、文化娱乐等服务性和经营性收费，必须坚持自愿互利、谁受益谁经营，按规定收费，不准搞任何形式的强行收费或摊派。

6. 各种达标、竞赛、评比活动，凡属要向农民收费、摊派、集资的，一律废除。

7. 农林特产税、生猪屠宰税应依法征收，但不得平均摊派。

8. 义务工、劳动积累工，以出劳为主，不能出劳或本人自愿，可以以资代劳，但不准强制农民以资代劳。

今后，任何部门下发涉及农民负担的文件，都要经过农民负担监督管理部门会签下发，否则不予出台。

四、健全制度，开源节流，为减轻农民负担创造条件

1. 搞好农村财务管理。各地要建立和健全各种财务制度，村提留，由村集体经济组织或村委会每年年底作出当年结算方案并提出下一年度预算方案，经集体经济组织成员大会或村民代表会讨论通过，报乡镇人民政府备案。讨论通过的预、决算方案，提留开支情况，都应张榜公布，接受群众监督。乡统筹费由乡农村经营管理站依法统一管理。尚未建立农经管理站的乡镇要迅速建立起来，人员调走的要配上，使之能正常开展工作。有关部门使用乡统筹费必须由乡主管领导批准，在定项限额内列支报账，实行专款专用，不得平调、挪用到乡村合作经济以外使用。要建立健全预决算制度、财务管理制度、审计制度以及新增项目的申报、审批制度。对农民负担费用以及劳务的提取和使用情况，应纳入审计监督内容，由农民负担监督管理部门会同农村经济审计部门每年进行一次审计。对违背《条例》和本规定的集资、摊派、收费、罚款、项目是哪里出台的，资金用到哪里去了，进行跟踪审计，逐级报送审计结果。

2. 对于那些还在农民手中的“白条”，要想办法尽快兑现。今后，对各种农副产品的收购，各级政府要尽早动手，协调财政、金融部门积极配合，准备资金，保证兑现，任何部门和单位都不得挪作它用，坚决克服“白条”现象。

3. 发展村级经济是解放农民负担过重问题的根本措施。各地要广辟财源，大力兴办乡村企业和第三产业，尤其要创办见效快、效益好的绿色企业和蓝色企业，尽快壮大村级集体经济，不断增强以工补农的后劲，为农民发展经济增强活力。

五、加强领导，齐抓共管

减轻农民负担一项涉及面广、政策性强、难度很大的工作，各级党委、政府必须切实加强领导。

第一、地委、行署决定，地区由专员负责，分管农业的副专员具体抓：各级人民政府都要切实加强领导，做到级级有人抓、层层有人管，把减轻农民负担的工作摆到政府重要议事日程上，抓紧管好。

第二、各县（市）人民政府必须迅速建立和健全农民负担监督管理领导小组和办公室。领导小组由分管农业的副专员、副县（市）长牵头，纪检、监察、司法、物价、财政、农经委、农业等部门以及各级农民负担监督管理机构的负责人为成员。其职责是：加强对减轻农民负担的监督、管理工作，协调并处理有关重大事项和重要案件。日常工作由农民负担监督管理办公室承担。办公室设在农牧渔业局内，各级政府要拨给专门的办公、活动经费，并发给执法证件。

农民负担监督机构享有以下权利：(1)有权会同有关部门审核上报涉及农民负担的有关文件，未经他们审核而自行上报下达的文件，一律无效；(2)有权检查和参与处理农民负担的案件，任何部门不得刁难；(3)有权对村提留和乡统筹费的收支情况进行审计，被审计单位不得隐瞒和拒绝；(4)有权对违反《条例》的单位，根据问题大小、情节轻重，进行必要的经济处罚，并向监察、司法部门提出处分、法律制裁的建议。

第三、各县市每年都要组织一次农民负担情况的检查，并逐级上报检查结果。平时要加强监督工作，对因农民负担过重而引起的恶性案件，发现一起，查处一起，决不手软；对造成恶性事件的当事人，要依法惩处；对酿成恶性事件的官僚主义者，要撤职查办；处理结果要公开曝光，进行民主与法制教育。

一九九三年三月二十七日

中共上饶地委关于在全区开展“把上饶建成江西的经济大区”大讨论的决定

饶发〔1994〕7号

各县(市)委、地委各部门、地直各单位党组织:

为了使“把上饶建成江西的经济大区”的宏伟目标真正化为全区六百万人民的自觉行动,经地委研究,决定在我区广泛开展“把上饶建成江西的经济大区”的大讨论。

这次大讨论活动,要在过去“横比教育”、“解放思想大讨论”和“冲出夹缝”号召的基础上,来一次声势更大、层次更深、人人参与的思想大发动。通过大讨论,调动全区可以调动的一切积极因素,为实现“把上饶建成江西的经济大区”的宏伟目标出谋划策、献计出力。

地委宣传部《关于开展“把上饶建成江西的经济大区”大讨论的方案》,已经地委研究同意,现转发给你们,望认真贯彻,组织实施。

1994年3月10日

附件

关于开展“把上饶建成江西的经济大区”大讨论的方案

地委:

全区三级干部大会提出了到本世纪末“把上饶建成江西的经济大区”的宏伟战略目标。为了使全区干部群众进一步解放思想,更新观念,把思想都统一到建成经济大区的目标上来,使建成经济大区的宏伟目标成为全区干部群众的共同决心和自觉行动,我们建议《赣东北报》开展一场“把上饶建成江西的经济大区”的大讨论(简称“建成经济大区大讨论”)。

一、指导思想

思想解放是社会发展的先导。前几年我们一再推动思想的解放,横向比较、改革开放教育、解放思想大讨论、冲出夹缝号召、经济上台阶的思想发动,一步一步把思想解放引向深入,“十六字”要求为全区越来越多的干部群众所理解、所接受、所推行,使上饶的“两个文明”建设跃上了一个新的台阶。但也要看到,我区这几年的快速发展,总体上还是低水平、低层次的,在全省相对落后的状况还没有根本改变。究其原因,还是思想不够解放。“解放思想并没有到头”。只有通过大讨论,引起广大干部群众的关注,统一对建设经济大区的重要意义、指导思想、奋斗目标、实施步骤、发展重点和辉煌前景的认识,增强在困难中求发展,在发展中攀高峰,加速上饶经济腾飞的信心和决心,唤起大家参与共谋经济振兴的思考,为建设经济大区出点子、献计策,才能完成把上饶建成江西的经济大区这一宏伟而艰巨的任务。

二、目的要求

这场讨论的目的是冲破旧的传统观念的束缚,把全区干部群众的思想统一到建设经济大区的目标上来，更主要的是调动各方面的积极性，为建设经济大区出谋划策、献计出力。在讨论中，要大力动员全区干部群众，用邓小平同志建设有中国特色的社会主义理论武装头脑，以党的基本路线为指针，围绕贯彻十四届三中全会和去年召开的全国农村工作会议精神以及这次召开的全区三级干部大会精神，针对我区人民思想和经济建设的现状，用“经济大区”和“十六字”要求对照检查，在肯定成绩、总结经验的基础上，继续从横比找差距、从理论上、意识上找原因，从上饶实际找发展优势，找到加快振兴上饶步伐的新动作、新途径。为了组织好这场大讨论，特提出以下要求：

1. 讨论要达到一定的广度。全区上下、各行各业、各级领导、广大干部群众都要动员起来，参加讨论，使干部的参与率达到95%，职工群众的参与率达到80%。

2. 讨论要有一定的深度。各个单位、各个部门、各级领导，尤其是各县市、乡镇场党政领导同志要自己带头并组织干部群众结合本单位实际围绕建设经济大区，对自己的思想进行一次很好的总结，尽快提高对建设经济大区的认识。要针对存在的思想问题，大力宣传建设经济大区的现实和历史意义；从如何建设经济大区入手，结合各自发展优势，引导广大干部群众出点子、献计策，把思想认识统一到建设经济大区这个目标上来。为了保证讨论的深度，地、县（市）都要分别组织精悍的3－5人的写作班子。写作班子的成员，要思想解放，阅历丰富，熟悉经济，具有政治敏感性和相应的写作能力，以便理出经济发展中存在的深层次问题，制定出建设经济大区的规划，找到建设经济大区的有力支撑，形成有观点、有事实、有见解的讨论文章。

3. 要有一定的声势和强度。各新闻单位、理论研究和有关部门，要密切配合，运用一切宣传舆论工具，大造声势，广泛发动，推动大讨论的顺利发展。报刊电视要开辟大讨论专栏或专题，理论、新闻等部门要组织一批骨干力量带着影响我区经济发展的问题，深入基层，深入群众，认真调查采访，写出立意高、观点明、事实准、说理性强的专稿，提高讨论的效果。

这场讨论，必然触及各个层次、各个领域、各个环节中的思想与工作上的问题。各级领导要保持冷静的头脑，正确对待来自各个方面的批评，从正确批语中激励自己，大步前进。

三、领导机构

为加强对大讨论的组织领导，拟成立大讨论领导小组。

建议领导小组组长由地委副书记饶士圻同志担任，副组长由地委委员、宣传部长孔宗亮同志担任。领导小组成员由以下同志担任：熊良华、程爱平、喻宗均、吴祖光、龚乃旺、朱重权、周涛渊、方伦水、阮晓平。

领导小组下设办公室，主任：龚乃旺，办公地点：赣东北报社。

四、讨论内容

重点是围绕如何把上饶建成江西的经济大区，解放思想，更新观念、结合实际、出谋划策，为振兴上饶经济扫清思想障碍，找准大发展的突破口，找到一条行之有效的好路子，制定出建设经济大区具体的实施计划。

1. 用事实说话，充分肯定我区改革开放和经济发展的成果，尤其是这几年为“冲出夹缝”所做出的拼搏和取得的成绩，论述建设经济大区的必要性、可能性和坚定性。

2. 扫清思想障碍，剖析思想解放，建设经济大区的阻力和影响经济发展的观念、意识和工作环节等，并论证其根源、危害和解决途径。

3. 认清我区同省内外尤其周边地区发展上的差距，引导干部群众看到我区的“夹缝”地位还没有根本改变,拉大差距的危险还威胁着我们,从而保护清醒的头脑,增强紧迫感、责任感。

4. 探讨建设经济大区的各种优势、目标规划、工作方法、发展途径和保证措施等。

五、部署安排

时间安排为6个月,从3月15日开始到9月中旬结束。

第一阶段(3月15日—4月30日):在肯定我区贯彻"十六字"要求和解放思想大讨论取得的成果、论述经济大区意义和解放思想的基础上,揭矛盾、找差距;第二阶段(5月1日—6月15日):根据讨论提出的问题,谈优势、看不足、论方向、明是非;第三阶段(6月16日—9月中旬):着重组织大家出主意,献计策,制定出建设经济大区的具体规划。

以上方案,如无不妥,请批转各地贯彻执行。

中共上饶地委宣传部

一九九四年二月二十六日

中共上饶地委　上饶地区行署
关于加快企业产权制度改革的意见

饶发〔1994〕16号

各县(市)委、人民政府,地委各部门、地直各单位:

深化企业产权制度改革,建立现代企业制度,是贯彻落实党的十四届三中全会《关于建立社会主义市场经济体制若干问题的决定》的重要步骤,是发展社会主义市场经济的必然要求。为加快我区企业产权制度改革,特提出如下意见:

一、进一步解放思想,转换脑筋,充分认识企业产权制度改革的重要性、必要性和紧迫性

1. 改革产权制度,建立产权清晰、权贵明确、政企分开、管理科学的现代企业制度,有得实现政企职责分开,规范经营者的行为,巩固公有制的主体地位,实现国有资产的保值增值。改革产权制度,是我区深化企业改革的方向,所有企业都要朝这个方向努力。

2. 改革企业产权制度,要求人们的思想观念来一个变革。因此,必须进一步解放思想,以邓小平同志建设有中国特色社会主义理论为指导,以"三个有利于"为标准,借鉴各地改革成功经验,积极探索,大胆实践。

3. 加强企业产权制度改革的政策宣传,做好思想政治工作,消除种种疑虑,保证企业产权制度改革在我区的顺利进行。

二、企业产权制度改革的指导思想和原则

企业产权制度改革必须坚持以公有制为主体,多种经济成分共同发展的方针,按照社会主义市场经济的要求,以建立现代企业制度为目标,采取多种形式,改革和完善各类企业的产权制度。

在进行企业产权制度改革中,应遵循的原则是:从实际情况出发,针对城乡各类不同的企业,采取不同的形式进行产权制度改革,要一厂一策,不搞一刀切和一个模式。

1. 对于已经达到一定规模、效益又好的骨干企业,要积极组建为股份有限公司或股份集团公司；

2. 对于规模较小、效益较好的企业，可通过参股和出售方式改组为有限责任公司；

3. 对于资产较多的微利企业，可实行资产承包经营；

4. 对于微利和亏损企业，可通过出售、兼并、租赁或租售结合（还本租赁），进行改造；

5. 对于小规模的集体企业，可改造为股份合作企业或合伙企业；

6. 对于资不抵债、有转机可能的企业，可把债权转为股份，实行债权股份制；

7. 对于资不抵债、生还无望的企业，可实行拍卖或破产；

8. 对于农村股份合作企业和私营企业，要明确出资人资产所有权，保护个人资产权益，引导和鼓励他们根据发展需要改组为规范化的股份制公司；

9. 对于国有企业，二轻、乡镇集体企业，也可与外商合资，进行嫁接改造。

除上述形式外，各地还可从实际情况出发，选择其他新形式。

三、有关企业产权制度改革的政策性措施

1. 企业进行产权制度改革，必须进行清产核资，评估资产，理清债权债务，界定产权。

国有企业和有国家投资的企业，要委托有法定资格的资产评估机构进行资产评估，并由国有资产管理部门确认。在评估中，要简化手续，提供方便。

集体企业内部改制的，一般可由省（市）主管部门牵头，请银行、财政、审计、会计师事务所等有关部门参加组成资产评估组织进行评估。

内部改制企业，资产评估一般采用收益现值法，即按被评估资产的预期获利能力和平均资产利用率，确定资产现值，或采用重置成本法。整体出售和拍卖转制的企业资产，应采用现行市价法评估。对原有坏账损失、坏账准备金不足的，可按冲减资本金的办法处理。

前一时期，我区资产评估工作进展较慢，为加快我区产权制度改革的步伐，各县（市）要积极创造条件，组建有法定资格的资产评估机构，加快资产评估进度。评估收费要充分考虑企业承受能力，给予适当优惠。

2. 为适应企业产权制度改革，要相应改革国有和集体资产管理体制。把政府的国有资产所有者职能和社会经济管理职能分开，组建国有资产管理协调委员会，加强国有资产的监督管理，也可分行业设立企业性的国有资产营运公司，具体承担国有资产的保值增值责任。乡镇集体经济组织也可组建集体资产营运公司，发展和壮大集体经济。

3. 国有企业减免税形成的资产占原企业总资产 25% 以内的，留利再投资形成的全部资产，可直接转入改制后企业的公积金；集体企业减免税形成的资产，转入改制后企业的公积金，也可拿出一部分（最多不超过 50%）作为股份量化到企业经营者和职工。

4. 对于资产较大的微利企业，国有和集体资产可部分转为长期负债，由资产管理部门实行监督，收取资金占用费，收费标准可以比照同期银行贷款利率收取。

5. 对原始资产投入很少，或是依靠借贷起步的集体企业，其产权界定，在坚持“谁投资、谁所有”的原则下，可将“投资”的范围扩大为生产要素，包括劳动者对企业贡献等要素在内，再根据各种生产要素在该企业资产形成中所起的作用，通过协商，实事求是地进行界定，形成一个各方都能接受的方案。

6. 国有、集体企业改组为股份制，可以将国有、集体资产整体出售或拍卖，也可以部分出售；可以一次性付款，也可以分期付款。还可以部分租赁、部分出售和部分参股经营相结合，实现还本租赁。

7. 在企业产权制度改革中,可从国有、集体资产中划出一定数额作为社会保险基金,也可以在国家股份分红中支付一定数额的社会保险费用;在企业拍卖或整体出售所得中,要一次性划拨一定数量的职工(含退休职工)社会保险费用转入社会保险部门。供原企业职工按规定享受。

8. 国有企业、集体企业所有者无论选择产权购买者、租赁人,还是选聘产权代表,都要引入竞争机制,实行公开竞争,认真考证,择优选用。

9. 各地要从实际出发,积极创造条件,建立产权(股权)交易所,以促进产权流动和重组,逐步建立产权交易市场。

10. 企业改制后,应按照有关规定,到工商行政管理部门办理变更或登记注册手续。

四、推进企业产权制度改革的步骤和重点

1. 抓好试点,积累经验。企业产权制度改革,必须由点到面,稳步推进。试点工作主要由对口的经济的主管部门牵头抓。经委牵头抓国有企业,二轻局牵头抓二轻集体企业,乡镇企业局牵头抓乡镇集体企业。当前,横峰纺织器材厂国有独资公司试点、地区蛇纹石矿的改革试点、铺前煤矿的改革试点应按行署安排的人选负责抓紧抓好。各县(市)都要有组织、有计划地抓好企业产权制度改革的试点工作。

2. 抓好重点,全面推进。在搞好试点的基础上,地、县(市)要分别列出产权制度改革的重点企业。地委、行署要求,预算内国有企业今年底要有三分之一运转起来。其他国有企业、二轻企业、乡镇集体等企业也要积极创造条件,分期分批进行产权制度改革。

五、切实加强对企业权制度改革工作的领导

1. 地区成立企业产权制度改革工作领导小组。由行政主管任组长,分管体改、工业和乡镇企业的行署副专员任副组长,经委、计委、财政、税务、审计、劳动、人事、金融、体改、组织、宣传、法制等部门负责人为成员。领导小组的职责是:制定工作计划和实施方案,统一协调工作,加强检查督促。

各县(市)也要成立相应的领导小组,加强对产权制度改革工作的领导。

2. 各部门要大力支持产权制度的改革。组织、人事、经委、二轻、财政、乡镇企业局等部门要根据本意见的精神,在今年六月底制定出配套措施,以实际行动支持和配合产权制度的改革。

3. 培训骨干。产权制度改革牵涉面广,任务重,政策性、操作性强,各地要抓紧培训一批懂政策、会操作、精通业务的骨干,以保证改革工作的顺利进行。

1994 年 6 月 16 日

中共上饶地委　上饶地区行署
关于进一步大力发展个体私营经济的决定

饶发〔1995〕1 号

改革开放以来,我区认真贯彻党中央、国务院关于坚持公有制为主体多种经济成份共同发展的方针，按照社会主义市场经济的要求，加快了城乡个体私营经济的发展，对吸纳劳动就业，方便人民生活，活跃城乡市场，增加财政收入，推动经济和社会发展都起到了积极作用。为了加快发展社会主义市场经济，促进我区经济持续快速健康发展，今后三年内，要实现全区个体工商户，私营企业发展到18万户，从业人员达到60万人，税收3亿元的目标。为此，就进一步大力发展我区个体私营经济，作如下决定：

一、提高认识

1. 发展个体私营经济是党和国家的一项长期方针和政策，是宪法赋予的光荣任务，大力发展个体私营经济既是进一步深化改革，推进建立社会主义市场经济新体制的需要，也是加速实现我区经济发展战略目标的需要，各级党委、政府要把大力发展个体私营经济作为振兴上饶经济的一件大事来抓，切实抓住机遇，采取有效措施，积极鼓励和支持个体私营经济的健康发展。

2. 要进一步解放思想，从建设有中国特色社会主义的高度，正确认识个体私营经济的地位和作用，彻底摆脱传统观念的束缚，坚决根除认识上的偏见和政策上的歧视，放胆、放手发展个体私营经济，加快推动我区个体私营经济的大发展、大提高。

3. 把个体私营经济的发展列为各级目标考核的内容。各地应统筹规划，制订出本地个体私营经济发展的目标，狠抓贯彻落实。

二、政策扶持

4. 鼓励我区公民从事个体私营和开办私营企业。党政机关、企事业单位的离退休人员和办理脱钩手续后的人员，社会闲散人员、大中专毕业生、转业复退军人。可凭身份证明直接向经营所在地工商行政管理机关申请登记注册。申请设立有限责任公司的按《公司法》规定办理。

各级领导干部都要加强与个体私营企业的联系，与他们交朋友，经常了解他们的生产、经营情况，积极为他们排忧解难，帮助他们提高和发展。

欢迎外地人员来我区从事经济活动，独资、合资、合作兴办私营企业；积极引导我区外出打工人员回乡经商办企业；支持我区私营企业兴办中外合资经营、中外合作经营企业和从事“三来一补”业务，并享受外资企业的同等优惠待遇，公平发展。公安部门要及时为外业经商人员办理暂住手续。有关部门和单位凭其营业执照，对其他子女入托、入学及学杂费等要与当地居民一视同仁。对上述依法经营获得的投资收益，可以依法自由处置。

5. 放开经营范围和经营方式。除国家法律和政策明令禁止经营的行业和商品外，全部放开。任何部门和组织不得以任何借口加以限制或搞行业垄断。

积极引导个体工商户、私营企业参与高新技术开发和农业开发，兴办生产型、科技型、开发型企业，允许开办私立文化、教育、卫生、体育、信息咨询等服务实体及其他社会服务项目。

支持个体工商户、私营企业跨区域、跨行业、跨所有制开展横向经济联合，参股经营；鼓励个体工商户和私营企业购买、租赁国有、集体企业；允许个体工商户私营企业通过代理开展外贸业务，经办理有关手续后，允许出国经商办厂。

6. 按规定给予税费优惠。对生产型、科技型、外向型和直接为农业产前、产中、产后服务的私营企业，自发照之日起，三年免征、两年减半征收企业所得税。个体、私营企业投资开发荒山、荒地、荒水、滩涂从事农、林、牧、副渔业生产的，自有收入年度起，熟荒三年、生荒五年免征农业税，一至三年免征农林特产税。

对个体工商户和私营企业的产值、营业额、税金、有关管理费等的核定，应在征求个体私营经济协会意见的基础上，由当地政府、税务、工商部门共同商定，公开办事程序和结果，坚持一定一年不变，不得中途随意加税加费。工商、税务机关应帮助和督促个体私营企业建立账务账本制。税务部门要根据生产、经营活动的正常需要，及时足额提供有关税务发票，帮助解决小规模纳税人代开增值税专用发票问题，同时不得超范围收取发票保证金。

7. 实行信贷扶持。各级金融部门，要按照国家信贷原则和利率政策，像支持乡镇企业一样支持个体私营经济的发展，安排和解决个体工商户、私营企业生产经营所需的贷款。有条件的县（市），可以试办为个体私营经济服务的生产互助基金会。对那些依法缴纳税费、生产效益好、有偿还能力、文明经营的优秀个体、私营企业，要给予信贷资金的重点扶持。

8. 加快生产要素市场建设，积极培育我区市场体系。依托资源优势重点培育发展面向全区、幅射全省、影响全国的专业批发市场和边贸市场。着重支持发展生产要素市场，进一步发展消费品市场。争取通过三至五年的努力，在全区形成全方位多功能开放型的市场体系。要切实规划解决好个体私营经济区（街），从实际出发，划出若干块商位较好的地段，统一规划、设计，分户实施，作为发展个体私营经济的固定场所。现阶段，在城建，工商行政管理部门的规划下，允许个体工商户在车站、码头、公园、剧院、广场等公共场所指定的地点摆摊设点，任何部门和个人不得随意迁赶。

三、搞好服务

9. 依法独立登记注册发照。个体工商户、私营企业申请登记注册时，除国家法律规定限制的行业及涉及人身健康安全的行业外，凭本人身份、职业状况等证明直接向经营地工商行政管理机关申请核发营业执照。工商行政管理机关应简化手续，提高办事效率，依法登记发照。对在原地已办理营业执照来我区经营的外地个体、私营企业，可凭其营业执照到当地工商行政管理部门进行备案登记。对冠省、地名的私营企业，可在全区范围内办理分支机构。经县级工商行政管理机关批准，在其辖区内，个体工商户可以一照多摊。

登记发照主管机关，只要申办材料齐全，应在法定的时间内抓紧办理。

其他依据国家行政法规必须预先办理的行业经营许可证，有关部门要指定专人负责，随到随办，对符合规定条件的，有关部门应在法定的期限内审查发证。

个体工商户、私营企业的营业执照，是国家授权工商行政管理机关颁发的合法经营凭证，除工商行政管理机关依法进行处罚外，任何部门、任何单位和个人无权收缴、毁坏或吊销个体、私营企业营业执照。违者除负相应的法律责任外，赔偿由此造成的一切经济损失。

10. 切实维护个体、私营企业的合法权益。个体、私营企业的合法收入受法律保护，任何组织和个人不得强行借贷或索取，不得非法扣压、冻结、挪用。不准对个体私营企业吃、拿、卡、要，不准向个体工商户、私营企业乱收费、乱罚款、乱摊派、乱集资、乱检查，违者要严肃处理，并追究单位负责人和直接责任人的责任，构成犯罪的追究刑事责任。对所有停、歇业的个体私营企业，工商、公安、税务等部门要查明原因，凡属上述因素造成，严肃追究有关当事人和单位的责任。

对个体、私营企业实行收费负担卡制，凡向个体工商户、私营企业进行收费，必须严格按照省政府赣府字〔1994〕441 号通知执行。对违反规定的，个体工商户、私营企业有权拒付和举报，纪检、监察、物价等有关部门要及时查处。

公安等有关部门，要积极创造良好的治安环境，依法保护个体工商户、私营企业主的人身和财产安全。

四、强化领导

11. 地区成立由主管领导任组长，工商行政、财政、税务、公安、银行、城建、劳动、物价、土地管、电力、卫生（防疫）、技术监督、个协、工商联等部门负责人为成员的"个体私营经济领导小组"，办公室设在地区工商行政管理局，负责指导、规划、协调全区个体私营经济的发展和管理工作，实行简捷、方便的一条龙服务。各县、市政府应成立或充实相应的领导小组和办事机构，乡、镇政府和街道办事处要确定一名领导分管个体私营经济工作。

要认真贯彻省人民政府《关于改革和加强个体私营经济协会工作的通知》精神，完善和加强各级个协组织建设，切实加强对个体私营经济工作的领导。

五、加强管理

12. 各级工商行政管理部门、个体私营经济协会和有关单位，要不断加强对个体工商户、私营企业的爱国主义教育、遵纪守法教育、职业道德教育和岗位技能培训。广泛开展"文明经营户"、"纳税光荣户"、"双十佳"模范户等评比竞赛活动。对少数非法经营、掺杂使假、欺行霸市、强买强卖、暴力抗管、偷漏税费等违法违章和损害消费者合法权益的行为，要坚决打击。

六、激励机制

13. 对依法纳税、数额较大的个体工商户、私营企业主要进行重奖。当年缴纳所得税 5 万元以上的（含 5 万元），由当地政府按其当年纳税额的 8% 进行奖励；10 万元以上的（含 10 万元），按 10% 的比例进行奖励；20 万元以上的，进行重奖，奖励比例提高到 20%。个人表现突出和对国家有突出贡献者，可评选为地、县级劳动模范，并可推荐选举其为人大代表、政协委员、参政议政。

对个体、私营企业人员在参军、升学、招工、招干等方面要与待业青年一视同仁。被招工和退伍回乡安置的，其经营年限可连续计算工龄。个体私营企业的技术人员可参照乡镇企业评定技术职称，享受其同等待遇。

14. 全社会都要形成鼓励和支持个体私营经济大发展的舆论环境。要注意发现和树立先进典型，对那些依法经营、率先致富，为国家做出较大贡献的个体工商户和私营企业主，要大张旗鼓的宣传、表彰。

15. 本决定由地区工商行政管理局负责解释。

1995 年 1 月 10 日

中共上饶地委　上饶地区行署
关于成立上饶地区决策咨询委员会的通知

饶字〔1995〕68 号

各县、市委，各县、市人民政府，地委各部门，地直各单位：

根据党的十四届四中全会关于"要建立健全领导、专家、群众相结合的决策机制，逐步完善民主科学决策制度"的精神，为使地委、行署的决策工作更加民主化、科学化，减少和避免决策工作的失误，经地委、行署研究决定，成立上饶地区决策咨询委员会。现将有关事项通知如下：

一、决策咨询委员会组成人员

主　任：邓布仁（地委副书记、行署专员）

副主任：王际贤（地委副书记）

倪忠民（地委委员、行署副专员）

委　员：熊良华（地委副秘书长、地委办公室主任）

朱重权（地委副秘书长、地委政研室主任）

程爱平（行署办公室主任）

周涛渊（地区体改委主任）

袁邦火（地区计委主任）

董清明（地区经委主任）

叶永青（地区农经委主任）

徐立崖（地区科委主任）

魏林虬（地区财政局局长）

刘灿文（地区统计局副局长）

陆纪辉（高级工程师、万年湖云塘水产场场长）

陈成之（高级工程师、上饶客车厂厂长）

刘兆祥（高级农艺师、地区农牧渔业局科长）

诸瑞龙（高级工程师、地区林业局副局长）

郭生凤（高级工程师、上饶市农水局林业站站长）

纪海水（高级工程师、地区水电设计院副院长）

吴长庚（副教授、上饶师专朱子学研究所所长）

王以富（副教授、地委讲师团团长）

潘德年（主任医师、地区肿瘤医院院长）

伍鸿章（高级工程师、上饶市经委副主任）

张启铅（高级会计师、地区人民银行总会计师）

童伟华（副主任编辑、上饶日报社总编辑）

郭立仁（高级工程师、地区城建局副局长）

陈胜年（高级经济师、地区商业局副局长）

二、决策咨询委员会的工作内容

1. 咨询。对于有关职能部门提交地委、行署决策的重要方案，事先在决策咨询委员会进行讨论、研究和咨询。

2. 建议。对于全区经济建设和社会发展的重大问题，决策咨询委员会应积极反映情况，提出决策意见和建议。

3. 反馈。对于地委、行署已经出台的重大决策，决策咨询委员会要注意收集群众意见，倾听群众呼声，及时反馈新情况、新问题，提出解决问题的办法，使决策更为完善。

三、决策咨询委员会的日常工作

由地委政策研究室承担。其主要职责是：受理需要决策咨询委员会咨询的重要决策方案，适时提交决策咨询委员会讨论；承担决策咨询委员会的联系联络工作，收集、整理各委员的建议和意见;做好决策咨询委员会的会务工作;完成决策咨询委员会领导交办的其他工作,工作经费由财政部门予以补贴。

四、为加强各县、市的民主决策和科学决策工作,各县、市应成立相应机构。

1995年6月14日

中共上饶地委　上饶地区行署
关于“九五”期间打一场农业上台阶、农民奔小康攻坚战
和1996年实现“两超两大”目标的意见

饶发〔1996〕30号

各县(市)委、人民政府,地直有关单位:

为实现“九五”农业上台阶、农民奔小康和今年“两超两大”(粮食总产量、农民人均纯收入增加额超历史,特色农业大发展,水产畜禽大突破)目标,特提出如下工作意见:

一、进一步认识打好农业上台阶、农民奔小康攻坚战的重大战略意义

省委、省政府提出在“九五”期间打一场农业上台阶、农民奔小康攻坚战的决定,是非常正确的。各级党委、政府必须要有充分的认识。一是社会发展的客观要求。“八五”期间尤其是1995年在洪涝灾害、市场波动的双重考验下夺得了农业丰收,使整个“八五”期间农业的发展有了圆满的结局。“九五”期间我区每年的人口总数净增力争控制在7万以内,到2000年总人口控制在663万以内。要确保我区人均占有粮食水平不断有所提高,本世纪末必须增加7亿斤以上的粮食总量。同时实现农民生活小康,也必须在现有人均纯收入1500元的水平上翻一番,包括全区目前尚在温饱线下的63.5万贫困人口,“九五”期间要解决温饱问题,才能与全国“九五”计划和2010年远景目标同步。二是抓住历史机遇的必然选择。改革开放以来,尤其是经过“八五”期间的发展,我区农业再生产的基础较好,摸索了一条切合我区实际的发展路子。特别是京九铁路、浙赣复线、320、206国道线的贯通,为不同纬度的农产品流通扩大了空间,缩短了时间,给我区调整生产力布局创造了条件。三是迎接挑战的必由之路。经过几年努力,我区农业在全省排位已有前移,但农业生产水平不高和产业化程度比较低已是农业进一步发展的主要症结。因此,在世纪之交的紧要关头,要迎接挑战,奋起冲刺,树立起建设农业大区继而向农业强区迈进的信心和决心,努力实现今年的“两超两大”,确立上饶农业在江西农业中的地位,在全国农业的位置,为21世纪奠定基础,积蓄后劲。

二、重视发展粮棉油生产,推进农业上台阶

农业上台阶,首先是粮食要上台阶。要稳定粮食种植面积,到2000年,全区粮食播面要继续稳定在740万亩以上,总产量达到50亿斤以上。大力推进增产技术、改造中低产田和吨粮田的建设,力争在本世纪末粮食单产赶上或超过全省平均水平。1996年粮食增长3亿斤,超历史最高水平。要突破薄弱环节,狠抓早稻生产水平的提高,早稻面积308万亩,推广早杂120万亩,增产粮食1.92亿斤;推广旱床育秧150万亩,增产粮食0.84亿斤;推广旱粮套种,增

产粮食0.30亿斤;发展再生稻10万亩。

“九五”期间,棉花播面达到20万亩,总产达到40万担。1996年棉花播面18万亩,产量保证20万担,争取25万担。油料总产18.1万吨。棉花生产重在调整布局,合理集中植棉乡镇,从上年的49个调减到24个,确保乡5000亩以上,村1000亩以上的生产规模,重点抓好2万亩丘陵旱地棉花“矮密早”的示范和泗棉三号包衣种的推广,单产达到150斤以上;抓好棉地套种油茶、蔬菜、旱粮等栽培模式的推广,提高棉地综合效益。油茶重点推广中双4号、中双5号“双低”良种。

三、大力发展特色农业、推进农业产业化

今年是“九五”计划第一年,要实现“两超两大”目标,特色农业必须大发展,水产畜禽必须大突破。全区水产品产量确保17.6万吨,实现产值10.78亿元,比上年增50%。全区生猪出栏400万头,家禽出笼4000万羽,实现畜牧产值24.5亿元,比上年增50%。其中特种畜禽、特种水产的产值分别为11.0亿元和4.84亿元,分别占畜牧和水产产值的45%和44%。

我区特色农业经过两年多实施已有一定基础。“九五”期间,我区要在大力发展粮、棉、油、猪、茶、桑、果、菜、禽、水产、高效特用林等11个农业主导产业的同时,重点突破水产、畜禽、水果、茶叶、蔬菜、高效特用林六大产业系列,使特色农业产值年增长幅度达到20%以上;主导产业农业产值占农业总产值的50%以上;主导产业链产值达100亿元,创税收10亿元;农民人均纯收入50%来自特色农业,逐步形成振兴一方经济的支柱产业,形成具有我区特色的主导产业框架。具体目标是:

(1)特种水产:到2000年特种水产品产量达6.5万吨,产值10亿元。其中以万年、波阳、余干为主的珍珠产量100吨,产值1.6亿元;波阳、德兴为主的甲鱼700吨,产值2.1亿元;婺源及浙赣铁路沿各县(市)为主的荷包红鲤鱼4000吨,产值1亿元(养殖面积5万亩以上);铅山、上饶市、上饶县、广丰、玉山为主的鳗鱼1000吨,产值1亿元。

(2)畜禽:到2000年全区畜禽产值达20亿元,在抓好玉山、横峰瘦肉型猪生产的同时,重点抓好广丰山羊,弋阳、余干、波阳各千万羽家禽基地和上饶、玉山、广丰的鸡鹅鸭养殖。

(3)水果:到2000年水果面积100万亩,比“八五”增加38万亩,产量105万吨,产值16.8亿元。克服以往优质品种少、上市集中、效益低下现象,今后要积极引进太田椪柑、日本鲜梨、大白桃、美国油桃等优良新品种,大力推广高位嫁接技术,改造和适当发展板栗和奈李。重点抓好德兴、玉山、上饶、广丰、铅山、弋阳赣东北椪柑带20万亩;上饶县为中心的鲜梨带10万亩;广丰、玉山、波阳为主的优质桃10万亩。

(4)茶叶:稳定面积、立足低改、提高单产、改植良种、主攻名优茶,大力发展“婺绿”、“饶绿”两大茶区名优茶,到2000年茶叶产量1万吨,产值2.96亿元,其中名优茶面积5万亩,产量2000吨,优质茶和特种茶的产值占整个茶叶产值50%以上。

(5)蔬菜:到2000年蔬菜播种面积120万亩,总产值175万吨,产值20亿元。重点抓好上饶市、德兴市、上饶县、铅山、横峰、玉山等县发展蔬菜70万亩,其中商品菜20万亩。发展大棚蔬菜、遮阳网、地膜覆盖等保护地栽培10万亩,产量12.5万吨,发展高山菜12万亩,水生蔬菜8万亩。

(6)高效特用林:到2000年发展到700万亩,其中着重抓好铅山、弋阳、上饶、广丰、玉山、德兴、婺源毛竹低改100万亩;发展食用笋10万亩;婺源、德兴、玉山、上饶县种植银杏20万亩;广丰等县种植杜仲10万亩;发展南酸枣5万亩。高效特用林产值20亿元。通过实施“在山上再造一个上饶”工程,使全区林业产值达到37亿元,实现全区绿化达标。

发展特色农业,必须延伸产业链,形成产业化,实现农产品的多次转化增值。到2000年,全区农产品加工产值占乡镇工业产值比重提高到70%以上,重点抓好水产品、蔬菜、果品、茶叶、畜禽产品、毛竹加工。要按照纵抓产业,横抓区域,龙头带动,市场配套,全面发展的思路,加快产业市场和批发市场建设步伐,逐步建成波阳、余干的水产品批发市场,万年的珍珠批发市场,婺源的茶叶和红荷包鲤鱼批发市场,上饶市、铅山、横峰的蔬菜批发市场,玉山、广丰、德兴、上饶县的果品批发市场,弋阳、横峰的畜禽产品批发市场,形成加快特色农业发展大气候。

四、放手发展乡镇企业,农垦企业和农办企业,促进农村经济全面繁荣

乡镇企业要大发展,要和种植业、养殖业有机结合,相互促进,形成合理的产业结构,促进农村经济的良性循环和全面繁荣。1996年全区乡镇企业总产值比上年增长50%以上,利税增长30%以上;农垦企业总产值6.8亿元,实现税收1500万元以上;农办企业总产值1.4亿元,利税突破1000万元。要继续把乡镇企业作为农村经济发展的主要增长点来抓,坚持大发展,突出大提高,着力抓效益。农垦企业、农办企业、林办企业、水办企业,要进一步深化改革,完善经营机制,加强企业管理,提高企业素质和产品质量,按照“抓大放小”的改革思路,对小型、微利、亏损的集体企业实行兼并、租赁、拍卖,在拓展区域经济生产力布局中,发展一批“大”(规模大)、“高”(起点高、科技含量高、产业层次高)、“外”(外向型产品项目),建设一批乡镇企业、农垦企业、农办企业、林办企业、水办企业集团,开发一批名牌产品。

五、实施科技兴农战略,大幅度增加农业科技含量

“九五”期间要千方百计做好科技进步这篇大文章,使科技进步对农业增长的贡献率由目前的35%左右提高到50%左右,良种覆盖率达到95%以上,力争粮棉油等主要农产品单位面积产量提高二成以上。关键要抓好三个突破:

一是在农业科技成果的推广应用上有大的突破。今年要继续开展“科技兴农年”活动,加快科技成果的推广应用已是当务之急。今年重点推广良种推广、旱床育秧、地膜覆盖、配方施肥、饲料开发、耕作改制六项农业技术,按照地委、行署下发专门文件提出的具体要求认真贯彻落实。要加快“种子工程”建设步伐,这是粮食高产的基础工程。1996年计划安排“三系”亲本不育系繁殖面积1000亩,“两系”杂交稻制种200亩,“两系”杂一代示范面积1000亩。抓好棉花2万亩“矮密早”试点,400亩“双低”油菜繁殖示范面积,同时抓好水果蔬菜等优良品种的引进工作。力争3年内粮棉油作物品种普遍更换更新一次。

二是在农业新品种、新技术的研究开发上有大的突破。抓好重大农业技术的攻关和引进。“九五”期间要抓好品种的提纯复壮,提高良种化程度。农作物、畜禽、水产等品种都要搞杂种优势利用,关键是组合亲本的提纯,要从个头大小、外表颜色、成熟度、风味口感等方面突出地方特色。要围绕省工、省本、高产、高效目标,组织创新研究。抓紧研究开发生产、加工、贮藏等方面的新技术,包括生物技术和其他高新技术的研究,带动相关产业的开发。

三是农科教结合上有大的突破。一方面要着眼市场选项目,围绕项目办实体,依托实体搞结合,把生产、科技、教育融为一体。另一方面要开展职业技术教育和科教普及教育,从今年起,用三年时间,对全区县、乡、村的主要干部普遍进行一次市场经济基本知识和农业科技知识的培训。对乡镇农林水技术干部普遍进行一次知识更新轮训。加强农业教育,培养各类专业人才。要建立多层次、多渠道、多功能的农科教网络,实施好“绿色证书工程”,培养大批农村科技人才和科技示范带头人,进一步提高农村经济的增长质量。

六、增加投入,加强基础建设,提高农业综合生产能力

农业生产过程实质上是能量转化过程,没有更多的投入就没有更大的产出。为确保“九五”攻坚战的胜利,地委、行署提出十项支持措施:

1. 坚决兑现提高粮食定购价格政策。今年中央将出台提高粮食定购政策,这是一个调动农民积极性的重大举措,也是一项政策性很强的工作。各地要严格、认真地执行中央和省的规定,把提高定购粮食定购价格的好处及时兑现给农民。

2. 粮食种子顶抵定购指标,列入定购粮收购计划,并由农行安排专项收购资金。为了保证粮食种子生产、收购任务计划的完成,从今年起,地县(市)种子部门用于西欧内的种子生产收购计划由地、县(市)分年度下达,全区收购任务按物价部门核定的种粮比例,顶抵(减免、核减)粮食合同定购任务。各县市要确保定购任务的完成,并在各自掌握的定购粮机动数和节余数内解决。地、县(市)各级种子部门收购种子贷款由农发行列入粮食合同定购资金范围,同享基准利率。

3. 增加农业技术改进费。为了加快农业先进技术的推广,从今年起按照分级筹集,分级使用的原则,增加农业先进技术改进费。地县(市)两级从农产品经营环节,向销售单位征收技术改进费,计入销售成本。每销售1斤原粮征收技术改进费5厘(按国家订购价格销售的定购粮免征)。每收购1担皮棉征收改进费1元,用于棉花生产技术推广。从1996年起按省规定实行棉花年度收购包干,对凡是外调出省的棉花,按每担30元提取棉花发展基金,专项用于棉花生产。生猪、水产和其他经济作物的征收,按原有规定继续执行。农业技术改进费征收后统一交农业部门专项用于农业技术推广,并实行财政监督,定期审计。

4. 扶持发展特色农业。为扶持我区特色农业的发展,尽快构筑我区特色农业产业的新框架,“九五”期间,各级财政每年尽量安排一定资金用于扶持发展特色农业,有偿、滚动使用,专项用于扶持特色农业的产业化建设,重点投向名特优稀新“拳头”产品,主导产业的基地建设和产加销、贸工农一体化的“龙头”企业建设。

5. 建立生猪发展基金。各县市要在征收的生猪增值税地方留用的25%部分中提取10%(即2.5个百分点)作为生猪发展基金。同时,要继续执行将生猪屠宰税的50%返回畜牧部门使用的规定,各级不得扣减,也不得因屠宰税返回而减少原有的事业费。要加强对返回情况的监督检查,每年一季度由地区审计、财政、地税、农牧等部门对上年返回的屠宰税及使用情况开展年度审计,凡属扣减和挪用的资金全部调地区统一安排使用。

6. 征集防洪保安资金。省政府已下发了面向社会征集防洪保安资金的文件,区内各部门必须认真按照文件要求用足用好这项政策。征集的这笔资金,按省地县5:2.5:2.5的比例分级集中使用(其中上饶市按5:3:2比例),加大对农业的投入。

7. 完成乡镇农技推广机构“三定”工作。按照省政府的统一部署,今年内完成乡镇一级农、林、水技术推广站的定人、定编、定机构工作,并对“三定”和经费保障等情况进行一次全面检查,地区直接高度、监督到乡镇,切实把健全乡镇农技网络工作抓实。

8. 支持乡镇企业大发展。要在确保原有的扶持政策包括资金投入政策不变的基础上,从今年起连续5年,分级筹集乡镇企业发展周转金,各县(市)要从乡镇企业当年实际上交县级财政税利比上年的净增部分中,提取5%留作乡镇企业的发展周转金,由县(市)政府财政和主管部门掌握滚动使用,重点投向农产品加工、运销企业和优势产业、高新技术产业建设。

9. 建立地区对县(市)的农村经济工作专项奖励制度。实现“农业上台阶,农民奔小康”和

今年“两超两大”目标,各级领导任务重、责任大。为了激励工作,地委、行署决定建立地区对县(市)的农村经济工作专项奖励制度,每年由财政安排10万元经费,由地区农委对经过考核实现目标的县(市)进行奖励。

10.强化农村工作综合部门的职能。为了切实做好今后五年农业上台阶、农民奔小康的组织、协调、服务工作,地、县(市)都要进一步加强农村工作综合部门的建设,赋予其必要的调控职权和手段。地区成立农村小康建设办公室,设在地农委、由地农委负责有关工作,并由财政每年安排10万元经费,用于农村小康办活动及对农业上台阶、农民奔小康的综合、协调、督促、检查和农村干部的培训等工作。

农民是农业投入的主体。要积极稳妥地引导农民增加劳动和资金投入,提高自我积累能力,特别要用足用好农村每个劳动力、每年投入20个劳动积累工政策。要进一步完善农村股份合作制,建立农村合作基金会,挖掘农村内部资金潜力,今年内80%以上的乡镇要建立农村合作基金会,筹资1亿元以上,“九五”期末融资5亿元以上。同时要加快农业招商引资步伐,吸引更多区外、省外、境外、国外的资金用于发展特色农业、创汇农业、旅游农业。

农业资金要重点投入农田水利基础设施建设。重点搞好5万亩以上圩堤和大坳水利枢纽工程建设,抓好铅山河治理及下会坑等工程建设,抓好鄱阳湖二期治理和信江河流域、乐安河的综合治理。完善和提高全区水利设施的综合功能,增强抗御自然灾害能力。农田有效灌溉面积和旱涝保收面积,平均每年提高1.5个百分点以上。

要进一步改善农村生态环境,切实抓好“长防林项目”建设,大力植树造林,加强森林资源的培育,防治水土流失;“九五”期末治理水土流失160万亩,森林覆盖率达到53%以上。

加强对土地的法制管理,严格执行各项非农建设用地战占用耕地控制指标,全面落实基本农田保护制度,确保全区417万亩农田保护任务的完成。

加大地方气象事业建设投入力度,加强气象防灾减灾骨干工程和基础设施建设,强化灾害性天气和短期气象监测预报,提高预报时效和精度。“九五”期间建成气象卫星综合应用业务系统(9210工程),卫星摇感监测系统及延伸到村一级的农村气象警报网,增强为农业服务能力。

加大农业综合开发力度,拓宽农业综合开发区域,继续抓好农业综合开发立项工程建设,切实加强赣中南项目、红壤、国家造林商、品粮、优质棉、果业、蚕桑、鹅鸭、大水面等开发工程的项目管理和资金管理,提高项目建设标准和效益,尽快形成经营式开发,滚动式开发的机制。

七、落实党在农村的基本政策,把农民的积极性引导好、保护好、发挥好

以家庭联产承包为主的责任制和统分结合的双层经营体制,是党在农村各项政策中的核心政策,必须坚持长期不变,并不断完善。土地承包期延长到30年,开发“五荒”的承包期可以达到50年甚至更长一些。在不改变土地所有权和农用性质的前提下,积极推进“五荒”拍卖,进一步加强农村集体土地流转的管理。要调动和保护好农民积极性,尊重农民意愿,尊重农民创造精神,切实解决好影响农民积极性突出问题。

采取果断措施减轻农民负担。这是落实党在农村基本政策的关键。今年的工作重心仍然要放在防止农民负担反弹上,态度要明朗,坚决把不合理负担项目压下来;坚决把虽然合理但不符合实际的集资项目停下来;暂停一切加重农民负担的达标升级。认真贯彻落实好地委、行署的“十不准”。一些地方突破农民承担总限额、增加粮棉定购任务、按人头摊生猪屠宰税、按田亩平摊农业特产税以及违反规定使用义务工和强制以资代劳等等,都是不允许的,必须坚决纠正,要加大监管力度,实行行政首长负责制,超过规定限额的要追究领导责任。

八、加强农业社会化服务体系建设

我区农业社会化服务体系主要有国家的专业技术服务、社区合作经济服务、公司集团服务和农民联合服务等四种形式,各有特色地为农业和农村经济发展服务。

1、完善农技服务体系建设。1992 年以来我区乡镇农业五站“三定”(定人、定编、定机构)有了较快发展,目前全区共建立 1083 个乡级农业五站,有一支比较熟练的服务队伍。但待遇不落实、体制不理顺的问题仍较突出,尤其是第二、第三批聘用干部工资不落实比较普遍。各县(市)必须健全农技推广体系,稳定推广队伍,保证必要的经费。县、乡(镇)农业技术推广机构,直接向农业劳动者开展技术推广和有偿技术服务所需化肥、农膜、农药,可以由农资公司按批发价供应,也可以从厂家直接订货,农业技术推广机构应当按物价部门核定的零售价出售给农业劳动者。农技部门要开展各种农业技术指导与物资供应相结合的经营服务,以搞好服务、增加收入、改善服务条件和生活条件。乡一级农林水技术推广站的“三定”工作必须在今年完成。“九五”期间要把县、乡、村三级推广网络健全起来,从今年起,县(市)财政要把乡镇农业技术推广机构所需经费,核拨到农业主管部门,由农业主管部门统一发放到乡镇农技推广机构,发挥他们在农技服务中的积极作用。

2、充分发挥供销合作社和农村信用社的作用。供销社要深化自身改革,强化为农民、农业、农村服务宗旨,增强服务功能,拓宽服务领域,提高服务质量,基层供销社在实行代销制中严禁转为个人经营,使之与农民结成利益共同体,真正办起农民的合作经济组织。要加快农村信用社管理体制改革,把信用社真正办起农民的合作金融组织,加强对信用社的管理和监督,确保信用社为社员服务和支持农业发展的方向。

九、加强基层组织建设,搞好扶贫开发

农村的改革、发展和稳定,实现今年和“九五”农业和农村经济发展目标,都必须要有农村基层组织作保证。今年要继续抓好贫困村的经济工作,整顿基层党支部的工作作风,加强思想作风建设,改变一些农村基层组织软弱涣散状况。因地制宜发展村办企业,在 2 - 3 年内基本改变集体经济薄弱村的面貌,达到年集体经济收入 4 万元以上,切实解决好有人办事、有钱办事的问题。

积极开展计划生育“三结合”。“九五”期间,全区要求每年重点帮扶 1.1 万户计生户脱贫致富,其中县市每年帮扶 1.07 万户,地区 300 户,地直单位挂钩的 30 个后进村,每村帮扶 10 户,乡镇党政机关每村帮扶 1 户。加强基层网络建设,确保实现人口控制目标。

“九五”期间的扶贫工作,实际上是啃剩下来的“硬骨头”,需要下更大的决心,花更大的气力。我区“八七”扶贫攻坚战着重解决目前尚在温饱线下的 63.5 万贫困人口,每年要解决 10 万以上人口温饱问题。各项扶贫资金要集中用于发展生产、改善条件的扶贫主战场,要围绕特色农业,以贫困户脱贫为目标,用于直接与贫困户增粮增收相关种植、养殖业和加工业,不撒“胡椒面”。资金要及时下达,足额到位。要建立领导扶贫责任制,做到不脱贫,不脱钩。要动员全社会力量,开展各种形式的扶贫活动。

十、进一步加强对农业和农村工作的领导

一是各级党委和政府要高度重视农业和农村工作。在领导精力、工作部署和计划安排上,一把手要抓农业这个首位工作。县(市)委书记、县(市)长必须把主要精力放在农业和农村工作上,各级分管其他工作的领导同志也都要更多地考虑支持农业。要进一步加强农村综合部门和农业行政管理部门的力量，使之真正承担起对农业和农村工作的组织、协调、指导、服务的责任。要建立县（市）委书记、县（市）长对本县（市）农业发展负总责的责任制，考核一个县（市）乡镇的工作，首先要看农业发展得如何、农民增收如何、农村是否稳定。

二是要硬碰硬地解决农村的难点、热点问题。当前，要着重解决影响农业发展和农村稳定的突出问题，这是关系整个改革、发展和稳定大局的问题，如农民负担问题，乱占耕地问题，农技推广体系"线断、网破、脱钩、断奶"问题，社会治安综合治理问题，封建迷信问题等，各县（市）一把手要亲自动手，调查研究，提出解决方案，要动真格，真正解决问题。要大兴调查研究之风，尤其是农村政策研究，要求地县（市）两级领导每年深入乡村调查研究时间不少于三个月和四个月，要实行县（市）级党政领导干部联系乡村责任制，取得直接经验，指导面上工作。

打好"九五"农业上台阶、农民奔小康攻坚战和实现今年"两超两大"目标任重而道远，全区上下要抓住机遇，团结一心，奋发努力，为完成"九五"宏伟目标而奋斗。

1996年6月14日

中共上饶地委　上饶地区行署
关于促进乡镇企业大发展、大提高的决定

饶发〔1996〕31号

为了进一步加快乡镇企业的发展，促进我区国民经济上台阶，现就有问题作如下决定：

一、进一步统一思想认识，加大领导力度

1."八五"期间，我区乡镇企业取得长足发展，为全区经济增长和社会进步做出了重要贡献。今后，要实现跨世纪宏伟目标，乡镇企业将继续发挥不可替代的作用。从我区实际看，县城经济的重点之一是发展乡镇企业，主攻工业对县和县以下来说，主要是主攻乡镇企业。为此，全区都要毫不动摇地坚持乡镇企业大发展、大提高的方针。要通过解放思想大讨论，学先进、找差距，进一步解放思想，更新观念，增强发展乡镇企业的紧迫感、责任感和使命感。要加大宣传力度，多从正面宣传、引导，通过正确的舆论导向，为乡镇企业营造良好的发展氛围。

2.调整和加强领导力量。各级党政一把手是乡镇企业工作的第一责任人，对乡镇企业的发展要负总责，并配备强有力的乡镇企业领导小组抓好这项工作，地、县（市）、乡（镇）政府一把手担任组长，党委、政府各安排一名副职任副组长，其中一人专抓乡镇企业。

3.建立健全领导工作责任制。把发展乡镇企业纳入县（市）、乡（镇）党委、政府的目标管理，层层签订责任状，年终实行奖惩。县（市）领导都要挂点抓一个重点工业企业，定目标、定责任、定奖罚，年终考核兑现。

4.各有关部门和单位要把支持乡镇企业的发展作为己任，结合各自职能，制定出扶持乡镇企业的措施。

二、深化企业改革，完善经营机制

5.要对乡村集体企业进行转轨改制。今年对具备条件的企业要基本完成股份合作制改

造。今后新办乡镇企业原则上要实行股份合作制。要选调、组织地、县(市)直机关干部下基层帮助推行股份合作制。动员各级干部带头投资入股。提倡机关、部门、厂矿联办股份合作制乡镇企业。对老企业实行股份合作制改造,给予一定优惠:一是在企业总资产中,历年享受减免税照顾总额所形成的资产部分,界定产权后可以全部量化到企业和职工个人,其中企业股份40%~50%,职工股份50%~60%;二是企业历年进行技术改造时的贷款总额,在还本付息后所形成的资产,界定产权后可以全部量化到企业干部和职工,作为其股份。凡享受量化股份的干部职工,都必须按比例投入配套资金,量化股份向现金入股多的倾斜。

6. 对小微亏的乡村集体企业,进行租赁、兼并或拍卖。企业拍卖,要合理确定拍卖标的,公开招标竞标。除土地实行有偿使用外,原则上一次性买断产权。兼并、拍卖后,也可以实行股份合作制。

7. 为了有利于开展股份合作制工作,在会计、审计部门指导下,乡镇企业主管部门内部设置乡镇企业资产评估机构,负责对改制企业资产评估机构,负责对改制企业的评估、验资工作。金融部门要积极参与企业改制工作。

8. 对目前尚不具备改制条件的企业,继续实行经营承包责任制或托管经营。

三、增加资金投入,增强发展后劲

9. 地、县(市)两级都要建立乡镇企业发展基金。基金来源:(1)每年从乡镇企业新增的税收中提取5%;(2)财政预算安排,今年地区400万元,县(市)也应在财政预算中安排相应的资金。今后,逐年按乡镇企业税收增长比例相应增加,滚动使用;(3)乡镇企业按税后利润的1%提取企业扶助基金,上交县(市)乡镇企业主管部门,以周转金形式扶助乡镇企业发展。乡镇企业发展基金要设立专户,实行有偿使用,限期收回。基金和周转金的管理,由财政和乡镇企业主管部门共同承担。自1996年1月份起收回的资金占用费50%由地、县(市)财政局分别划拨给同级乡镇企业局用于自身建设。

10. 建立农村合作基金会。广泛吸纳农村闲散资金,积极引导农民手中的消费资金转化为生产资金,加快为发展乡镇企业等筹措资金的农村合作基金会建设步伐。

11. 鼓励各界人士为发展乡镇企业引进资金。为乡镇企业引进的资金(不含银行同行拆借),用于固定资产投入的给予一次性奖励,其中引进国内资金和外资的使用时间长短,分别按引资总额的0.5%~1%和1~1.5%奖给引资者。引进流动资金,使用期限在半年的,按资金总额的4‰提取奖金,时间每延长三个月,奖金增加3‰。引进资金利率低于银行同期贷款利率的,利差全额奖给引资者。以上奖金由受款单位在资金到位后一个月以内支付,列入成本。

12. 引导和扶持外出打工人员回乡办企业。在场地、经营、贷款、纳税、生活等各个方面与乡村集体企业一视同仁,切实维护其合法权益。

13. 各级金融部门要千方百计增加对乡镇企业贷款。固定资产贷款规模增长幅度应与乡镇企业的发展规模相适应。今年贷款净增总额要比上年增加20%以上。并积极组织发入流动资金,支持企业生产。老区扶贫、粮棉大县、赣中南开发等专项贷款要有一定比例用于发展乡镇企业。

四、突出重点,促进乡镇企业上规模、上水平

14. 抓一批工业小区。目标上,县(市)在巩固、提高原有工业小区基础上,各抓一个拥有10个以上工业企业,年产值达亿元以上规模的工业小区;布局上,立足沿线,集中连片发展。

玉山县、广丰县、上饶市、上饶县、横峰县、弋阳县在320国道边，余干县、万年县在206国道边，婺源县在景白公路边，德兴市在上德公路边，波阳县在景湖公路边，铅山县在横南铁路边各建一个工业小区；管理上，成立乡镇工业小区管理委员会，由同级乡镇企业的专管领导任主任，实行“四统一”：即统一领导、统一规划、统一开发、统一管理。来小区办厂，属本区范围内的实行异地办厂原地纳税办法。水电增容费地方部分全免。所得税第一年由财政全额返还，第二、第三年返还一半。户口可以迁入小区所在地管辖区，享受当地居民同等待遇。子女入学、入托，不另收集资费和供读费，可优先购买商品房。个人固定资产投资额在10万元(引进资金30万元)以上的可以解决一个商品粮指标，个人投资50万元(引进资金100万元)以上的解决全家(4人为限)商品粮指标，指标由县(市)政府统一安排，免收城市增容费。每年城市维护费和城市增容费的10%用于乡镇企业工业小区的水、电、道路、通讯等基础设施建设；领导挂钩上，实行地、县(市)六套班子成员分别挂钩一个工业小区制度。

15.在坚持“四轮驱动”的同时，着力抓好乡村两级企业，力争用三年左右时间，全区乡村办企业的产值比重达到50%以上。地、县(市)都要抓一批重点企业。今年在新上100个“双五”项目，抓好原有“双五”企业达产达标的同时，县(市)重点抓一批规模在年产值1000万元以上企业，地区重点抓一批年产值5000万元以上企业和名牌产品企业。

16.充分利用资源优势，大力发展农副产品加工业，努力提高农副产品加工业在乡镇工业中的比重，促进农业产业化进程。到2000年，全区乡村企业以农副产品为原料的产值达到75亿元，比1995年增长2.8倍，年均递增30.5%；占乡村工业产值比重为32%，比1995年的22.2%提高9.8个百分点；在轻工业中的比重达到62%，比1995年的48.6%提高13.4个百分点。

17.加速实施名牌战略。力争在五年内，全区培植20个省部级、国家级乡镇企业名牌产品，并依托已经形成的拳头、名牌产品，努力提高市场占有率。

18.调整和优化企业组织结构，引导企业向集团化、规模化方向发展。以骨干企业为龙头，以拳头、名牌产品为依托，组建和创办跨区域、跨行业企业集团，力争三年左右时间形成20个亿元以上产值企业集团。

五、依靠科技进步，加快人才开发

19.积极同大专院校、科研单位联姻合作，运用科技成果发展乡镇企业。要加大企业科技投入，每年乡村企业固定资产投资中，至少要有50%用于企业技术改造。允许乡镇企业从销售收入中提取1%作为企业技改和新产品开发资金。要加快企业内部科研体系建设，凡规模在1000万元产值以上的企业，都要建立自己的科研机构，形成科研、生产一体化。“九五”期间，重点组织500项科技骨干型项目的技术改造，加快新产品开发步伐，每年开发新产品20项。同时对技术、工艺、设备落后的技改项目，主管部门不予立项，银行不予贷款，避免低水平的重复建设。

20.凡创办、领办、承包乡镇企业或到乡镇企业工作的各级党政机关人员，可以留编、留职、留薪，原在机关待遇不变。其在企业工资或补贴由本人、企业界双方商定，有突出贡献者可实行重奖。允许国有企、事业单位科技人员利用业余时间为乡镇企业提供有偿服务。毕业分配到乡镇企业工作的大中专学生，粮油户口放在城镇，工资关系、人事档案、编制放在县(市)乡镇企业局或人才交流中心，取消见习期，工资待遇从优。乡镇企业定向招收的大中专毕业生必须分配到乡镇企业工作，享受其它大中专毕业生同等待遇。

21. 加快人才培养步伐。地、县(市)、乡(镇)要尽快建立乡镇企业教育培训网络。地、县(市)要成立乡镇企业培训中心。有条件的企业要与大中专院校挂钩,定向委培专业技术人员,委培人员修完大中专课程的,在本区范围内承认其学历,并享受国家分配的大中专毕业生的有关待遇。同时,稳定使用好现有乡镇企业的管理和技术人才,加强培养提高。

六、落实乡镇企业各项政策,创造更加宽松的发展环境

22. 新办的乡镇工业企业自正式投产之日起,所得税第一年由财烫全额返还,第二年返还一半;乡镇企业扩建、技改后实现的新增所得税,两年内由同级财政返还50%给企业,其中黄金采掘和冶炼加工企业运还20%,用于偿还该企业的贷款;没有提取新产品开发资金和企业技改基金的,允许乡镇企业在成本中据实列支用于技术改造和新产品开发的费用;经省级以上鉴定的新产品当年新增增值税的25%返回企业搞新产品开发;。对乡镇企业免征固定资产投资方向调节税。

23. 获得乡镇企业专业技术职称并聘用在岗人员,其职称工资要按规定落实兑现。对在乡镇企业生产经营中做出突出贡献的科技人员和管理人员,实行高薪、重奖,收入不封顶。有条件的地方可实行厂长(经理)年薪制。

24. 积极引进外来人才、高新技术。经乡镇企业局和科委审定,凡符合条件的新上高新技术项目实现税后利润的25%～30%,技改项目实现新增税后利润的20%－25%,一次性奖励给企业外来经营人员。

25. 不准平调乡镇企业的财产和资金;乡镇企业改为股份合作制后,集体所有制性质不变,有关部门不得按个体私营企业收费;乡镇企业管理费按国家规定只能由乡镇企业主管部门收取、掌握、管理、之用,并逐级解交。

26. 凡年产值百万元以上的乡村集体企业都必须实行基建项目结算审计、年度经营业绩审计和厂长(经理)离任审计,由乡镇企业主管部门内部组织进行。地、县(市)乡镇企业局要尽快设置内审计机构,承担对乡镇企业的审计工作。

27. 乡(镇)、村收取未实行股份合作制的乡村集体企业的利润不准超过企业税后利润的30%;如有超过,超过部分由县(市)财政全额收缴作为乡镇企业发展基金。有关部门要到乡镇企业收费的,须出具文件依据,经同级乡镇企业领导小组批准,由乡镇企业局下达收费通知书,凭财政事业性收费收据收钱,并全额上交财政。凡违反规定擅自到乡镇企业收费的,均属“三乱”行为,要按违纪处理。

28. 未经批准,不许到乡镇企业检查和冻结企业帐户。凡到乡镇重点和骨干企业检查,须经同级政府主要领导批准,一般企业由分管领导批准。政法、纪检部门对重点企业实行挂牌服务,为乡镇企业发展保驾护航。对打击报复乡镇企业法人代表,哄抢、盗窃、诈骗、贪污、挪用乡镇企业财物的行为,政法、公安部门要予以严肃查处,严厉打击。

七、建立激励机制,严格兑现奖惩

29. 设置乡镇企业目标管理奖。今年地区财政拿出15万元,奖给完成乡镇企业目标任务的先进单位与个人:(1)对县市,综合考评第一名奖2万元,第二名奖1.5万元,第三名奖1万元。其他完成当年目标任务的酌情计奖。奖金分配比例:县(市)党政正职和分管领导35%,其他几套班子成员35%,乡镇企业局30%。未完成全年目标任务的县(市),扣发县(市)党政正职和分管领导当年职务工资一级,扣发其他班子成员和乡镇企业局干部职工当年职务工资半级。

(2)对挂钩领导,凡挂钩工业小区的地区领导,完成挂钩任务的,奖励500元,其他负责人奖励300元。未完成任务的在本人工资中扣发挂钩领导奖金数额的一半。(3)对地区乡镇企业领导小组和乡镇企业局所有工作人员,完成全区目标任务,人均奖励400万~500元。未完成目标任务的,以上人员一律扣发奖金数额一半的工资。

30.设置创名牌奖。凡获得乡镇企业名牌产品单位,国家级名牌奖励2万~5万元,省部级名牌奖励0.5万~1万元。

31.设置新产品开发奖。开发一项省、部级新产品,奖励有功人员0.2万-0.5万元,开发一项国家级新产品奖励0.5万~1万元。

32.设置厂长(经理)奖。凡产值1000万元以上和利税100万元以上企业,当年实现产值,实交税金分别增长50%和25%以上并同时达到上述两项条件的,奖励企业法人代表1万~2万元;产值5000万元以上和利税500万元以上企业,当年产值、实交税金增幅分别在40%和20%以上并同时达到上述两项条件的,奖励企业法人代表3万~4万元;达到亿元以上产值和千万元利税以上企业,当年产值、实交税金分别增幅在30%和15%以上并同时达到上述两项条件的,奖励法人代表5万~6万元。达到上述标准的企业厂长(经理)同时享受相应级别待遇和评为先进生产(工作)者或授予劳动模范称号。

上述第30、31、32条奖金由县(市)财政和企业各支付一半。其中企业支付的奖金允许列入成本。

八、加强主管部门自身建设,增强服务功能

33.各级乡镇企业主管部门按要求只能加强,不能削弱,在保证机构、编制、人员稳定同时,充实力量,改善办公条件。全区乡(镇)企业办公室一律改称为乡镇企业管理服务站,为国家事业编制单位,定编人员经费列入财政拨款,财政状况好的县(市)金额拨款,一般县(市)拨款大部分,最低拨款不少于50%,定编后,要保持队伍基本稳定,管理服务站,主要人员(正副站长、会计、统计)的工作调动,须事先征得上一级乡镇企业主管部门同意。

地委、行署原发有关乡镇企业文件中如有与本文不相符的,以本决定为准。

1996年6月20日

中共上饶地委　上饶地区行署
关于加快个体私营经济发展的补充规定

饶发〔1997〕5号

地委、行署〔1995〕1号文件《关于进一步大力发展个体私营经济的决定》下发以来,全区个体私营经济发展取得了前所未有的好势头,1996年全区个体私营经济从业人员突破30万人、注册资金突破10亿元、税收突破2亿元。近两年累计税收达到4.33亿元,成为我区财政增收新的增长点,为地区经济发展作出了贡献。但是,根据我区经济发展的实际需要和总体要求,个体私营经济的发展还不够快,与沿海经济发达地区和周边省份的差距还比较大。为了进一步促进我区个体私营经济快速、健康发展,根据国家有关政策、法规和周边省、市的做法及地区经济发展总体部署，特作如下补充规定：

一、进一步放宽从业对象和登记条件

1. 允许干部、职工离岗从事个体经营或兴办私营企业；允许干部、职工以资金、技术等入股方式参与开发性生产。

2. 除国家、省政府的法律、法规规定的在申请注册，登记时需提交的许可证或专项审批文件外，其他的一律不作为工商行政管理部门登记发照的前置条件。凡不涉及人身生命安全需实行经营许可证的经营行业，登记注册机关可根据实际情况，采取先办照、后补办许可证的办法，方便个体私营企业经营。

3. 对境外、国外来我区投资办企业的有关人员，公安部门要根据我区实际情况，简化登记手续。

二、进一步放宽经营范围和经营方式

4. 对国家规定限制经营但属我区紧缺和急需的民用商品，允许个体私营企业办理临时执照，进行一次性经营或试点经营。

5. 允许个体工商户、私营企业零售的商品，在实际经营过程中，可以批量销售。

6. 允许个体工商户、私营企业从事毛竹、木材、茶叶等加工销售，并享有国有、集体企业同等待遇。鼓励个体私营企业开荒造林、育林。

三、进一步实行优惠政策和奖励措施

7. 对于年销售额达 100 万元以上的个体私营企业，只要会计核算健全，能准确核算进销项税额和应纳税额，由地区委托县、市县级以上税务部门批准确认，可认定为一般纳税人，给以增值税发票使用。暂不具备条件的小规模纳税人，可到税务部门代开增值税发票，增值税征收率为 6%（不能抵扣任何税额）。

8. 对新办生产型企业，一年内免收用工劳务管理费，在地方小电网内可减半收取用电增容费，企业因生产经营需要建设厂房时，其投资方向调节税实行金额返还。所需土地由土管部门按土地使用性质，依法供地。土管部门要及时办理用地审批手续，加快办理速度，地、县（市）二级在受理用地申请后，办理时间各不能超过半个月。

9. 银行、信用社对经营效益好，有偿还能力并能提供财产抵押和手续齐全的个体工商户、私营企业

的所需贷款，应与国有、集体企业同样对待，予以支持。

10. 私营企业当年实际纳税额达到 100 万元，并守法经营、积极参与公益事业活动的，由县委、县政府给予奖励并逐级报批地、省级先进私营企业，对连续二年超百万元的，由地委、行署按国有企业，科技人员同等待遇给予重奖。

四、进一步优化发展环境和搞好服务

11. 对年纳税五万元以上的重点生产性个体私营企业，由县政府挂牌保护，除法律、法规规定以外，未经县人民政府批准，各单位不得以任何名目进入检查，对其他个体私营企业也要尽量减少各种名目的检查。违者将追究领导和当事人行政责任。

12. 个体工商户和私营企业受到非法侵害，流氓滋扰、伤害等治安案件，检察、公安机关要尽快受理和查处，从严打击。

13. 不准将自然人投资、出资、入股经营设立的企业挂靠为假国有、假集体企业；凡为自然人（合个体工商户、私营企业）出具假证明办为集体企业以及接受或强迫其挂靠的单位，要一

查到底,追究主要领导责任,并承担由此引起的法律和经济责任。企业登记注册机关要严格按照《公司法》和《江西省个体工商户与私营企业条例》等法律、法规的有关规定,依法登记,对不符合本款规定条件的登记申请予以登记,情节严重的,对直接负责的主管人员和其他直接责任人员,依法给予行政处分。构成犯罪的,依法追究刑事责任。

1997年3月25日

中共上饶地委　上饶地区行署
关于进一步改善投资环境全方位扩大招商引资的决定

饶发〔1997〕9号

为了更加积极、合理、有效地利用外资,进一步改善投资环境,提高服务质量,充分调动各方面积极因素,全方位扩大招商引资,力促我区经济持续、快速、健康发展。经地委、行署研究,特做出如下决定:

一、解放思想,明确目标,增强"开放兴区"的紧迫感和责任感

1.尽快形成全方位招商大气候。近年来,我区招商引资取得了长足发展,为地方经济和社会各项事业发展起到了十分重要的作用。但由于各方面原因,我区实际利用外资与其他先进地市相比,差距较大,在全省所占份额较少。随着对外开放的进一步扩大,尤其是国家沿长江开放开发格局的形成和香港即将回归祖国,越来越多的客商,已明显看好我区的区位优势、资源优势和劳动力优势。因此,实施开放兴区战略,加大招商引资力度,具有十分重要的意义。全区上下务必以更大的气魄扩大招商引资,以更大的干劲争取大项目,以更好的环境吸引外资投入,以更优的服务赢得外商信任。树立开放新形象,营造开放新氛围,增强开放新效果,尽快形成全方位招商大气候。

2.明确指导思想和工作目标。我区实施开放兴区的指导工作思想的工作目标,动员全区上下.进一步解放思想,开动脑筋,紧紧围绕"开放兴区"战略,群策群力,区外、境外、国外资金一起招,大、中、小项目一起引,一、二、三产业一起上,主动出击,分级负责,整体推进,以强有力的开放带动利用外资大突破,促进全区经济大发展。力争在较短时间内,我区利用外资工作位置前移,再上台阶。

二、突出重点,夯实基础,逐级建立项目论证推介运行机制

3.积极引导外商投资取向。继续坚持"三个有利于"标准,选好项目,选准项目。要在高科技、高附加值、商出口创汇能力的"三高"项目上有新的突破,以带动我区产业结构的优化重组;要在吸引国外大财团、大企业来饶投资上有新的突破,以提高我区利用外资的规模、档次;要在基础设施建设招商引资上有新的突破,努力为我区经济培植新的增长点;要在合理开发我区资源优势,特色农业上有新的突破,以加快产业结构的优化重组;要在嫁接改造国有企业上有新的突破,为引进国外、境外资金、技术、设备、人才,改组改造现有大中型企业增添新的活力。

4.尽快建立和充实招商引资项目库。地区和县(市)计委,要把招商项目的筛选、论证、审报工作作为重中之重,在认真做好项目收集、提报、储存、包装、推介的同时,尽快建立地县(市)两级的招商项目库。各级经贸委、乡企局也应设立相应的项目推介机构,指定专人负责技改项目和乡镇企业招商项目的论证提报,并逐步完善项目库。每个县(市)年均提报项目不得少于20个,其中对外推介招商项目必须确保5个以上。

三、政策扶持,简化程序,努力改善投资环境

5. 实行招商引资一条龙服务。地区成立外商投资企业服务中心,确定每星期二为集中办证办照时间。凡外商投资企业需申报立项、办证、办照手续,只要符合规定,手续齐备,一般应在3个工作日内办妥相关手续。各县(市)也要建立相应的联合办公承诺期限制度,主动帮助外商投资企业协调各方面关系,解决实际问题,严格把关,搞好服务。

6. 切实保障外商投资企业的合法权益。地区和县(市)要分别设立外商投诉中心,公开投诉电话。同时,由财政、物价、外资办统一向外资企业印发"收费登记卡"。对无证收费或巧立名目增加收费项目提高收费标准的,企业有权拒绝和投诉。凡未经政府职能部门批准,擅自进行检查收费的,要批评教育,情节严重的要进行,处罚或公开曝光。

7. 认真落实优惠政策。国家和省有明文规定的优惠政策,要坚决执行;沿海开放地区已经实施的优惠政策,要参照执行;上级或外地没有的措施办法,也可视情面谈协商。凡涉及外商投资的有关协议合同,要认真履行兑现。对已投资的外资企业要一如既往地关心、支持,真正做到以诚招商,以情引资,努力营造一个引得进,留得住的投资大环境。

8. 着力办好现有外资企业。外商投资企业投产前由外资办或合作办负责综合协调,投产后实行归口管理(独资企业由外资办或合作办代为协调管理)。要尊重外资企业的意愿,建立必要的生产调度会制度,要像对待国有企业一样主动帮助外资企业排忧解难。对具有一定规模的外资企业,尤其是独资企业,要适时选派驻厂联络员,实行领导挂钩帮扶责任制,要充分发挥外商投资企业协会的纽带和桥梁作用,密切政府与外资企业的联系。要注意保护外商投资企业的合法权益,各有关部门不得随意乱检查、乱罚款,更不得随着扣人扣物,如遇特殊情况,应事前请示报告,妥善处理。各级政法部门要集中全力,从重从快查处侵犯外资企业合法权益等违法犯罪行为,确保外资企业正常运转和外商的人身财产安全。

四、广开渠道,扩大宣传,努力提高招商队伍整体素质

9. 建立招商网络。各驻外办事机构,要进一步加强与驻在地投资客商和上饶籍人士的联系,积极创造条件,开展各种形式的联谊活动。地区台办、侨办,外资办、合作办等职能部门,要及时了解和掌握我区台胞、侨胞以及与重要客商、知名人士的基本情况,通过亲帮亲,友帮友,以商招商,以外引外,鼓励在外的亲朋好友来饶投资办厂,力争与境外、国外缔结友好城市有新的突破,尽快形成我区招商引资的信息网络。

10. 扩大对外宣传。要打好"三清牌",充分利用以三清山为龙头的旅游资源,借助我区已经取得的改革开放成果,制作一批设计精美的对外宣传画册,要积极组织报刊专版,拍摄电视专题,通过中央电视台及港、澳、台和开放地区的新闻媒体,广泛宣传上饶,扩大知名度,树立我区对外开放的新形象。

11. 改进招商方法。要充分利用我区的区位优势、资源优势和人文景观优势,运用各种灵活多样的招商形式,利用对外"窗口"的良好形象,全方位开展招商引资活动。要因时因地改变招商方法,提高招商质量。要积极组织小分队招商、行业性招商、定向性招商。要努力探索出口信贷、卖方信贷、补偿贸易、厂房设备租赁等形式的招商引资,争取更多的国外信贷和国际援助。要积极组织参与省、地举办的招商引资活动，指定专人做好各项筹备工作，确保每次招商活动的项目履行率、意向合同转化率以及项目成功率均达到 50% 以上，以形成项目滚动发展态势。

12. 提高队伍素质。在现有招商机构中，对不适应从事招商引资的人员要尽快调整，积极选调优秀干部予以充实。对在招商引资工作中有突出贡献的人才，要给予必要的奖励，大胆破格使用。各级党校、干校要尽快将招商引资课程纳入教学大纲，强化培训力度，以此不断提高招商引资队伍的整体素质。要努力改善招商引资职能部门的工作条件，力争做到机构、编制、人员、办公场所四落实。

五、强化领导，落实责任，力促招商引资再上新台阶

13. 实行招商引资责任制。要把招商引资任务（含引进区外、省外、境外资金指标）层层分解下达到各县（市）和地直各部门，纳入县（市）和部门年度创评先进目标考核。地直单位的年终考评由地直机关工委负责，县（市）年终考评由各县（市）招商引资领导小组负责，各级各部门都要做到目标明确，任务落实，奖惩兑现。

14. 坚决兑现招商引资奖励政策。地、县（市）每年都要召开一次表彰大会，对招商引资有功人员、先进单位和有突出贡献的外资企业，给予必要表彰奖励。自 1997 年元月份起，凡为我区引进投资者，均按项目投资实际到位资金（使用时间在一年以上）1% 奖励给引资人，其资金来源由项目受益县（市）或企业支付。

15. 本决定自发布之日起执行，由行署外资办、合作办和有关职能部门制定具体实施细则。各地、各部门过去制定的有关政策、规定，凡与本决定相抵触的，一律以本决定为准。

1997 年 4 月 16 日

地委办公室　行署办公室
关于党政机关领导干部及其工作人员不得在公务活动中收受礼品、严禁用公款送礼的暂行规定

饶办发〔1997〕11 号

第一条　为保持党政机关领导干部及工作人员廉洁从政，加强党风廉政建设，特制定本暂行规定。

第二条　党政机关领导干部及工作人员，国有企业、集体企业、事业单位的干部员工，严禁用公款向上级单位或上级领导赠送礼品、包括礼物、礼金、礼券、信用卡和其他支付凭证以及以象征性低价收款的物品。不准借节日、庆典、会议、纪念活动等名义滥发钱物。

第三条　党政机关工作人员，尤其是党员领导干部应严格遵守《廉政准则》，严禁利用职权和职务上的影响，以各种名义收受礼品，严禁收受可能影响公正执行公务的礼品馈赠。

第四条　因各种原因未能拒收的礼品，在收到之日起一个月之内，价值在 100 元以上（含 109 元）的礼物，均需登记，价值在 200 元以上（含 200 元）的礼物，须将登记表和礼品一并上交

到所在机关指定的受理部门(指同级党委的党风廉政建设领导小组办公室);礼金及有价证券不论价值大小,必须一律登记上交。

第五条 凡违反本暂行规定第二条,追究负直接责任的主管人员和其他直接责任人员的责任,情节较重的,给予警告或者严重警告处分;情节严重的,给予撤职处分。

第六条 凡违反本暂行规定第三条、第四条,对于收受后应登记、上交的礼品在规定期限内不登记或不如实登记、不上交的,以受礼错误论处,除责令其登记、上交外,给予批评教育或者党纪政纪处分;

(一)价额不满1000元的,给予警告或严重警告处分,其中情节轻微的,可免予处分;

(二)价额在1000元以上不满5300元的,给予严重警告或撤职处分;

(三)价额在5000以上的,给予撤职或留党察看处分,情节严重的,给予开除党籍处分。

第七条 本暂行规定所称党政机关工作人员,是指党的机关、人大机关、行政机关、政协机关、审判机关、检察机关中从事公务的人员。国有企业、集体企业、事,业单位的负责人、国家拨给经费的各社会团体中依照法律从事公务的人员,适用本暂行规定。

第八条 本暂行规定由地区纪委、地区监察局负责解释。

第九条 本暂行规定自发布之日起施行。

1997年10月22日

中共上饶地委关于推进依法治区的决定

饶发〔1998〕8号

为进一步加强社会主义民主和法制建设,使各项事业逐步走上法制化轨道,地委决定,在全区范围内,有计划、有组织地推进依法治区工作。

一、统一思想,提高认识,把依法治区摆上党政工作的重要位置

“扩大社会主义民主,健全社会主义法制,依法治国,建设社会主义法治国家”,是邓小平理论的重要组成部分,是江泽民同志在党的十五大提出的治国方略,是改革开放和发展社会主义市场经济的客观需要,也是“三五”普法规划的总体要求。对于推进我区依法行政和各行各业的依法管理,促进市场经济发展,加强精神文明建设,维护社会、政治稳定,全面实现我区“九五”计划和2010年远景目标,具有十分重要的作用。各级党委、政府要充分认识依法治区工作的重要意义,增强责任感和自觉性,坚持“一手抓建设,一手抓法制”的方针,把依法治区工作列入党政工作的重要议事日程,常抓不懈,落到实处,使全区各项事业在法制轨道上健康发展。

二、加强宣传,强化教育,不断增强全区公民的法律意识和法制观念

各级干部特别是县级以上领导干部要带头学法、用法、守法,努力掌握邓小平同志的民主法制思想、依法治国理论和与自己工作密切相关的法律法规,提高运用法律手段管理经济和社会事务的本领。各级党校及各类干部学校要开设法制教育必修课。要认真实施中央、省、地“三五”普法规划,有计划分层次地宣传普及以宪法为核心的基本法律法规和社会主义市场经济法律法规。大力倡导学法与用法、普法教育与依法治理的紧密结合,同步推进,互相促进,共同发展。通过宣传和教育,学法和用法,努力提高全区公民的法律意识和法制观念,在全社会形成学法、用法和守法的良好风气。

三、抓好基层,夯实基础,全面启动依法治理"三大工程"

全面启动和完善以基层依法治理为基础、行业依法治理为支柱、地方依法治理为主体的"三大工程",形成各个层次纵横结合的依法治理网络。通过加速推进县(市)的依法治理工作,把坚持党的领导、发扬人民民主和严格依法办事统一起来,形成地区范围内依法治理的良好局面。机关、学校、企业等各行各业以及农村的基层单位都要结合实际,制定依法治理工作的具体计划,把依法治理工作的各项任务真正落实到基层,为加速实现依法治区创造条件。

四、严格依法办事,做到有法必依、执法必严、违法必究

各级党组织必须在宪法和法律范围内活动。各级政府及其部门要严格依照宪法、法律、法规和规章履行职责,进一步规范行政行为,转变职能,强化服务,加强和改善行政执法,把政府管理经济和社会事务的活动逐步纳入法制化轨道。建立健全执法责任制和行政过错、错案责任追究制;建立政府法律顾问制度,充分保障政府行为的合法性和领导决策的科学性。加强执法队伍建设与管理,提高执法人员的政治和业务素质。组织人事部门要将领导干部、执法人员学法、用法、执法情况作为考核其实绩的重要内容,作为晋级晋职奖励的条件之一。各级司法机关要坚持维护社会主义法制的严肃性,严格依法办案,坚决做到有法必依、执法必严、违法必究。

五、依法进行专项整治,切实搞好社会治安综合治理

依法治理要注重针对性,讲究实效性。对人民群众反映和关心的热点难点问题,如社会治安、计划生育、反腐倡廉、纠正行业不正之风、治理"三乱"、城乡创建、资源保护、环境治理、减轻农民负担等,要集中力量和时间依法进行专项整治。要把社会治安综合治理作为依法治区的一项重要内容,依靠广大人民群众,运用政治、经济、行政、法律、文化、教育等手段,坚持"打、防、教、管、建、改"相结合,依法整治社会治安。要完善监督制约措施,按照"谁主管谁负责"的原则,层层建立领导干部任期目标责任制,并严格考核考查制度。

六、切实加强领导,认真组织实施,确保各项任务落到实处

依法治区是一项宏大的社会系统工程,必须切实加强党的领导。要认真贯彻省委关于推进依法治省的决定、规划,把依法治区列入各级党委工作的重要议事日程,建立职能明确、运作有效的普法依法治理工作领导小组,党委主要领导任组长,负总责。各级政府及其部门和司法机关要结合实际,认真研究制定本地区、本部门依法治理规划。要充分发挥各级人大、政协的监督作用,组织开展对依法治区工作的检查与视察。宣传部门要充分运用广播、电视、报刊等新闻媒体和群众喜闻乐见的形式,集中一段时间,广泛宣传依法治区工作的重要意义和作用,形成有利于开展工作的舆论环境。各有关部门、单位要从讲政治、讲大局的高度出发密切配合,加强协作,齐抓共管,推动依法治区工作的顺利开展。

1998年3月18日

中共上饶地委 上饶地区行署
关于加快非公有制经济发展的意见

饶发〔1998〕13号

一、指导思想、

1. 以邓小平理论和党的十五大精神为指针,以“三个有利于”为标准,大胆利用一切反映社会生产规律的经营方式和组织形式,加大招商引资力度,加快个体私营、独资、合资、合作等非公有制经济的发展步伐,逐步形成以公有制经济为主导,以非公有制经济为主体的区域经济格局。

二、基本原则

2. 坚持科学布局产业的原则。新办企业娶相应集中,尽量建在主要交通沿线,逐步形成经济小区。同时,对小区内县市辖区的企业实行易地经营,原地纳税,以调动各方面的积极性。

3. 坚持按国家产业政策发展的原则。按照国家产业政策和市场导向,结合我区实际,非公有制企业应在农业开发、农副产品和矿产品精深加工及第二产业上有所突破,开发一批效益好、前景好的项目,培植新的经济增长点。

4. 坚持不断提高科技含量的原则。对外引进项目,要注重引进科技含量高的高新技术项目。鼓励引进高科技人才,允许技术入股。现有企业要进一步增加科技投入,不断提高科技含量,努力向高科技、高效益、高附加值的方向发展。

5. 坚持不断扩大规模的原则。鼓励非公有制企业购买、兼并、租赁国有和集体企业;鼓励非公有制企业采取股份制、股份合作制等多种形式,吸纳社会闲散资金,扩大企业规模;鼓励大户企业打破地区、行业和所有制界限,发展混合型经济,组建非公有制企业集团。

三、奋斗目标

6. 我区非公有制经济要坚持大发展、突出大提高。到2000年,非公有制经济从业人数要达到总人口的15%左右,纳税额占财政总收入的30%以上。

四、政策措施

7. 放宽非公有制经济的从业对象。凡具有民事行为能力的城乡居民,都可以经营非公有制经济实体。转业干部和城镇复员、退伍军人经营非公有制企业或到非公有制企业工作的,其档案关系保留在负责安置的政府相关部门。中级技术职称以上专业人员和大中专毕业生经营非公有制企业或到非公有制企业工作的,其档案关系留在当地政府人事部门的人才交流中心,专业技术职称资格评审等手续由人才交流中心代办。党政机关、企事业单位干部职工经营非公有制企业或到非公有制企业工作的,可在一定时期内保留干部或职工身份,其工资和其它待遇等由本人与原单位协商确定。

8. 放开非公有制经济的经营范围。只要是不影响国家安全、社会稳定、人民身心健康,不严重污染环境的行业和商品都允许经营。取消行业管理部门许可证前置审批制度(特种行业除外),先办工商营营业执照,后办其它手续。凡注册资金10万元以上或年纳税金5万元以上以及出口创汇、高新技术产品的企业,经地区工商行政管理局批准,可冠以“上饶地区”名称。

9. 提高服务质量和办事效率。工商、税务、外汇管理、银行等部门,必须自收到投资者申报材料之日起,分别在3天内办理好企业名称登记、税务登记、外汇登记、银行开户等手续。申请公司设立登记、营业登记和变更、注销登记的,工商部门必须在5天内办完。会计师事务所、审计师事务所自收到企业验资申请后,必须在5天内做好验资工作。地、县(市)两级土地管理部门受理用地申请后,各在15天内办理好权限范围内的用地审批手续。供水、供电、城建等部门要在一个月内保证通水、通电和办好有关手续。对外商投资项目的审批,实行"一条龙"服务,其立项、办证、办照等手续,由外商投资企业服务中心在3天内办理完毕。

10. 依法优先优惠供地。非公有制企业所需用地,采用国有土地使用权划拨、出让、租赁、政府以土地使用权作价出资(入股)等方式供给。对投资城市基础设施、公益事业的,采用划拨方式供地;投资商业、旅游、娱乐、房地产开发的,采用出让方式供地;兴办教育.科技、文化、卫生、体育事业的,采用出让或政府以土地使用权作价出资入股方式供地;进行农、林、牧、副、渔业开发的,采用划拨或承包租赁方式供地;投资工业的,采用国有土地使用权出让方式供地,也可以租赁或以土地使用权作价出资(入股)方式供地。对兼并或购买国有、集体企业的,五年内维持划拨土地使用权方式用地,期满后比照上述方式供地。对投资500万元以上的企业,可从地、县(市)部分的土地收益中返还30%,免收土地使用费。

11. 帮助解决配套资金。政府在项目资金安排上,每年要从财政周转金中划出一块,用于有偿扶持非公有制企业发展。各商业银行和城乡信用社对符合贷款条件和对象的非公有制企业,应主动安排配套资金,适时发放贷款。

12. 鼓励安置下岗职工。非公有制企业在年度内安置下岗职工占本企业职工总数30%以上的,企业所得税金额返还二年;达到50%以上的,企业所得税全额返还三年。

13. 规范对非公有制企业的各项收费。物价局、财政局负责对各种收费进行清理,不合理收费一律取消。凡有权对企业收费的单位,必须向物价部门申报收费项目和标准,经物价部门审定,对收费单位核发《收费许可证》,同时对企业颁发《收费登记卡》。实行收费登记制度,年终由物价部门统一检查,监察、审计等部门配合。对《收费登记卡》以外的收费,企业可拒绝交纳。对乱收费的单位,严格按中华人民共和国价格违法行为。有关处罚规定予以查处。

14. 对经物价部门批准的收费项目,实行部门收费与资金收缴分离。收费部门向企业实施收费时,应开具行政事业性收费专用发票,资金由指定的单位归口代收。非公有制企业比较集中的工业区、开发区,各种应收规费款统一由管委会代收。

15. 切实保证非公有制企业生产经营活动正常开展。重点企业要实行领导挂钩,挂牌保护,未经挂钩领导许可,任何部门都不得到被保护企业进行检查。对乱罚款的人和事,监察机关发现一起,查处一起,首先要查处部门的一把手。搞好社会治安综合治理,保证企业的生产不受干扰,保证企业的合法权益不受侵害。大户企业可成立内保组织,由县市公安局统一领导和指挥。在非公有制企业比较集中的开发区、工业区,可设立公安执勤点,加强治安管理。

16. 区外客商子女入学、入托等与企业所在城镇居民,一视同仁。教育部门根据就近、方便的原则,保证安排,不得加收额外费用。公安、粮食等部门在客商办理常住、暂住户粮等手续时,只要手续齐全,必须即到即办。所办企业注册资金在50万元以上、100万元以上,自企业投产之日起,可由当地公安机关办理城镇户口3名、6名,免交城市增容费,家住农村的可在上级下达的农转非指标范围内优先农转非。

17. 尊重外商的生活方式和生活习惯。对来我区投资办企业的外商,只要守法,原则上不查、不问、不干涉。凡未经所辖地公安局长批准,以查房、查夜之名骚扰外商、侵害外商合法权益的,要给予组织处理和纪律处分,情节严重的要调离公安机关。

18. 实行引资奖励。凡介绍客商到我区投资办企业的,按年度实际纳税额一次性给引资者5%的奖励,奖金由受益单位支付。对引进科技含量较高的技术或专利,使企业获得显著经济效益的有功人员,可连续三年由受益单位按新增利润的15%给予奖励。

19. 奖励纳税大户。对纳税大户由各县市给予重奖,具体的奖励政策,由各县市制定,既可奖实物,也可以根据有关要求授予各种政治荣誉。

五、组织保证

20. 加强对非公有制经济的领导。地区成立非公有制经济领导小组,由各有关部门组成。各有关部门要切实履行职责,规范行为,搞好服务。工商行政管理部门要依法加强管理,乡镇企业管理局、外经贸局、合作办等有关部门要按照各自职责分工,加强管理和服务,共同为非公有制企业的发展排忧解难。各级个体劳动者协会。私营企业协会和工商联合会,要积极发挥各自的作用,共同促进非公有制经济快速、健康发展。纪检监察机关要对各职能部门的服务进行监督,定期检查,年终考核,并将考核结果列为机关创评先进的内容之一。

21. 本《意见》自公布之日起施行。原有文件与本《意见》不一致的,均按本《意见》执行。

22. 本《意见》由中共上饶地委政策研究室负责解释。

1998 年 5 月 15 日

中共上饶地委 上饶地区行署
关于进一步抓好下岗职工再就业工作的意见

饶发〔1998〕14 号

做好下岗职工分流安置与再就业工作,是进一步深化改革、促进发展、保持稳定的一件大事,是建立现代企业制度和社会主义市场经济体制的一项重要战略举措。近年来,特别是行署〔1996〕57 号文件出台后,各县(市)、各部门认真落实《上饶地区再就业工程的实施意见》,并取得一定成绩,但任务依然繁重。全区各级党委、政府要进一步完善政策,加大力度,发挥政府、企业、行业、社区的各自作用,动员全区力量,把下岗职工再就业工作当做一件头等大事抓紧抓好。

现提出以下意见。

一、进一步转变就业观念,立足于自主择业、自谋职业

(一)下岗职工分流安置与再就业,是市场经济条件下企业生产经营的正常现象,是实现两个根本性转变的必然要求,解决这个问题要靠政府扶持和社会帮助,但主要靠下岗职工自身努力。目前我区的情况是:一方面分流安置与再就业难,另一方面许多空岗无人愿上,许多情无人愿干,这其中主要障碍是就业观念的落后。全区各级政府、有关部门和单位,要将树立新的就业观当做下岗职工再就业工作的关键问题与首要任务来抓。

1. 大力加强和切实做好下岗职工思想政治工作。各级领导要深入了解下岗职工的思想、心理和要求，倾听他们的意见和建议，多形式加强对职工进行思想政治教育。要让职工明白，富余职工下岗分流是一个方向，是项大的政策，把一部分富余人员分流出去是企业谋远发展的需要，下岗分流不是目的，是经济结构调整过程中的重要手段，是为了更好地上岗和提高经济效益。要通过思想政治工作，取得广大职工的理解和支持，共同把下岗分流、减员增效、实施再就业工作做好。

2. 开展广泛性、系列性、深层次的教育活动，引导下岗职工解放思想，转变观念，树立自主择业、竞争上岗的择业意识，振作起来，艰苦奋斗，自立自强，提高素质，抢占空岗，寻找最适合自己发挥才干的岗位，并在新的社会经济领域创造岗位，实现再就业。

3. 建立再就业认定制度。地、县(市)劳动就业、监察部门要在企业、街道办事处、居委会等的配合下，对已实现再就业的下岗职工，实行再就业认定。凡是具有劳动能力的下岗职工，在一定的岗位上从事一定的社会劳动，并获得高于当地政府规定最低生活标准的稳定的劳动报酬或经营收入的，即可认定为实现再就业。

二、加强劳动力宏观管理，全面实行"下岗职工登记证"制度

(二)对国有企业职工的下岗分流和再就业工作要把握好宏观调控力度。坚持减员增效同促进再就业相结合、职工下岗分流同社会承受能力相适应的原则，地区和各县(市)要分别制定切实可行的计划，有步骤地分期分批地加以安排和实施，结合运用政策引导、资金扶持和就业服务等手段，扶助下岗职工实现再就业。当年再就业率应达到60%以上。

(三)完善民主程序，规范下岗行为

1. 下岗职工必须办理《下岗职工登记证》(以下简称《登记证》)。《登记证》适用于地、县(市)属国有企业，对象为离开原工作岗位但仍与原企业保持劳动关系，并有再就业需求的下岗职工。《登记证》由地区劳动局统一印制，地、县(市)就业局批准、免费发放。地属企业由地区就业局发放，县(市)属企业由县(市)就业局发放。

2. 企业应建立再就业服务中心，专门负责职工下岗、分流、安置、再就业、社会保障等的管理工作，通过各种渠道，广开门路，积极分流安置。符合当地政府规定标准的困难企业，对连续3个月以上无岗可上，又确实安置不了的，可按照工人和干部同比例下岗的原则安排职工下岗。由企业提出职工下计划及分流安置和再就业方案，经企业工会或职代会、股东大会讨论送主管部门审查后，报同级就业局批准，办理《登记证》。生产经营正常的企业，其富余人员由企业内部安置转岗，不办理《登记证》，未实现转岗期间，企业要负责基本生活费。

3. 企业不得随意解除下岗职工劳动合同。企业生产经营发生变化时，除因职工本人过失可依法解除劳动合同，一般不宜解除劳动合同。

4. 现役军人家属、烈属、县(市)级及其以上劳动模范、归国华侨、残疾人、因公伤残者等，一般不应安排其下岗待工，如确需安排下岗的，应征得同级劳动部门同意。夫妻在同一企业的，不得同时安排下岗，不在同一企业而又同时下岗或失业的，由企业双方协商，安排一人上岗。

(四)持"登记证"人员可享受以下优惠政策

1. 优先参加各级各类企业招工。

2. 免费办理转移、调动和劳动合同鉴证手续。

3. 无偿获得劳动就业部门的劳动用工信息及中介服务。

4. 家庭人均收入低于当地政府规定最低生活标准的困难企业下岗职工,未实现再就业期间,由本企业再就业中心发给基本生活费、缴纳社会保险金。其子女学费由所在学校负责减免。企业再就业服务中心资金来源由政府再就业基金专户拨入和自筹解决。

5. 下岗职工自谋职业实现再就业的,还享受下列优惠政策:

①工商管理费第一年免征,第二年减半。

②免征收卫生费、文化市场管理费一年。

③从事车船货物运输、维修保养、货运信息服务、搬运装卸经营,免交首次办证登记费、工本费、年检年审费。

④免费参加行业和劳动部门举办的再就业培训。

(五)下列人员不发给《登记证》

已办理厂内退养或厂内退休手续的职工;签订《停薪留职协议》的职工;由劳动就业、监察部门认定已实现再就业的;破产企业职工和终止、解除劳动合同的职工以及其他社会失业人员。

(六)加强《登记证》管理。劳动就业局、企业主管部门、企业自身、街道办事处、居委会要建立相互衔接的联系渠道,对下岗持证职工加强管理,帮助其再就业。对有下列情况之一者,应收回《登记证》并解除劳动合同,转为社会失业:

1. 无正当理由不服从企业或行业安排上岗的;

2. 符合招工条件无正当理由拒绝劳动就业服务机构介绍就业的;

3. 符合培训条件无正当理由不参加统一组织再就业培训的;

4. 下岗期间违犯法律、法规受到法律制裁的。

三、严格劳动用工管理

(七)各类用工单位招用职工,必须通过劳动力市场或经批准的职业介绍机构,面向社会公开招收。招工简章未经劳动就业服务机构审查批准,任何单位不得发布招工(聘)广告。凡经批准招工的用工单位,均应到劳动就业服务机构办理用工手续。

(八)规范外来用工行为

1. 各类用工单位使用外来劳动力,必须到劳动部门备案,先到劳动力市场公开招收下岗职工或失业人员,确实招不起来的,才可招外来劳动力,并严格执行劳动部门制定的分类管理的规定,办理《外来人员就业登记证》,与其签订劳动合同,为其缴纳养老保险金。

2. 下岗职工超过在职职工10%以上的企业(除劳动部门认可的特殊工种和岗位外),不得使用外来劳动力。

3. 凡违反规定使用外来劳动力的,要限期清退,并按照本企业、行业和社会调剂的顺序安置下岗职工顶岗。

(九)规范企业职工退养行为。对距法定退休年龄不足5年的,经本人申请,企业批准,可实行厂内退养。企业应按省政府(1994)30号令第八条标准发给生活费。困难企业职工的退养待遇可以适当下降,但不得低于当地政府规定的下岗职工最低生活标准。

(十)劳动监察机构根据国家有关法律、法规规定,实行全面监察与专项监察相结合、定期监察与不定期监察相结合的监察制度,将用人单位招工行为作为劳动监察即劳动用工年检的重要内容之一。对用人单位违反本意见的,追究该用人单位法人代表的责任,责令其整改并给予行政、经济处罚。

四、拓宽下岗职工分流安置和再就业渠道

（十一）坚持企业安置、行业调剂、社会帮助、职工自谋相结合的原则，动员社会各界力量，通过多种形式，广开再就业渠道。

1. 国有、集体工交企业新增就业岗位（特殊行业除外），应按不低于20%的比例招收下岗职工；商业、服务业等第三产业招收职工，应按不低于30%的比例招收下岗职工。

2. 积极发展劳动就业服务性质的企业，吸纳下岗职工再就业。发展区街便民服务事业，社区服务项目安置下岗职工（包括失业职工）比例应不低于60%。

3. 新开办的集贸市场，应按不低于30%的摊位安置下岗职工；早、夜市摊位的比例也应不低于30%。

4. “三资”企业、私营企业，乡镇企业及开发性农业项目新增就业岗位应拿出一定比例招用下岗职工。

（十二）再就业工程是个系统工程，需要方方面面的共同努力，但根本一条还是要发展生产，通过发展生产，创造更多的岗位，吸收更多的人重新就业。

五、有关鼓励政策

（十三）新办的城镇劳动就业服务企业，当年安置待业人员超过企业从业人员总数60%的，经主管税务机关审查批准，可免征所得税三年。

（十四）非公有制企业在年度内安置下岗职工占本企业职工总数30%以上的，企业所得税金额返还二年到50%以上的，企业所得税金额返还三年。

（十五）企事业单位为解决本单位下岗职工再就业，涉及土地使用权出租收益金由财政返还一年。

（十六）凡愿意解除劳动合同，组织起来就业或自职业的下岗职工，由企业一次性支付安置赞，标准由企业与下岗职工协商，经企业职代会、股东大会或工会讨论，主管部门审查，报同级再就业领导小组办公室批准。

六、加强下岗职工社会保障工作

（十七）社会保险是国家法律规定、政府强制实施的法定保险。企业和职工都必须按照有关文件规定，参加当地社会保险机构的社会保险，确保下岗职工各项社会保险金的缴纳。

1. 职工下岗期间，企业和个人应继续按规定比例上缴养老、工伤、生育、医疗、失业等各项保险金。

2. 安置到其他企业再就业的，由所在企业与个人按规定比例缴纳各项社会保险金。

3. 自谋职业的下岗职工，应由个人承担继续缴纳各项社会保险金，可委托原企业再就业服务中心代缴也可由个人直接向社保部门缴纳。

4. 女满40岁、男满45岁的下岗职工，愿自谋职业的，经本人申请、企业批准，可与其签订至法定退休年龄的《下岗职工留职协议》，其各项保险金由企业和职工个人按规定缴纳，待达到退休年龄时，享受退休待遇。

5. 凡以劳务输出方式安置下岗职工的，或实行厂内退养的，或请长假、外借、外派的，以及病伤人员和孕期、哺乳期女职工，其劳动关系不变，原单位和职工区各级就业培训服务中心、企业主管部门、职业学校、技工学校和工会、共青团、妇联等开办的社会培训机构应在地、县（市）劳动行政部门协调下，配合开展下岗职工转岗转业及再就业技能培训。参加培训的下岗职工经职业技能鉴定考核合格者，由劳动部门免费发给《技术等级证书》或《岗位合格证书》，各类职业介绍机构应优先介绍其再就业。

（十八）职工下岗期间，企业和个人原则上应继续按规定缴纳住房公积金。确有困难的，可向当地房改全程管理委员会申请停交、缓交或降低比例缴交。家庭收入低于当地政府规定最低生活标准的，房改中新增租金由产权单位负担，个人免交，政府与企业应安排廉租住房，并在安居工程中优先考虑。

（十九）抓紧制定、实施城镇居民最低生活保障制度。各级政府、企业要保障下岗职工基本生活待遇的落实，确保下岗职工在待岗期间的基本生活，维护社会稳定。

七、建立统一的市场信息及培训管理网络。

（二十）加快培育劳动力市场。逐步实现地、县（市）劳动部门和社会职业介绍机构计算机联网，统一管理下岗职工及用工信息。对有就业愿望、就业困难且生活贫困的特困下岗职工，要列出名单，落实专人负责，深入到户，帮助到人。对用人单位实行空岗报告、招聘广告审批和用人登记制度。为下岗职工参与市场竞争实现再就业创造条件。

（二十一）统一管理就业与再就业培训。

1. 各级劳动行政部门负责制定职业指导计划，全区各级就业培训服务中心、企业主管部门、职业学校、技工学校和工会、共青团、妇联等开办的社会培训机构应在地、县（市）劳动行政部门协调下，配合开展下岗职工转岗转业及再就业技能培训。参加培训的下岗职工经职业技能鉴定考核合格者，由劳动部门免费发给《技术等级证书》或《岗位合格证书》，各类职业介绍机构应优先介绍其再就业。

2. 职工在岗期间，要实行下岗预警制度，参加 1 – 2 门实用技术培训，以便下岗时顺利转岗。

3. 对有就业需求的初高中毕业生实行劳动预备制度，追加 1 – 3 年技能培训和相关教育。

4. 企业的培训资金以自筹为主，要确保工资总额的 1% 用于职工培训，停产企业或其他有困难的企业，可申请从再就业基金中予以扶持。

八、建立下岗职工再就业基金。

（二十二）行署和各县（市）人民政府要建立下岗职工再就业基金，由劳动部门负责筹集和使用，并纳入财政专户储存，财政、审计部门负责监督。劳动部门要定期将收支和管理情况向地区再就业工作领导小组作书面报告。

（二十三）再就业基金主要用于扶持困难企业生产自救、开展职业指导和转岗（业）培训、下岗特困职工生活补助费，不得挪做他用。

（二十四）再就业基金的主要来源：（1）地、县（市）财政拨款；（2）失业保险基金当年节余部分的 20%；（3）城市增容费的 20%；（4）从进入破产清算程序的国有企业土地使用权转让和变卖资产用于安置职工的资金中提取；（5）社会捐助及其他来源。

九、进一步加强下岗职工再就业工作的领导

（二十五）下岗职工再就业工作是一项长期的、繁杂的工作，各级政府和有关部门要切实加强组织领导，由各级党政“一把手”负总责。地区成立下岗职工再就业工作领导小组，由行署专员任组长，行署分管副专员为副组长，地直有关部门主要领导为成员，统一组织、协调、指导全区下岗职工再就业工作。领导小组办公室设地区劳动局。各县（市）人民政府、企业主管部门、街道办事处及企业自身相应成立“一把手”负责的领导机构，成立就业培训服务中心，层层建立责任制，一级抓一级，认真研究解决再就业工作实施中的问题，真正做到分工明确、职责分明、人员到位、措施落实。

（二十六）各有关职能部门要围绕抓好下岗职工再就业工作，分别制定优惠政策并落实到位，为下岗职工提供有效服务，为党和政府分忧。各级党团组织要认真做好下岗职工分流安置及再就业过程中党、团员关系的接转、管理和教育工作。

（二十七）建立和完善奖惩制度。各级政府要将抓好下岗职工再就业工作列入政府对主管部门及企业年度工作的考评内容。地区下岗职工再就业工作领导小组对全区的下岗职工分流安置和再就业工作进行严格的监督和考核。地县（市）两级都要组织评比表彰活动，对完成工作目标、效果显著、成绩突出的部门和个人进行表彰和奖励。对工作消极、措施不力、完不成责任目标的，要通报批评并追究有关领导的责任。

（二十八）大力开展宣传教育工作。各级党委、政府要加大再就业工作的宣传力度，营造关心帮助下岗职工再就业的社会氛围。宣传、新闻等部门要充分运用新闻媒体，重点宣传下岗职工转交观念、竞争就业的先进典型，各有关部门和单位，也要根据各自的职能，确定不同的宣传重点和形式。

（二十九）坚持谁主管、谁负责的原则，对下岗职工再就业工作实行分级管理，地属企业由地区负责，县（市）属企业由县（市）负责。

1998年5月18日

中共上饶地委关于贯彻中共中央《关于农业和农村工作若干重大问题的决定》及《省委关于贯彻（决定）的实施意见》的意见

饶发〔1998〕28号

党的十五届三中全会通过的《中共中央关于农业和农村工作若干重大问题的决定》（以下简称《决定》），是世纪之交指导农业和农村工作的行动纲领。省委十届九次全会通过的《关于贯彻〈中共中央关于农业和农村工作若干重大问题的决定〉的实施意见》（以下简称《实施意见》），勾画出我省农村发展的宏伟蓝图，是省委贯彻落实党的十五届三中全会精神与我省农村发展实际紧密结合的重要体现，是深入实施把江西经济大厦建立在现代农业基础之上战略的重要部署。认真贯彻中央《决定》以及省委《实施意见》精神，对于落实党的十五大提出的战略部署，进一步深化农村改革，实现跨世纪农业和农村发展的宏伟目标，建设富裕民主文明的社会主义新农村，具有重大而深远的意义。现结合我区实际，提出如下贯彻意见。

一、正确认识我区农村改革二十年所取得的巨大成功，以及当前农业和农村工作面临的新形势

1.我区农村改革二十年取得了巨大成功，为实现党中央提出的跨世纪宏伟目标奠定了坚实的基础。党的十一届三中全会以来，我区也和全国、全省一样，对农村经济体制进行了根本性改革，初步构筑了适应发展社会主义经济要求的农村新经济体制框架，废除人民公社体制，在全区建立了以家庭联产承包为基础、统分结合的双层经营体制。取消统购统销制度,突破计划经济模式,初步建立农产品市场体系,农业社会化服务体系,对农业的支持和保护体系,为发展农业,保护农民利益创造了有利条件,大大解放和发展了农村生产力,使农村经济和社会发展发生了一系列具有重大意义的变化。一是农村经济综合实力增强。1997 年,全区农业总产值达 107. 9 亿元,按可比价格计算比 1978 年增长 2. 8 倍,年均递增 7. 3% ,比改革前 29 年年均递增速度高出 3. 2 个百分点。农业经济质量显著提高,农林牧渔产值构成由 1978 年的 80. 44:7. 07:11. 19:1. 30 发展为 49. 16:7. 41:29. 23:14. 20。二是农产品供给持续增长,主要农产品产量成倍增长。1997 年全区粮食总产量达 252. 58 万吨,比 1978 年增长 51. 2% ;棉花产量 8411 吨,增长 1. 2 倍;油脂产量 5 万吨,增长 4. 7 倍;蚕茧产量 1518 吨,增长 115. 8 倍;肉类总产量 33. 47 万吨,增长 8. 1 倍;水产品产量 21. 03 万吨,增长 21. 2 倍。三是农业生产基础条件大为改善。20 年来,全区建成 20 多座大中小水库,新增库容 5. 49 亿立方米。除险加固水库 726 座,修建堤防 600 多公里,新建引水工程 222 座,机电排灌 3110 座,装机 166. 9 万千瓦。并初步建立起了水利投入机制和水利法制体系。农业综合开发先后完成中低产田改造 117. 93 万亩,开垦宜农荒地 12. 7 万亩,新增粮食生产能力 110595. 7 万公斤,棉花 337. 85 万公斤,油料 1412. 6 万公斤。农业机械化程度也有了较大提高。1997 年末,全区农业机械总动力为 114. 4 万千瓦,比 1978 年增长 27. 5 倍;机耕面积占耕地面积比重也由 1978 年的 20. 9% 上升到 1997 年的 39. 1% 。四是科技对农业的推动日益增强,科技成果不断涌现。20 年来,我区获地级以上科技进步奖 351 项,星火奖 54 项,成果推广奖 5 项。其中农业奖 203 项。科技对农业生产的贡献率达 38% 。五是农民生活水平显著提高。我区农民人均纯收入由 1978 年的 131 元提高到 2114 元,人民生活在基本解决了温饱的基础上,正向小康水平迈进。与此同时,我区农村精神文明建设取得了显著成绩。大力开展了创建文明村镇、十星农户、文明乡镇企业,文化科技卫生“三下乡”,科技、道德、法制“三入户”等活动,农村精神文明建设呈积极、健康、向上的发展态势。尤其是改革开放以来,我区党的基层组织建设得到了有力的加强。全区乡镇党委和村党支部紧紧围绕发展农村经济,推进农村改革,团结带领群众奔小康,逐步实现共同富裕这一根本任务,不断加强自身建设,较好地发挥了核心领导和战斗堡垒作用,为农村二个文明建设的发展提供了强有力的组织保证。所有这些,都为我们满怀信心再创新世纪的辉煌奠定了坚实的基础。

2. 在实现跨世纪农业和农村发展宏伟目标的进程中,我们正面临新的机遇,迎接新的挑战。当前,随着改革开放的进一步扩大和社会主义现代化建设全面迅猛发展,迫切要求农业有一个厚实的基础,农村改革和发展有一个崭新的飞跃;亚洲金融危机的冲击,经济全球化的挑战,也要求农业和农村经济为整个国民经济的发展做出新的贡献。目前,我区农村生产力还比较落后,农产品和农村经济发展的科技成果转化率和科技含量低,农产品存在不同程度卖难,农民收入增长趋慢,农业抗御自然灾害的能力弱,农村经济和社会发展还面临许多困难和压力。在繁重而艰巨的任务面前,必须保持清醒的头脑,抓紧世纪之交的新机遇,勇敢地迎接新挑战,按照党的十五届三中全会精神以及省委十届九次全会的要求,全面推进农村改革,努力开创我区农业和农村工作的新局面。

1998 年 11 月 27 日

中共上饶地委　上饶地区行署
关于切实做好国有企业下岗职工基本生活保障和
再就业工作的通知

饶字〔1998〕126 号

各县(市)委、人民政府,地委各部门、地直各单位:

为确保党的十五大提出的国有企业改革目标的顺利实现,全面深入贯彻落实省委、省政府召开的国有企业下岗职工基本生活保障和再就业工作的会议精神,明确今后的目标任务、方针、政策和措施,进一步动员全社会的力量,切实做好我区国有企业下岗职工基本生活保障和再就业工作,促进国民经济持续快速健康发展,巩固和发展安定团结的社会政治局面,特通知如下:

一、认清形势,明确任务,把思想行动统一到中央决策上来

各级党委和政府要充分认识到,近年来出现职工大量下岗的现象,是计划经济条件下实行的就业体制和就业政策在经济转轨过程的必然反映,是长期以来盲目投资、重复建设及企业经营机制深层次矛盾多年积累的结果,也是改革和发展过程中不可逾越的阶段,是前进中的问题、发展中的问题。我们要建立起社会主义市场经济体制和现代企业制度,不可避免地要经历这样一个历史过程。从长远看,随着改革深入,科技进步和经济结构的调整,劳动力的相应调整与流动也会经常发生,企业用人相对减少已是一种必然趋势。要达到用 3 年左右的时间使大多数国有亏损企业摆脱困境,促进国民经济发展实现良性循环,一个重要条件就是要切实解决企业人员臃肿、人浮于事的问题。虽然这会给一部分职工带来暂时的困难,但从根本上说,有利于经济发展和社会全面进步,为最终实现包括职工群众在内的全体人民的共同富裕创造更有利的条件。同时,必须清醒地认识到,妥善解决国有企业下岗职工的基本生活保障和再就业问题,事关职工群众的切身利益,事关经济发展、社会稳定和国家长治久安的大局,不仅是重大的经济问题,也是重大的政治问题,不仅是现实的紧迫的问题,也是长远的战略问题。做好这项工作既是社会主义制度的本质要求,也是党和政府应尽的责任。各级党委、政府和领导干部必须从这样的高度来认识这个问题,增强紧迫感和责任感,采取一切必要的措施,满腔热忱和极端负责地把这项“第一位的工作”抓紧抓好,为实现党的十五大提出的跨世纪宏伟蓝图创造良好的社会环境。

下岗职工基本生活保障和再就业工作的指导思想:认真负责、尽力而为、突出重点、加强调控。各地、各部门要围绕下岗职工基本生活保障和再就业工作目标任务,坚持减员增效与促进再就业相结合、职工下岗分流与社会承受能力相适应的原则,制定切实可行的工作计划,明确基本目标、要求和措施,有步骤地分期分批加以安排和实施。要把握好职工下岗的宏观调控力度。规范下岗程序,建立职工下岗申报备案制度,增加工作的透明度。充分考虑国家财政、企业、职工和社会保障的承受能力,考虑经济发展、结构调整所能提供就业岗位的容量,把握好企业兼并破产、减员增效、下岗分流的节奏。要充分发挥政府、企业、社会和劳动者等各方面的积极性,综合运用各项政策扶持和多种就业服务手段,实行企业自行安置、个人自谋职业和社会帮助相结合,促进下岗职工尽快实现再就业,并重点解决好国有亏损企业下岗职工问题。盈利企业要适应市场竞争的需要,转换机制,减员增效,并充分考虑国家利益和社会责任,妥善组织本企业的职工分流,不能把他们推向社会。

建立再就业认定制度。各级劳动、监察部门要在企业、街道办事处、居委会等的配合下,对已实现再就业的下岗职工,实行再就业认定。凡是在原国有企业没有岗位的正式职工,重新转移到其他各类企业、或自谋职、或联合经营,并获得高于省政府批准的当地最低工资标准的稳定收入的,可认定为实现再就业。

国有企业下岗职工基本生活保障和再就业工作总的目标:当前和今后一个时期,主要解决国有企业下岗职工基本生活保障和再就业问题,把保障他们的基本生活作为首要任务,并力争每年实现再就业的人数大于当年新增下岗职工人数。1998 年,使已下岗职工和当年新增下岗职工的 50% 以上实现再就业。今后,在逐步完善劳动力市场建设,为下岗职工提供优良服务和就业指导,使所有下岗职工进入劳动力市场,实现劳动者与用人单位双向选择,达到劳动力资源的有效配置。全区从 1998 年 - 2002 年的五年时间,将分流安置国有企业下岗职工 138000 人左右。具体任务是:1998 年分流安置 28810 人,再就业率达 67%;1999 年累计分流安置 33257 人,再就业率达 72%;2000 年累计分流安置 30748 人,再就业率达 77%;2001 年累计分流安置 25054 人,再就业率达 83%;2002 年累计分流安置 18520 人,再就业率达 92%。争取用 5 年左右的时间,基本解决国有企业下岗职工的分流和再就业问题。初步建立起适应社会主义市场经济体制要求的社会保障体系和就业机制。

二、建立和完善再就业服务中心,保障下岗职工基本生活

建立再就业服务中心是保障下岗职工基本生活和再就业的有效措施,是当前一项具有中国特色的社会保障制度。各地要自下而上建立再就业服务中心或类似机构,下岗职工不多的企业也可由有关科室代管,对本企业的下岗职工负责;被兼并企业的下岗职工,由兼并企业再就业服务中心负责。行业主管部门要建立再就业服务指导中心(如:物资、粮食、交通、商业、供销、外贸、城建、轻化),负责对本行业内企业再就业服务中心进行指导,并负责对本行业直属破产企业的职工进行管理。组建再就业服务机构,原则上要利用现有的职能机构和人员,确保工作到位。为加强再就业服务中心的组织、管理力量,可从行政机关抽调得力人员到中心工作。

再就业服务中心(包括类似机构或代管科室)的基本任务:为进入中心的下岗职工发放基本生活费,缴纳养老、医疗、失业等社会保险费,组织下岗职工参加职业指导和再就业培训、劳务输出等促进再就业活动,引导和帮助他们实现再就业。

进入再就业服务中心的对象:实行劳动合同制度以前参加工作的国有企业正式职工和实行劳动合同制度以后参加工作且合同未满的人员,因企业生产经营等原因,在原企业已没有工作岗位、又尚未与企业解除劳动关系,且有就业要求而未在社会上从事其他职工的人员。

再就业服务中心应与进入中心的下岗职工签订协议,明确双方各自的责任、权利和义务。下岗职工在再就业服务中心的期限一般不超过 3 年。进入中心的下岗职工三次无正当理由不接受中心介绍的就业岗位,中心可与其提前解除协议;下岗职工在中心期间实现再就业的,即与中心解除协议;3 年期满仍未实现再就业的,中心应与其终止协议;在中心期间劳动合同到期的,可按有关规定终止劳动关系,同时与中心解除协议。被中心解除或终止协议的下岗职工,与原企业解除劳动关系,符合《江西省国有企业职工失业保险条例》有关规定的,可享受失业救济。符合当地城市居民最低生活保障条件的,按规定申领城市居民最低生活保障金。

进入再就业服务中心的下岗职工的基本生活费按略高于失业救济的标准。第一年上饶市按每人每月130元发放,其他县(市)按每人每月110元发放,以后按10%的比例逐年递减,但最低不得低于失业救济标准。养老、医疗、失业保险费用(包括个人缴费部分),以全区中年度职工月平均工资的60%为基数缴纳,缴费比例分别为:养老保险26%、医疗保险8%、失业保险3%。

国有企业职工下岗程序:1. 企业应根据生产经营需要和可能以及社会承受能力,本着公平、公正、公开的原则,拟定职工下岗和再就业方案(内容包括拟下岗职工人数、实施的方法步骤、下岗职工的基本生活保障和促进再就业的措施、下岗职工的组织管理等),并将方案提交工会和职代会讨论,充分听取工会和职代会的意见。2. 方案(附工会和职代会意见)报行业主管部门审核后再报同级劳动部门备案,并抄送同级财政部门。当年安排职工下岗人数达到或超过本企业职工总数的10%的,需报同级人民政府批准。3. 方案经备案或批准后,由企业统一组织实施。下岗职工名单须经企业领导班子集体研究确定,送行业主管部门审核,报同级劳动部门审定后,由同级劳动行政部门发放"下岗职工证",已经再就业的,包括自谋职业的,不发"下岗职工证"。持有"下岗职工证"并进入再就业服务中心的,凭证享受企业所在地基本生活保障和再就业服务;持有"下岗职工证"但未进入再就业服务中心的,凭证享受企业所在地再就业服务和有关优惠政策。进入再就业服务中心的下岗职工,"下岗职工证"由再就业服务中心统一管理;下岗职工在中心期间,被其他用人单位招聘的,"下岗职工证"复印件由该用人单位保存,原件交回原发证单位;下岗职工开办个体工商户、私营企业,"下岗职工证"复印件由工商部门保存,原件交回原发证单位,各级工商行政管理机关定期将下岗职工从事个体、私营经济的有关情况通报同级劳动部门;下岗职工达至少法定退休年龄及与企业终止或解除劳动关系的,应将"下岗职工证"交回原发证单位。夫妻在同一企业工作的,企业不得安排双方同时下岗;不在同一企业工作的,有一方已下岗,另一方企业不得安排其配偶下岗,双方已经下岗的,由职工选择其中一方上岗;尽量避免全国及省(部)级劳动模范、烈军属、残疾人下岗。

盈利企业职工下岗、分流和再就业方案,在充分听取工会和职代会意见后组织实施。

三、国有企业下岗职工基本生活保障和缴纳社会保险费用资金的筹措、管理和使用

用于保障下岗职工基本生活和缴纳社会保险费的资金来源,采取"三三制"的办法解决,即原则上财政预算安排1/3,企业负担1/3,社会筹集(包括从失业保险基金中调剂)1/3。具体安排由各地根据实际情况确定。财政负担的部分,地属企业由地级财政负担,县(市)企业分别由县(市)级财政负担。对困难较大的县(市),在县(市)级财政确已尽力安排了资金的基础上,地财政可对困难较大的县(市)给予适当支持。企业承担部门由企业自行解决,严重亏损的停产企业,无力承担的,由行业主管部门负责调剂解决。省属企业社会筹资部分,由企业所在的地、县(市)负责。国有独资盈利企业和国有参股、控股企业保障下岗职工基本生活费和缴纳社会保险的资金,原则上都由本企业负担,其下岗职工生活费标准最低不少于本人原标准工资的60%。

社会筹集部分的资金来源:1. 失业保险基金的缴费比例由1%提高到3%,从提高国有企业及职工缴费比例所收取的费用中划出80%。2. 从营业性歌厅、舞厅、夜总会、保龄球等娱乐业和桑拿浴、美容业等高消费行业的营业收入中提取5%;全区范围内的所有企业事业单位,凡人均工资水平超过当年当地社会平均工资一倍以上的，按其超过社会平均工资部分的10%和职工人数提取。3、向使用农村和跨县(市)外来劳动力的用人单位、在城镇从事个体和私营经济的跨县(市)外来劳动力征收就业调剂金，按每人每年200元标准。4、企业和社会各界捐助等。5、财政部门从机关事业单位预算外资金中划拨5%。以上筹资渠道筹集的社会资金不足的，各县(市)可根据当地实际，在国家政策允许的范围内，制定多渠道的筹资办法，并报上一级政府批准后实施，严禁乱摊派、乱集资。

各级政府用于国有企业下岗职工基本生活保障和缴纳社会保险费用的资金，纳入同级财政专户管理。资金的安排使用，由国有企业下岗职工基本生活保障和再就业领导小组办公室商同级财政部门研究提出使用计划和分月拨款计划，报同级领导小组审批后，由财政部门核拨。

切实加强对资金的财务管理和监督，一定要专款专用，不得挪用于任何其他方面开支，各级审计部门要进行定期审计监督。资金的筹集和使用情况每季度向同级国有企业下岗职工基本生活保障和再就业领导小组和上级主管部门报告。

再就业服务中心和行业再就业服务指导中心的管理费用和工作人员的工资、福利等，不得占用下岗职工基本生活保障的资金，分别由企业和行业列支。

四、加大政策扶持力度，拓宽分流安置和再就业渠道

解决下岗职工的生活保障问题，关键是要帮助下岗职工实现再就业，根本出路在于发展经济。各县(市)、各部门要抓住调整和优化经济结构的机遇，积极培育新的经济增长点，继续加强基础产业和基础设施建设，扩大就业。要把发展第三产业，特别是商业、饮食业、旅游业、家政和社会居民服务业等，作为下岗职工再就业的主要方向，把发展小型企业、劳动力密集型企业、劳动就业服务企业作为促进再就业的重要途径。大力发展集体和个体、私营经济，鼓励下岗职工自谋职业或组织起来就业。

(一)鼓励发展社区居民服务业，帮助下岗职工再就业。结合社区建设，发展与居民生活密切相关的商业、餐饮、托幼、修理、搬运、家政服务、卫生保洁、配送代购、公用电话、书报信箱等便民利民网点，吸纳下岗职工。对下岗职工从事社区居民服务业的，要简化工商登记手续，3年内免征营业税、个人所得税和行政性收费。

(二)大力发展集体和个体、私营经济，促进下岗职工再就业。各类商品集贸市场应划出不低于30%的摊位，优先租给下岗职工经营，免收1年工商管理费和租金。对下岗职工申请从事个体工商经营、家庭手工业或开办私营企业的，工商、城建等部门要及时办理有关手续，开业1年内减免工商管理等行政性收费，地方税全额征缴后减半返还。免征卫生费、文化市场管理费一年。下岗职工进入再就业一条街从事个体经营的，开业1年内，地方税全额征缴后全部返还。

(三)鼓励下岗职工到农村开发荒山、荒地、荒滩，从事农、林、牧、渔生产。各级政策和有关部门要大力支持，从资源和资金上提高条件和帮助，从有收入时起按有关规定免征农业税或农业特产税1~3年。

(四)鼓励企业利用自身条件创办经济实体，促进下岗职工再就业。企业要充分利用现有的资金、场地、原材料、设备和技术力量，兴办劳动就业服务企业等经济实体，努力吸纳下岗职工。凡当年吸纳下岗职工达到从业人员总数60%的，经批准，3年内所得税全额征收后全额返还，期满后，当年新安置下岗职工达到企业从业人员总数30%的，2年内所得税返还一半。当年吸纳比例不足60%超过40%的，2年内所得税全额征收后全额返还；吸纳比例不足40%超过30%的,1年内所得税全额征收后全额返还。允许有偿转让或租赁部分国有资产,开办初期确有困难的,可在一年内免征资产占用费。

(五)非公有制企业在年度内安置下岗职工占本企业职工总数30%以上的,企业所得税全额返还二年,达到50%以上的,企业所得税全额返还三年。

(六)鼓励各类用人单位招用下岗职工。工交企业新增就业岗位应按不低于20%的比例招收下岗职工;商贸、旅游、服务等第三产业企业应按不低于40%的比例招收下岗职工。凡招收女40岁、男45岁以上非本企业下岗职工,并签订3年以上劳动合同的,原企业可适量给予一次性安置补偿。

(七)积极发展区街道便民服务事业,社区服务项目安置下岗职工(包括失业职工)比例应不低于60%。

(八)凡下岗职工自谋职业、组织起来就业、企业通过创办经济实体帮助下岗职工再就业,启动资金确有困难的,金融机构应给予贷款支持。有条件的企业,可一次性给予资金扶持。

各地、各部门要确保国家和省、地对下岗职工再就业所制定的各项优惠政策不折不扣地落到实处。

五、加强劳动力市场建设,强化再就业培训

要建立和完善市场就业机制。按照国家政策指导下,劳动者自主择业、市场调节就业和政府促进就业的就业方针,各地要按照科学化、规范化、现代化的要求,大力加强劳动力市场建设,为下岗职工组织多种形式的再就业职业介绍活动和再就业培训活动。

(一)充分利用电视、广播等现代化的信息网络,为下岗职工提供求职、招聘、职业指导等方面的信息和咨询服务。各类职业介绍机构要开设为下岗职工服务的专门窗口,加强对下岗职工的职业指导,并实行免费服务。

(二)组织各职业介绍机构与国有亏损困难企业开展"结对子""一帮一"活动,制定下达具体任务和工作指标,帮助困难企业下岗职工再就业。

(三)对用人单位实行空岗报告制度。各级劳动部门要对本地的劳动力供求发展趋势进行调查和预测。及时掌握现阶段及今后一段时间内用人单位在工种专业上的余缺,就业岗位的增减以及社会劳动力(含下岗职工)的数量、素质和分布情况,为安置下岗职工和失业人员提供依据。

(四)用人单位裁减人员后,在今后又招用人员的,应按《劳动法》的规定,优先录用被裁减人员。

(五)建立用人单位招聘广告审查制度。所有用人单位(包括私营、合伙经营、外商投资等非国有企业)招聘人员,均需向同级劳动部门报告,并制订招聘简单报劳动部门审查,然后通过劳动力市场面向社会公开招收。招聘人数中下岗职工应达到本通知第四条第六款规定的比例,招聘条件既应符合用工单位需要又要照顾下岗职工的实际。未经劳动部门审查的招聘简单或信息广告,新闻传播媒体不得刊登和播放。用人单位未按上述程序擅自招聘人员的,按《江西省劳动力市场管理条例》中有关规定查处。

(六)下岗职工超过在职职工10%以上的企业,不得招用外来劳动力、临时工和农民工。

(七)加强劳动力市场的管理、监督和检查,防止职业介绍活动中的乱收费现象,坚决取缔非法劳务中介,严厉打击欺诈行为,维护劳动力市场秩序。

(八)动员社会各方面力量,大力开展再就业培训,实行在政府指导和扶持下,个人自学、企业组织和社会帮助相结合的办法,全区各级就业培训服务中心,企业主管部门、职业学校、技工学校和工会、共青团、妇联等开办的社会培训机构,应在各级劳动行政部门协调下,根据下岗职工特点和社会需要,突出培训的实用性和有效性,免费为下岗职工开展再就业培训。

(九)下岗职工的转岗培训以本行业、本企业为主。培训费以自筹为主,要确保工资总额的1%用于职工培训。

(十)职工在岗期间,要实行下岗预警制度,要加强在岗职工的职业技术培训,提高他们的素质,针对市场的变化,要对在岗职工实行1-2门实用技术培训,以便下岗时顺利转岗。

(十一)逐步实行劳动预备制度。对城镇未能继续升学的初、高中毕业生,逐步实施1-3年的职业技术培训。继续鼓励和引导农村劳动力就地就近转移,合理调控农村劳动力进城务工的规模。

(十二)充分发挥就业服务体系在促进下岗职工再就业中的整体服务功能。要加强劳动力市场建设,在场地安排和使用方面给予支持。要加强劳动力市场建设,在场地安排和使用方面给予支持。职业介绍机构要设在方便下岗职工求职择业的地方,并进一步改善服务设施,增加服务场所面积,逐步建立省、地、县(市)联网的全省劳动力市场信息网络,促进再就业工作的科学化、规范化和现代化。劳动部门进行劳动力市场建设和促进再就业的经费,由财政部门核拨。

(十三)劳动监察机构根据国家有关法律、法规规定,实行全面监察与专项监察相结合,定期监察与不定期监察相结合的监察制度,将用人单位招用职工行为作为劳动监察即劳动用工年检的重要内容之一。对用人单位违反规定的,追究该用人单位法人代表的责任,责令其整改并给予行政、经济处罚。

六、加快社会保障制度改革,完善社会保障体系

(一)各地要根据社会主义市场经济体制和现代企业制度的要求,在所有企业(包括个体、私营等非国有企业)以及外商投资企业中方职工中推行和深化养老、医疗、失业等社会保险制度及住房制度改革,建立健全社会保障体系,为劳动力合理配置和正常流动创造条件,增强社会保障承受能力和调剂功能。

(二)下岗职工无论再就业与否,应继续缴纳养老保险基金,过去的连续工龄和养老保险缴费年限与以后的缴费年限合并计算,达到法定退休年龄时,按规定享受相应的养老保险待遇。要严格控制企业职工提前退休。除国家另有规定外,没有达到退休年龄的,不得办理提前退休。对已在社会保险制度暂未覆盖到的个体、私营、三资企业再就业的下岗职工,社会保险机构要为他们续缴社会保险费用提供服务。

(三)按赣府厅发〔1998〕14号文件规定,各地、各有关部门对参加了基本养老保险社会统筹的,从5月份起必须按时足额发放离退休职工养老金,不再发生新的拖欠;对过去拖欠的养老金要逐步补发。对尚未参加基本养老保险社会统筹的也应按时足额发放离退休费。所需资金按原渠道解企业主管部门和当地政府应采取有效流和再就业后,在原企业的住房,已按房改政策购买的,应根据有关规定明确个人和原企业的产权关系,已购买全部产权的,住房归个人;已购买部分产权的,如愿意购买全部产权的,可按规定购买全部产权;未购买的,可以继续租用,租金标准由当地政府规定。

(四)下岗职工分流和再就业后,在原企业的住房,已按房改政策购买的,应根据有关规定明确个人和原企业的产权关系,已购买全部产权的,住房归个人;已购买部分产权的,如愿意购买全部产权的,可按规定购买全部产权;未购买的,可以继续租用,租金标准由当地政府规定。

(五)对生活困难的下岗职工子女就学,应减收学杂费;对家庭人均月收入低于城市居民最低生活保障的,应全免学杂费。

(六)提高失业保险金的支付能力。从1998年7月1日开始将失业保险基金的缴费比例由企业工资总额的1%提高到3%,由企业单方负担改为企业和职工个人共同负担,其中个人缴纳1%,企业缴纳2%。

(七)失业保险基金按规定提取的转业训练费可划出一定比例用于再就业培训补贴;按规定比例提取的生产自救费可划出一定比例用于再就业劳动力市场建设和促进再就业工作。

七、加强领导,搞好宣传,确保下岗职工基本生活保障和再就业工作顺利进行

各级党委、政府和有关部门必须把下岗职工基本生活保障和再就业工作列入重要的议事日程,实行党政"一把手"负责制,并纳入政绩考核的重要内容,地委、行署决定成立全区国有企业下岗职工基本生活保障和再就业工作领导小组,地委宣传部、地区劳动局、地区计委、地区经委、地区财政局、地区工会、地区国家税务局、地区地方税务局、地区工商局、地区民政局、地区人民银行等有关部门的主要负责同志为成员。领导小组的主要职责是在地委、行署的领导下,制定国有企业下岗职工基本生活保障和再就业工作政策措施,协调解决工作中的重大问题,领导小组办公室设在地区劳动局、各县(市)也要成立相应的领导工作机构,具体负责当地的国有企业下岗职工基本生活保障和再就业工作。

要充分发挥我们党的思想政治工作优势,切实加强下岗职工的思想政治工作。要动员全社会都来关心、支持下岗职工基本生活保障和再就业工作,多为下岗职工办好事,献爱心,送温暖,形成一个良好的社会氛围。要大力宣传党和政府的有关方针政策,教育下岗职工及广大人民群众理解和体谅国家困难,积极支持企业改革,自觉维护社会稳定,要注重树立并大力宣扬下岗职工自强不息,积极创业的先进典型,引导下岗职工摒弃"等、靠、要"的思想,帮助他们树立正确的择业观,不论从事什么职业都是光荣的,没有高低贵贱之分,从而去主动适应社会主义市场经济的要求。以确保国有企业下岗职工基本生活保障和再就业工作的顺利进行。

各地、各部门要抓紧时间,结合本地区、本部门(行业)和本企业的实际,根据全国国有企业下岗职工基本生活保障和再就业工作会议精神和本《通知》确定的原则,制定具体的实施细则,确保工作落到实处。各级领导机关和领导干部要不断改进工作作风和工作方法,发扬党同人民群众同呼吸、共命运、心连心的优良传统,坚决制止和克服官僚主义倾向,深入企业和下岗职工家庭,及时了解和掌握下岗职工的生活状况,体察他们的疾苦,听取他们的呼声,主动为他们排忧解难,决不允许采取不闻不问、麻木不仁的态度。企业领导班子一定要对国家负责、对企业负责、对职工负责,牢固树立全心全意依靠工人阶段的思想,在抓好企业生产经营、千方百计使企业摆脱困境的同时,积极组织下岗职工开展生产自救,努力帮助他们解决生活中的困难和问题,做好经常性的思想工作,坚持与职工群众同甘共苦,不搞特殊化。要充分发挥民主党派和工会、妇联、共青团等社会团体的作用,进一步解放思想,大胆探索,勇于实践,认真总结和推广好的经验和做法,及时研究解决工作中遇到的新情况、新问题,力争在解决重点、难点问题上有新突破,切实把下岗职工基本生活保障和再就业工作抓紧、抓实,抓出成效,使这"第一位的工作"迈上新的台阶。

过去的有关规定与本通知不符的,以本通知为准。

1998年11月7日

中共上饶地委　上饶地区行署
关于进一步学习广丰经验,推动县域经济大发展的决定

饶发〔1999〕1号

广丰县在短短的五六年时间里,社会经济综合实力迅速提高,不仅甩掉了财政补贴县帽子,而且成为经济发展、社会进步的强县,其财政收入位居全区之首,工业实力进入全省八强,连续四年在全区县市创评中名列榜首,成为我区跳跃发展、迅速崛起的典型。广丰县在改革发展过程中积累了宝贵的经验,为全区的发展提供了十分有益的借鉴。地委、行署决定,在全区范围内进一步学习和推广广丰经验,推动我区县域经济更大发展。

广丰县改革发展的基本经验主要表现在:

1. 把解放思想贯穿于经济发展的全过程。近几年来,广丰县结合本地经济发展的需要,不失时机地开展了三次解放思想大讨论,引导全县干部群众通过解放思想,破除因循守旧、小打小闹、小富即安的小农意识,抛弃区位条件差难发展的悲观思想,克服等靠要的惰性思想,树立起强烈的忧患意识、机遇意识和竞争意识,树立起穷县也能办大事、大发展的信心和决心,树立起自力更生、依据市场求发展的进取精神。做到发展目标上永不满足,自我加压,开拓进取;发展战略上立足全局,高起点,高品位,大手笔;发展步伐上抓住机遇,埋头苦干,快速扎实。广丰县坚持不懈地抓解放思想,带来了干部群众思想观念的飞跃,推动了经济发展连年上新台阶。

2. 坚持用市场经济规律指导改革和发展。广丰县一班人充分认识到,哪个地方能尽快地掌握并善于运用市场经济规律指导经济工作,哪个地方就能比较好地把握经济工作的主动权。为此,他们努力学习和深刻领会市场经济理论精髓,充分认识和把握市场经济规律,并与广丰的实际紧密.结合起来,自觉地按市场经济规律办事。每一项改革措施都力求推动市场经济新体制的建立和完善,努力遵循市场法则来指导经济的运行和发展,使广丰经济较快地走上市场经济的轨道。

3. 立足县情,形成县域经济发展的大格局。广丰县坚持从本县的实际出发,实事求是,理清思路,科学地进行县域经济发展的总体布局,提出了“科技兴县、工业强县、农业稳县、三产旺县”的发展战略,并在实施中紧紧抓住不放,具体展开,使整个经济结构正在得到优化。在这个过程中,广丰以“主攻工业”作为突破口,使县域工业体系迅速形成和壮大。在工业支柱产业的带动和支持下,农业开始走上产业化的路子,县域经济实力在全面增强。

4. 深化产权制度改革,整体搞活国有企业。广丰县把国有企业改革作为改革的“重中之重”,在改革的指导思想上,不等不靠,率先尝试,大胆探索,整体搞活,不在乎企业形式变迁,关键是保证产权存在和资产增值;改革的战略上,以产权制度改革为突破口,实施资本运营战略,依托骨干企业和名牌优势,挖掘市场潜力,走低成本扩张之路;改革模式上,因企制宜,一厂一策,实事求是,稳步推进,使全县国有企业出现了勃勃生机,并且带动了集体企业和个体私营经济的全面发展。

5. 推进投融资体制改革,建立多元化投资体系。广丰县坚持搞建设,上项目,不只是盯住财政几个钱,而是面向市场,广纳四方财源。他们坚持利益导向,坚持自愿原则,坚持市场配

置，以资源换项目，以产权换资金，以存量换增量，以未来效益换当前投资，点土成金、地改聚资，为改革和发展筹集了大量资金，推动了基础设施、工农业生产、城镇建设和其他各项事业的迅速发展。

6. 进行管理体制改革，不断提高社会机制和经济机制的运行效率。广丰县努力按市场法则改革企业内部管理机制，把市场当做第一车间，根据市场情况组织生产，采取原料配送制，倒逼成本法，实行“零库存”管理，以销售为龙头，实施广告战略、名牌精品战略，引导消费，拉动市场。努力改革财政管理体制，开源与节流并重，一方面，放水养鱼，培植财源，把有限的资金用在刀刃上，扶持重点骨干企业发展；另一方面，大胆实行政府采购制，实行预算外资金统一管理，行政事业单位经费统一核算，加强对财政性资金使用的监管。广丰县还努力推动社会管理走市场化道路，借鉴外地经验，率先实行社区物业化管理。

7. 依靠科技进步，推动县域经济结构优化升级。广丰县大力贯彻“经济建设必须依靠科学技术”的方针，以企业为主体，以引进高新技术和改造传统技术为中心环节，以开发新产品、新工艺和投入新设备，提高产品科技含量为重点，以市场配置为基本途径，通过与高等院校联姻，鼓励本地技术创新与发明，促进县域技术结构优化升级，带动了产品结构、产业结构和整个经济结构优化升级。

8. 造就精干高效的干部队伍和企业管理者队伍。广丰县注重抓各级领导班子建设，通过多种途径提高领导班子的整体素质，培养适应市场经济和新世纪发展的高素质干部队伍。他们坚持不拘一格，面向市场公开选人，大胆起用能人，大胆引进县外人才，并以重点骨干企业为基地大力培养人才，同时通过政治思想工作和经济手段的结合激励人的积极性和创造性，靠一批优秀的人才，干出一流的质量、一流的速度、一流的效率。

9. 总揽经济全局，为改革发展铸造坚强的保障。广丰县委、县政府坚持以邓小平理论为指导，科学地把握和总揽全局，始终做到一手抓经济建设，一手抓党的建设和精神文明建设，善谋实干，敢于争先，使经济和社会事业健康发展。他们在改革的是非标准上，只要符合“三个有利于”标准，就允许干、允许试，不争论，错了再改；对一些暂时争不清楚的，干了再说，只干不说，用实践检验是否正确。在发展环境上，营造了一个勤政廉政的执政环境、稳定协调的社会环境、公平竞争的市场环境、政令一出举县呼应的改革环境，充分调动了全县干部群众的积极性、主动性和创造性，确保了各项改革措施的顺利实施和经济的快速发展。

学习和推广广丰县的先进经验，全区各地、各部门、各单位要切实注意抓好以下几点：

一、充分认识广丰经验的指导意义。广丰县的区位条件和历史基础没有任何优势可言，上级有关部门也没有给予特别的支持，他们就是靠解放思想，大胆改革，面向市场，负重拼搏，实现了跳跃发展，迅速崛起，用事实证明了以农业为主的落后县，同样可以大发展大跨越，为我们树立了可比可学的好典型，对于我们满怀信心，振奋斗志，开创我区经济发展新局面，具有重要指导意义。今年是本世纪的最后一年，是关系到以什么姿态步入21世纪的关键一年。地委、行署在这个时候号召全区学习和推广丰的先进经验，就是要求全区各级领导班子和领导干部带领群众，以广丰为学习和追赶的对象，高举邓小平理论伟大旗帜，进一步解放思想，大胆深化改革，加快开放步伐，紧紧抓住本世纪末最后的发展机遇，克服各种困难，扎扎实实地抓好各项工作落实，把上饶的经济建设和社会发展事业搞好，为下世纪初的发展奠定坚实的基础。为此，各地、各部门、各单位都要重视学习和推广广丰的经验，把它作为当前的一项重要工作内容认真安排好，并切实抓出成效。

二、联系实际学习和推广广丰经验。学习、推广广丰经验，不是要照搬照抄，而是要通过学习、讨论，领会和掌握广丰经验的内涵和实质，创造性地加以运用。要把学习、推广广丰经验同贯彻中央和全省经济工作会议以及全区三级干部大会精神紧密结合起来，学习广丰的基本经验，按照中央、省、地的工作要求，明确今年发展的任务、目标、要求，提出抓落实的办法和措施；要把学习、推广广丰经验同本地、本部门、本单位实际紧密结合起来，对照广丰经验寻差距，找不足，并以广丰经验为借鉴，从本地实际出发，改进和完善发展思路，解决改革和发展过程中的问题，推动经济和各项工作上新台阶；要把学习、推广广丰经验同开展以"三讲"为主要内容的党性党风教育紧密结合起来，像广丰县委、县政府那样，在加强领导班子建设，全面提高领导干部素质上，采取切实有效的措施，取得明显的成效，从而在全区各级领导班子和领导干部中形成"讲学习、讲政治、讲正气"的良好风气，为我区的改革开放和经济发展提供可靠的保证。

三、营造一个学广丰、赶广丰的舆论氛围。各县市及有关部门要有计划、有针对性地组织学习宣传广丰的典型经验，激发学广丰、赶广丰的热情，并结合本地本单位的实际，确定学广丰、赶广丰的重点内容、目标和措施。各新闻单位要充分利用舆论和宣传工具，开辟专栏、专题，宣传广丰经验，追踪报道各地学习、推广广丰经验的做法和出现的先进典型。在全区范围内迅速掀起一个学习广丰、解放思想、加快发展的新高潮。

各地、各部门、各单位学习广丰经验的情况及时报地委办、行署办。

1999 年 1 月 12 日

中共上饶地委关于认真贯彻中央、省委统一部署在全区县级以上党政领导班子、领导干部中深入开展以"讲学习、讲政治、讲正气"为主要内容的党性党风教育的通知

饶发〔1999〕4 号

各县(市)委，地委各部门、地直各单位党委(党组)：

按照《中共中央关于在县级以上党政领导班子、领导干部中深入开展以"讲学习、讲政治、讲正气"为主要内容的党性党风教育的意见》(中发〔1998〕17 号，以下简称《意见》)和《中共江西省委关于认真学习贯彻〈中共中央关于在县级以上党政领导班子、领导干部中深入开展以"讲学习、讲政治、讲正气"为主要内容的党性党风教育的意见〉的通知》(赣发〔1998〕26 号)的统一部署，地委决定，从现在开始到今年年底，在全区县级以上党政领导班子和领导干部中，深入开展以"讲学习、讲政治、讲正气"为主要内容的党性党风教育(以下简称"三讲"教育)。为此，特作如下通知：

一、统一思想，充分认识开展"三讲"教育的目的和意义

中央和省委决定在县级以上党政领导班子和领导干部中，用整风精神开展以"三讲"为主要内容的党性党风教育，这是贯彻党的十五大精神，深入学习邓小平理论，加强领导班子建设、

提高领导干部素质的一项重要举措,对于确保党的基本理论、基本路线、基本纲领、基本方针的全面贯彻执行,确保改革开放和现代化建设的顺利进行,确保跨世纪发展目标的实现和国家的长治久安,都具有十分重要的意义。

去年,我区遭受了历史罕见的特大洪涝灾害,国民经济仍然保持了持续平稳发展,社会政治稳定,总的形势是好的。但是,必须清醒地看到,摆在我们面前亟待解决的矛盾和问题还很多,任务繁重而又艰巨。在迈向新世纪的征途上,我们既面临难得的机遇,又面临严峻的挑战,还可能遇到这样那样的困难。新的形势和任务,要求县级以上党政领导班子、领导干部要进一步提高素质,特别是提高思想政治素质和驾驭复杂局面、解决现实问题的能力,更好地承担起实现我区跨世纪发展宏伟目标的历史责任。

我区领导干部队伍总体上是好的。但也必须看到,有相当一部分领导干部的思想素质还不适应或者不完全适应新形势新任务的要求。《意见》中指出的领导干部中存在的问题,在我区也不同程度地存在,如:有的忽视马克思主义理论,不注重读书看报,不能完整准确地掌握邓小平理论及其精神实质,不注重调查研究,不能将理论与实际很好地结合起来,甚至断章取义,搞实用主义;有的对社会主义、共产主义的理想信念动摇,缺乏政治敏锐性和政治鉴别能力,在重大原则问题上分不清是非,不负责任地传播消极言论和小道消息;有的急功近利,搞形式主义,弄虚作假,沽名钓誉,甚至不择手段,争权夺利;有的违反民主集中制原则,有令不行,有禁不止,重大问题不请示,不报告,无视组织纪律,放弃党性原则,不讲党性,讲人情,讲面子,奉行好人主义和庸俗的关系学;有的当官做老爷,作风不实,贪图享受,挥霍浪费,以权谋私,严重侵害群众利益,纵容亲属胡作非为,甚至贪污受贿,腐化堕落,徇私枉法,以罚代法、以罚代纪,等等。领导干部中存在的这些问题,情况和程度虽有不同,但都是不讲学习、不讲政治、不讲正气,放弃世界观改造和党性修养的结果。因此,在全区县级以上领导班子和领导干部中深入开展以"三讲"为主要内容的党性党风教育,用整风的精神,认真解决党性党风方面存在的突出问题,是十分必要也是非常迫切的。各地、各部门、各单位党委(党组)务必认真学习《意见》和中央领导的有关重要讲话,提高认识,统一思想,正确领会和把握中央确定的指导思想、目标要求和基本原则,以高度的政治责任心、足够的领导精力和良好的精神状态,把这次"三讲"教育切实抓紧抓好,抓出成效。

二、明确要求,联系实际,切实解决领导班子和干部队伍中存在的突出问题

按照中央的指示,这次"三讲"教育总的要求是:要重点抓好县以上党委、人大、政府、政协领导班子和领导干部的学习教育,推动县级以上党政领导班子和领导干部深入学习邓小平理论和党的十五大精神,提高政治素质,加强党性修养,端正思想作风,增强在改造客观世界的同时改造主观世界的自觉性。为此目的,要努力从以下四个方面收到实际效果。一是坚定建设有中国特色社会主义的信念,提高政治敏锐性和政治鉴别能力,坚持党的基本路线不动摇,始终同以江泽民同志为核心的党中央保持思想上、政治上的高度一致,增强大局观念,从实际出发创造性地贯彻中央关于当前深化改革、扩大开放、促进发展、保持稳定的一系列决策和部署。防止和克服在方针政策、重大原则问题上搞片面性、绝对化,以及阳奉阴违、自行其是等错误思想和做法。二是全面贯彻执行民主与集中相结合的组织制度、领导制度和工作制度,正确认识和处理上级与下级、个人与组织、"班长"与领导班子成员之间的关系,加强党的团结。纠正和防止违反民主集中制,把个人凌驾于党组织之上,独断专行、各自为政、拒绝党的教育与监督等错误思想和行为。三是认真实践全心全意为人民服务的宗旨,坚持从群众中来到群众中去的群众路线，正确行使人民赋予的权力，保持清正廉洁，密切同人民群众的联系。克服官僚主义、反对以权谋私以及损害国家、集体和人民群众利益的各种腐败现象。四是大力弘扬求真务实、言行一致的优良作风，说老实话，办老实事，做老实人。纠正和防止追逐个人名利、弄虚作假、欺上瞒下以及只图形式、不重实效等不良习气。全区县级以上领导班子和领导干部都要紧密联系各自的思想和工作实际，通过"三讲"教育，努力做到在思想上有明显提高，政治上有明显进步，作风上有明显转变，纪律上有明显增强。

开展"三讲"教育，要以邓小平理论和党的十五大精神为指导，立足于思想教育，把党性分析、自查自纠与民主评议结合起来，以整风的精神来进行。在开展学习教育的过程中，要注意把握好以下原则：

一是必须始终立足于学习提高。"三讲"教育，是结合新的实际对领导班子和领导干部进行的一次马克思主义理论的自我教育。要大力弘扬理论联系实际的学风，深入学习邓小平理论、党的十五大报告和中央的有关文件，认真回顾近几年改造客观世界和改造主观世界的实践，总结各自的经验教训，坚持正确的，纠正错误的。要把学习理论、武装头脑同对照检查、整顿思想、改进作风结合起来，并贯穿于教育活动的全过程，从世界观、人生观、价值观上解决问题，真正在思想上得到提高。

二是必须紧紧围绕全面贯彻党的基本路线，把开展"三讲"教育同推动当前工作结合起来。要紧密联系思想和工作实际，有针对性地解决领导班子、领导干部在党风党性方面存在的突出问题。这次"三讲"教育不可能解决全部问题，但强调一定要着力解决存在的突出问题，尤其是群众意见大、影响当前改革和建设的问题。各级党委（党组）务必切实负起责任，从一开始就要严防流于形式，走过场。要自觉放下思想包袱，认真总结经验、发扬成绩、修正错误，切实整改。绝不能脱离我们正在进行的改革开放和现代化建设的实际，孤立地搞"三讲"教育。

三是必须充分发扬党内民主，坚持群众路线，坚定地相信和依靠群众。领导干部要虚心听取群众意见，自觉接受群众的评议和监督，搞好对领导班子和领导干部的民主评议。评议领导班子和领导干部时，要在一定范围内听取群众意见，并及时反馈给领导班子和领导干部。领导班子和领导干部的对照检查和整改意见要在一定范围内同群众见面。切忌关起门来搞教育，更不允许压制民主、打击报复。

四是必须认真开展批评和自我批评，进行积极、健康的思想斗争。批评和自我批评是党的优良传统，是增强党的战斗力的重要保证，要拿起批评与自我批评的武器，做到自觉地"坚持真理，修正错误"。现在有不少单位和同志丢掉了这一武器，把低级庸俗的习气带到党内生活中来，自由主义、个人主义严重，对错误的东西听之任之、甚至包庇纵容，这种状况必须改变。能否切实开展积极健康的思想斗争，是这次"三讲"教育成败的关键环节。因此，每个同志都既要勇于解剖自己，又要热情帮助别人，更要由衷地欢迎别人的批评。无论是批评还是自我批评，都要讲政治，不纠缠细枝末节；都要实事求是，不文过饰非；都要真正解决问题，不走过场。要坚持按照"团结—批评—团结"的公式解决问题，严禁泄私愤、借机整人，决不允许重复过去搞政治运动那种"左"的错误做法。

三、认真组织实施，把"三讲"教育落到实处

这次"三讲"教育，采取自上而下、先试点后铺开的办法分级分批展开。地委、行署、地区人大、地区政协领导班子根据省委的安排在春节后进行，上半年完成。我区县（市）和地直单位领导班子和领导干部的“三讲”教育，三月份至五月中旬首先在德兴市、地区交通局进行试点，试点工作由地级领导带队组成工作组进行具体指导。在试点单位取得经验的基础上，下半年全面铺开，十一月底完成，十二月份进行检查总结。每个县级以上领导班子和领导干部开展学习教育的时间，一般为两个月。但时间和进度都要服从于质量，每一步工作都要脚踏实地，保证实现中央的要求。具体步骤和基本方法是：

（一）思想发动，学习提高。动员领导干部一定要严格按教育计划，以积极认真的态度搞好学习，这是开展好“三讲”教育的前提和基础。中央〔1998〕17号文件及17号文件规定的必读篇目《讲学习讲政治讲正气教育读本》和《江泽民论讲学习讲政治讲正气》，是“三讲”教育和今年全年学习的主要内容。各级党委（党组）必须对学习做出总体计划和具体安排。在教育开始前，要安排自学通读，重点学习中央〔1998〕7号文件和省委〔1998〕26号文件，中央、省委动员开展“三讲”教育电视电话会议和全国组织部长会议精神，

提高对“三讲”教育的认识，打牢思想基础。教育中，要在自学通读的基础上，选学精读篇目，安排3～5天时间集中学习并开展专题讨论。教育结束后，要继续把学习理论贯穿于教育提高的全过程并深入持久地坚持下去。

（二）自我剖析，听取意见。在学习提高的基础上认真进行反思，找出领导班子特别是本人在党性党风和工作上存在的主要问题，从世界观的深处进行剖析。个人总结材料形成后，印发同级领导班子和下级主要领导成员征求意见。同时，发动和组织本单位干部、群众，对领导班子及每个成员进行畅所欲言的民主评议，并将评议意见和提，出的问题如实反馈给本人。有违法违纪问题的干部，要自觉向组织交代清楚。主动讲清问题的，可以从轻处理。

（三）交流思想，开展批评。在领导班子内部开展谈心活动，有话讲在当面，不搞自由主义。经过充分准备，党委（党组）集中几天时间召开会议，开展认真负责、实事求是的批评和自我批评，坚持与人为善，互相帮助，增强团结，共同进步。对确有问题不认真进行自我批评，或者讳疾忌医、拒绝帮助的，主要领导同志和上级要及时指出，促其改正。

（四）认真整改，巩固成果。针对反映出的主要问题，集中分析研究，落实整改措施，系统总结经验，完善相关制度，巩固教育成果，促进“三讲”教育经常化、制度化。并要在适当范围向干部、群众通报结果。

中央、省、地属国有企业和地属一级事业单位的“三讲”教育，与县（市）和地直党政机关同时进行。地属二级事业单位的县级领导干部参加主管部门的“三讲”教育。离退休的县级以上领导干部，由各地、各单位党委（党组）和地、县（市）委老干部局根据他们的具体情况组织安排学习。

四、加强领导，确保“三讲”教育取得实效

各级党委（党组）要把这次深入开展“三讲”教育作为事关大局的一项重要任务来抓。党委主要负责同志要承担起第一责任人的责任，既要以身作则带头学习，带头剖析自己，又要切实加强具体指导。各级党委（党组）全体成员都要尽职尽责、严以律己、同心同德搞好“三讲”教育。为了加强对“三讲”教育的领导，地委决定，成立地委“三讲”教育领导小组，由王兴豹同志任组长，王际贤、程才金、刘卫华同志任副组长，龙志红、王来富、詹炳福、余积善、陈明同志为领导小组成员。领导小组下设办公室，办公室主任由刘卫华同志兼任，办公室副主任由龙志红、王来富、詹炳福、余积善、陈

1999年3月2日

中共上饶地委关于加强班子自身建设的若干规定

饶发〔1999〕27号

为了进一步增强地委班子的凝聚力和战斗力，切实履行好领导职责，并为基层党委作好表率，更好地带领全区干部群众贯彻执行党的路线、方针、政策，进一步加快我区改革开放和现代化建设步伐，现就加强地委班子自身建设的若干问题作如下规定：

1. 坚持认真学习马克思主义、毛泽东思想和邓小平理论，学习经济、科技、法律等知识。地委中心组要坚持每个季度1～2次的集中学习，每次学习要有充分准备，要结合本地实际，有针对性，讲求实效，班子各成员要紧密联系自身工作实际搞好自学，认真做好读书笔记。

2. 班子成员每年要保证用三分之一以上的时间深入基层，深入各自挂钩的县（市）、包乡扶村点和重点企业，倾听基层和群众意见，帮助解决实际问题，发现、总结和推广改革、发展、稳定的典型。

3. 要坚持民主集中制，实行集体领导和个人分工负责相结合的制度，凡属地委职责范围内决定的问题，都必须由集体讨论决定，任何个人或少数人无权决定重大问题；对班子集体形成的决定，每个成员都必须坚决执行；对要保密的会议内容和讨论情况，必须严守秘密，不得泄露。

4. 班子成员都要自觉维护班子团结，形成互相信任、互相谅解、互相支持、互相帮助、互相监督的良好风气。要切实开好每半年一次的地委班子民主生活会，积极开展批评与自我批评，提高民主生活会质量，过好双重组织生活。

5. 要认真执行《党政领导干部选拔任用工作暂行条例》，始终坚持干部选拔任用的原则。凡是干部的提名、任免和奖惩，都要按照干部管理权限和规定的程序办理，充分发扬民主，坚持集体讨论决定，不准个人说了算，不准任人唯亲，不准封官许愿，不准临时动议，不准将还在内部酝酿的任免事项向外透风，不准把组织讨论干部的机密向当事人、家属、亲友和其他不应该知道的人泄漏。

6. 要自觉遵守关于领导干部住房、用车、使用移动电话等方面的规定，不准利用职权违犯规定谋取私利，不准到下属单位和其他企事业单位报销应由个人支付的各种费用。

7. 要自觉遵守关于领导干部在公务活动中的各项廉政规定，不准以任何名义和变相形式接受下属单位、个人或个体私营业主赠送的礼金、有价证券、信用卡，在区外参加公务活动或同外商交往中无法拒收的礼品、礼金，回来后一律按规定交公。

8. 不准参加用公款支付的营业性歌舞厅、夜总会等娱乐活动。

9. 不准在工程建设和房地产开发领域中，利用职权插手工程建设、房地产开发以及干预工程的承发包，不准直接或间接给所管辖的单位介绍设计、施工单位或材料、设备供应厂家。

10. 不准用公款公物操办婚丧喜庆事宜和借机敛财。

11. 要切实管好自己的亲属和身边工作人员，不准利用职权为配偶、子女、亲戚、好友或身边工作人员的非正常转干、提干、调动以及经商办企业、购房建房等方面提供方便。

12. 要带头维护党纪国法的严肃性，不得为违法违纪的人和事“说情”，利用职权干扰司法机关、纪检监察机关依法依纪进行的案件查处工作。

13.要自觉遵守上级关于领导干部报告个人重大事项的规定,全面做好廉洁自律工作。

14.实行党风廉政建设责任制,班子成员分管的工作范围内出现重大责任问题,要实施责任追究。

1999年10月9日

中共上饶地委　上饶地区行署
关于贯彻《中共中央关于国有企业改革和发展若干重大问题的决定》的实施意见

饶发〔1999〕29号

为贯彻《中共中央关于国有企业改革和发展若干重大问题的决定》(以下简称《决定》),全面落实省委十届十次全会精神,将就我区国有企业改革与发展的问题提出如下实施意见。

一、我区国有企业改革与发展的总体思路

改革开放以来,我区国有企业改革和发展取得了明显成效:全区建成了一批重点国有企业,形成了有色金属采掘加工、机械、食品、建材等支柱产业。国有企业改革稳步推进,月兔集团、全良集团、信江实业集团建立现代企业制度工作取得一定成效,许多国有企业依靠改革增添了活力。国有企业保持增长的势头,发挥着国民经济的主导作用。

目前我区国有企业改革和发展也面临不少困难和问题,主要是政企关系还没有理顺;国有经济布局还不够合理;部分企业发展步子不快,改革力度不大,经营机制不活:有的企业负债沉重,富余人员过多,职工生活困难等。只有下大力气解决国有企业深层次的矛盾和问题,才能加快建立社会主义市场经济体制,增创体制新优势。

我区国有企业改革和发展的总体思路是:对全区国有企业实行全面放开搞活,从整体上提高国有经济运行质量;加大所有制结构调整力度,大力发展混合所有制、个体私营等非国有经济;加快产业结构调整步伐,大力发展轻工业,特别是以消费品为主的食品工业;不断提高企业创新能力,加快产品创新,产业升级的步伐。

二、加大企业改组力度,调整国有经济布局

按照调整布局、有进有退、加强重点、优化结构的方针,推动国有资本向重要行业、重点企业集中。要从实际出发,继续采取改组、联合、兼并、租赁、承包经营和股份合作制、出售、破产等多种形式,并着力在以下几方面有所突破。

(一)选择一批企业实行规范的公司制改造,创造条件,争取上市。鑫新实业股份有限公司力争明年上半年成为上市公司。月兔企业集团、全良酒业集团、婺源绿色产业集团等企业集团要加快资产重组步伐,把企业规模做大,按《公司法》要求组建规范的股份有限公司,创造条件,争取上市。

(二)以骨干企业为依托,以资产为纽带,采取参股、控股、划转等形式,形成一批主业突出,跨地区、跨行业、跨所有制的企业集团,成为我区国民经济的支柱和参与国内外竞争的骨干力量。

(三)选择一批企业招大、靠大、联大。按照"不求所有,但求所在"的指导思想,本着互惠互利、共同发展的原则,通过产业转移、技术引进、联合开发资源等方式,扩大对外合作。

(四)大力推进股份合作制。股份合作制是搞活国有企业的重要途径之一,要逐步完善并加以推广。对已改制的企业,引导其股权转让,使股权向经营层和业务骨干相对集中。办法可推行"四扩一调",即内部职工扩股,转让银行贷款扩股,量化新增资产扩股,吸纳社会资金扩股,调整股权结构。企业经营者所拥有股权可以达到25%以上,经营层股权可达50%以上。对有条件的企业,可采取"期股买断"方式,分期买断国有股权,进行股份合作制改造。同时鼓励外资、民间资本参与国有企业股份制改造。

(五)下决心出售、破产一批国有企业。企业出售、破产是我区国有企业改革中最薄弱环节,而且又是重要环节,必须引起各级政府高度重视。中小型国有企业只要条件成熟,均可出售。出售企业资产可以是整体的,也可以是有效资产部分或企业股权。企业出售要严格按国家国有企业出售的有关规定,着重抓好资产评估、资格审查、市场竞价、员工安置等关键环节。

对资不抵债、难以为继的企业,依照《破产法》实施规范破产。要分类分批作出规划,制定破产预案,按照确保下岗职工生活保障、失业保障、养老保障、最低生活保障要求,妥善安置职工。各部门要通力协作,各级法院要切实负责,加大工作力度,一户一户抓落实。不管采取哪种形式,都要充分征求职工意见,规范操作,注重实效,防止刮风。

三、改革国有资产管理方式,实现政企分开

全区各地可结合实际,以机构改革为契机,实行政企分开,建立与现代企业制度相适应的政府国有资产管理委员会监管、资产经营公司营运、国有企业经营的以产权为纽带的三个层次国有资产管理体制。

(一)设立国有资产管理委员会,代表政府行使国有资产所有者职权,对国有资产实行宏观监管,并直接监督、管理国有资产经营公司。国有资产管理委员会的主要职能是制定国有资产总体发展规划,审查批准资产经营公司的年度经营方针和投资计划,确定资产经营公司国有资产的保值增值指标。国有资产管理委员会办事机构设在同级财政部门,负责国有资产监督管理。国有企业改革和发展的协调、指导工作由同级经贸委负责。

(二)组建国有资产经营公司,行使国有资产营运职能。国有资产经营公司由国资委授权,对国有资产行使投资受益、重大决策、选择经营者等权力,并承担相应的国有资产保值增值责任。其主要职能是持有授权范围内国有资产产权,并依法向其独资、控股、参股企业委派产权代表管理和监督国有资产的营运;决定所持有国有产权的收益分配、使用、再投资和资本运作等。

对少数规模大、效益好的重点企业,国资委也可以直接授权其经营国有资产,使之享有出资人的权利,并承担国有资产保值增值的责任。

资产经营公司及被授权资产经营的企业与政府各部门不存在行政隶属关系。政府各有关部门按其职能,对各类企业依法进行管理和监督。

(三)国有独资、控股、参股的企业,依法享有经营,自主权,并对企业的全部法人财产承担保值增值的责任。

四、建立和规范法人治理结构

公司法人治理结构是公司创的核心。建立和规范公司法人治理结构是建立现代企业制度的重要前提。

(一)按照《公司法》明确股东会、董事会、监事会和经理层的职责,形成各负其责、协调运转、有效制衡的公司法人治理机制。党委书记和董事长可由一人担任,董事长、总经理分设。股东按出资额行使表决权,享有资产受益、重大决策和选择管理者等权利,对企业拥有最终控制权。

(二)董事会要维护出资人权利,对股东会负责。会对公司的发展目标和重大经营活动作出决策,聘任者,并对经营者业绩进行考核和评价。要规范董事会作程序,包括决策程序、议事程序、检查工作程序。

(三)强化监事会的功能,明确监事会的职责和权限,制定监事会的具体工作规则和议事程序。监事会要依法行使监督权,保障股东权益、公司利益不受侵犯。

(四)经理班子行使企业生产经营指挥的权力。总经理由董事会聘任,对董事会负责。总经理根据董事会的决策,全面负责公司的生产经营。

五、改进企业管理办法,实现管人与管资产相结合

(一)按产权关系确定企业领导人员管理体制。国有企业领导人员管理体制要与国有资产管理体制改革配套,与现行按行政隶属关系管理干部的体制分离。各级党委只管理资产经营公司和国资委授权经营的企业领导班子。资产经营公司独资、控股企业的党委会、董事会、监事会和经理班子,出资产经营公司按干部管理权限依照有关文件及《公司法》有关规定管理。资产经营公司参股企业的产权代表,由资产经营公司董事会委派。

(二)按照决策层和经营层分离的要求,逐步实行产权代表委任制和经营者聘任制,不搞董事长和经营者“同纸任矿”确保董事长对总经理的提名权,总经理对副总经理的提名权。企业中层管理人员的聘用和解聘,由企业组织人事部门联合考察,经企业党政联席会讨论通过后,财务负责人由董事会聘用和解聘,其他人员由总经理聘用和解聘。

(三)建立适应现代企业制度要求的选人用人新机制。坚持党管干部原则,积极探索适应现代企业制度要求的选人用人机制,把组织考核推荐和引入市场机制、公开向社会招聘结合起来,把党管干部原则和董事会依法选择经营管理者及总经理依法行使用人权结合起来。依据十五届四中全会精神,对企业及企业领导人不再确定行政级别。此件下发前地委及地委组织部任命的企业领导干部实行“老人老办法”保留原行政级别。对企业经营者的选拔,要坚持干部“四化”方针和德才兼备的原则,实行公开选拔,竞争上岗。加快培育企业经营管理者人才市场,按照公开、平等、竞争、择优原则,促进人才合理流动,优化人才资源配置。

六、建立行之有效的激励和约束机制

(一)企业经营者的收入要与企业资产规模、经营效益挂钩。可选择部分重点国有企业厂长、经理试行年薪制。年薪按有关规定由产权单位和政府有关部门进行审计和考核,严格审批制度。对经营者年薪的核算和支付,必须坚持先考核审计,后兑现。

规范企业经营者的收入分配制度。企业经营者的收入分配必须规范化、制度化、公开化。经营者的收入必须权单位批准,收入水平与企业经营效益挂钩。

(二)建立健全对企业经营者的奖励办法。对经营显著的企业,可按有关规定,以现金、股份等形式,奖励有突出贡献的企业经营者。大胆探索对企业经营者和有特殊贡献者实行奖励红股、股份期权的做法。

（三）国有独资和控股企业实行财务总监制度，强化财务监管。国资委向资产经营公司和授权经营的企业派驻财务总监，资产经营公司向其独资、控股企业派驻财务总监。财务总监依照法定程序进入董事会，代表出资者对所投资企业的经营状况进行监督。

（四）建立决策失误追究制度。对经营管理不善造成企业亏损的，第一年黄牌警告，第二年撤职换人，不再聘任其担任经营者。对因决策失误造成企业损失的，视损失大小和责任轻重，给予经济处罚或纪律处分；构成犯罪的，依法追究刑事责任。对违反财务法规或财经纪律的企业领导人员和财务人员，要视情节轻重分别给予经济处分和行政处分，触犯法律的移交司法部门查处。

（五）加强审计监督。审计部门会同有关部门对国有企业进行年度审计和考核；对国有企业法人代表实行离任审计。未经审计，不得解除其任职期间的经济责任，并不得调离或辞职。

（六）企业法人代表是安全生产工作第一责任人，若因劳动保护规章不健全、安全生产措施不落实而造成重大恶性事故的，要追究其领导责任。

七、以创新为重点，加快企业技术进步和产业升级

（一）加快产业创新。一方面，大力发展轻工业，尤其要发展以烟、酒、茶、鳗鱼、珍珠等为拳头产品的消费型食品工业。另一方面，要依靠科技进步，改造我区有色金属、建材等传统产业，改变粗放经营格局。

要跳出传统产业的圈子，加强与科研单位和大专院校的合作，走产学研联合之路，大量引进新技术，新上一批技术含量高的项目，重点发展符合国家产业政策的精细化工、环保、医药等行业；同时，结合资产重组，扶持重点企业技术改造，催生我区的新型产业。地、县（市）两级科技三项经费必须确保40%以上用于支持产业创新。

（二）加快产品创新。强化企业技术进步的主体地位，大幅度地增加科技开发费用在企业销售额中的比重，逐步达到3%。有条件的骨干企业要建立技术开发中心，加速形成技术创新和科技成果转化机制，不断提高新产品开发能力。

继续实施名牌战略，重点扶持上饶客车、全良液酒、月兔系列产品、大鄣山茶等名牌产品，加快企业技改创新步伐，进一步提高产品知名度和市场占有率。各县（市）要突出重点，下大力气培育1～2个名牌产品，尽快把铅山鳗鱼、广丰白银鹅、万年珍珠系列产品、德兴异VC钠和锗矿泉水等产品规模做大，扬优成势，创出品牌。

（三）支持一批企业技术改造。认真抓好广丰卷烟厂制丝车间改造、上饶全良集团特制全良液改造等一批重点技改项目。同时选择一批节能降耗，综合利用，促进科技成果转化，采用高新技术改造传统产业的项目，争取国家和省财政给予技改贷款贴息。

（四）建立上饶工业园。从长远发展来看，我区市必须建立一个能够吸引高科技企业发展的工业园区。政府在搞好规划的同时，完成通水、通电、通路、通讯等基础设施，制定特别优惠的政策，吸引高新技术企业进园落户，以形成我区的高新技术产业区。

八、强化企业管理，推动企业转换经营机制

（一）进一步改革劳动用工制度，建立职工能进能出机制。实行职工全员劳动合同制，加强职工培训，建立企业与职工双向选择的用人制度，形成企业自主用人，劳动者自主择业机制。

（二）进一步改革人事管理制度，建立管理人员竞争上岗、能上能下的机制。企业要按照精干、效能的原则因事设岗，通过公开、公平、公正的竞争，择优聘用管理人员。在选聘管理人员时，不受干部、工人的身份限制。

（三）进一步改革收入分配制度，形成职工收入能增能减的机制。在坚持工资总额的增长量低于经济效益的增长量，职工工资平均水平增长低于职工劳动生产率增长的原则下，由企业按有关规定自主决定工资分配制度和工资标准。建立按劳动与按生产要素相结合的分配制度。

（四）加强以成本、质量和市场销售为重点的管理工作。深入学习邯钢、萍钢的经验，全面强化成本管理；建立健全企业财务会计制度，坚决制止做假账、违反财经纪律等现象；抓好质量管理，形成一批生产规模大、市场占有率高的名牌产品和名牌企业。

九、抓住机遇，切实解决国有企业当前存在的突出困难

（一）积极做好企业增资减债工作。在减债上，用好国家银行核销呆坏账准备金的政策，加大对难以为继的企业破产、兼并重组力度；根据中央债转股的政策，积极筛选、推荐符合条件的企业债转股，争取1～2家企业挤进国家债转股的"笼子"。在增资上，落实好"拨改贷"余额转增国家资本金的政策，原各级财政给企业的"拨改贷"资金，经财政部门提出意见，报同级政府批准，可逐步转为国家资本金或股本金；抓住机遇，精选项目，多上一些符合国家产业政策的国家鼓励支持项目，并力争列入国家"双高一优"计划，争取技改贷款贴息支持。

（二）减轻企业社会负担。对位于城市的企业逐步把所办的学校、医院和其他社会服务机构移交当地政府统筹管理，所需费用3年内由当地政府和企业共同承担。移交条件尚不具备的可先实行独立核算，并积极创造条件加快移交。

坚决清理"三乱"。凡国家、省政府明文规定之外的各种收费项目一律停止。今后，各部门、各单位涉及企业新的收费项目，必须经当地政府同意，报省政府批准后才能执行。

（三）切实解决贷款担保难的问题。国有中小型企业贷款担保难是制约我区企业发展的一个突出问题。各地要建立国有中小企业信用担保基金，各级财政部门要拨出专款给予支持。非上市企业经批准，可将国家划拨给企业的土地使用权有偿转让及企业资产变现。

（四）坚持依法征税。财政、税务部门要从培育财源、税源的长远大计出发，依法征税，不得提前征税，也不得实行各种形式的包税。

（五）落实"三条保障线"，做好社会保障工作。要依法扩大养老、失业、医疗等社会保险的覆盖范围；要强化社会保险费的征缴，提高收缴率；要采取多种措施，包括变现部分国有资产、合理调整财政支出结构等，开拓社会保障新的筹资渠道，充实社会保障基金。应由财政安排的部分，在财政预算中应优先足额安排并按时拨付到位。切实做好下岗。职工基本生活保障工作，为国企改革和发展创造良好的条件。

十、加强领导，把国有企业改革和发展作为当前头等大事来抓

江泽民总书记强调："各级党委、政府和党政主要负责同志，要充分认识搞好国有企业改革和发展的重大经济意义和重大政治意义，切实担起应负的责任，进一步加强领导。"各地要认真贯彻江总书记的指示，切实加强对国有企业改革和发展的领导。

（一）统一认识，坚定信心。各级领导干部要认真学习《决定》，完整准确地领会精神实质，用《决定》精神统一各级干部的思想，把国有企业改革和发展作为当前的头等大事来抓。

（二）要把《决定》的精神与本地实际结合起来，创造性地开展工作。既要正确认识国有企业改革和发展的艰巨性，又要看到搞好国有企业改革和发展的有利条件，进一步增强紧迫感和责任感。领导干部要深入基层，调查研究，掌握实情，分析国有企业改革和发展的现状，总结经验教训,理清思路,制定方案,扎实推进。

(三)营造一个有利于国有企业改革和发展的氛围。党政主要领导要驾驭国有企业改革和发展的大局。各部门、各单位要紧紧围绕加快国有企业改革和发展这一中心任务尽职尽责;要全心全意依靠工人阶级,充分发挥他们的积极性和创造性,形成全社会关心改革、支持改革、推动改革的良好局面。

(四)抓住重点,攻克难点。各县(市)政府要成立由政府主要领导亲自挂帅的国有企业改革和发展领导小组,指导、协调、帮助解决国有企业改革、发展中的重大问题和难点问题。要从有关部门抽调专人成立国有企业改革、发展领导小组办公室,制定改革方案和相关政策。国有企业改革进入攻坚阶段,各级政府必须抓住关键环节开展工作,妥善处理好改革、发展和稳定的关系,为国有企业的改革提供稳定的社会环境。

1999 年 11 月 22 日

中共上饶地委
关于进一步转变工作作风、狠抓工作落实的决定

饶发〔2000〕5 号

进一步转变干部工作作风,狠抓工作落实,是当前一件带根本性的大事。从全区来看,绝大多数干部勤政为民,廉洁奉公,深入实际,狠抓落实,赢得了人民群众的信任和拥护。但是,也还有少数干部在作风方面存在问题,特别是工作作风不实,存在说得多、干得少,部署多、落实少,一般号召多、具体指导少,照抄照转多、创造性工作少的现象,严重影响了工作的落实。空谈误事,实干兴区。必须从事关党群干群关系,事关改革、发展和稳定的高度,充分认识改进干部工作作风、狠抓工作落实的重要性和紧迫性。要从我做起,从现在做起,切实转变工作作风,坚决克服官僚主义、形式主义和文牍主义,认认真真,踏踏实实做好本职工作,切实推进我区改革和建设事业向前发展。

一、坚决制止和纠正脱离实际、脱离群众的不良习气,

大力倡导深入基层、深入群众,脚踏实地,扎实工作,狠抓落实的作风。各级领导要说实话、鼓实劲、办实事、求实效,要经常深入工作第一线,到矛盾和问题多的地方去,解决经济让会生活中存在的工作不落实问题。地委重申,地区党政领导干部每年下到农村和企业的时间不少于二个月,其中住在乡镇的时间不少于十天;县市党政领导干部每年下到乡镇和企业的时间不少于三个月,其中住在乡村时间不少于一个月。要继续坚持领导干部与基层挂钩联系制度,地区领导干部每人挂钩联系一个县、一个乡、一个村和三户贫困户;县市领导干部每人挂钩联系一个乡、一个村、一个村小组和二户贫困户,每年不少于两次到自己的联系点蹲点调查。各部门、各单位要认真落实包乡扶村工作,有计划地安排于部深入基层帮助工作。本区各级干部下到乡镇执行公务的,一律在乡镇机关食堂吃工作餐;下村长期蹲点可搭膳或自办伙食;临时下村的可安排到农户家吃派饭,按规定交纳伙食费。

二、坚决反对弄虚作假、欺上瞒下、搞花架子、做表面文章的行为,大力倡导讲真话、办实

事、求实效的作风。各级领导要树立正确的政绩观，淡泊名利，一心为民，不能片面追求所谓的“政绩”而搞短期行为，不能从老百姓口袋里掏“政绩”。各地各部门确定经济发展指标要实事求是，要从实际出发，不能搞脱离实际的层层加码。布置和推进各项工作要求真求实，不能停留于编造漂亮的口号，不能热衷于搞劳民伤财的“形象工程”。反映和汇报工作情况要有喜报喜、有忧报忧。要严格执行《统计法》，统计数字要真实可靠，不能弄虚作假，不能统计加估计。对虚报瞒报的，要严肃处理，追究有关人员的责任；对暗示、授意、纵容下属弄虚作假的，要从严查处，并公开曝光，情节严重的要依据法律法规严肃查处。各级领导干部既要正确把握中央精神，又要切实掌握本地本部门的实际情况，把中央的要求同本地本部门的实际结合起来，探索改革与发展的客观规律，拿出解决问题的有效办法。要增强责任感，坚持每年为群众办几件看得见、摸得着的实事好事。’各地各部门要定期向地委报告贯彻落实. 中央和省、地重大决策、重要文件、重要会议的情况。要敢于正视解决工作中存在的不落实、难落实和假落实的问题，力争把各项决策落到实处，见到实效。

三、坚决反对形式主义，大力倡导开短会、说短话，提高工作效率。要切实精简各种会议和文件，减少领导的应酬活动，使各级领导干部能够集中时间、集中精力干大事抓落实。凡是可开可不开的会一律不开，必须开的要提倡开短会、说短话，鼓励采取电话会议的形式开会；严格会议审批制度，压缩全区性会议数量和规模。对地委书记办公会、地委会、行署常务会、专员办公会等例会，分别由地委办公室和行署办公室制定规则，使其规范化，减少随意性；地委、行署召开的全区性大型会议必须经地委会、地委书记办公会议或行署专员常务会议、专员办公会批准。地直部门主办并以地委、行署名义召开的全区性会议，除特殊情况外，主办部门一般应提前15天行文报地委办公室或行署办公室审核后，经地委、行署分管领导同意报主要领导批准。地直部门召开的金区性会议，主办部门一般应提前l0天行文报地委办公室或行署办公室审核，报分管领导批准，需请县(市)党政一把手出席的，要分别报地委书记、专员批准；地委、行署召开的全区性会议，一般会期不超过2天，参加会议人员不超过200人(一年一度的全区三级干部大会除外)，地直部门召开的全区性会议，一般会期不超过1天，会议人数不超过150人。一个会议原则上作一个主题报告，除全局性重要会议外，一般会议讲话字数严格控制在5000字以内。领导在会议上的讲话已印发会议材料或已公开发表或摘要公开发表的，原则上不再印发文件，领导即席讲话一般不印发。地直各部门和各县(市)需要邀请地委、行署领导出席重要会议和活动，事先必须向地委办公室或行署办公室行文报告，由两办根据有关规定统筹安排，不要直接向地委、行署领导发出邀请。地委、行署领导一般不题词、作序(跋)、发贺信(电)。各级领导干部一般不参加纯属礼仪性、商业性、应酬性的剪彩、奠基、庆典、首发式、首映式、宣传日等活动。坚持对口、对等接待制度，减少干部的迎来送往；领导干部下基层检查指导工作，所到地方的负责同志不得到边境迎送。坚决制止名目繁多、违反规定的检查、评比、达标活动，

减轻基层负担。

四、坚决反对简单粗暴的工作方式，大力倡导做耐心细致的思想政治工作。各级党政机关、司法机关、行政执法机关和经济管理部门及各级领导干部必须依法行政、依法办事。严禁任何以言代法、以权代法、徇私枉法的行为；严禁用简单粗暴的方式甚至违法违纪的手段压制群众，伤害群众的感情，损害群众利益。要做到晓之以理，动之以情，并善于用政策和法律的手段积极做好疏导、教育和调解工作。在收粮、收款、计划生育和抓其他中心工作中要严格依法

办事,决不允许采取拆房、抬猪、挑谷、搬家具等伤害群众感情的行为;在征收生猪屠宰税、增值税和农业特产税等税款中,要严格执行有关税法,不得按人口或田亩强行摊派;不准动用政法、武警、保安人员和使用警械、警具参与计划生育工作和向群众收粮、收款的活动,不准以“小分队”、“突击队”和“工作队”等形式,向群众强行收取款物。对群众不理解、有抵触的事情,要认真细致做好说服工作,争取群众的理解和支持;经做工作多数群众仍不赞成的,应予以取消或延缓,不能蛮干。如果因方法简单、态度粗暴造成严重后果的,要严肃查处,不仅要处理当事人,而且要追究有关领导的责任。对涉及群众利益的群体性突发事件,要坚持疏导为主,化解矛盾,不得随意动用警力和警械。

五、坚决反对长官意志、朝令夕改的行为,大力倡导深入实际、调查研究的作风。各级党政组织和领导干部作决策定规划,都必须坚持群众路线,警惕和克服主观主义倾向,不能带框框看问题,凭想象办事情。凡重大决策前,领导干部都要深入基层,调查研究,掌握第一手材料。地委、行署每年围绕工作重点,确定若干重点调研课题,由地委、行署领导分工负责,组织专门力量,开展专题调查研究,推动重点工作取得突破性进展。各县(市)党委、政府领导班子成员也要结合当地的实际,针对改革和发展中存在的主要问题,重点开展调查研究,解剖麻雀。各级领导干部要自己动手撰写调研报告,形成正确的思路和有新意的观点,提出切实可行的对策和建议。地委、行署及各县(市)党委、政府领导班子成员,每年要写一两篇对工作有一定指导或推动作用的调研报告。要尊重实践,尊重群众的首创精神,善于从群众中发现新创造,总结新经验。要把对上负责与对下负责统一起来,凡涉及到基层的重大决策,必须充分听取基层的意见,涉及到群众利.益的更要按群众的意愿办,不能做出违背群众意愿、伤害群众感情的事情。要树立长期艰苦奋斗的思想,一任接着一任干,保持政策的连续性,不搞急功近利、短期行为。

六、坚决克服工作忙乱无序、眉毛胡子一把抓的工作方法,注意抓大事、抓重点、抓难点、抓特色。在工作部署上,要制定奋斗目标,明确主攻方向,提出阶段性任务和要求,统筹安排好力量,使各项工作有序推进。在工作方法上,要坚持“捏紧拳头保重点,集中精力抓大事”,善于抓主要矛盾,扬长避短,创造特色,对关系全局的重大问题尤其要集中力量抓好。在工作指导上,要从实际出发,因地制宜,分类指导,不要不顾条件强求一律,不能搞一个模式,考核时不要“一把尺子量到底”。要鼓励基层创造性开展工作,给基层以充分的工作自主权。今后除计划生育和社会治安综合治理等上级明文规定的外,其他工作不搞“一票否决”。

为了确保以上六点落到实处,有关部门要建立健全和完善有关制度,形成有利于改进干部作风、促进工作落实的良好机制。

一、要加强干部队伍的管理和监督。要进一步完善干部实绩考核工作,既要看经济发展成效,又要看精神文明和党的建设的成效;既要看发展速度和规模,又要看效益和后劲;既要看数据指标,又要看实际成果;既要尊重大多数人的意见,也要重视少数人反映的问题。要进一步健全干部监督管理机制,实行党内、群众、舆论监督相结合,及时发现和解决问题。对那些群众公认是执行党的路线,作风踏实、政绩突出、德才兼备的干部,要及时选拔到各级领导岗位上来;对那些虚报浮夸、脱离群众、作风飘浮、不干实事的干嘟,要严厉批评,后果严重的要予以处分;对那些一心为显示“政绩”而损害群众利益和留下严重后遗症的干部,不仅不能提拔重用,而且必须从现有领导岗位上调整下来;对那些不思进取,工作不落实,长期没有起色,打不开局面的干部,要及时调整。

二、要切实加大督查力度。各级党政领导干部要进一步强化督查意识,责无旁贷地抓好决策落实的督查;各级党政办公室要在督查工作中发挥重要作用。要围绕中心工作,及时了解决策落实进度,并循着决策落实的进程,组织强有力的督查活动。对地委、行署确定的各项工作重点,要明确工作职责,逐项跟踪督查,及时通报情况,做到有始有终,落到实处。各地、各部门对上级决定和交办的事项,要认真负责地抓好落实,并及时反馈情况,决不允许只从本地本部门利益出发,采取实用主义态度,符合"胃口"的就办,不符合的就拖,甚至抵制不办。对执行不力或拒不执行的,一经发现,要通报批评,严重的要追究领导责任。

三、要不断增强广大干部转变作风、狠抓落实的自觉性。要结合"三讲"教育活动,紧密联系干部的思想和工作实际,以整风的精神,切实解决干部作风中存在的突出问题要进一步强化宗旨观念,坚持走群众路线,地县乡党政领导干部每人都要交几户农民朋友,结几户"穷亲戚",以更好地倾听群众呼声,体察社情民意。要认真开展批评与自我批评活动,敢于揭露矛盾,深入查摆问题,切实扭转自我批评难、相互批评更难的现象,不断提高自身素质,努力把各项工作做得更好。

2000 年 2 月 13 日

上饶行署关于进一步推行政务公开的决定

饶行发〔2000〕17 号

各县(市)人民政府、行署各部门:

党的十五大明确提出:"坚持公平、公正、公开的原则,直接涉及群众切身利益的部门要实行公开办事制度。"近日,省政府又做出决定,在全省行政机关进一步推行政务公开。近年来,我区行政机关积极推进依法行政,大力推行社会承诺制度,在基层行政管理部门、执法部门和公共服务部门开展"两公开一监督",即"公开办事制度,公开办事结果,接受群众监督"的活动,取得了一定成绩。但各地各部门工作发展还不平衡,在人民群众关心的一些事务上,存在透明度不高、办事不公、兑现不力等问题,人民群众对此仍不满意,"两公开一监督"工作需要加大实施力度,加快实施步伐。为了切实将党的十五大提出的把"实行公开办事制度"落到实处,并取得明显成效,行署决定,在全区行政机关进一步推行政务公开。

一、政务公开的目的

(一)政务公开是国家行政机关通过适当形式向社会公开有关事项及其办理情况的民主监督制度。政务公开,就是把行政机关办理政务的依据、条件、程序、结果等直接置于人民群众监督之下,增强办理的透明度。政务公开不是目的,它是解决问题和推进工作的一种手段,目的在于贯彻落实全心全意为人民服务的根本宗旨,密切政府同人民群众的关系;加快政府职能的转变,促进依法行政,提高行政效率;加强社会主义民主,健全社会主义法制,完善民主监督制度;加强廉政建设,防止腐败;调动广大人民群众的积极性,推进社会主义物质文明和精神文明建设。各级行政机关及其工作人员尤其是领导干部要从依法治国、依法行政的高度,以对党对人民高度负责的态度,充分认识推行政务公开的重要性,采取切实有效措施,有计划、有重点、有步骤地抓好政务公开工作。

（二）实行政务公开应遵循以下基本原则：一是依法公开政务原则。向社会公开的政务事项，必须符合法律、法规的规定和国家的方针政策；二是公正原则。公开办理的政务事项，必须依法维护群众合法权益；三是效率原则。公开办事的政务事项，必须简化办事程序，提高工作效率；四是便于群众监督原则。公开办理的政务事项，各环节要增强透明度，加强群众监督；五是有利于改革、发展和稳定原则。公开的政务事项要有利促进发展、深化改革，维护社会稳定。

二、政务公开的机构

（一）实行政务公开的机构是行署、各级人民政府及其所属部门和基层工作机构，依照法律、法规和规章的规定，受行政机关委托具有管理公共事务职能的事业组织。

（二）当前实行政务公开的重点部门是：各级计划、财政、教育、科技、卫生、经贸、交通、城建、公安、民政、工商、物价、技术监督、农业、土管、计生、环保、劳动、人事、税务等部门。

（三）实行政务公开的重点单位是：代表各部门、各单位进行经济社会管理，履行行政执法管理职能，直接掌管人、财、物，并与公民、法人和其他组织联系密切的内设机构及其所属基层所、队、站。

三、政务公开的内容

实行政务公开的机构在办理政务时，除法律、法规规定不宜公开的外，与人民群众切身利益相关的事项都属政务公开的内容。

（一）行署政务公开的内容

1. 行政决策事项。国民经济和社会发展计划（包括规划），财政预决算，应当让人民群众知道的涉及广大群众切身利益的如中小型国有企业改革、医改、房改等重大改革举措以及其它议决事项或工作部署应及时公开。

2. 规范性文件事项。行署制定的规范性文件的内容及执行情况应及时公开。

3. 重大人事事项。人事任免，公务员的录用程序、结果，荣誉称号评审条件、程序和结果等应予以公开。

4. 政府采购事项。采购的时间、标的物、数量、金额应及时予以公开。

5. 行政许可事项。要将其法定依据、资格条件、办理时限、办理程序、结果、工作纪律、投诉渠道予以公开。

6. 行政处罚，强制措施事项。要将其法定依据、种类、标准向社会公开，将做出行政处罚，强制决定的事实和理由向处罚的对象公开，并告知其依法享有的权利。

7. 其他与群众切身利益密切相关的政务事项。

（二）行署所属部门政务公开的内容

1. 各部门执法所依据执行的法规、规章及规范性文件的名称、内容应予以公开。

2. 行政收费事项，应将其法定依据、收费项目、标准、经费主要用途及时予以公开。

3. 行政审批、许可、发证、发照、登记、注册、年审事项，应将其法定依据、资格条件、办理时限、办理程序、办理结果，工作纪律、投诉渠道予以公开。

4. 行政处罚、强制措施事项，要将其法定依据、种类、标准向社会公开，将做出行政处罚、强制决定的事实和理由向处罚的对象公开，并告知其依法享有的权利。

5. 其他与群众切身利益密切相关的政务事项。

（三）县市政府政务公开的内容

由县市政府依据省、地政务公开文件精神，自行确定政务公开内容。

（四）当前政务公开机构重点应公开的政务内容

1. 涉及农民、企业、学生负担事项。涉及对农民的收费依据、标准，对农民的服务项目、价格、农民的实际负担情况、提留及统筹经费使用情况应在村委会或村民的聚集地予以公开；所有涉及企业、个体工商户的收费项目、依据、经费主要用途必须公开；对各类学生的收费项目、标准、收费依据、经费主要用途要及时公开。

2. 救灾、优抚、扶贫事项。国家救灾款物及国内外救灾捐赠款物的接受、分配和使用情况，优抚对象抚恤补助标准、发放情况，扶贫资金管理使用情况应予以公开。

3. 社会保障事项。国有企业下岗职工分流安置和基本生活保障情况，社会保障基金收缴支付管理情况，城市居民最低生活保障费发放情况，应予以公开。

4. 工程招、投标事项。重点工程以及达到法定标的数额的建筑工程，其施工项目（包括主要装备、材料采购）必须向社会公开招标、投标，并公开投诉电话、受理机构。有条件的，设计项目也要逐步实行招、投标。

5. 涉外服务事项。应将对外招商引资项目、鼓励外商投资的优惠政策、涉外服务机构名称、外商投资项目办理交费程序、时限、监督电话予以公开。

四、政务公开的形式和方法

（一）政务公开机构首先要组织本机关的干部群众学习有关政务公开的文件、座谈政务公开的目的及意义，提高政务公开办理人员的意识。

（二）政务公开机构要将公开事项所依据执行的法律、法规进行广泛宣传，可采用宣传车、贴标语、报栏、广播、电视、报刊、宣传咨询日等形式，使广大人民群众事前有一个普法教育的过程。

（三）行政机关做出重大决策前，事前可设立征求意见箱或通过听证会、座谈会、咨询会、广播电视、报刊公告等形式，广泛听取群众、专家、学者的意见，邀请各有关代表参加决策会议，一方面可让决策者广纳良言，以便正确决策，另一方面让群众对决策事项的出台过程做到眼见为实，心中有数。

（四）实行拍卖，招投标方式的，事前应及时向社会公开标的物、时间、地点及联系方式。

（五）实行政务公开的机构应在办事场所建立咨询服务台，建立受理告知制度，在管理相对人上门办事时，办事人员应把办事的有关要求告知清楚，所有办事人员有义务解答群众提出的疑点、难点问题。

（六）实行政务公开的机构应将所依据的法律、法规、规章和规范性文件在办事场所公开。

（七）实行政务公开的机构应积极创造条件在办事场所建立政务公开栏，展示公开项目的办事程序、时限、条件以及管理相对人依法享有的权利，承担的义务，将公开内容涉及的科室及负责人、工作人员一一亮相。

（八）办理政务公开的人员应当挂牌服务，公开其姓名、职务，让群众了解办事人员的身份、职责，以便接受群众监督。

（九）实行政务公开的机构应当设立监督电话、监督窗口和监督信箱。

（十）建立行政长官接待日制度，及时解决群众反映的热点、难点问题。

（十一）每3个月将政务公开的情况利用广播、电视、报刊等新闻媒体主动予以公开，接受群众的监督。

(十二)可聘请一些政务公开监督员,进行明察暗访,督促政务公开机构的进一步政务公开。

五、政务公开的组织领导和保障措施

(一)各级政府、各有关部门要把政务公开工作当做二件大事来抓,纳入议事日程,切实加强领导。行署决定,成立上饶地区政务公开领导小组,下设办公室,办公室设在行署法制局,由行署法制局组织对全区政务公开工作的指导协调和督促检查。各级政府、各有关部门也要明确相应机构负责这项工作。

(二)行署各部门和各县(市)在政务公开工作中要相互配合,相互促进。行署各部门除了自身实行政务公开外,还要抓住公民、法人和其他组织反映的突出问题,对本系统的政务公开工作进行统一规划,统一部署,统一要求。要对公开的项目、程序等业务性的内容做出统一规范并进行审查,保证政务公开内容合法、规范、具体、真实、统一、有效。各县(市)要抓好所属各部门和街道、乡镇的政务公开的组织工作,积极、主动地落实政务公开的各项要求。

(三)广泛开展宣传工作,形成政务公开的良好舆论氛围。各级政府、各有关部门要利用广播、电视、报刊等新闻媒体,主动公开政务办事情况,要注意抓典型,对政务公开推行得好的地方和单位。要及时总结推广经验。各新闻单位要及时宣传报道政务公开的好典型、好经验,同时要发挥舆论监督作用。

(四)各级政府要自觉接受人大及其常委会的法律监督和政协的民主监督,积极配合人大和政协组织的对政务公开工作的检查和视察活动。要设立政务公开监督电话、监督窗口和监督信箱(包括电子信箱)。对群众反映的问题要及时查处。

(五)加强考核和奖惩。各级政府要对所属部门政府实行政务公开的组织领导、公开项目的公开率、公开内容的合格率、公开形式的规范化、采取的监督保障措施开的效果等方面进行考核。对政务公开工作成绩显要予以表彰、奖励;对差的,要进行督促、批评;对弄虚造成不良后果的,要依法依纪处理。

(六)各级政府、各有关部门要结合本地、本部门在认真总结近年来开展“两公开、一监督”活动经验自上,根据本决定要求,于5月20日前制定实行政务五体实施方案,报地区政务公开领导小组办公室备案。

(七)中央、省驻饶单位应当结合自身特点,将办理直接涉及群众切身利益的事项实行公开。

二〇〇〇年四月二十五日

上饶行署关于进一步加快全区乡镇企业产权制度改革的实施意见的通知

饶行发〔2000〕32号

为进一步加快我区乡镇企业改革步伐,转换企业经营机制“产权明晰、权责明确、政企分开、管理科学”现代企业制度,特提出如下意见:

一、指导思想坚持以“三个代表”思想为指导，认真贯彻省政府《关于加快全省乡村集体企业产权制度改革的通知》精神，“积极支持、正确引导、总结经验、逐步规范”的原则，以民营化为目标，以买断产权为重点，以落实债务为前提，从实际出发，多形式盘活存量资产，优化资本结构，建立适应社会主义市场经济体制的企业组织形式和运行机制。

二、时间要求

全区今年内要全面完成乡村集体企业产权制度改革任务。

三、改制形式

企业改制应包括企业产权制度改革与经营机制创新。根据我区乡镇企业现状，宜采用以下改制形式：

1. 整体拍卖。现有的乡村集体企业，可以整体拍卖，出售产权；资产数额较大的企业也可以折股分散出售。企业产权整体拍卖后实行股份合作制经营的，应视同集体企业，享受乡村集体企业有关政策待遇。

2. 破产。对长期亏损、资不抵债、扭亏无望的乡村集体企业，依法进行破产。

3. 兼并。允许区内外各种所有制优势企业兼并经营困难的企业。对资不抵债的企业，可采取承担债务方式兼并或先破产再兼并，对资债持平的企业，可采取整体接收式兼并；对资大于债的企业，可采取购买式兼并。

4. 抵贷返租。对资不抵债，连年亏损，一时难以实行破产或市场前景好、自我发展能力弱的企业，积极协调和鼓励各家银行或其他债权单位，对这类企业进行产权抵贷（债），实行抵贷（债）返租。

5. 股份合作制。实行股份合作制的企业股权应相对集中，经营层控大股（一般不低予70%）。乡村集体企业改造为股份合作制，原则上不设乡村集体股和企业股。

6. 有限责任公司、企业集团。实力较强的乡镇企业，可以通过互相参股联营或企业兼并的方式组建有限责任公司或企业集团，其基本原则与条件按《公司法》和《乡镇企业组建和发展企业集团暂行办法》有关规定执行。

7. 承包。对暂时不宜采用上述改制形式的乡村集体企业，可以在资产评估、落实责任、建立科学合理的承包指标体系的基础上，推行资产保值增值承包责任制，完善企业经营机制，确保企业资产保值增值，增强企业经济实力。以≥再向产权制度改革的方向转换。

四、实施步骤

全区乡镇企业改制工作实施时间从2000年9月1日开始，到12月31日结束。实施过程一般要经历五个步骤。

1. 摸清底数

一是把改制企业分门别类，建立台帐，登记造册，把改制企业的情况摸准确；二是对改制企业进行“回头看”。通过检查分析，看转制企业是否真正转换了机制，成为独立的法人和市场竞争主体。对改革不彻底、不到位的要进行“补课”，缺什么补什么，确保乡村集体企业要改一个，成一个，见效一个，确保改制的质量和效果。

2. 宣传发动，制订方案

要通过召开各种会议、采取广播、黑板报等形式向企业员工进行宣传教育，层层提高改制认识，使其自觉投入企业改制工作中。同时要成立改制领导机构，配备工作人员，制订企业改制工作具体实施方案。

3. 清产核资，资产评估

清产核资、评估资产是企业改制基础，总体要求是公正、客观、合理、真实反映企业的资产、负债及所有者权益情况。一般要经过申报立项、委托评估、资产清查、评定估算、验证确认等五个程序，资产评估工作由各县市组织，委托有评估资格的单位进行评估。

4. 规范管理，建章立制

在资产清查与评估的基础上，从企业实际情况出发，因企制宜，一厂一策，确定适合企业发展的改制形式，并制订规范的企业章程和企业内部一系列经营管理制度，确保改制企业能按照新的机制正常运转。

5. 注册登记，考核验收

凡是经过改制的企业，只要产权制度发生了变化，都必须办理工商注册变更登记和税务变更登记手续，做到依法经营、照章纳税。全区乡镇企业改制工作考核验收办法另行下发。

五、注意事项

1. 切实规范改制程序，注意把好四关：一是清产核资关。无论采用何种改制形式，都要摸清家底，清产核资，做到有物有账，账物相符。二是资产评估关。资产评估应以确认企业资产的价值量，保证资产的所有者、经营者和债权人的合法权益为目的。由具有法律效力的资产评估机构出示资产评估报告，防止低评、漏评和多评。三是产权界定关。坚持“谁投资，谁所有，谁受益”和“依法确认，尊重历史，宽严适度，有利监管”的原则，对企业资产根据原始资本投入和劳动创造形成资产的实际情况，明确产权归属。四是债权债务处理关。要及时通知有关债权银行参与企业改制全过程，按政策规定落实银行债务。对非银行债务，要与债权人协商争取直接转为股权，对银行贷款，要在不违背国家政策和法律的前提下，灵活变通，确保集体资产和银行资金均不受损失。

2. 加强集体资产管理。通过改制过程中清产核资等关键环节，抓紧建立和健全集体资产的监督、管理和营运体系，建立健全乡镇一级的集体经济管理组织。

3. 对一次性买断产权的企业，要在资产评估后，确定底价，实行公开拍卖，不能私下交易。

4. 购买者原则上应用现金一次性付清价款。如数额较大，一次付清确有困难的，在取得担保的前提下，可以分期付款。分期付款的期限不得超过三年，第一次交款数额不得低于出售价款的30%，欠交的部分应参照银行贷款利率交付利息。

5. 在转制过程中，企业的债权债务转移按照有关法律法规进行，银行债务跟着相应有效资产走，要采取有效措施重新落实好银行债务，以防改制企业悬空银行债务。对废银行债务并造成信贷资产损失的企业，必须采取措施立即纠正。

6. 有关部门要大力支持乡镇企业企业转制工作并提供优质服务，改制企业涉及的评估、验资、办证、办照等费用只能收取工本费。

六、组织领导

1. 改革是一项复杂的系统工程，政策性强，难度大，各级党委、政府必须加强领导，在充分搞好调查研究的基础上，积极稳妥地推进。

2. 地区成立乡镇企业改制工作领导小组，胡永达副专员任组长，陈成之副秘书长和傅仕贵局长任副组长，财政审计、工商、税务、银行、土管等部门主要负责人任成员。

2000 年 9 月 1 日

关于进一步开展市、县(市、区)两级志书续修工作的紧急通知

饶府办字〔2001〕8 号

各县(市、区)人民政府、市政府各部门:

为了进一步具体落实国务院和省政府关于续修志书的部署,根据赣府发(2000)112 号《江西省人民政府关于开展续修地(市)、县(市)两级地方志工作的通知》,以及赣志发(2000)12 号文件精神,经研究,决定开展市、县(市、区)两级志书续修工作。市直各单位要高度重视,认真按照饶行办发(1999)43 号文件附的《上饶地区续志篇目》,抓紧落实人员,成立写作班子,提供续志资料。各县(市、区)在编写各自续志的同时,为上饶市志办续修《上饶地区志》提供资料,并于 2001 年 12 月 31 日前将资料送报上饶市地方志办公室。

二〇〇一年二月十五日

二、前志拾遗

江西省上饶地区行政公署文件 关于成立上饶地区地方志编纂委员会的通知

饶行发〔1985〕79 号

各县、市人民政府,行署各工作部门:

按照国务院办公厅(1985)33 号文件通知精神,为加强地方志编纂工作的领导,经行署研究决定:成立“上饶地区地方志编纂委员会”由下列同志组成:

主 任 委 员:邵　德

副主任委员:王万朝　蒋华生　叶春太

委员:戴三角　吴宝炎　钟典光　傅仕贵　洪乾发　杨逢春　胡宏业　王友教
李树祥　周谱林　王泽贵　许先波　江怀志　刘顺和　胡　旭　杨希全
张锡关　蔡方作　郭殿英　吴明松

顾问:蒋宝山　程日千　黄其中

地区地方志编纂委员会,下设办公室,属二级单位,是常设办事机构。具体承担编纂上饶地区地方志和督促、检查县、市的编志等日常工作。由叶春太(兼)办公室主任,何细贵为办公室副主任。

江西省上饶地区行政公署
一九八五年六月四日

三、前志【序】

序一

吴官正

邓布仁专员约我为《上饶地区志》作序，我欣然接受。我热爱故乡的一草一木，更热爱故乡勤劳智慧的人民，并为之自豪。在《上饶地区志》付梓之时，我感受尤深。

上饶地区历史悠久，源远流长。在漫长的历史演绎过程中，历尽兴衰变化，其隶属区划几度变迁。古属饶、信二州，地扼闽、浙、皖、赣要冲，有"豫章第一门户"之誉。今辖十二县市，面积约占全省七分之一，人口约占全省六分之一。

上饶地区人杰地灵，人才辈出。汉时有尊为"番君"的长沙王吴芮；晋时有"神机明鉴似魏武，忠顺勤谨如孔明"的政治家、军事家陶侃；唐代有"大历十才子"之一的诗人吉中孚；两宋有著《浸铜要略》的科学家张潜，有政治家、文学家、并称"鄱阳四洪"的洪皓及适、遵、迈父子，有诗人姜夔，有集理学大成的哲学家、教育家朱熹，以及著有"南宋第一书"——《救荒活命书》的董煟；明代有理学家娄谅、胡居仁；清代有与袁枚、赵翼齐名的诗人、戏曲家蒋士铨，天文学家齐彦槐；近时有享誉国际的我国胸外科学、生物医学工程奠基人之一的黄家驷，有国内外知名的昆虫学家杨惟义等先贤、名家。这里，是茶圣陆羽流连忘返，写出世界第一部《茶经》的地方；是南宋爱国将领、大词人辛弃疾怀着民族耻、国家恨赍志长眠的地方；是主持修建我国自建的第一条铁路——京张铁路的工程师詹天佑的祖籍。这里，还是无产阶级革命家、政治家、军事家方志敏的出生地和战斗地。在党领导的新民主主义革命时期，方志敏、邵式平、黄道等老一辈无产阶级革命家，亲手创建了红色革命根据地，一大批革命先烈为了人民的解放，献出了宝贵的生命，在中国的历史上写下了壮丽的篇章。

上饶地区物华天宝，钟灵毓秀。古誉"富饶之州"、"信美之郡"，近称"鱼米之乡"、"红色土地"、"金银宝库"。这里，有世界第三、亚洲第一大铜矿——德兴铜矿，有大陆华东第一高峰——黄岗山。这里，还傍依中国第一大淡水湖——鄱阳湖。鄱阳湖畔，"千里金堤"，展示着劳动人民的力量和智慧；怀玉山麓，"百里林区"，珍藏着大自然的幽静与名胜；"天然盆景"主峰，让世人惊叹；"四胜兼具"的三清山，令游人神往；上饶集中营旧址，使人铭记千古奇冤；方志敏烈士纪念馆，唤起人们世代缅怀……

上饶地区新星璀璨，千帆竞发。在党领导的新的长征中，除旧布新，解放思想，开拓进取，卓有建树。社会主义市场经济体制框架已基本确立，国民经济已提前翻番，社会事业全面进步，精神文明建设硕果累累，一代"四有"新人叱咤风云。借助以浦东为龙头的沿长江开发开放，以及我省入闽新通道横南铁路的即将建成，上饶人民正在乘长风，破巨浪，奋力奔向社会主义现代化的彼岸。

《上饶地区志》是一部好书，是一部了解上饶、振兴上饶的珍贵资料书、教科书。编者据事直书，立足当代，追溯渊源，详今略古，取精用宏，上承前志精华，下聚各方灼见，将家乡的自然、地理、政治、经济、军事、文化、教育、科技、人文历史及风土民情，囊括其中。这对承前启后，继往开来，资治当代，垂鉴后世，将有不可低估的价值。其业之宏，其功之勤，其效之著，自在志在，不待赘言。在此，我向编者示谢，向故乡人民致敬！

1995年5月21日

（《上饶地区志》原载方志出版社1997年版）

修志始末

根据国务院办公厅《关于进一步加强地方志工作的通知》(国办发〔1996〕47号)和江西省人民政府《关于开展续修地(市)、县(市)两级地方志工作的通知》(赣府字〔2000〕112号)文件精神，按照江西省地方志编纂委员会《关于认真贯彻落实江西省人民政府<关于续修地(市)、县(市)两级地方志工作的通知>的通知》(赣志发〔2000〕2号)文的统一要求，上饶市于2001年10月底开始正式启动新编地方志第二轮的地(市)、县(市)志书的编纂工作。

上饶市本级地方志办公室，为给上饶地区撤地设市后一个明确的界定，经请示市政府领导同意，决定续编《上饶地区志(1991—2000)》。

《上饶地区志(1991—2000)》的编纂工作从启动及整个编纂过程，都得到历届市委、市政府领导的高度重视和大力支持，在全市各级党委、政府和社会各界的大力配合和协助下，由上饶市地方志办公室具体实施而完成。2010年8月，完成《上饶地区志(1991—2000)》初审稿。2011年12月20日召开初审会，2013年9月29日召开复审会，2014年12月8日通过上饶市地方志编纂委员会验收后正式付印。

在《上饶地区志(1991—2000)》编纂工作的过程中，领导重视贯穿始终。历届编纂委员会的主任、副主任委员等领导，或亲临办公室视察修志工作和听取情况汇报，或对志书编纂工作的领导、机构、人员、经费、办公条件等“五到位”进行部署、督促、抓落实；社会各界的积极参与和配合，12县(市、区)的党委、政府领导大力支持，市委各部门、市直各单位的全力协助，尤其是农业局、林业局、水利局，公安局、检察院、法院，金融系统等单位，更是领导重视，按时按量，提供的资料丰富翔实，有的甚至于同时出版专业志或部门志，既服务大局，又为本部门保存翔实的史料，一举多得；还有得到著名专家、学者和修志同仁们的倾心相助。安徽大学副教授、著名方志专家林衍经不顾年事已高，仍多次亲临上饶指导《上饶地区志(1991—2000)》篇目的编写和修改，并对志书的内审、初审、复审稿进行逐字逐句的审阅和提出许多非常宝贵的修改意见；江西省地方志编纂委员会办公室的刘斌、梅宏主任、周慧副主任等领导为这部志书的编写多次到上饶市地方志办公室现场指导；上饶籍的乡人，对《上饶地区志(1991—2000)》编纂工作也给予热情支持。

诚然，也有个别单位领导对编修地方志工作的重要性认识不到位的，有的干脆不予理睬，任我们的采编人员硬着头皮、磨破嘴皮、跑破脚皮,也得不到半个字的资料,很大程度上影响了整部志书的完成进度;有的单位领导和承办人员变换频繁,资料提供工作时续时断,没有连续性,后接手工作的人员业务生疏,资料的质量难以确保;一些合并或分家的单位及改制的企业,存在资料遗失或下落不明的现象,造成阶段性史料的缺失。这也是令我们最感痛心的事情。

"宝剑锋从磨砺出,梅花香自苦寒来"。上饶市地方志办公室的全体编纂人员长期以来秉承修志人"板凳坐得十年冷,文章不写一字空"优良传统,默默地耕耘在这片不为人知的土地上,肩负着厚重的历史责任,历经酷暑寒冬,无怨无悔。这是一支怎样的修志队伍!五位"娘子军"加上六位"老革命"。年长的吴稚航、吴宪洲老师年近八旬,是修志战线上的老兵;年轻的是清一色的女秀才,是"五朵金花"修志队伍。他(她)们克服年老体弱、拖儿带女的困难,每个人都表现出惊人的意志力,团结一心,同舟共济,勇往直前,不舍不弃,决心要把这部《上饶地区志(1991—2000)》编好,编出特色、编成精品。正是这种敬业精神的激励,才有这部厚厚的、飘着墨香的志书。

《上饶地区志(1991—2000)》的编纂过程历时13余载,八易其稿,几经修改、补充和完善。但限于我们的水平,缺点和谬误在所难免,恳请广大读者批评指正。

2014年12月

索　引

说　明

一、本书索引分为词条和表录索引两种。

1. 词条索引采用主题内容分析法,按主题词首字汉语拼音字母顺序排列。词条右边的数字表示志书正文中的页码

2. 采用以卷为序排列。标题左边数字为卷,表格的序数,标题右边数字为志书正文中的页码。

二、为便于读者检索,党政机关、企事业单位名称前一般不冠以“××”“县”,如“人大”“政府”等,易产生歧义者除外。

(上册)

表录索引

（上册）

(下册)

《上饶地区志(1991—2000)》编纂委员会组成人员

2001年10月29日至2002年12月19日

主任委员　黄建盛

副主任委员　胡发群　王国梁

委　　员　王来富　廖其志　林秉济　汪自安　宁愉怀　盛平珍
吴祖光　郭爱华　费先明　张冬玉　黄福生　上官甫贵
蒋英明　赵东亮　周厚丰　于秀明　邓少华　戴宝荣
王建平　徐金香　管群良　姜松阳　舒高红　徐南凯

2002年12月20日至2005年4月21日

主任委员　余小平

副主任委员　肖天连　王国梁

委　　员　王来富　廖其志　林秉济　汪自安　宁愉怀　盛平珍
吴祖光　郭爱华　费先明　张冬玉　黄福生　上官甫贵
蒋英明　赵东亮　周厚丰　于秀明　邓少华　戴宝荣
王建平　徐金香　管群良　姜松阳　舒高红　徐南凯

2005年4月21日至2009年8月12日

主任委员　刘和平

副主任委员　肖天连　程建平　周厚丰

委　　员　王来富　廖其志　林秉济　汪自安　宁愉怀　盛平珍
吴祖光　郭爱华　费先明　张冬玉　黄福生　上官甫贵
蒋英明　赵东亮　周厚丰　于秀明　邓少华　戴宝荣
王建平　徐金香　管群良　姜松阳　舒高红　徐南凯

2009 年 8 月 12 日至 2010 年 4 月 5 日

主 任 委 员　董佡生

副主任委员　徐南凯　郑小平　李玉娜

委　　员　俞　健　叶礼茂　邹义炉　管群良　吴正良　朱汝生
郑少薇　苏万能　涂相珍　程进华　舒高红　夏文川
杨春红　黄福生　张云仙　徐协国　朱虹英　郑晓春
张祯祥　周遐光　万冬梅　何金铭　张志坚　汪世谷
郑高清　贺瑞虎　程　文　李晋明　邵小亭　杨沙鸥
谢冠森　商建荣

2010 年 4 月 6 日至 2011 年 11 月 28 日

主 任 委 员　董佡生

副主任委员　汪　霞　郑小平　李玉娜

委　　员　廖庆荣　叶礼茂　邹义炉　管群良　吴正良　蔡建平
郑少薇　苏万能　涂相珍　程进华　舒高红　夏文川
张云仙　邓少华　黄福生　徐协国　朱虹英　郑晓春
张祯祥　周遐光　万冬梅　何金铭　张志坚　汪世谷
郑高清　贺瑞虎　程　文　李晋明　邵小亭　杨沙鸥
谢冠森　俞文华

2011 年 11 月 29 日至 2014 年 11 月 27 日

主 任 委 员　潘东军

副主任委员　陈　平　饶爱京　王本忠　廖庆荣　李玉娜

委　　员　郑卫平　吴宣策　邹义炉　管群良　吴正良　蔡建平　邵接峰
苏万能　涂相珍　刘和荣　舒高红　张　成　张云仙　胡永宏
郑小明　徐协国　朱虹英　蒋丽华　熊孙魁　邵小亭　饶清华
张义科　谢柏清　张　华　谢冠森　费长辉　张爱平　胡　伟
张新华　杨沙鸥　俞文华

2014年11月28日

主任委员 潘东军

副主任委员 汪东进　饶爱京　俞　健　姚少陆　李玉娜

委　　员 胡永宏　詹晓华　邵小亭　程观焰　杨沙鸥　吴步高　蔡建平
邵接峰　傅福泉　张义科　涂相珍　徐裕兵　苏章锦　宋智江
胡建中　周荣华　江训金　李晋明　童建明　方建清　赵志明
周茂树　缪　洪　胡晓春　王其中　熊孙魁　谭赣明　饶清华
潘　琍　谢柏清　周金明　刘瑞英　费长辉　胡剑飞　黄胜富
胡　斌　郑卫平　诸　立　俞文华

《上饶地区志(1991—2000)》编纂人员

主　　修 黄建盛(2001.10～2002.12)
刘和平(2003.9～2009.8)
董屳生(2009.8～2011.11)
潘东军(2011.11～)

主　　编 程建平(2005.4～2009.8)　徐南凯(2009.8～2010.4)
汪　霞(2010.4～2011.11)　饶爱京(2011.11～)

副 主 编 王国梁(2001.10～2005.4)　周厚丰(2005.4～2009.8)
郑小平(2009.8～2011.11)　王本忠(2011.11～2014.11)
俞　健(2014.11～)　李玉娜(2001.10～)

顾　　问 刘　斌　周　慧　林衍经

执行主编 李玉娜

执行副主编 俞文华　商建荣

总　　纂 李玉娜

分　　纂 (按姓氏笔画为序)
占定球　朱重权　李玉娜(女)　宋业发　吴宪洲　吴稚航
陈运和　陈　俐(女)　郝化冲　俞文华(女)　商建荣(女)
韩慧玲(女)　何　萍(女)　黄建荣

工作人员 陈丁云　李　薇(女)　刘剑峰　江　园(女)　王虹丽(女)
蒋露露(女)　蒋荣标

摄　　影　郝正良　夏内信　楼登峰　魏金钰　郑远新　李伟民
李祖标　洪元培　黄南松　方　军　戴　兵　汪维炎
程　政　程松林　邓　勇

制　　图　魏金钰　吴宪洲

上饶市地方志编纂委员会办公室

主　　任　李玉娜（2003.5～）

副 主 任　俞文华（2004.4～）　商建荣（2004.11～2009.12）
何　敏（2012.11～）

方志科长　韩慧玲（2004.11～2013.1）

年鉴科长　何　敏（2007.11～2012.11）　李　薇（2013.1～）

秘书科长　陈　俐（2008.11～2013.1）　刘剑峰（2013.1～）

工作人员　陈丁云　王虹丽

《上饶地区志（1991－2000）》复审会专家组成员

梅　宏　省地方志办主任

周　慧　省地方志办副主任

杨志华　省地方志办副主任

张满满　省地方志馆馆长

闵　波　省地方志办指导处处长

熊　军　省地方志办指导处副处长

赖功赣　省地方志办方志处原处长（退休）